EL
NUEVO TESTAMENTO

Versión Recobro

Traducido por
la sección de español de
Living Stream Ministry

Los bosquejos, las notas de pie de página,
los diagramas y las referencias paralelas
fueron escritos por
Witness Lee

Distribuido gratuitamente por:
Bibles for America
www.biblesforamerica.org

Exclusivamente para distribución gratuita.
Prohibida su venta.

Living Stream Ministry
Anaheim, California

Primera edición 1994

ISBN 978-0-87083-803-3 (Negro)
ISBN 978-0-87083-804-0 (Granate)

11 12 13 14 / 13 12 11 10 9 8

Publicado por

Living Stream Ministry
2431 W. La Palma Avenue, Anaheim, California 92801
P. O. Box 2121, Anaheim, California 92814
Estados Unidos de América

Impreso en India

UNA BREVE EXPLICACION

A lo largo de los siglos se ha ido mejorando la traducción de la Biblia. Por lo general, cada traducción hereda algo de las anteriores y prepara el terreno para las siguientes. Aunque una nueva traducción recibe ayuda de sus predecesoras, debe ir siempre más allá. La Versión Recobro del Nuevo Testamento, siguiendo el precedente sentado por las versiones más reconocidas y usándolas como referencia, no sólo incorpora las lecciones aprendidas al examinar lo que hicieron otros, sino que también ha procurado evitar cualquier prejuicio o imprecisión. Esta versión, guiada con frecuencia por otras, tiene por objeto traer la mejor expresión posible de la revelación contenida en la Palabra divina, a fin de comunicarla con la mayor exactitud posible.

La traducción de la Biblia no sólo depende de un entendimiento apropiado del idioma original en que fue escrita, sino también de la debida comprensión de la revelación divina contenida en la Palabra santa. A través de los siglos, el entendimiento que los santos han tenido de la revelación divina siempre se ha basado en la luz que ellos recibieron, y dicho entendimiento ha tenido un progreso paulatino y constante. La consumación de este entendimiento constituye la base de esta traducción y de sus respectivas anotaciones. Por consiguiente, esta traducción y las notas de pie de página pueden considerarse la "cristalización" del entendimiento de la revelación divina que los santos de todas partes han recibido en los últimos dos mil años. Esperamos que la Versión Recobro pase a las futuras generaciones lo que ha recibido y prepare el terreno para ellas.

Siguiendo el principio general que se usa en la traducción del Nuevo Testamento, primero escogimos el texto griego original basándonos en los manuscritos disponibles. La Versión Recobro sigue, por lo general, el texto griego de Nestle-Aland según consta en *Novum Testamentum Graece* (26ª edición). Sin embargo, para precisar el contenido original de los versículos, los traductores de la Versión Recobro prestaron especial atención al contexto, esto es, al capítulo, al libro y a pasajes similares en el Nuevo Testamento. Los manuscritos recientemente descubiertos o los más antiguos no son necesariamente los más exactos; por lo tanto, la decisión en cuanto al texto de esta versión se basó primordialmente en el principio ya mencionado. Cuando se usa un texto diferente al de Nestle-Aland, algunas veces se indica en las notas. Las palabras en cursiva dentro del texto indican expresiones que no vienen en el texto griego.

La Versión Recobro es el fruto de una extensa investigación en cuanto al significado del texto original y procura comunicar dicho significado en una forma concisa, inteligible y legible. En las ocasiones en que resulta difícil expresar el significado exacto del original, se han agregado notas explicativas.

El tema propuesto en cada libro y el bosquejo que aparece al comienzo de cada uno de ellos, se basan en hechos históricos y expresan el significado espiritual de cada libro. Las notas de pie de página recalcan la revelación de la verdad, la luz espiritual y la provisión de vida, más que la historia, la geografía y los personajes mismos. Las referencias paralelas que aparecen en el margen conducen no sólo a otros versículos que contengan las mismas expresiones o describan los mismos hechos, sino también a otros temas relacionados con la revelación espiritual de la Palabra divina.

Witness Lee y
los editores
1º de agosto de 1991
Anaheim, California

EL EVANGELIO DE

MATEO

BOSQUEJO

I. Los antepasados y la condición del Rey—1:1—2:23
- A. Su genealogía y Su cargo: llamado el Cristo—1:1-17
- B. Su origen y Su nombre: Dios-hombre por nacimiento, de nombre Jesús, llamado Emanuel por los hombres—1:18-25
- C. Su juventud y Su desarrollo: llamado nazareno—2:1-23
  1. Los magos gentiles le buscan y le adoran—vs. 1-12
  2. El rey Herodes lo envidia—vs. 7-8
  3. Huye a Egipto—vs. 13-15
  4. El rey Herodes lo busca para matarlo—vs. 16-18
  5. Regresa para habitar en Nazaret—vs. 19-23

II. El ungimiento del Rey—3:1—4:11
- A. Recomendado—3:1-12
- B. Ungido—3:13-17
- C. Puesto a prueba—4:1-11

III. El ministerio del Rey—4:12—11:30
- A. El comienzo del ministerio—4:12-25
- B. La promulgación de la constitución del reino—5:1—7:29
  1. Con respecto a la naturaleza del pueblo del reino—5:1-12
  2. Con respecto a la influencia que ejerce el pueblo del reino—5:13-16
  3. Con respecto a la ley del pueblo del reino—5:17-48
  4. Con respecto a las obras justas del pueblo del reino—6:1-18
  5. Con respecto a las riquezas materiales del pueblo del reino—6:19-34
  6. Con respecto a los principios del pueblo del reino en su manera de tratar a otros—7:1-12
  7. Con respecto a la base de la vida y obra del pueblo del reino—7:13-29
- C. La continuación del ministerio—8:1—9:34
  1. Señales con significado dispensacional—8:1-17
  2. La manera de seguir al Rey—8:18-22
  3. La autoridad del Rey—8:23—9:8
     - a. Sobre los vientos y el mar—8:23-27
     - b. Sobre los demonios—8:28-34
     - c. Para perdonar pecados—9:1-8
  4. Se regocija con los pecadores—9:9-13
  5. Incompatible con la religión—9:14-17
  6. Más señales con significado dispensacional—9:18-34

D. El agrandamiento del ministerio—9:35—11:1
   1. La necesidad de apacentar y cosechar—9:35-38
   2. La selección y el envío de los obreros—10:1-5a
   3. La manera de extender a la casa de Israel el evangelio del reino—10:5b-15
   4. La persecución y la manera de enfrentarla—10:16-33
   5. El disturbio ocasionado por el Rey y el camino de la cruz, que tomamos al seguirle—10:34-39
   6. El Rey se identifica con los enviados—10:40—11:1
E. El aplomo y la actitud del Rey frente a toda situación—11:2-30
   1. Fortalece a Su precursor encarcelado—vs. 2-6
   2. Evalúa a Su precursor—vs. 7-15
   3. Se lamenta por la generación contumaz e impenitente y la reprende—vs. 16-24
   4. Reconoce la voluntad del Padre con alabanzas—vs. 25-27
   5. Llama a los cargados a descansar y da la manera de descansar—vs. 28-30

IV. El Rey es rechazado—12:1—27:66

A. Se inicia el rechazo—12:1-50
   1. La causa del rechazo—vs. 1-14
   2. El rechazo hace que el Rey se vuelva a los gentiles—vs. 15-21
   3. El punto culminante del rechazo—vs. 22-37
   4. La señal para la generación que lo rechaza—vs. 38-42
   5. La generación que lo rechaza empeora—vs. 43-45
   6. El resultado del rechazo: el Rey los abandona—vs. 46-50
B. Se revelan los misterios del reino—13:1-52
   1. La obra preliminar del reino—vs. 1-23
   2. El establecimiento del reino y sus constituyentes falsos—vs. 24-30
   3. El desarrollo anormal de la apariencia del reino—vs. 31-32
   4. La corrupción interior de la apariencia del reino—vs. 33-35
   5. El establecimiento del reino y sus falsos constituyentes (continuación)—vs. 36-43
   6. El reino escondido en la tierra creada por Dios—v. 44
   7. La iglesia producida con los que fueron sacados del mundo corrompido por Satanás—vs. 45-46
   8. El evangelio eterno y su resultado—vs. 47-50
   9. El tesoro de cosas nuevas y cosas viejas—vs. 51-52
C. Se intensifica el rechazo—13:53—16:12
   1. Rechazado por Sus compatriotas—13:53-58
   2. Rechazado por el tetrarca pagano—14:1-13
   3. El milagro de alimentar a cinco mil—14:14-21
   4. El milagro de andar sobre el mar—14:22-33
   5. La sanidad efectuada por los flecos del manto del Rey—14:34-36
   6. La acusación de los religiosos tradicionalistas—15:1-20

EL
NUEVO TESTAMENTO

EL NUEVO TESTAMENTO

ABREVIATURAS

cap.	capítulo
caps.	capítulos
cfr.	compárese
gr.	griego
heb.	hebreo
lit.	literalmente
mss.	manuscrito(s)
párr.	párrafo
párrs.	párrafos
v.	versículo
vs.	versículos

ACERCA DE LA PREPOSICION GRIEGA ΕΙΣ

Dada la dificultad en traducir la preposición griega εισ, hemos usado la preposición *en* acompañada de un asterisco (*en).

En cuanto al uso de la preposición griega en el Nuevo Testamento, véase Mt. 28:19, nota 4; Jn. 3:16, nota 2; Hch. 2:38, nota 3, punto 2; 1 Co. 1:2, nota 5; 6:17, nota 1; Gá. 3:27, nota 1; Fil. 1:29, nota 1.

7. La fe de una mujer gentil—15:21-28
8. Sana para glorificar a Dios—15:29-31
9. El milagro de alimentar a cuatro mil—15:32-39
10. La tentación de parte de los fundamentalistas y los modernistas—16:1-12

D. La senda del rechazo—16:13—23:39
1. Antes de ir a Judea—16:13—18:35
   a. La revelación en cuanto a Cristo y la iglesia—16:13-20
   b. La primera vez que se revelan la crucifixión y la resurrección—16:21-27
   c. La transfiguración en la miniatura del reino—16:28—17:13
   d. Echa fuera un demonio de epilepsia—17:14-21
   e. La segunda vez que se revelan la crucifixión y la resurrección—17:22-23
   f. La aplicación de la revelación y de la visión de Cristo como el Hijo—17:24-27
   g. Las relaciones en el reino—18:1-35
2. Después de llegar a Judea—19:1—20:16
   a. Sana a la multitud que le sigue—19:2
   b. Otra tentación de los fundamentalistas—19:3-12
   c. Impone las manos a los niños—19:13-15
   d. Cómo puede entrar un hombre rico en el reino—19:16-26
   e. La recompensa del reino—19:27—20:16
3. En camino a Jerusalén—20:17—21:11
   a. La tercera vez que se revelan la crucifixión y la resurrección—20:17-19
   b. El trono del reino y la copa de la cruz—20:20-28
   c. Sana a los dos ciegos—20:29-34
   d. Una calurosa bienvenida para el Rey manso—21:1-11
4. En Jerusalén—21:12—23:39
   a. Purifica el templo—21:12-16
   b. Posa en Betania—21:17
   c. Maldice a la nación de Israel—21:18-22
   d. Puesto a prueba—21:23—22:46
      (1) Por los principales sacerdotes y los ancianos, con respecto a Su autoridad—21:23—22:14
         (a) La transferencia de la primogenitura—21:28-32
         (b) La transferencia del reino de Dios—21:33-46
         (c) La fiesta de bodas del reino—22:1-14
      (2) Por los discípulos de los fariseos y por los herodianos, con respecto a pagar tributo a César—22:15-22
      (3) Por los saduceos, con respecto a la resurrección—22:23-33
      (4) Por un intérprete de la ley, con respecto al gran mandamiento de la ley—22:34-40

(5) Hace callar a todos los examinadores con la pregunta acerca de Cristo—22:41-46

e. Reprende a los fanáticos religiosos—23:1-36

(1) La hipocresía de ellos—vs. 1-12

(2) Los ocho ayes—vs. 13-36

f. Abandona Jerusalén y su templo—23:37-39

E. La profecía del reino—24:1—25:46

1. Con respecto a Israel—24:1-31

a. Desde la ascensión de Cristo hasta la consumación del siglo —vs. 1-14

b. En la consumación del siglo—vs. 15-31

(1) Ocurre la gran tribulación—vs. 15-26

(2) Cristo viene a la tierra—vs. 27-30

(3) Congrega a Israel—v. 31

2. Con respecto a la iglesia—24:32—25:30

a. Velad y estad preparados—24:32-44

b. Sed fieles y prudentes—24:45-51

c. La parábola sobre la necesidad de velar—25:1-13

d. La parábola sobre la necesidad de ser fieles—25:14-30

3. Con respecto a las naciones—25:31-46

a. Cristo viene para ser entronizado en gloria—v. 31

b. Reúne a todas las naciones para llevar a cabo el juicio —vs. 32-46

F. La consumación del rechazo—26:1—27:66

1. La cuarta vez que se revela la crucifixión—26:1-2

2. La confabulación de la religión contra El—26:3-5

3. Amado por los discípulos queridos—26:6-13

4. Traicionado por el discípulo falso—26:14-16

5. Celebra la última Pascua—26:17-25

6. Establece la cena del Rey—26:26-30

7. Previene a los discípulos—26:31-35

8. Sufre gran presión en Getsemaní—26:36-46

9. Los religiosos lo arrestan—26:47-56

10. Juzgado por el sanedrín—26:57-68

11. Negado por Pedro—26:69-75

12. Juzgado por Pilato—27:1-26

13. Escarnecido por los soldados paganos—27:27-32

14. Crucificado—27:33-56

a. Llevado a la muerte y escarnecido por los hombres—vs. 33-44

b. Juzgado y desamparado por Dios—vs. 45-50

c. El efecto de Su crucifixión—vs. 51-56

15. Sepultado por un hombre rico—27:57-66

V. La victoria del Rey—28:1-20

A. Resucitado—vs. 1-15

B. Reina—vs. 16-20

EL EVANGELIO DE
MATEO

Autor: Mateo, llamado también Leví, quien era recaudador de impuestos y llegó a ser apóstol (9:9; Lc. 5:27). Se puede deducir que él fue el autor porque evita mencionarse como anfitrión de la fiesta (9:10) y se refiere específicamente a sí mismo como recaudador de impuestos (10:3).

Fecha: Por los años 37 ó 40 d. de C., poco después de la resurrección del Señor (28:15) y antes de la destrucción del templo (24:2).

Lugar: Probablemente en la tierra de Judea.

Destinatarios: Los judíos en general, según lo demuestra la falta de explicaciones acerca de las costumbres y fiestas judías (15:2, cfr. Mr. 7:2-3; Mt. 26:17, cfr. Mr. 14:12).

Tema:
El Evangelio del reino:
comprueba que Jesucristo es el Salvador-Rey

CAPITULO 1

I. Los antepasados y la condición del Rey
1:1—2:23

A. Su genealogía y Su cargo: llamado el Cristo
1:1-17

1 Libro de la [a]genealogía de [1b]Jesucristo[2], [3c]hijo de David,
[4d]hijo de Abraham.

1[a] Lc. 3:23-38; cfr. Gn. 5:1
1[b] Mt. 1:16-17
1[c] 2 S. 7:12-14; Mt. 9:27; 12:23; 15:22; 20:30, 31; 21:9, 15; 22:42, 45; Lc. 1:32; Jn. 7:42; Ro. 1:3; Ap. 22:16
1[d] Gn. 22:18; Gá. 3:16

1[1] El primer nombre que se menciona en el Nuevo Testamento y también el último (Ap. 22:21) es Jesús, lo cual comprueba que el tema y el contenido del Nuevo Testamento es Jesucristo.

La Biblia es un libro de vida, y esta vida es una persona viviente, el Cristo maravilloso y todo-inclusivo. El Antiguo Testamento presenta un cuadro en tipos y en profecías de esta maravillosa persona como Aquel que había de venir. Ahora, en el Nuevo Testamento, esta maravillosa persona ha venido. La primera página del Nuevo Testamento, al recomendarnos a esta maravillosa persona, nos da Su genealogía. Esta genealogía puede considerarse como un resumen del Antiguo Testamento, el cual en sí es una versión detallada de la genealogía de Cristo. Para entender la genealogía que se encuentra en Mateo, es necesario remontarse al origen y a la historia de cada incidente.

Cristo, como el admirable centro de toda la Biblia, es todo-inclusivo y tiene muchos aspectos. Al comienzo del Nuevo Testamento se presentan cuatro biografías que describen los cuatro aspectos principales del Cristo todo-inclusivo. El Evangelio de Mateo testifica que El es el Rey, el Cristo de Dios, del cual se habló en las profecías

2 Abraham engendró a [1a]Isaac; e Isaac engendró a [2b]Ja-
cob; y Jacob engendró a [3c]Judá y a sus [4d]hermanos;

2[a] Gn. 17:19; 21:3, 12; Ro. 9:7-9
2[b] Gn. 25:23-26; Ro. 9:10-13
2[c] Gn. 29:35; 49:8-10; 1 Cr. 5:2; He. 7:14; Ap. 5:5
2[d] Gn. 35:22-26; 37:26; 44:14; 49:2, 28; 50:24; 1 Cr. 5:2

del Antiguo Testamento, y trae a la tierra el reino de los cielos. El Evangelio de Marcos nos dice que El es el Siervo de Dios, que trabaja fielmente para Dios. El relato de Marcos es muy sencillo, porque a un siervo no se le hace un registro detallado. El Evangelio de Lucas presenta una descripción completa de El como el único hombre cabal y normal que ha vivido en la tierra; como tal, El es el Salvador de la humanidad. El Evangelio de Juan revela que El es el Hijo de Dios, Dios mismo, quien es vida para el pueblo de Dios. De los cuatro evangelios, sólo Mateo y Lucas nos dan la genealogía de Cristo; Marcos y Juan no lo hacen. Para testificar que Jesús es el Rey, el Cristo de Dios mencionado en las profecías del Antiguo Testamento, Mateo necesita mostrarnos los antecesores y la condición de este Rey, a fin de comprobar que El es el sucesor legítimo al trono de David. Para demostrar que Jesús es un hombre cabal y normal, Lucas necesita mostrar la genealogía de este hombre, a fin de atestiguar que El satisface todos los requisitos para ser el Salvador de la humanidad. Al darnos el registro de un siervo, Marcos no necesita contarnos el origen de tal persona. Para revelar que Jesús es Dios mismo, Juan tampoco necesita darnos la genealogía humana del Señor; al contrario, declara que Cristo como Verbo de Dios es el propio Dios que era en el principio.

El reino, en el cual Cristo es Rey, está compuesto de los descendientes de Abraham, que incluyen tanto a sus descendientes en la carne como a quienes lo son por la fe. Por lo tanto, la genealogía de Cristo en Mateo comienza con Abraham, el padre del linaje llamado, y no con Adán, el padre del linaje creado. El reino de Dios no es edificado con el linaje creado, el de Adán, sino con el linaje llamado, el de Abraham, que incluye a los israelitas verdaderos (Ro. 9:6-8) así como también a los que creen en Cristo (Gá. 3:7, 9, 29). Para comprobar, usando la genealogía de Jesús, que El es un hombre cabal, calificado para ser el Salvador de la humanidad, Lucas remonta esta genealogía a Adán, la primera generación de la humanidad.

1[2] En la genealogía de Jesús presentada por Lucas, la cual demuestra que el Señor es un hombre cabal, no se menciona el título *Cristo* (Lc. 3:23-38). Pero en la genealogía de Cristo presentada aquí por Mateo, la cual demuestra que El es el Rey, el Cristo de Dios, se menciona repetidas veces el título *Cristo* (vs. 1, 16-17).

1[3] Salomón como hijo de David es un tipo de Cristo, quien hereda el trono y el reino de David (2 S. 7:12-13; Lc. 1:32-33). Como tipo de Cristo, Salomón hizo principalmente dos cosas: edificó el templo de Dios en el reino (1 R. 6:2) y habló palabras de sabiduría (1 R. 10:23-24; Mt. 12:42). Cristo, en cumplimiento de este tipo, ahora edifica el verdadero templo de Dios, la iglesia, en el reino de Dios, y habla palabras de sabiduría.

1[4] Isaac como hijo de Abraham es un tipo de Cristo, quien hereda la promesa y la bendición que Dios dio a Abraham (Gn. 22:17-18; Gá. 3:16, 14). Isaac, como tipo de Cristo, también hizo principalmente dos cosas: (1) obedeció a su padre hasta la muerte y fue resucitado (Gn. 22:9-10; He. 11:19), y (2) se casó con Rebeca, una mujer gentil (Gn. 24:61-67). Cristo, en cumplimiento de este tipo, fue muerto, ofrecido a Dios, y resucitó de entre los muertos, y también escoge a la iglesia de entre los gentiles para que sea Su esposa.

2[1] Abraham engendró ocho hijos (Gn. 16:15; 21:2-3; 25:2). De estos ocho, solamente Isaac es contado como la simiente prometida (Ro. 9:7-8). Por lo tanto, Cristo es su descendiente para cumplir la promesa que Dios les hizo a Abraham y a Isaac (Gn. 22:18; 26:4).

2[2] Isaac engendró hijos gemelos, Esaú y Jacob (Gn. 25:21-26), pero

3 y Judá engendró de [1]Tamar a [2a]Fares y a Zara; y Fares
engendró a [b]Esrom; y Esrom engendró a Aram;
4 y Aram engendró a Aminadab; y Aminadab engendró
a Naasón; y Naasón engendró a Salmón;
5 y Salmón engendró de [1a]Rahab a Booz; y [2b]Booz engendró de [3c]Rut a Obed; y Obed engendró a [4d]Isaí;

sólo Jacob fue escogido por Dios (Ro. 9:10-13). Por lo tanto, Cristo como descendiente de Jacob cumple la promesa que Dios les hizo a Abraham, a Isaac y a Jacob (Gn. 22:18; 26:4; 28:14).

2[3] La primogenitura de la simiente prometida es la doble porción de la tierra, el sacerdocio y el reinado. Rubén, por ser el hijo primogénito de Jacob, debió haber heredado la primogenitura, pero la perdió por haberse contaminado (Gn. 49:3-4; 1 Cr. 5:1-2). La doble porción de la tierra fue dada a José a través de sus dos hijos, Manasés y Efraín (Jos. 16—17); el sacerdocio pasó a Leví (Dt. 33:8-10); y el reinado a Judá (Gn. 49:10; 1 Cr. 5:2). Por lo tanto, Cristo, el Rey del reino de Dios, es descendiente de Judá (He. 7:14), y como tal, hereda el reino.

2[4] En esta genealogía no se mencionan ni los hermanos de Isaac ni el de Jacob, sino solamente los hermanos de Judá, pues sólo a éstos escogió Dios.

3[1] En las generaciones de Adán no se menciona ninguna mujer (Gn. 5:1-32). Pero en esta genealogía de Cristo, hay cinco mujeres. Sólo una de estas cinco era una virgen pura: María, descendiente del linaje escogido. Cristo nació de ella directamente (v. 16). Entre las demás —Tamar, Rahab, Rut (v. 5) y Betsabé, la que había sido mujer de Urías (v. 6)—, algunas eran gentiles, otras se habían vuelto a casar, y tres de ellas incluso eran pecaminosas: Tamar cometió incesto; Rahab era prostituta; y Betsabé cometió adulterio. Esto indica que Cristo no sólo está relacionado con los judíos, sino también con los gentiles, y aun con personas pecaminosas, y que es el Salvador real de los pecadores típicos. Tamar era nuera de Judá. Judá engendró de ella a Fares y a Zara por incesto (Gn. 38:6-30). ¡Qué maldad!

3[2] Fares y Zara eran gemelos. En el momento del parto, Zara sacó la mano, y la partera la marcó con un hilo de grana, indicando que él sería el primogénito. Sin embargo, Fares le precedió y fue el primogénito (Gn. 38:27-30). Fares no fue escogido por el hombre, sino que fue enviado por Dios, lo cual comprueba que Dios hizo la elección y no el hombre.

5[1] Rahab era una prostituta de Jericó (Jos. 2:1), un lugar que Dios había maldecido a perpetuidad (Jos. 6:26). Después de que ella se volvió a Dios y al pueblo de Dios (Jos. 6:22-23, 25; He. 11:31) y se casó con Salmón, un príncipe de Judá, la tribu principal (1 Cr. 2:10-11), dio a luz a Booz, un varón piadoso, del cual procedió Cristo. No importa cuáles sean nuestros antecedentes, si nos volvemos a Dios y a Su pueblo y nos unimos a la persona apropiada en el pueblo de Dios, llevaremos el fruto apropiado y participaremos en el disfrute de la primogenitura de Cristo.

5[2] Booz redimió la herencia de su pariente y se casó con la viuda del mismo (Rt. 4:1-17). Con esto llegó a ser un grande y notable antepasado de Cristo.

5[3] El origen de Rut fue el incesto, pues ella pertenecía a la tribu de Moab (Rt. 1:4), fruto de la unión incestuosa que Lot tuvo con su hija (Gn. 19:30-38). Deuteronomio 23:3 prohibió que los moabitas entraran en la asamblea de Jehová, hasta la décima generación. Sin embargo, Rut no sólo fue aceptada por el Señor, sino que también llegó a ser uno de los más importantes antepasados de Cristo, porque buscó a Dios y al pueblo de Dios (Rt. 1:15-17; 2:11-12). No importa quiénes seamos ni cuáles sean

3[a] Gn. 38:6-30; 1 Cr. 2:4
3[b] Rt. 4:18-22; 1 Cr. 2:5, 9-12
5[a] Jos. 2:1; 6:22-23, 25; He. 11:31
5[b] Rt. 4:21, 13, 17
5[c] Rt. 1:15-17; 2:11-12; 4:10-13; cfr. Dt. 23:3
5[d] Rt. 4:22; 1 Cr. 2:12; Is. 11:1, 10

6 e Isaí engendró a [1a]David, el [2b]rey. Y David engendró a
[3c]Salomón de la *que había sido* [4d]*mujer* de Urías;
7 y Salomón engendró a [1a]Roboam; y Roboam engendró
a Abías; y Abías engendró a Asa;

6a 1 S. 16:1, 11-13; 17:12; Mt. 22:42-45; Hch. 13:22-23; Ro. 1:3; Ap. 22:16
6b Sal. 89:20, 27; 1 Cr. 29:1, 10, 29
6c 2 S. 12:24-25; 1 R. 1:17, 33-35, 39; 1 Cr. 29:22-25; cfr. Lc. 3:31
6d 2 S. 11:2-27; 1 R. 15:5; cfr. Sal. 51 título
7a vs. 7-10: 1 Cr. 3:10-14

---

nuestros antecedentes, mientras tengamos un corazón que busque a Dios y a Su pueblo, ocupamos una posición que nos permite ser aceptados en la primogenitura de Cristo.

Rahab, la madre de Booz, era cananea y prostituta, y Rut, la mujer de Booz, era moabita, de origen incestuoso, y viuda. Ambas eran gentiles y de clase baja; no obstante, ellas están asociadas con Cristo. Cristo no sólo está unido a los judíos, sino también a los gentiles, aun a los de baja condición.

5[4] En Is. 11:1 se profetizó que Cristo sería "un retoño del tronco de Isaí, y un vástago de sus raíces" (lit.). Cristo salió de Isaí. Sin embargo, Is. 11:10 dice que Cristo es la raíz de Isaí, lo cual indica que Isaí salió de Cristo. Isaí produjo a Cristo; por estar arraigado en Cristo, hizo que El se extendiera.

6[1] David fue el octavo hijo de su padre, y fue elegido y ungido por Dios (1 S. 16:10-13). El número ocho significa resurrección. El hecho de que David, el octavo hijo, fue elegido por Dios, indica que está asociado con Cristo en resurrección. Además, era un varón conforme al corazón de Dios (1 S. 13:14) y trajo el reino de Dios para Cristo.

David fue la última generación de los patriarcas. Fue también el primero de las generaciones de los reyes. El fue la conclusión de una época y el principio de la siguiente. Marcó el cambio entre dos eras por haber traído el reino de Dios y estuvo estrechamente asociado con Cristo.

6[2] En esta genealogía, sólo David es llamado "el rey", pues por medio de él fueron establecidos el reino y el reinado.

6[3] Cuando David cometió asesinato y adulterio, fue reprendido por el profeta Natán, a quien Dios había enviado intencionalmente para condenarlo (2 S. 12:1-12). Al ser condenado, David se arrepintió. El salmo 51 relata su arrepentimiento. Se arrepintió y Dios lo perdonó (2 S. 12:13). Luego engendró a Salomón (2 S. 12:24). Por lo tanto, Salomón es el resultado de la transgresión y del arrepentimiento del hombre junto con el perdón de Dios.

La genealogía presentada por Mateo dice que David engendró a Salomón, pero la genealogía presentada por Lucas dice que Natán fue hijo de David (Lc. 3:31). En 1 Cr. 3:5 vemos que Natán y Salomón eran dos personas distintas. Lucas enumera los descendientes de Natán, el hijo de David que fue el antepasado de María; mientras que Mateo presenta los descendientes de Salomón, el hijo de David que fue el antepasado de José. Una de las genealogías es el linaje de María, la esposa; la otra es el linaje de José, el esposo. Tanto María como José eran descendientes de David. Por la soberanía de Dios ellos se unieron en matrimonio, de modo que por medio de María, José quedó indirectamente asociado con Cristo. Cristo puede ser contado como descendiente de David tanto por linaje de Salomón como por linaje de Natán. Por lo tanto, tiene dos genealogías.

En realidad, Salomón no fue un antepasado directo de Cristo. Su relación con Cristo fue indirecta, por medio del matrimonio de su descendiente José y María, de la cual nació Cristo (v. 16). El Antiguo Testamento no dijo que Cristo sería descendiente de Salomón, sin embargo sí profetizó repetidas veces que Cristo sería descendiente de David (2 S. 7:13-14; Jer. 23:5). Aunque Cristo no fue descendiente directo de Salomón, de todos modos se cumplieron las profecías del Antiguo Testamento acerca de Cristo como descendiente de David.

6[4] Urías era heteo, un pagano, y

8 y Asa engendró a Josafat; y Josafat engendró a Joram;
y [1]Joram engendró a Uzías;
9 y Uzías engendró a Jotam; y Jotam engendró a Acaz; y
Acaz engendró a Ezequías;
10 y Ezequías engendró a Manasés; y Manasés engendró
a Amón; y Amón engendró a Josías;
11 y [1]Josías engendró a [2a]Jeconías y a sus [3]hermanos en
el tiempo de la [4b]deportación a Babilonia.
12 Y después de la [1]deportación a Babilonia, Jeconías
engendró a [a]Salatiel; y Salatiel engendró a [2b]Zorobabel;

11[a] 1 Cr. 3:15-16; Jer. 22:28-30
11[b] 2 R. 24:14-17; 2 Cr. 36:10, 20; Jer. 27:20
12[a] 1 Cr. 3:17; Lc. 3:27
12[b] Esd. 3:2; 5:1-2; Neh. 12:1; Hag. 1:1; Zac. 4:7-10

---

su mujer era Betsabé (2 S. 11:3). David lo mató y tomó a Betsabé. Por consiguiente, ella volvió a casarse a consecuencia del asesinato y del adulterio (2 S. 11:26-27). David, un varón conforme al corazón de Dios, hizo lo recto ante los ojos del Señor todos los días de su vida, con excepción de este único mal (1 R. 15:5). Esta genealogía no dice "de Betsabé", sino "de la que había sido mujer de Urías", para subrayar este gran pecado de David, mostrando así que Cristo como Salvador real no solamente está relacionado con los paganos, sino también con los pecadores.

7[1] A partir de Roboam, el reino de David fue dividido (1 R. 11:9-12; 12:1-17). De las doce tribus, una fue preservada por causa de David (1 R. 11:13), es decir, por causa de Cristo. Cristo necesitaba el reino que pertenecía a la casa de David, porque tenía que nacer como heredero del trono de David.

Después de dividirse, el reino de David constaba de dos partes. La parte del norte fue llamada el reino de Israel (un nombre universal), y estaba compuesta de las diez tribus de Israel; la parte del sur fue llamada el reino de Judá (un nombre local), y estaba compuesta de dos tribus, Judá y Benjamín. Aunque el reino de Israel era más universal que el de Judá, ni un solo nombre de los reyes de Israel fue incluido en la genealogía de Cristo. Los reyes de Israel fueron excluidos porque no estaban asociados con Cristo. Estaban interesados en algo que no era Cristo.

8[1] En la genealogía consta que "Joram engendró a Uzías". Sin embargo, 1 Cr. 3:11-12 dice: "De quien fue hijo Joram, cuyo hijo fue Ocozías, hijo del cual fue Joás, del cual fue hijo Amasías, cuyo hijo fue Azarías" (el cual es Uzías, 2 R. 15:1, 13). Tres generaciones —Ocozías, Joás y Amasías— fueron omitidas. Esto ha de haber sido por el matrimonio maligno de Joram con la hija que tuvieron Acab y Jezabel, lo cual corrompió a los descendientes de Joram (2 Cr. 21:5-6; 22:1-4). Conforme al principio de Ex. 20:5, tres generaciones de los descendientes de Joram fueron cortadas de la genealogía de Cristo.

11[1] En la genealogía consta que "Josías engendró a Jeconías". Sin embargo, 1 Cr. 3:15-16 dice: "los hijos de Josías ... el segundo Joacim ... el hijo de Joacim: Jeconías su hijo" (lit.). Una generación —Joacim— fue omitida en la genealogía de Cristo. Esto debe de haber sido porque Joacim fue hecho rey por el faraón de Egipto, para quien recaudaba impuestos (2 R. 23:34-35).

11[2] Jeconías no fue contado como rey en la genealogía, porque nació durante el cautiverio y fue un cautivo (2 Cr. 36:9-10; Joaquín es Jeconías). Según la profecía de Jer. 22:28-30, ninguno de los descendientes de Jeconías heredaría el trono de David. Si Cristo hubiera sido un descendiente directo de Jeconías, no habría tenido derecho al trono de David. Aunque Jer. 22:28-30 dice que todos los descendientes de Jeconías están excluidos del trono de David, Jer. 23:5 dice que Dios

13 y Zorobabel engendró a Abiud; y Abiud engendró a
Eliaquim; y Eliaquim engendró a Azor;
14 y Azor engendró a Sadoc; y Sadoc engendró a Aquim;
y Aquim engendró a Eliud;
15 y Eliud engendró a Eleazar; y Eleazar engendró a
Matán; y Matán engendró a Jacob;
16 y [1]Jacob engendró a [2a]José, marido de [3b]María, de la
cual [c]nació [d]Jesús, quien es llamado el [4e]Cristo.

16[a] Lc. 1:27; 2:4; Mt. 1:18; cfr. Lc. 3:23
16[b] Lc. 1:27, 31-32, 34-35
16[c] Lc. 2:4-7
16[d] Mt. 1:21, 25
16[e] Mt. 16:16; 22:42; Jn. 1:41; 7:41-42; 20:31; Hch. 2:36

levantaría a David un Renuevo, un Rey que reinaría y prosperaría. El Renuevo es Cristo. Esta profecía confirma que Cristo sería descendiente de David, aunque no era descendiente directo de Jeconías, y que heredaría el trono de David.

11[3] En esta genealogía no se mencionan los hermanos de ninguno de los reyes. No obstante, aquí se mencionan los hermanos de Jeconías, comprobando así que Jeconías no fue contado como rey en esta genealogía de Cristo.

11[4] Se refiere a la deportación de los hijos de Israel como cautivos a Babilonia. Así también en el v. 17.

12[1] Aun los que fueron llevados a Babilonia como cautivos fueron incluidos en este sagrado relato de la genealogía de Cristo, porque tenían una relación indirecta con Cristo por medio de María, esposa de uno de sus descendientes y madre de Jesús.

12[2] "Jeconías engendró a Salatiel; y Salatiel engendró a Zorobabel". Compárese este relato con el de 1 Cr. 3:17-19: "Los hijos de Jeconías ... Salatiel ... Pedaías ... Los hijos de Pedaías: Zorobabel...", lo cual muestra que Zorobabel fue hijo de Pedaías, hermano de Salatiel. Zorobabel no era hijo de Salatiel, sino sobrino, no obstante llegó a ser su heredero. Tal vez éste fue un caso conforme al principio de Dt. 25:5-6. Aun esa porción de Deuteronomio está relacionada con la genealogía de Cristo.

Zorobabel fue uno de los líderes que regresaron a Jerusalén del cautiverio de Babilonia (Esd. 5:1-2). El fue también un líder en la reedificación del templo de Dios (Zac. 4:7-10). El Antiguo Testamento predijo que Cristo, como descendiente de David, nacería en Belén (Mi. 5:2; Mt. 2:4-6). Si el pueblo de Dios no hubiera regresado del cautiverio, no habría sido posible que Cristo naciera en Belén. El mandato de Dios de que los cautivos regresaran no sólo tenía como fin la reedificación del templo de Dios, sino también hacer los preparativos para el nacimiento de Cristo en Belén. Cristo necesitaba que algunas personas estuvieran en el lugar apropiado para traerlo a la tierra la primera vez. Del mismo modo, para Su segunda venida, Cristo necesita que algunos de Su pueblo regresen del cautiverio a la vida apropiada de iglesia.

16[1] Aquí la genealogía dice: "Jacob engendró a José", pero Lc. 3:23 dice: "José, hijo de Elí". La narración de Lucas era "según la ley" (traducción literal de "según se creía" en Lc. 3:23), lo cual indica que José no era realmente hijo de Elí, sino que según la ley fue contado como su hijo. José era yerno de Elí, el padre de María. Este puede haber sido un caso conforme al principio de Nm. 27:1-8 y 36:1-12, donde el precepto hecho por Dios dice que si alguna familia sólo tenía hijas por herederas, la herencia debía pasar a las hijas, las cuales a su vez debían casarse con un hombre de su propia tribu, a fin de que la herencia quedara dentro de esa tribu. Incluso tal precepto del Antiguo Testamento está relacionado con la genealogía de Cristo, lo cual muestra que toda la Escritura es una narración acerca de Cristo.

16[2] Al llegar a este punto, esta genealogía no dice: "José engendró a Jesús", lo cual concordaría con lo dicho acerca de las personas anteriores;

La genealogía de Jesucristo

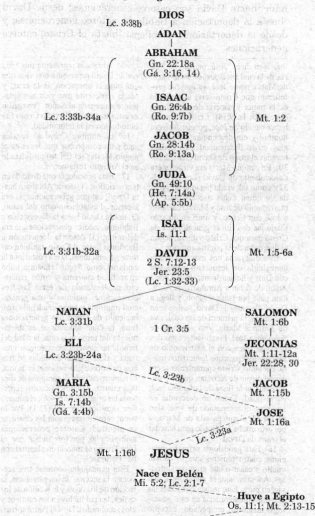

DIOS

Lc. 3:38b

ADAN

ABRAHAM
Gn. 22:18a
(Gá. 3:16, 14)

ISAAC
Gn. 26:4b
(Ro. 9:7b)

Lc. 3:33b-34a — Mt. 1:2

JACOB
Gn. 28:14b
(Ro. 9:13a)

JUDA
Gn. 49:10
(He. 7:14a)
(Ap. 5:5b)

ISAI
Is. 11:1

Lc. 3:31b-32a — Mt. 1:5-6a

DAVID
2 S. 7:12-13
Jer. 23:5
(Lc. 1:32-33)

1 Cr. 3:5

NATAN
Lc. 3:31b

ELI
Lc. 3:23b-24a

MARIA
Gn. 3:15b
Is. 7:14b
(Gá. 4:4b)

SALOMON
Mt. 1:6b

JECONIAS
Mt. 1:11-12a
Jer. 22:28, 30

JACOB
Mt. 1:15b

JOSE
Mt. 1:16a

Lc. 3:23b

Lc. 3:23a

Mt. 1:16b

JESUS

Nace en Belén
Mi. 5:2; Lc. 2:1-7

Huye a Egipto
Os. 11:1; Mt. 2:13-15

Crece en Nazaret
Mt. 2:21-23; Lc. 2:39-40, 51-52

17 De manera que [1]todas las generaciones desde Abraham [2]hasta David son catorce generaciones; desde David [3]hasta la deportación a Babilonia, catorce generaciones; y desde la deportación a Babilonia [4]hasta el Cristo, catorce generaciones.

---

más bien dice: "José, marido de María, de la cual nació Jesús". Jesús nació de María, no de José, ya que fue profetizado que Cristo sería la simiente de la mujer y nacería de una virgen (Gn. 3:15; Is. 7:14). Cristo no podía haber nacido de José, porque José era hombre y era descendiente de Jeconías, cuyos descendientes no podían heredar el trono de David (Jer. 22:28-30). En cambio María era virgen y era descendiente de David (Lc. 1:27, 31-32); como tal, era la persona apropiada de quien debía nacer Cristo. El matrimonio de José y María relacionó a José con Cristo, y unió en un solo linaje las dos líneas genealógicas de Cristo para que Cristo viniera, según el diagrama de la página anterior.

Este diagrama nos muestra que la genealogía de Jesucristo comienza con Dios y llega a Jesús. Va de Dios a Adán, de Adán a Abraham, de Abraham pasa por Isaac y Jacob, y llega a David. Después de David, se divide en dos líneas, la primera de las cuales va de Natán a María, y la segunda, de Salomón a José. Finalmente, estas dos líneas se unen con el matrimonio de María y José para que Jesucristo viniera. Por tanto, Cristo aparentemente era descendiente de Jeconías, quien parecía estar en la línea de la familia real; en realidad, Cristo no descendía de Jeconías, el antepasado de José, sino de David, el antepasado de María, y por esto estaba calificado para heredar el trono de David.

16[3] Esta genealogía primero menciona cuatro mujeres que se habían vuelto a casar o que eran pecaminosas. Además, aquí se menciona a una virgen pura. Esto indica que todas las personas mencionadas en esta genealogía nacieron en pecado, excepto Cristo, quien nació en santidad.

Abraham, David y María fueron las tres personas cruciales en producir a Cristo. Abraham representa una vida por fe; David representa una vida que está bajo la operación de la cruz; y María representa una vida absolutamente entregada al Señor. Por medio de estas tres clases de vidas Cristo fue introducido en la humanidad.

16[4] El nombre *Cristo* se recalca aquí para comprobar que Jesús es el propio Mesías (el Cristo) profetizado en el Antiguo Testamento.

17[1] Esta genealogía está dividida en tres períodos: (1) desde Abraham hasta David, catorce generaciones, la era anterior al establecimiento del reino; (2) desde David hasta la deportación a Babilonia, catorce generaciones, la era del reino; (3) desde la deportación a Babilonia hasta el Cristo, también catorce generaciones, la era posterior a la caída del reino. Según la historia, hubo en realidad cuarenta y cinco generaciones. Restando de éstas las tres generaciones malditas y una generación impropia y luego añadiendo una, haciendo de David dos generaciones (una, la edad anterior al establecimiento del reino, y la otra, la edad del reino), las generaciones suman cuarenta y dos, y están divididas en tres eras de catorce generaciones cada una. El número catorce se compone de diez más cuatro. El número cuatro representa las criaturas (Ap. 4:6); el número diez significa plenitud (25:1). Por lo tanto, catorce representa las criaturas en plenitud. Catorce generaciones multiplicadas por tres indica que el Dios Triuno se mezcla en plenitud con las criaturas.

Esta genealogía contiene tres secciones: la sección de los patriarcas, la sección de los reyes y la sección de los civiles, la cual incluye a los cautivos y a los recobrados. Dios el Padre corresponde a la sección de los patriarcas; Dios el Hijo, a la sección de los reyes; y Dios el Espíritu, a la sección de los

B. Su origen y Su nombre: Dios-hombre por nacimiento, de nombre Jesús, llamado Emanuel por los hombres 1:18-25

18 El [a]origen de Jesucristo fue así: Estando desposada
[b]María Su madre con José, antes que se juntasen, se halló
que estaba encinta por obra [1]del [c]Espíritu Santo.
19 Y José su marido, como era [1a]justo y no quería [b]exponerla a la vergüenza pública, quiso [2]despedirla secretamente.
20 Mientras consideraba esto, he aquí un [a]ángel del Señor
se le apareció en [b]sueños y le dijo: José, hijo de David, no
temas recibir a María tu mujer, porque lo [1]engendrado en
ella, [2]del [c]Espíritu Santo es.

18[a] Lc. 2:4-7
18[b] Lc. 1:27; 2:5
18[c] Lc. 1:35
19[a] Fil. 3:6
19[b] cfr. Dt. 22:20-21, 23-24
20[a] Lc. 1:11, 26; Hch. 10:3
20[b] Gn. 20:6; Nm. 12:6; Job 33:14-15; Mt. 2:12, 13, 19, 22; 27:19
20[c] Mt. 1:18

---

civiles. Esto también indica la mezcla del Dios Triuno con Sus criaturas humanas.

Tres por catorce es cuarenta y dos. Cuarenta es el número de pruebas, tentaciones y sufrimientos (He. 3:9; Mt. 4:2; 1 R. 19:8). Cuarenta y dos significa reposo y satisfacción después de la prueba. Los hijos de Israel pasaron cuarenta y dos estaciones antes de entrar en la buena tierra de reposo. El reino milenario vendrá como reposo después de los cuarenta y dos meses de la gran tribulación (Ap. 13:5). Después de todas las generaciones de pruebas, tentaciones y sufrimientos, Cristo vino como la cuadragésima segunda generación para ser nuestro reposo y satisfacción.

17[2] David es el fin de las generaciones de los patriarcas y el principio de las generaciones de los reyes. El fue la persona utilizada por Dios como la marca divisoria que concluiría la sección de los patriarcas y comenzaría la sección de los reyes.

17[3] En los tiempos de la degradación, no hubo ninguna persona que sirviera de marca divisoria para las generaciones, tal como lo fueron Abraham y David. Así que, la deportación vino a ser una marca, pero una marca de vergüenza.

17[4] La narración de Lucas comienza con Jesús y se remonta a Dios. La de Mateo comienza con Abraham y llega a Cristo. La crónica de Lucas se remonta a Dios; la de Mateo va en dirección opuesta hasta llegar a Cristo. Todas las generaciones estaban dirigidas hacia Cristo y trajeron a Cristo. Cristo es la meta, la consumación, la conclusión, el completamiento y la perfección de todas las generaciones; como tal, El cumple las profecías, resuelve los problemas y satisface las necesidades de estas generaciones. Cuando Cristo viene, trae consigo la luz, la vida, la salvación, la satisfacción, la sanidad, la libertad, el reposo, el consuelo, la paz y el gozo. De ahí en adelante, todo el Nuevo Testamento es una exposición completa de este Cristo maravilloso, quien es el todo para nosotros. ¡Aleluya, Cristo ha venido!

18[1] Lit., proveniente de. Aunque Cristo nació de María (v. 16), era hijo del Espíritu Santo. El nacimiento de Cristo procedió directamente del Espíritu Santo (v. 20). Su fuente fue el Espíritu Santo y Su elemento era divino. Por medio de la virgen María, El se vistió de carne y sangre, la naturaleza humana, tomando la semejanza de la carne (Ro. 8:3), la semejanza de los hombres (Fil. 2:7).

19[1] En aquel entonces un hombre justo debía andar en todos los mandamientos y ordenanzas del Señor (Lc. 1:6), es decir, vivir conforme a la ley de Dios con la expiación hecha por las ofrendas.

19[2] Lit., soltarla.

20[1] Dios primero se engendró en María mediante Su Espíritu; una vez

21[a] Is. 9:6
21[b] Mt. 1:25; Lc. 1:31; 2:21; Hch. 4:10, 12; Fil. 2:9-10; 1 Ti. 2:5
21[c] Lc. 2:11; Hch. 13:23; 1 Ti. 1:15; Tit. 2:14
22[a] Mt. 2:15, 17, 23; 8:17; 12:17; 13:35; 21:4; 26:54, 56; 27:9
23[a] Is. 7:14; Gn. 3:15; Gá. 4:4
23[b] Is. 8:8, 10
23[c] Jn. 1:14; 1 Ti. 3:16; Mt. 18:20; 28:20
25[a] Mt. 1:21
1[a] Lc. 2:4-7
1[b] Mt. 2:5-6

21 Y dará a luz un [a]hijo, y llamarás Su nombre [1b]Jesús,
porque El [c]salvará a Su pueblo de sus pecados.
22 Todo esto aconteció para que se [a]cumpliese lo dicho por
el Señor por medio del [1]profeta, cuando dijo:
23 "He aquí, una [a]virgen estará encinta y dará a luz un
[1]hijo, y llamarán Su nombre [2b]Emanuel" (que traducido es:
[c]Dios [3]con nosotros).
24 Y despertando José del sueño, hizo como el ángel del
Señor le había mandado, y recibió a su mujer.
25 Y no la conoció hasta que [1]dio a luz un hijo; y le puso
por nombre [a]Jesús.

CAPITULO 2

C. Su juventud y Su desarrollo: llamado nazareno
2:1-23

1. Los magos gentiles le buscan y le adoran
vs. 1-12

1 Cuando Jesús [a]nació en [1b]Belén de Judea en días del

realizada la concepción, El nació con la naturaleza humana, para ser un Dios-hombre, y así poseer tanto la divinidad como la humanidad. Este es el origen de Cristo.

20[2] Lit., proveniente de.

21[1] *Jesús* es el equivalente en el griego del nombre hebreo *Josué* (Nm. 13:16), el cual significa *Jehová el Salvador* o *la salvación de Jehová*. Por lo tanto, Jesús no sólo es un hombre, sino Jehová, y no sólo Jehová, sino Jehová como nuestra salvación. Así que, El es nuestro Salvador. El también es nuestro Josué, Aquel que nos introduce en el reposo (He. 4:8; Mt. 11:28-29), que es El mismo como la buena tierra para nosotros.

22[1] Una persona comúnmente considerada un vaticinador. Pero en las Escrituras es uno que habla por Dios, que proclama a Dios y que predice.

23[1] Este hijo, el hijo de la virgen, es la simiente de la mujer, de la que se profetizó en Gn. 3:15.

23[2] Jesús fue el nombre que Dios le dio, mientras que Emanuel, que significa *Dios con nosotros*, fue como los hombres le llamaron. Jesús el Salvador es Dios con nosotros. El es Dios y también es Dios encarnado para morar entre nosotros (Jn. 1:14). El no sólo es Dios, sino Dios con nosotros.

23[3] Cristo como el propio Emanuel no sólo estuvo con nosotros cuando vivió en la tierra, sino que también está con nosotros desde Su ascensión cada vez que estamos congregados en Su nombre (18:20). Además, El estará con nosotros todos los días, hasta la consumación del siglo (28:20).

25[1] El nacimiento de Cristo fue preparado y realizado por la soberanía de Dios. Dios en Su soberanía hizo que los antepasados de José y María regresaran del cautiverio en Babilonia a Judea, bajo el liderazgo de su antepasado Zorobabel (v. 12; Esd. 5:1-2). De nuevo, en Su soberanía Dios puso a José y a María en la misma ciudad, Nazaret (Lc. 1:26; 2:4). Además, Dios por Su soberanía unió a José y a María en matrimonio con el fin de traer a Cristo como heredero legítimo del trono de David.

1[1] Significa *casa del pan*.

rey [c]Herodes, he aquí llegaron del [d]oriente a Jerusalén unos [e]magos,

2 diciendo: ¿Dónde está el que ha nacido como [1a]Rey de los judíos? Porque vimos Su [2b]estrella cuando apareció, y hemos venido a [c]adorarle.

3 Oyendo *esto,* el rey Herodes se turbó, y toda Jerusalén con él.

4 Y habiendo convocado a todos los principales [1a]sacerdotes y a los [b]escribas del pueblo, inquiría de ellos dónde había de nacer el Cristo.

5 Ellos le dijeron: En [a]Belén de Judea; pues así está escrito por medio del profeta:

6 "[a]Y tú, Belén, tierra de Judá, de ninguna manera eres la menor entre los [1]príncipes de Judá, porque de ti saldrá un [b]gobernante, que [c]apacentará a Mi pueblo Israel".

2. El rey Herodes lo envidia
vs. 7-8

7 Entonces Herodes, llamando en secreto a los magos, se informó de ellos con precisión acerca del tiempo de la aparición de la estrella;

8 y enviándolos a Belén, dijo: Id e indagad con exactitud sobre el niño; y cuando le halléis, hacédmelo saber, para que yo también vaya y le adore.

9 Ellos, habiendo oído al rey, se fueron; y he aquí la [1a]estrella que habían visto aparecer les guiaba hasta que llegó y se detuvo sobre donde estaba el niño.

1[c] Lc. 1:5
1[d] cfr. Is. 41:2
1[e] cfr. Dn. 2:48
2[a] Jer. 23:5; 30:9; Zac. 9:9; Mt. 27:11; Lc. 19:38; 23:38; Jn. 1:49
2[b] Nm. 24:17; cfr. Ap. 22:16
2[c] Mt. 2:11; 4:10; Ap. 19:10
4[a] Mal. 2:7
4[b] Esd. 7:6
5[a] Jn. 7:42
6[a] Mi. 5:2
6[b] Gn. 49:10; 1 Cr. 5:2
6[c] Is. 40:11; Ez. 34:15, 23; 37:24; Jn. 10:11; He. 13:20
9[a] Mt. 2:2

2[1] Lo que Lucas relata con respecto a la juventud de Jesús comprueba que El es un hombre verdadero (Lc. 2:15-52), mientras que el relato de Mateo, a diferencia del de Lucas, testifica que Cristo es el Rey verdadero, el Cristo profetizado en las Escrituras.

2[2] Los judíos tenían las Escrituras acerca de Cristo, pero los magos del oriente vieron la estrella de Cristo (Nm. 24:17). Los judíos tenían un conocimiento mental de Cristo, escrito en letra muerta, mientras que los magos recibieron una visión viva con respecto a El. Después de recibir la visión viva, los magos fueron desviados por su concepto humano y fueron a Jerusalén, la capital de la nación judía, donde se esperaba que estuviese el rey de la nación. Este descarrío ocasionó la muerte de muchos niños (v. 16). Los magos fueron a Belén (vs. 8-9) después de ser corregidos por las Escrituras (vs. 4-6), y la estrella se les apareció de nuevo y les guió hasta el lugar donde estaba Cristo (vs. 9-10).

4[1] Los sacerdotes enseñaban la ley a la gente (Mal. 2:7), y los escribas conocían las Escrituras (Esd. 7:6). Tanto los sacerdotes como los escribas tenían el conocimiento acerca del nacimiento de Cristo (vs. 5-6), pero ellos, a diferencia de los magos del oriente, no tuvieron la visión, ni interés alguno en buscar a Cristo.

6[1] Significa ciudades.

9[1] Cuando los magos fueron corregidos por las Escrituras y reencauzados, la estrella se les apareció de

10 Y al ver la estrella, se regocijaron sobremanera *con*
gran gozo.
11 Y al entrar en la [1]casa, vieron al [a]niño con [b]María Su
madre, y postrándose, lo [2]adoraron; y abriendo sus tesoros,
le ofrecieron [3c]presentes: [d]oro, [e]olíbano y [f]mirra.
12 Pero instruidos *por Dios* en [a]sueños que no volviesen a
Herodes, regresaron a su tierra por [1]otro camino.

3. Huye a Egipto
vs. 13-15

13 Después que partieron ellos, he aquí un [a]ángel del
Señor se apareció en [b]sueños a José y le dijo: Levántate, y
toma al niño y a Su madre, y huye a [c]Egipto, y permanece
allí hasta que yo te diga; porque Herodes va a buscar al niño
para matarlo.
14 Y él, levantándose, tomó de noche al niño y a Su
madre, y se fue a Egipto,
15 y estuvo allí hasta la muerte de Herodes; para que se
[1a]cumpliese lo que dijo el Señor por medio del profeta cuando
dijo: "[b]De Egipto llamé a Mi [2c]Hijo".

4. El rey Herodes lo busca para matarlo
vs. 16-18

16 Herodes entonces, cuando se vio burlado por los magos, se enfureció sobremanera, y envió *hombres* y [1]mató a
todos los niños de dos años para abajo en Belén y en todos

11[a] Is. 9:6
11[b] Mt. 1:18; 12:46; Lc. 2:5-7
11[c] Sal. 72:10
11[d] Sal. 72:15; Is. 60:6
11[e] Cnt. 3:6; 4:6
11[f] Ex. 30:23; Sal. 45:8; Jn. 19:39
12[a] Mt. 1:20
13[a] Mt. 1:20
13[b] Mt. 1:20
13[c] Ex. 1:1
15[a] Mt. 1:22
15[b] Os. 11:1; Nm. 24:8
15[c] cfr. Ex. 4:22

---

nuevo. La visión viva siempre va a la par de las Escrituras.

11[1] Los pastores hallaron al niño Jesús, que todavía estaba en el pesebre (Lc. 2:16); después de esto, los magos del oriente vieron al niño en la casa.

11[2] Lo adoraron como adorarían a Dios (4:10).

11[3] Los presentes que los magos ofrecieron a Cristo fueron oro, olíbano y mirra. En figura, el oro es la naturaleza divina; el olíbano, la fragancia de la resurrección; y la mirra, la fragancia de la muerte. Indudablemente los magos ofrecieron estos presentes bajo la inspiración del Espíritu de Dios, para indicar el valor de la naturaleza divina de Cristo y lo preciosas que son Su resurrección y Su muerte. En los cuatro evangelios, los cuales son las biografías de Jesús, se ven en la vida de Jesús las cosas representadas por estos tesoros. Además, es posible que estos preciosos tesoros ofrecidos por los magos hayan provisto lo necesario para los viajes del Señor, de Judea a Egipto y de Egipto a Nazaret.

12[1] Una vez que vemos a Cristo, nunca tomamos el mismo camino, sino que tomamos otro camino.

15[1] El cumplimiento de la profecía acerca de Cristo en Os. 11:1 lo llevó a cabo Dios por medio del error que cometieron los magos al ir a Jerusalén. Dios es soberano aun en nuestros errores.

15[2] Esta profecía une a Cristo con Israel.

16[1] Este fue el primer martirio en el Nuevo Testamento relacionado con Cristo.

sus alrededores, conforme al tiempo que con precisión ave-
riguó de los magos.
17 Entonces se [a]cumplió lo que fue dicho por medio del 17[a] Mt. 1:22
profeta Jeremías, cuando dijo:
18 "[a]Voz fue oída en Ramá, llanto y lamento grande; [1]Ra- 18[a] Jer. 31:15
quel que llora a sus hijos, y no quiso ser consolada, porque
ya no existen".

5. Regresa para habitar en Nazaret
vs. 19-23

19 Pero después de muerto Herodes, he aquí un ángel del
Señor se apareció en [a]sueños a José en Egipto, 19[a] Mt. 1:20
20 diciendo: Levántate, toma al niño y a Su madre, y vete
a tierra de Israel, porque han [a]muerto los que acechaban [1]la 20[a] cfr. Ex. 4:19; Hch. 12:23
vida del niño.
21 Y él se levantó, y tomó al niño y a Su madre, y entró en
tierra de Israel.
22 Pero oyendo que Arquelao reinaba en Judea en lugar
de su padre Herodes, tuvo temor de ir allá. E instruido *por*
Dios en [a]sueños, se retiró a la región de [1b]Galilea, 22[a] Mt. 1:20
23 y vino y habitó en la ciudad que se llama [1a]Nazaret, 22[b] Lc. 2:39; Mt. 3:13; 4:15; Jn. 7:41, 52
para que se [b]cumpliese lo que fue dicho por medio de los
[2]profetas, que habría de ser llamado [3]nazareno.

23[a] Lc. 1:26; Mr. 1:9; Jn. 1:45-46
23[b] Mt. 1:22

18[1] Raquel fue sepultada en el camino de Belén (Gn. 35:19; 48:7). Ramá, situada en el territorio de Benjamín (Jos. 18:21-28), hijo de Raquel (Gn. 35:15-18), no estaba lejos de la tumba de Raquel. Los pequeños niños que Herodes mató son considerados hijos de Raquel en esta profecía poética.

20[1] Lit., el alma.

22[1] Galilea pertenecía a los gentiles (4:15) y era menospreciada por el pueblo (Jn. 7:41, 52). Cristo nació en la honorable Judea, pero fue criado en la menospreciada Galilea.

23[1] Bajo el arreglo soberano de Dios, Augusto César ordenó el primer censo del Imperio Romano (Lc. 2:1-3). Fue por causa de aquel censo que Cristo nació en Belén (Lc. 2:4-7) para cumplir la profecía acerca de Su nacimiento (Mi. 5:2). El permaneció allí un corto período. Luego, debido a la persecución de Herodes, fue llevado a Egipto (vs. 13-15) y después traído de nuevo a la tierra de Israel (vs. 19-21). Puesto que Arquelao reinaba sobre Judea en lugar de Herodes su padre, Cristo fue llevado a Nazaret, una ciudad menospreciada de Galilea (vs. 22-23; Jn. 1:45-46), y fue criado allí. Nació en la apreciada ciudad de Belén, pero creció en la menospreciada ciudad de Nazaret. Por lo tanto, fue llamado nazareno. Seguir a Cristo no sólo requiere que hagamos caso a lo que dicen las Escrituras acerca de El, sino también que prestemos atención a la dirección específica para el momento, como la que José tuvo en sus sueños. Poner atención solamente a las Escrituras sin hacer caso de dicha dirección puede impedir que reconozcamos a Cristo, tal como ocurrió a los sacerdotes y escribas judíos. Prestar

CAPITULO 3

II. El ungimiento del Rey
3:1—4:11

A. Recomendado
3:1-12

1 En aquellos días [1a]Juan el Bautista apareció en el [2b]desierto de Judea predicando,
2 y diciendo: [1a]Arrepentíos, porque el [2b]reino de los cielos se ha [3]acercado.

1[a] Mr. 1:4; Lc. 3:2-3; Jn. 1:6-7, 28; 10:40
1[b] Jue. 1:16
2[a] Mt. 4:17; Mr. 1:15; Lc. 3:3; 15:10; 24:47; Hch. 2:38; 20:21; 26:20
2[b] Mt. 4:17; 10:7; cfr. Mr. 1:15; Mt. 5:3, 10, 20; 7:21; 11:11; 13:24; 25:1; Dn. 2:44; 4:26

---

atención a la dirección específica para el momento requiere un corazón que siempre busque al Señor.

23[2] Véase la nota 22[1] del cap. 1.

23[3] La palabra *profetas,* en plural, indica que ésta no es una profecía particular, sino un resumen del significado de varias profecías, como por ejemplo la de Sal. 22:6-7. El título *Nazareno* tal vez se refiera al vástago en Is. 11:1, el cual en el hebreo es *netzer*. El vástago, el cual representa a Cristo, es un retoño que sale del tronco de Isaí, el padre de David. Cuando Jesús nació, el trono de David ya había sido derrocado. Esto quiere decir que el tronco real de David había sido cortado. Ahora un retoño nuevo brotó del tronco de Isaí y creció de sus raíces. El brote y el crecimiento de este retoño ocurrieron en una situación humillante. Jesús no nació en una casa de reyes reconocida y distinguida, ni tampoco creció en una ciudad famosa tal como Jerusalén, sino que nació en una casa pobre y creció en una ciudad menospreciada. Todo esto le hizo un nazareno, un vástago; no el vástago alto de un árbol majestuoso, sino un retoño aparentemente insignificante del tronco de Isaí.

1[1] La venida de Juan el Bautista puso fin a la dispensación de la ley (11:13; Lc. 16:16). La predicación del evangelio de paz empezó después del bautismo proclamado por Juan (Hch. 10:36-37). La predicación de Juan fue el comienzo del evangelio (Mr. 1:1-5). Por lo tanto, la dispensación de la gracia empezó con Juan.

1[2] La predicación de Juan el Bautista fue el inicio de la economía neotestamentaria de Dios. Juan no predicaba en el templo santo dentro de la ciudad santa, donde el pueblo religioso y culto adoraba a Dios según las ordenanzas bíblicas, sino en el desierto, de una manera "rústica", sin guardar ningún precepto viejo. Esto indica que la vieja manera de adorar a Dios según el Antiguo Testamento había sido rechazada, y que una nueva manera estaba a punto de iniciarse. Aquí la palabra *desierto* indica que el nuevo camino de la economía neotestamentaria de Dios es contrario a la religión y a la cultura. Además, indica que nada viejo quedó y que algo nuevo iba a ser edificado.

2[1] Arrepentirse es experimentar un cambio en la manera de pensar que lo lleva a uno a sentir remordimiento, o sea, a cambiar de propósito.

2[2] En la predicación de Juan el Bautista, arrepentirse, como comienzo de la economía neotestamentaria de Dios, indica tener un cambio de dirección hacia el reino de los cielos. Esto indica que la economía neotestamentaria de Dios está centrada en Su reino. Con este fin, debemos arrepentirnos, cambiar de actitud y de propósito. Antes buscábamos otras cosas, pero ahora nuestra única meta debe ser Dios y Su reino, el cual en Mateo (cfr. Mr. 1:15) es llamado específica e intencionalmente "el reino de los cielos". Según el contexto general del Evangelio de Mateo, el reino de los cielos es diferente del reino mesiánico. El reino mesiánico será el reino de David restaurado (el tabernáculo reedificado de David, Hch. 15:16), compuesto de los hijos de Israel, y

3 Pues éste es aquel de quien se habló por medio del
profeta Isaías, cuando se dijo: "[a]Voz de uno que clama en el
[1]desierto: [2b]Preparad el camino del Señor; [2]enderezad Sus
sendas".
4 Este mismo Juan tenía un vestido de [1a]pelo de camello,
y un [b]cinto de cuero alrededor de sus lomos; y su comida era
[1c]langostas y miel silvestre.

3[a] Is. 40:3; Mr. 1:3; Lc. 3:4; Jn. 1:23
3[b] Mal. 3:1; Mr. 1:2; Lc. 1:76
4[a] Mr. 1:6; Lv. 11:4; Dt. 14:7; cfr. Zac. 13:4
4[b] 2 R. 1:8
4[c] Lv. 11:22

---

será terrenal y físico en naturaleza; mientras que el reino de los cielos está constituido de los creyentes regenerados, y es celestial y espiritual. (Véase la nota 3[4] del cap. 5.)

2[3] Esto indica claramente que antes de la venida de Juan el Bautista, el reino de los cielos no había llegado. Aun después de la venida de Juan y durante su predicación, el reino de los cielos todavía no había llegado; sólo se había acercado. Cuando el Señor comenzó Su ministerio e incluso cuando envió a Sus discípulos a predicar, el reino de los cielos todavía no había llegado (4:17; 10:7). Por lo tanto, en la primera parábola del cap. 13, la parábola de la semilla (13:3-9), que representa la predicación del Señor, el Señor no dijo: "El reino de los cielos es (o, ha venido a ser) como..." El usa esta expresión a partir de la segunda parábola, la parábola de la cizaña (13:24), la cual indica el establecimiento de la iglesia en el día de Pentecostés. Mateo 16:18-19, donde las expresiones *iglesia* y *reino de los cielos* se usan de modo intercambiable, comprueba que el reino de los cielos vino cuando la iglesia fue establecida.

3[1] Conforme a las profecías, Juan el Bautista comenzó su ministerio en el desierto. Esto indica que la presentación de la economía neotestamentaria de Dios por Juan no fue casual, sino que había sido planeada y predicha por Dios mediante el profeta Isaías. Esto implica que Dios deseaba que Su economía neotestamentaria comenzara de una manera totalmente nueva.

3[2] El camino, semejante a una calle, y las sendas, semejantes a callejones, son una descripción del corazón del hombre con todas sus partes. Arrepentirse ante el Señor con todo el ser y con todo el corazón, y permitir que el Señor entre, equivale a preparar el camino del Señor. Permitir que el Señor llegue a ocupar cada parte de nuestro corazón, incluyendo la mente, la parte emotiva y la voluntad, equivale a enderezar las sendas del Señor. Por lo tanto, preparar el camino del Señor y enderezar Sus sendas equivale a cambiar nuestra perspectiva, volver nuestra mente hacia el Señor y hacer que nuestro corazón sea recto, a fin de que, mediante el arrepentimiento, cada parte y cada senda de nuestro corazón sea enderezada por el Señor a causa del reino de los cielos (Lc. 1:16-17).

4[1] Juan era sacerdote por nacimiento (Lc. 1:5, 13). Según los preceptos de la ley, él debía llevar la vestidura sacerdotal, hecha principalmente de lino fino (Ex. 28:4, 40-41; Lv. 6:10; Ez. 44:17-18), y debía alimentarse de la comida sacerdotal, la cual era principalmente flor de harina y la carne de los sacrificios ofrecidos a Dios por Su pueblo (Lv. 2:1-3; 6:16-18, 25-26; 7:31-34). Sin embargo, Juan hizo todo lo contrario. El vestía ropas de pelo de camello y tenía un cinto de cuero, y comía langostas y miel silvestre. Esto no era ni civilizado, ni culto y tampoco correspondía a los preceptos religiosos. Era un duro golpe a la mentalidad religiosa que una persona destinada al sacerdocio vistiera pelo de camello, porque el camello era considerado inmundo según los preceptos levíticos (Lv. 11:4). Además, Juan no vivió en un lugar civilizado, sino en el desierto (Lc. 3:2). Todo esto indica que había abandonado completamente la dispensación del Antiguo Testamento, la cual

5 En ese entonces salía a él [a]Jerusalén, y toda Judea, y
toda la región de alrededor del [b]Jordán,
6 y eran [1a]bautizados por él en el [2b]río Jordán, [c]confesan-
do sus pecados.
7 Al ver él que muchos de los [1a]fariseos y de los [2b]sadu-
ceos venían a su [c]bautismo, les decía: ¡Cría de [d]víboras!
¿Quién os enseñó a huir de la [e]ira venidera?
8 Haced, pues, frutos [a]dignos de arrepentimiento,
9 y no penséis decir dentro de vosotros mismos: Tenemos
por padre a [a]Abraham; porque yo os digo que Dios puede, de
estas [b]piedras, [1]levantar [c]hijos a Abraham.

5[a] Mr. 1:5
5[b] Lc. 3:3
6[a] Mr. 1:5; Lc. 3:3; Jn. 1:26
6[b] Jos. 3:15-17; 4:9
6[c] Hch. 19:18
7[a] Mt. 16:1, 6, 12; 23:13, 15
7[b] Mt. 22:23; Hch. 4:1; 5:17; 23:6-8
7[c] Lc. 3:7; Hch. 19:3-4
7[d] Mt. 12:34; 23:33; Lc. 3:7
7[e] Ro. 2:5; 5:9; 1 Ts. 1:10
8[a] Lc. 3:8; Hch. 26:20
9[a] Jn. 8:33, 39; Ro. 9:7
9[b] cfr. Lc. 19:40
9[c] Gá. 3:7, 29; Ro. 4:16

se había degradado hasta convertirse en una mezcla de religión y cultura humana. La intención de Juan era introducir la economía neotestamentaria de Dios, la cual está constituida únicamente de Cristo y del Espíritu de vida.

6[1] Bautizar significa sumergir, sepultar, en agua, la cual representa la muerte. Juan bautizaba para indicar que quien se arrepiente solamente sirve para ser sepultado. Esto significa también que a la vieja persona se le ha dado fin, para que haya un nuevo comienzo en resurrección, producido por Cristo como el dador de vida. Por lo tanto, después del ministerio de Juan, vino Cristo. El bautismo de Juan no solamente dio fin a los que se habían arrepentido, sino que también los llevó a Cristo para que tuvieran vida. En la Biblia el bautismo implica muerte y resurrección. Ser bautizado en agua equivale a ser puesto en la muerte y sepultado allí. Ser levantado del agua significa resucitar de la muerte.

6[2] El río Jordán fue el agua en donde las doce piedras que representaban a las doce tribus de Israel fueron sepultadas, y de donde fueron resucitadas y sacadas otras doce piedras, las cuales también representaban a las doce tribus de Israel (Jos. 4:1-18). Por lo tanto, bautizar a los hombres en el río Jordán representaba la sepultura del viejo ser y la resurrección del nuevo ser de ellos. Así como los hijos de Israel entraron en la buena tierra al cruzar el río Jordán, así también, al ser bautizados los creyentes, son introducidos en Cristo, la realidad de la buena tierra.

7[1] Los fariseos eran la secta religiosa más estricta de los judíos (Hch. 26:5). Esta secta se formó por el año 200 a. de C. Ellos estaban orgullosos de su vida religiosa superior, su devoción a Dios y su conocimiento de las Escrituras. En realidad, se habían degradado hasta ser pretenciosos e hipócritas (23:2-33).

7[2] Los saduceos eran otra secta del judaísmo (Hch. 5:17). Ellos no creían en la resurrección, ni en los ángeles, ni en los espíritus (22:23; Hch. 23:8). Tanto Juan el Bautista como el Señor Jesús condenaron a los fariseos y a los saduceos, calificándolos de cría de víboras (v. 7; 12:34; 23:33). El Señor Jesús advirtió a Sus discípulos acerca de las doctrinas de ellos (16:6, 12). Los fariseos eran considerados ortodoxos, mientras que los saduceos eran los modernistas antiguos.

9[1] Debido a la impenitencia de los judíos, tanto esta palabra como la palabra del v. 10 se han cumplido. Dios excluyó a los judíos y levantó a los creyentes gentiles, para que fueran descendientes de Abraham en la fe (Ro. 11:15a, 19-20, 22; Gá. 3:7, 28-29). Lo dicho por Juan en este versículo indica claramente que el reino de los cielos predicado por él no está constituido de los que son hijos de Abraham por nacimiento, sino de los que lo son por fe; por tanto, es un reino celestial, y no el reino terrenal del Mesías.

10 Y ya está puesta el hacha a la raíz de los árboles; por
tanto, todo [a]árbol que no da buen fruto es cortado y echado
en el [b]fuego.
11 Yo os bautizo en [a]agua para [b]arrepentimiento; pero [c]el
que viene tras mí, a quien yo no soy digno de llevarle las
[d]sandalias, es más fuerte que yo; El os bautizará en el
[e]Espíritu Santo y [1f]fuego.
12 Su [a]aventador está en Su mano, y limpiará completamente
Su era; y [b]recogerá Su [1]trigo en el granero, pero
quemará la [1]paja con [c]fuego inextinguible.

B. Ungido
3:13-17

13 Entonces Jesús vino de [a]Galilea a Juan al Jordán, para
ser [1b]bautizado por él.

11[1] Según el contexto, este fuego no es el fuego mencionado en Hch. 2:3, el cual está relacionado con el Espíritu Santo, sino el mismo fuego mencionado en los vs. 10 y 12, el del lago de fuego (Ap. 20:15), donde los incrédulos sufrirán perdición eterna. Lo que Juan les dijo aquí a los fariseos y a los saduceos implicaba que si ellos verdaderamente se arrepentían y creían en el Señor, El los bautizaría en el Espíritu Santo para que tuvieran vida eterna; de lo contrario, los bautizaría en fuego, echándolos en el lago de fuego como castigo eterno. El bautismo efectuado por Juan sólo tenía como fin que el hombre se arrepintiera y fuera conducido a la fe en el Señor. El bautismo realizado por el Señor puede traer vida eterna en el Espíritu Santo o perdición eterna en fuego. El bautismo efectuado por el Señor en el Espíritu Santo dio comienzo al reino de los cielos, al introducir a Sus creyentes en el reino de los cielos, mientras que Su bautismo en fuego concluirá el reino de los cielos, echando a los incrédulos en el lago de fuego. Por esto, el bautismo efectuado por el Señor en el Espíritu Santo, el cual se basa en Su redención, es el comienzo del reino de los cielos, mientras que el bautismo en fuego, el cual se basa en Su juicio, es el final de aquel reino. Así que, en este versículo hay tres clases de bautismo: el bautismo en agua, el bautismo en el Espíritu y el bautismo en fuego. El bautismo en agua efectuado por Juan introducía a la gente en el reino de los cielos. El bautismo en el Espíritu realizado por el Señor Jesús dio comienzo al reino de los cielos y lo estableció el día de Pentecostés, y lo llevará hasta su consumación al final de esta era. El bautismo en fuego que llevará a cabo el Señor, conforme al juicio del gran trono blanco (Ap. 20:11-15), concluirá el reino de los cielos.

12[1] Aquellos que son tipificados por el trigo, tienen vida por dentro. El Señor los bautizará en el Espíritu Santo y los recogerá en el granero en los aires por medio del arrebatamiento. Aquellos que son tipificados por la paja, al igual que la cizaña en 13:24-30, no tienen vida. El Señor los bautizará en fuego, echándolos en el lago de fuego. La paja aquí se refiere a los judíos impenitentes, mientras que la cizaña del cap. 13 se refiere a los cristianos nominales. El destino eterno de ambos será el mismo: la perdición en el lago de fuego (13:40-42).

13[1] Como hombre, el Señor Jesús

10[a] Mt. 7:19; Lc. 13:6-9
10[b] Mt. 3:12
11[a] Mr. 1:8; Lc. 3:16; Jn. 1:26; Hch. 1:5; Jn. 3:5
11[b] Hch. 13:24; 19:4
11[c] Jn. 1:15, 30; Hch. 13:25
11[d] Mr. 1:7; Lc. 3:16; Jn. 1:27
11[e] Mr. 1:8; Lc. 3:16; Jn. 1:33; Hch. 1:5; 2:4; 10:44-45; 11:15-16; 1 Co. 12:13
11[f] Mt. 3:10, 12; 25:41; Ap. 20:15
12[a] Lc. 3:17
12[b] Mt. 13:30; Ap. 14:15
12[c] Is. 66:24; Mt. 13:49-50; Ap. 20:15

13[a] Mt. 2:22 **13**[b] vs. 13-17: Mr. 1:9-11; Lc. 3:21-22; Jn. 1:31-34

14 Mas Juan procuraba impedírselo, diciendo: Yo *soy*
quien necesito ser bautizado por Ti, ¿y Tú vienes a mí?
15 Pero Jesús respondió y dijo: Permítelo por ahora, pues
conviene que [a]cumplamos así toda [1]justicia. Entonces se lo
permitió.
16 Y Jesús, [1]después que fue bautizado, en seguida subió
del agua; y he aquí los [2]cielos le fueron [a]abiertos, y vio al
[3]Espíritu de Dios descender como [4b]paloma y venir [c]sobre El.
17 Y he aquí, hubo una [a]voz de los cielos, que decía: [1]Este
es Mi [b]Hijo, el Amado, en quien [c]tengo complacencia.

CAPITULO 4

C. Puesto a prueba
4:1-11

1 Entonces [1]Jesús fue conducido por el Espíritu al [a]de-
sierto para ser [2b]tentado por el [3c]diablo.

15[a] Mt. 5:17-18
16[a] Gn. 28:17; Ez. 1:1; Jn. 1:51; Hch. 7:56; Ap. 4:1
16[b] Jn. 1:32; cfr. Cnt. 1:15; 2:14
16[c] Is. 11:2; 42:1; 61:1; Lc. 4:18; cfr. Jue. 6:34; 1 S. 16:13; Ez. 11:5; Hch. 1:8
17[a] Mt. 17:5; 2 P. 1:17; Jn. 12:28
17[b] Mt. 17:5; Mr. 9:7; Lc. 9:35
17[c] Is. 42:1; Mt. 12:18
1[a] vs. 1-11: Mr. 1:12-13; Lc. 4:1-13
1[b] He. 2:18; 4:15
1[c] Ap. 12:9; 20:10

vino a Juan el Bautista para ser bautizado conforme a la manera neotestamentaria de Dios. De los cuatro evangelios, sólo el de Juan no da constancia del bautismo del Señor, porque Juan testifica que el Señor es Dios.

15[1] Tener justicia consiste en ser recto al vivir, andar y obrar como Dios lo ordena. En el Antiguo Testamento, ser justo significaba guardar la ley que Dios había dado. Ahora Dios envió a Juan el Bautista a instituir el bautismo. Ser bautizado es también cumplir la justicia delante de Dios, es decir, satisfacer los requisitos de Dios. El Señor Jesús vino a Juan, no en calidad de Dios, sino como un hombre normal, un verdadero israelita. Por lo tanto, tenía que ser bautizado para guardar esta práctica dispensacional de Dios; de lo contrario, no habría sido recto delante de Dios.

16[1] El Señor fue bautizado no sólo para cumplir toda justicia conforme al plan de Dios, sino también para dejarse llevar a la muerte y a la resurrección a fin de poder ministrar, no según lo natural, sino según la resurrección. Al ser bautizado El pudo vivir y ministrar en resurrección aun antes de que ocurriera Su muerte y resurrección tres años y medio después.

16[2] Cuando el Señor fue bautizado para cumplir la justicia de Dios y ser puesto en la muerte y la resurrección, se puso a Su disposición tres cosas: los cielos abiertos, el Espíritu de Dios que descendió y el hablar del Padre. Hoy día sucede lo mismo con nosotros.

16[3] Antes de que el Espíritu de Dios descendiera y viniera sobre el Señor Jesús, El había nacido del Espíritu Santo (Lc. 1:35). Esto demuestra que al momento de Su bautismo El ya tenía el Espíritu de Dios dentro de Sí. El Espíritu estaba dentro de El para Su nacimiento. Ahora, para Su ministerio, el Espíritu de Dios descendió sobre El. Esto fue el cumplimiento de Is. 61:1; 42:1; Sal. 45:7 y se realizó para ungir al nuevo Rey y presentarlo a Su pueblo.

16[4] Una paloma es dócil, y sus ojos sólo pueden ver una cosa a la vez. Por lo tanto, representa docilidad y pureza en visión y propósito. Por haber descendido el Espíritu de Dios como paloma sobre el Señor Jesús, El pudo ministrar con docilidad y con un solo propósito, centrándose únicamente en la voluntad de Dios.

17[1] El descenso del Espíritu era el ungimiento de Cristo, mientras que el hablar del Padre atestiguaba que Cristo es el Hijo amado. Este es un cuadro

2 Y después de haber [a]ayunado [1b]cuarenta días y cuarenta noches, tuvo [c]hambre.
3 Y acercándose el [1a]tentador, le dijo: Si eres [2b]Hijo de
Dios, di que estas [3]piedras se conviertan en panes.
4 Mas El respondió y dijo: [1]Escrito está: "[2a]No sólo de
[3]pan vivirá el hombre, sino de toda [4b]palabra que sale de la
[5]boca de Dios".

2[a] Mt. 9:15; 17:21
2[b] Ex. 34:28; 1 R. 19:8; cfr. Dt. 8:2; 29:5
2[c] Mr. 11:12
3[a] 1 Ts. 3:5
3[b] Mt. 4:6; 27:40, 43; 8:29; 3:17; 14:33; 16:16; 27:54; Jn. 1:49; 20:31
4[a] Dt. 8:3
4[b] Jer. 15:16; Jn. 6:63; 2 Ti. 3:16

---

de la Trinidad Divina: el Hijo subió del agua; el Espíritu descendió sobre el Hijo; y el Padre habló del Hijo. Esto demuestra que el Padre, el Hijo y el Espíritu existen simultáneamente, lo cual tiene como fin la realización de la economía de Dios.

1[1] Después de ser bautizado en agua y ungido con el Espíritu de Dios, Jesús, como hombre, actuaba conforme a la dirección del Espíritu. Esto indica que Su ministerio real en Su humanidad estaba en conformidad con el Espíritu.

1[2] Primero, el Rey ungido fue conducido por el Espíritu para ser tentado por el diablo. Esta tentación fue una prueba para demostrar que El estaba capacitado para ser el Rey del reino de los cielos.

1[3] La palabra griega significa *acusador, calumniador* (Ap. 12:9-10). El diablo, Satanás, nos acusa delante de Dios y nos calumnia delante de los hombres.

2[1] Cuarenta días y cuarenta noches es un tiempo de prueba y sufrimiento (Dt. 9:9, 18; 1 R. 19:8). El Rey recién ungido fue conducido por el Espíritu a ayunar por este período para poder entrar en Su ministerio como Rey.

3[1] El tentador es el diablo (v. 1; 1 Ts. 3:5).

3[2] El Rey recién ungido ayunó en Su humanidad, manteniendo Su posición como hombre. Por otro lado, también era el Hijo de Dios, tal como Dios el Padre lo había declarado en el momento de Su bautismo (3:17). A fin de cumplir Su ministerio para el reino de los cielos, tenía que vencer al enemigo de Dios, al diablo, Satanás y tenía que hacerlo como hombre. Por lo tanto, mantuvo Su posición como hombre para enfrentarse al enemigo de Dios. El diablo, sabiendo esto, trató de inducirlo a dejar la posición de hombre y a tomar la posición de Hijo de Dios. Cuarenta días antes, Dios el Padre había declarado desde los cielos que el Rey era el Hijo amado del Padre. El sutil tentador tomó la declaración de Dios el Padre como base para tentarlo. Si delante del enemigo El hubiera asumido Su posición de Hijo de Dios, habría perdido la posición en la cual podía vencerlo. (Véase la nota 4[2].)

3[3] Hacer que las piedras se convirtieran en panes ciertamente habría sido un milagro. Esto fue propuesto por el diablo como una tentación. Muchas veces, el deseo de ver que se efectúe un milagro en ciertas situaciones es una tentación del diablo. El diablo tentó al primer hombre, Adán, con la comida (Gn. 3:1-6). Aquí tentó al segundo hombre, Cristo, con la misma cosa. El asunto de comer es una trampa que el enemigo siempre usa para atrapar al hombre, tentándole en sus necesidades más básicas.

4[1] El Rey recién ungido no hizo frente a la tentación del enemigo por medio de Sus propias palabras, sino por medio de las Escrituras.

4[2] El diablo tentó al nuevo Rey induciéndole a ocupar Su posición de Hijo de Dios. Pero El respondió con las palabras de las Escrituras: "El hombre...", indicando que mantenía Su posición como hombre para hacer frente al enemigo. Los demonios llaman a Jesús Hijo de Dios (8:29), sin embargo, los espíritus malignos no confiesan que Jesús vino en carne (1 Jn. 4:3), porque al confesar que Jesús es hombre, reconocerían que están derrotados. Aunque los demonios confiesan que Jesús es el Hijo de

5[a] Mt. 27:53; Neh. 11:1, 18; Is. 52:1; Dn. 9:24; Ap. 11:2
5[b] Mt. 23:17; Lc. 2:37
6[a] Mt. 4:3
6[b] Sal. 91:11-12
7[a] Dt. 6:16
8[a] Ap. 11:15
8[b] Jn. 12:31; 14:30
8[c] cfr. Dn. 4:30
9[a] Ap. 13:4

5 Entonces el diablo le llevó a la [a]santa ciudad, y le puso
en pie sobre el [1]pináculo del [2b]templo,
6 y le dijo: Si eres [a]Hijo de Dios, [1]échate abajo; porque
[2]escrito está: "[b]A Sus ángeles les encargará acerca de Ti, y,
en *sus* manos te sostendrán, no sea que tropiece Tu pie
contra una piedra".
7 Jesús le dijo: Escrito está [1]también: "[a]No [2]tentarás al
Señor tu Dios".
8 Otra vez le llevó el diablo a un monte muy alto y le
mostró todos los [1a]reinos del [b]mundo y la [c]gloria de ellos,
9 y le dijo: [1]Todo esto te daré, si postrándote me [a]adoras.

Dios, el diablo no permitirá que la gente crea que El es el Hijo de Dios, porque así las personas serían salvas (Jn. 20:31).

4[3] Esto indica que el Señor Jesús tomó la palabra de Dios, en las Escrituras, como Su pan y vivió de ella.

4[4] Gr. *réma,* la palabra para el momento, la cual difiere de *lógos,* la palabra constante. En esta tentación, todas las palabras que el Señor citó de Deuteronomio, eran *lógos,* la palabra constante de las Escrituras. Pero cuando El las citó, se convirtieron en *réma,* la palabra aplicada a Su situación.

4[5] Toda la Escritura es dada por el aliento de Dios (2 Ti. 3:16). Por tanto, las palabras de las Escrituras son las palabras que salen de la boca de Dios.

5[1] Las partes sobresalientes, que parecían alas, las cuales estaban en los lados izquierdo y derecho del pórtico frontal del templo; estas partes eran más altas que el templo mismo.

5[2] La primera vez que el diablo tentó al nuevo Rey usó el vivir humano. Derrotado en esto, la segunda vez que tentó al Rey usó la religión, induciéndole a arrojarse del pináculo del templo para demostrar que El era el Hijo de Dios.

6[1] No había necesidad de que el Señor Jesús hiciera esto. Sencillamente era una tentación para incitarle a mostrar que como Hijo de Dios podía obrar milagrosamente. Cualquier pensamiento de hacer milagros en la religión es una tentación del diablo.

6[2] Debido a que el Señor Jesús había derrotado al tentador citando las Escrituras, éste imitó la manera del Señor y le tentó citando también las Escrituras, aunque de manera sutil.

7[1] Citar las Escrituras acerca de cierto tema requiere que tengamos en cuenta todos los aspectos del mismo, a fin de ser salvaguardados del engaño del tentador. Esto fue lo que el nuevo Rey hizo aquí para contrarrestar la segunda tentación del tentador. Muchas veces necesitamos decirle al tentador: "Escrito está *también*".

7[2] La palabra griega significa *probar a lo sumo, poner a prueba completamente.*

8[1] Derrotado en su tentación en la esfera religiosa, el diablo presentó su tercera tentación al nuevo Rey, esta vez en la esfera de la gloria de este mundo. Le mostró todos los reinos del mundo y la gloria de ellos. La secuencia de las tentaciones del diablo es especialmente seductora en relación con los asuntos prácticos de la vida humana, puesto que en primer lugar, trata del vivir humano, en segundo lugar, de la religión, y en tercer lugar, de la gloria mundana.

9[1] Lucas 4:6 dice que los reinos del mundo y la gloria de ellos le fueron entregados al diablo; por lo tanto, a quien quiere los da. Satanás, cuando era arcángel, antes de su caída, fue designado por Dios como príncipe del mundo (Ez. 28:13-14). Por lo tanto, es llamado "el príncipe de este mundo" (Jn. 12:31) y tiene en su mano todos los reinos de este mundo y la gloria de ellos. En busca de adoración, él presentó todos estos reinos para tentar al

10 Entonces Jesús le dijo: ¡Vete, [1a]Satanás! Porque escrito
está: "[b]Al Señor tu Dios adorarás, y a El [2c]solo servirás".
11 El diablo entonces le [1]dejó; y he aquí se le acercaron
[2a]ángeles y le ministraban.

III. El ministerio del Rey
4:12—11:30

A. El comienzo del ministerio
4:12-25

12 Cuando *Jesús* oyó que [a]Juan había sido entregado, se
[1]retiró a [b]Galilea;
13 y dejando [a]Nazaret, vino y habitó en [b]Capernaum, que
está junto al mar, en la región de [c]Zabulón y de [d]Neftalí,
14 para que se cumpliese lo dicho por medio del profeta
Isaías cuando dijo:
15 "[a]Tierra de Zabulón y tierra de Neftalí, camino del
mar, al otro lado del Jordán, [1]Galilea de los gentiles;
16 el pueblo asentado en tinieblas vio [1]gran [a]luz; y a los
asentados en región y sombra de muerte, luz les amaneció".

Rey recién ungido. El Rey celestial venció esta tentación, pero el anticristo que viene no lo hará (Ap. 13:2, 4).

10[1] El nombre *Satanás,* que viene del hebreo, significa *adversario*. Satanás no solamente es el enemigo de Dios que está fuera del reino de Dios, sino también el adversario de Dios que está dentro del reino de Dios, donde se rebela contra Dios.

10[2] El nuevo Rey reprendió al diablo por su sugerencia y lo venció manteniéndose en la posición de hombre, en la cual se adora y se sirve solamente a Dios. Adorar o servir algo que no sea Dios con miras a obtener ganancia, siempre es la tentación que el diablo emplea para conseguir adoración.

11[1] El diablo tentó al primer hombre, Adán, con éxito, pero fracasó totalmente cuando tentó al segundo hombre, Cristo. Esto indica que el diablo no tendrá ningún lugar en el reino de los cielos del nuevo Rey.

11[2] Los ángeles se acercaron y ministraron al Rey que había sido tentado, quien aquí era un hombre en sufrimiento (cfr. Lc. 22:43).

12[1] Juan el Bautista ministraba en el desierto, y no en el templo santo de la ciudad santa; no obstante, su ministerio tenía lugar en Judea, no muy lejos de las cosas "santas". Puesto que el pueblo había rechazado a Juan, el Señor Jesús se retiró a Galilea para comenzar Su ministerio, muy lejos del templo santo y de la ciudad santa. Esto ocurrió bajo la soberanía de Dios para que se cumpliera la profecía de Is. 9:1-2.

15[1] Galilea tenía una población mixta de judíos y gentiles. Por lo tanto, era llamada "Galilea de los gentiles" y era menospreciada por los judíos ortodoxos (Jn. 7:41, 52). El Rey recién nombrado comenzó Su ministerio real para el reino de los cielos en ese lugar menospreciado, lejos de la capital del país, la majestuosa Jerusalén, con su templo sagrado, centro de la religión ortodoxa. Esto indica que el ministerio del Rey recién ungido traería el reino celestial, que era diferente del reino terrenal de David (el reino mesiánico).

10[a] Mt. 16:23; 1 Cr. 21:1; Job 1:6; Zac. 3:1; Ap. 12:9
10[b] Dt. 6:13
10[c] 1 S. 7:3
11[a] Lc. 22:43; Mt. 26:53; He. 1:14
12[a] Mt. 14:3; Mr. 1:14; Lc. 3:20; Jn. 3:24
12[b] Mr. 1:14; Lc. 4:14; Jn. 1:43; 2:11
13[a] Mt. 2:23; Jn. 1:45-46
13[b] Mt. 8:5; 11:23
13[c] Jos. 19:10-16
13[d] Jos. 19:32-39
15[a] Is. 9:1-2
16[a] Lc. 1:78-79; Jn. 1:5, 7-9; 8:12; 9:5; Is. 60:1-2

17 Desde entonces comenzó Jesús a proclamar, y a decir:
[1a]Arrepentíos, porque el reino de los cielos se ha acercado.
18 Y caminando *Jesús* [a]junto al [1]mar de Galilea, vio a dos
hermanos, [b]Simón, llamado Pedro, y Andrés su hermano,
[2]echando la [3]red en el mar, porque eran pescadores.
19 Y les dijo: [a]Venid en pos de Mí, y os haré pescadores de
hombres.
20 Y ellos, dejando al instante las redes, le [1a]siguieron.
21 Y pasando de allí, vio a otros dos hermanos, Jacobo *hijo*
de Zebedeo, y [a]Juan su hermano, en la barca con Zebedeo su
padre, [1]remendando sus redes; y los [b]llamó.
22 Y ellos, dejando al instante la barca y a su padre, le
[1a]siguieron.
23 Y recorrió Jesús toda Galilea, enseñando en las [1a]sina-
gogas de ellos, y proclamando el [2b]evangelio del reino, y
[c]sanando toda enfermedad y toda dolencia en el pueblo.

17[a] Mt. 3:2; 10:7; Mr. 1:15
18[a] vs. 18-22: Mr. 1:16-20; Lc. 5:1-11
18[b] Jn. 1:40-42; Mt. 10:2; 16:16
19[a] Mt. 8:22; 9:9
20[a] Mt. 4:22; Mr. 10:28; Lc. 18:28
21[a] cfr. Jn. 1:35, 37, 40
21[b] Gá. 1:15
22[a] Mt. 4:20
23[a] Mt. 9:35; 13:54; Mr. 1:39; Lc. 4:44; Jn. 6:59
23[b] Mt. 9:35; 24:14; Mr. 1:14-15; Lc. 4:43; 8:1; 16:16
23[c] Mt. 8:16, 17; 9:35; Mr. 1:34; 6:55-56; Lc. 7:21; Hch. 10:38

16[1] El ministerio del nuevo Rey para el reino de los cielos no comenzó con poder terrenal, sino con luz celestial, la cual era el Rey mismo como la luz de vida que resplandecía en la sombra de muerte.

17[1] El nuevo Rey continuó la predicación de Su precursor, Juan el Bautista (3:2).

18[1] El ministerio del nuevo Rey no fue llevado a cabo en la capital, sino junto al mar. El ministerio de Su precursor comenzó a la orilla de un río y consistía en sepultar a los religiosos y terminar la religión de ellos. El ministerio del nuevo Rey comenzó junto al mar y consistía en pescar hombres que no eran muy religiosos, los cuales vivían cerca del mar y no en el lugar santo, y también en hacerlos pescadores de hombres para el establecimiento del reino de los cielos.

18[2] Cuando el Señor llamó a Pedro y a Andrés, éstos estaban echando la red en el mar. El hizo de ellos pescadores de hombres (v. 19). Con el tiempo, en el día de Pentecostés, Pedro llegó a ser el primer gran pescador para el establecimiento del reino de los cielos (Hch. 2:37-42; 4:4).

18[3] Lit., red en forma de arco.

20[1] Antes de este tiempo, en el lugar donde Juan el Bautista había predicado, Andrés, uno de los dos discípulos de Juan que estaban allí en aquel momento, había llevado a Pedro al Señor (Jn. 1:35-36, 40-42). Esa fue la primera vez que Andrés y Pedro se encontraron con el Señor. Aquí el Señor se encontró con ellos por segunda vez, esta vez junto al mar de Galilea. Ellos fueron atraídos por el Señor, la gran luz que resplandece en las tinieblas de muerte, y le siguieron para el establecimiento del reino de los cielos en la luz de vida.

21[1] Cuando el Señor llamó a Jacobo y a Juan, ellos estaban en una barca, remendando sus redes. Con el tiempo, Juan llegó a ser para la iglesia el que reparaba las rasgaduras de la iglesia por medio de su ministerio de vida. (Véanse sus tres epístolas y los caps. 2 y 3 de Apocalipsis.)

22[1] Uno de los dos discípulos de Juan el Bautista mencionados en Jn. 1:40 fue el apóstol Juan. Así que, él seguramente había conocido al Señor antes, en el lugar donde Pedro por primera vez se encontró con el Señor. Aquí, junto al mar de Galilea, lo vio por segunda vez. Juan y su hermano, al igual que Pedro y Andrés, fueron atraídos por el Señor y le siguieron.

23[1] Una sinagoga es un lugar donde los judíos leen y aprenden las Escrituras (Lc. 4:16-17; Hch. 13:14-15).

24 Y se difundió Su fama por toda Siria; y le trajeron
todos los que tenían dolencias, los afligidos por diversas
enfermedades y tormentos, los [a]endemoniados, epilépticos y
paralíticos; y los sanó.
25 Y le siguieron grandes [1a]multitudes de Galilea, de
[2]Decápolis, de Jerusalén, de Judea y del otro lado del Jordán.

CAPITULO 5

B. La promulgación de la constitución del reino
5:1—7:29

1. Con respecto a la naturaleza del pueblo del reino
5:1-12

1 Viendo las [a]multitudes, [1]subió al [b]monte; y cuando se
hubo sentado, se le acercaron Sus [2]discípulos.
2 Y [a]abriendo Su boca les enseñaba, diciendo:
3 [1]Bienaventurados los [2a]pobres en [3]espíritu, porque de
ellos es el [4b]reino de los cielos.

4:24[a] Mt. 8:16; 9:32
4:25[a] Mr. 3:7, 8
5:1[a] Mt. 4:25
5:1[b] Mt. 15:29; 17:1; 24:3; Mr. 3:13
5:2[a] Mt. 13:35
5:3[a] Sal. 51:17; Pr. 16:19; 29:23; Is. 57:15; 66:2; Lc. 6:20
5:3[b] Mt. 3:2; 4:17; 5:10

4:23[2] O, buenas nuevas, noticias de gozo. En este libro el evangelio es llamado “el evangelio del reino”. Incluye no solamente el perdón de pecados (cfr. Lc. 24:47) y la impartición de vida (cfr. Jn. 20:31), sino también el reino de los cielos (24:14) con el poder de la era venidera (He. 6:5), o sea el poder de echar fuera demonios y sanar enfermedades (Is. 35:5-6; Mt. 10:1). Tanto el perdón de pecados como la impartición de vida tienen como fin el reino.

4:25[1] Bajo el resplandor del nuevo Rey como la gran luz que alumbra en las tinieblas, grandes muchedumbres fueron atraídas y le siguieron con miras al reino de los cielos.

4:25[2] Un distrito de diez ciudades.

5:1[1] El nuevo Rey llamó a Sus seguidores junto al mar, pero El subió al monte para darles la constitución del reino de los cielos. Esto indica que necesitamos subir con El para poder comprender el reino de los cielos.

5:1[2] Cuando el nuevo Rey se sentó en el monte, Sus discípulos, y no las multitudes, se le acercaron para ser Su auditorio. Con el tiempo, no sólo los judíos que creían, sino también las naciones, los gentiles, que fueron hechas ciudadanos del reino (28:19), llegaron a ser Sus discípulos. Más tarde, los discípulos fueron llamados cristianos (Hch. 11:26). Por lo tanto, lo que el nuevo Rey habló en el monte, en los caps. 5—7, con respecto a la constitución del reino de los cielos, fue dirigido a los creyentes del Nuevo Testamento, y no a los judíos del Antiguo Testamento.

5:3[1] La palabra griega implica *dichosos*. También se puede traducir *benditos y dichosos*. Asimismo en los versículos siguientes. Lo dicho por el nuevo Rey, lo cual es la constitución del reino de los cielos, es una revelación del vivir espiritual y de los principios celestiales del reino de los cielos. Se compone de siete secciones. La primera sección, los vs. 3-12, describe la naturaleza del pueblo del reino de los cielos, pueblo que disfruta de nueve bendiciones. Ellos son pobres en espíritu, lloran por la situación reinante, son mansos al sufrir oposición, tienen hambre y sed de justicia, son misericordiosos para con los demás, tienen un corazón puro, hacen la paz, padecen persecución por causa de la justicia, y son vituperados y deshonrados por causa del Señor.

4a Is. 61:2-3; Lc. 6:21; Jn. 16:20
4b 2 Co. 1:7

4 Bienaventurados los que [1a]lloran, porque ellos serán [2b]consolados.

3[2] Ser pobre en espíritu no sólo significa ser humilde, sino también desprendido en el espíritu, en lo profundo del ser, sin aferrarse a las cosas viejas de la vieja dispensación, sino descargándose de todo eso para recibir las cosas nuevas, las cosas del reino de los cielos.

3[3] La palabra *espíritu* aquí no se refiere al Espíritu de Dios, sino a nuestro espíritu humano, la parte más profunda de nuestro ser, el órgano con el cual tenemos contacto con Dios y conocemos las cosas espirituales. Para comprender y poseer el reino de los cielos necesitamos ser pobres, desprendidos, descargados, en esta parte de nuestro ser. Esto implica que el reino de los cielos no es material, sino espiritual.

3[4] *Reino de los cielos* es una expresión usada exclusivamente por Mateo, lo cual indica que el reino de los cielos es diferente del reino de Dios (véase el diagrama de las págs. 30-31), el cual es la expresión que se menciona en los otros tres evangelios. El reino de Dios es el reinado general de Dios, desde la eternidad pasada hasta la eternidad futura. Abarca la eternidad sin principio, anterior a la fundación del mundo, los patriarcas elegidos (incluyendo el paraíso de Adán), la nación de Israel en el Antiguo Testamento, la iglesia en el Nuevo Testamento, el reino milenario venidero (incluyendo su parte celestial, es decir, la manifestación del reino de los cielos, y su parte terrenal, es decir, el reino mesiánico), y el cielo nuevo y la tierra nueva con la Nueva Jerusalén en la eternidad. El reino de los cielos es una sección específica dentro del reino de Dios, compuesta sólo de la iglesia hoy y de la parte celestial del reino milenario venidero. Así que, en el Nuevo Testamento, especialmente en los otros tres evangelios, el reino de los cielos, una sección del reino de Dios, también es llamado "el reino de Dios". En el Antiguo Testamento el reino de Dios, de modo general, ya estaba con la nación de Israel (21:43); el reino de los cielos, de modo específico, todavía no había llegado; sólo se acercó cuando vino Juan el Bautista (3:1-2; 11:11-12).

Según el Evangelio de Mateo, el reino de los cielos tiene tres aspectos: la realidad, la apariencia y la manifestación. La realidad del reino de los cielos es su contenido interior con respecto a su naturaleza celestial y espiritual, como fue revelado por el nuevo Rey, en el monte, en los caps. 5—7. La apariencia del reino de los cielos es el estado exterior y nominal del reino de los cielos, como lo reveló el Rey junto al mar en el cap. 13. La manifestación del reino de los cielos es la venida práctica del reino de los cielos en poder, como lo reveló el Rey en el monte de los Olivos en los caps. 24—25. Tanto la realidad como la apariencia del reino de los cielos están hoy en la iglesia. La realidad del reino de los cielos es la vida apropiada de iglesia (Ro. 14:17) que existe dentro de la apariencia del reino de los cielos conocida como la cristiandad. La manifestación del reino de los cielos es la parte celestial del reino milenario venidero, la cual en 13:43 es llamada el reino del Padre; la parte terrenal del reino milenario es el reino mesiánico, el cual en 13:41 es llamado el reino del Hijo del Hombre, y que es el tabernáculo de David restaurado, el reino de David (Hch. 15:16). En la parte celestial del reino milenario, la cual es el reino de los cielos manifestado en poder, los creyentes vencedores reinarán con Cristo por mil años (Ap. 20:4, 6); en la parte terrenal del reino milenario, la cual es el reino mesiánico en la tierra, el remanente de Israel que habrá sido salvo serán los sacerdotes y dicho remanente enseñará a las naciones a adorar a Dios (Zac. 8:20-23).

Si somos pobres en espíritu, el reino de los cielos es nuestro; hoy en la edad de la iglesia estamos en su realidad, y tendremos parte en su manifestación en la edad del reino.

5 Bienaventurados los [1a]mansos, porque ellos [2b]recibirán
la tierra por heredad.
6 Bienaventurados los que tienen hambre y [a]sed de [1b]jus-
ticia, porque ellos serán [2c]saciados.
7 Bienaventurados los [1a]misericordiosos, porque ellos
[2]recibirán misericordia.
8 Bienaventurados los de [1a]corazón puro, porque ellos
[2b]verán a Dios.
9 Bienaventurados los [1a]pacificadores, porque ellos serán llamados [2b]hijos de Dios.

5[a] Sal. 37:11; Ef. 4:2; Tit. 3:2; Jac. 3:13
5[b] Sal. 37:9; Ro. 4:13; He. 2:5-8
6[a] Sal. 42:1-2; Is. 55:1; Jn. 7:37
6[b] Mt. 5:10, 20; 1 Ti. 6:11; 2 Ti. 2:22
6[c] Sal. 22:26; 36:8
7[a] Mt. 18:33; Jac. 2:13
8[a] Sal. 24:4; Pr. 22:11; 2 Ti. 2:22
8[b] Job 42:5; Sal. 17:15; 1 Jn. 3:2-3
9[a] He. 12:14; Jac. 3:18
9[b] Ro. 8:14; 1 Jn. 3:1

4[1] Toda la situación del mundo está en contra de la economía de Dios. Satanás, el pecado, el yo, las tinieblas y la mundanalidad predominan entre toda la gente de la tierra. La gloria de Dios es afrentada; Cristo es rechazado; el Espíritu Santo es estorbado; la iglesia está desolada; el yo es corrupto, y el mundo entero es maligno. Dios quiere que nos aflijamos por tal situación.

4[2] Si lloramos conforme a Dios y Su economía, seremos consolados con la recompensa del reino de los cielos. Veremos el gobierno celestial de Dios rigiendo toda la situación negativa.

5[1] Ser manso consiste en no resistir a la oposición del mundo y sufrirla voluntariamente.

5[2] Si somos mansos y estamos dispuestos a sufrir la oposición del mundo en esta era, recibiremos la tierra por heredad en la era venidera, como se revela en He. 2:5-8 y Lc. 19:17, 19.

6[1] Aquí la justicia se refiere al hecho de ser justos en nuestra conducta. Para poder entrar en el reino de los cielos necesitamos tener hambre y sed de tal justicia y buscarla (vs. 10, 20).

6[2] Si tenemos hambre y sed de justicia, Dios nos concederá la misma justicia que buscamos, para que seamos saciados.

7[1] Ser justo es dar a alguien lo que merece, mientras que ser misericordioso es dar a alguien más de lo que merece. Por causa del reino de los cielos, no sólo debemos ser justos sino también misericordiosos.

7[2] Recibir misericordia es recibir más de lo que merecemos. Si tenemos misericordia de otros, el Señor tendrá misericordia de nosotros (2 Ti. 1:16, 18), especialmente en Su tribunal (Jac. 2:12-13).

8[1] Tener un corazón puro es tener un solo propósito, tener la meta singular de llevar a cabo la voluntad de Dios para Su gloria (1 Co. 10:31). Se tiene un corazón así para el reino de los cielos. Nuestro espíritu es el órgano con el cual recibimos a Cristo (Jn. 1:12; 3:6), mientras que nuestro corazón es el terreno donde Cristo crece como semilla de vida (13:19). Por causa del reino de los cielos necesitamos ser pobres en espíritu, ser desprendidos en nuestro espíritu, a fin de recibir a Cristo. Además, debemos tener un corazón puro y sencillo, para que Cristo crezca en nosotros sin impedimento.

8[2] Si somos puros de corazón al buscar a Dios, veremos a Dios. Ver a Dios es una recompensa para los de corazón puro. Esta bendición es tanto para hoy como para la era venidera.

9[1] Satanás, el rebelde, es el instigador de toda rebelión. Para estar en el reino de los cielos bajo su gobierno celestial, debemos procurar la paz entre los hombres (He. 12:14).

9[2] Nuestro Padre es el Dios de paz (Ro. 15:33; 16:20), y tiene una vida pacífica con una naturaleza pacífica. Si nosotros, los que hemos nacido de El, queremos ser pacificadores, debemos andar en Su vida divina y conforme a Su naturaleza divina. De esta manera expresaremos Su vida y

DIAGRAMA DE
ENTRE EL REINO DE LOS

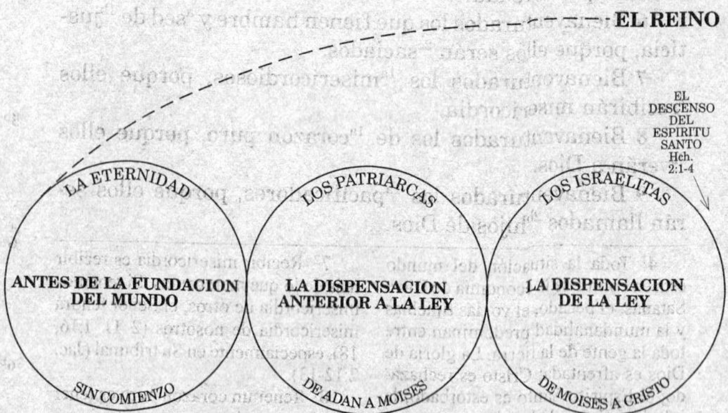

LA ETERNIDAD PASADA	DESDE LA CREACION DE ADAN HASTA LA PROMULGACION DE LA LEY	DESDE LA PROMULGACION DE LA LEY HASTA LA VENIDA DE LA GRACIA
Ef. 1:4 1 P. 1:20	Ro. 5:13-14	Jn. 1:17

LA DIFERENCIA
CIELOS Y EL REINO DE DIOS

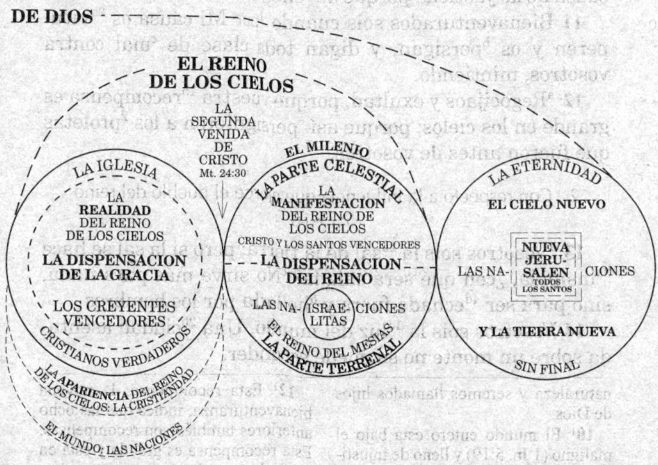

EL REINO DE LOS CIELOS SE HA ACERCADO Mt. 3:2; 4:17; 10:7 **EL COMIENZO DEL REINO DE LOS CIELOS** Mt. 16:18-19; 13:24; 22:2 **LA IGLESIA** 1 Ti. 3:15; Ef. 1:22b-23 **LA REALIDAD DEL REINO DE LOS CIELOS** Mt. 5—7 **LA APARIENCIA DEL REINO DE LOS CIELOS** Mt. 13:24-42	**EL MILENIO** Ap. 20:4-6 **(1) LA PARTE CELESTIAL** La manifestación del reino de los cielos Mt. 24:46-47; 25:19-23; Lc. 19:15-19; Ap. 2:26-27; 3:21; 2 Ti. 2:12 "El reino del Padre" Mt. 13:43 con Cristo y los santos vencedores como los reyes **(2) LA PARTE TERRENAL** El reino del Mesías 2 S. 7:13 "El tabernáculo de David" Hch. 15:16 El reino restaurado de Israel Hch. 1:6 "El reino del Hijo del Hombre" Mt. 13:41; Ap. 11:15 con: (a) los israelitas salvos Ro. 11:26-27; Zac. 12:10; Ez. 36:25-28 como los sacerdotes Zac. 8:20-23; Is. 2:2-3 y (b) las naciones restauradas Hch. 3:21 como el pueblo Mt. 25:32-34	**EL CIELO NUEVO Y LA TIERRA NUEVA** Is. 65:17; 66:22 2 P. 3:13 con: (1) la Nueva Jerusalén como centro administrativo He. 12:22 Ap. 21 (a) constituida de todos los santos redimidos y perfeccionados, los hijos de Dios Ap. 21:6-7 (b) estos santos perfeccionados son los reyes Ap. 22:5 y (2) las naciones depuradas son el pueblo Ap. 21:3-4, 24, 26; 22:2b

10 Bienaventurados los que [1a]padecen persecución por causa de la [b]justicia, porque de [2]ellos es el [c]reino de los cielos.

11 Bienaventurados sois cuando [1]por Mi causa os [2a]vituperen y os [b]persigan, y digan toda clase de [c]mal contra vosotros, mintiendo.

12 [a]Regocijaos y exultad, porque vuestra [1b]recompensa es grande en los cielos; porque así [c]persiguieron a los [2]profetas que fueron antes de vosotros.

2. Con respecto a la influencia que ejerce el pueblo del reino
5:13-16

13 [1]Vosotros sois la [2a]sal de la tierra; pero si la sal se hace [3b]insípida, ¿con qué será salada? [c]No sirve más para nada, sino para ser [4d]echada fuera y [5]hollada por los hombres.

14 Vosotros sois la [1a]luz del mundo. Una [2b]ciudad asentada sobre un monte no se puede esconder.

10[a] 1 P. 3:14
10[b] Mt. 5:6, 20
10[c] Mt. 5:3
11[a] Lc. 6:22; He. 13:13; 1 P. 4:14
11[b] Jn. 15:20
11[c] 2 Co. 6:8; Ro. 3:8
12[a] Lc. 6:23; Hch. 5:41; 1 P. 4:13
12[b] Mt. 16:27; He. 10:35
12[c] 2 Cr. 36:16; Mt. 23:37; Hch. 7:52; 1 Ts. 2:15
13[a] Lv. 2:13; 2 R. 2:20, 21; Col. 4:6
13[b] Mr. 9:50; Lc. 14:34
13[c] cfr. Gn. 19:26
13[d] Lc. 14:35; Mt. 25:30
14[a] Fil. 2:15; Ef. 5:8
14[b] cfr. Ap. 21:10

---

naturaleza y seremos llamados hijos de Dios.

10[1] El mundo entero está bajo el maligno (1 Jn. 5:19) y lleno de injusticia. Si tenemos hambre y sed de justicia, padeceremos persecución por causa de la justicia. Por causa del reino de los cielos, necesitamos pagar cierto precio por la justicia que buscamos.

10[2] Si pagamos un precio por buscar la justicia, el reino de los cielos llega a ser nuestro; hoy estamos en su realidad, y en la era venidera seremos recompensados con su manifestación.

11[1] La persecución mencionada en el v. 10, por causa de la justicia, se debe a que buscamos justicia; mientras que la persecución que se menciona en el v. 11 se debe a Cristo, el nuevo Rey, es decir, a que le seguimos a El.

11[2] Cuando vivimos para el reino de los cielos, en la naturaleza espiritual del reino y conforme a los principios celestiales del reino, somos vituperados, perseguidos y calumniados, principalmente por religiosos, quienes se aferran a sus conceptos religiosos y tradicionales. Los judíos fanáticos les hicieron todo esto a los apóstoles en los primeros días del reino de los cielos (Hch. 5:41; 13:45, 50; 2 Co. 6:8; Ro. 3:8).

12[1] Esta recompensa, la novena bienaventuranza, indica que las ocho anteriores también son recompensas. Esta recompensa es grande y está en los cielos; es una recompensa celestial, y no terrenal.

12[2] Véase la nota 22[1] del cap. 1.

13[1] La segunda sección de lo que el nuevo Rey habló en el monte, los vs. 13-16, trata de la influencia que el pueblo del reino de los cielos ejerce sobre el mundo. Ellos son la sal para la tierra corrompida, y la luz para el mundo entenebrecido.

13[2] La sal es por naturaleza un elemento que mata y elimina los microbios de corrupción. Para la tierra corrompida, el pueblo del reino de los cielos es el elemento que impide que la tierra sea completamente corrompida.

13[3] Hacerse insípido significa perder la capacidad de salar. Cuando el pueblo del reino se hace insípido, queda en la misma condición que la gente terrenal y ya no puede distinguirse de los incrédulos.

13[4] Ser echado fuera significa ser excluido del reino de los cielos (Lc. 14:35).

13[5] Ser hollado por los hombres es ser tratado como polvo.

14[1] La luz es el resplandor de una lámpara que ilumina a los que están en

15 Ni se enciende una [a]lámpara y se pone debajo de un [1]almud, sino sobre el [2b]candelero, y alumbra a todos los que están en la casa.
16 Así [a]alumbre vuestra luz delante de los hombres, para que vean vuestras [1b]buenas obras, y [2c]glorifiquen a vuestro [3]Padre que está en los cielos.

3. Con respecto a la ley del pueblo del reino
5:17-48

17 [1]No penséis que he venido para abolir la [a]ley o los profetas; no he venido para abolir, sino para [2b]cumplir.

15[a] Mr. 4:21; Lc. 8:16; 11:33
15[b] cfr. Ap. 1:20
16[a] Is. 58:8; 60:1, 3
16[b] 1 P. 2:12
16[c] Mt. 9:8; Jn. 15:8
17[a] Mt. 7:12
17[b] Ro. 10:4; 3:31; cfr. Ro. 8:4

tinieblas. Para el mundo entenebrecido, el pueblo del reino de los cielos es la luz que disipa las tinieblas del mundo. En naturaleza ellos son la sal sanadora, y en conducta son la luz resplandeciente.

14[2] Como luz resplandeciente, el pueblo del reino es semejante a una ciudad asentada sobre un monte, la cual no se puede esconder. Esto finalmente tendrá su consumación en la santa ciudad, la Nueva Jerusalén (Ap. 21:10-11, 23-24).

15[1] Un almud es un instrumento que se usa para medir grano. Una lámpara encendida colocada debajo de un almud no puede emitir su luz. El pueblo del reino, como lámpara encendida, no debe estar cubierto por un almud, algo relacionado con el alimento. La preocupación por el alimento hace que la gente tenga ansiedad (6:25).

15[2] La luz como una ciudad asentada en un monte alumbra a los de afuera, mientras que la lámpara encendida, puesta en el candelero, alumbra a los que están en la casa. Como una ciudad asentada en un monte, la luz no puede esconderse, y como la lámpara sobre el candelero, la luz no debe esconderse.

16[1] Las buenas obras constituyen la conducta del pueblo del reino; por medio de tales obras los hombres pueden ver a Dios y ser conducidos a El.

16[2] Glorificar a Dios el Padre es darle a El la gloria. La gloria es Dios expresado. Cuando el pueblo del reino expresa a Dios en su conducta y en sus buenas obras, los hombres pueden ver a Dios y darle gloria.

16[3] El título *vuestro Padre* comprueba que los discípulos, quienes formaban el auditorio del nuevo Rey, eran hijos regenerados de Dios (Jn. 1:12; Gá. 4:6).

17[1] La tercera sección de lo que dijo el Rey en el monte, los vs. 17-48, tiene que ver con la ley del pueblo del reino de los cielos.

17[2] Aquí, el hecho de que Cristo cumple la ley significa lo siguiente: (1) Cristo guardó la ley; y (2) por medio de Su muerte substitutiva en la cruz, Cristo satisfizo lo que requiere la ley; y (3) en esta sección Cristo ha complementado la vieja ley con Su nueva ley, como se afirma repetidas veces con la expresión: "Pero Yo os digo" (vs. 22, 28, 32, 34, 39, 44). Dado que Cristo guardó la ley, estaba calificado para cumplir los requisitos de la ley por medio de Su muerte sustitutiva en la cruz. Cuando Cristo cumplió los requisitos de la ley por medio de Su muerte sustitutiva en la cruz, liberó la vida de resurrección que complementó la ley, que suplió lo que faltaba a la ley. Se acabó la vieja ley, la ley inferior, junto con su exigencia de que la guardáramos y su requisito de que el hombre fuera castigado. Ahora los ciudadanos del reino, como hijos del Padre, sólo deben cumplir la nueva ley, la ley superior, por medio de la vida de resurrección, la cual es la vida eterna del Padre. La vieja ley fue dada por medio de Moisés, mientras que la nueva ley fue promulgada personalmente por Cristo.

18[a] Mt. 24:35; Lc. 16:17; He. 1:11-12; 2 P. 3:10; Ap. 21:1
19[a] Jac. 2:10
19[b] Mt. 11:11
19[c] Mt. 5:3
19[d] Mt. 18:1-4
20[a] Mt. 5:6, 10; Ap. 19:8
20[b] Mt. 7:21; 23:13; 25:21, 23; Hch. 14:22; cfr. Jn. 3:5

18 Porque de cierto os digo, que hasta que pasen el [1a]cielo
y la tierra, ni una [2]jota ni una [3]tilde pasará de la ley, hasta
que todo se haya cumplido.
19 Por tanto, cualquiera que anule uno de estos [1]manda-
mientos aunque sea uno de los más [a]pequeños, y así enseñe
a los hombres, será llamado el [b]más pequeño en el [c]reino de
los cielos; mas cualquiera que los practique y los enseñe, éste
será llamado [d]grande en el reino de los cielos.
20 Porque os digo que si vuestra [1a]justicia no supera a la
de los [2]escribas y fariseos, no [3b]entraréis en el reino de los
cielos.

La ley tiene dos aspectos: sus mandamientos y su principio. Los mandamientos fueron cumplidos y complementados por la venida del Señor, mientras que el principio fue reemplazado por el principio de la fe según la economía neotestamentaria de Dios.

18[1] Después del reino milenario, el primer cielo y la primera tierra pasarán cuando vengan el cielo nuevo y la tierra nueva (Ap. 21:1; He. 1:11-12; 2 P. 3:10-13). Lo que la ley abarca sólo se extiende hasta el final del reino milenario, mientras que lo que abarcan los profetas se extiende hasta el cielo nuevo y la tierra nueva (Is. 65:17; 66:22). Esta es la razón por la cual en el v. 17 se habla tanto de la ley como de los profetas, mientras que en el v. 18 sólo se menciona la ley, y no los profetas.

18[2] Equivalente griego de la letra hebrea *yod,* la letra más pequeña del hebreo, la cual tiene forma de coma.

18[3] Gr. *keraía,* un cuerno, una proyección; se refiere a una marca usada en el hebreo.

19[1] La palabra *mandamientos* aquí se refiere a la ley del v. 18. El pueblo del reino no sólo cumple la ley, sino que también la complementa. Así que, en realidad ellos no anulan ningún mandamiento de la ley.

20[1] La justicia mencionada aquí no sólo se refiere a la justicia objetiva, la cual es el Cristo que recibimos cuando creemos en El y somos justificados delante de Dios (1 Co. 1:30; Ro. 3:26); se refiere aun más a la justicia subjetiva, la cual es el Cristo que mora en nosotros expresado en nuestro vivir como nuestra justicia para que podamos vivir en la realidad del reino hoy y entrar en su manifestación en el futuro. Esta justicia subjetiva no se obtiene meramente cumpliendo la ley antigua, sino complementando la ley antigua mediante el cumplimiento de la nueva ley del reino de los cielos, la cual fue dada por el nuevo Rey aquí en este pasaje de la Palabra. La justicia del pueblo del reino, la cual es conforme a la nueva ley del reino, supera a la de los escribas y fariseos, que es conforme a la ley antigua. Es imposible que nuestra vida natural obtenga esta justicia insuperable, la cual sólo puede ser producida por una vida superior, la vida de resurrección de Cristo. Esta justicia, la cual es comparada al traje de boda (22:11-12), nos capacita para participar en las bodas del Cordero (Ap. 19:7-8) y para heredar el reino de los cielos en su manifestación, es decir, para entrar en el reino de los cielos en el futuro.

La justicia de los escribas y los fariseos es la justicia según la letra de la ley, la cual practicaron por sí mismos, conforme a la antigua ley de la letra; la justicia insuperable del pueblo del reino es la justicia de vida, la cual ellos expresan en su vivir al apropiarse de Cristo como su vida, conforme a la nueva ley de vida. Tanto en naturaleza como en nivel, la justicia de vida sobrepasa en gran manera a la justicia inerte practicada por los escribas y fariseos.

21 Oísteis que fue dicho a los antiguos: "[a]No matarás; y
cualquiera que mate será reo de [b]juicio".

22 Pero [1]Yo os digo que todo el que se [2a]enoje con su
[3]hermano será reo de [4b]juicio; y cualquiera que diga: [5]Racá,
a su [3]hermano, será culpable ante el [6c]sanedrín; y cualquiera
que le diga: [7]Moreh, quedará expuesto a la [8d]Gehena de
fuego.

21[a] Ex. 20:13; Dt. 5:17

21[b] Dt. 16:18; 2 Cr. 19:5-6

22[a] 1 Jn. 3:15; Job 5:2; Sal. 37:8; Pr. 19:19; Ef. 4:26

22[b] Mt. 5:21

22[c] Mt. 10:17; 26:59; Mr. 15:1; Hch. 4:15; 5:21, 41

22[d] Mt. 5:29-30; 10:28; 18:9; Lc. 12:5

20[2] Véase la nota 4[1] del cap. 2.

20[3] Para entrar en el reino de Dios debemos ser regenerados, tener un nuevo comienzo de vida (Jn. 3:3, 5); pero entrar en el reino de los cielos requiere que después de ser regenerados tengamos la justicia insuperable en nuestro vivir. Entrar en el reino de los cielos significa vivir en su realidad hoy y participar en su manifestación en el futuro.

22[1] Lo que "oísteis" (vs. 21, 27, 33, 38, 43) es la ley de la vieja dispensación, pero lo que "Yo os digo" (vs. 22, 28, 32, 34, 39, 44) es la nueva ley del reino, que complementa la ley de la vieja dispensación.

22[2] La ley de la vieja dispensación confronta el acto, el asesinato (v. 21), pero la nueva ley del reino confronta el enojo, lo que lo lleva a uno a asesinar. Por lo tanto, la exigencia de la nueva ley del reino es más profunda que los requisitos de la ley de la vieja dispensación. Para satisfacer las exigencias de la nueva ley del reino, se necesita la vida superior, la vida de la nueva creación.

22[3] La palabra *hermano* comprueba que aquí el Rey está hablando a los creyentes.

22[4] Este versículo contiene tres clases de juicios. El primer juicio se efectúa en la puerta de la ciudad, y es un juicio por distrito. El segundo es el juicio del sanedrín, un juicio más alto. El tercero es el juicio de Dios, llevado a cabo por El mediante la Gehena de fuego, el juicio supremo. El nuevo Rey mencionó estas tres clases de juicio usando ejemplos del trasfondo judío, porque todo Su auditorio era judío. No obstante, con respecto al pueblo del reino, los creyentes del Nuevo Testamento, todos estos juicios se refieren al juicio del Señor en el tribunal de Cristo, según lo revelado en 2 Co. 5:10; Ro. 14:10, 12; 1 Co. 4:4-5; 3:13-15; Mt. 16:27; Ap. 22:12; He. 10:27, 30. Esto revela claramente que los creyentes neotestamentarios, aunque hayan sido perdonados por Dios para siempre, siguen sujetos al juicio del Señor, un juicio que no es para perdición sino para disciplina, si pecan contra la nueva ley del reino presentada aquí. Sin embargo, cuando pecamos contra la nueva ley del reino, si nos arrepentimos y confesamos nuestros pecados, somos perdonados y limpiados por la sangre del Señor Jesús (1 Jn. 1:7-9).

22[5] Es decir, tonto, inútil. Una expresión despectiva.

22[6] El sanedrín era un concilio compuesto de los principales sacerdotes, los ancianos, los intérpretes de la ley y los escribas. Era la corte suprema de los judíos (Lc. 22:66; Hch. 4:5-6, 15; 5:27, 34, 41).

22[7] Es decir, insensato. Una expresión hebrea de condenación usada para referirse a un rebelde (Nm. 20:10). Esta expresión es más dura que "racá", una expresión despectiva.

22[8] *Gehena,* el valle de Hena; equivalente de la palabra hebrea *Gehinnom,* valle de Hinom. También llamado Tofet (2 R. 23:10; Is. 30:33; Jer. 19:13); es un valle profundo cerca de Jerusalén, usado como basurero de la ciudad, en el cual toda clase de inmundicias y los cuerpos de los criminales eran arrojados e incinerados. Debido a su fuego continuo, vino a ser el símbolo del lugar de castigo eterno, el lago de fuego (Ap. 20:15). Esta palabra también se usa en los vs. 29-30; 10:28; 18:9; 23:15,

23 Por tanto, si estás presentando tu [1a]ofrenda ante el
[2b]altar, y allí te acuerdas de que tu [c]hermano tiene [3]algo
contra ti,
24 deja allí tu ofrenda delante del altar, y ve, [1a]reconcília-
te [2]primero con tu hermano, y entonces ven y presenta tu
ofrenda.
25 Ponte a buenas con tu [1a]adversario [2]cuanto antes,
mientras estás con él [3]en el camino, no sea que el adversario
te [4]entregue al juez, y el juez al alguacil, y seas echado en la
cárcel.
26 De cierto te digo: De ningún modo [1]saldrás de allí,
hasta que [a]pagues el último [2]cuadrante.
27 Oísteis que fue dicho: "[a]No cometerás adulterio".
28 Pero Yo os digo que todo el que [a]mira a una mujer para
codiciarla, ya [b]adulteró con ella en su [1c]corazón.

23[a] Mt. 8:4; 23:18-19
23[b] Ex. 27:1; Lv. 1:9, 12
23[c] Mt. 18:15, 21
24[a] Ef. 4:32; Col. 3:13
25[a] Lc. 12:58
26[a] Lc. 12:59; Mt. 18:34
27[a] Ex. 20:14; Dt. 5:18
28[a] Job 31:1
28[b] 1 Co. 6:9; Gá. 5:19-21; Ef. 5:3-5
28[c] Mt. 15:19

33; Mr. 9:43, 45, 47; Lc. 12:5; Jac. 3:6.

23[1] Un sacrificio, tal como el sacrificio por el pecado, se hace para expiar el pecado, mientras que una ofrenda se presenta para tener comunión con Dios.

23[2] El altar era un mueble (Ex. 27:1-8) que estaba en el atrio del templo (1 R. 8:64). En este altar eran ofrecidos todos los sacrificios y ofrendas (Lv. 1:9, 12, 17). El Rey, al promulgar la nueva ley del reino, se refiere aquí a la ofrenda y al altar de la vieja dispensación, porque durante Su ministerio en la tierra, un período de transición, la ley ritual de la vieja dispensación todavía no se había terminado.

(En los cuatro evangelios, antes de la muerte y resurrección del Señor, El trataba a Sus discípulos como a judíos conforme a la ley antigua en los asuntos relacionados con las circunstancias exteriores; mientras que en asuntos referentes al espíritu y a la vida, los consideraba creyentes, constituyentes de la iglesia, conforme a la economía neotestamentaria.)

23[3] Aquí la frase *algo contra ti* debe de referirse a una ofensa causada por el enojo o reprimenda del v. 22.

24[1] O, haz las paces.

24[2] Primero debemos reconciliarnos con nuestro hermano para que ya no quede recuerdo de la ofensa y nuestra conciencia esté libre de ofensa. Luego podemos acercarnos con nuestra ofrenda al Señor y tener comunión con El, con una conciencia pura. El Rey del reino nunca permitirá que dos hermanos que no se hayan reconciliado participen de la realidad del reino ni reinen en su manifestación.

25[1] Es decir, demandante.

25[2] Ponerse a buenas cuanto antes, no sea que uno muera, o el adversario muera o el Señor regrese, de modo que uno quede sin oportunidad de reconciliarse con el otro.

25[3] *En el camino* indica que todavía estamos viviendo.

25[4] Esto sucederá en el tribunal de Cristo cuando El regrese (2 Co. 5:10; Ro. 14:10). El juez será el Señor, el alguacil será el ángel, y la cárcel será el lugar de disciplina.

26[1] La frase *saldrás de allí* (de la cárcel) se refiere a ser perdonado en la era venidera, el milenio.

26[2] Un cuadrante romano era una pequeña moneda de bronce, equivalente a la cuarta parte de un asarion, que equivalía a un centavo. Esto significa que debemos resolver aun el asunto más insignificante y muestra cuán estricta es la nueva ley.

28[1] La ley de la vieja dispensación confronta el acto exterior de adulterio,

29 Por tanto, si tu [a]ojo derecho te es causa de tropiezo, [1]sácalo, y échalo de ti; porque más provechoso te es que se pierda uno de tus miembros, y no que todo tu cuerpo sea echado en la [2b]Gehena.

30 Y si tu [a]mano derecha te es causa de tropiezo, [1]córtala, y échala de ti; porque más provechoso te es que se pierda uno de tus miembros, y no que todo tu cuerpo vaya a la [b]Gehena.

31 También fue dicho: [a]Cualquiera que [1]repudie a su mujer, que le dé carta de divorcio.

32 Pero Yo os digo que [1]todo el que [a]repudia a su mujer, a no ser por causa de [2]fornicación, hace que ella adultere; y el que se casa con la repudiada, comete adulterio.

33 Además, habéis oído que fue dicho a los antiguos: "[1a]No quebrantarás tus juramentos, sino que [2b]cumplirás al Señor tus juramentos".

34 Pero Yo os digo: [a]No juréis de ninguna manera; ni por el [1b]cielo, porque es el trono de Dios;

35 ni por la [a]tierra, porque es el estrado de Sus pies; ni [1]por Jerusalén, porque es la [b]ciudad del gran Rey.

36 Ni por tu cabeza jurarás, porque no puedes hacer blanco o negro ni un solo cabello.

29[a] Mt. 18:9; Mr. 9:47
29[b] Mt. 5:22
30[a] Mt. 18:8; Mr. 9:43
30[b] Mt. 5:22
31[a] Dt. 24:1, 3; Mt. 19:3-9
32[a] Mt. 19:9; Mr. 10:11-12; Lc. 16:18; Ro. 7:3
33[a] Lv. 19:12; Nm. 30:2
33[b] Dt. 23:21; Ec. 5:4-5
34[a] Jac. 5:12
34[b] Mt. 23:22; Is. 66:1; Hch. 7:49
35[a] Is. 66:1
35[b] Sal. 48:2

---

mientras que la nueva ley del reino toca el motivo interior del corazón.

29[1] El énfasis de la nueva ley del reino en este versículo y en el v. 30 indica la gravedad del pecado en relación con el reino de los cielos y la necesidad de quitar el motivo de pecado a toda costa. Las acciones que se describen en estos versículos no habían de llevarse a cabo literalmente; sólo pueden llevarse a cabo espiritualmente, según se revela en Ro. 8:13 y Col. 3:5.

29[2] Véase la nota 22[8]. Así también en el versículo siguiente.

30[1] Véase la nota 29[1].

31[1] Lit., libere. Así también en el versículo siguiente.

32[1] Lo que el Rey promulgó en los vs. 21-30 como nueva ley del reino complementó la ley de la vieja dispensación, mientras que lo proclamado por el Rey en los vs. 31-48 como nueva ley del reino cambió la ley de la vieja dispensación. Durante la vieja dispensación la ley acerca del divorcio fue promulgada a causa de la dureza del corazón del pueblo; esa ley no concordaba con el designio original de Dios (19:7-8). El nuevo decreto del Rey restauró el matrimonio a lo que era en el principio, a lo que Dios había planeado (19:4-6).

32[2] El vínculo matrimonial sólo puede ser roto por la muerte (Ro. 7:3) o la fornicación. Por lo tanto, divorciarse por cualquier otra razón es cometer adulterio.

33[1] O, No jurarás falsamente.

33[2] Lit., pagarás. Un juramento incluye un voto que debe pagarse. Así que, pagar el voto que hicimos al Señor es cumplir nuestros juramentos.

34[1] La nueva ley del reino prohibe categóricamente que el pueblo del reino jure —por el cielo, por la tierra, mirando hacia Jerusalén o por su propia cabeza— porque los cielos, ni la tierra, ni Jerusalén, ni su propia cabeza están bajo el control de ellos sino bajo el control de Dios.

35[1] Lit., hacia.

37 Sea, pues, vuestra palabra: [1a]Sí, sí; no, no; porque *lo que* va más allá de esto, [2]procede [3]del [b]maligno.

38 Oísteis que fue dicho: "[a]Ojo por ojo, y diente por diente".

39 Pero Yo os digo: [a]No resistáis al que es malo; antes bien, a cualquiera que te [b]abofetee en la mejilla derecha, [1]vuélvele también la otra;

40 y al que quiera [a]litigar contigo y quitarte la [1]túnica, déjale también la capa;

41 y a cualquiera que te obligue a ir una [1]milla, ve con él dos.

42 Al que te pida, [1a]dale; y al que quiera [b]tomar de ti prestado, no le des la espalda.

43 Oísteis que fue dicho: "[a]Amarás a tu prójimo, y aborrecerás a tu [b]enemigo".

44 Pero Yo os digo: [a]Amad a vuestros enemigos y [b]orad por los que os [c]persiguen;

45 para que seáis [1a]hijos de vuestro Padre que está en los cielos, que hace [b]salir Su sol sobre malos y buenos, y que [2]hace [c]llover sobre justos e injustos.

46 Porque si [a]amáis a los que os aman, ¿qué [1]recompensa tendréis? ¿No hacen también lo mismo los [2]recaudadores de impuestos?

37[a] Jac. 5:12; 2 Co. 1:18-20
37[b] Mt. 6:13; 13:19; Jn. 17:15; 1 Jn. 2:13; 5:18-19
38[a] Ex. 21:24; Lv. 24:20; Dt. 19:21
39[a] Ro. 12:14, 17; Pr. 20:22
39[b] Lc. 6:29; Is. 50:6; Lm. 3:30; Mt. 26:67
40[a] 1 Co. 6:7
42[a] Lc. 6:30; Dt. 15:7-10
42[b] Lc. 6:35; Sal. 37:26; 112:5
43[a] Lv. 19:18
43[b] Sal. 41:10-11
44[a] Lc. 6:27, 35; Ro. 12:20; Pr. 25:21-22
44[b] Lc. 23:34; Hch. 7:60
44[c] Ro. 12:14; 1 Co. 4:12
45[a] Lc. 6:35; Ef. 5:1; Fil. 2:15
45[b] Job 25:3
45[c] Hch. 14:17
46[a] Lc. 6:32-33

37[1] El hablar del pueblo del reino debe ser sencillo y veraz: "Sí, sí; no, no". No deben tratar de convencer a otros con muchas palabras; deben ser personas veraces y de pocas palabras.

37[2] O, es.

37[3] O, del mal.

39[1] Volver la otra mejilla al que le abofetee, dejar que el que pida la túnica se lleve también la capa (v. 40), e ir dos millas con el que lo obligue a ir una (v. 41), demuestra que las personas del reino tienen el poder de sufrir en vez de oponerse, y que también tienen el poder de andar no en la carne ni en el alma para su propio beneficio, sino en el espíritu, para el bien del reino.

40[1] Una prenda interior semejante a una camisa. Así también en todo el libro.

41[1] Una milla romana antigua, que equivale a mil pasos.

42[1] Dar al que pida y no volver la espalda al que quiera tomar prestado, demuestra que las personas del reino no están ni preocupadas ni poseídas por las cosas materiales.

45[1] El título *hijos de vuestro Padre* es una clara evidencia de que el pueblo del reino, que aquí es el auditorio que escuchaba la promulgación que el nuevo Rey dio en el monte, son los creyentes regenerados del Nuevo Testamento.

45[2] El Padre hace llover sobre justos e injustos durante la edad de la gracia, pero en la era venidera, es decir, en la edad del reino, no lloverá sobre los injustos (Zac. 14:17-18).

46[1] A las personas del reino que observen la nueva ley del reino en la

47 Y si saludáis a vuestros hermanos solamente, ¿qué hacéis de más? ¿No hacen también así los [a]gentiles?

48 Sed, pues, vosotros [1a]perfectos, [b]como vuestro Padre celestial es perfecto.

CAPITULO 6

4. Con respecto a las obras justas del pueblo del reino 6:1-18

1 [1]Guardaos de hacer vuestra [2]justicia [3]delante de los hombres, para ser [a]vistos por ellos; de otra manera no tendréis recompensa ante vuestro [4]Padre que está en los cielos.

47[a] Mt. 6:7, 32
48[a] Mt. 19:21; Fil. 3:12, 15; Col. 1:28; 4:12
48[b] Lc. 6:36
1[a] Mt. 6:5, 16; 23:5

realidad de éste se les dará una recompensa en la manifestación del reino. La recompensa es diferente de la salvación. Una persona puede ser salva y aun así no recibir recompensa. (Véase la nota 35[1] de He. 10.)

46[2] Personas que recaudaban los impuestos exigidos por los romanos. Casi todos ellos abusaban de su oficio exigiendo más de lo debido por medio de acusaciones falsas (Lc. 3:12-13; 19:2, 8). Pagar impuestos a los romanos causaba mucha amargura a los judíos. Los recaudadores de impuestos eran menospreciados por el pueblo y considerados indignos de respeto (Lc. 18:9-10). Así que, estaban en la misma categoría de los pecadores (9:10-11).

48[1] El hecho de que las personas del reino sean perfectas como lo es su Padre celestial, significa que son perfectas en el amor de El. Son los hijos del Padre, puesto que tienen la vida divina y la naturaleza divina del Padre. Por consiguiente, pueden ser perfectos como su Padre. La exigencia de la nueva ley del reino es mucho más alta que los requisitos de la ley de la vieja dispensación. Esta elevada exigencia sólo puede ser satisfecha por la vida divina del Padre, y no por la vida natural. El reino de los cielos tiene la norma más alta, y la vida divina del Padre es la provisión más alta para satisfacer dicha exigencia. El evangelio, en el libro de Mateo, primeramente presenta el reino de los cielos como la norma más alta y, finalmente, en el Evangelio de Juan, nos proporciona la vida divina del Padre celestial como la provisión más alta, por medio de la cual podemos vivir con la mayor excelencia del reino de los cielos. La exigencia de la nueva ley del reino en los caps. 5—7 es en realidad la expresión de la nueva vida, la vida divina, la cual está en el pueblo del reino. Esta exigencia abre el ser interior de las personas regeneradas, mostrándoles que pueden llegar a un nivel muy alto y tener un vivir muy elevado.

1[1] La cuarta sección de la promulgación del Rey en el monte, los vs. 1-18, tiene que ver con las obras justas del pueblo del reino.

1[2] Aquí la justicia denota las obras justas, tales como dar limosna (vs. 2-4), orar (vs. 5-15) y ayunar (vs. 16-18).

1[3] La carne del hombre, procurando glorificarse a sí misma, siempre quiere hacer buenas obras delante de los hombres para conseguir la alabanza de ellos. Pero a las personas del reino, quienes viven en un espíritu despojado y humillado, y andan bajo el gobierno celestial del reino con un corazón puro y sencillo, no les es permitido hacer nada en la carne para obtener la alabanza de los hombres; más bien deben hacerlo todo en el espíritu para agradar a su Padre celestial.

1[4] Para el pueblo del reino, Dios no sólo es su Dios, sino también su Padre; ellos no sólo fueron creados por Dios, sino también regenerados por el Padre. No sólo tienen la vida humana natural y creada, sino también la vida divina espiritual e increada. Así que, la nueva

2a Dt. 15:7-8; Sal. 112:9; Ro. 12:8; 2 Co. 9:9
2b Mt. 6:5; 7:5; 23:13, 14, 15, 25, 26, 27, 29
2c Jn. 5:41, 44; 12:43; 1 Ts. 2:6
4a Mt. 6:6, 18
4b Lc. 14:14
5a Mt. 6:2
5b Lc. 18:11; 20:47
6a 2 R. 4:32-33; Is. 26:20
6b Mt. 6:4, 18
7a 1 R. 18:26-29

2 Cuando, pues, [a]des limosna, no [1]toques trompeta delante de ti, como hacen los [2b]hipócritas en las [3]sinagogas y
en las calles, para ser [c]alabados por los hombres; de cierto os
digo que ya tienen toda su recompensa.
3 Mas cuando tú des limosna, no sepa tu [1]izquierda lo
que hace tu derecha,
4 para que sea tu limosna en [1a]secreto; y tu Padre, que
[2]ve en lo secreto, te [3b]recompensará.
5 Y cuando oréis, no seáis como los [a]hipócritas; porque
ellos aman el [b]orar en pie en las sinagogas y en las esquinas
de las calles, para ser vistos por los hombres; de cierto os
digo que ya tienen toda [1]su recompensa.
6 Mas tú, cuando ores, entra en tu [1]aposento, y [a]cerrada
la puerta, ora a tu Padre que está en secreto; y tu Padre, que
ve en lo [b]secreto, te recompensará.
7 Y orando, [1]no uséis vanas repeticiones, como los gentiles, que piensan que por su [a]palabrería serán oídos.

---

ley del reino, promulgada en el monte por el Rey, les es dada con la intención de que la guarden, no por su vida humana caída, sino por la vida eterna y divina del Padre, no con miras a obtener gloria de los hombres, sino a recibir la recompensa del Padre.

2[1] Ciertamente el espíritu del pueblo del reino, un espíritu gobernado por el cielo, los restringe y les impide tal jactancia.

2[2] Un actor de teatro, un imitador. Los actores griegos y romanos acostumbraban llevar máscaras grandes provistas de aparatos mecánicos que aumentaban la fuerza de su voz. Por tanto, un simulador. Así también en los versículos siguientes.

2[3] Véase la nota 23[1] del cap. 4. Así también en todo el libro.

3[1] Indica que, en cuanto sea posible, las obras justas del pueblo del reino deben guardarse en secreto. Lo que ellos hacen en su espíritu bajo el gobierno celestial para agradar solamente a su Padre, no debe ser estorbado por su carne en su avidez de ser alabada por el hombre.

4[1] El pueblo del reino vive por la vida divina del Padre y anda conforme a su espíritu. Por eso, a ellos se les exige hacer obras buenas en secreto, y no en público. Hacer un despliegue público no corresponde a la naturaleza misteriosa y escondida de la vida divina.

4[2] Los ciudadanos del reino, puesto que son hijos del Padre celestial, deben vivir en la presencia del Padre y desearla siempre. Todo lo que hacen en secreto para el reino del Padre, El lo ve en secreto y los recompensará. El hecho de que el Padre celestial vea en secreto debe motivarlos a hacer sus obras justas en secreto. Así también en los vs. 6 y 18.

4[3] Esto puede ocurrir en esta era (2 Co. 9:10-11) o en la era venidera como recompensa (Lc. 14:14).

5[1] La oración que procura obtener la alabanza del hombre tal vez gane una recompensa de los hombres, pero no recibirá respuesta del Padre; por eso, es una oración vana.

6[1] El pueblo del reino debe tener la experiencia de orar en su propio aposento, y de este modo tener contacto con su Padre celestial en secreto, experimentar algún disfrute secreto de su Padre y recibir de El alguna respuesta secreta.

7[1] Esto no significa que no debamos repetir nuestra oración. El Señor repitió tres veces Su oración en Getsemaní (26:44), el apóstol Pablo hizo la

8 No os hagáis, pues, semejantes a ellos; porque vuestro
Padre [a]sabe de qué cosas tenéis necesidad, antes que vosotros le [1]pidáis.
9 [a]Vosotros, pues, oraréis [1]así: [b]Padre nuestro que estás
en los cielos, [c]santificado sea [2]Tu nombre.
10 Venga Tu [a]reino. Hágase Tu [b]voluntad, como en el
cielo, *así* también en la [1]tierra.
11 [1]El [2]pan nuestro de cada día, dánoslo [3]hoy.
12 Y [1a]perdónanos nuestras deudas, como también nosotros [1]perdonamos a nuestros deudores.
13 Y [1]no nos metas en [a]tentación, mas [b]líbranos [2]del
[c]maligno; [3]porque Tuyo es el [4d]reino, y el [e]poder, y la [f]gloria,
por todos los siglos. [5g]Amén.

8a Mt. 6:32
9a vs. 9-13: Lc. 11:2-4
9b Mt. 6:32
9c Is. 29:23; Ez. 36:23; 1 P. 3:15
10a Mt. 3:2; 4:17; Dn. 2:44; Ap. 11:15
10b Mt. 7:21; 12:50; 26:39, 42; Jn. 6:38; He. 10:7, 9
12a Mt. 18:21-35
13a Mt. 26:41; Lc. 11:4; 1 Co. 10:13
13b 2 Ti. 4:18; He. 2:18
13c Mt. 5:37; Jn. 17:15; 2 Ts. 3:3
13d 1 Cr. 29:11; Ap. 11:15; 12:10
13e Ap. 12:10
13f Ro. 16:27; Ap. 5:13

misma oración tres veces (2 Co. 12:8), y la gran multitud del cielo alabó a Dios repetidas veces con aleluyas (Ap. 19:1-6). Significa que no debemos repetir palabras inútiles, palabras habladas en vano.

8[1] Aunque Dios nuestro Padre sabe lo que necesitamos, debemos pedirle, porque el que pide, recibe (7:8).

9[1] La palabra *así* no quiere decir que debemos recitar esta oración. Ni en Hechos ni en las epístolas vemos ningún caso en el que se recite una oración.

9[2] En la oración que el Señor puso como ejemplo, las tres primeras peticiones implican la Trinidad de la Deidad: "Santificado sea Tu nombre" está relacionado principalmente con el Padre; "Venga Tu reino", con el Hijo; y "Hágase Tu voluntad", con el Espíritu. Esto se cumple en esta era y se cumplirá completamente en la era del reino venidero, cuando el nombre de Dios será admirable en toda la tierra (Sal. 8:1), cuando el reinado sobre el mundo pasará a Cristo (Ap. 11:15), y cuando la voluntad de Dios será realizada.

10[1] Después de la rebelión de Satanás (Ez. 28:17; Is. 14:13-15), la tierra cayó en su mano usurpadora. Por tanto, la voluntad de Dios no pudo hacerse así en la tierra como en el cielo. Por lo tanto, Dios creó al hombre con la intención de recobrar la tierra para Sí (Gn. 1:26-28). Después de la caída del hombre, Cristo vino a traer el dominio celestial a la tierra, para que ésta fuese recobrada de acuerdo con los intereses de Dios, a fin de que Su voluntad fuese hecha así en la tierra como en el cielo. Es por eso que el nuevo Rey, con Sus seguidores, estableció el reino de los cielos. El pueblo del reino debe orar por esto hasta que la tierra sea completamente recobrada para la voluntad de Dios en la edad del reino venidero.

11[1] Esta oración modelo toma en cuenta primero el nombre de Dios, Su reino y Su voluntad, y en segundo lugar, nuestras necesidades.

11[2] O, pan que alcanza hasta mañana, el pan para el día de hoy. La expresión *pan nuestro de cada día* indica una vida por fe. El pueblo del reino no debe vivir de lo que ha almacenado, sino que, por la fe debe vivir del suministro diario del Padre.

11[3] El Rey no quiere que Su pueblo se preocupe por el día de mañana (v. 34); Él quiere que solamente ore por las necesidades de hoy.

12[1] Esta oración modelo en tercer lugar toma en cuenta los fracasos sufridos por el pueblo del reino delante de Dios y la relación que tiene con los demás. Las personas del reino deben pedir al Padre que les perdone sus deudas, sus fracasos, sus delitos, como ellas perdonan a sus deudores, para mantener la paz.

13g Sal. 41:13; 2 Co. 1:20; Ap. 3:14

14 [1]Porque si [a]perdonáis a los hombres sus ofensas, os
perdonará también a vosotros vuestro Padre celestial;
15 mas si [a]no perdonáis a los hombres sus ofensas, tampoco vuestro Padre os perdonará vuestras ofensas.
16 Y cuando [1a]ayunéis, no seáis como los hipócritas que
ponen cara triste; porque ellos demudan sus rostros para
[b]mostrar a los hombres que ayunan; de cierto os digo que ya
tienen toda su recompensa.
17 Pero tú, cuando ayunes, [a]unge tu cabeza y lava tu
rostro,
18 para no mostrar a los hombres que ayunas, sino a tu
Padre que está en [a]secreto; y tu Padre que ve en lo secreto te
recompensará.

5. Con respecto a las riquezas materiales del pueblo del reino
6:19-34

19 [1a]No acumuléis para vosotros tesoros en la tierra, donde
la [b]polilla y el orín corroen, y donde ladrones horadan y
hurtan;
20 sino [1]acumulad para vosotros [a]tesoros en los cielos,
donde ni la polilla ni el orín corroen, y donde ladrones no
[b]horadan ni hurtan.
21 Porque donde esté tu tesoro, allí estará también tu
[1a]corazón.

14[a] Mr. 11:25; Lc. 6:37; Ef. 4:32; Col. 3:13
15[a] Mt. 18:35
16[a] Is. 58:6-7; Mt. 9:14; 17:21; Hch. 13:2
16[b] Mt. 6:1, 5
17[a] Ec. 9:8
18[a] Mt. 6:4, 6
19[a] Lc. 12:15-21; He. 13:5
19[b] Jac. 5:2-3
20[a] Mt. 19:21; Lc. 12:33; 18:22
20[b] Mt. 24:43; Lc. 12:39
21[a] Lc. 12:34

13[1] El Rey había sido llevado por el Espíritu para ser tentado por el diablo (4:1).

13[2] O, del mal. En cuarto lugar esta oración modelo pide que el pueblo del reino sea librado del maligno y de las cosas malignas. Ellos deben pedir al Padre que no los meta en tentación, sino que los libre del maligno, el diablo, y del mal que proviene de él.

13[3] Los mss. más antiguos omiten esta frase.

13[4] El reino es la esfera donde Dios ejerce Su poder para expresar Su gloria.

13[5] *Amén,* palabra que viene del hebreo, significa *firme, constante* o *fidedigno.*

14[1] *Porque* indica que los vs. 14-15 explican por qué el pueblo del reino debe perdonar a sus deudores (v. 12). Si ellos no perdonan las ofensas de otros, el Padre celestial tampoco perdonará las ofensas de ellos. En tal caso, su oración será frustrada.

16[1] Ayunar no es abstenerse de comer; es no poder comer por tener la carga urgente de orar por ciertas cosas. Es también una expresión de autohumillación al buscar la misericordia de Dios. Dar limosna es dar lo que poseemos por derecho, mientras que ayunar es renunciar a nuestro disfrute legítimo.

19[1] La quinta sección de la promulgación del Rey, los vs. 19-34, tiene que ver con las riquezas del pueblo del reino.

20[1] Acumular tesoros en los cielos significa dar bienes materiales a los pobres (19:21), y cuidar a los santos necesitados (Hch. 2:45; 4:34-35; 11:29; Ro. 15:26) y a los siervos del Señor (Fil. 4:16-17).

21[1] El pueblo del reino debe hacer

22 La [a]lámpara del cuerpo es el ojo; así que, si tu ojo es
[1]sencillo, todo tu cuerpo estará lleno de luz;
23 pero si tu ojo es [1]maligno, todo tu cuerpo estará en
tinieblas. Así que, si la [2]luz que en ti hay es [a]tinieblas, ¡cuán
grandes serán esas tinieblas!
24 Nadie puede [1]servir a [a]dos señores; porque o aborrecerá al uno y amará al otro, o [2]será fiel al uno y menospreciará
al otro. No podéis [1]servir a Dios y a [3b]las riquezas.
25 Por tanto os digo: [a]No os [b]inquietéis por vuestra [1]vida,
qué habéis de comer o qué habéis de beber; ni por vuestro
cuerpo, qué habéis de vestir. ¿No es la [1]vida [2]más que el
alimento, y el cuerpo *más* que el vestido?
26 Mirad las [a]aves del cielo: no siembran, ni siegan, ni
recogen en graneros; y vuestro Padre celestial las alimenta.
¿No valéis vosotros mucho más que ellas?
27 ¿Y quién de vosotros podrá, con preocuparse, añadir
un codo a [1]su estatura?
28 Y por el [a]vestido, ¿por qué os [b]preocupáis? Considerad
los [1c]lirios del campo, cómo crecen: no se afanan ni hilan;
29 pero os digo, que ni aun [a]Salomón en toda su gloria se
vistió como uno de ellos.

---

su tesoro en los cielos a fin de que su corazón también esté en los cielos.

22¹ Nuestros ojos no pueden enfocar más de un objeto a la vez. Si tratamos de ver dos cosas a la vez, nuestra visión será borrosa. Si fijamos nuestros ojos en una sola cosa, nuestra visión será singular, y todo nuestro cuerpo estará lleno de luz. Si acumulamos tesoros en los cielos y también en la tierra, nuestra visión espiritual será borrosa. Para tener una visión singular, debemos guardar nuestro tesoro en un solo lugar.

23¹ Mirar dos objetos a la vez, no fijar los ojos en uno solo, es hacer que nuestro ojo sea maligno (cfr. 20:15; Dt. 15:9; Pr. 28:22). En tal caso, todo nuestro cuerpo estará en tinieblas.

23² Si nuestro corazón está apegado a los tesoros acumulados en la tierra, la luz que está en nosotros se convertirá en tinieblas, y serán grandes las tinieblas.

24¹ Lit., servir como esclavo.

24² En el griego, *ser fiel al uno y menospreciar al otro* significa ser devoto de uno y estar en contra del otro.

24³ Lit., *Mammon*. Una palabra aramea que significa abundancia, riquezas. *Mammon* se opone a Dios, lo cual indica que la abundancia, o las riquezas, es el adversario de Dios, e impide que el pueblo de Dios le sirva a El.

25¹ Lit., alma. Se refiere a la vida del alma, donde reside el deseo o apetito por el alimento y el vestido (Is. 29:8).

25² Nuestra vida es más que el alimento, y nuestro cuerpo más que el vestido. Nuestra vida y nuestro cuerpo fueron creados por Dios, y no por nuestra ansiedad. Ya que Dios nos creó con vida y cuerpo, ciertamente El se encargará de las necesidades de ellos. El pueblo del reino no necesita inquietarse por esto.

27¹ O, la duración de su vida (parecido a *edad* de Sal. 39:5).

28¹ Los lirios representan al pueblo que está bajo el cuidado de Dios (Cnt. 2:1-2).

22a vs. 22-23: Lc. 11:34-36
23a 1 Jn. 1:6-7
24a Lc. 16:13
24b Lc. 16:9, 11, 13
25a vs. 25-33: Lc. 12:22-31
25b Mt. 6:27-28, 31, 34; 13:22; Fil. 4:6; 1 P. 5:7
26a Mt. 10:29-31; Job 38:41; Sal. 147:9
28a 1 Ti. 6:8
28b Mt. 6:25
28c Cnt. 2:1-2
29a 1 R. 10:4-7

30 Y si a la [a]hierba del campo que hoy es, y mañana se
echa en el horno, Dios la viste así, ¿no *hará* mucho más a
[b]vosotros, hombres de [c]poca fe?
31 No os [a]preocupéis, pues, diciendo: ¿Qué comeremos? o
¿qué beberemos? o ¿con qué nos vestiremos?
32 Porque los gentiles buscan con afán todas estas cosas.
Vuestro [1]Padre celestial sabe que [a]tenéis necesidad de todas
estas cosas.
33 Mas buscad primeramente Su [1a]reino y Su [1b]justicia, y
todas estas cosas os serán añadidas.
34 Así que, no os [a]inquietéis por el día de [1b]mañana,
porque el día de mañana traerá su propia inquietud. Basta
a cada día su *propio* [2]mal.

CAPITULO 7

6. Con respecto a los principios del pueblo del reino
en su manera de tratar a otros
7:1-12

1 [1a]No [2]juzguéis, para que no seáis juzgados.
2 Porque [1]con el juicio con que juzgáis, seréis juzgados,
y con la [a]medida con que medís, os será medido.

30[a] Is. 40:6-8; Jac. 1:10-11
30[b] Dt. 29:5
30[c] Mt. 8:26; 14:31; 16:8; 17:20
31[a] Mt. 6:25, 28
32[a] Mt. 6:8
33[a] Mt. 5:3, 10, 20; 6:10; 7:21; Lc. 12:31-32; Hch. 14:22; Ro. 14:17
33[b] Mt. 5:6, 10, 20; Sof. 2:3; Ap. 19:8
34[a] Mt. 6:25
34[b] Jac. 4:13-14
1[a] vs. 1-2; Lc. 6:37-38; Ro. 14:3-4, 10, 13; 1 Co. 4:5; Jac. 4:11-12; 5:9; 2:13
2[a] Mr. 4:24

32[1] El pueblo del reino posee la vida divina de su Padre celestial como su fortaleza para guardar la nueva ley del reino. Ellos también tienen a su Padre celestial como Aquel que se encarga de sus necesidades materiales, de ahí que no necesitan preocuparse por ello. Su Padre celestial es la fuente de la fortaleza y el suministro de ellos. Por lo tanto, no tienen por qué ser débiles y sufrir carencia.

33[1] El reino del Padre es la realidad del reino de los cielos hoy, la realidad de la vida de la iglesia hoy, y será la manifestación del reino de los cielos en la era venidera. La justicia del Padre es la justicia que expresamos al guardar la nueva ley del reino, como se menciona en 5:20. Esta justicia es Cristo, quien es expresado en la vida del pueblo del reino. Puesto que el pueblo del reino busca primeramente el reino y la justicia de su Padre celestial, le serán dados Su reino y Su justicia, y además le será añadido todo lo que necesita.

34[1] El pueblo del reino nunca debe vivir pensando en el día de mañana, sino siempre en el día de hoy.

34[2] Esta no es la misma palabra griega que se traduce *el mal* en la nota 13[2]. Aquí la palabra *mal* denota dificultad y aflicción. Esto indica que el Rey del reino mostró claramente al pueblo del reino que los días que vivan ellos en la tierra para el reino serán días de dificultad y aflicción, no de desahogo y comodidad.

1[1] La sexta sección, los vs. 1-12, de la promulgación del nuevo Rey en el monte trata de los principios del pueblo del reino en su manera de tratar a los demás.

1[2] Las personas del reino, que viven en un espíritu humilde bajo el gobierno celestial del reino, siempre se juzgan a sí mismas, y no a los demás.

2[1] Bajo el gobierno celestial del reino, los ciudadanos del reino serán juzgados con el juicio con que ellos juzgan. Si ellos juzgan a otros con

3 ¿Y por qué miras la [a]paja que está en el ojo de tu
hermano, y no [1]consideras la viga que está en tu propio ojo?
4 ¿O cómo dirás a tu hermano: Déjame sacar la paja de
tu ojo, y he aquí la viga en el ojo tuyo?
5 [1a]¡Hipócrita!, saca primero la viga de tu propio ojo, y
entonces [2]verás claro para sacar la paja del ojo de tu hermano.
6 No deis [1]lo [a]santo a los [2b]perros, ni echéis vuestras
[1c]perlas delante de los [2d]cerdos, no sea que las pisoteen, y se
vuelvan y os despedacen.
7 [1a]Pedid, y se os dará; [b]buscad, y hallaréis; llamad, y se
os abrirá.
8 Porque todo aquel que [1]pide, recibe; y el que [2]busca,
halla; y al que [3]llama, se le abrirá.
9 ¿O qué hombre hay entre vosotros, que si su hijo le pide
[a]pan, le dará una piedra?
10 ¿O si le pide un [a]pescado, le dará una serpiente?
11 Pues si vosotros, siendo [a]malos, sabéis dar buenas
dádivas a vuestros hijos, ¿[1]cuánto más vuestro Padre que
está en los cielos dará [2b]buenas cosas a los que le pidan?

3[a] vs. 3-5: Lc. 6:41-42; cfr. Jn. 8:7
5[a] Mt. 6:2
6[a] cfr. Pr. 23:9; Hch. 13:45-46
6[b] Mt. 15:26; Fil. 3:2; 2 P. 2:22; Is. 56:10-11; Ap. 22:15
6[c] Mt. 13:46; Ap. 21:21
6[d] Lv. 11:7; 2 P. 2:22
7[a] vs. 7-11: Lc. 11:9-13; Mt. 18:19; 21:22; Mr. 11:24; Jn. 14:13; 15:7, 16; 16:23-24; Jac. 1:5-6; 1 Jn. 3:22; 5:14-15
7[b] 1 Cr. 28:9; 2 Cr. 15:2; Pr. 8:17; Jer. 29:13

justicia, el Señor los juzgará a ellos con justicia; si juzgan a otros con misericordia, serán juzgados por el Señor con misericordia, y la misericordia triunfa sobre el juicio (Jac. 2:13).

3[1] Nosotros, los que pertenecemos al reino y vivimos en un espíritu humilde bajo el gobierno celestial del reino, debemos tener en cuenta la viga que está en nuestro propio ojo cada vez que miremos la paja que está en el ojo de nuestro hermano. La paja que está en el ojo de nuestro hermano debe recordarnos la viga que está en nuestro propio ojo.

5[1] Véase la nota 2[2] del cap. 6.

5[2] Mientras permanezca la viga en nuestro ojo, veremos borrosamente sin ninguna claridad.

6[1] La expresión *lo santo* debe de referirse a la verdad objetiva, la cual pertenece a Dios; la expresión *vuestras perlas* debe de referirse a las experiencias subjetivas, las cuales son nuestras.

6[2] Los perros no tienen pezuña ni tampoco rumian; los cerdos tienen pezuña hendida pero no rumian. Así que, ambos animales son inmundos (Lv. 11:27, 7). Conforme a lo revelado en 2 P. 2:12, 19-22 y Fil. 3:2, aquí *perros* y *cerdos* representan las personas que son religiosas pero no limpias.

7[1] Primero hay que pedir, luego buscar y por último llamar. Pedir es orar de una manera general, buscar es suplicar de una manera específica, y llamar es reclamar muy íntimamente y con ahínco.

8[1] Esta parte de la promesa del Rey puede aplicarse a la oración que el pueblo del reino hace acerca de guardar la nueva ley del reino. Ellos piden esto y lo recibirán.

8[2] Esta parte de la promesa del Rey puede aplicarse a 6:33. El pueblo del reino busca el reino del Padre y Su justicia y los hallará.

8[3] Esta parte de la promesa del

9[a] Mt. 14:17, 19 10[a] Mt. 14:17, 19; Lc. 24:42; Jn. 21:9, 13
11[a] Mt. 12:34 11[b] Sal. 84:11; Jac. 1:17

12 Así que, todo lo que queráis que los hombres os [a]hagan
a vosotros, así también hacedlo vosotros a ellos; porque esto
es la [1b]ley y los profetas.

7. Con respecto a la base de la vida y obra
del pueblo del reino
7:13-29

13 [1]Entrad por la [a]puerta estrecha; porque ancha es la
puerta, y espacioso el camino que [2]lleva a la [3b]destrucción, y
muchos son los que entran por ella;
14 porque [1a]estrecha es la [b]puerta, y angosto el [c]camino
que lleva a la [2]vida, y [d]pocos son los que la hallan.
15 Guardaos de los [a]falsos profetas, que vienen a vosotros
con vestidos de ovejas, pero por dentro son [b]lobos [1]rapaces.
16 Por sus [a]frutos los conoceréis. ¿Acaso se recogen uvas
de los espinos, o [b]higos de los abrojos?

12[a] Lc. 6:31; Ro. 13:8-10; Gá. 5:14
12[b] Mt. 5:17; 22:40; Gá. 5:14
13[a] Lc. 13:24
13[b] He. 10:39
14[a] cfr. Mt. 19:24
14[b] Sal. 118:19-20
14[c] Sal. 16:11; Jer. 21:8; Jn. 14:6; Hch. 9:2; 19:9, 23; 24:22
14[d] Mt. 22:14
15[a] Jer. 14:14; Mt. 24:11, 24; Mr. 13:22; Lc. 6:26; Hch. 13:6; 2 P. 2:1; 1 Jn. 4:1; Ap. 16:13; 19:20
15[b] Ez. 22:27; Jn. 10:12; Hch. 20:29

Rey puede aplicarse al v. 14. La puerta estrecha se le abrirá al pueblo del reino porque llama.

11[1] Esta es una gran promesa. Tal promesa afirma que el pueblo del reino disfruta del cuidado y del suministro de su Padre que está en los cielos. Así que, ellos pueden cumplir perfectamente la nueva ley del reino y vivir en la realidad de éste para entrar en su manifestación.

11[2] El versículo análogo, Lc. 11:13, dice *el Espíritu Santo* en vez de *buenas cosas,* porque Lucas pone énfasis en la bendición del evangelio, cuyo centro es el Espíritu (Gá. 3:8, 14). Puesto que Mateo da énfasis al reino de los cielos, las *buenas cosas* deben de referirse a las bendiciones de la realidad del reino, como se revela en los caps. 5—7, las cuales serán otorgadas al pueblo del reino.

12[1] La nueva ley del reino no contradice la ley y los profetas; más bien, los cumple e incluso los complementa.

13[1] La séptima y última sección de la promulgación del Rey, los vs. 13-29, tiene que ver con la base de la vida y obra del pueblo del reino.

13[2] Lit., desvía. Así también en el versículo siguiente.

13[3] Aquí *destrucción* no se refiere a la perdición de la persona misma, sino a la destrucción de sus hechos y de su obra (1 Co. 3:15).

14[1] La puerta es estrecha y el camino es angosto porque la nueva ley del reino es más estricta y la exigencia del reino es más elevada que la ley y la exigencia del viejo pacto. La puerta estrecha afecta no sólo la conducta exterior, sino también el motivo interior. El viejo hombre, el yo, la carne, los conceptos humanos y el mundo con su gloria están completamente excluidos; solamente lo que corresponde a la voluntad de Dios puede entrar. El pueblo del reino necesita primeramente entrar por esta puerta y luego andar por este camino, y no lo contrario, es decir, andar primero por el camino y entrar luego por la puerta. Entrar por la puerta es sencillamente empezar a andar en el camino, un camino que abarca toda la vida.

14[2] Aquí *vida* se refiere a la eterna bienaventuranza del reino, a estar lleno de la vida eterna de Dios. Esta vida está hoy en la realidad del reino y se encontrará en su manifestación en la era venidera (19:29; Lc. 18:30).

15[1] Lit., que extorsionan.

16[a] Mt. 7:20; 12:33; Lc. 6:44 16[b] Jac. 3:12

17 Así, todo [a]buen árbol da [b]buenos frutos, pero el árbol malo da [c]frutos malos.

18 No puede el buen árbol dar malos frutos, ni el árbol malo dar frutos buenos.

19 Todo árbol que no da buen fruto, es cortado y [a]echado en el fuego.

20 Así que, por sus [a]frutos los conoceréis.

21 No todo el que me dice: [a]Señor, Señor, [1b]entrará en el reino de los cielos, sino el que [c]hace la [d]voluntad de Mi Padre que está en los cielos.

22 Muchos me dirán en [1]aquel día: Señor, Señor, ¿no profetizamos en Tu nombre, y en Tu nombre [a]echamos fuera demonios, y en Tu nombre hicimos muchas [b]obras poderosas?

23 Y entonces les declararé: Nunca os [1a]conocí; [b]apartaos de Mí, hacedores de [2c]iniquidad.

24 [a]Todo aquel, pues, que oye estas palabras Mías y las [b]pone por obra, será semejante a un hombre [c]prudente, que edificó su casa sobre la [1d]roca.

25 Y descendió la [1]lluvia, y vinieron los ríos, y soplaron los

17[a] Mt. 12:33; Lc. 6:43
17[b] cfr. Gá. 5:22-23
17[c] cfr. Gá. 5:19-21
19[a] Mt. 3:10; Lc. 3:9; Jn. 15:6
20[a] Mt. 7:16
21[a] Mt. 25:11; Lc. 6:46; 13:25; Ro. 10:13
21[b] Mt. 5:20; Hch. 14:22; 2 P. 1:11; cfr. Jn. 3:5
21[c] 1 Jn. 2:17
21[d] Mt. 12:50; Ro. 12:2; Ef. 5:17; Col. 1:9
22[a] Mr. 9:38
22[b] Mr. 16:17-18
23[a] Mt. 25:12; Lc. 13:25
23[b] Lc. 13:27; cfr. Mt. 25:41
23[c] cfr. Mt. 13:41; 24:12; He. 1:9
24[a] vs. 24-27: Lc. 6:47-49

21[1] Para entrar en el reino de los cielos necesitamos hacer dos cosas: invocar al Señor y hacer la voluntad del Padre celestial. Invocar al Señor basta para ser salvos (Ro. 10:13), pero para entrar en el reino de los cielos también necesitamos hacer la voluntad del Padre celestial. Por lo tanto, no todo el que dice: "Señor, Señor", entrará en el reino de los cielos; sólo entrarán aquellos que invocan al Señor y hacen la voluntad del Padre celestial.

Entrar en el reino de los cielos requiere que hagamos la voluntad del Padre celestial, y obviamente difiere de entrar en el reino de Dios por medio de la regeneración (Jn. 3:3, 5). La entrada a éste se obtiene naciendo de la vida divina; la entrada a aquél se obtiene viviendo esa vida.

22[1] *Aquel día* se refiere al día del tribunal de Cristo (1 Co. 3:13; 4:5; 2 Co. 5:10).

23[1] Aquí *conocer* significa *aprobar*. La misma palabra se traduce *admitir* en Ro. 7:15. El Señor nunca aprobó a los que profetizaron, echaron fuera demonios e hicieron muchas obras poderosas en Su nombre (v. 22) pero no según la voluntad del Padre celestial (v. 21). El Señor no negó que hubieran hecho esas cosas, pero sí consideró que habían obrado ilícitamente porque no habían obrado según la voluntad del Padre celestial, de acuerdo con la voluntad divina. Por eso, los que hacen tales cosas, aun en el nombre del Señor, no entrarán en el reino de los cielos, sino que tendrán que apartarse del Señor, o sea que serán excluidos de la manifestación del reino en la era venidera.

23[2] Lit., obras ilícitas. Véase la nota 4[2] de 1 Jn. 3.

24[1] *La roca* no se refiere a Cristo, sino a Sus sabias palabras, las palabras que revelan la voluntad de Su Padre que está en los cielos. La vida y obra del pueblo del reino deben fundarse en la palabra del nuevo Rey para la realización de la voluntad del Padre celestial. Esto significa entrar por la puerta estrecha y andar en el camino angosto que lleva a la vida.

25[1] La lluvia, la cual desciende de los cielos, es de Dios; los ríos, los cuales vienen de la tierra, son del hombre;

24[b] Jac. 1:22-25 24[c] Mt. 25:2; Pr. 24:3 24[d] cfr. Mt. 16:18

vientos, y golpearon contra aquella casa; y [2]no cayó, porque
estaba fundada sobre la roca.
26 Pero todo el que oye estas palabras Mías y [a]no las pone
por obra, será semejante a un hombre insensato, que edificó
su casa sobre la [1]arena;
27 y descendió la [a]lluvia, y vinieron los ríos, y soplaron los
vientos, y golpearon contra aquella casa; y [1]cayó, y grande
fue su caída.
28 Y aconteció que, cuando terminó Jesús estas palabras,
las multitudes quedaban [a]atónitas de Su enseñanza;
29 porque les enseñaba [a]como quien tiene [1b]autoridad, y
no como los escribas.

CAPITULO 8

C. La continuación del ministerio
8:1—9:34

1. Señales con significado dispensacional
8:1-17

1 Cuando [1]descendió *Jesús* del [a]monte, le seguían grandes [b]multitudes.
2 [a]Y he aquí se le acercó un [1b]leproso y le [2c]adoró, diciendo: Señor, si quieres, puedes limpiarme.

26[a] Ez. 33:32
27[a] Ez. 13:10-14
28[a] Mt. 13:54; 22:33; Mr. 1:22; 6:2; 11:18; Lc. 4:32
29[a] Jn. 7:46
29[b] Mt. 21:23-24; 28:18
1[a] Mt. 5:1
1[b] Mt. 4:25; 5:1
2[a] vs. 2-4: Mr. 1:40-44; Lc. 5:12-14
2[b] Lv. 13:2, 44-46; Nm. 12:10, 14-15; 2 Cr. 26:21
2[c] Mt. 2:11; 9:18; 15:25; 20:20; Jn. 9:38

---

y los vientos, los cuales proceden de los aires, son de Satanás. Todo esto pondrá a prueba la vida y la obra del pueblo del reino.

25[2] La casa edificada sobre la roca, una casa que no se derrumba, es como la obra que se edifica con oro, plata y piedras preciosas, una obra que puede resistir la prueba de fuego (1 Co. 3:12-13).

26[1] Con *la arena* se alude a los conceptos humanos y los métodos naturales. Si vivimos y obramos según nuestros conceptos humanos y nuestros métodos naturales, nuestro vivir y nuestra obra estarán fundados en la arena. Esto equivale a entrar por la puerta ancha y andar en el camino espacioso que lleva a la destrucción.

27[1] La casa edificada sobre la arena, una casa que puede caerse, es semejante a la obra que se edifica con madera, hierba y hojarasca, obra que será quemada por el fuego de la prueba. No obstante, el edificador mismo será salvo (1 Co. 3:12-15).

29[1] Cristo, como nuevo Rey del reino de los cielos, habló con autoridad al promulgar la nueva ley del reino.

1[1] Después de promulgar la nueva ley del reino, el nuevo Rey descendió del monte para llevar a cabo Su ministerio real. Lo primero que hizo fue limpiar a los inmundos, sanar a los enfermos y echar fuera los demonios de los endemoniados, a fin de que todas estas personas pertenecieran al reino de los cielos (vs. 2-17).

2[1] La primera clase de personas que fue salva por el Salvador real para ser el pueblo del reino, está representada por un leproso. Según los ejemplos que se ven en la Escritura, la lepra es el resultado de la rebelión y la desobediencia. Miriam quedó leprosa

3 *Jesús* extendió la mano y le [1a]tocó, diciendo: Quiero; sé
limpio. Y al instante quedó limpio de su lepra.
4 Entonces Jesús le dijo: Mira, no lo digas a [a]nadie; sino
ve, [1]muéstrate al [b]sacerdote, y presenta la [c]ofrenda que
ordenó Moisés, para testimonio a ellos.
5 [a]Entrando Jesús en [b]Capernaum, se le acercó un [1c]cen-
turión, rogándole,
6 y diciendo: Señor, mi criado está postrado en casa,
paralítico, terriblemente atormentado.
7 Y *Jesús* le dijo: Yo iré y le sanaré.
8 Respondió el centurión y dijo: Señor, no soy digno de
que entres bajo mi techo; solamente di la [a]palabra, y mi
criado quedará sano.
9 Porque yo también soy hombre bajo [1]autoridad, y tengo bajo mis *órdenes* soldados; y digo a éste: Ve, y va; y al otro:
Ven, y viene; y a mi esclavo: Haz esto, y lo hace.
10 Al oírlo Jesús, se maravilló, y dijo a los que le seguían:
De cierto os digo, que [1]en nadie he hallado una fe tan grande
en Israel.

3[a] Mt. 8:15; 9:29; 20:34
4[a] Mt. 9:30; Mr. 7:36
4[b] Lv. 13:49; 14:2-9; Lc. 17:14
4[c] Lv. 14:10-32
5[a] vs. 5-13: Lc. 7:1-10
5[b] Jn. 4:46
5[c] Mt. 27:54; Hch. 10:1
8[a] Sal. 107:20; Mt. 8:16

---

debido a su rebelión contra la autoridad delegada de Dios (Nm. 12:1-10). La lepra de Naamán fue limpiada debido a su obediencia (2 R. 5:1, 9-14). A los ojos de Dios todos los seres humanos caídos han quedado leprosos a causa de su rebelión. El Salvador real vino a salvar a los hombres de su rebelión y a limpiarlos de su lepra a fin de que pudieran ser el pueblo de Su reino.

2[2] El leproso adoró al nuevo Rey y le llamó "Señor", reconociendo que El es el Señor Dios. En realidad el nuevo Rey es Jehová el Salvador, Jesús. (Véase la nota 21[1] del cap. 1.)

3[1] Según la ley, un leproso debía ser aislado del pueblo a causa de su inmundicia, y nadie lo podía tocar (Lv. 13:45-46). Pero el nuevo Rey, como hombre y como Salvador real, tocó a este leproso. ¡Qué misericordia y qué compasión! Al instante quedó limpio de su lepra simplemente porque el Salvador lo tocó. ¡Qué purificación tan maravillosa!

4[1] El nuevo Rey le dijo al leproso sanado que para su purificación debía proceder según los preceptos de la ley antigua, porque todavía estaban en el período de transición, pues la ley antigua todavía no había sido cumplida por la muerte redentora de Cristo.

5[1] Un oficial del ejército romano que tenía a su cargo cien soldados. El leproso de los vs. 2-4 representa a los judíos, mientras que el centurión de los vs. 5-13 representa a los gentiles. Ante Dios, los judíos habían quedado leprosos, inmundos, a causa de su rebelión y desobediencia, mientras que los gentiles habían quedado paralizados, o sea, muertos en función, debido a su pecaminosidad. El Salvador real vino primeramente a los judíos y luego a los gentiles (Hch. 3:26; 13:46; Ro. 1:16; 11:11). Los creyentes judíos fueron salvos por Su toque directo (v. 3) mientras que los creyentes gentiles son salvos por la fe en Su palabra (vs. 8, 10, 13).

9[1] El centurión, un gentil, reconoció la autoridad del Salvador real y se dio cuenta de que Su palabra tenía potestad para sanar. Por lo tanto creyó, no sólo en el Salvador real, sino también en Su palabra, y le pidió que no fuera personalmente, sino que sólo diera la palabra. Esta era una fe más

11 Y os digo que vendrán muchos [1a]del oriente y del
occidente, y se reclinarán *a la mesa* con Abraham e Isaac y
Jacob en el [2]reino de los cielos;
12 mas los [1]hijos del reino serán [a]echados a las [2]tinieblas
de afuera; allí será el [3b]llanto y el crujir de dientes.
13 Entonces Jesús dijo al centurión: Ve; te sea [a]hecho
como creíste. Y su criado fue sanado en aquella misma [b]hora.
14 [a]Entró Jesús en casa de Pedro, y vio a [1]la [b]suegra de
éste postrada en cama, con fiebre.
15 Y [a]tocó su mano, y la fiebre la dejó; y ella se levantó, y
se puso a servirle.
16 Al atardecer, trajeron a Él [1]muchos endemoniados; y
con la [a]palabra echó fuera a los espíritus, y sanó a [1]todos los
enfermos;

11[a] Lc. 13:29; Ro. 15:9-12; Ef. 3:6
12[a] Lc. 13:28; Mt. 22:13; 25:30
12[b] Mt. 13:42, 50; 22:13; 24:51; 25:30; Lc. 13:28
13[a] Mt. 9:29
13[b] Mt. 9:22; Jn. 4:53
14[a] vs. 14-16: Mr. 1:29-34; Lc. 4:38-41
14[b] cfr. 1 Co. 9:5
15[a] Mt. 8:3
16[a] Mt. 8:8

---

fuerte, y el Señor se maravilló de ella (v. 10).

10[1] Algunos mss. antiguos dicen: Ni aún en Israel he hallado una fe tan grande.

11[1] Esto indica que los gentiles participarán del evangelio del reino (Ef. 3:6, 8; Gá. 2:8-9; Ro. 1:13-16).

11[2] Esto se refiere a la manifestación del reino de los cielos. En la manifestación del reino, los creyentes gentiles vencedores cenarán con Abraham, Isaac y Jacob.

12[1] Los hijos del reino son los judíos salvos, quienes son la buena semilla (13:38), pero cuya fe no es suficientemente fuerte para capacitarlos a entrar por la puerta estrecha y andar por el camino angosto (7:13-14). Ellos no tendrán parte en la fiesta de bodas en la manifestación del reino (Lc. 13:24-30).

12[2] Se refiere a las tinieblas que habrá fuera de la gloria resplandeciente de la manifestación del reino de los cielos (16:28; 25:30). Ser echado a las tinieblas de afuera en la edad del reino venidero es diferente de ser echado en el lago de fuego después del milenio y por la eternidad (Ap. 20:15).

12[3] El llanto indica remordimiento, y el crujir de dientes indica culparse a sí mismo.

14[1] En los vs. 14 y 15, la suegra de Pedro representa a los judíos que vivirán al final de esta era, los cuales serán salvos al recibir al Salvador real (Ro. 11:25-26). En aquel entonces, durante la gran tribulación, a los ojos de Dios los judíos tendrán "fiebre" (v. 14), es decir, tendrán fervor por cosas ajenas a Dios. Después de la plenitud de la salvación de los gentiles, el Salvador real regresará a este remanente de judíos a fin de que ellos sean salvos (Ro. 11:25-26; Zac. 12:10). La suegra de Pedro fue sanada en la casa de Pedro. Al final de esta era todo el remanente de los judíos será salvo en la casa de Israel. Además, serán salvos por el toque directo del Salvador real (v. 15), como fue salvo el leproso judío (v. 3).

16[1] Los *muchos endemoniados* y *todos los enfermos* representan a todos los que estarán en la tierra durante el milenio. El milenio será la última dispensación del primer cielo y de la primera tierra; por lo tanto se le considera "el ocaso" del primer cielo y la primera tierra. En el milenio, el poder de echar fuera demonios y sanar enfermedades se manifestará a lo sumo. Por consiguiente, todos los endemoniados y todos los enfermos serán sanados. Este poder tan grande es el poder de la edad venidera (He. 6:5). Echar fuera demonios y sanar a los enfermos en esta era es sólo el anticipo del inmenso poder de la era venidera. Las señales que constan en los vs. 2-17 tienen un significado

17 para que se [a]cumpliese lo dicho por medio del profeta
Isaías, cuando dijo: "[1b]El mismo tomó nuestras debilidades,
y [c]llevó nuestras enfermedades".

2. La manera de seguir al Rey
8:18-22

18 Viéndose Jesús rodeado de una multitud, mandó [1]pasar al otro lado.
19 [a]Y se le acercó un escriba y le dijo: Maestro, te [1]seguiré
adondequiera que [2]vayas.
20 Jesús le dijo: Las zorras tienen madrigueras, y las aves
del cielo nidos; mas el [1a]Hijo del Hombre [2]no tiene dónde
recostar Su cabeza.
21 Otro de los discípulos le dijo: Señor, [a]permíteme que
[1]vaya primero y entierre a mi padre.
22 Pero Jesús le dijo: [a]Sígueme, y deja que los [1b]muertos
entierren a sus [1c]muertos.

17[a] Mt. 1:22
17[b] Is. 53:4
17[c] cfr. 1 P. 2:24
19[a] vs. 19-22: Lc. 9:57-60
20[a] Mt. 9:6; 11:19; 12:8, 32, 40; 13:37, 41; 16:13, 27, 28; 26:64
21[a] cfr. 1 R. 19:20
22[a] Mt. 4:19, 20, 22; 9:9; Jn. 21:19, 22
22[b] Ef. 2:1, 5; Col. 2:13; Jn. 5:25
22[c] Jn. 5:28

---

dispensacional y muestran el reino venidero en miniatura.

El orden de los cuatro casos narrados en los vs. 2-16 es diferente del de Mr. 1:29—2:1 y Lc. 4:38-41; 5:12-14; 7:1-10. En la narración de Marcos, la cual muestra que Jesús es el Siervo de Dios, el orden es cronológico. En la narración de Mateo, la cual comprueba que Cristo es el Rey del reino de los cielos, el orden es doctrinal, es decir, Mateo agrupa ciertos sucesos para presentar una doctrina. En Lucas, donde se revela que Jesús es el hombre indicado para ser el Salvador del hombre, el orden es moral. En la narración de Juan, la cual testifica que Cristo es el Hijo de Dios, Dios mismo, en cierto modo el orden también es más o menos cronológico.

17[1] Todas las sanidades realizadas en la gente caída son resultado de la redención del Señor. En la cruz El quitó nuestras dolencias, cargó sobre Sí nuestras enfermedades, y realizó una sanidad completa para nosotros. Sin embargo, en esta era la aplicación de este divino poder sanador sólo es un anticipo para nosotros; en la era venidera lo experimentaremos en plenitud.

18[1] Según se describe en los cuatro evangelios, en el ministerio del Señor El siempre se retiraba de las multitudes; no quería que los curiosos estuvieran con El. No le interesaban las grandes multitudes, sino sólo las personas que lo buscaban con sinceridad.

19[1] El escriba dijo esto sin considerar el costo. Por eso, el Rey respondió en el v. 20 de una manera que le hizo estimar el costo.

19[2] Lit., te marches.

20[1] El nuevo Rey en Su ministerio real siempre mantuvo Su posición de Hijo del Hombre, hasta 16:13-17.

20[2] Hasta las zorras y las aves tienen un lugar de reposo, pero el Rey del reino no tenía lugar de reposo. Esto comprueba que el reino que El establecía no era material y terrenal, sino espiritual, es decir, de naturaleza celestial.

21[1] Al decir eso, este discípulo, que no era escriba, consideró demasiado lo que le iba a costar seguir al Rey del reino celestial. Así que, el Rey le respondió animándolo a que le siguiera, a que no se preocupara por lo que le iba a costar, y a que dejara a otros el entierro de su padre.

22[1] La primera mención de *muertos* se refiere a las personas que están muertas espiritualmente, como se menciona en Ef. 2:1, 5; la segunda, al

3. La autoridad del Rey
8:23—9:8

a. Sobre los vientos y el mar
8:23-27

23 [a]Y entrando El en la barca, Sus discípulos le siguieron.

24 Y he aquí que se levantó en el mar [1]una [a]tempestad tan grande que las olas cubrían la barca; pero El dormía.

25 Y se le acercaron *Sus discípulos* y le despertaron, diciendo: ¡Señor, [a]sálvanos, que perecemos!

26 El les dijo: ¿Por qué os [a]acobardáis *así,* hombres de [b]poca [1]fe? Entonces, levantándose, [2c]reprendió a los vientos y al mar; y sobrevino [3]gran [d]calma.

27 Y los hombres se maravillaron, diciendo: ¿Qué clase de hombre es éste, que aun los vientos y el mar le [1]obedecen?

b. Sobre los demonios
8:28-34

28 [a]Cuando llegó a la otra orilla, a la tierra de los gadarenos, le vinieron al encuentro, saliendo de los sepulcros, dos endemoniados, feroces en gran manera, tanto que nadie podía pasar por aquel camino.

29 Y he aquí, ellos clamaron diciendo: [1a]¿Qué tenemos nosotros que ver contigo, [2b]Hijo de Dios? ¿Has venido acá para atormentarnos [3]antes de [c]tiempo?

23[a] vs. 23-27: Mr. 4:36-41; Lc. 8:22-25
24[a] Jn. 6:18
25[a] Mt. 14:30
26[a] Jn. 14:27
26[b] Mt. 6:30; 14:31; 16:8
26[c] Sal. 104:7
26[d] Sal. 107:29
28[a] vs. 28-34: Mr. 5:1-17; Lc. 8:26-37
29[a] Mr. 1:24; Lc. 4:34
29[b] Mt. 4:3, 6
29[c] Ap. 20:13

---

padre del discípulo, quien había muerto físicamente.

24[1] Lit., un temblor o sacudimiento.

26[1] La fe proviene y depende de la palabra del Señor (Ro. 10:17). En el v. 18 el Señor les dio la palabra, diciéndoles que pasaran al otro lado. Si ellos hubieran creído esa palabra, no les habría sido necesario orar como lo hicieron en el v. 25. Su comprensión de la palabra del Señor no era completa, así que tenían poca fe.

26[2] No se reprende lo que no tiene vida, sino lo que tiene personalidad. El Rey reprendió a los vientos y al mar, debido a que en los vientos estaban los ángeles satánicos caídos (Ef. 6:12), y en el mar se encontraban los demonios (v. 32). Los ángeles caídos, que están en el aire, y los demonios, que están en el agua, se pusieron de acuerdo para impedir que el Rey fuera al otro lado del mar, porque sabían que allí echaría fuera a los demonios (vs. 28-32).

26[3] *Gran* está en contraste con *poca* de la primera parte de este versículo.

27[1] En realidad, no fueron los vientos y el mar los que obedecieron la autoridad del Rey, sino los ángeles caídos que estaban sobre los vientos y los demonios que estaban en lo profundo del mar.

29[1] Lit., ¿Qué a nosotros y a Ti? (un modismo hebreo).

29[2] El Rey se llamaba a Sí mismo Hijo del Hombre (v. 20), pero los demonios lo llamaban Hijo de Dios, con lo cual lo tentaban a desviarse de Su posición de Hijo del Hombre. (Véase la nota 3[2] del cap. 4.)

29[3] La expresión *antes de tiempo* implica que Dios señaló un tiempo a partir del cual los demonios serán

30 Estaba paciendo lejos de ellos una piara de muchos cerdos.
31 Y los demonios le [1]rogaron diciendo: Si nos echas fuera, envíanos a la piara.
32 El les dijo: ¡[1]Id! Y ellos salieron, y entraron en los cerdos; y he aquí, toda la piara se [2]precipitó en el mar por un despeñadero, y perecieron en las aguas.
33 Y los que los apacentaban huyeron, y viniendo a la ciudad, contaron todas las cosas, y lo *que había pasado con* los endemoniados.
34 Y he aquí toda la ciudad salió al encuentro de Jesús; y cuando le vieron, le rogaron que se [1a]fuera de sus contornos. **34**[a] Hch. 16:39

CAPITULO 9

c. Para perdonar pecados
9:1-8

1 Y entrando *Jesús* en una barca, pasó al otro lado y vino a [1a]Su ciudad. **1**[a] Mt. 4:13
2 [a]Y he aquí le trajeron un paralítico, tendido sobre una cama; y al [1]ver Jesús la [b]fe de ellos, dijo al paralítico: Ten [c]ánimo, hijo; tus [2]pecados te son [d]perdonados.
3 Y he aquí que algunos de los [1]escribas decían dentro de sí: Este [2a]blasfema.

2[a] vs. 2-8: Mr. 2:3-12; Lc. 5:18-26
2[b] Mt. 8:10; 9:22, 29; 15:28; Mr. 10:52; Lc. 7:50; 17:19; Hch. 14:9
2[c] Mt. 9:22; 14:27; Mr. 6:50; Jn. 16:33
2[d] Lc. 7:48
3[a] Mt. 26:65; Jn. 10:36

---

atormentados, y que los demonios lo saben. Este tiempo empezará después del milenio y durará eternamente. (Véase la nota 13[1] de Ap. 20.)

31[1] Esto indica que los demonios estaban bajo el poder y la autoridad del Rey.

32[1] Esta fue la orden del Rey, dada con autoridad, y los demonios la obedecieron. El Rey atendió la súplica de los demonios y les permitió entrar en los cerdos porque los cerdos son inmundos a los ojos de Dios (Lv. 11:7).

32[2] Los cerdos no toleraron que los poseyeran los demonios y se precipitaron en el mar. Los demonios consintieron, porque el agua es su morada (12:43-44; véase *Estudio-vida de Génesis,* mensaje dos).

34[1] La gente de la ciudad, por haber perdido sus cerdos, rechazó al Rey. Ellos preferían sus cerdos inmundos, que tener al Rey del reino celestial. Probablemente eran gentiles. (Gadara estaba a orillas del mar de Galilea, al otro lado de Galilea de los gentiles, 4:15.) Ellos rechazaron al Rey celestial debido al modo inmundo que tenían de ganarse la vida.

1[1] Capernaum, donde el Señor residía entonces (4:13).

2[1] Ellos hicieron un hueco en el techo de la casa donde el Señor estaba (Mr. 2:4). Con esto el Señor vio la fe que tenían.

2[2] Esto indica que el paralítico estaba en esta condición por causa de sus pecados.

3[1] Véase la nota 4[1] del cap. 2.

3[2] Los escribas, confiados en que conocían las Escrituras, pensaban que sólo Dios tenía la potestad de perdonar pecados, y que Jesús, quien a los ojos de ellos sólo era un hombre, había blasfemado contra Dios cuando dijo: "Tus pecados te son perdonados". Esto indica que ellos no comprendían que el Señor Jesús era Dios.

4 Y [1a]conociendo Jesús los [2]pensamientos de ellos, dijo:
¿Por qué [b]pensáis mal en vuestros corazones?
5 Porque, ¿qué es [1]más fácil, decir: Tus pecados te son
perdonados, o decir: [2]Levántate y anda?
6 Pues para que sepáis que el [a]Hijo del Hombre tiene
[1]potestad en la tierra para [b]perdonar pecados —dice entonces al paralítico—: ¡Levántate, [2c]toma tu cama, y [3]vete a tu
casa!
7 Entonces él se [1]levantó y se fue a su casa.
8 Y las multitudes, al verlo, [a]temieron y [b]glorificaron a
Dios, que había dado tal potestad a los hombres.

4. Se regocija con los pecadores
9:9-13

9 [a]Pasando Jesús de allí, vio a un hombre llamado [1b]Ma-
teo, que estaba sentado al banco de los tributos públicos, y
le dijo: [2c]Sígueme. Y éste se levantó y le [3]siguió.

4[a] Mt. 12:25; Mr. 12:15; Lc. 6:8; Jn. 2:25
4[b] Gn. 6:5
6[a] Mt. 8:20
6[b] Lc. 7:49; Hch. 5:31
6[c] Jn. 5:8
8[a] Lc. 7:16
8[b] Mt. 15:31
9[a] vs. 9-13: Mr. 2:14-17; Lc. 5:27-32
9[b] Mt. 10:3
9[c] Mt. 4:19

Al decir esto, rechazaron al Rey del reino celestial. Este fue el primer rechazo por parte de los líderes de la religión judía.

4[1] Algunos mss. antiguos dicen: viendo. Esta fue la percepción del Señor en Su espíritu (Mr. 2:8).

4[2] O, consideraciones, razonamientos. Suposiciones malévolas con sentimiento intenso o pasión.

5[1] El Señor no dijo: "¿Qué es más difícil?", porque para El nada es difícil. Para El, decir: "Tus pecados te son perdonados" era más fácil que decir: "Levántate y anda".

5[2] En la salvación del Señor, El no solamente perdona nuestros pecados, sino que también hace que nos levantemos y andemos. No se trata de que nos levantemos y andemos primero, y luego seamos perdonados de nuestros pecados; una salvación así sería por obras. Por el contrario, primero somos perdonados de nuestros pecados, y luego nos levantamos y andamos; tal salvación es por gracia.

6[1] Perdonar pecados es un asunto de tener autoridad en la tierra. Sólo el Salvador real, quien había sido autorizado por Dios y quien iba a morir para redimir a los pecadores, tenía tal potestad (Hch. 5:31; 10:43; 13:38). Esta potestad tenía como fin establecer el reino de los cielos (16:19).

6[2] El Señor capacitó al paralítico no sólo para que anduviera, sino también para que tomara su lecho. Anteriormente el lecho lo había llevado a él; ahora él llevaba el lecho. Este es el poder de la salvación del Señor.

6[3] Este paralítico fue traído al Señor por otros, pero regresó a casa por sí mismo, lo cual indica que el pecador por sí mismo no puede acudir al Señor, pero a causa de la salvación del Señor, tiene el poder de regresar a casa andando.

7[1] El hecho de que el paralítico se levantara y se fuera comprobó que había sido sanado, y su sanidad demostró que sus pecados habían sido perdonados.

9[1] Mateo también era llamado Leví (Mr. 2:14; Lc. 5:27). Era recaudador de impuestos (10:3) y después de ser salvo, fue hecho apóstol por la gracia de Dios (10:2-3; Hch. 1:13). Fue él quien escribió este evangelio.

9[2] Seguir al Señor incluye creer en El. Nadie lo seguiría si no creyera en El. Creer en el Señor significa ser salvo (Hch. 16:31), y seguirlo es entrar por la puerta estrecha y andar por el camino angosto para participar del reino de los cielos (7:13-14).

10 Y aconteció que estando El reclinado *a la mesa* en la
[1]casa, he aquí que muchos [2a]recaudadores de impuestos y
[b]pecadores, que habían venido, se reclinaron *a la mesa* con
Jesús y Sus discípulos.
11 Cuando vieron *esto* los [1]fariseos, dijeron a Sus discípulos: [2]¿Por qué come vuestro Maestro con recaudadores de
impuestos y pecadores?
12 Mas El, al oír *esto,* dijo: Los que están fuertes no tienen
necesidad de [1]médico, sino los [2]enfermos.
13 Id, pues, y [1]aprended lo que significa: "[2a]Misericordia
quiero, y no [b]sacrificio". Porque no he venido a llamar a
[3c]justos, sino a [d]pecadores.

10[a] Mt. 5:46; 11:19
10[b] Lc. 15:2
13[a] Os. 6:6; Mt. 12:7
13[b] Mi. 6:6-8; Mr. 12:33; Pr. 21:3; 1 S. 15:22
13[c] Lc. 15:7
13[d] 1 Ti. 1:15

9[3] Según lo escrito en este versículo, parece que ésta fue la primera vez que el Señor se encontró con Mateo. Debe de haber existido algún poder atrayente en la palabra o en la apariencia del Señor que motivó a Mateo a seguirlo.

10[1] Esta era la casa de Mateo (Lc. 5:29; Mr. 2:15). Por ser el escritor de este libro, Mateo prefirió no decir que era su propia casa ni que él había preparado el gran banquete para el Señor. Esto muestra su humildad.

10[2] Véase la nota 46[2] del cap. 5.

11[1] Véase la nota 7[1] del cap. 3.

11[2] Esta pregunta indica que los fariseos, justos en su propia opinión, no conocían la gracia de Dios. Ellos pensaban que Dios solamente trata al hombre según la justicia. Al hacer esta pregunta, quedaron expuestos como disidentes del Rey celestial y, por ende, como personas que lo habían rechazado. De este modo los líderes de la religión judía seguían rechazando al Rey celestial, rechazo que fue iniciado en el v. 3.

12[1] El Rey del reino celestial, al llamar a la gente a seguirlo para el reino, ministraba como médico, no como juez. Un juez pronuncia su juicio según la justicia, mientras que un médico sana por misericordia y gracia. Aquellos a quienes el Señor constituyó ciudadanos del reino celestial eran leprosos (8:2-4), paralíticos (8:5-13; 9:2-8), personas con fiebre (8:14-15), endemoniados (8:16, 28-32), enfermos con toda clase de dolencias (8:16), menospreciados recaudadores de impuestos, y pecadores (vs. 9-11). Si El hubiera venido como Juez a esta gente miserable, todos ellos habrían sido condenados y rechazados, y ninguno habría sido capacitado, elegido ni llamado para ser parte del pueblo de Su reino celestial. Pero El vino a ministrar como médico para sanarlos, recobrarlos, reanimarlos, y salvarlos, a fin de que fueran reconstituidos para ser Sus nuevos ciudadanos celestiales, con los cuales El pudiera establecer Su reino celestial en esta tierra corrupta.

12[2] Estas palabras del Señor implican que los fariseos, justos en su propia opinión, no se daban cuenta de que necesitaban que El fuera su médico. Se consideraban fuertes; así que, cegados por creerse justos, no sabían que estaban enfermos.

13[1] Los fariseos, justos en su propia opinión, confiaban en que lo sabían todo con respecto a Dios. Para que fueran humildes, el Señor les dijo que necesitaban aprender más.

13[2] La misericordia es parte de la gracia que el hombre recibe de Dios. (Véase la nota 16[2] de He. 4.) Sin embargo, a los hombres que se creen justos no les gusta recibir misericordia ni gracia de Dios; prefieren darle algo a El. Esto va en contra del camino de Dios en Su economía. Así como Dios desea tener misericordia de los pecadores miserables, asimismo El quiere que nosotros también tengamos misericordia de otros en amor (Mi. 6:6-8; Mr. 12:33).

5. Incompatible con la religión
9:14-17

14 [a]Entonces se le acercaron los [b]discípulos de Juan,
diciendo: ¿[1]Por qué nosotros y los fariseos [2c]ayunamos [3]mu-
cho, y Tus [d]discípulos [4]no ayunan?
15 Jesús les dijo: ¿Acaso pueden los [1]compañeros del novio
tener luto mientras el [2a]novio está con ellos? Pero vendrán
[b]días cuando el novio les será [3]quitado, y entonces [c]ayuna-
rán.

14[a] vs. 14-17: Mr. 2:18-22; Lc. 5:33-39
14[b] Mt. 11:2; 14:12; Lc. 11:1; Jn. 1:35; 3:25
14[c] Lc. 18:12
14[d] Mt. 15:2
15[a] Jn. 3:29
15[b] Lc. 17:22
15[c] Hch. 13:2-3; 14:23

13[3] No hay justo, ni aun uno (Ro. 3:10). Todos los "justos" son justos en su propia opinión, como lo eran los fariseos (Lc. 18:9). El Salvador real no vino para llamar a éstos, sino a los pecadores.

14[1] Los vs. 10-13 relatan cómo el Señor respondió a la pregunta de los fariseos, quienes pertenecían a la religión antigua. Aquí en los vs. 14-17, el Señor toca el problema de los discípulos de Juan, los cuales pertenecían a la nueva religión. Juan el Bautista había abandonado la religión antigua y comenzado su ministerio en el desierto, fuera de la religión. (Véanse las notas 1[2] y 4[1] del cap. 3.) Sin embargo, al poco tiempo, los discípulos de Juan formaron una religión nueva que impedía que los hombres disfrutaran a Cristo, tal como lo habían hecho los fariseos con la religión antigua. El ministerio de Juan el Bautista hacía que los hombres conocieran a Cristo a fin de que Cristo llegara a ser el Redentor, la vida y el todo de ellos. No obstante, algunos de los discípulos de Juan se desviaron de la meta, Cristo, y se aferraron a algunas de sus prácticas, haciendo de éstas una religión. Ser religioso significa hacer algo para Dios, pero sin Cristo. Todo lo que hagamos sin la presencia de Cristo es meramente religioso, aun cuando se trate de algo bíblico y ortodoxo. Tanto los discípulos de Juan, quienes pertenecían a la nueva religión, como los fariseos, quienes pertenecían a la religión antigua, ayunaban mucho, pero lo hacían sin Cristo. Mientras tanto, ellos censuraban a los discípulos de Cristo, quienes no ayunaban pero tenían a Cristo consigo y vivían en Su presencia.

14[2] Véase la nota 16[1] del cap. 6.

14[3] Algunos mss. antiguos omiten: mucho.

14[4] A los fariseos, que se creían justos y pertenecían a la religión antigua, les molestó que Cristo se hiciera compañero de los recaudadores de impuestos y los pecadores, personas que ellos condenaban (v. 11). A los discípulos de Juan, los cuales ayunaban y pertenecían a la religión nueva, les molestó que Cristo y Sus discípulos cenaran (v. 10).

15[1] Los discípulos del Señor. En el período de transición del ministerio del Señor en la tierra, Sus discípulos eran los compañeros del novio. Más tarde, serían la novia (Jn. 3:29; Ap. 19:7).

15[2] Al dirigirse a los fariseos, que eran disidentes y justos en su propia opinión, y pertenecían a la religión antigua, el Salvador real indicó que El era un médico que había venido para sanar a los enfermos (v. 12). Al dirigirse a los discípulos de Juan, que eran disidentes, ayunaban y pertenecían a la religión nueva, el Señor se reveló como el Novio que había venido para tomar a la novia. Juan el Bautista había dicho a sus discípulos que Cristo era el Novio que había venido para tomar a la novia (Jn. 3:25-29). Ahora Cristo, el Salvador real, les recordó esto a algunos de ellos. Un médico y un novio son personas agradables. El Salvador real primero sanó a Sus seguidores, y luego hizo de ellos los compañeros del novio; finalmente hará de ellos Su novia. Ellos debían asirse de El, no sólo

16 Nadie pone un remiendo de paño [1]no abatanado en un [2]vestido viejo; porque lo añadido tira del vestido, y se hace peor la rotura.
17 Ni echan [1]vino nuevo en [2a]odres viejos; de otra manera los odres se revientan, y el vino se derrama, y los odres se estropean; sino que echan el vino nuevo en [3b]odres nuevos, y así ambos se conservan.

17[a] Jos. 9:4

17[b] Job 32:19

como a un médico para recuperar la salud, sino también como a un novio para tener el gozo de vivir en Su presencia. Ellos estaban con El en una boda gozosa, y no en un funeral triste sin El. ¿Cómo, pues, podrían ayunar y no festejar delante de El? Esta pregunta disidente que provino de los discípulos de Juan indicaba que algunos de ellos habían caído en una religión nueva y que también habían rechazado al Salvador real.

La pregunta de los discípulos de Juan parecía estar relacionada con la doctrina. Pero el Señor no respondió con una doctrina, sino con una persona, la persona más agradable: el Novio. Los religiosos siempre se ocupan de la doctrina, preguntando: "¿Por qué?" Pero Cristo sólo se ocupa de Su persona. El vivir y andar de Sus seguidores debe ser gobernado y dirigido solamente por Su persona y por Su presencia, no por alguna doctrina.

15[3] Esto ocurrió cuando el Salvador real fue llevado de los discípulos al cielo (Hch. 1:11). Después de eso, ellos ayunaron (Hch. 13:2-3; 14:23).

16[1] O, nuevo, tosco, no procesado. La palabra griega se refiere a *cardar o peinar la lana*. Así que, significa *no cardado, no tratado al vapor ni lavado, burdo, no abatanado, no procesado*. El paño no abatanado representa a Cristo, desde Su encarnación hasta Su crucifixión, como un remiendo de paño nuevo, no tratado, no acabado; mientras que el vestido nuevo en Lc. 5:36 representa a Cristo como manto nuevo después de que El fue "tratado" en Su crucifixión. (La palabra griega que se traduce *nuevo* en Lc. 5:36 es la misma que aparece en la frase *odres nuevos* en Mt. 9:17.) Cristo fue primero el paño no abatanado que servía para hacer un vestido nuevo, y luego, por medio de Su muerte y resurrección, fue hecho un vestido nuevo que nos cubre como nuestra justicia delante de Dios a fin de que seamos justificados por Dios y aceptables a El (Lc. 15:22; Gá. 3:27; 1 Co. 1:30). Un remiendo de paño no abatanado, cosido en un vestido viejo, tira del vestido debido a que se encoge y hace peor la rotura. Coser un remiendo así en un vestido viejo significa imitar lo que hizo Cristo en Su vida humana en la tierra. Esto es lo que tratan de hacer los modernistas de hoy. Sólo imitan las acciones humanas de Jesús para mejorar su conducta; no creen que el Jesús crucificado sea su Redentor ni que el Cristo resucitado sea su justicia para ser justificados por Dios y aceptos delante de El. Su imitación del vivir humano de Cristo "tira" del "vestido viejo" de ellos, o sea la conducta producida con su vieja vida natural. El pueblo del reino no hace esto; ellos toman al Cristo crucificado y resucitado como el vestido nuevo que los cubre como justicia delante de Dios.

16[2] El vestido viejo representa la buena conducta, las buenas acciones y las prácticas religiosas producidas por la vieja vida natural del hombre.

17[1] La palabra griega que aquí se traduce *nuevo* significa *nuevo con respecto al tiempo, reciente, recién adquirido*. Aquí el vino nuevo representa a Cristo como la vida nueva, lleno de vigor, que entusiasma a la gente. El Salvador real no sólo es el Novio del pueblo del reino para que ellos lo disfruten, sino también su vestido nuevo, el cual los equipa y capacita para que asistan a la boda. Además, El es la

6. Más señales con significado dispensacional
9:18-34

18[a] vs. 18-26: Mr. 5:22-43; Lc. 8:41-56
18[b] Mt. 8:2

18 [1a]Mientras El les decía estas cosas, he aquí vino un
[2]hombre principal y le [b]adoró, diciendo: Mi hija acaba de
morir; mas ven y pon Tu mano sobre ella, y vivirá.

---

nueva vida que los estimula interiormente para que le disfruten como su Novio. El, como el Rey celestial, es el Novio para el disfrute del pueblo del reino, y Su reino celestial es la fiesta de bodas (22:2), donde ellos le disfrutarán. Para disfrutarlo como el Novio en la fiesta del reino, ellos lo necesitan como su vestido nuevo exteriormente y como su vino nuevo interiormente.

17[2] Los odres viejos representan las prácticas religiosas, como por ejemplo el ayuno que guardaban los fariseos, quienes pertenecían a la religión antigua, y los discípulos de Juan, que pertenecían a la religión nueva. Todas las religiones son odres viejos. El vino nuevo echado en odres viejos revienta los odres con el poder de su fermentación. Echar vino nuevo en odres viejos es poner a Cristo, la vida estimulante, en cualquier clase de religión. Esto es lo que los llamados fundamentalistas y los pentecostales practican hoy en día. Tratan de circunscribir a Cristo en sus varias formas de rituales, formalidades y prácticas religiosas. El pueblo del reino nunca debe hacer esto. Ellos deben echar el vino nuevo en odres nuevos.

17[3] La palabra griega que aquí se traduce *nuevos,* significa *nuevo en cuanto a naturaleza, cualidad o forma; no estrenado, ni usado;* por lo tanto, nuevo o fresco. Los odres nuevos representan la vida de la iglesia en las iglesias locales como el recipiente del vino nuevo, el cual es Cristo mismo como la vida que alegra a la gente. Las personas que pertenecen al reino son edificadas como la iglesia (16:18), y la iglesia es expresada por medio de las iglesias locales, en las cuales viven las personas que pertenecen al reino (18:15-20). Estas son personas regeneradas, que constituyen el Cuerpo de Cristo y llegan a ser la iglesia (Ro. 12:5; Ef. 1:22-23). El Cuerpo de Cristo, como Su plenitud, también es llamado "el Cristo" (1 Co. 12:12), que se refiere al Cristo corporativo. El Cristo individual es el vino nuevo, la vida interior estimulante, y el Cristo corporativo es el odre nuevo, el recipiente exterior que contiene el vino nuevo. Para el pueblo del reino, lo importante no es ayunar ni observar ninguna otra práctica religiosa, sino la vida de la iglesia donde Cristo es el contenido. Cristo no vino para establecer una religión terrenal llena de rituales, sino para establecer un reino celestial de vida. El no está estableciendo tal reino con prácticas religiosas y muertas, sino consigo mismo, la persona viviente, como el Salvador, el Médico, el Novio, el paño no abatanado, y el vino nuevo para Sus seguidores a fin de que lo disfruten a El en plenitud, con el propósito de que ellos sean el odre nuevo que lo contenga y los constituyentes de Su reino.

18[1] Los vs. 18-34 describen brevemente esta edad y la edad venidera. Por lo tanto, este pasaje tiene un significado dispensacional, así como el de 8:1-17. La hija del hombre principal de la sinagoga representa a los judíos, y la mujer que padecía flujo de sangre representa a los gentiles. Cuando la hija murió, la mujer fue sanada. Después de que la mujer fue sanada, la hija fue resucitada. Después, dos ciegos y un mudo fueron sanados. Este es un tipo que muestra que cuando los judíos fueron cortados, los gentiles fueron salvos, y que después que se complete la salvación de los gentiles, los judíos serán salvos (Ro. 11:15, 17, 19, 23-26). Después de eso, comenzará el milenio, en el cual todos los ciegos y los mudos serán sanados (Is. 35:5-6).

18[2] Jairo, un hombre principal de la sinagoga (Mr. 5:22; Lc. 8:41). Su

19 Y levantándose Jesús, le siguió, y también Sus discípulos.

20 Y he aquí una mujer que padecía [1a]flujo de sangre desde hacía [2]doce años, se le [3]acercó por detrás y tocó los [4b]flecos de Su manto;

21 porque decía dentro de sí: Si tan sólo [a]toco Su manto, [1]seré [2]sana.

22 Pero Jesús, volviéndose y mirándola, dijo: Ten [a]ánimo, hija; tu [b]fe te ha sanado. Y la mujer quedó sana desde aquella hora.

23 Al llegar Jesús a la [1]casa del principal, viendo a los que tocaban flautas, y a la multitud que hacía alboroto,

24 les dijo: Apartaos, porque la niña no está muerta, sino que [a]duerme. Y se burlaban de El.

25 Pero cuando la [1]multitud hubo sido [a]echada fuera, entró, y [b]tomó de la mano a la niña, y ella se [2]levantó.

26 Y se difundió la [a]fama de esto por toda aquella tierra.

27 [a]Pasando Jesús de allí, le siguieron dos [1]ciegos, dando voces y diciendo: ¡Ten misericordia de nosotros, [2b]Hijo de David!

20[a] Lv. 15:25
20[b] Mt. 14:36; Nm. 15:38-39; Dt. 22:12
21[a] Mt. 14:36; Mr. 3:10; Lc. 6:19
22[a] Mt. 9:2
22[b] Mt. 9:2
24[a] Jn. 11:11, 13; 1 Ts. 4:15
25[a] Hch. 9:40
25[b] Mr. 9:27; Hch. 3:7; 9:41
26[a] Mt. 4:24; Mr. 1:28; Lc. 5:15
27[a] vs. 27-30: cfr. Mt. 20:30-34; Mr. 10:46-52; Lc. 18:35-43; Jn. 9:1-7
27[b] Mt. 1:1

---

nombre significa *él iluminará,* o *iluminado,* lo cual indica que el Señor iluminará a los gentiles (Hch. 13:46-48) y que los judíos también serán iluminados.

20[1] Una hemorragia, un flujo o derrame de sangre (Lv. 15:25). La vida de la carne está en la sangre (Lv. 17:11). Por lo tanto, esta enfermedad representa la vida que se desvanece.

20[2] La mujer había estado enferma por doce años, los años que tenía la hija del hombre principal (Lc. 8:42).

20[3] Tanto esta mujer como el centurión de 8:5-10 representan a los gentiles; éstos vinieron para tener contacto con el Señor de la misma manera: con fe. La mujer fue sanada mientras el Señor iba en camino a la casa del hombre principal de la sinagoga. Esto significa que los gentiles son salvos mientras Cristo va en camino a la casa de Israel.

20[4] El manto de Cristo representa las obras justas de Cristo, y los flecos representan el gobierno celestial (Nm. 15:38-39). La virtud que llega a ser el poder sanador (14:36) procede de las obras de Cristo, las cuales son gobernadas por los cielos.

21[1] Esto fue su fe.

21[2] O, salva. Así también en el versículo siguiente.

23[1] La hija aquí, y la suegra de Pedro en 8:14-15, las cuales representan a los judíos al final de esta era, fueron sanadas en una casa mediante la venida del Señor y Su toque directo. Esto indica que al final de esta era todo el remanente de los judíos será salvo en la casa de Israel por la venida del Señor y por Su toque directo (Ro. 11:25-26; Zac. 12:10).

25[1] El Señor en Su ministerio nunca se interesó por tener una multitud. Véase la nota 18[1] del cap. 8.

25[2] Lit., despertó.

27[1] La ceguera significa falta de visión interior, o sea, incapacidad para ver a Dios y las cosas relacionadas con El (2 Co. 4:4; Ap. 3:18).

27[2] En el reino milenario, es decir, en el tabernáculo de David restaurado (Hch. 15:16), el reino mesiánico, los judíos reconocerán a Cristo como Hijo de David, y serán sanados de su ceguera. Esto es tipificado por los dos

28 Y cuando entró en la [1]casa, se le acercaron los ciegos;
y Jesús les dijo: ¿Creéis que puedo hacer esto? Ellos dijeron:
Sí, Señor.
29 Entonces les [a]tocó los ojos, diciendo: Conforme a vuestra [b]fe os sea [c]hecho.
30 Y los [1a]ojos de ellos fueron abiertos. Y Jesús les encargó
rigurosamente, diciendo: [b]Mirad que nadie lo sepa.
31 Pero salidos ellos, [a]divulgaron la fama de El por toda
aquella tierra.
32 Mientras salían ellos, he aquí, le trajeron un [1a]mudo
endemoniado.
33 Y echado fuera el demonio, el mudo [1a]habló; y las
multitudes se maravillaban, y decían: Nunca se ha [b]visto
cosa semejante en Israel.
34 Pero los fariseos decían: Por el [1a]príncipe de los demonios echa fuera los demonios.

D. El agrandamiento del ministerio
9:35—11:1

1. La necesidad de apacentar y cosechar
9:35-38

35 Recorría Jesús todas las ciudades y [a]aldeas, [b]enseñan-
do en las sinagogas de ellos, y predicando el [1]evangelio del
reino, y sanando [2]toda enfermedad y toda dolencia.
36 Y al ver las multitudes, tuvo [a]compasión de ellas;
porque estaban [1]afligidas y dispersas como [2b]ovejas que no
tienen [2]pastor.

29[a] Mt. 8:3
29[b] Mt. 9:2
29[c] Mt. 8:13
30[a] Is. 35:5; Lc. 4:18; Hch. 26:18
30[b] Mt. 8:4; 12:16; Mr. 5:43; 7:36
31[a] Mt. 9:26; Mr. 1:45
32[a] Mt. 12:22; Lc. 11:14
33[a] Is. 35:6
33[b] Mr. 2:12
34[a] Mt. 12:24; Mr. 3:22; Lc. 11:15
35[a] Mr. 6:6; Lc. 13:22
35[b] Mt. 4:23
36[a] Mt. 14:14; Mr. 6:34
36[b] Nm. 27:17; 1 R. 22:17; Ez. 34:5; Zac. 10:2

---

ciegos que reconocen a Cristo como Hijo de David.

28[1] Tal como la hija del hombre principal (v. 23) y la suegra de Pedro (8:14), así también los dos ciegos fueron sanados en la casa por el toque directo del Señor (v. 29).

30[1] Abrir los ojos de los ciegos significa devolverles la visión interior, con la cual vemos a Dios y las cosas espirituales (Hch. 9:18; 26:18; Ef. 1:18; Ap. 3:18).

32[1] La mudez causada por la posesión demoníaca representa la incapacidad del hombre de hablar por Dios (Is. 56:10) y de alabar a Dios (Is. 35:6), que resulta del culto a los ídolos mudos (1 Co. 12:2).

33[1] El hecho de que el mudo hablara indica que recuperamos nuestra capacidad de hablar y de alabar al ser llenos del Señor en el espíritu (Ef. 5:18-19).

34[1] El príncipe de los demonios es el diablo, el cual era llamado Beelzebú (12:24). La blasfemia de los fariseos muestra claramente que los líderes del judaísmo seguían rechazando al Rey celestial.

35[1] Véase la nota 23[2] del cap. 4.

35[2] *Toda enfermedad y toda dolencia* significa enfermedad espiritual.

36[1] En el griego la palabra *afligidas* se refiere al desollamiento y dolor sufrido por las ovejas a manos de un pastor cruel. La palabra *dispersas* se refiere a que las ovejas habían sido abandonadas por un pastor maligno y

37 Entonces dijo a Sus discípulos: A la verdad la [1a]mies es mucha, mas los obreros pocos.

38 [1]Rogad, pues, al [2]Señor de la mies, que lance [a]obreros [3]a Su mies.

CAPITULO 10

2. La selección y el envío de los obreros
10:1-5a

1 [a]Y llamando a Sus [1]doce discípulos, les dio [2]autoridad sobre los espíritus inmundos, para que los echasen fuera, y para [b]sanar toda enfermedad y toda dolencia.

2 [a]Los nombres de los doce [1]apóstoles son éstos: primero [b]Simón, llamado Pedro, y Andrés su hermano; [c]Jacobo *hijo* de Zebedeo, y Juan su hermano;

3 [a]Felipe y Bartolomé, [b]Tomás y [1c]Mateo el [2]recaudador de impuestos, Jacobo *hijo* de Alfeo, y [3]Tadeo,

37[a] Lc. 10:2; Jn. 4:35
38[a] Mt. 20:1-2
1[a] Mr. 3:13-15; 6:7; Lc. 6:13; 9:1
1[b] Mt. 9:35
2[a] vs. 2-4: Mr. 3:16-19; Lc. 6:14-16; Hch. 1:13
2[b] Mt. 4:18
2[c] Mt. 4:21
3[a] Jn. 1:43; 14:9
3[b] Jn. 11:16; 14:5; 20:24; 21:2
3[c] Mt. 9:9

---

estaban afligidas, sin hogar, indefensas, vagando de un lugar a otro. Aquí las palabras del Señor Jesús describen la situación en la cual los israelitas miserables sufrían aflicción y angustia a manos de los principales sacerdotes y escribas, los pastores malignos.

36[2] Esto indica que el Rey celestial consideraba a los israelitas como ovejas y que se consideraba Pastor de ellos. Cuando Cristo vino a los judíos por primera vez, ellos eran semejantes a leprosos, paralíticos, endemoniados y a personas miserables de toda clase, porque no tenían pastor que los cuidara. Ahora, en Su ministerio real para el establecimiento de Su reino celestial, El les ministraba no sólo como médico sino también como Pastor, tal como se profetizó en Is. 53:6 y 40:11.

37[1] El Rey celestial consideraba al pueblo no sólo como ovejas sino también como mies. La necesidad de las ovejas era que alguien las pastoreara, y la necesidad de la mies era que alguien la segara. Aunque los líderes de la nación de Israel habían rechazado al Rey celestial, aún así muchos en el pueblo necesitaban ser cosechados.

38[1] Primero, Dios en Su economía tiene un plan que cumplir; luego, es necesario que Su pueblo le ruegue, le pida al respecto. Al contestar la oración de ellos, El cumplirá lo que han pedido con respecto a Su plan.

38[2] El Rey del reino celestial se consideraba no sólo el Pastor de las ovejas sino también el Señor de la mies. Su reino se establece con cosas de vida que pueden crecer y multiplicarse. El es el Señor, el dueño de esta cosecha.

38[3] Es decir, a participar en Su cosecha.

1[1] Véase la nota 12[2] de Ap. 21. Así también en el v. 2.

1[2] La autoridad de echar fuera espíritus inmundos y de sanar enfermedades es un anticipo del poder de la era venidera (He. 6:5), es decir, del milenio, cuando todos los demonios serán echados fuera y todas las enfermedades serán sanadas (Is. 35:5-6).

2[1] Un apóstol es un enviado. Los doce discípulos (v. 1) iban a ser enviados; así que llegaron a ser los doce apóstoles.

3[1] En las listas que tenemos en Marcos y Lucas, Mateo es mencionado antes de Tomás (Mr. 3:18; Lc. 6:15), pero Mateo, el escritor de este libro, se menciona después de Tomás, lo cual muestra su humildad.

3[2] Aquí Mateo deliberadamente se describió como "el recaudador de impuestos", tal vez recordando con

4 Simón el [1]cananista, y Judas [2a]Iscariote, el que también [3]le traicionó.

5 A estos doce [a]envió Jesús, y les dio instrucciones,

3. La manera de extender a la casa de Israel el evangelio del reino
10:5b-15

diciendo: Por camino de [1b]gentiles no vayáis, y en ciudad de [1c]samaritanos no entréis;

6 id más bien a las [a]ovejas perdidas de la casa de [b]Israel.

7 Y yendo, proclamad, diciendo: El [a]reino de los cielos se ha [1]acercado.

8 [a]Sanad enfermos, resucitad muertos, limpiad leprosos, echad fuera demonios; [b]gratis lo recibisteis, dadlo gratis.

9 [1a]No os proveáis de oro, ni plata, ni cobre para *llevar en* vuestros cintos;

10 ni de alforja para el camino, ni de dos túnicas, ni de sandalias, ni de bastón; porque el [a]obrero es digno de su alimento.

11 Mas en cualquier ciudad o aldea donde entréis, informaos quién en ella sea digno, y quedaos allí hasta que salgáis.

12 Y al entrar en la casa, saludadla.

13 Y si la casa es digna, que vuestra paz venga sobre ella; mas si no es digna, que vuestra paz vuelva a vosotros.

14 Y si alguno no os recibe, ni oye vuestras palabras, al salir de aquella casa o ciudad, [a]sacudid el polvo de vuestros pies.

4[a] Jn. 6:71; 13:2, 26; Lc. 22:3; Mt. 26:14
5[a] Mr. 6:7; Lc. 9:2
5[b] cfr. Mt. 4:15; Hch. 13:46
5[c] 2 R. 17:24; Esd. 4:10; Lc. 17:16; Jn. 4:4, 9; Hch. 8:25
6[a] Sal. 119:176; Is. 53:6; Jer. 50:6; 1 P. 2:25
6[b] Mt. 15:24; Hch. 3:26; 13:46; Ro. 1:16
7[a] Mt. 3:2; 4:17
8[a] Mr. 6:13; Lc. 9:2
8[b] Ap. 21:6; 22:17
9[a] vs. 9-15: Mr. 6:8-11; Lc. 9:3-5; 10:4-12; cfr. Lc. 22:35-36

gratitud su salvación. Hasta un menospreciado y pecaminoso recaudador de impuestos pudo llegar a ser apóstol del Rey del reino celestial. ¡Qué salvación!

3[3] Este Tadeo es Judas (Lc. 6:16; Hch. 1:13; Jn. 14:22).

4[1] De la palabra hebrea *canná,* la cual significa *celoso;* no se refiere a la tierra de Canaán sino a una secta de galileos que se conocía como los zelotes. (Véase Lc. 6:15; Hch. 1:13.)

4[2] Esta palabra, posiblemente de origen hebreo, significa *hombre de Queriot,* ciudad que estaba en Judea (Jos. 15:25). Entre los apóstoles, sólo Judas era de Judea; todos los demás eran galileos.

4[3] Lit., lo entregó. Así también en todo el libro.

5[1] Los samaritanos eran una mezcla de linajes gentil y judío (2 R. 17:24; Esd. 4:10; Jn. 4:9). Los doce apóstoles fueron enviados a la casa de Israel (v. 6) y se les mandó que no fueran a los gentiles ni a los samaritanos.

7[1] En aquel entonces el reino de los cielos no había llegado; sólo se había acercado.

9[1] Los doce apóstoles (enviados a la casa de Israel, y no a los gentiles), por ser obreros dignos de su alimento, no tenían que llevar provisiones consigo. (No obstante, los obreros del Señor enviados a los gentiles no deben

10[a] 1 Co. 9:7-14; 1 Ti. 5:18 **14**[a] Hch. 13:51

15 De cierto os digo que en el día del juicio, será [1]más
tolerable *el castigo* para la tierra de [a]Sodoma y de Gomorra,
que para aquella ciudad.

4. La persecución y la manera de enfrentarla
10:16-33

16 He aquí, Yo os envío como a [a]ovejas en medio de [b]lobos;
sed, pues, [1]prudentes como [c]serpientes, y sencillos como
[d]palomas.
17 Y [a]guardaos de los hombres, porque os [1]entregarán a
los [2b]sanedrines, y en sus sinagogas os [c]azotarán;
18 y aun ante [1]gobernadores y [a]reyes seréis llevados por
causa de Mí, para [b]testimonio a ellos y a los gentiles.
19 [a]Mas cuando os entreguen, no os [b]inquietéis por cómo
o qué hablaréis; porque en aquella hora os será dado lo que
habéis de hablar.
20 Porque no sois vosotros los que habláis, sino el [1a]Espí-
ritu de vuestro Padre que habla en vosotros.
21 El [1]hermano entregará a la muerte al hermano, y el
padre al hijo; y los [a]hijos se levantarán contra los padres, y
los harán morir.
22 Y seréis [a]aborrecidos de todos por causa de Mi nombre;
mas el que haya [b]perseverado hasta el fin, éste será [1]salvo.

15[a] Mt. 11:23-24; Gn. 18:20; 19:24, 28; 2 P. 2:6; Jud. 7
16[a] Lc. 10:3
16[b] Hch. 20:29
16[c] Gn. 3:1
16[d] Cnt. 2:14; cfr. Jn. 1:32
17[a] Fil. 3:2
17[b] Mr. 13:9; Mt. 5:22
17[c] Mt. 23:34; Hch. 5:40; 22:19; 26:11
18[a] Lc. 21:12; Hch. 9:15; 26:1-2
18[b] Mt. 24:14
19[a] vs. 19-22: Mr. 13:11-13; Lc. 21:12-19
19[b] Lc. 12:11
20[a] Lc. 12:12; cfr. 2 S. 23:2
21[a] Mt. 10:35; Mi. 7:6

tomar nada de los gentiles, 3 Jn. 7.) Este principio cambió después de que el Señor fue totalmente rechazado por la casa de Israel (Lc. 22:35-38).

15[1] Indica que el castigo que resulta del juicio de Dios tiene varios grados. Rechazar a los apóstoles del Señor y sus palabras (v. 14) traerá un castigo mayor que el castigo que traerá el pecado de Sodoma y de Gomorra.

16[1] Como ovejas en medio de lobos, los apóstoles del Señor necesitan ser prudentes como serpientes, aunque no son serpientes, para no ser heridos por los lobos, y ser sencillos como palomas, sin ninguna intención maligna y sin hacer daño a los demás.

17[1] Aquí la predicción del Rey celestial de que Sus apóstoles serían perseguidos por el judaísmo indica que éste rechazaría el reino que El estaba estableciendo mediante la predicación de Sus apóstoles. Esto también demuestra que Su reino no es terrenal sino celestial.

17[2] Véase la nota 22[6] del cap. 5.

18[1] La misma palabra griega traducida *príncipes* en 2:6.

20[1] Los apóstoles no sólo tienen la autoridad del Rey celestial (v. 1), sino también el Espíritu del Padre de ellos. La autoridad del Rey hace frente a los espíritus inmundos y las enfermedades; el Espíritu del Padre hace frente a la persecución de los que se oponen.

21[1] Los que desean ser apóstoles del Rey celestial para llevar a cabo la predicación del evangelio del reino han de experimentar la ruptura de los vínculos humanos más íntimos.

22[1] Puede ser que en este versículo ser salvo quiera decir ser salvos de los que nos aborrecen; finalmente significa ser salvo para entrar en la manifestación del reino de los cielos, una recompensa para los creyentes

22[a] Mt. 24:9; Jn. 15:18-19; 1 Jn. 3:13 22[b] Mt. 24:13; He. 10:36

23[a] Mt. 23:34
23[b] Mt. 2:13; Hch. 14:6
23[c] Mt. 8:20
24[a] Lc. 6:40
24[b] Jn. 13:16; 15:20
25[a] Mt. 12:24, 27; Mr. 3:22; Lc. 11:15
26[a] vs. 26-33: Lc. 12:2-9
26[b] Mr. 4:22; Lc. 8:17
26[c] 1 Ti. 5:25
27[a] 1 S. 9:25; Sof. 1:5; Mt. 24:17; Hch. 10:9
28[a] Sal. 56:4
28[b] Is. 8:12-13; He. 10:31
28[c] Jac. 4:12
28[d] Mt. 5:22
30[a] Lc. 21:18
31[a] Mt. 6:26; 12:12

23 Cuando os persigan en esta [a]ciudad, [b]huid a otra;
porque de cierto os digo, que no [1]acabaréis *de recorrer* las
ciudades de Israel, antes que venga el [c]Hijo del Hombre.
24 El [a]discípulo no está [1]sobre el maestro, ni el [b]esclavo
sobre su señor.
25 Bástale al discípulo ser como su maestro, y al esclavo
como su señor. Si al Dueño de la casa llamaron [1a]Beelzebú,
¡cuánto más a los de Su casa!
26 [a]Así que, no los temáis; porque nada hay [b]encubierto,
que no haya de ser descubierto; ni [c]oculto, que no haya de
saberse.
27 Lo que os digo en tinieblas, decidlo en la luz; y lo que
oís al oído, proclamadlo desde las [a]azoteas.
28 Y no [a]temáis a los que matan el cuerpo, mas el alma no
pueden matar; [b]temed más bien a [1]Aquel que puede [c]des-
truir el alma y el cuerpo en la [2d]Gehena.
29 ¿No se venden dos pajarillos por un [1]asarion? Con
todo, ni uno de ellos cae a tierra sin vuestro Padre.
30 Pues aun los [a]cabellos de vuestra cabeza están todos
contados.
31 Así que, no temáis; [a]más valéis vosotros que muchos
pajarillos.

---

vencedores. Esto difiere de la salvación eterna, la cual se revela en Ef. 2:8.

23[1] Esta palabra no se cumplió por la predicación de los doce apóstoles antes de la crucifixión de Cristo. No se cumplirá sino hasta la gran tribulación (24:21). La predicción que se describe en los vs. 17-23 es muy semejante a la de 24:9-13. Aquí el Rey celestial envió a los apóstoles a predicar el evangelio del reino a los judíos. Después de Su resurrección, El envió a Sus apóstoles a predicar el evangelio a los gentiles. Después de la plenitud de la salvación de los gentiles, El enviará a Sus apóstoles a predicar otra vez el evangelio del reino a los judíos. En aquel entonces, esta palabra se cumplirá, y el Señor vendrá.

24[1] Según el contexto, lo dicho aquí significa que al sufrir la persecución, Sus apóstoles no están sobre El, porque El fue perseguido al máximo.

25[1] Beelzebú, que significa *señor de las moscas,* era el dios de los ecronitas (2 R. 1:2). Los judíos le cambiaron el nombre por Beelzebul, nombre despectivo que significa *señor del muladar* y se usaba para referirse al príncipe de los demonios (12:24, 27; Mr. 3:22; Lc. 11:15, 18-19). En 9:34 los fariseos, los líderes de la religión judía, injuriaron al Rey celestial diciendo que El echaba demonios por el príncipe de los demonios. Al usar este nombre sumamente blasfemo, expresaron su mayor objeción y rechazo.

28[1] Sólo Dios puede destruir el alma y el cuerpo del hombre en la Gehena. Esto implica que si los apóstoles que el Señor envía no están dispuestos a sufrir persecución, serán disciplinados por Dios. Este castigo tendrá lugar en la era venidera, después del juicio ante el tribunal de Cristo, cuando los creyentes reciban su premio o su castigo (2 Co. 5:10; Ap. 22:12).

28[2] Véase la nota 22[8] del cap. 5.

29[1] Una moneda romana antigua equivalente a la dieciseisava parte de un denario. Véase la nota 7[1] de Jn. 6.

32 Pues a todo el que [1]en Mí [a]confiese delante de los
hombres, Yo [2]en él también [b]confesaré delante de Mi Padre
que está en los cielos;
33 pero a cualquiera que me [1a]niegue delante de los hombres, Yo también le [1]negaré delante de Mi Padre que está en
los cielos.

5. El disturbio ocasionado por el Rey
y el camino de la cruz, que tomamos al seguirle
10:34-39

34 [a]No penséis que he venido para traer paz a la tierra; no
he [1]venido para traer paz, sino espada.
35 Porque he venido para poner en desacuerdo al hombre
contra su [a]padre, a la hija contra su madre, y a la nuera
contra su suegra;
36 y los [a]enemigos del hombre serán los de su [1]casa.
37 El que ama a [a]padre o madre [1]más que a Mí, no es
digno de Mí; el que ama a hijo o hija más que a Mí, no es digno
de Mí;
38 y el que no [1]toma su [a]cruz y [b]sigue en pos de Mí, no
es digno de Mí.

32[a] Ro. 10:9-10
32[b] Ap. 3:5
33[a] 2 Ti. 2:12; Mr. 8:38; Lc. 9:26
34[a] vs. 34-36: Lc. 12:51-53
35[a] Mt. 10:21
36[a] Mi. 7:6
37[a] Lc. 14:26; cfr. Dt. 33:9-10
38[a] Mt. 16:24; Mr. 8:34; Lc. 9:23; 14:27
38[b] Mt. 4:19

32[1] Implica su unión con el Señor.

32[2] Implica la unión del Señor con él.

33[1] El Rey celestial dijo esto a Sus apóstoles, a quienes envió a predicar el evangelio del reino. El predijo que serían perseguidos (vs. 17, 21-23). Si alguno que esté bajo persecución lo niega, a éste El lo negará cuando regrese (16:27). El hecho de que El niegue o confiese a los apóstoles en aquel momento determinará si ellos son dignos de entrar en el reino de los cielos como recompensa en la era venidera.

34[1] Toda la tierra fue usurpada por Satanás (1 Jn. 5:19). El Rey celestial vino con el propósito de hacer un llamamiento a salir de esa usurpación. Esto ciertamente despertó la oposición de Satanás. El incitó a las personas que estaban bajo su usurpación a pelear contra aquellos que habían sido llamados por el Rey celestial. Por lo tanto, la venida del Rey no trajo paz sino espada.

36[1] La batalla que Satanás el usurpador ha instigado contra aquellos que han sido llamados por el Rey celestial, se pelea aun en los propios hogares de los llamados. Los que han sido llamados por el Rey celestial son atacados en sus hogares por los familiares que permanecen bajo la mano usurpadora del maligno.

37[1] Nuestro amor por el Señor debe ser absoluto. No debemos amar nada ni a nadie en mayor grado que a El. El es el más digno de nuestro amor, y nosotros debemos ser dignos de El.

38[1] Cristo aceptó la voluntad del Padre y fue crucificado (26:39, 42). Cuando fue bautizado, se dio por crucificado, y de allí en adelante llevó Su cruz para hacer la voluntad de Dios. Aquellos que El llamó fueron identificados con El. El les pidió que tomaran su propia cruz y que lo siguieran, es decir, que aceptaran la voluntad de Dios renunciando a sí mismos. Esto requiere que primero le den su amor a toda costa para ser dignos de El.

39[a] Mt. 16:25; Mr. 8:35; Lc. 9:24; 17:33; Jn. 12:25
40[a] Mt. 18:5; Jn. 13:20; Gá. 4:14
40[b] Mr. 9:37; Lc. 9:48
41[a] 1 R. 17:10-15, 20-24; 2 R. 4:8-17
42[a] Mt. 25:40
42[b] Mr. 9:41
1[a] Mt. 9:35

39 El que [1]halla la [a]vida de su alma, la [1]perderá; y el que
la pierde por causa de Mí, la hallará.

6. El Rey se identifica con los enviados 10:40—11:1

40 El que a vosotros [1a]recibe, a Mí me recibe; y el que me
[b]recibe a Mí, recibe al que me envió.
41 El que [1a]recibe a un [2]profeta [3]por ser profeta, recompensa de profeta recibirá; y el que [1]recibe a un [2]justo [3]por ser
justo, recompensa de justo recibirá.
42 Y cualquiera que dé a uno de estos [a]pequeñitos un [b]vaso
de agua fría solamente, por ser discípulo, de cierto os digo que
de ninguna manera perderá su [1]recompensa.

CAPITULO 11

1 Y aconteció que, cuando Jesús terminó de dar instrucciones a Sus doce discípulos, se fue de allí a [a]enseñar y a
predicar en las ciudades de ellos.

39[1] Hallar la vida del alma es permitir que el alma tenga su disfrute y evite el sufrimiento. Perder la vida del alma es hacer que el alma pierda su disfrute y que, por ende, sufra. Si los seguidores del Rey celestial permiten que el alma tenga su disfrute en esta era, harán que el alma pierda su disfrute en la era venidera del reino. Si dejan que el alma pierda su disfrute en esta era, por causa del Rey, harán posible que el alma tenga su disfrute en la era del reino venidero, es decir, que ellos participen del gozo del Rey al reinar sobre la tierra (25:21, 23).

40[1] Los apóstoles enviados por el Rey celestial eran uno con El; a ellos había confiado Su autoridad (v. 1) y paz (v. 13), en ellos moraba el Espíritu del Padre, y habían sido identificados con el Rey en Su sufrimiento (vs. 22, 24-25) y en Su muerte (vs. 21, 34-39). Por lo tanto, el que los recibía a ellos, en realidad lo recibía a El. Participar en tal identificación con el Rey celestial requiere que lo amemos por encima de todo, a toda costa, y que lo sigamos, tomando el camino estrecho de la cruz, como se revela en los vs. 37-39.

41[1] El que recibe a un profeta se une a la palabra del profeta, y el que recibe a un justo se une a la justicia del justo. De esta manera ellos recibirán recompensa de profeta y recompensa de justo, respectivamente.

41[2] Un profeta es una persona que habla por Dios y que proclama a Dios. Un justo es una persona que busca la justicia, la practica, y es perseguida por causa de ella con miras al reino (5:6, 10, 20; 6:1). El Rey celestial era tal persona, un Profeta enviado por Dios (Dt. 18:15) y un hombre justo (Hch. 3:14). Sus apóstoles, a quienes El envió, estaban identificados con El, y por eso también eran profetas y hombres justos. Así que, el que los recibía a ellos, en realidad lo recibía a El y recibirá la debida recompensa.

41[3] Lit., en nombre. Así también en el v. 42.

42[1] Esta recompensa se dará en la era del reino venidero (Lc. 14:14).

E. El aplomo y la actitud del Rey frente a toda situación
11:2-30

1. Fortalece a Su precursor encarcelado
vs. 2-6

2 [a]Y al oír Juan, en la [b]cárcel, de las [c]obras de Cristo, le
mandó *un recado* por medio de sus discípulos,
3 y le dijo: ¿[1]Eres Tú [a]el que había de venir, o hemos de
esperar a [2]otro?
4 Respondiendo Jesús, les dijo: Id, y haced saber a Juan
las cosas que oís y veis:
5 Los [1a]ciegos reciben la vista, los [2]cojos andan, los [3b]leprosos son limpiados, los [4]sordos oyen, los [5]muertos son
resucitados, y a los [6c]pobres es anunciado el evangelio;
6 y bienaventurado es el que no [1a]tropieza a causa de Mí.

3[1] Lo que dijo Juan el Bautista aquí no significa que tenía dudas con respecto a Cristo. Hizo tal pregunta a Cristo para provocarlo para ver si así lo libraba. El sabía que Cristo era Aquel que había de venir, y lo había recomendado confiadamente al pueblo (Jn. 1:26-36). Después, Juan fue encarcelado (4:12), y allí estaba a la expectativa de que Cristo hiciera algo para librarlo. Sin embargo, Cristo no hizo nada por él, aunque sí hacía mucho para ayudar a otros. Cuando Juan oyó de esto, tal vez estuvo a punto de tropezar (v. 6). Así que, envió a sus discípulos con esa pregunta para provocar a Cristo.

3[2] La palabra griega significa *uno diferente*.

5[1] El Señor mencionó primero que los ciegos recibieron la vista, porque en el Antiguo Testamento nunca se había hecho tal milagro. Al decir esto, le dio a Juan la evidencia clara de que nadie más que el Mesías habría podido hacer tal milagro (Is. 35:5). Además, en el sentido espiritual, primero los ciegos reciben la vista. En la salvación del Señor, primero El abre nuestros ojos (Hch. 26:18); entonces, podemos recibirlo y andar en pos de El.

5[2] Los cojos representan a los que no pueden andar en el camino de Dios. Después de ser salvos, pueden andar por medio de una vida nueva (9:5-6; Jn. 5:8-9).

5[3] Véase la nota 2[1] del cap. 8.

5[4] Los sordos representan a los que no pueden oír a Dios. Después de ser salvos, pueden oír la voz del Señor (Jn. 10:27).

5[5] Los muertos representan a los que están muertos en pecados (Ef. 2:1, 5), incapaces de tener contacto con Dios. Después de ser regenerados, pueden tener comunión con Dios por medio de su espíritu regenerado.

5[6] Los pobres representan a todos los que están sin Cristo, sin Dios, y que no tienen esperanza en el mundo (Ef. 2:12). Al recibir el evangelio, son hechos ricos en Cristo (2 Co. 8:9; Ef. 3:8).

6[1] Esta palabra implica que tal vez Juan el Bautista haya tropezado a causa del Señor, porque el Señor no actuó en beneficio de él según la manera que Juan esperaba. Aquí el Señor le exhortó a que tomara el camino que había designado para él, a fin de que fuera bendecido. Esta bendición está estrechamente relacionada con la participación del reino de los cielos.

2[a] vs. 2-19: Lc. 7:18-35
2[b] Mt. 4:12; 14:3; Jn. 3:24
2[c] Jn. 10:37-38
3[a] Gn. 49:10; Sal. 118:26; Jn. 4:25; 6:14; 11:27
5[a] Is. 29:18; 35:5-6; Mt. 9:27-30
5[b] Mt. 8:2-3
5[c] Is. 61:1; Lc. 4:18
6[a] Is. 8:14-15; Mt. 13:57; 24:10; 26:31; Jn. 6:61; 16:1

2. Evalúa a Su precursor
vs. 7-15

7 Mientras ellos se iban, comenzó Jesús a [1]decir de Juan
a las multitudes: ¿Qué salisteis a [2]ver al [a]desierto? ¿Una
[3b]caña sacudida por el viento?
8 ¿Pero qué salisteis a [1]ver? ¿A un [2]hombre cubierto de
[a]vestiduras delicadas? He aquí, los que llevan vestiduras
delicadas, en las casas de los reyes están.
9 Pues ¿a qué salisteis? ¿A ver un [a]profeta? Sí, os digo, y
[1]más que profeta.
10 Este es de quien está escrito: "[a]He aquí, Yo envío Mi
mensajero delante de Tu faz, el cual preparará Tu camino
delante de Ti".
11 De cierto os digo: Entre los que nacen de mujer no se
ha levantado nadie mayor que Juan el Bautista; pero el [1]más
pequeño [2]en el reino de los cielos, mayor es que él.
12 Mas desde los días de Juan el Bautista hasta ahora, el
reino de los cielos es tomado con [1a]violencia, y los violentos
lo arrebatan.

7[a] Mt. 3:1; Lc. 1:80
7[b] Mt. 12:20
8[a] cfr. Mt. 3:4
9[a] Mt. 14:5; 21:26; Lc. 1:76
10[a] Mal. 3:1; Mr. 1:2
12[a] Lc. 16:16

7[1] La respuesta que el Señor le dio a Juan indicaba implícitamente el error de éste. No obstante, las palabras del Señor a las multitudes con respecto a Juan testificaban explícitamente en su favor.

7[2] La palabra griega significa *mirar atentamente*.

7[3] Una caña representa a una persona débil y frágil (12:20; 1 R. 14:15). Al testificar por Cristo en el desierto, Juan el Bautista no era una persona así.

8[1] La palabra griega significa *percibir*. Así también en el versículo siguiente.

8[2] En el desierto, mientras testificaba de Cristo con denuedo, Juan el Bautista no era una persona débil cubierta de vestiduras delicadas. El Señor testificó que Juan no era una caña sacudida por el viento ni tampoco un hombre cubierto de vestiduras delicadas.

9[1] El Señor testificó que Juan era mucho más que profeta.

11[1] Lit., menor. Todos los profetas anteriores a Juan sólo profetizaron que Cristo vendría, pero Juan testificó que Cristo ya había venido. Los profetas anhelaban la venida de Cristo, pero Juan lo vio. Por consiguiente, Juan era mayor que todos los profetas. Aunque Juan vio al Cristo encarnado y lo presentó al pueblo, el Cristo resucitado no moraba en él. Cristo mora en el pueblo del reino. Juan sólo pudo decir: "Aquí está Cristo", pero el pueblo del reino puede decir: "Para mí el vivir es Cristo" (Fil. 1:21). Así que, el menor en el reino de los cielos es mayor que él. Ser mayor o menor depende de la relación que uno tenga con Cristo. Cristo es el factor determinante. Cuanto más cercano a El esté uno, mayor es uno.

11[2] Esto indica que en aquel entonces el reino de los cielos no había venido y que Juan el Bautista no estaba en el reino.

12[1] Desde los días de Juan el Bautista hasta aquel momento, los fariseos impedían con violencia que el pueblo entrara en el reino de los cielos. Así que, los que deseaban entrar tenían que hacerlo "con violencia".

13 Porque todos los [a]profetas y la ley profetizaron [1]hasta
Juan.
14 Y si queréis recibirlo, él es [1a]Elías, el que había de
venir.
15 El que tiene [a]oídos para oír, oiga.

3. Se lamenta por la generación contumaz
e impenitente y la reprende
vs. 16-24

16 Mas ¿a qué compararé esta [a]generación? Es semejante
a los muchachos que se sientan en las plazas, y dan voces a
los otros,
17 diciendo: Os [1]tocamos la flauta, y no bailasteis; os
[1]endechamos, y no lamentasteis.
18 Porque vino Juan, que [1]ni [a]comía ni [b]bebía, y dicen:
[2c]Demonio tiene.
19 Vino el [a]Hijo del Hombre, que [1b]come y bebe, y dicen:
He aquí un hombre comilón, y bebedor de vino, [2]amigo de
[c]recaudadores de impuestos y de pecadores. Pero la [3d]sabiduría es justificada por sus [4]obras.

13[a] Lc. 16:16
14[a] Mal. 4:5; Lc. 1:17; Mt. 17:10-13
15[a] Mt. 13:9, 43; Ap. 2:7
16[a] cfr. Sal. 78:8; 95:10-11
18[a] cfr. Mt. 3:4
18[b] Lc. 1:15
18[c] Jn. 8:48
19[a] Mt. 8:20
19[b] Mt. 9:10; Jn. 2:2
19[c] Mt. 9:11
19[d] 1 Co. 1:24, 30

13[1] Esto comprueba que la venida de Juan terminó la dispensación del Antiguo Testamento.

14[1] En Mal. 4:5 se profetiza que Elías vendrá. Cuando Juan el Bautista fue concebido, se dijo que iría delante del Señor en el espíritu y el poder de Elías (Lc. 1:17). Así que, en cierto sentido, Juan puede ser considerado como "Elías, el que había de venir" (cfr. 17:10-13). Sin embargo, la profecía de Mal. 4:5 se cumplirá en realidad durante la gran tribulación, cuando el Elías verdadero, uno de los dos testigos, vendrá a fortalecer al pueblo de Dios (Ap. 11:3-12).

17[1] Cuando Cristo y Juan el Bautista predicaron el evangelio del reino "tocaron la flauta", pero los judíos fanáticos no "bailaron" por el gozo de la salvación; cuando Juan y Cristo predicaron el arrepentimiento "endecharon", pero los judíos religiosos no lamentaron por el pesar de haber pecado. La justicia de Dios exigía que se arrepintieran, pero no quisieron obedecer; la gracia de Dios les trajo la salvación, pero no quisieron recibirla.

18[1] Juan, quien vino para llevar a los hombres al arrepentimiento (Mr. 1:4) y para hacerlos lamentar por el pecado, no tenía interés en la comida ni en la bebida (Lc. 1:15-17); mientras que Cristo, quien vino para traer salvación a los pecadores y hacer que se regocijaran en ella, tenía el gozo de comer y beber con ellos (9:10-11). Los ciudadanos del reino, que no están bajo ninguna regulación, siguen la sabiduría divina, centrados en el Cristo que mora en ellos y que es su sabiduría (1 Co. 1:30), y no en el modo exterior de vivir.

18[2] Los opositores decían: "Demonio tiene", o sea que Juan el Bautista estaba poseído por un demonio, puesto que vivía de una manera extraña y peculiar, sin comer y beber conforme al modo común.

19[1] Véase la nota 18[1].

19[2] Cristo no sólo es el Salvador, sino también el Amigo de los pecadores, Aquel que se compadece de sus problemas y siente su pena.

19[3] La sabiduría es Cristo (1 Co. 1:24, 30). Todo lo que Cristo hizo fue hecho por la sabiduría de Dios, la cual es Cristo mismo. Esta sabiduría fue

20 Entonces comenzó a reprender a las ciudades en las
cuales había hecho la mayoría de Sus [a]obras poderosas,
porque no se habían arrepentido:
21 ¡[a]Ay de ti, Corazín! ¡Ay de ti, [b]Betsaida! Porque si en
[c]Tiro y en Sidón se hubieran hecho las obras poderosas que
han sido hechas en vosotras, ya hace tiempo que se habrían
arrepentido en [d]cilicio y en [e]ceniza.
22 Pero os digo que en el día del juicio, será [1a]más tolerable *el castigo* para Tiro y para Sidón, que para vosotras.
23 Y tú, [a]Capernaum, que eres [b]elevada hasta el cielo,
[c]hasta el [1d]Hades serás abatida; porque si en Sodoma se
hubieran hecho las obras poderosas que han sido hechas en
ti, habría permanecido hasta el día de hoy.
24 Pero os digo que en el día del juicio, será más tolerable
el castigo para la tierra de [a]Sodoma, que para ti.

4. Reconoce la voluntad del Padre con alabanzas
vs. 25-27

25 [a]En aquel tiempo, [1]respondiendo Jesús, dijo: Te
[2]enaltezco, Padre, [3b]Señor del cielo y de la tierra, porque
escondiste [4]estas cosas de los [5]sabios y entendidos, y las
revelaste a los [6]niños.

20[a] Hch. 2:22
21[a] vs. 21-23: Lc. 10:13-15
21[b] Mr. 8:22
21[c] Is. 23:1-18; Ez. 27:32; 28:2-23; Mt. 15:21; Mr. 3:8; 7:24
21[d] Jon. 3:5-8
21[e] Job 42:6
22[a] Mt. 11:24; 10:15
23[a] Mt. 4:13
23[b] Is. 14:13
23[c] Is. 14:15; Ez. 26:20
23[d] Mt. 16:18; Lc. 16:23; Hch. 2:27; Ap. 1:18; 20:14
24[a] Lc. 10:12; Mt. 10:15
25[a] vs. 25-27: Lc. 10:21-22
25[b] Gn. 14:19, 22; Hch. 17:24

justificada, vindicada, por Sus obras sabias, Sus actos sabios.

19[4] Algunos mss. antiguos dicen: hijos (véase Lc. 7:35). Los ciudadanos del reino son hijos de la sabiduría; justifican a Cristo y Sus actos, y lo siguen, tomándole como su sabiduría.

22[1] Véase la nota 15[1] del cap. 10. Así también en el v. 24.

23[1] El Hades, equivalente al Seol del Antiguo Testamento (Gn. 37:35; Sal. 6:5), es el lugar donde están las almas y los espíritus de los muertos (Lc. 16:22-23; Hch. 2:27).

25[1] Mientras el Señor reprendía a las ciudades, tenía comunión con el Padre. En tal momento, respondiendo al Padre, El le enalteció en los vs. 25-26.

25[2] Lit., expresar reconocimiento con alabanzas. El Señor reconoció con alabanzas el camino que el Padre había escogido para llevar a cabo Su economía. A pesar de que la gente le calumnió (vs. 16-19) en vez de responder a Su ministerio, y pese a que las ciudades principales le rechazaron (vs. 20-24), El enalteció al Padre, reconociendo Su voluntad. No buscó prosperar en Su obra sino que buscó la voluntad del Padre; Su satisfacción y Su descanso no radicaban en que el hombre le comprendiera y le acogiera, sino en que el Padre lo conociera (vs. 26-27).

25[3] En las alabanzas ofrecidas por el Señor, "Padre" se refiere a la relación que Dios Padre tiene con El, el Hijo, mientras que "Señor del cielo y de la tierra" se refiere a la relación que Dios tiene con el universo. Cuando el pueblo de Dios era derrotado por Su enemigo, Dios era llamado "el Dios del cielo" (Esd. 5:11-12; Dn. 2:18, 37). Pero cuando había un hombre en la tierra entregado a los intereses del Señor, Dios era llamado "Dueño del cielo y de la tierra" (Gn. 14:19, 22, lit.). Aquí el Señor como Hijo del Hombre llamó al Padre "Señor del cielo y de la tierra", lo cual indica que el Señor

26 Sí, Padre, porque así [1]te agradó.
27 [1a]Todas las cosas me fueron entregadas por Mi Padre;
y nadie [2b]conoce al Hijo, sino el Padre, y nadie [2c]conoce al
Padre, sino el Hijo, y aquel a quien el Hijo lo quiera [d]revelar.

5. Llama a los cargados a descansar y da la manera de descansar
vs. 28-30

28 [a]Venid a Mí todos los que [1b]trabajáis arduamente y
estáis cargados, y Yo os haré [2]descansar.
29 [1]Tomad sobre vosotros Mi [2]yugo, y [a]aprended de Mí,
que soy [3b]manso y [3]humilde de corazón; y hallaréis [c]descanso
para vuestras [4]almas;

27[a] Jn. 3:35; 13:3; 3:27; 6:37, 44, 65; 18:9
27[b] Jn. 10:15; Mt. 16:17; Fil. 3:10
27[c] Jn. 7:29; 8:55; 17:25
27[d] Jn. 17:6, 26
28[a] Jn. 6:37; 7:37
28[b] Mt. 23:4; Lc. 11:46; Hch. 15:10
29[a] Ef. 4:20
29[b] Mt. 21:5; 2 Co. 10:1
29[c] Jer. 6:16; He. 4:9

---

estaba en la tierra cuidando de los intereses de Dios.

25[4] Las cosas relacionadas con el conocimiento del Hijo y del Padre (v. 27).

25[5] *Sabios y entendidos* se refiere a los habitantes de las tres ciudades condenadas en los vs. 20-24, quienes eran sabios y entendidos según su propio parecer. Era la voluntad del Padre esconder de tales personas el conocimiento del Hijo y del Padre.

25[6] *Niños* se refiere a los discípulos, quienes eran hijos de la sabiduría (véase la nota 19[4]). Al Padre le agradó revelarles tanto el Hijo como el Padre.

26[1] Lit., fue agradable delante de Ti.

27[1] *Todas las cosas* se refiere al remanente del pueblo que el Padre dio al Hijo (Jn. 3:27; 6:37, 44, 65; 18:9). Esto implica que los sabios y entendidos rechazaron al Hijo porque al Padre no le agradó darlos al Hijo.

27[2] Conocimiento cabal, y no simplemente familiaridad objetiva. Con respecto al Hijo, sólo el Padre tiene tal conocimiento, y con respecto al Padre, sólo el Hijo y aquel a quien el Hijo lo revela tienen tal conocimiento. Así que, para conocer al Hijo se requiere que el Padre lo revele (16:17), y para conocer al Padre se requiere que el Hijo lo revele (Jn. 17:6, 26).

28[1] Se refiere no sólo al duro esfuerzo por guardar los mandamientos de la ley y los preceptos religiosos, sino también al duro esfuerzo por tener éxito en cualquier obra. Todo aquel que labore así, está siempre agobiado. El Señor, después de ensalzar al Padre, reconociendo el camino que el Padre había escogido y declarando la economía divina, llamó a tales personas a que vinieran a El para descansar.

28[2] No sólo se refiere a ser librado del trabajo y de la carga bajo la ley o la religión o bajo cualquier clase de trabajo o responsabilidad, sino también a tener perfecta paz y plena satisfacción.

29[1] Lit., Levantad.

29[2] Tomar el yugo del Señor es aceptar la voluntad del Padre. No consiste en ser regulado ni controlado por alguna obligación de la ley o de la religión, ni tampoco en ser esclavizado por alguna obra, sino en ser constreñido por la voluntad del Padre. El Señor vivió tal vida, sin ocuparse de otra cosa que no fuese la voluntad de Su Padre (Jn. 4:34; 5:30; 6:38). Se sometió plenamente a la voluntad del Padre (26:39, 42). Por lo tanto, nos pide que aprendamos de El.

29[3] Ser manso, o dócil, significa no ofrecer resistencia, y ser humilde significa no tener amor propio. Durante toda la oposición, el Señor fue manso, y durante todo el rechazo, El fue humilde de corazón. Se sometió completamente a la voluntad de Su Padre, sin desear hacer nada para Su propio bien y sin esperar ganar algo para Sí. Así que, no importa cuál fuera la situación, El tenía descanso en Su corazón y estaba plenamente satisfecho con la voluntad de Su Padre.

30 porque Mi [1]yugo es [2a]fácil, y ligera Mi [1]carga.

CAPITULO 12

IV. El Rey es rechazado
12:1—27:66

A. Se inicia el rechazo
12:1-50

1. La causa del rechazo
vs. 1-14

1 [1a]En aquel tiempo iba Jesús por los sembrados en
[b]sábado; y Sus discípulos tuvieron hambre, y comenzaron a
arrancar [c]espigas y a comer.
2 Viéndolo los fariseos, le dijeron: He aquí Tus discípulos
hacen lo que [1a]no es lícito hacer en sábado.
3 Pero El les dijo: ¿No habéis [1a]leído lo que hizo [2b]David,
cuando él y los que con él estaban tuvieron hambre;

30[a] 1 Jn. 5:3
1[a] vs. 1-8: Mr. 2:23-28; Lc. 6:1-5
1[b] Mt. 12:5, 10, 11, 12; Lc. 13:14; 14:1, 3; Jn. 5:9-10; 9:14, 16
1[c] Dt. 23:25
2[a] Ex. 20:10; Is. 58:13; Jn. 5:10
3[a] Mt. 12:5; 19:4; 21:16, 42; 22:31
3[b] 1 S. 21:1-6

29[4] El descanso que encontramos al tomar el yugo del Señor y aprender de El, es descanso para nuestras almas. Es un descanso interior; no es algo meramente exterior en naturaleza.

30[1] El yugo del Señor es la voluntad del Padre, y Su carga es la obra de llevar a cabo la voluntad del Padre. Tal yugo es fácil, no gravoso, y tal carga es ligera, no pesada.

30[2] La palabra griega significa *adecuado para su uso,* y por ende, bueno, benévolo, benigno, suave, fácil, placentero, en contraste con duro, tosco, severo, gravoso.

1[1] La expresión *en aquel tiempo* une este capítulo con el cap. 11. En el tiempo en que el Señor llamaba a la gente a descansar de sus esfuerzos por guardar la ley y los preceptos religiosos, El pasó por los sembrados en sábado, y Sus discípulos comenzaron a arrancar espigas y a comer, aparentemente quebrantando el sábado.

2[1] El sábado fue ordenado para que los judíos se acordaran del completamiento de la obra creadora de Dios (Gn. 2:2), observaran la señal del pacto que Dios había hecho con ellos (Ez. 20:12), y se acordaran de la redención que Dios efectuó por ellos (Dt. 5:15). Por lo tanto, profanar el sábado era una infracción grave a los ojos de los fariseos religiosos. Para ellos no era lícito, no era bíblico. Pero ellos no tenían el debido conocimiento de las Escrituras. Basándose en su escaso conocimiento, se preocupaban por el rito de observar el sábado, y no por el hambre de la gente. ¡Qué necedad es observar un rito vano!

3[1] Los fariseos dijeron que no era lícito que los discípulos del Señor arrancaran espigas en los sembrados y las comieran; así que, condenaron a los discípulos por obrar en contra de las Escrituras. Pero el Señor respondió: "¿No habéis leído...?" haciéndoles notar otro aspecto de las Escrituras que los justificaba a El y a Sus discípulos. Así los fariseos quedaron condenados por carecer del adecuado conocimiento de las Escrituras.

3[2] Aquí la palabra del Señor implica que El es el verdadero David. En los tiempos antiguos David y sus seguidores, cuando fueron rechazados, entraron en la casa de Dios y comieron el pan de la Presencia (v. 4), aparentemente quebrantando la ley levítica.

4 cómo entró en la casa de Dios, y comieron los [a]panes de
la Presencia, que no les era lícito comer ni a él ni a los que
con él estaban, sino solamente a los [b]sacerdotes?
5 ¿O no habéis [1a]leído en la ley que en los [b]sábados los
sacerdotes en el templo profanan el sábado, y son sin culpa?
6 Pues os digo que hay aquí algo [1a]mayor que el [b]templo.
7 Y si supieseis qué significa: "[a]Misericordia quiero, y no
sacrificio", no condenaríais a los que no tienen culpa;
8 porque el [a]Hijo del Hombre es [1]Señor del sábado.
9 [a]Pasando de allí, entró en la sinagoga de ellos.
10 Y he aquí *había* un hombre que tenía seca una [1]mano;
y para poder [a]acusar a *Jesús,* le preguntaron diciendo: ¿Es
[b]lícito sanar en sábado?

4[a] Ex. 25:30; Lv. 24:5-8
4[b] Ex. 29:32-33; Lv. 24:9
5[a] Mt. 12:3
5[b] Nm. 28:9-10; cfr. Jn. 7:22-23
6[a] Mt. 12:41, 42
6[b] 1 R. 8:27; Is. 66:1; Hag. 2:9
7[a] Os. 6:6; Mt. 9:13
8[a] Mt. 8:20
9[a] vs. 9-14: Mr. 3:1-6; Lc. 6:6-11
10[a] Jn. 8:6
10[b] Mt. 12:2, 12; Lc. 14:3

Aquí el verdadero David y Sus seguidores fueron rechazados, y los discípulos arrancaron espigas y las comieron, aparentemente actuando en contra del precepto de guardar el sábado. Así como David y sus seguidores no fueron inculpados, de igual manera Cristo y Sus discípulos no debían haber sido censurados.

Además, la palabra del Señor implica aquí el cambio dispensacional del sacerdocio al reinado. En los tiempos antiguos, la venida de David cambió la dispensación poniendo fin a la era de los sacerdotes e introduciendo la era de los reyes, en la cual los reyes tenían una posición más alta que la de los sacerdotes. En la era de los sacerdotes, el líder del pueblo tenía que escuchar al sacerdote (Nm. 27:21-22). Pero en la era de los reyes, el sacerdote tenía que someterse al rey (1 S. 2:35-36). Por tanto, lo que hizo el rey David junto con sus seguidores, no fue ilegal. Ahora la venida de Cristo cambió de nuevo la dispensación, poniendo fin esta vez a la era de la ley e introduciendo la era de la gracia, en la cual Cristo está por encima de todo. Todo lo que El hace es correcto.

5[1] Aquí el Señor les mostró a los fariseos otro caso en las Escrituras, exponiendo así cuán pobre era el conocimiento que ellos tenían de las Escrituras.

6[1] El Señor les reveló a los fariseos que El era mayor que el templo. Esto indicaba otro cambio, el cual cumplía el tipo del templo y lo reemplazaba con una persona. En el caso de David hubo un cambio de una época a otra. En este caso, un caso tocante a los sacerdotes, hubo un cambio del templo a una persona mayor que el templo. Puesto que los sacerdotes no tenían culpa al actuar en el templo el día de sábado, ¿cómo tendrían culpa los discípulos del Señor al actuar en sábado en Aquel que es mayor que el templo? En el primer caso el rey quebrantó los preceptos levíticos; en el segundo caso los sacerdotes quebrantaron el precepto de guardar el sábado. Conforme a las Escrituras, ninguno tenía culpa. Así que, conforme a la Biblia, lo que el Señor hizo aquí era correcto.

8[1] Aquí el Señor presenta el tercer cambio, un cambio del sábado al Señor del sábado. Como Señor del sábado, El tenía el derecho de cambiar los preceptos con respecto al sábado. Así que, el Señor pronunció un veredicto triple contra los fariseos que le condenaban. El era el verdadero David, el templo mayor y el Señor del sábado. Por lo tanto, El podía hacer en sábado todo lo que quería, y todo lo que hizo fue justificado por El mismo. El estaba por encima de todos los ritos y reglas. Ya que El estaba allí, no se debía prestar atención a ningún rito ni regulación.

10[1] Este capítulo narra lo que hizo el Señor en dos sábados (Lc. 6:1, 6). Lo que hizo en el primer sábado indica que se ocupaba de Sí mismo, la Cabeza

11 El les dijo: ¿Qué hombre habrá de vosotros, que tenga una oveja, y si ésta cae en un hoyo en sábado, no le echa mano, y la [a]levanta?
12 Pues ¡cuánto [a]más vale un hombre que una oveja! Por consiguiente, es [b]lícito hacer el bien en sábado.
13 Entonces dijo al hombre: Extiende tu mano. Y él la extendió, y le fue [1]restaurada sana como la otra.
14 Pero saliendo los fariseos, tomaron [a]consejo contra *Jesús para ver* cómo [1b]matarlo.

2. El rechazo hace que el Rey se vuelva a los gentiles
vs. 15-21

15 Sabiéndolo Jesús, se retiró de allí; y muchos le [a]siguieron, y sanaba a todos,
16 y les encargaba rigurosamente que [a]no le descubriesen;
17 para que se [a]cumpliese lo dicho por medio del profeta Isaías, cuando dijo:
18 "[a]He aquí Mi [1]Siervo, a quien he escogido; Mi [b]Amado, en quien se complace Mi alma; pondré Mi [c]Espíritu sobre El, y a los [2]gentiles anunciará [3]juicio.
19 No contenderá, ni voceará, ni nadie oirá en las calles Su voz.
20 La [1]caña cascada no quebrará, y el [2]pábilo humeante no apagará, hasta que saque a victoria el juicio.

11[a] Dt. 22:4; Lc. 14:5
12[a] Mt. 6:26; 10:31
12[b] Mt. 12:10
14[a] Mt. 22:15; 26:4; 27:1; Mr. 3:6; Jn. 11:53
14[b] Jn. 5:18; 7:1, 25; 8:59
15[a] Mt. 19:2
16[a] Mt. 8:4; 9:30
17[a] Mt. 1:22
18[a] vs. 18-21: Is. 42:1-3
18[b] Mt. 3:17; 17:5
18[c] Is. 61:1; Lc. 4:18

---

del Cuerpo. Como Cabeza, El lo es todo: el verdadero David, el templo mayor y el Señor del sábado. Lo que hizo en el segundo sábado significa que cuidaba a Sus miembros. En este sábado sanó la mano seca de un hombre, y lo comparó con una oveja (vs. 11-12). La mano es un miembro del cuerpo, y la oveja es miembro del rebaño. El Señor estaba dispuesto a hacer todo lo necesario para sanar a Sus miembros, es decir, rescatar a Sus ovejas caídas. No importa si es sábado o no, al Señor le interesa sanar a los miembros muertos de Su Cuerpo. A El no le importan las normas, sino el rescate de Sus ovejas caídas.

13[1] El Señor le dijo al hombre: "Extiende tu mano". En la palabra del Señor estaba la vida vivificante. Al extender el hombre su mano, recibió la palabra vivificante del Señor, y su mano seca fue restaurada por la vida contenida en la palabra del Señor.

14[1] A los ojos de los fariseos religiosos, que el Señor quebrantara el sábado significaba que ponía fin al pacto que Dios había hecho con la nación de Israel, esto es, ponía fin a la relación que había entre Dios e Israel. Por lo tanto, tomaron consejo contra El para matarlo. El quebrantamiento del sábado hizo que los judíos fanáticos rechazaran al Rey celestial.

18[1] La palabra griega significa *mozo*.

18[2] Esto indica claramente que debido al rechazo de los judíos, el Rey celestial y Su reino celestial se volverían a los gentiles, y los gentiles lo recibirían y confiarían en El (v. 21).

18[3] O, justicia, juicio justo. Así también en el v. 20.

20[1] Los judíos solían hacer flautas

21 Y en Su nombre pondrán los gentiles su [a]esperanza".

3. El punto culminante del rechazo
vs. 22-37

22 [a]Entonces fue traído a El un endemoniado, [1b]ciego y
[c]mudo; y le sanó, de tal manera que el mudo hablaba y veía.
23 Y todas las multitudes estaban atónitas, y decían: ¿No
es éste el [1a]Hijo de David?
24 Mas los fariseos, al oírlo, decían: Este no echa fuera los
demonios sino por [1a]Beelzebú, [b]príncipe de los demonios.
25 [a]Sabiendo[b] *Jesús* los pensamientos de ellos, les dijo:
Todo reino dividido contra sí mismo, será desolado, y toda
ciudad o casa dividida contra sí misma, no quedará en pie.
26 Y si Satanás echa fuera a Satanás, contra sí mismo
está dividido; ¿cómo, pues, quedará en pie su [1a]reino?
27 Y si Yo echo fuera los demonios por [a]Beelzebú, ¿por
quién los [b]echan vuestros hijos? Por tanto, ellos serán vuestros jueces.
28 Pero si Yo por el [1a]Espíritu de Dios echo fuera los
demonios, entonces ha llegado a vosotros el [2b]reino de Dios.
29 O ¿cómo puede alguno entrar en la [1]casa del [2]hombre

21[a] Ro. 15:12
22[a] vs. 22, 24: Lc. 11:14-15
22[b] Mt. 9:27
22[c] Mt. 9:32
23[a] Mt. 1:1
24[a] Mt. 10:25
24[b] Mt. 9:34
25[a] vs. 25-29: Mr. 3:23-27; Lc. 11:17-22
25[b] Mt. 9:4
26[a] cfr. Ef. 2:2; 6:12; Col. 1:13
27[a] Mt. 12:24
27[b] Hch. 19:13-14
28[a] Mt. 12:18; Hch. 10:38
28[b] Mt. 19:24; 21:31, 43; Lc. 17:20-21

---

de caña. Cuando una caña estaba cascada, la quebraban. Además, hacían mechas de lino que quemaban aceite. Cuando se agotaba el aceite, la mecha humeaba y la apagaban. En el pueblo del Señor algunos son como cañas cascadas, las cuales no pueden producir un sonido musical; otros son como mechas humeantes, las cuales no pueden producir una luz resplandeciente. No obstante el Señor no quebrará las cañas cascadas ni apagará las mechas humeantes.

20[2] La palabra griega se refiere a una antorcha hecha de lino.

22[1] El hombre ciego y mudo representa a una persona que no tiene visión espiritual, es decir, que no puede ver a Dios ni las cosas espirituales, y que por esta razón no puede alabar a Dios ni hablar por El. Esta es la verdadera condición de todas las personas caídas.

23[1] Esto indica que reconocieron a Cristo como su Mesías, su Rey.

24[1] Véase la nota 25[1] del cap. 10. Así también en el v. 27.

26[1] Satanás es el príncipe de este mundo (Jn. 12:31) y el príncipe de la potestad del aire (Ef. 2:2). Tiene su autoridad (Hch. 26:18) y sus ángeles (Mt. 25:41), los cuales son sus subordinados como principados, potestades, gobernadores de las tinieblas de este mundo (Ef. 6:12). Así que, él tiene su reino, la potestad de las tinieblas (Col. 1:13).

28[1] El Espíritu de Dios es el poder del reino de Dios. Donde el Espíritu de Dios se manifiesta con poder, allí está el reino de Dios y allí los demonios no tienen terreno.

28[2] Aquí se menciona el reino de Dios, no el reino de los cielos. Aun en aquel tiempo el reino de los cielos todavía no había llegado. No obstante, el reino de Dios ya estaba allí.

29[1] La casa aquí representa el reino de Satanás.

29[2] El hombre fuerte es Satanás, el maligno.

29[a] Is. 49:24-25

30[a] Lc. 11:23; cfr. Mr. 9:40; Lc. 9:50

31[a] vs. 31-32: Mr. 3:28-30; Lc. 12:10

31[b] 1 Ti. 1:13

32[a] cfr. 1 Jn. 5:16

32[b] Mr. 10:30; Ef. 1:21

fuerte, y [a]arrebatar sus [3]bienes, si primero no [4]ata al hombre
fuerte? Entonces saqueará su casa.
30 [1]El que no está conmigo, está [a]contra Mí; y el que no
recoge conmigo, desparrama.
31 [a]Por tanto os digo: Todo pecado y [b]blasfemia será perdonado a los hombres; pero la [1]blasfemia contra el Espíritu
no les será perdonada.
32 Y cualquiera que diga alguna palabra contra el Hijo
del Hombre, le será perdonado; pero al que [1]hable contra el
Espíritu Santo, no le será perdonado, [a]ni en este [2b]siglo ni en
el venidero.

29[3] O, instrumentos, utensilios; por lo tanto, significa bienes, enseres. Las personas caídas, quienes están bajo la potestad de Satanás, son sus vasos, sus instrumentos y están disponibles para su uso. Son los bienes guardados en su casa, su reino.

29[4] Indica que cuando el Señor echaba fuera a los demonios, primero ataba a Satanás.

30[1] Véase la nota 40[1] de Mr. 9.

31[1] Blasfemar contra el Espíritu no es lo mismo que ofender al Espíritu (He. 10:29). Ofender al Espíritu es desobedecerle intencionadamente. Muchos creyentes hacen esto. Si ellos confiesan este pecado, serán perdonados y limpiados por la sangre del Señor (1 Jn. 1:7, 9). Pero blasfemar contra el Espíritu es calumniarlo, como lo hicieron los fariseos en el v. 24. Era por el Espíritu que el Señor echaba fuera a un demonio. Pero al ver eso, los fariseos dijeron que el Señor echaba fuera los demonios por Beelzebú, el príncipe de los demonios. Esto fue una blasfemia contra el Espíritu. Con esta blasfemia el rechazo del Rey celestial por parte de los fariseos llegó a su punto culminante.

32[1] En la economía del Dios Triuno, el Padre concibió el plan de redención (Ef. 1:5, 9), el Hijo realizó la redención conforme al plan del Padre (1 P. 2:24; Gá. 1:4), y el Espíritu llega a los pecadores para aplicarles la redención realizada por el Hijo (1 Co. 6:11; 1 P. 1:2). Si un pecador blasfema contra el Hijo, como lo hizo Saulo de Tarso, el Espíritu todavía puede obrar en él y motivarle a arrepentirse y creer en el Hijo para así ser perdonado (véase 1 Ti. 1:13-16). Pero si un pecador blasfema contra el Espíritu, el Espíritu no tiene base para obrar en él, y no queda nadie que lo haga arrepentirse y creer. Por lo tanto, es imposible que tal persona sea perdonada. Esto no sólo es lógico, según el raciocinio humano, sino que también está en la esfera gubernamental, según el principio administrativo de Dios, como lo revela aquí la palabra del Señor.

32[2] En la administración gubernamental de Dios, Su perdón es dispensacional. Para llevar a cabo Su administración El ha planeado diferentes eras. El período que abarca desde la primera venida de Cristo hasta la eternidad se divide dispensacionalmente en tres eras: (1) esta era, el siglo presente, que va desde la primera venida de Cristo hasta Su segunda venida; (2) la era venidera, el milenio, los mil años para la restauración y el reinado celestial, que va desde la segunda venida de Cristo hasta la terminación del primer cielo y la primera tierra; y (3) la eternidad, la era eterna del cielo nuevo y la tierra nueva. El perdón de Dios en esta era tiene como fin la salvación eterna de los pecadores. Este perdón es dado tanto a los pecadores como a los creyentes. El perdón de Dios en la era venidera está relacionado con la recompensa dispensacional de los creyentes. Si un creyente comete un pecado después de ser salvo y rehusa tratarlo por medio de la confesión y del lavamiento de la sangre del Señor

33 O haced el árbol bueno, y su [a]fruto bueno, o haced el
árbol malo, y su fruto malo; porque [1]por el fruto se conoce el
árbol.
34 ¡Cría de [a]víboras! ¿Cómo podéis hablar lo bueno, siendo malos? Porque de la abundancia del [b]corazón habla la
boca.
35 El hombre bueno, de su buen tesoro saca buenas cosas;
y el hombre malo, de su mal tesoro saca malas cosas.
36 Y Yo os digo que de toda palabra [1]ociosa que hablen los
hombres, de ella darán [a]cuenta en el día del [b]juicio.
37 Porque por tus [1a]palabras serás justificado, y por tus
palabras serás condenado.

4. La señal para la generación que lo rechaza
vs. 38-42

38 Entonces respondieron algunos de los escribas y de los
fariseos, diciendo: Maestro, deseamos ver de Ti [1a]señal.
39 [a]Él respondió y les dijo: La [1]generación [b]malvada y
adúltera busca señal; y señal no le será dada, sino la señal
del profeta Jonás.
40 Porque como estuvo Jonás en el vientre del gran pez
[a]tres días y tres noches, así estará el [b]Hijo del Hombre en el
[1c]corazón de la tierra [d]tres días y tres noches.

33[a] Mt. 7:16-20; Lc. 6:43-44
34[a] Mt. 3:7; 23:33
34[b] Mt. 15:18-19; Lc. 6:45
36[a] 1 P. 4:5
36[b] Ro. 2:5, 16; Hch. 17:31
37[a] Jac. 3:2
38[a] Mt. 16:1; Mr. 8:11-12; Lc. 11:16; Jn. 2:18; 6:30; 1 Co. 1:22
39[a] vs. 39-42: Lc. 11:29-32
39[b] Mt. 16:4; Mr. 8:38
40[a] Jon. 1:17
40[b] Mt. 8:20
40[c] Ef. 4:9; Hch. 2:27; Lc. 23:43
40[d] Mt. 16:21; 17:22-23

(1 Jn. 1:7, 9) antes de morir o antes de que el Señor venga, el pecado no le será perdonado en esta era, sino que permanecerá, y él será juzgado ante el tribunal de Cristo (2 Co. 5:10). En tal caso, el creyente no recibirá el reino como galardón, es decir, no participará con Cristo en la gloria y el gozo de la manifestación del reino de los cielos, sino que será disciplinado para que el pecado sea eliminado, y él será perdonado en la era venidera (18:23-35). Este perdón permitirá que el creyente mantenga su salvación, pero no le capacitará para participar en la gloria y el gozo del reino venidero.

33[1] Lit., del.

36[1] La palabra griega significa *que no trabaja*. Una palabra ociosa es una palabra que no trabaja, una palabra inoperante, una palabra que no tiene una función positiva y que es inútil, carente de provecho, infructuosa y estéril. En el día del juicio los que han hablado tales palabras darán cuenta de cada una de ellas. Ya que tal es el caso, ¡cuánto más debemos dar cuentas por cada palabra maligna!

37[1] ¡Qué advertencia es ésta! Debemos aprender a controlar y a restringir lo que decimos.

38[1] Una señal es un milagro que tiene algún significado espiritual. Los judíos siempre buscan señales (1 Co. 1:22).

39[1] En el v. 32 *siglo* se refiere al tiempo; aquí *generación* se refiere a las personas.

40[1] El corazón de la tierra se llama "las partes más bajas de la tierra" (Ef. 4:9) y el Hades (Hch. 2:27), adonde el Señor fue después de Su muerte. El Hades, el cual equivale al Seol del Antiguo Testamento (véase la nota 23[1] del cap. 11), tiene dos secciones: la sección de tormento y la sección de consuelo (Lc. 16:23-26). La sección de consuelo es el Paraíso, adonde el Señor y el ladrón salvo fueron después de morir en la cruz (Lc. 23:43). Así

41[a] Jon. 1:2
41[b] Jon. 3:5-8
41[c] Mt. 12:6, 42
42[a] 1 R. 10:1; 2 Cr. 9:1
42[b] Mt. 12:6, 41

41 Los [a]hombres de Nínive se levantarán en el juicio con esta generación, y la condenarán; porque ellos se [b]arrepintieron ante la predicación de Jonás, y he aquí [1c]más que Jonás en este lugar.

42 La [a]reina del sur se levantará en el juicio con esta generación, y la condenará; porque ella vino de los confines de la tierra para oír la sabiduría de Salomón, y he aquí [1b]más que Salomón en este lugar.

5. La generación que lo rechaza empeora
vs. 43-45

43[a] vs. 43-45: Lc. 11:24-26

43 [a]Cuando el espíritu inmundo sale del hombre, anda por [1]lugares secos, buscando reposo, y no lo halla.

---

que, *el corazón de la tierra, las partes más bajas de la tierra, el Hades* y *el Paraíso* son sinónimos, y se refieren al lugar donde el Señor estuvo tres días y tres noches después de Su muerte y antes de Su resurrección.

41[1] La palabra griega traducida *más,* la cual también se encuentra en el v. 42, significa *superior en calidad y en mayor cantidad,* y por ende, más. Difiere de la palabra traducida *mayor* en el v. 6, la cual significa *mayor en tamaño exterior o en medida.* Cristo como el Profeta enviado por Dios a Su pueblo (Dt. 18:15, 18), es más que el profeta Jonás. Jonás fue el profeta que se volvió de Israel a los gentiles y que fue llevado al vientre del gran pez. Después de estar allí tres días, salió y llegó a ser una señal a aquella generación para arrepentimiento (Jon. 1:2, 17; 3:2-10). Esto tipificaba que Cristo, quien se volvería de Israel a los gentiles y sería sepultado en el corazón de la tierra tres días y luego resucitaría, llegaría a ser una señal a esta generación para salvación.

42[1] Véase la nota 41[1]. Cristo, como Hijo de David, como Rey, es más que el rey Salomón. Salomón edificó el templo de Dios y habló palabras de sabiduría. A él vino la reina gentil (1 R. 6:2; 10:1-8). Esto también tipificaba a Cristo, quien edifica la iglesia y la hace el templo de Dios, y quien habla palabras de sabiduría. Hacia El se vuelven los gentiles que buscan a Dios.

Este tipo y el del v. 41, indican que Cristo, ya sea como el Profeta enviado por Dios o como el Rey ungido por Dios, se volvería de Israel a los gentiles, según lo profetizado en los vs. 18 y 21.

Según la historia, el rey Salomón precedió al profeta Jonás; pero según el significado espiritual, Jonás vino primero, como consta en Mateo. Esto también muestra que el relato de Mateo no sigue el orden cronológico sino el orden doctrinal (véase la nota 16[1], párr. 2, del cap. 8). Conforme a la doctrina, primero Cristo tenía que morir y resucitar; luego, edificaría la iglesia y hablaría palabras de sabiduría. La muerte y resurrección de Cristo son la verdadera señal para esta generación, tanto judíos como gentiles (1 Co. 1:22, 24).

43[1] El espíritu inmundo, un demonio (v. 22), busca reposo pero no lo puede encontrar en lugares secos, porque después del juicio que Dios trajo por medio del agua en Gn. 1:2, el mar se convirtió en la morada de los demonios. (Véase *Estudio-vida de Génesis,* mensaje dos.) Debido a que el demonio no puede encontrar reposo en lugares secos, vuelve al cuerpo humano que originalmente poseía y se establece allí (vs. 44-45).

44 Entonces dice: Volveré a mi casa de donde salí; y cuando llega, la halla desocupada, barrida y adornada.

45 Entonces va, y toma consigo otros siete espíritus peores que él, y entrados, moran allí; y el postrer estado de aquel hombre viene a ser peor que el primero. Así también acontecerá a [1]esta generación [a]malvada.

6. El resultado del rechazo: el Rey los abandona vs. 46-50

46 [a]Mientras El aún hablaba a las multitudes, he aquí Su [b]madre y Sus [c]hermanos estaban afuera, y procuraban hablar con El.

47 Y alguien le dijo: He aquí Tu madre y Tus hermanos están afuera, y te quieren hablar.

48 Respondiendo El al que le decía esto, dijo: ¿[1]Quién es Mi madre, y quiénes son Mis hermanos?

49 Y extendiendo Su mano hacia Sus discípulos, dijo: ¡He aquí Mi madre y Mis hermanos!

50 Porque todo aquel que [1a]hace la voluntad de Mi Padre que está en los cielos, ése es Mi [b]hermano, y hermana, y madre.

CAPITULO 13

B. Se revelan los misterios del reino 13:1-52

1. La obra preliminar del reino vs. 1-23

1 [1a]Aquel día salió Jesús de la [b]casa y se sentó junto al mar.

45[a] Mt. 12:39

46[a] vs. 46-50: Mr. 3:31-35; Lc. 8:19-21

46[b] Mt. 13:55; Jn. 2:12

46[c] Mt. 13:55; Jn. 2:12; 7:3, 5; Hch. 1:14; 1 Co. 9:5

50[a] Mt. 7:21

50[b] Mt. 28:10; Jn. 20:17; He. 2:11

1[a] vs. 1-9: Mr. 4:1-9; Lc. 8:4-8

1[b] Mt. 13:36; 8:14; 9:28

45[1] Doctrinalmente, el v. 43 es la continuación del v. 22. Entre estos dos versículos vemos el relato de cómo los judíos rechazaron a Cristo y cómo Cristo los abandonó. Aquí el Señor compara a la generación maligna de los judíos que lo habían rechazado, con el hombre poseído por demonios. A los ojos del Señor, los judíos que lo habían rechazado eran semejantes a personas poseídas por demonios. Las señales de Jonás y Salomón indican que los gentiles se arrepentirían, pero el caso del hombre poseído por demonios indica que los judíos que lo habían rechazado no se arrepentirían. Sólo barrerían el polvo y se adornarían añadiendo cosas buenas para embellecerse. No recibirían a Cristo quien los podría llenar. Al contrario, quedarían vacíos y desocupados. Esta es la verdadera condición de los judíos de hoy. Casi al final de esta era, serán siete veces más poseídos por demonios y su condición será peor que nunca.

48[1] Esto indica que el Rey celestial renunció a Su relación en la carne con

2a Mr. 3:9; Lc. 5:3
3a Mt. 13:37
4a Mt. 13:19; Lc. 8:11; cfr. Mt. 13:38
4b Mt. 13:19
5a Mt. 13:20
5b Mt. 13:21

2 Y se le congregaron grandes multitudes, de modo que
entró en una [1a]barca, y se sentó, y toda la multitud estaba
de pie en la playa.
3 Y les habló muchas cosas en parábolas, diciendo: [1]He
aquí, el [2a]sembrador salió a sembrar.
4 Y mientras sembraba, unas [1a]*semillas* cayeron [2b]junto
al camino; y vinieron las [3b]aves y se las comieron.
5 Otras cayeron en los [1a]pedregales, donde no tenían
mucha tierra; y brotaron pronto por no tener [b]profundidad
de tierra;

---

los judíos. En este capítulo los judíos rechazaron a Cristo al máximo, lo cual hizo que Cristo los abandonara completamente. Allí empezó la ruptura entre ellos y Cristo, y fueron separados de Cristo (Ro. 11:17, 19-20).

50[1] Cristo se volvió a los gentiles después de romper relaciones con los judíos. De allí en adelante, Su relación con Sus seguidores no era en la carne sino en el espíritu. Todo aquel que hace la voluntad de Su Padre es un hermano que lo ayuda, una hermana que lo entiende y una madre que lo ama con ternura.

1[1] Al final del cap. 12 el Rey celestial, quien había sido completamente rechazado por los líderes de la religión judía, rompió relaciones con ellos. En aquel día salió de la casa y se sentó junto al mar. Esto es muy significativo. La casa representa la casa de Israel (10:6), y el mar representa el mundo gentil (Dn. 7:3, 17; Ap. 17:15). El hecho de que el Rey saliera de la casa y se sentara junto al mar, significa que después de romper relaciones con los judíos, El abandonó la casa de Israel y se volvió a los gentiles. Fue después de esto, al estar junto al mar, que El dio las parábolas con respecto a los misterios del reino. Esto significa que los misterios del reino fueron revelados en la iglesia. Así que, todas las parábolas de este capítulo fueron dirigidas a Sus discípulos, y no a los judíos.

2[1] La barca, la cual estaba en el mar pero no era parte del mar, representa a la iglesia, la cual está en el mundo, pero no es del mundo. En la barca, o sea en la iglesia, el Rey del reino celestial reveló en parábolas los misterios del reino después de abandonar a los judíos y volverse a los gentiles.

3[1] En contraste con lo que El dijo en las otras seis parábolas (vs. 24, 31, 33, 44-45, 47), al principio de esta parábola, la primera de las siete parábolas acerca de los misterios del reino, el Señor no dijo: "El reino de los cielos es (o, ha venido a ser) como..." porque el reino de los cielos comenzó con la segunda parábola. En esta primera parábola el Señor salió sólo a sembrar la semilla para el reino. En aquel entonces la semilla todavía no había crecido hasta ser el cultivo para la formación del reino. Como el Señor decía en Su predicación en aquel entonces, el reino todavía no había venido, sino que solamente se había acercado (4:17).

3[2] El sembrador era el Señor mismo (v. 37).

4[1] Las semillas son la palabra del reino (v. 19), y el Señor está en esta palabra como vida.

4[2] *Junto al camino* se refiere a un lugar cercano al camino. Ha sido endurecido por el tráfico del camino; así que es difícil que las semillas penetren en él. El lugar junto al camino representa el corazón que ha sido endurecido por el tráfico mundano y que no puede abrirse para entender, para comprender, la palabra del reino (v. 19).

4[3] Las aves representan al maligno, Satanás, que viene y arrebata la palabra del reino que fue sembrada en el corazón endurecido (v. 19).

5[1] Los pedregales, que no tienen mucha tierra, representan el corazón

6 pero cuando salió el [1a]sol, se quemaron; y por no tener
raíz, se secaron.
7 Y otras cayeron entre los [1a]espinos; y los espinos crecieron, y las ahogaron.
8 Pero otras cayeron en la [1a]buena tierra, y dieron fruto,
una a [b]ciento, otra a sesenta, y otra a treinta por uno.
9 El que tiene [1a]oídos para oír, oiga.
10 [a]Entonces, acercándose los discípulos, le dijeron: ¿Por
qué les hablas en parábolas?
11 El respondiendo, les dijo: Porque a vosotros os ha sido
dado conocer los [1a]misterios del [b]reino de los cielos; mas a
ellos no les ha sido dado.
12 Porque a [1a]cualquiera que tiene, se le dará, y tendrá en
abundancia; pero [2]al que no tiene, aun lo que tiene le será
quitado.

6[a] Mt. 13:21; Jac. 1:11
7[a] Mt. 13:22; Jer. 4:3
8[a] Mt. 13:23
8[b] Gn. 26:12
9[a] Mt. 13:43; 11:15
10[a] vs. 10-15: Mr. 4:10-12; Lc. 8:9-10
11[a] Ro. 16:25; Ef. 5:32; 1 Ti. 3:16
11[b] Mt. 3:2
12[a] Mt. 25:29; Mr. 4:25; Lc. 8:18; 19:26

---

que recibe de modo superficial la palabra del reino. En lo profundo de tal corazón hay piedras —pecados ocultos, deseos personales, egoísmo y autocompasión— que impiden que la semilla se arraigue en lo profundo del corazón.

6[1] El sol, con su calor abrasador, representa la aflicción o la persecución (v. 21). El calor abrasador del sol seca la semilla que no está arraigada. El calor del sol contribuye al crecimiento y la maduración del cultivo, una vez que la semilla llega a tener raíces profundas. Pero, debido a la carencia de raíces, el calor del sol, que debería hacerla crecer y madurar, viene a ser un golpe mortal para la semilla.

7[1] Los espinos representan las preocupaciones de este siglo y el engaño de las riquezas, los cuales ahogan completamente la palabra, impidiendo así que crezca en el corazón y haciéndola infructuosa (v. 22).

8[1] La buena tierra representa el buen corazón que no ha sido endurecido por el tráfico mundano, que no tiene pecados ocultos, y que está libre de las preocupaciones de este siglo y del engaño de las riquezas. Tal corazón cede cada centímetro de su terreno para recibir la palabra a fin de que ésta crezca, lleve fruto y produzca aun a ciento por uno (v. 23).

9[1] Esta palabra indica que los judíos que se oponían a El y lo rechazaban no tenían oídos para oír. Por lo tanto, no pudieron oír.

11[1] El Rey del reino celestial usaba parábolas para revelar las cosas del reino (v. 34) con el propósito de convertirlas en misterios para los judíos que se oponían a El y lo rechazaban, a fin de que no las entendieran. Desde el tiempo en que el Rey vino a sembrar la semilla, hasta Su regreso para recoger la cosecha, todo lo relacionado con el reino es un misterio para la mente natural. Sólo la mente iluminada de un corazón sumiso puede entender estos misterios.

12[1] Se refiere al que recibe y sigue al Rey celestial; a tal seguidor se le dará en abundancia la revelación con respecto al reino.

12[2] Se refiere a los judíos que se oponen al Rey celestial y lo rechazan, a quienes les será quitado lo que El ha hablado y hecho. Esta es la verdadera condición de los judíos hoy en día. No tienen ningún conocimiento acerca del reino de los cielos. Para ellos esto es un misterio totalmente desconocido.

13 Por eso les hablo en parábolas, porque viendo [a]no ven,
y oyendo no oyen, ni entienden.
14 Y se cumple en ellos la profecía de Isaías, que dice: "[a]De
oído oiréis, y no entenderéis; y viendo veréis, y no percibiréis.
15 Porque el corazón de este pueblo se ha engrosado, y con
los oídos han oído pesadamente, y han cerrado sus [a]ojos;
para que no vean con los ojos, y oigan con los oídos, y con el
corazón entiendan, y se conviertan, y Yo los sane".
16 Pero [a]bienaventurados vuestros ojos, porque ven; y
vuestros oídos, porque oyen.
17 Porque de cierto os digo, que muchos profetas y justos
desearon [a]ver lo que [1]veis, y no lo vieron; y oír lo que [1]oís, y
no lo oyeron.
18 [a]Oíd, pues, vosotros la parábola del sembrador:
19 Cuando alguno oye la palabra del reino y no la entiende, viene el [1a]maligno, y arrebata lo que fue sembrado en su
corazón. Este es el que fue sembrado junto al camino.
20 Y el que fue sembrado en los pedregales, éste es el que
oye la palabra, y al momento la recibe con gozo;
21 pero no tiene raíz en sí, sino que es de corta duración,
y al venir la aflicción o la persecución por causa de la
palabra, en seguida [a]tropieza.
22 Y el que fue sembrado entre los espinos, éste es el que
oye la palabra, pero las [a]preocupaciones de este [b]siglo y el
engaño de las [c]riquezas ahogan la palabra, y se hace infructuosa.
23 Mas el que fue sembrado en la buena tierra, éste es el
que oye y entiende la palabra, y da [a]fruto; y produce uno a
ciento, otro a sesenta, y otro a treinta por uno.

2. El establecimiento del reino y sus constituyentes falsos
vs. 24-30

24 Les presentó otra parábola, diciendo: El [1a]reino de los
cielos ha venido a ser semejante a un [b]hombre que sembró
buena [c]semilla en su [c]campo;

13[a] Dt. 29:4; Is. 29:10; Jer. 5:21; Ez. 12:2; Ro. 11:8
14[a] Is. 6:9-10; Jn. 12:40; Hch. 28:26
15[a] Jn. 9:39, 41
16[a] Lc. 10:23; Mt. 16:17; Jn. 20:29
17[a] Lc. 10:24; Jn. 8:56; He. 11:13; 1 P. 1:10-12
18[a] vs. 18-23: Mr. 4:13-20; Lc. 8:11-15
19[a] Mt. 5:37
21[a] Mt. 11:6; 13:57; Jn. 6:61
22[a] Mt. 6:31; Fil. 4:6; 1 P. 5:7
22[b] 2 Co. 4:4; Ro. 12:2; Gá. 1:4

17[1] ¡Qué bendición es ver y oír los misterios del reino celestial!

19[1] El maligno es el diablo (vs. 38-39).

24[1] En esta segunda parábola, el Señor comenzó diciendo: "El reino de los cielos es (o, ha venido a ser) semejante a…" porque el reino de los cielos comenzó a establecerse cuando esta parábola comenzó a cumplirse, esto es, en el día de Pentecostés, cuando la iglesia fue edificada (16:18-19). Desde aquel momento, después de que la iglesia fue fundada, la cizaña, o

---

22[c] Mt. 19:23-24; Mr. 10:23; 1 Ti. 6:9-10, 17 **23**[a] Col. 1:5-6
24[a] Mt. 13:31, 33, 44, 45, 47; 3:2 **24**[b] Mt. 13:37 **24**[c] Mt. 13:38

25 pero mientras dormían los [1]hombres, vino su [a]enemigo
y sembró [2b]cizaña entre el [3]trigo, y se fue.
26 Y cuando brotó la hierba y dio fruto, entonces apareció
también la cizaña.
27 Se acercaron entonces los esclavos del dueño de la casa
y le dijeron: Señor, ¿no sembraste buena semilla en tu campo? ¿De dónde, pues, tiene cizaña?
28 El les dijo: Un enemigo ha hecho esto. Y los esclavos le
dijeron: ¿Quieres, pues, que vayamos y la [1]recojamos?
29 El les dijo: No, no sea que al [1]recoger la cizaña, arranquéis también con ella el trigo.
30 Dejad que ambos [1]crezcan juntos hasta la [a]siega; y al
tiempo de la siega yo diré a los segadores: [b]Recoged primero la cizaña, y atadla en manojos para [c]quemarla; pero recoged el [d]trigo en mi granero.

3. El desarrollo anormal
de la apariencia del reino
vs. 31-32

31 [a]Otra parábola les presentó, diciendo: El reino de los
cielos es semejante a un [1b]grano de mostaza, que un hombre tomó y sembró en su campo;
32 el cual a la verdad es la más pequeña de todas las

25[a] Mt. 13:39
25[b] Mt. 13:38; cfr. 2 P. 2:13-14, 17-22; 2 Ti. 2:16-21
30[a] Mt. 13:39; Ap. 14:15
30[b] Mt. 13:40-41
30[c] Mt. 13:40, 42; 3:12
30[d] Mt. 13:43; 3:12
31[a] vs. 31-32: Mr. 4:30-32; Lc. 13:18-19
31[b] Mt. 17:20; Lc. 17:6

sea los creyentes falsos, fue sembrada entre el trigo, los creyentes verdaderos, formando así la apariencia del reino de los cielos.

25[1] Los hombres eran los esclavos (v. 27), lo cual se refiere a los esclavos del Señor, principalmente los apóstoles. Cuando los esclavos del Señor dormían y no estaban vigilando, el enemigo del Señor, el diablo, vino y sembró creyentes falsos entre los verdaderos.

25[2] La cizaña es una mala hierba que se parece al trigo. Su semilla es venenosa y puede producir sopor, náuseas, convulsiones e incluso la muerte. El retoño y las hojas de la cizaña se parecen a los del trigo. Sólo se puede distinguir el trigo de la cizaña cuando producen el fruto. El fruto del trigo es amarillo dorado, pero el de la cizaña es negro.

25[3] En el Antiguo Testamento los hijos de Israel, quienes estaban en el reino de Dios, eran comparados con uvas que crecen en la viña (21:33-34), mientras que en el Nuevo Testamento el pueblo del reino, que está en el reino de los cielos, es comparado con el trigo que crece en el campo. La viña estaba cercada, limitada y sólo incluía a los judíos, mientras que el campo abarca el mundo entero, y es abierto, ilimitado e incluye a todos los pueblos.

28[1] Arrancarla con el fin de recogerla. Así también en los versículos siguientes.

29[1] Tanto la cizaña como el trigo crecen en el campo, y el campo es el mundo (v. 38). Los creyentes falsos y los verdaderos viven en el mundo. Recoger la cizaña del campo significa quitar del mundo a los creyentes falsos. El Señor no quería que Sus esclavos hicieran esto, porque al quitar del mundo a los creyentes falsos, podrían también quitar a los verdaderos. La Iglesia Católica cometió este error y así mató a muchos creyentes verdaderos.

semillas; pero cuando ha crecido, es la más grande de las hortalizas, y se hace [1]árbol, de tal manera que vienen las
32ª Mt. 13:4; cfr. Ap. 18:2 — [2a]aves del cielo y anidan en sus ramas.

4. La corrupción interior de la apariencia del reino
vs. 33-35

33ª Lc. 13:20-21 — 33 [a]Otra parábola les dijo: El reino de los cielos es seme-
33ᵇ Mt. 16:6, 11; 1 Co. 5:6-8; Gá. 5:9; Lv. 2:5, 11 — jante a [1b]levadura, que una [2c]mujer tomó y escondió en [d]tres
33ᶜ Ap. 2:20; 17:1, 3, 15
33ᵈ Gn. 18:6 — medidas de [3]harina, hasta que todo fue leudado.

30[1] Crecer juntos en el mundo, y no en la iglesia.

31[1] El fruto del trigo en las primeras dos parábolas y el fruto del grano de mostaza aquí en la tercera parábola son comestibles. Esto indica que las personas del reino, los constituyentes del reino y de la iglesia, deben ser como un sembrado que produce alimento para la satisfacción de Dios y del hombre.

32[1] La iglesia, que es la corporificación del reino en la tierra, debe ser como una hierba que produce alimento. Sin embargo, su naturaleza y su función fueron cambiadas de modo que se hizo un "árbol", un nido de aves. (Esto es contrario a la ley de la creación de Dios, es decir, que toda planta debe dar fruto según su género, Gn. 1:11-12.) Este cambio sucedió en la primera parte del siglo cuarto, cuando Constantino el Grande unió a la iglesia con el mundo. El introdujo en el cristianismo a miles de creyentes falsos, convirtiéndolo en el sistema de la cristiandad, y haciendo que dejara de ser la iglesia. Por lo tanto, esta tercera parábola corresponde a la tercera iglesia de las siete mencionadas en Ap. 2 y 3, la iglesia en Pérgamo (Ap. 2:12-17, véase la nota 12[1]). La mostaza es una hortaliza anual, mientras que el árbol es una planta perenne. La iglesia, según su naturaleza celestial y espiritual, debe ser como la mostaza, debe ser peregrina en la tierra. Pero cambiada su naturaleza, la iglesia se estableció y se arraigó profundamente como un árbol en la tierra, y floreció echando las ramas de sus proyectos y operaciones, donde se alojan muchas personas y cosas malignas. Como resultado de esto se formó la organización exterior de la apariencia del reino de los cielos.

32[2] Puesto que las aves que se mencionan en la primera parábola representan al maligno, Satanás (vs. 4, 19), las aves del cielo aquí deben de referirse a los espíritus malignos de Satanás junto con las personas y las cosas malignas motivadas por ellos. Estos se alojan en las ramas del gran árbol, es decir, en los proyectos y operaciones de la cristiandad.

33[1] En las Escrituras, la levadura representa las cosas malignas (1 Co. 5:6, 8) y las doctrinas malignas (16:6, 11-12).

33[2] La iglesia, el reino práctico de los cielos, la cual tiene a Cristo, la flor de harina sin levadura, como su contenido, debe ser un pan sin levadura (1 Co. 5:7-8). Sin embargo, la Iglesia Católica, la cual fue formada completa y oficialmente en el siglo sexto y que está representada aquí por la mujer, adoptó muchas prácticas paganas, herejías y perversidades, y las mezcló con las enseñanzas acerca de Cristo, leudando así todo el contenido del cristianismo. Esta mezcla llegó a ser el contenido corrupto de la apariencia del reino de los cielos. Esta cuarta parábola corresponde a la cuarta iglesia de las siete mencionadas en Ap. 2 y 3, la iglesia en Tiatira (Ap. 2:18-29, y la nota 20[1]).

33[3] La harina, con que se preparaba la ofrenda de harina (Lv. 2:1), representa a Cristo como alimento para Dios y para el hombre. Tres medidas es la cantidad que se requiere para

34 Todo esto habló Jesús en [a]parábolas a las multitudes,
y sin parábolas no les hablaba nada;
35 para que se cumpliese lo dicho por medio del profeta,
cuando dijo: “[a]Abriré en parábolas Mi boca; declararé cosas
[b]escondidas [1c]desde la fundación del mundo”.

5. El establecimiento del reino y sus falsos constituyentes (continuación) vs. 36-43

36 Entonces, dejando a las multitudes, entró *Jesús* en la
[a]casa; y acercándose a El Sus discípulos, le dijeron: Explícanos la [b]parábola de la cizaña del campo.
37 Respondiendo El, les dijo: El que siembra la buena
semilla es el [a]Hijo del Hombre.
38 El campo es el mundo; la [1]buena semilla son los [a]hijos
del reino, y la [1]cizaña son los [b]hijos del maligno.
39 El enemigo que la sembró es el [a]diablo; la siega es la
[b]consumación del siglo; y los segadores son los ángeles.
40 De manera que como se recoge la cizaña, y se quema
en el fuego, así será en la consumación de este siglo.
41 Enviará el [a]Hijo del Hombre a Sus ángeles, y recogerán
de [1]Su [b]reino todo lo que sirve de [c]tropiezo, y a los que hacen
[2d]iniquidad,
42 y los echarán en el [1a]horno de fuego; allí será el [2b]llanto
y el crujir de dientes.

hacer una comida completa (Gn. 18:6). Por lo tanto, que la levadura fuera escondida en tres medidas de harina significa que la Iglesia Católica ha leudado completamente y de modo oculto todas las enseñanzas acerca de Cristo. Esta es la verdadera condición de la Iglesia Católica Romana. Leudar así es absolutamente contrario a las Escrituras, las cuales prohiben enfáticamente que se ponga levadura alguna en la ofrenda de harina (Lv. 2:4-5, 11).

35[1] Las personas del reino fueron escogidas por Dios *antes* de la fundación del mundo (Ef. 1:4), pero los misterios del reino fueron escondidos *desde* la fundación del mundo.

38[1] Esta parábola revela que poco tiempo después de que el reino fue establecido mediante la edificación de la iglesia, la situación del reino de los cielos cambió. El reino fue establecido con los hijos del reino, el trigo. Pero los hijos del maligno, la cizaña, crecieron y alteraron la situación. Así que, se ha producido una diferencia entre el reino de los cielos y su aspecto exterior. Los hijos del reino, el trigo, constituyen el reino, mientras que los hijos del maligno, la cizaña, han formado la apariencia del reino, a la cual llaman hoy la cristiandad.

41[1] El reino del Hijo del Hombre, el cual constituye la parte terrenal del milenio, el reino mesiánico.

41[2] Lit., obras ilícitas. Véase la nota 4[2] de 1 Jn. 3.

42[1] El lago de fuego (Ap. 20:10, 15).

42[2] Véase la nota 12[3] del cap. 8.

34[a] Mr. 4:33-34
35[a] Sal. 78:2
35[b] Ef. 3:9; Ro. 16:25-26; 1 Co. 2:7; Col. 1:26
35[c] Mt. 25:34; He. 4:3; Lc. 11:50
36[a] Mt. 13:1
36[b] Mt. 13:24-30
37[a] Mt. 8:20
38[a] Mt. 8:12
38[b] cfr. Jn. 8:44; Hch. 13:10; 1 Jn. 3:10
39[a] Mt. 4:1
39[b] Mt. 13:49; 24:3; 28:20; Dn. 12:13
41[a] Mt. 8:20
41[b] Lc. 1:32-33; Dn. 2:44; 7:14; Ef. 5:5; 2 P. 1:11; Ap. 11:15; 1 Co. 15:24
41[c] Mt. 18:6-7; Lc. 17:1-2
41[d] Mt. 23:28; 2 Ts. 2:7
42[a] Mt. 13:50
42[b] Mt. 8:12; 22:13; 25:30

43[a] Dn. 12:3; Mt. 5:14-16; Fil. 2:15; Pr. 4:18
43[b] Mt. 6:10, 13; 26:29; Lc. 12:32
43[c] Mt. 13:9
44[a] Mt. 13:38
44[b] Mt. 11:25
44[c] Col. 1:20
46[a] Ap. 21:21; cfr. Mt. 7:6
46[b] Hch. 20:28; Ef. 5:25

43 Entonces los [1]justos [a]resplandecerán como el sol en el [2b]reino de su Padre. El que tiene [c]oídos para oír, oiga.

6. El reino escondido en la tierra creada por Dios
v. 44

44 El reino de los cielos es semejante a un [1]tesoro escondido en un [2a]campo, el cual un [3]hombre halló y luego [b]escondió. Y gozoso por ello, va y vende todo lo que tiene, y [c]compra aquel campo.

7. La iglesia producida con los que fueron sacados del mundo corrompido por Satanás
vs. 45-46

45 También el reino de los cielos es semejante a un [1]comerciante que busca perlas finas,

46 y habiendo hallado una [1a]perla de gran valor, fue y vendió todo lo que tenía, y la [b]compró.

43[1] Los hijos del reino (v. 38), los vencedores.

43[2] El reino del Padre es la parte celestial del milenio, la manifestación del reino de los cielos como recompensa para los vencedores.

44[1] Las tres parábolas anteriores acerca de la apariencia del reino fueron pronunciadas públicamente a las multitudes por el Rey celestial desde una barca (vs. 2, 34), mientras que las tres parábolas siguientes fueron dadas en privado a los discípulos en una casa (v. 36). Esto indica que los temas tratados en estas tres parábolas están más ocultos. La primera parábola trata de un tesoro escondido en el campo. El tesoro escondido en el campo debe de estar constituido de oro o piedras preciosas, los materiales usados para la edificación de la iglesia y de la Nueva Jerusalén (1 Co. 3:12; Ap. 21:18-20). Puesto que la iglesia es el reino práctico hoy en día, y que la Nueva Jerusalén será el reino en manifestación en la era venidera, el tesoro escondido en el campo debe de representar el reino escondido en la tierra creada por Dios.

44[2] El campo es la tierra creada por Dios para Su reino (Gn. 1:26-28).

44[3] Este hombre es Cristo, quien encontró el reino de los cielos en 4:12—12:23, lo escondió en 12:24—13:43, y gozoso por ello fue a la cruz en 16:21; 17:22-23; 20:18-19; y 26:1—27:52 para vender todo lo que tenía y comprar el campo, es decir, redimir la tierra creada que se había perdido, para el reino.

45[1] El comerciante también es Cristo, quien buscaba la iglesia para Su reino. Después de encontrarla en 16:18 y 18:17, fue a la cruz y vendió todo lo que tenía y la compró para el reino.

46[1] La perla es un material para la edificación de la Nueva Jerusalén; la perla es producida en las aguas de muerte (el mundo lleno de muerte) por la ostra viva (el Cristo viviente), que cuando es herida por una piedrecita (el pecador), segrega su jugo vital sobre la piedrecita que la hiere (el creyente, véase la nota 21[1] de Ap. 21). Puesto que la perla proviene del mar, que representa el mundo corrompido por Satanás (Is. 57:20; Ap. 17:15), debe de referirse a la iglesia, que está constituida principalmente de creyentes regenerados provenientes del mundo gentil, y que es de gran valor.

8. El evangelio eterno y su resultado
vs. 47-50

47 Asimismo el reino de los cielos es semejante a una
[1a]red echada en el [2]mar, la cual recoge de [3]toda clase *de*
peces;
48 y una vez llena, la sacan a la orilla; y sentados, recogen
lo [1]bueno en recipientes, y lo [1]malo echan fuera.
49 Así será en la [a]consumación del siglo: saldrán los
ángeles, y apartarán a los malos de entre los justos,
50 y los echarán en el [1a]horno de fuego; allí será el [2b]llanto
y el crujir de dientes.

9. El tesoro de cosas nuevas y cosas viejas
vs. 51-52

51 ¿Habéis entendido todas estas cosas? Ellos respondieron: Sí.
52 Y les dijo: Por eso todo [a]escriba que se ha [b]hecho
discípulo del reino de los cielos es semejante a un dueño de
casa, que saca de su [1]tesoro cosas [c]nuevas y cosas viejas.

C. Se intensifica el rechazo
13:53—16:12

1. Rechazado por Sus compatriotas
13:53-58

53 Y aconteció que cuando terminó Jesús estas parábolas,
se fue de allí.
54 [a]Y venido a Su tierra, les enseñaba en la [b]sinagoga de
ellos, de tal manera que se [c]maravillaban, y decían: ¿De
dónde *tiene* éste esta [d]sabiduría y estas obras poderosas?
55 ¿No es éste el [1a]hijo del carpintero? ¿No se llama Su

47a vs. 47-50: Mt. 25:32-46
49a Mt. 13:39
50a Mt. 13:42
50b Mt. 8:12
52a Mt. 2:4
52b Mt. 28:19; Hch. 14:21
52c Cnt. 7:13
54a vs. 54-58: Mr. 6:1-6; Lc. 4:16, 22-24
54b Mt. 4:23
54c Mt. 7:28
54d Lc. 2:52; Jn. 8:28; 1 Co. 1:24
55a Lc. 3:23; Jn. 6:42

47[1] Lit., red barredera. Esta parábola corresponde a la de 25:32-46. Aquí la red no representa el evangelio de gracia, que se predica en la era de la iglesia, sino el evangelio eterno, el cual se predicará al mundo gentil durante la gran tribulación (Ap. 14:6-7, y la nota 6[1]).

47[2] El mar representa el mundo gentil.

47[3] *Toda clase* representa todas las naciones, todos los gentiles (25:32).

48[1] Lo bueno son las "ovejas", aquellos que son justificados; lo malo son los "cabritos", aquellos que son condenados (25:32).

50[1] El lago de fuego (25:41; Ap. 20:10, 15).

50[2] Véase la nota 12[3] del cap. 8.

52[1] Después de presentar las siete parábolas acerca de los misterios del reino, el Señor comparó al escriba que se ha hecho discípulo, con un dueño de casa que posee un tesoro, un almacén rico en cosas nuevas y cosas viejas, las cuales no sólo representan el conocimiento nuevo y el conocimiento viejo de las Escrituras, sino también las experiencias de vida, tanto nuevas como viejas, en el reino.

55[1] En 12:24 los fariseos se opusieron a Cristo y lo rechazaron a lo sumo.

[b]madre María, y Sus [c]hermanos, Jacobo, José, Simón y Judas?

56 Y Sus hermanas, ¿no están todas con nosotros? ¿De dónde, pues, *tiene* éste todas estas cosas?

57 Y [a]tropezaban a causa de El. Pero Jesús les dijo: No hay [b]profeta sin honra, sino en su *propia* tierra y en su casa.

58 Y [1]no hizo allí muchas obras poderosas, a causa de la incredulidad de ellos.

55[b] Mt. 12:46
55[c] Jn. 7:3; Hch. 1:14; 1 Co. 9:5
57[a] Mt. 13:21
57[b] Jn. 4:44

CAPITULO 14

2. Rechazado por el tetrarca pagano
14:1-13

1 [a]En aquel tiempo [b]Herodes el tetrarca oyó la fama de Jesús,

2 y dijo a sus servidores: Este es [a]Juan el Bautista; ha resucitado de los muertos, y por eso [1]actúan por medio de él estas [b]obras poderosas.

3 Porque Herodes había prendido a Juan, y le había encadenado y metido en la [a]cárcel, por causa de [b]Herodías, mujer de Felipe su hermano;

4 porque Juan le decía: [a]No te es lícito tenerla.

5 Y *Herodes* quería matarle, pero temía a la multitud; porque [a]tenían a Juan por [b]profeta.

6 Pero al llegar el [a]cumpleaños de Herodes, la hija de Herodías danzó en medio, y agradó a Herodes,

7 por lo cual éste le prometió con juramento darle cualquier cosa que pidiese.

8 Ella, instigada por su madre, dijo: Dame aquí en un plato la cabeza de Juan el Bautista.

9 Entonces el rey se entristeció; pero a causa de sus juramentos, y de los que estaban reclinados *a la mesa con él,* mandó que se la diesen,

10 y envió *hombres* y [1]decapitó a Juan en la cárcel.

1[a] vs. 1-12: Mr. 6:14-29; Lc. 9:7-9
1[b] Lc. 3:1; Hch. 13:1
2[a] Mt. 16:14
2[b] Mt. 13:54
3[a] Mt. 4:12; Lc. 3:20
3[b] Lc. 3:19
4[a] cfr. Lv. 18:16; 20:21
5[a] Mt. 21:26; Lc. 20:6
5[b] Mt. 11:9
6[a] cfr. Gn. 40:20

Aquí los galileos lo conocían según la carne, y no según el espíritu (2 Co. 5:16); ellos fueron cegados por su conocimiento natural.

58[1] El rechazo por los fariseos hizo que el Rey celestial los abandonara. La incredulidad de los galileos hizo que el Señor no hiciera entre ellos muchas obras poderosas.

2[1] Es decir, actúan y se manifiestan.

10[1] En 12:24 los líderes de la religión judía, los cuales representaban a toda la nación judía, rechazaron por completo al Rey celestial. Esto le obligó a renunciar a su relación natural con ellos (12:46-50). Luego, en 13:53-58, también fue rechazado por los galileos. Ahora en el cap. 14, Mateo, en su

11 Y fue traída su cabeza en un plato, y dada a la muchacha; y ella la llevó a su madre.
12 Entonces llegaron sus [a]discípulos, y tomaron el cuerpo
y lo enterraron; y fueron y dieron las nuevas a Jesús.
13 [a]Oyéndolo Jesús, se [1]retiró solo de allí en una barca a
un lugar desierto; y cuando las multitudes oyeron *esto,* le
[2]siguieron a pie desde las ciudades.

3. El milagro de alimentar a cinco mil
14:14-21

14 Y saliendo *Jesús,* vio una gran multitud, y tuvo [a]com-
pasión de ellos, y sanó a sus enfermos.
15 Al caer la tarde, se acercaron a El los discípulos,
diciendo: El lugar es desierto, y la hora ya [1]avanzada; despide a las multitudes, para que vayan a las aldeas y compren
para sí alimentos.
16 Mas Jesús les dijo: No tienen necesidad de irse; [1a]dad-
les vosotros de [2]comer.

12[a] Mt. 9:14; 11:2

13[a] vs. 13-21: Mr. 6:32-44; Lc. 9:10-17; Jn. 6:1-13

14[a] Mt. 9:36

16[a] 2 R. 4:42-44

---

manera de ordenar los eventos conforme a la doctrina, nos revela cómo el sistema político de los gentiles trató al precursor del Rey. Este sistema era maligno y estaba lleno de corrupción y tinieblas. Hasta aquí Mateo nos ha dado un cuadro completo del rechazo del ministerio del reino de los cielos por parte de los judíos, los galileos y los gentiles.

13[1] El Rey celestial, habiendo sido rechazado por la gente religiosa, la gente culta y los políticos, se apartó de ellos y se retiró a un lugar desierto. Esto indica que de allí en adelante se escondería en un lugar desierto, en un lugar sin cultura, separado de las personas religiosas, de las personas cultas y de los políticos. Hizo esto usando una barca, lo cual implica que lo haría mediante la iglesia. Ya que ha sido rechazado por el mundo civilizado, el Señor, mediante la iglesia, siempre se ha escondido en una esfera donde no hay mucha cultura, separado de los círculos religiosos y políticos.

13[2] A pesar del rechazo por parte de toda clase de personas, eran muchos los que seguían al Rey celestial. Ellos salían de sus ciudades para seguirle. El Rey no iba a sus ciudades para visitarlos, sino que ellos salían de sus ciudades cultas para seguirlo a un lugar desierto. Durante todos los siglos, los verdaderos seguidores de Cristo han dejado las esferas cultas para seguir a su Rey celestial fuera del mundo culto.

15[1] Lit., pasada.

16[1] Los discípulos pidieron al Señor que despidiera a las multitudes para que éstas pudieran ir a comprar alimentos (v. 15), pero el Señor les dijo a ellos que dieran de comer a las multitudes. El concepto de los discípulos fue pedirle a la gente que hiciera algo; éste es el principio de la ley. Pero el concepto del Señor es dar a la gente algo que disfrutar; éste es el principio de la gracia.

16[2] En esta narración del milagro, la intención del Espíritu Santo en Su inspiración es mostrar que en realidad lo que los seguidores del Rey celestial necesitan es el debido alimento que satisfaga su hambre. Ni los discípulos de Cristo ni las multitudes que le seguían sabían esto. El Rey celestial sí lo sabía y obró de modo milagroso para que vieran claramente su verdadera necesidad y la provisión que les daría

17 Y ellos le dijeron: No tenemos aquí sino cinco [1]panes y
dos [1]peces.
18 El dijo: [1]Traédmelos acá.
19 Entonces mandó a las multitudes [1]recostarse sobre la
hierba; y tomando los [a]cinco panes y los dos peces, y [2b]levan-
tando los ojos al cielo, [c]bendijo, y [3d]partió y [4]dio los panes a
los discípulos, y los discípulos a las multitudes.
20 Y comieron todos, y se saciaron; y recogieron lo que
sobró de los [a]pedazos, [1]doce cestas llenas.
21 Y los que comieron fueron como cinco mil hombres, sin
contar las mujeres y los niños.

4. El milagro de andar sobre el mar
14:22-33

22 [a]En seguida *Jesús* [1]hizo a los discípulos entrar en la

19[a] Mt. 16:9
19[b] Mr. 7:34; Jn. 11:41; 17:1
19[c] Mt. 26:26; Mr. 8:7
19[d] Mt. 15:36; 26:26; 1 Co. 10:16
20[a] cfr. Mt. 15:37; 2 R. 4:44
22[a] vs. 22-23: Mr. 6:45-52; Jn. 6:15-21

---

para satisfacerla. Lo único que necesitaban era la vida de resurrección, la cual satisfaría su hambre espiritual, como se representa en este milagro.

Lo que hizo el Rey celestial indica enfática y claramente que El suple las necesidades de Sus seguidores mientras ellos lo siguen en este mundo que los rechaza. Esto concuerda con lo que El dijo en la constitución celestial, donde dice que el pueblo del reino no necesita preocuparse por lo que ha de comer (6:31-33).

17[1] Juan 6:9 nos dice que estos cinco panes eran panes de cebada. La cebada tipifica al Cristo resucitado (Lv. 23:10). Así que, los panes de cebada representan a Cristo en resurrección como alimento para nosotros. Los panes provienen de la vida vegetal, que representa el aspecto generador de la vida de Cristo, mientras que los peces forman parte de la vida animal, que representa el aspecto redentor de la vida de Cristo. Para saciar nuestra hambre espiritual necesitamos la vida generadora de Cristo y también Su vida redentora. Los dos aspectos son simbolizados por cosas pequeñas: panes y peces. Esto indica que en ese entonces el Rey celestial vino a Sus seguidores no como un gran Rey que reinaría sobre ellos, sino como pequeñas porciones de comida que los alimentaría. Véase la nota 9[2] de Jn. 6.

18[1] Todo lo que tenemos del Señor debe ser traído a El para que sea una gran bendición a muchos otros. Frecuentemente el Señor utiliza lo que le ofrecemos, para suplir la necesidad de muchos otros. De esta manera también hoy en día El proporciona lo que Sus seguidores necesitan.

19[1] El propósito de esto fue poner a la gente en orden, y exhibió la sabiduría del Señor y Su carácter ordenado.

19[2] Al levantar los ojos al cielo, el Rey celestial indicó que Su origen era Su Padre quien está en los cielos.

19[3] Cualquier cosa que traigamos al Señor debe ser partida para que sea una bendición a otros.

19[4] Los panes provinieron de los discípulos, quienes los trajeron al Señor. Después de que el Señor bendijo y partió los panes, los devolvió a los discípulos para que los repartieran a las multitudes, para quienes los panes llegaron a ser una gran satisfacción. Esto indica que los discípulos no eran la fuente de la bendición; sólo eran los canales usados por el Señor, quien es la fuente de la satisfacción de la gente.

20[1] El hecho de que hubiera doce cestas llenas de pedazos indica no sólo que el Cristo resucitado es ilimitado e inagotable, sino también que la provisión que el Señor nos da es abundante,

barca e ir delante de El a la otra orilla, mientras El despedía
a las multitudes.
23 Una vez despedidas las multitudes, subió al monte, a
solas, a [1a]orar; y cuando llegó la [2]noche, estaba allí solo.
24 Y la barca ya estaba [1]en medio del mar, azotada por las
olas; porque el viento era contrario.
25 Mas a la [1]cuarta [a]vigilia de la noche, *Jesús* vino a ellos
[2b]andando sobre el mar.
26 Y los discípulos, viéndole andar sobre el mar, se [a]asus-
taron, diciendo: ¡Es un fantasma! Y de miedo se pusieron a
gritar.
27 Pero en seguida Jesús les habló, diciendo: ¡Tened [a]áni-
mo, soy Yo, [b]no temáis!
28 Entonces le respondió Pedro, y dijo: Señor, si eres Tú,
manda que yo vaya a Ti sobre las aguas.
29 Y El dijo: Ven. Y descendiendo Pedro de la barca,
andaba sobre las aguas e iba hacia Jesús.
30 Pero al [1]ver el fuerte viento, tuvo miedo; y comenzando
a hundirse, gritó, diciendo: ¡Señor, [a]sálvame!
31 Al momento Jesús, extendiendo la mano, asió de él, y
le dijo: ¡Hombre de [a]poca fe! ¿Por qué [1b]dudaste?

23[a] Mr. 1:35; Lc. 5:16; 6:12; 9:28
25[a] Mr. 13:35
25[b] Job 9:8
26[a] Lc. 24:37
27[a] Jn. 16:33
27[b] Mt. 17:7; 28:10; Is. 41:13; 43:1-2
30[a] Mt. 8:25
31[a] Mt. 6:30; 8:26; 16:8
31[b] Jac. 1:6

---

más que suficiente para suplir todas nuestras necesidades.

22[1] El Señor obligó a los discípulos a que lo dejaran a solas a fin de tener más tiempo para orar al Padre en privado (v. 23).

23[1] Manteniendo Su posición de hombre (4:4), el Rey celestial, como Hijo amado del Padre (3:17), necesitaba orar a solas a Su Padre que está en los cielos, para ser uno con El y tenerle en todo lo que hacía en la tierra para que se estableciera el reino de los cielos. Hizo esto no en un lugar desierto sino en un monte, separado de toda la gente, incluso de Sus discípulos, para tener contacto con el Padre a solas.

23[2] "La noche" representa una hora más avanzada que "la tarde" mencionada en el v. 15.

24[1] Algunos mss. antiguos dicen: ya distante de la tierra muchos estadios. (Un estadio equivale aproximadamente a 180 metros.)

25[1] La guardia romana observaba cuatro vigilias nocturnas de tres horas cada una, del ocaso al alba. La primera vigilia era la vigilia de la tarde, la segunda, la vigilia de medianoche, la tercera, la vigilia del canto del gallo, y la cuarta, la vigilia matutina (Mr. 13:35). La cuarta vigilia probablemente se extendía desde las tres hasta las seis de la mañana.

25[2] Mientras Sus discípulos se angustiaban por las olas, el Señor andaba sobre el mar. Esto testifica que El es el Creador y el Soberano del universo (Job 9:8).

30[1] Pedro descendió de la barca y anduvo sobre el mar por fe en la palabra del Señor (v. 29); sin embargo, cuando vio el fuerte viento, su fe se esfumó. Debía haber andado por fe en la palabra del Señor, sin mirar las circunstancias (es decir, sin andar por vista). Mientras seguimos al Señor debemos andar por fe, y no por vista (2 Co. 5:7).

31[1] Puesto que el Señor dijo a Pedro: "Ven" (v. 29), Pedro debió haberse apoyado en esa palabra y no debió haber dudado. Así que, el Señor le

32 Y cuando ellos subieron a la barca, cesó el [1]viento.
33 Y los que *estaban* en la barca le [a]adoraron, diciendo:
Verdaderamente eres [1b]Hijo de Dios.

5. La sanidad efectuada por los flecos del manto del Rey
14:34-36

34 [a]Y terminada la travesía, llegaron a tierra en [b]Genesa-
ret.
35 Cuando le reconocieron los hombres de aquel lugar,
enviaron *noticia* por toda aquella tierra alrededor, y trajeron
a El todos los enfermos;
36 y le rogaban que les dejase tocar solamente los [1a]flecos
de Su manto; y todos los que lo [b]tocaron, quedaron totalmente [2]sanos.

33[a] Mt. 8:2; 15:25
33[b] Mt. 27:54; 3:17; 16:16; 17:5
34[a] vs. 34-36: Mr. 6:53-56
34[b] Lc. 5:1
36[a] Mt. 9:20
36[b] Mt. 9:21

CAPITULO 15

6. La acusación de los religiosos tradicionalistas
15:1-20

1 [a]Entonces [1]vinieron a Jesús de [b]Jerusalén unos fariseos y escribas, diciendo:
2 ¿Por qué Tus discípulos [1]quebrantan la [a]tradición de
los ancianos? Pues [b]no se lavan las manos cuando comen
pan.
3 Respondiendo El, les dijo: ¿Por qué también vosotros

1[a] vs. 1-20: Mr. 7:1-23
1[b] Mr. 3:22; Jn. 1:19
2[a] Gá. 1:14; Col. 2:8
2[b] Lc. 11:38

reprendió. La fe viene de la palabra del Señor y se apoya en ella. Mientras tengamos la palabra del Señor, sencillamente debemos creer en ella y no dudar.

32[1] Este milagro no sólo testifica que el Señor es el Soberano de los cielos y la tierra, sino que también se preocupa por las angustias que Sus seguidores sufren al seguirle en el camino. Cuando el Señor está en nuestra barca, el viento cesa. La narración de los dos milagros mencionados en este capítulo implica que durante el tiempo en que Cristo fue rechazado por los religiosos y los políticos, El y Sus seguidores estaban en un lugar desierto y en un mar tempestuoso. Cualquiera que fuese la situación, El pudo suplir la necesidad de ellos y sostenerlos mientras pasaban por las aflicciones.

33[1] Reconocer que el Señor es el Hijo de Dios es comprender que El es igual a Dios (Jn. 5:18). Esto indica que los discípulos reconocieron la divinidad del Señor (1:23; 3:17).

36[1] Véase la nota 20[4] del cap. 9.

36[2] Lit., salvos.

1[1] Aunque el Señor abandonó a los fanáticos religiosos que lo habían rechazado, ni aun así cesaron de molestarlo. Venían a El de su centro religioso, Jerusalén, a fin de criticarlo. Sin embargo, la molestia que ellos le causaron le proporcionó otra oportunidad de revelar la verdad con respecto a la limpieza genuina (vs. 10-11, 15-20).

2[1] Esto revela que al seguir al Señor los discípulos no guardaban las tradiciones. Sólo les importaba la presencia del Rey celestial, y nada más.

[1]quebrantáis el mandamiento de Dios por causa de vuestra
tradición?
4 Porque Dios dijo: "[1a]Honra a tu padre y a tu madre"; y:
"Quien [2b]hable mal de su padre o su madre, que [3]muera".
5 Pero vosotros decís: Cualquiera que diga a su padre o
a su madre: *Ya* es ofrenda *a Dios* todo lo mío con que hubieras
sido beneficiado,
6 ya no ha de honrar a su padre o a su madre. Así habéis
[1]invalidado la palabra de Dios por causa de vuestra tradición.
7 [1a]¡Hipócritas! Bien profetizó de vosotros Isaías, cuando
dijo:
8 "[a]Este pueblo de labios me honra; mas su [1]corazón está
lejos de Mí.
9 Pues en [1]vano me rinden culto, enseñando [a]manda-
mientos de hombres como enseñanzas".

4[a] Ex. 20:12; Dt. 5:16; Ef. 6:2
4[b] Ex. 21:17; Lv. 20:9; Pr. 20:20
7[a] Mt. 23:13
8[a] Is. 29:13
9[a] Tit. 1:14

3[1] Los judíos fanáticos acusaron a los discípulos del Señor de quebrantar su tradición, pero el Señor condenó a ellos por quebrantar el mandamiento de Dios a causa de su tradición. Ellos prestaban atención a su tradición, pero no hacían caso del mandamiento de Dios. En principio, hoy en día la gente religiosa hace lo mismo. La Iglesia Católica Romana y la mayoría de las denominaciones protestantes invalidan la palabra de Dios por causa de sus tradiciones.

4[1] Aquí el Señor no sólo condenó a los fariseos y los escribas por haber invalidado la palabra de Dios por causa de su tradición, sino que al hacerlo también dejó implícito que el hombre debe honrar a sus padres. Dios, en Su gobierno entre los hombres, ha ordenado que el hombre honre a sus padres. De los Diez Mandamientos éste es el primero que Dios dio con respecto a las relaciones humanas (Ex. 20:12). No obstante, la naturaleza caída del hombre siempre le incita a no hacer caso a sus padres, es decir, a rebelarse contra el gobierno de Dios. Para hacer que el hombre regresara al gobierno de Dios, el Señor como el Rey celestial recalcó que el hombre debe honrar a sus padres. Esto corresponde a Su palabra en la constitución del reino de los cielos con respecto al cumplimiento de la ley (5:17-19). Así que, también el apóstol Pablo recalcó este asunto enfáticamente (Ef. 6:1-3; Col. 3:20). Nosotros, el pueblo del reino, debemos honrar a nuestros padres y no buscar pretextos para no hacerlo, como los judíos fanáticos. Presentar cualquier excusa indica que no estamos bajo el gobierno celestial, sino que seguimos nuestra naturaleza caída y la corriente rebelde de la generación actual.

4[2] O, calumnie, insulte.

4[3] Lit., fallezca de muerte, lo cual significa *morir ejecutado*. La palabra griega que se traduce *morir* significa *llegar algo a su fin*. Así que, esta frase significa *llegar algo a su fin al ser ejecutado*. Es citada de dos versículos de la Septuaginta, Ex. 21:17 y Lv. 20:9; en estos dos versículos esta frase fue traducida del modismo hebreo.

6[1] Lit., privado de autoridad.

7[1] Véase la nota 2[2] del cap. 6.

8[1] El gobierno celestial del reino requiere una realidad interior, no meramente una práctica exterior y toca la verdadera condición del corazón, no la expresión de los labios.

9[1] Esto revela la posibilidad de que cierto culto a Dios sea rendido en vano. La causa principal de esto es

10 Y llamando a Sí a la multitud, les dijo: [a]Oíd, y entended:

11 No *es* lo que entra en la boca *lo que* [a]contamina al hombre; sino lo que sale de la boca, esto [1]contamina al hombre.

12 Entonces acercándose los discípulos, le dijeron: ¿Sabes que los fariseos se ofendieron cuando oyeron esta palabra?

13 Pero respondiendo El, dijo: Toda planta que [1]no [a]plantó Mi Padre celestial, será [b]desarraigada.

14 Dejadlos; son [1a]ciegos guías de ciegos; y si el ciego guía al ciego, ambos caerán en el hoyo.

15 Respondiendo Pedro, le dijo: Explícanos esta parábola.

16 Jesús dijo: ¿También vosotros estáis aún [a]sin entendimiento?

17 ¿No entendéis que todo lo que entra en la boca va al [a]vientre, y es echado en la letrina?

18 Pero lo que sale de la boca, del corazón proviene; y eso [a]contamina al hombre.

19 Porque del [a]corazón provienen los [1b]malos pensamientos, los homicidios, los [c]adulterios, las fornicaciones, los hurtos, los falsos testimonios, las blasfemias.

20 Estas cosas son las que contaminan al hombre; pero el comer con las manos sin lavar no contamina al hombre.

7. La fe de una mujer gentil
15:21-28

21 [a]Saliendo Jesús de allí, se retiró a la región de [1b]Tiro y de Sidón.

10[a] Mt. 13:23, 51
11[a] cfr. Hch. 10:14-15; Ro. 14:14, 20; 1 Ti. 4:3-4; Tit. 1:15
13[a] Is. 60:21; 61:3
13[b] Jud. 12
14[a] Mt. 23:16, 24; Is. 9:16; 56:10; Lc. 6:39
16[a] Mt. 16:9
17[a] 1 Co. 6:13
18[a] Jac. 3:6
19[a] Mt. 12:34; Jer. 17:9
19[b] Mt. 9:4; Gn. 6:5; 8:21; Pr. 6:14
19[c] Mt. 5:27-28
21[a] vs. 21-28: Mr. 7:24-30
21[b] Mt. 11:21

---

tomar por enseñanzas mandamientos de hombres. Tenemos que adorar a Dios conforme a Su palabra, la cual es la verdad.

11[1] Es decir, hace que el hombre sea profano, inmundo (Hch. 11:8). Así también en los vs. 18 y 20. En la vida del reino, la contaminación no es algo exterior sino interior.

13[1] Estas palabras del Rey celestial indican que los fariseos hipócritas no habían sido plantados por el Padre celestial. Por haber rechazado al Rey celestial, fueron desarraigados del reino de los cielos.

14[1] Los fanáticos arrogantes y justos en su propia opinión pensaban que entendían claramente la manera de servir a Dios, sin darse cuenta de que eran ciegos guías de ciegos. Tenían los ojos velados por su religión con sus tradiciones; así que no pudieron ver la realidad de la economía de Dios y por eso no pudieron entrar en el reino de los cielos. Su ceguera los llevó a caer "en el hoyo".

19[1] En el reino de los cielos, *lo que contamina* no está relacionado con las cosas materiales sino con los asuntos morales. Las cosas materiales no tienen nada que ver con el gobierno celestial, pero los asuntos morales sí. El hecho de que tantas maldades provengan de nuestro corazón demuestra que no estamos bajo el gobierno celestial.

22 Y he aquí una [1a]mujer cananea que había salido de aquellos confines clamaba, diciendo: ¡Ten misericordia de mí, [2]Señor, [b]Hijo de David! Mi hija sufre mucho estando endemoniada.

23 Pero Jesús no le respondió palabra. Entonces acercándose Sus discípulos, le rogaron, diciendo: Despídela, porque viene gritando detrás de nosotros.

24 El respondiendo, dijo: No he sido [1]enviado sino a las ovejas perdidas de la [a]casa de Israel.

25 Pero ella vino y le [1a]adoró, diciendo: ¡[2]Señor, socórreme!

26 Respondiendo El, dijo: No está bien tomar el [1]pan de los hijos, y echarlo a los [2a]perrillos.

27 Y ella dijo: Sí, Señor; también los perrillos comen de las [1]migajas que caen de la [a]mesa de sus amos.

22[a] Gn. 10:15, 19; Jue. 1:28-33
22[b] Mt. 9:27
24[a] Mt. 10:6
25[a] Mt. 8:2
26[a] Mt. 7:6; Fil. 3:2; 2 P. 2:22; Ap. 22:15
27[a] Lc. 16:21

21[1] Puesto que los fanáticos religiosos seguían perturbando al Rey celestial rechazándole, El se alejó más de ellos y se retiró a la región de Tiro y de Sidón, a una tierra gentil.

22[1] Debido al rechazo por parte de los judíos religiosos, la oportunidad de tener contacto con el Rey celestial llegó a los gentiles, a una débil mujer gentil.

22[2] El título *Señor* implica la divinidad de Cristo, y el título *Hijo de David,* Su humanidad. Ya que esta mujer era gentil, era apropiado que se dirigiera a Cristo como "Señor". Sin embargo, no tenía derecho de llamarlo "Hijo de David"; sólo los hijos de Israel tenían tal privilegio.

24[1] El Señor fue enviado a las ovejas perdidas de la casa de Israel. No obstante, en este tiempo llegó a una región gentil, proporcionando así a los gentiles una oportunidad de participar de Su gracia. Esto tiene un significado dispensacional, y muestra que Cristo vino a los judíos primero y que, debido a la incredulidad de ellos, Su salvación se volvió a los gentiles (Hch. 13:46; Ro. 11:11).

25[1] Como adorando a Dios mismo.

25[2] Esta segunda vez ella se dirigió a Cristo sólo como "Señor", y no como "Hijo de David" porque se dio cuenta de que no era hija de Israel sino una mujer pagana.

26[1] El ministerio del Rey celestial, en todas Sus visitas, creó oportunidades para que El se revelara más. En las situaciones creadas en los caps. 9 y 12, tuvo oportunidades de revelarse como el Médico, el Novio, el paño nuevo, el vino nuevo, el Pastor, el David verdadero, uno mayor que el templo, el Señor de la mies, el que es más que Jonás, y el que es más que Salomón. Aquí se presentó otra oportunidad para que El se revelara, esta vez como el pan de los hijos. La mujer cananea le consideró como Señor —una persona divina— y como Hijo de David, un descendiente real, eminente y excelso en Su reinado. Pero El se reveló a ella como pequeños pedazos de pan que habían de comerse. Esto implica que como Rey celestial El reina sobre Su pueblo alimentándolo consigo mismo como pan. Sólo al nutrirnos de El como nuestro alimento podemos ser personas apropiadas para Su reino. Comer a Cristo como nuestro suministro nos permite ser el pueblo del reino en la realidad del reino.

26[2] Esto indica que a los ojos del Señor todos los paganos son perros, los cuales son inmundos a los ojos de Dios (Lv. 11:27).

27[1] La mujer cananea, la cual no se ofendió por la palabra del Señor sino que admitió ser un perrillo pagano, se dio cuenta de que en aquel tiempo

28 Entonces respondiendo Jesús, dijo: ¡Oh mujer, grande
es tu [a]fe!; te sea [b]hecho como quieres. Y su hija fue sanada
desde aquella [c]hora.

8. Sana para glorificar a Dios
15:29-31

29 [a]Pasó Jesús de allí y vino junto al [b]mar de [1]Galilea; y
subiendo al [c]monte, se sentó allí.
30 Y se le acercaron grandes multitudes que traían consigo a cojos, ciegos, mancos, mudos, y muchos otros *enfermos;*
y los [1]pusieron a los pies *de Jesús,* y los sanó;
31 de manera que la multitud se maravillaba, viendo a los
[a]mudos hablar, a los mancos sanados, a los cojos andar, y a
los [b]ciegos ver; y [c]glorificaban al [d]Dios de Israel.

9. El milagro de alimentar a cuatro mil
15:32-39

32 [a]Y Jesús, llamando a Sus discípulos, dijo: Tengo [b]com-
pasión de la multitud, porque ya hace tres días que están
conmigo, y no tienen qué comer; y despedirlos en ayunas [1]no
quiero, no sea que desfallezcan en el camino.
33 Entonces los discípulos le dijeron: ¿De dónde *tenemos*
nosotros tantos panes en *este* lugar [1]despoblado, para [a]saciar
a una multitud tan grande?
34 Jesús les dijo: ¿[1]Cuántos panes tenéis? Y ellos dijeron:
Siete, y unos pocos pececillos.
35 Y mandando a la multitud que se recostase en tierra,

28[a] Mt. 8:10; 9:2
28[b] Mt. 8:13
28[c] Mt. 9:22; Jn. 4:52-53
29[a] vs. 29-31: Mr. 7:31-37
29[b] Mt. 4:18
29[c] Mt. 5:1; Jn. 6:3
31[a] Mt. 9:33
31[b] Mt. 11:5; Is. 35:5-6
31[c] Mt. 9:8
31[d] Is. 29:23; Lc. 1:68
32[a] vs. 32-39: Mr. 8:1-10
32[b] Mt. 9:36
33[a] 2 R. 4:43

Cristo, después de haber sido rechazado por los hijos, los judíos, vino a ser las migajas que caen bajo la mesa como porción para los gentiles. La tierra santa de Israel era la mesa a la cual Cristo, el pan celestial, había venido como porción para los hijos de Israel. Pero lo tiraron de la mesa al suelo, a la tierra gentil, de modo que El vino a ser migajas como porción para los gentiles. ¡Qué profunda comprensión tuvo esta mujer gentil en aquel momento! No es de extrañar que el Rey celestial admirara su fe (v. 28).

29[1] Debido a que el Señor había sido rechazado por la religión judía, permaneció como luz sanadora en Galilea de los gentiles. No quiso ir a Jerusalén, el centro religioso de los judíos, a sanar a los judíos (13:15).

30[1] Lit., echaron.

32[1] Cristo no permitiría que Sus seguidores tuvieran hambre y desmayaran en el camino al seguirlo.

33[1] Incluso en el desierto árido, el Señor pudo alimentar a Sus seguidores y satisfacerlos, sin importar cuántos fueran. Los discípulos habían experimentado esto anteriormente, en 14:15-21; sin embargo, parece que no habían aprendido la lección de fe. Aquí pusieron la mira en las circunstancias en vez de ponerla en el Señor. Pero la presencia del Señor fue mejor que una reserva abundante.

34[1] El Señor siempre quiere usar lo que tenemos para bendecir a otros.

36 [1]tomó los [a]siete panes y los peces, y dando [b]gracias, los
partió y dio a los discípulos, y los discípulos a las multitudes.
37 Y comieron todos, y se saciaron; y recogieron lo que
sobró de los [a]pedazos, siete canastas llenas.
38 Y eran los que habían comido, cuatro mil hombres, sin
contar las mujeres y los niños.
39 Entonces, despedidas las multitudes, entró en la barca, y vino a la región de Magadán.

CAPITULO 16

10. La tentación de parte de los fundamentalistas y los modernistas 16:1-12

1 [a]Se le acercaron los fariseos y los saduceos, y para
[b]tentarle le pidieron que les mostrase una [1c]señal del cielo.
2 Mas El respondiendo, les dijo: [1]Al atardecer, decís:
Hará buen tiempo; porque el cielo tiene arreboles.
3 Y por la mañana: Hoy *habrá* tempestad; porque el cielo
tiene arreboles y está sombrío. Sabéis [a]discernir el [1]aspecto
del cielo, mas las señales de los tiempos no [2]podéis.
4 La generación [a]malvada y adúltera busca señal; pero
señal no le será dada, sino la [1]señal de [b]Jonás. Y [c]dejándolos,
se fue.
5 Llegando los discípulos al otro lado, se habían olvidado
de traer [1]pan.

36[a] Mt. 16:10
36[b] Mt. 26:27; Jn. 6:11; Hch. 27:35
37[a] cfr. Mt. 14:20; 2 R. 4:44
1[a] vs. 1-12: Mr. 8:11-21
1[b] Mt. 22:18, 35; Lc. 11:16; Jn. 8:6
1[c] Mt. 12:38; 1 Co. 1:22
3[a] Lc. 12:54-56
4[a] Mt. 12:39
4[b] Mt. 12:39-40
4[c] Mt. 21:17

36[1] Si ofrecemos al Señor todo lo que tenemos, El lo tomará, lo partirá y nos lo devolverá para que lo repartamos a otros, y les sea una bendición que satisface y rebosa (v. 37). Todo lo que ofrezcamos al Señor, por muy pequeño que sea, será multiplicado por Su mano de bendición para satisfacer la necesidad de una gran multitud (v. 38); de esta manera se cumple Su deseo (v. 32).

1[1] Véase la nota 38[1] del cap. 12. Así también en los versículos siguientes.

2[1] Algunos mss. antiguos omiten lo escrito desde aquí hasta el final del v. 3.

3[1] Es decir, la apariencia.

3[2] Véase la nota 56[5] de Lc. 12.

4[1] Jonás fue el profeta que se volvió de Israel hacia los gentiles y que fue puesto en el vientre del gran pez. Después de estar allí tres días, salió y llegó a ser una señal a esa generación para arrepentimiento (Jon. 1:2, 17; 3:2-10). Tipificaba a Cristo, el cual, como Profeta enviado por Dios a Su pueblo (Dt. 18:15, 18), iba a volverse de Israel a los gentiles, ser sepultado en el corazón de la tierra tres días, y luego resucitaría, llegando a ser así una señal a esa generación para salvación. Lo que el Señor dijo aquí implica que para aquella generación judía tan religiosa, una generación maligna y adúltera, la única señal que el Señor les iba a dar sería morir y resucitar, que es la señal más significativa, a fin de que, si creían, fueran salvos.

5[1] Desde 15:1 hasta 16:12, el relato de Mateo está estrechamente relacionado con la comida. Comer cosas

6a Mt. 13:33; Lc. 12:1; 1 Co. 5:6-8; Gá. 5:9

6 Y Jesús les dijo: Mirad y guardaos de la [a]levadura de
los fariseos y de los saduceos.
7 Ellos discutían entre sí, diciendo: Es porque no trajimos pan.

8a Mt. 6:30; 8:26; 14:31

8 Y conociéndolo Jesús, les dijo: ¿Por qué discutís entre
vosotros, hombres de [a]poca fe, que no tenéis pan?

9a Mt. 14:17-21; Jn. 6:9-13

9 ¿No entendéis aún, ni os acordáis de los [a]cinco panes
entre cinco mil *hombres,* y cuántas [1]cestas recogisteis?

10a Mt. 15:34-38

10 ¿Ni de los [a]siete panes entre cuatro mil, y cuántas
[1]canastas recogisteis?
11 ¿Cómo es que no entendéis que no os hablé de panes?
Guardaos de la levadura de los fariseos y de los saduceos.
12 Entonces entendieron que no les había dicho que se
guardasen de la levadura del pan, sino de la [1]enseñanza de
los fariseos y de los saduceos.

D. La senda del rechazo
16:13—23:39

1. Antes de ir a Judea
16:13—18:35

a. La revelación en cuanto a Cristo y la iglesia
16:13-20

13a vs. 13-16: Mr. 8:27-29; Lc. 9:18-20

13 [a]Viniendo Jesús a la región de [1]Cesarea de Filipo,

---

inmundas puede contaminarnos. Comer es la manera de participar de Cristo (15:21-28), y cuando comemos, nos alimentamos del suministro de Cristo, un suministro ilimitado e inagotablemente rico (15:32-39). Pero debemos guardarnos de comer levadura (vs. 5-12).

9[1] Una canasta que se llevaba para un viaje.

10[1] Más grande que las cestas mencionadas en el v. 9.

12[1] Se refiere a las cosas que se enseñaban. La enseñanza de los fariseos estaba llena de hipocresía (23:13, 15, 23, 25, 27, 29), y la enseñanza de los saduceos, la cual negaba la resurrección, los ángeles y los espíritus (Hch. 23:8), era similar al modernismo de hoy. Así que, tanto la enseñanza de los fariseos como la de los saduceos eran impuras y malignas y son comparadas con la levadura, la cual no debe verse entre el pueblo de Dios (Ex. 13:7).

13[1] Al norte de la Tierra Santa, cerca de la frontera, al pie del monte Hermón, donde el Señor se transfiguró (17:1-2). Estaba lejos de la ciudad santa y el templo santo, donde el medio ambiente de la vieja religión judía llenaba el pensamiento de todo hombre, sin dejar lugar para Cristo, el nuevo Rey. El Señor llevó a Sus discípulos intencionalmente a un lugar donde El tenía un ambiente despejado, para que el pensamiento de ellos estuviera libre de los efectos del ambiente religioso de la ciudad santa y del templo santo, y para revelarles algo nuevo con respecto a Sí mismo y a la iglesia, que son el pulso vital de Su reino celestial. Fue en Cesarea de Filipo donde Pedro recibió la visión de que El era el Cristo, el Hijo del Dios viviente (vs. 16-17). Fue allí también donde la iglesia fue revelada y mencionada por primera vez

preguntó a Sus discípulos, diciendo: ¿Quién dicen los hombres que es el [2b]Hijo del Hombre?
14 Ellos dijeron: [1]Unos, [a]Juan el Bautista; otros, [b]Elías; y
otros, Jeremías, o uno de los profetas.
15 El les dijo: Y vosotros, ¿quién decís que soy Yo?
16 Respondiendo Simón Pedro, dijo: Tú eres el [1a]Cristo, el
[1b]Hijo del [2c]Dios viviente.
17 Entonces le respondió Jesús y dijo: [a]Bienaventurado
eres, [b]Simón [1]Barjona, porque no te lo [c]reveló [2d]carne ni
sangre, sino Mi [3]Padre que está en los cielos.
18 Y Yo [1]también te digo, que tú eres [2a]Pedro, y sobre
[3]esta [b]roca [4c]edificaré Mi [5d]iglesia; y las [6e]puertas del [f]Hades
no prevalecerán [g]contra ella.

---

como el medio para traer el reino de los cielos (vs. 18-19).

13[2] Como hombre, Cristo era un misterio para aquella generación, tal como lo es para la gente hoy en día.

14[1] Sin la revelación celestial, lo único que la gente puede comprender es que Cristo es el mayor de los profetas; nadie puede saber que El es el Cristo, el Hijo del Dios viviente (v. 16).

16[1] *El Cristo* se refiere a Aquel de quien Dios profetizó en el Antiguo Testamento por medio de los profetas y a quien Sus santos esperaban durante todos los siglos (Jn. 1:41, 45; Lc. 2:25-26; 3:15), Aquel que vendría para hacer la voluntad de Dios (He. 10:5-7).

El Cristo, término que se refiere al Ungido de Dios, alude a la comisión del Señor, mientras que *el Hijo del Dios viviente,* expresión que denota al segundo del Dios Triuno, habla de Su persona. Su comisión consiste en cumplir el propósito eterno de Dios por medio de Su crucifixión, resurrección, ascensión y segunda venida; mientras que Su persona contiene y expresa al Padre y tiene su consumación en el Espíritu para producir una plena expresión del Dios Triuno.

16[2] El Dios viviente está en contraste con la religión muerta. El Señor es la corporificación del Dios viviente y no tiene nada que ver con la religión muerta.

17[1] Es decir, hijo de Jonás.

17[2] *Carne ni sangre* se refiere al hombre natural, quien fue creado y luego cayó.

17[3] Sólo el Padre conoce al Hijo (11:27); así que, sólo El puede revelarnos al Hijo.

18[1] La revelación que el Padre da acerca de Cristo es sólo la primera mitad del gran misterio, el cual es Cristo y la iglesia (Ef. 5:32). Así que, era necesario que el Señor revelara a Pedro la segunda mitad, la cual se relaciona con la iglesia.

18[2] O, una piedra; el material para el edificio de Dios (1 P. 2:5).

18[3] *Esta roca* no se refiere solamente a Cristo, sino también a esta revelación acerca de Cristo, una revelación que Pedro recibió del Padre. La iglesia es edificada sobre Cristo y sobre esta revelación acerca de El.

18[4] El Señor comenzó a edificar Su iglesia en el día de Pentecostés (Hch. 2:1-4, 41-42). No obstante, la profecía que el Señor dio aquí no se ha cumplido todavía, ni siquiera en el siglo veinte. El Señor no está edificando Su iglesia en la cristiandad, la cual se compone de la Iglesia Católica Romana apóstata y de las denominaciones protestantes. Esta profecía se está cumpliendo mediante el recobro

---

13[b] Mt. 8:20
14[a] Mt. 14:2
14[b] Mr. 9:11; Lc. 9:8; Jn. 1:21
16[a] Mt. 1:16; Jn. 11:27; 20:31; Hch. 9:22
16[b] Mt. 3:17; 17:5; Hch. 9:20; 1 Jn. 4:15; 5:5
16[c] Dt. 5:26; Hch. 14:15; 2 Co. 3:3; 1 Ti. 3:15; He. 3:12
17[a] Mt. 13:16
17[b] Jn. 1:42; 21:15-17
17[c] Ef. 1:17; 3:5; Gá. 1:16
17[d] Gá. 1:16; 1 Co. 15:50; He. 2:14
18[a] Jn. 1:42
18[b] Is. 28:16; 1 P. 2:4; 1 Co. 3:11
18[c] Ef. 2:20-22; 4:16

18[d] Mt. 18:17; Ro. 16:16 **18**[e] Is. 38:10 **18**[f] Cnt. 8:6; Ap. 1:18 **18**[g] cfr. Ef. 6:12

19[a] cfr. Is. 22:22; Ap. 1:18; 3:7
19[b] Mt. 18:18; cfr. Jn. 20:23
20[a] Lc. 9:21
21[a] vs. 21-28: Mr. 8:31–9:1; Lc. 9:22-27
21[b] Mt. 20:17-18; Lc. 13:33
21[c] Mt. 17:23; 20:18-19; Lc. 18:33

19 Y a ti te daré las [1a]llaves del [2]reino de los cielos; y lo
que [3b]ates en la tierra [4]habrá sido atado en los cielos; y lo que
[3]desates en la tierra [4]habrá sido desatado en los cielos.
20 Entonces mandó a los discípulos que a [1a]nadie dijesen
que El era el Cristo.

b. La primera vez que se revelan la crucifixión y la resurrección
16:21-27

21 [a]Desde entonces comenzó Jesús a manifestarles a Sus
discípulos que le era [1]necesario ir a [b]Jerusalén y padecer
muchas cosas de los ancianos, de los principales sacerdotes
y de los escribas; y ser [c]muerto, y resucitar al tercer día.
22 Entonces Pedro, tomándolo aparte, comenzó a reprenderle, diciendo: ¡*Dios* tenga compasión de Ti, Señor! ¡[1]De
ningún modo te suceda eso!

---

del Señor, donde se lleva a cabo la edificación de la iglesia genuina.

18[5] Gr. *ekklesía,* que significa *llamado a salir.* Esta palabra se refiere a la congregación que ha sido llamada a salir. La expresión *Mi iglesia* indica que la iglesia pertenece al Señor, y no a alguna otra persona o cosa; la iglesia no es como las denominaciones, que toman el nombre de alguna persona o de algún asunto.

18[6] La expresión *las puertas del Hades* se refiere a la potestad o poder de las tinieblas que pertenece a Satanás (Col. 1:13; Hch. 26:18), la cual no puede prevalecer contra la iglesia genuina, que Cristo ha edificado sobre la revelación acerca de El como la roca, usando piedras tales como Pedro, un ser humano transformado. Esta palabra del Señor también indica que el poder de las tinieblas que pertenece a Satanás atacará a la iglesia. Por tanto, hay una guerra espiritual entre el poder de Satanás, el cual es su reino, y la iglesia, la cual es el reino de Dios.

19[1] Según la historia había dos llaves. Pedro usó una de ellas el día de Pentecostés para abrirles la puerta del reino de los cielos a los creyentes judíos (Hch. 2:38-42), y Pedro mismo usó la otra en la casa de Cornelio para abrirles la puerta a los creyentes gentiles (Hch. 10:34-48).

19[2] Aquí *el reino de los cielos* e *iglesia* en el versículo anterior, se usan de modo intercambiable. Esto es una evidencia clara de que la iglesia genuina es el reino de los cielos en esta edad. Esto es confirmado en Ro. 14:17, donde se menciona el reino de Dios como referencia obvia a la vida apropiada de la iglesia.

19[3] Este evangelio trata del reino de los cielos, el cual tiene que ver con la autoridad. La iglesia revelada en este libro representa el reino y su gobierno. Así que, la autoridad de atar y desatar no sólo fue dada a Pedro, el apóstol de la iglesia, sino también a la iglesia misma (18:17-18).

19[4] Todo lo que los miembros de la iglesia aten o desaten en la tierra, debe ser algo que ya haya sido atado o desatado en los cielos. Sólo podemos atar o desatar lo que ya ha sido atado o desatado en los cielos.

20[1] La revelación acerca de Cristo y Su iglesia queda siempre escondida a las personas religiosas.

21[1] Después de la revelación del gran misterio acerca de Cristo y la iglesia, fueron reveladas la crucifixión y la resurrección de Cristo. El tuvo que ir al centro religioso, pasar por la crucifixión y entrar en resurrección para edificar a Su iglesia.

22[1] El hombre natural nunca está dispuesto a tomar la cruz.

23 Pero El, volviéndose, dijo a Pedro: ¡Quítate de delante
de Mí, [1a]Satanás!; me eres [2]tropiezo, porque [3]no pones la
[b]mente en las cosas de Dios, sino en las de los hombres.
24 Entonces Jesús dijo a Sus discípulos: Si alguno quiere
venir en pos de Mí, [1]niéguese a [2]sí mismo, y tome su [3a]cruz,
y [4]sígame.
25 Porque el que quiera salvar la [a]vida de su alma, la
[1]perderá; y el que la [2]pierda por causa de Mí, la hallará.
26 Porque ¿qué aprovechará al hombre, si gana todo el
mundo, y pierde la [1]vida de su alma? ¿O qué dará el hombre
a cambio de la vida de su alma?
27 [1]Porque el [a]Hijo del Hombre [b]vendrá en la [c]gloria de Su
Padre con Sus [d]ángeles, y entonces [2e]recompensará a cada
uno conforme a sus hechos.

23[a] Mt. 4:10
23[b] Ro. 8:6
24[a] Mt. 10:38
25[a] Mt. 10:39; Lc. 17:33; Jn. 12:25; Ap. 12:11
27[a] Mt. 26:64; Dn. 7:13; Jn. 1:51
27[b] 1 Ts. 4:16; Jud. 14; Ap. 1:7; 22:7,12, 20
27[c] 2 Ts. 1:9; cfr. Mt. 25:31
27[d] Mt. 13:41
27[e] 2 Co. 5:10; 1 Co. 3:14; He. 10:35; Ap. 22:12

23[1] Cristo percibió que no era Pedro sino Satanás el que le quería impedir que tomara la cruz. Esto revela que nuestro hombre natural, el cual se rehusa a tomar la cruz, es uno con Satanás.

23[2] O, trampa.

23[3] Cuando no ponemos la mente en las cosas de Dios sino en las de los hombres, nos convertimos en Satanás, una piedra de tropiezo para el Señor mientras El está en camino a cumplir el propósito de Dios.

24[1] Negar nuestro yo significa renunciar a nuestra vida anímica, nuestra vida natural (v. 26; Lc. 9:25).

24[2] Los tres términos que se encuentran en los vs. 23-25 están relacionados: *mente, sí mismo* y *la vida del alma.* La mente es la expresión del yo (de uno mismo), y el yo es la suma total de la vida del alma. La vida del alma es expresada y vivida en el yo, y el yo es expresado por medio de la mente, los pensamientos, los conceptos, las opiniones personales. Cuando no ponemos nuestra mente en las cosas de Dios sino en las de los hombres, nuestra mente aprovecha la oportunidad de actuar y expresarse. Esto fue lo que le sucedió a Pedro. Así que, con lo que el Señor dijo a continuación indica que Pedro tenía que negarse a sí mismo, es decir, que en lugar de salvar la vida de su alma, tenía que perderla. Perder la vida del alma es la realidad de negarse a uno mismo. Esto es tomar la cruz.

24[3] La cruz no sólo hace sufrir, sino que también mata. La cruz mata al criminal y acaba con él. Cristo primero llevó la cruz y luego fue crucificado. Nosotros, Sus creyentes, primero fuimos crucificados con El y ahora llevamos la cruz. Para nosotros, llevar la cruz es permanecer bajo la operación de la muerte de Cristo, la cual acaba con nuestro yo, nuestra vida natural y nuestro viejo hombre. Al hacer esto, negamos nuestro yo para seguir al Señor.

24[4] Antes de la crucifixión del Señor, los discípulos le seguían de modo exterior. Pero ahora, después de Su resurrección, le seguimos de modo interior. Debido a que en resurrección El ha llegado a ser el Espíritu vivificante (1 Co. 15:45) que mora en nuestro espíritu (2 Ti. 4:22), le seguimos en nuestro espíritu (Gá. 5:16-25).

25[1] O, destruirá.

25[2] Véase la nota 39[1] del cap. 10.

26[1] En Lc. 9:24-25, la frase *él mismo* reemplaza la expresión *la vida del alma,* que indica que nuestra vida anímica es nuestro yo, o sea, nosotros mismos.

27[1] *Porque* indica que la recompensa mencionada en este versículo, la cual el Señor dará a Sus seguidores cuando regrese, dependerá de si el

c. La transfiguración en la miniatura del reino 16:28—17:13

28 De cierto os digo: Hay algunos de los que están aquí, que no gustarán la muerte, hasta que hayan visto al Hijo del Hombre [1a]viniendo en Su reino.

28[a] Lc. 23:42

CAPITULO 17

1 [a]Seis días después, Jesús [b]tomó consigo a Pedro, a Jacobo y a Juan su hermano, y los [1]llevó aparte a un [2c]monte alto;

2 y se [1a]transfiguró delante de ellos, y resplandeció Su rostro como el [b]sol, y Sus vestidos se volvieron [c]blancos como la luz.

1[a] vs. 1-9; Mr. 9:2-9; Lc. 9:28-36
1[b] Mr. 5:37; Mt. 26:37
1[c] Ap. 21:10
2[a] cfr. 2 Co. 3:18
2[b] Ap. 1:16; 10:1; Mal. 4:2
2[c] Dn. 7:9

---

alma se pierde o se salva, según los vs. 25-26.

27[2] Esto sucederá en el tribunal de Cristo cuando El regrese (2 Co. 5:10; Ap. 22:12).

28[1] Esto se cumplió cuando el Señor se transfiguró en el monte (17:1-2). Su transfiguración fue Su venida en Su reino y fue vista por Sus tres discípulos Pedro, Jacobo y Juan.

1[1] La narración que se extiende de 13:53 a 17:8 describe la manera de seguir al Rey celestial, desde el momento en que fue rechazado hasta el inicio de la manifestación del reino. Sus seguidores no sólo participaron del rechazo que El sufrió a manos de los judíos (13:53-58), sino que también fueron perseguidos e incluso martirizados por el sistema político de los gentiles (14:1-12). Aunque estuvieron con El en un lugar desierto en una situación de pobreza, recibieron Su pródigo cuidado (14:13-21). Cuando estaban en el mar tempestuoso y el viento les era contrario, El anduvo en el mar, calmó la tormenta y los llevó hasta su destino (14:22-34). Luego, muchos enfermos fueron sanados al tocarle (14:35-36), pero los que adoraban hipócritamente a Dios vinieron a molestarlo con preguntas, porque los seguidores del Rey celestial quebrantaban la tradición (15:1-20). Entonces Sus discípulos lo siguieron a una región de gentiles, donde fue sanada una endemoniada de origen gentil (15:21-28). Después, lo siguieron junto al mar de Galilea y subieron con El al monte, donde enfermos de toda clase fueron sanados y donde la necesidad de Sus seguidores y de la multitud fue de nuevo suplida abundantemente en medio de un desierto (15:29-39). Luego, tanto los fundamentalistas como los modernistas de aquel día vinieron para tentarlo, y El dio a entender que moriría y que esto sería una señal para ellos en particular (16:1-4). Luego, El mandó a Sus seguidores que se guardaran de la levadura de los fundamentalistas y de los modernistas (16:5-12). Después de todo eso, llevó a Sus seguidores a la frontera de la Tierra Santa, cerca de una tierra gentil, para que recibieran una revelación acerca de El, de la iglesia y de la cruz como el camino para entrar en el reino (16:13-28). Finalmente los introdujo en la gloria en la manifestación del reino (vs. 1-8).

1[2] Puesto que la transfiguración del Señor sucedió seis días después de las revelaciones acerca de Cristo y la iglesia (dadas al pie del monte Hermón) en el cap. 16, el monte alto que se menciona aquí debe de ser el monte Hermón. Para recibir la revelación acerca de Cristo y la iglesia, debemos estar lejos del ambiente religioso; pero para ver la visión del Cristo transfigurado, necesitamos estar en un monte

3 Y he aquí se les aparecieron [1a]Moisés y [b]Elías, hablando con El.

4 Entonces Pedro dijo a Jesús: Señor, bueno es que nosotros estemos aquí; si quieres, haré aquí [1]tres [a]tiendas: una para Ti, otra para Moisés, y otra para Elías.

5 Mientras él aún hablaba, he aquí una [a]nube luminosa los cubrió; y he aquí *salió* de la nube una [b]voz que decía: [1]Este es Mi Hijo, el [c]Amado, en quien me complazco; [d]a [2]El oíd.

6 Al [a]oír *esto* los discípulos, se [b]postraron sobre sus rostros, y tuvieron gran temor.

7 Entonces Jesús se acercó y los [a]tocó, y dijo: Levantaos, y no temáis.

8 Y alzando ellos los ojos, a [1]nadie vieron sino a Jesús solo.

3[a] Dt. 34:5-6
3[b] 2 R. 2:11
4[a] Lv. 23:34, 42; Neh. 8:15
5[a] Ex. 24:15-16
5[b] Mt. 3:17; 2 P. 1:17
5[c] Mt. 12:18
5[d] Dt. 18:15-19; Hch. 3:22-23
6[a] 2 P. 1:18
6[b] Gn. 17:3; Ez. 1:28; Ap. 1:17
7[a] Dn. 8:18; 10:18; Ap. 1:17

---

alto, muy por encima del nivel terrenal.

2[1] Lit., transformó.

3[1] Moisés murió y Dios escondió su cuerpo (Dt. 34:5-6); Elías fue arrebatado por Dios al cielo (2 R. 2:11). Dios hizo estas dos cosas intencionalmente para que Moisés y Elías aparecieran con Cristo en el monte donde éste se transfiguró. Fueron preservados por Dios para que sean los dos testigos en la gran tribulación (Ap. 11:3-4). Moisés representa la ley, y Elías, los profetas; la ley y los profetas son los constituyentes del Antiguo Testamento como un testimonio completo de Cristo (Jn. 5:39). Aquí aparecieron Moisés y Elías, y hablaron con Cristo acerca de Su muerte (Lc. 9:31), de la cual se había hablado en el Antiguo Testamento (Lc. 24:25-27, 44; 1 Co. 15:3).

4[1] En la absurda propuesta de Pedro, él puso a Moisés y a Elías en el mismo nivel que Cristo; es decir, él igualó la ley y los profetas a Cristo. Esto estaba absolutamente en contra de la economía de Dios. En la economía de Dios la ley y los profetas solamente dan testimonio de Cristo; no deben ser puestos en el mismo nivel que El.

5[1] Esta declaración del Padre, dada para vindicar al Hijo, se pronunció por primera vez después de que Cristo subió del agua del bautismo, lo cual representó Su resurrección de entre los muertos. La segunda vez que el Padre hizo tal declaración, en este versículo, la hizo para vindicar al Hijo en la transfiguración, la cual prefigura el reino venidero.

5[2] Según la economía de Dios, después de que Cristo vino, debemos escuchar a Cristo; ya no debemos escuchar a la ley ni a los profetas, puesto que la ley y los profetas se cumplieron en Cristo y por medio de El.

8[1] Pedro propuso que se conservaran a Moisés y a Elías junto con Cristo, es decir, a la ley y a los profetas, pero Dios se llevó a Moisés y a Elías y no permitió que quedara nadie más que Jesús mismo. La ley y los profetas solamente eran sombras y profecías, y no la realidad; la realidad es Cristo. Ahora que Cristo, la realidad, está aquí, ya no se necesitan las sombras ni las profecías. En el Nuevo Testamento no debe quedar nadie más que Jesús mismo. Jesús es el Moisés de hoy, y como tal, El imparte la ley de vida en Sus creyentes. Jesús también es el Elías de hoy, y como tal, El habla por Dios y lo proclama en Sus creyentes. Esta es la economía neotestamentaria de Dios.

9 [a]Mientras descendían del monte, Jesús les mandó, diciendo: No digáis a nadie la [1]visión, hasta que el [b]Hijo del Hombre haya [c]resucitado de los muertos.

10 Entonces los discípulos le preguntaron, diciendo: ¿Por qué, pues, dicen los escribas que es necesario que [1a]Elías venga primero?

11 Respondiendo *Jesús,* les dijo: A la verdad, [1]Elías viene, y [a]restaurará todas las cosas.

12 Mas os digo que [1a]Elías ya vino, y no le conocieron, sino que [b]hicieron con él lo que quisieron; así también el Hijo del Hombre va a padecer a manos de ellos.

13 Entonces los discípulos comprendieron que les hablaba de Juan el Bautista.

d. Echa fuera un demonio de epilepsia
17:14-21

14 [a]Cuando llegaron a donde estaba la multitud, se le acercó un hombre que se arrodilló delante de El, diciendo:

15 Señor, ten misericordia de mi hijo, porque [1]es epiléptico y padece muchísimo; pues muchas veces cae en el fuego, y muchas veces en el agua.

16 Y lo he traído a Tus discípulos, pero no le han podido sanar.

17 Respondiendo Jesús, dijo: ¡Oh generación [a]incrédula y [b]perversa! ¿Hasta cuándo he de estar con vosotros? ¿Hasta cuándo os he de soportar? Traédmelo acá.

18 Y [a]reprendió Jesús al demonio, el cual salió del muchacho, y éste quedó sano desde aquella hora.

19 Entonces los discípulos se acercaron a Jesús, en privado, y le dijeron: ¿Por qué nosotros no pudimos echarlo fuera?

20 Jesús les dijo: Por vuestra [a]poca fe; porque de cierto os digo, que si tenéis fe como un [b]grano de mostaza, diréis a este [c]monte: Pásate de aquí allá, y se pasará; y nada os será [d]imposible.

21 [1]Pero esta clase *de demonios* no sale sino con oración y ayuno.

9[a] vs. 9-13: Mr. 9:9-13
9[b] Mt. 8:20
9[c] Mt. 16:21; 17:23; 20:19
10[a] Mal. 4:5
11[a] Hch. 1:6; 3:21
12[a] Mt. 11:14; Lc. 1:17
12[b] Mt. 14:3, 10
14[a] vs. 14-21: Mr. 9:17-29; Lc. 9:38-42
17[a] Ro. 11:20
17[b] Fil. 2:15
18[a] Mr. 1:25
20[a] Mt. 6:30
20[b] Lc. 17:6; Mt. 13:31
20[c] Mt. 21:21; 1 Co. 13:2
20[d] Mt. 19:26

9[1] La visión del Jesús transfigurado y glorificado sólo puede verse claramente en la resurrección de Cristo.

10[1] Según Mal. 4:5-6.

11[1] Esto se cumplirá durante la gran tribulación, cuando Elías será uno de los dos testigos (Ap. 11:3-4), según se profetizó en Mal. 4:5-6.

12[1] Se refiere a Juan el Bautista (v. 13), quien vino en el espíritu y el poder de Elías (Lc. 1:13-17) y fue rechazado (11:18) y decapitado (14:3-12).

15[1] Lit., lunático. La epilepsia indica la verdadera naturaleza de la enfermedad.

e. La segunda vez que se revelan la crucifixión y la resurrección 17:22-23

22 [1a]Estando ellos reunidos en [b]Galilea, Jesús les dijo: El
Hijo del Hombre va a ser entregado en manos de hombres,
23 y le [a]matarán, y al tercer día resucitará. Y ellos se
entristecieron en gran manera.

f. La aplicación de la revelación y de la visión de Cristo como el Hijo 17:24-27

24 Cuando llegaron a [a]Capernaum, se acercaron a Pedro
los que cobraban el [1b]impuesto para el templo, y le dijeron:
¿Vuestro Maestro no paga el [1]impuesto para el templo?
25 El dijo: [1]Sí. Y al entrar él en casa, Jesús se le [2]anticipó,
diciendo: ¿Qué te [a]parece, Simón? Los reyes de la tierra, ¿de
quiénes cobran los tributos o los impuestos? ¿De sus hijos, o
de los extraños?
26 *Pedro* le respondió: De los extraños. Jesús le dijo:
Luego los [1]hijos están exentos.
27 Sin embargo, para no [a]ofenderles, [1]ve al mar, y echa el
anzuelo, y el primer pez que saques, tómalo, y al abrirle la
boca, hallarás un [2]estatero; tómalo, y [3]dáselo por Mí [4]y por ti.

22[a] vs. 22-23: Mr. 9:30-32; Lc. 9:44-45
22[b] Lc. 24:6
23[a] Mt. 16:21; 20:18-19
24[a] Mr. 9:33
24[b] Ex. 30:13-16; 38:26
25[a] Mt. 18:12; 22:17
27[a] Mt. 18:7; 1 Co. 10:32

21[1] La mayoría de los mss. antiguos omiten este versículo.

22[1] Algunos mss. antiguos dicen: Mientras moraban.

24[1] Un impuesto que se cobraba a cada judío para el templo, y que equivalía a medio siclo (Ex. 30:12-16; 38:26).

25[1] En el monte de la transfiguración, Pedro oyó la voz de los cielos que le mandó escuchar a Cristo (17:5). Si Pedro hubiera recordado esa palabra, habría dejado que Cristo contestara la pregunta de los cobradores de impuestos, para conocer Su respuesta. Pero él mismo les contestó en lugar de escuchar lo que Cristo diría.

25[2] Pedro había hablado presuntuosamente. Así que, el Señor lo detuvo y lo corrigió antes de que comenzara a hablar.

26[1] Los hijos de los reyes siempre están exentos de pagar tributos o impuestos. El pueblo de Dios pagaba medio siclo para el templo. Cristo estaba exento de pagar este impuesto por ser el Hijo de Dios. Esto era contrario a la respuesta de Pedro con respecto a este asunto.

Pedro había recibido la revelación de que Cristo era el Hijo de Dios (16:16-17) y tuvo la visión del Hijo de Dios (v. 5). Ahora, en la aplicación de lo que había visto, él fue puesto a prueba por la pregunta de los cobradores de impuestos. Fracasó en su respuesta porque olvidó la revelación y la visión que había recibido. Olvidó que el Señor era el Hijo de Dios, y que, como tal, no tenía que pagar el impuesto para la casa de Su Padre.

27[1] Después de callar a Pedro, el Señor, como Profeta del Nuevo Testamento, el Elías de hoy, le dijo que fuera al mar a pescar, y que al hacerlo encontraría un estatero. Esta profecía se cumplió. Sin lugar a dudas, a Pedro le molestó tener que ir a pescar y esperar hasta que apareciera un pez con un estatero.

27[2] Una moneda equivalente a un siclo.

CAPITULO 18

g. Las relaciones en el reino
18:1-35

1 [a]En aquel momento los discípulos se acercaron a Jesús,
diciendo: ¿Quién es, entonces, el [b]mayor [1]en el reino de los
cielos?
2 Y llamando *Jesús* a un niño, lo puso en medio de ellos,
3 y dijo: De cierto os digo, que si no os volvéis y os hacéis
como [a]niños, jamás [b]entraréis en el reino de los cielos.
4 Así que, el que se [a]humille como este niño, ése es el
mayor en el reino de los cielos.
5 Y cualquiera que reciba a un niño como éste [1]a causa
de Mi nombre, a Mí me recibe.
6 Y cualquiera que haga [a]tropezar a uno de estos pequeñitos que creen *en Mí, [1]*más* provechoso le sería que se le
colgase al cuello una [2]gran [b]piedra de molino, y que se le
hundiese en lo profundo del mar.
7 ¡Ay del mundo por los [a]tropiezos! porque es necesario
que vengan tropiezos, pero ¡ay de aquel hombre por quien
viene el tropiezo!
8 Si tu [a]mano o tu pie te es causa de tropiezo, [1]córtalo y
échalo de ti; mejor te es entrar en la vida manco o cojo, que
teniendo dos manos o dos pies ser echado en el [b]fuego eterno.
9 Y si tu [a]ojo te es causa de tropiezo, [1]sácalo y échalo de
ti; mejor te es entrar en la vida con un solo ojo, que teniendo
dos ojos ser echado en la [2]Gehena de fuego.

1[a] vs. 1-5: Mr. 9:33-37; Lc. 9:46-48
1[b] Mt. 20:26; 23:11
3[a] Mt. 19:14; Mr. 10:15; Lc. 18:17; Sal. 131:2
3[b] Mt. 5:20; 7:21; cfr. Jn. 3:5
4[a] Mt. 23:12; Jac. 4:10
6[a] 1 Co. 8:13
6[b] Mr. 9:42; Lc. 17:2
7[a] Mt. 13:41; Lc. 17:1
8[a] Mt. 5:30
8[b] Mt. 25:41
9[a] Mt. 5:29

27[3] Después de que el Señor convenció a Pedro de que no tenía que pagar el medio siclo, El, como Legislador del Nuevo Testamento, el Moisés de hoy, mandó que Pedro lo pagara en Su lugar. El Señor hizo esto adrede para enseñarle a Pedro que en la economía neotestamentaria de Dios El tiene la preeminencia; El es el único que tiene la posición para hablar o mandar, y no Moisés, ni Elías, ni Pedro, ni ningún otro.

27[4] Mientras el Señor corregía a Pedro y le enseñaba, suplió la necesidad de éste. El Señor siempre nos disciplina así.

1[1] Este capítulo nos muestra cómo debemos vivir y actuar en el reino de los cielos: (1) ser como niños (vs. 2-4); (2) no hacer tropezar a otros ni ser causa de tropiezo (vs. 5-9); (3) no menospreciar a ningún creyente por muy pequeño que sea (vs. 10-14); (4) escuchar a la iglesia para no ser condenados por ella (vs. 15-20); y (5) perdonar sin límite al hermano (vs. 21-35). Todo esto indica que para entrar en el reino de los cielos debemos ser humildes, y no menospreciar a ningún creyente, y debemos amar a nuestro hermano y perdonarlo.

5[1] Lit., sobre; es decir, basado en, de acuerdo con.

6[1] O, más ventajoso, mejor.

6[2] Lit., una piedra de molino arrastrada por un asno.

8[1] Véase la nota 29[1] del cap. 5.

9[1] Véase la nota 29[1] del cap. 5.

9[2] Véase la nota 22[8] del cap. 5.

10 Mirad que no menospreciéis a uno de estos pequeños;
porque os digo que sus [a]ángeles en los cielos ven siempre el
rostro de Mi Padre que está en los cielos.
11 [1]Porque el Hijo del Hombre ha venido a salvar lo que
se había perdido.
12 ¿[a]Qué os parece? [b]Si un hombre tiene cien ovejas, y se
descarría una de ellas, ¿no dejará las noventa y nueve en los
montes e irá a buscar la que se había descarriado?
13 Y si acontece que la encuentra, de cierto os digo que se
regocija más por aquélla, que por las noventa y nueve que no
se descarriaron.
14 De la misma manera, no es la voluntad de [1]vuestro
Padre que está en los cielos, que se [a]pierda uno de estos
pequeños.
15 Por tanto, si tu hermano [a]peca contra ti, ve y [1b]repréndele
estando a solas [2]tú y él; si te oye, has ganado a tu
hermano.
16 Mas si no te oye, toma contigo a uno o dos más, para
que por boca de dos o tres [a]testigos conste toda palabra.
17 Si rehusa oírlos a ellos, [1]dilo a la [2a]iglesia; y si también
rehusa oír a la iglesia, tenle [3]por [b]gentil y [c]recaudador de
impuestos.
18 De cierto os digo que todo lo que [1a]atéis en la tierra,
[2]habrá sido atado en el cielo; y todo lo que [1]desatéis en la
tierra, [2]habrá sido desatado en el cielo.
19 Otra vez, de cierto os digo que si dos de vosotros se

10[a] Sal. 34:7; 91:11; Hch. 12:15; He. 1:14
12[a] Mt. 17:25
12[b] vs. 12-14: Lc. 15:4-7
14[a] Jn. 6:39; 17:12
15[a] Lc. 17:3
15[b] Lv. 19:17; cfr. Gá. 6:1
16[a] Dt. 17:6; 19:15; Jn. 8:17; 2 Co. 13:1; 1 Ti. 5:19; He. 10:28
17[a] Mt. 16:18
17[b] Mt. 5:47
17[c] Mt. 9:10
18[a] Mt. 16:19; cfr. Jn. 20:23

11[1] Muchos mss. antiguos omiten este versículo.

14[1] Algunos mss. antiguos dicen: Mi.

15[1] Para que reconozca su pecado y confiese su error.

15[2] Para que terceros no sepan del error del hermano pecaminoso. Esto es proteger amorosamente al hermano.

17[1] Si un hermano peca contra nosotros, primero debemos reconvenirle con amor (v. 15), luego, por medio de dos o tres testigos (v. 16), y finalmente con autoridad mediante la iglesia (v. 17).

17[2] La iglesia revelada en 16:18 es la iglesia universal, la cual es el Cuerpo de Cristo, mientras que la iglesia revelada aquí es la iglesia local, la expresión del Cuerpo de Cristo en una localidad. El cap. 16 tiene que ver con la edificación de la iglesia universal, mientras que este capítulo trata de la práctica de la iglesia local. En ambos aspectos la iglesia representa el reino de los cielos, en el hecho de que tiene autoridad para atar y desatar.

17[3] Si un creyente rehusa oír a la iglesia, perderá la comunión de la iglesia y será como un gentil (un pagano) y como un recaudador de impuestos (un pecador), quienes están fuera de la comunión de la iglesia.

18[1] Aquí atar significa condenar, y desatar significa perdonar.

18[2] Véase la nota 19[4] del cap. 16.

ponen [1]de acuerdo en la tierra acerca de cualquier cosa que
[2]pidan, [3]les será hecho por Mi Padre que está en los cielos.
20 Porque donde están [1]dos o tres [2]congregados *en Mi
nombre, allí estoy Yo en [a]medio de ellos.
21 Entonces se le acercó Pedro y le dijo: Señor, ¿cuántas
veces [a]pecará mi hermano contra mí y yo le *tendré que*
[b]perdonar? ¿Hasta [c]siete?
22 Jesús le dijo: No te digo hasta siete, sino hasta setenta
veces siete.
23 Por lo cual el reino de los cielos es semejante a un [1]rey
que quiso [2a]hacer cuentas con sus siervos.
24 Y comenzando a hacer *cuentas,* le fue presentado uno
que le debía [1]diez mil talentos.
25 Como no tenía *con qué* [a]pagar, mandó el señor que
fuera [b]vendido él, su mujer y sus hijos, y todo lo que tenía,
para que se le pagase la deuda.
26 Entonces aquel siervo, postrado, le adoró, diciendo:
Ten paciencia conmigo, y yo te lo pagaré todo.
27 El señor de aquel esclavo, movido a compasión, le soltó
y le [1]perdonó la deuda.
28 Pero saliendo aquel siervo, halló a uno de sus consiervos, que le debía [1]cien denarios; y asiendo de él, le ahogaba,
diciendo: Págame lo que me debes.

20[a] Jn. 20:19, 26
21[a] Mt. 18:15
21[b] Mt. 6:14; Lc. 6:37; Col. 3:13
21[c] Lc. 17:4; cfr. Gn. 4:24
23[a] Mt. 25:19
25[a] cfr. Lc. 7:42
25[b] cfr. 2 R. 4:1; Neh. 5:5

19[1] Como sonidos musicales en armonía.

19[2] Técnicamente, la palabra *pedir* aquí se refiere a la oración acerca del hermano que rehusa oír a la iglesia (v. 17).

20[1] Estos son los dos o tres del v. 16. Están congregados en el nombre del Señor, pero no son la iglesia; el v. 17 dice que si hay algún problema, deben decirlo a la iglesia.

20[2] Las reuniones de los creyentes son iniciadas por el Señor, quien llama a los creyentes a apartarse de todas las personas, asuntos y cosas que los ocupen, y quien los reúne en Su nombre para que disfruten las riquezas de Su presencia.

La reunión de unas cuantas personas, aunque sean dos o tres, implica una de las maneras en que la iglesia puede reunirse localmente. Estas reuniones deben de haberse celebrado en las casas de los creyentes, como se menciona en Hch. 2:46 y 5:42, con el propósito de orar (v. 19; Hch. 12:5, 12), de tener comunión, de partir el pan, de enseñar, o de predicar el evangelio (Hch. 2:42; 5:42). Muchas reuniones como éstas pueden celebrarse separadamente en la misma localidad, sin embargo siguen siendo parte de la única iglesia en esa localidad (v. 17). De otro modo, no serían reuniones separadas, sino divisiones, y se convertirían en sectas (Gá. 5:20).

23[1] Lit., un hombre, un rey.

23[2] Se refiere al juicio ante el tribunal de Cristo (2 Co. 5:10).

24[1] Una cantidad tan grande indica que era imposible que el deudor pagara la deuda. Esto se refiere a la gran deuda de nuestros pecados contra el Señor, acumulada a partir del momento en que fuimos salvos.

27[1] Esto se refiere al perdón de las deudas que contraemos después de ser salvos y hechos esclavos del Señor.

28[1] Menos de la diezmilésima parte de diez mil talentos. Se refiere al

29 Entonces su consiervo, cayendo *a sus pies,* le rogaba, diciendo: Ten paciencia conmigo, y yo te lo pagaré.
30 Mas él no quiso, sino que fue y le echó en la cárcel, hasta que pagase la deuda.
31 Viendo sus consiervos lo que pasaba, se [1]entristecieron mucho, y fueron y explicaron a su señor todo lo que había pasado.
32 Entonces, llamándole su señor, le dijo: [a]Siervo malvado, toda aquella deuda te perdoné, porque me rogaste.
33 ¿No debías tú también tener [a]misericordia de tu consiervo, [b]como yo tuve misericordia de ti?
34 Entonces su señor, enojado, le [1]entregó a los verdugos, hasta que [a]pagase todo lo que le debía.
35 Así también Mi Padre celestial hará con vosotros si [a]no perdonáis [b]de corazón cada uno a su hermano.

CAPITULO 19

2. Después de llegar a Judea
19:1—20:16

1 Y aconteció que cuando Jesús terminó estas palabras, partió de Galilea, y vino a las regiones de Judea al [a]otro lado del Jordán.

a. Sana a la multitud que le sigue
19:2

2 Y le siguieron grandes multitudes, y los sanó allí.

b. Otra tentación de los fundamentalistas
19:3-12

3 [a]Entonces se le acercaron unos fariseos, [1b]poniéndole a

32[a] Mt. 25:26
33[a] Ef. 4:32; Jac. 2:13
33[b] Mt. 6:12; Col. 3:13
34[a] Mt. 18:30; 5:26
35[a] Mr. 11:26
35[b] Ro. 6:17; 1 P. 1:22
1[a] Mr. 10:1
3[a] vs. 3-9: Mr. 10:2-12
3[b] Jn. 8:6

---

pecado que un hermano comete contra otro después de que éste es salvo y llega a ser esclavo del Señor.

31[1] Si uno no perdona al hermano que peque contra uno, los demás hermanos serán contristados, y tal vez presenten ese asunto al Señor.

34[1] Esto se refiere a la manera en que el Señor tratará a Sus creyentes cuando regrese. Si no perdonamos al hermano que peca contra nosotros, seremos disciplinados por el Señor hasta que perdonemos de corazón al hermano, es decir, hasta que paguemos toda la deuda. Entonces el Señor nos perdonará. Así se perdona en el reino. Esto implica que si hoy en día no perdonamos de corazón a un hermano, no se nos permitirá entrar en el reino en la era venidera. Véase la nota 32[2] del cap. 12.

3[1] Los fanáticos religiosos no dejaban tranquilo al Señor, sino que volvían para probarlo. No obstante, las pruebas que le ponían al Señor siempre le proporcionaban la oportunidad de revelarse a Sí mismo y de revelar la economía de Dios.

prueba y diciéndole: ¿Es lícito al hombre [2]repudiar a su
mujer por cualquier causa?
4 El, respondiendo, les dijo: ¿[a]No habéis leído que [1]el que
los [b]creó, desde el principio los hizo varón y hembra,
5 y dijo: "Por esto el hombre dejará padre y madre, y se
[a]unirá a su mujer, y los dos serán una sola carne"?
6 Así que ya no son dos, sino una sola carne; por tanto,
lo que Dios unió, no lo [a]separe el hombre.
7 Le dijeron: ¿Por qué, pues, [1]mandó Moisés dar [a]carta
de divorcio, y repudiarla?
8 El les dijo: Por la [a]dureza de vuestro corazón Moisés os
permitió repudiar a vuestras mujeres; pero desde el [1]princi-
pio no ha sido así.
9 Y Yo os digo que cualquiera que repudia a su mujer,
salvo por causa de [1]fornicación, y se casa con otra, comete
[a]adulterio; [2]y el que se casa con la repudiada, comete adulterio.
10 Le dijeron Sus discípulos: Si [1]así es la condición del
hombre con su mujer, no conviene casarse.
11 Entonces El les dijo: [1]No todos *son capaces de* [2]aceptar
esta palabra, sino *aquellos* a quienes es [a]dado.

4[a] Mt. 12:3
4[b] Gn. 1:27; 5:2
5[a] Gn. 2:24; Ef. 5:31
6[a] 1 Co. 7:10
7[a] Dt. 24:1, 3; Mt. 5:31
8[a] Mr. 3:5; 16:14; He. 3:8
9[a] Mt. 5:32; Lc. 16:18
11[a] 1 Co. 7:7,17

3[2] Lit., liberar. Así también en los versículos siguientes.

4[1] Desde aquí hasta el final del v. 6, la palabra del Señor no sólo reconoce que Dios creó al hombre, sino que también confirma lo que Dios dispuso con respecto al matrimonio, es decir, que un solo hombre y una sola mujer sean unidos y uncidos como una sola carne, y que no deben ser separados por el hombre.

7[1] Este mandamiento no formaba parte de la ley básica, sino que fue añadido a la ley. Fue dado por Moisés no conforme a lo que Dios dispuso desde el principio, sino como algo temporal, debido a la dureza del corazón del hombre.

8[1] El mandamiento que Moisés dio con respecto al divorcio era una desviación del mandato original de Dios en cuanto al matrimonio, pero para el reino de los cielos Cristo como Rey celestial restauró lo que era en el principio. Esto indica que el reino de los cielos, que corresponde al mandato original de Dios, no permite el divorcio.

9[1] Lit., prostituirse. Esto es peor que el adulterio. Aquí la palabra del Señor indica que sólo la fornicación puede romper la relación conyugal. (Por supuesto, la muerte la rompe espontáneamente.) Así que, con excepción de la fornicación, no debe haber pretexto para divorciarse.

9[2] Algunos mss. antiguos omiten la última parte de este versículo.

10[1] En ese momento los discípulos se dieron cuenta de que el matrimonio es el enlace más estricto según lo dispuso Dios. Una vez que alguien se casa, está totalmente obligado, y no tiene manera de librarse a menos que el cónyuge cometa fornicación (o muera). Al comprender esto los discípulos pensaron que no convenía casarse. Pero este asunto no dependía de ellos.

11[1] No todos los hombres pueden abstenerse del matrimonio, sino sólo aquellos a quienes Dios ha dado el don. Sin el don de Dios, cualquiera que trate de quedarse soltero, tropezará con tentaciones.

11[2] Lit., albergar.

12 Pues hay eunucos que nacieron así del vientre de su
madre, y hay eunucos que fueron hechos eunucos por los
hombres, y hay eunucos [1]que a sí mismos se hicieron eunucos [a]por causa del [2]reino de los cielos. El que sea capaz de
aceptar *esto,* que lo acepte.

c. Impone las manos a los niños
19:13-15

13 [a]Entonces le fueron presentados unos niños, para que
les impusiese las manos, y orase; y los discípulos les [b]repren-
dieron.
14 Pero Jesús dijo: Dejad a los niños, y no les impidáis que
vengan a Mí; porque [a]de los [1]tales es el reino de los cielos.
15 Y habiéndoles impuesto las manos, se fue de allí.

d. Cómo puede entrar un hombre rico en el reino
19:16-26

16 [a]Y he aquí, se le acercó uno, y le dijo: Maestro, ¿qué
bien he de hacer para [1]tener la [b]vida eterna?
17 El le dijo: ¿Por qué me preguntas acerca de lo bueno?
Sólo [1]uno es [2a]bueno. Mas si quieres [3b]entrar en la vida,
[4c]guarda los mandamientos.

12[a] cfr. 1 Co. 7:32-35
13[a] vs. 13-15: Mr. 10:13-16; Lc. 18:15-17
13[b] Mt. 20:31
14[a] Mt. 18:3-4
16[a] vs. 16-22: Mr. 10:17-22; Lc. 18:18-23; cfr. Lc. 10:25-28
16[b] Mt. 25:46; Jn. 3:15
17[a] Sal. 100:5; 135:3
17[b] Mt. 18:8-9; 7:14
17[c] Lv. 18:5

12[1] Estos son aquellos a quienes Dios ha dado el don de quedarse solteros por causa del reino de los cielos. Pablo era uno de ellos (1 Co. 7:7-8; 9:5).

12[2] Cuando los fanáticos religiosos tentaron al Señor, le proporcionaron la oportunidad de revelar algo más acerca del reino de los cielos. El cap. 18 nos enseña cómo debemos tratar a los hermanos para poder entrar en el reino de los cielos, mientras que este capítulo revela que la vida conyugal (vs. 3-12) y nuestra actitud hacia las riquezas (vs. 16-30) están relacionadas con el reino de los cielos. La vida conyugal tiene que ver con el asunto de la lujuria, y nuestra actitud hacia las riquezas, con el asunto de la codicia. El reino de los cielos excluye todo indicio de lujuria y codicia.

14[1] Aquí el Señor subrayó de nuevo que para participar del reino de los cielos debemos ser como niños pequeños.

16[1] Tener vida eterna no tiene el mismo significado en el Evangelio de Mateo que en Juan. El libro de Mateo tiene que ver con el reino, mientras que el libro de Juan habla de la vida. En Juan, tener vida eterna equivale a ser salvos por la vida increada de Dios para vivir por esa vida hoy y por la eternidad; pero en Mateo, tener vida eterna es participar de la realidad del reino de los cielos en esta era por la vida eterna de Dios y participar de la manifestación del reino en la era venidera, y así disfrutar más plenamente la vida eterna de Dios.

17[1] Este es Dios. Sólo Dios es bueno. Esto no sólo indica que el joven que hizo la pregunta no era bueno, sino también que el Señor Jesús es Dios, quien es bueno. Si no fuera Dios, El tampoco sería bueno.

17[2] Lit., el bien.

17[3] Aquí, entrar en la vida significa entrar en el reino de los cielos (v. 23). El reino de los cielos es una esfera de

18 Le dijo: ¿Cuáles? Y Jesús dijo: "[a]No matarás. No adulterarás. No hurtarás. No dirás falso testimonio.
19 [a]Honra a tu padre y a tu madre; y, [b]amarás a tu prójimo
como a ti mismo".
20 El joven le dijo: Todo esto lo he guardado. ¿Qué más me
falta?
21 Jesús le dijo: Si quieres ser [1a]perfecto, anda, [b]vende lo
que tienes, y dalo a los pobres, y tendrás [c]tesoro en el cielo;
y ven y [2d]sígueme.
22 Oyendo el joven esta palabra, se fue [1]entristecido, porque tenía muchas posesiones.
23 [a]Entonces Jesús dijo a Sus discípulos: De cierto os
digo, que difícilmente entrará un [b]rico en el reino de los
cielos.
24 Otra vez os digo, [1]más fácil le es a un camello pasar
por el ojo de una aguja, que a un rico entrar en el [a]reino de
[2]Dios.

18[a] Mt. 5:21, 27; Ex. 20:13-16; Dt. 5:17-20
19[a] Mt. 15:4; Ex. 20:12; Dt. 5:16
19[b] Lv. 19:18; Mt. 5:43; 22:39
21[a] Mt. 5:48
21[b] Lc. 12:33; Hch. 2:45; 4:34
21[c] Mt. 6:20
21[d] Mt. 4:19; Jn. 21:19, 22
23[a] vs. 23-30: Mr. 10:23-31; Lc. 18:24-30
23[b] Mt. 13:22
24[a] Mt. 12:28; 21:43; Jn. 3:3, 5; Hch. 1:3; 14:22; Ro. 14:17; 1 Co. 6:9; Gá. 5:21; Ef. 5:5

---

la vida eterna de Dios. Así que, cuando entramos en ella, entramos en la vida de Dios. Esto es diferente de ser salvos. Somos salvos cuando la vida de Dios entra en nosotros para ser nuestra vida, mientras que entrar en el reino de los cielos es entrar en la vida de Dios para disfrutar las riquezas de la vida de Dios. En el primer caso, somos redimidos y regenerados por el Espíritu Santo, y así recibimos la vida de Dios; en el segundo caso, vivimos y andamos por la vida de Dios. El primero es un asunto de vida; el segundo es asunto de vivir. Véase la nota 16[1].

17[4] Esta condición no es un requisito para la salvación, sino que está relacionada con la entrada al reino de los cielos. Según la constitución del reino de los cielos, entrar en el reino de los cielos requiere que satisfagamos no sólo las normas de la ley antigua, sino también las normas de la ley nueva y complementada que fue dada por el Rey (5:17-48). La salvación sólo requiere fe, mientras que el reino de los cielos requiere la justicia sobresaliente que resulta de guardar la ley antigua y la ley complementada que fue dada por el Rey celestial.

21[1] Aunque el joven había guardado los mandamientos de la ley antigua —eso pensaba él— no era perfecto, ni llegaba al nivel que requería la ley nueva y complementada, porque no estaba dispuesto a vender lo que tenía y hacer tesoro en el cielo, como lo requería la constitución del reino (6:19-21).

21[2] Seguir al Señor es amarle por encima de todas las cosas (10:37-38). Este es el requisito supremo para entrar en el reino de los cielos.

22[1] Los que aman las posesiones materiales más que al Señor se entristecen, pero los que aman a Cristo por encima de todas las cosas aceptan con gozo la pérdida de sus bienes (He. 10:34).

24[1] Estas palabras del Señor indican que es imposible entrar en el reino de Dios por medio de la vida natural.

24[2] El v. 23 usa la frase *reino de los cielos,* pero aquí se usa la frase *reino de Dios*. En ese entonces, el reino de los cielos todavía no había venido, pero el reino de Dios sí estaba allí. Así que, el Señor usó la expresión *reino de Dios.*

25 Los discípulos, oyendo *esto,* se asombraron en gran
manera, diciendo: ¿Quién, pues, podrá ser [1]salvo?
26 Y mirándolos Jesús, les dijo: Para los hombres esto es
[1]imposible; mas para Dios todo es [1a]posible.

e. La recompensa del reino
19:27—20:16

27 Entonces respondiendo Pedro, le dijo: He aquí, nosotros lo hemos dejado todo, y te hemos [a]seguido; ¿qué habrá,
pues, para nosotros?
28 Y Jesús les dijo: De cierto os digo que en la [1a]restaura-
ción, cuando el [b]Hijo del Hombre se siente en el [c]trono de Su
gloria, vosotros que me habéis seguido también os [d]sentaréis
sobre doce tronos, para [2e]juzgar a las doce tribus de Israel.
29 Y todo el que haya dejado casas, o [a]hermanos, o hermanas, o padre, o madre, o hijos, o tierras, por causa de Mi
nombre, [1]recibirá [2]cien veces más, y [3]heredará la [b]vida eterna.
30 Pero muchos [1a]primeros serán postreros, y postreros,
primeros.

CAPITULO 20

1 [1]Porque el reino de los cielos es semejante a un [2]hom-
bre, dueño de casa, que salió muy de [3]mañana a contratar
[4]obreros para su [5a]viña.

26[a] Gn. 18:14; Job 42:2; Jer. 32:17; Mr. 14:36; Lc. 1:37
27[a] Mt. 4:20, 22
28[a] Mt. 17:11; Hch. 3:21
28[b] Mt. 8:20
28[c] Mt. 25:31
28[d] Lc. 22:30; Mt. 20:21; cfr. Ap. 3:21; 20:4
28[e] 1 Co. 6:2; cfr. Ap. 20:4
29[a] Lc. 14:26
29[b] Mt. 19:16
30[a] Mt. 20:16; Lc. 13:30
1[a] Mt. 21:28, 33

25[1] Como la mayoría de los cristianos de hoy, los discípulos confundieron la salvación con la entrada al reino de los cielos. Lo que el Señor dijo al joven estaba relacionado con la entrada al reino de los cielos (vs. 23-24), pero los discípulos pensaban que se refería a la salvación. El concepto que tenían de la salvación era natural y común. No captaron la revelación que el Señor dio acerca de entrar en el reino de los cielos.

26[1] Es imposible entrar en el reino de los cielos mediante nuestra vida humana, pero sí es posible por medio de la vida divina de Dios, la cual es Cristo mismo, quien nos es impartido para que podamos vivir la vida del reino. Por medio del Cristo que nos fortalece para hacer todas las cosas (Fil. 4:13), podemos cumplir con los requisitos del reino.

28[1] Esta es la restauración que vendrá en la edad del reino (Hch. 3:21), después de la segunda venida del Señor.

28[2] En el reino venidero los vencedores se sentarán en tronos para reinar sobre la tierra (Ap. 20:4). Los primeros doce apóstoles, incluyendo a Pedro, juzgarán a las doce tribus de Israel, y los demás vencedores reinarán sobre las naciones (Ap. 2:26).

29[1] Recibir cien veces más casas, tierras y parientes, es ser recompensados en esta edad (Mr. 10:30). Esto se refiere a disfrutar hoy en día la comunión de los hermanos y hermanas en el Señor, junto con sus posesiones.

29[2] Algunos mss. antiguos dicen: muchas.

29[3] Heredar vida eterna es ser recompensado en la era venidera (Lc. 18:29-30), en la manifestación del reino de los cielos, con un disfrute de la vida divina que será más completo

2 Y habiendo [1]convenido con los obreros en un [2]denario al día, los envió a su viña.

3 Saliendo cerca de la [1]hora tercera, vio a otros que estaban en la [2]plaza [3]desocupados;

4 y les dijo: Id también vosotros a la viña, y os daré lo que sea justo. Y ellos fueron.

5 Salió otra vez cerca de las horas [1]sexta y [2]novena, e hizo lo mismo.

6 Y saliendo cerca de la hora [1]undécima, halló a otros que estaban *desocupados;* y les dijo: ¿Por qué estáis aquí todo el día desocupados?

7 Le dijeron: Porque [1]nadie nos ha contratado. El les dijo: Id [2]también vosotros a la viña.

8 Al caer la [1]tarde, el señor de la viña dijo a su mayordomo: Llama a los obreros y págales el jornal, comenzando desde los [2]postreros hasta los primeros.

9 Y al venir los *que habían sido contratados* cerca de la hora undécima, recibieron cada uno un denario.

10 Al venir también los [1]primeros, pensaron que recibirían más; pero también ellos recibieron cada uno un denario.

---

que el disfrute que tenemos en esta edad.

30[1] Véase la nota 16[1] del cap. 20.

1[1] *Porque* indica que la parábola de los vs. 1-16 es una explicación de 19:30.

1[2] Alude a Cristo, quien es el dueño de casa.

1[3] Aquí la mañana significa a las seis de la mañana, y denota la primera parte de la era de la iglesia, cuando Cristo vino para llamar a Sus discípulos a que entraran en el reino.

1[4] Los obreros son los discípulos.

1[5] La viña es el reino.

2[1] Se refiere al contrato que el Señor hizo en 19:27-29.

2[2] Véase la nota 7[1] de Jn. 6. Aquí el denario denota la recompensa que el Señor ofreció a Pedro en el trato que hizo con él en 19:27-29.

3[1] Tiempo hebreo; así también en Mateo, Marcos, Lucas y Hechos. Son las nueve de la mañana, lo cual denota la segunda parte de la era de la iglesia.

3[2] La plaza es el mundo.

3[3] Esta palabra indica que no obrar en el reino de los cielos es estar desocupado en el mundo.

5[1] Al mediodía, lo cual denota la parte intermedia de la era de la iglesia.

5[2] Las tres de la tarde, lo cual denota la cuarta parte de la era de la iglesia.

6[1] Las cinco de la tarde, lo cual denota la quinta parte de la era de la iglesia. Asimismo en el v. 9.

7[1] Fuera del reino de Dios, ningún ser humano es empleado por Dios.

7[2] Incluso cerca del fin de la era de la iglesia el Señor seguirá llamando.

8[1] Las seis de la tarde, lo cual denota el fin de la era de la iglesia.

8[2] Esto va en contra del concepto natural y comercial. Indica que el salario pagado a los últimos obreros no corresponde a su trabajo, sino al deseo del Señor de la viña, el cual se basa en Su gracia.

10[1] Estos primeros obreros incluyeron a Pedro, quien hizo un trato con el Señor en 19:27-29.

11 Y al recibirlo, murmuraban contra el dueño de casa,
12 [1]diciendo: Estos postreros han trabajado una sola
hora, y los has hecho [2]iguales a nosotros, que hemos sopor-
tado el peso del día y el calor abrasador.
13 El, respondiendo, dijo a [1]uno de ellos: [2a]Amigo, no te — 13[a] Mt.
hago ninguna injusticia; ¿no [3]conviniste conmigo en un — 22:12;
denario? — 26:50
14 [1]Toma lo que es tuyo, y vete; [1]quiero dar a este postrero, como a ti.
15 ¿No me es lícito hacer lo que [1]quiero con lo mío? ¿O
tienes tú [2]envidia, porque yo soy [1]bueno?
16 Así, los [1a]postreros serán primeros, y los primeros, — 16[a] Mt.
postreros. — 19:30

3. En camino a Jerusalén
20:17—21:11

a. La tercera vez que se revelan la crucifixión y la resurrección
20:17-19

17 [a]Mientras subía Jesús a [b]Jerusalén, tomó aparte a los — 17[a] vs.
doce discípulos y les dijo por el camino: — 17-19:
18 He aquí subimos a Jerusalén, y el Hijo del Hombre — Mr. 10:32-34; Lc. 18:31-33

17[b] Lc. 9:51; Jn. 12:12

12[1] No sabían de Ro. 9:14-15, 20. No hay injusticia en el Señor. El tendrá misericordia de quien tenga misericordia. ¿Quiénes eran ellos para altercar con el Señor?

12[2] El concepto natural de Pedro, el cual representa el concepto de todos los creyentes, era comercial; no conocía el deseo ni la gracia del Señor.

13[1] Con la frase *uno de ellos,* sin duda el Señor se refería a Pedro.

13[2] Lit., compañero, socio.

13[3] Se refiere al trato que el Señor hizo con Pedro en 19:27-29.

14[1] Esta fue la respuesta enfática que el Señor dio a Pedro, lo cual indica que el Señor le había dado lo que él pensaba que merecía. Pero el Señor tiene el derecho de dar el mismo salario a los últimos obreros que contrató, según Su propio deseo, en conformidad con la gracia y no con las obras. Esto deshizo la mentalidad natural y comercial de Pedro, y corrigió su concepto.

15[1] Al hablar Pedro con el Señor en 19:27, tenía una mentalidad netamente comercial, según el principio de las obras, y no de la gracia. En la respuesta que el Señor le dio, indicó enfáticamente que Su recompensa a quienes lo siguieran no corresponde a valores comerciales sino a Su deseo y gracia. Para obtener el reino de los cielos, los discípulos debían dejarlo todo y seguir al Señor; pero lo que El les iba a dar como recompensa sería mucho más de lo que ellos merecían. No corresponde, entonces, a los principios comerciales sino al beneplácito del Señor. Esto es un incentivo para Sus seguidores.

15[2] Cfr. nota 22[2] de Mr. 7.

16[1] Los postreros son los obreros contratados por la tarde, y los primeros son los que fueron contratados temprano. En cuanto al trabajo, los primeros anteceden a los postreros, pero en cuanto a recibir la recompensa, los postreros llegan a ser los primeros. De este modo el Señor hace que los postreros sean primeros y los primeros postreros.

será entregado a los principales sacerdotes y a los escribas,
y le condenarán a [1a]muerte;
19 y le [a]entregarán a los gentiles para que le [b]escar-
nezcan, le azoten, y le [c]crucifiquen; mas al [d]tercer día
resucitará.

b. El trono del reino y la copa de la cruz
20:20-28

20 [a]Entonces se le acercó la madre de los [1]hijos de [b]Zebe-
deo con sus hijos, adorándole y pidiéndole algo.
21 El le dijo: ¿Qué quieres? Ella le dijo: Di que estos dos
hijos míos se [a]sienten uno a Tu derecha y otro a Tu izquierda
en Tu reino.
22 Entonces Jesús respondiendo, dijo: No sabéis lo que
pedís. ¿Podéis [1]beber la [a]copa que Yo he de beber? Y ellos le
dijeron: Podemos.
23 El les dijo: Mi copa sí la [a]beberéis, pero el sentarse a
Mi derecha y a Mi izquierda, [1]no es Mío darlo, sino a aquellos
para quienes está preparado por Mi Padre.
24 Cuando los diez oyeron *esto,* se indignaron por los dos
hermanos.
25 [a]Entonces Jesús, llamándolos, dijo: Sabéis que los gobernantes de los gentiles se enseñorean de ellos, y los que
son grandes ejercen sobre ellos potestad.
26 Mas entre vosotros no será así, sino que el que quiera
hacerse [a]grande entre vosotros será vuestro [1]servidor,
27 y el que quiera ser el primero entre vosotros será
vuestro [1a]esclavo;

18[a] Mt. 26:66; Jn. 19:7
19[a] Mt. 17:22
19[b] Mt. 27:27-31
19[c] Mt. 16:21; 17:23; 26:2
19[d] Mt. 27:63
20[a] vs. 20-28: Mr. 10:35-45
20[b] Mt. 4:21; 10:2; 27:56
21[a] Mt. 19:28
22[a] Mt. 26:39, 42; Jn. 18:11
23[a] cfr. Hch. 12:2; Fil. 3:10
25[a] vs. 25-28: Lc. 22:25-27
26[a] Mt. 23:11; Mr. 9:34-35; Lc. 9:48
27[a] 2 Co. 4:5

18[1] Esta fue la tercera vez que el Señor les reveló a Sus discípulos que iba a morir. La primera fue en Cesarea de Filipo, antes de Su transfiguración (16:13, 21). La segunda fue en Galilea, después de Su transfiguración (17:22). Esta tercera vez fue en camino a Jerusalén. Esta revelación era una profecía, completamente ajena al concepto natural de los discípulos; sin embargo, se cumpliría literalmente en todos sus detalles.

20[1] Juan y Jacobo.

22[1] Si pedimos ser sentados en el trono en el reino, tenemos que estar dispuestos a beber la copa de sufrimiento. Sufrir la cruz es el camino para entrar en el reino (Hch. 14:22). La petición egoísta de la madre de Juan y Jacobo brindó al Señor la oportunidad de revelar el camino para entrar en el reino.

23[1] El Señor en Su posición de hombre, estaba totalmente sujeto al Padre; El no asumió ningún derecho a hacer nada fuera del Padre.

26[1] Esto está diametralmente opuesto a la mente natural centrada en sus propios intereses. La indignación de los diez discípulos (v. 24) también le dio al Señor la oportunidad de revelar la manera de vivir en el reino: estar dispuesto a servir a otros como esclavo (v. 27), en lugar de regirlos.

27[1] Véase la nota 26[1].

28 así como el [a]Hijo del [1]Hombre no vino para ser servido,
sino para [b]servir, y para dar Su [2]vida en [c]rescate por muchos.

c. Sana a los dos ciegos
20:29-34

29 [a]Al salir ellos de Jericó, le seguía una gran multitud.
30 Y he aquí dos [a]ciegos que estaban sentados junto al
camino, cuando oyeron que Jesús pasaba, clamaron, diciendo: ¡Señor, [1b]Hijo de David, ten misericordia de nosotros!
31 Y la multitud les [a]reprendió para que callasen; pero
ellos clamaban más, diciendo: ¡Señor, Hijo de David, ten
misericordia de nosotros!
32 Entonces Jesús se detuvo, los llamó y dijo: ¿Qué queréis que os haga?
33 Ellos le dijeron: Señor, que sean abiertos nuestros ojos.
34 Entonces Jesús, [a]compadecido, les tocó los ojos, y en
seguida recibieron la vista; y le siguieron.

CAPITULO 21

d. Una calurosa bienvenida para el Rey manso
21:1-11

1 [a]Cuando se [1]acercaron a Jerusalén, y vinieron a Betfagé,
al monte de los [b]Olivos, Jesús envió entonces a dos discípulos,
2 diciéndoles: Id a la aldea que está enfrente de vosotros,
y en seguida [1]hallaréis una asna atada, y un pollino con ella;
desatadla, y traédmelos.
3 Y si alguien os dice algo, decid: El [1]Señor los necesita;
[2]y en seguida los enviará.
4 [a]Esto aconteció para que se [b]cumpliese lo dicho por
medio del profeta, cuando dijo:
5 "[a]Decid a la [1]hija de Sion: He aquí, tu Rey viene a ti,

28[1] En este libro acerca del reino, el Señor siempre se mantuvo en la posición de hombre. Aunque el reino de los cielos está constituido de la vida divina, se lleva a cabo en la esfera humana.

28[2] Lit., alma; vida del alma.

30[1] El título de realeza de Cristo usado por los hijos de Israel. Véase la nota 22[2] del cap. 15.

1[1] En 19:1 comenzaron el viaje desde Galilea. En 20:17 estaban en camino, y en 20:29 pasaron por Jericó. Aquí llegaron al monte de los Olivos, cerca de Jerusalén.

2[1] Esto indica que el Señor es omnisciente.

3[1] Esto indica que Cristo es el Señor de todo.

3[2] Esta cláusula es diferente de la cláusula correspondiente en Mr. 11:3b.

5[1] Alude a los habitantes de Jerusalén (cfr. Sal. 137:8; 45:12).

28[a] Mt. 8:20
28[b] Fil. 2:7; cfr. Jn. 13:4-5, 14-15
28[c] 1 Ti. 2:6; Tit. 2:14; 1 P. 1:18-19
29[a] vs. 29-34: Mr. 10:46-52; Lc. 18:35-43
30[a] Mt. 9:27-31
30[b] Mt. 1:1
31[a] Mt. 19:13
34[a] Mt. 9:36; 14:14
1[a] vs. 1-9: Mr. 11:1-10; Lc. 19:29-38
1[b] Mt. 24:3; 26:30; Hch. 1:12; Zac. 14:4
4[a] vs. 4-9: Jn. 12:12-15
4[b] Mt. 1:22
5[a] Is. 62:11; Zac. 9:9; Jn. 12:15

[b]manso, y sentado sobre una asna, y sobre un pollino, [2]hijo
de bestia de carga".
6 Y los discípulos fueron, e hicieron como Jesús les mandó,
7 y trajeron el asna y el pollino; y pusieron sobre ellos sus
[1]mantos, y El se sentó encima.
8 Y la mayor parte de la multitud tendía sus [a]mantos en
el camino; y otros cortaban [1b]ramas de los árboles, y las
tendían en el camino.
9 Y las multitudes que iban delante de El y las que
venían detrás daban voces, diciendo: ¡[1]Hosanna al [2a]Hijo de
David! ¡[b]Bendito el que viene en el nombre del Señor! ¡Hosanna en las [c]alturas!
10 Cuando [a]entró El en Jerusalén, toda la ciudad se conmovió, diciendo: ¿Quién es éste?
11 Y las multitudes decían: Este es Jesús el [a]profeta, de
[b]Nazaret de Galilea.

4. En Jerusalén
21:12—23:39

a. Purifica el templo
21:12-16

12 [a]Y entró Jesús en el templo, y echó fuera a todos los que
vendían y compraban en el templo, y volcó las mesas de los
[b]cambistas, y los asientos de los que vendían [c]palomas;
13 y les dijo: Escrito está: "[a]Mi casa, casa de oración será
llamada"; mas vosotros estáis haciendo de ella [b]cueva de
ladrones.
14 Y vinieron a El en el templo [a]ciegos y cojos, y los sanó.
15 Pero los principales sacerdotes y los escribas, viendo las
maravillas que hacía, y a los niños dando voces en el templo y
diciendo: ¡[a]Hosanna al Hijo de David! se [1]indignaron,

5[b] Mt. 11:29
8[a] cfr. 2 R. 9:13
8[b] Lv. 23:40; Ap. 7:9
9[a] Mt. 1:1
9[b] Sal. 118:26; Mt. 23:39
9[c] Sal. 148:1; Lc. 2:14
10[a] Mr. 11:11
11[a] Mt. 21:46; Lc. 7:16; Jn. 6:14; 7:40; 9:17; Dt. 18:15, 18; Hch. 3:22-23
11[b] Mt. 2:23
12[a] vs. 12-16: Mr. 11:15-18; Lc. 19:45-47; cfr. Jn. 2:14-17
12[b] Dt. 14:25-26
12[c] Lv. 1:14; 5:7; 12:8
13[a] Is. 56:7
13[b] Jer. 7:11
14[a] Mt. 11:5; 15:30-31
15[a] Mt. 21:9

5[2] Indica la condición humilde y baja en la cual el Rey del reino celestial estaba dispuesto a permanecer.

7[1] Los mantos representan las virtudes humanas en la conducta de la gente. Los discípulos honraron al Rey humilde al poner sus propios mantos sobre el asna y el pollino para que El montara en ellos, y la multitud lo honró al tender sus mantos en el camino para que El pasara (v. 8).

8[1] Ramas de palmera (Jn. 12:13), las cuales representan la vida victoriosa (Ap. 7:9) y la satisfacción de disfrutar el rico producto de esa vida, como se ve en tipología en la fiesta de los Tabernáculos (Lv. 23:40; Neh. 8:15). La multitud usó tanto sus mantos como las ramas de palmera para celebrar la venida del Rey humilde.

9[1] Expresión hebrea que significa *sálvanos, te rogamos* (Sal. 118:25).

9[2] El título regio del Rey humilde.

15[1] Los sacerdotes y los escribas

16 y le dijeron: ¿Oyes lo que éstos dicen? Y Jesús les dijo:
Sí; ¿[a]nunca leísteis: “[b]De la boca de los [c]pequeños y de los que
maman perfeccionaste la alabanza”?

b. Posa en Betania
21:17

17 Y dejándolos, salió [a]fuera de la ciudad, a [1b]Betania, y
pasó la noche allí.

c. Maldice a la nación de Israel
21:18-22

18 [a]Por la mañana, cuando volvía a la ciudad, tuvo [1b]ham-
bre.
19 Y viendo una [1a]higuera cerca del camino, vino a ella, y
no halló nada en ella, sino hojas solamente; y le dijo: [2]Nunca
jamás nazca de ti fruto. Y al instante se [3]secó la higuera.
20 Viendo *esto* los discípulos, se maravillaron y dijeron:
¿Cómo es que se secó en seguida la higuera?
21 Respondiendo Jesús, les dijo: De cierto os digo, que si
tenéis [a]fe, y no [b]dudáis, no sólo haréis lo de la higuera, sino
que si a este [c]monte decís: Quítate y échate en el mar,
sucederá.
22 Y todo lo que [a]pidáis en oración, creyendo, lo recibiréis.

d. Puesto a prueba
21:23—22:46

(1) Por los principales sacerdotes y los ancianos,
con respecto a Su autoridad
21:23—22:14

23 [a]Cuando entró al templo, los principales sacerdotes y

16[a] Mt. 12:3
16[b] Sal. 8:2
16[c] Mt. 11:25
17[a] Mr. 11:19; Lc. 21:37
17[b] Mr. 11:1, 11; Lc. 24:50; Jn. 11:1, 18; 12:1
18[a] vs. 18-22: Mr. 11:12-14, 20-24
18[b] Mt. 4:2
19[a] Lc. 13:6-9
21[a] Mt. 17:20
21[b] Ro. 4:20; Jac. 1:6
21[c] 1 Co. 13:2
22[a] Mt. 7:7; Mr. 11:24; 1 Jn. 3:22; 5:14-15
23[a] vs. 23-27: Mr. 11:27-33; Lc. 20:1-8

obstinados se indignaron, aun después de haber visto las maravillas hechas por el Rey humilde. Su indignación se debió a su propio orgullo y envidia, lo cual les impidió recibir una visión con respecto al Rey celestial.

17[1] El Señor en Su última visita a Jerusalén, se quedó allí solamente durante el día por causa de Su ministerio. Cada noche El iba a posar en Betania, al lado oriental del monte de los Olivos (Mr. 11:19; Lc. 21:37), donde estaban la casa de María, Marta y Lázaro y la casa de Simón (Jn. 11:1; Mt. 26:6). En Jerusalén los líderes del judaísmo lo rechazaron, pero en Betania fue acogido por los que le amaban.

18[1] Esto significa que el Señor deseaba recibir fruto de los hijos de Israel, para que Dios fuera satisfecho.

19[1] Aquí la higuera es un símbolo de la nación de Israel (Jer. 24:2, 5, 8). Este árbol estaba lleno de hojas pero no tenía fruto, lo cual significa que en aquel entonces la nación de Israel exhibía muchas cosas exteriormente pero no tenía nada que satisficiera a Dios.

19[2] Esto representa la maldición sobre la nación de Israel.

23[b] Mt. 26:55
23[c] cfr. Ex. 2:14; Hch. 4:7

los ancianos del pueblo se acercaron a Él mientras [b]enseñaba, y le dijeron: ¿Con qué autoridad haces estas cosas? ¿y [c]quién te dio esta autoridad?

24 Respondiendo Jesús, les dijo: Yo también os haré una [1]pregunta, y si me la contestáis, también Yo os diré con qué autoridad hago estas cosas.

25[a] Jn. 3:27

25 El bautismo de Juan, ¿de dónde era? ¿Del [a]cielo, o de los hombres? Ellos entonces discutían entre sí, diciendo: Si decimos, del cielo, nos dirá: ¿Por qué, pues, no le creísteis?

26[a] Mt. 11:9; 14:5

26 Y si decimos, de los hombres, tememos a la multitud; porque todos tienen a Juan por [a]profeta.

27 Y respondiendo a Jesús, dijeron: [1]No sabemos. Él también les dijo: [2]Tampoco Yo os digo con qué autoridad hago estas cosas.

(a) La transferencia de la primogenitura
21:28-32

28[a] Mt. 21:33; 20:1

28 Pero ¿qué os parece? Un hombre tenía dos hijos, y acercándose al primero, le dijo: Hijo, ve hoy a trabajar en la [a]viña.

29 Respondiendo él, dijo: No quiero; pero después, arrepentido, fue.

30 Y acercándose al otro, le dijo de la misma manera; y respondiendo él, dijo: *Sí*, señor, yo *voy*. Y no fue.

31[a] Lc. 3:12; 7:29
31[b] cfr. Lc. 7:37; Jn. 4:17-18
31[c] Mt. 12:28

31 ¿Cuál de los dos hizo la voluntad de su padre? Dijeron ellos: El [1]primero. Jesús les dijo: De cierto os digo, que los [a]recaudadores de impuestos y las [b]rameras van delante de vosotros al reino de [c]Dios.

32[a] Pr. 8:20; 2 P. 2:21

32 Porque vino a vosotros Juan en [a]camino de [1]justicia, y

---

19[3] Desde aquel momento la nación de Israel quedó verdaderamente seca.

24[1] Lit., palabra.

27[1] Esto era una mentira.

27[2] Esto indica que el Señor sabía que los líderes judíos no querían decirle lo que sabían; así que Él tampoco les iba a contestar. Ellos le mintieron al decir: "No sabemos". Pero el Señor sabiamente les habló la verdad, exponiendo la mentira que dijeron y evitando su pregunta.

31[1] En Lc. 15:1-2, 11-32, el Señor compara a los líderes del judaísmo con el hijo primogénito, y a los recaudadores de impuestos y los pecadores con el segundo hijo; pero aquí invierte la comparación. Esto indica que los judíos eran los primogénitos de Dios (Ex. 4:22) y que tenían la primogenitura. No obstante, debido a su incredulidad, la primogenitura pasó a la iglesia, la cual ha llegado a ser el primogénito de Dios (He. 12:23).

32[1] El Evangelio de Mateo, el libro que habla del reino, subraya la justicia, porque la vida del reino es una vida de rigurosa justicia, la cual debemos buscar (5:20, 6; 6:33). Juan el Bautista vino en el camino de esta justicia, y el Señor Jesús estuvo dispuesto a ser bautizado por Juan para cumplir tal justicia (3:15).

no le creísteis; pero los recaudadores de impuestos y las rameras le creyeron; y vosotros, viendo *esto,* no os arrepentisteis después para creerle.

(b) La transferencia del reino de Dios
21:33-46

33 [a]Oíd otra parábola: Había un hombre, [1]dueño de casa, el cual plantó una [1b]viña, la cercó con un [c]seto, cavó en ella un [d]lagar, edificó una torre, y la arrendó a unos [1]viñadores, y se fue al [e]extranjero.

34 Y cuando se acercó el tiempo de los frutos, [a]envió sus [1]esclavos a los viñadores, para que recibiesen sus frutos.

35 Mas los viñadores, tomando a los esclavos, a uno [1a]golpearon, a otro [b]mataron, y a otro [c]apedrearon.

36 Envió de nuevo otros esclavos, en mayor número que los primeros; e hicieron con ellos de la misma manera.

37 Y después les envió su [1a]hijo, diciendo: Respetarán a mi hijo.

38 Mas los viñadores, cuando vieron al hijo, dijeron entre sí: [1]Este es el [a]heredero; venid, [b]matémosle, y apoderémonos de su heredad.

39 Y [a]tomándole, le echaron [1b]fuera de la viña, y le [c]mataron.

40 Cuando venga, pues, el señor de la viña, ¿qué hará a aquellos viñadores?

41 Le dijeron: A esos malvados los [1a]destruirá miserablemente, y arrendará la viña a [2]otros viñadores que le paguen el [b]fruto a su tiempo.

42 Jesús les dijo: ¿[a]Nunca leísteis en las Escrituras: "[b]La [1]piedra que rechazaron los [1]edificadores ha venido a ser [2c]cabeza del ángulo. El Señor ha hecho esto, y es cosa maravillosa a nuestros ojos"?

33[a] vs. 33-46: Mr. 12:1-12; Lc. 20:9-19
33[b] Mt. 21:28; Is. 5:1; Jer. 2:21
33[c] Sal. 80:12
33[d] Is. 5:2
33[e] Mt. 25:14
34[a] 2 Cr. 24:19; 36:15
35[a] Jer. 37:15
35[b] Neh. 9:26; Hch. 7:52; cfr. Mt. 22:6; 1 Ts. 2:15
35[c] 2 Cr. 24:21; Mt. 23:37; cfr. Jn. 10:31-33; Hch. 7:59
37[a] Jn. 3:17; 1 Jn. 4:14
38[a] He. 1:2; Sal. 2:8
38[b] Mt. 26:4; Jn. 11:53
39[a] Mt. 26:50
39[b] He. 13:12
39[c] Hch. 2:23; 3:15

33[1] El dueño de casa es Dios, la viña es la ciudad de Jerusalén (Is. 5:1), y los viñadores son los líderes de los israelitas (v. 45).

34[1] Los profetas enviados por Dios (2 Cr. 24:19; 36:15).

35[1] La persecución que sufrieron los profetas del Antiguo Testamento (Jer. 37:15; Neh. 9:26; 2 Cr. 24:21).

37[1] Cristo.

38[1] Esta frase indica que los líderes judíos, queriendo mantener su posición falsa, tenían envidia de Cristo debido a los derechos que El tenía.

39[1] Cristo fue muerto fuera de la ciudad de Jerusalén (He. 13:12).

41[1] Esto se cumplió cuando el príncipe romano, Tito, y su ejército destruyeron Jerusalén en el año 70 d. de C.

41[2] Los apóstoles.

41[a] Mt. 22:7 41[b] Mt. 21:43 42[a] Mt. 12:3 42[c] Is. 28:16; Ef. 2:20; 1 P. 2:6-7
42[b] Sal. 118:22-23; Hch. 4:11; 1 P. 2:7

43[a] Mt. 12:28
43[b] Mt. 21:41
44[a] Is. 8:14-15; Ro. 9:33; 1 P. 2:8
44[b] Dn. 2:34-35
46[a] Jn. 7:30, 44
46[b] Mt. 21:11

43 Por tanto os digo, que el [1]reino de [a]Dios será quitado de vosotros, y será dado a una [2]nación que produzca los [b]frutos de él.

44 Y [1]el que caiga sobre esta [a]piedra se despedazará; y sobre [2]quien ella caiga, le [b]hará polvo y como paja le esparcirá.

45 Y oyendo Sus parábolas los principales sacerdotes y los fariseos, entendieron que hablaba de ellos.

46 Y procuraban [a]prenderle, mas temían a las multitudes, porque le tenían por [b]profeta.

CAPITULO 22

(c) La fiesta de bodas del reino
22:1-14

1[a] Mt. 13:34
2[a] vs. 2-14: Lc. 14:16-24
2[b] Mt. 13:24
2[c] Sal. 47:7
2[d] Ap. 19:9

1 Respondiendo Jesús, les volvió a hablar en [a]parábolas, diciendo:

2 [a]El [1b]reino de los cielos ha venido a ser semejante a un [2c]rey que hizo [3d]fiesta de bodas para su [2]hijo;

42[1] La piedra es Cristo, cuyo fin es el edificio de Dios (Is. 28:16; Zac. 3:9; 1 P. 2:4), y los edificadores son los líderes judíos, quienes debían construir el edificio de Dios.

42[2] Cristo no sólo es la piedra del fundamento (Is. 28:16) y la piedra cimera (Zac. 4:7), sino también la piedra del ángulo.

43[1] El reino de Dios ya estaba allí entre los israelitas, pero el reino de los cielos sólo se había acercado (3:2; 4:17). Esto comprueba que el reino de los cielos es diferente del reino de Dios. (Véase la nota 3[4] del cap. 5.)

43[2] La iglesia.

44[1] Una persona que tropieza por causa de Cristo; se refiere en particular a los israelitas incrédulos (Is. 8:15; Ro. 9:32).

44[2] Las naciones, los gentiles, a quienes Cristo herirá y desmenuzará cuando regrese (Dn. 2:34-35). Para los creyentes, Cristo es la piedra del fundamento, Aquel en quien confían (Is. 28:16); para los judíos incrédulos, El es la piedra de tropiezo (Is. 8:14; Ro. 9:33); y para las naciones, El será la piedra que las hiere.

2[1] La parábola de la viña que se encuentra en el cap. 21 se refiere a los tiempos del Antiguo Testamento en los cuales el reino de Dios estaba presente (21:43), mientras que la parábola de la fiesta de bodas en este capítulo se refiere a los tiempos del Nuevo Testamento, en los cuales el reino de los cielos está presente.

En la parábola anterior (21:33-46) el Señor mostró cómo los judíos, quienes estaban en el reino de Dios, serían castigados, y cómo el reino de Dios les sería quitado y dado al pueblo del reino. Era necesaria otra parábola para mostrar cómo el pueblo del reino, es decir, aquellos que están en el reino de los cielos, será tratado con rigor. Ambas parábolas nos muestran que el reino es algo muy serio.

2[2] El rey es Dios, y el hijo es Cristo.

2[3] En la parábola anterior, el Antiguo Testamento fue comparado con una viña, y el enfoque era el trabajo bajo la ley; en esta parábola el Nuevo Testamento es comparado con una fiesta de bodas, y el enfoque es el disfrute que se tiene bajo la gracia.

3 y envió a sus [1]esclavos a llamar a los invitados a las
bodas; mas *éstos* no quisieron venir.
4 Volvió a enviar [1]otros esclavos, diciendo: Decid a los
invitados: He aquí, he preparado mi [2]banquete; mis [3]novillos
y [3a]animales engordados han sido muertos, y todo está dis- **4**[a] Lc. 15:23
puesto; venid a las bodas.
5 Mas ellos, sin hacer caso, se fueron, uno a su propio
campo y otro a sus negocios;
6 y los demás, echando mano a los esclavos, los [a]afrenta- **6**[a] Hch. 14:5-6
ron y los [b]mataron. **6**[b] Mt. 23:34
7 El rey, entonces, se enojó; y enviando sus [1]tropas,
[a]destruyó a aquellos homicidas, y quemó su ciudad. **7**[a] Mt. 21:41
8 Luego dijo a sus esclavos: Las bodas están preparadas;
mas los que fueron invitados [1a]no eran dignos. **8**[a] Hch. 13:46
9 Id, pues, a las [1]encrucijadas de los caminos, y llamad
a las bodas a cuantos halléis.
10 Y saliendo aquellos esclavos por los caminos, juntaron
a todos los que hallaron, tanto malos como buenos; y las
bodas fueron llenas de [1]convidados.
11 Y entró el rey para ver a los [1]convidados, y vio allí a un
hombre que no estaba [a]vestido con [2]traje de boda, **11**[a] Ap. 19:8
12 y le dijo: [a]Amigo, ¿cómo entraste aquí, sin tener traje **12**[a] Mt. 20:13; 26:50
de boda? Mas él enmudeció.
13 Entonces el rey dijo a los [1]servidores: Atadle de pies y

3[1] Este fue el primer grupo de apóstoles neotestamentarios.

4[1] Estos son los apóstoles que el Señor envió más tarde.

4[2] Se refiere principalmente a la primera comida, la cual se come muy temprano en la mañana, antes del trabajo.

4[3] Los novillos y los animales engordados representan a Cristo, quien fue inmolado para que el pueblo escogido de Dios pudiera disfrutarlo como banquete.

7[1] Estos eran los ejércitos romanos que, bajo el liderazgo de Tito, destruyeron a Jerusalén en el año 70 d. de C.

8[1] El hecho de que los judíos rechazaran a Cristo los hizo indignos de disfrutar el Nuevo Testamento (Hch. 13:46).

9[1] Debido al rechazo de los judíos, la predicación del Nuevo Testamento se volvió a los gentiles (Hch. 13:46; Ro. 11:11).

10[1] Lit., los que estaban reclinados a la mesa.

11[1] Véase la nota 10[1].

11[2] Este traje de boda es tipificado por los vestidos bordados que se mencionan en Sal. 45:14 y es representado por el lino fino que se menciona en Ap. 19:8 (véase la nota 2). Esta es la justicia sobresaliente de los creyentes vencedores, la cual se menciona en 5:20 (véase la nota 1). Sabemos que el hombre que no tenía traje de boda es salvo, porque vino a la fiesta de bodas. El recibió a Cristo como su justicia para ser justificado delante de Dios (1 Co. 1:30; Ro. 3:26), pero no vivió a Cristo como su justicia subjetiva (Fil. 3:9) para poder participar del disfrute del reino de los cielos. El fue llamado a la salvación, pero no fue escogido para el

manos, y [2a]echadle a las tinieblas de afuera; allí será el
[3]llanto y el crujir de dientes.
14 Porque muchos son [1a]llamados, y pocos [1b]escogidos.

(2) Por los discípulos de los fariseos y por los herodianos, con respecto a pagar tributo a César 22:15-22

15 [a]Entonces se fueron los [1]fariseos y [b]consultaron cómo
enredarle en alguna [c]palabra.
16 Y le enviaron los discípulos de ellos con los [1a]herodia-
nos, diciendo: Maestro, sabemos que eres veraz, y que
enseñas con verdad el camino de Dios, y que [2]no te cuidas de
nadie, porque [3]no haces acepción de [b]personas.
17 Dinos, pues, qué te parece: [1]¿Es lícito pagar tributo a
[a]César, o no?
18 Pero Jesús, conociendo la intención maliciosa de ellos,
les dijo: ¿Por qué me [a]tentáis, [1]hipócritas?
19 [1]Mostradme la moneda del tributo. Y ellos le presentaron un [2]denario.
20 Y les dijo: ¿De quién es esta imagen, y la inscripción?

13[a] Mt. 8:12
14[a] Ro. 8:28, 30; 1 Co. 1:24, 26; Ef. 1:18; 4:1, 4
14[b] Ap. 17:14
15[a] vs. 15-22: Mr. 12:13-17; Lc. 20:20-26
15[b] Mt. 26:4; 27:1
15[c] Lc. 11:54
16[a] Mr. 3:6
16[b] Dt. 1:17; 16:19
17[a] Lc. 23:2; Jn. 19:12
18[a] Mt. 22:35; 16:1; 19:3; Jn. 8:6

disfrute del reino de los cielos, el cual es sólo para los creyentes vencedores.

13[1] *Servidores* debe de referirse a los ángeles (cfr. 13:41, 49).

13[2] Ser echado a las tinieblas de afuera no es perecer, sino ser castigado dispensacionalmente, ser descalificado y no tener parte en el disfrute del reino durante el milenio, por no haber vivido una vida vencedora por medio de Cristo. En el milenio los creyentes vencedores estarán con Cristo en la gloria resplandeciente del reino (Col. 3:4), mientras que los creyentes derrotados serán disciplinados en las tinieblas de afuera (véase la nota 12[2] del cap. 8).

13[3] Véase la nota 12[3] del cap. 8.

14[1] Ser llamado es recibir la salvación (Ro. 1:7; 1 Co. 1:2; Ef. 4:1), mientras que ser escogido es recibir una recompensa. Todos los creyentes han sido llamados, pero pocos serán escogidos para recibir una recompensa.

15[1] Véase la nota 7[1] del cap. 3.

16[1] Los herodianos eran partidarios del régimen del rey Herodes y le ayudaron a implantar las costumbres griegas y romanas en la cultura judía. Aunque estaban del lado de los saduceos, se oponían a los fariseos. No obstante, aquí se unieron a los fariseos para tratar de enredar al Señor Jesús.

16[2] Lit., no te importa nadie.

16[3] Lit., no contemplas la cara de los hombres.

17[1] Esta era verdaderamente una pregunta capciosa. Todos los judíos se oponían a dar tributo a César. Si el Señor Jesús hubiera dicho que era lícito hacer esto, habría ofendido a todos los judíos, cuyos líderes eran los fariseos. Si hubiera dicho que no era lícito, los herodianos, quienes apoyaban al gobierno romano, habrían tenido una base sólida para acusarle.

18[1] Véase la nota 2[2] del cap. 6.

19[1] El Señor Jesús no mostró la moneda romana, sino que les pidió que ellos le mostraran una. Por poseer una de las monedas romanas, ellos fueron sorprendidos.

19[2] Véase la nota 7[1] de Jn. 6.

21 Le dijeron: De César. Entonces les dijo: Devolved,
pues, [a]a César [1]lo que es de César, y a Dios [2]lo que es de Dios.
22 Oyendo *esto,* se maravillaron, y dejándole, se fueron.

(3) Por los saduceos, con respecto a la resurrección
22:23-33

23 [a]Aquel día se acercaron a El los [1b]saduceos, que dicen
que no hay resurrección, y le preguntaron,
24 diciendo: Maestro, Moisés dijo: Si alguno muere sin
tener hijos, su hermano, como pariente más cercano, se
casará con su [a]mujer, y levantará descendencia a su hermano.
25 Hubo, pues, entre nosotros siete hermanos; el primero
se casó, y murió; y no teniendo descendencia, dejó su mujer
a su hermano.
26 De la misma manera también el segundo, y el tercero,
hasta el séptimo.
27 Y después de todos murió la mujer.
28 En la resurrección, pues, ¿de cuál de los siete será ella
mujer, ya que todos la tuvieron?
29 Entonces respondiendo Jesús, les dijo: Erráis, por [a]no
[1]conocer las Escrituras ni el poder de Dios.
30 Porque en la resurrección ni se casarán ni se darán en
casamiento, sino que serán como los ángeles en el cielo.
31 Pero respecto a la resurrección de los muertos, ¿no
habéis [a]leído lo que os fue dicho por Dios, cuando dijo:
32 "[a]Yo soy el Dios de Abraham, el Dios de Isaac y el Dios
de Jacob"? *Dios* no es Dios de muertos, sino de [1]vivos.
33 Oyendo *esto* las multitudes, quedaban [a]atónitas de Su
enseñanza.

21[a] cfr. Ro. 13:7
23[a] vs. 23-33: Mr. 12:18-27; Lc. 20:27-38
23[b] Hch. 23:6-8; 4:1-2
24[a] Dt. 25:5
29[a] Jn. 20:9
31[a] Mt. 12:3
32[a] Ex. 3:6, 16
33[a] Mt. 7:28

21[1] Esto es dar tributo a César conforme a sus reglamentos gubernamentales.

21[2] Esto es pagar el medio siclo a Dios conforme a Ex. 30:11-16, y ofrecer a Dios todos los diezmos conforme a Su ley.

23[1] Véase la nota 7[2] del cap. 3.

29[1] Una cosa es conocer las Escrituras, y otra es conocer el poder de Dios. Necesitamos conocer ambos. Aquí *Escrituras* se refiere a los versículos del Antiguo Testamento relacionados con la resurrección, y *el poder de Dios* se refiere al poder de la resurrección.

32[1] Puesto que Dios es el Dios de los vivos y es llamado "el Dios de Abraham, el Dios de Isaac y el Dios de Jacob", Abraham, Isaac y Jacob resucitarán. De este modo el Señor Jesús explicó las Escrituras, no sólo conforme a la letra sino también conforme a la vida y el poder implícitos en ellas.

(4) Por un intérprete de la ley con respecto al gran mandamiento de la ley 22:34-40

34 [a]Mas los fariseos, oyendo que había hecho callar a los saduceos, se juntaron a una.

35 Y uno de ellos, [1a]intérprete de la ley, preguntó [b]tentándole:

36 Maestro, ¿cuál es el gran mandamiento en la ley?

37 Jesús le dijo: "[a]Amarás[b] al Señor tu Dios [1]con todo tu corazón, y [1]con toda tu alma, y [1]con toda tu mente".

38 Este es el grande y primer mandamiento.

39 Y el segundo es semejante: "[a]Amarás a tu prójimo como a ti mismo".

40 De estos [1]dos mandamientos pende toda [a]la ley y los profetas.

(5) Hace callar a todos los examinadores con la pregunta acerca de Cristo 22:41-46

41 [a]Y estando juntos los fariseos, Jesús les preguntó,

42 diciendo: ¿Qué pensáis acerca del [1]Cristo? ¿De quién es hijo? Le dijeron: De [a]David.

34[a] vs. 34-40: Mr. 12:28-33; Lc. 10:25-28
35[a] Lc. 7:30; 10:25; 11:46, 52
35[b] Mt. 22:18
37[a] Dt. 6:5; 10:12; 30:6
37[b] 1 Jn. 4:21
39[a] Lv. 19:18; Mt. 19:19; Gá. 5:14; Jac. 2:8
40[a] Mt. 7:12; Ro. 13:8-10
41[a] vs. 41-45: Mr. 12:35-37; Lc. 20:41-44
42[a] Mt. 1:1

35[1] Uno que era erudito en la ley de Moisés, un intérprete versado en la ley del Antiguo Testamento.

37[1] Lit., en.

40[1] Tanto el mandamiento de amar a Dios como el mandamiento de amar al hombre tienen que ver con el amor. El espíritu de los mandamientos de Dios es el amor.

42[1] Durante la última visita de Cristo a Jerusalén, el centro del judaísmo, El fue rodeado por los principales sacerdotes, los ancianos, los fariseos, los herodianos y los saduceos, junto con un intérprete de la ley como vemos en 21:23—22:46. Todos ellos trataron de enredarlo con enigmas y preguntas capciosas. Primero, los principales sacerdotes, que representaban la autoridad de la religión judía, y los ancianos, que representaban la autoridad del pueblo judío, le preguntaron acerca de la autoridad que El tenía (21:23). Ellos formularon la pregunta conforme a su concepto religioso. En segundo lugar, los fariseos, quienes eran los conservadores, y los herodianos, quienes eran celosos por la política, le hicieron una pregunta relacionada con la política. En tercer lugar, los saduceos, que eran los modernistas, le preguntaron con respecto a las creencias fundamentales. En cuarto lugar, un intérprete de la ley que se creía recto le hizo una pregunta acerca de la ley. Después de contestar sabiamente todas las preguntas, El les hizo una pregunta acerca del Cristo. Esta es la gran pregunta. Los interrogantes que ellos presentaron tenían que ver con la religión, la política, las creencias y la ley. La pregunta que El hizo tenía que ver con el Cristo, quien es el centro de todas las cosas. Ellos conocían la religión, la política, las creencias y la ley, pero no prestaban atención a Cristo. Así que, les preguntó: "¿Qué pensáis acerca del Cristo?" Todos debemos contestar esta gran pregunta.

43 El les dijo: ¿Pues cómo David en el [1a]espíritu le llama
Señor, diciendo:
44 "[a]Dijo el Señor a mi Señor: Siéntate a Mi diestra, hasta
que ponga a Tus enemigos [b]bajo Tus pies"?
45 Pues si David le llama [1]Señor, ¿cómo es [1]hijo suyo?
46 Y [1a]nadie le podía responder palabra; ni se atrevió
nadie desde aquel día a preguntarle más.

CAPITULO 23

e. Reprende a los fanáticos religiosos
23:1-36

(1) La hipocresía de ellos
vs. 1-12

1 [a]Entonces habló Jesús a las multitudes y a Sus discípulos,
2 diciendo: En la cátedra de [a]Moisés se han sentado los
[1b]escribas y los [2c]fariseos.
3 Así que, todo lo que os digan, [a]hacedlo y guardadlo;
mas no hagáis conforme a sus [b]obras, porque dicen, y no
hacen.
4 Atan cargas [a]pesadas y difíciles de llevar, y las ponen
sobre los hombros de los hombres; pero ellos ni con un dedo
quieren moverlas.
5 Hacen todas sus obras para ser [a]vistos por los hombres. Pues ensanchan sus [1b]filacterias, y alargan los [2c]flecos
de sus mantos;

43[a] Ap. 1:10
44[a] Sal. 110:1; Hch. 2:34-35; He. 1:13
44[b] Sal. 8:6-8; 1 Co. 15:25
46[a] Lc. 14:6
1[a] vs. 1-7: Mr. 12:38-39; Lc. 20:45-46
2[a] Jn. 9:28-29
2[b] Esd. 7:6; Neh. 8:4
2[c] Mt. 3:7
3[a] Dt. 17:10
3[b] Mt. 15:3-14; cfr. Ro. 2:17-23
4[a] Lc. 11:46; Hch. 15:10; cfr. Mt. 11:28-30
5[a] Mt. 6:1, 5, 16
5[b] Dt. 6:8; 11:18
5[c] Nm. 15:38-39; Dt. 22:12; Mt. 9:20; 14:36

43[1] Sólo podemos conocer a Cristo en nuestro espíritu por la revelación de Dios (Ef. 3:5).

45[1] Cristo es Dios; en Su divinidad El es el Señor de David. El también es un hombre; en Su humanidad El es el Hijo de David. Los fariseos conocían sólo parcialmente las Escrituras con respecto a la persona de Cristo; es decir, sólo sabían que El era el Hijo de David en el aspecto humano. No tenían un conocimiento completo, es decir, no sabían que El era el Hijo de Dios en el aspecto divino.

46[1] Esta gran pregunta, que Cristo hizo con respecto a Su maravillosa persona, hizo callar a todos Sus opositores.

2[1] Véase la nota 4[1] del cap. 2.

2[2] Véase la nota 7[1] del cap. 3.

5[1] Las filacterias son pequeñas cajas de cuero que contienen partes de la ley escritas en pergamino. Según Dt. 6:8 y 11:18, las llevaban sobre la frente y sobre el brazo izquierdo. Los escribas y los fariseos las hicieron más anchas y las consideraban como amuleto.

5[2] La ley requería que los israelitas hicieran flecos en los bordes de sus vestidos con un cordón azul. Los flecos indicaban que su conducta (tipificada por el vestido) era regulada por el gobierno celestial (indicado por el cordón azul), y debían servir de recordatorio para que guardaran los mandamientos de Dios (Nm. 15:38-39). Los escribas y los fariseos

6 y aman el [a]lugar de honor en los banquetes, y los
primeros asientos en las sinagogas,
7 y las [a]salutaciones en las plazas, y que los hombres los
llamen [1b]Rabí.
8 Pero vosotros no seáis llamados Rabí; porque [1]uno es
vuestro [a]Maestro, y todos vosotros sois [b]hermanos.
9 Y no llaméis padre vuestro *a nadie* en la tierra; porque
[1]uno es vuestro [a]Padre, [2]el que está en los cielos.
10 Ni seáis llamados [1]preceptores; porque [2]uno es vuestro
Preceptor, el Cristo.
11 El [a]más grande de vosotros, será vuestro servidor.
12 El que se [a]enaltece será humillado, y el que se [b]humilla
será enaltecido.

(2) Los ocho ayes
vs. 13-36

13 Mas ¡ay de vosotros, escribas y fariseos, [1]hipócritas!
porque [a]cerráis el reino de los cielos delante de los hombres;
pues [2b]ni entráis vosotros, ni dejáis entrar a los que están
entrando.
14 ¡[1]Ay de vosotros, escribas y fariseos, hipócritas! porque
[a]devoráis las casas de las viudas, mientras, por pretexto
hacéis largas oraciones; por esto recibiréis mayor [2]condena-
ción.
15 ¡Ay de vosotros, escribas y fariseos, hipócritas! porque
recorréis mar y tierra para hacer un [a]prosélito, y cuando
llega a serlo, le hacéis dos veces más [b]hijo de la [1c]Gehena que
vosotros.
16 ¡Ay de vosotros, [a]guías [b]ciegos! que decís: Si alguno
[c]jura por el templo, no es nada; pero si alguno jura por el oro
del templo, [1]queda obligado.

6a Mr. 12:39; Lc. 11:43; 20:46; 14:7-8
7a Mr. 12:38; Lc. 11:43; 20:46
7b Jn. 1:38
8a Jn. 13:13
8b Lc. 22:32; Jn. 21:23
9a Mt. 6:9; 7:11; Jn. 20:17; Ro. 8:15; Ef. 3:14; 1 P. 1:2
11a Mt. 20:26-27
12a Lc. 14:11; 18:14; Pr. 29:23
12b 1 P. 5:6; Ez. 21:26; Job 22:29
13a cfr. Mt. 16:19
13b Lc. 11:52
14a Mr. 12:40; Lc. 20:47
15a Hch. 2:10; 6:5; 13:43
15b cfr. Jn. 17:12; 2 Ts. 2:3
15c Mt. 5:22

alargaban los flecos, aparentando que guardaban los mandamientos de Dios y que eran regulados por ellos a un grado sobresaliente.

7[1] Un título de honra que significa *maestro, amo.*

8[1] Cristo es nuestro único Maestro y Amo.

9[1] Dios es nuestro único Padre.

9[2] Lit., el Celestial.

10[1] O, guías, maestros, dirigentes.

10[2] Cristo es nuestro único Instructor, Guía, Maestro y Director.

13[1] Véase la nota 2[2] del cap. 6. Así también en todo este capítulo.

13[2] En el cristianismo de hoy algunas personas se comportan de la misma manera.

14[1] Este versículo no se encuentra en los mss. más antiguos.

14[2] O, sentencia.

15[1] Véase la nota 22[8] del cap. 5. Así también en el v. 33.

16[1] Lit., es deudor. Así también en el v. 18.

16a Mt. 15:14; Ro. 2:19 **16b** vs. 24, 26; Jn. 9:39; Ap. 3:17 **16c** Mt. 5:33-36

17 ¡Necios y ciegos! porque ¿cuál es mayor, el oro, o el
templo que [1a]santifica al oro?
18 También *decís:* Si alguno jura por el altar, no es nada;
pero si alguno jura por la [a]ofrenda que está sobre él, queda
obligado.
19 ¡Ciegos! porque ¿cuál es mayor, la ofrenda, o el altar
que [1a]santifica la ofrenda?
20 Pues el que jura por el altar, jura por él, y por todo lo
que está sobre él;
21 y el que jura por el templo, jura por él, y por Aquel que
lo [a]habita;
22 y el que jura por el [a]cielo, jura por el [b]trono de Dios, y
por Aquel que está sentado en él.
23 ¡Ay de vosotros, escribas y fariseos, hipócritas! porque
[a]diezmáis[b] la menta y el anís y el comino, y dejáis lo más
importante de la ley: la [1c]justicia, la [d]misericordia y la fidelidad. Esto era necesario hacer, [2]sin dejar *de hacer* aquello.
24 ¡[a]Guías ciegos, que coláis el mosquito, y tragáis el
camello!
25 ¡Ay de vosotros, escribas y fariseos, hipócritas! porque
[a]limpiáis[b] el exterior del vaso y del plato, pero por dentro
estáis llenos de rapiña y de desenfreno.
26 ¡Fariseo ciego! Limpia primero el interior del vaso y
del plato, para que también su exterior quede limpio.
27 ¡Ay de vosotros, escribas y fariseos, hipócritas! porque
sois semejantes a [a]tumbas [b]blanqueadas, que por fuera se
muestran hermosas, mas por dentro están llenas de [c]huesos
de muertos y de toda [d]inmundicia.
28 Así también vosotros por fuera os mostráis justos a los
hombres, pero por dentro estáis llenos de hipocresía e [1]ini-
quidad.
29 ¡Ay de vosotros, escribas y fariseos, hipócritas! porque
[a]edificáis las tumbas de los profetas, y adornáis los sepulcros
de los justos,
30 y decís: Si hubiésemos vivido en los días de nuestros

17[a] Ex. 30:26-29
18[a] Mt. 5:23
19[a] Ex. 29:37
21[a] 1 R. 8:13; Sal. 26:8
22[a] Lc. 15:18, 21
22[b] Sal. 11:4; Ap. 4:2
23[a] Lc. 11:42
23[b] Dt. 14:22; Lc. 18:12
23[c] Jer. 5:1; Mi. 6:8
23[d] Pr. 16:6; Zac. 7:9; Ro. 12:8
24[a] Mt. 23:16
25[a] vs. 25-28: cfr. Mt. 15:1-20; Mr. 7:1-23
25[b] Lc. 11:39
27[a] Lc. 11:44
27[b] cfr. Hch. 23:3
27[c] Nm. 19:16; 2 R. 23:16
27[d] Ef. 5:3
29[a] Lc. 11:47-48

17[1] Esto significa que el oro llegaba a ser santo por su posición porque pasaba de un lugar común a un lugar santo. Véase la nota 19[2] de Ro. 6.

19[1] Esto también era una santificación de posición, y no de carácter, y era llevada a cabo al cambiar la ubicación de la ofrenda, mudándola de un lugar profano a un lugar santo. Véase la nota 19[2] de Ro. 6.

23[1] O, juicio.

23[2] Aunque el Señor puso énfasis en los asuntos más importantes, nos exhortó a no dejar a un lado los asuntos de menor importancia.

28[1] Lit., sin ley. Véase la nota 4[2] de 1 Jn. 3.

padres, no habríamos sido cómplices en la sangre de los profetas.

31 Así que dais testimonio contra vosotros mismos, de que sois hijos de aquellos que [a]mataron a los profetas.

32 ¡[a]Colmad, pues, vosotros la medida de vuestros padres!

33 ¡Serpientes, cría de [a]víboras! ¿Cómo escaparéis del juicio de la [b]Gehena?

34 [a]Por tanto, he aquí Yo os [b]envío [1c]profetas y sabios y [d]escribas; y de ellos, a unos [e]mataréis y crucificaréis, y a otros [f]azotaréis en vuestras sinagogas, y [g]perseguiréis de [h]ciudad en ciudad;

35 para que venga sobre vosotros toda la [a]sangre justa que se ha derramado sobre la tierra, desde la [b]sangre de Abel el justo hasta la sangre de [c]Zacarías hijo de Berequías, a quien matasteis entre el templo y el altar.

36 De cierto os digo que [1]todo esto vendrá sobre esta [a]generación.

f. Abandona Jerusalén y su templo
23:37-39

37 ¡[a]Jerusalén, Jerusalén, que matas a los profetas, y [b]apedreas a los que te son enviados! ¡Cuántas veces [1]quise juntar a tus [c]hijos, como la gallina junta sus polluelos debajo de las [d]alas, y no quisisteis!

38 He aquí vuestra [1]casa os es dejada [2a]desierta.

39 Porque os digo que desde ahora no me veréis más, hasta que digáis: ¡[a]Bendito el que [1]viene en el nombre del Señor!

31[a] Hch. 7:52; 1 Ts. 2:15
32[a] Dn. 8:23; 1 Ts. 2:16
33[a] Mt. 3:7
33[b] Mt. 5:22
34[a] vs. 34-36: Lc. 11:49-51
34[b] Hch. 13:4
34[c] Hch. 13:1
34[d] Mt. 13:52
34[e] Mt. 22:6; Hch. 9:23-24, 29
34[f] Mt. 10:17; Mr. 13:9
34[g] Mt. 10:23
34[h] Hch. 13:50-51; 14:5-6, 19
35[a] cfr. Mt. 27:24; Ap. 18:24
35[b] Gn. 4:8, 10-11; He. 12:24
35[c] 2 Cr. 24:20-22
36[a] Mt. 24:34
37[a] vs. 37-39: Lc. 13:34-35
37[b] Mt. 21:35; 2 Cr. 24:21

34[1] Los apóstoles neotestamentarios enviados por el Señor.

36[1] Se refiere a todos los pecados por los cuales la sangre de los justos fue derramada sobre la tierra.

37[1] Dios se preocupaba siempre por Jerusalén, como un ave que revolotea sobre sus polluelos (Is. 31:5; Dt. 32:11-12). Así que, cuando el Señor Jesús dijo: "Quise juntar a tus hijos, como la gallina junta sus polluelos debajo de las alas", daba a entender que El era Dios mismo.

38[1] Puesto que *casa* está en singular, debe de denotar la casa de Dios, la cual era el templo (21:12-13). Antes era la casa de Dios, pero ahora El la llama "vuestra casa" porque los judíos habían hecho de ella una cueva de ladrones (21:13).

38[2] Esta profecía corresponde a la de 24:2, la cual se cumplió cuando Tito y el ejército romano destruyeron Jerusalén en el año 70 d. de C.

39[1] Esta será la segunda venida del Señor, cuando todo el remanente de Israel se convertirá y creerá en El y será salvo (Ro. 11:23, 26).

37[c] Lc. 23:28 **37**[d] Rt. 2:12; Sal. 91:4
38[a] cfr. Lv. 26:31-32; Is. 64:10; Jer. 22:5 **39**[a] Sal. 118:26; cfr. Mt. 21:9

CAPITULO 24

E. La profecía del reino
24:1—25:46

1. Con respecto a Israel
24:1-31

a. Desde la ascensión de Cristo hasta la consumación del siglo
vs. 1-14

1 [a]Cuando Jesús salió [1]del [2]templo y se iba, se acercaron
Sus discípulos para mostrarle los edificios del [2]templo.
2 Respondiendo El, les dijo: ¿Veis todo esto, verdad? De
cierto os digo, que [a]no quedará aquí piedra sobre piedra, que
no sea [1]derribada.
3 [a]Y estando El sentado en el [1b]monte de los Olivos, los
discípulos se le acercaron en privado, diciendo: Dinos,
¿[2]cuándo serán estas cosas, y qué [c]señal habrá de Tu [3d]venida, y de la [e]consumación del siglo?
4 [1]Respondiendo Jesús, les dijo: [2]Mirad que nadie os
[a]desvíe.

1[a] vs. 1-2: Mr. 13:1-2; Lc. 21:5-6
2[a] Lc. 19:44
3[a] vs. 3-13: Mr. 13:3-13; Lc. 21:7-19
3[b] Mt. 21:1; 26:30; Lc. 22:39; Jn. 8:1; Hch. 1:12
3[c] Mt. 24:30
3[d] Mt. 24:27, 37, 39
3[e] Mt. 13:39, 40
4[a] 2 Jn. 7

1[1] El Señor salió del templo, lo cual indica que lo había abandonado. Esto sucedió para que se cumpliera lo que dijo en 23:38, donde El dejó el templo como casa desolada a los judíos que le habían rechazado. Esto equivale a lo sucedido cuando la gloria de Dios se fue del templo en los tiempos antiguos (Ez. 10:18).

1[2] Las inmediaciones del templo.

2[1] Esto se cumplió en el año 70 d. de C. cuando Tito y el ejército romano destruyeron Jerusalén.

3[1] Para recibir la visión de la profecía del Señor con respecto a esta era, necesitamos subir a un monte alto para entrar en Su presencia.

3[2] Los discípulos le preguntaron por tres asuntos: (1) el tiempo en que estas cosas ocurrirían, incluyendo no sólo la destrucción del templo (v. 2) sino también los eventos mencionados en 23:32-39; (2) la señal de la venida de Cristo; y (3) la señal de la consumación del siglo. La palabra del Señor contenida en 24:4—25:46 contesta la pregunta de los discípulos acerca de estos tres asuntos.

3[3] Gr. *parousía,* que significa *presencia*. La venida de Cristo será Su presencia con Su pueblo. Esta presencia (parusía) comenzará con el arrebatamiento del hijo varón (Ap. 12:5) y el arrebatamiento de las primicias (Ap. 14:1-4) y terminará en la aparición de Cristo en la tierra junto con los santos. Durante el período de Su parusía, vendrá la gran tribulación (v. 21; Ap. 9:1-21; 11:14; 16:1-21), comenzando con las calamidades sobrenaturales (Ap. 6:12-17; 8:7-12); Cristo descenderá a los aires (Ap. 14:14); la mayoría de los creyentes serán arrebatados y llevados a los aires (1 Ts. 4:15-17); compareceremos ante el tribunal de Cristo (2 Co. 5:10), y las bodas del Cordero (Ap. 19:7-9). (Véase "Diagrama de las setenta semanas y la venida de Cristo, y el arrebatamiento de los santos" al final del Nuevo Testamento.)

4[1] La respuesta del Señor tiene tres secciones: la primera (vs. 4-31) se relaciona con los judíos, los escogidos; la segunda (v. 32—25:30), con la iglesia; y la tercera (25:31-46), con los gentiles (las naciones). La primera sección, la cual trata de los judíos, debe interpretarse literalmente, mientras que la

5 Porque vendrán muchos en Mi nombre, diciendo: Yo soy el Cristo; y a muchos desviarán.
6 Y oiréis de [1]guerras y rumores de guerras; mirad que no os alarméis, porque es necesario que *esto* acontezca; pero
aún no es el [2a]fin.
7 Porque se levantará [1]nación [a]contra nación, y [1]reino contra reino; y habrá [2b]hambres y [3]terremotos en diversos lugares.
8 Y todo esto será el principio de los [1]dolores de parto.

6[a] Mt. 24:14; Dn. 8:17,19; 11:27, 35, 40; 12:4, 9, 6-7
7[a] Ap. 6:4
7[b] Ap. 6:8

segunda, que trata de la iglesia, debe interpretarse espiritualmente, porque se presenta en parábolas por la razón mencionada en 13:11-13. Por ejemplo, en el v. 20 el invierno es en verdad el invierno, pero en el v. 32 el verano simboliza los tiempos de la restauración. La tercera sección, la cual trata de los gentiles, también debe interpretarse literalmente.

4[2] Algunos aspectos de la profecía de los vs. 4-14 se han cumplido, y algunos están en el proceso de cumplirse. Durante la gran tribulación, que será la consumación, el fin, de esta era, la profecía se cumplirá completamente.

6[1] En este versículo *guerras* se refiere a todas las guerras que ha habido desde el primer siglo hasta ahora. Son representadas por el caballo bermejo del segundo sello mencionado en Ap. 6:3-4.

6[2] La expresión *el fin* se refiere a la consumación de esta era (v. 3; Dn. 12:4, 9, 6-7), y será la gran tribulación que durará tres años y medio. Aunque los vs. 6-9 y 14 están en la sección que trata de Israel, las tribulaciones y la predicación del evangelio mencionadas en estos versículos suceden generalmente por todo el mundo desde la ascensión de Cristo hasta el fin de esta era. El v. 15, que viene inmediatamente después del v. 14, habla del comienzo de la gran tribulación (v. 21), el tiempo en que el anticristo erigirá su imagen en el templo de Dios, la cual será la abominación desoladora.

7[1] *Nación* se refiere a la gente, a los gentiles; *reino* se refiere a un imperio.

7[2] El hambre resulta principalmente de la guerra. La historia muestra que frecuentemente la guerra ha acarreado hambre, lo cual es representado por el caballo negro del tercer sello de Ap. 6:5-6.

7[3] Desde la ascensión de Cristo ha habido terremotos en el transcurso de los siglos, y éstos se intensificarán al final de esta era (Ap. 6:12; 8:5; 11:13, 19; 16:18).

8[1] Los dolores de parto tienen como fin dar a luz un hijo. En Su economía neotestamentaria, el deseo y propósito de Dios es producir muchos hijos (Gá. 3:26; He. 2:10) como Su expresión. Así que, aquí *dolores de parto* se refiere a todas las tribulaciones de la era neotestamentaria, que incluyen guerras, hambres, terremotos, aflicciones y persecuciones, como en los vs. 6-9 y 21. Los dolores de parto aquí mencionados los sufren únicamente los creyentes neotestamentarios a causa del Señor, mientras que los dolores mencionados en Ap. 12:2 hacen referencia a todos los dolores sufridos por el pueblo de Dios a lo largo de las generaciones, tanto del Antiguo Testamento como del Nuevo. Estas tribulaciones, junto con la predicación del evangelio (v. 14), son usadas por Dios para producir Sus muchos hijos a fin de constituir la iglesia en esta edad, realizar el reino en la era venidera, y producir la Nueva Jerusalén en la eternidad como máxima consumación de la iglesia y del reino, a fin de tener una expresión eterna en la eternidad futura. Gálatas 4:19 y Ap. 12:2 y 5 confirman este punto de vista.

9 Entonces [1]os entregarán a [a]tribulación, y os [b]matarán,
y seréis [c]aborrecidos de todas las naciones por causa de Mi
nombre.
10 Muchos tropezarán entonces, y se entregarán unos a
otros, y unos a otros se aborrecerán.
11 Y muchos [a]falsos profetas se levantarán, y extraviarán
a muchos;
12 y por haberse multiplicado la [1]iniquidad, el [a]amor de
muchos se enfriará.
13 Mas el que [a]persevere hasta el fin, éste será [1]salvo.
14 Y será predicado este [1a]evangelio del reino en toda la
tierra habitada, para [2]testimonio a todas las naciones; y
entonces vendrá el [3b]fin.

b. En la consumación del siglo
vs. 15-31

(1) Ocurre la gran tribulación
vs. 15-26

15 [1a]Por tanto, cuando veáis la [2b]abominación [3c]desoladora,
anunciada por medio del profeta [d]Daniel, erigida en el [4]Lugar
Santo (el que lee, [e]entienda),

9a Ap. 2:10
9b Mt. 23:34; Jn. 16:2
9c Mt. 10:22
11a 1 Jn. 4:1
12a Ap. 2:4
13a Mt. 10:22
14a Mt. 4:23; 9:35
14b Mt. 24:6
15a vs. 15-26: Mr. 13:14-23
15b Dt. 29:17; 1 R. 11:5-7; Jer. 4:1
15c Dn. 8:11; Sal. 74:3-7; Is. 64:10-11; Lm. 4:1
15d Dn. 9:27; 12:11
15e Dn. 9:23

9[1] Se refiere a los discípulos judíos, quienes eran los profetas y los sabios enviados a los judíos (23:34).

12[1] Lit., carencia de ley. Véase la nota 4[2] de 1 Jn. 3.

13[1] Véase la nota 22[1] del cap. 10.

14[1] El evangelio del reino, que incluye el evangelio de la gracia (Hch. 20:24), no sólo introduce a la gente en la salvación de Dios sino también en el reino de los cielos (Ap. 1:9). El evangelio de la gracia pone énfasis en el perdón del pecado, la redención y la vida eterna; mientras que el evangelio del reino recalca el gobierno celestial de Dios y la autoridad del Señor. El evangelio del reino será predicado en toda la tierra para testimonio a todas las naciones antes del fin de esta era. Así que, aquella predicación, representada por el caballo blanco del primer sello en Ap. 6:1-2, será una señal de la consumación de esta era.

14[2] El evangelio del reino es un testimonio a todas las naciones (los gentiles). Este testimonio debe extenderse por toda la tierra antes del fin de esta edad, el período de la gran tribulación.

14[3] Véase la nota 6[2].

15[1] Nadie sabe cuánto durarán los eventos mencionados en los vs. 4-14. Pero la profecía de los vs. 15-31, con respecto al remanente de los judíos, se cumplirá ciertamente en los últimos tres años y medio de esta edad, el período de la gran tribulación, la segunda mitad de la última semana en la profecía de Dn. 9:27. Este período comenzará cuando se erija la imagen (el ídolo) del anticristo en el templo (v. 15) y terminará cuando Cristo venga visiblemente (v. 30).

15[2] *Abominación* denota un ídolo (Dt. 29:17). Aquí se refiere a la imagen del anticristo, la cual será erigida como ídolo en el templo de Dios (Ap. 13:14-15; 2 Ts. 2:4) al comienzo de la gran tribulación (v. 21). Así que, este ídolo será otra señal de la consumación de esta edad.

16 entonces los que estén en Judea, huyan a los montes.

17[a] Lc. 17:31

17 El que esté en la [a]azotea, no baje a recoger las cosas de su casa;

18 y el que esté en el campo, no vuelva atrás para tomar su capa.

19 Mas ¡ay de las que estén [1]encintas, y de las que amamanten en aquellos días!

20 Orad, pues, que vuestra huida no sea en [1]invierno ni en [2]sábado;

21[a] Mt. 24:29; Dn. 12:1; Jer. 30:6-7

21 porque habrá entonces [1a]gran tribulación, cual no la ha habido desde el principio del mundo hasta ahora, ni la habrá jamás.

22[a] Mt. 24:24, 31; Dt. 7:6; Is. 65:9; 45:4

22 Y si aquellos días no fuesen [1]acortados, [2]nadie sería salvo; mas por causa de los [3a]escogidos, aquellos días serán acortados.

23[a] Mt. 24:26

23 Entonces, si alguno os dice: ¡Mirad, [a]aquí está el [1]Cristo! o ¡acá!, no lo creáis.

15[3] O, de desolación. La abominación, la imagen del anticristo, causará desolación. Al anticristo se le llama "el destructor" (Apolión, Ap. 9:11) y causará mucha destrucción (Dn. 8:13, 23-25; 9:27).

15[4] Aquí *Lugar Santo* se refiere a los santuarios del templo de Dios (Sal. 68:35; Ez. 7:24; 21:2).

19[1] A las que estén encintas y a las que amamanten les será difícil escapar.

20[1] Durante el invierno es difícil escapar.

20[2] En día de sábado a uno se le permitía recorrer solamente una corta distancia (Hch. 1:12), la cual no sería suficiente para escapar. Aquí la mención del día de sábado indica que los judíos todavía guardarán este día después de la restauración de la nación de Israel. Los discípulos, el auditorio de la palabra del Señor aquí, tenían una doble condición: eran representantes del remanente de los judíos y eran creyentes neotestamentarios, los cuales constituyen la iglesia. En el pasaje donde el Señor hace referencia a los judíos (vs. 4-31), los discípulos representan el remanente de los judíos, mientras que en la sección que trata de la iglesia (24:32—25:30), ellos representan a los creyentes neotestamentarios. En los cuatro evangelios vemos que, con respecto a las circunstancias exteriores, el Señor trataba a Sus discípulos como a judíos, pero en lo relacionado con el espíritu y la vida, los consideraba creyentes neotestamentarios.

21[1] La gran tribulación sucederá en los últimos tres años y medio de esta era. Véase la nota 2[4] de Ap. 11. La gran tribulación de la cual se habla aquí tendrá a Jerusalén como centro y a Judea como circunferencia, mientras que la prueba mencionada en Ap. 3:10 tendrá como centro a Roma y como circunferencia toda la tierra habitada.

22[1] La gran tribulación sólo durará tres años y medio. Véase la nota 2[4] de Ap. 11.

22[2] Lit., ninguna carne.

22[3] Aquí la frase *los escogidos* se refiere a los judíos, al pueblo escogido de Dios (Ro. 11:28). Así también en los versículos siguientes.

23[1] Los judíos rechazaron a Jesús como Mesías y siguen esperando a su Mesías. Necesitan saber que el Mesías, el Cristo, no aparecerá ni aquí ni allá sobre la tierra, sino que descenderá del cielo sobre las nubes.

24 Porque se levantarán [1a]falsos Cristos y [2b]falsos profetas, y [3]harán grandes [c]señales y prodigios, de tal manera que
engañarán, si fuera posible, aun a los [d]escogidos.
25 Mirad que os lo he dicho de antemano.
26 [a]Así que, si os dicen: Mirad, está en el [1]desierto, no
salgáis; o mirad, *está* en los [2]aposentos, no lo creáis.

(2) Cristo viene a la tierra
vs. 27-30

27 Porque así como el [1]relámpago sale del oriente y brilla
hasta el occidente, así será *también* la [2a]venida del Hijo del
Hombre.
28 Dondequiera que esté el [1a]cadáver, allí se juntarán los
[1]buitres.

24a 2 Ts. 2:9
24b Ap. 19:20
24c 2 Ts. 2:9; Ap. 13:13-14
24d Mt. 24:22
26a vs. 26-27: Lc. 17:23-24
27a Mt. 24:3
28a Lc. 17:37

24[1] El anticristo será el último de los falsos cristos y hará señales y prodigios mentirosos con el poder de Satanás, a fin de engañar a los que perecen (2 Ts. 2:3, 9-10).

24[2] La frase *otra bestia,* en Ap. 13:11, se refiere al último de los falsos profetas (Ap. 19:20), quien hará grandes señales para engañar a los moradores de la tierra (Ap. 13:13-14).

24[3] Lit., darán.

26[1] El desierto es un lugar adonde un hombre puede ir si desea separarse del mundo. Esto fácilmente puede hacer que la gente se pregunte si tal hombre es el Mesías, como sucedió en el caso de Juan el Bautista (3:1; Jn. 1:19-20).

26[2] O, cámaras privadas; un lugar donde una persona puede aparentar misticismo para fascinar a la gente.

27[1] La segunda venida de Cristo tiene dos aspectos: uno es secreto, relacionado con los creyentes vigilantes; el otro es visible, relacionado con los judíos y gentiles incrédulos. Aquí el relámpago representa el aspecto visible, el cual ocurrirá después de la gran tribulación (vs. 29-30), mientras que en el v. 43 la venida del ladrón representa el aspecto secreto, que sucederá antes de la gran tribulación. El relámpago puede considerarse algo oculto tras una nube, que espera la oportunidad de estallar. Del mismo modo, Cristo estará envuelto en una nube (Ap. 10:1) en el aire por cierto tiempo y luego aparecerá repentinamente, como un relámpago que cae a la tierra. Entonces, la venida del Señor como relámpago será una señal del fin de Su parusía (véase la nota 3[3]). Esto también implica que el Señor es como la electricidad.

27[2] Véase la nota 3[3]. Así también en los vs. 37 y 39.

28[1] Según el contexto, los vs. 15 y 21 implican que al final de esta era el anticristo será la causa de la gran tribulación. Será necesario juzgarlo y destruirlo. En Adán todos están muertos (1 Co. 15:22); así que el anticristo maligno, quien con sus ejércitos malignos guerreará contra el Señor en Armagedón (Ap. 19:17-21), a los ojos del Señor es un cadáver fétido, y sólo sirve para satisfacer la voracidad de los buitres. Además, en las Escrituras tanto el Señor como aquellos que en El confían son comparados con el águila (Ex. 19:4; Dt. 32:11; Is. 40:31), y los ejércitos veloces y destructores son comparados con águilas en vuelo (Dt. 28:49; Os. 8:1). Así que, sin lugar a dudas los buitres aquí, por ser aves rapaces del género del águila, se refieren a Cristo y los vencedores, quienes vendrán volando como un ejército veloz para guerrear contra el anticristo y sus ejércitos y para destruirlos en Armagedón, ejecutando así el juicio de Dios sobre ellos. Esto no sólo indica que Cristo en Su manifestación aparecerá junto con Sus santos vencedores en el lugar donde el anticristo esté con

29 [a]E inmediatamente [1]después de la tribulación de
aquellos días, el [2]sol se oscurecerá, y la luna no dará su
resplandor, y las estrellas caerán del cielo, y las potencias de
los cielos serán conmovidas.
30 Entonces aparecerá la [1a]señal del Hijo del Hombre en
el cielo; y entonces [2]lamentarán todas las [3b]tribus de la
[3]tierra, y verán al [c]Hijo del Hombre viniendo [4d]sobre las
nubes del cielo, con [5]poder y gran gloria.

(3) Congrega a Israel
v. 31

31 Y enviará a Sus ángeles con gran voz de trompeta, y
[1a]juntarán a Sus [b]escogidos, de los [c]cuatro vientos, desde un
extremo de los [d]cielos hasta el otro.

2. Con respecto a la iglesia
24:32—25:30

a. Velad y estad preparados
24:32-44

32 [1a]Mas de la [2b]higuera aprended la parábola: Cuando ya

29[a] vs. 29-31: Mr. 13:24-27; Lc. 21:25-28
30[a] Mt. 24:3
30[b] Zac. 12:10-14; Ap. 1:7
30[c] Mt. 16:27; 26:64
30[d] Ap. 14:14
31[a] Dt. 30:3-5; Is. 43:5-7; 49:9-13, 22-26; 51:11; 56:8; 60:4; 62:10-12; 27:13; Ez. 34:13; 37:21; 28:25
31[b] Mt. 24:22
31[c] Zac. 2:6
31[d] Dt. 4:32
32[a] vs. 32-36: Mr. 13:28-32; Lc. 21:29-33
32[b] Jer. 24:2, 5, 8; Os. 9:10

sus ejércitos, sino que también Cristo y los vencedores vendrán rápidamente como los buitres desde los cielos. Esto corresponde al relámpago del versículo anterior.

29[1] Esto es una prueba contundente de que Cristo vendrá visiblemente después de la gran tribulación (v. 21).

29[2] Esta calamidad sobrenatural sucederá en los cielos después de la gran tribulación, en la conclusión de esta edad (véase la nota 12[2] de Ap. 6). Esto difiere de la calamidad del sexto sello y la cuarta trompeta (Ap. 6:12-13; 8:12), que sucederá al comienzo de la gran tribulación.

30[1] Es imposible determinar cuál será esta señal. No obstante, debe de ser sobrenatural y claramente visible (tal vez como el relámpago que se menciona en el v. 27), y aparecerá en los cielos.

30[2] Lit., se golpearán el pecho.

30[3] Aquí las tribus son las tribus de la nación de Israel, y la tierra es la Tierra Santa. En la manifestación del Señor, todas las tribus de Israel se arrepentirán y se lamentarán (Zac. 12:10-14; Ap. 1:7).

30[4] Para ese entonces, el Señor ya no estará en las nubes sino sobre las nubes, y los que están en la tierra lo verán. Este es el aspecto visible de Su segunda venida. Véanse las notas 1[2] de Ap. 10 y 14[1] de Ap. 14.

30[5] Cristo en Su primera venida manifestó Su autoridad en acciones tales como echar fuera demonios y sanar enfermedades (Mr. 6:7; Mt. 8:8-9), para vindicarse como Rey celestial; mientras que en Su segunda venida, El ejercerá Su poder para ejecutar el juicio de Dios, a fin de destruir al anticristo y los ejércitos de éste, y para atar a Satanás, a fin de establecer Su reino en la tierra.

31[1] Después de la gran tribulación, al regresar el Señor a la tierra, juntará en la Tierra Santa a los judíos esparcidos por todos los rincones del mundo. Así se cumplirá no sólo lo que el Señor dijo en 23:37, sino también lo que Dios prometió en el Antiguo Testamento (véase la referencia 31[a]).

32[1] *Mas* indica que el v. 32 comienza otra sección. Este pasaje, 24:32—25:30, trata de la iglesia.

32[2] La higuera, que representa a la

su rama [3]está tierna, y [4]brotan las hojas, sabéis que el
[5]verano está cerca.
33 Así también vosotros, cuando veáis [1]todas estas cosas,
sabed que [2]está cerca, a las puertas.
34 De cierto os digo, que no pasará esta [1a]generación
hasta que todo esto acontezca.
35 El cielo y la tierra [a]pasarán, pero Mis [b]palabras no
pasarán jamás.
36 Pero de aquel [a]día y hora nadie sabe, ni aun los ángeles
de los cielos, ni el [1]Hijo, sino sólo el Padre.
37 [a]Porque como fueron los [1]días de Noé, así será la
[b]venida del Hijo del Hombre.
38 [1]Pues así como en los días antes del diluvio estaban
[2]comiendo y bebiendo, casándose y dando en casamiento,
hasta el día en que [a]Noé entró en el arca,

34[a] Mt. 23:36
35[a] Mt. 5:18
35[b] Is. 40:8
36[a] Mt. 25:13; 1 Ts. 5:1, 2; 2 P. 3:10
37[a] vs. 37-39: Lc. 17:26-27
37[b] Mt. 24:3
38[a] Gn. 7:7, 11-12

---

nación de Israel, fue maldecida en 21:19 (véanse las notas). La nación de Israel pasó por un largo invierno desde el siglo primero d. de C. hasta 1948, cuando fue restaurada. En aquel tiempo su rama ya era tierna y brotaron las hojas. Para los creyentes esta higuera es una señal del fin de esta era.

32[3] Una rama tierna es indicio de que al árbol le ha vuelto la vida.

32[4] Las hojas que brotaron representan actividades exteriores.

32[5] El invierno representa el tiempo en que las cosas se secan (21:19), los tiempos de la tribulación (vs. 7-21); el verano representa la era del reino (restaurado, Lc. 21:30-31), la cual comenzará con la segunda venida del Señor.

33[1] *Todas estas cosas* son las cosas predichas en los vs. 7-32.

33[2] La frase *está cerca* se refiere a la restauración del reino de Israel (Hch. 1:6), representada por el verano del v. 32.

34[1] Aquí la palabra *generación* no se refiere a una generación como las que se mencionan en 1:17, las cuales son un período de tiempo o la vida de cierta persona; se refiere a una generación determinada por el lapso en que el pueblo está en cierta condición moral, como las generaciones mencionadas en 11:16; 12:39, 41-42, 45; Pr. 30:11-14.

36[1] El Hijo, en Su posición como Hijo del Hombre (v. 37), no sabe el día ni la hora de Su regreso.

37[1] La venida del Señor (la parusía) será como los días de Noé. Esto indica que cuando la parusía del Señor esté por ocurrir, será como los días de Noé; es decir, la situación que prevalecerá antes de la venida del Señor será como la de los días de Noé.

38[1] La palabra *pues* indica que este versículo explica por qué y en qué sentido la parusía del Señor será como los días de Noé. En los días de Noé prevalecían las siguientes condiciones: (1) la gente estaba embotada con la comida, la bebida y el matrimonio, y (2) ellos no se dieron cuenta de que venía el juicio, sino hasta que llegó el diluvio y se los llevó. De la misma manera, cuando la parusía del Señor esté cerca, la gente estará embotada con las necesidades de esta vida y no se darán cuenta de que el juicio de Dios (representado por el diluvio) vendrá sobre ellos cuando aparezca el Señor. Sin embargo, los creyentes deben ser traídos a la sobriedad y deben saber claramente que Cristo viene para ejecutar el juicio de Dios sobre este mundo corrupto.

39 y no se dieron cuenta *de que venía el juicio* hasta que
vino el diluvio y se los llevó a todos, así será también la
[a]venida del Hijo del Hombre.
40 [1a]Entonces estarán [2]dos [3]en el campo; el uno será
[4]tomado, y el otro será dejado.
41 Dos [1]mujeres estarán [2]moliendo en el molino; la una
será [3]tomada, y la otra será dejada.
42 [1a]Velad, [b]pues, porque no sabéis en qué día viene [1]vuestro Señor.
43 Pero sabed esto, que si el [1]dueño de casa supiese en qué
vigilia el [2a]ladrón habría de venir, velaría, y no permitiría
que penetrasen en su [1]casa.
44 Por tanto, también vosotros estad [a]preparados; porque
el Hijo del Hombre [1]vendrá a la hora que no pensáis.

b. Sed fieles y prudentes
24:45-51

45 ¿Quién es, pues, el esclavo [1a]fiel y [1]prudente, al cual

39[a] Mt. 24:3
40[a] vs. 40-41: Lc. 17:34-36
42[a] Mt. 25:13; Lc. 21:36
42[b] vs. 42-51: Lc. 12:39-46; cfr. Mr. 13:33-37
43[a] Ap. 3:3; 16:15; 1 Ts. 5:2; 2 P. 3:10
44[a] Mt. 25:10
45[a] Mt. 25:21, 23; 1 Co. 4:1-2; Lc. 16:10

38[2] Al principio comer, beber y casarse fueron ordenados por Dios para la subsistencia del hombre. Pero debido a la concupiscencia del hombre, Satanás puede emplear estas necesidades de la vida humana para ocupar al hombre y alejarlo de los intereses de Dios. A fines de esta era, cuando esté cerca la parusía del Señor, esta situación se intensificará.

40[1] *Entonces* indica que algunos de los creyentes sobrios y vigilantes serán tomados mientras la gente mundana esté embotada por las cosas materiales e ignore que el juicio viene. Los que estén embotados e insensibilizados deberían ver esto como una señal de la venida de Cristo.

40[2] Estos hombres deben de ser hermanos en Cristo.

40[3] Las expresiones *en el campo* y *estarán moliendo* indican el hecho de ganarse el sustento trabajando. Aunque los creyentes no deben estar embotados por las necesidades de esta vida, necesitan ganarse el sustento trabajando. El pensamiento de abandonar el trabajo con el cual uno se gana la vida, es otro extremo de la táctica de Satanás.

40[4] Esto equivale a ser arrebatado antes de la gran tribulación. Este arrebatamiento es una señal de la venida (la parusía) del Señor y es una señal para los judíos.

41[1] Estas mujeres deben de ser hermanas en el Señor.

41[2] Véase la nota 40[3].

41[3] Véase la nota 40[4].

42[1] La expresión *velad, pues* y las palabras *vuestro Señor* comprueban que los dos hombres y las dos mujeres de los vs. 40 y 41 son creyentes. El Señor no exhortaría a los incrédulos a que velaran, ni tampoco Cristo es Señor de los incrédulos.

43[1] *Dueño de casa* se refiere al creyente, y *casa* a la conducta y la obra del creyente en su vida cristiana.

43[2] Un ladrón viene en un momento inesperado para robar cosas preciosas. El Señor vendrá secretamente, como ladrón, a los que le aman, y se los llevará como sus tesoros. Por tanto, debemos velar (v. 42).

44[1] Esta es la venida secreta del Señor a los vencedores vigilantes.

45[1] Se muestra fidelidad para con el Señor, pero se ejerce prudencia para con los creyentes. Uno vela con el fin de ser arrebatado y llevado a la

puso su señor sobre su [2]casa para que les [3]dé el alimento a
su debido tiempo?
46 [1]Bienaventurado aquel esclavo al cual, cuando su señor venga, le halle haciendo así.
47 De cierto os digo que [1]sobre todos sus bienes le [a]pon-
drá.
48 Pero si aquel [1]esclavo malo dice en su corazón: Mi
señor [a]tarda *en venir;*
49 y comienza a [1]golpear a sus consiervos, y [2]come y bebe
con [a]los que se emborrachan,
50 vendrá el señor de aquel esclavo en [a]día que éste no
espera, y a la hora que no sabe,
51 y le [1]separará, y pondrá su [2]parte con los [3]hipócritas;
allí será el [4a]llanto y el crujir de dientes.

47[a] Mt. 25:21, 23
48[a] Mt. 25:5; He. 10:37
49[a] 1 Ts. 5:7
50[a] Mt. 24:36
51[a] Mt. 25:30; 22:13; 8:12

CAPITULO 25

c. La parábola sobre la necesidad de velar 25:1-13

1 Entonces el [1a]reino de los cielos será semejante a [2]diez

1[a] Mt. 13:24

presencia del Señor (v. 42); uno es fiel con el fin de reinar en el reino (v. 47).

45[2] Se refiere a los creyentes (Ef. 2:19), quienes constituyen la iglesia (1 Ti. 3:15).

45[3] Dar alimento se refiere a ministrar la palabra de Dios y Cristo como suministro de vida a los creyentes en la iglesia.

46[1] Aquí ser bienaventurado significa recibir como recompensa la autoridad para reinar en la manifestación del reino.

47[1] En la manifestación del reino de los cielos, el Señor pondrá al esclavo fiel sobre todos Sus bienes. Esto será su recompensa.

48[1] El esclavo malo es un creyente salvo, como se ve en el hecho de que: (1) fue designado por el Señor (v. 45); (2) llamó al Señor "mi Señor"; y (3) creyó que el Señor vendría.

49[1] Esto significa tratar mal a los demás creyentes.

49[2] Esto significa asociarse con la gente mundana, quienes se embriagan de cosas mundanas.

51[1] Se refiere al hecho de ser separado del Cristo glorioso, de la gloria de Su reino y de Su gloriosa presencia en Su reino, y a ser privado de tener parte en Cristo y en la gloria de Su reino en la manifestación del mismo, lo cual disfrutarán los esclavos fieles (v. 45; 25:21, 23). Esto corresponde a la frase *echadle en las tinieblas de afuera,* que se encuentra al final de la parábola de los talentos (25:14-30), la cual completa esta sección, vs. 45-51.

51[2] Esto no significa perecer eternamente, sino ser castigado dispensacionalmente. Véase la nota 28[1] de He. 12.

51[3] Véase la nota 2[2] del cap. 6.

51[4] Véase la nota 12[3] del cap. 8.

1[1] Véanse las notas 3[4] del cap. 5 y 3[1] y 24[1] del cap. 13.

1[2] Diez constituye la mayor parte de doce (Gn. 42:3-4; 1 R. 11:30-31; Mt. 20:24). Así que, las diez vírgenes representan la mayoría de los creyentes, los cuales habrán muerto antes de la venida del Señor. Los dos hombres o las dos mujeres que se mencionan en 24:40-41 representan a los demás

[3b]vírgenes que, tomando sus [4c]lámparas, [5]salieron al [d]en-
cuentro del [6e]novio.
2 [1a]Cinco de ellas eran [2b]insensatas y [1]cinco [c]prudentes.
3 Porque las insensatas, tomando sus lámparas, no tomaron consigo [1]aceite;
4 mas las prudentes tomaron aceite en sus [1a]vasijas,
juntamente con sus lámparas.
5 Y [a]tardándose el novio, [1b]cabecearon todas y se [2c]dur-
mieron.
6 Y a la [1]medianoche se oyó un [2a]grito: ¡He aquí el novio!
¡Salid a su [3]encuentro!

1b 2 Co. 11:2
1c Lc. 12:35; Mt. 5:15-16
1d cfr. Fil. 3:20; Tit. 2:13
1e Jn. 3:29; Mt. 9:15
2a cfr. Ex. 26:3, 26-27, 37; 27:1, 18
2b Mt. 7:26
2c Mt. 7:24; 24:45; Lc. 16:8
4a Ro. 9:21, 23
5a Mt. 24:48
5b cfr. 1 Co. 11:30
5c 1 Ts. 4:13-14, 16
6a 1 Ts. 4:16

creyentes, los cuales vivirán hasta la venida del Señor.

1[3] Las vírgenes representan a los creyentes en el aspecto de la vida (2 Co. 11:2). Los creyentes, quienes son el pueblo del reino, son como vírgenes puras. Como tales, llevan el testimonio del Señor (la lámpara) en la edad oscura y salen del mundo al encuentro del Señor. Para esto necesitan que el Espíritu Santo no sólo more en ellos, sino que también los llene.

1[4] Las lámparas representan el espíritu de los creyentes (Pr. 20:27), el cual contiene el Espíritu de Dios como aceite (Ro. 8:16). Los creyentes irradian la luz del Espíritu de Dios desde el espíritu de ellos. De esta manera, llegan a ser la luz del mundo y resplandecen como lámparas en la oscuridad de este siglo (5:14-16; Fil. 2:15-16), siendo el testimonio del Señor para la glorificación de Dios.

1[5] *Salieron* significa que los creyentes salen del mundo al encuentro del Cristo que viene hacia ellos.

1[6] El novio representa a Cristo quien es agradable y atractivo (Jn. 3:29; Mt. 9:15).

2[1] El número cinco se compone de cuatro más uno, lo cual significa que el hombre (representado por el número cuatro) al cual Dios (representado por el número uno) ha sido añadido, tiene la responsabilidad. El hecho de que cinco vírgenes sean insensatas y que cinco sean prudentes, no indica que la mitad de los creyentes es insensata y que la otra mitad es prudente. Indica que todos los creyentes tienen la responsabilidad de ser llenos del Espíritu Santo.

2[2] El hecho de que sean insensatas no indica que estas cinco vírgenes son falsas. En naturaleza ellas son iguales a las cinco prudentes.

3[1] El aceite representa al Espíritu Santo (Is. 61:1; He. 1:9).

4[1] El hombre es un vaso hecho para Dios (Ro. 9:21, 23-24), y su personalidad está en su alma. Por tanto, aquí las vasijas representan las almas de los creyentes. Las cinco vírgenes prudentes no sólo tienen aceite en sus lámparas, sino que también toman aceite en sus vasijas. El hecho de que tengan aceite en sus lámparas significa que el Espíritu de Dios mora en su espíritu (Ro. 8:9, 16), y el hecho de que tomen aceite en sus vasijas significa que el Espíritu de Dios llena y satura sus almas.

5[1] Cabecear significa enfermarse (Hch. 9:37; 1 Co. 11:30).

5[2] El sueño representa la muerte (1 Ts. 4:13-16; Jn. 11:11-13). Al tardarse el Señor en regresar, la mayoría de los creyentes se enfermarán y luego morirán.

6[1] La medianoche representa el momento más oscuro de esta edad de tinieblas (la noche). Aquel tiempo será el fin de esta era, el tiempo de la gran tribulación.

6[2] Este grito es la voz del arcángel (1 Ts. 4:16).

6[3] Una palabra diferente de *encuentro* en el v. 1. La palabra que se usa en el v. 1 se refiere a reunirse con alguien a solas y en secreto, mientras

7 Entonces todas aquellas vírgenes se [1a]levantaron, y
[2]arreglaron sus lámparas.
8 Y las insensatas dijeron a las prudentes: [1]Dadnos de
vuestro aceite; porque nuestras lámparas se [2]apagan.
9 Mas las prudentes respondieron diciendo: No sea que
[1]no haya suficiente para nosotras ni para vosotras, id más
bien a [2a]los que venden, y [3b]comprad para vosotras mismas.
10 Pero mientras ellas iban a comprar, [1a]vino el novio; y
[2]las que estaban [3b]preparadas [4]entraron con él a las [5c]bodas;
y se [d]cerró la [6]puerta.

7[a] 1 Co. 15:52; 1 Ts. 4:16
9[a] cfr. Zac. 4:3, 12-14; Ap. 11:4
9[b] cfr. Ap. 3:18
10[a] 1 Ts. 4:16
10[b] Mt. 24:44; cfr. Ap. 19:7
10[c] Mt. 22:4; Ap. 19:9
10[d] cfr. Lc. 13:25-27

---

que la palabra aquí se refiere a reunirse con alguien públicamente conforme a un plan y una ceremonia.

7[1] Levantarse hace referencia a la resurrección de entre los muertos (1 Ts. 4:14). Esta es la resurrección predicha en 1 Ts. 4:16 y 1 Co. 15:52.

7[2] Lit., adornaron. La expresión *arreglaron sus lámparas* significa que las vírgenes se ocuparon del testimonio de su vida. Esto indica que en cuanto a vivir para el testimonio del Señor si no hemos sido perfeccionados antes de nuestra muerte, tendremos que serlo después de la resurrección.

8[1] Implica que aun después de que los creyentes insensatos sean resucitados, todavía necesitarán que el Espíritu Santo los llene.

8[2] La expresión *se apagan* comprueba que las lámparas de las vírgenes insensatas estaban encendidas; contenían algo de aceite, pero no tenían una provisión suficiente. Las vírgenes insensatas representan a los creyentes que son regenerados por el Espíritu de Dios y en los cuales mora el Espíritu de Dios, pero que no han sido llenos de El lo suficiente como para que todo su ser esté saturado de El.

9[1] Nadie puede llenarse del Espíritu Santo en lugar de otros.

9[2] Aquí los que venden aceite deben de ser los dos testigos que aparecen durante la gran tribulación, es decir, los dos olivos y los dos hijos de aceite (Ap. 11:3-4 y las notas; Zac. 4:11-14).

9[3] *Comprad* indica que se debe pagar un precio. Para ser lleno del Espíritu Santo hay que pagar un precio, tal como renunciar al mundo, negar el yo, amar al Señor por encima de todo y estimar todas las cosas como pérdida por amor de Cristo. Si hoy en día no pagamos este precio, tendremos que pagarlo después de resucitar.

10[1] Esta es la venida del Señor a los aires (1 Ts. 4:16), y forma parte de Su venida (Su parusía).

10[2] Debe de referirse a los invitados a la cena de las bodas del Cordero (Ap. 19:9 y la nota 1).

10[3] Debemos estar preparados (24:44) y siempre tener aceite en nuestra vasija, debemos estar siempre llenos del Espíritu de Dios en todo nuestro ser. Velar y mantenernos preparados debe ser nuestro ejercicio diario para la venida (la parusía) del Señor.

10[4] Se refiere al arrebatamiento de los creyentes resucitados y llevados a los aires (1 Ts. 4:17) cuando el Señor descienda allí.

10[5] Esta es la cena de las bodas del Cordero (Ap. 19:9), la cual se realizará en los aires (1 Ts. 4:17) durante el transcurso de la venida (la parusía) del Señor. Sucederá antes de la manifestación del reino y será un disfrute mutuo con el Señor, una recompensa que será dada a los creyentes que estén preparados, es decir, equipados por haber sido llenos del Espíritu Santo antes de morir.

10[6] Esta no es la puerta de la salvación, sino la puerta por la cual uno entra en el disfrute de las bodas del Señor.

11 Después [1]vinieron también las otras vírgenes, diciendo: ¡[a]Señor, señor, ábrenos!
12 Mas él, respondiendo, dijo: De cierto os digo, que [1]no os
conozco.
13 [1a]Velad, pues, porque no sabéis el [b]día ni la hora.

d. La parábola sobre la necesidad de ser fieles
25:14-30

14 [a]Porque *el* [1]*reino de los cielos es* como un [2]hombre que
al irse al [2b]extranjero, llamó a sus [3c]esclavos y les entregó
[4]sus [d]bienes.
15 A uno dio cinco [1a]talentos, y a otro dos, y a otro uno, a
cada uno conforme a [2]su capacidad; y se fue.

11[a] cfr. Mt. 7:21-23
13[a] Mt. 24:42; Lc. 12:37; Ap. 16:15
13[b] Mt. 24:36
14[a] vs. 14-30: cfr. Lc. 19:12-27
14[b] Mt. 21:33; Mr. 13:34
14[c] 1 Co. 7:22-23; 2 P. 1:1; Jac. 1:1; Ro. 1:1
14[d] Ef. 1:18
15[a] Ro. 12:6; 1 Co. 12:4; 1 P. 4:10; 2 Ti. 1:6

11[1] Aquí los creyentes resucitados se presentarán ante el Señor, evento que ocurre más tarde debido a su falta de preparación.

12[1] La expresión *no os conozco* conlleva el sentido de *no os reconozco, no os apruebo,* como en Lc. 13:25. Las vírgenes insensatas tenían sus lámparas encendidas, salieron al encuentro del Señor, murieron y fueron resucitadas y arrebatadas, pero tardaron en pagar el precio para que el Espíritu Santo las llenara. Debido a esto el Señor no las quiso reconocer, o aprobar, para que así no participaran en las bodas. Ellas pierden esta recompensa dispensacional, pero no su salvación eterna.

13[1] Esta palabra, la misma usada en 24:42, indica que los vs. 1-13 completan la sección 24:40-44, la cual se refiere a que los creyentes velan con miras a ser arrebatados. Los vs. 40-44 del cap. 24 revelan el arrebatamiento de los creyentes que estén vivos y preparados. Los vs. 1-13 de este capítulo son necesarios para revelar el arrebatamiento de los que ya han muerto y que serán resucitados.

14[1] Esta parábola, tal como la de las diez vírgenes, tiene que ver con el reino de los cielos.

14[2] Aquí el hombre es Cristo, quien estaba a punto de ir al extranjero, es decir, a los cielos.

14[3] Los esclavos representan a los creyentes en el aspecto del servicio (1 Co. 7:22-23; 2 P. 1:1; Jac. 1:1; Ro. 1:1). La condición de los creyentes con relación a Cristo tiene dos aspectos: en vida son vírgenes que viven por El; en servicio, en la obra, ellos son los esclavos que El ha comprado y que le sirven a El.

14[4] *Sus bienes* representan la iglesia (Ef. 1:18) compuesta de todos los creyentes, quienes constituyen la casa de Dios (24:45).

15[1] Un talento, la unidad de peso más grande, valía 6,000 denarios (véase la nota 7[1] de Jn. 6). En la parábola de las vírgenes, el aceite representa el Espíritu de Dios (vs. 3-4), mientras que en esta parábola, los talentos representan los dones espirituales (Ro. 12:6; 1 Co. 12:4; 1 P. 4:10; 2 Ti. 1:6). En cuanto a la vida necesitamos el aceite, el Espíritu de Dios, y necesitamos que El nos llene, a fin de que podamos vivir como vírgenes para el testimonio del Señor; en cuanto al servicio, la obra, necesitamos el talento, el don espiritual, para ser equipados como buenos esclavos a fin de llevar a cabo lo que el Señor quiere realizar. Ser llenos del Espíritu en vida nos capacita para usar el don espiritual en el servicio (en la obra); y el don espiritual en el servicio corresponde a ser llenos del Espíritu en vida, lo cual nos hace miembros perfectos de Cristo.

15[2] *Su capacidad* indica la capacidad natural, la cual se compone de lo

16 Inmediatamente el que había recibido cinco talentos
fue y [1]negoció con ellos, y [2]ganó otros cinco.
17 Asimismo el *que había recibido* dos, ganó otros dos.
18 Pero el que había recibido [1]uno fue y [2]cavó en la tierra,
y [3]escondió el dinero de su señor.
19 Después de [1]mucho tiempo [2]vino el señor de aquellos
esclavos, y [3a]arregló cuentas con ellos.
20 Y [1]acercándose el que había recibido cinco talentos,
trajo otros cinco talentos, diciendo: Señor, cinco talentos me
entregaste; mira, [2]otros cinco talentos he ganado.
21 Su señor le dijo: Bien, esclavo bueno y [a]fiel; sobre [1]poco
has sido fiel, [2]sobre [3]mucho te [b]pondré; entra en el [4c]gozo de
tu señor.

19[a] Mt. 18:23; 2 Co. 5:10; Ro. 14:10; 1 Co. 4:5; Mt. 16:27

21[a] Mt. 25:23; 24:45

21[b] Mt. 24:47; Lc. 12:44

21[c] He. 12:2

---

que somos como seres creados por Dios y de nuestro aprendizaje.

16[1] Negociar con los talentos equivale a usar el don que el Señor nos ha dado.

16[2] La expresión *ganó otros cinco* (talentos) significa que el don que recibimos del Señor ha sido usado a su máximo potencial, sin pérdida ni desperdicio alguno.

18[1] Esta parábola hace hincapié principalmente en el que recibió un solo talento, es decir, el don más pequeño. Es muy fácil que los menos dotados no utilicen bien su don o que no lo tengan en cuenta.

18[2] La tierra representa al mundo; por lo tanto, cavar en la tierra significa involucrarse con el mundo. Cualquier asociación con el mundo, cualquier participación en él, incluso una pequeña conversación mundana, enterrará el don que hemos recibido del Señor.

18[3] La expresión *escondió el dinero de su señor* significa inutilizar el don del Señor, desperdiciándolo con ciertos pretextos mundanos. Poner cualquier pretexto por no usar el don del Señor equivale a esconderlo. Este peligro siempre se encuentra en aquellos que han recibido un solo talento, aquellos que consideran su don como el más pequeño.

19[1] *Mucho tiempo* se refiere a toda la edad de la iglesia.

19[2] Se refiere al descenso del Señor a los aires (1 Ts. 4:16) en Su venida (Su parusía). Después de enterrar el talento, el esclavo malo pensaba que todo estaría bien. No tenía la menor idea de que su señor vendría para arreglar cuentas con él.

19[3] La expresión *arregló cuentas* indica el juicio del Señor en Su tribunal (2 Co. 5:10; Ro. 14:10) en los aires (durante Su parusía), donde la vida, la conducta y las obras de los creyentes serán juzgadas para recompensarlos o castigarlos (1 Co. 4:5; Mt. 16:27; Ap. 22:12; 1 Co. 3:13-15). Véase la nota 35[1] de He. 10.

20[1] Esto significa comparecer ante el tribunal de Cristo.

20[2] Ganar otros cinco talentos es el resultado del empleo máximo del don de cinco talentos.

21[1] *Poco* indica la obra del Señor en esta era.

21[2] *Sobre* indica la autoridad para reinar en el reino venidero.

21[3] *Mucho* indica las responsabilidades del reino venidero.

21[4] *El gozo de tu señor* indica el disfrute del Señor en el reino venidero. Esto se refiere a la satisfacción interior, no a la posición exterior. Participar del gozo del Señor constituye la recompensa más grande, y es mejor que la gloria y la posición en el reino.

22 Acercándose también el *que había recibido* dos talentos, dijo: Señor, dos talentos me entregaste; mira, otros dos talentos he ganado.

23 Su señor le dijo: [1]Bien, esclavo bueno y fiel; sobre poco has sido fiel, sobre mucho te [2]pondré; entra en el gozo de tu señor.

24 Pero [1]acercándose también el que había recibido un talento, dijo: Señor, te [2]conocía que eres [3]hombre duro, que siegas donde [4]no sembraste y recoges donde [4]no [5]aventaste;

25 por lo cual [1]tuve miedo, y [2]fui y escondí tu talento en la tierra; mira, *aquí* [3]tienes lo que es tuyo.

26 Respondiendo su señor, le dijo: Esclavo [a]malo y [b]perezoso, sabías que [1]siego donde no sembré, y que recojo donde no aventé.

27 Por tanto, debías haber [1]entregado mi dinero a los banqueros, y al venir yo, hubiera recobrado lo que es mío con los [2]intereses.

26[a] Mt. 18:32
26[b] Pr. 20:4; Ro. 12:11

23[1] El Señor le dirige el mismo cumplido que al de los cinco talentos.

23[2] Esta es la misma recompensa que el Señor dio al que tenía cinco talentos. Aunque el don otorgado al que había recibido dos talentos era más pequeño que el don otorgado al de los cinco talentos, la evaluación y la recompensa del Señor fueron las mismas en ambos casos. Esto indica que la evaluación y la recompensa del Señor no están relacionadas con nuestras obras, por muy numerosas y buenas que sean, sino con nuestra fidelidad al usar el don a su máximo potencial. El que tenía un solo talento habría sido felicitado y recompensado de la misma manera si hubiera sido fiel como los otros.

24[1] El que había recibido un solo talento y no había producido ninguna ganancia para el Señor, también compareció ante el tribunal de Cristo en los aires. Esto demuestra que no sólo era salvo, sino que también había sido arrebatado a los aires. Ningún incrédulo podrá ser arrebatado ni podrá comparecer ante el tribunal de Cristo.

24[2] La palabra griega se refiere al conocimiento exterior y objetivo, no a la comprensión interior y subjetiva.

24[3] Aparentemente, el Señor es duro por ser tan estricto. El exige que usemos el don al máximo para Su obra, lo cual requiere nuestra entrega absoluta.

24[4] Aparentemente, la obra del Señor comienza siempre en cero; parece exigir que trabajemos por El sin nada, segando donde no sembró y recogiendo donde no aventó. Aquel que recibió un talento no debe tomar eso como pretexto para descuidar el uso de su don; más bien, debería sentirse obligado a ejercitar su fe para usar su don al máximo.

24[5] Lit., esparciste. Así también en el v. 26.

25[1] Tener miedo es algo negativo. Nosotros al contrario, debemos ser positivos y agresivos al usar el don del Señor.

25[2] Esto denota mucha pasividad. Debemos ser activos en la obra del Señor.

25[3] No es suficiente sólo guardar el don del Señor y no perderlo; debemos utilizarlo y sacar provecho de ello.

26[1] El Señor reconoce que El es estricto en lo que exige de Sus esclavos para Su obra.

27[1] Se refiere al uso del don del

28 [1]Quitadle, pues, el talento, y [2]dadlo al que tiene diez
talentos.
29 Porque [1a]a todo el que tiene, le será dado, y tendrá en
abundancia; pero al que no tiene, aun lo que tiene le será
quitado.
30 Y al esclavo inútil [1a]echadle en las [2]tinieblas de afuera;
[3]allí será el [4b]llanto y el crujir de dientes.

3. Con respecto a las naciones
25:31-46

a. Cristo viene para ser entronizado en gloria
v. 31

31 [1]Pero cuando el [2a]Hijo del Hombre [3b]venga en Su [4]glo-
ria, y todos los ángeles con El, entonces se sentará en el
[5c]trono de Su gloria,

b. Reúne a todas las naciones para llevar a cabo el juicio
vs. 32-46

32 y serán reunidas [a]delante de El todas las [1b]naciones; y

29[a] Mt. 13:12; Mr. 4:25; Lc. 8:18

30[a] Mt. 8:12; 22:13

30[b] Mt. 24:51

31[a] Mt. 8:20

31[b] Mt. 16:27; Zac. 14:5; Jud. 14

31[c] Mt. 19:28; Lc. 1:32-33; Jer. 3:17

32[a] Hch. 10:42; 2 Ti. 4:1

32[b] Jl. 3:12

Señor para salvar a la gente y suministrarles Sus riquezas.

27[2] *Intereses* indica el resultado provechoso que obtenemos para la obra del Señor al usar Su don.

28[1] Esto significa que en el reino venidero a los creyentes perezosos se les quitará el don que el Señor les había dado.

28[2] Esto significa que el don de los creyentes fieles será aumentado.

29[1] A todo aquel que produzca ganancia en la era de la iglesia, se le dará más dones en la era del reino venidero; pero al que no ha ganado nada en la era de la iglesia, aún el don que tenga se le quitará en la era del reino venidero.

30[1] Véase la nota 13[2] del cap. 22.

30[2] Véanse las notas 12[2] del cap. 8 y 13[2] del cap. 22.

30[3] Esta palabra, la misma usada en 24:51, indica que los vs. 14-30 completan 24:45-51. Ambas secciones tratan de la fidelidad que se necesita para la obra del Señor. Los vs. 45-51 del cap. 24 hablan de la falta de fidelidad de un esclavo que no cumplió la comisión del Señor. Los vs. 14-30 de este capítulo son necesarios para que sea juzgada la falta de fidelidad de un esclavo que no usó el talento del Señor.

30[4] Véase la nota 12[3] del cap. 8.

31[1] *Pero* indica que los vs. 31-46 forman otra sección, la que trata de los gentiles.

31[2] *Hijo del Hombre* es el título de Cristo en relación con Su reino, el reino mesiánico (13:41). Su juicio aquí es una preparación para ese reino.

31[3] Este es el aspecto visible de la venida del Señor. (Véanse las notas 27[1] y 37[1] del cap. 24.) Será la continuación de Su venida, mencionada en 24:30.

31[4] La gloria del Señor consta de la gloria de Su divinidad (Jn. 17:22, 24), la gloria de Su humanidad (Sal. 45:3), la gloria de Su resurrección (Jn. 7:39; Hch. 3:13-15), y la gloria de Su ascensión (He. 2:9).

31[5] El trono de David (Lc. 1:32-33), el cual estará en Jerusalén (19:28; Jer. 3:17).

32[1] *Todas las naciones* se refiere a todos los gentiles que hayan quedado cuando Cristo regrese a la tierra, después de destruir a los gentiles que sigan al anticristo en Armagedón (Ap. 16:14, 16; 19:11-15, 19-21). Estos

32[c] Sal. 100:1-3
33[a] cfr. Mt. 26:64
34[a] Lc. 19:38; Ap. 17:14; 19:16
34[b] Sal. 37:22
34[c] Mt. 13:35
35[a] Mt. 10:42

separará los unos de los otros, como separa el [2c]pastor las ovejas de los cabritos.

33 Y pondrá las ovejas a Su [1a]derecha, y los cabritos a la izquierda.

34 Entonces el [a]Rey dirá a los de Su derecha: Venid, [b]benditos de Mi Padre, [1]heredad el reino preparado para vosotros [2c]desde la fundación del mundo.

35 Porque tuve [1]hambre, y me disteis de comer; tuve sed, y me disteis de [a]beber; fui forastero, y me acogisteis;

36 estuve desnudo, y me vestisteis; enfermo, y me visitasteis; en la cárcel, y vinisteis a Mí.

37 Entonces los justos le responderán diciendo: Señor, ¿cuándo te vimos hambriento, y te dimos de comer, o sediento, y te dimos de beber?

38 ¿Y cuándo te vimos forastero, y te acogimos, o desnudo, y te vestimos?

39 ¿O cuándo te vimos enfermo, o en la cárcel, y vinimos a Ti?

40 Y respondiendo el Rey, les dirá: De cierto os digo que

---

gentiles que hayan quedado vivos serán reunidos y juzgados ante el trono de gloria de Cristo. Este será el juicio de Cristo sobre los vivos antes del milenio (Hch. 10:42; 2 Ti. 4:1). Es diferente de Su juicio sobre los muertos en el gran trono blanco después del milenio (Ap. 20:11-15) y sucederá en la tierra después del juicio de los creyentes en Su tribunal en los aires (vs. 19-30).

32[2] El Señor es el Pastor no sólo de los creyentes (Jn. 10:11; He. 13:20) y de los judíos (Sal. 80:1; Jer. 31:10), sino también de todos los gentiles (Sal. 100:1-3).

33[1] El lugar de honor (1 R. 2:19; Sal. 45:9).

34[1] Después del juicio ante Cristo en Su trono de gloria, las "ovejas" serán trasladadas al milenio para ser el pueblo que vivirá bajo el reinado de Cristo y de los creyentes vencedores (Ap. 2:26-27; 12:5; 20:4-6) y bajo el ministerio sacerdotal de los judíos salvos (Zac. 8:20-23). De esta manera las "ovejas" heredarán el reino (venidero). En el milenio habrá tres secciones: (1) la tierra, donde reposará la bendición de Dios en Su creación, como se menciona en Gn. 1:28-30; (2) la nación de Israel en Canaán, que se extenderá del Nilo al Eufrates, y de donde los judíos salvos reinarán sobre toda la tierra (Is. 60:10-12; Zac. 14:16-18); y (3) la sección celestial y espiritual (1 Co. 15:50-52), la manifestación del reino de los cielos, donde los creyentes vencedores disfrutarán la recompensa del reino (5:20; 7:21). El reino que las "ovejas" heredarán constituye la primera sección.

34[2] La bendición de la primera sección del milenio, la bendición de la creación, fue preparada para las "ovejas" desde la fundación del mundo, mientras que la bendición de la tercera sección, la bendición del reino celestial y espiritual, fue ordenada para los creyentes antes de la fundación del mundo (Ef. 1:3-4).

35[1] Todos los sufrimientos mencionados en los vs. 35-39 caerán sobre los creyentes que serán dejados para ser probados (Ap. 3:10 y la nota 2) durante la gran tribulación (24:21).

por cuanto lo [1]hicisteis a uno de [2]estos Mis [3a]hermanos más
[b]pequeños, a [4c]Mí lo hicisteis.
41 Entonces dirá también a los de la izquierda: Apartaos
de Mí, malditos, al [1a]fuego eterno [2]preparado para el diablo
y sus [b]ángeles.
42 Porque tuve hambre, y no me disteis de comer; tuve
sed, y no me disteis de beber;
43 fui forastero, y no me acogisteis; estuve desnudo, y no
me vestisteis; enfermo, y en la cárcel, y no me visitasteis.
44 Entonces también ellos le responderán diciendo: Señor, ¿cuándo te vimos hambriento, o sediento, o forastero, o
desnudo, o enfermo, o en la cárcel, y no te asistimos?
45 Entonces les responderá diciendo: De cierto os digo
que por cuanto [1]no lo hicisteis a uno de estos más pequeños,
tampoco a [a]Mí lo hicisteis.
46 E irán éstos al [1]castigo eterno, mas los [2]justos [3a]a la
vida eterna.

CAPITULO 26

F. La consumación del rechazo
26:1—27:66

1. La cuarta vez que se revela la crucifixión
26:1-2

1 Y aconteció que cuando Jesús terminó todas estas
palabras, dijo a Sus discípulos:

40[a] Mt. 28:10; Jn. 20:17; Ro. 8:29; He. 2:11-12, 17
40[b] Mt. 10:42
40[c] Mt. 10:40
41[a] Ap. 20:10, 15; 19:20; 14:10; Mt. 18:8; Mr. 9:48
41[b] Ap. 12:7; 2 P. 2:4; Jud. 6
45[a] Hch. 9:4-5; Lc. 10:16
46[a] cfr. Jn. 3:15-16; Mt. 19:29

40[1] Esto sucederá durante la gran tribulación, cuando los creyentes serán perseguidos por el anticristo (Ap. 13:6-7; 20:4).

40[2] *Estos* debe de referirse a los creyentes que venzan la persecución del anticristo (Ap. 15:2 y la nota 2). Ellos estarán con Cristo durante este juicio.

40[3] Los hermanos de Cristo son Sus creyentes (12:49-50).

40[4] Cristo es uno con los creyentes, quienes son Sus miembros, como se indica en Hch. 9:4.

41[1] El lago de fuego (Ap. 20:14-15). Los "cabritos" perecerán en el lago de fuego, después del anticristo y el falso profeta (Ap. 19:20) y antes del diablo y los pecadores resucitados (Ap. 20:10, 15). Esto forma parte del cumplimiento de Ap. 14:10.

41[2] El lago de fuego fue preparado para el diablo y sus ángeles, y no para el hombre. Sin embargo, si un hombre sigue al diablo y se opone al Señor, tal hombre tendrá su parte en el lago de fuego con el diablo y los ángeles caídos.

45[1] Esto también sucederá durante la persecución del anticristo.

46[1] Esto equivale a perecer en el lago de fuego (v. 41).

46[2] Durante la persecución llevada a cabo por el anticristo, será predicado el evangelio eterno a las naciones (Ap. 14:6-7 y las notas), como se muestra en la parábola de la red en 13:47-50, con el fin de que los creyentes que

2[a] Lv. 23:5; Jn. 13:1; 1 Co. 5:7
2[b] Mt. 16:21; 17:22-23; 20:18-19
3[a] Jn. 11:47; Hch. 4:26-27
3[b] Mt. 26:57; Lc. 3:2; Jn. 11:49; 18:13; Hch. 4:6
4[a] Mt. 22:15
4[b] Mt. 21:46; Jn. 7:30
4[c] Lc. 19:47; Jn. 11:53
5[a] Mt. 27:24
6[a] vs. 6-13: Mr. 14:3-9; Jn. 12:1-8; cfr. Lc. 7:36-39
6[b] Mt. 21:17; Jn. 11:1, 18

2 Sabéis que dentro de dos días se celebra la [1a]Pascua, y el Hijo del Hombre será [b]entregado para ser crucificado.

2. La confabulación de la religión contra El
26:3-5

3 Entonces los principales sacerdotes y los ancianos del pueblo se [a]reunieron en el patio del sumo sacerdote llamado [b]Caifás,

4 y tuvieron [a]consejo entre sí para [b]prender con engaño a Jesús, y [c]matarle.

5 Pero decían: [1]No durante la fiesta, para que no se haga [a]alboroto en el pueblo.

3. Amado por los discípulos queridos
26:6-13

6 [a]Y estando Jesús en [b]Betania, en casa de Simón el [1]leproso,

7 se acercó a El una mujer, con un frasco de alabastro de ungüento de gran precio, y lo derramó sobre la cabeza de El, mientras estaba reclinado *a la mesa*.

---

queden en la tierra sean preservados. Luego el Señor juzgará a las naciones, no conforme a la ley de Moisés ni al evangelio de Cristo, sino conforme al evangelio eterno. Esto forma parte de las dispensaciones de Dios. Aquellos que obedezcan ese evangelio y traten bien a los creyentes que sufren, serán bendecidos y considerados justos, y heredarán el reino (v. 34); pero los demás serán maldecidos (v. 41) y perecerán por la eternidad.

46[3] El evangelio de la gracia (Hch. 20:24) introduce la vida eterna en los creyentes (Jn. 3:15-16) para que vivan por la vida de Dios, mientras que el evangelio eterno conduce las “ovejas” a la vida eterna para que vivan en la esfera de la vida de Dios.

2[1] La Pascua tipificaba a Cristo (1 Co. 5:7). Cristo fue hecho el Cordero de Dios para que Dios pasara de nosotros, los pecadores, como es tipificado por la pascua en Ex. 12. Para cumplir el tipo, Cristo como Cordero pascual tuvo que ser inmolado el día de la Pascua.

Según el tipo presentado en Ex. 12:3-6, el cordero pascual debía ser examinado durante los cuatro días que precedían a la Pascua. Antes de la crucifixión, Cristo fue a Jerusalén por última vez, seis días antes de la Pascua (Jn. 12:1), y de la misma manera fue examinado algunos días por los líderes judíos (21:23—22:46). No se encontró en El mancha alguna, y quedó demostrado que El era perfecto y que estaba calificado para ser el Cordero pascual por nosotros. Véase la nota 37[1] de Mr. 12.

5[1] Finalmente, bajo la soberanía de Dios, mataron al Señor Jesús durante la fiesta (27:15) para que se cumpliera el tipo.

6[1] Un leproso representa un pecador (8:2 y la nota 1). Simón, el leproso, debe de haber sido el que fue sanado por el Señor. Por agradecimiento al Señor y por amor a El, preparó una fiesta (v. 7) en su casa para el Señor y Sus discípulos con el fin de disfrutar Su presencia. Un pecador salvo siempre hace eso.

8 Al ver *esto,* los discípulos se indignaron, diciendo:
¿Para qué este [1]desperdicio?
9 Porque esto podía haberse vendido a gran precio, y
haberse dado a los [a]pobres.
10 Y conociéndolo Jesús, les dijo: ¿Por qué molestáis a
esta mujer? pues ha hecho conmigo [1]una buena obra.
11 Porque a los [a]pobres siempre los tenéis con vosotros,
[1]pero a Mí [b]no siempre me tendréis.
12 Porque al derramar este ungüento sobre Mi cuerpo, lo
ha hecho [1]para Mi [a]sepultura.
13 De cierto os digo: Dondequiera que se proclame [1]este
[a]evangelio, en todo el mundo, también se contará [2]lo que ésta
ha hecho, para [b]memoria de ella.

4. Traicionado por el discípulo falso
26:14-16

14 [1a]Entonces uno de los doce, el que se llamaba [b]Judas
Iscariote, fue a los principales sacerdotes,
15 y les dijo: ¿Qué me queréis dar, y yo os lo entregaré? Y
ellos le pesaron [1a]treinta piezas de plata.
16 Y desde entonces buscaba oportunidad para [a]entregarle.

9[a] Jn. 13:29
11[a] Dt. 15:11
11[b] cfr. Mt. 18:20; 28:20
12[a] Jn. 19:40; Mt. 27:59-60
13[a] Mt. 24:14
13[b] cfr. Hch. 10:4
14[a] vs. 14-16: Mr. 14:10-11; Lc. 22:3-6
14[b] Mt. 10:4; Jn. 6:71; Mt. 27:3-5
15[a] Zac. 11:12; Mt. 27:3, 9
16[a] Mt. 20:18-19

8[1] Los discípulos consideraban que la ofrenda de amor que María hizo al Señor era un desperdicio. Durante los veinte siglos pasados, miles de vidas preciosas, tesoros del corazón, puestos altos y futuros brillantes han sido "desperdiciados" en el Señor Jesús. Aquellos que lo aman así, lo encuentran digno de ser amado de esta manera y digno de su ofrenda. Lo que han derramado sobre El no es un desperdicio, sino un testimonio fragante de Su dulzura.

10[1] O, un acto de nobleza.

11[1] Debemos amar al Señor y aprovechar la oportunidad de amarlo.

12[1] María recibió la revelación de la muerte del Señor con lo que El dijo en 16:21; 17:22-23; 20:18-19; 26:2. Así que, aprovechó la oportunidad para derramar sobre el Señor lo mejor que tenía. Amar al Señor con lo mejor de nosotros requiere que tengamos una revelación con respecto a El.

13[1] En el versículo anterior, el Señor habla de Su sepultura, dando a entender que iba a morir y resucitar con el fin de efectuar nuestra redención. Por tanto, en este versículo El llama al evangelio "este evangelio", refiriéndose al evangelio de Su muerte, sepultura y resurrección (1 Co. 15:1-4).

13[2] La historia del evangelio es que el Señor nos amó, y la historia de María es que ella amó al Señor. Debemos predicar estas dos cosas: que el Señor nos ama y que nosotros amamos al Señor. La primera tiene como fin nuestra salvación, y la otra, nuestra consagración.

14[1] *Entonces* indica que mientras uno de los discípulos, la mujer con el frasco de alabastro, expresaba su amor al Señor, amándolo a lo sumo, otro estaba a punto de traicionarlo. Uno valoraba al Señor como precioso tesoro, y al mismo tiempo otro lo traicionaba.

15[1] Es decir, treinta siclos de plata, el precio de un esclavo (Ex. 21:32).

5. Celebra la última Pascua
26:17-25

17 [a]El primer día de *la* [1b]*fiesta de* los panes sin levadura, se acercaron los discípulos a Jesús, diciéndole: ¿Dónde quieres que te hagamos los preparativos para comer la pascua?

18 Y El dijo: Id a la ciudad a cierto hombre, y decidle: El [a]Maestro dice: Mi [b]tiempo está cerca; en tu *casa* voy a celebrar la Pascua con Mis discípulos.

19 Y los discípulos hicieron como Jesús les mandó, y prepararon la pascua.

20 [a]Cuando llegó la noche, se reclinó *a la mesa* con los doce.

21 Y mientras comían, dijo: De cierto os digo que [a]uno de vosotros me va a traicionar.

22 Y entristecidos en gran manera, comenzó cada uno de ellos a decirle: ¿Acaso soy yo, Señor?

23 Entonces El respondiendo, dijo: El que mete la mano conmigo en el plato, ése me va a traicionar.

24 A la verdad el Hijo del Hombre se va, según está [a]escrito de El, mas ¡ay de aquel hombre por quien el Hijo del Hombre es traicionado! Bueno le fuera a ese hombre no haber nacido.

25 **Entonces respondiendo Judas, el que le traicionaba, dijo: ¿Acaso soy yo, [a]Rabí? Le dijo: [1b]Tú lo has dicho.**

6. Establece la cena del Rey
26:26-30

26 [a]Y mientras [1]comían, tomó Jesús [2]pan y [b]bendijo, y lo partió, y dio a los discípulos, y dijo: Tomad, comed; esto es Mi [2]cuerpo.

17[a] vs. 17-19: Mr. 14:12-16; Lc. 22:7-13
17[b] Ex. 12:15-20
18[a] Mt. 23:8; Jn. 11:28
18[b] Mt. 26:45; Jn. 13:1
20[a] vs. 20-25: Mr. 14:17-21; Lc. 22:14-18, 21-23; Jn. 13:21-30
21[a] Jn. 6:70; 13:21
24[a] Lc. 24:46
25[a] Mt. 26:49; Jn. 1:38
25[b] Mt. 26:64; 27:11
26[a] vs. 26-29: Mr. 14:22-25; Lc. 22:19-20; 1 Co. 11:23-26
26[b] Mt. 14:19

17[1] La fiesta de los panes sin levadura es una fiesta que dura siete días (Lv. 23:6). Se llama también la Pascua (Lc. 22:1; Mr. 14:1). En realidad, la fiesta de la Pascua era el primer día de la fiesta de los panes sin levadura (Ex. 12:6, 11, 15-20; Lv. 23:5).

25[1] El Señor dejó que Judas se condenara con sus propias palabras.

26[1] Primero el Señor y los discípulos comieron la pascua (vs. 20-25; Lc. 22:14-18). Luego el Señor estableció Su mesa con el pan y la copa (vs. 26-28; Lc. 22:19-20; 1 Co. 11:23-26) para reemplazar la fiesta de la Pascua, porque El iba a cumplir el tipo y ser la verdadera Pascua para nosotros (1 Co. 5:7). Ahora guardamos la verdadera fiesta de los panes sin levadura (v. 17; 1 Co. 5:8)

26[2] El pan de la mesa del Señor es un símbolo que representa el cuerpo del Señor, quebrantado por nosotros en la cruz a fin de liberar la vida del Señor para que nosotros participemos de tal vida. Al participar de esta vida, llegamos a ser el Cuerpo místico de Cristo (1 Co. 12:27), el cual también es representado por el pan de la mesa (1 Co. 10:17). Así que, al participar de

de los tributos públicos, y le dijo: Sígueme. Y levantándose, le [3]siguió.

15 Aconteció que estando *Jesús* reclinado *a la mesa* en casa de él, muchos [a]recaudadores de impuestos y pecadores estaban también reclinados *a la mesa* con Jesús y Sus discípulos; porque había muchos que le seguían.

16 Y los [1a]escribas de los fariseos, viéndole comer con los pecadores y con los recaudadores de impuestos, dijeron a Sus discípulos: ¿Cómo es que El come con los recaudadores de impuestos y los pecadores?

17 Al oír *esto* Jesús, les dijo: Los que están fuertes no tienen necesidad de [1]médico, sino los enfermos. No he [a]venido a llamar a [b]justos, sino a [2]pecadores.

3. Hace que Sus seguidores se alegren y no ayunen
2:18-22

18 [1]Y los [a]discípulos de Juan y los fariseos [b]ayunaban; y vinieron, y le [c]dijeron: ¿[d]Por qué los discípulos de Juan y los de los fariseos ayunan, y Tus discípulos no ayunan?

19 Jesús les dijo: ¿Acaso pueden los compañeros del novio ayunar mientras está con ellos el [a]novio? Mientras tienen al novio con ellos, no pueden ayunar.

20 Pero vendrán [a]días cuando el novio les será quitado, y entonces en aquel día ayunarán.

21 Nadie cose un remiendo de paño no abatanado en un vestido viejo; de otra manera, lo añadido tira del *vestido,* lo nuevo de lo viejo, y se hace peor la rotura.

22 Y nadie echa vino nuevo en [a]odres viejos; de otra manera, el vino rompe los odres, y el vino se pierde, así como también los odres; sino que el vino nuevo *se echa* en odres nuevos.

15[a] Mt. 11:19; Lc. 15:1-2; 18:10-14
16[a] Hch. 4:5; 23:9
17[a] Lc. 19:10; 1 Ti. 1:15
17[b] Lc. 15:7
18[a] Mt. 11:2; 14:12; Lc. 11:1; Jn. 1:35; 3:25
18[b] Lc. 18:12
18[c] vs. 18-22: Mt. 9:14-17; Lc. 5:33-38
18[d] Mr. 2:24; 7:5; Mt. 9:11
19[a] Jn. 3:29; Mt. 25:1
20[a] Lc. 17:22
22[a] Jos. 9:4

---

de impuestos eran censurados, menospreciados y aborrecidos por los judíos (Lc. 18:11; Mt. 5:46 y la nota 2). No obstante, Mateo fue llamado por el Salvador-Esclavo y más tarde fue escogido y designado como uno de los doce apóstoles (3:18). ¡Qué misericordia!

14[3] Como respuesta al llamado del Salvador-Esclavo, este acto implicaba que él estaba renunciando a su trabajo sucio y a su vida pecaminosa.

16[1] Véase la nota 6[1]. Los escribas se consideraban justos al condenar al Salvador-Esclavo por cenar con los recaudadores de impuestos y los pecadores.

17[1] Esto indica que el Salvador-Esclavo se consideraba el Médico de las personas enfermas de pecados.

17[2] Esto indica que el Salvador-Esclavo, como Salvador de pecadores, vino para salvar solamente a los pecadores.

18[1] Con respecto a los vs. 18-22, véanse las notas de Mt. 9:14-17.

8 Y [a]al instante Jesús, [1b]conociendo en Su espíritu que
cavilaban de esta manera dentro de sí mismos, les dijo: ¿Por
qué caviláis acerca de estas cosas en vuestros corazones?
9 ¿Qué es [1]más fácil, decir al paralítico: Tus pecados te
son perdonados, o decirle: Levántate, toma tu camilla y
anda?
10 Pues para que sepáis que el [a]Hijo del [1]Hombre tiene
potestad en la tierra para perdonar pecados (dijo al paralítico):
11 A ti te digo: ¡[1]Levántate, [a]toma tu camilla, y vete a tu
casa!
12 Entonces él se [1]levantó y, [2]tomando en seguida su
camilla, [3]salió delante de todos, de manera que todos se
[a]asombraron, y [b]glorificaron a Dios, diciendo: ¡Nunca hemos
visto *nada* semejante!

2. Cena con los pecadores
2:13-17

13 Salió de nuevo a la orilla del [a]mar; y toda la [b]multitud
venía a El, y les [1]enseñaba.
14 [1]Y al pasar, vio a Leví *hijo* de Alfeo, sentado al [2a]banco

8[a] Mr. 1:42, 43; 2:12
8[b] Jn. 2:25
10[a] Mr. 2:28
11[a] Jn. 5:8
12[a] Mr. 1:27; 5:42
12[b] Lc. 7:16
13[a] Mr. 1:16; 3:7
13[b] Mr. 1:45; 3:7-9; 5:24
14[a] vs. 14-17: Mt. 9:9-13; Lc. 5:27-32

como esclavo para servirles Su salvación.

8[1] El Salvador-Esclavo conocía la fe de los que le buscaban, los pecados del enfermo (v. 5), y los pensamientos de los escribas; esto indica que El era omnisciente. Tal omnisciencia, la cual manifestó Su atributo divino, reveló Su deidad y mostró que El es el Dios omnisciente. Véase la nota 2[1] del cap. 11.

9[1] Véase la nota 5[1] de Mt. 9.

10[1] El Salvador-Esclavo era Dios mismo encarnado. Como tal, no estimó el ser igual a Dios como cosa a que aferrarse. Exteriormente, El tenía la semejanza y el porte del hombre, aun la forma de esclavo, pero interiormente El era Dios (Fil. 2:6-7). El era el Salvador-Esclavo, y también el Dios-Salvador. Así que, no sólo tenía la capacidad de salvar pecadores, sino también la potestad para perdonar sus pecados. En este caso, aunque El, siendo Dios, perdonó pecados, El afirmó que era el Hijo del Hombre. Esto indica que El era el Dios verdadero y un hombre auténtico, que poseía deidad y humanidad. En El los hombres podían ver tanto Sus atributos divinos como Sus virtudes humanas.

11[1] Véase la nota 5[2] de Mt. 9. Esta fue la sanidad del paralítico. Véase la nota 31[1] del cap. 1.

12[1] Esto es el cumplimiento de lo dicho por el Salvador-Esclavo: "Levántate, toma tu camilla". Fue más fácil decir: "Tus pecados te son perdonados" que decir: "Levántate, toma tu camilla y anda". Puesto que esto se cumplió, ciertamente aquello, lo más fácil, también se había cumplido. Esto demuestra claramente que el Salvador-Esclavo tiene potestad para perdonar pecados en la tierra.

12[2] Véase la nota 6[2] de Mt. 9.

12[3] Véase la nota 6[3] de Mt. 9.

13[1] Véase la nota 21[2] del cap. 1.

14[1] Con respecto a los vs. 14-17, véanse las notas de Mt. 9:9-13.

14[2] Casa de peaje donde se recaudaban impuestos para los romanos. Mateo era uno de los recaudadores (Mt. 10:3) y probablemente ocupaba una posición elevada. Los recaudadores

27 Y tomando la [1a]copa, y habiendo dado [b]gracias, les dio,
diciendo: Bebed de ella todos;
28 porque esto es Mi [1a]sangre del [2b]pacto, que por [c]muchos
es derramada para [d]perdón de pecados.
29 Pero os digo que desde ahora no beberé más de este
[1]fruto de la vid, hasta aquel día en que lo beba nuevo con
vosotros en el [2a]reino de Mi Padre.
30 [a]Y cuando hubieron [1]cantado un himno, salieron al
[b]monte de los Olivos.

7. Previene a los discípulos 26:31-35

31 Entonces Jesús les dijo: Todos vosotros tropezaréis por
causa de Mí esta noche; porque escrito está: "[a]Heriré al
Pastor, y las ovejas del rebaño serán [b]dispersadas".
32 Pero después que haya resucitado, iré delante de vosotros a [a]Galilea.

27[a] 1 Co. 10:21
27[b] Mt. 15:36
28[a] He. 13:20; 9:18; Ex. 24:8; Zac. 9:11
28[b] Jer. 31:31
28[c] Mt. 20:28
28[d] He. 9:22
29[a] Mt. 13:43
30[a] vs. 30-35: Mr. 14:26-31
30[b] Mt. 24:3
31[a] Zac. 13:7
31[b] Mt. 26:56; Jn. 16:32
32[a] Mt. 28:7, 10, 16; 4:12, 15

este pan tenemos la comunión del Cuerpo de Cristo (1 Co. 10:16).

27[1] La sangre del Señor nos redimió de nuestra condición caída y nos devolvió a Dios y a Su plena bendición. Con respecto a la mesa del Señor (1 Co. 10:21), el pan representa nuestra participación de la vida, y la copa, nuestro disfrute de la bendición de Dios. Así que, a la copa se le llama "la copa de bendición" (1 Co. 10:16). Esta copa contiene todas las bendiciones de Dios, e incluso a Dios mismo como nuestra porción (Sal. 16:5). En Adán nuestra porción era la copa de la ira de Dios (Ap. 14:10). Cristo bebió de esa copa por nosotros (Jn. 18:11), y Su sangre constituye la copa de salvación para nosotros (Sal. 116:13), la copa que rebosa (Sal. 23:5). Al participar de esta copa tenemos la comunión de la sangre de Cristo (1 Co. 10:16).

28[1] El fruto de la vid (v. 29) contenido en la copa de la mesa del Señor también es un símbolo de la sangre del Señor derramada en la cruz por nuestros pecados. La justicia de Dios requería que la sangre del Señor fuese derramada para el perdón de nuestros pecados (He. 9:22).

28[2] Algunos mss. añaden: nuevo. La sangre del Señor, habiendo satisfecho la justicia de Dios, estableció el nuevo pacto. En este nuevo pacto Dios nos da perdón, vida, salvación y todas las bendiciones espirituales, celestiales y divinas. Cuando este nuevo pacto nos es dado, es una copa (Lc. 22:20), una porción para nosotros. El Señor derramó Su sangre, Dios estableció el pacto y nosotros disfrutamos la copa, en la cual Dios y todo lo Suyo son nuestra porción. La sangre es el precio que Cristo pagó por nosotros, el pacto es el título de propiedad que Dios nos trasmitió, y la copa es la porción que recibimos de Dios.

29[1] Se refiere al jugo de la uva.

29[2] Esta es la parte celestial del milenio, la manifestación del reino de los cielos, donde el Señor beberá con nosotros después de Su regreso.

30[1] Esta fue una alabanza que el Señor cantó al Padre junto con los discípulos, después de que participaron de la mesa del Señor.

33 Respondiendo Pedro, le dijo: Aunque todos tropiecen
por causa de Ti, yo nunca tropezaré.
34 Jesús le dijo: De cierto te digo que esta noche, antes
que el [a]gallo cante, me negarás tres veces.
35 Pedro le dijo: Aunque me sea necesario [a]morir contigo,
de ninguna manera te negaré. Y todos los discípulos dijeron
lo mismo.

34[a] Jn. 13:38; Lc. 22:34
35[a] Lc. 22:33

8. Sufre gran presión en Getsemaní
26:36-46

36 [a]Entonces llegó Jesús con ellos a un [b]lugar que se llama
[1]Getsemaní, y dijo a los discípulos: Sentaos aquí, mientras
voy allí y oro.
37 Y tomando consigo a Pedro, y a los dos [a]hijos de Zebedeo, comenzó a entristecerse y a angustiarse.
38 Entonces les dijo: Mi [a]alma está profundamente triste,
hasta la muerte; quedaos aquí, y velad conmigo.
39 Yendo un poco adelante, se postró sobre Su rostro,
[a]orando y diciendo: Padre Mío, si es posible, pase de Mí esta
[1b]copa; pero no *sea* como Yo [c]quiero, sino como Tú.
40 Vino luego a los discípulos, y los halló durmiendo, y
dijo a Pedro: ¿Así que no habéis podido velar conmigo una
hora?
41 [a]Velad y orad, para que no entréis en tentación; el
[1]espíritu está dispuesto, pero la carne es débil.
42 De nuevo, por segunda vez, se fue y oró, diciendo:
Padre Mío, si no puede pasar *de Mí* esta *copa* sin que Yo la
beba, hágase Tu [a]voluntad.
43 Vino otra vez y los halló durmiendo, porque los ojos de
ellos estaban cargados *de sueño*.
44 Y dejándolos, se fue de nuevo, y oró por [a]tercera vez,
diciendo las mismas palabras.
45 Entonces vino a los discípulos y les dijo: ¿Seguís durmiendo y descansando? He aquí la [a]hora está cerca, y el Hijo
del Hombre es entregado en manos de pecadores.
46 Levantaos, vamos; he aquí, ya se acerca el que me
traiciona.

36[a] vs. 36-46: Mr. 14:32-42; Lc. 22:40-46
36[b] Jn. 18:2
37[a] Mt. 4:21
38[a] Jn. 12:27
39[a] cfr. He. 5:7
39[b] Mt. 20:22
39[c] Jn. 5:30; 6:38
41[a] Mr. 13:33; Ef. 6:18; 1 P. 4:7
42[a] Mt. 6:10
44[a] cfr. 2 Co. 12:8
45[a] Mt. 26:18

36[1] *Getsemaní* significa *prensa de aceite*. En Getsemaní el Señor sufrió gran presión para que el aceite, el Espíritu Santo, pudiera fluir.

39[1] Se refiere a Su muerte en la cruz.

41[1] Muchas veces somos así en las cosas espirituales.

9. Los religiosos lo arrestan
26:47-56

47 [a]Mientras todavía hablaba, he aquí, [b]Judas, uno de los
doce, vino, y con él una gran multitud con espadas y palos,
de parte de los principales sacerdotes y de los ancianos del
pueblo.
48 Y el que le traicionaba les había dado señal, diciendo:
Al que yo bese, ése es; prendedle.
49 Y en seguida se acercó a Jesús y dijo: ¡[1]Alégrate, [a]Rabí!
Y le [b]besó afectuosamente.
50 Y Jesús le dijo: [a]Amigo, [1b]¿a qué vienes? Entonces se
acercaron y echaron mano a Jesús, y le prendieron.
51 Y he aquí [1]uno de los que estaban con Jesús, extendiendo la mano, sacó su [a]espada, e hiriendo al esclavo del sumo
sacerdote, le cortó la [b]oreja.
52 Entonces Jesús le dijo: Vuelve tu espada a su lugar;
porque todos los que tomen [a]espada, a espada perecerán.
53 ¿Acaso piensas que no puedo [1]rogar a Mi Padre, y que
El no [1]pondría a Mi disposición ahora mismo más de doce
[1]legiones de [a]ángeles?
54 ¿Cómo entonces se cumplirían las [a]Escrituras, de que
es necesario que suceda [1]así?
55 En aquella hora dijo Jesús a las multitudes: ¿Como
contra un ladrón habéis salido con espadas y con palos para
prenderme? Día tras día me sentaba en el templo [a]enseñan-
do, y no me prendisteis.
56 Mas todo esto ha sucedido para que se cumpliesen los
escritos de los profetas. Entonces todos los discípulos, dejándole, [a]huyeron.

10. Juzgado por el sanedrín
26:57-68

57 [a]Los que prendieron a Jesús le llevaron al sumo sacerdote [b]Caifás, adonde se habían reunido los escribas y los
ancianos.

49[1] Una salutación, aquí y en 27:29. Las dos salutaciones eran falsas (cfr. 28:9).

50[1] Esta expresión equivale a: "¿Qué estás haciendo aquí? ¡Me estás traicionando!" Dijo esto para exponer la intención maligna de Judas de traicionar al Señor.

51[1] Es decir, Pedro (Jn. 18:10, 26).

53[1] En el griego estas tres palabras son expresiones militares.

54[1] *Así* se refiere a Su muerte en la cruz, la cual fue profetizada en las Escrituras. Estas profecías debían cumplirse.

47[a] vs. 47-56: Mr. 14:43-50; Lc. 22:47-53; Jn. 18:3-11
47[b] Mt. 26:14
49[a] Mt. 26:25
49[b] cfr. 2 S. 20:9
50[a] Sal. 41:9; 55:13; cfr. Mt. 20:13; 22:12
50[b] Jn. 13:27
51[a] Lc. 22:38, 49
51[b] Lc. 22:50; Jn. 18:10
52[a] Ap. 13:10; cfr. Gn. 9:6
53[a] Mt. 4:11; Lc. 22:43; cfr. Jn. 18:36; Dn. 7:10
54[a] Mt. 26:24; Lc. 24:27, 46; véase Is. 53:7-9
55[a] Mt. 4:23; 21:23; Jn. 8:2; 18:20
56[a] Mt. 26:31

57[a] vs. 57-68: Mr. 14:53-65; Lc. 22:54; Jn. 18:12-14, 19-24
57[b] Mt. 26:3

58 Mas Pedro le [a]siguió de lejos hasta el patio del sumo sacerdote; y entrando, se sentó con los alguaciles, para ver el final.

59 Y los principales sacerdotes y todo el [a]sanedrín, buscaban [b]falso testimonio contra Jesús, a fin de darle muerte,

60 y no lo hallaron, aunque muchos testigos falsos se presentaban. Pero al fin se presentaron [a]dos

61 que dijeron: Este dijo: [1]Puedo [a]derribar el templo de Dios, y en tres días reedificarlo.

62 Y levantándose el sumo sacerdote, le dijo: ¿No respondes [1a]nada? ¿Qué testifican éstos [b]contra Ti?

63 Mas Jesús [1a]callaba. [b]Entonces el sumo sacerdote le dijo: Te ordeno que [c]jures por el Dios viviente y nos digas [2d]si eres Tú el [e]Cristo, el Hijo de Dios.

64 Jesús le dijo: [a]Tú lo has dicho; pero además os digo, que desde ahora veréis al [1b]Hijo del Hombre [c]sentado a la diestra del Poder, y [d]viniendo en las [e]nubes del cielo.

65 Entonces el sumo sacerdote [a]rasgó sus vestiduras, diciendo: ¡Ha [b]blasfemado! ¿Qué más necesidad tenemos de testigos? He aquí, ahora mismo habéis oído la blasfemia.

66 ¿Qué opináis? Y respondiendo ellos, dijeron: ¡Es digno de [a]muerte!

67 Entonces le [a]escupieron en el rostro, y le dieron de puñetazos, y otros le [b]abofeteaban,

68 diciendo: [1]Profetízanos, Cristo, ¿[a]quién es el que te golpeó?

61[1] Así distorsionaban la palabra del Señor en Jn. 2:19: "Destruid este templo".

62[1] El Señor, en pie delante del sanedrín como oveja delante de sus trasquiladores, se rehusó a decir palabra para vindicarse, cumpliendo así Is. 53:7.

63[1] Véase la nota 62[1].

63[2] Esta fue la misma pregunta que el diablo le hizo al Señor al tentarle antes de que comenzara Su ministerio (4:3, 6).

64[1] El sumo sacerdote preguntó al Señor si El era el Hijo de Dios, pero El contestó haciendo referencia al "Hijo del Hombre". Cuando El fue tentado por el diablo, le contestó de la misma manera (4:4 y la nota 2). El Señor era el Hijo del Hombre en la tierra antes de Su crucifixión, ha sido el Hijo del Hombre en los cielos a la diestra de Dios desde Su resurrección (Hch. 7:56), y será el Hijo del Hombre cuando venga en las nubes. Para llevar a cabo el propósito de Dios y establecer el reino de los cielos, el Señor tenía que ser un hombre. Sin el hombre, el propósito de Dios no podía realizarse en la tierra, ni podría ser constituido el reino de los cielos en la tierra.

68[1] Es decir, proclamar milagrosamente como profeta. Esta burla quiere

---

58[a] Lc. 22:54; Jn. 18:15
59[a] Mt. 5:22; 10:17
59[b] Sal. 27:12; 35:11; Mr. 14:55; cfr. Hch. 6:13
60[a] Dt. 19:15
61[a] Mt. 27:40; cfr. Jn. 2:19; Hch. 6:13-14
62[a] Mt. 27:12, 14; Jn. 19:9; Is. 53:7
62[b] Mt. 27:13
63[a] Mt. 26:62
63[b] vs. 63-65: Lc. 22:67-71
63[c] Lv. 5:1; 1 S. 14:24, 26
63[d] Mt. 4:3, 6
63[e] Jn. 10:24; cfr. Lc. 3:15; Jn. 1:20, 25
64[a] Mt. 26:25
64[b] Dn. 7:13; Hch. 7:56
64[c] Sal. 110:1; Mr. 16:19; He. 1:3
64[d] Mt. 24:30; Lc. 21:27; Ap. 1:7 **64**[e] Hch. 1:9, 11; Ap. 14:14; 1 Ts. 4:17
65[a] Nm. 14:6; 2 R. 18:37; 19:1; Hch. 14:14 **65**[b] Mt. 9:3; Jn. 10:33, 36
66[a] Jn. 19:7; Lv. 24:16 **67**[a] Mt. 27:30; Mr. 10:34; Is. 50:6
67[b] Jn. 18:22; 19:3; Lc. 22:63; cfr. Hch. 23:2 **68**[a] Lc. 22:64

11. Negado por Pedro
26:69-75

69 [a]Pedro estaba sentado fuera en el patio; y se le acercó una [1]criada, diciendo: Tú también estabas con Jesús el galileo.

70 Mas él negó delante de todos, diciendo: No sé lo que dices.

71 Habiendo salido al portal, le vio otra, y dijo a los que estaban allí: Este estaba con Jesús el [a]nazareno.

72 Pero él negó otra vez con juramento: ¡No conozco al hombre!

73 Un poco después, acercándose [1]los que *por allí* estaban, dijeron a Pedro: Verdaderamente también tú eres de ellos, pues además tu [a]manera de hablar te descubre.

74 Entonces él comenzó a [1]maldecir, y a jurar: ¡No conozco al hombre! Y en seguida cantó el gallo.

75 Entonces Pedro se acordó de las palabras de Jesús, que le había dicho: Antes que cante el [a]gallo, me negarás tres veces. Y saliendo fuera, lloró amargamente.

CAPITULO 27

12. Juzgado por Pilato
27:1-26

1 [a]Venida la mañana, todos los principales sacerdotes y los ancianos del pueblo tuvieron [b]consejo contra Jesús, para darle muerte.

2 Y después de atarle, le llevaron y le entregaron a [1a]Pilato, el gobernador.

3 Entonces [a]Judas, el que le había traicionado, viendo

69[a] vs. 69-75: Mr. 14:66-72; Lc. 22:55-62; Jn. 18:15-18, 25-27
71[a] Mt. 2:23
73[a] Jue. 12:6
75[a] Mt. 26:34; Mr. 14:30; Jn. 13:38
1[a] vs. 1-2: Mr. 15:1; Lc. 23:1; Jn. 18:28
1[b] Mt. 26:4
2[a] Hch. 3:13; Lc. 13:1
3[a] Mt. 26:14-16

---

decir: "Puesto que Tú eres profeta de Dios, profetiza milagrosamente para identificar al que te golpeó".

69[1] ¡Pedro no pudo estar firme ni siquiera ante una mujer pequeña y frágil!

73[1] Bajo la soberanía de Dios, las circunstancias no le permitieron a Pedro escaparse hasta haber sido probado en todos los aspectos, para que se diera cuenta de que era totalmente indigno de confianza y que ya no debía confiar en sí mismo.

74[1] Cuando Pedro negó al Señor por primera vez, pronunció unas palabras (v. 70); cuando lo negó por segunda vez, lo hizo con juramento (v. 72); y cuando lo negó por tercera vez, maldijo y juró.

2[1] Pilato, oficial de Tiberio César, fue procurador romano de Judea (Palestina) desde el año 26 hasta el 35 d. de C. Poco después de haber entregado injustamente al Señor Jesús para que fuese crucificado, su régimen terminó súbitamente. Pilato fue desterrado y se suicidó.

En esta conspiración maligna los judíos fanáticos persuadieron al político pagano a que colaborara con ellos para matar al Señor Jesús.

que era condenado, [1]sintió remordimiento y devolvió las [b]treinta piezas de plata a los principales sacerdotes y a los ancianos,

4 diciendo: Yo he pecado traicionando [a]sangre inocente. Mas ellos dijeron: ¿A nosotros qué? ¡Allá tú!

5 Y arrojando las piezas de plata en el templo, salió, y fue y se [a]ahorcó.

6 Los [1]principales sacerdotes, tomando las piezas de plata, dijeron: No es lícito echarlas en el [2a]erario del templo, porque es precio de sangre.

7 Y habiendo tomado consejo, compraron con ellas el campo del alfarero, para sepultura de los extranjeros.

8 Por lo cual aquel campo se llama hasta el día de hoy: [a]Campo de Sangre.

9 Entonces se cumplió lo dicho por medio del profeta [1]Jeremías, cuando dijo: "[a]Y tomaron las treinta piezas de plata, precio del que fue tasado, aquel a quien pusieron precio los hijos de Israel;

10 y las dieron para el campo del alfarero, como me ordenó el Señor".

11 [a]Jesús, pues, estaba en pie delante del gobernador; y éste le preguntó, diciendo: ¿Eres Tú el [b]Rey de los judíos? Y Jesús le dijo: [c]Tú lo dices.

12 Y siendo acusado por los principales sacerdotes y por los ancianos, [1a]nada respondió.

13 Pilato entonces le dijo: ¿No oyes cuántas cosas testifican [a]contra Ti?

14 Pero Jesús [1a]no le respondió ni una palabra; de tal manera que el gobernador se maravilló mucho.

15 [a]Ahora bien, en *el día de* la fiesta acostumbraba el gobernador soltar a la multitud un preso, el que quisiesen.

16 Y tenían entonces un preso famoso llamado Barrabás.

17 Reunidos, pues, ellos, les dijo Pilato: ¿A [1]quién queréis que os suelte: a Barrabás, o a Jesús que es llamado Cristo?

3[b] Mt. 26:15
4[a] Mt. 23:35
5[a] cfr. 2 S. 17:23
6[a] Mr. 12:41, 43; Jn. 8:20
8[a] Hch. 1:19
9[a] Zac. 11:12-13
11[a] vs. 11-14: Mr. 15:2-5; Lc. 23:2-3; Jn. 18:29-38
11[b] Mt. 27:29, 37; 2:2
11[c] Mt. 26:25
12[a] Mt. 26:63
13[a] Mt. 26:62
14[a] Mt. 27:12
15[a] vs. 15-26: Mr. 15:6-15; Lc. 23:17-25; Jn. 18:39–19:16

3[1] O, se arrepintió.

6[1] No quisieron tomar dinero manchado de sangre. En realidad, lo que ellos le hicieron al Señor Jesús fue peor que lo que hizo Judas (v. 1).

6[2] Un cofre o un cuarto en el templo donde se guardaban las ofrendas dadas a Dios.

9[1] Lo citado en los vs. 9-10 fue dicho por Jeremías pero escrito por Zacarías (Zac. 11:12-13). Entre los judíos se pensaba que Zacarías tenía el espíritu de Jeremías.

12[1] El Señor no quiso vindicarse.

14[1] Véase la nota 12[1].

17[1] Fue injusto que Pilato les hiciese esta pregunta, porque sabía que el Señor era inocente (v. 18) y que Barrabás era culpable.

18 Porque sabía que por envidia le habían entregado.
19 Y estando él sentado en el tribunal, su mujer le mandó
un recado diciendo: No tengas nada que ver con ese hombre
[a]justo; porque hoy he padecido mucho en [1b]sueños por causa
de El.
20 Pero los principales sacerdotes y los ancianos persuadieron a las multitudes que [a]pidiesen a Barrabás, y que
diesen muerte a Jesús.
21 Y respondiendo el gobernador, les dijo: ¿A cuál de los
dos queréis que os suelte? Y ellos dijeron: A Barrabás.
22 Pilato les dijo: ¿Qué, pues, haré con Jesús que es
llamado Cristo? Todos le dijeron: ¡Sea crucificado!
23 Y él dijo: Pues ¿[a]qué mal ha hecho? Pero ellos gritaban
aún más, diciendo: ¡Sea crucificado!
24 Viendo Pilato que nada adelantaba, sino que más bien
se formaba un [a]tumulto, tomó agua y se [1b]lavó las manos
delante de la multitud, diciendo: [2]Inocente soy yo de la
sangre de este [3c]hombre; allá vosotros.
25 Y respondiendo todo el pueblo, dijo: ¡Su [a]sangre sea
sobre nosotros, y sobre nuestros hijos!
26 Entonces les soltó a Barrabás; pero a Jesús, habiéndole
[1a]azotado, le entregó para ser [2]crucificado.

13. Escarnecido por los soldados paganos
27:27-32

27 [a]Entonces los soldados del gobernador llevaron a Jesús
al [1b]pretorio, y reunieron alrededor de El a toda la cohorte;
28 y desnudándole, le echaron encima un manto de escarlata,
29 y trenzando una corona de [1a]espinas, la pusieron sobre

19[a] Mt. 27:24; Lc. 23:47
19[b] Mt. 1:20
20[a] Hch. 3:14
23[a] Lc. 23:41
24[a] Mt. 26:5
24[b] Dt. 21:6-8; Sal. 26:6; 73:13
24[c] Mt. 27:19
25[a] Mt. 23:35-36; Hch. 5:28
26[a] Is. 53:5; Mt. 20:19; 1 P. 2:24
27[a] vs. 27-31: Mr. 15:16-20; Jn. 19:2-3
27[b] Jn. 18:28, 33; 19:9; Hch. 23:35
29[a] Gn. 3:18

19[1] Esto sucedió por la soberanía de Dios.

24[1] Hizo esto para aplacar su conciencia.

24[2] Una salida pusilánime e irresponsable.

24[3] Algunos mss. agregan: justo.

26[1] ¡Esto expuso totalmente la oscuridad y la injusticia de la política! Esta injusticia cumplió Is. 53:5, 8.

26[2] Entre los judíos la pena de muerte consistía en apedrear a la persona (Lv. 20:2, 27; 24:14; Dt. 13:10; 17:5). La crucifixión era una práctica pagana (Esd. 6:11) adoptada por los romanos sólo para la ejecución de esclavos y de los peores criminales. La crucifixión del Señor Jesús cumplió no sólo las profecías del Antiguo Testamento (Dt. 21:23; Gá. 3:13; Nm. 21:8-9), sino también las propias palabras del Señor acerca de la manera en que moriría (Jn. 3:14; 8:28; 12:32). Esto no se habría cumplido si El hubiese sido apedreado. Véase la nota 32[1] de Jn. 18.

27[1] Es decir, la residencia oficial del gobernador.

29[1] Las espinas son un símbolo de la maldición (Gn. 3:17-18). En la cruz el Señor Jesús se hizo maldición por nosotros (Gá. 3:13).

Su cabeza, y en Su mano derecha una caña; y arrodillándose
delante de El, le [b]escarnecían, diciendo: ¡[2]Alégrate, Rey de
los judíos!
30 Y [a]escupiéndole, tomaban la caña y le golpeaban en la
cabeza.
31 Después de haberle escarnecido, le quitaron el manto,
le pusieron Sus vestidos, y le [1]llevaron para crucificarle.
32 [a]Cuando salían, hallaron a un hombre de [1b]Cirene que
se llamaba Simón; a éste obligaron a que llevase la cruz de
Jesús.

14. Crucificado
27:33-56

a. Llevado a la muerte y escarnecido por los hombres
vs. 33-44

33 Y cuando llegaron a un lugar llamado [1]Gólgota, que
significa: Lugar de la Calavera,
34 [a]le dieron a beber [1]vino mezclado con [b]hiel; pero después de haberlo probado, [2]no quiso beberlo.
35 Cuando le hubieron crucificado, se [1a]repartieron Sus
vestidos, echando suertes.
36 Y sentados le [a]guardaban allí.
37 [a]Y sobre Su cabeza pusieron, por escrito, la causa de
Su condena: ESTE ES JESUS, EL REY DE LOS JUDIOS.
38 Al mismo tiempo fueron crucificados con El [a]dos [1]la-
drones, uno a la derecha, y otro a la izquierda.
39 Y los que pasaban blasfemaban contra El, [a]meneando
la cabeza,
40 y diciendo: Tú que [a]derribas el templo, y en tres días lo

29[b] Mt. 20:19; Lc. 23:11
30[a] Mt. 26:67
32[a] vs. 32-33: Mr. 15:21-22; Lc. 23:26; Jn. 19:17
32[b] Hch. 2:10; 6:9; 11:20; 13:1
34[a] vs. 34-35: Mr. 15:23-24; Lc. 23:36; Jn. 19:23-24
34[b] Sal. 69:21
35[a] Sal. 22:18
36[a] Mt. 27:54
37[a] Mr. 15:26; Lc. 23:38; Jn. 19:19-22
38[a] Mr. 15:27; Lc. 23:32-33, 39; Jn. 19:18; Is. 53:12
39[a] Mr. 15:29; Sal. 22:7; 109:25
40[a] Mt. 26:61; cfr. Jn. 2:19

29[2] Una salutación o felicitación burlesca. La misma palabra griega que se usa en 26:49.

31[1] El Señor, como el Cordero pascual que iba a ser sacrificado por nuestros pecados, fue llevado como cordero al matadero, cumpliéndose así Is. 53:7-8.

32[1] Cirene era una ciudad colonizada por los griegos, capital de Cirenaica en el norte de Africa. Parece que Simón era un judío cireneo.

33[1] *Gólgota* es una palabra hebrea (Jn. 19:17) que significa *calavera* (Mr. 15:22; Lc. 23:33). Su equivalente latín es *Calvarium*, y pasó al español como *Calvario.* No significa *lugar de calaveras,* sino simplemente *calavera.*

34[1] El vino mezclado con hiel (y también con mirra, Mr. 15:23) se usaba como bebida estupefaciente.

34[2] El Señor no quiso ser adormecido; quería beber toda la amargura de la copa.

35[1] Los pecadores le robaron todo al Señor, cumpliéndose así Sal. 22:18. Esto también expuso la oscuridad de la política romana.

38[1] Esto sucedió para que se cumpliera Is. 53:9a.

reedificas, ¡[b]sálvate a Ti mismo! [1c]Si eres Hijo de Dios,
¡desciende de la cruz!
41 [a]De esta manera también los principales sacerdotes,
junto con los escribas y los ancianos le escarnecían, diciendo:
42 A otros salvó, a Sí mismo [1]no se puede salvar. Es [a]Rey
de Israel; que descienda ahora de la cruz, y creeremos en El.
43 Ha confiado en Dios; que El le [a]libre ahora si le quiere;
porque ha dicho: Soy Hijo de Dios.
44 De la misma manera le [a]injuriaban también los ladrones que estaban crucificados con El.

b. Juzgado y desamparado por Dios
vs. 45-50

45 [a]Y desde la hora [1]sexta hubo tinieblas sobre toda la
tierra hasta la hora [1]novena.
46 Cerca de la hora [1]novena, Jesús clamó a gran voz,
diciendo: Elí, Elí, ¿lama sabactani? Esto es: [a]Dios Mío, Dios
Mío, ¿[2]por qué me has desamparado?
47 Algunos de los que estaban allí decían, al oírlo: A Elías
llama éste.
48 Y al instante, corriendo uno de ellos, tomó una esponja, y la empapó de [1a]vinagre, y poniéndola en una caña, le dio
a beber.
49 Pero los otros decían: Deja, veamos si viene Elías a
salvarle.
50 Y Jesús, habiendo otra vez clamado a gran voz, [1a]entregó Su espíritu.

40[b] Lc. 23:35
40[c] Mt. 26:63
41[a] vs. 41-42: Mr. 15:31-32; Lc. 23:35
42[a] Jn. 1:49
43[a] Sal. 22:8
44[a] Mr. 15:32; Lc. 23:39
45[a] vs. 45-56: Mr. 15:33-41; Lc. 23:44-49
46[a] Sal. 22:1
48[a] Sal. 69:21; Lc. 23:36; Jn. 19:29
50[a] Jn. 19:30

40[1] Esto fue una repetición de la tentación del diablo en el desierto (4:6).

42[1] Si El se hubiese salvado a Sí mismo, no habría podido salvarnos a nosotros.

45[1] La hora sexta corresponde a las doce del día, y la hora novena a las tres de la tarde. El Señor estuvo crucificado desde la hora tercera, es decir, las nueve de la mañana (Mr. 15:25), hasta la hora novena, es decir, las tres de la tarde. Sufrió en la cruz durante seis horas. En las primeras tres horas fue perseguido por los hombres por haber hecho la voluntad de Dios; durante las últimas tres horas fue juzgado por Dios para efectuar nuestra redención. Durante este período Dios lo consideró nuestro substituto, quien sufrió por nuestro pecado (Is. 53:10). Las tinieblas cubrieron toda la tierra (v. 45) porque nuestro pecado, nuestros pecados y todo lo negativo estaban siendo juzgados allí; y debido a nuestro pecado Dios lo abandonó (v. 46).

46[1] Véase la nota 45[1].

46[2] Dios desamparó a Cristo en la cruz porque El tomó el lugar de los pecadores (1 P. 3:18), es decir, El llevó nuestros pecados (1 P. 2:24; Is. 53:6) y fue hecho pecado por causa de nosotros (2 Co. 5:21).

48[1] Se lo ofrecieron al Señor como burla (Lc. 23:36) para saciar Su sed (Jn. 19:28-30 y la nota 30[1]).

c. El efecto de Su crucifixión
vs. 51-56

51 Y he aquí, el [1a]velo del templo se rasgó en dos, [2]de arriba abajo; y la [3]tierra tembló, y las [4]rocas se partieron;

52 y se abrieron los [1]sepulcros, y muchos [2]cuerpos de santos que habían [a]dormido, se levantaron;

53 y [1]saliendo de los sepulcros, después de la resurrección de El, entraron en la santa ciudad, y [2]aparecieron a muchos.

54 El centurión, y los que con él [a]guardaban a Jesús, al ver el terremoto y las cosas que habían sucedido, temieron en gran manera, y dijeron: Verdaderamente éste era [b]Hijo de Dios.

55 Estaban allí muchas mujeres mirando de lejos, las cuales habían seguido a Jesús desde Galilea, [a]ministrándole,

56 entre las cuales estaban [a]María la magdalena, [1]María la madre de Jacobo y de José, y la [b]madre de los hijos de Zebedeo.

15. Sepultado por un hombre rico
27:57-66

57 [a]Al caer la [1]tarde, vino un hombre rico de Arimatea, llamado José, que también se había hecho discípulo de Jesús.

58 Este se presentó a Pilato y pidió el cuerpo de Jesús. Entonces Pilato mandó que se le diese.

51[a] Ex. 26:31-35; 2 Cr. 3:14; He. 9:3; 10:20
52[a] 1 Co. 15:6, 20; 1 Ts. 4:13-15; 2 P. 3:4
54[a] Mt. 27:36
54[b] Mt. 16:16
55[a] Lc. 8:2-3
56[a] Lc. 8:2; Jn. 19:25; 20:1, 18
56[b] Mt. 20:20
57[a] vs. 57-61: Mr. 15:42-47; Lc. 23:50-56; Jn. 19:38-42

50[1] O, cedió (Jn. 19:30); indica que el Señor cedió voluntariamente Su vida (Mr. 15:37; Lc. 23:46).

51[1] Esto significa que la separación entre Dios y el hombre había sido abolida porque la carne de pecado (representada por el velo) de la cual Cristo se había vestido (Ro. 8:3) fue crucificada (He. 10:20 y la nota 2).

51[2] La expresión *de arriba abajo* indica que el velo fue rasgado por Dios desde lo alto.

51[3] Esto significa que la base de la rebelión de Satanás fue sacudida.

51[4] Esto significa que los baluartes del reino terrenal de Satanás fueron quebrantados.

52[1] Esto significa que el poder de la muerte y del Hades fue vencido y sojuzgado.

52[2] Representa el poder liberador de la muerte de Cristo.

53[1] En tipología, las primicias de la mies (Lv. 23:10-11) no eran una sola espiga de trigo sino una gavilla entera, que tipifica no sólo al Cristo resucitado sino también a los santos que fueron resucitados de entre los muertos después de la resurrección de Cristo, como se ve aquí.

Todas las cosas enumeradas en los vs. 51-53 son diferentes aspectos del excelente efecto de la muerte del Señor.

53[2] No es posible determinar adónde fueron después de esto.

56[1] La madre del Señor Jesús (13:55).

57[1] Véase la nota 38[1] de Jn. 19.

59 Y tomando José el cuerpo, lo envolvió en un lienzo de
lino, fino y limpio,

60 y lo [1]puso en su sepulcro [a]nuevo, que había [b]labrado en
la peña; y después de hacer rodar una [c]gran piedra a la
entrada del sepulcro, se fue.

61 Y estaban allí [a]María Magdalena, y la otra María,
sentadas frente a la tumba.

62 Al día siguiente, que es después de la [1]preparación, se
reunieron los principales sacerdotes y los fariseos ante
Pilato,

63 diciendo: Señor, nos acordamos que aquel [a]engañador
dijo, viviendo aún: [b]Después de tres días resucitaré.

64 Manda, pues, que se asegure la tumba hasta el tercer
día, no sea que vengan Sus discípulos, y lo [a]hurten, y digan
al pueblo: Resucitó de entre los muertos. Y será el postrer
engaño peor que el primero.

65 Y Pilato les dijo: Llevad una [a]guardia; id, aseguradlo
como mejor sepáis.

66 Entonces ellos fueron y aseguraron la tumba, [1a]sellando la piedra, con la guardia *allí*.

60[a] Is. 53:9
60[b] cfr. Is. 22:16
60[c] Mr. 16:4
61[a] Mt. 28:1
63[a] Jn. 7:12
63[b] Mt. 16:21; 20:19
64[a] Mt. 28:13
65[a] Mt. 28:11
66[a] cfr. Dn. 6:17

CAPITULO 28

V. La victoria del Rey
28:1-20

A. Resucitado
vs. 1-15

1 [a]Pasado el sábado, al [1]amanecer del [2b]primer día de la
semana, vinieron [c]María Magdalena y la otra María, a ver la
tumba.

2 Y he aquí, hubo un gran [1]terremoto; porque un ángel

1[a] vs. 1-8: Mr. 16:1-8; Lc. 24:1-10; Jn. 20:1
1[b] Lv. 23:11, 15
1[c] Mt. 27:56, 61

60[1] Esto sucedió como cumplimiento de Is. 53:9b.

62[1] Es decir, el día de la preparación, el viernes, cuando se preparaba la pascua (26:19; Jn. 19:14).

66[1] Probablemente con una cuerda extendida de un lado de la piedra al otro, y sellada en los dos extremos (véase Dn. 6:17). Por el lado negativo, los líderes judíos que se oponían al Señor pidieron esto como precaución, pero, por el lado positivo, resultó ser un sólido testimonio de la resurrección del Señor.

1[1] La misma palabra griega se usa en Lc. 23:54.

1[2] Cristo resucitó en el primer día de la semana, lo cual significa que Su resurrección trajo consigo un nuevo comienzo con una nueva era para el reino de los cielos. Véase la nota 1[1] de Jn. 20.

2[1] Significa que la tierra, la base de la rebelión de Satanás, fue sacudida por la resurrección del Señor.

del Señor descendió del cielo y, acercándose, hizo rodar la piedra, y se sentó sobre ella.

3 Su aspecto era como [a]relámpago, y su vestido [b]blanco como la nieve.

4 Y de miedo de él los guardias temblaron y se quedaron como muertos.

5 Mas el ángel, respondiendo, dijo a las mujeres: No temáis vosotras; porque yo sé que buscáis a Jesús, el crucificado.

6 [1]No está aquí, pues ha [a]resucitado, como dijo. Venid, ved el lugar donde yacía.

7 E id pronto y decid a Sus discípulos que ha resucitado de los muertos, y he aquí va delante de vosotros a [1a]Galilea; allí le veréis. He aquí, os lo he dicho.

8 Entonces ellas, saliendo a toda prisa del sepulcro con [1]temor y gran gozo, fueron corriendo a dar las nuevas a Sus discípulos.

9 Y he aquí, Jesús les [1]salió al encuentro, diciendo: ¡[2]Alegraos! Y ellas, acercándose, abrazaron Sus pies, y le [a]adoraron.

10 Entonces Jesús les dijo: No temáis; id, dad las nuevas a Mis [1a]hermanos, para que vayan a [2b]Galilea, y allí me verán.

11 Mientras ellas iban, he aquí unos de la [a]guardia entraron en la ciudad, y dieron aviso a los principales sacerdotes de todas las cosas que habían acontecido.

12 Y reunidos *los principales sacerdotes* con los ancianos, y habiendo tenido consejo, dieron mucho dinero a los soldados,

13 diciendo: Decid vosotros: [1]Sus discípulos vinieron de noche, y lo [a]hurtaron, estando nosotros dormidos.

3[a] cfr. Dn. 10:6
3[b] Jn. 20:12; Hch. 1:10
6[a] Jn. 20:9
7[a] Mt. 28:10, 16; 26:32
9[a] Mt. 28:17; Lc. 24:52
10[a] Jn. 20:17; Sal. 22:22; He. 2:11-12, 17; Ro. 8:29
10[b] Mt. 28:7
11[a] Mt. 27:65-66
13[a] Mt. 27:64

6[1] ¡Estas son buenas nuevas, nuevas de gran gozo!

7[1] El Rey celestial comenzó Su ministerio en Galilea de los gentiles (4:12-17), y no en Jerusalén, la ciudad santa de la religión judía; después de Su resurrección volvió a Galilea, no a Jerusalén. Esto indica claramente que el Rey celestial resucitado había abandonado completamente el judaísmo y había iniciado una nueva era para la economía neotestamentaria de Dios.

8[1] Con temor debido al gran terremoto (v. 2), y con gran gozo debido a la resurrección del Señor.

9[1] Esto sucedió después de que el Señor apareció a María Magdalena (Jn. 20:14-18).

9[2] Usado también como salutación.

10[1] Véase la nota 17[2] de Jn. 20.

10[2] Véase la nota 7[1]. Así también en el v. 16.

13[1] Este dicho, que procedió de la boca de los líderes religiosos, era una mentira obvia, que muestra la bajeza y la falsedad de su religión.

14 Y si esto lo oye el [a]gobernador, nosotros le [1]persuadire- 14[a] Mt.
mos, y os pondremos a salvo de preocupaciones. 27:2
15 Y ellos, tomando el dinero, hicieron como se les había
instruido. Este dicho se ha [1]divulgado entre los judíos hasta
el día de hoy.

B. Reina
vs. 16-20

16 Y los once discípulos se fueron a [a]Galilea, al [1]monte 16[a] Mt.
donde Jesús les había indicado. 28:7
17 Y cuando le vieron, le [a]adoraron; pero algunos [1]duda- 17[a] Mt.
ban. 28:9
18 Y Jesús se acercó y les habló diciendo: Toda [1]potestad
me ha sido dada en el cielo y en la tierra.
19 [1]Por tanto, id, y [2]haced discípulos a todas las [a]naciones, 19[a] Mt.
[3]bautizándolos [4]*en el [5]nombre del [6]Padre, y del Hijo, y del 24:14
Espíritu Santo;

14[1] Los religiosos malignos siempre persuaden a los políticos malvados a perpetrar falsedades.

15[1] Así como se propagó esta mentira acerca de la resurrección del Señor, también se divulgaron rumores acerca de Sus seguidores y de Su iglesia después de Su resurrección (Hch. 24:5-9; 25:7).

16[1] La constitución del reino fue dada en un monte (véase la nota 1[1] del cap. 5); la transfiguración del Rey celestial tuvo lugar en un monte alto (véase la nota 1[2] del cap. 17), y la profecía acerca de esta era fue pronunciada en un monte (véase la nota 3[1] del cap. 24). Ahora, para ver la economía neotestamentaria de Dios, los discípulos tuvieron que ir otra vez a un monte. Sólo estando en la cima de un monte podemos ver claramente la economía neotestamentaria.

17[1] O, vacilaban, titubeaban.

18[1] El Señor en Su divinidad, como Hijo unigénito de Dios, tenía potestad sobre todo. No obstante, en Su humanidad, como Hijo del Hombre y Rey del reino celestial, la potestad en el cielo y en la tierra le fue dada después de Su resurrección.

19[1] Puesto que toda potestad le fue dada al Rey celestial (v. 18), Él envió a Sus discípulos a hacer discípulos a todas las naciones. Ellos van con Su autoridad.

19[2] Esto significa hacer que los paganos sean el pueblo del reino para establecer aun hoy en la tierra el reino de Cristo, el cual es la iglesia.

19[3] El bautismo traslada las personas arrepentidas de su condición anterior a una condición nueva, poniendo fin a su vieja vida y haciendo germinar en ellas la nueva vida de Cristo a fin de que sean el pueblo del reino. El ministerio promotor de Juan el Bautista comenzó con un bautismo preliminar, un bautismo por agua solamente. El Rey celestial, después de llevar a cabo Su ministerio en la tierra, de pasar por el proceso de la muerte y resurrección, y de hacerse el Espíritu vivificante, exhortó a Sus discípulos a que bautizaran en el Dios Triuno a las personas que también se habían hecho discípulos. Este bautismo tiene dos aspectos: el aspecto visible por agua, y el aspecto invisible por el Espíritu Santo (Hch. 2:38, 41; 10:44-48). El aspecto visible es la expresión, el testimonio, del aspecto invisible, mientras que el aspecto invisible es la realidad del aspecto visible. Sin el bautismo invisible hecho por el Espíritu, el bautismo visible por agua es vano, y sin el bautismo visible por agua, el bautismo invisible por el

Espíritu es abstracto e impracticable. Ambos son necesarios. Poco después de que el Señor mandó a los discípulos que llevaran a cabo este bautismo, El los bautizó a ellos y a toda la iglesia en el Espíritu Santo (1 Co. 12:13), los judíos el día de Pentecostés (Hch. 1:5; 2:4) y los gentiles en la casa de Cornelio (Hch. 11:15-17). Luego, sobre esta base los discípulos bautizaban a los recién convertidos (Hch. 2:38) no sólo en agua sino también en la muerte de Cristo (Ro. 6:3-4), en Cristo mismo (Gá. 3:27), en el Dios Triuno (v. 19), y en el Cuerpo de Cristo (1 Co. 12:13). El agua, que representa la muerte de Cristo y Su sepultura, puede considerarse una tumba en la cual se pone fin a la vieja historia de los bautizados. Puesto que la muerte de Cristo está incluida en Cristo, puesto que Cristo es la corporificación misma del Dios Triuno (Col. 2:9), y puesto que el Dios Triuno es uno con el Cuerpo de Cristo, bautizar a los nuevos creyentes en la muerte de Cristo, en Cristo mismo, en el Dios Triuno y en el Cuerpo de Cristo hace una sola cosa: por un lado, pone fin a su vieja vida, y por otro, hace germinar en ellos la vida nueva, la vida eterna del Dios Triuno, para el Cuerpo de Cristo. Por lo tanto, el bautismo ordenado aquí por el Señor saca al hombre de su propia vida y lo pone en la vida del Cuerpo para el reino de los cielos.

19[4] La palabra griega que aquí se traduce *en* indica unión, tal como en Ro. 6:3 y Gá. 3:27. La misma preposición griega se usa en Hch. 8:16; 19:5; 1 Co. 1:13, 15. Bautizar a los hombres en el nombre del Dios Triuno es introducirlos en una unión espiritual y mística con El.

19[5] La Trinidad Divina tiene un solo nombre. El nombre es la totalidad del Ser Divino y equivale a Su persona. Bautizar a alguien en el nombre del Dios Triuno es sumergirlo en todo lo que el Dios Triuno es.

19[6] En comparación con todos los demás libros de las Escrituras, Mateo y Juan revelan de una manera más completa la Trinidad Divina para la participación y el disfrute del pueblo escogido de Dios. Con miras a nuestra experiencia de vida, Juan revela el misterio de la Deidad —el Padre, el Hijo y el Espíritu— especialmente en los caps. 14—16; mientras que con miras a la constitución del reino, Mateo revela la realidad de la Trinidad Divina al dar un solo nombre a los tres. En el primer capítulo de Mateo, están presentes el Espíritu Santo (1:18), Cristo (el Hijo, 1:18), y Dios (el Padre, 1:23) para producir al hombre Jesús (1:21), quien, como Jehová el Salvador y como Dios con nosotros, es la corporificación misma del Dios Triuno. En el cap. 3 Mateo presenta una escena en la cual el Hijo estaba de pie en el agua del bautismo bajo el cielo abierto; el Espíritu como paloma descendió sobre el Hijo, y el Padre habló al Hijo desde los cielos (3:16-17). En el cap. 12 el Hijo, como hombre, echó fuera demonios por el Espíritu para traer el reino de Dios el Padre (12:28). En el cap. 16 el Padre reveló el Hijo a los discípulos para la edificación de la iglesia, la cual es el pulso vital del reino (16:16-19). En el cap. 17 el Hijo se transfiguró (17:2) y fue confirmado por la palabra de complacencia expresada por el Padre (17:5), produciendo así una exhibición en miniatura de la manifestación del reino (16:28). Finalmente, en el último capítulo, después de que Cristo como el postrer Adán hubo pasado por el proceso de crucifixión, después de entrar en la esfera de resurrección y de hacerse el Espíritu que da vida, El regresó a Sus discípulos en el ambiente y la realidad de Su resurrección para mandarles que convirtieran a los paganos en el pueblo del reino bautizándolos en el nombre, en la persona y en la realidad de la Trinidad Divina. Más adelante, en Hechos y en las epístolas se revela que bautizar a los hombres en el nombre del Padre, del Hijo y del Espíritu es bautizarlos en el nombre de Cristo (Hch. 8:16; 19:5), y que bautizarlos en el nombre de Cristo es bautizarlos en la persona de Cristo (Gá. 3:27; Ro. 6:3), porque Cristo es la corporificación del Dios Triuno y El, siendo el Espíritu vivificante

20 [1]enseñándoles que [a]guarden todo cuanto os he [b]mandado; y he aquí, Yo estoy [2c]con vosotros todos los días, hasta la [3d]consumación del siglo.

20[a] Hch. 2:42
20[b] Hch. 1:2
20[c] Mt. 1:23; 18:20; Hch. 18:10
20[d] Mt. 13:39

(1 Co. 15:45), está disponible siempre y en todo lugar para que la gente sea bautizada en El. Según Mateo, ser bautizado en la realidad del Padre, el Hijo y el Espíritu tiene como fin constituir el reino de los cielos. No se puede formar el reino celestial como se organiza una sociedad terrenal, con seres humanos de carne y sangre (1 Co. 15:50); sólo puede constituirse de los que han sido sumergidos en una unión con el Dios Triuno y confirmados y edificados con el Dios Triuno, el cual se ha forjado en ellos.

20[1] Tal como bautizar a la gente en el nombre del Padre, del Hijo y del Espíritu, lo cual se menciona en el versículo anterior, enseñar a los creyentes a guardar todo lo que el Señor ha mandado tiene como fin hacer discípulos a todas las naciones (v. 19).

20[2] El Rey celestial es Emanuel, Dios con nosotros (1:23). Aquí El nos promete que en Su resurrección estará con nosotros todos los días, con toda potestad, hasta la consumación del siglo, es decir, hasta el fin de esta era. Así que, dondequiera que estemos congregados en Su nombre, El está en medio de nosotros (18:20).

Entre los cuatro evangelios, sólo Marcos (Mr. 16:19) y Lucas (Lc. 24:51) narran la ascensión del Señor. Juan testifica que el Señor, como Hijo de Dios, Dios mismo, es vida para Sus creyentes. Como tal, nunca puede dejarlos ni tampoco lo haría jamás. Mateo demuestra que el Señor, como Emanuel, es el Rey celestial, quien está continuamente con Su pueblo hasta Su regreso. Así que, ni en Juan ni en Mateo se menciona la ascensión del Señor.

20[3] El fin de esta era, el tiempo de Su venida (Su parusía).

EL EVANGELIO DE

MARCOS

BOSQUEJO

I. **El comienzo del evangelio y la iniciación del Salvador-Esclavo—1:1-13**
   A. El comienzo del evangelio: por el ministerio del precursor—vs. 1-8
      1. Como fue profetizado—vs. 1-3
      2. Predica el bautismo de arrepentimiento—vs. 4-6
      3. Presenta al Salvador-Esclavo—vs. 7-8
   B. La iniciación del Salvador-Esclavo—vs. 9-13
      1. Bautizado—vs. 9-11
      2. Puesto a prueba—vs. 12-13

II. **El ministerio del Salvador-Esclavo tiene como fin propagar el evangelio—1:14—10:52**
   A. El contenido del servicio evangélico—1:14-45
      1. Proclama el evangelio—vs. 14-20
      2. Enseña la verdad—vs. 21-22
      3. Echa fuera demonios—vs. 23-28
      4. Sana a los enfermos—vs. 29-39
      5. Limpia a un leproso—vs. 40-45
   B. Las diversas maneras de llevar a cabo el servicio evangélico—2:1—3:6
      1. Perdona los pecados de los enfermos—2:1-12
      2. Cena con los pecadores—2:13-17
      3. Hace que Sus seguidores se alegren y no ayunen—2:18-22
      4. Se preocupa por el hambre de Sus seguidores y no por las normas de la religión—2:23-28
      5. Se ocupa de aliviar al que sufre y no de los ritos de la religión—3:1-6
   C. Hechos suplementarios del servicio evangélico—3:7-35
      1. Evita las multitudes—vs. 7-12
      2. Designa a los apóstoles—vs. 13-19
      3. No come por causa de las necesidades—vs. 20-21
      4. Ata a Satanás y saquea su casa—vs. 22-30
      5. Niega a Sus parientes y reconoce solamente a los que hacen la voluntad de Dios—vs. 31-35
   D. Parábolas del reino de Dios—4:1-34
      1. La parábola del sembrador—vs. 1-20
      2. La parábola de la lámpara—vs. 21-25
      3. La parábola de la semilla—vs. 26-29

4. La parábola del grano de mostaza—vs. 30-34

E. El mover del servicio evangélico—4:35—10:52
   1. Calma el viento y el mar—4:35-41
   2. Echa fuera una legión de demonios—5:1-20
   3. Sana a la mujer que tenía flujo de sangre y resucita a una niña—5:21-43
   4. Despreciado por los hombres—6:1-6
   5. Envía a los discípulos—6:7-13
   6. El martirio del precursor—6:14-29
   7. Alimenta a cinco mil—6:30-44
   8. Anda sobre el mar—6:45-52
   9. Sana en todo lugar—6:53-56
   10. Enseña en cuanto a lo que contamina al hombre desde su interior—7:1-23
   11. Echa fuera un demonio de la hija de una cananea—7:24-30
   12. Sana a un sordomudo—7:31-37
   13. Alimenta a cuatro mil—8:1-10
   14. No da señal a los fariseos—8:11-13
   15. Advierte acerca de la levadura de los fariseos y de Herodes—8:14-21
   16. Sana a un ciego en Betsaida—8:22-26
   17. Revela Su muerte y Su resurrección por primera vez—8:27—9:1
   18. Se transfigura en el monte—9:2-13
   19. Echa fuera un espíritu mudo—9:14-29
   20. Revela Su muerte y Su resurrección por segunda vez—9:30-32
   21. Enseña en cuanto a la humildad—9:33-37
   22. Enseña en cuanto a la tolerancia con miras a la unidad—9:38-50
   23. Viene a Judea—10:1
   24. Enseña en contra del divorcio—10:2-12
   25. Bendice a los niños—10:13-16
   26. Enseña en cuanto a los ricos y a la entrada al reino de Dios—10:17-31
   27. Revela Su muerte y Su resurrección por tercera vez—10:32-34
   28. Enseña en cuanto al camino al trono—10:35-45
   29. Sana a Bartimeo—10:46-52

III. La preparación del Salvador-Esclavo para Su servicio redentor—11:1—14:42

A. Entra en Jerusalén y posa en Betania—11:1-11

B. Maldice la higuera y purifica el templo—11:12-26

C. Puesto a prueba y examinado—11:27—12:44
   1. Por los principales sacerdotes, los escribas y los ancianos—11:27—12:12
   2. Por los fariseos y los herodianos—12:13-17
   3. Por los saduceos—12:18-27

4. Por un escriba—12:28-34
5. Hace callar a todos—12:35-37
6. Advierte en cuanto a los escribas—12:38-40
7. Alaba a la viuda pobre—12:41-44

D. Prepara a los discípulos para Su muerte—13:1—14:42
1. Les dice lo que ha de venir—13:1-37
2. Algunos conspiran contra El y le traicionan, y otros le aman—14:1-11
3. Establece Su cena—14:12-26
4. Les advierte a los discípulos—14:27-31
5. Experimenta Getsemaní: exhorta a los discípulos a velar y orar—14:32-42

IV. La muerte y la resurrección del Salvador-Esclavo para cumplir la obra redentora de Dios—14:43—16:18

A. Su muerte—14:43—15:47
1. Arrestado—14:43-52
2. Juzgado—14:53—15:15
   a. Por los líderes judíos, los cuales representaban a los judíos—14:53-72
   b. Por el gobernador romano, el cual representaba a los gentiles—15:1-15
3. Crucificado—15:16-41
4. Sepultado—15:42-47

B. Su resurrección—16:1-18
1. Descubierto por tres hermanas—vs. 1-8
2. Aparece a María—vs. 9-11
3. Aparece a dos discípulos—vs. 12-13
4. Aparece a los once discípulos y les encarga la propagación universal del evangelio—vs. 14-18

V. La ascensión del Salvador-Esclavo para Su exaltación—16:19

VI. La propagación universal del evangelio de parte del Salvador-Esclavo por medio de Sus discípulos—16:20

EL EVANGELIO DE
MARCOS

Autor: Marcos; véanse los detalles en la nota 1[1] del cap. 1.

Fecha: Lo dicho en 13:2 parece indicar que este libro fue escrito antes de la destrucción del santo templo. Posiblemente fue escrito entre los años 67 y 70 d. de C., después de la muerte del apóstol Pablo.

Lugar: Posiblemente Roma; véase 2 Timoteo 4:11.

Destinatarios: Las frecuentes explicaciones de nombres, costumbres y fiestas judías en este libro (3:17; 5:41; 7:3, 11; 14:12; 15:42) comprueban que fue dirigido a los gentiles, específicamente a los romanos.

Tema:
El evangelio de Dios:
comprueba que Jesucristo es el Salvador-Esclavo

CAPITULO 1

I. El comienzo del evangelio y la iniciación del Salvador-Esclavo
1:1-13

A. El comienzo del evangelio: por el ministerio del precursor
vs. 1-8

1. Como fue profetizado
vs. 1-3

1 [1]Principio del [2]evangelio de [3]Jesucristo, [4a]Hijo de Dios. 1[a] Mt. 16:16; Jn. 1:34; 20:31; 1 Jn. 5:12, 20

1[1] Este evangelio fue escrito por Marcos, quien también se llamaba Juan (Hch. 12:25); era hijo de una de las Marías (la cual conocía muy bien al apóstol Pedro en la iglesia en Jerusalén, Hch. 12:12), y primo de Bernabé (Col. 4:10). Acompañó a Bernabé y a Saulo en el ministerio de ellos (Hch. 12:25), y se unió a Pablo en el primer viaje de su ministerio a los gentiles; pero, en Perge abandonó a Pablo y se regresó (Hch. 13:13). Debido a esto, Pablo no quiso llevarlo en su segundo viaje. Entonces Bernabé se apartó de Pablo, y luego Marcos se unió a Bernabé en su obra (Hch. 15:36-40). Sin embargo, Marcos tenía una relación muy íntima con Pablo en los últimos años del apóstol (Col. 4:10; Flm. 24), y le fue útil a Pablo en su ministerio hasta el martirio de éste (2 Ti. 4:11). También tenía una estrecha relación con Pedro y probablemente estaba con él continuamente, como se ve en el hecho de que Pedro lo consideraba su hijo (1 P. 5:13). Desde los primeros días de la iglesia, el Evangelio de Marcos se ha

2[a] Mal. 3:1; Mt. 11:10

2 [1]Como está escrito en Isaías el profeta: "[a]He aquí [2]Yo envío Mi [3]mensajero delante de [4]Tu faz, el cual [5]preparará Tu camino.

---

considerado la crónica de la narración oral de Pedro, quien acompañó al Salvador en Su servicio evangélico desde el principio (vs. 16-18) hasta el fin (14:54, 66-72). El relato se narra cronológicamente, y da más detalles con respecto a los hechos históricos que los otros evangelios. Todo el evangelio está resumido en lo dicho por Pedro en Hch. 10:36-42.

Juan presenta al Dios-Salvador, y da énfasis a la deidad del Salvador en Su humanidad. Mateo presenta al Salvador-Rey; Marcos, al Salvador-Esclavo; y Lucas, al Salvador-Hombre. Mateo, Marcos y Lucas son evangelios sinópticos en el sentido de que describen la humanidad del Salvador en varios aspectos y también Su deidad. Puesto que Marcos presenta al Salvador como esclavo, no menciona Su genealogía ni Su rango, porque el linaje de un esclavo no es digno de atención. Además, en contraste con Mateo, quien nos presenta las enseñanzas y parábolas maravillosas del Salvador acerca del reino celestial, y a diferencia de Juan, quien nos presenta las revelaciones profundas del Salvador con respecto a las verdades divinas, la intención de Marcos no es impresionarnos con las palabras maravillosas del Esclavo, sino con las excelentes acciones de El en Su servicio evangélico. El Evangelio de Marcos da más detalles que los otros evangelios, a fin de describir la diligencia, fidelidad y otras virtudes del Salvador-Esclavo, las cuales se manifestaban en el servicio que como Salvador rindió a los pecadores de parte de Dios. En el Evangelio de Marcos se ve el cumplimiento de las profecías acerca de Cristo como Esclavo de Jehová hechas en Is. 42:1-4, 6-7; 49:5-7; 50:4-7; 52:13—53:12, y se ven también los detalles de la enseñanza acerca de Cristo como el Esclavo de Dios dada en Fil. 2:5-11. Su diligencia al laborar, Su necesidad de alimento y reposo (3:20-21; 6:31), Su ira (3:5), Su gemir (7:34) y Su afecto (10:21), exhiben de una manera hermosa Su humanidad en la virtud y perfección de la misma, mientras que Su señorío (2:28), Su omnisciencia (2:8), Su poder milagroso y Su autoridad para echar fuera demonios (v. 27; 3:15), perdonar pecados (2:7, 10), y callar el viento y el mar (4:39), manifiestan plenamente Su deidad en la gloria y honra de la misma. ¡Qué Esclavo de Dios! ¡Cuán hermoso y admirable! Tal Esclavo sirvió a los pecadores como Salvador-Esclavo, dando Su vida en rescate por ellos (10:45), para el cumplimiento del propósito eterno de Dios, de quien era Esclavo.

1[2] Es decir, las buenas noticias, las buenas nuevas (Ro. 10:15). El evangelio es el servicio (el ministerio) del Salvador-Esclavo, como Esclavo de Dios que sirve a Su pueblo. El libro de Mateo empieza con la genealogía real de Cristo el Rey (Mt. 1:1-17); Lucas, con la genealogía humana del hombre Jesús (Lc. 3:23-38); y Juan, con el origen eterno del Hijo de Dios (Jn. 1:1-2); mientras que el libro de Marcos no empieza con el origen de Su persona, sino con los orígenes del evangelio, el servicio de Jesús como humilde Esclavo de Dios (Fil. 2:7; Mt. 20:27-28). Por lo general, lo notable de un esclavo es su servicio, no su persona. Véase la nota 1[1] de Mt. 1.

1[3] Este evangelio es una biografía del Salvador-Esclavo, quien era Dios encarnado como Esclavo para salvar a los pecadores. En este título compuesto *Jesucristo* indica Su humanidad, e *Hijo de Dios,* Su deidad; ambas fueron adecuadamente manifestadas por Sus virtudes humanas y Sus atributos divinos en Su ministerio y mover para Su servicio evangélico, según consta en este evangelio.

1[4] Algunos mss. omiten: Hijo de Dios.

2[1] El comienzo del evangelio del Salvador-Esclavo concuerda con lo escrito en Isaías con respecto al ministerio

3 [1a]Voz de uno que clama en el [2]desierto: [3]Preparad el
camino del Señor; enderezad Sus sendas".

2. Predica el bautismo de arrepentimiento
vs. 4-6

4 Apareció [a]Juan en el [1b]desierto bautizando y predicando el [2c]bautismo de [d]arrepentimiento [3]para [e]perdón de
pecados.
5 Y salían a él toda la [a]región de [1]Judea, y todos los de
Jerusalén; y eran [2]bautizados por él en el [3]río Jordán, [b]con-
fesando sus pecados.

3[a] Is. 40:3; Mt. 3:3
4[a] Mt. 3:1; Lc. 3:2; Jn. 1:6
4[b] Jos. 15:61; Jue. 1:16
4[c] Hch. 10:37; 19:3-4
4[d] Mr. 1:15; Lc. 24:47
4[e] Mt. 26:28; Hch. 2:38; 10:43
5[a] Mt. 3:5-6
5[b] Hch. 19:18

---

de Juan el Bautista. Esto indica que la predicación de Juan acerca del bautismo de arrepentimiento también formaba parte del evangelio de Jesucristo. Puso fin a la dispensación de la ley y la reemplazó con la dispensación de la gracia. Así que, la dispensación de la gracia comenzó con el ministerio de Juan antes de que comenzara el ministerio del Salvador-Esclavo.

2[2] Jehová de los ejércitos (Mal. 3:1).

2[3] La misma palabra griega que se traduce *ángel*. Así también en Ap. 1:20.

2[4] La faz de Jesucristo.

2[5] Lit., dispondrá. La predicación del bautismo de arrepentimiento (v. 4) preparó el terreno para que el Salvador-Esclavo viniera a los pecadores (Lc. 1:76).

3[1] El ministerio del evangelio del Salvador-Esclavo comenzó con una sola voz, y no con un gran movimiento.

3[2] La predicación del evangelio del Salvador-Esclavo no comenzó en un centro de civilización, sino en el desierto, lejos de la influencia de la cultura humana. Véanse las notas 3[1] y 1[2] de Mt. 3.

3[3] Lit., haced que esté listo. Preparar el camino del Señor es hacer que la gente cambie su manera de pensar, que vuelvan la mente hacia el Salvador-Esclavo, y también es hacer recto el corazón de ellos, enderezando cada parte de su corazón por medio del arrepentimiento, para que el Salvador-Esclavo pueda entrar en ellos a fin de ser su vida y poseerlos (Lc. 1:17).

4[1] Juan era sacerdote por nacimiento (Lc. 1:8-13, 57-63); por lo tanto, él debía llevar una vida sacerdotal en el templo, desempeñando el servicio sacerdotal. No obstante, salió al desierto y predicaba el evangelio. Esto indica que la era del sacerdocio, en la cual se ofrecían sacrificios a Dios, había sido reemplazada por la era del evangelio, en la cual los pecadores son traídos a Dios a fin de que Dios obtenga a los pecadores y los pecadores obtengan a Dios.

4[2] El arrepentimiento es un cambio en la manera de pensar, es volver la mente al Salvador-Esclavo. El bautismo es la sepultura de las personas arrepentidas; en el bautismo son terminadas para que el Salvador-Esclavo las haga germinar por medio de la regeneración (Jn. 3:3, 5-6).

4[3] El objeto y el resultado del arrepentimiento con el bautismo es el perdón de pecados, lo cual quita el obstáculo producido por la caída del hombre y reconcilia a éste con Dios.

5[1] Una región que incluía la ciudad santa, el templo santo y la alta cultura; por lo tanto, una región ilustre.

5[2] Cuando la gente se arrepentía por la predicación de Juan, éste los sumergía en el agua de muerte para sepultarlos, terminarlos, y así prepararlos para ser resucitados por el Salvador-Esclavo, quien los hacía germinar con el Espíritu Santo al confesar ellos sus pecados. Véase la nota 6[1] de Mt. 3.

5[3] Véase la nota 6[2] de Mt. 3.

6 Y Juan estaba [1]vestido de [a]pelo de camello, y *tenía* un
cinto de cuero alrededor de sus lomos; y comía [b]langostas y
[c]miel silvestre.

3. Presenta al Salvador-Esclavo
vs. 7-8

7 Y predicaba, diciendo: [1a]Viene tras mí el que es más
fuerte que yo, a quien no soy digno de desatar, agachado, la
correa de Sus sandalias.
8 Yo os he bautizado en [1a]agua; pero El os bautizará en
el [1b]Espíritu Santo.

B. La iniciación del Salvador-Esclavo
vs. 9-13

1. Bautizado
vs. 9-11

9 Aconteció en aquellos días, que Jesús [a]vino de [1b]Nazaret
de Galilea, y fue [2]bautizado por Juan en el Jordán.

6[a] 2 R. 1:8
6[b] Lv. 11:22
6[c] Ex. 3:8; 1 S. 14:25-27
7[a] Mt. 3:11; Jn. 1:15, 27; Hch. 13:25; 19:4
8[a] Jn. 1:26; Hch. 1:5; 11:16
8[b] Is. 44:3; Jl. 2:28; Hch. 2:4; 10:45; 1 Co. 12:13
9[a] vs. 9-11: Mt. 3:13-17; Lc. 3:21-22
9[b] Mt. 2:23; Jn. 1:45-46; Mr. 1:24; 10:47; 14:67; 16:6

6[1] La manera en que Juan vivía indica que su vida y su obra se llevaron a cabo completamente en la nueva dispensación y que no correspondían a la religión, la cultura ni la tradición viejas. Véase la nota 4[1] de Mt. 3.

7[1] Aunque Juan predicaba un bautismo de arrepentimiento, la meta de su ministerio era una persona maravillosa, Jesucristo, el Hijo de Dios. Juan no se hizo a sí mismo el centro de su ministerio, como si fuera un imán que atraía a otros. El comprendió que sólo era un mensajero enviado por Jehová de los ejércitos para traer a la gente al Hijo de Dios, Jesucristo, y para exaltarlo como la meta de su ministerio.

8[1] El agua representa la muerte y la sepultura, cuyo propósito es darle fin al pueblo arrepentido; el Espíritu Santo es el Espíritu de vida y resurrección cuyo fin es hacer germinar al pueblo aniquilado. El agua era señal del ministerio de arrepentimiento llevado a cabo por Juan; el Espíritu Santo era señal del ministerio de vida llevado a cabo por el Salvador-Esclavo. Juan sepultaba a las personas arrepentidas poniéndolas en las aguas de la muerte; el Salvador-Esclavo las resucitaba para regenerarlas en el Espíritu de Su vida de resurrección. Las aguas de la muerte, las cuales representan la muerte todo-inclusiva de Cristo en la cual Sus creyentes son bautizados (Ro. 6:3), no sólo sepultaban a las personas bautizadas sino también sus pecados, el mundo, su vida pasada y su historia (tal como el mar Rojo sepultó a Faraón y al ejército egipcio por el bien de los hijos de Israel, Ex. 14:26-28; 1 Co. 10:2). También las separaron del mundo corrupto que había abandonado a Dios (tal como el diluvio lo hizo con Noé y su familia, 1 P. 3:20-21). El Espíritu Santo, en quien el Salvador-Esclavo bautizaba a los que creían en El, es el Espíritu de Cristo y el Espíritu de Dios (Ro. 8:9). Así que, ser bautizado en el Espíritu Santo es ser bautizado en Cristo (Gá. 3:27; Ro. 6:3), en el Dios Triuno (Mt. 28:19) y en el Cuerpo de Cristo (1 Co. 12:13), el cual está unido a Cristo en el único Espíritu (1 Co. 6:17). Al ser bautizados en tales aguas y en tal Espíritu, los creyentes en Cristo son regenerados y entran en el reino de Dios (Jn. 3:3, 5, y la nota 5[2]), en la esfera de la vida divina y el gobierno divino, para vivir por la vida eterna de Dios en Su reino eterno.

10 E [1a]inmediatamente, cuando subía del agua, vio [b]abrir-
se los [2]cielos y al [c]Espíritu descender como [3]paloma sobre Él[4].
11 Y vino una [a]voz de los cielos *que decía:* [1]Tú eres Mi
Hijo, el [b]Amado; en Ti me [c]complazco.

2. Puesto a prueba
vs. 12-13

12 [a]En seguida el Espíritu le [1]impulsó al [b]desierto.
13 Y estuvo en el desierto [1]cuarenta días, siendo [a]tentado
por [2]Satanás; y estaba con las fieras, y los [b]ángeles le ministraban.

II. El ministerio del Salvador-Esclavo
tiene como fin propagar el evangelio
1:14—10:52

A. El contenido del servicio evangélico
1:14-45

1. Proclama el evangelio
vs. 14-20

14 Después que Juan fue [a]entregado, Jesús vino a [1]Gali-
lea [2b]proclamando el [c]evangelio [3]de Dios,

9[1] Galilea era llamada "Galilea de los gentiles" y era una región sin honra y, por ende, una región menospreciada (Jn. 7:52; véase la nota 15[1] de Mt. 4), y Nazaret era una ciudad menospreciada que estaba ubicada en aquella región despreciada (Jn. 1:46). El humilde Esclavo de Dios fue criado allí y ése era Su origen.

9[2] Como Esclavo de Dios, el Salvador-Esclavo también fue bautizado, lo cual significa que estaba dispuesto a servir a Dios y que lo haría por medio de la muerte y la resurrección y no según la manera natural del hombre (véanse las notas 13[1] y 16[1] de Mt. 3). Tal bautismo era la iniciación de Su servicio.

10[1] La narración de Marcos acerca del Esclavo no refleja el esplendor de Su persona, sino la diligencia de Su servicio. En la narración de Marcos, la palabra griega aquí traducida *inmediatamente* se usa cuarenta y dos veces (y en otros mss. del Evangelio de Marcos, cuarenta y tres veces).

10[2] El hecho de que los cielos se abrieran ante el Salvador-Esclavo significa que la ofrenda voluntaria de Sí mismo como Esclavo para Dios fue bien recibida por Dios. El descenso del Espíritu como paloma sobre Él significa que Dios lo ungió con el Espíritu para el servicio que le iba a rendir (Lc. 4:18-19).

10[3] Véase la nota 16[4] de Mt. 3.

10[4] Algunos mss. dicen: y permanecer sobre Él.

11[1] Véase la nota 17[1] de Mt. 3.

12[1] Lo primero que el Espíritu hizo con el Esclavo de Dios después de que Dios lo aceptó y lo ungió fue lanzarlo al desierto para poner a prueba Su integridad.

13[1] Un tiempo de pruebas y sufrimiento (Dt. 9:9, 18; 1 R. 19:8).

13[2] Satanás, el enemigo de Dios, fue usado para examinar y probar al Esclavo de Dios. Los animales de la tierra, en un sentido negativo, y los ángeles del cielo, en un sentido positivo,

10[a] Mr. 1:12
10[b] Gn. 28:17; Ez. 1:1; Jn. 1:51; Hch. 7:56; 10:11; Ap. 4:1
10[c] Jn. 1:32; Lc. 4:18
11[a] Mr. 9:7; Jn. 12:28
11[b] Ef. 1:6
11[c] Is. 42:1; Mt. 12:18
12[a] Mr. 1:10, 18
12[b] vs. 12-13: Mt. 4:1-11; Lc. 4:1-13
13[a] He. 2:18; 4:15; 1 Ts. 3:5
13[b] Lc. 22:43; Mt. 26:53; cfr. He. 1:14; Hch. 12:15
14[a] Mr. 6:17; Mt. 4:12; 14:3; Lc. 3:20
14[b] Mt. 4:17, 23
14[c] Ro. 1:1; 15:16

15[a] cfr. Gá. 4:4
15[b] Mr. 4:26; Lc. 10:9, 11
15[c] Mr. 1:4; Hch. 2:38; 5:31
15[d] Jn. 1:12; 3:16; Hch. 16:31; Ro. 10:9, 14

15 y diciendo: El tiempo se ha [a]cumplido, y el [1b]reino de
Dios se ha acercado; [2c]arrepentíos, y [3d]creed en el [4]evangelio.

también fueron usados para esta prueba.

14[1] El encarcelamiento de Juan era señal del rechazo del evangelio, especialmente en la región ilustre. Así que, el Salvador-Esclavo dejó esa región y volvió a la región menospreciada para llevar a cabo Su servicio evangélico. Véanse las notas 12[1] y 15[1] de Mt. 4.

El servicio evangélico se inició en Judea, la región ilustre, con el ministerio de quien fue precursor del Salvador-Esclavo (vs. 1-11); pero continuó en Galilea, la región despreciada, con el ministerio del Salvador-Esclavo por un período de unos tres años (v. 14—9:50). En contraste con el relato del Evangelio de Juan (Jn. 1:29-42; 2:13—3:36; 5:1-47; 7:10—11:57), Marcos no incluyó nada del ministerio del Salvador-Esclavo en Jerusalén y en Judea durante ese tiempo. Marcos sólo escribió acerca de la última vez que el Señor salió de Galilea para ir a Jerusalén (10:1) a realizar Su obra redentora. Entonces el servicio evangélico continuó con Su ministerio en camino a Jerusalén, en Jerusalén y sus alrededores (10:1—14:42). Concluyó con Su muerte redentora, Su resurrección que imparte vida y Su ascensión para exaltación. Luego, como parte de esta conclusión, los discípulos continuaron este servicio evangélico predicando el evangelio a toda la creación (14:43—16:20).

14[2] La proclamación del Salvador-Esclavo tenía como fin anunciar las buenas nuevas de Dios a las personas miserables que estaban en cautiverio; el propósito de Su enseñanza (vs. 21-22) era iluminar con la luz divina de la verdad a los ignorantes, los cuales estaban en tinieblas. Su proclamación supone una enseñanza, y Su enseñanza implica una proclamación (Mt. 4:23). Esto fue lo primero que El hizo en Su ministerio, y también era la estructura total de Su servicio evangélico (vs. 38-39; 3:14; 6:12; 14:9; 16:15, 20).

14[3] Algunos mss. insertan: del reino. El evangelio de Jesucristo (v. 1) es el evangelio de Dios (Ro. 1:1) y el evangelio del reino de Dios (cfr. Mt. 4:23).

15[1] El reino de Dios es el gobierno, el reinado, de Dios con todas las bendiciones y todo el disfrute. Es la meta del evangelio de Dios y de Jesucristo (véanse las notas 3[2] y 26[3] del cap. 4). Para entrar en este reino, la gente debe arrepentirse de sus pecados y creer en el evangelio para que sus pecados sean perdonados y para que Dios los regenere impartiéndoles la vida divina, la cual corresponde a la naturaleza divina de este reino (Jn. 3:3, 5). Todos los que creen en Cristo pueden participar del reino en la era de la iglesia para disfrutar a Dios en la justicia, la paz y el gozo que tenemos en el Espíritu Santo (Ro. 14:17). Este reino llegará a ser el reino de Cristo y de Dios, y los creyentes vencedores lo heredarán y lo disfrutarán en la era del reino venidero (1 Co. 6:9-10; Gá. 5:21; Ef. 5:5) para reinar con Cristo por mil años (Ap. 20:4, 6). Luego, como el reino eterno, será una bendición eterna de la vida eterna de Dios que todos Sus redimidos podrán disfrutar en el cielo nuevo y la tierra nueva por la eternidad (Ap. 21:1-4; 22:1-5, 14, 17). El reino de Dios se había acercado, y en tal reino el evangelio del Salvador-Esclavo introduciría a los creyentes. Con miras a este reino, el Salvador-Esclavo decía a la gente que se arrepintiera y creyera en el evangelio. Véanse las notas 3[3] de Jn. 3, 28[1] de He. 12, y 3[3] de Mt. 5.

15[2] La palabra griega significa *cambiar de modo de pensar*. Arrepentirse es tener tal cambio, sintiendo pesar por el pasado y tomando un nuevo camino para el futuro. Por un lado, arrepentirnos ante Dios es arrepentirnos no sólo de nuestros pecados y errores, sino también del mundo y su corrupción, los cuales usurpan y corrompen a los hombres que Dios creó para Sí mismo, y también es arrepentirnos de habernos olvidado

16 [a]Pasando junto al [1b]mar de Galilea, vio a [c]Simón y a
Andrés, hermano de Simón, [2]echando la [3d]red en el mar;
porque eran pescadores.
17 Y les dijo Jesús: Venid en pos de Mí, y haré que seáis
pescadores de hombres.
18 Y dejando [a]al instante las redes, le [1b]siguieron.
19 Al ir un poco más adelante, vio a Jacobo *hijo* de Zebedeo, y a [a]Juan su hermano, los cuales también estaban en la
barca, [1]remendando las redes.
20 Y [a]al instante los [b]llamó; y dejando a su padre Zebedeo
en la barca con los jornaleros, se [1]fueron en pos de El.

2. Enseña la verdad
vs. 21-22

21 Y [a]entraron en [b]Capernaum; e [c]inmediatamente, el
sábado, entró en la [1d]sinagoga y se puso a [2]enseñar.

16[a] vs. 16-20: Mt. 4:18-22; Lc. 5:1-11
16[b] Mr. 2:13; 3:7; 4:1; 5:1; 6:47; 7:31; Jn. 6:1
16[c] Jn. 1:40-42
16[d] Mt. 13:47
18[a] Mr. 1:12, 20
18[b] Mr. 10:28
19[a] cfr. Jn. 1:35, 37, 40
20[a] Mr. 1:18, 21
20[b] Gá. 1:15
21[a] vs. 21-28: Lc. 4:31-37
21[b] Mt. 4:13; Mr. 2:1
21[c] Mr. 1:20, 23
21[d] Mr. 1:39; 6:2; Mt. 4:23

de Dios. Por otro lado, es volvernos a Dios completamente y en todo aspecto para el cumplimiento del propósito que El tenía al crear al hombre. Es un "arrepentimiento para con Dios", y significa arrepentirse y convertirse a Dios (Hch. 20:21; 26:20). Véanse las notas 2[1] y 2[2] de Mt. 3.

15[3] El arrepentimiento se produce principalmente en la mente; la acción de creer sucede principalmente en el corazón (Ro. 10:9). Creer es unirse uno a las cosas en las cuales cree y recibirlas. Creer en el evangelio es creer principalmente en el Salvador-Esclavo (Hch. 16:31), y creer en El es entrar en El por la fe (Jn. 3:15-16) y recibirle (Jn. 1:12) para ser unido orgánicamente con El. Tal fe (Gá. 3:22) en Cristo nos la da Dios por la palabra de la verdad del evangelio que escuchamos (Ro. 10:17; Ef. 1:13). Esta fe nos introduce en todas las bendiciones del evangelio (Gá. 3:14). Por lo tanto, es preciosa para nosotros (2 P. 1:1). El arrepentimiento debe preceder a esta fe preciosa. Véase la nota 16[1] del cap. 16.

15[4] Este es el evangelio de Jesucristo, el Hijo de Dios (v. 1), el evangelio de Dios, y el evangelio del reino de Dios. Jesucristo, el Hijo de Dios, con todos los procesos por los cuales pasó (tales como la encarnación, la crucifixión, la resurrección y la ascensión) y Su obra redentora completa, es el contenido del evangelio (Ro. 1:2-4; Lc. 2:10-11; 1 Co. 15:1-4; 2 Ti. 2:8). Por consiguiente, el evangelio es Suyo. El evangelio fue planeado, prometido y llevado a cabo por Dios (Ef. 1:8-9; Hch. 2:23; Ro. 1:2; 2 Co. 5:21; Hch. 3:15), y es el poder de Dios para salvación a todos los creyentes (Ro. 1:16) a fin de que sean reconciliados con Dios (2 Co. 5:19) y regenerados por El (1 P. 1:3) para ser Sus hijos (Jn. 1:12-13; Ro. 8:16) y disfrutar todas Sus riquezas y bendiciones como herencia (Ef. 1:14). Por lo tanto, es el evangelio de Dios. Introduce a los creyentes en la esfera del gobierno divino para que participen de las bendiciones de la vida divina en el reino divino (1 Ts. 2:12). Por consiguiente, también es el evangelio del reino de Dios. Por eso, su contenido entero es el mismo contenido del Nuevo Testamento con todos sus legados. Cuando creemos en este evangelio, heredamos al Dios Triuno con Su redención, Su salvación y Su vida divina y las riquezas de la misma como nuestra porción eterna.

16[1] Véase la nota 18[1] de Mt. 4.

16[2] Véase la nota 18[2] de Mt. 4.

16[3] Se refiere a una red en forma de arco.

22 Y se [a]admiraban de Su [b]enseñanza; porque les enseñaba como quien tiene [1]autoridad, y no como los escribas.

3. Echa fuera demonios
vs. 23-28

23 Y [a]entonces, en la sinagoga de ellos, había un hombre con [1]espíritu inmundo, y gritó, diciendo:

24 ¿[1]Qué tenemos que [a]ver contigo, Jesús [b]nazareno? ¿Has venido para destruirnos? [c]Sé quién eres, el [d]Santo de Dios.

25 Pero Jesús le [a]reprendió, diciendo: ¡[b]Cállate, y sal de él!

22[a] Mr. 6:2; 11:18; Mt. 7:28-29
22[b] Mr. 4:2
23[a] Mr. 1:21, 28
24[a] Mr. 5:7
24[b] Mr. 10:47; 14:67; 16:6
24[c] Mr. 1:34; Hch. 19:15
24[d] Lc. 1:35; Jn. 6:69
25[a] Mr. 9:25; cfr. Mr. 4:39
25[b] Mr. 1:34; Lc. 4:41

18[1] Véase la nota 20[1] de Mt. 4.

19[1] Véase la nota 21[1] de Mt. 4.

20[1] Véase la nota 22[1] de Mt. 4.

21[1] Una sinagoga es un lugar de reunión donde los judíos leen y aprenden las santas Escrituras (Lc. 4:16-17; Hch. 13:14-15).

21[2] Puesto que el hombre cayó en pecado, la comunión que tenía con Dios se rompió, lo cual dio por resultado que los hombres no tuviesen el conocimiento de Dios. Tal ignorancia primeramente produjo las tinieblas y luego la muerte. El Salvador-Esclavo, como luz del mundo (Jn. 8:12; 9:5), vino como gran luz para Galilea, tierra de las tinieblas, a fin de alumbrar al pueblo asentado en sombra de muerte (Mt. 4:12-16). Su enseñanza liberó la palabra de luz para alumbrar a los que estaban en la oscuridad de la muerte, a fin de que recibieran la luz de vida (Jn. 1:4). Lo segundo que hizo el Esclavo de Dios en Su servicio a los hombres caídos como Salvador-Esclavo fue llevar a cabo tal enseñanza (2:13; 4:1; 6:2, 6, 30, 34; 10:1; 11:17; 12:35; 14:49) para hacer que el pueblo saliera de las tinieblas satánicas y entrara en la luz divina (Hch. 26:18).

22[1] Los escribas, quienes se habían nombrado a sí mismos y quienes por sí mismos enseñaban conocimiento vano, no tenían ni autoridad ni poder; sin embargo, este Esclavo autorizado por Dios, quien por medio de Dios enseñaba realidades, no sólo tenía poder espiritual para sojuzgar al pueblo, sino también la autoridad divina para someterlos al reinado divino.

23[1] No un ángel caído sino un demonio (vs. 32, 34, 39; Lc. 4:33), un espíritu incorpóreo de uno de los seres vivientes que existieron en la era preadamítica y que fueron juzgados por Dios cuando se unieron a la rebelión de Satanás (véase *Estudio-vida de Génesis,* mensaje dos). Los ángeles caídos obran con Satanás en el aire (Ef. 2:2; 6:11-12), y los espíritus inmundos, los demonios, se mueven con él en la tierra. Ambos operan en el hombre de modo maligno a favor del reino de Satanás. El hecho de que los demonios posean a las personas significa que Satanás usurpa al hombre, a quien Dios creó para Su propósito. El Salvador-Esclavo, quien vino para destruir las obras de Satanás (1 Jn. 3:8), expulsó estos demonios de las personas poseídas (vs. 34, 39; 3:15; 6:7, 13; 16:17) para que fueran libradas de la esclavitud de Satanás (Lc. 13:16), de la autoridad de tinieblas de Satanás (Hch. 26:18; Col. 1:13), y puestas en el reino de Dios (v. 15). Esta fue la tercera cosa que cumplió el Salvador como parte de Su servicio a Dios. En este evangelio constan cinco casos que nos muestran esto (vs. 23-27; 5:2-20; 7:25-30; 9:17-27; 16:9).

24[1] Lit., ¿Qué a nosotros y a Ti? (modismo hebreo).

26 Y el [a]espíritu inmundo, [b]sacudiéndole con violencia, y clamando a [c]gran voz, salió de él.

27 Y todos se [a]asombraron, de tal manera que discutían entre sí, diciendo: ¿Qué es esto? ¡Una [b]enseñanza nueva! El manda con [1c]autoridad a los espíritus inmundos, y le [d]obedecen.

28 Y [a]muy pronto se difundió Su fama por todas partes en la región alrededor de Galilea.

4. Sana a los enfermos
vs. 29-39

29 Inmediatamente después de salir de la sinagoga, entraron en la [a]casa de Simón y Andrés, con Jacobo y Juan.

30 Y la [a]suegra de Simón estaba acostada, con [1]fiebre; y [b]en seguida le hablaron de ella.

31 Entonces El se acercó, y la levantó, [a]tomándola de la mano; y la fiebre la [1]dejó, y ella se puso a [2]servirles.

32 Al atardecer, puesto ya el sol, le trajeron todos los enfermos y los endemoniados;

33 y toda la ciudad estaba [a]agolpada a la puerta.

34 Y [1]sanó a muchos que padecían diversas [a]enfermedades, y [2]echó fuera muchos demonios; y [b]no permitía a los demonios hablar, porque [3]le [c]conocían.

35 Levantándose muy de [a]mañana, *siendo aún* muy oscuro, salió y se fue a un lugar desierto, y allí [1b]oraba.

36 Y Simón y los que estaban con él salieron en Su busca;

37 y hallándole, le dijeron: Todos te buscan.

27[1] No fue el poder sino la autoridad lo que echó fuera al demonio. El Salvador-Esclavo tenía la autoridad divina para Su servicio no sólo para enseñar (v. 22), sino también para echar fuera demonios.

30[1] Esto puede referirse al mal genio desenfrenado, el cual es anormal y desmesurado.

31[1] La enfermedad resulta del pecado y es una señal de la condición anormal del hombre delante de Dios debido al pecado. La cuarta cosa que hizo el Salvador-Esclavo para rescatar a los pecadores, como parte de Su servicio evangélico, fue sanar física y espiritualmente su condición enferma y restaurarlos a la normalidad (v. 34; 3:10; 6:5, 13, 56) para que le sirvieran a El. En este evangelio se narran nueve casos que son ejemplos de tal curación (vs. 30-31, 40-45; 2:3-12; 3:1-5; 5:22-43; 7:32-37; 8:22-26; 10:46-52).

31[2] Primero fue sanada, luego sirvió.

34[1] Véase la nota 31[1].

34[2] Véase la nota 23[1]. Así también en el v. 39.

34[3] Algunos mss. dicen: sabían que El era el Cristo.

35[1] Para tener comunión con Dios, buscando la voluntad y el beneplácito de Dios para Su servicio evangélico. El Salvador-Esclavo no desempeñó el servicio evangélico solo, independientemente de Dios y conforme a Su propia voluntad, sino conforme a la voluntad y al beneplácito de Dios, siendo uno con Dios para cumplir Su propósito (véase la nota 38[2]).

26[a] Mr. 1:23
26[b] Mr. 9:20, 26
26[c] Mr. 5:7; Hch. 8:7
27[a] Mr. 2:12; 5:42
27[b] Hch. 17:19
27[c] Mr. 3:15
27[d] Mr. 4:41
28[a] Mr. 1:23, 29
29[a] vs. 29-34: Mt. 8:14-16; Lc. 4:38-41
30[a] cfr. 1 Co. 9:5
30[b] Mr. 1:28, 29, 42
31[a] Mr. 5:41; 9:27; Hch. 3:7
33[a] Mr. 2:2
34[a] Mt. 4:23
34[b] Mr. 1:25; 3:12
34[c] Mr. 1:24
35[a] Lc. 4:42
35[b] Mt. 14:23; Lc. 5:16

38[a] Lc. 4:43
38[b] Is. 61:1
38[c] cfr. Jn. 16:28
39[a] Mr. 1:21; 6:2; Lc. 4:44
40[a] vs. 40-44: Mt. 8:2-4; Lc. 5:12-14
40[b] Mr. 10:17; Mt. 17:14
40[c] cfr. Lv. 13:45-46; 14:9, 19-20
42[a] Mr. 1:29, 30, 43
42[b] cfr. 2 R. 5:1, 10, 14; Lc. 4:27
43[a] Mt. 9:30
44[a] Lv. 14:2-32; Lc. 17:14

38 El les dijo: Vamos a [a]otro lugar, a los pueblos vecinos,
para que [1b]predique también allí; porque para [2]esto he [c]salido.

39 E iba predicando en las [a]sinagogas de ellos en toda
Galilea y echando fuera los demonios.

5. Limpia a un leproso
vs. 40-45

40 Vino a El un [1a]leproso, rogándole; y [b]arrodillándose, le
dijo: Si quieres, puedes [c]limpiarme.

41 Y Jesús, movido a [1]compasión, [2]extendió la mano y le
tocó, y le dijo: [1]Quiero, sé [3]limpio.

42 Y [a]al instante la lepra se fue de aquél, y quedó [b]limpio.

43 Y [a]encargándole rigurosamente, en seguida le despidió,

44 y le dijo: Mira que no [1]digas nada a nadie, sino ve,
muéstrate al [a]sacerdote, y ofrece por tu purificación lo que
Moisés ordenó, para testimonio a ellos.

38[1] Véase la nota 14[2].

38[2] Como Esclavo de Dios, el Salvador-Esclavo sirvió a Dios en Su evangelio no para llevar a cabo Su propia voluntad ni lo que proponía la gente, sino la voluntad de Dios, quien lo había enviado (Jn. 6:38; 4:34).

40[1] Un leproso representa un pecador típico. La lepra es la enfermedad más contaminadora y contagiosa, mucho más grave que una fiebre (v. 30), y hace que su víctima sea aislada de Dios y de los hombres (véanse las notas 2[1] y 3[1] de Mt. 8). Limpiar al leproso indica restaurar el pecador a la comunión con Dios y con los hombres. Esta fue la parte culminante del servicio evangélico del Salvador-Esclavo, según consta en este capítulo.

El servicio evangélico que el Salvador-Esclavo rinde a Dios incluye (1) predicar (vs. 14-15, 38-39) para anunciar las buenas nuevas al pueblo miserable que estaba esclavizado; (2) enseñar (vs. 21-22) para iluminar con la luz divina de la verdad a los ignorantes, los cuales estaban en tinieblas; (3) echar fuera demonios (vs. 25-26) para acabar con la usurpación del hombre por Satanás; (4) sanar al hombre de su enfermedad (vs. 30-31) para que éste sirva al Salvador-Esclavo; y (5) limpiar al leproso (vs. 41-42) para restaurar el pecador a la comunión con Dios y con los hombres. ¡Qué obra tan maravillosa y excelente!

41[1] La compasión y buena voluntad del Salvador-Esclavo, las cuales provenían de Su amor, eran queridas y preciosas para el leproso sin esperanza.

41[2] Con esto mostró Su comprensión y cercanía para con el leproso miserable, a quien nadie se atrevía a tocar.

41[3] No sólo sano (véase la nota 31[1]) sino también limpio. La lepra no sólo requiere sanidad como otras enfermedades sino que también, como el pecado (1 Jn. 1:7), requiere purificación debido a su naturaleza sucia y contaminadora.

44[1] Tal mandato, dado repetidas veces en el relato del servicio evangélico del Salvador-Esclavo, es muy notable (5:43; 7:36; 9:9). Es semejante a lo profetizado en Isaías (42:2) con respecto al carácter tranquilo del Señor. El quería que Su obra se hiciera dentro de los límites de un mover que estaba en total conformidad con el propósito de Dios y que no era fomentado

45 Pero él salió y comenzó a [a]proclamarlo mucho y a divulgar [1]el hecho, de manera que Jesús [2]ya no podía entrar abiertamente en ninguna ciudad, sino que se quedaba fuera en los [b]lugares desiertos; y [c]venían a El de todas partes.

45[a] Mr. 7:36; Mt. 9:31
45[b] 2 Co. 11:26
45[c] Mr. 2:2, 13; 3:7; Jn. 6:2

CAPITULO 2

B. Las diversas maneras de llevar a cabo el servicio evangélico 2:1—3:6

1. Perdona los pecados de los enfermos 2:1-12

1 [1]Entró *Jesús* otra vez en [a]Capernaum después de *algunos* días; y se oyó que estaba en casa.

1[a] Mr. 1:21

---

por el entusiasmo y la propaganda del hombre. Véase la nota 26[1] del cap. 8.

45[1] Lit., la palabra.

45[2] La actividad del hombre, la cual concuerda con el concepto natural, estorba el servicio del Salvador-Esclavo, el cual concuerda con el propósito de Dios.

1[1] Los cinco incidentes descritos de una manera vívida en 2:1—3:6 forman un grupo particular que muestra cómo el Salvador-Esclavo, el Esclavo de Dios, llevó a cabo Su servicio evangélico para ocuparse de las necesidades de los hombres caídos, quienes habían sido llevados cautivos por Satanás y apartados de Dios y del disfrute de Dios, a fin de rescatarlos de su cautiverio y volverlos al disfrute de Dios.

(1) Como Dios y con autoridad divina, El perdonó los pecados del enfermo para librarlo de la opresión de Satanás (Hch. 10:38) y restaurarlo a Dios. Los escribas consideraron esto como algo contrario a la teología de su religión (vs. 1-12).

(2) Como Médico para el pueblo enfermo y miserable, El cenaba con recaudadores de impuestos, quienes eran desleales e infieles a su propia nación, y con pecadores, quienes eran menospreciados y estaban aislados de la sociedad, para que gustaran la misericordia de Dios y volvieran a disfrutar a Dios. Esto fue condenado por los escribas de los fariseos, los cuales eran justos en su propia opinión e implacables (vs. 13-17).

(3) Como Novio con Sus compañeros, El hizo que Sus seguidores se alegraran y regocijaran y no ayunaran. Así que, El anuló la práctica de los discípulos de Juan (los fanáticos nuevos) y la de los fariseos (los fanáticos viejos) para que Sus seguidores pudieran ser librados de las prácticas religiosas y conducidos a deleitarse en el Cristo de Dios como su Novio, teniendo la justicia de El como vestido que los cubriera, y la vida de El como vino que los llenara, en la economía neotestamentaria de Dios (vs. 18-22).

(4) El permitió que Sus seguidores arrancaran las espigas por los sembrados en sábado, con el fin de saciar su hambre. Al hacerlo, aparentemente quebrantaron el mandamiento de Dios con respecto al sábado, pero en realidad agradaron a Dios, porque el hambre de los seguidores de Cristo fue saciada por medio de El, tal como el hambre de David y sus seguidores había sido saciada con el pan de la Presencia en la casa de Dios. Esto indica que la economía neotestamentaria de Dios no consiste en observar los preceptos de la religión sino en ser satisfecho en Cristo y por medio de El como el verdadero reposo sabático (vs. 23-28).

2 Y se [a]juntaron muchos, de manera que ya no quedaba
sitio ni aun a la puerta; y les hablaba la palabra.
3 Entonces vinieron *unos* trayéndole un [1a]paralítico, cargado por cuatro.
4 Y como no podían acercarlo a El a causa de la multitud,
[1]destecharon la [a]azotea por donde El estaba, y después de
hacer la abertura, bajaron la [2]camilla en que yacía el paralítico.
5 Al ver Jesús la [1a]fe de ellos, dijo al paralítico: [2]Hijo, tus
[3]pecados te son [b]perdonados.
6 Pero algunos de los [1]escribas que estaban sentados allí
cavilaban en sus corazones:
7 ¿Por qué habla éste así? ¡[a]Blasfema! ¿Quién puede
perdonar [b]pecados, sino uno solo, [1]Dios?

2[a] Mr. 1:33, 45
3[a] vs. 3-12: Mt. 9:2-8; Lc. 5:18-26
4[a] 1 S. 9:25; Neh. 8:16; Hch. 10:9
5[a] Mr. 10:52; Mt. 8:10, 13; 9:22, 29; 15:28; Lc. 7:50; 17:19; 18:42; Hch. 14:9
5[b] Lc. 7:48; Jac. 5:15
7[a] Mr. 14:64; Jn. 10:36
7[b] Sal. 32:5; Is. 43:25

---

(5) En sábado El sanó a un hombre que tenía la mano seca, sin preocuparse por la observancia del sábado, sino por la salud de Sus ovejas. De esta manera El indicó que la economía neotestamentaria de Dios no consiste en observar normas sino en impartir vida. Por eso le odiaban los fariseos, los fanáticos religiosos (3:1-6).

Estos cinco puntos en los cuales el Salvador-Esclavo intervino con vida y misericordia para llevar a cabo Su servicio evangélico, iban en contra de la religión de formalismos y tradiciones y, por lo tanto, eran aborrecibles a los líderes religiosos que eran carnales, obstinados y carentes de vida.

3[1] Representa un pecador paralizado por el pecado, uno que es incapaz de andar y moverse delante de Dios.

4[1] El celo al buscar la sanidad del Salvador-Esclavo impulsó a los que acudieron al Señor a sobrepasar los límites normales, un acto atrevido. Véase la nota 2[2] de Mt. 9.

4[2] Un colchón pequeño o almohada. Así también en los vs. 9, 11 y 12.

5[1] Aquí la fe, la cual proviene de oír la palabra de Cristo (Ro. 10:17), indica que los que buscaban al Señor habían oído del Salvador-Esclavo.

5[2] Esta palabra amorosa del Salvador-Esclavo implica bondad; en ella expresaba Su virtud humana.

5[3] Los pecados son la causa de la enfermedad. Aquí la palabra del Salvador-Esclavo tocó la causa de la enfermedad para producir un efecto sanador. Una vez que los pecados fueron perdonados, la enfermedad fue sanada.

6[1] Los escribas y fariseos, los fanáticos de la religión vieja y muerta, fueron motivados y usados por Satanás, el enemigo de Dios, para resistir y estorbar el servicio evangélico del Esclavo de Dios durante todo Su ministerio (vs. 16, 24; 3:22; 7:5; 8:11; 9:14; 10:2; 11:27; 12:13, 28). Pensaban que adoraban a Dios y que tenían celo por El, sin saber que el mismo Dios de sus padres —Abraham, Isaac y Jacob— estaba cara a cara frente a ellos en forma de esclavo que deseaba servirles. Cegados por su religión tradicional e incapaces de verlo a El en la economía divina, conspiraron para matarle (3:6; 11:18; 14:1); y cumplieron su cometido (8:31; 10:33; 14:43, 53; 15:1, 31).

7[1] Los analíticos escribas, quienes pensaban que vivían conforme a las Escrituras y la teología, sólo reconocieron al Salvador-Esclavo como un simple hombre, y eso como un nazareno menospreciado (Jn. 1:45-46), sin darse cuenta de que Aquel que perdonó los pecados del paralítico era el propio Dios perdonador, encarnado en la forma de un hombre humilde (véase la nota 3[2] de Mt. 9), quien vino

4. Se preocupa por el hambre de Sus seguidores y no por las normas de la religión
2:23-28

23 [1]Aconteció que El [a]pasaba por los sembrados en [b]sábado, y Sus discípulos comenzaron a abrirse paso, arrancando [c]espigas.

24 Entonces los [1]fariseos le dijeron: Mira, ¿por qué hacen en [a]sábado lo que [b]no es lícito?

25 Pero El les dijo: ¿[a]Nunca habéis leído lo que hizo [1b]David cuando tuvo necesidad, y sintió hambre, él y los que con él estaban;

26 cómo entró en la casa de Dios, en tiempos de [a]Abiatar, sumo sacerdote, y comió los [b]panes de la Presencia, de los cuales no es lícito [c]comer sino a los sacerdotes, y dio también a los que con él estaban?

27 También les dijo: El [a]sábado fue hecho para el hombre, y [1]no el hombre para el [b]sábado.

28 Por tanto, el [a]Hijo del Hombre es [1]Señor aun del sábado.

CAPITULO 3

5. Se ocupa de aliviar al que sufre y no de los ritos de la religión
3:1-6

1 [1]Otra vez entró *Jesús* en la sinagoga; y había allí un [a]hombre que tenía seca una mano.

2 Y le [a]acechaban *para ver* si en [b]sábado le sanaría, a fin de poder [c]acusarle.

3 Entonces dijo al hombre que tenía la mano seca: Levántate *y ponte* en medio.

4 Y les dijo: ¿Es [a]lícito en sábado hacer bien, o hacer mal; [1]salvar una [2]vida, o matar? Pero ellos callaban.

23[1] Con respecto a los vs. 23-28, véanse las notas de Mt. 12:1-8.

24[1] Véase la nota 6[1].

25[1] Esto implica que el Salvador-Esclavo es el David verdadero, el Rey del reino venidero de Dios.

27[1] El hombre no fue creado para el sábado, sino el sábado para el hombre, a fin de que lo disfrutara con Dios (Gn. 2:2-3).

28[1] Esto muestra la deidad del Salvador-Esclavo en Su humanidad. El, el Hijo del Hombre, era el propio Dios que estableció el día de sábado, y El tenía el derecho de cambiar lo que había ordenado con respecto al sábado.

1[1] Con respecto a los vs. 1-6, véanse las notas de Mt. 12:9-14.

4[1] Esto implica que el Salvador-Esclavo era el Emancipador, quien libraba de la esclavitud de los ritos religiosos al que sufría.

4[2] Lit., alma.

2[c] Mr. 14:55-56; 15:3-4　4[a] Lc. 14:3

23[a] vs. 23-28: Mt. 12:1-8; Lc. 6:1-5
23[b] Gn. 2:2; Dt. 5:15; Ez. 20:12; Is. 58:13-14
23[c] Dt. 23:25
24[a] Mr. 3:4; Lc. 13:14; 14:3; Jn. 5:9-10; 9:14, 16
24[b] Ex. 20:10; Dt. 5:14
25[a] Mt. 21:16
25[b] 1 S. 21:1-6
26[a] 2 S. 8:17; 1 Cr. 24:6
26[b] Ex. 25:30; Lv. 24:5-9
26[c] Ex. 29:33
27[a] Ex. 23:12
27[b] Col. 2:16
28[a] Mr. 2:10
1[a] vs. 1-6: Mt. 12:9-14; Lc. 6:6-11
2[a] Lc. 14:1; 20:20
2[b] Mr. 2:24

5[a] Mr. 3:34; 5:32; 10:23
5[b] Mr. 10:5; Ro. 11:25; Ef. 4:18; He. 3:8
5[c] cfr. 1 R. 13:4
6[a] Mr. 2:12; 4:5
6[b] Mt. 22:15
6[c] Mr. 12:13; Mt. 22:16
6[d] Mr. 11:18; 12:7; 14:1
7[a] Mr. 2:13; 4:1
7[b] Mt. 12:15
8[a] Mt. 11:21
8[b] Mt. 4:25; Lc. 6:17; Mr. 2:13
9[a] Mr. 4:1; Lc. 5:3; Jn. 6:22; 21:8
9[b] Mr. 5:24
10[a] Mr. 5:29; Mt. 4:23; Lc. 7:21

5 Entonces, [a]mirándolos alrededor con [1]enojo, profundamente contristado por la [b]dureza de sus corazones, dijo al hombre: [c]Extiende tu mano. Y él la extendió, y la mano le fue [2]restaurada *sana*.

6 Y salidos los [1]fariseos, [a]en seguida tomaron [b]consejo con los [c]herodianos contra El *para ver* cómo [d]matarlo.

C. Hechos suplementarios del servicio evangélico
3:7-35

1. Evita las multitudes
vs. 7-12

7 Y Jesús se retiró al [a]mar con Sus discípulos, y le [b]siguió gran multitud de Galilea. Y de Judea,

8 de Jerusalén, de Idumea, del otro lado del Jordán, y de los alrededores de [a]Tiro y de Sidón, oyendo las cosas que hacía, una gran [b]multitud vino a El.

9 Y dijo a Sus discípulos que tuviesen lista cerca de El una pequeña [1a]barca, a causa de la multitud, para que no le [b]oprimiesen.

10 Porque había [1]sanado a muchos; de manera que cuantos tenían [2a]dolencias se le [3]echaban encima para [b]tocarle.

11 Y los [a]espíritus inmundos, al verle, caían delante de El, y [b]gritaban, diciendo: ¡Tú eres el [c]Hijo de Dios!

12 Mas El les [1]mandaba mucho que [a]no le descubriesen.

5[1] Frente a los opositores, el Salvador ejerció Su ira, y la dureza del corazón de ellos le contristó mucho; pero frente a los enfermos, El mostró compasión y restauró el miembro seco. Su enojo y Su tristeza pueden considerarse expresiones de la autenticidad de Su humanidad, mientras que Su compasión y Su poder sanador eran una combinación de Su virtud humana y Su poder divino, los cuales se manifestaron a los hombres simultáneamente. De esta manera, Su deidad en Su humanidad volvió a expresarse delante de los hombres. Véase la nota 14[1] del cap. 10.

5[2] Véase la nota 31[1] del cap. 1. La restauración de la mano seca demostró el poder de la deidad del Salvador-Esclavo.

6[1] Véase la nota 6[1] del cap. 2.

9[1] El Salvador-Esclavo necesitaba primero el mar (v. 7) y luego una pequeña barca para evitar que la multitud lo estrechara, lo cual indica que la presión de la multitud contra El era un obstáculo a Su servicio evangélico.

10[1] Véase la nota 31[1] del cap. 1.

10[2] Lit., azotes. Una metáfora que denota dolencias, calamidades.

10[3] Lit., caían sobre El.

12[1] Los gritos de los demonios frente al Salvador-Esclavo presentaban otro obstáculo para Su servicio evangélico. El les mandó que no le descubriesen.

10[b] Mr. 5:27; 6:56; Mt. 9:20-21; 14:36; Lc. 6:19 **11**[a] Mr. 1:23, 26; Lc. 4:33
11[b] Lc. 4:41; 8:28 **11**[c] Mr. 1:1; Mt. 14:33 **12**[a] Mr. 5:43; Mt. 12:16

2. Designa a los apóstoles
vs. 13-19

13 Después subió al monte, y [a]llamó a *Sí* a los que El
quiso; y vinieron a El.
14 Y [1]designó a [2]doce, a [3]quienes también llamó apóstoles,
para que estuviesen con El, y para enviarlos a [4]predicar,
15 y que tuviesen [a]autoridad para [1]echar fuera los demonios.
16 [1]Designó, pues, a los [a]doce: a Simón, a quien puso por
sobrenombre [b]Pedro;
17 a Jacobo *hijo* de [a]Zebedeo, y a [b]Juan hermano de Jacobo,
a quienes puso por sobrenombre [1]Boanerges, esto es, Hijos
del trueno;
18 a Andrés, Felipe, Bartolomé, [a]Mateo, Tomás, Jacobo
hijo de Alfeo, Tadeo, Simón el cananista,
19 y [a]Judas Iscariote, el que le [1]traicionó.

3. No come por causa de las necesidades
vs. 20-21

20 Y [1]entró en una [a]casa. Y se juntó de nuevo una multitud, de modo que ellos [2b]ni siquiera podían comer pan.
21 Cuando oyeron esto Sus [a]parientes, vinieron para
prenderle; porque decían: [1]Está [b]fuera de Sí.

4. Ata a Satanás y saquea su casa
vs. 22-30

22 [1]Y los [2]escribas que habían bajado de [a]Jerusalén [b]de-
cían: [c]Tiene a [3d]Beelzebú, y por el [4e]príncipe de los demonios
echa fuera los demonios.

14[1] Esto tenía como fin la propagación del servicio evangélico del Salvador-Esclavo.

14[2] Véase la nota 12[2] de Ap. 21.

14[3] Algunos mss. omiten: a quienes también llamó apóstoles.

14[4] Véase la nota 14[2] del cap. 1.

15[1] Véase la nota 23[1] del cap. 1. Predicar (v. 14) el evangelio era ministrar a Dios a la gente; echar fuera los demonios era separar a Satanás de la gente. Esto constituía el propósito principal del servicio evangélico del Salvador-Esclavo.

16[1] Con respecto a los vs. 16-19, véanse las notas de Mt. 10:2-4.

17[1] Voz griega derivada del arameo. Un sobrenombre puesto a Jacobo y a Juan debido a su impetuosidad (cfr. Lc. 9:54-55; Mr. 9:38 y la nota).

19[1] Lit., entregó. Así también en todo el libro.

20[1] Algunos mss. dicen: entraron.

20[2] Esto indica cuán activo, diligente y fiel era el Salvador-Esclavo como Esclavo de Dios en Su servicio evangélico.

21[1] "Está fuera de Sí" es una exclamación que expresó la preocupación natural de los familiares del Salvador-Esclavo. Abrió la puerta para que los escribas blasfemaran contra El (v. 22).

13[a] Mt. 10:1; Lc. 6:13; 9:1; Mr. 6:7
15[a] Mr. 1:27; 6:7
16[a] vs. 16-19: Mt. 10:2-4; Lc. 6:14-16; Hch. 1:13
16[b] Jn. 1:42; Mt. 16:18
17[a] Mr. 1:19
17[b] Mr. 5:37
18[a] Mt. 9:9
19[a] Jn. 6:71; 13:26
20[a] Mr. 7:17; 9:28
20[b] Mr. 6:31
21[a] Mr. 3:31
21[b] Hch. 26:24; 2 Co. 5:13
22[a] Mr. 7:1; Mt. 15:1
22[b] vs. 22-30: Mt. 12:24-32; Lc. 11:15-23
22[c] Jn. 7:20; 8:48, 52; 10:20
22[d] Mt. 10:25
22[e] Mt. 9:34; Jn. 12:31; Ef. 2:2

23 Y habiéndolos llamado, les decía en parábolas: ¿Cómo puede Satanás echar fuera a Satanás?

24 Si un [1a]reino está dividido contra sí mismo, ese reino no puede quedar en pie.

25 Y si una casa está dividida contra sí misma, tal casa no puede quedar en pie.

26 Y si Satanás se ha levantado contra sí mismo, y está dividido, no puede quedar en pie, sino que ha llegado su fin.

27 Pero nadie puede entrar en la casa del hombre fuerte y [a]saquear sus [1]bienes, si primero no [2b]ata al hombre fuerte, y entonces saqueará su casa.

28 De cierto os digo que todos los pecados serán [a]perdonados a los hijos de los hombres, y cuantas [b]blasfemias que profieran;

29 pero cualquiera que blasfeme contra el [1a]Espíritu Santo, no tiene jamás perdón, sino que es reo de un [2]pecado eterno.

30 *Dijo esto* porque ellos habían dicho: Tiene espíritu inmundo.

5. Niega a Sus parientes y reconoce solamente a los que hacen la voluntad de Dios
vs. 31-35

31 Después llegaron [a]Su [1]madre y Sus [b]hermanos, y quedándose afuera, [c]enviaron a llamarle.

24[a] Mt. 12:26; Hch. 26:18; Col. 1:13
27[a] Is. 49:24
27[b] Mt. 16:19
28[a] Lc. 24:47; Hch. 5:31; 10:43
28[b] 1 Ti. 1:13
29[a] Lc. 12:10; cfr. He. 10:29; Hch. 7:51
31[a] vs. 31-35: Mt. 12:46-50; Lc. 8:19-21
31[b] Mr. 6:3; Jn. 2:12; 7:3, 5, 10; Hch. 1:14; 1 Co. 9:5; Gá. 1:19
31[c] Mr. 3:21

22[1] Con respecto a los vs. 22-30, véanse las notas de Mt. 12:24-32.

22[2] Véase la nota 6[1] del cap. 2.

22[3] Esta fue una palabra de blasfemia causada por la exclamación de preocupación natural que vemos en el v. 21.

22[4] El Salvador-Esclavo echaba fuera demonios, los obreros malignos del reino de tinieblas de Satanás; sin embargo, los opositores dijeron que lo hacía por el príncipe de los demonios. ¡Qué astucia del maligno, quien motivó a estos opositores perversos a decir esto! Eran ellos los colaboradores del maligno e incluso eran uno con él.

24[1] Esto indica que Satanás no sólo tiene una casa sino también un reino. Su casa es una casa de pecado (1 Jn. 3:8, 10), y su reino es un reino de tinieblas (Col. 1:13). Los pecadores pertenecen tanto a su casa como a su reino. Los demonios pertenecen a su reino y toman posesión de la gente para su reino.

27[1] Los pecadores retenidos en la casa de Satanás para su reino. El Salvador-Esclavo ató a Satanás, el hombre fuerte, y entró en su casa para llevarse a los pecadores a fin de que, por la regeneración, pudieran ser introducidos en la casa de Dios (Ef. 2:19) para el reino de Dios (Jn. 3:5).

27[2] Esto indica que mientras el Salvador-Esclavo hacía el servicio evangélico, ataba al hombre fuerte, a Satanás. El servicio evangélico es una guerra cuyo fin es destruir a Satanás y su reino de tinieblas.

29[1] Esto muestra que el servicio evangélico del Salvador-Esclavo, especialmente al echar fuera demonios para destruir el reino de tinieblas de Satanás, fue llevado a cabo por el Espíritu Santo, con quien El estaba

32 Y una multitud estaba sentada alrededor de El y le
dijeron: Tu madre, Tus hermanos, y Tus hermanas están
afuera, y te buscan.
33 El les respondió diciendo: ¿[1]Quién es Mi madre y Mis
hermanos?
34 Y [a]mirando en torno a los que estaban sentados en
círculo, a Su alrededor, dijo: He aquí Mi madre y Mis [b]her-
manos.
35 Porque todo aquel que [1a]hace la voluntad de Dios, ése
es [2]Mi hermano, y Mi hermana, y Mi madre.

CAPITULO 4

D. Parábolas del reino de Dios
4:1-34

1. La parábola del sembrador
vs. 1-20

1 [1]Otra vez comenzó *Jesús* a [2]enseñar [a]junto al [b]mar, y
se le congregó una multitud muy grande, de modo que El
entró en una [c]barca en el mar y se sentó; y toda la multitud
estaba en tierra, frente al mar.
2 Y les enseñaba en parábolas muchas cosas, y les decía
en Su [a]enseñanza:
3 Oíd: He aquí, el [1a]sembrador salió a [2]sembrar;

34[a] Mr. 3:5
34[b] Ro. 8:29; He. 2:11-12
35[a] Mt. 7:21
1[a] vs. 1-12: Mt. 13:1-15; Lc. 8:4-10
1[b] Mr. 3:7; 5:1
1[c] Mr. 3:9
2[a] Mr. 1:22; 12:38
3[a] Is. 55:10

---

ungido y por quien El era guiado continuamente en Su mover (Lc. 4:18, 1; Mr. 1:12).

29[2] Un pecado que jamás será perdonado.

31[1] Después de la blasfemia de los opositores, que fue instigada por Satanás, los parientes del Salvador-Esclavo vinieron otra vez a perturbarlo con su preocupación natural por El. Sin duda, esto también fue motivado por el maligno.

33[1] Véase la nota 48[1] de Mt. 12. Esto indica que el Salvador-Esclavo rechazó la preocupación natural de Sus parientes. Para derrotar las tramas del maligno y cumplir Su servicio evangélico, El se rehusó a permanecer en cualquier relación de la vida natural. Esto demostró Su actitud absoluta para con Dios en Su humanidad.

35[1] Véase la nota 50[1] de Mt. 12.

35[2] El Salvador-Esclavo, por medio de Su servicio evangélico, hizo que los pecadores que creían fueran Sus parientes espirituales, los cuales llegaron a ser Sus muchos hermanos (Ro. 8:29; He. 2:11) en la casa de Dios (He. 3:5), y Sus muchos miembros para la edificación de Su Cuerpo místico (Ef. 5:30; 1 Co. 12:12) a fin de hacer la voluntad de Dios.

1[1] Con respecto a los vs. 1-12, véanse las notas de Mt. 13:1-15.

1[2] Véase la nota 21[2] del cap. 1. Así también con respecto a la palabra *enseñaba* en el versículo siguiente.

3[1] Representa al Salvador-Esclavo (Mt. 13:37), quien era el Hijo de Dios que vino para sembrarse como la semilla de vida (véase la nota 26[3]) en Su palabra (v. 14) en el corazón de los hombres para crecer y vivir en ellos a fin de ser expresado desde su interior.

3[2] Esta siembra era la proclamación del evangelio de Dios llevada a

4 y al sembrar, aconteció que una parte cayó junto al
camino, y vinieron las aves y se la comieron.
5 Otra *parte* cayó en pedregales, donde no tenía mucha
tierra; y brotó [a]pronto, por no tener profundidad de tierra.
6 Pero [a]salido el sol, se quemó; y por no tener raíz, se
secó.
7 Y otra *parte* cayó entre [a]espinos; y los espinos crecieron
y la ahogaron, y no dio fruto.
8 Pero otras *semillas* cayeron en buena tierra, y dieron
fruto, brotando y creciendo; y una [a]produjo a treinta, otra a
sesenta, y otra a [b]ciento por uno.
9 Entonces les dijo: El que tiene [a]oídos para oír, oiga.
10 Cuando estuvo [a]solo, los que estaban a Su alrededor,
junto con los doce, le preguntaron sobre las parábolas.
11 Y les dijo: A vosotros os ha sido dado *conocer* el [1a]mis-
terio del reino de Dios; mas para los que están [b]fuera, todas
las cosas [2]están en [c]parábolas;
12 para que [a]viendo, vean y no perciban; y oyendo, oigan
y [b]no entiendan; no sea que se [c]conviertan, y se les perdone.
13 Y les dijo: ¿No [1]sabéis esta [a]parábola? ¿Cómo, pues,
[1]entenderéis todas las parábolas?
14 El [a]sembrador siembra la [b]palabra.
15 Y éstos son los *de* junto al camino, donde se siembra la
palabra, y cuando la oyen, [a]en seguida viene Satanás, y quita
la palabra que fue sembrada en ellos.
16 Estos son asimismo los que son sembrados en los pedregales, los que cuando [a]oyen la palabra, al momento la
reciben con gozo.

5[a] Mr. 3:6; 4:15, 16, 17
6[a] Jac. 1:11
7[a] Jer. 4:3
8[a] Jn. 15:5, 16; Col. 1:6
8[b] Mr. 4:20; Gn. 26:12
9[a] Mt. 11:15; Ap. 2:7
10[a] Mr. 4:34
11[a] Ro. 16:25-26; Ef. 3:3
11[b] Col. 4:5; 1 Ts. 4:12
11[c] Mt. 13:34-35
12[a] Is. 6:9-10; Ez. 12:2; Hch. 28:26; Ro. 11:8
12[b] Mr. 8:17, 21; Mt. 13:19
12[c] Jn. 12:40; Hch. 3:26; 28:27
13[a] vs. 13-20; Mt. 13:18-23; Lc. 8:11-15
14[a] Mt. 13:37

---

cabo por el Salvador-Esclavo, lo cual trajo el reino de Dios (1:14-15). Era, como en el v. 26, la siembra de la semilla de vida por la palabra (v. 14) que habló el Salvador-Esclavo, lo cual indica que Su servicio evangélico consistía en sembrar la vida divina en el pueblo al que servía. El crecimiento de esta vida depende de la condición de aquellos a quienes servía, y el producto de esta vida difiere según las varias condiciones de ellos, como se describe en esta parábola.

11[1] La economía de Dios con respecto a Su reino era un misterio escondido, el cual ha sido revelado a los discípulos del Salvador-Esclavo. No obstante, debido a que la naturaleza y el carácter del reino de Dios son totalmente divinos, y los elementos con los cuales es producido son la vida y la luz divinas (véanse las notas 3[1], 26[1] y 21[1]), el reino de Dios, especialmente en su realidad como la iglesia verdadera en esta era (Ro. 14:17), sigue siendo un completo misterio para el hombre natural. Para entenderlo, se necesita la revelación divina.

11[2] O, se hacen, llegan a ser.

13[1] En el griego, la palabra aquí traducida *sabéis* indica una comprensión

---

14[b] Mr. 4:33; Hch. 8:4; Jac. 1:21; 1 P. 1:23 15[a] Mr. 4:5, 16
16[a] Mr. 6:20; Ez. 33:31-32

17 Pero no tienen raíz en sí, sino que son de [a]corta duración; luego, cuando viene la aflicción o la persecución por
causa de la palabra, en seguida [b]tropiezan.
18 Otros son los que son sembrados entre los espinos; ellos
son los que han oído la palabra,
19 pero las [a]preocupaciones de este siglo, y el [b]engaño de
las [c]riquezas, y las codicias de otras cosas, entran y ahogan
la palabra, y se hace infructuosa.
20 Y éstos son los que fueron sembrados en la buena
tierra: *los* que oyen la palabra y la reciben, y [a]dan fruto, uno
a treinta, otro a sesenta, y otro a ciento por uno.

2. La parábola de la lámpara
vs. 21-25

21 También les dijo: ¿Acaso se trae la [1a]lámpara para
ponerla debajo del [2]almud, o debajo de la cama? ¿No es para
ponerla en el [3]candelero?
22 Pues nada se [a]oculta sino para ser manifestado; *nada*
se ha escondido, sino para que salga al descubierto.
23 Si alguno tiene [a]oídos para oír, oiga.
24 Les dijo también: Atended a lo que oís. [1]Con la medida
con que medís, se os medirá, y se os añadirá.
25 Porque al que [1a]tiene, se le dará; y al que no tiene, aun
lo que tiene se le quitará.

3. La parábola de la semilla
vs. 26-29

26 Decía además: Así es el [1a]reino de Dios, como si un
[2]hombre echara [3b]semilla en la tierra;

17[a] Jn. 5:35; cfr. Gá. 1:6
17[b] Mt. 11:6
19[a] Mt. 6:25, 27, 28
19[b] He. 3:13
19[c] Mr. 10:23; Mt. 19:23; Lc. 18:24; 1 Ti. 6:9, 10, 17
20[a] Mr. 4:8
21[a] Mt. 5:15; Lc. 8:16; 11:33
22[a] Mt. 10:26; Lc. 12:2
23[a] Mr. 4:9
25[a] Mt. 25:29; Lc. 19:26
26[a] Mr. 1:15; 4:30; Jn. 3:3, 5; Hch. 1:3; 14:22; 28:31; Ro. 14:17; 1 Co. 6:9-10
26[b] vs. 26-29: cfr. Mt. 13:24-26, 30

---

interna y subjetiva; la palabra *entenderéis,* conocimiento externo y objetivo.

21[1] La lámpara que se menciona aquí, la cual irradia luz, indica que el servicio evangélico del Salvador-Esclavo no sólo siembra la vida en aquellos a quienes sirve, sino que también les trae la luz. Así que, el servicio divino hace que los creyentes sean luminares (Fil. 2:15) y que las iglesias sean candeleros (Ap. 1:20) que resplandecen como testimonio de Cristo en esta edad oscura y que tienen su consumación en la Nueva Jerusalén, cuyas características sobresalientes son vida y luz (Ap. 22:1-2; 21:11, 23-24).

21[2] Véase la nota 15[1] de Mt. 5.

21[3] Véase la nota 15[2] de Mt. 5.

24[1] En Mt. 7:2 y Lc. 6:38 esta palabra es aplicada a la manera en que tratamos a los demás. Aquí se aplica a la manera en que oímos la palabra del Señor. La medida que el Señor nos puede dar depende de la medida de lo que podamos oír. Todo cuanto podamos oír, El nos lo dará.

25[1] Igual que en Mt. 13:10-13 y Lc. 8:18, lo dicho aquí tiene que ver con la manera en que oímos la palabra del Señor.

26[1] El reino de Dios es la realidad de la iglesia, la cual es producida por la vida de resurrección de Cristo mediante el evangelio (1 Co. 4:15). La regeneración es la entrada al reino

27 [1]duerme y se levanta, de noche y de día, y la semilla brota y [2]crece, sin que él sepa cómo.

28 La [1]tierra lleva fruto [2]por sí misma, primero hierba, luego espiga, después grano lleno en la espiga.

29 Pero cuando el fruto está maduro, [a]en seguida se mete la [1b]hoz, porque la siega ha llegado.

4. La parábola del grano de mostaza
vs. 30-34

30 [1]Decía también: ¿A qué compararemos el [a]reino de Dios, o con qué parábola lo [2]presentaremos?

31 Es como un [a]grano de mostaza, que cuando se siembra en la tierra, es la más pequeña de todas las semillas que hay en la tierra;

32 y una vez sembrado, crece, y se hace [1]más grande que todas las hortalizas, y echa grandes ramas, de tal manera que las [1]aves del cielo pueden anidar bajo su sombra.

33 En muchas [1]parábolas como éstas les hablaba la [a]palabra, conforme a lo que [b]podían oír.

29[a] Mr. 4:17; 5:2
29[b] Ap. 14:15; Jl. 3:13
30[a] Mr. 4:26; 9:47
31[a] vs. 31-32: Mt. 13:31-32; (17:20); Lc. 13:18-19
33[a] Mr. 4:14
33[b] cfr. Jn. 16:12; 1 Co. 3:2; He. 5:12

(Jn. 3:5), y el crecimiento de la vida divina dentro de los creyentes constituye el desarrollo del reino (2 P. 1:3-11). Véase la nota 15[1] del cap. 1.

26[2] El Salvador-Esclavo como sembrador. Véase la nota 3[1].

26[3] Se refiere a la semilla de la vida divina (1 Jn. 3:9; 1 P. 1:23) sembrada en los creyentes, lo cual indica que el reino de Dios, el cual es el resultado y la meta del evangelio del Salvador-Esclavo, y la iglesia en esta edad (Ro. 14:17) tienen que ver con la vida de Dios, la cual brota, crece, da fruto, madura y produce una cosecha; el reino y la iglesia no tienen nada que ver con una organización inerte, la cual es producida por medio de la sabiduría y capacidad del hombre. Las palabras de los apóstoles en 1 Co. 3:6-9 y Ap. 14:4, 15-16 confirman esto.

27[1] Las expresiones *duerme* y *se levanta, de noche y de día* y *sin que él sepa cómo* no deben aplicarse al Salvador-Esclavo. Este versículo muestra con cuánta espontaneidad crece la semilla (cfr. v. 28).

27[2] Lit., se alarga.

28[1] Es decir, la buena tierra (v. 8), que representa el corazón bueno que Dios creó (Gn. 1:31) con la intención de que Su vida divina creciera en el hombre. Dicho corazón coopera con la semilla de la vida divina que se siembra en él, permitiendo que crezca y dé fruto espontáneamente para la expresión de Dios. Aquí la palabra nos capacita para tener fe en este proceso espontáneo. Por eso aquí, en contraste con Mt. 13:24-30, no se menciona la cizaña, la cual está relacionada con el lado negativo.

28[2] O, espontáneamente.

29[1] La cual representa a los ángeles enviados por el Señor para segar la mies (Ap. 14:16; Mt. 13:39).

30[1] Con respecto a los vs. 30-32, véanse las notas de Mt. 13:31-32.

30[2] Algunos mss. dicen: compararemos.

32[1] El significado de la semilla en los vs. 3 y 26 y de la lámpara en el v. 21 da a conocer la naturaleza y la realidad interior del reino de Dios; mientras que el grano de mostaza que llega a ser grande, contrariamente a su género, y las aves que anidan bajo su sombra representan la corrupción y la apariencia del reino de Dios.

33[1] Estas parábolas exhiben la

34 Y sin [a]parábolas no les hablaba; pero a Sus propios
discípulos les explicaba todo [b]en privado.

E. El mover del servicio evangélico
4:35—10:52

1. Calma el viento y el mar
4:35-41

35 Aquel día, al atardecer, les dijo: [a]Pasemos al otro lado.
36 [1]Y dejando a la multitud, lo llevaron con ellos en la
[a]barca, tal como estaba; y había otras barcas con El.
37 Se levantó entonces una gran [a]tempestad de viento, y
las olas irrumpían en la [b]barca, de tal manera que la barca
ya se estaba llenando.
38 Y El estaba en la popa, [1]durmiendo sobre el cabezal; y
le despertaron, y le dijeron: Maestro, ¿no te importa que
perezcamos?
39 Y habiéndose despertado, [1a]reprendió al viento, y dijo
al mar: ¡Calla! ¡Enmudece! Y [b]cesó el viento, y sobrevino
[c]gran calma.
40 Y les dijo: ¿Por qué os [a]acobardáis *así?* ¿Cómo no tenéis
[b]fe?
41 Entonces temieron con gran temor, y se decían el uno
al otro: Pues, ¿quién es éste, que hasta el viento y el mar le
[1a]obedecen?

CAPITULO 5

2. Echa fuera una legión de demonios
5:1-20

1 [1]Vinieron al otro [a]lado del mar, a la región de los
[b]gerasenos.

34[a] Jn. 16:25
34[b] Mr. 4:10
35[a] Mr. 6:45; Mt. 8:18; 14:22
36[a] vs. 36-41: Mt. 8:23-27; Lc. 8:22-25
37[a] Jn. 6:18
37[b] Mr. 6:47
39[a] Sal. 104:7; cfr. Mr. 1:25; Lc. 4:39
39[b] Mr. 6:51
39[c] Sal. 65:7; 89:9; 107:29
40[a] Jn. 14:27
40[b] Mr. 11:23
41[a] Mr. 1:27
1[a] Mr. 5:21; 1:16; 2:13; 4:1
1[b] vs. 1-20: Mt. 8:28-34; Lc. 8:26-39

---

sabiduría y el conocimiento divinos del Salvador-Esclavo (Mt. 13:34-35).

36[1] Con respecto a los vs. 36-41, véanse las notas de Mt. 8:23-27.

38[1] El Salvador-Esclavo estaba dormido, descansando en la barca, la cual estaba siendo agitada por la tempestad, mientras los discípulos se veían amenazados por la tormenta. Esto indica que El estaba por encima de la tempestad y que no le perturbaba. En tanto que El estuviera con los discípulos en la barca, ellos por fe en El (v. 40) debían de haber participado de Su reposo y disfrutado de Su paz.

39[1] Mientras los discípulos seguían al Salvador-Esclavo, El por ser un hombre que tenía autoridad divina, controlaba la tormenta que los amenazaba.

41[1] Esto no sólo exhibió la autoridad divina del Salvador-Esclavo, sino que también dio testimonio de que El era el propio Creador del universo (Gn. 1:9; Job 38:8-11). ¡El es el Creador, Aquel que tiene la autoridad!

1[1] Con respecto a los vs. 1-20,

2[a] Mr. 4:29; 5:29, 30
2[b] Mr. 1:23; Ap. 18:2
6[a] Mt. 8:2
7[a] Mr. 1:26; Hch. 8:7
7[b] 1 R. 17:18
7[c] Gn. 14:18-19; Nm. 24:16; Sal. 57:2; Dn. 3:26; Lc. 1:32; 6:35; Hch. 16:17; He. 7:1
7[d] Mt. 26:63
9[a] Mr. 5:15

2 Y cuando salió El de la barca, [a]en seguida vino a Su encuentro, de los sepulcros, un hombre con un [b]espíritu inmundo,

3 que tenía su morada entre los [1]sepulcros; y ya nadie podía atarle, ni siquiera con una cadena,

4 porque muchas veces había sido atado con grillos y cadenas, mas él había roto las cadenas y destrozado los grillos; y nadie tenía la fuerza suficiente para dominarle.

5 Y continuamente, noche y día entre los sepulcros y en los montes, gritaba y se hería con piedras.

6 Cuando vio, pues, a Jesús de lejos, corrió, y le [a]adoró.

7 Y clamando a [a]gran voz, [1]dijo: [2]¿Qué tengo yo que ver [b]contigo, Jesús, Hijo del Dios [c]Altísimo? Te [d]conjuro por Dios, no me atormentes.

8 Porque le había dicho: Sal de este hombre, [1]espíritu inmundo.

9 Y le preguntó: ¿Cómo te llamas? Y le dijo: [a]Legión me llamo; porque somos muchos.

10 Y le rogaba mucho que no los enviase fuera de aquella región.

11 Estaba allí en la ladera del monte una gran piara paciendo.

12 Y [1]*los demonios* le rogaron, diciendo: Envíanos a los cerdos para que entremos en ellos.

13 Y [1]*Jesús* les dio permiso. Y saliendo los espíritus inmundos, entraron en los cerdos, los cuales eran como dos mil; y la piara se precipitó en el mar por un despeñadero, y en el mar se ahogaron.

14 Y los que apacentaban *los cerdos* huyeron, y lo contaron en la ciudad y en los campos. Y salieron a ver lo que había sucedido.

15 Vienen a Jesús, y ven al endemoniado que había tenido

---

véanse las notas de Mt. 8:28-34. En Marcos la narración de estos acontecimientos es mucho más detallada que en Mateo. Esto es una evidencia clara de que el Evangelio de Marcos, como biografía del Esclavo de Dios, pone énfasis en Su obra en lugar de Su palabra, dando más detalles que los otros evangelios.

3[1] Los sepulcros son lugares asociados con la muerte y el Hades (Sal. 88:3, 5).

7[1] Esto indica que el hombre poseído había sido usurpado y usado por el espíritu inmundo hasta el punto de actuar como si fuera el espíritu mismo.

7[2] Lit., ¿Qué a mí y a Ti? Algunas versiones lo traducen: "¿Qué tienes que ver conmigo?"

8[1] Véase la nota 23[1] del cap. 1.

12[1] Algunos mss. dicen: todos los demonios.

13[1] Algunos mss. dicen: inmediatamente Jesús.

la [a]legión, sentado, vestido y en su cabal juicio, y tuvieron
miedo.
16 Y los que lo habían visto les contaron cómo le había
acontecido al endemoniado, y lo de los cerdos.
17 Y comenzaron a rogarle que se [a]fuera de sus contornos.
18 Al entrar El en la barca, el que había estado endemoniado le rogaba que le dejase estar con El.
19 Mas *Jesús* no se lo permitió, sino que le dijo: Vete a tu
casa, a los tuyos, y cuéntales cuánto el Señor ha hecho por
ti, y *cómo* ha tenido misericordia de ti.
20 Y se fue, y comenzó a proclamar en [1a]Decápolis cuánto
había hecho Jesús por él; y todos se maravillaban.

3. Sana a la mujer que tenía flujo de sangre y resucita a una niña
5:21-43

21 [a]Pasando otra vez Jesús en la barca a la otra [b]orilla, se
congregó junto a El una gran multitud; y El estaba junto al
mar.
22 [1]Y vino [a]uno de los [b]principales de la sinagoga, llamado
Jairo, y al verle, cayó a Sus pies,
23 y le rogaba mucho, diciendo: Mi niña está a punto de
morir; ven y [a]pon las manos sobre ella para que [1]sane y viva.
24 Y fue con él; y le seguía una gran multitud, y le
[a]apretaban.
25 Entonces, una [1]mujer que tenía [a]flujo de sangre desde
hacía [b]doce años,
26 y había sufrido mucho a manos de muchos médicos, y

15[a] Mr. 5:9
17[a] Hch. 16:39
20[a] Mr. 7:31; Mt. 4:25
21[a] Mt. 9:1
21[b] Mr. 5:1
22[a] vs. 22-43: Mt. 9:18-26; Lc. 8:41-56
22[b] Mr. 5:35; Lc. 13:14; Hch. 13:15; 18:8, 17
23[a] Mr. 6:5; 7:32; 8:23, 25; 16:18; Lc. 4:40; 13:13; Hch. 9:12, 17; 28:8
24[a] Mr. 5:31; 3:9
25[a] Lv. 15:25
25[b] Mr. 5:42

20[1] Un distrito de diez ciudades.

22[1] Con respecto a los vs. 22-43, véanse las notas de Mt. 9:18-26. En este relato de los hechos milagrosos del Esclavo de Dios en Su servicio evangélico, otra vez Marcos da más detalles que Mateo. Es una presentación vívida que describe particularmente los sufrimientos de los enfermos, la ternura y bondad del Salvador-Esclavo para con ellos en Su servicio salvador, y la presencia de Pedro.

23[1] Lit., se salve.

25[1] Puesto que el caso de esta mujer está combinado con el caso de la hija del principal de la sinagoga, y puesto que los doce años de la enfermedad de la mujer equivalen a la edad de la muchacha, y dado que las dos son mujeres, una mayor y la otra menor, estos casos pueden considerarse el caso completo de una sola persona. Según esta perspectiva, la muchacha nació, por así decirlo, con la enfermedad mortal de la mujer y murió de ella. Cuando el Salvador sanó la enfermedad mortal de la mujer, la joven muerta resucitó. Esto significa que el hombre caído nace en la enfermedad mortal del pecado y está muerto en él (Ef. 2:1). Cuando su enfermedad mortal, causada por el pecado, es eliminada por la muerte redentora del Salvador (1 P. 2:24), él resucita y pasa de muerte a vida (Jn. 5:24-25).

gastado todo lo que tenía sin provecho alguno, antes empeoraba,
27 cuando oyó lo *que se decía* de Jesús, vino por detrás
entre la multitud, y [a]tocó Su manto.
28 Porque decía: Si toco siquiera Su manto, seré [1]sana.
29 Y [a]en seguida la fuente de su sangre se secó; y sintió
en el cuerpo que estaba sana de aquella [b]dolencia.
30 Al instante Jesús, conociendo en Sí mismo que de El
había salido [1a]poder, volviéndose entre la multitud, dijo:
¿Quién ha [b]tocado Mis vestidos?
31 Sus discípulos le dijeron: Ves que la multitud te
[1a]aprieta, y dices: ¿Quién me ha tocado?
32 Pero El miraba alrededor para ver a la que había hecho
esto.
33 Entonces la mujer, [1]atemorizada y temblando, sabiendo lo que le había sucedido, vino y se postró delante de El, y
le dijo toda la verdad.
34 Y El le dijo: [1]Hija, tu [a]fe te ha [2]sanado; ve en [b]paz, y
queda [3]sana de tu dolencia.
35 Mientras El aún hablaba, vinieron de *casa del* [a]principal de la sinagoga, diciendo: Tu hija ha muerto; ¿para qué
[b]molestas más al Maestro?
36 Pero Jesús, que había [1]alcanzado a oír lo que se decía,
dijo al principal de la sinagoga: No temas, cree solamente.

27[a] Mr. 5:30; 3:10; 6:56
29[a] Mr. 5:2, 42
29[b] Mr. 3:10
30[a] Lc. 5:17; 6:19; Hch. 10:38
30[b] Mr. 5:27
31[a] Mr. 5:24
34[a] Mr. 10:52; Hch. 14:9
34[b] Lc. 7:50
35[a] Mr. 5:22
35[b] Lc. 7:6

28[1] O, restaurada; lit., salva. La enfermedad es una opresión que el diablo ejerce sobre los enfermos. Así que, la sanidad realizada por el Salvador-Esclavo fue un servicio salvador concedido a la víctima doliente para que ésta disfrutara alivio y liberación de la opresión del maligno (Hch. 10:38). Véase la nota 31[1] del cap. 1.

30[1] El Salvador-Esclavo era Dios encarnado para ser un hombre (Jn. 1:1, 14). Sus vestidos representan Su conducta perfecta en Su humanidad, es decir, Su perfección en Sus virtudes humanas. Tocar Sus vestidos en realidad era tocarlo a El en Su humanidad, en la cual Dios estaba corporificado (Col. 2:9). Con dicho toque Su poder divino fue comunicado, por medio de la perfección de Su humanidad, a la mujer que lo había tocado, y llegó a ser la sanidad para ella. Dios, que habita en luz inaccesible, se hizo accesible en el Salvador-Esclavo por medio de Su humanidad para que ella fuese salva y le disfrutara. Este fue el servicio que el Salvador-Esclavo, como Esclavo de Dios, brindó a la pecadora enferma.

31[1] La muchedumbre que lo apretaba no recibió nada del Salvador, pero la mujer que lo tocó, sí.

33[1] El temor es interior, mientras que el temblor se muestra exteriormente.

34[1] El poder sanador que tiene el Salvador-Esclavo expresó Su deidad (v. 30 y la nota); Su palabra, dada con amor y bondad en compasión, expresó Su humanidad. En este caso Su deidad y Su humanidad otra vez se unían para Su expresión.

34[2] Véase la nota 28[1].

34[3] O, intacta, íntegra.

36[1] U, oído sin querer, sin hacer caso. Algunos mss. dicen: oído.

37 Y no permitió que le acompañase nadie sino [a]Pedro,
Jacobo, y [b]Juan hermano de Jacobo.
38 Y vinieron a casa del principal de la sinagoga, y *Jesús*
vio el alboroto y a los que lloraban y lamentaban mucho.
39 Y entrando, les dijo: ¿Por qué hacéis alboroto y lloráis?
La niña no ha muerto, sino que [a]duerme.
40 Y se burlaban de El. Mas El, [a]echando fuera a todos,
tomó al padre de la niña y a la madre, y a los que estaban
con El, y entró donde estaba la niña.
41 Y [a]tomando la mano de la niña, le dijo: [1]Talita cumi;
que traducido es: Niña, a ti te digo, [b]levántate.
42 Y [a]en seguida la niña se levantó y comenzó a caminar,
pues tenía [b]doce años. Y al momento quedaron [c]atónitos con
gran asombro.
43 Pero El les mandó firmemente que [1a]nadie lo supiese,
y les dijo que le dieran a ella de comer.

CAPITULO 6

4. Despreciado por los hombres
6:1-6

1 Salió *Jesús* de allí y [a]vino a Su tierra, y le seguían Sus
discípulos.
2 Y cuando llegó el sábado, comenzó a [1]enseñar en la
[a]sinagoga; y muchos, oyéndole, se [b]admiraban, y decían: ¿De
dónde *tiene* éste estas cosas? ¿Y qué sabiduría *es ésta* que le
es dada? ¡Qué obras tan poderosas se realizan por Sus
manos!
3 ¿No es éste el [1]carpintero, hijo de María, [a]hermano de
Jacobo, de José, de Judas y de Simón? ¿Y no están aquí con
nosotros Sus hermanas? Y [b]tropezaban a causa de El.

41[1] Expresión aramea.

43[1] Véase la nota 44[1] del cap. 1.

2[1] Véase la nota 21[2] del cap. 1. Así en todo el capítulo.

3[1] Véase la nota 55[1] de Mt. 13. Aquí lo dicho por los que ciegamente lo menospreciaban puede considerarse cumplimiento de la profecía de Is. 53:2-3 con respecto al Salvador-Esclavo: "Como raíz de tierra seca; no tiene aspecto hermoso, ni majestad para que le miremos, ni apariencia para que le deseemos. Despreciado y desechado entre los hombres" (lit.). Conocerlo así era conocerlo en Su humanidad según la carne (2 Co. 5:16), no en Su deidad según el Espíritu (Ro. 1:4). En Su humanidad El era raíz de tierra seca, un retoño del tronco de Isaí y un vástago de sus raíces (Is. 11:1), un Renuevo para David (Jer. 23:5; 33:15), el Renuevo que era un hombre y el Siervo de Jehová (Zac. 3:8; 6:12), Aquel que procedió del linaje de David según la carne (Ro. 1:3). En Su deidad El era el Renuevo de Jehová para hermosura y gloria (Is. 4:2), el Hijo de

---

37[a] Mr. 9:2; 14:33
37[b] Mr. 3:17
39[a] Jn. 11:11
40[a] Hch. 9:40
41[a] Mr. 1:31; 9:27
41[b] Lc. 7:14; cfr. Jn. 11:43
42[a] Mr. 5:2
42[b] Mr. 5:25
42[c] Mr. 1:27
43[a] Mr. 3:12; 9:9; Mt. 8:4; 9:30; 12:16; 17:9; Lc. 5:14
1[a] vs. 1-6: Mt. 13:54-58; Lc. 4:16-24
2[a] Mr. 1:21, 39; Mt. 4:23; Lc. 6:6; 13:10; Hch. 13:14
2[b] Mr. 6:51; 1:22; Mt. 7:28
3[a] Mr. 3:31; Mt. 12:46; Gá. 1:19
3[b] Jn. 6:61

4 Mas Jesús les decía: No hay [a]profeta sin honra sino en su *propia* tierra, y entre sus parientes, y en su casa.

5 Y [1]no pudo hacer allí ninguna obra poderosa, salvo que [2]sanó a unos pocos enfermos, [a]imponiéndoles las manos.

6 Y estaba [a]asombrado de la incredulidad de ellos. Y recorría los alrededores enseñando de [b]aldea en aldea.

5. Envía a los discípulos
6:7-13

7 Después [a]llamó a los doce, y comenzó a enviarlos de dos en dos; y les dio [1b]autoridad sobre los espíritus inmundos.

8 Y les mandó que no [a]llevasen nada para el camino, sino solamente bastón; [1]ni pan, ni alforja, ni dinero en el cinto,

9 sino que calzasen sandalias, y no vistiesen [1]dos túnicas.

10 Y les dijo: Dondequiera que entréis en una casa, quedaos allí hasta que [1]salgáis de aquel lugar.

11 Y cualquier lugar que no os reciba ni os escuche, saliendo de allí, [a]sacudid el polvo que está debajo de vuestros pies, en testimonio [1]contra ellos.

12 Y saliendo, [1a]proclamaban que *los hombres* se [b]arrepintiesen.

13 Y [1]echaban fuera muchos demonios, y [a]ungían con aceite a muchos enfermos, y los sanaban.

6. El martirio del precursor
6:14-29

14 Y [a]oyó *de esto* el rey Herodes, porque el nombre de *Jesús* se había hecho notorio; y *unos* decían: [b]Juan el bautizador ha resucitado de los muertos, y por eso [1]actúan por medio de él estas obras poderosas.

15 Otros decían: Es [a]Elías. Y otros decían: *Es* un [b]profeta, como uno de los profetas.

4[a] Jn. 4:44
5[a] Mr. 5:23
6[a] Is. 59:16
6[b] Mr. 6:56; Mt. 9:35; Lc. 8:1; 13:22
7[a] Mr. 3:13-15; Mt. 10:1; Lc. 9:1-2
7[b] Mr. 3:15
8[a] vs. 8-11: Mt. 10:9-14; Lc. 9:3-5; 10:4-11
11[a] Hch. 13:51; cfr. Neh. 5:13; Hch. 18:6
12[a] Mt. 4:17; 10:7; Lc. 9:6
12[b] Mr. 1:4, 15
13[a] Jac. 5:14
14[a] vs. 14-29: Mt. 14:1-12; Lc. 9:7-9
14[b] Mr. 8:28
15[a] Mr. 9:11
15[b] Dt. 18:15; Hch. 3:22; Mt. 21:11; Lc. 24:19

Dios designado en poder según el Espíritu (Ro. 1:4).

5[1] Véase la nota 58[1] de Mt. 13.

5[2] Véase la nota 31[1] del cap. 1. Así en todo el capítulo.

7[1] Véanse las notas 22[1] del cap. 1 y 1[2] de Mt. 10.

8[1] Véase la nota 9[1] de Mt. 10.

9[1] Una prenda interior semejante a una camisa. Así en todo el libro.

10[1] Lit., partáis de allí.

11[1] O, para ellos.

12[1] Véase la nota 14[2] del cap. 1.

13[1] Véase la nota 23[1] del cap. 1.

14[1] Es decir, actúan y son manifestadas.

16 Pero Herodes, oyendo *esto,* dijo: Aquel Juan, a quien yo
[a]decapité, ha resucitado.
17 Porque Herodes mismo había enviado *hombres* y prendido a Juan, y le había encadenado en la [a]cárcel por causa de
[b]Herodías, mujer de Felipe su hermano; pues se había casado con ella.
18 Porque Juan decía a Herodes: No te es lícito tener la
mujer de tu [a]hermano.
19 Por eso Herodías le guardaba rencor, y deseaba matarle, y no podía;
20 porque Herodes temía a [a]Juan, sabiendo que era varón
[b]justo y santo, y le guardaba a salvo; y oyéndole, se quedaba
muy perplejo, pero le [c]escuchaba con gusto.
21 Y llegó un día oportuno cuando Herodes, en su [a]cum-
pleaños, dio un [b]banquete a los grandes de su corte y a los
capitanes y a los principales de Galilea.
22 Y cuando entró la hija de la misma Herodías y danzó,
agradó a Herodes y a los que estaban reclinados *a la mesa*
con *él*. Entonces el rey dijo a la muchacha: Pídeme lo que
quieras, y yo te lo daré.
23 Y le juró solemnemente: Todo lo que me pidas te daré,
hasta la [a]mitad de mi reino.
24 Saliendo ella, dijo a su madre: ¿Qué pediré? Y ella le
dijo: La cabeza de Juan el bautizador.
25 [a]Inmediatamente entró ella a toda prisa ante el rey, y
pidió diciendo: Quiero que ahora mismo me des en un plato
la cabeza de Juan el Bautista.
26 Y el rey se entristeció mucho; pero a causa de sus
juramentos, y de los que estaban reclinados *a la mesa,* no
quiso rehusárselo.
27 Y [a]en seguida el rey, enviando a un guardia, mandó
traer la cabeza *de Juan.* El guardia fue y le [1b]decapitó en la
cárcel,
28 y trajo su cabeza en un plato y la dio a la muchacha, y
la muchacha la dio a su madre.
29 Cuando oyeron *esto* sus [a]discípulos, vinieron y tomaron
su cuerpo, y lo pusieron en un sepulcro.

16[a] Mr. 6:27
17[a] Mt. 11:2; Jn. 3:24
17[b] Lc. 3:19-20
18[a] Lv. 18:16; 20:21
20[a] Mt. 21:26
20[b] Lc. 1:75; Ef. 4:24; He. 12:10-11
20[c] Mr. 4:16; 12:37
21[a] cfr. Gn. 40:20
21[b] Est. 1:3; 2:18
23[a] Est. 5:3, 6; 7:2
25[a] Mr. 5:42; 6:27
27[a] Mr. 6:25, 45
27[b] Mr. 6:16
29[a] Mt. 9:14

27[1] Esto denota el odio, expresado por las tinieblas y la injusticia del poder mundano, que Satanás le tenía al precursor fiel del Salvador-Esclavo. Véase la nota 10[1] de Mt. 14.

7. Alimenta a cinco mil
6:30-44

30 Entonces los [a]apóstoles se reunieron delante de Jesús, y le [b]contaron todo lo que habían hecho, y *todo* lo que habían enseñado.

31 El les dijo: Venid vosotros aparte a un [a]lugar desierto, y descansad un poco. Porque eran muchos los que iban y venían, de manera que [1]ni siquiera tenían oportunidad de [b]comer.

32 [1]Y se [a]fueron en una barca solos a un lugar desierto.

33 Pero muchos los vieron ir, y los [a]reconocieron y, desde todas las ciudades fueron allá a pie, corriendo en tropel, y llegaron antes que ellos.

34 Y al desembarcar vio *Jesús* una gran multitud, y [1]tuvo [a]compasión de ellos, porque eran como ovejas que no tenían pastor; y comenzó a enseñarles muchas cosas.

35 Siendo ya avanzada la hora, Sus discípulos se acercaron a El, diciendo: El lugar es desierto, y la hora ya avanzada.

36 [a]Despídelos para que vayan a los campos y aldeas de alrededor, y se compren algo de comer.

37 Respondiendo El, les dijo: [a]Dadles vosotros de comer. Ellos le dijeron: ¿Iremos a comprar pan por doscientos [1]denarios, y les daremos de comer?

38 El les dijo: ¿[a]Cuántos panes tenéis? Id y vedlo. Y al saberlo, dijeron: Cinco, y dos peces.

39 Y les mandó que hiciesen recostar a todos [1]por grupos sobre la hierba verde.

40 Y se sentaron [1]por grupos, de ciento en ciento, y de cincuenta en cincuenta.

30a Mt. 10:2; Lc. 6:13; 17:5; 22:14; 24:10
30b Lc. 9:10
31a Mt. 14:13
31b Mr. 3:20
32a vs. 32-44: Mt. 14:13-21; Lc. 9:10-17; Jn. 6:1-13
33a Mr. 6:54
34a Mr. 8:2; Mt. 9:36; 15:32
36a Mt. 15:39
37a 2 R. 4:42-44
38a Mr. 8:5

31[1] Véase la nota 20[2] del cap. 3.

32[1] Con respecto a los vs. 32-44, véanse las notas de Mt. 14:13-21.

34[1] Esto exhibía la virtud del Salvador-Esclavo en Su humanidad. Tal virtud fue llevada a cabo por el poder de Su deidad (cfr. nota 43[1]). La virtud de Su humanidad y el poder de Su deidad estaban mezclados, lo cual muestra que El es tanto hombre como Dios.

37[1] Véase la nota 7[1] de Jn. 6.

39[1] La frase griega denota dividirse en grupos en una fiesta. Sentarse en grupos equivalía a sentarse por mesas. Esta figura implica que la manera en que el Señor alimentó de pan y pescado a la multitud fue semejante a preparar un banquete para deleitar a los invitados.

40[1] Lit., jardín por jardín. Aquí el arreglo de los cuadros de un jardín se refiere figurativamente a un grupo de personas dispuestas en orden. Los grupos de personas se sentaron en cuadros bien ordenados, de manera que parecían plantas florecientes puestas en cuadros en un jardín. Esta figura implica que aquellos que son alimentados por el Señor son como jardines fragantes y hermosos (Cnt. 5:13; 6:2).

41 Entonces tomó los cinco panes y los dos peces, y [a]levantando los ojos al cielo, [b]bendijo, y partió los panes, y dio a los discípulos para que los pusiesen delante de la gente; y repartió los dos peces entre todos.

42 Y comieron todos, y se saciaron.

43 Y recogieron de los pedazos *de pan* y de los peces [1]doce cestas llenas.

44 Y los que comieron de los panes eran cinco mil hombres.

8. Anda sobre el mar
6:45-52

45 [1a]En seguida [b]hizo a Sus discípulos entrar en la barca e [c]ir delante a la otra orilla, hacia [d]Betsaida, mientras El despedía a la multitud.

46 Y después de despedirse de ellos, se fue al [a]monte a [1b]orar;

47 y cuando llegó la noche, la [a]barca estaba en medio del mar, y El solo en tierra.

48 Y viendo que ellos estaban turbados mientras remaban, porque el viento les era contrario, cerca de la cuarta vigilia de la noche vino a ellos [1]andando sobre el mar, y quería pasarles de largo.

49 Pero ellos al verle andando sobre el mar, pensaron que era un fantasma, y gritaron;

50 porque todos le vieron, y se [a]asustaron. Pero [b]en seguida habló con ellos, y les dijo: ¡Tened [c]ánimo, Yo soy, no [d]temáis!

51 Y subió a ellos en la barca, y el viento [a]cesó; y se quedaron [b]atónitos en extremo,

52 pues no habían [a]entendido lo de los panes, sino que estaban endurecidos sus corazones.

43[1] Esto no sólo mostró el poder de la deidad del Salvador-Esclavo como Creador, quien llama las cosas que no son como existentes (Ro. 4:17), sino que también indica el suministro abundante e inagotable de Su vida divina (Ef. 3:8; Fil. 1:19).

45[1] Con respecto a los vs. 45-51, véanse las notas de Mt. 14:22-32.

46[1] Véase la nota 35[1] del cap. 1.

48[1] En 4:38 el Salvador-Esclavo dormía en una barca que era azotada por una tempestad que amenazaba a Sus seguidores. Aquí, El andaba sobre el mar mientras Sus seguidores, al remar, estaban turbados por las olas del mar. Estos acontecimientos indican que el Salvador-Esclavo, como Creador y Soberano del universo (Job 9:8), no era perturbado por ninguna circunstancia y que cuidaba a Sus seguidores en los apuros que tuvieron al seguirle mientras viajaban.

41[a] Mr. 7:34; Jn. 11:41
41[b] Mr. 8:7; 14:22
45[a] Mr. 6:27, 50
45[b] vs. 45-51: Mt. 14:22-32; Jn. 6:16-21
45[c] Mr. 4:35; Mt. 8:18
45[d] Mr. 8:22; Lc. 9:10
46[a] Mr. 3:13; Jn. 6:15
46[b] Mr. 1:35; Lc. 5:16; 6:12; 9:28
47[a] Mr. 4:37
50[a] Lc. 24:37
50[b] Mr. 6:45, 54
50[c] Jn. 16:33
50[d] Dt. 31:6; Is. 41:13; 43:1-2; Mt. 17:7
51[a] Mr. 4:39
51[b] Mr. 6:2; 7:37
52[a] Mr. 8:17-21

9. Sana en todo lugar
6:53-56

53 Terminada la [a]travesía, llegaron a tierra en [b]Genesaret, y atracaron.

54 Y saliendo ellos de la barca, [a]en seguida *la gente* le [b]reconoció.

55 Y recorriendo toda la tierra de alrededor, comenzaron a traer a los enfermos en [a]camillas, a donde oían que estaba.

56 Y dondequiera que entraba, en [a]aldeas, ciudades o campos, ponían en las [b]plazas a los que estaban enfermos, y le rogaban que les dejase tocar siquiera los [1]flecos de Su manto; y todos los que le [c]tocaban quedaban [2]sanos.

CAPITULO 7

10. Enseña en cuanto a lo que contamina al hombre desde su interior
7:1-23

1 [1]Se juntaron a *Jesús* los [a]fariseos y algunos de los escribas, después de haber venido de [b]Jerusalén

2 y [1]de haber visto que algunos de los discípulos de *Jesús* comían pan con manos profanas, esto es, [a]no lavadas.

3 (Porque los fariseos y todos los judíos, no comen a menos que se laven las manos [1]cuidadosamente, aferrados a la [a]tradición de los [2]ancianos.

4 Y *volviendo* de la plaza, no comen a menos que se [1]laven. Y hay [a]muchas otras cosas que han recibido para que guardasen, *como* los [b]lavamientos de copas, jarros, y vajillas de cobre[2].)

5 Y le preguntaron los [1]fariseos y los escribas: ¿Por qué Tus discípulos no andan conforme a la tradición de los ancianos, sino que comen pan con manos profanas?

6 El les dijo: Bien profetizó Isaías de vosotros, [1]hipócritas, como está escrito: "[a]Este pueblo de [b]labios me honra, mas su corazón está lejos de Mí.

53[a] vs. 53-56: Mt. 14:34-36
53[b] Lc. 5:1
54[a] Mr. 6:50; 7:25
54[b] Mr. 6:33
55[a] Lc. 5:18
56[a] Mr. 6:6
56[b] Hch. 5:15
56[c] Mr. 3:10; 5:27-28; Lc. 6:19; cfr. Hch. 19:12
1[a] vs. 1-23: Mt. 15:1-20
1[b] Mr. 3:22
2[a] Lc. 11:38
3[a] Gá. 1:14; Col. 2:8
4[a] Mr. 7:13
4[b] He. 9:10; Mt. 23:25; Lc. 11:39
6[a] Is. 29:13
6[b] cfr. Ez. 33:31

56[1] Véanse las notas 20[4] de Mt. 9 y 30[1] del cap. 5.

56[2] O, restaurados. Véase la nota 28[1] del cap. 5.

1[1] Con respecto a los vs. 1-23, véanse las notas de Mt. 15:1-20.

2[1] Algunos mss. dicen: viendo … no lavadas, los censuraban.

3[1] Lit., con el puño.

3[2] Es decir, los antiguos, los de las generaciones anteriores.

4[1] Lit., bauticen. Algunos mss. dicen: rocíen.

4[2] Algunos mss. añaden: y divanes.

5[1] Véase la nota 6[1] del cap. 2.

6[1] Véase la nota 2[2] de Mt. 6.

7 Pues en vano me [1]rinden culto, enseñando mandamientos de [a]hombres *como* enseñanzas".

8 Dejando el mandamiento de Dios, os aferráis a la tradición de los hombres[1].

9 Les decía también: Qué bien [1a]dejáis a un lado el mandamiento de Dios para guardar vuestra tradición.

10 Porque Moisés dijo: "[a]Honra a tu padre y a tu madre"; y: "[b]Quien hable mal del padre o de la madre, que [1]muera".

11 Pero vosotros decís: Si un hombre dice a su padre o a su madre: *Ya* es [1]corbán (es decir, [a]ofrenda *a Dios*) todo lo mío con que hubieras sido beneficiado,

12 que no haga más por su padre o por su madre,

13 [1]invalidando la palabra de Dios con vuestra tradición que habéis trasmitido. Y hacéis [a]muchas cosas semejantes a éstas.

14 Y de nuevo llamando a *Sí* a la multitud, les dijo: Oídme todos, y [a]entended:

15 Nada hay fuera del hombre que entre en él, que le pueda [1]contaminar; pero lo que sale de él es lo que contamina al hombre.

16 [1]Si alguno tiene oídos para oír, oiga.

17 Cuando entró en una [a]casa, apartándose de la multitud, le preguntaron Sus discípulos sobre la [b]parábola.

18 El les dijo: ¿También vosotros estáis así sin [a]entendimiento? ¿No entendéis que todo lo que de fuera entra en el hombre, no le puede contaminar,

19 porque no entra en su corazón, sino en el [a]vientre, y sale a la letrina? *Al decir esto,* hacía [b]limpios todos los alimentos.

20 Y decía: Lo que del hombre sale, eso [a]contamina al hombre.

21 Porque de dentro, del [a]corazón de los hombres, proceden los malos pensamientos, las fornicaciones, los hurtos, los [b]homicidios,

7[a] Col. 2:22; cfr. Tit. 1:14
9[a] Lc. 7:30
10[a] Ex. 20:12; Dt. 5:16
10[b] Ex. 21:17; Lv. 20:9; Pr. 20:20
11[a] Lv. 1:2
13[a] Mr. 7:4
14[a] Mt. 13:51
17[a] Mr. 7:24; 3:20; 9:28
17[b] Mt. 13:36
18[a] Mr. 8:17
19[a] 1 Co. 6:13
19[b] Lc. 11:41; Hch. 10:15; 11:9; Ro. 14:20
20[a] Jac. 3:6
21[a] Gn. 8:21; Mt. 9:4; 12:34
21[b] Ex. 20:13

7[1] Reverencian. Da énfasis al sentimiento de admiración o devoción.

8[1] Algunos mss. añaden: como la de los lavamientos de los jarros y de las copas; y hacéis muchas otras cosas semejantes.

9[1] Guardar la tradición conduce a los hombres a dejar a un lado el mandamiento de Dios y "qué bien" lo hacen.

10[1] Lit., fallezca de muerte. Véase la nota 4[3] de Mt. 15.

11[1] Transliteración de la palabra hebrea, que significa *ofrenda*. Denota cualquier cosa que se ofrece a Dios.

13[1] Lit., privando de autoridad.

15[1] Hacer profano, inmundo (Hch. 11:8). Así también en los versículos siguientes.

22 los [a]adulterios, las [b]codicias, las maldades, el [1]engaño, la lascivia, la [2]envidia, la [c]blasfemia, la soberbia, la insensatez.

23 Todas estas [1]maldades de dentro proceden, y contaminan al hombre.

11. Echa fuera un demonio de la hija de una cananea
7:24-30

24 [1]Levantándose de allí, se [a]fue a la región de [b]Tiro [2]y de Sidón; y entrando en una [c]casa, no quería que [3]nadie lo supiese, pero no pudo pasar inadvertido,

25 sino que una mujer, cuya hija tenía un [a]espíritu inmundo, oyó de El y vino [b]en seguida y se postró a Sus pies.

26 La mujer era [a]griega, y [1]sirofenicia de nación; y le rogaba que echase fuera de su hija al demonio.

27 Pero *Jesús* le dijo: Deja [a]primero que se sacien los [b]hijos, porque no está bien tomar el [c]pan de los hijos y echarlo a los [1d]perrillos.

28 Respondió ella y le dijo: Sí, Señor; *pero* aun los perrillos, debajo de la [a]mesa, comen de las migajas de los hijos.

29 Entonces le dijo: Por esta palabra, [a]ve; el [1]demonio ha salido de tu hija.

30 Y ella se fue a su casa, y halló a la niña acostada en la cama, y que el demonio había salido.

12. Sana a un sordomudo
7:31-37

31 Volviendo a [a]salir de la región de [b]Tiro, vino por Sidón al mar de [1c]Galilea, pasando por la región de [2d]Decápolis.

22[a] Ex. 20:14; Mt. 5:27-28; 1 Co. 6:9
22[b] Ex. 20:17; 1 Co. 5:11; 6:10
22[c] Col. 3:8
24[a] vs. 24-30: Mt. 15:21-28
24[b] Mr. 7:31
24[c] Mr. 7:17
25[a] Mr. 1:23
25[b] Mr. 6:54; 7:35
26[a] Jn. 12:20; 1 Co. 12:13
27[a] Hch. 3:26; Ro. 1:16
27[b] cfr. Ex. 4:22; Dt. 32:6; 1 Cr. 29:10; Is. 63:16; 64:8
27[c] Jn. 6:35, 48
27[d] Mt. 7:6
28[a] Lc. 16:21
29[a] Jn. 4:50
31[a] vs. 31-37: Mt. 15:29-31
31[b] Mr. 7:24
31[c] Mt. 4:18; Jn. 6:1
31[d] Mr. 5:20

16[1] Algunos mss. omiten este versículo.

22[1] O, astucia.

22[2] Lit., ojo maligno. Una expresión semita que se refiere al ojo que tiene la intención de hacer el mal y, por extensión, se refiere a hostilidad, celos o envidia.

23[1] Las cosas malignas que proceden del interior son los frutos malignos de la naturaleza caída y pecaminosa del hombre (v. 21; Ro. 7:18).

24[1] Con respecto a los vs. 24-30, véanse las notas de Mt. 15:21-28.

24[2] Algunos mss. omiten: y de Sidón.

24[3] El Señor nunca quiso publicidad.

26[1] Siria de lengua, fenicia de origen (cfr. Hch. 21:2-3). Debido a que los fenicios eran descendientes de los cananeos, ella era cananea (Mt. 15:22). Es difícil determinar cómo llegó a ser griega, si por religión, matrimonio o algún otro factor.

27[1] Perros domésticos.

29[1] Véase la nota 23[1] del cap. 1.

31[1] Véase la nota 29[1] de Mt. 15.

31[2] Un distrito de diez ciudades.

32 Y le trajeron [1]uno que era [a]sordo y que [b]hablaba con dificultad, y le rogaron que le [c]impusiera la mano.

33 Y tomándolo aparte de la multitud, [1]metió los dedos en las orejas de él, y [a]escupiendo, le tocó la lengua;

34 y [a]levantando los ojos al cielo, [b]gimió, y le dijo: ¡[1]Efata!, es decir: ¡Sé abierto!

35 [a]Al momento fueron abiertos sus oídos, y se desató la ligadura de su lengua, y hablaba con claridad.

36 Y les mandó que [1]no lo dijesen a [a]nadie; pero cuanto más les mandaba, tanto más lo [b]proclamaban.

37 Y en gran manera se [a]maravillaban, diciendo: Todo lo ha hecho bien; hace a los sordos oír, y a los mudos hablar.

CAPITULO 8

13. Alimenta a cuatro mil
8:1-10

1 [1]En aquellos días, como había otra vez una gran multitud, y no tenían qué comer, *Jesús* llamó a los discípulos, y les [a]dijo:

2 [1]Tengo compasión de la multitud, porque ya hace tres días que [1]están conmigo, y [1]no tienen qué comer;

3 y si los despido en ayunas a sus casas, [1]desfallecerán en el camino, y algunos de ellos han [1]venido de lejos.

4 Sus discípulos le respondieron: ¿De dónde podrá alguien saciar de pan a éstos, aquí en *este* lugar despoblado?

5 El les preguntó: ¿Cuántos panes tenéis? Ellos dijeron: Siete.

6 Entonces mandó a la multitud que se recostase en tierra; y tomando los siete panes, habiendo [a]dado gracias, los

32[a] Is. 35:5-6; 43:8-9
32[b] cfr. Mt. 9:32; Lc. 11:14
32[c] Mr. 5:23
33[a] Mr. 8:23; Jn. 9:6
34[a] Mr. 6:41
34[b] Mr. 8:12; Jn. 11:33, 38
35[a] Mr. 7:25; 8:10
36[a] Mr. 5:43; 9:9; Mt. 8:4
36[b] Mr. 1:45
37[a] Mr. 6:51; 10:26
1[a] vs. 1-10: Mt. 15:32-39; cfr. Mr. 6:34-44
6[a] Lc. 22:19; Jn. 6:11; Hch. 27:35

32[1] Tipifica a alguien que es sordomudo espiritualmente, que no puede oír la voz de Dios ni puede alabarlo (Is. 35:6) ni hablar por El (Is. 56:10). La mudez de tal persona se debe a su sordera. La salvación sanadora del Salvador-Esclavo bien puede sanar la sordera y la mudez de una persona así, primero al tratar sus oídos y luego al tocar su lengua.

33[1] O, puso. El Salvador-Esclavo metió Sus dedos en los oídos del sordo, y así abrió el órgano auditivo (cfr. Is. 50:4-5; Job 33:14-16), y cuando tocó con Su saliva la lengua del mudo, ungió el órgano parlante de éste con la palabra que procedió de Su boca. Esto fue una sanidad (véase la nota 31[1] del cap. 1).

34[1] Expresión aramea.

36[1] Véase la nota 44[1] del cap. 1.

1[1] Con respecto a los vs. 1-10, véanse las notas de Mt. 15:32-39.

2[1] Aquí se muestran las virtudes del Salvador-Esclavo —compasión, condolencia y tierna solicitud— de una manera vívida y agradable en Su humanidad.

3[1] Véase la nota 2[1].

partió, y dio a Sus discípulos para que los pusiesen delante;
y los pusieron delante de la multitud.
7 Tenían también unos pocos pececillos; y los bendijo, y
dijo que también los pusiesen delante.
8 Y comieron, y se saciaron; y recogieron de lo que [a]sobró
de los pedazos, [1]siete canastas.
9 [1]Eran unos cuatro mil; y los despidió.
10 Y entrando [a]en seguida en la barca con Sus discípulos,
vino a la región de [1]Dalmanuta.

14. No da señal a los fariseos
8:11-13

11 [1]Vinieron entonces los [2a]fariseos y comenzaron a discutir con El, pidiéndole [3b]señal del cielo, [c]tentándole.
12 Y [1a]gimiendo profundamente en Su espíritu, dijo: ¿Por
qué busca señal esta generación? De cierto os digo que [2]no
se dará señal a esta generación.
13 Y dejándolos, volvió a entrar en *una barca,* y se fue a
la otra orilla.

15. Advierte acerca de la levadura
de los fariseos y de Herodes
8:14-21

14 Se habían olvidado de traer pan, y no tenían sino un
pan consigo en la barca.
15 Y El les mandó, diciendo: Mirad, guardaos de la [1a]leva-
dura de los fariseos, y de la levadura de [b]Herodes.
16 Y discutían unos con otros, [1]diciendo: Es porque no
tenemos pan.
17 Y [a]conociéndolo Jesús, les dijo: ¿Por qué discutís por no
tener pan? ¿Todavía no entendéis ni [b]comprendéis? ¿Tenéis
[c]endurecido vuestro corazón?

8[a] 2 R. 4:43-44
10[a] Mr. 7:35; 9:15
11[a] vs. 11-21: Mt. 16:1-12
11[b] Mt. 12:38; Lc. 11:16; 21:11; Jn. 6:30; 1 Co. 1:22
11[c] Mr. 10:2; 12:15; Jn. 8:6
12[a] Mr. 7:34
15[a] Lc. 12:1; 1 Co. 5:6-8; Gá. 5:9
15[b] Lc. 13:31-32; Mr. 3:6; 12:13
17[a] Mt. 26:10
17[b] Mr. 4:12; 7:18
17[c] Mr. 6:52

8[1] Véase la nota 43[1] del cap. 6.

9[1] Algunos mss. dicen: los que comieron eran.

10[1] Dalmanuta era probablemente una aldea en la región de Magadán (Mt. 15:39). Probablemente era un lugar al occidente del mar de Galilea.

11[1] Con respecto a los vs. 11-21, véanse las notas de Mt. 16:1-12.

11[2] Véase la nota 6[1] del cap. 2. Así también en el v. 15.

11[3] Una señal es un milagro que tiene algún significado espiritual.

12[1] Esto también es una virtud del Señor en Su humanidad, y muestra Sus sentimientos para con el hombre.

12[2] Lit., si se diera una señal. Un modismo hebreo como el que se encuentra en He. 3:11.

15[1] Véase la nota 33[1] de Mt. 13. La levadura de los fariseos era su hipocresía (Lc. 12:1); la levadura de Herodes era su corrupción e injusticia en la política (véase la nota 27[1] del cap. 6).

16[1] Algunos mss. dicen: con respecto a que no tenían pan.

18 Teniendo ojos ¿[a]no veis? Y teniendo oídos ¿no oís? ¿Y no recordáis?
19 Cuando partí los [a]cinco panes para los cinco mil, ¿cuántas cestas llenas de los pedazos recogisteis? Y ellos dijeron: Doce.
20 Y cuando *partí* los siete *panes* para los cuatro mil, ¿cuántas canastas llenas de los pedazos recogisteis? Y ellos dijeron: [a]Siete.
21 Y les dijo: ¿Todavía no [a]entendéis?

16. Sana a un ciego en Betsaida
8:22-26

22 Vinieron luego a [a]Betsaida; y le trajeron un [1]ciego, y le rogaron que le tocase.
23 Entonces, [1a]tomando la mano del ciego, le [2]sacó fuera de la aldea; y [3b]escupiendo en sus ojos, le [4c]impuso las manos, y le preguntó: ¿Ves algo?
24 Levantando los ojos dijo: [1]Veo hombres; como árboles los veo que andan.
25 Luego le puso otra vez las manos sobre los ojos, y *el hombre* miró fijamente; y fue [1]restablecido, y comenzó a ver todas las cosas con claridad.
26 Y lo envió a su casa, diciendo: [1]Ni siquiera entres en la aldea[2].

18[a] Is. 42:18, 20; Jer. 5:21; Ez. 12:2; Mt. 13:13-14
19[a] Mr. 6:41
20[a] Mr. 8:6
21[a] Mr. 6:52
22[a] Mr. 6:45
23[a] Mr. 5:41; 9:27
23[b] Mr. 7:33
23[c] Mr. 5:23

22[1] Esto tipifica a uno que ha perdido su visión interior, uno que ha sido cegado espiritualmente (Hch. 26:18; 2 P. 1:9).

23[1] La humanidad del Salvador-Esclavo se expresó aquí en Su cuidado íntimo y tierno para con el necesitado. Véase la nota 36[1] del cap. 9.

23[2] Esto parece indicar que el Salvador-Esclavo no quería que la muchedumbre viera ni supiera lo que Él iba a hacer por este ciego, puesto que además le dijo que no entrara en la aldea (v. 26). Espiritualmente, puede indicar que el Salvador-Esclavo quería que el ciego pasara un tiempo en privado y en intimidad con Él para poder infundirle el elemento con el cual recobraría la vista. Todos los que son ciegos espiritualmente necesitan pasar un tiempo así con el Salvador-Esclavo.

23[3] La ceguera está relacionada con la oscuridad (Hch. 26:18). Para verse necesita la luz. La saliva del Salvador-Esclavo puede representar la palabra que procede de Su boca (véase la nota 6[1] de Jn. 9), una palabra que trasmite la luz divina de la vida a aquel que la recibe para así recobrar su vista. La saliva del Salvador-Esclavo, acompañada de Su imposición de manos, era mucho más rica que Su simple toque, el cual había sido solicitado por los que ayudaban al ciego.

23[4] Indica que el Salvador-Esclavo se identificó con el ciego para infundirle Su elemento sanador.

24[1] Este podría ser un ejemplo del desarrollo de la visión espiritual de una persona. En la etapa inicial de su recuperación espiritual, tal vez la persona vea las cosas espirituales de la misma manera que este ciego, quien veía a los hombres como si fueran árboles que andaban. Después de recuperarse más, él lo ve todo claramente.

25[1] Véase la nota 31[1] del cap. 1.

26[1] Durante todo el ministerio del

17. Revela Su muerte y Su resurrección por primera vez
8:27—9:1

27 [1]Salieron Jesús y Sus discípulos por las aldeas de
[a]Cesarea de Filipo. Y en el camino preguntó a Sus discípulos,
diciéndoles: ¿[b]Quién dicen los hombres que soy Yo?
28 Ellos respondieron, diciendo: *Unos,* [a]Juan el Bautista;
otros, [b]Elías; y otros, uno de los profetas.
29 Entonces El les preguntó: Pero vosotros, ¿quién decís
que soy? Respondiendo Pedro, le dijo: ¡Tú eres el [a]Cristo!
30 Y El les mandó que a [1a]nadie hablaran de El.
31 [1]Y [a]comenzó a enseñarles que le era necesario al [b]Hijo
del Hombre padecer muchas cosas, y ser [c]rechazado por los
ancianos, por los principales sacerdotes y por los escribas, y
ser [d]muerto, y [e]resucitar después de [f]tres días.
32 Esto les decía [a]claramente. Entonces Pedro le tomó
aparte y comenzó a reprenderle.
33 Pero El, volviéndose y mirando a Sus discípulos, reprendió a Pedro, diciendo: ¡Quítate de delante de Mí,
[a]Satanás! porque no pones la [b]mira en las cosas de Dios, sino
en las de los hombres.
34 Y llamando a la multitud y a Sus discípulos, les dijo:
Si alguno quiere venir en pos de Mí, niéguese a sí mismo, y
tome su [a]cruz, y sígame.
35 Porque el que quiera salvar la [a]vida de su alma, la
perderá; y el que la pierda por causa de Mí y del [b]evangelio,
la salvará.
36 Porque ¿qué aprovecha al hombre [a]ganar todo el mundo, y perder la vida de su alma?
37 Pues, ¿qué podría dar el hombre a [a]cambio de la vida
de su alma?
38 Porque el que se [a]avergüence de Mí y de Mis palabras
en esta generación [b]adúltera y pecadora, el Hijo del Hombre

27a vs. 27-29: Mt. 16:13-16
27b Lc. 9:18
28a Mr. 6:14; Mt. 14:2
28b Mr. 9:13; Lc. 9:8; Jn. 1:21
29a Mt. 1:17; Jn. 11:27; 20:31
30a Mt. 16:20; Lc. 9:21
31a 8:31—9:1: Mt. 16:21-28; Lc. 9:22-27
31b Mr. 9:12; Mt. 17:22-23; Lc. 24:7
31c Mr. 12:10; Lc. 17:25; Hch. 4:11; 1 P. 2:4
31d Mr. 9:31; 10:33-34
31e Mr. 9:9
31f Mt. 27:63; 12:40; Jn. 2:19; cfr. Lc. 13:32

Salvador-Esclavo, el Esclavo de Dios, El no quiso publicidad. Véase la nota 44[1] del cap. 1. Evitar la publicidad era una de Sus virtudes. Tal virtud era agradable y hermosa.

26[2] Algunos mss. añaden: ni lo digas a nadie en la aldea.

27[1] Con respecto a los vs. 27-29, véanse las notas de Mt. 16:13-16.

30[1] El Salvador-Esclavo no quería promocionarse a Sí mismo.

31[1] Con respecto a 8:31—9:1, véanse las notas de Mt. 16:21-28.

32a Jn. 16:25 **33a** Mt. 4:10; cfr. Jn. 6:70 **33b** Ro. 8:5-6
34a Mt. 10:38-39; Lc. 14:27 **35a** Jn. 12:25
35b Mr. 10:29; 1 Co. 9:23; 2 Ti. 1:8; Flm. 13 **36a** cfr. Lc. 12:20 **37a** cfr. Sal. 49:7-9
38a Ro. 1:16; 2 Ti. 1:8, 12, 16 **38b** Mt. 12:39; Jac. 4:4

se avergonzará también de él, cuando [c]venga en la gloria de Su Padre con los [d]santos ángeles.

CAPITULO 9

1 También les dijo: De cierto os digo que hay algunos de los que están aquí, que no [a]gustarán la muerte hasta que hayan visto el [b]reino de Dios venido con [c]poder.

18. Se transfigura en el monte 9:2-13

2 [1]Seis días después, Jesús [a]tomó consigo a [b]Pedro, a Jacobo y a Juan, y los llevó aparte solos a un monte alto; y se [2c]transfiguró delante de ellos.

3 Y Sus vestidos se volvieron [a]relucientes, muy [b]blancos, como ningún batanero en la tierra los podría emblanquecer.

4 Y se les apareció Elías con Moisés, y hablaban con Jesús.

5 Entonces Pedro dijo a Jesús: [a]Rabí, bueno es que nosotros estemos aquí; hagamos tres [b]tiendas, una para Ti, otra para Moisés, y otra para Elías.

6 Pues [a]no sabía qué decir, porque estaban llenos de temor.

7 Entonces apareció una [a]nube que los cubrió, y vino de la nube una [b]voz: Este es Mi Hijo, el [c]Amado; a El [d]oíd.

8 Y de pronto, al mirar alrededor, no vieron más a nadie consigo, sino a Jesús solo.

9 Y mientras [a]descendían del monte, les ordenó que a [1b]nadie contasen lo que habían visto, sino cuando el Hijo del Hombre [c]resucitase de los muertos.

10 Y guardaron la palabra, discutiendo entre sí qué sería aquello de resucitar de los muertos.

11 Y le preguntaron, diciendo: ¿Por qué dicen los escribas que es necesario que [a]Elías venga primero?

12 El les dijo: Elías a la verdad viene primero y [a]restaura todas las cosas; ¿y cómo está [b]escrito del Hijo del Hombre, que ha de [c]padecer muchas cosas y ser [d]tenido en nada?

2[1] Con respecto a los vs. 2-13, véanse las notas de Mt. 17:1-13.

2[2] O, transformó.

9[1] Véase la nota 44[1] del cap. 1.

38[c] Zac. 14:5; Mt. 25:31; 1 Ts. 4:16; Jud. 14; Ap. 1:7
38[d] Hch. 10:22; Ap. 14:10
1[a] Jn. 8:52; He. 2:9
1[b] Mr. 1:15; 4:26; Lc. 22:18
1[c] Mr. 13:26
2[a] vs. 2-9; Mt. 17:1-9; Lc. 9:28-36
2[b] Mr. 5:37; 14:33
2[c] cfr. 2 Co. 3:18; Fil. 3:21
3[a] Sal. 104:2
3[b] Dn. 7:9; Mt. 28:3
5[a] Jn. 1:38
5[b] Lv. 23:42; Neh. 8:15
6[a] Mr. 14:40
7[a] Ex. 24:15-16
7[b] 2 P. 1:17
7[c] Mr. 1:11; 12:6
7[d] Hch. 3:22
9[a] vs. 9-13: Mt. 17:9-13
9[b] Mr. 5:43
9[c] Mr. 8:31
11[a] Mal. 4:5; Lc. 1:17; Mr. 6:15
12[a] Hch. 1:6; 3:21
12[b] Mr. 14:21
12[c] Mr. 8:31
12[d] Is. 53:3

13 Pero os digo que [a]Elías a la [1]verdad vino, y le hicieron
lo que quisieron, como está escrito de él.

19. Echa fuera un espíritu mudo
9:14-29

14 Cuando [1]llegaron a donde *estaban* los discípulos, [1]vie-
ron una gran multitud alrededor de ellos y a unos [2a]escribas
disputando con ellos.
15 Y [a]en seguida toda la multitud, viéndole, se [b]asombró,
y corriendo *a El*, le saludaron.
16 El les preguntó: ¿Qué disputáis con ellos?
17 [1]Y respondiendo [a]uno de la multitud, dijo: [b]Maestro,
traje a Ti mi hijo, que tiene un [c]espíritu mudo;
18 y dondequiera que se apodera de él, le [1]tira al suelo; y
echa espumarajos, y cruje los dientes; y se está consumiendo; y dije a Tus discípulos que lo [a]echasen fuera, y no
pudieron.
19 Y respondiendo El, les dijo: [1]¡Oh generación incrédula!
¿Hasta cuándo he de estar [a]con vosotros? ¿Hasta cuándo os
he de soportar? Traédmelo.
20 Y se lo trajeron; y cuando el espíritu vio a Jesús, [a]al
instante [b]sacudió con gran violencia al muchacho, *quien*
cayendo en tierra se revolcaba, echando espumarajos.
21 *Jesús* preguntó al padre: ¿Cuánto tiempo hace que le
sucede esto? Y él dijo: Desde niño.
22 Y muchas veces le ha echado en el fuego y en el agua,
para matarle; pero si puedes *hacer* algo, [1]ten compasión de
nosotros, y ayúdanos.
23 Jesús le dijo: [1]*En cuanto a eso de:* Si puedes, todo es
posible para el que [a]cree.
24 E [a]inmediatamente el padre del muchacho clamó diciendo: ¡Creo, [b]ayuda mi incredulidad!
25 Y cuando Jesús vio que la multitud se agolpaba, [a]re-
prendió al espíritu inmundo, diciéndole: [b]Espíritu mudo y
sordo, Yo te mando, [1]sal de él, y no entres más en él.
26 Entonces *el espíritu*, gritando a gran voz y [a]sacudiéndole

13[a] Mt. 11:14
14[a] Mr. 2:16; 11:27; 12:28; Hch. 23:9
15[a] Mr. 8:10; 9:20
15[b] Mr. 10:32
17[a] vs. 17-29: Mt. 17:14-21; Lc. 9:38-42
17[b] Jn. 11:28; 13:13
17[c] Mr. 9:25; Lc. 11:14
18[a] Mr. 3:15
19[a] Jn. 14:9
20[a] Mr. 9:15, 24
20[b] Mr. 9:26; 1:26
23[a] Mr. 11:23; Jn. 11:40
24[a] Mr. 9:20; 10:52
24[b] cfr. Lc. 17:5
25[a] Mr. 1:25
25[b] Mr. 9:17
26[a] Mr. 9:20

13[1] O, también.

14[1] Algunos mss. tienen estos verbos en singular: llegó, vio.

14[2] Véase la nota 6[1] del cap. 2.

17[1] Con respecto a los vs. 17-29, véanse las notas de Mt. 17:14-21.

18[1] O, lo despedaza.

19[1] Esta es una exclamación pronunciada por el Salvador-Esclavo debido a la incredulidad del hombre.

22[1] O, ayúdanos, mostrándonos compasión.

23[1] Lit., ese "si puedes", refiriéndose a lo dicho en el versículo anterior.

con muchas convulsiones, salió; y él quedó como muerto, de
modo que muchos decían que había muerto.
27 Pero Jesús, [1a]tomándole de la mano, le levantó; y él se
puso en pie.
28 Cuando *Jesús* entró en [a]casa, Sus discípulos le preguntaron en privado: ¿Por qué nosotros no pudimos echarle
fuera?
29 Y les dijo: Este género por ningún medio puede salir,
sino por la oración[1].

20. Revela Su muerte y Su resurrección por segunda vez
9:30-32

30 Y saliendo de allí, atravesaron [a]Galilea; y no quería
que nadie lo supiese,
31 porque [a]enseñaba a Sus discípulos. Y les decía: El Hijo
del Hombre es entregado en manos de hombres, y le [b]mata-
rán; y después de muerto, resucitará al tercer día.
32 Pero ellos no [a]entendían esta palabra, y tenían miedo
de preguntarle.

21. Enseña en cuanto a la humildad
9:33-37

33 Y llegaron a [a]Capernaum; y estando en la casa, les
[b]preguntó: ¿Qué discutíais en el camino?
34 Mas ellos callaron; porque en el camino habían dispu-
tado entre sí, quién era [a]mayor.
35 Entonces El se sentó y llamó a los doce, y les dijo: Si
alguno quiere ser el primero, será el postrero de todos, y el
servidor de todos.
36 Y tomó a un [a]niño, y lo puso en medio de ellos; y
[1]tomándole en Sus brazos, les dijo:
37 Cualquiera que [a]reciba a un niño como éste [1]a causa de
Mi nombre, me [2]recibe a Mí; y el que a Mí me recibe, no me
recibe a Mí sino al que me envió.

25[1] Véase la nota 23[1] del cap. 1.

27[1] Véase la nota 23[1] del cap. 8.

29[1] Algunos mss. añaden: y el ayuno.

36[1] La humanidad del Salvador-Esclavo se expresó en Su amor tierno para con los pequeños. Véanse las notas 23[1] del cap. 8 y 14[2] del cap. 10.

37[1] Lit., sobre, o en; es decir, basado en, según.

37[2] Esto muestra que el Salvador-Esclavo se hizo uno con los niños.

27[a] Mr. 1:31
28[a] Mr 3:20
30[a] Lc. 24:6
31[a] vs. 31-32: Mt. 17:22-23; Lc. 9:43-45
31[b] Mr. 8:31; 10:33-34
32[a] Mr. 6:52; Lc. 2:50; Jn. 10:6; 12:16; 16:18
33[a] Mt. 17:24
33[b] vs. 33-37: Mt. 18:1-5; Lc. 9:46-48
34[a] vs. 34-35: Mr. 10:42-44; Mt. 20:25-27; Lc. 22:24-27
36[a] Mr. 10:13-16
37[a] Mt. 10:40-41

22. Enseña en cuanto a la tolerancia con miras a la unidad
9:38-50

38 [a]Juan le dijo: Maestro, vimos a uno que en Tu [b]nombre
[c]echaba fuera demonios, y se lo [1]prohibimos, porque no nos
seguía.
39 Pero Jesús dijo: [1]No se lo prohibáis; porque [a]ninguno
hay que haga obra poderosa en Mi nombre, que pueda luego
hablar mal de Mí.
40 Porque [1]el que no está contra nosotros, por nosotros
está.
41 Porque cualquiera que [1]os dé a beber un [a]vaso de agua
por causa de *Mi* nombre, porque sois de [2b]Cristo, de cierto os
digo que de ninguna manera perderá su [3]recompensa.

38[a] vs. 38-40: Lc. 9:49-50
38[b] Mr. 16:17; Mt. 7:22; Lc. 10:17; Hch. 19:13
38[c] Mt. 12:28
39[a] cfr. 1 Co. 12:3
41[a] Mt. 10:42
41[b] Ro. 8:9; 1 Co. 3:23

38[1] Este fue un acto impetuoso de parte de Juan, hijo del trueno; era contrario a la virtud del Salvador-Esclavo, a quien acompañaba (véase la nota 17[1] del cap. 3). La actitud de Juan fue como la de Josué en Nm. 11:28.

39[1] Esto muestra la tolerancia del Salvador-Esclavo, en la práctica del servicio del evangelio, para con los creyentes que eran diferentes de aquellos que le rodeaban. Esta fue la misma actitud del apóstol Pablo en Fil. 1:16-18 y de Moisés en Nm. 11:26-29, mas no la del impetuoso Juan. Es muy significativo que esta sección, los vs. 38-50, sigue el tema de la sección anterior, los vs. 33-37, donde el Salvador-Esclavo enseñó humildad a Sus seguidores porque habían discutido entre sí en cuanto a quién era mayor. En esa disputa los dos hijos del trueno, Jacobo y Juan, probablemente desempeñaron los papeles principales (cfr. 10:35-45). Aquí el mismo Juan no estaba dispuesto a tolerar a un creyente diferente. Su acción impetuosa probablemente estaba relacionada con su ambición de ser grande. Puede ser que esta ambición haya causado su intolerancia con respecto a las diferentes prácticas de otros creyentes. Este es un factor básico que causa división entre los cristianos. Ciertamente el Salvador-Esclavo no podía estar de acuerdo con Juan en este asunto.

40[1] Estas palabras no contradicen lo dicho en Mt. 12:30. Las dos procedieron de la boca del Salvador-Esclavo y pueden considerarse como máximas. La máxima que se expresa aquí habla de conformarse exteriormente en la práctica y tiene que ver con personas que no se oponen a El (Mr. 9:39); aquella que se ve en Mateo habla de la unidad interior de propósito y tiene que ver con las personas que sí se oponen a El (Mt. 12:24). Para mantener la unidad interior, necesitamos practicar lo dicho en Mateo, y con respecto a la afinidad exterior, debemos practicar lo dicho aquí, esto es, tolerar a los creyentes que no son como nosotros.

41[1] Juan se comportó como alguien que afectaba a otros. Aquí la palabra sabia del Salvador-Esclavo produjo un cambio en Juan y en los otros discípulos, convirtiéndolos en personas que eran afectadas por las acciones de otros. Esto implica que todos —ya sean los discípulos u otros creyentes— estaban bajo el cuidado del Señor porque todos le pertenecen a El. Ya fuera la manera de tratar ellos a otros creyentes o la manera en que otros creyentes los trataban a ellos, todo lo que se hiciera en el nombre del Señor, incluso el acto de dar un vaso de agua, recibiría recompensa de parte de El.

41[2] Esto indica que el Salvador-Esclavo reconoció que la persona a la cual Juan había prohibido echar fuera demonios era un creyente verdadero que le pertenecía a El. Esto debe de haber sido una lección para Juan.

42 Cualquiera que haga tropezar a uno de [1]estos [a]peque-
ñitos que creen en Mí, mejor le fuera si se le atase una
[2]piedra de molino al cuello, y se le arrojase en el mar.
43 Si tu [1a]mano te es causa de tropiezo, [2]córtala; mejor te
es entrar en la [3]vida manco, que teniendo dos manos ir a la
[4]Gehena, al [5b]fuego inextinguible.
44 *Véase la nota 44[1].*
45 Y si tu pie te es causa de tropiezo, córtalo; mejor te es
entrar a la vida cojo, que teniendo dos pies ser echado en la
Gehena[1].
46 *Véase la nota 46[1].*
47 Y si tu [a]ojo te es causa de tropiezo, *sácalo y* échalo de
ti; mejor te es entrar en el [1b]reino de Dios con un solo ojo, que
teniendo dos ojos ser echado en la Gehena,
48 donde el [1]gusano de ellos no muere, y el fuego no se
apaga.

42[a] Mt. 18:6; Lc. 17:1-2
43[a] Mt. 5:30; 18:8
43[b] Mt. 3:12; 25:41
47[a] Mt. 5:29; 18:9
47[b] Mr. 1:15; 4:26; 10:14-15; 14:25

41[3] Esta recompensa será dada en la era del reino (Lc. 14:14). Véanse las notas 35[1] de He. 10, y 10[2] de 2 Co. 5.

42[1] Aquí el Salvador-Esclavo cambió de tema y pasó de Juan y los otros discípulos a Sus creyentes en general, a todos los que El consideraba pequeñitos (esto no tiene nada que ver con los niños a los que se alude en el v. 37), los cuales incluían a Juan, a los otros discípulos y a la persona a quien prohibieron echar fuera demonios. Esto puede considerarse una advertencia a Juan y a los otros discípulos, para que no hicieran tropezar a ninguno de los creyentes que le siguieran en una manera diferente de la de ellos.

42[2] Lit., una piedra de molino arrastrada por un asno.

43[1] Aquí lo que causa el tropiezo ya no es una persona, sino un miembro del cuerpo carnal del creyente. Los creyentes no deben ser tropiezo los unos a los otros, ni tampoco deben tropezar con sus propios miembros carnales. Esto indica cuán preciosos son los creyentes a los ojos del Salvador-Esclavo. Todos ellos deben ser preservados completamente para El. Se debe tratar con seriedad todo lo que puede hacer tropezar a los creyentes.

43[2] Véase la nota 29[1] de Mt. 5. Así también en el v. 45.

43[3] Aquí *vida* se refiere a la vida eterna, la cual los creyentes vencedores disfrutarán en el reino venidero (10:30; cfr. nota 29[3] de Mt. 19). Entrar en este disfrute en la era venidera es entrar en el reino venidero (v. 47) y allí participar del disfrute de la vida eterna.

43[4] Véase la nota 22[8] de Mt. 5. Así también en los versículos siguientes.

43[5] Esto está en aposición con *Gehena,* y aquí denota, según el contexto, un castigo dispensacional (como por ejemplo ser dañado por la segunda muerte, lo cual se menciona en Ap. 2:11) sufrido por los creyentes derrotados; no es la perdición eterna. Véase la nota 49[2].

44[1] Algunos mss. insertan el v. 44: Donde el gusano de ellos no muere, y el fuego no se apaga.

45[1] Algunos mss. añaden: en el fuego que nunca se apaga.

46[1] Algunos mss. insertan el v. 46: Donde el gusano de ellos no muere, y el fuego no se apaga.

47[1] Esto significa entrar en el disfrute de la vida eterna en la edad venidera. Véase la nota 43[3].

48[1] Lo dicho aquí y en los vs. 44 y 46 (que se añaden en algunos mss.) no se encuentra en Mt. 5:29-30; 18:8-9, ni en Lc. 12:5, y es una cita de Is. 66:24.

49 Porque todos serán [1]salados con [2]fuego[3].
50 [1]Buena es la sal; mas si la sal se hace [2]insípida, ¿con
qué la sazonaréis? Tened sal en vosotros mismos, y tened
[a]paz los unos con los otros.

CAPITULO 10

23. Viene a Judea
10:1

1 Levantándose [a]de allí, vino a la [1]región de Judea y al
[b]otro lado del Jordán; y otra vez se juntaron a El las multitudes y, como solía, les [2]enseñaba de nuevo.

50[a] Ro. 12:18; 14:19; 2 Co. 13:11; 1 Ts. 5:13; He. 12:14
1[a] vs. 1-12: Mt. 19:1-9
1[b] Mt. 4:25

49[1] Es decir, matar y eliminar los microbios de corrupción que entraron por medio del pecado, a fin de preservar a los creyentes pecadores (cfr. Lv. 2:13; Ez. 43:24).

49[2] Este es el fuego que refina (Mal. 3:2), que purifica, como en 1 Co. 3:13, 15 (cfr. Is. 33:14), el cual, como castigo durante la dispensación del reino, purificará a los creyentes que hayan cometido pecados y no se hayan arrepentido en la edad actual (véase la nota 43[5]). Incluso en esta edad Dios purifica a los creyentes por medio de pruebas como por fuego (1 P. 1:7; 4:12, 17). El castigo por fuego que tendrá lugar en la dispensación venidera, la edad del reino, se infligirá según el mismo principio que el del castigo infligido por Dios mediante los sufrimientos como por fuego en esta edad.

49[3] Algunos mss. añaden: y todo sacrificio será salado con sal.

50[1] Véase la nota 13[2] de Mt. 5. La manera en que se aplica la palabra aquí es diferente de la que se ve en Mt. 5:13 y Lc. 14:34. En Mateo y Lucas la sal, la cual representa la influencia de los creyentes en el mundo, tiene como fin salar al mundo corrupto; la sal aquí, en aposición con el fuego purificador, sirve para salar a los creyentes pecadores, tal como los castigos de Dios que reciben los creyentes pecadores en la edad actual. Por lo tanto, los creyentes deben tener sal en sí mismos para poder ser purificados no sólo de los pecados, sino también de cualquier elemento que cause división (como el que se vio en el acto impetuoso de Juan al prohibir actuar a un hermano que no era como él y al discutir con los demás acerca de quién era mayor) y así estar en paz unos con otros. Esta sal purifica el hablar de los creyentes para que mantengan la paz unos con otros (Col. 4:6). Aquí lo dicho por el Señor indica que las palabras que Juan dirigió al hermano que era diferente de él no habían sido purificadas. Así que, toda la sección, que incluye los vs. 38-50, presenta la enseñanza del Salvador-Esclavo acerca de la tolerancia que los creyentes deben ejercer por el bien de la unidad.

50[2] Véase la nota 13[3] de Mt. 5.

1[1] El Salvador-Esclavo, en Su servicio evangélico, ministró más de tres años en la región menospreciada de Galilea (véase la nota 14[1], párr. 2, del cap. 1), lejos del templo santo y la ciudad santa, el lugar donde tenía que morir para el cumplimiento del plan eterno de Dios. Como Cordero de Dios (Jn. 1:29) tenía que ser ofrecido a Dios en el monte Moriah, donde Abraham ofreció a Isaac y disfrutó la provisión de Dios cuando le dio un carnero como substituto de su hijo (Gn. 22:2, 9-14) y donde se edificó el templo en Jerusalén (2 Cr. 3:1). Era allí donde El debía ser entregado a los líderes judíos (9:31; 10:33), según el consejo determinado por la Trinidad de la Deidad (Hch. 2:23), y rechazado por ellos, los edificadores del edificio de Dios (8:31; Hch. 4:11). Era allí donde

24. Enseña en contra del divorcio
10:2-12

2 [1]Y se acercaron los [2]fariseos y le preguntaron, para
[a]tentarle, si era lícito a un hombre [3]repudiar a su mujer.
3 El, respondiendo, les dijo: ¿Qué os mandó Moisés?
4 Ellos dijeron: Moisés permitió dar [a]carta de divorcio, y
repudiarla.
5 Y Jesús les dijo: Por la [a]dureza de vuestro corazón os
escribió este mandamiento;
6 pero desde el [a]principio de la creación, varón y hembra
los [b]hizo *Dios*.
7 Por esto dejará el hombre a su padre y a su madre, [1]y
se [a]unirá a su mujer,
8 y los dos serán [a]una sola carne; así que ya no son dos,
sino una sola carne.
9 Por tanto, lo que Dios [a]unió, no lo [b]separe el hombre.
10 En la casa volvieron los discípulos a preguntarle sobre
esto,
11 y les dijo: Cualquiera que [a]repudia a su mujer y se casa
con otra, comete [b]adulterio contra ella;
12 y si la mujer [a]repudia a su marido y se casa con otro,
comete adulterio.

25. Bendice a los niños
10:13-16

13 Y le [a]presentaban niños para que los tocase; pero los
discípulos [b]reprendían a los que los presentaban.
14 Mas Jesús, al verlo, se [1]indignó, y les dijo: [2]Dejad a los
[a]niños venir a Mí; y [b]no se lo impidáis, porque de los [3]tales
es el [c]reino de Dios.

2[a] Mr. 8:11; 12:15
4[a] Dt. 24:1, 3; Mt. 5:31
5[a] Mr. 3:5; 16:14; He. 3:8
6[a] Mr. 13:19; 2 P. 3:4
6[b] Gn. 1:27; 5:2
7[a] Gn. 2:24; Ef. 5:31
8[a] 1 Co. 6:16
9[a] 2 Co. 6:14
9[b] 1 Co. 7:10
11[a] Mal. 2:16
11[b] Mt. 5:32; Lc. 16:18
12[a] 1 Co. 7:10-13; Ro. 7:3
13[a] vs. 13-16: Mt. 19:13-15; Lc. 18:15-17
13[b] Mr. 10:48
14[a] Mr. 9:36
14[b] Mr. 9:39
14[c] Mr. 1:15; 10:23

---

tenía que ser crucificado según el modo romano de llevar a cabo la pena capital (Jn. 18:31-32 y la nota; 19:6, 14-15) para cumplir el tipo con respecto a la clase de muerte que padecería (Nm. 21:8-9; Jn. 3:14). Además, según la profecía de Daniel (Dn. 9:24-26), en ese mismo año se le había de quitar la vida al Mesías (Cristo). Más aún, como Cordero pascual (1 Co. 5:7), El tenía que ser muerto el mes de la Pascua (Ex. 12:1-11). Por eso, tenía que ir a Jerusalén (v. 33; 11:1, 11, 15, 27; Jn. 12:12) antes de la Pascua (Jn. 12:1; Mr. 14:1) para morir allí el día de la Pascua (14:12-17; Jn. 18:28) en el lugar y a la hora designados de antemano por Dios.

1[2] Véase la nota 21[2] del cap. 1.

2[1] Con respecto a los vs. 2-12, véanse las notas de Mt. 19:3-9.

2[2] Véase la nota 6[1] del cap. 2.

2[3] Lit., soltar. Así también en los versículos siguientes.

7[1] Algunos mss. omiten: y se unirá a su mujer.

14[1] Esto expresa la autenticidad de la humanidad del Salvador-Esclavo. Véase la nota 5[1] del cap. 3.

14[2] El hecho de que el Salvador-Esclavo no menospreciara ni descuidara a los pequeñitos, expresa una

15 De cierto os digo, que el que no reciba el [a]reino de Dios
como un [b]niño, de ningún modo entrará en él.
16 Y [a]tomándolos en los brazos, los bendecía afectuosamente, [b]imponiéndoles las manos.

26. Enseña en cuanto a los ricos
y a la entrada al reino de Dios
10:17-31

17 [1]Cuando salía *Jesús* al camino, vino uno corriendo, y
[a]arrodillándose delante de El, le [b]preguntó: Maestro bueno,
¿qué he de hacer para heredar la [c]vida eterna?
18 Jesús le dijo: ¿Por qué me llamas bueno? [a]Nadie es
bueno, sino sólo uno, [b]Dios.
19 Los mandamientos sabes: "[a]No mates. No adulteres.
No hurtes. No digas falso testimonio. No defraudes. Honra a
tu padre y a tu madre".
20 Entonces él le dijo: Maestro, todo esto lo he guardado
desde mi juventud.
21 Entonces Jesús, [a]mirándole, le [1b]amó, y le dijo: Una
cosa te falta: anda, [c]vende todo lo que tienes, y dalo a los
pobres, y tendrás [d]tesoro en el cielo; y ven, [e]sígueme[2].
22 Pero decayó su semblante por esta palabra y se fue
triste, porque [a]tenía muchas posesiones.
23 Entonces Jesús, [a]mirando alrededor, dijo a Sus discípulos: ¡Cuán difícilmente entrarán en el [b]reino de Dios los
que tienen [c]riquezas!
24 Los discípulos se [a]asombraron de Sus palabras; pero
Jesús, respondiendo de nuevo, les dijo: [b]Hijos, ¡cuán difícil
les es [c]entrar en el reino de Dios, [1]a los que confían en las
riquezas!
25 Más fácil le es a un camello pasar por el ojo de una
aguja, que a un rico entrar en el reino de Dios.
26 Ellos quedaron [a]atónitos en gran manera, [1]diciendo
entre sí: ¿Quién, pues, podrá ser salvo?

15a Jn. 3:3, 5
15b Mt. 18:3; 1 Co. 14:20; 1 P. 2:2
16a Mr. 9:36
16b Mr. 5:23
17a Mr. 1:40
17b vs. 17-30: Mt. 19:16-29; Lc. 18:18-30; cfr. Lc. 10:25-28
17c Mr. 10:30
18a Ro. 3:12
18b Sal. 119:68
19a Ex. 20:12-16; Dt. 5:16-20; Mt. 5:21, 27; Ro. 13:9
21a Mr. 10:27; Jn. 1:42; Lc. 22:61
21b Jn. 11:5; 13:23
21c Hch. 2:45; 4:34
21d Mt. 6:20; Lc. 12:33
21e Mr. 10:28; 1:18
22a cfr. Ez. 33:31

vez más Su humanidad. Véanse las notas 21[1] de este capítulo y 36[1] del cap. 9.

14[3] Véase la nota 14[1] de Mt. 19.

17[1] Con respecto a los vs. 17-31, véanse las notas de Mt. 19:16-30.

21[1] Esto también expresa la humanidad del Salvador-Esclavo. Véanse las notas 14[2] y 49[1].

21[2] Algunos mss. añaden: tomando la cruz.

24[1] Algunos mss. omiten: a los que confían en las riquezas.

26[1] Algunos mss. rezan: diciéndole.

23a Mr. 3:5 23b Mr. 9:47; 10:14-15; 1 Co. 6:10; Ef. 5:5
23c Mr. 4:19; 1 Ti. 6:9-10, 17; Job 31:24-25
24a Mr. 10:32; 1:27; 2:12 24b Mr. 2:5; Jn. 21:5 24c Mr. 9:47 26a Mr. 7:37

27 Jesús, [a]mirándolos, dijo: Para los hombres es imposible, mas para Dios, no; porque todas las cosas son [b]posibles
para Dios.
28 Pedro comenzó a decirle: He aquí, nosotros lo hemos
dejado todo, y te hemos [a]seguido.
29 Jesús dijo: De cierto os digo que no hay ninguno que
haya dejado casa, o hermanos, o hermanas, o madre, o
padre, o hijos, o tierras, por causa de Mí y del [a]evangelio,
30 que no reciba cien [a]veces más ahora en este tiempo;
casas, hermanos, hermanas, madres, hijos, y tierras, con
[b]persecuciones; y en el [c]siglo venidero la [1d]vida eterna.
31 Pero muchos [a]primeros serán postreros, y los postreros, primeros.

27. Revela Su muerte y Su resurrección por tercera vez
10:32-34

32 Iban por el camino [a]subiendo a [b]Jerusalén, y Jesús iba
delante de ellos; y ellos estaban [c]asombrados, y los que iban
atrás tenían miedo. Y tomando aparte de nuevo a los doce,
les comenzó a decir las cosas que le iban a suceder:
33 He aquí subimos a [a]Jerusalén, y el Hijo del Hombre
será [1]entregado a los principales sacerdotes y a los [2]escribas,
y le condenarán a [3b]muerte, y le entregarán a los gentiles;
34 y le [a]escarnecerán, le [b]escupirán, y le [c]azotarán, y le
[d]matarán; y después de tres días resucitará.

28. Enseña en cuanto al camino al trono
10:35-45

35 [1]Entonces Jacobo y Juan, hijos de [a]Zebedeo, se le acercaron, diciendo: Maestro, queremos que hagas por nosotros
lo que te [b]pidamos.

30[1] Véase la nota 43[3] del cap. 9.

33[1] El Salvador-Esclavo ya había predicho dos veces Su muerte y resurrección (8:31; 9:31). Puesto que el tiempo de Su muerte estaba muy cerca (véase la nota 1[1]), fue a Jerusalén voluntariamente, yendo aun delante de Sus seguidores con una rapidez y una valentía que los asombró (v. 32). Así obedeció a Dios hasta la muerte (Fil. 2:8), conforme al consejo de Dios (Hch. 2:23), para el cumplimiento del plan redentor de Dios (Is. 53:10). El Salvador-Esclavo sabía que por medio de Su muerte sería glorificado en resurrección (Lc. 24:25-26) y que Su vida divina sería librada para producir muchos hermanos para Su expresión (Jn. 12:23-24; Ro. 8:29). Por el gozo puesto delante de El, menospreció el oprobio (He. 12:2) y se entregó voluntariamente a los líderes judíos usurpados por Satanás para así ser condenado a muerte. Debido a esto,

---

35[b] vs. 35-45: Mt. 20:20-28

27[a] Mr. 10:21
27[b] Mr. 14:36; Job 42:2
28[a] Mr. 10:21
29[a] Mr. 8:35
30[a] cfr. Job 42:10
30[b] Jn. 15:20; 2 Ts. 1:4
30[c] Mt. 12:32; Ef. 1:21
30[d] Mr. 10:17
31[a] Mt. 20:16; Lc. 13:30
32[a] vs. 32-34: Mt. 20:17-19; Lc. 18:31-33
32[b] Mr. 11:1; Lc. 9:51; 19:28
32[c] Mr. 10:24; 16:5
33[a] Mt. 16:21
33[b] Mt. 26:66; Jn. 19:7
34[a] Mr. 15:20, 31
34[b] Mr. 14:65; 15:19
34[c] Mr. 15:15
34[d] Mr. 8:31; 9:31
35[a] Mr. 1:19

36 El les dijo: ¿Qué queréis que [a]haga por vosotros?
37 Ellos le dijeron: Concédenos que en Tu [a]gloria nos
[b]sentemos el uno a Tu derecha, y el otro a *Tu* izquierda.
38 Entonces Jesús les dijo: [a]No sabéis lo que pedís. ¿Podéis beber la [1b]copa que Yo bebo, o ser bautizados con el
[1]bautismo con que Yo soy bautizado?
39 Ellos dijeron: Podemos. Jesús les dijo: La copa que Yo
bebo, la beberéis, y con el bautismo con que Yo soy bautizado,
seréis bautizados;
40 pero el sentaros a Mi derecha o *a Mi* izquierda, no es
Mío darlo, sino que *es para* quienes está preparado.
41 Cuando los diez oyeron *esto,* comenzaron a indignarse
con respecto a Jacobo y a Juan.
42 Mas Jesús, llamándolos, les [a]dijo: Sabéis que los que
son tenidos por gobernantes de los gentiles se enseñorean de
ellos, y sus grandes ejercen sobre ellos potestad.
43 Pero no será así entre vosotros, sino que el que quiera
hacerse [a]grande entre vosotros será vuestro servidor,
44 y el que quiera ser el primero entre vosotros, será
[a]esclavo de todos.
45 Porque el [1]Hijo del Hombre no vino para ser servido,
sino para [a]servir, y para [b]dar Su [2]vida en [3c]rescate por
[d]muchos.

29. Sana a Bartimeo
10:46-52

46 Entonces [a]vinieron a [b]Jericó; y al salir de Jericó El y
Sus discípulos y una gran multitud, el hijo de Timeo, Bartimeo, un mendigo [1c]ciego, estaba sentado junto al camino.

36[a] Mr. 10:51
37[a] Mt. 25:31; Lc. 9:26
37[b] Mt. 19:28
38[a] Lc. 9:33
38[b] Mr. 14:36
42[a] vs. 42-45: Lc. 22:24-27
43[a] Mt. 23:11
44[a] 2 Co. 4:5
45[a] Fil. 2:7; cfr. Jn. 13:4-5
45[b] Jn. 10:15; 1 Jn. 3:16
45[c] Is. 53:10; 1 Ti. 2:6
45[d] Mr. 14:24; He. 9:28; Is. 53:11-12
46[a] vs. 46-52: Mt. 20:29-34; Lc. 18:35-43
46[b] Lc. 10:30; Jos. 6:26
46[c] Jn. 9:1

Dios lo exaltó a los cielos, lo sentó a Su diestra (16:19; Hch. 2:33-35), le dio el nombre que es sobre todo nombre (Fil. 2:9-10), lo hizo Señor y Cristo (Hch. 2:36), y lo coronó de gloria y de honra (He. 2:9).

33[2] Véase la nota 6[1] del cap. 2.

33[3] Véase la nota 18[1] de Mt. 20.

35[1] Con respecto a los vs. 35-45, véanse las notas de Mt. 20:20-28.

38[1] Tanto la copa como el bautismo se refieren a la muerte del Salvador-Esclavo (Jn. 18:11; Lc. 12:50). La copa indica que Su muerte era la porción que Dios le dio y que El tomó para redimir a los pecadores para Dios. El bautismo denota que Su muerte fue ordenada por Dios como el camino que tuvo que pasar para efectuar la obra redentora de Dios para los pecadores. Por nosotros El tomó esta copa voluntariamente y fue bautizado con este bautismo.

45[1] Esta es la afirmación más explícita en la cual se dice que el Salvador-Esclavo, como Hijo del Hombre en Su humanidad, era Esclavo de Dios para servir a los pecadores hasta dar Su vida.

45[2] O, alma.

45[3] Esto indica que aun la redención efectuada por el Salvador-Esclavo era

47 Y oyendo que era Jesús [a]nazareno, comenzó a clamar
y a decir: ¡Jesús, [1b]Hijo de David, ten [c]misericordia de mí!
48 Y muchos le [a]reprendían para que callase, pero él
clamaba mucho más: ¡Hijo de David, ten misericordia de mí!
49 Entonces Jesús se detuvo y dijo: [1]Llamadle. Y llamaron al ciego, diciéndole: ¡Ten ánimo, levántate, te llama!
50 El entonces, arrojando su capa, se puso en pie de un brinco y vino a Jesús.
51 Respondiendo Jesús, le dijo: ¿[1]Qué quieres que te [a]haga? Y el ciego le dijo: [b]Raboni, que reciba la vista.
52 Y Jesús le dijo: Vete, tu [a]fe te ha [1]sanado. Y [b]en seguida recibió la vista, y seguía *a Jesús* en el camino.

CAPITULO 11

III. La preparación del Salvador-Esclavo para Su servicio redentor 11:1—14:42

A. Entra en Jerusalén y posa en Betania 11:1-11

1 [1]Cuando se acercaban a [a]Jerusalén, por [b]Betfagé y [c]Betania, frente al [d]monte de los Olivos, *Jesús* [e]envió dos de Sus discípulos,
2 y les dijo: Id a la aldea que está enfrente de vosotros, y [a]tan pronto como entréis en ella, [1]hallaréis un pollino atado, en el cual [b]ningún hombre ha montado todavía; desatadlo y traedlo.
3 Y si alguien os dice: ¿Por qué hacéis eso? decid: El Señor lo necesita y en seguida lo devolverá acá.
4 Fueron, y hallaron un pollino atado junto a una puerta, afuera en la calle, y lo desataron.

47[a] Mr. 1:24; 14:67
47[b] Mt. 15:22
47[c] Mt. 9:13
48[a] Mr. 10:13
51[a] Mr. 10:36
51[b] Jn. 20:16
52[a] Mr. 5:34; Mt. 9:22; Lc. 7:50; 8:48
52[b] Mr. 9:24; 11:2, 3
1[a] Mr. 10:32-33; 11:11
1[b] vs. 1-10: Mt. 21:1-9; Lc. 19:29-38
1[c] Mr. 11:11; Mt. 21:17; Jn. 11:18; Lc. 24:50
1[d] Mt. 24:3; 26:30; Jn. 8:1; Hch. 1:12; Zac. 14:4
1[e] Mr. 14:13
2[a] Mr. 10:52; 14:43
2[b] cfr. Lc. 23:53

---

un servicio que El daba a los pecadores por causa del plan de Dios.

46[1] Véase la nota 22[1] del cap. 8.

47[1] Véase la nota 30[1] de Mt. 20.

49[1] Aunque muchos reprendían al miserable mendigo ciego, el Salvador-Esclavo les mandó que lo llamaran. Una vez más Su humanidad se expresó en Su conmiseración y compasión para con los desdichados. Véanse las notas 51[1] y 21[1].

51[1] ¡Qué amor ilimitado para con el necesitado! Expresó la humanidad del Salvador-Esclavo a un grado inimaginable. Véase la nota 49[1].

52[1] Véanse las notas 31[1] del cap. 1, y 28[1] del cap. 5.

1[1] Con respecto a los vs. 1-11, véanse las notas de Mt. 21:1-10.

2[1] La omnisciencia del Salvador-Esclavo manifestó Su deidad. Véase la nota 8[1] del cap. 2.

5 Y unos de los que estaban allí les dijeron: ¿Qué hacéis
desatando el pollino?
6 Ellos entonces les dijeron tal como Jesús había dicho;
y los dejaron *hacerlo*.
7 Y trajeron el [1a]pollino a Jesús, y echaron sobre él sus
[2b]mantos, y se sentó sobre él.
8 También muchos tendían sus mantos por el camino, y
otros *tendían* [1]capa tras capa de [2]ramas llenas de [3]hojas
tiernas, que habían cortado de los campos.
9 Y los que iban delante y los que venían detrás daban
voces, *diciendo:* ¡Hosanna! ¡Bendito el que viene en el [a]nom-
bre del Señor!
10 ¡Bendito el [a]reino venidero de nuestro padre [b]David!
¡Hosanna en las [c]alturas!
11 Y entró *Jesús* en [a]Jerusalén, al templo; y habiendo
mirado alrededor todas las cosas, como ya era avanzada la
hora, se [b]fue a [c]Betania con los doce.

B. Maldice la higuera y purifica el templo
11:12-26

12 [1]Al día siguiente, cuando [a]salieron de Betania, tuvo
[b]hambre.
13 Y viendo de lejos una [a]higuera que tenía hojas, fue *a
ver* si tal vez hallaba en ella algo; pero cuando llegó a ella,
nada halló sino [b]hojas, pues no era tiempo de higos.
14 Entonces *Jesús* dijo a la higuera: [1]Nunca jamás coma
[2]nadie fruto de ti. Y lo oyeron Sus discípulos.

7[a] Zac. 9:9; Jn. 12:14-15
7[b] 2 R. 9:13
9[a] Sal. 118:26; Mt. 23:39; Jn. 5:43
10[a] 2 S. 7:16; Hch. 1:6
10[b] Ez. 37:24-25; Lc. 1:32; Hch. 2:29-30
10[c] Lc. 2:14; Sal. 148:1
11[a] Mr. 11:1; Mt. 21:10
11[b] Mr. 11:19
11[c] Mr. 11:1; Mt. 21:17
12[a] vs. 12-14: Mt. 21:18-19
12[b] Mt. 4:2
13[a] Mr. 11:20; Lc. 13:6-9
13[b] Mr. 13:28

7[1] Indica humildad y mansedumbre (Mt. 21:5 y la nota 2).

7[2] Indica la conducta de la gente y las virtudes expresadas en su conducta (véase Is. 64:6; Ap. 19:8). Los discípulos pusieron sobre el pollino sus mantos con el fin de que el Señor se sentara en ellos, y muchos tendieron sus mantos en el camino para que pasara (v. 8), lo que significa por una parte que lo reverenciaban, y por otra, que su conducta, la cual era una expresión de las virtudes humanas de ellos, era un asiento donde El podía reposar y un camino por el cual podía pasar (véase Mt. 21:7 y la nota 1). Nuestros hechos y nuestra conducta deben preparar el camino para el Señor y también deben servir de asiento donde El pueda reposar.

8[1] Esto no sólo muestra que las ramas eran muchas y frondosas, sino también que la gente podía andar sobre ellas con seguridad.

8[2] La palabra griega principalmente denota capas de hojas, ramas, cañas o paja, tendidas para que la gente caminara o se acostara sobre ellas, y por extensión, ramas llenas de hojas tiernas. Aquí la multitud tendía capas de tales ramas como alfombra en el camino para que el Salvador-Esclavo, a quien reverenciaba y amaba, pasara sobre ellas al entrar en la capital.

8[3] Significa la abundancia y frescura de la vida humana; lo opuesto de hojas marchitas y secas (Sal. 1:3).

12[1] Con respecto a los vs. 12-14, véanse las notas de Mt. 21:18-19.

14[1] Lit., en la edad.

15 Vinieron, pues, a Jerusalén; y entrando *Jesús* en el
[a]templo, comenzó a [1]echar fuera a los que vendían y a los que
compraban en el templo; y volcó las mesas de los [b]cambistas,
y los asientos de los que vendían [c]palomas;
16 y no permitía que nadie llevase vasija alguna a través
del templo.
17 Y les [1]enseñaba, diciendo: ¿No está escrito: "Mi casa
será llamada casa de [a]oración para todas las naciones"? Mas
vosotros la habéis hecho [b]cueva de ladrones.
18 Y lo oyeron los principales sacerdotes y los [1]escribas, y
[a]buscaban cómo matarlo; porque le tenían miedo, por cuanto
toda la multitud estaba [b]admirada de Su enseñanza.
19 Y *cada día,* al llegar la noche, [a]salían de la ciudad.
20 Y pasando por la mañana, vieron que la [a]higuera se
había [b]secado desde las raíces.
21 Entonces Pedro, acordándose, le dijo: [a]Rabí, mira, la
higuera que maldijiste se ha secado.
22 Respondiendo Jesús, les dijo: Tened [a]fe en Dios.
23 De cierto os digo que cualquiera que diga a este [a]monte:

15[a] vs. 15-18: Mt. 21:12-16; Lc. 19:45-48; cfr. Jn. 2:13-17
15[b] Ex. 30:13; Dt. 14:25-26
15[c] Lv. 1:14; 5:7; 12:8; Lc. 2:24
17[a] Is. 56:7
17[b] Jer. 7:11
18[a] Mr. 12:12; Mt. 21:46
18[b] Mr. 1:22; Mt. 7:28; Lc. 4:32
19[a] Mr. 11:11; Lc. 21:37
20[a] Mr. 11:13
20[b] vs. 20-24: Mt. 21:20-22
21[a] Jn. 1:38
22[a] Jn. 14:1
23[a] Mt. 17:20; 1 Co. 13:2

14[2] En esta sección, que abarca los vs. 12-26, el relato de la maldición pronunciada por el Señor sobre la higuera, y la narración de cómo purificó el templo, están combinados, lo cual indica que trató simultáneamente diferentes aspectos de la nación corrupta y rebelde de Israel. La higuera era símbolo de la nación de Israel (Jer. 24:2, 5, 8), y el templo era el centro de la relación que Israel tenía con Dios. Como higuera plantada por Dios, la nación de Israel no le dio fruto, y como centro de la relación que Israel tenía con Dios, el templo estaba lleno de corrupción. Así que, el Salvador-Esclavo maldijo la higuera infructífera y purificó el templo contaminado. Esto puede considerarse un presagio de la destrucción predicha en 12:9 y 13:2.

15[1] En el ministerio del Salvador-Esclavo para la extensión del evangelio en Galilea, en 1:14—10:52, Su obra consistía en proclamar el evangelio, enseñar la verdad, echar fuera los demonios, y sanar a los enfermos. En esa obra Sus virtudes humanas con Sus atributos divinos se expresaron como lo que le hacía apto para Su servicio divino y como Su belleza en este servicio, brindado a los pecadores para Dios. Al prepararse en Jerusalén para Su obra redentora (11:15—14:42), Su tarea principal era enfrentarse con los líderes judíos, los cuales debían haber sido los edificadores del edificio de Dios (12:9-10), pero que en realidad habían sido usurpados por Satanás e incitados a conspirar para matar al Salvador-Esclavo. En esta confrontación, bajo sus preguntas, pruebas y examinación sutiles y maliciosas, Su dignidad humana se expresó en Su autenticidad humana (vs. 15-18), y Su sabiduría y Su autoridad divinas se expresaron en Su conducta y perfección humana (11:27—12:37), de tal modo que finalmente Sus críticos llegaron a ser los que verificaron Su calidad. Esto preparó el camino para que El manifestara a estos opositores ciegos que El, el Cristo, el Hijo de David, era el Señor de David, es decir, el propio Dios (12:35-37), a fin de que conocieran Su deidad en Su humanidad, a saber, que El como Dios vivía en el hombre.

17[1] Véase la nota 21[2] del cap. 1.

18[1] Véase la nota 6[1] del cap. 2. Así también en el v. 27.

Quítate y échate en el [b]mar, y no [c]dude en su corazón, sino que crea que lo que está hablando sucede, lo obtendrá.

24 Por tanto, os digo que todas las cosas por las que oréis y [a]pidáis, creed que las habéis recibido, y las obtendréis.

25 Y cuando [a]estéis de pie orando, [1b]perdonad, si tenéis [2]algo [c]contra alguno, para que también vuestro [d]Padre que está en los cielos os perdone a vosotros vuestras ofensas.

26 [1]Pero si vosotros no perdonáis, tampoco vuestro Padre que está en los cielos os perdonará vuestras ofensas.

C. Puesto a prueba y examinado
11:27—12:44

1. Por los principales sacerdotes, los escribas y los ancianos
11:27—12:12

27 Vinieron de nuevo a Jerusalén; y andando El por el [a]templo, se le acercaron los principales sacerdotes, los escribas y los ancianos,

28 y le dijeron: ¿Con qué autoridad haces estas cosas o quién te dio tal [a]autoridad para hacer estas cosas?

29 Jesús les dijo: Os haré Yo una pregunta; respondedme, y os diré con qué autoridad hago estas cosas.

30 El [a]bautismo de Juan, ¿era del [b]cielo, o de los hombres? Respondedme.

31 Entonces ellos discutían entre sí, diciendo: Si decimos, del cielo, dirá: ¿Por qué, pues, [a]no le creísteis?

32 Pero ¿vamos a decir: De los hombres...? [a]Temían a la multitud, porque todos consideraban que verdaderamente [b]Juan era [c]profeta.

33 Y respondiendo a Jesús, dijeron: [1]No sabemos. Entonces Jesús les dijo: [2]Tampoco Yo os digo con qué autoridad hago estas cosas.

CAPITULO 12

1 [1]Entonces comenzó *Jesús* a [a]hablarles en [b]parábolas:

23[b] Lc. 17:6
23[c] Ro. 4:20; Jac. 1:6
24[a] Mt. 7:7; Lc. 11:9; Jn. 14:13; 15:7; 16:24; Jac. 1:5
25[a] Mt. 6:5; Lc. 18:11
25[b] Mt. 6:14; Col. 3:13
25[c] Mt. 5:23
25[d] Mt. 7:11
27[a] vs. 27-33: Mt. 21:23-27; Lc. 20:1-8
28[a] Hch. 4:7
30[a] Mr. 1:4
30[b] Jn. 3:27; Lc. 15:18, 21
31[a] Mt. 21:32
32[a] Mr. 12:12
32[b] Mr. 6:20; Mt. 3:5; Jn. 5:35
32[c] Mt. 11:9; 14:5; 21:46

25[1] Cuando perdonamos la ofensa de otro, nuestro Padre celestial tiene base para perdonarnos a nosotros. Esto se aplica especialmente a nuestro tiempo de oración. En un sentido estricto, no podemos orar si nuestro corazón tiene algo en contra de alguna persona, es decir, si nuestro corazón se siente ofendido por alguien o no puede perdonar la ofensa de otra persona.

25[2] Debido a la ofensa de otra persona.

1[a] vs. 1-12: Mt. 21:3346; Lc. 20:9-19 **1[b]** Mr. 4:2

Un hombre plantó una [c]viña, la cercó con un seto, cavó un
estanque para el [d]lagar, edificó una torre, y la arrendó a
unos [e]viñadores, y se fue al [f]extranjero.
2 Y a su *debido* tiempo envió un [a]esclavo a los viñadores,
para que recibiese de éstos del fruto de la viña.
3 Mas ellos, tomándole, le [a]golpearon y le enviaron con
las manos vacías.
4 De nuevo les envió otro esclavo; a éste le hirieron en la
cabeza y le afrentaron.
5 Y envió otro, y a éste [a]mataron; y a otros muchos,
golpeando a unos y matando a otros.
6 Le quedaba todavía uno, un [a]hijo amado; lo envió por
último a ellos, diciendo: Respetarán a mi hijo.
7 Mas aquellos viñadores dijeron entre sí: Este es el
[a]heredero. ¡Venid, matémosle, y la heredad será nuestra!
8 Y tomándole, le [a]mataron, y le echaron [b]fuera de la
viña.
9 ¿Qué, pues, hará el [a]señor de la viña? Vendrá, y [b]des-
truirá a los viñadores, y dará la viña a [1c]otros.
10 ¿Ni aun esta escritura habéis leído: "La piedra que
rechazaron los [a]edificadores ha venido a ser cabeza del
[1]ángulo.
11 El Señor ha hecho esto, y es cosa maravillosa a nuestros ojos"?
12 Y [a]procuraban prenderle, pero [b]temían a la multitud,
porque entendían que por ellos había dicho aquella parábola. Y [c]dejándole, se fueron.

2. Por los fariseos y los herodianos
12:13-17

13 [1]Y le [a]enviaron algunos de los [2]fariseos y de los [b]hero-
dianos, para que le sorprendiesen en *alguna* [c]palabra.
14 Viniendo ellos, le dijeron: Maestro, sabemos que eres

1[c] Mt. 21:28; Is. 5:1; Sal. 80:8; Jer. 2:21
1[d] Is. 5:2; Jl. 3:13
1[e] cfr. Cnt. 8:11-12
1[f] Mr. 13:34; Mt. 25:14-15
2[a] cfr. 2 Cr. 24:19; 36:15-16; Mt. 23:37
3[a] Jer. 37:15
5[a] Neh. 9:26; Mt. 23:37; Hch. 7:52
6[a] Mr. 9:7
7[a] He. 1:2
8[a] Mr. 8:31; 9:31; 10:34; Hch. 2:23; 3:15
8[b] cfr. He. 13:12-13
9[a] Mt. 25:19
9[b] Mr. 13:2
9[c] cfr. Hch. 13:46
10[a] Sal. 118:22-23; Hch. 4:11; 1 P. 2:7

26[1] Algunos mss. omiten este versículo.

33[1] Esto era mentira.

33[2] Véase la nota 27[2] de Mt. 21.

1[1] Con respecto a los vs. 1-12, véanse las notas de Mt. 21:33-46.

9[1] Los líderes judíos, como edificadores del edificio de Dios, rechazaron al Salvador-Esclavo, quien era la piedra que vino a ser cabeza del ángulo del edificio de Dios (v. 10). Debido a esto, Dios los rechazó y dio Su obra de edificación a otros, es decir, a la iglesia. En este evangelio ésta es la única indicación directa de la iglesia.

10[1] El ángulo de la iglesia como edificio de Dios (Ef. 2:20). Esto se refiere indirectamente a la iglesia.

12[a] Mr. 11:18; Jn. 7:25, 30 **12**[b] Mr. 11:32 **12**[c] Mt. 22:22
13[a] vs. 13-17: Mt. 22:15-22; Lc. 20:20-26 **13**[b] Mr. 3:6; 8:15 **13**[c] Lc. 11:54

veraz, y que [1]no te cuidas de nadie, porque [2a]no haces
acepción de personas, sino que enseñas con verdad el [b]camino de Dios. ¿Es lícito dar [c]tributo a [d]César, o no? ¿Daremos,
o no daremos?

15 Mas El, percibiendo la [a]hipocresía de ellos, les dijo:
¿Por qué me [b]tentáis? Traedme un denario para que lo vea.

16 Ellos se lo trajeron; y les dijo: ¿De quién es esta imagen
y la inscripción? Ellos le dijeron: De César.

17 Entonces Jesús les dijo: [a]Devolved a César lo que es de
César, y [b]a Dios [c]lo que es de Dios. Y se maravillaron mucho
de El.

3. Por los saduceos
12:18-27

18 [1]Entonces vinieron a El los [a]saduceos, que dicen que
[b]no hay resurrección, y le [c]preguntaron, diciendo:

19 Maestro, Moisés nos dejó escrito que si el hermano de
alguno muere y deja [a]esposa, pero no deja hijos, que su
hermano tome a la mujer, y levante descendencia a su
hermano.

20 Hubo siete hermanos; el primero tomó esposa, y murió
sin dejar descendencia.

21 Y el segundo la tomó, y murió, y tampoco dejó descendencia; y el tercero, de la misma manera.

22 Y *así* los siete, *y* no dejaron descendencia; y después de
todos murió también la mujer.

23 En la resurrección, *pues,* cuando resuciten, ¿de cuál de
ellos será ella mujer? Porque los siete la tuvieron *por* mujer.

24 Jesús les dijo: ¿No *es* por esto *que* erráis, por [a]no
conocer las Escrituras ni el [b]poder de Dios?

25 Porque cuando [a]resuciten de los muertos, ni se casarán
ni se darán en casamiento, sino que serán como los ángeles
que están en los cielos.

26 Pero respecto a que los muertos resucitan, ¿no habéis
leído en el libro de Moisés, *en lo* de la [a]zarza, cómo le habló
Dios, diciendo: "Yo soy el [b]Dios de Abraham, el Dios de Isaac
y el Dios de Jacob"?

27 *Dios* no es Dios de muertos, sino de [a]vivos. Erráis en
gran manera.

14[a] Dt. 1:17
14[b] Hch. 13:10; 18:25-26
14[c] Mt. 17:25
14[d] Lc. 2:1; 3:1
15[a] Mt. 23:28; Lc. 12:1
15[b] Mr. 8:11; 10:2; Jn. 8:6
17[a] Ro. 13:7
17[b] cfr. Mt. 17:24, 25, 27
17[c] cfr. Ex. 30:12-16
18[a] Mt. 3:7; Hch. 4:1; 5:17
18[b] Hch. 23:8; cfr. Hch. 4:2
18[c] vs. 18-27: Mt. 22:23-33; Lc. 20:27-38
19[a] Dt. 25:5
24[a] Jn. 20:9
24[b] Ef. 1:19-20; Ro. 1:16
25[a] 1 Co. 15:42, 52
26[a] Ex. 3:2-4; Hch. 7:30
26[b] Ex. 3:6, 16; Hch. 7:32
27[a] Jn. 14:19

13[1] Con respecto a los vs. 13-17, véanse las notas de Mt. 22:15-22.

13[2] Véase la nota 6[1] del cap. 2.

14[1] Lit., no te importa nadie.

14[2] Lit., no contemplas la cara de los hombres.

18[1] Con respecto a los vs. 18-27, véanse las notas de Mt. 22:23-33.

4. Por un escriba
12:28-34

28 [1]Uno de los [2]escribas se acercó y los oyó [3]disputar; y
viendo que les había respondido bien, le [a]preguntó: ¿Cuál es
el primer mandamiento de todos?
29 Jesús le respondió: El primero es: "Oye, Israel; el
Señor, nuestro Dios, es [a]un solo Señor.
30 Y [a]amarás al Señor tu Dios con todo tu corazón, y [1]con
toda tu alma, y [1]con toda tu mente y [1]con todas tus [2]fuerzas".
31 Y el segundo es éste: "[a]Amarás a tu prójimo como a ti
mismo". No hay otro mandamiento mayor que [1]éstos.
32 Entonces el escriba le dijo: Bien *dicho,* Maestro, con
verdad dijiste que uno es *Dios,* y no hay otro [a]fuera de El;
33 y el amarle [1]con todo el corazón, [1]con todo el entendimiento, y [1]con todas las fuerzas, y amar al prójimo como a
uno mismo, es mucho más que todos los [a]holocaustos y
sacrificios.
34 Jesús entonces, viendo que había respondido inteligen-
temente, le dijo: No estás lejos del [a]reino de Dios. Y ya nadie
se [b]atrevió a preguntarle más.

5. Hace callar a todos
12:35-37

35 [1]Mientras Jesús [2a]enseñaba en el templo, respondió y
[b]dijo: ¿Cómo dicen los [3c]escribas que el Cristo es hijo de
David?
36 David mismo dijo en el [a]Espíritu Santo: "Dijo el Señor
a mi Señor: [b]Siéntate a Mi diestra, hasta que ponga a Tus
enemigos [c]bajo Tus pies".

28[1] En Mt. 22:35 éste es llamado intérprete de la ley. *Escriba* es un término más amplio que incluye a éstos, quienes eran juristas mosaicos, intérpretes de la ley.

28[2] Véase la nota 6[1] del cap. 2.

28[3] El conocimiento muerto de las Escrituras hace que la gente dispute con el Señor ¡Qué terrible es esto!

30[1] Lit., desde.

30[2] Se refiere a la fuerza física. Amamos al Señor nuestro Dios con todo nuestro ser, es decir, nuestro corazón, nuestra alma, nuestra mente, y nuestro cuerpo.

31[1] Véase la nota 40[1] de Mt. 22 y Jac. 2:8 y las notas.

33[1] Lit., desde.

35[1] Con respecto a los vs. 35-37, véanse las notas de Mt. 22:41-45.

35[2] Véase la nota 21[2] del cap. 1.

35[3] Los escribas hablaban según la letra. Lo que hablaron era diferente de lo expresado en el v. 36, lo cual fue dicho en el Espíritu Santo.

28[a] vs. 28-34: Mt. 22:34-40; Lc. 20:39-40
29[a] Dt. 6:4; Jn. 5:44; 17:3; 1 Ti. 1:17; Jud. 25
30[a] Dt. 6:5; Lc. 10:27; 1 Jn. 4:21
31[a] Lv. 19:18; Mt. 19:19; Ro. 13:9; Gá. 5:14; Jac. 2:8
32[a] Dt. 4:35, 39; Is. 45:6, 14
33[a] 1 S. 15:22; Sal. 40:6; 51:16; Os. 6:6; Mi. 6:6-8
34[a] Mr. 1:15
34[b] Mt. 22:46
35[a] Mr. 14:49
35[b] vs. 35-37: Mt. 22:41-45; Lc. 20:41-44
35[c] Esd. 7:6; Neh. 8:4

36[a] 2 S. 23:2; 1 Co. 12:3 36[b] Sal. 110:1; Hch. 2:34; He. 1:13 36[c] 1 Co. 15:25

37 David mismo le llama Señor; ¿cómo, pues, es [1]hijo [a]suyo? Y gran multitud le [b]escuchaba de buena gana.

6. Advierte en cuanto a los escribas
12:38-40

38 Y les [a]decía en Su [b]enseñanza: Guardaos de los [c]escribas, que gustan de pasearse con largas ropas, y *aman* las salutaciones en las plazas,

39 y los [a]primeros asientos en las sinagogas, y los [b]puestos de honor en los banquetes;

40 que [a]devoran las casas de las viudas, y por pretexto hacen largas oraciones. Estos recibirán [b]mayor [1]condenación.

7. Alaba a la viuda pobre
12:41-44

41 Estando *Jesús* sentado delante del [1a]erario, [2b]miraba cómo la multitud echaba [3c]dinero en las arcas; y muchos ricos echaban mucho.

42 Y vino una viuda [a]pobre, y echó dos leptos, que equivalen a un [1]cuadrante.

43 Entonces llamando a Sus discípulos, les dijo: De cierto os digo que esta viuda pobre echó más que todos los que han echado en el arca;

44 porque todos han echado de lo que les sobra; pero ésta, de su escasez echó todo lo que tenía, todo su [a]sustento.

CAPITULO 13

D. Prepara a los discípulos para Su muerte
13:1—14:42

1. Les dice lo que ha de venir
13:1-37

1 [1]Saliendo *Jesús* del [a]templo, le dijo [2]uno de Sus discípulos: Maestro, ¡mira [3]qué piedras y qué edificios!

37[a] Ro. 1:3-4
37[b] Mr. 6:20
38[a] vs. 38-40: Mt. 23:1-7; Lc. 20:45-47
38[b] Mr. 4:2
38[c] Mr. 12:28; 2:6
39[a] Lc. 11:43
39[b] Lc. 14:7-8
40[a] Mt. 23:14
40[b] Jac. 3:1
41[a] Mt. 27:6; Jn. 8:20
41[b] vs. 41-44: Lc. 21:1-4
41[c] 2 R. 12:9
42[a] 2 Co. 8:2
44[a] Lc. 8:43
1[a] vs. 1-2: Mt. 24:1-2; Lc. 21:5-6

37[1] En el tipo, el cordero pascual era examinado cuatro días antes de ser inmolado (Ex. 12:3-6). El Salvador-Esclavo también, como el verdadero Cordero pascual (1 Co. 5:7), fue examinado cuatro días antes de ser muerto. Llegó a Betania seis días antes de la Pascua (Jn. 12:1; Mr. 11:1). Al día siguiente entró en Jerusalén y regresó a Betania (Jn. 12:12; Mr. 11:11). El tercer día fue otra vez a Jerusalén (11:12-15) y comenzó a ser examinado por los líderes de los judíos, según la ley judía (11:27—12:37; 14:53-65; Jn. 18:13, 19-24) y por Pilato, el gobernador romano, según la ley romana (Jn. 18:28—19:6; véase la nota 1[2] de Mr. 15). Fue examinado hasta el día de la Pascua,

2 Y Jesús le dijo: ¿Ves estos grandes edificios? [1]De ninguna manera quedará aquí [a]piedra sobre piedra, que no sea derribada.
3 [1]Estando El sentado en el [a]monte de los Olivos, frente al templo, [b]Pedro, [c]Jacobo, Juan y [d]Andrés le [e]preguntaron en privado:
4 Dinos, ¿cuándo serán estas cosas? ¿Y qué señal habrá [a]cuando todas estas cosas estén para cumplirse?
5 Y Jesús comenzó a decirles: [a]Mirad que nadie os [b]desvíe.

2[a] Lc. 19:44
3[a] Mr. 11:1
3[b] Mr. 5:37; 9:2
3[c] Mr. 1:19-20
3[d] Mr. 1:16-18; Jn. 1:40
3[e] vs. 3-8: Mt. 24:3-8; Lc. 21:7-11
4[a] Hch. 1:6-7
5[a] Mr. 13:9, 23, 33; Col. 2:8
5[b] Mr. 13:22; Jac. 5:19

---

cuando fue crucificado (14:12; Jn. 18:28; véase la nota 12[2] de Mr. 14). Esta examinación insidiosa y capciosa, que provino de muchas direcciones, duró exactamente cuatro días, y El pasó la prueba, lo cual comprobó que El llenaba todos los requisitos para ser el Cordero que Dios requirió para cumplir Su redención, y sobre esta base El pasó por encima de los pecadores, tanto los judíos como los gentiles. Véanse las notas 1[2] del cap. 15, 2[1] de Mt. 26, y 13[1] de Jn. 18.

40[1] O, castigo.

41[1] Es decir, el lugar para el tesoro del templo.

41[2] El Salvador-Esclavo era Dios que vivía en humanidad. Como tal, le interesaba observar cómo el pueblo de Dios expresaba su lealtad en la ofrenda que le hacía. Al haber hecho tales observaciones, El alabó la lealtad de la viuda para con Dios. La observación del Salvador-Esclavo es más penetrante que la del hombre.

41[3] Lit., cobre; se refiere al dinero hecho de cobre.

42[1] Equivale a la cuarta parte de un centavo.

1[1] Con respecto a los vs. 1-2, véanse las notas de Mt. 24:1-2.

1[2] El Salvador-Esclavo, en Su preparación para Su obra redentora (11:15—14:42) y después de enfrentarse con los opositores (11:15—12:37), permaneció con Sus seguidores a fin de prepararlos para Su muerte (13:1—14:42), un evento inesperado que los asombraría y los desanimaría; El los preparaba: (1) diciéndoles las cosas que estaban por venir (vs. 2-37); (2) disfrutando su amor, expresado en un banquete, y siendo ungido con el nardo puro de mucho precio (14:3-9); (3) instituyendo Su cena (1 Co. 11:20) para que lo recordaran (14:12-26); y (4) advirtiéndoles que tropezarían y exhortándoles a que velaran y oraran (14:27-42). Inmediatamente después de esta preparación, El fue arrestado para ser crucificado (14:43—15:28).

1[3] O, qué piedras tan maravillosas...

2[1] En este capítulo el Salvador-Esclavo preparó a los discípulos para Su muerte. Primero les dijo lo que estaba por venir, es decir, lo que sucedería en el mundo durante la edad de la iglesia, desde Su resurrección hasta Su regreso. Con respecto a los días venideros, no les ocultó nada, sino que les habló: (1) acerca de la destrucción del templo, la cual sucedería en el año 70 d. de C. (vs. 1-2); (2) acerca de las plagas que vendrían al comienzo de los dolores de parto, los cuales empezarían después de Su ascensión y continuarían hasta la gran tribulación (vs. 3-8); (3) acerca de la predicación del evangelio y las persecuciones que ocurrirán en la edad de la iglesia (vs. 9-13); (4) acerca de la gran tribulación y Su segunda venida, las cuales tendrán lugar en los últimos tres años y medio de esta era (vs. 14-27); y (5) acerca de velar, orar y aguardar al Salvador-Esclavo durante toda la edad de la iglesia (vs. 28-37). Para los sufridos seguidores del Salvador-Esclavo, tal palabra iluminadora era como "una antorcha que alumbra en lugar oscuro, hasta que el día esclarezca" (2 P. 1:19).

6 Vendrán muchos en Mi [a]nombre, diciendo: Yo soy *el*
Cristo; y a muchos desviarán.
7 Mas cuando oigáis de guerras y rumores de guerras,
no os [a]alarméis; es necesario que *esto* acontezca, pero aún no
es el [b]fin.
8 Porque se levantará nación contra nación, y reino
contra reino; habrá [a]terremotos en diversos lugares; y habrá
[b]hambres. Estas cosas son principio de los dolores de parto.
9 [1]Pero mirad por vosotros mismos. Os [a]entregarán a los
[b]sanedrines, y en las sinagogas os [c]azotarán; y compare-
ceréis ante [2]gobernadores y [d]reyes por causa de Mí, para
testimonio a ellos.
10 Pero es necesario que primero el evangelio sea proclamado a todas las [a]naciones.
11 Y cuando os lleven y os entreguen, no os [a]inquietéis de
antemano por lo que habéis de hablar[1], sino [b]lo que os sea
dado en aquella hora, eso hablad; porque no sois vosotros los
que habláis, sino el [c]Espíritu Santo.
12 Y el hermano entregará a la muerte al hermano, y el
[a]padre al hijo; y se levantarán los hijos contra los padres, y
los harán morir.
13 Y seréis aborrecidos de todos por causa de Mi [a]nombre;
mas el que haya [b]perseverado hasta el fin, éste será salvo.
14 [1]Pero cuando [a]veáis la abominación [b]desoladora[2] erigida [3]donde no debe estar (el que lee, entienda), entonces los
que estén en [c]Judea, huyan a los montes.
15 El que esté en la [a]azotea, no baje ni entre para recoger
cosa alguna de su casa;
16 y el que esté en el campo, no vuelva atrás a tomar su
capa.
17 Mas ¡ay de las que estén [a]encintas, y de las que amamanten en aquellos días!
18 Orad, pues, que [1]no suceda en invierno;
19 porque aquellos días serán de [a]tribulación cual [b]no la

6[a] Jer. 14:14
7[a] 2 Ts. 2:2
7[b] Mt. 24:14
8[a] Ap. 6:12
8[b] Hch. 11:28; Ap. 6:8
9[a] vs. 9-13: Mt. 10:17-22; 24:9-13
9[b] Mt. 5:22; 26:59
9[c] Mt. 23:34
9[d] Hch. 27:24
10[a] Mt. 24:14; 28:19; cfr. Mr. 16:15
11[a] Lc. 12:11
11[b] cfr. Dt. 18:18
11[c] Hch. 2:4; 6:10; 13:9
12[a] Mt. 10:35-36; Mi. 7:6
13[a] Lc. 21:17; Jn. 15:21
13[b] He. 10:36, 39; Ap. 2:3; Jac. 5:11
14[a] vs. 14-23: Mt. 24:15-25

3[1] Con respecto a los vs. 3-8, véanse las notas de Mt. 24:3-8.

9[1] Con respecto a los vs. 9-13, véanse las notas de Mt. 10:17-22 y 24:9-13.

9[2] La misma palabra griega que se traduce *príncipes* en Mt. 2:6.

11[1] Algunos mss. añaden: ni lo penséis de antemano.

14[1] Con respecto a los vs. 14-23, véanse las notas de Mt. 24:15-26.

14[2] Algunos mss. añaden: de que habló el profeta Daniel.

14[3] En el Lugar Santo, es decir, en el templo de Dios (Mt. 24:15).

18[1] Algunos mss. dicen: vuestra huida.

14[b] Dn. 9:27; 11:31; 12:11 14[c] Lc. 21:21 15[a] Mt. 10:27; Lc. 17:31
17[a] Lc. 21:23; 23:29 19[a] Mr. 13:24; Dn. 12:1 19[b] Jl. 2:2; Ap. 16:18

ha habido desde el [c]principio de la creación que Dios creó,
hasta ahora, ni la habrá jamás.

20 Y si el Señor no hubiese acortado los días, [1]nadie sería
salvo; mas por causa de los [a]escogidos que El escogió, [b]acortó
los días.

21 Entonces si alguno os dice: ¡Mirad, [a]aquí está el Cristo!
¡mirad, allí!, no lo creáis.

22 Porque se levantarán falsos Cristos y [a]falsos profetas,
y [1]harán [b]señales y prodigios, para [c]engañar, si fuese posible, a los escogidos.

23 Mas vosotros [a]mirad; [1]os lo he dicho todo de [b]antemano.

24 Pero en aquellos [a]días, [b]después de aquella [c]tribulación, el sol se [d]oscurecerá, y la luna no dará su resplandor,

25 y las estrellas irán [a]cayendo del cielo, y las potencias
que están en los cielos serán conmovidas.

26 Entonces verán al [a]Hijo del Hombre [b]viniendo en las
nubes con gran poder y gloria.

27 Y entonces enviará a los ángeles, y [a]juntará a Sus
escogidos, de los cuatro vientos, desde el extremo de la tierra
hasta el extremo del cielo.

28 [1]Mas de la [a]higuera aprended la parábola: Cuando ya
su rama está tierna, y echa las [b]hojas, sabéis que el verano
está cerca.

29 Así también vosotros, cuando veáis que suceden estas
cosas, sabed que [1]está cerca, [a]a las puertas.

30 De cierto os digo, que no pasará esta generación hasta
que todo esto acontezca.

31 El cielo y la tierra [a]pasarán, pero Mis [b]palabras jamás
pasarán.

32 Pero de aquel [a]día o de aquella hora nadie sabe, ni aun
los ángeles que están en el cielo, ni el Hijo, sino el [b]Padre.

33 [a]Mirad, estad [b]alerta[1]; porque no sabéis cuándo será el
tiempo.

20[1] Lit., ninguna carne.
22[1] Lit., darán.
23[1] Algunos mss. añaden: he aquí.
28[1] Con respecto a los vs. 28-31, véanse las notas de Mt. 24:32-35.
29[1] Se refiere a la restauración de la nación de Israel, representada por el verano mencionado en el v. 28.

26[b] 1 Ts. 4:16-17; Ap. 1:7 **27**[a] Dt. 30:4; Neh. 1:9
28[a] vs. 28-31: Mt. 24:32-35; Lc. 21:29-33 **28**[b] Mr. 11:13 **29**[a] Jac. 5:9
31[a] Mt. 5:18; Lc. 16:17; 2 P. 3:10; Ap. 20:11; 21:1 **31**[b] Sal. 119:89; Is. 40:8
32[a] Mt. 25:13; 1 Ts. 5:2; 2 P. 3:10 **32**[b] Zac. 14:7 **33**[a] Mr. 13:5, 23; Lc. 21:34
33[b] Lc. 21:36

19[c] Mr. 10:6; Dt. 4:32
20[a] Is. 65:9; Lc. 18:7
20[b] cfr. Ap. 12:12, 14
21[a] Lc. 17:23
22[a] 2 P. 2:1; Ap. 19:20
22[b] 2 Ts. 2:9; Ap. 13:13
22[c] Mr. 13:5-6; Ap. 13:14
23[a] Mr. 13:5
23[b] Jn. 14:29
24[a] Sof. 1:14-15
24[b] vs. 24-27: Mt. 24:29-31; Lc. 21:25-28
24[c] Mr. 13:19
24[d] Is. 13:10; Jl. 2:31; Am. 5:20; Hch. 2:20; cfr. Ap. 6:12
25[a] cfr. Ap. 6:13
26[a] Dn. 7:13-14; Mt. 16:27; 25:31

34 Es como el hombre que, al irse al [a]extranjero, dejó su casa, y dio autoridad a sus esclavos, a cada uno su obra, y al portero mandó que velase.

35 [a]Velad, pues, porque no sabéis cuándo vendrá el Señor de la casa; si al [1]anochecer, o a la medianoche, o al canto del gallo, o a la mañana;

36 no sea que venga de repente y os halle [a]durmiendo.

37 Y lo que a vosotros digo, a todos lo digo: ¡[a]Velad!

CAPITULO 14

2. Algunos conspiran contra El y le traicionan, y otros le aman 14:1-11

1 [1]Faltaban [a]dos días para la [b]Pascua y para *la fiesta de* los [c]panes sin levadura; y buscaban los principales sacerdotes y los escribas cómo [d]prenderle con engaño y [e]matarle.

2 Y decían: No en la fiesta, no sea que haya [a]alboroto del pueblo.

3 [1]Estando El en [a]Betania, en [b]casa de Simón el [c]leproso, y reclinado *a la mesa,* vino una mujer con un frasco de alabastro de ungüento de nardo puro de mucho precio; y quebrando el frasco de alabastro, lo derramó sobre la cabeza de El.

4 Pero había algunos que comentaban entre sí, indignados: ¿Para qué [1]se ha hecho este desperdicio de ungüento?

5 Porque este ungüento podía haberse vendido por más de [a]trescientos [1]denarios, y haberse dado a los [b]pobres. Y se enfurecieron contra ella.

6 Pero Jesús dijo: Dejadla; ¿por qué la molestáis? Ha hecho en Mí una buena obra.

7 Porque a los [a]pobres siempre los tenéis con vosotros, y cuando queráis les podéis hacer bien; pero a [1]Mí no siempre me tendréis.

8 Esta [1]ha hecho lo que ha podido; se ha [2]anticipado a ungir Mi cuerpo para la [a]sepultura.

34[a] Mt. 25:14
35[a] 1 Ts. 5:6; Ap. 3:2-3; 16:15
36[a] 1 Ts. 5:6; Ro. 13:11; Ef. 5:14
37[a] Lc. 12:37
1[a] vs. 1-2: Mt. 26:2-5; Lc. 22:1-2
1[b] Mr. 14:12, 14, 16; Ex. 12:11; Lv. 23:5; Jn. 12:1; 13:1
1[c] Mr. 14:12; Ex. 12:15-20; Lv. 23:6
1[d] Mr. 14:46
1[e] Mr. 8:31; 9:31; 10:34; Jn. 11:53
2[a] Mt. 27:24
3[a] Mr. 11:1, 11; Mt. 21:17; Jn. 11:18

33[1] Algunos mss. añaden: y orad.

35[1] *El anochecer, la medianoche, el canto del gallo* y *la mañana* se usan para denotar las cuatro vigilias nocturnas de los romanos.

1[1] Con respecto a los vs. 1-2, véanse las notas de Mt. 26:2-5.

3[1] Con respecto a los vs. 3-9, véanse las notas de Mt. 26:6-13.

4[1] Lit., ocurrió.

5[1] Véase la nota 7[1] de Jn. 6.

7[1] El Señor desea que le permitamos tener el primer lugar en todo (Col. 1:18).

8[1] Lit., lo que tenía, hizo.

3[b] vs. 3-9: Mt. 26:6-13; Jn. 12:1-8; cfr. Lc. 7:36-39 3[c] Mr. 1:40
5[a] cfr. Mt. 26:15; 27:3, 9 5[b] Jn. 13:29 7[a] Dt. 15:11 8[a] Jn. 19:40

9 De cierto os digo: Dondequiera que se [1]proclame el evangelio, en todo el [a]mundo, también se contará lo que ésta ha hecho, para [b]memoria de ella.

10 Entonces [a]Judas Iscariote, uno de los [b]doce, fue a los principales sacerdotes para [c]entregárselo.

11 Ellos, al oírlo, se alegraron, y prometieron darle [1]dinero. Y *Judas* buscaba un momento oportuno para [2]entregarle.

3. Establece Su cena
14:12-26

12 El primer día de *la* [1]*fiesta de* los [a]panes sin levadura, cuando se [2]sacrificaba la [b]pascua, Sus discípulos le dijeron: ¿Dónde quieres que vayamos a preparar para que comas la pascua?

13 Y [a]envió dos de Sus discípulos, y les dijo: Id a la ciudad, y os saldrá al encuentro un hombre que lleva un cántaro de agua; seguidle,

14 y donde entre, decid al dueño de casa: El [a]Maestro dice: ¿Dónde está Mi aposento donde pueda comer la [b]pascua con Mis discípulos?

15 Y él os mostrará un gran [a]aposento en el piso de arriba, dispuesto *y* preparado; preparad para nosotros allí.

16 Salieron los discípulos y entraron en la ciudad, y hallaron como les había dicho; y prepararon la pascua.

17 Y cuando llegó la [a]noche, vino El con los doce.

18 Y mientras estaban reclinados *a la mesa* y [1]comían,

9[a] Mr. 16:15; Mt. 24:14
9[b] Hch. 10:4
10[a] Mr. 3:19; Jn. 6:70-71; Mr. 14:42-43; Mt. 27:3
10[b] vs. 10-11: Mt. 26:14-16; Lc. 22:3-6
10[c] Mr. 14:18; 9:31; 10:33
12[a] Mr. 14:1
12[b] vs. 12-16: Mt. 26:17-19; Lc. 22:7-13
13[a] Mr. 11:1
14[a] Mt. 23:8; Jn. 11:28; 13:13
14[b] Mr. 14:1
15[a] Hch. 1:13
17[a] vs. 17-21: Mt. 26:20-25; Lc. 22:14-18, 21-23; Jn. 13:21-26

8[2] O, aprovechado de la oportunidad para ungir Mi cuerpo para la sepultura.

9[1] Véase la nota 14[2] del cap. 1.

11[1] Treinta piezas de plata (Mt. 26:15), el precio de un esclavo (Ex. 21:32).

11[2] Mientras uno de los seguidores del Salvador-Esclavo expresaba con creces su amor por El, otro estaba a punto de traicionarlo. Uno lo estimaba como un tesoro, y al mismo tiempo otro lo traicionaba.

12[1] Véase la nota 17[1] de Mt. 26.

12[2] En el calendario judío, que concordaba con las Escrituras que tenían hasta entonces, un día comenzaba en la tarde (Gn. 1:5). En el anochecer del último día de la Pascua, el Salvador-Esclavo primero comió la pascua con Sus discípulos e instituyó Su cena para ellos (vs. 12-25). Luego fue con los discípulos al huerto de Getsemaní en el monte de los Olivos (vs. 26-42). Allí fue arrestado y llevado al sumo sacerdote, donde fue juzgado por el sanedrín bien avanzada la noche (vs. 43-72). En la mañana del mismo día, fue entregado a Pilato para ser juzgado por él, y fue condenado a muerte (15:1-15). Luego fue llevado al Gólgota y allí fue crucificado a las nueve de la mañana, y permaneció en la cruz hasta las tres de la tarde (15:16-41), para que se cumpliera el tipo de la Pascua (Ex. 12:6-11; véase la nota 37[1] de Mr. 12).

18[1] Aquí comían la pascua (v. 16),

dijo Jesús: De cierto os digo que [2]uno de vosotros me va a
[a]traicionar, uno que está [b]comiendo conmigo.
19 Entonces ellos comenzaron a entristecerse y a decirle
uno por uno: ¿Acaso soy yo?[1]
20 El les dijo: Es uno de los doce, [1]el que moja conmigo en
el plato.
21 A la verdad el Hijo del Hombre se [1]va, según está
[a]escrito de El, mas ¡ay de aquel hombre por quien el Hijo del
Hombre es traicionado! Bueno le fuera a ese hombre no
haber nacido.
22 [1]Y mientras [2]comían, *Jesús* tomó [a]pan y [b]bendijo, y lo
partió y les dio, y dijo: Tomad, esto es Mi [c]cuerpo.
23 Y tomando la copa, y habiendo dado gracias, les dio; y
bebieron de ella todos.

18[a] Mr. 14:10, 11
18[b] Sal. 41:9; Jn. 13:18
21[a] Mr. 9:12; Lc. 24:46
22[a] vs. 22-25: Mt. 26:26-29; Lc. 22:19-20; 1 Co. 11:23-26
22[b] Mr. 8:7; Mt. 14:19
22[c] 1 Co. 10:16

---

y no la cena del Salvador-Esclavo, mencionada en los vs. 22-24.

18[2] Judas Iscariote.

19[1] Algunos mss. añaden: Y otro, ¿acaso seré yo?

20[1] Después de ser expuesto Judas, se fue (Jn. 13:21-30) antes de la cena del Salvador-Esclavo (Mt. 26:20-26). No participó de Su cuerpo y sangre, porque no era un verdadero creyente, sino un hijo de perdición (Jn. 17:12), a quien el Salvador-Esclavo consideraba un diablo (Jn. 6:70-71). Lucas 22:21-23 parece indicar que Judas se fue después de la cena del Señor, según Lc. 22:19-20. Sin embargo, el relato de Marcos y el de Mateo muestran que el Salvador-Esclavo, antes de instituir Su cena (vs. 22-24), declaró que Judas era el traidor (vs. 18-21). El relato de Marcos sigue el orden cronológico, mientras que el orden de Lucas corresponde a la moralidad. Véase la nota 16[1], párr. 2, de Mt. 8.

21[1] Esto se refiere a ir a la muerte.

22[1] Con respecto a los vs. 22-26, véanse las notas de Mt. 26:26-30.

22[2] Aquí comían la cena del Salvador-Esclavo, después de que El y Sus seguidores habían comido la pascua, como se menciona en los vs. 16-18. El inició esta fiesta nueva, la cual tenía como fin que los creyentes hicieran memoria de El, con el propósito de reemplazar la Pascua, la fiesta del Antiguo Testamento que se celebraba para que los elegidos recordaran la salvación de Jehová (Ex. 12:14; 13:3). Esta nueva fiesta del nuevo pacto se celebra para recordar al Salvador-Esclavo al comer el pan, que representa Su cuerpo dado por Sus creyentes (1 Co. 11:24), y al beber la copa, que representa la sangre que El derramó por los pecados de ellos (Mt. 26:28). El pan denota vida (Jn. 6:35), la vida de Dios, la vida eterna, y la copa denota bendición (1 Co. 10:16), que es Dios mismo, la porción de los creyentes (Sal. 16:5). Por ser pecadores, ellos merecían como porción la copa de la ira de Dios (Ap. 14:10). Pero el Salvador-Esclavo bebió esa copa por ellos (Jn. 18:11), y la salvación que El efectuó llegó a ser la porción de ellos, la copa de salvación (Sal. 116:13), la que rebosa (Sal. 23:5), cuyo contenido es Dios, como la bendición todo-inclusiva de los creyentes. Este pan y esta copa son los constituyentes de la cena del Salvador-Esclavo, la cual es una mesa (1 Co. 10:21), un banquete, que El estableció para que Sus creyentes lo recuerden disfrutándolo como tal fiesta. Así que, mientras Sus creyentes lo recuerdan, exhiben la muerte que los redime y les imparte vida (1 Co. 11:26, Su sangre separada de Su cuerpo declara Su muerte), dando testimonio a todo el universo de Su salvación rica y maravillosa.

24 Y les dijo: Esto es Mi [a]sangre del [1]pacto, que por
[b]muchos es derramada.
25 De cierto os digo que ya no beberé del [1]fruto de la vid,
hasta aquel día en que lo beba nuevo en el [a]reino de Dios.
26 Y cuando hubieron [a]cantado un himno, salieron al
[b]monte de los Olivos.

4. Les advierte a los discípulos
14:27-31

27 Entonces Jesús les dijo: Todos vosotros [a]tropezaréis[1];
porque escrito está: "Heriré al Pastor, y las ovejas serán
[b]dispersadas".
28 Pero después que haya resucitado, iré delante de vosotros a [a]Galilea.
29 Mas Pedro le dijo: Aunque todos tropiecen, yo no.
30 Y le dijo Jesús: De cierto te digo que tú, hoy, en esta
noche, antes que el [a]gallo haya cantado dos veces, me [1]negarás tres veces.
31 Mas él seguía diciendo con mayor insistencia: Aunque
me sea necesario [a]morir contigo, de ninguna manera te
negaré. También todos decían lo mismo.

5. Experimenta Getsemaní:
exhorta a los discípulos a velar y orar
14:32-42

32 [1]Llegaron a un lugar que se llama Getsemaní, y [a]dijo
a Sus discípulos: Sentaos aquí, mientras Yo oro.
33 Y tomó consigo a [a]Pedro, a Jacobo y a Juan, y comenzó
a sentir [1]pavor y angustia.

24[1] En Ex. 24:3-8 Dios hizo un pacto con el Israel redimido (He. 9:18-21), que llegó a ser el antiguo testamento, y fue una base sobre la cual El podía relacionarse con Su pueblo redimido en la dispensación de la ley. El Salvador-Esclavo vino a efectuar la redención eterna de Dios por medio de Su muerte, para el pueblo escogido de Dios, conforme a la voluntad de Dios (He. 10:7, 9-10), y con Su sangre instituyó un nuevo pacto, un mejor pacto (He. 8:6-13), el cual, después de Su resurrección, llegó a ser el nuevo testamento (He. 9:16-17). El nuevo pacto es la base sobre la cual Dios puede ser uno con Su pueblo redimido y regenerado en la dispensación de la gracia. Este nuevo pacto reemplazó el antiguo pacto y al mismo tiempo cambió la dispensación, de la antigua a la nueva. El Salvador-Esclavo quería que Sus seguidores supieran esto y que, después de Su resurrección, vivieran una vida basada en este hecho y en conformidad con ello.

25[1] Esto se refiere al jugo de la uva.

27[1] Algunos mss. añaden: a causa de Mí esta noche.

30[1] En griego el verbo (un verbo compuesto) significa *negar totalmente*. Así también en los vs. 31 y 72.

32[1] Con respecto a los vs. 32-42, véanse las notas de Mt. 26:36-46.

33[1] "Sobrecogido por un estremecimiento de horror ante la perspectiva

24[a] 1 Co. 10:16; He. 13:20; cfr. Ex. 24:8; Zac. 9:11
24[b] Mr. 10:45
25[a] Mr. 10:14-15
26[a] vs. 26-31: Mt. 26:30-35
26[b] Lc. 22:39; Mr. 11:1; 13:3
27[a] Mt. 11:6
27[b] Zac. 13:7; Jn. 16:32; Mr. 14:50
28[a] Mr. 16:7; Mt. 28:7, 10, 16
30[a] Mr. 14:72; Lc. 22:34; Jn. 13:38
31[a] Lc. 22:33
32[a] vs. 32-42: Mt. 26:36-46; Lc. 22:40-46
33[a] Mr. 5:37; 9:2

34[a] Jn. 12:27
34[b] Mr. 14:38; 13:33, 37; 1 Ts. 5:6
35[a] He. 5:7
35[b] Mr. 14:41
36[a] Ro. 8:15; Gá. 4:6
36[b] Mt. 19:26
36[c] Mr. 10:38
36[d] Jn. 5:30; 6:38
38[a] Mr. 14:34
38[b] Lc. 21:36; 1 P. 4:7
38[c] 1 Ts. 3:5; Jac. 1:14
38[d] 1 Ts. 5:23; He. 4:12
38[e] Gá. 5:16, 17; Ro. 7:18
40[a] Mr. 9:6
41[a] Mr. 14:35; Jn. 13:1
41[b] Mr. 14:18, 44
43[a] Mr. 11:2, 3; 14:45

34 Y les dijo: Mi alma está profundamente [a]triste, hasta la muerte; quedaos aquí y [b]velad.

35 Yendo un poco adelante, se postró en tierra y [a]oró que si fuese posible pasase de El aquella [1b]hora.

36 Y decía: [a]Abba, Padre, todas las cosas son [b]posibles para Ti; aparta de Mí esta [c]copa; mas no lo que Yo [d]quiero, sino lo que [1]Tú.

37 Vino entonces y los halló durmiendo; y dijo a Pedro: Simón, ¿duermes? ¿No has podido velar una hora?

38 [a]Velad y [b]orad, para que no entréis en [c]tentación; el [d]espíritu está dispuesto, pero la [e]carne es débil.

39 Se fue otra vez y oró, diciendo la misma cosa.

40 Al venir otra vez, los halló durmiendo, porque los ojos de ellos estaban cargados *de sueño;* y [a]no sabían qué responderle.

41 Vino la tercera vez, y les dijo: ¿Seguís durmiendo y descansando? Basta, la [a]hora ha venido; he aquí, el Hijo del Hombre es [b]entregado en manos de los pecadores.

42 Levantaos, vamos; he aquí, ya se acerca el que me traiciona.

IV. La muerte y la resurrección del Salvador-Esclavo para cumplir la obra redentora de Dios 14:43—16:18

A. Su muerte 14:43—15:47

1. Arrestado 14:43-52

43 [a]Al instante, [b]hablando El aún, llegó [c]Judas, uno de los

espantosa que tenía delante de Sí" (Cranfield).

35[1] Aquí la tristeza del Salvador-Esclavo y Su oración son las mismas que se mencionan en Jn. 12:27. Allí El dijo que había venido para esa hora; es decir, El sabía que la voluntad del Padre era que muriera en la cruz para el cumplimiento del plan eterno de Dios.

36[1] En el plan divino que el Dios Triuno hizo en la eternidad pasada, El decidió que el Segundo de la Trinidad Divina se encarnara y muriera en la cruz para realizar Su redención eterna a fin de cumplir Su propósito eterno (Ef. 1:7-9). Así que, antes de la fundación del mundo, es decir, en la eternidad pasada (1 P. 1:19-20), se ordenó que el Segundo de la Trinidad Divina fuese el Cordero de Dios (Jn. 1:29); y a los ojos de Dios fue inmolado como Cordero de Dios desde la fundación del mundo, es decir, desde que Dios hizo la creación, la cual cayó (Ap. 13:8). A partir de la caída del hombre, los corderos, las ovejas, los becerros y los toros, se sacrificaban

43[b] vs. 43-50: Mt. 26:47-56; Lc. 22:47-53; Jn. 18:3-11 43[c] Mr. 14:10; Hch. 1:16

doce, y con él una multitud con espadas y palos, de parte de
los principales sacerdotes y de los escribas y de los ancianos.
44 Y el que le [a]traicionaba les había dado señal, diciendo:
Al que yo bese, ése es; prendedle, y llevadle bien sujeto.
45 Y cuando vino, [a]en seguida se acercó a El, y le dijo:
¡[b]Rabí! Y le [c]besó afectuosamente.
46 Entonces ellos le echaron mano, y le [a]prendieron.
47 Pero [1]uno de los que estaban cerca, sacando la [a]espada,
hirió al esclavo del sumo sacerdote, cortándole la oreja.
48 Y respondiendo Jesús, les dijo: ¿Como contra un ladrón
habéis salido con espadas y con palos para prenderme?
49 Día tras día estaba con vosotros [1a]enseñando en el [2]tem-
plo, y no me prendisteis. Pero [b]cúmplanse las [c]Escrituras.
50 Entonces todos, [a]dejándole, huyeron.
51 Y cierto joven le acompañaba, cubierto con un lienzo de
lino sobre *su* cuerpo desnudo; y le prendieron;
52 mas él, dejando el lienzo, huyó desnudo.

2. Juzgado
14:53—15:15

a. Por los líderes judíos,
los cuales representaban a los judíos
14:53-72

53 [1a]Llevaron[2] a Jesús al sumo sacerdote; y se reunieron
todos los principales sacerdotes y los ancianos y los escribas.
54 Y Pedro le [a]siguió de lejos hasta dentro del [b]patio del

---

como tipos por causa del pueblo escogido de Dios (Gn. 3:21; 4:4; 8:20; 22:13; Ex. 12:3-8; Lv. 1:2) señalando al que iba a venir como el Cordero verdadero ordenado de antemano por Dios. En la plenitud de los tiempos, el Dios Triuno envió al Segundo de la Trinidad Divina, el Hijo de Dios, para que viniera en encarnación con un cuerpo humano (He. 10:5) a fin de ofrecerse a El en la cruz (He. 9:14; 10:12) para hacer la voluntad del Dios Triuno (He. 10:7), esto es, para reemplazar los sacrificios y ofrendas, los cuales eran tipos, consigo mismo en Su humanidad, como único sacrificio y ofrenda por la santificación del pueblo escogido de Dios (He. 10:9-10). En la oración que hace aquí, inmediatamente antes de Su crucifixión, El se preparó para tomar la copa de la cruz (Mt. 26:39, 42), estando dispuesto a hacer la voluntad del Padre para la realización del plan eterno del Dios Triuno.

47[1] Este fue Pedro (Jn. 18:10, 26).

49[1] Véase la nota 21[2] del cap. 1.

49[2] Los que se oponían a Dios, abandonándolo y ofendiéndolo, temían al pueblo que acogía al Salvador-Esclavo (11:7-11) y se alegraba de Sus palabras (12:37), y por eso no se atrevían a arrestarlo durante el día ni en un lugar público como el templo. En lugar de eso, lo arrestaron a escondidas, ya muy entrada la noche (v. 1), como si se tratase de un ladrón (v. 48).

53[1] Con respecto a los vs. 53-65, véanse las notas de Mt. 26:57-68.

53[2] El Salvador-Esclavo fue arrestado como si fuera un ladrón (v. 48) y

---

44[a] Mr. 14:41
45[a] Mr. 14:43, 72
45[b] Jn. 1:38
45[c] cfr. Lc. 15:20; Hch. 20:37
46[a] Mr. 14:1
47[a] Lc. 22:38
49[a] Mr. 12:35; Mt. 21:23; Jn. 8:2; 18:20
49[b] Mt. 1:22; Lc. 24:44
49[c] Lc. 24:27; 1 Co. 15:3
50[a] Mr. 14:27
53[a] vs. 53-65: Mt. 26:57-68; Jn. 18:12-13, 19-24
54[a] Lc. 22:54-55; Jn. 18:15
54[b] Mt. 26:3; Jn. 18:15

sumo sacerdote; y estaba sentado con los [c]alguaciles, calentándose a la lumbre.
55 Y los principales sacerdotes y todo el [1a]sanedrín buscaban testimonio contra Jesús, a fin de darle muerte, y no lo
hallaban.
56 Porque muchos daban [a]falso testimonio contra El, mas
los testimonios no concordaban.
57 Y levantándose [a]unos, dieron falso testimonio contra
El, diciendo:
58 Nosotros le oímos decir: Yo [a]derribaré este templo
hecho a [b]mano, y [1]en tres días edificaré otro hecho sin mano.
59 Y tampoco en esto concordaba el testimonio de ellos.
60 Entonces el sumo sacerdote, levantándose en medio,
interrogó a Jesús, diciendo: ¿No respondes nada? ¿Qué *es*
esto que testifican contra Ti?
61 Mas El callaba, y [a]nada respondía. El sumo sacerdote
le volvió a preguntar, y le dijo: ¿Eres [b]Tú *el* [c]Cristo, el Hijo
del [1d]Bendito?
62 Y Jesús dijo: [1]Yo soy; y veréis al [a]Hijo del Hombre
sentado a la [b]diestra del Poder, y viniendo con las nubes del
cielo.
63 Entonces el sumo sacerdote, [a]rasgando su [1]vestidura,
dijo: ¿Qué más necesidad tenemos de testigos?
64 Habéis oído la [1a]blasfemia; ¿qué os parece? Y todos
ellos le condenaron, *declarando que* era digno de [b]muerte.
65 Y algunos comenzaron a [1a]escupirle, y a [b]cubrirle el

54[c] Jn. 7:32; 18:18
55[a] Mt. 5:22; 10:17
56[a] Sal. 27:12
57[a] cfr. Dt. 17:6; 19:15
58[a] Mr. 15:29; Hch. 6:14; cfr. Jn. 2:19
58[b] Hch. 7:48; 17:24
61[a] Is. 53:7; Mr. 15:5; Jn. 19:9
61[b] vs. 61-63: Lc. 22:67-71
61[c] Mr. 8:29
61[d] Ro. 1:25; 2 Co. 1:3; 11:31
62[a] Mt. 16:27; 24:30
62[b] Sal. 110:1; He. 1:3
63[a] Nm. 14:6; Hch. 14:14
64[a] Mr. 2:7; Jn. 10:36
64[b] Lv. 24:16
65[a] Mr. 10:34; 15:19; Is. 50:6
65[b] Est. 7:8

como cordero fue llevado al matadero (Is. 53:7).

55[1] Véase la nota 22[6] de Mt. 5.

58[1] Lit., a través de.

61[1] El aturdido sumo sacerdote que servía a la religión que había abandonado a Dios y que Dios había abandonado, llamó a Dios "el Bendito" para mostrar cuánto reverenciaba y honraba a Dios.

62[1] En cuanto a la conducta del Salvador-Esclavo, El no quiso contestar las falsas acusaciones de Sus críticos, pero con respecto a Su persona divina, Su deidad, no guardó silencio sino que les contestó clara y definitivamente, afirmando Su deidad en Su humanidad al declarar que como Hijo del Hombre El se sentaría a la diestra de Dios.

63[1] Lit., túnicas. Aunque la palabra griega es plural, *vestidura* es una traducción más apropiada.

64[1] Los cegados opositores condenaron al Salvador-Esclavo por blasfemar con la afirmación de Su deidad, sin darse cuenta de que en realidad ellos eran los que blasfemaban a Dios, la misma persona a quien calumniaban y de quien se burlaban en aquel momento.

65[1] Esto fue el rechazo y menosprecio supremo que los judíos manifestaron hacia el Salvador-Esclavo, como se profetizó en Is. 53:3.

rostro y a [c]darle de puñetazos, y a decirle: ¡[2]Profetiza! Y los
alguaciles le recibieron a [d]bofetadas.
66 [1]Estando Pedro abajo, en el [a]patio, vino una de las
criadas del sumo sacerdote;
67 y al ver a Pedro calentándose, lo miró y dijo: Tú también estabas con el [a]Nazareno, *con* Jesús.
68 Mas él negó, diciendo: Ni sé, ni entiendo lo que dices.
Y salió afuera, al antepatio; y cantó el gallo.
69 Y la criada, viéndole, comenzó otra vez a decir a los que
estaban cerca: Este es de ellos.
70 Pero él negó otra vez. Y poco después, los que estaban
cerca dijeron otra vez a Pedro: Verdaderamente tú eres de
ellos; pues además eres [a]galileo[1].
71 Entonces él comenzó a [1]maldecir, y a jurar: No conozco
a este hombre de quien habláis.
72 Y [a]al instante el [b]gallo cantó la segunda vez. Entonces
Pedro se acordó de la palabra que Jesús le había dicho: Antes
que el gallo cante dos veces, me negarás tres veces. Y pensando en esto, comenzó a llorar.

CAPITULO 15

b. Por el gobernador romano, el cual representaba a los gentiles 15:1-15

1 [a]Tan pronto como amaneció, celebraron [b]consejo los
[c]principales sacerdotes con los ancianos, con los escribas y
con todo el [1]sanedrín; y después de atar a Jesús, le llevaron
y le [d]entregaron a [2e]Pilato.
2 Pilato le [a]interrogó: ¿Eres Tú el [b]Rey de los judíos?
Respondiendo El, le dijo: *Es como* tú dices.

65[2] Esta fue una palabra de burla e irrisión.

66[1] Con respecto a los vs. 66-72, véanse las notas de Mt. 26:69-75.

70[1] Algunos mss. añaden: y tu manera de hablar es semejante a la de ellos.

71[1] Es decir, ponerse bajo maldición.

1[1] Véase la nota 22[6] de Mt. 5.

1[2] Véase la nota 2[1] de Mt. 27. Bajo la soberanía de Dios, el Salvador-Esclavo fue juzgado no sólo por los líderes judíos, según 14:53-65, como oveja delante de sus trasquiladores (Is. 53:7), sino también por el gobernador romano según los vs. 1-15, como criminal delante de sus acusadores (14:64). El fue juzgado para morir por los pecadores, dando Su vida en rescate (10:45) no sólo por los judíos, representados por sus líderes, sino también por los gentiles, representados por el gobernador romano. Véase la nota 37[1] del cap. 12.

65[c] Lc. 22:63, 64
65[d] Jn. 18:22; 19:3; Mt. 5:39
66[a] vs. 66-72: Mt. 26:69-75; Lc. 22:55-62
67[a] Mr. 1:24; 16:6
70[a] Hch. 1:11; 2:7
72[a] Mr. 14:45; 15:1
72[b] Mr. 14:30
1[a] Mr. 14:72
1[b] Sal. 2:2; Mt. 26:4; Mr. 3:6; cfr. Hch. 4:26
1[c] Mt. 27:1; Lc. 22:66
1[d] Mr. 10:33; 14:18
1[e] Lc. 23:1; Hch. 3:13
2[a] vs. 2-5: Mt. 27:11-14; Lc. 23:3
2[b] Mr. 15:9, 12, 18, 26; Mt. 2:2; Jn. 18:33, 37; 19:3

3 Y los principales sacerdotes le [a]acusaban de muchas
cosas.
4 Otra vez le interrogó Pilato, diciendo: ¿Nada respondes? Mira de cuántas cosas te acusan.
5 Pero Jesús no respondió [1a]nada más; de modo que
Pilato se maravilló.
6 Ahora bien, en *el día de* la [a]fiesta les soltaba un preso,
el que pidiesen.
7 Y había uno que se llamaba Barrabás, preso con los
[a]sediciosos que habían cometido [b]homicidio en la insurrección.
8 [1]Subió la multitud y comenzó a pedir *que les hiciese*
como acostumbraba.
9 Y Pilato les respondió diciendo: ¿Queréis que os suelte
al [a]Rey de los judíos?
10 Porque sabía que por envidia le habían entregado los
principales sacerdotes.
11 Mas los principales sacerdotes incitaron a la multitud
para que les [a]soltase más bien a Barrabás.
12 Y Pilato, respondiendo de nuevo, les dijo: ¿Qué, pues,
queréis que haga con el que llamáis Rey de los judíos?
13 Y ellos volvieron a gritar: [1a]¡Crucifícale!
14 Pero Pilato les decía: Pues ¿qué mal ha hecho? Pero
ellos gritaban aún más: ¡Crucifícale!
15 Y Pilato, queriendo satisfacer a la multitud, les soltó a
Barrabás, y entregó a Jesús, después de [1a]azotarle, para que
fuese [2]crucificado.

3. Crucificado
15:16-41

16 [1]Entonces los [a]soldados le llevaron dentro del atrio,
esto es, al [2b]pretorio, y convocaron a toda la [c]cohorte.
17 Y le vistieron de [1a]púrpura, y trenzando una corona de
[b]espinas, [2]le ciñeron con ella *la cabeza.*
18 Y comenzaron a saludarle: ¡[1]Alégrate, [a]Rey de los judíos!

3[a] Lc. 23:2
5[a] Mr. 14:61; Is. 53:7
6[a] vs. 6-15: Mt. 27:15-26; Lc. 23:17-25; Jn. 18:39-40
7[a] cfr. Hch. 5:36-37
7[b] Hch. 3:14
9[a] Mr. 15:2
11[a] Hch. 3:14
13[a] Jn. 19:15
15[a] Mr. 10:34; Lc. 18:33; Jn. 19:1; Is. 53:5
16[a] vs. 16-20: Mt. 27:27-31; Jn. 19:2-3
16[b] Jn. 18:28, 33; 19:9
16[c] Hch. 10:1; 21:31
17[a] cfr. Lc. 16:19; Ap. 18:16
17[b] Gn. 3:18; cfr. Gá. 3:13
18[a] Mr. 15:2

5[1] El Salvador-Esclavo rehusó vindicarse.

8[1] Algunos mss. dicen: clamó.

13[1] Este fue un clamor desmedido.

15[1] Esto expuso totalmente la oscuridad y la injusticia de la política humana. Fue el cumplimiento de la profecía de Is. 53:5, 8, acerca del sufrimiento del Salvador-Esclavo.

15[2] Véase la nota 26[2] de Mt. 27.

16[1] Con respecto a los vs. 16-20, véanse las notas de Mt. 27:27-31.

16[2] La residencia oficial del gobernador.

17[1] Denota realeza. Le pusieron una túnica púrpura para burlarse de El (v. 20).

17[2] O, la pusieron sobre El.

18[1] Véase la nota 29[2] de Mt. 27.

19 Y le golpeaban en la cabeza con una caña, y le [a]escu-
pían, y doblando las rodillas se postraban ante El.
20 Después de haberle [a]escarnecido, le quitaron la púrpura, y le pusieron Sus propios vestidos, y le [b]sacaron para
crucificarle.
21 [1]Y [a]obligaron a uno que pasaba, [b]Simón de Cirene,
padre de Alejandro y de [c]Rufo, que venía del campo, a que [2]le
llevase la cruz.
22 Y le llevaron al lugar *llamado* Gólgota, que traducido
es: [a]Lugar de la Calavera.
23 Y [1]trataron de darle *a beber* vino mezclado con [a]mirra;
mas El no lo tomó.
24 Y le crucificaron y se repartieron Sus vestidos, echando [a]suertes sobre ellos *para ver* qué se llevaría cada uno.
25 Era la hora [1a]tercera cuando le crucificaron.
26 Y estaba puesta encima la inscripción de la causa *de
Su condena:* EL [a]REY DE LOS JUDIOS.
27 Y crucificaron con El a dos ladrones, uno a Su derecha,
y otro a Su izquierda.
28 [1]Y se cumplió la Escritura que dice: "[a]Y fue contado
entre los [2]inicuos".
29 Y los que pasaban [a]blasfemaban contra El, [b]meneando
la cabeza y diciendo: ¡[c]Ah! [1]Tú que [d]derribas el templo, y en
tres días lo reedificas,
30 [1]sálvate a Ti mismo, y desciende de la cruz.
31 De esta manera también los principales sacerdotes
junto con los escribas se [a]burlaban entre ellos, diciendo: A
otros salvó, a [b]Sí mismo no se puede salvar.
32 Que el Cristo, [a]Rey de Israel, descienda ahora de la
cruz, para que veamos y creamos. También los que estaban
crucificados con El le [b]injuriaban.
33 Llegada la hora [1]sexta, hubo [a]tinieblas sobre toda la
tierra hasta la hora [2]novena.

19[a] Mr. 10:34; 14:65
20[a] Mr. 10:34; 15:31
20[b] Is. 53:7
21[a] Mt. 5:41
21[b] Mt. 27:32; Lc. 23:26
21[c] Ro. 16:13
22[a] vs. 22-38: Mt. 27:33-53; Lc. 23:33-38, 44-46; Jn. 19:17-19, 28-30
23[a] Mt. 2:11; Jn. 19:39
24[a] Sal. 22:18; Jn. 19:24
25[a] Mt. 20:3
26[a] Mr. 15:2
28[a] Is. 53:12; Lc. 22:37
29[a] Mt. 12:31-32
29[b] Sal. 22:7-8; 109:25
29[c] cfr. Sal. 35:25; 40:15
29[d] Mr. 14:58; cfr. Jn. 2:19
31[a] Mr. 15:20

21[1] Con respecto a los vs. 21-38, véanse las notas de Mt. 27:32-51.

21[2] Lit., llevase la cruz de El (de Jesús).

23[1] O, le ofrecieron vino.

25[1] Es decir, a las nueve de la mañana.

28[1] La mayoría de los mss. más respetables no incluyen este versículo.

28[2] Lit., sin ley; es decir, que viven sin ley. Véase la nota 4[2] de 1 Jn. 3.

29[1] Esto fue una distorsión de lo dicho por el Salvador-Esclavo en Jn. 2:19: "Destruid este templo".

30[1] Si se hubiera salvado a Sí mismo, no habría podido salvarnos a nosotros.

33[1] Es decir, al mediodía.

31[b] Lc. 23:39; cfr. Lc. 4:23 **32**[a] Jn. 1:49; 12:13 **32**[b] Lc. 23:39 **33**[a] cfr. Am. 8:9

34 Y a la hora novena Jesús [a]clamó a [b]gran voz, *diciendo:*
[1]Eloi, Eloi, ¿lama sabactani? que traducido es: [c]Dios Mío,
Dios Mío, ¿por qué me has desamparado?

35 Y algunos de los que estaban cerca decían, al oírlo:
Mirad, llama a Elías.

36 Y corrió uno, y empapando una esponja en [a]vinagre, y
poniéndola en una caña, le dio a beber, diciendo: Dejad,
veamos si viene Elías a bajarle.

37 Mas Jesús, dando una [a]gran voz, expiró.

38 Entonces el [a]velo del templo se rasgó en dos, de arriba
abajo.

39 Y el [a]centurión que estaba frente a El, viendo que
había expirado así, dijo: Verdaderamente este hombre era el
[b]Hijo de Dios.

40 También había algunas mujeres mirando de lejos, entre las cuales estaban María la [a]magdalena, [1]María la
madre de Jacobo el [2]menor y de José, y [3]Salomé,

41 quienes, cuando El estaba en Galilea, le seguían y le
[a]ministraban; y otras muchas que habían subido con El a
Jerusalén.

4. Sepultado
15:42-47

42 Al caer la [1]tarde, como era *el día de* la [a]preparación, es
decir, la víspera del sábado,

43 [a]José de Arimatea, [1]el miembro honorable del concilio,
que también [b]esperaba el [c]reino de Dios, vino y, armándose
de valor, se presentó ante [d]Pilato, y pidió el cuerpo de Jesús.

44 Pilato se sorprendió de que ya hubiese muerto; y haciendo venir al [a]centurión, le preguntó si hacía mucho que
había muerto.

45 E informado por el centurión, le concedió el cuerpo a
José.

46 Compró éste un lienzo de lino fino y bajándolo, lo
envolvió en el lienzo, y lo [1]puso en un [a]sepulcro que había

34[a] He. 5:7
34[b] Mr. 15:37
34[c] Sal. 22:1
36[a] Sal. 69:21
37[a] Mr. 15:34
38[a] Ex. 26:31-33; 40:21; 2 Cr. 3:14; He. 10:20
39[a] vs. 39-41: Mt. 27:54-56; Lc. 23:47-49
39[b] Mt. 27:40, 43
40[a] Mr. 15:47; 16:1, 9; Lc. 8:2
41[a] Lc. 8:3
42[a] Mt. 27:62
43[a] vs. 43-47: Mt. 27:57-61; Lc. 23:50-56; Jn. 19:38-42
43[b] cfr. Lc. 2:25, 38
43[c] Mr. 1:15
43[d] Mr. 15:15
44[a] Mr. 15:39
46[a] Is. 53:9

33[2] Es decir, a las tres de la tarde. Así también en el versículo siguiente.

34[1] Expresión aramea.

40[1] La madre del Salvador-Esclavo (Mt. 13:55).

40[2] O, el pequeño. La palabra griega se refiere o bien a la edad o bien a la estatura.

40[3] Esposa de Zebedeo y madre de Jacobo y Juan (Mt. 27:56).

42[1] Véase la nota 38[1] de Jn. 19.

43[1] El artículo indica que era un hombre muy conocido.

46[1] Esto se hizo como cumplimiento de Is. 53:9a.

sido labrado en una peña, e hizo rodar una piedra contra la
[b]entrada del sepulcro.
47 Y María la [a]magdalena y María la *madre* de José
vieron dónde había sido puesto.

CAPITULO 16

B. Su resurrección
16:1-18

1. Descubierto por tres hermanas
vs. 1-8

1 [1]Pasado el [a]sábado, María la [b]magdalena, [2]María la
madre de Jacobo, y [3]Salomé, compraron [c]especias aromáticas para ir a [4]ungirle.
2 Y muy de mañana, el primer día de la semana, vinieron al [a]sepulcro, al salir el sol.
3 Y decían entre sí: ¿Quién nos hará rodar la piedra de
la entrada del sepulcro?
4 Y levantando los ojos, vieron que la [a]piedra había sido
corrida a un lado, porque era enormemente grande.
5 Y cuando entraron en el sepulcro, vieron a [a]un joven
sentado al lado derecho, vestido de una larga ropa blanca; y
se [b]asustaron.
6 Mas él les dijo: No os asustéis; buscáis a Jesús [a]naza-
reno, el que fue crucificado; ha [1]resucitado, no está aquí;
mirad el lugar en donde le pusieron.
7 Pero id, decid a Sus discípulos, [1]y a Pedro, que El va
delante de vosotros a [a]Galilea; allí le veréis, como os dijo.
8 Y ellas salieron huyendo del sepulcro, porque se había

46[b] Mr. 16:3-4
47[a] Mr. 15:40
1[a] vs. 1-8: Mt. 28:1-8; Lc. 24:1-10; Jn. 20:1
1[b] Mr. 15:40, 47; 16:9
1[c] Lc. 23:56; cfr. Mt. 26:12
2[a] Mr. 15:46
4[a] Mt. 27:60
5[a] cfr. Jn. 20:12
5[b] Mr. 10:32
6[a] Mr. 1:24
7[a] Mr. 14:28

1[1] Con respecto a los vs. 1-8, véanse las notas de Mt. 28:1-8.

1[2] Véase la nota 40[1] del cap. 15.

1[3] Véase la nota 40[3] del cap. 15.

1[4] Diferente de la palabra que se traduce *ungido* en Lc. 4:18 y *unción* en 1 Jn. 2:20. *Compraron especias aromáticas para … ungirle* denota amor, aprecio y conmemoración.

6[1] La resurrección del Salvador-Esclavo comprueba que Dios está satisfecho con lo que El efectuó por medio de Su muerte (véase la nota 25[1] de Ro. 4); también es una confirmación de la eficacia de Su muerte, la cual redime e imparte vida (Hch. 2:24; 3:15). Su resurrección vino a ser la evidencia de nuestra justificación (Ro. 4:25) y el poder por el cual pudimos ser librados del pecado (1 Co. 15:17).

7[1] Solamente en el relato de Marcos se inserta la frase *y a Pedro* en el mensaje que el ángel dio a las tres hermanas que descubrieron la resurrección del Salvador-Esclavo. Esto probablemente se debe a la influencia que Pedro ejerció en este evangelio. De todos modos, esta frase indica que la relación íntima que Pedro tenía con el Salvador-Esclavo era especial, de manera que incluso fue subrayada por el ángel.

apoderado de ellas temblor y espanto. Y no dijeron nada a nadie, porque tenían miedo.

2. Aparece a María
vs. 9-11

9 [1]Habiendo, pues, resucitado *Jesús* muy de mañana en
el primer día de la semana, [a]apareció primeramente a María
la [b]magdalena, de quien había [2]echado [c]siete demonios.
10 Yendo ella, lo [a]hizo saber a los que habían estado con
El, *que estaban* haciendo duelo por El y [b]llorando.
11 Ellos, cuando oyeron que estaba vivo, y que había sido
visto por ella, [a]no lo creyeron.

3. Aparece a dos discípulos
vs. 12-13

12 Después de esto se [a]apareció en diferente forma a [b]dos
de ellos cuando iban de camino, yendo al campo.
13 Ellos fueron y lo hicieron saber a los otros; ni aun a
ellos creyeron.

4. Aparece a los once discípulos y les encarga la propagación universal del evangelio
vs. 14-18

14 Más tarde se [a]apareció a los once, estando ellos reclinados *a la mesa,* y les reprendió por su incredulidad y [b]dureza de corazón, porque [c]no habían creído a los que le habían visto resucitado.
15 Y les dijo: Id por todo el [a]mundo y [1]proclamad el
evangelio a [2b]toda la creación.
16 El que [1a]crea y sea [b]bautizado, será [c]salvo; mas el que
[2d]no crea, será condenado.

9[a] Jn. 20:14-15; cfr. Mt. 28:9
9[b] Mr. 16:1
9[c] Lc. 8:2
10[a] Jn. 20:18; Mt. 28:10
10[b] Jn. 16:20
11[a] Mr. 16:14; Lc. 24:11
12[a] cfr. Jn. 21:1, 14
12[b] vs. 12-13: Lc. 24:13-35
14[a] 1 Co. 15:5
14[b] Mr. 10:5
14[c] Mr. 16:11; Lc. 24:41
15[a] Mr. 14:9; Ro. 10:18; Col. 1:6, 23
15[b] Mt. 28:19
16[a] Hch. 16:31
16[b] Hch. 2:38; 8:12, 36
16[c] Ro. 10:9
16[d] Jn. 3:18, 36

9[1] Muchos mss. antiguos omiten los vs. 9-20.

9[2] Véase la nota 23[1] del cap. 1. Así también en el v. 17.

15[1] Véase la nota 14[2] del cap. 1.

15[2] Esto revela que la obra redentora de Dios, realizada por el Salvador-Esclavo mediante Su muerte y resurrección, no sólo fue hecha para el hombre, el ser principal de la creación, sino también para toda la creación. Así que, todas las cosas, ya sean las que están en la tierra o las que están en los cielos, fueron reconciliadas con Dios, y, por ende, el evangelio debe proclamarse a (en) toda la creación que está debajo del cielo (Col. 1:20, 23). Sobre esta base, toda la creación espera ser librada de la esclavitud de corrupción, y llegar a la libertad de la gloria de los hijos de Dios (Ro. 8:19-22).

16[1] Creer (véase la nota 15[3] del cap. 1) es recibir al Salvador-Esclavo (Jn. 1:12) no sólo para obtener el perdón de pecados (Hch. 10:43), sino también para ser regenerados (1 P. 1:21, 23). Los que así creen llegan a ser hijos de Dios (Jn. 1:12-13) y miembros de Cristo (Ef. 5:30) en una unión orgánica con el Dios Triuno (Mt. 28:19). Ser bautizado es afirmar esto al ser sepultado para poner fin a la vieja creación por

17 Y estas señales acompañarán a los que creen: En Mi
[a]nombre echarán fuera demonios; [1]hablarán en nuevas [b]len-
guas;
18 tomarán en las manos [a]serpientes, y si beben cosa
mortífera, no les hará ningún daño; [b]impondrán las manos
a los enfermos, y quedarán [c]sanos.

V. La ascensión del Salvador-Esclavo para Su exaltación
16:19

19 Así, pues, el Señor Jesús, después de hablarles, fue
[1]recibido arriba en el [a]cielo, y se sentó a la [b]diestra de Dios.

VI. La propagación universal del evangelio
de parte del Salvador-Esclavo por medio de Sus discípulos
16:20

20 Y ellos salieron y [1]predicaban en todas partes, obrando
con ellos el Señor y confirmando la palabra con las [a]señales
que los acompañaban.

17[a] Lc. 10:17; Hch. 16:18
17[b] Hch. 10:46; 19:6; 1 Co. 12:10, 28, 30
18[a] Lc. 10:19; Hch. 28:3-5
18[b] Mr. 5:23; 6:5; Hch. 28:8
18[c] Jac. 5:14-15; Hch. 5:15-16
19[a] Lc. 24:51; Hch. 1:11
19[b] Sal. 110:1; Hch. 7:55-56; Ro. 8:34; Ef. 1:20; Col. 3:1; He. 1:3; 8:1; 10:12; 12:2; 1 P. 3:22
20[a] Hch. 5:12; 14:3; He. 2:4

---

medio de la muerte del Salvador-Esclavo y al ser resucitado, levantado, para ser la nueva creación de Dios por medio de la resurrección del Salvador-Esclavo. Tal bautismo es mucho más avanzado que el bautismo de arrepentimiento predicado por Juan (1:4; Hch. 19:3-5). Creer y ser bautizado así son dos partes de un paso completo que se da para recibir la plena salvación de Dios. Ser bautizado sin creer es simplemente un rito vacío; creer sin bautizarse es sólo ser salvo interiormente sin dar una afirmación exterior de la salvación interior. Estos dos deben ir a la par. Además, el bautismo en agua debe ir acompañado del bautismo en el Espíritu, tal como los hijos de Israel fueron bautizados en el mar (el agua) y en la nube (el Espíritu), 1 Co. 10:2; 12:13.

16[2] Aquí el versículo no dice "el que no crea y no sea bautizado". Esto indica que la condenación sólo está relacionada con la incredulidad, y no tiene nada que ver con el bautismo. Todo lo que se necesita para ser salvo de la condenación es creer; no obstante, para completar la salvación interior, es necesario, además de creer, ser bautizado como afirmación exterior.

17[1] Hablar en nuevas lenguas sólo es una de las cinco señales que acompañan a los creyentes salvos. No es la única señal, contrario a lo que algunos creyentes aseveran. Según la revelación divina del libro de Hechos y de las epístolas, lo que el Señor dijo aquí no significa que todo creyente salvo debe tener las cinco señales; significa que cada creyente salvo puede tener algunas de estas señales, pero no necesariamente todas.

19[1] La ascensión del Salvador-Esclavo para ser exaltado por Dios fue señal de que Dios aceptó todo lo que El había hecho para el plan eterno de Dios conforme a Su economía neotestamentaria (Hch. 2:33-36). En esta exaltación, Dios lo coronó de gloria y de honra (He. 2:9), le dio el nombre que es sobre todo nombre (Fil. 2:9), y lo hizo Señor de todo (Hch. 2:36) y Cabeza sobre todas las cosas (Ef. 1:22) para que tuviera toda potestad en el cielo y en la tierra (Mt. 28:18) a fin de reinar sobre los cielos, la tierra y las naciones, para que éstos obren juntamente para la extensión universal de Su servicio evangélico.

20[1] Véase la nota 14[2] del cap. 1. La predicación del evangelio de Dios a toda la creación (v. 15) realizada por el Salvador-Esclavo resucitado y ascendido, el Esclavo de Dios, por medio de Sus creyentes, comenzó en Jerusalén y se ha extendido hasta las partes más remotas de la tierra (Hch. 1:8) continua y universalmente durante los siglos pasados, y continuará así hasta que El venga para establecer el reino de Dios en la tierra (Lc. 19:12; Dn. 7:13-14).

EL EVANGELIO DE
LUCAS
BOSQUEJO

I. Introducción—1:1-4

II. La preparación del Salvador-Hombre en Su humanidad con Su divinidad—1:5—4:13

A. La concepción del precursor—1:5-25

B. La concepción del Salvador-Hombre—1:26-56

C. El nacimiento y la juventud del precursor—1:57-80

D. El nacimiento del Salvador-Hombre—2:1-20

E. La juventud del Salvador-Hombre—2:21-52

1. Le circuncidan y le dan un nombre—v. 21
2. Presentado y adorado—vs. 22-39
3. Crece y progresa—vs. 40-52

F. Investido para Su ministerio—3:1—4:13

1. Presentado—3:1-20
2. Bautizado—3:21
3. Ungido—3:22
4. Su persona—3:23-38
5. Su prueba—4:1-13

III. El ministerio del Salvador-Hombre en Sus virtudes humanas con Sus atributos divinos—4:14—19:27

A. En Galilea—4:14—9:50

1. Proclama el jubileo de la gracia—4:14-30
2. Lleva a cabo Su comisión cuádruple: enseñar, echar fuera demonios, sanar y predicar—4:31-44
3. Atrae a los ocupados—5:1-11
4. Limpia a los contaminados—5:12-16
5. Sana al paralítico—5:17-26
6. Llama a los menospreciados—5:27-39
7. Quebranta el precepto sabático distorsionado, para satisfacer y librar al pueblo—6:1-11
8. Designa a doce apóstoles—6:12-16
9. Enseña a Sus discípulos la moralidad más elevada—6:17-49
10. Sana al que estaba a punto de morir—7:1-10
11. Muestra compasión resucitando al único hijo de una viuda que estaba llorando—7:11-17
12. Fortalece a Su precursor—7:18-35
13. Perdona a los pecadores—7:36-50
14. Las mujeres le ministran—8:1-3

15. Enseña en parábolas—8:4-18
16. Identifica a Sus verdaderos parientes—8:19-21
17. Calma la tempestad—8:22-25
18. Echa fuera una legión de demonios—8:26-39
19. Sana a una mujer que tenía flujo de sangre y resucita a una niña—8:40-56
20. Envía a los doce apóstoles para que propaguen Su ministerio—9:1-9
21. Alimenta a los cinco mil—9:10-17
22. Reconocido como el Cristo —9:18-21
23. Revela Su muerte y Su resurrección por primera vez—9:22-26
24. Transfigurado en el monte—9:27-36
25. Echa fuera el demonio del hijo de un hombre—9:37-43a
26. Revela Su muerte por segunda vez—9:43b-45
27. Enseña en cuanto a la humildad y la tolerancia—9:46-50

B. Desde Galilea hasta Jerusalén—9:51—19:27
   1. Rechazado por los samaritanos—9:51-56
   2. Instruye al pueblo en cuanto a la manera de seguirle—9:57-62
   3. Designa a setenta discípulos para que propaguen Su ministerio—10:1-24
   4. Se presenta como el buen samaritano con la moralidad más elevada—10:25-37
   5. Recibido por Marta—10:38-42
   6. Enseña en cuanto a la oración—11:1-13
   7. Rechazado por la generación maligna—11:14-32
   8. Les advierte que no se queden en tinieblas—11:33-36
   9. Reprende a los fariseos y a los intérpretes de la ley—11:37-54
   10. Les advierte acerca de la hipocresía de los fariseos y de negar al Salvador-Hombre—12:1-12
   11. Les advierte contra la codicia—12:13-34
   12. Les enseña a vigilar y a ser fieles—12:35-48
   13. Anhela ser liberado por medio de Su muerte—12:49-53
   14. Enseña en cuanto al discernimiento de los tiempos—12:54-59
   15. Enseña en cuanto al arrepentimiento—13:1-9
   16. Sana en sábado a una mujer que andaba encorvada—13:10-17
   17. Enseña en cuanto al reino de Dios, que es como un grano de mostaza y como levadura—13:18-21
   18. Enseña en cuanto a entrar en el reino de Dios—13:22-30
   19. Viaja hacia Jerusalén sin detenerse—13:31-35
   20. Sana en sábado a un hombre hidrópico—14:1-6
   21. Les enseña a los invitados y al que invita—14:7-14
   22. Enseña en cuanto a aceptar la invitación de Dios—14:15-24
   23. Enseña cómo seguir al Salvador-Hombre—14:25-35

24. Revela el amor salvador del Dios Triuno para con los pecadores—15:1-32
    a. Con la parábola del pastor que busca la oveja—vs. 1-7
    b. Con la parábola de la mujer que busca la moneda — vs. 8-10
    c. Con la parábola de un padre que recibe a su hijo—vs. 11-32
25. Les enseña a ser mayordomos prudentes—16:1-13
26. Enseña en cuanto a entrar en el reino de Dios—16:14-18
27. Amonesta a los ricos—16:19-31
28. Enseña en cuanto a los tropiezos, el perdón y la fe—17:1-6
29. Enseña en cuanto al servicio—17:7-10
30. Limpia a diez leprosos—17:11-19
31. Enseña en cuanto al reino de Dios y al arrebatamiento de los vencedores—17:20-37
32. Enseña en cuanto a la oración persistente—18:1-8
33. Enseña en cuanto a entrar en el reino de Dios—18:9-30
    a. Humillarse—vs. 9-14
    b. Ser como niños—vs. 15-17
    c. Renunciar a todo y seguir al Salvador-Hombre—vs. 18-30
34. Revela Su muerte y Su resurrección por tercera vez—18:31-34
35. Sana a un ciego cerca de Jericó—18:35-43
36. Salva a Zaqueo—19:1-10
37. Enseña en cuanto a la fidelidad—19:11-27

IV. El Salvador-Hombre se entrega a la muerte para efectuar la redención—19:28—22:46

A. Entra en Jerusalén triunfalmente—19:28-40
B. Se lamenta sobre Jerusalén—19:41-44
C. Purifica el templo y enseña allí—19:45-48
D. Es examinado por última vez—20:1—21:4
   1. Por los principales sacerdotes, los escribas y los ancianos—20:1-19
   2. Por los fariseos y los herodianos—20:20-26
   3. Por los saduceos—20:27-38
   4. Hace callar a todos los examinadores—20:39-44
   5. Advierte en contra de los escribas—20:45-47
   6. Alaba a la viuda pobre—21:1-4
E. Prepara a los discípulos para Su muerte—21:5—22:46
   1. Les habla de las cosas venideras—21:5-36
      a. La destrucción del templo—vs. 5-6
      b. Las plagas que sobrevendrán entre Su ascensión y la gran tribulación—vs. 7-11
      c. La persecución de Sus discípulos en la edad de la iglesia—vs. 12-19
      d. La gran tribulación y Su venida—vs. 20-27
      e. La redención de los discípulos y el arrebatamiento de los vencedores—vs. 28-36
   2. Enseña diariamente en el templo—21:37-38

3. Sus opositores conspiran para matarlo, y un falso discípulo trama traicionarlo—22:1-6
4. Instituye Su cena para que los discípulos participen de Su muerte—22:7-23
5. Les enseña a los discípulos en cuanto a la humildad y predice lo que les va a pasar—22:24-38
6. Ora en cuanto a los sufrimientos de Su muerte y exhorta a los discípulos a que oren—22:39-46

V. La muerte del Salvador-Hombre—22:47—23:56

A. Arrestado—22:47-65
(Negado por Pedro—vs. 54b-62)

B. Juzgado—22:66—23:25
1. Por el sanedrín judío—22:66-71
2. Por los gobernantes romanos—23:1-25

C. Crucificado—23:26-49
1. Sufre la persecución de los hombres—vs. 26-43
2. Sufre el juicio de Dios por los pecadores para lograr una muerte sustitutiva por ellos—vs. 44-49

D. Sepultado—23:50-56

VI. La resurrección del Salvador-Hombre—24:1-49

A. Descubierta por las mujeres—vs. 1-11
B. Averiguada y confirmada por Pedro—v. 12
C. Aparece a dos discípulos—vs. 13-35
D. Aparece a los apóstoles y a los que están con ellos y los comisiona—vs. 36-49

VII. La ascensión del Salvador-Hombre—24:50-53

EL EVANGELIO DE
LUCAS

Autor: Lucas; véase la nota 3[1] del cap. 1.
Fecha: Por el año 60 d. de C., antes de que Hechos fuera escrito (Hch. 1:1).
Lugar: Probablemente Cesarea, durante el encarcelamiento de Pablo en esa ciudad (cfr. Hch. 23:33; 24:27; 27:1).
Destinatario: Teófilo (1:3); véase la nota 3[2] del cap. 1.

Tema:
El evangelio del perdón de pecados: comprueba que Jesucristo es el Salvador-Hombre

CAPITULO 1

I. Introducción
1:1-4

1 [1]Ya que [2]muchos han emprendido el trabajo de [3]compo-
ner un relato de las [4]cosas que se han cumplido cabalmente
entre nosotros,
2 tal como nos las [1]trasmitieron [2]los que desde el principio fueron [a]testigos oculares y [3]ministros de la [4]palabra,
3 me ha parecido también a [1]mí, después de haber in-
vestigado con diligencia todas las cosas desde su origen,
escribírtelas [a]ordenadamente, [b]excelentísimo [2c]Teófilo,

2[a] 2 P. 1:16; 1 Jn. 1:1-3; Hch. 1:3; 4:20
3[a] Hch. 11:4
3[b] Hch. 23:26; 24:3; 26:25
3[c] Hch. 1:1

1[1] O, Como es bien sabido…

1[2] Esto indica que hubo más de cuatro personas que escribieron una crónica de la vida terrenal del Salvador.

1[3] O, poner en orden.

1[4] Los acontecimientos del nacimiento, ministerio y martirio de Juan el Bautista, y del nacimiento, vida, ministerio, enseñanza, muerte, resurrección y ascensión de Jesús, que ocurrieron para la realización del plan redentor de Dios, cuyo fin es salvar por gracia a los pecadores.

2[1] Esto indica que el escritor de este evangelio no estuvo entre aquellos discípulos que anduvieron con el Salvador durante Su vida terrenal.

2[2] El primer grupo de creyentes neotestamentarios, que acompañó al Salvador durante Su ministerio terrenal.

2[3] Lit., siervos; es decir, siervos oficiales, ordenanzas, quienes asisten o sirven a un oficial o a una autoridad para llevar a cabo sus órdenes. La palabra griega se usa en 4:20; Mt. 5:25; Mr. 14:54; Hch. 26:16; 1 Co. 4:1.

2[4] La palabra del evangelio ministrada y predicada a la gente (Hch. 6:4; 8:4).

3[1] La iglesia primitiva reconoció a Lucas como el autor tanto de este evangelio como de Hechos. El estilo de los dos libros muestra que Lucas fue el autor de ambos. Lucas era un

4 para que conozcas bien la certeza de las cosas en las cuales has sido instruido.

II. La preparación del Salvador-Hombre en Su humanidad con Su divinidad 1:5—4:13

A. La concepción del precursor 1:5-25

5a Mt. 2:1
5b Ex. 28:1; Lv. 8:2
6a Lc. 1:75; 2:25; Gn. 7:1
6b 1 R. 9:4; Sal. 119:1
6c Fil. 3:6

5 Hubo en los días de [a]Herodes, rey de Judea, un sacerdote llamado Zacarías, del [1]turno de Abías; su mujer era de las hijas de [b]Aarón, y se llamaba Elisabet.

6 [1]Ambos eran [2a]justos delante de Dios, pues [3b]andaban [c]irreprensibles en todos los mandamientos y [4]ordenanzas del Señor.

---

gentil (Col. 4:14, cfr. Col. 4:11), probablemente un griego asiático, y médico (Col. 4:14). En Troas se unió a Pablo y a su ministerio y le acompañó en sus últimos tres viajes ministeriales (Hch. 16:10-17; 20:5—21:18; 27:1—28:15). El fue fiel compañero de Pablo hasta el martirio del mismo (Flm. 24; 2 Ti. 4:11). Por eso, su evangelio debe de representar la perspectiva de Pablo, así como el de Marcos representa la de Pedro (véase la nota 1[1], párr. 1, de Mr. 1).

Los evangelios de Lucas, Mateo y Marcos son sinópticos con respecto a la humanidad del Salvador (véase la nota 1[1], párr. 2, de Mr. 1). El Evangelio de Lucas revela a Dios, quien está entre los hombres en Su gracia salvadora dada a la humanidad caída. Su propósito es presentar al Salvador como un hombre genuino, normal y perfecto. Nos presenta retrospectivamente una genealogía completa del hombre Jesús, desde Sus padres hasta Adán, la primera generación de la humanidad, y muestra que El es descendiente genuino del hombre, un hijo de hombre (véase la nota 1[1], párrs. 2 y 3, de Mt. 1). La crónica de la vida de este hombre nos impresiona con la integridad y la perfección de Su humanidad. Por esto, el énfasis de este evangelio es el Señor como Salvador-Hombre. Basándose en los principios morales que se aplican a todos los hombres, nos presenta mensajes del evangelio, como en 4:16-21; 7:41-43; 12:14-21 y 13:2-5, parábolas del evangelio como en 10:30-37; 14:16-24; 15:3-32 y 18:9-14, y casos del evangelio, como en 7:36-50; 13:10-17; 16:19-31; 19:1-10 y 23:39-43. Ninguno de éstos consta en los otros evangelios. Lucas, a diferencia de Mateo, no resalta el aspecto dispensacional ni el trasfondo judío. Es el evangelio escrito a la humanidad en general, y anuncia las buenas nuevas a todo el pueblo (2:10). Su característica no es judía en absoluto, sino gentil (4:25-28). Es un evangelio para todos los pecadores, tanto judíos como gentiles. Como tal, la secuencia de su narración concuerda con la moralidad y no es cronológica. Véanse las notas 16[1], párr. 2, de Mt. 8 y 20[1] de Mr. 14.

3[2] La palabra griega significa *amado por Dios*, o *amigo de Dios*. Se trata probablemente de un creyente gentil que ocupaba algún puesto oficial en el Imperio Romano.

5[1] Este era el octavo de los veinticuatro turnos del servicio sacerdotal ordenado por David (1 Cr. 24:10).

6[1] Ellos pertenecían al pueblo escogido por Dios y habían sido preservados bajo la custodia de la ley en el Antiguo Testamento, y como producto de ésta fueron útiles a Dios para la iniciación del evangelio en el Nuevo Testamento.

6[2] Esto no contradice Ro. 3:20.

7 Y [1]no tenían hijo, porque Elisabet era estéril, y ambos
eran [2]de edad avanzada.
8 Aconteció que ejerciendo Zacarías el sacerdocio delante de Dios según el [a]orden de su turno,
9 conforme a la costumbre del sacerdocio, le tocó en
suerte entrar en el [a]templo del Señor a [1]quemar incienso.
10 Y toda la multitud del pueblo estaba fuera [1a]orando a
la hora de quemar el incienso.
11 Y se le apareció un ángel del Señor puesto en pie a la
derecha del [a]altar del incienso.
12 Y se turbó Zacarías al verle, y le sobrecogió [a]temor.
13 Pero el ángel le dijo: Zacarías, [a]no temas, porque tu
petición ha sido oída, y tu mujer Elisabet te [1]dará a luz un
hijo, y llamarás su nombre [2b]Juan.
14 Y tendrás gozo y júbilo, y muchos se regocijarán de su
nacimiento;

8[a] 1 Cr. 24:19; 2 Cr. 8:14
9[a] Lc. 1:21-22; Hch. 2:46; 3:1
10[a] Sal. 141:2; Ap. 8:3-4
11[a] Ex. 30:1-10
12[a] Lc. 2:9; Hch. 10:4
13[a] Lc. 1:30; 2:10; Jue. 6:23; Ap. 1:17
13[b] Lc. 1:60, 63

Aquí significa ser rectos, es decir, irreprensibles delante de Dios conforme a los mandamientos y las ordenanzas del Antiguo Testamento (2:25; Fil. 3:6). No quiere decir que estos justos no eran pecaminosos, o sea que no tenían pecado ni pecados. Ellos eran irreprensibles, pero no intachables. Todavía necesitaban las ofrendas inmaculadas que presentaron por el pecado y por las transgresiones en tipología (Lv. 4:28; 5:15), para recibir la expiación a fin de tener contacto con Dios.

6[3] Es decir, vivían según.

6[4] La ley del Antiguo Testamento generalmente se llama "la ley"; su contenido está dividido en tres categorías: mandamientos, estatutos y ordenanzas. Los mandamientos, siendo los mandatos básicos de Dios, son los principios generales de la ley. Hay diez mandamientos (Ex. 20:2-17). Los estatutos, que son leyes o reglamentos, exponen y explican en detalle, y complementan los mandamientos escritos en Ex. 20:22-26. Las ordenanzas, así como los estatutos, exponen y explican en detalle, y complementan los mandamientos, y, además incluyen veredictos, según lo narrado en Ex. 21:1—23:19. Las ordenanzas sin los veredictos llegan a ser estatutos. La palabra griega traducida *ordenanzas* aquí es la misma que aparece en Ro. 2:26 y en He. 9:1, 10.

7[1] Esto muestra la soberanía del Señor. De este modo ellos proporcionaron a Dios una oportunidad para iniciar Su evangelio, no por la fuerza natural del hombre, sino por Su acto divino.

7[2] Lit., avanzados en sus días.

9[1] Sobre el altar del incienso dentro del Lugar Santo (v. 11; Ex. 30:6-8; 1 S. 2:28; 1 Cr. 23:13; 2 Cr. 29:11).

10[1] La oración del pueblo de Dios le facilita la realización de Su plan.

13[1] Esto indica que Zacarías había orado para que su esposa le diera a luz un hijo. Esto también indica que nuestra oración lleva a cabo la operación de Dios, lo que implica que nuestra fuerza natural debe ser llevada a su fin para que la operación de Dios empiece por Su acto divino. Esto fue revelado en el caso de Abraham y Sara (Gn. 17:15-19) y en el caso de Ana (1 S. 1:5-20).

13[2] Del nombre hebreo *Jehoanán,* cuya contracción es *Johanán* (2 R. 25:23; 1 Cr. 3:24; 2 Cr. 28:12); significa *Jehová muestra favor, Jehová muestra gracia,* o *Jehová da con gracia.*

15[a] Mt. 11:11
15[b] Lc. 7:33; Jue. 13:4
15[c] Lc. 1:35, 41, 67; Hch. 2:4
15[d] cfr. Is. 49:1, 5; Jer. 1:5; Gá. 1:15
17[a] Lc. 1:76; Mal. 3:1
17[b] Mal. 4:6
17[c] Ro. 10:21
17[d] cfr. Lc. 1:76; 7:27
18[a] cfr. Gn. 17:17; Ro. 4:19
19[a] He. 1:14
19[b] Lc. 1:26; Dn. 8:16; 9:21
20[a] Ex. 4:11; Ez. 3:26
21[a] Lc. 1:9
22[a] Dn. 9:23; Hch. 10:3, 17; 16:9

15 porque será [a]grande ante el Señor. No beberá [1b]jamás ni vino ni licor, y será lleno del [2c]Espíritu Santo, aun desde el [d]vientre de su madre.

16 Y hará que muchos de los hijos de Israel se vuelvan al Señor Dios de ellos.

17 E irá [a]delante de El en el espíritu y el poder de [1]Elías, para hacer volver los [b]corazones de los padres a los hijos, y los [c]desobedientes [2]a la [3]prudencia de los justos, para [d]preparar al Señor un pueblo bien dispuesto.

18 Dijo Zacarías al ángel: ¿En qué conoceré esto? Porque yo soy [a]viejo, y mi mujer es [1]de edad avanzada.

19 Respondiendo el [a]ángel, le dijo: Yo soy [b]Gabriel, que estoy delante de Dios; y he sido enviado a hablarte, y a anunciarte las buenas nuevas de estas cosas.

20 He aquí, te quedarás [a]mudo y no podrás hablar, hasta el día en que sucedan estas cosas, por cuanto [1]no creíste mis palabras, las cuales se cumplirán a su tiempo.

21 Y el pueblo estaba esperando a Zacarías, y se extrañaba de que él se demorase en el [a]templo.

22 Pero cuando salió, no les podía hablar; y comprendieron que había visto [a]visión en el templo. El les hacía señas, y permaneció mudo.

23 Y cumplidos los días de su servicio *sacerdotal,* se fue a su casa.

15[1] Esto indica que Juan iba a ser nazareo (Nm. 6:1-4). El no bebería vino sino que sería lleno del Espíritu Santo; el Espíritu Santo reemplaza al vino (Ef. 5:18).

15[2] Este es el primer título divino atribuido al Espíritu de Dios en el Nuevo Testamento. Tal título no se usa en el Antiguo Testamento. (En Sal. 51:11 y en Is. 63:10-11 *santo Espíritu* debería traducirse *Espíritu de santidad.*) Fue en este momento, para la iniciación del evangelio de Dios, con el fin de preparar el camino para la venida del Salvador, y de prepararle un cuerpo humano, que se usó este título divino para referirse al *Espíritu de Dios*. La preparación de la venida del Salvador requirió que Su precursor fuese lleno del Espíritu Santo aun desde el vientre de su madre, con el fin de que pudiese separar al pueblo para Dios de todo lo que no fuese Dios, y santificarlos para El y para Su propósito. La preparación de un cuerpo humano para el Salvador requería que el Espíritu Santo impartiera la naturaleza divina en la humanidad, santificando al hombre para llevar a cabo el plan redentor de Dios.

17[1] Esto fue el cumplimiento de Mal. 4:5 (Mt. 11:14 y la nota 1; Mr. 9:11-13).

17[2] Lit., en [la esfera de] la prudencia de los justos.

17[3] O, consejo. La sabiduría es la perspicacia interna, mientras que la prudencia es la aplicación práctica de la sabiduría. Es por esto que *prudencia* podría traducirse *consejo*.

18[1] Lit., avanzada en sus días.

20[1] Al creer se abre la boca que alaba y testifica (2 Co. 4:13); la incredulidad enmudece nuestra lengua.

24 Después de aquellos días concibió su mujer Elisabet, y
se recluyó en casa por cinco meses, diciendo:
25 Así ha hecho conmigo el Señor en los días en que me
miró para quitar mi [a]oprobio entre los hombres.

B. La concepción del Salvador-Hombre
1:26-56

26 Al sexto mes el ángel [a]Gabriel fue enviado de parte de
Dios a una ciudad de [1]Galilea, llamada [b]Nazaret,
27 a una [a]virgen desposada con un varón que se llamaba
[b]José, de la casa de [1c]David; y el nombre de la virgen era
María.
28 Y entrando *el ángel* en donde ella estaba, dijo: ¡Regocíjate, *pues* se te ha concedido gracia! El Señor está [a]contigo[1].
29 A estas palabras ella se turbó profundamente, y pensaba qué salutación sería ésta.
30 Entonces el ángel le dijo: María, [a]no temas, porque has
hallado [b]gracia delante de Dios.
31 Y he aquí, [a]concebirás en *tu* vientre, y darás a luz un
hijo, y llamarás Su nombre [1b]Jesús.
32 Este será [a]grande, y será llamado [b]Hijo del [1c]Altísimo;
y el Señor Dios le dará el [d]trono de [2e]David Su padre;
33 y [1]reinará sobre la casa de Jacob [a]para siempre, y Su
[2]reino [b]no tendrá fin.
34 Pero María dijo al ángel: ¿Cómo será esto? pues no
conozco varón.
35 Respondiendo el ángel, le dijo: El [1]Espíritu Santo vendrá sobre ti, y el poder del [a]Altísimo te [2]cubrirá con su

26[1] Galilea era una región sin fama, y Nazaret era una ciudad menospreciada (Jn. 7:52; 1:46).

27[1] La virgen María vivía en una ciudad menospreciada de una región sin fama, pero era descendiente del linaje real de David (vs. 31-32; Mt. 1:16, notas 1 y 2).

28[1] Algunos mss. añaden: Bienaventurada entre las mujeres.

31[1] Véase la nota 21[1] de Mt. 1.

32[1] Un título divino que denota el Ser Supremo (Dios, Gn. 14:18); por eso, en el griego no hay artículo. Jesús es grande porque es el Hijo del Altísimo, del Dios Supremo.

32[2] Jesús, concebido por el Espíritu Santo y nacido de una virgen, de un ser humano, es el Hijo del Dios Altísimo, y al mismo tiempo es el hijo de un hombre de alta categoría, el rey David (Mt. 1:1; 22:45). El es tanto divino como humano.

33[1] Jesús tendrá a la casa de Jacob —la nación de Israel— como el centro de Su reinado (Hch. 1:6; 15:16), a través de la cual El regirá todo el mundo como Su reino (Ap. 11:15), primeramente en el milenio (Ap. 20:4, 6) y luego en el cielo nuevo y la tierra nueva por la eternidad (Ap. 22:3, 5).

25[a] Gn. 30:23; Is. 4:1; 54:4
26[a] Lc. 1:19
26[b] Mt. 2:23; Jn. 1:45
27[a] Is. 7:14
27[b] Lc. 3:23; Mt. 1:16, 18
27[c] Lc. 1:69; Mt. 1:20; Lc. 2:4
28[a] Lc. 1:66; Jue. 6:12
30[a] Lc. 1:13
30[b] Hch. 7:46; He. 4:16
31[a] Is. 7:14; Mt. 1:23
31[b] Lc. 2:21
32[a] Tit. 2:13 y la nota 4
32[b] Lc. 1:35; Ro. 1:4; Jn. 1:34
32[c] Lc. 1:35, 76; 6:35; Mr. 5:7; Hch. 7:48
32[d] 2 S. 7:13 32[e] Lc. 1:69; Ro. 1:3 33[a] 2 S. 7:12-13; Mi. 4:7
33[b] Dn. 2:44; 7:14, 18; He. 1:8; Ap. 11:15 35[a] Lc. 1:32

35[b] Jn. 6:69
35[c] Lc. 1:32; Mr. 1:1; Mt. 14:33; Jn. 20:31; Hch. 8:37
37[a] Mt. 19:26; Ro. 4:21
38[a] Hch. 12:10
39[a] Lc. 1:65; Jos. 20:7; 21:11
41[a] Lc. 1:15
42[a] cfr. Jue. 5:24
42[b] cfr. Dt. 28:4

sombra; por eso también [3b]lo santo que nacerá, será llamado
[c]Hijo de Dios.
36 Y he aquí tu parienta Elisabet, ella también ha concebido hijo en su vejez; y éste es el sexto mes para ella, la que
llamaban estéril;
37 porque ninguna palabra será [1a]imposible [2]para Dios.
38 Y María dijo: He aquí la esclava del Señor; hágase
conmigo conforme a tu palabra. Y el [a]ángel se fue de ella.
39 En aquellos días, levantándose María, fue de prisa a la
[a]región montañosa, a una ciudad de Judá;
40 y entró en casa de Zacarías, y saludó a Elisabet.
41 Y aconteció que cuando oyó Elisabet la salutación de
María, la [1]criatura saltó en su vientre; y Elisabet fue llena
del [a]Espíritu Santo,
42 y alzó la voz en una gran exclamación, y dijo: ¡[1a]Bendita
tú entre las mujeres, y bendito el [2b]fruto de tu vientre!

33[2] El versículo anterior muestra la familia de Jesús, y este versículo Su reino.

35[1] Véase la nota 15[2].

35[2] Como la sombra de la nube en el monte de la transfiguración (Mt. 17:5) y sobre el tabernáculo (Ex. 40:34, 38). Según este versículo parece que el Espíritu Santo solamente estaría sobre María como el poder para que ella concibiera al niño santo. Sin embargo, Mt. 1:18 y 20 nos dice que María "estaba encinta por obra del Espíritu Santo", y que "lo engendrado en ella, del Espíritu Santo es". Esto indica que la esencia divina que procedía del Espíritu Santo había sido engendrada en el vientre de María antes de que ella diera a luz al niño Jesús. Tal concepción del Espíritu Santo en la virgen humana, realizada tanto con la esencia divina como con la humana, constituye una mezcla de la naturaleza divina con la naturaleza humana, lo cual produjo un Dios-hombre, uno que es el Dios completo y el hombre perfecto, y que posee la naturaleza divina y la naturaleza humana distintamente, sin haberse producido una tercera naturaleza. Esta es la persona de Jesús, la más maravillosa y más excelente, quien es Jehová el Salvador.

La concepción de Juan el Bautista y la de Jesús el Salvador son notablemente diferentes en esencia. La concepción del Bautista fue un milagro que Dios realizó con la esencia humana envejecida, lo cual hizo meramente por el poder divino, sin la participación de la esencia divina. Esto dio como resultado un simple hombre que estaba lleno del Espíritu de Dios (v. 15), pero que no tenía la naturaleza de Dios. La concepción del Salvador fue la encarnación de Dios (Jn. 1:14), no solamente constituida por el poder divino, sino también de la esencia divina, agregada a la esencia humana, produciendo así al Dios-hombre de dos naturalezas: la divina y la humana. A través de esto Dios se unió con la humanidad para poder manifestarse en la carne (1 Ti. 3:16) y ser el Salvador-Hombre (2:11).

35[3] Tal como la concepción provino del Espíritu Santo, así lo nacido de esta concepción era santo, intrínsecamente santo. Este es Jesús nuestro Salvador.

37[1] O, impotente.

37[2] Lit., de parte de.

41[1] El precursor exultó (v. 44) al encontrarse con el Salvador, cuando ambos todavía estaban en los vientres de sus madres.

43 ¿Por qué *se* me *concede* esto a mí, que la madre de mi
[1a]Señor venga a mí?
44 Porque, he aquí, cuando llegó la voz de tu salutación a
mis oídos, la criatura dio saltos de júbilo en mi vientre.
45 Y [1]bienaventurada la que [2a]creyó, porque tendrá [3]cum-
plimiento lo que le fue dicho de parte del Señor.
46 Entonces María dijo: [1]Mi [a]alma [2b]magnifica al Señor;
47 y mi [a]espíritu [1]ha [b]exultado en Dios mi [c]Salvador.
48 Porque ha [a]mirado la bajeza de Su esclava; pues he
aquí, desde ahora me tendrán por [b]bienaventurada todas las
generaciones.
49 Porque me ha hecho [a]grandes cosas el [1b]Poderoso; [c]san-
to es Su nombre,
50 y Su [1a]misericordia es de [b]generación en generación a
los que le [c]temen.

42[1] La bendición que pronunció Elisabet por el Espíritu Santo (v. 41), reveló la humanidad del Salvador al usar la palabra fruto, y Su deidad al llamarle "Señor" (v. 43), y además confirmó la fe de María en la palabra del Señor (v. 45). Tal bendición indica que Elisabet también era una mujer piadosa, apta para que Dios la usara a fin de llevar a cabo Su propósito.

42[2] Aquí y en Hch. 2:30 se usa *fruto* con relación a Cristo solamente en el sentido de descendencia. En Ap. 22:2 la misma palabra griega se usa refiriéndose al fruto del árbol de la vida. Cristo es el Renuevo de Jehová (Is. 4:2) y de David (Jer. 23:5), el fruto de María y el de David (Hch. 2:30), para que nosotros comamos de El, quien es el árbol de la vida (Ap. 2:7).

43[1] Elisabet, llena del Espíritu Santo (v. 41), reconoció al fruto del vientre de María como su Señor, afirmando así la deidad del niño que iba a nacer de María (Sal. 110:1; Mt. 22:43-45).

45[1] O, bienaventurada la que creyó que tendrá cumplimiento lo que le fue dicho de parte del Señor.

45[2] En contraste con el incrédulo Zacarías (v. 20).

45[3] Esta es una profecía dada por el Espíritu Santo (v. 41) para confirmar lo que el Señor dijo a María por medio del ángel Gabriel en los vs. 30-37.

46[1] La alabanza poética de María está compuesta de muchas citas del Antiguo Testamento, lo cual indica que era una mujer piadosa, apta para ser un canal para la encarnación del Salvador, y que Jesús crecería en una familia llena del conocimiento y del amor de la santa Palabra de Dios.

46[2] María magnificó al Señor alabándole, con base en la experiencia que tenía de Dios como su Salvador por medio de la misericordia eterna de El (vs. 47-50), y en su observación de la experiencia que otros habían tenido de las acciones misericordiosas y fieles de Dios (vs. 51-55). Su alabanza, en contenido y nivel, es como algunos de los salmos del Antiguo Testamento. Sin embargo, ella no dijo nada con respecto a Cristo, a diferencia de la bendición de Elisabet (vs. 41-43) y de la profecía que dio Zacarías (vs. 67-71, 76-79) por el Espíritu Santo.

47[1] Primero el espíritu de María exultó en Dios; luego su alma magnificó al Señor. La alabanza que ofreció a Dios se inició en su espíritu y se expresó a través de su alma. Su espíritu fue lleno de gozo en Dios su Salvador, y su alma lo manifestó magnificando al Señor. Ella vivía y actuaba en su espíritu, el cual dirigía a

43[a] Lc. 20:42; Jn. 20:28
45[a] Jn. 20:29
46[a] vs. 46-53: cfr. 1 S. 2:1-10
46[b] Sal. 34:2-3; 69:30; Hch. 10:46; 19:17
47[a] Jn. 4:24; Ro. 1:9
47[b] Hab. 3:18
47[c] Sal. 106:21; 1 Ti. 1:1; 2:3; Tit. 1:3; 2:10; 3:4; Jud. 25
48[a] 1 S. 1:11; Sal. 138:6
48[b] Lc. 11:27; Mal. 3:12
49[a] Sal. 126:2-3; 71:19
49[b] Sal. 66:7
49[c] Sal. 111:9; Is. 57:15
50[a] Ex. 34:6; Os. 6:6
50[b] Gn. 17:7; Dt. 7:9
50[c] Sal. 25:14; 111:10; 112:1

51 Hizo proezas con Su [a]brazo; esparció a los [b]soberbios
en el pensamiento de sus corazones.
52 Quitó de los tronos a los [a]poderosos, y [b]exaltó a los
[c]humildes.
53 A los [a]hambrientos colmó de bienes, y a los ricos despidió vacíos.
54 Socorrió a Israel Su [a]siervo, [b]acordándose de la misericordia,
55 [1]tal como habló a nuestros padres, para con [a]Abraham
y su descendencia para siempre.
56 Y se quedó María con ella como tres meses; después se
volvió a su casa.

C. El nacimiento y la juventud del precursor
1:57-80

57 A Elisabet se le cumplió el tiempo de su alumbramiento y dio a luz un hijo.
58 Y oyeron sus vecinos y parientes que el Señor había
engrandecido para con ella Su misericordia y se regocijaron
con ella.
59 Aconteció que al octavo día vinieron para [a]circuncidar
al niño; y querían llamarle con el nombre de su padre,
Zacarías;
60 pero respondiendo su madre, dijo: No, sino que se
llamará [a]Juan.
61 Le dijeron: No hay nadie en tu parentela que se llame
con ese nombre.
62 Entonces preguntaron por señas a su padre, cómo
quería que se llamase.
63 Y pidiendo una tablilla, escribió, diciendo: Juan es su
nombre. Y todos se maravillaron.
64 Al momento fue abierta su [1]boca y *suelta* su [a]lengua, y
comenzó a hablar bendiciendo a Dios.

51[a] Sal. 89:10; 98:1; Is. 40:10; 51:9
51[b] Dn. 4:37
52[a] Dn. 2:21
52[b] 1 S. 2:7; Job 5:11; Sal. 75:7; Lc. 18:14
52[c] Pr. 3:34
53[a] 1 S. 2:5; Sal. 107:9
54[a] Is. 41:8-9; 44:21; 49:3
54[b] Sal. 98:3; cfr. Lc. 1:72
55[a] Gá. 3:16
59[a] Lc. 2:21; Gn. 17:12; Lv. 12:3; Fil. 3:5
60[a] Lc. 1:13
64[a] Mr. 7:35

su alma. Su espíritu exultó en Dios por haber disfrutado ella a Dios como su Salvador, y su alma magnificó al Señor por haber exaltado ella al Señor, quien es Jehová, el gran Yo Soy.

49[1] O, Potente.

50[1] Tanto María como Zacarías recalcan la misericordia de Dios (vs. 54, 58, 72, 78; véanse las notas 16[2] de He. 4 y 5[2] de Tit. 3), admitiendo así su baja condición (v. 48) y reconociendo humildemente (v. 52) que no eran dignos del favor de Dios.

55[1] Se refiere a la fidelidad de Dios en guardar Su palabra. Tanto María como Zacarías no solamente recalcan la misericordia de Dios (véase la nota 50[1]), sino también Su fidelidad (vs. 70, 72 y la nota 72[2]). La misericordia de Dios tiene que ver con la condición de ellos, y Su fidelidad tiene que ver con Su posición para poder concederles favor con Sus hechos de gracia.

65 Y vino [a]temor sobre todos los que vivían alrededor de
ellos; y en toda la [b]región montañosa de Judea se divulgaron
todas estas [1]cosas.
66 Y todos los que las oían las guardaban en su [a]corazón,
diciendo: ¿Qué, pues, llegará a ser este niño? Pues, a la
verdad, la mano del Señor estaba [b]con él.
67 Y Zacarías su padre fue lleno del [a]Espíritu Santo, y
profetizó, diciendo:
68 [a]Bendito el Señor Dios de [b]Israel, porque ha [c]visitado
a Su pueblo y ha efectuado su [1d]redención,
69 y nos levantó un [1a]cuerno de salvación en la casa de
[b]David Su siervo,
70 [1]tal como habló por boca de Sus santos [a]profetas [2]desde
antiguo;
71 [a]salvación de nuestros enemigos, y de la [b]mano de
todos los que nos aborrecen;
72 para hacer [1]misericordia con nuestros padres, y [2a]acor-
darse de Su santo [b]pacto;
73 del [1a]juramento que hizo a Abraham nuestro padre,
74 que nos había de conceder que, librados de la mano de
nuestros enemigos, sin temor le [1]serviríamos
75 en [1a]santidad y en [b]justicia delante de El, todos nuestros días.

64[1] Véase la nota 20[1].

65[1] Lit., palabras.

68[1] La profecía de Zacarías se refiere al mover redentor de Dios por Su pueblo para la salvación de ellos, el cual se realizó cuando Cristo fue levantado en Su humanidad como cuerno de salvación en la casa de David, y en Su divinidad como el sol naciente desde lo alto, mediante la rica misericordia de Dios conforme a Su pacto santo (vs. 68-73, 76-79). Con respecto a la persona divino-humana del Salvador-Hombre y Su obra salvadora, la profecía de Zacarías arroja más luz que la bendición de Elisabet, pero todavía tiene un matiz del estilo y sabor del Antiguo Testamento, tal como la alabanza de María y la bendición de Elisabet.

69[1] Jesús el Salvador, que procedió de la casa de David (Jer. 23:5-6).

70[1] Véase la nota 55[1].

70[2] O, desde la fundación del mundo.

72[1] Véase la nota 50[1]. Así también en el v. 78.

72[2] Se refiere a la fidelidad de Dios en guardar Su palabra, la cual fue hecha Su pacto por Su juramento (v. 73).

73[1] El pacto de Dios está establecido sobre Su promesa (He. 8:6). Una promesa es una palabra común y corriente que no ha sido confirmada con juramento. En el Antiguo Testamento, después de hacer una promesa, Dios la sellaba con juramento. El juraba por Su Deidad para confirmar Su promesa. De este modo la promesa vino a ser Su pacto.

74[1] Lit., serviríamos como sacerdotes.

75[1] Aquí *santidad* conlleva más bien el sentido de piedad y devoción

---

65[a] Lc. 5:26; Hch. 2:43
65[b] Lc. 1:39
66[a] Lc. 2:19, 51
66[b] Lc. 1:28; Gn. 39:2-3; Hch. 11:21
67[a] Lc. 1:15; Jl. 2:28
68[a] 1 R. 1:48; 1 Cr. 29:10; Sal. 41:13; 106:48
68[b] Is. 29:23; Mt. 15:31
68[c] Lc. 1:78; 7:16; Ex. 3:16; 4:31
68[d] Sal. 111:9
69[a] Lc. 1:77; 1 S. 2:10; Sal. 132:17
69[b] Lc. 1:27
70[a] Ro. 1:2; Hch. 3:21
71[a] Lc. 1:77
71[b] Lc. 1:74; Sal. 106:10
72[a] Lv. 26:42; cfr. Lc. 1:54

72[b] Gn. 15:18 **73**[a] Gn. 22:16-18; He. 6:13-14 **75**[a] Ef. 4:24 **75**[b] Lc. 1:6; Tit. 2:12

76 Y tú, niño, [a]profeta del [b]Altísimo serás llamado; porque
irás [c]delante del [1]Señor, para [2d]preparar Sus caminos;
77 para dar conocimiento de [a]salvación a Su pueblo, por
el [b]perdón de sus pecados,
78 por la entrañable [a]misericordia de nuestro Dios, en
virtud de la cual nos ha de [b]visitar desde lo alto el [1c]sol
naciente,
79 para dar luz a los asentados en [a]tinieblas y en sombra
de muerte; para encaminar nuestros pies por camino de
[b]paz.
80 Y el niño [a]crecía, y se fortalecía en [1]espíritu; y estuvo
en el [b]desierto hasta el día de su presentación a Israel.

CAPITULO 2

D. El nacimiento del Salvador-Hombre
2:1-20

1 Aconteció en aquellos días, que salió un decreto de
parte de [a]César Augusto, para que se hiciera un [b]censo de
toda la tierra habitada.
2 Este [1]primer censo se hizo cuando Cirenio [a]gobernaba
Siria.
3 E iban todos para ser empadronados, cada uno a su
ciudad.

76[a] Lc. 7:26; 20:6
76[b] Lc. 1:32
76[c] Lc. 1:17
76[d] Mal. 3:1; Is. 40:3; Mt. 11:10; cfr. Lc. 1:17
77[a] Lc. 1:69; 2:30; 3:6
77[b] Lc. 3:3; Hch. 2:38; 5:31
78[a] Fil. 1:8
78[b] Lc. 1:68
78[c] Mal. 4:2; Ef. 5:14
79[a] Sal. 107:10; Is. 9:2; Mt. 4:16; Hch. 26:18
79[b] Ro. 3:17; Lc. 7:50
80[a] Lc. 2:40
80[b] Mt. 3:1; 11:7
1[a] Lc. 3:1
1[b] Hch. 5:37
2[a] Lc. 3:1

delante de Dios; la palabra griega es diferente de la que se traduce *santas* en Ro. 1:2. La santidad tiene relación principalmente con Dios, y la justicia, principalmente con los hombres. Este libro hace hincapié en la humanidad de Jesús; por eso aquí resalta la santidad y la justicia como las características principales del comportamiento humano delante de Dios, y con las cuales el hombre le sirve.

76[1] Jesús el Salvador (v. 17; Mal. 3:1).

76[2] Véase la nota 3[3] de Mr. 1.

78[1] Jesús el Salvador es el sol naciente para la edad de tinieblas. Su venida puso fin a la noche del Antiguo Testamento y empezó el día del Nuevo Testamento. Como el fruto mencionado en la bendición de Elisabet (v. 42 y la nota 2), El es vida para nosotros (Jn. 14:6); como el sol de la profecía de Zacarías, El es luz para nosotros (Jn. 9:5; Mt. 4:16). Como tal, El es el Realizador y el centro de la obra redentora de Dios para que Su pueblo obtenga salvación.

80[1] Tanto la madre como el padre del precursor estaban llenos del Espíritu Santo (vs. 41, 67). Le fue fácil a su hijo crecer y fortalecerse en su espíritu, y así vivir en el desierto. El hecho de que él creciera y se fortaleciera en el espíritu significa que estaba con Dios y entregado a Dios, y el hecho de que viviera en el desierto significa que estaba fuera de la cultura y la religión del hombre, para que Dios tuviese una vía despejada para usarle como el precursor del Salvador.

2[1] Esto provino de la soberanía de Dios, como se menciona en Pr. 21:1. Por este censo María y José fueron llevados de Nazaret a Belén, para que el Salvador naciese allí en cumplimiento de la profecía con respecto al lugar de Su nacimiento (Mi. 5:2; Jn. 7:41-42).

4 [a]José subió también desde Galilea, de la ciudad de
[b]Nazaret, a Judea, a la ciudad de David, que se llama [c]Belén,
por cuanto era de la [1]casa y familia de David;
5 para ser empadronado con María, la *mujer* desposada
con él, la cual estaba [a]encinta.
6 Y aconteció que estando ellos allí, se cumplieron los
días de su alumbramiento.
7 Y [1a]dio a luz a su hijo [b]primogénito, y lo envolvió en
pañales, y lo acostó en un [2]pesebre, porque no había lugar
para ellos en el [c]mesón.
8 Había [1]pastores en la misma región, que vivían en los
campos y cuidaban sus rebaños durante la noche.
9 Y se les [a]presentó un [b]ángel del Señor, y la [c]gloria del
Señor los rodeó de resplandor; y [d]tuvieron gran temor.
10 Pero el ángel les dijo: [a]No temáis; porque he aquí os
[b]anuncio buenas nuevas de [c]gran gozo, que será para [d]todo
el pueblo;

4[1] La casa y familia real que había de heredar el trono de David (3:23-31; 1:32; cfr. Mt. 1:6-16).

7[1] Lucas presenta al Salvador-Hombre. Después de narrar la concepción del Salvador-Hombre, en este capítulo Lucas nos da una excelente reseña de El: (1) tuvo un nacimiento humano genuino, que concordaba con la ley según la cual Dios creó al hombre, a fin de poder ser el Salvador-Hombre para la salvación del hombre; (2) fue circuncidado físicamente según lo ordenado por Dios (vs. 21-24), para ser descendiente legítimo de Abraham (Gn. 17:9-14), Aquel en quien pudiese realizarse la promesa de Dios a Abraham para todos los gentiles (Gá. 3:14) —"serán benditas en ti todas las familias de la tierra" (Gn. 12:3)— que era el evangelio anunciado a éste (Gá. 3:8); (3) creció como un ser humano conforme a la ley de la vida humana (v. 40), para poder ser un hombre perfecto que expresara a Dios para el cumplimiento del plan redentor de Dios; y (4) tuvo una juventud adecuada, durante la cual creció Su interés por las cosas de Dios en relación con Su deidad como Hijo de Dios el Padre (vs. 40-52), para poder tener la plena medida de la sabiduría, la estatura, y el favor para con Dios y para con los hombres.

Este relato del nacimiento y la juventud del Salvador es completamente diferente del de Mt. 2. Los eventos que Mateo cuenta acerca del nacimiento del Salvador y de Su juventud, constituyen una evidencia notable del reinado legítimo de Cristo. Lucas también narra el nacimiento y la juventud, pero los eventos que narra son de otra índole y demuestran claramente la humanidad genuina de Jesús. Los dos relatos abarcan solamente dos de los diferentes aspectos de la maravillosa condición del Salvador. Véase la nota 2[1] de Mt. 2.

7[2] La vida del Salvador-Hombre empezó en un pesebre, en la más baja condición, debido a que el mesón estaba ocupado por la humanidad caída y sus muchas actividades.

8[1] Sus esfuerzos al pastorear el rebaño (que proveía no sólo alimento para el hombre, sino también ofrendas para Dios), y su diligencia en guardar las vigilias de la noche, los hacían aptos para ser los primeros en recibir las buenas nuevas del maravilloso nacimiento del Salvador, anunciado por el ángel.

4[a] Mt. 1:16; Lc. 1:27
4[b] Mt. 2:23
4[c] 1 S. 16:1, 4; 20:6; Mi. 5:2; Mt. 2:1; Jn. 7:42
5[a] Lc. 1:35
7[a] Is. 7:14; Gá. 4:4
7[b] Ex. 13:2, 12; Mt. 1:25
7[c] Lc. 10:34
9[a] Lc. 24:4; Hch. 12:7
9[b] Lc. 15:10; He. 1:14
9[c] Ex. 16:10; 1 R. 8:11
9[d] Lc. 1:12
10[a] Lc. 1:13
10[b] Lc. 3:18; 4:43
10[c] Zac. 9:9
10[d] Jn. 4:42

11 porque os ha [a]nacido hoy, en la ciudad de [b]David, un
[c]Salvador, que es [d]Cristo el [e]Señor.
12 Esto os servirá de [1]señal: Hallaréis un [2]niño envuelto
en pañales y acostado en un pesebre.
13 Y repentinamente apareció con el ángel una multitud
del [a]ejército celestial, que [1b]alababa a Dios, y decía:
14 ¡[1a]Gloria a Dios en las [b]alturas, y en la [c]tierra [1d]paz
entre los [2]hombres de *Su* [e]complacencia!
15 Sucedió que cuando los ángeles se fueron de ellos al
cielo, los pastores se dijeron unos a otros: Pasemos, pues,
hasta Belén, y veamos [1]esto que ha sucedido, y que el Señor
nos ha dado a conocer.
16 Vinieron, pues, apresuradamente, y hallaron a María
y a José, y al niño acostado en el pesebre.
17 Y al verlo, dieron a conocer lo que se les había dicho
acerca de este niño.
18 Y todos los que oyeron, se maravillaron de lo que los
pastores les decían.
19 Pero María guardaba todas estas cosas, meditándolas
en su [a]corazón.
20 Y volvieron los pastores [a]glorificando y alabando a
Dios por todas las cosas que habían oído y visto, tal como se
les había dicho.

E. La juventud del Salvador-Hombre
2:21-52

1. Le circuncidan y le dan un nombre
v. 21

21 Cumplidos los ocho días para [a]circuncidar al niño, le
pusieron por nombre [b]Jesús, nombre que le había sido dado
por el ángel antes que fuese concebido.

2. Presentado y adorado
vs. 22-39

22 Y cuando se cumplieron los días de la [a]purificación de

11a Is. 9:6
11b Lc. 2:4
11c Mt. 1:21; Hch. 5:31; Fil. 3:20
11d Mt. 1:16
11e Lc. 1:43; Hch. 2:36; Fil. 2:11
13a Gn. 32:2
13b Ap. 5:11-12
14a Ef. 1:6; 3:21; Ap. 5:13
14b Lc. 19:38; Sal. 148:1; 1 R. 8:27
14c Mt. 6:10; Ef. 3:15; Col. 1:16
14d Lc. 1:79; Is. 9:6; Zac. 6:13; Ef. 2:17
14e Ef. 1:5, 9
19a Lc. 2:51; 1:66
20a Lc. 7:16
21a Gn. 17:10-14; Lc. 1:59; Ro. 15:8
21b Lc. 1:31; Mt. 1:21, 25
22a Lv. 12:2-6

12[1] Un niño en un pesebre, lo cual representa pequeñez y humildad, fue una señal de la vida del Salvador-Hombre.

12[2] Este pequeño niño es llamado el "Dios fuerte" en la profecía respecto del Salvador-Hombre (Is. 9:6).

13[1] La exultación de los ángeles, quienes estaban emocionados por el nacimiento del Salvador para traer salvación al hombre (cfr. 15:7), dio por resultado que alabaran a Dios.

14[1] La venida del Salvador rindió

ellos, conforme a la ley de Moisés, le [b]trajeron a Jerusalén
para presentarle al Señor
23 (como está escrito en la [a]ley del Señor: "[b]Todo varón
que abra la matriz será llamado santo al Señor"),
24 y para ofrecer en sacrificio conforme a lo que se dice en
la [1]ley del Señor: [2]Un par de tórtolas, o dos palominos.
25 Y he aquí había en Jerusalén un hombre llamado
Simeón, y este hombre, [1a]justo y [b]piadoso, [c]esperaba la [2d]con-
solación de Israel; y el [e]Espíritu Santo estaba sobre él.
26 Y le había sido revelado por el Espíritu Santo, que [a]no
vería la muerte antes que viese al [b]Cristo del Señor.
27 Y movido por el Espíritu, vino al templo. Y cuando los
padres trajeron al niño Jesús para hacer por El conforme a
la costumbre *prescrita* en la [a]ley,
28 él le tomó en sus brazos, y [a]bendijo a Dios, diciendo:
29 Ahora, Soberano Señor, despides a Tu esclavo en [a]paz,
conforme a Tu palabra;
30 porque han visto mis ojos Tu [1a]salvación,
31 la cual has preparado ante la faz de todos los pueblos;
32 [1a]luz para revelación a los gentiles, y [b]gloria de Tu
pueblo Israel.
33 Y Su padre y Su madre estaban maravillados de todo
lo que se decía de El.
34 Y los bendijo Simeón, y dijo a Su madre María: He
aquí, éste está [1]puesto para [a]caída y para levantamiento de
muchos en Israel, y para [2]señal *que será* [b]contradicha

22b 1 S. 1:22, 24
23a Lc. 2:27, 39
23b Ex. 13:2, 12; 22:29; 34:19; Nm. 3:13; 8:17
25a Lc. 1:6, 75; 23:50
25b Hch. 2:5; 8:2; 22:12
25c Lc. 2:38; 23:51
25d Is. 61:2
25e Lc. 1:41, 67
26a cfr. Jn. 8:51; He. 11:5
26b Lc. 9:20; 23:35
27a Lc. 2:23
28a Lc. 1:64
29a Gn. 15:15
30a Lc. 3:6; Gn. 49:18; Is. 52:10
32a Is. 42:6; 49:6; Hch. 13:47
32b Jer. 2:11
34a Is. 8:14-15; Ro. 9:32-33; 1 P. 2:8

gloria a Dios en los cielos y trajo paz a los hombres sobre la tierra.

14[2] Hombres escogidos por Dios según Su beneplácito (Ef. 1:5).

15[1] Lit., esta palabra.

24[1] Todo lo que se requería en la ley fue totalmente cumplido en los vs. 21-24 (v. 39) con el fin de que el Salvador-Hombre pudiese ser un verdadero israelita como un hombre adecuado delante de Dios y de los hombres.

24[2] Esta clase de sacrificio indica la pobreza de los oferentes (Lv. 12:8), la cual fue otra característica de la vida del Salvador-Hombre.

25[1] Justo principalmente para con los hombres y devoto para con Dios.

25[2] El Salvador-Hombre es la consolación del pueblo escogido de Dios.

30[1] El Salvador-Hombre es la salvación que Dios otorga a Su pueblo.

32[1] El Salvador-Hombre es luz para los gentiles y la gloria de Israel.

34[1] El Salvador-Hombre fue designado por Dios para ser una prueba para los hijos de Israel, a fin de que muchos de ellos tropezaran en El y muchos fuesen levantados por El (Ro. 9:33).

34[2] El Salvador-Hombre también es una señal, en contra de la cual hablan y a la cual se oponen los que toman partido con Su enemigo, para que sean revelados los pensamientos de muchos corazones. En las palabras de Simeón, el Salvador-Hombre es revelado como

34b Hch. 28:22; Sal. 69:12; cfr. Mt. 11:19; Jn. 9:24

35 (y una [1]espada traspasará tu misma alma), para que
sean [2]revelados los pensamientos de muchos corazones.
36 Había también una [a]profetisa, Ana, hija de Fanuel, de
la tribu de [b]Aser. Ella [1]era de edad muy avanzada, y había
vivido con *su* marido siete años desde su virginidad,
37 [1]y era [a]viuda hasta los ochenta y cuatro años; y no se
apartaba del templo, [2]sirviendo *a Dios* de [b]noche y de día con
[c]ayunos y súplicas.
38 Esta, presentándose en la misma hora, daba gracias a
Dios, y hablaba del niño a todos los que [a]esperaban la
[1b]redención [2]de Jerusalén.
39 Después de haber cumplido con todo lo prescrito en la
[a]ley del Señor, volvieron a Galilea, a su ciudad de [1b]Nazaret.

3. Crece y progresa
vs. 40-52

40 Y el niño [1]crecía y se fortalecía, y se llenaba de [2a]sabiduría; y la [3]gracia de Dios estaba sobre El.
41 Iban Sus padres todos los años a [a]Jerusalén en la
fiesta de la [b]Pascua;
42 y cuando tuvo [1]doce años subieron conforme a la [2a]costumbre de la fiesta.

36[a] Ex. 15:20
36[b] Gn. 30:13; Nm. 1:40
37[a] 1 Ti. 5:3, 5, 9
37[b] Hch. 26:7; 1 Ti. 5:5
37[c] Mt. 6:16-18; Hch. 13:2-3
38[a] Lc. 2:25
38[b] Lc. 24:21
39[a] Lc. 2:23
39[b] Lc. 2:4
40[a] Lc. 2:52
41[a] Jn. 11:55; Dt. 12:5, 11, 14, 18, 26; 16:16
41[b] Ex. 12:11; Dt. 16:1-8
42[a] Ex. 12:21-27; Lv. 23:4-5

---

la consolación de Israel, la salvación de Dios, luz para los gentiles, la gloria de Israel, una prueba para Israel, y una señal que será contradicha.

35[1] Mientras el Salvador-Hombre como señal es contradicho, el sufrimiento también traspasa el interior de quien le da a luz. Esto es llevar los sufrimientos de El al experimentarle.

35[2] Lo que hay en el corazón del hombre es revelado fácilmente por su actitud hacia Cristo.

36[1] Lit., estaba avanzada en muchos días.

37[1] O, y había estado viuda ochenta y cuatro años.

37[2] Lit., estaba sirviendo como sacerdote.

38[1] El Salvador-Hombre, quien es la redención del pueblo de Dios.

38[2] Algunos mss. dicen: en.

39[1] El Salvador-Hombre nació en Belén, la ciudad de David, y permaneció allí brevemente, pero fue criado en Nazaret, una ciudad menospreciada en Galilea, una región menospreciada. Esto lo dispuso Dios en Su soberanía para que El fuera menospreciado. El ser menospreciado fue otra característica de la vida humana del Salvador.

40[1] Crecía en estatura (v. 52) y se fortalecía en espíritu (cfr. 1:80).

40[2] La sabiduría de la deidad del Salvador (Col. 2:2-3) se revelaba en proporción a la medida de Su crecimiento físico. Así también en el v. 52.

40[3] Como hombre, aun Jesús necesitaba la gracia de Dios para Su vida humana. El estaba lleno de la sabiduría de Su deidad y necesitaba la gracia de Dios en Su humanidad.

42[1] A los doce años, un niño era llamado por los judíos "hijo de la ley", y asumía por primera vez obligación legal (Alford). El número doce también significa perfección eterna en la administración de Dios. Por eso, *doce años* indica que lo que el Señor hizo aquí estaba perfectamente relacionado con la administración de Dios.

42[2] Ordenada por Dios para que

43 Al regresar ellos, acabados los días, se quedó el niño
Jesús en Jerusalén, sin que lo supiesen Sus padres.
44 Y pensando que estaba entre la compañía, anduvieron
camino de un día; y le buscaban entre los parientes y los
conocidos;
45 pero al no encontrarlo, volvieron a Jerusalén buscándole.
46 Y aconteció que tres días después le hallaron en el
[a]templo, sentado en medio de los [b]maestros, oyéndoles y
preguntándoles.
47 Y todos los que le oían, se [a]maravillaban de Su entendimiento y de Sus respuestas.
48 Cuando le vieron, se sorprendieron; y le dijo Su madre:
Hijo, ¿por qué nos has hecho así? He aquí, Tu padre y yo te
hemos buscado con [1]angustia.
49 Entonces El les dijo: ¿Por qué me buscabais? ¿No
sabíais que [1]en los asuntos de [2a]Mi Padre [3]me es necesario
estar?
50 Mas ellos [a]no entendieron las palabras que les habló.
51 Y descendió con ellos, y fue a Nazaret, y estaba [1]sujeto
a ellos. Y Su madre guardaba cuidadosamente todas estas
cosas en su [a]corazón.
52 Y Jesús progresaba en sabiduría y en [1]estatura, y en la
[2a]gracia *manifestada en El* delante de Dios y de los hombres.

46[a] Mt. 26:55
46[b] Lc. 5:17; Jn. 3:10
47[a] Lc. 4:22, 32; Mt. 7:28; Mr. 1:22; Jn. 7:15
49[a] Jn. 2:16; 14:2
50[a] Lc. 9:45
51[a] Lc. 2:19
52[a] cfr. 1 S. 2:26

CAPITULO 3

F. Investido para Su ministerio
3:1—4:13

1. Presentado
3:1-20

1 En el año decimoquinto del imperio de Tiberio [a]César,

1[a] Lc. 2:1

uno sea legalmente varón en Israel (Dt. 16:16).

48[1] Lit., con angustia y dolor.

49[1] O, en la casa de Mi Padre.

49[2] Indica la deidad de Jesús en Su juventud (Jn. 5:18). En Su humanidad El era hijo de Sus padres; en Su deidad era el Hijo de Dios el Padre.

49[3] Indica que Jesús en Su juventud cuidaba de los intereses de Dios.

51[1] En Su humanidad El estaba sujeto a Sus padres humanos.

52[1] La palabra griega denota no sólo estatura como en 19:3, sino también edad (véase la nota 27[1] de Mt. 6).

52[2] En gracia delante de Dios porque crecía en la expresión de Dios según el deseo de Dios; en gracia delante de los hombres porque crecía en los atributos divinos manifestados en las virtudes humanas, que son gratas a los hombres. El estaba creciendo como un Dios-hombre delante de Dios y de los hombres.

siendo [b]gobernador de Judea [c]Poncio Pilato, y [d]Herodes tetrarca de Galilea, y su hermano Felipe tetrarca de la región
de Iturea y Traconite, y Lisanias tetrarca de Abilinia,
2 durante el sumo sacerdocio de Anás y [a]Caifás, vino
palabra de Dios a [b]Juan, hijo de Zacarías, en el [1c]desierto.
3 Y él fue por toda la región contigua al Jordán, proclamando el [1]bautismo del [a]arrepentimiento [2]para [b]perdón de
pecados,
4 como está escrito en el libro de las palabras del profeta
[a]Isaías, *que dice:* “[1b]Voz de uno que clama en el desierto:
[c]Preparad el camino del Señor, enderezad Sus sendas.
5 Todo [1]valle será rellenado, y todo [a]monte y collado
nivelado; lo [b]torcido será enderezado, y los caminos ásperos
allanados;
6 y verá toda [1]carne la [2a]salvación de Dios”.
7 Y decía a las multitudes que salían para ser bautizadas por él: ¡[1]Cría de [a]víboras! ¿Quién os enseñó a huir de la
[b]ira venidera?
8 Haced, pues, frutos [a]dignos de arrepentimiento, y no
comencéis a decir dentro de vosotros mismos: Tenemos a
[b]Abraham por padre; porque os digo que Dios puede, de
estas piedras, [1]levantar hijos a Abraham.
9 Y ya también el hacha está puesta a la raíz de los
árboles; por tanto, todo árbol que no da [a]buen fruto se corta
y se echa en el [1]fuego.
10 Y las multitudes le preguntaban, diciendo: ¿[a]Qué,
pues, haremos?
11 Y respondiendo, les dijo: El que tiene dos [1a]túnicas, dé
al que no tiene; y el que tiene alimentos, haga lo mismo.

1[b] Lc. 2:2
1[c] Hch. 4:27; 1 Ti. 6:13
1[d] Lc. 3:19; 9:7; 23:7; Mt. 14:1; Hch. 13:1
2[a] Mt. 26:3; Jn. 11:49; 18:13; Hch. 4:6
2[b] vs. 2-17; Mt. 3:1-12; Mr. 1:2-8
2[c] Jos. 15:61
3[a] Hch. 17:30
3[b] Lc. 1:77; Mt. 26:28
4[a] Lc. 4:17; Hch. 8:28
4[b] Is. 40:3-5; Jn. 1:23
4[c] Lc. 1:76; Is. 57:14
5[a] Is. 49:11; Zac. 4:7
5[b] Is. 42:16
6[a] Lc. 2:30; Sal. 98:2-3

2[1] Véanse las notas 1[2] de Mt. 3 y 4[1] de Mr. 1.

3[1] Véase la nota 4[2] de Mr. 1.

3[2] Véase la nota 4[3] de Mr. 1.

4[1] Con respecto al resto del versículo, véanse las notas de Mr. 1:3.

5[1] *Valle, monte, lo torcido* y *los caminos ásperos,* son figuras retóricas que describen la condición de los corazones de los hombres para con Dios y para con los demás, y también las relaciones entre los hombres (1:16-17), todo lo cual debe ser rectificado a fin de que el camino esté preparado para la venida del Salvador.

6[1] Es decir, los hombres caídos.

6[2] El Salvador es la salvación de Dios. Cuando El viene, viene la salvación de Dios. Verle y recibirle a El es recibir la salvación de Dios.

7[1] La cría de víboras son los hijos del diablo (1 Jn. 3:10). El diablo es la serpiente antigua (Ap. 12:9); así que sus hijos vienen a ser serpientes, y tienen la misma vida y naturaleza que él.

8[1] Véase la nota 9[1] de Mt. 3.

7[a] Mt. 23:33; Sal. 140:3 7[b] Ro. 2:5, 8; 5:9; 1 Ts. 1:10 8[a] Hch. 26:20
8[b] Jn. 8:33, 39; Ro. 9:7 9[a] Mt. 7:19 10[a] Hch. 2:37; 16:30; 22:10
11[a] Is. 58:7; Ez. 18:7, 16

12 Vinieron también unos [a]recaudadores de impuestos
para ser bautizados, y le dijeron: Maestro, ¿qué haremos?
13 El les dijo: No [a]exijáis más de lo que os está ordenado.
14 También algunos que servían en la milicia le preguntaron, diciendo: Y nosotros, ¿qué haremos? Y les dijo: No
hagáis extorsión a nadie, ni [1]toméis *nada* mediante falsa
acusación; y contentaos con vuestro salario.
15 Como el pueblo estaba en [1]expectativa, cavilando todos
en sus corazones acerca de Juan, si acaso sería el Cristo,
16 respondió Juan, diciendo a todos: Yo os [1]bautizo en
[a]agua; pero viene el que es más fuerte que yo, de quien no
soy digno de desatar la correa de Sus sandalias; El os
bautizará en el [b]Espíritu Santo y en fuego.
17 Su aventador está en Su mano, y limpiará completamente Su [a]era, y recogerá el trigo en Su [b]granero, pero
quemará la paja con [1c]fuego inextinguible.
18 Con otras muchas exhortaciones [1a]anunciaba el evangelio al pueblo.
19 Entonces Herodes el tetrarca, siendo reprendido por
Juan a causa de [a]Herodías, mujer de su hermano, y de todas
las maldades que Herodes había hecho,
20 sobre todas ellas, añadió además ésta: encerró a Juan
en la [a]cárcel.

2. Bautizado
3:21

21 Aconteció que cuando todo el pueblo se bautizaba,
también Jesús fue [1a]bautizado; y orando, el cielo se abrió,

3. Ungido
3:22

22 y descendió el [1a]Espíritu Santo sobre El en forma
corporal, como paloma, y vino una voz del cielo *que decía:* Tú
eres Mi Hijo, el [b]Amado; en Ti me he complacido.

12[a] Lc. 7:29; 18:13-14; Mt. 21:32
13[a] cfr. Lc. 19:8
16[a] Jn. 1:26; Hch. 1:5
16[b] Jn. 1:33; Hch. 11:15-16
17[a] Mi. 4:12
17[b] Mt. 13:30
17[c] Mr. 9:48
18[a] Lc. 2:10; 4:43
19[a] Mt. 14:3-4
20[a] Jn. 3:24
21[a] vs. 21-22: Mt. 3:13-17; Mr. 1:9-11
22[a] Lc. 4:18; Jn. 1:32; Hch. 10:38
22[b] Ef. 1:6; Col. 1:13

9[1] Véase la nota 17[1].

11[1] Una prenda interior semejante a una camisa. Así en todo el libro.

14[1] Véase la nota 8[2] del cap. 19.

15[1] Esperaban saber si Juan sería el Cristo, el Mesías (Jn. 1:19-27).

16[1] Con respecto a los vs. 16-17, véanse las notas de Mt. 3:11-12 y de Mr. 1:7-8.

17[1] El lago de fuego (Ap. 20:15).

18[1] Véase la nota 43[1] del cap. 4.

21[1] Con respecto a los vs. 21-22, véanse las notas de Mt. 3:16-17 y de Mr. 1:9-11.

22[1] La concepción de Jesús por el Espíritu Santo, en 1:35, es el aspecto esencial y se relaciona con el ser divino, la persona divina, de Jesús. La esencia del elemento divino del Espíritu Santo en la concepción de Jesús es inmutable e inamovible. Sin embargo, aquí el descenso del Espíritu

4. Su persona
3:23-38

23 Jesús mismo al [a]comenzar *Su ministerio* era como de [1]treinta años, [2]hijo, [3]según se creía, de [4b]José, *hijo* de Elí,

24 *hijo* de Matat, *hijo* de Leví, *hijo* de Melqui, *hijo* de Jana, *hijo* de José,

25 *hijo* de Matatías, *hijo* de Amós, *hijo* de Nahum, *hijo* de Esli, *hijo* de Nagai,

26 *hijo* de Maat, *hijo* de Matatías, *hijo* de Semei, *hijo* de José, *hijo* de Judá,

27 *hijo* de Joana, *hijo* de Resa, *hijo* de [1a]Zorobabel, *hijo* de Salatiel, *hijo* de Neri,

28 *hijo* de Melqui, *hijo* de Adi, *hijo* de Cosam, *hijo* de Elmodam, *hijo* de Er,

29 *hijo* de Josué, *hijo* de Eliezer, *hijo* de Jorim, *hijo* de Matat, *hijo* de Leví,

30 *hijo* de Simeón, *hijo* de Judá, *hijo* de José, *hijo* de Jonán, *hijo* de Eliaquim,

31 *hijo* de Melea, *hijo* de Mainán, *hijo* de Matata, *hijo* de [1a]Natán, *hijo* de [b]David,

32 *hijo* de [a]Isaí, *hijo* de Obed, *hijo* de Booz, *hijo* de Salmón, *hijo* de Naasón,

33 *hijo* de Aminadab, *hijo* de Aram, *hijo* de Esrom, *hijo* de Fares, *hijo* de Judá,

34 *hijo* de Jacob, *hijo* de Isaac, *hijo* de Abraham, *hijo* de [a]Taré, *hijo* de Nacor,

23[a] Hch. 1:1
23[b] Lc. 4:22; Jn. 6:42
27[a] Esd. 3:2
31[a] 2 S. 5:14; Zac. 12:12
31[b] 1 S. 17:12
32[a] vs. 32-34a: Mt. 1:1-5
34[a] vs. 34b-36a: Gn. 11:10-26

Santo sobre Jesús es el aspecto económico y se relaciona con el ministerio, la obra, de Jesús. El poder del Espíritu Santo para el ministerio le puede ser quitado a Jesús (4:14, 18; Mt. 12:28), según sea necesario. Fue en esta forma económica que Dios desamparó y dejó a Jesús cuando El llevaba el pecado de los pecadores, al morir por ellos sobre la cruz (Mt. 27:46). Aquí el Espíritu Santo con poder descendió sobre El, pero ya tenía al Espíritu Santo con esencia desde Su nacimiento; y mientras el Espíritu Santo con poder descendía sobre Jesús, El existía junto con el Espíritu Santo en esencia.

23[1] La edad madura para el servicio de Dios (Nm. 4:3, 35, 39-40, 43-44, 47-48).

23[2] Véase la nota 1[1] de Mt. 1. La crónica del Evangelio de Juan, el evangelio del Dios-Salvador, empieza con Dios y llega al hombre (Jn. 1:1, 14), y recalca la divinidad de Cristo para atestiguar Su condición divino-humana. La genealogía del Evangelio de Lucas, el evangelio del Salvador-Hombre, empieza con el hombre y se remonta hasta Dios (vs. 23, 28), y da énfasis a Su humanidad para afirmar Su condición humano-divina. El nació como hombre para traer a Dios al hombre a fin de efectuar la redención y así llevar el hombre a Dios. En El se unen Dios y el hombre.

23[3] Lit., conforme a la ley.

23[4] Véanse las notas 16[1] y 16[2] de Mt. 1.

27[1] Véase la nota 12[2] de Mt. 1.

31[1] Véase la nota 6[3], párrs. 2 y 3, de Mt. 1.

35 *hijo* de Serug, *hijo* de Ragau, *hijo* de Peleg, *hijo* de
Heber, *hijo* de Sala,
36 *hijo* de Cainán, *hijo* de Arfaxad, *hijo* de Sem, *hijo* de
[a]Noé, *hijo* de Lamec,
37 *hijo* de Matusalén, *hijo* de Enoc, *hijo* de Jared, *hijo* de
Mahalaleel, *hijo* de Cainán,
38 *hijo* de Enós, *hijo* de Set, *hijo* de [1]Adán, [2]*hijo* de [3]Dios.

36[a] vs. 36b-38: Gn. 5:3-32

CAPITULO 4

5. Su prueba
4:1-13

1 [1]Jesús, lleno del [2a]Espíritu Santo, volvió del [b]Jordán, y
era conducido [3]por el [c]Espíritu en el [d]desierto, donde fue
tentado por el diablo cuarenta días.
2 Y no comió nada en aquellos días, pasados los cuales,
tuvo hambre.
3 Entonces el diablo le dijo: Si eres Hijo de Dios, di a esta
piedra que se convierta en pan.
4 Jesús, respondiéndole, dijo: Escrito está: "[a]No sólo de
pan vivirá el hombre[1]".
5 Y le llevó *el diablo a un alto monte,* y le mostró en un
momento todos los reinos de la tierra.
6 Y le dijo el diablo: A Ti te daré toda esta [a]potestad, y la

1[a] Lc. 4:14, 18
1[b] Mt. 3:13
1[c] Ez. 11:1; Hch. 8:39
1[d] vs. 1-13: Mt. 4:1-11; Mr. 1:12-13
4[a] Dt. 8:3
6[a] Ap. 13:2, 7

38[1] Véase la nota 1[1], párr. 4, de Mt. 1.

38[2] Esto no quiere decir que Adán nació de Dios y que poseía la vida de Dios; de igual modo, *hijo de José* no quiere decir que Jesús nació de José, sino que se pensaba que El era hijo de José (v. 23). Adán fue creado por Dios (Gn. 5:1-2), y Dios fue su origen. Sobre esta base, se le consideraba hijo de Dios, así como los poetas paganos consideraban que toda la humanidad era la descendencia de Dios (Hch. 17:28). La humanidad fue solamente creada por Dios, no regenerada por El. Ser hijo de Dios como lo fue Adán es absoluta e intrínsecamente diferente de ser hijos de Dios como lo son los creyentes en Cristo. Estos han nacido de Dios, han sido regenerados y poseen Su vida y Su naturaleza (Jn. 1:12-13; 3:16; 2 P. 1:4).

38[3] Al revisar retrospectivamente esta genealogía, descubrimos que de Jesús (v. 23) a Dios el Creador hay setenta y siete generaciones, en las cuales se ve la historia de la obra creadora de Dios, la caída del hombre, la promesa de Dios y la salvación del hombre: el hombre fue creado por Dios (v. 38; Gn. 1:26-27; 2:7); en Adán el hombre cayó (v. 38; Gn. 3); por medio de Abraham el hombre recibió la promesa de Dios (v. 34; Gn. 12:1-3), y en Jesús el hombre es salvo (v. 23; 2:10-11).

1[1] Con respecto a los vs. 1-13, véanse las notas de Mt. 4:1-11.

1[2] Véase la nota 22[1] del cap. 3.

1[3] O, en.

4[1] Algunos mss. añaden: sino de toda palabra de Dios.

gloria de ellos; porque a mí me [1]ha sido entregada, y a quien
quiero la doy.

7 Si Tú postrado me adoras, todos serán Tuyos.

8[a] Dt. 6:13

8 Respondiendo Jesús, le dijo:[1] Escrito está: "[a]Al Señor
tu Dios adorarás, y a El solo [2]servirás".

9 Y le llevó a Jerusalén, y le puso sobre el [1]pináculo del
templo, y le dijo: Si eres Hijo de Dios, échate de aquí abajo;

10[a] Sal. 91:11-12

10 porque escrito está: "[a]A Sus ángeles mandará acerca
de Ti, que te guarden;

11 y, en *sus* manos te sostendrán, no sea que tropiece Tu
pie contra una piedra".

12[a] Dt. 6:16; Is. 7:12

12 Respondiendo Jesús, le dijo: Dicho está: "[a]No [1]tentarás
al Señor tu Dios".

13 Y cuando el diablo hubo acabado toda tentación, se
apartó de El [1]esperando un tiempo oportuno.

III. El ministerio del Salvador-Hombre en Sus virtudes humanas con Sus atributos divinos
4:14—19:27

A. En Galilea
4:14—9:50

1. Proclama el jubileo de la gracia
4:14-30

14[a] Lc. 4:1, 18
14[b] Mt. 4:12; Jn. 4:43; Hch. 10:37
14[c] Lc. 4:37

**14 Y Jesús volvió en el poder del [1a]Espíritu a [b]Galilea, y
[2c]se difundió Su fama por toda la tierra de alrededor.**

6[1] Esto debe de haber sucedido en la era preadamítica. Aquí lo dicho por el diablo indica que cuando Dios ungió al arcángel y lo hizo cabeza de la era anterior a Adán (Ez. 28:13-14), la autoridad y la gloria del reino de la tierra ciertamente le fueron dadas. Lo dicho por el Señor en Jn. 12:31 confirma esto. Después de haberse rebelado el arcángel contra Dios y de haberse convertido en Su enemigo, Satanás, Dios lo juzgó (Is. 14:12-15), pero la ejecución plena del juicio de Dios sobre él no se completará sino hasta el final del milenio (Ap. 20:7-10). Por eso, él tiene la autoridad sobre los reinos de la tierra hasta que llegue aquel tiempo. El tentó al Señor Jesús ofreciéndole esta autoridad y esta gloria. Su oferta maligna fue rechazada por el Cristo de Dios, pero será aceptada por el anticristo, el hombre de iniquidad (2 Ts. 2:3-4), al final de esta era (Ap. 13:4) para que los ardides malignos de Satanás contra Dios sean ejecutados. Nosotros podemos rechazar al tentador maligno solamente por medio de Cristo, quien vive en nosotros.

8[1] Algunos mss. añaden: Vete, quítate de delante de Mí, Satanás.

8[2] Lit., servirás como sacerdote.

9[1] Véase la nota 5[1] de Mt. 4.

12[1] Véase la nota 7[2] de Mt. 4.

13[1] Indica que el diablo buscaría otro momento y regresaría para tentarle una y otra vez, en cualquier momento que considerase apropiado (Mt. 16:22-23; Jn. 8:40; Lc. 22:53; Jn. 6:70-71).

14[1] Véase la nota 22[1] del cap. 3.

14[2] O, salieron informes respecto a El.

15 Y [1a]enseñaba en las [2b]sinagogas de ellos, y era [3]glorifi-
cado por todos.
16 [a]Vino a [b]Nazaret, donde se había criado; y el día de
[c]sábado entró en la [d]sinagoga, conforme a Su [e]costumbre, y
se levantó a [f]leer.
17 Y se le dio el rollo del profeta [a]Isaías; y abriéndolo,
halló el lugar donde estaba escrito:
18 “[a]El [1b]Espíritu del Señor está sobre Mí, por cuanto me
ha [c]ungido para [2d]anunciar el evangelio a los [3e]pobres; me ha
enviado a proclamar a los [4]cautivos [f]libertad, y a los [5g]ciegos
[6]recobro de la vista; a poner en libertad a los [7h]oprimidos;
19 a proclamar el [1]año agradable del Señor, *el año del jubileo*”.
20 Y enrollando el libro, lo devolvió al ministro, y se sentó;
y los ojos de todos en la sinagoga estaban fijos en El.
21 Y comenzó a decirles: Hoy se ha [a]cumplido esta Escritura en vuestros oídos.
22 Y todos daban buen testimonio de El, y estaban [a]ma-
ravillados de las [1]palabras de [b]gracia que salían de Su boca,
y decían: ¿No es éste el [2c]hijo de José?
23 El les dijo: Sin duda me diréis este proverbio: Médico,
cúrate a [a]ti mismo; de tantas cosas que hemos oído que se
han hecho en [b]Capernaum, haz también aquí en Tu tierra.
24 Y añadió: De cierto os digo, que ningún profeta es
acepto en su *propia* tierra.

15[a] Lc. 4:31
15[b] Mt. 4:23; 9:35; Jn. 18:20
16[a] vs. 16-24: Mt. 13:54-58; Mr. 6:1-6
16[b] Mt. 2:23; Lc. 2:39, 51
16[c] Lc. 4:31
16[d] Hch. 13:14
16[e] Hch. 17:2
16[f] Hch. 13:27; 15:21
17[a] Lc. 3:4
18[a] Is. 61:1-2
18[b] Lc. 4:1, 14; Is. 42:1
18[c] Dn. 9:26; cfr. Lv. 8:12; 1 S. 16:12-13
18[d] Lc. 3:18; 4:43
18[e] Mt. 11:5; Lc. 6:20
18[f] Sal. 146:7-8; Zac. 9:11-12; Ro. 6:18, 22
18[g] Hch. 26:18
18[h] Is. 58:6
21[a] Mt. 1:22

15[1] Véase la nota 21[2] de Mr. 1. Así también en el v. 31.

15[2] Véanse las notas 21[1] de Mr. 1 y 2[1] de Jac. 2.

15[3] Es decir, alabado, ensalzado.

18[1] Véase la nota 22[1] del cap. 3.

18[2] Véase la nota 43[1]. Anunciar el evangelio fue la primera comisión del Salvador como Ungido de Dios, como Mesías.

18[3] Pobres en las cosas celestiales, espirituales y divinas (12:21; Ap. 3:17; cfr. Mt. 5:3).

18[4] Prisioneros de guerra, exiliados y prisioneros bajo el cautiverio de Satanás (Is. 42:7).

18[5] Ciegos tanto física como espiritualmente (Sof. 1:17; Jn. 9:39-41; 1 Jn. 2:11; Ap. 3:17).

18[6] Recobrar la vista está relacionado con ser liberado del poder de Satanás (Hch. 26:18).

18[7] De un verbo que significa *partir en pedazos* (Mt. 12:20). Aquí denota estar bajo la opresión de Satanás en enfermedad o en pecado (13:11-13; Jn. 8:34).

19[1] La era neotestamentaria, tipificada por el año del jubileo (Lv. 25:8-17), es el tiempo en el cual Dios acepta a los cautivos del pecado que regresan (Is. 49:8; 2 Co. 6:2), y en el cual los oprimidos bajo el cautiverio del pecado disfrutan de la liberación, la obra salvadora de Dios, y observan el jubileo neotestamentario.

22[1] Se refiere a lo dicho en el v. 21, e incluye las palabras del evangelio de los vs. 18-19.

22[a] Lc. 4:32; Mt. 7:28; Mr. 6:2 **22[b]** Sal. 45:2 **22[c]** Lc. 3:23
23[a] Mt. 27:42; Lc. 23:39 **23[b]** Lc. 4:31; Mt. 4:13; 11:23

25[a] 1 R. 17:1; 18:1; Jac. 5:17
26[a] 1 R. 17:9
26[b] Mt. 15:21 y la nota
27[a] 2 R. 7:3
27[b] 2 R. 5:1-5
28[a] Lc. 6:11; Jn. 7:23; cfr. Hch. 7:54
29[a] Hch. 7:58; cfr. Nm. 15:35
30[a] Jn. 8:59; 10:39
31[a] vs. 31-37: Mr. 1:21-28
31[b] Lc. 4:23; 7:1; Mt. 4:13; Mr. 1:21
31[c] Mt. 4:23; Mr. 6:2
31[d] Lc. 4:16
32[a] Lc. 4:22
32[b] Mt. 7:28-29; Mr. 1:22
33[a] Lc. 6:18
34[a] Mt. 8:29
34[b] Lc. 4:16; Jn. 1:45
34[c] Hch. 19:15

25 Y en verdad os digo que muchas viudas había en Israel en los días de [a]Elías, cuando el cielo fue cerrado por tres años y seis meses, y hubo una gran hambre en toda la tierra;

26 pero a ninguna de ellas fue enviado Elías, sino a *la ciudad de* [a]Sarepta de [b]Sidón, a una [1]mujer viuda.

27 Y muchos [a]leprosos había en Israel en tiempo del profeta Eliseo; pero ninguno de ellos fue limpiado, sino [b]Naamán el sirio.

28 Al oír estas cosas, todos en la sinagoga se llenaron de [a]ira;

29 y levantándose, le [a]echaron fuera de la ciudad, y le llevaron hasta la cumbre del monte sobre el cual estaba edificada la ciudad de ellos para despeñarle.

30 Mas Él [1]pasó en medio de ellos, y se [a]fue.

2. Lleva a cabo Su comisión cuádruple: enseñar, echar fuera demonios, sanar y predicar 4:31-44

31 [a]Descendió *Jesús* a [b]Capernaum, ciudad de Galilea; y les [c]enseñaba en [d]sábado.

32 Y quedaban [a]atónitos de Su enseñanza, porque Su palabra era con [1b]autoridad.

33 Estaba en la sinagoga un hombre que tenía un [1a]espíritu de demonio inmundo, el cual exclamó a gran voz:

34 ¡[1]Ah! ¿[2a]Qué tenemos nosotros que ver contigo, Jesús [b]nazareno? ¿Has venido para destruirnos? [c]Sé quién eres, el [d]Santo de Dios.

35 Y Jesús le reprendió, diciendo: [a]Cállate, y sal de él. Entonces el demonio, derribándole en medio de ellos, salió de él, y no le hizo daño alguno.

36 Y estaban todos maravillados, y hablaban unos a otros,

22[2] Ellos conocían al Salvador según la carne (2 Co. 5:16), no según el Espíritu (Ro. 1:4).

26[1] Este caso muestra que el Señor alimenta a los hambrientos (Jn. 6:33, 35). El caso de Naamán en el versículo siguiente es un caso de purificación, que muestra que el Señor purifica a los pecadores (1 Co. 6:11). El Salvador menciona estos dos casos dando a entender que Su evangelio se volvería a los gentiles (Hch. 13:45-48; véanse las notas 21[1] y 22[1] de Mt. 15). Aunque el Señor en Su nivel de moralidad podría haber abarcado a los judíos, tuvo que volverse a los gentiles porque le habían rechazado por la dureza de su corazón.

30[1] Muestra Su firmeza bajo la amenaza de Sus opositores.

32[1] Véase la nota 22[1] de Mr. 1.

33[1] Véase la nota 23[1] de Mr. 1.

34[1] Una interjección de enojo o consternación. La palabra griega puede ser traducida: *Déjanos en paz.*

34[d] Sal. 16:10; Lc. 1:35 35[a] Lc. 4:41

diciendo: ¿Qué palabra es ésta? Porque con [1a]autoridad y [b]poder manda a los espíritus inmundos, y salen.
37 Y Su [1a]fama se difundía por todos los lugares de los contornos.
38 Entonces *Jesús* se levantó *y salió* de la sinagoga, y [a]entró en casa de Simón. La suegra de [1]Simón estaba con una gran [2]fiebre, [3]sufriendo; y le rogaron por ella.
39 E inclinándose hacia ella, [a]reprendió a la fiebre; y *la fiebre* la dejó, y levantándose ella al instante, les servía.
40 Al ponerse el sol, todos los que tenían enfermos de diversas enfermedades los traían a El; y El, [a]poniendo las manos sobre cada uno de ellos, los sanaba.
41 También salían demonios de muchos, [a]dando voces y diciendo: ¡Tú eres el [b]Hijo de Dios! Pero El los reprendía y [c]no les dejaba hablar, porque sabían que El era el [d]Cristo.
42 Cuando ya era de [a]día, salió y se fue a un [b]lugar desierto; y las multitudes le [c]buscaban, y llegando a donde estaba, le detenían para que no se fuera de ellos.
43 Pero El les dijo: Es necesario que también a otras ciudades [1a]anuncie el evangelio del [2]reino de Dios; porque para [3]esto he sido enviado.
44 Y [1]predicaba en las [a]sinagogas de [2]Judea.

36a Lc. 4:32; cfr. Mt. 8:27
36b Lc. 6:19
37a Lc. 4:14
38a vs. 38-41: Mt. 8:14-17; Mr. 1:29-34
39a Lc. 4:41; 8:24; 9:42
40a Mr. 5:23; 16:18
41a Mr. 3:11-12; Hch. 16:17-18
41b Mt. 14:33
41c Lc. 4:35; Mr. 1:25
41d Lc. 2:11, 26
42a Mr. 1:35
42b Lc. 5:16
42c Mr. 1:36, 37
43a Lc. 2:10; 3:18; 8:1; 16:16; Mt. 4:23; 24:14; Hch. 8:12
44a Mt. 4:23; Mr. 1:39

34[2] Lit., Qué a nosotros y qué a Ti. Un modismo hebreo.

36[1] Véase la nota 27[1] de Mr. 1.

37[1] O, informes.

38[1] En los vs. 38-41, 5:12-14 y 7:1-10 la secuencia de la narración concuerda con la moralidad; esto difiere de Mt. 8:2-16 y Mr. 1:29—2:1. Véase la nota 16[1], párr. 2, de Mt. 8.

38[2] Véanse las notas 30[1] y 31[1] de Mr. 1.

38[3] Lit., constreñida.

43[1] La palabra griega significa *anunciar buenas noticias, declarar (llevar) buenas nuevas, predicar (el evangelio)*. Por lo tanto, anunciar el evangelio del reino de Dios es predicar el reino de Dios como evangelio, como buenas noticias.

43[2] El reino de Dios es el Salvador (véase la nota 21[1] del cap. 17) como la semilla de la vida sembrada dentro de Sus creyentes, el pueblo escogido de Dios (Mr. 4:3, 26), la cual se desarrolla hasta ser un dominio en el cual Dios puede gobernar como reino Suyo en Su vida divina. La entrada al reino es la regeneración (Jn. 3:5), y su desarrollo es el crecimiento de los creyentes en la vida divina (2 P. 1:3-11). El reino es la vida de la iglesia hoy, en la cual viven los creyentes fieles (Ro. 14:17), y se desarrollará hasta ser el reino venidero, una recompensa que han de heredar (Gá. 5:21; Ef. 5:5) los santos vencedores en el milenio (Ap. 20:4, 6). Finalmente, tendrá su consumación en la Nueva Jerusalén como el reino eterno de Dios, un dominio eterno que contiene la bendición eterna de la vida eterna de Dios, la cual todos los redimidos de Dios disfrutarán en el cielo nuevo y la tierra nueva por la eternidad, Ap. 21:1-4; 22:1-5, 14 (véanse las notas 15[1] de Mr. 1 y 3[1], 3[2], 26[1] y 26[3] de Mr. 4). Este reino, el reino de Dios, es lo que el Salvador anunció aquí como evangelio, como buenas nuevas para quienes eran ajenos a la vida de Dios (Ef. 4:18).

43[3] Véase la nota 38[2] de Mr. 1.

44[1] Véase la nota 14[2] de Mr. 1.

CAPITULO 5

3. Atrae a los ocupados
5:1-11

1 Aconteció que [a]estando *Jesús* junto al [1]lago de [b]Genesaret, la multitud se agolpaba sobre El para oír la palabra de Dios.

2 Y [1]vio dos barcas que estaban a la orilla del lago; y los pescadores, habiendo descendido de ellas, lavaban las redes.

3 Y entrando en una de las [a]barcas, la cual era de [1]Simón, le pidió que la apartase de tierra un poco; y sentándose, enseñaba desde la barca a las multitudes.

4 Cuando terminó de hablar, dijo a Simón: Boga mar adentro, y echad vuestras [a]redes para la pesca.

5 Respondiendo Simón, le dijo: [1]Maestro, toda la noche hemos estado trabajando, y [a]nada hemos pescado; mas confiado en Tu palabra echaré las redes.

6 Y habiéndolo hecho, encerraron gran cantidad de [a]peces, y sus redes se rompían.

7 Entonces hicieron señas a los compañeros que estaban en la otra barca, para que viniesen a ayudarles; y vinieron, y llenaron ambas barcas, de tal manera que se hundían.

8 Viendo esto Simón Pedro, cayó a los pies de Jesús, diciendo: Apártate de mí, Señor, porque soy hombre [a]pecador.

9 Porque por la pesca que habían hecho, el asombro se había apoderado de él, y de todos los que estaban con él,

10 y asimismo de Jacobo y Juan, hijos de Zebedeo, que eran [1]compañeros de Simón. Pero Jesús dijo a Simón: No temas; desde ahora [2a]pescarás a los hombres para vida.

11 Y cuando trajeron a tierra las barcas, [a]dejándolo todo, le [b]siguieron.

1[a] vs. 1-11: Mt. 4:18-22; Mr. 1:16-20
1[b] Mt. 14:34
3[a] Mt. 13:2
4[a] Jn. 21:6
5[a] Jn. 21:3
6[a] Jn. 21:11
8[a] Is. 6:5
10[a] Hch. 2:41
11[a] Lc. 18:28
11[b] Lc. 5:27; 9:57-62

44[2] Algunos mss. dicen: Galilea; esto corresponde a Mr. 1:39 y Mt. 4:23. Galilea era una parte del país de los judíos, que era comúnmente llamado Judea (véanse las notas 17[1] del cap. 7 y 5[1] del cap. 23).

1[1] Un nombre común dado al mar de Galilea (Mt. 4:18; Mr. 1:16).

2[1] Lo narrado en los vs. 2-10a no consta en el relato de Mt. 4:18-22 ni en el de Mr. 1:16-20.

3[1] Simón había sido traído al Señor por su hermano Andrés antes de esto (Jn. 1:40-42).

5[1] Uno que ejerce algún tipo de supervisión.

10[1] Esta palabra denota una estrecha asociación, un interés común.

10[2] Este fue el llamamiento que el Señor hizo a Pedro con un milagro en la pesca. (Véase la nota 6[1], párr. 2, de Jn. 21.) La palabra griega traducida *pescar para vida* es una palabra compuesta de *vivo* y *pescar;* por esto, *atrapar vivo, tomar cautivo vivo* (en la guerra), en vez de matar. Los pescadores por lo regular atrapan a los peces para matarlos, pero Pedro fue llamado por el Señor para ser un pescador

4. Limpia a los contaminados
5:12-16

12 Sucedió que estando El en una de las ciudades, se
presentó un [1a]hombre lleno de lepra, y viendo a Jesús, se
[b]postró sobre *su* rostro y le rogó diciendo: Señor, si quieres,
puedes limpiarme.
13 Entonces, extendiendo El la mano, le tocó, diciendo:
Quiero; sé limpio. Y al instante la lepra se fue de aquél.
14 Y El le mandó que no lo dijese a [a]nadie; sino ve, *le dijo*,
muéstrate al [b]sacerdote, y ofrece por tu purificación, según
mandó [c]Moisés, para [d]testimonio a ellos.
15 Pero Su fama se extendía más y más; y se reunían
[a]grandes multitudes para oírle, y para que les [b]sanase de sus
enfermedades.
16 Mas El se apartaba a los [a]desiertos, y [1b]oraba.

5. Sana al paralítico
5:17-26

17 Aconteció en uno de aquellos días, que El estaba enseñando, y estaban sentados los fariseos y [a]maestros de la ley,
los cuales habían venido de todas las [b]aldeas de Galilea, y de
[c]Judea y Jerusalén; y el [d]poder del Señor [1]estaba con El para
sanar.
18 Y he aquí, unos hombres [a]trajeron en una cama a un
[1b]hombre que estaba paralítico y procuraban llevarle adentro y ponerle delante de El.
19 Pero no hallando cómo llevarle adentro a causa de la
multitud, subieron encima de la casa, y por el tejado le
bajaron con el lecho, poniéndole en medio, delante de Jesús.
20 Al ver El la [a]fe de ellos, le dijo: Hombre, tus pecados te
son [b]perdonados.
21 Entonces los escribas y los fariseos comenzaron a cavi-
lar, diciendo: ¿Quién es éste que habla [a]blasfemias? ¿Quién
puede [b]perdonar pecados sino sólo Dios?
22 Jesús entonces, [a]conociendo los pensamientos de

de hombres (Mt. 4:19), para atrapar hombres y conducirlos a la vida (Hch. 2:38; 11:18).

12[1] Con respecto a los vs. 12-15, véanse las notas de Mt. 8:2-4 y de Mr. 1:40-45.

16[1] Véase la nota 35[1] de Mr. 1.

17[1] Otros mss. dicen: estaba allí para sanarlos.

18[1] Con respecto a los vs. 18-26, véanse las notas de Mt. 9:2-8 y de Mr. 2:3-12.

20[a] Lc. 7:9; Mr. 10:52; Hch. 3:16 20[b] Lc. 7:48 21[a] Mt. 26:65; Jn. 10:36
21[b] Sal. 32:5; Is. 43:25 22[a] Jn. 2:24-25; 5:42

12[a] vs. 12-15: Mt. 8:2-4; Mr. 1:40-45
12[b] Lc. 17:16
14[a] Mt. 9:30; Mr. 5:43; 7:36
14[b] Lv. 13:49; Lc. 17:14
14[c] Lv. 14:1-32
14[d] Mt. 10:18; Lc. 9:5
15[a] Mt. 4:25; Mr. 3:8; Jn. 6:2
15[b] Mr. 1:34; 6:56
16[a] Lc. 4:42
16[b] Mt. 14:23
17[a] Hch. 5:34; 1 Ti. 1:7
17[b] Mr. 6:56
17[c] Mr. 3:7-8
17[d] Lc. 6:19; 8:46
18[a] Mr. 6:55
18[b] vs. 18-26: Mt. 9:2-8; Mr. 2:3-12

ellos, respondiendo les dijo: ¿Por qué caviláis en vuestros
corazones?
23 ¿Qué es más fácil, decir: Tus pecados te son perdonados, o decir: Levántate y anda?
24 Pues para que sepáis que el Hijo del Hombre tiene
potestad en la tierra para [a]perdonar pecados (dijo al paralítico): A ti te digo: Levántate, toma tu lecho, y vete a tu casa.
25 Al instante, levantándose en presencia de ellos, y tomando el lecho en que estaba acostado, se fue a su casa,
[a]glorificando a Dios.
26 Y todos, sobrecogidos de asombro, glorificaban a Dios;
y llenos de temor, decían: Hoy hemos visto maravillas.

6. Llama a los menospreciados
5:27-39

27 Después de estas cosas salió, y vio a un [1a]recaudador
de impuestos llamado Leví, [b]sentado al banco de los tributos
públicos, y le dijo: Sígueme.
28 Y dejándolo todo, se levantó y le [a]siguió.
29 Y Leví le hizo gran banquete en su [1]casa; y había una
gran multitud de [a]recaudadores de impuestos y de otros que
estaban reclinados *a la mesa* con ellos.
30 Y los fariseos y sus [a]escribas murmuraban contra los
discípulos de El, diciendo: ¿Por qué [b]coméis y bebéis con
recaudadores de impuestos y pecadores?
31 Respondiendo Jesús, les dijo: Los que están sanos no
tienen necesidad de médico, sino los enfermos.
32 No he venido a llamar a [a]justos, sino a [b]pecadores al
[c]arrepentimiento.
33 Entonces ellos le [a]dijeron: Los [1b]discípulos de Juan
[c]ayunan muchas veces y hacen oraciones, y asimismo los de
los fariseos, pero los Tuyos comen y beben.
34 Jesús les dijo: ¿Podéis acaso hacer que los compañeros
del novio ayunen, mientras el [a]novio está con ellos?
35 Mas vendrán [a]días cuando el novio les será quitado;
entonces, en aquellos días ayunarán.
36 Les dijo también una parábola: Nadie corta un pedazo
de un vestido nuevo y lo pone en un vestido viejo; de otra

24[a] Hch. 5:31
25[a] Lc. 7:16
27[a] Mt. 5:46; 11:9
27[b] vs. 27-32: Mt. 9:9-13; Mr. 2:14-17
28[a] Lc. 5:11
29[a] Lc. 15:1
30[a] Hch. 4:5; 23:9
30[b] Mt. 11:19; Lc. 15:2
32[a] Lc. 15:7
32[b] 1 Ti. 1:15
32[c] Lc. 13:3, 5; 15:10; 24:47; Hch. 5:31; Mt. 4:17; 11:20; Mr. 1:15
33[a] vs. 33-39: Mt. 9:14-17; Mr. 2:18-22
33[b] Lc. 11:1; Jn. 1:35; 3:25
33[c] Lc. 2:37; 18:12
34[a] Jn. 3:29
35[a] Lc. 17:22

27[1] Con respecto a los vs. 27-32, véanse las notas de Mt. 9:9-13 y de Mr. 2:13-17.

29[1] Una persona salva debe abrir su casa para el deleite del Señor.

33[1] Con respecto a los vs. 33-39, véanse las notas de Mt. 9:14-17.

manera, [1]no solamente rompe el nuevo, sino que el remiendo
sacado del nuevo no armoniza con el viejo.
37 Y nadie echa vino nuevo en odres viejos; de otra manera, el vino nuevo romperá los odres y se derramará, y los
odres se perderán.
38 Mas el vino nuevo en odres nuevos se ha de echar.
39 Y ninguno que beba del añejo, quiere luego el nuevo;
porque dice: El añejo es mejor.

CAPITULO 6

7. Quebranta el precepto sabático distorsionado, para satisfacer y librar al pueblo
6:1-11

1 [1]Aconteció [2]un [a]sábado, que pasando *Jesús* por los
sembrados, Sus discípulos arrancaban [b]espigas y comían
restregándolas con las manos.
2 Y algunos de los [a]fariseos les dijeron: ¿Por qué hacéis
lo que [b]no es lícito hacer en sábado?
3 Respondiendo Jesús, les dijo: ¿Ni aun esto habéis leído,
lo que hizo [a]David cuando tuvo hambre él, y los que con él
estaban;
4 cómo entró en la casa de Dios, y tomó los [a]panes de la
Presencia, de los cuales no es lícito comer sino sólo a los
sacerdotes, y comió, y dio también a los que estaban con él?
5 Y les decía: El [a]Hijo del Hombre es Señor del sábado.
6 [1]Aconteció también otro sábado, que El entró en la
[a]sinagoga y [2]enseñaba; y estaba allí un [b]hombre que tenía
seca la mano derecha.
7 Y le [a]acechaban los escribas y los fariseos, *para ver* si
en sábado lo sanaría, a fin de hallar de qué [b]acusarle.
8 Mas El [a]conocía los pensamientos de ellos; y dijo al
hombre que tenía la mano seca: Levántate, y ponte en medio.
Y él, levantándose, se puso en pie.
9 Entonces Jesús les dijo: Os pregunto: ¿Es [a]lícito en

1[a] vs. 1-5: Mt. 12:1-8; Mr. 2:23-28
1[b] Dt. 23:25
2[a] Mt. 9:11
2[b] Ex. 20:10
3[a] 1 S. 21:1-6
4[a] Ex. 25:30; Lv. 24:5-9
5[a] Lc. 5:24
6[a] Lc. 4:15; Mt. 4:23; Mr. 6:2
6[b] vs. 6-11: Mt. 12:9-14; Mr. 3:1-6
7[a] Lc. 14:1
7[b] Jn. 8:6
8[a] Mt. 9:4
9[a] Lc. 14:3; cfr. Lc. 13:14

36[1] O, el nuevo se rompe, y el remiendo sacado del nuevo…

1[1] Con respecto a los vs. 1-5, véanse las notas de Mt. 12:1-8 y de Mr. 2:23-28.

1[2] Muchos mss. dicen: el segundo primer sábado; es decir, el sábado después del primero.

6[1] Con respecto a los vs. 6-11, véanse las notas de Mt. 12:9-14 y de Mr. 3:1-6.

6[2] Véase la nota 21[2] de Mr. 1.

sábado hacer bien, o hacer mal? ¿salvar una [1]vida, o destruirla?

10 Y [a]mirándolos a todos alrededor, dijo al hombre: Extiende tu mano. Y él lo hizo, y su mano fue restaurada.

11 Pero ellos se llenaron de [1a]furor, y [b]hablaban entre sí qué podrían hacer contra Jesús.

8. Designa a doce apóstoles
6:12-16

12 En aquellos días El fue al monte a [1a]orar, y pasó toda la noche [2]orando a Dios.

13 Y cuando era de día, [1a]llamó a Sus [b]discípulos, y escogió a doce de entre ellos, a los cuales también llamó [c]apóstoles:

14 a [a]Simón, a quien también llamó [b]Pedro, a [c]Andrés su hermano, [d]Jacobo, Juan, [e]Felipe, Bartolomé,

15 [a]Mateo, Tomás, Jacobo *hijo* de Alfeo, Simón llamado Zelote,

16 [a]Judas [1]*hermano* de Jacobo, y Judas Iscariote, que llegó a ser el traidor.

9. Enseña a Sus discípulos la moralidad más elevada
6:17-49

17 Y descendió con ellos, y se detuvo en un lugar llano; y había una [a]gran multitud de Sus discípulos y una gran multitud de gente de toda Judea, de Jerusalén y de la costa de [b]Tiro y de Sidón, que había venido para oírle, y para ser sanados de sus enfermedades;

18 y los que habían sido atormentados de [a]espíritus inmundos eran sanados.

19 Y toda la multitud procuraba [a]tocarle, porque [b]poder salía de El y sanaba a todos.

20 Y [a]alzando los ojos hacia Sus discípulos, [b]decía: [1]Bienaventurados *vosotros* los [2c]pobres, porque vuestro es el [3d]reino de Dios.

10[a] Mr. 3:34; 5:32; 10:23
11[a] Lc. 4:28
11[b] Mt. 21:46; 26:4; 27:1
12[a] Mt. 14:23
13[a] vs. 13-16: Mt. 10:1-4; Mr. 3:13-19
13[b] Lc. 9:1
13[c] Mr. 6:30
14[a] vs. 14-16: Hch. 1:13
14[b] Jn. 1:42; Mt. 16:18
14[c] Jn. 1:40; Mt. 4:18
14[d] Lc. 5:10
14[e] Jn. 1:44
15[a] Mt. 9:9; Lc. 5:27
16[a] Jn. 14:22
17[a] vs. 17-19: Mr. 3:7-12
17[b] Mt. 11:21
18[a] Lc. 4:33
19[a] Mt. 14:36
19[b] Lc. 8:46; 4:36; 5:17
20[a] Jn. 6:5

9[1] Lit., alma; se refiere a la vida del alma.

11[1] O, locura, lo cual implica furia insensata. Como señal que pone a prueba a la gente, el SalvadorHombre los dejó expuestos (2:34-35); algunos eran humildes y recibieron gracia, pero otros eran altivos y se enfurecieron.

12[1] Véase la nota 35[1] de Mr. 1.

12[2] Lit., en la oración de Dios.

13[1] Con respecto a los vs. 13-16, véanse las notas de Mt. 10:1-4.

16[1] O, hijo.

20[1] Todo lo promulgado en Mt. 5—7 como la constitución del reino de los cielos, constituye la realidad del reino

20[b] vs. 20-23: Mt. 5:2-12 **20**[c] Mt. 11:5; Jac. 2:5 **20**[d] Lc. 12:32

21 Bienaventurados los que ahora [a]tenéis hambre, porque
seréis saciados. Bienaventurados los que ahora [b]lloráis, porque reiréis.
22 Bienaventurados seréis cuando los hombres os [a]abo-
rrezcan, y cuando os aparten *de sí,* y os [b]vituperen, y
[c]desechen vuestro nombre como malo, por causa del Hijo del
Hombre.
23 [a]Regocijaos en aquel día, y saltad de gozo, porque he
aquí vuestro galardón es grande en los cielos; porque así
hacían sus padres con los [b]profetas.
24 [1]Mas ¡[a]ay de vosotros, [b]ricos! porque ya habéis [2c]reci-
bido todo vuestro consuelo.
25 ¡Ay de vosotros, los que ahora estáis saciados! porque
[a]tendréis hambre. ¡Ay *de vosotros,* los que ahora [b]reís! porque lamentaréis y lloraréis.
26 ¡Ay *de vosotros,* cuando todos los hombres hablen bien
de vosotros! porque así hacían sus padres con los falsos
[a]profetas.
27 Pero a vosotros los que oís, os digo: [1]Amad a vuestros
[a]enemigos, haced bien a los que os aborrecen;
28 [a]bendecid a los que os maldicen, y [b]orad por los que os
injurian.
29 Al que te [a]hiera en la mejilla, preséntale también la
otra; y al que te quite la capa, ni aun la túnica le niegues.
30 A todo el que te pida, [a]dale; y al que tome lo que es tuyo,
no pidas que te lo devuelva.
31 Y como queréis que [a]hagan los hombres con vosotros,
así también haced vosotros con ellos.
32 Porque si [a]amáis a los que os aman, ¿qué [1]mérito tenéis?
Porque también los pecadores aman a los que los aman.

21[a] Lc. 1:53
21[b] Is. 61:2-3; Jn. 16:20
22[a] Mt. 10:22
22[b] 1 P. 4:14; He. 13:13
22[c] cfr. Jn. 9:22; 16:2
23[a] Hch. 5:41; 1 P. 4:13
23[b] 2 Cr. 36:16; Hch. 7:51-52
24[a] Am. 6:1
24[b] Lc. 18:23; Jac. 5:1
24[c] Lc. 16:25
25[a] Is. 65:13-14
25[b] Pr. 14:13
26[a] Is. 30:10; Jer. 5:31; Mi. 2:11; Mt. 7:15
27[a] Lc. 6:35; Mt. 5:44; Ex. 23:4; Pr. 25:21; Ro. 12:20
28[a] 1 P. 3:9; Ro. 12:14
28[b] cfr. Lc. 23:34; Hch. 7:60

de los cielos. Todo lo citado aquí, en los vs. 20-49, como principios del carácter de los hijos de Dios, gobierna y mide el comportamiento de los creyentes, quienes nacieron de Dios y poseen Su vida y naturaleza. Cuando fue dada esta porción (excepto los vs. 24-26, 39) se aplicaba al remanente de los judíos que creyeron. En cuanto a la norma de carácter, los principios contenidos en esta porción están muy por encima de la ley que los judíos recibieron de Moisés.

20[2] Con respecto a los vs. 20-23, véanse las notas de Mt. 5:3-12.

20[3] Véase la nota 43[2] del cap. 4.

24[1] Cuando fue expresada esta porción, los vs. 24-26 podían aplicarse a los judíos incrédulos, quienes endurecieron sus corazones y rechazaron al Salvador.

24[2] La palabra griega era usada en un sentido comercial, refiriéndose al recibo del pago total.

27[1] Con respecto a los vs. 27-36, véanse las notas de Mt. 5:38-48.

29[a] Mt. 5:39; 26:67; Is. 50:6; Lm. 3:30 **30**[a] Lc. 6:38; Mt. 5:42; Dt. 15:10
31[a] Mt. 7:12 **32**[a] Mt. 5:46-47

33 Y si hacéis bien a los que os hacen bien, ¿qué mérito tenéis? También los pecadores hacen lo mismo.

34 Y si [a]prestáis *a aquellos* de quienes esperáis recibir, ¿qué mérito tenéis? También los pecadores prestan a los pecadores, para recibir otro tanto.

35 Amad, pues, a vuestros [a]enemigos, y haced bien, y [b]prestad, [1]no esperando de ello nada; y será vuestro galardón grande, y seréis [c]hijos del [d]Altísimo; porque El es benigno para con los ingratos y malos.

36 Sed, pues, compasivos, [a]como también vuestro Padre es [b]compasivo.

37 [1a]No juzguéis, y no seréis juzgados; [b]no condenéis, y no seréis condenados; [2c]perdonad, y seréis [2]perdonados.

38 [a]Dad, y se os dará; medida buena, apretada, remecida y rebosando darán en vuestro [1]regazo; porque con la misma [b]medida con que medís, se os volverá a medir.

39 Y les decía una parábola: ¿Acaso puede [1]un [2]ciego [a]guiar a otro ciego? ¿No caerán ambos en el hoyo?

40 El [a]discípulo no está sobre el maestro; mas todo el que sea perfeccionado, será como su maestro.

41 ¿Por qué [1]miras la [a]paja que está en el ojo de tu hermano, y no consideras la viga que está en tu [b]propio ojo?

42 ¿O cómo puedes decir a tu hermano: Hermano, déjame sacar la paja que está en tu ojo, no mirando tú la viga que está en el ojo tuyo? [1]Hipócrita, saca primero la viga de tu propio ojo, y entonces verás claro para sacar la paja que está en el ojo de tu hermano.

43 [a]No es buen árbol el que da malos frutos, ni tampoco árbol malo el que da buen fruto.

44 Porque cada árbol se [a]conoce por su fruto; pues no se cosechan higos de los espinos, ni de las zarzas se vendimian uvas.

45 El hombre bueno, del [a]buen tesoro de su corazón saca

34[a] cfr. Mt. 5:42
35[a] Lc. 6:27
35[b] Dt. 15:8; Sal. 37:26; 112:5; Pr. 19:17
35[c] Mt. 5:45
35[d] Lc. 1:32
36[a] Mt. 5:48; Ef. 5:1
36[b] Jac. 5:11
37[a] Mt. 7:1; Ro. 14:13; 1 Co. 4:5
37[b] cfr. Jn. 3:17; 8:10-11
37[c] Mt. 6:14-15; Ef. 4:32
38[a] Lc. 6:30; Dt. 15:10; Pr. 19:17
38[b] Mt. 7:2; cfr. Mr. 4:24
39[a] Mt. 15:14
40[a] Mt. 10:24
41[a] Mt. 7:3-5
41[b] cfr. Jn. 8:7-9
43[a] vs. 43-44: Mt. 7:16-20
44[a] Mt. 12:33
45[a] Mt. 12:35

32[1] Lit., favor. Así también en los versículos siguientes. *Mérito* corresponde a la recompensa, y *qué* se refiere a la calidad de recompensa; por lo tanto, *qué mérito* significa *qué tipo de recompensa.*

35[1] O, no considerando nada como pérdida.

37[1] Con respecto a los vs. 37-38, véanse las notas de Mt. 7:1-2.

37[2] Lit., liberad … liberados.

38[1] "El pliegue de la vestidura amplia de encima, atado con el cinto, formando así una bolsa pequeña" (Vincent).

39[1] Cuando esto fue dicho, se podía aplicar a los líderes de los judíos.

39[2] Véase la nota 14[1] de Mt. 15.

41[1] Con respecto a los vs. 41-42, véanse las notas de Mt. 7:3-5.

42[1] Véase la nota 2[2] de Mt. 6.

lo bueno; y el hombre malo, del mal tesoro de su corazón saca lo malo; porque [b]de la abundancia del corazón habla la boca.

46 ¿Por qué me llamáis, [a]Señor, Señor, y no hacéis lo que Yo digo?

47 [1]Todo aquel que viene a Mí, y [a]oye Mis palabras y las hace, os indicaré a quién es semejante.

48 Semejante es al hombre que al edificar una casa, cavó y ahondó y puso el fundamento sobre la roca; y cuando vino una inundación, el río dio con ímpetu contra aquella casa, pero no la pudo mover, porque estaba bien construida.

49 Mas el que oye y no hace, semejante es al hombre que edificó una casa sobre tierra, sin fundamento; contra la cual el río dio con ímpetu, e inmediatamente [a]cayó, y fue grande el derrumbe de aquella casa.

45[b] Mt. 12:34; 15:18-19
46[a] Mt. 7:21-23; 25:11; Lc. 13:25
47[a] vs. 47-49: Mt. 7:24-27
49[a] Ez. 13:10-16

CAPITULO 7

10. Sana al que estaba a punto de morir
7:1-10

1 Después que hubo terminado todas Sus palabras a oídos del pueblo, [1a]entró en [b]Capernaum.

2 Y el esclavo de un [a]centurión, a quien éste apreciaba mucho, estaba enfermo y a punto de morir.

3 Cuando el centurión oyó *hablar* de Jesús, le envió unos ancianos de los judíos, rogándole que viniese y [1]sanase a su esclavo.

4 Y ellos vinieron a Jesús y le rogaron con solicitud, diciéndole: Es digno de que le concedas esto;

5 porque ama a nuestra nación, y nos edificó la [a]sinagoga él mismo.

6 Y Jesús fue con ellos. Pero cuando El ya no estaba lejos de la casa, el centurión envió *a El* unos amigos, diciéndole: Señor, [a]no te molestes, pues no soy digno de que entres bajo mi techo;

7 por lo que ni aun me tuve por digno de venir a Ti; pero di la [a]palabra, y mi criado quedará sano.

8 Porque también yo soy hombre puesto bajo autoridad, y tengo bajo *mis órdenes* soldados; y digo a éste: Ve, y va; y al otro: Ven, y viene; y a mi esclavo: Haz esto, y lo hace.

9 Al oír esto, Jesús se maravilló de él, y volviéndose a la

1[a] vs. 1-10: Mt. 8:5-13
1[b] Lc. 4:23
2[a] Hch. 10:1
5[a] Mr. 1:21; Jac. 2:2
6[a] Lc. 8:49
7[a] Mt. 8:16; Sal. 107:20

47[1] Con respecto a los vs. 47-49, véanse las notas de Mt. 7:24-27.

1[1] Con respecto a los vs. 1-10, véanse las notas de Mt. 8:5-13.

3[1] Lit., salvase por completo a su esclavo.

multitud que le seguía, dijo: Os digo que ni aun en Israel he hallado una [a]fe tan grande.

10 Y al regresar a casa los que habían sido enviados, hallaron sano al esclavo.

11. Muestra compasión resucitando al único hijo de una viuda que estaba llorando
7:11-17

11 Aconteció [1]poco después, que El iba a la ciudad que se llama Naín, e iban con El Sus discípulos, y una gran multitud.

12 Cuando llegó cerca de la puerta de la ciudad, he aquí que llevaban *a enterrar* a un difunto, [a]hijo único de su madre, la cual era viuda; y había con ella una considerable multitud de la ciudad.

13 Y cuando el Señor la vio, se [1a]compadeció de ella, y le dijo: [b]No llores.

14 Y acercándose, tocó el féretro; y los que lo llevaban se detuvieron. Y dijo: Joven, a ti te digo, [a]levántate.

15 Entonces se incorporó el que había [a]muerto, y comenzó a hablar. Y lo [b]dio a su madre.

16 Y el [a]temor se apoderó de todos, y [b]glorificaban a Dios, diciendo: Un gran [c]profeta se ha levantado entre nosotros; y: Dios ha [d]visitado a Su pueblo.

17 Y se extendió la fama de El por toda [1]Judea, y por toda la región de alrededor.

12. Fortalece a Su precursor
7:18-35

18 [a]Los discípulos de [1]Juan le [b]dieron las nuevas de todas estas cosas.

19 Y llamó Juan a dos de sus discípulos, y los envió al [1]Señor, diciéndole: ¿Eres Tú [a]el que había de venir, o hemos de esperar a otro?

11[1] O, al siguiente día.

13[1] Este caso es único en su género por la miseria que describe: el hijo único de una viuda era llevado en un ataúd. La compasión del Salvador también fue única en su género en Su amor y condolencia para con ella: El ofreció, en Su tierna misericordia, Su poder de resurrección para levantar de la muerte al hijo de la viuda, sin que se le pidiera. Esto indica Su comisión única: venir para salvar a los pecadores perdidos (19:10). También muestra el alto nivel de Su moralidad, como Salvador-Hombre, al salvar a los pecadores.

17[1] Nombre común del país de los judíos, el cual incluía a Galilea donde estaba la ciudad de Naín (véase la nota 44[2] del cap. 4).

18[1] Con respecto a los vs. 18-35, véanse las notas de Mt. 11:2-19.

9[a] Lc. 5:20
12[a] Lc. 8:42; 9:38
13[a] Mt. 20:34; Mr. 1:41
13[b] Lc. 8:52
14[a] Lc. 8:54; Hch. 9:40
15[a] Lc. 7:22
15[b] Lc. 9:42
16[a] Lc. 5:26; Mt. 9:8
16[b] Lc. 2:20; 5:25-26; 13:13; 17:15; 23:47; Hch. 4:21; 11:18
16[c] Dt. 18:15; Hch. 7:37; Lc. 7:39; 24:19; Jn. 4:19; 6:14; 7:40; 9:17
16[d] Ex. 4:31; Lc. 1:68; 19:44
18[a] Mt. 9:14
18[b] vs. 18-35: Mt. 11:2-19
19[a] Gn. 49:10; Sal. 118:26; Zac. 9:9; Ro. 5:14

20 Cuando, pues, los hombres vinieron a El, dijeron: Juan
el Bautista nos ha enviado a Ti, a decirte: ¿Eres Tú el que
había de venir, o hemos de esperar a otro?
21 En esa misma hora [a]sanó a muchos de enfermedades y
dolencias y de espíritus malos, y a muchos [b]ciegos les concedió la vista.
22 Y respondiendo *Jesús,* les dijo: Id, haced saber a Juan
lo que habéis visto y oído: los [a]ciegos reciben la vista, los
[b]cojos andan, los [c]leprosos son limpiados, los [d]sordos oyen, los
[e]muertos son resucitados, y a los [f]pobres es [1]anunciado el
evangelio;
23 y [1]bienaventurado es el que no [a]tropieza a causa de Mí.
24 Cuando se fueron los mensajeros de Juan, comenzó a
decir de Juan a las multitudes: ¿Qué salisteis a ver al
[a]desierto? ¿Una caña sacudida por el viento?
25 Mas ¿qué salisteis a ver? ¿A un hombre cubierto de
vestiduras delicadas? He aquí, los que llevan vestidura espléndida y viven en deleites, en los palacios de los reyes
están.
26 Mas ¿qué salisteis a ver? ¿A un [a]profeta? Sí, os digo, y
más que profeta.
27 Este es de quien está escrito: "[a]He aquí, envío Mi
mensajero delante de Tu faz, el cual preparará Tu camino
delante de Ti".
28 Os digo: Entre los nacidos de mujeres, no hay ninguno
mayor que Juan; pero el más pequeño en el [a]reino de Dios es
mayor que él.
29 Y todo el pueblo y los recaudadores de impuestos,
cuando lo oyeron, [a]reconocieron la justicia de Dios, habiendo
[b]recibido el [c]bautismo de Juan.
30 Mas los [a]fariseos y los [1b]intérpretes de la ley [2]desecharon el [c]consejo de Dios respecto de sí mismos, no habiendo
sido bautizados por Juan.
31 *Y dijo Jesús:* ¿A qué, pues, compararé los hombres de
esta generación, y a qué son semejantes?
32 Semejantes son a los muchachos sentados en la [a]plaza,

21[a] Mt. 8:16
21[b] Mt. 12:22; 15:31; 21:14; Mr. 8:23; 10:52; Jn. 9:6
22[a] Is. 35:5-6
22[b] Mt. 15:30-31
22[c] Lc. 17:12-14
22[d] Mr. 7:35
22[e] Lc. 7:15; Jn. 11:44
22[f] Lc. 4:18
23[a] Is. 8:14-15; Mt. 26:31
24[a] Lc. 1:80; 3:2
26[a] Mt. 14:5; Lc. 1:76; 20:6
27[a] Mal. 3:1; Mr. 1:2
28[a] Lc. 6:20
29[a] Sal. 51:4; Ro. 3:4
29[b] Lc. 3:12
29[c] Hch. 18:25; 19:3
30[a] Mt. 23:13
30[b] Lc. 10:25; 11:45; 14:3; Mt. 22:35

19[1] Algunos mss. dicen: Jesús.
22[1] Véase la nota 43[1] del cap. 4.
23[1] Cuando parece que el Señor no va a obrar en favor nuestro, bienaventurados somos si no tropezamos.
30[1] No eran abogados civiles, sino eruditos de la ley mosaica.
30[2] O, pusieron a un lado, anularon.

30[c] Hch. 2:23; 20:27 **32**[a] Lc. 11:43

que dan voces unos a otros y dicen: Os tocamos la flauta, y no bailasteis; os endechamos, y no lamentasteis.

33 Porque vino Juan el Bautista, que ni [a]comía pan [b]ni bebía vino, y decís: Demonio tiene.

34 Vino el Hijo del Hombre, que [a]come y bebe, y decís: He aquí un hombre comilón y bebedor de vino, [b]amigo de recaudadores de impuestos y de pecadores.

35 Mas la sabiduría es justificada por todos sus hijos.

13. Perdona a los pecadores
7:36-50

36 Uno de los fariseos rogó a *Jesús* que [a]comiese con él. Y habiendo entrado en casa del fariseo, se reclinó *a la mesa.*

37 Entonces había en la ciudad una mujer, que era pecadora, la cual, sabiendo que *Jesús* estaba reclinado *a la mesa* en casa del fariseo, [1]trajo un frasco de alabastro con [a]ungüento;

38 y estando detrás *de El* a Sus pies, llorando, comenzó a regar con lágrimas Sus pies, y los enjugaba con los [1a]cabellos de su cabeza; y besaba [2]afectuosamente Sus pies, y los ungía con el [3]ungüento.

39 Cuando vio esto el [a]fariseo que le había convidado, dijo para sí: Este, [1]si fuera [b]profeta, conocería [c]quién y qué clase de mujer es la que le toca, que es pecadora.

40 Entonces [1]respondiendo Jesús, le dijo: Simón, una cosa tengo que decirte. Y él le dijo: Di, Maestro.

41 Un prestamista tenía [1]dos [a]deudores: el uno le debía quinientos [2]denarios, y el otro cincuenta;

42 y no teniendo ellos [1]*con qué* pagar, generosamente [2a]perdonó a ambos. ¿Cuál de ellos, [3]pues, le amará más?

33[a] cfr. Mt. 3:4
33[b] Lc. 1:15
34[a] Mr. 2:16; Lc. 15:1-2; 7:36
34[b] Lc. 19:7
36[a] Lc. 11:37; 14:1
37[a] Mt. 26:7; Mr. 14:3; Jn. 12:3
38[a] Jn. 11:2
39[a] Lc. 15:2
39[b] Lc. 7:16; Jn. 4:19
39[c] cfr. Lc. 22:64
41[a] cfr. Mt. 18:24-27
42[a] Ef. 4:32; Col. 2:13; 3:13

37[1] O, proveyó.

38[1] El cabello es la gloria de la mujer (1 Co. 11:15), y está en la parte superior de su cuerpo. Con ésta ella enjugó los pies, la parte más baja del cuerpo del Salvador, amándole con la gloria de ella.

38[2] En amor.

38[3] Indica el aprecio que la mujer tenía del gran valor y dulzura del Salvador. Aun los pies del Salvador eran queridos y agradables para el afecto de ella.

39[1] Una gran multitud en Naín, habiendo sido testigos del poder de resurrección del Salvador, le reconoció como un gran profeta (v. 16). Pero el fariseo se preguntaba si en verdad lo era. El no solamente dudó respecto del Salvador, sino que también menospreció a la mujer como a una pecadora.

40[1] Muestra la omnisciencia del Salvador.

41[1] Simón no se consideró a sí mismo como pecador, mas sí a la mujer, y dudó que el Salvador supiese que ella era una pecadora. Pero la parábola del Salvador indicó que tanto Simón como la mujer eran pecadores, deudores a El, y que ambos necesitaban Su perdón.

43 Respondiendo Simón, dijo: Pienso que aquél a quien
perdonó más. Y El le dijo: Rectamente has juzgado.
44 Y vuelto a la mujer, dijo a Simón: ¿Ves esta mujer?
Entré en tu casa, y no me [1]diste agua para Mis [a]pies; mas
ésta ha regado Mis pies con lágrimas, y los ha enjugado con
sus cabellos.
45 No me diste [a]beso; mas ésta, desde que entré, no ha
cesado de besar Mis pies afectuosamente.
46 No ungiste Mi cabeza con [a]aceite; mas ésta ha ungido
con ungüento Mis pies.
47 Por lo cual te digo: Sus [a]muchos pecados le son perdonados, porque [1]amó mucho; mas aquel a quien se le perdona
poco, [1]poco ama.
48 Y a ella le dijo: [1]Tus pecados te son [a]perdonados.
49 Y los que estaban juntamente reclinados *a la mesa,*
comenzaron a decir entre sí: ¿[1a]Quién es éste, que hasta
perdona pecados?
50 Pero El dijo a la mujer: Tu [1a]fe te ha salvado, ve en
[b]paz.

44[a] Gn. 18:4
45[a] 2 S. 19:39; 20:9
46[a] Sal. 23:5; 141:5
47[a] Ro. 5:20
48[a] Lc. 5:20; 1 Jn. 2:12
49[a] Lc. 5:21
50[a] Lc. 5:20; 8:48; 18:42
50[b] 1 S. 1:17; Mr. 5:34

CAPITULO 8

14. Las mujeres le ministran
8:1-3

1 Aconteció poco después, que *Jesús* iba de ciudad en

41[2] Véase la nota 7[1] de Jn. 6.

42[1] Indica que ningún pecador tiene con qué pagar sus deudas a Dios su Salvador.

42[2] Indica que el Salvador ya los había perdonado a ambos.

42[3] Indica que su amor por el Salvador es el resultado, no la causa, del perdón del Salvador.

44[1] Lo dicho por el Salvador en los vs. 44-46 indica que Simón debía haber seguido el ejemplo de la mujer y haber aprendido de ella.

47[1] Su mucho amor comprueba que sus muchos pecados habían sido perdonados; el poco amor de Simón muestra que poco le había sido perdonado.

48[1] Tanto este caso como el del hijo único de la viuda en Naín (vs. 11-17) se encuentran solamente en este evangelio; demuestran el cuidado tierno del Salvador para con los muertos y los pecaminosos, y trasmiten el principio de la moralidad como característica particular de este evangelio.

49[1] Los que están reclinados a la mesa con el Salvador-Hombre no comprendieron que El era el propio Dios, y que tenía la autoridad para perdonar los pecados del hombre. Véase la nota 7[1] de Mr. 2.

50[1] La mujer perdonada no solamente amaba al Salvador, sino que también tenía fe en El, la cual operó a través del amor (Gá. 5:6) y produjo paz. La fe que la salvó la llevó al Salvador en amor, y dio como resultado que ella se fuera en paz. La fe, el amor y la paz son tres virtudes cruciales cuando se experimenta y disfruta la salvación del Salvador. La fe es producida al conocer al Salvador en

ciudad y de [a]aldea en aldea, [1]predicando y [2b]anunciando el
evangelio del reino de Dios, y los doce iban con El,
2 y algunas [1a]mujeres que habían sido sanadas de espíritus malignos y de enfermedades: María, que se llamaba
Magdalena, de la que habían salido [b]siete demonios,
3 [a]Juana, mujer de Chuza intendente de Herodes, y
Susana, y otras muchas que [1]les ministraban de sus bienes.

15. Enseña en parábolas
8:4-18

4 Juntándose una gran multitud, y los que de cada
ciudad venían a El, les dijo por [a]parábola:
5 El [1]sembrador salió a sembrar su semilla; y mientras
sembraba, una parte cayó junto al camino, y fue hollada, y
las aves del cielo se la comieron.
6 Otra *parte* cayó sobre la piedra; y después de brotar, se
secó, porque no tenía humedad.
7 Otra *parte* cayó entre los [a]espinos, y creciendo con ella
los espinos, la ahogaron.
8 Y otra *parte* cayó en buena tierra, y creciendo llevó
fruto a [a]ciento por uno. Hablando estas cosas, decía a gran
voz: El que tiene oídos para oír, [b]oiga.
9 Y Sus discípulos le preguntaron qué significaba esta
parábola.
10 Y El dijo: A vosotros os ha sido dado conocer los
[a]misterios del [1]reino de Dios; pero a los otros *las cosas están*
en parábolas, para que [b]viendo no vean, y oyendo no entiendan.
11 Esta es, pues, la [a]parábola: La semilla es la [b]palabra
de Dios.
12 Y los de junto al camino son los que oyen, y luego viene
el diablo y quita de su corazón la palabra, para que no crean
y se [a]salven.
13 Los de sobre la piedra son los que cuando oyen, reciben

1[a] Mr. 6:6
1[b] Lc. 3:18; 4:43; 16:16
2[a] Lc. 23:49, 55; Mt. 27:55-56
2[b] Mr. 16:9
3[a] Lc. 24:10
4[a] vs. 4-10: Mt. 13:3-15; Mr. 4:2-12
7[a] Gn. 3:18; Jer. 4:3
8[a] Gn. 26:12
8[b] Mt. 11:15
10[a] 1 Co. 2:6-10; Col. 1:27
10[b] Is. 6:9
11[a] vs. 11-15: Mt. 13:18-23; Mr. 4:13-20
11[b] Mr. 2:2; 4:33; 16:20; Lc. 1:2; Hch. 8:4; Jac. 1:21; Ap. 1:2, 9; 1 P. 1:23
12[a] Mr. 16:16

Su poder y Su virtud salvadores. El amor procede de esta fe y trae paz; luego seguimos al Salvador. Al seguir al Salvador en nuestro vivir, la fe y el amor nos traen paz para que disfrutemos la vida del Señor y crezcamos en ella.

1[1] Proclamando como un heraldo.

1[2] Véase la nota 43[1] del cap. 4.

2[1] Los doce llamados seguían al Salvador (v. 1), y las mujeres sanadas le ministraban a El y a Sus seguidores utilizando sus propias posesiones (v. 3). ¡Qué hermoso cuadro!

3[1] Algunos mss. dicen: le.

5[1] Con respecto a los vs. 5-15, véanse las notas de Mt. 13:3-23 y de Mr. 4:2-20.

10[1] Véase la nota 43[2] del cap. 4.

la palabra con [a]gozo; pero éstos no tienen raíces; creen por
algún tiempo, y en el tiempo de la [b]prueba se retiran.
14 La que cayó entre los espinos, éstos son los que oyeron,
pero yéndose, son ahogados por los [a]afanes y las [b]riquezas y
los [c]placeres de la [1]vida, y no llevan a madurez *su fruto.*
15 Mas la que está en la buena tierra, éstos son los que
con corazón [a]noble y bueno retienen la palabra oída, y [b]dan
fruto con [c]perseverancia.
16 [a]Nadie que enciende una [1b]lámpara la cubre con una
vasija, ni la pone debajo de una cama, sino que la pone en un
candelero para que los que entran vean la luz.
17 Porque nada hay [a]oculto, que no haya de ser manifestado; ni escondido, que no haya de ser conocido, y de salir a luz.
18 [a]Mirad, pues, cómo [b]oís; porque a cualquiera que [c]tie-
ne, se le dará; y al que no tiene, aun lo que cree tener se le
quitará.

16. Identifica a Sus verdaderos parientes
8:19-21

19 Entonces Su [1]madre y Sus [a]hermanos [b]vinieron a El;
pero no podían llegar hasta El por causa de la multitud.
20 Y se le avisó, *diciendo:* Tu madre y Tus hermanos
están fuera y quieren verte.
21 El entonces respondiendo, les dijo: Mi madre y Mis
hermanos son éstos que [a]oyen la palabra de Dios, y la hacen.

17. Calma la tempestad
8:22-25

22 Aconteció en uno de aquellos días, que El y Sus discípulos [1]entraron en una [a]barca, y El les dijo: Pasemos al [b]otro
lado del [c]lago. Y partieron.
23 Y mientras navegaban, El se durmió. Y cayó sobre el
lago una tempestad de viento; y se anegaban y peligraban.
24 Y se le acercaron y le despertaron, diciendo: ¡[1]Maestro,
Maestro, que perecemos! Despertando El, [a]reprendió al
viento y al oleaje del agua; y [b]cesaron, y sobrevino la [c]calma.
25 Y les dijo: ¿Dónde está vuestra fe? Y [a]atemorizados, se

13[a] Is. 58:2; Jn. 5:35
13[b] Jac. 1:2, 12; 1 P. 1:6
14[a] Mt. 6:25
14[b] 1 Ti. 6:9
14[c] 2 Ti. 3:4; Tit. 3:3; Jac. 4:1, 3
15[a] Hch. 17:11
15[b] Jn. 15:5, 16; Col. 1:6
15[c] Ro. 5:3; 2 P. 1:6; He. 10:36
16[a] vs. 16-18: Mr. 4:21-25
16[b] Lc. 11:33; Mt. 5:15
17[a] Lc. 12:2; Mt. 10:26
18[a] Lc. 12:15; 17:3; 21:34
18[b] cfr. Lc. 8:11-15
18[c] Lc. 19:26; Mt. 13:12; 25:29

14[1] Gr. *bios,* que significa *vida* y se refiere a la vida física de uno.

16[1] Con respecto a los vs. 16-18, véanse las notas de Mr. 4:21-25.

19[a] Mt. 13:55; Mr. 6:3; Jn. 2:12; 7:3; Hch. 1:14; 1 Co. 9:5; Gá. 1:19
19[b] vs. 19-21: Mt. 12:46-50; Mr. 3:31-35 **21[a]** Lc. 11:28; Jac. 1:22
22[a] vs. 22-25: Mt. 8:23-27; Mr. 4:36-41; cfr. Jn. 6:16-21 **22[b]** Mt. 8:18; 14:22
22[c] Lc. 5:1; 8:33 **24[a]** Sal. 104:7; Lc. 4:39 **24[b]** Job 38:11; Mt. 14:32
24[c] Sal. 65:7; 89:9; 107:29 **25[a]** Lc. 1:65; 5:26; Hch. 2:43

maravillaban, y se decían unos a otros: ¿Quién es éste, que aun a los vientos y a las aguas manda, y le obedecen?

18. Echa fuera una legión de demonios
8:26-39

26 Y [1]navegaron hacia la tierra de los [a]gerasenos, que está en la ribera opuesta a Galilea.

27 Al saltar a tierra, vino a *Su* encuentro un hombre de la ciudad, endemoniado, que por mucho tiempo no había vestido ropa alguna, ni moraba en casa, sino entre los sepulcros.

28 Este, al ver a Jesús, [a]lanzó un gran grito, y postrándose a Sus pies exclamó a gran voz: ¿Qué tengo que ver contigo, Jesús, Hijo del [b]Dios Altísimo? Te ruego que no me atormentes.

29 Porque mandaba al espíritu [a]inmundo que saliese del hombre, pues se había apoderado de él muchas veces; y le ataban con cadenas y grillos, teniéndolo bajo custodia, pero rompía las ataduras y era impelido por el demonio a los desiertos.

30 Y le preguntó Jesús: ¿Cómo te llamas? Y él dijo: Legión. Porque muchos demonios habían entrado en él.

31 Y le rogaban que no los mandase ir al [a]abismo.

32 Había una piara de muchos [a]cerdos que pacían allí en el monte; y le rogaron que los dejase entrar en ellos; y les dio permiso.

33 Y los demonios, salidos del hombre, entraron en los cerdos; y la piara se precipitó por un despeñadero al [a]lago, y se ahogó.

34 Y los que apacentaban *los cerdos,* cuando vieron lo que había acontecido, huyeron y lo contaron en la ciudad y por los campos.

35 Y salieron a ver lo que había sucedido; y vinieron a Jesús, y hallaron al hombre de quien habían salido los demonios, [a]sentado a los pies de Jesús, vestido, y en su cabal juicio; y tuvieron miedo.

36 Y los que lo habían visto, les contaron cómo había sido [1]sanado el endemoniado.

37 Entonces toda la multitud de la región alrededor de los

26[a] vs. 26-39: Mt. 8:28-34; Mr. 5:1-20
28[a] Lc. 4:33-34; Hch. 8:7
28[b] Lc. 1:32; 6:35; Gn. 14:18; Nm. 24:16; Sal. 57:2; Dn. 3:26
29[a] Lc. 4:33; 11:24
31[a] Ap. 9:1-2; 20:3
32[a] Lv. 11:7
33[a] Lc. 5:1; 8:22
35[a] Lc. 10:39

19[1] Con respecto a los vs. 19-21, véanse las notas de Mt. 12:46-50 y de Mr. 3:31-35.

22[1] Con respecto a los vs. 22-25, véanse las notas de Mt. 8:23-27 y de Mr. 4:36-41.

24[1] Véase la nota 5[1] del cap. 5.

26[1] Con respecto a los vs. 26-39, véanse las notas de Mt. 8:28-34 y de Mr. 5:1-20.

36[1] Lit., salvo.

gerasenos le rogó que se [a]marchase de ellos, pues estaban poseídos por gran [b]temor. Y *Jesús,* entrando en la barca, se volvió.

38 Y el hombre de quien habían salido los demonios le rogaba que le dejase estar con El; pero *Jesús* le despidió, diciendo:

39 Vuélvete a tu casa, y refiere cuán grandes cosas ha hecho Dios por ti. Y él se fue, proclamando por toda la ciudad cuán grandes cosas había hecho Jesús por él.

19. Sana a una mujer que tenía flujo de sangre y resucita a una niña 8:40-56

40 Al [1a]volver Jesús, la multitud le recibió con gozo; porque todos le esperaban.

41 Y he aquí, llegó un [1]varón llamado Jairo, que era [a]principal de la sinagoga, y postrándose a los pies de Jesús, le rogaba que entrase en su casa;

42 porque tenía una hija [a]única, como de doce años, que se estaba muriendo. Y mientras iba, las multitudes le [1]oprimían.

43 Y una mujer que tenía [a]flujo de sangre desde hacía doce años, *y* que [1]había gastado en médicos todo cuanto tenía, y por ninguno había podido ser curada,

44 se le acercó por detrás y tocó los [a]flecos de Su manto; y al instante se detuvo el flujo de su sangre.

45 Entonces Jesús dijo: ¿Quién es el que me ha tocado? Y negando todos, dijo Pedro[1]: Maestro, las multitudes te aprietan y estrujan.

46 Pero Jesús dijo: Alguien me ha tocado; porque Yo he sentido que ha salido [a]poder de Mí.

47 Entonces, cuando la mujer vio que no había pasado inadvertida, vino temblando, y postrándose ante El, le declaró delante de todo el pueblo por qué causa le había tocado, y cómo al instante había sido sanada.

48 Y El le dijo: Hija, tu [a]fe te ha [1]sanado; ve [2]en paz.

49 Mientras El aún hablaba, vino uno *de casa* del principal

37[a] Hch. 16:39
37[b] Lc. 1:65; 5:26; 7:16
40[a] vs. 40-56: Mt. 9:1, 18-26; Mr. 5:21-43
41[a] Lc. 13:14; Hch. 13:15; 18:8, 17
42[a] Lc. 7:12
43[a] Lv. 15:25
44[a] Nm. 15:38; Dt. 22:12; Mt. 14:36
46[a] Lc. 6:19; Hch. 10:38
48[a] Lc. 17:19; 7:50

40[1] Véase la nota 1[1] de Mt. 9.

41[1] Con respecto a los vs. 41-56, véanse las notas de Mt. 9:18-26 y de Mr. 5:22-43.

42[1] O, sofocaban.

43[1] Algunos mss. omiten: había gastado en médicos todo cuanto tenía.

45[1] Algunos mss. añaden: y los que estaban con él.

48[1] Lit., salvado. Así también en el v. 50.

48[2] Antes de que alguien sea salvo, no conoce el camino de la paz (Ro. 3:17). La obra salvadora del Señor

de la sinagoga a decirle: Tu hija ha muerto; [a]no molestes más al [b]Maestro.

50 Oyéndolo Jesús, le respondió: No temas; cree solamente, y será sanada.

51 Al llegar a la casa, no dejó entrar a nadie consigo, sino a [a]Pedro, a [1]Juan, a Jacobo, y al padre de la niña y a la madre.

52 Y lloraban todos y hacían lamentación por ella. Pero El dijo: [a]No lloréis; no ha muerto, sino que [b]duerme.

53 Y se burlaban de El, sabiendo que estaba muerta.

54 Mas El, [a]tomándola de la mano, clamó diciendo: Muchacha, [b]levántate.

55 Entonces su [a]espíritu volvió, e inmediatamente se levantó; y El mandó que se le diese de comer.

56 Y sus padres estaban atónitos; pero *Jesús* les mandó que a [a]nadie dijesen lo que había sucedido.

CAPITULO 9

20. Envía a los doce apóstoles para que propaguen Su ministerio
9:1-9

1 Habiendo [a]convocado a los doce[1], les dio poder y [2b]autoridad sobre todos los demonios, y para sanar enfermedades.

2 Y los [a]envió a proclamar el [1b]reino de Dios, y a [c]sanar a los enfermos.

3 Y les dijo: [a]No toméis nada para el camino, ni bastón, ni alforja, [1]ni pan, ni dinero; ni tengáis dos túnicas cada uno.

4 Y en cualquier casa donde entréis, quedaos allí, y de allí salid.

5 Y cuantos no os reciban, al salir de su ciudad, [a]sacudid el polvo de vuestros pies en [b]testimonio contra ellos.

6 Salieron, pues, y pasaban de aldea en aldea, anunciando el evangelio y sanando por todas partes.

7 [a]Herodes el tetrarca [b]oyó de todo lo que sucedía; y estaba muy perplejo, porque decían algunos que Juan había resucitado de los muertos;

8 otros que [a]Elías había aparecido; y otros que algún profeta de los antiguos había resucitado.

49[a] Lc. 7:6
49[b] Jn. 11:28
51[a] Lc. 9:28; Mr. 14:33
52[a] Lc. 7:13
52[b] Jn. 11:11, 13
54[a] Mr. 1:31
54[b] Lc. 7:14
55[a] cfr. Jue. 15:19; 1 S. 30:12
56[a] Lc. 5:14
1[a] Lc. 6:13; Mt. 10:1; Mr. 3:13; 6:7
1[b] Mr. 3:15
2[a] Mt. 10:5; Lc. 10:1
2[b] Lc. 9:11, 60, 62
2[c] Lc. 9:11; Mt. 10:8
3[a] vs. 3-5: Mt. 10:9-14; Mr. 6:8-11; Lc. 10:4-11
5[a] Hch. 13:51; cfr. Neh. 5:13; Hch. 18:6
5[b] Jac. 5:3

---

conduce al hombre al camino de paz (1:79).

51[1] Algunos mss. dicen: a Jacobo y a Juan.

1[1] Algunos mss. añaden: apóstoles.

1[2] Véanse las notas 27[1] de Mr. 1 y 1[2] de Mt. 10.

2[1] Véase la nota 43[2] del cap. 4.

3[1] Véase la nota 9[1] de Mt. 10.

7[a] Lc. 3:1, 19; Hch. 13:1 7[b] vs. 7-9: Mt. 14:1-2; Mr. 6:14-16 8[a] Lc. 9:19

9 Y dijo Herodes: A Juan yo le [1a]decapité; ¿pero quién es
éste de quien oigo tales cosas? Y [b]procuraba verle.

21. Alimenta a los cinco mil
9:10-17

10 Vueltos los apóstoles, le [a]contaron todo lo que habían
hecho. Y [b]tomándolos aparte, se retiró a una ciudad llamada
Betsaida.
11 Pero las [a]multitudes lo supieron, y le siguieron; y El les
acogió, y les hablaba del [b]reino de Dios, y [c]sanaba a los que
necesitaban ser curados.
12 Pero el [1]día comenzaba a declinar; y acercándose los
doce, le dijeron: [a]Despide a la multitud, para que vayan a las
aldeas y [2]campos de alrededor, y se alojen y encuentren
alimentos; porque aquí estamos en lugar desierto.
13 El les dijo: [a]Dadles vosotros de comer, y dijeron ellos: No
tenemos más que [b]cinco panes y dos peces, a no ser que
vayamos nosotros a comprar alimentos para todo este pueblo.
14 Pues eran como cinco mil hombres. Entonces dijo a Sus
discípulos: Hacedlos recostar en [1]grupos, como de cincuenta
en cincuenta.
15 Así lo hicieron, haciéndolos recostar a todos.
16 Y tomando los cinco panes y los dos peces, [a]levantando
los ojos al cielo, los [b]bendijo, y los partió, y dio a los discípulos
para que los pusiesen delante de la multitud.
17 Y comieron todos, y se saciaron; y recogieron lo que les
sobró, [1]doce cestas de pedazos.

22. Reconocido como el Cristo
9:18-21

18 Aconteció que mientras *Jesús* oraba aparte, estaban
con El los discípulos; y les [1]preguntó, diciendo: ¿[a]Quién dicen
las multitudes que soy Yo?
19 Respondiendo ellos, le dijeron: *Unos,* [a]Juan el Bautista; otros, [b]Elías; y otros, que algún profeta de los antiguos ha
resucitado.
20 El les dijo: ¿Y vosotros, quién decís que soy? Entonces
respondiendo Pedro, dijo: El [a]Cristo de Dios.

9[1] Véase la nota 27[1] de Mr. 6.
12[1] Con respecto a los vs. 12-17, véanse las notas de Mt. 14:15-21.
12[2] O, labranzas.
14[1] Del mismo modo que se reúnen para comer en casa, sentados en grupos, en torno a las mesas.
17[1] Véase la nota 43[1] de Mr. 6.

20[a] Mt. 1:17; Lc. 2:26; 23:35; Ap. 11:15; 12:10

9[a] Mt. 14:6-12; Mr. 6:21-29
9[b] Lc. 23:8
10[a] Mr. 6:30
10[b] vs. 10-17: Mt. 14:13-21; Mr. 6:31-44; Jn. 6:1-13; cfr. Mt. 15:32-38; Mr. 8:1-9
11[a] Lc. 8:40
11[b] Lc. 9:2, 60
11[c] Lc. 9:2
12[a] Mt. 15:23
13[a] 2 R. 4:42-44
13[b] Mt. 16:9
16[a] Mr. 7:34; Jn. 11:41; 17:1
16[b] Mt. 26:26
18[a] vs. 18-20: Mt. 16:13-16; Mr. 8:27-29
19[a] Mt. 14:2; Mr. 6:14; Lc. 9:7
19[b] Mt. 17:10; Mr. 6:15; Lc. 9:8

21 Pero El mandó que a [a]nadie dijesen esto, encar-
gándoselo rigurosamente,

23. Revela Su muerte y Su resurrección por primera vez
9:22-26

22 y [a]diciendo: Es necesario que el [b]Hijo del Hombre
padezca muchas cosas, y sea [1c]rechazado por los ancianos,
por los principales sacerdotes y por los escribas, y que sea
muerto, y resucite al [d]tercer día.
23 Y decía a todos: Si alguno quiere venir en pos de Mí,
niéguese a sí mismo, tome su [a]cruz [b]cada día, y sígame.
24 Porque el que quiera salvar la vida de su alma, la
[1]perderá; y el que la [1]pierda por causa de Mí, éste la salvará.
25 Pues ¿qué aprovecha al hombre, si [1]gana todo el mundo, y se pierde o se [1]malogra él mismo?
26 Porque el que se [a]avergüence de Mí y de Mis palabras,
de éste se avergonzará el Hijo del Hombre cuando [b]venga en
Su gloria, y *en la* del Padre y de los [c]santos ángeles.

24. Transfigurado en el monte
9:27-36

27 Pero os digo en verdad: Hay algunos de los que están
aquí, que [a]no [b]gustarán la muerte hasta que vean el reino de
Dios.
28 Aconteció como [1]ocho días después de estas palabras,
que [a]tomó consigo a [b]Pedro, a Juan y a Jacobo, y subió al
monte a [c]orar.
29 Y mientras oraba, la apariencia de Su rostro se hizo
[a]otra, y Su vestido de una [b]blancura [1]resplandeciente.
30 Y he aquí, dos varones hablaban con El, los cuales eran
Moisés y Elías,
31 quienes aparecieron en gloria, y hablaban de Su [a]par-
tida, que iba *Jesús* a cumplir en Jerusalén.
32 Y Pedro y los que estaban con él estaban rendidos de

18[1] Con respecto a los vs. 18-27, véanse las notas de Mt. 16:13-28.

22[1] La palabra griega significa *ser rechazado como resultado del proceso legal,* lo cual implica un rechazo deliberado.

24[1] O, destruirá ... destruya.

25[1] Palabra usada en el comercio.

28[1] Con respecto a los vs. 28-36, véanse las notas de Mt. 17:1-9.

29[1] Lit., que centelleaba como relámpago.

21[a] Mt. 16:20
22[a] vs. 22-27: Mt. 16:21-28; Mr. 8:31–9:1
22[b] Mt. 17:12, 22-23; Mr. 9:31; Lc. 18:31; 24:7
22[c] Lc. 17:25; 1 P. 2:4
22[d] Mt. 27:63; Lc. 18:33; 24:7, 46
23[a] Mt. 10:38; Lc. 14:27
23[b] 1 Co. 15:31
26[a] Ro. 1:16; 2 Ti. 1:8, 12, 16
26[b] Zac. 14:5; Mt. 24:30; 25:31; 26:64
26[c] Hch. 10:22; Ap. 14:10
27[a] Mt. 10:23
27[b] Jn. 8:52; He. 2:9
28[a] vs. 28-36: Mt. 17:1-9; Mr. 9:2-9
28[b] Lc. 8:51; Mr. 14:33
28[c] Mt. 14:23
29[a] Mr. 16:12
29[b] Dn. 7:9
31[a] cfr. 2 P. 1:15

[a]sueño; mas cuando estuvieron bien despiertos, vieron la
[b]gloria de *Jesús,* y a los dos varones que estaban con El.
33 Y sucedió que apartándose ellos de El, Pedro dijo a
Jesús: Maestro, bueno es que nosotros estemos aquí; y hagamos tres [a]tiendas, una para Ti, una para Moisés, y una para
Elías; no sabiendo lo que decía.
34 Mientras él decía esto, apareció una [a]nube y los cubrió;
y tuvieron temor al entrar en la nube.
35 Y vino una [a]voz desde la nube, que [1]decía: Este es Mi
Hijo, el [2]Escogido; [b]a El oíd.
36 Y cuando la voz [1]hubo hablado, Jesús fue hallado solo;
y ellos callaron, y por aquellos días no dijeron nada a [a]nadie
de lo que habían visto.

25. Echa fuera el demonio del hijo de un hombre 9:37-43a

37 Al día siguiente, cuando descendieron del monte, una
gran multitud le salió al encuentro.
38 Y he aquí, un [a]hombre de la multitud clamó diciendo:
Maestro, te ruego que veas a mi hijo, pues es mi [b]único hijo;
39 y sucede que un espíritu le toma, y de repente da voces,
y le [a]sacude con violencia hasta hacerle echar espumarajos,
y magullándole, a duras penas se aparta de él.
40 Y rogué a Tus discípulos que le [a]echasen fuera, y no
pudieron.
41 Respondiendo Jesús, dijo: ¡Oh generación incrédula y
[a]perversa! ¿Hasta cuándo he de estar [b]con vosotros, y os he
de soportar? Trae acá a tu hijo.
42 Y mientras se acercaba el muchacho, el demonio le
derribó y le sacudió con gran violencia; pero Jesús [a]reprendió
al espíritu [b]inmundo, y sanó al muchacho, y se lo [c]devolvió a
su padre.
43 Y todos se admiraban de la [a]majestad de Dios.

26. Revela Su muerte por segunda vez 9:43b-45

Y maravillándose todos de todas las cosas que hacía, [b]dijo a
Sus discípulos:
44 Haced que os penetren bien en los oídos estas palabras;

35[1] Esta fue la palabra de revelación dada por Dios. Interrumpió las palabras absurdas de Pedro en el v. 33.

35[2] Algunos mss. dicen: Amado.

36[1] Lit., sucedió.

32[a] cfr. Dn. 8:18; Mt. 26:43
32[b] Jn. 1:14
33[a] cfr. Neh. 8:15
34[a] Ex. 24:15-16
35[a] Mt. 3:17; 2 P. 1:17
35[b] Hch. 3:22
36[a] Mt. 17:9
38[a] vs. 38-42: Mt. 17:14-18; Mr. 9:17-27
38[b] Lc. 7:12
39[a] Mr. 1:26
40[a] Mt. 10:1
41[a] Fil. 2:15
41[b] Jn. 14:9
42[a] Lc. 4:35; Zac. 3:2; Jud. 9
42[b] Lc. 8:29
42[c] Lc. 7:15
43[a] 2 P. 1:16
43[b] vs. 43b-45: Mt. 17:22-23; Mr. 9:31-32

porque el [a]Hijo del Hombre va a ser [b]entregado en manos de hombres.

45 Mas ellos [a]no entendían estas palabras, y les eran [b]encubiertas para que no las percibiesen; y temían preguntarle sobre esas palabras.

27. Enseña en cuanto a la humildad y la tolerancia
9:46-50

46 Entonces entraron en [a]discusión sobre quién de ellos era el [b]mayor.

47 Y Jesús, percibiendo los pensamientos de sus [a]corazones, tomó a un niño y lo puso junto a Sí,

48 y les dijo: Cualquiera que [a]reciba a este niño [1]a causa de Mi nombre, a Mí me recibe; y cualquiera que me recibe a Mí, recibe al que me envió; porque el que es más pequeño entre todos vosotros, ése es [b]grande.

49 Entonces respondiendo [a]Juan, dijo: Maestro, vimos a uno que echaba fuera demonios [b]en Tu nombre; y se lo [1c]prohibimos, porque no sigue con nosotros.

50 Jesús le dijo: [1]No se lo prohibáis; porque [2]el que [a]no es contra vosotros, por vosotros es.

B. Desde Galilea hasta Jerusalén
9:51—19:27

1. Rechazado por los samaritanos
9:51-56

51 Estando para cumplirse los días en que El había de ser [a]recibido arriba, afirmó Su rostro para ir a [1b]Jerusalén.

52 Y envió mensajeros [a]delante de El. Y ellos fueron y entraron en una aldea de los [b]samaritanos para hacerle preparativos.

53 Mas no le recibieron, porque Su [a]aspecto era *como de* ir a Jerusalén.

54 Viendo *esto* los discípulos Jacobo y Juan, dijeron: Señor, ¿quieres que [1]mandemos que descienda [a]fuego del cielo y los consuma?

48[1] Lit., sobre o en; es decir, sobre la base, según.
49[1] Véase la nota 38[1] de Mr. 9.
50[1] Véase la nota 39[1] de Mr. 9.
50[2] Véase la nota 40[1] de Mr. 9.
51[1] Véase la nota 1[1] de Mr. 10.
54[1] Jacobo y Juan fueron llamados "hijos del trueno", aludiendo a su impetuosidad (Mr. 3:17 y la nota 1). Aquí su palabra impetuosa iba en contra de

---

53[a] cfr. Ez. 6:2 **54**[a] cfr. 2 R. 1:9-14

44[a] Lc. 9:22
44[b] Lc. 18:32; 22:6; 24:7
45[a] Lc. 2:50; Jn. 12:16; 16:18
45[b] Lc. 18:34
46[a] vs. 46-48: Mt. 18:1-5; Mr. 9:33-37
46[b] Lc. 22:24
47[a] Mt. 9:4
48[a] Mt. 10:40; Jn. 13:20
48[b] Mt. 23:11; Lc. 22:26-27
49[a] vs. 49-50: Mr. 9:38-40
49[b] Mt. 7:22; Mr. 16:17; Lc. 10:17
49[c] Nm. 11:28
50[a] Lc. 11:23
51[a] cfr. Hch. 1:2, 9
51[b] Mr. 10:1, 32; Lc. 13:22; 17:11; 18:31; 19:11, 28
52[a] Lc. 10:1
52[b] Jn. 4:4, 9

55 Mas El, volviéndose, los reprendió, [1]diciendo: [2]Vosotros no sabéis de qué espíritu sois.
56 [1]El Hijo del Hombre no ha venido para destruir las [2]vidas de los hombres, sino para salvarlas. Y se fueron a otra aldea.

2. Instruye al pueblo en cuanto a la manera de seguirle
9:57-62

57 Yendo ellos por el camino, [1]uno le dijo: Te [a]seguiré adondequiera que vayas. 57[a] vs. 57-60: Mt. 8:19-22
58 Y le dijo Jesús: Las zorras tienen madrigueras, y las aves de los cielos nidos; mas el Hijo del Hombre [1]no tiene dónde recostar Su cabeza.
59 Y dijo a [1]otro: Sígueme. El le dijo: Señor, permíteme que primero vaya y entierre a mi padre.
60 *Jesús* le dijo: Deja que los [1]muertos entierren a sus muertos; y tú ve, y [2]anuncia por todas partes el [a]reino de Dios. 60[a] Lc. 9:2
61 Entonces también dijo [1]otro: Te seguiré, Señor; pero [a]déjame que me despida primero de los que están en mi casa. 61[a] cfr. 1 R. 19:20

---

la virtud y la moralidad del Salvador a quien ellos acompañaban (véase la nota 38[1] de Mr. 9).

54[2] Algunos mss. añaden: como también lo hizo Elías.

55[1] En la mayoría de los mss. antiguos se omite el resto del versículo.

55[2] La expresión "Vosotros no sabéis de qué espíritu sois" muestra la alta moralidad del Salvador-Hombre, y se encuentra solamente en Lucas.

56[1] En la mayoría de los mss. antiguos se omite: El Hijo … para salvarlas.

56[2] Lit., almas.

57[1] Era uno de los escribas (Mt. 8:19), quienes por lo general vivían holgadamente. El vio que las multitudes eran atraídas al Salvador (Mt. 8:18), y por curiosidad deseaba seguirle, sin calcular el costo (véase la nota 19[1] de Mt. 8). Por esto, el Salvador le advirtió que aunque las multitudes eran atraídas a El, El mismo no tenía ningún sitio donde reposar, dándole a entender al escriba que seguirle le costaría bastante sufrimiento.

58[1] La vida humana del Salvador fue una vida de sufrimiento. Cuando nació no había lugar en el mesón donde pudiese yacer (2:7); y en Su ministerio maravilloso no había lugar donde El pudiera reposar. Su vida humana se caracterizó por el sufrimiento (2:12).

59[1] Este fue llamado por el Salvador a seguirle. Pero él pensaba en su deber para con su difunto padre y no quiso seguirle inmediatamente. Por eso, el Salvador lo exhortó a pagar el precio (véase la nota 21[1] de Mt. 8), para que él llegara a ser un seguidor en Su gran comisión de anunciar el reino de Dios.

60[1] El que sepultaba estaba espiritualmente muerto (Jn. 5:25; Ef. 2:1), y el que iba a ser sepultado estaba físicamente muerto. Comprometerse en tal entierro era hacer una obra muerta.

60[2] Anunciar el reino de Dios es un acto viviente, un acto que vivifica a los muertos para que entren en el reino de Dios.

61[1] Esta tercera persona se ofreció voluntariamente para seguir al Salvador, pero no quiso hacerlo antes de despedirse de su familia. Por eso, el Salvador le advirtió que no dejase que

62 Y Jesús le dijo: Ninguno que poniendo su mano en el
[1]arado mira hacia [a]atrás, es apto para el [b]reino de Dios.

62[a] Fil. 3:13
62[b] Lc. 9:2; 4:43; 6:20

CAPITULO 10

3. Designa a setenta discípulos para que propaguen Su ministerio 10:1-24

1 Después de estas cosas, designó el Señor a otros [1]se-
tenta, a quienes [a]envió [2]de dos en dos delante de El a toda
ciudad y lugar adonde El estaba por ir.
2 Y les decía: La [a]mies a la verdad es mucha, mas los
obreros pocos; [1]rogad, pues, al Señor de la mies que lance
obreros [2]a Su mies.
3 Id; he aquí Yo os envío como a [a]corderos en medio de
lobos.
4 [1a]No llevéis bolsa, ni alforja, ni sandalias; y a [b]nadie
saludéis por el camino.
5 En cualquier casa donde entréis, primeramente decid:
[a]Paz sea a esta casa.
6 Y si hay allí algún [1]hijo de paz, vuestra paz reposará
sobre [2]aquélla; y si no, se [a]volverá a vosotros.

1[a] Mr. 6:7; Lc. 9:2
2[a] Mt. 9:37-38; Jn. 4:35
3[a] Mt. 10:16 y la nota
4[a] vs. 4-12: Mt. 10:9-15; Mr. 6:8-11; Lc. 9:3-5; cfr. Lc. 22:35-36
4[b] 2 R. 4:29
5[a] 1 S. 25:6
6[a] Sal. 35:13

---

nada le impidiese participar del reino de Dios.

62[1] Arar requiere que uno concentre toda su atención en el surco. Una sola distracción puede desviar al labrador de ir en línea recta, cuánto más una mirada atrás. Para seguir al Salvador debemos olvidarnos de todo lo demás y avanzar en línea recta al reino de Dios.

1[1] Algunos mss. dicen: setenta y dos. (Así también en el v. 17.) El Salvador designó setenta discípulos para que tuvieran parte en Su ministerio, así como Moisés designó setenta ancianos para que tuvieran parte en su carga como Dios le mandó (Nm. 11:16-17; Ex. 24:1, 9).

1[2] Como testigos (Dt. 17:6; 19:15; Mt. 18:16).

2[1] Véase la nota 38[1] de Mt. 9.

2[2] Véase la nota 38[3] de Mt. 9.

4[1] Véase la nota 9[1] de Mt. 10.

6[1] El Señor mandó a los discípulos a que predicaran el evangelio saliendo a todo pueblo y aldea y visitando a las personas en sus hogares. Esto podría usarse para confirmar nuestra práctica actual de predicar el evangelio visitando a otros de puerta en puerta. El Señor envió a los discípulos como a corderos en medio de lobos (v. 3). No obstante, entre los lobos había hijos de paz, o sea las ovejas por las que el Señor se interesaba (Mt. 9:36) y la cosecha que El quería recoger (v. 2; Mt. 9:37-38). Ya que las ovejas y la cosecha, que pertenecían al Señor, estaban esparcidas y revueltas con los lobos, era necesario que los discípulos del Señor se metieran entre los lobos para buscar de casa en casa la cosecha que habían de recoger. Pasa lo mismo hoy en día. Predicar el evangelio saliendo a todo lugar a visitar a otros en sus hogares, es lo que Dios dispuso. Esto es totalmente diferente del método religioso de hoy en el cual se organizan grandes reuniones para hacer campañas evangélicas.

6[2] O, éste.

7 Y [a]quedaos en aquella misma casa, [b]comiendo y bebiendo lo que os den; porque el [c]obrero es digno de su salario.
No os paséis de casa en casa.
8 En cualquier ciudad donde entréis, y os reciban, comed
lo que os [a]pongan delante;
9 y [a]sanad a los enfermos que en ella haya, y decidles: Se
ha acercado a vosotros el [1b]reino de Dios.
10 Mas en cualquier ciudad donde entréis, y no os reciban, saliendo por sus calles, decid:
11 Aun el [a]polvo de vuestra ciudad, que se ha pegado a
nuestros pies, lo sacudimos contra vosotros. Pero esto sabed,
que el reino de Dios se ha acercado.
12 Y os digo que en aquel día será [1]más tolerable *el castigo*
para [a]Sodoma, que para aquella ciudad.
13 ¡Ay de ti, [a]Corazín! ¡Ay de ti, Betsaida! Porque si en
[b]Tiro y en Sidón se hubieran hecho las [c]obras poderosas que
se han hecho en vosotras, ya hace tiempo que sentadas en
[d]cilicio y ceniza, se habrían arrepentido.
14 Pero, en el juicio será más tolerable *el castigo* para Tiro
y Sidón, que para vosotras.
15 Y tú, Capernaum, que hasta los cielos eres [a]elevada,
hasta el [1b]Hades serás [c]abatida.
16 El que a vosotros oye, a Mí me oye; y el que a vosotros
[a]desecha, a Mí me desecha; y el que me desecha a Mí,
desecha al que me [b]envió.
17 Volvieron los setenta con gozo, diciendo: Señor, aun los
demonios se nos sujetan [a]en Tu nombre.
18 Y les dijo: Yo veía a Satanás [1]caer del cielo como un
rayo.
19 He aquí os doy [1a]potestad de hollar [2b]serpientes y

7[a] Mt. 10:11
7[b] cfr. 1 Co. 9:7-14
7[c] 1 Ti. 5:18
8[a] 1 Co. 10:27
9[a] Lc. 9:1
9[b] Lc. 10:11; 4:43; 6:20; Mr. 1:15
11[a] Hch. 13:51
12[a] Mt. 11:24
13[a] vs. 13-15: Mt. 11:21-23
13[b] Is. 23:1-18; Ez. 28:2-24; Am. 1:9-10
13[c] Mt. 7:22
13[d] Jon. 3:6
15[a] cfr. Is. 14:13-14; Jer. 51:53
15[b] Lc. 16:23; Mt. 16:18; Hch. 2:27; Ap. 1:18
15[c] cfr. Is. 14:15
16[a] Jn. 12:48; 1 Ts. 4:8; cfr. Mt. 10:40 y la nota
16[b] Jn. 5:23; 13:20

9[1] Véase la nota 43[2] del cap. 4.

12[1] Véase la nota 15[1] de Mt. 10.

15[1] Véase la nota 23[1] de Mt. 11.

18[1] Cuando Satanás se rebeló contra Dios antes de la creación del hombre, fue juzgado y sentenciado a ser echado al Seol (el Hades), a los lugares apartados (la parte más profunda) del abismo (Is. 14:15; Ez. 28:17). Luego Dios empezó a ejecutar Su sentencia sobre él y lo seguirá haciendo en diferentes ocasiones y en diferentes grados como lo hizo por medio de los setenta discípulos en este capítulo; por medio de la obra de Cristo en la cruz (He. 2:14; Jn. 12:31); por medio del hijo varón y de Miguel antes de la gran tribulación cuando Satanás sea arrojado a la tierra (Ap. 12:5, 7-10, 13), y por medio del ángel antes del milenio, cuando sea arrojado al abismo sin fondo (Ap. 20:1-3). Finalmente, Satanás será lanzado en el lago de fuego para sufrir el castigo del fuego que no se apaga, después del milenio (Ap. 20:10) por la eternidad.

19[1] Lo que el Señor dio a los discípulos fue potestad o autoridad; lo que

17[a] Mr. 16:17 19[a] Lc. 9:1; Mr. 3:15 19[b] Sal. 91:13; Mr. 16:18; Hch. 28:3-5

[2]escorpiones, y sobre todo [1]poder del enemigo, y nada os
dañará.
20 Sin embargo, no os regocijéis de esto, que los [a]espíritus
se os sujetan, sino regocijaos de que vuestros nombres están
[b]escritos en los cielos.
21 [1]En aquella misma hora *Jesús* se regocijó en el Espíritu Santo, y [a]dijo: Te alabo, Padre, Señor del cielo y de la
tierra, porque escondiste estas cosas de los [b]sabios y entendidos, y las has revelado a los [c]niños. Sí, Padre, porque así
te [d]agradó.
22 [a]Todas las cosas me fueron entregadas por Mi Padre;
y nadie sabe quién es el Hijo sino el Padre; ni quién es el
Padre, [b]sino el Hijo, y aquel a quien el Hijo lo quiera [c]revelar.
23 Y volviéndose a los discípulos, les dijo en privado:
[a]Bienaventurados los ojos que ven lo que vosotros veis;
24 porque os digo que muchos [a]profetas y reyes desearon
[b]percibir lo que vosotros veis, y no lo percibieron; y oír lo que
oís, y no lo oyeron.

4. Se presenta como el buen samaritano con la moralidad más elevada 10:25-37

25 Y he aquí un intérprete de la ley se levantó y le puso a
[1]prueba, [a]diciendo: Maestro, [2]¿haciendo qué cosa [3]heredaré
la vida eterna?
26 El le dijo: ¿Qué está escrito en la ley? ¿Cómo lees?
27 Aquél, respondiendo, dijo: "[a]Amarás al Señor tu Dios
con todo tu corazón, y [1]con toda tu alma, y [1]con todas tus
fuerzas, y [1]con toda tu mente; y a [b]tu prójimo como a ti
mismo".
28 Y le dijo: Bien has respondido; [a]haz esto, y tendrás
vida.
29 Pero él, queriendo [1]justificarse a sí mismo, dijo a
Jesús: ¿Y quién es mi prójimo?

20[a] Lc. 4:33
20[b] Fil. 4:3; He. 12:23; Ap. 21:27; cfr. Ex. 32:33; Is. 4:3; Dn. 12:1
21[a] vs. 21-22: Mt. 11:25-27
21[b] 1 Co. 1:18-29
21[c] Sal. 8:2; Mt. 21:16
21[d] Fil. 4:18; He. 13:16, 21; Col. 3:20; 1:10; 1 Ts. 2:4
22[a] Jn. 3:35; 13:3; 16:15
22[b] Jn. 1:18; 6:46
22[c] Jn. 17:26
23[a] vs. 23-24: Mt. 13:16-17
24[a] 1 P. 1:10
24[b] cfr. Jn. 8:56; He. 11:13

---

el enemigo tenía era poder. La autoridad subyuga al poder.

19[2] Las serpientes pueden representar a Satanás y a sus ángeles (Ef. 2:2; 6:11-12); los escorpiones pueden representar a los demonios (vs. 17, 20). Los discípulos subyugaron el poder maligno de éstos con la autoridad del Señor.

21[1] Con respecto a los vs. 21-22, véanse las notas de Mt. 11:25-27.

25[1] Véase la nota 7[2] de Mt. 4.

25[2] Lit. ¿habiendo hecho qué, puedo heredar la vida eterna?

25[3] Véanse las notas 29[3] y 17[3] de Mt. 19.

27[1] Lit., en.

25[a] vs. 25-28: cfr. Lc. 18:18-20; Mt. 19:16-19; Mr. 10:17-19; Mt. 22:35-39
27[a] Dt. 6:5 27[b] Lv. 19:18 28[a] Lv. 18:5; Neh. 9:29; Ez. 20:11; Ro. 10:5; Gá. 3:12

30 Tomando Jesús *la palabra,* dijo: Un [1]hombre [2]descen-
día de [3]Jerusalén a [3a]Jericó, y cayó en manos de [4]ladrones,
los cuales le [5]despojaron; e [6]hiriéndole, se fueron, [7]dejándole
medio muerto.

31 Coincidió que descendía un [1]sacerdote por aquel camino, y viéndole, dio un rodeo y pasó de largo.

32 Asimismo un [1]levita, llegando a aquel lugar, y viéndole, dio un rodeo y pasó de largo.

33 Pero un [1a]samaritano, que iba de camino, vino cerca de
él, y viéndole, fue movido a [b]compasión;

34 y acercándose, [1a]vendó sus heridas, echándoles aceite
y vino; y poniéndole en su propia cabalgadura, lo llevó al
mesón, y cuidó de él.

30[a] Jos. 16:1; Lc. 18:35

33[a] Mt. 10:5

33[b] Mt. 9:36; 14:14; 15:32; 20:34; Mr. 1:41

34[a] Is. 1:6

29[1] El debe de haber sido uno de los fariseos que querían justificarse a sí mismos (16:14-15; 18:9-10).

30[1] Esta es una de las parábolas narradas solamente por Lucas. Trasmite el principio de alta moralidad de la plena salvación del Salvador. El quería dar a entender que el hombre de la parábola era el intérprete de la ley que quería justificarse (v. 29), en el sentido de que era pecador y había caído del fundamento de la paz (Jerusalén) a la condición de la maldición (Jericó).

30[2] Indica que cayó de la ciudad cuyo fundamento es la paz a la ciudad de la maldición.

30[3] *Jerusalén* significa *fundamento de la paz* (cfr. He. 7:2); Jericó era una ciudad de maldición (Jos. 6:26; 1 R. 16:34).

30[4] Representa a los maestros legalistas de la ley judía (Jn. 10:1), quienes usaban la ley (1 Co. 15:56) para despojar a los que guardaban la ley, como el intérprete de la ley que procuraba justificarse.

30[5] Significa el despojo causado por el mal uso de la ley por parte de los maestros judíos.

30[6] Lit., poniéndole azotes encima; significa matar por la ley (Ro. 7:9-10).

30[7] Indica que los maestros judíos dejaban moribundo a quien observaba la ley (Ro. 7:11, 13).

31[1] Aquel que debía cuidar al pueblo de Dios enseñando la ley de Dios (Dt. 33:10; 2 Cr. 15:3), iba descendiendo por el mismo camino, y fue incapaz de prestar ayuda al herido.

32[1] Uno que ayudaba al pueblo de Dios en su adoración a Dios (Nm. 1:50; 3:6-7; 8:19) llegaba al mismo lugar, y él tampoco prestó ayuda al moribundo.

33[1] Representa al Salvador-Hombre, quien aparentemente era un laico de condición humilde. Era menospreciado y difamado, como a un samaritano miserable (Jn. 8:48; 4:9 y la nota 1), por los fariseos que se exaltaban y eran justos en su propia opinión, incluyendo a la persona con quien El estaba conversando (vs. 25, 29). El Salvador-Hombre en Su viaje ministerial, en el cual buscaba al perdido y salvaba al pecador (19:10), descendió al lugar donde la víctima herida por los ladrones judíos estaba en su condición miserable y moribunda. Cuando le vio, fue movido a compasión en Su humanidad y Su divinidad, y le brindó sanidad y salvación tierna y cuidadosamente, satisfaciendo completamente su necesidad inmediata (vs. 34-35).

34[1] En los vs. 34-35 todos los puntos del cuidado que administró el buen samaritano al moribundo describen al Salvador-Hombre en Su humanidad con Su divinidad, que cuida misericordiosa, tierna, y abundantemente a un pecador condenado bajo la ley, demostrando claramente el alto nivel de Su moralidad en Su gracia salvadora: (1) El le vendó las heridas, o sea, le sanó; (2) derramó aceite y vino sobre

35 Y al día siguiente, sacó dos [1a]denarios, y los dio al mesonero, y le dijo: Cuídamele; y todo lo que gastes de más, yo te lo pagaré cuando regrese.

36 ¿Quién, pues, de estos tres te parece que se [1]hizo el prójimo del que cayó en *manos de* los ladrones?

37 El dijo: [1]El que usó de misericordia con él. Entonces Jesús le dijo: Ve, y haz tú lo mismo.

5. Recibido por Marta
10:38-42

38 Aconteció que yendo de camino, entró en una [1]aldea; y una mujer llamada [2a]Marta le [b]recibió en su casa.

39 Esta tenía una hermana que se llamaba [1]María, la cual, sentándose a los [a]pies del Señor, escuchaba Su palabra.

40 Pero Marta era [1a]llevada de acá para allá con muchos quehaceres, y acercándose, dijo: Señor, ¿no te importa que mi hermana me deje servir sola? Dile, pues, que también haga su parte.

41 Respondiendo el Señor, le dijo: Marta, Marta, [a]afanada y turbada estás con muchas cosas,

35[a] Mt. 18:28
38[a] Jn. 11:1, 19-20; 12:2
38[b] Lc. 19:6
39[a] Dt. 33:3; Lc. 8:35
40[a] 1 Co. 7:35
41[a] Mt. 6:25-34; Fil. 4:6

---

sus heridas, o sea, le dio el Espíritu Santo y la vida divina (Mt. 9:17 y la nota 1; Jn. 2:9 y la nota 1); (3) lo puso sobre su propia cabalgadura (un asno), o sea, lo llevó con medios humildes y con humildad (Zac. 9:9); (4) lo llevó a un mesón, es decir, lo llevó a la iglesia; (5) cuidó de él, o sea, lo cuidó por medio de la iglesia; (6) pagó en el mesón por él; esto equivale a bendecir a la iglesia en lugar de él; (7) El dijo que todo lo que el mesón gastara, él lo pagaría a su regreso; así afirmó que todo lo que la iglesia gaste por uno que el Señor salve en esta era, será pagado cuando el Salvador regrese.

35[1] Véase la nota 7[1] de Jn. 6.

36[1] El intérprete de la ley que quería justificarse pensaba que podía amar a otro como su prójimo (v. 29), no sabiendo, por estar bajo la ceguera de la autojustificación, que él mismo necesitaba a un prójimo, el Salvador-Hombre, que le amara.

37[1] O, El que lo trató con misericordia. El que se justificaba fue ayudado a saber que necesitaba un prójimo amoroso (como el buen samaritano, quien tipifica al Salvador-Hombre) que le amara, no un prójimo a quien amar. El Salvador tenía la intención de revelarle con esta historia (1) que él estaba condenado a muerte bajo la ley, y que era incapaz de cuidarse a sí mismo, sobre decir de amar a otros, y (2) que el Salvador-Hombre era Aquel que le amaría y le daría salvación plena.

38[1] Betania (Jn. 12:1 y la nota 1; Mr. 11:1; Mt. 21:17 y la nota 1).

38[2] Probablemente del arameo; significa *ella era rebelde.*

39[1] Gr. *María* para el hebreo *Miriam,* que significa *la rebelión de ellos* (Nm. 12:1, 10-15). El significado de *Marta* y de *María* conlleva la idea de rebelión. Esto puede referirse a la vida natural de ellas. La salvación del Señor puede transformar a los rebeldes en sumisos, como se ve en esta historia. Una persona rebelde como Miriam en el Antiguo Testamento, llega a ser una persona sumisa como María en el Nuevo Testamento.

40[1] Significa *ser arrastrada en diferentes direcciones.*

42 pero [a]sólo una cosa es necesaria. María, pues, ha escogido la [1b]buena parte, la cual no le será quitada.

CAPITULO 11

6. Enseña en cuanto a la oración
11:1-13

1 Aconteció que estaba *Jesús* en un lugar orando, y
cuando terminó, uno de Sus discípulos le dijo: Señor, enséñanos a orar, como también Juan enseñó a sus discípulos.
2 Y les dijo: [a]Cuando [1]oréis, decid: [2b]Padre, [c]santificado
sea Tu nombre. Venga Tu [d]reino.
3 Danos cada día nuestro [a]pan cotidiano.
4 Y [a]perdónanos nuestros pecados, porque también nosotros perdonamos a todos los que nos [b]deben. Y no nos dejes caer en [c]tentación[1].
5 Les dijo también: ¿Quién de vosotros que tenga un amigo, va a él a medianoche y le dice: Amigo, préstame tres panes,
6 porque un amigo mío ha venido a mí de viaje, y no tengo qué ponerle delante;
7 y aquél, respondiendo desde adentro, le dice: No me molestes; la puerta ya está cerrada, y mis niños están conmigo en cama; no puedo levantarme, y dártelos?
8 Os digo, que aunque no se levante a dárselos por ser su amigo, sin embargo por su descarada insistencia se levantará y le dará lo que necesite.
9 [1a]Y Yo os digo: [b]Pedid, y se os dará; [c]buscad, y hallaréis; llamad, y se os abrirá.

42a Sal. 27:4
42b Sal. 16:5
2a vs. 2-4: Mt. 6:9-13
2b 1 P. 1:17
2c Lc. 1:49; Sal. 111:9; Is. 29:23
2d Lc. 4:43; 11:20; 12:31
3a Pr. 30:8
4a Lc. 7:48
4b cfr. Mt. 18:21-35
4c Lc. 4:1, 13; 1 Co. 10:13; Jac. 1:13
9a vs. 9-13: Mt. 7:7-11
9b Jac. 1:5-6
9c 1 Cr. 28:9; 2 Cr. 15:2; Jer. 29:13

42[1] El Señor prefiere que los salvos que le aman le escuchen (v. 39), para que sepan cuál es Su deseo, en vez de obrar para El sin conocer Su voluntad (cfr. 1 S. 15:22; Ec. 5:1).

Es bastante significativo que esta historia vaya inmediatamente después de la parábola del buen samaritano. La parábola muestra la compasión y el amor del Salvador, quien es un hombre y que llega a ser el prójimo de los pecadores; la historia de Marta y María revela el deseo y la preferencia del Señor, quien es Dios y ha de ser el Amo de los creyentes. El Salvador nos da Su compasión y Su amor para que seamos salvos; el Señor expresa Su deseo y preferencia de que le sirvamos. Después de recibir del Salvador la salvación, debemos servir al Señor. Para nuestra salvación necesitamos conocer la compasión y el amor del Salvador; para nuestro servicio necesitamos saber cuál es el deseo y la preferencia del Señor.

2[1] Con respecto a los vs. 2-4, véanse las notas de Mt. 6:9-13.

2[2] Algunos mss. dicen: Padre nuestro, que estás en los cielos.

4[1] Algunos mss. añaden: mas líbranos del maligno (o, del mal).

9[1] Con respecto a los vs. 9-13, véanse las notas de Mt. 7:7-11.

10 Porque todo aquel que pide, recibe; y el que busca, halla; y al que llama, se le abrirá.

11 ¿Qué padre de vosotros, [1]si su hijo le pide pescado, en lugar de pescado, le dará una serpiente?

12 ¿O *si* le pide un huevo, le dará un escorpión?

13 Pues si vosotros, siendo [a]malos, sabéis dar buenas dádivas a vuestros hijos, ¿cuánto más el Padre celestial dará el [1b]Espíritu Santo a los que se lo [2]pidan?

7. Rechazado por la generación maligna
11:14-32

14 [1]Estaba *Jesús* [a]echando fuera un demonio, que era mudo; y aconteció que salido el demonio, el mudo habló; y las multitudes se maravillaron.

15 Pero algunos de ellos decían: Por [1a]Beelzebú, príncipe de los demonios, echa fuera los demonios.

16 Otros, para [a]tentarle, le [b]pedían señal del cielo.

17 [1]Mas [a]El, [b]conociendo los [2]pensamientos de ellos, les dijo: Todo reino dividido contra sí mismo, es asolado; y una casa *dividida* contra sí misma, cae.

18 Y si también Satanás está dividido contra sí mismo, ¿cómo quedará en pie su reino? Porque decís que por Beelzebú echo Yo fuera los demonios.

19 Pero si Yo [a]echo fuera los demonios por Beelzebú, ¿vuestros hijos por quién los echan? Por tanto, ellos serán vuestros jueces.

20 Mas si por el [1]dedo de Dios echo Yo fuera los demonios, entonces el [a]reino de Dios ha llegado a vosotros.

21 Cuando el [a]hombre fuerte, bien armado, guarda su [1]hacienda, en paz está lo que posee.

13[a] Gn. 8:21; Sal. 14:3
13[b] Hch. 2:38; Gá. 3:14
14[a] vs. 14-15: Mt. 9:32-34; 12:22-24
15[a] Mr. 3:22
16[a] Mt. 16:1; Mr. 8:11; Jn. 8:6
16[b] Lc. 11:29
17[a] vs. 17-23: Mt. 12:25-30; Mr. 3:23-27
17[b] Mt. 9:4
19[a] Hch. 19:13
20[a] Lc. 11:2; 17:20-21
21[a] Is. 49:24-25

11[1] Algunos mss. dicen: ¿si su hijo le pide pan, le dará una piedra? ¿O si le pide un pescado, en lugar de...?

13[1] Véase la nota 11[2] de Mt. 7.

13[2] El Señor, antes de morir, dijo a los discípulos que pidieran el Espíritu Santo; después de Su muerte y resurrección les dijo que recibieran al Espíritu Santo (Jn. 20:22). Debemos pedir por los mandamientos de las Escrituras cuyos requisitos no se han cumplido; debemos recibir aquellas cosas cuyos requisitos se han cumplido.

14[1] Con respecto a los vs. 14-15, véanse las notas de Mt. 9:32-34 y 12:22-24.

15[1] Véase la nota 25[1] de Mt. 10.

17[1] Con respecto a los vs. 17-23, véanse las notas de Mt. 12:25-30 y de Mr. 3:23-27.

17[2] Con el sentido de maquinaciones.

20[1] Expresión hebrea. El dedo (v. 46) es más pequeño que la mano y que el brazo. Para echar fuera a los demonios no se necesita la mano de Dios (Jn. 10:28-29) ni el brazo de Dios (Is. 53:1); el dedo de Dios es suficientemente poderoso para hacerlo. Aún así, se hace por el Espíritu de Dios (Mt. 12:28).

21[1] Lit., patio.

22 Pero cuando viene otro [1]más fuerte que él y le [a]vence,
le quita todas sus armas en que confiaba, y [b]reparte el botín.
23 [1]El que no es conmigo, contra Mí es; y el que conmigo
no recoge, desparrama.
24 [1]Cuando el [a]espíritu inmundo sale del hombre, anda
por lugares secos, buscando reposo; y no hallándolo, dice:
Volveré a mi casa de donde salí.
25 Y cuando llega, la halla barrida y adornada.
26 Entonces va, y toma consigo otros siete espíritus peores
que él; y entrados, moran allí; y el postrer *estado* de aquel
hombre viene a ser [a]peor que el primero.
27 Mientras El decía estas cosas, una mujer de entre la
multitud levantó la voz y le dijo: [a]Bienaventurado el vientre
que te trajo, y los senos que mamaste.
28 Y El dijo: Antes bienaventurados los que [a]oyen la palabra de Dios, y la guardan.
29 [1]Y apiñándose las multitudes, comenzó a decir: [a]Esta
generación es una generación malvada; [b]busca señal, y señal
no le será dada, sino la señal de [c]Jonás.
30 Porque así como Jonás vino a ser señal a los ninivitas,
también lo será el Hijo del Hombre a esta generación.
31 La [a]reina del sur se levantará en el juicio con los
hombres de esta generación, y los [b]condenará; porque ella
vino de los fines de la tierra para oír la [c]sabiduría de Salomón, y he aquí [d]más que Salomón en este lugar.
32 Los hombres de [a]Nínive se levantarán en el juicio con
esta generación, y la condenarán; porque a la predicación de
Jonás se [b]arrepintieron, y he aquí más que Jonás en este lugar.

8. Les advierte que no se queden en tinieblas
11:33-36

33 Nadie, cuando enciende una [1a]lámpara, la pone en un
sótano, ni debajo del [2]almud, sino en el [3]candelero, para que
los que entran vean la luz.
34 La [a]lámpara del cuerpo es el ojo; cuando tu ojo es
[1]sencillo, también todo tu cuerpo está [2]lleno de luz; pero
cuando es [3b]maligno, también tu cuerpo está en tinieblas.

22[a] Jn. 16:33
22[b] Is. 53:12
24[a] vs. 24-26: Mt. 12:43-45
26[a] Jn. 5:14
27[a] Lc. 1:48
28[a] Lc. 8:21
29[a] vs. 29-32: Mt. 12:38-42
29[b] Lc. 11:16; 1 Co. 1:22
29[c] Jon. 1:17; 2:10
31[a] 1 R. 10:1-13; 2 Cr. 9:1-12
31[b] He. 11:7
31[c] 1 R. 3:9, 12; 4:29-34; 10:23-24
31[d] cfr. Mt. 12:6
32[a] Jon. 1:2
32[b] Jon. 3:5-10
33[a] Lc. 8:16; Mt. 5:15; Mr. 4:21
34[a] Mt. 6:22-23
34[b] cfr. Dt. 15:9; Pr. 28:22; Mt. 20:15

22[1] Cristo, el Hijo de Dios, es mucho más fuerte que Satanás, el hombre fuerte. Por esto, puede sojuzgar y vencer a Satanás por nosotros.

23[1] Véase la nota 40[1] de Mr. 9.

24[1] Con respecto a los vs. 24-26, véanse las notas de Mt. 12:43-45.

29[1] Con respecto a los vs. 29-32, véanse las notas de Mt. 12:38-42.

33[1] Véase la nota 21[1] de Mr. 4.

33[2] Véase la nota 15[1] de Mt. 5.

33[3] Véase la nota 15[2] de Mt. 5.

34[1] Véase la nota 22[1] de Mt. 6.

34[2] O, iluminado.

35 Mira pues, no suceda que la [1]luz que en ti hay, sea tinieblas.

36 Así que, si todo tu cuerpo está lleno de luz, no teniendo parte alguna de tinieblas, será todo luminoso, como cuando una lámpara te alumbra con su resplandor.

9. Reprende a los fariseos y a los intérpretes de la ley
11:37-54

37 Mientras hablaba, le invitó un fariseo a que [1a]comiese con él; y entrando *Jesús en la casa*, se reclinó *a la mesa*.

38 El fariseo, cuando lo vio, se extrañó de que no se hubiese [1a]lavado primero antes de la comida.

39 Pero el Señor le dijo: Ahora bien, vosotros los fariseos [a]limpiáis lo de fuera del vaso y del plato, pero por dentro estáis llenos de rapiña y de maldad.

40 [a]Necios, ¿el que hizo lo de fuera, no hizo también lo de adentro?

41 Pero [a]dad limosna de lo que está [1]dentro, y he aquí todo os será [b]limpio.

42 Mas ¡ay de vosotros, fariseos! porque [a]diezmáis la [b]menta, y la ruda, y toda hortaliza, y pasáis por alto la [1c]justicia y el amor a Dios. Esto os era necesario hacer, [2]sin pasar por alto aquello.

43 ¡Ay de vosotros, fariseos! porque amáis el [a]primer asiento en las sinagogas, y las salutaciones en las [b]plazas.

44 ¡Ay de vosotros! porque sois como [a]sepulcros que no se ven, y los hombres que andan encima no lo saben.

45 Respondiendo uno de los [a]intérpretes de la ley, le dijo: Maestro, cuando dices esto, también nos [1]afrentas a nosotros.

46 Y El dijo: ¡Ay de vosotros también, intérpretes de la ley! porque cargáis a los hombres con cargas [a]difíciles de llevar, pero vosotros no [1]tocáis las cargas ni con un dedo.

37[a] Lc. 7:36; 14:1
38[a] Mt. 15:2; Mr. 7:2-5
39[a] Mt. 23:25
40[a] Lc. 12:20
41[a] Lc. 12:33; 1 Ti. 6:18
41[b] Tit. 1:15
42[a] Dt. 14:22; Lc. 18:12
42[b] Mt. 23:23
42[c] Jer. 5:1; Mi. 6:8
43[a] Lc. 20:46; Mt. 23:6-7; Mr. 12:38-39
43[b] Lc. 7:32; Mr. 6:56
44[a] Sal. 5:9; Mt. 23:27
45[a] Lc. 11:52; 7:30
46[a] Mt. 23:4; cfr. Mt. 11:28-30

34[3] Véase la nota 23[1] de Mt. 6.

35[1] La luz que hay en nosotros, con la cual el ojo ilumina todo el cuerpo (v. 34), es la luz que hay en nuestro corazón, que debe ser guardada pura para Dios (Mt. 5:8). Véase la nota 23[2] de Mt. 6.

37[1] Se refiere a la primera comida, tomada temprano en la mañana (así también en el v. 38).

38[1] Lit., bautizado (lo cual indica un lavamiento ceremonial).

41[1] "Dentro" se refiere al contenido del vaso y a lo que hay en el plato (v. 39); éstos representan lo que había en el corazón de los fariseos. Ellos tenían codicia en su corazón; por eso estaban llenos de rapiña y de maldad (v. 39). Por lo tanto, el Señor les mandó dar como limosnas lo que codiciaban en su corazón, para que todas las cosas les fuesen limpias.

42[1] O, juicio.

42[2] Véase la nota 23[2] de Mt. 23.

45[1] O, ultrajas.

46[1] Un término usado por los escritores médicos para referirse a

47 ¡Ay de vosotros! porque [a]edificáis los [1]sepulcros de los
profetas a quienes [b]mataron vuestros padres.
48 De modo que sois testigos de los hechos de vuestros
padres y los aprobáis; porque ellos los mataron, y vosotros
edificáis *sus sepulcros.*
49 Por eso la [1]sabiduría de Dios también dijo: Les [a]envia-
ré [b]profetas y apóstoles; y de ellos, a unos [c]matarán y
perseguirán,
50 para que se [a]demande de esta generación la [b]sangre de
todos los profetas que se ha derramado [c]desde la fundación
del mundo,
51 desde la sangre de [a]Abel hasta la sangre de [b]Zacarías,
que murió entre el altar y el templo; sí, os digo que será
demandada de [1]esta generación.
52 ¡Ay de vosotros, [a]intérpretes de la ley! porque habéis
quitado la llave del [b]conocimiento; vosotros mismos no en-
trasteis, y a los que entraban se lo [1c]impedisteis.
53 Y cuando salió de allí, los escribas y los fariseos comenzaron a mostrarse hostiles en gran manera, y a provocarle a
que hablase de muchas cosas,
54 [a]acechándole, y procurando [1]cazar [b]alguna *palabra* de
Su boca.

CAPITULO 12

10. Les advierte acerca de la hipocresía de los fariseos y de negar al Salvador-Hombre 12:1-12

1 [1]Entretanto, habiéndose juntado por millares la multitud, de modo que unos a otros se pisoteaban, comenzó a

---

palpar suavemente una parte lastimada o sensible del cuerpo.

47[1] O, monumentos (así también en el v. 48).

49[1] Se refiere a Cristo, quien es la sabiduría de Dios en la economía neotestamentaria de Dios (1 Co. 1:30); El es el “Yo” de Mt. 23:34. Lo dicho por el Señor en Mt. 23:34-36 y en Lc. 11:49-51 se basaba en lo que consta en 2 Cr. 24:20-22 acerca del asesinato de Zacarías, y extendió el significado de lo dicho en 2 Cr. 24:19, aplicándolo a aquellos que Dios envió tanto en el Antiguo Testamento como en el Nuevo.

51[1] No sólo se requerirá de un individuo, sino de esa generación colectivamente.

52[1] O, estorbasteis, prohibisteis.

54[1] Es decir, atrapar en la caza (Mt. 22:15). Los fanáticos religiosos, quienes afirmaban ser devotos, le hicieron esto a Aquel que expresaba a Dios.

1[1] O, En estas circunstancias.

47[a] Mt. 23:29-31
47[b] Hch. 7:52
49[a] vs. 49-51: Mt. 23:34-36
49[b] 2 Cr. 24:19; cfr. Hch. 13:1
49[c] Mt. 21:35; 1 Ts. 2:15; cfr. Mt. 22:6
50[a] cfr. Gn. 42:22; Ez. 3:18
50[b] Ap. 6:10; cfr. 18:24
50[c] Mt. 13:35
51[a] Gn. 4:8; He. 11:4
51[b] 2 Cr. 24:20-22
52[a] Lc. 7:30
52[b] cfr. Mal. 2:7-8
52[c] Mt. 23:13
54[a] cfr. Lc. 20:20; Mr. 3:2
54[b] Lc. 20:20, 26; Mr. 12:13

decir a Sus discípulos, primeramente: Guardaos de la [a]leva-
dura de los fariseos, que es la [b]hipocresía.
2 Porque nada hay [a]encubierto, que no haya de descu-
brirse; ni [b]oculto, que no haya de saberse.
3 Por tanto, lo que habéis dicho en tinieblas, a la luz se
oirá; y lo que habéis hablado al oído en los aposentos, se
proclamará en las [a]azoteas.
4 Mas os digo, [a]amigos Míos: No [b]temáis a los que matan
el cuerpo, y después no tienen ya más que hacer.
5 Pero os [1]mostraré a quién debéis temer: Temed a
[2]Aquel que después de haber matado, tiene potestad de
[a]echar en la [3]Gehena; sí, os digo, a El temed.
6 ¿No se venden cinco pajarillos por dos [1]asariones? Con
todo, ni uno de ellos está olvidado delante de Dios.
7 Pues aun los [a]cabellos de vuestra cabeza están todos
contados. No temáis; [b]más valéis vosotros que muchos [c]paja-
rillos.
8 Os digo además: Todo aquel que se [a]confiese [1]en Mí
delante de los hombres, también el [b]Hijo del Hombre se
[c]confesará [2]en él delante de los [d]ángeles de Dios;
9 mas el que me [a]niegue delante de los hombres, será
[1b]negado delante de los ángeles de Dios.
10 A todo aquel que diga alguna palabra contra el [a]Hijo
del Hombre, le será perdonado; pero al que [1]blasfeme contra
el [b]Espíritu Santo, no le será perdonado.
11 Cuando os traigan ante las [a]sinagogas, los [b]magistrados
y las autoridades, no os [c]preocupéis por cómo o qué habréis
de responder, o qué habréis de decir;
12 porque el [1]Espíritu Santo os enseñará en aquella hora
lo que se debe decir.

11. Les advierte contra la codicia
12:13-34

13 Le dijo uno de la multitud: Maestro, di a mi hermano
que parta conmigo la herencia.

1[a] Mt. 16:6, 11; Mr. 8:15; 1 Co. 5:6-8; Gá. 5:9
1[b] Lc. 12:56; Mt. 23:28; Mr. 12:15
2[a] vs. 2-9: Mt. 10:26-33
2[b] Mr. 4:22; 1 Ti. 5:25
3[a] Mt. 24:17
4[a] Jn. 15:14
4[b] Is. 51:12-13; 1 P. 3:14
5[a] Ap. 20:10, 14-15
7[a] cfr. 1 S. 14:45
7[b] Lc. 12:24; Mt. 6:26; 10:31; 12:12
7[c] Sal. 84:3
8[a] Ro. 10:9-10
8[b] Lc. 19:10
8[c] cfr. Ap. 3:5
8[d] Lc. 15:10; 1 Ti. 5:21
9[a] 2 Ti. 2:12; 1 Jn. 2:23

5[1] Lit., mostraré en secreto.
5[2] Véase la nota 28[1] de Mt. 10.
5[3] Véase la nota 22[8] de Mt. 5.
6[1] Una de las monedas de menor valor en el sistema greco-romano de Palestina.
8[1] Implica la unión de él con el Señor.
8[2] Implica la unión del Señor con él.
9[1] Esta palabra en el griego es más fuerte que la palabra traducida *niegue* en este versículo. Véase la nota 33[1] de Mt. 10.

9[b] Lc. 13:25 10[a] Mt. 12:32; cfr. Mt. 11:19 10[b] Mt. 12:31-32; Mr. 3:28-29
11[a] Mt. 23:34 11[b] Tit. 3:1 11[c] Mt. 10:19-20; Mr. 13:11

14 Mas El le dijo: Hombre, [a]¿quién me ha puesto sobre vosotros como juez o partidor?

15 Y les dijo: [a]Mirad, y guardaos de toda [b]codicia; porque la vida del hombre no consiste en la abundancia de sus bienes.

16 También les refirió una parábola, diciendo: La heredad de un [a]hombre rico había producido mucho.

17 Y él cavilaba dentro de sí, diciendo: ¿Qué haré, porque no tengo donde guardar [1]mi cosecha?

18 Y dijo: Esto haré: derribaré mis graneros, y los edificaré mayores, y allí juntaré todo mi trigo y mis bienes;

19 y diré a mi alma: Alma, muchos bienes tienes guardados para muchos [a]años; repósate, [b]come, bebe, regocíjate.

20 Pero Dios le dijo: [a]Necio, esta noche te [1]reclaman el [b]alma; y lo que has [c]provisto, ¿de [d]quién será?

21 Así es el que [a]atesora para sí, y no es [1b]rico para con Dios.

22 [1]Dijo luego a Sus discípulos: Por tanto os digo: No os [a]inquietéis por *vuestra* [2]vida, qué comeréis; ni por el cuerpo, qué vestiréis.

23 Porque la vida es más que el alimento, y el cuerpo *más* que el vestido.

24 Considerad los [a]cuervos, que ni siembran, ni siegan; que ni tienen despensa, ni granero, y Dios los alimenta. ¡Cuánto [b]más valéis vosotros que las aves!

25 ¿Y quién de vosotros podrá, con preocuparse, añadir un codo a su estatura?

26 Pues si no podéis ni aun lo que es menos, ¿por qué os inquietáis por lo demás?

27 Considerad los lirios, cómo crecen; no se afanan, ni hilan; mas os digo, que ni aun [a]Salomón en toda su gloria se vistió como uno de ellos.

28 Y si así viste Dios la hierba que hoy está en el campo, y mañana es echada al horno, ¡cuánto más a vosotros, hombres de [a]poca fe!

14[a] cfr. Ex. 2:14
15[a] Lc. 8:18
15[b] 1 Ti. 6:10; He. 13:5
16[a] cfr. Sal. 49:16-20
19[a] cfr. Pr. 27:1; Jac. 4:13-14
19[b] Ec. 2:24; Is. 22:13; 1 Co. 15:32
20[a] Lc. 11:40
20[b] Job 27:8; Mt. 10:28
20[c] Job 27:16-17
20[d] Sal. 39:6
21[a] Sal. 52:7; Mt. 6:19-20; Jac. 5:3
21[b] Jac. 2:5-6
22[a] vs. 22-31: Mt. 6:25-33
24[a] Job 38:41; Sal. 147:9
24[b] Lc. 12:7
27[a] 1 R. 10:4-7, 23
28[a] Mt. 8:26; 14:31; 16:8

10[1] Véanse las notas 31[1] y 32[1] de Mt. 12.

12[1] Véase la nota 20[1] de Mt. 10.

17[1] O, mis frutos.

20[1] La expresión es indefinida y se refiere probablemente a los ángeles, los mensajeros de Dios.

21[1] ¡Cuán valioso es ser rico para con Dios! Esto requiere que no atesoremos riquezas para nosotros mismos.

22[1] Con respecto a los vs. 22-31, véanse las notas de Mt. 6:25-33.

22[2] Lit., alma; se refiere a la vida del alma (así también en el v. 23).

29[a] cfr. Fil. 4:6
30[a] Mt. 6:8
31[a] Lc. 11:2
31[b] cfr. 1 R. 3:11-13
32[a] Lc. 12:7; Is. 41:10, 13
32[b] Jn. 10:16; Hch. 20:28-29; 1 P. 5:2-3; Is. 40:11
32[c] cfr. Lc. 10:21; Ef. 1:5, 9; Fil. 2:13
32[d] Lc. 22:29; Ap. 1:9
33[a] Lc. 18:22; Mt. 19:21; Hch. 2:45
33[b] 2 Co. 9:9; Hch. 9:36; 10:2, 4
34[a] Mt. 6:21
35[a] Ex. 12:11; 1 R. 18:46; 2 R. 4:29; 9:1; Job 38:3; Jer. 1:17; Ef. 6:14; 1 P. 1:13

29 Vosotros, pues, no busquéis lo que habéis de comer, ni
lo que habéis de beber, ni [1a]os inquietéis.
30 Porque todas estas cosas buscan con afán las gentes
del mundo; pero vuestro Padre sabe que [a]tenéis necesidad de
estas cosas.
31 Buscad, más bien, Su [a]reino, y estas cosas os serán
[b]añadidas.
32 No [a]temáis, [b]pequeño rebaño, porque vuestro Padre se
ha [c]complacido en daros el [1d]reino.
33 [a]Vended lo que poseéis, y [b]dad limosna; haceos bolsas
que no se envejezcan, [1]tesoro en los cielos que no se agote,
donde ladrón no se acerca, ni polilla destruye.
34 Porque donde esté vuestro tesoro, allí estará también
vuestro [1a]corazón.

12. Les enseña a vigilar y a ser fieles
12:35-48

35 Estén [a]ceñidos vuestros lomos, y vuestras [b]lámparas
encendidas;
36 y vosotros sed semejantes a hombres que aguardan a
que su señor regrese de las bodas, para que cuando llegue y
[a]llame, le abran en seguida.
37 Bienaventurados aquellos esclavos a los cuales el señor, cuando venga, halle [a]velando; de cierto os digo que se
[b]ceñirá, y hará que se [c]reclinen *a la mesa,* y [1]vendrá a
[d]servirles.
38 Y si viene a la segunda vigilia, o si a la tercera vigilia,
si los halla así, bienaventurados son aquellos *esclavos.*
39 [1]Pero [2]sabed esto, que si [2]supiese el [a]dueño de casa a
qué hora el [b]ladrón había de venir, [3]no permitiría que se
[4c]metiera en su casa.

29[1] O, estéis ansiosos.

32[1] Véase la nota 43[2] del cap. 4.

33[1] Véase la nota 20[1] de Mt. 6.

34[1] Nuestro corazón está atado a nuestro tesoro. Si acumulamos tesoros en la tierra, será difícil que nuestro corazón esté en los cielos o que se preocupe por nuestro amado Señor y por Sus intereses.

37[1] O, vendrá a su lado.

39[1] Con respecto a los vs. 39-46, véanse las notas de Mt. 24:43-51.

39[2] La palabra griega traducida *sabed* es la misma que se traduce *conoce* en He. 8:11; la palabra traducida *supiese* es la misma que se traduce *conocerán* en He 8:11. Véase la nota 11[1].

39[3] Algunos mss. añaden: vigilaría y.

39[4] Lit., horadara.

35[b] Mt. 25:7 36[a] Ap. 3:20 37[a] Mt. 24:42-46 37[b] Jn. 13:4-5 37[c] Lc. 22:27
37[d] Mt. 20:28 39[a] vs. 39-46: Mt. 24:43-51 39[b] 1 Ts. 5:2; 2 P. 3:10; Ap. 3:3; 16:15
39[c] Mt. 6:19

40 Vosotros, pues, también, estad [a]preparados, porque a
la hora que no penséis, el Hijo del Hombre [b]vendrá.
41 Entonces Pedro le dijo: Señor, ¿dices esta parábola a
nosotros, o también a [a]todos?
42 Y dijo el Señor: ¿Quién es, pues, el [a]mayordomo [b]fiel *y*
[c]prudente al cual el señor pondrá sobre su servidumbre,
para que a tiempo les dé su ración?
43 [a]Bienaventurado aquel esclavo al cual, cuando su señor venga, le halle haciendo así.
44 En verdad os digo que le [a]pondrá sobre todos sus
bienes.
45 Mas si aquel esclavo dice en su corazón: Mi señor
[a]tarda en venir; y comienza a golpear a los criados y a las
criadas, y a comer y beber y [b]embriagarse,
46 vendrá el señor de aquel esclavo en [a]día que *éste* no
espera, y a la hora que no sabe, y le separará, y pondrá su
parte con los incrédulos.
47 Aquel esclavo que conociendo la voluntad de su señor,
no se preparó, ni hizo conforme a su voluntad, recibirá
muchos [a]azotes.
48 Mas el que [a]sin conocerla hizo cosas dignas de azotes,
será azotado poco. A todo aquel a quien se haya dado [b]mucho,
mucho se le demandará; y al que mucho se le haya [1]confiado,
más se le pedirá.

13. Anhela ser liberado por medio de Su muerte
12:49-53

49 [1a]Fuego he venido a echar sobre la tierra; y ¡[2]cómo
quisiera que ya estuviera encendido!
50 De un [1]bautismo tengo que ser bautizado; y ¡cómo me
[2]angustio hasta que se cumpla!
51 ¿Pensáis que he [a]venido para dar paz en la tierra? Os
digo: No, sino más bien [1b]división.

48[1] O, encargado, depositado.

49[1] El impulso de la vida espiritual, que procede de la vida divina liberada por el Señor (véase la nota 50[2]), y que causa las divisiones mencionadas en los vs. 51-53.

49[2] O, ¡qué más quiero si ya se ha encendido!

50[1] Véase la nota 38[1] de Mr. 10.

50[2] O, constriño. El Señor estaba constreñido en Su carne, de la cual se había vestido en la encarnación. El necesitaba pasar por la muerte física, ser bautizado, para que Su ser divino ilimitado e infinito junto con Su vida divina pudiesen ser liberados de Su carne. Su vida divina, después de ser liberada por Su muerte física, llegó a ser el impulso de la vida espiritual de Sus creyentes en resurrección.

51[1] Esto se debe a la vida satánica que se encuentra en los incrédulos, la cual lucha contra la vida divina que está en los creyentes; es un conflicto

40[a] Lc. 12:47; Mt. 25:10
40[b] Mt. 24:42
41[a] Mr. 13:37
42[a] Lc. 16:1; 1 P. 4:10
42[b] Lc. 16:10-12; Mt. 25:21, 23; 1 Co. 4:2; 2 Ti. 2:2; He. 3:5
42[c] Lc. 16:8
43[a] Jn. 13:17; Ap. 16:15
44[a] Mt. 25:21, 23
45[a] Mt. 25:5; He. 10:37
45[b] 1 Ts. 5:7
46[a] 2 P. 3:12
47[a] Dt. 25:2
48[a] Lv. 5:17
48[b] cfr. Mt. 25:29
49[a] cfr. Ro. 12:11; Ap. 1:14; 4:5
51[a] vs. 51-53: Mt. 10:34-36
51[b] Jn. 7:43; 10:19; Hch. 14:4; 23:7

52 Porque de aquí en adelante, cinco en una familia estarán divididos, tres contra dos, y dos contra tres.
53 Estarán divididos el padre contra el hijo, y el [a]hijo
contra el padre; la madre contra la hija, y la hija contra la
madre; la suegra contra su nuera, y la nuera contra su
suegra.

14. Enseña en cuanto al discernimiento de los tiempos
12:54-59

54 Decía también a las multitudes: Cuando veis una nube
que sale del poniente, inmediatamente decís que viene un
[a]aguacero; y así sucede.
55 Y cuando sopla el viento del [a]sur, decís: Hará calor
abrasador; y lo hace.
56 [1a]¡Hipócritas! Sabéis [2b]discernir el [3]aspecto de la tierra
y del cielo; [4]¿y cómo es que no sabéis [5]discernir este tiempo?
57 ¿Y por qué no [a]juzgáis por [1]vosotros mismos lo que es
justo?
58 Cuando, [1]pues, vayas al magistrado con tu [a]adversa-
rio, [2]haz esfuerzos en el camino por librarte de él, no sea que
te arrastre al juez, y el juez te entregue al alguacil, y el
alguacil te eche en la cárcel.
59 Te digo: De ningún modo saldrás de allí, hasta que
hayas pagado aun el último [1a]leptón.

53[a] Mi. 7:6; Mt. 10:21
54[a] 1 R. 18:44-45
55[a] Job 37:17
56[a] Lc. 12:1; 13:15
56[b] Mt. 16:3
57[a] 1 Co. 11:13
58[a] Mt. 5:25-26
59[a] Lc. 21:2

---

entre el reino satánico y el reino de Dios. Véase la nota 34[1] de Mt. 10.

56[1] Véase la nota 2[2] de Mt. 6.

56[2] O, poner a prueba.

56[3] Es decir, la apariencia.

56[4] O, pero no sabéis discernir este tiempo.

56[5] Es decir, discernir las señales del tiempo (Mt. 16:3). Las señales eran: (1) Juan el Bautista había venido para anunciar la venida del Mesías, como se había profetizado (3:2-6, 15-17), y (2) el Mesías estaba allí, ministrándose al pueblo para que ellos le recibieran y fueran salvos.

57[1] Aun sin la enseñanza del Señor, los judíos habían visto suficientes señales para juzgar por sí mismos el camino correcto que debían seguir y lo que debían hacer en aquel momento, o sea, recibir al Señor y seguirle.

58[1] *Pues* indica que los vs. 58-59 son continuación del v. 57, donde el Salvador-Hombre les mandó a los judíos que, mientras todavía estaban en el camino, bajo la ley (el adversario de ellos, Jn. 5:45), para presentarse a Dios (el magistrado) y ser juzgados por Cristo (el juez, Jn. 5:22; Hch. 17:31), debían tratar de librarse de su adversario, para no ser juzgados por Cristo y luego ser arrojados en el lago de fuego (la cárcel, Ap. 20:11-15) por el ángel (el alguacil, cfr. Mt. 13:41). Si eso sucedía, ellos jamás saldrían (v. 59). En estos dos versículos Sus palabras fueron dirigidas a las multitudes (v. 54) para que se arrepintieran y fueran salvas. Pero en Mt. 5:25-26 estas palabras se aplicaban a los discípulos para que vivieran en el reino (véanse las notas).

58[2] O, afánate.

59[1] La moneda más pequeña del sistema greco-romano de Palestina.

CAPITULO 13

15. Enseña en cuanto al arrepentimiento
13:1-9

1 [1]Ahora bien, en este mismo tiempo estaban allí algunos que le contaban acerca de los [a]galileos cuya sangre
[b]Pilato había mezclado con los sacrificios de ellos.
2 Respondiendo *Jesús,* les dijo: ¿Pensáis que estos galileos, porque padecieron tales cosas, eran más pecadores que
todos los galileos?
3 Os digo: No; antes si no os [a]arrepentís, todos [b]perece-
réis igualmente.
4 O aquellos dieciocho sobre los cuales cayó la torre en
[a]Siloé, y los mató, ¿pensáis que eran más deudores que todos
los hombres que habitaban en Jerusalén?
5 Os digo: No; antes si no os arrepentís, todos pereceréis
igualmente.
6 [1]Y dijo [2]esta parábola: Tenía un hombre una [a]higuera
plantada en su [b]viña, y vino a buscar fruto en ella, y no lo
halló.
7 Y dijo al viñador: He aquí, hace tres años que vengo a
buscar fruto en esta higuera, y no lo hallo; [a]córtala; ¿para
qué [1]inutiliza también la tierra?
8 Pero él respondió y dijo: Señor, déjala todavía este año,
hasta que yo cave alrededor de ella, y la abone.
9 Y si da fruto, *bien;* y si no, la cortarás.

1[a] Hch. 5:37
1[b] Lc. 3:1
3[a] Lc. 3:3, 8; 5:32
3[b] Jn. 3:16
4[a] Neh. 3:15; Is. 8:6; Jn. 9:7, 11
6[a] Mt. 21:19
6[b] Is. 5:1-2
7[a] Lc. 3:9; Mt. 7:19

1[1] *Ahora bien* indica que los vs. 1-9, que tratan más ampliamente el asunto del arrepentimiento, son continuación de los últimos versículos del cap. 12. El Señor usó los dos incidentes de los vs. 1-5 para recordarles a los judíos que ése era el momento en que ellos debían arrepentirse; de no ser así, todos perecerían como las víctimas de aquellos dos incidentes.

6[1] Indica que los vs. 6-9 son continuación de los versículos precedentes, con respecto al arrepentimiento.

6[2] Esta parábola indica que Dios como dueño vino en el Hijo buscando fruto del pueblo judío, que era comparado con una higuera (véase la nota 19[1] de Mt. 21) plantada en la tierra prometida de Dios, o sea la viña (cfr. Mt. 21:33 y la nota 1). El había buscado fruto por tres años (v. 7), y no encontró nada. El deseaba cortar a los judíos, pero Dios el Hijo, el viñador, oró por ellos, pidiendo que Dios el Padre los tolerara hasta que El muriera por ellos (cavara la tierra alrededor de la higuera), y les diera "el fertilizante" (abonara la higuera), esperando que entonces se arrepintieran y produjeran fruto; de otro modo, serían cortados. Los vs. 29-32 y 42-52 del cap. 11, que revelan al pueblo judío como una generación maligna, confirman esta interpretación.

7[1] Es decir, agota el suelo, tapa la luz del sol, y ocupa espacio (Bengel).

16. Sana en sábado
a una mujer que andaba encorvada
13:10-17

10 Enseñaba *Jesús* en una de las [a]sinagogas en sábado;

11 y he aquí, había allí una mujer que desde hacía dieciocho años tenía [1a]espíritu de enfermedad, y [2]andaba encorvada, y en ninguna manera se podía enderezar.

12 Cuando Jesús la vio, la llamó y le dijo: Mujer, eres libre de tu enfermedad.

13 Y le [a]impuso las manos; y ella se enderezó al instante, y se puso a [b]glorificar a Dios.

14 Pero el [a]principal de la sinagoga, [1]indignado porque Jesús hubiese sanado en sábado, dijo a la multitud: [b]Seis días hay en que se debe trabajar; en éstos, pues, venid y sed sanados, y [c]no en el día de sábado.

15 Entonces el Señor le respondió y dijo: [1a]¡Hipócritas! ¿No desata cada uno de vosotros en [b]sábado su buey o su asno del pesebre y lo lleva a beber?

16 Y a esta [1]hija de [a]Abraham, que [2b]Satanás había atado dieciocho años, ¿no se le debía desatar de esta ligadura en el día de [3]sábado?

17 Al decir El estas cosas, se [a]avergonzaban todos los que se le oponían; pero toda la multitud se regocijaba por todas las cosas [b]gloriosas hechas por El.

17. Enseña en cuanto al reino de Dios,
que es como un grano de mostaza y como levadura
13:18-21

18 [1]Decía, pues: ¿A qué es semejante el [a]reino de Dios, y con qué lo compararé?

19 Es semejante a un grano de [a]mostaza, que un hombre

10[a] Mt. 4:23; Mr. 6:2
11[a] Hch. 16:16
13[a] Lc. 4:40; Mr. 5:23; 16:18
13[b] Lc. 5:25; 7:16; 17:15; 18:43
14[a] Lc. 8:41
14[b] Ex. 20:9; Ez. 46:1
14[c] Mt. 12:2
15[a] Lc. 12:56
15[b] Lc. 14:5; Mt. 12:11
16[a] Lc. 3:8; 19:9
16[b] 1 Co. 5:5; Hch. 10:38
17[a] 1 P. 3:16
17[b] Lc. 13:13
18[a] Lc. 4:43; 17:20-21
19[a] Mt. 13:31-32; 17:20; Lc. 17:6

11[1] Véase la nota 23[1] de Mr. 1.

11[2] O, toda doblada. Esto puede referirse a la opresión extremada del demonio sobre una persona, de modo que la persona está encorvada sólo hacia el mundo satánico y es incapaz de erguirse para mirar a los cielos.

14[1] Satanás no solamente usó al espíritu maligno para poseer a la mujer, sino también al gobernante religioso para oponerse a que el Señor la librase. El usurpador emplea mucho la religión para mantener oprimido al pueblo escogido de Dios.

15[1] Véase la nota 2[2] de Mt. 6.

16[1] Una persona del pueblo escogido de Dios.

16[2] Cuando los demonios poseen a las personas, en realidad es Satanás quien las ata. Por eso, echar fuera al demonio es derrotar a Satanás (Mt. 12:29 y la nota 4).

16[3] El reposo sabático fue ordenado por Dios para que el hombre descansara (Gn. 2:3), y no para que permaneciera bajo cautiverio.

18[1] Con respecto a los vs. 18-21, véanse las notas de Mt. 13:31-33.

tomó y echó en su huerto; y creció, y se hizo árbol, y las aves
del cielo anidaron en sus ramas.
20 Y volvió a decir: ¿A qué compararé el reino de Dios?
21 Es semejante a la [a]levadura, que una mujer tomó y
escondió en [b]tres medidas de harina, hasta que [c]todo fue
leudado.

18. Enseña en cuanto a entrar en el reino de Dios
13:22-30

22 Pasaba *Jesús* por ciudades y [a]aldeas, enseñando, y
encaminándose a [b]Jerusalén.
23 Y alguien le dijo: Señor, ¿son pocos los que se [a]salvan?
24 Y El les dijo: [a]Esforzaos a entrar por la puerta [1b]angos-
ta; porque os digo que muchos procurarán entrar, y no
[2]podrán.
25 Después que el Dueño de casa se haya levantado y
[a]cerrado la puerta, y estando fuera empecéis a llamar a la
puerta, diciendo: [b]Señor, ábrenos, El respondiendo os dirá:
No os conozco, *ni* sé de dónde sois.
26 Entonces comenzaréis a decir: Delante de Ti hemos
[a]comido y bebido, y en nuestras calles enseñaste.
27 Pero os dirá: Os digo que no sé de dónde sois; [a]apartaos
de Mí todos *vosotros,* hacedores de injusticia.
28 Allí será el [1a]llanto y el crujir de dientes, cuando veáis
a Abraham, a Isaac, a Jacob y a todos los profetas en el [2]reino
de Dios, y a vosotros os echen [b]fuera.
29 Vendrán del oriente y del occidente, del norte y del sur,
y se reclinarán *a la mesa* en el [a]reino de Dios.
30 Y he aquí, hay [1]postreros que serán primeros, y [2]pri-
meros que serán postreros.

21[a] Mt. 13:33
21[b] Gn. 18:6
21[c] 1 Co. 5:6; Gá. 5:9
22[a] Mt. 9:35; Mr. 6:6
22[b] Lc. 13:33; 9:51; Mr. 10:32-33
23[a] Hch. 2:47; 1 Co. 1:18; 2 Co. 2:15
24[a] Mt. 11:12; He. 4:11
24[b] Mt. 7:13-14
25[a] cfr. Mt. 25:10-12
25[b] Mt. 7:22-23; Lc. 6:46
26[a] cfr. Ex. 24:11
27[a] Mt. 7:23; 25:41
28[a] Mt. 24:51; 13:42, 50
28[b] Lc. 14:35
29[a] Lc. 14:15; 22:16, 30

24[1] Véase la nota 14[1] de Mt. 7.

24[2] O, tendrán la fuerza suficiente.

28[1] Véase la nota 12[3] de Mt. 8.

28[2] Véase la nota 43[2] del cap. 4. Los judíos preguntaron acerca de la salvación (v. 23). Pero el Señor respondió hablando de participar en el reino de Dios en el milenio (véase la nota 11[2] de Mt. 8), el cual será la parte más deleitable de la plena salvación de Dios antes del disfrute de la Nueva Jerusalén en el cielo nuevo y la tierra nueva (Ap. 21:1-3a, 5-7; 22:1-5).

30[1] Se refiere a los gentiles salvos, quienes recibirán al Salvador antes que algunos de los judíos salvos, y quienes participarán en el reino de Dios en el milenio (v. 29).

30[2] Se refiere a los judíos que creerán en el Señor después de que crean los gentiles (Ro. 11:25-26). Lo dicho en este versículo se aplica en otro sentido en Mt. 19:30; 20:16 y Mr. 10:31 (véase la nota 16[1] de Mt. 20).

19. Viaja hacia Jerusalén sin detenerse
13:31-35

31 Aquel mismo día llegaron unos [a]fariseos, diciéndole: Sal, y vete de aquí, porque [b]Herodes te quiere [1]matar.

32 Y les dijo: Id, y decid a ese zorro: He aquí, echo fuera demonios y hago curaciones [1]hoy y mañana, y al [a]tercer día [2]soy [b]perfeccionado.

33 Sin embargo, es [1]necesario que hoy y mañana y pasado mañana siga Mi camino; porque es inadmisible que un [a]profeta muera fuera de [b]Jerusalén.

34 ¡[a]Jerusalén, Jerusalén, que [1]matas a los profetas, y [b]apedreas a los que te son enviados! ¡Cuántas veces quise [c]juntar a tus hijos, como la gallina a sus polluelos debajo de sus [d]alas, y no [e]quisiste!

35 He aquí, vuestra [1]casa se os deja; y os digo que no me veréis, hasta que llegue *el tiempo* en que digáis: ¡[a]Bendito el que viene en el nombre del Señor!

CAPITULO 14

20. Sana en sábado a un hombre hidrópico
14:1-6

1 Aconteció un sábado, que habiendo entrado para [a]comer pan en casa de uno de los gobernantes de entre los fariseos, éstos le [1b]acechaban.

2 Y he aquí estaba delante de El un hombre [1]hidrópico.

31[a] Mt. 19:3
31[b] Lc. 3:1; 9:7, 9; Mt. 14:1-13
32[a] cfr. Os. 6:2; Lc. 9:22; 24:7
32[b] He. 7:27-28; cfr. Jn. 17:4
33[a] Mt. 21:11
33[b] Lc. 13:22
34[a] vs. 34-35: Mt. 23:37-39
34[b] Mt. 21:35; Hch. 7:59
34[c] Sal. 147:2; cfr. Mt. 24:31
34[d] Dt. 32:11; Rt. 2:12; Sal. 17:8; 91:4; cfr. Ex. 19:4
34[e] Jn. 5:40
35[a] Sal. 118:26; cfr. Lc. 19:38
1[a] Lc. 7:36; 11:37
1[b] Lc. 20:20

31[1] Esto era una amenaza de los opositores.

32[1] Esto indica que el Señor tenía un programa establecido para llevar a cabo Su ministerio, para terminar Su carrera, y para alcanzar Su meta por medio de Su muerte y Su resurrección, y que nadie, mucho menos Herodes, podía impedírselo.

32[2] O, termino Mi carrera, alcanzo Mi meta.

33[1] La amenaza (v. 31) no pudo impedir que el Señor fuera a Jerusalén para llevar a cabo Su muerte redentora. Al contrario, El fue valiente y procedió (Mr. 10:33) a alcanzar la meta de todo Su ministerio.

34[1] Con respecto a los vs. 34-35, véanse las notas de Mt. 23:37-39.

35[1] Esta casa (singular en griego) era la casa de Dios, Su templo. Puesto que los judíos habían rechazado al Señor, o sea la venida de Dios en el Hijo, el Señor rechazó el templo, considerándolo casa de los judíos, y se lo dejó a ellos para que sufriera la destrucción que vendría y quedara desolado.

1[1] Con la maligna intención de acusarle (Mr. 3:2).

2[1] Una enfermedad que hace que el cuerpo se hinche debido al líquido que se acumula en las cavidades y los tejidos. Esto representa la anomalía de la vida interior, que causa la muerte espiritual delante de Dios.

3 Entonces Jesús habló a los [a]intérpretes de la ley y a los
fariseos, diciendo: ¿Es lícito sanar en [b]sábado o no?
4 Mas ellos callaron. Y Él, tomándole, le sanó, y le despidió.
5 Y a ellos les dijo: ¿Quién de vosotros, *si* su [1a]asno o su
buey cae en algún pozo, no lo sacará inmediatamente, *aunque sea* en día de sábado?
6 Y [a]no le podían replicar a estas cosas.

21. Les enseña a los invitados y al que invita
14:7-14

7 Observando cómo escogían los [a]puestos de honor, refirió a los convidados una parábola, diciéndoles:
8 Cuando seas convidado por alguno a bodas, no te
pongas en el puesto de honor, no sea que otro más honorable
que tú esté convidado por él,
9 y viniendo el que te convidó a ti y a él, te diga: Da *el*
lugar a éste; y entonces comiences con vergüenza a ocupar
el último lugar.
10 Mas cuando seas convidado, ve y ponte en el último
lugar, para que cuando venga el que te convidó, te diga:
Amigo, [a]sube más arriba; entonces tendrás gloria delante de
todos los que se reclinan contigo *a la mesa.*
11 Porque todo el que se enaltece, será [a]humillado; y el
que se [b]humilla, será enaltecido.
12 Dijo también al que le había convidado: Cuando hagas
comida o cena, no llames a tus amigos, ni a tus hermanos, ni
a tus parientes, ni a vecinos ricos; no sea que ellos a su vez
te vuelvan a convidar, y seas [a]recompensado.
13 Mas cuando hagas banquete, llama a los [1]pobres, los
mancos, los cojos y los ciegos;
14 y serás bienaventurado; porque ellos no tienen *con qué*
recompensarte, pero te será recompensado en la [1a]resurrec-
ción de los justos.

22. Enseña en cuanto a aceptar
la invitación de Dios
14:15-24

15 Oyendo esto uno de los que estaban reclinados *a la*

3[a] Lc. 7:30
3[b] Mt. 12:10; Mr. 3:4
5[a] Lc. 13:15
6[a] Mt. 22:46
7[a] Lc. 11:43; Mt. 23:6
10[a] Pr. 25:6-7
11[a] Lc. 18:14; Mt. 23:12; Sal. 18:27; Pr. 29:23
11[b] Job 22:29; 1 P. 5:5-6
12[a] cfr. Lc. 6:34
14[a] 1 Co. 15:23; 1 Ts. 4:16

5[1] Algunos mss. dicen: hijo.

13[1] Estas son las personas a quienes Dios invitó a Su salvación (v. 21).

14[1] Se refiere a la resurrección de vida (Jn. 5:29; Ap. 20:4-6), cuando Dios recompensará a los santos (Ap. 11:18) al regresar el Señor (1 Co. 4:5).

15a Ap. 19:9 15b Lc. 13:29; 22:16, 30

mesa con *El,* le dijo: [a]Bienaventurado el que coma pan en el
[b]reino de Dios.
16 Entonces *Jesús* le dijo: Cierto hombre preparaba una
[1]gran cena, y convidó a muchos.
17 Y a la hora de la cena envió a su esclavo a decir a los
convidados: Venid, que ya todo está preparado.
18 Y todos a una comenzaron a excusarse. El primero
dijo: He comprado un campo, y necesito ir a verlo; te ruego
que me excuses.
19 Otro dijo: He comprado cinco yuntas de bueyes, y voy
a probarlos; te ruego que me excuses.

20a Dt. 24:5

20 Y otro dijo: He [a]tomado mujer, y por tanto no puedo ir.
21 Vuelto el esclavo, hizo saber estas cosas a su señor.
Entonces enojado el amo de casa, dijo a su esclavo: Ve pronto
por las calles y las callejas de la ciudad, y trae acá a los
[a]pobres, los mancos, los ciegos y los cojos.

21a Lc. 14:13

22 Y dijo el esclavo: Señor, se ha hecho como mandaste, y
aún hay lugar.
23 Dijo el señor al esclavo: Ve por los caminos y por los
vallados, y fuérzalos a entrar, para que se llene mi casa.
24 Porque os digo que ninguno de aquellos hombres que
fueron convidados, gustará mi cena.

23. Enseña cómo seguir al Salvador-Hombre
14:25-35

25 Grandes multitudes iban con El; y volviéndose, les
dijo:
26 [1]Si alguno [a]viene a Mí, y no aborrece a su padre, y

26a vs. 26-27: Mt. 10:37-38

16[1] Esta gran cena es diferente de la fiesta de bodas de Mt. 22:2-14, la cual era la recompensa del reino. Esta gran cena es la plena salvación de Dios. Dios, el hombre de este versículo, preparó Su plena salvación como una gran cena y envió a los primeros apóstoles como esclavos Suyos para invitar a los judíos (vs. 16-17). Pero como ellos estaban ocupados con sus riquezas, tales como la tierra, el ganado o una esposa, rechazaron la invitación (vs. 18-20). Entonces Dios envió a los apóstoles para invitar a la gente de la calle: los pobres, los mancos, los ciegos y los cojos. Debido a su pobreza y miseria, ellos aceptaron la invitación de Dios (vs. 21-22a). Pero en la salvación de Dios todavía había lugar para más personas; por tanto El envió a Sus esclavos más lejos, al mundo gentil, representado por los caminos y los vallados, para forzar a los gentiles a entrar a la casa de Su salvación y llenarla (vs. 22b-23; Hch. 13:46-48; Ro. 11:25).

26[1] En los vs. 26-33 el Señor les manifestó a las multitudes que iban con El (v. 25) el costo de seguirle. Recibir la salvación significa ser salvo (13:23); seguir al Señor es disfrutarle como la bendición de la salvación de Dios. Esto requiere que uno renuncie a todo, aun a su propia vida, y lleve su cruz (vs. 26-27, 33).

madre, y mujer, e hijos, y hermanos, y hermanas, y aun la
vida de su [b]alma, no puede ser Mi discípulo.
27 Y el que no lleva su [1a]cruz y viene en pos de Mí, no
puede ser Mi discípulo.
28 Porque ¿quién de vosotros, queriendo edificar una torre, no se sienta primero y calcula los gastos, a ver si tiene
[1]*lo que necesita* para acabarla?
29 No sea que después que haya puesto el cimiento, y no
pueda acabarla, todos los que lo vean comiencen a burlarse
de él,
30 diciendo: Este hombre comenzó a edificar, y no pudo
acabar.
31 ¿O qué rey, al marchar a la guerra contra otro rey, no
se sienta primero y considera si puede hacer frente con diez
mil al que viene contra él con veinte mil?
32 Si no, cuando el otro está todavía lejos, le envía una
embajada y le pide *condiciones* de paz.
33 Así, pues, todo aquel de entre vosotros que no [a]renun-
cia a todo lo que posee, no puede ser Mi discípulo.
34 [1]Buena es la [2]sal; mas si la sal pierde su sabor, ¿cómo
podrá recobrar su sabor?
35 Ni para la tierra ni para el estercolero es útil; la
arrojan [a]fuera. El que tiene oídos para oír, [b]oiga.

26[b] Hch. 20:24; Fil. 2:30; Ap. 12:11
27[a] Lc. 9:23
33[a] Lc. 18:28
35[a] Lc. 13:28
35[b] Mt. 11:15; Ap. 2:7, 11, 17, 29; 3:6, 13, 22

27[1] El propósito de la cruz no es causar sufrimiento, sino ponerle fin a la persona. Los creyentes en Cristo han sido crucificados (terminados) con El (Gá. 2:20; Ro. 6:6). Después de ser orgánicamente unidos con El por fe, deben permanecer en la cruz, manteniendo a su viejo hombre en la obra aniquiladora de la cruz (cfr. Ro. 6:3; Col. 2:20-21). Esto es llevar su propia cruz. Cristo primero llevó la cruz, y luego fue crucificado (Jn. 19:17-18). Pero los creyentes primero son crucificados, y luego llevan la cruz para permanecer en la muerte de su viejo hombre, experimentando y disfrutando de este modo a Cristo como su vida y su suministro de vida.

28[1] Lo que el Señor dijo aquí y en el v. 31 indica que seguir al Señor como una carrera, requiere que nosotros dediquemos a ella todo lo que tenemos y todo lo que podamos hacer; de otro modo, fracasaremos, y nos convertiremos en la sal insípida que va a ser arrojada del dominio glorioso a una esfera de vergüenza (vs. 34-35).

34[1] Con respecto a los vs. 34-35, véanse las notas de Mt. 5:13 y la nota 50[1] de Mr. 9.

34[2] Los creyentes en Cristo son la sal de la tierra usada por Dios para matar y eliminar la corrupción de la tierra. El sabor de ellos depende de su renuncia a las cosas terrenales. Cuanto más renuncien a las cosas de la tierra, más intenso será su sabor. Ellos perderán su sabor si no están dispuestos a renunciar a todas las cosas de la vida presente. Si esto sucede, ellos no serán aptos ni para la tierra, que es la iglesia, la labranza de Dios (1 Co. 3:9), la cual llega a ser el reino venidero (Ap. 11:15), y tampoco serán aptos para el estercolero, que representa el infierno, el lugar sucio del universo (Ap. 21:8; 22:15). Ellos serán echados del reino de Dios, especialmente de la gloria del reino en el milenio (véase la nota 12[2] de Mt. 8). Ellos fueron salvos

CAPITULO 15

24. Revela el amor salvador del Dios Triuno para con los pecadores 15:1-32

a. Con la parábola del pastor que busca la oveja vs. 1-7

1 Se acercaban a *Jesús* todos los [a]recaudadores de impuestos y pecadores para oírle,
2 y los fariseos y los [a]escribas [b]murmuraban entre *ellos,* diciendo: Este a los [c]pecadores acoge, y con ellos [d]come.
3 Entonces El les refirió esta [1]parábola, diciendo:
4 ¿Qué hombre de vosotros, teniendo [a]cien ovejas, si pierde una de ellas, no deja las noventa y nueve en el [1b]desierto, y va tras la que se [c]perdió, hasta [d]encontrarla?
5 Y cuando la encuentra, la [1]pone sobre sus [a]hombros gozoso;
6 y al llegar a casa, reúne a sus amigos y vecinos, diciéndoles: Gozaos conmigo, porque he encontrado mi oveja que se había [a]perdido.
7 Os digo que así habrá *más* gozo en el cielo por un [a]pecador que se arrepiente, que por noventa y nueve [b]justos que no necesitan de arrepentimiento.

1[a] Lc. 7:34; Mt. 9:10
2[a] Lc. 5:30; Mr. 2:16
2[b] Lc. 19:7
2[c] Lc. 7:39
2[d] cfr. Hch. 11:3; Gá. 2:12; 1 Co. 5:11
4[a] vs. 4-7: Mt. 18:12-14
4[b] Ex. 3:1; 1 S. 17:28
4[c] Lc. 19:10; Mt. 10:6; 15:24
4[d] Ez. 34:11-12, 16
5[a] cfr. Is. 49:22
6[a] 1 P. 2:25; Is. 53:6
7[a] 1 Ti. 1:15
7[b] Lc. 5:32

---

de la perdición eterna, pero pierden su función en el reino de Dios por no haber renunciado a las cosas terrenales; es por esto que no sirven para el reino venidero, y que es necesario apartarlos para que sean disciplinados (véase la nota 32[1] del cap. 17).

3[1] Como respuesta a los fariseos y a los escribas justos en su propia opinión, quienes condenaron al Salvador por comer con los pecadores, El les refirió tres parábolas, que revelan y describen cómo la Trinidad Divina obra para devolver los pecadores al Padre, a través del Hijo y por el Espíritu. El Hijo vino en Su humanidad como el Pastor para buscar al pecador, la oveja perdida, y traerle a casa (vs. 4-7). El Espíritu busca al pecador tal como la mujer busca cuidadosamente la moneda perdida hasta encontrarla (vs. 8-10). Y el Padre recibe al pecador arrepentido que regresa, tal como aquel hombre recibe a su hijo pródigo (vs. 11-32). La Trinidad Divina en Su totalidad valora como un tesoro al pecador y participa en traerlo de nuevo a Sí. Las tres parábolas dan énfasis al amor de la Trinidad Divina más que a la condición caída y el arrepentimiento del pecador penitente. El amor divino es totalmente expresado en el cuidado tierno del Hijo como el buen pastor, y en la detallada búsqueda del Espíritu como quien valora el tesoro, y en la calurosa acogida del Padre como un padre amoroso.

4[1] Representa el mundo; esto indica que el Hijo vino al mundo para estar con los hombres (Jn. 1:14).

5[1] Esto muestra tanto la fortaleza como el amor del Salvador.

b. Con la parábola de la mujer que busca la moneda
vs. 8-10

8 ¿O qué mujer que tiene diez [1]monedas de plata, si pierde una moneda, no enciende la [2]lámpara, y [3]barre la casa, y [4]busca cuidadosamente hasta encontrarla?

9 Y cuando la encuentra, reúne a sus amigas y vecinas, diciendo: Gozaos conmigo, porque he encontrado la moneda de plata que había perdido.

10 Así os digo que hay gozo delante de los [a]ángeles de Dios por un pecador que se arrepiente. **10**[a] Lc. 12:8

c. Con la parábola de
un padre que recibe a su hijo
vs. 11-32

11 También dijo: Un hombre tenía dos hijos;

12 y el menor de ellos dijo al padre: Padre, dame la [1]parte de la hacienda que me corresponde; y les [a]repartió su [2]sustento. **12**[a] Dt. 21:16

13 No muchos días después, juntándolo todo el hijo menor, se fue de viaje a una [1]provincia apartada; y allí desperdició su hacienda viviendo [2]disolutamente.

14 Y cuando lo hubo gastado todo, vino una gran hambre por toda aquella provincia, y comenzó a padecer necesidad.

15 Y fue y se arrimó a uno de los ciudadanos de aquella tierra, el cual le envió a sus campos para que [1]apacentase cerdos.

16 Y ansiaba [a]llenarse de las [1]algarrobas que comían los cerdos, pero nadie le daba. **16**[a] Lc. 16:21

8[1] Una moneda de plata que equivalía al salario de un día (así también en el v. 9).

8[2] Representa la palabra de Dios (Sal. 119:105, 130), la cual el Espíritu usa para iluminar y exponer la posición y la condición del pecador para que se arrepienta.

8[3] Para escudriñar y limpiar el interior del pecador.

8[4] En el v. 4 el Hijo encuentra al pecador, lo cual ocurre fuera de éste y se completa en la cruz por medio de la muerte redentora; aquí la búsqueda del Espíritu es algo interior y se lleva a cabo por Su obra dentro del pecador arrepentido.

12[1] Se refiere a la herencia que le corresponde por nacimiento.

12[2] *Su sustento* se refiere a los medios de subsistencia que tiene el padre, sus bienes y posesiones (v. 30). La palabra griega traducida *sustento* significa *vida,* es decir, la condición en que uno vive, como en 8:14, y por ende, el sustento, como aquí y en Mr. 12:44.

13[1] Indica el mundo satánico.

13[2] Lit., en derroche, lo cual indica una vida corrupta y libertina.

15[1] Los cerdos son inmundos (Lv. 11:7). Alimentar cerdos es un trabajo sucio; representa los negocios inmundos del mundo satánico.

16[1] El algarrobo es un árbol perenne. Su vaina, también llamada

17[a] cfr. Hch. 12:11
18[a] cfr. 1 R. 8:47-48; Jer. 31:18-19; Os. 2:7; 14:1-3
18[b] 1 R. 8:27; Mt. 6:9; 21:25; Jn. 3:27
18[c] Sal. 51:4
20[a] Ef. 2:13
20[b] Gn. 33:4; 45:14; 46:29; Hch. 20:37

17 Y [a]volviendo en sí, dijo: ¡[1]Cuántos jornaleros de mi padre
tienen abundancia de pan, y yo aquí perezco de hambre!
18 Me [1]levantaré e iré [a]a mi padre, y le diré: Padre, [2]he
pecado contra el [b]cielo y [c]ante ti.
19 [1]Ya no soy digno de ser llamado tu hijo; hazme como a
uno de tus [2]jornaleros.
20 Y levantándose, vino a su padre. Y cuando aún estaba
[a]lejos, lo [1]vio su padre, y fue movido a compasión, y [2]corrió,
y se [3b]echó sobre su cuello, y le besó afectuosamente.
21 Y el hijo le dijo: Padre, he pecado contra el cielo y ante
ti, y ya no soy digno de ser llamado tu hijo.
22 [1]Pero el padre dijo a sus esclavos: Sacad [2]pronto [3]el
[4]mejor [5]vestido, y vestidle; y poned un [6]anillo en su mano, y
[7]sandalias en sus pies.

---

algarroba, era usada como forraje para alimentar a los animales y a los que están en la miseria. Un interesante adagio rabínico dice que "cuando los israelitas son reducidos a vainas de algarrobo, entonces se arrepienten". Una tradición dice que Juan el Bautista se alimentaba de vainas de algarrobo en el desierto; por eso se le llama "el pan de San Juan".

17[1] Esto se debió a la iluminación y búsqueda del Espíritu (v. 8) dentro de él.

18[1] Esto es el resultado de la búsqueda del Espíritu en el v. 8.

18[2] Esta parábola implica que cuando el hombre peca, peca contra el cielo y ante Dios el Padre, quien está en el cielo.

19[1] El hijo pródigo no conocía el amor del padre.

19[2] Un pecador caído que se arrepiente, tiene siempre la idea de hacer obras para Dios o de servir a Dios para obtener Su favor, sin saber que este pensamiento va en contra del amor y la gracia de Dios, y que es un insulto a Su corazón y a Su intención.

20[1] Esto no sucedió por casualidad; el padre salía de la casa para esperar el regreso de su hijo pródigo.

20[2] Dios el Padre corrió a recibir al pecador que regresaba. ¡Qué anhelo muestra esto!

20[3] Un caluroso y amoroso recibimiento. El regreso del hijo pródigo al Padre se debe a la búsqueda del Espíritu (v. 8); el Padre recibió al hijo que regresó, basándose en el hecho de que el Hijo lo hallara en Su redención (v. 4).

22[1] ¡"Pero"! ¡Qué palabra de amor y de gracia! Contrarrestó el pensamiento del hijo pródigo y detuvo su conversación absurda.

22[2] Para corresponder a la prisa del padre (v. 20).

22[3] Indica un vestido particular preparado con este propósito específico para este momento preciso.

22[4] Lit., primer.

22[5] Representa a Cristo el Hijo quien es la justicia que satisface a Dios, la cual cubre al pecador penitente (Jer. 23:6; 1 Co. 1:30; cfr. Is. 61:10; Zac. 3:4). El mejor vestido, que era el primero, reemplazó los harapos (Is. 64:6) del hijo pródigo que había regresado.

22[6] Representa al Espíritu que sella al creyente, el sello que Dios le aplica cuando lo acepta (Ef. 1:13; cfr. Gn. 24:47; 41:42).

22[7] Indica el poder de la salvación de Dios que separa de la tierra sucia a los creyentes. Tanto el anillo como las sandalias eran señales de un hombre libre. El adorno, constituido por el vestido sobre el cuerpo, el anillo en la mano, y las sandalias en los pies, permitió que el pobre hijo pródigo estuviera al mismo nivel que su padre

23 Y traed el [1a]becerro gordo y [2]matadlo, y comamos y regocijémonos; 23[a] 1 S. 28:24
24 porque este mi hijo estaba [1]muerto, y ha [a]revivido; se había [1]perdido, y es hallado. Y comenzaron a regocijarse. 24[a] Ro. 6:13; 11:15
25 Y su [1]hijo mayor estaba en el campo; y cuando vino, y llegó cerca de la casa, oyó la música y las danzas;
26 y llamando a uno de los criados, le preguntó qué era aquello.
27 El le dijo: Tu hermano ha venido; y tu padre ha hecho matar el becerro gordo, por haberle recobrado sano.
28 Entonces se enojó, y no quería entrar. Salió su padre, e intentó persuadirlo.
29 Mas él, respondiendo, dijo al padre: He aquí, tantos años te he [1]servido, sin haber [2]desatendido jamás un mandato tuyo, y nunca me has dado ni un cabrito para regocijarme con mis amigos.
30 Pero cuando vino este tu hijo, que ha consumido tus [1]bienes con [a]rameras, has hecho matar para él el becerro gordo. 30[a] Pr. 29:3
31 El entonces le dijo: Hijo, tú siempre estás conmigo, y todas mis cosas son tuyas.
32 Mas era necesario hacer fiesta y regocijarnos, porque este tu hermano era [1]muerto, y ha revivido; se había perdido, y es hallado.

CAPITULO 16

25. Les enseña a ser mayordomos prudentes 16:1-13

1 Dijo [1]también a los discípulos: Había un hombre rico que tenía un [2]mayordomo, y éste fue acusado ante él como disipador de sus bienes.

---

rico y lo capacitó para entrar en la casa del padre y festejar con él. La salvación de Dios nos adorna con Cristo y el Espíritu para que disfrutemos las riquezas de Su casa.

23[1] Representa al rico Cristo (Ef. 3:8) inmolado en la cruz para que los creyentes puedan disfrutarle. La salvación de Dios tiene dos aspectos: el aspecto objetivo y exterior, representado por el mejor vestido, y el aspecto subjetivo e interior, representado por el becerro gordo. Cristo como nuestra justicia es nuestra salvación externa; Cristo como nuestra vida para nuestro disfrute es nuestra salvación interna. El mejor vestido califica al hijo pródigo para llenar los requisitos de su padre y satisfacerle; el becerro gordo satisfizo el hambre del hijo. Por eso, tanto el padre como el hijo podían alegrarse juntos.

23[2] O, sacrificadlo (así también en los vs. 27, 30).

24[1] Todos los pecadores perdidos están muertos a los ojos de Dios

2 Entonces le llamó, y le dijo: ¿Qué es esto que oigo
acerca de ti? Da cuenta de tu mayordomía, porque ya no
podrás más ser mayordomo.
3 Entonces el mayordomo dijo para sí: ¿Qué haré, pues
mi amo me quita la mayordomía? [1]Cavar, no tengo fuerzas;
[2]mendigar, me da vergüenza.
4 Ya sé lo que haré para que cuando se me quite de la
mayordomía, me [1]reciban en sus casas.
5 Y llamando a cada uno de los deudores de su amo, dijo
al primero: ¿Cuánto debes a mi amo?
6 El dijo: Cien [1]medidas de aceite. Y le dijo: Toma tu
cuenta, siéntate pronto, y escribe cincuenta.
7 Después dijo a otro: Y tú, ¿cuánto debes? Y él dijo: Cien
[1]medidas de trigo. El le dijo: Toma tu cuenta, y escribe
ochenta.
8 Y alabó el amo al mayordomo [a]injusto por haber obrado
[1]sagazmente; porque los [2]hijos de [b]este siglo son más [c]saga-
ces *en el trato* con los de su generación que los [3]hijos de [d]luz.
9 Y Yo os digo: [1]Ganad amigos por medio de las [2]riquezas
de injusticia, para que cuando éstas [3]falten, os reciban en los
[4a]tabernáculos eternos.

8[a] cfr. Lc. 18:6
8[b] Lc. 20:34
8[c] Lc. 12:42; Mt. 25:2
8[d] Hch. 26:18; 1 P. 2:9
9[a] cfr. 2 Co. 5:1

(Ef. 2:1, 5). Cuando son salvos, reciben vida (Jn. 5:24-25; Col. 2:13).

25[1] Representa a los fariseos y a los escribas (v. 2), y a los judíos incrédulos que buscan la ley de justicia (Ro. 9:31-32) por sus obras, lo cual queda implícito con la expresión *en el campo*.

29[1] Indica la esclavitud bajo la ley (Gá. 5:1).

29[2] O, transgredido.

30[1] Véase la nota 12[2].

32[1] Véase la nota 24[1].

1[1] Indica continuación. En el capítulo anterior el Señor dio tres parábolas con respecto a la salvación de un pecador. En este capítulo añade otra parábola; ésta tiene que ver con el servicio del creyente. Después de que el pecador se convierte en creyente, debe servir al Señor como un mayordomo prudente.

1[2] Muestra cómo los creyentes, salvos por el amor y la gracia del Dios Triuno, son los mayordomos del Señor (12:42; 1 Co. 4:1-2; 1 P. 4:10), a quienes El ha encomendado Sus posesiones.

3[1] Como un agricultor que cava en el campo.

3[2] Como un mendigo, que implora ayuda.

4[1] Significa ser recibidos en los tabernáculos eternos (v. 9).

6[1] Entre los hebreos una medida de líquidos que equivale a unos 35 litros.

7[1] Una medida de áridos de unos 10 ó 12 almudes.

8[1] No se elogia el acto injusto del mayordomo, sino su prudencia.

8[2] Los inconversos, los mundanos.

8[3] Los salvos, los creyentes (Jn. 12:36; 1 Ts. 5:5; Ef. 5:8).

9[1] Usar el dinero para ayudar a otros conforme a la dirección de Dios.

9[2] Lit., Mammon; es decir, el dinero, el cual pertenece al mundo satánico. Es injusto en su posición y su existencia. El mayordomo de la parábola fue prudente en su acto injusto. El Señor nos enseña a nosotros Sus

10 El que es [a]fiel en [1]lo muy poco, también en [1]lo más es fiel; y el que en lo muy poco es injusto, también en lo más es injusto.
11 Pues si en las riquezas injustas no habéis sido hallados fieles, ¿quién os confiará lo [1]verdadero?
12 Y si en lo [1]ajeno no habéis sido hallados fieles, ¿quién os dará lo que es [2]vuestro?
13 Ningún siervo puede [1]servir a [a]dos señores; porque o aborrecerá al uno y [2]amará al otro, o se [2]apegará al uno y menospreciará al otro. No podéis [1]servir a Dios y a las [3]riquezas.

26. Enseña en cuanto a entrar en el reino de Dios
16:14-18

14 Y oían también todas estas cosas los [a]fariseos, que eran [b]amadores del dinero, y se [1c]mofaban de El.

10[a] Lc. 19:17; Mt. 25:21, 23

13[a] Mt. 6:24

14[a] Lc. 11:39

14[b] 2 Ti. 3:2; 1 Ti. 6:10

14[c] Lc. 23:35

---

creyentes a ser prudentes en el uso de las riquezas injustas.

9[3] Cuando el mundo satánico haya terminado, el dinero no tendrá utilidad alguna en el reino de Dios.

9[4] Es decir, las moradas eternas. Los creyentes prudentes serán recibidos en las moradas eternas por aquellos que participaron del beneficio de su prudencia. Esto se cumplirá en la edad del reino venidero (cfr. 14:13-14; Mt. 10:42).

10[1] *Lo muy poco* se refiere a las riquezas, las posesiones de esta era; *lo más* se refiere a las posesiones ricas de la era venidera (cfr. Mt. 25:21, 23).

11[1] Se refiere a las verdaderas posesiones de la era del reino venidero (cfr. Mt. 24:47).

12[1] Dios en Su economía neotestamentaria no desea que los creyentes del Nuevo Testamento se preocupen por los bienes materiales. Aunque las cosas materiales de este mundo fueron creadas por Dios y le pertenecen (1 Cr. 29:14, 16), se corrompieron por la caída del hombre (Ro. 8:20-21) y fueron usurpadas por Satanás, el maligno (1 Jn. 5:19); por esto, pertenecen al hombre caído y son injustas (v. 9). Aunque Dios provee a los creyentes diariamente de lo necesario dándoles las cosas materiales de esta era (Mt. 6:31-33), y les encomienda como mayordomos Suyos una porción de bienes materiales para el ejercicio y aprendizaje de ellos a fin de probarlos en esta era, ninguno de estos bienes debe ser considerado de ellos hasta la restitución de todas las cosas en la era venidera (Hch. 3:21). Sólo entonces los creyentes heredarán el mundo (Ro. 4:13) y tendrán una posesión perdurable (He. 10:34) para sí. En esta edad ellos deben ejercitarse en ser fieles con los bienes materiales temporales que Dios les ha dado, para que aprendan a ser fieles con su posesión eterna en la era venidera.

12[2] Algunos mss. dicen: nuestro.

13[1] Lit., servir como esclavo.

13[2] En el griego *apegarse a uno* significa *unirse a uno estando en contra del otro*. Esto indica que servir al Señor requiere que le amemos, dándole nuestro corazón, y que nos aferremos a El, dándole todo nuestro ser. De este modo somos liberados de la ocupación y de la usurpación de las riquezas, para que sirvamos al Señor completa y cabalmente. Aquí el Señor recalca que para servirle tenemos que vencer las riquezas de injusticia que nos seducen y engañan.

13[3] Véase la nota 24[3] de Mt. 6.

15 Entonces les dijo: Vosotros sois los que os [a]justificáis a
vosotros mismos [b]delante de los hombres; mas Dios conoce
vuestros [c]corazones; porque lo que los hombres tienen por
sublime, delante de Dios es [1d]abominación.
16 La [1]ley y los profetas eran [2]hasta Juan; desde entonces
se proclama el [3]reino de Dios como [4]evangelio, y todos entran
en él por [5a]fuerza.
17 Pero más fácil es que [a]pasen el cielo y la tierra, que
[1]falte una [2]tilde de la ley.
18 Todo el que [1a]repudia a su mujer, y se casa con otra,
adultera; y el que se casa con la repudiada del marido,
[b]adultera.

27. Amonesta a los ricos
16:19-31

19 Había [1]un hombre rico, que se vestía de [a]púrpura y de
lino fino, y hacía cada día banquete con esplendidez.
20 Había también un mendigo llamado Lázaro, que estaba echado a la puerta de aquél, lleno de llagas,
21 y ansiaba [a]saciarse de lo que caía de la [b]mesa del rico;
y aun los perros venían y le lamían las llagas.
22 Aconteció que murió el mendigo, y fue llevado por los
[a]ángeles al [1b]seno de Abraham; y murió también el rico, y fue
sepultado.

15[a] Lc. 10:29; 18:9
15[b] Mt. 23:5
15[c] 1 S. 16:7; 1 Cr. 28:9; Sal. 7:9; Pr. 21:2; Jer. 17:10
15[d] Pr. 16:5
16[a] Mt. 11:12
17[a] Mt. 5:18; Lc. 21:33
18[a] Mr. 10:11; Mal. 2:16
18[b] Mt. 5:32; 19:9
19[a] Est. 8:15; Ap. 18:12, 16
21[a] Lc. 15:16
21[b] Mt. 15:27
22[a] Hch. 12:15; He. 1:13-14
22[b] cfr. Jn. 13:23

14[1] Lit., hacer narices; una mueca de desprecio con la nariz.

15[1] La autojustificación de los fariseos era una orgullosa exaltación del yo; por esto, era una abominación ante Dios.

16[1] La frase *la ley y los profetas* se refiere al Antiguo Testamento.

16[2] Indica el cambio de dispensación, de la ley al evangelio. Véase la nota 13[1] de Mt. 11.

16[3] Véase la nota 43[2] del cap. 4.

16[4] El Salvador predicó el evangelio del reino de Dios a los fariseos, los amadores del dinero (v. 14). El dinero y la lujuria sexual, incitada por el dinero, les impedían entrar en el reino de Dios. Por esto, la predicación del Salvador tocó a propósito y con firmeza estas dos cosas en los vs. 18-31.

16[5] Para forzar la entrada al reino de Dios, los fariseos necesitaban humillarse (cfr. v. 15) y divorciarse de su dinero (cfr. v. 14), y no de sus esposas (cfr. v. 18), es decir, necesitaban vencer el dinero y la lujuria instigada por el dinero.

17[1] O, caiga.

17[2] La diminuta proyección semejante a un cuerno que distingue a varias letras hebreas.

18[1] Lit., despide.

19[1] Lo relatado aquí no es una parábola, porque se mencionan nombres propios tales como Abraham, Lázaro y el Hades, sino que es una historia que el Salvador usa para responder a los fariseos que amaban el dinero y que se justificaban a sí mismos (vs. 14-15); es una advertencia, pues revela que su futuro será miserable como el del hombre rico, como resultado de haber rechazado el evangelio del Salvador debido a su amor al dinero.

22[1] Una frase rabínica que equivale

23 Y en el [1a]Hades alzó sus ojos, estando en [b]tormentos, y vio de lejos a Abraham, y a Lázaro en su seno.

24 Entonces él, dando voces, dijo: [a]Padre Abraham, ten misericordia de mí, y envía a Lázaro para que moje la punta de su dedo en agua, y refresque mi [b]lengua; porque estoy atormentado en esta [c]llama.

25 Pero Abraham le dijo: Hijo, acuérdate que recibiste ya tus bienes en tu vida, y Lázaro también males; pero ahora éste es consolado aquí, y tú atormentado.

26 Además de todo esto, una gran [1]sima está puesta entre nosotros y vosotros, de manera que los que quieran pasar de aquí a vosotros, no pueden, ni de allá cruzar a nosotros.

27 Entonces le dijo: Te ruego, pues, padre, que le envíes a la casa de mi padre,

28 porque tengo cinco hermanos, para que les dé solemne testimonio, a fin de que no vengan ellos también a este lugar de tormento.

29 Y Abraham le dijo: A [1a]Moisés y a los profetas tienen; óiganlos.

30 El entonces dijo: No, padre Abraham; pero si alguno va a ellos de entre los muertos, se arrepentirán.

31 Mas Abraham le dijo: Si [1]no oyen a Moisés y a los profetas, tampoco se persuadirán aunque alguno se levante de los muertos.

23[a] Job 21:13; Mt. 11:23
23[b] Ap. 14:10-11
24[a] Jn. 8:33, 39, 53
24[b] cfr. Zac. 14:12
24[c] Mt. 25:41; Mr. 9:48; Is. 66:24
29[a] Lc. 24:27; Jn. 5:45-47; Hch. 15:21; 26:22; 28:23

CAPITULO 17

28. Enseña en cuanto a los tropiezos, el perdón y la fe 17:1-6

1 Dijo *Jesús* a Sus discípulos: Imposible es que no vengan [a]tropiezos; mas ¡[b]ay *de aquel* por [c]quien vienen!

1[a] Mt. 18:7
1[b] Lc. 22:22
1[c] Mt. 13:41

a estar con Abraham en el Paraíso. Véase la nota 4[1] de 2 Co. 12.

23[1] Véase la nota 23[1] de Mt. 11.

26[1] Un abismo que divide al Hades en dos secciones: la sección agradable, donde están Abraham, Lázaro y todos los santos salvos (v. 22), y la sección del tormento, donde están el hombre rico y todos los pecadores que perecieron (vs. 23a, 28). Las dos secciones están separadas y no tienen ningún puente que las comunique. Pero quienes están en una de las secciones pueden verse y aun conversar con los de la otra (vs. 23-25).

29[1] Se refiere a la ley de Moisés y a los libros de los profetas (cfr. v. 16), que son la palabra de Dios (Mt. 4:4). El oír la palabra de Dios determina la salvación o la perdición de uno. El pobre fue salvo no por ser pobre, sino por oír la palabra de Dios (Jn. 5:24; Ef. 1:13). El rico pereció no por ser rico, sino por rechazar la palabra de Dios (Hch. 13:46).

31[1] Si las personas no prestan

2 *Más* provechoso le sería que se le atase al cuello una [a]piedra de molino y se le arrojase al mar, que hacer tropezar a uno de estos pequeñitos.

3 [a]Mirad por vosotros mismos. Si tu hermano [b]peca, [c]repréndele; y si se arrepiente, [d]perdónale.

4 Y si [a]siete veces al día peca contra ti, y siete veces vuelve a ti, diciendo: Me arrepiento; perdónale.

5 Dijeron los apóstoles al Señor: [1a]Auméntanos la fe.

6 Entonces el Señor dijo: Si tuvierais [a]fe como un [b]grano de mostaza, diríais a esta [c]morera: Desarráigate, y plántate en el mar; y os obedecería.

29. Enseña en cuanto al servicio
17:7-10

7 ¿Quién de vosotros, teniendo un esclavo que ara o apacienta ganado, al volver él del campo, le dice: Pasa en seguida y reclínate *a la mesa?*

8 ¿No le dice más bien: Prepárame la cena, [a]cíñete, y sírveme hasta que haya comido y bebido; y después de esto, come y bebe tú?

9 ¿Acaso da gracias al esclavo porque hizo lo que se le había mandado?

10 Así también vosotros, cuando hayáis hecho todo lo que os ha sido ordenado, decid: Esclavos [a]inútiles somos, pues lo que debíamos hacer, hicimos.

30. Limpia a diez leprosos
17:11-19

11 Yendo *Jesús* a [a]Jerusalén, pasaba entre [b]Samaria y [c]Galilea.

12 Y al entrar en una aldea, le salieron al encuentro diez hombres [1a]leprosos, los cuales se pararon de lejos

13 y alzaron la voz, diciendo: ¡Jesús, Maestro, ten misericordia de nosotros!

14 Cuando El los vio, les dijo: Id, mostraos a los [a]sacerdotes. Y aconteció que mientras [1]iban, fueron limpiados.

2[a] Mt. 18:6; Mr. 9:42
3[a] Lc. 8:18
3[b] Mt. 18:15
3[c] Lv. 19:17
3[d] Mt. 6:14; 18:35; Ef. 4:32
4[a] Mt. 18:21-22
5[a] cfr. Mr. 9:24
6[a] Mt. 17:20; 21:21; Mr. 11:23-24
6[b] Mt. 13:31
6[c] Lc. 19:4
8[a] Lc. 12:35, 37
10[a] cfr. Mt. 25:30
11[a] Lc. 9:51, 53; 13:22
11[b] Lc. 9:52; Jn. 4:4
11[c] Mt. 19:1; Jn. 4:3; Lc. 4:14
12[a] Lv. 13:45-46; Nm. 5:2
14[a] Lv. 14:2-9; Lc. 5:14; Mt. 8:4

atención a la palabra de Dios, no serán persuadidas ni siquiera por uno que resucite milagrosamente de entre los muertos. Aquí la palabra del Salvador implica que si los judíos, representados por los fariseos, no oían la palabra de Dios dada por Moisés y los profetas en el Antiguo Testamento, no serían persuadidos ni aunque El se levantara de entre los muertos. Esta tragedia ocurrió después de la resurrección del Salvador (Mt. 28:11-15; Hch. 13:30-40, 44-45).

5[1] O, Añádenos fe.

12[1] Véase la nota 40[1] de Mr. 1.

14[1] En esto vemos su fe y obediencia. Por eso fueron limpiados.

15 Entonces uno de ellos, viendo que había sido sanado,
volvió, [a]glorificando a Dios a gran voz,
16 y se [a]postró rostro en tierra a Sus pies, dándole gracias; y éste era [b]samaritano.
17 Respondiendo Jesús, dijo: ¿No fueron diez los limpiados? Y los nueve, ¿dónde están?
18 ¿No se ha hallado quien volviese y [a]diese gloria a Dios
sino este extranjero?
19 Y le dijo: Levántate, vete; tu [a]fe te ha [1]sanado.

31. Enseña en cuanto al reino de Dios y al arrebatamiento de los vencedores 17:20-37

20 Preguntado por los [a]fariseos, [b]cuándo había de venir el
reino de Dios, les respondió y dijo: El [1c]reino de Dios [2]no
vendrá de modo que pueda observarse,
21 ni dirán: Helo [a]aquí, o *helo* allí; porque he aquí el [1]reino
de Dios está entre [2]vosotros.
22 Y dijo a los discípulos: [a]Días vendrán cuando desearéis
ver uno de los [b]días del Hijo del Hombre, y [1]no lo veréis.
23 Y os dirán: Helo allí, o helo aquí. No vayáis, ni corráis
detrás.

19[1] Lit., salvado.

20[1] Véase la nota 43[2] del cap. 4.

20[2] Indica que el reino de Dios no es físico, sino espiritual. Es el Salvador en Su primera venida (vs. 21-22), en Su segunda venida (vs. 23-30), en el arrebatamiento de Sus creyentes vencedores (vs. 31-36), y al destruir al anticristo (v. 37) a fin de recobrar toda la tierra para Su reinado allí (Ap. 11:15).

21[1] Los vs. 22-24 comprueban que el reino de Dios es el Salvador mismo, quien estaba entre los fariseos cuando ellos le interrogaron. Dondequiera que esté el Salvador, allí está el reino de Dios. El reino de Dios está con El, y El lo trae a Sus discípulos (v. 22). El es la semilla del reino de Dios que sería sembrada en el pueblo escogido de Dios para desarrollarse hasta ser el reinado de Dios (véase la nota 43[2] del cap. 4). Desde que El resucitó, está dentro de Sus creyentes (Jn. 14:20; Ro. 8:10). Por esto, el reino de Dios hoy está dentro de la iglesia (Ro. 14:17).

21[2] Se refiere a los fariseos que le interrogaban (v. 20). El Salvador, como reino de Dios, no estaba en ellos, sino solamente entre ellos.

22[1] Se refiere a la ausencia del Salvador. Durante Su ausencia, el mundo que le rechazó será una generación maligna que vive entregada a la concupiscencia (vs. 23-30), y que se opone a Sus seguidores y los persigue debido al testimonio de ellos con respecto a El (18:1-8). Por eso, Sus seguidores tienen que vencer el efecto estupefaciente de vivir complacidos en el mundo, perdiendo la vida de su alma en esta era (vs. 31-33). También tienen que hacer frente a la persecución del mundo siendo longánimes y orando con persistencia en la fe (18:7-8), para ser arrebatados como vencedores y entrar en el gozo del reino de Dios cuando el Salvador regrese (vs. 34-37).

15[a] Lc. 7:16; 18:43
16[a] Lc. 5:12; Nm. 16:22; 1 Co. 14:25
16[b] Mt. 10:5; Jn. 4:9
18[a] Jn. 9:24
19[a] Lc. 8:48; 7:50; 18:42; Mr. 5:34
20[a] Lc. 5:21; 6:2; 7:30, 39; 11:38, 53; 13:31; 14:1; 15:2; 16:14; 19:39
20[b] cfr. Hch. 1:6
20[c] Lc. 8:10; 9:27; 10:9, 11; 11:2, 20; 13:18-20; 16:16; 19:11-12, 15; 21:31; 22:16, 18; 23:42; Ro. 14:17
21[a] Mt. 24:23; Mr. 13:21
22[a] Lc. 5:35
22[b] Jn. 8:56

24 Porque como el [1]relámpago que al fulgurar resplandece desde *un extremo* [2]del cielo hasta *el* [2]*otro,* así también será
el Hijo del Hombre en Su [a]día.

25 Pero primero es necesario que padezca mucho, y sea
[a]rechazado por esta generación.

26 [1a]Como fue en los [2b]días de Noé, así también será en los
[c]días del Hijo del Hombre.

27 Comían, bebían, se casaban y se daban en casamiento,
hasta el día en que entró Noé en el [a]arca, y vino el [b]diluvio y
los destruyó a todos.

28 Asimismo como sucedió en los [a]días de [b]Lot; comían,
bebían, compraban, vendían, plantaban, edificaban;

29 mas el día en que Lot salió de [a]Sodoma, llovió del cielo
fuego y [b]azufre, y los destruyó a todos.

30 Así será el día en que el Hijo del Hombre sea [a]revelado.

31 En aquel día, el que esté en la [a]azotea, y sus bienes en
casa, [1]no descienda a tomarlos; y el que en el campo, asimismo no vuelva a las cosas *que dejó* atrás.

32 Acordaos de la [1]mujer de Lot.

33 El que procure [1]conservar la [a]vida de su alma, la
perderá; y el que la pierda, la conservará.

34 [1]Os digo: En aquella noche estarán [a]dos en una cama;
el uno será [2b]tomado, y el otro será dejado.

24[a] 1 Co. 1:8
25[a] Lc. 9:22
26[a] vs. 26-27: Mt. 24:37-39
26[b] Gn. 6:5-9
26[c] 1 Ts. 5:2-3
27[a] Gn. 7:7; He. 11:7; 1 P. 3:20
27[b] Gn. 7:10; 2 P. 2:5
28[a] Gn. 19:1-14
28[b] Gn. 19:15-16, 23; 2 P. 2:7
29[a] Gn. 19:24-25, 28; 2 P. 2:6; Jud. 7
29[b] Sal. 11:6; Is. 30:33; Ap. 14:10
30[a] 1 Co. 1:7; 2 Ts. 1:7; 1 P. 1:7, 13; 4:13
31[a] Mt. 24:17-18
33[a] Lc. 9:24
34[a] vs. 34-36: Mt. 24:40-41
34[b] 1 Ts. 4:17

24[1] Véase la nota 27[1] de Mt. 24.

24[2] Lit., bajo.

26[1] Con respecto a los vs. 26-27, véanse las notas de Mt. 24:37-39.

26[2] Las condiciones del vivir maligno que aturdieron a la generación de Noé antes del diluvio, y a la generación de Lot antes de la destrucción de Sodoma, describen la peligrosa condición del modo de vivir del hombre antes de la parusía (la presencia, la venida) del Señor y la gran tribulación (Mt. 24:3, 21). Si queremos participar del arrebatamiento de los vencedores para disfrutar la parusía del Señor y escapar de la gran tribulación, tenemos que vencer hoy el efecto estupefaciente de la vida del hombre.

31[1] Si nos demoramos en las cosas terrenales y materiales, perderemos el arrebatamiento de los vencedores revelado en los vs. 34-36.

32[1] La esposa de Lot se convirtió en una columna de sal porque miró atrás con apego a Sodoma, lo cual indica que amaba y estimaba al mundo maligno que Dios iba a juzgar y a destruir totalmente. Ella fue rescatada de Sodoma, pero no llegó al lugar seguro adonde llegó Lot (Gn. 19:15-30). No pereció pero tampoco fue completamente salva. Ella, como la sal que se vuelve insípida (14:34-35 y la nota 34[2]), fue dejada en un lugar de vergüenza. Esto es una advertencia solemne para los creyentes que aman al mundo.

33[1] Véase la nota 39[1] de Mt. 10. Conservar la vida del alma está relacionado con el apego a las cosas terrenales y materiales, según el v. 31. Nosotros nos apegamos a las cosas terrenales porque nos preocupamos por el disfrute de nuestra alma en esta era. Esto hará que perdamos la vida del alma; es decir, nuestra alma perderá el disfrute en la era del reino venidero.

34[1] Con respecto a los vs. 34-36, véanse las notas de Mt. 24:40-41. En

35 Dos mujeres estarán [a]moliendo juntas; la una será
tomada, y la otra dejada.
36 [1]Dos estarán en el campo; el uno será tomado, y el otro
dejado.
37 Y respondiendo, le dijeron: ¿Dónde, Señor? El les dijo:
Donde esté el [1]cuerpo, allí se juntarán también los [a]buitres.

CAPITULO 18

32. Enseña en cuanto a la oración persistente
18:1-8

1 También les dijo *Jesús* una [a]parábola sobre la necesidad de [b]orar siempre, y [c]no desmayar,
2 diciendo: Había en una ciudad un juez, que [a]ni temía
a Dios, ni respetaba a hombre.
3 Había también en aquella ciudad una [1]viuda, la cual
venía a él, diciendo: [2]Hazme justicia de mi [3]adversario.
4 Y él no quiso por algún tiempo; pero después de esto
dijo dentro de sí: Aunque ni temo a Dios, ni tengo respeto a
hombre,
5 sin embargo, porque esta viuda me es molesta, le haré
justicia, no sea que viniendo de continuo, me agote.
6 Y dijo el Señor: Oíd lo que dice el [a]juez injusto.

35[a] Ex. 11:5; Is. 47:2
37[a] cfr. Job 39:26-30
1[a] cfr. Lc. 11:5-9
1[b] Hch. 1:14; Ro. 12:12; Ef. 6:18; Col. 4:2; 1 Ts. 5:17
1[c] Gá. 6:9
2[a] Sal. 36:1; Ro. 3:18
6[a] Lc. 16:8, 9

---

estos versículos se revela el arrebatamiento de los creyentes vencedores. Este ocurrirá secreta e inesperadamente, de noche para algunos creyentes que están dormidos, y de día para algunas hermanas que están moliendo en casa y para algunos hermanos que están trabajando en el campo. Ellos son escogidos porque vencieron el efecto estupefaciente de esta era. En 14:25-35 el Salvador nos manda que paguemos el precio, hasta donde podamos, para seguirle. En 16:1-13 nos exhorta a vencer las riquezas para que le sirvamos prudentemente como mayordomos fieles. En los vs. 22-37 de este capítulo, El nos exhorta a vencer el efecto estupefaciente de la vida desenfrenada de esta era para que seamos arrebatados y llevados al disfrute de Su parusía (Su presencia, Su venida). Todas estas exhortaciones están relacionadas con la necesidad de los creyentes de vencer en la vida práctica.

34[2] Este es el arrebatamiento de los vencedores (véase la nota 36[2] del cap. 21), quienes no aman las cosas mundanas de esta era y no conservan la vida de su alma (vs. 26-32).

36[1] Algunos mss. omiten este versículo.

37[1] Es decir, el cadáver. Véase la nota 28[1] de Mt. 24.

3[1] En cierto sentido, los que creen en Cristo son una viuda en esta era, porque Cristo el Esposo de ellos (2 Co. 11:2) está ausente.

3[2] Lit., Véngame. Así también en los vs. 7, 8.

3[3] Los que creemos en Cristo también tenemos un opositor, que es Satanás el diablo, acerca del cual necesitamos la venganza de Dios. Debemos orar con persistencia por esta venganza (cfr. Ap. 6:9-10), y no desanimarnos.

7 ¿Y acaso Dios no hará [a]justicia a Sus [b]escogidos, que
claman a El [c]día y noche aunque [1]los [d]haga esperar?
8 Os digo que pronto les hará justicia. Pero cuando
[1a]venga el Hijo del Hombre, ¿hallará [2]fe en la tierra?

33. Enseña en cuanto a entrar en el reino de Dios
18:9-30

a. Humillarse
vs. 9-14

9 A unos que [a]confiaban en sí mismos como [b]justos, y
menospreciaban a los otros, [1]dijo también esta parábola:
10 Dos hombres [a]subieron al templo a orar: uno era [b]fari-
seo, y el otro recaudador de impuestos.
11 El fariseo, [a]puesto en pie, oraba esto para sí: Dios, te
doy gracias porque [1]no soy como los demás hombres: ladrones, injustos, adúlteros, ni aun como este recaudador de
impuestos;
12 [1a]ayuno dos veces a la [2]semana, [b]doy diezmos de todo
lo que gano.
13 Mas el recaudador de impuestos, estando lejos, [a]no
quería ni aun alzar los ojos al cielo, sino que se [b]golpeaba el
pecho, diciendo: Dios, [1]sé propicio a mí, [c]pecador.
14 Os digo: Este descendió a su casa [a]justificado en lugar
del otro; porque todo el que se enaltece, será [b]humillado, pero
el que se humilla será enaltecido.

7[1] Lit., sea longánime sobre ellos.

8[1] Dios nos vengará de nuestro enemigo cuando el Salvador venga (2 Ts. 2:6-9).

8[2] La fe persistente para nuestra oración persistente, como la fe de la viuda. Por lo tanto, es la fe subjetiva, y no la fe objetiva.

9[1] Lo abarcado en los vs. 9-30 puede considerarse como condiciones y requisitos para entrar en el reino de Dios: (1) humillarse como pecador delante de Dios, reconociendo la necesidad de propiciación de parte de Dios (vs. 9-14); (2) ser como un niño, sin ningún concepto que le preocupe (vs. 15-17); y (3) seguir al Salvador venciendo la preocupación por las riquezas y por los demás asuntos materiales (vs. 18-30).

11[1] Esto no parece una oración, sino una acusación.

12[1] Esto no parece una oración, sino una jactancia arrogante ante Dios. Esta jactancia es un pecado abominable.

12[2] La misma palabra griega traducida *sábado* en Mt. 28:1 y *semana* en Jn. 20:1. Esta semana de siete días es la semana de reposo sabático que los judíos establecieron según Gn. 2.

13[1] El recaudador de impuestos reconoció cuánto ofendía a Dios su vida de pecado; por esto, pidió a Dios que le fuera propicio, que tuviera paz para con él mediante un sacrificio propiciatorio, para que Dios le mostrara misericordia y gracia (véanse las notas 25[2] de Ro. 3, 17[3] de He. 2, y 2[1] de 1 Jn. 2).

7[a] Ap. 6:10; Ro. 12:19
7[b] Mr. 13:20; Col. 3:12; 1 P. 1:2
7[c] Sal. 88:1
7[d] 2 P. 3:9; cfr. Jac. 5:7-8
8[a] He. 10:37
9[a] Lc. 16:15; Pr. 30:12
9[b] cfr. Mt. 5:20
10[a] 1 R. 10:5; 2 R. 20:5, 8; Hch. 3:1
10[b] Lc. 15:1-2
11[a] Sal. 135:2; Mt. 6:5; Mr. 11:25
12[a] Mt. 9:14; Is. 58:3
12[b] Nm. 18:21, 24; Lc. 11:42
13[a] Esd. 9:6; Job 10:15
13[b] Mt. 11:17; Lc. 23:48
13[c] Lc. 5:32; 7:39; 1 Ti. 1:15
14[a] Ro. 3:20-26; 5:9
14[b] Lc. 14:11

b. Ser como niños
vs. 15-17

15 Le traían también los [a]niños para que los tocase; lo cual viendo los discípulos, les [b]reprendieron.
16 Mas Jesús, llamándolos, dijo: Dejad a los niños venir a Mí, y no se lo [1a]impidáis; porque de los tales es el [2b]reino de Dios.
17 De cierto os digo: El que no recibe el [a]reino de Dios como un [1b]niño, no entrará en él.

c. Renunciar a todo y seguir al Salvador-Hombre
vs. 18-30

18 [1]Un hombre principal le preguntó, [a]diciendo: Maestro bueno, ¿[2]qué he de hacer para [b]heredar la [c]vida eterna?
19 Jesús le dijo: ¿Por qué me llamas bueno? Nadie es bueno, sino uno, Dios.
20 Los mandamientos sabes: "[a]No adulteres; no mates; no hurtes; no digas falso testimonio; [b]honra a tu padre y a tu madre".
21 El dijo: [a]Todo esto lo he guardado desde *mi* juventud.
22 Jesús, oyendo *esto,* le dijo: Aún te falta una cosa: [a]vende todo lo que tienes, y repártelo a los [b]pobres, y tendrás tesoro en los [c]cielos; y ven, [d]sígueme.
23 Entonces él, [a]oyendo esto, se puso muy triste, porque era sumamente rico.
24 Al ver Jesús que se había entristecido mucho, dijo: ¡Cuán difícil les es entrar en el reino de Dios a los que tienen [a]riquezas!
25 Porque más fácil le es a un camello pasar por el ojo de una [1]aguja, que a un rico entrar en el reino de Dios.
26 Y los que oyeron *esto* dijeron: ¿[1]Quién, pues, podrá ser salvo?
27 El les dijo: Lo que es imposible para los hombres, es [a]posible para Dios.

15[a] vs. 15-17: Mt. 19:13-15; Mr. 10:13-16
15[b] Lc. 18:39
16[a] Mr. 9:39
16[b] Jn. 3:3, 5
17[a] Jac. 2:5
17[b] Mt. 18:3; 1 Co. 14:20; 1 P. 2:2
18[a] vs. 18-30: Mt. 19:16-29; Mr. 10:17-30; Lc. 10:25-28
18[b] 1 Co. 6:9-10; Gá. 5:21; Ef. 5:5; He. 1:14
18[c] Lc. 18:30
20[a] Ex. 20:13-16; Dt. 5:17-20
20[b] Ex. 20:12; Dt. 5:16
21[a] cfr. Fil. 3:6
22[a] Lc. 12:33
22[b] Lc. 19:8
22[c] Mt. 6:19-20

16[1] O, prohibáis, estorbéis.
16[2] Véase la nota 43[2] del cap. 4.
17[1] Un niño, libre de ocupaciones y conceptos viejos, puede recibir fácilmente un pensamiento nuevo. Por eso, uno debe ser como un niño y recibir el reino de Dios como algo nuevo, con un corazón despejado.
18[1] Con respecto a los vs. 18-30, véanse las notas de Mt. 19:16-29.
18[2] Véase la nota 25[2] del cap. 10.
25[1] La palabra griega traducida *aguja* es diferente de la que está en Mateo y Marcos. Esta es la palabra usada por los cirujanos.
26[1] Lit., Y quién.

22[d] Lc. 9:57-62 23[a] cfr. Ez. 33:31 24[a] Pr. 11:28; Mt. 13:22; 1 Ti. 6:17
27[a] Ro. 4:21; Job 42:2

28 Entonces Pedro dijo: He aquí, nosotros hemos [a]dejado
nuestras posesiones y te hemos [b]seguido.
29 Y Él les dijo: De cierto os digo, que no hay nadie que
haya dejado casa, o mujer, o [a]hermanos, o padres, o hijos,
[1]por el [b]reino de Dios,
30 que no haya de recibir mucho más en [1]este tiempo, y
en el siglo [a]venidero la [b]vida eterna.

34. Revela Su muerte y Su resurrección por tercera vez
18:31-34

31 Tomando aparte a los [a]doce, *Jesús* les dijo: He aquí
[b]subimos a [c]Jerusalén, y se [d]cumplirán todas las cosas escritas por medio de los profetas acerca del Hijo del Hombre.
32 Pues será [1a]entregado a los gentiles, y será [b]escarneci-
do, y afrentado, y [c]escupido.
33 Y después que le hayan [a]azotado, le matarán; mas al
[b]tercer día resucitará.
34 Pero ellos nada comprendieron de estas cosas, y esta
palabra les era [a]encubierta, y no entendían lo que se les decía.

35. Sana a un ciego cerca de Jericó
18:35-43

35 Aconteció que [1a]acercándose *Jesús* a [b]Jericó, un [c]ciego
estaba sentado junto al camino mendigando;
36 y al oír a la multitud que pasaba, preguntó qué era
aquello.
37 Y le dijeron que pasaba Jesús [a]nazareno.

29[1] En Mt. 19:29 dice: "por causa de Mi nombre". Esto indica que el Salvador es el reino de Dios (véase la nota 21[1] del cap. 17).

30[1] La era actual.

32[1] Véanse las notas 18[1] de Mt. 20 y 33[1] de Mr. 10.

35[1] Esto quiere decir que el Salvador sanó al hombre ciego antes de entrar en Jericó. Pero según Mt. 20:29 y Mr. 10:46, la sanidad ocurrió al salir de Jericó. La narrativa de Lucas tiene un significado espiritual. El hombre ciego recibió la vista y luego en 19:1-9 Zaqueo fue salvo. Esto indica que para recibir la salvación primero se requiere la vista para ver al Salvador. Estos dos casos, que ocurrieron en Jericó uno después del otro, deben ser considerados espiritualmente como un caso completo. Un pecador que está en tinieblas necesita recibir la vista para reconocer que necesita salvación (Hch. 26:18).

Lo tratado en 18:35—19:10 muestra cómo puede uno cumplir las condiciones reveladas en los vs. 9-30, para entrar en el reino de Dios. Es decir, primeramente recibir la vista de mano del Salvador (vs. 35-43) y luego recibir al Salvador como salvación dinámica (19:1-10). De este modo, el hombre ciego pudo ser como el recaudador de impuestos arrepentido y el niño libre, para recibir al Salvador, y Zaqueo pudo renunciar a todas sus riquezas para

---

28[a] Lc. 14:33
28[b] Mt. 4:20, 22
29[a] Lc. 14:26; Dt. 33:9
29[b] Lc. 9:62
30[a] Mt. 12:32; Ef. 1:21; He. 6:5
30[b] Lc. 18:18
31[a] Lc. 6:13-16
31[b] vs. 31-33: Mt. 20:17-19; Mr. 10:32-34
31[c] Lc. 9:51; 19:28
31[d] Mt. 1:22; 21:4; 26:56
32[a] Lc. 9:44
32[b] Mt. 27:28-31
32[c] Is. 50:6; Mt. 26:67; Mr. 14:65; 15:19
33[a] Mt. 27:26; Mr. 15:15
33[b] Lc. 9:22
34[a] Lc. 9:45
35[a] vs. 35-43: Mt. 20:29-34; Mr. 10:46-52

35[b] Lc. 10:30 **35**[c] Jn. 9:1, 8 **37**[a] Mt. 2:23; Mr. 1:24

38 Entonces dio voces, diciendo: ¡Jesús, [1a]Hijo de David,
ten misericordia de mí!
39 Y los que iban delante le [a]reprendían para que callase;
pero él clamaba mucho más: ¡Hijo de David, ten misericordia
de mí!
40 Jesús entonces, deteniéndose, mandó traerle a Su presencia;
y cuando llegó, le preguntó:
41 ¿[1]Qué quieres que te [a]haga? Y él dijo: Señor, que reciba
la vista.
42 Jesús le dijo: Recíbela, tu [a]fe te ha [1]sanado.
43 Y al instante recibió la vista, y le seguía, [a]glorificando
a Dios; y todo el pueblo, cuando vio *aquello,* dio [b]alabanza a
Dios.

38a Mt. 1:1; 9:27
39a Lc. 18:15
41a Mr. 10:36
42a Lc. 17:19; Mt. 9:22
43a Lc. 17:15
43b Lc. 19:37

CAPITULO 19

36. Salva a Zaqueo
19:1-10

1 Habiendo entrado *Jesús* en [1a]Jericó, iba pasando por la
ciudad.
2 Y he aquí *había* un varón llamado Zaqueo, jefe de los
[1]recaudadores de impuestos, y rico.
3 Y procuraba [a]ver quién era Jesús; pero no podía a
causa de la multitud, pues era pequeño de estatura.
4 Y corriendo delante, subió a un árbol [1a]sicómoro para
verle; porque había de pasar por allí.
5 Cuando Jesús llegó al lugar, mirando hacia arriba, le
dijo: Zaqueo, date prisa, desciende, porque hoy es necesario
que me quede en tu casa.
6 Entonces él descendió aprisa, y le recibió gozoso.
7 Al ver *esto,* todos [a]murmuraban, diciendo: Ha entrado
a posar con un hombre pecador.
8 Entonces Zaqueo, puesto en pie, dijo al Señor: He aquí,
Señor, la [1]mitad de mis bienes doy a los [a]pobres; y si en algo
he [2]defraudado a alguno, se lo devuelvo [3]cuadruplicado.

1a Lc. 18:35; Mt. 20:29
3a cfr. Jn. 12:21
4a 1 R. 10:27; 1 Cr. 27:28; Sal. 78:47; cfr. Lc. 17:6
7a Lc. 15:2
8a Lc. 18:22

---

seguirle. La manera de entrar en las cosas espirituales es recibir la vista de parte del Señor y recibir al Señor mismo.

38[1] Véase la nota 30[1] de Mt. 20.

41[1] Véase la nota 51[1] de Mr. 10.

42[1] Lit., salvado.

1[1] Véase la nota 30[3] del cap. 10.

2[1] Véase la nota 46[2] de Mt. 5.

4[1] Cierta higuera. Sus hojas son semejantes a las de la morera común, y su fruto es semejante al de la higuera.

8[1] Una vez que un pecador recibe al Salvador, el resultado de la salvación dinámica es que él resuelve el asunto de las posesiones materiales y de su antigua vida de pecado.

8[2] La misma palabra griega de

9 Jesús le dijo: Hoy ha venido la [a]salvación a esta casa;
por cuanto él [1]también es hijo de [b]Abraham.
10 Porque el Hijo del Hombre vino a [1a]buscar y a salvar lo
que se había [b]perdido.

37. Enseña en cuanto a la fidelidad
19:11-27

11 Oyendo ellos estas cosas, [1]prosiguió *Jesús* y dijo una
parábola, por cuanto estaba cerca de [a]Jerusalén, y ellos
pensaban que el [b]reino de Dios [2]aparecería inmediatamente.
12 Dijo, pues: [1]Un hombre de noble estirpe se [2]fue a un
país lejano, para recibir un reino y [3]volver.
13 Y llamando a [1a]diez esclavos suyos, les dio diez [2]minas,
y les dijo: Negociad [3]hasta que yo vuelva.
14 Pero sus [1a]conciudadanos le aborrecían, y enviaron
tras él una embajada, diciendo: [2]No queremos que éste reine
sobre nosotros.
15 Aconteció que vuelto él, después de recibir el reino,
mandó llamar ante él a aquellos esclavos a los cuales había
dado el dinero, para saber lo que habían negociado.

9[a] Lc. 1:69, 77; 2:30; 3:6
9[b] Lc. 3:8; 13:16; 16:24; Gá. 3:7, 29
10[a] Lc. 15:4; Ez. 34:4, 11-12, 16
10[b] Mt. 10:6; 15:24
11[a] Lc. 17:11; 18:31; 19:28
11[b] Lc. 17:20; Mr. 1:15
13[a] Mt. 25:1
14[a] cfr. Jn. 1:11

3:14; un eufemismo de "extorsionado". Los recaudadores de impuestos solían poner un valor más alto a la propiedad o a los ingresos, o aumentaban los impuestos a los que no podían pagar, y además cobraban usura.

8[3] Esto concuerda con los requisitos de la ley para restituir (Ex. 22:1; 2 S. 12:6).

9[1] Por malo que fuera este recaudador de impuestos, de todos modos era un hijo de Abraham, un heredero escogido de la herencia prometida por Dios (Gá. 3:7, 29).

10[1] Esto indica que el Salvador no fue a Jericó por casualidad, sino con el propósito de buscar en particular a este pecador perdido, así como buscó a la mujer pecaminosa en Samaria (Jn. 4:4).

11[1] Desde el punto de vista espiritual, esta parábola adicional es una continuación del caso anterior de salvación. Describe cómo los salvos deben servir al Señor para heredar el reino venidero.

11[2] O, sería traído a la luz, se manifestaría.

12[1] Representa al Salvador, quien tiene la más elevada condición: Dios-hombre, honorable en Su deidad y noble en Su humanidad.

12[2] Indica la ida del Salvador al cielo después de Su muerte y resurrección (24:51; 1 P. 3:22).

12[3] Indica el regreso del Salvador cuando venga con el reino (Dn. 7:13-14; Ap. 11:15; 2 Ti. 4:1).

13[1] En la parábola de Mt. 25:14-30 a los esclavos se les da un número variable de talentos según su habilidad individual; aquí la parábola recalca la porción común dada a cada esclavo por igual con base en la salvación común a ellos. Sin embargo, el fin de ambas parábolas es el mismo: la fidelidad de los esclavos determinará su porción en el reino venidero como su recompensa.

13[2] Una mina equivale a cien dracmas, o el salario de cien días.

13[3] Lit., mientras vengo.

14[1] Se refiere a los judíos incrédulos.

14[2] Esto se cumplió en Hch. 2—9.

16 Se presentó el primero, diciendo: Señor, tu mina ha
ganado diez minas.
17 El le dijo: Bien, buen esclavo; por cuanto en lo poco has
sido [a]fiel, [1]tendrás autoridad [b]sobre diez ciudades.
18 Vino el segundo, diciendo: Señor, tu mina ha producido
cinco minas.
19 Y también a éste dijo: Tú también sé sobre [1]cinco
ciudades.
20 [1]Vino otro, diciendo: Señor, aquí está tu mina, la cual
he tenido [2]guardada en un [a]pañuelo;
21 porque tuve miedo de ti, por cuanto eres [1]hombre severo; tomas lo que no depositaste, y siegas lo que [a]no sembraste.
22 Entonces él le dijo: [a]Mal esclavo, por tu propia boca te
[1]juzgaré. Sabías que yo era hombre severo, que tomo lo que
no deposité y que siego lo que no sembré;
23 ¿por qué, pues, no pusiste mi dinero [1]en el banco, para
que al volver yo, lo hubiera recibido con los intereses?
24 Y dijo a los que estaban presentes: Quitadle la mina, y
dadla al que tiene las diez minas.
25 Ellos le dijeron: Señor, tiene diez minas.
26 Pues yo os digo que a todo el que [a]tiene, *más* se le dará;
pero al que no tiene, aun lo que tiene se le quitará.
27 Pero a aquellos mis enemigos que no querían que yo
reinase sobre ellos, traedlos acá, y [1a]degolladlos delante de
mí.

IV. El Salvador-Hombre se entrega
a la muerte para efectuar la redención
19:28—22:46

A. Entra en Jerusalén triunfalmente
19:28-40

28 Dicho esto, iba delante [1]subiendo a [a]Jerusalén.

17[a] Mt. 25:21, 23; Lc. 16:10; 1 Co. 4:2
17[b] cfr. Mt. 24:47
20[a] Jn. 11:44; Hch. 19:12
21[a] Mt. 25:24
22[a] Mt. 18:32
26[a] Lc. 8:18; Mt. 13:12; 25:29; Mr. 4:25
27[a] cfr. Lc. 20:16; Mt. 22:7
28[a] Lc. 9:51; 17:11; 18:31; 19:11; Mr. 10:32

17[1] Significa que los vencedores reinarán sobre las naciones (Ap. 2:26; 20:4, 6).

19[1] Indica que la recompensa de los santos vencedores, reinar en el reino venidero, diferirá en extensión.

20[1] Con respecto a los vs. 20-26, véanse las notas de Mt. 25:24-29.

20[2] Indica que los creyentes infieles mantienen su salvación en una forma ociosa, en vez de usarla productivamente. Guardar la salvación del Señor es no hacer uso de ella. Tal ociosidad ante el Señor hará que los creyentes infieles sean juzgados y sufran pérdida.

21[1] Uno que exige estrictamente, no tan fuerte como *duro* en Mt. 25:24 (véase la nota 3).

22[1] O, condenaré.

23[1] Lit., sobre la mesa (de los cambistas).

27[1] Indica que todos los judíos incrédulos que rechacen al Salvador perecerán.

28[1] En el versículo anterior el Salvador concluyó Su ministerio.

29[a] vs. 29-38: Mt. 21:1-9; Mr. 11:1-10
29[b] Mt. 21:17; Lc. 24:50; Jn. 11:18
29[c] Zac. 14:4; Mt. 24:3; 26:30; Jn. 8:1; Hch. 1:12
29[d] cfr. Lc. 22:8
30[a] cfr. Lc. 23:53
32[a] Lc. 22:13
33[a] Zac. 9:9; Jn. 12:14-15
36[a] cfr. 2 R. 9:13
37[a] Lc. 18:43
37[b] cfr. Jn. 12:17-18
38[a] Mt. 25:34; Jn. 1:49
38[b] Lc. 13:35; Sal. 118:26
38[c] Lc. 2:14; Sal. 148:1
39[a] cfr. Mt. 21:15-16
40[a] cfr. Hab. 2:11
41[a] Jn. 11:35; He. 5:7
42[a] cfr. Dt. 32:29

29 [1]Y aconteció que llegando cerca de [a]Betfagé y de [b]Betania, al [c]monte que se llama de los Olivos, [d]envió dos de los discípulos,

30 diciendo: Id a la aldea de enfrente, y al entrar en ella hallaréis un pollino atado, en el cual [a]ningún hombre ha montado jamás; desatadlo, y traedlo.

31 Y si alguien os pregunta: ¿Por qué lo desatáis? le responderéis así: Porque el Señor lo necesita.

32 Fueron los que habían sido enviados, y [a]hallaron como les dijo.

33 Y cuando desataban el [a]pollino, sus dueños les dijeron: ¿Por qué desatáis el pollino?

34 Ellos dijeron: Porque el Señor lo necesita.

35 Y lo trajeron a Jesús; y habiendo echado sus mantos sobre el pollino, subieron a Jesús encima.

36 Y a Su paso [1]tendían sus [a]mantos por el camino.

37 Cuando llegaban ya cerca de la bajada del monte de los Olivos, toda la multitud de los discípulos, gozándose, comenzó a [a]alabar a Dios a grandes voces por todas las obras poderosas que habían [b]visto,

38 diciendo: ¡Bendito el [a]Rey que viene en el [b]nombre del Señor; paz en el cielo, y gloria en las [c]alturas!

39 Entonces algunos de los fariseos de entre la multitud le [a]dijeron: Maestro, reprende a Tus discípulos.

40 El, respondiendo, les dijo: Os digo que si éstos callaran, las [a]piedras clamarían.

B. Se lamenta sobre Jerusalén 19:41-44

41 Y cuando llegó cerca, al ver la ciudad, [a]lloró sobre ella,

42 diciendo: ¡Si aun tú misma supieras, en este día, [a]lo que es para *tu* [1]paz! Mas ahora está encubierto de tus ojos.

43 Porque vendrán días sobre ti, cuando tus enemigos te rodearán con [a]vallado, y te [b]sitiarán, y por todas partes te estrecharán,

Ahora ha llegado el momento en que El debe subir a Jerusalén para presentarse a la muerte que Dios ordenó para la realización de la redención eterna (véanse las notas 1[1] y 33[1] de Mr. 10). Aunque sabía que los líderes judíos buscaban la oportunidad de matarlo, siguió adelante con valor.

29[1] Con respecto a los vs. 29-38, véanse las notas de Mt. 21:1-9.

36[1] Lit., extendían por debajo.

42[1] Esto ocurrirá en la restauración de Israel (Hch. 1:6) después del regreso del Salvador.

43[a] cfr. Is. 29:3; Jer. 6:6; Ez. 4:2 43[b] Lc. 21:20

44 y te [1]derribarán a tierra, y a tus hijos dentro de ti, y no
dejarán en ti [a]piedra sobre piedra, por cuanto no conociste el
tiempo de tu [2b]visitación.

C. Purifica el templo y enseña allí
19:45-48

45 Y [a]entrando en el templo, comenzó a echar fuera a
todos los que vendían,
46 diciéndoles: Escrito está: "Mi [a]casa será casa de oración"; mas vosotros la habéis hecho cueva de [b]ladrones.
47 Y [a]enseñaba cada día en el templo; pero los principales
sacerdotes, los escribas y los principales del pueblo procuraban [b]matarle.
48 Y no hallaban nada que pudieran hacerle, porque todo
el pueblo estaba pendiente de Él, oyéndole.

CAPITULO 20

D. Es examinado por última vez
20:1—21:4

1. Por los principales sacerdotes, los escribas y los ancianos
20:1-19

1 Sucedió en uno de aquellos días que, [1a]enseñando *Jesús* al pueblo en el [b]templo, y anunciando las buenas nuevas,
se [c]presentaron los principales sacerdotes y los escribas, con
los ancianos,
2 y le hablaron diciendo: Dinos con qué [a]autoridad haces
estas cosas, o ¿quién es el que te ha dado esta autoridad?
3 Respondiendo *Jesús,* les dijo: Os haré Yo también una
pregunta; respondedme:
4 El [a]bautismo de Juan, ¿era del [b]cielo, o de los hombres?
5 Entonces ellos discutían entre sí, diciendo: Si decimos,
del cielo, dirá: ¿Por qué, pues, [a]no le creísteis?
6 Y si decimos, de los hombres, todo el pueblo nos ape-
dreará; porque están persuadidos de que Juan era [a]profeta.
7 Y respondieron que no sabían de dónde fuese.

44[1] Esto se cumplió en el año 70 d. de C. por medio de Tito y el ejército romano.

44[2] La primera venida del Salvador, cuando los visitó en la gracia el año aceptable del Señor (2:10-14; 4:18-22). Perder la visitación de gracia del Señor y, por ende, perder la oportunidad de arrepentirse y ser salvo, hará que la persona sea juzgada y se lamente para siempre.

1[1] Véase la nota 15[1] de Mr. 11.

44[a] Lc. 21:6; Mt. 24:2; Mr. 13:2
44[b] Lc. 1:68; 7:16; Ex. 3:16
45[a] vs. 45-48: Mt. 21:12-16; Mr. 11:15-18; cfr. Jn. 2:14-17
46[a] Is. 56:7
46[b] Jer. 7:11
47[a] Lc. 20:1
47[b] Lc. 22:2; Jn. 7:19; 8:37
1[a] Lc. 19:47
1[b] vs. 1-8: Mt. 21:23-27; Mr. 11:27-33
1[c] Hch. 4:1; 6:12
2[a] cfr. Hch. 4:7
4[a] Lc. 3:3
4[b] Lc. 15:18, 21; Jn. 3:27
5[a] Mt. 21:32
6[a] Mt. 11:9; 14:5

9[a] vs. 9-19: Mt. 21:33-46; Mr. 12:1-12
9[b] Sal. 80:8
9[c] Is. 5:1-2; Mt. 21:28
9[d] cfr. Cnt. 8:11-12
9[e] Mt. 25:14-15
10[a] 2 Cr. 24:19; 36:15-16
10[b] Jer. 37:15
13[a] Mt. 3:17
14[a] He. 1:2
15[a] He. 13:12
15[b] Hch. 2:23; 3:15; 1 Ts. 2:15
16[a] cfr. Lc. 19:44
16[b] Hch. 13:46
17[a] Sal. 118:22; Hch. 4:11
18[a] Is. 8:14-15; Ro. 9:32-33; 1 P. 2:8
18[b] Dn. 2:34-35
20[a] Lc. 14:1; Mr. 3:2
20[b] vs. 20-26: Mt. 22:15-22; Mr. 12:13-17

8 Entonces Jesús les dijo: [1]Yo tampoco os digo con qué
autoridad hago estas cosas.
9 [1]Comenzó luego a decir al pueblo esta [a]parábola: Un
hombre [b]plantó una [c]viña, la arrendó a [d]labradores, y se fue
al [e]extranjero por mucho tiempo.
10 Y a *su debido* tiempo [a]envió un esclavo a los labradores, para que le diesen del fruto de la viña; pero los
labradores le [b]golpearon, y le enviaron con las manos vacías.
11 Volvió a enviar otro esclavo; mas ellos a éste también,
golpeado y afrentado, le enviaron con las manos vacías.
12 Volvió a enviar un tercero; mas ellos también a éste
echaron fuera, herido.
13 Entonces el señor de la viña dijo: ¿Qué haré? Enviaré
a mi hijo, el [a]amado; [1]quizás le respetarán.
14 Mas los labradores, al verle, discutían entre sí, diciendo: Este es el [a]heredero; matémosle, para que la heredad sea
nuestra.
15 Y le echaron [a]fuera de la viña, y le [b]mataron. ¿Qué,
pues, les hará el señor de la viña?
16 Vendrá y [a]destruirá a estos labradores, y dará la viña
a [b]otros. Cuando ellos oyeron *esto,* dijeron: ¡Nunca tal suceda!
17 Pero El, mirándolos, dijo: ¿Qué, pues, es lo que está
escrito: "[a]La piedra que rechazaron los edificadores ha venido a ser cabeza del ángulo?"
18 Todo el que caiga sobre aquella [a]piedra, se despedazará; mas sobre quien ella caiga, le hará polvo y como [b]paja le
esparcirá.
19 Procuraban los escribas y los principales sacerdotes
echarle mano en aquella hora, porque comprendieron que
contra ellos había dicho esta parábola; pero temieron al
pueblo.

2. Por los fariseos y los herodianos
20:20-26

20 [1]Y [a]acechándole [b]enviaron espías que se [c]simulasen
justos, a fin de sorprenderle en alguna [d]palabra, para [e]entre-
garle al mando y autoridad del [f]gobernador.

8[1] Véase la nota 27[2] de Mt. 21.

9[1] Con respecto a los vs. 9-19, véanse las notas de Mt. 21:33-46 y de Mr. 12:1-12.

13[1] Una expresión de la esperanza razonable de uno.

20[1] Con respecto a los vs. 20-26, véanse las notas de Mt. 22:15-22.

20[c] cfr. 1 R. 14:6 20[d] Lc. 20:26; 11:54 20[e] Lc. 18:32; Hch. 2:23
20[f] Mt. 27:2, 11; 28:14

21 Y le preguntaron, diciendo: Maestro, sabemos que
dices y enseñas rectamente, [1]y que no haces acepción de
[a]persona, sino que enseñas el [b]camino de Dios con verdad.
22 ¿Nos es lícito pagar [a]impuestos a [b]César, o no?
23 Mas El, comprendiendo la [a]astucia de ellos, les dijo:
24 Mostradme un [a]denario. ¿De quién tiene la imagen y
la inscripción? Y respondiendo dijeron: De César.
25 Entonces les dijo: Pues [a]devolved a César lo que es de
César, y a Dios lo que es de Dios.
26 Y no pudieron sorprenderle en [a]palabra alguna delante
del pueblo, sino que maravillados de Su respuesta, callaron.

3. Por los saduceos
20:27-38

27 [1]Llegando entonces algunos de los [a]saduceos, los cuales
niegan haber [b]resurrección, le [c]preguntaron,
28 diciendo: Maestro, Moisés nos escribió: Si el hermano
de alguno muere teniendo [a]mujer, y no deja hijos, que su hermano se case con ella, y levante descendencia a su hermano.
29 Hubo, pues, siete hermanos; y el primero tomó esposa,
y murió sin hijos.
30 También el segundo[1].
31 La tomó el tercero, y así todos los siete, y murieron sin
dejar descendencia.
32 Finalmente murió también la mujer.
33 En la resurrección, pues, ¿de cuál de ellos será mujer,
ya que los siete la tuvieron por mujer?
34 Entonces respondiendo Jesús, les dijo: Los [a]hijos de
este siglo se [b]casan, y se dan en casamiento;
35 mas los que sean tenidos por [a]dignos de alcanzar aquel
[1]siglo y la resurrección de entre los muertos, ni se casan, ni
se dan en casamiento.
36 Porque ya no pueden [a]morir, pues son iguales a los
[b]ángeles, y son [c]hijos de Dios, al ser hijos de la [d]resurrección.
37 Pero en cuanto a que los muertos resucitan, aun Moisés lo dio a entender *en el pasaje* de la [a]zarza, cuando llama
al Señor, Dios de [b]Abraham, Dios de Isaac y Dios de Jacob.

21[a] Dt. 1:17; 16:19; Jac. 2:1
21[b] Hch. 13:10; 18:25-26
22[a] Mt. 17:25
22[b] Lc. 2:1; 3:1
23[a] 2 Co. 11:3
24[a] Mt. 18:28
25[a] Ro. 13:7
26[a] Lc. 20:20
27[a] Mt. 3:7; 16:1; 22:34; Hch. 4:1; 5:17
27[b] Hch. 23:8; 4:1-2
27[c] vs. 27-38: Mt. 22:23-32; Mr. 12:18-27
28[a] Dt. 25:5
34[a] Lc. 16:8
34[b] Lc. 17:27
35[a] Hch. 5:41; 2 Ts. 1:5
36[a] Jn. 11:25-26; 1 Co. 15:54-55
36[b] cfr. He. 2:7, 9
36[c] Ro. 8:14; cfr. Sal. 82:6

21[1] Lit., y no aceptas el rostro.

27[1] Con respecto a los vs. 27-38, véanse las notas de Mt. 22:23-32.

30[1] Algunos mss. añaden: tomó la esposa, y éste murió sin hijo.

35[1] La era venidera del reino (13:28-29; 22:18) y la resurrección de vida (Jn. 5:29; Lc. 14:14; Ap. 20:4, 6), son bendiciones y disfrutes eternos en la vida eterna para los creyentes que

36[d] 1 Co. 15:42, 52; 1 Ts. 4:16 **37[a]** Ex. 3:2-4 **37[b]** Ex. 3:6, 15-16

38 Porque Dios no es Dios de muertos, sino de vivos, pues
para El todos [a]viven.

4. Hace callar a todos los examinadores
20:39-44

39 Respondiéndole algunos de los escribas, dijeron: Maestro, [a]bien has dicho.
40 Y [1a]no osaron preguntarle nada más.
41 [1]Entonces El les [a]dijo: ¿Cómo *es que* dicen que el Cristo
es [b]hijo de David?
42 Pues David mismo dice en el libro de los Salmos: "[a]Dijo
el Señor a mi Señor: [b]Siéntate a Mi diestra,
43 hasta que ponga a Tus enemigos por estrado de Tus
pies".
44 David, pues, le llama Señor; ¿cómo entonces es [a]su
[1]hijo?

5. Advierte en contra de los escribas
20:45-47

45 Y oyéndole todo el pueblo, [a]dijo a Sus discípulos:
46 [1]Guardaos de los escribas, que gustan de andar con
ropas largas, y aman las [a]salutaciones en las [b]plazas, y los
primeros asientos en las sinagogas, y los [c]puestos de honor
en las cenas;
47 que devoran las casas de las viudas, y por [1]pretexto
hacen largas oraciones; éstos recibirán [a]mayor [2]condena-
ción.

CAPITULO 21

6. Alaba a la viuda pobre
21:1-4

1 Levantando los ojos, [1]vio a los [a]ricos [b]echando sus
[2]ofrendas en las [c]arcas.

38[a] Ro. 6:11
39[a] Mr. 12:28
40[a] Mt. 22:46; Mr. 12:34
41[a] vs. 41-44: Mt. 22:41-45; Mr. 12:35-37
41[b] Mt. 1:1; Jn. 7:42
42[a] Sal. 110:1
42[b] He. 10:12-13
44[a] Ro. 1:3
45[a] vs. 45-47: Mt. 23:1-7, 14; Mr. 12:38-40
46[a] Lc. 11:43
46[b] Lc. 7:32; Mr. 6:56
46[c] Lc. 14:7-8
47[a] Jac. 3:1
1[a] vs. 1-4: Mr. 12:41-44
1[b] 2 R. 12:9
1[c] Mt. 27:6; Jn. 8:20

---

son contados dignos (18:29-30; Mt. 19:28-29).

40[1] Las preguntas capciosas de los opositores acusadores expusieron su maldad, sutileza y bajeza, que eran precisamente lo opuesto de la perfección, la sabiduría y la dignidad del Salvador-Hombre. Esto le vindicó en Su perfección humana con Su esplendor divino, y les hizo callar en su intriga odiosa y en la conspiración instigada por Satanás (véase la nota 46[1] de Mt. 22). Ellos trataron de hallar falta en el Salvador-Hombre, pero al final los subyugó El, quien era perfecto e inmaculado.

41[1] Con respecto a los vs. 41-44, véanse las notas de Mt. 22:41-45.

44[1] Véase la nota 37[1] de Mr. 12.

46[1] El Salvador, después de hacer callar a todos Sus opositores, advirtió a Sus discípulos acerca de la hipocresía

2 Vio también a una viuda [1]indigente echando allí dos
[a]leptos.
3 Y dijo: En verdad os digo, que esta [a]viuda pobre echó
más que todos.
4 Porque todos aquéllos echaron para las ofrendas de lo
que les sobra; mas ésta, de su pobreza echó todo el [a]sustento
que tenía.

2[a] cfr. Lc. 12:59
3[a] 2 Co. 8:2
4[a] Lc. 8:43

E. Prepara a los discípulos para Su muerte
21:5—22:46

1. Les habla de las cosas venideras
21:5-36

a. La destrucción del templo
vs. 5-6

5 [1]Y a unos que decían del [a]templo, que estaba adornado
de [2]hermosas piedras y [3]ofrendas votivas, dijo:
6 En cuanto a estas cosas que veis, días vendrán en que
no quedará [a]piedra sobre piedra, que no sea derribada.

5[a] vs. 5-19: Mt. 24:1-13; Mr. 13:1-13
6[a] Lc. 19:44

b. Las plagas que sobrevendrán entre Su ascensión
y la gran tribulación
vs. 7-11

7 Y le preguntaron, diciendo: Maestro, ¿cuándo serán
estas cosas? ¿y qué señal *habrá* [a]cuando estas cosas estén
para suceder?
8 El entonces dijo: [a]Mirad que no os desvíen; porque
vendrán muchos en Mi [b]nombre, diciendo: Yo soy *el Cristo,* y:
El tiempo se ha acercado. Mas no vayáis en pos de ellos.
9 Y cuando oigáis de guerras y de revoluciones, no os
espantéis; porque es necesario que estas cosas acontezcan
primero; pero el fin no será inmediatamente.
10 Entonces les dijo: Se levantará nación contra nación, y
reino contra reino;

7[a] cfr. Hch. 1:6-7
8[a] Mr. 13:33; Col. 2:8
8[b] Jer. 14:14

---

y la maldad de los escribas, lo cual indica que ellos eran juzgados por Aquel en quien procuraron arduamente encontrar falta.

47[1] En el transcurso de los siglos el hombre ha ofrecido oraciones por pretexto y las ha empleado mal.

47[2] O, castigo, juicio.

1[1] Véase la nota 41[1] de Mr. 12.

1[2] Lo ofrecido a Dios (así también en el v. 4).

2[1] Una palabra más enfática que *pobre,* lo cual indica una condición de penuria.

5[1] Con respecto a los vs. 5-19, véanse las notas de Mt. 24:1-13 y de Mr. 13:1-13.

5[2] Las cosas dedicadas a Dios y que tienen hermosa apariencia pero carecen de realidad, serán rechazadas por El.

5[3] O, dones votivos.

11 y habrá grandes [a]terremotos, y en diferentes lugares [b]hambres y pestilencias; y habrá terror y grandes [c]señales del cielo.

c. La persecución de Sus discípulos
en la edad de la iglesia
vs. 12-19

12 Pero antes de todas estas cosas os echarán mano, y os perseguirán, y os [a]entregarán a las sinagogas y a las [b]cárceles, y seréis [c]llevados ante [d]reyes y ante gobernadores por causa de Mi nombre.

13 Y esto os será ocasión para dar testimonio.

14 Proponed, pues, en vuestros corazones no [a]pensar antes cómo habéis de responder en vuestra defensa;

15 porque Yo os daré [a]boca y sabiduría, la cual no podrán [b]resistir ni contradecir todos los que se opongan.

16 Mas seréis [1]entregados aun por vuestros padres, y hermanos, y parientes, y amigos; y matarán a algunos de vosotros;

17 y seréis [a]aborrecidos de todos por causa de Mi nombre.

18 Pero ni un [a]cabello de vuestra cabeza perecerá.

19 Con vuestra [a]perseverancia [1]ganaréis vuestras almas.

d. La gran tribulación y Su venida
vs. 20-27

20 [1]Pero cuando [a]veáis a Jerusalén [b]rodeada de ejércitos, sabed entonces que su desolación está cerca.

21 Entonces los que estén en Judea, huyan a los montes; y los que en medio de ella, váyanse; y los que estén en los campos, no entren en ella.

22 Porque éstos son días de [a]venganza, para que se cumplan todas las cosas que están escritas.

23 Mas ¡ay de las que estén [a]encintas, y de las que críen en aquellos días! porque habrá gran [1]aflicción en la tierra, e [b]ira sobre este pueblo.

24 Y caerán a filo de espada, y serán llevados cautivos a todas las naciones; y Jerusalén será [a]hollada por los [1]gentiles, hasta que los tiempos de los [1]gentiles se [b]cumplan.

16[1] O, traicionados. Así también en todo el libro.

19[1] O, adquiriréis, mantendréis íntegras.

20[1] Con respecto a los vs. 20-28, véanse las notas de Mt. 24:15-31.

23[1] O, necesidad.

24[1] O, las naciones.

11[a] Ap. 6:12
11[b] Hch. 11:28; Ap. 6:8
11[c] cfr. Lc. 11:16
12[a] vs. 12-17: Mt. 10:17-22
12[b] Hch. 5:18; 12:4; 16:24; 22:19; 26:10
12[c] Hch. 16:19; 18:12
12[d] 1 P. 2:13-14
14[a] Lc. 12:11
15[a] Ex. 4:12; Jer. 1:9
15[b] Hch. 6:10
17[a] Lc. 6:22; Jn. 15:18-19
18[a] Mt. 10:30; cfr. 1 S. 14:45
19[a] Ro. 5:3; He. 10:36; Jac. 1:3
20[a] vs. 20-28: Mt. 24:15-31; Mr. 13:14-27
20[b] Lc. 19:43
22[a] Is. 34:8
23[a] cfr. Lc. 23:29
23[b] 1 Ts. 2:16
24[a] Ap. 11:2 **24**[b] cfr. Ro. 11:25

25 Entonces habrá señales en el [a]sol, en la luna y en las
estrellas, y en la tierra angustia de las naciones, confundi-
das a causa del [b]bramido del mar y de las olas;
26 [1]desfalleciendo los hombres por el temor y la expectación
de las cosas que sobrevendrán en la [2]tierra habitada; porque
las potencias de los cielos serán [a]conmovidas.
27 Entonces verán al [a]Hijo del Hombre [b]viniendo en una
nube con poder y gran [c]gloria.

e. La redención de los discípulos y
el arrebatamiento de los vencedores
vs. 28-36

28 Cuando estas cosas comiencen a suceder, erguíos y levantad vuestra cabeza, porque se acerca vuestra [a]redención.
29 [1]También les dijo una parábola: Mirad la [a]higuera y
todos los árboles.
30 Cuando ya brotan, viéndolo, sabéis por vosotros mismos que el verano está ya cerca.
31 Así también vosotros, cuando veáis que suceden estas
cosas, sabed que está cerca el reino de Dios.
32 De cierto os digo, que no pasará [a]esta generación hasta
que todo esto acontezca.
33 El cielo y la tierra [a]pasarán, pero Mis [b]palabras jamás
pasarán.
34 [a]Mirad también por vosotros mismos, no sea que vuestros corazones se carguen de [1]disipación y [b]embriaguez y de
los [c]afanes de esta vida, y venga [2]de repente sobre vosotros
aquel día como un [d]lazo.
35 Porque vendrá sobre todos los que [1a]habitan sobre la
faz de toda la tierra.
36 [a]Velad, pues, en todo tiempo [b]rogando para que [1]logréis

25[a] Jl. 2:31; Hch. 2:20; Ap. 6:12-13
25[b] Sal. 65:7
26[a] He. 12:26
27[a] Mt. 26:64; Dn. 7:13; Ap. 14:14; Jn. 1:51
27[b] Hch. 1:9-11; Ap. 1:7
27[c] Mt. 25:31
28[a] Ro. 8:23; Ef. 4:30
29[a] vs. 29-33: Mt. 24:32-35; Mr. 13:28-31
32[a] Mt. 23:36
33[a] Lc. 16:17; Mt. 5:18; Ap. 21:1
33[b] Sal. 119:89; Is. 40:8; 1 P. 1:25
34[a] Lc. 8:18
34[b] Ro. 13:13; Mt. 24:49
34[c] Mt. 13:22

26[1] Lit., dejando de respirar.

26[2] Se refiere a la tierra durante la gran tribulación que vendrá en los últimos tres años y medio de esta era (Mt. 24:21; Ap. 3:10).

29[1] Con respecto a los vs. 29-33, véanse las notas de Mt. 24:32-35.

34[1] Indica la resaca de un borracho.

34[2] O, inesperadamente.

35[1] Lit., están asentados.

36[1] Tengáis fuerza y habilidad. La fuerza y la habilidad para escapar de la gran tribulación son el resultado de haber velado y rogado.

34[d] Ec. 9:12; Is. 24:17; Ro. 11:9; 1 Ti. 3:7; 6:9; 2 Ti. 2:26
35[a] Ap. 3:10; 6:10; 8:13; 11:10; 13:8, 14; 17:2, 8
36[a] Mt. 24:42; 25:13; 26:38, 41; Hch. 20:31; 1 Co. 16:13; Ef. 6:18; Col. 4:2; 1 Ts. 5:6; 1 P. 5:8; Ap. 3:2; 16:15
36[b] Lc. 18:1; Ro. 12:12; Col. 4:12; 1 Ts. 5:17; 1 P. 4:7

[2]escapar de [3]todas estas cosas que van a suceder, y [4c]estar en
pie delante del Hijo del Hombre.

2. Enseña diariamente en el templo
21:37-38

37 Y [a]enseñaba de día en el templo; y de noche, [b]saliendo,
permanecía en el monte que se llama de los [c]Olivos.
38 Y todo el pueblo venía a El de [a]madrugada, para oírle
en el templo.

CAPITULO 22

3. Sus opositores conspiran para matarlo,
y un falso discípulo trama traicionarlo
22:1-6

1 [1]Se [a]acercaba la fiesta de los panes sin levadura, que
se llama la [b]Pascua.
2 Y los principales sacerdotes y los escribas buscaban
cómo [a]matarle; porque [b]temían al pueblo.
3 Y entró [a]Satanás en [b]Judas, llamado [c]Iscariote, el cual
era uno del número de los doce;
4 y *éste* fue y habló con los principales sacerdotes, y los
[a]oficiales, de cómo se lo entregaría.
5 Ellos se alegraron, y prometieron darle [1a]dinero.
6 Y él consintió, y buscaba una oportunidad para [a]entre-
gárselo a espaldas de la multitud.

4. Instituye Su cena para que los discípulos participen de Su muerte
22:7-23

7 Llegó el día de los [1]panes sin levadura, en el cual era
necesario [2]sacrificar la [a]pascua.
8 Y *Jesús* envió a Pedro y a Juan, diciendo: Id, preparad-
nos la pascua para que la comamos.

36c cfr. Sal. 1:5; Ap. 6:17; Ef. 6:13
37a Mt. 26:55
37b Mt. 21:17
37c Lc. 22:39; Mt. 26:30
38a Jn. 8:2
1a cfr. Jn. 6:4; 11:55
1b vs. 1-2: Mt. 26:2-5; Mr. 14:1-2
2a Lc. 19:47; Jn. 11:53
2b Mt. 21:46
3a Hch. 5:3
3b Lc. 6:16; Jn. 6:70-71; 12:4
3c vs. 3-6: Mt. 26:14-16; Mr. 14:10-11
4a Lc. 22:52; Hch. 4:1; 5:24, 26
5a cfr. Zac. 11:12
6a Lc. 22:21; 9:44
7a vs. 7-13: Mt. 26:17-19; Mr. 14:12-16

36[2] Ser llevado o arrebatado antes de la gran tribulación (Mt. 24:21; Lc. 17:34-36 y la nota 34[2]), la cual será una prueba severa sobre toda la tierra habitada (Ap. 3:10). Ser arrebatado de este modo es ser guardado "de la hora de la prueba que ha de venir sobre toda la tierra habitada, para probar a los que moran sobre la tierra" (Ap. 3:10).

36[3] Todo lo que sucederá en la gran tribulación.

36[4] Corresponde a la expresión *estar en pie* de Ap. 14:1, la cual indica que los vencedores que habrán sido arrebatados estarán en pie delante del Salvador en el monte de Sion en los cielos antes de la gran tribulación (cfr. Ap. 12:5-6, 14).

1[1] Con respecto a los vs. 1-2, véanse las notas de Mt. 26:2-5.

5[1] Véase la nota 11[1] de Mr. 14.

7[1] Véase la nota 17[1] de Mt. 26.

7[2] Véase la nota 12[2] de Mr. 14.

9 Ellos le dijeron: ¿Dónde quieres que la preparemos?

10 El les dijo: He aquí, al entrar en la ciudad os saldrá al encuentro un hombre que lleva un cántaro de agua; seguidle y entrad en la casa donde entre,

11 y diréis al dueño de la casa: El [a]Maestro te dice: ¿Dónde está el aposento donde he de comer la pascua con Mis discípulos?

12 Entonces él os mostrará un gran [a]aposento en el piso de arriba ya dispuesto; preparad allí.

13 Fueron y [a]hallaron como les había dicho; y prepararon la pascua.

14 Cuando llegó la hora, se [a]reclinó *a la mesa,* y con El los apóstoles.

15 Y les dijo: ¡[1]Ardientemente he deseado [2]comer con vosotros esta pascua antes que padezca!

16 Porque os digo que de ninguna manera la comeré, hasta que se [1]cumpla en el [a]reino de Dios.

17 Y habiendo tomado la copa, dio [a]gracias, y dijo: Tomad esto, y repartidlo entre vosotros;

18 porque os digo que desde ahora no beberé del [1]fruto de la vid, hasta que el [a]reino de Dios venga.

19 [1]Y tomó el [a]pan y dio gracias, y lo partió y les dio, diciendo: Esto es Mi [b]cuerpo, que por vosotros es dado; haced esto en memoria de Mí.

20 De igual manera, después que hubo cenado, *tomó* la copa, diciendo: Esta copa es el [a]nuevo pacto en Mi [b]sangre, que por vosotros se derrama.

21 Mas he aquí, la [a]mano [1]del que me [b]traiciona está [c]conmigo en la mesa.

22 Porque el Hijo del Hombre va, según lo que está [a]determinado; pero ¡ay de aquel hombre por quien es traicionado!

23 Entonces ellos comenzaron a discutir entre sí, quién de ellos sería el que había de hacer esto.

15[1] Lit., Con deseo he deseado.

15[2] En los vs. 15-18 comer y beber eran parte de la observancia de la última fiesta de la Pascua antes de que se instituyera la cena del Señor en los vs. 19-20.

16[1] Esta expresión y la del v. 18 se refieren a la última pascua, mencionada en el v. 15, la cual se cumplirá plenamente en el reino venidero de Dios cuando el Salvador festeje con los santos vencedores (v. 30; 13:28-29).

18[1] Se refiere al jugo de la uva.

19[1] Con respecto a los vs. 19-20, véanse las notas de Mt. 26:26-28 y de Mr. 14:22-24.

21[1] Véase la nota 20[1] de Mr. 14.

11[a] Mt. 23:8; Jn. 11:28
12[a] Hch. 1:13
13[a] Lc. 19:32
14[a] Mt. 26:20; Mr. 14:18
16[a] Lc. 14:15
17[a] Mt. 15:36
18[a] Mt. 26:29; Mr. 14:25
19[a] vs. 19-20: Mt. 26:26-28; Mr. 14:22-24; 1 Co. 11:23-25
19[b] 1 Co. 10:16
20[a] Jer. 31:31; He. 8:8, 13; 2 Co. 3:6
20[b] Jn. 19:34; Ro. 3:25; cfr. Ex. 24:8; Zac. 9:11
21[a] vs. 21-23: Mt. 26:21-25; Mr. 14:18-21
21[b] Lc. 22:6
21[c] Jn. 13:18
22[a] Hch. 2:23; 4:28

5. Les enseña a los discípulos
en cuanto a la humildad
y predice lo que les va a pasar
22:24-38

24 Hubo [1]también entre ellos una [2]disputa sobre quién de
ellos sería el [a]mayor.
25 Pero El les [a]dijo: Los reyes de los gentiles se enseñorean
de ellos, y los que sobre ellos tienen autoridad son llamados
bienhechores;
26 mas no así vosotros, sino sea el [a]mayor entre vosotros
como el más joven, y el que [b]dirige, como el que [1]sirve.
27 Porque, ¿cuál es mayor, el que se reclina *a la mesa,* o
el que sirve? ¿No es el que se reclina *a la mesa?* Mas Yo estoy
entre vosotros como el que [a]sirve.
28 Pero vosotros sois los que habéis permanecido conmigo
en Mis [a]pruebas.
29 Yo, pues, os [1]asigno un [a]reino, como Mi Padre me lo
[1]asignó a Mí,
30 para que comáis y bebáis a Mi [1]mesa en Mi [a]reino; y os
sentaréis en [b]tronos [c]juzgando a las doce [d]tribus de Israel.
31 [1]Simón, Simón, he aquí [a]Satanás os ha pedido para
[b]zarandearos como a trigo;
32 pero Yo he [a]rogado por ti, que tu fe no falte; y tú, una
vez vuelto, [b]confirma a tus hermanos.
33 El le dijo: Señor, dispuesto estoy a ir contigo no sólo a
la [a]cárcel, sino también a la [b]muerte.
34 Pero El le dijo: Pedro, te digo que el [a]gallo no cantará
hoy antes que tú niegues tres veces que me conoces.
35 Y a ellos dijo: Cuando os envié [a]sin bolsa, sin alforja, y
sin sandalias, ¿acaso os faltó algo? Ellos dijeron: Nada.
36 Y les dijo: Mas ahora, el que tiene bolsa, tómela, y
también la alforja; y el que no tiene espada, venda su capa y
[1]compre una.

24[a] Lc. 9:46; Mr. 9:34
25[a] vs. 25-27: Mt. 20:25-28; Mr. 10:42-45
26[a] Mt. 23:11
26[b] He. 13:7, 17, 24; cfr. Mr. 9:35
27[a] cfr. Lc. 12:37; Jn. 13:4-5
28[a] cfr. He. 2:18; 4:15
29[a] Lc. 12:32
30[a] Lc. 22:16, 18; 13:29; 14:15; Mt. 8:11
30[b] Mt. 19:28; Ap. 3:21
30[c] 1 Co. 6:2
30[d] Hch. 26:7; Jac. 1:1
31[a] Job 1:6-12; 2:1-6; 1 Co. 5:5; 2 Co. 2:11
31[b] Am. 9:9
32[a] Jn. 17:9, 11, 15
32[b] cfr. Jn. 21:15-17
33[a] Hch. 12:4

24[1] En el versículo anterior los discípulos habían tenido una discusión; aquí también debatían.

24[2] La palabra significa afición a la rivalidad, ansia por contender.

26[1] Véase la nota 26[1] de Mt. 20.

29[1] Lit., pacto … pactó.

30[1] Esta es la fiesta de la parábola de Mt. 22:1-4, y la fiesta de bodas de Ap. 19:9 para los santos vencedores (véase la nota 16[1]).

31[1] Algunos mss. añaden: Y el Señor dijo.

36[1] En aquel tiempo cuando la gente viajaba, llevaba además de su bolsa y su alforja, una espada. Estas palabras del Salvador no quieren decir que El deseaba que los discípulos

33[b] Jn. 21:19 34[a] Lc. 22:61; Mt. 26:34; Mr. 14:30; Jn. 13:38
35[a] cfr. Lc. 9:3; 10:4; Mt. 10:9-10; Mr. 6:8

37 Porque os digo que es necesario que se cumpla en Mí
aquello que está escrito: "Y fue [a]contado con los inicuos";
porque, de hecho, lo que se refiere a Mí, tiene [1b]cumplimiento.
38 Entonces ellos dijeron: Señor, mira, aquí hay dos [a]es-
padas. Y El les dijo: [1]Basta.

6. Ora en cuanto a los sufrimientos de Su muerte
y exhorta a los discípulos a que oren
22:39-46

39 Y saliendo, se fue, según Su costumbre, al [a]monte de
los Olivos; y los discípulos también le siguieron.
40 Cuando llegó al [1a]lugar, les [b]dijo: [c]Orad que no entréis
en tentación.
41 Y El se apartó de ellos a distancia como de un tiro de
piedra; y [a]puesto de rodillas [b]oró,
42 diciendo: Padre, si quieres, pasa de Mí esta [1a]copa;
pero no se haga Mi [b]voluntad, sino la [2]Tuya.
43 [1]Y se le apareció un [a]ángel del cielo, que le fortalecía.
44 Y estando en [a]agonía, oraba más intensamente; y era
Su sudor como grandes gotas de sangre que caían hasta la
tierra.
45 Cuando se levantó de la oración, y vino a los discípulos,
los halló durmiendo a causa de la [1]tristeza;
46 y les dijo: ¿Por qué dormís? Levantaos, y orad para que
no entréis en tentación.

V. La muerte del Salvador-Hombre
22:47—23:56

A. Arrestado
22:47-65

47 [a]Mientras El aún hablaba, he aquí, *vino* una multitud;
y el que se llamaba [b]Judas, uno de los doce, iba al frente de
ellos; y se acercó a Jesús para besarle.

37[a] Is. 53:12
37[b] Jn. 19:30
38[a] Lc. 22:49
39[a] Mt. 26:30; Mr. 14:26; Lc. 21:37
40[a] Jn. 18:2
40[b] vs. 40-46: Mt. 26:36-46; Mr. 14:32-42
40[c] 1 P. 4:7
41[a] Hch. 7:60
41[b] He. 5:7
42[a] Mt. 20:22; Jn. 18:11
42[b] Jn. 5:30; 6:38
43[a] Mt. 4:11; He. 1:14
44[a] cfr. Jn. 12:27; He. 5:7
47[a] vs. 47-53: Mt. 26:47-56; Mr. 14:43-50; Jn. 18:3-11
47[b] Lc. 22:3

---

se armaran con el fin de resistir el arresto que estaba por ocurrir (cfr. vs. 49-51; Mt. 26:51-54); más bien indica el cambio de actitud de la gente para con El.

37[1] Lit., fin.

38[1] No indica que bastaba con dos espadas, sino que ya bastaba de palabras (cfr. 1 R. 19:4).

40[1] Getsemaní (Mt. 26:36).

42[1] Se refiere a la muerte del Salvador en la cruz.

42[2] Véase la nota 36[1] de Mr. 14.

43[1] Algunos mss. antiguos omiten los vs. 43 y 44.

45[1] La tristeza y la falta de oración produjeron un sueño profundo. Por eso les dijo: "Levantaos y orad".

48 Entonces Jesús le dijo: Judas, ¿con un beso traicionas al Hijo del Hombre?

49 Viendo los que estaban con El lo que había de acontecer, le dijeron: Señor, ¿heriremos a [a]espada?

50 Y uno de ellos hirió al esclavo del sumo sacerdote, y le cortó la [a]oreja derecha.

51 Entonces respondiendo Jesús, dijo: [1]Basta ya; dejad. Y tocando su oreja, le sanó.

52 Y Jesús dijo a los principales sacerdotes, a los [a]oficiales del templo y a los ancianos, que habían venido contra El: ¿Como contra un ladrón habéis salido con espadas y palos?

53 Habiendo estado con vosotros día tras día en el [1a]templo, no extendisteis las manos contra Mí; mas ésta es vuestra [b]hora, y la [c]potestad de las tinieblas.

54 Y prendiéndole, le [a]llevaron, y le condujeron a casa del sumo sacerdote.

(Negado por Pedro)
vs. 54b-62

Y Pedro le [b]seguía de lejos.

55 Y habiendo ellos encendido fuego en medio del [a]patio, se sentaron alrededor; y Pedro se sentó entre ellos.

56 Y una criada, al verle sentado a la lumbre, se fijó en él, y dijo: También éste estaba con El.

57 Pero él lo negó, diciendo: Mujer, no lo conozco.

58 Un poco después, viéndole otro, dijo: Tú también eres de ellos. Y Pedro dijo: Hombre, no lo soy.

59 Como una hora después, [1]otro afirmaba, diciendo: Verdaderamente también éste estaba con El, porque también es [a]galileo.

60 Y Pedro dijo: Hombre, no sé lo que dices. Y en seguida, mientras él todavía hablaba, el gallo cantó.

61 Entonces, vuelto el Señor, miró a Pedro; y Pedro se acordó de la palabra del Señor, cómo El le había dicho: Antes que el [a]gallo cante hoy, me negarás tres veces.

62 Y Pedro, saliendo fuera, lloró amargamente.

63 Y los hombres que custodiaban a *Jesús* le escarnecían y le [a]golpeaban;

64 y vendándole los ojos le preguntaban, diciendo: [1]Profetiza, ¿[a]quién es el que te golpeó?

49[a] Lc. 22:38
50[a] Jn. 18:26
52[a] Lc. 22:4
53[a] Jn. 8:2; 18:20
53[b] Mr. 14:35, 41; Jn. 12:27
53[c] Col. 1:13; Hch. 26:18; Ef. 6:12
54[a] Mt. 26:57; Mr. 14:53
54[b] Mt. 26:58; Mr. 14:54; Jn. 18:15
55[a] vs. 55-62: Mt. 26:69-75; Mr. 14:66-72; Jn. 18:15-18, 25-27
59[a] Hch. 2:7
61[a] Lc. 22:34
63[a] Mt. 26:67-68; Mr. 14:65; Jn. 18:22-23
64[a] cfr. Lc. 7:39

51[1] Esto puede significar: "Dejad que me arresten en este momento". El Señor, conociendo la situación, la aceptó voluntariamente porque Dios la había permitido.

53[1] Véase la nota 49[1] de Mr. 14.

65 Y decían otras muchas cosas contra El, [a]blasfemando.

B. Juzgado
22:66—23:25

1. Por el sanedrín judío
22:66-71

66 Cuando era de día, se juntó el consejo de los ancianos
del pueblo, con los [a]principales sacerdotes y los escribas, y le
trajeron al [1]sanedrín, diciendo:
67 [a]Si eres Tú el [b]Cristo, dínoslo. Y les dijo: Si os lo digo,
no creeréis;
68 y también si os pregunto, no me responderéis.
69 Pero desde ahora el [1]Hijo del Hombre se sentará a la
[a]diestra del poder de Dios.
70 Dijeron todos: ¿Luego eres Tú el [1]Hijo de Dios? Y El les
dijo: [a]Vosotros decís *acertadamente* que lo soy.
71 Entonces ellos dijeron: ¿Qué más testimonio necesitamos? porque nosotros mismos lo hemos oído de Su boca.

CAPITULO 23

2. Por los gobernantes romanos
23:1-25

1 Levantándose entonces toda la multitud de ellos, [a]llevaron a *Jesús* ante [1]Pilato.
2 Y comenzaron a acusarle, diciendo: A éste hemos hallado que [1]pervierte a nuestra nación, y que prohíbe [a]pagar
tributo a [b]César, diciendo que El mismo es el Cristo, un [c]Rey.
3 Entonces Pilato le [a]preguntó, diciendo: ¿Eres Tú el
[b]Rey de los judíos? Y respondiéndole El, dijo: [1]*Tú lo* [c]dices.
4 Y Pilato dijo a los principales sacerdotes, y a las multitudes: [a]Ningún delito hallo en este hombre.

59[1] Véase la nota 73[1] de Mt. 26.
64[1] Véase la nota 68[1] de Mt. 26.
66[1] Véase la nota 22[6] de Mt. 5.
69[1] Véase la nota 64[1] de Mt. 26.
70[1] El diablo había usado esto mismo para tentar al Salvador (4:3, 9). En aquel caso y en éste, el ataque fue dirigido a la deidad del Señor.
1[1] Véanse las notas 2[1] de Mt. 27 y 1[2] de Mr. 15.
2[1] O, desvía, extravía (cfr. v. 14).
3[1] Esta respuesta tiene que ser

65[a] Mr. 15:29
66[a] Mt. 27:1; Mr. 15:1
67[a] vs. 67-71: Mt. 26:63-65; Mr. 14:61-64; cfr. Jn. 18:19-21
67[b] Jn. 10:24-25
69[a] Mr. 16:19; Hch. 7:56; He. 1:3; 8:1; 1 P. 3:22
70[a] Lc. 23:3; Mt. 27:11; Mr. 15:2
1[a] Mt. 27:2; Mr. 15:1; Jn. 18:28
2[a] Lc. 20:22
2[b] Lc. 2:1; 3:1
2[c] Jn. 18:33, 37; 19:12; Hch. 17:7
3[a] Mt. 27:11; Mr. 15:2
3[b] Mt. 2:2; Lc. 23:37-38; Jn. 18:39; 19:3
3[c] Lc. 22:70
4[a] Lc. 23:14, 22; Jn. 18:38; 19:4, 6; He. 4:15; 1 P. 2:22

5 Pero ellos porfiaban, diciendo: Alborota al pueblo enseñando por toda Judea, comenzando desde [1a]Galilea hasta
[1]aquí.
6 Al oír *esto,* Pilato preguntó si el hombre era [a]galileo.
7 Y al saber que era de la jurisdicción de [a]Herodes, le
remitió a Herodes, que en aquellos días también estaba en
Jerusalén.
8 Herodes, viendo a Jesús, se alegró mucho, porque hacía
bastante tiempo que deseaba [a]verle; porque había [b]oído
hablar de El, y esperaba verle hacer alguna [c]señal.
9 Y le interrogaba con [1]muchas palabras, pero El [2]nada
le respondió.
10 Y estaban presentes allí los principales sacerdotes y
los escribas acusándole con vehemencia.
11 Entonces Herodes con sus soldados, después de [a]me-
nospreciarle y [b]escarnecerle, le [c]puso una ropa espléndida; y
le devolvió a Pilato.
12 Y se hicieron amigos [a]Herodes y Pilato aquel día;
porque antes estaban enemistados entre sí.
13 Entonces Pilato, convocando a los principales sacerdotes, a los [a]gobernantes, y al pueblo,
14 les dijo: Me habéis traído a éste como un hombre que
[1a]desvía al pueblo; y he aquí, yo le he examinado delante de
vosotros y no he hallado en este hombre [b]delito alguno de
aquellos de que le acusáis.
15 Y ni aun Herodes, porque nos lo devolvió; y he aquí,
nada digno de muerte ha hecho.
16 Así que le [a]castigaré y le [b]soltaré.
17 [1a]Y tenía obligación de soltarles un *preso* durante la
fiesta.
18 Mas todos a una dieron voces, diciendo: ¡[a]Fuera con
éste, y [b]suéltanos a Barrabás!
19 Este había sido echado en la cárcel por una [a]sedición
ocurrida en la ciudad, y por un homicidio.

5[a] Lc. 4:14; Mt. 4:12, 23; Mr. 1:14; Jn. 1:43; 2:11
6[a] Lc. 22:59
7[a] Lc. 3:1, 19-20; 9:7
8[a] Lc. 9:9
8[b] Mt. 14:1
8[c] Mt. 12:38
11[a] Is. 53:3; Mr. 9:12
11[b] Lc. 18:32; 23:36
11[c] Mt. 27:28; Mr. 15:17
12[a] Hch. 4:27
13[a] Lc. 23:35; 24:20
14[a] Lc. 23:2
14[b] Lc. 23:4
16[a] Lc. 23:22
16[b] Hch. 3:13
17[a] vs. 17-25: Mt. 27:15-26; Mr. 15:6-15; Jn. 18:39-40
18[a] cfr. Hch. 21:36; 22:22

comprendida como "una clara afirmación" (Alford).

5[1] Esto indica que "toda Judea" comprendía a Galilea y a la región en la cual estaba Jerusalén (véase la nota 44[2] del cap. 4).

9[1] O, considerables, suficientes.

9[2] Esto es el cumplimiento de Is. 53:7.

14[1] Implica desviar al pueblo de su lealtad civil y religiosa.

17[1] Algunos mss. antiguos omiten este versículo.

18[b] Hch. 3:14 **19**[a] Lc. 23:25

20 Mas Pilato, queriendo soltar a Jesús, se dirigió a ellos de nuevo;

21 pero ellos seguían dando voces, diciendo: ¡Crucifícale, crucifícale!

22 El les dijo por tercera vez: Pues ¿qué mal ha [a]hecho éste? No he hallado en El [b]causa alguna de muerte; le [c]castigaré, pues, y le soltaré.

23 Mas ellos instaban a grandes voces, pidiendo que fuese [1a]crucificado. Y las voces de ellos prevalecieron.

24 Entonces Pilato [1]sentenció que se hiciese lo que ellos pedían;

25 y soltó a aquel que había sido echado en la cárcel por [a]sedición y homicidio, a quien habían pedido; y [b]entregó a Jesús a la voluntad de ellos.

22a Lc. 23:41
22b Lc. 23:4, 14
22c Lc. 23:16
23a Lc. 23:33
25a Lc. 23:19
25b Jn. 19:16

C. Crucificado
23:26-49

1. Sufre la persecución de los hombres
vs. 26-43

26 Y llevándole, echaron mano de un tal [1a]Simón de Cirene, que venía del campo, y le pusieron encima la cruz para que la llevase tras Jesús.

27 Y le seguía gran multitud del pueblo, y de mujeres que lloraban y hacían lamentación por El.

28 Pero Jesús, vuelto hacia ellas, les dijo: [1a]Hijas de [b]Jerusalén, no lloréis por Mí; llorad por vosotras mismas y por vuestros hijos.

29 Porque he aquí vendrán [a]días en que dirán: Bienaventuradas las estériles, y los vientres que no concibieron, y los pechos que no [b]criaron.

30 Entonces comenzarán a decir a los [a]montes: ¡Caed sobre nosotros! y a los collados: ¡Cubridnos!

26a Mt. 27:32; Mr. 15:21
28a Cnt. 1:5; 2:7
28b Lc. 13:34
29a Lc. 17:22
29b cfr. Lc. 21:23
30a Os. 10:8; Ap. 6:16

23[1] Véase la nota 26[2] de Mt. 27.

24[1] Véase la nota 15[1] de Mr. 15. Las acusaciones de los líderes religiosos judíos expusieron la falsedad y el engaño de la religión de ellos, y el juicio hecho por los gobernantes romanos expuso las tinieblas y corrupción de la política que tenían. Al mismo tiempo, el Salvador-Hombre fue vindicado en Su más alto nivel de perfección humana con Su esplendor divino que lo supera todo. Esta fue la señal más evidente de que El llenaba todos los requisitos para ser el substituto de los pecadores por quienes iba a morir.

26[1] Véase la nota 32[1] de Mt. 27.

28[1] Se refiere a los habitantes.

31 Porque si en el [1]árbol lleno de savia hacen estas cosas, ¿en el [a]seco, qué no se hará?

32 Llevaban también con El a otros [a]dos, *que eran* criminales, para ser ejecutados.

33 Y cuando llegaron al lugar llamado la [1a]Calavera, le [b]crucificaron allí, y a los [c]criminales, uno a la derecha y otro a la izquierda.

34 Y Jesús decía: Padre, [a]perdónalos, porque [b]no saben lo que hacen. Y se repartieron Sus vestidos, echando [c]suertes.

35 Y el pueblo estaba allí [a]mirando; y los [b]gobernantes también se [c]mofaban, diciendo: A otros [d]salvó; sálvese a [e]Sí mismo, si éste es el [f]Cristo de Dios, el [g]Escogido.

36 Los soldados también le [a]escarnecían, acercándose y ofreciéndole [1b]vinagre,

37 y diciendo: Si Tú eres el [a]Rey de los judíos, sálvate a Ti mismo.

38 Había también sobre El una inscripción[1]: ESTE ES EL [a]REY DE LOS JUDIOS.

39 Y uno de los criminales que estaban colgados [a]blasfemaba contra El, diciendo: ¿No eres Tú el Cristo? Sálvate a Ti mismo y a nosotros.

40 Respondiendo el otro, le reprendió, diciendo: ¿Ni aun temes tú a Dios, estando en la misma [1]condenación?

41 Nosotros justamente, porque recibimos lo merecido por lo que hicimos; mas este hombre [1]ningún mal hizo.

42 [1]Y dijo: Jesús, acuérdate de mí cuando [a]entres en Tu reino.

43 Entonces *Jesús* le dijo: [1]De cierto te digo: Hoy estarás conmigo en el [2]Paraíso.

2. Sufre el juicio de Dios por los pecadores para lograr una muerte sustitutiva por ellos vs. 44-49

44 Cuando era como la hora [1a]sexta, hubo [b]tinieblas sobre toda la tierra hasta la hora novena,

31[1] El árbol lleno de savia representa al Salvador-Hombre, quien vive y está lleno de vida. La madera seca representa al pueblo de Jerusalén, que estaba moribundo y carente de la savia vital.

33[1] Véase la nota 33[1] de Mt. 27.

36[1] Véase la nota 48[1] de Mt. 27.

31[a] Ez. 20:47
32[a] Mt. 27:38; Mr. 15:27; Jn. 19:18
33[a] Mr. 15:22; Jn. 19:17
33[b] Lc. 23:23
33[c] Is. 53:12
34[a] Is. 53:12; cfr. Hch. 7:60
34[b] Hch. 3:17
34[c] Sal. 22:18; Mt. 27:35; Mr. 15:24; Jn. 19:24
35[a] Sal. 22:17
35[b] Lc. 23:13; 24:20
35[c] Sal. 22:7; Lc. 16:14
35[d] Mt. 27:42; Mr. 15:31
35[e] Lc. 4:23
35[f] Mt. 1:17; Lc. 9:20
35[g] Lc. 9:35; Is. 42:1; Mt. 12:18; 1 P. 2:4
36[a] Lc. 23:11
36[b] Sal. 69:21; Mr. 15:36; Jn. 19:29 37[a] Lc. 23:3
38[a] Mt. 27:37; Mr. 15:26; Jn. 19:19-22; Lc. 23:2-3 39[a] Mt. 27:44; Mr. 15:32
42[a] Lc. 19:15; Mt. 25:31 44[a] Mr. 15:33 44[b] Ex. 10:21-22; Ap. 16:10; Am. 8:9

45 [1]por faltar la *luz* del sol; y el [2a]velo del templo se rasgó por la mitad.

46 Entonces Jesús, clamando a [a]gran voz, dijo: Padre, en Tus manos [1b]encomiendo Mi espíritu. Y habiendo dicho esto, expiró.

47 Cuando el [a]centurión vio lo que había acontecido, [b]glorificó a Dios, diciendo: Verdaderamente este hombre era [c]justo.

48 Y todas las multitudes de los que habían concurrido a este espectáculo, viendo lo que había acontecido, se volvían golpeándose el [a]pecho.

49 Pero todos Sus [a]conocidos, y las [b]mujeres que le habían acompañado desde Galilea, estaban [c]lejos mirando estas cosas.

D. Sepultado
23:50-56

50 Había un varón llamado [1a]José, el cual era miembro del concilio, varón bueno y justo

51 (el cual no había consentido en el acuerdo ni en los hechos de ellos) de Arimatea, ciudad de los judíos, el cual [a]esperaba el reino de Dios.

52 Este se presentó a Pilato, y pidió el cuerpo de Jesús.

53 Y quitándolo, lo envolvió en un lienzo de lino fino, y lo [1]puso en un sepulcro que había sido labrado en una peña, en el cual hasta entonces no se había puesto a [a]nadie.

54 Era el día de la [1]preparación, y estaba para [2]comenzar el sábado.

55 Y las mujeres que habían venido con El desde Galilea, siguieron también, y vieron el sepulcro, y cómo fue puesto Su cuerpo.

45[a] Mr. 15:38; Ex. 26:31-33
46[a] Mt. 27:50; Mr. 15:37
46[b] Sal. 31:5; Jn. 19:30; cfr. Hch. 7:59
47[a] vs. 47-49: Mt. 27:54-56; Mr. 15:39-41
47[b] Lc. 17:15
47[c] Hch. 3:14; 1 Jn. 2:1
48[a] Lc. 18:13; Mt. 11:17
49[a] Sal. 88:8
49[b] Lc. 8:2
49[c] Sal. 38:11
50[a] vs. 50-56: Mt. 27:57-61; Mr. 15:43-47; Jn. 19:38-42
51[a] Lc. 2:25, 38
53[a] cfr. Mr. 11:2

38[1] Algunos mss. añaden: escrita en letras griegas, romanas y hebreas.

40[1] O, castigo, sentencia.

41[1] O, no hizo nada fuera de lugar.

42[1] Con respecto a los vs. 42-43a, algunos mss. dicen: Y él dijo a Jesús: Acuérdate de mí, Señor, cuando vengas en Tu reino. Y Jesús le dijo…

43[1] Esta narración de la salvación, que comienza en el v. 40, sólo consta en este evangelio. Demuestra la eficacia de la muerte substitutiva del Salvador-Hombre, y el más alto nivel de moralidad de Su salvación.

43[2] Véase la nota 4[1] de 2 Co. 12.

44[1] Véase la nota 45[1] de Mt. 27.

45[1] Algunos mss. dicen: y el sol se oscureció.

45[2] Véase la nota 51[1] de Mt. 27.

46[1] Véase la nota 50[1] de Mt. 27.

50[1] Véase la nota 38[1] de Jn. 19.

53[1] Esto ocurrió para que se cumpliera Is. 53:9b.

54[1] Véase la nota 62[1] de Mt. 27.

54[2] Lit., rayar.

56 Y vueltas, prepararon [a]especias aromáticas y [b]ungüen-
tos; y [1]descansaron el [c]sábado, conforme al mandamiento.

CAPITULO 24

VI. La resurrección del Salvador-Hombre
24:1-49

A. Descubierta por las mujeres
vs. 1-11

1 [a]El [1]primer día de la semana, al rayar el alba, [2]vinie-
ron[3] al sepulcro, trayendo las [b]especias aromáticas que
habían preparado.
2 Y hallaron rodada la [a]piedra del sepulcro;
3 y entrando, [a]no hallaron el cuerpo del Señor Jesús.
4 Aconteció que estando ellas perplejas con esto, he aquí
se pararon junto a ellas [a]dos [b]varones con vestiduras [1c]res-
plandecientes.
5 Ellas quedaron [a]asustadas y bajaron el rostro a tierra,
y *los varones* les dijeron: ¿Por qué buscáis entre los muertos
al que [b]vive?
6 No está aquí, sino que ha [1]resucitado. Acordaos de lo
que os [a]habló, cuando aún estaba en [b]Galilea,
7 diciendo que era necesario que el Hijo del Hombre
fuese entregado en manos de hombres pecadores, y que
fuese crucificado, y resucitase al [a]tercer día.
8 Entonces ellas se [a]acordaron de Sus palabras,
9 y volviendo del sepulcro, [a]dieron nuevas de todas estas
cosas a los once, y a todos los demás.
10 Eran [a]María la magdalena, y [b]Juana, y [1]María la
madre de Jacobo, y las demás con ellas, quienes dijeron estas
cosas a los apóstoles.
11 Mas estas palabras [1]les parecían [2]locura, y [a]no las
creían.

56[a] Lc. 24:1; 2 Cr. 16:14
56[b] Mt. 26:12; Mr. 16:1
56[c] Ex. 20:8, 10; Dt. 5:12, 14
1[a] vs. 1-10: Mt. 28:1-8; Mr. 16:1-8; Jn. 20:1
1[b] Lc. 23:56
2[a] Mt. 27:60; Mr. 15:46; cfr. Jn. 11:38
3[a] Lc. 24:23
4[a] Jn. 20:12; cfr. Hch. 1:10
4[b] Lc. 24:23
4[c] Hch. 10:30
5[a] Lc. 24:37
5[b] Lc. 24:23; Ap. 1:18; He. 7:8
6[a] Lc. 24:44
6[b] Mt. 17:22-23; Mr. 9:30-31
7[a] Lc. 9:22; Mt. 20:19

56[1] Este fue un verdadero reposo para todo el pueblo escogido de Dios y aun para todo el universo. Puesto que el Salvador había realizado plenamente la redención por todos ellos, podían descansar.

1[1] Véanse las notas 1[2] de Mt. 28 y 1[1] de Jn. 20.

1[2] Se refiere a las mujeres del v. 10 y de 23:55.

1[3] Véase la nota 1[2] de Jn. 20.

4[1] O, brillantes.

6[1] Véase la nota 6[1] de Mr. 16.

10[1] La madre del Salvador-Hombre.

11[1] Lit., a sus ojos.

11[2] Usado en el lenguaje médico

8[a] Jn. 2:22; 12:16 **9**[a] Mr. 16:10; Jn. 20:18 **10**[a] Mt. 27:56; Mr. 15:40 **10**[b] Lc. 8:3
11[a] Mr. 16:11

B. Averiguada y confirmada por Pedro
v. 12

12 Pero levantándose [a]Pedro, corrió al sepulcro, e inclinándose a mirar, vio los [b]lienzos de lino solos, y se fue a su *casa* maravillándose de lo que había sucedido.

C. Aparece a dos discípulos
vs. 13-35

13 Y he aquí, [a]dos de ellos iban el mismo día a una aldea llamada Emaús, que estaba a sesenta [1]estadios de Jerusalén.

14 E iban hablando entre sí de todas aquellas cosas que habían acontecido.

15 Sucedió que mientras hablaban y discutían entre sí, Jesús mismo se acercó, y [1]caminaba con ellos.

16 Mas a sus ojos les era [a]impedido reconocerle.

17 Y les dijo: ¿Qué pláticas son éstas que tenéis entre vosotros mientras camináis? Ellos se detuvieron, entristecidos.

18 Respondiendo uno *de ellos,* que se llamaba Cleofas, le dijo: ¿Eres Tú el único forastero en Jerusalén que no has sabido las cosas que en ella han acontecido en estos días?

19 Entonces El les dijo: ¿Qué cosas? Y ellos le [1]dijeron: Lo de Jesús [a]nazareno, que fue [2b]Profeta, [c]poderoso en obra y en palabra delante de Dios y de todo el pueblo;

20 y cómo le [a]entregaron los principales sacerdotes y nuestros [b]gobernantes a [c]sentencia de muerte, y le [d]crucificaron.

21 Pero nosotros esperábamos que El era el que había de [a]redimir a Israel; y ahora, además de todo esto, hoy es ya el tercer día que esto ha acontecido.

22 Y también nos han asombrado unas [a]mujeres de entre nosotros, habiendo ido temprano al sepulcro,

12[a] Jn. 20:3-7
12[b] Jn. 19:40
13[a] Mr. 16:12-13
16[a] cfr. Jn. 20:14; 21:4
19[a] Mt. 2:23; Mr. 1:24; Hch. 2:22
19[b] Mt. 21:11; Lc. 7:16; Jn. 4:19; 6:14; Dt. 18:15
19[c] cfr. Hch. 7:22
20[a] Lc. 23:1
20[b] Lc. 23:13, 35
20[c] Hch. 13:27
20[d] Lc. 23:33; Hch. 2:23
21[a] Lc. 1:68; 2:38
22[a] Lc. 24:10

para referirse a las incoherencias dichas en el delirio.

13[1] Un estadio equivale a unos 180 metros; por lo tanto, 60 estadios equivalen a unos 11 kilómetros.

15[1] Ahora el Salvador-Hombre estaba en resurrección andando con los dos discípulos. Esto era diferente de caminar con Sus discípulos antes de Su muerte (19:28).

19[1] En su ceguera ellos pensaban que sabían más que el Salvador resucitado.

19[2] Lit., un varón, un profeta. Los dos discípulos conocían al Salvador en la carne (2 Co. 5:16), y no en Su resurrección. Ellos conocían el poder que El tenía al obrar y al hablar, mas no el poder de Su resurrección (Fil. 3:10).

23[a] Lc. 24:3
23[b] Lc. 24:4
23[c] Lc. 24:5
24[a] Lc. 24:12
25[a] Lc. 12:20
26[a] Lc. 24:46; Hch. 3:18; 17:3
26[b] Jn. 7:39; Fil. 3:21
27[a] Lc. 24:44; Jn. 1:45; 5:46
27[b] Hch. 13:27
27[c] Lc. 24:32, 45; Hch. 8:35
27[d] Gn. 3:15; 49:10; Nm. 24:17; Dt. 18:15; Sal. 2:1-2, 6; 22:1, 16, 18; 110:1; 118:22-24, 26; 132:11; Is. 7:14; 9:6; 50:6; 53:1-12; Jer. 33:14-15; Dn. 7:13-14; Mi. 5:2; Zac. 9:9; 13:7; Mal. 3:1

23 y como [a]no hallaron Su cuerpo, vinieron diciendo que
también habían visto visión de [b]ángeles, quienes dijeron que
El [c]vive.
24 Y fueron algunos de los nuestros al [a]sepulcro, y hallaron así como las mujeres habían dicho, pero a El no le
vieron.
25 Entonces El les dijo: ¡Oh [1a]insensatos, y tardos de
corazón para creer en todo lo que los profetas han dicho!
26 ¿No era necesario que el Cristo [a]padeciera estas cosas,
y que [1]entrara en Su [b]gloria?
27 Y comenzando desde [a]Moisés, y siguiendo por todos los
[b]profetas, les explicaba claramente en [1]todas las [c]Escrituras
lo referente a [d]El.
28 Se acercaron a la aldea adonde iban, y El hizo como que
iba más lejos.
29 Mas ellos le obligaron a quedarse, diciendo: Quédate
con nosotros, porque se hace tarde, y el día ya ha declinado.
Entró, pues, a [a]quedarse con ellos.
30 Y aconteció que estando reclinado *a la mesa* con ellos,
tomó el pan y lo [a]bendijo, lo partió, y empezó a dárselo.
31 Entonces les fueron [1]abiertos los ojos, y le reconocieron; mas [2]El se les desapareció.
32 Y se decían el uno al otro: ¿No ardía nuestro corazón
en nosotros, mientras nos hablaba en el camino, y cuando
nos abría las [a]Escrituras?
33 Y levantándose en la misma hora, volvieron a [1]Jerusalén, y hallaron a los [a]once reunidos, y a los que estaban con
ellos,

25[1] La palabra griega indica torpeza en la percepción.

26[1] Se refiere a Su resurrección (v. 46), la cual le introdujo en la gloria (1 Co. 15:43a; Hch. 3:13a, 15a).

27[1] Incluye la ley de Moisés, los profetas y el libro de los Salmos (v. 44), es decir, todo el Antiguo Testamento.

31[1] El Salvador caminó con ellos (v. 15) y se quedó con ellos (v. 29), pero sólo cuando le dieron el pan, y El lo partió, los ojos de ellos fueron abiertos y le reconocieron. Ellos necesitaban que El caminara y se quedara con ellos, pero necesitaba que ellos le trajeran el pan para partirlo y así abrir sus ojos a fin de que le vieran en realidad.

31[2] Lit., El se les hizo invisible. El Salvador todavía estaba con ellos. No los dejó, sino que solamente se hizo invisible.

33[1] Jerusalén era el lugar donde el Salvador resucitado deseaba que Sus

29[a] cfr. Gn. 19:2-3; Hch. 16:15 **30**[a] Mt. 26:26 **32**[a] Lc. 24:27, 45 **33**[a] Mr. 16:14

34 que decían: Ha resucitado el Señor verdaderamente, y
ha [a]aparecido a Simón.
35 Entonces ellos contaban las cosas *que les habían acontecido* en el camino, y cómo se les había dado a [a]conocer al
partir el pan.

D. Aparece a los apóstoles y a los que están con ellos
y los comisiona
vs. 36-49

36 Mientras ellos hablaban de estas cosas, *Jesús* mismo
se puso en medio de ellos, y les dijo: [a]Paz a vosotros.
37 Entonces, espantados y [a]atemorizados, pensaban que
veían un [1]espíritu.
38 Pero El les dijo: ¿Por qué estáis turbados, y por qué
surgen dudas en vuestros corazones?
39 Mirad Mis [a]manos y Mis pies, que Yo mismo soy;
[b]palpadme, y ved; porque un espíritu no tiene [1]carne ni
huesos, como veis que Yo tengo.
40 Y diciendo esto, les [a]mostró las manos y los pies.
41 Y como todavía ellos, de [a]gozo, [1]no lo creían, y estaban
maravillados, les dijo: ¿Tenéis aquí algo de [b]comer?
42 Entonces le dieron parte de un [a]pez asado.
43 Y El lo tomó, y [a]comió delante de ellos.
44 Y les dijo: Estas son Mis palabras, las cuales os [a]hablé,
estando aún con vosotros: que era necesario que se cumpliese todo lo que está escrito de Mí en la [1]ley de [b]Moisés, en los
profetas y en los salmos.
45 Entonces les [1a]abrió el entendimiento, para que comprendiesen las Escrituras;
46 y les dijo: Así está [a]escrito que el Cristo [b]padeciese y
resucitase de los muertos al [c]tercer día;
47 y que se proclamase en Su [a]nombre el arrepentimiento
para el [1b]perdón de pecados a todas las [c]naciones, comenzando
desde [d]Jerusalén.

34[a] 1 Co. 15:5
35[a] Lc. 24:31
36[a] Jn. 20:19
37[a] Lc. 24:5
39[a] Jn. 20:27
39[b] 1 Jn. 1:1
40[a] Jn. 20:20
41[a] Lc. 24:52; Jn. 16:22
41[b] Jn. 21:5
42[a] Jn. 21:9, 13
43[a] Hch. 10:41
44[a] Lc. 24:6
44[b] Lc. 24:27
45[a] Sal. 119:18; Hch. 16:14
46[a] Mt. 26:24
46[b] Lc. 24:26
46[c] Lc. 24:7; 9:22
47[a] Mal. 1:11; Mt. 28:19; Hch. 4:12
47[b] Jer. 31:34; Hch. 2:38; 5:31; 13:38; 1 Jn. 2:12
47[c] Gn. 12:3; Sal. 22:27; Gá. 3:8
47[d] Hch. 1:8

---

discípulos permanecieran antes del día de Pentecostés (v. 49; Hch. 1:4).

37[1] Un fantasma o un espectro.

39[1] Este es el cuerpo resucitado del Salvador-Hombre, el cual es espiritual (1 Co. 15:44) y glorioso (Fil. 3:21 y la nota 3).

41[1] Lit., dudaban.

44[1] La ley de Moisés, los profetas y el libro de los Salmos, forman las tres secciones del Antiguo Testamento, es decir, de "todas las Escrituras" (v. 27). Aquí la palabra del Salvador revela que todo el Antiguo Testamento es una revelación de El, y que El es su centro y su contenido.

45[1] Indica que para comprender las Escrituras se requiere que el Señor Espíritu abra nuestro entendimiento por medio de Su iluminación (Ef. 1:18).

47[1] El perdón de los pecados solamente podía ser proclamado después

48 Y vosotros sois [a]testigos de estas cosas.

49 He aquí, Yo envío la [1a]promesa de Mi Padre sobre vosotros; pero [2]quedaos vosotros en la ciudad, hasta que seáis [3]investidos de [b]poder desde lo [c]alto.

VII. La ascensión del Salvador-Hombre
24:50-53

50 Y los sacó fuera hasta [1a]Betania, y alzando Sus manos, los bendijo.

51 Y aconteció que bendiciéndoles, se separó de ellos, y fue [1]llevado arriba al [a]cielo.

48[a] Jn. 15:27; Hch. 1:8; 3:15; 5:32; 10:39, 41; 13:31; 1 Co. 15:15; 1 P. 5:1
49[a] Hch. 2:33; Ef. 1:13
49[b] Hch. 1:8
49[c] Jac. 1:17; 3:17
50[a] Jn. 11:18; Mt. 21:17
51[a] Mr. 16:19; 1 P. 3:22; He. 9:24; 1 R. 8:27; 2 Co. 12:2

de que se hubiese realizado la muerte substitutiva del Salvador-Hombre por los pecados de los hombres, y después de que hubiese sido verificada por Su resurrección (v. 46; cfr. Ro. 4:25). El Evangelio de Juan, que es el evangelio del Dios-Salvador, recalca la vida que lleva fruto (Jn. 15:5). El Evangelio de Lucas, como el del Salvador-Hombre, da énfasis al perdón de pecados que debe proclamarse. Para llevar fruto en vida se requiere al Espíritu esencial de vida, recibido a través del soplo del Espíritu (Jn. 20:22). Para proclamar el perdón de pecados se requiere al Espíritu económico de poder, recibido a través del bautismo en el Espíritu (Hch. 1:5, 8). Llevar fruto implica vida; proclamar el perdón de pecados es asunto de poder.

49[1] La promesa dada en Jl. 2:28-29, y cumplida el día de Pentecostés (Hch. 1:4-5, 8; 2:1-4, 16-18). Tenía que ver con el derramamiento del Espíritu como poder desde lo alto para el ministerio de los creyentes en el aspecto económico. Difiere del Espíritu de vida, infundido en los discípulos por el soplo (Jn. 20:22 y la nota 1, párr. 1) del Salvador el día de Su resurrección para que residiera en ellos y fuese vida para ellos en el aspecto esencial.

49[2] Lit., sentaos.

49[3] En cuanto al Espíritu de vida, nosotros necesitamos inhalarle como aliento (Jn. 20:22); en cuanto al Espíritu de poder, necesitamos ponérnoslo como uniforme, tipificado por el manto de Elías (2 R. 2:9, 13-15). Aquél, como agua de vida, requiere que lo bebamos (Jn. 7:37-39); éste, como agua para el bautismo, requiere que seamos sumergidos en El (Hch. 1:5). Estos son los dos aspectos del Espíritu, los cuales podemos experimentar (1 Co. 12:13). El Espíritu de vida reside en nosotros para ser nuestra vida y nuestro andar, lo cual constituye el aspecto esencial; el Espíritu de poder es derramado sobre nosotros para nuestro ministerio y nuestra obra, y esto constituye el aspecto económico.

50[1] En el monte de los Olivos (Hch. 1:12).

51[1] Lucas muestra y presenta en este libro principalmente cinco aspectos cruciales y excelentes con respecto al Salvador-Hombre: Su nacimiento, Su ministerio, Su muerte, Su resurrección y Su ascensión.

(1) Su nacimiento fue por el Espíritu esencial de Dios y con El, y lo hizo un Dios-hombre para que fuera el Salvador-Hombre (1:35).

(2) Su ministerio se llevó a cabo por el Espíritu económico de Dios y por medio de El, para la economía de Dios en Su jubileo (4:18-19).

(3) La muerte del Dios-hombre realizó la obra redentora de Dios para el hombre (23:42-43), y le liberó en el hombre como el fuego de vida que arde en la tierra (12:49-50).

(4) En Su resurrección: (a) Dios lo vindicó a El y a Su obra; (b) tuvo éxito en todos Sus logros, y (c) obtuvo la victoria sobre el enemigo universal de Dios.

52 Ellos, después de haberle [a]adorado, volvieron a [b]Jerusalén con gran [c]gozo;

53 y estaban siempre en el [a]templo, [b]bendiciendo a Dios[1].

---

(5) En Su ascensión Dios le exaltó, haciéndole el Cristo de Dios y el Señor de todos (Hch. 2:36), para que llevara a cabo Su ministerio celestial sobre la tierra como el Espíritu todo-inclusivo derramado desde los cielos sobre Su Cuerpo, que está compuesto de Sus creyentes (Hch. 2:4, 17-18); esto consta en el otro escrito de Lucas, Hechos.

53[1] Algunos mss. añaden: Amén.

52[a] Mt. 28:9, 17
52[b] Hch. 1:12; Lc. 24:49
52[c] Lc. 24:41
53[a] Hch. 2:46; 3:1; 5:21, 42
53[b] Lc. 1:64; 2:28

EL EVANGELIO DE
JUAN

BOSQUEJO

I. El Verbo eterno encarnado viene para introducir a Dios en el hombre —1:1—13:38

A. Introducción a la vida y la edificación—1:1-51
   1. El Verbo en la eternidad pasada, quien era Dios, viene mediante la creación como vida y luz para producir los hijos de Dios—vs. 1-13
   2. El Verbo se hace carne, lleno de gracia y de realidad, para dar a conocer a Dios en el Hijo unigénito de Dios—vs. 14-18
   3. Jesús como Cordero de Dios, con el Espíritu Santo como paloma, hace de los creyentes piedras para la edificación de la casa de Dios con el Hijo del Hombre como el elemento—vs. 19-51
      a. La religión busca un gran líder—vs. 19-28
      b. Jesús es presentado como Cordero con una paloma—vs. 29-34
      c. Produce piedras para el edificio de Dios—vs. 35-51

B. El principio básico de la vida y su propósito—2:1-22
   1. El principio básico de la vida: convertir la muerte en vida—vs. 1-11
      a. Cristo viene en resurrección al hombre en sus deleites—vs. 1-2
      b. La vida humana se agota, y el hombre se llena de muerte—vs. 3-7
      c. Cristo convierte la muerte en vida eterna—vs. 8-11
   2. El propósito de la vida: edificar la casa de Dios—vs. 12-22
      a. Cristo purifica el templo—vs. 12-17
      b. El cuerpo de Jesús, el templo, sería destruido y levantado en resurrección—vs. 18-22

C. La vida satisface la necesidad del hombre en todos los casos—2:23—11:57
   1. La necesidad del hombre moral: ser regenerado por la vida—2:23—3:36
      a. El Señor se fía de la vida y no de los milagros—2:23—3:1
      b. La regeneración por el Espíritu divino en el espíritu humano—3:2-13
      c. La naturaleza maligna de Satanás que está en la carne del hombre es juzgada en la cruz al morir Cristo en forma de

serpiente, para que los creyentes tengan vida eterna—3:14-21
d. El pueblo regenerado llega a ser la novia de Cristo, Su aumento—3:22-30
e. El inmensurable Hijo de Dios trae vida eterna al hombre que cree—3:31-36
2. La necesidad de la persona inmoral: ser satisfecha por la vida—4:1-42
a. Un Salvador sediento y una pecadora sedienta—vs. 1-8
b. El vacío de la tradición religiosa y la plenitud de agua viva que la vida trae—vs. 9-14
c. La manera de obtener el agua viva—vs. 15-26
(1) Confesar los pecados—vs. 15-18
(2) Tocar a Dios el Espíritu en el espíritu humano y con veracidad—vs. 19-24
(3) Creer que Jesús es el Cristo—vs. 25-26
d. Un testimonio vivo con una cosecha maravillosa—vs. 27-42
3. La necesidad del moribundo: ser sanado por la vida—4:43-54
a. Cristo vuelve a visitar el sitio de los débiles y los frágiles—vs. 43-46a
b. Los débiles y frágiles moribundos—vs. 46b-49
c. La sanidad producida por la palabra vivificante y por la fe—vs. 50-54
4. La necesidad del imposibilitado: ser vivificado por la vida—5:1-47
a. La inutilidad de guardar la ley en la religión y la eficacia de la impartición de vida por parte del Hijo—vs. 1-9
b. La religión se opone a la vida—vs. 10-16
c. El Hijo es igual al Padre en cuanto a dar vida y hacer juicio—vs. 17-30
d. El testimonio cuádruple del Hijo—vs. 31-47
(1) El testimonio de Juan el Bautista—vs. 32-35
(2) El testimonio de la obra del Hijo—v. 36
(3) El testimonio del Padre—vs. 37-38
(4) El testimonio de las Escrituras—vs. 39-47
5. La necesidad del hambriento: ser alimentado por la vida—6:1-71
a. El mundo hambriento, y el Cristo que provee alimento—vs. 1-15
b. El mundo turbado, y el Cristo que da paz—vs. 16-21
c. El pan de vida—vs. 22-71
(1) Los que buscan comida perecedera—vs. 22-31
(2) El pan que permanece para vida eterna—vs. 32-71
(a) Encarnado—vs. 32-51a

(b) Inmolado—vs. 51b-55
(c) Resucita para morar en lo interior—vs. 56-59
(d) Asciende—vs. 60-62
(e) Se hace el Espíritu vivificante—vs. 63-65
(f) Toma cuerpo y es hecho real en la palabra de vida para los creyentes—vs. 66-71

6. La necesidad del sediento: ser saciado por la vida—7:1-52
   a. La vida bajo la persecución de la religión—vs. 1-36
      (1) La confabulación de la religión y una fiesta religiosa—vs. 1-2
      (2) La vida sufre por la incredulidad del hombre—vs. 3-5
      (3) La vida se limita al tiempo—vs. 6-9
      (4) La vida procura la gloria de Dios—vs. 10-24
      (5) La fuente y el origen de la vida: Dios el Padre—vs. 25-36
   b. El llamado que la vida hace a los sedientos—vs. 37-39
   c. La división causada por la manifestación de la vida—vs. 40-52
7. La necesidad de los que están bajo la esclavitud del pecado: ser libertados por la vida—7:53—8:59
   a. ¿Quién no tiene pecado?—7:53—8:9
   b. ¿Quién puede condenar y perdonar pecados?—8:10-11
   c. ¿Quién puede libertar del pecado?—8:12-36
      (1) Cristo, la luz del mundo y el dador de la luz de la vida—vs. 12-20
      (2) Cristo, el Yo Soy—vs. 21-27
      (3) Cristo, el Hijo del Hombre, levantado—vs. 28-30
      (4) Cristo, el Hijo como realidad—vs. 31-36
   d. ¿Quién es la fuente del pecado y quién es la multiplicación del pecado?—8:37-44
      (1) La fuente del pecado: el diablo, el mentiroso, el padre de los mentirosos—v. 44
      (2) La multiplicación del pecado: los hijos del diablo, los que provienen del diablo—vs. 37-44
   e. ¿Quién es Jesús?—8:45-59
      (1) Aquel que no tiene pecado—vs. 45-51
      (2) Aquel que antes de Abraham es el Yo Soy—vs. 52-59
8. La necesidad de los ciegos que están en la religión: recibir la vista y ser pastoreados por la vida—9:1—10:42
   a. La vista que la vida da: para los ciegos que están en la religión—9:1-41
      (1) Ciego de nacimiento—vs. 1-3
      (2) Recibe la vista por la luz y la unción de la vida—vs. 4-13
      (3) Perseguido por la religión—vs. 14-34
      (4) Cree *en el Hijo de Dios—vs. 35-38

(5) El juicio de la vida sobre los religiosos ciegos—vs. 39-41

b. El pastoreo de la vida para los creyentes que están fuera de la religión—10:1-42

(1) El redil, la puerta y el pasto: para las ovejas—vs. 1-9

(2) El Pastor, la vida divina y la vida del alma: para el rebaño—vs. 10-21

(3) La vida eterna, la mano del Hijo y la mano del Padre: para la seguridad de las ovejas—vs. 22-30

(4) La persecución por parte de la religión—vs. 31-39

(5) La vida abandona la religión y adopta una nueva posición—vs. 40-42

9. La necesidad de los muertos: ser resucitados por la vida—11:1-57

a. El muerto y su necesidad—vs. 1-4

b. Las frustraciones que surgen de las opiniones humanas—vs. 5-40

c. La vida que hace resucitar—vs. 41-44

d. La conspiración por parte de la religión y la muerte sustitutiva por parte de la vida para congregar a los hijos de Dios—vs. 45-57

D. El resultado y la multiplicación de la vida—12:1-50

1. El resultado de la vida: una casa de banquete (miniatura de la vida de la iglesia)—vs. 1-11

2. La multiplicación de la vida para la iglesia por medio de la muerte y la resurrección (quedan implícitos la glorificación de Dios y el juicio sobre el mundo y Satanás)—vs. 12-36a

3. La incredulidad y la ceguera de la religión—vs. 36b-43

4. La declaración hecha por la vida a la religión incrédula—vs. 44-50

E. La vida lava en amor para mantener la comunión—13:1-38

1. El lavamiento hecho por el Señor mismo—vs. 1-11

2. El lavamiento mutuo de los creyentes—vs. 12-17

3. Lavado, pero no incluido en la comunión—vs. 18-30

4. Lavados y dispuestos a permanecer en la comunión, pero fracasan—vs. 31-38

II. La preparación del camino que introduce al hombre en Dios por parte de Jesús crucificado y Cristo resucitado, y Su venida como Espíritu a permanecer y vivir en los creyentes a fin de edificar la habitación de Dios—14:1—21:25

A. La vida mora por dentro para la edificación de la habitación de Dios—14:1—16:33

1. El Dios Triuno se imparte al hombre para producir Su morada—14:1-31

a. Jesús se va al morir y Cristo viene al resucitar para introducir a los creyentes en el Padre—vs. 1-6
b. El Dios Triuno se imparte en los creyentes—vs. 7-20
(1) El Padre corporificado en el Hijo y visto entre los creyentes—vs. 7-14
(2) El Hijo hecho real como Espíritu para los creyentes a fin de permanecer en ellos—vs. 15-20
c. El Dios Triuno hace morada con los creyentes—vs. 21-24
d. El Consolador hace recordar, y la vida da paz—vs. 25-31
2. El organismo del Dios Triuno en la impartición divina—15:1—16:4
a. La vid y los pámpanos son un organismo que glorifica al Padre expresando las riquezas de la vida divina—15:1-11
b. Los pámpanos se aman con el fin de expresar la vida divina llevando fruto—15:12-17
c. La vid y los pámpanos, separados del mundo, son aborrecidos y perseguidos por el mundo religioso—15:18—16:4
3. La obra del Espíritu tiene su consumación en la mezcla de la divinidad con la humanidad—16:5-33
a. El Hijo se va para que venga el Espíritu—vs. 5-7
b. La obra del Espíritu—vs. 8-15
(1) Convencer al mundo—vs. 8-11
(2) Glorificar al Hijo, en quien está la plenitud del Padre, revelándole a los creyentes—vs. 12-15
(3) Trasmitir a los creyentes todo lo que tienen el Padre y el Hijo—v. 13
c. El Hijo ha de nacer en resurrección como niño recién nacido—vs. 16-24
d. Los creyentes tienen paz en el Hijo a pesar de la persecución—vs. 25-33

B. La oración por parte de la vida—17:1-26
1. El Hijo ha de ser glorificado para que el Padre sea glorificado—vs. 1-5
2. Los creyentes han de ser edificados en unidad—vs. 6-24
a. En el nombre del Padre y por la vida eterna—vs. 6-13
b. En el Dios Triuno y mediante la santificación de la santa palabra—vs. 14-21
c. En la gloria divina para la expresión del Dios Triuno—vs. 22-24
3. El Padre se muestra justo al amar al Hijo y a Sus creyentes—vs. 25-26

C. La vida es procesada por medio de la muerte y la resurrección para multiplicarse—18:1—20:13, 17
1. Se entrega voluntariamente y con valentía para ser procesado—18:1-11

2. Examinado en Su dignidad por la humanidad—18:12-38a
   a. Por los judíos conforme a la ley de Dios en su religión—vs. 12-27
   b. Por los gentiles conforme a la ley del hombre en su política — vs. 28-38a
3. Sentenciado injustamente por el hombre mediante la religión cegada y la política oscura—18:38b—19:16
4. Probado en la soberanía de Dios por la muerte—19:17-30
5. Brotan la sangre y el agua—19:31-37
6. Reposa en la honra humana—19:38-42
7. Resucita en la gloria divina—20:1-13, 17
   a. Deja en el sepulcro como testimonio las señales de la vieja creación provistas por los que le aprecian y descubiertas por los que le buscan—vs. 1-10
   b. Los ángeles enviados por Dios dan testimonio de Su resurrección—vs. 11-13
   c. Produce muchos hermanos y hace que Su Padre y Dios sea el Padre y Dios de ellos—v. 17

D. La vida en la resurrección—20:14—21:25
1. Se aparece a los que le buscan y asciende al Padre—20:14-18
2. Viene como el Espíritu para que los creyentes le reciban como aliento—20:19-25
3. Se reúne con los creyentes—20:26-31
4. Actúa y vive con los creyentes—21:1-14
5. Obra y anda con los creyentes—21:15-25

EL EVANGELIO DE
JUAN

Autor: El apóstol Juan (21:20, 24), hijo de Zebedeo y Salomé, y hermano de Jacobo (Mt. 10:2; 27:56; Mr. 15:40).

Fecha: Por el año 90 d. de C.

Lugar: Posiblemente Efeso.

Destinatarios: Todos los creyentes, tanto los que estaban en Judea como los que estaban en tierras de los gentiles, según lo indican las traducciones de algunos términos que Juan proporciona en 1:38; 5:2; y 19:13.

Tema:
El evangelio de vida:
comprueba que Jesucristo es Dios el Salvador venido como vida para propagarse

CAPITULO 1

I. El Verbo eterno encarnado viene para introducir a Dios en el hombre
1:1—13:38

A. Introducción a la vida y la edificación
1:1-51

1. El Verbo en la eternidad pasada, quien era Dios, viene mediante la creación como vida y luz para producir los hijos de Dios
vs. 1-13

1 [1a]En el principio era el [2b]Verbo, y el Verbo estaba [3]con
Dios, y el [4]Verbo era [5c]Dios.

1[a] 1 Jn. 1:1; cfr. Col. 1:17; Gn. 1:1

1[b] Jn. 1:14; Ap. 19:13; 1 Jn. 1:1

1[c] Ro. 9:5; He. 1:8; 1 Jn. :20

1[1] *En el principio* significa en la eternidad pasada. Como introducción a este evangelio, este capítulo empieza en la eternidad pasada con Dios, quien tenía divinidad pero no humanidad (v. 1). Luego pasa por Su obra de creación cuando hizo todas las cosas (v. 3), Su encarnación (v. 14), el llegar a ser el Cordero que quita el pecado del mundo (v. 29), y el hecho de ser el Espíritu, quien hace que los creyentes sean transformados en piedras vivas para Su edificio (vs. 32, 42). Entonces continúa hasta la eternidad futura, en la cual el Hijo del Hombre, que tiene divinidad y humanidad, es el centro por el cual los cielos y la tierra se comunican, y por el cual Dios y el hombre se unen por la eternidad. Después, el cap. 2 muestra que el principio básico de la vida, la cual es el Dios Triuno, consiste en cambiar la muerte

2 El estaba [1]en el principio con Dios.
3 [a]Todas las cosas por medio de El llegaron a existir, y sin El nada de cuanto existe ha llegado a la existencia.
4 En El estaba la [1a]vida, y la vida era la [2b]luz de los hombres.
5 La [a]luz en las tinieblas resplandece, y las tinieblas no prevalecieron contra ella.
6 Hubo un hombre [1]enviado de Dios, el cual se llamaba Juan.

3[a] Col. 1:16

4[a] Jn. 5:26; 11:25; 14:6; 1 Jn. 1:2; 5:11-12

4[b] Jn. 8:12; 9:5; 12:46

5[a] Mt. 4:16; cfr. Jn. 3:19

---

en vida (2:1-11), y que el propósito de la vida es edificar la casa, el templo, de Dios (2:13-22). En los caps. 3—11, se presentan nueve casos que muestran la manera en que Dios como vida suple las necesidades de las diferentes clases de personas. Como resultado, al principio del cap. 12 se produce una miniatura de la iglesia (12:1-11). Desde 12:12 hasta el final del cap. 17, se nos explica cómo se produce la iglesia mediante la multiplicación y el aumento del Dios-hombre encarnado, por medio de Su muerte y resurrección. Los caps. 18—20 muestran el cumplimiento de la multiplicación y el aumento, lo cual hace que El tenga muchos hermanos (20:17) y le permite entrar en ellos (20:22), para ser la vida y el todo de ellos, a fin de que constituyan Su Cuerpo, el cual es Su aumento y expresión. Finalmente, el cap. 21 revela que El estará con ellos de una manera invisible hasta Su regreso (21:22).

1[2] El Verbo es la definición, explicación y expresión de Dios; por lo tanto, es Dios definido, explicado y expresado.

1[3] El Verbo no está separado de Dios. El caso no es que el Verbo sea el Verbo, y Dios sea Dios, y que ambos sean entidades separadas. Al contrario, los dos son uno solo; por lo tanto, la siguiente cláusula dice que el Verbo era Dios.

1[4] Esto implica que Dios en Su persona no es sencillo; El es triuno.

1[5] No solamente Dios el Hijo, sino el Dios Triuno en Su totalidad.

2[1] En el principio, es decir, desde la eternidad pasada, el Verbo estaba con Dios. Esto es contrario a lo que algunos suponen, que Cristo no estaba con Dios y que no era Dios desde la eternidad pasada, y que en cierto momento Cristo llegó a ser Dios y a estar con Dios. En efecto, la deidad de Cristo es eterna y absoluta. Desde la eternidad pasada hasta la eternidad futura, El está con Dios y es Dios. Es por eso que este evangelio, a diferencia de Mateo (cap. 1) y Lucas (cap. 3), no presenta la genealogía de Cristo (He. 7:3).

4[1] Ya que el v. 3 se refiere a la creación que se menciona en Gn. 1, aquí *la vida* debe de referirse a la vida representada por el árbol de vida en Gn. 2. Esto se confirma por el hecho de que en Ap. 22 Juan menciona el árbol de la vida. Puesto que la vida está en El, El es vida (11:25; 14:6), y El vino para que el hombre tuviera vida (10:10b). Este capítulo es la introducción de este evangelio; comienza con la vida (v. 4) y concluye con un edificio (vs. 42, 51), es decir, con la casa de Dios (véanse las notas 42[1], 51[2] y 51[3]). Por lo tanto, es una introducción a la vida y la edificación.

4[2] La luz de la vieja creación era la luz física (Gn. 1:3-5, 14-18). La luz de la nueva creación es la luz de vida aquí mencionada.

6[1] *Enviado* tiene el sentido de ser mandado como mensajero con una comisión especial.

7 Este vino por testimonio, para que diese testimonio de
la luz, a fin de que todos creyesen por él.
8 No era él la luz, pero *vino* para dar testimonio de la luz.
9 *Aquél* era la luz [a]verdadera que, con Su venida al
mundo, [b]ilumina a todo hombre.
10 En el mundo estaba, y por medio de El llegó a existir
el mundo; pero el mundo no le conoció.
11 A lo Suyo vino, y los Suyos no le recibieron.
12 Mas a todos los que le [1a]recibieron, a los que [1]creen *en
Su nombre, les dio potestad de ser hechos [2]hijos de Dios;
13 los cuales no son engendrados [1]de [2]sangre, ni [1]de [2]vo-
luntad de carne, ni [1]de [2]voluntad de varón, sino [1]de Dios.

9a 1 Jn. 2:8
9b Ef. 1:18; 3:9; He. 6:4; 10:32
12a Col. 2:6

2. El Verbo se hace carne,
lleno de gracia y de realidad,
para dar a conocer a Dios en el Hijo unigénito de Dios
vs. 14-18

14 Y el [1]Verbo se hizo [2a]carne, y [3b]fijó tabernáculo entre

14a 1 Ti. 3:16
14b Ex. 25:8-9; Ap. 21:3

12[1] Creer es recibir.

12[2] Llegar a ser hijo de Dios es poseer la vida y la naturaleza divinas.

13[1] Lit., a partir de.

13[2] *Sangre* (lit., sangres) aquí se refiere a la vida física; *voluntad de carne* denota la voluntad del hombre caído después de venir a ser carne; y *voluntad de varón* se refiere a la voluntad del hombre creado por Dios.

14[1] El Verbo, quien es Dios, se hizo carne con el fin de que Dios tuviese la vida y la naturaleza humanas.

14[2] Romanos 8:3 indica que esta carne, aunque era la carne de pecado, sólo tenía la semejanza de la carne de pecado, pero no tenía el pecado de la carne. Fue el Verbo quien se hizo carne, y éste era Dios, el Dios Triuno completo (v. 1). El hecho de que el Verbo se hiciera carne significa que el Dios Triuno se hizo un hombre de carne en la semejanza de un hombre pecaminoso. Al hacer esto Dios entró en el hombre pecaminoso y se hizo uno con él. Sin embargo, El tenía sólo la semejanza del hombre pecaminoso pero no tenía el pecado de éste. Así que, El era un Dios-hombre sin pecado, el Dios completo y el hombre perfecto, con dos naturalezas: la naturaleza divina y la naturaleza humana. Aunque estas dos naturalezas se mezclaron y produjeron el Dios-hombre, las características individuales de las dos naturalezas permanecieron distintas; las dos naturalezas no se combinaron formando una tercera naturaleza. Más bien, la naturaleza divina habitó en la naturaleza humana y fue expresada a través de ésta, llena de gracia, la cual es Dios disfrutado por el hombre, y de realidad, que es Dios obtenido por el hombre. De esta manera, el Dios invisible fue expresado para que el hombre le alcanzara y le disfrutara como su vida para el cumplimiento de la economía neotestamentaria de Dios.

La encarnación de Dios era contraria a la enseñanza gnóstica de ese tiempo. Los gnósticos afirmaban que Dios, quien es puro, jamás podría unirse con la carne, porque ésta es una substancia maligna. Los docetas se basaban en la enseñanza del gnosticismo para negar que Cristo había venido en la carne (1 Jn. 4:2). Juan escribió este evangelio, en parte para refutar la herejía del docetismo y para demostrar contundentemente que Cristo, el Dios-hombre, es en realidad Dios, quien se hizo carne (solamente con la semejanza de la carne de pecado, pero

nosotros (y [4c]contemplamos Su gloria, gloria como del Unigénito [5]del Padre), lleno de [6d]gracia y de [6e]realidad.
15 Juan dio testimonio de El, y clamó diciendo: Este es de
quien yo decía: [a]El que viene después de mí, se ha puesto
delante de mí; porque era primero que yo.
16 Porque [1]de Su [a]plenitud recibimos todos, y gracia sobre
gracia.
17 Pues la [1]ley por medio de Moisés fue dada, pero la
[1a]gracia y la [1]realidad [2]vinieron por medio de Jesucristo.

14[c] Mt. 17:1-2, 5; Lc. 9:32; 2 P. 1:16-18
14[d] Jn. 1:16-17; Ro. 5:2
14[e] Jn. 14:6; 8:32
15[a] Jn. 1:30
16[a] Col. 1:19; 2:9
17[a] Jn. 1:14

sin el pecado de ésta), a fin de, mediante la carne, destruir al diablo (He. 2:14) y quitar los pecados del hombre (He. 9:26); y a fin de unirse al hombre y ser expresado por medio de la humanidad para el cumplimiento de Su glorioso propósito, un propósito que El planeó en la eternidad pasada para la eternidad futura.

El pensamiento profundo del Evangelio de Juan es que Cristo, el Dios encarnado, vino como la corporificación de Dios, según se muestra con el tabernáculo (v. 14) y con el templo (2:21), para que el hombre pudiera tener contacto con El y entrar en El para disfrutar las riquezas contenidas en Dios. Tanto el tabernáculo como el templo tenían atrio, Lugar Santo y Lugar Santísimo. Así que Juan hace notar, primero, que Cristo era el Cordero (que quitó el pecado, v. 29) ofrecido en el altar, el cual representa la cruz, y estaba en el atrio del tabernáculo, y luego que El era como la serpiente de bronce (que hizo que el hombre tuviera vida) levantada sobre el asta (3:14), que representa la cruz. Esto muestra cómo Cristo en Su redención fue recibido por Sus creyentes, quienes así son librados del pecado y obtienen vida, y además entran en El, quien es la corporificación de Dios, lo cual es tipificado por el tabernáculo, para disfrutar todas las riquezas de Dios. El lavamiento de los pies mencionado en el cap. 13, puede considerarse el lavamiento en el lavacro que estaba en el atrio del tabernáculo, el cual quitaba la contaminación terrenal de aquellos que se acercaban a Dios, a fin de mantener la comunión que ellos tenían con Dios y con los demás. En el cap. 14, aquellos que reciben a Cristo son traídos por El al Lugar Santo para que le experimenten como el pan de vida (6:35), representado por el pan de la proposición, y como la luz de la vida (8:12; 9:5), tipificada por el candelero. Finalmente, en el cap. 17, por la oración más elevada y misteriosa, tipificada por el incienso quemado sobre el altar de oro, aquellos que disfrutan a Cristo como vida y como luz son introducidos por El al Lugar Santísimo, para entrar con El en el más profundo disfrute de Dios y para disfrutar la gloria que Dios le ha dado (17:22-24).

14[3] El Verbo, al encarnarse, no sólo introdujo a Dios en la humanidad, sino que también se hizo un tabernáculo para Dios, la habitación de Dios entre los hombres, en la tierra.

14[4] Se refiere a la transfiguración de Cristo en el monte (Mt. 17:1-2, 5; Lc. 9:32; 2 P. 1:16-18).

14[5] Gr. *pará,* que significa *al lado de,* lo cual implica *con;* por lo tanto, literalmente significa "de con". El Hijo no sólo viene de Dios, sino que también está con Dios. Por un lado, El procede de Dios, y por otro, todavía está con Dios (8:16b, 29; 16:32b).

14[6] La gracia es Dios en el Hijo como nuestro disfrute; la realidad es Dios hecho real para nosotros en el Hijo. La palabra griega traducida *realidad,* es la misma que se traduce *verdad* en 5:33; 8:32; 17:17, 19.

16[1] Lit., a partir de.

17[1] La ley hace exigencias al hombre conforme a lo que Dios es; la gracia le suministra al hombre lo que Dios es para satisfacer lo que Dios

18a He. 1:3

18 A Dios nadie le vio jamás; el [1]unigénito Hijo, que está
en el seno del Padre, El le ha [2a]dado a conocer.

3. Jesús como Cordero de Dios,
con el Espíritu Santo como paloma,
hace de los creyentes piedras para la edificación
de la casa de Dios con el Hijo del Hombre como el elemento
vs. 19-51

a. La religión busca un gran líder
vs. 19-28

19 Este es el testimonio de Juan, cuando los judíos enviaron de Jerusalén sacerdotes y levitas para que le preguntasen: ¿Tú, quién eres?

20a Dn. 9:25-26
21a Mal. 4:5
21b Dt. 18:15, 18
23a Is. 40:3
26a Mt. 3:11

20 Confesó, y no negó, sino confesó: Yo no soy el [a]Cristo.
21 Y le preguntaron: ¿Qué pues? ¿Eres tú [a]Elías? Dijo: No
soy. ¿Eres tú el [b]Profeta? Y respondió: No.
22 Entonces le dijeron: ¿Quién eres? para que demos
respuesta a los que nos enviaron. ¿Qué dices de ti mismo?
23 Dijo: Yo soy la [a]voz de uno que clama en el desierto:
"¡Enderezad el camino del Señor!", como dijo el profeta
Isaías.
24 Y los que habían sido enviados eran de los fariseos.
25 Y le preguntaron, y le dijeron: ¿Por qué, pues, bautizas, si tú no eres el Cristo, ni Elías, ni el Profeta?
26 Juan les respondió diciendo: Yo [a]bautizo en agua; *mas*
en medio de vosotros está uno a quien vosotros no conocéis.
27 Este es el que viene después de mí, a quien yo no soy
digno de desatar la correa de Sus sandalias.
28 Estas cosas sucedieron en [1]Betania, al otro lado del
Jordán, donde Juan estaba bautizando.

---

exige. La ley, en su mayor expresión, era solamente un testimonio de lo que Dios es (Ex. 25:21), pero la realidad es la adquisición de lo que Dios es. Por medio de la ley ningún hombre puede participar de Dios, pero la gracia capacita al hombre para que disfrute a Dios. La realidad es Dios hecho real para el hombre, y la gracia es Dios disfrutado por el hombre.

172 Lit., llegaron a ser.

181 El Hijo unigénito del Padre dio a conocer a Dios por medio del Verbo, la vida, la luz, la gracia y la realidad. El Verbo es Dios expresado; la vida es Dios impartido; la luz es el resplandor de Dios; la gracia es Dios disfrutado, y la realidad es Dios hecho real, es decir, asido. Dios se da a conocer plenamente en el Hijo por medio de estas cinco cosas.

182 O, explicado.

281 Esta Betania se encuentra en el lado oriental del Jordán, y no es la Betania de 11:1, que era una aldea ubicada en el lado occidental del Jordán.

b. Jesús es presentado como Cordero con una paloma
vs. 29-34

29 El siguiente día vio Juan a Jesús que venía a él, y dijo: ¡He aquí el [1a]Cordero de Dios, que quita el [b]pecado del [2]mundo!

30 Este es Aquel de quien yo dije: [a]Después de mí viene un varón, el cual se ha puesto delante de mí; porque era primero que yo.

31 Y yo no le conocía; mas para que fuese manifestado a Israel, por esto vine yo bautizando en agua.

32 También dio Juan testimonio, diciendo: Vi al Espíritu que descendía del cielo como [1a]paloma, y permaneció sobre El.

33 Y yo no le conocía; pero el que me envió a bautizar en agua, El me dijo: Sobre quien veas descender el Espíritu y que permanece sobre El, ése es el que bautiza en el Espíritu Santo.

34 Y yo le vi, y he dado testimonio de que éste es el [a]Hijo de Dios.

c. Produce piedras para el edificio de Dios
vs. 35-51

35 El siguiente día otra vez estaba Juan, y dos de sus discípulos.

36 Y mirando a Jesús que andaba por allí, dijo: ¡He aquí el [a]Cordero de Dios!

37 Le oyeron hablar los dos discípulos, y siguieron a Jesús.

38 Y volviéndose Jesús, y viendo que le seguían, les dijo: ¿Qué buscáis? Ellos le dijeron: Rabí (que traducido es, Maestro), ¿dónde moras?

39 Les dijo: Venid y ved. Fueron, y vieron donde moraba, y se quedaron con El aquel día; era como la [1]hora décima.

29a Jn. 1:36; 1 P. 1:19; Ap. 5:6; 7:14; 12:11; 14:1; 21:9-10, 22-23; 22:1, 3; cfr. Ex. 12:3-4
29b 1 Jn. 2:2; 1 P. 2:24; 1 Co. 15:3; Is. 53:10a
30a Jn. 1:15
32a Mt. 3:16
34a Jn. 1:49
36a Jn. 1:29

29[1] Basándose en las Escrituras, los religiosos buscaban grandes líderes (vs. 19-25), tales como el Mesías, Elías, o el Profeta (Dn. 9:26; Mal. 4:5; Dt. 18:15, 18). Pero Jesús les fue presentado como un pequeño cordero con una pequeña paloma (vs. 29-33). El Cordero quita el pecado del hombre, y la paloma trae a Dios como vida al hombre. El Cordero efectúa la redención, es decir, redime al hombre caído y lo devuelve a Dios, y la paloma da vida, unge al hombre con lo que Dios es, introduciendo a Dios en el hombre y al hombre en Dios, y une en Dios a los creyentes. El Cordero y la paloma son necesarios para que el hombre participe de Dios.

29[2] Aquí el mundo se refiere a la humanidad, así como en 3:16.

32[1] Véase la nota 29[1].

39[1] Es decir, las diez de la mañana, hora romana. La hora romana se usa en todo el libro.

40 Andrés, hermano de Simón Pedro, era uno de los dos que habían oído lo que había dicho Juan, y habían seguido *a Jesús*.

41 El halló primero a su hermano Simón, y le dijo: Hemos hallado al [1]Mesías (que traducido es, el [1]Cristo).

42 Y le trajo a Jesús. Y mirándole Jesús, dijo: Tú eres Simón, hijo de Jonás; tú serás llamado Cefas (que quiere decir, [1a]Pedro).

43 El siguiente día quiso *Jesús* ir a Galilea, y halló a Felipe, y le dijo: Sígueme.

44 Y Felipe era de Betsaida, la ciudad de Andrés y Pedro.

45 Felipe halló a Natanael, y le dijo: Hemos hallado a Aquel de quien escribió Moisés en la ley, así como los profetas: a Jesús, el [1]hijo de José, de Nazaret.

46 Natanael le dijo: ¿De Nazaret puede salir algo de bueno? Le dijo Felipe: [a]Ven y ve.

47 Cuando Jesús vio a Natanael que se le acercaba, dijo de él: ¡He aquí un verdadero israelita, en quien no hay engaño!

48 Le dijo Natanael: ¿Cómo es que me conoces? Respondió Jesús y le dijo: Antes que Felipe te llamara, cuando estabas debajo de la higuera, te vi.

49 Respondió Natanael y le dijo: Rabí, Tú eres el Hijo de Dios; Tú eres el [1a]Rey de Israel.

50 Respondió Jesús y le dijo: ¿Porque te dije: Te vi debajo de la higuera, crees? Cosas [a]mayores que éstas verás.

51 Y le dijo: [1]De cierto, de cierto os digo: Veréis el [2a]cielo abierto, y a los ángeles de Dios subir y descender sobre el [3]Hijo del Hombre.

42[a] Mt. 16:18; 1 P. 2:5; 1 Co. 3:12; Ap. 21:18-20; cfr. Gn. 28:18, 22

46[a] Jn. 1:39

49[a] Jn. 12:13; 19:19

50[a] Jn. 14:12

51[a] Gn. 28:11-22

41[1] *Mesías* es una palabra hebrea; *Cristo* es la traducción al griego. Estas dos palabras significan *el ungido*. Cristo es el Ungido de Dios, Aquel que Dios designó para llevar a cabo Su propósito, Su plan eterno.

42[1] Significa *una piedra*. En Mt. 16:18, el Señor mencionó esta palabra cuando le habló a Pedro acerca de la edificación de la iglesia. Seguramente aquí adquirió Pedro el concepto de que se necesitan piedras vivas para la edificación de una casa espiritual (1 P. 2:5), que es la iglesia. Aquí la piedra denota una obra de transformación que produce materiales para el edificio de Dios (1 Co. 3:12).

45[1] La información que le dio Felipe a Natanael en las palabras *hijo de José* y, *de Nazaret* fue inexacta. Jesús no nació de José, sino de María (Mt. 1:16) y no en Nazaret sino en Belén (Lc. 2:4-7).

49[1] El Mesías.

51[1] En griego: *Amén, amén*. Así también en todo el libro.

51[2] Este es el cumplimiento del sueño de Jacob (Gn. 28:11-22). Cristo, como Hijo del Hombre en Su humanidad, es la escalera puesta entre la tierra y el cielo para mantener el

CAPITULO 2

B. El principio básico de la vida y su propósito
2:1-22

1. El principio básico de la vida: convertir la muerte en vida
vs. 1-11

a. Cristo viene en resurrección al hombre en sus deleites
vs. 1-2

1 Al [1a]tercer día se hicieron unas [2]bodas en [3b]Caná de
[4c]Galilea; y estaba allí la madre de Jesús.
2 Y fue también invitado a las bodas Jesús con Sus
discípulos.

1[a] 1 Co. 15:4; cfr. Jn. 1:29, 35, 43
1[b] Jn. 4:46
1[c] Jn. 7:52

b. La vida humana se agota, y el hombre se llena de muerte
vs. 3-7

3 Y cuando se [1]acabó el [2]vino, la [3]madre de Jesús le dijo:
No tienen vino.

---

cielo abierto a la tierra y unir la tierra al cielo con miras a la casa de Dios, Bet-el. Jacob derramó aceite (un símbolo del Espíritu Santo, la máxima expresión del Dios Triuno que llega al hombre) sobre la piedra (un símbolo del hombre transformado), para que ésta fuera la casa de Dios. En este capítulo están el Espíritu (v. 32) y la piedra (v. 42) para la casa de Dios junto con Cristo en Su humanidad. Donde está todo esto, allí está el cielo abierto.

51[3] Este capítulo, como introducción de este evangelio, presenta a Cristo como el Hijo de Dios (vs. 34, 49) y como el Hijo del Hombre. Natanael lo reconoció como Hijo de Dios y se dirigió a El como tal (v. 49), pero Cristo le dijo que El era el Hijo del Hombre. El Hijo de Dios es Dios, y como tal tiene la naturaleza divina. El Hijo del Hombre es hombre, y como tal posee la naturaleza humana. Para dar a conocer a Dios (v. 18) y para traer a Dios al hombre, El es el Hijo unigénito de Dios. Mas para que la habitación de Dios sea edificada en la tierra, entre los hombres, El es el Hijo del Hombre. El edificio de Dios necesita Su humanidad. En la eternidad pasada Cristo era solamente Dios, el Hijo de Dios, y sólo tenía divinidad; pero en la eternidad futura, Cristo como Dios y hombre, y como el Hijo de Dios y el Hijo del Hombre, tendrá tanto divinidad como humanidad para siempre.

1[1] El día de la resurrección (1 Co. 15:4).

1[2] El matrimonio implica la continuación de la vida humana y la boda (la fiesta) indica el placer y el disfrute de la vida humana.

1[3] *Caná* significa *caña,* y las cañas representan personas débiles y frágiles (Is. 42:3a, Mt. 12:20a; 11:7).

1[4] Galilea era un lugar menospreciado (Jn. 7:52).

3[1] Lit., no les alcanzó.

3[2] El jugo vital de la uva, representa la vida. Por lo tanto, cuando el vino se acaba, la vida humana se termina.

3[3] Aquí, la madre de Jesús representa al hombre natural, el cual no tiene nada que ver con la vida (v. 4) y debe ser subyugado por la vida (v. 5).

4 Jesús le dijo: [1]¿Qué tengo que ver con esto que te afecta
4a Jn. 7:6, 8, 30; 8:20 a ti, [2]mujer? Aún no ha venido [a]Mi hora.
5 Su madre dijo a los que servían: Haced todo lo que os
diga.
6 Y estaban allí [1]seis tinajas de piedra para agua, conforme al [2]rito de la purificación de los judíos, en cada una de
las cuales cabían [3]dos o tres medidas.
7 Jesús les dijo: Llenad estas tinajas de [1]agua. Y las
llenaron hasta el borde.

c. Cristo convierte la muerte en vida eterna
vs. 8-11

8 Entonces les dijo: Sacad ahora, y llevadlo al maestresala. Y se lo llevaron.
9a Jn. 4:46 **9** Cuando el maestresala probó el [1a]agua hecha vino, sin
saber él de dónde era, aunque lo sabían los sirvientes que
habían sacado el agua, llamó al esposo,
10 y le dijo: Todo hombre sirve primero el buen vino, y
cuando ya han bebido mucho, *entonces* el inferior; mas tú has
reservado el buen vino hasta ahora.
11a Jn. 2:23; 3:2; 4:54; 6:2, 14, 26, 30; 7:31; 9:16; 10:41; 11:47; 12:18, 37; 20:30; Ap. 1:1 **11** Este [1]principio de [2a]señales hizo Jesús en Caná de
Galilea, y [3]manifestó Su gloria; y Sus discípulos creyeron *en
Él.

4[1] Lit., ¿Qué a ti y qué a Mí? (un modismo hebreo).

4[2] Una expresión de respeto y de cariño.

6[1] Las seis tinajas para agua representan al hombre creado, porque el hombre fue creado en el sexto día (Gn. 1:27, 31).

6[2] El rito judío de la purificación con agua, representa el esfuerzo de la religión por purificar a la gente mediante ciertas prácticas muertas. Pero el Señor cambia la muerte en vida.

6[3] Dos o tres medidas son unos cien litros.

7[1] Aquí el agua representa la muerte, como en Gn. 1:2, 6, Ex. 14:21, y Mt. 3:16.

9[1] Cambiar el agua en vino indica cambiar la muerte en vida.

11[1] La primera mención de algo en las Escrituras establece el principio de ese asunto específico. Por lo tanto, la primera señal establece el principio de todas las señales siguientes, a saber, cambiar la muerte en vida.

En las Escrituras, en sentido figurado, el árbol de la vida es la fuente de la vida, y el árbol del conocimiento es la fuente de la muerte, como se revela en Gn. 2:9, 17. El significado de todos los casos relatados en este evangelio, corresponde al principio de que el árbol de la vida produce vida y que el árbol del conocimiento produce muerte.

11[2] En este libro, todos los milagros que hizo el Señor son llamados señales (v. 23; 3:2; 4:54; 6:2, 14, 26, 30; 7:31; 9:16; 10:41; 11:47; 12:18, 37; 20:30). Estos son milagros, pero se usan como señales que representan la vida.

11[3] La divinidad del Señor se manifestó aquí.

2. El propósito de la vida: edificar la casa de Dios
vs. 12-22

a. Cristo purifica el templo
vs. 12-17

12 Después de esto descendió a Capernaum con Su madre, Sus hermanos y Sus discípulos; y estuvieron allí no muchos días.
13 Estaba cerca la [a]Pascua de los judíos; y subió Jesús a Jerusalén,
14 y [a]halló en el [1b]templo a los que vendían bueyes, ovejas y palomas, y a los cambistas *allí* sentados.
15 Y [1]haciendo un azote de [2]cuerdas, echó fuera del templo a todos, y las ovejas y los bueyes; y esparció las monedas de los cambistas, y volcó las mesas;
16 y dijo a los que vendían palomas: Quitad de aquí esto, y no hagáis de [a]la casa de Mi Padre casa de mercado.
17 Entonces se acordaron Sus discípulos que está escrito: “[a]El celo de Tu casa me consumirá”.

13[a] Jn. 6:4; 11:55
14[a] cfr. Mt. 21:12
14[b] 1 R. 6:1; Esd. 5:2
16[a] Jn. 14:2
17[a] Sal. 69:9

b. El cuerpo de Jesús, el templo, sería destruido y levantado en resurrección
vs. 18-22

18 Y los judíos respondieron y le dijeron: ¿Qué señal nos muestras, ya que haces esto?
19 Respondió Jesús y les dijo: Destruid este [1]templo, y en [2]tres días lo [a]levantaré.
20 Dijeron luego los judíos: En cuarenta y seis años fue edificado este templo, ¿y Tú en tres días lo levantarás?
21 Mas El hablaba del [a]templo de Su cuerpo.
22 Por tanto, cuando resucitó de entre los muertos, Sus discípulos se acordaron que había dicho esto; y creyeron la [a]Escritura y la palabra que Jesús había dicho.

19[a] Mt. 16:21; 17:23; 20:19; 27:63
21[a] cfr. 1 Co. 6:19; 3:16-17; Ef. 2:21-22
22[a] Sal. 16:10; Hch. 2:30-32

14[1] La palabra griega se refiere a todo el recinto del templo. Así también en el versículo siguiente.

15[1] El caso de la purificación del templo revela el propósito de la vida, esto es, que la vida tiene como fin la edificación de la casa de Dios.

15[2] Lit., cuerda *hecha de* juncos.

19[1] La palabra griega se refiere al templo interior. Así también en los vs. 20 y 21.

19[2] *Tres días* significa resurrección.

C. La vida satisface la necesidad del hombre en todos los casos 2:23—11:57

1. La necesidad del hombre moral: ser regenerado por la vida 2:23—3:36

a. El Señor se fía de la vida y no de los milagros 2:23—3:1

23 Estando en Jerusalén en la fiesta de la Pascua, muchos
creyeron *en Su nombre, viendo las señales que hacía.
24 Pero Jesús mismo no se fiaba de ellos, porque conocía
a todos,
25 y no tenía necesidad de que nadie le diese testimonio
25[a] Sal. 139:1-2 del hombre, pues [a]El sabía lo que había en el hombre.

CAPITULO 3

1 [1]Ahora bien, había un hombre de los fariseos que se
1[a] Jn. 7:50; 19:39 llamaba [a]Nicodemo, un principal entre los judíos.

b. La regeneración por el Espíritu divino en el espíritu humano 3:2-13

2 Este vino *a Jesús* de noche, y le dijo: Rabí, sabemos que
has venido de Dios como [1]maestro; porque nadie puede hacer
2[a] Jn. 2:11 2[b] Hch. 10:38 estas [a]señales que Tú haces, si no está [b]Dios con él.
3 Respondió Jesús y le dijo: De cierto, de cierto te digo:
3[a] 1 P. 1:23 3[b] Jn. 3:5 El que no [1a]nace de nuevo, no puede [2]ver el [3b]reino de Dios.

1[1] *Ahora bien* indica que este caso, el de Nicodemo, es diferente del caso de los versículos anteriores, 2:23-25. Allí las personas creyeron en el Señor por haber visto los milagros que hizo. El Señor no podía fiarse de tales personas. Pero el caso de este capítulo trata de la vida en la regeneración; revela que este libro no trata de cosas milagrosas, sino solamente de la vida. Es por esto que aun los milagros que el Señor hizo en este libro se llaman señales, lo cual significa que el Señor vino para dar vida a fin de que Dios pudiera multiplicarse (12:24), no vino para hacer milagros en beneficio del hombre.

2[1] Nicodemo consideraba a Cristo como un maestro que había venido de Dios. Esto indica que él tal vez pensaba que necesitaba mejores enseñanzas para poder mejorarse. Sin embargo, la respuesta del Señor en el siguiente versículo le reveló que su verdadera necesidad era nacer de nuevo. Nacer de nuevo es ser regenerado con la vida divina, una vida diferente de la vida humana que recibimos en nuestro nacimiento natural. Por lo tanto, su verdadera necesidad no era tener mejores enseñanzas para mejorarse, sino la vida divina por la cual pudiera ser hecho de nuevo. El buscaba enseñanzas, las cuales pertenecen al árbol del conocimiento, pero la respuesta del Señor lo condujo a su necesidad de vida, la cual pertenece al árbol de vida (cfr. Gn. 2:9, 17).

3[1] O, nace de arriba. Así también en el v. 7. Nacer de nuevo es nacer de arriba, de los cielos, o sea nacer de Dios, quien está en el cielo.

3[2] En las cosas espirituales, ver es entrar (v. 5).

4 Nicodemo le dijo: ¿Cómo puede un hombre nacer siendo viejo? ¿Puede acaso entrar por segunda vez en el vientre de su madre, y nacer?

5 Respondió Jesús: De cierto, de cierto te digo: El que no
[a]nace [1]de [2]agua y del Espíritu, no puede entrar en el reino de 5[a] Tit.
Dios. 3:5;

6 Lo que es [a]nacido [1]de la carne, carne es; y lo que es Mt. 3:11
nacido [1]del [2]Espíritu, [2]espíritu es. 6[a] Jn.

7 No te maravilles de que te dije: Os es necesario nacer 1:13
de nuevo.

8 El [1a]viento sopla donde quiere, y oyes su sonido; mas ni 8[a] Ec.
sabes de dónde viene, ni a dónde va; así es todo aquel que es 11:5;
nacido [2]del Espíritu. Ez. 37:9

9 Respondió Nicodemo y le dijo: ¿Cómo puede hacerse esto?

10 Respondió Jesús y le dijo: ¿Eres tú maestro de Israel, y no sabes esto?

11 De cierto, de cierto te digo, que lo que sabemos hablamos, y lo que hemos visto, [a]testificamos; y no recibís nuestro 11[a] Jn.
testimonio. 3:32

3[3] El reino de Dios es el reinado de Dios. Es una esfera divina en la cual se entra, un ámbito que requiere la vida divina. Sólo la vida divina puede hacer reales las cosas divinas. Por lo tanto, para ver el reino de Dios, o entrar en él, es necesario ser regenerado con la vida divina.

5[1] Lit., a partir de.

5[2] Las palabras *de agua y del Espíritu* deben de haber sido claras a Nicodemo, y no necesitaron explicación. En Mt. 3:11 Juan el Bautista les dijo las mismas palabras a los fariseos; así que ellos debieron de haber entendido esto muy bien. Ahora Nicodemo, un fariseo, estaba conversando con el Señor, y el Señor le dijo estas palabras conocidas. "El agua" era el concepto central del ministerio de Juan el Bautista, esto es, poner fin al hombre de la antigua creación. "El Espíritu" es el concepto central del ministerio de Jesús, esto es, hacer germinar al hombre en la nueva creación. Estos dos conceptos principales, constituyen el concepto de la regeneración. La regeneración pone fin al hombre de la antigua creación y a todas sus obras, y hace germinar al hombre en la nueva creación con la vida divina.

6[1] Lit., a partir de.

6[2] El primer Espíritu mencionado aquí es el Espíritu divino, el Espíritu Santo de Dios, y el segundo espíritu es el espíritu humano, el espíritu regenerado del hombre. La regeneración se lleva a cabo en el espíritu humano por medio del Espíritu Santo de Dios, con la vida de Dios, la vida eterna e increada. Así que, ser regenerado es tener la vida eterna y divina (además de la vida humana, la vida natural) como la nueva fuente y el nuevo elemento de una nueva persona.

8[1] La palabra griega que se traduce *viento* es la misma que *espíritu*. Se traduce *viento* o *espíritu* según el contexto. Este versículo se refiere a algo que sopla, cuyo sonido se puede oír, lo cual indica que la palabra debe traducirse *viento*. Una persona regenerada es como el viento, que se puede reconocer pero que no se puede entender; aun así, es un hecho, una realidad.

8[2] Lit., a partir de.

12 Si os he dicho las [1]cosas que están en la tierra, y no creéis, ¿cómo creeréis si os digo [1]las que están en el cielo?

13a Ro. 10:6-7; Ef. 4:9
13b Jn. 1:51

13 [a]Nadie subió al cielo, sino el que descendió del cielo; el [b]Hijo del Hombre, [1]que está en el cielo.

c. La naturaleza maligna de Satanás
que está en la carne del hombre
es juzgada en la cruz al morir Cristo en forma de serpiente,
para que los creyentes tengan vida eterna
3:14-21

14a Nm. 21:4-9
14b Jn. 12:32, 34; 8:28

14 Y como [a]Moisés [b]levantó la [1]serpiente en el desierto, así es necesario que el Hijo del Hombre sea levantado,

12[1] Aquí las cosas que están en la tierra no son cosas de naturaleza terrenal, sino cosas que suceden en la tierra, incluyendo la redención y la regeneración. Sobre este mismo principio, *las que están en los cielos* no se refiere a cosas de naturaleza celestial, sino a cosas que ocurren en el cielo. En el versículo siguiente el Señor dijo que El era Aquel que descendió del cielo y que todavía estaba en el cielo. Esto indica que El conocía las cosas que se llevaban a cabo en el cielo, porque El estaba en el cielo todo el tiempo.

13[1] Algunos mss. antiguos omiten: que está en el cielo.

14[1] Este capítulo trata de la regeneración. Por un lado, la regeneración introduce en nosotros la vida y la naturaleza divinas. Por otro lado, la regeneración le pone fin a la naturaleza maligna de Satanás, la cual está en nuestra carne. En Gn. 3 Satanás, la serpiente, inyectó su naturaleza en la carne del hombre. Cuando los hijos de Israel pecaron contra Dios, fueron mordidos por serpientes (Nm. 21:4-9). Dios le dijo a Moisés que levantara una serpiente de bronce para que el juicio de Dios cayera sobre la serpiente y no sobre ellos; de este modo todo aquel que mirara la serpiente viviría. Eso fue un tipo. En este versículo el Señor Jesús aplicó a Sí mismo ese tipo, dando a entender que en tanto que El estuviera en la carne, tenía la "semejanza de la carne de pecado" (Ro. 8:3), la cual equivale a la forma de la serpiente de bronce. La serpiente de bronce tenía la forma de la serpiente, pero no tenía el veneno de ella. Cristo fue hecho en "semejanza de la carne de pecado", pero no participó en ningún aspecto del pecado de la carne (2 Co. 5:21; He. 4:15). Cuando Cristo, estando en la carne, fue levantado en la cruz, Su muerte destruyó a Satanás, la serpiente antigua (12:31-33; He. 2:14). Esto significa que se le puso fin a la naturaleza serpentina, la cual se encuentra dentro del hombre caído. Cuando un hombre es regenerado con la vida divina en Cristo, su naturaleza satánica es anulada. Por esto, el Señor específicamente lo mencionó en esta porción de la Palabra al revelar la regeneración a Nicodemo.

Es posible que Nicodemo se considerara un hombre moral y bueno. Pero lo dicho por el Señor en este versículo implica que no importa cuán bueno haya sido Nicodemo exteriormente, él tenía interiormente la naturaleza serpentina de Satanás. Como descendiente de Adán, él había sido envenenado por la serpiente antigua, y la naturaleza de la serpiente estaba dentro de él. No solamente necesitaba que el Señor fuese el Cordero de Dios para que quitara su pecado (1:29); también necesitaba que el Señor estuviese en la forma de la serpiente para que su naturaleza serpentina fuese anulada en la cruz, para así tener vida eterna. Según el principio establecido en el cap. 2, esto es cambiar la muerte en vida.

15 para que todo aquel que *en El cree, tenga [1]vida eterna.

16 Porque de tal manera [a]amó Dios al [1]mundo, que ha
[b]dado a Su Hijo [c]unigénito, para que todo aquel que *en El
[2d]cree, no perezca, mas tenga vida eterna.

17 Porque no envió Dios a Su Hijo al mundo para [1]condenar al mundo, sino para que el mundo sea salvo por medio de El.

18 El que *en El cree, no es [1]condenado; pero el que no cree, ya ha sido [1]condenado, porque no ha creído *en el nombre [a]del unigénito Hijo de Dios.

19 Y ésta es [1]la condenación: que la [a]luz vino al mundo, y los hombres amaron más las tinieblas que la luz, porque sus obras eran malignas.

20 Porque todo aquel que [1]practica lo malo, aborrece la luz y no viene a la luz, para que sus obras no sean [2]reprendidas.

21 Mas el que practica la [1]verdad viene a la luz, para que sea manifiesto que sus obras son hechas en Dios.

16[a] Ro. 5:8; Ef. 2:4; Tit. 3:4; 1 Jn. 4:10
16[b] Ro. 8:32; 1 Jn. 4:9
16[c] Jn. 1:18; 3:18; 1 Jn. 4:9
16[d] Jn. 3:36; 6:40
18[a] Jn. 1:18
19[a] Jn. 1:9

15[1] Esta es la vida divina e increada de Dios, la cual no solamente es perpetua con respecto al tiempo, sino también eterna y divina en naturaleza. Así también en los vs. 16, 36.

16[1] Aquí el mundo se refiere a la gente caída y pecaminosa, que constituye el mundo. No sólo tienen pecado sino también el elemento venenoso del diablo, la serpiente antigua; por lo tanto, han llegado a ser serpientes. Necesitan que Cristo muera por ellos en la forma de una serpiente y que sea juzgado por Dios como substituto de ellos (v. 14); de no ser así, perecerán (v. 16). Aunque los hombres han caído por completo, Dios los sigue amando con Su amor divino, que es El mismo (1 Jn. 4:8, 16), porque ellos son vasos que El creó conforme a Su propia imagen para que le contuvieran a El (Gn. 1:26; Ro. 9:21a, 23). Además, El los ama tanto, que dio a Su Hijo unigénito, Su expresión, para que obtengan la vida eterna y lleguen a ser Sus muchos hijos y sean Su expresión corporativa a fin de que se cumpla Su economía neotestamentaria eterna. Por lo tanto, Dios primero los regenera por Su Espíritu (vs. 3-6), para que tengan Su vida eterna (vs. 15-16, 36a). Después, El los llena de Su Espíritu ilimitado (v. 34) para que lleguen a ser la novia de Cristo, Aquel que está por encima de todo y es todo-inclusivo (vs. 31-35), a fin de que sean Su aumento y plenitud (vs. 28-30).

16[2] Creer en el Señor no es lo mismo que creerle (6:30). Creerle es creer que El es verdadero y real, pero creer en El es recibirle y estar unido a El como uno solo. Lo primero es reconocer un hecho de manera objetiva, lo último es recibir una vida subjetivamente.

17[1] O, juzgar.

18[1] O, juzgado.

19[1] O, el juicio.

20[1] Es decir, hace lo malo habitualmente. La misma palabra se usa en 5:29.

20[2] O, expuestas, descubiertas.

21[1] Según el contexto, aquí *verdad* denota rectitud (contrario a lo malo, vs. 19-20), la cual es la realidad manifestada en un hombre que vive en Dios conforme a lo que El es, y la cual

d. El pueblo regenerado llega a ser la novia de Cristo, Su aumento 3:22-30

22[a] Jn. 4:1-2 — 22 Después de esto, Jesús y Sus discípulos fueron a la
tierra de Judea, y allí estuvo con ellos, y [a]bautizaba.
23 Juan bautizaba también en Enón, junto a Salim, porque había allí muchas aguas; y venían, y eran bautizados.
24[a] Mt. 14:3 — 24 Porque [a]Juan no había sido aún encarcelado.
25 Entonces hubo discusión entre los discípulos de Juan
25[a] Jn. 2:6 — y un judío acerca de la [a]purificación.
26 Y vinieron a Juan y le dijeron: Rabí, mira Aquel que
26[a] Jn. 1:28-29 — estaba contigo [a]al otro lado del Jordán, de quien tú [b]diste
26[b] Jn. 1:7, 34 — testimonio, [c]bautiza, y todos vienen a El.
27 Respondió Juan y dijo: No puede el hombre recibir
26[c] Jn. 4:2 — nada, si no le fuere dado del cielo.
28[a] Jn. 1:20, 23 — 28 Vosotros mismos me sois testigos de que dije: [a]Yo no
soy el Cristo, sino que soy enviado delante de El.
29[a] Ap. 19:7 — 29 [a]El que tiene la novia, es el novio; mas el amigo del
novio, que está *allí* y le oye, se goza grandemente de la voz
del novio; así pues, éste mi gozo se ha colmado.
30 Es necesario que El [1]crezca, pero que yo mengüe.

e. El inmensurable Hijo de Dios trae vida eterna al hombre que cree 3:31-36

31[a] Jn. 8:23 — 31 [1a]El que de arriba viene, es sobre todos; el que [2]procede

---

corresponde a la luz divina, que es Dios, la fuente de la verdad, manifestado en Cristo. Véase la nota 6[6] de 1 Jn. 1.

30[1] El crecimiento que se menciona en este versículo es la novia mencionada en el v. 29, y esta novia es una entidad viviente compuesta de todos los regenerados, lo cual significa que la regeneración, el tema de este capítulo, no sólo introduce la vida divina en los creyentes y anula la naturaleza satánica de su carne, sino que también hace de ellos la novia corporativa para el aumento de Cristo. Los dos últimos puntos, la anulación de la naturaleza serpentina en los creyentes, y que los creyentes sean hechos la novia de Cristo, son completamente desarrollados en el libro de Apocalipsis, otro escrito de Juan. Apocalipsis principalmente revela cómo Satanás, quien es la serpiente antigua, será completamente eliminado (Ap. 20:2, 10), y cómo la novia de Cristo, la Nueva Jerusalén, será completamente producida (Ap. 21:2, 10-27).

31[1] Los vs. 31-36 nos revelan lo ilimitado e inmensurable de Cristo. El es inmensurable e ilimitado, quien vino de arriba y está por encima de todos, al cual el Padre le ha dado todo, y quien dispensa el Espíritu sin medida. Este Cristo necesita un aumento universal para que sea Su novia y Su complemento, tal como se revela en los vs. 22-30. El que cree en el Cristo inmensurable tiene vida eterna; el que le desobedece está bajo la ira de Dios.

31[2] *Procede de, de* y *viene de* son la misma palabra griega. Ya que las personas, asuntos y cosas que están en

de la tierra, [2]de la tierra es, y lo que habla [2]procede de la
tierra; [b]el que [2]viene del cielo, es sobre todos. 31[b] Jn. 3:13
32 Y lo que vio y oyó, esto testifica; y [a]nadie recibe Su 32[a] Jn. 3:11
testimonio.
33 El que recibe Su testimonio, éste atestigua que Dios es
veraz.
34 Porque el que Dios envió, habla las [1]palabras de Dios;
pues no da el Espíritu por medida.
35 [a]El Padre ama al Hijo, y todas las cosas ha entregado 35[a] Jn. 5:20
en Su mano.
36 El que [a]cree *en el Hijo tiene vida eterna; pero el que 36[a] Jn. 3:15-16
no obedece al Hijo no verá la vida, sino que la ira de Dios
permanece sobre él.

CAPITULO 4

2. La necesidad de la persona inmoral: ser satisfecha por la vida 4:1-42

a. Un Salvador sediento y una pecadora sedienta vs. 1-8

1 Cuando, pues, el Señor supo que los fariseos habían
oído decir: Jesús hace y [a]bautiza más discípulos que Juan 1[a] Jn. 3:22, 26
2 (aunque Jesús mismo no bautizaba, sino Sus discípu-
los),
3 salió de [a]Judea, y se fue [b]otra vez a Galilea. 3[a] Jn. 3:22 3[b] Jn. 2:11
4 Y le era necesario pasar por Samaria.
5 Vino, pues, a una ciudad de Samaria llamada Sicar,
[a]junto a la parcela de tierra que Jacob dio a su hijo José. 5[a] Gn. 33:18-19; 48:22; Jos. 24:32
6 Y estaba allí el [1]pozo de Jacob. Entonces Jesús, cansa-
do del camino, se sentó así junto al [1]pozo. Era como la [2]hora
sexta.
7 Vino una mujer de Samaria a sacar agua; y Jesús le
dijo: Dame de beber.
8 Pues Sus discípulos habían ido a la ciudad a comprar
de comer.

---

la tierra proceden de la tierra, de la tierra son. *El que viene del cielo* se refiere al que procede del cielo; por lo tanto, tal persona es celestial.

34[1] Véase nota 63[3] del cap. 6.

6[1] Lit., fuente, igual que en el v. 14.

6[2] Es decir, las seis de la tarde.

b. El vacío de la tradición religiosa
y la plenitud de agua viva que la vida trae
vs. 9-14

9 La mujer samaritana le dijo: ¿Cómo Tú, siendo judío,
9[a] Mt. 10:5; Jn. 8:48; Lc. 9:52-53 me pides a mí de beber, que soy mujer samaritana? ([a]Porque
los judíos no tienen tratos con los [1]samaritanos.)
10 Respondió Jesús y le dijo: Si conocieras el [a]don de Dios,
y quién es el que te dice: Dame de beber; tú le habrías pedido
10[a] Ro. 6:23 y Él te habría dado [b]agua viva.
11 La mujer le dijo: Señor, no tienes vasija y el pozo es
10[b] Jn. 7:37-39; Ap. 21:6; 22:1, 17 hondo. ¿De dónde, pues, sacas esa agua viva?
12 ¿Acaso eres Tú mayor que nuestro padre Jacob, que
nos dio este pozo, del cual bebieron él, sus hijos y sus
ganados?
13 Respondió Jesús y le dijo: Todo el que [1]beba de esta
agua, volverá a tener sed;
14[a] Ex. 17:6; Nm. 20:8; Sal. 36:8; Jn. 7:37; 1 Co. 10:4; 12:13; Ap. 21:6; 22:17
14 mas el que [a]beba del agua que Yo le daré, no tendrá sed
[b]jamás; sino que el agua que Yo le daré será en él una fuente
de agua que brote para [1c]vida eterna.

c. La manera de obtener el agua viva
vs. 15-26

(1) Confesar los pecados
vs. 15-18

15 La mujer le dijo: Señor, [a]dame esa agua, para que no
14[b] Jn. 6:35 tenga yo sed, ni venga aquí a sacarla.
14[c] Jn. 6:27; 3:16; 5:24
16 *Jesús* le dijo: Ve, [1]llama a tu marido, y ven acá.
17 Respondió la mujer y dijo: No tengo marido. Jesús le
dijo: Bien has dicho: No tengo marido;
15[a] Jn. 6:34

9[1] Samaria era la región principal del reino del norte, Israel, y era su capital (1 R. 16:24, 29). Por el año 700 a. de C. los asirios se apoderaron de Samaria y trajeron gente de Babilonia y de otros países paganos a las ciudades de Samaria (2 R. 17:6, 24). Desde entonces los samaritanos llegaron a ser un pueblo de sangre judía y pagana. La historia nos dice que ellos tenían el Pentateuco (los cinco libros de Moisés) y que adoraban a Dios según esa parte del Antiguo Testamento. Pero los judíos nunca los reconocieron como parte de ellos.

13[1] Esto representa el disfrute de las cosas materiales y la diversión obtenida en el entretenimiento mundano. Nada de esto puede apagar la profunda sed del hombre. Por más "agua" material y mundana que tome uno, seguirá con sed. Cuanto más beba de esta "agua", más aumentará su sed.

14[1] Véase la nota 15[1] del cap. 3.

16[1] Le dijo esto para tocar la conciencia de ella al referirse a la historia de la inmoralidad de ella, a fin de que se arrepintiera de sus pecados.

18 porque [1]cinco maridos has tenido, y el que ahora tienes
no es tu marido; esto has dicho con verdad.

(2) Tocar a Dios el Espíritu
en el espíritu humano y con veracidad
Vs. 19-24

19 Le dijo la mujer: Señor, me parece que Tú eres profeta.
20 [1a]Nuestros padres adoraron [b]en este monte, mas vosotros decís que [c]en Jerusalén es el lugar donde se debe adorar.
21 Jesús le dijo: Mujer, créeme, que [a]la hora viene cuando
ni en este monte ni en Jerusalén adoraréis al Padre.
22 [a]Vosotros adoráis lo que no sabéis; nosotros adoramos
lo que sabemos; porque la salvación viene de los judíos.
23 Mas [a]la hora viene, y ahora es, cuando los verdaderos
adoradores adorarán al Padre [b]en espíritu y con veracidad;
porque también el Padre tales adoradores busca que le
adoren.
24 [1]Dios es [2]Espíritu; y los que le [3]adoran, [a]en [4]espíritu y
con [5]veracidad es necesario que adoren.

20[a] Gn. 33:18-20
20[b] Dt. 11:29-30; 27:12; Jos. 8:33
20[c] Dt. 12:5, 11, 14, 18, 21, 26; 16:2, 6, 7, 11, 15, 16
21[a] Jn. 4:23
22[a] 2 R. 17:33, 41
23[a] Jn. 5:25; 4:21
23[b] cfr. Fil. 3:3
24[a] Ro. 1:9

18[1] La mujer bebió del "agua" del primer esposo, pero no quedó satisfecha. Luego, bebió del segundo esposo, del tercero, del cuarto y del quinto. Puesto que ninguno le satisfizo, ella estaba bebiendo de otro. Los cambios sucesivos de esposos demostraron claramente que no importa lo mucho que hubiese bebido de esa "agua", todavía seguía sedienta. "Todo el que beba de esta agua, volverá a tener sed". ¡Esto que dijo el Señor es cierto!

20[1] El problema de la mujer, al igual que las preguntas de 8:3-5 y 9:2-3, requería un sí o un no como respuesta, lo cual pertenece al árbol del conocimiento; sin embargo, el Señor la volvió al espíritu (vs. 21-24), el cual pertenece al árbol de la vida (cfr. Gn. 2:9, 17).

24[1] Aquí Dios es el Dios Triuno completo: el Padre, el Hijo y el Espíritu.

24[2] *Espíritu* aquí se refiere a la naturaleza del Dios Triuno completo; no se refiere solamente al Señor Espíritu. Para adorar a Dios, quien es Espíritu, debemos hacerlo con nuestro espíritu, el cual tiene la misma naturaleza que la Suya.

24[3] El Señor dijo esto a la mujer samaritana a fin de instruirla con respecto a la necesidad de ejercitar su espíritu para tocar a Dios el Espíritu. Tocar a Dios el Espíritu con el espíritu es beber el agua viva, y beber el agua viva es rendir verdadera adoración a Dios.

24[4] Este es nuestro espíritu humano. Según la tipología, a Dios se le debe adorar: (1) en el lugar que El escogió para establecer Su habitación (Dt. 12:5, 11, 13-14, 18), y (2) con las ofrendas (Lv. 1—6). El lugar escogido por Dios para habitar tipifica el espíritu humano, donde hoy está la morada de Dios (Ef. 2:22). Las ofrendas tipifican a Cristo; Cristo es el cumplimiento y la realidad de todas las ofrendas con las cuales el pueblo adoraba a Dios. Por lo tanto, cuando el Señor le dijo a la mujer que adorara a Dios el Espíritu en espíritu y con veracidad, El le dio a entender que ella debía tener contacto con Dios el Espíritu en su espíritu, no en un lugar especial, y debía hacerlo por medio de Cristo, no por medio de las ofrendas.

(3) Creer que Jesús es el Cristo
vs. 25-26

25[a] Jn. 1:41; Lc. 3:15; cfr. Dt. 18:15, 18

25 Le dijo la mujer: Sé que ha de venir el [a]Mesías, que se llama el Cristo; cuando Él venga nos declarará todas las cosas.

26 Jesús le dijo: [1]Yo soy, el que habla contigo.

d. Un testimonio vivo con una cosecha maravillosa
vs. 27-42

27 En esto vinieron Sus discípulos, y se maravillaron de que hablaba con una mujer; sin embargo, ninguno dijo: ¿Qué buscas? o ¿Por qué hablas con ella?

28 Entonces la mujer [1]dejó su cántaro, y fue a la ciudad, y dijo a los hombres:

29[a] Jn. 7:26, 31

29 Venid, ved a un hombre que me ha dicho todo cuanto he hecho. [1a]¿No será éste el Cristo?

30 Entonces salieron de la ciudad, y vinieron a Él.

31 Mientras tanto, los discípulos le rogaban, diciendo: Rabí, come.

32 Él les dijo: [1]Yo tengo una comida que comer, que vosotros no sabéis.

33 Entonces los discípulos se decían unos a otros: ¿Le habrá traído alguien de comer?

Ya que Cristo, como la realidad que produce la virtud humana de la veracidad, ha venido (vs. 25-26), todas las sombras y tipos han terminado.

24[5] Conforme al contexto de este capítulo y a la revelación completa del Evangelio de Juan, aquí la *veracidad* denota la realidad divina que llega a ser la autenticidad y la sinceridad del hombre (que son lo opuesto a la hipocresía de la adoradora inmoral samaritana, vs. 16-18) para adorar verdaderamente a Dios. La realidad divina es Cristo (quien es la realidad, 14:6) como la realidad de todas las ofrendas del Antiguo Testamento con las cuales se adora a Dios (1:29; 3:14) y como la fuente del agua viva, el Espíritu vivificante (vs. 7-15), del cual participan y beben Sus creyentes, para que sea la realidad subjetiva de ellos. Finalmente ésta llega a ser la autenticidad y sinceridad con las cuales adoran a Dios de la manera que Él quiere. Véase la nota 6[6] de 1 Jn. 1; Ro. 3:7, y la nota 8[2] de Ro. 15.

26[1] Diciéndole esto Jesús la condujo a creer que Él era el Cristo, para que ella tuviera vida eterna (20:31). Ella creyó (v. 29).

28[1] Todo el que beba el agua viva y sea satisfecho con ella, dejará sus preocupaciones y dará testimonio de ello. Según el principio establecido en el cap. 2, esto también es convertir la muerte en vida.

29[1] Esto indica que la mujer creyó que Jesús era el Cristo. Al creer esto, ella recibió el agua viva y fue satisfecha.

32[1] El pecador fue satisfecho al recibir el agua viva del Salvador, y el Salvador fue satisfecho al hacer la voluntad de Dios de satisfacer al pecador. La comida del Salvador es hacer la voluntad de Dios para satisfacer al pecador (v. 34).

34 Jesús les dijo: Mi comida es que [a]haga la voluntad del que me envió, y que [b]acabe Su obra.

35 ¿No decís vosotros: Aún faltan cuatro meses para que llegue la [a]siega? He aquí os digo: Alzad vuestros ojos y mirad los campos, porque ya están blancos para la siega.

36 Y el que siega recibe salario, y recoge fruto para [1]vida eterna, para que el que siembra goce juntamente con el que siega.

37 Porque en esto es verdadero el dicho: Uno es el que siembra, y otro es el que siega.

38 Yo os he enviado a segar lo que vosotros no labrasteis; [1]otros labraron, y vosotros habéis entrado en sus labores.

39 Y muchos de los samaritanos de aquella ciudad creyeron *en El por la palabra de la mujer, que daba testimonio diciendo: Me dijo todo lo que he hecho.

40 Entonces vinieron los samaritanos a El y le rogaron que se quedase con ellos; y se quedó allí dos días.

41 Y creyeron muchos más por la palabra de El,

42 y decían a la mujer: Ya no creemos solamente por tu dicho, porque nosotros mismos hemos oído, y sabemos que verdaderamente éste es el [a]Salvador del mundo.

3. La necesidad del moribundo: ser sanado por la vida
4:43-54

a. Cristo vuelve a visitar el sitio
de los débiles y frágiles
vs. 43-46a

43 Pasados los dos días, salió de allí y fue a Galilea.

44 Porque Jesús mismo dio testimonio de que [a]el profeta [1]no tiene honra en su propia tierra.

45 Cuando vino a Galilea, los galileos le recibieron, habiendo visto todas las cosas que había hecho en Jerusalén, en la fiesta; porque también ellos habían ido a la fiesta.

46 Vino, pues, *Jesús* otra vez a [1a]Caná de [2]Galilea, donde había [b]convertido el agua en vino.

34[a] Jn. 5:30; 6:38
34[b] Jn. 5:36; 17:4
35[a] Lc. 10:2
42[a] 1 Jn. 4:14; 1 Ti. 4:10; Lc. 2:11
44[a] Mt. 13:57
46[a] Jn. 2:1
46[b] Jn. 2:9

36[1] Véase la nota 15[1] del cap. 3.

38[1] *Otros labraron* posiblemente significa que algunos habían sembrado la semilla entre los samaritanos usando el Pentateuco (los primeros cinco libros del Antiguo Testamento), el cual ellos poseían. Aquí el Señor envió a Sus discípulos a cosechar lo que los anteriores obreros habían sembrado.

44[1] El Señor fue a Galilea para evitar obtener la fama que había adquirido en Jerusalén (2:23).

46[1] Véase la nota 1[3] del cap. 2.

46[2] Galilea, un lugar menospreciado (7:41, 52), representa el mundo, el cual está en una condición baja y vil.

b. Los débiles y frágiles moribundos
vs. 46b-49

Y estaba allí un oficial del rey, cuyo hijo estaba enfermo en Capernaum.

47 Este, cuando oyó que Jesús había llegado de Judea a Galilea, vino a El y le rogó que descendiese y sanase a su hijo, porque estaba a punto de morir.

48a 1 Co. 1:22
48 Entonces Jesús le dijo: A menos que veáis [a]señales y prodigios, no creéis.

49 El oficial del rey le dijo: Señor, desciende antes que mi hijo muera.

c. La sanidad producida por la palabra vivificante y por la fe
vs. 50-54

50 Jesús le dijo: Ve, tu hijo vive. Y el hombre creyó la [1]palabra que Jesús le dijo, y se fue.

51 Cuando ya él descendía, sus siervos le salieron al encuentro a decirle que su hijo vivía.

52 Entonces él les preguntó a qué hora había comenzado a estar mejor. Y le dijeron: Ayer a la [1]hora séptima le dejó la fiebre.

53 El padre entonces entendió que aquella era la hora en que Jesús le había dicho: Tu hijo vive; y creyó él con toda su casa.

54a Jn. 2:11
54 Esta [1a]segunda señal hizo Jesús, cuando fue de Judea a Galilea.

CAPITULO 5

4. La necesidad del imposibilitado: ser vivificado por la vida
5:1-47

a. La inutilidad de guardar la ley en la religión
y la eficacia de la impartición de vida por parte del Hijo
vs. 1-9

1 Después de estas cosas había una fiesta de los judíos, y subió Jesús a Jerusalén.

50[1] La palabra de vida que sale de la boca del Señor, da vida a los que están a punto de morir.

52[1] Es decir, las siete de la noche.

54[1] La primera señal en Caná (2:1-11) significa el cambio de muerte a vida, que establece el principio de vida. Esta segunda señal es una continuación, una aplicación, del principio de cambiar la muerte en vida. El origen de la muerte es el árbol del conocimiento, y el origen de la vida es el árbol de la vida (cfr. Gn. 2:9, 17).

2 Y hay en Jerusalén, cerca de la [1a]Puerta de las Ovejas, 2ª Neh. 3:1
un estanque, llamado en hebreo [2]Betesda, el cual tiene
[3]cinco pórticos.
3 [1]En éstos yacía una multitud de enfermos, ciegos, cojos
y paralíticos, que [2]esperaban el movimiento del agua.
4 Porque un [1]ángel descendía de tiempo en tiempo al
estanque, y [2]agitaba el agua; y el que primero descendía al
estanque después del movimiento del agua, quedaba [3]sano
de cualquier enfermedad que tuviese.
5 Y había allí un [1]hombre que hacía treinta y ocho años
que estaba enfermo.
6 Cuando Jesús lo vio acostado, y supo que llevaba ya
mucho tiempo *así*, le [1]dijo: ¿Quieres ser sano?
7 Señor, le respondió el enfermo, [1]no tengo quien me
meta en el estanque cuando se agita el agua; y mientras yo
voy, otro desciende antes que yo.

2[1] La Puerta de las Ovejas representa la puerta del redil de la religión que guarda la ley (10:1).

2[2] *Betesda* significa *casa de misericordia,* lo cual quiere decir que aquellos que observaban la ley necesitaban la misericordia de Dios ya que eran impotentes, débiles y desdichados, como se muestra en Ro. 7:7-24.

2[3] *Pórticos* representa el refugio de la observancia religiosa de la ley, un refugio como el que provee un redil. El número cinco significa responsabilidad.

3[1] Esto significa que bajo el refugio de la observancia de la ley, en el redil de la religión, hay muchos ciegos, cojos y paralíticos, personas que no pueden ver, no pueden andar y carecen del suministro de vida.

3[2] Algunos mss. omiten la última parte del v. 3 y todo el v. 4.

4[1] Aquí el ángel representa el instrumento con el cual la ley, que no podía dar vida, fue dada (Gá. 3:19, 21).

4[2] El agitamiento del agua para sanar a la gente, representa el intento de perfeccionar a la gente por la práctica de guardar la ley.

4[3] O, completo. Así también en el v. 6.

5[1] Este hombre enfermo e incapacitado no era feliz, ni siquiera en el gozoso día de fiesta (v. 1), y no tenía reposo, ni siquiera en sábado (v. 10).

6[1] Esta señal significa que cuando la observancia de la ley en la religión judía llegó a ser algo irrealizable debido a la incapacidad del hombre (Ro. 8:3), el Hijo de Dios vino para vivificar a los muertos (v. 25). La ley no puede dar vida (Gá. 3:21), pero el Hijo de Dios da vida a los muertos (v. 21). "Cuando aún éramos débiles" (Ro. 5:6), El vino para darnos vida.

7[1] En la observancia religiosa de la ley había un medio para sanar, pero el hombre incapacitado no pudo recibir tal beneficio por no tener la fuerza para satisfacer los requisitos de la ley. Guardar la ley en la religión depende del esfuerzo humano, de las obras humanas, de la superación personal humana. Puesto que el hombre es impotente, guardar la ley en la religión viene a ser ineficaz. La ciudad santa, el santo templo, la fiesta, el día de sábado, los ángeles, Moisés y las Escrituras son las cosas buenas de esta religión; sin embargo, no pudieron hacer nada por este hombre incapacitado. A los ojos del Señor, él era un muerto (v. 25) que necesitaba no sólo ser sanado, sino también vivificado. Para ser vivificado por el Señor, no hay ningún requisito. El hombre incapacitado escuchó Su voz y fue avivado (v. 25).

8 Jesús le dijo: [a]Levántate, toma tu [1]lecho, y anda.
9 Y al instante aquel hombre [1]fue sanado, y [2]tomó su
lecho, y anduvo. Y era [a]sábado aquel día.

b. La religión se opone a la vida
vs. 10-16

10 Por eso los judíos dijeron a aquel que había sido sanado: Es día de [a]sábado; [1b]no te es lícito llevar *tu* lecho.
11 El les respondió: El que me sanó, El mismo me dijo:
Toma tu lecho y anda.
12 Entonces le preguntaron: ¿Quién es el que te dijo:
Toma *tu lecho* y anda?
13 Y el que había sido sanado no sabía quién fuese, porque Jesús se había retirado por haber una multitud en aquel
lugar.
14 Después le halló Jesús en el templo, y le dijo: Mira, has
sido sanado; [1a]no peques más, para que no te suceda alguna
cosa peor.
15 El hombre se fue, y dio aviso a los judíos, que Jesús era
el que le había sanado.
16 Y por esta causa los judíos perseguían a Jesús, [1]y
[a]procuraban matarle, porque hacía estas cosas en el día de
sábado.

c. El Hijo es igual al Padre en cuanto a dar vida y hacer juicio
vs. 17-30

17 Y Jesús les respondió: Mi Padre hasta ahora [1]trabaja,
y Yo también trabajo.
18 Por esto los judíos aún más [1]procuraban [a]matarle,

8[a] Mt. 9:6; Mr. 2:11; Lc. 5:24
9[a] Jn. 9:14
10[a] Mr. 2:27
10[b] Neh. 13:19; Jer. 17:21; Jn. 9:16
14[a] Jn. 8:11
16[a] Jn. 5:18; 7:1
18[a] Jn. 16:2

8[1] Un pequeño colchón o estera; Así también en los vs. 9, 10, 11 y 12.

9[1] Según los vs. 24-25, esto es pasar de muerte a vida y vivir. Según el principio establecido en el cap. 2, esto es cambiar la muerte en vida.

9[2] Antes el lecho cargaba al hombre incapacitado, pero ahora el hombre vivificado cargaba el lecho.

10[1] La vida que vivifica rompió el ritual de la religión. La religión se ofendió con la vida, y comenzó a oponerse a la vida desde este mismo momento (vs. 16, 18).

El día de sábado fue dado para el hombre (Mr. 2:27) y debe ser un reposo para él. Guardar la ley en la religión no trajo reposo al hombre que había estado enfermo por treinta y ocho años, pero la vida que lo vivificó sí lo hizo. Sin embargo, a los religiosos sólo les importaba el rito de guardar el sábado; no tenían interés alguno en el reposo de este hombre enfermo.

14[1] Esto indica que la enfermedad de este hombre se debía a su pecado.

16[1] Algunos mss. omiten: y procuraban matarle.

17[1] Dios concluyó Su obra creadora (Gn. 2:1-3); no obstante, el Padre y el Hijo seguían trabajando para la redención y la edificación.

18[1] Los religiosos, por un lado, guardaban el sábado, pero por otro,

porque no sólo quebrantaba el día de sábado, sino que también llamaba a Dios Su propio Padre, haciéndose [2]igual a
[b]Dios.
19 Respondió entonces Jesús, y les dijo: De cierto, de
cierto os digo: [a]No puede el Hijo hacer nada por Sí mismo,
sino lo que ve hacer al Padre; porque todo lo que el Padre
hace, también lo hace el Hijo igualmente.
20 Porque [a]el Padre ama al Hijo, y le muestra todas las
cosas que El mismo hace; y [b]mayores obras que éstas le
mostrará, de modo que vosotros os maravilléis.
21 Porque como el Padre [a]levanta a los muertos, y les da
vida, así también el Hijo da la vida a los que quiere.
22 Aún más, el Padre no juzga a nadie, sino que todo el
[a]juicio ha dado al Hijo,
23 para que todos honren al Hijo como honran al Padre.
El que no honra al Hijo, no honra al Padre que le envió.
24 De cierto, de cierto os digo: El que oye Mi palabra, y
[a]cree al que me envió, tiene [1]vida eterna; y no está sujeto a
[2]juicio, mas ha [b]pasado de [3]muerte a vida.
25 De cierto, de cierto os digo: Viene la hora, y ahora es,
cuando los [1a]muertos oirán la voz del Hijo de Dios; y los que
la oigan [1]vivirán.
26 Porque como el Padre tiene vida en Sí mismo, así
también ha dado al Hijo el tener [a]vida en Sí mismo;
27 y también le dio autoridad de hacer [a]juicio, por cuanto
es el [1]Hijo del Hombre.
28 No os maravilléis de esto; porque vendrá la hora cuando [1]todos los que están en los sepulcros oirán Su [a]voz

18[b] Fil. 2:6; Jn. 10:30, 33; 19:7; 1:1; 20:28; 1 Jn. 5:20; Ro. 9:5
19[a] Jn. 5:30; 8:28
20[a] Jn. 3:35
20[b] Jn. 14:12
21[a] Ro. 4:17; 8:11
22[a] Jn. 5:27; Hch. 10:42; 17:31; Ro. 2:16; 2 Ti. 4:1
24[a] Jn. 12:44
24[b] 1 Jn. 3:14
25[a] Ef. 2:1, 5; Col. 2:13
26[a] Jn. 1:4
27[a] Jn. 5:22; Hch. 10:42; 17:31; Ro. 2:16; 2 Ti. 4:1
28[a] cfr. 1 Co. 15:52

procuraban matar a Jesús. ¿Cómo podían ellos tener reposo? Debido a su concepto religioso ellos pensaban que matar a aquellos que no guardaran sus ritos religiosos era rendir servicio a Dios (16:2). Los conceptos religiosos, pues, son el veneno que Satanás da a la gente, haciendo que ellos maten, así como él envenena a la gente con el pecado.

18[2] En realidad el Hijo y el Padre son uno solo (10:30).

24[1] Véase la nota 15[1] del cap. 3.

24[2] O, condenación.

24[3] La fuente de la muerte es el árbol del conocimiento, y la fuente de la vida es el árbol de la vida (cfr. Gn. 2:9, 17). Por lo tanto, pasar de muerte a vida es cambiar la fuente por la cual uno vive.

25[1] No los que están muertos físicamente, sino los que están muertos en espíritu, según Ef. 2:1, 5 y Col. 2:13. Por lo tanto, en este versículo vivir significa estar vivo en el espíritu. No se refiere a la resurrección del cuerpo físico, lo cual se menciona en los vs. 28-29.

27[1] El Señor es el Hijo de Dios (v. 25); por lo tanto, puede dar vida (v. 21); El también es el Hijo del Hombre, por tanto, puede ejecutar el juicio.

28[1] Se refiere a todos aquellos que están muertos físicamente y sepultados en una tumba. Por lo tanto, salir

29[a] Dn. 12:2; Hch. 24:15
29[b] Ap. 20:4, 6; 1 Co. 15:23, 52; 1 Ts. 4:16
29[c] Ap. 20:5, 11-15
30[a] Jn. 5:19
30[b] Jn. 8:16
30[c] Jn. 4:34; 6:38
31[a] Jn. 8:14
33[a] Jn. 1:7
36[a] Jn. 10:25, 38; 14:11; 15:24
36[b] Jn. 3:17

29 y saldrán: [a]los que hicieron lo bueno, a [1b]resurrección de vida, y los que [2]practicaron lo malo, a [3c]resurrección de [4]juicio.

30 [a]No puedo Yo hacer nada por Mí mismo; según oigo, así juzgo; y [b]Mi juicio es justo, porque no busco Mi propia voluntad, sino la [c]voluntad del que me envió.

d. El testimonio cuádruple del Hijo
vs. 31-47

31 Si [a]Yo doy testimonio acerca de Mí mismo, Mi testimonio no es verdadero.

(1) El testimonio de Juan el Bautista
vs. 32-35

32 Otro es el que da testimonio acerca de Mí, y sé que el testimonio que da de Mí es verdadero.

33 Vosotros enviasteis *mensajeros* a Juan, y [a]él dio testimonio en favor de la [1]verdad.

34 Pero Yo no recibo testimonio de hombre alguno; mas digo esto, para que vosotros seáis salvos.

35 El era lámpara que ardía y alumbraba; y vosotros quisisteis regocijaros por un tiempo en su luz.

(2) El testimonio de la obra del Hijo
v. 36

36 Mas Yo tengo mayor testimonio que el de Juan, porque las [a]obras que el Padre me dio para que cumpliese, las mismas obras que Yo hago, dan testimonio de Mí, que el Padre me ha [1b]enviado.

---

del sepulcro, en el v. 29, equivale a resucitar físicamente.

29[1] Esta es la resurrección de los creyentes salvos, la cual ocurrirá antes del milenio (Ap. 20:4, 6; 1 Co. 15:23, 52; 1 Ts. 4:16). Cuando regrese el Señor Jesús, los creyentes que hayan muerto resucitarán para disfrutar la vida eterna. Por lo tanto, esta resurrección se llama la resurrección de vida.

29[2] Véase la nota 20[1] del cap. 3.

29[3] Esta es la resurrección de los incrédulos que hayan muerto, y tendrá lugar después del milenio (Ap. 20:5, 12). Todos los incrédulos que hayan muerto serán resucitados después del milenio y serán juzgados ante el gran trono blanco (Ap. 20:11-15). Por consiguiente, esta resurrección es llamada la resurrección de juicio.

En este capítulo, los vs. 24-26 hablan de la vivificación del espíritu; los vs. 28-29, de la resurrección de todo el ser, incluyendo el cuerpo.

29[4] O, condenación.

33[1] La misma palabra griega que se traduce *realidad* en 1:14, 17. El versículo anterior dice que Juan dio testimonio de Cristo; este versículo dice que Juan dio testimonio en favor de la verdad. Esto demuestra que la verdad aquí mencionada es Cristo (14:6). Según la revelación completa de este evangelio, la verdad es la realidad divina corporificada, revelada

(3) El testimonio del Padre
vs. 37-38

37 También el [a]Padre que me envió ha [1]dado testimonio 37[a] Jn. 8:18
de Mí. Nunca habéis oído Su voz, ni habéis visto Su aspecto,
38 ni tenéis Su palabra morando en vosotros; porque a
quien El envió, vosotros no creéis.

(4) El testimonio de las Escrituras
vs. 39-47

39 [1]Escudriñáis las Escrituras, porque a vosotros os parece que en ellas tenéis la vida eterna; y ellas son las que dan testimonio de Mí.
40 Pero no queréis [1]venir a Mí para que tengáis vida.
41 Gloria de los hombres no recibo.
42 Mas Yo os conozco, que no tenéis el amor de Dios en vosotros.
43 Yo he venido [1a]en nombre de Mi Padre, y no me recibís; 43[a] Jn. 10:25
si otro viene en su propio nombre, a ése recibiréis.
44 ¿Cómo podéis vosotros creer, pues recibís gloria los unos de los otros, y no buscáis la gloria que viene del Dios único?
45 No penséis que Yo voy a acusaros delante del Padre; hay quien os acusa, Moisés, en quien tenéis puesta vuestra esperanza.
46 Porque si creyerais a Moisés, me creeríais a Mí, porque
de Mí escribió [a]él. 46[a] Dt. 18:15, 18-19; Lc. 24:27
47 Pero [a]si no creéis a sus escritos, ¿cómo creeréis a Mis palabras? 47[a] Lc. 16:29, 31

y expresada en Cristo, el Hijo de Dios. Véase la nota 6[6] de 1 Jn. 1.

36[1] Véase la nota 6[1] del cap. 1; así también en el v. 38.

37[1] Esto se refiere al testimonio que el Padre dio del Señor cuando éste fue bautizado (Mt. 3:17). En esa ocasión los judíos oyeron la voz del Padre y vieron la forma del Espíritu Santo (Lc. 3:22), aunque antes de esa ocasión ellos nunca habían oído Su voz ni visto Su forma.

39[1] Es posible escudriñar las Escrituras y no venir al Señor (v. 40). Los religiosos judíos escudriñaban las Escrituras pero no estaban dispuestos a venir al Señor. Estas dos cosas deben ir juntas. Puesto que las Escrituras dan testimonio del Señor, no deben estar separadas de El. Es posible tener contacto con las Escrituras sin tener contacto con el Señor. Sólo el Señor puede dar vida.

40[1] Véase la nota 39[1].

43[1] El hecho de que el Hijo esté en el nombre del Padre equivale a que el Hijo sea el Padre; por lo tanto, El es llamado el Padre (Is. 9:6). Esto demuestra que el Hijo y el Padre son uno solo (10:30). Véase la nota 26[2] del cap. 14.

CAPITULO 6

5. La necesidad del hambriento: ser alimentado por la vida 6:1-71

a. El mundo hambriento, y el Cristo que provee alimento vs. 1-15

1 Después de esto, Jesús fue al otro lado del [1]mar de
Galilea, el de Tiberias.
2[a] Jn. 2:11; 4:54 2 Y le seguía gran multitud, porque veían las [a]señales
que hacía en los enfermos.
3 Entonces subió Jesús a un [1]monte, y se sentó allí con
Sus discípulos.
4[a] Jn. 2:13; Ex. 12:11, 14 4 Y estaba cerca la [1a]Pascua, la fiesta de los judíos.
5[a] vs. 5-13: Mt. 14:14-21; Mr. 6:34-44; Lc. 9:12-17; cfr. Mt. 15:32-37 5 [a]Cuando alzó Jesús los ojos, y vio que una gran multitud venía hacia El, dijo a Felipe: ¿De dónde compraremos
pan para que coman éstos?
6 Pero esto decía para probarle; porque El ya sabía lo
que había de hacer.
7 Felipe le respondió: Doscientos [1]denarios de pan no
bastarían para que cada uno de ellos tomase un poco.
8 Uno de Sus discípulos, Andrés, hermano de Simón
Pedro, le dijo:
9 Aquí está un muchacho, que tiene [1]cinco [2]panes de
cebada y [1]dos [2]pececillos; mas ¿qué es esto para tantos?

1[1] Este caso está en contraste con el caso del cap. 5. En ese caso la persona mencionada estaba cerca de un estanque; aquí las personas están cerca del mar. El escenario de aquel caso era la ciudad santa con un estanque sagrado donde los hombres eran sanados. El escenario de este caso es el desierto, con un mar, el mundo secular, del cual el hombre obtiene su sustento. En el primer caso, la persona estaba impotente y necesitaba ser vivificada por la vida. Aquí la gente tiene hambre y necesita que la vida les alimente. En tipología, la tierra representa el planeta que Dios creó para que el hombre viviera en él, y el mar representa el mundo, el cual fue corrompido por Satanás y en el cual vive la humanidad caída. En este mundo el hombre está hambriento y no tiene satisfacción. En este mundo el hombre está turbado y no tiene paz, como lo muestra el v. 18.

3[1] Un monte indica una posición que trasciende la tierra y el mar. Para disfrutar la alimentación que Cristo da, el pueblo debe ir con Cristo al monte.

4[1] En la Pascua, el pueblo inmola el cordero redentor, rocía la sangre y come la carne del mismo. Esto tipifica a Cristo como nuestra Pascua (1 Co. 5:7). El es el Cordero redentor de Dios (1:29, 36) inmolado por nosotros para que comamos Su carne y bebamos Su sangre, recibiéndole así como nuestro suministro de vida a fin de que vivamos por El.

7[1] El denario era la principal moneda de plata de los romanos; era considerado buen pago por un día de trabajo (véase Mt. 20:2).

9[1] El número cinco significa responsabilidad, e indica aquí que Cristo tiene la responsabilidad de ser nuestro suministro de vida. El número dos

10 Entonces Jesús dijo: Haced recostar la gente. Y había mucha hierba en aquel lugar; y se recostaron en número de unos cinco mil varones.

11 Y tomó Jesús aquellos panes, y habiendo dado gracias, los repartió entre los que estaban recostados; asimismo de los peces, cuanto querían.

12 Y cuando se hubieron saciado, dijo a Sus discípulos: Recoged los pedazos que sobraron, para que no se pierda nada.

13 Recogieron, pues, y llenaron [1]doce cestas de pedazos, que de los cinco panes de cebada sobraron a los que habían comido.

14 Aquellos hombres entonces, viendo la señal que *Jesús* había hecho, dijeron: Este verdaderamente es el [a]Profeta que había de venir al mundo.

15 Entonces Jesús, sabiendo que iban a venir para apoderarse de El y [1]hacerle [a]rey, [b]volvió a retirarse al monte El solo.

b. El mundo turbado, y el Cristo que da paz
vs. 16-21

16 Al anochecer, descendieron Sus discípulos al mar,

17 y entrando en una barca, iban cruzando el mar hacia

14[a] Dt. 18:15, 18; Jn. 5:46

15[a] Jn. 1:49

15[b] vs. 15b-21: Mt. 14:22-33; Mr. 6:45-51

---

significa testimonio, y aquí testifica que Cristo es nuestro suministro de vida.

9[2] Los panes proceden de la vida vegetal y representan el aspecto generador de la vida de Cristo. Los peces pertenecen a la vida animal y representan el aspecto redentor de la vida de Cristo. Cristo como vida generadora crece en la tierra que Dios creó; como vida redentora, vive en el mar, el mundo corrompido por Satanás. A fin de regenerarnos, El creció en la tierra creada por Dios para reproducirse; a fin de redimirnos, El vivió en el mundo satánico y pecaminoso. Pero El no es pecaminoso y el mundo no le afecta, del mismo modo que los peces viven en el agua salada, pero no son salados.

En la tierra judía la cebada es la que más pronto madura, y es la primera cosecha; por lo tanto, tipifica al Cristo resucitado (Lv. 23:10). Los panes de cebada representan a Cristo en resurrección como alimento para nosotros.

Tanto los panes de cebada como los peces son cosas pequeñas y dan a entender que Cristo es pequeño y puede, por ende, ser el suministro de vida para nosotros. Los que buscaban milagros le consideraban el Profeta prometido y le querían hacer rey por la fuerza (vs. 14-15), pero El no estaba interesado en ser un gigante en la religión; más bien, El prefería ser los pequeños panes y peces para que la gente pudiera comerle.

13[1] Las doce cestas de pedazos que sobraron representan las rebosantes riquezas del suministro de vida de Cristo. Los cinco panes, que representan este suministro, no solamente alimentaron mil veces ese número, o sea cinco mil personas, sino que también proveyeron lo suficiente para que sobrara.

15[1] Es decir, para hacerle el Mesías.

Capernaum. Estaba ya oscuro, y Jesús no había venido a
ellos.
18 Y el [1]mar se iba agitando porque soplaba un gran
viento.
19 Cuando habían remado como [1]veinticinco o treinta
estadios, vieron a [2]Jesús caminando sobre el mar y acercándose a la barca; y tuvieron miedo.
20 Mas El les dijo: Yo soy; no temáis.
21 Ellos entonces estuvieron dispuestos a [1]recibirle en la
barca, e inmediatamente la barca llegó a la tierra adonde
iban.

c. El pan de vida
vs. 22-71

(1) Los que buscan comida perecedera
vs. 22-31

22 El día siguiente, la multitud que estaba al otro lado del
mar vio que no había habido allí más que una sola barca, y
que Jesús no había entrado en ella con Sus discípulos, sino
que éstos se habían ido solos.
23 Pero otras barcas habían arribado de Tiberias junto al
lugar donde habían comido el pan después de haber dado
gracias el Señor.
24 Cuando vio, pues, la multitud que Jesús no estaba allí,
ni Sus discípulos, entraron en las barcas y fueron a Capernaum, buscando a Jesús.
25 Y hallándole al otro lado del mar, le dijeron: Rabí,
¿cuándo llegaste acá?
26 Respondió Jesús y les dijo: De cierto, de cierto os digo
que me buscáis, no porque habéis visto las señales, sino
porque comisteis el pan y os saciasteis.
27a Is. 55:2 — **27** [a]Trabajad, no por la comida que perece, sino por la
27b Jn. 6:53-54 — [b]comida que a [1]vida eterna permanece, la cual el Hijo del
Hombre os dará; porque a éste Dios el Padre ha marcado con
Su sello.

18[1] La agitación del mar representa los problemas de la vida humana.

19[1] Es decir, cinco o seis kilómetros.

19[2] Esto significa que el Señor está por encima de todos los problemas de la vida humana. El puede andar sobre las olas de los problemas de la vida humana, y toda turbación está bajo Sus pies.

21[1] Necesitamos recibir al Señor en nuestra "barca" (nuestra vida matrimonial, nuestra familia, nuestros negocios, etc.) y disfrutar la paz con El al andar por la senda de la vida humana.

27[1] Véase la nota 15[1] del cap. 3; así también en los vs. 40, 47, 54, 68.

28 Entonces le dijeron: ¿Qué debemos [1]hacer para [1]poner
en práctica las obras de Dios?
29 Respondió Jesús y les dijo: Esta es la obra de Dios, que
[1]creáis *en Aquel que El ha [2]enviado.
30 Le dijeron entonces: ¿Qué [a]señal, pues, haces Tú, para
que veamos, y te creamos? ¿Qué obra haces?
31 Nuestros padres [a]comieron el maná en el desierto,
como está escrito: "[b]Pan del cielo les dio a comer".

(2) El pan que permanece para vida eterna
vs. 32-71

(a) Encarnado
vs. 32-51a

32 Jesús, pues, les dijo: De cierto, de cierto os digo: No os
dio Moisés el pan del cielo, mas Mi Padre os da el verdadero
pan del cielo.
33 Porque el pan de Dios es Aquel que [1]desciende del cielo
y da vida al mundo.
34 Le dijeron: Señor, danos siempre este pan.
35 Jesús les dijo: Yo soy el [1]pan de vida; el que a Mí viene,
[2]nunca [a]tendrá hambre; y el que *en Mí cree, no tendrá sed
jamás.
36 Mas os he dicho, que aunque me habéis visto, no creéis.
37 Todo lo que el Padre me [a]da, vendrá a Mí; y al que a Mí
viene, por ningún motivo le echaré fuera.
38 Porque he [a]descendido del cielo, [b]no para hacer Mi
propia voluntad, sino la [c]voluntad del que me envió.
39 Y ésta es la voluntad de Aquel que me envió: Que de
todo lo que me dé, [a]no pierda Yo nada, sino que lo [b]resucite
en el día postrero.
40 Y ésta es la voluntad de Mi Padre: Que todo aquel que

30[a] 1 Co. 1:22
31[a] Ex. 16:15-18, 31; 1 Co. 10:3
31[b] Ex. 16:4; Neh. 9:15; Sal. 78:24; 105:40
35[a] Jn. 4:14
37[a] Jn. 6:39, 65; 17:2, 24
38[a] Jn. 3:13; 6:41, 50, 58
38[b] Mt. 26:39
38[c] Jn. 4:34; 5:30
39[a] Jn. 17:12; 18:9
39[b] Jn. 6:44, 54

28[1] El concepto del hombre caído con respecto a Dios siempre ha sido que debe hacer algo para Dios y debe trabajar para El. Este es el principio del árbol del conocimiento del bien y del mal de Gn. 2.

29[1] El concepto del Señor con respecto a Dios, es que el hombre debe creer en Dios, esto es, recibirle como vida y como suministro de vida. Este es el principio del árbol de la vida, el cual trae vida, como se ve en Gn. 2, y está en contraste con el principio del árbol del conocimiento, el cual trae muerte.

29[2] Véase la nota 6[1] del cap. 1; así también en el v. 57.

33[1] Por medio de la encarnación.

35[1] El pan de vida es el suministro de vida en forma de alimento. Es semejante al árbol de la vida (Gn. 2:9), el cual también es el suministro de vida "bueno para comer".

35[2] Según el principio establecido en el cap. 2, esto también es cambiar la muerte en vida. La fuente de la muerte es el árbol del conocimiento, y la fuente de la vida es el árbol de la vida.

ve al Hijo, y cree *en El, tenga vida eterna; y Yo le resucitaré
en el día postrero.
41 Murmuraban entonces de El los judíos, porque había
dicho: Yo soy el pan que [a]descendió del cielo.
42 Y decían: ¿[a]No es éste Jesús, el [1]hijo de José, cuyo
padre y madre nosotros conocemos? ¿Cómo, pues, dice ahora: Del cielo he [b]descendido?
43 Jesús respondió y les dijo: No murmuréis entre vosotros.
44 [a]Ninguno puede venir a Mí, si el Padre que me envió
no le [b]atrae; y Yo le [c]resucitaré en el día postrero.
45 Escrito está en los profetas: "[a]Y serán todos [b]enseñados
por Dios". Todo aquel que ha oído al Padre, y aprendido de
El, viene a Mí.
46 [a]No que alguno haya visto al Padre, sino Aquel que
vino [1b]de Dios; éste ha visto al Padre.
47 De cierto, de cierto os digo: El que cree, [a]tiene vida
eterna.
48 Yo soy el pan de vida.
49 Vuestros padres comieron el maná en el desierto, y
murieron.
50 Este es el pan que [a]desciende del cielo, para que el que
de él [b]come, no muera.
51 Yo soy el [1]pan vivo que descendió del cielo; si alguno
come de este pan, [a]vivirá para siempre;

(b) Inmolado
vs. 51b-55

y el pan que Yo daré es Mi [2]carne, *la cual Yo daré* [3]por la vida
del [b]mundo.
52 Entonces los judíos contendían entre sí, diciendo:
¿Cómo puede este hombre darnos a comer Su carne?
53 Jesús les dijo: De cierto, de cierto os digo: Si no coméis

41[a] Jn. 6:38, 50, 58; 3:13
42[a] Lc. 4:22
42[b] Jn. 6:38
44[a] Jn. 6:65
44[b] Jer. 31:3; Jn. 6:65
44[c] Jn. 6:39, 54
45[a] Is. 54:13
45[b] 1 Ts. 4:9
46[a] Jn. 1:18
46[b] Jn. 7:29; 16:27; 17:8
47[a] Jn. 3:16; 5:24
50[a] Jn. 6:38, 41
50[b] Jn. 6:57
51[a] Jn. 6:58
51[b] Jn. 1:29

42[1] Véase la nota 45[1] del cap. 1.

46[1] Véase la nota 14[5] del cap. 1.

51[1] *El pan de vida* (v. 35) se refiere a la naturaleza del pan, la cual es vida; *el pan vivo* se refiere a la condición del pan, la cual es viviente.

51[2] Aquí del pan pasa a la carne. El pan pertenece a la vida vegetal, y sólo sirve como alimento; la carne pertenece a la vida animal, y no solamente alimenta, sino que también redime. Antes de la caída del hombre, el Señor era el árbol de vida (Gn. 2:9), cuyo único fin era alimentar al hombre. Después de que el hombre cayó en el pecado, el Señor llegó a ser el Cordero (1:29), cuyo fin no es solamente alimentar al hombre, sino también redimirlo (Ex. 12:4, 7-8).

51[3] El Señor dio Su cuerpo, es decir, Su carne, al morir por nosotros para que tuviéramos vida.

la carne del Hijo del Hombre, y bebéis Su [1]sangre, no tenéis
vida en vosotros.
54 El que [1]come Mi [2]carne y bebe Mi sangre, tiene vida
eterna; y Yo le [a]resucitaré en el día postrero. 54[a] Jn. 6:39, 44
55 Porque Mi carne es verdadera comida, y Mi sangre es
verdadera bebida.

(c) Resucita para morar en lo interior
vs. 56-59

56 El que come Mi carne y bebe Mi sangre, en Mí [a]perma- 56[a] Jn. 15:5
nece, y [1]Yo en él.
57 Como me envió el Padre viviente, y Yo vivo por causa
del Padre, asimismo el que me [1]come, él también [a]vivirá por 57[a] Jn. 14:19; Gá. 2:20; Fil. 1:21
causa de Mí.
58 Este es el pan que descendió del cielo; no como el que
comieron *vuestros* padres, y murieron; el que come de este
pan, [a]vivirá eternamente. 58[a] Jn. 6:51
59 Estas cosas dijo en la sinagoga, enseñando en Capernaum.

(d) Asciende
vs. 60-62

60 Al oírlo, muchos de Sus discípulos dijeron: Dura es esta
palabra; ¿quién la puede oír?
61 Sabiendo Jesús en Sí mismo que Sus discípulos murmuraban de esto, les dijo: ¿En esto [a]tropezáis vosotros? 61[a] Mt. 11:6

53[1] Aquí la sangre es añadida, pues es necesaria para la redención (19:34; He. 9:22; Mt. 26:28; 1 P. 1:18-19; Ro. 3:25).

54[1] Lit., mastica; así también en los vs. 56, 57, 58.

54[2] Aquí la carne y la sangre se mencionan separadamente. La separación de la sangre y la carne indica muerte. Aquí el Señor Jesús dio a entender claramente que moriría, o sea que sería inmolado. El dio Su cuerpo y derramó Su sangre por nosotros para que tuviéramos vida eterna. Comer Su carne es recibir por fe todo lo que El hizo al dar Su cuerpo por nosotros; y beber Su sangre es recibir por fe todo lo que El logró al derramar Su sangre por nosotros. Comer Su carne y beber Su sangre es recibirle, en Su redención, como vida y suministro de vida creyendo en lo que El hizo por nosotros en la cruz. Al comparar este versículo con el v. 47, vemos que comer la carne del Señor y beber Su sangre es creer en El, porque creer es recibir (1:12).

56[1] Esto indica que el Señor tenía que resucitar para poder morar en nosotros como nuestra vida y como nuestro suministro de vida.

57[1] Comer es ingerir el alimento para que sea asimilado en nuestro cuerpo orgánicamente. Por lo tanto, comer al Señor Jesús es recibirle para que El, como vida, sea asimilado por el nuevo hombre regenerado. Luego vivimos por Aquel que hemos recibido. Por medio de esto el Señor Jesús, Aquel que resucitó, vive en nosotros (14:19-20).

62a Jn. 3:13

62 ¿Pues qué, si vierais al Hijo del Hombre [1a]subir adonde
estaba antes?

(e) Se hace el Espíritu vivificante
vs. 63-65

63a 1 Co. 15:45; 2 Co. 3:6

63 [a]El [1]Espíritu es el que da vida; la [2]carne para nada
aprovecha; las [3]palabras que Yo os he hablado son espíritu y
son vida.

64a Jn. 2:25
64b Jn. 6:71; 13:11
65a Jn. 6:44
65b Jn. 6:37, 39; 17:2, 24

64 Pero hay entre vosotros algunos que no creen. Porque
Jesús [a]sabía desde el principio quiénes eran los que no
creían, y [b]quién le había de [1]traicionar.
65 Y dijo: Por eso os he dicho que [a]ninguno puede venir a
Mí, si no le fuese [b]dado del Padre.

(f) Toma cuerpo y es hecho real
en la palabra de vida para los creyentes
vs. 66-71

66 Desde entonces muchos de Sus discípulos volvieron a
lo que habían dejado, y ya no andaban con El.

62[1] En el v. 56 está implícita la resurrección del Señor. En este versículo, Su ascensión, la cual siguió a Su resurrección, se menciona claramente. La ascensión del Señor comprueba que Su obra redentora se había completado (He. 1:3b).

63[1] Aquí presenta el Espíritu que da vida. Después de la resurrección y mediante la resurrección, el Señor Jesús, quien se había hecho carne (1:14), llegó a ser el Espíritu vivificante, según se expresa claramente en 1 Co. 15:45. Es como Espíritu vivificante que El puede ser nuestra vida y nuestro suministro de vida. Cuando le recibimos como el Salvador crucificado y resucitado, el Espíritu vivificante entra en nosotros para impartirnos vida eterna. Recibimos al Señor Jesús, pero obtenemos al Espíritu vivificante.

63[2] *La carne* en este contexto se refiere a la carne del cuerpo físico. Cuando el Señor dijo: "El pan que Yo daré es Mi carne" (v. 51), los judíos pensaron que El les daría a comer la carne de Su cuerpo físico (v. 52). No entendieron correctamente la palabra del Señor. Para ellos fue una palabra muy dura (v. 60). Así que, en este versículo, el Señor explica que lo que El les daría a comer no era la carne de Su cuerpo físico, pues ésta para nada aprovecha. En realidad lo que finalmente les daría era el Espíritu vivificante, el cual es el Señor mismo en resurrección.

63[3] La palabra griega que aquí y en el v. 68 se traduce *palabras,* es *réma,* la cual denota la palabra hablada para el momento. Difiere de *lógos* (traducida *Verbo* en 1:1), que se refiere a la palabra constante. Aquí *las palabras* van después del *Espíritu.* El Espíritu es viviente y verdadero, no obstante es misterioso e intangible, y es difícil que la gente lo capte; pero las palabras son tangibles, concretas. Primeramente, el Señor indica que para poder dar vida, El llegaría a ser el Espíritu. Luego, El dice que las palabras que El habla son espíritu y vida. Esto muestra que las palabras que El expresa contienen el Espíritu de vida. El ahora es el Espíritu vivificante en resurrección, y Sus palabras contienen el Espíritu. Cuando recibimos Sus palabras al ejercitar nuestro espíritu, obtenemos al Espíritu, quien es vida.

64[1] Lit., entregar; así también en todo el libro.

67 Dijo entonces Jesús a los doce: ¿Queréis acaso iros
también vosotros?
68 Le respondió Simón Pedro: Señor, ¿a quién iremos? Tú
tienes [a]palabras de vida eterna.
69 Y nosotros hemos creído y conocemos que Tú eres el
Santo de Dios.
70 Jesús les respondió: ¿No os he [a]escogido Yo a vosotros
los doce? Sin embargo, uno de vosotros es [b]diablo.
71 Hablaba de Judas, *hijo* de Simón Iscariote; porque
éste, uno de los doce, le iba a traicionar.

68[a] Jn. 6:63; 17:8

70[a] Jn. 15:16

70[b] Jn. 13:2, 27; 8:44; 17:12

CAPITULO 7

6. La necesidad del sediento: ser saciado por la vida 7:1-52

a. La vida bajo la persecución de la religión vs. 1-36

(1) La confabulación de la religión y una fiesta religiosa vs. 1-2

1 Después de estas cosas, andaba Jesús en Galilea; pues
no quería andar en Judea, porque los judíos [a]procuraban
[1]matarle.
2 Estaba cerca la [1a]fiesta de los judíos, la de los tabernáculos.

1[a] Jn. 5:16, 18

2[a] Lv. 23:34; Dt. 16:16

1[1] Aunque el Señor es Dios el Creador, El vivió en la tierra como un hombre y sufrió persecución a manos de Sus criaturas.

2[1] En el caso del cap. 6, se celebra la fiesta de la Pascua. En el caso descrito en este capítulo se ve la fiesta de los Tabernáculos. La fiesta de la Pascua es la primera fiesta anual de los judíos, y la fiesta de los Tabernáculos es la última (Lv. 23:5, 34). La fiesta de la Pascua, por ser la primera fiesta del año, implica el comienzo de la vida del hombre (cfr. Ex. 12:2-3, 6), lo cual incluye la búsqueda de satisfacción por parte del hombre y produce hambre en él. La fiesta de los Tabernáculos, por ser la última del año, implica la culminación y el éxito de la vida del hombre (cfr. Ex. 23:16), lo cual terminará y dejará sediento al hombre. En la escena de la fiesta de la Pascua, el Señor se presentó como el pan de vida, que satisface el hambre del hombre. En la escena de la fiesta de los Tabernáculos, el Señor prometió que El haría fluir el agua viva que apaga la sed del hombre.

Después de recoger toda la cosecha, los judíos celebraban la fiesta de los Tabernáculos para adorar a Dios y disfrutar de lo que habían segado (Dt. 16:13-15). Por lo tanto, esta fiesta representa la culminación, los logros y el éxito de la carrera y del estudio del hombre, y de los demás asuntos de la vida humana, incluyendo la religión, con su respectivo gozo y disfrute.

Dios estableció la fiesta de los Tabernáculos para que los hijos de Israel recordaran que sus padres habían vivido en tiendas mientras vagaban por el desierto (Lv. 23:39-43) con la esperanza de entrar en el reposo de la

(2) La vida sufre por la incredulidad del hombre
vs. 3-5

3 Por lo tanto, Sus hermanos le dijeron: Sal de aquí, y vete a Judea, para que también Tus discípulos vean las obras que haces.

4 Porque nadie hace algo en secreto si procura ser *conocido* abiertamente. Si estas cosas haces, manifiéstate al mundo.

5 Porque ni aun Sus hermanos creían *en El.

(3) La vida se limita al tiempo
vs. 6-9

6a Jn. 7:8, 30; 2:4; cfr. Mt. 26:18
7a Jn. 17:14
7b Jn. 3:19
8a Jn. 7:6, 30

6 Entonces Jesús les dijo: Mi [1a]tiempo aún no ha llegado, mas vuestro tiempo siempre está presto.

7 No puede el [a]mundo aborreceros a vosotros; mas a Mí me aborrece, porque Yo testifico de él, que [b]sus obras son malas.

8 Subid vosotros a la fiesta; Yo no subo a esta fiesta, porque Mi [a]tiempo aún no se ha cumplido.

9 Y habiéndoles dicho esto, se quedó en Galilea.

(4) La vida procura la gloria de Dios
vs. 10-24

10 Pero después que Sus hermanos habían subido a la fiesta, entonces subió El también, [1]no abiertamente, sino como en secreto.

11a Jn. 7:1; 11:56
12a Jn. 7:40-43, 47

11 Y le [a]buscaban los judíos en la fiesta, y decían: ¿Dónde está Aquél?

12 Y había gran murmullo acerca de El entre la multitud, pues [a]unos decían: Es bueno; pero otros decían: No, sino que extravía al pueblo.

---

buena tierra. Por lo tanto, esta fiesta también es un recordatorio de que aún hoy el pueblo de Dios sigue en el desierto y necesita entrar en el reposo de la Nueva Jerusalén, la cual es el tabernáculo eterno (Ap. 21:2-3). Abraham, Isaac y Jacob también vivían en tiendas y anhelaban este tabernáculo eterno (He. 11:9-10), en el cual habrá un río de agua de vida que sale del trono de Dios y del Cordero para apagar la sed del hombre (Ap. 22:1, 17). Al final de esta fiesta, con tal precedente histórico, Cristo clamó a gran voz y dio la promesa acerca de los ríos de agua viva, los cuales satisfarían las expectativas del hombre por la eternidad (vs. 37-39).

6[1] Aunque el Señor es el Dios eterno, infinito e ilimitado, El vivió aquí en la tierra como un hombre, limitado aun con respecto al tiempo.

10[1] Aunque el Señor es el Dios Todopoderoso, como hombre bajo persecución fue limitado también en relación con Sus actividades.

13 Pero ninguno hablaba abiertamente de El, por [a]miedo a los judíos. 13[a] Jn. 9:22; 19:38; 20:19

14 Mas a la mitad de la fiesta subió Jesús al templo, y se puso a enseñar.

15 Y se maravillaban los judíos, diciendo: ¿Cómo sabe éste letras, [1]sin haber estudiado?

16 Jesús les respondió y dijo: [a]Mi enseñanza no es Mía, sino de Aquel que me envió. 16[a] Jn. 8:28; 12:49-50

17 El que quiera hacer la voluntad de Dios, conocerá si la enseñanza es de Dios, o si Yo hablo por Mi propia cuenta.

18 El que habla por su propia cuenta, su propia gloria [a]busca; pero el que busca la gloria del que le envió, éste es verdadero, y no hay en El injusticia. 18[a] Jn. 8:50

19 ¿[a]No os dio Moisés la ley? Y ninguno de vosotros cumple la ley. ¿Por qué [b]procuráis matarme? 19[a] Jn. 1:17 19[b] Jn. 7:1; 5:16, 18

20 Respondió la multitud y dijo: Demonio [a]tienes; ¿quién procura matarte? 20[a] Jn. 8:48, 52; 10:20

21 Jesús respondió y les dijo: [a]Una obra hice, y todos os maravilláis. 21[a] Jn. 5:2-9

22 Por esto, [a]Moisés os dio la circuncisión (no porque sea de Moisés, sino de los padres); y en el día de sábado circuncidáis al hombre. 22[a] Lv. 12:3

23 Si recibe el hombre la circuncisión en el día de sábado, para que la ley de Moisés no sea quebrantada, ¿os enojáis conmigo porque en el día de sábado [a]sané completamente a un hombre? 23[a] Jn. 5:9

24 No juzguéis según las [1]apariencias, sino juzgad con justo juicio.

(5) La fuente y el origen de la vida: Dios el Padre
vs. 25-36

25 Decían entonces unos de Jerusalén: ¿No es éste a quien buscan para matarle?

26 Pues mirad, habla abiertamente, y no le dicen nada. ¿Habrán reconocido en verdad los gobernantes que éste es el Cristo?

27 Pero éste, [a]sabemos de dónde es; mas cuando venga el Cristo, nadie sabrá de dónde sea. 27[a] cfr. Jn. 9:29

28 Gritó, entonces, Jesús, enseñando en el templo, diciendo: A Mí me [1a]conocéis, y [1]sabéis de dónde soy; y [b]no he venido 28[a] Jn. 6:42 28[b] Jn. 8:42

15[1] Aunque El es el Dios omnisciente, como un hombre humilde daba la apariencia de ser iletrado.

24[1] O, semblante, rostro.

28[1] Entendimiento interior y subjetivo. Así también en el versículo siguiente.

de Mí mismo, pero Aquel que me envió es verdadero, a quien vosotros no [1]conocéis.

29 Yo le [a]conozco, porque [1b]de El procedo, y El me [2]envió.

30 Entonces procuraban [a]prenderle; pero ninguno le echó mano, porque aún no había llegado [b]Su hora.

31 Y muchos de la multitud creyeron *en El, y decían: El Cristo, cuando venga, ¿hará más señales que las que ha hecho éste?

32 Los fariseos oyeron a la multitud que murmuraba de El estas cosas; y los principales sacerdotes y los fariseos enviaron alguaciles para que le prendiesen.

33 Entonces Jesús dijo: [a]Todavía un poco de tiempo estaré con vosotros, e [b]iré al que me envió.

34 [a]Me buscaréis, y no me hallaréis; y adonde Yo estaré, vosotros no podréis venir.

35 Entonces los judíos dijeron entre sí: ¿Adónde se irá éste, que no le hallemos? ¿Se irá a los *judíos* dispersos entre los griegos, y enseñará a los griegos?

36 ¿Qué significa esto que dijo: Me buscaréis, y no me hallaréis; y adonde Yo estaré, vosotros no podréis venir?

b. El llamado que la vida hace a los sedientos vs. 37-39

37 En el [1]último y gran *día* de la fiesta, Jesús se puso en pie y alzó la voz, diciendo: Si alguno [a]tiene sed, [b]venga a Mí y [c]beba.

38 El que cree *en Mí, como dice la Escritura, de su [a]interior [1]correrán [2b]ríos de agua viva.

39 Esto dijo del Espíritu que habían de recibir los que creyesen *en El; pues aún no había el [1a]Espíritu, porque Jesús no había sido aún [b]glorificado.

29[a] Jn. 8:55; 17:25
29[b] Jn. 6:46; 16:27; 17:8; cfr. 15:26
30[a] Jn. 10:39
30[b] Jn. 8:20
33[a] Jn. 12:35; 13:33
33[b] Jn. 16:5, 10, 17, 28
34[a] Jn. 8:21; 13:33
37[a] Ap. 21:6; 22:17
37[b] Ap. 22:17
37[c] Jn. 4:14; 1 Co. 10:4; Sal. 36:8
38[a] Dn. 7:15
38[b] cfr. Ap. 22:1, 17; 21:6; 7:17; Gn. 2:10; Sal. 36:8; Ez. 47:1, 5; Is. 58:11
39[a] Jn. 14:16-17; 20:22; Ro. 8:9; Fil. 1:19
39[b] Lc. 24:26; Jn. 12:16, 23; 13:31-32; 17:1, 5

29[1] Véase la nota 14[5] del cap. 1.

29[2] Véase la nota 6[1] del cap. 1.

37[1] El último día indica que todo el disfrute de cualquier éxito que se tenga en la vida humana, terminará. Hay un "último día" para todo lo relacionado con la vida física.

38[1] Según el principio establecido en el cap. 2, esto también es cambiar la muerte en vida. La fuente de la muerte es el árbol del conocimiento, y la fuente de la vida es el árbol de la vida. Este libro nos muestra que la vida está en oposición a la muerte (5:24-25; 8:24; 11:25-26).

38[2] Los ríos de agua viva son las muchas corrientes de los diferentes aspectos de la vida (cfr. Ro. 15:30; 1 Ts. 1:6; 2 Ts. 2:13; Gá. 5:22-23) que se originan en un solo río, el río de agua de vida (Ap. 22:1), el cual es el Espíritu de vida de Dios (Ro. 8:2).

39[1] El Espíritu de Dios existía desde el mismo comienzo (Gn. 1:1-2), pero cuando el Señor dijo esto, el Espíritu todavía no existía como Espíritu

c. La división causada por la manifestación de la vida vs. 40-52

40 Entonces *algunos de* la multitud, oyendo estas palabras, decían: Verdaderamente éste es el [a]Profeta.
41 Otros decían: Este es el [a]Cristo. Pero algunos decían:
¿De [1b]Galilea ha de venir el Cristo?
42 ¿No dice la Escritura que del [a]linaje de David, y de
[b]Belén, la aldea de donde era David, ha de venir el Cristo?
43 Hubo entonces disensión entre la multitud a causa de El.
44 Y algunos de ellos querían prenderle; pero ninguno le
echó mano.
45 Vinieron, pues, los alguaciles a los principales sacerdotes y a los fariseos; y éstos les dijeron: ¿Por qué no le habéis
traído?
46 Los alguaciles respondieron: ¡[a]Jamás hombre alguno
ha hablado como este hombre!
47 Entonces los fariseos les respondieron: ¿También vosotros habéis sido engañados?
48 ¿Acaso ha creído *en El alguno de los [a]gobernantes, o
de los fariseos?
49 Mas esta multitud que no sabe la ley, maldita es.
50 Les dijo [a]Nicodemo, el que antes había venido a El,
quien era uno de ellos:
51 ¿[1]Condena acaso nuestra ley a un hombre si primero
no le oye, y sabe lo que ha hecho?
52 Respondieron y le dijeron: ¿Eres tú también galileo?

40[a] Jn. 6:14; Dt. 18:15, 18
41[a] Jn. 1:41
41[b] Jn. 7:52; cfr. 1:46
42[a] Mt. 1:1
42[b] Mt. 2:5; Mi. 5:2
46[a] Mt. 7:28-29
48[a] Jn. 12:42
50[a] Jn. 3:1; 19:39

---

de Cristo (Ro. 8:9), como Espíritu de Jesucristo (Fil. 1:19), porque el Señor no había sido aún glorificado. Jesús fue glorificado cuando resucitó (Lc. 24:26). Después de la resurrección de Jesús, el Espíritu de Dios llegó a ser el Espíritu del Jesucristo encarnado, crucificado y resucitado, quien fue impartido en los discípulos cuando Cristo sopló en ellos la noche del día que resucitó (20:22). Ahora el Espíritu es el "otro Consolador", el Espíritu de realidad que Cristo prometió antes de morir (14:16-17). Cuando el Espíritu era el Espíritu de Dios, solamente tenía el elemento divino. Después de llegar a ser el Espíritu de Jesucristo, mediante la encarnación, la crucifixión y la resurrección, el Espíritu tenía tanto el elemento divino como el elemento humano, con toda la esencia y la realidad de la encarnación, la crucifixión y la resurrección de Cristo. Por lo tanto, ahora El es el Espíritu todo-inclusivo de Jesucristo como el agua viva para que nosotros le recibamos (vs. 38-39).

41[1] El Señor nació en Belén (Lc. 2:4-7) pero creció en Nazaret de Galilea, que era una ciudad menospreciada. El era la simiente de David, pero vino como un nazareno (Mt. 2:23). Creció "como raíz de tierra seca", sin tener "aspecto hermoso ni majestad", "ni apariencia para que le deseemos" y era "despreciado y desechado entre los hombres" (Is. 53:2-3). Así que, no debemos conocerlo según la carne (2 Co. 5:16), sino según el Espíritu.

51[1] O, juzga.

52[a] Jn. 7:41

Escudriña y ve que de [a]Galilea nunca se ha levantado profeta.

7. La necesidad de los que están bajo la esclavitud del pecado: ser libertados por la vida
7:53—8:59

a. ¿Quién no tiene pecado?
7:53—8:9

53 [1]Y cada uno se fue a su casa.

CAPITULO 8

1 Mas Jesús se fue al monte de los Olivos.

2 Y muy de mañana volvió al templo, y todo el pueblo vino a El; y sentado El, les enseñaba.

3 Entonces los escribas y los fariseos le trajeron una [1]mujer sorprendida en adulterio; y poniéndola en medio,

4 le dijeron: Maestro, esta mujer ha sido sorprendida en el acto mismo de adulterio.

53[1] Muchos mss. antiguos omiten 7:53—8:11.

3[1] En este evangelio han sido seleccionados nueve casos que demuestran que el Señor Jesús es la vida y el suministro de vida para el hombre. Los primeros seis casos, hallados en los caps. 3—7, forman un grupo de señales, las cuales indican que, por el lado positivo, el Señor es nuestra vida y nuestro suministro de vida para regenerarnos, satisfacernos, sanarnos, darnos vida, alimentarnos y saciar nuestra sed. Los últimos tres casos, hallados en los caps. 8—11, forman un grupo de señales, las cuales indican que, por el lado negativo, el Señor es la vida que nos libera de las tres cosas negativas principales: el pecado, la ceguera y la muerte.

El caso de este capítulo revela todos los asuntos relacionados con el problema del pecado: (1) la fuente del pecado: el diablo; (2) los tres elementos principales del pecado: el adulterio y la fornicación, el homicidio y la mentira (vs. 3, 41, 44); (3) la esclavitud del pecado; (4) la consecuencia o resultado del pecado: la muerte; (5) Aquel que no tiene pecado: el Señor; (6) el único calificado para condenar el pecado: el Señor; (7) el único apto para perdonar el pecado: el Señor; (8) Aquel que puede librar del pecado a la gente: el Señor. El Señor es el Dios que siempre existe, el gran Yo Soy, quien llegó a ser el Hijo del Hombre y fue levantado en la cruz para llevar nuestros pecados; así que, El está calificado para perdonar nuestros pecados. Además el Señor, por ser el Dios eterno, puede entrar en nosotros para ser la vida y la luz y librarnos de la esclavitud y las tinieblas del pecado.

El caso de este capítulo muestra también que la religión (representada por el templo, vs. 2, 20) de la ley (vs. 5, 17) no puede librar al hombre del pecado y de la muerte; pero el Señor Jesús, el Yo Soy, quien llegó a ser el Hijo del Hombre y fue levantado en la cruz por causa de las personas envenenadas por la serpiente, puede hacer lo que la religión y la ley no pueden. Este capítulo nos muestra que Cristo, el gran Yo Soy, no solamente es contrario al pecado y la muerte, sino también a la religión y a la ley.

5 Y [a]en la ley nos mandó Moisés apedrear a tales mujeres. [1]Tú, pues, ¿qué dices?
6 Mas esto decían [a]tentándole, para poder acusarle. Pero
Jesús, [1]inclinado hacia el suelo, escribía en tierra con el
dedo.
7 Y como insistieran en preguntarle, se enderezó y les
dijo: El que de vosotros esté sin pecado [a]sea el primero en
arrojar la piedra contra ella.
8 E inclinándose de nuevo hacia el suelo, siguió escribiendo en tierra.
9 Pero ellos, al oír *esto,* salían uno a uno, comenzando
por los más viejos; y quedó solo Jesús, y la mujer que estaba
en medio.

b. ¿Quién puede condenar y perdonar pecados?
8:10-11

10 Enderezándose Jesús, le dijo: Mujer, ¿dónde están los
demás? ¿Ninguno te condenó?
11 Ella dijo: Ninguno, Señor. Entonces Jesús le dijo: [1a]Ni
Yo te condeno; vete, y [b]no peques más.

c. ¿Quién puede libertar del pecado?
8:12-36

(1) Cristo, la luz del mundo
y el dador de la luz de la vida
vs. 12-20

12 Otra vez Jesús les habló, diciendo: Yo soy la [a]luz del
mundo; el que me sigue, jamás andará en tinieblas, sino que
tendrá la [1b]luz de la vida.
13 Entonces los fariseos le dijeron: Tú [a]das testimonio
acerca de Ti mismo; Tu testimonio no es verdadero.
14 Respondió Jesús y les dijo: Aunque Yo doy testimonio

5[a] Lv. 20:10
6[a] Mt. 16:1; 19:3; 22:18, 35
7[a] Dt. 17:7
11[a] Jn. 3:17
11[b] Jn. 5:14
12[a] Jn. 9:5; 11:9-10; 12:35-36, 46
12[b] Jn. 1:4
13[a] Jn. 5:31

5[1] Esta pregunta, igual que las de 4:20-25 y 9:2-3, requería un sí o un no, lo cual pertenece al árbol del conocimiento, cuyo resultado es la muerte (Gn. 2:17). Pero la respuesta del Señor en el v. 7 los dirigió a El mismo, quien es el árbol de la vida, cuyo resultado es vida (Gn. 2:9).

6[1] El hecho de que el Señor Jesús se inclinara fue una señal que hizo para avergonzar y aplacar a los escribas y fariseos orgullosos y justos en su propia opinión. Es posible que escribiera: "¿Quién de vosotros no tiene pecado?"

11[1] Los escribas y fariseos no pudieron condenar a la mujer, debido a que todos ellos eran pecaminosos. El Señor Jesús era el único que no tenía pecado, y sólo El estaba calificado para condenarla; sin embargo, El no quiso hacerlo.

12[1] La luz de vida (1:4) brilla dentro del hombre por el sentir interior de vida para librarlo del pecado.

acerca de Mí mismo, Mi testimonio es verdadero, porque sé
de [a]dónde he venido y a dónde voy; pero [b]vosotros no sabéis
de dónde vengo, ni a dónde voy.
15 [a]Vosotros [1]juzgáis según la carne; Yo no [1]juzgo a nadie.
16 Y si Yo [a]juzgo, Mi juicio es verdadero; porque no estoy
Yo solo, sino [1]Yo [b]y el que me envió, el Padre.
17 Y [a]en vuestra ley está escrito que el testimonio de dos
hombres es verdadero.
18 Yo soy el que doy testimonio de Mí mismo, y el Padre
que me envió da testimonio de Mí.
19 Ellos le dijeron: ¿Dónde está Tu Padre? Respondió
Jesús: Ni a Mí me conocéis, ni a Mi Padre; [a]si a Mí me
conocieseis, también a Mi Padre conoceríais.
20 Estas palabras habló *Jesús* en el erario, enseñando en
el templo; y nadie le prendió, porque aún no había llegado
Su [a]hora.

(2) Cristo, el Yo Soy
vs. 21-27

21 Otra vez les dijo *Jesús:* Yo me voy, y [a]me buscaréis,
pero [b]en vuestro pecado moriréis; adonde Yo voy, vosotros no
podéis venir.
22 Decían entonces los judíos: ¿Acaso se matará a Sí
mismo, que dice: Adonde yo voy, vosotros no podéis venir?
23 Y les dijo: [a]Vosotros sois de abajo, Yo soy de arriba;
vosotros sois [b]de este mundo, [c]Yo no soy de este mundo.
24 Por eso os dije que [a]moriréis en vuestros pecados;
porque si no creéis que [1b]Yo soy, [a]en vuestros pecados moriréis.
25 Entonces le dijeron: ¿Tú quién eres? Entonces Jesús
les dijo: Precisamente lo que os estoy [1]diciendo.

14[a] Jn. 8:42
14[b] Jn. 9:29
15[a] Jn. 7:24
16[a] Jn. 5:30
16[b] Jn. 8:29; 16:32
17[a] Dt. 19:15
19[a] Jn. 14:7
20[a] Jn. 7:30
21[a] Jn. 7:34, 36; 13:33
21[b] Jn. 8:24
23[a] Jn. 3:31
23[b] 1 Jn. 4:5
23[c] Jn. 17:14, 16
24[a] Jn. 8:21
24[b] Jn. 8:28, 58; Ex. 3:14

15[1] O, condenáis.

16[1] Esto demuestra que cuando el Hijo estuvo en la tierra, el Padre estaba con El en la tierra. El Padre nunca puede estar separado del Hijo, y el Hijo nunca puede estar separado del Padre. Mientras el Hijo estaba en la tierra, al mismo tiempo estaba en el cielo con el Padre (3:13). Esto comprueba que cuando Dios se hizo carne (1:14), era el Hijo con el Padre, y el Padre con el Hijo, en el Espíritu (es decir, el Dios completo: el Padre, el Hijo y el Espíritu), quien se hizo carne (1 Ti. 3:16). Véase también el v. 29.

24[1] *Yo soy* (vs. 28, 58) es lo que significa el nombre Jehová (Ex. 3:14), y Jehová es el nombre de Dios (Gn. 2:7), Aquel que es y que era y que ha de venir, el que existe en Sí mismo y para siempre (Ap. 1:4; Ex. 3:14-15). Este nombre se usa cuando se habla de Dios en Su relación con el hombre. Por lo tanto, indica que el Señor es el Dios que siempre existe, y que tiene una relación con el hombre. Quien no crea que el Señor es este mismo Dios, morirá en sus pecados.

25[1] Lo que el Señor dijo revela lo que El es, en particular Su divinidad

26 Muchas cosas tengo que decir y juzgar de vosotros;
pero [a]Aquel que me envió es verdadero; y Yo, lo que he oído
de El, esto hablo al mundo.
27 No entendieron que les hablaba del Padre.

(3) Cristo, el Hijo del Hombre, levantado
vs. 28-30

28 Les dijo, pues, Jesús: Cuando hayáis [1a]levantado al
Hijo del Hombre, [b]entonces conoceréis que [c]Yo soy, y que
[d]nada hago por Mí mismo, sino estas cosas hablo, según me
enseñó Mi Padre.
29 Porque el que me envió, [a]conmigo está; El no me ha
dejado solo, porque Yo hago siempre lo que le agrada.
30 Al hablar El estas cosas, muchos creyeron *en El.

(4) Cristo, el Hijo como realidad
vs. 31-36

31 Dijo entonces Jesús a los judíos que le habían creído:
Si vosotros [a]permanecéis en Mi palabra, seréis verdaderamente Mis discípulos;
32 y conoceréis la [1a]verdad, y la [1]verdad os [b]hará libres.
33 Le respondieron: [a]Linaje de Abraham somos, y jamás
hemos sido esclavos de nadie. ¿Cómo dices Tú: Seréis libres?

26a Jn. 7:28
28a Jn. 3:14; 12:32
28b Mt. 27:54
28c Jn. 8:24, 58; Ex. 3:14
28d Jn. 5:19
29a Jn. 8:16
31a Jn. 15:7; 2 Jn. 9
32a Jn. 1:14, 17; 14:6
32b Jn. 8:36
33a Mt. 3:9

eterna, como el Yo Soy, del cual se habla en el versículo anterior. Este es el elemento básico revelado en lo que El dijo aquí.

28[1] La expresión *levantado* (o *levantó*) se usa también en 3:14 y 12:31-34. En 3:14 el Señor como Hijo del Hombre iba a ser levantado en forma de serpiente, para llevar sobre Sí el juicio de Dios en lugar de la gente envenenada por la serpiente. En 12:31-34 el Señor como Hijo del Hombre iba a ser levantado para echar fuera a la serpiente antigua, que es Satanás, el príncipe del mundo. Por lo tanto, en este capítulo, el Señor como Hijo del Hombre que fue levantado, puede librar del pecado, o sea del veneno de la serpiente, a las personas envenenadas por ésta.

32[1] En el griego ésta es la misma palabra que se traduce *realidad* en 1:14, 17. La verdad no es la llamada verdad doctrinal, sino la realidad de las cosas divinas, la cual es el Señor mismo (véase la nota 6[2] del cap. 14; 1:14, 17). Este versículo dice que "la verdad os hará libres", mientras que el v. 36, dice: "el Hijo os liberta". Esto demuestra que el Hijo, el Señor mismo, es la verdad. Ya que el Señor es la corporificación de Dios (Col. 2:9), El es la realidad de lo que Dios es. Por lo tanto, la realidad es el propio elemento divino de Dios conocido y experimentado por nosotros. Cuando el Señor como el gran Yo Soy entra en nosotros como vida, El brilla en nosotros como luz, introduciendo así el elemento divino como realidad en nosotros. Esta realidad, que es el elemento divino impartido en nosotros y experimentado por nosotros, nos libra de la esclavitud del pecado por medio de la vida divina como luz del hombre. Cuando el Señor como el Verbo de Dios se hizo carne (1:14), El nos trajo la realidad de Dios a fin de que Dios pudiera ser la gracia para nuestro disfrute (1:17).

34a Ro. 6:16; 2 P. 2:19
36a Jn. 8:32
37a Jn. 7:1
38a Jn. 12:49
38b Jn. 8:44; 1 Jn. 3:10
39a Ro. 9:7
40a Jn. 8:37; 7:1
41a Jn. 8:38, 44
41b Dt. 32:6; Is. 63:16
42a Jn. 16:28
42b Jn. 7:28
44a Jn. 8:38, 41; 1 Jn. 3:8, 10

34 Jesús les respondió: De cierto, de cierto os digo, que
todo aquel que comete pecado, [a]esclavo es del pecado.
35 Y el esclavo no queda en la casa para siempre; el hijo
sí queda para siempre.
36 Así que, si el Hijo os [a]liberta, seréis verdaderamente
libres.

d. ¿Quién es la fuente del pecado
y quién es la multiplicación del pecado?
8:37-44

(1) La fuente del pecado:
el diablo, el mentiroso, el padre de los mentirosos
v. 44

(2) La multiplicación del pecado:
los hijos del diablo, los que provienen del diablo
vs. 37-44

37 Sé que sois descendientes de Abraham; pero [a]procuráis
matarme, porque Mi palabra no halla cabida en vosotros.
38 [a]Yo hablo lo que he visto estando con el Padre; y
vosotros hacéis lo que habéis oído de [b]vuestro padre.
39 Respondieron y le dijeron: Nuestro padre es Abraham.
Jesús les dijo: Si fueseis hijos de [a]Abraham, las obras de
Abraham haríais.
40 Pero ahora [a]procuráis matarme a Mí, hombre que os
he hablado la verdad, la cual he oído de Dios; no hizo esto
Abraham.
41 Vosotros hacéis las obras de [a]vuestro padre. Entonces
le dijeron: Nosotros no nacimos de fornicación; [b]un padre
tenemos, que es Dios.
42 Jesús entonces les dijo: Si vuestro Padre fuese Dios,
ciertamente me amaríais; porque [a]Yo de Dios he salido, y *de*
El he venido; pues [b]no he venido de Mí mismo, sino que El
me [1]envió.
43 ¿Por qué no entendéis Mi lenguaje? Porque no podéis
escuchar Mi palabra.
44 [a]Vosotros sois de *vuestro* [1]padre el diablo, y los deseos

---

42[1] Véase la nota 6[1] del cap. 1.

44[1] Puesto que el diablo es el padre de los pecadores, éstos son hijos suyos (1 Jn. 3:10). El diablo es la serpiente antigua (Ap. 12:9; 20:2), y los pecadores también son serpientes, una cría de víboras (Mt. 23:33; 3:7). Por lo tanto, ellos necesitan que el Señor sea levantado en la cruz con la forma de la serpiente por el bien de ellos (3:14) para salvarlos no solamente del pecado, sino también del origen del pecado, el diablo (He. 2:14).

de vuestro padre queréis hacer. El ha sido [b]homicida desde
el principio, y no ha permanecido en la verdad, porque no
hay [c]verdad en él. Cuando habla mentira, de lo [2]suyo [d]habla;
porque es mentiroso, y [3]padre de mentira.

e. ¿Quién es Jesús?
8:45-59

(1) Aquel que no tiene pecado
vs. 45-51

45 Y a Mí, porque digo la [a]verdad, no me creéis.
46 ¿Quién de vosotros me redarguye de pecado? Pues si
digo la verdad, ¿por qué vosotros no me creéis?
47 El que es de Dios, las [1]palabras de Dios oye; por esto
no las oís vosotros, porque no sois de Dios.
48 Respondieron entonces los judíos, y le dijeron: ¿No
decimos bien nosotros, que Tú eres [a]samaritano, y que [b]tie-
nes demonio?
49 Respondió Jesús: Yo no tengo demonio, antes honro a
Mi Padre; y vosotros me [a]deshonráis.
50 Pero [a]Yo no busco Mi gloria; hay quien la busca, y
juzga.
51 De cierto, de cierto os digo, que el que [a]guarda Mi
palabra, nunca verá [1b]muerte.

(2) Aquel que antes de Abraham es el Yo Soy
vs. 52-59

52 Entonces los judíos le dijeron: Ahora conocemos que
[a]tienes demonio. Abraham murió, y los profetas; y Tú dices:
El que guarda Mi palabra, nunca [b]gustará la muerte.
53 ¿Eres Tú acaso mayor que nuestro padre Abraham, el
cual murió? ¡Y los profetas murieron! ¿Quién te haces a Ti
mismo?

44[b] Gn. 4:8; 1 Jn. 3:15
44[c] 1 Jn. 2:4
44[d] Mt. 12:34
45[a] Jn. 18:37
48[a] Jn. 4:9; Lc. 10:33
48[b] Jn. 8:52; 7:20; 10:20
49[a] Jn. 5:23
50[a] Jn. 7:18; 8:54
51[a] Jn. 14:23
51[b] Jn. 5:24
52[a] Jn. 8:48; 7:20; 10:20
52[b] He. 2:9

44[2] Aquí lo dicho por el Señor revela que en el diablo, el padre de las mentiras, hay cierta maldad específica que hace que él sea el origen del pecado. Esta maldad es algo suyo, es su posesión personal, y es algo que las demás criaturas no tienen.

44[3] Puesto que el diablo es el padre de los mentirosos, él es el origen del pecado. El elemento divino de Dios, que obra como vida y luz en el hombre, libra al hombre de la esclavitud del pecado. Pero el elemento maligno del diablo, que obra como pecado por medio de la muerte y las tinieblas en el hombre, hace del hombre un esclavo del pecado. La naturaleza del diablo es una mentira y produce muerte y tinieblas. En las tinieblas hay falsedad, que es lo contrario de la verdad.

47[1] Véase la nota 63[3] del cap. 6.

51[1] Según el principio establecido en el cap. 2, esto también es cambiar la muerte en vida.

54[a] Jn. 8:50; 7:18
54[b] Jn. 17:1, 5; 13:32
55[a] Jn. 8:19
55[b] Jn. 7:29
55[c] Jn. 8:44
58[a] Jn. 17:5, 24; Col. 1:17
58[b] Jn. 8:24, 28; Ex. 3:14
59[a] Jn. 10:31; 11:8

54 Respondió Jesús: [a]Si Yo me glorifico a Mí mismo, Mi gloria nada es; [b]Mi Padre es el que me glorifica, el que vosotros decís que es vuestro Dios.

55 Pero [a]vosotros no le habéis [1]conocido; mas [b]Yo le [1]conozco, y si dijera que no le conozco, sería [c]mentiroso como vosotros; pero le conozco, y guardo Su palabra.

56 Abraham vuestro padre se regocijó de que había de ver Mi día; y lo vio, y se gozó.

57 Entonces le dijeron los judíos: Aún no tienes cincuenta años, ¿y has visto a Abraham?

58 Jesús les dijo: De cierto, de cierto os digo: [a]Antes que Abraham fuese, [1b]Yo soy.

59 [a]Tomaron entonces piedras para arrojárselas; pero Jesús se escondió y salió del templo y se fue.

CAPITULO 9

8. La necesidad de los ciegos que están en la religión: recibir la vista y ser pastoreados por la vida 9:1—10:42

a. La vista que la vida da: para los ciegos que están en la religión 9:1-41

(1) Ciego de nacimiento vs. 1-3

1 Al pasar *Jesús*, vio a [1]un hombre [2]ciego de nacimiento.

2 Y le preguntaron Sus discípulos, diciendo: Rabí, [1]¿quién pecó, éste o sus padres, para que haya nacido ciego?

55[1] En este versículo dos palabras griegas se traducen *conocer:* la primera denota el conocimiento objetivo y exterior; la segunda se refiere a estar consciente subjetiva e interiormente. El Señor Jesús dijo a los fariseos que ellos no conocían a Dios el Padre ni siquiera de manera objetiva y exterior, pero que El conocía al Padre de manera subjetiva e interior.

58[1] El Señor, el gran Yo Soy, es el Dios eterno que existe para siempre. Por eso El era antes que Abraham y es mayor que Abraham (v. 53).

1[1] Este caso también comprueba que la religión de la ley (véase la nota 14[1]) no pudo, en ninguna manera, ayudar a un hombre ciego. Pero el Señor Jesús, como luz del mundo, le impartió la vista conforme a la vida (10:10b, 28).

1[2] La ceguera, igual que el pecado en el capítulo anterior, también es asunto de muerte. Indudablemente, una persona muerta está ciega. "El dios de este siglo cegó las mentes de los incrédulos". Así que, ellos necesitan que "la iluminación del evangelio de la gloria de Cristo" les alumbre (2 Co. 4:4), para abrir sus ojos y volverlos "de las tinieblas a la luz, y de la potestad de Satanás a Dios" (Hch. 26:18). Según el principio establecido en el cap. 2, esto también es cambiar la muerte en vida.

3 Respondió Jesús: No es que pecó éste, ni sus padres,
sino que *nació así* para que las obras de Dios se manifiesten
en él.

(2) Recibe la vista por la luz y la unción de la vida
vs. 4-13

4 Debemos hacer las obras de Aquel que me envió, mientras es de [a]día; la noche viene, cuando nadie puede trabajar.
5 Mientras estoy en el mundo, [a]luz soy del mundo.
6 Dicho esto, [a]escupió en tierra, e hizo lodo con la [1]saliva,
y ungió con el lodo los ojos del ciego,
7 y le dijo: Ve a [1]lavarte en el estanque de [a]Siloé (que
traducido es, [2]Enviado). [3]Fue entonces, y se lavó, y regresó
viendo.
8 Entonces los vecinos, y los que antes le habían visto
que era mendigo, decían: ¿No es éste el que se sentaba y
mendigaba?
9 Unos decían: El es; y otros: No, sino que a él se parece.
El decía: Yo soy.
10 Y le dijeron: ¿Cómo te fueron abiertos los ojos?
11 Respondió él: Aquel hombre que se llama Jesús hizo
lodo, me untó los ojos, y me dijo: Ve al *estanque* de Siloé, y
lávate; y fui, y me lavé, y recibí la vista.
12 Entonces le dijeron: ¿Dónde está El? El dijo: No sé.
13 Llevaron ante los fariseos al que había sido ciego.

4[a] Jn. 11:9; 12:35
5[a] Jn. 1:4; 8:12; 11:9-10; 12:35-36, 46
6[a] Mr. 7:33; 8:23
7[a] Neh. 3:15; Is. 8:6

2[1] Esta pregunta, lo mismo que las de 4:20-25 y 8:3-5, requería un sí o un no, lo cual pertenece al árbol del conocimiento, cuyo producto es la muerte (Gn. 2:17). Pero la respuesta del Señor en el v. 3 los dirige a El mismo, quien es el árbol de la vida, cuyo fruto es vida (Gn. 2:9).

6[1] El lodo aquí, y el barro en Ro. 9:21, representa la humanidad. La saliva, la cual sale de la boca del Señor (Mt. 4:4), representa Sus palabras, las cuales son Espíritu y son vida (6:63). El hecho de que el Señor hiciera el lodo con la saliva significa que mezclaba la humanidad con la palabra viva del Señor, la cual es el Espíritu. La palabra *ungió* muestra esto, porque el Espíritu del Señor es el Espíritu que unge (Lc. 4:18; 2 Co. 1:21-22; 1 Jn. 2:27). Aquí el Señor ungió los ojos ciegos con el lodo que hizo con Su saliva, para que recibieran la vista. Esto significa que por la unción de la mezcla de la palabra del Señor (la cual es Su Espíritu), con nuestra humanidad, nuestros ojos (los cuales fueron cegados por Satanás) pueden recibir la vista.

7[1] Aquí lavarse es limpiarse del lodo. Esto significa el lavamiento de nuestra vieja humanidad, como se experimenta en el bautismo (Ro. 6:3-4, 6).

7[2] Véase la nota 6[1] del cap. 1.

7[3] Al ir y lavarse él demostraba que obedecía a la palabra vivificante del Señor. De este modo él recibió la vista. Si no hubiera ido a lavarse el lodo después de ser ungido con él, el lodo le habría cegado aún más. Nuestra obediencia a la unción del Señor nos limpia y nos da la vista.

(3) Perseguido por la religión
vs. 14-34

14a Jn. 5:9
15a Jn. 9:10
16a Mt. 12:2; Jn. 5:10, 16
16b Jn. 2:11; 4:54
16c Jn. 6:52; 7:43; 10:19
22a Jn. 7:13
22b Jn. 12:42; 16:2
24a Jos. 7:19
27a Jn. 9:15

14 Y era día de [1a]sábado cuando Jesús había hecho el lodo, y le había abierto los ojos.
15 [a]Volvieron, pues, a preguntarle también los fariseos cómo había recibido la vista. El les dijo: Me puso lodo sobre los ojos, y me lavé, y veo.
16 Entonces algunos de los fariseos decían: Ese hombre no procede de Dios, porque [a]no guarda el día de sábado. Otros decían: ¿Cómo puede un hombre pecador hacer estas [b]señales? Y había [c]disensión entre ellos.
17 Entonces volvieron a decirle al ciego: ¿Qué dices tú de El, ya que te abrió los ojos? Y él dijo: Que es profeta.
18 Pero los judíos no creían que él había sido ciego, y que había recibido la vista, hasta que llamaron a los padres del que había recibido la vista,
19 y les preguntaron, diciendo: ¿Es éste vuestro hijo, el que vosotros decís que nació ciego? ¿Cómo, pues, ve ahora?
20 Sus padres respondieron y les dijeron: Sabemos que éste es nuestro hijo, y que nació ciego;
21 pero cómo vea ahora, no lo sabemos; o quién le haya abierto los ojos, nosotros tampoco lo sabemos; edad tiene, preguntadle a él; él hablará por sí mismo.
22 Esto dijeron sus padres, porque [a]tenían miedo de los judíos, por cuanto los judíos ya habían acordado que si alguno confesase que *Jesús* era el Cristo, fuera [b]expulsado de la sinagoga.
23 Por eso dijeron sus padres: Edad tiene, preguntadle a él.
24 Llamaron, pues, por segunda vez al hombre que había sido ciego, y le dijeron: [a]Da gloria a Dios; nosotros sabemos que ese hombre es pecador.
25 Entonces él respondió: Si es pecador, no lo sé; una cosa sé, que habiendo yo sido ciego, ahora veo.
26 Le volvieron a decir: ¿Qué te hizo? ¿Cómo te abrió los ojos?
27 El les respondió: Ya os lo [a]he dicho, y no habéis querido oír; ¿por qué lo queréis oír otra vez? ¿Queréis también vosotros haceros Sus discípulos?

14[1] Parece que el Señor de nuevo hizo una señal deliberadamente en el día de sábado para exponer la vanidad del rito religioso. De todos modos, esto fortaleció la oposición de la religión, porque El había hecho otra señal en día de sábado (5:10, 16).

28 Y le injuriaron, y dijeron: Tú eres Su discípulo; pero
[a]nosotros, discípulos de Moisés somos.
29 Nosotros sabemos que Dios ha hablado a Moisés; pero
respecto a ése, no [a]sabemos de dónde sea.
30 Respondió el hombre, y les dijo: Pues esto es lo maravilloso, que vosotros no sepáis de dónde sea, ¡y a mí me abrió
los ojos!
31 Y [a]sabemos que Dios no oye a los pecadores; pero si
alguno es temeroso de Dios, y hace Su voluntad, a ése oye.
32 [1]Nunca jamás se ha oído decir que alguno abriese los
ojos a uno que nació ciego.
33 [a]Si éste no viniera [1]de Dios, nada podría hacer.
34 Respondieron y le dijeron: Tú naciste del todo en [a]pe-
cado, ¿y nos enseñas a nosotros? Y le [1b]expulsaron.

(4) Cree *en el Hijo de Dios
vs. 35-38

35 Oyó Jesús que le habían [a]expulsado; y hallándole, le
dijo: ¿Crees tú *en el [1]Hijo de Dios?
36 Respondió él y dijo: ¿Quién es, [a]Señor, para que crea
*en El?
37 Le dijo Jesús: Pues le has visto, y el que habla contigo,
[a]El es.
38 Y él dijo: Creo, Señor; y le [a]adoró.

(5) El juicio de la vida sobre los religiosos ciegos
vs. 39-41

39 Dijo Jesús: Para [a]juicio he venido Yo a este mundo;
para que [b]los que no ven, vean, y [c]los que ven, sean cegados.
40 Entonces *algunos* de los fariseos que estaban con El,
al oír esto, le dijeron: ¿Acaso nosotros somos también [a]cie-
gos?
41 Jesús les respondió: Si fuerais ciegos, [a]no tendríais
pecado; mas ahora, porque decís: Vemos, vuestro pecado
permanece.

28[a] Jn. 5:45
29[a] Jn. 8:14
31[a] Is. 59:1-2; Sal. 66:18
33[a] Jn. 3:2; 5:36
34[a] Jn. 9:2
34[b] Jn. 9:22, 35
35[a] Jn. 9:22, 34
36[a] Ro. 10:13-14
37[a] Jn. 4:26
38[a] Mt. 8:2; Lc. 17:15-16
39[a] Jn. 5:22, 27
39[b] Lc. 4:18; Mt. 11:5
39[c] Mt. 13:13; 15:14
40[a] Ro. 2:19; Ap. 3:17
41[a] Jn. 15:22, 24

32[1] Lit., desde los siglos; es decir, desde la eternidad.

33[1] Véase la nota 14[5] del cap. 1.

34[1] Expulsarlo era excomulgarlo o excluirlo de la sinagoga judía. Esto era sacarlo del redil, como dice el Señor en 10:3-4. Cuando la religión persiguió a quien el Señor llamó, todo lo que hizo fue llevar a cabo lo que el Señor quería que le ocurriera.

35[1] Algunos mss. antiguos dicen: Hijo del Hombre.

CAPITULO 10

b. El pastoreo de la vida para los creyentes que están fuera de la religión
10:1-42

(1) El redil, la puerta y el pasto: para las ovejas
vs. 1-9

1 De cierto, de cierto os digo: El que no entra por la [1a]puerta en el [2]redil de las ovejas, sino que sube por otra parte, ése es [3b]ladrón y salteador.
2 Mas el que entra por la [a]puerta, el [b]pastor de las ovejas es.
3 A éste abre el portero, y las [1]ovejas [a]oyen su voz; y a sus ovejas llama por nombre, y las conduce [b]fuera.
4 Y cuando ha sacado fuera todas las suyas, va delante de ellas; y las ovejas le [a]siguen, porque conocen su [b]voz.
5 Mas al extraño no seguirán, sino huirán de él, porque no conocen la voz de los extraños.
6 Esta [a]parábola les dijo Jesús; pero ellos no entendieron qué era lo que les decía.
7 Volvió, pues, Jesús a decirles: De cierto, de cierto os digo: Yo soy la [a]puerta de las ovejas.
8 Todos los que antes de Mí vinieron, [a]ladrones son y salteadores; pero no los oyeron las ovejas.
9 Yo soy la [1a]puerta; el que por Mí entre, será salvo; y entrará, y saldrá, y hallará [2]pastos.

1a Jn. 10:7, 9
1b Jn. 10:8
2a Jn. 10:7, 9
2b Jn. 10:11
3a Jn. 10:4, 16, 27
3b Jn. 10:9
4a Jn. 10:27
4b Jn. 10:3, 16, 27
6a Jn. 16:25, 29
7a Jn. 10:9
8a Jn. 10:1
9a Jn. 10:7

1[1] Véase la nota 9[1]; así también en los versículos siguientes.

1[2] El redil representa la ley, o el judaísmo como religión de la ley, en la cual el pueblo escogido de Dios fue preservado y guardado bajo custodia hasta que vino Cristo.

1[3] Los ladrones y salteadores (v. 8) representan a aquellos que entraron al judaísmo, pero no por medio de Cristo.

3[1] El ciego que recibió la vista en el capítulo anterior era una de estas ovejas. El Señor lo sacó del redil judío. Por lo tanto, este capítulo es continuación del cap. 9.

9[1] Cristo es la puerta, no sólo para que los elegidos de Dios entren y así estén bajo la custodia de la ley, tal como hicieron Moisés, David, Isaías y Jeremías en los tiempos del Antiguo Testamento, antes de que viniera Cristo, sino también para que los escogidos de Dios, como por ejemplo Pedro, Juan, Jacobo y Pablo, salieran del redil de la ley ahora que Cristo había venido. Aquí, pues, el Señor indica que El es la puerta por la cual no solamente los elegidos de Dios pueden entrar, sino también por la cual los escogidos de Dios pueden salir.

9[2] Aquí los pastos representan a Cristo como el lugar donde se alimentan las ovejas. Cuando los pastos no están disponibles (como por ejemplo en el invierno o en la noche), las ovejas deben mantenerse en el redil. Una vez que los pastos están disponibles, no hay necesidad de que las ovejas permanezcan en el redil. Ser mantenidos en el redil es algo temporal y transitorio. Disfrutar las riquezas de los pastos

(2) El Pastor, la vida divina y la vida del alma:
para el rebaño
vs. 10-21

10 El ladrón no viene sino para hurtar, matar y destruir; Yo he venido para que [a]tengan [1]vida, y para que la tengan en abundancia.

11 Yo soy el buen [a]Pastor; el buen Pastor [b]pone Su [1]vida por las ovejas.

12 Mas el asalariado, el que no es el pastor, a quien no le pertenecen las ovejas, ve venir al lobo y deja las ovejas y huye, y el lobo las arrebata y las dispersa.

13 *Así que el asalariado huye,* porque es asalariado, y no le importan las ovejas.

14 Yo soy el buen [a]Pastor; y [b]conozco Mis ovejas, y [c]las Mías me conocen,

15 así como el [a]Padre me conoce, y Yo conozco al Padre; y [b]pongo Mi vida por las ovejas.

16 También tengo [1a]otras ovejas que no son de este redil; es preciso que las guíe también, y oirán Mi voz; y habrá [2b]un solo rebaño, y un solo [c]Pastor.

17 Por eso [a]me ama el Padre, porque [b]Yo pongo Mi vida, para volverla a tomar.

18 Nadie me la quita, sino que Yo de Mí mismo la [a]pongo.

10a Jn. 5:40
11a Jn. 10:14; Is. 40:11; He. 13:20; 1 P. 5:4; Ap. 7:17
11b Jn. 10:15, 17, 18; 1 Jn. 3:16; Jn. 15:13; Is. 53:12
14a Jn. 10:11
14b Jn. 10:27
14c Jn. 10:4
15a Mt. 11:27
15b Jn. 10:11, 17, 18
16a Hch. 11:18; Ef. 2:12; 3:6
16b Jn. 17:21; Ef. 2:13-16
16c Jn. 10:11, 14; 1 P. 2:25
17a Jn. 3:35; 5:20
17b Jn. 10:11, 15, 18
18a Jn. 10:11, 15, 17

---

es definitivo y permanente. Antes de la venida de Cristo, la ley era nuestra custodia, y estar bajo la ley era transitorio. Ahora que Cristo ha venido, todos los escogidos de Dios deben salir de la ley y entrar en El, para disfrutarle como su pasto (Gá. 3:23-25; 4:3-5). Esto debe ser definitivo y permanente. Los líderes judíos por no tener esta revelación, consideraban la ley, sobre la cual se basaba el judaísmo, como algo permanente. Como resultado, se desviaron de Cristo y no pudieron participar de El como su pasto.

10[1] Gr. *zoé.* Esta palabra se usa en el Nuevo Testamento para denotar la vida divina y eterna.

11[1] Gr. *psujé,* alma; esto es, vida del alma, y así también en los siguientes versículos. Como hombre, el Señor tiene la vida *psujé,* la vida humana, y como Dios El tiene la vida *zoé,* la vida divina. El puso Su alma, Su vida *psujé,* Su vida humana, para efectuar la redención por Sus ovejas (vs. 15, 17-18) a fin de que participaran de Su vida *zoé,* Su vida divina (v. 10b), la vida eterna (v. 28), por la cual pueden formar un solo rebaño, bajo un solo Pastor, El mismo. Como el buen Pastor, El alimenta a Sus ovejas con la vida divina de esta manera y con este propósito.

16[1] Las otras ovejas son los creyentes gentiles (Hch. 11:18).

16[2] Un solo rebaño significa una sola iglesia, el Cuerpo de Cristo (Ef. 2:14-16; 3:6), producido por la vida eterna y divina del Señor, la cual El impartió en Sus miembros a través de Su muerte (vs. 10-18). El redil es el judaísmo, el cual es de la letra y está lleno de regulaciones, y el rebaño es la iglesia, la cual pertenece a la vida y al espíritu.

18[b] Jn. 2:19
19[a] Jn. 7:43; 9:16
20[a] Jn. 7:20
20[b] Mr. 3:21
21[a] Jn. 9:32

Tengo potestad para ponerla, y tengo potestad para volverla
a [b]tomar. Este mandamiento recibí de Mi Padre.
19 [a]Volvió a haber disensión entre los judíos por estas
palabras.
20 Muchos de ellos decían: [a]Demonio tiene, y está [b]loco;
¿por qué le oís?
21 Decían otros: Estas palabras no son de endemoniado.
¿Puede acaso el demonio [a]abrir los ojos de los ciegos?

(3) La vida eterna, la mano del Hijo y la mano del Padre: para la seguridad de las ovejas
vs. 22-30

23[a] Hch. 3:11; 5:12
24[a] Jn. 16:25, 29
25[a] Jn. 5:36; 10:38
27[a] Jn. 10:3, 16
27[b] Jn. 10:14
27[c] Jn. 10:4
28[a] Jn. 17:2; 3:15, 16
28[b] Jn. 6:39
28[c] Jn. 10:29
29[a] Jn. 10:28

22 Se celebraba por aquel entonces en Jerusalén la [1]fiesta
de la dedicación. Era invierno,
23 y Jesús andaba en el templo por el [a]pórtico de Salomón.
24 Y le rodearon los judíos y le dijeron: ¿Hasta cuándo
tienes en suspenso nuestra alma? Si Tú eres el Cristo,
dínoslo [a]claramente.
25 Jesús les respondió: Os lo he dicho, y no creéis; las
[a]obras que Yo hago [1]en nombre de Mi Padre, ellas dan
testimonio de Mí;
26 pero vosotros no creéis, porque no sois de Mis ovejas.
27 Mis ovejas [a]oyen Mi voz, y [b]Yo las conozco, y me [c]si-
guen,
28 y Yo les doy [1a]vida eterna; y no perecerán jamás, ni
[b]nadie las [c]arrebatará de [1]Mi mano.
29 Mi Padre que me las dio, es mayor que todos, y nadie
las puede [a]arrebatar de la [1]mano de Mi Padre.

22[1] Desde el año 170 hasta el año 168 a. de C., Antíoco Epífanes, rey de Siria, invadió a Jerusalén y saqueó el templo. Además, el 25 de diciembre del año 168 a. de C. sacrificó una cerda en el altar y erigió una imagen en el templo, y de este modo contaminó y dañó el templo. Tres años más tarde, en el año 165 a. de C., Judas Macabeo, un hombre valiente de Judá, purificó y restauró el altar y el templo. El estableció el 25 de diciembre —el día en que el altar y el templo habían sido profanados— como el principio de una fiesta sagrada de ocho días consecutivos de regocijo para celebrar el gran logro de la purificación y restauración del altar y del templo. Esta fiesta sagrada es la fiesta de la dedicación que se menciona aquí.

25[1] Véase la nota 43[1] del cap. 5.

28[1] La vida eterna (véase la nota 15[1] del cap. 3) es necesaria para el vivir de los creyentes. La mano del Padre con la cual El nos escoge en amor, conforme a Su propósito (17:23; 6:38-39), y la mano del Hijo, con la cual El nos salva por Su gracia para que se cumpla el propósito del Padre (1:14; 6:37), tienen el poder que guarda, y protegen a los creyentes. La vida eterna nunca cesará, y las manos del Padre y del Hijo nunca fallarán. Por lo tanto, los creyentes disfrutan de una seguridad eterna y nunca perecerán.

29[1] Véase la nota 28[1].

30 [1]Yo y el Padre [a]uno somos.

(4) La persecución por parte de la religión
vs. 31-39

31 Entonces los judíos volvieron a [a]tomar piedras para apedrearle.
32 Jesús les respondió: Muchas buenas obras os he mostrado de Mi Padre; ¿por cuál de ellas me apedreáis?
33 Le respondieron los judíos, diciendo: Por buena obra no te apedreamos, sino por la blasfemia; porque Tú, siendo hombre, te haces [a]Dios.
34 Jesús les respondió: ¿No está escrito en vuestra ley: "Yo dije, [a]dioses sois"?
35 Si llamó dioses a aquellos a quienes vino la palabra de Dios (y la Escritura no puede ser quebrantada),
36 ¿al que el Padre [a]santificó y [1b]envió al mundo, vosotros decís: Tú blasfemas, porque dije: [c]Hijo de Dios soy?
37 Si no hago las [a]obras de Mi Padre, no me creáis.
38 Mas si las hago, aunque no me creáis a Mí, [a]creed a las obras, para que sepáis y conozcáis que el [b]Padre está en Mí, y Yo en el Padre.
39 Procuraron otra vez [a]prenderle, pero El se escapó de sus manos.

(5) La vida abandona la religión
y adopta una nueva posición
vs. 40-42

40 Y [1]se fue de nuevo [a]al otro lado del Jordán, al lugar donde primero había estado bautizando Juan; y se quedó allí.
41 Y muchos venían a El, y decían: Juan no hizo ninguna señal; pero [a]todo lo que Juan dijo de éste, era verdad.
42 Y [a]muchos creyeron *en El allí.

30[a] Jn. 17:22
31[a] Jn. 8:59; 11:8
33[a] Jn. 5:18; 1:1; 20:28; 19:7; 1 Jn. 5:20; Fil. 2:6
34[a] Sal. 82:6
36[a] Jn. 6:69
36[b] Jn. 3:17; 1 Jn. 4:9
36[c] Jn. 5:17; 10:30
37[a] Jn. 5:36; 10:25
38[a] Jn. 10:25; 14:11
38[b] Jn. 14:10, 20; 17:21, 23
39[a] Jn. 7:30
40[a] Jn. 1:28
41[a] Jn. 1:27, 29, 30, 34; 3:28-30
42[a] Jn. 7:31

30[1] Aquí el Señor confirma Su deidad, es decir, que El es Dios (v. 33; 5:18; 1:1; 20:28; 1 Jn. 5:20; Fil. 2:6).

36[1] Véase la nota 61 del cap. 1.

40[1] Aquí vemos que el Señor abandonó el templo y se fue al mismo lugar donde Juan el Bautista había dado el testimonio neotestamentario con respecto a El. Esto significa que El abandonó el judaísmo y vino al nuevo terreno, y allí muchos creyeron en El.

CAPITULO 11

9. La necesidad de los muertos: ser resucitados por la vida
11:1-57

a. El muerto y su necesidad
vs. 1-4

1 Estaba entonces enfermo uno llamado Lázaro, de [1]Be-
tania, la aldea de María y de Marta su hermana.
2 (María, cuyo hermano Lázaro estaba enfermo, fue la
2[a] Jn. 12:3; cfr. Lc. 7:38 — que [a]ungió al Señor con perfume, y le enjugó los pies con sus
cabellos.)
3 Enviaron, pues, las hermanas para decir *a Jesús:*
Señor, he aquí el que amas está enfermo.
4 Pero Jesús, al oírlo, dijo: Esta enfermedad no es para
4[a] Jn. 11:40 — muerte, sino para la [a]gloria de Dios, para que el Hijo de Dios
sea glorificado por ella.

b. Las frustraciones que surgen de las opiniones humanas
vs. 5-40

5 Y amaba Jesús a Marta, a su hermana y a Lázaro.
6 Cuando oyó, pues, que estaba enfermo, se quedó dos
días más en el lugar donde estaba.
7 Luego, después de esto, dijo a los discípulos: Vamos a
Judea otra vez.
8 Le [1]dijeron los discípulos: Rabí, ahora procuraban los
8[a] Jn. 8:59; 10:31 — judíos [a]apedrearte, ¿y otra vez vas allá?
9 Respondió Jesús: ¿No tiene el día doce horas? El que
9[a] Jn. 9:4; 12:35 — anda de [a]día, no tropieza, porque ve la [b]luz de este mundo;
9[b] Jn. 8:12; 9:5; 12:46
10 pero el que anda de noche, tropieza, porque no hay luz
en él.
11 Dicho esto, les dijo después: Nuestro amigo Lázaro
11[a] Mt. 27:52; 1 Ts. 4:13-16 — [a]duerme; mas voy para despertarle.

1[1] El Señor había dejado el judaísmo y se había ido a un lugar a partir del cual podía seguir hacia Betania, que era una representación en miniatura de la iglesia.

8[1] En los ocho casos anteriores, hallados en los caps. 3—10, la religión era lo que más estorbaba y se oponía a la vida. Aquí, fuera de la religión y sobre un nuevo terreno, la vida iba a resucitar un muerto. Aquí la vida ya no se enfrentaba con la religión y sus ritos, sino que fue estorbada por muchas opiniones humanas: las opiniones de los discípulos (vs. 8-16), la opinión de Marta (vs. 21-28), la opinión de María (vs. 32-33), la opinión de los judíos (vs. 36-38), y otra vez la opinión de Marta (vs. 39-40). Las opiniones, que proceden del conocimiento, pertenecen al árbol del conocimiento, pero aquí el Señor verdaderamente es el árbol de la vida que el hombre puede disfrutar.

12 Dijeron entonces Sus discípulos: Señor, si duerme, [1]se
recuperará.
13 Pero Jesús decía esto de la muerte de Lázaro; y ellos
pensaron que hablaba del reposar del sueño.
14 Entonces Jesús les dijo claramente: Lázaro ha [1]muer-
to;
15 y me alegro por vosotros, de no haber estado allí, para
que creáis; mas vamos a él.
16 Dijo entonces Tomás, llamado [1]Dídimo, a sus condiscí-
pulos: Vamos también nosotros, para que muramos con El.
17 Vino, pues, Jesús, y halló que hacía ya [a]cuatro días que 17a Jn.
Lázaro estaba en el sepulcro. 11:39
18 Betania estaba cerca de Jerusalén, como a [1]quince
estadios;
19 y muchos de los judíos habían venido a Marta y a
María, para consolarlas por su hermano.
20 Entonces Marta, cuando oyó que Jesús venía, salió a
encontrarle; pero María se quedó en casa.
21 Y Marta dijo a Jesús: Señor, [a]si hubieses estado aquí, 21a Jn.
mi hermano no habría muerto. 11:32
22 Mas también sé ahora que todo lo que pidas a Dios,
Dios te lo dará.
23 Jesús le dijo: Tu hermano resucitará.
24 Marta le dijo: Yo sé que resucitará en la [a]resurrección, 24a Dn.
[1]en el día postrero. 12:2; Hch.
25 Le dijo Jesús: Yo soy la resurrección y la [a]vida; el que 24:15
cree *en Mí, aunque esté muerto, [b]vivirá. 25a Jn.
26 Y todo aquel que vive y cree *en Mí, [a]no morirá eterna- 1:4; 5:26 25b Jn.
mente. ¿Crees esto? 6:39 26a Jn. 6:50, 51; 8:51

12[1] Lit., será salvo.

14[1] Cuando el Señor salva, El no solamente sana a los enfermos, sino que también da vida a los muertos. Fue por esto que se quedó dos días hasta que el enfermo hubiera muerto (v. 6). El Señor no reforma ni controla al hombre; El lo regenera y lo levanta de la muerte. Por lo tanto, el primero de los nueve casos, hallados en los caps. 3—11, fue un caso de regeneración, y el último fue un caso de resurrección, lo cual revela que todos los aspectos de Cristo como vida para nosotros, según se revela en los demás casos, corresponden al principio de la regeneración y la resurrección. Este último caso es el verdadero cambio de muerte a vida.

16[1] Es decir, Gemelo.

18[1] Es decir, unos tres kilómetros.

24[1] El Señor le dijo a Marta: "Tu hermano resucitará" (v. 23). Esto significa que el Señor le levantaría inmediatamente; pero Marta interpretó esta palabra del Señor posponiendo así la resurrección actual para el día postrero. ¡Qué interpretación de la palabra divina! El conocimiento parcial de la enseñanza fundamental es realmente destructivo e impide que la gente disfrute hoy la vida de resurrección del Señor.

27 Le dijo: Sí, Señor; yo he [1]creído que [a]Tú eres el Cristo,
el Hijo de Dios, que has [b]venido al mundo.

28 Habiendo dicho esto, fue y llamó en secreto a María su
hermana, diciéndole: El Maestro está aquí y te [1]llama.

29 Ella, cuando lo oyó, se levantó de prisa y vino a El.

30 Jesús todavía no había entrado en la aldea, sino que
estaba en el lugar donde Marta le había encontrado.

31 Entonces los judíos que estaban en casa con ella y la
consolaban, cuando vieron que María se había levantado de
prisa y había salido, la siguieron, pensando que iba al sepulcro a [1]llorar allí.

32 María, cuando llegó adonde estaba Jesús, al verle, se
postró a Sus pies, diciéndole: Señor, [a]si hubieses estado aquí,
no habría muerto mi hermano.

33 Jesús entonces, al verla [1]llorando, y a los [a]judíos que la
acompañaban, también [1]llorando, se [b]indignó en Su espíritu
y se [c]turbó,

34 y dijo: ¿Dónde le pusisteis? Le dijeron: Señor, ven y ve.

35 Jesús [1]lloró.

36 Dijeron entonces los judíos: Mirad cómo le [a]amaba.

37 Y algunos de ellos dijeron: El que [a]abrió los ojos al ciego,
¿no podría haber hecho también que Lázaro no muriera?

38 Jesús, indignado dentro de Sí otra vez, vino al sepulcro. Era una cueva, y tenía una piedra puesta *en la entrada*.

39 Dijo Jesús: Quitad la piedra. Marta, la hermana del
que había muerto, le dijo: Señor, hiede ya, porque es de
[a]cuatro días.

40 Jesús le dijo: ¿No te he dicho que si crees, verás la
[a]gloria de Dios?

27[a] Mt. 16:16
27[b] Jn. 6:14
32[a] Jn. 11:21
33[a] Jn. 11:19
33[b] Jn. 11:38; Ro. 8:26
33[c] Jn. 12:27; 13:21
36[a] Jn. 11:3
37[a] Jn. 9:7, 32
39[a] Jn. 11:17
40[a] Jn. 11:4

27[1] El Señor le dijo a Marta: "Yo soy la resurrección y la vida" y le preguntó: "¿Crees esto?" Ella respondió: "Sí, Señor; yo he creído que Tú eres el Cristo, el Hijo de Dios". Su respuesta no contestó la pregunta del Señor. Su conocimiento viejo y absorbente le cubrió los ojos, y le impidió entender la nueva palabra del Señor. El viejo conocimiento del hombre y sus viejas opiniones son velos que le impiden conocer claramente la nueva revelación del Señor.

28[1] Es posible que esto haya sido la opinión de Marta y no el mandato del Señor.

31[1] Lit., lamentarse.

33[1] Lit., lamentándose.

35[1] Esta palabra difiere de la palabra que se traduce *llorar* y *llorando,* en los vs. 31 y 33. Aquí significa *derramar lágrimas, llorar en silencio.* Esta es la única vez que esta palabra se usa en el Nuevo Testamento.

c. La vida que hace resucitar
vs. 41-44

41 Entonces [1]quitaron la piedra. Y Jesús, [a]alzando los ojos
a lo alto, dijo: [b]Padre, gracias te doy por haberme oído.
42 Yo sabía que siempre me oyes; pero lo dije por causa de
la multitud que está alrededor, para que [a]crean que Tú me
has [1]enviado.
43 Y habiendo dicho esto, clamó a gran voz: ¡Lázaro, ven
fuera!
44 Y el que había muerto salió, [a]atadas las manos y los
pies con vendas, y [b]el rostro envuelto en un sudario. Jesús
les dijo: Desatadle, y dejadle ir.

d. La conspiración por parte de la religión y
la muerte sustitutiva por parte de la vida
para congregar a los hijos de Dios
vs. 45-57

45 Entonces muchos de los [a]judíos que habían venido para
acompañar a María, y vieron lo que hizo *Jesús*, creyeron *en
El.
46 Pero algunos de ellos fueron a los fariseos y les dijeron
lo que Jesús había hecho.
47 Entonces los principales sacerdotes y los fariseos reunieron el concilio, y dijeron: ¿Qué haremos? Porque este
hombre hace muchas [a]señales.
48 Si le dejamos así, todos creerán *en El; y vendrán los
romanos, y destruirán nuestro lugar y *nuestra* nación.
49 Entonces Caifás, uno de ellos, [a]sumo sacerdote aquel
año, les dijo: Vosotros no sabéis nada;
50 ni tenéis en cuenta que os [a]conviene que un hombre
muera por el pueblo, y no que toda la nación perezca.
51 Esto no lo dijo por sí mismo, sino que como era el [a]sumo
sacerdote aquel año, profetizó que Jesús había de morir por
la nación,
52 y no solamente por la nación, sino también para [1]congregar en [a]uno a los hijos de Dios que estaban dispersos.

41[a] Jn. 17:1
41[b] Mt. 11:25
42[a] Jn. 17:8, 21
44[a] Jn. 19:40
44[b] Jn. 20:7
45[a] Jn. 11:19
47[a] Jn. 2:11, 23; 3:2; 4:54; 6:2, 14
49[a] Jn. 11:51; 18:13
50[a] Jn. 18:14
51[a] Jn. 11:49; 18:13
52[a] cfr. Jn. 10:16

41[1] El hecho de que quitan la piedra y desataran a Lázaro muestra la sumisión de ellos a la vida de resurrección y su cooperación con ésta.

42[1] Véase la nota 6[1] del cap. 1

52[1] La frase *congregar en uno a los hijos de Dios,* que se menciona en este capítulo, implica que no solamente la muerte del Señor, sino también Su vida de resurrección tiene como fin la edificación de los hijos de Dios. El Señor liberó Su vida por medio de Su muerte, para poder impartir Su vida en quienes creen en El. Esta vida es experimentada por nosotros en la esfera de Su resurrección. En la resurrección del

53[a] Mt. 26:4
54[a] Jn. 7:1
55[a] Jn. 2:13; 6:4
55[b] 2 Cr. 30:17-19; Jn. 18:28

53 Así que, desde aquel día [a]acordaron matarle.
54 Por tanto, Jesús ya no [a]andaba abiertamente entre los
judíos, sino que se alejó de allí a la región contigua al
desierto, a una ciudad llamada Efraín; y se quedó allí con
Sus discípulos.
55 Y estaba cerca la [a]Pascua de los judíos; y muchos
subieron de aquella región a Jerusalén antes de la Pascua,
para [b]purificarse.
56 Y buscaban a Jesús, y estando ellos en el templo, se
preguntaban unos a otros: ¿Qué os parece? ¿No vendrá a la
fiesta?
57 Y los principales sacerdotes y los fariseos habían dado
orden de que si alguno supiese dónde estaba, lo manifestase,
para que le prendiesen.

CAPITULO 12

D. El resultado y la multiplicación de la vida
12:1-50

1. El resultado de la vida: una casa de banquete (miniatura de la vida de la iglesia)
vs. 1-11

1[a] Lv. 23:5; Ex. 12:3, 6
1[b] vs. 1-8; Mt. 26:6-13; Mr. 14:3-9
1[c] Jn. 11:43-44
2[a] Lc. 10:38, 40
3[a] Jn. 11:2

1 Jesús, pues, seis días antes de la [a]Pascua, vino a
[1b]Betania, donde estaba Lázaro, a [c]quien había resucitado
de los muertos.
2 Le hicieron pues allí una cena; [a]Marta servía, y Lázaro
era uno de los que estaban reclinados *a la mesa* con El.
3 Entonces [a]María tomó una [1]libra de ungüento de nardo
puro, de mucho precio, y ungió los pies de Jesús, y los enjugó
con sus cabellos; y la [2]casa se llenó del olor del ungüento.

Señor crecemos juntamente hasta ser uno mediante Su vida para ser Su Cuerpo.

1[1] *Betania* significa *casa de aflicción.* Para entonces el Señor estaba fuera del judaísmo. Por Su vida de resurrección El había ganado una casa en Betania donde podía tener un banquete, descansar y estar satisfecho. Esta casa de banquete era una miniatura de la vida de la iglesia y representa la situación de la iglesia: (1) producida por la vida de resurrección, Lázaro (11:43-44); (2) compuesta de pecadores que han sido limpiados, Simón el leproso (Mr. 14:3); (3) afligidos exteriormente, Betania; (4) comen y festejan interiormente en la presencia del Señor y con El (v. 2); (5) tiene más hermanas que hermanos (vs. 2-3); (6) tiene miembros con funciones diferentes: el servicio, Marta; el testimonio, Lázaro; y el amor, María (vs. 2-3); (7) manchada por el falso discípulo, Judas (v. 4); (8) perseguida por la religión (v. 10); (9) es una prueba que expone a las personas (vs. 6, 10); y (10) atrae a muchos creyentes (v. 11).

3[1] Una unidad de peso de ese entonces, de unos 340 gramos.

4 Y dijo uno de Sus discípulos, [a]Judas Iscariote, el que le 4[a] Jn. 6:71; 13:21, 26
había de traicionar:
5 ¿Por qué no fue este ungüento vendido por trescientos
[1]denarios, y dado a los pobres?
6 Pero dijo esto, no porque a él le importasen los pobres,
sino porque era ladrón, y [a]teniendo la bolsa, sustraía de lo 6[a] Jn. 13:29
que se echaba en ella.
7 Entonces [1]Jesús dijo: Déjala; para el día de Mi sepultura ha guardado esto.
8 [a]Porque a los pobres siempre los tendréis con vosotros, 8[a] Dt. 15:11
mas a Mí no siempre me tendréis.
9 Gran multitud de los judíos supieron entonces que El
estaba allí, y vinieron, no solamente por causa de Jesús, sino
también para ver a Lázaro, a [a]quien había resucitado de los 9[a] Jn. 11:43; 12:1, 17
muertos.
10 Y los principales sacerdotes tuvieron consejo para dar
muerte también a Lázaro,
11 porque a causa de él [a]muchos de los judíos se aparta- 11[a] Jn. 11:45
ban y creían *en Jesús.

2. La multiplicación de la vida para la iglesia
por medio de la muerte y la resurrección (quedan implícitos
la glorificación de Dios y el juicio sobre el mundo y Satanás)
vs. 12-36a

12 El siguiente día, [a]grandes multitudes que habían veni- 12[a] vs. 12-15: Mt. 21:4-9; Mr. 11:7-10
do a la [b]fiesta, al oír que Jesús venía a Jerusalén, 12[b] Dt. 16:16
13 tomaron ramas de palmera y salieron a recibirle, y 13[a] Sal. 118:26
clamaban: [1]¡Hosanna! ¡[a]Bendito el que viene en el nombre 13[b] Jn. 1:49
del Señor, el [b]Rey de Israel!
14 Y halló Jesús un pollino, y montó sobre él, como está
escrito:
15 “[a]No temas, hija de Sion; he aquí tu Rey viene, monta- 15[a] Zac. 9:9
do sobre un pollino de asna”.

3[2] Esta era la casa de Simón el leproso (Mr. 14:3).

5[1] Véase la nota 7[1] del cap. 6.

7[1] El Señor Jesús era una prueba para todos aquellos que le rodeaban. Los principales sacerdotes y los fariseos tramaron matarle (11:47, 53, 57); Simón el leproso preparó su casa para El (Mt. 26:6); Marta le sirvió; Lázaro dio testimonio de El; María lo amaba (vs. 2-3); Judas estaba a punto de traicionarlo (v. 4), y muchos creyeron en El (v. 11). El Señor es el centro de la economía de Dios y es una señal que Dios estableció (Lc. 2:34). Todo aquel que se relacione con El será inevitablemente puesto a prueba y expuesto.

13[1] Expresión hebrea que significa *sálvanos, te rogamos* (Sal. 118:25).

16 Estas cosas no las entendieron Sus discípulos al
principio; pero cuando Jesús fue [a]glorificado, entonces se
[b]acordaron de que estas cosas estaban escritas acerca de El,
y de que se las habían hecho.
17 Y daba testimonio la multitud que estaba con El cuando llamó a Lázaro del sepulcro, y le resucitó de los muertos.
18 Por lo cual también había venido la multitud a recibirle, porque había oído que El había hecho esta señal.
19 Entonces los fariseos dijeron entre sí: Ya veis que no
conseguís nada. Mirad, el mundo se va tras El.
20 Había ciertos griegos entre los que habían subido a
[a]adorar en la fiesta.
21 Estos, pues, se acercaron a [a]Felipe, que era de Betsaida
de Galilea, y le rogaron, diciendo: Señor, quisiéramos ver a
Jesús.
22 Felipe fue y se lo dijo a Andrés; entonces Andrés y
Felipe se lo dijeron a Jesús.
23 Jesús les respondió diciendo: Ha llegado la [a]hora para
que el Hijo del Hombre sea [1b]glorificado.
24 De cierto, de cierto os digo, que [a]si el grano de trigo no
[1]cae en la tierra y muere, queda solo; pero si muere, lleva
[2b]mucho fruto.

16[a] Jn. 7:39
16[b] Jn. 14:26
20[a] Hch. 8:27
21[a] Jn. 1:43-46
23[a] Jn. 2:4; 7:30; 13:1
23[b] Jn. 13:31-32
24[a] 1 Co. 15:36
24[b] cfr. Jn. 12:32

23[1] La glorificación de Jesús como Hijo del Hombre fue Su resurrección, la cual consistía en que Su elemento divino, Su vida divina, fuera liberado del interior de la cáscara de Su humanidad para producir muchos creyentes en resurrección (1 P. 1:3), así como un grano de trigo (v. 24) libera su elemento vital al caer en tierra y brotar de la tierra para llevar mucho fruto, es decir, para producir muchos granos. Véase la nota 1[1] del cap. 17.

24[1] En ese entonces, según la perspectiva del mundo, Jesús se encontraba rodeado de las circunstancias más favorables. Una gran multitud de los judíos lo tenía en alta estima y lo recibió calurosamente por haber resucitado a Lázaro (vs. 12-19), y hasta los griegos le buscaban (vs. 20-22). Sin embargo, El prefirió caer en tierra como grano de trigo y morir, a fin de producir muchos granos para la iglesia.

24[2] Este "mucho fruto" llegó a ser el aumento de Cristo en resurrección. Este aumento es la gloria en la cual Cristo entró por medio de Su muerte y resurrección (Lc. 24:26). La porción que va del v. 23 de este capítulo al final del cap. 17 es un discurso sobre el misterio de esta gloria. Cristo tenía la gloria junto con Dios (17:5). Su encarnación hizo que Su gloria divina fuera oculta en Su carne. Por medio de Su muerte y resurrección, Su gloria fue liberada, y produjo muchos granos, los cuales vienen a ser Su aumento, la expresión de Su gloria. Esta gloria se menciona en los vs. 23, 28; 13:31-32; 14:13; 15:8; 16:14; 17:1, 4, 5, 10, 22, 24. En las últimas palabras del Señor a los creyentes, en los caps. 14—16, hay tres expresiones concretas y corporativas de esta gloria: la casa del Padre (la iglesia) en 14:2, los pámpanos de la vid (los constituyentes del Cuerpo de Cristo) en 15:1-5, y un hombre corporativo recién nacido (el nuevo hombre) en 16:21. Estos tres se refieren a la iglesia y muestran que la iglesia es el aumento glorioso producido por el Cristo glorioso mediante Su muerte y

25 [a]El que ama la [1b]vida de su alma la perderá; y el que la
[c]aborrece en este mundo, para [2]vida eterna la guardará.
26 Si alguno me sirve, sígame; y donde Yo esté, allí también estará Mi servidor. Si alguno me sirve, Mi Padre le
honrará.
27 Ahora está turbada [a]Mi [1]alma; ¿y qué diré? Padre,
[b]sálvame de esta [c]hora. Mas para [2]esto he llegado a esta
hora.
28 Padre, [1a]glorifica Tu nombre. Entonces vino una [b]voz
del cielo: Lo he [1a]glorificado, y lo [1a]glorificaré otra vez.
29 Y la multitud que estaba allí, y había oído la voz, decía
que había sido un trueno. Otros decían: [a]Un ángel le ha
hablado.
30 Respondió Jesús y dijo: No ha [1]venido esta voz por
causa Mía, sino por causa de vosotros.

25[a] Mt. 10:39
25[b] Jn. 10:11, 15, 17, 18
25[c] Lc. 14:26
27[a] Mt. 26:38
27[b] cfr. Mt. 26:39
27[c] Jn. 7:8; 13:1
28[a] Jn. 13:31, 32; 17:1
28[b] Mt. 3:17; 17:5
29[a] Hch. 23:9

---

resurrección. En este aumento glorioso, Cristo, el Hijo de Dios, es glorificado, y como resultado Dios el Padre también es glorificado en la glorificación de Cristo, es decir, es completamente expresado por medio de la iglesia (Ef. 3:19-21). Esta expresión debe ser mantenida en la unidad del Dios Triuno. Por lo tanto, el Señor oró específicamente por esto en Su oración final, en el cap. 17 (17:20-23). Este aumento glorioso de Cristo es la cúspide del misterio revelado en el Evangelio de Juan, y su máxima consumación es la Nueva Jerusalén en Apocalipsis, también escrito por Juan. La nueva ciudad santa será la totalidad del aumento de Cristo durante las generaciones, y en ella se expresará plenamente la gloria divina de Cristo. En la glorificación de Dios el Hijo, Dios el Padre también obtendrá la gloria eterna e incomparable, la cual será Su plena expresión en la eternidad. De este modo, Su economía eterna se cumplirá por la eternidad.

25[1] La misma palabra griega que se traduce *vida* en 10:11, 15, 17. El Señor, como el grano de trigo que cayó en la tierra, perdió la vida de Su alma por medio de la muerte a fin de poder liberar Su vida eterna en resurrección para los muchos granos. Como los muchos granos, nosotros también debemos perder la vida del alma por medio de la muerte para poder disfrutar la vida eterna en resurrección. Esto es seguirlo para servirle y andar con El en este camino, en el que perdemos la vida del alma y vivimos en Su resurrección, como se menciona en el v. 26.

25[2] Véase la nota 15[1] del cap. 3.

27[1] Como hombre, el Señor estaba turbado en Su alma debido a la muerte que estaba a punto de sufrir. Por lo tanto, oró: "Padre, sálvame de esta hora". Sin embargo, con seguridad se dio cuenta en Su espíritu de que El había llegado hasta esa hora para glorificar al Padre.

27[2] Esto se refiere a la glorificación del nombre del Padre en el versículo siguiente.

28[1] Glorificar el nombre del Padre es hacer que el elemento divino del Padre se exprese. El elemento divino del Padre, que es la vida eterna, estaba en el Hijo encarnado. La cáscara del Hijo encarnado tenía que ser quebrantada por la muerte para que el elemento divino del Padre, la vida eterna, pudiera ser liberado y expresado en resurrección, así como el elemento de vida de un grano de trigo es liberado cuando se rompe su cáscara y es expresado al florecer. Esto es la glorificación de Dios el Padre en el Hijo. Véase la nota 1[1] del cap. 17.

30[1] Lit., ocurrido.

31[a] Jn. 16:11
31[b] Jn. 14:30; 16:11; Ef. 2:2
32[a] Jn. 3:14; 8:28
32[b] cfr. Jn. 12:24
32[c] Jn. 6:44
33[a] Jn. 18:32
34[a] Sal. 110:4; Is. 9:7
35[a] Jn. 7:33
35[b] Jn. 1:5
35[c] Jn. 8:12; 1 Jn. 2:11
36[a] Jn. 8:12; 9:5; 12:46
36[b] Ef. 5:8

31 Ahora es el [1a]juicio de este [2]mundo; ahora el [b]príncipe
de este mundo será echado fuera.
32 Y Yo, si soy [1a]levantado de la tierra, a [b]todos [c]atraeré a
Mí mismo.
33 Pero decía esto [a]dando a entender de qué muerte iba a
morir.
34 Le respondió la multitud: Nosotros hemos oído de la
ley, que el [a]Cristo permanece para siempre. ¿Cómo, pues,
dices Tú que es necesario que el Hijo del Hombre sea levantado? ¿Quién es este Hijo del Hombre?
35 Entonces Jesús les dijo: [a]Aún por un poco está la luz
entre vosotros; andad mientras tenéis luz, para que no os
[b]sorprendan las tinieblas; el que [c]anda en tinieblas, no sabe
adónde va.
36 Mientras tenéis la [a]luz, creed *en la luz, para que seáis
[b]hijos de luz.

31[1] En la cruz, el Señor como Hijo del Hombre (v. 23) fue levantado teniendo la forma de la serpiente (3:14), es decir, en semejanza de carne de pecado (Ro. 8:3). El príncipe de este mundo, Satanás como serpiente antigua (Ap. 12:9; 20:2), se había inyectado en la carne del hombre. Al morir en la cruz en semejanza de carne de pecado, el Señor destruyó a Satanás, quien está en la carne del hombre (He. 2:14). Al juzgar a Satanás (16:11) de esta manera, el Señor también juzgó al mundo, el cual está apoyado en Satanás. Por lo tanto, el mundo fue juzgado y su príncipe, Satanás, fue arrojado como resultado de que el Señor fuera levantado en la cruz.

31[2] Aquí la palabra griega significa *arreglo* (véase la nota 15[2] de 1 Jn. 2). El mundo es un sistema maligno arreglado metódicamente por Satanás. Todas las cosas de la tierra, especialmente las que tienen que ver con la humanidad, y todas las cosas del aire han sido organizadas sistemáticamente por Satanás formando así su reino de tinieblas, para ocupar al hombre e impedir que se cumpla el propósito de Dios, y distraer al hombre del disfrute de Dios. Este sistema maligno, el reino de las tinieblas, fue juzgado cuando su príncipe, Satanás, fue arrojado por medio de la crucifixión del Señor en la carne. Véase la nota 31[1].

32[1] En cierto aspecto, la muerte del Señor equivalía a caer en tierra como se revela en el v. 24; en otro aspecto, equivalía a ser levantado en el madero (1 P. 2:24). El cayó en tierra para producir los muchos granos; fue levantado en el madero para atraer a todos los hombres a Sí mismo. Los muchos granos producidos por El al caer en la tierra son “todos los hombres” que El atrajo al ser levantado en el madero.

En este capítulo, la muerte del Señor no se revela como la muerte redentora, sino como la muerte que produce y genera. Por esta muerte, la cáscara de Su humanidad encarnada fue quebrantada para que El realizara Su propósito triple: (1) producir los muchos granos y atraer a todos los hombres a Sí mismo (vs. 24, 32); (2) liberar el elemento divino, que es la vida eterna (vs. 23, 28); y (3) juzgar el mundo y echar fuera a su príncipe, Satanás (v. 31). Debemos experimentar la muerte del Señor para poder participar del propósito triple que El logró.

3. La incredulidad y la ceguera de la religión
vs. 36b-43

Estas cosas habló Jesús, y se marchó y [c]se ocultó de ellos. 36[c] Jn. 8:59
37 Pero a pesar de que había hecho tantas señales delante
de ellos, no creían *en El;
38 para que se cumpliese la palabra del profeta Isaías,
que dijo: "[a]Señor, ¿quién ha creído a nuestro anuncio? ¿Y a 38[a] Is. 53:1
quién se ha revelado el [1]brazo del Señor?"
39 Por esto no podían creer, porque también dijo Isaías:
40 "[1a]Cegó los ojos de ellos, y endureció su corazón; para 40[a] Is. 6:10
que no vean con los ojos, y entiendan con el corazón, y se
conviertan, y Yo los sane".
41 Isaías dijo esto cuando [a]vio [1]Su gloria, y habló acerca 41[a] Is. 6:1
de El.
42 Con todo eso, aun de los gobernantes, muchos creyeron
*en El; pero a causa de los fariseos no lo confesaban, [a]para 42[a] Jn. 7:13
no ser [b]expulsados de la sinagoga. 42[b] Jn. 9:22
43 Porque amaban más la [a]gloria de los hombres que la
[a]gloria de Dios. 43[a] Jn. 5:44

4. La declaración hecha por la vida
a la religión incrédula
vs. 44-50

44 Jesús [1]clamó y dijo: El que cree *en Mí, no cree *en Mí,
sino [a]*en el que me envió; 44[a] Jn. 5:24
45 y el que me [a]ve, ve al que me envió. 45[a] Jn. 14:9
46 Yo he venido al mundo *como* la [a]luz, para que todo
aquel que cree *en Mí no permanezca en tinieblas. 46[a] Jn. 12:36; 1:4; 8:12; 9:5
47 Al que oye Mis [1]palabras, y no las guarda, Yo no le
juzgo; porque no he venido a [a]juzgar al mundo, sino a salvar
al mundo. 47[a] Jn. 3:17

38[1] El brazo del Señor es el Señor Jesús.

40[1] La ceguera y el endurecimiento del corazón están relacionados; son un castigo para los incrédulos.

41[1] Aquí *Su gloria* confirma que el Señor Jesús es el propio Dios, Jehová de los ejércitos, cuya gloria vio Isaías (Is. 6:1, 3). Esta gloria fue vista y apreciada por Isaías, pero no fue estimada por los creyentes débiles del Señor (vs. 42-43).

44[1] Esta fue la declaración que el Señor hizo a los fanáticos incrédulos. Esto implica que: (1) El era Dios manifestado al hombre (vs. 44-45); (2) El vino como luz al mundo, para que el hombre al creer en El, no se quedara en la oscuridad (vs. 46, 36); y (3) El vino al hombre con las palabras vivientes; quien reciba Sus palabras tendrá vida eterna ahora y para siempre, y quien rechace Sus palabras, será juzgado por Sus palabras en el último día (vs. 47-50).

47[1] Véase la nota 63[3] del cap. 6; así también en el versículo siguiente.

48 El que me rechaza, y no recibe Mis palabras, tiene
48[a] Dt. 18:18-19 quien le juzgue; la [a]palabra que he hablado, ella le juzgará
en el día postrero.
49 Porque Yo no he hablado por Mi propia cuenta; el
49[a] Jn. 17:8 Padre que me envió, El me [a]dio mandamiento de lo que he
de decir, y de lo que he de hablar.
50 Y sé que Su mandamiento es [1]vida eterna. Así pues, lo
50[a] Jn. 8:28 que Yo hablo, lo hablo [a]como el Padre me lo ha dicho.

CAPITULO 13

E. La vida lava en amor para mantener la comunión 13:1-38

1. El lavamiento hecho por el Señor mismo vs. 1-11

1 [1]Antes de la [a]fiesta de la Pascua, sabiendo Jesús que
Su [b]hora había llegado para que pasase de este mundo al
[c]Padre, habiendo amado a los Suyos que estaban en el
mundo, los amó hasta el fin.
2 Y cuando cenaban, como el [a]diablo ya había puesto en
el corazón de Judas Iscariote, *hijo* de Simón, que le [b]traicionara,
3 *Jesús,* sabiendo que el Padre le había [a]dado todo en las
manos, y que había [b]salido de Dios, y a Dios iba,
4 se levantó de la cena, y se [1]quitó Su manto, y tomando
una [2]toalla, se la [3]ciñó.
5 Luego puso [1]agua en un lebrillo, y comenzó a [2]lavar los

1[a] Lv. 23:5
1[b] Jn. 12:23
1[c] Jn. 16:28
2[a] Jn. 6:70-71; 13:27
2[b] Jn. 13:11
3[a] Jn. 3:35
3[b] Jn. 8:42; 16:27

50[1] Véase la nota 15[1] del cap. 3.

1[1] En este evangelio, la primera sección, caps. 1—13, describe la manera en que el Señor como Dios mismo, como Hijo de Dios, vino por medio de la encarnación para introducir a Dios en el hombre, a fin de ser la vida del hombre, para que la iglesia fuera producida. La segunda sección, caps. 14—21, describe la manera en que el Señor, como Hijo del Hombre, pasó por la muerte y la resurrección para introducir al hombre en Dios a fin de que el hombre y Dios, Dios y el hombre, fueran edificados y llegaran a ser una morada mutua. Este capítulo, al final de la primera sección, marca un cambio y da un giro al libro.

4[1] Aquí el manto representa las virtudes y los atributos del Señor en Su expresión. Por lo tanto, quitarse Su manto significa despojarse de lo que El es en Su expresión.

4[2] Proviene de una palabra latina que denota una toalla de lino.

4[3] Ceñirse significa ser atado y restringido por la humildad (cfr. 1 P. 5:5).

5[1] Aquí el agua representa al Espíritu Santo (Tit. 3:5), la palabra (Ef. 5:26; Jn. 15:3) y la vida (19:34).

5[2] En los caps. 1—12 la vida vino y produjo la iglesia, la cual está compuesta de los que han sido regenerados. En

[3]pies de los discípulos, y a enjugarlos con la toalla con que
estaba ceñido.
6 Entonces vino a Simón Pedro; y *Pedro* le dijo: Señor,
¿Tú me lavas los pies?
7 Respondió Jesús y le dijo: Lo que Yo hago, tú no lo
[1]comprendes ahora; mas lo [1]entenderás después.
8 Pedro le dijo: No me lavarás los pies jamás. Jesús le
respondió: Si no te lavo, no tendrás parte conmigo.
9 Le dijo Simón Pedro: Señor, no sólo mis pies, sino
también las manos y la cabeza.
10 Jesús le dijo: El que está [1a]lavado, no necesita sino 10a Tit. 3:5
lavarse los pies, pues está todo [b]limpio; y vosotros limpios 10b Jn. 15:3
estáis, aunque no todos.
11 Porque [a]sabía quién le iba a traicionar; por eso dijo: No 11a Jn. 6:64
estáis limpios todos.

2. El lavamiento mutuo de los creyentes vs. 12-17

12 Así que, después que les hubo lavado los pies, tomó Su

espíritu ellos están en Dios y en los lugares celestiales, pero en cuerpo todavía viven en la carne y andan por la tierra. En su contacto con las cosas terrenales ellos se ensucian a menudo. Esto estorba su comunión con el Señor y entre ellos. Por lo tanto, necesitan ser lavados por el Espíritu Santo, la palabra y la vida. Esto es ser limpios de su suciedad para que su comunión con el Señor y entre ellos sea mantenida; no se refiere al lavamiento de sus pecados por medio de la sangre (1 Jn. 1:9). Esta es la razón por la cual después del cap. 12, es necesaria la señal del lavamiento de los pies. Puesto que el Evangelio de Juan es un libro de señales, lo que consta en este capítulo debe ser considerado una señal con significado espiritual. No debemos interpretar el lavamiento de los pies simplemente en el sentido físico, sino en el sentido espiritual.

5[3] En la antigüedad los judíos usaban sandalias, y sus pies se ensuciaban fácilmente porque los caminos eran polvorientos. Si al llegar a un banquete se sentaban a la mesa y estiraban los pies, la tierra y el mal olor ciertamente estorbarían la comunión. Por lo tanto, para tener un banquete agradable, ellos necesitaban lavarse los pies. El Señor lavó los pies a Sus discípulos para mostrarles que El los amaba a lo sumo (v. 1), y El les mandó que hicieran lo mismo entre ellos en amor (vs. 14, 34). Hoy en día, el mundo es sucio, y nosotros los santos nos contaminamos fácilmente. Para mantener una comunión agradable con el Señor y entre nosotros, necesitamos que el Señor con Su amor nos lave los pies y que nosotros en amor nos lavemos los pies mutuamente. Este lavamiento espiritual se hace con el Espíritu Santo, con la palabra y con la vida y es absolutamente necesario para que vivamos en la comunión de la vida divina, la cual se revela en la Primera Epístola de Juan, que es la continuación del Evangelio de Juan.

7[1] En el griego la palabra traducida *comprender,* denota estar consciente interior y subjetivamente; y la expresión traducida *entender* se refiere al conocimiento objetivo y exterior. Véase la nota 55[1] del cap. 8.

10[1] Aquí ser lavado denota el lavamiento de la regeneración (Tit. 3:5; Jn. 3:5).

manto, volvió a reclinarse *a la mesa,* y les dijo: ¿Sabéis lo que os he hecho?

13 Vosotros me llamáis Maestro, y Señor; y decís bien, porque lo soy.

14 Pues si Yo, el Señor y el Maestro, he lavado vuestros pies, vosotros también debéis lavaros los pies los unos a los otros.

15a 1 P. 2:21

15 Porque [a]ejemplo os he dado, para que como Yo os he hecho, vosotros también hagáis.

16a Mt. 10:24

16 De cierto, de cierto os digo: El [a]esclavo no es mayor que su señor, ni [1]el enviado es mayor que el que le envió.

17a Lc. 11:28; Jac. 1:22, 25

17 Si sabéis estas cosas, [a]bienaventurados seréis si las hacéis.

3. Lavado, pero no incluido en la comunión
vs. 18-30

18a Jn. 13:10, 11
18b Jn. 6:70
18c Jn. 17:12
18d Sal. 41:9

18 No hablo de [a]todos vosotros; Yo sé a quienes he [b]elegido; mas para que se cumpla la [c]Escritura: "[d]El que [1]come pan conmigo, levantó contra Mí su calcañar".

19a Jn. 14:29
19b Jn. 8:24, 28, 58

19 Desde ahora os lo [a]digo antes que suceda, para que cuando suceda, creáis que [1b]Yo soy.

20a Mt. 10:40

20 De cierto, de cierto os digo: [a]El que recibe al que Yo envíe, me recibe a Mí; y el que me recibe a Mí, recibe al que me envió.

21a Jn. 11:33
21b Mt. 26:21; Mr. 14:18; Lc. 22:21

21 Habiendo dicho Jesús esto, se conmovió en [a]espíritu, y declaró y dijo: De cierto, de cierto os digo, que [b]uno de vosotros me va a traicionar.

22 Entonces los discípulos se miraban unos a otros, perplejos por *no saber* de quién hablaba.

23a Jn. 19:26

23 Y uno de Sus discípulos, [a]al cual Jesús amaba, estaba reclinado sobre el pecho de Jesús.

24 A éste, pues, hizo señas Simón Pedro, para que preguntase quién era aquel de quien hablaba.

25 El entonces, reclinado sobre el pecho de Jesús, le dijo: Señor, ¿quién es?

26 Respondió Jesús: Es aquél para quien Yo voy a mojar el bocado y a quien se lo voy a dar. Y mojando el pan, lo dio a Judas Iscariote *hijo* de Simón.

27a Lc. 22:3

27 Y en aquel momento, después del bocado, [a]Satanás entró en él. Entonces Jesús le dijo: Lo que vas a hacer, hazlo pronto.

16[1] *El enviado* literalmente significa *el apóstol.*

18[1] Lit., mastica.

19[1] Véase la nota 24[1] del cap. 8.

28 Pero ninguno de los que estaban reclinados *a la mesa*
entendió por qué le dijo esto.
29 Porque algunos pensaban, puesto que Judas tenía la
bolsa, que Jesús le decía: Compra lo que necesitamos para la
fiesta; o que diese algo a los pobres.
30 Cuando él, pues, hubo tomado el bocado, luego salió; y
era ya de noche.

4. Lavados y dispuestos
a permanecer en la comunión, pero fracasan
vs. 31-38

31 Entonces, cuando hubo salido, dijo Jesús: Ahora es
[1a]glorificado el Hijo del Hombre, y Dios es [2b]glorificado en
El.
32 [1]Si Dios es [2a]glorificado en El, Dios también le [3b]glorificará en Sí mismo, y en seguida le [3]glorificará.
33 Hijitos, aún [a]estaré con vosotros un poco. Me [b]buscaréis; pero como dije a los judíos, y así os digo ahora a
vosotros: [c]Adonde Yo voy, vosotros no podéis ir.
34 Un [1a]mandamiento nuevo os doy: Que os [b]améis unos
a otros; como Yo os he amado, que también os améis unos a
otros.
35 En esto conocerán todos que sois Mis discípulos, si
tenéis amor los unos con los otros.
36 Le dijo [a]Simón Pedro: Señor, ¿a dónde vas? Jesús le
respondió: [b]Adonde Yo voy, no me puedes seguir ahora: mas
me [c]seguirás después.
37 Le dijo Pedro: Señor, ¿por qué no te puedo seguir
ahora? Mi [1]vida pondré por Ti.
38 Jesús le respondió: ¿Tu vida pondrás por Mí? De cierto, de cierto te digo: No cantará el [a]gallo antes de que me
hayas negado tres veces.

31[1] Véase la nota 23[1] del cap. 12.

31[2] Véase la nota 28[1] del cap. 12.

32[1] Algunos mss. antiguos omiten la frase: Si Dios es glorificado en El.

32[2] Véase la nota 28[1] del cap. 12.

32[3] Véase la nota 23[1] del cap. 12.

34[1] La palabra griega que aquí se traduce *mandamiento* es la misma palabra que aparece en Mt. 5:19 y Ro. 7:8, 9, 10, 11, 12, 13. Sin embargo, en Mt. 5 y Ro. 7, se refiere a los mandamientos antiguos de la ley del Antiguo Testamento; aquí se refiere al nuevo mandamiento que nos dio el Señor en el Nuevo Testamento. También en 14:15, 21; 15:10, 12; 1 Jn. 2:3, 4, 7, 8; 3:22, 23, 24; 4:21; 5:2, 3; 2 Jn. 4, 5, 6, se refiere al nuevo mandamiento que nos fue dado en el Nuevo Testamento, ya sea por el Señor Jesús o por Dios. Este nuevo mandamiento es diferente de los viejos mandamientos del Antiguo Testamento.

37[1] Lit., alma, vida del alma; así también en el versículo siguiente.

31[a] Jn. 12:23; 17:1
31[b] Jn. 17:1
32[a] Jn. 12:28
32[b] Jn. 17:1
33[a] Jn. 7:33
33[b] Jn. 7:34, 36; 8:21
33[c] Jn. 13:36
34[a] 1 Jn. 3:11, 23; Jn. 15:12, 17
34[b] 1 Ts. 4:9; 1 P. 1:22; 1 Jn. 4:7
36[a] vs. 36-38: cfr. Mt. 26:31-35; Mr. 14:27-31; Lc. 22:31-34
36[b] Jn. 13:33; 7:34
36[c] Jn. 21:19
38[a] Jn. 18:27

CAPITULO 14

II. La preparación del camino que introduce al hombre en Dios
por parte de Jesús crucificado y Cristo resucitado,
y Su venida como Espíritu a permanecer y vivir en los creyentes
a fin de edificar la habitación de Dios
14:1—21:25

A. La vida mora por dentro
para la edificación de la habitación de Dios
14:1—16:33

1. El Dios Triuno se imparte al hombre
para producir Su morada
14:1-31

a. Jesús se va al morir y Cristo viene al resucitar
para introducir a los creyentes en el Padre
vs. 1-6

1[a] Jn. 14:27
2[a] Jn. 2:16, 21; 1 Ti. 3:15; He. 3:6; 1 P. 2:5; cfr. Ef. 2:21-22
2[b] Jn. 14:23
2[c] Jn. 14:12, 28; 7:33; 13:3

1 [a]No se turbe vuestro corazón; creéis *en [1]Dios, creed
también *en [1]Mí.
2 En la casa de [1a]Mi Padre [2]muchas [b]moradas hay; si así
no fuera, Yo os lo hubiera dicho; [3c]voy, pues, a preparar lugar
para vosotros.

1[1] Aquí el Señor les muestra a Sus discípulos que El es igual a Dios. Los discípulos se turbaron al oír de Su partida. Con esta palabra les dio a entender que El, por ser Dios, es omnipresente y no está limitado por el tiempo ni el espacio.

2[1] Según la interpretación de 2:16, 21, *la casa de Mi Padre* se refiere al templo, el cuerpo de Cristo, como morada de Dios. Al principio, el cuerpo de Cristo era solamente Su cuerpo individual. Pero por Su muerte y resurrección, el cuerpo de Cristo ha aumentado hasta ser Su Cuerpo colectivo, el cual es la iglesia, y consta de todos Sus creyentes regenerados mediante Su resurrección (1 P. 1:3). En la resurrección de Cristo, la iglesia es el Cuerpo de Cristo, el cual es la casa de Dios (1 Ti. 3:15; 1 P. 2:5; He. 3:6), la morada de Dios (Ef. 2:21-22), el templo de Dios (1 Co. 3:16-17).

2[2] Las muchas moradas son los muchos miembros del Cuerpo de Cristo (Ro. 12:5), que es el templo de Dios (1 Co. 3:16-17). Esto se demuestra explícitamente en el v. 23, donde vemos que el Señor y el Padre harán morada con aquel que ame al Señor.

2[3] Este libro tiene dos secciones principales. La primera sección, caps. 1—13, muestra que Cristo, como Verbo eterno, vino por medio de la encarnación para introducir a Dios en el hombre, a fin de ser la vida y el suministro de vida del hombre. La segunda sección, caps. 14—21, revela la manera en que Cristo como el hombre Jesús, pasó por la muerte y la resurrección para introducir al hombre en Dios, para que la morada de Dios fuera edificada, lo cual equivale a la edificación de la iglesia (Mt. 16:18) y está relacionado con la edificación de la Nueva Jerusalén (He. 11:10; Ap. 21:2). En todo el universo, Dios tiene un solo edificio, el cual es Su morada viviente con Su pueblo redimido.

3 Y [1]si me voy y os [2]preparo lugar, [a]vendré otra vez, y os
[3]tomaré a Mí mismo, para que [4b]donde Yo estoy, vosotros
también estéis.
4 Y a dónde Yo voy, ya sabéis el camino.
5 Le dijo Tomás: Señor, no sabemos a dónde vas; ¿cómo,
pues, podemos saber el camino?
6 Jesús le dijo: Yo soy el [1]camino, y la [2a]realidad, y la
[b]vida; nadie viene al Padre, sino por Mí.

b. El Dios Triuno se imparte en los creyentes
vs. 7-20

(1) El Padre corporificado en el Hijo y
visto entre los creyentes
vs. 7-14

7 [1]Si me [a]conocieseis, también a Mi Padre conoceríais; y
desde ahora le [b]conocéis, y le habéis visto.

3[a] Jn. 14:18, 28
3[b] Jn. 14:10, 11, 20; 17:21, 24
6[a] Jn. 1:14, 17; 8:32; 14:17
6[b] Jn. 1:4; 11:25; 1 Jn. 5:12; Col. 3:4
7[a] Jn. 8:19
7[b] 1 Jn. 2:13

3[1] *Y si me voy ... vendré otra vez,* comprueba que la ida del Señor (por Su muerte y resurrección) era Su venida (a Sus discípulos, vs. 18, 28). El vino en la carne (1:14) y estuvo entre Sus discípulos, pero le era imposible entrar en ellos mientras estuviera en la carne. El tenía que dar el paso adicional de experimentar la muerte y la resurrección a fin de poder ser transfigurado de la carne al Espíritu, para poder entrar en ellos y morar en ellos como se revela en los vs. 17-20. El vino después de Su resurrección para infundirse en Sus discípulos como el Espíritu Santo al soplar en ellos (20:19-22).

3[2] La intención del Señor en este capítulo era introducir al hombre en Dios para edificar Su morada. Pero entre el hombre y Dios había muchos obstáculos, tales como el pecado, los pecados, la muerte, el mundo, la carne, el yo, el viejo hombre y Satanás. Para que el Señor pudiera introducir al hombre en Dios, El tenía que resolver todos estos problemas. Por lo tanto, El tenía que ir a la cruz para efectuar la redención a fin de abrir el camino y poner una base sobre la cual el hombre pudiera entrar en Dios. Nuestro cimiento en Dios, al ser ensanchado, viene a ser el cimiento del Cuerpo de Cristo. Quien no tenga una base, un lugar en Dios, no tiene lugar en el Cuerpo de Cristo, que es la morada de Dios. Por lo tanto, la ida del Señor para efectuar redención tenía por objeto preparar un lugar en Su Cuerpo para los discípulos.

3[3] Cuando el Señor tomó a Sus discípulos a Sí mismo, los introdujo en Sí, como lo indica el v. 20 con las palabras *vosotros en Mí.*

3[4] El Señor está en el Padre (vs. 10-11). El quería que Sus discípulos también estuvieran en el Padre, como se revela en 17:21. Mediante Su muerte y Su resurrección El introdujo a Sus discípulos en Sí mismo. Puesto que El está en el Padre, ellos también están en el Padre al estar en El. Por lo tanto, donde El está, también están los discípulos.

6[1] El camino para que el hombre pueda entrar en Dios es el Señor mismo. Ya que el camino es una persona viviente, el lugar adonde el Señor introduce al hombre también debe ser una persona, el mismo Dios Padre. El Señor mismo es el camino vivo por el cual el hombre es introducido en Dios el Padre, el lugar vivo. El camino necesita la realidad, y la realidad necesita la vida. El Señor mismo es la vida. Esta vida nos trae la realidad, y la realidad viene a ser el camino por el cual entramos en el disfrute de Dios el Padre.

8 Felipe le dijo: Señor, muéstranos el Padre, y nos basta.

9 Jesús le dijo: ¿Tanto tiempo hace que estoy con vosotros, y no me has conocido, Felipe? El que me ha [a]visto a Mí, ha visto al Padre; ¿cómo, *pues,* dices tú: Muéstranos el Padre?

10 ¿No crees que Yo estoy [a]en el Padre, y el [b]Padre está en Mí? Las [1c]palabras que Yo os hablo, no las hablo [d]por Mi propia cuenta, sino que el Padre que permanece en Mí, El hace Sus obras.

11 Creedme que Yo estoy [a]en el Padre, y el Padre está en Mí; y si no, creedme por las mismas [b]obras.

12 De cierto, de cierto os digo: El que [*]en Mí cree, las obras que Yo hago, él las hará también; y aun [a]mayores hará, porque Yo [1b]voy al Padre.

13 Y todo lo que [a]pidáis [1]en Mi nombre, lo haré, para que el [2]Padre sea [b]glorificado en el Hijo.

14 Si algo [a]pedís en Mi nombre, Yo lo haré.

9[a] Jn. 12:45
10[a] Jn. 14:11, 20; 10:38; 17:21
10[b] cfr. Jn. 10:30; Is. 9:6
10[c] Jn. 14:24
10[d] Jn. 16:13
11[a] Jn. 14:10
11[b] Jn. 5:36
12[a] Jn. 5:20
12[b] Jn. 14:2, 28; 7:33
13[a] Jn. 14:14; 15:16; 16:23-24
13[b] Jn. 13:31; 17:1; 12:28
14[a] Jn. 14:13

6[2] Cristo es la realidad de las cosas divinas. Esta realidad vino por medio de El y llega a ser Dios hecho real para nosotros. Véanse las notas 14[6] del cap. 1 y 6[6] de 1 Jn. 1.

7[1] Este capítulo revela la manera en que Dios se imparte en el hombre. Al infundirse Dios en nosotros, El es triuno. El es uno, y es tres: el Padre, el Hijo y el Espíritu. El Hijo es la corporificación y la expresión del Padre (vs. 7-11), y el Espíritu es la realidad del Hijo y el propio Hijo hecho real en nosotros (vs. 17-20). En el Hijo (el Hijo es llamado aun el Padre, Is. 9:6) el Padre es expresado y visto, y como el Espíritu (2 Co. 3:17) el Hijo es revelado y hecho real. El Padre es expresado en el Hijo entre los creyentes, y el Hijo como el Espíritu es hecho real en los creyentes. Dios el Padre está oculto; Dios el Hijo se manifiesta entre los hombres; y Dios el Espíritu entra en el hombre para ser su vida, su suministro de vida y su todo. Por lo tanto, el Dios Triuno —el Padre en el Hijo, y el Hijo como el Espíritu— se imparte en nosotros para ser nuestra porción a fin de que lo disfrutemos como nuestro todo en Su trinidad divina.

10[1] Véase la nota 63[3] del cap. 6.

12[1] El Señor vino del Padre para introducir a Dios en el hombre mediante la encarnación. Aquí El va al Padre para introducir al hombre en Dios mediante Su muerte y resurrección.

13[1] Aquí y en el v. 14, estar en el nombre del Señor significa ser uno con el Señor, vivir por El y permitir que El viva en nosotros. El Señor vino y obró en el nombre del Padre (5:43; 10:25), lo cual significa que El era uno con el Padre (10:30), que El vivía por causa del Padre (6:57), y que el Padre obraba en El (v. 10). En los evangelios el Señor como expresión del Padre, obraba en el nombre del Padre. En Hechos, los discípulos como la expresión del Señor hicieron obras aun mayores (v. 12) en el nombre del Señor.

13[2] El hecho de que el Padre sea glorificado en el Hijo significa que Su elemento divino es expresado desde el interior del Hijo. Todo lo que el Hijo hace expresa el elemento divino del Padre. Esta es la glorificación del Padre en el Hijo.

(2) El Hijo hecho real como Espíritu para los creyentes
a fin de permanecer en ellos
vs. 15-20

15 Si me [a]amáis, guardaréis Mis [b]mandamientos.
16 Y Yo rogaré al Padre, y os dará otro [1a]Consolador, para
que esté con vosotros para siempre:
17 el [1a]Espíritu de realidad, al cual el mundo no puede
recibir, porque no le ve, ni le conoce; *pero* vosotros le conocéis, porque [2]permanece con vosotros, y estará [3b]en vosotros.
18 No os [1]dejaré huérfanos; [2a]vengo a vosotros.
19 Todavía [a]un poco, y el mundo no me verá más; pero
vosotros me veis; porque Yo [1b]vivo, vosotros también [c]viviréis.
20 En aquel [1a]día vosotros conoceréis que Yo estoy [b]en Mi
Padre, y vosotros [c]en Mí, y Yo [d]en vosotros.

15[a] Jn. 14:21, 23; 16:27
15[b] Jn. 14:21; 15:10
16[a] Jn. 14:26; 15:26; cfr. 1 Jn. 2:1
17[a] Jn. 7:39; 15:26; 16:13; 1 Jn. 5:6; Jn. 20:22; 1 Co. 15:45; 2 Co. 3:17
17[b] Jn. 14:20; 1 Jn. 2:27; Ro. 8:9, 11
18[a] Jn. 14:3, 28
19[a] Jn. 7:33; 12:35; 16:16
19[b] Gá. 2:20
19[c] Gá. 2:20; Fil. 1:21; Jn. 6:57
20[a] Jn. 16:23, 26; 20:19
20[b] Jn. 14:10
20[c] Jn. 15:4; 17:21; Ro. 8:1; 1 Co. 1:30
20[d] Jn. 14:17; 17:23; Ro. 8:9; 2 Co. 13:5; Col. 1:27

16[1] Esta palabra griega significa *abogado, alguien que estando a nuestro lado se encarga de nuestro caso, de nuestros asuntos*. La palabra griega que se traduce *Consolador*, es la misma palabra traducida *Abogado* en 1 Jn. 2:1. Hoy en día tenemos al Señor Jesús en los cielos y también al Espíritu (el Consolador) en nosotros como nuestro Abogado, quien se encarga de nuestro caso.

17[1] El Espíritu prometido aquí, fue mencionado en 7:39. Este Espíritu es el Espíritu de vida (Ro. 8:2), y esta promesa del Señor se cumplió el día de Su resurrección, cuando el Espíritu como el aliento de vida fue infundido en los discípulos al soplar en ellos (20:22). La promesa que el Señor hizo aquí, es diferente de la que hizo el Padre acerca del Espíritu de poder en Lc. 24:49. Esa promesa se cumplió cincuenta días después de la resurrección del Señor, el día de Pentecostés, cuando el Espíritu sopló como un viento recio sobre los discípulos (Hch. 2:1-4). En este versículo el Espíritu de vida es llamado "el Espíritu de realidad". El Espíritu de realidad es Cristo (v. 6); por lo tanto, el Espíritu de realidad es el Espíritu de Cristo (Ro. 8:9). Este Espíritu también es la realidad de Cristo (1 Jn. 5:6, 20) para que Cristo sea hecho real en aquellos que creen en El, como su vida y su suministro de vida.

17[2] El que permanece en los creyentes, el Espíritu de realidad, es Aquel que no los dejará huérfanos, el Señor mismo en el v. 18. Esto significa que el Cristo que estaba en la carne pasó por la muerte y la resurrección, para llegar a ser el Espíritu vivificante, el Cristo *pneumático*. En 1 Co. 15:45 se confirma esto. Con respecto a la resurrección, ese versículo dice: "Fue hecho ... el postrer Adán [Cristo en la carne], Espíritu vivificante".

17[3] Esta es la primera vez que se revela la promesa de que el Espíritu more en los creyentes. Esta se cumple y se desarrolla completamente en las epístolas. Véase 1 Co. 6:19 y Ro. 8:9, 11.

18[1] Véase la nota 17[2].

18[2] Esta venida se cumplió el día de Su resurrección (20:19-22). Después de Su resurrección, el Señor volvió a Sus discípulos para estar siempre con ellos, y así no dejarlos huérfanos.

19[1] Debe ser después de la resurrección del Señor que El vive en Sus discípulos y que ellos viven por El, como se menciona en Gá. 2:20.

20[1] Seguramente se refiere al día de la resurrección del Señor (20:19).

c. El Dios Triuno hace morada con los creyentes vs. 21-24

21 El que tiene Mis mandamientos, y los guarda, ése es el
que me [a]ama; y el que me ama, será amado por Mi Padre, y
Yo le amaré, y me [b]manifestaré a él.
22 Le dijo Judas (no el Iscariote): Señor, ¿cómo es que te
manifestarás a nosotros, y no al mundo?
23 Respondió Jesús y le dijo: El que me [a]ama, Mi palabra
[b]guardará; y Mi Padre le amará, y vendremos a él, y haremos [1c]morada con él.
24 El que no me ama, no guarda Mis palabras; y la
[a]palabra que habéis oído no es Mía, sino del Padre que me
envió.

d. El Consolador hace recordar, y la vida da paz vs. 25-31

25 Os he dicho estas cosas *mientras* permanezco con vosotros.
26 Mas el [1a]Consolador, el Espíritu Santo, a quien el
[2]Padre enviará en [3]Mi nombre, El os [b]enseñará [c]todas las
cosas, y os recordará todo lo que Yo os he dicho.

21[a] Jn. 14:15
21[b] Jn. 21:1
23[a] Jn. 14:15
23[b] 1 Jn. 2:5
23[c] Jn. 14:2; Ro. 8:9, 11; Ef. 3:17
24[a] Jn. 14:10
26[a] Jn. 14:16
26[b] 1 Jn. 2:20, 27
26[c] Jn. 16:13

23[1] Esta es una de las muchas moradas mencionadas en el v. 2. Será una morada mutua en la cual el Dios Triuno mora en los creyentes y éstos moran en El.

26[1] El Consolador, el Espíritu Santo, iba a ser enviado por el Padre en el nombre del Hijo. Por lo tanto, el Espíritu Santo fue enviado por el Padre y también por el Hijo. Así que, el Espíritu Santo viene no solamente del Padre sino también del Hijo, y El es la realidad, no solamente del Padre sino también del Hijo. Por lo tanto, cuando invocamos el nombre del Señor, obtenemos el Espíritu (1 Co. 12:3).

26[2] El hecho de que el Padre esté en el nombre del Hijo, equivale a que el Padre sea el Hijo (véase la nota 43[1] del cap. 5). Por lo tanto, que el Padre envíe al Espíritu Santo en el nombre del Hijo equivale a que el Hijo envíe al Espíritu Santo desde el Padre (15:26). El Hijo y el Padre son uno (10:30). Por consiguiente, el Espíritu que es enviado, no sólo procede del Padre (15:26), sino también del Hijo. Además, cuando el Espíritu viene, viene con el Padre y con el Hijo (véase la nota 26[1] del cap. 15). Esto demuestra que el Padre, el Hijo y el Espíritu son un solo Dios, el Dios Triuno, quien llega a nosotros y se forja, es decir, se imparte, en nosotros, en Su trinidad divina para ser nuestra vida y nuestro todo.

26[3] En 5:43 se nos dice que el Hijo vino en el nombre del Padre, y aquí que el Padre envió al Espíritu Santo en el nombre del Hijo. Esto comprueba no solamente que el Hijo y el Padre son uno (10:30), sino también que el Espíritu Santo es uno con el Padre y con el Hijo. El Espíritu Santo, quien es enviado por el Padre en el nombre del Hijo, no sólo es la realidad que procede del Padre, sino también la realidad que proviene del Hijo. Este es el Dios Triuno —el Padre, el Hijo y el Espíritu— que finalmente llega al hombre como el Espíritu.

27 La [a]paz os dejo, Mi paz os doy; Yo no os la doy como el
mundo la da. No se [b]turbe vuestro corazón, ni tenga miedo.
28 Habéis oído que Yo os he dicho: [a]Voy, y [1]vengo a vosotros. Si me amarais, os habríais regocijado, porque [2b]voy al
Padre; porque el Padre [c]mayor es que Yo.
29 Y ahora os lo he dicho [a]antes que suceda, para que
cuando suceda, creáis.
30 No hablaré ya mucho con vosotros: porque viene el
[a]príncipe de este mundo, y él nada tiene en Mí.
31 Mas esto es para que el mundo conozca que amo al
Padre, y como el Padre me [a]mandó, así hago. Levantaos,
vamos de aquí.

CAPITULO 15

2. El organismo del Dios Triuno en la impartición divina 15:1—16:4

a. La vid y los pámpanos son un organismo que glorifica al Padre expresando las riquezas de la vida divina 15:1-11

1 Yo soy la [1a]vid verdadera, y Mi Padre es el [2]labrador.
2 Todo pámpano que en Mí no lleva fruto, lo quita; y todo
aquel que lleva fruto, lo [1]poda, para que lleve más fruto.
3 Ya vosotros estáis [a]limpios por la palabra que os he
hablado.
4 [a]Permaneced en Mí, y Yo [b]en vosotros. Como el pámpano no puede llevar fruto por sí mismo, si no permanece en
la vid, así tampoco vosotros, si no permanecéis en Mí.
5 Yo soy la vid, vosotros los pámpanos; el que permanece
en Mí, y Yo en él, éste lleva [a]mucho fruto; porque separados
de Mí [b]nada podéis hacer.

27[a] Jn. 16:33; Ro. 16:20; Fil. 4:7
27[b] Jn. 14:1
28[a] Jn. 14:2
28[b] Jn. 14:12
28[c] Jn. 10:29
29[a] Jn. 13:19
30[a] Jn. 12:31; 16:11; Ef. 2:2
31[a] Jn. 10:18; 12:49
1[a] Sal. 80:8; cfr. Is. 5:2; Jer. 2:21; Ez. 19:10; 15:2
3[a] Jn. 17:17; Ef. 5:26
4[a] Jn. 15:5, 6, 7, 9, 10; 6:56; 1 Jn. 2:24, 28
4[b] Jn. 14:17, 20; Ro. 8:9; Col. 1:27; 2 Co. 13:5; 1 Jn. 2:27
5[a] Jn. 15:16
5[b] Jn. 5:19, 30; cfr. Fil. 4:13

28[1] Véase la nota 18[2].

28[2] Véase la nota 12[1].

1[1] La vid verdadera (el Hijo), junto con sus pámpanos (los que creen en el Hijo), es el organismo del Dios Triuno en la economía de Dios. Este organismo crece con Sus riquezas y expresa Su vida divina.

1[2] La palabra griega significa *el que labra la tierra, el agricultor* (2 Ti. 2:6; Jac. 5:7; Mt. 21:33). El Padre como el labrador es la fuente, el autor, el que planea, el que planta, la vida, la substancia, el suelo, el agua, el aire, la luz del sol y todo para la vid. El Hijo como la vid, es el centro de la economía de Dios y la corporificación de todas las riquezas del Padre. El Padre, al cultivar al Hijo, se forja a Sí mismo con todas Sus riquezas en esta vid, y con el tiempo la vid llega a expresar al Padre mediante sus pámpanos de una manera corporativa. Esta es la economía del Padre en el universo.

2[1] Lit., limpiará.

6 El que en Mí no permanece, es [1a]echado fuera como
pámpano, y se seca; y los recogen, y los echan en el [b]fuego, y
[c]arden.
7 Si permanecéis en Mí, y Mis [1a]palabras permanecen en
vosotros, [2]pedid lo que queráis, y os será hecho.
8 En esto es [1a]glorificado Mi Padre, en que llevéis mucho
fruto, y seáis *así* Mis [b]discípulos.
9 Como el Padre me ha [a]amado, así también Yo os he
amado; permaneced en Mi amor.
10 Si [1]guardáis Mis [a]mandamientos, permaneceréis en
Mi amor; así como Yo he guardado los mandamientos de Mi
Padre, y permanezco en Su amor.
11 Estas cosas os he hablado, para que Mi [1]gozo esté en
vosotros, y vuestro [a]gozo sea cumplido.

b. Los pámpanos se aman
con el fin de expresar la vida divina llevando fruto
15:12-17

12 Este es Mi [a]mandamiento: Que os [b]améis unos a otros,
como Yo os he amado.
13 Nadie tiene mayor amor que éste, que uno [a]ponga su
[1]vida por sus amigos.
14 Vosotros sois Mis [a]amigos, si hacéis lo que Yo os mando.
15 Ya no os llamo esclavos, porque el esclavo no sabe lo
que hace su señor; pero os he llamado amigos, porque todas
las cosas que oí de Mi Padre, os las he dado a conocer.
16 No me elegisteis vosotros a Mí, sino que Yo os [a]elegí a
vosotros, y os he [1]puesto para que [2]vayáis y [b]llevéis fruto, [3]y

6a Jn. 15:2
6b 1 Co. 3:15
6c He. 6:8
7a Col. 3:16
8a Jn. 12:28; 13:31; 14:13; 17:1, 4
8b Jn. 8:31
9a Jn. 17:23, 26; 3:35
10a Jn. 14:15, 21, 23
11a Jn. 16:24
12a Jn. 15:17; 13:34
12b Jn. 13:35; Ro. 13:8; 1 P. 1:22; 1 Jn. 3:14
13a Jn. 10:11
14a 2 Cr. 20:7; Is. 41:8; Jac. 2:23
16a Jn. 6:70; 13:18; 15:19
16b Jn. 15:5

6[1] Esto significa que el pámpano es privado de participar de las riquezas de la vida de la vid.

7[1] Véase la nota 63[3] del cap. 6.

7[2] Cuando permanecemos en el Señor y dejamos que Sus palabras permanezcan en nosotros, en realidad somos uno con El, y El obra en nosotros. Entonces, cuando pedimos en oración, no estamos solos; también El ora en nuestra oración. Esta clase de oración está relacionada con llevar fruto (v. 8) y ciertamente será contestada. Véase la nota 16[2].

8[1] Al llevar fruto se expresa la vida divina del Padre, y de este modo El es glorificado.

10[1] Cuando permanecemos en el Señor, El nos comunica en nuestro interior la palabra específica para el momento. Estas palabras son Sus mandamientos para nosotros. Al guardar Sus mandamientos, demostramos que le amamos; de esta manera permanecemos en Su amor.

11[1] Ser pámpanos de la vid divina y llevar fruto para expresar la vida divina son cosas en las que nos podemos deleitar, y también producen una vida de gozo.

13[1] Aquí la palabra griega significa *alma, vida del alma*.

16[1] Eramos pámpanos silvestres, y por la fe hemos sido injertados en

vuestro fruto permanezca; para que todo lo que [4c]pidáis al
Padre en Mi nombre, El os lo dé.
17 Estas cosas os mando para que os [1a]améis unos a otros.

c. La vid y los pámpanos, separados del mundo,
son aborrecidos y perseguidos por el mundo religioso
15:18—16:4

18 Si el mundo os [a]aborrece, sabed que a Mí me ha
[b]aborrecido antes que a vosotros.
19 Si fuerais [1]del mundo, el mundo amaría lo suyo; pero
porque [a]no sois [1]del mundo, antes Yo os elegí del mundo, por
eso el mundo os aborrece.
20 Acordaos de la palabra que Yo os he dicho: El esclavo
no es [a]mayor que su señor. Si a Mí me han [b]perseguido,
también a vosotros os [c]perseguirán; si han guardado Mi
palabra, también guardarán la vuestra.
21 Mas todo esto os harán por causa de Mi [a]nombre,
porque [b]no conocen al que me ha enviado.

16[c] Jn. 14:13, 14; 16:24, 26
17[a] Jn. 15:12
18[a] Jn. 17:14; 1 Jn. 3:13
18[b] Jn. 15:23, 24, 25
19[a] Jn. 17:14, 16
20[a] Jn. 13:16
20[b] Jn. 5:16; cfr. Hch. 9:4-5
20[c] Hch. 26:10, 11; Gá. 1:13; 2 Ti. 3:12
21[a] Hch. 5:41; 9:14
21[b] Jn. 16:3

Cristo. Aquí el Señor dijo que El nos *ha puesto*. Esto armoniza con la idea de injertar.

16[2] La palabra griega que se traduce *vayáis* significa *partir,* lo cual implica irse a otro lugar; por lo tanto, se traduce *ir*. Esta es la misma palabra griega traducida *voy* en 14:4 y 16:5. El fruto producido al ir de esta manera, no denota las virtudes del carácter de quien lleva fruto, como en el caso del fruto del Espíritu Santo en el vivir de los creyentes, lo cual se menciona en Gá. 5:22-23, sino que se refiere a los creyentes producidos por el que lleva fruto. Esto corresponde al tema de esta sección, 12:20—17:26, que es la multiplicación de Cristo. Las virtudes que poseemos al permanecer en el Señor no pueden considerarse la multiplicación de Cristo. Solamente los creyentes que producimos en el Señor son la multiplicación tangible de Cristo. La casa del Padre del cap. 14, la vid verdadera de este capítulo, y el hijo varón del cap. 16, están relacionados con la multiplicación de Cristo.

16[3] Después de ir a producir creyentes en el Señor, debemos cuidarlos. La mejor manera de hacerlo es establecer reuniones en sus hogares, para que estén cubiertos y protegidos, a fin de que reciban cuidado al ser nutridos y enseñados, y para que lleguen a ser fruto que permanece y que vive en los pámpanos de la vid verdadera, es decir en el Cuerpo de Cristo, para ser el aumento de Cristo.

16[4] Pedir en el nombre del Señor requiere que nosotros permanezcamos en el Señor y permitamos que El y Sus palabras permanezcan en nosotros, para que en realidad seamos uno con El. Así cuando pedimos, El pide en nuestra petición. Esta clase de petición está relacionada con llevar fruto, e indudablemente será contestada por el Padre. Véase la nota 7[2].

17[1] Esto es amarse unos a otros en la vida del Señor, la vida divina, en el amor del Señor, y en Su comisión de llevar fruto. La vida es la fuente, el amor es la condición, y llevar fruto es la meta. Si todos vivimos por la vida del Señor como fuente, en el amor del Señor como condición, y teniendo como meta llevar fruto, indudablemente nos amaremos unos a otros. El tener diferentes fuentes de vida, diferentes condiciones o diferentes metas, nos separará e impedirá que nos amemos unos a otros.

19[1] Lit., provenientes del.

22 Si Yo no hubiera venido, ni les hubiera hablado, no
tendrían [a]pecado; pero ahora no tienen excusa por su pecado.
23 El que me [a]aborrece a Mí, también a Mi Padre aborrece.
24 Si Yo no hubiese hecho entre ellos [a]obras que ningún
otro ha hecho, no tendrían [b]pecado; pero ahora han visto y
han aborrecido a Mí y a Mi Padre.
25 Pero *esto es* para que se cumpla la palabra que está
escrita en su ley: "[a]Sin causa me aborrecieron".
26 Pero cuando venga el [a]Consolador, a quien Yo os [b]en-
viaré [1c]del Padre, el [d]Espíritu de realidad, el cual procede
[1]del Padre, El [e]dará testimonio acerca de Mí.
27 Y [a]vosotros daréis testimonio también, porque habéis
estado conmigo desde el principio.

CAPITULO 16

1 Estas cosas os he hablado, para que no [a]tengáis
tropiezo.
2 Os [a]expulsarán de las sinagogas; y viene la hora cuando cualquiera que os [1b]mate, pensará que rinde servicio a
Dios.
3 Y harán esto [a]porque no conocen al Padre ni a Mí.
4 Mas os he dicho estas cosas, para que [a]cuando llegue
la hora, os acordéis de ellas, y de que Yo os las había dicho.
Y no os dije estas cosas desde el principio, porque Yo estaba
con vosotros.

3. La obra del Espíritu tiene su consumación en la mezcla de la divinidad con la humanidad 16:5-33

a. El Hijo se va para que venga el Espíritu vs. 5-7

5 Pero ahora [a]voy al que me envió; y ninguno de vosotros
me pregunta: ¿[b]Adónde vas?

22[a] Jn. 15:24; 9:41
23[a] Jn. 15:18
24[a] Jn. 5:36; 10:37
24[b] Jn. 15:22
25[a] Sal. 35:19; 69:4
26[a] Jn. 14:16, 26; 16:7
26[b] Jn. 14:26
26[c] Jn. 7:29; 17:8
26[d] Jn. 14:17; 16:13
26[e] 1 Jn. 5:6
27[a] Jn. 19:35; 21:24; Hch. 1:8
1[a] Mt. 11:6
2[a] Jn. 9:22, 34
2[b] Hch. 26:10
3[a] Jn. 8:19, 55; 15:21
4[a] Jn. 14:29
5[a] Jn. 16:10, 17, 28; 7:33; 14:12, 28
5[b] Jn. 13:36; 14:5

26[1] El sentido en griego es *de con* (véase la nota 14[5] del cap. 1). El Espíritu de realidad, que es enviado por el Hijo desde el Padre, no solamente procede del Padre, sino que también viene con el Padre. El Padre es la fuente. Cuando este Espíritu viene de la fuente, no la deja atrás, sino que viene con ella. Este Espíritu, enviado por el Hijo y que viene con el Padre, da testimonio del Hijo. Por lo tanto, Su testimonio acerca del Hijo tiene que ver con el Dios Triuno.

2[1] En este evangelio la religión es revelada como el enemigo de la vida. En los evangelios, el judaísmo se opone y persigue al Señor Jesús. En Hechos, sigue oponiéndose y persiguiendo a los apóstoles y a los discípulos (Hch. 4:1-3; 5:17-18, 40;

6 Antes, porque os he dicho estas cosas, [a]tristeza ha
llenado vuestro [b]corazón.
7 Pero Yo os digo la verdad: Os conviene que Yo me vaya;
porque si no me voy, el Consolador [a]no vendrá a vosotros;
mas si me [1b]voy, os lo [c]enviaré.

b. La obra del Espíritu
vs. 8-15

(1) Convencer al mundo
vs. 8-11

8 Y cuando El venga, [1]convencerá al mundo de [2]pecado,
de [2]justicia y de [2]juicio.
9 De [a]pecado, por cuanto no [b]creen *en Mí;
10 de [a]justicia, por cuanto [b]voy al Padre, y no me veréis
más;
11 y de juicio, por cuanto el príncipe de este mundo ha
sido ya [a]juzgado.

(2) Glorificar al Hijo, en quien está
la plenitud del Padre, revelándole a los creyentes
vs. 12-15

(3) Trasmitir a los creyentes
todo lo que tienen el Padre y el Hijo
v. 13

12 Aún tengo muchas cosas que deciros, pero ahora no las
podéis sobrellevar.
13 Pero cuando venga el [a]Espíritu de realidad, El os
[1]guiará a toda la [b]realidad; porque no hablará [c]por Su propia

6[a] Jn. 16:20, 21, 22
6[b] Jn. 14:1, 27; 16:22
7[a] Jn. 7:39
7[b] Jn. 20:17
7[c] Jn. 15:26
9[a] Jn. 8:34
9[b] Jn. 8:24
10[a] 1 Co. 1:30; 2 Co. 5:21; Fil. 3:9
10[b] Ro. 4:25; 8:34
11[a] Jn. 12:31
13[a] Jn. 14:17; 15:26; 1 Jn. 5:6
13[b] Jn. 1:14, 17; 8:32; 14:6
13[c] Jn. 14:10

6:11-14; 7:57-59; 26:9-12). En la historia vemos que la Iglesia Católica perseguía los seguidores del Señor. Todas las religiones organizadas, de cualquier clase, persiguen a aquellos que buscan al Señor como vida. Todas estas religiones consideran que perseguir a los buscadores del Señor es un servicio ofrecido a Dios.

7[1] Este "irse" finalmente se cumplió en Su ascensión en 20:17.

8[1] Esto también significa condenar, hacer que la gente se redarguya a sí misma.

8[2] El pecado entró por medio de Adán (Ro. 5:12), la justicia es el Cristo resucitado (v. 10; 1 Co. 1:30) y el juicio está destinado para Satanás (v. 11), quien es el autor y la fuente del pecado (Jn. 8:44). En Adán nacimos del pecado. La única manera de ser libres del pecado es creer en Cristo, el Hijo de Dios (v. 9). Si creemos en El, El es justicia para nosotros, y nosotros somos justificados en El (Ro. 3:24; 4:25). Si no nos arrepentimos del pecado que está en Adán, y no creemos en Cristo, el Hijo de Dios, permaneceremos en pecado y participaremos del juicio de Satanás por la eternidad (Mt. 25:41). Estos son los principales temas del evangelio. El Espíritu los usa para convencer al mundo.

13[1] La obra del Espíritu es primeramente convencer al mundo. En segundo lugar, como Espíritu de

13[d] Ap. 1:1, 19
14[a] Jn. 17:5
15[a] Jn. 17:10; Col. 2:9
16[a] Jn. 7:33
16[b] Jn. 20:20
20[a] Mr. 16:10
20[b] Mt. 28:8; Lc. 24:41
21[a] Hch. 13:33; Ro. 1:4; He. 1:5

cuenta, sino que hablará todo lo que oye, y os [1]hará saber [d]las
cosas que habrán de venir.
14 El me [a]glorificará; porque recibirá de lo Mío, y os lo
hará saber.
15 [a]Todo lo que tiene el Padre es Mío; por eso dije que
recibirá de lo Mío, y os lo hará saber.

c. El Hijo ha de nacer en resurrección como niño recién nacido
vs. 16-24

16 [a]Todavía un poco, y no me veréis; y de nuevo un poco,
y me [b]veréis.
17 Entonces se dijeron *algunos* de Sus discípulos unos a
otros: ¿Qué es esto que nos dice: Todavía un poco y no me
veréis; y de nuevo un poco, y me veréis; y: Porque Yo voy al
Padre?
18 Decían, pues: ¿Qué quiere decir con: Todavía un poco?
No entendemos lo que habla.
19 Jesús conoció que querían preguntarle, y les dijo: ¿Preguntáis entre vosotros acerca de esto que dije: Todavía un
poco y no me veréis, y de nuevo un poco y me veréis?
20 De cierto, de cierto os digo, que vosotros [a]lloraréis y
lamentaréis, y el mundo se alegrará; vosotros estaréis tristes, pero vuestra tristeza se convertirá en [b]gozo.
21 La mujer cuando da a luz, tiene dolor, porque ha
llegado su hora; pero después que ha [1]dado a luz un [2a]niño,
ya no se acuerda de la angustia, por el gozo de que haya
nacido un hombre en el mundo.

---

realidad, guía a los creyentes a toda la realidad; es decir, hace que todo lo que el Hijo es y tiene sea real para los creyentes. Todo lo que el Padre es y tiene está corporificado en el Hijo (Col. 2:9), y todo lo que el Hijo es y tiene es dado a conocer como realidad a los creyentes mediante el Espíritu (vs. 14-15). Esta declaración es la glorificación del Hijo con el Padre. Por lo tanto, tiene que ver con el Dios Triuno forjado en los creyentes y mezclado con ellos. En tercer lugar, el Espíritu declara las cosas que han de venir, las cuales se revelan principalmente en Apocalipsis (Ap. 1:1, 19). Los tres aspectos de la obra del Espíritu corresponden a las tres secciones de los escritos de Juan: su evangelio, sus epístolas y el Apocalipsis.

21[1] Aquí, dar a luz corresponde a engendrar en Hch. 13:33. El Cristo encarnado, incluyendo a todos Sus creyentes, fue engendrado en Su resurrección para ser el Hijo de Dios (1 P. 1:3). De modo que El ha llegado a ser el Hijo primogénito de Dios, y todos Sus creyentes han llegado a ser los muchos hijos de Dios, los hermanos de Cristo, para constituir Su iglesia (Ro. 8:29; Jn. 20:17 y la nota 2; He. 2:10-12), la cual es Su multiplicación (12:24), Su aumento (3:29-30), y Su Cuerpo, el cual es Su plenitud, Su expresión (Ef. 1:23).

21[2] En esta parábola el Señor indica que los discípulos eran entonces como una mujer con dolores de parto, y que El era el niño que había de nacer

22 También vosotros ahora tenéis tristeza; pero os [1a]vol-
veré a ver, y se [b]gozará vuestro corazón, y nadie os quitará
vuestro gozo.
23 En aquel [a]día no me preguntaréis nada. De cierto, de
cierto os digo, que [1]todo cuanto pidáis al Padre en Mi nombre, os lo dará.
24 Hasta ahora nada habéis [1a]pedido en Mi nombre; pe-
did, y recibiréis, para que vuestro [b]gozo sea cumplido.

d. Los creyentes tienen paz en el Hijo
a pesar de la persecución
vs. 25-33

25 Estas cosas os he hablado en parábolas; la hora viene
cuando ya no os hablaré por parábolas, sino que claramente
os anunciaré las cosas del Padre.
26 En aquel [a]día [b]pediréis en Mi nombre; y no os digo que
Yo rogaré al Padre por vosotros,
27 pues el Padre mismo os ama, porque vosotros me
habéis amado, y habéis creído que Yo [a]salí [1b]de Dios.
28 Salí [a]del Padre, y he venido al mundo; otra vez dejo el
mundo, y [b]voy al Padre.
29 Le dijeron Sus discípulos: He aquí ahora hablas claramente, y ninguna parábola dices.
30 Ahora entendemos que sabes todas las cosas, y no
necesitas que nadie te pregunte; por esto creemos que has
[a]salido [1]de Dios.
31 Jesús les respondió: ¿Ahora creéis?
32 He aquí la hora viene, y ha venido ya, en que seréis
[a]esparcidos cada uno por su lado, y me dejaréis solo; mas no
estoy [b]solo, porque el Padre está [1c]conmigo.
33 Estas cosas os he hablado para que en Mí tengáis [a]paz.
En el mundo tendréis [b]aflicción; pero tened valor, Yo he
[c]vencido al mundo.

22a Jn. 14:3
22b Jn. 20:20
23a Jn. 16:26; 14:20; 20:19
24a Jn. 16:26; 14:13, 14; 15:16
24b Jn. 15:11
26a Jn. 16:23
26b Jn. 16:24; 14:13, 14; 15:16
27a Jn. 16:28, 30; 8:42; 13:3; 17:8
27b Jn. 6:46; 7:29; 17:8; cfr. Jn. 15:26
28a Jn. 8:42
28b Jn. 16:5, 10, 17; 13:1, 3
30a Jn. 16:27
32a Mt. 26:31; Zac. 13:7
32b Jn. 8:29
32c Jn. 8:16, 29
33a Jn. 14:27
33b Jn. 15:20
33c 1 Jn. 5:4-5

en Su resurrección (Hch. 13:33; He. 1:5; Ro. 1:4).

22[1] Después de nacer en resurrección, el Señor vino a visitar a los discípulos en la noche del día de Su resurrección, y los discípulos se regocijaron con Su presencia (20:20).

23[1] O, todo cuanto pidáis al Padre, os lo dará en Mi nombre.

24[1] Véase la nota 16[4] del cap. 15; así también en el v. 26.

27[1] Véase la nota 14[5] del cap. 1.

30[1] Aquí la preposición *de* que usaron los discípulos no tiene el sentido de *de con*. Esta palabra es diferente de la que usó el Señor en el v. 27.

32[1] Véase la nota 16[1] del cap. 8.

CAPITULO 17

B. La oración por parte de la vida
17:1-26

1. El Hijo ha de ser glorificado para que el Padre sea glorificado
vs. 1-5

1 Estas cosas habló Jesús, y [a]levantando los ojos al cielo,
dijo: [b]Padre, la hora ha llegado; [1c]glorifica a Tu Hijo, para
que Tu Hijo te [d]glorifique a Ti;
2 como le [1]has dado [a]potestad sobre toda carne, para que
dé [2b]vida eterna a todos los que le [c]diste.
3 Y ésta es la [1]vida eterna: que te [a]conozcan a Ti, el único
Dios [b]verdadero, y a quien has [2c]enviado, [d]Jesucristo.

1[a] Jn. 11:41
1[b] Mt. 11:25, 26; Jn. 11:41
1[c] Jn. 17:5; 7:39; 12:16, 23; 13:31, 32; Hch. 3:13; Jn. 16:14; cfr. Jn. 11:4; 17:10
1[d] Jn. 12:28; 13:31, 32; 17:5; cfr. Jn. 17:4; 14:13; 15:8; 21:19
2[a] Mt. 28:18; cfr. Jn. 5:27
2[b] Jn. 10:28
2[c] Jn. 17:6, 9, 24; 6:37, 65
3[a] He. 8:11; Mt. 11:27
3[b] 1 Jn. 5:20
3[c] Jn. 17:8
3[d] Fil. 3:10

1[1] Este es el tema de la oración del Señor en este capítulo. El era Dios encarnado, y Su carne era un tabernáculo en el cual Dios podía morar en la tierra (1:14). Su elemento divino estaba encerrado en Su humanidad, de la misma manera que la gloria *shekiná* de Dios estaba escondida en el tabernáculo. Una vez, en el monte de la transfiguración, Su elemento divino fue liberado del interior de Su carne, fue expresado en gloria, y lo vieron los tres discípulos (Mt. 17:1-4; Jn. 1:14). Pero luego se escondió de nuevo en Su carne. Antes de esta oración, El predijo que sería glorificado y que el Padre sería glorificado en El (12:23; 13:31-32). Ahora, estaba a punto de pasar por la muerte para que la cáscara de Su humanidad fuera quebrantada y para que Su elemento divino, Su vida divina, pudiera ser liberado. Además, El iba a resucitar para poder elevar Su humanidad e introducirla en el elemento divino, y para que Su elemento divino fuera expresado, lo cual haría que todo Su ser —Su divinidad y Su humanidad— fuera glorificado (véase la nota 23[1] del cap. 12). De este modo, el Padre sería glorificado en El (véase la nota 28[1] del cap. 12). Por lo tanto, El oró por esto.

La oración que el Señor hace aquí acerca del misterio divino se cumple en tres etapas. En primer lugar, se cumplió en Su resurrección, cuando Su elemento divino, Su vida divina, fue liberado del interior de Su humanidad, y fue impartido en Sus muchos creyentes (12:23-24), y todo Su ser, incluyendo Su humanidad, fue llevado a la gloria (Lc. 24:26), y en eso el elemento divino del Padre fue expresado en Su resurrección y glorificación. En Su resurrección Dios contestó y cumplió Su oración (Hch. 3:13-15). En segundo lugar, esto se ha cumplido en la iglesia, pues Su vida de resurrección ha sido expresada por medio de Sus muchos miembros, El ha sido glorificado en ellos, y el Padre ha sido glorificado en El por medio de la iglesia (Ef. 3:21; 1 Ti. 3:15-16). En tercer lugar, esto se cumplirá finalmente en la nueva Jerusalén, ya que El será plenamente expresado en gloria, y Dios será glorificado en El, por medio de la ciudad santa, por la eternidad (Ap. 21:11, 23-24).

Al orar de esta manera, El Señor reveló Su persona, Su deidad; El es igual al Padre en la gloria divina.

2[1] Esto se refiere a la obra del Señor. El Señor tiene la autoridad del Padre sobre toda la humanidad a fin de poder dar vida eterna, no a toda la humanidad, sino sólo a aquellos que el Padre le ha dado, los escogidos del Padre.

2[2] Véase la nota 15[1] del cap. 3.

3[1] La vida eterna es la vida divina

4 Yo te he [1]glorificado en la tierra, acabando la [a]obra que
me diste que hiciese.
5 Ahora pues, Padre, [1a]glorifícame Tú junto contigo, con
aquella [b]gloria que tuve [c]contigo [d]antes que el mundo fuese.

2. Los creyentes han de ser edificados en unidad
vs. 6-24

a. En el nombre del Padre y por la vida eterna
vs. 6-13

6 He manifestado [1]Tu [a]nombre a los hombres que del
mundo me [b]diste; [c]Tuyos eran, y me los diste, y han guardado Tu [2]palabra.
7 Ahora han conocido que todas las cosas que me has
dado, proceden de Ti;
8 porque las [a]palabras que me diste, les he [b]dado; y ellos
las recibieron, y han conocido verdaderamente que [c]salí [1]de
Ti, y han creído que Tú me [d]enviaste.
9 Yo [a]ruego por ellos; no ruego por el mundo, sino por los
que me [b]diste; porque [c]Tuyos son,
10 y todo lo Mío es Tuyo, y lo [a]Tuyo Mío; y he sido
[1]glorificado [2]en ellos.

4[a] Jn. 4:34; 5:17
5[a] Jn. 17:1
5[b] Jn. 17:22, 24
5[c] Jn. 1:2
5[d] Jn. 17:24
6[a] Jn. 17:11, 12, 26
6[b] Jn. 17:2
6[c] Jn. 17:9
8[a] Jn. 6:63, 68
8[b] Jn. 17:14
8[c] Jn. 8:42; 16:27, 30
8[d] Jn. 17:18, 21, 23, 25
9[a] Lc. 22:32
9[b] Jn. 17:2
9[c] Jn. 17:6
10[a] Jn. 16:15

---

con la función especial de conocer a Dios y a Cristo (cfr. Mt. 11:27). Dios y Cristo son divinos. Para conocer a la persona divina, necesitamos la vida divina. Puesto que los creyentes nacieron con la vida divina, ellos conocen a Dios y a Cristo (He. 8:11; Fil. 3:10).

3[2] Véase la nota 6[1] del cap. 1; también aparece en los vs. 8, 18, 21, 23, 25.

4[1] Esto significa que mientras el Señor vivía en la tierra, manifestaba y expresaba al Padre.

5[1] Esta palabra fortalece lo indicado en el v. 1, acerca de la deidad del Señor. El tenía la gloria divina junto con el Padre antes de que el mundo existiera, en la eternidad pasada; por lo tanto, El debe ser glorificado ahora con esa gloria junto con el Padre. El Señor participa en la gloria divina no solo, sino junto con el Padre, porque El y el Padre son uno (10:30).

6[1] *Tu nombre,* aquí y en el v. 26, es el nombre *Padre*. El nombre *Dios* y el nombre *Jehová* fueron adecuadamente revelados al hombre en el Antiguo Testamento, pero el nombre *Padre* no lo fue, aunque se mencionó brevemente en Is. 9:6; 63:16; 64:8. El Hijo vino y obró en el nombre del Padre (5:43; 10:25) para manifestar al Padre a los hombres que el Padre le dio, y para darles a conocer el nombre del Padre (v. 26). Ese nombre revela al Padre como la fuente de vida (5:26), que propaga y multiplica la vida. Muchos hijos iban a nacer del Padre (1:12-13) para expresarle. Por lo tanto, el nombre del Padre está estrechamente relacionado con la vida divina.

6[2] Las palabras del Padre pueden ser de dos clases: la palabra constante (v. 6), y las palabras para el momento (v. 8). Ambas son usadas por el Señor a fin de impartir vida eterna a los creyentes que reciben ambas clases de palabras.

8[1] Véase la nota 14[5] del cap. 1.

10[1] Puesto que los discípulos expresaban al Señor, El era glorificado en ellos.

10[2] Es decir, por causa de ellos.

11 Y ya no estoy en el mundo; mas éstos están [a]en el
mundo, y Yo [b]voy a Ti. [1]Padre santo, [c]guárdalos [2]en Tu
[d]nombre, el cual me has dado, para que sean [e]uno, así como
Nosotros.
12 Cuando estaba con ellos, Yo los [a]guardaba en Tu [b]nom-
bre, el cual me has dado, y Yo los guardé; [c]ninguno de ellos
se [1d]perdió, sino el [e]hijo de [1]perdición, para que la [f]Escritura
se cumpliese.
13 Pero ahora [a]voy a Ti; y hablo esto en el mundo, para
que tengan Mi [b]gozo cumplido en sí mismos.

b. En el Dios Triuno y mediante la santificación de la santa palabra vs. 14-21

14 Yo les he [a]dado Tu [1]palabra; y el [2]mundo los [b]aborreció,
porque [c]no son [3]del [2]mundo, como tampoco [d]Yo soy [3]del
[2]mundo.
15 No ruego que los quites del mundo, sino que los [a]guar-
des [1]del [2b]maligno.
16 [a]No son del mundo, como tampoco Yo soy del mundo.
17 [1a]Santifícalos [2]en la verdad; Tu [3]palabra es verdad.

11[a] Jn. 13:1
11[b] Jn. 17:13
11[c] Jn. 17:12, 15
11[d] Jn. 17:6
11[e] Jn. 17:21, 22, 23
12[a] Jn. 17:11
12[b] Jn. 17:6
12[c] Jn. 18:9; 6:39
12[d] Jn. 3:16; 10:28
12[e] Jn. 6:70, 71; cfr. 2 Ts. 2:3
12[f] Sal. 41:9
13[a] Jn. 17:11
13[b] Jn. 15:11
14[a] Jn. 17:8
14[b] Jn. 15:18; 1 Jn. 3:13
14[c] Jn. 17:16
14[d] Jn. 8:23
15[a] Jn. 17:11
15[b] Mt. 6:13; 13:38; 1 Jn. 2:13-14; 3:12; 5:18-19
16[a] Jn. 17:14
17[a] Jn. 17:19; 1 Ts. 5:23; Ef. 5:26; He. 2:11

11[1] Los creyentes del Hijo todavía están en el mundo. Ellos necesitan ser guardados a fin de ser uno, como la Trinidad Divina es uno, es decir, para que ellos sean uno en la Trinidad Divina. El Hijo oró para que el Padre santo los guardara.

11[2] Ser guardados en el nombre del Padre, es ser guardados por Su vida, porque sólo aquellos que han nacido del Padre y tienen la vida del Padre, pueden participar del nombre del Padre. El Hijo ha dado la vida del Padre a aquellos que el Padre le dio (v. 2); por lo tanto, ellos son partícipes del nombre del Padre al ser guardados en este nombre, y ellos son uno en el mismo. El primer aspecto de esta unidad, es decir, el primer aspecto de la edificación de los creyentes, es la unidad en el nombre del Padre y por Su vida divina. En este aspecto de la unidad los creyentes, que han nacido de la vida del Padre, disfrutan el nombre del Padre, o sea al Padre mismo, como el factor de la unidad de ellos.

12[1] Ambas palabras vienen de la misma raíz griega.

14[1] El Señor ha dado a los creyentes dos clases de palabras: la palabra constante (vs. 14, 17) y las palabras para el momento (v. 8).

14[2] El mundo es el sistema de Satanás (12:31). Los creyentes no son del mundo (vs. 14, 16), sino que están separados del mundo (v. 19), y no son quitados del mundo (v. 15), sino que son enviados al mundo (v. 18) para cumplir la comisión del Señor. (Así también en los vs. 15, 16.)

14[3] Lit., provenientes de; así también en el v. 16.

15[1] O, del mal.

15[2] El mundo entero yace en el poder del maligno (1 Jn. 5:19). Por lo tanto, los creyentes necesitan ser guardados del maligno, y siempre deben estar vigilantes en oración, para ser liberados del maligno (Mt. 6:13).

17[1] Ser santificado (Ef. 5:26; 1 Ts. 5:23) significa ser separado del mundo y de su usurpación, y apartado para

18 Como Tú me [1a]enviaste al mundo, así Yo los he [1b]envia-
do al mundo.
19 Y por ellos Yo me [1]santifico a Mí mismo, para que
también ellos sean [a]santificados en la verdad.
20 Mas no [a]ruego solamente por éstos, sino también por
los que han de creer en Mí mediante la palabra de ellos,
21 para que todos sean [1a]uno; como Tú, Padre, estás [b]en
Mí, y Yo [c]en Ti, que también ellos estén [d]en Nosotros; para
que el [e]mundo crea que Tú me [f]enviaste.

c. En la gloria divina para la expresión
del Dios Triuno
vs. 22-24

22 La [1a]gloria que me diste, Yo les he dado, para que sean
[2b]uno, así como Nosotros somos [c]uno.

18[a] Jn. 17:3, 8
18[b] Jn. 20:21
19[a] Jn. 17:17
20[a] Jn. 17:9
21[a] Jn. 17:11
21[b] Jn. 10:38; 14:10, 11
21[c] Jn. 14:20
21[d] Jn. 14:20; 1 Co. 1:30; Ro. 8:1; Jn. 14:3
21[e] Jn. 17:23
21[f] Jn. 17:8
22[a] Jn. 17:5, 24; 1:14
22[b] Jn. 17:11
22[c] Jn. 10:30

Dios y Su propósito, no solamente en cuanto a la posición (Mt. 23:17, 19), sino también al carácter (Ro. 6:19, 22). La palabra viva de Dios obra en los creyentes para lograr separarlos de todo lo mundano. Esto equivale a ser santificado en la palabra de Dios, la cual es la verdad, la realidad.

17[2] O, en la realidad. La realidad es el Dios Triuno (1:14, 17; 14:6; 1 Jn. 5:6). Puesto que el Dios Triuno está contenido y escondido en Su palabra, ésta es realidad (véanse las notas 14[6] del cap. 1 y 6[6] de 1 Jn. 1). Somos santificados en la realidad de esta palabra.

17[3] La palabra del Padre lleva consigo la realidad del Padre. Cuando la palabra de Dios dice: "Dios es luz", lleva consigo a Dios como luz. Por lo tanto, la palabra de Dios es la realidad, la verdad, a diferencia de la palabra de Satanás, la cual es vanidad, una mentira (8:44).

18[1] El Padre envió al Hijo al mundo consigo mismo como la vida y el todo para el Hijo. De la misma manera, el Hijo envía a Sus creyentes al mundo consigo mismo como la vida y el todo para ellos. Véase la nota 21[2] del cap. 20.

19[1] El Hijo es absolutamente santo en Sí mismo. No obstante, para establecer un ejemplo de santificación para Sus discípulos, El se santificó a Sí mismo en Su manera de vivir mientras estuvo en la tierra.

21[1] Este es el segundo aspecto de la unidad de los creyentes, la unidad que tienen en el Dios Triuno por medio de la santificación, es decir, la separación del mundo por la palabra de Dios. En este aspecto de la unidad, los creyentes separados del mundo para Dios, disfrutan al Dios Triuno como el factor de su unidad.

22[1] La gloria que el Padre le dio al Hijo, es la filiación con la vida y naturaleza divina del Padre (5:26). La filiación fue dada para que el Hijo pudiera expresar al Padre en Su plenitud (1:18; 14:9; Col. 2:9; He. 1:3). El Hijo ha dado esta gloria a Sus creyentes para que ellos también puedan tener la filiación con la vida y la naturaleza divina del Padre (v. 2; 2 P. 1:4), a fin de expresar al Padre en el Hijo, en la plenitud del Hijo (1:16).

22[2] Este es el tercer aspecto de la unidad de los creyentes, la unidad en la gloria divina para la expresión corporativa de Dios. En este aspecto de la unidad, los creyentes, habiendo negado plenamente su yo, disfrutan la gloria del Padre como el factor de su unidad perfeccionada, y así expresan a Dios de una manera corporativa y como un edificio completo. Esta es la unidad de la comisión divina, la cual cumple la oración del Hijo de ser

23[a] Jn. 14:20; Ro. 8:9
23[b] Jn. 17:21
23[c] Jn. 17:11
23[d] Jn. 17:8
23[e] Jn. 17:24, 26
24[a] Jn. 17:2
24[b] Jn. 14:3
24[c] Jn. 17:5, 22
24[d] Jn. 17:23, 26
24[e] Jn. 17:5
25[a] Jn. 8:55; Mt. 11:27
25[b] Jn. 17:8
26[a] Jn. 17:6
26[b] Jn. 17:23, 24
26[c] Jn. 14:20; Ro. 8:9

23 Yo [a]en ellos, y Tú [b]en Mí, para que sean perfeccionados en [c]unidad, para que el mundo conozca que Tú me [d]enviaste, y que los has [1]amado a ellos como también a Mí me has [e]amado.

24 Padre, *en cuanto a* los que me has [a]dado, quiero que [b]donde Yo estoy, también ellos [1]estén conmigo, para que vean Mi [c]gloria que me has dado; porque me has [d]amado desde [e]antes de la fundación del mundo.

3. El Padre se muestra justo al amar al Hijo y a Sus creyentes
vs. 25-26

25 [1]Padre justo, aunque el mundo no te ha conocido, Yo te he [a]conocido, y éstos saben que Tú me [b]enviaste.

26 Y les he dado a conocer Tu [a]nombre, y lo daré a conocer *aún,* para que el [1b]amor con que me has [b]amado, esté en ellos, y Yo [c]en ellos.

---

completamente expresado, es decir, glorificado, en la edificación de los creyentes, y de que el Padre sea plenamente expresado, glorificado, en la glorificación del Hijo. Por lo tanto, la unidad máxima de los creyentes (1) está en la vida eterna de Dios (en el nombre del Padre), (2) se da por la palabra santa de Dios, y (3) está en la gloria divina que expresa al Dios Triuno por la eternidad. A fin de que el Hijo llevara a cabo esta unidad, el Padre le dio seis cosas: potestad (v. 2), los creyentes (vs. 2, 6, 9, 24), la obra (v. 4), las palabras (v. 8), el nombre del Padre (vs. 11-12) y la gloria del Padre (v. 24). Para que los creyentes participaran de esta unidad, el Hijo les dio tres cosas: la vida eterna (v. 2), la santa palabra de Dios (vs. 8, 14), y la gloria divina (v. 22). (Así también con respecto a *unidad* hallado en el v. 23.)

23[1] El Padre amó al Hijo al punto que le dio Su vida, Su naturaleza, Su plenitud y Su gloria, para que el Hijo lo expresara. De la misma manera, el Padre amó a los creyentes del Hijo, dándoles Su vida, Su naturaleza, Su plenitud y Su gloria a fin de que ellos lo expresaran en el Hijo. Esta es una historia de amor y también de gloria.

24[1] El Hijo está en la gloria divina de la expresión del Padre. Por lo tanto, el hecho de que los creyentes del Hijo estén con El donde El esté, significa que ellos están con El en la gloria divina para expresar al Padre. El cumplimiento de esto comenzó con la resurrección del Hijo, cuando El condujo a Sus creyentes a participar de Su vida de resurrección, y tendrá su consumación en la Nueva Jerusalén, cuando Sus creyentes sean completamente introducidos a la gloria divina para la máxima expresión corporativa del Dios Triuno en la eternidad.

25[1] El mundo ni conoce ni quiere al Padre, pero el Hijo y los creyentes sí. Por lo tanto, el Padre ama al Hijo y a Sus creyentes de tal manera que da Su gloria al Hijo y a Sus creyentes. En este asunto El es recto y justo. Al santificar a los creyentes del Hijo, el Padre es santo (v. 11). El Padre es justo al amar al Hijo y a Sus creyentes de tal manera que da Su gloria al Hijo y a los creyentes.

26[1] Este amor es el amor del Padre. En este amor el Padre dio Su vida y gloria al Hijo y a Sus creyentes para que el Hijo y Sus creyentes le puedan expresar. El Hijo oró para que este amor estuviera en Sus creyentes y para que ellos siempre fuesen conscientes de este amor.

CAPITULO 18

C. La vida es procesada por medio de la muerte y la resurrección para multiplicarse 18:1—20:13, 17

1. Se entrega voluntariamente y con valentía para ser procesado 18:1-11

1 Habiendo dicho Jesús estas cosas, [1a]salió con Sus discípulos al otro lado del torrente de [b]Cedrón, donde había un huerto, en el cual entró con Sus discípulos.
2 Y también Judas, el que le [a]traicionaba, conocía aquel lugar, porque muchas veces Jesús se había reunido allí con Sus discípulos.
3 Judas, pues, tomando una compañía de soldados, y alguaciles de los principales sacerdotes y de los fariseos, fue allí con linternas y antorchas, y con armas.
4 Jesús, pues, [a]sabiendo todas las cosas que le habían de sobrevenir, se [1]adelantó y les dijo: ¿A quién buscáis?
5 Le respondieron: A Jesús [a]nazareno. *Jesús* les dijo: [1b]Yo soy. Y estaba también con ellos Judas, el que le traicionaba.
6 Cuando les dijo: Yo soy, retrocedieron, y cayeron a tierra.
7 Volvió, pues, a preguntarles: ¿A quién buscáis? Y ellos dijeron: A Jesús nazareno.
8 Respondió Jesús: Os he dicho que [a]Yo soy; pues si me buscáis a Mí, dejad ir a [1]éstos;
9 para que se cumpliese aquello que había dicho: [a]De los que me diste, no perdí ninguno.
10 Entonces Simón Pedro, que tenía una [a]espada, la desenvainó, e hirió al siervo del sumo sacerdote, y le [b]cortó la oreja derecha. Y el siervo se llamaba Malco.
11 Jesús entonces dijo a Pedro: Mete tu espada en la vaina; la [1]copa que el Padre me ha dado, ¿no la he de beber?

1[a] vs. 1-11: Mt. 26:36-56; Mr. 14:32-52; Lc. 22:39-53
1[b] 2 S. 15:23
2[a] Jn. 6:71; 12:4; 13:2, 21
4[a] Jn. 13:1
5[a] Mt. 2:23; cfr. Jn. 1:46
5[b] Jn. 18:6, 8; 8:24, 28, 58
8[a] Jn. 18:5
9[a] Jn. 17:12
10[a] Lc. 22:38
10[b] Jn. 18:26

1[1] El Señor se entregó voluntariamente al proceso de la muerte, como lo había indicado en 10:17-18, y lo hizo valientemente.

4[1] Véase la nota 1[1].

5[1] Yo Soy es el nombre de Jehová (así también en los vs. 6, 8). Véase la nota 24[1] del cap. 8. Cuando los soldados oyeron este nombre, retrocedieron y cayeron a tierra.

8[1] Mientras el Señor sufría la traición a manos de Su falso discípulo y el arresto de los soldados, seguía cuidando a Sus discípulos. Esto revela que El estaba tranquilo mientras pasaba por el proceso de la muerte.

11[1] Esta palabra también muestra que el Señor estaba dispuesto a pasar por el proceso de la muerte.

2. Examinado en Su dignidad por la humanidad 18:12-38a

a. Por los judíos conforme a la ley de Dios en su religión vs. 12-27

12 Entonces la compañía de soldados, el tribuno y los alguaciles de los judíos, [a]prendieron a Jesús y le ataron,

13 y le [1]llevaron primeramente a Anás; porque era suegro de Caifás, que era sumo sacerdote aquel año.

14 Era [a]Caifás el que había dado el consejo a los judíos, de que convenía que un solo hombre muriese por el pueblo.

15 Y seguían a Jesús Simón Pedro y otro discípulo. Y este discípulo era conocido del sumo sacerdote, y entró con Jesús al patio del sumo sacerdote;

16 mas Pedro estaba fuera, a la puerta. Salió, pues, el discípulo que era conocido del sumo sacerdote, y habló a la portera, e hizo entrar a Pedro.

17 Entonces la criada portera dijo a Pedro: ¿No eres tú también de los discípulos de este hombre? Dijo él: [a]No lo soy.

18 Y estaban en pie los siervos y los alguaciles, habiendo encendido un fuego, porque hacía frío, y se calentaban; y también con ellos estaba Pedro en pie, calentándose.

19 Y el sumo sacerdote preguntó a Jesús acerca de Sus discípulos y de Su enseñanza.

20 Jesús le respondió: Yo públicamente he hablado al mundo; siempre he enseñado en la sinagoga y en el templo, donde se reúnen todos los judíos, y nada he hablado en oculto.

21 ¿[1]Por qué me preguntas a Mí? Pregunta a los que han oído, qué les haya Yo hablado; he aquí, ellos saben lo que Yo he dicho.

22 Cuando Jesús hubo dicho esto, uno de los alguaciles, que estaba allí, le [a]dio una bofetada, diciendo: ¿Así respondes al sumo sacerdote?

12[a] vs. 12-27: Mt. 26:57-75; Mr. 14:53-72; Lc. 22:54-71

14[a] Jn. 11:49-51

17[a] Jn. 18:25, 27

22[a] Jn. 19:3; Mt. 26:67; cfr. Mt. 5:39

13[1] El Señor era el Cordero de Dios (1:29), y fue inmolado el día de la Pascua (v. 28). Tal como el cordero pascual era examinado antes de ser inmolado (Ex. 12:3-6), así también El fue examinado por toda la humanidad, representada por el sumo sacerdote judío y el gobernador romano, y se halló que no tenía defecto (v. 38b; 19:4, 6). Véase la nota 37[1] de Mr. 12.

21[1] Mientras juzgaban al Señor, tanto el sumo sacerdote de la religión judía como el gobernador del Imperio Romano fueron juzgados por El en Su dignidad.

23 Jesús le respondió: Si he hablado mal, testifica en qué
está el mal; y si bien, ¿por qué me golpeas?
24 Anás entonces le envió atado a Caifás, el sumo sacerdote.
25 Estaba, pues, Simón Pedro en pie, calentándose. Y le
dijeron: ¿No eres tú de Sus discípulos? El negó, y dijo: No lo
soy.
26 Uno de los esclavos del sumo sacerdote, pariente de
aquel a quien Pedro había cortado la oreja, le dijo: ¿No te vi
yo en el huerto con El?
27 Negó Pedro otra vez; y en seguida cantó el gallo.

b. Por los gentiles conforme a la ley del hombre
en su política
vs. 28-38a

28 [a]De Caifás llevaron a Jesús al [1]pretorio. Era de [2]maña-
na. Ellos no entraron en el pretorio para no contaminarse, y
así poder comer la pascua.
29 Entonces salió Pilato a ellos, y les dijo: ¿Qué acusación
traéis contra este hombre?
30 Respondieron y le dijeron: Si éste no fuera malhechor,
no te lo habríamos entregado.
31 Entonces les dijo Pilato: Tomadle vosotros, y juzgadle
según vuestra [a]ley. Y los judíos le dijeron: A nosotros no nos
está permitido dar muerte a nadie;
32 para que se cumpliese la [a]palabra que Jesús había
dicho, dando a entender de [1]qué muerte iba a morir.
33 Entonces Pilato volvió a entrar en el pretorio, y llamó
a Jesús y le dijo: ¿Eres Tú el [a]Rey de los judíos?
34 Jesús le respondió: ¿[1]Dices tú esto por ti mismo, o te lo
han dicho otros de Mí?
35 Pilato le respondió: ¿Soy yo acaso judío? Tu nación, y
los principales sacerdotes, te han entregado a mí. ¿Qué has
hecho?

28[a] vs. 28-40: Mt. 27:1-26a; Mr. 15:1-15a; Lc. 23:1-25a

31[a] Jn. 19:7; Lv. 24:16

32[a] Jn. 12:32-33

33[a] Jn. 1:49; 12:13, 15; Mt. 2:2

28[1] La residencia oficial del gobernador.

28[2] Una referencia de la cuarta vigilia, de las tres de la madrugada a las seis de la mañana.

32[1] Los judíos ejecutaban a los criminales apedreándolos (Lv. 24:16). Pero el Señor Jesús predijo, según el tipo del Antiguo Testamento (Nm. 21:8-9), que El sería levantado (3:14; 8:28; 12:32). Por la soberanía de Dios el Imperio Romano decretó poco tiempo antes que los criminales sentenciados a muerte debían ser crucificados. El Señor fue ejecutado de esta manera. Esto comprueba que la muerte del Señor no fue casual, sino que fue determinada de antemano por Dios (Hch. 2:23).

34[1] Véase la nota 21[1].

36 Respondió Jesús: Mi [a]reino no es [1]de este mundo; si Mi
reino fuera [1]de este mundo, Mis servidores pelearían para
que Yo no fuera entregado a los judíos; pero Mi reino no es
de [2]aquí.
37 Le dijo entonces Pilato: ¿Luego, eres Tú rey? Respondió Jesús: Tú dices que Yo soy rey. Yo para esto he [a]nacido, y
para esto he venido al mundo, para dar testimonio a la
[1b]verdad. Todo aquel que es de la [1]verdad, oye Mi voz.
38 Le dijo Pilato: ¿Qué es la verdad?

3. Sentenciado injustamente por el hombre
mediante la religión cegada y la política oscura
18:38b—19:16

Y cuando hubo dicho esto, salió otra vez a los judíos, y les
dijo: Yo no hallo en El [a]ningún delito.
39 Pero vosotros tenéis la costumbre de que os suelte un
preso en la Pascua. ¿Queréis, pues, que os suelte al Rey de
los judíos?
40 Entonces todos dieron voces de nuevo, diciendo: No a
éste, sino a Barrabás. Y Barrabás era ladrón.

CAPITULO 19

1 [a]Así que, entonces tomó Pilato a Jesús, y le azotó.
2 Y los soldados entretejieron una corona de espinas, y
la pusieron sobre Su cabeza, y le envolvieron en un manto de
púrpura;
3 y venían a El y decían: ¡[1]Regocíjate, Rey de los judíos!
y le [a]daban de bofetadas.
4 Entonces Pilato salió otra vez, y les dijo: Mirad, os lo
traigo fuera, para que entendáis que [a]ningún delito hallo en
El.
5 Y salió Jesús, llevando la corona de espinas y el manto
de púrpura. Y Pilato les dijo: ¡He aquí el hombre!
6 Cuando le vieron los principales sacerdotes y los alguaciles, dieron voces, diciendo: ¡Crucifícale! ¡Crucifícale!
Pilato les dijo: Tomadle vosotros, y crucificadle; porque yo
[a]no hallo delito en El.
7 Los judíos le respondieron: Nosotros tenemos una [a]ley,

36[a] 2 S. 7:12-13; Dn. 2:44; 7:14; Lc. 19:12, 15; He. 1:8; Ap. 1:9; Ef. 5:5; Ap. 20:4, 6
37[a] Mt. 2:2
37[b] Jn. 1:14, 17; 8:32; 14:6; 17:17
38[a] Jn. 19:4, 6; Lc. 23:4, 14, 22
1[a] vs. 1-16: Mt. 27:26b-31; Mr. 15:15b-20; Lc. 23:25b
3[a] Jn. 18:22; Mt. 26:67; cfr. Mt. 5:39
4[a] Jn. 19:6; 18:38; Lc. 23:4, 14, 22
6[a] Jn. 19:4
7[a] Lv. 24:16; Jn. 18:31

36[1] Lit., proveniente de; así también en el v. 37.

36[2] El mundo.

37[1] En vista de la revelación completa de este libro, aquí *verdad* denota la realidad divina corporificada, revelada y expresada en Cristo como Hijo de Dios. Véanse las notas 14[6] del cap. 1 y 6[6] de 1 Jn. 1.

3[1] Véase la nota 29[2] de Mt. 27.

y según esa ley debe morir, porque se [b]hizo a Sí mismo Hijo
de Dios.
8 Cuando Pilato oyó decir esto, tuvo más miedo.
9 Y entró otra vez en el [1]pretorio, y dijo a Jesús: ¿De
dónde eres Tú? Mas Jesús no le dio respuesta.
10 Entonces le dijo Pilato: ¿A mí no me hablas? ¿No sabes
que tengo autoridad para soltarte, y que tengo autoridad
para crucificarte?
11 Respondió Jesús: Ninguna autoridad tendrías contra
Mí, si no te fuese [a]dada de arriba; por tanto, el que a ti me
ha entregado, mayor pecado tiene.
12 Desde entonces procuraba Pilato soltarle; pero los judíos daban voces, diciendo: Si a éste sueltas, no eres amigo
de César; todo el que se hace rey, a César se opone.
13 Entonces Pilato, oyendo esto, llevó fuera a Jesús, y se
sentó en el tribunal en el lugar llamado el Enlosado, y en
hebreo [1]Gabata.
14 Era *el día de* la [1]preparación de la Pascua, y como la
[2]hora sexta. Entonces dijo a los judíos: ¡He aquí vuestro Rey!
15 Pero ellos gritaron: ¡Fuera, fuera, crucifícale! Pilato les
dijo: ¿A vuestro Rey he de crucificar? Respondieron los principales sacerdotes: No tenemos más rey que César.
16 Así que entonces lo entregó a ellos [1]para que fuese
crucificado. [a]Tomaron, pues, a Jesús.

4. Probado en la soberanía de Dios por la muerte 19:17-30

17 Y El, [a]cargando Su cruz, salió al lugar llamado de la
Calavera, y en hebreo, Gólgota;
18 y allí le crucificaron, y con El a otros [a]dos, uno a cada
lado, y Jesús en medio.
19 Escribió también Pilato un rótulo, que puso sobre la
cruz, el cual decía: JESUS [a]NAZARENO, [b]REY DE LOS JUDIOS.
20 Y muchos de los judíos leyeron este rótulo; porque el

7[b] Jn. 5:18; 10:33
11[a] Ro. 13:1
16[a] Is. 53:7b
17[a] vs. 17-37: Mt. 27:32-56; Mr. 15:21-41; Lc. 23:32-49
18[a] Is. 53:12, 9
19[a] Mt. 2:23
19[b] Mt. 2:2

9[1] La residencia oficial del gobernador.

13[1] Un término arameo procedente del hebreo, que significa *lugar elevado*. Este debió de haber sido un lugar elevado, como una plataforma elevada, enlosado con piedras hermosas, tal como lo indica la palabra griega que se traduce *Enlosado,* mencionada antes en este versículo.

14[1] Véase la nota 62[1] de Mt. 27.

14[2] Es decir, las seis de la mañana.

16[1] Esta injusta sentencia de ambas partes, expresa la ceguera de la religión y las tinieblas de la política.

lugar donde Jesús fue crucificado estaba cerca de la ciudad,
y el rótulo estaba escrito en [1]hebreo, en [1]latín *y* en [1]griego.
21 Dijeron a Pilato los principales sacerdotes de los judíos: No escribas: Rey de los judíos; sino, que El dijo: Soy Rey
de los judíos.
22 Respondió Pilato: [1]Lo que he escrito, he escrito.
23[a] cfr. Mt. 5:40 — 23 Cuando los soldados hubieron crucificado a Jesús, [1a]to-
maron Sus vestidos, e hicieron cuatro partes, una para cada
soldado *y tomaron* también Su [2]túnica. Pero la [2]túnica era
sin costura, de un solo tejido de arriba abajo.
24 Entonces dijeron entre sí: No la partamos, sino echemos suertes sobre ella, *a ver* de quién será. Esto fue para que
24[a] Sal. 22:18 — se cumpliese la Escritura, que dice: "[a]Repartieron entre sí
Mis vestidos, y sobre Mi ropa echaron suertes". Y así lo
[1]hicieron los soldados.
25 Estaban junto a la cruz de Jesús Su madre, y la [1]her-
25[a] Mt. 27:61; Lc. 8:2; Jn. 20:1 — mana de Su madre, María *mujer* de Cleofas, y [a]María la
magdalena.
26 Entonces Jesús, viendo a Su madre y al discípulo a
quien El amaba, que estaba presente, dijo a Su madre:
26[a] Jn. 2:4 — [a]Mujer, [1]he ahí tu hijo.
27 Después dijo al discípulo: [1]He ahí tu madre. Y desde
aquella hora el discípulo la recibió *en su casa.*
28 Después de esto, sabiendo Jesús que ya todo estaba

20[1] Aquí el hebreo representa la religión hebrea, el latín la política romana, y el griego la cultura griega. Estos tres en conjunto representan la totalidad del mundo, toda la humanidad. Esto significa que el Señor Jesús como Cordero de Dios fue muerto por toda la humanidad y para el bien de ella.

22[1] Lo que Pilato escribió no fue idea suya; lo hizo por la soberanía de Dios.

23[1] En la crucifixión el Señor fue privado del derecho de estar vestido (vs. 23-24) y de beber (vs. 28-30), así como de vivir.

23[2] Una prenda parecida a una camisa.

24[1] Esto no fue idea de los soldados, sino que venía de la soberanía de Dios.

25[1] Salomé (Mr. 15:40), la esposa de Zebedeo y la madre de Jacobo y de Juan (Mt. 27:56).

26[1] En Lc. 23:43 el Señor le dijo a uno de los dos ladrones crucificados junto con El: "Hoy estarás conmigo en el Paraíso". Esa palabra se refería a la salvación, ya que el Evangelio de Lucas demuestra que el Señor es el Salvador de los pecadores. Aquí, en los vs. 26-27, el Señor dijo a Su madre: "He ahí tu hijo", y al discípulo a quien El amaba: "He ahí tu madre". Estas palabras indican una unión de vida, puesto que este evangelio testifica que el Señor es la vida impartida en Sus creyentes. Por medio de esta vida Su discípulo amado podía ser uno con El y llegar a ser el hijo de Su madre, y ella podía llegar a ser la madre de Su discípulo amado.

27[1] Véase la nota 26[1].

consumado, dijo, para que la Escritura se cumpliese: [a]Tengo
[1b]sed.
29 Y estaba *allí* una vasija llena de vinagre; entonces
ellos pusieron en un hisopo una esponja empapada en el
vinagre, y se la acercaron a la boca.
30 Cuando Jesús hubo tomado el [1]vinagre, dijo: [2]Consu-
mado es. E inclinando la cabeza, entregó el espíritu.

5. Brotan la sangre y el agua
19:31-37

31 Entonces los judíos, por cuanto era *el día de* la preparación, a fin de que los cuerpos no [a]quedasen en la cruz en el
día de sábado (pues aquel día de sábado era el gran *sábado),*
rogaron a Pilato que se les quebrasen las piernas, y fuesen
quitados de allí.
32 Vinieron, pues, los soldados, y quebraron las piernas al
primero, y asimismo al otro que había sido crucificado con
El.
33 Mas cuando llegaron a Jesús, como le vieron ya muerto, no le quebraron las piernas.
34 Pero uno de los soldados le abrió el costado con una
lanza, y al instante salió [1a]sangre y [1b]agua.

28[a] Sal. 69:21
28[b] cfr. Lc. 16:24; Ap. 21:8; 7:16
31[a] Dt. 21:23
34[a] Ex. 12:7; He. 9:14, 22; 1 P. 1:18-19; Hch. 20:28; Ro. 3:25; 1 Jn. 1:7; Ap. 1:5; 12:11; Zac. 13:1; 1 Jn. 5:6
34[b] Ex. 17:6; 1 Co. 10:4; Jn. 4:10, 14; Ap. 22:1; 21:6; Sal. 36:9; Jer. 2:13

28[1] La sed es un anticipo de la muerte (Lc. 16:24; Ap. 21:8). El Señor Jesús sufrió esto por nosotros en la cruz (He. 2:9).

30[1] En Mt. 27:34 y Mr. 15:23, le ofrecieron al Señor vino mezclado con hiel y mirra como una bebida estupefaciente antes de Su crucifixión; pero El no quiso beberla. En este versículo, al final de Su crucifixión, le ofrecieron vinagre a modo de burla (Lc. 23:36).

30[2] En Su crucifixión el Señor seguía trabajando, y por medio de Su crucifixión El terminó la obra de Su muerte todo-inclusiva, mediante la cual efectuó la redención, puso fin a la vieja creación, y liberó Su vida de resurrección para producir la nueva creación y así cumplir el propósito de Dios. En el proceso de la muerte, El les demostró a Sus opositores y a Sus creyentes, por la manera en que se comportó, que El era la vida. Las horribles circunstancias de la muerte no lo atemorizaron en lo más mínimo; más bien sirvieron de contraste que demostró contundentemente que El, como vida, era contrario a la muerte y que ésta no podía afectarlo de ninguna manera. Por lo tanto, la obra que el Señor concluyó aquí incluía la redención, el fin de la vieja creación, la liberación de Su vida de resurrección y el despliegue de Sí mismo como la vida que no puede ser afectada por la muerte.

34[1] Dos substancias salieron del costado abierto del Señor: sangre y agua. La sangre efectúa la redención y así quita los pecados (1:29; He. 9:22) para comprar la iglesia (Hch. 20:28). El agua imparte vida y así acaba con la muerte (12:24; 3:14-15) para producir la iglesia (Ef. 5:29-30). La muerte del Señor, por un lado, quita nuestros pecados, y por otro, nos imparte vida. Por lo tanto, tiene dos aspectos: el aspecto redentor y el aspecto de impartir vida. La redención tiene como fin impartir vida. Lo

35 Y el que lo vio dio testimonio, y su testimonio es
verdadero; y él sabe que dice verdad, para que vosotros
también creáis.
36 Porque [1]estas cosas sucedieron para que se cumpliese
la Escritura: "[a]No será quebrado [2]hueso Suyo".
37 Y también otra Escritura dice: "[a]Mirarán al que [b]traspasaron".

36[a] Ex. 12:46; Nm. 9:12; Sal. 34:20
37[a] Zac. 12:10; Ap. 1:7
37[b] Zac. 13:6
38[a] vs. 38-42: Mt. 27:57-61; Mr. 15:42-47; Lc. 23:50-56

6. Reposa en la honra humana
19:38-42

38 [1a]Después de estas cosas, José de Arimatea, que era

---

narrado en los otros tres evangelios muestra solamente el aspecto redentor de la muerte del Señor; lo narrado en Juan muestra no sólo el aspecto redentor, sino también el de impartir vida. En Mt. 27:45, 51; Mr. 15:33; Lc. 23:44-45 aparecieron las tinieblas, un símbolo del pecado, y se rasgó el velo del templo, que separaba al hombre de Dios. Estas señales están relacionadas con el aspecto redentor de la muerte del Señor. Las palabras pronunciadas por el Señor en la cruz, en Lc. 23:34, "Padre, perdónalos" y en Mt. 27:46, "Dios Mío, Dios Mío, ¿por qué me has desamparado?" (puesto que El llevaba nuestros pecados en ese momento), también muestran el aspecto redentor de Su muerte. Pero el agua que fluyó y los huesos que no fueron quebrados, como lo menciona Juan en los vs. 34 y 36, son señales que se relacionan con la muerte del Señor en su aspecto de impartir vida (véase la nota 26[1]). La muerte que imparte vida liberó la vida divina del Señor desde Su interior, para que se produjera la iglesia, la cual se compone de todos Sus creyentes, en quienes se ha impartido la vida divina. La muerte del Señor, la cual imparte vida, es tipificada por el sueño de Adán, del cual fue producida Eva (Gn. 2:21-23), y es representada por la muerte del grano de trigo que cayó en la tierra para llevar mucho fruto (12:24), para hacer un solo pan, el Cuerpo de Cristo (1 Co. 10:17). Por lo tanto, también es la muerte que propaga y multiplica la vida, la muerte que genera y reproduce.

El costado abierto del Señor fue tipificado por el costado abierto de Adán, del cual Eva fue producida (Gn. 2:21-23). La sangre fue tipificada por la sangre del cordero pascual (Ex. 12:7, 22; Ap. 12:11), y el agua fue tipificada por el agua que fluyó de la roca herida (Ex. 17:6; 1 Co. 10:4). La sangre formó una fuente para la purificación del pecado (Zac. 13:1), y el agua llegó a ser la fuente de vida (Sal. 36:9; Ap. 21:6).

36[1] Fue indudablemente por la soberanía de Dios que estas cosas sucedieron de una manera tan significativa y maravillosa. Esto demuestra una vez más que la muerte del Señor no fue casual, sino que había sido planeada por Dios antes de la fundación del mundo (1 P. 1:19-20).

36[2] En las Escrituras la primera vez que se menciona un hueso es en Gn. 2:21-23; allí se le sacó una costilla a Adán para producir y edificar a Eva como el complemento para Adán. Eva era un tipo de la iglesia, la cual es producida y edificada con la vida de resurrección del Señor que salió de El. Por lo tanto, el hueso es un símbolo, una figura, de la vida de resurrección del Señor, la cual es inquebrantable. El costado del Señor fue traspasado, pero ninguno de Sus huesos fue quebrado. Esto significa que aunque la vida física del Señor fue terminada, Su vida de resurrección, la misma vida divina, no puede ser lastimada ni dañada por

discípulo de Jesús, pero secretamente por miedo de los judíos, rogó a Pilato que le permitiese llevarse el cuerpo de Jesús; y Pilato se lo concedió. Entonces vino, y se llevó el cuerpo *de Jesús.*

39 También [a]Nicodemo, el que antes había visitado *a*
Jesús de noche, vino trayendo un compuesto de [b]mirra y de
[c]áloes, como cien [1]libras.

40 Tomaron, pues, el cuerpo de Jesús, y lo envolvieron en
lienzos con especias aromáticas, según es costumbre sepultar entre los judíos.

41 Y en el lugar donde había sido crucificado, había un
huerto, y en el huerto un [a]sepulcro nuevo, en el cual aún no
había sido puesto ninguno.

42 Allí, pues, por causa *del día* de la preparación de los
judíos, *y* porque aquel sepulcro estaba cerca, pusieron a
Jesús.

39[a] Jn. 3:1-2
39[b] Ex. 30:23; Cnt. 1:13; Sal. 45:8; Cnt. 4:14
39[c] Nm. 24:6
41[a] Is. 53:9

CAPITULO 20

7. Resucita en la gloria divina
20:1-13, 17

a. Deja en el sepulcro como testimonio las señales de la vieja creación provistas por los que le aprecian y descubiertas por los que le buscan
vs. 1-10

1 [a]El [1b]primer [c]día de la semana, María la magdalena

1[a] vs. 1-18: Mt. 28:1-10; Mr. 16:1-11; Lc. 24:1-12
1[b] Hch. 20:7; 1 Co. 16:2; Ap. 1:10
1[c] Lv. 23:11, 15; Sal. 118:24; 2:7; Hch. 13:33; He. 1:5; Mt. 16:21; Jn. 2:19, 22; 1 Co. 15:4

---

nada. Esta es la vida con la cual la iglesia es producida y edificada; también es la vida eterna, la cual recibimos al creer en El (3:36).

38[1] El Señor, después de morir para efectuar la redención e impartir vida, vio Su situación pasar inmediatamente del sufrimiento al honor. José, un hombre rico (Mt. 27:57), y Nicodemo, un principal entre los judíos (3:1), se encargaron de Su sepultura, envolvieron Su cuerpo con mirra y áloes, y lo sepultaron en una tumba nueva con los ricos (Is. 53:9). Con honor humano de un alto nivel, el Señor descansó en el día de sábado (Lc. 23:55-56), esperando el momento para resucitar de entre los muertos.

39[1] Véase la nota 3[1] del cap. 12.

1[1] El primer día de la semana, o el día después del sábado, significa un nuevo comienzo, una nueva era. En Lv. 23:10-11, 15, se ofrecía al Señor una gavilla de las primicias de la cosecha como ofrenda mecida el día después del sábado. La gavilla de las primicias era un tipo de Cristo como las primicias en resurrección (1 Co. 15:20, 23). Cristo resucitó precisamente el día después del sábado. Con Su muerte todo-inclusiva El puso fin a la vieja creación, que se había completado en seis días, después de lo cual vino el día de sábado. En Su resurrección El hizo germinar la nueva creación con la vida divina. Por lo tanto, el día de Su resurrección fue el comienzo de una nueva semana, una nueva era. El día de Su

[2]fue de madrugada, siendo aún oscuro, al sepulcro; y vio
quitada la piedra del sepulcro.
2 Entonces corrió, y fue a Simón Pedro y al otro discípulo, aquel al que amaba Jesús, y les dijo: Se han llevado del
sepulcro al Señor, y no sabemos dónde le han puesto.
3 Y salieron Pedro y el otro discípulo, y fueron al sepulcro.
4 Corrían los dos juntos; pero el otro discípulo corrió más
aprisa que Pedro, y llegó primero al sepulcro.
5 Y bajándose a mirar, vio los [1]lienzos puestos *allí,* pero
no entró.
6 Luego llegó Simón Pedro tras él, y entró en el sepulcro,
y vio los lienzos puestos *allí,*
7 y el [1]sudario, que había estado sobre la cabeza *de
Jesús,* no puesto con los lienzos, sino doblado en un lugar
aparte.
8 Entonces entró también el otro discípulo, que había
venido primero al sepulcro; y vio, y creyó.

---

resurrección fue designado por Dios (Sal. 118:24), fue profetizado como "hoy" en Sal. 2:7, fue predicho por El mismo como el tercer día (Mt. 16:21; Jn. 2:19, 22), y más tarde fue llamado por los primeros cristianos "el día del Señor" (Ap. 1:10). Ese día Cristo nació en resurrección como Hijo primogénito de Dios (Hch. 13:33; He. 1:5) y como el Primogénito de los muertos para ser la Cabeza del Cuerpo, la iglesia (Col. 1:18).

1[2] La resurrección del Señor había sido lograda; sin embargo, para descubrirla los discípulos debían buscar al Señor en amor. De este modo María la magdalena la descubrió, y recibió la manifestación fresca del Señor y la revelación del resultado de Su resurrección: Su Padre es el Padre de los que creen en El, y los que creen en El son Sus hermanos (v. 17; véanse la notas 17[2] y 17[3]). Pedro y Juan solamente supieron acerca del descubrimiento; María obtuvo la experiencia. Los hermanos estuvieron satisfechos con tener fe en el hecho de la resurrección del Señor, pero una hermana fue más allá y buscó la persona misma, el Señor resucitado, es decir, procuró experimentar personalmente al Señor. El Señor siempre estuvo allí, pero sólo se manifestó en el v. 16.

5[1] Todas las cosas que fueron quitadas del cuerpo resucitado del Señor y que quedaron en el sepulcro, representan la vieja creación, la cual El llevó sobre Sí al sepulcro. El fue crucificado y sepultado junto con la vieja creación. Pero El, al resucitar, salió del sepulcro dejando en ella la vieja creación, y llegó así a ser las primicias de la nueva creación. Todas las cosas que quedaron en el sepulcro eran un testimonio de la resurrección del Señor. Si estas cosas no hubieran sido dejadas en orden, Pedro y Juan habrían podido creer (v. 8) que el cuerpo del Señor había sido llevado por alguien. Sin embargo, que hayan sido dejadas en orden fue para ellos una señal de que el Señor había resucitado. Estas cosas habían sido ofrecidas al Señor, y Sus dos discípulos, José y Nicodemo (19:38-42), lo habían envuelto con ellas. Lo que ellos hicieron al Señor en su amor por El, llegó a ser muy útil al testimonio del Señor. (Así también en cuanto a *lienzos* en el v. 6.)

7[1] Véase la nota 5[1].

9 Porque aún no habían entendido la [a]Escritura, que era necesario que El [1b]resucitase de los muertos.
10 Y volvieron los discípulos a sus *casas*.

b. Los ángeles enviados
por Dios dan testimonio de Su resurrección
vs. 11-13

11 Pero María estaba fuera [1]llorando junto al sepulcro; y mientras lloraba, se inclinó para mirar dentro del sepulcro;
12 y vio a dos ángeles con vestiduras blancas, que estaban sentados el uno a la cabecera, y el otro a los pies, donde el cuerpo de Jesús había sido puesto.
13 Y le dijeron: Mujer, ¿por qué lloras? Les dijo: Porque se han llevado a mi Señor, y no sé dónde le han puesto.

c. Produce muchos hermanos
y hace que Su Padre y Dios sea el Padre y Dios de ellos
v. 17

D. La vida en la resurrección
20:14—21:25

1. Se aparece a los que le buscan
y asciende al Padre
20:14-18

14 Cuando había dicho esto, se volvió, y vio a Jesús que estaba *allí;* mas no sabía que era Jesús.
15 Jesús le dijo: Mujer, ¿por qué lloras? ¿A quién buscas? Ella, pensando que era el hortelano, le dijo: Señor, si Tú lo has llevado, dime dónde lo has puesto, y yo lo llevaré.
16 Jesús le dijo: ¡María! Volviéndose ella, le dijo en hebreo: ¡Raboni! (que quiere decir, Maestro).
17 Jesús le dijo: No me toques, porque aún no he [1]subido a Mi Padre; mas ve a Mis [2a]hermanos, y diles: [b]Subo a Mi [3]Padre y a vuestro Padre, a Mi Dios y a vuestro Dios.

9[a] Sal. 16:10; Hch. 2:25-31; Sal. 2:7; Hch. 13:33-37
9[b] 1 Co. 15:4, 20, 23; Ro. 1:4; Hch. 13:33
17[a] Ro. 8:29; He. 2:10-12
17[b] Jn. 16:7

9[1] El Señor no solamente es la vida, sino también la resurrección (11:25). Así que, la muerte no puede retenerlo (Hch. 2:24). El fue a la muerte voluntariamente para llevar a cabo Su obra. Cuando terminó Su misión, salió de la muerte y resucitó.

11[1] Lit., lamentándose; así también en los vs. 13, 15.

17[1] El día que el Señor resucitó, ascendió al Padre. Esta fue una ascensión secreta, fue el cumplimiento final de la ida que predijo en 16:7, y ocurrió cuarenta días antes de Su ascensión pública, la cual se llevó a cabo ante los ojos de los discípulos (Hch. 1:9-11). En la madrugada del día de resurrección, El ascendió para satisfacer al Padre, y más tarde, al anochecer, El regresó a los discípulos (v. 19). El Padre debe ser el primero en disfrutar la frescura de la resurrección, así como en tipología las primicias de la cosecha eran traídas primeramente a Dios.

18 Fue entonces María la magdalena para anunciar a los discípulos que había visto al Señor, y que El le había dicho estas cosas.

2. Viene como el Espíritu
para que los creyentes le reciban como aliento
20:19-25

19 [a]Cuando llegó la noche de aquel mismo día, el primero
de la semana, estando las puertas cerradas *en el lugar* donde
los [1]discípulos estaban reunidos por miedo de los judíos,
[2]vino Jesús, y puesto de pie en medio, les dijo: [b]Paz a
vosotros.
20 Y cuando les hubo dicho esto, les mostró las manos y el
costado. Y los discípulos se [1a]regocijaron [b]viendo al Señor.

19[a] vs. 19-23: Lc. 24:36-49
19[b] Jn. 20:21, 26; 14:27; 16:33
20[a] Jn. 16:22
20[b] Jn. 14:19; 16:16, 19

17[2] Anteriormente, el término más íntimo que el Señor había usado al referirse a Sus discípulos era "amigos" (15:14-15). Pero después de resucitar, comenzó a llamarlos "hermanos", porque mediante Su resurrección Sus discípulos fueron regenerados (1 P. 1:3) con la vida divina que fue liberada por Su muerte que imparte vida, como se indica en 12:24. El era el grano de trigo que cayó en tierra, murió y creció para producir muchos granos, a fin de producir un solo pan, el cual es Su Cuerpo (1 Co. 10:17). El era el único Hijo del Padre, es decir, la expresión individual del Padre. Por medio de Su muerte y resurrección, el Unigénito del Padre llegó a ser el Primogénito entre muchos hermanos (Ro. 8:29). Sus muchos hermanos son los muchos hijos de Dios y son la iglesia (He. 2:10-12), la expresión corporativa de Dios el Padre en el Hijo. Esta es la intención final de Dios. Los muchos hermanos son la propagación de la vida del Padre y la multiplicación del Hijo en la vida divina. Por lo tanto, en la resurrección del Señor, se cumple el propósito eterno de Dios.

17[3] Por medio de Su muerte y Su resurrección, que imparten vida, el Señor hizo que Sus discípulos fueran uno con El. Por lo tanto, Su Padre es el Padre de Sus discípulos, y Su Dios, el Dios de ellos. En la resurrección, ellos tienen la vida del Padre y la naturaleza divina de Dios, así como El. Al hacerlos Sus hermanos, El les impartió la vida del Padre y la naturaleza divina de Dios. Al hacer que ellos tengan a Su Padre y a Su Dios, El los ha llevado a Su misma posición —la posición de Hijo— delante del Dios y Padre. Así que, en vida y naturaleza, interiormente, y en posición, exteriormente, ellos son iguales al Señor, con quien ellos han sido unidos.

19[1] Esta reunión de los discípulos puede considerarse la primera reunión de la iglesia antes de Pentecostés. Esta reunión se llevó a cabo para cumplir Sal. 22:22, según He. 2:10-12, para que el Hijo pudiera declarar el nombre del Padre a Sus hermanos y alabar al Padre en la iglesia, la cual está compuesta de Sus hermanos.

19[2] Aunque las puertas estaban cerradas, el Señor entró con Su cuerpo resucitado (Lc. 24:37-40; 1 Co. 15:44) en el lugar donde estaban los discípulos. ¿De qué manera pudo haber entrado, puesto que tenía carne y huesos? Nuestra mente limitada no puede entenderlo, pero es un hecho. Debemos aceptarlo conforme a la revelación divina. Así se cumplió la promesa que El hizo en 16:16, 19, 22.

20[1] Este fue el cumplimiento de la promesa del Señor en 16:22. Ahora ellos se regocijaban debido a que vieron al niño recién nacido (16:21), quien era el Señor resucitado, nacido en resurrección como Hijo de Dios (Hch. 13:33). El Señor cumplió Su

21 Entonces Jesús les dijo otra vez: [a]Paz a vosotros. Como
me [1]envió el Padre, así también Yo os [2b]envío.
22 Y habiendo dicho esto, [a]sopló *en *ellos,* y les dijo: [b]Re-
cibid el [1c]Espíritu Santo.

21a Jn. 20:19
21b Jn. 17:18
22a cfr. Gn. 2:7; Ez. 37:5, 9
22b Jn. 7:39
22c Jn. 14:17, 26; 15:26; 16:7, 13

---

promesa y regresó a Sus discípulos, trayéndoles cinco bendiciones: (1) Su presencia, (2) Su paz, (3) Su envío o comisión (v. 21), (4) el Espíritu Santo (v. 22), y (5) Su autoridad, con la cual ellos podían representarlo (v. 23).

21[1] Véase la nota 6[1] del cap. 1.

21[2] El Señor envió a Sus discípulos consigo mismo como vida y como el todo para ellos. (Véase la nota 18[1] del cap. 17.) Esta es la razón por la cual, inmediatamente después de decir: "También Yo os envío", les impartió el Espíritu Santo al soplar en ellos. Al impartirse con Su soplo en ellos, El entró como Espíritu en los discípulos a fin de permanecer en ellos para siempre (14:16-17). Por lo tanto, adondequiera que los discípulos eran enviados, El siempre estaba con ellos. El era uno con ellos.

22[1] Este era el Espíritu que se esperaba en 7:39 y que fue prometido en 14:16-17, 26; 15:26; 16:7-8, 13. Por lo tanto, cuando el Señor infundió el Espíritu Santo en los discípulos al soplar en ellos, se cumplió la promesa que El había hecho acerca del Espíritu Santo como el Consolador. Esto difiere de Hch. 2:1-4, donde se cumplió la promesa que había hecho el Padre en Lc. 24:49. (Véase la nota 17[1] del cap. 14.) En Hch. 2 el Espíritu, como un viento recio y estruendoso, vino en forma de poder sobre los discípulos para la obra (Hch. 1:8). Aquí el Espíritu como aliento fue infundido como vida en los discípulos para su vivir. Cuando el Señor con Su soplo infundió el Espíritu en los discípulos, El se impartió en ellos como vida y como el todo. De esta manera, todo lo que había dicho en los caps. 14—16 se pudo cumplir.

De la misma manera que caer en la tierra para morir y crecer transforma el grano de trigo en otra forma, una forma nueva y viviente, asimismo la muerte y la resurrección del Señor lo transfiguraron en Espíritu. El Señor como el postrer Adán en la carne llegó a ser el Espíritu vivificante (1 Co. 15:45), por medio del proceso de la muerte y la resurrección. Así como El es la corporificación del Padre, asimismo el Espíritu es la realidad de El. Fue como Espíritu que El se infundió al soplar en los discípulos. Como Espíritu es recibido en los creyentes y fluye de ellos como ríos de agua viva (7:38-39). Fue como Espíritu que mediante Su muerte y resurrección volvió a los discípulos, entró en ellos como su Consolador, y comenzó a morar en ellos (14:16-17). Como Espíritu puede vivir en los discípulos y hacerlos aptos para vivir por El y con El (14:19). Como Espíritu El puede permanecer en los discípulos y hacer que ellos permanezcan en El (14:20; 15:4-5). Como Espíritu El puede venir con el Padre a los que le aman y hacer morada con ellos (14:23). Como Espíritu puede hacer que todo lo que El es y tiene sea completamente real para los discípulos (16:13-16). Como Espíritu El vino para reunirse con Sus hermanos, la iglesia, a fin de anunciarles el nombre del Padre y alabar al Padre en medio de ellos (He. 2:11-12). Como Espíritu El puede enviar Sus discípulos a cumplir Su comisión consigo mismo como vida y como el todo para ellos, de la misma manera que el Padre lo envió a El (v. 21). De esta manera ellos están calificados para representarlo con Su autoridad en la comunión de Su Cuerpo (v. 23) a fin de llevar a cabo Su comisión.

El Señor era el Verbo, y el Verbo es el Dios eterno (1:1). El dio dos pasos para llevar a cabo el propósito eterno de Dios. En primer lugar, El dio el paso de la encarnación para llegar a ser un hombre en la carne (1:14), para ser el Cordero de Dios a fin de efectuar la redención a favor del hombre (1:29), para dar a conocer a Dios al hombre (1:18), y para manifestarles el

23a cfr. Mt. 18:18
25a Jn. 20:28; 21:7
26a cfr. Jn. 20:1, 19
26b Jn. 20:19

23 [a]A quienes perdonáis los pecados, les son perdonados;
y a quienes se los retenéis, les son retenidos.
24 Pero Tomás, uno de los doce, llamado [1]Dídimo, [2]no
estaba con ellos cuando Jesús vino.
25 Le dijeron, pues, los otros discípulos: Al [a]Señor hemos
visto. El les dijo: Si no veo en Sus manos la marca de los
clavos y no meto mi dedo en la marca de los clavos, y mi mano
en Su costado, no creeré jamás.

3. Se reúne con los creyentes 20:26-31

26 [1a]Ocho días después, estaban otra vez Sus [2]discípulos
dentro, y con ellos Tomás. [3]Llegó Jesús, estando las puertas
cerradas, y se puso en medio y les dijo: [b]Paz a vosotros.

Padre a Sus creyentes (14:9-11). En segundo lugar, El dio el paso de la muerte y la resurrección para ser transfigurado en el Espíritu, a fin de poder impartirse en Sus creyentes como vida y como el todo de ellos, y de producir muchos hijos de Dios, Sus muchos hermanos, para la edificación de Su Cuerpo, la iglesia, la morada de Dios, con el objetivo de expresar al Dios Triuno por la eternidad. Por lo tanto, originalmente El era el Verbo eterno; luego, por medio de la encarnación El se hizo carne para realizar la obra redentora de Dios, y por medio de Su muerte y resurrección llegó a ser el Espíritu para ser el todo y hacerlo todo para completar el edificio de Dios.

El Evangelio de Juan testifica que el Señor es (1) Dios (1:1-2; 5:17-18; 10:30-33; 14:9-11; 20:28), (2) la vida (1:4; 10:10; 11:25; 14:6), y (3) la resurrección (11:25). Los caps. 1—17 demuestran que El es Dios entre los hombres. Los hombres se ven en contraste con El como Dios. Los caps. 18—19 comprueban que El es la vida en medio de la muerte. La muerte, o el entorno de muerte, contrasta con El como vida. Los caps. 20—21 demuestran que El es la resurrección en medio de la vieja creación, la vida natural. La vieja creación, la vida natural, contrasta con El como resurrección, cuya realidad es el Espíritu. Puesto que El es la resurrección, solamente es hecho real para nosotros en el Espíritu. Por lo tanto, finalmente, El es el Espíritu en resurrección. El es Dios entre los hombres (caps. 1—17), El es la vida en medio de la muerte (caps. 18—19), y El es el Espíritu en resurrección (caps. 20—21).

24[1] Es decir, Gemelo.

24[2] El Señor vino después de Su resurrección para reunirse con Sus discípulos, comenzando la noche de ese primer día. Así, en cuanto a la resurrección del Señor, es crucial reunirse con los santos. María la magdalena se encontró con el Señor personalmente en la mañana y obtuvo la bendición (vs. 16-18), sin embargo, de todos modos necesitaba estar en la reunión con los santos en la noche para reunirse con el Señor de manera corporativa, a fin de obtener más abundantes y mayores bendiciones (vs. 19-23). Tomás perdió la primera reunión que el Señor tuvo con Sus discípulos después de resucitar, y no recibió todas las bendiciones. Sin embargo, él compensó esto al asistir a la segunda reunión (vs. 25-28).

26[1] Este era el segundo primer día de la semana, el segundo día del Señor después de Su resurrección.

26[2] Esta reunión puede considerarse la segunda reunión de la iglesia, y se llevó a cabo con la presencia del Señor antes de Pentecostés.

26[3] Después de haber venido el Señor, en el v. 19, lo cual ocurrió ocho

27 Luego dijo a Tomás: Pon aquí tu dedo, y mira Mis manos; y acerca tu mano, y métela en Mi costado; y no seas incrédulo, sino creyente.

28 Entonces Tomás respondió y le dijo: ¡[a]Señor mío, y [1b]Dios mío!

29 Jesús le dijo: Porque me has visto, creíste; bienaventurados los que no vieron, y creyeron.

30 Hizo además Jesús [a]muchas otras señales en presencia de Sus discípulos, las cuales no están escritas en este libro.

31 Pero éstas se han escrito para que creáis que Jesús es el [1a]Cristo, el [b]Hijo de Dios, y para que [c]creyendo, tengáis vida en Su nombre.

CAPITULO 21

4. Actúa y vive con los creyentes 21:1-14

1 [1]Después de esto, Jesús se [2a]manifestó otra vez a los discípulos junto al mar de Tiberias; y se manifestó de esta manera:

28[a] Jn. 20:25; Hch. 2:36; 10:36; Ro. 14:9; 10:12-13; 1 Co. 12:3; 2 Co. 4:5; Fil. 2:11
28[b] Jn. 1:1; 5:18; 10:33; Ro. 9:5; Fil. 2:6; 1 Jn. 5:20
30[a] Jn. 21:25
31[a] Jn. 1:41; 4:25, 29; 7:41-42; Mt. 16:16; Lc. 2:11
31[b] Jn. 1:34, 49; 9:35; 10:36; Mt. 16:16; Lc. 1:35
31[c] Jn. 3:15, 16, 36
1[a] Jn. 21:14; 14:21; cfr. Mr. 16:12

días antes de esta venida, no se expresa claramente en el relato de Juan ni hay indicio alguno de que el Señor hubiera dejado a los discípulos. De hecho, El permaneció con ellos, aunque no eran conscientes de Su presencia. Por lo tanto, Su venida, en el v. 26, fue en realidad Su manifestación, Su aparición (véase la nota 1[2] del cap. 21). Antes de morir el Señor estaba en la carne, y Su presencia era visible. Después de Su resurrección, llegó a ser el Espíritu, y Su presencia era invisible. Las manifestaciones o apariciones que hizo después de Su resurrección tenían como fin adiestrar a los discípulos para que se percataran de Su presencia invisible, la disfrutaran y vivieran en ella. Esta presencia es más accesible, prevaleciente, preciosa, rica y real que Su presencia visible. En resurrección Su adorable presencia era simplemente el Espíritu, el cual El había impartido como soplo en ellos y el cual estaría siempre con ellos.

28[1] El Evangelio de Juan demuestra clara e intencionalmente que el hombre Jesús es el propio Dios (1:1-2; 5:17-18; 10:30-33; 14:9-11).

31[1] *El Cristo* es el título del Señor según Su oficio, Su misión. *El Hijo de Dios* es el título que tiene por Su misma persona. Su persona tiene que ver con la vida de Dios, y Su misión se relaciona con la obra de Dios. El es el Hijo de Dios para ser el Cristo de Dios. El obra para Dios por medio de la vida de Dios, a fin de que los hombres, al creer en El, tengan la vida de Dios para llegar a ser los muchos hijos de Dios y obrar por la vida de Dios a fin de edificar al Cristo corporativo (1 Co. 12:12), cumpliendo así el propósito de Dios acerca de Su edificio eterno.

1[1] Al final del cap. 20, el Señor había regresado como el Espíritu, el Cristo *pneumático,* para estar con los discípulos como el todo para ellos. Por lo tanto, el Evangelio de Juan puede considerarse concluido allí (20:30-31). Pero ahora, ¿cómo iban a ganarse la vida los discípulos? ¿Qué debían hacer para llevar a cabo Su comisión? ¿Cómo debían seguirlo después de Su resurrección? ¿Cuál sería el futuro de

2 Estaban juntos Simón Pedro, [a]Tomás llamado el [1]Dídimo, [b]Natanael el de Caná de Galilea, los [c]*hijos* de Zebedeo, y otros dos de Sus discípulos.

3 Simón Pedro les dijo: [1]Voy a [a]pescar. Ellos le dijeron: Vamos nosotros también contigo. Fueron, y [b]entraron en una barca; y aquella noche no pescaron [2]nada.

4 Cuando ya iba amaneciendo, se presentó Jesús en la playa; mas los discípulos [a]no sabían que era Jesús.

5 Y les dijo: [1a]Hijitos, ¿no tenéis [2b]algo de comer? Le respondieron: [3]No.

6 El les dijo: Echad la red a la derecha de la barca, y hallaréis. Entonces la echaron, y ya no la podían sacar, por la [1]gran cantidad de peces.

7 Entonces aquel [a]discípulo a quien Jesús amaba dijo a Pedro: ¡Es el Señor! Simón Pedro, cuando oyó que era el Señor, se ciñó la ropa (porque [1]estaba desnudo), y se echó al mar.

2[a] Jn. 11:16
2[b] Jn. 1:45
2[c] Mt. 4:21
3[a] Mt. 4:18
3[b] vs. 3-10: cfr. Lc. 5:3-11
4[a] Jn. 20:14; Lc. 24:16
5[a] 1 Jn. 2:13, 18
5[b] Lc. 24:41, 42
7[a] Jn. 21:20; 13:23

---

ellos? Este capítulo adicional es necesario para tratar estos problemas.

1[2] Esto demuestra que Su venida a los discípulos en 20:26, en realidad era una manifestación, ya que aquí dice que El se manifestó de nuevo a los discípulos. De nuevo estaba enseñándoles a vivir en Su presencia invisible. No era asunto de Su venida, sino de Su manifestación. Ya fuera que ellos estuvieran conscientes de Su presencia o no, El estaba con ellos continuamente. Por la debilidad de ellos, El manifestó algunas veces Su presencia a fin de fortalecer la fe que tenían en El.

2[1] Es decir, Gemelo.

3[1] Es probable que por causa de la prueba relacionada con la necesidad de ganarse el sustento, Pedro regresó a su antigua ocupación, desviándose así del llamamiento del Señor (Mt. 4:19-20; Lc. 5:3-11).

3[2] Durante toda la noche Pedro y los hijos de Zebedeo (Juan y Jacobo) no pescaron nada, aunque todo estaba a su favor: eran pescadores, el mar de Tiberias era grande y estaba lleno de peces, y la noche era el tiempo ideal para pescar. ¡Esto fue un milagro! Seguramente el Señor les mandó a todos los peces que se apartaran de la red.

5[1] Lit., niños.

5[2] Debe de ser pescado.

5[3] Cuando los discípulos estaban en la posición correcta, como en Lc. 24:41-43, ellos tenían —incluso en la casa— más peces de los que necesitaban, así que le habían ofrecido un pedazo al Señor. Sin embargo, aquí se habían apartado del camino; por eso después de intentar toda la noche, no habían pescado nada —y eso que estaban en el mar—, ¡no tenían ni un solo pescado!

6[1] La mañana (v. 4) no era el tiempo apropiado para la pesca; no obstante cuando ellos obedecieron la palabra del Señor y echaron la red, cogieron peces en abundancia. ¡Esto indudablemente fue un milagro! Seguramente el Señor ordenó a los peces que entraran a la red.

En Lc. 5:3-11 el Señor llamó a Pedro por medio de un milagro de pesca. Aquí lo restauró a Su llamamiento con otro milagro de pesca. El es firme en Su propósito.

7[1] O, solamente tenía su ropa interior.

8 Y los otros discípulos vinieron con la barca, arrastran-
do la red de peces, pues no distaban de tierra sino como
[1]doscientos codos.
9 Al descender a tierra, vieron brasas puestas, y un [1a]pez
encima *de ellas,* y [b]pan.
10 Jesús les dijo: Traed de los peces que acabáis de pescar.
11 Subió Simón Pedro, y sacó la red a tierra, llena de
grandes peces, ciento cincuenta y tres; y aun siendo tantos,
la red no se rompió.
12 Les dijo Jesús: [1]Venid, [2]comed. Y ninguno de los discípulos se atrevía a preguntarle: ¿Tú, quién eres? sabiendo
que era el Señor.
13 Vino Jesús, y [a]tomó el pan y les dio, y asimismo del
[1]pescado.
14 Esta era ya la [a]tercera vez que Jesús se manifestaba a
los discípulos, después de haber [b]resucitado de los muertos.

5. Obra y anda con los creyentes
21:15-25

15 Entonces, cuando hubieron comido, Jesús dijo a Simón
Pedro: [1]Simón, *hijo* de Jonás, ¿me [2]amas [a]más que éstos? Le
respondió: Sí, Señor; Tú sabes que te [3]amo. El le dijo: [4b]Apa-
cienta Mis [5]corderos.

9[a] Jn. 6:9
9[b] Jn. 6:11
13[a] Mt. 14:19; Lc. 24:30
14[a] Jn. 20:19, 26
14[b] Jn. 2:22; Hch. 2:24; Ro. 4:25; 8:11
15[a] cfr. Mt. 26:33; Jn. 13:37
15[b] Jn. 21:17

8[1] Es decir, unos 100 metros.

9[1] Aquí el Señor adiestraba a Pedro para que tuviera fe en El en cuanto al sustento. Pedro y los que estaban con él intentaron toda la noche, pero no pescaron nada. Luego, por la palabra del Señor, ellos echaron la red y cogieron una gran cantidad de peces. No obstante, sin estos peces, e incluso estando en tierra firme, donde no hay peces, el Señor preparó pescado y hasta pan para los discípulos. ¡Esto también fue un milagro! Con esto el Señor los adiestró para que reconocieran que si El no los guiaba, no pescarían nada aunque fueran al mismo mar donde siempre hay peces, y lo hicieran en la noche, el mejor tiempo para pescar; pero si seguían la dirección del Señor, El podría proveer peces para ellos, aunque fuera en tierra firme, donde no hay peces. Aunque ellos recogieron muchos peces conforme a la palabra del Señor, El no usó esos peces para alimentarlos. Esto fue una verdadera lección para Pedro. En cuanto al sustento, él necesitaba creer en el Señor, quien llama las cosas que no son como existentes (Ro. 4:17).

12[1] Esto indica el cuidado y la gracia de parte del Señor para suplir las necesidades de Sus llamados.

12[2] Se refiere a la primera comida del día, tomada temprano en la mañana; así también el v. 15.

13[1] En la provisión del Señor, el pan representa las riquezas de la tierra, y los peces, las riquezas del mar.

15[1] Aquí el Señor estaba restaurando el amor de Pedro para con El. Pedro tenía un corazón que amaba al Señor, pero tenía mucha confianza en su propia fuerza natural. Su amor por el Señor era precioso, pero su fuerza natural debía ser negada y quitada de en medio. El Señor permitió que Pedro fracasara completamente, cuando éste le negó en Su presencia tres veces (18:17, 25, 27), para tocar la fuerza natural de Pedro y su confianza en sí

16 Volvió a decirle la segunda vez: Simón, *hijo* de Jonás,
¿me amas? Pedro le respondió: Sí, Señor; Tú sabes que te
amo. Le dijo: [1a]Pastorea Mis [2]ovejas.
17 Le dijo la [1]tercera vez: Simón, *hijo* de Jonás, ¿me
amas? Pedro se entristeció de que le dijese la tercera vez:
¿Me amas? y le respondió: Señor, Tú lo [2a]sabes [b]todo; Tú
[2]sabes que te amo. Jesús le dijo: [c]Apacienta Mis ovejas.
18 De cierto, de cierto te digo: Cuando eras más joven, te
ceñías, y [1a]andabas por donde querías; mas cuando ya seas
viejo, extenderás tus manos, y te ceñirá otro, y te llevará
adonde no quieras.
19 Esto dijo, [a]dando a entender con [1b]qué muerte había de
glorificar a Dios. Y dicho esto, añadió: [c]Sígueme.
20 Volviéndose Pedro, vio que les seguía el [a]discípulo a
quien amaba Jesús, el mismo que en la cena se había

16[a] Hch. 20:28; 1 P. 5:2
17[a] Jn. 2:25
17[b] He. 4:13
17[c] Jn. 21:15
18[a] Jn. 21:3
19[a] cfr. Jn. 12:33; 18:32
19[b] 2 P. 1:14
19[c] Jn. 21:22; Mt. 4:19; Jn. 13:36; 12:26
20[a] Jn. 21:7

---

mismo. Además, Pedro acababa de tomar la iniciativa en retirarse del llamamiento del Señor. Seguramente la confianza natural que tenía con respecto a su amor por el Señor fue tratada por este fracaso; tal vez se sentía desanimado en cierta medida. Así que, el Señor vino a restaurar el amor de Pedro para con El, a encargarle el pastoreo de Su iglesia y a prepararlo para el martirio, a fin de que le siguiera sin poner su confianza en su fuerza natural.

15[2] La palabra griega se refiere a un amor más elevado y más noble. Así también en la primera mención de *amor* en el v. 16.

15[3] La palabra griega denota un amor íntimo. Así también la segunda mención de *amor* en el v. 16, y en todas las veces que aparece en el v. 17.

15[4] El llevar fruto que se menciona en el cap. 15 es el rebosar de las riquezas de la vida interior. Aquí apacentar los corderos es alimentarlos con las riquezas de la vida interior. Para alimentar a otros, necesitamos disfrutar nosotros las riquezas de la vida divina del Señor. Esto requiere que lo amemos. Creer en el Señor es recibirlo; amar al Señor es disfrutarlo. El Señor vino como nuestra vida y nuestro suministro de vida. Necesitamos tener fe en El y amarlo. El Evangelio de Juan presenta estas dos cosas como los dos requisitos para participar del Señor.

15[5] Lit., corderitos.

16[1] El pastoreo se hace para con el rebaño (10:14, 16), el cual es la iglesia (Hch. 20:28); así que, está relacionado con el edificio de Dios (Mt. 16:18). Más adelante, Pedro indica esto en su primera epístola al decir que el crecimiento producido al alimentarse uno de la leche pura de la palabra, tiene como fin la edificación de la casa de Dios (1 P. 2:2-5), y exhortó a los ancianos a apacentar el rebaño de Dios (1 P. 5:1-4).

16[2] Algunos mss. dicen: ovejitas. Así también en el v. 17.

17[1] Quizás al hacerle a Pedro la pregunta tres veces, el Señor le estaba recordando cómo lo había negado tres veces.

17[2] La primera vez que aparece *sabes* en este versículo se refiere a estar conscientes interna y subjetivamente; la segunda, al conocimiento externo y objetivo. Véase la nota 55[1] del cap. 8.

18[1] Esto puede referirse a su ida a pescar en el v. 3.

19[1] Más tarde, Pedro mencionó esto (2 P. 1:14). Lo que el Señor quería aquí, era preparar a Pedro para que lo siguiera hasta la muerte, mas no por sí mismo ni según su fuerza de voluntad.

[b]reclinado sobre el pecho de El, y le había dicho: Señor, ¿quién es el que te traiciona?
21 Cuando Pedro le vio, dijo a Jesús: Señor, ¿y qué de éste?
22 Jesús le dijo: Si quiero que él [a]quede hasta que Yo [1b]venga, ¿qué a ti? [1c]Sígueme tú.
23 Este dicho se extendió entonces entre los hermanos, que aquel discípulo no moriría. Pero Jesús no le dijo que no moriría, sino: Si quiero que él quede hasta que Yo [1]venga, ¿qué a ti?
24 Este **es el** discípulo que [a]da testimonio de estas cosas, y escribió estas cosas; y sabemos que su testimonio es verdadero.
25 Y hay también otras [1a]muchas cosas que hizo Jesús, las cuales si se escribieran una por una, pienso que ni aun en el mundo cabrían los libros que se habrían de escribir.

20[b] Jn. 13:23, 25
22[a] 1 Ts. 4:15
22[b] 1 Co. 11:26; Ap. 22:12, 20
22[c] Jn. 21:19
24[a] Jn. 15:27; 1 Jn. 1:2; Ap. 1:2
25[a] Jn. 20:30

22[1] El Señor estaba allí con los discípulos. ¿Cómo, pues, podía decir: "hasta que Yo venga"? Puesto que El estaba allí, no necesitaba venir. Si lo que El quería decir era que los iba a dejar y que más tarde regresaría, ¿cómo entonces les pudo decir: "Sígueme tú"? ¿Cómo iban a seguirlo? La respuesta a todas estas preguntas se relaciona con Su presencia invisible. En cuanto a Su presencia visible, El los dejaría y más tarde regresaría. Pero en cuanto a Su presencia invisible, El estaría con ellos todo el tiempo. Por un lado, el estaría con ellos, y por otro, estaría ausente de ellos. Así que, por una parte, ellos podían seguirlo, y por otra, tenían que esperar Su regreso.

El Señor, después de Su resurrección, permaneció cuarenta días con Sus discípulos (Hch. 1:3-4), con el fin de adiestrarlos para que conocieran Su presencia invisible y vivieran por ella. En el v. 23, el Señor indica que algunos de Sus creyentes lo seguirían hasta la muerte, y que algunos permanecerían, es decir, vivirían hasta que El regresara.

23[1] El período abarcado en los últimos dos capítulos del Evangelio de Juan es amplio. Comienza con el descubrimiento de la resurrección del Señor, y termina con Su regreso. Entre estos dos eventos, se encuentran todos los asuntos relacionados con la vida cristiana durante la era de la iglesia, a saber: buscar al Señor con amor para con El; ver al Señor en resurrección; recibir la revelación de lo que produjo la resurrección del Señor —que Su Padre es nuestro Padre y que nosotros somos Sus hermanos— al experimentar Su manifestación; reunirnos con los creyentes para disfrutar la presencia del Señor; recibir el Espíritu Santo como soplo de parte del Señor, y ser enviados por el Señor con Su comisión y autoridad para representarlo; aprender a vivir por fe en el Señor y a confiar en El en cuanto a nuestro sustento diario; amar al Señor, después de que nuestra fuerza natural es quebrantada; pastorear el rebaño para que la iglesia sea edificada; practicar el vivir en la presencia invisible del Señor, donde algunos siguen al Señor hasta la muerte para así glorificar a Dios, no por su propia iniciativa, sino según la guía del Señor, y donde algunos viven hasta Su regreso.

25[1] Este versículo, junto con 20:30-31, afirma que el Evangelio de Juan es la crónica de algunos eventos selectos cuyo propósito es dar testimonio de la vida y la edificación.

En la nota 20[2], párr. 2, de Mt. 28, se hace ver el hecho de que la ascensión del Señor no se menciona en Juan ni en Mateo. La razón por la cual no se menciona es que hoy en día, después de Su resurrección, el Señor todavía está en la tierra con Sus creyentes, y El estará con ellos hasta el final de esta era, cuando El se manifieste en Su gloria visible (1 P. 1:7; 2 Ts. 1:7), es decir, cuando El regrese a la tierra en Su presencia visible (Mt. 16:27), para establecer Su reino visible. El Evangelio de Mateo revela y testifica que hoy, después de la resurrección, el Señor, quien es el Rey espiritual del reino invisible de los cielos, todavía está en la tierra en Su Espíritu de resurrección con el pueblo del reino de los cielos en Su presencia invisible; por lo tanto, Mateo no menciona Su ascensión de la tierra a los cielos. El Evangelio de Juan revela y testifica que el Señor, como el Dios Triuno, se hizo carne (1:14) para ser el Cordero de Dios (1:29) y, después de efectuar Su muerte redentora a favor del hombre, se transfiguró en resurrección para llegar a ser el Espíritu vivificante (1 Co. 15:45) y entrar en aquellos que crean en El, a fin de ser la vida de ellos por la eternidad, para nunca separarse de ellos; por lo tanto, habría sido inapropiado que Juan hablara de Su partida en ascensión.

Además, los cuatro evangelios son una revelación completa de cómo el Dios Triuno vino para completar a Cristo, es decir, para hacer que Cristo fuera completo. El relato del Evangelio de Juan es crucial en este asunto. Nos muestra que el completamiento de Cristo, quien fue ungido y comisionado por Dios, para cumplir Su propósito eterno, fue llevado a cabo por el Dios Triuno que se hizo carne a fin de unirse con el hombre. En primer lugar, por medio de Su muerte en la carne, El efectuó la redención para el hombre, y luego por medio de la resurrección se transfiguró para llegar a ser el Espíritu a fin de poder entrar en los creyentes (20:22) y unirse con ellos, para que se unan con el Dios Triuno (17:21). Así, El llegó a ser Cristo, la corporificación de Dios, y puede quitar los pecados de los hombres y entrar en ellos para ser su vida, de tal manera que lleguen a ser hijos de Dios y miembros Suyos, constituyendo así Su Cuerpo como la plena expresión del Dios Triuno. Por consiguiente, El está en ellos para ser toda su realidad y estar con ellos de una manera invisible hasta que sus cuerpos sean redimidos y transfigurados, a fin de que ellos entren en Su presencia visible para ser completamente unidos a El y exactamente como El; de este modo llegarán a ser la Nueva Jerusalén, la cual está por completarse, la morada mutua del Dios Triuno y Su pueblo redimido por la eternidad.

LOS HECHOS
DE LOS APOSTOLES

BOSQUEJO

I. Introducción—1:1-2

II. La preparación—1:3-26

A. La preparación de Cristo—vs. 3-8
1. Habla a los discípulos de lo tocante al reino de Dios—v. 3
2. Les manda que esperen el bautismo en el Espíritu Santo—vs. 4-8

B. La ascensión de Cristo—vs. 9-11

C. La preparación de los discípulos—vs. 12-26
1. Perseveran en oración—vs. 12-14
2. Escogen a Matías—vs. 15-26

III. La propagación—2:1—28:31

A. En la tierra judía mediante el ministerio de la compañía de Pedro—2:1—12:24
1. Los creyentes judíos son bautizados en el Espíritu Santo—2:1-13
   a. El Espíritu Santo los llena económicamente—vs. 1-4
   b. El asombro del pueblo—vs. 5-13
2. El primer mensaje de Pedro a los judíos—2:14-41
   a. Explica cómo el Espíritu Santo llena económicamente—vs. 14-21
   b. Da testimonio de Jesús en Su obra, muerte, resurrección y ascensión—vs. 22-36
   c. Ruega a los que fueron conmovidos por el Espíritu que se arrepientan, sean bautizados y sean salvos—vs. 37-41
3. El comienzo de la vida de la iglesia—2:42-47
4. El segundo mensaje de Pedro a los judíos—3:1-26
   a. Un cojo es sanado—vs. 1-10
   b. El mensaje—vs. 11-26
      (1) Da testimonio de Jesús en Su muerte y resurrección—vs. 11-18
      (2) Exhorta al pueblo a arrepentirse y convertirse, para poder participar del Cristo ascendido que había de venir—vs. 19-26
5. El comienzo de la persecución por parte de los religiosos judíos—4:1-31
   a. El sanedrín los arresta y los interroga—vs. 1-7
   b. El testimonio de Pedro—vs. 8-12

c. La prohibición del sanedrín—vs. 13-18
d. La respuesta de Pedro y Juan—vs. 19-20
e. El sanedrín los libera—vs. 21-22
f. La alabanza y oración de la iglesia—vs. 23-31

6. La continuación de la vida de la iglesia—4:32—5:11
   a. La escena positiva—4:32-37
   b. La escena negativa—5:1-11
7. Las señales y los prodigios hechos por medio de los apóstoles—5:12-16
8. La persecución por parte de los judíos religiosos continúa—5:17-42
   a. El sanedrín arresta a los apóstoles, y el Señor los rescata—vs. 17-28
   b. El testimonio de los apóstoles—vs. 29-32
   c. La prohibición y la liberación declaradas por el sanedrín—vs. 33-40
   d. El regocijo y la fidelidad de los apóstoles—vs. 41-42
9. El nombramiento de siete diáconos—6:1-6
10. El crecimiento de la palabra y la multiplicación de los discípulos—6:7
11. La persecución por parte de los judíos religiosos se intensifica— 6:8—8:3
    a. El martirio de Esteban—6:8—7:60
       (1) Se oponen a él y lo arrestan—6:8—7:1
       (2) Da testimonio—7:2-53
       (3) Le dan muerte—7:54-60
    b. La iglesia en Jerusalén es asolada—8:1-3
12. La predicación de Felipe—8:4-40
    a. En Samaria—vs. 4-25
       (1) Proclama a Cristo y el reino de Dios—vs. 4-13
       (2) Confirmada por los apóstoles—vs. 14-25
    b. A un etíope—vs. 26-39
    c. Llega a Cesarea—v. 40
13. La conversión de Saulo—9:1-30
    a. El Señor se le aparece—vs. 1-9
    b. Confirmada por Ananías—vs. 10-19
    c. Empieza a predicar—vs. 20-30
14. La edificación y multiplicación de la iglesia—9:31
15. La propagación del ministerio de Pedro—9:32-43
    a. A Lida—vs. 32-35
    b. A Jope—vs. 36-43
16. La divulgación del ministerio a los gentiles—10:1—11:18
    a. La visión de Cornelio—10:1-8
    b. La visión de Pedro—10:9-16
    c. La visita de Pedro—10:17-33
    d. El mensaje de Pedro—10:34-43

e. Los creyentes gentiles son bautizados en el Espíritu Santo—10:44-46
f. Los creyentes gentiles son bautizados en agua—10:47-48
g. El reconocimiento por parte de los apóstoles y los hermanos de Judea—11:1-18

17. La divulgación del ministerio hasta Fenicia, Chipre y Antioquía—11:19-26
18. El intercambio entre la iglesia en Antioquía y los santos de Judea—11:27-30
19. La persecución por el político romano—12:1-23
a. Algunos creyentes son maltratados y Jacobo muere como mártir—vs. 1-2
b. Pedro es arrestado—vs. 3-19a
(1) Custodiado en la cárcel—vs. 3-5a
(2) Rescatado por el Señor—vs. 5b-19a
c. El destino de los perseguidores—vs. 19b-23
20. La palabra crece y se multiplica—12:24

B. En la tierra de los gentiles por el ministerio de Pablo y los que estaban con él—12:25—28:31
1. El inicio—12:25
2. Apartados y enviados por el Espíritu Santo—13:1-4a
3. El primer viaje—13:4b—14:28
a. A Pafos de Chipre—13:4b-12
b. A Antioquía de Pisidia—13:13-52
(1) Predican como Salvador al Cristo crucificado y resucitado—vs. 13-43
(2) Rechazados por los judíos—vs. 44-52
c. A Iconio—14:1-5
d. A Listra y Derbe de Licaonia—14:6-21a
e. Confirman a los discípulos y constituyen ancianos en el camino de regreso—14:21b-25a
f. El regreso a Antioquía marca el final del primer viaje—14:25b-28
4. El problema con respecto a la circuncisión—15:1-34
a. Se celebra en Jerusalén una conferencia de los apóstoles y los ancianos—vs. 1-21
b. La solución—vs. 22-34
5. El problema en cuanto a Bernabé—15:35-39
6. El segundo viaje—15:40—18:22
a. A Siria y a Cilicia—15:40-41
b. A Derbe y a Listra—16:1-5
c. A Filipo de Macedonia—16:6-40
(1) Tiene la visión de un varón macedonio—vs. 6-10
(2) La predicación y su fruto—vs. 11-18
(3) Encarcelados y libertados—vs. 19-40
d. A Tesalónica—17:1-9

e. A Berea—17:10-13
f. A Atenas—17:14-34
(1) Enviado por los hermanos—vs. 14-15
(2) Discute con los judíos y confronta a los filósofos gentiles—vs. 16-18
(3) Predica en el Areópago—vs. 19-34
g. A Corinto—18:1-17
(1) Conoce a Aquila y Priscila—vs. 1-4
(2) Predica a los judíos y encuentra oposición por parte de ellos—vs. 5-17
h. A Efeso—18:18-21a
i. Regresa a Antioquía, concluyendo así el segundo viaje—18:21b-22
7. El tercer viaje—18:23—21:17
a. A la región de Galacia y de Frigia—18:23
b. Vuelve a Efeso—18:24—19:41
(1) El ministerio de Apolos—18:24-28
(2) Pablo suple la deficiencia del ministerio de Apolos—19:1-7
(3) El ministerio y su fruto: la palabra del Señor crece y prevalece—19:8-20
(4) Se propone ir a Jerusalén y a Roma—19:21-22
(5) El disturbio—19:23-41
(a) La causa—vs. 23-34
(b) La multitud se apacigua—vs. 35-41
c. Pasa por Macedonia y Grecia rumbo a Troas—20:1-12
d. A Mileto, donde se reúne con los ancianos de la iglesia en Efeso—20:13-28
e. A Tiro—21:1-6
f. A Tolemaida—21:7
g. A Cesarea—21:8-14
h. A Jerusalén, donde concluye el tercer viaje—21:15-17
8. La influencia negativa del judaísmo—21:18-26
9. La persecución final por parte de los judíos—21:27—26:32
a. Un alboroto contra Pablo—21:27—23:15
(1) Aprehendido por los judíos—21:27-30
(2) La intervención del tribuno romano—21:31-39
(3) Se defiende ante la turba de los judíos—21:40—22:21
(4) Atado por los romanos—22:22-29
(5) Se defiende ante el sanedrín—22:30—23:10
(6) El Señor le da ánimo—23:11
(7) El complot de los judíos—23:12-15
b. Entregado por el tribuno a Félix el gobernador romano—23:16—24:27
(1) Trasladado en secreto—23:16-35
(2) Acusado por el abogado de los judíos—24:1-9

(3) Se defiende ante Félix—24:10-21
(4) Guardado bajo la custodia del político romano injusto y corrupto—24:22-27
c. Dejado en manos de Festo, sucesor de Félix—25:1—26:32
(1) La petición de los líderes judíos es rechazada—25:1-5
(2) Se defiende ante Festo—25:6-8
(3) Apela a César—25:9-12
(4) Festo lo remite al rey Agripa—25:13-27
(5) Se defiende ante el rey Agripa—26:1-29
(6) El juicio pronunciado por el rey Agripa—26:30-32
10. El cuarto viaje—27:1—28:31
a. A Buenos Puertos—27:1-12
b. Surge una tormenta y Pablo predice que sobrevivirían—27:13-26
c. Pablo trasciende la situación y muestra su sabiduría, en contraste con la vileza y la necedad demostradas por los marineros y los soldados—27:27-44
d. A la isla de Malta—28:1-10
e. A Roma, donde finaliza el cuarto viaje—28:11-31
(1) Pasa por Siracusa rumbo a Roma—vs. 11-16
(2) Se comunica con los líderes judíos—vs. 17-22
(3) Ministra en Roma—vs. 23-31

LOS HECHOS
DE LOS APOSTOLES

Autor: Lucas; véase la nota 3[1] de Lc. 1.
Fecha: 67 ó 68 d. de C., después de escribirse el Evangelio de Lucas (1:1).
Lugar: Posiblemente Roma (cfr. Flm. 24; 2 Ti. 4:11).
Destinatario: Teófilo (1:1); véase la nota 3[2] de Lc. 1.

Tema:
La propagación del Cristo resucitado
en Su ascensión, por el Espíritu, mediante los discípulos,
para producir las iglesias, el reino de Dios

CAPITULO 1

I. Introducción
1:1-2

1 En el [1]primer relato, oh [2]Teófilo, hablé acerca de todas
las [3]cosas que Jesús comenzó a hacer y a enseñar,
2 hasta el día en que fue [a]llevado arriba, después de
haber dado [b]mandamientos por el [1]Espíritu Santo a los
[c]apóstoles que había escogido;

2[a] Lc. 24:51; Hch. 1:9, 22
2[b] Mt. 28:19-20; Hch. 10:42
2[c] Lc. 6:13-16

II. La preparación
1:3-26

A. La preparación de Cristo
vs. 3-8

1. Habla a los discípulos de lo tocante al reino de Dios
v. 3

3 a quienes también, después de haber padecido, se
[1]presentó vivo con muchas pruebas indubitables, [2a]apare-
ciéndoseles durante [3]cuarenta días y hablándoles de lo
tocante al [4]reino de Dios.

3[a] Mr. 16:14; Jn. 21:1; Hch. 10:40-41; 1 Co. 15:5-8

1[1] Véase la nota 3[1] de Lc. 1.

1[2] Véase la nota 3[2] de Lc. 1.

1[3] Véase la nota 1[4] de Lc. 1.

2[1] El Cristo resucitado ya había llegado a ser el Espíritu vivificante (1 Co. 15:45), pero en resurrección aún obraba por medio del Espíritu Santo (Jn. 20:22).

3[1] Se presentó vivo para adiestrar a los discípulos a que vivieran en la presencia invisible del Señor y la disfrutaran. Véase la nota 26[3] de Jn. 20.

2. Les manda que esperen el bautismo en el Espíritu Santo
vs. 4-8

4 Y [1]estando reunido *con ellos,* les mandó que no se
fueran de Jerusalén, sino que esperasen la [2a]promesa del
Padre, la cual, *les* [b]*dijo,* oísteis de Mí.
5 Porque Juan [a]bautizó con [1]agua, mas vosotros seréis
[2]bautizados en el Espíritu Santo dentro de no muchos días.
6 Entonces los que se habían reunido le preguntaron,
diciendo: Señor, ¿[a]restaurarás el [1]reino a Israel en este
[b]tiempo?
7 Pero El les dijo: No os toca a vosotros saber los [a]tiempos
o las sazones que el Padre dispuso por Su propia potestad;
8 pero [1]recibiréis [a]poder, cuando haya venido [2]sobre
vosotros el [b]Espíritu Santo, y seréis Mis [3c]testigos en Jerusalén, en toda [d]Judea, en [e]Samaria, y hasta lo [f]último de la
tierra.

4[a] Hch. 2:33
4[b] Lc. 24:49
5[a] Mt. 3:11
6[a] Mt. 17:11; 19:28; Hch. 3:21
6[b] cfr. Mt. 24:3
7[a] Mt. 24:36
8[a] Lc. 24:49; Hch. 4:33
8[b] Hch. 2:1-4
8[c] Hch. 1:22; 2:32; 3:15; 5:32; 10:39, 41; 13:31; 22:15, 20; 26:16; Lc. 24:48; Ap. 2:13
8[d] Mt. 3:5; Hch. 26:20
8[e] Hch. 8:1, 14; cfr. Mt. 10:5
8[f] Hch. 13:47

3[2] El Cristo resucitado moraba en los discípulos ya que se había impartido como Espíritu al soplar en ellos el día de Su resurrección (Jn. 20:22). Su aparición no significa que los hubiera dejado; simplemente significa que hizo visible Su presencia, enseñándoles así a comprender y disfrutar siempre Su presencia invisible.

3[3] Cuarenta días es un período de aflicción y prueba (véase la nota 2[1] de Mt. 4).

3[4] Esto demuestra que el reino de Dios sería el tema principal de la predicación de los apóstoles en la comisión que recibirían después de Pentecostés (8:12; 14:22; 19:8; 20:25; 28:23, 31). No es un reino material visible al hombre, sino un reino constituido de la vida divina. Es la extensión de Cristo como vida a Sus creyentes para formar un dominio en el cual Dios gobierna con Su vida. Véanse las notas 15[1] de Mr. 1, 26[1] de Mr. 4, y 43[2] de Lc. 4.

4[1] O, comiendo con ellos.

4[2] Véase la nota 49[1] de Lc. 24; cfr. nota 17[1] de Jn. 14.

5[1] Véanse las notas 6[1] de Mt. 3 y 8[1] de Mr. 1.

5[2] Esto se efectuó en dos partes: (1) todos los creyentes judíos fueron bautizados en el Espíritu Santo el día de Pentecostés (2:4); y (2) todos los creyentes gentiles fueron bautizados en la casa de Cornelio (10:44-47; 11:15-17). En estas dos partes todos los verdaderos creyentes de Cristo fueron bautizados en el Espíritu Santo y puestos así en el Cuerpo de Cristo una vez y para siempre universalmente (1 Co. 12:13 y la nota 1).

6[1] El reino de Israel, el cual los apóstoles y otros judíos devotos buscaban, era un reino material, a diferencia del reino de Dios mencionado en el v. 3, el cual es un reino de vida que Cristo está edificando con la predicación de Su evangelio. Véase la nota 3[4].

8[1] Esto se refiere a ser bautizado en el Espíritu Santo (v. 5) para el cumplimiento de la promesa del Padre (v. 4).

8[2] Diferente de *en vosotros* (Jn. 14:17). El día que el Señor resucitó, el Espíritu Santo fue impartido como aliento en los discípulos (Jn. 20:22) para ser el Espíritu esencial de vida (Ro. 8:2) en ellos. El mismo Espíritu Santo vendría sobre los discípulos el día de Pentecostés para ser el Espíritu económico de poder. Véase la nota 49[3] de Lc. 24.

B. La ascensión de Cristo
vs. 9-11

9 Y habiendo dicho estas cosas, viéndolo ellos, fue alzado, y le [a]recibió una nube que le ocultó de sus ojos.
10 Y estando ellos con los ojos puestos en el cielo, mientras El se iba, he aquí se pusieron junto a ellos [a]dos varones con [b]vestiduras blancas,
11 los cuales también les dijeron: [1]Varones [a]galileos, ¿por qué os quedáis mirando al cielo? Este Jesús, que ha sido tomado de vosotros al [2]cielo, [3b]vendrá de la [4]misma manera que le habéis [5]visto ir al cielo.

9[a] Hch. 1:2, 22
10[a] Lc. 24:4; Jn. 20:12
10[b] Mt. 28:3; Mr. 16:5
11[a] Hch. 2:7; 13:31; Mr. 14:70
11[b] Dn. 7:13

8[3] Lit., mártires; quienes dan un testimonio vivo del Cristo resucitado y ascendido en vida; son distintos de los predicadores que simplemente anuncian doctrinas según la letra. Cristo, en Su encarnación, según consta en los evangelios, llevó a cabo Su ministerio en la tierra solo, que consistía en sembrarse en tierra judía como semilla del reino de Dios. En Su ascensión, según se narra en el libro de Hechos, El llevaría a cabo Su ministerio en los cielos por medio de estos mártires, en Su vida de resurrección y con el poder y autoridad de Su ascensión. Su ministerio consistiría en propagarse como desarrollo del reino de Dios, comenzando desde Jerusalén y extendiéndose a lo último de la tierra, dando así consumación a Su ministerio neoestamentario. Todos los apóstoles y discípulos que aparecen en el libro de Hechos fueron Sus mártires, Sus testigos (referencia 8[c]). Véanse las notas 11[3] del cap. 23 y 16[1] del cap. 26.

11[1] Denota mayor dignidad y solemnidad que simplemente "galileos".

11[2] El Evangelio de Lucas concluye con la ascensión del Señor al cielo (24:51), y el libro de Hechos comienza con esto mismo. El Evangelio de Lucas es una narración del ministerio terrenal del Jesús encarnado; el libro de Hechos narra la continuación del ministerio del Cristo resucitado y ascendido, efectuado desde el cielo mediante Sus creyentes en la tierra. En los evangelios, el ministerio terrenal del Señor, que El mismo efectuó, consistió solamente en que El se sembró como la semilla del reino de Dios en Sus creyentes, sin que la iglesia fuera aún edificada. En el libro de Hechos, el ministerio celestial del Señor, llevado a cabo por medio de los creyentes en la esfera de la resurrección y ascensión del Señor, consiste en propagarle como el desarrollo del reino de Dios a fin de que la iglesia sea edificada (Mt. 16:18) por todo el mundo para constituir Su Cuerpo, el cual es tanto Su plenitud (Ef. 1:23) para Su expresión como la plenitud de Dios (Ef. 3:19) para la expresión de Dios.

11[3] La ascensión del Señor indica Su segunda venida. Entre estos dos eventos se encuentra la dispensación de la gracia, en la cual El, quien es el Cristo *pneumático,* el Espíritu vivificante (1 Co. 15:45), aplica Su redención todo-inclusiva a los escogidos de Dios a fin de que reciban la plena salvación, y así El pueda producir y edificar la iglesia como Su Cuerpo, con miras al establecimiento del reino de Dios en la tierra.

11[4] Cristo ascendió al cielo desde el monte del Olivar (v. 12) llevado por una nube, de un modo visible al ojo humano. El volverá al mismo monte (Zac. 14:4) en una nube (Mt. 24:30), también visiblemente.

11[5] Esta visión de la ascensión de Cristo al cielo fortaleció la fe que los discípulos tenían en El y en lo que El había hecho por ellos mediante Su muerte y resurrección. También amplió la perspectiva que ellos tenían tocante a la economía celestial de Dios, la cual los había llevado a cooperar

C. La preparación de los discípulos
vs. 12-26

1. Perseveran en oración
vs. 12-14

12 Entonces volvieron a [1a]Jerusalén desde el monte que se
llama del [b]Olivar, el cual está cerca de Jerusalén, camino de
un día de [2]sábado.
13 Y entrados, subieron al [a]aposento alto, donde moraban
[b]Pedro y Juan y Jacobo y Andrés, Felipe y Tomás, Bartolomé
y Mateo, Jacobo *hijo* de Alfeo, Simón el [1]Zelote y Judas
[2]*hermano* de Jacobo.
14 Todos éstos [1a]perseveraban [2b]unánimes en [3]oración,
con las [c]mujeres, y con [4]María la [d]madre de Jesús, y con Sus
hermanos.

12[a] Lc. 24:52
12[b] Mt. 21:1
13[a] Lc. 22:12; Hch. 9:37, 39; 20:8
13[b] Lc. 6:14-16
14[a] Ro. 12:12; Col. 4:2
14[b] Hch. 2:46; 4:24; 5:12; 15:25; Ro. 15:6
14[c] Lc. 8:2-3; 23:49, 55; 24:10
14[d] Mt. 12:46; 13:55

---

con el ministerio celestial de Cristo para que la economía neotestamentaria de Dios fuera llevada a cabo en la tierra. Los creyentes debían tener tal visión acerca de la ascensión de Cristo.

12[1] Los discípulos regresaron a Jerusalén obedeciendo lo que el Señor les había dicho en 1:4 y en Lc. 24:49, para recibir el Espíritu económico de poder como lo había prometido el Padre. Todos ellos eran galileos (v. 11). Al quedarse en Jerusalén, especialmente bajo las amenazas de los líderes judíos, estaban arriesgando la vida.

12[2] Según la tradición judía, el camino de un día de sábado equivalía aproximadamente a un kilómetro.

13[1] Los zelotes, una secta galilea, eran excesivamente celosos al contender por su religión, especialmente por la ley mosaica. Véase la nota 4[1] de Mt. 10.

13[2] O, hijo.

14[1] Antes de la muerte del Señor, los discípulos no tenían interés en orar por asuntos espirituales (Lc. 22:40, 45-46); al contrario, contendían entre sí tocante a quién era mayor (Lc. 22:24). Sin embargo, después de la resurrección y ascensión del Señor, la condición espiritual de ellos cambió radicalmente. Ya no contendían entre sí, sino que tenían la carga de perseverar unánimes en oración, aun antes del día de Pentecostés, cuando recibirían el Espíritu económico de poder (cap. 2). Esta es una clara señal que comprueba que habían recibido en su interior el Espíritu esencial de vida el día de la resurrección del Señor (Jn. 20:22). Esto también demuestra que estaban fortalecidos en la economía neotestamentaria de Dios por haber visto la ascensión del Señor.

14[2] O, con un mismo sentir.

14[3] Es posible que los discípulos en su oración hayan pedido ser revestidos del Espíritu de poder, conforme a la promesa del Padre, para lo cual el Señor les había mandado que permanecieran en Jerusalén (Lc. 24:49; Hch. 1:4), y quizá también hayan orado por la comisión que el Señor les había dado en Lc. 24:47-48 y Hch. 1:8 acerca de llevar Su testimonio hasta lo último de la tierra.

Dios quería derramar Su Espíritu para que Su economía neotestamentaria fuera llevada a cabo, pues había prometido hacerlo. Sin embargo, El aún necesitaba que Sus escogidos oraran por esto. El Dios que está en los cielos necesita hombres en la tierra que cooperen con El en la realización de Su plan. La oración de los ciento veinte discípulos que duró diez días satisfizo esta necesidad de Dios.

2. Escogen a Matías
vs. 15-26

15 Y en aquellos días [a]Pedro se levantó en medio de los [b]hermanos (un grupo como de ciento veinte estaba *reunido* allí), y [1]dijo:

16 [1]Varones hermanos, era necesario que se cumpliese la [a]Escritura, en que el Espíritu Santo habló antes por boca de David acerca de [b]Judas, quien se hizo guía de los que prendieron a Jesús,

17 y era [a]contado con nosotros, y se le asignó una porción de [1]este [b]ministerio.

18 Este, pues, con [1a]salario de injusticia adquirió un [b]campo, y cayendo de cabeza, se reventó por la mitad, y todas sus entrañas se derramaron.

19 Y fue notorio a todos los habitantes de Jerusalén, de tal manera que aquel campo se llama en su propia lengua [1]Acéldama, que quiere decir, Campo de [2]sangre.

20 Porque está escrito en el libro de los Salmos: "[a]Sea hecha desierta su habitación, y no haya quien more en ella"; y: "[b]Tome otro su cargo".

21 Es necesario, pues, que de estos hombres que nos han acompañado todo el tiempo que el Señor Jesús [a]entraba y salía [1]entre nosotros,

22 comenzando desde el bautismo de [a]Juan hasta el día en que de entre nosotros fue [b]llevado arriba, uno sea hecho [c]testigo con nosotros de Su [1d]resurrección.

15[a] Hch. 2:14
15[b] Jn. 21:23
16[a] Sal. 41:9; Jn. 13:18
16[b] Mt. 26:47; Jn. 13:2
17[a] Lc. 6:16
17[b] Hch. 6:4; 20:24; 21:19; 2 Co. 3:8-9; 4:1
18[a] 2 P. 2:13, 15
18[b] Mt. 27:7
20[a] Sal. 69:25
20[b] Sal. 109:8
21[a] Nm. 27:17; Dt. 31:2; 1 S. 18:13
22[a] Mr. 1:4; Hch. 13:24
22[b] Hch. 1:2, 9
22[c] Hch. 1:8; 2:32
22[d] Hch. 2:31; 4:2, 33; 17:18, 32; 23:6; 24:15, 21; 2:24

14[4] Esta es la última vez que María se menciona en el Nuevo Testamento.

15[1] Antes de la muerte del Señor, Pedro a menudo hablaba desatinadamente (Mt. 16:22-23; 17:24-26; 26:33-35). Pero ahora, después de la resurrección del Señor, expuso las profecías del Antiguo Testamento adecuadamente y con el significado correcto (vs. 16-20). Esto también demuestra que los discípulos, antes de recibir el Espíritu económico de poder el día de Pentecostés, habían recibido el Espíritu esencial de vida el día de la resurrección del Señor.

16[1] Con más dignidad y solemnidad que simplemente "hermanos".

17[1] Mencionado también en el v. 25; se refiere al ministerio que lleva el testimonio de Jesús (v. 8). Aunque los apóstoles eran doce, su ministerio era sólo uno: *este ministerio,* un ministerio corporativo conforme al principio del Cuerpo de Cristo. Todos los apóstoles tuvieron parte en un solo ministerio, el cual lleva el testimonio del Jesucristo encarnado, resucitado y ascendido, el Señor de todos, y no el testimonio de alguna religión, doctrina o práctica.

18[1] O, recompensa.

19[1] Palabra aramea.

19[2] Denota muerte sangrienta (Mt. 27:5-8).

21[1] O, delante.

22[1] La resurrección del Señor era el énfasis del testimonio de los apóstoles; evoca Su encarnación, Su humanidad, Su vivir humano en la tierra, la muerte que Dios le asignó (2:23), y conduce a Su ascensión, Su ministerio y Su administración en el

23 Y propusieron a dos: a José, llamado [a]Barsabás, que
tenía por sobrenombre [b]Justo, y a Matías.
24 Y [a]orando, dijeron: Tú, Señor, que conoces los [b]corazo-
nes de todos, muestra cuál de estos dos has escogido,
25 para que tome la parte de este ministerio y [a]apostola-
do, de que se desvió Judas para [b]irse a su propio lugar.
26 Y les echaron [1]suertes, y la suerte cayó sobre Matías;
y fue contado con los once apóstoles.

CAPITULO 2

III. La propagación
2:1—28:31

A. En la tierra judía mediante el ministerio de la compañía de Pedro
2:1—12:24

1. Los creyentes judíos son bautizados en el Espíritu Santo
2:1-13

a. El Espíritu Santo los llena económicamente
vs. 1-4

1 Al cumplirse, pues, el día de [1a]Pentecostés, estaban
todos juntos en el mismo lugar.

23[a] cfr. Hch. 15:22
23[b] cfr. Hch. 18:7; Col. 4:11
24[a] Hch. 6:6
24[b] Hch. 15:8; 1 S. 16:7; 1 Cr. 28:9; 29:17; Jer. 17:10; Ro. 8:27
25[a] 1 Co. 9:1-2; Gá. 2:8
25[b] cfr. Mt. 27:5
1[a] Hch. 20:16; 1 Co. 16:8

cielo, y también a Su regreso. Por lo tanto, el testimonio que daban los apóstoles acerca de Jesucristo, Señor de todos, era todo-inclusivo, como se describe en todo el libro de Hechos. Ellos predicaban y ministraban al Cristo todo-inclusivo revelado en toda la Escritura.

26[1] Después de la ascensión del Señor y antes del día de Pentecostés, los apóstoles estaban en un período de transición, como lo muestra la manera en que buscaron la dirección del Señor. Ellos recibieron al Espíritu morador el día de la resurrección del Señor (Jn. 20:22), y antes de Su ascensión el Señor los adiestró durante cuarenta días para que vivieran en Su presencia invisible y se acostumbraran a ella (v. 3). Sin embargo, todavía les era difícil abandonar la antigua forma tradicional de buscar la dirección de Dios echando suertes (Lv. 16:8; Jos. 14:2; 1 S. 14:41; Neh. 10:34; 11:1; Pr. 16:33). Todavía no estaban acostumbrados a buscar la guía del Espíritu que moraba en ellos (Ro. 8:14), como lo hizo más adelante el apóstol Pablo en 16:6-8. Ellos todavía estaban en la etapa inicial de la economía neotestamentaria de Dios antes del día de Pentecostés.

1[1] Significa *quincuagésimo*. Este era el quincuagésimo día a partir de la resurrección del Señor, después de siete semanas, desde el segundo día posterior a la Pascua (el primer día de la semana, Lc. 23:54—24:1) en que el Señor fue crucificado (Jn. 19:14). Fue el cumplimiento de la fiesta de las semanas (Dt. 16:10), también llamada la fiesta de la siega (Ex. 23:16), la cual se contaba desde el día en que se ofrecía una gavilla de las primicias de la cosecha hasta el día posterior al séptimo sábado (Lv. 23:10-11, 15-16). La gavilla de las primicias ofrecida ante Dios era un tipo del Cristo resucitado

2 Y de repente vino del cielo un estruendo como de un
[1a]viento recio que soplaba, el cual [2b]llenó toda la casa donde
estaban sentados;
3 y se les aparecieron [1]lenguas, como de [2]fuego, que se
repartieron [3]asentándose sobre cada uno de ellos.
4 Y fueron [1]todos [2]llenos del Espíritu Santo, y comenzaron a [a]hablar en diversas [3b]lenguas, según el [c]Espíritu les
daba [4]expresarse.

2[a] cfr. Ez. 1:4
2[b] cfr. Ex. 40:34; 1 R. 8:10; Hag. 2:7
4[a] Hch. 2:11; 10:46; 19:6; Mr. 16:17
4[b] 1 Co. 12:10, 28, 30; 14:4-6, 19
4[c] 1 Co. 12:11

ofrecido a Dios el día de la resurrección (Jn. 20:17), que fue el día posterior al sábado (Jn. 20:1). Desde ese día hasta el día de Pentecostés pasaron exactamente cincuenta días (cfr. 1:3). La fiesta de la siega tipifica el deleite en el rico fruto producido por el Cristo resucitado. Este rico fruto es el Espíritu todo-inclusivo del Dios Triuno procesado, el Espíritu que El dio a Sus escogidos como bendición del evangelio (Gá. 3:14), para que disfrutaran al Cristo todo-inclusivo (la corporificación misma del Dios Triuno) como su buena tierra. Esto significa que cuando los creyentes recibieron el Espíritu abundante el día de Pentecostés, no solamente entraron a la buena tierra, sino que también participaron de las abundantes riquezas del Cristo todo-inclusivo (Ef. 3:8) en Su resurrección y ascensión, la porción que Dios les asignó en Su economía neotestamentaria.

2[1] En la resurrección del Señor, el Espíritu de la vida de resurrección es comparado con un soplo infundido en los discípulos (Jn. 20:22) para el aspecto esencial de la vida y la existencia espirituales de ellos. En la ascensión del Señor, el Espíritu del poder de la ascensión, derramado sobre los discípulos, es simbolizado aquí por el viento y tiene por objeto el ministerio y la actividad de los discípulos en el aspecto económico. El fin del Espíritu esencial de la vida de resurrección es que los creyentes vivan a Cristo; la finalidad del Espíritu económico del poder de la ascensión es que cumplan Su comisión.

2[2] Gr. *pleróo;* significa llenar el interior, tal como el viento llenó la casa.

3[1] Un símbolo del lenguaje hablado; denota que el Espíritu económico de Dios, el Espíritu de poder, tiene como fin primordial hablar. El es el Espíritu que habla.

3[2] Simboliza el poder ardiente que hay en el mover económico de Dios para purificar y motivar.

3[3] El verbo está en singular, lo cual indica que sobre cada uno de ellos se asentó una lengua.

4[1] *Todos* modifica solamente a *llenos* en la primera cláusula, no a *comenzaron a hablar* en la segunda cláusula. No puede usarse como evidencia de que todos los discípulos que fueron llenos del Espíritu Santo empezaron a hablar en lenguas.

4[2] Gr. *plétho* (también usado en 4:8, 31; 9:17; 13:9; Lc. 1:15, 41, 67); significa llenar exteriormente. Según se usa en este libro, *pleróo* denota llenar un vaso por dentro, tal como el viento llenó la casa interiormente en el v. 2, y *plétho* denota llenar a las personas exteriormente, tal como el Espíritu llenó a los discípulos exteriormente en este versículo. Los discípulos fueron llenos (*pleróo*) del Espíritu interior y esencialmente (13:52) para su vida cristiana, y fueron llenos (*plétho*) del Espíritu exterior y económicamente para su ministerio cristiano. El Espíritu que llena interiormente, el Espíritu esencial, está en los discípulos (Jn. 14:17; Ro. 8:11), mientras que el Espíritu que llena exteriormente, el Espíritu económico, está sobre ellos (1:8; 2:17). Todo aquel que cree en Cristo debe experimentar ambos aspectos del Espíritu Santo. Aun Cristo como hombre experimentó lo mismo: El nació del Espíritu Santo esencialmente (Lc. 1:35; Mt. 1:18, 20) para

b. El asombro del pueblo
vs. 5-13

5 Moraban entonces en Jerusalén [1]judíos, varones devotos, de todas las naciones bajo el cielo.

6 Y hecho este estruendo, se juntó la multitud; y estaban confusos, porque cada uno les oía [a]hablar en su propio dialecto.

7 Y estaban [a]atónitos y maravillados, diciendo: Mirad, ¿no son [b]galileos todos estos que hablan?

8 ¿Cómo, pues, les oímos nosotros hablar cada uno en nuestro dialecto en el que hemos nacido?

9 Partos, [a]medos, [b]elamitas, y los que habitamos en [c]Mesopotamia, en Judea, en [d]Capadocia, en el [e]Ponto y en [f]Asia,

10 en [a]Frigia y [b]Panfilia, en [c]Egipto y en las regiones de [d]Libia más allá de [e]Cirene, y romanos aquí residentes, tanto judíos como [1]prosélitos,

11 [a]cretenses y [b]árabes, *¿cómo, pues,* les oímos hablar en nuestras [1]lenguas las maravillas de Dios?

---

existir y vivir, y fue ungido con el Espíritu Santo económicamente (Mt. 3:16; Lc. 4:18) para Su ministerio y Su mover. El Espíritu esencial estaba dentro de El, y el Espíritu económico estaba sobre El.

El llenar exterior del Espíritu derramado representa el bautismo del Cuerpo en el Espíritu, llevado a cabo por la Cabeza en ascensión. El día de Pentecostés fueron bautizados los creyentes judíos, la primera parte del Cuerpo; y en la misma forma fueron bautizados los creyentes gentiles, la segunda parte del Cuerpo, en la casa de Cornelio (10:44-47). Con estos dos pasos la Cabeza bautizó a Su Cuerpo completo una vez y para siempre en el Espíritu (1 Co. 12:13), quien es la aplicación y realidad de Sí mismo. El hecho de que El bautizara Su Cuerpo en el Espíritu equivale a que lo bautizara en Sí mismo. Este fue el cumplimiento del bautismo en el Espíritu Santo que Cristo, la Cabeza del Cuerpo, había prometido en 1:5.

4[3] Dialectos (vs. 6, 8). Los discípulos eran galileos (v. 7), pero hablaron los diferentes dialectos extranjeros de los que habían venido de varias partes del mundo. Esto es una prueba contundente de que hablar en lenguas debe hacerse en un idioma comprensible, y no simplemente como una voz o un sonido emitido con la boca.

4[4] "Una palabra especial, escogida deliberadamente para denotar una expresión clara y audible" (Vincent).

5[1] Los judíos devotos que iban a Jerusalén desde los diferentes lugares donde estaban dispersos a celebrar la fiesta de Pentecostés.

10[1] Los gentiles convertidos al judaísmo (6:5; 13:43).

11[1] Gr. *glóssa;* se refiere a dos cosas en este capítulo: al órgano del habla en el v. 3, y a los dialectos en este versículo y en el v. 4, que se refieren a los dialectos de los vs. 6 y 8. Esta evidencia no deja lugar al concepto de que hablar en lenguas consista sólo en expresar una voz o un sonido con la lengua, el órgano del habla; debe de referirse a un dialecto, porque las lenguas que hablaron los discípulos (vs. 4, 11) eran diferentes dialectos (vs. 6, 8). En este sentido, las lenguas y los dialectos son sinónimos usados de

---

6[a] Hch. 2:4
7[a] Hch. 2:12
7[b] Hch. 1:11
9[a] 2 R. 17:6
9[b] Gn. 14:1, 9; Dn. 8:2
9[c] Gn. 24:10; Jue. 3:8; Hch. 7:2
9[d] 1 P. 1:1
9[e] Hch. 18:2
9[f] Hch. 19:10; 1 Co. 16:19
10[a] Hch. 16:6; 18:23
10[b] Hch. 13:13
10[c] Gn. 37:28; Ex. 12:51
10[d] Dn. 11:43
10[e] Mt. 27:32; Hch. 11:20
11[a] Hch. 27:7, 12-13; Tit. 1:5, 12
11[b] Gá. 1:17

12[a] Hch. 2:7
13[a] Hch. 17:32
15[a] 1 Ts. 5:7
17[a] vs. 17-21: Jl. 2:28-32
17[b] Is. 2:2
17[c] Hch. 2:33; 10:45; Is. 32:15; 44:3; Ro. 5:5; Tit. 3:6
17[d] Hch. 21:9
17[e] Hch. 10:3, 17; 16:10

12 Y estaban todos [a]atónitos y perplejos, diciéndose unos
a otros: ¿Qué quiere decir esto?
13 Mas otros, [a]burlándose, decían: Están llenos de [1]mosto.

2. El primer mensaje de Pedro a los judíos
2:14-41

a. Explica cómo el Espíritu Santo llena económicamente
vs. 14-21

14 Entonces Pedro, poniéndose en pie con los [1]once, alzó
la voz y les declaró diciendo: [2]Varones judíos, y todos los que
habitáis en Jerusalén, esto os sea notorio, y prestad oídos a
mis palabras.
15 Porque éstos no están [a]ebrios, como vosotros suponéis,
puesto que es la [1]hora tercera del día.
16 Mas esto es lo dicho por el profeta Joel:
17 "[a]Y en los [1b]postreros días, dice Dios, [2c]derramaré [3]de
Mi Espíritu [4]sobre [5]toda carne, y vuestros hijos y vuestras
hijas [6d]profetizarán; vuestros jóvenes verán [e]visiones, y
vuestros ancianos soñarán sueños;

---

modo intercambiable en estos versículos.

13[1] Lit., vino dulce. Puesto que era vino dulce, debe de referirse al vino nuevo, al mosto.

14[1] Esto indica que Matías, quien fue escogido en 1:26, fue reconocido como uno de los doce apóstoles.

14[2] Denota mayor dignidad y solemnidad que simplemente "judíos".

15[1] Es decir, las nueve de la mañana.

17[1] A partir de la primera venida de Cristo (1 P. 1:20).

17[2] Esto difiere de la ocasión en que el Espíritu fue infundido en los discípulos por el soplo de la boca de Cristo después de Su resurrección (Jn. 20:22). El Espíritu de Dios se derramó desde los cielos en la ascensión de Cristo. Lo primero constituye el aspecto esencial del Espíritu, soplado en los discípulos para que fuera su vida; lo segundo es el aspecto económico del Espíritu, derramado sobre ellos para que fuera el poder de su obra. El mismo Espíritu está dentro de ellos en el aspecto esencial y también sobre ellos en el aspecto económico.

El derramamiento del Espíritu en la ascensión de Cristo fue el descenso del Cristo resucitado y ascendido como el Espíritu todo-inclusivo para llevar a cabo Su ministerio celestial en la tierra a fin de edificar Su iglesia (Mt. 16:18), Su Cuerpo (Ef. 1:23), para la economía neotestamentaria de Dios.

17[3] O, desde (asimismo en el v. 18).

17[4] *Sobre* denota el aspecto económico, diferente del aspecto esencial *en* de Jn. 14:17. *En* está relacionado con la esencia intrínseca necesaria para la vida; *sobre* está relacionado con el elemento exterior necesario para el poder.

17[5] Todos los seres humanos caídos, sin distinción de sexo, edad o condición.

17[6] Las profecías, las visiones y los sueños son expresiones externas y no están relacionados con la vida interior.

18 y de cierto sobre Mis esclavos y sobre Mis esclavas en
aquellos días derramaré de Mi [a]Espíritu, y profetizarán.
19 Y [1]daré prodigios arriba en el cielo, y señales abajo en
la tierra, sangre y fuego y vapor de humo;
20 el [a]sol se convertirá en tinieblas, y la luna en sangre,
antes que venga el [1b]día del Señor, [c]grande y espléndido;
21 y sucederá que todo aquel que [1]invoque el [2]nombre del
Señor, será [3a]salvo".

18[a] Hch. 11:28; 21:4, 11

20[a] Mt. 24:29

20[b] 1 Ts. 5:2

20[c] Sof. 1:14; Ap. 6:17; 16:14

21[a] Hch. 2:47; 4:12; 15:11; 16:31

19[1] Los vs. 19 y 20, citados de la profecía de Joel, no están relacionados con las cosas ocurridas el día de Pentecostés, sino con las calamidades del día en que el Señor ejercerá Su juicio en el futuro.

20[1] Véase la nota 12[3] de 2 P. 3.

21[1] Invocar el nombre del Señor no es una nueva práctica comenzada en el Nuevo Testamento, sino que comenzó con Enós, la tercera generación de la humanidad, en Gn. 4:26. Continuó con Job (Job 12:4; 27:10), Abraham (Gn. 12:8; 13:4; 21:33), Isaac (Gn. 26:25), Moisés y los hijos de Israel (Dt. 4:7), Sansón (Jue. 15:18; 16:28), Samuel (1 S. 12:18; Sal. 99:6), David (2 S. 22:4, 7; 1 Cr. 16:8; 21:26; Sal. 14:4; 17:6; 18:3, 6; 31:17; 55:16; 86:5, 7; 105:1; 116:4, 13, 17; 118:5; 145:18), el salmista Asaf (Sal. 80:18), el salmista Hemán (Sal. 88:9), Elías (1 R. 18:24), Isaías (Is. 12:4), Jeremías (Lm. 3:55, 57) y otros (Sal. 99:6). Todos ellos tenían la práctica de invocar al Señor en la edad del Antiguo Testamento. Isaías exhortó a los que buscaban a Dios, a que le invocaran (Is. 55:6). Aun los gentiles sabían que los profetas de Israel tenían el hábito de invocar el nombre de Dios (Jon. 1:6; 2 R. 5:11). Los gentiles que Dios levantó desde el norte también invocaban Su nombre (Is. 41:25). Dios ordena (Sal. 50:15; Jer. 29:12) y desea (Sal. 91:15; Sof. 3:9; Zac. 13:9) que Su pueblo le invoque. Invocar es la forma de beber gozosamente de la fuente de la salvación de Dios (Is. 12:3-4), y la forma de deleitarse con gozo en Dios (Job 27:10), es decir, de disfrutarle. Por eso, el pueblo de Dios debe invocarle diariamente (Sal. 88:9). Esta práctica tan alegre fue profetizada por Joel (Jl. 2:32) con respecto al jubileo del Nuevo Testamento.

En el Nuevo Testamento, invocar el nombre del Señor fue mencionado primero por Pedro aquí, en el día de Pentecostés, como el cumplimiento de la profecía de Joel. Este cumplimiento tiene que ver con el hecho de que Dios derramase económicamente el Espíritu todo-inclusivo sobre Sus escogidos para que participasen de Su jubileo neotestamentario. La profecía de Joel y su cumplimiento con relación al jubileo neotestamentario de Dios tienen dos aspectos: por el lado de Dios, El vertió Su Espíritu en la ascensión del Cristo resucitado; por nuestro lado, invocamos el nombre del Señor ascendido, quien lo ha efectuado, logrado y obtenido todo. Invocar el nombre del Señor es de vital importancia para que los que creemos en Cristo participemos del Cristo todo-inclusivo y lo disfrutemos a El y todo lo que El ha efectuado, logrado y obtenido (1 Co. 1:2). Es una práctica importante en la economía neotestamentaria de Dios que nos permite disfrutar al Dios Triuno procesado, para ser plenamente salvos (Ro. 10:10-13). Los primeros creyentes practicaban esto en todas partes (1 Co. 1:2), y para los incrédulos, especialmente para los perseguidores, llegó a ser muy característico de los creyentes de Cristo (9:14, 21). Cuando Esteban sufrió persecución, él practicó esto (7:59), lo cual seguramente impresionó a Saulo, uno de sus perseguidores (7:58-60; 22:20). Más adelante, el incrédulo Saulo perseguía a los que invocaban este nombre (9:14, 21), identificándolos por esta invocación. Inmediatamente después de que Saulo fue capturado por

b. Da testimonio de Jesús en Su obra, muerte, resurrección y ascensión
vs. 22-36

22 [1]Varones israelitas, oíd estas palabras: Jesús [a]nazare-
no, [2]varón [3]aprobado por Dios entre vosotros con las obras
poderosas, prodigios y [b]señales que Dios hizo entre vosotros
por medio de El, como vosotros mismos sabéis;
23 a éste, [a]entregado por el [1b]determinado consejo y [2]an-
ticipado conocimiento de Dios, [c]matasteis [d]clavándole *en una*
[3]*cruz* por manos de [4]inicuos;

22[a] Mt. 2:23; Jn. 1:45; Hch. 3:6; 4:10; 10:38
22[b] Jn. 3:2; 6:14; Hch. 2:43; 4:30; 5:12; 6:8; Ro. 15:19
23[a] Mt. 20:19; Hch. 3:13
23[b] Lc. 22:22; Hch. 4:28
23[c] Mt. 21:39; Hch. 3:15; 7:52
23[d] Lc. 24:20

---

el Señor, Ananías, quien condujo a Pablo a la comunión del Cuerpo de Cristo, le mandó que se bautizara invocando el nombre del Señor para mostrar que él también había llegado a ser alguien que invocaba. Con lo que le dijo a Timoteo en 2 Ti. 2:22, Pablo indicó que en los primeros días todos los que buscaban al Señor invocaban Su nombre. Sin lugar a dudas, Pablo practicaba esto, puesto que exhortó a su joven colaborador Timoteo a que hiciera lo mismo para que también disfrutara al Señor.

La palabra griega traducida *invocar* se compone de dos vocablos que en conjunto significan llamar audiblemente, en voz alta, como lo hizo Esteban (7:59-60).

21[2] El nombre denota la persona. Jesús es el nombre del Señor, y el Espíritu es Su persona. Cuando invocamos: "Señor Jesús", recibimos al Espíritu.

21[3] Aquí concluye la cita de la profecía de Joel que comenzó en el v. 17, lo cual indica que al derramar Dios Su Espíritu sobre toda carne, trae salvación a aquellos que invocan el nombre del Señor. El derramamiento del Espíritu por parte de Dios constituye la aplicación de la salvación del Señor a Su pueblo escogido. Ser salvo es recibir este Espíritu, el cual es la bendición del evangelio en la economía neotestamentaria de Dios (Gá. 3:2, 5, 14). Este Espíritu es el Señor mismo como aliento (Jn. 20:22) y como agua viva (Jn. 4:10, 14) para nosotros. Para inhalarle como nuestro aliento y para beberle como nuestra agua viva, necesitamos invocarle. Lamentaciones 3:55-56 indica que invocar al Señor es respirar, e Is. 12:3-4 indica que invocarle es beberle. Después de creer en el Señor, necesitamos invocarle no sólo para ser salvos, sino también para disfrutar de Sus riquezas (Ro. 10:12-13). Cuando ejercitamos nuestro espíritu para invocarle, inhalarle y beberle, disfrutamos de Sus riquezas; en esto consiste la verdadera adoración a Dios. El Señor relacionó esta clase de adoración (Jn. 4:24) con el hecho de beber el agua viva que El da (Jn. 4:14).

22[1] Denota mayor dignidad y solemnidad que simplemente "israelitas".

22[2] El primer mensaje que dieron los apóstoles al predicar el evangelio estaba centrado en un hombre. Lucas, en su evangelio, les presentó a sus lectores este hombre, incluyendo la concepción, el nacimiento, la juventud, la vida terrenal, la muerte, la resurrección, y la ascensión de dicho hombre. Ahora, en este libro, Lucas nos dice que este hombre fue predicado por los apóstoles como el Salvador que Dios designó.

22[3] Lit., señalado, exhibido, mostrado; por tanto, probado mediante una demostración, produciendo así una aprobación.

23[1] Este consejo ha de haber sido determinado en un concilio celebrado por la Trinidad Divina antes de la fundación del mundo (1 P. 1:20; Ap. 13:8), lo cual indica que la crucifixión del Señor no fue un accidente en la historia de la humanidad, sino un cumplimiento

24 al cual [1]Dios [a]levantó, sueltos los dolores de la [b]muerte,
por cuanto era [2]imposible que fuese retenido por ella.
25 Porque David dice de El: “[1a]Veía al [2]Señor siempre
delante de mí, porque [3]está a mi diestra, para que yo no sea
conmovido.
26 Por lo cual mi corazón se alegró, y exultó mi [1]lengua, y
aun mi carne [2]descansará en esperanza;
27 porque no abandonarás mi alma en el [1a]Hades, ni
permitirás que Tu [2b]Santo vea [3]corrupción.
28 Me hiciste conocer los [1]caminos de la vida; me llenarás
de gozo con Tu [2]presencia”.
29 [1]Varones hermanos, os puedo decir con franqueza del
patriarca [a]David, que murió y fue sepultado, y su [b]sepulcro
está con nosotros hasta el día de hoy.

---

del consejo divino determinado por el Dios Triuno.

23[2] Véase la nota 20[1] de 1 P. 1.

23[3] Véanse las notas 26[2] de Mt. 27 y 32[1] de Jn. 18.

23[4] Lit., hombres sin ley; véase la nota 4[2] de 1 Jn. 3. Incluye a Judas Iscariote (Lc. 22:3-6), a los principales sacerdotes, a los principales del templo, a los ancianos (Lc. 22:52-53), al sumo sacerdote y al sanedrín judío (Lc. 22:54, 66-71), a Pilato, a Herodes y a los soldados romanos (Lc. 23:1-25), principalmente a los judíos fanáticos junto con sus comisionados y a los políticos gentiles junto con sus subordinados. Esto indica que toda la humanidad mató a Jesús.

24[1] Aquí y en el v. 32 Pedro dice que Dios levantó a Jesús. En 10:40-41 dice otra vez lo mismo, pero agrega: “El ... resucitó de los muertos”. Con respecto al Señor como hombre, el Nuevo Testamento nos dice que Dios le levantó de los muertos (Ro. 8:11); considerándole como Dios, nos dice que El mismo resucitó (1 Ts. 4:14). Esto también comprueba que El es tanto humano como divino.

24[2] El Señor es tanto Dios como la resurrección (Jn. 1:1; 11:25), y Su vida es indestructible (He. 7:16). Puesto que El vive para siempre, la muerte no puede retenerlo. El mismo se entregó a la muerte, pero la muerte no pudo retenerlo; la muerte fue derrotada y El resucitó.

25[1] Esta es la declaración de Cristo en Su resurrección.

25[2] Se refiere a Dios.

25[3] Cuando Cristo es sostenido por Dios (como en Is. 41:13; 42:6), Dios está a Su diestra; cuando es exaltado por Dios, está sentado a la diestra de Dios (v. 33; Sal. 110:1; Ef. 1:20-21).

26[1] Esta es una cita de Sal. 16:9 según la Septuaginta. Sin embargo, en el texto hebreo original la palabra traducida *lengua* significa *gloria,* la cual es un sinónimo de *alma,* según Gn. 49:6 y Sal. 7:5. Debido a que Cristo confiaba en Dios, Su corazón se alegró y Su alma exultó mientras El estaba en el Hades (v. 27).

26[2] O, habitará, residirá, fijará su tienda. Después de que Cristo murió en la cruz, mientras Su alma exultaba en el Hades, Su carne (Su cuerpo) reposaba en esperanza en el sepulcro porque El confiaba en Dios.

27[1] Véase la nota 23[1] de Mt. 11.

27[2] Véase la nota 75[1] de Lc. 1.

27[3] La corrupción del cuerpo en el sepulcro (v. 31).

28[1] Los caminos para salir de la muerte y entrar en resurrección.

28[2] Esto indica que cuando Cristo resucitó llegó a la presencia de Dios, especialmente en Su ascensión (v. 34; He. 1:3).

29[1] Véase la nota 16[1] del cap. 1.

24[a] Hch. 2:32; 3:15; 4:10; 5:30; 10:40; 13:30, 33-34, 37; 17:31; 26:8; 1:22; Ro. 10:9; 1 Co. 6:14; 2 Co. 4:14; 1 Ts. 1:10

24[b] 1 Co. 15:54; 2 Ti. 1:10

25[a] vs. 25-28: Sal. 16:8-11

27[a] Hch. 2:31; Ro. 10:7 y la nota 1; Ap. 1:18; 20:14

27[b] Hch. 3:14; 13:35; Lc. 1:35

29[a] 1 R. 2:10; Hch. 13:36

29[b] Neh. 3:16

30 Por consiguiente, siendo profeta y sabiendo que con
juramento Dios le había [a]jurado que del [1b]fruto de sus lomos
levantaría a *uno* para que se sentase en su [2]trono,
31 viéndolo antes, habló de la resurrección de Cristo, que
no fue abandonado en el Hades, y Su carne no vio [a]corrupción.
32 A este Jesús [a]resucitó [1]Dios, de [2]lo cual todos nosotros
somos [b]testigos.
33 Así que, [a]exaltado a la [b]diestra de Dios, y habiendo
recibido del Padre la [1]promesa del [c]Espíritu Santo, ha [d]derramado esto que vosotros veis y oís.
34 Porque David [1]no [a]subió a los cielos; pero él mismo
dice: "[b]Dijo el [2]Señor a mi Señor: Siéntate a Mi [3]diestra,
35 hasta que [1]ponga a Tus enemigos por estrado de Tus
pies".
36 Sepa, pues, ciertísimamente toda la casa de Israel, que
a este Jesús a quien [1]vosotros [a]crucificasteis, Dios le ha
hecho [2b]Señor y [c]Cristo.

30[a] Sal. 89:3-4; 132:11
30[b] Ro. 1:3; 2 Ti. 2:8
31[a] Hch. 13:37
32[a] Hch. 2:24; 3:15
32[b] Hch. 1:8; 3:15
33[a] Hch. 5:31
33[b] Mr. 16:19; Ro. 8:34; Ef. 1:20; He. 1:13; Ex. 15:6; Sal. 98:1
33[c] Gá. 3:14
33[d] Hch. 2:17-18
34[a] Jn. 3:13
34[b] Sal. 110:1
36[a] Hch. 2:23
36[b] Hch. 10:36; Ro. 14:9; 2 Co. 4:5; Fil. 2:11
36[c] Mt. 16:16; Jn. 1:41; 20:31

30[1] Véase la nota 42[2] de Lc. 1.

30[2] Esto también lo declaró el ángel a María cuando Cristo fue concebido (Lc. 1:32-33).

32[1] Véase la nota 24[1].

32[2] O, quien. Los apóstoles fueron testigos del Cristo resucitado, no en palabra solamente, sino también por lo que ellos vivían y hacían, especialmente en cuanto a dar testimonio de Su resurrección (4:33). Dar testimonio de la resurrección de Cristo es el tema crucial, el centro, de la realización de la economía neotestamentaria de Dios. Véase la nota 8[3] del cap. 1.

33[1] No se refiere a la promesa dada por el Espíritu Santo, sino a la promesa dada por el Padre en Jl. 2:28, citada por Pedro en el v. 17, y a la que se refirió el Señor en 1:4 y en Lc. 24:49, con respecto al Espíritu Santo. El hecho de que el Cristo exaltado recibiera la promesa del Espíritu Santo en realidad significa que El recibió el Espíritu Santo mismo. Cristo fue concebido por el Espíritu esencial para tener existencia en la humanidad (Lc. 1:35; Mt. 1:18, 20), y fue ungido con el Espíritu económico para llevar a cabo Su ministerio entre los hombres (Mt. 3:16; Lc. 4:18). Después de Su resurrección y ascensión, El todavía necesitaba recibir de nuevo el Espíritu económico para poderse verter sobre Su Cuerpo, a fin de llevar a cabo Su ministerio celestial en la tierra para el cumplimiento de la economía neotestamentaria de Dios.

34[1] Esto comprueba que hasta el tiempo de Pentecostés, David aún no había ascendido a los cielos. Además, su sepulcro todavía se conocía el día de Pentecostés (v. 29). Este hecho anula la enseñanza errónea que afirma, basándose en Ef. 4:8-10, que cuando Cristo resucitó llevó consigo el Paraíso, y todos los santos del Antiguo Testamento que allí estaban, del Hades a los cielos (véase la nota 4[2] de 2 Co. 12).

34[2] El primer *Señor* se refiere a Dios y el segundo, a Cristo, a quien David llamó "mi Señor" (Mt. 22:45 y la nota 1).

34[3] La posición de gloria, honra y poder (Ex. 15:6; 1 R. 2:19; Mr. 14:62).

35[1] Esto indica que después de la ascensión de Cristo, Dios todavía trabaja para derrotar a los enemigos de Cristo a fin de que éste regrese a reinar en el reino universal de Dios (1 Co. 15:25; Ap. 11:15).

36[1] Aquí *vosotros* es enfático.

36[2] Por ser Dios, el Señor siempre fue Señor (Lc. 1:43; Jn. 11:21; 20:28).

c. Ruega a los que fueron conmovidos por el Espíritu
que se arrepientan, sean bautizados y sean salvos
vs. 37-41

37 Al oír *esto,* se [a]compungieron de corazón, y dijeron a
Pedro y a los demás apóstoles: [1]Hermanos, ¿[b]qué haremos?
38 Pedro les dijo: [1a]Arrepentíos, y [2b]bautícese cada uno de
vosotros [3]en el [4]nombre de Jesucristo para [5c]perdón de vuestros pecados; y recibiréis el [6d]don del [7]Espíritu Santo.

Pero como hombre, El fue hecho Señor en Su ascensión, después que, en Su resurrección, introdujo Su humanidad en Dios. Además, como el Enviado y el Ungido de Dios, El era Cristo desde Su nacimiento (Lc. 2:11; Mt. 1:16; Jn. 1:41; Mt. 16:16). Pero en ese papel, también fue hecho oficialmente el Cristo de Dios en Su ascensión.

El fue hecho Señor, el Señor de todos, para poseer a todas las personas; y fue hecho Cristo, el Ungido de Dios (He. 1:9), para llevar a cabo la comisión de Dios.

37[1] Lit., Varones, hermanos. Véase la nota 16[1] del cap. 1.

38[1] Véanse las notas 2[1] de Mt. 3 y 15[2] de Mr. 1.

38[2] Véanse las notas 6[1] de Mt. 3, 19[3] de Mt. 28, 5[2] de Mr. 1 y 16[1] de Mr. 16.

38[3] Lit., sobre. El Nuevo Testamento usa tres preposiciones diferentes para describir la relación que existe entre el bautismo y el Señor:

(1) *En,* en (10:48). Ser bautizado en el nombre de Jesucristo equivale a ser bautizado en la esfera del nombre de Jesucristo, dentro del cual está la realidad del bautismo.

(2) *Eis,* *en (Mt. 28:19; Hch. 8:16; 19:5; Ro. 6:3; Gá. 3:27). Ser bautizado *en el nombre del Padre, del Hijo y del Espíritu Santo, o *en el nombre del Señor Jesús, significa ser introducido en una unión espiritual con el Cristo todo-inclusivo, quien es la corporificación del Dios Triuno. Véanse las notas 16[2] del cap. 8 y 19[4] de Mt. 28.

(3) *Epi,* sobre (v. 38). Ser bautizado sobre el nombre de Jesucristo equivale a ser bautizado sobre la base de lo que representa el nombre de Jesucristo. Representa todo lo que la persona de Jesucristo es y todo lo que ha efectuado, lo cual constituye la fe de la economía neotestamentaria de Dios. Los que creen en Cristo son bautizados sobre esta base.

38[4] El nombre denota la persona.

38[5] El perdón de los pecados está basado en la redención que Cristo efectuó mediante Su muerte (10:43; Ef. 1:7; 1 Co. 15:3) y es la bendición inicial y básica de la salvación plena que Dios provee. Con base en este perdón, la bendición de la plena salvación de Dios avanza y tiene su consumación al recibir los creyentes el don del Espíritu Santo.

38[6] No se refiere a algún don distribuido por el Espíritu, como se menciona en Ro. 12:6, 1 Co. 12:4 y 1 P. 4:10, sino al don que es el propio Espíritu Santo, dado por Dios a los que creen en Cristo como el don único que produce todos los dones mencionados en Ro. 12; 1 Co. 12; 1 P. 4. Esos dones son las capacidades y habilidades necesarias para servir a Dios, y provienen de este único don, el Espíritu Santo.

38[7] Este es el Espíritu todo-inclusivo del Dios Triuno procesado en Su economía neotestamentaria, tanto en el aspecto esencial para la vida como en el aspecto económico para impartir poder; este Espíritu es dado a los creyentes al momento de creer en Cristo (Ef. 1:13; Gá. 3:2) y constituye la bendición todo-inclusiva del pleno evangelio de Dios (Gá. 3:14), para que ellos disfruten todas las riquezas del Dios Triuno (2 Co. 13:14).

Los apóstoles predicaron y ministraron a Cristo, pero cuando sus oyentes se arrepentían y creían en El,

37[a] cfr. Hch. 5:33; 7:54
37[b] Lc. 3:10; Hch. 16:30
38[a] Lc. 24:47; Hch. 5:31; 20:21
38[b] Hch. 2:41; 8:12, 36, 38; 9:18; 10:47-48; 16:15, 33; 19:5
38[c] Mr. 1:4
38[d] Hch. 10:45

39 Porque para [1]vosotros es la [2]promesa, y para vuestros
hijos, y para todos [3]los que están [a]lejos; [4]para cuantos el
Señor nuestro Dios [b]llame a Sí.
40 Y con otras muchas palabras [1a]testificaba solemnemente y les exhortaba, diciendo: [2]Sed salvos de esta [b]perversa
[3]generación.
41 Así que, los que recibieron su palabra fueron [1]bautiza-
dos; y se [a]añadieron aquel día como tres [b]mil almas.

3. El comienzo de la vida de la iglesia
2:42-47

42 Y perseveraban en la [1]enseñanza y en la comunión de
los apóstoles, en el [a]partimiento del pan y en las [b]oraciones.

39[a] Ef. 2:17
39[b] Jl. 2:32; Ro. 8:30; 1:7; 1 Co. 1:2
40[a] Hch. 4:33; 8:25; 10:42; 14:3; 18:5; 20:21, 24; 22:18; 23:11; 26:22; 28:23; Jn. 15:27
40[b] Dt. 32:5; Fil. 2:15
41[a] Hch. 2:47; 5:14
41[b] cfr. Hch. 4:4
42[a] Hch. 2:46; 20:7; 1 Co. 10:16; cfr. Lc. 24:35
42[b] 1 Ts. 5:17; Ef. 6:18; Col. 4:2

recibían el maravilloso Espíritu del Dios Triuno. Esto implica que este Espíritu es precisamente el propio Cristo resucitado y ascendido. Aquí el hecho de recibir el Espíritu es tanto esencial como económico, en un sentido general y todo-inclusivo, y difiere del hecho de recibir el Espíritu según 8:15-17 y 19:2-6, donde se narra en particular cómo los creyentes recibieron el Espíritu cuando éste vino sobre ellos en el aspecto económico.

39[1] Se refiere a los judíos.

39[2] Se refiere al Espíritu Santo (véase la nota 33[1]).

39[3] Se refiere a los gentiles, incluidos en la expresión *toda carne* (v. 17).

39[4] Se refiere a los que Dios escogió y predestinó en la eternidad (Ef. 1:4-5), a quienes llamó en la era del Nuevo Testamento (Ro. 1:7; 1 Co. 1:2).

40[1] Para testificar es necesaria la experiencia de ver y disfrutar lo relacionado con el Señor o con los asuntos espirituales. Esto difiere de simplemente enseñar.

40[2] *Sed* está en voz activa, y *salvos* está en voz pasiva; por consiguiente, *sed salvos* está en voz activo-pasiva. Dios es el que lleva a cabo la salvación, pero el hombre debe ser activo en cuanto a recibir lo que Dios quiere hacer. En el día de Pentecostés, todo lo relacionado con la plena salvación de Dios ya había sido preparado, y el Espíritu Santo fue derramado como la aplicación y la plena bendición de la salvación de Dios, lista para que el hombre la recibiera. En este asunto Dios espera al hombre, y el hombre debe tomar la iniciativa. ¡Hombre, sé salvo!

40[3] Pedro, en la conclusión de su mensaje, no dijo: "Sed salvos de la condenación de Dios", o "de la perdición eterna", sino: "Sed salvos de esta perversa generación". La generación perversa se refiere a los perversos judíos de esa época, quienes rechazaron al Cristo de Dios (v. 36) y a quienes Dios consideró el "presente siglo maligno" (Gá. 1:4). Para ser salvos de ese siglo maligno los judíos perversos necesitaban arrepentirse genuinamente de su perversidad para con Dios y volverse de verdad a Dios. Esto indica que necesitaban volverse a Dios apartándose no solamente de sus pecados, sino también de su generación, de la sociedad judía, incluyendo la religión judía. El resultado de tal salvación no fue que entraran al cielo, sino que entraran en una nueva generación, la iglesia. Así que, los salvos eran separados de la sociedad judía para entrar en la iglesia. Ser salvo de esta forma implica salvarse de la condenación y la perdición eterna y ser traído al propósito eterno de Dios y a Su beneplácito (Ef. 3:11; 1:9).

41[1] Por agua (10:47-48). Véanse las notas 6[1] de Mt. 3, 19[3] de Mt. 28, y 20[3], 21[1] y 21[3] de 1 P. 3.

42[1] El primer grupo de creyentes,

43 Y sobrevino [a]temor a toda alma; y muchos [1]prodigios y
[b]señales eran hechos por medio de los apóstoles.
44 Todos los que habían creído estaban juntos, y tenían
en [1a]común todas las cosas;
45 y [1a]vendían sus propiedades y sus bienes, y lo [b]repar-
tían a todos según la necesidad de cada uno.
46 Y perseverando [a]unánimes cada día en el [1b]templo, y
[2c]partiendo el pan [3d]de casa en casa, comían juntos con
alegría y [4]sencillez de corazón,

43[a] Hch. 5:5, 11; 19:17
43[b] Mr. 16:17, 20; Hch. 5:12; 6:8
44[a] cfr. 2 Co. 8:14-15
45[a] Hch. 4:34, 37; cfr. Lc. 19:8
45[b] Hch. 4:35; 6:1; cfr. Is. 58:7
46[a] Hch. 1:14
46[b] Hch. 5:42; Lc. 24:53
46[c] Hch. 2:42
46[d] Hch. 20:20

---

producido cuando los apóstoles predicaron y ministraron a Cristo el día de Pentecostés, perseveraba en cuatro cosas: la enseñanza, la comunión, el partimiento del pan y las oraciones. La enseñanza es la revelación de la economía neotestamentaria de Dios con respecto a Cristo y la iglesia; la comunión es la participación y la comunicación realizada entre los creyentes en su participación y comunicación con Dios el Padre y con Cristo el Hijo; el partimiento del pan es la memoria que se hace del Señor con respecto al hecho de que cumplió la plena redención de Dios; la oración es la cooperación de ellos con el Señor que está en los cielos para llevar a cabo la economía neotestamentaria de Dios sobre la tierra. Las dos primeras, la enseñanza y la comunión, agrupadas por la conjunción "y", son de los apóstoles, pero el partimiento del pan y las oraciones no lo son, lo cual indica que además de la enseñanza y la comunión de los apóstoles, los que creen en Cristo no deben tener ninguna otra enseñanza ni comunión. En la economía neotestamentaria de Dios solamente existe una clase de enseñanza revelada y reconocida por Dios —la enseñanza de los apóstoles— y solamente existe una clase de comunión que es de Dios y que El acepta: la comunión de los apóstoles, la cual se tiene con el Padre y con el Hijo, Jesucristo (1 Jn. 1:3 y la nota 3) y la cual es la única comunión de la única iglesia, el Cuerpo de Cristo. Las dos últimas, el partimiento del pan y la oración, agrupadas también por la conjunción "y", son prácticas de los creyentes en su vida cristiana y no están directamente relacionadas con la economía de Dios para conservar la unidad de la iglesia, el Cuerpo de Cristo. Por tanto, estas prácticas no son de los apóstoles, quienes presentaron la revelación neotestamentaria de Dios y Su comunión a todos los que creen en Cristo.

43[1] Los prodigios y las señales no son parte del testimonio central de Dios, el cual es el Cristo encarnado, crucificado, resucitado y ascendido; tampoco son parte de Su salvación plena. Solamente son evidencias de que lo predicado y ministrado por los apóstoles y el modo en que actuaban provenían absolutamente de Dios, no del hombre (He. 2:3-4).

44[1] También en 4:32. Tener todas las cosas en común no era una señal de amor, sino de la salvación dinámica efectuada por Cristo, lo cual salvó a los creyentes de la avaricia y el egoísmo. Solamente se practicó por un breve tiempo al principio de la economía neotestamentaria de Dios; no continuó a la larga como una práctica obligatoria (véase la nota 4[1] del cap. 5) en la vida de la iglesia durante el ministerio de Pablo, como lo comprueban sus palabras en 2 Co. 9 y en otros pasajes.

45[1] Esto también es evidencia de la salvación dinámica que el Señor efectuó, la cual permitió que los creyentes pudieran vencer sus posesiones terrenales, que ocupan, poseen y usurpan a toda la humanidad caída (Mt. 19:21-24; Lc. 12:13-19, 33-34; 14:33; 16:13-14; 1 Ti. 6:17).

46[1] En la iniciación de la economía neotestamentaria de Dios, ni los primeros cristianos ni el primer grupo de apóstoles entendían claramente que

47[a] Hch. 3:8
47[b] Hch. 2:41
47[c] Hch. 16:5
47[d] Hch. 2:21

47 [a]alabando a Dios, y [1]*manifestando* gracia a los ojos de
todo el pueblo. Y el Señor [2b]incorporaba [c]día tras día a los que
iban siendo [d]salvos.

CAPITULO 3

4. El segundo mensaje de Pedro a los judíos
3:1-26

a. Un cojo es sanado
vs. 1-10

1[a] Lc. 18:10
1[b] Hch. 10:3, 30; Mt. 27:46
2[a] Hch. 14:8; Lc. 7:22; Is. 35:6

1 Pedro y Juan subían juntos al [1a]templo a la oración de
la [2b]hora novena.
2 Y era traído cierto hombre, [a]cojo desde el vientre de su
madre, a quien ponían cada día a la puerta del templo que
se llama la Hermosa, para que pidiese limosna de los que
entraban en el templo.
3 Este, cuando vio a Pedro y a Juan que iban a entrar en
el templo, les rogaba que le diesen limosna.

Dios había abandonado al judaísmo con sus prácticas y todo lo relacionado con ellas, incluyendo el templo (véase Mt. 23:38: "vuestra casa", la cual se refiere al templo abandonado por Dios). Así que, conforme a su tradición y costumbre, seguían acudiendo al templo a celebrar su reunión neotestamentaria.

46[2] Los primeros cristianos recordaban al Señor partiendo el pan diariamente en sus casas; esto demuestra su amor y su entusiasmo para con el Señor.

46[3] O, en el hogar; en contraste con *en el templo*. Reunirse en los hogares, la manera cristiana de reunirse, concuerda con la economía neotestamentaria de Dios. Esta manera difiere de la manera judía de reunirse en las sinagogas (6:9). Llegó a ser una práctica continua y general en las iglesias (cfr. Ro. 16:5; 1 Co. 16:19; Col. 4:15; Flm. 2).

46[4] O, simplicidad; esto describe un corazón sencillo, simple y puro, que tiene un solo amor y deseo y un solo propósito al buscar al Señor.

47[1] Ellos llevaban una vida que expresaba los atributos de Dios en las virtudes humanas, como lo hizo Jesús, el Salvador-Hombre (Lc. 2:52).

47[2] Esto indica que desde el principio mismo de su vida cristiana, los primeros creyentes eran llevados a la vida corporativa de iglesia; no vivían individualmente como cristianos separados unos de otros.

1[1] Véase la nota 46[1] del cap. 2. No sólo los primeros cristianos no conocían claramente la economía neotestamentaria de Dios con respecto al templo judío; tampoco los primeros apóstoles veían claramente que Dios había abandonado las cosas judías. Por consiguiente, aún después de que Dios vertió el Espíritu sobre ellos el día de Pentecostés para iniciar una nueva dispensación, todavía no se apartaban del templo judío. En la etapa inicial, Dios toleró la ignorancia de ellos en este asunto. Sin embargo, esto condujo a que la iglesia y el judaísmo se mezclaran, lo cual no fue censurado por la iglesia en Jerusalén en sus primeros días (cfr. 21:20-26). Con el tiempo, el templo fue destruido por Tito y su ejército romano en el año 70 d. de C., como el Señor profetizó en Mt. 23:38 y 24:2. Esa destrucción eliminó la mezcla religiosa.

4 Pedro, con Juan, fijando en él los ojos, le dijo: ¡Míranos!
5 Entonces él les prestó atención, esperando recibir de
ellos algo.
6 Mas Pedro dijo: [a]No poseo [1]plata ni oro, pero lo que
tengo, esto te doy; en el [b]nombre de Jesucristo de [2c]Nazaret,
[3]levántate y anda.
7 Y asiéndolo por la mano derecha le levantó; y al momento se le fortalecieron los pies y tobillos;
8 y [a]saltando, se puso en pie y anduvo; y entró con ellos
en el templo, andando, y saltando, y [b]alabando a Dios.
9 Y todo el [a]pueblo le vio andar y alabar a Dios.
10 Y le reconocían que era el que se sentaba a pedir
limosna a la puerta Hermosa del templo; y se llenaron de
asombro y espanto por lo que le había sucedido.

b. El mensaje
vs. 11-26

(1) Da testimonio de Jesús en Su muerte y resurrección
vs. 11-18

11 Y mientras él tenía asidos a Pedro y a Juan, todo el
pueblo, atónito, concurrió a ellos al [a]pórtico que se llama de
Salomón.
12 Viendo *esto* Pedro, respondió al pueblo: [1]Varones israelitas, ¿por qué os maravilláis de esto? ¿o por qué ponéis los
ojos en nosotros, como si por nuestro poder o piedad hubiésemos hecho andar a éste?
13 El [1a]Dios de Abraham, [2]de Isaac y de Jacob, el Dios de
nuestros padres, ha [3b]glorificado a Su [c]Siervo Jesús, a quien
vosotros [d]entregasteis y [e]negasteis delante de [f]Pilato, cuando éste había resuelto [g]ponerle en libertad.
14 Mas vosotros negasteis al [a]Santo y [b]Justo, y [c]pedisteis
que se os diese un homicida,

6[a] 2 Co. 6:10
6[b] Hch. 4:7, 10; Mr. 16:17
6[c] Hch. 2:22
8[a] Is. 35:6; Hch. 14:10
8[b] Hch. 2:47
9[a] Hch. 4:21; 5:13
11[a] Hch. 5:12; Jn. 10:23
13[a] Mt. 22:32; Hch. 7:32
13[b] Jn. 12:23; 13:31-32; 17:1; Is. 55:5
13[c] Hch. 3:26; 4:27; Is. 42:1, 19; 52:13; 53:11
13[d] Hch. 2:23
13[e] Mr. 8:31; Lc. 17:25; 23:18, 21, 23
13[f] 1 Ti. 6:13
13[g] Lc. 23:16, 20, 22
14[a] Hch. 2:27
14[b] Hch. 7:52; 22:14; 1 Jn. 2:1
14[c] Mt. 27:20; Lc. 23:18

1[2] Es decir, las tres de la tarde.

6[1] Pedro no poseía ni plata ni oro, pero la catedral de San Pedro en Roma fue construida con oro en gran abundancia. Pedro no tenía ni plata ni oro, pero tenía el nombre, la persona, de Jesucristo. El era pobre en plata y oro, pero rico en Cristo. La Iglesia Romana está llena de oro, pero no de la persona de Cristo. Es rica en oro, pero pobre en Cristo.

6[2] Denota a Aquel que fue despreciado por los líderes judíos (Jn. 1:45-46; Hch. 22:8; 24:5).

6[3] Algunos mss. omiten: levántate y.

12[1] Véase la nota 22[1] del cap. 2.

13[1] El Dios Triuno, Jehová el gran Yo Soy (Ex. 3:14-15).

13[2] Algunos mss. dicen: *el Dios de Isaac y el Dios de Jacob.*

13[3] Por medio de Su resurrección y en Su ascensión (Lc. 24:26; He. 2:9; Ef. 1:20-22; Fil. 2:9-11).

15 y [a]matasteis al [1]Autor de la [b]vida, a quien [2]Dios ha [c]resucitado de los muertos, de [3]lo cual nosotros somos [d]testigos.

16 Y [1]por la fe en Su [a]nombre, a éste, a quien vosotros veis y conocéis, le ha fortalecido Su [2]nombre; y la fe que viene por medio de El ha dado a éste esta íntegra *salud* en presencia de todos vosotros.

17 Mas ahora, hermanos, sé que por [a]ignorancia lo habéis hecho, como también vuestros gobernantes.

18 Pero Dios ha cumplido así lo que había antes [1]anunciado por boca de todos los profetas, que [a]Su Cristo había de [b]padecer.

(2) Exhorta al pueblo a arrepentirse y convertirse,
para poder participar del Cristo ascendido que había de venir
vs. 19-26

19 Así que, [a]arrepentíos y convertíos, para que sean [b]borrados vuestros pecados;

20 para que vengan de la presencia del [1]Señor tiempos de [2]refrigerio, y El envíe a Cristo, que fue [a]designado de antemano para vosotros, a Jesús;

21 a quien de cierto es necesario que el cielo reciba hasta los [1]tiempos de la [a]restauración de todas las cosas, de que

15[a] Hch. 2:23
15[b] Jn. 1:4; 5:26; 1 Jn. 5:12
15[c] Hch. 2:24; 4:10
15[d] Hch. 1:8; 5:32
16[a] Hch. 3:6; 4:10; Jn. 1:12
17[a] Hch. 13:27; Lc. 23:34
18[a] Hch. 4:26; Lc. 9:20
18[b] Lc. 24:26, 46; Hch. 17:3
19[a] Hch. 2:38
19[b] Sal. 51:1, 9; Is. 43:25; 44:22
20[a] cfr. 1 P. 1:20
21[a] Mt. 17:11; 19:28; Hch. 1:6

15[1] La palabra griega aquí usada significa *autor, fuente, originador, líder principal, capitán* (véase la nota 10[5] de He. 2). Aquí se refiere a Cristo como la fuente o el Originador de la vida, y por ende, el Autor de la vida, en contraste con *un homicida* en el versículo previo.

15[2] Véase la nota 24[1] del cap. 2.

15[3] Véase la nota 32[2] del cap. 2.

16[1] Lit., sobre. Es decir, sobre la base de la fe en Su nombre.

16[2] Denota la persona. La persona es la realidad del nombre; por consiguiente, el nombre es poderoso.

18[1] Primero, la muerte redentora de Cristo fue determinada por Dios en la eternidad (2:23) y anunciada de antemano por medio de los profetas en tiempos del Antiguo Testamento. Esto demuestra una vez más que la muerte de Cristo no fue un accidente en la historia, sino un hecho planeado por Dios conforme al propósito de Su beneplácito y anunciado de antemano por medio de los profetas.

20[1] Se refiere a Dios.

20[2] O, reanimación; por ende, alivio, refrigerio. Los tiempos de refrigerio denotan un tiempo de avivamiento de todas las cosas con gozo y descanso, refiriéndose a los tiempos de la restauración de todas las cosas, como se menciona en el v. 21, los cuales vendrán cuando el Mesías venga en Su gloria, tal como el Salvador enseñó y profetizó en Mt. 19:28 (véase la nota 1). Parece que lo dicho por Pedro omite la era de la iglesia y pasa directamente del tiempo de Pentecostés al milenio. Esto quizá indique que Pedro no tenía una visión clara acerca de la era de la iglesia en la economía neotestamentaria de Dios. Todo el Nuevo Testamento revela que antes de los tiempos de refrigerio la iglesia ocupa un considerable período de tiempo en las dispensaciones de Dios.

21[1] Los tiempos de la restauración

habló Dios por boca de Sus santos [b]profetas [2]desde tiempo
antiguo.
22 Moisés dijo: "[a]El Señor vuestro Dios os [b]levantará
[1]Profeta de entre vuestros hermanos, como a mí; a El [c]oiréis
en todas las cosas que os hable;
23 [a]y sucederá que toda alma que no oiga a aquel Profeta,
será totalmente [b]desarraigada de entre el pueblo".
24 Y todos los profetas desde [a]Samuel en adelante, cuantos han hablado, también han anunciado estos días.
25 Vosotros sois los hijos de los profetas, y del pacto que
Dios hizo con vuestros padres, diciendo a Abraham: "[a]En tu
[1]simiente serán benditas todas las familias de la tierra".
26 A vosotros [a]primeramente, Dios, habiendo [b]levantado
a Su [c]Siervo, [1]lo envió para que os bendijese, a fin de que
cada uno se [d]convierta de sus maldades.

CAPITULO 4

5. El comienzo de la persecución por parte de los religiosos judíos
4:1-31

a. El sanedrín los arresta y los interroga
vs. 1-7

1 Hablando ellos al pueblo, vinieron sobre ellos los sacerdotes con el [a]jefe de la guardia del templo, y los [1b]saduceos,
2 contrariados de que enseñasen al pueblo, y anunciasen
[1]en Jesús la [a]resurrección de entre los muertos.
3 Y les [a]echaron mano, y los pusieron en la cárcel hasta
el día siguiente, porque era ya tarde.
4 Pero muchos de los que habían oído la palabra, creyeron; y el número de los varones era como cinco [a]mil.
5 Aconteció al día siguiente, que se [1]reunieron en Jerusalén los gobernantes, los ancianos y los escribas,

en el milenio, como se profetizó en Is. 11:1-10 y 65:18-25, y a lo que Cristo se refirió en Mt. 17:11 y 19:28. Su regreso traerá esto.

21[2] O, desde la fundación del mundo.

22[1] Se refiere al Señor Jesús.

25[1] Se refiere a Cristo (Gá. 3:16).

26[1] Dios devolvió primero el Cristo ascendido a los judíos al derramar Su Espíritu en el día de Pentecostés. Por lo tanto, el mismo Espíritu vertido por Dios es el mismo Cristo a quien Dios levantó y exaltó a los cielos. Cuando los apóstoles predicaban y ministraban a este Cristo, el Espíritu era ministrado al pueblo.

1[1] Véase la nota 7[2] de Mt. 3.

2[1] Es decir, en el poder (con la naturaleza y el carácter) de Jesús.

5[1] Esta fue una reunión del sanedrín judío (v. 15). En los cuatro evangelios, este sanedrín, compuesto por los líderes judíos, llegó a ser el mayor

21[b] Lc. 1:70
22[a] Dt. 18:15, 18; Hch. 7:37
22[b] Hch. 3:26
22[c] Mt. 17:5
23[a] Dt. 18:19
23[b] Lv. 23:29
24[a] 1 S. 3:20; Hch. 13:20
25[a] Gn. 12:3; 18:18; 22:18; 26:4; 28:14; Gá. 3:8
26[a] Mr. 7:27; Hch. 13:46; Ro. 1:16
26[b] Hch. 3:22
26[c] Hch. 3:13
26[d] Mt. 13:15; Jn. 12:40; Hch. 28:27
1[a] Hch. 5:24, 26; Lc. 22:52
1[b] Hch. 5:17; 23:8; Mt. 22:23
2[a] Hch. 2:24; 17:18
3[a] Hch. 5:18; Lc. 21:12
4[a] cfr. Hch. 2:41; 5:14; 6:1

6 y el sumo sacerdote Anás, y [1a]Caifás y [2]Juan y Alejandro, y todos los que eran del linaje de los sumos sacerdotes;

7 y poniéndoles en medio, les preguntaron: [1]¿Con qué potestad, o en qué nombre, habéis hecho vosotros esto?

b. El testimonio de Pedro
vs. 8-12

8 Entonces Pedro, [1]lleno del [a]Espíritu Santo, les dijo: Gobernantes del pueblo, y ancianos,

9 puesto que hoy se nos investiga acerca del bien *hecho* a un [a]hombre enfermo, de qué manera éste haya sido [1]sanado,

10 sea notorio a todos vosotros, y a todo el pueblo de Israel, que en el [a]nombre de Jesucristo el [1]nazareno, a quien [2]vosotros [b]crucificasteis *y* a quien [3]Dios [c]resucitó de los muertos, en Su *nombre* está en vuestra presencia sano este hombre.

11 Este *Jesús* es la [1]piedra [2]menospreciada por vosotros los edificadores, la cual ha venido a ser [3a]cabeza del ángulo.

6[a] Lc. 3:2; Mt. 26:3; Jn. 11:49; 18:13-14, 24

8[a] Mt. 10:20; Lc. 12:12

9[a] Hch. 3:2, 7-8

10[a] Hch. 3:6, 16

10[b] Hch. 2:23

10[c] Hch. 2:24; 5:30

11[a] Is. 28:16; Ef. 2:20

---

opositor del Señor Jesús y de Su ministerio y le condenó a muerte (Mt. 26:59). Ahora, en este libro, el mismo sanedrín con los mismos miembros empezó la persecución de los apóstoles y de su ministerio (5:21; 6:12; 22:30). Esto indica que el judaísmo había caído en manos del enemigo de Dios, Satanás el diablo, y era usado por él en su intento de estorbar y destruir el mover de Dios en Su economía neotestamentaria, el cual tiene como fin llevar a cabo el propósito eterno de Dios, es decir, traer Su reino a la tierra al establecer y edificar las iglesias por medio de la predicación del evangelio de Cristo.

6[1] Un sumo sacerdote (Lc. 3:2).

6[2] Juan y Alejandro quizá eran parientes del sumo sacerdote. En cualquier caso, deben de haber sido dignatarios judíos, dado que son nombrados con los líderes del sanedrín judío (v. 15).

7[1] Lit., ¿Con qué clase de poder o en qué clase de nombre...?

8[1] Exteriormente y en el aspecto económico (véase la nota 4[2] del cap. 2).

9[1] Lit., salvo.

10[1] Véase la nota 6[2] del cap. 3.

10[2] Aquí *vosotros* es enfático.

10[3] Véase la nota 24[1] del cap. 2.

11[1] Esto lo dijo el Señor en Mt. 21:42 (véase la nota 1), citándolo de Sal. 118:22. Estas palabras revelaron que los líderes judíos le rechazarían y que Dios le honraría para la edificación de Su habitación entre Su pueblo en la tierra. Por estas palabras Pedro aprendió a conocer al Señor como la piedra preciosa tenida en honor por Dios, como habló tocante al Señor en su primera epístola (1 P. 2:4-7). Esta cita indica que Pedro predicaba a Cristo no sólo como el Salvador para la salvación de los pecadores, sino también como la piedra para el edificio de Dios. Este Cristo es la única salvación para los pecadores, y en Su nombre único bajo el cielo, un nombre despreciado y rechazado por los líderes judíos pero honrado y exaltado por Dios (Fil. 2:9-10), los pecadores pueden ser salvos (v. 12), no sólo del pecado (Mt. 1:21), sino también para tener parte en la obra edificadora de Dios (1 P. 2:5).

11[2] O, rechazada. Implica despreciar, considerar como nada (cfr. Mr. 9:12).

12 Y en ningún otro hay salvación; porque no hay otro
[a]nombre bajo el cielo, dado a los hombres, en que podamos
ser [b]salvos.

c. La prohibición del sanedrín
vs. 13-18

13 Entonces viendo el [a]denuedo de Pedro y de Juan, y
notando que eran hombres [1b]sin instrucción e [2]indoctos, se
maravillaban; y les reconocían que habían estado con Jesús.
14 Y viendo al hombre que había sido sanado, que estaba
en pie con ellos, no tenían nada que decir en contra.
15 Entonces les ordenaron que saliesen del [1a]sanedrín; y
conferenciaban entre sí,
16 diciendo: ¿Qué haremos con estos hombres? Porque de
cierto, es evidente a todos los que moran en Jerusalén que
una [a]señal notable ha sido hecha por medio de ellos, y no lo
podemos negar.
17 Sin embargo, para que no se divulgue más entre el
pueblo, amenacémosles para que no hablen de aquí en adelante a hombre alguno sobre este nombre.
18 Y llamándolos, les ordenaron que [a]en ninguna manera
hablasen ni enseñasen sobre el nombre de Jesús.

d. La respuesta de Pedro y Juan
vs. 19-20

19 Mas Pedro y Juan respondieron diciéndoles: Juzgad si
es justo delante de Dios escuchar a vosotros [a]antes que a
Dios;
20 porque no podemos dejar de decir lo que hemos [a]visto
y oído.

e. El sanedrín los libera
vs. 21-22

21 Ellos entonces les amenazaron otra vez y les soltaron,
no hallando ningún modo de castigarles, por causa del [a]pueblo; porque todos glorificaban a Dios por lo que se había
hecho,
22 ya que el hombre en quien se había hecho esta señal de
sanidad, tenía más de cuarenta años.

12[a] Lc. 24:47; Hch. 10:43
12[b] Mt. 1:21; Hch. 2:21
13[a] Hch. 4:29, 31; 9:27, 28; 13:46; 14:3; Ef. 6:19
13[b] Jn. 7:15
15[a] Hch. 5:21, 27, 34; 6:12; 22:30; 23:1; Mt. 10:17; Mr. 13:9
16[a] Jn. 11:47; 12:18-19
18[a] Hch. 5:28, 40
19[a] Hch. 5:29
20[a] Hch. 22:15; 1 Jn. 1:1-3
21[a] Hch. 5:26; Mt. 21:26; Lc. 20:19

11[3] Véase la nota 42[2] de Mt. 21.
13[1] Lit., iletrados.
13[2] Se refiere a alguien que carece de preparación profesional.

f. La alabanza y oración de la iglesia
vs. 23-31

23 Y puestos en libertad, vinieron a los [1]suyos y contaron
todo lo que los principales sacerdotes y los ancianos les
habían dicho.
24 Y ellos, habiéndolo oído, alzaron [a]unánimes la voz a
Dios, y dijeron: [1]Soberano Señor, Tú eres el que [b]hiciste el
cielo y la tierra, el mar y todo lo que en ellos hay;
25 que mediante el Espíritu Santo, *por* boca de David
nuestro padre Tu siervo dijiste: "[a]¿Por qué se han [1]enfurecido los gentiles, y los pueblos planean cosas vanas?
26 Se levantaron los reyes de la tierra, y los príncipes se
juntaron en uno contra el Señor, y contra [a]Su Cristo".
27 Porque verdaderamente se [a]unieron en esta ciudad
contra Tu santo [b]Siervo Jesús, a quien [c]ungiste, Herodes y
[d]Poncio Pilato, con los gentiles y el pueblo de Israel,
28 para [a]hacer cuanto Tu mano y Tu consejo habían [1]predestinado que sucediera.
29 Y ahora, Señor, mira sus amenazas, y concede a Tus
esclavos que con todo [a]denuedo hablen Tu palabra,
30 mientras [a]extiendes Tu mano para que se hagan sanidades y [b]señales y prodigios mediante el [c]nombre de Tu [d]santo
Siervo, Jesús.
31 Cuando hubieron orado, el lugar en que estaban congregados [a]tembló; y todos fueron [1]llenos del Espíritu Santo,
y hablaban con [b]denuedo la palabra de Dios.

6. La continuación de la vida de la iglesia
4:32—5:11

a. La escena positiva
4:32-37

32 Y la multitud de los que habían creído era de un
[a]corazón y un [b]alma; y [1]ninguno decía ser suyo propio nada
de lo que poseía, sino que tenían todas las cosas en [2]común.

24[a] Hch. 1:14
24[b] Ex. 20:11; Sal. 146:6
25[a] Sal. 2:1
26[a] Hch. 3:18; Lc. 9:20
27[a] Mt. 27:1-2, 11-12; Lc. 23:1-25
27[b] Hch. 4:30; 3:13
27[c] Lc. 4:18; Hch. 10:38; He. 1:9
27[d] Lc. 3:1; 1 Ti. 6:13
28[a] Is. 46:10
29[a] Hch. 4:13, 31
30[a] Sal. 138:7; Pr. 31:20
30[b] Hch. 2:22, 43
30[c] Hch. 3:6; Mr. 16:17
30[d] Hch. 4:27
31[a] Hch. 16:26; Sal. 77:18
31[b] Hch. 4:13, 29
32[a] 2 Cr. 30:12
32[b] Fil. 1:27; 2:2

15[1] Véase la nota 22[6] de Mt. 5.

23[1] Se refiere a los miembros de la iglesia, quienes fueron hechos distintos y separados de los judíos por invocar el nombre de Jesús (9:14). Todos los hermanos y las hermanas en el Señor son la familia de los creyentes.

24[1] La palabra griega traducida *Soberano Señor* se refiere a alguien que es dueño (de un esclavo), alguien que tiene poder absoluto, como en Lc. 2:29; Jud. 4; Ap. 6:10; 1 Ti. 6:1-2.

25[1] La palabra griega significa *bufar como caballo;* es decir, ser altivo, insolente.

28[1] Cfr. *determinado* en 2:23 y la nota 1.

31[1] Véase la nota 4[2] del cap. 2.

32[1] Véase la nota 45[1] del cap. 2.

32[2] Véase la nota 44[1] del cap. 2.

33 Y con gran [a]poder los apóstoles daban [1b]testimonio de
la resurrección del Señor Jesús, y abundante [2c]gracia era
sobre todos ellos.
34 Porque [a]no había entre ellos ningún necesitado; porque cuantos eran dueños de heredades o casas, las [1]vendían,
y traían el precio de lo vendido,
35 y lo ponían a los [a]pies de los apóstoles; y se [b]repartía a
cada uno según su necesidad.
36 Entonces José, a quien los apóstoles pusieron por
sobrenombre [1a]Bernabé (que traducido es, Hijo de consolación), [b]levita, natural de [c]Chipre,
37 que tenía una heredad, la vendió y trajo el dinero y lo
puso a los pies de los apóstoles.

CAPITULO 5

b. La escena negativa
5:1-11

**1 Pero cierto hombre llamado Ananías, con Safira su
mujer, vendió una heredad,
2 y se reservó parte del precio, sabiéndolo también su
mujer; y trayendo una parte, la puso a los [a]pies de los
apóstoles.
3 Mas dijo Pedro: Ananías, ¿por qué llenó [a]Satanás tu
corazón para que engañases al [1b]Espíritu Santo, reservándote parte del precio de la heredad?
4 Reteniéndola, ¿[1]no se te quedaba a ti? y vendida, ¿[1]no
estaba bajo tu autoridad? ¿Por qué [2]propusiste esto en tu
corazón? No has mentido a los hombres, sino a [3]Dios.
5 Al oír Ananías estas palabras, [a]cayó y [1]expiró. Y vino
un gran [b]temor sobre todos los que lo oyeron.**

33[a] Hch. 1:8; 6:8
33[b] Hch. 2:40; 8:25
33[c] Hch. 11:23; 13:43; 14:3, 26; 15:11, 40; 18:27; 20:24, 32
34[a] cfr. 2 Co. 8:14-15
35[a] Hch. 5:2
35[b] Hch. 2:45
36[a] Hch. 11:22, 24, 30
36[b] Nm. 8:19
36[c] Hch. 15:39; 27:4
2[a] Hch. 4:35, 37
3[a] Jn. 13:2, 27; Lc. 22:3
3[b] Hch. 5:9
5[a] Hch. 5:10
5[b] Hch. 2:43

33[1] Véase la nota 32[2] del cap. 2.

33[2] Véanse las notas 17[1] de Jn. 1 y 10[1] de 1 Co. 15.

34[1] Véase la nota 45[1] del cap. 2.

36[1] Vocablo arameo que significa *hijo de profecía,* aplicado en sentido figurado a alguien que habla para animar, exhortar y consolar a la gente.

3[1] Aparentemente Ananías mintió a los apóstoles, pero en realidad mintió al Espíritu Santo, quien es Dios (v. 4). En la obra que hacían los apóstoles para el Señor, el Espíritu Santo y ellos eran uno. Véase la nota 32[2].

4[1] Estas palabras indican que vender posesiones y distribuir entre los demás lo obtenido no era considerado por los apóstoles como una práctica obligatoria.

4[2] O, pusiste, fijaste.

4[3] Esto prueba que el Espíritu Santo, mencionado en el v. 3, es Dios.

5[1] Lit., entregó su alma, o, exhaló su alma (así también en el v. 10).

6 Y levantándose los jóvenes, lo envolvieron, y sacándolo, lo sepultaron.

7 Pasado un lapso como de tres horas, sucedió que entró su mujer, no sabiendo lo que había acontecido.

8 Entonces Pedro le dijo: Dime, ¿vendisteis en tanto la heredad? Y ella dijo: Sí, en tanto.

9 Y Pedro le *dijo:* ¿Por qué [1]convinisteis en [a]poner a prueba al [b]Espíritu del [2]Señor? He aquí a la puerta los pies de los que han sepultado a tu marido, y te sacarán a ti.

10 Al instante ella [a]cayó a los pies de él, y expiró; entonces entraron los jóvenes y la hallaron muerta; y la sacaron, y la sepultaron junto a su marido.

11 Y vino gran [a]temor sobre toda la [1b]iglesia, y sobre todos los que oyeron estas cosas.

7. Las señales y los prodigios hechos
por medio de los apóstoles
5:12-16

12 Y por las manos de los apóstoles se hacían muchas [1]señales y prodigios entre el pueblo; y estaban todos [a]unánimes en el [b]pórtico de Salomón.

13 De los demás, ninguno se atrevía a juntarse con ellos; mas el [a]pueblo los magnificaba.

14 Y eran agregados [a]al Señor más y más creyentes, [b]multitudes de hombres y de mujeres;

15 tanto que sacaban los enfermos a las [a]calles, y los ponían en camas y lechos, para que al pasar Pedro, a lo menos su [b]sombra cayese sobre alguno de ellos.

16 Y la muchedumbre concurría de las ciudades de alrededor de Jerusalén, trayendo [a]enfermos y atormentados de espíritus inmundos; y todos eran sanados.

8. La persecución por parte de los judíos religiosos continúa
5:17-42

a. El sanedrín arresta a los apóstoles, y el Señor los rescata
vs. 17-28

17 Entonces levantándose el sumo sacerdote y todos los

9[a] Hch. 15:10; 1 Co. 10:9
9[b] Hch. 5:3
10[a] Hch. 5:5
11[a] Hch. 5:5
11[b] Hch. 8:1, 3; 9:31; 11:22, 26; 12:1, 5; 13:1; 14:23, 27; 15:3, 4, 22, 41; 16:5; 18:22; 20:17, 28
12[a] Hch. 1:14
12[b] Hch. 3:11
13[a] Hch. 5:26
14[a] Hch. 9:35; 11:21, 24
14[b] Hch. 6:1, 7; 9:31
15[a] cfr. Mr. 6:56
15[b] cfr. Hch. 19:12
16[a] Mt. 14:35-36; Mr. 16:18

9[1] Las mujeres deben estar sujetas a sus maridos (Ef. 5:24), pero no deben estar de acuerdo con ellos en cuanto a cometer pecados.

9[2] El Espíritu Santo mencionado en el v. 3, Dios en el v. 4 y el Señor en este versículo son uno, especialmente en la experiencia de los creyentes.

11[1] Gr. *ekklesia,* compuesta de *ek,* afuera, y un derivado de *kaléo,* llamados; por lo tanto, significa los llamados a salir (la congregación), la

que estaban con él, esto es, la [a]secta local de los [b]saduceos,
se llenaron de [c]celos;
18 y [a]echaron mano a los apóstoles y los pusieron en la
cárcel pública.
19 Mas un [a]ángel del Señor [b]abrió de noche las puertas de
la cárcel y conduciéndolos afuera, dijo:
20 Id, y puestos en pie en el templo, hablad al pueblo
todas las [1a]palabras de [2]esta vida.
21 Habiendo oído *esto*, entraron al amanecer en el templo,
y se pusieron a enseñar. Entre tanto, vinieron el [a]sumo
sacerdote y los que estaban con él, y convocaron al [b]sanedrín,
[1]a todo el concilio de ancianos de los hijos de Israel, y
enviaron a la cárcel para que fuesen traídos.
22 Pero cuando llegaron los alguaciles, no los hallaron en
la cárcel; entonces volvieron y dieron aviso,
23 diciendo: La cárcel hemos hallado cerrada con toda
seguridad, y los guardas afuera de pie ante las puertas; mas
cuando abrimos, a nadie hallamos dentro.
24 Cuando oyeron estas palabras el [1a]jefe de la guardia
del templo y los principales sacerdotes quedaron perplejos
en cuanto a ellos, *preguntándose* en qué vendría a parar
aquello.
25 Pero vino uno y les dio esta noticia: He aquí, los
varones que pusisteis en la cárcel están en el templo, y
enseñan al pueblo.
26 Entonces fue el jefe de la guardia con los alguaciles, y
los trajo sin violencia, porque temían al [a]pueblo, no fuera que
los [b]apedrearan.
27 Cuando los trajeron, los presentaron en el [a]sanedrín, y
el sumo sacerdote les preguntó,
28 diciendo: Os [1]mandamos estrictamente que [a]no enseñaseis sobre ese nombre; y ahora habéis llenado a Jerusalén de vuestra enseñanza, y queréis echar sobre nosotros la [b]sangre de ese hombre.

17[a] cfr. Hch. 15:5; 26:5; 24:5, 14; 28:22
17[b] Hch. 4:1
17[c] Hch. 13:45; 17:5; Jac. 3:14, 16
18[a] Hch. 4:3; Lc. 21:12
19[a] Hch. 8:26; 10:3; 12:7, 23
19[b] Hch. 12:10; 16:26
20[a] Jn. 6:63; Fil. 2:16
21[a] Hch. 4:5-6
21[b] Hch. 4:15
24[a] Hch. 4:1
26[a] Hch. 5:13; 4:21
26[b] Hch. 7:58; Dt. 17:5
27[a] Hch. 4:15
28[a] Hch. 5:40; 4:17-18
28[b] Mt. 23:35; 27:25

---

asamblea. Es la primera vez que la iglesia se menciona en Hechos como una iglesia local (véanse las notas 1[1] del cap. 8 y 17[2] de Mt. 18).

12[1] Véase la nota 43[1] del cap. 2.

20[1] La palabra griega se refiere a palabras específicas para el momento.

20[2] La vida divina que Pedro predicaba, ministraba y vivía, la vida que venció la persecución, la amenaza y el encarcelamiento efectuados por los líderes judíos. Esto indica que la vida y la obra de Pedro hicieron la vida divina tan real y presente en su situación, que hasta el ángel la vio y la señaló.

21[1] O, y.

24[1] Véase la nota 1[1] del cap. 4.

28[1] Lit., mandamos con mandamiento.

b. El testimonio de los apóstoles
vs. 29-32

29 Respondiendo Pedro y los apóstoles, dijeron: Es necesario obedecer a Dios [a]antes que a los hombres.
30 El [1]Dios de nuestros [a]padres [b]levantó a Jesús, a quien vosotros matasteis colgándole en un [c]madero.
31 A éste Dios ha [1a]exaltado a Su [b]diestra por [2]Príncipe y [c]Salvador, para [3]dar a Israel [4d]arrepentimiento y [e]perdón de pecados.
32 Y nosotros somos [a]testigos de estas [1]cosas, y también *lo es* el [2b]Espíritu Santo, el cual ha dado Dios a los que le [3]obedecen.

c. La prohibición y la liberación
declaradas por el sanedrín
vs. 33-40

33 Ellos, [a]oyendo *esto,* se [1]enfurecían y querían matarlos.
34 Entonces levantándose en el [a]sanedrín un [1]fariseo llamado [b]Gamaliel, [c]doctor de la ley, honrado por todo el pueblo, mandó que sacasen a los hombres fuera por un momento,

29[a] Hch. 4:19
30[a] Hch. 22:14
30[b] Hch. 2:24; 10:40
30[c] Hch. 10:39; 13:29; Gá. 3:13; 1 P. 2:24
31[a] Hch. 2:33
31[b] Mr. 16:19; He. 12:2
31[c] Lc. 2:11
31[d] Hch. 11:18
31[e] Lc. 24:47; Hch. 13:38; 10:43
32[a] Hch. 1:8; 10:39
32[b] Jn. 15:26; 1 Jn. 5:6
33[a] Hch. 7:54
34[a] Hch. 4:15
34[b] Hch. 22:3
34[c] Lc. 5:17

30[1] Véase la nota 24[1] del cap. 2.

31[1] La encarnación de Jesús le hizo hombre, Su vivir humano en la tierra le calificó para ser el Salvador del hombre, Su crucifixión efectuó la redención plena para el hombre, Su resurrección vindicó Su obra redentora, y Su exaltación le dio la posición de Príncipe para ser el Salvador. Esta exaltación constituyó la última etapa en el proceso de perfeccionamiento que El pasó para ser el Salvador del hombre (He. 2:10; 5:9).

31[2] La misma palabra griega es traducida *Autor* en 3:15. Véase allí la nota 1. Dios exaltó al hombre Jesús, quien había sido rechazado y muerto por los líderes judíos, y lo puso como Líder máximo, como Príncipe, como Soberano de los reyes, para que gobernara al mundo (Ap. 1:5; 19:16), y como Salvador para que salvara a los escogidos de Dios. El título *Príncipe* está relacionado con Su autoridad, y *Salvador,* con la salvación. El gobierna soberanamente sobre la tierra con Su autoridad a fin de que prevalezca un ambiente adecuado para que los escogidos de Dios reciban Su salvación (cfr. 17:26-27; Jn. 17:2).

31[3] Dar arrepentimiento y perdón de pecados a los escogidos de Dios requiere que Cristo sea exaltado como Príncipe y Salvador. Su gobierno soberano hace que el pueblo escogido de Dios se arrepienta, y la salvación, basada en Su redención, les proporciona el perdón de los pecados.

31[4] El arrepentimiento tiene como fin el perdón de los pecados (Mr. 1:4). De parte de Dios, el perdón de los pecados está basado en la redención de Cristo (Ef. 1:7); de parte del hombre, el perdón de los pecados se consigue mediante el arrepentimiento del hombre.

32[1] Lit., palabras; se refiere a palabras específicas para el momento.

32[2] El Espíritu Santo era uno con los apóstoles. Véase la nota 3[1].

32[3] La obediencia constituye el camino y la condición para recibir y disfrutar al Espíritu de Dios.

33[1] Lit., eran aserrados; una severa expresión figurativa que denota la idea de exasperarse.

34[1] Véase la nota 7[1] de Mt. 3.

35 y luego dijo: Varones de Israel, mirad por vosotros lo
que vais a hacer respecto a estos hombres.
36 Porque antes de estos días se levantó Teudas, diciendo
que era alguien. A éste se unió un número como de cuatrocientos hombres; pero él fue muerto, y todos los que él
persuadió fueron dispersados y reducidos a nada.
37 Después de éste, se levantó Judas el galileo, en los días
del [a]censo, y llevó gente en pos de sí. Pereció también él, y
todos los que él persuadió fueron dispersados.
38 Y ahora os digo: Apartaos de estos hombres, y dejadlos;
porque si este [a]consejo o esta obra es de los hombres, será
destruida;
39 mas si es de Dios, no la podréis destruir; no seáis tal
vez hallados [a]luchando contra Dios.
40 Y fueron persuadidos por él; y llamando a los apóstoles,
después de [a]azotarlos, les ordenaron que [b]no hablasen sobre
el nombre de Jesús, y los pusieron en libertad.

d. El regocijo y la fidelidad de los apóstoles
vs. 41-42

41 Y ellos salieron de la presencia del [a]sanedrín, [b]regoci-
jándose porque habían sido tenidos por dignos de [1]ser
ultrajados por causa del [c]Nombre.
42 Y todos los días, en el [1]templo y de [2]casa en casa, no
cesaban de enseñar y [a]anunciar el evangelio de [3]Jesús, el
[b]Cristo.

CAPITULO 6

9. El nombramiento de siete diáconos
6:1-6

1 En aquellos días, al [a]multiplicarse *el número de* los
discípulos, hubo murmuración de los [1b]helenistas contra los

37[a] Lc. 2:1-3
38[a] Pr. 21:30; Is. 8:10
39[a] 2 Cr. 13:12
40[a] Hch. 22:19; Mt. 10:17; 23:34; Mr. 13:9
40[b] Hch. 5:28
41[a] Hch. 5:27
41[b] Mt. 5:12; 1 P. 4:13
41[c] Hch. 9:16; Jn. 15:21; 1 P. 4:14
42[a] Hch. 8:4, 35; 11:20; 13:32; 17:18
42[b] Hch. 18:5
1[a] Hch. 6:7; 5:14
1[b] Hch. 9:29

41[1] Es decir, pasar una vergüenza. Es un verdadero honor padecer una afrenta por causa del Nombre, el propio nombre de Jesús, quien fue menospreciado por el hombre pero enaltecido por Dios. Por consiguiente, los que sufrieron la afrenta se regocijaron de haber sido tenidos por dignos de ser ultrajados por causa del Nombre.

42[1] Véase la nota 46[1] del cap. 2.

42[2] Véase la nota 46[3] del cap. 2.

42[3] Lit., el Cristo Jesús.

1[1] Judíos que hablaban griego. Cuando la vida de la iglesia comenzó a practicarse, hubo una dificultad causada por las diferencias en el idioma; se tomaron las medidas apropiadas para resolver este problema.

[2]hebreos, porque las [c]viudas de aquéllos eran desatendidas
en la [d]distribución diaria.

2 Entonces los doce convocaron a la multitud de los
discípulos, y dijeron: No es [1]conveniente que nosotros dejemos la palabra de Dios, para servir a las mesas.

3 Buscad, pues, hermanos, de entre vosotros a siete
varones de [a]buen testimonio, [1]llenos del [b]Espíritu y de [2c]sa-
biduría, a quienes encarguemos de este menester.

4 Y nosotros perseveraremos en la [1a]oración y en el
[b]ministerio de la palabra.

5 Agradó la propuesta a toda la multitud; y eligieron a
Esteban, varón lleno de [a]fe y del [b]Espíritu Santo, a [c]Felipe,
a Prócoro, a Nicanor, a Timón, a Parmenas, y a Nicolás
[1]prosélito de Antioquía;

6 a los cuales presentaron ante los apóstoles, quienes,
después de [a]orar, [1]les [2b]impusieron las manos.

10. El crecimiento de la palabra y la multiplicación de los discípulos
6:7

7 Y [1a]crecía la palabra de Dios, y se [b]multiplicaba grandemente el número de los discípulos en Jerusalén; también
muchos de los sacerdotes [c]obedecían a la [2d]fe.

11. La persecución por parte de los judíos religiosos se intensifica
6:8—8:3

a. El martirio de Esteban
6:8—7:60

(1) Se oponen a él y lo arrestan
6:8—7:1

8 Y Esteban, lleno de gracia y de [a]poder, hacía grandes
[1]prodigios y señales entre el pueblo.

1[c] Hch. 9:39, 41; 1 Ti. 5:3
1[d] Hch. 2:45; 4:35
3[a] 1 Ti. 3:7
3[b] Hch. 6:5, 10
3[c] Dt. 1:13
4[a] Hch. 1:14; 2:42
4[b] Hch. 1:17; 20:24
5[a] Hch. 11:24
5[b] Hch. 6:3, 10
5[c] Hch. 8:5, 26; 21:8
6[a] Hch. 1:24
6[b] Hch. 8:17; 9:17; 13:3; 19:6; 2 Ti. 1:6
7[a] Hch. 12:24; 19:20
7[b] Hch. 6:1
7[c] Ro. 16:26
7[d] Hch. 14:22
8[a] Hch. 1:8; 4:33

1[2] Judíos que hablaban hebreo.

2[1] O, agradable.

3[1] Gr. *pléres,* una forma adjetiva de *pleróo,* conforme al uso aquí y en el v. 5; 7:55; 11:24; Lc. 4:1. Estar lleno del Espíritu es la condición que resulta de ser lleno del Espíritu de manera interna y esencial, como se menciona en 13:52. Esto se refiere a la vida, no a la obra.

3[2] Esto comprueba que estar lleno del Espíritu tiene como fin la vida, según Lc. 2:52.

4[1] Orar no consiste solamente en rogarle al Señor que haga cosas para Su mover, sino también en ejercitar y fortalecer nuestro espíritu. Por tanto, la oración debe preceder al ministerio de la palabra, tal como lo practicaban los apóstoles. Sin la oración, el ministerio de la palabra no puede ser vivificado ni revestido de poder.

5[1] Véase la nota 10[1] del cap. 2.

6[1] Puesto que fueron escogidos para servir a las mesas, se les puede considerar diáconos, como los que Pablo y sus colaboradores designaron

9 Pero se levantaron unos de la [1]sinagoga llamada de los
[2]libertos, y de los de Cirene, de Alejandría, de Cilicia y de
Asia, disputando con Esteban.
10 Pero no podían [a]resistir a la sabiduría y al [b]Espíritu
con que hablaba.
11 Entonces instigaron a unos hombres para que [a]dijesen
que le habían oído hablar palabras blasfemas contra Moisés
y contra Dios.
12 Y soliviantaron al pueblo, a los ancianos y a los escribas;
y arremetiendo, le arrebataron, y le trajeron al [1]sanedrín.
13 Y presentaron [a]testigos [b]falsos que decían: Este hombre no cesa de hablar palabras [c]contra este [1]lugar santo y
[c]contra la ley;
14 pues le hemos oído decir que ese Jesús de Nazaret
[1]destruirá este lugar, y cambiará las [a]costumbres que nos
dio Moisés.

10[a] Lc. 21:15
10[b] Hch. 6:3, 5
11[a] cfr. 1 R. 21:10, 13
13[a] Hch. 7:58
13[b] Mt. 26:59-60
13[c] Hch. 21:28; cfr. Hch. 25:8
14[a] Hch. 15:1; 21:21; 28:17

---

más tarde en las iglesias (Ro. 16:1; Fil. 1:1; 1 Ti. 3:8).

6[2] Véase la nota 14[4] de 1 Ti. 4.

7[1] *Crecía* se refiere al crecimiento en vida, lo cual indica que la palabra de Dios es vida y crece como una semilla sembrada en el corazón del hombre (Mr. 4:14).

7[2] La fe objetiva, que se refiere a lo que los creyentes creen tocante a Cristo (véase la nota 1[1], párr. 2, de 1 Ti. 1). Toda la revelación del Nuevo Testamento con respecto a la persona de Cristo y a Su obra redentora constituye la fe de la economía neotestamentaria de Dios (Ro. 16:26).

8[1] Véase la nota 43[1] del cap. 2.

9[1] Esto indica que en Jerusalén había varias sinagogas formadas por judíos que regresaron de la dispersión, las cuales fueron establecidas conforme a los idiomas aprendidos en la dispersión (cfr. 2:9-11). Véase la nota 2[1] de Jac. 2.

9[2] Es decir, hombres libres; hombres que fueron liberados de su condición de esclavos.

12[1] Véase la nota 5[1] del cap. 4.

13[1] El templo (Mt. 24:15 y la nota 4).

14[1] Esto indica que entre los creyentes se hablaba de la destrucción del templo, como el Señor profetizó en Mt. 23:37-39 y 24:2, y tocante a la terminación de la dispensación de la ley, como dijo el Señor en Mt. 11:13. De la misma manera en que los judíos opositores tergiversaron lo que el Señor dijo en Jn. 2:19 cuando le crucificaron (Mt. 27:40), también tergiversaron las palabras de los creyentes. Sin duda alguna, la oposición de los judíos fue instigada por Satanás con la intención de estorbar la economía neotestamentaria de Dios. Sin embargo, la base usada por Satanás en esta instigación fue el cambio de dispensación, lo cual contradecía las tradiciones judías. La economía neotestamentaria de Dios consiste en tener una nueva dispensación absolutamente separada del judaísmo. Esto ofendió a los judíos porque tocó las tradiciones que ellos heredaron por generaciones y provocó oposición, la cual empezó con el ministerio del Señor en los evangelios y se volvió más violenta durante el ministerio de los apóstoles en este libro, cuando el mover neotestamentario del Señor pasaba por un período de transición. Conforme a lo narrado por Lucas en Hechos, la iglesia entre los judíos, incluyendo a los primeros apóstoles, no pasó por esta transición con buen resultado debido a la influencia que aún ejercía en ellos su trasfondo judío y a la oposición con la cual los enredaban sus parientes judíos. Esta dificultad los perturbó una y otra vez en Hechos (11:1-3; 15:1-5;

15 Entonces todos los que estaban sentados en el sanedrín, al fijar los ojos en él, vieron su rostro como el [1]rostro de
un ángel.

CAPITULO 7

1 El sumo sacerdote dijo entonces: ¿Es esto así?

(2) Da testimonio
7:2-53

2 Y él dijo: [1]Varones [a]hermanos y padres, oíd: El Dios de
la [2b]gloria apareció a nuestro padre Abraham, estando en
[c]Mesopotamia, antes que morase en [d]Harán,
3 y le dijo: “[a]Sal de tu tierra y de tu parentela, y ven a la
tierra que Yo te mostraré”.
4 Entonces [a]salió de la tierra de los [b]caldeos y habitó en
Harán; y de allí, [c]muerto su padre, *Dios* le [1]trasladó a esta
tierra, en la cual vosotros habitáis ahora.
5 Y no le dio herencia en ella, ni aun para asentar un pie;
y le [a]prometió que se la daría en posesión, y a su [b]descenden-
cia después de él, cuando él aún [c]no tenía hijo.
6 Y le dijo Dios que su descendencia sería [a]extranjera en
[1]tierra ajena, y que los [2b]esclavizarían y los maltratarían, por
[3c]cuatrocientos años.
7 “Mas Yo juzgaré”, dijo Dios, “a la nación a la cual
[a]servirán como esclavos; y después de esto saldrán y me
[b]servirán como sacerdotes en este lugar”.
8 Y le dio el [a]pacto de la circuncisión; y así *Abraham*

2[a] Hch. 22:1
2[b] Sal. 29:3
2[c] Gn. 24:10; Hch. 2:9
2[d] Gn. 11:31; 12:4-5
3[a] Gn. 12:1
4[a] Gn. 11:31
4[b] Gn. 15:7; Neh. 9:7
4[c] Gn. 11:32
5[a] He. 11:9
5[b] Gn. 12:7; 13:15; 17:8; 26:3; 48:4
5[c] Gn. 15:3
6[a] Gn. 15:13; Ex. 2:22
6[b] Ex. 1:11, 14; 5:6-14
6[c] Gn. 15:13; cfr. Ex. 12:40-41
7[a] Ex. 1:13
7[b] Ex. 3:12
8[a] Gn. 17:9-14

21:18-26). Hasta el apóstol Pablo, durante su última visita a Jerusalén, estuvo en peligro de volver a las prácticas judías (21:20-26). Véanse las notas 10[1] de Jac. 2 y 11[1] de Jac. 1.

15[1] Significa una apariencia celestial. Esteban era un hombre terrenal, pero mientras era perseguido tenía una apariencia celestial.

2[1] Más digno y solemne que simplemente “hermanos y padres”.

2[2] Quizá ésta haya sido una gloria visible (cfr. v. 55), como cuando la nube y el fuego aparecieron a Israel (Ex. 16:10; 24:16-17; Lv. 9:23; Nm. 14:10; 16:19; 20:6; Dt. 5:24) y llenaron el tabernáculo y el templo (Ex. 40:35; 1 R. 8:11). Fue el Dios de la gloria quien se apareció a Abraham y lo llamó. Su gloria fue una gran atracción para Abraham. Lo separó (santificó) del mundo y lo condujo a Dios (Ex. 29:43), y lo animó y fortaleció para que siguiera a Dios (Gn. 12:1, 4). Según el mismo principio, Dios llama a los creyentes del Nuevo Testamento por Su gloria invisible (2 P. 1:3).

4[1] Aparentemente Abraham viajó a Canaán (Gn. 12:4-5), pero en realidad Dios le trasladó a la buena tierra.

6[1] Es decir, Egipto (Ex. 1:1).

6[2] Se refiere a los egipcios (Ex. 1:11, 13-14).

6[3] Véase la nota 17[3] de Gá. 3.

engendró a [b]Isaac, y le circuncidó al octavo día; e Isaac a
[c]Jacob, y Jacob a los [d]doce patriarcas.
9 Los patriarcas tuvieron [a]envidia y [b]vendieron a José
para Egipto; pero Dios estaba [c]con él,
10 y le rescató de todas sus aflicciones, y le dio favor y
sabiduría delante de Faraón rey de Egipto, el cual lo [a]puso
por gobernador sobre Egipto y sobre toda su casa.
11 Vino entonces [a]hambre en todo Egipto y en Canaán, y
gran aflicción; y nuestros padres no hallaban [1]alimentos.
12 Cuando oyó Jacob que había [a]grano en Egipto, envió a
nuestros padres la primera vez.
13 Y en la segunda, José se [a]dio a conocer a sus hermanos,
y fue manifestado a [b]Faraón el linaje de José.
14 Y enviando José, hizo venir a su [a]padre Jacob, y a toda
su familia, en número de [1]setenta y cinco almas.
15 Y descendió [a]Jacob a Egipto, y [b]murió él, y también
nuestros padres;
16 los cuales fueron trasladados a Siquem, y puestos en el
sepulcro que a precio de plata [a]compró Abraham de los hijos
de Hamor en Siquem.
17 Pero cuando se acercaba el tiempo de la [a]promesa que
Dios había hecho a Abraham, el pueblo creció y se [b]multipli-
có en Egipto,
18 hasta que se levantó en Egipto [1]otro [a]rey que no conocía a José.
19 Este rey, usando de [a]astucia con nuestro pueblo, mal-
trató a nuestros padres, a fin de que expusiesen *a la muerte*
a sus [b]niños, para que no viviesen.
20 En aquel mismo tiempo nació [1]Moisés, y fue [2]hermoso
a los ojos de Dios; y fue criado [a]tres meses en casa de su
padre.
21 Pero siendo [1]expuesto *a la muerte,* la [a]hija de Faraón
le recogió y le crió como a hijo suyo.

8[b] Gn. 21:2-4
8[c] Gn. 25:26
8[d] Gn. 29:31-35; 30:5-24; 35:18, 23-26
9[a] Gn. 37:11
9[b] Gn. 37:28; 45:4
9[c] Gn. 39:2, 21, 23
10[a] Gn. 41:40
11[a] Gn. 41:54-57; 42:5
12[a] Gn. 42:1-3
13[a] Gn. 45:1-4
13[b] Gn. 45:16
14[a] Gn. 45:9, 27
15[a] Gn. 46:5
15[b] Gn. 49:33; Ex. 1:6
16[a] Gn. 33:19; Jos. 24:32
17[a] Hch. 7:5
17[b] Ex. 1:7, 12
18[a] Ex. 1:8
19[a] Ex. 1:10
19[b] Ex. 1:16, 22
20[a] Ex. 2:2
21[a] Ex. 2:3-10

11[1] O, forraje (para su ganado).

14[1] Compárese con setenta, en Gn. 46:27 y Ex. 1:5. Esteban tomó este número de la Septuaginta, la cual menciona cinco descendientes más de José en Gn. 46:20. Por tanto, con respecto a los de la casa de Jacob que llegaron a Egipto, él dijo que fueron setenta y cinco en vez de setenta.

18[1] O, diferente (en carácter). No solamente otro rey, sino un rey de carácter diferente.

20[1] Del v. 20 al v. 44, Esteban dio intencionalmente un extenso relato acerca de Moisés del modo más positivo posible. Lo hizo para vindicarse ante sus opositores, quienes lo acusaban de blasfemar contra Moisés (6:11).

20[2] Un modismo hebreo que denota ser bello ante Dios; por ende, sumamente hermoso.

21[1] O, sacado (para morir).

22[a] cfr. Dn. 1:4, 17
23[a] Ex. 2:11-12
26[a] Ex. 2:13
27[a] Ex. 2:14
29[a] Ex. 2:15
29[b] Ex. 4:20; 18:3-4
30[a] Ex. 3:2
32[a] Ex. 3:6
33[a] Ex. 3:5
34[a] Ex. 3:7
34[b] Ex. 2:23-24
34[c] Ex. 3:8
35[a] Hch. 7:27
35[b] Ex. 23:20; 32:34; 33:2

22 Y fue enseñado Moisés en toda la [1a]sabiduría de los
egipcios; y era poderoso en sus palabras y obras.

23 Pero cuando iba a cumplir la edad de cuarenta años, le
vino al corazón el visitar a sus [a]hermanos, los hijos de Israel.

24 Y al ver a uno que era maltratado, lo defendió, y
matando al egipcio, vengó al oprimido.

25 Y él pensaba que sus hermanos comprendían que Dios
les daría salvación por mano suya; mas ellos no lo habían
entendido *así*.

26 Y al día siguiente, se presentó a unos de ellos que
[a]peleaban, y trató de reconciliarlos, diciendo: [1]Varones, hermanos sois, ¿por qué os maltratáis el uno al otro?

27 Entonces el que maltrataba a su prójimo empujó a
Moisés, diciendo: "[a]¿Quién te ha puesto por gobernante y
juez sobre nosotros?

28 ¿Quieres tú matarme, como mataste ayer al egipcio?"

29 Al oír esta palabra, Moisés [a]huyó, y vivió como extranjero en tierra de Madián, donde engendró dos [b]hijos.

30 Pasados cuarenta años, un [1]Angel se le apareció en el
desierto del monte Sinaí, en la llama de fuego de una [a]zarza.

31 Cuando Moisés lo vio, se maravilló de la visión; y
acercándose para examinarla, vino *a él* la voz del [1]Señor:

32 "[a]Yo soy el Dios de tus padres, el Dios de Abraham, de
Isaac, y de Jacob". Y Moisés, temblando, no se atrevía a
[1]examinarla.

33 Y le dijo el Señor: "[a]Quita las sandalias de tus pies,
porque el lugar en que estás es tierra santa.

34 [1a]Ciertamente he visto la aflicción de Mi pueblo que
está en Egipto, y he [b]oído su gemido, y he descendido para
[c]rescatarlos. Ahora, pues, ven, te enviaré a Egipto".

35 A este Moisés, a quien habían rechazado, diciendo:
[a]¿Quién te ha puesto por gobernante y juez?, a éste lo envió
Dios como gobernante y redentor junto con el [b]Angel que se
le [1]apareció en la zarza.

22[1] Es decir, sabiduría en el aprendizaje.

26[1] Una forma digna y solemne de dirigirse a alguien.

30[1] Aquí y en los vs. 35 y 38, el Angel (el Mensajero) del Antiguo Testamento era Cristo el Señor, quien es Jehová, el Dios Triuno (Ex. 3:2-16; Jue. 6:12-24; Zac. 2:6-11). Las palabras *Señor* y *Dios*, mencionadas en los versículos siguientes, lo comprueban.

31[1] El Señor y Dios en los vs. 31-35 son el Angel (el Mensajero) mencionado en los vs. 30, 35 y 38.

32[1] O, prestar atención; por consiguiente, examinar.

34[1] Lit., Habiendo visto, vi. Un modismo hebreo.

35[1] O, fue visto por él.

36 Este los [a]sacó, habiendo hecho [b]prodigios y señales en
tierra de Egipto, y en el [c]mar Rojo, y en el [d]desierto por
[e]cuarenta años.
37 Este es el Moisés que dijo a los hijos de Israel: "[a]Dios os
levantará un Profeta como yo de entre vuestros hermanos".
38 Este es aquel que estuvo en la asamblea en el desierto
con el [a]Angel que le hablaba en el [b]monte Sinaí, y *con*
nuestros padres, *y* que recibió [c]oráculos de vida que darnos;
39 al cual nuestros padres no quisieron obedecer, sino que
le desecharon, y en sus corazones se [a]volvieron a Egipto,
40 cuando dijeron a Aarón: "[a]Haznos dioses que vayan
delante de nosotros; porque a este Moisés, que nos sacó de la
tierra de Egipto, no sabemos qué le haya acontecido".
41 En aquellos días hicieron un [1a]becerro, y ofrecieron
sacrificio al ídolo, y en las obras de sus manos se regocijaron.
42 Mas Dios se apartó, y los [a]entregó para que [1]sirvieran
al [2b]ejército del cielo; como está escrito en el [3]libro de los
profetas: "[c]¿Acaso me ofrecisteis víctimas y sacrificios en el
desierto por [d]cuarenta años, casa de Israel?
43 Y llevasteis el [1]tabernáculo de [a]Moloc, y la estrella de
vuestro dios [2]Renfán, figuras que os hicisteis para adorarlas. Os transportaré, pues, más allá de Babilonia".
44 Tuvieron nuestros padres el [a]Tabernáculo del [b]Testimonio en el desierto, como había ordenado Aquel que dijo a
Moisés que lo hiciese conforme al [c]modelo que había visto.
45 Este *tabernáculo,* recibido a su vez por nuestros padres, lo introdujeron con [a]Josué al tomar [b]posesión de las
naciones, a las cuales Dios [c]arrojó de la presencia de nuestros padres, hasta los días de [d]David.
46 Este halló favor delante de Dios, y pidió hallar una
[a]morada para el [b]Dios de Jacob.
47 Mas Salomón le [a]edificó casa;

36[a] Ex. 12:41
36[b] Ex. 7:3
36[c] Ex. 14:21-31
36[d] Ex. 16:1
36[e] Ex. 16:35; Nm. 14:33; Hch. 7:42; 13:18
37[a] Dt. 18:15, 18; Hch. 3:22
38[a] Hch. 7:53; Gá. 3:19; He. 2:2
38[b] Ex. 19:19-20
38[c] Ro. 3:2
39[a] Ex. 14:12; 16:3; Nm. 11:5; 14:3-4
40[a] Ex. 32:1, 23
41[a] Ex. 32:4-5, 35
42[a] Sal. 81:12; Ez. 20:39; Ro. 1:24
42[b] Dt. 4:19; 2 R. 23:5; Jer. 19:13; Sof. 1:5
42[c] Am. 5:25-27
42[d] Hch. 7:36

41[1] O, novillo.
42[1] Es decir, la adoración a las estrellas.
42[2] Es decir, cuerpos celestes.
42[3] Se refiere probablemente a los profetas menores, de Oseas a Malaquías, considerando estos doce libros como uno solo.
43[1] Es decir, la tienda-templo portátil de ese dios, llevada en procesión (Vincent).
43[2] El nombre copto de Saturno.

43[a] 1 R. 11:7 44[a] Ex. 38:21 44[b] cfr. Ap. 15:5 44[c] Ex. 25:9, 40
45[a] Jos. 3:14; 18:1 45[b] Neh. 9:23 45[c] Jos. 3:10; 23:9; 24:18
45[d] Sal. 89:20; Hch. 13:22 46[a] Sal. 132:5 46[b] Gn. 49:24
47[a] 1 R. 6:1; 8:13; 2 Cr. 3:1

48[a] 2 Cr. 6:18; Hch. 17:24
51[a] Ex. 32:9; 33:3; Dt. 10:16; Is. 48:4
51[b] Lv. 26:41; Jer. 9:26; Ez. 44:9
51[c] Jer. 6:10
52[a] Neh. 9:26; Mt. 5:12
52[b] Hch. 3:14; 22:14; 1 Jn. 2:1
53[a] Dt. 33:2; Jn. 7:19
53[b] Hch. 7:38
54[a] Hch. 5:33
54[b] Sal. 35:16; 37:12; Job 16:9
55[a] Hch. 7:2; Ex. 24:16; Jn. 12:41
55[b] Sal. 110:1; Mr. 16:19

48 pero el [1]Altísimo [2]no [a]habita en cosas hechas por mano,
como dice el profeta:
49 "El cielo es Mi trono, y la tierra el estrado de Mis pies.
[1]¿Qué casa me edificaréis? dice el Señor; ¿o cuál es el lugar
de Mi reposo?
50 ¿No hizo Mi mano todas estas cosas?"
51 ¡[a]Duros de cerviz, e incircuncisos de [b]corazón y de
[c]oídos! Vosotros os [1]oponéis siempre al [2]Espíritu Santo; como
vuestros padres, así también vosotros.
52 ¿A cuál de los [a]profetas no persiguieron vuestros padres? Y mataron a los que anunciaron de antemano la
venida del [b]Justo, de quien vosotros ahora habéis sido trai-
dores y matadores;
53 vosotros que recibisteis la [a]ley como [1]ordenanzas de
[b]ángeles, y no la guardasteis.

(3) Le dan muerte
7:54-60

54 [a]Oyendo estas cosas, se [1]enfurecían en sus corazones,
y [b]crujían los dientes contra él.
55 Pero él, [1]lleno del Espíritu Santo, puestos los ojos en el
cielo, vio la [2a]gloria de Dios, y a Jesús [3]de pie a la [b]diestra de
Dios,

48[1] Esteban llamó a Dios "el Dios de la gloria" (v. 2) y "el Altísimo" para vindicarse ante sus opositores, quienes lo habían acusado de blasfemar contra Dios (6:11).

48[2] Implica que Dios abandonaría el templo material del Antiguo Testamento e iniciaría una nueva dispensación, a fin de que Su pueblo le adorase en espíritu (Jn. 4:24), en el cual se encuentra la habitación espiritual de Dios, la iglesia (Ef. 2:22).

49[1] Esta cita de Is. 66:1-2 indica que el Señor buscaba una habitación espiritual en el espíritu del hombre. Esto es comprobado por la parte de Is. 66:2 que no es citada aquí, la cual dice: "Pero miraré a aquél que es pobre y humilde de espíritu".

51[1] Una expresión muy severa.

51[2] Puesto que Esteban estaba lleno del Espíritu (v. 55) y era uno con el Señor el Espíritu (1 Co. 6:17), oponerse a él era oponerse al Espíritu Santo. Por tanto, el Señor le hizo ver a Saulo, uno de los que perseguían a Esteban (v. 58; 8:1), que le estaba persiguiendo a El (9:4).

53[1] La palabra griega es un sustantivo; la forma verbal de la misma palabra se usa en Gá. 3:19 y se traduce *ordenada* allí. La ley de Dios fue ordenada por intermedio de ángeles y llegó a ser ordenanzas de ángeles.

54[1] Véase la nota 33[1] del cap. 5.

55[1] Véase la nota 3[1] del cap. 6.

55[2] Una gran vindicación y aliento para el perseguido.

55[3] Cuando se habla del Señor ascendido, generalmente se dice que está sentado a la diestra de Dios (Mt. 26:64; He. 1:3, 13). Sin embargo, Esteban lo vio de pie. Esto indica que el Señor estaba muy preocupado por Su perseguido discípulo.

56 y dijo: He aquí, veo los [1]cielos [a]abiertos, y al [b]Hijo del Hombre de pie a la diestra de Dios.

57 Pero ellos, dando grandes voces, se taparon los oídos, y arremetieron a una contra él.

58 Y echándole [a]fuera de la ciudad, le [b]apedrearon; y los [c]testigos pusieron sus ropas a los pies de un joven que se llamaba [1d]Saulo.

59 Y apedreaban a Esteban, mientras él [1]invocaba *al Señor* y decía: ¡Señor Jesús, recibe mi [a]espíritu!

60 Y [a]puesto de rodillas, clamó a gran voz: Señor, [1]no les tomes en cuenta este pecado. Y habiendo dicho esto, [b]durmió.

CAPITULO 8

b. La iglesia en Jerusalén es asolada
8:1-3

1 Y Saulo [a]consentía en su muerte. En aquel día hubo una gran [b]persecución contra la [1c]iglesia que estaba en Jerusalén; y todos fueron [d]esparcidos por las tierras de [e]Judea y de Samaria, salvo los apóstoles.

2 Y hombres devotos llevaron a enterrar a Esteban, e hicieron gran llanto sobre él.

3 Y [a]Saulo [b]asolaba la [c]iglesia, y entrando casa por casa, arrastraba a hombres y a mujeres, y los entregaba en la [d]cárcel.

12. La predicación de Felipe
8:4-40

a. En Samaria
vs. 4-25

(1) Proclama a Cristo y el reino de Dios
vs. 4-13

4 Así que, los que fueron esparcidos iban por todas partes [1a]anunciando la palabra *de Dios* como evangelio.

56[1] La tierra rechazó a Esteban y se cerró, pero los cielos le fueron abiertos, lo cual indica que los cielos estaban con él y a favor de él.

58[1] Saulo, quien más tarde llegó a ser apóstol (13:9), ayudó a los perseguidores en el asesinato de Esteban.

59[1] Véase la nota 21[1] del cap. 2.

1[c] Hch. 8:3; 5:11; 9:31 **1**[d] Hch. 8:4; 11:19 **1**[e] Hch. 1:8 **3**[a] Hch. 7:58; 9:1
3[b] Hch. 9:21; Gá. 1:13, 23 **3**[c] Hch. 8:1 **3**[d] Hch. 22:4, 19; Lc. 21:12 **4**[a] Hch. 5:42

56[a] Ez. 1:1; Mt. 3:16; Jn. 1:51; Hch. 10:11; Ap. 4:1
56[b] Mt. 26:64; Dn. 7:13
58[a] 1 R. 21:13; Lc. 4:29; He. 13:12
58[b] Mt. 23:37; He. 11:37
58[c] Hch. 6:13; Dt. 17:7
58[d] Hch. 8:3; 9:1
59[a] Sal. 31:5; Lc. 23:46
60[a] Lc. 22:41; Hch. 9:40; 20:36
60[b] Dn. 12:2; Mt. 27:52; 1 Ts. 4:14-15; 1 Co. 15:51
1[a] Hch. 22:20; Ro. 1:32
1[b] Hch. 22:4; 1 Co. 15:9; Fil. 3:6; 1 Ti. 1:13

5 Entonces [1]Felipe, [2]descendiendo a la ciudad de [a]Samaria, les proclamaba el Cristo.

6 Y las muchedumbres, unánimes, escuchaban atentamente las cosas que decía Felipe, oyendo y viendo las [a]señales que hacía.

7 Porque de muchos que tenían espíritus inmundos, salían *éstos* dando grandes voces; y muchos paralíticos y cojos eran sanados;

8 así que había gran [a]gozo en aquella ciudad.

9 Pero había un hombre llamado Simón, que antes ejercía la [a]magia en aquella ciudad, y dejaba [b]atónita a la gente de Samaria, y decía ser alguien grande.

10 A éste oían atentamente todos, desde el más pequeño hasta el más grande, diciendo: Este hombre es el poder de [a]Dios, *poder* que llaman Grande.

11 Y le estaban atentos, porque con sus artes mágicas los había asombrado mucho tiempo.

12 Pero cuando creyeron a Felipe, que [1]anunciaba el evangelio del [a]reino de Dios y el del nombre de [b]Jesucristo, se [c]bautizaban hombres y mujeres.

13 También creyó Simón mismo, y habiéndose bautizado, perseveraba unánime con Felipe; y viendo las [1a]señales y las obras grandes y poderosas que se hacían, estaba [b]atónito.

5[a] Hch. 1:8
6[a] Mr. 16:17-18
8[a] Hch. 8:39; 13:52
9[a] Hch. 8:11; 13:6
9[b] Hch. 8:11, 13
10[a] Hch. 14:11; 28:6
12[a] Hch. 1:3; 14:22
12[b] Hch. 4:12
12[c] Mr. 16:16; Hch. 2:38, 41; 10:48; 16:33
13[a] Hch. 8:6-7
13[b] Hch. 8:9, 11

60[1] Esteban oró por sus perseguidores del mismo modo que su Señor, a quien amó y vivió, había orado por quienes le persiguieron (Lc. 23:34).

1[1] Esta fue la primera iglesia establecida en una localidad (véase la nota 11[1] del cap. 5) dentro de la jurisdicción de una ciudad, Jerusalén. Era la iglesia en cierta localidad, como el Señor indicó en Mt. 18:17. No era la iglesia universal, como el Señor reveló en Mt. 16:18, sino sólo una parte de la iglesia universal, la cual es el Cuerpo de Cristo (Ef. 1:22-23). Este asunto (el establecimiento de la iglesia en su localidad) se presenta de manera coherente a lo largo del Nuevo Testamento (13:1; 14:23; Ro. 16:1; 1 Co. 1:2; 2 Co. 8:1; Gá. 1:2; Ap. 1:4, 11).

4[1] Por la soberanía de Dios los creyentes fueron dispersados desde Jerusalén hacia otras localidades mediante la persecución, y así se llevó a cabo la propagación del evangelio a fin de que se cumpliera lo dicho por el Señor en 1:8 (11:19).

5[1] Este no era el apóstol Felipe (1:13), sino el Felipe que formaba parte de los siete discípulos que los apóstoles designaron para servir a las mesas (6:5). Por medio de su ministerio en la predicación del evangelio, como se narra en este capítulo, se manifestó que él era evangelista (21:8).

5[2] Este fue un paso más en el mover evangélico del Señor. Con esto El se propagó como la semilla del reino de Dios desde los judíos étnicamente puros hasta los samaritanos, un pueblo mixto, para que se cumpliera la profecía que dio en 1:8.

12[1] Felipe anunció como evangelio el reino de Dios, tal como lo hizo el Señor (Mr. 1:14-15; Lc. 4:43 y la nota 1).

13[1] Véase la nota 43[1] del cap. 2.

(2) Confirmada por los apóstoles
vs. 14-25

14 Cuando los apóstoles que estaban en Jerusalén oyeron
que Samaria había recibido la palabra de Dios, enviaron allá
a Pedro y a Juan;
15 los cuales bajaron y oraron por ellos para que [1]recibiesen el Espíritu Santo;
16 porque [1]aún no había descendido sobre ninguno de
ellos, sino que solamente habían sido [a]bautizados [2*]en el
[3]nombre del Señor Jesús.
17 Entonces les [1a]imponían las manos, y [2]recibían el Espíritu Santo.

16[a] Ro. 6:3; Gá. 3:27
17[a] Hch. 9:17; 19:6

15[1] Véase la nota 38[7], párr. 2, del cap. 2.

16[1] Esto no significa que los creyentes de Samaria no habían recibido el Espíritu Santo en el aspecto esencial cuando creyeron en el Señor. Según la enseñanza del Nuevo Testamento en Ef. 1:13 y Gá. 3:2, ellos deben de haber recibido el Espíritu Santo en el aspecto esencial cuando creyeron y fueron regenerados (Jn. 3:6, 36). Sin embargo, aún no habían recibido al Espíritu económico para ser identificados con el Cuerpo de Cristo. El Espíritu Santo no cayó sobre ellos exterior y económicamente para que los apóstoles, mediante los cuales se estableció en Jerusalén la práctica de la iglesia, pudiesen introducirlos en la identificación con el Cuerpo de Cristo. Esto difiere del caso de los que estaban en la casa de Cornelio, quienes, cuando creyeron en el Señor, recibieron el Espíritu Santo tanto esencialmente dentro de sí para ser regenerados, como económicamente sobre ellos para ser bautizados en el Cuerpo de Cristo (1 Co. 12:13) e identificados con el Cuerpo de Cristo. Esto se debió a que en ese caso el evangelio fue predicado directamente por Pedro, quien desempeñó el papel principal en el establecimiento práctico de la iglesia.

16[2] El nombre denota la persona. Ser bautizado en el nombre del Señor Jesús es ser bautizado en la persona del Señor, ser identificado con el Cristo crucificado, resucitado y ascendido, y ser puesto en una unión orgánica con el Señor vivo. Véanse las notas 38[3] del cap. 2, y 19[4] de Mt. 28.

En Mt. 28:19 el Señor les mandó a los discípulos que bautizaran a los creyentes en el nombre del Padre y del Hijo y del Espíritu Santo. Pero después, en la práctica, los creyentes eran bautizados en el nombre del Señor Jesús, tanto aquí como en 19:5, y en Cristo en Ro. 6:3 y Gá. 3:27. Esto indica que: (1) ser bautizado en el nombre del Señor equivale a ser bautizado en el nombre del Padre y del Hijo y del Espíritu Santo, porque el Señor Jesús es el Dios Triuno, la corporificación del propio Dios (Col. 2:9); y (2) ser bautizado en el nombre del Dios Triuno o en el nombre del Señor Jesús equivale a ser bautizado en la persona de Cristo.

16[3] Puesto que los creyentes samaritanos habían sido bautizados en el nombre del Señor Jesús, es decir, en el Señor mismo, seguramente recibieron en ellos el Espíritu esencial de vida a fin de no solamente nacer del Señor, sino también de unirse a Él (1 Co. 6:17), aunque no habían recibido exteriormente el Espíritu económico de poder.

17[1] Véase la nota 14[4] de 1 Ti. 4. Pedro y Juan fueron enviados a Samaria no sólo con el fin de confirmar la predicación del evangelio efectuada por Felipe, uno de los siete designados para servir a las mesas, sino también de llevar a la iglesia en Samaria, compuesta de samaritanos, con quienes los judíos

18 Cuando vio Simón que por la imposición de las manos
de los apóstoles se daba el Espíritu[1], les ofreció [2]dinero,
diciendo:
19 Dadme también a mí esta autoridad, para que cualquiera a quien yo imponga las manos reciba el Espíritu
Santo.
20 Entonces Pedro le dijo: Tu plata vaya contigo a la
[1]destrucción, porque has pensado que el [a]don de Dios se
[b]obtiene con dinero.
21 No tienes tú parte ni suerte en [1]este asunto, porque tu
[a]corazón no es recto delante de Dios.
22 [a]Arrepiéntete, pues, de esta tu maldad, y ruega al
Señor, si quizás te sea perdonada la intención de tu corazón;
23 porque en hiel de amargura y en prisión de maldad veo
que estás.
24 Respondiendo entonces Simón, dijo: Rogad vosotros
por mí al Señor, para que nada de esto que habéis dicho
venga sobre mí.
25 Y ellos, habiendo [1a]testificado solemnemente y hablado
la palabra del Señor, se volvieron a Jerusalén, y en muchas
poblaciones de los samaritanos [b]anunciaron el evangelio.

b. A un etíope
vs. 26-39

26 Un [a]ángel del Señor habló a Felipe, diciendo: Levántate

20[a] Hch. 2:38; 10:45; 11:17
20[b] cfr. Is. 55:1
21[a] Sal. 78:8, 37
22[a] Ap. 2:16; 3:19
25[a] Hch. 2:40; 10:42
25[b] Hch. 8:40; 5:42
26[a] Hch. 5:19; 27:23

---

no tenían relaciones, a identificarse con el Cuerpo de Cristo por medio de la imposición de manos. El Espíritu Santo honró esta acción y cayó sobre los samaritanos, lo cual significa que se identificaron con el Cuerpo de Cristo. De este modo los creyentes samaritanos recibieron el Espíritu Santo económicamente, después de haber recibido el Espíritu Santo esencialmente cuando creyeron en el Señor Jesús.

17[2] Véanse las notas 4[2] y 17[2] del cap. 2.

18[1] Algunos mss. añaden: Santo.

18[2] Esto indica que la magia que Simón practicaba por dinero asombraba al pueblo.

20[1] No la perdición eterna, sino un castigo, como en He. 10:39 (véase la nota 2) y Mt. 7:13 (véase la nota 3). Simón creyó en el evangelio y fue bautizado (v. 13); por consiguiente, ha de haber experimentado la etapa inicial de la salvación, pero no había sido salvo de su malvado modo de pensar y actuar con respecto al dinero. Por lo tanto, él debía arrepentirse de esta maldad para recibir el perdón del Señor; de otro modo, sería castigado junto con su plata.

21[1] El don de Dios (v. 20).

25[1] Dar testimonio de la palabra del Señor consiste en ser testigo conforme a la experiencia personal que uno tiene de Él, y hablar la palabra del Señor es predicar y enseñar conforme a la revelación que uno recibe de Él. Véase la nota 40[1] del cap. 2.

y ve hacia el sur, por el camino que desciende de Jerusalén
a [b]Gaza, el cual es desierto.
27 Entonces él se levantó y fue. Y sucedió que un [1]etíope,
[a]eunuco, alto funcionario de Candace reina de los etíopes, el
cual estaba sobre todos sus [b]tesoros, y había venido a Jerusalén para [2c]adorar,
28 volvía sentado en su carro, y leyendo al profeta Isaías.
29 Y el [1a]Espíritu dijo a Felipe: Acércate y júntate a ese
carro.
30 Acudiendo Felipe, le oyó que leía al profeta Isaías, y
dijo: Pero ¿entiendes lo que lees?
31 El dijo: ¿Y cómo podré, [a]si alguno no me guía? Y rogó a
Felipe que subiese y se sentara con él.
32 El pasaje de la Escritura que leía era éste: "Como oveja
al matadero [1a]fue llevado; y como cordero mudo delante del
que lo trasquila, así [b]no abrió Su boca.
33 En Su [a]humillación [1]se le negó justicia; mas Su generación, ¿quién la contará? Porque fue quitada de la tierra Su
vida".
34 Respondiendo el eunuco, dijo a Felipe: Te ruego que me
digas: ¿de quién dice el profeta esto; de sí mismo, o de algún
otro?
35 Entonces Felipe, abriendo su boca, y comenzando desde esta [a]Escritura, le [b]anunció el evangelio de Jesús.
36 Y yendo por el camino, llegaron a cierta agua, y dijo el
eunuco: Aquí hay [1]agua; ¿qué impide que yo sea [a]bautizado?

26[b] Gn. 10:19
27[a] Jer. 38:7
27[b] Esd. 7:21
27[c] Jn. 12:20; Hch. 24:11
29[a] Hch. 20:23; 21:11
31[a] Ro. 10:14
32[a] Is. 53:7-8
32[b] Mt. 26:63; Jn. 19:9
33[a] Fil. 2:8
35[a] Lc. 24:27; Hch. 17:2; 18:28
35[b] Hch. 8:25, 40; 5:42
36[a] Hch. 10:47

27[1] Etiopía es Cus (Is. 18:1), la tierra de los descendientes de Cus, hijo de Cam (Gn. 10:6). El evangelio se había extendido de los judíos étnicamente puros a los samaritanos, un pueblo mixto, por medio de Felipe, Pedro y Juan (vs. 5-25). Ahora el ángel del Señor condujo a Felipe a un etíope, un completo gentil. De este modo, el evangelio también se extendió hacia el sur, a Africa.

27[2] Esto prueba que el eunuco buscaba a Dios (cfr. 17:26-27).

29[1] La mención del Espíritu aquí y en el v. 39; 10:19; 13:2 y 16:6-7, indica que en este libro el mover del Señor al propagar Su reino mediante la predicación del evangelio se llevó a cabo por la guía y la dirección del Espíritu, no por el plan o programa del hombre. Por tanto, este mover no fue obra del hombre, sino del Espíritu. Esto es totalmente diferente de la práctica actual degradada.

32[1] Se refiere a Cristo el Redentor. Ha de haber sido por la guía soberana del Espíritu que el eunuco leía este pasaje acerca de Cristo como el Cordero redentor de pecadores, un buen pasaje para la predicación del evangelio.

33[1] Lit., el juicio fue quitado.

36[1] Esto indica que Felipe le predicó al eunuco el bautismo por agua. En este caso, se le da particular énfasis al bautismo en agua, pero no se hace mención alguna del bautismo en el Espíritu. Esto nos indica claramente que debemos poner atención al bautismo en agua, el cual representa la identificación de los creyentes con la muerte y la resurrección de Cristo (Ro. 6:3-5;

37 [1]Felipe dijo: Si crees de todo corazón, serás salvo. Y
respondiendo, dijo: Creo que Jesucristo es el Hijo de Dios.
38 Y mandó parar el carro; y descendieron ambos al agua,
Felipe y el eunuco, y le [a]bautizó.
39 Cuando subieron [a]del agua, el [b]Espíritu del Señor
[c]arrebató a Felipe; y el eunuco no le vio más, y siguió [d]gozoso
su camino.

c. Llega a Cesarea
v. 40

40 Pero Felipe se encontró en Azoto; y pasando, [a]anuncia-
ba el evangelio en todas las ciudades, hasta que llegó a
[b]Cesarea.

CAPITULO 9

13. La conversión de Saulo
9:1-30

a. El Señor se le aparece
vs. 1-9

1 [a]Saulo, respirando aún amenazas y muerte contra los
discípulos del Señor, fue al sumo sacerdote,
2 y le pidió [a]cartas para las [b]sinagogas de Damasco, a fin
de que si hallase algunos hombres o mujeres de este [1c]Cami-
no, los trajese presos a Jerusalén.
3 Mas yendo por el camino, aconteció que al [a]llegar cerca
de Damasco, repentinamente le rodeó un resplandor de luz
del cielo;

38[a] Mt. 28:19
39[a] Mt. 3:16
39[b] 1 R. 18:12; 2 R. 2:16; Ez. 3:14; 8:3
39[c] 2 Co. 12:4
39[d] Hch. 8:8; 11:23
40[a] Hch. 8:25
40[b] Hch. 21:8; 9:30; 10:1, 24
1[a] Hch. 7:58; 8:3
2[a] Hch. 22:5
2[b] Hch. 22:19; Lc. 12:11; 21:12
2[c] Hch. 18:25-26; 19:9, 23; 22:4; 24:14, 22
3[a] vs. 3-8: Hch. 22:6-11; 26:12-18

Col. 2:12), así como al bautismo en el Espíritu. El bautismo en el Espíritu produce la realidad de la unión que los creyentes tienen con Cristo en vida esencialmente, y en poder económicamente, mientras que el bautismo en agua es la afirmación de los creyentes acerca de la realidad del Espíritu. Ambos son necesarios (cfr. 10:47), y el uno no puede reemplazar al otro. Todos los que creen en Cristo deberían poseer ambos aspectos, tal como los hijos de Israel fueron bautizados en la nube (que simboliza al Espíritu) y en el mar (que representa al agua), 1 Co. 10:2. Véanse las notas 8[1] de Mr. 1, 5[2] de Jn. 3, y 6[1] de 1 Jn. 5.

37[1] Muchos mss. antiguos omiten este versículo.

2[1] Denota la plena salvación del Señor en la economía neotestamentaria de Dios. Es el camino en el cual Dios se dispensa en los creyentes mediante la redención de Cristo y la unción del Espíritu; es el camino en el cual los creyentes participan de Dios y le disfrutan; es el camino en el cual los creyentes adoran a Dios en su espíritu al disfrutarle y en el cual siguen al Jesús perseguido siendo uno con El, y es el camino en el cual los creyentes son introducidos en la iglesia y edificados como el Cuerpo de Cristo para llevar el testimonio de Jesús (cfr. notas 2[2], 15[1] y 21[1] de 2 P. 2).

4 y cayendo en tierra, oyó una voz que le decía: Saulo,
Saulo, ¿por qué [1a]me persigues?
5 El dijo: ¿Quién eres, [1]Señor? Y le *dijo:* Yo soy Jesús, a
quien tú persigues.
6 [a]Levántate y entra en la ciudad, y se te [1]dirá [b]lo que
debes hacer.
7 Y los hombres que iban *con Saulo* habían quedado de
pie, enmudecidos, [a]oyendo a la verdad la voz, mas sin ver a
nadie.
8 Entonces Saulo se levantó de tierra, y aunque tenía los
ojos abiertos, no veía [1]nada; así que, llevándole por la mano,
le metieron en Damasco,
9 donde estuvo tres días sin ver, y no comió ni bebió.

b. Confirmada por Ananías
vs. 10-19

10 Había entonces en Damasco un discípulo llamado [a]Ananías, a quien el Señor dijo en visión: Ananías. Y él respondió:
[b]Heme aquí, Señor.
11 Y el Señor le *dijo:* [a]Levántate, y [1]ve a la calle que se

4[a] Mt. 10:40; 25:40
6[a] Hch. 9:11
6[b] Hch. 22:10
7[a] Jn. 12:29
10[a] Hch. 9:17; 22:12
10[b] Is. 6:8
11[a] Hch. 9:6

4[1] Se refiere a una entidad corporativa que incluye a Jesús el Señor y a todos Sus creyentes. Saulo no tenía esta revelación. El pensaba que perseguía a Esteban y a otros seguidores de Jesús, quienes estaban en el Camino, que él consideraba herejía (24:14). No sabía que al perseguirlos, perseguía a Jesús, porque ellos eran uno con Jesús, por estar unidos a El mediante la fe en El. Saulo pensaba que perseguía personas en la tierra, sin saber que afectaba a alguien en el cielo. Le sorprendió muchísimo que Jesús desde el cielo le dijera que le perseguía a El. Para Saulo, ésta fue la más grande revelación que hombre alguno pudiera recibir. Así comenzó a ver que el Señor Jesús y Sus creyentes son una persona grande y maravillosa. Esto le ha de haber causado un gran impacto para su futuro ministerio tocante a Cristo y la iglesia como el gran misterio de Dios (Ef. 5:32), y ha de haber puesto un sólido fundamento para su ministerio único.

5[1] Saulo le llamó "Señor", aun sin conocerlo (cfr. Ro. 10:13).

6[1] El Señor no quiso decirle directamente a Saulo, inmediatamente después de su conversión, lo que deseaba que hiciera. Esto se debió a que Saulo necesitaba que un miembro del Cuerpo lo iniciara en la identificación con el Cuerpo, dado que había sido salvado y llevado al Señor por El mismo, y no por algún conducto. Si el Señor no hubiese enviado un miembro del Cuerpo a Saulo, habría sido difícil que los miembros del Cuerpo lo recibieran (cfr. v. 26). Esto tiene que ver con el conocimiento de Saulo acerca del Cuerpo de Cristo y con su ulterior ministerio para el Cuerpo de Cristo (Col. 1:24).

8[1] Esto muestra cómo el Señor trató con Saulo. Antes se creía un gran conocedor, alguien que lo sabía todo con respecto al hombre y a Dios. Ahora el Señor lo cegó para que no pudiese ver nada hasta que El le abriera los ojos, especialmente los ojos interiores, y lo comisionara para que les abriera los ojos a otros (26:18).

11[1] El Señor envió a Ananías, un miembro de Su Cuerpo, a Saulo, para que éste fuese iniciado en la identificación con el Cuerpo de Cristo. Esto

llama Derecha, y busca en casa de Judas a uno llamado
Saulo, de [b]Tarso; porque he aquí, él ora,
12 y ha visto en [a]visión a un varón llamado Ananías, que
entra y le [b]pone las manos encima para que [1c]reciba la vista.
13 Entonces Ananías respondió: Señor, he oído de muchos
acerca de este hombre, cuántos males ha hecho a Tus [a]santos
en Jerusalén;
14 y aun aquí tiene [a]autoridad de los principales sacerdotes para prender a todos los que [1b]invocan Tu nombre.
15 El Señor le dijo: Ve, porque [a]vaso [1]escogido me es éste,
para llevar Mi [b]nombre en presencia de los [c]gentiles, y de
[d]reyes, y de los hijos de Israel;
16 porque Yo le mostraré [a]cuánto le es necesario padecer
por Mi nombre.
17 Fue entonces [a]Ananías y entró en la casa, y [1b]poniendo
sobre él las manos, dijo: Hermano Saulo, el Señor me ha
enviado —Jesús, quien se te apareció en el camino por donde
venías— para que [c]recibas la vista y seas [2]lleno del Espíritu
Santo.

---

también debe de haber impresionado a Saulo con respecto a la importancia del Cuerpo de Cristo, y probablemente le ayudó a comprender que un creyente salvo necesita a los miembros del Cuerpo de Cristo.

12[1] O, recobre. El hecho de que Saulo recibiera la vista después de haber estado cegado denota que fue totalmente salvo. Esto significó mucho para él. Fue especialmente importante que sus ojos interiores fueran abiertos para ver los misterios de Dios y Su economía.

14[1] Esto indica que en los primeros días de la iglesia, invocar el nombre del Señor era una señal que caracterizaba a los seguidores del Señor (1 Co. 1:2). Esta invocación ha de haber sido audible para que otros la escucharan, así que llegó a ser una señal.

15[1] Con este fin Saulo había sido apartado desde el vientre de su madre y llamado por el Señor (Gá. 1:15). El Señor es soberano y poderoso, conforme a Su elección en la eternidad, para hacer que uno de los más aguerridos de Sus perseguidores fuera un vaso, un apóstol principal, para llevar a cabo Su comisión de predicar el evangelio y tomar el camino al cual se había opuesto y el cual había perseguido. Con el tiempo, Saulo el adversario llegó a ser, en su victorioso ministerio del evangelio, un cautivo de Cristo en la procesión triunfante que celebra la victoria de Cristo sobre todos Sus enemigos (2 Co. 2:14 y las notas 1 y 2). El perfeccionamiento que el Señor efectúa en Sus vasos escogidos es excelente y glorioso.

17[1] El caso de Saulo también era especial debido a que, por ser el perseguidor más notorio, fue salvado directamente por el Señor desde el cielo mientras se dirigía a perseguir a los creyentes. Por eso él, al igual que los creyentes samaritanos (8:14-17 y la nota 17[1]) y los doce discípulos de Efeso (19:1-7), necesitaba que un miembro del Cuerpo de Cristo lo iniciara en la identificación con el Cuerpo de Cristo mediante la imposición de manos.

17[2] Lleno exteriormente (véase la nota 4[2] del cap. 2). Conforme al principio de la salvación en la economía neotestamentaria de Dios, Saulo debe de haber recibido esencialmente el Espíritu Santo de vida cuando se

---

11[b] Hch. 9:30; 21:39; 22:3
12[a] Hch. 10:3, 17, 19; 16:9-10
12[b] Hch. 9:17
12[c] Hch. 9:17, 18; 22:13
13[a] Hch. 26:10; 9:32; Ro. 1:7; 15:25-26, 31; 2 Ts. 1:10
14[a] Hch. 26:10
14[b] Hch. 9:21; 22:16; 2:21; Ro. 10:13
15[a] Ro. 9:21-24; 2 Ti. 2:20-21
15[b] Hch. 5:41
15[c] Hch. 22:21; Ro. 11:13; 15:16; Gá. 1:16; 2:2, 8-9; Ef. 3:8; 1 Ti. 2:7; 2 Ti. 4:17
15[d] Hch. 25:26; 26:1-2
16[a] 2 Co. 6:4; 11:23
17[a] Hch. 9:10
17[b] Hch. 9:12
17[c] Hch. 9:12, 18; 22:13

18 Y al momento le cayeron de los ojos como escamas, y
[1]recibió la vista; y levantándose, fue [2a]bautizado.
19 Y habiendo tomado alimento, recobró fuerzas. Y estuvo
Saulo por algunos días con los discípulos que estaban en
[a]Damasco.

c. Empieza a predicar
vs. 20-30

20 En seguida comenzó a proclamar a Jesús en las [1]sinagogas, diciendo que El era el [a]Hijo de Dios.
21 Y todos los que le oían estaban atónitos, y decían: ¿No es éste el que [a]asolaba en Jerusalén a los que [b]invocaban este nombre, y a eso vino acá, para llevarlos presos ante los principales sacerdotes?
22 Pero Saulo mucho más se [a]fortalecía, y [b]confundía a los judíos que moraban en Damasco, demostrando que *Jesús* era el [c]Cristo.
23 Pasados muchos días, los judíos resolvieron en consejo [a]matarle;
24 pero sus [a]asechanzas llegaron a conocimiento de Saulo. Y ellos [b]guardaban las puertas de día y de noche para [c]matarle.
25 Entonces los discípulos *de Saulo,* tomándole de noche, le [a]bajaron por el muro, [b]descolgándole en una canasta.
26 Cuando llegó a [a]Jerusalén, trataba de juntarse con los discípulos; pero todos le tenían miedo, no creyendo que fuese discípulo.
27 Entonces [a]Bernabé, tomándole, lo [b]trajo a los apóstoles, y les contó cómo *Saulo* había [c]visto en el camino al Señor, el cual le había hablado, y cómo en Damasco había hablado [d]con denuedo en el nombre de Jesús.
28 Y estaba con ellos en Jerusalén; y [a]entraba y salía, y hablaba con denuedo en el nombre del Señor,

18[a] Hch. 22:16
19[a] Hch. 26:20
20[a] Mt. 16:16; Jn. 20:31; Ro. 1:3-4
21[a] Hch. 8:3
21[b] Hch. 9:14
22[a] 1 Ti. 1:12; 2 Ti. 4:17
22[b] Hch. 18:28
22[c] Lc. 9:20; Jn. 11:27
23[a] Hch. 9:29; 12:2; 23:12; 25:3
24[a] Hch. 20:3, 19; 23:12
24[b] 2 Co. 11:32
24[c] Hch. 23:15, 21; 25:3
25[a] cfr. Jos. 2:15; 1 S. 19:12
25[b] 2 Co. 11:33
26[a] Hch. 22:17; 26:20; Gá. 1:17-18
27[a] Hch. 4:36; 11:22-26, 30; 13:1-2
27[b] Gá. 1:18-19
27[c] Hch. 9:3-6
27[d] Hch. 4:13, 29
28[a] Hch. 1:21

convirtió, antes de que Ananías viniera y pusiera sobre él las manos. Antes de que Ananías llegara, Saulo estaba orando al Señor (v. 11), lo cual indica que había creído en el Señor y le invocaba (cfr. Ro. 10:13-14), como lo hacían los creyentes a quienes asolaba y quería arrestar (vs. 21, 14). Sin embargo, como no había sido salvo por intermedio de ningún miembro del Cuerpo de Cristo, el Espíritu Santo no cayó sobre él económicamente (2:17 y la nota 2) sino hasta que Ananías, como representante del Cuerpo, vino para identificarlo con el Cuerpo de Cristo.

18[1] Véase la nota 12[1].

18[2] En agua (véanse las notas 36[1] del cap. 8 y 16[1] de Mr. 16).

20[1] Véase la nota 2[1] de Jac. 2.

29 y hablaba y disputaba con los [a]helenistas; pero éstos
procuraban [b]matarle.
30 Cuando supieron esto los [a]hermanos, le llevaron hasta
[b]Cesarea, y le enviaron a [c]Tarso.

14. La edificación y multiplicación de la iglesia
9:31

31 Entonces la [1a]iglesia tenía [2]paz por toda [b]Judea, Galilea y Samaria, y era [3]edificada; y se [c]multiplicaba andando
en el [4d]temor del Señor y con el [5]consuelo del Espíritu
Santo.

15. La propagación del ministerio de Pedro
9:32-43

a. A Lida
vs. 32-35

32 Aconteció que Pedro, yendo por todas *partes,* vino también a los [a]santos que habitaban en [1]Lida.
33 Y halló allí a uno que se llamaba Eneas, que hacía ocho
años que estaba en cama, *pues* era [a]paralítico.
34 Y le dijo Pedro: Eneas, [a]Jesucristo te sana; [b]levántate,
y [1]haz tu cama. Y en seguida se levantó.
35 Y le vieron todos los que habitaban en Lida y en
[a]Sarón, los cuales se [b]convirtieron al Señor.

- **29[a]** Hch. 6:1; Jn. 7:35
- **29[b]** Hch. 9:23
- **30[a]** Jn. 21:23; Hch. 11:1
- **30[b]** Hch. 8:40
- **30[c]** Hch. 9:11
- **31[a]** Hch. 5:11; 11:22
- **31[b]** Hch. 1:8
- **31[c]** Hch. 5:14
- **31[d]** Neh. 5:9
- **32[a]** Hch. 9:13
- **33[a]** Mt. 4:24; 9:2
- **34[a]** Hch. 3:6; 4:10
- **34[b]** Mt. 9:6
- **35[a]** 1 Cr. 5:16; 27:29; Cnt. 2:1; Is. 33:9
- **35[b]** Hch. 11:21; 2 Co. 3:16

31[1] Puesto que en esos tiempos la iglesia sólo se había extendido a las regiones de Judea, Galilea y Samaria, y dado que la palabra *toda* abarca todos los lugares donde la iglesia existía, la palabra *iglesia* en singular se usa en el sentido universal, aunque posiblemente había varias iglesias locales en varias ciudades de estas tres regiones.

31[2] Por dentro tenían paz, aunque por fuera había persecución. La iglesia no teme a la persecución exterior, sino a la falta de paz interior, porque sólo cuando hay paz puede haber edificación.

31[3] La edificación se llevó a cabo después del establecimiento de la iglesia.

31[4] No en el temor de los hombres, aunque había persecuciones, sino en el temor del Señor, no fuera que la iglesia ofendiese al Señor si era reprimida o subyugada por la persecución, y no fuera que le ofendiese en otras cosas.

31[5] Esto indica que la iglesia estaba afligida por las persecuciones, en medio de las cuales temía al Señor y disfrutaba el consuelo del Espíritu Santo.

32[1] Un pueblo a unos dieciocho kilómetros al sudeste de Jope, llamado Lod en el Antiguo Testamento (1 Cr. 8:12; Esd. 2:33).

34[1] Es decir, pon en orden.

b. A Jope
vs. 36-43

36 Había entonces en [a]Jope una discípula llamada Tabita, que traducido quiere decir, [1]Dorcas. Esta abundaba en [b]buenas obras y en limosnas que hacía.

37 Y aconteció que en aquellos días enfermó y murió. Y [1]lavaron su cuerpo, y lo pusieron en un [a]aposento alto.

38 Y como Lida estaba cerca de Jope, los discípulos, oyendo que Pedro estaba [1]allí, le enviaron dos hombres, a rogarle: No tardes en venir a nosotros.

39 Levantándose entonces Pedro, fue con ellos; y cuando llegó, le llevaron al aposento alto, donde le rodearon todas las [a]viudas, llorando y mostrando las [1]túnicas y los vestidos que Dorcas hacía cuando estaba con ellas.

40 Entonces, [a]sacando a todos, Pedro se [b]puso de rodillas y [c]oró; y volviéndose al cuerpo, dijo: Tabita, [d]levántate. Y ella abrió los ojos, y al ver a Pedro, se incorporó.

41 Y él, dándole la mano, la levantó; entonces, llamando a los santos y a las viudas, la [a]presentó viva.

42 Esto fue notorio en toda Jope, y muchos [a]creyeron en el Señor.

43 Y aconteció que se quedó muchos días en Jope en casa de un cierto Simón, [a]curtidor.

CAPITULO 10

16. La divulgación del ministerio a los gentiles
10:1—11:18

a. La visión de Cornelio
10:1-8

1 *Había* en [a]Cesarea un hombre llamado Cornelio, centurión de la [1]cohorte llamada la [2]italiana,

36[a] Jos. 19:46
36[b] Ro. 13:3; 2 Co. 9:8; Ef. 2:10; 1 Ti. 2:10; Tit. 3:1
37[a] Hch. 1:13; 20:8
39[a] Hch. 6:1
40[a] Mt. 9:25
40[b] Hch. 7:60
40[c] Hch. 28:8; Jac. 5:14-15
40[d] Lc. 7:14; 8:54
41[a] cfr. Lc. 7:15; 1 R. 17:23
42[a] Jn. 11:45; 12:11
43[a] Hch. 10:6
1[a] Hch. 9:30; 12:19

36[1] Significa *gacela*.

37[1] Lit., la lavaron.

38[1] Lit., en ella.

39[1] Una prenda interior semejante a una camisa.

1[1] Una de diez divisiones de una antigua legión romana. Estaba compuesta de 600 hombres.

1[2] Aquí el Señor dio un paso más en Su obra evangélica. Así llegó a otro gentil, a un hombre de Italia, del Imperio Romano en Europa. De esta manera la puerta del evangelio les fue abierta a todos los gentiles. Era difícil que los apóstoles y discípulos judíos, por su cultura y costumbres judías, se acercaran a los gentiles (v. 28). Por tanto, éste fue un movimiento extraordinario que requería la participación de un ángel de Dios (v. 3), como cuando Felipe se acercó al etíope, un hombre de Africa, en 8:26. En ambos casos el Espíritu les habló a Felipe y a Pedro, respectivamente, de una manera particular (8:29; 10:19).

2 [1a]devoto y [b]temeroso de Dios con toda su casa, y que
hacía muchas limosnas al pueblo, y oraba a Dios siempre.
3 Este vio claramente en una [1a]visión, como a la [2b]hora
novena del día, que un [c]ángel de Dios entraba donde él
estaba, y le decía: Cornelio.
4 El, mirándole fijamente, y atemorizado, dijo: ¿Qué es,
Señor? Y le dijo: Tus [a]oraciones y tus limosnas han subido
para [1b]memoria delante de Dios.
5 Envía, pues, ahora hombres a Jope, y haz venir a
Simón, el que tiene por sobrenombre Pedro.
6 Este posa en casa de un cierto Simón [a]curtidor, que
tiene su casa junto al mar.
7 Ido el ángel que hablaba con *Cornelio,* éste llamó a dos
de sus criados, y a un devoto soldado de los que le asistían;
8 a los cuales envió a Jope, después de haberles contado
todo.

b. La visión de Pedro
10:9-16

9 Al día siguiente, mientras ellos iban por el camino y se
acercaban a la ciudad, Pedro subió a la [a]azotea para [1b]orar,
cerca de la [2]hora sexta.
10 Y tuvo gran [1]hambre, y quiso [2]comer; pero mientras le
preparaban algo, le sobrevino un [3a]éxtasis;

2[a] Hch. 8:2; 22:12
2[b] Hch. 10:22, 35; 13:16
3[a] Hch. 9:12; 10:17, 19
3[b] Hch. 10:30; 3:1
3[c] Hch. 5:19
4[a] Hch. 10:31; Sal. 141:2; Ap. 8:4
4[b] He. 6:10; cfr. Mt. 26:13
6[a] Hch. 9:43
9[a] 1 S. 9:25; Sof. 1:5
9[b] vs. 9-32: Hch. 11:5-14
10[a] Hch. 22:17

2[1] Así como el eunuco etíope, también el centurión romano Cornelio buscaba a Dios, según lo menciona Pablo en 17:27.

3[1] Véase la nota 10[3].

3[2] Es decir, las tres de la tarde (así también en el v. 30).

4[1] Aunque Cornelio era un ser humano caído, pecaminoso y condenado ante Dios como todos los demás, Dios aceptó sus oraciones y sus limosnas, mientras que rechazó las de Caín (Gn. 4:3, 5). Esto quizá se debió al hecho de que Dios, con base en la redención eterna de Cristo y en vista de que Cornelio habría de creer en Cristo en los días venideros, lo perdonó (v. 43) conforme a Su presciencia.

9[1] Cornelio recibió una visión en la oración (v. 30), y Pedro también recibió una visión (vs. 17, 19) en la oración, y por medio de ellas el plan y el mover de Dios fueron llevados a cabo. La oración del hombre es necesaria como medio de cooperación con el mover de Dios.

9[2] Es decir, las doce del día (cfr. Sal. 55:17).

10[1] Significa buscar las cosas de Dios (Mt. 5:6). Dios colma de bienes a los hambrientos (Lc. 1:53).

10[2] Una palabra generalmente traducida *saborear*.

10[3] La palabra griega significa *sacar algo de su lugar,* y se refiere a un estado en el cual un hombre siente que se sale de sí mismo y desde el cual regresa a sí mismo (nota 11[1] del cap. 12), como en un sueño, pero sin dormir. Difiere de una visión, como en los vs. 3, 17 y 19, en la cual objetos definidos son visibles a los ojos humanos. Sin embargo, en este éxtasis o trance Pedro tuvo una visión (11:5).

11 y vio el [1]cielo [a]abierto, y que descendía un [2]objeto
semejante a un gran lienzo, que atado de las cuatro puntas
era bajado a la tierra;
12 en el cual había de todos los [1]cuadrúpedos y reptiles de
la tierra y aves del cielo.
13 Y le vino una voz: Levántate, Pedro, mata y [1]come.
14 Entonces Pedro dijo: Señor, de ninguna manera; porque ninguna cosa [a]profana o [b]inmunda he comido [1c]jamás.
15 *Volvió* la voz a él la segunda vez: [1]Lo que Dios [a]limpió,
no lo tengas por común.
16 Esto se hizo tres veces; y el objeto volvió a ser recogido
en el cielo.

c. La visita de Pedro
10:17-33

17 Y mientras Pedro estaba perplejo dentro de sí *sobre* lo
que significaría la [1a]visión que había visto, he aquí los
hombres que habían sido enviados por Cornelio, los cuales,
habiendo indagado dónde estaba la casa de Simón, se presentaron a la puerta.
18 Y llamando, preguntaron si se hospedaba allí un Simón que tenía por sobrenombre Pedro.
19 Y mientras Pedro pensaba en la visión, le dijo el [a]Espí-
ritu: He aquí, tres hombres te buscan.
20 Levántate, baja y vete con ellos sin dudar, porque [1]Yo
los he enviado.

11[a] Hch. 7:56; Mt. 3:16; Jn. 1:51; Ap. 19:11

14[a] Hch. 10:28

14[b] Lv. 20:25

14[c] Ez. 4:14; cfr. Dn. 1:8

15[a] Hch. 15:9

17[a] Hch. 10:3

19[a] Hch. 8:29

11[1] Indica que el mover evangélico del Señor en la tierra está bajo Su administración en el trono en el cielo (cfr. He. 8:1; Hch. 7:56). Todos los apóstoles y evangelistas estaban y todavía están llevando a cabo la comisión celestial en la tierra para la propagación del evangelio del reino de Dios.

11[2] El objeto semejante a un gran lienzo simboliza el evangelio y su propagación a los cuatro confines de la tierra habitada (Lc. 13:29) para reunir toda clase de personas inmundas (pecaminosas).

12[1] Representa toda clase de personas (vs. 15, 28 y las notas).

13[1] En esta señal, comer significa asociarse con la gente (v. 28).

14[1] Como se enseña en Lv. 11. La circuncisión, la observancia del sábado y la abstención de ciertos alimentos son las tres principales ordenanzas de la ley de Moisés que hacen a los judíos distintos y separados de los gentiles, a quienes aquéllos consideran inmundos. Todas estas ordenanzas bíblicas de la dispensación del Antiguo Testamento vinieron a ser un obstáculo para la propagación del evangelio entre los gentiles conforme a la dispensación neotestamentaria de Dios (15:1; Col. 2:16).

15[1] Se refiere a la gente, a quienes Dios limpió mediante la sangre redentora de Cristo (Ap. 1:5) y la renovación efectuada por el Espíritu Santo (Tit. 3:5; Hch. 15:9).

17[1] Véase la nota 10[3].

21 Entonces Pedro, descendiendo a donde estaban los hombres, les dijo: He aquí, yo soy el que buscáis; ¿cuál es la causa por la que habéis venido?

22 Ellos dijeron: Cornelio el centurión, varón justo y [a]temeroso de Dios, y que tiene [b]buen testimonio en toda la nación de los judíos, ha recibido instrucciones divinas por un [c]santo ángel, de hacerte *venir* a su casa para oír tus [d]palabras.

23 Entonces, haciéndoles entrar, los hospedó. Y al día siguiente, levantándose, se fue con ellos; y le acompañaron [1a]algunos de los hermanos de Jope.

24 Al otro día entraron en Cesarea. Y Cornelio los estaba esperando, habiendo convocado a sus parientes y amigos más íntimos.

25 Cuando Pedro iba a entrar, salió Cornelio a recibirle, y [a]postrándose a sus pies, adoró.

26 Mas Pedro le levantó, diciendo: Levántate, pues yo mismo también soy [a]hombre.

27 Y hablando con él, entró, y halló a muchos que se habían reunido.

28 Y les dijo: Vosotros sabéis que le está prohibido a un varón judío juntarse o acercarse a un [a]extranjero; pero a mí me ha mostrado Dios que a ningún [1]hombre llame [b]profano o inmundo;

29 por lo cual, al ser llamado, vine sin replicar. Así que pregunto: ¿Por qué causa me habéis hecho venir?

30 Entonces Cornelio dijo: Hace cuatro días que a esta hora yo estaba orando en mi casa a la hora novena, y vi que se puso delante de mí un varón [a]con vestido resplandeciente,

31 y dijo: Cornelio, tu oración ha sido [a]oída, y tus limosnas han sido [b]recordadas delante de Dios.

32 Envía, pues, a Jope, y haz venir a Simón el que tiene por sobrenombre Pedro, el cual mora en casa de Simón, un curtidor, junto al mar.

22[a] Hch. 10:2
22[b] Hch. 22:12
22[c] Mr. 8:38
22[d] Hch. 11:14
23[a] Hch. 10:45; 11:12
25[a] Dn. 2:46; Hch. 16:29
26[a] Hch. 14:14-15
28[a] Hch. 11:3; Gá. 2:12
28[b] Hch. 10:14-15
30[a] Lc. 24:4
31[a] cfr. Dn. 10:12
31[b] Hch. 10:4

20[1] Esto indica que el envío de los tres hombres por parte de Cornelio fue en efecto el mover y actuar del Espíritu por intermedio de Cornelio aún antes de que éste se convirtiera.

23[1] En este caso estratégico, Pedro no actuó de manera individual, sino que actuó junto con algunos hermanos, conforme al principio del Cuerpo de Cristo, a fin de que éstos vieran lo que Dios haría con los gentiles, esto es, predicarles el evangelio por medio de Pedro, al quebrantar éste la tradición y las costumbres judías (11:12).

28[1] Esto indica que a la larga Pedro entendió el significado de la visión que tuvo en el éxtasis (vs. 11, 17, 19), es decir, que los animales mostrados en el gran lienzo representaban hombres.

33 Así que luego envié por ti; y tú has hecho bien en venir.
Ahora, pues, todos nosotros estamos aquí en la presencia de
Dios, para oír todo lo que el Señor te ha mandado.

d. El mensaje de Pedro
10:34-43

34 Entonces Pedro, abriendo la boca, dijo: En verdad
comprendo que Dios no hace [a]acepción de personas,
35 sino que en [a]toda nación [1]le es acepto el que le [b]teme y
hace [c]justicia.
36 La palabra que Dios envió a los hijos de Israel, anunciando el evangelio de la [a]paz por medio de Jesucristo (El es
[b]Señor de [1]todos)
37 vosotros la conocéis; [1]la palabra que se divulgó por toda
Judea, comenzando desde [a]Galilea, después del bautismo
que proclamó Juan:
38 Cómo Dios [a]ungió con el [b]Espíritu Santo y con [c]poder a
Jesús de [d]Nazaret, y cómo éste anduvo haciendo el bien y
sanando a todos los [e]oprimidos por el diablo, porque Dios
estaba [f]con El.
39 Y nosotros somos [a]testigos de todas las cosas que *Jesús*
hizo en la tierra de Judea y en Jerusalén; a quien [b]mataron
colgándole en un [c]madero.
40 A éste [a]levantó [1]Dios al [b]tercer día, e hizo que se
[2c]manifestase;
41 no a todo el pueblo, sino a los [a]testigos que Dios había
ordenado de antemano, a nosotros que [b]comimos y bebimos
con El después que [1]resucitó de los muertos.
42 Y nos [a]mandó que proclamásemos al pueblo, y [b]testifi-
cásemos solemnemente que El es el que Dios ha puesto por
[1c]Juez de [d]vivos y muertos.

35[1] Los que temen a Dios y hacen justicia en toda nación todavía forman parte de la humanidad caída. Dios los acepta en vista de la redención de Cristo (véase la nota 4[1]). Sin Cristo, ningún hombre caído es justificado por sus obras (Ro. 3:20; Gá. 2:16).

36[1] Se refiere a los hombres (1 Ti. 2:4), no sólo a los judíos, sino también a los gentiles.

37[1] Lit., la palabra que ha sucedido. La palabra en griego denota palabras específicas para el momento.

40[1] Véase la nota 24[1] del cap. 2.

40[2] Lit., hiciese visible.

41[1] Véase la nota 24[1] del cap. 2.

42[1] Cuando el Cristo resucitado venga, antes del milenio, juzgará a los vivos en Su trono de gloria (Mt. 25:31-46). Esto está relacionado con Su segunda venida (2 Ti. 4:1). Después del milenio, juzgará a los muertos en el gran trono blanco (Ap. 20:11-15).

41[b] Lc. 24:43; Jn. 21:12 **42[a]** Mt. 28:20; Hch. 1:2 **42[b]** Hch. 2:40; 14:3
42[c] Jn. 5:22, 27; 1 P. 4:5 **42[d]** Ro. 14:9

34[a] 2 Cr. 19:7; Ro. 2:11; Ef. 6:9; 1 P. 1:17
35[a] Hch. 17:26-27
35[b] Hch. 10:2
35[c] Is. 64:5
36[a] Ef. 2:17
36[b] Ro. 10:12
37[a] Mt. 4:12; Mr. 1:14
38[a] Hch. 4:27
38[b] Mt. 3:16
38[c] Lc. 6:19
38[d] Hch. 2:22
38[e] Lc. 4:18
38[f] Jn. 3:2; 8:29; 16:32
39[a] Hch. 1:8; 10:41
39[b] Hch. 2:23; 3:15; 7:52
39[c] Hch. 5:30
40[a] Hch. 2:24; 13:30
40[b] Lc. 9:22; 1 Co. 15:4
40[c] Hch. 1:3; Jn. 14:21-22
41[a] Hch. 1:8; 13:31

43 De El dan testimonio todos los [a]profetas, de que por Su
[b]nombre, todos los que en El [c]creen recibirán [1d]perdón de
pecados.

e. Los creyentes gentiles son bautizados en el Espíritu Santo
10:44-46

44 Mientras aún hablaba Pedro estas palabras, el [a]Espíritu Santo [1]cayó sobre todos los que [2]oían la palabra.
45 Y los creyentes de la [a]circuncisión [b]que habían venido
con Pedro se quedaron atónitos de que también sobre los
[c]gentiles se [1]derramase el [2d]don del Espíritu Santo.
46 Porque los oían que [1a]hablaban en lenguas, y que
[2]magnificaban a Dios. Entonces respondió Pedro:

43[a] Lc. 24:27; Hch. 3:18, 24; 26:22; Ro. 3:21
43[b] Hch. 4:12; Jn. 20:31; 1 Jn. 2:12
43[c] Jn. 3:18; Ro. 10:11; Gá. 3:22
43[d] Hch. 5:31; Jer. 31:34
44[a] Hch. 11:15; 15:8; 2:17, 38; Gá. 3:14
45[a] Hch. 11:2
45[b] Hch. 10:23; 11:12
45[c] Hch. 11:18; Gá. 3:14
45[d] Hch. 2:38
46[a] Mr. 16:17; Hch. 2:4, 6, 8

Véase la nota 31[1] del cap. 17. Eso será la purificación final de la vieja creación contaminada.

43[1] Esto prueba que Cornelio, aunque temía a Dios y hacía justicia, y aunque sus oraciones y limosnas habían sido aceptadas por Dios, necesitaba que sus pecados fueran perdonados al creer en Cristo el Redentor (véanse las notas 4[1] y 35[1]).

44[1] De una manera exterior y económica (véase la nota 8[2] del cap. 1). En la casa de Cornelio, el Espíritu Santo entró en los creyentes en el aspecto esencial de vida y al mismo tiempo cayó sobre ellos en el aspecto económico para impartir poder, cuando creyeron en el Señor. Sin embargo, aquí solamente se nota el hecho de que el Espíritu cayó sobre ellos en el aspecto económico porque esto ocurrió exteriormente y otros lo pudieron constatar dado que hablaron en lenguas y magnificaron a Dios (v. 46). El Espíritu entró silenciosa e invisiblemente en los ahí reunidos. Ellos recibieron ambos aspectos del Espíritu Santo directamente de Cristo, la Cabeza, sin que hubiese ningún intermediario, antes de que otros miembros del Cuerpo de Cristo los bautizaran en agua. Esto indica claramente que la propagación del evangelio del reino de Dios a los gentiles provino del Señor, y que la Cabeza del Cuerpo bautizó a los creyentes gentiles directamente en Su Cuerpo, sin que ningún miembro de éste les impusiera las manos, en contraste con el caso de los creyentes samaritanos y el de Saulo de Tarso (8:17; 9:17).

44[2] Esto indica que ellos también creyeron en el Señor (v. 43; Jn. 5:24; Ro. 10:14; Ef. 1:13).

45[1] El Espíritu Santo mismo, y no algo del Espíritu Santo dado a los creyentes como un don (véase la nota 38[6] del cap. 2).

45[2] Por Dios, desde el Cristo todo-inclusivo, resucitado y ascendido (véase la nota 17[2] del cap. 2).

46[1] Hablar en lenguas no fue el único resultado de recibir el Espíritu Santo económicamente, porque en este caso el magnificar, es decir, el alabar a Dios, fue un resultado, como también lo fue el profetizar en el caso de los doce creyentes de Efeso (19:6). Por tanto, hablar en lenguas no constituye la única evidencia de recibir el Espíritu Santo en el aspecto económico; tampoco es una evidencia necesaria, porque hay por lo menos un caso en el cual se recibe el Espíritu Santo económicamente, el de los creyentes samaritanos (8:15-17), donde no se menciona el hablar en lenguas. Tampoco en el caso de Saulo de Tarso (9:17) se hace mención del hablar en lenguas, aunque más tarde, en 1 Co. 14:18, él nos dijo que sí hablaba en lenguas.

46[2] La misma expresión usada en Lc. 1:46.

f. Los creyentes gentiles son bautizados en agua
10:47-48

47 ¿Puede acaso alguno impedir el agua, para que no sean
[a]bautizados estos que han recibido el Espíritu Santo tam- 47[a] Hch. 8:36
bién [1b]como nosotros? 47[b] Hch. 11:17; 15:8
48 Y mandó [1]bautizarles [2*]en el [3]nombre de Jesucristo.
Entonces le rogaron que se quedase por algunos días.

47[1] Como los primeros apóstoles y los creyentes judíos en el día de Pentecostés (2:4), asimismo los creyentes gentiles que estaban en la casa de Cornelio también recibieron el Espíritu Santo en el aspecto económico directamente de la Cabeza ascendida. Sólo estos dos ejemplos del Nuevo Testamento son considerados como el bautismo en el Espíritu Santo (1:5; 11:15-16). Mediante estos dos pasos la Cabeza del Cuerpo bautizó a todos Sus creyentes, tanto judíos como gentiles, de una vez por todas en un solo Cuerpo (1 Co. 12:13). Por consiguiente, el bautismo en el Espíritu es un hecho ya cumplido que el Cristo ascendido llevó a cabo en el día de Pentecostés y en la casa de Cornelio. Ninguno de los otros casos —los creyentes samaritanos en el cap. 8, Saulo de Tarso en el cap. 9 y los doce creyentes efesios en el cap. 19— es considerado el bautismo en el Espíritu Santo conforme a la revelación del Nuevo Testamento. Estos casos solamente fueron experiencias que los creyentes tuvieron del bautismo efectuado una sola vez y para siempre en el Espíritu Santo.

En este libro solamente se mencionan cinco casos relacionados con el hecho de que los creyentes recibieran el Espíritu Santo en el aspecto económico, es decir, con el hecho de que el Espíritu Santo cayera sobre ellos. Dos de ellos tienen como fin la realización del bautismo en el Espíritu Santo. Estos casos ocurrieron el día de Pentecostés y en la casa de Cornelio. Los otros tres —el caso de los creyentes samaritanos, el de Saulo de Tarso y el de los doce creyentes en Efeso— son considerados extraordinarios, dado que fue necesario que algunos miembros del Cuerpo de Cristo, mediante la imposición de manos, los identificaran con el Cuerpo. Aparte de estos cinco casos, en muchas conversiones, no se hace mención de que los creyentes recibieran el Espíritu Santo en el aspecto económico —de que el Espíritu Santo cayera sobre los creyentes—, como por ejemplo en los tres mil (2:41), los cinco mil (4:4), el eunuco etíope (8:36, 38-39a), la multitud de Antioquía que creyó (11:20-21, 24), los diversos casos de los caps. 13 y 14 bajo el ministerio de la predicación de Pablo, a saber, Lidia en Filipos (16:14-15), el carcelero de Filipos (16:33), los creyentes de Tesalónica (17:4), los creyentes de Berea (17:10-12), los creyentes de Atenas (17:34), el principal de la sinagoga y muchos otros creyentes de Corinto (18:8), y los creyentes de Efeso (19:18-19). No se habla de que recibieran el Espíritu Santo en el aspecto económico debido a que en todos esos casos los creyentes fueron introducidos en el Cuerpo de Cristo de una manera normal al creer y no había necesidad de que algún miembro del Cuerpo de Cristo los ayudara a identificarse con el Cuerpo mediante la imposición de manos. Conforme al principio de la economía neotestamentaria de Dios, todos debieron haber recibido el Espíritu Santo en el aspecto esencial de vida y en el aspecto económico de poder de una manera normal al creer en Cristo.

48[1] Véase la nota 36[1] del cap. 8.

48[2] Cfr. *en el nombre,* en 8:16.

48[3] El nombre denota la persona (véase la nota 19[5] de Mt. 28). Ser bautizado en el nombre de Jesucristo consiste en ser bautizado en la persona de Cristo (Ro. 6:3; Gá. 3:27), lo cual también consiste en ser bautizado en

CAPITULO 11

g. El reconocimiento por parte de los apóstoles y los hermanos de Judea
11:1-18

1[a] Hch. 11:29; 9:30

1 Oyeron los apóstoles y los [a]hermanos que estaban en Judea, que también los gentiles habían recibido la palabra de Dios.

2[a] Hch. 10:45; Col. 4:11; Tit. 1:10

2 Y cuando Pedro subió a Jerusalén, disputaban con él los que eran de la [1a]circuncisión,

3[a] Gá. 2:12; cfr. Lc. 15:2
3[b] Hch. 10:28

3 diciendo: Has entrado en casa de hombres incircuncisos, y has [a]comido [b]con ellos.

4 Entonces comenzó Pedro a contarles por orden lo sucedido, diciendo:

5[a] vs. 5-14: Hch. 10:9-32

5 Estaba yo en la ciudad de Jope [a]orando, y vi en éxtasis una visión; un objeto semejante a un gran lienzo que descendía, que por las cuatro puntas era bajado del cielo y venía hasta mí.

6 Cuando fijé en él los ojos, lo examiné y vi cuadrúpedos terrestres, y fieras, y reptiles, y aves del cielo.

7 Y también oí una voz que me decía: Levántate, Pedro, mata y come.

8 Y dije: De ninguna manera, Señor; porque nada profano o inmundo entró jamás en mi boca.

9 Entonces la voz me respondió del cielo por segunda vez: Lo que Dios limpió, no lo tengas tú por común.

10 Y esto se hizo tres veces, y volvió todo a ser llevado arriba al cielo.

11 Y he aquí, se presentaron en aquel momento tres hombres en la casa donde estábamos, enviados a mí desde Cesarea.

12[a] Hch. 10:23, 45

12 Y el Espíritu me dijo que fuese con ellos [1]sin dudar. Fueron también conmigo [2]estos [a]seis hermanos, y entramos en casa de un varón,

13 quien nos contó cómo había visto en su casa a un ángel,

---

la esfera de Su persona (véase la nota 38[3] del cap. 2).

2[1] La circuncisión era una ordenanza externa que los judíos heredaron de sus antepasados, a partir de Abraham (Gn. 17:9-14), la cual los distinguía y separaba de los gentiles. Llegó a ser una formalidad tradicional y muerta, una simple marca en la carne sin ningún significado espiritual, y vino a ser un gran obstáculo para la propagación del evangelio de Dios conforme a Su economía neotestamentaria (15:1; Gá. 2:3-4; 6:12-13; Fil. 3:2; véase la nota 14[1] del cap. 10).

12[1] O, sin hacer distinción.

12[2] Los seis hermanos estaban presentes mientras Pedro hablaba, como testigos de lo que él decía.

que se puso de pie y le dijo: Envía *hombres* a Jope, y haz
venir a Simón, el que tiene por sobrenombre Pedro;
14 él te hablará palabras por las cuales serás salvo tú, y
toda tu [1]casa.
15 Y cuando comencé a hablar, cayó el [a]Espíritu Santo
sobre ellos también, como sobre nosotros [b]al principio.
16 Entonces me acordé de lo dicho por el Señor, cuando
dijo: [a]Juan bautizó con agua, mas vosotros seréis bautizados
en el Espíritu Santo.
17 Si Dios, pues, les concedió también el mismo [a]don [b]que
a nosotros que hemos creído en el Señor Jesucristo, [c]¿quién
era yo para impedírselo?
18 Entonces, oídas estas cosas, callaron, y [a]glorificaron a
Dios, diciendo: De manera que también a los [b]gentiles ha
dado Dios [c]arrepentimiento para [1]vida.

17. La divulgación del ministerio hasta Fenicia, Chipre y Antioquía
11:19-26

19 Ahora bien, los que habían sido [1a]esparcidos a causa de
la tribulación que hubo con motivo de Esteban, pasaron
hasta Fenicia, Chipre y Antioquía, sin hablar a [2]nadie la
palabra, sino sólo a los judíos.
20 Pero había entre ellos unos [1]varones de Chipre y de
Cirene, los cuales, cuando llegaron a Antioquía, [2]hablaron
también a los [a]griegos, [b]anunciando el evangelio del Señor
Jesús.

15[a] Hch. 10:44
15[b] Hch. 2:4
16[a] Hch. 1:5
17[a] Hch. 10:45; 8:20
17[b] Hch. 10:47; 15:8
17[c] cfr. Ro. 9:20
18[a] Hch. 21:20
18[b] Hch. 10:45; 13:46-47; Ro. 15:9-10
18[c] Hch. 5:31
19[a] Hch. 8:1
20[a] Jn. 7:35
20[b] Hch. 5:42

14[1] Véase la nota 31[1] del cap. 16.

18[1] Gr. *zoé;* se refiere a la vida de Dios (Ef. 4:18), la vida eterna (1 Jn. 1:2), la vida increada e indestructible (He. 7:16), la cual es Cristo mismo (Jn. 14:6; 11:25; Col. 3:4) como Espíritu vivificante (1 Co. 15:45), cuya vida es el Espíritu (Ro. 8:2). Los creyentes reciben esta vida por medio de su fe en Cristo (Jn. 3:15-16) después de arrepentirse, y esta vida les trae la salvación plena (Ro. 5:10). El evangelio que Pedro predicó abarca las bendiciones divinas no solamente del perdón (5:31; 10:43) y la salvación (2:21; 4:12), sino también del Espíritu (2:38) y la vida. El perdón es la solución para los pecados de la gente, y la vida elimina la muerte de la gente (Jn. 5:24; 1 Jn. 3:14; 2 Co. 5:4).

19[1] Véase la nota 4[1] del cap. 8.

19[2] Esto indica que los creyentes judíos eran muy estrictos en la observancia de sus tradiciones. Ellos no se acercaban a los gentiles (10:28). Esta condición continuó aun después de que Pedro le predicara a Cornelio, un italiano. Indudablemente esto restringió el mover del Señor en la propagación de Su evangelio conforme a la economía neotestamentaria de Dios.

20[1] Seguramente éstos eran creyentes judíos de la dispersión (cfr. 1 P. 1:1).

20[2] Este fue un paso adicional del mover del Señor en la extensión de Su evangelio a los gentiles después de lo sucedido en la casa de Cornelio (cap. 10) y antes de que empezara el ministerio de Pablo a los gentiles, lo cual ocurrió en el cap. 13.

21[a] Lc. 1:66
21[b] Hch. 11:24
21[c] Hch. 9:35
22[a] Hch. 5:11; 11:26
23[a] Hch. 4:33; 13:43; 2 Co. 6:1; Col. 1:6
23[b] Hch. 8:39
23[c] 2 Ti. 3:10
24[a] Hch. 11:21
24[b] Hch. 5:14
25[a] Hch. 9:30
26[a] Hch. 13:1
26[b] Hch. 11:22; 12:1
26[c] Hch. 26:28
27[a] Hch. 13:1; 15:32
28[a] Hch. 21:10

21 Y la [a]mano del Señor estaba con ellos, y [b]gran número
creyó y se [c]convirtió al Señor.

22 Llegó la noticia de estas cosas a oídos de la [a]iglesia que
estaba en Jerusalén; y [1]enviaron a [2]Bernabé que fuese hasta
Antioquía.

23 Este, cuando llegó, y vio la [1a]gracia de Dios, se [b]regocijó,
y exhortó a todos a que con [c]propósito de corazón [2]permane-
ciesen unidos al Señor.

24 Porque era varón bueno, y [1]lleno del Espíritu Santo y
de fe. Y una [2a]gran multitud fue [b]agregada al Señor.

25 Después fue a [a]Tarso para buscar a Saulo;

26 y hallándole, le trajo a [a]Antioquía. Y se congregaron
allí todo un año en la [b]iglesia, y enseñaron a mucha gente; y
a los discípulos se les llamó [1c]cristianos por primera vez en
Antioquía.

18. El intercambio entre la iglesia en Antioquía y los santos de Judea 11:27-30

27 En aquellos días unos [1a]profetas descendieron de Jerusalén a Antioquía.

28 Y levantándose uno de ellos, llamado [a]Agabo, indicó

22[1] La palabra griega denota la idea de ser enviado (en una misión) como representante autorizado. Bernabé fue enviado desde Jerusalén para visitar a los creyentes de otros lugares; fue enviado con autoridad por los apóstoles, no por la iglesia, porque los apóstoles estaban en Jerusalén.

22[2] Saulo fue salvado directamente por el Señor sin que nadie le predicara (9:3-6), y fue identificado con el Cuerpo de Cristo por medio de Ananías, un miembro del Cuerpo de Cristo (9:10-19). Sin embargo, fue introducido a la comunión práctica con los discípulos de Jerusalén mediante Bernabé (9:26-28). Luego Bernabé fue enviado de Jerusalén a Antioquía para alentar a los creyentes, y fue a Tarso para traer a Saulo a Antioquía (vs. 25-26). Esto constituyó un gran paso. Inició a Saulo en el mover del Señor de propagar el evangelio de Su reino al mundo gentil (13:1-3; véase la nota 25[1] del cap. 12).

23[1] Véanse las notas 14[6] de Jn. 1 y 10[1] de 1 Co. 15. La gracia vista por Bernabé seguramente consistía en que los creyentes recibieran y disfrutaran al Dios Triuno y lo expresaran en su salvación, su cambio de vida y su modo santo de vivir y en los dones que ejercitaban en sus reuniones, todo lo cual podía ser visto por otros.

23[2] Es decir, fuesen fieles al Señor hasta el final, se abrazaran a El y vivieran en íntima comunión con El.

24[1] Véase la nota 3[1] del cap. 6.

24[2] O, número considerable (también en el v. 26).

26[1] Véase la nota 16[1] de 1 P. 4. El hecho de que a los discípulos de Antioquía les fuera dado tal sobrenombre, un término de reproche, indica que deben de haber llevado un firme testimonio a favor del Señor, un testimonio que los hacía distintos y especiales a los ojos de los incrédulos.

27[1] Véase la nota 28[3] de 1 Co. 12.

por el [b]Espíritu, que vendría una gran [c]hambre en toda la
tierra habitada; la cual sucedió en tiempo de [1d]Claudio.
29 Entonces los [1]discípulos, cada uno según había [2]pros-
perado, determinaron [a]enviar *bienes* [3]para [b]ministrar a los
[c]hermanos que habitaban en Judea;
30 y lo hicieron, enviándolo a los [1a]ancianos por mano de
[b]Bernabé y de [2]Saulo.

CAPITULO 12

19. La persecución por el político romano 12:1-23

a. Algunos creyentes son maltratados y Jacobo muere como mártir vs. 1-2

1 Entonces, por aquel tiempo el rey [1]Herodes echó mano
a algunos de la [a]iglesia para [b]maltratarles.
2 Y [a]mató a [b]espada a [c]Jacobo, hermano de Juan.

b. Pedro es arrestado vs. 3-19a

(1) Custodiado en la cárcel vs. 3-5a

3 Y viendo que esto había [a]agradado a los judíos, procedió a prender también a Pedro. Eran entonces los días de los
[b]panes sin levadura.

28[1] Un césar del Imperio Romano. En el cuarto año de su reinado, cerca del año 44 d. de C., hubo hambre en Judea y las regiones cercanas.

29[1] Este versículo muestra que la práctica de tener todas las cosas en común, observada por los creyentes (2:44-45; 4:32) en los tiempos de Pentecostés, ya pertenecía a la historia cuando este asunto fue mencionado, menos de diez años después de Pentecostés, mucho antes de que Pablo comenzara su ministerio a los gentiles (13:2-4). Estas palabras también indican que en los primeros días de la iglesia no había una manera predeterminada y uniforme para que los creyentes dieran ofrendas materiales, sino que cada creyente determinaba según su propia voluntad e iniciativa lo que quería dar.

29[2] La palabra griega aquí usada significa *prosperar favorablemente*, o *avanzar sin obstáculos;* por tanto, denota la idea de desarrollarse sin obstáculos, prosperar, en alguna empresa, ocupación u otras actividades. La prosperidad es dada por Dios y produce sobreabundancia.

29[3] Lit., para servicio. Se deriva de la misma palabra griega traducida *ministraban* en Mt. 4:11.

30[1] Esto indica que en los primeros días los ancianos administraban las finanzas de la iglesia (véase la nota 3[5] de 1 Ti. 3).

30[2] Ahora Saulo, por conducto de Bernabé, fue puesto en el servicio entre las iglesias.

28[b] Hch. 2:18; 8:29; 10:19; 21:4, 11
28[c] Mt. 24:7
28[d] Hch. 18:2
29[a] Hch. 24:17; Ro. 15:26; 1 Co. 16:1
29[b] Hch. 12:25
29[c] Hch. 11:1
30[a] Hch. 14:23; 15:2, 4, 6; 20:17; 21:18; 1 Ti. 5:17, 19; Tit. 1:5; Jac. 5:14
30[b] Hch. 13:1
1[a] Hch. 12:5; 5:11; 13:1
1[b] Hch. 9:13
2[a] Hch. 9:23
2[b] He. 11:37
2[c] Mt. 4:21
3[a] Hch. 24:27; 25:9
3[b] Hch. 20:6; Ex. 12:15-20; 23:15

4 Y habiéndole [a]tomado preso, le puso en la [b]cárcel, entregándole a cuatro [1]cuaterniones de soldados, para que le custodiasen; y se proponía sacarle al pueblo después de la [c]Pascua.

5 Así que Pedro estaba custodiado en la cárcel;

(2) Rescatado por el Señor
vs. 5b-19a

pero la [a]iglesia hacía ferviente [b]oración a Dios por él.

6 Y cuando Herodes iba a hacerlo comparecer, aquella misma noche estaba Pedro durmiendo entre dos soldados, [a]sujeto con dos cadenas, y los guardas delante de la puerta custodiaban la cárcel.

7 Y he aquí que se [a]presentó un [b]ángel del Señor, y una luz resplandeció en la cárcel; y [c]tocando a Pedro en el costado, le despertó, diciendo: Levántate pronto. Y las [d]cadenas se le cayeron de las manos.

8 Le dijo el ángel: Cíñete, y átate las [a]sandalias. Y lo hizo así. Y le dijo: Envuélvete en tu manto, y sígueme.

9 Y saliendo, le seguía; pero no sabía que era verdad lo que se hacía por medio del ángel, sino que pensaba que veía una [a]visión.

10 Habiendo pasado la primera y la segunda guardia, llegaron a la puerta de hierro que daba a la ciudad, la cual se les [a]abrió por sí misma; y salidos, avanzaron por una calle, y luego el ángel se apartó de él.

11 Entonces Pedro, [1]volviendo en sí, dijo: Ahora sé verdaderamente que el Señor ha enviado Su [a]ángel, y me ha [b]rescatado de la mano de Herodes, y de todo lo que el pueblo de los judíos esperaba.

12 Y cuando se dio cuenta de *esto,* llegó a casa de María la madre de [a]Juan, el que tenía por sobrenombre Marcos, donde muchos estaban reunidos [b]orando.

4[a] cfr. Jn. 21:18
4[b] Lc. 21:12; Hch. 16:23
4[c] Ex. 12:11, 21; Jn. 18:28
5[a] Hch. 12:1
5[b] Hch. 12:12; Ef. 6:18
6[a] Hch. 21:33
7[a] Lc. 2:9; 24:4
7[b] Hch. 5:19
7[c] 1 R. 19:7
7[d] Hch. 16:26
8[a] Mr. 6:9
9[a] Hch. 10:3, 17; 11:5; 16:9-10
10[a] Hch. 5:19; 16:26
11[a] Gn. 48:16; Sal. 34:7; 91:11; Dn. 3:28; 6:22
11[b] Sal. 33:18-19; 97:10; 2 Co. 1:10; 2 P. 2:9

1[1] Herodes, Agripa I, cuyo sucesor fue el rey Agripa (el segundo) mencionado en 25:13. Ninguno de ellos era Herodes el tetrarca, mencionado en 13:1. Hasta aquí la iglesia solamente había sufrido persecución de parte de la religión judía. Ahora los políticos gentiles empezaban a participar en la persecución cooperando con la religión judía (v. 11).

4[1] Un cuaternión era un grupo de cuatro soldados.

11[1] Tal vez Pedro pensó que estaba fuera de sí como en un éxtasis; ahora volvió en sí, es decir, recobró la consciencia. Cfr. la nota 10[3] del cap. 10.

12[a] Hch. 12:25; 13:5, 13; 15:37, 39; Col. 4:10; 2 Ti. 4:11; Flm. 24; 1 P. 5:13
12[b] Hch. 12:5

13 Cuando tocó a la puerta de la entrada, salió a escuchar
una muchacha llamada Rode,

14 la cual, cuando reconoció la voz de Pedro, de gozo no
abrió la puerta, sino que corriendo adentro, dio la nueva de
que Pedro estaba a la entrada.

15 Y ellos le dijeron: Estás loca. Pero ella insistía en que
así era. Entonces ellos decían: Es [1]su ángel.

16 Mas Pedro continuaba tocando; y cuando abrieron y le
vieron, se quedaron estupefactos.

17 Pero él, [a]haciéndoles con la mano señal de que callasen, les contó cómo el Señor le había sacado de la cárcel. Y
dijo: Haced saber esto a [1b]Jacobo y a los [c]hermanos. Y salió,
y se fue a otro lugar.

18 Luego que fue de día, hubo no poco alboroto entre los
soldados sobre qué había sido de Pedro.

19 Mas Herodes, habiéndole buscado sin hallarle,

c. El destino de los perseguidores
vs. 19b-23

después de interrogar a los guardas, ordenó que los llevaran
para ejecutarlos. Después descendió de Judea a [a]Cesarea y
pasó *allí* un tiempo.

20 Y Herodes estaba furioso con los de Tiro y de Sidón;
pero ellos vinieron de acuerdo ante él, y habiendo persuadido
a Blasto, que era [1]camarero mayor del rey, pedían paz,
porque su país era [a]abastecido por el del rey.

21 Y un día señalado, Herodes, vestido de ropas reales, se
sentó en el tribunal y les arengó.

22 Y el pueblo aclamaba gritando: ¡Voz de dios, y no de
hombre!

23 Al momento un [a]ángel del Señor le hirió, por cuanto no
dio la [b]gloria a Dios; y comido de [c]gusanos, [1]expiró.

20. La palabra crece y se multiplica
12:24

24 Pero la palabra de [1]Dios [a]crecía y se multiplicaba.

17[a] Hch. 19:33; 21:40
17[b] Jac. 1:1
17[c] Hch. 11:1
19[a] Hch. 10:1, 24
20[a] Esd. 3:7
23[a] 2 S. 24:17; 2 R. 19:35
23[b] cfr. Sal. 115:1
23[c] Jon. 4:7
24[a] Hch. 6:7

15[1] No solamente el apóstol Pedro tenía un ángel; hasta los más pequeños de los creyentes tienen sus ángeles (Mt. 18:10). Los ángeles son siervos para los creyentes que heredan la salvación de Dios (véase la nota 14[1] de He. 1). El dispuso esto en Su economía eterna.

17[1] Esto indica que Jacobo era un líder entre los apóstoles y entre los ancianos de Jerusalén (cfr. 15:13; 21:18; Gá. 1:19; 2:9, 12).

20[1] Alguien que se encarga del dormitorio.

23[1] Véase la nota 5[1] del cap. 5.

B. En la tierra de los gentiles por el ministerio de Pablo y los que estaban con él 12:25—28:31

1. El inicio 12:25

25 Y [1]Bernabé y Saulo, cumplida la [a]ministración, volvieron de Jerusalén, llevando también consigo a [b]Juan, el que
tenía por sobrenombre Marcos.

CAPITULO 13

2. Apartados y enviados por el Espíritu Santo 13:1-4a

1 Había entonces en [a]Antioquía, en la [1b]iglesia local,
[2c]profetas y [3]maestros: [4d]Bernabé, Simón el que se llamaba
[5]Niger, [6]Lucio de Cirene, [7]Manaén el hermano de crianza de
[8e]Herodes el tetrarca, y [9f]Saulo.
2 [1]Ministrando éstos al Señor, y ayunando, dijo el [2a]Es-
píritu Santo: [3b]Apartadme a Bernabé y a Saulo para la [c]obra
a que los he [d]llamado.

25[a] Hch. 11:29
25[b] Hch. 12:12; 13:5, 13
1[a] Hch. 11:26
1[b] Hch. 5:11; 14:23
1[c] Hch. 11:27
1[d] Hch. 11:22, 24
1[e] Lc. 3:1
1[f] Hch. 11:25
2[a] Hch. 8:29; 10:19; 16:6-7; 20:28
2[b] 1 Ti. 2:7; 2 Ti. 1:11
2[c] Hch. 9:15; 22:21
2[d] Ro. 1:1; Gá. 1:15

24[1] Algunos mss. dicen: el Señor.

25[1] Los vs. 1-24 forman una sección parentética, una crónica de la persecución de Pedro. Este versículo es continuación de 11:30, el cual, junto con los versículos precedentes, a partir de 11:22, narra la iniciación de Pablo en el ministerio apostólico (véase la nota 22[2] del cap. 11). El pasaje comprendido entre 11:19 y 12:25 marca la transición entre el ministerio apostólico de Pedro para con los judíos en los caps. 2—11, y el ministerio apostólico de Pablo para con los gentiles en los caps. 13—28 (cfr. Gá. 2:7-8).

1[1] Véase la nota 1[1] del cap. 8.

1[2] Véase la nota 28[3] de 1 Co. 12.

1[3] Véase la nota 28[4] de 1 Co. 12.

1[4] Un levita, natural de Chipre (4:36).

1[5] Significa *negro* y se refiere probablemente a alguien de origen africano.

1[6] Un hombre de Cirene, en Africa del norte. Era judío, si se trata del mismo Lucio mencionado en Ro. 16:21, quien era pariente de Pablo.

1[7] Herodes tenía un lazo político con los romanos; por tanto, Manaén, quien era hermano de crianza de Herodes, probablemente tenía influencia europea.

1[8] El que mató a Juan el Bautista (Lc. 9:7-9). Fue una obra soberana del Señor que el hermano de crianza del asesino de Juan el Bautista llegara a ser uno de los líderes de la iglesia.

1[9] Un judío nacido en Tarso e instruido por Gamaliel conforme a la ley de Moisés (22:3). De los cinco profetas y maestros aquí mencionados, unos eran judíos y otros gentiles, y cada uno tenía origen, educación y rango social diferentes. Esto indica que la iglesia se compone de personas de toda raza y clase social, sin importar sus antecedentes, y que los dones y las funciones espirituales dados a los miembros del Cuerpo de Cristo no se basan en la condición natural de ellos.

2[1] No conferenciaban con los hombres ni se organizaban.

2[2] Como el Cristo *pneumático,* la Cabeza del Cuerpo.

2[3] Este fue un gran paso que dio

3 Entonces, [1]habiendo [a]ayunado y orado, les [2b]impusieron las manos y los despidieron.
4 Ellos, entonces, enviados por el [1]Espíritu Santo,

3. El primer viaje
13:4b—14:28

a. A Pafos de Chipre
13:4b-12

[2]descendieron a Seleucia, y de allí navegaron a [a]Chipre.
5 Y llegados a Salamina, anunciaban la [a]palabra de Dios
[1]en las [2b]sinagogas de los judíos. Tenían también a [c]Juan de
[d]ayudante.

3[a] Hch. 14:23
3[b] Hch. 6:6
4[a] Hch. 4:36
5[a] Hch. 13:26, 46
5[b] Hch. 13:14; Mr. 6:2; Lc. 4:15-16
5[c] Hch. 12:12, 25; 13:13; 15:37
5[d] Hch. 19:22

---

el Señor para la propagación del evangelio de Su reino al mundo gentil. Comenzó desde Antioquía, un centro gentil de Siria, sin organizarse ninguna misión, sin recaudarse fondos, sin determinaciones ni plan ni método humanos. Fue iniciado por cinco miembros del Cuerpo de Cristo fieles y diligentes, quienes, ministrando y ayunando, le proporcionaron a la Cabeza del Cuerpo una oportunidad para que El, como el Espíritu, los separase a fin de que llevaran a cabo la gran comisión de propagar el reino de Dios para el establecimiento de Su iglesia en el mundo gentil mediante la predicación del evangelio. Este gran paso no tuvo nada que ver con la iglesia en Jerusalén en cuanto a la organización, y no fue efectuado bajo la autoridad ni la dirección de Pedro ni ninguno de los otros once apóstoles de Jerusalén. Tuvo un comienzo puro en un centro gentil, lejos de la atmósfera e influencia de cualquier antecedente y práctica judíos, y aun de la práctica e influencia de la iglesia en Jerusalén. Fue un mover efectuado absolutamente por el Espíritu, en el Espíritu y con el Espíritu, mediante la coordinación entre los miembros fieles y diligentes del Cuerpo de Cristo, que está en la tierra, y la Cabeza, que está en los cielos. Por consiguiente, no fue un movimiento religioso que contase con un programa establecido por el hombre. Desde Antioquía, el mover del Señor en la tierra para la economía neotestamentaria de Dios tuvo un comienzo totalmente nuevo. Aunque el fluir del mover del Señor empezó en Jerusalén el día de Pentecostés y más tarde llegó a Antioquía y de allí pasó al mundo gentil, tuvo un comienzo puro por el Espíritu al cambiar de dirección en Antioquía.

3[1] No habiendo discutido ni decidido.

3[2] Véase la nota 14[4] de 1 Ti. 4. Aquí la imposición de manos denota identificación y significa que los que imponían las manos eran uno con aquéllos a quienes imponían las manos. Con esto declaraban a todos que eran uno con los enviados al ir ellos a llevar a cabo la gran comisión del Señor.

4[1] En el v. 3 Bernabé y Saulo fueron enviados por los otros tres. Sin embargo, aquí dice que fueron enviados por el Espíritu. Esto prueba que aquellos tres eran uno con el Espíritu en el mover del Señor y que el Espíritu respaldaba el envío de ellos como si El mismo lo hubiese hecho.

4[2] Este es el principio del primer viaje ministerial de Pablo, el cual termina en 14:27.

5[1] Bernabé y Saulo asistieron a la reunión de la sinagoga judía para valerse de esa reunión con el fin de anunciar la palabra de Dios, tal como lo hizo el Señor en Su ministerio terrenal (Mt. 4:23; Lc. 4:16). Véase la nota 14[1].

5[2] Véase la nota 2[1] de Jac. 2.

6 Y habiendo atravesado toda la isla hasta Pafos, hallaron a cierto [a]mago, [b]falso profeta judío, llamado Barjesús,
7 que estaba con el [1a]procónsul Sergio Paulo, varón prudente. Este, llamando a Bernabé y a Saulo, deseaba oír la
palabra de Dios.
8 Pero se les [a]oponía Elimas, el [b]mago (pues así se traduce su nombre), procurando apartar de la [1]fe al procónsul.
9 Entonces Saulo, que también es [1]Pablo, [2]lleno del Espíritu Santo, fijando en él los ojos,
10 dijo: ¡Oh, lleno de todo engaño y de toda maldad, hijo
del [a]diablo, enemigo de toda justicia! ¿No cesarás de trastornar los [1]caminos rectos del Señor?
11 Ahora, pues, he aquí la [a]mano del Señor está contra ti,
y serás ciego, y no verás el sol por algún tiempo. E inmediatamente cayeron sobre él niebla y oscuridad; y andando
alrededor, buscaba quien le condujese de la mano.
12 Entonces el procónsul, viendo lo que había sucedido,
creyó, maravillado de las enseñanzas del Señor.

b. A Antioquía de Pisidia
13:13-52

(1) Predican como Salvador al Cristo crucificado y resucitado
vs. 13-43

13 Habiendo zarpado de Pafos, Pablo y sus compañeros
llegaron a [a]Perge de [b]Panfilia; pero [c]Juan se [1]apartó de ellos
y volvió a Jerusalén.
14 Ellos, pasando de Perge, llegaron a [a]Antioquía de Pisidia;
y entraron en la [b]sinagoga [1]un día de [c]sábado y se sentaron.
15 Y después de la [a]lectura de la [b]ley y de los profetas, los
[c]principales de la sinagoga mandaron a decirles: [1]Varones

6[a] Hch. 8:9, 11
6[b] Mt. 7:15
7[a] Hch. 18:12; 19:38
8[a] 2 Ti. 3:8
8[b] cfr. Ex. 7:11
10[a] Jn. 8:44; 1 Jn. 3:8, 10
11[a] Ex. 9:3; Sal. 32:4
13[a] Hch. 14:25
13[b] Hch. 2:10; 14:24
13[c] Hch. 13:5
14[a] Hch. 14:21
14[b] Hch. 13:5
14[c] Hch. 13:42, 44; 16:13
15[a] Hch. 13:27; 15:21
15[b] Mt. 5:17; 7:12; Lc. 16:16
15[c] Mr. 5:22

7[1] En esos tiempos Chipre era una provincia senatorial del Imperio Romano, y el procónsul presidía su gobierno local.

8[1] La fe objetiva; se refiere al contenido del evangelio, en el cual los creyentes de Cristo creen (véase la nota 1[1], párr. 2, de 1 Ti. 1).

9[1] El cambio de nombre tal vez indique un cambio de vida. En cualquier caso, después de que Pablo fue lleno del Espíritu Santo, de allí en adelante tomó la iniciativa en el ministerio apostólico.

9[2] El llenar exterior para tener poder. Véase la nota 4[2] del cap. 2.

10[1] Véase la nota 15[1] de 2 P. 2.

13[1] Según 15:38, la razón de la partida de Juan debe haber sido negativa y por esto fue un desaliento para Pablo y sus compañeros. Sin embargo, él se restableció y se unió de nuevo a Pablo en el ministerio posterior de éste (Col. 4:10-11; 2 Ti. 4:11).

14[1] Los apóstoles no fueron a la sinagoga para observar el sábado, sino para aprovechar la oportunidad de predicar el evangelio (véase la nota 5[1]).

hermanos, si tenéis alguna palabra de exhortación para el
pueblo, hablad.
16 Entonces Pablo, levantándose y haciendo una señal
con la mano, dijo: [1]Varones israelitas, y [2]los que [a]teméis a
Dios, oíd:
17 El Dios de este pueblo de [a]Israel [b]escogió a nuestros
padres, y enalteció al pueblo, durante la estancia de ellos en
tierra de [c]Egipto, y con brazo [1]levantado los [d]sacó de ella.
18 Y por un tiempo como de [a]cuarenta años los [1]llevó en
brazos como [b]nodriza en el desierto;
19 y habiendo destruido [a]siete naciones en la tierra de
Canaán, les dio en [b]herencia la tierra de ellas.
20 Después, como por [1]cuatrocientos cincuenta años, les
dio [a]jueces hasta el profeta [b]Samuel.
21 Luego pidieron [a]rey, y Dios les dio a [b]Saúl hijo de Cis,
varón de la tribu de Benjamín, por cuarenta años.
22 Después de [a]quitar a éste, les levantó por rey a [b]David,
de quien dio también testimonio diciendo: He [c]hallado a
David *hijo* de Isaí, varón conforme a Mi [1]corazón, quien
hará Mi [d]voluntad.
23 Del [a]linaje de éste, y conforme a la [b]promesa, Dios trajo
a Jesús por [c]Salvador a Israel.
24 [1]Antes de Su manifestación, proclamó [a]Juan el [2]bau-
tismo de [b]arrepentimiento a todo el pueblo de Israel.
25 Mas cuando Juan terminaba su carrera, dijo: ¿Quién
[1]pensáis que soy? [a]No soy yo *el Cristo;* mas he aquí viene tras
mí uno de quien no soy digno de desatar las [b]sandalias de los
pies.
26 [1]Varones hermanos, hijos del linaje de Abraham, y [2]los

16[a] Hch. 13:26; 10:2, 22, 35
17[a] Mt. 15:31; Lc. 1:68
17[b] Dt. 7:6-7
17[c] Sal. 105:23; Hch. 7:17
17[d] Ex. 12:51; 13:14, 16
18[a] Ex. 16:35; Hch. 7:36
18[b] cfr. Dt. 1:31
19[a] Dt. 7:1
19[b] Jos. 14:1–19:51; Sal. 78:55; Hch. 7:45
20[a] Jue. 2:16, 18
20[b] 1 S. 3:20; Hch. 3:24
21[a] 1 S. 8:5-22
21[b] 1 S. 9:1-2; 10:1
22[a] Os. 13:11
22[b] 2 S. 2:4; 5:3
22[c] 1 S. 13:14; Sal. 89:20
22[d] Hch. 13:36
23[a] Hch. 2:30; Ro. 1:3

15[1] Véase la nota 16[1] del cap. 1.
16[1] Véase la nota 26[1] del cap. 7.
16[2] Los gentiles que buscaban a Dios.
17[1] Es decir, elevado.
18[1] Otros mss. dicen: soportó.
20[1] Los 450 años abarcan desde el éxodo del pueblo (v. 17) hasta los tiempos de Samuel el profeta (v. 20), cuando David reinaba sobre toda la nación de Israel (2 S. 5:3-5; cfr. Jue. 11:26; 1 R. 6:1).
22[1] David fue un varón conforme al corazón de Dios, es decir, conforme al deseo que Dios tiene en Su corazón, y no solamente conforme a las palabras de Dios. Tal hombre hace toda la voluntad de Dios.
24[1] Lit., antes del rostro de Su entrada. Un modismo hebreo.
24[2] Véase la nota 4[3] de Mr. 1.
25[1] Pensar secretamente o especular.
26[1] Véase la nota 16[1] del cap. 1.
26[2] Véase la nota 16[2].

23[b] 2 S. 7:12; Sal. 132:11 **23**[c] Lc. 2:11; Ro. 11:26 **24**[a] Mt. 3:1; Mr. 1:4; Hch. 1:22
24[b] Lc. 3:3; Hch. 19:4 **25**[a] Jn. 1:20 **25**[b] Mt. 3:11; Mr. 1:7; Lc. 3:16; Jn. 1:27

que entre vosotros [a]teméis a Dios, a nosotros es enviada la
[b]palabra de esta salvación.
27 Porque los habitantes de Jerusalén y sus gobernantes,
no [a]reconociendo *a Jesús,* ni las [1]palabras de los profetas que
se [b]leen todos los días de sábado, las cumplieron al [2]conde-
narle.
28 Y [a]sin hallar *en El* ninguna causa digna de muerte,
pidieron a [b]Pilato que se le matase.
29 Y habiendo cumplido todas las cosas que de El estaban
escritas, quitándolo del [a]madero, lo pusieron en el [b]sepulcro.
30 Mas [1]Dios le [a]levantó de los muertos.
31 *Y* El se [a]apareció durante muchos días a los que habían subido juntamente con El de [b]Galilea a Jerusalén, los
cuales ahora son Sus [c]testigos ante el pueblo.
32 Y nosotros también os [a]anunciamos el evangelio de la
[b]promesa hecha a los patriarcas,
33 la cual Dios ha cumplido a los hijos de ellos, a nosotros,
resucitando a Jesús; como está escrito también en el salmo
segundo: "[a]Mi Hijo eres Tú, Yo te he [1]engendrado hoy".
34 Y en cuanto a que le [a]levantó de los muertos para
nunca más volver a corrupción, lo dijo así: "Os daré [1]las
[2]cosas santas y fieles de David".
35 Por eso dice también en otro *lugar:* "[a]No [1]permitirás
que Tu Santo vea corrupción".
36 Porque David, habiendo [1]servido a su propia generación según el [a]consejo de Dios, [b]durmió, y fue [2]sepultado con
sus padres, y vio corrupción.

26[a] Hch. 13:16
26[b] Hch. 13:46
27[a] Hch. 3:17
27[b] Hch. 13:15
28[a] Lc. 23:4, 22; Jn. 19:6
28[b] Lc. 23:23-24; Hch. 3:13-14
29[a] Hch. 5:30
29[b] Mt. 27:60; Mr. 15:46; Lc. 23:53; Jn. 19:41-42
30[a] Hch. 2:24; 13:33-34, 37
31[a] Hch. 1:3; 1 Co. 15:5-7
31[b] Hch. 1:11; 2:7
31[c] Hch. 1:8; 22:15
32[a] Hch. 5:42
32[b] Hch. 13:23; 26:6
33[a] Sal. 2:7; He. 1:5; 5:5
34[a] Ro. 6:9; 8:11
35[a] Sal. 16:10; Hch. 2:27, 31

27[1] Lit., voces.

27[2] Es decir, sentenciarle a muerte (Lc. 24:20).

30[1] Véase la nota 24[1] del cap. 2.

33[1] La resurrección fue un nacimiento para el hombre Jesús. El fue engendrado por Dios cuando resucitó y así llegó a ser el Hijo primogénito de Dios entre muchos hermanos (Ro. 8:29). Era el Hijo unigénito de Dios desde la eternidad (Jn. 1:18; 3:16). Después de la encarnación y mediante la resurrección El fue engendrado por Dios en Su humanidad como Primogénito de Dios.

34[1] La palabra griega traducida *cosas santas,* está en plural. La misma palabra se traduce *Santo* en el siguiente versículo, pero en singular. Sin embargo, no es la palabra que por lo regular significa *santo;* es un equivalente griego de la palabra hebrea *chesed,* la cual se traduce *misericordias* en Is. 55:3; 2 Cr. 6:42; Sal. 89:1. En el salmo 89, la palabra *misericordias* en plural en el v. 1 es la misma palabra que en el v. 19 se traduce *santo* en singular. Este Santo es Cristo, el Hijo de David, en quien están centradas y son trasmitidas las misericordias de Dios. Por consiguiente, *las cosas santas y fieles de David* se refiere al Cristo resucitado. Esto se comprueba plenamente con el contexto, especialmente con la frase *Tu Santo* del versículo siguiente, y por el versículo que sigue de Is. 55:3.

36[a] Hch. 13:22; 20:27 36[b] 2 S. 7:12; 1 R. 2:10

37 Mas Aquel a quien [1]Dios [a]levantó, no vio corrupción.
38 Sabed, pues, [1]varones hermanos, que por medio de El
se os anuncia [a]perdón de pecados,
39 y que de todo aquello de que [1]por la ley de Moisés [a]no
pudisteis ser justificados, en El es [2b]justificado todo aquel
que [c]cree.
40 Mirad, pues, que no venga sobre vosotros lo que está
dicho en los profetas:
41 "[a]Mirad, oh menospreciadores, y [b]asombraos, y desa-
pareced; porque Yo hago una obra en vuestros días, obra que
no creeréis, si alguien os la cuenta".
42 Cuando salieron *Pablo y Bernabé, el pueblo* les rogó
que el siguiente día de [a]sábado les hablasen de estas cosas.
43 Y despedida la congregación de la sinagoga, muchos de
los judíos y de los [1a]prosélitos [b]devotos siguieron a Pablo y a
Bernabé, quienes hablándoles, les exhortaban a que [c]perse-
verasen en la [2d]gracia de Dios.

(2) Rechazados por los judíos
vs. 44-52

44 El siguiente día de sábado se juntó casi toda la ciudad
para oír la palabra de Dios.
45 Pero viendo los [a]judíos la muchedumbre, se llenaron de
[b]celos, y rebatían lo que Pablo decía, contradiciendo *y* [c]blas-
femando.
46 Entonces Pablo y Bernabé, hablando con [a]denuedo,
dijeron: A vosotros era necesario que se os hablase [b]primero
la [c]palabra de Dios; mas puesto que la desecháis, y [1]no os
juzgáis [d]dignos de la vida eterna, he aquí, nos volvemos a los
[e]gentiles.

34[2] Véase la nota 75[1] de Lc. 1. Así también en el caso de la palabra *Santo* en el versículo siguiente.

35[1] Lit., darás.

36[1] Esto indica que el reinado de David fue un servicio que prestó a su generación por el consejo de Dios.

36[2] Lit., agregado.

37[1] Véase la nota 24[1] del cap. 2.

38[1] Véase la nota 16[1] del cap. 1.

39[1] Lit., en.

39[2] Ser perdonados de los pecados corresponde al lado negativo (v. 38), y tiene como fin que seamos liberados de la condenación. Ser justificados corresponde al lado positivo, y tiene como fin que seamos reconciliados con Dios y aceptados por El.

43[1] Véase la nota 10[1] del cap. 2.

43[2] Véase la nota 23[1] del cap. 11.

46[1] Cuando alguien desecha la palabra de Dios, demuestra con esta decisión que es indigno de la vida eterna. Véase la nota 48[1].

37[a] Hch. 2:24; 17:31
38[a] Lc. 24:47; Hch. 5:31
39[a] Ro. 2:13; Gá. 2:16; 3:11
39[b] Is. 53:11
39[c] Hch. 10:43; Ro. 3:28; Gá. 3:8
41[a] Hab. 1:5
41[b] Is. 29:14
42[a] Hch. 13:14
43[a] Mt. 23:15; Hch. 6:5
43[b] Hch. 13:50; 16:14; 17:4, 17; 18:7
43[c] Hch. 14:22
43[d] Hch. 4:33; 14:3; Tit. 2:11; Gá. 5:4; He. 12:15; 1 P. 5:12
45[a] Hch. 13:50; 14:19; 18:12; 20:3; 21:27; 23:12, 20
45[b] Hch. 5:17
45[c] Hch. 19:9; 1 P. 4:4 **46**[a] Hch. 4:13 **46**[b] Hch. 3:26 **46**[c] Hch. 13:5
46[d] Mt. 22:8 **46**[e] Hch. 9:15; 11:18; 18:6; 22:21; 28:28; Ro. 11:11

47 Porque así nos ha mandado el Señor, diciendo: “[1]Te he puesto para [a]luz de los gentiles, a fin de que seas para salvación hasta lo [b]último de la tierra”.

48 Los gentiles, oyendo *esto,* se regocijaban y glorificaban la palabra del Señor, y [a]creyeron todos los que estaban [1]ordenados para vida eterna.

49 Y la palabra del Señor se difundía por toda aquella provincia.

50 Pero los judíos [a]instigaron a los principales de la ciudad, y a [b]mujeres distinguidas que [c]adoraban a Dios, y [d]levantaron [e]persecución contra Pablo y Bernabé, y los [f]expulsaron de sus límites.

51 Ellos entonces, [a]sacudiendo contra ellos el polvo de sus pies, se fueron a [b]Iconio.

52 Y los discípulos estaban [1]llenos de [a]gozo y del Espíritu Santo.

CAPITULO 14

c. A Iconio
14:1-5

1 Aconteció en [a]Iconio que entraron juntos [1]en la [2b]sinagoga de los judíos, y hablaron de tal manera que creyó una gran multitud de judíos, y asimismo de griegos.

2 Mas los judíos que [a]desobedecieron [b]excitaron y corrompieron los [1]ánimos de los gentiles contra los [c]hermanos.

3 Por tanto, se detuvieron allí mucho tiempo, hablando

47[a] Is. 42:6; Lc. 2:32
47[b] Hch. 1:8
48[a] Jn. 3:15-16, 36
50[a] Hch. 14:19; Mt. 27:20
50[b] Hch. 17:4, 12
50[c] Hch. 13:43
50[d] Hch. 14:2
50[e] 2 Ti. 3:11
50[f] 1 Ts. 2:15; cfr. Lc. 4:29
51[a] Mt. 10:14
51[b] Hch. 14:1, 21
52[a] Mt. 5:12
1[a] Hch. 14:21; 16:2
1[b] Hch. 13:5
2[a] Ro. 15:31
2[b] Hch. 13:50; 17:5, 13; 21:27
2[c] Hch. 12:17

47[1] Estas palabras son una cita de Is. 49:6, y se refieren a Cristo como el Siervo de Dios, a quien Dios puso para luz de los gentiles a fin de que Su salvación llegara hasta lo último de la tierra. Debido a que el apóstol Pablo era uno con Cristo en el cumplimiento de la salvación de Dios en Cristo, se aplicó a sí mismo estas palabras proféticas, al ministrar el evangelio, para que éste pasara de los judíos a los gentiles, a causa del rechazo de aquéllos. El Señor, en Su ministerio en la tierra, les dijo lo mismo a los obstinados judíos en Lc. 4:24-27.

48[1] O, destinados. Rechazar el evangelio es evidencia de ser indigno de la vida eterna (v. 46); creer es prueba de haber sido designado u ordenado por Dios para vida eterna. Dios determina o predestina la salvación del hombre por Su soberanía. Sin embargo, El permite que el hombre ejerza su libre albedrío. Creer o rechazar la salvación de Dios depende de la decisión personal del hombre.

52[1] Gr. *pleróo,* lleno interiormente. Véase la nota 4[2] del cap. 2. Ser lleno así del Espíritu Santo es algo esencial, para vida, y no para tener poder. El gozo comprueba esto, puesto que es un asunto de vida y no de poder.

1[1] Véase la nota 5[1] del cap. 13.

1[2] Véase la nota 2[1] de Jac. 2.

2[1] Lit., almas.

con [a]denuedo, confiados en el Señor, el cual daba [b]testimonio
de la palabra de Su [1c]gracia, concediendo que se hiciesen por
las manos de ellos [2d]señales y prodigios.
4 Y la gente de la ciudad estaba [a]dividida: [b]unos estaban
con los judíos, y otros con los apóstoles.
5 Pero cuando surgió un intento de parte de los judíos y
los gentiles, juntamente con sus gobernantes, para [a]afrentarlos y [b]apedrearlos,

d. A Listra y Derbe de Licaonia
14:6-21a

6 enterándose ellos, [a]huyeron a las ciudades de Licaonia,
[b]Listra y [c]Derbe, y a toda la región circunvecina,
7 y allí [a]anunciaban el evangelio.
8 Y cierto hombre de Listra estaba sentado, imposibilitado de los pies, [a]cojo de nacimiento, que jamás había
andado.
9 Este oyó hablar a Pablo, el cual, fijando en él sus ojos,
y viendo que tenía [a]fe para ser [1]sanado,
10 dijo a gran voz: Levántate derecho sobre tus pies. Y él
[a]saltó, y anduvo.
11 Entonces la multitud, visto lo que Pablo había hecho,
alzó la voz, diciendo en lengua licaónica: Los [a]dioses se han
hecho semejantes a hombres y han descendido a nosotros.
12 Y a Bernabé llamaban [1]Zeus, y a Pablo, [2]Hermes,
porque éste era el que llevaba la palabra.
13 Y el sacerdote de Zeus, cuyo *templo* estaba frente a la
ciudad, trajo toros y guirnaldas delante de las puertas, y
juntamente con la multitud quería ofrecer sacrificios.
14 Cuando lo oyeron los apóstoles Bernabé y Pablo, [a]rasgaron sus ropas, y se lanzaron entre la multitud, dando voces
15 y diciendo: [1]Varones, ¿por qué hacéis esto? Nosotros
también somos [a]hombres de [b]igual condición que vosotros,
que os [c]anunciamos el evangelio para que de estas [2d]vanidades os convirtáis [e]al [f]Dios vivo, que [g]hizo el cielo y la tierra,
el mar, y todo lo que en ellos hay.

3[a] Hch. 4:13
3[b] Hch. 2:40; 18:5
3[c] Hch. 4:33; 14:26; 15:11
3[d] Hch. 15:12; Mr. 16:17; He. 2:4
4[a] Hch. 23:7
4[b] Hch. 17:4; 28:24
5[a] 2 Co. 12:10
5[b] Hch. 14:19; 2 Co. 11:25; Hch. 7:58
6[a] Mt. 10:23
6[b] Hch. 14:21; 16:1, 2; 2 Ti. 3:11
6[c] Hch. 14:20; 16:1; 20:4
7[a] Hch. 13:32; 14:15, 21
8[a] Hch. 3:2
9[a] Mt. 9:2, 22, 29
10[a] Hch. 3:8; Is. 35:6
11[a] Hch. 8:10; 28:6
14[a] cfr. Gn. 37:29; Mt. 26:65

3[1] Véase la nota 23[1] del cap. 11.
3[2] Véase la nota 43[1] del cap. 2.
9[1] O, salvo.
12[1] Júpiter, según la mitología romana. (Véase la nota 11[1] del cap. 28.) Así también en 19:35.
12[2] Mercurio, según la mitología romana.
15[1] Véase la nota 26[1] del cap. 7.

15[a] Hch. 10:26 15[b] Jac. 5:17 15[c] Hch. 14:7 15[d] Dt. 32:21; 1 S. 12:21; Jer. 14:22
15[e] Lc. 1:16; Hch. 15:19; 26:18, 20; 1 Ts. 1:9 15[f] Mt. 16:16; He. 3:12; 1 Ti. 3:15
15[g] Hch. 17:24; Ex. 20:11; Ap. 14:7

16 En las generaciones [a]pasadas El ha [b]dejado a todas las
naciones andar en sus propios caminos;
17 si bien [a]no se dejó a Sí mismo sin testimonio, haciendo
el bien de daros [b]lluvias del cielo y tiempos fructíferos,
llenando de [c]sustento y de alegría vuestros [d]corazones.
18 Y diciendo estas cosas, difícilmente lograron impedir
que la multitud les ofreciese sacrificio.
19 Entonces vinieron unos [a]judíos de Antioquía y de Iconio, que [b]persuadieron a la multitud, y habiendo [c]apedreado
a Pablo, le arrastraron fuera de la ciudad, pensando que
estaba muerto.
20 Pero rodeándole los discípulos, se levantó y entró en la
ciudad; y al día siguiente salió con Bernabé para [a]Derbe.
21 Y después de [a]anunciar el evangelio a aquella ciudad
y de hacer muchos [b]discípulos,

e. Confirman a los discípulos y constituyen ancianos en el camino de regreso 14:21b-25a

volvieron a [c]Listra, a [d]Iconio y a [e]Antioquía,
22 [a]confirmando las [1]almas de los discípulos, exhortándoles
a que [2b]permaneciesen en la [3c]fe, y *diciéndoles:* Es necesario
que a través de muchas [d]tribulaciones entremos en el [4e]reino
de Dios.
23 Y después que constituyeron [1a]ancianos [2]en cada
[b]iglesia, y habiendo orado con [c]ayunos, los [d]encomendaron al
Señor *en quien habían creído.

16[a] cfr. Hch. 17:30; 1 P. 4:3
16[b] Sal. 81:12
17[a] cfr. Ro. 1:19-20; Hch. 17:27
17[b] Lv. 26:4; Dt. 28:12; Sal. 68:9; Mt. 5:45
17[c] Sal. 104:27
17[d] Sal. 104:15
19[a] Hch. 13:45
19[b] Hch. 13:50
19[c] Hch. 14:5
20[a] Hch. 14:6
21[a] Hch. 14:7
21[b] Mt. 28:19
21[c] Hch. 14:6
21[d] Hch. 13:51; 14:1
21[e] Hch. 13:14
22[a] Hch. 15:32, 41; 18:23
22[b] Hch. 13:43; Col. 1:23
22[c] Hch. 16:5
22[d] 2 Co. 6:4
22[e] Hch. 1:3; 19:8; 2 Ts. 1:5; Jn. 3:3, 5

15[2] Se refiere a los ídolos y a la idolatría.

22[1] El alma del hombre está compuesta de la mente, la parte emotiva y la voluntad. Confirmar las almas de los discípulos consiste en confirmar (1) su mente, para que conozcan y entiendan al Señor y las cosas con El relacionadas (1 Co. 2:16; Fil. 3:10); (2) su parte emotiva, para que amen al Señor y tengan un corazón conformado a los intereses del Señor (Mr. 12:30; Ro. 16:4); y (3) su voluntad, para que sean decididos y permanezcan con el Señor y hagan lo que a El le agrada (11:23; Col. 1:10; 1 Ts. 4:1).

22[2] O, continuaran, perseveraran; o sea que se mantuvieran firmes y no se apartaran de la fe, a la cual habían entrado.

22[3] Véase la nota 7[2] del cap. 6.

22[4] Véase la nota 3[4] del cap. 1.

23[1] Todas las iglesias donde los apóstoles designaron ancianos habían sido establecidas hacia menos de un año. Por lo tanto, no era posible que los ancianos designados en estas iglesias fueran totalmente maduros. Deben de haber sido considerados como ancianos porque comparativamente eran los más maduros de entre los creyentes. Sus congregaciones no los eligieron por votación, sino que los apóstoles los designaron conforme a la madurez en vida que tenían en Cristo. Los apóstoles los exhortaron a que se ocuparan

---

23[a] Hch. 11:30 23[b] Hch. 14:27; 5:11 23[c] Hch. 13:3 23[d] Hch. 20:32

24 Pasando luego por Pisidia, vinieron a [a]Panfilia.
25 Y habiendo hablado la palabra[1] en Perge,

f. El regreso a Antioquía marca el final del primer viaje
14:25b-28

descendieron a Atalia.
26 De allí navegaron a [a]Antioquía, donde habían sido
encomendados a la [1]gracia de Dios para la obra que habían
cumplido.
27 Y habiendo [1]llegado, y [2]reunido a la [a]iglesia, [b]refirieron
lo que Dios había hecho con ellos, y cómo había [c]abierto la
puerta de la fe a los [d]gentiles.
28 Y se quedaron *allí* mucho tiempo con los discípulos.

CAPITULO 15

4. El problema con respecto a la circuncisión
15:1-34

a. Se celebra en Jerusalén una conferencia de los apóstoles y los ancianos
vs. 1-21

1 Entonces algunos [1]descendieron de [a]Judea y comenzaron a enseñar a los [b]hermanos: [2c]Si no os [3d]circuncidáis
conforme a la [4e]costumbre de Moisés, no podéis ser salvos.
2 Como Pablo y Bernabé tuviesen una [1]disensión y discusión no pequeña con ellos, *los hermanos* dispusieron que

24[a] Hch. 13:13
26[a] Hch. 13:1
27[a] Hch. 14:23; 15:3, 4
27[b] Hch. 15:4, 12; 21:19
27[c] 1 Co. 16:9; 2 Co. 2:12; Col. 4:3; Ap. 3:8
27[d] Hch. 11:18; 13:46
1[a] Hch. 11:1
1[b] Hch. 15:3, 22-23; Jn. 21:23
1[c] Hch. 15:5
1[d] Lv. 12:3; Jn. 7:22; 1 Co. 7:18; Gá. 5:2; Col. 2:11
1[e] Hch. 6:14; 21:21

del liderazgo y del pastoreo en sus iglesias (véanse las notas 2[1] de 1 Ti. 3 y 3[3] de 1 P. 5).

23[2] *En cada iglesia* equivale a *en cada ciudad* en Tit. 1:5 (véase la nota 5[1]).

25[1] Algunos mss. añaden: del Señor.

26[1] Véanse las notas 10[1] y 10[2] de 1 Co. 15.

27[1] Este fue el fin del primer viaje ministerial de Pablo, el cual empezó en 13:4.

27[2] Para tener comunión tocante al mover de Dios en la propagación de Su evangelio, no para dar un informe con respecto a su misión.

1[1] Con el firme propósito de inculcarles el judaísmo a los creyentes gentiles.

1[2] Hacer esto es anular la fe en la economía neotestamentaria de Dios, y es una verdadera herejía. Por lo tanto, esos que enseñaban tal herejía a los cristianos quizá hayan sido los mismos que Pablo consideró falsos hermanos en Gá. 2:4.

1[3] Véanse las notas 2[1] del cap. 11 y 14[1] del cap. 10. En la economía neotestamentaria de Dios, ser circuncidado impide que Cristo le aproveche a uno.

1[4] Observar la costumbre de Moisés, es decir, practicar las ordenanzas externas de la ley, no sólo es hacer nula la gracia de Dios y dejar sin efecto la muerte de Cristo (Gá. 2:21), sino también llevar a los creyentes, a quienes Cristo había liberado, de regreso a la esclavitud de la ley (Gá. 5:1; 2:4).

2[1] Aquí Pablo y Bernabé contienden por la fe (Jud. 3) contra una de las

2[a] Gá. 2:1
2[b] Hch. 15:4, 6, 22-23; 11:30; 16:4
3[a] Hch. 21:5; 1 Co. 16:6, 11; 2 Co. 1:16; Tit. 3:13
3[b] Hch. 15:4, 22, 41; 5:11
3[c] Hch. 15:12; 11:18
3[d] Hch. 15:7, 13, 22-23
4[a] Hch. 21:17
4[b] Hch. 15:3, 22
4[c] Hch. 15:12; 14:27; 21:19
5[a] Hch. 26:5; cfr. Hch. 5:17; 24:5, 14; 28:22
5[b] Hch. 15:1
5[c] Gá. 5:3
7[a] Hch. 22:14

subiesen Pablo y Bernabé a [2a]Jerusalén, y algunos otros de ellos, a los apóstoles y a los [b]ancianos, para tratar esta cuestión.

3 Ellos, pues, habiendo sido [a]encaminados por la [1b]iglesia, pasaron por Fenicia y Samaria, narrando la conversión de los [c]gentiles; y causaban gran gozo a todos los [d]hermanos.

4 Y llegados a Jerusalén, fueron [a]recibidos por la [b]iglesia y los apóstoles y los ancianos, y [c]refirieron lo que Dios había hecho con ellos.

5 Pero algunos de la [a]secta de los [1]fariseos, que habían creído, se levantaron diciendo: Es [b]necesario [2]circuncidarlos, y mandarles que [3]guarden la [c]ley de Moisés.

6 Y se [1]reunieron los apóstoles y los ancianos para conocer de este asunto.

7 Y después de mucha discusión, Pedro se levantó y les dijo: [1]Varones hermanos, vosotros sabéis cómo desde los [2]primeros días Dios me [a]escogió entre vosotros para que los

---

más grandes herejías, para que la verdad del evangelio permanezca con los creyentes (Gá. 2:5).

2[2] El hecho de que Pablo, Bernabé y otros acudieran a los apóstoles y a los ancianos de Jerusalén no significa que Jerusalén fuera la sede del mover de Dios, ni que la iglesia en Jerusalén fuera la iglesia principal que controlaba a las demás. Fueron allí porque Jerusalén fue el origen de las enseñanzas heréticas en cuanto a la circuncisión. Para solucionar el problema y cortarlo de raíz, ellos tenían que ir al origen. Conforme a la economía neotestamentaria de Dios no existe una sede del mover de Dios en la tierra y no existe una iglesia principal que controle a otras iglesias como ocurre en la Iglesia Católica Romana. La sede del mover de Dios en Su economía neotestamentaria está en los cielos (Ap. 4:2-3; 5:1), y el único que gobierna a todas las iglesias es Cristo, quien es Cabeza de la iglesia (Col. 1:18; Ap. 2:1).

3[1] Al subir Pablo, Bernabé y algunos otros a Jerusalén, era la iglesia la que subía y no meros individuos. Ellos no actuaron individualmente, aparte de la iglesia, sino corporativamente, en la iglesia y con ella. Este fue el mover del Cuerpo de Cristo.

5[1] Véase la nota 7[1] de Mt. 3.

5[2] Véase la nota 1[3].

5[3] Véase la nota 1[4].

6[1] Esta fue una conferencia especial celebrada por los apóstoles de la iglesia universal y los ancianos de la iglesia local que estaba en Jerusalén. Estos eran los dos principales grupos en el mover neotestamentario del Señor en la tierra. En esta conferencia no hubo moderador; quien presidió fue el Espíritu (v. 28), el Cristo *pneumático,* la Cabeza de la iglesia (Col. 1:18) y el Señor de todos (10:36). El hecho de que hubo *mucha discusión* (v. 7) indica que a todos los presentes en la conferencia se les permitió hablar. La decisión se tomó con base en: (1) el testimonio presentado por Pedro (vs. 7-11), (2) los hechos relatados por Bernabé y Pablo (v. 12), y (3) la conclusión dada por Jacobo (vs. 13-21), quien era el principal entre los apóstoles y los ancianos de Jerusalén (12:17; 21:18; Gá. 1:19; 2:9) debido a la influencia que ejercía sobre los creyentes por su piedad (véase la nota 4[1] de Jac. 1).

7[1] Véase la nota 16[1] del cap. 1.

7[2] Lit., días antiguos, días de antaño.

[b]gentiles oyesen por mi boca la palabra del [c]evangelio y
creyesen.
8 Y Dios, que conoce los [a]corazones, les dio testimonio,
dándoles el [b]Espíritu Santo [c]lo mismo que a nosotros;
9 y [a]ninguna diferencia hizo entre nosotros y ellos, [b]pu-
rificando por la fe sus [1]corazones.
10 Ahora, pues, ¿por qué [a]tentáis a Dios, poniendo sobre
la cerviz de los discípulos un [1b]yugo que ni nuestros padres
ni nosotros hemos podido llevar?
11 Antes creemos que por la [1a]gracia del Señor Jesús
somos [b]salvos, de igual modo que ellos.
12 Entonces toda la multitud calló, y oyeron a Bernabé y
a Pablo, que [a]contaban cuantas [b]señales y prodigios había
hecho Dios por medio de ellos entre los [c]gentiles.
13 Y cuando ellos [1]terminaron de hablar, [a]Jacobo respondió diciendo: [2]Varones hermanos, oídme.
14 [1]Simeón ha contado cómo Dios visitó por primera vez
a los gentiles, para tomar de ellos [a]pueblo para Su nombre.
15 Y con todo esto concuerdan las palabras de los profetas,
como está escrito:
16 "[a]Después de esto volveré y reedificaré el [1]tabernáculo
de David, que está caído; y repararé sus ruinas, y lo volveré
a levantar,
17 para que el resto de los hombres [a]busque al Señor, y
todos los gentiles, [1]sobre los cuales es invocado Mi [b]nombre,

9[1] Esto indica que a Dios no le importan las ordenanzas legalistas externas, las cuales no pueden purificar el ser interior del hombre; a El le interesa la purificación interna del corazón del hombre. Esto concuerda con lo que el Señor recalcó en Mr. 7:1-23. La purificación del corazón del hombre solamente podía ser efectuada por el Espíritu Santo con la vida divina, y no por las ordenanzas externas de la letra muerta.

10[1] El yugo de la ley, el cual consiste en estar atado bajo esclavitud (Gá. 5:1 y la nota 4). Requerir que el pueblo guarde la ley de la esclavitud no solamente esclaviza al pueblo, sino que también pone a prueba a Dios. Ni siquiera Dios podría, ni quiere, hacer que el hombre guardase la ley de la letra muerta.

11[1] Esta gracia abarca la persona del Señor (véase la nota 21[1] de Gá. 2) y Su obra redentora (Ro. 3:24). Pedro y los creyentes judíos fueron salvos por esta gracia, y no por guardar la ley de Moisés. En lo que a la salvación de Dios se refiere, guardar la ley no significa nada para los judíos ni para los gentiles.

13[1] Lit., callaron.

13[2] Véase la nota 16[1] del cap. 1.

14[1] Es decir, Simón (Jn. 1:40, 42).

16[1] El reino de Israel. Reedificar el tabernáculo de David es restaurar el reino de Israel (1:6).

7[b] Hch. 11:18; 15:17
7[c] Hch. 20:24; Ef. 1:13; Col. 1:5; 1 Ts. 1:5
8[a] 1 Cr. 28:9; Hch. 1:24
8[b] Hch. 10:44; Gá. 3:2
8[c] Hch. 10:47; 11:15, 17
9[a] Hch. 11:12; Ro. 3:22; 10:12
9[b] Hch. 10:15; Sal. 51:10; 1 P. 1:22
10[a] Hch. 5:9
10[b] Mt. 11:29-30
11[a] Hch. 15:40; 4:33; Ef. 2:5; Tit. 3:7; Jn. 1:14, 17; 2 Co. 13:14
11[b] Hch. 2:21; 16:31
12[a] Hch. 15:4; 14:27
12[b] Hch. 14:3
12[c] Hch. 15:3

13[a] Hch. 12:17; Gá. 1:19; 2:9, 12; Hch. 21:18 **14**[a] Hch. 18:10 **16**[a] Am. 9:11-12
17[a] Hch. 17:27 **17**[b] Is. 43:7; Jer. 14:9; Dn. 9:19; Jac. 2:7

18 dice el Señor, que hace conocer todo esto [1a]desde tiempos antiguos".
19 Por lo cual yo juzgo que no se inquiete a los gentiles
que se [a]convierten a Dios,
20 sino que se les escriba que se abstengan de las [a]conta-
minaciones de los [b]ídolos, de [c]fornicación, de ahogado y de
[d]sangre.
21 Porque [1]Moisés desde antiguas generaciones tiene en
cada ciudad quien lo proclame en las [2]sinagogas, donde es
[a]leído cada día de sábado.

b. La solución
vs. 22-34

22 Entonces pareció bien a los apóstoles y a los ancianos,
con toda la [a]iglesia, elegir de entre ellos varones y enviarlos
a Antioquía con Pablo y Bernabé: a Judas que tenía por
sobrenombre [b]Barsabás, y a [c]Silas, varones principales entre
los hermanos;
23 y escribir por conducto de ellos: Los apóstoles y los
hermanos que son ancianos, a los [a]hermanos de entre los
gentiles que están en Antioquía, en [b]Siria y en Cilicia:
Regocijaos.
24 Por cuanto hemos oído que algunos que han salido de
nosotros, a los cuales no dimos orden, os han [a]inquietado con
sus palabras, [a]perturbando vuestras almas,
25 nos ha parecido bien, habiendo llegado a [a]un acuerdo,
elegir varones y enviarlos a vosotros con nuestros [b]amados
Bernabé y Pablo,
26 hombres que han [1]arriesgado sus [2a]vidas por el [b]nom-
bre de nuestro Señor Jesucristo.
27 Así que enviamos a Judas y a [a]Silas, los cuales también
de palabra os harán saber lo mismo.

18[a] Is. 45:21
19[a] Hch. 14:15; 1 Ts. 1:9
20[a] Ez. 4:14; Dn. 1:8; Mal. 1:7
20[b] Hch. 15:29; 21:25; 1 Co. 8:1; Ap. 2:14, 20
20[c] 1 Co. 6:9; Gá. 5:19
20[d] Gn. 9:4; Lv. 3:17; 17:14; Dt. 12:16, 23-25
21[a] Hch. 13:15, 27; 2 Co. 3:14-15
22[a] Hch. 15:3, 4, 41
22[b] cfr. Hch. 1:23
22[c] Hch. 16:19; 1 P. 5:12
23[a] Hch. 15:1
23[b] Hch. 15:41
24[a] Gá. 1:7; 2:4; 5:10, 12; cfr. Tit. 1:10-11
25[a] Hch. 1:14
25[b] 2 P. 3:15

17[1] O, quienes han sido llamados por Mi nombre.

18[1] O, desde la fundación del mundo.

21[1] Esto indica que la conclusión dada por Jacobo todavía estaba bajo la influencia de la ley mosaica debido a sus profundas raíces judías (véanse las notas 26[1] de Jac. 1 y 10[1] de Jac. 2). El seguía bajo la influencia de este trasfondo aun durante la última visita de Pablo a Jerusalén (21:20-26).

21[2] Véase la nota 2[1] de Jac. 2.

26[1] Lit., entregado, renunciado.

26[2] Lit., almas. Se refiere no solamente a sus vidas, sino también al propio ser de ellos, al cual habían renunciado por causa del nombre del Señor.

26[a] Hch. 20:24; 21:13 **26**[b] Hch. 21:13 **27**[a] Hch. 15:22, 32

28 Porque ha parecido bien al [a]Espíritu Santo, y a nosotros, no imponeros ninguna [b]carga más que estas cosas necesarias:

29 que os abstengáis de lo sacrificado a [a]ídolos, de sangre, de ahogado y de fornicación; de las cuales cosas si os guardareis, bien haréis. Pasadlo bien.

30 Ellos, pues, habiendo sido despedidos, descendieron a Antioquía, y reuniendo a la multitud, entregaron la carta;

31 habiendo leído la cual, se regocijaron por la consolación.

32 Y Judas y Silas, como ellos también eran [1a]profetas, exhortaron y [b]confirmaron a los hermanos con abundancia de palabras.

33 Y pasando algún tiempo *allí,* fueron despedidos en [a]paz por los hermanos, para volver a aquellos que los habían enviado.

34 [1]Mas a Silas le pareció bien quedarse allí.

5. El problema en cuanto a Bernabé
15:35-39

35 Y Pablo y Bernabé continuaron en [a]Antioquía, enseñando y [b]anunciando el evangelio, la palabra del Señor, con muchos otros.

36 Después de algunos días, Pablo dijo a Bernabé: Volvamos a visitar a los hermanos en [a]todas las ciudades en que hemos anunciado la palabra del Señor, *para ver* cómo están.

37 Y Bernabé quería que llevasen consigo a [a]Juan, el que tenía por sobrenombre Marcos;

38 pero a Pablo no le parecía bien llevar consigo al que se había [a]apartado de ellos desde Panfilia, y no había ido con ellos a la obra.

39 Y hubo un [1]agudo conflicto entre ellos, hasta el punto que se separaron el uno del otro; Bernabé, tomando a Marcos, navegó a [a]Chipre,

28[a] Jn. 16:13; Hch. 5:32; 8:29; 10:19; 13:2; 1 Co. 7:40
28[b] Mt. 11:28, 30; 23:4; Lc. 11:46; Ap. 2:24
29[a] Hch. 15:20; 21:25
32[a] Hch. 11:27; 13:1
32[b] Hch. 14:22; 15:41
33[a] 1 Co. 16:11; Gn. 26:29
35[a] Hch. 13:1
35[b] Hch. 14:15
36[a] Hch. 13:4, 13-14, 51; 14:1, 6, 24-25
37[a] Hch. 13:5
38[a] Hch. 13:13
39[a] Hch. 4:36

32[1] Véase la nota 28[3] de 1 Co. 12.

34[1] Algunos mss. omiten este versículo.

39[1] Bernabé y Pablo eran hombres que habían entregado sus vidas por el nombre del Señor (v. 26), pero inmediatamente después de su victoria al contender por la fe contra la herejía respecto a la circuncisión, surgió entre ellos un conflicto tan severo acerca del pariente de uno de ellos, que se separaron. La responsabilidad por este problema debe recaer en Bernabé, porque después de este incidente ya no vuelve a ser mencionado en la crónica divina de Hechos tocante al mover del

40[a] Hch. 15:22; 16:19
40[b] Hch. 15:11; 18:27; Ro. 16:20
41[a] Hch. 15:23; 21:3
41[b] Hch. 15:32
41[c] Hch. 15:3, 4, 22; 16:5; 14:23; Ro. 16:4, 16; 1 Co. 7:17; 11:16; 14:34; 16:1, 19; 2 Co. 8:1, 18, 19, 23, 24; 11:8, 28; 12:13; Gá. 1:2, 22; 1 Ts. 2:14; 2 Ts. 1:4; Ap. 1:4, 11, 20; 2:7, 11, 17, 23, 29; 3:6; 22:16
1[a] Hch. 14:6
1[b] Hch. 17:14; 18:5; 19:22; 20:4; Ro. 16:21; 1 Co. 4:17; 1 Ts. 3:2; 1 Ti. 1:2, 18; He. 13:23

6. El segundo viaje 15:40—18:22

a. A Siria y a Cilicia 15:40-41

40 y Pablo, escogiendo a [a]Silas, [1]salió encomendado por los hermanos a la [b]gracia del Señor,

41 y pasó por [a]Siria y Cilicia, [b]confirmando a las [c]iglesias.

CAPITULO 16

b. A Derbe y a Listra 16:1-5

1 Después llegó a [a]Derbe y a Listra; y he aquí, había allí cierto discípulo llamado [b]Timoteo, hijo de una mujer [c]judía creyente, pero de padre griego;

2 y daban buen testimonio de él los [a]hermanos que estaban en [b]Listra y en [c]Iconio.

3 Quiso Pablo que éste fuese con él; y tomándole, le [1a]circuncidó [2]por causa de los [b]judíos que había en aquellos lugares; porque todos sabían que su padre era griego.

4 Y al pasar por las ciudades, les entregaban los [a]decretos que habían acordado los apóstoles y los ancianos que estaban en Jerusalén, para que los observasen.

5 Así que las [1a]iglesias eran fortalecidas en la [b]fe, y [c]aumentaban en número [d]cada día.

Señor en la economía neotestamentaria de Dios. La razón de su fracaso quizá haya sido su apego natural a Marcos, su primo (Col. 4:10), quien, en una forma negativa, se apartó de Bernabé y de Pablo durante el primer viaje ministerial de ellos (13:13 y la nota 1). Más tarde Marcos fue recobrado y volvió al ministerio de Pablo (2 Ti. 4:11; Flm. 24), pero Bernabé no lo fue. ¡Las discusiones originadas entre los colaboradores por causa de afectos personales son terribles! ¡Debemos tener esto bien presente!

40[1] Este fue el comienzo del segundo viaje ministerial de Pablo, el cual termina en 18:22.

3[1] Véase la nota 2[1] del cap. 11.

3[2] Esto indica que la tradición judía aún ejercía una gran influencia sobre los creyentes judíos. Esto perturbó y estorbó el avance del evangelio del Señor (véase la nota 14[1] del cap. 10).

5[1] Véanse las notas 1[1] del cap. 8 y 31[1] del cap. 9.

1[c] 2 Ti. 1:5; 3:15 2[a] Hch. 16:40 2[b] Hch. 14:6 2[c] Hch. 14:1 3[a] Gá. 2:3
3[b] cfr. 1 Co. 9:20 4[a] Hch. 15:20, 29; 21:25 5[a] Hch. 5:11; 18:22 5[b] Hch. 14:22
5[c] Hch. 5:14; 6:7; 9:31 5[d] Hch. 2:47

c. A Filipo de Macedonia
16:6-40

(1) Tiene la visión de un varón macedonio
vs. 6-10

6 Y atravesaron la región de [a]Frigia y de Galacia, habiéndoles prohibido el [1b]Espíritu Santo hablar la palabra en
Asia;
7 y cuando llegaron a Misia, intentaron entrar en Bitinia, pero el [1a]Espíritu de Jesús [2]no se lo permitió.
8 Y pasando junto a Misia, descendieron a [a]Troas.
9 Y se le mostró a Pablo una [1a]visión durante la noche:
un varón macedonio estaba en pie, rogándole y diciendo:
Pasa a [2b]Macedonia y ayúdanos.
10 Cuando vio la visión, [1]en seguida [2]procuramos partir
para Macedonia, [3]dando por cierto que Dios nos llamaba
para que les anunciásemos el evangelio.

6[a] Hch. 18:23
6[b] Hch. 13:2, 4
7[a] Ro. 8:9; 1 P. 1:11; Fil. 1:19; Gá. 4:6
8[a] Hch. 20:5-6; 2 Co. 2:12; 2 Ti. 4:13
9[a] Hch. 9:12; 10:3, 17
9[b] 2 Co. 2:13

6[1] Tal como en la obra evangélica de Felipe (8:29, 39), el avance del apóstol Pablo y sus colaboradores para la propagación del evangelio no se efectuó según la decisión y preferencia de ellos, ni de acuerdo con ningún programa hecho por algún concilio humano, sino por el Espíritu Santo conforme al consejo de Dios. Ellos quisieron predicar la palabra en Asia, pero el Espíritu Santo se lo prohibió. El Espíritu Santo también lo guía a uno de esta manera.

7[1] *El Espíritu de Jesús* y *el Espíritu Santo* en el versículo precedente se usan de modo intercambiable, lo cual revela que el Espíritu de Jesús es el Espíritu Santo. *El Espíritu Santo* es un título general del Espíritu de Dios en el Nuevo Testamento; *el Espíritu de Jesús* es una expresión particular acerca del Espíritu de Dios y se refiere al Espíritu del Salvador encarnado quien como Jesús pasó por el vivir humano y la muerte en la cruz. Esto indica que el Espíritu de Jesús no solamente contiene el elemento divino de Dios, sino también el elemento humano de Jesús y los elementos de Su vivir humano y también la muerte que sufrió. Tal Espíritu, el Espíritu todo-inclusivo, era necesario para el ministerio de predicación del apóstol, un ministerio de sufrimiento llevado a cabo entre los seres humanos y para ellos en la vida humana.

7[2] El hecho de que el Espíritu Santo les prohibiera ir a la izquierda, a Asia (v. 6), y que el Espíritu de Jesús no les permitiera ir a la derecha, a Bitinia, señaló una dirección recta para el apóstol y sus colaboradores. Así que, siguieron con rumbo directo a Macedonia, pasando por Misia y Troas (v. 8).

9[1] No un sueño ni un éxtasis. Véase la nota 10[3] del cap. 10.

9[2] Una provincia del Imperio Romano en el sudeste de Europa, cerca del mar Egeo, entre Tracia y Acaya.

10[1] Aquí se usa por primera vez el plural para incluir al escritor, Lucas. Esto indica que desde Troas, Lucas se unió al apóstol Pablo en su viaje ministerial.

10[2] Lit., buscamos. Este fue un gran paso en el mover del Señor para la propagación de Su reino a otro continente, a Europa. Explica la intención del Espíritu Santo al prohibir una cosa, la del Espíritu de Jesús al no permitir otra, y la aparición de la visión nocturna. Llevar a cabo esta guía particular en el mover estratégico del Señor, requería que el apóstol y sus

(2) La predicación y su fruto
vs. 11-18

11 Zarpando, pues, de [1]Troas, vinimos con rumbo directo
a [2]Samotracia, y el día siguiente a [3]Neápolis;
12 y de allí a [a]Filipos, que es la primera ciudad de aquella
parte de Macedonia, y una [1]colonia *romana;* y estuvimos en
aquella ciudad algunos días.
13 Y el [1a]día de sábado salimos fuera de la puerta, junto
al [b]río, donde pensábamos habría un lugar de [2]oración; y
sentándonos, hablamos a las mujeres que se habían reunido.
14 Entonces una mujer llamada Lidia, vendedora de telas
de púrpura, de la ciudad de [a]Tiatira, que [b]adoraba a Dios,
estaba oyendo; y el [1]Señor [c]abrió el corazón de ella para que
estuviese atenta a lo que Pablo decía.
15 Y cuando fue [1]bautizada ella, lo mismo que su [a]familia,
nos rogó, diciendo: Si habéis juzgado que yo sea fiel al Señor,
[2]entrad en mi [3]casa, y posad. Y nos obligó *a quedarnos.*
16 Aconteció que mientras íbamos al lugar de oración, nos
salió al encuentro una joven esclava que tenía [1a]espíritu de
[2]Pitón, la cual daba gran ganancia a sus amos, [3b]adivinando.

12[a] Fil. 1:1; 1 Ts. 2:2
13[a] Hch. 13:14
13[b] Esd. 8:15, 21; Sal. 137:1
14[a] Ap. 2:18
14[b] Hch. 13:43
14[c] Lc. 24:45
15[a] Hch. 16:31; 11:14
16[a] Lc. 13:11
16[b] Lv. 19:31; 1 S. 28:8

---

colaboradores se esforzaran, lo cual hicieron de inmediato.

10[3] Después de recibir la visión enviada por Dios, era necesario llegar a una conclusión, es decir, llegar a entender cuál era su significado, ejercitando la mente —una mente dirigida por el Espíritu y saturada de él (Ef. 4:23)— conforme a la situación presente.

11[1] Un puerto marítimo en el mar Egeo, en el extremo noroeste del Asia Menor, al otro lado de Macedonia.

11[2] Una isla en el mar Egeo, entre Troas y Filipos.

11[3] El puerto marítimo de Filipos.

12[1] Un puesto fortificado del Imperio Romano en un país extranjero, donde los ciudadanos tenían iguales derechos que los de la capital, Roma. Por consiguiente, Filipos era un punto estratégico para la propagación del evangelio cuando comenzó en Europa.

13[1] Esto indica cuánto se había extendido el judaísmo y su influencia, aun en Europa.

13[2] La oración del hombre le proporciona a Dios la oportunidad de obrar entre los hombres en la tierra.

14[1] Aquí el Señor, quien abrió el corazón de Lidia para que estuviese atenta a la predicación del evangelio, debe ser el Espíritu, quien es el Señor mismo (2 Co. 3:17).

15[1] El bautismo siguió de inmediato a la acción de creer, como el Señor mandó en Mr. 16:16.

15[2] Lidia, después de creer y ser bautizada, entró en comunión con el apóstol y con sus colaboradores, —la comunión del Cuerpo de Cristo— lo cual era evidencia de que fue salva. Esta es una verdadera expresión del hecho de que había recibido gracia.

15[3] La primera casa que el Señor ganó en Europa mediante Su evangelio y para Su evangelio (v. 40).

16[1] Véase la nota 23[1] de Mr. 1.

16[2] Usado para referirse a un demonio que profetiza, y también para referirse a un adivino.

17 Esta, siguiendo a Pablo y a nosotros, [a]daba voces, diciendo: Estos hombres son [b]siervos del [c]Dios Altísimo, quienes os anuncian un camino de salvación.

18 Y esto lo hacía por muchos días; mas turbado Pablo, se volvió y dijo al espíritu: Te mando en el [a]nombre de Jesucristo, que salgas de ella. Y [b]salió en aquella misma hora.

(3) Encarcelados y libertados
vs. 19-40

19 Pero viendo sus amos que había salido la esperanza de su [a]ganancia, prendieron a Pablo y a [b]Silas, y los [c]arrastraron a la plaza pública, ante las autoridades;

20 y presentándolos a los [1a]magistrados, dijeron: Estos hombres, siendo judíos [b]alborotan nuestra ciudad,

21 y anuncian [a]costumbres que no nos es lícito recibir ni hacer, pues somos [b]romanos.

22 Y se agolpó el pueblo contra ellos; y los magistrados, rasgándoles las ropas, ordenaron [a]azotarles con varas.

23 Después de haberles azotado mucho, los echaron en la [a]cárcel, mandando al carcelero que los guardase con seguridad.

24 El cual, recibido este mandato, los metió en el calabozo de más adentro, y les aseguró los pies en el [1a]cepo.

25 Hacia la [a]medianoche, orando Pablo y Silas, cantaban himnos de alabanza a Dios; y los presos los oían.

26 Entonces sobrevino de repente un gran terremoto, de tal manera que los cimientos de la cárcel se [a]sacudían; y al instante se [b]abrieron todas las puertas, y las [c]cadenas de todos se soltaron.

27 Despertando el carcelero, y viendo abiertas las puertas de la cárcel, sacó la espada y se iba a [a]matar, pensando que los presos habían huido.

28 Mas Pablo clamó a gran voz, diciendo: No te hagas ningún mal, pues todos estamos aquí.

29 *El carcelero* entonces, pidiendo luz, se precipitó adentro, y temblando, se [a]postró ante Pablo y Silas;

30 y sacándolos, les dijo: Señores, ¿[a]qué debo hacer para ser salvo?

16[3] El arte o práctica en el que, mediante la ayuda de poderes sobrenaturales, se intenta ver de antemano o predecir eventos futuros o descubrir conocimientos ocultos.

20[1] Los pretores romanos.

30[a] Lc. 3:10, 12, 14; Jn. 6:28; Hch. 2:37; 22:10

- **17[a]** Lc. 4:33-34, 41
- **17[b]** Dn. 3:26
- **17[c]** Mr. 5:7
- **18[a]** Mr. 16:17
- **18[b]** Mt. 17:18; Mr. 1:25-26
- **19[a]** cfr. Hch. 19:25
- **19[b]** Hch. 15:22
- **19[c]** Hch. 8:3; 17:6; 18:12; 21:30
- **20[a]** Mt. 10:18
- **20[b]** Hch. 17:6
- **21[a]** cfr. Est. 3:8
- **21[b]** Hch. 16:37
- **22[a]** 2 Co. 11:25
- **23[a]** Hch. 12:4; Lc. 21:12
- **24[a]** Job 13:27; 33:11; Jer. 20:2-3; 29:26
- **25[a]** Job 35:10; Sal. 42:8; 77:6; 119:62
- **26[a]** Hch. 4:31
- **26[b]** Hch. 5:19; 12:10
- **26[c]** Hch. 12:7
- **27[a]** cfr. Hch. 12:19
- **29[a]** Hch. 10:25

31 Ellos dijeron: [a]Cree en el Señor Jesús, y serás [b]salvo, tú y tu [1]casa.

32 Y le hablaron la palabra de Dios a él y a todos los que estaban en su casa.

33 Y él, tomándolos en aquella *misma* hora de la noche, les lavó las heridas; y en seguida se [1a]bautizó él con todos los suyos.

34 Y haciéndolos [1]subir [2]a su casa, les [a]puso la mesa; y se [b]regocijó de que toda su casa hubiera creído en Dios.

35 Cuando fue de día, los magistrados enviaron [1]lictores a decir: Suelta a aquellos hombres.

36 Y el carcelero hizo saber estas palabras a Pablo: Los magistrados han mandado a decir que se os suelte; así que ahora salid, y marchaos en paz.

37 Pero Pablo les dijo: Después de azotarnos públicamente sin sentencia judicial, siendo nosotros [a]romanos, nos echaron en la cárcel, ¿y ahora nos echan encubiertamente? No, por cierto, sino vengan ellos mismos a sacarnos.

38 Y los lictores hicieron saber estas palabras a los magistrados, los cuales [a]tuvieron miedo al oír que eran romanos.

39 Y viniendo les rogaron; y sacándolos, les pidieron que [a]salieran de la ciudad.

40 Entonces, saliendo de la cárcel, entraron en [a]*casa* de Lidia, y habiendo visto a los [b]hermanos, les exhortaron, y se fueron.

31[a] Mr. 16:16; Jn. 3:16, 36; 6:47; Hch. 13:39; 1 Jn. 5:10
31[b] Hch. 2:21; 4:12; 15:11
33[a] Hch. 2:38; 8:12; 10:47-48
34[a] Sal. 23:5; Lc. 5:29
34[b] Sal. 9:14; 13:5; Is. 25:9; Lc. 1:47; 1 P. 1:6, 8
37[a] Hch. 22:25
38[a] Hch. 22:29
39[a] Mt. 8:34
40[a] Hch. 16:14-15
40[b] Hch. 16:2; 17:10

24[1] Lit., madero; un instrumento de tortura con aberturas para sujetar las muñecas, los tobillos y el cuello de los prisioneros. La misma palabra es usada para referirse a la cruz en 5:30; 10:39; Gá. 3:13; 1 P. 2:24.

31[1] Indica que la familia del creyente es una unidad completa para la salvación de Dios, como la familia de Noé (Gn. 7:1), las familias que participaron de la pascua (Ex. 12:3-4), la familia de Rahab la ramera (Jos. 2:18-19), la familia de Zaqueo (Lc. 19:9), la familia de Cornelio (11:14), la familia de Lidia (v. 15), la familia del carcelero en este caso, y la familia de Crispo en 18:8.

33[1] Una vez más vemos que el bautismo se realizaba inmediatamente después de que la persona creía. Véase la nota 15[1]. Esto sucedió probablemente en el estanque del lugar donde estaban, el cual, según el versículo siguiente, quizá estaba en la planta baja. Esto nos muestra y testifica que los creyentes de los primeros días no tenían ninguna regulación ni rito, sino que tomaban las medidas que fueran adecuadas a las circunstancias.

34[1] Véase la nota 33[1].

34[2] Después de creer y ser bautizado el carcelero, no se preocupó por los oficiales, quienes tenían autoridad sobre él, ni por los criminales. El también entró en comunión con los apóstoles, la comunión del Cuerpo de Cristo, como evidencia de que había sido salvo. Véase la nota 15[2].

35[1] Los lictores romanos, quienes llevaban las fasces para abrir el camino a los magistrados y ejecutar el castigo de los criminales.

CAPITULO 17

d. A Tesalónica
17:1-9

1 Pasando por Anfípolis y Apolonia, llegaron a [1a]Tesalónica, donde había una [2b]sinagoga de los judíos.

2 Y Pablo, como [a]acostumbraba, [1]fue a ellos, y por tres días de sábado discutió con ellos basándose en las [b]Escrituras,

3 explicándoles y demostrándoles que era necesario que el Cristo [a]padeciese, y [b]resucitase de los muertos; y que Jesús, a quien yo os anuncio, *decía él,* es el [c]Cristo.

4 Y [a]algunos de ellos fueron persuadidos, y [1]se juntaron con Pablo y con [b]Silas; y de los [c]griegos [d]devotos gran número, y [e]mujeres nobles no pocas.

5 Entonces los judíos, teniendo [a]celos, tomaron consigo a algunos hombres malvados de entre los ociosos de la plaza, y juntando una turba, [b]alborotaron la ciudad; y presentándose en la casa de [c]Jasón, procuraban llevarlos ante el pueblo.

6 Pero no hallándolos, [a]arrastraron a Jasón y a algunos hermanos ante las autoridades de la ciudad, gritando: Estos que [b]trastornan el [1]mundo entero también han venido acá;

7 a los cuales Jasón ha recibido; y todos éstos contravienen los decretos de [a]César, diciendo que hay otro [b]rey, Jesús.

8 Y alborotaron al pueblo y a las autoridades de la ciudad, que oían estas cosas.

9 Pero obtenida fianza de Jasón y de los demás, los soltaron.

e. A Berea
17:10-13

10 Inmediatamente, los [a]hermanos enviaron de noche a Pablo y a Silas hasta Berea. Y ellos, habiendo llegado, entraron en la [b]sinagoga de los judíos.

11 Y éstos eran más [1]nobles que los que estaban en Tesalónica, pues recibieron la palabra con toda solicitud, [a]escudriñando cada día las Escrituras *para ver* si estas cosas eran así.

1[1] Otra ciudad principal, asentada en un golfo de la provincia de Macedonia.

1[2] Véase la nota 2[1] de Jac. 2.

2[1] Véase la nota 14[1] del cap. 13 (así también en el v. 10).

4[1] Lit., fueron asignados a.

6[1] Lit., la tierra habitada.

7[a] Lc. 2:1; Jn. 19:12 **7**[b] Lc. 23:2; Jn. 18:33, 37 **10**[a] Hch. 17:14; 16:40 **10**[b] Hch. 17:1 **11**[a] Is. 34:16; Jn. 5:39

1[a] Hch. 20:4; Fil. 4:16; 1 Ts. 1:1; 2 Ts. 1:1
1[b] Hch. 9:20; 13:5, 14; 14:1; 18:4; 19:8
2[a] Lc. 4:16
2[b] Hch. 8:35; 18:28
3[a] Lc. 24:26, 46; Hch. 3:18
3[b] Jn. 20:9
3[c] Jn. 20:31
4[a] Hch. 17:34; 14:4; 28:24
4[b] Hch. 15:22, 27, 32, 40
4[c] Jn. 7:35
4[d] Hch. 13:43
4[e] Hch. 17:12; 13:50
5[a] Hch. 5:17; 13:45; Jac. 3:14, 16
5[b] Hch. 17:13; 14:2
5[c] Ro. 16:21
6[a] Hch. 16:19
6[b] Hch. 16:20

12[a] Hch. 17:4; 13:50

12 Así que creyeron muchos de ellos; y [a]mujeres griegas
de distinción y hombres, no pocos.

13[a] Hch. 17:5

13 Cuando los judíos de Tesalónica supieron que también
en Berea era anunciada la palabra de Dios por Pablo, fueron
allá, y también [a]alborotaron a las multitudes.

f. A Atenas
17:14-34

(1) Enviado por los hermanos
vs. 14-15

14[a] Hch. 17:10
14[b] cfr. Mt. 10:23
14[c] Hch. 16:1
15[a] Hch. 18:1; 1 Ts. 3:1
15[b] Hch. 18:5

14 Pero inmediatamente los [a]hermanos enviaron a Pablo
que [b]fuese hacia el mar; y Silas y [c]Timoteo se quedaron allí.
15 Y los que se habían encargado de conducir a Pablo le
llevaron a [1a]Atenas; y habiendo recibido orden para Silas y
[b]Timoteo de que viniesen a él lo más pronto que pudiesen,
salieron.

(2) Discute con los judíos
y confronta a los filósofos gentiles
vs. 16-18

16[a] Hch. 19:21
16[b] Is. 2:8
17[a] Hch. 13:5
17[b] Hch. 17:4; 13:43

16 Mientras Pablo los esperaba en Atenas, [a]su [1]espíritu
fue provocado viendo la ciudad [2b]llena de ídolos.
17 Así que discutía en la [a]sinagoga con los judíos y [b]devo-
tos, y en la plaza cada día con los que *allí* se encontraban.
18 Y algunos filósofos de los [1]epicúreos y de los [2]estoicos
disputaban con él; y unos decían: ¿Qué querrá decir este

11[1] Es decir, de amplio criterio.

15[1] La capital de Acaya, una provincia del Imperio Romano. Era el centro de ilustración en la ciencia, la literatura y el arte para el mundo antiguo. Por medio de la visita del apóstol Pablo a tal lugar, el evangelio del reino de Dios llegó a las personas más cultas.

16[1] El espíritu humano de Pablo (Zac. 12:1; Job 32:8; Pr. 20:27), regenerado por el Espíritu de Dios (Jn. 3:6), en el cual moraba el Señor, el Espíritu (2 Ti. 4:22; Ro. 8:10-11), y el cual actuaba junto con el Espíritu (Ro. 8:16). En este espíritu Pablo adoraba y servía a Dios (Jn. 4:24; Ro. 1:9). Tal espíritu fue provocado porque en Atenas había muchos ídolos.

16[2] Ni siquiera la cultura más elevada impedía que estas personas adorasen ídolos. Dentro de ellos, como en toda la humanidad, había un espíritu creado por Dios para que el hombre le buscase y le adorase (cfr. v. 22). Sin embargo, debido a su ceguera e ignorancia, adoraban objetos que no debían adorar (v. 23). Ahora el propio Dios verdadero, quien creó el universo y a ellos, envió a Su apóstol para anunciar lo que debería ser el verdadero objeto de la adoración de ellos (vs. 23-29).

18[1] Los filósofos epicúreos eran seguidores del filósofo griego Epicuro (341-270 a. de C.), cuya filosofía era el materialismo. Ellos no reconocían al Creador ni Su providencia sobre el mundo, sino que buscaban placeres sensuales, especialmente en

[3]palabrero? Y otros: Parece que es anunciador de [4]divinida-
des extranjeras; porque les [a]anunciaba el evangelio de Jesús
y de la [b]resurrección.

(3) Predica en el Areópago
vs. 19-34

19 Y tomándole, le trajeron al [1a]Areópago, diciendo: ¿Podremos saber qué es esta [b]nueva enseñanza de que hablas?
20 Pues traes a nuestros oídos cosas [a]extrañas. Queremos, pues, saber qué quiere decir esto.
21 (Porque todos los atenienses y los extranjeros residentes *allí* en ninguna otra cosa se interesaban sino en decir o
en oír algo nuevo.)
22 Entonces Pablo, puesto en pie en medio del Areópago,
dijo: [1]Varones atenienses, observo que en todo sois [2]muy
respetuosos de vuestras deidades;
23 porque pasando y observando atentamente los objetos
de vuestra [a]adoración, hallé también un altar en el cual
estaba esta inscripción: AL DIOS NO CONOCIDO. Al que vosotros adoráis, pues, [b]sin conocerle, es a quien yo os anuncio.
24 El [1]Dios que [a]hizo el mundo y todas las cosas que en él

18a Hch. 5:42
18b Hch. 4:2; 17:31-32
19a Hch. 17:22, 34
19b Mr. 1:27
20a 1 P. 4:4
23a Jn. 4:22; 2 Ts. 2:4
23b 1 Co. 15:34
24a Hch. 14:15; Is. 42:5

---

la comida y en la bebida. Una parte de lo dicho por Pablo a los filipenses (Fil. 3:18 y la nota 1) y a los corintios (1 Co. 15:32 y la nota 3), se refiere a los epicúreos.

18[2] Los filósofos estoicos eran miembros de una escuela de filosofía fundada por Zenón (340-265 a. de C.). Ellos eran panteístas que creían que todo era gobernado por la fortuna, y que todos los sucesos dependían de la voluntad divina, y que por lo tanto el hombre debía aceptarlos con calma, libre de toda pasión, pena o gozo. Recalcaban que el bien más sublime es la virtud, y que la virtud es la recompensa del alma. Una parte de lo que Pablo dijo en la Epístola a los Filipenses se refiere a ellos (Fil. 4:11 y la nota 1).

18[3] La palabra griega se refiere a "un ave que recoge semillas en las calles y en los mercados; por extensión, se refiere a alguien que recoge y distribuye fragmentos de noticias" (Vincent).

18[4] Lit., demonios.

19[1] La Colina de Marte (en Atenas), sede de la antigua y venerable corte ateniense, la cual juzgaba los problemas religiosos más solemnes.

22[1] Denota mayor dignidad que simplemente "atenienses".

22[2] Esta palabra griega significa *temer a un demonio,* a un espíritu sobrenatural; así que, significa estar entregado a la adoración de demonios, reverenciar mucho a las deidades. La misma palabra se usa en forma de sustantivo en 25:19.

24[1] Lo que el apóstol dijo en los vs. 24-25 constituyó una vacuna eficaz tanto contra los epicúreos ateos, quienes no reconocían al Creador ni a Su providencia sobre el mundo, como contra los estoicos panteístas, quienes con respecto a su fortuna se sometían a la voluntad de muchos dioses (cfr. v. 18).

hay, siendo [b]Señor del cielo y de la tierra, [c]no habita en
templos hechos por manos humanas,
25 ni es servido de manos de hombres, como si necesitase
de algo; pues El es quien da a todos vida y [a]aliento y todas
las cosas.
26 Y de [1]uno solo ha hecho [a]todo el linaje de los hombres,
para que habiten sobre toda la [b]faz de la tierra; y les ha
prefijado el [2]orden de los tiempos, y los [c]linderos de su
habitación;
27 para que [a]busquen a Dios, si en alguna manera, pal-
pando, puedan hallarle, aunque ciertamente [1b]no está lejos
de cada uno de nosotros.
28 Porque [1]en El vivimos, y nos movemos, y somos; como
algunos de vuestros propios [2]poetas también han dicho:
Porque [3]linaje [4]Suyo somos.
29 Siendo, pues, linaje de Dios, no debemos pensar que [1]lo
divino sea semejante a [a]oro, o plata, o piedra, *semejante a*
una escultura de arte y a la [2]imaginación de hombres.
30 Dios, pues, habiendo pasado por alto los [a]tiempos de
esta [b]ignorancia, ahora [1]manda a todos los hombres en todo
lugar, que se [c]arrepientan;

24[b] Mt. 11:25
24[c] Hch. 7:48; 1 R. 8:27
25[a] Gn. 2:7; Job 12:10; 27:3; 33:4; Is. 42:5; Dn. 5:23
26[a] Hch. 10:35
26[b] Gn. 11:8; Lc. 21:35
26[c] Job 14:5; Dt. 32:8; Sal. 74:17
27[a] Hch. 15:17; Job 23:3
27[b] Dt. 4:7
29[a] Is. 40:18-19; 46:5-6; Hab. 2:18-19
30[a] cfr. Hch. 14:16
30[b] Ef. 4:18; 1 P. 1:14
30[c] Mr. 6:12; Lc. 24:47; Hch. 2:38; 5:31; 11:18; 26:20

26[1] Adán. Algunos mss. antiguos dicen: una sangre.

26[2] Las migraciones a América en los tiempos y los linderos en que se efectuaron constituyen una gran evidencia de lo dicho aquí y en la primera parte del versículo siguiente.

27[1] Porque Dios es el Espíritu omnipresente.

28[1] Denota que la vida, la existencia y hasta las acciones del hombre están en Dios. Esto no significa que los incrédulos tengan la vida de Dios, y que vivan, existan y actúen en Dios como lo hacen los que creen en Cristo, quienes nacen de Dios, poseen Su vida y naturaleza divinas, y viven, existen y actúan en la persona de Dios.

28[2] Probablemente se refiere a Arato (270 a. de C.) y a Cleantés (300 a. de C.), quienes expresaron las mismas palabras en sus poemas a Zeus (Júpiter), a quien consideraban el Dios supremo.

28[3] Tal como se creía que Adán era hijo de Dios (Lc. 3:38 y la nota 2). Puesto que Dios es el Creador, el origen, de todos los hombres, El es el Padre de todos ellos (Mal. 2:10) en un sentido natural, y no en el sentido espiritual según el cual es Padre de todos los creyentes (Gá. 4:6), quienes son regenerados por El en su espíritu (1 P. 1:3; Jn. 3:5-6).

28[4] En los escritos de los dos poetas, *Suyo* se refiere a Zeus como el Dios supremo.

29[1] Gr. *théion;* significa *lo que es divino.* No es la palabra *theiótes,* usada en Ro. 1:20, la cual denota las características de la divinidad, ni tampoco la palabra *theótes,* usada en Col. 2:9, la cual se refiere a la Deidad, a Dios mismo. *Théion* es un término más vago y abstracto que *theiótes,* y no es tan preciso como *theótes,* el cual se refiere con mucha precisión a la Deidad, a Dios mismo. Cfr. nota 20[1] de Ro. 1.

29[2] O, pensamiento, diseño.

30[1] Algunos mss. dicen: declara.

31 por cuanto ha establecido un [1a]día en el cual [b]juzgará al mundo con justicia, por aquel varón a quien designó, dando de esto a todos una [2]prueba cierta, con haberle [c]levantado de los muertos.

32 Pero cuando oyeron lo de la [a]resurrección de los muertos, unos se [b]burlaban, y otros decían: Ya te oiremos acerca de esto [c]otra vez.

33 Y así Pablo salió de en medio de ellos.

34 Mas algunos creyeron, [a]juntándose con él; entre los cuales estaba Dionisio el [b]areopagita, una mujer llamada Dámaris, y otros con ellos.

CAPITULO 18

g. A Corinto
18:1-17

(1) Conoce a Aquila y Priscila
vs. 1-4

1 Después de estas cosas, Pablo salió de [a]Atenas y fue a [b]Corinto.

2 Y halló a un judío llamado [a]Aquila, natural del [b]Ponto, recién venido de [c]Italia con Priscila su mujer, por cuanto [1d]Claudio había mandado que todos los judíos saliesen de [e]Roma. Fue a ellos,

3 y como era del mismo oficio, se quedó con ellos y [a]trabajaba; pues el oficio de ellos era hacer tiendas.

31[a] Ro. 2:5, 16; 2 P. 2:9; Mt. 12:36
31[b] Sal. 9:8; 96:13; 98:9; Jn. 5:22, 27
31[c] Hch. 2:24; 26:8
32[a] Hch. 17:18; 23:6, 8; He. 6:2
32[b] Hch. 2:13
32[c] Hch. 24:25
34[a] Hch. 17:4
34[b] Hch. 17:19, 22
1[a] Hch. 17:15-16; 1 Ts. 3:1
1[b] Hch. 19:1; 1 Co. 1:2
2[a] Hch. 18:18, 26; Ro. 16:3; 1 Co. 16:19; 2 Ti. 4:19
2[b] Hch. 2:9
2[c] Hch. 27:1, 6; He. 13:24
2[d] Hch. 11:28
2[e] Hch. 2:10

31[1] El día en que Cristo juzgará a los vivos, es decir, a las naciones que existan en la tierra cuando El regrese, en el trono de Su gloria antes del milenio (Mt. 25:31-46). Esto probablemente no incluye el día en que juzgará a los muertos en el gran trono blanco después del milenio (Ap. 20:11-15), como en 10:42 (véase la nota), 2 Ti. 4:1 y 1 P. 4:5, porque en el día aquí mencionado juzgará al mundo, lo cual quizá sólo se refiera a los vivos. El día en que Cristo regrese, comenzará a juzgar al mundo. Dios dispuso que Cristo llevara a cabo este juicio, y lo demostró claramente al levantarlo de entre los muertos. Al predicarle a los gentiles, tanto Pedro en 10:42 como Pablo aquí y en 24:25, dieron énfasis al juicio que Dios efectuará.

31[2] O, fe, certeza, garantía. La resurrección de Cristo comprueba y garantiza que El volverá para juzgar a todos los habitantes de la tierra. Esto está garantizado para que tengamos fe en ello y para que nos guíe al arrepentimiento (v. 30).

2[1] Un césar del Imperio Romano. Lo que este césar hizo fue usado por el Señor para llevar a cabo Su ministerio de edificar Su iglesia, tal como el decreto de César Augusto fue usado por Dios para cumplir la profecía acerca del lugar del nacimiento de Cristo (Lc. 2:1-7).

3[a] Hch. 20:34-35; 1 Co. 4:12; 1 Ts. 2:9; 2 Ts. 3:8

4 Y discutía [1]en la [2a]sinagoga todos los [3]días de sábado,
y persuadía a judíos y a [4b]griegos.

(2) Predica a los judíos y encuentra oposición por parte de ellos
vs. 5-17

5 Y [1]cuando Silas y [a]Timoteo descendieron de Macedonia, Pablo estaba [2]entregado por entero a la predicación de
la palabra, [b]testificando solemnemente a los judíos que
Jesús era el [c]Cristo.
6 Pero oponiéndose y [a]blasfemando éstos, les dijo, [b]sacu-
diéndose los vestidos: Vuestra [c]sangre sea sobre vuestra
propia cabeza; yo, limpio; desde ahora me [1]iré a los [d]gentiles.
7 Y saliendo de allí, se fue a la casa de uno llamado Tito
Justo, que [a]adoraba a Dios, la cual estaba junto a la sinagoga.
8 Y [a]Crispo, el principal de la sinagoga, creyó en el Señor
con toda su [1b]casa; y muchos de los corintios, oyendo, creían
y eran bautizados.
9 Entonces el Señor dijo a Pablo durante la [a]noche por
[1]visión: [b]No temas, sino habla, y no calles;
10 porque Yo estoy [a]contigo, y ninguno pondrá sobre ti la
mano para hacerte mal, porque Yo tengo mucho [b]pueblo en
esta ciudad.
11 Y se [1]detuvo *allí* un año y seis meses, enseñándoles la
palabra de Dios.
12 Pero siendo Galión [a]procónsul de Acaya, los [b]judíos se
levantaron de común acuerdo contra Pablo, y le [c]llevaron al
tribunal,
13 diciendo: Este incita a los hombres a adorar a Dios
contra la ley.
14 Mas cuando Pablo iba a abrir su boca, Galión dijo a los
judíos: Si fuera algún agravio o algún crimen enorme, oh
judíos, sería de razón que yo os tolerara.
15 Pero si son [a]cuestiones de palabras, y de nombres, y de

4[1] Véase la nota 5[1] del cap. 13.

4[2] Véase la nota 2[1] de Jac. 2 (así también en los vs. 19, 26).

4[3] Véase la nota 14[1] del cap. 13.

4[4] Indica que algunos griegos asistían a las sinagogas judías (Mr. 1:21 y la nota 1) para escuchar la palabra de Dios.

5[1] Durante este tiempo en Corinto, Pablo escribió su primera epístola a la iglesia en Tesalónica (1 Ts. 1:1), después de que Silas y Timoteo habían regresado de Macedonia con alguna información acerca de aquella iglesia (1 Ts. 3:6 y la nota 1).

5[2] O, presionado por la palabra.

6[1] Véase la nota 47[1] del cap. 13.

8[1] Véase la nota 31[1] del cap. 16.

4a Hch. 18:19; 13:14; 17:1, 17
4b Hch. 19:10; 20:21
5a Hch. 17:14-15; 1 Ts. 3:6
5b Hch. 2:40; 20:21
5c Hch. 18:28; 5:42; 9:22
6a Hch. 13:45; 1 P. 4:4
6b Neh. 5:13
6c 2 S. 1:16; Ez. 33:4; Lv. 20:9-16
6d Hch. 13:46; 28:28
7a Hch. 16:14
8a 1 Co. 1:14
8b Hch. 11:14
9a Hch. 23:11; 27:23
9b Hch. 27:24; Jer. 1:8
10a Jn. 14:17; Mt. 28:20; Jos. 1:5
10b Hch. 15:14
12a Hch. 13:7
12b Hch. 13:45
12c Hch. 16:19
15a 1 Ti. 6:4; 2 Ti. 2:14

vuestra [b]ley, vedlo vosotros; porque yo no quiero ser juez de
estas cosas,
16 y los echó del tribunal.
17 Entonces todos, apoderándose de [1]Sóstenes, principal
de la sinagoga, le golpeaban delante del tribunal; pero a
Galión nada se le daba de ello.

h. A Efeso
18:18-21a

18 Mas Pablo, habiéndose detenido aún muchos días *allí,*
después se despidió de los hermanos y navegó a Siria, y con
él Priscila y [a]Aquila, habiéndose [b]rapado la cabeza en [c]Cen-
crea, porque tenía hecho [1]voto.
19 Y llegaron a [a]Efeso, y los dejó allí; y [1]entrando en la
[b]sinagoga, discutía con los judíos,
20 los cuales le rogaban que se quedase con ellos por más
tiempo; mas no accedió,
21 sino que se despidió de ellos, diciendo: Otra vez volveré
a vosotros, si Dios [a]quiere.

i. Regresa a Antioquía, concluyendo así el segundo viaje
18:21b-22

Y zarpó de Efeso.
22 Habiendo descendido a Cesarea, subió *a Jerusalén* para
saludar a la [a]iglesia, y luego [1]descendió a [b]Antioquía.

7. El tercer viaje
18:23—21:17

a. A la región de Galacia y de Frigia
18:23

23 Y después de estar *allí* algún tiempo, [1]salió, recorriendo

15[b] Hch. 23:29
18[a] Hch. 18:2
18[b] cfr. Hch. 21:23-24
18[c] Ro. 16:1
19[a] Hch. 19:1; 1 Co. 15:32; 2 Ti. 1:18; Ap. 1:11
19[b] Hch. 18:4
21[a] 1 Co. 4:19; 16:7; cfr. Jac. 4:15
22[a] Hch. 5:11; 20:17
22[b] Hch. 15:35

9[1] Véase la nota 10[3] del cap. 10.

11[1] Lit., asentó.

17[1] Véase la nota 1[3] de 1 Co. 1.

18[1] Un voto privado que los judíos, rapándose la cabeza, hacían en cualquier lugar como acción de gracias. Difería del voto nazareo, el cual se tenía que llevar a cabo en Jerusalén, rasurándose la cabeza (21:24 y la nota 3; Nm. 6:1-5,18; cfr. 1 Co. 11:6, donde se muestra que existe una diferencia entre rapar y rasurar). Pablo era judío y guardaba el voto, pero no lo quería imponer a los gentiles, y de hecho no lo hizo. Conforme al principio de su enseñanza con respecto a la economía neotestamentaria de Dios, Pablo debió haber renunciado a todas las prácticas judías, las cuales pertenecían a la dispensación del Antiguo Testamento. Sin embargo, guardó ese voto, y al parecer Dios lo toleró, probablemente porque era un voto efectuado en privado, en un lugar que no era Jerusalén, y que no tendría mucho efecto en los creyentes.

19[1] Véase la nota 5[1] del cap. 13.

22[1] Este fue el fin del segundo viaje ministerial de Pablo, el cual comenzó en 15:40.

por orden la región de [a]Galacia y de Frigia, [b]confirmando a
todos los discípulos.

b. Vuelve a Efeso
18:24—19:41

(1) El ministerio de Apolos
18:24-28

24 Llegó entonces a Efeso un judío llamado [a]Apolos, natural
de Alejandría, varón elocuente, poderoso en las Escrituras.
25 Este había sido instruido en el [1]camino del Señor; y
siendo [a]ferviente de espíritu, hablaba y enseñaba con exactitud lo concerniente a Jesús, aunque [2]solamente conocía el
[b]bautismo de Juan.
26 Y comenzó a hablar con denuedo en la sinagoga; pero
cuando le oyeron Priscila y [a]Aquila, le tomaron aparte y le
expusieron más exactamente el [b]camino de Dios.
27 Y queriendo él pasar a Acaya, los hermanos le anima-
ron, y [a]escribieron a los discípulos que le recibiesen; y llegado
él *allá,* fue de gran provecho a los que por la [1b]gracia habían
creído;
28 porque con gran vehemencia refutaba públicamente a
los judíos, demostrando por las [a]Escrituras que Jesús era el
[b]Cristo.

CAPITULO 19

(2) Pablo suple la deficiencia del ministerio de Apolos
19:1-7

1 Aconteció que mientras [a]Apolos estaba en Corinto, Pablo, después de recorrer las regiones superiores, descendió a
[b]Efeso, y hallando a ciertos discípulos,
2 les dijo: ¿[1]Recibisteis al Espíritu Santo cuando creísteis?

23[a] Hch. 16:6
23[b] Hch. 14:22
24[a] Hch. 19:1; 1 Co. 1:12; 4:6; 16:12; Tit. 3:13
25[a] Ro. 12:11
25[b] Hch. 19:3; Lc. 3:3, 16; 7:29
26[a] Hch. 18:2, 18
26[b] Hch. 9:2; 19:9, 23; 22:4; 24:14; Mt. 22:16
27[a] 2 Co. 3:1
27[b] Hch. 4:33; 20:24
28[a] Hch. 18:24; 8:35; 17:2
28[b] Hch. 18:5
1[a] Hch. 18:24
1[b] Hch. 18:19

23[1] Aquí comienza el tercer viaje ministerial de Pablo, el cual termina en 21:17.

25[1] No se refiere a la doctrina acerca del Señor, sino al camino práctico en el cual los creyentes del Nuevo Testamento deben andar. Véase la nota 2[1] del cap. 9.

25[2] Esto indica que Apolos no tenía una revelación completa de la economía neotestamentaria de Dios, aunque había sido instruido en el camino del Señor. Por tanto, el resultado de su ministerio era deficiente (19:2 y la nota 2).

27[1] Indica la gracia especial que Apolos disfrutaba en el Señor. Esta gracia es Dios mismo en Cristo como porción para los que creen en Cristo (véase la nota 14[6] de Jn. 1 y 10[1] de 1 Co. 15).

2[1] Véase la nota 38[7], párr. 2, del cap. 2.

Y ellos *le dijeron:* [2a]Ni siquiera hemos oído si hay Espíritu
Santo.
3 Entonces dijo: ¿En qué, pues, fuisteis bautizados?
Ellos dijeron: En el bautismo de [1a]Juan.
4 Dijo Pablo: Juan bautizó con [a]bautismo de arrepentimiento, diciendo al pueblo que creyesen en aquel que vendría
[b]después de él, esto es, en Jesús.
5 Cuando oyeron *esto,* fueron bautizados [1*]en el nombre
del Señor Jesús.
6 Y habiéndoles [1a]impuesto Pablo las manos, vino [2]sobre
ellos el [b]Espíritu Santo; y [3]hablaban en [c]lenguas, y [d]profeti-
zaban.
7 Eran por todos unos doce hombres.

(3) El ministerio y su fruto:
la palabra del Señor crece y prevalece
19:8-20

8 Y [1]entrando *Pablo* en la [2a]sinagoga, habló con denuedo
por espacio de tres meses, discutiendo y [b]persuadiendo acerca del [3c]reino de Dios.
9 Pero endureciéndose algunos y no dejándose persuadir, [a]maldiciendo el [1b]Camino delante de la multitud, se
apartó *Pablo* de ellos y separó a los discípulos, discutiendo
cada día en la escuela de [2]Tirano.
10 Así continuó por espacio de [a]dos años, de manera que
todos los que habitaban en [b]Asia, judíos y [c]griegos, oyeron la
palabra del Señor.

2[a] cfr. Hch. 8:16
3[a] Hch. 18:25
4[a] Lc. 3:3; Hch. 13:24
4[b] Mt. 3:11; Jn. 1:15
6[a] Hch. 6:6
6[b] Hch. 10:44; 11:15
6[c] Mr. 16:17; Hch. 2:4
6[d] Hch. 2:17-18; 21:9
8[a] Hch. 13:5; 17:1, 10; 18:4
8[b] Hch. 28:23
8[c] Hch. 1:3; 20:25
9[a] Hch. 13:45
9[b] Hch. 19:23; 18:26
10[a] cfr. Hch. 20:31
10[b] Hch. 20:18; 2 Co. 1:8; 2 Ti. 1:15
10[c] Hch. 18:4

2[2] Este fue el resultado insatisfactorio del ministerio de Apolos, un ministerio que carecía de una revelación completa de la economía neotestamentaria de Dios. Véase la nota 25[2] del cap. 18.

3[1] Esta es la última vez que se menciona Juan el Bautista en el Nuevo Testamento. "Al fin, le da lugar totalmente a Cristo" (Bengel). Entre los discípulos de Juan se creía que había rivalidad entre Juan y Cristo (Jn. 3:26). El ministerio de Juan consistió en presentar a Cristo (v. 4). Una vez que Cristo fue presentado, el ministerio de Juan debió cesar y ser reemplazado por Cristo. Era necesario que Juan menguara y que Cristo creciera (Jn. 3:30).

5[1] Véanse las notas 38[3], punto 2, del cap. 2 y 16[2] del cap. 8.

6[1] Véanse las notas 17[1] del cap. 8 y 47[1] del cap. 10.

6[2] Véase la nota 17[4] del cap. 2.

6[3] Véase la nota 46[1] del cap. 10.

8[1] Véase la nota 5[1] del cap. 13.

8[2] Véase la nota 2[1] de Jac. 2.

8[3] Véase la nota 3[4] del cap. 1.

9[1] Véase la nota 2[1] del cap. 9.

9[2] Es posible que Tirano haya sido un profesor y que Pablo haya alquilado su escuela para usarla como salón de reunión, separado de la sinagoga de los opositores judíos, para predicar y enseñar la palabra del Señor tanto a los judíos como a los griegos por dos años (v. 10).

11 Y hacía Dios [1]obras poderosas y extraordinarias por
11[a] Hch. 5:12; 14:3 [a]mano de Pablo,
12 de tal manera que aun se llevaban a los enfermos los
12[a] cfr. 2 R. 4:29; Hch. 5:15 pañuelos o delantales de su [1a]cuerpo, y las enfermedades se
iban de ellos, y los [2]espíritus malos [b]salían.
13 Pero algunos de los judíos, [a]exorcistas ambulantes,
12[b] Hch. 8:7; 16:18 intentaron invocar el [b]nombre del Señor Jesús sobre los que
tenían espíritus malos, diciendo: Os conjuro por Jesús, el
13[a] Mt. 12:27 que predica Pablo.
14 Había siete hijos de un tal Esceva, judío, jefe de los
13[b] Mr. 9:38 sacerdotes, que hacían esto.
15 Pero respondiendo el espíritu malo, dijo: A Jesús conozco, y sé quién es Pablo; pero vosotros, ¿quiénes sois?
16 Y el hombre en quien estaba el espíritu malo, saltando sobre ellos y dominándolos, prevaleció contra ellos, de tal manera que huyeron de aquella casa desnudos y heridos.
17 Y esto fue notorio a todos los que habitaban en Efeso,
17[a] Hch. 2:43; 5:5, 11; Lc. 1:65 así judíos como griegos; y tuvieron [a]temor todos ellos, y era
magnificado el [b]nombre del Señor Jesús.
18 Y muchos de los que habían creído venían, [1a]confesan-
do y dando cuenta de sus [2]prácticas.
17[b] 2 Ts. 1:12 19 Asimismo muchos de los que habían practicado la
18[a] Mt. 3:6 magia trajeron los libros y los [1]quemaron delante de todos; y
hecha la cuenta de su precio, hallaron que era cincuenta mil
[2]piezas de plata.
20[a] Hch. 6:7 20 [1]Así [a]crecía y prevalecía poderosamente la palabra del
Señor.

(4) Se propone ir a Jerusalén y a Roma
19:21-22

21[a] Ro. 1:13 21 Pasadas estas cosas, Pablo se [1a]propuso en [2]espíritu [3]ir

---

11[1] Véase la nota 43[1] del cap. 2.

12[1] Se refiere a la superficie, la piel, del cuerpo. Un término médico usado en aquel entonces. Lucas, el autor, era médico.

12[2] Véase la nota 23[1] de Mr. 1.

18[1] *Confesando y dando cuenta* denota una confesión muy completa y franca.

18[2] Esta palabra también tiene el significado técnico de *hechicerías,* y tal vez ése sea su significado aquí.

19[1] Esto se hizo con el fin de resolver su pasado, el cual era pecaminoso y demoníaco.

19[2] Cada pieza equivalía aproximadamente al salario de un día.

20[1] O, Así la palabra crecía y se fortalecía por el poder del Señor.

21[1] El propósito era dar alivio a la amorosa preocupación de Pablo por la necesidad de los santos pobres de Jerusalén. En esos tiempos él estaba en Efeso cumpliendo su tercer viaje ministerial, ocupado con la pesada carga de llevar a cabo su ministerio en Asia

a [b]Jerusalén, después de recorrer [c]Macedonia y Acaya,
diciendo: Después que haya estado allí, me será necesario
[4d]ver también a Roma.
22 Y enviando a Macedonia a dos de los que le [a]servían,
[b]Timoteo y [1]Erasto, él se [2]quedó por algún tiempo en Asia.

(5) El disturbio
19:23-41

(a) La causa
vs. 23-34

23 Hubo por aquel tiempo un [a]disturbio no pequeño acerca del [1b]Camino.
24 Porque un platero llamado [1]Demetrio, que [2]hacía de
plata templecillos de [3]Artemisa, daba no poca ganancia a los
artífices;

21[b] Hch. 20:16, 22; Ro. 15:25; 1 Co. 16:3
21[c] Hch. 20:1; Ro. 15:26; 1 Co. 16:5; 2 Co. 1:16; 8:1; 9:2
21[d] Ro. 1:13; 15:24, 28
22[a] Hch. 13:5
22[b] 1 Co. 16:10; Hch. 18:5; 20:4; Ro. 16:21; 2 Co. 1:1
23[a] Hch. 19:40
23[b] Hch. 19:9

(1 Co. 16:8-9) y en Macedonia y Acaya (1 Co. 16:5-7; Hch. 20:1-3). No obstante, todavía tenía la carga de separar una parte de su tiempo para los santos necesitados de Jerusalén. Cuando llegó a Corinto, escribió su epístola a los santos que estaban en Roma, expresando el propósito de su viaje y rogándoles que orasen por él al respecto (Ro. 15:25-31). Aunque Pablo era un apóstol apartado por Dios para los gentiles (22:21; Gá. 2:8), se preocupaba por los intereses del Señor entre los judíos. Su mayor preocupación era el Cuerpo universal de Cristo, y no sólo su parte del ministerio neotestamentario entre los gentiles.

Además, él quería ir a Jerusalén en ese momento quizá también para tener comunión con Jacobo y los demás apóstoles y ancianos de Jerusalén con respecto a la influencia judía ejercida sobre la iglesia de allí. Según las enseñanzas de Pablo en las epístolas a los gálatas y a los romanos, la decisión tomada en la conferencia de los apóstoles y ancianos en el cap. 15 para resolver el problema relacionado con la circuncisión, seguramente no le satisfizo por completo. Esto sin duda le perturbó debido a su interés por la economía neotestamentaria de Dios, la cual consiste en edificar el Cuerpo de Cristo. Lo que Jacobo dijo en 21:20-22 después de que Pablo llegó a Jerusalén (21:17-18), y su propuesta de que éste participara en el voto nazareo de los cuatro creyentes judíos (21:23-24), parece confirmar este punto de vista.

21[2] Puesto que el Señor Espíritu moraba en el espíritu de Pablo (2 Ti. 4:22; Ro. 8:10-11), éste debe de haber tomado tal decisión conforme a la guía del Señor Espíritu. Véase la nota 16[1] del cap. 17.

21[3] Pablo sí fue a Jerusalén (21:17) y también vio a Roma (28:14, 16).

21[4] El Señor cumplió el deseo de Pablo cuando lo llevó a Roma por haber apelado éste a César (23:11; nota 11[1] del cap. 25).

22[1] Un tesorero de la ciudad de Corinto (Ro. 16:23; cfr. 2 Ti. 4:20), de alto rango, quien probablemente se había convertido mediante la predicación de Pablo en Corinto (cfr. 18:8) y llegó a ser asistente suyo.

22[2] Durante este tiempo en Efeso el apóstol escribió su primera epístola a la iglesia que estaba en Corinto (1 Co. 16:3-10, 19 y la nota 8[1]; 4:17; cfr. Hch. 19:20-23, 8-10, 17; 20:1).

23[1] Véase la nota 2[1] del cap. 9.

24[1] Este no es el Demetrio del que se habla en 3 Jn. 12.

24[2] Un oficio sucio y demoníaco. Los que practicaban ese oficio cooperaban con los demonios en la obra de

25 a los cuales, habiendo [1]reunido, y con ellos los obreros del mismo oficio, dijo: [2]Varones, sabéis que de este oficio obtenemos *nuestra* [a]prosperidad;

26 pero veis y oís que este Pablo, no solamente en Efeso, sino en casi toda Asia, ha apartado a muchas gentes con persuasión, diciendo que no son dioses los que se hacen con las [a]manos.

27 Y no solamente hay peligro de que este nuestro negocio venga a desacreditarse, sino también que el templo de la [a]gran diosa Artemisa sea estimado en nada, y comience a ser destruida la majestad de aquella a quien venera toda Asia, y el mundo entero.

28 Cuando oyeron *estas cosas,* se llenaron de ira, y gritaron, diciendo: ¡Grande es Artemisa de los efesios!

29 Y la ciudad se llenó de confusión, y a una se lanzaron al teatro, arrebatando a [1]Gayo y a [a]Aristarco, macedonios, [b]compañeros de viaje de Pablo.

30 Y queriendo Pablo salir al pueblo, los discípulos no le dejaron.

31 También algunos de los [1]asiarcas, que eran sus amigos, le enviaron *recado,* rogándole que no se presentase en el teatro.

32 Unos, pues, [a]gritaban una cosa, y otros otra; porque la asamblea estaba confusa, y los más no sabían por qué se habían reunido.

33 Y sacaron de entre la multitud a [1]Alejandro, empujándole los judíos. Entonces Alejandro, [a]habiendo hecho señales con la mano, quería hacer su defensa ante el pueblo.

34 Pero cuando le conocieron que era judío, todos a una voz gritaron casi por dos horas: ¡[a]Grande es Artemisa de los efesios!

- 25[a] cfr. Hch. 16:19
- 26[a] Dt. 4:28; 2 R. 19:18; Sal. 115:4; Ap. 9:20; Is. 44:10-17; Jer. 10:3-5
- 27[a] Hch. 19:28, 34; cfr. Hch. 8:9-10
- 29[a] Hch. 20:4; 27:2; Col. 4:10; Flm. 24
- 29[b] 2 Co. 8:19
- 32[a] Hch. 21:34
- 33[a] Hch. 12:17
- 34[a] Hch. 19:27-28

---

poseer y usurpar a la gente para el reino maligno de Satanás (Mt. 12:26).

24[3] Artemisa era la diosa de los efesios. Para los romanos era la diosa Diana.

25[1] Detrás de la adoración de ídolos había demonios, quienes instigaron el tumulto contra el apóstol para perturbar y estorbar la predicación del evangelio. Esto constituyó la lucha de Satanás contra la propagación del reino de Dios en la tierra.

25[2] Véase la nota 26[1] del cap. 7.

29[1] Véase la nota 1[2] de 3 Jn.

31[1] Personas principales de la provincia de Asia.

33[1] No lo hicieron porque Alejandro se hubiera convertido por la predicación de Pablo. (Este Alejandro no es el mencionado en 1 Ti. 1:20 y 2 Ti. 4:14.)

(b) La multitud se apacigua
vs. 35-41

35 Entonces el escribano, cuando hubo apaciguado a la multitud, dijo: [1]Varones efesios, ¿y quién es el hombre que no sabe que la ciudad de los efesios es guardiana del templo de la gran diosa Artemisa, y de la imagen [2]venida de [a]Zeus?
36 Puesto que esto no puede contradecirse, es necesario que os apacigüéis, y que nada hagáis precipitadamente.
37 Porque habéis traído a estos hombres, sin ser [a]saqueadores de templos ni blasfemadores de vuestra diosa.
38 Que si Demetrio y los artífices que están con él tienen pleito contra alguno, audiencias se conceden, y [a]procónsules hay; acúsense los unos a los otros.
39 Y si demandáis alguna otra cosa, en [1]legítima asamblea se puede decidir.
40 Porque peligro hay de que seamos acusados de [a]insurrección por esto de hoy, no habiendo ninguna causa por la cual podamos dar razón de este tumulto.
41 Y habiendo dicho esto, [1]despidió la asamblea.

CAPITULO 20

c. Pasa por Macedonia y Grecia rumbo a Troas
20:1-12

1 Después que cesó el alboroto, llamó Pablo a los discípulos, y habiéndolos exhortado, se despidió y salió para ir a [1a]Macedonia.
2 Y después de recorrer aquellas regiones, y de exhortarles con abundancia de palabras, llegó a Grecia.
3 Después de haber estado *allí* [1]tres meses, y habiendo tramado los [a]judíos un [b]complot contra él para cuando se embarcase para Siria, [2]tomó la decisión de volver por Macedonia.

35[a] Hch. 14:12; 28:11
37[a] Ro. 2:22
38[a] Hch. 13:7
40[a] Hch. 19:23
1[a] Hch. 19:21; 1 Co. 16:5; cfr. 1 Ti. 1:3
3[a] Hch. 13:45
3[b] Hch. 9:24; 20:19; 23:12

35[1] Denota mayor dignidad y solemnidad que simplemente "efesios".
35[2] Lit., caída (del cielo).
39[1] O, asamblea regular.
41[1] Esto ocurrió por la soberanía del Señor, y preservó a Su apóstol del tumulto demoníaco.
1[1] Allí Pablo escribió su segunda epístola a la iglesia que estaba en Corinto (2 Co. 2:13 y la nota 2; 7:5-6; 8:1; 9:2, 4).
3[1] Durante ese tiempo en Corinto, el apóstol escribió su epístola a los santos de Roma (Ro. 15:22-32; cfr. Hch. 19:21; 20:1-3; 1 Co. 16:3-7).
3[2] Pablo originalmente tenía la intención de ir a Jerusalén por Siria desde Acaya, en Grecia (19:21; 1 Co. 16:3-7). Debido al complot de los judíos contra él, cambió su ruta y fue hacia el norte a Macedonia, y de allí regresó a Jerusalén. Sabía que los judíos estaban conspirando contra él y que eso le causaría sufrimientos

4 Y le acompañaron, Sópater de Berea, *hijo* de Pirro, y
[a]Aristarco y Segundo de Tesalónica, [1]Gayo de [b]Derbe, y
[c]Timoteo; y de Asia, [d]Tíquico y [e]Trófimo.
5 Estos, habiéndose adelantado, nos esperaron en Troas.
6 Y nosotros, pasados los días de los [a]panes sin levadura,
navegamos de [b]Filipos, y en cinco días nos reunimos con ellos
en [c]Troas, donde nos quedamos siete días.
7 El [1a]primer día de la semana, estando [2]nosotros reunidos para [b]partir el pan, Pablo conversaba con ellos, habiendo
de salir al día siguiente; y alargó el discurso hasta la medianoche.
8 Y había muchas lámparas en el [a]aposento alto donde
estábamos reunidos;
9 y un joven llamado Eutico, que estaba sentado en la
ventana, rendido de un sueño profundo, por cuanto Pablo
alargaba su discurso, vencido del sueño cayó del tercer piso
abajo, y fue levantado muerto.
10 Entonces descendió Pablo y se echó [a]sobre él, y abra-
zándole, dijo: No os alarméis, pues su alma está en él.
11 Después de haber subido, y [a]partido el pan y [1]comido,
habló largamente hasta el alba; y así salió.
12 Y llevaron al joven vivo, y fueron grandemente consolados.

d. A Mileto, donde se reúne con los ancianos de la iglesia en Efeso
20:13-28

13 Nosotros, adelantándonos a embarcarnos, zarpamos
con rumbo a Asón para recoger allí a Pablo, ya que así lo
había determinado, queriendo él ir por tierra.
14 Cuando se reunió con nosotros en Asón, tomándole a
bordo, vinimos a Mitilene.
15 Navegando de allí, al día siguiente llegamos delante de

4[a] Hch. 19:29
4[b] Hch. 14:6, 20
4[c] Hch. 19:22
4[d] Ef. 6:21; Col. 4:7; 2 Ti. 4:12; Tit. 3:12
4[e] Hch. 21:29; 2 Ti. 4:20
6[a] Ex. 23:15; Hch. 12:3
6[b] Hch. 16:12
6[c] Hch. 16:8, 11; 2 Co. 2:12; 2 Ti. 4:13
7[a] Lc. 24:1; 1 Co. 16:2
7[b] Hch. 20:11; 2:42, 46; 1 Co. 10:16; 11:23-24
8[a] Hch. 1:13
10[a] 1 R. 17:21; 2 R. 4:34
11[a] Hch. 20:7

(v. 19). Por consiguiente, les suplicó a los santos de Roma que oraran por él en cuanto a su regreso a Jerusalén (Ro. 15:25-26, 30-31). Quizá ésta haya sido también la razón por la cual estaba ligado en espíritu para ir a Jerusalén (v. 22). Más tarde, después de regresar a Jerusalén, fue apresado por los judíos (21:27-30), quienes procuraban matarlo (21:31; 23:12-15).

4[1] Véase la nota 1[2] de 3 Jn.

7[1] El día del Señor (Ap. 1:10). Pablo permaneció en Troas siete días (v. 6), pero sólo el primer día de la semana se reunieron para partir el pan en memoria del Señor. Esto indica que en aquel tiempo el apóstol y la iglesia consideraban que el primer día de la semana era un día dedicado al Señor.

7[2] Incluye al escritor, Lucas.

11[1] O, gustado.

Quío, y al otro día tomamos puerto en Samos; al día siguiente llegamos a Mileto.
16 Porque Pablo se había propuesto pasar de largo a Efeso, para no detenerse en Asia, pues se apresuraba por estar
el [1]día de [a]Pentecostés, si le fuese posible, en [b]Jerusalén.
17 Enviando, pues, desde Mileto a Efeso, hizo llamar a los
[a]ancianos de la [b]iglesia.
18 Cuando vinieron a él, les dijo: Vosotros sabéis [a]cómo
me he comportado entre vosotros todo el tiempo, desde el
primer día que puse pie en [b]Asia,
19 [a]sirviendo al Señor como esclavo con toda [b]humildad, y
con [c]lágrimas, y [d]pruebas que me han venido por las [e]confa-
bulaciones de los judíos;
20 y cómo nada de cuanto os pudiera aprovechar [a]rehuí
anunciaros y enseñaros, públicamente y [b]de casa en casa,
21 [a]testificando solemnemente a judíos y a [b]griegos acerca
del [c]arrepentimiento para con Dios, y de la [d]fe [1]en nuestro
Señor [2]Jesús.
22 Ahora, he aquí, [1]ligado yo en [2]espíritu, voy a [a]Jerusa-
lén, sin saber lo que [3]allá me ha de acontecer;
23 [1]salvo que el [a]Espíritu Santo por todas las ciudades me
da solemne testimonio, diciendo que me esperan [b]prisiones
y [c]aflicciones.
24 Pero de ninguna cosa hago caso, ni [1]estimo preciosa mi
[2a]vida para mí mismo, con tal que acabe mi [b]carrera, y el
[c]ministerio que recibí del Señor Jesús para dar solemne
[d]testimonio del [e]evangelio de la [f]gracia de Dios.

16[1] Probablemente para conocer personas de diferentes países que venían a Jerusalén en ese día (cfr. 2:1, 5).

21[1] La misma palabra es traducida *para con* en este versículo.

21[2] Algunos mss. dicen: Jesucristo.

22[1] Véase la nota 3[2].

22[2] El espíritu regenerado de Pablo, en el cual servía a Dios (véase la nota 16[1] del cap. 17). En su espíritu, un espíritu unido al Señor Espíritu (1 Co. 6:17), Pablo presintió que algo le sucedería en Jerusalén, y el Espíritu Santo le dio testimonio de esto (v. 23).

22[3] Lit., en ella.

23[1] Pablo no sabía qué le acontecería en Jerusalén (v. 22), pero sí sabía una cosa: que el Espíritu Santo le daba solemne testimonio de que le esperaban prisiones y aflicciones. El testimonio del Espíritu Santo era sólo una profecía, una predicción, no un mandamiento. Por esto, Pablo no lo tomó como una orden, sino como un aviso. Véanse las notas 4[1] y 11[1] del cap. 21.

24[1] Da a entender que Pablo presentía que iba a ser martirizado.

24[2] O, alma.

22[a] Hch. 20:16; 21:15 23[a] Hch. 21:4, 11 23[b] Hch. 21:33 23[c] Ro. 8:35; 1 Ts. 3:3
24[a] Hch. 15:26; 21:13 24[b] 2 Ti. 4:7; He. 12:1
24[c] Hch. 1:17; 21:19; Ro. 11:13; 2 Co. 4:1 24[d] Hch. 2:40; 22:18 24[e] Hch. 15:7
24[f] Hch. 20:32; 4:33; Gá. 2:21

16[a] 1 Co. 16:8
16[b] Hch. 20;22; 19:21; 24:11
17[a] Hch. 11:30; 14:23; 1 Ti. 4:14
17[b] Hch. 20:28; 5:11
18[a] 2 Co. 1:12; 1 Ts. 1:5
18[b] Hch. 19:10
19[a] Ro. 12:11; Col. 3:24
19[b] Fil. 2:3; 1 P. 3:8; 5:5
19[c] Hch. 20:31; 2 Co. 2:4; Fil. 3:18
19[d] Jac. 1:2; 1 P. 4:12
19[e] Hch. 20:3
20[a] Hch. 20:27
20[b] Hch. 2:46
21[a] Hch. 2:40; 20:24
21[b] Hch. 18:4
21[c] Mr. 1:15; Lc. 24:47; Hch. 2:38; 19:4
21[d] Jn. 3:16, 36

25 Y ahora, he aquí, yo sé que ninguno de todos vosotros,
entre quienes he pasado proclamando el [1a]reino, verá [2]más
mi [b]rostro.
26 Por tanto, yo os testifico [1]en el [a]día de hoy, que [2]estoy
limpio de la [b]sangre de todos;
27 porque no [a]rehuí anunciaros todo el [b]consejo de Dios.
28 Por tanto, [a]mirad por vosotros, y por todo el [1b]rebaño,
en medio del cual el [2c]Espíritu Santo os ha [d]puesto como [3e]los
que vigilan, para [4f]pastorear la [g]iglesia de Dios, la cual El
[h]ganó por [5]Su propia [i]sangre.
29 Porque yo sé que después de mi partida entrarán en
medio de vosotros [a]lobos rapaces, que no [1]perdonarán al
rebaño.
30 Y de vosotros mismos se levantarán hombres que hablen cosas perversas para [1a]arrastrar tras sí a los discípulos.

25[a] Hch. 1:3; 28:23
25[b] Hch. 20:38
26[a] Dt. 8:19
26[b] Ez. 3:18-19; 33:5, 9
27[a] Hch. 20:20
27[b] Lc. 7:30; Hch. 13:36; Ef. 1:11; He. 6:17
28[a] 1 Ti. 4:16
28[b] Lc. 12:32; Jn. 10:16
28[c] Hch. 13:2; 1 Co. 12:8-9
28[d] 1 Co. 12:28
28[e] Fil. 1:1; Tit. 1:7; cfr. 1 P. 2:25
28[f] Jn. 21:16
28[g] Hch. 20:17; 1 Co. 1:2; 10:32; Gá. 1:13
28[h] cfr. 2 P. 2:1; Ap. 5:9
28[i] Lc. 22:20; 1 P. 1:18-19; He. 9:12, 14

25[1] El reino de Dios. Véase la nota 3[4] del cap. 1.

25[2] Indica que Pablo sabía de antemano que sería martirizado.

26[1] Una expresión muy enfática.

26[2] Es decir, soy libre de culpa si alguno de ustedes muere.

28[1] Véase la nota 2[2] de 1 P. 5.

28[2] Los apóstoles designaban ancianos en cada iglesia (14:23). Pero aquí Pablo, el principal, quien había designado a estos ancianos, dice que lo hizo el Espíritu Santo, lo cual indica que el Espíritu Santo era uno con los apóstoles cuando éstos designaban ancianos, y que los apóstoles hacían esto conforme a la guía del Espíritu Santo.

28[3] Es decir, los ancianos de la iglesia (v. 17), lo cual comprueba que *los que vigilan* y *ancianos* se aplican a las mismas personas. Asignar al que vigila jurisdicción de un distrito y gobierno sobre los ancianos de varias localidades en dicho distrito es completamente erróneo. Esto fue lo que hizo Ignacio. Su enseñanza errónea sentó la base para establecer rangos e introdujo un sistema jerárquico (véase la nota 2[1] de 1 Ti. 3).

28[4] La principal responsabilidad de los que vigilan no consiste en gobernar sino en pastorear, es decir, cuidar de una manera tierna y todo-inclusiva al rebaño, la iglesia de Dios (véanse las notas 2[1] y 3[1] de 1 P. 5).

28[5] Esto muestra el precioso amor de Dios por la iglesia y la preciosidad, el valor extraordinario, de la iglesia a los ojos de Dios. Aquí el apóstol no menciona la vida ni la naturaleza divinas de la iglesia, como en Ef. 5:23-32, sino el valor de la iglesia como un tesoro para Dios, un tesoro que El adquirió con Su propia sangre preciosa. Pablo esperaba que los ancianos, los que vigilaban, también valoraran a la iglesia como tesoro, de la misma manera que Dios.

Tanto el Espíritu Santo como la propia sangre de Dios son provisiones divinas dadas a la iglesia que El valora como tesoro. El Espíritu Santo es Dios mismo, y la sangre de Dios denota Su obra. La obra redentora de Dios adquirió a la iglesia; ahora Dios mismo, el Espíritu vivificante y todo-inclusivo (1 Co. 15:45), cuida a la iglesia por medio de los que vigilan.

La propia sangre de Dios es la sangre de Jesucristo. Esto implica que el Señor Jesús es Dios.

29[1] Al apóstol no le interesaba su propia vida, pero sí se preocupaba mucho por el futuro de la iglesia, la cual era un tesoro tanto para él como para Dios.

29[a] Mt. 7:15; 10:16; Jn. 10:12 30[a] cfr. Ro. 16:17-18

31 Por tanto, [a]velad, acordándoos que por [b]tres años, de
noche y de día, no he cesado de amonestar con [c]lágrimas a
cada uno.
32 Y ahora os [a]encomiendo a [1]Dios, y a la palabra de Su
[2b]gracia, que tiene poder para [c]sobreedificaros y daros [3d]he-
rencia entre todos los que han sido [4e]santificados.
33 Ni plata ni oro ni vestido de nadie he [a]codiciado.
34 Vosotros mismos sabéis que para lo que me ha sido
necesario a mí y a los que están conmigo, estas [1a]manos me
han servido.
35 En todo os he dado ejemplo, mostrándoos cómo, [a]traba-
jando así, se debe sostener a [1]los [b]débiles, y recordar las
palabras del Señor Jesús, que dijo: [2]Más bienaventurado es
[c]dar que recibir.
36 Cuando hubo dicho estas cosas, se [a]puso de rodillas con
todos ellos y oró.
37 Entonces hubo gran llanto de todos; y [a]echándose al
cuello de Pablo, le besaban afectuosamente,
38 doliéndose en gran manera por la palabra que dijo, de
que no verían más su [a]rostro. Y le [b]acompañaron al barco.

CAPITULO 21

e. A Tiro
21:1-6

1 Después de separarnos de ellos, zarpamos y fuimos
con rumbo directo a Cos, y al día siguiente a Rodas, y de allí
a Pátara.
2 Y hallando un barco que pasaba a Fenicia, nos embar-
camos, y zarpamos.
3 Al avistar [a]Chipre, dejándola a mano izquierda, navegamos a [b]Siria, y arribamos a Tiro, porque el barco había de
descargar allí.

30[1] Entre los creyentes de la iglesia hay perversos que siempre son usados por el diablo, quien aborrece a la iglesia, para llevarse las ovejas y formar otro rebaño.

32[1] Algunos mss. dicen: el Señor.

32[2] Véase la nota 23[1] del cap. 11.

32[3] La palabra griega aquí usada se refiere a heredar legalmente una parte de alguna propiedad. Cfr. nota 18[6] del cap. 26.

32[4] Tener parte en la herencia de Dios requiere que seamos santificados, y ser santificados requiere la palabra de la gracia de Dios (Jn. 17:17 y la nota 1).

34[1] Haciendo tiendas (18:3).

35[1] O, los enfermos. Se refiere a

31[a] Mt. 24:42; He. 13:17
31[b] cfr. Hch. 19:10; 24:17
31[c] Hch. 20:19
32[a] Hch. 14:23
32[b] Hch. 20:24
32[c] Hch. 9:31
32[d] Hch. 26:18; Ef. 1:14; 1 P. 1:4
32[e] He. 13:12; 10:29; 1 Co. 6:11; Ro. 6:19, 22; 1 Ts. 5:23; 3:13
33[a] 1 Ts. 2:5; cfr. 2 Co. 7:2; 12:17
34[a] 1 Co. 4:12; 1 Ts. 4:11
35[a] 1 Ts. 2:9; 2 Ts. 3:8; Hch. 18:3
35[b] Ro. 15:1; 1 Ts. 5:14
35[c] Lc. 6:38
36[a] Hch. 7:60; 21:5
37[a] Gn. 33:4; 45:14; 46:29; Lc. 15:20
38[a] Hch. 20:25 38[b] Hch. 21:5 3[a] Hch. 13:4 3[b] Hch. 20:3; 15:23, 41

4 Y habiendo buscado y hallado a los discípulos, nos quedamos allí siete días; y ellos [1]decían a Pablo por medio del [a]Espíritu, que [b]no pusiese pie en [c]Jerusalén.

5 Y cuando se nos cumplieron aquellos días, salimos y emprendimos la marcha y todos nos [a]acompañaron con sus mujeres e hijos, hasta fuera de la ciudad, y [b]puestos de rodillas en la playa, oramos.

6 Y despidiéndonos, subimos al barco y ellos se volvieron a sus casas.

f. A Tolemaida
21:7

7 Y nosotros completamos la navegación, saliendo de Tiro y arribando a Tolemaida; y habiendo saludado a los [a]hermanos, nos quedamos con ellos un día.

g. A Cesarea
21:8-14

8 Al otro día, partimos y llegamos a [a]Cesarea; y entrando en [1]casa de [b]Felipe el [c]evangelista, que era *uno* de los [d]siete, posamos con él.

9 Este tenía cuatro hijas doncellas que [a]profetizaban.

10 Y permaneciendo nosotros *allí* varios días, descendió de Judea un profeta llamado [a]Agabo,

11 quien viniendo a vernos, tomó el [a]cinto de Pablo, y atándose los pies y las manos, dijo: Esto [1]dice el Espíritu Santo: Así [b]atarán los judíos en Jerusalén al varón de quien es este cinto, y le [c]entregarán en manos de los gentiles.

12 Al oír esto, le rogamos [1]nosotros y los de aquel lugar, que [a]no [b]subiese a Jerusalén.

4[a] Hch. 21:11; 20:23
4[b] Hch. 21:12
4[c] Hch. 19:21; 20:16, 22
5[a] Hch. 20:38
5[b] Hch. 20:36
7[a] Hch. 21:17; 28:14
8[a] Hch. 21:16; 9:30; 10:1
8[b] Hch. 6:5; 8:5, 26, 40
8[c] Ef. 4:11
8[d] Hch. 6:3
9[a] Hch. 2:17-18; 19:6
10[a] Hch. 11:28
11[a] cfr. Jer. 13:1-11
11[b] Hch. 21:33; 22:29
11[c] Hch. 21:31-33; cfr. Lc. 18:32
12[a] Hch. 21:4
12[b] cfr. Mt. 16:21

---

los que estaban débiles físicamente (1 Co. 11:30), y por tanto, pobres.

35[2] Este dicho no se menciona en los evangelios; quizá se difundió oralmente.

4[1] En 20:23 el Espíritu Santo le dio a conocer a Pablo que en Jerusalén le esperaban prisiones y aflicciones (véase la nota 1). Aquí el Espíritu una vez más se comunica con él, por medio de algunos miembros del Cuerpo de Cristo, diciéndole que no vaya a Jerusalén. Puesto que Pablo practicaba la vida del Cuerpo, debió haber tomado esto como un mensaje venido de la Cabeza y obedecerlo.

8[1] Adonde Pablo iba, visitaba a los hermanos y se quedaba con ellos (vs. 4, 7). En realidad, él practicaba la vida corporativa de la iglesia, viviendo conforme a lo que enseñaba acerca del Cuerpo de Cristo.

11[1] El Espíritu Santo le advirtió de nuevo a Pablo indirectamente, por medio de un miembro del Cuerpo de Cristo, lo que le habría de suceder en Jerusalén (véase la nota 23[1] del cap. 20). De nuevo, en vez de un mandato, vemos una advertencia dada como profecía. La Cabeza habló una vez más por medio de Su Cuerpo (véase la nota 4[1]). Puesto que Pablo practicaba

13 Entonces Pablo respondió: ¿Qué hacéis llorando y que-
brantándome el corazón? Porque yo estoy dispuesto no sólo
a ser atado, mas aun a [a]morir en Jerusalén por el [b]nombre
del Señor Jesús.
14 Y como no le pudimos persuadir, guardamos silencio,
diciendo: Hágase la [a]voluntad del Señor.

h. A Jerusalén, donde concluye el tercer viaje
21:15-17

15 Después de estos días, hechos ya los preparativos,
subimos a [a]Jerusalén.
16 Y vinieron también con nosotros de [a]Cesarea *algunos*
de los discípulos, trayéndonos a cierto hombre llamado
Mnasón, de [b]Chipre, discípulo antiguo, con quien nos [1]hos-
pedaríamos.
17 Cuando [1]llegamos a [a]Jerusalén, los [b]hermanos nos
[c]recibieron con gozo.

8. La influencia negativa del judaísmo
21:18-26

18 Y al día siguiente Pablo entró con nosotros a ver a
[1a]Jacobo, y se hallaban reunidos todos los [b]ancianos.
19 Y después de saludarlos, les [a]contó una por una las
cosas que Dios había hecho entre los gentiles por medio de
su [b]ministerio.
20 Cuando ellos lo oyeron, [a]glorificaron a Dios, y le dijeron:
Ya ves, hermano, cuántos [1]millares de judíos hay que han
creído; y todos son [2b]celosos por la [c]ley.
21 Pero se les ha informado en cuanto a ti, que [a]enseñas
a todos los judíos que están entre los gentiles a [1]apostatar de

13[a] Hch. 15:26; 20:24; Ro. 8:36; Fil. 2:17
13[b] Hch. 5:41
14[a] Mt. 6:10; 26:42
15[a] Hch. 19:21; 20:22
16[a] Hch. 21:8
16[b] Hch. 13:4
17[a] Hch. 19:21; 20:16, 22
17[b] Hch. 21:7
17[c] Hch. 15:4
18[a] Hch. 15:13; Gá. 2:9, 12; Jac. 1:1
18[b] Hch. 11:30; 15:2, 4, 6
19[a] Hch. 14:27; 15:4, 12
19[b] Hch. 20:24
20[a] Hch. 11:18
20[b] Hch. 22:3; Gá. 1:14; Fil. 3:6; Ro. 10:2
20[c] Hch. 21:24
21[a] Hch. 21:28

---

la vida del Cuerpo, debió haber hecho caso de lo que se le decía.

12[1] Incluye a Lucas el escritor. Aquí el Cuerpo de Cristo, mediante muchos miembros, expresó su sentimiento, rogándole a Pablo que no fuese a Jerusalén. Pero debido a su fuerte voluntad, manifestada en su disposición para sacrificar su vida por el Señor (v. 13), no fue posible persuadirlo, por lo cual los miembros del Cuerpo se vieron obligados a dejar este asunto a la voluntad del Señor (v. 14).

16[1] En Jerusalén.

17[1] Este fue el fin del tercer viaje ministerial de Pablo, el cual empezó en 18:23.

18[1] Véanse las notas 17[1] del cap. 12 y 19[1] de Gá. 1.

20[1] O, miríadas, decenas de millares.

20[2] Esto indica que los creyentes judíos de Jerusalén todavía guardaban la ley de Moisés, permanecían en la dispensación del Antiguo Testamento, y estaban bajo una gran influencia judía, mezclando la economía neotestamentaria de Dios con la economía del Antiguo Testamento, la cual ya había sido desechada (véanse las notas 1[3] de Jac. 1 y 10[1] de Jac. 2).

21[b] Gá. 6:15; 1 Co. 7:19; Ro. 2:28-29
21[c] Hch. 6:14
24[a] Hch. 24:18
24[b] Hch. 21:20; Jac. 4:11
25[a] Hch. 15:20, 29

Moisés, diciéndoles que [b]no circunciden a sus hijos, ni anden
según las [c]costumbres.
22 ¿Qué hay, pues? [1]Ciertamente oirán que has venido.
23 Haz, pues, esto que te decimos: Tenemos *aquí* cuatro
hombres que tienen obligación de cumplir [1]voto.
24 Tómalos contigo, [1a]purifícate con ellos, y paga sus [2]gas-
tos para que se [3]rasuren la cabeza; y todos comprenderán que
no hay nada de lo que se les informó acerca de ti, sino que tú
también andas ordenadamente, guardando la [b]ley.
25 Pero en cuanto a los gentiles que han creído, nosotros
ya hemos escrito lo que determinamos: que se abstengan de
[a]lo sacrificado a los ídolos, de sangre, de ahogado y de fornicación.
26 Entonces Pablo tomó consigo a aquellos hombres, *y* al día
siguiente, [1]habiéndose purificado con ellos, entró en el templo

---

21[1] Abandonar la ley de Moisés, no practicar la circuncisión y no andar según las costumbres de la letra muerta, en realidad está en conformidad con la economía neotestamentaria de Dios. Sin embargo, los judíos incrédulos y aun los judíos que creían en Cristo consideraban que hacer esto era apostatar de la dispensación antiguotestamentaria de Dios.

22[1] Algunos mss. dicen: De cierto la multitud se reunirá, porque oirán que has venido.

23[1] Esto se refiere al voto nazareo (Nm. 6:2-5).

24[1] Purificarse con los nazareos consistía en volverse nazareo junto con ellos, uniéndose a ellos en el cumplimiento de su voto. La misma palabra se usa en la Septuaginta en Nm. 6:3 al describir los deberes de los nazareos. Tomar el voto nazareo era una manera de purificarse delante de Dios.

24[2] El costo de las ofrendas que un nazareo debía pagar para que su purificación fuera completa (Nm. 6:13-17). Esto resultaba muy caro para los nazareos pobres. Se acostumbraba entre los judíos, y se consideraba prueba de gran piedad, que una persona rica pagara por los pobres los gastos de las ofrendas.

24[3] Esto se hacía en el cumplimiento del voto nazareo (Nm. 6:18). Lo que hizo aquí es distinto de lo que hizo en 18:18 (véase la nota 1), lo cual se hacía como voto privado.

26[1] Es decir, habiendo participado en su voto nazareo (véase la nota 24[1]). Para hacer esto Pablo tenía que entrar en el templo y permanecer allí con los nazareos hasta el cumplimiento de los siete días del voto; entonces el sacerdote presentaría las ofrendas por cada uno de ellos, incluyéndolo a él. Indudablemente Pablo sabía que tal práctica pertenecía a la dispensación que ya había sido desechada, la cual, conforme al principio de lo que él enseñó en el ministerio del Nuevo Testamento, debería ser repudiada en la economía neotestamentaria de Dios. Sin embargo, él la llevó a cabo, quizá debido a su origen judío, el cual también había quedado de manifiesto anteriormente en su voto privado en 18:18, y tal vez porque estaba practicando lo que dijo en 1 Co. 9:20. Sin embargo, su transigencia comprometió la economía neotestamentaria de Dios, lo cual Dios jamás toleraría. En esta situación ha de haber sentido que estaba en un apuro, y ha de haber estado profundamente preocupado, deseando ser liberado de ello. Precisamente en el momento en que su voto estaba por concluir, Dios permitió que se levantara un alboroto contra él, y lo que se proponían efectuar fue disipado (v. 27). Además, por

y dio aviso del [2]cumplimiento de los días de la purificación,
hasta que la [a]ofrenda se presentara por cada uno de ellos.

9. La persecución final por parte de los judíos 21:27—26:32

a. Un alboroto contra Pablo 21:27—23:15

(1) Aprehendido por los judíos 21:27-30

27 Pero cuando estaban para cumplirse los siete días,
unos [a]judíos de [b]Asia, al verle en el templo, [c]alborotaron a
toda la multitud y le [d]echaron mano,
28 dando voces: ¡[1]Varones israelitas, ayudad! Este es el
hombre que por todas partes [a]enseña a todos [b]contra el
[2]pueblo, la ley y [3]este lugar; y además de esto, ha metido a
griegos en el templo, y [4]ha [c]profanado este [5]santo lugar.

26[a] Nm. 6:13-17
27[a] Hch. 23:12, 20; 13:45
27[b] Hch. 24:18
27[c] Hch. 14:2
27[d] Hch. 21:30; 26:21
28[a] Hch. 21:21
28[b] Hch. 6:13
28[c] Hch. 24:6

---

la soberanía de Dios, Pablo fue rescatado de este apuro.

Mezclar las prácticas judías con la economía neotestamentaria de Dios, no solamente era erróneo en relación con la dispensación de Dios, sino también abominable ante los ojos de Dios. El le dio fin a esta burda mezcla unos diez años después permitiendo que Tito y su ejército romano destruyeran Jerusalén y el templo, el centro del judaísmo. Esto apartó por completo a la iglesia y la rescató de ser devastada por el judaísmo.

Dios pudo tolerar el voto privado que Pablo hizo en 18:18, pero no permitiría que Pablo —un vaso que El escogió no sólo para completar Su revelación neotestamentaria (Col. 1:25), sino también para llevar a cabo Su economía neotestamentaria (Ef. 3:2, 7-8)— participara en el voto nazareo, una rigurosa práctica judía. Al ir a Jerusalén quizá Pablo tenía la intención de despejar la influencia judía que pesaba sobre la iglesia de ese lugar (véase la nota 21[1], párr. 2, del cap. 19), pero Dios sabía que esa iglesia era incurable. Por consiguiente, soberanamente El permitió que Pablo fuese arrestado por los judíos y encarcelado por los romanos, para que pudiese escribir sus últimas ocho epístolas (véase la nota 11[2] del cap. 25), las cuales completaron la revelación divina (Col. 1:25) y proporcionaron a la iglesia una visión más clara y más profunda acerca de la economía neotestamentaria de Dios (Ef. 3:3-4). De esta manera, Dios dejó que la iglesia en Jerusalén, dado que estaba bajo la influencia del judaísmo, siguiera así hasta que la mezcla devastadora fue terminada con la destrucción de Jerusalén. Era mucho más importante y necesario que Pablo escribiera sus últimas ocho epístolas para completar la revelación neotestamentaria de Dios, que hubiera hecho algunas obras externas para la iglesia.

26[2] Es decir, el cumplimiento del voto nazareo (Nm. 6:13).

28[1] Véase la nota 22[1] del cap. 2.

28[2] La enseñanza neotestamentaria de Dios, en conformidad con Su economía neotestamentaria, realmente estaba contra los judíos, quienes se oponían a ésta (Mt. 21:41, 43-45; 22:7; 23:32-36; Hch. 7:51; 13:40-41), contra la ley de la letra muerta (Ro. 3:20, 28; 6:14; 7:4, 6; Gá. 2:19, 21; 5:4), y contra el lugar santo, el templo (Mt. 23:38 y la nota 1; 24:2; Hch. 7:48). Dado que el ministerio de Pablo consistía en llevar a cabo la economía

29 Porque antes habían visto con él en la ciudad a [a]Trófimo, de Efeso, a quien pensaban que Pablo había metido en el templo.

30 Así que toda la ciudad se conmovió, y se agolpó el pueblo; y [a]echando mano de Pablo, le [b]arrastraron [c]fuera del templo, e inmediatamente cerraron las puertas.

(2) La intervención del tribuno romano
21:31-39

31 Y procurando ellos [a]matarle, llegó la noticia al [1b]tribuno de la [2]cohorte, que toda la ciudad de Jerusalén estaba alborotada.

32 Este, tomando luego soldados y centuriones, corrió a ellos. Y cuando ellos vieron al tribuno y a los soldados, dejaron de golpear a Pablo.

33 Entonces, llegando el tribuno, le prendió y le mandó [a]atar con dos [b]cadenas, y preguntó quién era y qué había hecho.

34 Pero entre la multitud, unos [a]gritaban una cosa, y otros otra; y como no podía entender nada de cierto a causa del alboroto, le mandó llevar al [b]cuartel.

35 Al llegar a las gradas, aconteció que era llevado en peso por los soldados a causa de la violencia de la multitud;

36 porque la muchedumbre del pueblo venía detrás, gritando: [a]¡Muera!

37 Cuando comenzaron a meter a Pablo en el cuartel, dijo al tribuno: ¿Se me permite decirte algo? Y él dijo: ¿Sabes griego?

38 No eres tú aquel egipcio que levantó una sedición antes de estos días, y sacó al desierto los cuatro mil sicarios?

39 Entonces dijo Pablo: Yo soy [a]hombre judío de [b]Tarso, ciudadano de una ciudad no insignificante de Cilicia; pero te ruego que me permitas hablar al pueblo.

29[a] Hch. 20:4
30[a] Hch. 21:27
30[b] Hch. 16:19
30[c] cfr. 2 R. 11:15
31[a] Hch. 23:12; Jn. 16:2
31[b] Hch. 21:32-33, 37; 22:24; 23:17
33[a] Hch. 20:23; 21:11; 22:29; 26:29
33[b] Hch. 28:20; Ef. 6:20; Fil. 1:7, 13; 2 Ti. 1:16; Hch. 12:6
34[a] Hch. 19:32
34[b] Hch. 22:24; 23:10
36[a] Hch. 22:22; Lc. 23:18
39[a] Hch. 22:3
39[b] Hch. 9:11

---

neotestamentaria de Dios, no podía agradar a los judíos, quienes estaban bajo la posesión y usurpación de Satanás, el enemigo de Dios, y a quienes Satanás instigaba para que se opusieran al mover neotestamentario de Dios y lo asolaran. Por tanto, el ministerio de Pablo ofendió a los judíos y era contrario a la ley y al templo, por los cuales aquéllos tenían celos, y agitó al máximo su celo y odio, de modo que tramaron un complot (20:3) para matar a Pablo (vs. 31, 36).

28[3] El lugar santo, el templo.

28[4] Lit., ha hecho común.

28[5] El templo. Véase la nota 15[4] de Mt. 24.

31[1] La palabra griega se refiere a

(3) Se defiende ante la turba de los judíos
21:40—22:21

40 Y cuando él se lo permitió, Pablo, estando en pie en las
gradas, [a]hizo señal con la mano al pueblo. Y hecho gran
silencio, habló en el [1]dialecto [b]hebreo, diciendo:

CAPITULO 22

1 [1]Varones [a]hermanos y padres, oíd ahora mi [2b]defensa
ante vosotros.
2 Y al oír que les hablaba en el [1]dialecto hebreo, guardaron más silencio. Y él les dijo:
3 Yo soy [1a]judío, nacido en Tarso de Cilicia, pero criado
en esta ciudad, instruido a los pies de [b]Gamaliel, en el [c]rigor
de la ley de nuestros padres, [d]celoso [e]de Dios, como hoy lo sois
todos vosotros.
4 [a]Perseguía yo este [1]Camino hasta la muerte, prendiendo y entregando en [b]cárceles a hombres y mujeres;
5 como el [a]sumo sacerdote también me es testigo, y toda
la [1]asamblea de los ancianos, de quienes también recibí
[b]cartas para los hermanos, y fui a [c]Damasco para traer
presos a Jerusalén también a los que estuviesen allí, para
que fuesen castigados.
6 Pero aconteció que yendo yo, al [a]llegar cerca de Damasco, como a mediodía, de repente brilló en derredor mío una
gran luz del cielo;
7 y caí al suelo, y oí una voz que me decía: Saulo, Saulo,
¿por qué [1]me persigues?

40[a] Hch. 19:33; 12:17
40[b] Hch. 22:2; 26:14
1[a] Hch. 7:2
1[b] Hch. 24:10; 25:8
3[a] Hch. 21:39
3[b] Hch. 5:34
3[c] Hch. 26:5
3[d] Hch. 21:20
3[e] Jn. 16:2
4[a] Fil. 3:6; 1 Ti. 1:13
4[b] Hch. 22:19; 8:3; 26:10
5[a] Hch. 4:6
5[b] Hch. 9:2; 28:21
5[c] Hch. 9:3; 26:12
6[a] vs. 6-11: Hch. 9:3-8; 26:12-18

alguien que está al mando de 1,000 soldados, o sea, de una cohorte.

31[2] Véase la nota 1[1] del cap. 10.

40[1] Es decir, arameo, el idioma que se hablaba en Palestina en ese tiempo.

1[1] Véase la nota 2[1] del cap. 7.

1[2] Pablo enfrentó sus oponentes de una forma diferente de como lo hizo Cristo. Para efectuar la redención, Cristo fue como un cordero llevado al matadero; y como oveja delante de sus trasquiladores, enmudeció, y no abrió Su boca cuando fue juzgado por los hombres (Is. 53:7; Mt. 26:62-63; 27:12, 14). Pablo, en cambio, como fiel y osado apóstol enviado por el Señor, tenía que hacer una defensa y proceder con sabiduría para salvar su vida de manos de sus perseguidores y así poder cumplir el curso de su ministerio. Aunque estaba dispuesto y listo para sacrificar su vida por el Señor (20:24; la nota 12[1] del cap. 21; 21:13), se esforzó por vivir más tiempo para llevar a cabo el ministerio del Señor hasta donde fuese posible. Véanse las notas 25[2] de este capítulo y 3[1] y 6[3] del cap. 23.

2[1] Véase la nota 40[1] del cap. 21.

3[1] Lit., varón judío.

4[1] Véase la nota 2[1] del cap. 9.

5[1] Se refiere al presbiterio, el cuerpo de ancianos (del sanedrín), por ende, el sanedrín. Véase la nota 22[6] de Mt. 5.

8 Yo entonces respondí: ¿Quién eres, [1]Señor? Y me dijo: Yo soy Jesús de [a]Nazaret, a quien tú persigues.

9 Y los que estaban conmigo vieron la luz, pero no [1]oyeron la voz del que hablaba conmigo.

10 Y dije: ¿[a]Qué haré, Señor? Y el Señor me dijo: Levántate, y ve a Damasco, y allí se te [1]dirá todo lo que está ordenado que hagas.

11 Y como yo [1]no veía a causa de la gloria de aquella luz, llevado de la mano por los que estaban conmigo, entré en Damasco.

12 Entonces cierto [1a]Ananías, varón devoto según la ley, que [b]tenía buen testimonio de todos los judíos que *allí* moraban,

13 vino a mí, y poniéndose a mi lado, me dijo: Saulo, hermano, ¡[1a]recibe la vista! Y yo en aquella misma hora *recobré la vista y* lo miré.

14 Y él dijo: El [a]Dios de nuestros padres te ha [b]designado de antemano para que conozcas Su [c]voluntad, y veas al [d]Justo, y oigas la voz de Su boca.

15 Porque serás [a]testigo Suyo a todos los hombres, de lo que has [b]visto y oído.

16 Ahora, pues, ¿por qué te detienes? Levántate y [1a]bautízate, y lava tus pecados, [2b]invocando [3]Su [c]nombre.

17 Y me aconteció, vuelto a [a]Jerusalén, que orando en el [b]templo me sobrevino un [1]éxtasis.

8[a] Hch. 26:9; 3:6
10[a] Hch. 16:30
12[a] Hch. 9:12, 15
12[b] Hch. 10:22
13[a] Hch. 9:12, 17, 18
14[a] Hch. 5:30; 24:14
14[b] Hch. 9:15; 26:16
14[c] Ro. 12:2; Ef. 1:9; 5:17; Col. 1:9
14[d] Hch. 3:14
15[a] Hch. 1:8; 22:20
15[b] Hch. 4:20
16[a] Hch. 9:18
16[b] Ro. 10:13
16[c] Hch. 2:38
17[a] Hch. 9:26; 26:20; Gá. 1:18
17[b] Lc. 18:10; Hch. 3:1

7[1] Véase la nota 4[1] del cap. 9.

8[1] Véase la nota 5[1] del cap. 9.

9[1] Es decir, comprendieron, como en Mr. 4:33; 1 Co. 14:2. Ellos oyeron la voz pero no la comprendieron, del mismo modo que contemplaron la luz, pero no vieron a nadie (9:7).

10[1] Véase la nota 6[1] del cap. 9.

11[1] Véase la nota 8[1] del cap. 9.

12[1] Véase la nota 11[1] del cap. 9.

13[1] Véase la nota 12[1] del cap. 9.

16[1] Véanse las notas 36[1] del cap. 8 y 16[1] de Mr. 16.

16[2] Véase la nota 21[1] del cap. 2. Invocar el nombre del Señor aquí fue un medio para que Pablo se lavara de los pecados cometidos al arrestar a tantos creyentes que invocaban el nombre del Señor. Todos los creyentes sabían que Pablo consideraba la invocación del nombre del Señor como una señal que distinguía a quienes él debía arrestar (9:14, 21). Ahora él se había vuelto al Señor. Para que Pablo, ante Dios y ante todos los creyentes, se lavara de los pecados de perseguir y arrestar a los que invocaban al Señor, Ananías le mandó que invocara el nombre que antes había aborrecido. El tuvo que hacer esto, un acto que iba en contra de su práctica anterior, mientras era bautizado, confesando así públicamente que ahora se adhería al Señor a quien había perseguido.

16[3] Aquí *Su* reviste gran significado, dado que se refiere particularmente al nombre de Aquel a quien Pablo había odiado y perseguido (v. 8).

17[1] Véase la nota 10[3] del cap. 10.

18 Y le vi que me decía: Date prisa, y sal prontamente de
Jerusalén, porque no recibirán tu [a]testimonio acerca de Mí.
19 Yo dije: Señor, ellos saben que yo [a]encarcelaba y azota-
ba en todas las [b]sinagogas a los que creían en Ti;
20 y cuando se [a]derramaba la [b]sangre de Esteban tu
[c]testigo, yo mismo también estaba presente, [d]consintiendo
en ello y guardando las ropas de los que le mataban.
21 Pero me dijo: Ve, porque Yo te enviaré [a]lejos a los
[b]gentiles.

(4) Atado por los romanos
22:22-29

22 Y le oyeron hasta esta palabra; entonces alzaron la voz,
diciendo: ¡[a]Quita de la tierra a tal hombre, porque [b]no conviene que viva!
23 Y como ellos gritaban y arrojaban sus ropas y lanza-
ban polvo al aire,
24 mandó el [1]tribuno que le metiesen en el [a]cuartel, y
ordenó que fuese [b]interrogado con azotes, para [c]saber por
qué causa clamaban así contra él.
25 Pero cuando le estiraban [1]con correas, Pablo [2]dijo al
centurión que estaba presente: ¿Os es lícito azotar a un
[a]romano sin haber sido condenado?
26 Cuando el centurión oyó *esto,* fue y dio aviso al tribuno,
diciendo: ¿Qué vas a hacer? Porque este hombre es romano.
27 Vino el tribuno y le dijo: Dime, ¿eres tú romano? El
dijo: Sí.
28 Respondió el tribuno: Yo con una gran suma adquirí
esta ciudadanía. Entonces Pablo dijo: Pero yo lo soy de
nacimiento.
29 Así que, luego se apartaron de él los que le iban a
[a]interrogar; y aun el [b]tribuno, al saber que era [c]romano,
también [d]tuvo temor por haberle [e]atado.

(5) Se defiende ante el sanedrín
22:30—23:10

30 Al día siguiente, queriendo saber de cierto la causa por
la cual le acusaban los judíos, le desató, y mandó venir a los
principales sacerdotes y a todo el [1a]sanedrín, y sacando a
Pablo, le presentó ante ellos.

18[a] Hch. 2:40; 23:11
19[a] Hch. 22:4
19[b] Hch. 26:11; Mt. 10:17
20[a] cfr. Hch. 7:57-58
20[b] Mt. 23:35
20[c] Hch. 1:8; 26:16
20[d] Hch. 8:1; cfr. Lc. 11:48
21[a] Hch. 2:39
21[b] Hch. 13:46-47; 18:6
22[a] Hch. 21:36
22[b] Hch. 25:24
24[a] Hch. 21:34
24[b] Hch. 22:29
24[c] Hch. 23:28; 24:8
25[a] Hch. 22:29; 16:37; 23:27
29[a] Hch. 22:24
29[b] Hch. 21:31
29[c] Hch. 22:25
29[d] Hch. 16:38
29[e] Hch. 21:11, 33
30[a] Hch. 4:15

24[1] Véase la nota 31[1] del cap. 21.
25[1] O, para ser azotado.
25[2] Al recurrir a su ciudadanía romana para salvarse de la persecución, Pablo demostró mucha sabiduría. Véase la nota 1[2].

CAPITULO 23

1 Entonces Pablo, mirando fijamente al [1a]sanedrín, dijo:
[2]Varones hermanos, yo me he comportado con toda buena
[3b]conciencia delante de Dios hasta el día de hoy.
2 El sumo sacerdote [a]Ananías ordenó entonces a los que
estaban junto a él, que le [b]golpeasen en la boca.
3 Entonces Pablo le [1]dijo: ¡Dios te golpeará a ti, [a]pared
[b]blanqueada! ¿Estás tú sentado para [2c]juzgarme conforme a
la ley, y quebrantando la ley me mandas golpear?
4 Los que estaban presentes dijeron: ¿Al [a]sumo sacerdote de Dios injurias?
5 Pablo dijo: No sabía, hermanos, que era el sumo sacerdote; pues escrito está: "[a]No [b]maldecirás a un príncipe de tu
pueblo".
6 Entonces Pablo, notando que una parte era de [1a]saduceos y otra de [2]fariseos, [3]alzó la voz en el [b]sanedrín: [4]Varones
hermanos, yo soy [c]fariseo, hijo de fariseo; acerca de la [d]esperanza y de la [e]resurrección de los muertos se me [5]juzga.
7 Cuando dijo esto, se produjo disensión entre los fariseos y los saduceos, y la multitud se dividió.

1[a] Hch. 4:15
1[b] 2 Co. 1:12; 1 Ti. 3:9; 2 Ti. 1:3; He. 13:18
2[a] Hch. 24:1
2[b] 1 R. 22:24; Lm. 3:30; Mi. 5:1; Mt. 26:67; 2 Co. 11:20
3[a] Is. 30:13; Ez. 13:10-16
3[b] Mt. 23:27
3[c] Lv. 19:35; Dt. 25:1-2
4[a] Jn. 18:22
5[a] Ex. 22:28
5[b] cfr. 2 P. 2:10; Jud. 8
6[a] Mt. 22:23
6[b] Hch. 23:1, 20, 28
6[c] Hch. 26:5; Fil. 3:5
6[d] Hch. 24:15; 26:6-7
6[e] Hch. 24:21; 26:8

30[1] Véase la nota 5[1].

1[1] Véase la nota 5[1] del cap. 22.

1[2] Véase la nota 16[1] del cap. 1.

1[3] Después de que el hombre cayó y fue echado del huerto de Edén (Gn. 3:23), Dios en esa dispensación quería que el hombre fuese responsable ante su propia conciencia. Sin embargo, el hombre no vivió ni anduvo conforme a su conciencia y cayó aún más en la maldad (Gn. 6:5). Después del juicio del diluvio, Dios ordenó que el hombre estuviese bajo el gobierno humano (Gn. 9:6). El hombre también fracasó en esto. Luego, antes de cumplir la promesa hecha a Abraham según la cual en su descendencia, Cristo, todas las naciones serían benditas (Gn. 12:3; Gá. 3:8), Dios puso al hombre bajo la prueba de la ley (Ro. 3:20; 5:20). El hombre fracasó totalmente en esta prueba. Todos estos fracasos indican que el hombre cayó de Dios a su conciencia, de su conciencia al gobierno humano, y del gobierno humano a una condición en la cual vive sin ley; es decir, el hombre cayó hasta lo más bajo. Por tanto, conducirse en toda buena conciencia delante de Dios, como lo hizo Pablo, representaba un regreso definitivo a Dios desde la condición caída del hombre. Pablo dijo esto para justificarse ante los que lo acusaban de ser una persona inicua e irresponsable. En su defensa él hizo de nuevo referencia a su conciencia en 24:16. Esto mostró su alto nivel de moralidad en contraste con la hipocresía de los judíos fanáticos y la deshonestidad de los políticos romanos (gentiles). Véanse las notas 12[1] de este capítulo, 2[1], 24[1], 26[1] y 27[3] del cap. 24, y 9[1] y 13[2] del cap. 25.

3[1] Esto demuestra la franqueza y el denuedo de Pablo al enfrentarse a sus perseguidores. Véase la nota 1[2] del cap. 22.

3[2] O, condenarme.

6[1] Véase la nota 7[2] de Mt. 3.

6[2] Véase la nota 7[1] de Mt. 3.

6[3] Aquí Pablo una vez más procede con sabiduría para evitar ser perseguido. Véase la nota 1[2] del cap. 22.

6[4] Véase la nota 16[1] del cap. 1.

6[5] O, condena.

8 Porque los saduceos dicen que [a]no hay resurrección, ni
ángel, ni espíritu; pero los fariseos afirman estas cosas.
9 Y hubo un gran vocerío; y levantándose los [a]escribas de
la parte de los fariseos, contendían, diciendo: [b]Ningún mal
hallamos en este hombre. ¿Y qué, si le ha hablado un espíritu, o un [c]ángel?
10 Y habiendo grande [a]disensión, el [1]tribuno, teniendo
temor de que Pablo fuese despedazado por ellos, [2]mandó
bajar la tropa para que le arrebatasen de en medio de ellos,
y le llevasen al [b]cuartel.

(6) El Señor le da ánimo
23:11

11 A la [a]noche [1]siguiente se le [2b]presentó el Señor y le dijo:
Ten [c]ánimo, pues como has [3d]testificado solemnemente de Mí
en Jerusalén, así es necesario que [4]testifiques también en
[5]Roma.

8[a] Mt. 22:23; 1 Co. 15:12
9[a] Mr. 2:16; Hch. 4:5
9[b] Hch. 25:10
9[c] Jn. 12:29
10[a] Hch. 23:7
10[b] Hch. 23:16, 32; 21:34; 22:24
11[a] Hch. 18:9; 27:23
11[b] 2 Ti. 4:17; 1 S. 3:10
11[c] Mt. 14:27; Jn. 16:33
11[d] Hch. 2:40; 26:22

10[1] Véase la nota 31[1] del cap. 21.

10[2] Esto ocurrió por la soberanía del Señor para rescatar a Pablo de manos de los judíos. Por medio del alboroto de los judíos en Jerusalén, Dios liberó a Pablo del apuro en que se había metido cuando siguió la complaciente propuesta de Jacobo y participó en el voto nazareo. Ahora, mediante el comandante de la cohorte romana, Dios volvió a rescatar soberanamente a Pablo, esta vez de manos de los enardecidos judíos que procuraban matarlo, y lo separó así de todas las situaciones peligrosas y las trampas, y lo envió a una prisión tranquila. Esto tuvo como fin proveerle un ambiente tranquilo y darle tiempo, bien fuera en Cesarea (24:27) o bien en la ciudad de Roma (28:16, 23, 30), para que, mediante sus últimas epístolas, comunicase exhaustivamente a la iglesia, a lo largo de las generaciones, la revelación del misterio de la economía neotestamentaria de Dios que él recibió del Señor. Se necesitará la eternidad para valorar el beneficio y provecho que la iglesia ha recibido de estas epístolas en el transcurso de las generaciones.

11[1] Según el calendario judío, la puesta del sol es el principio del siguiente día.

11[2] El Señor siempre vivía en Pablo (lo cual tiene que ver con el aspecto esencial, Gá. 2:20). Ahora, para fortalecerlo y animarlo, el Señor se le presentó (lo cual tiene que ver con el aspecto económico). Esto mostró la fidelidad y el buen cuidado del Señor para con Su siervo.

11[3] El Señor admitió que el apóstol había testificado solemnemente con respecto a Él en Jerusalén. Un testimonio difiere de una simple enseñanza (véase la nota 40[1] del cap. 2).

11[4] El Cristo ascendido no quería usar un grupo de predicadores entrenados por la enseñanza del hombre para efectuar una obra de predicación, sino un cuerpo de testigos Suyos, mártires Suyos, que llevara un testimonio vivo del Cristo encarnado, crucificado, resucitado y ascendido (véanse las notas 8[3] del cap. 1 y 16[1] del cap. 26), a fin de llevar a cabo Su ministerio celestial de propagarse para que el reino de Dios fuese establecido para la edificación de las iglesias como Su plenitud. Satanás podía instigar a los judíos fanáticos y utilizar a los políticos gentiles para atar a los apóstoles y su ministerio evangélico, pero no podía atar los testigos vivientes de Cristo ni sus testimonios vivientes. Cuanto más ataban a los

(7) El complot de los judíos
23:12-15

12 Venido el día, algunos de los [a]judíos tramaron un [1b]complot y se [2]juramentaron bajo maldición, diciendo que no comerían ni beberían hasta que hubiesen [c]dado muerte a Pablo.

13 Eran más de cuarenta los que habían hecho esta conjuración,

14 los cuales fueron a los principales sacerdotes y a los ancianos y dijeron: Nosotros [1]nos hemos juramentado bajo maldición, a no gustar nada hasta que hayamos dado muerte a Pablo.

15 Ahora pues, vosotros, con el sanedrín, dad aviso al tribuno que os lo baje, como que queréis [1]indagar alguna cosa más cierta acerca de él; y nosotros estaremos listos para [a]matarle antes que llegue.

b. Entregado por el tribuno
a Félix el gobernador romano
23:16—24:27

(1) Trasladado en secreto
23:16-35

16 Mas el hijo de la hermana de Pablo, [1]oyendo hablar de la [a]asechanza, fue y entró en el [b]cuartel, y dio aviso a Pablo.

17 Pablo, llamando a uno de los centuriones, dijo: Lleva a este joven ante el [a]tribuno, porque tiene cierto aviso que darle.

12[a] Hch. 23:20; 21:27; 13:45
12[b] Hch. 9:24; 20:3; 23:30, 16
12[c] Hch. 23:14-15, 21, 27; 25:3; 21:31
15[a] Hch. 23:21; 9:24; 25:3
16[a] Hch. 25:3; 23:12
16[b] Hch. 23:10, 32
17[a] Hch. 21:31

apóstoles y su ministerio evangélico, más fuertes y resplandecientes llegaron a ser estos mártires de Cristo y sus testimonios vivientes. Al aparecérsele al apóstol, el Señor hizo ver que no lo rescataría enseguida de sus cadenas, sino que lo dejaría en ellas y lo llevaría a Roma para que testificara de Él, como lo había hecho en Jerusalén. El Señor alentó a Pablo con este fin.

11[5] Esto tenía como fin satisfacer el deseo de Pablo expresado en 19:21. Véase la nota 24[1] del cap. 27.

12[1] El complot descrito en los vs. 12-15 puso de manifiesto la falsedad y el odio satánico (Jn. 8:44; Mt. 23:34) de los judíos hipócritas que promovían su religión. Véase la nota 1[3].

12[2] El hecho de que se juramentaran bajo maldición significa que guardarían su voto, y que si lo quebrantaban, estaban dispuestos a ser maldecidos. (Así también en el v. 21.)

14[1] Lit., nos hemos maldecido con una maldición. Esto significa que estaban juramentados bajo una maldición y que no podían quebrantar el voto. Es una expresión muy severa.

15[1] Es decir, determinara mediante una investigación cabal (véase también 24:22).

16[1] Esto también ocurrió por la obra

18 El entonces tomándole, le llevó al tribuno, y dijo: El [a]preso Pablo me llamó y me rogó que trajese ante ti a este joven, porque tiene algo que hablarte.

19 El tribuno, tomándole de la mano y retirándose aparte, le preguntó: ¿Qué es lo que tienes que comunicarme?

20 El le dijo: Los judíos han [a]convenido en pedirte que mañana bajes a Pablo al [b]sanedrín, como que van a inquirir alguna cosa más cierta acerca de él.

21 Pero tú no les creas; porque más de cuarenta hombres de ellos le acechan, los cuales se han juramentado bajo maldición, a no comer ni beber hasta que le hayan [a]dado muerte; y ahora están listos esperando tu promesa.

22 Entonces el tribuno despidió al joven, mandándole que a nadie dijese que le había dado aviso de esto.

23 Y llamando a dos centuriones, mandó que preparasen para la [1]hora tercera de la noche doscientos soldados, setenta jinetes y doscientos [2]lanceros, para que fuesen hasta Cesarea;

24 y que también proveyesen cabalgaduras en que poniendo a Pablo, le llevasen en salvo a [1a]Félix el [b]gobernador.

25 Y escribió una carta en estos términos:

26 Claudio Lisias al [a]excelentísimo gobernador Félix: [b]Regocíjate.

27 A este hombre, [a]aprehendido por los judíos, y que iban ellos a [b]matar, lo libré yo acudiendo con la tropa, habiendo sabido que era [c]romano.

28 Y queriendo [a]saber la causa por qué le acusaban, le bajé al sanedrín de ellos;

29 y hallé que le acusaban por [a]cuestiones de la [b]ley de ellos, sin tener en su contra ninguna cosa [c]digna de muerte o de prisión.

30 Pero al ser [a]avisado de que habían [b]conjurado para matarlo, al punto le he enviado a ti, mandando también a los [c]acusadores que traten delante de ti lo que tengan contra él.

31 Y los soldados, tomando a Pablo como se les ordenó, le llevaron de noche a [1]Antípatris.

32 Y al día siguiente, dejando a los jinetes que fuesen con él, volvieron al [a]cuartel.

18[a] Ef. 3:1
20[a] Hch. 23:14-15
20[b] Hch. 23:6
21[a] Hch. 23:12, 15; 9:24; 25:3
24[a] Hch. 24:3; 25:14
24[b] Hch. 23:33; 24:1, 10; 26:30; Lc. 3:1; 20:20
26[a] Hch. 24:3
26[b] Hch. 15:23
27[a] Hch. 21:27
27[b] Hch. 23:21
27[c] Hch. 22:25
28[a] Hch. 22:24
29[a] Hch. 25:19
29[b] Hch. 18:13, 15
29[c] Hch. 25:25; 26:31; 28:18
30[a] Hch. 23:16-21
30[b] Hch. 23:12
30[c] Hch. 23:35; 24:19; 25:16
32[a] Hch. 23:10

---

soberana del Señor de salvarle secretamente la vida a Pablo.

23[1] Es decir, las nueve de la noche.

23[2] U, honderos; soldados ligeramente armados.

24[1] El gobernador romano de la provincia de Judea.

31[1] A unas 40 millas romanas de Jerusalén, y a unas 26 de Cesarea.

33[a] Hch. 25:1
34[a] Hch. 21:39
35[a] Hch. 23:30
35[b] Mt. 27:27; Jn. 18:28, 33; 19:9

33 Cuando aquéllos entraron en [a]Cesarea, y dieron la carta al gobernador, presentaron también a Pablo delante de él.

34 Y el gobernador, leída la carta, preguntó de qué provincia era; y habiendo entendido que era de [a]Cilicia,

35 le dijo: Te oiré cuando vengan tus [a]acusadores. Y mandó que le custodiasen en el [1b]pretorio de Herodes.

CAPITULO 24

(2) Acusado por el abogado de los judíos
24:1-9

1[a] Hch. 23:2
1[b] Hch. 23:24
3[a] Hch. 23:26; 26:25; Lc. 1:3
3[b] Hch. 23:24
5[a] cfr. Lc. 23:2
5[b] Hch. 17:6
5[c] Hch. 24:14; 28:22; cfr. Hch. 5:17; 15:5; 26:5
5[d] Hch. 22:8
6[a] Hch. 21:28
8[a] Hch. 22:24

1 Cinco días después, descendió el sumo sacerdote [a]Ananías con algunos de los ancianos y cierto [1]orador *llamado* Tértulo, y comparecieron ante el [b]gobernador contra Pablo.

2 Y cuando éste fue llamado, Tértulo comenzó a acusarle, diciendo: [1]Como debido a ti gozamos de gran paz, y muchas reformas son realizadas en beneficio de esta nación por tu prudencia,

3 oh [a]excelentísimo [b]Félix, lo recibimos en todo y en todas partes con toda gratitud.

4 Pero por no importunarte más, te ruego que nos oigas brevemente conforme a tu clemencia.

5 Porque hemos hallado que este hombre es una plaga, y [a]promotor de [b]insurrecciones entre todos los judíos por toda la tierra habitada, y cabecilla de la [c]secta de los [d]nazarenos.

6 Intentó también [a]profanar el templo; y prendiéndole, [1]quisimos juzgarle conforme a nuestra ley.

7 Pero llegó el tribuno Lisias y con gran violencia le quitó de nuestras manos,

8 mandando a sus acusadores que viniesen a ti. Tú mismo, pues, al interrogarle, podrás [a]informarte de todas estas cosas de que le acusamos.

35[1] Palacio de los reyes anteriores, edificado por Herodes el Grande. Llegó a ser residencia oficial del gobernador de la provincia romana de Judea. Pablo fue custodiado allí con clemencia, en vez de estar confinado en la cárcel común.

1[1] Es decir, un portavoz, alguien que conocía el procedimiento legal romano.

2[1] Lo dicho por Tértulo desde aquí hasta el final del v. 3 exhibió su vileza y su carencia de toda norma ética. Véase la nota 1[3] del cap. 23.

6[1] Muchos mss. antiguos omiten la sección comprendida entre esta palabra y la frase *viniesen a ti* del v. 8.

9 Los judíos también se unían a la acusación, afirmando
ser así todo.

(3) Se defiende ante Félix
24:10-21

10 Habiéndole hecho señal el gobernador a Pablo para
que hablase, éste respondió: Porque sé que desde hace muchos años eres juez de esta nación, con buen ánimo haré mi
[1a]defensa.
11 Como tú puedes cerciorarte, no hace más de doce días
que subí a [a]adorar a [b]Jerusalén;
12 y no me hallaron disputando con ninguno, ni amoti-
nando a la multitud; [a]ni en el [b]templo, ni en las sinagogas ni
en la ciudad;
13 [a]ni te pueden probar las cosas de que ahora me acusan.
14 Pero esto te confieso, que según el [1a]Camino que ellos
llaman [b]secta, así [2c]sirvo al [d]Dios de mis padres, creyendo
todas las cosas que en la [e]ley y en los profetas están escritas;
15 teniendo [a]esperanza en Dios, la cual ellos también
abrigan, de que ha de haber una [1]resurrección, tanto de los
justos como de los injustos.
16 Y por esto [a]procuro tener siempre una [1b]conciencia sin
ofensa ante Dios y ante los hombres.
17 Pues bien, después de [a]muchos años, vine a hacer
[b]limosnas a mi [c]nación y a presentar ofrendas.
18 En eso me encontraron en el templo, después de haberme [1]purificado, no con multitud ni con alboroto. Pero ciertos
judíos de [a]Asia,
19 quienes debieran comparecer ante ti y [a]acusarme si
contra mí tienen algo...

10[1] Véase la nota 1[2] del cap. 22.
14[1] Véase la nota 2[1] del cap. 9.
14[2] Lit., sirvo como sacerdote.
15[1] La resurrección de los justos ocurrirá antes del milenio al regreso del Señor (1 Co. 15:23; 1 Ts. 4:16). Esta será la resurrección de vida (Jn. 5:28-29a y las notas; Dn. 12:2a) y la resurrección de recompensa (Lc. 14:14), la cual incluye la primera o mejor resurrección (Ap. 20:4-6 y las notas 5[2] y 6[2]), la superresurrección (Fil. 3:11 y la nota 2). La resurrección de los injustos ocurrirá después del milenio (Ap. 20:5). Esta será la resurrección de juicio (Jn. 5:29b y las notas) y de vergüenza y confusión perpetua (Dn. 12:2b), y será para el juicio de la perdición eterna que vendrá sobre los injustos (Ap. 20:12-15 y la nota 12[1]). Con respecto a este juicio el apóstol amonestó al injusto Félix en el v. 25 (véase la nota 2).
16[1] Véase la nota 1[3] del cap. 23.
18[1] Véase la nota 24[1] del cap. 21.

10[a] Hch. 25:8
11[a] Hch. 8:27
11[b] Hch. 21:12, 17
12[a] Hch. 25:8; 28:17
12[b] Hch. 21:26-30
13[a] Hch. 25:7
14[a] Hch. 24:22
14[b] Hch. 24:5
14[c] Hch. 27:23; Ro. 1:9; 2 Ti. 1:3; He. 9:14; 12:28
14[d] Hch. 5:30; 22:14
14[e] Hch. 26:22; 28:23; Mt. 11:13; Ro. 3:21
15[a] Hch. 23:6
16[a] 1 Ti. 4:7
16[b] 2 Co. 1:12; 1 Ti. 3:9; 2 Ti. 1:3; He. 13:18
17[a] cfr. Hch. 19:10; 20:31
17[b] Ro. 15:26, 31; 1 Co. 16:1-3; 2 Co. 8:2-3; 9:5, 7, 13; Hch. 11:29-30
17[c] Hch. 26:4; 28:19 18[a] Hch. 21:27 19[a] Hch. 23:30

20 O digan éstos mismos si hallaron en mí alguna cosa
mal hecha, cuando comparecí ante el [a]sanedrín,
21 a no ser que estando entre ellos prorrumpí en alta voz:
Acerca de la [a]resurrección de los muertos soy juzgado hoy
por vosotros.

(4) Guardado bajo la custodia
del político romano injusto y corrupto
24:22-27

22 Entonces Félix, estando bien informado en lo referente
al [a]Camino, les aplazó, diciendo: Cuando descienda el [b]tribuno Lisias, acabaré de decidir vuestro asunto.
23 Y mandó al centurión que se [a]custodiase *a Pablo*, pero
que se le concediese alguna [b]libertad, y que no impidiese a
ninguno de los suyos servirle o venir a él.
24 Algunos días después, viniendo Félix con [1]Drusila su
mujer, que era judía, llamó a Pablo, y le oyó acerca de la [a]fe
en Cristo Jesús.
25 Pero al [1]disertar *Pablo* acerca de la [2a]justicia, del
[b]dominio propio y del [c]juicio venidero, Félix se espantó, y
dijo: Ahora vete; pero cuando tenga oportunidad te [d]llamaré;
26 esperando también al mismo tiempo que Pablo le diera
[1a]dinero; por lo cual muchas veces lo hacía venir y hablaba
con él.
27 Pero al cabo de [1]dos años recibió Félix por sucesor a
Porcio [2a]Festo; y queriendo Félix [3b]congraciarse con los judíos, [c]dejó [d]preso a Pablo.

20[a] Hch. 23:1
21[a] Hch. 24:15; 23:6
22[a] Hch. 24:14
22[b] Hch. 21:31
23[a] Hch. 28:16
23[b] Hch. 27:3
24[a] Hch. 20:21; Gá. 2:16
25[a] Tit. 2:12
25[b] 1 Ti. 3:2; 2 P. 1:6
25[c] Ro. 2:2-3, 5, 16; 2 Ti. 4:1; 1 P. 4:5; Ap. 20:12
25[d] Hch. 17:32
26[a] cfr. Ex. 23:8
27[a] Hch. 25:1; 26:24-25
27[b] Hch. 25:9; 12:3; Mr. 15:15
27[c] Hch. 25:14
27[d] Hch. 22:29

24[1] Una hija del rey Herodes Agripa. Félix, quien se enamoró de ella, la persuadió de que abandonara a su esposo y se casara con él. Esto puso en evidencia la intemperancia y la corrupción de Félix, un político romano. Véase la nota 1[3] del cap. 23.

25[1] Lit., decirlo todo, hablar (en argumento o exhortación), disputar. Lo mismo que en 17:2; 18:4, 19.

25[2] El apóstol, dándose cuenta de lo injusto (vs. 26-27) y lo intemperante que era Félix (véase la nota 24[1]), disertaba con él acerca de la justicia y el dominio propio, el dominio de las pasiones y los deseos, especialmente, aquí, de los deseos sexuales. El juicio venidero está relacionado con la resurrección de los injustos, lo cual predicó el apóstol en el v. 15 (véase la nota 1). El apóstol también disertó con Félix acerca del juicio venidero, lo cual fue una advertencia para éste. Por esto Félix se asustó. Véanse las notas 42[1] del cap. 10 y 31[1] del cap. 17.

26[1] Esto expuso la corrupción del político romano. Véase la nota 1[3] del cap. 23.

27[1] Lucas no revela qué hizo el apóstol durante esos dos años. Quizá haya usado el tiempo para estar con el Señor a fin de cooperar con Su mover en la tierra. De haber sido así, tal vez esto haya tenido influencia sobre las epístolas que escribió —Colosenses, Efesios y Filipenses— mientras esperaba comparecer ante César en Roma, las cuales son las más misteriosas, las más profundas y las más ricas de la revelación divina. No hay palabras

CAPITULO 25

c. Dejado en manos de Festo, sucesor de Félix
25:1—26:32

(1) La petición de los líderes judíos es rechazada
25:1-5

1 Llegado, pues, [a]Festo a la provincia, subió de [b]Cesarea a Jerusalén tres días después.

2 Y los [a]principales sacerdotes y los principales judíos comparecieron ante él contra Pablo, y le rogaron,

3 pidiendo contra él, como favor, que le hiciese traer a Jerusalén; preparando *ellos* una [a]asechanza para [b]matarle en el camino.

4 Festo les respondió que Pablo estaba custodiado en Cesarea, *adonde* él mismo partiría en breve.

5 Por tanto, dijo, que los más [1]influyentes de vosotros desciendan conmigo, y si hay algo [2]malo en este hombre, [a]acúsenle.

(2) Se defiende ante Festo
25:6-8

6 Y deteniéndose entre ellos no más de ocho o diez días, descendió a Cesarea, y al siguiente día se sentó en el [a]tribunal y mandó que fuese traído Pablo.

7 Cuando éste llegó, lo rodearon los judíos que habían descendido de Jerusalén, presentando contra él muchas y graves [a]acusaciones, las cuales [b]no podían probar;

8 alegando Pablo en su [1a]defensa: [b]Ni contra la [c]ley de los judíos, ni contra el [d]templo, ni contra [e]César he pecado en nada.

(3) Apela a César
25:9-12

9 Pero Festo, queriendo [1a]congraciarse con los judíos, respondiendo a Pablo dijo: ¿Quieres subir a [b]Jerusalén, y allá ser juzgado de estas cosas delante de mí?

---

para describir cuán grande suministración proporcionaron estas epístolas a la iglesia a lo largo de las generaciones.

27[2] El sucesor de Félix como gobernador de Judea.

27[3] Lit., hacerle un favor a los judíos; es decir, conceder un favor para ganarse otro favor. Esto puso en evidencia una vez más la corrupción del sistema político romano.

5[1] Lit., poderosos.

5[2] O, fuera de lugar, errado.

8[1] Véase la nota 1[2] del cap. 22.

9[1] Esto expuso la corrupción de otro político romano. Véanse las notas 1[3] del cap. 23 y 27[3] del cap. 24.

1[a] Hch. 24:27
1[b] Hch. 23:33
2[a] Hch. 25:15; 24:1
3[a] Hch. 23:16, 12
3[b] Hch. 23:15, 21
5[a] Hch. 25:11
6[a] Hch. 25:10, 17; Mt. 27:19
7[a] Hch. 25:18, 11; cfr. Lc. 23:2, 10
7[b] Hch. 24:13
8[a] Hch. 24:10; 25:16
8[b] Hch. 24:12; 28:17
8[c] Hch. 6:13
8[d] Hch. 24:6
8[e] Jn. 19:12
9[a] Hch. 24:27
9[b] Hch. 25:20

10[a] Hch. 25:6, 17
10[b] Hch. 23:9
11[a] Hch. 25:25; 23:29; 26:31; 28:18
11[b] Hch. 25:5, 7, 16; 24:19
11[c] Hch. 25:21, 25; 26:32; 28:19
13[a] Hch. 25:23; 26:30-31
13[b] Hch. 25:1
14[a] Hch. 24:27
14[b] Hch. 25:27
14[c] Hch. 23:24
15[a] Hch. 25:2
16[a] Jn. 7:51
16[b] Hch. 25:11
16[c] Hch. 23:30
16[d] Hch. 25:8

10 Pablo dijo: Ante el [a]tribunal de César estoy, donde debo
ser juzgado. A los judíos no les he hecho [b]ningún agravio,
como tú sabes muy bien.
11 Porque si algún agravio, o cosa alguna [a]digna de muerte he hecho, no rehuso morir; pero si nada hay de las cosas
de que éstos me [b]acusan, nadie puede entregarme a ellos. A
[1]César [2c]apelo.
12 Entonces Festo, habiendo hablado con el [1]consejo, respondió: A César has apelado; a César irás.

(4) Festo lo remite al rey Agripa
25:13-27

13 Pasados algunos días, el rey [1a]Agripa y [2]Berenice vinieron a [b]Cesarea y fueron a saludar a Festo.
14 Y como estuvieron allí muchos días, Festo expuso al
rey la causa de Pablo, diciendo: Un hombre ha sido [a]dejado
[b]preso por [c]Félix,
15 respecto al cual, cuando estuve en Jerusalén, se me
presentaron los [a]principales sacerdotes y los ancianos de los
judíos, pidiendo sentencia de condenación contra él.
16 A éstos respondí que no es [a]costumbre de los romanos
entregar a un hombre antes que el [b]acusado tenga delante a
sus [c]acusadores, y se le dé oportunidad para [d]defenderse de
la acusación.

11[1] César Nerón.

11[2] Para su defensa Pablo quería apelar a César (véanse las notas 1[2] del cap. 22 y 32[2] del cap. 26). Esto le permitiría ver satisfecho su deseo de ir a Roma para el avance del testimonio del Señor (19:21) y era conforme a la indicación que el Señor le había dado (23:11). De no haber apelado, habría sido muerto por los judíos, quienes tramaban un complot contra él (cfr. 23:12-15; 25:1-3, 9), y no habría podido escribir sus últimas ocho epístolas. Antes de su apelación a César, había escrito sólo seis epístolas: 1 y 2 Tesalonicenses, Gálatas, Romanos y 1 y 2 Corintios. Durante su primer encarcelamiento en Roma escribió Colosenses, Efesios, Filipenses y Filemón. Después de ese encarcelamiento escribió 1 Timoteo, Tito y Hebreos. Luego, durante su segundo encarcelamiento escribió 2 Timoteo. Sin estas últimas ocho epístolas, ¡qué incompleta habría estado la revelación divina y qué pérdida habría sufrido la iglesia! Su apelación produjo un gran provecho y beneficio a los intereses del Señor.

12[1] El consejo de la provincia romana, compuesto de los consejeros o asesores escogidos por el gobernador de la provincia, con quienes el gobernador por lo regular consultaba con respecto a alguna apelación como la de Pablo.

13[1] Herodes Agripa II, quien reinó sobre la región al norte y al este de Galilea, un judío por religión, hijo del Herodes mencionado en el cap. 12.

13[2] Hermana de Drusila, la esposa de Félix (24:24). También era hermana de Agripa, con quien vivía incestuosamente. Esto de nuevo puso en evidencia la corrupción de los políticos del círculo político romano. Véase la nota 1[3] del cap. 23.

17 Así que, habiendo venido ellos juntos acá, sin ninguna dilación, al día siguiente, sentado en el [a]tribunal, mandé traer al hombre.

18 Y estando presentes los acusadores, ningún [a]cargo presentaron de los que yo sospechaba,

19 sino que tenían contra él ciertas [a]cuestiones acerca de su [1]religión, y de un cierto Jesús, ya muerto, el que Pablo afirmaba estar [b]vivo.

20 Yo, [1]no sabiendo *cómo* investigar tal caso, le pregunté si quería ir a [a]Jerusalén y allá ser juzgado de estas cosas.

21 Mas como Pablo apeló para que se le reservase para la decisión [1]del [a]augusto, mandé que le custodiasen hasta que le enviara yo a César.

22 Entonces Agripa *dijo* a Festo: Yo también quisiera oír a ese hombre. Y él le dijo: Mañana le oirás.

23 Así pues, al día siguiente, viniendo [a]Agripa y Berenice con mucha pompa, y entrando en la sala de audiencias con los [1]tribunos y los hombres más distinguidos de la ciudad, por mandato de Festo fue traído Pablo.

24 Entonces Festo dijo: Rey Agripa, y todos los varones que estáis presentes con nosotros, aquí veis a este hombre, respecto del cual toda la multitud de los [a]judíos me ha demandado en Jerusalén y aquí, dando voces que [b]no debe vivir más.

25 Pero yo, hallando que ninguna cosa [a]digna de muerte ha hecho, y como él mismo [b]apeló al augusto, he [1]determinado enviarle a él.

26 Como no tengo cosa cierta que escribir a mi señor, le he traído ante [1]vosotros, y mayormente ante ti, oh rey Agripa, para que después de examinarle, tenga yo qué escribir.

27 Porque me parece fuera de razón enviar un [a]preso, y no informar de los cargos que haya en su contra.

17a Hch. 25:6, 10
18a Hch. 25:7
19a Hch. 23:9, 29
19b Hch. 17:18
20a Hch. 25:9
21a Hch. 25:25
23a Hch. 25:13; 26:32
24a Hch. 25:2, 7
24b Hch. 22:22
25a Hch. 25:11
25b Hch. 25:11
27a Hch. 25:14

CAPITULO 26

(5) Se defiende ante el rey Agripa
26:1-29

1 Entonces Agripa dijo a Pablo: Se te permite hablar por

19[1] Véase la nota 22[2] del cap. 17.
20[1] O, estando perplejo.
21[1] Un título del emperador romano. Así también en el v. 25.
23[1] Véase la nota 31[1] del cap. 21.
25[1] Esto se debió a la soberanía del Señor.
26[1] Se refiere a los comandantes y a los hombres notables que estaban presentes (v. 23).

ti mismo. Pablo entonces, extendiendo la mano, comenzó así
su [a]defensa:
2 Me tengo por dichoso, oh [a]rey Agripa, de que haya de
[1]defenderme hoy delante de ti de todas las cosas de que soy
[b]acusado por los judíos.
3 [1]Mayormente porque tú [2]conoces todas las [a]costum-
bres y [b]cuestiones que hay entre los judíos; por lo cual te
ruego que me oigas con paciencia.
4 Mi manera de vivir, pues, desde mi juventud, la cual
desde el principio pasé en mi [a]nación, en Jerusalén, la
conocen todos los judíos;
5 puesto que ellos han sabido de mí desde el principio, si
quieren testificarlo, que conforme a la más [a]rigurosa [b]secta
de nuestra [1]religión, viví como [c]fariseo.
6 Y ahora, por la [a]esperanza de la promesa que hizo Dios
a nuestros padres soy llamado a juicio;
7 *promesa* que nuestras [a]doce tribus esperan alcanzar,
sirviendo fervientemente de [b]noche y de día. Por esta esperanza, oh rey Agripa, soy [c]acusado por los judíos.
8 ¿Por qué tenéis entre vosotros por increíble que Dios
[a]resucite a los muertos?
9 Yo ciertamente había creído mi deber hacer muchas
cosas [a]contra el nombre de Jesús de [b]Nazaret;
10 lo cual también hice en Jerusalén. Yo encerré en [a]cárceles
a muchos de los santos, habiendo recibido [b]autoridad de los
principales sacerdotes; y cuando los mataron, yo [c]di mi voto.
11 Y muchas veces, castigándolos en todas las [a]sinagogas,
procuraba obligarles a blasfemar; y enfurecido sobremanera
contra ellos, los [b]perseguía hasta en las ciudades [1]extranje-
ras.
12 *Ocupado* en esto, [a]iba yo a Damasco con autoridad y en
comisión de los principales sacerdotes,
13 cuando a mediodía, oh rey, yendo por el camino, vi una
luz del cielo que sobrepasaba el resplandor del sol, la cual
brilló alrededor de mí y de los que iban conmigo.
14 Y habiendo caído todos nosotros en tierra, oí una voz
que me decía en [a]dialecto hebreo: Saulo, Saulo, ¿por qué [1]me
persigues? Dura cosa te es dar coces contra los [2]aguijones.

1[a] Hch. 24:10; 25:8
2[a] Hch. 9:15
2[b] Hch. 26:7; 25:16
3[a] Hch. 6:14
3[b] Hch. 25:19
4[a] Hch. 24:17; 28:19
5[a] Hch. 22:3
5[b] Hch. 15:5
5[c] Hch. 23:6
6[a] Hch. 23:6; 24:15; 28:20
7[a] Mt. 19:28; Jac. 1:1
7[b] Lc. 2:37
7[c] Hch. 26:2
8[a] Hch. 2:24; 1 Co. 15:12
9[a] 1 Ti. 1:13
9[b] Hch. 22:8
10[a] Hch. 8:3; 22:19
10[b] Hch. 9:14
10[c] cfr. Hch. 8:1; 22:20
11[a] Hch. 22:19
11[b] Hch. 8:1; Gá. 1:13
12[a] vs. 12-18: Hch. 9:3-8; 22:6-11
14[a] Hch. 21:40; 22:2

2[1] Véase la nota 1[2] del cap. 22.

3[1] O, Porque eres muy experto en…

3[2] Lit., eres conocedor, uno que está familiarizado con algo.

5[1] O, celosa adoración a Dios. Véase la nota 26[1] de Jac. 1.

11[1] Lit., de afuera.

14[1] Véase la nota 4[1] del cap. 9.

14[2] En los arados se usan aguijones,

15 Yo entonces dije: ¿Quién eres, [1]Señor? y el Señor dijo:
Yo soy Jesús, a quien tú persigues.
16 Pero levántate, y ponte sobre tus pies; porque para
esto he aparecido a ti, para [a]ponerte por ministro y [1b]testigo
de las cosas que has [c]visto de Mí, y de aquellas en que me
apareceré a ti,
17 librándote [a]de tu pueblo, y de los [b]gentiles, a quienes
ahora te envío,
18 para que [1]abras sus [a]ojos, para que se conviertan de las
[2b]tinieblas a la [c]luz, y de la [3]potestad de Satanás [4]a Dios;
para que reciban [5d]perdón de pecados y [6e]herencia entre los
que han sido [7]santificados por la fe que es en Mí.

16[a] Hch. 22:14
16[b] Hch. 1:8
16[c] Hch. 22:15
17[a] Hch. 12:11
17[b] Hch. 9:15; Ro. 11:13
18[a] Lc. 4:18; Ef. 1:18
18[b] Is. 9:2; Lc. 1:79; Jn. 8:12; 1 P. 2:9; 1 Jn. 2:8, 11
18[c] Hch. 26:23; Ef. 5:8; Col. 1:12; Jn. 1:4; 9:5
18[d] Hch. 5:31; Lc. 24:47
18[e] Hch. 20:32

---

varas afiladas con las cuales se somete y punza a los bueyes uncidos al arado. Estas palabras del Señor indican que Saulo ya estaba uncido al arado y que no tenía otra opción sino aceptar obedientemente el yugo del Señor para llevar a cabo la comisión que el Señor le diera. Dura cosa le era a Pablo dar coces contra los aguijones del arado del Señor.

15[1] Véase la nota 5[1] del cap. 9.

16[1] No solamente ministro, sino también testigo. Un ministro está relacionado con el ministerio; un testigo lo está con el testimonio. El ministerio está relacionado principalmente con la obra, con lo que un ministro hace; un testimonio tiene que ver con la persona, con lo que es un testigo (véanse las notas 8[3] del cap. 1 y 11[4] del cap. 23).

18[1] Con esto se cumple el jubileo de Dios, el año aceptable del Señor, proclamado por el Señor Jesús en Lc. 4:18-21 (véase la nota 19[1] de Lc. 4) conforme a la economía neotestamentaria de Dios. El primer punto de las bendiciones espirituales y divinas del jubileo del Nuevo Testamento, las cuales son las bendiciones del evangelio de Dios, consiste en abrir los ojos de los que están caídos y convertirlos de las tinieblas a la luz, para que vean las cosas divinas en la esfera espiritual. Para ver tales cosas se requiere la vista espiritual y la luz divina.

18[2] Las tinieblas son señal de pecado y muerte; la luz es señal de justicia y vida (Jn. 1:4; 8:12).

18[3] La potestad de Satanás es el reino de Satanás, el cual pertenece a las tinieblas (Mt. 12:26 y la nota 1).

18[4] Es decir, a la potestad de Dios, al reino de Dios, el cual pertenece a la luz.

18[5] La base de todas las bendiciones del jubileo neotestamentario.

18[6] Lit., porción; se refiere a la porción de una herencia. Esta herencia es el propio Dios Triuno con todo lo que tiene, todo lo que ha hecho, y todo lo que hará por Su pueblo redimido. El Dios Triuno está corporificado en el Cristo todo-inclusivo (Col. 2:9), quien es la porción asignada como herencia a los santos (Col. 1:12). El Espíritu Santo, quien ha sido dado a los santos, es el anticipo, las arras y la garantía de esta herencia divina (Ro. 8:23; Ef. 1:14), de la cual ahora participamos y disfrutamos como anticipo en el jubileo neotestamentario de Dios, y la cual disfrutaremos en plenitud en la era venidera y por la eternidad (1 P. 1:4). En el tipo del jubileo descrito en Lv. 25:8-13, las mayores bendiciones son la libertad proclamada y el regreso de todo hombre a su propia posesión. Aquí, en el cumplimiento del jubileo, la liberación de la potestad de las tinieblas y la recepción de la herencia divina son las principales bendiciones (cfr. nota 32[3] del cap. 20).

18[7] Santificados no sólo en cuanto a su posición, sino también a su carácter (Ro. 6:19 y la nota 2, 22). Ser santificado en cuanto a la posición consiste en tener sólo un cambio en

20[a] Hch. 9:19-20
20[b] Hch. 9:26-29; 22:17-18
20[c] Mt. 3:5; Hch. 1:8
20[d] Hch. 13:46
20[e] Hch. 2:38; 17:30
20[f] Hch. 14:15; 1 Ts. 1:9
20[g] Mt. 3:8
21[a] Hch. 21:27, 30
22[a] He. 13:6
22[b] Ef. 6:13
22[c] Hch. 2:40; 28:23
22[d] Hch. 10:43; 24:14
22[e] Lc. 24:27, 44; Hch. 28:23
23[a] Lc. 24:26, 46; Hch. 3:18
23[b] Hch. 2:24; 3:15
23[c] Hch. 26:18
24[a] Mr. 3:21; 2 Co. 5:13
25[a] Hch. 24:3
25[b] Hch. 24:27
25[c] 2 Co. 6:7; 7:14; 12:6
25[d] 2 Ti. 1:7; Tit. 2:6

19 Por lo cual, oh rey Agripa, no fui desobediente a la
[1]visión celestial,
20 sino que anuncié primeramente a los que están en
[a]Damasco, y en [b]Jerusalén, y por [c]toda la tierra de Judea, y
a los [d]gentiles, que se [e]arrepintiesen y se [f]convirtiesen a
Dios, haciendo obras [g]dignas de arrepentimiento.
21 Por causa de esto *ciertos* judíos, [a]prendiéndome en el
templo, intentaron matarme.
22 Pero habiendo obtenido [1a]auxilio de Dios, me he [b]mante-
nido firme hasta el día de hoy, [c]dando testimonio a pequeños
y a grandes, no diciendo nada fuera de las cosas que los
[d]profetas y [e]Moisés dijeron que habían de suceder:
23 Que el Cristo había de [a]padecer, *y* que siendo el primero [1]en [b]resucitar de entre los muertos, había de anunciar
[2c]luz al pueblo y a los gentiles.
24 Diciendo él estas cosas en su defensa, Festo a gran voz
dijo: Estás [1a]loco, Pablo; las muchas letras te vuelven [1]loco.
25 Mas Pablo dijo: No estoy loco, [a]excelentísimo [b]Festo,
sino que hablo palabras de [c]verdad y de [d]cordura.
26 Pues el rey [1]sabe estas cosas, delante de quien también
hablo [2]con toda libertad; porque estoy persuadido de que
nada de esto ignora, pues no se ha hecho esto en un rincón.
27 ¿Crees, oh rey Agripa, a los profetas? Yo sé que crees.

---

posición y propósito; ser santificado en cuanto al carácter consiste en ser transformado en naturaleza por la naturaleza santa de Dios y con ella (2 Co. 3:18). Ser santificado consiste en ser saturado con Dios como nuestra posesión para que le disfrutemos hoy. Nuestra santificación tendrá su consumación cuando lleguemos a la madurez en la vida divina a fin de parecernos a Dios y estar calificados para poseerle y disfrutarle plenamente como nuestra herencia en la era venidera y por la eternidad.

19[1] No fue una doctrina, teoría, credo religioso ni alguna teología, sino una visión celestial, en la cual el apóstol vio las cosas divinas relacionadas con la impartición del Dios Triuno en Su pueblo escogido, redimido y transformado. Todo lo que Pablo predicó en este libro y lo que escribió en sus catorce epístolas, desde Romanos hasta Hebreos, constituye una descripción detallada de la visión celestial que él recibió.

22[1] O, asistencia. La palabra griega originalmente significaba *alianza*. Esto implica que el apóstol estaba aliado con Dios, y que podía ver la asistencia de Dios en esta alianza.

23[1] Lit., de la resurrección de los muertos.

23[2] Indica la iluminación de Dios, quien es luz (1 Jn. 1:5) que resplandece en Cristo, quien es la luz del mundo (Jn. 8:12; 9:5), mediante la predicación del evangelio de la gloria de Cristo (2 Co. 4:4, 6).

24[1] O, loco de remate (así también en el siguiente versículo).

26[1] Agripa, un judío por religión, sabía lo relacionado con el Antiguo Testamento y la resurrección.

26[2] O, con confianza, claramente.

28 Entonces Agripa *respondió* a Pablo: ¿Con tan poca cosa
me persuades a ser [a]cristiano?
29 Y Pablo *dijo:* ¡Quisiera Dios que por poco o por mucho,
no solamente tú, sino también todos los que hoy me oyen,
fueseis hechos tales [a]cual yo soy, excepto estas [b]cadenas!

(6) El juicio pronunciado por el rey Agripa
26:30-32

30 Entonces se levantó el rey, y el [a]gobernador, y [b]Berenice, y [c]los que se habían sentado con ellos;
31 y cuando se retiraron aparte, hablaban entre sí, diciendo: Ninguna cosa [a]digna de muerte ni de prisión ha
hecho este hombre.
32 Y [a]Agripa dijo a Festo: [1]Podía este hombre ser [b]puesto
en libertad, si [2]no hubiera [c]apelado a César.

CAPITULO 27

10. El cuarto viaje
27:1—28:31

a. A Buenos Puertos
27:1-12

1 Cuando se decidió que [1]habíamos de navegar para
[a]Italia, entregaron a Pablo y a algunos otros presos a un
centurión llamado Julio, de la [2]cohorte [3]Augusta.
2 Y embarcándonos en una nave adramitena que iba a
tocar los puertos de Asia, [1]zarpamos, estando con nosotros
[a]Aristarco, macedonio de Tesalónica.
3 Al otro día arribamos a Sidón; y Julio, tratando

28[a] Hch. 11:26; 1 P. 4:16
29[a] 1 Co. 7:7
29[b] Hch. 21:33
30[a] Hch. 25:14
30[b] Hch. 25:13, 23
30[c] Hch. 25:24
31[a] Hch. 23:29; 25:25
32[a] Hch. 25:23
32[b] Hch. 28:18
32[c] Hch. 25:11; 28:19
1[a] Hch. 18:2
2[a] Hch. 19:29

32[1] En esta sección, de 21:27 a 26:32, una larga narración de la persecución final del apóstol a manos de los judíos, quedaron manifiestas las verdaderas características de todas las partes involucradas: (1) las tinieblas, la ceguera, el odio y la hipocresía de la religión judía; (2) la injusticia y la corrupción de la política romana; (3) la transparencia, la brillantez, la fidelidad y la valentía del apóstol, y (4) el cuidado alentador del Señor por Su testigo, y Su soberanía sobre la situación para llevar a cabo Su propósito divino.

32[2] Sin embargo, si no hubiese apelado a César, el apóstol pudo haber sido muerto por los judíos debido a la manera injusta en que lo trataba Festo (25:9), de modo que tal vez no habría conservado la vida hasta ese día. Véase la nota 11[2] del cap. 25.

1[1] Incluido el escritor Lucas.

1[2] Véase la nota 1[1] del cap. 10.

1[3] Quizás una cohorte imperial nombrada por César Augusto (cfr. Lc. 2:1).

2[1] Aquí comienza el cuarto viaje ministerial de Pablo, el cual concluye en 28:31.

3[a] Hch. 24:23 [a]amablemente a Pablo, le permitió que fuese a los amigos,
para ser atendido por ellos.
4 Y haciéndonos a la vela desde allí, navegamos a sotavento de Chipre, porque los vientos eran contrarios.
5 Habiendo atravesado el mar frente a Cilicia y Panfilia,
descendimos a Mira de Licia.
6[a] Hch. 28:11 **6** Y hallando allí el centurión una nave [a]alejandrina que
navegaba para Italia, nos embarcó en ella.
7 Navegando muchos días despacio, y llegando a duras
penas frente a Gnido, porque nos impedía el viento, navegamos a sotavento de Creta, frente a Salmón.
8 Y costeándola con dificultad, llegamos a un lugar que
llaman Buenos Puertos, cerca del cual estaba la ciudad de
Lasea.
9 Y habiendo pasado mucho tiempo, y siendo ya peligrosa la navegación, por haber pasado ya el [1]Ayuno, Pablo les
amonestaba,
10 diciéndoles: [1]Varones, veo que la navegación va a ser
con perjuicio y mucha pérdida, no sólo del cargamento y de
la nave, sino también de nuestras vidas.
11[a] Ap. 18:17 **11** Pero el centurión daba más crédito al piloto y al [a]pa-
trón de la nave, que a lo que Pablo decía.
12 Y siendo inadecuado el puerto para invernar, la mayoría acordó zarpar también de allí, por si pudiesen arribar a
Fenice, puerto de Creta [1]que mira al nordeste y sudeste, e
invernar *allí.*

b. Surge una tormenta y Pablo predice que sobrevivirían
27:13-26

13 Y soplando una brisa del sur, pareciéndoles que ya
tenían lo que deseaban, levaron anclas e iban costeando
Creta.
14[a] Mr. 4:37 **14** Pero no mucho después dio contra *la nave* un [a]viento
huracanado llamado [1]Euroclidón, que soplaba desde [2]la isla.
15 Y siendo arrebatada la nave, y no pudiendo poner proa
al viento, nos abandonamos a él y nos dejamos llevar.
16 Y habiendo corrido a sotavento de una pequeña isla
16[a] Hch. 27:30 llamada Clauda, con dificultad pudimos [1]controlar el [a]esquife.

9[1] Es decir, el día de la Expiación (Lv. 16:29-31; 23:27-29; Nm. 29:7).

10[1] Véase la nota 26[1] del cap. 7.

12[1] O, bajo el viento del sudeste y bajo el viento del nordeste.

14[1] Es decir, el viento del nordeste.

14[2] Lit., ella.

16[1] Es decir, asegurar en la cubierta el bote que, cuando el tiempo estaba en calma, se ataba con una cuerda a la popa de la embarcación (Vincent).

17 Y una vez subido a bordo, [1]usaron de refuerzos para
ceñir la nave; y teniendo [a]temor de dar en la [2]Sirte, [3]bajaron
los aparejos y quedaron a la deriva.
18 Al siguiente día, combatidos por una furiosa tempestad, empezaron a [a]aligerar la carga,
19 y al tercer día con nuestras propias manos arrojamos
los [1]aparejos de la nave.
20 Y no apareciendo ni sol ni estrellas por muchos días, y
acosados por una tempestad no pequeña, ya habíamos perdido toda esperanza de salvarnos.
21 Entonces Pablo, como hacía ya mucho que no comía-
mos, puesto en pie en medio de ellos, dijo: [1]Habría sido por
cierto conveniente, oh [2]varones, haberme oído, y no zarpar
de Creta tan sólo para recibir este perjuicio y pérdida.
22 Pero ahora os exhorto a [a]tener buen ánimo, pues [b]no
habrá ninguna pérdida de vida entre vosotros, sino *solamente* de la nave.
23 Porque esta [a]noche ha [b]estado conmigo un [c]ángel del
Dios de quien [d]soy y a quien [1e]sirvo,
24 diciendo: Pablo, [a]no temas; es necesario que [1]compa-
rezcas ante César; y he aquí, Dios te ha [b]concedido todos los
que navegan contigo.
25 Por tanto, oh [1]varones, [a]tened buen ánimo; porque yo
[b]confío en Dios que será así como se me ha [c]dicho.
26 Con todo, es necesario [a]encallar en alguna [b]isla.

c. Pablo trasciende la situación y muestra su sabiduría,
en contraste con la vileza y la necedad
demostradas por los marineros y los soldados
27:27-44

27 Venida la decimocuarta noche, y siendo llevados a

17[1] Es decir, pasaron lazos alrededor del casco de la nave.

17[2] Un bajío de este nombre, al sudoeste de la isla de Creta.

17[3] O, bajaron el ancla.

19[1] O, mobiliario.

21[1] Aunque Pablo era un prisionero en cadenas, su comportamiento mostraba que estaba muy por encima de todo y que tenía mucha dignidad. La narración de Lucas, como relato del mover del Señor en la tierra, no da énfasis a la doctrina, sino al testimonio de los testigos del Señor (1:8). Por lo tanto, en la narración de Lucas no se encuentran detalles con respecto a la doctrina, sino a lo que les ocurría a los testigos del Señor, para describir los testimonios de sus vidas. Observamos esto particularmente en el viaje de Pablo, descrito en los últimos dos capítulos de este libro.

21[2] Véase la nota 26[1] del cap. 7.

23[1] Lit., sirvo como sacerdote.

24[1] Esto tenía como fin cumplir la promesa que el Señor hizo en 23:11 y satisfacer el deseo expresado por el apóstol en 19:21.

25[1] Véase la nota 26[1] del cap. 7.

17[a] Hch. 27:29
18[a] Hch. 27:38; Jon. 1:5
22[a] Hch. 27:25, 36
22[b] Hch. 27:44
23[a] Hch. 18:9; 23:11
23[b] 2 Ti. 4:17
23[c] Hch. 8:26
23[d] Sal. 119:94
23[e] Hch. 24:14; Ro. 1:9; Dn. 6:16
24[a] Hch. 18:9; Jn. 16:33; Is. 41:10
24[b] cfr. Gn. 18:26; 19:21, 29
25[a] Hch. 27:22, 36
25[b] 2 Ti. 1:12
25[c] Lc. 1:45
26[a] Hch. 27:29
26[b] Hch. 28:1

través del mar Adriático, a la medianoche los marineros sospecharon que estaban cerca de tierra;

28 y [1]echando la sonda, hallaron veinte [2]brazas; y pasando un poco más adelante, volviendo a echar la sonda, hallaron quince [2]brazas.

29 Y [a]temiendo [b]dar en [1]escollos, echaron cuatro anclas por la popa, y ansiaban que se hiciese de día.

30 Como los marineros procuraban huir de la nave, habiendo echado el [a]esquife al mar con el pretexto de que querían largar las anclas de proa,

31 Pablo dijo al centurión y a los soldados: Si éstos no permanecen en la nave, vosotros no podéis salvaros.

32 Entonces los soldados cortaron las amarras del esquife y lo dejaron perderse.

33 Y hasta que estaba a punto de amanecer, Pablo exhortaba a todos que comiesen, diciendo: Este es el decimocuarto día que veláis y permanecéis en ayunas, sin comer nada.

34 Por tanto, os ruego que comáis, porque esto conviene a vuestra salvación; pues ni aun un [a]cabello de la cabeza de ninguno de vosotros perecerá.

35 Y habiendo dicho esto, tomó el pan y [a]dio gracias a Dios en presencia de todos, y partiéndolo, comenzó a [b]comer.

36 Entonces todos, teniendo ya [a]mejor ánimo, comieron también.

37 Y éramos todas las personas en la nave doscientas setenta y seis.

38 Y ya satisfechos, aligeraron la nave, [a]echando el trigo al mar.

39 Cuando se hizo de día, no reconocían la tierra, pero veían una ensenada que tenía playa, a la cual acordaron empujar la nave, si pudiesen.

40 Cortando, pues, las anclas, las dejaron en el mar, largando también las amarras del timón; e izada al viento la vela de proa, enfilaron hacia la playa.

41 Pero dando contra un saliente azotado por el agua de ambos lados, hicieron encallar la nave; y la proa, hincada, quedó inmóvil, y la popa se [a]abría con la violencia del mar.

42 Entonces los soldados acordaron [a]matar a los presos, para que ninguno se fugase nadando.

29[a] Hch. 27:17
29[b] Hch. 27:26
30[a] Hch. 27:16
34[a] 1 S. 14:45; 2 S. 14:11; 1 R. 1:52; Mt. 10:30; Lc. 21:18
35[a] Mt. 15:36
35[b] 1 Co. 10:30-31
36[a] Hch. 27:22, 25
38[a] Hch. 27:18
41[a] 2 Co. 11:25
42[a] cfr. Hch. 12:19

28[1] Es decir, bajar una plomada para medir la profundidad.

28[2] Una braza mide aproximadamente 2 metros.

43 Pero el centurión, [1]queriendo salvar a Pablo, les impidió este intento, y mandó que los que pudiesen nadar se echasen los primeros, y saliesen a tierra;
44 y los demás, parte en tablas, parte en cosas de la nave. Y así aconteció que todos llegaron [a]salvos a tierra.

44[a] Hch. 27:22

CAPITULO 28

d. A la isla de Malta
28:1-10

1 Estando ya a salvo, supimos que la [a]isla se llamaba [1]Malta.
2 Y los [1]naturales nos trataron con una [a]amabilidad extraordinaria; porque encendiendo un fuego, nos recibieron a todos, a causa de la lluvia que caía, y del frío.
3 Entonces, habiendo recogido Pablo algunas ramas secas, las echó al fuego; y una [a]víbora, huyendo del calor, se le prendió en la mano.
4 Cuando los naturales vieron la [1]víbora colgando de su mano, se decían unos a otros: Ciertamente este hombre es homicida, a quien, escapado del mar, la [2]Justicia no deja vivir.
5 Pero él, sacudiendo la [a]víbora en el fuego, ningún daño padeció.
6 Ellos estaban esperando que él se hinchase, o cayese muerto de repente; mas habiendo esperado mucho, y viendo que ningún mal le venía, cambiaron de parecer y dijeron que era un [1a]dios.
7 En aquellos lugares había propiedades del hombre principal de la isla, llamado Publio, quien nos recibió y hospedó [a]amistosamente tres días.
8 Y aconteció que el padre de Publio estaba en cama,

1[a] Hch. 27:26
2[a] Hch. 28:7
3[a] Am. 5:19; 9:3
5[a] Mr. 16:18; Lc. 10:19
6[a] Hch. 14:11
7[a] Hch. 28:2

29[1] Lit., lugares ásperos.

43[1] Una vez más el Señor soberanamente le salvó la vida a Su siervo.

1[1] O, Melita.

2[1] O, bárbaros (así también en el v. 4); se refiere a quienes no hablaban griego ni latín, pero no eran necesariamente incivilizados.

4[1] Lit., bestia. Los médicos usaban este término para referirse a las serpientes venenosas. (La misma palabra se usa en el v. 5.)

4[2] Gr. *Dike,* quizá una referencia a la diosa de la mitología griega, quien se encargaba de hacer justicia.

6[1] El apóstol no era un dios, según creían los supersticiosos naturales. Al contrario, en su vida y en su ministerio él expresaba al propio Dios verdadero, quien en Jesucristo había pasado por el proceso de la encarnación, el vivir humano, la crucifixión y la resurrección, y quien, como el Espíritu todo-inclusivo, vivía entonces en él y por medio de él.

8[a] Mt. 8:14 enfermo de [a]fiebre y de disentería; y entró Pablo a verle, y
8[b] Hch. 9:40 después de haber [b]orado, le [c]impuso las manos, y le sanó.
8[c] Mr. 5:23; 16:18; Lc. 13:13; Hch. 9:12 **9** Hecho esto, también los otros que en la isla tenían
enfermedades, venían *a él,* y eran [1]sanados;
10 los cuales también nos honraron con muchas atenciones y cuando zarpamos, nos cargaron de las cosas
necesarias.

e. A Roma, donde finaliza el cuarto viaje 28:11-31

(1) Pasa por Siracusa rumbo a Roma vs. 11-16

11 Pasados tres meses, nos hicimos a la vela en una nave
11[a] Hch. 27:6 [a]alejandrina que había invernado en la isla, la cual tenía por
11[b] Hch. 14:12; 19:35 enseña a los [1]hijos gemelos de [b]Zeus.
12 Y llegado a Siracusa, estuvimos allí tres días.
13 De allí, costeando alrededor, llegamos a Regio; y otro
día después, soplando el viento sur, llegamos al segundo día
a Puteoli,
14[a] Hch. 21:7 **14** donde habiendo hallado [a]hermanos, nos rogaron que
nos quedásemos con ellos siete días; y luego fuimos a Roma,
15 [1]de donde, oyendo de nosotros los [2]hermanos, salieron

9[1] En el mar, en medio de la tormenta, el Señor hizo al apóstol no sólo dueño de sus compañeros de viaje (27:24), sino también su garantía de vida y consolador (27:22, 25). Ahora, en la tierra y en paz, el Señor lo hizo además no sólo una atracción mágica ante los ojos de los supersticiosos (vs. 3-6), sino también un sanador y motivo de gozo para ellos (vs. 8-9). Durante el largo y desafortunado viaje y encarcelamiento del apóstol, el Señor lo guardó en ascensión junto con El y lo capacitó para que viviera una vida fuera del dominio de la ansiedad. Esta vida estaba revestida de dignidad y poseía el nivel más alto de las virtudes humanas que expresaban los más excelentes atributos divinos. Fue una vida que se parecía a la que el Señor mismo había vivido en la tierra años antes. ¡Este era Jesús viviendo otra vez en la tierra en Su humanidad divinamente enriquecida! ¡Este era el maravilloso, excelente y misterioso Dios-hombre, quien vivió en los evangelios, y siguió viviendo en Hechos por medio de uno de Sus muchos miembros! ¡Este era un testigo vivo del Cristo encarnado, crucificado y resucitado, a quien Dios exaltó! Durante la navegación, Pablo vivió y magnificó a Cristo (Fil. 1:20-21). ¡Por eso lo honraron a él y a sus compañeros con muchas atenciones (v. 10), es decir, con el mayor respeto y gran consideración! Los hombres debían honrar con tal respeto y consideración a un embajador enviado por Dios.

11[1] Gr. *Dióskouroi,* los hijos gemelos de Zeus, Cástor y Pólux, las deidades guardianas de los marineros. Una figura de estas deidades estaba sujeta a la popa.

15[1] Es decir, de Roma.

15[2] La calurosa bienvenida de los hermanos de Roma y el cuidado amoroso de los de Puteoli (vs. 13-14), muestran la hermosa vida corporativa que existía en los primeros días entre las iglesias y los apóstoles. Esta vida era parte de la vida del reino celestial

a recibirnos hasta el [3]Foro de Apio y las [4]Tres Tabernas; y al verlos, Pablo dio gracias a Dios y [5]cobró aliento.
16 Cuando llegamos a Roma, a Pablo se le permitió vivir aparte, con un soldado que le [a]custodiase.

(2) Se comunica con los líderes judíos
vs. 17-22

17 Aconteció que tres días después, Pablo convocó a los principales de los judíos, a los cuales, luego que estuvieron reunidos, les dijo: Yo, [1]varones hermanos, no habiendo hecho [a]nada contra el pueblo, ni contra las [b]costumbres de nuestros padres, he sido entregado preso desde Jerusalén en manos de los romanos;
18 los cuales, habiéndome examinado, me querían [a]soltar, por no haber en mí ninguna [b]causa de muerte.
19 Pero cuando los judíos hablaron en contra *de esto,* me vi obligado a [a]apelar a César; no porque tenga de qué acusar a mi [b]nación.
20 Así que por esta causa os he llamado para que me vierais y me hablarais; porque por la [a]esperanza de Israel estoy sujeto con esta [b]cadena.
21 Entonces ellos le dijeron: Nosotros ni hemos recibido de Judea [a]cartas acerca de ti, ni ha venido alguno de los hermanos que haya informado o hablado algún mal de ti.
22 Pero querríamos oír de ti lo que piensas; porque de esta [a]secta nos es notorio que en todas partes se [b]habla contra ella.

16[a] Hch. 24:23
17[a] Hch. 24:12-13; 25:8
17[b] Hch. 6:14; 15:1
18[a] Hch. 26:32
18[b] Hch. 23:29; 25:25; 26:31
19[a] Hch. 25:11
19[b] Hch. 24:17; 26:4
20[a] Hch. 26:6-7
20[b] Hch. 21:33; 26:29; Ef. 6:20; Fil. 1:7, 13-14; 2 Ti. 1:16
21[a] Hch. 22:5
22[a] Hch. 24:5, 14
22[b] Lc. 2:34; 1 P. 2:12; 3:16

---

en la tierra entenebrecida por Satanás y habitada por el hombre. Aparentemente, el apóstol, como prisionero en cadenas, había entrado en la región de la oscura capital del imperio usurpado por Satanás; en realidad, como embajador de Cristo y con Su autoridad (Ef. 6:20; Mt. 28:18-19), había entrado en otra parte de la participación de la vida corporativa de la iglesia de Cristo en el reino de Dios en la tierra. Mientras sufría la persecución de la religión en el imperio de Satanás, disfrutaba la vida de la iglesia en el reino de Dios. Esto representaba un consuelo y un aliento para él.

15[3] Un lugar a más de 60 kilómetros de Roma.

15[4] Un lugar a más de 45 kilómetros de Roma.

15[5] Esto indica que el apóstol era muy humano. Aunque fue alentado directamente por el Señor (23:11) y fue muy valiente durante todo su viaje (27:22-25, 33-36), cobró ánimo ante la calurosa bienvenida de los hermanos. La humanidad elevada del apóstol y las virtudes humanas de la misma expresaron a Cristo y Sus atributos divinos durante el viaje. Pablo magnificó a Cristo siempre en medio de lo adverso de su situación (Fil. 1:20).

17[1] Véase la nota 16[1] del cap. 1.

(3) Ministra en Roma
vs. 23-31

23 Y habiéndole señalado un día, vinieron a él muchos a la posada, a los cuales les [a]explicaba *estos asuntos* y les [b]testificaba solemnemente del [1c]reino de Dios desde la mañana hasta la tarde, [d]persuadiéndoles acerca de Jesús, tanto por la ley de [e]Moisés como por los [f]profetas.

24 Y [a]algunos asentían a lo que se decía, pero otros no creían.

25 Y como no estuviesen de acuerdo entre sí, al retirarse, les dijo Pablo esta palabra: Bien habló el Espíritu Santo por medio del profeta Isaías a vuestros padres,

26 diciendo: "[1]Ve a este pueblo, y diles: De oído oiréis, y no entenderéis; y viendo veréis, y no percibiréis;

27 porque el [a]corazón de este pueblo se ha [1]engrosado, y con los oídos oyeron pesadamente, y han cerrado sus [b]ojos, para que no vean con los ojos, y oigan con los oídos, y con el corazón entiendan, y se conviertan, y Yo los sane".

28 Sabed, pues, que a los [a]gentiles es enviada esta [b]salvación de Dios; y ellos [c]oirán.

29 [1]Y cuando hubo dicho esto, los judíos se fueron, teniendo gran discusión entre sí.

30 Y Pablo permaneció [1]dos años enteros en *su* propia habitación, *una casa* alquilada, y [2]recibía a todos los que a él venían,

31 [1]proclamando el [2a]reino de Dios y enseñando acerca del Señor Jesucristo, con toda [b]confianza y sin impedimento.

23[a] Lc. 24:27; Hch. 17:3
23[b] Hch. 2:40
23[c] Hch. 28:31; 1:3
23[d] Hch. 19:8
23[e] Hch. 26:22
23[f] Hch. 24:14
24[a] Hch. 14:4; 17:4
27[a] Mr. 6:52; Jn. 12:40
27[b] Ro. 11:8
28[a] Hch. 13:46
28[b] Ro. 11:11; Is. 49:6
28[c] Hch. 13:48; Jn. 10:16
31[a] Hch. 28:23
31[b] Hch. 4:29

23[1] Véase la nota 3[4] del cap. 1.

26[1] Dios el Padre les dijo esto a los obstinados hijos de Israel en Is. 6:9-10. En Mt. 13:14-15 Dios el Hijo citó estas palabras a los judíos que le rechazaban. Y ahora Dios el Espíritu, por medio del apóstol, las repitió al pueblo que tenía un corazón endurecido. Esto indica que en todo el mover de la Trinidad Divina los hijos de Israel fueron desobedientes al Dios de la gracia. Así que, El se volvió a los gentiles para llevar a cabo Su economía neotestamentaria en lo tocante a la propagación de Su reino para la edificación de las iglesias mediante la propagación del Cristo resucitado y ascendido (v. 28).

27[1] Es decir, entorpecido.

29[1] Muchos mss. omiten este versículo.

30[1] Durante este tiempo el apóstol escribió las epístolas a los colosenses (cfr. Col. 4:3, 10, 18), a los efesios (cfr. Ef. 3:1; 4:1; 6:20), a los filipenses (cfr. Fil. 1:7, 14, 17) y a Filemón (cfr. Flm. 1, 9). El esperaba ser liberado del encarcelamiento según Fil. 1:25; 2:24; Flm. 22. Quizá después de estos dos años fue liberado y visitó Efeso y Macedonia (1 Ti. 1:3). Además, visitó Creta (Tit. 1:5), Nicópolis (Tit. 3:12), Troas y Mileto (2 Ti. 4:13, 20). Véase la nota 6[2] de 2 Ti. 4.

30[2] Es decir, recibía con una bienvenida, como en Lc. 8:40.

31[1] Aquí termina el cuarto viaje

ministerial del apóstol, el cual comenzó en 27:2.

31[2] El reino de Dios es uno de los asuntos más recalcados en este libro. Este escrito de Lucas empieza (1:3) y termina hablando del reino de Dios.

En realidad, este libro no concluyó, sino que quedó abierto a fin de que se le añadiera más. Tal vez la razón haya sido que la obra del Espíritu Santo en cuanto a predicar a Cristo para que se propagara, multiplicara y extendiera por medio de los creyentes de Cristo aún no estaba completa y debía ser continuada por un tiempo prolongado. Esta obra evangélica de propagar, multiplicar y extender a Cristo está en conformidad con la economía neotestamentaria de Dios a fin de que muchos hijos de Dios sean producidos (Ro. 8:29) para ser miembros de Cristo y constituir Su Cuerpo (Ro. 12:5) a fin de que el plan eterno de Dios sea llevado a cabo y Su voluntad eterna sea cumplida. Esto es revelado detalladamente en las veintiuna epístolas y en el libro de Apocalipsis, que vienen a continuación de este libro. La iglesia producida por la propagación y multiplicación de Cristo es la esfera en la cual Dios se expresa y reina en Cristo; por consiguiente, la iglesia viene a ser el reino de Dios. El reino de Dios, junto con la propagación y multiplicación de Cristo, crece y se extiende a partir de la vida de Dios. El libro de Hechos es una narración de la propagación de Cristo y también una historia del reino de Dios, porque el reino de Dios es la expansión de Cristo. El evangelio tan vastamente predicado en este libro es el propio Cristo como evangelio (5:42), el evangelio de Cristo, y es también el reino de Dios como evangelio (8:12), el evangelio del reino de Dios. La predicación de tal evangelio continuará y se extenderá hasta que toda la tierra llegue a ser el reino de Cristo (Ap. 11:15).

En los cuatro evangelios, Dios se encarnó, pasó por el vivir humano, murió y resucitó, completando así a Cristo, quien es la corporificación del Dios Triuno (Col. 2:9). En Hechos, la corporificación de Dios, como Espíritu vivificante (1 Co. 15:45), extiende a Cristo en Sus creyentes, es decir, forja al Dios Triuno procesado en Su pueblo escogido, redimido y transformado, para que constituya la iglesia, mediante la cual Dios puede expresarse. El producto final de la iglesia será la Nueva Jerusalén en la eternidad futura, la cual será la expresión eterna de Dios en plenitud, y también el reino eterno de Dios, la esfera donde El reinará en Su vida divina en la eternidad por los siglos de los siglos. Esto debería ser la realidad y la meta de toda predicación del evangelio hoy día.

LA EPISTOLA DE PABLO A LOS
ROMANOS

BOSQUEJO

I. Introducción: el evangelio de Dios—1:1-17

A. Prometido en las santas Escrituras—vs. 1-2

B. Acerca de Cristo—vs. 3-4

C. Recibido por los llamados—vs. 5-7

D. Proclamado con ahínco y de él se participa por fe—vs. 8-15

E. El poder de la salvación de Dios—vs. 16-17

II. Condenación—1:18—3:20

A. Sobre la humanidad, en general—1:18-32

B. Sobre los que se justifican a sí mismos, en particular—2:1-16

C. Sobre los religiosos, específicamente—2:17—3:8

D. Sobre el mundo, en su totalidad—3:9-20

III. Justificación—3:21—5:11

A. La definición—3:21-31

B. El ejemplo—4:1-25

C. El resultado—5:1-11

IV. Santificación—5:12—8:13

A. El don en Cristo sobrepasa la herencia en Adán: dos hombres, dos actos y dos resultados, junto con cuatro cosas que reinan—5:12-21

B. La identificación con Cristo—6:1-23

1. Identificados—vs. 1-5
2. Sabiendo—vs. 6-10
3. Considerándose—v. 11
4. Presentándose—vs. 12-23

C. La esclavitud en la carne es producida por el pecado que mora en el hombre—7:1-25

1. Los dos maridos—vs. 1-6
2. Las tres leyes—vs. 7-25

D. La libertad en el Espíritu es traída por el Cristo que mora en los creyentes—8:1-13

1. La ley del Espíritu de vida—vs. 1-6
2. El Cristo que mora en los creyentes—vs. 7-13

V. Glorificación—8:14-39

A. Herederos de la gloria—vs. 14-27

B. Herederos que son conformados—vs. 28-30

C. Herederos que no pueden ser separados del amor de Dios—vs. 31-39

VI. Elección—9:1—11:36

A. La elección de Dios, nuestro destino—9:1—10:21
1. Por Dios quien llama—9:1-13
2. Por la misericordia de Dios—9:14-18
3. Por la soberanía de Dios—9:19-29
4. Por medio de la justicia que procede de la fe—9:30—10:3
5. Por medio de Cristo—10:4-21
a. Cristo, el fin de la ley—v. 4
b. Cristo, encarnado y resucitado—vs. 5-7
c. Cristo, Aquel que está cerca—v. 8
d. Cristo, en quien se cree y a quien se invoca—vs. 9-13
e. Cristo, proclamado y oído—vs. 14-15
f. Cristo, recibido o rechazado—vs. 16-21

B. La economía de la elección de Dios—11:1-32
1. Un remanente reservado por gracia—vs. 1-10
2. Los gentiles son salvos por el tropiezo de Israel—vs. 11-22
3. Israel es restaurado al recibir los gentiles misericordia—vs. 23-32

C. La alabanza por la elección de Dios—11:33-36

VII. Transformación—12:1—15:13

A. Al poner en práctica la vida del Cuerpo—12:1-21
1. Presentando nuestros cuerpos—v. 1
2. Por medio de la renovación de nuestras mentes—vs. 2-3
3. Ejercitando los dones—vs. 4-8
4. Viviendo una vida que posea las más altas virtudes—vs. 9-21

B. Al estar sometidos a las autoridades—13:1-7

C. Al poner en práctica el amor—13:8-10

D. Al pelear la batalla—13:11-14

E. Al recibir a los creyentes—14:1—15:13
1. Como Dios los recibe—14:1-9
2. A la luz del tribunal—14:10-12
3. Según el principio de amor—14:13-15
4. Para la vida del reino—14:16-23
5. Según Cristo—15:1-13

VIII. Conclusión: la consumación del evangelio—15:14—16:27

A. Los gentiles son ofrecidos—15:14-24

B. La comunicación entre los santos gentiles y los santos judíos—15:25-33

C. El cuidado entre las iglesias—16:1-24

D. La alabanza final—16:25-27

LA EPISTOLA DE PABLO A LOS
ROMANOS

Autor: El apóstol Pablo (1:1).

Fecha: Por el año 60 d. de C., durante el tercer viaje ministerial de Pablo.

Lugar: Corinto (Ro. 15:25-32; Hch. 19:21; 20:1-3).

Destinatarios: Los santos que estaban en Roma (1:7).

Tema:
El evangelio de Dios:
hacer de pecadores hijos de Dios
para que constituyan el Cuerpo de Cristo,
que es expresado como las iglesias locales

CAPITULO 1

I. Introducción: el evangelio de Dios 1:1-17

A. Prometido en las santas Escrituras vs. 1-2

**1 [1]Pablo, [2]esclavo de [3]Cristo [4]Jesús, [5]apóstol [6]llamado,
[7]apartado [8]para el [9]evangelio de Dios,**

1[1] Anteriormente Saulo, quien perseguía a los creyentes y asolaba a la iglesia (Hch. 7:58—8:1a; 8:3; 9:1). Después de ser salvo, cuando salió a predicar el evangelio, su nombre fue cambiado a Pablo (Hch. 13:9).

1[2] Un esclavo, conforme a la costumbre y a la ley antiguas, era una persona que había sido comprada por su amo y sobre quien éste tenía derechos absolutos, hasta el punto de poder quitarle la vida. Pablo era, pues, esclavo de Cristo. Varias formas verbales de esta palabra se usan en este libro. Una de éstas se traduce *servir como esclavo* en 6:6 y *servir* en 7:6, 25; 9:12; 12:11; 14:18; 16:18. Otra, traducida *hechos esclavos,* se encuentra en 6:18, 22. El sustantivo *esclavitud,* derivado de la misma raíz que *esclavo,* se usa en 8:15, 21.

La manera en que Pablo usa este término indica que él no era un apóstol designado por sí mismo ni era uno que hubiera sido contratado por el Señor. El había sido comprado para servir a Dios y ministrar a Su pueblo, no en la vida natural sino en la vida regenerada (véase Ex. 12:44; 21:6; la nota 26[1] de Mt. 20; la nota 14[3] de Mt. 25; la nota 17[1] de Gá. 6).

1[3] *Cristo,* lo mismo que *Mesías* en hebreo, significa *el Ungido* (Jn. 1:41; Dn. 9:26). Este libro explica cómo el Cristo individual que se revela en los cuatro evangelios pudo llegar a ser el Cristo corporativo revelado en el libro de Hechos, compuesto colectivamente

2 [1]que El había prometido [2]antes por medio de Sus profetas en las [3]santas Escrituras,

B. Acerca de Cristo
vs. 3-4

3 acerca de [1]Su Hijo, que [2]era [3]del [4a]linaje de David según la [5]carne,

3a Mt. 1:1; 22:42

de El mismo junto con todos los creyentes. Mediante los hechos de las Escrituras y la experiencia en el Espíritu Santo, Pablo nos muestra que la economía neotestamentaria de Dios es hacer de los pecadores hijos de Dios y miembros de Cristo para que formen el Cuerpo de Cristo a fin de expresarle. Este libro ofrece una definición completa de esto, es decir, de la meta de Dios, presentando un esbozo general y también los detalles de la vida cristiana y de la vida de la iglesia.

Este libro se puede dividir en ocho secciones: introducción, condenación, justificación, santificación, glorificación, selección, transformación y conclusión. En estas ocho secciones pueden verse tres estructuras principales: la salvación (1:1—5:11; 9:1—11:36), la vida (5:12—8:39) y la edificación (12:1—16:27).

1[4] *Jesús,* lo mismo que *Josué* en hebreo, significa *la salvación de Jehová,* o *Jehová el Salvador* (Mt. 1:21; Nm. 13:16; He. 4:8).

1[5] Es decir, un enviado (véase la nota 1[3], párr. 2, de 1 Co. 9).

1[6] Ser *llamado* incluye la noción de ser designado (cfr. 1 Co. 12:28).

1[7] Ser apartado incluye ser escogido (Hch. 9:15), ser designado (1 Ti. 2:7) y ser enviado (Hch. 13:2-4).

1[8] Esto incluye la proclamación (1 Ti. 2:7; 2 Ti. 1:11) y la defensa y confirmación (Fil. 1:7) del evangelio.

1[9] Lit., nuevas de gran gozo, buenas nuevas (vs. 9, 16; 2:16; 10:16; 11:28; 15:16, 19; 16:25). El evangelio de Dios, el cual es el tema de este libro, trata de que Cristo, después de Su resurrección, viva como el Espíritu en los creyentes. Esto es más elevado y más subjetivo que lo presentado en los evangelios, que solamente tratan de Cristo en la carne tal como vivió entre Sus discípulos después de Su encarnación pero antes de Su muerte y resurrección. En contraste, este libro revela que Cristo resucitó y llegó a ser el Espíritu vivificante (8:9-10). El ya no es meramente el Cristo que está fuera de los creyentes, sino que ahora es el Cristo dentro de ellos. Así que, el evangelio que se encuentra en este libro es el evangelio de Aquel que ahora mora en Sus creyentes como su Salvador subjetivo.

2[1] Los vs. 2-6 pueden considerarse como una palabra parentética que explica el evangelio de Dios.

2[2] El evangelio de Dios no fue algo que con el tiempo se añadió por casualidad; fue planeado y preparado por Dios en la eternidad pasada y fue prometido de muchas maneras por Dios mediante Sus profetas (Gn. 3:15; 22:18; Gá. 3:16; 2 Ti. 1:9; Tit. 1:2).

2[3] Las palabras griegas *ágios, agiosúne, agiázo,* y *agiasmós,* que se usan en este libro, provienen de la misma raíz, la cual esencialmente significa *separado, apartado.* La palabra *ágios* se traduce *santo* [como adjetivo] en el v. 2; 5:5; 7:12; 9:1; 11:16; 12:1; 14:17; 15:13, 16; 16:16, y *santos* [como sustantivo] en el v. 7; 8:27; 12:13; 15:25, 26, 31; 16:15. La palabra *agiosúne* se traduce *santidad* en el v. 4. La palabra *agiázo* es un verbo usado como participio y se traduce *santificada* en 15:16. La palabra *agiasmós* se traduce *santificación* en 6:19, 22. Por lo tanto, *santo* significa *separado, apartado* (para Dios). La palabra *santos* significa *los separados, los apartados* (para Dios). La santidad es la naturaleza y característica de ser santo. La santificación (ser apartado para Dios) es el efecto práctico que se

4a Hch. 13:33

4 que fue [1]designado [2a]Hijo de Dios [3]con [4]poder, según el [5]Espíritu de [6]santidad, [7]por la resurrección de entre los muertos, Jesucristo nuestro Señor,

---

produce, el carácter en actividad, y el estado final que resulta de ser santificado.

3[1] El tema del evangelio de Dios es el Hijo de Dios, Jesucristo nuestro Señor. Esta persona maravillosa tiene dos naturalezas: la naturaleza divina (v. 4) y la naturaleza humana (v. 3), es decir, divinidad y humanidad.

3[2] Lit., llegó a ser.

3[3] La palabra griega *ek*, traducida *del* en este versículo y *por* en el siguiente, significa *proveniente de* y se refiere a las dos fuentes del ser de Cristo: una, el linaje de David; la otra, la resurrección de entre los muertos.

3[4] *El linaje de David* implica la naturaleza humana de Cristo. Por medio de la encarnación, el primer paso del proceso de Cristo, Dios fue introducido en la humanidad.

3[5] En la Biblia la palabra *carne* no tiene una connotación positiva. No obstante, la Biblia declara que el Verbo se hizo carne (Jn. 1:14). El tema del evangelio de Dios es Dios hecho carne; conforme a la carne El llegó a ser la simiente de un hombre (véase la nota 3[3] del cap. 8).

4[1] O, señalado. Cristo, la Persona divina, antes de encarnarse, ya era el Hijo de Dios (Jn. 1:18; Ro. 8:3). Por medio de la encarnación El se puso un elemento, la carne humana, que no tenía nada que ver con la divinidad; esa parte de El necesitaba ser santificada y elevada pasando por la muerte y la resurrección. Mediante la resurrección Su naturaleza humana fue santificada, elevada y transformada. Así que, mediante la resurrección, El en Su humanidad fue designado Hijo de Dios (Hch. 13:33; He. 1:5). Su resurrección fue Su designación. Ahora como Hijo de Dios El posee tanto humanidad como divinidad. Mediante la encarnación El introdujo a Dios en el hombre; por medio de la resurrección El introdujo al hombre en Dios, es decir, introdujo Su humanidad en la filiación divina. De esta manera el Hijo unigénito de Dios fue hecho el Hijo primogénito de Dios, el cual posee tanto divinidad como humanidad. Dios está usando a este Cristo, el Hijo primogénito, quien posee la divinidad y la humanidad, como el productor y el prototipo, es decir, el modelo, para producir Sus muchos hijos (8:29-30): nosotros, quienes hemos creído en Su Hijo y lo hemos recibido. Nosotros también seremos designados y revelados como hijos de Dios, como El lo fue en la gloria de Su resurrección (8:19, 21), y con El expresaremos a Dios.

4[2] Este libro nos dice que la plena salvación de Dios es hacer de pecadores (3:23), quienes son Sus propios enemigos (5:10), hijos de Dios (8:14). Cristo, quien se había hecho carne para ser linaje de David, fue designado por Dios como Su Hijo mediante la resurrección, para que Su Hijo, quien es la mezcla de lo divino y lo humano, fuera la base y el modelo para hacer de los pecadores Sus muchos hijos. Es en la resurrección de Su Hijo, en el Hijo resucitado, que Dios está produciendo muchos hijos (1 P. 1:3) como los muchos hermanos del Primogénito, quien fue resucitado de entre los muertos (8:29), y como los miembros de Su Primogénito para que constituyan el Cuerpo de Su Primogénito (12:5), el cual es Su plenitud (Ef. 1:23), Su expresión corporativa.

4[3] Lit., en.

4[4] La realidad del poder de la resurrección de Cristo es el Espíritu (véanse las notas de Ef. 1:19-22 y la nota 10[2] de Fil. 3).

4[5] El Espíritu de santidad aquí mencionado está en contraste con la carne en el v. 3. Tal como la carne mencionada en el v. 3 se refiere a la naturaleza humana de Cristo en la carne, así también el Espíritu que se menciona en este versículo alude, no a la persona del Espíritu Santo de Dios, sino a la esencia divina de Cristo. La esencia divina de Cristo, Dios

C. Recibido por los llamados
vs. 5-7

5 y por quien hemos recibido la [1]gracia y el [2]apostolado,
para la [3a]obediencia de la [4b]fe entre todos los gentiles [5]por
causa de Su nombre;
6 entre los cuales estáis también vosotros, los [1]llamados
de Jesucristo;
7 a todos los que estáis en Roma, amados de Dios, los
[1]santos [a]llamados: [2]Gracia y [b]paz a vosotros, de Dios nuestro
Padre y del Señor Jesucristo.

D. Proclamado con ahínco
y de él se participa por fe
vs. 8-15

8 Primeramente doy gracias a mi Dios mediante Jesucristo con respecto a todos vosotros, porque vuestra [a]fe se
proclama por todo el mundo.

5[a] Ro. 16:26; 10:16; cfr. Jn. 16:9
5[b] Ro. 16:26; Hch. 6:7; Gá. 3:2; 1 Ti. 1:4
7[a] Ro. 8:28; 9:11, 24
7[b] Ro. 15:33; 16:20
8[a] Ro. 1:12, 17; 3:26

---

el Espíritu mismo (Jn. 4:24), es decir, la divinidad de Cristo, está constituida de santidad y llena de la naturaleza y de la calidad de ser santo.

4[6] Véase la nota 2[3].

4[7] Véase la nota 3[3]. La preposición aquí debe ser ligada a la palabra *designado* de la primera parte de este versículo. Cristo fue designado Hijo de Dios por la resurrección de entre los muertos.

5[1] La gracia es Dios en Cristo como vida y como suministro de vida (véase la nota 14[6] de Jn. 1); proporciona salvación y vida a los apóstoles y llega a ser la capacidad y el suministro con los cuales llevan a cabo su apostolado (1 Co. 15:9-10).

5[2] Es decir, el envío, o la misión.

5[3] El mandamiento único de Dios en esta edad, la edad de la gracia, es que el hombre crea en Su Hijo, el Señor Jesús. Todo aquel que en El cree será salvo; el que no cree ya ha sido condenado, porque no ha creído en El (Jn. 3:18). El Espíritu Santo convence al mundo del pecado de no creer en el Señor (Jn. 16:8-9), es decir, el de no obedecer el mandamiento único de Dios. Cuando creemos en el Señor, tenemos la obediencia de la fe, y el resultado es gracia y paz (v. 7).

5[4] En el Nuevo Testamento, el evangelio completo conforme a la revelación neotestamentaria de Dios es el contenido de la fe. El contenido de la fe tiene como centro las dos naturalezas de Cristo, quien es tanto Dios como hombre, y la obra redentora realizada por medio de la muerte y resurrección de Cristo (véase la nota 1[1], párr. 2, de 1 Ti. 1). Obedecer esta fe es apartarse de todas las religiones y filosofías paganas y volverse a esta fe, creyendo y recibiéndola.

5[5] El nombre de Cristo denota Su persona, El mismo. *Por causa de Su nombre* denota *para El, por Su bien, en interés Suyo.*

6[1] Dios nos llama con el propósito de introducirnos en Cristo para que pertenezcamos a El. Toda la plenitud de Dios está en Cristo (Col. 2:9; 1:19). Cuando somos introducidos en El y pertenecemos a El, participamos de toda la plenitud de Dios. De Su plenitud hemos recibido todo lo que es de Dios, y gracia sobre gracia (Jn. 1:16). Este asunto es tratado en detalle en los primeros ocho capítulos de este libro (cfr. 8:9).

7[1] Véase la nota 2[3].

7[2] La gracia es Dios en Cristo como nuestro disfrute (véase Jn. 1:14, 16-17; las notas 2[3] y 17[2] de Ro. 5); la gracia es la fuente. La paz es el resultado del disfrute que tenemos de

9 Porque testigo me es Dios, a quien [1]sirvo en mi [2]espíritu en el evangelio de Su Hijo, de que sin cesar hago mención de vosotros siempre en mis oraciones,

10 rogando que de alguna manera ahora, al fin, Dios me favorezca en Su voluntad concediéndome ir a vosotros.

11 Porque anhelo veros, para comunicaros algún don espiritual, a fin de que seáis [a]confirmados;

11[a] Ro. 16:25; 1 Ts. 3:13; 2 Ts. 3:3; 1 P. 5:10

12 esto es, para ser mutuamente [1]animados por la fe que está en vosotros y en mí, *la fe* que es vuestra y mía.

13 Pero no quiero, hermanos, que ignoréis que muchas veces me he [a]propuesto ir a vosotros (pero hasta ahora he sido estorbado), para tener también entre vosotros algún fruto, como entre los demás gentiles.

13[a] Hch. 19:21

14 Deudor soy igualmente a griegos y a [1]bárbaros, a sabios y a ignorantes.

15 Así que, en cuanto a mí, pronto estoy a anunciaros el evangelio también a vosotros que estáis en Roma.

E. El poder de la salvación de Dios
vs. 16-17

16 Porque no me avergüenzo del evangelio, porque es [1]poder de Dios para [2]salvación a todo aquel que cree; al judío primeramente, y *también* al griego.

17 Porque en el *evangelio* la [1a]justicia de Dios se revela [2]por fe y para [3]fe, como está escrito: "[b]Mas el justo por la fe [4]tendrá vida y vivirá".

17[a] Ro. 3:21; 10:3
17[b] Hab. 2:4; Gá. 3:11; He. 10:38

Dios en Cristo (Jn. 16:33); como tal, la paz es el producto.

9[1] La palabra griega significa *servir en adoración;* esta palabra se usa en Mt. 4:10; 2 Ti. 1:3; Fil. 3:3; Lc. 2:37. Pablo consideraba su predicación del evangelio como adoración y servicio a Dios, no meramente como una obra.

9[2] No el Espíritu de Dios, sino el espíritu regenerado de Pablo. El espíritu es diferente del corazón, del alma, de la mente, de la parte emotiva, de la voluntad y de la vida natural. Cristo y el Espíritu están con los creyentes en el espíritu humano regenerado de ellos (2 Ti. 4:22; Ro. 8:16). En este libro Pablo recalcó que todo lo que somos (2:29; 8:5-6, 9), todo lo que tenemos (8:10, 16), y todo lo que hacemos para Dios (v. 9; 7:6; 8:4, 13; 12:11) debe darse en este espíritu. Pablo no servía a Dios en su alma por medio del poder y capacidad del alma, sino en su espíritu regenerado por medio del Cristo que moraba en él, el Espíritu vivificante. Este es el primer punto importante de su predicación del evangelio.

12[1] O, consolados.

14[1] Véase la nota 11[2] de 1 Co. 14.

16[1] Esto significa una fuerza potente que puede abrirse paso por cualquier obstáculo. Este poder es el mismo Cristo resucitado, quien es el Espíritu vivificante, y resulta en salvación para todo aquel que cree.

16[2] Salvar a los creyentes no sólo de ser condenados por Dios y de la perdición eterna, sino también de su

II. Condenación
1:18—3:20

A. Sobre la humanidad, en general
1:18-32

18 [1]Porque la [2a]ira de Dios se revela desde el cielo [3]contra toda impiedad e injusticia de los hombres que [4]reprimen [5]la verdad con la injusticia;

18[a] Ro. 2:5, 8; 5:9; 9:22

---

vida natural y de su yo, para que sean santificados, transformados, y también edificados con otros en un solo Cuerpo, el Cuerpo de Cristo, a fin de que sean Su plenitud y expresión (Ef. 1:23).

17[1] En Jn. 3:16 el amor de Dios es la fuente y el motivo de Su salvación. En Ef. 2:5 y 8 la gracia de Dios es el medio de Su salvación. Aquí la justicia de Dios es el poder de Su salvación. La justicia de Dios, la cual es sólida y constante, es el cimiento de Su trono (Sal. 89:14) y la base sobre la cual Su reino es edificado (Ro. 14:17). Legalmente, tanto el amor como la gracia pueden fluctuar, pero la justicia no, menos aún la justicia de Dios. Es la justicia de Dios, no la nuestra, la que se revela en el evangelio de Dios. Así que, el evangelio es el poder de Dios para salvación a todo aquel que cree.

17[2] Lit., a partir de. En el griego la frase traducida *por fe* indica que la fe es la fuente y el fundamento de la revelación de la justicia de Dios; *para fe* indica que la fe es el receptor y envase que recibe y contiene la justicia de Dios. Si tenemos esta fe, la justicia de Dios se hará visible a nosotros y nos asiremos de ella.

17[3] Véase la nota 20[5] de Gá. 2.

17[4] La justicia de Dios nos justifica para que tengamos la vida de Dios (5:18) y vivamos por ella. De esta manera esta vida nos santificará y nos transformará completamente. Este libro trata principalmente el asunto de ser justificado (1:1—5:11; 9:1—11:36), de tener vida (5:12—8:39), y de vivir apropiadamente por medio de esta vida (12:1—16:27). Puesto que este versículo también subraya estos tres puntos, puede considerarse un extracto de todo el libro.

18[1] Este libro comienza con la caída del hombre (en contraste con Efesios, que comienza con la elección y predestinación de parte de Dios en la eternidad pasada), continúa con la redención de Cristo, la justificación, la santificación, la transformación, la conformación y la glorificación realizadas por Dios, y concluye con el misterio de Dios en la eternidad pasada (16:25).

18[2] En el versículo anterior la justicia de Dios es revelada en el evangelio para la fe; aquí, la ira de Dios se revela desde el cielo contra toda impiedad e injusticia de los hombres. Esto muestra un contraste entre la revelación de la justicia de Dios y la revelación de la ira de Dios. Originalmente, la ira de Dios se revelaba desde el cielo contra toda impiedad e injusticia de los hombres. Sin embargo, cuando vino el evangelio de Dios, la escena cambió. Ahora la justicia de Dios es revelada en el evangelio para nuestra fe.

18[3] Lit., sobre.

18[4] *Reprimir* significa *suprimir.* Desde el principio el hombre no ha respetado la verdad de Dios, sino que la ha suprimido injustamente.

18[5] La verdad aquí se refiere a la primera cosa verdadera, la primera realidad, con respecto al hombre y Dios en el universo. Esta realidad es el hecho indubitable de que el ser y la existencia de Dios se comprueban mediante la creación, y es el hecho definido de que el hombre, el cual no tiene excusa, puede conocer a Dios por medio de la creación. Esta gran realidad, esta gran verdad, debe hacer que los hombres conozcan a Dios y

19 porque lo que de Dios se conoce es manifiesto [1]en ellos,
pues Dios se lo manifestó.

20 Porque las cosas invisibles de El, Su eterno poder y
[1]características divinas, se han visto con toda claridad desde
la creación del mundo, [2a]siendo percibidas por medio de las
cosas hechas, de modo que no tienen excusa.

21 Pues [1]habiendo conocido a Dios, no le glorificaron como
a Dios, ni le dieron gracias, sino que se [2]envanecieron en sus
razonamientos, y su corazón, falto de entendimiento, fue
entenebrecido.

22 Profesando ser sabios, se hicieron necios,

23 y [1a]cambiaron la gloria del Dios incorruptible en semejanza de imagen de hombre corruptible, de aves, de
cuadrúpedos y de reptiles.

20[a] Sal. 19:1-4; Job 12:7-9; Hch. 14:17

23[a] Jer. 2:11

---

que, por ende, lo glorifiquen y le den gracias (v. 21). Sin embargo, en lugar de relacionarse correctamente con esta realidad, con esta verdad, conforme a la justicia en la cual Dios se complace, los hombres reprimieron la verdad con la injusticia, la cual Dios aborrece, y no aprobaron conocer a Dios (v. 28). Por lo tanto, menospreciaron y rechazaron a Dios, cambiando la gloria de Dios en semejanza de ídolos (vs. 21-23) y despojándose del dominio propio para caer sin límite (vs. 24-32), de modo que Dios los entregó, los abandonó (vs. 24, 26, 28).

19[1] O, entre.

20[1] Gr. *theiótes;* denota los atributos de Dios, los cuales son los rasgos especiales, las características, como manifestaciones exteriores de la naturaleza o substancia de Dios. Es diferente de *theótes* que se encuentra en Col. 2:9, la cual denota la Deidad y la persona de Dios. Las características de la naturaleza de Dios pueden confirmarse por las cosas creadas; sin embargo, las cosas creadas no pueden manifestar la Deidad y la persona de Dios. Sólo la persona viviente de Jesucristo, el Verbo que es Dios y que declara a Dios (Jn. 1:1, 18), puede expresar la Deidad y la persona de Dios, es decir, al propio Dios, a Dios mismo. Aquí en este capítulo, el apóstol Pablo habla de que las cosas creadas confirman la existencia de Dios, pero lo que se confirma es sólo los atributos y características de Dios. En Col. 2:9 él habla de Cristo como la corporificación de Dios, y lo que se expresa es la Deidad y la persona de Dios, es decir, Dios mismo.

20[2] El hombre puede percibir las cosas invisibles de Dios al observar las cosas visibles que El creó. En la creación se manifiestan tanto el eterno poder de Dios como las características divinas que expresan la naturaleza intrínseca de Dios. Por ejemplo, la abundancia de luz en el universo muestra que la luz es una característica divina, un atributo divino de la naturaleza divina (Jac. 1:17). Lo anterior es válido con respecto a la belleza y la vida.

21[1] En este capítulo lo que Pablo presenta en cuanto a la creación de Dios, y en cuanto a la caída progresiva del hombre, sin duda se basa en los hechos históricos que constan en Gn. 1—19 y en los subsecuentes libros del Antiguo Testamento. Primero, los vs. 19-20 hablan de la creación; luego, los vs. 21-25 tratan de la caída de Adán y pasan por la época del diluvio hasta llegar a la adoración de ídolos en Babel. Los vs. 26-27 avanzan un poco más, pasando de Babel a las lujurias vergonzosas de Sodoma, y los vs. 28-32, a partir de Sodoma, mencionan luego toda la maldad que hubo en los tiempos del Antiguo Testamento.

21[2] Los razonamientos vanos son

24 Por lo cual también Dios los [1]entregó a la inmundicia, en las concupiscencias de sus corazones, de modo que deshonran entre sí sus propios cuerpos.

25 Ellos cambiaron la [1]verdad de Dios por la mentira, adorando y sirviendo a las criaturas antes que al Creador, el cual es [a]bendito por los siglos. Amén. 25[a] Ro. 9:5

26 Por esto Dios los entregó a pasiones deshonrosas; pues sus mujeres cambiaron el uso natural por el que es contra naturaleza,

27 y de igual modo también los hombres, dejando el uso natural de la mujer, se encendieron en su lascivia unos con otros, cometiendo hechos impropios hombres con hombres, y recibiendo en sí mismos la retribución debida a su extravío.

28 Y como ellos no aprobaron tener en *su* pleno conocimiento a Dios, Dios los entregó a una mente reprobada, para hacer cosas que no convienen;

29 estando atestados de toda injusticia, maldad, codicia, malicia; llenos de envidia, homicidios, contiendas, engaños y malignidades;

30 murmuradores, detractores, aborrecedores de Dios, insolentes, soberbios, jactanciosos, inventores de males, desobedientes a los padres,

31 necios, desleales, sin afecto natural, sin misericordia;

32 quienes, a pesar de conocer bien el [1]justo juicio de Dios, que los que practican tales cosas son dignos de muerte, no sólo las hacen, sino que también se complacen con los que las practican.

---

el elemento básico de la vida diaria de la humanidad caída. Véase la nota 17[3] de Ef. 4.

23[1] Cambiar la gloria de Dios en la semejanza de cualquier otra cosa es abandonarlo y volverse a un ídolo.

24[1] La misma expresión se usa también en los vs. 26 y 28. Si un hombre renuncia a Dios, como resultado Dios lo abandona a él. Los que renuncian a Dios obligan a Dios a abandonarlos. Según este capítulo, Dios entrega a las personas a tres cosas: a la inmundicia (v. 24), a las pasiones deshonrosas (v. 26) y a una mente reprobada (v. 28). La consecuencia de tal entrega es la fornicación (vs. 24, 26-27), la cual viola cierto principio que dirige y controla, y como consecuencia trae confusión. De esta fornicación resulta toda clase de maldades (vs. 29-32).

25[1] La verdad de Dios es la realidad de Dios. Dios es verdadero y real. Todo lo que El es, es una realidad. Pero los ídolos son falsos. Todo lo que ellos son es mentira.

32[1] O, justo requisito, como en 8:4; es decir, el requisito de la justa voluntad de Dios. Así que, esta frase también se refiere al juicio que procede de la voluntad de Dios (Ap. 15:4); o a los estatutos que acarrean juicios, es decir, las ordenanzas (2:26; Lc. 1:6); o al acto justo que satisface el requisito de Dios (5:18).

CAPITULO 2

B. Sobre los que se justifican a sí mismos, en particular
2:1-16

1 Por lo cual, no tienes excusa, oh hombre, tú que [1]juz-
gas; pues en lo que juzgas a otro, te condenas a ti mismo;
porque tú que juzgas practicas las mismas cosas.
2 Mas sabemos que el [1]juicio de Dios contra los que
practican tales cosas es según [2]verdad.
3 ¿Y piensas esto, oh hombre, tú que juzgas a los que
practican tales cosas, y haces lo mismo, que tú escaparás del
[1]juicio de Dios?
4 ¿O desprecias las riquezas de Su benignidad, paciencia y longanimidad, ignorando que la benignidad de Dios te
guía al arrepentimiento?
5 Pero conforme a tu dureza y a *tu* corazón no arrepentido, atesoras para ti mismo ira para el día de la ira y de la
5[a] He. 9:27; Ap. 20:11-12 revelación del [a]justo juicio de Dios,
6 el cual pagará a cada uno conforme a sus obras:
7 [1]vida eterna a los que, mediante la perseverancia en
las buenas obras, buscan gloria y honra e incorruptibilidad,
8 pero ira y enojo a los que son interesadamente contenciosos y desobedientes a la [1]verdad, y que obedecen a la
injusticia;
9 tribulación y angustia sobre el alma de todo hombre
que obra el mal, del judío primeramente y también del
griego;
10 pero gloria y honra y paz a todo el que obra el bien, al
judío primeramente y también al griego;
11 porque no hay acepción de personas para con Dios.
12 Porque todos los que sin ley han pecado, sin ley también perecerán; y todos los que [1]bajo *la* ley han pecado, por
la ley serán juzgados

1[1] Lo cual significa *pronunciar juicio, criticar.* Así también en los versículos siguientes.

2[1] Se refiere al juicio eterno de Dios, el cual se llevará a cabo principalmente delante del gran trono blanco, como se revela en Ap. 20:11-15. Véase la nota 10[1] del cap. 14.

2[2] La verdad aquí y en los vs. 8 y 20 denota la realidad que se revela mediante la creación y mediante la Biblia con respecto a Dios, al universo, al hombre, a la relación entre el hombre y Dios, a las relaciones entre los hombres mismos y a la obligación del hombre para con Dios. También se refiere a la verdadera situación y condición del hombre y tal vez sea también las condiciones del juicio de Dios sobre el hombre, como se indica en los vs. 6-15. Conforme a estas condiciones, Dios ejecutará Su juicio con justicia.

13 (Porque no *son* los oidores de *la* ley los justos ante Dios, sino los hacedores de *la* ley serán justificados.

14 Porque cuando los gentiles que no tienen ley, hacen [1]por naturaleza lo que es de la ley, éstos, aunque no tengan ley, son ley para sí mismos,

15 mostrando la obra de la ley escrita en sus corazones, dando testimonio su [1]conciencia junto con *ella,* y acusándoles o defendiéndoles sus razonamientos.)

16 en el día en que Dios juzgará los secretos de los hombres, conforme a mi evangelio, [a]por medio de Jesucristo.

16[a] Jn. 5:22; Hch. 10:42; 17:31; 1 Ti. 4:1

C. Sobre los religiosos, específicamente
2:17—3:8

17 [1]Pero si tú tienes el sobrenombre de judío, y te apoyas en *la* ley, y te [2]glorías en Dios,

18 y conoces la voluntad *divina,* e instruido por la ley [1]apruebas las cosas más excelentes,

19 y confías en que tú mismo eres guía de los ciegos, luz de los que están en tinieblas,

20 uno que disciplina a los necios, maestro de [1]niños, que tienes en la ley la forma apropiada de la ciencia y de la verdad.

21 [1]Tú, pues, que enseñas a otro, ¿no te enseñas a ti mismo? Tú que predicas que no se ha de hurtar, ¿hurtas?

3[1] Véase la nota 2[1]. Así también en los vs. 5, 16.

7[1] Los vs. 7-10 dan las condiciones básicas del juicio eterno de Dios.

8[1] Véase la nota 2[2].

12[1] Lit., en ley; es decir, en la esfera de la ley.

14[1] La naturaleza del hombre, tal como fue creada por Dios, originalmente era buena y correspondía a Dios y a Su ley. Aunque fue envenenada por la caída, esta buena naturaleza permanece en el hombre. Así que, si una persona vive conforme a su naturaleza y hace por naturaleza lo que es de la ley, el mal que está en él será restringido.

15[1] La conciencia del hombre corresponde a la naturaleza humana creada por Dios, y lo capacita para que sepa lo que Dios justifica y lo que condena.

17[1] En esta sección, la cual trata específicamente de la condenación de Dios sobre los religiosos, Pablo primeramente hace mención de la lastimosa condición de los judíos, quienes representan a los religiosos. Ellos sólo tienen la vanidad de sus ritos, letras y conocimiento religiosos; no tienen a Dios como su realidad.

17[2] En la religión judía Dios es conocido sólo de modo exterior y objetivo, no de manera interior y subjetiva. Esto muestra la vanidad de la religión humana.

18[1] O, pones a prueba las cosas que difieren.

20[1] La misma palabra griega que se usa en Ef. 4:14 y en Gá. 4:1.

21[1] Las personas religiosas practican los mismos males que los no religiosos, lo cual expone la vanidad de su religión. Véase la nota 17[1].

22 Tú que dices que no se ha de adulterar, ¿adulteras? Tú
que abominas de los ídolos, ¿saqueas *sus* templos?
23 Tú que te jactas de la ley, ¿con transgresión de la ley
deshonras a Dios?
24ª Is. 52:5 24 Porque "[a]el nombre de Dios es blasfemado entre los
gentiles por causa de vosotros", según está escrito.
25 Pues la circuncisión aprovecha, si practicas la ley; pero
si eres transgresor de la ley, tu circuncisión ha venido a ser
incircuncisión.
26 Si, pues, el incircunciso [1]guarda las ordenanzas de la
ley, ¿no será tenida su incircuncisión como circuncisión?
27 Y el que es incircunciso por naturaleza, si guarda
perfectamente la ley, te condenará a ti, que por la letra y por
la circuncisión eres transgresor de la ley.
28ª Ro. 9:6; Jn. 8:39-40 28 [1]Pues [a]no es judío el que lo es [2]exteriormente, ni la
28ᵇ Gá. 6:15 [b]circuncisión la que lo es en lo exterior, en la carne;
29ª Ro. 7:6; 2 Co. 3:6 29 [1]sino que es judío el que lo es interiormente, y la
circuncisión es la del corazón, [2a]en espíritu, no [2]en letra; la
alabanza del cual no viene de los hombres, sino de Dios.

CAPITULO 3

1 ¿Cuál es, pues, la ventaja del judío? ¿o cuál es el
provecho de la circuncisión?
2 Mucho, en todas maneras. Primero, que les han sido
confiados los oráculos de Dios.
3 ¿Pues qué, si algunos de ellos fueron incrédulos? ¿Acaso podrá su incredulidad anular la fidelidad de Dios?
4 [1]¡De ninguna manera! Antes bien sea Dios veraz, y
4ª Sal. 51:4 todo hombre mentiroso; según está escrito: "[a]Para que seas

26[1] O, satisface los requisitos de la ley.

28[1] Lit., Porque el *judío* en lo que es manifiesto no es judío, ni la *circuncisión* en lo que es manifiesto es circuncisión.

28[2] Ninguna práctica religiosa que sea una mera formalidad, algo externo, es real, como es el caso de la circuncisión. Véase la nota 17[1].

29[1] Lit., sino que el *judío* es judío en lo que está escondido.

29[2] Todo lo que somos, todo lo que hacemos y todo lo que tenemos debe estar en el espíritu. Esto nos guardará de la vanidad de la religión. Véase la nota 9[2] del cap. 1. La realidad de todas las cosas espirituales radica en el Espíritu de Dios, y el Espíritu de Dios está en nuestro espíritu. Así que, la realidad de todos los asuntos espirituales radica en nuestro espíritu, y no en algo aparte de éste. Todo lo que está en nosotros es vanidad, a menos que esté en nuestro espíritu. Todo lo que Dios es para nosotros se encuentra en nuestro espíritu.

4[1] Lit., ¡Nunca tal suceda! Así también en toda esta epístola.

[2]declarado justo en Tus palabras, y venzas cuando seas
juzgado".
5 Pero si nuestra injusticia hace resaltar la justicia de
Dios, ¿qué diremos? ¿Será injusto Dios que desfoga Su ira?
Hablo como hombre.
6 ¡De ninguna manera! De otro modo, ¿cómo juzgaría
Dios al mundo?
7 Pero si por mi mentira la [1a]veracidad de Dios ha abun- 7a Ro.
dado para Su gloria, ¿por qué todavía soy también juzgado 15:8
como pecador?
8 ¿Y por qué no *decir* (como calumniosamente se nos
acusa, y como algunos afirman que nosotros decimos): Hagamos males para que vengan bienes? La [1]condenación de
los tales es justa.

D. Sobre el mundo, en su totalidad
3:9-20

9 ¿Qué, pues? ¿Somos nosotros mejores? ¡No, en absoluto! Pues ya hemos acusado tanto a judíos como a griegos, que
todos están bajo pecado.
10 Según está escrito: "[a]No hay justo, ni aun uno; 10a Sal. 14:1-3; 53:1-3
11 No hay quien entienda. No hay quien busque a Dios.
12 Todos se desviaron, a una se hicieron inútiles; no hay
quien haga [1]lo bueno, no hay ni siquiera uno.
13 [a]Sepulcro abierto es su garganta; con su lengua enga- 13a Sal. 5:9
ñaron. [b]Veneno de áspides hay debajo de sus labios; 13b Sal. 140:3
14 [a]su boca está llena de maldición y de amargura. 14a Sal. 10:7
15 [a]Veloces son sus pies para derramar sangre; 15a Is. 59:7-8
16 destrucción y desdicha hay en sus caminos;
17 y no han conocido el [1]camino de paz.
18 [a]No hay temor de Dios delante de sus ojos". 18a Sal. 36:1
19 Ahora bien sabemos que todo lo que la ley dice, lo dirige
a los que están bajo la ley, [1]para que toda boca se cierre y
todo el mundo quede bajo el juicio de Dios;

4[2] Dios primero debe convencernos de Su justicia antes de que podamos arrepentirnos y creer en El. De este modo, El es declarado justo por nosotros antes de que nosotros seamos declarados justos por El.

7[1] En el griego la misma palabra que se traduce *verdad* (realidad). La palabra aquí y en 15:8 denota la calidad de ser genuino, veraz, honesto, fiel y fidedigno, y es una de las virtudes de Dios (véase la nota 6[6], punto 7, de 1 Jn. 1).

8[1] El juicio eterno. Véase la nota 2[1] del cap. 2.

12[1] O, bondad.

17[1] Cuando éramos pecadores, no conocíamos el camino de paz. Sin embargo, ahora tenemos paz para con Dios (5:1); es decir, estamos en paz con Dios.

19[1] El propósito de Dios al dar la

20a Gá. 2:16
20b Ro. 7:7; 5:13, 20

20 ya que [1a]por las obras de la ley ninguna carne será justificada delante de El; porque [b]por medio de la ley es el conocimiento claro del pecado.

III. Justificación
3:21—5:11

A. La definición
3:21-31

21 Pero ahora, [1]aparte de la ley, se ha [2]manifestado la [3]justicia de Dios, atestiguada por la ley y por los profetas;
22 la justicia de Dios por medio de [1]la fe de Jesucristo, para todos los que creen. Porque no hay distinción,

23a 1 R. 8:46

23 porque [a]todos han pecado, y carecen de la [1]gloria de Dios,

---

ley era exponer al hombre, sojuzgarlo, y guardar o preservar para Cristo a los escogidos de Dios, a fin de que fueran conducidos a Cristo (véanse las notas de Gá. 3:23-24).

20[1] Lit., a partir de.

21[1] La justicia de Dios, la cual se revela en el evangelio (1:17), es la base y el fundamento sobre el cual Dios, en Su economía neotestamentaria, se imparte en el hombre. Esta justicia no tiene nada que ver con la ley en Su economía antiguotestamentaria (véase Fil. 3:9 y las notas).

21[2] Véase la nota 17[1] del cap. 1. Así también en el versículo siguiente.

21[3] Los judíos buscaban la justicia de Dios por medio de la observancia de la ley. Sin embargo, no la alcanzaron, porque ninguna carne será justificada delante de Dios basándose en las obras de la ley (v. 20). Pero ahora, aparte de la ley, la justicia de Dios se ha manifestado a nosotros por medio de la fe en Cristo (1:17).

22[1] O, fe en Jesucristo. Esta fe se refiere a la fe de Jesucristo en nosotros, la cual ha llegado a ser la fe con la cual creemos en El, como en el v. 26; Gá. 2:16, 20; 3:22; Ef. 3:12; Fil. 3:9.

La fe tiene un objeto y proviene del mismo. Este objeto es Jesús, quien es Dios encarnado. Cuando el hombre le escucha, le conoce, le aprecia y le considera su tesoro, El hace que la fe sea generada en el hombre, capacitándolo así para creer en El. De esta manera, El llega a ser la fe que hay en el hombre con la cual éste cree en El. Así que, esta fe llega a ser la fe en Jesucristo, y también es la fe que le pertenece a El.

Dios en Su economía neotestamentaria desea que el hombre crea en Jesús, quien es Dios encarnado. Si el hombre no cree en El, comete el pecado único delante de Dios (Jn. 16:9). Sin embargo, si el hombre cree en El, llega a ser sumamente justo delante de Dios, y Dios le cuenta esta fe por justicia. Al mismo tiempo, esta fe introduce su objeto, es decir, Aquel que es Dios encarnado, en los que creen en El. El es la justicia de Dios, y Dios lo ha dado como justicia a aquellos en quienes El mora (Jer. 23:6). Todo esto proviene y depende de la fe que está en El y que es de El (He. 12:2).

23[1] La gloria de Dios es Dios expresado. Cada vez que Dios es expresado, se ve Su gloria. Dios creó al hombre a Su imagen para que lo exprese para Su gloria. Pero el hombre ha pecado y ha actuado en contra de la santidad y justicia de Dios. En lugar de expresar a Dios, el hombre expresa el pecado y su yo pecaminoso. Por eso, el hombre está privado de la gloria de Dios. Estar falto de la gloria y expresión de Dios es pecado. Los pecadores no sólo están bajo los requerimientos

24 siendo [1]justificados [2]gratuitamente por Su gracia, mediante la [3]redención que es en Cristo Jesús,

25 a quien Dios ha [1]presentado como [2a]propiciatorio por medio de la fe en Su sangre, para la demostración de Su justicia, a causa de haber [3]pasado por alto, en Su paciencia, los pecados pasados,

25[a] Ex. 25:16-22; Lv. 16:12-16; He. 9:4-5

de la santidad y la justicia de Dios, sino también bajo las exigencias de la gloria de Dios. Todos han ofendido el santo ser de Dios y han quebrantado la justa ley de Dios, y todos están privados de la gloria de Dios. Por lo tanto, todos están bajo Su condenación.

24[1] La justificación es la acción de Dios por medio de la cual El aprueba a la gente conforme a Su norma de justicia. Dios puede hacer esto basándose en la redención de Cristo.

24[2] Debido a que Cristo pagó el precio por nuestros pecados y en Su redención satisfizo todos los requisitos que Dios había puesto sobre nosotros, Dios, por ser justo, debe justificarnos gratuitamente. Tal justificación es por la gracia de Dios, no por nuestras obras.

24[3] Redimir es volver a comprar a cierto precio. Nosotros originalmente pertenecíamos a Dios pero nos perdimos mediante el pecado. Los requisitos de la santidad, de la justicia y de la gloria de Dios que pesaban sobre nosotros eran tan grandes que era imposible satisfacerlos. Sin embargo, Dios pagó el precio por nosotros mediante Cristo, recuperándonos a gran precio. Cristo murió en la cruz para redimirnos (Gá. 3:13; Tit. 2:14; 1 P. 2:24; 3:18); Su sangre obtuvo eterna redención para nosotros (1 P. 1:18-19).

25[1] En el Antiguo Testamento, la cubierta expiatoria, la tapa del Arca, como tipo, estaba escondida en el Lugar Santísimo; en el Nuevo Testamento, Cristo, como propiciatorio, la realidad de la cubierta expiatoria, es presentado delante de todos los hombres.

25[2] El propiciatorio es tipificado en Ex. 25:17 por la tapa del Arca, la cual cubría los pecados. El Arca era el lugar donde Dios se reunía con el pueblo. Dentro del Arca estaba la ley de los Diez Mandamientos, que mediante su requisito santo y justo, exponía y condenaba los pecados de los que se acercaban para tener contacto con Dios. Sin embargo, por medio de la tapa del Arca, siendo rociada en ella la sangre propiciatoria el día de la Expiación, toda la situación con respecto al pecador era completamente cubierta. Por lo tanto, sobre esta tapa que cubría los pecados, Dios podía reunirse con los que quebrantaban Su justa ley, y podía hacerlo sin ninguna contradicción gubernamental de Su justicia, incluso bajo la observación de los querubines que tenían Su gloria y estaban sobre la tapa del Arca. De esta manera el problema entre el hombre y Dios era resuelto, haciendo posible que Dios perdonara al hombre y tuviera misericordia de él y que así diera Su gracia al hombre. Esto es una prefigura de Cristo como el Cordero de Dios que quita el pecado que ha distanciado al hombre de Dios (Jn. 1:29), satisfaciendo así todos los requisitos de la santidad, de la justicia y de la gloria de Dios, y estableciendo una relación de paz entre el hombre y Dios. Así que, Dios pudo pasar por alto los pecados pasados del pueblo. Además, para mostrar Su justicia, Dios tuvo que hacer esto. A esto se refiere este versículo.

La palabra hebrea que se traduce tapa del Arca es *caporet,* que significa *cubrir.* En la Septuaginta esta palabra fue traducida *ilastérion,* que significa *el lugar de propiciación* (lo cual implica perdonar y tener misericordia: las palabras que se traducen *propicio* en He. 8:12 y en Lc. 18:13 son la raíz de *ilastérion* y un derivado de ésta, respectivamente). La versión *King James* lo traduce con el significado de "asiento de misericordia", refiriéndose al lugar donde Dios concede

26 con la mira de demostrar Su justicia en este tiempo, a fin de que El sea justo, y el que [1]justifica al que es de la [2]fe de Jesús.

27 ¿Dónde, pues, está la jactancia? Queda excluida. ¿Por cuál ley? ¿Por la de las obras? No, sino por la ley de la fe.

28[a] Gá. 2:16

28 Concluimos, pues, que [a]el hombre es justificado por la fe sin las obras de la ley.

29 ¿O es Dios solamente *Dios* de los judíos? ¿No es también *Dios* de los gentiles? Ciertamente, también de los gentiles,

30 puesto que en verdad Dios es uno, y El justificará [1]por la fe a los de la circuncisión, y [1]por medio de la fe a los de la [a]incircuncisión.

30[a] Gá. 3:8

31 ¿Luego por medio de la fe invalidamos la ley? ¡De ninguna manera! Antes bien confirmamos la ley.

---

misericordia al hombre. En He. 9:5 Pablo usó la palabra *ilastérion* para referirse también a la tapa del Arca. Aquí en Ro. 3:25, se usa la misma palabra, *ilastérion,* para mostrar que la tapa del Arca representa a Cristo como el propiciatorio presentado por Dios.

Además de *ilastérion,* otras dos palabras derivadas de la misma palabra griega de la cual se deriva *ilastérion,* son usadas en el Nuevo Testamento para mostrar cómo Cristo quitó el pecado del hombre a fin de establecer una relación de paz entre el hombre y Dios. Una de éstas es *iláskomai* (He. 2:17), que significa *propiciar,* es decir, *apaciguar,* reconciliar a uno al satisfacer las exigencias del otro; y la otra es *ilásmos* (1 Jn. 2:2; 4:10), que significa *aquello que propicia,* es decir, un sacrificio propiciatorio. Cristo hizo propiciación por nuestros pecados (He. 2:17); así que, El ha llegado a ser aquello que propicia, el sacrificio propiciatorio, entre nosotros y Dios (1 Jn. 2:2; 4:10), y también ha llegado a ser el lugar, como está tipificado por la tapa del Arca (He. 9:5), donde disfrutamos la propiciación delante de Dios y donde Dios nos da gracia.

25[3] Durante los tiempos del Antiguo Testamento, los pecados del pueblo no eran quitados sino que sólo eran cubiertos por la sangre de los sacrificios animales, que eran tipo de Cristo. Dios pasó por alto estos pecados cubiertos hasta la venida de Cristo, el Cordero de Dios que quitó el pecado del mundo (Jn. 1:29). Por Su muerte en la cruz y el derramamiento de Su sangre para nuestra redención, El quitó todos los pecados que habían sido cubiertos y pasados por alto. Al pasar por alto los pecados de los santos del Antiguo Testamento, Dios demostró Su justicia para con ellos.

26[1] Dios justifica a los creyentes para demostrar Su justicia a aquellos de la era neotestamentaria que son de la fe de Jesús.

26[2] O, fe en Jesús. Véase la nota 22[1].

30[1] La fe es la fuente de la cual los de la circuncisión, quienes ya tienen la posición de ser el pueblo de Dios, pueden ser justificados por Dios; así que, la justificación de ellos proviene de la fe. Pero con respecto a los de la incircuncisión, quienes en cuanto a su posición están lejos y no son el pueblo de Dios, la fe es el camino para que lleguen a la posición donde puedan ser justificados por Dios; así que, la justificación de ellos es por medio de la fe.

CAPITULO 4

B. El ejemplo
4:1-25

1 ¿[1]Qué, pues, diremos que halló Abraham, nuestro [2]antepasado según la carne?

2 Porque si Abraham fue justificado por las [1]obras, tiene de qué gloriarse, pero no para con Dios.

3 Porque ¿qué dice la Escritura? "[1a]Creyó Abraham a Dios, y le fue contado por justicia". 3[a] Gn. 15:6; Ro. 4:9, 22; Gá. 3:6; Jac. 2:23

1[1] Después de hablar en el cap. 3 acerca de la justificación objetiva y posicional efectuada por la muerte de Cristo, en este capítulo Pablo muestra la justificación subjetiva y disposicional llevada a cabo por la resurrección de Cristo. El usa a Abraham como ejemplo para mostrar que la justificación adecuada y viva es la obra más profunda de Dios al llamar a los hombres caídos a salir de todo lo que no sea Dios y al hacerlos volver a El mismo, de modo que pongan toda su confianza en El y no en sí mismos. En Gn. 15 la justificación de Abraham por parte de Dios no estaba relacionada con el pecado; más bien, tenía como fin obtener una simiente que produjera un reino que había de heredar el mundo (v. 13). De la misma manera, este capítulo indica que el objetivo de la justificación no es meramente que el hombre sea librado de la condenación de Dios, sino más bien que Dios obtenga muchos hijos (8:29-30), a fin de que constituyan un solo Cuerpo, el Cuerpo de Cristo (cap. 12) como el reino de Dios (14:17) para el cumplimiento de Su propósito. La justificación objetiva y posicional de la cual se habló en el cap. 3 está relacionada con la redención, por medio de la cual el hombre puede ser reconciliado con Dios; la justificación subjetiva y disposicional de la cual se habla en el cap. 4 está relacionada con la vida, por medio de la cual los hombres pueden llegar a ser herederos para el cumplimiento del propósito de Dios. Esto requiere que la carne del hombre y su capacidad natural sean cortadas, es decir, que sean circuncidadas.

1[2] Abraham es el antepasado de todos los creyentes, de los de la incircuncisión, los cuales tienen la misma fe, y también de los de la circuncisión, los cuales siguen las pisadas de la misma fe.

2[1] Esto se refiere a que Abraham hiciera algo para Dios por sí mismo, como se ve en sus intentos de hacer que Dios aceptara el fruto de sus esfuerzos (primero Lot, luego Eleazar, y luego Ismael, nacido por medio de Agar) como la simiente prometida por Dios. Sin embargo, el resultado de la justificación de Abraham fue que él finalmente detuvo su propio trabajo para Dios. Esto era representado por la circuncisión (v. 11), que significa quitar la carne. Así que, la circuncisión llegó a ser algo con lo cual Dios constantemente le recordaba a Abraham que él debía detener su propia obra y vivir por fe en Dios. La justificación no tiene nada que ver con las obras y los logros de la carne.

3[1] Creer a Dios fue la reacción espontánea de Abraham ante las repetidas apariciones de Dios. Dios se apareció a Abraham varias veces (Gn. 12:1-3, 7; 13:14-17; 15:1-7; cap. 18; Hch. 7:2), y en cada ocasión infundió en Abraham algo de Su gloria, algo de Sí mismo. Así que, en realidad la fe de Abraham fue el mismo elemento que Dios le había infundido y que brotaba de su interior. La reacción de Dios ante la fe de Abraham fue justificarlo, es decir, considerarlo justo. Esta consideración no se basaba en las obras, sino en el hecho de que él había creído a Dios.

4[a] Ro. 11:6 **4** Ahora bien, [1]al que [a]obra no se le cuenta el [2]salario
como gracia, sino como deuda;
5 mas al que no obra, sino que cree en aquel que justifica
al impío, su fe le es contada por justicia.
6 Como también David habla de la bienaventuranza del
hombre a quien Dios atribuye justicia sin obras:
7[a] Sal. 32:1 **7** "[a]Bienaventurados aquellos cuyas [1]iniquidades han
sido perdonadas, y cuyos pecados han sido cubiertos.
8[a] Sal. 32:2 **8** [a]Bienaventurado el varón a quien el Señor no imputa
pecado".
9 ¿Es, pues, esta bienaventuranza *solamente* para los de
la circuncisión, o también para los de la incircuncisión?
Porque decimos: A Abraham le fue contada la fe por justicia.
10 ¿Cómo, pues, le fue contada? ¿Estando en la circuncisión, o en la incircuncisión? No en la circuncisión, sino en la
incircuncisión.
11[a] Gn. 17:10, 23 **11** Y [a]recibió la [1]señal de la circuncisión, sello de la [2]jus-
ticia de la fe que *tuvo* estando aún incircunciso; para que
fuese padre de todos los creyentes no circuncidados, a fin de
que también a ellos *la fe* les sea contada por justicia;
12 y padre de la circuncisión, para los que no solamente
12[a] Gá. 6:16; Fil. 3:16 son de la circuncisión, sino que también [1a]siguen las pisadas
de la fe que *tuvo* nuestro padre Abraham cuando era incir-
cunciso.

4[1] El hombre natural siempre trabaja para Dios a fin de recibir un pago (un salario). En el hombre natural no hay gracia, ni fe, ni disfrute (véase Ex. 12:45).

4[2] La justificación que Dios da no es una recompensa (un salario) por nuestras buenas obras (labor); es gracia dada a nosotros gratuitamente por medio de la redención de Cristo. Si la justificación de Dios se basara en nuestras buenas obras, o si requiriera nuestras buenas obras, entonces sería el salario que ganaríamos por nuestras buenas obras; es decir, sería algo que se nos debería, no algo dado por Dios gratuitamente. Puesto que la justificación de Dios es contada según Su gracia, ya no se basa en las obras; de otra manera, la gracia ya no sería gracia (11:6). Nuestras obras de ningún modo pueden reemplazar la gracia de Dios; la gracia de Dios tiene que ser absoluta.

7[1] Lit., obras ilícitas. Véase la nota 4[2] de 1 Jn. 3.

11[1] La circuncisión no fue la razón por la cual Abraham fue justificado; al contrario, fue la señal y confirmación exterior de que Dios ya lo había justificado. Denotó el hecho de cortar la fuerza natural con la cual él había producido a Ismael en su intento de agradar a Dios. Abraham ya había sido justificado antes de ser circuncidado, y Dios ya había confirmado Su pacto con él en Gn. 15. La circuncisión se hizo para confirmar el pacto por parte de Abraham, y le servía de recordatorio constante de que ya no debía usar su fuerza y energía natural para agradar a Dios.

11[2] Véase la nota 13[2].

12[1] La palabra griega significa *caminar de modo ordenado y definido* (véanse las notas 25[2] de Gá. 5 y 16[3] de Fil. 3). Aquí significa andar en los

13 Porque no por medio de la ley *fue hecha* a Abraham o
a su descendencia [a]la promesa [b]de que sería [1]heredero del
mundo, sino por medio de la [2]justicia de la fe.
14 Porque [a]si los que son de *la* ley son los herederos, vana
resulta la fe, y anulada la promesa.
15 Pues [a]la ley produce ira; pero [b]donde no hay ley, tampoco hay transgresión.
16 Por tanto, *la herencia es* por fe, para que sea según
[a]gracia, a fin de que la promesa sea firme para toda su
descendencia; no solamente para la que es de la ley, sino
también para la que es de la fe de Abraham, el cual es [1]padre
de todos nosotros
17 (según está escrito: "[a]Te he puesto por padre de muchas naciones") delante de Dios, a quien [1]creyó, [b]el cual [2]da
vida a los muertos, y [3]llama las cosas que no son, como
existentes.

13[a] Ro. 9:8; Gá. 3:16
13[b] Gn. 17:4-7; 22:17
14[a] Gá. 3:18
15[a] 1 Co. 15:56
15[b] Ro. 3:20; 5:20; 7:7
16[a] Ro. 3:24
17[a] Gn. 17:5
17[b] He. 11:19

---

pasos observando los elementos de la fe. Si seguimos las pisadas de la fe de Abraham, él llega a ser el padre de la circuncisión para nosotros, y entramos en una vida en la cual no confiamos en nosotros mismos sino en Dios, lo cual resulta en que somos justificados subjetivamente y así llegamos a ser Sus herederos legítimos.

13[1] La justificación se da para que los escogidos de Dios hereden el mundo a fin de ejercer el dominio de Dios en la tierra (Gn. 1:26).

13[2] La ley era la economía (la dispensación) temporal de Dios para el hombre en el Antiguo Testamento, puesto que fue añadida temporalmente a causa de las transgresiones del hombre (Gá. 3:19); la fe es la economía (la dispensación) eterna de Dios para el hombre en el Nuevo Testamento, porque se basa en el plan eterno de Dios (cfr. nota 4[4] de 1 Ti. 1). En el Antiguo Testamento Dios se relacionó al hombre conforme a la ley. Si conforme a esta dispensación el hombre hubiera hecho lo que Dios había mandado en la ley, habría obtenido justicia, es decir, la justicia de la ley (9:31), la justicia que procede de la ley (10:5; Fil. 3:9). En el Nuevo Testamento Dios se relaciona al hombre conforme a la fe. Si conforme a esta dispensación el hombre cree en Cristo, Aquel en quien Dios ha ordenado que el hombre crea (1 Jn. 3:23), obtendrá justicia, es decir, la justicia de la fe (v. 11), la justicia que procede de la fe (9:30; 10:6). La fe, la cual es ordenada por Dios en la economía neotestamentaria y que reemplaza a la ley del Antiguo Testamento, sólo llegó en los tiempos del Nuevo Testamento (Gá. 3:23, 25). Esta fe, la cual reemplaza la ley, es objetiva para nosotros. Recibimos la justicia de la fe cuando, conforme a la fe objetiva, creemos subjetivamente en Cristo, en quien Dios quería que creyésemos. Esta justicia es el Cristo a quien poseemos —es decir, a quien recibimos al creer subjetivamente conforme a la fe objetiva ordenada por Dios— como la justicia de Dios que recibimos (1 Co. 1:30).

16[1] Como padre de todos los que han sido llamados por Dios, Abraham fue el primer hombre de un nuevo linaje escogido por Dios. Nacimos en el linaje caído de Adán, pero hemos renacido en el linaje de Abraham, el cual Dios llamó. Todo aquel que tenga fe, igual que Abraham, es miembro de este nuevo linaje e hijo de Abraham (Gá. 3:7).

17[1] Abraham creyó a Dios con respecto a dos cosas: (1) el nacimiento de Isaac, el cual está relacionado con el

18 El creyó [1]en esperanza contra esperanza, para llegar a
ser padre de muchas naciones, conforme a lo que se le había
dicho: "[a]Así será tu descendencia".
19 Y no se debilitó en su fe, aunque consideró su propio
cuerpo, [1a]ya muerto, [b]siendo de casi cien años, y lo [c]muerta
que estaba la matriz de Sara;
20 tampoco dudó, por incredulidad, de la promesa de
Dios, sino que se fortaleció en fe, dando gloria a Dios,
21 plenamente convencido de que era también poderoso
para hacer [a]todo lo que había prometido;
22 por lo cual también *su fe* le fue contada por justicia.
23 Y no solamente con respecto a él se escribió que le fue
contada,
24 sino también con respecto a nosotros a quienes ha de
ser contada, a los que creemos en [1]el que ha levantado de los
muertos a Jesús, Señor nuestro,
25 el cual fue entregado por nuestros delitos, y [1]resucita-
do [a]para nuestra justificación.

18[a] Gn. 15:5
19[a] He. 11:12
19[b] Gn. 17:17
19[c] Gn. 18:11; He. 11:11
21[a] Gn. 18:14
25[a] Jn. 16:10

Dios que "llama las cosas que no son, como existentes", y (2) la devolución de Isaac después de que Abraham lo presentó como ofrenda, lo cual está relacionado con el Dios que "da vida a los muertos". Abraham creyó a ese Dios y lo aplicó a su situación. Debido a que Abraham tenía tal fe, creyó la palabra de Dios con respecto al nacimiento de Isaac, lo cual era aparentemente imposible, y también obedeció inmediatamente el mandamiento de Dios de ofrecer a Isaac, creyendo que Dios lo resucitaría de entre los muertos (He. 11:17-19).

17[2] Esto se refiere a Su gran poder de resurrección. Este gran poder de Dios nos capacita para eliminar la muerte y vencer todo lo que pertenece a la muerte. Abraham experimentó este gran poder de resurrección cuando ofreció a Isaac conforme al mandato de Dios.

17[3] Esto se refiere a Su gran poder de creación. Como el Dios creador, El no necesita ningún material con el cual obrar; El puede crear algo de la nada, sencillamente por medio del hablar. "Porque él dijo, y fue hecho" (Sal. 33:9).

18[1] Lit., sobre. Abraham, como ejemplo de uno que es justificado por la fe, vivió por las cosas que esperaba (véase la nota 1[3] de He. 11).

19[1] Esto indica el final de la fuerza natural de Abraham. Tal final está relacionado con la justificación subjetiva de él por parte de Dios.

24[1] La fe que nos es contada por justicia es nuestro acto de creer en Dios, quien con justicia juzgó a Cristo por nuestros pecados, con justicia le dio muerte en nuestro lugar, y con justicia lo resucitó de entre los muertos.

25[1] La muerte de Cristo ha cumplido y satisfecho totalmente los justos requisitos de Dios; así que, somos justificados por Dios mediante Su muerte (3:24). Su resurrección prueba que los requisitos de Dios fueron satisfechos al morir El por nosotros, que somos justificados por Dios debido a Su muerte, y que en El, el Resucitado, somos aceptos delante de Dios. Además, como el Resucitado, El está en nosotros para vivir por nosotros una vida que pueda ser justificada por Dios y que siempre sea aceptable a El.

CAPITULO 5

C. El resultado
5:1-11

1 [a]Justificados, pues, por la fe, tenemos [b]paz [1]para con
Dios por medio de nuestro Señor Jesucristo;
2 por medio del cual también hemos obtenido acceso por
la [1]fe a esta [2a]gracia en la cual estamos [3]firmes y nos
[4]gloriamos por la [5b]esperanza de la [c]gloria de Dios.
3 Y no sólo esto, sino que también nos gloriamos en las
[1]tribulaciones, sabiendo que la tribulación produce [2]perseve-
rancia;
4 y la perseverancia, [1]carácter aprobado; y el carácter
aprobado, [a]esperanza;
5 y la esperanza no avergüenza; porque el [1a]amor de Dios

1[1] Todavía no se ha completado el viaje que nos lleva a Dios por medio de nuestra justificación por la fe; por tanto, aquí Pablo usa la palabra griega que significa *para con,* y no la palabra que significa *con.* La gracia se relaciona con nuestra posición (v. 2), y la paz con nuestro andar.

2[1] La misma fe que nos justifica y pone fin a la carne junto con su energía y esfuerzo naturales, también nos da acceso a la gracia de Dios. Si permanecemos en la carne con sus esfuerzos naturales, ni conoceremos ni disfrutaremos la gracia de Dios; pero si vivimos por fe, entraremos en el pleno disfrute de la gracia de Dios.

2[2] La gracia es el mismo Dios Triuno, procesado para que entremos en El y lo disfrutemos. La gracia aquí, en el sentido más profundo, es el Dios Triuno como nuestro disfrute. Es más que un favor inmerecido y más que mera bendición exterior. No estamos simplemente bajo la bendición de Dios; estamos en Su gracia (véase la nota 2[3]).

2[3] La fe primeramente nos da acceso a la gracia; luego, nos da una posición sólida en la gracia.

2[4] La palabra griega traducida *gloriarse* también tiene el significado de *exultar.* Esto indica nuestro disfrute de Dios. (Así también en el próximo versículo.)

2[5] Nuestra esperanza es que seremos introducidos en la gloria de Dios, es decir, en Su expresión. Esto se realizará plenamente en el reino milenario venidero, donde Cristo será revelado como nuestra gloria. Hoy en día estamos en la esperanza de esta gloria venidera (véase la nota 1[3] de He. 11).

3[1] Las tribulaciones están incluidas en la expresión "todas las cosas" mencionada en 8:28, las cuales Dios hace que cooperen para bien nuestro a fin de que seamos santificados, transformados y conformados a la imagen de Su Hijo, quien ha entrado en gloria. Debido a esto, podemos recibir tribulaciones como la dulce visitación y encarnación de la gracia y así gloriarnos en ellas. Mediante las tribulaciones, el efecto aniquilador que la cruz de Cristo tiene en nuestro ser natural es aplicado en nosotros por el Espíritu Santo, abriendo así paso para que el Dios de resurrección se añada a nosotros (véase 2 Co. 4:16-18).

3[2] Lo cual significa *persistencia.* La persistencia es el producto de la paciencia más el sufrimiento.

4[1] El carácter aprobado es una calidad o atributo aprobado que se produce al soportar y experimentar tribulación y prueba.

4[a] Ro. 15:4, 13 5[a] Ro. 8:39; 2 Co. 13:14

1[a] Ro. 3:28
1[b] Ro. 1:7; 8:6; 14:17; 15:13; 16:20
2[a] Ro. 1:7; 3:24; 5:15, 17, 20, 21; 6:14; 16:20; Jn. 1:14, 16; Ef. 1:6, 7; 2:5, 7, 8; 1 Ti. 1:14; Fil. 1:7; 1 P. 1:2; 3:7; 4:10; 2 P. 3:18; 2 Ti. 2:1; 1 Co. 15:10; 2 Co. 12:9; 13:14; Gá. 5:4; 6:18
2[b] Ro. 8:24-25; Col. 1:27; Tit. 2:13
2[c] Ro. 8:17-18; 9:23; 1 Co. 2:7; Col. 3:4; 1 Ts. 2:12; 1 P. 5:10

ha sido [b]derramado en nuestros [c]corazones mediante el Espíritu Santo que nos fue dado.
6 Porque Cristo, cuando aún éramos [1]débiles, a su debido tiempo [a]murió por los impíos.
7 Pues apenas morirá alguno por un justo; con todo,
pudiera ser que alguno osara morir por el bueno.
8 Mas Dios muestra Su [a]amor para con nosotros, en que
siendo aún pecadores, Cristo [b]murió por nosotros.
9 Pues mucho más, estando ya justificados en Su [a]san-
gre, por medio de El seremos salvos de la [b]ira.
10 Porque si siendo enemigos, fuimos [1a]reconciliados con
Dios por la muerte de Su Hijo, [2]mucho más, estando reconciliados, seremos [3]salvos [4]en Su [5b]vida.

5[b] Tit. 3:6
5[c] Gá. 4:6
6[a] 1 Co. 15:3
8[a] Véase 5[a]
8[b] Véase 6[a]
9[a] Ro. 3:25
9[b] Ro. 1:18
10[a] 2 Co. 5:19-20
10[b] Ro. 5:17, 18, 21; 6:4; 8:2, 6, 10; Jn. 10:10

5[1] El amor de Dios es Dios mismo (1 Jn. 4:8, 16). Dios ha derramado este amor en nuestros corazones con el Espíritu Santo, que nos ha sido dado, como el poder motivador dentro de nosotros, para que seamos más que vencedores en todas nuestras tribulaciones (véase la nota 37[1] del cap. 8). Por lo tanto, cuando soportamos cualquier clase de tribulación, no somos avergonzados.

6[1] Es decir, impotentes; incapaces de agradar a Dios.

10[1] La propiciación y el perdón de pecados son suficientes en el caso de un pecador, pero no de un enemigo. Un enemigo necesita reconciliación, lo cual incluye la propiciación y el perdón, pero va más allá, aun hasta resolver el conflicto entre dos partidos. Nuestra reconciliación con Dios se basa en la redención de Cristo y fue realizada por medio de la justificación de Dios (3:24; 2 Co. 5:18-19). La reconciliación es el resultado de ser justificados por la fe.

10[2] El v. 10 de este capítulo señala que la plena salvación de Dios revelada en este libro consta de dos secciones: una sección es la redención que la muerte de Cristo efectuó por nosotros, y la otra sección es la acción salvadora que la vida de Cristo nos da. Los primeros cuatro capítulos de este libro disertan exhaustivamente acerca de la redención llevada a cabo por la muerte de Cristo, mientras que los últimos doce capítulos hablan en detalle de la acción salvadora proporcionada por la vida de Cristo. Antes de 5:11, Pablo nos muestra que somos salvos porque fuimos redimidos, justificados y reconciliados para con Dios. Sin embargo, todavía no hemos sido salvos al punto de ser santificados, transformados y conformados a la imagen del Hijo de Dios. La redención, la justificación y la reconciliación, las cuales son realizadas fuera de nosotros por medio de la muerte de Cristo, nos salvan objetivamente; la santificación, la transformación y la conformación, las cuales son realizadas dentro de nosotros por medio de la operación de la vida de Cristo, nos salvan subjetivamente. En cuanto a nuestra posición, la redención objetiva nos redime de la condenación y del castigo eterno; con respecto a nuestro carácter, la salvación subjetiva nos salva de nuestro viejo hombre, de nuestro yo y de nuestra vida natural.

10[3] Ser reconciliados con Dios por medio de la muerte de Cristo es un asunto ya cumplido, pero ser salvos en Su vida de tantas cosas negativas para la glorificación es un asunto diario.

10[4] Ser salvos en la vida de Cristo significa ser salvos en Cristo mismo como vida. El mora en nosotros, y nosotros somos orgánicamente uno con El. Mediante el crecimiento de Su vida en nosotros, disfrutaremos a lo sumo Su salvación plena. La redención, la

11 Y no sólo esto, sino que también nos [1]gloriamos en Dios
por medio de nuestro Señor Jesucristo, por quien hemos
recibido ahora la [a]reconciliación.

IV. Santificación
5:12—8:13

A. El don en Cristo sobrepasa la herencia en Adán:
dos hombres, dos actos y dos resultados,
junto con cuatro cosas que reinan
5:12-21

12 Por tanto, como el [1a]pecado entró en el [2]mundo por
medio de [3b]un hombre, y [c]por medio del pecado la [4]muerte, y
así la [4d]muerte pasó a todos los hombres, por cuanto todos
pecaron…
13 Pues antes de la ley, había pecado en el mundo; pero
cuando no hay [a]ley, el pecado no se [1]carga a la cuenta de uno.

11[a] Véase 10[a]

12[a] Ro. 5:13, 20; 6:1, 2, 7, 10, 11, 12, 13, 14, 17, 20, 22, 23; 7:7, 8, 9, 11, 13, 14, 17, 20, 23; 8:2, 3, 10

12[b] 1 Co. 15:21

12[c] Jac. 1:15; 1 Co. 15:55, 56; He. 2:14; Ro. 5:14, 17, 21; 6:9, 16, 21, 23; 7:5, 10, 13, 24; 8:2, 6; He. 2:9, 15; 1 Co. 15:54, 26; Ap. 20:14

12[d] 1 Co. 15:22

13[a] Ro. 3:20; 4:15; 5:20; 7:7, 13

justificación y la reconciliación tienen como propósito introducirnos en una unión con Cristo a fin de que El pueda salvarnos en Su vida para nuestra glorificación (8:30).

10[5] Implica resurrección. Después de que se habla de la muerte en la primera parte de este versículo, se menciona la vida. Cristo murió para ser nuestra vida en resurrección. Hemos sido salvos del juicio y castigo eterno de Dios por la muerte de Cristo; sin embargo, todavía estamos siendo salvos por la vida de Cristo en Su resurrección. Aquí la vida de Cristo, el poder de Dios, mencionado en 1:16, y el Espíritu en el cap. 8 se refieren a diferentes aspectos del Dios Triuno procesado.

11[1] Gloriarse en Dios significa tener a Dios como nuestra jactancia y nuestra exultación, lo cual indica que Dios es nuestro disfrute y nuestro regocijo. Véase la nota 2[4]. Al gloriarnos, exultar y disfrutar de esta manera, somos salvos en la vida de Cristo.

12[1] Desde el principio de Romanos hasta el v. 11 de este capítulo, Pablo trata el problema de los pecados (en plural), y a partir del v. 12, el del pecado (en singular). Parece que en los caps. 5—8 el pecado está personificado. El pecado no sólo es una acción, sino que también es semejante a una persona, que puede entrar (v. 12), reinar (v. 21), enseñorearse de las personas (6:14), engañarlas y matarlas (7:11), y morar en ellas y hacer que actúen contra su propia voluntad (7:17, 20). El pecado en verdad está vivo (7:9) y es sumamente activo; así que, debe de ser la naturaleza maligna de Satanás, el maligno, quien, habiéndose inyectado en el hombre por medio de la caída de Adán, ahora ha llegado a ser la naturaleza misma del pecado, la cual mora, actúa y opera en el hombre caído. Esta naturaleza personificada y pecaminosa que mora en nosotros, es la raíz de todas las acciones exteriores pecaminosas.

12[2] O, la gente del mundo; se refiere a la humanidad (Jn. 1:29; 3:16).

12[3] Es decir, Adán, el primer hombre, el padre de toda la humanidad, quien introdujo la muerte por medio del pecado. En contraste con Adán tenemos a Cristo, el segundo Hombre (1 Co. 15:47), quien introdujo la vida por medio de la justicia (vs. 17-18).

12[4] La muerte es el resultado final de la caída del hombre. Primero, el espíritu del hombre fue puesto en una condición de muerte, y finalmente su cuerpo también murió. La muerte y el pecado no pueden separarse; donde está el uno, allí se encuentra el otro. Además, la muerte no sólo es un

14a Ro. 5:17; 6:9
14b 1 Co. 15:45
15a 1 Co. 15:22
15b 1 Co. 15:47
16a Ro. 4:25

14 No obstante, reinó la [1a]muerte desde [2]Adán hasta
Moisés, aun sobre los que no pecaron a la manera de la
[3]transgresión de Adán, [b]el cual es [4]tipo del que había de
venir.
15 Pero no es el don de gracia como fue el delito; porque si
por el delito de aquel [a]uno murieron los muchos, [1]abundaron
mucho más para los muchos la gracia de Dios y el gratuito
don en gracia de un solo [2b]hombre, Jesucristo.
16 Y el [1]don gratuito no es como *lo sucedido* mediante uno
solo que pecó; porque el juicio vino a causa de un solo *delito*
para condenación, pero el don de gracia vino a causa de
muchos delitos para [a]justificación.

---

sufrimiento físico que está por venir; es algo en lo cual el hombre participa diariamente.

13[1] El pecado existía antes de que la ley fuera dada, pero el pecado no había sido manifestado al hombre ni Dios lo había cargado a la cuenta del hombre antes de aquel tiempo.

14[1] La muerte se menciona muchas veces en los caps. 5—8 (vs. 12, 14, 17, 21; 6:9, 16, 21, 23; 7:5, 10, 13, 24; 8:2, 6, 38). La vida también se menciona repetidas veces en estos capítulos (vs. 10, 17-18, 21; 6:4, 22-23; 7:10; 8:2, 6, 10-11, 38). Estas dos palabras clave forman dos líneas opuestas en los caps. 5—8, a saber, la línea de la vida y la línea de la muerte, las cuales muestran que el hombre está en medio de un triángulo, en una situación entre Dios y Satanás, entre la vida y la muerte. Así que, los caps. 5—8 de Romanos pueden llamarse la médula de la Biblia, porque muestran de modo concreto y detallado el tema completo de la Biblia.

14[2] Desde Adán hasta Moisés vemos la dispensación anterior a la ley (sin ley); desde Moisés hasta Cristo (Jn. 1:17) vemos la dispensación de la ley; desde la primera venida de Cristo hasta la restauración de todas las cosas (Hch. 3:20-21) vemos la dispensación de la gracia; y desde la segunda venida de Cristo hasta el fin del milenio (Ap. 11:15; 20:4, 6) tenemos la dispensación del reino. Estas dispensaciones son usadas por Dios para llevar a cabo Su obra de la nueva creación en la vieja creación.

14[3] En este capítulo las palabras *transgresión, delito* y *desobediencia* se refieren a la caída de Adán, la cual consistió en que Adán dejó la vida y escogió la muerte. Adán abandonó el árbol de la vida, el cual representa a Dios como vida, para seguir el árbol del conocimiento, el cual representa a Satanás como la fuente de la muerte (Gn. 2:8-9, 17; 3:1-7).

14[4] Adán fue la cabeza del viejo hombre colectivo (la humanidad). Toda la humanidad participa de todo lo que él hizo y de todo lo que él experimentó. Desde este punto de vista, Adán es tipo de Cristo, quien es la Cabeza del nuevo hombre corporativo, la iglesia (Ef. 2:15-16). Todos los miembros del Cuerpo de Cristo, la iglesia, participan de todo lo que Cristo hizo y de todo lo que El experimentó (Ef. 1:22-23).

15[1] Cristo nuestro Redentor era totalmente hombre y totalmente Dios (véase 9:5). La gracia, junto con todos sus dones, abundó en la humanidad de Cristo.

15[2] La gracia no sólo abunda (v. 17) y se multiplica (sobreabunda, v. 20), sino que también reina (v. 21). Solamente una persona viva puede reinar.

16[1] Se refiere al don de la justicia, el cual hemos recibido (v. 17). Esto indica que la justicia que Dios nos da es un don.

17 Pues si, por el delito de uno solo, reinó la muerte por
aquel uno, mucho más [1]reinarán en [2]vida por uno solo,
Jesucristo, los que reciben la [3]abundancia de la gracia y del
don de la [4]justicia.
18 Así que, tal como por un solo delito resultó la condenación para todos los hombres, así también por un solo [1]acto de
justicia resultó la justificación de [2]vida para todos los hombres.
19 Porque así como por la desobediencia de un hombre los
muchos fueron [1]constituidos pecadores, así también por la
[2]obediencia de uno solo, los muchos serán [1]constituidos
justos.

17[1] La vida que hemos recibido no solamente nos salva de unas cuantas cosas, sino que también nos entroniza como reyes para que reinemos sobre todas las cosas. Esto es mucho más elevado que ser salvo en vida. Nosotros hemos recibido la justicia objetivamente, pero todavía necesitamos recibir continuamente la abundancia de la gracia para poder reinar en vida subjetivamente. Reinar así se define en los caps. 6 —16; todos los asuntos tratados allí no son el producto de nuestro esfuerzo, sino el resultado de recibir la abundancia de la gracia.

17[2] La vida en este versículo y en los vs. 10, 18, 21; 6:4; 8:2, 6, 10, se refiere a la vida de Dios (*zoé*), la vida eterna, divina e increada, la cual es Cristo mismo como vida para nosotros (Jn. 11:25; 14:6; Col. 3:4). Es diferente de nuestra vida física (*bíos*, Lc. 8:14) y de la vida del alma (*psujé*, Mt. 16:25-26; Jn. 12:25). La vida eterna de Dios es el elemento principal de la gracia divina que nos ha sido dada, y en esta vida nosotros podemos reinar.

17[3] Los que reciben la gracia abundante pueden reinar en vida, porque la vida proviene de la abundancia de la gracia.

17[4] El don de la justicia borra el juicio. El juicio resulta del pecado, pero la justicia proviene de la gracia. La justicia siempre acompaña a la gracia y es su resultado. La justicia subjetiva (4:25b) es el producto de la gracia (vs. 17, 19), y la gracia es el resultado de la justicia objetiva (vs. 1-2).

18[1] El acto de justicia de Cristo, que consistió en morir en la cruz, dio como resultado la justificación de vida. El v. 21 dice que la gracia reina por la justicia para vida. Estos dos versículos muestran que la vida es el resultado de la justicia (véase 8:10).

18[2] La vida es la meta para la cual Dios nos salvó; así que la justificación es "de vida". La justificación en sí no es el fin; su fin es la vida. Por medio de la justificación hemos alcanzado el nivel de la justicia de Dios y estamos a la par con ella, de modo que ahora El nos puede impartir Su vida. Exteriormente la justificación cambia nuestra posición; interiormente la vida cambia nuestro carácter. La justificación conduce a la vida; esto indica que la vida es el enfoque de este capítulo y que la unión orgánica de vida es el resultado de la justificación.

19[1] Ser pecador o ser justo no depende de las acciones de uno, sino de lo que es interiormente por constitución. Adán en su caída recibió un elemento que no había sido creado por Dios. Este elemento era la naturaleza satánica, la cual vino a ser el elemento principal del hombre caído y la esencia que lo constituye. Es esta esencia y elemento lo que constituyó a todos los hombres como pecadores. No somos pecadores porque pequemos; pecamos porque somos pecadores. Ya sea que hagamos el bien o el mal, en

20[a] Ro. 3:20; 4:15; 7:7
21[a] Ro. 6:14
21[b] Ro. 6:22, 23; Jn. 3:16; 17:2, 3; 1 Jn. 5:11, 20

20 La [a]ley se [1]introdujo para que el delito [2]abundase; mas
donde el pecado abundó, sobreabundó la gracia;
21 para que así como el [1a]pecado reinó en la muerte, así
también la gracia reine por la [2]justicia para [b]vida eterna
mediante Jesucristo, Señor nuestro.

CAPITULO 6

B. La identificación con Cristo
6:1-23

1. Identificados
vs. 1-5

1[a] Ro. 6:15
1[b] Ro. 5:20
2[a] Ro. 6:11; 1 P. 2:24
3[a] Gá. 3:27

1 ¿Qué, pues, diremos? ¿[a]Permaneceremos en el pecado
para que la [b]gracia abunde?
2 ¡De ninguna manera! Los que hemos [a]muerto al pecado, ¿cómo viviremos aún en él?
3 ¿O ignoráis que todos los que hemos sido [1a]bautizados
*en [2]Cristo Jesús, hemos sido [1]bautizados *en [3]Su muerte?

Adán hemos sido constituidos pecadores. Esto se debe a nuestro elemento interior, y no a nuestras acciones exteriores.

En contraste, Cristo nos constituye justos. Somos constituidos justos cuando Cristo, el Dios viviente, entra en nuestro ser como gracia. El llega a ser el elemento y esencia que nos constituye, el cual nos puede transformar de pecadores a hijos de Dios. Sólo El puede realizar la maravillosa obra de constituir justos a los que habían sido constituidos pecadores.

19[2] La muerte de Cristo en la cruz fue la más alta expresión de Su obediencia, y fue considerada por Dios un acto de justicia (v. 18; véase Fil. 2:8).

20[1] Lit., entró al lado de.

20[2] La ley hace que el pecado abunde, es decir, que sea evidente para el hombre y que el hombre pueda reconocerlo. De este modo lo pecaminoso que es el hombre queda plenamente expuesto.

21[1] El pecado reina por la autoridad de la muerte e introduce la muerte por medio de su reino. Por eso, el pecador tiene que morir.

21[2] La justicia es el cimiento, la base y el medio por el cual Dios se nos imparte como gracia. Esta justicia nos da la base para reclamar a Cristo como nuestra gracia. Dios al darnos gracia manifiesta Su justicia (véase 1:17). Además, el poder de esta gracia, al operar en nosotros, produce en nosotros la justicia subjetiva, haciendo que estemos bien con Dios, con otros y aun con nosotros mismos, y no sólo sojuzga al pecado sino que también vence a Satanás y a la muerte en nuestro ser. De esta manera la gracia reina mediante la justicia, dando como resultado la vida eterna.

3[1] El bautismo no es una formalidad ni un rito; representa nuestra identificación con Cristo. Mediante el bautismo somos sumergidos en Cristo tomándole como la esfera en que somos puestos, a fin de ser uno con El en Su muerte y resurrección.

3[2] Nacimos en la esfera de Adán, el primer hombre (1 Co. 15:45, 47), pero por medio del bautismo hemos sido trasladados a la esfera de Cristo (1 Co. 1:30; Gá. 3:27), el segundo Hombre (1 Co. 15:47).

3[3] Cuando somos bautizados en Cristo, somos bautizados en Su muerte. Su muerte nos ha separado del mundo y del poder satánico de las

4 Hemos sido, pues, [1a]sepultados juntamente con El en
Su muerte por el [2]bautismo, a fin de que como Cristo [b]resu-
citó de los muertos por la [3c]gloria del Padre, así también
nosotros [4]andemos en [d]novedad de [e]vida.
5 Porque si *siendo injertados en El* hemos [1]crecido juntamente con *El* en la [2]semejanza de Su muerte, ciertamente
también lo seremos [3]en *la* [2]*semejanza* de Su resurrección;

2. Sabiendo
vs. 6-10

6 [1]sabiendo esto, que nuestro [2]viejo hombre fue [3a]crucifi-
cado juntamente *con El* para que el [4b]cuerpo de pecado sea

4[a] Col. 2:12
4[b] Ef. 2:6; Col. 3:1
4[c] Mt. 16:27; Jn. 11:40
4[d] Ro. 7:6; 2 Co. 5:17
4[e] Ro. 5:10, 17, 18, 21; 8:2, 6
6[a] Gá. 2:20
6[b] cfr. Ro. 7:24

---

tinieblas, y ha terminado con nuestra vida natural, nuestra vieja naturaleza, nuestro yo, nuestra carne e incluso con toda nuestra historia.

4[1] Nuestro viejo hombre ha sido crucificado con Cristo (v. 6), y ha sido sepultado con El en la muerte por medio del bautismo. En la esfera natural, una persona primero muere y luego es sepultada; pero la palabra de Pablo indica que en la esfera espiritual, primero somos sepultados y luego morimos. No morimos directamente; entramos en la muerte de Cristo por el bautismo.

4[2] Cristo y Su muerte son uno. Separados de El jamás podríamos ser bautizados en Su muerte, porque el elemento de Su muerte eficaz sólo se encuentra en El, el Cristo resucitado y todo-inclusivo.

4[3] Se refiere a la manifestación de la divinidad.

4[4] Después del bautismo venimos a ser nuevas personas en resurrección. La resurrección no sólo es un estado que está por venir; también es un proceso actual. Andar en novedad de vida significa vivir hoy en la esfera de la resurrección y reinar en vida. Esta clase de vivir pone fin a todo lo que pertenece a Adán en nosotros, hasta que seamos plenamente transformados y conformados a la imagen de Cristo (8:29).

5[1] La expresión *siendo injertados en El hemos crecido juntamente con El* denota una unión orgánica en la cual se produce el crecimiento, de modo que uno participa de la vida y de las características del otro. En nuestra unión orgánica con Cristo, todo lo que Cristo ha experimentado viene a ser nuestra historia. Su muerte y Su resurrección ahora son nuestras porque estamos en El y estamos unidos a El orgánicamente. Este injerto también se menciona en 11:24. Tal injerto: (1) elimina todos nuestros elementos negativos; (2) resucita nuestras facultades creadas por Dios; (3) lleva nuestras facultades a un nivel más alto; (4) enriquece nuestras facultades; y (5) satura todo nuestro ser hasta transformarnos.

5[2] La semejanza de la muerte de Cristo es el bautismo que se menciona en el v. 4; la semejanza de la resurrección de Cristo es la novedad de vida que se menciona en el mismo versículo.

5[3] Esto no se refiere a una resurrección objetiva que está por venir, sino al proceso actual de crecimiento. Cuando fuimos bautizados, crecimos juntamente con Cristo en la semejanza de Su muerte; ahora, por medio de Su muerte estamos creciendo en Su resurrección. Tal como el elemento de la muerte de Cristo sólo se encuentra en El, así también el elemento de la resurrección de Cristo sólo se encuentra en El. Cristo mismo es la resurrección (Jn. 11:25). Después de tener la experiencia de un bautismo apropiado, seguiremos creciendo en Cristo y con El en la semejanza de Su resurrección,

[5]anulado, a fin de que no sirvamos más al pecado como
esclavos.
7 Porque el que ha muerto, ha sido justificado del [1]pe-
cado.
8a Col. 3:3 **8** Y si hemos [a]muerto [1]con Cristo, creemos que también
8b Jn. 14:19; Gá. 2:20 [b]viviremos [1]con El;
9 sabiendo que Cristo, habiendo resucitado de los muer-
9a Ap. 1:18 tos, [1]ya no [a]muere; la muerte no se enseñorea más de El.
10 Porque en cuanto murió, al pecado murió una vez por
todas; mas en cuanto vive, para Dios vive.

3. Considerándose
v. 11

11a Ro. 6:2 **11** Así también vosotros, [1]consideraos [a]muertos al pecado,
pero vivos para Dios en Cristo Jesús.

---

esto es, continuaremos andando en novedad de vida.

6[1] En el griego, *sabiendo* en este caso se refiere al conocimiento exterior y objetivo; la palabra *sabiendo* en el v. 9 y la palabra *sabéis* en el v. 16 se refieren a estar consciente interior y subjetivamente.

6[2] Se refiere a la vida natural de nuestra alma. El viejo hombre es nuestro propio ser, que fue creado por Dios pero que cayó por medio del pecado; es lo mismo que el "yo" de Gá. 2:20. No es el alma en sí sino la vida del alma, la cual ha sido desahuciada por Dios y ha sido puesta en la cruz y crucificada con Cristo. Anteriormente, nuestra alma actuaba como una persona independiente, teniendo al viejo hombre como su vida y personalidad; ahora, puesto que el viejo hombre fue crucificado, nuestra alma debe actuar solamente como órgano de Cristo y debe estar bajo el control de nuestro espíritu, teniendo a Cristo como su vida.

6[3] Véase la nota 24[2] de Gá. 5.

6[4] El cuerpo que es habitado, ocupado, corrompido, poseído, utilizado y esclavizado por el pecado, y que por eso comete actos pecaminosos. Este cuerpo de pecado es muy activo y está lleno de fuerza para cometer pecados; es diferente del "cuerpo de esta muerte" que se menciona en 7:24, el cual es débil e impotente en relación con las cosas de Dios. El cuerpo de pecado no es la persona pecadora, sino el instrumento pecador que el viejo hombre utiliza para expresarse cometiendo pecados, lo cual convierte el cuerpo de pecado en la carne. Por lo tanto, *el cuerpo de pecado* de este versículo y la *carne de pecado* de 8:3 se refieren a la misma cosa.

6[5] O, desempleado, sin trabajo, inactivo. Debido a que el viejo hombre ha sido crucificado con Cristo, el cuerpo que había utilizado como instrumento para pecar ahora no tiene nada que hacer; está desempleado, sin trabajo. De esta manera, hemos sido libertados del pecado (vs. 18-22) y ya no tenemos que estar bajo la esclavitud del pecado para servir al pecado como esclavos.

7[1] La naturaleza del pecado, con su poder y su dolor, así como los actos pecaminosos, con su historia y la sentencia dictada sobre ellos.

8[1] Esto muestra de nuevo nuestra unión orgánica con Cristo en Su muerte y resurrección.

9[1] En Su resurrección Cristo está por encima de toda corrupción y muerte. Puesto que somos uno con El en esta resurrección, también nosotros

4. Presentándose
vs. 12-23

12 [1]No reine, pues, el [a]pecado en vuestro cuerpo mortal,
de modo que obedezcáis a las [b]concupiscencias *del cuerpo;*
13 ni tampoco [a]presentéis vuestros [b]miembros al pecado
como [c]armas de injusticia, sino [1]presentaos vosotros mismos
a Dios como vivos de entre los muertos, y vuestros miembros
a Dios como [2]armas de justicia.
14 Porque el [a]pecado no se [1]enseñoreará de vosotros;
[2]pues [3]no estáis bajo la ley, sino bajo la [b]gracia.

12[a] Ro. 6:14; 5:21
12[b] Gá. 5:16
13[a] Ro. 12:1
13[b] Ro. 6:19
13[c] 2 Co. 6:7; Ro. 13:12; cfr. Ro. 7:23
14[a] Ro. 6:12; 5:21
14[b] Ro. 5:2, 15, 17, 20, 21

---

estamos por encima de toda corrupción y muerte.

11[1] Considerarnos muertos no es una técnica, sino que es creernos muertos espontáneamente, como resultado de haber visto los hechos que se revelan en este capítulo. Debemos ver y creer los hechos, reconocerlos y, conforme a ellos, considerarnos muertos al pecado y vivos para Dios.

Sin embargo, considerarnos muertos no es la causa de la muerte y en sí no puede llevar a cabo la muerte de Cristo en nosotros. Sólo cuando disfrutemos al Espíritu (revelado en el cap. 8), experimentaremos la muerte todo-inclusiva y eficaz de Cristo, así como Su resurrección y el poder de ésta. Todo esto es revelado en este capítulo. Este capítulo muestra los hechos objetivos que Cristo ha realizado por nosotros; estos hechos requieren que los creamos y que, conforme a ellos, nos consideremos muertos al pecado y vivos para Dios. El cap. 8 muestra la obra subjetiva del Espíritu en hacer que los hechos cumplidos por Cristo sean reales en nuestra experiencia práctica; esto requiere que tengamos comunión con El y que le disfrutemos. Los hechos tratados en este capítulo pueden llegar a ser nuestra experiencia sólo en el Espíritu revelado en el cap. 8.

12[1] Esto es rechazar el pecado y cooperar con el Espíritu de Dios.

13[1] Presentarnos a nosotros mismos y nuestros miembros a Dios es el resultado de haber visto estos hechos: hemos sido crucificados con Cristo y hemos resucitado con El; también es el resultado de considerarnos muertos al pecado y vivos para Dios conforme a estos hechos.

13[2] O, instrumentos. Nuestros miembros no son meramente instrumentos, sino armas de justicia para pelear la batalla en la guerra entre la justicia y la injusticia.

14[1] El pecado, personificado aquí, se enseñorea de nosotros por medio de las concupiscencias de nuestro cuerpo (v. 12).

14[2] El hecho de que no estamos bajo la ley sino bajo la gracia es la razón por la cual el pecado no puede enseñorearse de nosotros. Esto nos pone en la posición de rechazar el pecado. El pecado ya no tiene ningún derecho de exigirnos nada, pero nosotros tenemos todo el derecho de rechazar el pecado y su poder. Al rechazar el pecado y ponernos del lado del Cristo resucitado, nos presentamos a nosotros mismos y nuestros miembros como esclavos a la justicia para que la vida divina obre dentro de nosotros a fin de santificarnos, no sólo en cuanto a nuestra posición, sino también a nuestro modo de ser, con la naturaleza santa de Dios.

14[3] Esto no nos hace personas que vivan sin ley, tal como lo eran algunos durante los tiempos de la degradación de la iglesia (Jud. 4). La ley a la cual se refiere este versículo es la ley dada por Moisés, la cual ha sido reemplazada por las leyes interiores del nuevo pacto (He. 10:16). De la misma manera que los caps. 5 y 6 explican que ahora estamos bajo la gracia, los

15a Ro. 6:1
17a Ro. 6:20
18a Ro. 6:22; 8:2
19a Ro. 6:13
19b Ro. 15:16; 1 Co. 6:11; 1 Ts. 4:7
20a Ro. 6:17
22a Ro. 6:18
22b Véase 19b
22c Ro. 5:21; Jn. 3:16; 1 Jn. 5:11

15 ¿Qué, pues? ¿[a]Pecaremos, porque no estamos bajo la
ley, sino bajo la gracia? ¡De ninguna manera!
16 ¿No sabéis que si os sometéis a alguien como esclavos
para obedecerle, sois esclavos *de aquel* a quien obedecéis, sea
del pecado [1]para muerte, o sea de la obediencia [1]para justicia?
17 Pero gracias a Dios, que aunque erais [a]esclavos del
pecado, habéis obedecido de corazón a aquella forma de
enseñanza a la cual fuisteis entregados;
18 y [1a]libertados del pecado, fuisteis hechos esclavos de la
justicia.
19 Hablo en *términos* humanos, por la debilidad de vuestra carne; que así como presentasteis vuestros miembros
como esclavos a la inmundicia y a [1]la iniquidad para iniquidad, así ahora [a]presentad vuestros miembros como esclavos
a la justicia [2]para [3b]santificación.
20 Porque cuando erais [a]esclavos del pecado, erais libres
en cuanto a la justicia.
21 ¿Qué fruto, pues, teníais en aquel entonces? Aquellas
cosas de las cuales ahora os avergonzáis, porque el fin de
ellas es muerte.
22 Mas ahora que habéis sido [a]libertados del pecado y
hechos esclavos de Dios, [1]tenéis por vuestro fruto la [2b]santificación, y como fin, la [3c]vida eterna.

---

caps. 7 y 8 explican cómo es posible que no estemos bajo la ley.

16[1] La palabra *para* puede interpretarse como *dando por resultado,* y así también en los versículos siguientes.

18[1] Esto sucedió como resultado de la crucifixión del viejo hombre (v. 6).

19[1] Lit., el no tener ley. Véase la nota 4[2] de 1 Jn. 3.

19[2] La justicia nos introduce en la santificación. Si nos presentamos a Dios como esclavos de la justicia y si presentamos nuestros miembros como armas de justicia, Cristo, la vida eterna dentro de nosotros, tendrá la base para obrar en nosotros y saturar nuestras partes internas consigo mismo. De esta manera seremos santificados espontáneamente; seremos hechos santos espontáneamente en nuestras partes internas al ser saturados por Cristo.

19[3] La santificación (véase la nota 2[3] del cap. 1) no sólo implica un cambio de posición, es decir, que uno es separado de una posición común y mundana para estar en una posición de utilidad a Dios, como se describe en Mt. 23:17, 19 y en 1 Ti. 4:3-5; también implica una transformación del carácter, es decir, una transformación de la inclinación natural a un modo de ser espiritual, llevada a cabo por Cristo como el Espíritu vivificante, quien satura todas las partes internas de nuestro ser con la naturaleza santa de Dios, como se menciona en 12:2 y 2 Co. 3:18.

22[1] Lit., tenéis vuestro fruto para santificación.

22[2] Véase la nota 19[2].

22[3] La santificación del carácter de la cual se habla en este capítulo no sólo procede de la vida (vs. 4, 23),

23 Porque la [1]paga del pecado es [2a]muerte, mas la dádiva de Dios es [3b]vida eterna en Cristo Jesús Señor nuestro.

23a Ro. 5:12; 6:16, 21; 1:32
23b Véase 22c

CAPITULO 7

C. La esclavitud en la carne es producida por el pecado que mora en el hombre 7:1-25

1. Los dos maridos vs. 1-6

1 ¿Acaso ignoráis, hermanos (pues hablo con los que conocen la ley), que la [1]ley se enseñorea del hombre mientras éste vive?

2 Porque la mujer casada está ligada por la [1]ley al [2]marido mientras éste vive; pero si el marido muere, ella queda libre de la [1]ley referente al marido.

3 Así que, si en vida del marido se une a [1]otro varón, será

---

sino que también da como resultado la vida y nos trae más vida, para que disfrutemos las riquezas de la vida divina.

23[1] La paga es una recompensa conforme a la justicia, y se basa en el trabajo que la persona ha hecho. A los ojos de Dios, todo lo que el hombre hace aparte de Dios es pecado y es obra del hombre, y la paga que merece es la muerte.

23[2] La muerte proviene del pecado y es su resultado. Sin embargo, la muerte que se menciona aquí no es sólo la muerte física y la muerte eterna, sino también la muerte en la cual el hombre se encuentra enredado diariamente. Véase la nota 12[4] del cap. 5.

23[3] *Vida eterna* se refiere a la vida del propio Dios Triuno. Esta vida nos ha sido impartida sobre la base de que hemos sido justificados por Dios. Ahora se está extendiendo por todo nuestro ser mediante la santificación y la transformación. Como resultado de esto, seremos conformados a la imagen del Señor, y seremos introducidos en la gloria del Señor, a fin de ser aptos para participar en la manifestación de Su gloria (Col. 3:4).

1[1] Los vs. 1-6 son la continuación de 6:14 y explican por qué no estamos bajo la ley. Por una parte, la ley sigue existiendo, porque Dios no la ha revocado, anulado ni abolido. Por otra parte, debido a la crucifixión de nuestro viejo hombre (6:6), quien es el primer marido, al cual se hace referencia en estos versículos, ya no estamos bajo la ley y no tenemos nada que ver con la ley. En lugar de eso, hemos llegado a ser la esposa de Cristo, es decir, hemos llegado a ser aquellos que dependen de Cristo.

2[1] Debido a que el hombre caído dejó su posición apropiada como esposa de Dios y quiso ser el marido (véase la nota 4[1]), Dios le dio la ley, la cual le es absolutamente imposible guardar. La ley no está destinada a la esposa sino al esposo, y la ley fue dada no para que fuera guardada, sino para que el viejo hombre fuera expuesto (v. 5; 3:20; 5:20). Por eso, este versículo se refiere a la ley como "la ley referente al marido".

2[2] El marido aquí (el primer marido) no es la carne ni la ley, sino el viejo hombre que se mencionó en 6:6, quien ha sido crucificado con Cristo. Así que, los vs. 1-6 corresponden a 6:6.

3[1] Se refiere al segundo marido mencionado en estos versículos, el cual es Cristo.

4[a] Ro. 6:6; Col. 2:20
4[b] 2 Co. 11:2

llamada adúltera; pero si su marido muere, es libre de esa
ley, de tal manera que si se une a [1]otro varón, no es adúltera.
4 Así también a [1]vosotros, hermanos míos, se os [a]ha
hecho morir a la ley mediante el cuerpo de Cristo, para que
[1]seáis [2]unidos a [b]otro, a aquel que fue levantado de los
muertos, a fin de que [3]llevemos fruto para Dios.
5 Porque mientras estábamos en la carne, las pasiones
por los pecados, las cuales *obraban* por medio de la ley,
operaban en nuestros miembros a fin de llevar fruto para
muerte.
6 Pero ahora estamos [1]libres de la ley, por haber muerto
a aquella en que estábamos sujetos, de modo que [2]sirvamos
en la [3]novedad del [4]espíritu y no en la vejez de la letra.

4[1] Puesto que nuestro viejo hombre, quien era el viejo marido, ha sido crucificado con Cristo (6:6), nosotros somos liberados de su ley y unidos al nuevo Marido, Cristo, Aquel que vive para siempre. Como creyentes, tenemos dos condiciones. El primer *vosotros* de este versículo se refiere a nosotros en nuestra condición anterior como el viejo hombre caído, quien dejó la posición original como esposa dependiente de Dios y presuntuosamente tomó la posición de marido y cabeza, independiente de Dios. La segunda referencia a *vosotros,* la cual se ve en el verbo *seáis,* se refiere a nosotros en nuestra nueva condición como el nuevo hombre regenerado, habiendo sido restituidos a nuestra posición original y apropiada como la verdadera esposa de Dios (Is. 54:5; 1 Co. 11:3), quien depende de El y lo toma como su Cabeza. Ya no tenemos la condición anterior de marido, porque fuimos crucificados. Ahora sólo tenemos la nueva condición de esposa apropiada, condición en la que tomamos a Cristo como nuestro Marido, y en la que ya no debemos vivir conforme al viejo hombre, es decir, ya no debemos tomar al viejo hombre como nuestro esposo.

4[2] Esta unión indica que en nuestra nueva condición de esposa, tenemos una unión orgánica en persona, en nombre, en vida y en existencia, con Cristo en Su resurrección.

4[3] Como el nuevo hombre regenerado y la esposa para Cristo, todo lo que somos y hacemos, está ahora relacionado con Dios, y Dios es producido por nosotros como el fruto, como lo que rebosa, de nuestra vida. Esto está en contraste con el fruto para muerte (v. 5), el cual anteriormente produjimos como el viejo hombre, el viejo marido.

6[1] Puesto que el viejo hombre fue crucificado, el nuevo hombre regenerado ahora está libre de la ley del viejo hombre (vs. 2-3; Gá. 2:19). Puesto que la ley fue dada al viejo marido, o sea al viejo hombre, y no a la esposa, y puesto que el viejo marido, el viejo hombre, murió en la cruz, el nuevo hombre (la esposa) ha quedado libre de su ley.

6[2] Lit., sirvamos como esclavos.

6[3] En 6:4, la novedad de vida resulta de nuestra identificación con la resurrección de Cristo y tiene como fin nuestro andar en la vida diaria. Aquí la novedad del espíritu resulta del hecho de que hemos sido librados de la ley y unidos al Cristo resucitado, y tiene como fin nuestro servicio a Dios. Así que, tanto la novedad del espíritu como la novedad de vida son resultados de la crucifixión del viejo hombre.

6[4] Se refiere a nuestro espíritu humano regenerado, donde el Señor mora como el Espíritu (2 Ti. 4:22). Todo lo que está relacionado con

2. Las tres leyes
vs. 7-25

7 ¿Qué diremos, pues? ¿La ley es pecado? ¡De ninguna
manera! Pero [1]yo no [a]conocí el pecado sino por la [2]ley; porque
tampoco conociera la codicia, si la ley no dijera: "[3b]No codiciarás".
8 Mas el [1]pecado, tomando ocasión por el mandamiento,
produjo en mí toda codicia; porque sin la ley el pecado está
muerto.
9 Y yo sin la ley vivía en un tiempo; pero venido el mandamiento,
el pecado revivió y yo morí.
10 Y hallé que el mismo mandamiento que era para vida,
a mí me resultó para [1]muerte;
11 porque el pecado, tomando ocasión [1]por el mandamiento,
me [a]engañó, y [b]por él me mató.
12 De manera que la ley es santa, y el mandamiento
santo, justo y bueno.

7[a] Ro. 7:13; 3:20; 5:13, 20
7[b] Ex. 20:17; Dt. 5:21
11[a] Ro. 7:8
11[b] 1 Co. 15:56

---

nuestro espíritu regenerado es nuevo, y todo lo que procede de nuestro espíritu es nuevo. Nuestro espíritu regenerado es una fuente de novedad porque el Señor, la vida de Dios y el Espíritu Santo están allí (véase la nota 9[2] del cap. 1).

7[1] En los vs. 7-25 Pablo usó la experiencia que él mismo tuvo antes de creer en el Señor, para mostrar la miseria de tratar de hacer el bien bajo la ley con el fin de agradar a Dios. En esta sección no se menciona el espíritu humano ni el Espíritu de Dios, sino la voluntad y la mente del alma humana (vs. 19, 23), las cuales intentan agradar a Dios con el bien de la vida natural (vs. 18-19, 21). Aunque este cuadro presenta la situación de una persona que no es salva, casi todos los cristianos pasan por esta clase de experiencia después de ser salvos.

7[2] La ley nos presenta un cuadro de Dios y le define (Lv. 19:2). Por consiguiente, impone muchas exigencias y requisitos en el hombre caído, y con esto identifica al pecado como pecado y lleva al hombre al conocimiento del pecado (3:20; 4:15; 5:20). De esta manera el hombre es expuesto y también sojuzgado por la ley (3:19).

7[3] El décimo mandamiento, "No codiciarás", no está relacionado con la conducta exterior, sino con el pecado que está dentro del hombre, principalmente en sus pensamientos. Esto muestra que el problema del hombre tiene que ver con el pecado que mora en él, y no solamente con los actos pecaminosos exteriores.

8[1] Este capítulo, especialmente en este versículo y en los vs. 11, 17 y 20, indica que el pecado es una persona, la corporificación de Satanás, y que vive y actúa dentro de nosotros.

10[1] Se refiere al hecho de que la maldición y la condenación que nos trajo el pecado por medio de la ley, nos hacen morir en nuestra conciencia y también delante de Dios (4:15; 5:13, 20).

11[1] La ley es el instrumento por medio del cual el pecado engaña al hombre y lo mata. El poder del pecado es la ley (1 Co. 15:56). Este hecho debe servirnos de advertencia para que no acudamos a la ley con el fin de guardarla, porque al hacer eso damos al pecado la oportunidad de engañarnos y matarnos.

13 ¿Luego lo que es bueno, vino a ser muerte para mí? De ninguna manera; sino que el pecado *lo fue* para [1]mostrarse pecado produciendo en mí la muerte por medio de lo que es bueno, a fin de que por el mandamiento el pecado llegase a ser sobremanera pecaminoso.

14 Porque [1]sabemos que la ley es [2]espiritual; mas yo soy [3]de carne, vendido al pecado.

15 Porque lo que hago, [1]no lo admito; pues no practico lo que quiero, sino lo que aborrezco, eso hago.

16 Y si lo que no quiero, esto hago, estoy de acuerdo con que la ley es buena.

17[a] cfr. Gá. 2:20; 1 Co. 15:10

17 De manera que [a]ya no soy yo *quien* obra aquello, sino el pecado que [1]mora en mí.

18 Pues yo [1]sé que en mí, esto es, en mi [2]carne, [3]no mora el bien; porque el [4]querer *el bien* está en mí, pero no el hacerlo.

13[1] Lit., aparecer como.

14[1] Se refiere a estar conscientes interior y subjetivamente. Véase la nota 6[1] del cap. 6.

14[2] Es decir, lo mismo en esencia, en naturaleza y en substancia que Dios, quien es Espíritu (Jn. 4:24).

14[3] Pablo vio que él era lo contrario de todo lo descrito por la ley. La ley es espiritual, santa, justa y buena; él era de carne, profano y contaminado, injusto y maligno. Véase la nota 1[2] de 1 Co. 3.

15[1] Lit., no lo entiendo; es decir, no lo admito, no lo apruebo. Pablo no permitía, no aprobaba ni admitía su acción equivocada, porque provenía de su carne, la cual servía a la ley del pecado, actuando en contra de su mente y en contra de su voluntad.

17[1] Lit., establece una morada. El pecado no meramente se aloja o permanece dentro de nosotros por un tiempo, sino que establece su morada en nosotros.

18[1] Se refiere a estar consciente interior y subjetivamente. Véase la nota 6[1] del cap. 6.

18[2] La carne aquí es el cuerpo humano caído y corrupto, junto con todas sus concupiscencias. Esta carne no fue creada por Dios, sino que es una mezcla de lo que Dios creó y el pecado, el cual es la vida de Satanás, el maligno. Dios creó el cuerpo del hombre como un vaso limpio, pero este vaso fue corrompido y convertido en la carne en el momento de la caída cuando Satanás se inyectó en él. Ahora Satanás, como pecado personificado, está en la carne del hombre, haciendo su hogar allí y reinando como dueño ilegal, dominando al hombre y obligándole a hacer lo que no le gusta. Este pecado que reside en todos los hombres, el cual es la naturaleza maligna que no se puede cambiar, es lo que los constituye pecadores (5:19).

18[3] Aquí Pablo fue muy cauteloso al decir que es en la carne, y no en el ser entero del hombre, donde nada bueno mora. El bien sí existe en otras partes del ser del hombre. La voluntad desea agradar a Dios (vs. 18-21) conforme a la buena ley que está en la mente (vs. 22-23), pero es imposible llevar a cabo este bien mediante el cuerpo, porque éste ha venido a ser carne, donde mora el pecado.

18[4] Querer hacer el bien es acudir a la ley. La ley del bien en nuestra mente (vs. 22-23) corresponde a la ley

19 Porque no hago el bien que quiero, sino el mal que no
quiero, eso practico.
20 Mas si hago lo que no quiero, [a]ya no lo hago yo, sino el
pecado que mora en mí.
21 Así que yo, queriendo hacer el bien, hallo [1]esta ley: que
[2]el mal está conmigo.
22 Porque según el hombre interior, me deleito en la [1]ley
de Dios;
23 pero veo otra [1]ley en mis miembros, que está [2]en guerra
contra la ley de mi mente, y que me lleva [3]cautivo a la [a]ley
del pecado que está en mis miembros.
24 ¡[1]Miserable de mí! ¿quién me librará del [2]cuerpo de
[3]esta muerte?

20[a] Véase 17[a]

23[a] Ro. 7:25; 8:2

---

de Dios y responde a sus exigencias tratando de guardarlas.

21[1] Conforme al hecho mencionado en el v. 20, Pablo descubrió que la ley del pecado era el pecado que moraba en él y también era el mal que estaba con él. En el v. 23 se dio cuenta de que esta ley era la ley del pecado en sus miembros.

21[2] La palabra griega se refiere a *aquello que es maligno en carácter.* Esto debe ser la vida, la naturaleza y el carácter malignos de Satanás mismo, quien es el pecado que mora en nosotros. Cuando el pecado está inactivo dentro de nosotros, es meramente el pecado, pero cuando lo despertamos queriendo hacer nosotros el bien, el pecado se convierte en "el mal".

22[1] Se refiere a la ley escrita de Dios.

23[1] Hay tres leyes diferentes en las tres diferentes partes del ser del creyente. Como se revela en los caps. 7 y 8, estas tres leyes se originan en los tres partidos que existen en el universo. La ley del pecado y de la muerte que está en los miembros del creyente (v. 23), es decir, en su cuerpo, proviene de Satanás, quien como pecado mora en la carne del creyente. La ley del bien en la mente del creyente (v. 23), es decir, en su alma, proviene de la vida humana natural, es decir, del hombre mismo. La ley del Espíritu de vida en el espíritu del creyente procede de Dios, quien como el Espíritu mora en su espíritu (8:2, 16). Estos tres partidos, junto con las tres leyes, están ahora presentes en el creyente como lo estaban ellos (Dios, el hombre y Satanás) en el huerto de Edén (Gn. 3). Además de las tres leyes que están en el creyente, existe la ley de Dios, la cual está fuera de él (vs. 22, 25).

23[2] La guerra aquí se desarrolla entre la ley del pecado que mora en los miembros de nuestro cuerpo y la ley del bien que mora en la mente de nuestra alma. Es un asunto de que el pecado en nuestra carne pelea contra el bien que está en nuestro ser natural, y no está relacionado en absoluto con nuestro espíritu ni con el Espíritu de Dios. De ahí que, es diferente de la guerra que se menciona en Gá. 5:16-25, la cual se lleva a cabo entre la carne y nuestro espíritu, que está mezclado con el Espíritu de Dios.

23[3] Una persona que sea independiente de Dios no puede hacer frente a la ley del pecado en la carne, porque esta ley es la poderosa persona de Satanás mismo.

24[1] Tratar de guardar la ley por medio de la carne da por resultado la muerte y la desgracia. El hombre es de carne, vendido al pecado (v. 14). En la carne del hombre no mora el bien (v. 18), y el hombre es incapaz de dominar el pecado (vs. 15-20). Si el hombre, estando en tal condición, trata de cumplir la ley de Dios, ciertamente fracasará.

25a 1 Co. 15:57

25 [a]Gracias sean dadas a Dios, por medio de Jesucristo
Señor nuestro. Así que, [1]yo mismo con la mente [2]sirvo a la
ley de Dios, mas con la carne a la [3]ley del pecado.

CAPITULO 8

D. La libertad en el Espíritu es traída por el Cristo que mora en los creyentes 8:1-13

1. La ley del Espíritu de vida vs. 1-6

1 [1]Ahora, pues, ninguna [2]condenación hay para los que
están [3]en Cristo Jesús.
2 Porque la [1]ley del [2]Espíritu de [3]vida [4]me ha [5]librado en
Cristo Jesús de la [6a]ley del pecado y de la muerte.

2a Ro. 7:23, 25

24[2] En 6:6 nuestro cuerpo caído es llamado "el cuerpo de pecado". Aquí se le llama "el cuerpo de esta muerte". El cuerpo de pecado es fuerte en pecar contra Dios, pero el cuerpo de esta muerte es débil en actuar para agradar a Dios. El pecado da energía al cuerpo caído para que peque, mientras que la muerte debilita e incapacita por completo el cuerpo corrompido, de modo que no puede guardar los mandamientos de Dios.

24[3] La muerte causada por el pecado mediante el arma de la ley, la muerte de ser derrotados, la muerte de intentar guardar la ley para agradar a Dios y en lugar de eso ser llevados cautivos por la ley del pecado que está en nuestros miembros. Esta es la muerte que está obrando en nuestra carne ahora mismo.

25[1] La frase *yo mismo con la mente* indica que la mente, que representa al ego, trata de hacer el bien por su cuenta. Aunque la ley del bien en la mente (v. 23) nos inclina a hacer el bien, la mente siempre es derrotada porque la ley del pecado en nuestros miembros es más fuerte que la mente independiente.

25[2] Lit., sirvo como esclavo.

25[3] *La ley del pecado, el pecado* y *el mal* son términos sinónimos, los cuales hacen referencia a Satanás, quien mora en el cuerpo caído del hombre.

1[1] La frase, *ahora, pues, ninguna condenación hay para los que están en Cristo Jesús* es una firme prueba de que la experiencia presentada en el cap. 7 es la de una persona que no tiene a Cristo.

1[2] La condenación que está implícita en 1:18—3:20 y que se menciona en 5:16 y 18 es objetiva, ya que está bajo la justa ley de Dios, y es el resultado de nuestros pecados exteriores. La condenación mencionada aquí es subjetiva, ya que está en nuestra conciencia, y es el resultado de ser derrotados interiormente por la ley maligna del pecado que mora en nosotros, como se describe en 7:17-18, 20-24. El remedio para la condenación objetiva es la sangre del Cristo crucificado (3:25). El remedio para la condenación subjetiva es el Espíritu de vida, quien es Cristo procesado para ser el Espíritu vivificante y quien está en nuestro espíritu.

1[3] En este capítulo la frase *en Cristo* se refiere no solamente a nuestra posición en Cristo, como se menciona en el cap. 6, sino también a la realidad de nuestro diario andar en nuestro espíritu regenerado. Así que, este capítulo indica que estar en Cristo es una condición o requisito. Esto corresponde a ser *salvos en Su vida* en 5:10.

2[1] La ley del Espíritu de vida es el tema de este capítulo. En este versículo se mencionan el Espíritu y la vida, pero sólo en relación con la operación de esta ley. La vida es el contenido y el producto del Espíritu, y el Espíritu es la manifestación consumada y final del Dios Triuno después de ser procesado a través de la encarnación, la crucifixión y la resurrección y de llegar a ser el Espíritu vivificante que mora en todos los creyentes y que es vida para ellos en Cristo. La ley que nos ha librado de la ley del pecado —la cual pertenece a Satanás, quien mora en los miembros de nuestro cuerpo caído (Ro. 7:23, 17)— pertenece al Espíritu de vida. No es Dios ni el Espíritu, sino esta ley la que obra en nosotros para librarnos de la operación de la ley del pecado que está en nuestra carne y la que nos capacita para conocer a Dios, obtener a Dios y así vivirlo. La ley del Espíritu de vida es el poder espontáneo del Espíritu de vida. Tal ley espontánea opera automáticamente con la condición de que se satisfagan sus requisitos (véase la nota 4[2]).

Tanto Satanás como Dios, después de entrar en nuestro ser y morar en nosotros, operan en nosotros no por medio de actividades exteriores y objetivas, sino por medio de una ley interior y subjetiva. La operación de la ley del Espíritu de vida es la operación del Dios Triuno procesado en nuestro espíritu; esto también es la operación del Dios Triuno en nosotros en Su vida.

2[2] Aquí la ley, el Espíritu y la vida están en contraste con la ley, el pecado y la muerte. Las dos leyes están en oposición entre sí, el Espíritu está en oposición al pecado y la vida está en oposición a la muerte. En el cap. 5 vemos que la gracia, que es Dios corporificado en nosotros, está en oposición al pecado, que es Satanás corporificado en nosotros (5:21). En el cap. 8 el Espíritu, que es el Dios vivo en nosotros, está en oposición al pecado. Así que la gracia del cap. 5 es el Espíritu del cap. 8, el mismo Dios corporificado en nosotros como gracia, quien vive y actúa en nosotros.

En los capítulos anteriores se menciona la vida varias veces (1:17; 2:7; 5:10, 17-18, 21; 6:4, 22-23). En este capítulo la vida es unida al Espíritu en la frase *el Espíritu de vida,* lo cual muestra que todo lo relacionado con la vida que se encuentra en los capítulos anteriores está incluido en el Espíritu en este capítulo. La vida pertenece al Espíritu, y el Espíritu es de la vida. Estos dos en realidad son uno (Jn. 6:63). Se tiene la experiencia de la vida divina, eterna e increada por medio del Espíritu de vida.

2[3] La vida espiritual revelada en este capítulo tiene cuatro aspectos. En primer lugar, era la vida divina en el Espíritu (v. 2). Segundo, vino a ser la vida en nuestro espíritu por medio de la regeneración (v. 10). Luego, desde nuestro espíritu satura nuestra mente para la transformación de nuestra alma, a la cual pertenece nuestra mente, y llega a ser la vida en nuestra alma (v. 6). Con el tiempo, impregnará nuestro cuerpo hasta llegar a ser la vida de nuestro cuerpo (v. 11), finalmente dando por resultado la transfiguración de nuestro cuerpo (Fil. 3:21), es decir, la redención del mismo (v. 23).

2[4] Algunos mss. antiguos dicen: te.

2[5] La función principal del Dios Triuno procesado al morar en nuestro espíritu como ley del Espíritu de vida es librarnos completamente de Satanás, quien mora en nuestra naturaleza caída como ley del pecado y de la muerte (7:23-25). Esta liberación no sólo tiene por objeto nuestra justificación subjetiva, sino aún más, la santificación de nuestro carácter.

2[6] La ley del pecado, el poder de cometer pecados, el cual surge espontáneamente en el hombre, hace que éste sea esclavo del pecado (Jn. 8:34). Por lo tanto, el hombre es impotente; el pecado lo controla y lo manipula y así el hombre hace muchas cosas en contra de su voluntad. La ley de la muerte, el poder natural que hace que el hombre se debilite, languidezca,

3a He. 7:18; Ro. 7:18

4a Gá. 5:16, 25

3 Porque lo que la [1]ley [2]no pudo hacer, por cuanto era
[a]débil por la carne, Dios, enviando a Su Hijo en [3]semejanza
de carne de pecado y en cuanto al pecado, condenó al pecado
en la carne;
4 para que el justo requisito de la ley se [1]cumpliese en
nosotros, que no [2a]andamos conforme a la carne, sino conforme al [3]espíritu.

---

envejezca y muera, mora en el hombre y hace que cada parte de su ser se vaya consumiendo y entre en la muerte. Por un lado, la muerte inutiliza al hombre, por otro, lo insensibiliza. Hace que el hombre sea inútil cuando intenta hacer el bien y que sea insensible cuando comete pecados.

3[1] Nada bueno mora en la carne (7:18); solamente el pecado mora en la carne (7:17). Además, la carne es muerte (7:24); por consiguiente, ningún hombre es justificado delante de Dios por las obras de la ley llevadas a cabo por medio de la carne (3:20). Debido a que la carne es tan débil e impotente, había algo que la ley no podía hacer.

3[2] Por una parte, la ley de Dios que está fuera del hombre es una ley de letra, muerta y carente del poder de vida con el cual aprovisionaría al hombre para que satisficiera las exigencias de la ley. Por otra parte, el cuerpo del hombre ha sido corrompido por Satanás convirtiéndose así en la carne de muerte, y como tal es incapaz de guardar la ley. Debido a estos dos factores existe "lo que la ley no pudo hacer"; es decir, la ley es incapaz de agradar a Dios porque no puede hacer que el hombre la guarde.

3[3] La carne es "de pecado", no obstante el Hijo de Dios se hizo carne (Jn. 1:14; He. 2:14; 1 Ti. 3:16). Sin embargo, El sólo tenía la semejanza de carne de pecado y no tenía el pecado mismo de la carne (2 Co. 5:21; He. 4:15). Esto fue tipificado por la serpiente de bronce levantada por Moisés para los israelitas pecadores (Nm. 21:9; Jn. 3:14). La serpiente de bronce tenía la forma, la semejanza, de la verdadera serpiente, pero no tenía el veneno de ésta. Fue esta serpiente de bronce la que sobrellevó el juicio de Dios en lugar de los israelitas envenenados y acabó con las serpientes que los envenenaban.

Aunque Cristo no tenía el pecado de la carne, fue crucificado en la carne (Col. 1:22; 1 P. 3:18). De esta manera, en la cruz El juzgó a Satanás, quien está relacionado con la carne, y juzgó al mundo, el cual depende de Satanás (Jn. 12:31; 16:11), destruyendo así a Satanás (He. 2:14). Al mismo tiempo, por medio de la crucifixión de Cristo en la carne, Dios condenó al pecado, el cual había sido introducido en la carne del hombre por Satanás. Como resultado, es posible que andemos no conforme a la carne sino conforme al espíritu, de modo que el justo requisito de la ley se cumpla en nosotros (v. 4).

4[1] No es que cumplamos la ley conscientemente por medio de nuestros esfuerzos exteriores, sino que ella se cumple en nosotros espontánea e inconscientemente por medio de la obra interior del Espíritu de vida. El Espíritu de vida es el Espíritu de Cristo, y Cristo corresponde a la ley de Dios. Este Espíritu, quien está dentro de nosotros, espontáneamente cumple en nosotros todos los justos requisitos de la ley cuando andamos conforme a El.

4[2] La palabra en griego denota el andar general en nuestra vida. Véase la nota 16[1] de Gá. 5. Los requisitos que debemos cumplir para que pueda obrar la ley del Espíritu de vida (la cual ya ha sido instaurada en nosotros), son los siguientes: (1) andar conforme al espíritu (v. 4); (2) ocuparnos de las cosas del Espíritu, es decir, poner la mente en el espíritu (vs. 5-6); (3) hacer morir, por medio del Espíritu, los

5 Porque los que son según la carne ponen la mente en
las [1]cosas de la carne; pero los que son [2]según el espíritu, en
las [3]cosas del Espíritu.
6 Porque [1]la mente puesta en la carne es [2]muerte, pero
[3]la mente puesta en el espíritu es [2a]vida y [b]paz.

6a Ro. 5:10, 17, 18, 21
6b Ro. 1:7; 5:1; 14:17; 16:20

hábitos del cuerpo (v. 13); (4) ser guiados por el Espíritu como hijos de Dios (v. 14); (5) clamar al Padre en el espíritu filial (v. 15); (6) dar testimonio de que somos hijos de Dios (v. 16); y (7) gemir por la plena filiación de hijos, es decir, la redención de nuestro cuerpo (v. 23).

4[3] Es difícil discernir el sentido de la palabra *espíritu* en este capítulo, en Gá. 5 y en otros lugares del Nuevo Testamento, a menos que la palabra sea designada claramente para referirse al Espíritu Santo de Dios o a nuestro espíritu humano regenerado, como se ve en el v. 9 y el 16 de este capítulo. Conforme al uso en el Nuevo Testamento, la palabra *espíritu,* como se emplea en este versículo, denota nuestro espíritu humano regenerado en el cual mora el Espíritu y con el cual está mezclado el Espíritu, quien es la consumación del Dios Triuno (v. 9). Esto corresponde a lo que dice 1 Co. 6:17: "El que se une al Señor [quien es el Espíritu, 2 Co. 3:17; 1 Co. 15:45] es un solo espíritu con El", es decir, un espíritu mezclado.

5[1] Las cosas de la carne incluyen cualquier cosa que esté en la esfera de la carne, ya sea mala o buena.

5[2] No es sólo andar y tener actividades según el espíritu, sino hacer que todo nuestro ser esté en conformidad con el espíritu. Cuando estamos en conformidad con el espíritu, nuestro andar también es conforme al espíritu. En este espíritu la ley residente del Espíritu de vida, quien es el mismo Dios Triuno procesado, obra espontáneamente en nosotros y nos libera de la ley del pecado y de la muerte.

5[3] Las cosas del Espíritu son las cosas relacionadas con Cristo, las cuales el Espíritu recibe y nos revela (Jn. 16:14-15). Mientras nos ejercitamos para ocuparnos de estas cosas, con el tiempo todo nuestro ser llega a estar en conformidad con el espíritu.

6[1] Lit., la mente de la carne. En los vs. 6-8 el elemento crucial es la mente. La mente es la parte dirigente del alma, la cual es la personalidad del hombre, o sea, su persona. Así que, la mente representa al alma, es decir, a la persona misma. En este capítulo la mente es neutral, estando entre el espíritu que ha sido regenerado y mezclado y el cuerpo caído, la carne. Los caps. 7 y 8 muestran que la mente puede llevar a cabo dos acciones diferentes, por las cuales tiene la capacidad de ponernos en el espíritu o en la carne. Si la mente depende del espíritu regenerado y se adhiere a éste, el cual está mezclado con el Espíritu de Dios, nos introducirá en el espíritu y en el disfrute del Espíritu divino como la ley del Espíritu de vida (v. 2). Si la mente se adhiere a la carne y actúa de modo independiente, nos meterá en la carne, haciendo que tengamos enemistad contra Dios y que no podamos agradarle (vs. 7-8).

6[2] La vida y la paz son el resultado de la mente puesta en el espíritu. En tal caso nuestro hombre interior y nuestras acciones exteriores concuerdan y no hay discrepancia entre nosotros y Dios. Entre El y nosotros hay paz, no enemistad (v. 7). El resultado es que nos sentimos tranquilos interiormente.

Cuando nuestra mente está puesta en la carne y en las cosas de la carne, el resultado es la muerte, lo cual hace que nos sintamos separados del disfrute de Dios. Nos sentimos incómodos y muertos, en lugar de sentirnos tranquilos y vivos. Cuando nos ocupamos de la carne y ponemos la mente en las cosas de la carne, la sensación de muerte nos debe servir de advertencia, instándonos a que seamos

2. El Cristo que mora en los creyentes
vs. 7-13

7 Por cuanto la mente puesta en la carne es enemistad
contra Dios; porque no se sujeta a la ley de Dios, ni tampoco
puede;
8 y [1]los que están [2]en la carne no pueden agradar a Dios.
9 Mas vosotros no estáis en la carne, sino en el espíritu,
si es que el [1]Espíritu de Dios [2]mora en vosotros. Y [3]si alguno
no tiene el [4a]Espíritu de Cristo, no es [5]de El.

9[a] 1 P. 1:11; cfr. Hch. 16:7, 6; Fil. 1:19

librados de la carne y a que vivamos en el espíritu.

6[3] Lit., la mente del espíritu. Poner la mente en el espíritu es lo mismo que ocuparse de las cosas del Espíritu, como se describe en el v. 5. El v. 6 y los vs. 7-13 muestran que hoy en día Cristo no sólo es la vida de Dios en el Espíritu divino (v. 2), sino también la vida de Dios que mora en Su pueblo, debido a que el Espíritu de vida de Dios ha llegado a ser el Espíritu que mora en nosotros. En estos dos aspectos este Espíritu es Cristo.

8[1] Si nos ocupamos de la carne, es decir, si ponemos la mente en la carne, llegamos a ser personas que están en la carne.

8[2] Los vs. 8 y 9 recalcan la palabra *en,* lo cual muestra que aquí se da más énfasis a la condición y a la experiencia que al origen y a la posición.

9[1] Este capítulo nos revela cómo el Dios Triuno —el Padre (v. 15), el Hijo (vs. 3, 29, 32) y el Espíritu (vs. 9, 11, 13-14, 16, 23, 26)— se dispensa a Sí mismo como vida (vs. 2, 6, 10, 11) en nosotros, hombres tripartitos —de espíritu, alma y cuerpo— para hacernos Sus hijos (vs. 14-15, 19, 23, 29, 17) a fin de constituir el Cuerpo de Cristo (12:4-5).

9[2] Es decir, hace Su hogar, reside (cfr. Ef. 3:17). Si permitimos que el Espíritu del Dios Triuno haga Su hogar en nosotros, es decir, que se establezca en nosotros con el espacio suficiente, entonces en nuestra experiencia estamos en el espíritu y ya no estamos en la carne. Si tal es el caso, el Dios Triuno como el Espíritu podrá difundirse desde nuestro espíritu (v. 10) a nuestra alma, representada por nuestra mente (v. 6), e incluso con el tiempo dará vida a nuestro cuerpo mortal (v. 11).

9[3] Esto muestra que el hecho de que seamos de Cristo depende de Su Espíritu. Si el Espíritu de Cristo no existiera o si Cristo no fuera el Espíritu, no tendríamos manera de unirnos a El ni de pertenecer a El. Sin embargo, el hecho es que Cristo es el Espíritu (2 Co. 3:17), está en nuestro espíritu (2 Ti. 4:22) y es un solo espíritu con nosotros (1 Co. 6:17).

9[4] El Espíritu de Dios y el Espíritu de Cristo no son dos Espíritus, sino uno solo. Pablo usó estos títulos de modo intercambiable, indicando que el Espíritu de vida que mora en nosotros (v. 2) es el Espíritu todo-inclusivo y vivificante del Dios Triuno en Su totalidad. Dios, el Espíritu y Cristo, los tres de la Deidad, son mencionados en este versículo. No obstante, no son tres los que están en nosotros, sino uno solo, el Espíritu triuno del Dios Triuno (Jn. 4:24; 2 Co. 3:17; Ro. 8:11). El título "el Espíritu de Dios" da a entender que este Espíritu es el Espíritu de Aquel que era desde la eternidad pasada, quien creó el universo y quien es el origen de todas las cosas. El título "el Espíritu de Cristo" implica que este Espíritu contiene la realidad de Cristo, el Encarnado. Este Cristo llevó a cabo todo lo necesario para realizar el plan de Dios. El consta no sólo de divinidad, la cual poseía desde la eternidad, sino también de humanidad, la cual obtuvo mediante la encarnación. También incluye el vivir humano, la

10 Pero si [1a]Cristo está [2]en vosotros, aunque el [3]cuerpo está [4]muerto a causa del pecado, el [5]espíritu es [6]vida a causa de la [7]justicia.

10[a] 2 Co. 13:5; Col. 1:27

crucifixión, la resurrección y la ascensión. Este es el Espíritu de Cristo en resurrección, es decir, el propio Cristo que mora en nuestro espíritu (v. 10) para impartirse a Sí mismo, la corporificación del Dios Triuno procesado, en nosotros, como la vida de resurrección y el poder de ésta, para acabar con la muerte que está en nuestra naturaleza (v. 2). De esta manera, hoy en día podemos vivir en la resurrección de Cristo, en Cristo mismo, al vivir en el espíritu mezclado.

9[5] Se refiere al origen y posición inmutables, y no a la condición y experiencia variables. Nosotros tenemos el Espíritu de Cristo según el origen, el nuevo nacimiento; por tanto, somos de Cristo y pertenecemos a El. Sin embargo, en nuestra experiencia y condición espiritual en la actualidad, no es suficiente que seamos de El; también necesitamos estar en El.

10[1] En este versículo no se menciona al Espíritu, porque aquí el énfasis es que hoy en día Cristo es el Espíritu y que el Espíritu de Cristo es Cristo mismo en nosotros. Conforme al hecho, es Cristo; conforme a la experiencia, es el Espíritu. Al experimentarlo, El es el Espíritu; en el aspecto de adorarlo, de invocarlo y de hablar de El, El es Cristo. Lo recibimos como nuestro Salvador y Redentor, pero El entra en nosotros como el Espíritu. Como Redentor, Su título es "Cristo"; como el que mora en nosotros, Su título es "el Espíritu". No son dos los que moran en nosotros, sino uno solo, el cual tiene dos aspectos.

10[2] "Cristo ... en vosotros" es el punto principal del libro de Romanos. En el cap. 3 Cristo está en la cruz, derramando Su sangre por nuestra redención; en el cap. 4 El está en resurrección; en el cap. 6 nosotros estamos en El; ahora, en el cap. 8, El es el Espíritu que está en nosotros.

10[3] Antes de que creyéramos en el Señor, dentro de nosotros nuestro espíritu estaba muerto, y por fuera nuestro cuerpo estaba vivo. Ahora que tenemos a Cristo en nosotros, interiormente nuestro espíritu es vida a causa de la justicia, aunque exteriormente nuestro cuerpo está muerto a causa del pecado. La entrada de Cristo como vida en nuestro ser, expone la situación de muerte que se relaciona con nuestro cuerpo. En nuestro espíritu está Cristo el Espíritu como justicia, lo cual da por resultado la vida; pero en nuestra carne está Satanás como pecado, lo cual produce muerte.

10[4] Mediante la caída del hombre, entró el pecado en el cuerpo humano trayendo consigo la muerte y causando que muriese este cuerpo y llegase a ser impotente con relación a las cosas de Dios. Aunque Dios condenó al pecado en la carne (v. 3), este pecado no ha sido desarraigado o erradicado del cuerpo caído del hombre; por lo tanto, nuestro cuerpo permanece muerto.

10[5] El espíritu humano regenerado, en contraste con el cuerpo humano caído. Este espíritu no es el Espíritu de Dios, porque el espíritu que se menciona aquí es vida sólo con la condición de que Cristo esté en nosotros. Para que el Espíritu de Dios sea vida, no se requiere ninguna condición especial. Así que, el hecho de que el espíritu sea vida a causa de la justicia puede referirse sólo a nuestro espíritu humano, no al Espíritu de Dios.

10[6] Nuestro espíritu no sólo ha sido regenerado y hecho vivo, sino que también ha llegado a ser vida. Cuando creímos en Cristo, El como el divino Espíritu de vida entró en nuestro espíritu y se mezcló con él; de esta manera los dos espíritus se han hecho un solo espíritu (1 Co. 6:17). Ahora nuestro espíritu no sólo está vivo, sino que también es vida.

11 Y si el [1]Espíritu de [2]aquel que levantó de los muertos
a Jesús [3a]mora en vosotros, el que levantó de los muertos a
Cristo [4b]vivificará también vuestros cuerpos mortales por
Su Espíritu que [3]mora en vosotros.
12 Así que, hermanos, deudores somos, no a la carne,
para que [1]vivamos conforme a la carne;
13 porque si vivís conforme a la carne, habréis de [1]morir;
mas si por el Espíritu [2a]hacéis morir los [3]hábitos del cuerpo,
viviréis.

11a 1 Co. 3:16; 6:19; Jn. 14:17
11b Jn. 6:63; 1 Co. 15:45; 2 Co. 3:6
13a Col. 3:5

V. Glorificación
8:14-39

A. Herederos de la gloria
vs. 14-27

14 Porque todos los que son [1]guiados por el [2]Espíritu de
Dios, éstos son [3a]hijos de Dios.

14a Gá. 3:26; 4:7

10[7] En la justificación de Dios hemos recibido la justicia, la cual consiste en que el mismo Dios Triuno entre en nuestro ser, en nuestro espíritu. Esta justicia da por resultado la vida (5:18, 21); por tanto, nuestro espíritu ahora ha venido a ser vida.

11[1] Los hechos objetivos revelados en el cap. 6 con respecto a nuestra muerte y resurrección en Cristo vienen a ser nuestra experiencia subjetiva sólo cuando estamos en el Espíritu que mora en nosotros, quien es revelado en el cap. 8.

11[2] En este versículo tenemos: (1) el Dios Triuno en Su totalidad, es decir, "Aquel que levantó de los muertos a Jesús", "Cristo", y "Su Espíritu que mora en vosotros"; (2) el proceso que se requiere para que El efectúe Su impartición, implícito en las palabras *Jesús* (dando énfasis a la encarnación), *Cristo* (dando énfasis a la crucifixión y la resurrección) y *levantó* (dando énfasis a la resurrección); y (3) el hecho de que El se dispensa en los creyentes, como se ve en la frase *vivificará también vuestros cuerpos mortales,* lo cual indica que el dispensar no sólo ocurre en el centro de nuestro ser, sino que también llega a la circunferencia, a todo nuestro ser.

11[3] Véase la nota 9[2].

11[4] Esto no se refiere a la sanidad divina, sino a lo que resulta cuando permitimos que el Espíritu de Dios haga Su hogar en nosotros y sature todo nuestro ser con la vida divina. Así El da Su vida a nuestro falleciente cuerpo mortal, no solamente para sanarlo, sino también para que reciba vida a fin de llevar a cabo la voluntad de Dios.

12[1] Después de ser salvos, todavía es posible que vivamos conforme a la carne al poner la mente en la misma. Pero cuando estamos en el espíritu y andamos conforme al espíritu, somos librados de la carne y ya no somos deudores a la carne.

13[1] En este versículo, morir, hacer morir y vivir son asuntos espirituales, y no físicos.

13[2] Debemos hacer morir los hábitos del cuerpo, pero lo debemos hacer por medio del Espíritu. Por una parte, debemos tomar la iniciativa de hacer morir los hábitos del cuerpo; el Espíritu no lo hace por nosotros. Por otra parte, no debemos hacerlo apoyándonos en nuestros propios esfuerzos sin el poder del Espíritu Santo.

Aquí "hacer morir" en realidad es nuestra coordinación con el Espíritu que mora en nosotros. Interiormente, debemos permitir que El haga Su

15 Pues no habéis recibido espíritu de esclavitud *para estar* otra vez en temor, sino que habéis recibido [1a]espíritu filial, [2]con el cual [b]clamamos: ¡[3]Abba, Padre!

15[a] cfr. Gá. 4:6
15[b] Gá. 4:6

hogar en nosotros para que pueda dar vida a nuestro cuerpo mortal (v. 11). Exteriormente, nosotros debemos hacer morir los hábitos de nuestro cuerpo para que vivamos. Cuando tomamos la iniciativa de hacer morir los hábitos de nuestro cuerpo, el Espíritu interviene para aplicar la eficacia de la muerte de Cristo a esos hábitos, y así matarlos.

13[3] No es el cuerpo en sí, sino sus hábitos, lo que debemos hacer morir. El cuerpo necesita ser redimido (v. 23), pero hay que hacer morir sus hábitos. Estos no sólo incluyen las cosas pecaminosas, sino también todas las cosas que nuestro cuerpo hace aparte del Espíritu.

14[1] El guiar del Espíritu no es exterior sino interior, y se compone de la ley del Espíritu de vida (v. 2), del Espíritu (vs. 9-13) y de la vida (vs. 6-11). Este versículo indica que nosotros somos guiados por el Espíritu y no que el Espíritu nos guía. Esto muestra que, aunque el Espíritu está listo para guiarnos, nosotros debemos tomar la iniciativa de ponernos bajo Su dirección. Esto significa que debemos tomarlo como nuestra vida y nuestro todo, y que debemos hacer morir todo lo que pertenezca a la vieja creación en nosotros. No necesitamos buscar el guiar del Espíritu, puesto que ya está presente en nosotros, morando en nuestro espíritu regenerado. Si vivimos bajo esta dirección, andaremos y nos comportaremos de una manera que compruebe que somos hijos de Dios.

14[2] El guiar aquí no es sólo una acción del Espíritu; es el Dios Triuno mismo que viene a ser la guía en nuestro espíritu. Si le atendemos como a una persona que mora en nosotros, espontáneamente seremos guiados por El.

14[3] El pensamiento central del libro de Romanos es que la salvación que Dios da hace que los pecadores sean Sus hijos, los cuales tienen Su vida y naturaleza para poder expresarle, para poder ser miembros de Cristo con el propósito de constituir el Cuerpo de Cristo para Su expresión. Así que, la filiación recibe mucho énfasis en este capítulo (vs. 15, 23). Aquí la palabra hijos (gr. *juiós*) indica una etapa de crecimiento en la vida divina más avanzada que la etapa señalada por la palabra hijos (gr. *teknós* [niños]) en el v. 16; no obstante esta etapa no es tan avanzada como la de *herederos,* en el v. 17. La palabra hijos en el v. 16 se refiere a la etapa inicial de la filiación, la etapa de ser regenerados en el espíritu humano. En el v. 17 la palabra hijos se refiere a los hijos de Dios que están en la etapa de la transformación de sus almas. No sólo han sido regenerados en su espíritu y están creciendo en la vida divina, sino que también viven y andan guiados por el Espíritu. Los *herederos* son los hijos de Dios que serán completamente madurados en todas las partes de su ser mediante la transfiguración de su cuerpo en la etapa de la glorificación. En consecuencia, estarán calificados como herederos legítimos para reclamar la herencia divina (vs. 17, 23).

15[1] Nuestro espíritu humano regenerado, mezclado con el Espíritu del Hijo de Dios (véase la nota 6[3] de Gá. 4). La filiación en este espíritu comprende la vida, la posición, el vivir, el disfrute, la primogenitura, la herencia y la manifestación de hijo. La filiación todo-inclusiva está ahora en nuestro espíritu.

15[2] Lit., en, o sea, estando en.

15[3] Palabra aramea que significa *padre.* Después de ser regenerados, ya no somos meramente criaturas de Dios; somos Sus hijos. Debido a que ahora hemos nacido de Dios y estamos relacionados con El en vida, el llamarle "Padre" es lo más normal y lo más grato (véase la nota 6[4] de Gá. 4).

16[a] Ro. 9:1
16[b] Zac. 12:1; Job 32:8; Pr. 20:27; Jn. 4:24; 1 Ts. 5:23; He. 4:12; Ro. 1:9; 1 Co. 5:4; 16:18; 2 Ti. 4:22; Gá. 6:18
16[c] Ro. 8:21; Jn. 1:12; 1 Jn. 3:1; Ro. 9:8
17[a] Gá. 4:7; Tit. 3:7
17[b] Fil. 3:10; Ap. 1:9
17[c] Ro. 8:30
18[a] Ro. 5:2; 8:21; 9:23; 1 Co. 2:7; 2 Co. 4:17; Ef. 1:18; Col. 1:27; 3:4; 1 Ts. 2:12; 2 Ti. 2:10; He. 2:10; 1 P. 1:7; 5:10

16 El Espíritu mismo [a]da testimonio [1]juntamente con [2]nuestro [b]espíritu, de que [3]somos [c]hijos de Dios.

17 Y si hijos, también [a]herederos; herederos de Dios y coherederos con Cristo, [1]si es que [b]padecemos juntamente con *El,* para que juntamente con *El* seamos [c]glorificados.

18 Pues [1]tengo por cierto que los padecimientos del tiempo presente no son dignos de compararse con la [a]gloria venidera que en nosotros ha de revelarse.

19 Porque la creación [1]observa ansiosamente, aguardando con anhelo la [2]manifestación de los hijos de Dios.

20 Porque la creación fue sujetada a [a]vanidad, no por su propia voluntad, sino por causa del que la sujetó,

21 con la esperanza de que también la creación misma será [1]libertada de la esclavitud de corrupción, a la libertad de la [a]gloria de los hijos de Dios.

16[1] No es que el Espíritu da testimonio y también nuestro espíritu, sino que el Espíritu da testimonio juntamente con nuestro espíritu. Esto indica que nuestro espíritu debe tomar la iniciativa de dar testimonio primero; luego el Espíritu dará testimonio juntamente con nuestro espíritu.

16[2] Esto revela que hoy en día el Espíritu de Dios, el Espíritu todo-inclusivo del Dios Triuno, mora en nuestro espíritu humano regenerado y opera en nuestro espíritu. Estos dos espíritus son uno; juntamente viven, operan y existen, mezclados como un solo espíritu (1 Co. 6:17). Véase Jn. 3:6; 4:24; y las notas.

16[3] Este es el testimonio que el Espíritu da cuando clamamos: "Abba, Padre" (v. 15). Tal testimonio nos declara y nos asegura que somos hijos de Dios, que poseemos Su vida; también nos limita y nos restringe a vivir y andar según esta vida, en conformidad con el hecho de que somos hijos de Dios. El Espíritu da testimonio de la relación más básica y fundamental que tenemos con Dios, a saber, que somos Sus hijos; no da testimonio de que somos Sus hijos maduros ni Sus herederos. Por lo tanto, el testimonio del Espíritu comienza en el momento de nuestro nacimiento espiritual, nuestra regeneración.

17[1] Esto muestra que existe una condición para ser herederos. No somos herederos simplemente por haber nacido de Dios, sino que, después de nacer, debemos crecer en vida para llegar a ser hijos maduros, y luego debemos pasar por el sufrimiento para ser glorificados y llegar a ser herederos legítimos.

18[1] Es decir, considerar después de calcular.

19[1] Lit., vigila con la cabeza extendida, con absoluta concentración.

19[2] Una exposición o manifestación de algo que antes estaba cubierto o escondido. Aunque nosotros somos hijos de Dios, estamos cubiertos con un velo, y todavía no hemos sido revelados. En la segunda venida del Señor seremos glorificados y nuestros cuerpos serán completamente redimidos; en ese entonces será quitado el velo. La creación aguarda esto con anhelo. Esta manifestación será la consumación del proceso de ser designados, por el cual estamos pasando ahora (véase la nota 4[1] del cap. 1).

21[1] En la actualidad, la creación es esclava de la ley de descomposición y

---

20[a] Ec. 1:2 21[a] Ro. 8:18

22 Porque sabemos que toda la creación gime a una, y a
una está con dolores de parto hasta ahora;
23 y no sólo *esto,* sino que también nosotros mismos, que
tenemos [1]las primicias del Espíritu, nosotros también [2]ge-
mimos dentro de nosotros mismos, aguardando con anhelo
la *plena* [3a]filiación, la [b]redención de nuestro cuerpo.
24 Porque en esperanza fuimos salvos; pero la [a]esperanza
que se ve, no es esperanza; porque ¿quién espera lo que ya
ve?
25 Pero si esperamos lo que no vemos, con perseverancia
y anhelo lo aguardamos.
26 Además, [1]de igual manera el Espíritu nos ayuda en
nuestra [2]debilidad; pues qué hemos de pedir como conviene,
no lo sabemos, pero el Espíritu mismo [a]intercede *por nosotros* con gemidos indecibles.
27 Mas el que escudriña los corazones sabe cuál es la
[1]intención del Espíritu, porque [2]conforme a Dios intercede
por los santos.

23[a] Gá. 4:5; Ef. 1:5
23[b] Lc. 21:28; Ef. 1:14; 4:30; 1 Co. 1:30
24[a] Ro. 5:2; Ef. 1:12; Col. 1:5, 27; 1 Ts. 5:8; 1 Ts. 2:16; Tit. 2:13; 3:7; 1 P. 1:3
26[a] Ro. 8:34

---

corrupción. Su única esperanza es ser libertada de la esclavitud de corrupción a la libertad de la gloria de los hijos de Dios, cuando éstos sean revelados.

23[1] Las primicias del Espíritu son simplemente el Espíritu mismo como las primicias. El Dios Triuno es nuestro disfrute; El es todo para nosotros. Habrá una cosecha de esta bendición cuando sean redimidos nuestros cuerpos; ése será el pleno disfrute. Hoy en día el Espíritu es las primicias de la cosecha venidera, el anticipo de nuestro pleno disfrute de Dios.

23[2] Aunque tenemos al Espíritu divino en nuestro espíritu como las primicias, nuestro cuerpo todavía no ha sido saturado con la vida divina. Nuestro cuerpo todavía es la carne, ligado a la vieja creación, y todavía es un cuerpo de pecado y de muerte que es impotente en cuanto a las cosas de Dios. Así que, gemimos junto con toda la creación (vs. 19, 22) y aguardamos con anhelo el día glorioso cuando lleguemos a la plena filiación, es decir, cuando obtengamos la redención y la transfiguración de nuestro cuerpo, y seamos libertados de la esclavitud de corrupción.

23[3] La filiación comenzó con la regeneración de nuestro espíritu, continúa ahora con la transformación de nuestra alma, y culminará en la redención de nuestro cuerpo.

26[1] *De igual manera* indica que antes de la ayuda del Espíritu que se menciona en este versículo, ya había otra ayuda del Espíritu, la cual debe de ser la ayuda que nos da el Espíritu como las primicias, según se menciona en el v. 23. Esto es confirmado por el hecho de que tanto el v. 23 como este versículo hablan de nuestro gemir.

26[2] La debilidad aquí es nuestra ignorancia con respecto a cómo debemos orar. No sabemos qué clase de oración quiere Dios, y no entendemos claramente cómo orar, conforme a la carga que sentimos, para ser conformados a la imagen del Hijo de Dios; así que gemimos (v. 23). Al gemir nosotros, el Espíritu también gime intercediendo por nosotros. El intercede en nuestro favor principalmente para que tengamos la experiencia de ser transformados en vida con miras a crecer hasta la madurez, la filiación, a fin

B. Herederos que son conformados
vs. 28-30

28 Y sabemos que a los que [1]aman a Dios, [2]todas las cosas
[3]cooperan para [4]bien, esto es, a los que conforme a *Su*
[5]propósito son [a]llamados.
29 Porque a los que [1]antes conoció, también los [2a]predestinó *para que fuesen* [3]hechos conformes a la [b]imagen de Su Hijo, para que El sea el [4c]Primogénito entre [5]muchos [d]hermanos.

28[a] Ro. 1:6, 7; 8:30; 1 Co. 1:2, 24
29[a] Ef. 1:5
29[b] 2 Co. 3:18; 1 Co. 15:49; Fil. 3:21; 1 Jn. 3:2
29[c] He. 1:6; Col. 1:18; Ap. 1:5
29[d] Jn. 20:17; Mt. 28:10; He. 2:11-12, cfr. He. 2:10

---

de ser totalmente conformados a la imagen del Hijo de Dios.

27[1] Lit., mente. Esto no se refiere a la mente del Espíritu como algo independiente de nosotros, sino a la mente del Espíritu como algo mezclado con nuestra mente (v. 6) que ha llegado a ser parte de nuestro corazón. El Espíritu no sólo se ha mezclado con nuestro espíritu; El también ha mezclado Su mente con la nuestra.

27[2] El Espíritu intercesor ora por nosotros no según algo relacionado con Dios, sino conforme a Dios mismo, a fin de que seamos conformados a la imagen del Hijo de Dios.

28[1] Amar a Dios hace que pongamos atención a Su deseo y que estemos dispuestos a coordinar con El. La obra de Dios requiere nuestra coordinación, y el hecho de que coordinemos con Dios confirma que somos llamados por Dios conforme a Su propósito.

28[2] Incluye a todas las personas, todos los asuntos y todas las cosas.

28[3] Dios el Padre responde cuando el Espíritu intercede por nosotros, y dispone nuestras circunstancias, haciendo que todas las cosas cooperen para nuestro bien.

28[4] Según el contexto, el bien aquí no está relacionado con personas, cosas ni asuntos físicos. Se refiere a que ganemos más de Cristo, a que El sea forjado en nuestro ser, para que seamos transformados metabólicamente y seamos finalmente conformados a Su imagen, la imagen del Hijo de Dios (v. 29), es decir, a fin de que seamos introducidos a la plena filiación.

28[5] Se refiere a la determinación intencional de Dios en Su plan. Este es el propósito de Dios: producir muchos hermanos de Su Hijo primogénito.

29[1] En los vs. 29-30 todos los pasos de la obra de Dios se describen en tiempo pasado, lo cual indica que a los ojos de Dios todo el trabajo ha sido terminado. Debido a que Dios es el Dios de la eternidad, en El no existe el tiempo.

29[2] Dios no nos ha predestinado simplemente para que seamos santificados, espirituales y victoriosos, sino para que seamos plenamente conformados a la imagen de Su Hijo. Este es el destino que Dios determinó para nosotros en la eternidad pasada.

29[3] La conformación es el resultado final de la transformación. Incluye el cambio de nuestra esencia y naturaleza interiores, y también el cambio de nuestra forma exterior, a fin de que correspondamos a la imagen glorificada de Cristo, el Dios-hombre. El es el prototipo y nosotros somos la producción en serie. Tanto los cambios interiores como los cambios exteriores que se efectúan en nosotros, el producto, son el resultado de la operación de la ley del Espíritu de vida (v. 2) en nuestro ser.

29[4] Desde la eternidad Cristo era el Hijo unigénito de Dios (Jn. 1:18). Cuando Dios le envió al mundo, todavía era el Hijo unigénito de Dios (1 Jn. 4:9; Jn. 1:14; 3:16). Al pasar por la muerte y entrar en resurrección, Su humanidad fue llevada al nivel de Su divinidad. Así que, en Su divinidad con Su humanidad que pasó por la

30 Y a los que predestinó, a éstos también llamó; y a los
que llamó, a éstos también [1a]justificó; y a los que justificó, a
éstos también [2b]glorificó.

C. Herederos que no pueden ser separados del amor de Dios
vs. 31-39

31 ¿Qué, pues, diremos a esto? Si Dios es por nosotros,
¿quién contra nosotros?

32 El que no escatimó ni a Su propio Hijo, sino que lo
[a]entregó por todos nosotros, ¿cómo no nos dará gratuitamente también con El [b]todas las cosas?

30[a] Ro. 3:24
30[b] Ro. 8:17; 1 Ts. 1:10
32[a] Ro. 4:25
32[b] 1 Co. 3:21, 22

---

muerte y la resurrección, El nació como el Hijo primogénito de Dios en resurrección (Hch. 13:33). Al mismo tiempo, todos Sus creyentes fueron resucitados con El en Su resurrección (1 P. 1:3) y fueron engendrados juntamente con El como los muchos hijos de Dios. De esta manera llegaron a ser Sus muchos hermanos para constituir Su Cuerpo y ser en El la expresión corporativa de Dios.

Como Hijo unigénito de Dios, Cristo sólo tenía divinidad, no humanidad; El existía en Sí mismo y existía para siempre, como existe Dios. A partir de Su resurrección comenzó a ser el Hijo primogénito de Dios, el cual tiene tanto divinidad como humanidad. Dios, tomando a Su Hijo primogénito como base, modelo, elemento y medio, está produciendo muchos hijos; y los muchos hijos que son producidos son los muchos creyentes que creen en el Hijo primogénito de Dios y que son uno con El. Ellos son exactamente como El en vida y naturaleza, y, tal como El, tienen tanto humanidad como divinidad. Son el aumento y la expresión del Dios Triuno eterno y le expresan por la eternidad. Hoy en día la iglesia es una miniatura de dicha expresión (Ef. 1:23), y la Nueva Jerusalén en la eternidad será la máxima manifestación de dicha expresión (Ap. 21:11). Este libro revela que Dios hace que los pecadores sean Sus hijos para esta expresión (12:5) y señala hacia la máxima manifestación de esta expresión (Ef. 3:19).

29[5] El propósito de la presciencia, la predestinación y el llamamiento de Dios es preparar y producir muchos hermanos para Su Hijo primogénito (véase la nota 17[2] de Jn. 20). Esto tiene como fin que ellos, junto con el Primogénito de Dios, sean los muchos hijos de Dios que tienen la vida y la naturaleza divinas para poder expresar a Dios, y que también sean los muchos miembros que constituyen el Cuerpo del Primogénito de Dios como expresión corporativa de Dios en Su Primogénito. Esta expresión es la plenitud del Primogénito de Dios, es decir, la plenitud de Dios en Su Hijo primogénito (Ef. 1:23; 3:19).

30[1] La justificación es un puente que hace que los pecadores redimidos por Cristo pasen de la condenación de la ley (3:19) a la aprobación de Dios (5:1-2). En esta aprobación Dios opera para conformarlos a la imagen de Su Hijo hasta introducirlos en Su gloria (He. 2:10).

30[2] La glorificación es la etapa de la obra completa de salvación en la cual Dios saturará totalmente nuestro cuerpo pecaminoso, el cual pertenece a la muerte y es mortal (7:24; 8:11; 6:6), con la gloria de Su vida y naturaleza conforme al principio de que El regenere nuestro espíritu por medio del Espíritu. De esta manera El transfigurará nuestro cuerpo, conformándolo al cuerpo resucitado y glorioso

33[a] Ap. 12:10
33[b] Ro. 3:26, 30
34[a] Ro. 5:8
34[b] Ro. 4:25
34[c] 1 Jn. 2:1
34[d] Ro. 8:26
35[a] 2 Co. 5:14
36[a] Sal. 44:22
36[b] 2 Co. 4:10
39[a] Ro. 5:5, 8; 2 Co. 13:14

33 ¿Quién [a]acusará a los escogidos de Dios? [1]Dios es el
que [b]justifica.
34 ¿Quién es el que condena? [1]Cristo Jesús es el que
[a]murió; más aun, el que también [b]resucitó, el que además
está [2c]a la diestra de Dios, el que también [3d]intercede por
nosotros.
35 ¿Quién nos separará del [a]amor de Cristo? ¿Tribulación, o angustia, o persecución, o hambre, o desnudez, o
peligro, o espada?
36 Según está escrito: "[a]Por Tu causa somos [b]muertos
todo el día; somos contados como ovejas de matadero".
37 Antes, en todas estas cosas somos [1]más que vencedores
por medio de Aquel que nos amó.
38 Por lo cual estoy persuadido de que ni la muerte, ni la
vida, ni ángeles, ni principados, ni lo presente, ni lo por
venir, ni potestades,
39 ni lo alto, ni lo profundo, ni ninguna otra cosa creada
nos podrá separar del [1a]amor de Dios, que es en Cristo Jesús
Señor nuestro.

---

de Su Hijo (Fil. 3:21). Esta es la última etapa de la salvación completa de Dios, en la cual Dios obtiene una expresión completa, la cual se manifestará finalmente en la Nueva Jerusalén en la era venidera.

33[1] O, ¿Lo hará Dios, quien justifica?

34[1] O, ¿Lo hará Cristo Jesús, quien murió ... por nosotros?

34[2] Este versículo afirma que hoy en día Cristo está a la diestra de Dios, en los cielos; no obstante, el v. 10 afirma que ahora está en nosotros, en nuestro espíritu (2 Ti. 4:22). Como el Espíritu que es (2 Co. 3:17) Él es omnipresente, estando a la diestra de Dios y en nuestro espíritu a la vez, tanto en los cielos como en la tierra.

34[3] En este versículo Cristo es el que intercede por nosotros, pero en el v. 26 el Espíritu es quien intercede. Estos no son dos intercesores, sino uno solo, el Señor Espíritu (2 Co. 3:18). Él intercede por nosotros en los dos extremos. En un extremo el intercesor es el Espíritu que está en nosotros, probablemente iniciando la intercesión en nuestro favor; en el otro extremo el intercesor es el Señor Cristo quien está a la diestra de Dios, probablemente completando la intercesión por nosotros, la cual debe ser principalmente que seamos conformados a Su imagen e introducidos en Su gloria.

37[1] Debido al amor inmutable que Dios nos tiene y al hecho de que Cristo ha efectuado todo en nuestro favor, ni la tribulación ni la persecución pueden oprimirnos ni derrotarnos; más bien, en todas estas cosas somos más que vencedores por medio de Aquel que nos amó.

39[1] El amor de Dios es la fuente de Su salvación eterna. Este amor está en Cristo y ha sido derramado en nuestros corazones mediante el Espíritu Santo (5:5). Nada nos puede separar del amor de Dios (vs. 38-39). En la salvación de Dios, este amor por nosotros ha llegado a ser el amor de Cristo (v. 35), el cual realiza por nosotros muchas cosas maravillosas por medio de la gracia de Cristo hasta que Dios termine en nosotros Su salvación completa. Estas cosas maravillosas incitan al enemigo de Dios a

CAPITULO 9

VI. Elección
9:1—11:36

A. La elección de Dios, nuestro destino
9:1—10:21

1. Por Dios quien llama
9:1-13

1 [1]Verdad digo en Cristo, no miento, y mi [2]conciencia da
testimonio conmigo en el Espíritu Santo,
2 que tengo gran tristeza y continuo dolor en mi corazón.
3 Porque deseara yo mismo ser [1]anatema, *separado* de
Cristo, por el bien de mis hermanos, mis parientes según la
carne;
4 que son israelitas, de los cuales son la [1a]filiación, la
[b]gloria, los [c]pactos, la [d]promulgación de la ley, el [2e]servicio
del tabernáculo y las [f]promesas;
5 de quienes son los patriarcas, y de los cuales, según la
carne, vino el Cristo, quien es [1a]Dios [b]sobre todas las cosas,
[c]bendito por los siglos. Amén.
6 Pero no es que la palabra de Dios haya fallado; porque
[1a]no todos los que descienden de Israel son israelitas,

---

atacar con toda clase de sufrimientos y calamidades (vs. 35-36). No obstante, debido a que respondemos al amor de Dios en Cristo, estos ataques han llegado a ser un beneficio para nosotros (v. 28). Así que, somos más que vencedores en todas nuestras aflicciones y calamidades (v. 37).

Para el final del cap. 8 este libro ha tratado la primera mitad de la salvación de Dios que es en Cristo. Esta nos ha salvado hasta tal punto que, por una parte, estamos en la aprobación de Dios, disfrutando la fuente de esta salvación, que es el amor de Dios en Cristo, del cual nada ni nadie puede separarnos; y, por otra, estamos en la vida de Dios, siendo conformados por el Señor Espíritu para llegar a la meta final de esta salvación, es decir, entrar en la incomparable gloria divina y ser glorificados juntamente con Dios (vs. 18, 30).

1[1] Después de que la primera parte trata de la salvación de Dios en Cristo, y antes de continuar con la segunda parte, se inserta la sección que incluye los caps. 9—11 para explicar en detalle la elección del pueblo escogido de Dios, la cual provino de Dios mismo.

1[2] En 8:16 el Espíritu Santo da testimonio juntamente con nuestro espíritu, mientras que en este versículo nuestra conciencia da testimonio con nosotros en el Espíritu Santo. Esto prueba que nuestra conciencia está en nuestro espíritu humano.

3[1] Era necesario que Pablo deseara que Israel fuera salvo, pero fue demasiado desear que él mismo fuera anatema y separado de Cristo. Pablo tenía tal anhelo debido a la desesperación que provenía de su intenso deseo de que Israel fuera salvo.

4[1] Aquí la filiación se refiere al derecho de heredar.

4[2] El servicio que se llevaba a cabo en el tabernáculo o en el templo,

4[a] Ex. 4:22
4[b] Ex. 40:34; 1 R. 8:11
4[c] Gn. 17:2; Dt. 29:14; Hch. 3:25; Ef. 2:12
4[d] Dt. 4:13; Sal. 147:19
4[e] He. 9:1, 6
4[f] Ro. 15:8; Dt. 29:13; Hch. 13:32; Ef. 2:12
5[a] Col. 1:15-18
5[b] Jn. 1:1; He. 1:8; 1 Jn. 5:20
5[c] Ro. 1:25
6[a] Ro. 2:28

7 ni por ser descendientes de [a]Abraham, son todos hijos; sino: "[b]En Isaac te será llamada descendencia".

8 Esto es: no los que son hijos según la carne son los [a]hijos de Dios, sino que los que son [b]hijos de la promesa son contados como descendientes.

9 Porque la palabra de la promesa es ésta: "[a]En este tiempo *el próximo año* vendré, y Sara tendrá un hijo".

10 Y no sólo *esto*, sino también cuando [a]Rebeca concibió de uno, de Isaac nuestro padre,

11 aunque no habían aún nacido, ni habían hecho aún bien ni mal (para que el [1]propósito de Dios conforme a la [a]elección permaneciese, no por las obras sino por el que [b]llama),

12 se le dijo: "[a]El mayor [1]servirá al menor".

13 Según está escrito: "[a]A Jacob amé, mas a Esaú aborrecí".

2. Por la misericordia de Dios
9:14-18

14 ¿Qué, pues, diremos? ¿Hay injusticia en Dios? ¡De ninguna manera!

15 Pues a Moisés dice: "[1a]Tendré [2b]misericordia del que Yo tenga misericordia, y me [2c]compadeceré del que Yo me compadezca".

16 Así que no es del que quiere, ni del que corre, sino de Dios que tiene misericordia.

7[a] Jn. 8:39-40; Mt. 3:9
7[b] Gn. 21:12
8[a] Jn. 1:12; 1 Jn. 3:1
8[b] Gá. 3:29; 4:28
9[a] Gn. 18:10
10[a] Gn. 25:21
11[a] Ro. 11:5, 28
11[b] 1 Co. 1:9; Ro. 11:29
12[a] Gn. 25:23
13[a] Mal. 1:2-3
15[a] Ex. 33:19
15[b] Mt. 9:13; Ef. 2:4
15[c] Ro. 12:1

---

establecido conforme a la ley de Moisés.

5[1] Aquí se afirma claramente que Cristo es Dios, lo cual comprueba que aunque Cristo era un hombre (5:15) de carne, quien provenía de la tribu de Judá, una de las tribus de Israel, El también es Dios, quien es sobre todas las cosas y bendito para siempre. El es un hombre y también es Dios. Es Dios el Hijo, y es el Dios Triuno.

6[1] Esto muestra la economía de Dios en Su elección. Todos los judíos han nacido de Israel, pero no todos han sido elegidos por Dios. Sólo Isaac y parte de su descendencia han sido elegidos por Dios y contados como hijos de Dios (vs. 7-8). Esta elección no depende de las obras del hombre, sino del Señor que hace el llamamiento y de Su misericordia (vs. 11, 16).

11[1] Véase la nota 28[5] del cap. 8.

12[1] Lit., servirá como esclavo.

15[1] Esta es la autoridad soberana de Dios, la cual le permite tener misericordia del hombre conforme a Su deseo.

15[2] La misericordia se refiere principalmente a una acción hecha como respuesta a la condición miserable del hombre; por lo tanto, que Dios tenga misericordia del hombre es algo exterior. En contraste, la compasión se refiere principalmente a un sentimiento que se expresa con gemidos y lágrimas; por esto, la compasión que Dios tiene para con el hombre es algo interior. Por lo tanto, la compasión es más profunda que la misericordia.

17 Porque la Escritura dice a Faraón: “[a]Para esto mismo
te he levantado, para mostrar en ti Mi poder, y para que Mi
nombre sea proclamado por toda la tierra”.
18 De manera que de quien quiere, tiene misericordia, y
al que quiere *endurecer,* endurece.

3. Por la soberanía de Dios
9:19-29

19 Entonces me dirás: ¿Por qué todavía inculpa? porque
¿quién resiste a Su voluntad?
20 Mas antes, [a]oh hombre, ¿quién eres tú, para que alter-
ques con Dios? ¿Dirá el objeto moldeado al que lo moldeó:
¿Por qué me has hecho así?
21 ¿O no tiene potestad el [a]alfarero sobre el barro, para
hacer de la misma masa un [1b]vaso para honra y otro para
deshonra?
22 ¿Y qué, si Dios, queriendo mostrar Su [a]ira y dar a
conocer Su poder, soportó con mucha longanimidad los vasos
de ira preparados para destrucción,
23 para dar a conocer las [a]riquezas de Su gloria sobre los
[b]vasos de [c]misericordia, que El preparó de antemano para
[1d]gloria,
24 *a saber,* nosotros, a los cuales también ha [a]llamado, no
sólo de entre los judíos, sino también de entre los gentiles?
25 Como también en Oseas dice: “[a]Llamaré pueblo Mío al
que no era Mi pueblo, y a la no amada, amada.
26 Y en el lugar donde se les dijo: [a]Vosotros no sois pueblo
Mío, allí serán llamados hijos del Dios viviente”.
27 También Isaías clama tocante a Israel: “[a]Aunque sea
el número de los hijos de Israel como la arena del mar, *tan
sólo* el remanente será salvo;
28 porque pronta y plenamente ejecutará el Señor Su
palabra sobre la tierra”.

17[a] Ex. 9:16
20[a] Is. 29:16; 45:9
21[a] Is. 64:8; Jer. 18:6
21[b] 2 Ti. 2:20
22[a] Ro. 1:18; 2:5, 8
23[a] Ef. 3:16
23[b] 2 Co. 4:7; 2 Ti. 2:20
23[c] Ro. 9:15, 16, 18; 11:31, 32; 15:9
23[d] Ro. 8:18; 1 Co. 2:7; 1 Ts. 2:12; Col. 3:4; 1 P. 5:10; He. 2:10
24[a] 1 Co. 1:9
25[a] Os. 2:23
26[a] Os. 1:10
27[a] Is. 10:22-23

21[1] Esto indica que Dios nos escogió para que fuéramos vasos de honra a fin de poder contenerle. Dios creó al hombre como un vaso que le pudiera contener; luego, de entre los muchos vasos, nos escogió a nosotros para que le contuviéramos a El, el Dios de honra, a fin de ser vasos de honra. Finalmente, El da a conocer Su gloria sobre nosotros, los vasos, para que lleguemos a ser vasos de Su gloria (v. 23). Todo esto proviene de Su misericordia y es conforme a ella; no lo podemos obtener por nuestros propios esfuerzos. Por esta razón, debemos adorarle a El. ¡Le debemos adorar por Su misericordia!

23[1] Esta es la gloria que se encontrará en la manifestación del reino venidero, en el cual participaremos nosotros, los que habremos sido revelados como hijos de Dios (8:17-23).

29[a] Is. 1:9
29[b] Gn. 19:24-25; 2 P. 2:6; Jud. 7

29 Y como antes dijo Isaías: "[a]Si el Señor de los ejércitos
no nos hubiera dejado descendencia, como [b]Sodoma habríamos venido a ser, y a Gomorra habríamos sido hechos
semejantes".

4. Por medio de la justicia que procede de la fe
9:30—10:3

30 ¿Qué, pues, diremos? Que los gentiles, que no iban tras
la justicia, han obtenido la justicia, pero una justicia que
proviene de la fe;

31[a] Ro. 11:7

31 mas [a]Israel, que iba tras una ley de justicia, no la
alcanzó.

32[a] Ro. 1:17
32[b] Is. 8:14; 1 P. 2:8

32 ¿Por qué? Porque *iban tras ella* no [1a]por fe, sino como
[1]por obras. Tropezaron en la [b]piedra de tropiezo,

33[a] Is. 28:16; 1 P. 2:6

33 según está escrito: "[a]He aquí pongo en Sion piedra de
tropiezo y roca de escándalo; y el que crea en El, no será
avergonzado".

CAPITULO 10

1[a] Ro. 11:26

1 Hermanos, el beneplácito de mi corazón, y mi súplica
a Dios por ellos, es para *su* [a]salvación.
2 Porque yo les doy testimonio de que tienen celo de
Dios, pero no conforme al conocimiento pleno.

3[a] Ro. 1:17; 3:21

3 Porque ignorando la justicia de Dios, y procurando
[1]establecer la suya propia, no se han sujetado a la [a]justicia
de Dios;

5. Por medio de Cristo
10:4-21

a. Cristo, el fin de la ley
v. 4

4[a] Mt. 5:17

4 porque el [1a]fin de la ley es Cristo, para justicia a todo
aquel que cree.

b. Cristo, encarnado y resucitado
vs. 5-7

5 Porque *acerca de* la justicia que procede de la ley

32[1] Lit., a partir de.

3[1] Los israelitas trataron de establecer su propia justicia procurando guardar la ley, y no se sujetaron a la justicia de Dios, la cual es Cristo mismo. Esto es un insulto para Dios, y hace que ellos pierdan el camino de la salvación de Dios.

4[1] Cristo vino para cumplir la ley (Mt. 5:17) a fin de terminarla y reemplazarla (8:3-4). Por lo tanto, todo aquel que cree en El recibe la

Moisés escribe *así:* "[a]El hombre que haga estas cosas, vivirá
por ellas".
6 Pero la justicia que procede de *la* fe habla así: "[a]No
digas en tu corazón: ¿Quién subirá al [b]cielo?" (esto es, para
[1]traer abajo a Cristo);
7 o, "¿quién descenderá al [1]abismo?" (esto es, para [2]hacer
subir a Cristo de entre los muertos).

c. Cristo, Aquel que está cerca
v. 8

8 Mas ¿qué dice? "[1a]Cerca de ti está la palabra, en tu
boca y en tu corazón". Esta es la palabra de la fe que
proclamamos:

d. Cristo, en quien se cree y a quien se invoca
vs. 9-13

9 que si [a]confiesas con tu [1]boca a [b]Jesús *como* Señor, y
crees en tu corazón que Dios le [2c]levantó de los muertos,
serás salvo.

5[a] Lv. 18:5
6[a] Dt. 30:12
6[b] Jn. 3:13; 6:38
8[a] Dt. 30:14
9[a] Fil. 2:11
9[b] 1 Co. 12:3; Hch. 2:36
9[c] Hch. 2:32; Ro. 8:11

---

justicia de Dios, la cual es Cristo mismo.

6[1] Esto se refiere a la encarnación de Cristo.

7[1] La palabra en griego se usa en Lc. 8:31 para referirse a la morada de los demonios; en Ap. 9:1, 2, 11 para denotar el lugar del cual saldrán las langostas, cuyo rey es Apolión (el anticristo); en Ap. 11:7 y 17:8 para denotar el lugar del cual subirá la bestia, el anticristo; y en Ap. 20:1, 3 para especificar el lugar donde Satanás será echado y donde estará encarcelado durante el milenio. La Septuaginta, la traducción griega del Antiguo Testamento, usa esta palabra en Gn. 1:2 (traducida allí *abismo*). Aquí, en este versículo, la palabra *abismo* denota el lugar que Cristo visitó después de Su muerte y antes de Su resurrección, y dicho lugar, conforme a Hch. 2:24, 27, es el Hades. Allí se revela que Cristo entró en el Hades después de que murió, y que subió de aquel lugar en Su resurrección. Así que, conforme al uso bíblico, la palabra *abismo* siempre se refiere a la región de la muerte y del poder de tinieblas de Satanás. Esta región se refiere a las partes más bajas de la tierra (Ef. 4:9), adonde Cristo descendió después de Su muerte, la cual El venció, y de la cual ascendió en Su resurrección.

7[2] Esto se refiere a la resurrección de Cristo.

8[1] *La palabra* en este versículo y *Cristo* en los vs. 6-7 son usados de forma intercambiable, lo cual indica que esta palabra es Cristo. Cristo se encarnó al descender del cielo, y resucitó al subir del Hades. De esta manera, El ha llegado a ser la Palabra viviente, el Espíritu (Ef. 6:17), para estar en nuestra boca y en nuestro corazón, tal como el aire, el aliento, que podemos inhalar. El está cerca y también disponible.

9[1] Cristo necesita que nosotros participemos de El. Puesto que fuimos hechos vasos para contenerle, necesitamos creer con nuestro corazón para recibirle, y debemos invocarle continuamente con nuestra boca para ingerirle, permitiendo así que Sus riquezas llenen nuestro vaso vacío (9:21-23).

9[2] La resurrección de Cristo fue un hecho invisible; así que requiere nuestra fe. Además, aunque la muerte

10 Porque [1]con el corazón se cree [2]para justicia, y [1]con la
boca se confiesa [2]para salvación.

11 Pues la Escritura dice: "[a]Todo aquel que en El crea, no
será avergonzado".

12 Porque no hay distinción entre [a]judío y griego, pues el
mismo Señor es [b]*Señor* de todos *y es* [1c]rico para con todos los
que le [d]invocan;

13 porque: "[a]Todo aquel que [1]invoque el nombre del Señor,
será [2b]salvo".

e. Cristo, proclamado y oído
vs. 14-15

14 ¿Cómo, pues, invocarán *a Aquel* *en el cual no han
[1]creído? ¿Y cómo creerán **en Aquel* de quien no han [2]oído?
¿Y cómo oirán sin haber quien proclame?

15 ¿Y cómo proclamarán si no son enviados? Según está
escrito: "¡[a]Cuán hermosos son los [b]pies de los que anuncian
las nuevas de cosas buenas!"

f. Cristo, recibido o rechazado
vs. 16-21

16 Mas no todos [1a]obedecieron al evangelio; pues Isaías
dice: "[b]Señor, ¿quién ha creído lo que de nosotros ha oído?"

11[a] Is. 28:16
12[a] Ro. 3:29; 2:10-11
12[b] Hch. 10:36
12[c] Ef. 3:8
12[d] Hch. 7:59; 9:14; 22:16; 1 Co. 1:2; 2 Ti. 2:22; Gn. 4:26; 12:8; Dt. 4:7; Sal. 99:6; 116:17; 145:18; Is. 12:2-4; 55:6; 64:7; Lm. 3:55-57
13[a] Jl. 2:32; Hch. 2:21
13[b] Hch. 16:31; Ef. 2:5, 8
15[a] Is. 52:7
15[b] Ef. 6:15
16[a] Ro. 1:5; 16:26
16[b] Is. 53:1

---

de Cristo nos ha redimido, sólo Su vida en resurrección nos puede salvar. Por lo tanto, solamente cuando creemos en el gran milagro que Dios efectuó en Cristo al levantarlo de entre los muertos, podemos ser redimidos y también salvos.

10[1] Creer con el corazón está relacionado con Dios; confesar con la boca está relacionado con el hombre. Creer con el corazón es creer en Cristo, quien fue glorificado y levantado por Dios de entre los muertos; confesar con la boca es confesar que Jesús, quien fue menospreciado y rechazado por los hombres, es el Señor. Ambos aspectos son condiciones para que seamos justificados y salvos.

10[2] Es decir, dando por resultado.

12[1] Esto muestra que Dios nos elige, nos redime, nos justifica, nos santifica, nos conforma y nos glorifica en Cristo a fin de que disfrutemos Sus inescrutables riquezas en Cristo (Ef. 3:8). La clave para tener este disfrute es invocar Su nombre.

13[1] Invocar el nombre del Señor es la clave no sólo para nuestra salvación, sino también para nuestro disfrute de las riquezas del Señor. Comenzando con Enós, la tercera generación de la humanidad, y pasando por todos los siglos hasta llegar a los creyentes neotestamentarios, los redimidos y escogidos de Dios han disfrutado la redención y la salvación de Cristo y todas Sus riquezas por medio de esta clave (véase la nota 21[1] de Hch. 2).

13[2] Aquí ser salvos significa ser conducidos a disfrutar de las riquezas del Señor. El Señor es rico para con los judíos y también para con los griegos. Todos los que invocan el nombre del Señor disfrutan del rico Señor; como resultado, son llenos de El y le expresan.

14[1] Una persona que crea en el Señor indudablemente invocará Su

17 Así que la fe *proviene* del [a]oír, y el oír, por medio de la [b]palabra de Cristo.

18 Pero digo: ¿No han oído? Sí, por cierto: "[a]Por toda la tierra ha salido la voz de ellos, y hasta los fines de la tierra habitada sus palabras".

19 Mas digo: ¿No ha conocido *esto* Israel? Primeramente Moisés dice: "[a]Yo os [b]provocaré a celos con una *nación que* no *es* nación; con una nación insensata os provocaré a ira".

20 E Isaías es muy osado y dice: "[a]Fui hallado de los que no me buscaban; me manifesté a los que no preguntaban por Mí".

21 Pero acerca de Israel dice: "[a]Todo el día extendí Mis manos a un pueblo desobediente y contradictor".

CAPITULO 11

B. La economía de la elección de Dios
11:1-32

1. Un remanente reservado por gracia
vs. 1-10

1 Digo, pues: ¿Ha [1]desechado Dios a Su pueblo? ¡De ninguna manera! Porque también [a]yo soy israelita, de la descendencia de Abraham, de la tribu de Benjamín.

2 No ha desechado Dios a Su pueblo, al cual conoció de antemano. ¿O no sabéis qué dice de Elías la Escritura, cómo invoca a Dios contra Israel, diciendo:

3 "[a]Señor, a Tus profetas han dado muerte, y Tus altares han derribado; y sólo yo he quedado, y acechan contra mi [1]vida"?

4 Pero, ¿qué le dice la divina respuesta? "[a]Me he reservado siete mil hombres, que no han doblado la rodilla delante de [1b]Baal".

17[a] Jn. 5:24; Gá. 3:2; Ef. 1:13
17[b] Col. 3:16
18[a] Sal. 19:4
19[a] Dt. 32:21
19[b] Ro. 11:11
20[a] Is. 65:1
21[a] Is. 65:2
1[a] Fil. 3:5
3[a] 1 R. 19:10
4[a] 1 R. 19:18
4[b] Jer. 19:5; 32:29

---

nombre. Invocar al Señor da por resultado una salvación inmediata (vs. 10, 13).

14[2] Esto implica que el creer viene por medio de la palabra y que se debe a la palabra (v. 17).

16[1] En cuanto al sentir humano, obedecer el evangelio es más profundo que creerlo. Antes de creer el evangelio, somos puestos en sujeción por el Espíritu Santo para que obedezcamos el evangelio. Es posible que aquellos que no obedecen el evangelio lleguen a ser enemigos del evangelio de Dios (11:28), enemigos de Dios mismo.

1[1] Los caps. 9 y 10 parecen indicar que Dios, habiendo escogido antes a Israel, ahora lo ha abandonado. Sin embargo, aquí el apóstol, tomando como ejemplo su propio caso y el de Elías, demuestra que no es así.

3[1] Lit., alma.

4[1] Baal, lo cual significa en hebreo

5[a] Ro. 11:28; 9:11
6[a] Ro. 4:4
7[a] Ro. 9:31
7[b] Ro. 11:25; 2 Co. 3:14
8[a] Dt. 29:4; Is. 29:10; Mt. 13:13-15
9[a] Sal. 69:22
10[a] Sal. 69:23
16[a] Nm. 15:18-21
17[a] Jer. 11:6

5 Así, pues, también en este tiempo ha quedado un
remanente conforme a la [a]elección de la gracia.
6 Mas si por [a]gracia, ya no es por obras; de otra manera
la gracia ya no es gracia.
7 ¿Qué pues? Lo que buscaba [a]Israel, no lo ha obtenido;
pero los escogidos sí lo han obtenido, y los demás fueron
[b]endurecidos;
8 según está escrito: "[a]Dios les dio espíritu de sueño
profundo, ojos con que no vean y oídos con que no oigan,
hasta el día de hoy".
9 Y David dice: "[a]Sea vuelta su mesa en trampa y en red,
en tropezadero y en retribución para ellos;
10 [a]sean oscurecidos sus ojos para que no vean, y agóbiales la espalda sin cesar".

2. Los gentiles son salvos
por el tropiezo de Israel
vs. 11-22

11 Digo, pues: ¿Han [1]tropezado para que cayesen? De
ninguna manera; pero por su traspié *vino* la salvación a los
gentiles, para provocarles a celos.
12 Mas si su traspié es la riqueza del mundo, y su menoscabo la riqueza de los gentiles, ¿cuánto más lo será su
plenitud?
13 Pero a vosotros, los gentiles, hablo. Por cuanto yo soy
apóstol a los gentiles, honro mi ministerio,
14 por si acaso puedo provocar a celos *a los de* mi carne,
y hacer salvos a algunos de ellos.
15 Porque si su exclusión es la reconciliación del mundo,
¿qué será su admisión, sino vida de entre los muertos?
16 Ahora bien, si *la* [a]*masa ofrecida* como [1]primicias es
santa, también lo es la masa restante; y si la raíz es santa,
también lo son las ramas.
17 Pero si algunas de las ramas fueron desgajadas, y tú,
siendo olivo silvestre, has sido [1]injertado entre ellas, y viniste a ser copartícipe de la raíz de la grosura del [2a]olivo,

---

señor, poseedor, era el nombre de uno de los ídolos principales de los fenicios y los cananeos.

11[1] Israel tropezó en la piedra de tropiezo, Cristo (9:32), pero no cayó. Más bien, sólo dio un traspié a fin de que la salvación de Dios llegara a los gentiles (Hch. 13:46). Esta es la economía de Dios en Su elección.

16[1] Los tres patriarcas, Abraham, Isaac y Jacob, mencionados en el v. 28 como "los padres", son las primicias de la masa, que fueron ofrecidas a Dios para Su satisfacción. También

18 no te jactes contra las ramas; y si te jactas, *sabe que* no
sustentas tú a la raíz, sino la raíz a ti.
19 Dirás entonces: *Algunas* ramas fueron desgajadas
para que yo fuese injertado.
20 Bien; por la [a]incredulidad fueron desgajadas, pero tú 20[a] Ro.
por la fe estás en pie. No te ensoberbezcas, sino teme. 11:23
21 Porque si Dios no perdonó a las ramas naturales, a ti
tampoco te eximirá.
22 Mira, pues, la bondad y la severidad de Dios; la severidad para con los que cayeron, pero la [a]bondad de Dios para 22[a] Ro.
contigo, si permaneces en esa bondad; pues de otra manera 2:4
tú también serás [b]cortado. 22[b] cfr. Jn. 15:2, 6 y la nota 1

3. Israel es restaurado al recibir los gentiles misericordia vs. 23-32

23 Y ellos también, si no permanecen en [a]incredulidad, 23[a] Ro.
serán injertados, pues poderoso es Dios para volverlos a 11:20
[1]injertar.
24 Porque si tú fuiste cortado del que por naturaleza es
olivo silvestre, y contra naturaleza fuiste injertado en el
olivo cultivado ¿cuánto más éstos, que son las *ramas* naturales, serán injertados en su propio [a]olivo? 24[a] Jer.
25 Porque no quiero, hermanos, que ignoréis este miste- 11:6
rio, no sea que presumáis de sabios: que ha acontecido a
Israel [a]endurecimiento en parte, hasta que haya entrado la 25[a] Ro.
plenitud de los [1]gentiles; 11:7

---

son la raíz que sostiene las ramas del olivo cultivado de Dios, Israel.

17[1] El injerto produce una unión orgánica (véase la nota 5[1] del cap. 6). No es cambiar una vida pobre por una vida mejor, sino unir dos vidas de modo que se mezclen en una sola vida y un solo vivir. Esto sucede cuando dos vidas semejantes pero diferentes pasan por la muerte (el cortar) y la resurrección (el crecer). Esto representa nuestra unión con Cristo.

17[2] Conforme a lo que se dice en Mt. 2:15, que es una cita de Os. 11:1: "De Egipto llamé a Mi Hijo", Cristo y el Israel verdadero son una sola entidad. Cuando los creyentes gentiles son injertados en Cristo, lo son también en Israel, que es el olivo cultivado, para llegar a ser copartícipes de la grosura (Cristo) de la raíz (los patriarcas, v. 16), a saber, las inescrutables riquezas de Dios en Cristo (Ef. 3:8). Ellos e Israel han llegado a ser los pámpanos de Cristo, la vid verdadera (Jn. 15:1, 5), y con El ambos pueblos han llegado a ser el organismo que expresa al Dios Triuno.

23[1] Esto sucederá en la segunda venida del Señor, cuando todo el remanente de la nación de Israel se arrepentirá y se convertirá y creerá en El como su Mesías para ser salvo (Zac. 12:10; Ro. 11:26).

25[1] Se refiere a los gentiles que se arrepienten y creen. La consumación de la plenitud de los gentiles que creen es diferente del cumplimiento de los tiempos de los gentiles (Lc. 21:24).

26 y luego todo Israel será salvo, según está escrito:
"[a]Vendrá de Sion el Libertador, y apartará de Jacob la
impiedad.
27 Y éste es Mi pacto con ellos, cuando Yo quite sus
pecados".
28 Según el evangelio, son enemigos [1]por causa de vosotros; pero según la [a]elección, son amados por causa de los
padres.
29 Porque irrevocables son los [a]dones de gracia y el [b]llamamiento de Dios.
30 Pues así como vosotros en otro tiempo erais desobedientes a Dios, pero ahora se os ha concedido [a]misericordia
por la desobediencia de ellos,
31 así también éstos ahora han sido desobedientes, para
que por la misericordia *concedida* a vosotros, también a ellos
les sea ahora concedida misericordia.
32 Porque Dios a todos [a]encerró en desobediencia, para
[1]tener [b]misericordia de todos.

C. La alabanza por la elección de Dios
11:33-36

33 ¡[1]Oh [a]profundidad de las [b]riquezas, de la [2c]sabiduría y
de la [d]ciencia de Dios! ¡Cuán [e]insondables son Sus juicios, e
inescrutables Sus caminos!

26[a] vs. 26-27: Is. 59:20-21; 27:9
28[a] Ro. 11:5; 9:11
29[a] Ro. 5:15; 6:23
29[b] Ro. 8:30; 9:11; 1 Co. 1:9, 24; Ef. 1:18
30[a] Ro. 9:15, 16, 18, 23; 15:9
32[a] cfr. Gá. 3:22
32[b] Ef. 2:4; Mt. 9:13
33[a] 1 Co. 2:10; Ef. 3:18
33[b] Ro. 2:4; 9:23; Ef. 1:7; 2:4, 7; Ef. 3:8, 16; Col. 1:27; Fil. 4:19
33[c] Ef. 3:10; 1 Co. 1:21
33[d] Sal. 139:1-6; 1 S. 2:3
33[e] Job 5:9; 11:7

Este último denota la terminación del tiempo del poder de los gentiles.

28[1] Esto muestra claramente la economía de Dios en Su elección. La incredulidad de Israel afecta su relación con Dios. No obstante, puesto que el llamamiento que Dios hace basado en Su elección es irrevocable (v. 29), ellos mantienen su posición como pueblo amado de Dios.

32[1] Hasta en la desobediencia del hombre se cumple la misericordia de Dios.

33[1] Esta es una alabanza a Dios por Sus riquezas, sabiduría y conocimiento, los cuales trascienden lo que el hombre puede sondear y escudriñar, y los cuales Dios empleó al crear todas las cosas y al disponerlas para llevar a cabo la elección de Su pueblo, los escogidos. Esta alabanza y la que se encuentra en 16:25-27, al final de este libro, tienen orígenes y metas diferentes. La de Ro. 11 procede de la elección de Dios y tiene como fin la realización de la misma; la de Ro. 16 procede del misterio de Dios en los tiempos eternos y tiene como fin el cumplimiento de éste. El resultado de las dos alabanzas es que se da gloria a Dios.

33[2] La sabiduría es más profunda y más elevada que el conocimiento. La sabiduría se ve en la iniciación de algo, mientras que el conocimiento se ve en la aplicación práctica de lo que se emprendió por la sabiduría. Como se ve aquí, Dios es el único Iniciador, especialmente en lo que se refiere a Su elección. Su sabiduría en iniciarla, y Su conocimiento al llevarla a cabo, como se describe en los caps. 9—11, merecen nuestra alabanza más sublime.

34 [a]Porque ¿quién conoció la mente del Señor? ¿O quién se hizo Su consejero?

35 ¿O quién le dio a El primero, para que le fuese recompensado?

36 Porque [a]de El, y [b]por El, y [c]para El, son todas las cosas. [d]A El sea la gloria por los siglos. Amén.

CAPITULO 12

VII. Transformación
12:1—15:13

A. Al poner en práctica la vida del Cuerpo
12:1-21

1. Presentando nuestros cuerpos
v. 1

1 [1]Así que, hermanos, os [2a]exhorto por las [3b]compasiones de Dios, que [4c]presentéis vuestros cuerpos en [5d]sacrificio vivo, santo, [e]agradable a Dios, *que es* vuestro [6f]servicio [7]racional.

1[1] Después de la palabra parentética que explica en detalle la elección de Dios, este libro, continuando lo expresado en el cap. 8, trata de la segunda parte de la salvación completa de Dios en Cristo, en la cual los que disfrutan de la primera parte de esta salvación son miembros los unos de los otros como Cuerpo de Cristo (v. 5). Además, ellos tienen el vivir del Cuerpo de Cristo en la tierra para expresar a Cristo en varias localidades (tales como las enumeradas en el cap. 16), a fin de que el Dios Triuno sea expresado en tal vivir. Esto concuerda con lo enseñado en los cinco capítulos de la Palabra santa que constituyen esta sección relacionada con los varios aspectos de este vivir. La primera parte de la salvación completa de Dios, revelada en los caps. 1—8, es el procedimiento por el cual Dios logra Su propósito; la segunda parte de esta salvación, revelada en los caps. 12—16, es el propósito mismo de la salvación completa de Dios.

1[2] O, ruego.

1[3] Véase la nota 15[2] del cap. 9. En el griego las compasiones mencionadas aquí están en plural. Dios ha mostrado varias clases de compasión para con nosotros al elegirnos, llamarnos, salvarnos e introducirnos en Su vida para que disfrutemos Sus riquezas y lleguemos a ser Su expresión. Mediante estas numerosas compasiones como medio y poder motivador, el apóstol nos exhortó a presentar nuestros cuerpos a Dios para el cumplimiento del propósito de Dios.

1[4] Todo nuestro ser es necesario para que se realice la vida de iglesia, es decir, la vida del Cuerpo de Cristo. Así que, este capítulo habla de nuestro cuerpo (v. 1), nuestra alma (v. 2) y nuestro espíritu (v. 11). Nuestro cuerpo debe ser presentado a Dios para el Cuerpo de Cristo.

1[5] En el cap. 6 los miembros de nuestro cuerpo han de ser presentados como armas de justicia (6:13) para la guerra y para el servicio. Sin embargo, en este capítulo nuestros cuerpos deben ser presentados como sacrificio vivo para la vida de la iglesia. Este es un sacrificio vivo porque tiene vida mediante la resurrección; no es como

---

34[a] 1 Co. 2:16; Is. 40:13
36[a] 1 Co. 8:6; 11:12; He. 2:10
36[b] Jn. 1:3; Col. 1:16
36[c] Col. 1:16; He. 1:2
36[d] Ro. 16:27; Ef. 3:21; 1 Ti. 1:17; 2 Ti. 4:18; 2 P. 3:18; Ap. 1:6; 5:13; 7:12
1[a] Ro. 15:30; 16:17
1[b] Ro. 9:15; Lm. 3:22-23
1[c] Ro. 6:13, 19
1[d] 1 P. 2:5; He. 13:15-16
1[e] Ro. 12:2; 14:18
1[f] Ro. 9:4

2. Por medio de la renovación de nuestras mentes
vs. 2-3

2 [1]No os [a]amoldéis a [2]este [b]siglo, sino [3c]transformaos por
medio de la [4d]renovación de vuestra [e]mente, para que
[5f]comprobéis cuál sea la [6g]voluntad de Dios: lo bueno, lo
[h]agradable y lo perfecto.

2[a] 1 P. 1:14; cfr. Ro. 8:29
2[b] Ef. 2:2; 2 Co. 4:4; Gá. 1:4; Tit. 2:12
2[c] 2 Co. 3:18
2[d] Ef. 4:23; Tit. 3:5
2[e] Ro. 8:6-7; 1 Co. 1:10; Fil. 4:2; Ro. 15:5; 1 Co. 2:16; Fil. 2:5
2[f] Ef. 5:10; 1 Ts. 5:21; 2 Co. 8:8, 22; 13:5
2[g] Ef. 1:9, 11; 5:17; Col. 1:9; Mt. 6:10; 7:21; He. 13:21
2[h] Ro. 12:1

---

los sacrificios del Antiguo Testamento, que eran inmolados. Este sacrificio también es santo porque, en su posición, ha sido apartado para Dios por medio de la sangre de Cristo, separado del mundo y de todas las personas, asuntos y cosas profanas; y también debido a que, en su carácter, la vida natural y la vieja creación han sido santificadas y transformadas por el Espíritu Santo, con la vida de Dios y la naturaleza santa de Dios, para Su satisfacción. Así que, este sacrificio es agradable a Dios.

En el griego, la palabra *cuerpos* aquí usada está en plural y la palabra *sacrificio* está en singular. Esto indica que, aunque muchos cuerpos son presentados, hay un solo sacrificio, lo cual implica que, aunque somos muchos, nuestro servicio en el Cuerpo de Cristo no debe constar de muchos servicios individuales, servicios separados y sin relación. Todo nuestro servicio debe constituir un solo servicio completo, y este servicio debe ser único porque es el servicio del único Cuerpo de Cristo.

1[6] Servicio en adoración a Dios. Véase la nota 9[1] del cap. 1. Antes de este capítulo, tal servicio sólo se menciona con respecto al apóstol, y no a los demás creyentes. Esto indica que el servicio de los creyentes es un resultado del crecimiento en vida que se describe en los capítulos anteriores. Indica además que este servicio debe prestarse en el Cuerpo, la iglesia. Esto corresponde a lo tipificado en Exodo y Levítico, los cuales muestran que el servicio que el sacerdocio prestaba a Dios no fue establecido sino hasta que se edificó la Tienda de reunión.

1[7] O, inteligente, lógico, razonable, en armonía con el modo de pensar más elevado.

2[1] Esto significa que no debemos ser asimilados por el mundo hasta tal punto que nosotros, los que hemos sido separados del mundo y apartados para Dios, volvamos a tener la misma imagen de este siglo, y no nos importe la transformación que el Señor Espíritu efectúa en nosotros con la esencia de Dios para conformarnos a la gloriosa imagen del Señor (2 Co. 3:18), la cual el Espíritu lleva a cabo moviéndose y obrando en nosotros por medio de la vida divina y la naturaleza divina.

2[2] La expresión *este siglo* denota la parte actual y práctica del mundo (véase la nota 4[2] de Gá. 1), la parte con la cual tenemos contacto y en la cual vivimos; mientras que el mundo, el sistema maligno de Satanás (véase la nota 2[1] de Ef. 2), se compone de todas las personas, asuntos y cosas que están fuera de Dios, incluyendo las cosas religiosas así como las cosas seculares, según vemos en Gá. 6:14, donde el mundo mencionado es el mundo religioso de la época en la cual vivió Pablo. Este mundo satánico se compone de muchas épocas diferentes, cada una con su propia forma, característica, moda, estilo y corriente. No podemos renunciar al mundo sin renunciar al siglo actual que se ve delante de nosotros.

2[3] La transformación es el proceso interior y metabólico en el cual Dios obra para extender Su vida y naturaleza divina a todas las partes de nuestro ser, particularmente a nuestra alma, introduciendo en nuestro ser a Cristo y Sus riquezas como nuestro elemento nuevo y haciendo que sea desechado gradualmente nuestro elemento viejo y natural. Como resultado, seremos transformados en Su imagen (2 Co. 3:18), es decir, conformados a la imagen del

3 Digo, pues, mediante la [a]gracia que me es dada, a cada
cual que está entre vosotros, que no [1]tenga más [b]alto concepto *de sí* que el que debe tener, sino que piense de sí de tal
manera que sea [c]cuerdo, conforme a la [d]medida de fe que
Dios ha repartido a cada uno.

3. Ejercitando los dones
vs. 4-8

4 Porque de la manera que en [a]un cuerpo tenemos [b]mu-
chos miembros, pero no todos los miembros tienen la [c]misma
[1]función,
5 así nosotros, siendo muchos, somos un solo Cuerpo [1]en
Cristo y [2a]miembros cada uno en particular, los unos de los
otros.

3[a] Ro. 1:5; 15:15; Ef. 3:7; 1 Co. 3:10; 15:10; Gá. 2:9
3[b] Ro. 12:16; Fil. 2:3
3[c] 1 Ti. 1:7
3[d] Ef. 4:7, 16
4[a] Ef. 2:16; 4:4; 1 Co. 12:12, 13
4[b] 1 Co. 12:12, 14, 20
4[c] 1 Co. 12:15-17, 21-22
5[a] Ef. 4:25

Hijo primogénito de Dios como Sus muchos hermanos (8:29). Así seremos aptos para la edificación de Su Cuerpo.

2[4] Después de presentar nuestro cuerpo, necesitamos que nuestra mente sea renovada. La renovación de nuestra mente, la cual resulta de poner la mente en el espíritu (8:6), es la base para la transformación de nuestra alma. Nuestra mente es la parte principal de nuestra alma, y mientras es renovada, nuestra voluntad y emoción automáticamente la seguirán para ser renovadas también. Ser renovados significa que un elemento nuevo es forjado en nuestro ser. Esto produce una transformación metabólica interior que nos hace aptos para la edificación del Cuerpo de Cristo, la cual es la práctica de la vida de la iglesia. El ser vencedores y todas las virtudes, que vemos en los caps. 12—16, también son resultados de esta transformación.

2[5] Es decir, veáis y discernáis. Basándonos en que presentemos nuestros cuerpos y en que nuestras mentes sean renovadas, veremos, discerniremos y comprobaremos que la voluntad de Dios es obtener un Cuerpo para Cristo que sea Su plenitud y expresión.

2[6] En este capítulo la voluntad de Dios es que nosotros, los que El ha escogido, llamado, redimido, justificado, santificado y conformado para glorificación, como se describe en los once capítulos anteriores, seamos miembros los unos de los otros para tener el vivir del Cuerpo de Cristo (vs. 3-5). El Cuerpo de Cristo es la cumbre de la revelación divina. El vivir del Cuerpo es el resultado y objetivo de la acción de presentar nuestros cuerpos, de la renovación de nuestra mente, y de todas las prácticas de vida que se ven en los capítulos anteriores.

3[1] Si vamos a tener la vida adecuada de iglesia, lo primero que debemos derribar es la alta estima que tenemos de nosotros mismos, para poder pensar de tal manera que demostremos cordura. Esto requiere que nuestra mente sea renovada siendo sorbidos todos los elementos negativos que hay en ella por la vida de Cristo. Entonces nos estimaremos a nosotros mismos según la fe que Dios nos ha proporcionado, es decir, según la medida del elemento de Dios que nos fue infundido.

4[1] La función se usa en el servicio en el Cuerpo de Cristo (v. 1). Para poder funcionar debemos tener vida, la vida divina para la expresión divina.

5[1] Somos un solo Cuerpo en Cristo, y tenemos una unión orgánica con El. Esta unión hace que en vida seamos uno con El y con todos los demás miembros de Su Cuerpo. El Cuerpo

6[a] 1 Co. 12:4; Ef. 4:7; 1 P. 4:10
6[b] 1 P. 4:10; cfr. Ef. 4:7
6[c] 1 Co. 12:10; 14:3, 4
6[d] Ro. 12:3
7[a] 1 Ti. 2:2; 1 Ti. 5:17
8[a] Hch. 11:23
8[b] 2 Co. 9:7
8[c] 1 Ti. 5:17; He. 13:17
8[d] Mt. 5:7

6 Y teniendo [1a]dones que difieren según la [b]gracia que
nos es dada, si el de [2c]profecía, *profeticemos* conforme a la
[d]proporción de la fe;
7 o si de [1]servicio, *seamos fieles* en servir; o el que
[a]enseña, en la enseñanza;
8 el que [a]exhorta, en la exhortación; el que [1b]da, con
sencillez; el que [2c]preside, con diligencia; el que [3]hace [d]mise-
ricordia, con alegría.

---

no es una organización ni una sociedad, sino realmente un organismo producido por la unión en vida que tenemos con Cristo.

5[2] El propósito de la salvación de Dios es que Cristo sea reproducido en millones de santos a fin de que ellos lleguen a ser miembros de Su Cuerpo, no unidades individuales, separadas y completas, sino partes de un conjunto vivo, coordinado, corporativo y activo. Aunque estas partes tienen funciones diferentes, no están separadas unas de otras, sino que son "miembros cada uno en particular, los unos de los otros". Cada miembro está unido orgánicamente a todos los demás, y cada uno necesita la función de todos los demás. Todos los miembros deben estar coordinados para practicar la vida del Cuerpo que se revela en este capítulo.

6[1] Recibimos los dones conforme a la gracia que nos es dada, y éstos son un resultado de la experiencia que tenemos de la gracia de Cristo. Esta gracia es Dios en Cristo como el elemento divino que entra en nosotros a fin de ser nuestra vida para nuestro disfrute. Cuando esta gracia entra en nosotros, trae consigo el elemento de ciertas habilidades y capacidades espirituales, las cuales, acompañando nuestro crecimiento en vida, se desarrollan como dones en vida a fin de que funcionemos en el Cuerpo de Cristo para servir a Dios. Aquí los dones en vida son diferentes de los dones mencionados en Ef. 4:8, los cuales se refieren a las personas dotadas, dadas al Cuerpo por Cristo en Su ascensión para la edificación del Cuerpo. También son diferentes de los dones milagrosos mencionados en 1 Co. 12 y 14. Los dones en vida se desarrollan por medio del crecimiento en vida y de la transformación en vida que vemos en el v. 2, teniendo como fuente los dones interiores e iniciales que aparecen en 1 Co. 1:7.

6[2] Profetizar es hablar por Dios y proclamar a Dios bajo Su revelación directa. La predicción puede estar incluida en la profecía, pero no es el aspecto principal de la profecía que se menciona aquí. El profetizar introduce la revelación de Dios para la edificación de la iglesia, el Cuerpo de Cristo (1 Co. 14:4b). Estas tres cosas —la profecía, la enseñanza (v. 7) y la exhortación (v. 8)— están relacionadas y coordinan entre sí. El que profetiza habla lo que ha recibido como revelación directa de Dios. El que enseña instruye a otros, no basándose en la revelación directa sino en lo que los profetas han hablado. El que exhorta lo hace conforme a lo que se dio directamente bajo la revelación de Dios y la enseñanza dada conforme a esa revelación. Estas tres clases de hablar tienen como fin la edificación del Cuerpo y comunican a los santos el suministro de vida para que crezcan juntos por medio de la palabra de Dios.

7[1] El servicio de los diáconos y las diaconisas en las iglesias locales. Véase 16:1; 1 Ti. 3:8-13; Fil. 1:1.

8[1] Se refiere a los que abastecen a los necesitados que haya en la iglesia para suplir las necesidades prácticas de la iglesia misma.

8[2] Se refiere a los hermanos dirigentes de la iglesia. En el asunto de

4. Viviendo una vida que posea las más altas virtudes
vs. 9-21

9 [1]El [a]amor sea sin hipocresía. Aborreced lo malo, [b]adhe-
ríos a lo bueno.
10 [a]Amaos entrañablemente los unos a los otros con amor
fraternal; en cuanto a conferir honra, adelantándoos los
unos a los otros.
11 En el celo, no perezosos; [1a]fervientes en espíritu, [2b]sir-
viendo al Señor;
12 gozosos en la esperanza; [a]sufridos en la tribulación;
[b]perseverantes en la oración;
13 [1a]contribuyendo para las necesidades de los santos;
prontos a ejercer la [b]hospitalidad.
14 [1a]Bendecid a los que os persiguen; bendecid, y no mal-
digáis.
15 [1]Gozaos con los que se gozan; llorad con los que lloran.

9[a] 2 Co. 6:6; 1 P. 1:22
9[b] 1 Ts. 5:21-22
10[a] 1 Ts. 4:9; He. 13:1; 2 P. 1:7; Jn. 13:34; 15:12; 1 P. 1:22
11[a] Hch. 18:25
11[b] Ro. 14:18; Hch. 20:19
12[a] Ro. 5:3
12[b] Ef. 6:18
13[a] Ro. 15:25; He. 6:10
13[b] 1 P. 4:9; He. 13:2
14[a] Mt. 5:44; 1 Co. 4:12

---

ser líder, la primera cualidad que se necesita es la diligencia.

8[3] Esto se refiere a los que hacen misericordia compadeciéndose de otros y prestándoles ayuda. La misericordia que se ve aquí no es una generosidad natural, sino una cualidad formada por medio de la transformación.

9[1] Los vs. 9-21 y el cap. 13 exhiben la vida cristiana normal que es la base necesaria para la práctica de la vida de la iglesia y que corresponde a la vida de la iglesia. Esta vida se describe en cinco aspectos: (1) para con otros (vs. 9-10, 13, 15-16); (2) para con Dios (v. 11); (3) para con nosotros mismos (v. 12); (4) para con los que nos persiguen y los enemigos (vs. 14, 17-21); y (5) en general, delante de todos los hombres (v. 17). Una vida que es completa y adecuada en estos cinco aspectos es una vida de calidad sobresaliente con un resultado excelente.

11[1] Un cuerpo que ha sido presentado, un alma transformada y un espíritu ferviente: estos tres son indispensables para la vida adecuada de iglesia. Después de presentar nuestro cuerpo para la vida de la iglesia, es muy fácil caer en la trampa de las opiniones de nuestra mente en nuestra alma, lo cual perjudica nuestra vida de iglesia; por lo tanto, nuestra alma, particularmente nuestra mente, necesita ser transformada. Sin embargo, una vez que nuestra mente es transformada, es posible que caigamos fácilmente en un estado negativo e inactivo. En tal circunstancia debemos ser fervientes en espíritu para ser despertados y animados a fin de seguir adelante de forma positiva en la vida de la iglesia.

11[2] Lit., sirviendo como esclavos. Véase la nota 1[2] del cap. 1.

13[1] Lit., teniendo comunión con las necesidades. Esto significa atender de buena gana las necesidades de los santos conforme a nuestra capacidad. El apóstol llamó "comunión" a esta clase de cuidado material, porque al compartir las cosas materiales la gracia de la vida del Señor fluye entre los miembros del Cuerpo de Cristo y les es infundida.

14[1] Como cristianos, estamos bajo bendición. Por lo tanto, sólo debemos bendecir y no maldecir a nadie. El Señor nos bendijo cuando éramos Sus enemigos (5:10). De la misma manera debemos bendecir a nuestros enemigos y perseguidores.

15[1] Vivir una vida cristiana normal para la vida de la iglesia, requiere que nuestra parte emotiva sea adecuada y que pueda gozarse o llorar con

16 Tened un [a]mismo sentir los unos para con los otros, no [b]ocupándoos en grandezas, sino asociándoos con los [1]humildes. No presumáis de [c]sabios.

17 [a]No paguéis a nadie mal por mal; [1b]pensad de antemano en lo que es honroso delante de todos los hombres.

18 Si es posible, en cuanto dependa de vosotros, vivid en [a]paz con todos los hombres.

19 No os [1]venguéis vosotros mismos, amados, sino dejad lugar a la ira *de Dios;* porque escrito está: "[a]Mía es la venganza, Yo pagaré, dice el Señor".

20 [a]Antes bien, "si tu enemigo tiene hambre, dale de comer; si tiene sed, dale de beber; pues haciendo esto, ascuas de fuego amontonarás sobre su cabeza".

21 No seas vencido de lo malo, sino vence con el bien el mal.

CAPITULO 13

B. Al estar sometidos a las autoridades 13:1-7

1 [1a]Sométase toda [2]persona a las autoridades superiores; porque [b]no hay autoridad sino [3]de parte de Dios, y las que hay, por Dios han sido [4]establecidas.

16[a] Ro. 15:5; Fil. 2:2; 2 Co. 13:11; 1 P. 3:8
16[b] Ro. 12:3
16[c] Pr. 3:7
17[a] Mt. 5:39
17[b] 2 Co. 8:21
18[a] Ro. 14:17, 19; He. 12:14; Mr. 9:50; Ef. 4:3; Col. 3:15
19[a] Dt. 32:35; He. 10:30
20[a] Pr. 25:21-22
1[a] Tit. 3:1; 1 P. 2:13
1[b] Dn. 4:17

---

otros. Estos sentimientos no pertenecen a nuestra vida natural; provienen de la vida por medio de la transformación.

16[1] O, lo humilde.

17[1] Puesto que vivimos no sólo delante de Dios sino también delante de los hombres, necesitamos pensar de antemano en lo que es honroso ante los ojos de todos los hombres.

19[1] Dios es soberano. No debemos vengarnos nosotros de ninguna manera, sino que debemos dejarlo todo en las manos soberanas del Señor, dando lugar a que El haga lo que quiera.

1[1] La transformación mencionada en 12:2 también gobierna la vida cristiana acerca de la cual se da instrucciones en este capítulo. El carácter natural del hombre es rebelde, pero un carácter transformado es sumiso. La sujeción a la autoridad requiere transformación, la cual resulta del crecimiento en vida.

1[2] Lit., alma.

1[3] Lit., por Dios. Después de la caída del hombre, Dios autorizó al hombre a actuar como Su autoridad delegada en el asunto de reinar sobre el hombre (Gn. 9:6). Someterse a las autoridades es reconocer la autoridad de Dios y respetar Su gobierno sobre el hombre. Lo dicho por Pablo aquí implica que él reconoció aun a los oficiales designados por César como gobernantes establecidos por Dios para ser autoridades delegadas de Dios.

1[4] Dios establece las autoridades sobre el hombre a fin de mantener la paz y seguridad en la sociedad humana de modo que haya tiempo y oportunidad para que El pueda predicar el evangelio, salvar pecadores y edificar a la iglesia para la extensión de Su reino.

2 De modo que quien se opone a la autoridad, a lo establecido por Dios resiste; y los que resisten, acarrean [1]condenación para sí mismos.

3 Porque los [a]gobernantes no están para infundir temor al que hace el bien, sino al malo. ¿Quieres no temer la autoridad? Haz lo bueno, y tendrás alabanza de ella;

4 porque te es un [1]servidor de Dios para [2]bien. Pero si haces lo malo, teme; porque no en vano lleva la espada, pues es [1]servidor de Dios, vengador para ejecutar ira sobre el que practica lo malo.

5 Por lo cual es necesario estarle sujetos, no solamente por temor de la ira, sino también por causa de la conciencia.

6 Pues por esto pagáis también los impuestos, porque son [1]funcionarios de Dios que atienden continuamente a esto mismo.

7 [a]Pagad a todos lo que debéis: al que impuesto, impuesto; al que tributo, tributo; al que temor, temor; al que honra, honra.

C. Al poner en práctica el amor
13:8-10

8 No debáis a nadie nada, sino el [1a]amaros unos a otros; porque el que ama al prójimo, ha [b]cumplido la ley.

9 Porque: "[a]No adulterarás, no matarás, no hurtarás, no codiciarás", y si hay algún otro mandamiento, en esta sentencia se resume: "[b]Amarás a tu prójimo como a ti mismo".

10 [a]El amor no obra mal para con su prójimo; así que el [b]cumplimiento de la ley es el amor.

D. Al pelear la batalla
13:11-14

11 Y esto, conociendo el [a]tiempo, que es ya hora de [b]levantaros del sueño; porque ahora está [c]más cerca de nosotros nuestra [1]salvación que cuando creímos.

3[a] 1 P. 2:14
7[a] Mt. 22:21
8[a] Ro. 12:10; Jn. 13:34; 15:12
8[b] Ro. 13:10; Gá. 5:14; Jac. 2:8
9[a] Ex. 20:13-15, 17; Dt. 5:17-19, 21
9[b] Mt. 22:39; Gá. 5:14
10[a] 1 Co. 13:4-7, 13
10[b] Gá. 5:14; Jac. 2:8
11[a] 1 Ts. 5:1; 1 P. 4:7
11[b] Ef. 5:14; 1 Ts. 5:6; Mr. 13:33
11[c] Lc. 21:28; Jac. 5:8

2[1] O, castigo.

4[1] La misma palabra griega que se traduce *diaconisa* en 16:1 y *diácono* en 1 Ti. 3:8.

4[2] Lit., el bien.

6[1] Lit., funcionarios públicos.

8[1] El amor no es meramente una conducta exterior sino la expresión de la vida interior. Para poder amar a otros y así cumplir la ley espontáneamente, necesitamos la transformación en vida y el suministro de vida. Necesitamos ser transformados y abastecidos en vida por la vida de Dios y por Su naturaleza de amor, a fin de que en amor vivamos a este Dios, quien es amor, y expresemos Su amor.

11[1] Se refiere a la etapa final de la salvación, es decir, la redención de

12 La [1]noche está avanzada, y se acerca el [a]día. Deseche-
mos, pues, las [b]obras de las tinieblas, y vistámonos con las
[c]armas de la luz.

13 Andemos como de [a]día, honestamente; no en [b]juergas y
[c]borracheras, no en fornicaciones y lascivias, no en [d]contien-
das y [e]envidia,

14 sino [1a]vestíos del Señor Jesucristo, y no [2]proveáis para
la [b]carne a fin de *satisfacer sus* concupiscencias.

CAPITULO 14

E. Al recibir a los creyentes
14:1—15:13

1. Como Dios los recibe
14:1-9

1 [1]Ahora bien, [2a]recibid al [b]débil en la fe, *pero* no para
juzgar *sus* [3]opiniones.

12a He. 10:25; Ap. 22:10
12b Ef. 5:11
12c Ro. 6:13; 2 Co. 6:7; 10:4; Ef. 6:11, 13; 1 Ts. 5:8
13a 1 Ts. 5:5
13b 1 P. 4:3
13c Ef. 5:18; Lc. 21:34
13d Fil. 2:3
13e Gá. 5:26
14a Gá. 3:27
14b Gá. 5:16; 1 P. 2:11
1a Ro. 14:3; 15:7
1b Ro. 15:1; 1 Co. 8:9; 9:22

nuestro cuerpo, la filiación completa revelada en 8:19, 21 y 23.

12[1] La edad actual es la noche. Cuando el Señor Jesús regrese, el día amanecerá. La próxima edad, la edad del reino, será el día.

14[1] Aunque hemos sido bautizados en Cristo y ya estamos en Cristo (6:3; Gá. 3:27), todavía debemos vestirnos de El. Vestirnos de Cristo es vivir por Cristo (Gá. 2:20) y expresarle en nuestro vivir (Fil. 1:21), magnificándolo así (Fil. 1:20). Vestirse de Cristo es lo mismo que vestirse con las armas de la luz (v. 12), lo cual indica que Cristo es las armas de la luz para la guerra entre el Espíritu y las concupiscencias. La guerra aquí mencionada equivale al conflicto entre el Espíritu y las concupiscencias de la carne (Gá. 5:17). Sin embargo, difiere de nuestra lucha contra el diablo y sus fuerzas malignas (Ef. 6:12), y de la guerra entre la ley del pecado y la ley del bien dentro de nosotros (7:23).

14[2] O, hagáis planes. Esta palabra tiene la misma raíz que la palabra griega que se traduce *pensar de antemano* en 12:17. *Pensar de antemano* incluye el significado de *proveer.* No proveer para la carne significa no pensar de antemano para la carne ni proveer a la carne de algo que la apoye y le haga fácil satisfacer sus concupiscencias.

1[1] Este capítulo puede considerarse un suplemento de la constitución para la vida de la iglesia. Al presentar cada artículo, el corazón del autor era tolerante, su actitud, amplia, y su manera de ver las cosas, noble. Para practicar la vida de la iglesia que él instituyó en el cap. 12, debemos seguir estrictamente el suplemento presentado en este capítulo. Muchos santos que aman al Señor y procuran vivir la vida de la iglesia han fracasado porque han descuidado este asunto o se han equivocado al respecto.

1[2] Para practicar la vida del Cuerpo revelada en el cap. 12, debemos aprender las lecciones prácticas en cuanto a recibir a los creyentes, como se revela particularmente en 14:1—15:13, para que la vida de la iglesia sea todo-inclusiva, es decir, capaz de incluir toda clase de cristianos genuinos. Recibirlos de esta manera requiere la

2 Porque uno cree que puede comer de todo, pero el que es débil, *sólo* [a]come legumbres.

3 El que come, [1]no menosprecie al que no come, y el que no come, [1]no juzgue al que come; porque [2]Dios le ha recibido.

4 ¿Tú quién eres, que juzgas al criado ajeno? Para su propio señor está en pie, o cae; pero estará firme, porque poderoso es el Señor para hacerle estar firme.

5 Uno hace diferencia entre [a]día y día; otro juzga *iguales* todos los días. Cada uno esté plenamente [b]convencido en su propia mente.

6 El que hace caso del día, lo hace para el Señor; el que come, para el Señor [a]come, porque da [b]gracias a Dios; y el que no come, para el Señor no come, y da gracias a Dios.

7 Porque ninguno de nosotros [a]vive para sí, y ninguno muere para sí.

8 Pues si vivimos, para el Señor [a]vivimos; y si morimos, para el Señor morimos. Así pues, sea que vivamos, o que muramos, [b]del Señor somos.

9 Porque Cristo para esto [a]murió y *volvió a* vivir, para ser [b]Señor así de los muertos como de los que viven.

2[a] Col. 2:16
5[a] Gá. 4:10; Col. 2:16
5[b] Ro. 14:23
6[a] 1 Co. 10:31
6[b] 1 Co. 10:30; 1 Ti. 4:3-4
7[a] 2 Co. 5:15
8[a] 1 Ts. 5:10; Lc. 20:38
8[b] Ro. 8:9; 1 Co. 3:23
9[a] Ap. 1:18; 2:8
9[b] Fil. 2:11; Hch. 2:36

---

transformación mencionada en el cap. 12; si seguimos siendo hombres naturales, no podremos recibir a las personas cuyos criterios sean diferentes a los nuestros en cuanto a la doctrina o a la práctica.

1[3] Es decir, consideraciones doctrinales. Debemos aprender a no juzgar los conceptos doctrinales de otros. Sin embargo, no podemos tolerar la adoración de ídolos (1 Jn. 5:21; 1 Co. 8:4-7), la fornicación, la avaricia, la maledicencia y otros pecados serios (1 Co. 5:9-11; 6:9-10), la división (16:17; Tit. 3:10), y el negar la encarnación de Cristo (2 Jn. 7-11). No debemos excluir ningún cristiano genuino que tenga la fe fundamental del Nuevo Testamento, aun cuando no piense como nosotros con respecto a la doctrina; más bien, debemos recibirlo en el Señor, quien es Señor suyo y nuestro.

3[1] Con respecto a recibir a los creyentes, Pablo usó como ejemplos la comida (vs. 2-3) y la observancia de ciertos días (vs. 5-6). Dios nos recibe sin tomar en cuenta lo que comemos o si observamos ciertos días o no. Estos son asuntos menores y secundarios que no tienen nada que ver con nuestra salvación y la fe fundamental. Por lo tanto, no debemos menospreciar ni juzgar a otros en estos asuntos.

3[2] La base sobre la cual recibimos a los creyentes es que Dios los ha recibido. Dios recibe a la gente conforme a Su Hijo. Cuando una persona recibe al Hijo de Dios, nuestro Señor Jesucristo, como su Salvador, inmediatamente Dios recibe a tal persona y la introduce en el disfrute del Dios Triuno y de todo lo que El ha preparado y realizado en Cristo para nosotros. Debemos recibir a otros de la misma manera y no debemos ser más estrictos que Dios. No importa cuánto difieran de nosotros en cuanto a conceptos doctrinales o prácticas religiosas, los debemos recibir. Cuando recibimos a otros conforme a Dios y no conforme a la doctrina o la práctica, mostramos y mantenemos la unidad del Cuerpo de Cristo.

2. A la luz del tribunal
14:10-12

10 Pero tú, ¿por qué juzgas a tu hermano? O tú, ¿por qué
menosprecias a tu hermano? Porque todos compareceremos
ante el [1a]tribunal de Dios.
11 Porque escrito está: "[a]Vivo Yo, dice el Señor, que ante
Mí se doblará toda rodilla, y toda lengua confesará públicamente a Dios".
12 De manera que cada uno de nosotros [a]dará a Dios
cuenta de sí.

3. Según el principio de amor
14:13-15

13 Así que, ya no nos [a]juzguemos más los unos a los otros,
sino más bien que vuestro juicio sea esto: [b]no poner tropiezo
u ocasión de caer al hermano.
14 Yo sé, y estoy persuadido en el Señor Jesús, que [a]nada
es [1]inmundo en sí mismo; mas para el que piensa que algo
es [1]inmundo, para él lo es.
15 Pero si por causa de la comida [1]hieres a tu hermano,
ya no [a]andas conforme al amor. No hagas que por la comida
tuya se [b]destruya aquel por quien Cristo murió.

4. Para la vida del reino
14:16-23

16 No sea, pues, vituperado vuestro [a]bien;
17 porque el [1a]reino de Dios no es comida ni bebida, sino
[2b]justicia, [c]paz y [d]gozo en el Espíritu Santo.

10[a] 2 Co. 5:10
11[a] Is. 45:23
12[a] cfr. Mt. 12:36; 1 P. 4:5
13[a] Ro. 14:3
13[b] 1 Co. 8:13
14[a] Ro. 14:20; 1 Ti. 4:3-4
15[a] Ef. 5:2
15[b] Ro. 14:20; 1 Co. 8:11
16[a] 1 Co. 10:30
17[a] Jn. 3:5; Hch. 1:3; 8:12; 14:22; 20:25; 28:23, 31; 1 Co. 4:20; 6:10; Gá. 5:21; Ef. 5:5; Col. 4:11; Mt. 16:18, 19; Ap. 1:9
17[b] Mt. 5:20
17[c] Ro. 15:13, 33
17[d] Gá. 5:22; 1 Ts. 1:6

10[1] El juicio ante el tribunal de Dios es diferente del juicio eterno de Dios mencionado en 2:2, 3, 5, 16 y 3:8, el cual será llevado a cabo principalmente ante el gran trono blanco (Ap. 20:11-15). El juicio eterno en el gran trono blanco será (1) después del milenio, (2) para juzgar a todos los incrédulos muertos, y (3) para castigo eterno en el lago de fuego. Tal juicio se menciona en este libro en la sección que trata de la condenación porque se ejecutará este juicio sobre todos los pecadores condenados. Sin embargo, el juicio ante el tribunal de Dios, o sea, el tribunal de Cristo, será (1) antes del milenio, inmediatamente después del regreso de Cristo, (2) para juzgar a todos los creyentes que hayan sido arrebatados, tanto los vivos como los resucitados, y (3) para recompensa o castigo durante el reino milenario. En este juicio se tendrá en cuenta la vida y las obras de los creyentes después de que fueron salvos. Ya que este juicio tiene mucho que ver con la transformación de los creyentes, se menciona aquí en esta sección que trata de la transformación.

14[1] Lit., profano.

15[1] O, contristas.

17[1] Este versículo es una prueba concluyente de que, en la edad de la

18 Porque el que en esto [1a]sirve a Cristo, agrada a Dios, y
es aprobado por los hombres.
19 Así que, [1a]sigamos lo que contribuye a la paz y a la
mutua [b]edificación.
20 No [a]destruyas la [1]obra de Dios por causa de la comida.
[b]Todas las cosas a la verdad son limpias; pero es malo que el
hombre coma [c]haciendo tropezar *a otros*.
21 Bueno es [a]no comer carne, ni beber vino, ni hacer nada
en que tu hermano tropiece.
22 La fe que tú tienes, tenla para contigo delante de Dios.
Bienaventurado el que no se condena a sí mismo en lo que
aprueba.

18[a] Ro. 12:11; Hch. 20:19
19[a] He. 12:14; 2 Ti. 2:22; Ro. 12:18
19[b] Ro. 15:2; 1 Co. 10:23; 8:1
20[a] Ro. 14:15
20[b] Ro. 14:14; 1 Ti. 4:3, 4
20[c] Ro. 14:13; 1 Co. 8:9
21[a] 1 Co. 8:13

---

iglesia, la iglesia misma es el reino de Dios, porque el contexto trata de la vida de la iglesia en la edad actual. La iglesia tiene que ver con la gracia y la vida, mientras que el reino tiene que ver con el ejercicio y la disciplina.

17[2] El reino de Dios es la esfera en la cual Dios ejerce Su autoridad a fin de expresar Su gloria para el cumplimiento de Su propósito. En tal reino, lo que importa no es el comer ni el beber, sino la justicia, la paz y el gozo en el Espíritu Santo. La justicia denota lo que es recto y cabal. Aquellos que viven en el reino de Dios deben ser rectos y cabales para con los demás, para con las cosas y para con Dios; en ellos no debe haber nada erróneo, inapropiado, torcido, tendencioso ni parcial. Esto requiere que ellos sean estrictos consigo mismos. La paz es el fruto de la justicia (He. 12:11 y la nota). La paz caracteriza la relación que las personas que viven en el reino de Dios deben tener con los demás y con Dios. Si somos justos, rectos y cabales para con los demás, para con las cosas y para con Dios, tendremos una relación pacífica con los demás y con Dios. Así que, tendremos gozo en el Espíritu Santo y, en particular, delante de Dios. De esta manera estaremos llenos de gozo y del Espíritu Santo (Hch. 13:52), y en nuestro vivir expresaremos justicia, paz y gozo en el Espíritu Santo, los cuales son la realidad del reino de Dios.

Conforme al contexto de este capítulo, este versículo fue escrito teniendo en cuenta cómo recibimos a los creyentes. Si los recibimos conforme a la instrucción dada por el apóstol en este capítulo, seremos rectos y cabales para con los que recibimos y tendremos paz con ellos; así que, tendremos gozo en el Espíritu Santo, demostrando que estamos viviendo en la realidad del reino de Dios y que estamos bajo el gobierno de Dios. Si no los recibimos conforme a la instrucción dada por el apóstol, no seremos rectos ni cabales para con los que no recibimos, y no tendremos paz con ellos; así que, no tendremos gozo en el Espíritu Santo ante Dios, lo que demuestra que no nos hemos sometido a la autoridad de Dios en el reino de Dios.

18[1] Lit., sirve como esclavo. Véase la nota 1[2] del cap. 1. Vivir en el reino de Dios según la justicia, la paz y el gozo del Espíritu Santo es servir como esclavo a Cristo. Esto agrada a Dios y es aprobado por los hombres, y también preserva la unidad de la iglesia, para la vida práctica del Cuerpo.

19[1] Para la vida apropiada de iglesia, debemos seguir lo que contribuye a la paz, lo que mantiene la unidad del Cuerpo, y debemos también seguir lo que nos edifica unos a otros, todo lo que ministra vida a los demás miembros para la mutua edificación.

20[1] En todas las personas salvas hay cierta medida de la obra de Dios.

23 Pero el que [a]duda, si come, es condenado, porque no lo hace por fe; pues todo lo que no proviene de fe, es pecado.

CAPITULO 15

5. Según Cristo
15:1-13

1 Los que somos fuertes debemos soportar las flaquezas de los [a]débiles, y no agradarnos a nosotros mismos.

2 Cada uno de nosotros agrade a su prójimo en lo que es bueno para [a]edificación.

3 Porque ni aun Cristo se agradó a Sí mismo; antes bien, según está escrito: "[a]Los vituperios de los que te vituperaban, cayeron sobre Mí".

4 Porque las cosas que se [a]escribieron antes, para nuestra instrucción se escribieron, a fin de que por medio de la perseverancia y de la [1]consolación de las Escrituras, tengamos [b]esperanza.

5 Pero el [a]Dios de la perseverancia y de la consolación os dé entre vosotros un [b]mismo sentir según [1c]Cristo Jesús,

6 para que [1a]unánimes, a [b]una voz, [c]glorifiquéis al Dios y Padre de nuestro Señor Jesucristo.

7 Por tanto, [a]recibíos los unos a los otros, como también [1]Cristo os recibió, para gloria de Dios.

23[a] Ro. 14:5
1[a] Ro. 14:1; 1 Ts. 5:14
2[a] Ro. 14:19; 1 Co. 10:23; 8:1
3[a] Sal. 69:9
4[a] 1 Co. 10:11
4[b] Ro. 5:4, 5; 15:13
5[a] 2 Co. 1:3
5[b] Ro. 12:16; 1 Co. 1:10; Fil. 2:2; 4:2
5[c] 1 Co. 1:13
6[a] Hch. 1:14; 4:24
6[b] 1 Co. 1:10
6[c] 1 Co. 10:31
7[a] Ro. 14:1, 3; 16:2

Si por nuestros conceptos doctrinales hacemos que alguno de los creyentes tropiece, entonces derribamos, destruimos, la obra de gracia que Dios ha llevado a cabo en él.

4[1] O, aliento; así también en el v. 5.

5[1] El versículo anterior menciona las Escrituras y las instrucciones que éstas contienen. Sin embargo, en la parte final de este versículo, Dios pone a Cristo Jesús como norma para la vida de la iglesia, de modo que en la vida de la iglesia hagamos todo conforme a El, no tomando como norma ninguna doctrina ni conocimiento. Esto dará por resultado que seamos unánimes como se menciona en el v. 6.

6[1] La palabra griega significa *con el mismo entendimiento, voluntad y propósito.* Esto significa ser uno en todo nuestro ser y da por resultado que seamos uno en lo que hablamos. Cuando somos unánimes, hablamos la misma cosa; hablamos a una voz. Esta unidad es lo contrario de Babel, donde la división entre la humanidad hizo que su lengua fuera confundida y dividida en muchos diferentes modos de hablar (Gn. 11:7, 9). La única manera de ser unánimes y hablar a una voz es darle lugar a Cristo para que El sea todo en nuestro corazón y en nuestra boca, a fin de que Dios sea glorificado.

7[1] El v. 3 del cap. 14 dice que debemos recibir a otros como Dios los recibe, pero aquí se nos dice que debemos recibir a otros como Cristo los recibe. El recibir de Cristo es el recibir de Dios. Lo que Cristo ha recibido, Dios lo ha recibido. Nosotros debemos recibir a quienes Dios y Cristo

8 Pues os digo, que Cristo vino a ser [1]siervo de la circuncisión por la [2a]veracidad de Dios, para confirmar las
[b]promesas *dadas* a los padres,
9 y para que los gentiles glorifiquen a Dios por *Su*
[a]misericordia, según está escrito: "[b]Por tanto, Yo te [1]loaré
entre los gentiles, y cantaré alabanzas a Tu nombre".
10 Y otra vez dice: "[a]Alegraos, gentiles, con Su pueblo".
11 Y otra vez: "[a]Alabad al Señor todos los gentiles, y
alábenle todos los pueblos".
12 Y otra vez dice Isaías: "[a]Estará la [1b]raíz de Isaí, y el que
se levanta a regir los gentiles; los gentiles esperarán [c]en El".
13 El Dios de esperanza os llene de todo gozo y [a]paz en el
creer, para que abundéis en [b]esperanza por el [c]poder del
Espíritu Santo.

VIII. Conclusión:
la consumación del evangelio
15:14—16:27

A. Los gentiles son ofrecidos
15:14-24

14 Por mi parte también estoy persuadido, hermanos
míos, en lo que a vosotros toca, de que también vosotros
mismos estáis llenos de bondad, llenos de todo conocimiento,
y sois aptos para amonestaros los unos a los otros.
15 Pero con respecto a ciertos asuntos, os he escrito con
bastante atrevimiento, como para haceros recordar de nuevo, a causa de la [a]gracia que de Dios me es dada
16 para ser [1]ministro de Cristo Jesús a los gentiles, un

8[a] Ro. 3:7
8[b] Ro. 4:16; 9:4; Gá. 3:18
9[a] Ro. 9:23; 11:31-32
9[b] 2 S. 22:50; Sal. 18:49
10[a] Dt. 32:43
11[a] Sal. 117:1
12[a] Is. 11:10
12[b] cfr. Ap. 5:5; 22:16
12[c] Mt. 12:21
13[a] Ro. 14:17; 12:18; 16:20
13[b] Ro. 5:2, 4-5
13[c] Ro. 15:19
15[a] Ro. 12:3

han recibido, sin importar cuánto difieran de nosotros en cuanto a doctrina o a la práctica. Esto será para la gloria de Dios.

8[1] La misma palabra griega traducida *diaconisa* en 16:1 y *diácono* en 1 Ti. 3:8. En los vs. 8-9 Cristo es presentado como siervo de la circuncisión (los judíos) y de las naciones (los gentiles). Para los judíos, Cristo es un siervo por la veracidad de Dios, para cumplir y confirmar todas las promesas que Dios dio a los antepasados de ellos. Para los gentiles, Cristo es un siervo para que ellos glorifiquen a Dios por Su misericordia.

8[2] Véase la nota 7[1] del cap. 3. Cristo ha venido a ser siervo de la circuncisión para confirmar las promesas que Dios hizo a los patriarcas. Esto es para demostrar la veracidad de Dios.

9[1] O, confesaré.

12[1] Aunque Cristo es la raíz de Isaí (el padre de David, quien representa al pueblo judío), El también regirá sobre los gentiles. El apóstol citó este pasaje y el de los vs. 9-11 para demostrar que Cristo une a gentiles y judíos. Puesto que Cristo es el Señor que acoge a todos (Hch. 10:36), uniendo a judíos y gentiles, tenemos que recibir a todos los diferentes creyentes como El los recibe.

16[1] Lit., funcionario público; como en 13:6.

[2a]sacerdote que [3]labora, *sacerdote* del evangelio de Dios,
para que los gentiles sean [b]ofrenda agradable, [c]santificada
por el Espíritu Santo.
17 Por eso, *puedo* [1a]gloriarme en Cristo Jesús [b]en lo que a
Dios se refiere.
18 Porque no osaría hablar sino de lo que [a]Cristo ha hecho
por medio de mí para la [b]obediencia de los gentiles, con la
palabra y con las obras,
19 con poder de [a]señales y prodigios, en el [b]poder del
Espíritu de Dios; de manera que [c]desde Jerusalén, y por los
alrededores hasta [1]Ilírico, he [d]cumplido *la predicación* del
evangelio de Cristo.
20 Y lo *hice* procurando anunciar el evangelio, no donde
Cristo ya hubiese sido nombrado, para no edificar sobre
fundamento [a]ajeno,
21 sino, según está escrito: "[a]Aquellos a quienes nada les
fue anunciado acerca de El, verán; y los que no han oído,
entenderán".
22 Por esta causa me he visto [a]impedido muchas veces de
ir a vosotros.
23 Pero ahora, no teniendo ya lugar en estas regiones, y
deseando desde hace muchos años [a]ir a vosotros,
24 cuando vaya a [1a]España, *iré a vosotros;* porque espero
veros al pasar, y ser [b]encaminado allá por vosotros, habiendo
sido primero [c]lleno, en parte *por lo menos,* por vuestra
compañía.

16a 1 P. 2:5, 9; Ap. 1:6; 5:10; Fil. 2:17
16b 1 P. 2:5
16c 1 P. 1:2; 1 Co. 6:11
17a 2 Co. 11:16-18
17b He. 2:17; 5:1
18a Hch. 15:12; 21:19
18b Ro. 1:5; 16:26
19a Hch. 4:30; He. 2:4
19b Ro. 15:13
19c Hch. 22:17-21
19d Ro. 1:14
20a 2 Co. 10:15-16
21a Is. 52:15
22a Ro. 1:13
23a Ro. 1:10, 13
24a Ro. 15:28
24b Hch. 15:3
24c Ro. 1:12

16[2] Lo que Pablo hizo al predicar el evangelio y ministrar a Cristo a muchos gentiles fue un servicio sacerdotal ofrecido a Dios, y los gentiles que ganó mediante la predicación del evangelio fueron una ofrenda presentada a Dios. Por medio de este servicio sacerdotal, muchos gentiles, que eran inmundos y contaminados, fueron santificados en el Espíritu Santo y llegaron a ser tal ofrenda, una ofrenda aceptable a Dios. Fueron separados de las cosas profanas y fueron saturados con la naturaleza y el elemento de Dios, y así fueron santificados tanto en posición como en carácter (véase la nota 19[2] del cap. 6). Tal santificación ocurre en el Espíritu Santo. Esto significa que, basado en la redención de Cristo, el Espíritu Santo renueva, transforma y aparta para santidad a los que han sido regenerados al creer en Cristo.

16[3] La raíz de la palabra griega significa *impartir energía.*

17[1] Véase la nota 2[4] del cap. 5.

19[1] Una región remota e inculta del nordeste de Europa. Esto muestra cuánto se había extendido el evangelio predicado por Pablo. El deseaba ir aun más lejos, hasta España (v. 24).

24[1] En aquel entonces Pablo probablemente consideraba a España como la parte más remota de la tierra, como se menciona en Hch. 1:8.

B. La comunicación entre los santos gentiles y los santos judíos 15:25-33

25 Mas ahora [a]voy a Jerusalén para [1b]ministrar a los
santos.
26 Porque [a]Macedonia y [b]Acaya tuvieron a bien hacer una
[1]contribución para los pobres que hay entre los santos que
están en Jerusalén.
27 Pues, les pareció bueno, y son deudores a ellos; porque
si los gentiles han participado de sus [a]bienes espirituales,
deben también ellos [1]servirles con los materiales.
28 Así que, cuando haya concluido esto, y les haya entregado este fruto, pasaré entre vosotros rumbo a [a]España.
29 Y sé que cuando vaya a vosotros, [a]llegaré con la [1]plenitud de la bendición de Cristo.
30 Ahora bien os [a]exhorto, hermanos, mediante nuestro
Señor Jesucristo y mediante el [b]amor del Espíritu, que
[c]luchéis juntamente conmigo en vuestras oraciones a Dios
por mí,
31 para que sea librado de los desobedientes que están en
Judea, y que mi [1a]servicio para Jerusalén sea aceptable a los
santos;
32 para que, llegando con gozo a vosotros por la [a]voluntad
de Dios, pueda [b]tener refrigerio y descanso con vosotros.

25[a] Hch. 19:21; 20:2-3
25[b] Hch. 24:17
26[a] 2 Co. 8:1-4
26[b] 2 Co. 9:2
27[a] 1 Co. 9:11
28[a] Ro. 15:24
29[a] Ro. 15:32; 1:13
30[a] Ro. 12:1; 16:17
30[b] Gá. 5:22; Col. 1:8
30[c] 2 Co. 1:11
31[a] Ro. 15:25
32[a] Ro. 1:10
32[b] 1 Co. 16:18; 2 Co. 7:13

25[1] La palabra griega significa *servir como diácono.*

26[1] Lit., comunión. La palabra griega denota *participación y comunión.* La misma palabra griega es traducida *comunión* en Fil. 1:5 y *ayuda mutua* en He. 13:16, y proviene de la misma raíz que la palabra *contribuyendo* en 12:13 de este libro. La comunión de amor, la comunión en amor entre los santos gentiles y judíos, se desarrolló como resultado de que Cristo fuera ministrado a los gentiles, y éstos fueran ofrecidos como sacrificio a Dios. Pablo fue a los gentiles llevándoles a Cristo; ahora regresa a los judíos trayendo la comunión de los gentiles en bienes materiales. Esta comunión de amor fue el resultado práctico del ministerio de Pablo.

27[1] La palabra en griego denota el servicio que prestan los sacerdotes y los levitas en el templo. Es la misma palabra traducida *ministrando* en He. 10:11. En el v. 16 el pensamiento de Pablo es que él era un sacerdote. Es posible que aquí haya pensado que los gentiles servían como levitas.

29[1] Pablo fue a los gentiles llevando a Cristo consigo, regresó a los judíos trayendo consigo posesiones materiales, y esperaba poder visitar Roma lleno de la plenitud de la bendición de Cristo para ministrar las riquezas de Cristo a las personas de allí. Esto nos muestra la vida adecuada de iglesia. Por medio del apóstol, la vida de la iglesia se llenaba de Cristo, se llenaba de amor en la comunión de posesiones materiales, y se llenaba de la participación mutua en la bendición de la plenitud de Cristo.

31[1] La palabra en griego denota el servicio de un diácono. En el v. 25 y en este versículo es posible que Pablo

33[a] Ro. 16:20; Fil. 4:9; 1 Ts. 5:23; He. 13:20

1[a] Fil. 1:1; 1 Ti. 3:8, 11

1[b] Hch. 18:18

33 El [a]Dios de paz sea con todos vosotros. Amén.

CAPITULO 16

C. El cuidado entre las iglesias
16:1-24

1 Os [1]recomiendo nuestra hermana Febe, la cual es [a]diaconisa de la [2]iglesia que está en [b]Cencrea;

---

haya pensado que estaba sirviendo como diácono.

1[1] Como conclusión de este libro, este capítulo consta únicamente de recomendaciones y saludos. No sólo trata del cuidado mutuo entre los santos, sino también de la comunión entre las iglesias (vs. 1, 4-5, 16, 23). Como la cuarta etapa revelada en este libro (véase la nota 1[2], segundo párr.) y como conclusión de la revelación contenida en el mismo, este capítulo muestra algunas de las condiciones que deben existir en las iglesias locales. Esto respalda el contenido y el significado de este capítulo, el cual no sólo contiene recomendaciones y saludos sino que, aún más, presenta una exhibición de las iglesias locales.

1[2] En este libro el término *iglesia* sólo aparece a partir de 16:1. En el presente capítulo la iglesia y las iglesias se mencionan cinco veces (vs. 1, 4-5, 16, 23). Esto es una indicación clara de que muchos de los asuntos tratados en los caps. 1—15 con respecto a la salvación completa de Dios tienen como fin la producción y edificación de la iglesia. Estos asuntos incluyen al Dios Triuno mismo (8:31), como el Padre (1:7; 8:15), como el Hijo (1:4; 8:3) (el Hijo es el Señor, 1:3, 7; 10:12; 14:9; es Jesús, 3:26; 4:24; es Cristo, 5:6; 6:4; 8:34; 6:3; 8:10; 13:14; es el hombre, 5:15; y es la raíz de Isaí, 15:12), y como el Espíritu (5:5; 8:16, 26) (el Espíritu es las primicias, 8:23); también incluyen Su misericordia (9:23; 11:32), Su compasión (9:15; 12:1), Su amor (5:5; 8:35, 39), Su bondad (2:4; 11:22), Su gracia (5:2, 15), Sus dones gratuitos (5:15-16; 11:29), Sus dones (12:6), Su justicia (1:17; 3:21), Su Espíritu de santidad (1:4), Su fidelidad (3:3), Su paz (15:33; 16:20), Su esperanza (15:13), Su gozo (15:13), Su perseverancia (15:5), Su consolación (15:5), Sus riquezas (10:12; 11:33), Su sabiduría (11:33), Su conocimiento (11:33), Su poder (1:16), Su potestad (9:21), Su vida (5:21), Su ley de vida (8:2), la filiación (8:15), Su gloria (5:2; 9:23), y Su reino (14:17); Su presciencia (8:29), la elección (9:11; 11:15), la predestinación (8:29), la preparación (9:23), la acción de reservar para Sí un remanente (11:4-5), Su llamamiento (8:30; 11:29), Su injertar (11:17), la redención (3:24), la propiciación (3:25), la salvación (1:16), la justificación (3:26, 30), la reconciliación (5:10-11), Su libertad (8:2), la santificación (6:19, 22), la transformación (12:2), la renovación (12:2), la conformación (8:29), la redención de nuestro cuerpo (8:23), y la glorificación (8:30); el hecho de recibirnos (14:3; 15:7), morar en nosotros (8:11), vivificarnos (8:11), guiarnos (8:14), dar testimonio (8:16), ayudarnos (8:26), interceder dentro de nosotros (8:26), interceder en los cielos (8:34), darnos todas las cosas (8:32) y hacer que todas las cosas cooperen para bien nuestro (8:28); y además, Su encarnación (1:3; 10:6), Su crucifixión (5:8; 6:6), Su sangre (3:25), Su terminación de la ley (10:4), Su resurrección (4:25; 10:7) y Su ascensión (8:34). Todo eso fue puesto a nuestra disposición, y la mayor parte ha sido aplicada a la producción y edificación de la iglesia para el cumplimiento del propósito de Dios conforme a Su voluntad (12:2).

Cuatro etapas son reveladas en este libro: los asuntos mencionados en los caps. 1—4 nos llevan, en el cap. 4, a la primera etapa, la de la justificación;

2 que la [a]recibáis en el Señor, como es [1]digno de los santos, y que la ayudéis en cualquier cosa en que necesite de vosotros; porque ella [2]ha sido protectora de muchos, y de mí en particular.
3 Saludad a [a]Prisca y a [a]Aquila, mis [b]colaboradores en Cristo Jesús,
4 que [1]arriesgaron su vida por [2]mí; a los cuales no sólo yo doy gracias, sino también todas las [3a]iglesias de los gentiles.
5 *Saludad* también a la [1a]iglesia, que está en su [2]casa. Saludad a Epeneto, amado mío, que es el primer fruto de Asia para Cristo.
6 Saludad a María, la cual ha trabajado mucho por vosotros.
7 Saludad a Andrónico y a Junias, mis [a]parientes y mis

2[a] Ro. 15:7
3[a] Hch. 18:2, 18, 26
3[b] Ro. 16:9, 21; Col. 4:11; Fil. 2:25
4[a] Ro. 16:16
5[a] 1 Co. 16:19; Col. 4:15; Flm. 2
7[a] Ro. 16:11, 21; 9:3

---

los caps. 5—8 nos conducen a la segunda etapa, la de la santificación en el cap. 8; los caps. 9—12 nos llevan a la tercera etapa, la del Cuerpo de Cristo en el cap. 12; y los caps. 13—16 nos conducen a la cuarta etapa en el cap. 16, la de las iglesias, expresadas en varias localidades, la etapa del vivir práctico del Cuerpo de Cristo en localidades diferentes. Las iglesias son la máxima consumación de la salvación completa del evangelio de Dios que revela este libro, el cual fue escrito no según la doctrina sino conforme a lo práctico. En la primera etapa somos regenerados y salvos, en la segunda somos santificados, en la tercera somos renovados y transformados, y en la cuarta, en la vida práctica de la iglesia, Satanás es aplastado bajo nuestros pies, y podemos disfrutar plenamente la gracia del Señor y la paz de Dios (v. 20).

2[1] Es decir, digno de su condición de santo. El v. 7 del cap. 1 dice que los santos son llamados por Dios y separados de todo lo que no sea Dios mismo, para ser un pueblo especial santificado para Dios, y como tales, ellos son nobles y no son comunes. Por lo tanto, el apóstol les pidió a los santos de Roma que recibieran a Febe, una santa noble, como era digno de su condición de noble.

2[2] O, ha ayudado a muchos. Es una palabra de dignidad, que denota una persona que ayuda, sustenta y suministra. Indica la alta estima que le tenían a Febe, por su servicio en la vida de la iglesia en Cencrea.

4[1] Lit., arriesgaron su cuello. Prisca y Aquila estaban totalmente dedicados a las iglesias locales. La iglesia era el único interés que ellos tenían, y estaban dispuestos a exponer sus vidas, a sufrir el martirio, por los apóstoles.

4[2] Lit., mi alma.

4[3] Como iglesia universal, el Cuerpo de Cristo es único (Ef. 1:23; 4:3). Cuando esta iglesia universal aparece en muchas localidades en la tierra, viene a ser las muchas iglesias. Por lo tanto, este versículo se refiere a las iglesias. Las iglesias existen en varias localidades para que todos los santos puedan vivir la vida de la iglesia y tener la práctica de la iglesia en la localidad donde están.

5[1] La iglesia en la casa de Prisca y Aquila debe de haber sido la iglesia en Roma. Cuando ellos estaban en Efeso (Hch. 18:18-19), la iglesia en Efeso se reunía en su casa (1 Co. 16:19). Adondequiera que ellos iban, estaban dispuestos a llevar la carga de practicar la iglesia abriendo las puertas de su casa.

5[2] Lo cual muestra que los primeros santos se reunían principalmente en sus casas. Esta práctica corresponde a Hch. 2:46 (véase la nota 3) y 5:42.

[b]compañeros de prisiones, los cuales son insignes entre los
apóstoles, y que también fueron antes de mí en Cristo.
8 Saludad a Amplias, amado mío en el Señor.
9 Saludad a Urbano, nuestro [a]colaborador en Cristo, y a
Estaquis, amado mío.
10 Saludad a Apeles, [1]aprobado en Cristo. Saludad a [2]los
de la *casa* de Aristóbulo.
11 Saludad a Herodión, mi [a]pariente. Saludad a [1]los de la
casa de Narciso que están en el Señor.
12 Saludad a Trifena y a Trifosa, las cuales trabajan en el
Señor. Saludad a la amada Pérsida, la cual ha trabajado
mucho en el Señor.
13 Saludad a [a]Rufo, [b]escogido en el Señor, y a su madre y
[1]mía.
14 Saludad a Asíncrito, a Flegonte, a Hermas, a Patrobas,
a Hermes y a los hermanos que están con ellos.
15 Saludad a Filólogo, a Julia, a Nereo y a su hermana, a
Olimpas y a todos los santos que están con ellos.
16 Saludaos los unos a los otros con ósculo santo. Os
saludan todas las [1a]iglesias de Cristo.
17 Ahora bien, os [a]exhorto, hermanos, que os [b]fijéis en los
que causan [c]divisiones y [1]tropiezos en contra de la [d]enseñanza que vosotros habéis aprendido, y que os [2e]apartéis de
ellos.

7[b] Col. 4:10; Flm. 23
9[a] Ro. 16:3
11[a] Ro. 16:7, 21
13[a] Mr. 15:21
13[b] Ro. 8:33
16[a] Ro. 16:4
17[a] Ro. 12:1; 15:30
17[b] Hch. 20:31
17[c] Tit. 3:10-11; 1 Co. 1:10-11; Hch. 20:30
17[d] 1 Ti. 1:3; 6:3-4
17[e] cfr. 2 Jn. 9-10; 2 Ts. 3:6, 14

10[1] Lit., aprobado al pasar por pruebas.

10[2] Conforme a la estructura y al matiz de estas expresiones en el griego, no es posible que los de la casa de Aristóbulo y los de la casa de Narciso fueran miembros de la familia de estos dos hombres; muy posiblemente eran los esclavos de estos dos hombres, respectivamente. Según la costumbre antigua, los esclavos eran considerados propiedad de sus compradores. Es muy factible que estos dos amos, Aristóbulo y Narciso, no fueran creyentes, puesto que no se les saluda aquí. En ese entonces algunos de los que habían sido vendidos como esclavos y habían perdido su libertad, creyeron en Cristo y vinieron a ser santos, pero los amos que los habían comprado no eran todavía creyentes.

11[1] Véase la nota 10[2].

13[1] Rufo era un hermano que estaba en Roma, y su madre también estaba en Roma. Pablo se refirió a ella como a su propia madre, lo cual era una señal de respeto y de intimidad.

16[1] Las iglesias no son la posesión personal ni la obra privada de nadie. Son las iglesias de Cristo.

17[1] Se refiere a hacer tropezar y dejar la vida de la iglesia. Esto debe de ser el resultado de tener opiniones y enseñanzas diferentes.

17[2] En el cap. 14 Pablo era liberal y afable con respecto a recibir a los que mantenían doctrinas o prácticas diferentes. No obstante, aquí es inflexible y resuelto al decir que debemos apartarnos de los que disienten, que causan divisiones y tropiezos. En ambos casos el motivo es la preservación de la unidad del Cuerpo de Cristo a fin de que tengamos la vida normal de la iglesia.

18 Porque tales personas no [1a]sirven a nuestro Señor
Cristo, sino a sus propios [2b]vientres, y con [c]suaves palabras
y lisonjas engañan los corazones de los [3]ingenuos.
19 Porque vuestra [a]obediencia ha venido *a ser notoria* a
todos, así que me gozo de vosotros; pero quiero que seáis
sabios en cuanto al bien, y sencillos en cuanto al mal.
20 El [a]Dios de paz [1b]aplastará en breve a Satanás [c]bajo
vuestros pies. La [2d]gracia de nuestro Señor Jesús sea con
vosotros.
21 Os saludan [a]Timoteo mi [b]colaborador, y Lucio, Jasón y
Sosípater, mis [c]parientes.
22 Yo Tercio, que escribo esta epístola, os saludo en el
Señor.
23 Os saluda [a]Gayo, hospedador mío y de toda la iglesia.
Os saluda [b]Erasto, tesorero de la ciudad, y el hermano
Cuarto.
24 *Véase la nota 24[1].*

D. La alabanza final
16:25-27

25 [1a]Al que puede [2b]confirmaros según [3c]mi evangelio, es

18[a] Ro. 12:11; 14:18
18[b] Fil. 3:19
18[c] Col. 2:4
19[a] Ro. 15:18; 1:5; 16:26
20[a] Ro. 15:33; Fil. 4:9; 1 Ts. 5:23; He. 13:20
20[b] cfr. Gn. 3:15; He. 2:14; 1 Jn. 3:8
20[c] Lc. 10:19
20[d] 1 Co. 16:23; Gá. 6:18; 2 Ti. 4:22
21[a] Hch. 16:1; 18:5; 19:22; 20:4
21[b] Ro. 16:3, 9
21[c] Ro. 16:7, 11
23[a] 1 Co. 1:14
23[b] Hch. 19:22; 2 Ti. 4:20
25[a] Ef. 3:20
25[b] Ro. 1:11; 1 Ts. 3:13; 1 Ts. 3:3; 1 P. 5:10
25[c] Ro. 2:16; 1 Ti. 2:8

18[1] Lit., sirven como esclavos.

18[2] La palabra en griego es un derivado de la palabra que significa *vacío.* Se refiere al estómago o bien a toda la cavidad abdominal.

18[3] O, incautos, inocentes.

20[1] Aquí Dios promete que aplastará a Satanás bajo los pies de los que viven la vida de la iglesia, lo cual muestra que aplastar a Satanás está relacionado con la vida de la iglesia. Hacer frente a Satanás es un asunto corporativo, no un asunto individual. Es sólo cuando tenemos una iglesia local adecuada como la expresión práctica del Cuerpo que Satanás es aplastado bajo nuestros pies.

20[2] La vida de la iglesia nos capacita no solamente para aplastar a Satanás bajo nuestros pies y experimentar al Dios de paz, sino también para disfrutar la rica gracia del Señor.

24[1] Algunos mss. antiguos añaden el v. 24: La gracia de nuestro Señor Jesucristo sea con todos vosotros. Amén.

25[1] Los vs. 25-27 también se podrían traducir así: Sea dada gloria mediante Jesucristo a Aquel que puede estableceros (conforme a mi evangelio, la proclamación en cuanto a Jesucristo, según la revelación del misterio, que se ha mantenido en silencio en las edades, pero que ahora ha sido manifestado, y, por medio de las Escrituras de los profetas según el mandato del Dios eterno, ha sido dado a conocer a todos los gentiles para la obediencia de la fe), al único y sabio Dios, a El, por los siglos de los siglos. Amén.

25[2] Véase la nota 10[7] de 1 P. 5. En el cap. 16 nuestra necesidad ya no es ser salvos ni ser santificados, sino ser confirmados. Puesto que todo ha sido consumado, nosotros solamente necesitamos ser confirmados. Ser confirmados concuerda con el evangelio puro y completo de Dios, es decir, la proclamación y la ministración del Cristo todo-inclusivo, y con la revelación del misterio, mantenido en silencio en tiempos eternos. Solamente el

decir, la [d]proclamación de Jesucristo, según la revelación del
[4e]misterio, mantenido en silencio desde [5]tiempos eternos,
26 pero manifestado ahora, y que mediante los [a]escritos
proféticos, según el mandato del [1b]eterno Dios, se ha dado a
conocer a todos los gentiles para la [c]obediencia de la fe,
27 al [a]único y [1]sabio Dios, mediante Jesucristo, sea [b]glo-
ria para siempre. Amén.

25d Fil. 1:18
25e 1 Co. 2:1, 7; 4:1; Ef. 1:9; 3:3, 9; 6:19; Col. 1:26-27; 2:2; 4:3
26a Ro. 1:2
26b Sal. 90:2
26c Ro. 1:5
27a 1 Ti. 1:17; 6:15; Jud. 25
27b Ef. 3:21; Fil. 4:20; 2 Ti. 4:18; 1 P. 5:11; 2 P. 3:18; Ap. 1:6; 5:13; 7:12

---

evangelio puro, el Cristo vivo y el misterio de Dios, el cual ha sido revelado, nos pueden confirmar y mantener en unidad para la vida de la iglesia.

25[3] Es decir, el evangelio completo, que incluye la enseñanza acerca de Cristo y la iglesia y que culmina en las iglesias locales, según es revelado plenamente en este libro. Véase la nota 1[9] del cap. 1.

25[4] El misterio de Dios, el cual se ha mantenido en silencio en tiempos eternos, consta principalmente de dos aspectos: el misterio de Dios, el cual es Cristo (Col. 2:2), quien está en los creyentes (Col. 1:26-27) como la vida de ellos y como su todo, para que sean los miembros de Su Cuerpo; y el misterio de Cristo, que es la iglesia como Su Cuerpo (Ef. 3:4-6) para expresar Su plenitud (Ef. 1:22-23). Por lo tanto, Cristo y la iglesia son el gran misterio (Ef. 5:32).

25[5] Se refiere al tiempo desde el comienzo del mundo.

26[1] En los caps. 15 y 16 Dios es llamado "el Dios de la perseverancia y de la consolación" (15:5), "el Dios de esperanza" (15:13), "el Dios de paz" (v. 20), "el eterno Dios" (v. 26) y el "único y sabio Dios" (v. 27). Nuestro Dios es rico en todos estos aspectos, y el evangelio presentado en este libro es el evangelio de este Dios rico. Este evangelio tiene su consumación en la vida práctica de la iglesia.

27[1] Véase la nota 33[2] del cap. 11. En la conclusión de este libro, el cual nos presenta una discusión general en cuanto a la vida cristiana y a la vida de la iglesia, se da gloria al sabio Dios. Esto revela que todo lo tratado en este libro (cómo nos escoge Dios, cómo nos salva del pecado y de la muerte, cómo nos redime y nos justifica, cómo a nosotros los pecadores, quienes estábamos muertos por completo, nos hace Sus hijos divinos, cómo nos traslada de Adán a Cristo, cómo en Cristo nos santifica y nos transforma, cómo nos hace miembros de Cristo para que sea constituido el Cuerpo de Cristo, y cómo hace de nosotros las iglesias locales, presentes en diferentes localidades como las expresiones del Cuerpo de Cristo sobre la tierra en esta edad) es planeado, administrado y realizado por la sabiduría de Dios, a fin de que El, el Dios Triuno rico e ilimitado, sea glorificado, es decir, que Su gloria incomparable sea completa y totalmente expresada a través de nosotros, quienes hemos sido perfeccionados eternamente por El y quienes hemos venido a ser Su Cuerpo y hemos sido unidos a El como uno solo. El enfoque de la sabiduría de Dios es que la Trinidad Divina se forje en las tres partes —espíritu, alma y cuerpo— de nuestro ser redimido para que en la redención, santificación y transformación realizadas por El, podamos tener una unión plena con El en la vida divina, a fin de que Su deseo de mezclar lo divino con lo humano pueda ser cumplido por la eternidad. ¡Esto ciertamente es digno de nuestro aprecio y adoración! ¡Qué bendición y qué gloria que nosotros podamos tener parte en esto! ¡Esto merece que cantemos y demos alabanzas incesantemente por la eternidad! Tanto la vida cristiana como nuestra vida de iglesia deben tener esto como centro y meta. Que Dios bendiga de este modo a todos los que han sido escogidos y perfeccionados por El.

Mediante la impartición divina de Dios en nosotros y Su unión divina con nosotros, podemos experimentar y disfrutar la acción salvadora de la vida de Cristo en la plena salvación de Dios (véase la nota 10[2] del cap. 5), como se nos trasmite en este libro, en los siguientes aspectos:

(1) Por la abundancia de la gracia (Dios mismo) y el don de justicia (Cristo mismo) que recibimos, podemos reinar en la vida divina de Cristo (5:17) sobre el pecado, la muerte, el viejo hombre, la carne, Satanás, el mundo, y sobre todas las personas, todos los asuntos y todas las cosas que no se sometan a Dios.

(2) La naturaleza santa de Dios santifica nuestro carácter mundano (6:19, 22; 15:16). Dios nos santifica en nuestro modo de ser con Su vida divina y para ésta, con el fin de que nosotros la disfrutemos más.

(3) La ley del Espíritu de vida, la cual mora en nosotros, es decir, el obrar automático y espontáneo del Dios Triuno como vida en nosotros, nos libra de la ley del pecado y de la muerte, de la esclavitud y el cautiverio del pecado (8:2, 11). La operación de esta ley procede de la vida divina de Dios, y también produce el aumento de la vida divina en nosotros.

(4) La impartición divina de la Trinidad Divina en nuestro espíritu, alma y cuerpo, hace que estas tres partes sean saturadas de la vida divina procesada (8:5-11) con el resultado de que todo nuestro ser es completamente unido con el Dios Triuno procesado, y es mezclado con El en una sola entidad.

(5) La renovación de nuestra mente por el Espíritu da como resultado la transformación de nuestra alma, lo cual nos salva de ser conformados al estilo moderno del mundo (12:2), y produce todas las virtudes y el ser vencedores que vemos en los caps. 12—16, como nuestra vida diaria, una vida que tiene la norma más elevada, y como nuestra vida de iglesia, una vida que lo vence todo.

(6) Por la renovación de nuestra mente y la transformación de nuestra alma, podemos llegar a ser miembros los unos de los otros junto con todos los creyentes del Cuerpo de Cristo, y ser edificados como Cuerpo de Cristo, y podemos, por ende, tener el servicio del Cuerpo (12:1, 3-8). Esta es la cristalización de nuestra experiencia de ser salvos en la vida de Cristo.

(7) Con base en la revelación y la enseñanza de los caps. 14—16 de este libro, nosotros vivimos la vida de la iglesia local en diferentes localidades, como la apariencia del Cuerpo de Cristo, la iglesia universal, en las diferentes localidades.

(8) Al llegar a ser edificada la iglesia en diferentes localidades, una iglesia en contra de la cual no prevalecen las puertas del Hades, nosotros podemos proporcionarle a Dios la oportunidad de aplastar a Satanás bajo nuestros pies para poder disfrutar a Cristo como nuestra rica gracia y al Dios de paz como nuestra sobreabundante paz (16:20).

(9) Al experimentar nosotros los varios aspectos de ser salvos en la vida divina, como se menciona arriba, somos conformados a la imagen del Hijo primogénito de Dios (8:28-29) por medio de "todas las cosas" ordenadas bajo la soberanía de Dios, para tener Sus atributos divinos y Sus virtudes humanas, y poder así expresar la gloria y la hermosura de El, el Dios-hombre.

(10) En el proceso de experimentar la acción salvadora que está en la vida divina, nos satura gradualmente el esplendor de la vida divina hasta tal punto que nuestro cuerpo queda saturado, lo que da por resultado la redención de nuestro cuerpo (8:23), para que nuestro espíritu, alma y cuerpo puedan entrar en la gloria de Dios (8:30, 17). Esta glorificación es la cumbre lograda en nosotros por la acción salvadora que está en la vida divina, y es el clímax de la plena salvación de Dios.

LA PRIMERA EPISTOLA DE PABLO A LOS CORINTIOS

BOSQUEJO

I. Introducción: los dones iniciales y la participación en Cristo—1:1-9

II. Lo tocante a las divisiones—1:10—4:21

A. Cristo y Su cruz, la única solución para todos los problemas que hay en la iglesia—1:10-31

1. Cristo no está dividido—vs. 10-17
2. Cristo crucificado, poder de Dios y sabiduría de Dios—vs. 18-25
3. Cristo nuestra sabiduría: justicia, santificación y redención—vs. 26-31

B. Cristo crucificado, el centro del ministerio del apóstol—2:1-16

1. La manera en que el apóstol llevó a cabo su ministerio—vs. 1-5
2. La sabiduría de Dios en misterio: Cristo, las profundidades de Dios—vs. 6-10
3. La interpretación de lo espiritual con palabras espirituales para hombres espirituales—vs. 11-16

C. La iglesia, la labranza de Dios y el edificio de Dios—3:1-23

1. Se necesita el crecimiento en vida—vs. 1-9
2. Se edifica con materiales transformados, no con cosas naturales—vs. 10-17
3. Todas las cosas para la iglesia, y la iglesia para Cristo—vs. 18-23

D. Dispensadores de los misterios de Dios—4:1-21

1. Fieles siervos de Cristo—vs. 1-5
2. Espectáculo tanto para los ángeles como para los hombres—vs. 6-9
3. La escoria del mundo y el desecho de todas las cosas—vs. 10-13
4. El padre que engendra—vs. 14-21

III. Lo tocante al hermano perverso—5:1-13

A. El perverso es juzgado—vs. 1-5

B. Guardar la fiesta de los panes sin levadura—vs. 6-8

C. Quitar de la iglesia al perverso—vs. 9-13

IV. Lo tocante a los pleitos entre creyentes—6:1-11
A. El juicio llevado a cabo por la iglesia—vs. 1-8
B. Aquellos que no están calificados para heredar el reino de Dios—vs. 9-11

V. Lo tocante al abuso de libertad—6:12-20
A. Un principio básico—v. 12
B. El uso del cuerpo—vs. 13-20

VI. Lo tocante a la vida matrimonial—7:1-40
A. En cuanto al don de no casarse—vs. 1-7
B. En cuanto a los solteros y a las viudas—vs. 8-9
C. En cuanto a los casados—vs. 10-16
D. Quedarse en el estado en que uno es llamado—vs. 17-24
E. En cuanto a mantener la virginidad—vs. 25-38
F. En cuanto a casarse de nuevo—vs. 39-40

VII. Lo tocante a comer de lo sacrificado a los ídolos—8:1—11:1
A. Una forma no recomendable de comer—8:1-13
1. No según el amor, el cual edifica—vs. 1-3
2. Los ídolos nada son—vs. 4-7
3. La comida no nos hace recomendables ante Dios—v. 8
4. Un tropiezo para los hermanos débiles—vs. 9-13
B. La vindicación del apóstol—9:1-27
1. Su idoneidad—vs. 1-3
2. Sus derechos—vs. 4-15
3. Su fidelidad—vs. 16-23
4. Su ahínco—vs. 24-27
C. El tipo de Israel—10:1-13
1. Bautizados para con Moisés—vs. 1-2
2. Comer el mismo alimento espiritual y beber la misma bebida espiritual—vs. 3-4
3. La mayoría de ellos quedaron postrados en el desierto—vs. 5-13
D. La mesa del Señor debe ser preservada de la idolatría—10:14-22
1. La comunión de la sangre y del cuerpo del Señor—vs. 14-18
2. La mesa del Señor debe ser separada de la mesa de los demonios—vs. 19-22
E. El comer apropiado—10:23—11:1
1. Edificar a otros, buscando su beneficio—10:23-30, 32-33
2. Para la gloria de Dios—10:31
3. Imitar al apóstol—11:1

VIII. Lo tocante a cubrirse la cabeza—11:2-16
A. El orden en el universo—vs. 2-3
B. El cubrirse la cabeza—vs. 4-6
C. Las razones—vs. 7-15
D. No tener contenciones—v. 16

IX. Lo tocante a la cena del Señor—11:17-34
A. La reprensión por el desorden—vs. 17-22

B. El repaso de la definición—vs. 23-26
C. La necesidad de ponerse a prueba y de discernir—vs. 27-29
D. El Señor disciplina—vs. 30-34

X. Lo tocante a los dones—12:1—14:40

A. El principio que rige—12:1-3
B. La manifestación del Espíritu—12:4-11
C. Un solo Cuerpo con muchos miembros—12:12-27
  1. Lo que constituye el Cuerpo—vs. 12-13
  2. La indispensabilidad de los miembros—vs. 14-22
  3. La compenetración de los miembros—vs. 23-27
D. La asignación de los dones—12:28-31
E. La manera excelente de ejercer los dones—13:1-13
  1. La necesidad del amor—vs. 1-3
  2. La definición del amor—vs. 4-7
  3. El amor sobresale—vs. 8-13
F. El profetizar sobresale—14:1-25
  1. Edifica más a la iglesia—vs. 1-19
  2. Convence más a las personas—vs. 20-25
G. Su función en la iglesia—14:26-40
  1. En cuanto a cada uno—v. 26
  2. En cuanto a hablar en lenguas—vs. 27-28
  3. En cuanto a profetizar—vs. 29-33a
  4. En cuanto a las mujeres—vs. 33b-38
  5. Conclusión—vs. 39-40

XI. Lo tocante a la resurrección—15:1-58

A. La resurrección de Cristo—vs. 1-11
  1. Predicada—vs. 1-4
  2. Presenciada—vs. 5-11
B. La refutación de "no hay resurrección"—vs. 12-19
C. La historia de la resurrección—vs. 20-28
D. La influencia de la resurrección en la moralidad—vs. 29-34
E. La definición de la resurrección—vs. 35-49
  1. El cuerpo de resurrección—vs. 35-44
  2. Un cuerpo espiritual—vs. 45-49
F. La victoria de la resurrección—vs. 50-58
  1. De la incorrupción sobre la corrupción—vs. 50-53
  2. De la vida sobre la muerte—vs. 54-57
  3. Un motivo para la obra del Señor—v. 58

XII. Lo tocante a la recolección del donativo—16:1-9

A. La dirección del apóstol—vs. 1-3
B. El deseo del apóstol—vs. 4-9

XIII. Conclusión—16:10-24

A. Encargos íntimos—vs. 10-18
B. Saludos y advertencia—vs. 19-24

LA PRIMERA EPISTOLA DE PABLO
A LOS
CORINTIOS

Autor: El apóstol Pablo (1:1; 9:1-2), veinticinco años después de ser llamado (Hch. 9:3-6, 15-16) y catorce años después de ser enviado a los gentiles (Hch. 13:1-4, 8).

Fecha: Por el año 59 d. de C., casi al fin del período de tres años que Pablo pasó en Efeso (Hch. 20:31; 1 Co. 16:8).

Lugar: Efeso (Hch. 19:21-22; 1 Co. 16:3-8, 19).

Destinatarios: Los santos que estaban en Corinto —la iglesia— y todos los que en cualquier lugar invocan el nombre de nuestro Señor Jesucristo (1:2).

Tema:
Cristo y Su cruz, la solución a todos los problemas que hay en la iglesia

CAPITULO 1

I. Introducción: los dones iniciales y la participación en Cristo
1:1-9

1 Pablo, [1]apóstol de Cristo Jesús [a]llamado por la [2b]volun- 1a Ro. 1:1
tad de Dios, y el hermano [3]Sóstenes,

1b 2 Co. 1:1; Ef. 1:1; 2 Ti. 1:1

1[1] Lit., apóstol llamado, como en Ro. 1:1. Un apóstol es una persona enviada. Eso era Pablo, alguien no designado por sí mismo, sino llamado por el Señor. Su apostolado era auténtico (9:1-5; 2 Co. 12:11-12; cfr. 2 Co. 11:13; Ap. 2:2) y tenía la autoridad de la administración neotestamentaria de Dios (2 Co. 10:8; 13:10). Con base en esta posición y con dicha autoridad, el apóstol escribió esta epístola, no sólo para nutrir y edificar a los santos en Corinto, sino también para regular y corregir las anomalías de esa iglesia.

1[2] La voluntad de Dios es la firme decisión que El tomó para cumplir Su propósito. Mediante tal voluntad Pablo fue llamado a ser un apóstol de Cristo. Aquí la aseveración de Pablo reforzó su posición y autoridad apostólicas.

1[3] Este probablemente no es el mismo Sóstenes mencionado en Hch. 18:17, porque la Epístola a los Corintios fue escrita en Efeso (16:8) poco después de que el apóstol salió de Corinto, donde el Sóstenes mencionado en Hechos era dirigente de la sinagoga cuando Pablo fue perseguido allí. El Sóstenes de 1 Corintios, siendo hermano en el Señor, debe de haberse unido al apóstol mientras éste viajaba llevando a cabo su ministerio. La mención de Sóstenes aquí reforzó

2 a la [1a]iglesia de Dios que está [2]en [b]Corinto, [3]a los
[4c]santificados [5]en Cristo Jesús, los [6d]santos llamados, [7]con
todos los que en cualquier lugar [8e]invocan el nombre de
nuestro Señor Jesucristo, *Señor* [9f]de ellos y nuestro:

2a 1 Co. 4:17; 6:4; 7:17; 10:32; 11:16, 18, 22; 12:28; 14:4, 5, 12, 19, 23, 28, 33, 34, 35; 15:9; 16:1, 19; 2 Co. 1:1; Hch. 8:1; 13:1; Ap. 1:11
2b Hch. 18:1; 19:1
2c 1 Co. 1:30; 6:11; 1 P. 1:2
2d 1 Co. 1:9, 24; Ro. 1:7; 2 Ti. 1:9
2e Hch. 2:21; 9:14, 21; Ro. 10:12-13; 2 Ti. 2:22
2f Col. 1:12; Cnt. 2:16; 6:3; cfr. Gá. 3:28

---

el apostolado de Pablo, y muestra el principio de funcionar en el Cuerpo.

2[1] ¡La iglesia de Dios! No la iglesia de Cefas, de Apolos, de Pablo ni de ninguna práctica ni doctrina, sino de Dios. A pesar de toda la división, el pecado, la confusión, el abuso de los dones y la enseñanza herética que había en la iglesia en Corinto, el apóstol todavía la llamaba “la iglesia de Dios”, porque allí estaba en realidad la esencia divina y espiritual que hace de los creyentes reunidos la iglesia de Dios. El apóstol se dirigió a la iglesia de esta manera basándose en el punto de vista espiritual que tenía al mirar la iglesia en Cristo. Esta expresión sencilla debía haber eliminado toda la división y confusión, tanto en práctica como en doctrina.

2[2] La iglesia está constituida del Dios universal, pero existe en la tierra en muchas localidades. Corinto era una de estas localidades. En naturaleza, la iglesia es universal porque está en Dios, pero en práctica, la iglesia es local porque está en un lugar definido. Por consiguiente, la iglesia tiene dos aspectos: el universal y el local. Sin el aspecto universal, la iglesia carece de contenido; sin el aspecto local, es imposible que la iglesia tenga expresión y práctica. Por eso, el Nuevo Testamento también pone énfasis en el aspecto local de la iglesia (Hch. 8:1; 13:1; Ap. 1:11; etc.).

2[3] La frase *a la iglesia de Dios* equivale a la frase *a los santificados en Cristo Jesús.* Esto enfáticamente indica que la iglesia está compuesta de los santos y que los santos son lo que constituye la iglesia. No debemos considerar a la iglesia y a los santos como entidades separadas. Individualmente, somos los santos; corporativamente, somos la iglesia.

2[4] Es decir, hechos santos, apartados para Dios con miras al cumplimiento de Su propósito. Véase la nota 2[3] de Ro. 1.

2[5] *En Cristo* significa *en el elemento y esfera de Cristo.* Cristo es el elemento y la esfera que nos apartó, que nos hizo santos, para Dios cuando creímos en El, es decir, cuando fuimos unidos orgánicamente con Cristo por medio de nuestra fe en El.

2[6] Los creyentes en Cristo son santos que han sido llamados, no personas que han sido llamadas *para que sean* santas. Esto es un asunto de posición, una santificación en la posición con miras a la santificación en relación con el modo de ser. Véase la nota 19[2] de Ro. 6.

2[7] No dice *y* sino *con* todos los que en cualquier lugar invocan el nombre de nuestro Señor Jesucristo. Esto indica: (1) que una iglesia local, tal como la iglesia en Corinto, se compone sólo de los creyentes que están en aquella localidad, y no de todos los creyentes que están en todo lugar; y (2) que esta epístola está dirigida no sólo a los creyentes en aquella iglesia en Corinto, sino a todos los creyentes que están en todo lugar. Esta epístola es para todos los creyentes de cualquier lugar y tiempo.

2[8] Invocar el nombre del Señor implica creer en El (Ro. 10:14). Todos los creyentes en el Señor deben ser personas que lo invocan (Hch. 9:14, 21; 22:16). Nosotros hemos sido llamados a invocar, hemos sido llamados por Dios para invocar el nombre del Señor Jesús.

2[9] Cristo, Aquel que es todo-inclusivo, pertenece a todos los creyentes. El es la porción que Dios *nos ha asignado* (Col. 1:12). El apóstol agregó esta frase especial al final de este versículo para recalcar el hecho crucial de que Cristo es el centro único de todos los creyentes en cualquier lugar o situación. En esta epístola la intención del apóstol era resolver los problemas entre los santos de Corinto.

3 [a]Gracia y paz a vosotros de parte de Dios nuestro
Padre y del Señor Jesucristo.
4 [a]Gracias doy a mi Dios siempre por vosotros, [1]a causa
de la [b]gracia de Dios que os fue dada en Cristo Jesús;
5 porque en todas las cosas fuisteis [a]enriquecidos en El,
en toda [1]palabra y en todo [b]conocimiento;
6 así como el [1a]testimonio acerca de Cristo ha sido confirmado [2]en vosotros,
7 de tal manera que nada os falta en ningún [1a]don,
aguardando con anhelo la [2b]manifestación de nuestro Señor
Jesucristo;
8 [1]el cual también os [2a]confirmará hasta el fin, *para que
seáis* [b]irreprensibles en el [3c]día de nuestro Señor Jesucristo.

3[a] Ef. 1:2
4[a] Ro. 1:8
4[b] 1 Co. 15:10; 2 Co. 12:9; Ro. 5:2, 15, 17, 20, 21; Tit. 2:11-12
5[a] cfr. 2 Co. 9:11
5[b] 2 Co. 8:7; Ro. 15:14
6[a] 1 Ti. 2:6; 2 Ti. 1:8; 2 Ts. 1:10; Ap. 1:2, 9
7[a] Hch. 2:38; 10:45; 11:17; Ro. 1:11; 5:15, 17; 6:23; 11:29; cfr. 1 Co. 12:4, 9, 28; Ro. 12:6; 2 Co. 9:15
7[b] Lc. 17:30; He. 9:28; 2 Ti. 4:1; Tit. 2:13
8[a] Ro. 16:25; 1 P. 5:10

Para todos los problemas, especialmente para la cuestión de división, la única solución es el Cristo todo-inclusivo. Todos hemos sido llamados a la comunión de Cristo, o sea, la participación en El (v. 9). Todos los creyentes deben centrar su atención en El, sin dejarse distraer por ninguna persona dotada, por ninguna doctrina que se recalca demasiado, ni por ninguna práctica en particular.

4[1] El apóstol Pablo dio gracias a Dios por los creyentes basado en la gracia que Dios les había dado en Cristo, y no en la condición de ellos.

5[1] Gr. *lógos,* es decir, *palabra;* la palabra que da expresión al pensamiento formado en la mente. La palabra del evangelio predicada por el apóstol trasmite a nuestro entendimiento el pensamiento de Dios. Así que, la palabra es la expresión, la enunciación, del pensamiento divino. El conocimiento es la asimilación y comprensión de lo que se trasmite y se expresa en la palabra. Los creyentes corintios fueron enriquecidos por la gracia de Dios en toda palabra y expresión del pensamiento divino acerca de Cristo y en toda asimilación y comprensión en conocer a Cristo.

6[1] Esta fue la predicación de Cristo por parte del apóstol, no meramente con doctrinas objetivas, sino con experiencias subjetivas, como un testigo que da un testimonio vivo de Cristo. Este testimonio fue confirmado en los creyentes corintios y también entre ellos al ser enriquecidos en Cristo, según lo expresado en los vs. 4 y 5.

6[2] O, entre.

7[1] Aquí la palabra *don* se refiere a los dones internos producidos por la gracia, tales como el don gratuito de la vida eterna (Ro. 6:23) y el don del Espíritu Santo (Hch. 2:38), el don celestial (He. 6:4). No se refiere a los dones exteriores y milagrosos, tales como la sanidad, el hablar en lenguas, etc. mencionados en los caps. 12 y 14. Todos los dones internos son los que constituyen la gracia. Son las cosas iniciales de la vida divina, las cuales recibimos de la gracia. Todas éstas necesitan crecer (3:6-7) para llegar a su pleno desarrollo y madurez. Los creyentes corintios no carecían de los dones iniciales en vida, pero estaban extremadamente escasos del crecimiento en vida. Por lo tanto, por mucho que inicialmente hubieran sido enriquecidos en la gracia, todavía eran niños en Cristo, hombres anímicos, carnales, y no eran sino carne (2:14; 3:1, 3).

7[2] Se refiere a la segunda venida del Señor. Esperar la aparición del Señor es una característica normal de los verdaderos creyentes.

8[1] Se refiere a Dios en el v. 4. El

8[b] 1 Ts. 3:13; Col. 1:22 **8**[c] 1 Co. 3:13; 5:5; 2 Co. 1:14; Fil. 1:6

9a 1 Co. 10:13; 1 Ts. 5:24; 2 Ts. 3:3; He. 10:23; Dt. 7:9; Is. 49:7
9b Ro. 8:28; He. 3:1; Ef. 1:18; 4:4;

9 [1a]Fiel es Dios, por el cual fuisteis [b]llamados [2]a la [c]comunión de Su Hijo, Jesucristo nuestro Señor.

II. Lo tocante a las divisiones
1:10—4:21

A. Cristo y Su cruz, la única solución para todos los problemas que hay en la iglesia
1:10-31

1. Cristo no está dividido
vs. 10-17

10 Os ruego, hermanos, por el [1a]nombre de nuestro Señor

Dios que inicialmente nos dio la

Ro. 8:30). Él es lo profundo de Dios

19b Job 5:12-13; Jer. 8:9; 49:7; Mt. 11:25

...predicaba a Cristo crucificado (v. 23; 2:2; Gá. 3:1) y se gloriaba en la cruz de Cristo (Gá. 6:14). No predicaba la ley ni la circuncisión, por las cuales luchaban los judíos y algunos de los creyentes judíos (Gá. 3:11; 5:11; 6:12-13), ni predicaba la filosofía que promovían los griegos y algunos de los creyentes gentiles (Col. 2:8, 20). La cruz de Cristo abolió las ordenanzas de la ley (Ef. 2:15; Col. 2:14), y nosotros los creyentes hemos muerto a la filosofía, un elemento del mundo (Col. 2:20). Sin embargo, Satanás incitó a los judaizantes y a los filósofos griegos a que predicaran sus

puede permanecer ante Cristo y Su cruz.

18[1] La misma voz griega que se traduce *palabra* en el v. 5 (véase la nota). La palabra de la cruz es la expresión, el hablar, la predicación, de la cruz. Los que perecen menosprecian tal predicación y la consideran necedad; pero nosotros los que estamos siendo salvos la honramos y la recibimos como el poder de Dios. Pablo en su ministerio recalcó que la cruz es el centro de la salvación de Dios (Gá. 2:20; 3:1; 5:11, 24; 6:14; Ef. 2:16; Fil. 2:8; 3:18; Col. 2:14).

19[1] Se refiere en particular a los

20 ¿Dónde está el [a]sabio? ¿Dónde está el [1b]escriba? ¿Dónde está el disputador de [c]este siglo? ¿No ha hecho Dios [d]necia
la sabiduría del mundo?
21 Pues ya que en la sabiduría de Dios, el mundo mediante
su *propia* sabiduría no conoció a Dios, [1]agradó a Dios [a]salvar
a los creyentes mediante la [b]necedad de la [2]predicación.
22 Porque los judíos piden [1a]señales, y los griegos buscan
sabiduría;
23 pero nosotros [a]predicamos a [1]Cristo [b]crucificado, para
los judíos [c]tropezadero, y para los gentiles [d]necedad;
24 mas para [1]los [a]llamados, así [b]judíos como griegos,
Cristo [2c]poder de Dios y [d]sabiduría de Dios.
25 Porque lo [a]insensato de Dios es más sabio que los
hombres, y lo débil de Dios es más fuerte que los hombres.

3. Cristo nuestra sabiduría:
justicia, santificación y redención
vs. 26-31

26 Pues considerad, hermanos, vuestro llamamiento, que
no hay muchos [a]sabios según la carne, ni muchos poderosos,
ni muchos [1]nobles;
27 sino que lo necio del [a]mundo [1b]escogió Dios, para

20a Is. 19:12; 1 Co. 1:26
20b Mt. 23:2, 13
20c 1 Co. 2:6, 8; 3:18-19
20d Is. 44:25; Ro. 1:22; 1 Co. 3:18-19
21a Hch. 16:31
21b 1 Co. 1:18
22a Mt. 12:38; 16:1
23a 1 Co. 1:18
23b 1 Co. 2:2; Gá. 3:1
23c Is. 8:14; Ro. 9:32-33; 1 P. 2:8; Lc. 2:34
23d 1 Co. 1:18
24a 1 Co. 1:2; Ro. 8:28
24b Ro. 1:16
24c 1 Co. 1:18
24d 1 Co. 1:30; Col. 2:3; Mt. 11:19
25a 1 Co. 1:18, 21, 23; 2:14
26a Mt. 11:25
27a 1 Co. 1:20

griegos filosóficos de Corinto, los cuales se consideraban sabios y prudentes al aferrarse a su sabiduría filosófica. El apóstol deseaba que dejaran su filosofía y que en su lugar tomaran al Cristo crucificado.

20[1] Tal como la sabiduría de los escribas en Is. 33:18 era considerada inútil, Pablo también consideró como inútil la sabiduría de los escribas judíos, los cuales rechazaban la palabra de la cruz.

21[1] Lit., le pareció bien.

21[2] Es decir, lo que se predica.

22[1] Una señal es una manifestación milagrosa (Mt. 12:38-39) dada para comprobar lo que se predica. La religión necesita señales, y los judíos las requerían continuamente. La sabiduría pertenece a la filosofía y los griegos la buscaban constantemente.

23[1] El Cristo crucificado —débil, despreciado y rechazado— era un tropezadero para los judíos religiosos que buscaban milagros y era necedad para los griegos filosóficos que buscaban sabiduría; sin embargo, este Cristo era precisamente el que ambos necesitaban para resolver todos los problemas mencionados en este libro.

24[1] Se refiere a los que fueron escogidos por Dios en la eternidad (Ef. 1:4) y que creyeron en Cristo en el transcurso del tiempo (Hch. 13:48).

24[2] El Cristo crucificado predicado por los apóstoles es el poder de Dios y la sabiduría de Dios. Se necesita la sabiduría para planear, proponer; se requiere el poder para llevar a cabo, efectuar, lo que se ha planeado y propuesto. En la economía de Dios, Cristo es esa sabiduría y ese poder.

26[1] O, de buen linaje, es decir, nacido de una familia noble o real. La iglesia de Dios no se compone principalmente de la clase alta, sino de personas de origen humilde y de los menospreciados. Apreciar a la clase

27b Ef. 1:4; Ro. 9:11; Jac. 2:5

avergonzar a los sabios; y lo débil del [a]mundo escogió Dios,
para avergonzar a lo fuerte;
28 y lo [1]innoble del mundo y lo [2]menospreciado, lo que [3a]no
es, escogió Dios para [b]deshacer [4]lo que es,
29 a fin de que [1]nadie se [a]jacte delante de Dios.
30 Mas [1a]por El estáis vosotros [b]en Cristo Jesús, el cual
nos ha sido hecho de parte de Dios [c]sabiduría: [2d]justicia y
[e]santificación y [f]redención;
31 para que, como está escrito: "[a]El que se gloría, [b]gloríese
en el Señor".

CAPITULO 2

B. Cristo crucificado, el centro del ministerio del apóstol 2:1-16

1. La manera en que el apóstol llevó a cabo su ministerio vs. 1-5

1 Y yo, hermanos, cuando [a]fui a vosotros, no fui anun-
ciándoos el [1b]misterio de Dios con [2]excelencia de [c]palabras o
de sabiduría.

28[a] Ro. 4:17
28[b] 1 Co. 2:6
29[a] Jer. 9:23; Ro. 3:27; Ef. 2:9
30[a] Ro. 11:36; 1 Co. 8:6; 11:12
30[b] 1 Co. 4:15; 2 Co. 5:17; Ro. 8:1
30[c] 1 Co. 1:24; 2:7; Col. 2:3
30[d] Jer. 23:5-6; 33:15-16; Fil. 3:9; Ro. 3:22; 2 Co. 5:21
30[e] Jn. 17:17, 19; He. 2:11
30[f] Ro. 8:23; Ef. 4:30
31[a] Jer. 9:23-24
31[b] 2 Co. 10:17
1[a] Hch. 18:1
1[b] Col. 1:26-27
1[c] 1 Co. 1:17; 2:4, 13

---

alta va en contra del pensamiento de Dios y es una vergüenza para la iglesia.

27[1] El llamamiento de Dios (vs. 24-26) se basa en Su elección. Ambos concuerdan con Su propósito (Ro. 9:11; 2 Ti. 1:9). Dios dispuso esta elección antes de la fundación del mundo (Ef. 1:4); Su llamamiento se realiza en el transcurso del tiempo, para llevar a cabo Su elección. El llamamiento de Dios y Su elección son la iniciación de la salvación de Su pueblo predestinado. Nosotros no lo escogimos a El; El nos escogió a nosotros. No lo invocamos sino hasta que El nos llamó. El es el Iniciador. ¡Toda la gloria debe ser para El!

28[1] Es decir, nacido de gente común; en contraste con los nobles del v. 26.

28[2] O, despreciable. La palabra griega proviene de la misma raíz que la palabra que se traduce *tenido en nada* en Mr. 9:12.

28[3] Es decir, como si no tuviera existencia. Los que son de origen humilde y los menospreciados son de poca importancia para este mundo.

28[4] La repetición triple de la frase *escogió Dios* en los vs. 27 y 28 nos revela la manera soberana en que Dios trata las tres clases de personas del mundo mencionadas en el v. 26: los sabios, los fuertes (los poderosos) y los nobles. Los nobles, "lo que es", tienen mucha importancia para el mundo, pero Dios los deshace en Su economía.

29[1] Lit., ninguna carne. La razón por la cual Dios se agradó en elegirnos, fue que ninguna carne, ningún ser humano, se jactara, se gloriara, delante de El.

30[1] Lo que nosotros los creyentes, como nueva creación, somos y tenemos en Cristo proviene de Dios, y no de nosotros mismos. Fue Dios quien nos puso en Cristo, trasladándonos de

2 Pues me propuse [1]no saber entre vosotros cosa alguna sino a [2a]Jesucristo, y a [2]éste [b]crucificado.
3 Y estuve entre vosotros con [1a]debilidad, y [2b]temor y mucho temblor;

2[a] Fil. 3:7-8
2[b] 1 Co. 1:23; Gá. 3:1; 6:14
3[a] 1 Co. 4:10; 2 Co. 11:30; 12:5, 9, 10; 13:4, 9
3[b] 2 Co. 7:15; Fil. 2:12; Ef. 6:5

Adán a Cristo. Fue Dios quien hizo que Cristo nos sea sabiduría.

30[2] Cristo nos fue hecho de parte de Dios sabiduría en tres aspectos vitales de la salvación de Dios: (1) justicia (en cuanto a nuestro pasado), por la cual fuimos justificados por Dios, a fin de que renaciéramos en nuestro espíritu para recibir la vida divina (Ro. 5:18); (2) santificación (en cuanto a nuestro presente), por la cual estamos siendo santificados en nuestra alma, es decir, transformados en nuestra mente, parte emotiva y voluntad, con Su vida divina (Ro. 6:19, 22); y (3) redención (en cuanto a nuestro futuro), es decir, la redención de nuestro cuerpo (Ro. 8:23), por la cual nuestro cuerpo será transfigurado con Su vida divina para tener Su semejanza gloriosa (Fil. 3:21). Es por Dios que participamos de una salvación tan completa y perfecta, la cual hace que todo nuestro ser —espíritu, alma y cuerpo— sea orgánicamente uno con Cristo y que Cristo sea todo para nosotros. Esto proviene totalmente de Dios, no de nosotros mismos, para que nos jactemos y nos gloriemos en El, y no en nosotros mismos.

1[1] Algunos mss. antiguos dicen: testimonio. Lo que el apóstol anunció fue el misterio de Dios, el cual es Cristo como corporificación de Dios, y la iglesia como expresión de Cristo (Ro. 16:25-26; Col. 1:26-27; 2:2; 4:3; Ef. 3:4-6, 9).

1[2] O, superioridad. Cuando Pablo llegó a Corinto, no tenía el propósito de exhibir una elocuencia excelente y superior ni una sabiduría filosófica al anunciar el misterio de Dios.

2[1] El Cristo crucificado era el único tema, el centro, el contenido y la substancia del ministerio del apóstol. Debido a esto, cuando Pablo iba a ministrar la palabra del testimonio de Dios a los griegos, quienes exaltaban la elocuencia y adoraban la sabiduría, él se propuso no saber nada sino al Cristo todo-inclusivo, y a éste crucificado. ¡Qué maravilloso lo que Pablo se propuso! Debe ser un modelo para todos nosotros.

2[2] El título *Jesucristo* denota la persona del Señor. La expresión *éste crucificado* se refiere al ejemplo del vivir del Señor, Sus acciones, Su obra y Su manera de hacer las cosas, e indica Su humillación y afrenta. Para derribar el orgullo que los griegos tenían de su sabiduría elevada, aquí Pablo no se refirió a la resurrección del Señor en gloria (Lc. 24:26) ni a Su ascensión en exaltación (Hch. 2:33, 36).

3[1] Se refiere a la debilidad física del apóstol, la cual tal vez se debía a los sufrimientos físicos que experimentó al ser perseguido por causa del evangelio. El no se exhibía como un hombre físicamente fuerte mientras estaba entre los griegos, los cuales procuraban ser fuertes no sólo psicológicamente en sus filosofías, sino también físicamente en sus ejercicios gimnásticos.

3[2] El temor es el sentimiento interior; el temblor es la manifestación exterior. Interiormente el apóstol temía pasar por alto a Cristo al ejercer su ministerio entre los griegos, quienes buscaban sabiduría; y exteriormente temblaba, temiendo ser afectado por la aspiración prevaleciente que ellos tenían de obtener más sabiduría. Por tal temor y temblor él se mantuvo fiel y firme, conforme a la visión celestial, en el ministerio que Dios le había asignado, evitando así toda desviación. Los judíos religiosos estaban orgullosos de su religión tradicional, y los griegos filosóficos eran arrogantes en su sabiduría mundana. Al ministrar a Cristo a ambos, el apóstol estaba con temor y mucho temblor. ¡Qué contraste tan grande había entre él y ellos!

4[a] 1 Co. 1:17; 2:1, 13
4[b] Ro. 15:19
4[c] Col. 1:29; 1 Co. 4:20; 2 Co. 6:7; 1 Ts. 1:5
5[a] 2 Co. 4:7; 13:4
6[a] Fil. 3:15; He. 5:14; 6:1; Ef. 4:13
6[b] 1 Co. 1:20; 3:19; Jac. 3:15
6[c] 1 Co. 1:28
7[a] Ro. 16:25-26; Ef. 1:9; 3:4, 5, 9; Col. 1:26-27; 2:2; 4:3
7[b] Ro. 8:29-30; 9:23; Ef. 1:5, 11
7[c] He. 1:2 y la nota 5; 11:3
7[d] Ro. 8:21, 30; Col. 3:4; 1 Ts. 2:12; 1 P. 5:10; He. 2:10

4 y ni mi [a]palabra ni mi proclamación fue con [1]palabras
persuasivas de sabiduría, sino con demostración del [b]Espíri-
tu y de [c]poder,
5 para que vuestra fe no esté *fundada* en la [1]sabiduría
de los hombres, sino en el [a]poder de Dios.

2. La sabiduría de Dios en misterio:
Cristo, las profundidades de Dios
vs. 6-10

6 Pero hablamos sabiduría entre los que han alcanzado
[a]madurez; y [b]sabiduría, no de este siglo, ni de los príncipes
de este siglo, que son [1c]reducidos a nada.
7 Mas hablamos [1]sabiduría de Dios en [a]misterio, la *sabiduría* que estaba oculta, la cual Dios [b]predestinó [2]antes de
los [c]siglos para nuestra [3d]gloria,
8 la que ninguno de los [a]príncipes de este siglo conoció;
porque si la hubieran conocido, no habrían [b]crucificado al
[c]Señor de gloria.
9 Antes bien, como está escrito: "[a]Cosas que [1]ojo no vio,
ni oído oyó, ni han [b]subido [2]en corazón de hombre, son las
que Dios ha [c]preparado para los que le [3d]aman".

4[1] Las palabras persuasivas de sabiduría provienen de la mente humana; la demostración del Espíritu procede del espíritu. Las palabras y la predicación del apóstol no provenían de su mente con palabras especulativas, sino de su espíritu con la liberación y la exhibición del Espíritu y, por ende, de poder.

5[1] La sabiduría de los hombres es la filosofía rudimentaria; el poder de Dios es el Cristo todo-inclusivo (1:24).

6[1] Es decir, destruidos (la misma palabra que se usa en 1:28).

7[1] La sabiduría de Dios es Cristo (1:24), quien es el misterio oculto (Col. 1:26-27), destinado, designado y ordenado de antemano, antes de los siglos, para nuestra gloria.

7[2] Es decir, en la eternidad.

7[3] *Cristo, quien es el Señor de gloria* (v. 8). Cristo es nuestra vida hoy (Col. 3:4) y nuestra gloria en el futuro (Col. 1:27). A esta gloria Dios nos ha llamado (1 P. 5:10) y en la misma nos introducirá (He. 2:10). Esta es la meta de la salvación realizada por Dios.

9[1] El campo de visión del ojo es reducido, el campo de percepción del oído es más amplio, y el campo de comprensión del corazón no tiene límite. Dios en Su sabiduría (es decir, en Cristo) dispuso y preparó para nosotros muchas cosas profundas y escondidas, tales como la justificación, la santificación y la glorificación. Todas éstas son cosas que el ojo humano jamás ha visto, que el oído humano jamás ha oído, y que el corazón humano jamás ha comprendido.

9[2] Lit., sobre.

9[3] Para comprender las cosas profundas y escondidas que Dios dispuso y preparó para nosotros y también para participar de ellas, se requiere que no sólo creamos en El, sino que también le amemos. Temer a

---

8[a] Hch. 3:17 **8**[b] 1 Co. 2:2; Lc. 24:20; Hch. 2:23 **8**[c] Jac. 2:1; Sal. 24:7-10
9[a] Is. 64:4; 52:15 **9**[b] Is. 65:17 **9**[c] cfr. Mt. 25:34
9[d] Jac. 1:12; 2:5; 1 Co. 8:3; Ex. 20:6; Mt. 22:37; 1 Jn. 4:21

10 Pero Dios nos las [1a]reveló a nosotros por el [b]Espíritu;
porque el Espíritu todo lo [2]escudriña, aun las [3c]profundida-
des de Dios.

3. La interpretación de lo espiritual
con palabras espirituales para hombres espirituales
vs. 11-16

11 Porque ¿quién de los hombres sabe las cosas del hombre, sino el [1a]espíritu del hombre que está en él? Así tampoco
nadie conoció las cosas de Dios, sino el Espíritu de Dios.

10[a] Mt. 11:25; 13:11; 16:17; Gá. 1:12; Ef. 3:3, 5; Ap. 1:1
10[b] 1 Co. 2:11; Jn. 14:26
10[c] Ro. 11:33
11[a] 1 Ts. 5:23; Zac. 12:1; Job 32:8; Pr. 20:27; Ro. 8:16

Dios, adorarle, y creer en El (es decir, recibirle) no es suficiente; amarlo es el requisito imprescindible. Amar a Dios significa centrar todo nuestro ser —espíritu, alma y cuerpo, junto con el corazón, el alma, la mente y las fuerzas (Mr. 12:30)— totalmente en El, es decir, dejar que todo nuestro ser sea ocupado por El y se pierda en El, de modo que El llegue a ser todo para nosotros, y nosotros seamos uno con El de un modo práctico en nuestra vida diaria. Así tenemos la comunión más cercana y más íntima con Dios, y podemos tocar Su corazón y comprender todos los secretos de éste (Sal. 73:25; 25:14). De esta manera, no sólo comprendemos sino que también experimentamos y disfrutamos las cosas profundas y escondidas de Dios y participamos plenamente de ellas.

10[1] Diferente de *enseñó.* Ser enseñado tiene que ver con la mente; pero recibir revelación está relacionado con nuestro espíritu. Para comprender las cosas profundas y escondidas que Dios preparó para nosotros, nuestro espíritu es más necesario que nuestra mente. Cuando todo nuestro ser es uno con Dios al amarle en comunión íntima, El nos muestra en nuestro espíritu por medio de Su Espíritu todos los secretos de Cristo como nuestra porción. Esto es revelar las cosas escondidas que El planeó en Su sabiduría con respecto a Cristo, las cuales nunca han subido en el corazón del hombre.

10[2] La palabra griega se usa con referencia a una investigación activa e implica la adquisición de conocimiento exacto, no por un descubrimiento casual sino por exploración. El Espíritu de Dios explora las profundidades de Dios con respecto a Cristo y nos las muestra en nuestro espíritu para nuestra comprensión y participación.

10[3] Se refiere a las cosas profundas de Dios, que son Cristo en muchos aspectos como nuestra porción eterna, la cual Dios dispuso de antemano, preparó y nos dio gratuitamente. Estas jamás han subido en el corazón del hombre, pero el Espíritu de Dios nos las revela en nuestro espíritu. Así que, debemos ser espirituales para poder participar de ellas. Debemos movernos, actuar y vivir en nuestro espíritu para poder disfrutar a Cristo como el todo para nosotros.

11[1] El espíritu del hombre es la parte más profunda del ser humano. Tiene la capacidad de penetrar la región más íntima de las cosas del hombre, mientras que la mente del hombre sólo puede conocer las cosas superficiales. Así también, sólo el Espíritu de Dios puede conocer las cosas profundas de Dios. Los creyentes corintios habían descuidado el espíritu del hombre y el Espíritu de Dios, y en lugar de eso habían optado por vivir en su mente por medio de la filosofía. De ahí que, este libro muestra que es esencial tener la experiencia adecuada de estos dos espíritus para la práctica de la vida de la iglesia.

12 Pero nosotros no hemos [1a]recibido el espíritu del
[b]mundo, sino el [c]Espíritu que proviene de Dios, para que
[d]sepamos [e]lo que Dios nos ha dado por Su gracia,
13 lo cual también hablamos, no con [a]palabras enseñadas
por sabiduría humana, sino con las que [b]enseña el Espíritu,
[1]interpretando lo espiritual [2]con *palabras* espirituales.
14 [1]Pero el [2a]hombre anímico [b]no acepta las [3c]cosas que son
del Espíritu de Dios, porque para él son [d]necedad, y [4]no las
puede entender, porque se han de [5e]discernir [6]espiritual-
mente.

12[a] Gá. 3:2, 14
12[b] 1 Co. 1:27-28
12[c] 1 Co. 6:19; Jn. 14:26
12[d] 1 Jn. 2:20, 27; Jn. 16:13-15
12[e] Flm. 6
13[a] 1 Co. 1:17; 2:1, 4
13[b] Jn. 14:26; 15:26; 16:13-15
14[a] Jud. 19; 1 Co. 15:44, 46; Jac. 3:15; cfr. He. 4:12
14[b] cfr. Jn. 14:17
14[c] 1 Co. 2:11
14[d] 1 Co. 1:18
14[e] He. 4:12

12[1] Alabado sea el Señor porque nosotros, los que nacimos de Dios por Su Espíritu, hemos recibido el Espíritu de Dios. Por lo tanto, estamos perfectamente capacitados para conocer las cosas profundas de Dios, las cuales El nos dio por Su gracia para nuestro deleite.

13[1] La palabra griega significa *combinar* o *juntar,* tal como se hace al interpretar o explicar. Esta palabra es común en la Septuaginta: Gn. 40:8; 41:12, 15.

13[2] Aquí el pensamiento es hablar lo espiritual con palabras espirituales. El énfasis no está en la persona a quien se habla, sino en el medio por el cual las cosas espirituales son expresadas. El apóstol habló lo espiritual, lo cual es lo profundo de Dios con respecto a Cristo, con palabras espirituales, las cuales son las palabras espirituales enseñadas por el Espíritu.

14[1] El v. 13 pone énfasis en el medio espiritual, es decir, en las palabras espirituales usadas para anunciar lo espiritual. Los vs. 14 y 15 recalcan el objeto espiritual al cual se habla, es decir, el hombre espiritual (no el hombre anímico), quien puede discernir lo espiritual. Tanto el medio como el objeto deben ser espirituales. Lo espiritual debe hablarse con palabras espirituales al hombre espiritual.

14[2] Un hombre anímico es un hombre natural, uno que permite que su alma (que consta de la mente, la parte emotiva y la voluntad) domine todo su ser, y uno que vive por su alma, no haciendo caso de su espíritu, no usando su espíritu e incluso comportándose como si no tuviera espíritu (Jud. 19). Tal hombre no recibe las cosas del Espíritu de Dios, y no es capaz de conocerlas. Al contrario, las rechaza. Los judíos religiosos, los cuales exigían señales, y los griegos filosóficos, quienes buscaban sabiduría (1:22), eran tales hombres, para quienes las cosas del Espíritu de Dios eran necedad (1:23).

14[3] Se refiere a las profundidades de Dios con respecto a Cristo como nuestra porción.

14[4] El hombre anímico en su constitución interior no tiene la capacidad de percibir lo espiritual. Por consiguiente, no puede conocer las cosas espirituales.

14[5] O, examinar, investigar; y así llegar a un entendimiento claro con respecto a la verdad del asunto.

14[6] Aquí la palabra *espiritualmente* se refiere al espíritu del hombre, el cual es impulsado por el Espíritu de Dios para que ejerza plenamente su función y reemplace así el dominio y el control que el alma humana ejerce sobre el hombre. Sólo por medio de un espíritu así el hombre puede discernir las cosas del Espíritu de Dios. Un hombre que es gobernado y controlado por su espíritu es un hombre espiritual, según el versículo siguiente. Puesto que Dios es Espíritu, todas las cosas del Espíritu de Dios son espirituales. Por lo tanto, el hombre debe usar el espíritu humano para discernir, conocer, las cosas del Espíritu de Dios (Jn. 4:24).

15 En cambio el [1a]hombre espiritual juzga todas las cosas;
pero él no es juzgado por nadie.
16 Porque ¿quién conoció la [a]mente del Señor? ¿Quién le
[b]instruirá? Mas nosotros [1]tenemos la [c]mente de Cristo.

CAPITULO 3

C. La iglesia, la labranza de Dios y el edificio de Dios
3:1-23

1. Se necesita el crecimiento en vida
vs. 1-9

1 Y yo, hermanos, no pude hablaros como a [1a]hombres
espirituales, sino como a [2b]carne, como a [3c]niños en Cristo.

15[a] 1 Co. 3:1; 14:37; Gá. 6:1
16[a] Ro. 11:34
16[b] Is. 40:13
16[c] Fil. 2:5
1[a] 1 Co. 2:15; 14:37
1[b] 1 Co. 3:3; Ro. 7:14, 5; Ef. 2:3
1[c] He. 5:13; 1 P. 2:2; Ef. 4:14

15[1] Un hombre espiritual niega su alma y no vive por ella, sino que permite que todo su ser sea dominado por su espíritu, es decir, su espíritu regenerado, en el cual mora el Espíritu de Dios y al cual el Espíritu de Dios infunde energía. Además, vive por ese espíritu, obrando y actuando conforme al mismo (Ro. 8:4). Tal persona puede discernir las cosas del Espíritu de Dios porque en su constitución interior, la capacidad que tiene de percibir lo espiritual puede manifestar su función.

16[1] Puesto que somos orgánicamente uno con Cristo, tenemos todas las facultades que El tiene. La mente es la facultad de la inteligencia, el órgano del entendimiento. Tenemos tal órgano, la mente de Cristo; por tanto, podemos conocer lo que El conoce. Tenemos no solamente la vida de Cristo, sino también la mente de Cristo. Es necesario que Cristo sature nuestra mente, a partir de nuestro espíritu, haciendo que nuestra mente sea uno con la Suya.

1[1] Un hombre espiritual no se comporta conforme a la carne ni actúa conforme a la vida del alma, sino que vive conforme al espíritu, a saber, su espíritu mezclado con el Espíritu de Dios. Tal hombre es dominado, gobernado, guiado, motivado y conducido por el espíritu mezclado.

1[2] Esta es una expresión más grave y más repugnante que la palabra *carnales* del v. 3 y denota ser hecho de carne; la palabra *carnal* denota que uno está bajo la influencia de la naturaleza de la carne y que uno participa del carácter de la carne. En este versículo el apóstol consideró que los creyentes corintios eran totalmente de la carne, hechos de la carne y que no eran más que la carne. ¡Qué expresión tan grave! Luego, en el v. 3 el apóstol consideró carnal la manera envidiosa y contenciosa en que ellos se comportaban y la condenó, indicando que tal comportamiento estaba bajo la influencia de su naturaleza carnal y que participaba del carácter de la carne.

Este libro revela claramente que el creyente puede ser una de tres clases de personas: (1) un hombre espiritual, que vive en su espíritu bajo la unción del Espíritu Santo (Ro. 8:4; Gá. 5:25); (2) un hombre del alma, que vive en su alma bajo la dirección del alma, la vida natural (2:14); o (3) un hombre que es totalmente de la carne y carnal, el cual es de la carne y vive en ella bajo la influencia de la naturaleza de la carne. El Señor desea que todos Sus creyentes tomen Su gracia para que formen parte de la primera categoría, la de hombres espirituales. Esta era la meta de este libro: motivar a los creyentes corintios que eran del alma, de la carne y carnales para que aspiraran a crecer en vida a fin de que llegaran a ser espirituales (2:15; 3:1; 14:37). Ya

2[a] 1 P. 2:2; He. 5:12-13; Is. 28:9
2[b] He. 5:14; Jer. 15:16; Mt. 4:4
2[c] Mr. 4:33; Jn. 16:12
3[a] 1 Co. 3:1
3[b] Ro. 13:13; Gá. 5:20
3[c] 1 Co. 1:11
4[a] 1 Co. 1:12
5[a] 2 Co. 3:6; Ef. 3:7; Col. 1:23, 25; 1 Ti. 4:6; cfr. 1 Co. 4:1
5[b] Ro. 12:3, 6
6[a] Hch. 18:1-11
6[b] Hch. 18:24-28
6[c] cfr. 1 Co. 15:10; 2 Co. 3:5

2 Os [1]di a beber [2a]leche, y no [2b]alimento sólido; porque
aún [c]no erais capaces *de recibirlo*. Pero [3]ni siquiera sois
capaces ahora,
3 porque todavía sois [a]carnales; pues habiendo entre
vosotros [1b]celos y [c]contiendas, ¿no sois carnales, y andáis
[2]según lo humano?
4 Porque diciendo el uno: [a]Yo soy de Pablo; y el otro: Yo
soy de Apolos, ¿no sois hombres *de la carne*?
5 ¿Qué, pues, es Apolos, y qué es Pablo? [a]Ministros por
medio de los cuales habéis creído; y eso según lo que a [b]cada
uno *de ellos* concedió el Señor.
6 [a]Yo [1]planté, [b]Apolos regó; pero el crecimiento lo ha
dado [c]Dios.

---

que hemos sido llamados por Dios a la comunión de Cristo (1:9), quien ahora es el Espíritu vivificante (15:45), y puesto que somos un espíritu con El (6:17), podemos experimentarlo y disfrutarlo sólo cuando vivimos en nuestro espíritu bajo la dirección del Espíritu Santo. Cuando vivimos en el alma o en la carne, no podemos participar de El ni disfrutarle.

1[3] Aunque los creyentes corintios habían recibido todos los dones iniciales en vida sin que les faltara ninguno (1:7), no crecían en vida después de recibirlos, sino que seguían siendo niños en Cristo, personas que no eran más de carne. Aquí el apóstol señaló la deficiencia y la necesidad que tenían, la de crecer en vida hasta alcanzar la madurez, es decir, hasta ser completamente maduros (2:6; Col. 1:28).

2[1] Dar a beber o dar a comer es alimentar a otros. Alimentar es un asunto de vida; es diferente de enseñar, lo cual es un asunto de conocimiento. Lo que el apóstol ministró a los creyentes de Corinto parecía ser conocimiento; en realidad, les ministró leche (no todavía alimento sólido), *y ésta debía de* nutrirlos.

2[2] La leche se da principalmente a los pequeños; el alimento sólido se da a los maduros. Véanse las notas 12[3] y 13[1] de He. 5.

2[3] Esto indica que los creyentes de Corinto no estaban creciendo en vida; todavía no podían recibir alimento sólido.

3[1] Celos y contiendas son manifestaciones, características, de la naturaleza de la carne. Por tanto, muestran que los que están en la carne son carnales y andan según lo humano.

3[2] Todo hombre caído es meramente carne (Ro. 3:20; Gá. 2:16 y la nota 2). Así que, andar según lo humano es andar según la carne. Los celos y las contiendas entre los creyentes de Corinto muestran que ellos andaban según la carne del hombre caído y no según el espíritu humano regenerado por Dios. En consecuencia, ellos no eran espirituales sino carnales, y no andaban según Dios sino según lo humano.

6[1] Plantar, regar y hacer crecer están relacionados con la vida. Esto indica que los creyentes son la labranza (v. 9) donde Dios cultiva a Cristo. Los ministros de Cristo solamente pueden plantar y regar. Sólo Dios puede dar el crecimiento. Los creyentes corintios estimaban demasiado al que planta y al que riega y pasaban por alto a Aquel que da el crecimiento. Por eso, no crecían en Cristo quien era Su vida.

Los creyentes corintios, bajo la influencia prevaleciente de la sabiduría filosófica de los griegos, prestaban atención excesiva al conocimiento, descuidando así la vida. En este capítulo la intención de Pablo era volver la

7 Así que [1]ni el que planta es [a]algo, ni el que riega, sino
Dios, que da el crecimiento.
8 Ahora bien, el que planta y el que riega uno son; pero
[a]cada uno recibirá su [1b]recompensa conforme a su [c]labor.
9 Porque nosotros somos [a]colaboradores de [1]Dios, y vosotros sois [2b]labranza de Dios, [c]edificio de Dios.

2. Se edifica con materiales transformados,
no con cosas naturales
vs. 10-17

10 Conforme a la [a]gracia de Dios que me ha sido dada, yo
como sabio [1]arquitecto [b]puse el [c]fundamento, y [d]otro [e]edifica
encima; pero cada uno [2]mire cómo [f]sobreedifica.

7[a] 2 Co. 12:11
8[a] Ro. 14:12
8[b] 1 Co. 3:14; 9:17; 2 Jn. 8; cfr. Mt. 25:21, 23
8[c] 1 Co. 15:58
9[a] 2 Co. 6:1; Mr. 16:20
9[b] cfr. Mt. 13:3, 8; Ap. 14:4, 15-16
9[c] 1 P. 2:5; Ef. 2:20-22; Col. 2:7; Mt. 16:18; cfr. Sal. 127:1
10[a] Ro. 1:5; 12:3; 1 Co. 15:10
10[b] cfr. 1 Co. 3:6a
10[c] Ef. 2:20
10[d] 1 Ts. 3:2
10[e] cfr. 1 Co. 3:6b
10[f] 1 Co. 14:4, 5, 12

---

atención de ellos del conocimiento a la vida, señalándoles que para ellos él era quien alimentaba y plantaba, Apolos era quien regaba, y Dios era quien daba el crecimiento. En 4:15 aun les dijo que él era su padre espiritual, quien los había engendrado en Cristo por medio del evangelio. Desde el punto de vista de la vida, la perspectiva divina, ellos eran la labranza de Dios donde Cristo era cultivado. Este asunto pertenecía a la vida, la cual ignoran por completo los creyentes que son dominados por su vida natural, su vida anímica, bajo la influencia de su propia sabiduría natural.

7[1] En cuanto al crecimiento en vida, los ministros de Cristo, sean los que plantan o los que riegan, no son nada; Dios lo es todo. Nosotros debemos dejar de poner nuestros ojos en ellos y ponerlos en Dios solamente. Esto nos libra de la división que resulta de estimar más a un ministro de Cristo que a otro.

8[1] La recompensa es un incentivo para los ministros de Cristo que laboran plantando o regando la labranza de Dios.

9[1] Dios también es un obrero. Mientras los ministros de Cristo, Sus colaboradores, trabajan en Su labranza, El también trabaja. Los hombres pueden ser colaboradores de Dios y así trabajar juntamente con El en Su labranza para cultivar a Cristo. ¡Qué gran privilegio y gloria!

9[2] Es decir, tierra cultivada. Los creyentes, quienes fueron regenerados en Cristo con la vida de Dios, son la tierra cultivada de Dios, una labranza en la nueva creación de Dios donde se cultiva a Cristo a fin de que se produzcan materiales preciosos para el edificio de Dios. Por consiguiente, no sólo somos la labranza de Dios, sino también el edificio de Dios. En nosotros, la iglesia de Dios, una entidad corporativa, Cristo fue plantado. Cristo tiene que crecer en nosotros no para producir fruto, sino para, en el sentido de este capítulo, producir a través de nosotros los materiales preciosos de oro, plata y piedras preciosas para la edificación de la habitación de Dios en la tierra. En este sentido, el edificio de Dios, la casa de Dios, la iglesia, es el aumento de Cristo, el agrandamiento del Cristo ilimitado.

10[1] La palabra griega significa *artífice principal*. En Mt. 16:18 el Señor dijo que El edificaría Su iglesia; pero aquí el apóstol dijo que él era un edificador, aún más, un sabio arquitecto. Esto indica que el Señor no edifica la iglesia directamente sino a través de Sus ministros, incluso a través de cada miembro de Su Cuerpo, según lo revela Ef. 4:16. Aunque en los vs. 5-7 el apóstol reconoció que no era nada, aquí pone en claro franca y fielmente el hecho de que por la gracia de Dios él era un sabio arquitecto que había puesto el único fundamento, que es Cristo, sobre el cual otros edificarían.

10[2] La iglesia, la casa de Dios, debe

11ª cfr. Hch. 4:12; 2 Co. 11:4; Gá. 1:6-7
11ᵇ Is. 28:16; Mt. 16:18
11ᶜ Mt. 16:16; Hch. 2:36

11 Porque nadie puede poner [1a]otro fundamento que [b]el
que está puesto, el cual es [c]Jesucristo.
12 [1]Y si sobre este fundamento alguno edifica [2]oro, plata,
piedras preciosas, [3]madera, hierba, hojarasca,

---

ser edificada con oro, plata y piedras preciosas, materiales preciosos producidos como resultado del crecimiento de Cristo en nosotros. No obstante, existe un gran riesgo que edifiquemos con madera, hierba y hojarasca, los cuales producimos al estar en la carne. Por tanto, cada uno de nosotros, cada miembro del Cuerpo, debe mirar cómo edifica, es decir, con qué material edifica.

11[1] Por ser el Cristo y el Hijo del

des y atributos de Su persona y obra, y las piedras preciosas, la obra transformadora del Espíritu con todos los atributos de dicha obra. Todos estos materiales preciosos son producto de nuestra participación de Cristo y de nuestro disfrute de El en nuestro espíritu por medio del Espíritu Santo. Sólo éstos sirven para el edificio de Dios.

Siendo la labranza de Dios donde se planta, se riega y se da el creci-

13ª 1 Co. 4:5
13ᵇ 1 Co. 1:8; 2 Ts. 1:10; 2 Ti. 1:12; 4:8
13ᶜ 1 Co. 3:15
13ᵈ cfr. Zac. 13:9; 1 P. 1:7; Sal. 66:12; Job 23:10

... obra de cada uno se hará [a]manifiesta; porque [1b]el día
la declarará, pues por el [2c]fuego es revelada; y la obra de cada
uno cuál sea, el fuego mismo la [d]probará.
14 Si permanece la [1]obra de alguno que sobreedificó,
recibirá [2a]recompensa.
15 Si la [1]obra de alguno es consumida, él sufrirá [2]pérdida,
pero él mismo será [3a]salvo, aunque así como pasado [4]por
[b]fuego.
16 ¿No sabéis que sois [1a]templo de Dios, y que el [b]Espíritu
de Dios mora en vosotros?

---

estos materiales sin valor son el producto del hombre natural de los creyentes junto con lo que ellos han acumulado a partir de sus varios tras-...

cristianas no son aprobadas por el Señor que juzga, y quienes por eso sufren la pérdida de la recompensa, serán salvos de todos modos. La sal-

... doctrina que difiera de las enseñanzas fundamentales de los apóstoles (Hch. 2:42), o cualquier modo o esfuerzo que sea contrario a la naturaleza de Dios, a la obra redentora de Cristo y a la obra transformadora del Espíritu, es corromper, arruinar, profanar, estropear y destruir la iglesia de Dios.

17[2] Esto implica al menos el castigo que se muestra en el v. 15. Todos los que han corrompido, arruinado, profanado y estropeado la iglesia de Dios edificando con sus doctrinas heréticas, enseñanzas facciosas, métodos

... engañaban a sí mismos introduciendo los elementos del judaísmo y la filosofía griega en la edificación de la iglesia.

18[2] Aquí el pensamiento del apóstol se centraba principalmente en los creyentes griegos que tenían muy en alto la sabiduría de su filosofía (1:22).

18[3] Hacerse necio significa renunciar a la sabiduría filosófica y recibir la palabra sencilla con respecto a Cristo y Su cruz (1:21, 23).

18[4] Llegar a ser sabio significa tomar la sabiduría de Dios con la cual El ha hecho que Cristo sea todo para nosotros (1:24, 30; 2:6-8).

20 Y otra vez: "[a]El Señor conoce los razonamientos de los sabios, que son [1]vanos".

21 Así que, ninguno se [a]gloríe en los hombres; porque [b]todo es vuestro:

22 sea Pablo, sea Apolos, sea Cefas, sea el mundo, sea la [a]vida, sea la muerte, sea lo presente, sea lo por venir, [1]todo es vuestro,

23 pero vosotros sois de [a]Cristo, y Cristo de [b]Dios.

CAPITULO 4

D. Dispensadores de los misterios de Dios
4:1-21

1. Fieles siervos de Cristo
vs. 1-5

1 [1]Así, pues, [2]ténganos los hombres por [3a]servidores de Cristo, y [4b]mayordomos de los [c]misterios de Dios.

2 Además, [1]en cuanto a esto, lo que en los mayordomos se busca es que cada uno sea hallado [a]fiel.

3 Yo en muy poco tengo el ser [1a]examinado por vosotros, o por [2]tribunal humano; y ni aun yo me examino a mí mismo.

20[a] Sal. 94:11
21[a] Jer. 9:23-24
21[b] Ro. 8:32, 28
22[a] Fil. 1:20; Ro. 8:38
23[a] 1 Co. 15:23; 2 Co. 10:7; Gá. 3:29
23[b] 1 Co. 11:3
1[a] cfr. 1 Co. 3:5
1[b] 1 Co. 9:17; Ef. 3:2; Col. 1:25; Tit. 1:7; 1 P. 4:10
1[c] 1 Co. 2:7; Ro. 16:25; Ef. 1:9; 3:3, 4, 9; 6:19; Col. 1:26-27; 2:2; 4:3
2[a] 1 Co. 7:25; 1 Ti. 1:12; Mt. 24:45; 25:21, 23; Lc. 16:10
3[a] Ro. 14:4, 10, 13

20[1] Significa *sin propósito.*

22[1] Todas las cosas, incluyendo el mundo y la muerte, son nuestras y cooperan para nuestro bien (Ro. 8:28). Los creyentes de Corinto decían que ellos eran de Pablo o de Apolos o de Cefas (1:12), pero Pablo dice que él, Apolos y Cefas son de los creyentes; todas las cosas son de ellos. Ellos son la iglesia, y todas estas cosas están destinadas para la iglesia. La iglesia es para Cristo, y Cristo es para Dios.

1[1] De la manera descrita en 3:21-23.

1[2] O, considérennos, mídannos y clasifíquennos.

1[3] Un asistente o servidor designado, un servidor oficial designado específicamente para cierto propósito (Hch. 26:16).

1[4] La palabra griega proviene de la misma raíz que la palabra traducida *economía* en 1 Ti. 1:4 y Ef. 1:10. Significa *un mayordomo que reparte, un administrador de la casa, quien reparte o distribuye el suministro de la casa a sus miembros.* Los apóstoles fueron designados por el Señor para ser tales administradores. Como tales, impartían a los creyentes los misterios de Dios, los cuales son: Cristo como el misterio de Dios, y la iglesia como el misterio de Cristo (Col. 2:2; Ef. 3:4). El servicio de distribución, la mayordomía, es el ministerio de los apóstoles.

2[1] Lit., aquí. Es decir, en la mayordomía, en el ministerio de dispensar.

3[1] Examinado para juicio o en juicio.

3[2] Lit., el día del hombre. El día del juicio del hombre es la era actual, en la cual el hombre juzga (este juicio se refiere al examen llevado a cabo por el hombre). Está en contraste con el día del Señor (3:13), que es la era venidera, la era del reino, en la cual el Señor juzgará y en la cual el juicio será del Señor.

4 Porque no estoy consciente de nada en contra mía, pero no por eso soy justificado; pero el que me examina es el Señor.

5 Así que, no [1a]juzguéis nada [2]antes de tiempo, hasta que [b]venga el Señor, el cual sacará a luz lo [c]oculto de las tinieblas y [d]manifestará las intenciones de los corazones; y entonces cada uno recibirá su [e]alabanza de Dios.

2. Espectáculo tanto para los ángeles como para los hombres
vs. 6-9

6 Pero [1]esto, hermanos, lo he [2]presentado como ejemplo en mí y en [a]Apolos por amor de vosotros, para que en nosotros aprendáis a no *ir* más allá de [3]lo que está escrito, para que no os [b]hinchéis de orgullo favoreciendo al [c]uno contra el otro.

7 Porque ¿[1]quién te distingue? ¿o qué tienes que no hayas [a]recibido? Y si lo recibiste, ¿por qué te glorías como si no lo hubieras recibido?

8 [1]Ya estáis saciados, os habéis [a]enriquecido, sin nosotros habéis llegado a reinar. ¡Y ojalá hubieses llegado a

5[a] Mt. 7:1
5[b] 1 Co. 11:26; Mt. 16:27; Ap. 22:12
5[c] cfr. Ro. 2:16
5[d] 1 Co. 3:13
5[e] Ro. 2:29; cfr. 1 Co. 3:8; 2 Co. 10:18
6[a] 1 Co. 1:12; 3:4, 22
6[b] 1 Co. 4:18, 19; 5:2; 8:1; 13:4
6[c] 1 Co. 1:12; 3:4
7[a] 1 Co. 2:12; Jn. 3:27; 1 P. 4:10
8[a] Ap. 3:17

5[1] O, condenéis.

5[2] Es decir, antes del día del Señor (3:13).

6[1] Se refiere a lo mencionado en el pasaje anterior, del cap. 1 a este capítulo.

6[2] Lit., transferido en figura, expresión que indica una metáfora. Lo que escribió el apóstol en los capítulos anteriores, los caps. 1—3, podía aplicarse a todos los que servían al Señor, especialmente a los corintios orgullosos y divisivos. Pero por amor de ellos, debido a su condición y para su bien, Pablo aplicó estas cosas a él y a Apolos, como figuras de esta metáfora, tal como había dicho en 3:5-8. Al hacer esto, Pablo esperaba que los corintios envanecidos entendieran y aplicaran a sí mismos la comparación que él hacía.

6[3] Esto debe de referirse a lo escrito en los capítulos anteriores, tal como: "¿Acaso fue crucificado Pablo por vosotros?" (1:13) y "¿Qué, pues, es Apolos, y qué es Pablo?" (3:5). Sencillamente eran ministros de Cristo, uno que plantaba y otro que regaba (3:5-7). No eran Cristo, quien fue crucificado por los creyentes. Tampoco eran Dios, quien da el crecimiento a los creyentes. No debían ser estimados más altamente de lo que eran. De otro modo, sus estimadores, tales como los creyentes corintios carnales, podrían envanecerse favoreciendo al uno contra el otro.

7[1] Es Dios quien nos distingue de otros; y lo que tenemos, lo hemos recibido de El. Por lo tanto, toda la gloria debe ser atribuida a Dios, y debemos gloriarnos en El, no en nosotros mismos ni en ningún servidor a quien El haya usado, tal como Pablo o Apolos.

8[1] Los creyentes corintios, orgullosos de lo que habían obtenido, llegaron a estar satisfechos con lo que tenían. Llegaron a ser suficientes en sí mismos, y reinaban independientemente de los apóstoles. Hacían esto totalmente en sí mismos y en su carne.

reinar, para que nosotros reinásemos también juntamente
con vosotros!
9 Pues según pienso, Dios nos ha exhibido a nosotros los
apóstoles como [1]postreros, como a [2]sentenciados a [a]muerte,
porque hemos llegado a ser [3b]espectáculo al mundo, a los
ángeles y a los hombres.

3. La escoria del mundo y el desecho de todas las cosas
vs. 10-13

10 Nosotros somos [1a]necios por amor de Cristo, mas vosotros [b]prudentes en Cristo; nosotros [2c]débiles, mas vosotros
fuertes; vosotros [3]llenos de gloria, mas nosotros [d]deshonra-
dos.
11 Hasta esta hora [a]padecemos hambre, tenemos sed,
estamos desnudos, somos [b]abofeteados, y andamos sin dónde
morar.
12 Nos fatigamos [a]trabajando con nuestras propias [b]ma-
nos; nos maldicen, y [c]bendecimos; [d]padecemos persecución,
y la soportamos.
13 Nos [1]difaman, y [2]exhortamos; hemos venido a ser hasta ahora como la [3a]escoria del mundo, el [3]desecho de todas
las cosas.

9[1] En los tiempos de Pablo, cuando los criminales luchaban con fieras en el anfiteatro para diversión del pueblo, eran exhibidos al final. Pablo aplicó esta figura a los apóstoles, quienes eran exhibidos por Dios como los últimos en Su espectáculo.

9[2] Los apóstoles se consideraban como criminales sentenciados a muerte delante del mundo, a diferencia de los corintios, quienes se consideraban como reyes destinados a reinar.

9[3] Una metáfora que hace referencia a los enfrentamientos entre los criminales y las fieras en el anfiteatro romano. Los apóstoles vinieron a ser semejante espectáculo al mundo, visto no sólo por los hombres sino también por los ángeles. Véase la nota 33[1] de He. 10.

10[1] Los apóstoles estaban dispuestos a ser necios y renunciar a su sabiduría humana por amor de Cristo. Pero los creyentes corintios carnales permanecían prudentes en su sabiduría natural, mientras afirmaban que estaban en Cristo.

10[2] Los apóstoles, al ministrar a Cristo, parecían ser débiles, porque no usaban ninguna fuerza ni poder de su ser natural (2:3). Pero los creyentes corintios carnales, ejerciendo su habilidad natural, eran fuertes y procuraban ser reconocidos como personas eminentes entre los creyentes.

10[3] Los creyentes de Corinto estaban llenos de gloria, de honra, y desplegaban esplendor. Pero los apóstoles eran deshonrados y menospreciados por los corintios que buscaban gloria.

13[1] O, insultan, injurian.

13[2] Es decir, rogamos con exhortación, consolación y aliento a fin de apaciguar.

13[3] *La escoria* y *el desecho* son sinónimos. *Escoria* denota aquello que es arrojado al hacer la limpieza, o sea, el desperdicio, la inmundicia. *Desecho* denota aquello que se debe quitar, o sea, la basura, la mugre.

9[a] 2 Co. 4:10-12; 11:23; Ro. 8:36; Fil. 1:20; 1 Co. 15:31; 2 Co. 6:9
9[b] He. 10:33
10[a] 1 Co. 1:18; 2 Co. 11:17, 19; cfr. Hch. 17:18; 26:24
10[b] 1 Co. 1:19; 2 Co. 11:19
10[c] 1 Co. 2:3; 2 Co. 13:4, 9
10[d] 2 Co. 6:8
11[a] Ro. 8:35; 2 Co. 11:27; Fil. 4:12
11[b] Hch. 23:2
12[a] Hch. 18:3; 1 Ts. 2:9
12[b] Hch. 20:34
12[c] Ro. 12:14; 1 P. 3:9
12[d] Jn. 15:20; Ro. 8:35
13[a] Lm. 3:45

4. El padre que engendra
vs. 14-21

14 No escribo esto para [a]avergonzaros, sino para amonestaros como a [b]hijos míos amados.

15 Porque aunque tengáis diez mil [1]ayos en Cristo, no *tenéis* muchos [2a]padres; pues [b]en Cristo Jesús yo os [c]engendré por medio del [d]evangelio.

16 Por tanto, os [1]exhorto a que me [a]imitéis.

17 Por esto mismo os he enviado a [a]Timoteo, que es mi [b]hijo amado y fiel en el Señor, el cual os recordará mi [1]proceder en Cristo, de la manera que enseño en [2]todas partes, en todas las [c]iglesias.

18 Mas algunos están [a]hinchados de orgullo, como si yo no hubiese de ir a vosotros.

19 Pero [a]iré pronto a vosotros, si el Señor [b]quiere, y conoceré, no las palabras de los que andan hinchados, sino el poder.

20 Porque el [1a]reino de Dios no *consiste* en palabras, sino en [b]poder.

21 ¿Qué queréis? ¿[a]Iré a vosotros con [1]vara, o con amor y [2b]espíritu de [c]mansedumbre?

Ambos términos son usados metafóricamente, especialmente en cuanto a criminales condenados de la más baja calaña, los cuales eran arrojados al mar o a las fieras en el anfiteatro.

15[1] Lit., conductores de niños; la misma palabra griega aparece en Gá. 3:24-25.

15[2] Los guías, los ayos, instruyen y dirigen a los niños que están bajo su custodia; los padres imparten vida a los hijos que engendran. El apóstol era tal padre; había engendrado a los creyentes corintios en Cristo por medio del evangelio, impartiéndoles la vida divina, de modo que llegaron a ser hijos de Dios y miembros de Cristo.

16[1] Véase la nota 13[2].

17[1] Tal proceder era la manera en que el apóstol se comportaba mientras enseñaba a los santos en todas las iglesias.

17[2] Esta expresión indica dos cosas: (1) que la enseñanza del apóstol era la misma universalmente, sin variar de un lugar a otro; y (2) que para Pablo *todas partes* equivale a *todas las iglesias,* y *todas las iglesias,* a *todas partes.*

20[1] Esto se refiere a la vida de la iglesia, implicando que, en lo relacionado con la autoridad, la iglesia es el reino de Dios en esta edad.

21[1] Esta palabra fue dirigida a los creyentes corintios tomando como base el hecho de que el apóstol era su padre espiritual. Como tal, él tenía la posición y responsabilidad de castigar a sus hijos.

21[2] El espíritu regenerado del apóstol, habitado por el Espíritu Santo y mezclado con El. El espíritu de

---

14[a] 1 Co. 6:5; 15:34
14[b] 2 Co. 6:13; 12:14; 1 Ts. 2:11; 1 Jn. 2:1; 3 Jn. 4
15[a] 1 Ts. 2:11; cfr. Nm. 11:12
15[b] 1 Co. 1:30
15[c] Gá. 4:19; Flm. 10; cfr. Jac. 1:18; 1 P. 1:23, 25; Jn. 3:3, 5
15[d] 1 Co. 9:12, 14, 18, 23; 15:1
16[a] 1 Co. 11:1; Fil. 3:17; 1 Ts. 1:6; 2 Ts. 3:7, 9
17[a] 1 Co. 16:10; Fil. 2:19
17[b] 1 Ti. 1:2; 2 Ti. 1:2
17[c] 1 Co. 7:17; 11:16; 14:33; 16:1
18[a] 1 Co. 4:6

19[a] 1 Co. 4:21; 11:34; 16:5; 2 Co. 1:15; 10:2; Hch. 19:21; 20:2
19[b] Hch. 18:21; cfr. 1 Co. 16:7; He. 6:3 **20**[a] 1 Co. 6:9; 15:50; Ro. 14:17
20[b] 1 Co. 5:4; 2:4 **21**[a] 2 Co. 1:23; 2:1-3; 12:20; 13:2, 10 **21**[b] Gá. 6:1
21[c] 2 Co. 10:1; Ef. 4:2

CAPITULO 5

III. Lo tocante al hermano perverso
5:1-13

A. El perverso es juzgado
vs. 1-5

1 De cierto se oye que hay entre vosotros [1a]fornicación, y
tal fornicación cual ni aun *se da* entre los gentiles; tanto que
alguno tiene la [2b]mujer de su padre.
2 ¡Y vosotros estáis [a]hinchados de orgullo! ¿No debierais
más bien haberos [b]lamentado, para que fuese [1c]quitado de en
medio de vosotros el que cometió tal acción?
3 Pues yo, por mi parte, aunque ausente en cuerpo, pero
presente [1]en [a]espíritu, ya como presente he juzgado al que
tal cosa ha hecho.
4 [1]En el [a]nombre de nuestro Señor Jesús, reunidos vosotros y [2]mi [b]espíritu, [1]con el [c]poder de nuestro Señor Jesús,
5 el tal sea [1a]entregado a [b]Satanás para [2]destrucción de
la [3]carne, [4]a fin de que su espíritu sea salvo en el [5c]día del
Señor.

---

mansedumbre es un espíritu que está saturado de la mansedumbre de Cristo (2 Co. 10:1), y es por eso que expresa la virtud de Cristo.

1[1] El primer problema, tratado en los caps. 1—4, es el asunto de la división, el cual está relacionado principalmente con la vida natural del alma. El segundo problema, tratado en el cap. 5, la segunda sección del libro, es el pecado de la fornicación, el cual tiene que ver con los deseos de la carne. Este problema, tocante al incesto de cierto hombre con su madrastra, es moralmente más grave que *el anterior. El anterior está relacionado* con las contiendas que vienen por el orgullo; el último es un pecado grave que viene de la concupiscencia.

1[2] O, la esposa del padre.

2[1] Véase la nota 13[1].

3[1] El apóstol, como persona espiritual, actuaba en su espíritu, en contraste con los corintios, los cuales actuaban o en el alma o en la carne. Aunque él estaba ausente de ellos en cuerpo, todavía estaba con ellos en espíritu, ejercitando su espíritu para juzgar al perverso que estaba en medio de ellos.

4[1] Tanto *en el nombre de nuestro Señor Jesús* como *con el poder de nuestro Señor Jesús* modifican a *sea entregado* del v. 5. El apóstol, en su espíritu, aplicó el poderoso nombre del Señor y Su poder para entregar la persona malvada a Satanás.

4[2] El espíritu del apóstol era tan fuerte que asistió a la reunión de los creyentes corintios. Su espíritu se reunió con ellos para llevar a cabo su juicio sobre aquella persona perversa.

5[1] Entregar una persona pecaminosa a Satanás, es algo que se hace para disciplina.

5[2] Esto se refiere principalmente a la aflicción de cierta enfermedad (2 Co. 12:7; Lc. 13:16).

5[3] Aquí *la carne* se refiere al cuerpo lujurioso, el cual debe ser destruido.

5[4] Este pecador que estaba entre los creyentes corintios era un hermano que había sido salvo una vez para toda la eternidad (Jn. 10:28-29). Nunca podría perecer por causa de

---

1[a] 1 Co. 5:11; 6:13, 15
1[b] Lv. 18:8; Dt. 22:30; 27:20
2[a] 1 Co. 4:6
2[b] cfr. 2 Co. 7:7-10; Mt. 5:4
2[c] 1 Co. 5:13
3[a] Col. 2:5
4[a] Hch. 16:18; 2 Ts. 3:6
4[b] 1 Co. 16:18; Ro. 1:9
4[c] 1 Co. 4:20; 2:4
5[a] 1 Ti. 1:20
5[b] cfr. Job 2:6; Lc. 22:31; Hch. 26:18
5[c] 1 Co. 1:8

B. Guardar la fiesta de los panes sin levadura
vs. 6-8

6 No es buena [1]vuestra [a]jactancia. ¿No sabéis que un
[2]poco de [3b]levadura leuda toda la masa?
7 Limpiaos de la vieja levadura, para que seáis [1]nueva
masa, sin levadura como sois; porque nuestra [2a]Pascua, que
es Cristo, fue sacrificada.
8 Así que [a]celebremos la [1]fiesta, no con la vieja [b]levadu-
ra, ni con la levadura de [c]malicia y de maldad, sino con *panes*
[d]sin levadura, de sinceridad y de verdad.

C. Quitar de la iglesia al perverso
vs. 9-13

9 Os he escrito por carta, que [a]no os [1]mezcléis con los
fornicarios;

6[a] 1 Co. 13:4; Jac. 4:16
6[b] Gá. 5:9; Mt. 13:33; Os. 7:4; cfr. 1 Co. 15:33; He. 12:15
7[a] Ex. 12:3, 11; Mr. 14:12; Jn. 1:29; 1 P. 1:19
8[a] cfr. Ex. 12:17-20; 13:6-7; 23:15
8[b] Mt. 16:6, 11, 12
8[c] 1 P. 2:1; Ef. 4:31; Col. 3:8
8[d] Ex. 12:15
9[a] 2 Ts. 3:6, 14; cfr. Ef. 5:11

---

algún pecado. No obstante, debido a su pecaminosidad, tuvo que ser disciplinado con la destrucción de la carne pecaminosa, a fin de ser mantenido en una condición en que su espíritu pudiera ser salvo en el día del Señor.

5[5] Véase la nota 13[1] del cap. 3.

6[1] O, que os gloriéis. A pesar de la confusión y del terrible pecado del incesto que había entre ellos, los creyentes corintios se jactaban y se gloriaban. La epístola del apóstol debía volverlos a la humildad, por hacerles notar las cosas pecaminosas que había entre ellos y así hacerles comprender que su jactancia no era buena.

6[2] Lo que el apóstol tenía en mente aquí, puede ser que no hacía falta tener un pecado tan horrible como el que existía entre ellos; sólo un poco de levadura, un poco de pecado, podía leudar y corromper toda la masa, toda la iglesia.

6[3] Véase la nota 33[1] de Mt. 13.

7[1] Lit., joven, nueva con respecto al tiempo. Véase la nota 10[2] de Col. 3. La nueva masa se refiere a la iglesia, compuesta de los creyentes en su naturaleza nueva.

7[2] Esto indica que el apóstol consideraba a los creyentes el pueblo escogido de Dios, quienes ya habían tenido su Pascua, tipificada por la pascua descrita en Ex. 12. En esta Pascua, Cristo no es sólo el Cordero pascual sino toda la Pascua. Para ser nuestra Pascua, El fue sacrificado en la cruz a fin de que nosotros fuéramos redimidos y reconciliados con Dios. De esta manera, podemos disfrutarle como una fiesta delante de Dios. En esta fiesta no se permite que haya ninguna levadura. El pecado y el Cristo redentor no pueden estar juntos.

8[1] Aquí la fiesta se refiere a la fiesta de los panes sin levadura como continuación de la Pascua (Ex. 12:15-20). Duraba siete días, un período completo, que representa todo el curso de nuestra vida cristiana, desde el día de nuestra conversión hasta el día del arrebatamiento. Esta es una fiesta larga que debemos celebrar, no con el pecado de nuestra vieja naturaleza, la vieja levadura, sino con panes sin levadura, que son el Cristo de nuestra nueva naturaleza como nuestro alimento y disfrute. Sólo El es el suministro vivo de sinceridad y verdad, absolutamente puro, sin mezcla, y lleno de realidad. La fiesta es un tiempo para disfrutar el banquete. Toda la vida cristiana debe ser tal fiesta, un gran disfrute de Cristo como nuestro banquete, el rico suministro de vida.

9[1] O, asociéis. Así también en el v. 11.

10 no absolutamente con los [a]fornicarios de este mundo, o
con los avaros y los que viven de rapiña, o con los idólatras;
pues en tal caso os sería necesario [b]salir del mundo.
11 Pero ahora os he escrito que no os mezcléis con ninguno
que, llamándose [a]hermano, sea [1]fornicario, o avaro, o [b]idóla-
tra, o maldiciente, o borracho, o viva de rapiña; con el tal [c]ni
aun comáis.
12 Porque ¿es asunto mío juzgar a los que están [a]fuera *de
la iglesia?* ¿No [b]juzgáis vosotros a los que están dentro?
13 Porque a los que están fuera, Dios juzgará. [1a]Quitad a
ese perverso de entre vosotros.

CAPITULO 6

IV. Lo tocante a los pleitos entre creyentes
6:1-11

A. El juicio llevado a cabo por la iglesia
vs. 1-8

1 ¿Osa alguno de vosotros, cuando tiene [1]pleito contra
otro, someterse más bien al juicio de los [2]injustos que al de
los santos?
2 ¿O no sabéis que los santos han de [1a]juzgar al mundo?
Y si el mundo ha de ser juzgado por vosotros, ¿sois indignos
de [2]juzgar las cosas más pequeñas?
3 ¿O no sabéis que hemos de [1]juzgar a los ángeles?
¿Cuánto más las cosas de esta vida?

10[a] 1 Co. 6:9; Ef. 5:5
10[b] Jn. 17:15
11[a] 1 Co. 6:5; Hch. 1:15; 2 Ts. 3:6
11[b] 1 Co. 10:7, 14
11[c] cfr. 2 Jn. 10-11
12[a] Mr. 4:11
12[b] 1 Co. 6:1-5
13[a] cfr. Dt. 13:5; 17:7, 12; 21:21; 22:21, 22, 24; 24:7; Jue. 20:13; Mt. 18:17; Ro. 16:17-18; Tit. 3:10
2[a] Mt. 19:28; Lc. 22:30; Ap. 20:4

11[1] Las personas perversas mencionadas en este versículo no son personas que simplemente hayan cometido cierto pecado, sino personas que viven y permanecen en aquel pecado, rehusando arrepentirse. Quitar a alguien así no sólo es quitar de la iglesia un pecado, sino también juzgar y quitar a una persona pecaminosa de modo que la iglesia no sea leudada por su presencia.

13[1] Es decir, cortarlo de la comunión de la iglesia, según es tipificado por la exclusión de un leproso de en medio del pueblo de Dios (Lv. 13:45-46).

1[1] El tercer problema tratado en esta epístola está relacionado con el caso de un hermano que va a juicio contra otro (vs. 1-11). Esto no es un pecado como la división, iniciado por el alma, ni es un pecado tan horrible como el incesto, llevado a cabo por el cuerpo lujurioso. Este es el caso de un hermano que reclama sus derechos legales, no estando dispuesto a sufrir agravio, ni a aprender la lección de la cruz.

1[2] Los incrédulos, los cuales son injustos delante de Dios.

2[1] En la era venidera del reino los santos vencedores regirán las naciones del mundo (He. 2:5-6; Ap. 2:26-27).

2[2] Juicios llevados a cabo por varios santos que juzgan casos entre sí. Juzgar tales casos es insignificante en comparación con regir el mundo.

3[1] La expresión *las cosas de esta vida* indica que el juicio sobre los

4[a] 1 Co. 5:12
5[a] 1 Co. 4:14
5[b] 1 Co. 5:11
6[a] 2 Co. 6:14; 1 Ti. 5:8
7[a] Mt. 5:39; Ro. 12:17-19
8[a] 1 Ts. 4:6
9[a] 1 Co. 15:50; Gá. 5:21; Ef. 5:5; Mt. 5:20
9[b] 1 Co. 15:33; Gá. 6:7; Jac. 1:16; 1 Jn. 3:7; Lc. 21:8
9[c] 1 Co. 5:10
9[d] 1 Ti. 1:10
11[a] cfr. Hch. 22:16; He. 10:22; Ap. 7:14; 22:14; Ef. 5:26
11[b] 1 Co. 1:2; Ro. 6:19, 22
11[c] Ro. 8:30

4 Si, pues, tenéis [a]juicios sobre cosas de esta vida, ¿ponéis *para juzgar* a [1]los que nada significan para la iglesia?
5 Para [a]avergonzaros lo digo. ¿Pues qué, no hay entre vosotros sabio, ni aun uno, que pueda juzgar entre sus [b]hermanos?
6 En cambio, el hermano [1]va a juicio contra el hermano, y esto ante los [a]incrédulos.
7 Así que, por cierto es ya un [1]fracaso para vosotros que tengáis [2]litigios entre vosotros. ¿Por qué no sufrís [3a]más bien el agravio? ¿Por qué no sufrís [3]más bien el ser defraudados?
8 Pero vosotros cometéis el agravio, y [a]defraudáis, y esto a *vuestros* hermanos.

B. Aquellos que no están calificados para heredar el reino de Dios
vs. 9-11

9 ¿No sabéis que los injustos no [1a]heredarán el reino de Dios? No os [b]desviéis; ni los [c]fornicarios, ni los idólatras, ni los adúlteros, ni los afeminados, ni los [d]homosexuales,
10 ni los ladrones, ni los avaros, ni los borrachos, ni los maldicientes, ni los que viven de rapiña, heredarán el reino de Dios.
11 Y esto erais algunos; mas ya habéis sido [1a]lavados, ya habéis sido [1b]santificados, ya habéis sido [1c]justificados en el nombre del Señor Jesucristo, y en el Espíritu de nuestro Dios.

ángeles ocurrirá en el futuro, y no en esta era. Esto se refiere probablemente al juicio sobre los ángeles que se revela en 2 P. 2:4 y Jud. 6. Los ángeles mencionados en estos versículos y a los que se hace referencia en Ef. 2:2, 6:12 y Mt. 25:41 deben de ser los ángeles malignos. Por consiguiente, en el futuro nosotros los que creemos en Cristo juzgaremos no sólo el mundo humano, sino también el mundo angélico.

4[1] Los incrédulos, quienes no tienen la menor importancia para la iglesia.

6[1] La palabra griega traducida *va a juicio,* aparece también en el v. 1.

7[1] Lo cual implica un defecto, una falta, una pérdida, quedarse corto (de heredar el reino de Dios, v. 9).

7[2] La palabra griega tiene la misma raíz que la traducida *va a juicio* en el versículo anterior.

7[3] Estar dispuestos a ser agraviados o a ser defraudados es estar dispuestos a sufrir pérdida, a aprender la lección de la cruz, a guardar la virtud de Cristo a cierto costo.

9[1] Heredar el reino en la era venidera es una recompensa para los santos que buscan justicia (Mt. 5:10, 20; 6:33). Véanse las notas 10[2] de Mt. 5, 21[2] de Gá. 5, 5[3] de Ef. 5, y 28[1] de He. 12.

11[1] En contraste con el lavamiento, la santificación y la justificación mencionados en 1 Jn. 1:7; He. 10:29 y Ro. 3:24-25, el lavamiento, la santificación y la justificación aquí no son llevados a cabo con la sangre, de modo objetivo. Son el lavamiento subjetivo de la regeneración conforme a Tit. 3:5,

V. Lo tocante al abuso de libertad
6:12-20

A. Un principio básico
v. 12

12 [1a]Todas las cosas me son [2]lícitas, mas no todas son
[3]provechosas; todas las cosas me son [2]lícitas, mas yo no me
dejaré [4]dominar de ninguna.

B. El uso del cuerpo
vs. 13-20

13 La [1]comida para el [a]vientre, y el vientre para la comida;
pero Dios reducirá a [b]nada tanto al uno como a la otra. Pero
el [2]cuerpo no es para la fornicación, sino [c]para el Señor, y el
Señor [d]para el cuerpo.

12[a] 1 Co. 10:23
13[a] Mt. 15:17
13[b] Col. 2:22
13[c] 1 Co. 6:15, 19
13[d] Ro. 8:11

---

la santificación subjetiva efectuada por el Espíritu mencionada en Ro. 15:16, y la justificación subjetiva en el Espíritu como se ve en este versículo. Todos estos elementos de la salvación de Dios fueron llevados a cabo en nosotros en el nombre del Señor Jesucristo (es decir, en la persona del Señor, en una unión orgánica con el Señor por fe) y en el Espíritu de Dios (es decir, en el poder y la realidad del Espíritu Santo). Primero, fuimos lavados de las cosas pecaminosas; segundo, fuimos santificados, apartados para Dios, transformados por Dios; y tercero, fuimos justificados, aceptados, por Dios.

12[1] El cuarto asunto tratado en esta epístola es el abuso de libertad en cuanto a los alimentos y al cuerpo (vs. 12-20). El alimento es para la existencia del hombre, y la sexualidad (relacionada con el cuerpo) es para la propagación del hombre. Los dos son necesarios y fueron ordenados por Dios. El hombre tiene el derecho de usarlos. No obstante, no debe abusar de ellos, ni dejarse dominar de ellos, siendo así controlado y esclavizado por tales cosas. Todo abuso en la comida, tal como comer de lo que se ha sacrificado a ídolos, pone tropiezo a los hermanos débiles (8:9-13; 10:28-30, 32), y comer excesivamente perjudica nuestro cuerpo. Tanto el alimento como nuestro vientre serán eliminados; Dios los reducirá a nada. El abuso de la sexualidad es la fornicación. Esta no sólo es condenada por Dios, sino que también destruye nuestro cuerpo (v. 18), el cual es para el Señor.

12[2] Lit., están bajo mi poder; así, permisibles, admisibles, lícitas.

12[3] Ventajosas (no meramente convenientes), buenas, valiosas.

12[4] Lit., ser puesto bajo la autoridad. Esto significa que todas las cosas estaban bajo la autoridad de Pablo, pero él no se dejaría poner bajo la autoridad de nada, y que para él todas las cosas eran permitidas, admisibles, lícitas, pero no se dejaría gobernar (esclavizar) o someter a la autoridad o el control de ninguna. El v. 12 puede ser considerado un proverbio que gobernaba la manera en que el apóstol trató algunos problemas mencionados en la sección siguiente, 6:13—11:1.

13[1] La comida y el vientre sirven para la subsistencia del cuerpo. En sí mismos no significan nada; Dios los reducirá a nada.

13[2] Nuestro cuerpo fue creado para el Señor, y el Señor dentro de nosotros es para nuestro cuerpo. El lo alimenta con comida material (Sal. 103:5) y le da Su vida de resurrección (Ro. 8:11), la cual sorbe el elemento de muerte del cuerpo junto con la debilidad y enfermedad del mismo. Finalmente, El lo

14 Y Dios, que [a]levantó al Señor, también a nosotros nos [1b]levantará mediante Su [c]poder.

15 ¿No sabéis que vuestros cuerpos son [1a]miembros de Cristo? ¿Tomaré, pues, los miembros de Cristo y los haré miembros de una ramera? [2b]¡De ningún modo!

16 ¿O no sabéis que el que se une con una ramera, es un cuerpo *con ella?* Porque *Dios* dice: "[a]Los dos serán una sola carne".

17 Pero el que se [1a]une al Señor, es [2b]un solo espíritu *con El.*

18 [a]Huid de la [b]fornicación. Cualquier otro [1]pecado que el hombre cometa, está fuera del cuerpo; mas el que fornica, contra su propio cuerpo peca.

19 ¿O ignoráis que vuestro [a]cuerpo es [b]templo del [1]Espíritu Santo, el cual está [c]en vosotros, el cual tenéis [d]de Dios, y que [e]no sois vuestros?

14[a] Hch. 2:24; Ro. 6:9; 8:11; 2 Co. 4:14
14[b] Jn. 6:39-40; 1 Co. 15:22-23
14[c] Mt. 22:29; Ef. 1:19-20
15[a] Ro. 12:5; 1 Co. 12:27; Ef. 5:30
15[b] Ro. 3:4
16[a] Gn. 2:24
17[a] Ro. 11:17, 19; 6:5; Jn. 15:4-5
17[b] cfr. Jn. 17:21, 23
18[a] 2 Ti. 2:22
18[b] 1 Co. 5:1; 2 Co. 12:21; Pr. 6:32; He. 13:4
19[a] 1 Co. 6:13, 15
19[b] 1 Co. 3:16; 2 Co. 6:16; Ef. 2:21; *cfr.* Jn. 2:21
19[c] Jn. 14:17; Ro. 8:9, 11
19[d] 1 Co. 2:12; Jn. 15:26
19[e] Ro. 14:7-8

transfigurará, conformándolo a Su cuerpo glorioso. No debemos abusar de nuestro cuerpo cometiendo fornicación.

14[1] Dios levantó al Señor corporalmente. Nuestro cuerpo tiene como destino participar en el cuerpo glorioso del Señor en resurrección (Fil. 3:21) y ser resucitado incorruptible (15:52). Esto será la redención de nuestro cuerpo (Ro. 8:23). Incluso ahora el Espíritu del Cristo resucitado, quien mora en nosotros, da vida a nuestro cuerpo (Ro. 8:11), haciéndolo miembro de Cristo (v. 15) y templo de Dios en el cual mora Su Espíritu Santo (v. 19).

15[1] Puesto que estamos unidos orgánicamente con Cristo (v. 17), y ya que Cristo mora en nuestro espíritu (2 Ti. 4:22) y hace Su hogar en nuestro corazón (Ef. 3:17), todo nuestro ser, incluyendo nuestro cuerpo purificado, viene a ser miembro de El. Por lo tanto, para practicar tal participación como miembros de Cristo necesitamos ofrecer nuestro cuerpo a El (Ro. 12:1, 4-5).

15[2] Lit., ¡Nunca tal suceda!

17[1] Esto se refiere a la unión orgánica que los creyentes tienen con el Señor al creer en El (Jn. 3:15-16). Esta unión es mostrada por la de los pámpanos y la vid (Jn. 15:4-5). No sólo es un asunto *de* vida, sino también un asunto *en* vida (la vida divina). Tal unión con el Señor resucitado sólo puede efectuarse en nuestro espíritu.

17[2] Esto indica que el Señor como Espíritu se mezcla con nuestro espíritu. Nuestro espíritu fue regenerado por el Espíritu de Dios (Jn. 3:6), el cual ahora está en nosotros (v. 19) y es uno con nuestro espíritu (Ro. 8:16). Esta es la manera en que el Señor, quien se hizo el Espíritu vivificante por medio de la resurrección (15:45; 2 Co. 3:17) y quien está ahora con nuestro espíritu (2 Ti. 4:22), es hecho real para nosotros. En las epístolas de Pablo, por ejemplo en Ro. 8:4-6, frecuentemente se hace referencia a este espíritu mezclado.

18[1] Lit., resultado de pecar; la misma palabra griega traducida *pecados* en Mr. 3:28 y Ro. 3:25.

19[1] El Espíritu Santo está en nuestro espíritu (Ro. 8:16), y nuestro espíritu está en nuestro cuerpo. Por tanto,

20 Porque habéis sido [a]comprados por [1b]precio; [2c]glorifi-
cad, pues, a Dios en vuestro [d]cuerpo.

CAPITULO 7

VI. Lo tocante a la vida matrimonial
7:1-40

A. En cuanto al don de no casarse
vs. 1-7

1 En cuanto a las [1]cosas de que me escribisteis, [a]bueno
le es al hombre no tocar mujer;
2 pero a causa de las [a]fornicaciones, cada uno tenga su
propia mujer, y cada una tenga su propio marido.
3 El [a]marido cumpla con la mujer el deber *conyugal,* y
asimismo la mujer con el marido.
4 La [a]mujer no tiene potestad sobre su propio cuerpo,
sino el marido; ni tampoco tiene el marido potestad sobre su
propio cuerpo, sino la mujer.
5 No os privéis el uno del otro, [a]a no ser por algún tiempo
de común acuerdo, para [1]dedicaros a la oración; y volved a
juntaros en uno, para que no os [b]tiente [2c]Satanás a causa de
vuestra [3d]incontinencia.
6 Mas esto digo por vía de [1]concesión, no por [1a]manda-
miento.
7 [1]Quisiera más bien que todos los hombres fuesen como
yo; pero cada uno tiene su propio [2]don de Dios, uno de un
modo, y otro de otro modo.

20[a] 1 Co. 7:23; Hch. 20:28; 2 P. 2:1; Ap. 5:9
20[b] Mt. 20:28; 1 Ti. 2:6; 1 P. 1:18-19
20[c] 1 Co. 10:31; cfr. Jn. 17:1
20[d] Fil. 1:20; Ro. 12:1
1[a] 1 Co. 7:8, 26
2[a] 1 Co. 5:1; 6:18
3[a] Ef. 5:25, 28; 1 P. 3:7
4[a] Ef. 5:22; 1 P. 3:1
5[a] cfr. Zac. 12:12-14
5[b] 1 Ts. 3:5
5[c] Mt. 4:10; 1 Ti. 5:15
5[d] 1 Co. 7:9
6[a] 1 Co. 7:12, 25; 2 Co. 8:8

nuestro cuerpo viene a ser un templo, una morada, del Espíritu Santo.

20[1] La sangre preciosa de Cristo (Hch. 20:28; 1 P. 1:18-19; Ap. 5:9).

20[2] Esto significa permitir que Dios, *quien mora en nosotros* (1 Jn. 4:13), ocupe y sature nuestro cuerpo y se exprese a Sí mismo a través de nuestro cuerpo, que es Su templo, especialmente en los asuntos de las viandas y el matrimonio, conforme al contexto de esta sección, 6:13—11:1. Para esto necesitamos ejercer un control severo y estricto sobre nuestro cuerpo, poniéndolo en servidumbre (9:27) y presentándolo a Dios como sacrificio vivo (Ro. 12:1).

1[1] En este capítulo se trata el quinto problema mencionado en esta epístola —el matrimonio— y se hace según los principios establecidos en la sección anterior (6:12-20).

5[1] Lit., tener tiempo libre; por lo tanto, entregaros. La oración requiere que estemos libres de personas, asuntos y cosas. La oración que requiere que nos apartemos de nuestro cónyuge por un tiempo tiene que ser especial y de gran importancia.

5[2] El tentador, Satanás, está al acecho para capturar a los creyentes.

5[3] La misma palabra griega se traduce *desenfreno* en Mt. 23:25.

6[1] Esto implica que el apóstol en

B. En cuanto a los solteros y a las viudas
vs. 8-9

8 Digo, pues, a los solteros y a las viudas, que [1a]bueno les
fuera quedarse como yo;
9 pero si no tienen don de [1a]continencia, [b]cásense, pues
mejor es casarse que estarse quemando.

8[a] 1 Co. 7:1
9[a] 1 Co. 7:5
9[b] 1 Ti. 5:14

C. En cuanto a los casados
vs. 10-16

10 A los que están unidos en matrimonio, [1]mando, [2a]no yo,
sino el Señor: Que la [b]mujer no se [c]separe del marido;
11 pero si se separa, [1]quédese sin casar, o reconcíliese con
su marido; y que el [a]marido no abandone a *su* mujer.
12 Y a los demás [1]yo digo, [a]no el Señor: Si algún hermano
tiene mujer que no sea creyente, y ella consiente en vivir con
él, no la [b]abandone.

10[a] cfr. 1 Co. 7:6, 12
10[b] cfr. Mr. 10:12
10[c] Mt. 19:3-9
11[a] Mt. 5:32; Lc. 16:18; Mal. 2:14-16
12[a] 1 Co. 7:6, 25; 2 Co. 11:17
12[b] cfr. Esd. 10:11

---

su enseñanza tenía autoridad para dar mandamientos a los creyentes.

7[1] Puesto que el apóstol Pablo estaba absolutamente entregado al Señor y Su economía, quería que todos los hombres fueran como él. El deseaba que no se casaran, sino que permanecieran como él (v. 8), para que también estuvieran absolutamente dedicados a los intereses del Señor, sin distracción alguna (vs. 33-34a). En este deseo expresó la aspiración del Señor con respecto a Sus llamados.

7[2] La capacidad que un creyente tiene de quedarse sin casar es un don de Dios (Mt. 19:10-12). A aquellos que no han recibido tal don, les es mejor casarse (v. 9).

8[1] Este era el deseo del apóstol y su opinión a principios de su ministerio (vs. 7, 25, 40). Más adelante, después de atestiguar el resultado tangible de esto, exhortó a las viudas jóvenes a casarse (1 Ti. 5:11-15 y la nota 14[1]).

9[1] O, dominio propio. La misma palabra griega es usada en 9:25 con relación a los atletas que se abstienen de placeres y sensualidades durante la preparación para los juegos.

10[1] El principio antiguotestamentario con respecto a hablar por Dios (profetizar) es: "Así dice Jehová" (Is. 10:24; 50:1; Jer. 2:2; Ez. 2:4). Pero el principio neotestamentario de encarnación es: "Yo [el que habla] mando". El que habla y el Señor son uno. Así que, Pablo dijo: "No yo, sino el Señor". La palabra griega que se traduce *mando* puede traducirse *doy un mandato* u *ordeno.*

10[2] Esto indica dos cosas: (1) que el apóstol era uno con el Señor; por consiguiente, lo que él mandó, lo mandó el Señor; y (2) que sus mandamientos eran los del Señor. Lo que el apóstol mandó aquí, el Señor ya lo había mandado en Mt. 5:31-32 y 19:3-9. El divorcio no es permitido en absoluto por el Señor.

11[1] Si una persona está separada o divorciada, no debe casarse de nuevo, sino esperar la reconciliación.

12[1] Una vez más, esto se basa en el principio neotestamentario de encarnación. Aunque él añadió: "Yo digo, no el Señor", todo lo que dijo el apóstol en los versículos siguientes es parte de la revelación divina del Nuevo Testamento. Fue su opinión en el Señor, y no el mandamiento del Señor; aún así, expresó el pensamiento del Señor.

13 Y si una mujer tiene marido que no sea creyente, y él consiente en vivir con ella, no lo abandone.

14 Porque el marido incrédulo es [1a]santificado por la mujer, y la mujer incrédula por el hermano; pues de otra manera vuestros hijos serían inmundos, mientras que ahora son santos.

15 Pero si el incrédulo se separa, sepárese; [1]no está esclavizado el hermano o la hermana en semejante *caso,* [2]pues en [a]paz Dios nos ha llamado.

16 [1]Porque ¿[2]qué sabes tú, oh [a]mujer, si [b]salvarás a tu marido? ¿O qué sabes tú, oh marido, si salvarás a tu mujer?

D. Quedarse en el estado en que uno es llamado
vs. 17-24

17 [1]Pero cada uno como el Señor le repartió, y como Dios [a]llamó a cada uno, así ande. Así ordeno en todas las [b]iglesias.

18 ¿Fue llamado alguno siendo circunciso? No se haga

14[a] cfr. Esd. 9:2; Mal. 2:11
15[a] Ro. 12:18; 14:19
16[a] 1 P. 3:1-2
16[b] Ro. 11:14
17[a] 1 Co. 1:2
17[b] 1 Co. 4:17; 11:16; 16:1; 2 Co. 8:18; 11:28; 1 Ts. 2:14; 2 Ts. 1:4

14[1] Ser santificado significa ser hecho santo, apartado para Dios y para Su propósito. Debido a que la esposa creyente pertenece al Señor y es para el Señor, su marido incrédulo es hecho santo, es santificado, apartado para Dios, porque él es para su esposa, la cual pertenece a Dios y es para Dios. Esto es semejante a la situación en la cual el templo y el altar santifican las cosas profanas cuando éstas están relacionadas con ellos (Mt. 23:17, 19). El mismo principio se aplica a la esposa incrédula y a los hijos incrédulos. El hecho de que un incrédulo sea santificado no quiere decir que sea salvo, de la misma manera que la santificación del alimento por medio de la oración de los santos tampoco tiene que ver con la salvación (1 Ti. 4:5). Una persona salva es una persona santificada, un santo. Cualquiera que esté ligado a tal santo y es para él, es hecho santo debido a él.

15[1] No sujeto a servidumbre, sino librado de su matrimonio con el incrédulo, cuando éste se separe del creyente.

15[2] Dios nos ha llamado a Sí en la esfera y el elemento de la paz como parte de Su salvación. Por lo tanto, debemos vivir en esta paz. Si el cónyuge incrédulo de nuestro matrimonio desea separarse, lo debemos permitir. Sin embargo, a fin de vivir nosotros en la paz en la cual Dios nos ha llamado, Dios no quiere que iniciemos ninguna separación mientras el otro cónyuge consienta en quedarse (v. 13). Los versículos siguientes (hasta el v. 24) se basan en esto: que Dios nos ha llamado en paz.

16[1] La palabra *porque* indica que los vs. 16-24 son una explicación de lo anterior, es decir, que Dios nos ha llamado en paz. Para permanecer en esta paz, debemos guardar lo que se dice en los vs. 16-24.

16[2] Puesto que no sabemos si salvaremos a nuestro cónyuge incrédulo, no debemos insistir en que él o ella permanezca con nosotros o que él o ella se separe. Dios quiere que permanezcamos en el estado en el cual nos llamó (vs. 20, 24), sin iniciar ningún cambio. Por lo tanto, debemos dejar este asunto en manos del cónyuge incrédulo.

17[1] Esta palabra enfáticamente nos manda permanecer en el estado civil en el cual Dios nos llamó (vs. 20, 24).

[1]incircunciso. ¿Fue llamado alguno siendo incircunciso? No
se [a]circuncide.
19 La [1a]circuncisión nada es, y la incircuncisión nada es,
sino el [b]guardar los mandamientos de Dios.
20 Cada uno en el [a]estado en que fue llamado, en él se
quede.
21 ¿Fuiste llamado siendo [a]esclavo? [1]No te dé cuidado;
[2]pero aunque puedas hacerte [b]libre, [c]aprovecha más bien *tu*
condición de esclavo.
22 Porque el que en el Señor fue llamado siendo esclavo,
[1]liberto es del Señor; asimismo el que fue llamado siendo
libre, [1a]esclavo es de Cristo.
23 Por [1]precio fuisteis [a]comprados; no os hagáis [2b]esclavos
de los hombres.
24 Cada uno, hermanos, en el *estado* en que fue [a]llamado,
así permanezca [1]con Dios.

E. En cuanto a mantener la virginidad
vs. 25-38

25 En cuanto a las [a]vírgenes [b]no tengo [1]mandamiento del

18[a] Hch. 15:1, 5; Gá. 5:2
19[a] Ro. 2:25-29; Gá. 5:6; 6:15; Col. 3:11
19[b] 1 Jn. 2:3
20[a] 1 Co. 7:24
21[a] Flm. 16
21[b] Ex. 21:2
21[c] Ex. 21:5
22[a] Ro. 6:18, 22; Tit. 1:1; Ef. 6:6; 1 P. 2:16; Lv. 25:42, 55; cfr. Sal. 116:16
23[a] 1 Co. 6:20
23[b] cfr. Lv. 25:42
24[a] 1 Co. 7:20
25[a] cfr. Mt. 19:12
25[b] 1 Co. 7:6, 12; 2 Co. 8:8; 11:17

18[1] Esto es, borrar la marca de la circuncisión, de manera que el cuerpo sea restaurado a su condición original.

19[1] Tanto la circuncisión como la incircuncisión son asuntos externos y no valen nada en realidad; lo único que importa es guardar los mandamientos de Dios (Gá. 5:6; 6:15; Ro. 2:25-29).

21[1] O, no te importe, no te cause preocupación. Ya que los creyentes tienen al Señor como la gracia suficiente (2 Co. 12:9), no deben preocuparse por nada.

21[2] Aquí la palabra *pero* une las frases *No te dé cuidado* y *aprovecha más bien tu condición de esclavo.* Significa que al esclavo que ha sido llamado por el Señor no le debe importar ni preocupar su esclavitud. Más bien debe aprovechar ese estado, es decir, debe permanecer con Dios en ese estado (v. 24) para la gloria de Dios. Aun si puede hacerse libre, debe permanecer en su estado de esclavo. Esto corresponde al concepto básico de la instrucción del apóstol, como se expresa claramente en los vs. 20 y 24. Sin embargo, esta parte del versículo también puede traducirse "pero aunque puedas hacerte libre, más bien aprovéchate de ello". Lo que el apóstol dice en este pasaje es que los creyentes no deben dejarse influir por su estado exterior. Tanto permanecer en esclavitud como tener libertad es correcto, con tal que sea con Dios.

22[1] El llamamiento del Señor no cambia el estado exterior de los creyentes, pero sí cambia su realidad interior: uno que es esclavo exteriormente es libertado interiormente, y el que es libre exteriormente es hecho esclavo interiormente.

23[1] Véase la nota 20[1] del cap. 6.

23[2] Interiormente, los creyentes deben ser esclavos de Cristo únicamente; no deben hacerse esclavos de los hombres.

24[1] Los creyentes, después de ser llamados, no necesitan cambiar su estado exterior, pero sí necesitan un cambio en su condición interior, es decir, necesitan cambiar su condición de no tener a Dios a tener a Dios, a fin de ser uno con Dios y tenerle con ellos en el estado en que estén.

Señor; mas doy [1]*mi* [c]parecer, como uno a quien el Señor ha
concedido [d]misericordia para ser [e]fiel.
26 Tengo, pues, esto por bueno a causa de la [1]necesidad
[2]presente; que *hará* [a]bien el hombre en quedarse como está.
27 ¿Estás ligado a mujer? No procures soltarte. ¿Estás
libre de mujer? No procures casarte.
28 Mas también si te [a]casas, [b]no pecas; y si la doncella se
casa, no peca; pero los tales tendrán aflicción de la carne, y
yo os la quisiera evitar.
29 Pero esto digo, hermanos: que el tiempo se ha [1a]acorta-
do; en adelante, los que tienen esposa sean como si no la
tuviesen;
30 y los que lloran, como si no llorasen; y los que se
alegran, como si no se alegrasen; y los que compran, como si
no poseyesen;
31 y los que usan este mundo, como si no abusaran;
porque la apariencia de este mundo [a]pasa.
32 Ahora bien, quisiera que estuvieseis sin [a]congoja. El
soltero [b]tiene cuidado de las cosas del Señor, de cómo agradar al Señor;
33 pero el casado [a]tiene cuidado de las cosas del mundo,
de cómo agradar a su mujer,
34 y está [1]dividido. La mujer no casada, igual que la
doncella, tiene cuidado de las cosas del Señor, para ser santa
así en cuerpo como en espíritu; pero la casada [a]tiene cuidado
de las cosas del mundo, de cómo agradar a su marido.

25[c] 1 Co. 7:40
25[d] 2 Co. 4:1; 1 Ti. 1:13, 16
25[e] 1 Co. 4:2
26[a] 1 Co. 7:1
28[a] 1 Co. 7:38
28[b] 1 Co. 7:36
29[a] cfr. 1 Co. 7:31; Ro. 13:11; 1 P. 4:7
31[a] cfr. 1 Co. 7:29; Ec. 1:4; Jac. 1:10; 1 Jn. 2:17
32[a] Mt. 6:25; Fil. 4:6; 1 P. 5:7
32[b] cfr. 1 Ti. 5:5
33[a] Mt. 13:22
34[a] Lc. 10:41

25[1] La mujer no debe separarse de su marido. Esto, dijo el apóstol, es mandamiento del Señor (v. 10). En cuanto a que no se casen las vírgenes, él dijo que no tenía mandamiento del Señor, pero dio su opinión en los versículos subsecuentes. Se atrevió a hacer esto porque el Señor le había concedido misericordia para ser fiel a los intereses del Señor, y él era verdaderamente uno con el Señor. Su opinión expresó el deseo del Señor. Otra vez, esto se basa en el principio neotestamentario de encarnación.

26[1] O, presión, estrechez; por lo tanto, aflicción, angustia. La palabra se refiere a las necesidades vitales de la edad actual, la exigencia de las cuales limita y oprime a la gente, y llega a ser una aflicción y una angustia para ellos. Véase la nota 10[3] de 2 Co. 12.

26[2] La palabra griega traducida *presente* puede también significar que la presencia de algo prefigura y da comienzo a otra cosa que está por venir. *La necesidad presente,* o la aflicción, indica que hay más angustia por venir, según profetizó el Señor en Mt. 24:8, 19, 21.

29[1] El concepto que se tenía en los tiempos de Pablo de que el tiempo se había acortado, se debía al hecho de que el largo período entre la última parte del siglo primero y la segunda venida de Cristo no había sido revelado a los primeros apóstoles (Mt. 24:36). Ellos esperaban que el Señor regresara en esa misma generación.

34[1] O, distraído. Un hombre que desea agradar a su esposa está dividido, distraído de las cosas del Señor (v. 35).

35[a] 1 Co. 7:33; Lc. 10:40
36[a] 1 Co. 7:28
38[a] 1 Co. 7:28
39[a] Ro. 7:2
39[b] 2 Co. 6:14-15; cfr. Dt. 7:3-4
40[a] 1 Co. 7:25
40[b] 1 Co. 3:16; Ro. 8:9; 1 Jn. 3:24; 4:13
1[a] 1 Co. 8:4, 7, 10; 10:14; Hch. 15:20, 29
1[b] Ro. 15:14
1[c] 1 Co. 4:6
1[d] 1 Co. 13:1–14:1; Ro. 13:10
1[e] 1 Co. *3:10;* 10:23; 14:4, 5, 12; Ro. 14:19; Ef. 4:16

35 Esto lo digo para vuestro provecho; no para [1]tenderos lazo, sino para lo decoroso, y para que sin [a]distracción atendáis al Señor.

36 Pero si alguno piensa que se comporta indebidamente para con su *hija* virgen que pase ya de edad, y es necesario que así sea, haga lo que quiera, [a]no peca; que se case.

37 Pero el que está firme en su corazón, [1]sin presión alguna, sino que es dueño de su propia voluntad, y ha [2]resuelto en su corazón guardar a su *hija* virgen, bien hace.

38 De manera que el que la da en [a]casamiento hace bien, y el que no la da en casamiento hace mejor.

F. En cuanto a casarse de nuevo
vs. 39-40

39 La mujer casada está [a]ligada mientras su marido vive; pero si su marido durmiera, libre es para casarse con quien quiera, [b]con tal que sea *con alguien que esté* en el Señor.

40 Pero a mi [a]juicio, [1]más dichosa será si se queda así; y pienso que [2]también yo tengo el [b]Espíritu de Dios.

CAPITULO 8

VII. Lo tocante a comer de lo sacrificado a los ídolos
8:1—11:1

A. Una forma no recomendable de comer
8:1-13

1. No según el amor, el cual edifica
vs. 1-3

1 En cuanto a lo [1]sacrificado a los [a]ídolos, [2]sabemos que todos tenemos [3b]conocimiento. El [4]conocimiento [c]envanece, pero el [4d]amor [5e]edifica.

35[1] Es decir, enredaros con una trampa, obligaros a obedecer mi palabra.

37[1] Lit., sin tener necesidad.

37[2] O, juzgado.

40[1] *Véase la nota 8[1].*

40[2] En el v. 10 el apóstol dijo: "Mando, no yo, sino el Señor". En el v. 12 dijo: "Yo digo, no el Señor". En el v. 25 dijo: "No tengo mandamiento del Señor; mas doy mi parecer". Aquí él dice: "A mi juicio … y pienso que también yo tengo el Espíritu de Dios". Todas estas palabras indican el principio neotestamentario de encarnación (esto es, que Dios y el hombre, el hombre y Dios, llegan a ser uno). Esto es radicalmente diferente del principio antiguotestamentario con respecto a la profecía (esto es, que el hombre habla por Dios). En el Antiguo Testamento la palabra de Jehová venía sobre un profeta (Jer. 1:2; Ez. 1:3), siendo éste sencillamente el

2 Y si alguno [a]cree que [1]sabe algo, [b]aún no [1]sabe nada
como debe [1]saberlo.

3 Pero si alguno [1a]ama a Dios, es [b]conocido por El.

2. Los ídolos nada son
vs. 4-7

4 En cuanto a comer, pues, de lo [a]sacrificado a los ídolos,
[1]sabemos que un [b]ídolo [c]nada es en el mundo, y que no hay
más que [d]un Dios.

5 Pues aunque haya algunos que se llamen [a]dioses, sea
en el cielo, o en la tierra (como hay muchos dioses y muchos
señores),

6 para [1]nosotros, sin embargo, *sólo* hay [2a]un Dios, el

2[a] 1 Co. 3:18; Gá. 6:3
2[b] 1 Co. 13:9, 12
3[a] 1 Jn. 4:20-21
3[b] Nah. 1:7; Sal. 1:6; Ro. 8:29; Gá. 4:9; 2 Ti. 2:19
4[a] 1 Co. 8:1, 7, 10
4[b] 1 Co. 10:19; Sal. 115:4-8; Gá. 4:8
4[c] Hch. 14:15
4[d] 1 Co. 8:6; Ro. 3:30; 1 Ti. 2:5; Dt. 4:35, 39
5[a] 2 Ts. 2:4; Sal. 96:5; Dn. 5:4
6[a] 1 Co. 8:4; Ef. 4:6; Mal. 2:10

---

portavoz de Dios. Pero en el Nuevo Testamento el Señor llega a ser uno con Sus apóstoles, y ellos llegan a ser uno con El; de esta manera, los dos hablan juntamente. La palabra del Señor viene a ser la palabra de ellos, y lo que ellos dicen es la palabra de El. Por eso, el mandato del apóstol era el mandato del Señor (v. 10). Lo que él dijo, aunque no fue hablado por el Señor, aún así llegó a formar parte de la revelación divina del Nuevo Testamento (v. 12). El era uno con el Señor hasta tal punto que incluso cuando dio su opinión, y no el mandamiento del Señor (v. 25), pensó que también tenía el Espíritu de Dios. No afirmó categóricamente que tenía el Espíritu de Dios, sino que *pensó* que *también* tenía el Espíritu de Dios. Esta es la espiritualidad más alta; tal espiritualidad se basa en el principio de encarnación.

1[1] El sexto problema tratado en esta epístola es el *asunto de comer lo que se había sacrificado a los ídolos* (8:1—11:1).

1[2] Se refiere a estar consciente interior y subjetivamente.

1[3] *Conocimiento* en este versículo y en los vs. 7 y 10 se refiere al conocimiento externo y objetivo, el cual es común y general.

1[4] El conocimiento exterior y objetivo que envanece proviene del árbol del conocimiento del bien y del mal, el cual es la fuente de la muerte. El amor espiritual (no el carnal), el cual es una expresión de la vida, como se describe en el cap. 13, edifica; este amor proviene del árbol de la vida, la fuente de la vida. Este es el amor de Dios (1 Jn. 4:16) infundido en nosotros por la fe, la cual nos ha introducido en la unión orgánica con Dios. Con este amor amamos a Dios (v. 3) y a los hermanos (1 Jn. 4:21), y conforme a este amor debemos andar (Ro. 14:15). De este modo, nuestro andar edifica (10:23).

1[5] Se refiere no sólo a la edificación de los creyentes individuales, sino también a la edificación del Cuerpo de Cristo como una entidad corporativa (14:4-5, 12; Ef. 4:16). Este libro pone énfasis en la edificación (3:9-10, 12; 10:23).

2[1] Se refiere al conocimiento externo y objetivo. Así también en el caso de *conocido* en el v. 3.

3[1] *El* amor más elevado y noble. Tiene que ser espiritual, no carnal, aunque requiere el ejercicio de todo el ser del hombre (Mr. 12:30).

4[1] Se refiere a una percepción interna y subjetiva. Para darse cuenta de que un ídolo no es nada y que no hay más que un Dios, necesitamos una percepción interna y subjetiva que provenga de nuestro espíritu y pase a nuestra mente. Tal percepción es mucho más profunda que el simple conocimiento externo y objetivo que está en nuestra mente.

[3b]Padre, [4]del cual proceden [c]todas las cosas, y nosotros somos [4]para El; y [5d]un Señor, [6]Jesucristo, [4e]por medio del cual son todas las cosas, y nosotros [4]por medio de El.

7 Pero no en todos hay [a]este conocimiento; algunos, habituados hasta aquí a los ídolos, [b]comen como [c]sacrificado a ídolos, y su [1d]conciencia, siendo débil, se [2]contamina.

3. La comida no nos hace recomendables ante Dios
v. 8

8 Pero la [a]comida no nos hace recomendables ante Dios; pues ni porque no comamos, seremos menos, ni porque comamos, [1]seremos más.

4. Un tropiezo para los hermanos débiles
vs. 9-13

9 Mas mirad que este [1]derecho vuestro no venga a ser [a]tropezadero para los [2b]débiles.

6[b] Ef. 3:14-15
6[c] Ro. 11:36; He. 2:10
6[d] Ef. 4:5; Hch. 2:36; Fil. 2:11
6[e] Jn. 1:3; Col. 1:16
7[a] 1 Co. 8:4
7[b] Ro. 14:23
7[c] 1 Co. 8:1
7[d] 1 Co. 8:10, 12; 10:25, 28, 29
8[a] Ro. 14:17
9[a] 1 Co. 8:13; 10:32; Ro. 14:13, 20, 21; 2 Co. 6:3; 11:29; Mt. 18:6
9[b] 1 Co. 8:7, 10; Ro. 14:1, 2; 15:1

6[1] Los creyentes en Cristo, los cristianos.

6[2] En contraste con *muchos dioses* en el v. 5. Nuestro Dios es uno solo.

6[3] Un título de nuestro Dios, quien es el origen de todas las cosas. Esta designación hace que nuestro Dios sea completamente distinto de los muchos dioses falsos.

6[4] El Padre es el origen de todas las cosas; así que todas las cosas proceden de El. No obstante, nosotros los creyentes somos los únicos en volvernos a El; por lo tanto, somos para El. Asimismo, todo lo que el Padre creó, llegó a existir por medio de Jesucristo, y es mediante la regeneración del Señor que nosotros, los creyentes, nos volvemos al Padre y somos para El. Por eso, tanto nosotros como todas las cosas existimos por medio de Cristo.

6[5] En contraste con *muchos señores* en el v. 5. Nuestro Señor también es uno solo.

6[6] El título divino y humano de nuestro Señor que lo distingue de los muchos señores. Nuestro Dios, el Padre, es el único origen de todas las cosas, y nuestro Señor, Jesucristo, es el único medio por quien todas las cosas llegaron a existir.

7[1] Una conciencia es débil por falta del conocimiento correcto y adecuado. Esto indica que nuestro conocimiento tiene mucho que ver con nuestra conciencia. Aquellos que antes adoraban ídolos y que ahora son creyentes en Cristo, por haber estado acostumbrados a los ídolos hasta ahora, no saben que un ídolo no es nada (v. 4). Por lo tanto, con respecto a los ídolos, su conciencia es débil.

7[2] La conciencia débil se contamina al tener contacto con cualquier cosa de la cual no tiene un conocimiento adecuado.

8[1] La palabra griega significa *abundar de tal manera que uno esté lleno y sobresalga,* así que denota estar lleno y sobresalir. Aquí significa que comer las cosas sacrificadas a los ídolos no puede hacer que estemos llenos ni que seamos más en ningún aspecto delante de Dios; por lo tanto, tampoco el no comer puede hacer que seamos menos, lo cual contrasta con estar llenos y ser más.

9[1] O, libertad. Lit., autoridad. Así también en 9:4-5.

10 Porque si alguno te ve a ti, que tienes [a]conocimiento,
reclinado *a la mesa* en un [b]templo de ídolos, ¿no será
[1]animada su [c]conciencia, si él es débil, a comer de lo [d]sacri-
ficado a los ídolos?
11 Y por el [a]conocimiento tuyo, es [1b]destruido el [c]débil, el
hermano por quien Cristo [d]murió.
12 De esta manera, pues, pecando contra los hermanos e
[1]hiriendo su débil [a]conciencia, contra Cristo pecáis.
13 Por lo cual, si la comida le es a mi hermano ocasión de
[1a]caer, no comeré [2]carne jamás, para no [1]poner tropiezo a mi
hermano.

10a 1 Co. 8:4
10b 1 Co. 8:1
10c 1 Co. 8:7
10d 1 Co. 8:1, 4, 7
11a 1 Co. 8:9
11b Ro. 14:15, 20
11c 1 Co. 8:1, 4
11d 2 Co. 5:14-15
12a 1 Co. 8:7
13a 1 Co. 8:9

CAPITULO 9

B. La vindicación del apóstol
9:1-27

1. Su idoneidad
vs. 1-3

1 [1]¿No soy [2a]libre? ¿No soy [3b]apóstol? ¿No he [4c]visto a
Jesús el Señor nuestro? ¿No sois vosotros mi [5d]obra en el
Señor?

1a 1 Co. 9:19
1b 1 Co. 1:1; 1 Ti. 2:7; 2 Ti. 1:11; 2 Co. 12:12; 1 Ts. 2:6; cfr. Ap. 2:2
1c Hch. 9:3-5, 17; cfr. Hch. 18:9; 22:18; 23:11
1d 1 Co. 3:6, 4:15

9[2] Aquellos cuya conciencia es debilitada por la falta de conocimiento.

10[1] Lit., edificada. La conciencia de los creyentes débiles será alentada a hacer con confianza lo que antes no se atrevía a hacer. Esta es una "edificación" repentina que carece de un fundamento lógico y sólido. Por eso, es una edificación inapropiada que en realidad destruye. Aunque la conciencia de los creyentes débiles es animada a comer lo sacrificado a los ídolos, finalmente tal práctica los arruinará porque no tienen el conocimiento adecuado capaz de respaldar su conciencia que ha sido animada pero que todavía es débil.

11[1] Esto denota perecer, no por la eternidad sino en la vida cristiana. El creyente débil es destruido por la falta de cuidado de parte del creyente fuerte que tiene conocimiento.

12[1] Lit., golpeando (hasta causar daño).

13[1] La palabra griega significa *poner lazo o trampa.* Cfr. nota 32[1] del cap. 10.

13[2] Es decir, carne animal, lo cual se refiere a la carne ofrecida a los ídolos. Puesto que la carne es más apetitosa que cualquier otra comida, el apóstol la mencionó específicamente.

1[1] Este capítulo es un suplemento insertado en esta sección, cuyo tema es el comer lo sacrificado a los ídolos. En este suplemento el apóstol se presentó a sí mismo como modelo para los creyentes corintios a fin de que ellos no pusieran tropiezo a otros, sino que los edificaran practicando el principio del amor que toma en cuenta a otros, el cual se presenta en 8:13.

1[2] El apóstol Pablo era libre de todos, y no era esclavo de nadie (v. 19). Como lo deben ser todos los creyentes en Cristo, Pablo también era libre de la esclavitud de tener cierta manera de comer, aunque practicó el principio del amor que toma en cuenta a otros.

2[a] cfr. Jn. 3:33; Ro. 4:11
2[b] Hch. 1:25
4[a] 1 Co. 9:13-14; Lc. 10:7-8
5[a] Mt. 8:14
5[b] Mt. 12:46; Hch. 1:14
5[c] 1 Co. 1:12

2 Si para otros no soy apóstol, para [1]vosotros ciertamente lo soy; porque el [2a]sello de mi [b]apostolado sois vosotros en
el Señor.
3 Contra los que me examinan, [1]ésta es mi defensa:

2. Sus derechos
vs. 4-15

4 ¿[1]Acaso no tenemos [2]derecho de [3a]comer y beber?
5 ¿No tenemos derecho de traer con nosotros una hermana por mujer [a]como también los demás apóstoles, y los
[b]hermanos del Señor, y [c]Cefas?

1[3] Al presentarse como ejemplo a los creyentes, el apóstol tocó el asunto de su apostolado, que le daba la autoridad de enfrentar todos los problemas tratados en este libro, problemas serios con respecto a la vida de la iglesia y su comunión. Su manera de tratar estos problemas no sólo se basaba en su enseñanza, sino también en la autoridad inherente a su apostolado. Para tratar la situación, él tuvo que mantenerse firme en esta posición y aclarar este asunto a los creyentes corintios. Ellos habían puesto en duda su apostolado y estaban en una situación caótica, mayormente debido a la necedad de su sabiduría mundana, su confianza en sí mismos y su orgullo.

La palabra griega traducida *apóstol* significa *enviado*. Un apóstol del Señor es un creyente que El ha enviado con Su autoridad a predicar el evangelio de Dios, enseñar la verdad divina y establecer iglesias. En la primera sección de Hechos, Pedro y Juan eran esta clase de apóstoles entre los judíos, y en la segunda sección de Hechos, Pablo y Bernabé lo eran entre los gentiles. Después de ellos, otros también llegaron a ser apóstoles, tales como Silas (es decir, Silvano) y Timoteo (1 Ts. 1:1; 2:6). Mientras uno tenga el poder de predicar el evangelio, el don de enseñar la verdad divina y la habilidad de establecer iglesias, está calificado y confirmado para ser un apóstol enviado por el Señor con Su comisión y autoridad.

1[4] Esto se refiere al hecho de que Pablo había visto al Señor en Su glorioso cuerpo resucitado (15:5-8). Este es un privilegio especial; confiere algo de dignidad y gloria al que lo ve, pero no es un requisito ni una condición para ser apóstol del Señor. Esto es comprobado plenamente por el caso de Bernabé, quien era uno de los apóstoles (Hch. 14:14) pero que no había visto al Señor de esta manera. Sin embargo, para ser apóstol, es absolutamente necesario conocer al Señor en espíritu por revelación espiritual.

1[5] El resultado fructífero de su obra en el Señor era una comprobación del apostolado de Pablo, y no un requisito.

2[1] Ya que los había engendrado en el Señor por medio del evangelio (4:15). El fruto de su labor era la evidencia de su apostolado.

2[2] El debido resultado de la obra eficaz del apóstol no sólo era una evidencia, una comprobación, sino también un sello de su apostolado; proporcionó a su labor apostólica una marca distintiva que autenticó y certificó su apostolado.

3[1] Se refiere a la defensa tratada en los vs. 1-2.

4[1] La defensa valiente, franca, fuerte y directa, dada por el apóstol en los vs. 4-15, revela que él era una persona cuyo corazón y espíritu eran puros, y que en la obra del Señor no aspiraba a nada más que a Cristo y Su Cuerpo.

4[2] O, libertad.

4[3] Comer y beber por el evangelio

6 ¿O sólo yo y [a]Bernabé no tenemos [b]derecho de no trabajar?

7 ¿Quién ha [a]servido jamás de soldado a sus propias expensas? ¿Quién [b]planta [c]viña y no [d]come de su fruto? ¿O quién apacienta el rebaño y no toma de la leche del rebaño?

8 ¿Digo esto *sólo* [a]como hombre? ¿No dice esto también la ley?

9 Porque en la ley de Moisés está escrito: "[a]No pondrás bozal al buey [1]que trilla". ¿Será que Dios tiene cuidado de los bueyes?

10 ¿O lo dice enteramente por nosotros? Sí, por nosotros se escribió; porque con esperanza debe arar [a]el que ara, y el que trilla, con esperanza de participar *del fruto*.

11 Si nosotros hemos sembrado entre vosotros lo [a]espiritual, ¿es gran cosa si segamos de vosotros lo material?

12 Si otros participan de este derecho sobre vosotros, ¿cuánto más nosotros? Pero [a]no hemos usado de este derecho, sino que lo [1]soportamos todo, para [b]no poner ningún obstáculo al evangelio de Cristo.

13 ¿No sabéis que los que trabajan en las cosas [1]sagradas, [a]comen del templo, y que los que sirven al altar, del altar reciben su porción?

14 Así también ordenó el Señor a los que anuncian el evangelio, que [a]vivan del evangelio.

15 Pero yo de [a]nada de esto me he aprovechado, ni tampoco he escrito esto para que se haga así conmigo; antes, [1]mejor me fuera morir que[2] ... Nadie hará vana ésta mi [b]gloria.

3. Su fidelidad
vs. 16-23

16 Pues si predico el evangelio, no tengo por qué gloriarme;

(v. 14) a expensas de los santos y las iglesias.

9[1] O, cuando trilla.

12[1] O, aguantamos; lit., contener (como una vasija), encerrar; por tanto, cubrir (como un techo).

13[1] Aquí la palabra traducida *sagradas* es diferente de la palabra traducida *santas* en Ro. 1:2 y *santidad* en Lc. 1:75, y es la misma que se traduce *sagradas* en 2 Ti. 3:15. Denota cuán sagrado son las cosas relacionadas con la adoración a Dios.

15[1] El apóstol se había entregado con todo su ser a los intereses del Señor. No sólo estaba dispuesto a sacrificar todos sus derechos (vs. 12, 15a, 18), sino que estaba dispuesto a sacrificar aun su vida.

15[2] ¿Mejor que qué? Pablo no terminó la oración. Tal vez se refería a las cosas mencionadas en la primera mitad de este versículo.

6[a] Hch. 13:2; Gá. 2:1, 9
6[b] 2 Ts. 3:9
7[a] 1 Ti. 1:18; 2 Ti. 2:3-4
7[b] 1 Co. 3:6-8
7[c] Dt. 20:6; Cnt. 8:11-12
7[d] Pr. 27:18; cfr. 1 Co. 9:13
8[a] Ro. 3:5
9[a] Dt. 25:4; 1 Ti. 5:18
10[a] 2 Ti. 2:6
11[a] Ro. 15:27
12[a] 1 Co. 9:15, 18; 2 Co. 11:9
12[b] 1 Co. 9:18; 2 Co. 6:3; 1 Ts. 2:9; 2 Ts. 3:8
13[a] Lv. 6:16, 26; Nm. 18:8-20, 31; Dt. 18:1
14[a] cfr. 1 Co. 9:4; Mt. 10:10; Lc. 10:7-8
15[a] 1 Co. 9:12
15[b] 2 Co. 11:10

porque me es impuesta [a]necesidad; y ¡ay de mí si no predico el evangelio!

17 Por lo cual, si lo hago por mi propia voluntad, [1a]recompensa tengo; pero si por fuerza, una [2b]mayordomía me ha sido [c]encomendada.

18 ¿Cuál, pues, es mi galardón? Que predicando el evangelio, presente [a]gratuitamente el evangelio, para [b]no hacer pleno uso de mi derecho en el evangelio.

19 Por lo cual, aunque soy [a]libre de todos, me he hecho [b]esclavo de todos para ganar a mayor número.

20 Me he hecho a los judíos [a]como judío, para [b]ganar a los judíos; a los que están [c]sujetos a la ley (aunque yo [d]no esté sujeto a la ley) como sujeto a la ley, para ganar a los que están sujetos a la ley;

21 a los que están [a]sin ley, [b]como si yo estuviera sin ley (no estando yo [1]sin ley con respecto a Dios, sino [2]dentro de la [c]ley con respecto a Cristo), para ganar a los que están sin ley.

22 [a]Me he hecho débil a los débiles, para ganar a los débiles; a todos me he [1]hecho [b]todo, para que de todos modos [c]salve a algunos.

23 Todo lo hago por causa del evangelio, para hacerme [1a]copartícipe de él.

16[a] cfr. Jer. 20:9; Hch. 4:20
17[a] 1 Co. 3:8, 14
17[b] Ef. 3:2; Col. 1:25
17[c] Gá. 2:7
18[a] 2 Co. 11:7; 12:13
18[b] 1 Co. 9:12, 15; cfr. 1 Co. 7:31
19[a] 1 Co. 9:1; 10:29; Gá. 5:13
19[b] 2 Co. 4:5
20[a] Hch. 16:3; 21:21-28
20[b] Ro. 11:14
20[c] Ro. 3:19
20[d] Gá. 2:19; Ro. 6:14
21[a] Ro. 2:12, 14
21[b] Gá. 2:3
21[c] Gá. 6:2
22[a] Ro. 15:1; 2 Co. 11:29
22[b] 1 Co. 10:33
22[c] Ro. 11:14; 1 Co. 7:16
23[a] Fil. 1:7

17[1] Este libro no fue escrito para ayudar a los pecadores perdidos a ser salvos, sino para ayudar a los creyentes, los salvos, a crecer (3:6-7), a edificar con los materiales preciosos (3:10, 12-14), a cuidar de los miembros del Señor (8:9-13), y a correr la carrera (v. 24). Por eso, se menciona repetidas veces la recompensa como incentivo para los creyentes en su progreso (3:14; 9:18, 24-25). Véase la nota 35[1] de He. 10.

17[2] O, administración de una casa, distribución doméstica. El apóstol no sólo era un predicador, sino también un mayordomo, es decir, un administrador doméstico, en la casa de Dios, que impartía a los creyentes la salvación, la vida y las riquezas de Cristo. Tal ministerio era la mayordomía que le había sido confiada y encomendada (Ef. 3:2; 2 Co. 4:1).

21[1] Es decir, fuera de la esfera, el límite, de la ley; por tanto, sin ley.

21[2] Es decir, dentro de la esfera, el límite, de la ley; por consiguiente, sujeto a la ley. Pablo tomó a Cristo como su vida y vivió por Cristo. Este Cristo, quien vivía en él como vida y tiene la ley de vida y es la misma ley de vida (Ro. 8:2), lo gobernaba y lo regulaba a fin de que estuviera sujeto a Cristo de una forma legítima, legal, propia y debida. Por lo tanto, Pablo estaba en la esfera de una ley más alta y mejor, estando sujeto a la ley de vida. Por eso, no estaba fuera de la ley ni estaba sin ley con respecto a Dios.

22[1] Esto significa que el apóstol se adaptaba a todo, es decir, a las diferentes maneras de comer y a las diferentes prácticas (v. 23), por el bien de todos los hombres.

23[1] O, cooperador, consocio. El apóstol no sólo era un copartícipe, que

4. Su ahínco
vs. 24-27

24 ¿No sabéis que los que [1]corren en el [a]estadio, todos
corren, pero uno solo recibe el [2b]premio? [c]Corred así, para
[3]ganar.

25 Todo aquel que [a]compite *en los juegos,* en todo ejerce
dominio propio; ellos, a la verdad, para recibir una [1]corona
corruptible, pero nosotros, [b]una [c]incorruptible.

26 Así que, yo de esta manera [a]corro, no como a la ventura;
de esta manera lucho en el pugilato, no como quien
golpea el [b]aire,

27 sino que [1]golpeo mi cuerpo, y lo [2]pongo en servidumbre,
[3]no sea que habiendo [4]predicado a otros, yo mismo venga
a ser [5a]reprobado.

---

disfrutaba del evangelio, sino también un cooperador, un consocio, que laboraba por el evangelio. No obstante, aquí se refería al disfrute del evangelio. Por eso, en el texto esta palabra se traduce *copartícipe.*

24[1] Esto revela que la vida cristiana es una carrera que debemos correr con éxito.

24[2] Es decir, una recompensa como incentivo. Véase la nota 17[1].

24[3] Es decir, obtener.

25[1] Una guirnalda hecha de hojas para las competencias de aquel tiempo. La corona incorruptible, la cual el Señor dará a Sus santos vencedores que ganen la carrera, es una recompensa además de la salvación (véase la nota 35[1] de He. 10). Todos nosotros, Sus creyentes, hemos recibido Su salvación por medio de la fe en El. Esto se ha establecido de una vez por todas. Pero si hemos de recibir *una recompensa de El* o no, depende de cómo corramos. Aquí, en este capítulo, el apóstol estaba corriendo la carrera (v. 26). En Filipenses, una de sus últimas epístolas, él todavía estaba corriendo (Fil. 3:14). No fue sino hasta el último momento de su carrera, en 2 Ti. 4:6-8, que tuvo la certeza de que recibiría una recompensa del Señor en Su manifestación. Con miras a este premio, el apóstol exhortó a los creyentes corintios a correr la carrera para que obtuvieran la recompensa (v. 24).

27[1] La palabra griega significa *golpear el rostro debajo del ojo hasta dejarlo amoratado.* Esto no es maltratar el cuerpo, como se hace en el ascetismo, ni considerar el cuerpo como maligno, como se le considera en el gnosticismo. Es someter el cuerpo y hacer que sea un cautivo vencido a fin de que nos sirva como esclavo para el cumplimiento de nuestro propósito santo. Esto equivale a hacer morir nuestros miembros terrenales (Col. 3:5) y hacer morir los hábitos del cuerpo (Ro. 8:13), y así no dejar que nuestro cuerpo sea usado para la gratificación de las concupiscencias y no hacer nada por nuestra propia cuenta, excepto lo que sea santo para Dios. Los corintios abusaron de su cuerpo abandonándose a la fornicación, sin importarles el templo de Dios (6:19), y comiendo sin restricción lo sacrificado a los ídolos, sin considerar a los creyentes débiles (8:9-13).

27[2] Una metáfora que significa conducir como cautivo y esclavo al conquistado, es decir ponerlo en cautiverio, haciéndolo así esclavo a fin de que sirva al propósito del conquistador.

27[3] La palabra griega implica posibilidad.

27[4] Conforme al contexto de los vs. 24-27, esto se refiere a la predicación de la recompensa como incentivo

---

24[a] Hch. 20:24; 2 Ti. 4:7; He. 12:1
24[b] Fil. 3:14; Col. 2:18
24[c] Gá. 2:2; 5:7
25[a] 2 Ti. 2:5
25[b] 2 Ti. 4:8; Jac. 1:12; 1 P. 5:4; Ap. 2:10; 3:11
25[c] 1 P. 1:4
26[a] Gá. 2:2; 2 Ti. 4:7
26[b] 1 Co. 14:9
27[a] He. 6:8; cfr. 2 Co. 13:5-6

CAPITULO 10

C. El tipo de Israel
10:1-13

1. Bautizados para con Moisés
vs. 1-2

1[a] Ro. 6:3
1[b] Ex. 13:21-22; 14:19-20
1[c] Ex. 14:21, 22, 29
2[a] cfr. Ro. 6:3; Gá. 3:27
3[a] Ex. 16:4, 14-15, 35; Nm. 11:6-9; Sal. 78:24-25; Jn. 6:31

1 [1]Porque no quiero, hermanos, que [2a]ignoréis que
[3]todos nuestros padres estuvieron bajo la [4b]nube, y todos
pasaron el [c]mar;
2 y todos [1]para con Moisés fueron [2a]bautizados [3]en la
nube y en el mar,

2. Comer el mismo alimento espiritual y beber la misma bebida espiritual
vs. 3-4

3 y todos comieron el mismo [1a]alimento espiritual,

---

para los corredores cristianos. Esto está relacionado con el reino, la manifestación del cual será una recompensa para los santos vencedores que hayan ganado la carrera cristiana. Véase la nota 28[1] de He. 12.

27[5] O, descalificado, rechazado; es decir, indigno del premio. El apóstol ciertamente fue salvo por gracia mediante la fe en Cristo. No sólo esto, sino que también fue llamado a ser apóstol para llevar a cabo la economía neotestamentaria de Dios. No obstante, aquí él estaba muy alerta para correr su carrera (Hch. 20:24) poniendo su cuerpo al servicio de su propósito santo a fin de no ser desaprobado ni rechazado ante el tribunal de Cristo (2 Co. 5:10) ni ser hallado indigno de la recompensa del reino venidero. Véase Mt. 7:21-23 y 25:11-12.

1[1] *Porque* indica que el cap. 10 no es sólo una continuación del cap. 9, sino también una definición adicional de lo que significa correr la carrera, lo cual se menciona en 9:24-27, y usa como ejemplo el cuadro de los hijos de Israel corriendo en la "pista de carreras" en el desierto para entrar a la tierra prometida.

1[2] Esto hace referencia a la expresión *¿No sabéis?* de 9:24.

1[3] Esto indica que todos los hijos de Israel que habían disfrutado la pascua entraron en la carrera, y que comenzaron a correrla desde el día en que partieron de la tierra de Ramesés.

1[4] La nube que cubría a los hijos de Israel tipifica al Espíritu de Dios, quien está con los creyentes neotestamentarios. Inmediatamente después de que estos creyentes toman a Cristo como su Pascua (5:7), el Espíritu de Dios viene para estar con ellos y guiarlos a correr la carrera cristiana, así como la columna de nube guió a los hijos de Israel (Ex. 13:21-22; 14:19-20).

2[1] Los hijos de Israel fueron bautizados para con Moisés para comenzar la carrera santa con miras a cumplir el propósito de Dios, es decir, entrar en la buena tierra y edificar el templo, a fin de que Dios tuviera un reino con una expresión de Sí mismo en la tierra. Esto tipifica el hecho de que los creyentes neotestamentarios son bautizados en Cristo (Gá. 3:27) para que Dios tenga Su reino en la iglesia como Su expresión en la tierra.

2[2] La travesía de los hijos de Israel por el mar Rojo (Ex. 14:21-30) tipifica el bautismo de los creyentes neotestamentarios (Ro. 6:4).

2[3] *En la nube* significa *en el Espíritu,* y *en el mar* denota *en el agua.* Los creyentes del Nuevo Testamento

4 y todos bebieron la misma [1a]bebida espiritual; porque bebían de la [2]roca espiritual que los seguía, y la roca era Cristo.

3. La mayoría de ellos quedaron postrados
en el desierto
vs. 5-13

5 Pero de los más de ellos no se agradó Dios; por lo cual [1a]quedaron postrados en el desierto.

6 Estas cosas sucedieron como [1a]ejemplos para [2]nosotros, para que no codiciemos cosas malas, como ellos [b]codiciaron.

4[a] Ex. 17:6; Nm. 20:10; Sal. 78:15, 16

5[a] 1 Co. 10:8-10; Nm. 14:29, 35; 26:65; Sal. 106:26; He. 3:17; Jud. 5

6[a] 1 Co. 10:11

6[b] Nm. 11:4, 33, 34; Sal. 106:14

---

fueron bautizados en el agua y en el Espíritu (Mt. 3:11; Hch. 1:5; 1 Co. 12:13).

3[1] Se refiere al maná (Ex. 16:14-18), el cual tipifica a Cristo como nuestro suministro diario de vida (Jn. 6:31-35) para el viaje de la vida cristiana. Todos los creyentes debemos comer el mismo alimento espiritual, y no debemos comer nada más que a Cristo.

4[1] Se refiere al agua viva que fluyó de la roca hendida (Ex. 17:6), la cual tipifica al Espíritu, nuestra bebida todo-inclusiva, quien fluyó del Cristo crucificado y resucitado (Jn. 7:37-39; 1 Co. 12:13). Para correr la carrera, todos debemos beber la misma bebida espiritual y debemos beber únicamente del Espíritu todo-inclusivo.

4[2] La roca que fue golpeada y hendida para hacer fluir el agua viva para el pueblo escogido de Dios (Ex. 17:6) era una roca física. Sin embargo, el apóstol la llamó una roca espiritual porque tipificaba a Cristo, quien *fue golpeado y hendido* por Dios para hacer fluir el agua de vida (Jn. 19:34) a fin de saciar la sed de Sus creyentes. Por eso, el apóstol dijo que la roca era Cristo. Puesto que era una roca espiritual que representaba a Cristo, podía seguir a los hijos de Israel. Esto indica que Cristo como la roca verdadera sigue a Sus creyentes.

5[1] Es decir, cayeron tendidos en tierra al ser muertos. Esto se refiere a Nm. 14:16, 29.

6[1] Lit., tipos (así también en el v. 11); es decir, figuras de hechos o de verdades espirituales. Este libro considera la historia de los hijos de Israel, que se narra en el Antiguo Testamento, como tipo de los creyentes neotestamentarios. En 5:7-8 los creyentes experimentaron a Cristo como Pascua y comenzaron a celebrar la fiesta de los panes sin levadura. En este capítulo son bautizados para con Moisés (Cristo), habiendo pasado por el mar Rojo (la muerte de Cristo). Ahora comen el alimento espiritual y beben la bebida espiritual para emprender su viaje (en la carrera cristiana) hacia la buena tierra (el Cristo todo-inclusivo). También, se les advierte aquí (v. 11) que no repitan la historia de los hijos de Israel en hacer mal contra Dios, como se muestra en los vs. 6-11.

La meta que Dios tenía al llamar a los hijos de Israel era que entraran en la tierra prometida para disfrutar sus riquezas, a fin de que establecieran el *reino de Dios* y fueran Su expresión en la tierra. No obstante, aunque todo Israel había sido redimido por medio de la pascua, librado de la tiranía egipcia, y llevado al monte de Dios para recibir la revelación de la morada de Dios, el tabernáculo, casi todos cayeron y murieron en el desierto, no alcanzando así esta meta (He. 3:7-19) debido a sus malas obras y a su incredulidad. Sólo Caleb y Josué alcanzaron la meta y entraron en la buena tierra (Nm. 14:27-30). Esto significa que aunque hemos sido redimidos por medio de Cristo,

7[a] 1 Co. 5:11; 10:14
7[b] Ex. 32:4, 8
7[c] Ex. 32:6
7[d] Ex. 32:19
8[a] 1 Co. 5:1
8[b] Nm. 25:1; Ap. 2:14
8[c] cfr. Nm. 25:9
9[a] Mt. 4:7
9[b] Ex. 17:2, 7; Sal. 78:18
9[c] Nm. 21:6
10[a] Fil. 2:14
10[b] Nm. 14:2, 27-29; 16:41; 17:5, 10; 21:5
10[c] Nm. 16:49
11[a] 1 Co. 10:6
11[b] Ro. 4:23, 24
12[a] 1 Co. 3:18
12[b] 2 Co. 1:24; Ro. 5:2; 11:20

7 Ni seáis [1a]idólatras, como [b]algunos de ellos, según está
escrito: "[c]Se sentó el pueblo a [1]comer y a beber, y se levantó
a [d]jugar".
8 Ni [1a]forniquemos, como algunos de ellos [b]fornicaron, y
[2]cayeron en un día [c]veintitrés mil.
9 Ni [1a]tentemos a Cristo, como también algunos de ellos
le [b]tentaron, y fueron destruidos por las [c]serpientes.
10 Ni [1a]murmuréis, como algunos de ellos [b]murmuraron,
y [c]perecieron por el [2]destructor.
11 Y estas cosas les [1]acontecieron en [a]figura, y están
[b]escritas para amonestarnos a nosotros, a quienes han [2]al-
canzado los [3]fines de los siglos.
12 [1]Así que, el que [a]piensa [b]estar firme, mire que no
[2]caiga.

---

librados de la esclavitud de Satanás, y conducidos a la revelación de la economía de Dios, aún así es posible que no lleguemos a la meta del llamamiento de Dios, la cual consiste en que poseamos nuestra buena tierra, Cristo (Fil. 3:12-14), y disfrutemos Sus riquezas para el reino de Dios a fin de que seamos Su expresión en la edad actual y participemos del pleno disfrute de Cristo en la edad del reino (Mt. 25:21, 23). Esto debe ser una advertencia solemne para todos los creyentes neotestamentarios; lo fue especialmente para los corintios, quienes corrían el riesgo de repetir el fracaso que los hijos de Israel tuvieron en el desierto.

6[2] El apóstol se incluyó entre todos los creyentes en cuanto al asunto de correr la carrera cristiana.

7[1] El modo indebido de comer de los israelitas estaba relacionado con su acto idólatra de adorar el becerro de oro (Ex. 32:1-6). Aquí las palabras del apóstol implican que el hecho de que los corintios comieran indiscriminadamente de lo sacrificado a los ídolos también estaba relacionado en *cierto modo con* la idolatría.

8[1] La fornicación *acompaña a la* idolatría (Nm. 25:1-2). Por eso, estas cosas se mencionan juntas, igual que en Hch. 15:20, 29. Sin duda, la implicación aquí es que estos dos males existían entre los creyentes de Corinto. Por tanto, éstas son las principales cosas tratadas en los caps. 5—10.

8[2] Esto significa caer tendido en tierra al ser muerto.

9[1] Lit., probemos a lo sumo, tentemos en todo aspecto. *Tentaron,* que se usa más adelante en este versículo, no conlleva el significado de *a lo sumo* o *en todo aspecto.*

10[1] La murmuración de los hijos de Israel (Nm. 16:41) tipificaba el hablar negativo de los creyentes de Corinto en contra del apóstol (4:3; 9:3).

10[2] El ángel de Dios que exterminaba (Ex. 12:23; 2 S. 24:16-17).

11[1] Lit., acontecían.

11[2] Lit., descendido, llegado.

11[3] *Los siglos* se refiere a todas las edades pasadas; *los fines de los siglos,* al hecho de que todas las edades pasadas fueron consumadas al principio de la era neotestamentaria. Por lo tanto, los fines de los siglos habían llegado a la gente de aquella época. Aquellas personas podían, en la era neotestamentaria, tomar la amonestación de la historia de los hijos de Israel. Después de la edad del Nuevo Testamento vendrá la edad del reino, *durante la cual* estos ejemplos de la era del Antiguo Testamento ya *no* serán de utilidad para correr la carrera cristiana.

12[1] Con base en la amonestación de los vs. 5-11, el apóstol les advirtió

13 [1]No os ha sobrevenido ninguna [2]tentación que no sea [3]humana; pero [a]fiel es Dios, que no os dejará ser [4b]tentados más de lo que podéis, sino que dará también juntamente con la [2]tentación la salida, para que podáis [c]soportar.

D. La mesa del Señor debe ser preservada de la idolatría 10:14-22

1. La comunión de la sangre y del cuerpo del Señor vs. 14-18

14 [1]Por tanto, amados míos, huid de la [2a]idolatría.

15 Como a prudentes os hablo; [a]juzgad vosotros lo que digo.

16 La [a]copa de bendición que [b]bendecimos, ¿no es la [1]comunión de la [c]sangre de Cristo? El [d]pan que partimos, ¿no es la [1]comunión del [e]cuerpo de Cristo?

17 Siendo [1]uno solo el pan, nosotros, con ser muchos, somos [a]un Cuerpo; pues todos [2]participamos de aquel mismo pan.

13[a] 1 Co. 1:9
13[b] Mt. 6:13; Jac. 1:13
13[c] Ro. 5:3-4; Jac. 5:11
14[a] 1 Co. 10:7; 1 Jn. 5:21
15[a] 1 Co. 11:13
16[a] 1 Co. 10:21; 11:25-28; Mt. 26:27; cfr. Sal. 16:5; 23:5; 116:13; Mt. 20:22; Jn. 18:11; Ap. 14:10
16[b] Mt. 26:26
16[c] 1 P. 1:19; He. 9:14
16[d] 1 Co. 11:23-24; Mt. 26:26; Hch. 2:42; 20:7; cfr. Jn. 6:35, 48, 51
16[e] He. 10:5, 10; 1 P. 2:24
17[a] Ro. 12:5; 1 Co. 12:12, 13, 20; Ef. 2:16; 4:4, 16

---

a los corintios que no pensaran que estaban firmes y que no tenían peligro de caer muertos, como aconteció a los hijos de Israel.

12[2] Así como los hijos de Israel cayeron y murieron en el desierto (vs. 5, 8). Algunos creyentes de Corinto cayeron y murieron por haber ofendido al Cuerpo del Señor (11:27-30).

13[1] Este versículo es una continuación de la advertencia dada en el v. 12, lo cual indica, por una parte, que debemos guardarnos de la tentación, no sea *que caigamos y muramos*, y por otra, que Dios en Su fidelidad no permitirá que nos llegue ninguna tentación que no podamos soportar, sino que, juntamente con la tentación, siempre nos dará la salida.

13[2] O, prueba (2 P. 2:9; cfr. Dn. 3:17-18).

13[3] O, común a todos los hombres.

13[4] O, probados.

14[1] Esto indica que la sección siguiente, hasta el v. 30, es una conclusión de la sección anterior, desde 8:1, acerca de comer lo sacrificado a los ídolos.

14[2] Se refiere a la idolatría relacionada con comer cosas sacrificadas a los ídolos.

16[1] O, participación mutua. La palabra *comunión* aquí se refiere a la comunión que los creyentes tienen en la participación mutua de la sangre y el cuerpo de Cristo. Esto hace que nosotros, los participantes de la sangre y el cuerpo del Señor, seamos uno no sólo entre nosotros sino también con el Señor. Nosotros, los participantes, *nos identificamos* con el Señor en la comunión de Su sangre y cuerpo. Aquí la intención del apóstol era mostrar cómo el comer y el beber hacen que los que comen y beben sean uno con lo que ingieren. Los corintios deben haberse dado cuenta de que comer indebidamente de lo sacrificado a los ídolos en realidad los hacía uno con los demonios que estaban detrás de los sacrificios.

17[1] Este pan, siendo uno solo, representa un solo Cuerpo, el Cuerpo de Cristo. Todos somos un solo Cuerpo

18 Mirad a Israel [a]según la carne; los que [b]comen de los sacrificios, ¿no [1]están en comunión con el [2c]altar?

2. La mesa del Señor debe ser separada de la mesa de los demonios
vs. 19-22

19 ¿Qué digo, pues? ¿Que lo [a]sacrificado a los ídolos es algo, o que un ídolo es algo?

20 *No,* sino digo que lo que los gentiles sacrifican, a los [1a]demonios lo sacrifican, y no a Dios; y no quiero que vosotros [2b]entréis en comunión con los demonios.

21 No podéis [1]beber la [a]copa del Señor, y la copa de los demonios; no podéis participar de la [b]mesa del Señor, y de la [c]mesa de los demonios.

22 ¿O [1a]provocaremos a [b]celos al Señor? ¿Somos [c]más fuertes que El?

18[a] Ro. 1:3; 4:1; 9:5
18[b] Lv. 7:6, 15; cfr. He. 13:10
18[c] Ex. 27:1-8; Lv. 3:5; 4:7, 25
19[a] 1 Co. 8:4
20[a] Lv. 17:7; Dt. 32:17; 2 Cr. 11:15; Sal. 106:37; Ap. 9:20
20[b] cfr. Lv. 19:31; Dt. 18:10-12; 2 Co. 6:15-16
21[a] 1 Co. 10:16
21[b] cfr. Sal. 23:5; 78:19; Pr. 9:2; 2 S. 9:7, 10, 11, 13
21[c] Is. 65:11
22[a] Dt. 32:21
22[b] Ex. 20:5; 2 Co. 11:2
22[c] Dt. 10:17; Sal. 24:8; 50:1

---

porque todos participamos de un solo pan. Nuestra participación mutua de este pan hace que todos seamos uno. Esto indica que nuestra participación en Cristo hace que todos seamos Su Cuerpo único. El propio Cristo de quien todos participamos nos constituye Su Cuerpo único.

17[2] Participar (es decir, comer, vs. 28-30) de ese único pan nos identifica con el pan. Esto indica que nuestra participación de Cristo, nuestro disfrute de Cristo, nos identifica con El, haciéndonos uno con El.

18[1] O, participan juntamente del altar. Los que comen los sacrificios del altar, no sólo tienen comunión unos con otros y con el altar, sino que también participan juntamente de lo que comen. Su participación de lo que comen los hace uno con los sacrificios del altar. Esto también muestra cómo el comer hace que el que come sea uno con lo que come. Participar de lo sacrificado a los ídolos produce lo mismo: identifica a los participantes con los demonios que están detrás de tales sacrificios.

18[2] Puesto que el altar es la base de los sacrificios ofrecidos a Dios, comer los sacrificios del altar hace que los que comen tengan comunión con el altar, que participen juntamente del mismo.

20[1] Un ídolo y lo sacrificado a un ídolo no son nada (v. 19; 8:4). Pero detrás de ellos están los demonios, los cuales son abominables y aborrecibles para Dios. Los creyentes, quienes adoran a Dios, no deben identificarse con los demonios ni entrar en comunión con ellos, lo cual resulta de comer lo sacrificado a los ídolos. Puesto que los demonios son la realidad de los ídolos, comer lo que se ha sacrificado a los ídolos hace que los que comen tengan comunión con demonios, que participen conjuntamente de ellos.

20[2] Véase la nota 18[1]. Los que comen de lo sacrificado a los ídolos no sólo entran en comunión con demonios, sino que también participan juntamente de los demonios, haciéndose así uno con ellos.

21[1] Beber la copa del Señor y participar de la mesa del Señor es identificarnos con el Señor. Beber la copa de los demonios y participar de la mesa de los demonios es hacernos uno con los demonios.

22[1] El Señor es el Dios celoso (Ex. 20:5). La idolatría le es totalmente abominable y aborrecible. Si participamos en la comunión con los demonios, haciéndonos uno con ellos, provocaremos a celos al Señor. Por lo tanto, debemos huir de la idolatría (v. 14).

E. El comer apropiado
10:23—11:1

1. Edificar a otros, buscando su beneficio
10:23-30, 32-33

23 [1a]Todo es [2]lícito, pero no todo es [3]provechoso; todo es [2]lícito, pero no todo [4b]edifica.

24 Ninguno [a]busque su propio *bien,* sino el del otro.

25 De todo lo que se vende en la [1]carnicería, [a]comed, sin preguntar nada por motivos de [b]conciencia;

26 porque del Señor es la [a]tierra y su plenitud.

27 Si algún incrédulo os invita, y queréis ir, de todo lo que se os ponga delante [a]comed, sin preguntar nada por motivos de [b]conciencia.

28 Mas si alguien os dice: Esto fue ofrecido en sacrificio; [a]no lo comáis, por causa de aquel que lo declaró, y por motivos de [b]conciencia.

29 La conciencia, digo, no la tuya, sino la del otro. Pues ¿por qué se ha de juzgar mi [a]libertad por la conciencia de otro?

30 Y si yo con [a]agradecimiento [1]participo, ¿por qué he de ser [b]censurado por aquello de que doy gracias?

2. Para la gloria de Dios
10:31

31 [1]Si, [2]pues, [a]coméis o bebéis, o hacéis [b]cualquier otra cosa, hacedlo todo para la [c]gloria de Dios.

23[a] 1 Co. 6:12
23[b] 1 Co. 8:1; Ro. 15:2
24[a] 1 Co. 10:33; 13:5
25[a] 1 Co. 10:27; Hch. 10:13; 1 Ti. 4:3-5
25[b] 1 Co. 10:27
26[a] Dt. 10:14; Sal. 24:1; 50:12
27[a] 1 Co. 10:25; Lc. 10:8
27[b] 1 Co. 10:25
28[a] Ro. 14:15, 21
28[b] 1 Co. 8:7, 10, 12
29[a] 1 Co. 9:19
30[a] 1 Ti. 4:3-4; Ro. 14:6
30[b] Ro. 14:16
31[a] Ro. 14:17-18
31[b] Col. 3:17
31[c] 1 Co. 6:20; 1 P. 4:11

23[1] Los vs. 14-22 tratan el asunto de comer lo sacrificado a los ídolos, desde el punto de vista de hacerse uno con los demonios. Desde el v. 23 hasta 11:1, se enfoca este asunto desde el punto de vista de edificar a otros para la gloria de Dios (v. 31).

23[2] *Véase la nota 12[2] del cap. 6.*

23[3] Véase la nota 12[3] del cap. 6.

23[4] El versículo paralelo, 6:12, concluye con: "No me dejaré dominar de ninguna". Este versículo termina en: "No todo edifica". Aquél tiene que ver con nosotros mismos, y éste, con otros.

25[1] En los tiempos de los apóstoles, normalmente sólo se consumía en el fuego parte de lo sacrificado a los ídolos. El resto era dado a los sacerdotes o a los pobres, o era vendido de nuevo en el mercado. Era posible que los compradores sin darse cuenta compraran carne ofrecida a los ídolos.

30[1] Es decir, comer. Esto indica que comer es participar (v. 17).

31[1] Los vs. 23, 31 y 6:12 nos dan *cuatro principios* básicos que deben regular la conducta de los creyentes neotestamentarios. Todo es lícito, pero todo lo que hagamos, (1) con respecto a la cosa en sí, debe ser provechoso; (2) en cuanto a nosotros mismos, no nos debe dominar; (3) con respecto a otros, los debe edificar; y (4) en cuanto a Dios, lo debe glorificar. De otra manera, nada es permitido.

31[2] Esto indica que la porción desde 10:31 hasta 11:1 es una conclusión para esta subsección (desde el v. 23).

32 [1]No seáis [a]tropiezo ni a [2]judíos, ni a griegos, ni a la
[b]iglesia de Dios;
33 como también [1]yo en todas las cosas [a]agrado a [b]todos,
no [c]procurando mi propio beneficio, sino el de muchos, para
que sean [d]salvos.

CAPITULO 11

3. Imitar al apóstol
11:1

1 [1]Sed [a]imitadores de [2]mí, así como yo [b]de Cristo.

VIII. Lo tocante a cubrirse la cabeza
11:2-16

A. El orden en el universo
vs. 2-3

2 Os [a]alabo porque en todo os [b]acordáis de mí, y retenéis
las [1c]instrucciones tal como os [1]las entregué.
3 Pero quiero que sepáis que [1]Cristo es la [a]cabeza de todo
varón, y el [2]varón es la [b]cabeza de la mujer, y [3]Dios la [c]cabeza
de Cristo.

32[1] La expresión griega traducida *no seáis tropiezo* se deriva de la misma raíz que la palabra traducida *tropezadero* en 8:9; es diferente de la expresión *poner tropiezo* usada en 8:13.

32[2] En los tiempos neotestamentarios hay tres categorías de personas: (1) los judíos, el pueblo escogido de Dios; (2) los griegos, los gentiles incrédulos; y (3) la iglesia, compuesta de los que creen en Cristo. No debemos ser una ofensa, un tropiezo, para ninguna de estas personas, con miras a que sean salvos (v. 33).

33[1] ¡Qué gran ejemplo nos dio el apóstol!

1[1] Este versículo es la última frase de la conclusión del cap. 10.

1[2] Debemos imitar a los que imitan a Cristo. Esto nos convierte también a nosotros en imitadores de Cristo. Si ése no es el caso, no debemos imitar a ningún hombre.

2[1] Instrucciones comunicadas oralmente o por escrito (2 Ts. 2:15).

3[1] Los vs. 3-16 tratan el séptimo problema, el asunto de cubrirse la cabeza. Los primeros seis problemas, tratados en los caps. 1—10, pueden considerarse un grupo. Tienen que ver con asuntos relacionados con la esfera de la vida humana. Los últimos cinco problemas, tratados en los caps. 11—16, forman otro grupo. Tienen que ver con asuntos relativos a la esfera de la administración de Dios. El primer problema de este último grupo está relacionado con la posición de Cristo y de Dios como Cabeza en el gobierno divino. En Ef. 1:22-23 Cristo es la Cabeza sobre todas las cosas para Su Cuerpo, la iglesia. Aquí el hecho de que Cristo sea la Cabeza de todo varón tiene que ver con individuos. Corporativamente, Cristo es la Cabeza del Cuerpo, la iglesia (Ef. 5:23), e individualmente, es la Cabeza de los creyentes. El es la Cabeza de cada uno de nosotros directamente. La posición de Cristo y de Dios como Cabeza era la primera preocupación de Pablo al

---

32[a] 1 Co. 8:9, 13; Ro. 14:13, 20, 21
32[b] 1 Co. 1:2; Hch. 20:28
33[a] Ro. 15:2
33[b] 1 Co. 9:22
33[c] 1 Co. 10:24; 13:5
33[d] 1 Co. 9:22; 1 Ts. 2:16; Ro. 11:14
1[a] 1 Co. 4:16; 1 Ts. 1:6
1[b] cfr. Jn. 13:15; Mt. 11:29; Ro. 15:1-3; Ef. 5:2; 1 P. 2:21
2[a] 1 Co. 11:17, 22
2[b] 1 Ts. 3:6
2[c] 2 Ts. 2:15; 3:6
3[a] cfr. Ef. 1:22; Col. 1:18
3[b] Ef. 5:23; cfr. Gn. 3:16
3[c] cfr. 1 Co. 15:28; 3:23

B. El cubrirse la cabeza
vs. 4-6

4 Todo varón que ora o [1a]profetiza con la cabeza cubierta,
[2]afrenta su cabeza.
5 Pero toda mujer que [a]ora o [b]profetiza con la cabeza
[1]descubierta, afrenta su cabeza; porque lo mismo es que si
se hubiese [2c]rapado.
6 Porque si la mujer no se cubre, que se corte también *el
cabello;* y si le es vergonzoso a la mujer cortarse *el cabello* o
raparse, [1]que se cubra.

C. Las razones
vs. 7-15

7 Porque el varón no debe cubrirse la cabeza, pues él es
[1a]imagen y gloria de Dios; pero la mujer es [2b]gloria del varón.

4[a] 1 Co. 14:1, 31, 39
5[a] Lc. 2:36-37
5[b] Hch. 21:9; cfr. 1 Co. 14:34
5[c] Dt. 21:12
7[a] Gn. 1:26-27; 9:6; cfr. Gn. 5:1; Jac. 3:9
7[b] cfr. Pr. 12:4

---

tratar los problemas de los corintios, relativos a la administración de Dios.

3[2] En el arreglo gubernamental divino, la mujer está sujeta al hombre, su cabeza. Dios creó a la mujer de esta manera (Gn. 2:18-24; 1 Ti. 2:13). Conforme a la naturaleza (v. 14) creada por Dios, la mujer queda subordinada al hombre.

3[3] Cristo es el Ungido de Dios, Aquel a quien Dios designó. Así que, El está sujeto a Dios, y Dios, como el que da origen a todas las cosas, es Su Cabeza. Esto se refiere a la relación que existe entre Cristo y Dios en el gobierno divino.

Al tratar el asunto de cubrirse la cabeza, el apóstol tomó como base firme para su instrucción la posición que Dios, Cristo y el hombre tienen como cabeza. Su instrucción con respecto a cubrirse la cabeza no se basaba en ninguna práctica religiosa ni costumbre humana, sino en el orden que Dios estableció en Su administración gubernamental. Esta base tan firme no deja lugar para discusiones sobre el asunto de cubrirse la cabeza.

4[1] Es decir, que habla por Dios. Véase la nota 10[2] del cap. 12.

4[2] Puesto que el hombre es cabeza de la mujer y es imagen y gloria de Dios (v. 7), debe mantener su cabeza manifiesta, descubierta y expuesta cuando toca el trono de la administración de Dios al orar a Dios o hablar por El. De otra manera, afrenta o avergüenza su cabeza.

5[1] Puesto que la mujer está sujeta al hombre, su cabeza, ella debe mantener la cabeza cubierta, y no expuesta, cuando toca la administración divina al orar a Dios o al hablar por Dios. De otra manera, afrenta o avergüenza su cabeza, como si se la hubiera rapado, porque niega el arreglo gubernamental divino al exponer su cabeza a los ángeles que estén observando (v. 10) mientras toca la autoridad de Dios.

5[2] Esto es una clara indicación de que es vergonzoso que la mujer tenga la cabeza rapada o que lleve el cabello corto (v. 6).

6[1] Indica que lo que usa para cubrirse la cabeza es algo además del pelo largo. La mujer que se deja crecer el pelo, sin raparse la cabeza, demuestra que no rechaza el arreglo gubernamental de Dios; y la mujer que se cubre la cabeza además de llevar el pelo largo, demuestra que dice "amén" a la ordenación divina.

7[1] El hombre fue hecho a la imagen de Dios (Gn. 1:26) para expresar a Dios y glorificarle. Puesto que el hombre tiene la imagen y gloria de Dios y representa a Dios, no debe cubrirse la cabeza. Si lo hace, la imagen y gloria de Dios estarán ocultas.

8[a] Gn. 2:21-23
9[a] Gn. 2:18; 1 Ti. 2:13
10[a] cfr. Gn. 3:16; 24:65; 1 Ti. 2:11
10[b] 1 Co. 4:9; Ef. 6:12
12[a] 1 Co. 8:6; Ro. 11:36
13[a] 1 Co. 10:15

8 Porque el varón no procede de la mujer, sino la [1]mujer [a]del varón,

9 y tampoco el varón fue [1]creado por causa de la mujer, sino la [2a]mujer por causa del varón.

10 Por lo cual la mujer debe tener [1]*señal de sumisión a* la [a]autoridad sobre su cabeza, por [2]causa de los [b]ángeles.

11 Pero [1]en el Señor, ni la mujer es sin el varón, ni el varón sin la mujer;

12 porque así como la mujer [1]procede del varón, también el varón [1]mediante la mujer; pero [a]todo procede de Dios.

13 [a]Juzgad vosotros mismos: ¿Es propio que la mujer ore a Dios sin cubrirse la cabeza?

14 La [1]naturaleza misma ¿no os enseña que si el varón tiene el cabello largo le es una deshonra,

---

7[2] Puesto que la mujer es la gloria del varón, no debe exponer su cabeza sino cubrirla. No debe expresarse a sí misma, sino al varón, a quien está sujeta. El apóstol también tomó esto como base para su enseñanza con respecto a cubrirse la cabeza.

8[1] Como costilla tomada del hombre, la mujer fue hecha del hombre (Gn. 2:21-23).

9[1] Aquí el apóstol tomó el propósito que Dios tenía al crear al hombre y la mujer como firme base adicional para su enseñanza con respecto a cubrirse la cabeza. Tal enseñanza no se basa en ninguna costumbre de origen humano, sino en el propósito divino en la creación.

9[2] La mujer fue hecha con el propósito de complementar al hombre (Gn. 2:18, 24).

10[1] Es decir, algo que cubra la cabeza, lo cual significa que el hombre es cabeza de la mujer.

10[2] Esto fue una base adicional para la enseñanza con respecto a cubrirse la cabeza. Cubrirse la cabeza está estrechamente relacionado con la autoridad de Dios como Cabeza. El arcángel, junto con sus subordinados, se rebeló contra la autoridad de Dios (Ez. 28:13-18; Is. 14:12-15; Mt. 25:41), estableciendo así su reino de tinieblas (Mt. 12:26; Col. 1:13), y vino a ser Satanás, el adversario de Dios. Después de que Dios creó al hombre, Satanás sedujo al hombre para que lo siguiera y se rebelara contra Dios. Luego Dios envió a Su Hijo para que destruyera a Satanás y rescatara al hombre, sacando a éste de la autoridad de Satanás y restaurándolo al reino de Dios (1 Jn. 3:8; He. 2:14; Col. 1:13). Ahora, cuando los creyentes adoran a Dios al orar a El o al hablar por El, deben llevar algunas señales de que están sujetos a Dios como Cabeza, quien es la autoridad divina, mostrando a los ángeles que estén observando (cfr. 4:9), los cuales están involucrados en este asunto, que ellos (los creyentes) están guardando el orden que Dios ha dispuesto en Su administración. Para esto, las hermanas deben tener una señal, algo que cubra su cabeza.

11[1] Es decir, en el plan del Señor, en el arreglo del Señor.

12[1] El hombre es la fuente de la existencia de la mujer. Por lo tanto, la mujer procede del varón. La mujer es el medio por el cual nace el hombre. Por consiguiente, el hombre viene mediante la mujer (Gn. 2:21-23).

14[1] Es decir, nuestra constitución natural conforme a la creación de Dios. La naturaleza misma nos dice que el hombre no debe tener pelo largo, pero que la mujer, sí. Por su constitución femenina, la mujer se da

15 pero que si la mujer tiene el cabello largo, le es una
gloria? Porque en lugar de velo le es dado el cabello.

D. No tener contenciones
v. 16

16 Con todo eso, si alguno quiere ser contencioso, nosotros
no tenemos [1]tal costumbre, ni las [2a]iglesias de Dios.

IX. Lo tocante a la cena del Señor
11:17-34

A. La reprensión por el desorden
vs. 17-22

17 [1]Pero al anunciaros [2]esto que sigue, no os [a]alabo; porque no os [b]congregáis para lo mejor, sino para lo peor.
18 Pues en primer lugar, cuando os reunís [1a]como iglesia,
oigo que hay entre vosotros [b]divisiones; y en parte lo creo.
19 Porque tiene que haber entre vosotros [1]partidos, para
que se hagan [2]manifiestos entre vosotros los que son [3]apro-
bados.
20 Cuando, pues, os reunís vosotros en el mismo lugar, no
es la [1]cena del Señor la que coméis;

16[a] 1 Co. 4:17; 7:17; 14:33; 16:1
17[a] 1 Co. 11:22, 2
17[b] 1 Co. 14:23; Mt. 18:20; He. 10:25
18[a] 1 Co. 14:28, 34, 35
18[b] 1 Co. 1:10

---

cuenta de que es una gloria tener pelo largo con el cual cubrirse la cabeza. Esto también es una base firme para la enseñanza del apóstol con respecto a cubrirse la cabeza. Su enseñanza no es según costumbres ni prácticas establecidas por el hombre, sino según la naturaleza humana, la cual fue creada por Dios.

16[1] La costumbre de tener contiendas, disputas y debates. Ni los apóstoles ni las iglesias toleraban ninguna disputa con respecto a la enseñanza de los apóstoles.

16[2] Aquí *iglesias,* en plural, indica que todas las iglesias locales son independientes una de otra, y que sin embargo todas actúan de la misma manera en cuanto a la enseñanza de los apóstoles.

17[1] Aquí *pero* indica un contraste entre *no os alabo* en este versículo y *os alabo* en el v. 2.

17[2] Desde este versículo hasta el final del capítulo el apóstol trata el octavo problema, el problema relacionado con la cena del Señor.

18[1] Es decir, en la asamblea de la iglesia (14:34-35).

19[1] Sectas, diferentes escuelas de opinión, como en Gá. 5:20.

19[2] Las sectas son útiles para manifestar a los que son aprobados, los que no son sectarios.

19[3] Los que fueron puestos a prueba y llenaron los requisitos.

20[1] En 10:21 la cena del Señor es llamada "la mesa del Señor". El énfasis de la mesa del Señor está en la comunión de la sangre y del cuerpo del Señor (10:16-17), la participación en el Señor, el disfrute que tenemos del Señor en mutualidad, en comunión; mientras que el énfasis de la cena del Señor está en recordar al Señor (vs. 24-25). En la mesa del Señor recibimos Su cuerpo y sangre para nuestro disfrute; y en la cena del Señor le recordamos para Su disfrute.

21 porque al comer, cada uno se adelanta a tomar su
propia [1]cena; y uno tiene hambre, y otro se embriaga.
22 Pues qué, ¿no tenéis casas en que comáis y bebáis? ¿O
menospreciáis la [a]iglesia de Dios, y [b]avergonzáis a los que no
tienen? ¿Qué os diré? ¿Os alabaré? En esto no os [c]alabo.

B. El repaso de la definición
vs. 23-26

23 Porque yo [a]recibí del Señor lo que también os he trasmitido: Que el Señor Jesús, [b]la noche que fue [1c]traicionado,
[d]tomó pan;
24 y habiendo dado gracias, lo [1]partió, y dijo: Esto es Mi
cuerpo que por vosotros es *dado;* haced esto [2]en [3]memoria de
Mí.
25 Asimismo *tomó* también la copa, después de que hubieron cenado, diciendo: Esta [1]copa es el [a]nuevo pacto *establecido*
en Mi sangre; haced esto todas las veces que la [2]bebáis, en
memoria de Mí.
26 Pues, todas las veces que comáis este pan, y bebáis

22[a] 1 Co. 1:2; 10:32; 15:9; Hch. 20:28
22[b] Jac. 2:6; cfr. Pr. 17:5
22[c] 1 Co. 11:17
23[a] 1 Co. 15:3; Gá. 1:12
23[b] Mt. 26:20-25; Mr. 14:17-21
23[c] Lc. 22:21-22; Jn. 13:21-30
23[d] vs. 23-26: Mt. 26:26-29; Mr. 14:22-25; Lc. 22:19-20
25[a] Jer. 31:31; He. 8:13, 6; 7:22

21[1] En los tiempos de los apóstoles, los creyentes tenían la costumbre de reunirse para cenar, es decir, para tomar la comida principal del día. Los ricos traían la mayor parte y la mejor calidad de comida para el disfrute mutuo, y los pobres traían menos. Esto era llamado un ágape, o sea, "banquete de amor" (2 P. 2:13; Jud. 12), y se derivó de la fiesta de la Pascua (Lc. 22:13-20). Al final del ágape, los creyentes tomaban la cena del Señor con el pan y la copa, para recordar al Señor (vs. 23-25). Pero los corintios no lo hacían correctamente. No se esperaban unos a otros (cfr. v. 33). Cada uno se adelantaba a tomar su propia cena. Los ricos se embriagaban y los pobres se quedaban con hambre (v. 21). Esto causó divisiones y bandos entre ellos (v. 18) y dañó *la cena del Señor. Por consi*guiente, lo que comían no era la cena del Señor (v. 20).

23[1] Lit., entregado.

24[1] El pan es partido para que podamos comerlo (Mt. 26:26).

24[2] Aquí y en el versículo siguiente *en* no sólo implica un propósito sino también un resultado. Participar en la cena del Señor siempre nos lleva a hacer memoria del Señor, lo cual le satisface.

24[3] Tomamos la cena del Señor con el fin de recordarle a El y sólo con ese fin.

25[1] El pan es de vida (Jn. 6:35) y la copa es de bendición (10:16). Esta copa es el nuevo pacto que comprende todas las ricas bendiciones del Nuevo Testamento, incluyendo a Dios mismo. El nuevo pacto fue establecido por la sangre del Señor, la cual El derramó en la cruz para nuestra redención (Mt. 26:28).

25[2] Hacer memoria del Señor auténticamente es comer el pan y beber la copa (v. 26), es decir, participar en el Señor y disfrutar al Señor, quien se *nos* dio mediante Su muerte redentora. Comer el pan y beber la copa es recibir al Señor redentor como nuestra porción, nuestra vida y nuestra bendición. Esto es hacer memoria de El de modo genuino.

esta copa, la muerte del Señor [1]anunciáis [2]hasta que El
[a]venga.

C. La necesidad de ponerse a prueba y de discernir
vs. 27-29

27 De manera que cualquiera que [a]coma el [b]pan o [a]beba
la [b]copa del Señor [1]indignamente, [2]será culpado del cuerpo y
de la [c]sangre del Señor.
28 Pero [1a]pruébese cada uno a sí mismo, y coma así del
pan, y beba de la copa.
29 Porque el que come y bebe, sin [1]discernir [2]el cuerpo,
[3]juicio come y bebe para sí.

26[a] Jn. 21:22; Hch. 1:11; 1 Co. 4:5
27[a] Jn. 6:51-56
27[b] 1 Co. 10:16
27[c] 1 P. 1:19; He. 9:14; 10:29
28[a] 2 Co. 13:5; Gá. 6:4

26[1] O, proclamáis, exhibís. Tomar la cena del Señor no es recordar la muerte del Señor, sino anunciarla y exhibirla. Recordamos al Señor mismo al anunciar y exhibir Su muerte.

26[2] Debemos tomar la cena del Señor para memoria de El anunciando Su muerte redentora sin cesar, hasta que El regrese para establecer el reino de Dios (Mt. 26:29). En Su primera venida el Señor llevó a cabo Su muerte para efectuar una redención todo-inclusiva a fin de producir la iglesia. Después de Su muerte, El se fue para recibir el reino, y regresará con el reino (Dn. 7:13-14; Lc. 19:12). El período entre la primera y la segunda venida del Señor es la edad de la iglesia. De esta manera la iglesia llena el intervalo entre la primera venida del Señor y la segunda, y también conecta Su muerte en el pasado con el reino de Dios en el futuro. Así que, anunciar la muerte del Señor hasta que El venga tal vez implique declarar la existencia de la iglesia, lo cual tiene como fin introducir el reino. Cuando comemos la cena del Señor de esta manera, con miras a una memoria continua de El en Su primera y segunda venidas, esa cena llega a ser una satisfacción para El en relación con el reino, la administración de Dios.

27[1] Es decir, sin respetar el significado del pan y la copa del Señor, los cuales representan Su cuerpo quebrantado por nosotros y Su sangre derramada por nuestros pecados por medio de Su muerte realizada para nuestra redención.

27[2] Es decir, traerá juicio sobre sí (vs. 29-30).

28[1] Es decir, examínese a sí mismo, póngase a prueba y apruébese, cumpliendo así las especificaciones prescritas.

29[1] Lit., distinguir, separar, discriminar, hacer una distinción. No discernir el cuerpo del Señor es no hacer una distinción entre el pan que representa el cuerpo del Señor, y el alimento común y corriente. Equivale a no valorar el significado del pan que tomamos en la cena del Señor. Esto acarrea juicio, disciplina, sobre nosotros de parte del Señor.

29[2] El apóstol usó la expresión *el cuerpo* en lugar de *el cuerpo del Señor*. Tal vez implique que, además del cuerpo físico del Señor (v. 24), existe el Cuerpo místico de Cristo (Ef. 4:4). Por lo tanto, cuando participamos de la mesa del Señor, debemos discernir si el pan en la mesa representa el Cuerpo de Cristo o una división humana (una denominación). Al discernir el Cuerpo de Cristo, no debemos participar del pan en ninguna división ni con espíritu faccioso. Nuestra participación en la mesa del Señor debe ser la comunión única de Su Cuerpo único, sin división alguna en práctica ni en espíritu.

El tratamiento que da el apóstol al asunto de cubrirse la cabeza tiene que ver con la Cabeza (v. 3); y el que da al

D. El Señor disciplina
vs. 30-34

30 Por [1]lo cual hay muchos [2]debilitados y enfermos entre vosotros, y muchos [3a]duermen.

31 Si, pues, nos [1]examinásemos a nosotros mismos, no seríamos juzgados;

32 mas cuando el Señor nos [1]juzga, nos [a]disciplina para que no seamos [2b]condenados con el mundo.

33 Así que, hermanos míos, cuando os reunís a comer, [1]esperaos unos a otros.

34 Si alguno tiene hambre, coma en su [a]casa, para que no os reunáis para juicio. Las [1]demás cosas las pondré en orden cuando yo [b]vaya.

30[a] 1 Co. 15:51; Mt. 27:52; Jn. 11:11-13
32[a] He. 12:5-7, 11
32[b] Ro. 5:16
34[a] 1 Co. 11:22
34[b] 1 Co. 4:19; 16:5

CAPITULO 12

X. Lo tocante a los dones
12:1—14:40

A. El principio que rige
12:1-3

1 No quiero, hermanos, que [a]ignoréis acerca de los [1b]*dones* espirituales.

1[a] 1 Co. 10:1; 14:38; 2 Co. 1:8; 2:11; Ro. 1:13; 6:3
1[b] 1 Co. 14:1, 12

---

asunto de la cena del Señor (la mesa del Señor) tiene que ver con el Cuerpo. En cuanto a la posición de Cristo como Cabeza, posición que representa a Dios y es representada por el varón, es necesario que sin desorden guardemos el orden gubernamental divino que Dios dispuso. En cuanto al Cuerpo de Cristo, es preciso que seamos regulados apropiadamente por la instrucción del apóstol, sin confusión ni división. La Cabeza es Cristo, y el Cuerpo es la iglesia. Cristo y la iglesia —estos dos— son los factores que controlan y dirigen la manera en que el apóstol trató a la iglesia confundida y desordenada. En los caps. 1—10, trató los problemas de la iglesia, primeramente dando énfasis a Cristo como el centro de Dios y como nuestra porción. Después de esto, en los caps. 11—16, él puso énfasis en la iglesia como la meta de Dios y como nuestro interés. En los caps. 1—10, comenzó con Cristo como el antibiótico que sana las dolencias de la iglesia enferma. Luego, a partir del cap. 11, pasó a hablar de la iglesia y usó la iglesia, el Cuerpo, como la inoculación contra el desorden de la iglesia. Tanto Cristo como la iglesia son cruciales para llevar a cabo la administración de Dios en Su economía neotestamentaria.

29[3] Comer el pan o beber la copa del Señor indignamente acarrea juicio para nosotros. Este juicio no es una condenación, sino una disciplina temporal de parte del Señor (v. 32).

30[1] Es decir, por no discernir el cuerpo.

30[2] Este es el castigo, el juicio temporal del Señor, sobre los que participan indignamente de Su cuerpo. El Señor primeramente los disciplinó, de modo que se debilitaran físicamente. Luego, puesto que no quisieron arrepentirse de su ofensa, recibieron más disciplina y se enfermaron. Ya que todavía no se habían querido arrepentir, el Señor los juzgó con la muerte. Morir

2 Sabéis que cuando erais [a]gentiles, se os extraviaba
llevándoos, como se os [1]llevaba, a los [b]ídolos mudos.
3 Por tanto, os hago saber que nadie que [1]hable en el
[a]Espíritu de Dios dice: Jesús es [2]anatema; y [3]nadie puede
decir: ¡[b]Jesús *es* Señor!, sino en el [c]Espíritu Santo.

B. La manifestación del Espíritu
12:4-11

4 [1]Ahora bien, hay [2]diversidad de [3a]dones, pero el Espíritu es el [b]mismo.

2[a] Ef. 2:11
2[b] Hab. 2:18-19
3[a] 1 Jn. 4:2-3
3[b] Ro. 10:9; Jn. 21:7; Hch. 2:36; 2 Co. 4:5
3[c] Lc. 11:13; Ef. 1:13; 4:30; 1 Ts. 4:8
4[a] 1 Co. 12:31; 1:7; Ro. 12:6
4[b] 1 Co. 12:8, 9, 11, 13; Ef. 4:4

---

de esta manera equivale a quedar postrado en el desierto según 10:5.

30[3] Es decir, han muerto (1 Ts. 4:13-16).

31[1] Es decir, discriminamos lo que hay en nosotros, formamos una estima acertada de nosotros mismos.

32[1] Temporalmente.

32[2] Para siempre.

33[1] Esta exhortación se dio debido a la condición descrita en el v. 21.

34[1] Indica que el apóstol no dio instrucciones en cuanto a todo lo relacionado con la práctica de la iglesia. Con respecto a las demás cosas, necesitamos acudir al Señor para que El nos guíe, basados en los principios presentados en el Nuevo Testamento y bajo el control de los mismos.

1[1] En los caps. 12—14 Pablo trató el noveno problema que existía entre los corintios, el de los dones espirituales en relación con la administración y operación de Dios.

2[1] Como un vendaval, la actividad frenética de los que fomentaban la idolatría entre los griegos en aquellos días, estaba desviando a la gente a los ídolos. Aquí el apóstol hace referencia a la manera en que eran llevados los creyentes de Corinto cuando eran gentiles. Ellos eran extraviados siendo llevados a diferentes ídolos para adorarlos y servirles, cada vez que los conducían y en la manera que fuese.

3[1] Aquí el pensamiento del apóstol es que los ídolos mudos, los ídolos sin voz, mencionados en el v. 2, hacen que sus adoradores también sean mudos, sin voz. Pero el Dios viviente hace que Sus adoradores hablen en Su Espíritu. Esta manera de hablar está relacionada con los dones espirituales. Nadie que hable en el Espíritu de Dios diría: "Jesús es anatema"; más bien le gustaría decir, y también puede decir: "¡Jesús es Señor!" Ninguno que adore a Dios debe estar callado; todos deben usar sus voces para proclamar en el Espíritu de Dios: "¡Jesús es Señor!". Proclamar: "¡Jesús es Señor!", es la función principal de todos los dones espirituales.

3[2] Véase la nota 22[1] del cap. 16.

3[3] Indica que cuando decimos, con un espíritu recto: "¡Jesús es Señor!" estamos en el Espíritu Santo. Por tanto, la manera de participar del Espíritu Santo, y de disfrutarle y experimentarle es invocar al Señor Jesús.

4[1] Aquí la expresión *ahora bien* indica un contraste entre el v. 3 y el v. 4. El v. 3 dice que cuando ministramos hablando en el Espíritu de Dios, todos decimos: "¡Jesús es Señor!" exaltando a Jesús como Señor. Pero los dones para la manifestación del Espíritu son diferentes y variados.

4[2] O, distinciones, variedades, repartimientos. Así también en los vs. 5-6.

4[3] Aquí la palabra *dones* se refiere a los dones exteriores, es decir, las habilidades o lo que nos capacita para el servicio. Algunos son milagrosos, y algunos se desarrollan de los dones iniciales mencionados en 1:7 (véase la nota 1). Todos son diferentes de los dones iniciales.

5 Y hay diversidad de [1a]ministerios, pero el Señor es el [b]mismo.

6 Y hay diversidad de [1]operaciones, pero [2]Dios que [a]realiza todas las cosas en todos, es el [b]mismo.

7 Pero a [a]cada uno le es dada la [1]manifestación del Espíritu [2]para [b]provecho.

8 Porque a éste es dada por el Espíritu [1]palabra de [a]sabiduría; a otro, [1]palabra de [b]conocimiento según el mismo Espíritu;

9 a otro, [1a]fe en el mismo Espíritu; y a otro, [2]dones de [b]sanidad en el mismo Espíritu.

10 A otro, realizar [1a]obras poderosas; a otro, [2b]profecía; a otro, [3c]discernimiento de espíritus; a otro, *diversos* géneros de [4d]lenguas; y a otro, [5e]interpretación de lenguas.

5[a] cfr. Ro. 12:6-8
5[b] 1 Co. 8:6; Ef. 4:5
6[a] 1 Co. 12:11; Fil. 2:13
6[b] 1 Co. 8:6; Ef. 4:6; 1 Ti. 2:5
7[a] 1 Co. 14:26; Ro. 12:3; 1 P. 4:10, 11
7[b] 1 Co. 14:6
8[a] 1 Co. 2:6-8; 1:21, 24, 30; Ef. 1:17
8[b] 1 Co. 1:5; 8:1, 7; 2 Co. 8:7; Ro. 15:14
9[a] 1 Co. 13:2; Mt. 17:20; Mr. 11:22-23; Lc. 17:6
9[b] 1 Co. 12:28, 30; Mr. 16:18; Jac. 5:14-15; *Ex.* 15:26

5[1] Es decir, servicios. Los dones del v. 4 van con estos ministerios, en los cuales se manifiestan las operaciones del v. 6.

6[1] Lit., efectos de operaciones. Se refiere al resultado producido cuando el poder divino proporciona energía a los dones en sus actividades. Este resultado es la operación (Ef. 4:16) manifestada por los dones.

6[2] Los dones vienen por el Espíritu; los ministerios, o servicios, son iniciados por el Señor y son para el Señor; y las operaciones son de Dios. Aquí el Dios Triuno está envuelto en estos tres asuntos: dones, ministerios y operaciones. Los dones por el Espíritu tienen como fin llevar a cabo los ministerios para el Señor, y en los ministerios para el Señor se manifiestan las operaciones de los dones, las cuales son producidas por la operación, la obra, de Dios. Este es el mover del Dios Triuno en los creyentes para el cumplimiento de Su propósito eterno de edificar la iglesia, el Cuerpo de Cristo, para la expresión de Dios.

7[1] Todos los diferentes dones son la manifestación del Espíritu, en el sentido de que el Espíritu es manifestado en los creyentes que han recibido los dones. Tal manifestación del Espíritu es provechosa para la iglesia, el Cuerpo de Cristo.

7[2] Es decir, para el crecimiento en vida de los miembros del Cuerpo de Cristo y para la edificación del mismo.

8[1] Según el contexto de este libro, la palabra de sabiduría es la palabra acerca de que Cristo es lo profundo de Dios, predestinado por El como porción nuestra (1:24, 30; 2:6-10). La palabra de conocimiento es la palabra que imparte conocimiento general en cuanto a Dios y al Señor (8:1-7). La palabra de sabiduría proviene principalmente de nuestro espíritu y se recibe por revelación; la palabra de conocimiento proviene principalmente de nuestro entendimiento y se obtiene mediante la enseñanza. El primer don es más profundo que el postrero. No obstante, estos dos, y no el hablar en lenguas u otro don milagroso, son los que encabezan la lista de los dones y son la manifestación superior del Espíritu, ya que estos dos son los ministerios, o servicios, más provechosos para la edificación de los santos y de la iglesia, con miras a que la operación de Dios se lleve a cabo.

9[1] Como la fe que puede trasladar los montes, según 13:2 y Mr. 11:22-24.

10[a] 1 Co. 12:28-29; Hch. 2:22; Gá. 3:5; He. 2:4
10[b] 1 Co. 12:28-29; 13:2, 8-9; 14:1, 3-6, 39
10[c] 1 Co. 14:29; cfr. 1 Jn. 4:1-3
10[d] Mr. 16:17; Hch. 2:4, 6, 8, 11; 10:46; 19:6; 1 Co. 12:28, 30; 13:1, 8
10[e] 1 Co. 12:30; 14:26, 27

11 Pero todas estas cosas las realiza uno y el mismo
Espíritu, [a]repartiendo a cada uno en particular según Su
[b]voluntad.

C. Un solo Cuerpo con muchos miembros
12:12-27

1. Lo que constituye el Cuerpo
vs. 12-13

12 [1]Porque así como el cuerpo es [a]uno, y tiene muchos

11[a] 1 Co. 12:4
11[b] Jn. 3:8
12[a] 1 Co. 10:17; Ro. 12:4-5; Ef. 4:4

9[2] Poder milagroso para sanar diferentes enfermedades.

10[1] Obras de poder milagroso, milagros, diferentes de la sanidad, como por ejemplo cuando Pedro resucitó a Dorcas (Hch. 9:36-42).

10[2] Hablar por Dios y proclamar a Dios, incluyendo predecir y vaticinar. Hablar por Dios y proclamar a Dios son dones que provienen de la vida, dones que se desarrollan con el crecimiento en vida; predecir y vaticinar son dones milagrosos y no tienen nada que ver con la vida (véase la segunda parte de la nota 10[5]).

10[3] Distinguir el Espíritu que proviene de Dios de aquellos espíritus que no son de Dios (1 Ti. 4:1; 1 Jn. 4:1-3).

10[4] Un verdadero idioma o dialecto (Hch. 2:4, 6, 8, 11) ya sea de los hombres o de los ángeles (13:1), y no voces y sonidos sin significado. El hablar en lenguas genuino y verdadero es uno de los muchos dones del Espíritu (v. 4), uno de los muchos aspectos de la manifestación del Espíritu (v. 7). Algunos dicen que el hablar en lenguas es la evidencia inicial del bautismo en el Espíritu, y que más tarde viene a ser un don del Espíritu. Ellos dicen que todos los creyentes deben hablar en lenguas como evidencia inicial, pero que no todos necesitan tener el don de hablar en lenguas. Tal enseñanza no tiene base en el Nuevo Testamento. El Nuevo Testamento muestra claramente que hablar en lenguas sólo es uno de los muchos dones del Espíritu y que no todos los creyentes tienen este don.

10[5] Hacer que una lengua desconocida sea conocida y comprensible (14:13). Este es el noveno punto de la manifestación del Espíritu aquí mencionado. Sin embargo, la manifestación del Espíritu por medio de los creyentes incluye más de nueve asuntos. El apostolado, las ayudas y las administraciones por el Espíritu, enumerados en el v. 28, el ver visiones y el soñar sueños por el Espíritu, mencionados en Hch. 2:17, las señales y los prodigios mencionados en He. 2:4, y tres de los cinco hechos milagrosos profetizados en Mr. 16:17-18, no son enumerados aquí. En este caso el apóstol enumeró como ejemplo sólo nueve aspectos de la manifestación del Espíritu. Entre estos nueve, el hablar en lenguas y la interpretación de lenguas figuran al final de la lista porque no son tan provechosos como los otros, para la edificación de la iglesia (14:2-6, 18-19). De entre estos nueve dones y los mencionados en los vs. 28-30, la profecía como predicción, la fe, los dones de sanidad, las obras poderosas, el hablar en lenguas y la interpretación de lenguas, son milagrosos. Los demás son dones que se desarrollan con el crecimiento en vida (3:6-7), tales como los dones enumerados en Ro. 12:6-8, los cuales provienen de los dones iniciales e internos mencionados en 1:7 (véase la nota 1). Dichos dones son la palabra de sabiduría (como por ejemplo la palabra de los apóstoles), la palabra de conocimiento (como por ejemplo la palabra de los maestros), y el hablar por Dios y el proclamar a Dios en profecía, como es

[b]miembros, pero todos los miembros del cuerpo, siendo muchos, son un solo cuerpo, así también [2]el Cristo.
13 Porque en [1a]un solo Espíritu fuimos todos [b]bautizados
*en [2c]un solo Cuerpo, sean [3d]judíos o griegos, sean [4]esclavos
o libres; y a todos se nos dio a [5e]beber de un mismo [f]Espíritu.

2. La indispensabilidad de los miembros
vs. 14-22

14 Porque el cuerpo no es un solo miembro, sino [a]muchos.

12[b] 1 Co. 12:27; Ef. 5:30
13[a] 1 Co. 12:4, 9, 11
13[b] Mt. 3:11; Hch. 1:5; Mt. 28:19; Ro. 6:3; Gá. 3:27
13[c] Ef. 4:4
13[d] Gá. 3:28; Col. 3:11
13[e] Jn. 7:37-39; 4:10, 14; Ap. 21:6; 22:17; 1 Co. 10:4
13[f] Ap. 2:7; 3:22; 22:17
14[a] Ro. 12:5

---

realizado por los profetas, el discernimiento de espíritus, las ayudas, y las administraciones. Los dones milagrosos, especialmente el hablar en lenguas y la interpretación de lenguas, no requieren crecimiento en vida. Los corintios hablaban bastante en lenguas, no obstante seguían siendo niños en Cristo (3:1-3). En cambio, los dones que se desarrollan en vida requieren crecimiento, e incluso madurez, para la edificación de la iglesia. Con este propósito fue escrita esta epístola a los corintios.

12[1] *Porque* indica que este versículo es una explicación del v. 11, el cual dice que este único Espíritu realiza todos los diversos aspectos de Su manifestación, repartiéndolos a muchos creyentes a un nivel individual. Esto es semejante a nuestro cuerpo físico en que es uno y tiene muchos miembros.

12[2] Se refiere al Cristo corporativo, compuesto de Cristo mismo como la Cabeza y de la iglesia como Su Cuerpo, del cual todos los creyentes son miembros. Todos los creyentes de Cristo están unidos a El orgánicamente y constituidos con Su vida y elemento, y así han llegado a ser Su Cuerpo, el cual es un organismo que le expresa. Así que, El no sólo es la Cabeza sino también el Cuerpo. Así como nuestro cuerpo físico tiene muchos miembros y sin embargo es uno solo, así también es el Cristo.

13[1] *Puesto que el Espíritu es la esfera* y el elemento de nuestro bautismo espiritual, y puesto que en tal Espíritu todos fuimos bautizados en una sola entidad orgánica, el Cuerpo de Cristo, entonces todos nosotros, sin importar nuestra raza, nacionalidad ni posición social, debemos ser este único Cuerpo. Cristo es la vida y el elemento que constituye este Cuerpo, y el Espíritu es la realidad de Cristo. Es en este único Espíritu donde todos fuimos bautizados en este único Cuerpo viviente para expresar a Cristo.

13[2] Los creyentes de Cristo son bautizados por medio del agua y en el Espíritu y así son introducidos en (1) Cristo, (2) la muerte de Cristo (Ro. 6:3), (3) el nombre —la persona— del Dios Triuno (Mt. 28:19), y (4) el Cuerpo de Cristo. El bautismo introduce a los creyentes en una unión orgánica con Cristo y con el Dios Triuno, haciendo de ellos miembros vivientes del Cuerpo de Cristo. Todos los dones, como la manifestación del Espíritu, repartidos por el Espíritu a cada uno de los creyentes, tienen como fin el provecho, la edificación, de este Cuerpo. El apóstol estaba muy consciente de esto. Estaba consciente del Cuerpo y centrado en el Cuerpo, a diferencia de los corintios y muchos otros creyentes que han vivido en otras épocas, los cuales se han centrado en sí mismos en lo relacionado con los dones espirituales. Por eso, después de este versículo él dio a los corintios un discurso largo con respecto al Cuerpo. Su intención era rescatarlos de sus afanes egoístas infundiéndoles una preocupación por el Cuerpo, para que ya no tuvieran como fin su propio provecho individual, sino la edificación del Cuerpo.

13[3] Se refiere a razas y nacionalidades.

13[4] Se refiere a rangos sociales.

13[5] Ser bautizados en el Espíritu es entrar en el Espíritu y perderse en El;

15 Si dice el pie: Porque no soy mano, no soy del cuerpo,
no por eso deja de ser del cuerpo.
16 Si dice la oreja: Porque no soy ojo, no soy del cuerpo, no
por eso deja de ser del cuerpo.
17 Si todo el cuerpo fuese ojo, ¿dónde estaría el oído? Si
todo fuese oído, ¿dónde estaría el olfato?
18 Mas ahora Dios ha [a]colocado los miembros cada uno de 18[a] 1 Co.
ellos en el cuerpo, como El [b]quiso. 12:28
19 Porque si todos fueran un solo miembro, ¿dónde esta- 18[b] cfr. 1 Co. 12:11
ría el cuerpo?
20 Pero ahora son muchos los miembros, pero el cuerpo es
[a]uno solo. 20[a] 1 Co.
21 Ni el ojo puede decir a la mano: No te necesito, ni 12:12
tampoco la cabeza a los pies: No tengo necesidad de vosotros.
22 Antes bien los miembros del cuerpo que parecen más
débiles, son muy necesarios;

3. La compenetración de los miembros
vs. 23-27

23 y a aquellos *miembros* del cuerpo que nos parecen
menos honrosos, a éstos vestimos con mayor honra; y los que
en nosotros son menos decorosos, reciben mayor decoro.
24 Porque los que en nosotros son más decorosos, no
tienen necesidad; pero Dios [1]concertó el cuerpo, dando más
abundante honor al que le faltaba,
25 para que no haya [a]división en el cuerpo, sino que los 25[a] 1 Co.
miembros tengan la [1]misma solicitud los unos por los otros. 1:10; 11:18
26 De manera que si un miembro [a]padece, todos los miem- 26[a] Ro.
bros se duelen con él, y si un miembro recibe honra, todos los 8:17
miembros con él se [b]gozan. 26[b] Ro. 12:15

---

beber del Espíritu es recibir al Espíritu en nuestro interior y permitir que nuestro ser sea saturado de El. Por medio de estos dos procedimientos, somos mezclados con el Espíritu. Ser bautizados en el Espíritu es el comienzo de la mezcla y ocurre una vez y para siempre. Beber del Espíritu es la continuación y la realización de la mezcla y es perpetuo, para siempre. Esto requiere que invoquemos al Señor continuamente y que saquemos con gozo aguas de El, quien es la fuente de agua viva (Is. 12:3-4; Jn. 4:10, 14).

24[1] Esto implica ser acoplados mutuamente. Dios ha concertado todos los diferentes miembros de Cristo para hacer de ellos un solo Cuerpo. Para esto necesitamos mucha transformación (Ro. 12:2); es decir, necesitamos ser transformados de la vida natural a la vida espiritual por medio del mismo Espíritu para la vida práctica del Cuerpo.

25[1] En la vida del Cuerpo hay que proporcionar el mismo cuidado a todos los diferentes miembros. Una diferencia en el cuidado causa división.

27 Ahora bien, vosotros sois el Cuerpo de Cristo, y [a]miembros cada uno en particular.

D. La asignación de los dones
12:28-31

28 Y a unos [a]puso Dios en la [1b]iglesia, primeramente [2c]apóstoles, en segundo lugar [3d]profetas, en tercer lugar [4e]maestros, luego [5f]obras poderosas, después [6]dones de [g]sanidad, [7]ayudas, [8h]administraciones, *diversos* géneros de [9i]lenguas.

29 ¿Son todos apóstoles? ¿son todos profetas? ¿son todos maestros? ¿*hacen* todos obras poderosas?

30 ¿tienen todos dones de sanidad? ¿[1]hablan todos en lenguas? ¿[1a]interpretan [2]todos?

31 [1a]Anhelad, pues, los [2b]dones superiores. Mas yo os muestro un camino aun [3]más excelente.

27[a] 1 Co. 12:12; Ro. 12:5; Ef. 5:30
28[a] 1 Co. 12:18
28[b] Ef. 1:22-23; Col. 1:18
28[c] Hch. 1:25; 2:42; Ef. 2:20; 4:11
28[d] Hch. 13:1; 1 Co. 12:10; 14:1, 3-6, 24, 29-32; Ef. 2:20; 3:5; 4:11
28[e] Ro. 12:7; 2 Ti. 2:2
28[f] 1 Co. 12:10
28[g] 1 Co. 12:9
28[h] Ro. 12:8; 1 Ts. 5:12; 1 Ti. 3:5; He. 13:17
28[i] 1 Co. 12:10
30[a] 1 Co. 12:10
31[a] 1 Co. 14:1
31[b] 1 Co. 14:5, 12, 19

28[1] Aquí *iglesia* se refiere a la iglesia en sus aspectos universal y local. En los vs. 12-27 la iglesia es el Cuerpo de Cristo. El Cuerpo es un organismo en el cual Cristo crece y se expresa como la vida de los creyentes. La iglesia es una asamblea por medio de la cual Dios lleva a cabo Su administración.

28[2] Aquellos que son llamados y enviados por Dios (1:1; Ro. 1:1) (1) a predicar el evangelio con el propósito de hacer salvos a los pecadores a fin de que sean los materiales para la edificación de la iglesia, (2) a establecer las iglesias (Hch. 14:21-23), y (3) a enseñar la verdad divina (véase la nota 1[3] del cap. 9). Su ministerio es universal, y es para todas las iglesias.

28[3] Aquellos que hablan por Dios y le proclaman por la revelación de Dios, y quienes a veces predicen bajo inspiración (Hch. 11:27-28). En cuanto a la edificación de los santos y el establecimiento de las iglesias, sólo los apóstoles están primero que ellos.

28[4] Aquellos que enseñan las verdades conforme a la enseñanza de los apóstoles (Hch. 2:42) y la revelación de los profetas. Los profetas y los maestros son universales y también locales (Ef. 4:11; Hch. 13:1).

28[5] Véase la nota 10[1].

28[6] Véase la nota 9[2].

28[7] O, ayudadores. Esto debe de referirse a los servicios de los diáconos y diaconisas (1 Ti. 3:8-13).

28[8] O, los que administran, los que gobiernan; se refiere a los ancianos de la iglesia.

28[9] Véase la nota 10[4]. Esta es la segunda vez que el hablar en lenguas es mencionado como el último aspecto de la operación de Dios en la iglesia.

30[1] Por tercera vez, el hablar en lenguas y su interpretación vuelven a ser enumerados como los últimos en los escritos de Pablo, porque proporcionan el menor provecho para la iglesia (14:4-6, 19).

30[2] Está claro que la respuesta a esta pregunta y a las otras seis es "no".

31[1] O, tened celo, deleitaos.

31[2] Esto indica que algunos dones, tales como el hablar en lenguas y la interpretación de lenguas, son menores, ya que son menos provechosos para la iglesia, y también indica que debemos anhelar los dones mejores, tales como profetizar y enseñar, los cuales son más provechosos para la

CAPITULO 13

E. La manera excelente de ejercer los dones
13:1-13

1. La necesidad del amor
vs. 1-3

1 Si yo hablase [a]lenguas humanas y angélicas, y no
tengo [b]amor, vengo a ser *como* [1]bronce que resuena, o [1]cím-
balo que retiñe.

2 Y si tuviese *el don de* [a]profecía, y entendiese todos los
[b]misterios y todo [c]conocimiento, y si tuviese toda la [d]fe, de tal
manera que [e]trasladase los montes, y no tengo amor, nada
soy.

3 Y si [a]repartiese todos mis bienes para dar de comer *a
otros,* y si [1]entregase mi [b]cuerpo [2]para gloriarme, y no tengo
amor, nada me aprovecha.

2. La definición del amor
vs. 4-7

4 El [1a]amor es [b]sufrido. El amor es benigno; no [c]tiene
envidia. El amor no se [d]jacta *y* no se [e]hincha de orgullo;

5 no se porta indecorosamente, no [a]busca lo suyo, no se
irrita, no toma en cuenta el mal;

6 [a]no se goza de la [1]injusticia, mas se [b]goza con la [1c]ver-
dad.

1[a] 1 Co. 12:10
1[b] Jn. 13:34; 15:12; 1 Jn. 4:7, 11, 16, 20-21
2[a] 1 Co. 12:10; Mt. 7:22
2[b] 1 Co. 2:7; 14:2
2[c] 1 Co. 12:8
2[d] 1 Co. 12:9
2[e] Mt. 17:20; Mr. 11:23
3[a] 2 Co. 9:9
3[b] Dn. 3:28
4[a] Pr. 10:12; 17:9; Ro. 13:8-10; 1 P. 4:8
4[b] 2 Co. 6:6; Gá. 5:22; Col. 3:12; Ef. 4:2; 1 Ts. 5:14
4[c] 1 Co. 3:3
4[d] 1 Co. 5:6
4[e] 1 Co. 4:6; 8:1
5[a] 1 Co. 10:24, 33
6[a] Pr. 24:17; 2 Ts. 2:12; cfr. Ro. 1:32

---

edificación de la iglesia (14:1-6). Para tener los dones superiores, necesitamos crecer en vida hasta la madurez. Los dones superiores son desarrollados, por el crecimiento en vida, a partir de los dones iniciales (1:7) que recibimos cuando fuimos regenerados.

31[3] El camino más excelente para tener los dones superiores es el amor, el cual es plenamente definido en el capítulo siguiente.

1[1] El bronce que resuena y el címbalo que retiñe producen sonidos sin vida. Esto es un buen ejemplo del hablar en lenguas.

3[1] Como mártir.

3[2] Algunos mss. dicen: para ser quemado.

4[1] La vida es el elemento de Dios; el amor es la expresión de Dios como vida. Así que, Dios es amor (1 Jn. 4:16). Dios como vida es expresado en amor. Las quince virtudes del amor, enumeradas en los vs. 4-7, son las virtudes divinas de la vida de Dios. Tal vida es diferente de los dones exteriores enumerados en el cap. 12. Los corintios buscaban los dones exteriores, pero pasaban por alto el amor, que es la expresión de la vida de Dios. Por lo tanto, todavía eran carne o carnales u hombres que vivían en el alma (3:1, 3; 2:14). Necesitaban crecer en vida (lo cual se expresaría por su amor en cuidar al Cuerpo de Cristo), siguiendo el amor, y no los dones exteriores, a fin de llegar a ser espirituales (2:15).

6[1] La totalidad de la injusticia es Satanás, y la totalidad de la verdad es

---

6[b] 2 Jn. 4; 3 Jn. 3-4 **6**[c] 1 Ti. 2:4

7[a] cfr. Jac. 5:20; 1 P. 4:8
8[a] Jn. 15:9
8[b] 1 Co. 14:1, 39
8[c] 1 Co. 12:10
8[d] 1 Co. 12:8
9[a] 1 Co. 13:12; 8:2
11[a] 1 Co. 3:1
11[b] 1 Co. 14:20; Ef. 4:14
12[a] cfr. Jac. 1:23
12[b] Gn. 32:30; Ex. 33:11
12[c] 1 Co. 13:9
12[d] 1 Jn. 3:2

7 Todo lo [1a]cubre, todo lo cree, todo lo espera, todo lo
soporta.

3. El amor sobresale
vs. 8-13

8 El [a]amor [1]nunca deja de ser; pero las [b]profecías se
volverán ineficaces, y cesarán las [c]lenguas, y el [d]conocimien-
to se tornará inútil.
9 Porque en parte [a]conocemos, y en parte profetizamos;
10 mas [1]cuando venga lo [2]perfecto, entonces [3]lo que es en
parte quedará anulado.
11 [1]Cuando yo era [2a]niño, hablaba como niño, pensaba
como [b]niño, [3]razonaba como niño; mas [4]cuando ya fui hombre, dejé lo que era de niño.
12 [1]Ahora vemos [2]por [a]espejo, [3]oscuramente; mas [4]enton-
ces veremos [b]cara a cara. [1]Ahora [c]conozco en parte; pero
[4]entonces [d]conoceré plenamente como fui conocido.

Dios. El amor como la expresión de la vida divina no se goza por la injusticia de Satanás, sino que se goza con la verdad de Dios.

7[1] La misma palabra griega que se traduce *soportar* en 9:12 (véase la nota). Esta palabra no sólo significa (1) *encerrar, contener (como vaso),* y (2) *cubrir (como techo) los errores de otros,* sino también (3) *resguardar y proteger cubriendo (como techo).*

8[1] Es decir, sobrevive a todo, mantiene su posición para siempre. El amor sobrevive a todo y mantiene su posición para siempre. Nunca falla, nunca se desvanece ni se acaba. Es como la vida eterna de Dios. Todos los dones, ya sean profecías, lenguas o conocimiento, son medios para la operación de Dios; no son la vida, la cual expresa a Dios. Por lo tanto, cesarán y se volverán inútiles. Todos éstos pertenecen a esta dispensación. Sólo la vida, la cual es expresada por el amor, es eterna. Según los *versículos siguientes,* todos los dones son para los niños, quienes no han alcanzado la madurez, en este siglo. Todos los dones se volverán ineficaces en la edad venidera. Sólo el amor es la característica de un hombre maduro y perdurará por la eternidad. Por tanto, cuando vivimos y actuamos por el amor, tenemos un anticipo de la edad venidera y de la eternidad.

10[1] En la edad venidera, la edad del reino.

10[2] O, maduro; en contraste con la palabra *niño* en el versículo siguiente.

10[3] Es decir, profecías, conocimiento, etc., conforme al v. 8.

11[1] En esta edad, los creyentes son niños y tienen todos los dones pueriles.

11[2] Es decir, inmaduro.

11[3] Lit., consideraba.

11[4] En la edad venidera, los creyentes maduros llegarán a ser hombres, y todos los dones infantiles, especialmente los menores —el hablar en lenguas y su interpretación— se volverán inútiles. Sin embargo, podemos tener un anticipo de la edad venidera viviendo una vida de amor en este siglo. El amor nos hace madurar en vida; los dones nos mantienen en la infancia.

12[1] En esta edad.

12[2] Algunos escritores dicen que esto significa ver por una ventana. "Es decir, a través de algún medio que, en cierto grado, impide la visión. La palabra significa también 'espejo', pero se refiere a una ventana, no de

13 Y ahora permanecen la [1a]fe, la [b]esperanza y el [c]amor,
estos tres; pero el mayor de ellos es el [d]amor.

CAPITULO 14

F. El profetizar sobresale 14:1-25

1. Edifica más a la iglesia vs. 1-19

1 [1a]Seguid el [b]amor; y [2c]anhelad los [d]*dones* espirituales,
pero sobre todo que [3e]profeticéis.
2 [1]Porque el que habla en [a]lengua *desconocida* no habla
a los hombres, sino a Dios; pues nadie le entiende, sino que
en el [b]espíritu habla [c]misterios.

---

vidrio transparente como se hacen hoy en día, sino de materiales semitransparentes", J. N. Darby en *New Translation*.

12[3] Lit., en un enigma.

12[4] En la edad venidera.

13[1] La fe recibe las cosas divinas (Jn. 1:12) y da sustantividad a las cosas espirituales e invisibles (He. 11:1). La esperanza cosecha las cosas a las cuales la fe ha dado sustantividad y participa de ellas (Ro. 8:24-25). El amor disfruta de las cosas que han sido recibidas y hechas reales por la fe y de las cuales se participa por la esperanza, para que nos alimentemos a nosotros mismos, edifiquemos a otros (8:1) y expresemos a Dios, cumpliendo así toda la ley (Ro. 13:8-10). Tal amor nos hace crecer en vida para poder desarrollar y emplear los dones espirituales, y es la manera más excelente de tener los dones mayores. Así que el amor es la mejor de las tres virtudes que permanecen para siempre. Por lo tanto, debemos seguirlo (14:1).

1[1] Este mandato se basa en la revelación que se encuentra en 12:31—13:13. Seguir el amor es procurar crecer en vida con miras a desarrollar los dones en vida. Por lo tanto, debe ser complementado por un deseo ferviente de tener el don más provechoso, el don de profecía.

1[2] Véase la nota 31[1] del cap. 12 (así también en el v. 39).

1[3] Puesto que profetizar significa hablar por el Señor y proclamar al Señor, es decir, ministrar a Cristo a la gente, lo cual es el elemento principal en la reunión de la iglesia, se requiere que la vida divina llene tal profetizar y así sea su contenido. El amor es la manera más excelente de experimentar la vida divina y de hacer que la vida divina sea el contenido del don de profecía para la edificación de la iglesia. Por consiguiente, debemos seguir el amor y anhelar este don mayor.

2[1] Las palabras del apóstol en los vs. 2-6 dan una vista clara y definida de que el hablar en lenguas es mucho menos importante que el profetizar. El apóstol dio muy poca importancia al don de hablar en lenguas y exaltó el don de profecía, porque su interés principal era la iglesia, y no los creyentes individuales. El hablar en lenguas, aun cuando sea genuino y correcto, sólo edifica al que habla, pero el profetizar edifica a la iglesia. Profetizar con revelación o enseñar con conocimiento, usando palabras claras y entendibles, es más provechoso para la iglesia que hablar en lenguas usando palabras desconocidas (v. 19).

13[a] 1 Ts. 1:3; Col. 1:4-5; Ef. 6:23; Gá. 5:6
13[b] Ef. 1:18; 4:4; Ro. 8:24; Col. 1:27
13[c] 1 Co. 13:1
13[d] Mt. 22:39-40; Col. 3:14
1[a] 1 Ti. 6:11; 2 Ti. 2:22
1[b] 1 Co. 13:1, 13; 16:14; 2 P. 1:7
1[c] 1 Co. 12:31
1[d] 1 Co. 14:12; 12:1
1[e] 1 Co. 11:4; 12:10; 13:2; 14:3-6, 39
2[a] 1 Co. 12:10; 14:18-19, 22-23
2[b] 1 Co. 14:14-16
2[c] 1 Co. 13:2

3 Pero el que profetiza habla a los hombres *para* [1a]edifi-
cación, aliento y consolación.
4 El que habla en lengua *desconocida,* a sí mismo se
edifica; pero el que profetiza, [1a]edifica a la [b]iglesia.
5 Yo quisiera que todos vosotros hablaseis en lenguas,
pero más que [a]profetizaseis; porque [b]mayor es el que profetiza que el que habla en lenguas, a no ser que las [c]interprete
para que la iglesia reciba edificación.
6 Ahora pues, hermanos, si yo voy a vosotros hablando
en [a]lenguas, ¿qué os [b]aprovecharé yo, si no os hablo con
[c]revelación, o con [d]conocimiento, o con [e]profecía, o con [f]ense-
ñanza?
7 *Aun* las cosas [1]inanimadas que producen sonidos, como
la flauta o la cítara, si [2]no dan distinción de notas, ¿cómo se
sabrá lo que se toca con la flauta o con la cítara?
8 Y si la [a]trompeta da sonido incierto, ¿quién se preparará para la [b]batalla?
9 Así también vosotros, si mediante la lengua no dais
palabra bien comprensible, ¿cómo se entenderá lo que se
habla? Porque hablaréis al [a]aire.
10 Tantas clases de [1]idiomas hay, seguramente, en el
mundo, y ninguno de ellos carece de [2]significado.
11 Si, pues, yo ignoro el [1]significado de las palabras, seré
como [2]bárbaro para el que habla, y el que habla será como
[2a]bárbaro para mí.

3[a] 1 Co. 14:26; 8:1; 10:23
4[a] 1 Co. 14:12; 3:10
4[b] 1 Co. 1:2; 10:32
5[a] 1 Co. 14:1
5[b] 1 Co. 14:19; 12:31
5[c] 1 Co. 14:13, 26-28
6[a] 1 Co. 14:19
6[b] 1 Co. 12:7
6[c] 1 Co. 14:26; Ef. 1:17; 3:3, 5
6[d] 1 Co. 1:5; 12:8; Ro. 15:14
6[e] 1 Co. 12:10; Hch. 2:17-18; 21:9
6[f] 1 Co. 14:26; Hch. 2:42
8[a] Nm. 10:9; cfr. Is. 58:1; Jer. 4:19; Ez. 33:3-6; Jl. 2:1
8[b] 1 Ti. 1:18; 6:12; 2 Ti. 4:7
9[a] 1 Co. 9:26

3[1] Puesto que profetizar, es decir, proclamar al Señor, ministra a Cristo a la gente, entonces edifica a los demás y les da ánimo y consolación.

4[1] El profetizar, es decir, el proclamar al Señor, edifica no sólo a los santos individuales sino también a la iglesia.

7[1] Lit., que no tienen alma.

7[2] Los ejemplos que el apóstol pone en los vs. 7-11 indican que los creyentes corintios abusaron del hablar en lenguas por hacerlo de una manera insensata, produciendo sonidos que no tenían distinción de tono (v. 7) y emitiendo sonidos inciertos (v. 8). También lo usaron demasiado, practicándolo en cualquier lugar, de cualquier manera y en cualquier situación. Entonces, el apóstol los corrigió y los restringió en cuanto al uso y abuso de este don tan pequeño que era el menos provechoso, a fin de que buscaran los dones más importantes y que procuraran ser excelentes para la edificación de los santos y de la iglesia.

10[1] Lit., voces. En el griego es la misma palabra que se traduce *sonido* en los vs. 7-8. Aquí denota voces, es decir, idiomas (así también en el v. 11).

10[2] Lit., voz.

11[1] Lit., efecto. La misma palabra griega que se traduce *poder.*

11[2] La palabra griega significa *un extranjero,* es decir, alguien que no es griego, que no habla griego. "Se supone

11[a] Ro. 1:14; Col. 3:11; Hch. 28:2, 4

12 Así también vosotros: puesto que estáis ávidos de [1a]es-
píritus, procurad [2]sobresalir en la [3b]edificación de la iglesia.
13 Por lo cual, el que habla en lengua *desconocida,* pida
en oración poder [a]interpretarla.
14 Porque si yo oro en lengua *desconocida,* mi [1a]espíritu
ora, pero mi [1b]mente queda sin fruto.

12a 1 Co. 14:1
12b 1 Co. 14:4, 5
13a 1 Co. 14:5, 26-28
14a 1 Co. 14:2; 16:18; Ro. 1:9
14b 1 Co. 1:10; 2:16; Ef. 4:23; Ro. 12:2; 14:5; Ap. 17:9

---

que originalmente era una palabra que describía a aquellos cuyo acento era rudo o duro … más tarde la palabra adquirió el sentido de estrafalario o tosco" (Vincent).

12[1] Aquí el apóstol dice: "Así también vosotros: puesto que estáis ávidos de espíritus". Esto muestra que en aquellos días en su búsqueda espiritual, los creyentes corintios, quienes eran gentiles por nacimiento, confundieron, debido a su cultura, el único Espíritu Santo con los varios espíritus malignos; tampoco entendían claramente la singularidad del Espíritu Santo y no se aferraban a ella. Esto es comprobado por las palabras que se encuentran en 12:4: "pero el Espíritu es el mismo". Lo dicho por el apóstol en el v. 12 no aprobaba la confusa búsqueda de ellos; al contrario, basándose en el hecho de que estaban confundidos, los exhortaba a que procuraran superar la situación y así sobresalir.

12[2] La palabra griega denota *llenarse, abundar, desbordar;* también denota *sobresalir.* Véase la nota 8[1] del cap. 8. Conforme al contexto de este versículo, aquí la palabra no denota *abundar, aumentar,* sino *sobresalir y ser extraordinario.* Las palabras *puesto que estáis ávidos de espíritus,* las cuales se encuentran en la primera parte de este versículo, indican que los creyentes corintios, en su búsqueda de los dones espirituales, ya estaban confundiendo el Espíritu Santo con los espíritus malignos. El apóstol consideró muy degradante tal clase de afán confuso hasta tal punto que los creyentes corintios pudieran haber sido considerados bárbaros. Por lo tanto, el apóstol los exhortó a que no siguieran, para su propio disfrute y exhibición, cosas espirituales indiscernibles y entremezcladas, sino que procuraran sobresalir, es decir, que superaran tal búsqueda inferior, con el propósito de edificar a la iglesia.

12[3] La única preocupación del apóstol era edificar a la iglesia. Estaba plenamente consciente de la iglesia y centrado en ella, caso completamente contrario al de los corintios, quienes se centraban en sí mismos. El problema que tenían con respecto a los dones espirituales se debía a sus afanes egoístas, es decir, a que no tenían interés en edificar a la iglesia. Al tratar los primeros seis problemas, los cuales pertenecían a la esfera de la vida humana, el apóstol recalcó a Cristo como la porción única, que Dios nos dio; al tratar los últimos cinco problemas, que pertenecían a la esfera de la administración divina, dio énfasis a la iglesia como la única meta de Dios para nosotros. Los corintios no sólo carecían de Cristo, sino que estaban en ignorancia en cuanto a la iglesia. El ministerio completador del apóstol (Col. 1:25) está compuesto de Cristo como misterio de Dios (Col. 2:2), y de la iglesia como misterio de Cristo (Ef. 3:4). No obstante, los corintios pasaron por alto ambos, a pesar de que estaban bajo el ministerio del apóstol. Estaban en sí mismos en una condición lamentable, ciegos e ignorantes.

14[1] Usar y ejercitar nuestro espíritu en oración ciertamente es saludable para nuestra vida espiritual, pero tener una mente infructífera y ociosa es bastante perjudicial. Al orar al Señor, debemos ejercitar nuestro espíritu regenerado y nuestra mente renovada. Nuestra mente debe estar puesta en nuestro espíritu (Ro. 8:6) y nunca debe estar separada de él, incluso durante nuestro andar diario, y sobra decir, durante nuestra oración. Si queremos que

15[a] Jn. 4:23-24
15[b] Ef. 5:19; Col. 3:16
15[c] Sal. 47:7; Jac. 5:13
16[a] 1 Co. 10:16
16[b] 1 Cr. 16:36; Neh. 5:13; 8:6; Sal. 106:48; Jer. 28:6; 2 Co. 1:20; Ap. 5:14; 7:12; 19:4; Dt. 27:15-26
16[c] 1 Co. 11:24
17[a] 1 Co. 14:3-5
19[a] cfr. 1 Co. 14:5, 12; 12:31

15 ¿Qué, pues? Oraré con el [a]espíritu, pero oraré [1]también [2]con la mente; [b]cantaré con el espíritu, pero [c]cantaré [1]también [2]con la mente.

16 De otro modo, si [a]bendices *sólo* con el espíritu, el que ocupa lugar de [1]indocto, ya que no sabe lo que has dicho, ¿cómo dirá el [2b]Amén a tu acción de [c]gracias?

17 Porque tú bien das gracias; pero el otro no es [1a]edificado.

18 Doy gracias a Dios que hablo en lenguas más que todos vosotros;

19 pero en la iglesia prefiero [a]hablar [1]cinco palabras [2]con mi mente, para instruir también a otros, que [1]diez mil palabras en lengua *desconocida.*

---

nuestra oración toque a Dios, nos alimente y nos fortalezca a nosotros mismos y edifique a otros, ésta debe provenir de un espíritu que esté en contacto con Dios, debe pasar por una mente sobria y entendida, y debe constar de palabras claras y comprensibles.

15[1] Esto implica que el apóstol animó a aquellos que recibieron su carta a que no sólo oraran en una lengua desconocida, sino también en palabras claras y comprensibles.

15[2] Esto no significa orar exclusivamente con la mente sin usar el espíritu. En Ef. 6:18 el apóstol nos mandó que oráramos en todo tiempo en el espíritu. La oración es adoración, y debe hacerse en el espíritu (Jn. 4:24). Cuando oramos con el espíritu, no en una lengua desconocida, sino con palabras comprensibles, nuestra mente automáticamente es empleada para interpretar y expresar el pensamiento del espíritu. Lo que el apóstol quería decir aquí es que en la reunión de la iglesia, para provecho de todos los que estén presentes, debemos orar con nuestra mente usando palabras inteligibles (v. 19) para expresar la carga de nuestro espíritu. En una reunión de la iglesia nuestra oración no sólo debe ser oída por el Señor para obtener Su respuesta, sino que también la deben entender todos los que asisten a la reunión, para el provecho de ellos. Con este propósito, debemos aprender a usar nuestra mente al orar públicamente, así como usamos nuestro espíritu, adiestrando nuestra mente a cooperar con nuestro espíritu, incluso a ser uno con nuestro espíritu, a fin de que el espíritu sea el espíritu de nuestra mente (Ef. 4:23).

16[1] Lit., laico; es decir, una persona que es introducida en cierto asunto sin ninguna enseñanza ni instrucción acerca de tal asunto (así también en los vs. 23-24).

16[2] Esto revela que en las reuniones de la iglesia que se celebraban en los tiempos del apóstol, cuando uno oraba, todos los demás decían Amén, incluso "el Amén" con énfasis.

17[1] Indica que no sólo nuestra profecía y enseñanza en las reuniones de la iglesia, sino también nuestras oraciones y nuestra acción de gracias al Señor, deben edificar a otros. Esto muestra hasta qué punto el apóstol se preocupaba por la edificación de la iglesia y de los santos. Su palabra en este versículo no sólo es una corrección, sino también un encargo.

19[1] Esto muestra cuánto se necesita el hablar con palabras comprensibles en la reunión de la iglesia para la edificación de la misma, y que no se necesita en absoluto el hablar en lenguas.

19[2] Véase la nota 15[2].

2. Convence más a las personas
vs. 20-25

20 Hermanos, no seáis [1a]niños en el [2]modo de pensar, sino
sed [b]niños en la [c]malicia, pero [3d]maduros en el [2]modo de
pensar.
21 En la [1a]ley está escrito: "[2b]Por medio de hombres de
otras lenguas y con los labios de otros hablaré a este pueblo;
y ni aun así me oirán, dice el Señor".
22 Así que, las lenguas son por [1]señal, no a los creyentes,
sino a los incrédulos; pero la profecía, no a los incrédulos,
sino a los creyentes.
23 Si, pues, toda la iglesia se [a]reúne en un solo lugar, y
[1]todos hablan en lenguas, y entran indoctos *en cuanto a las
lenguas* o incrédulos, ¿no dirán que estáis [2b]locos?

20[a] 1 Co. 13:11; Ef. 4:14; He. 5:12-13
20[b] Sal. 131:2; Mt. 11:25; 18:3; 1 P. 2:2
20[c] Ro. 16:19
20[d] Ef. 4:13; He. 5:14; Col. 1:28
21[a] 1 Co. 14:34; Jn. 10:34; 12:34; 15:25
21[b] Is. 28:11-12
23[a] 1 Co. 11:17, 18, 20
23[b] Jer. 29:26; Mr. 3:21; Hch. 26:24; Jn. 10:20; Hch. 12:15

20[1] Los creyentes corintios no sólo eran niños en cuanto a la vida (3:1), sino también en el entendimiento. Necesitaban crecer tanto en vida como en entendimiento. Todos los esfuerzos del apóstol al tratar sus problemas tenían este propósito: que maduraran en todo aspecto.

20[2] O, razonamiento, mentalidad. En el griego la palabra es diferente de la palabra traducida *mente* en los vs. 15 y 19, la cual "pone énfasis en la diferencia con el éxtasis" (Vincent). Esto tiene que ver con el entendimiento y la mentalidad de los creyentes de Corinto acerca del hablar en lenguas. Ellos estaban extasiados en esta práctica y, por ende, seguían siendo infantiles en su entendimiento al respecto, no usando su mente apropiadamente como corresponde a creyentes maduros. El apóstol les aconsejó que crecieran y que, con respecto a hablar en lenguas, llegaran a la madurez en su entendimiento, esto es, en el uso adecuado de su mente, como él lo había hecho (v. 19).

20[3] Los creyentes infantiles de Corinto necesitaban madurar en su entendimiento para poder conocer las cosas mencionadas en los vs. 21-25.

21[1] Se refiere al Antiguo Testamento. Véase la nota 34[3].

21[2] Esta palabra, que proviene de Is. 28:9-13, indica que el hablar en lenguas extrañas se dio como castigo a los hijos de Israel porque no creyeron la palabra comprensible de Dios. Por lo tanto, el hecho de que el apóstol citara este pasaje implica que los corintios no habían recibido adecuadamente la revelación comprensible que Dios les había dado por medio de los apóstoles.

22[1] La expresión *así que* al principio de este versículo indica que, según la cita de Is. 28 en el v. 21, las lenguas son una señal negativa a los incrédulos, lo cual indica la miserable condición de incredulidad en que estaban. Implica que dondequiera que se hable lengua extraña, allí hay incredulidad. La intención del apóstol aquí era restringir a los corintios en su práctica excesiva de hablar en lenguas. Pero la profecía es una señal positiva a los creyentes, lo cual indica que están en la condición correcta de creer. Esto es *un estímulo para la práctica de profetizar.*

23[1] Si toda la iglesia se reúne y todos hablan en lenguas, un observador podría considerar que todos los asistentes están locos. Por lo tanto, fomentar que todos los santos hablen en lenguas en la reunión de la iglesia no es correcto; es contrario a la palabra del apóstol Pablo.

23[2] O, locos de remate. Esto es una firme exhortación en contra del uso excesivo de las lenguas.

24[a] 1 Co. 14:31
25[a] He. 4:12
25[b] Lc. 17:16
25[c] Is. 45:14; Zac. 8:23

24 Pero si [1a]todos profetizan, y entra algún incrédulo o
indocto, por todos es [2]convencido, por todos es [2]examinado;
25 los secretos de su [a]corazón se hacen manifiestos; y así,
[b]postrándose sobre el rostro, adorará a [1]Dios, declarando
que verdaderamente [1]Dios está [c]entre vosotros.

G. La función de los miembros en la iglesia 14:26-40

1. En cuanto a cada uno v. 26

26[a] 1 Co. 14:23
26[b] Ef. 5:19; Col. 3:16; Jac. 5:13
26[c] 1 Co. 14:6
26[d] 1 Co. 14:6
26[e] 1 Co. 12:10
26[f] 1 Co. 12:10; 14:5, 13, 27
26[g] 1 Co. 8:1; 10:23; 2 Co. 12:19; 13:10; Ef. 4:29

26 ¿Qué hay, pues, hermanos? Cuando os [a]reunís, cada
uno *de vosotros* [1]tiene [b]salmo, tiene [c]enseñanza, tiene
[d]revelación, tiene [e]lengua, tiene [f]interpretación. Hágase todo
para [2g]edificación.

24[1] Esto implica que todos los asistentes no sólo tienen el deber de profetizar sino también la capacidad. Si todos profetizan en la reunión de la iglesia, la gente será convencida de su pecado. Profetizar de esta manera no tiene como fin primordial predecir, sino hablar por el Señor y proclamarlo.

24[2] Esto no resultaría de una profecía que es una predicción, sino de una profecía que es hablar por el Señor y proclamarlo. Esta última clase de profecía requiere cierta medida de crecimiento en vida. Esta palabra también sirve para animar a los creyentes a que profeticen.

25[1] Esto implica que profetizar, es decir, hablar por Dios y proclamarlo, siendo Dios el mismo contenido, ministra a Dios a los oyentes y los trae a El. Esto también indica que la reunión de la iglesia debe estar llena de Dios, y que todas sus actividades deben trasmitirlo a las personas para que ellas reciban la infusión de Dios.

26[1] La palabra *tiene,* la cual aparece cinco veces en este versículo, es una palabra griega extensamente usada, una palabra que tiene muchos significados. Sus tres significados principales son los siguientes: (1) *retener, poseer, guardar (cierta cosa);* (2) *tener (cierta cosa) para disfrutarla;* (3) *tener los medios o el poder para hacer cierta cosa.* Los primeros dos significados deben aplicarse a los primeros tres puntos enumerados en este versículo, y el tercer significado, a los dos últimos: lengua e interpretación. Esto indica que cuando venimos a la reunión de la iglesia, debemos tener algo del Señor que podamos compartir con los demás, ya sea un salmo para alabar al Señor; una enseñanza (de parte de un maestro) con la cual ministrar las riquezas de Cristo para edificar y nutrir a otros; una revelación (de parte de un profeta, v. 30) para dar visiones del propósito eterno de Dios con respecto a Cristo como misterio de Dios y a la iglesia como misterio de Cristo; una lengua por señal a los incrédulos (v. 22) a fin de que conozcan y acepten a Cristo; o una interpretación que pueda hacer que algo hablado en lenguas acerca de Cristo y Su Cuerpo sea comprensible. Antes de llegar a la reunión, debemos prepararnos para la reunión con dichas cosas, que provienen del Señor y que pertenecen al Señor, ya sea por medio de nuestra experiencia de El o de nuestro disfrute de Su palabra y de nuestra comunión con El en oración. Después de llegar a la reunión, no necesitamos ni debemos esperar recibir inspiración; debemos funcionar ejercitando nuestro espíritu y empleando nuestra mente sobria para presentar al Señor lo que hemos preparado para Su gloria y satisfacción y también a los asistentes para su beneficio, o sea, para

2. En cuanto a hablar en lenguas
vs. 27-28

27 Si habla alguno en lengua *desconocida, sea esto* por
[a]dos, o a lo más tres, y por turno; y uno interprete.
28 Y si no hay intérprete, calle [a]en la [1]iglesia, y hable para
sí mismo y para Dios.

3. En cuanto a profetizar
vs. 29-33a

29 En cuanto a los profetas, que hablen [a]dos o tres, y los
demás [1b]disciernan.
30 Pero si *algo* le es revelado a otro que está sentado, calle
el primero.
31 Porque [1]podéis profetizar [a]todos uno por uno, para que
todos aprendan y todos sean [2]alentados.

27[a] 1 Co. 14:29; cfr. Mt. 18:16
28[a] 1 Co. 14:34-35
29[a] 1 Co. 14:27
29[b] 1 Co. 12:10; cfr. Job 12:11; 1 Jn. 4:1
31[a] 1 Co. 14:24

que sean iluminados, nutridos y edificados.

Esto es semejante a la fiesta de los Tabernáculos que se celebraba en los tiempos antiguos: los hijos de Israel traían a la fiesta el producto de la buena tierra, el cual habían cosechado de su labor en la tierra, y lo ofrecían al Señor para que El lo disfrutara y para participar ellos mutuamente en la comunión con el Señor y unos con otros. Nosotros debemos labrar a Cristo, nuestra buena tierra, para poder cosechar algún producto de Sus riquezas a fin de traerlo a la reunión de la iglesia y ofrecerlo. De esta manera la reunión será una exhibición de Cristo en Sus riquezas y será un disfrute mutuo de Cristo, el cual todos los que asisten compartirán delante de Dios y juntamente con Dios, para la edificación de los santos y de la iglesia.

Conforme a lo que se recalca en esta epístola, los cinco puntos enumerados en este versículo deben enfocarse en Cristo como el centro de Dios, dado a nosotros como nuestra porción, y en la iglesia como la meta de Dios, la cual es nuestro objetivo. El salmo debe ser la alabanza a Dios por habernos dado a Cristo como nuestra sabiduría y poder para nuestra vida diaria y nuestra vida de la iglesia. La enseñanza de parte de un maestro y la revelación de parte de un profeta deben enseñar y ministrar a Cristo y la iglesia, la cual es el Cuerpo de Cristo. De igual manera, una lengua y su interpretación deben tener como su centro y contenido a Cristo y la iglesia. Cualquier énfasis en cosas que no sean Cristo y la iglesia traerá confusión a la iglesia y la desviará de la línea central de la economía neotestamentaria de Dios, haciendo de ella una iglesia como la de Corinto.

26[2] Todo lo que hagamos en la reunión de la iglesia debe tener como fin la edificación de los santos y de la iglesia. Exhibir a Cristo y disfrutarle en las reuniones para la edificación de Su Cuerpo, debe ser nuestro único propósito y meta.

28[1] Esto indica que la reunión de la iglesia es la iglesia misma.

29[1] O, juzguen. Lit., discriminen. Esto es juzgar o discernir si lo que se profetiza es de Dios o no, discriminando lo correcto de lo incorrecto, lo cual indica que es posible que alguna profecía no sea de Dios.

31[1] Dios desea que cada uno de los creyentes profetice, es decir, que hable por El y que lo proclame (v. 1b; cfr. Nm. 11:29).

31[2] O, consolados.

32 Y los [1a]espíritus de los profetas están [b]sujetos a los
profetas;
33 pues Dios no es *Dios* de [a]confusión, sino de [1]paz.

4. En cuanto a las mujeres
vs. 33b-38

[2]Como en [b]todas las [3]iglesias de los [c]santos,
34 las [a]mujeres callen [1b]en las iglesias; porque no les es
permitido [2]hablar, sino que estén [c]sujetas, como también la
[3d]ley lo dice.
35 Y si quieren aprender algo, pregunten en casa a sus
maridos; porque es vergonzoso que una mujer hable en la
iglesia.
36 ¿Acaso ha salido de vosotros la palabra de Dios, o [1]sólo
a vosotros ha llegado?

32[a] Ap. 22:6
32[b] cfr. Pr. 16:32
33[a] cfr. 1 Co. 14:40
33[b] 1 Co. 4:17; 7:17; 11:16
33[c] 1 Co. 1:2
34[a] 1 Ti. 2:11-12; cfr. 1 Co. 11:5
34[b] 1 Co. 14:28; 11:18
34[c] Ef. 5:22; Col. 3:18; Tit. 2:5; 1 P. 3:1
34[d] 1 Co. 14:21

32[1] Esto significa que los profetas no están bajo el control de su espíritu, sino que su espíritu está bajo la dirección de ellos. Por eso, pueden decidir cuándo profetizar y cuándo dejar de profetizar, a fin de mantener un buen orden en la reunión de la iglesia. El espíritu de ellos no es su amo, sino que es el medio que usan para funcionar. Deben aprender a ejercitar su espíritu y emplearlo a discreción.

33[1] El principio de los mandatos de los vs. 26-32, mayormente con respecto al hablar en lenguas y al profetizar, es que se debe mantener un decoroso orden de paz, conforme a lo que Dios mismo es.

33[2] Esto indica que todas las iglesias locales deben ser iguales en cuanto a la práctica.

33[3] En 1:2 y 10:32 se usa la expresión *la iglesia de Dios*. Pero aquí leemos *las iglesias de los santos*. *La iglesia de Dios* hace referencia al elemento que constituye la iglesia: la iglesia se constituye del elemento de Dios. *Las iglesias de los santos* alude a los componentes de las iglesias: las iglesias se componen de los santos.

34[1] Significa en las reuniones de las iglesias. Véase la nota 28[1]. Así también en el v. 35.

34[2] Conforme a 11:5, las mujeres pueden profetizar (por supuesto, en público) teniendo su cabeza cubierta, y Hch. 2:17-18 y 21:9 confirman que las mujeres sí profetizaban. Pero 1 Ti. 2:12 dice que no se permite que las mujeres enseñen, es decir, que enseñen como autoridades (allí la enseñanza está relacionada con el ejercicio de la autoridad), como para definir la doctrina. Por tanto, conforme al principio neotestamentario, no permitir que las mujeres hablen en las reuniones de la iglesia, significa no permitir que enseñen con autoridad con respecto a definir doctrinas. En este sentido, deben callar en las reuniones de la iglesia. No se les permite hablar, porque deben estar sujetas a los hombres. Esto está relacionado con el asunto de la autoridad ordenada por Dios en Su gobierno. En la ordenación gubernamental de Dios, no se permite que las mujeres hablen ejerciendo autoridad sobre los hombres. Pueden orar y profetizar, que es (principalmente) hablar por el Señor y proclamar al Señor. Sin embargo, deben hacerlo bajo el resguardo de los hermanos, porque aquí se les encarga que estén sujetas.

34[3] Se refiere a los libros de Moisés (Mt. 5:17; 7:12; 11:13). En los escritos de Moisés, Gn. 3:16 manda que la mujer esté sujeta al varón. Esto fue lo que Dios dispuso.

36[1] Esto también indica que en la práctica una iglesia local debe seguir a las otras iglesias. Todas las iglesias

37 Si alguno se cree [1a]profeta, o [b]espiritual, sepa claramente que lo que os escribo son [2c]mandamientos del Señor.
38 Mas el que no quiera [a]reconocerlo, que no lo reconozca.

5. Conclusión
vs. 39-40

39 Así que, hermanos míos, [1a]anhelad el [b]profetizar, y [1]no impidáis el hablar en lenguas;
40 pero hágase todo [1]decentemente y con [1a]orden.

CAPITULO 15

XI. Lo tocante a la resurrección
15:1-58

A. La resurrección de Cristo
vs. 1-11

1. Predicada
vs. 1-4

1 Además os declaro, hermanos, el [1a]evangelio que os he anunciado, el cual también recibisteis, en el cual también [2b]estáis firmes;

37[a] 1 Co. 12:28-29
37[b] 1 Co. 2:15; 3:1
37[c] 1 Co. 7:10, 25
38[a] 1 Co. 10:1; 12:1
39[a] 1 Co. 12:31
39[b] 1 Co. 13:2; 14:1, 3-6
40[a] Col. 2:5; cfr. 1 Co. 14:33
1[a] Gá. 1:11; 2 Ti. 2:8; Ro. 1:1; 2:16; 16:25
1[b] Fil. 1:27; 2 Co. 1:24; Ro. 5:2; 1 P. 5:12

---

locales deben someterse al orden universal del Espíritu, conforme a la palabra de los apóstoles, de quienes procede la palabra de Dios.

37[1] Esto también indica que ser profeta o ser una persona espiritual es de alta estima en la iglesia, para el cumplimiento de la economía neotestamentaria de Dios. En la administración de Dios en la iglesia, un profeta viene después de un apóstol (12:28). El es uno que habla por Dios y que proclama a Dios, y que ha recibido revelación de los misterios con respecto a Cristo y la iglesia (Ef. 3:5), revelación que es el fundamento para la edificación de la iglesia (Ef. 2:20). Una persona espiritual es alguien que vive conforme a su espíritu, el cual está mezclado con el Espíritu de Dios, y que puede discernir todas las cosas espirituales (3:1 y las notas; 2:15 y la nota). Tales personas, dotadas de conocimiento espiritual, deben saber claramente que las enseñanzas del apóstol Pablo son el mandamiento del Señor, y lo que ellos hablan debe corresponder con las enseñanzas del apóstol. El espíritu de Pablo fue fuerte y su palabra fue franca al corregir a los corintios desordenados. Les mandó que supieran claramente que las enseñanzas de él eran mandamiento del Señor y que tenían la autoridad auténtica de El.

37[2] Puesto que las enseñanzas del apóstol son conforme a la ordenación de Dios (v. 34), son el mandamiento del Señor.

39[1] En realidad, todo este capítulo trata del profetizar y del hablar en lenguas. Puesto que la profecía es el don más provechoso para edificar a los santos y también a la iglesia con el rico ministerio de Cristo, era tenido en alta estimación y fue promovido por el apóstol. Ya que hablar en lenguas no proporciona ningún provecho para la edificación, el apóstol era fiel al exponerlo como algo de menos valor. Tanto la estimación del apóstol como su manera de exponer estaban en conformidad con su interés por el cumplimiento del propósito de Dios

2 por el cual asimismo, si [a]retenéis la palabra que os he
anunciado como evangelio, [1]sois [b]salvos, si no creísteis [c]en
vano.
3 Porque primeramente os he trasmitido lo que asimismo [a]recibí: Que [1]Cristo [b]murió por nuestros [c]pecados,
conforme a las [2d]Escrituras;
4 y que fue [a]sepultado, y que [b]resucitó al [c]tercer día,
conforme a las [d]Escrituras;

2. Presenciada
vs. 5-11

5 y que [1]apareció a [a]Cefas, y después a los [b]doce.
6 Después apareció a más de quinientos hermanos a la
vez, de los cuales la mayoría vive aún, y otros ya duermen.
7 Después apareció a Jacobo; después a todos los apóstoles;

2[a] He. 3:6, 14
2[b] 1 Co. 1:18; Ro. 1:16
2[c] 1 Co. 15:14; Gá. 3:4
3[a] Gá. 1:12; 1 Co. 11:23
3[b] Ro. 5:8; 2 Co. 5:14-15
3[c] 1 P. 2:24; Gá. 1:4; He. 9:28
3[d] Lc. 24:27; Is. 53:5-6, 8, 10-12; Dn. 9:26; Zac. 13:7
4[a] Mt. 27:57-60; Mr. 15:43-46; Lc. 23:50-55; Jn. 19:38-41
4[b] Mt. 28:6-7; Mr. 16:6, 9; Lc. 24:6-7; Jn. 20:9

en cuanto a edificar la iglesia con las riquezas de Cristo. Al final de este capítulo, seguía exhortándonos a que anheláramos profetizar con miras al edificio de Dios. No obstante, para guardar la inclusividad y unidad de la iglesia, también nos exhortó a que no prohibiéramos el hablar en lenguas.

40[1] La preocupación del apóstol con respecto a la iglesia era que Cristo como centro de Dios, y la iglesia como meta de Dios, fueran llevados adelante hasta la culminación, y que todo se hiciera decentemente y con buen orden delante de los hombres y de los ángeles (4:9; 11:10). Nuestra vida natural no sirve para cumplir un propósito tan alto. Para tener la adecuada vida de iglesia es necesario que experimentemos al Cristo crucificado (1:23; 2:2) para dar fin a nuestro yo, y que también experimentemos a Cristo en resurrección como nuestra santificación y redención diarias (1:30).

1[1] El evangelio completo, que incluye las enseñanzas acerca de Cristo y la iglesia, *como se revela plenamente* en el libro de Romanos (Ro. 1:1; 16:25).

1[2] Debemos estar firmes en el evangelio completo, es decir, en todo el Nuevo Testamento, y no sólo en ciertas enseñanzas o doctrinas.

2[1] O, estáis en el camino de la salvación (Conybeare). Ya justificados en Cristo y regenerados por el Espíritu, estamos en el proceso de ser salvos en la vida de Cristo (Ro. 5:10). Estaremos en este proceso hasta que seamos completamente maduros y conformados a Él (Ro. 8:29).

3[1] La muerte de Cristo por nuestros pecados, Su sepultura para que seamos terminados, y Su resurrección para que la vida germine en nosotros, las cuales se llevaron a cabo conforme a las profecías del Antiguo Testamento (Is. 53:5-8, 10-12; Sal. 22:14-18; Dn. 9:26; Is. 53:9; Sal. 16:9-10; Os. 6:2), son los elementos básicos entre los puntos iniciales del evangelio. El último de estos elementos es el más vital, porque es el aspecto positivo del evangelio por cuanto nos imparte vida para que obtengamos vida y vivamos a Cristo.

3[2] El Antiguo Testamento, esto es, la ley y los profetas.

5[1] O, fue visto por Cefas. Los primeros apóstoles y discípulos fueron

4[c] Os. 6:2; Mt. 12:40; 16:21; Lc. 24:21; Jn. 2:19; Hch. 10:40
4[d] Sal. 16:10; Lc. 24:44, 46; Jn. 2:22; Hch. 2:25, 32; 13:33-35; 26:22-23
5[a] Lc. 24:34 5[b] Mt. 28:11-17; Mr. 16:14; Lc. 24:36; Jn. 20:19, 26; Hch. 1:3; 10:41

8 y al último de todos, como a un abortivo, me apareció
a [a]mí.
9 Porque yo soy el [a]más pequeño de los apóstoles, que no
soy digno de ser llamado apóstol, porque [b]perseguí a la
[c]iglesia de Dios.
10 Pero por la [1a]gracia de Dios soy lo que soy; y Su [b]gracia
para conmigo no ha sido [c]en vano, antes he [d]trabajado mucho
más que todos ellos; pero [2]no yo, sino la gracia de Dios
conmigo.
11 Por tanto, sea yo o sean ellos, así predicamos, y así
habéis creído.

B. La refutación de "no hay resurrección"
vs. 12-19

12 Pero si se proclama a Cristo que [a]resucitó de los muertos,
¿cómo dicen algunos entre vosotros que [1]no hay resurrección
de muertos?

---

testigos oculares de la resurrección de Cristo (Hch. 1:22), y su predicación recalcaba su testimonio acerca de esto (Hch. 2:32; 4:33). Dieron testimonio del Cristo resucitado no sólo con su enseñanza sino también con su vida. Ellos vivían con El porque El vivía en ellos en resurrección (Jn. 14:19).

10[1] La gracia, mencionada tres veces en este versículo, es el Cristo resucitado, que se hizo el Espíritu vivificante (v. 45) para, en resurrección, introducir en nosotros al Dios Triuno procesado, para que sea nuestra vida y suministro de vida a fin de que nosotros vivamos en resurrección. Así que, la gracia es el Dios Triuno que llega a ser nuestra vida y nuestro todo. (Véanse las notas 17[1] de Jn. 1 y 21[1] de Gá. 2.) Es por medio de esta gracia que Saulo de Tarso, el primero de los pecadores (1 Ti. 1:15-16), llegó a ser el apóstol principal, que trabajaba mucho más que todos los apóstoles. Su ministerio y su vida, llevados a cabo por medio de esta gracia, son un testimonio innegable de la resurrección de Cristo.

10[2] La frase *no yo, sino la gracia de Dios* es el equivalente de la frase *ya no vivo yo, mas vive Cristo* de Gá. 2:20. La gracia que motivó al apóstol y operó en él no era algún asunto o cosa, sino una persona viviente, o sea, el Cristo resucitado, la corporificación de Dios el Padre, quien se hizo el Espíritu vivificante y todo-inclusivo que moraba en el apóstol como su todo.

12[1] En este capítulo el apóstol confrontó la herejía de los corintios que afirmaba que no había resurrección de muertos. Los corintios eran como los saduceos (Mt. 22:23; Hch. 23:8). Este era el décimo problema que existía entre ellos. Es el más dañino y destructivo para la economía neotestamentaria de Dios, peor aún que la herejía propagada por Himeneo y Fileto con respecto a la resurrección (2 Ti. 2:17-18). La resurrección es el pulso vital y el sustento de la economía divina. Si no hubiera resurrección, Dios sería Dios de muertos, y no de vivos (Mt. 22:32). Si no hubiera resurrección, Cristo no habría resucitado de entre los muertos. Sería un Salvador muerto, y no un Salvador viviente que vive para siempre (Ap. 1:18) y que nos puede salvar hasta lo sumo (He. 7:25). Si no hubiera resurrección, no habría prueba viva de que fuimos justificados por Su muerte (Ro. 4:25 y la nota), ni se nos impartiría la vida (Jn. 12:24),

8[a] Hch. 9:3-8, 17; 22:6-11; 26:12-18
9[a] Ef. 3:8; cfr. 2 Co. 12:11
9[b] Hch. 8:1-3; Gá. 1:13; Fil. 3:6; 1 Ti. 1:13
9[c] 1 Co. 10:32
10[a] Ro. 12:3; 1 Co. 3:10
10[b] 2 Co. 12:9
10[c] 2 Co. 6:1
10[d] 2 Co. 11:23; Col. 1:29; 1 Co. 15:58
12[a] 1 Co. 15:4

13 Si no hay resurrección de muertos, tampoco Cristo resucitó.

14 Y si Cristo no resucitó, [1a]vana es entonces nuestra proclamación, [1b]vana es también vuestra fe.

15 Además, somos hallados falsos testigos de Dios; porque hemos testificado de Dios que El [a]resucitó a Cristo, al cual no resucitó, si en verdad los muertos no resucitan.

16 Porque si los muertos no resucitan, tampoco Cristo resucitó;

17 y si Cristo no resucitó, [1]nula es vuestra fe; [2]aún estáis en vuestros [a]pecados.

18 Entonces también los que [1a]durmieron en Cristo [2]perecieron.

19 Si [1]solamente en esta vida [a]esperamos en Cristo, somos los más dignos de conmiseración de todos los hombres.

C. La historia de la resurrección
vs. 20-28

20 [1]Mas ahora Cristo ha [a]resucitado de los muertos; [2b]primicias de los que durmieron *es hecho.*

14[a] 1 Co. 15:58; Gá. 4:11; Fil. 2:16
14[b] 1 Co. 15:2
15[a] Hch. 2:24; 4:10; 13:30, 34
17[a] 1 Co. 15:3
18[a] 1 Ts. 4:15; Ap. 14:13
19[a] Ef. 1:12
20[a] 2 Ti. 2:8; 1 P. 1:3; Ef. 2:6; Ro. 6:4
20[b] 1 Co. 15:23

---

ni habría regeneración (Jn. 3:5), ni renovación (Tit. 3:5), ni transformación (Ro. 12:2; 2 Co. 3:18), ni tampoco conformación a la imagen de Cristo (Ro. 8:29). Si no hubiera resurrección, no habría miembros de Cristo (Ro. 12:5), ni Cuerpo de Cristo como la plenitud de El (Ef. 1:20-23), ni tampoco existiría la iglesia como la novia de Cristo (Jn. 3:29) y por lo tanto, tampoco el nuevo hombre (Ef. 2:15; 4:24; Col. 3:10-11). Si no hubiera resurrección, la economía neotestamentaria de Dios se derrumbaría por completo y el propósito eterno de Dios sería anulado.

14[1] Es decir, vacía, inválida. Sin el Cristo vivo en resurrección, tanto la proclamación como nuestra fe en el evangelio estarían vacías, serían inválidas, y carecerían de realidad.

17[1] *Es decir, infructuosa, sin valor.* Si Cristo no hubiera resucitado para vivir en nosotros como nuestra vida y nuestro todo, nuestra fe en El sería infructuosa, no tendría valor y no produciría resultados, tales como la impartición de vida, la liberación del pecado, la victoria sobre Satanás y el crecimiento en vida.

17[2] La muerte de Cristo nos salva de ser condenados por nuestros pecados, mas no del poder del pecado. Es la vida de resurrección de Cristo la que nos libera del poder del pecado (Ro. 8:2). Si Cristo no hubiera resucitado, todavía estaríamos en nuestros pecados y bajo el poder del pecado.

18[1] Es decir, murieron (1 Ts. 4:13-16).

18[2] Es decir, no ser resucitados sino permanecer en la muerte para siempre.

19[1] Si no hubiera resurrección, no tendríamos futuro ni tampoco tendríamos esperanzas para el futuro, tales como Cristo nuestra esperanza de gloria (Col. 1:27), la *heredad* de nuestra *bendición* eterna (Dn. 12:13), el reinar con Cristo en el milenio (Ap. 20:4, 6), y la recompensa de la resurrección de los justos (Lc. 14:14). Todas estas esperanzas están ligadas a nuestra resurrección.

20[1] Los vs. 20-28 son un paréntesis que confirma la verdad de la

21 Porque por cuanto la muerte *entró* por un [1a]hombre,
también por un [2b]hombre la [c]resurrección de los muertos.
22 Porque así como en [a]Adán todos [1]mueren, también en
[b]Cristo todos serán [2c]vivificados.
23 Pero cada uno en su debido orden: las [1a]primicias,
Cristo; luego [2b]los que son de Cristo, en Su [c]venida.
24 Luego el [1]fin, [2]cuando [3]entregue el [a]reino a Su Dios y
Padre, [2]cuando haya destruido todo [b]dominio, toda autoridad y potencia.

---

resurrección presentando a Cristo como primicias de la misma.

20[2] Cristo fue el primero en resucitar de entre los muertos, llegando a ser así las primicias de la resurrección. Esto fue tipificado por las primicias (una gavilla de primicias, que constaba de Cristo y de algunos de los santos muertos del Antiguo Testamento, fue resucitada en la resurrección del Señor, Mt. 27:52-53) en Lv. 23:10-11, las cuales eran ofrecidas a Dios en el día después del sábado, es decir, el día de la resurrección (Mt. 28:1). Cristo como primicias de la resurrección es el Primogénito de entre los muertos para ser la Cabeza del Cuerpo (Col. 1:18; Ef. 1:20-23). Puesto que El, la Cabeza del Cuerpo, ha resucitado, nosotros, el Cuerpo, también seremos resucitados.

21[1] Es decir, Adán, el primer hombre (v. 45).

21[2] Es decir, Cristo, el segundo hombre (v. 47). Adán introdujo la muerte por medio del pecado (Ro. 5:12); Cristo introdujo la vida de resurrección por medio de la justicia (Ro. 5:17-18). La muerte introducida por Adán opera en nosotros desde que nacimos de nuestros padres hasta la muerte de nuestro cuerpo. La vida de resurrección introducida por Cristo opera en nosotros, como es representado por el bautismo (Ro. 6:4), desde nuestra regeneración por el Espíritu de Dios (Jn. 3:5) hasta la transfiguración de nuestro cuerpo (Fil. 3:21).

22[1] En Adán nacimos en muerte y nacimos para morir; estamos muertos en él (Ef. 2:1, 5).

22[2] En Cristo hemos renacido en vida y hemos resucitado para vivir; se nos ha dado vida, o sea, fuimos vivificados, en El (Ef. 2:5-6).

23[1] Véase la nota 20[2]. Cristo, siendo las primicias, tiene el primer lugar en la resurrección de los muertos.

23[2] Los que creen en Cristo, los justos, que serán resucitados para vida en el regreso del Señor antes del milenio (Jn. 5:29; Lc. 14:14; 1 Ts. 4:16; 1 Co. 15:52; Ap. 20:4-6). Serán los segundos en la resurrección de entre los muertos.

24[1] El versículo anterior da a conocer el orden de la resurrección: primero, Cristo; luego los que son de Cristo. Del mismo modo, en este versículo, después de la palabra *luego* se esperaría que se mencione otro grupo de personas. Sin embargo, aquí no nos dice quiénes, sino que dice "el fin", porque los que serán resucitados al final, en su propio orden, no están en Cristo.

Esto se refiere al fin de todas las edades y dispensaciones de la vieja creación. También es el fin del milenio antes del cielo nuevo y la tierra nueva (Ap. 21:1). Durante todos los siglos y todas las dispensaciones, Dios, por una parte, ha estado lidiando con Su enemigo Satanás y con todas las cosas negativas del universo; por otra parte, El ha estado llevando a cabo todo lo necesario para el cumplimiento de Su propósito eterno. La última

21[a] Ro. 5:12, 15, 17
21[b] Ro. 5:18, 21
21[c] Jn. 5:28-29; 11:25
22[a] Ro. 5:14
22[b] Jn. 6:39-40, 54
22[c] Jn. 5:25; Ro. 5:18, 21; Ef. 2:5; Col. 2:13
23[a] 1 Co. 15:20; Hch. 26:23
23[b] Jn. 5:29a; Dn. 12:13; Lc. 14:14; 1 Ts. 4:16; 1 Co. 15:52; Ap. 20:4, 6
23[c] 1 Ts. 2:19; 3:13; 4:15; 5:23; 2 Ts. 2:1

24[a] 1 Co. 15:50; Hch. 1:3; 14:22; 28:23, 31; Ro. 14:17; 1 Co. 6:10; Gá. 5:21; Ef. 5:5; 2 P. 1:11; Ap. 1:9 **24**[b] Ef. 1:21

25[a] 2 Ti. 2:12; Ap. 20:4, 6
25[b] Mt. 22:44
26[a] Ap. 20:14; 21:4; cfr. Os. 13:14; 2 Ti. 1:10
27[a] Sal. 8:6-8; Ef. 1:22
28[a] Fil. 3:21; 1 P. 3:22
28[b] cfr. 1 Co. 3:23; 11:3
28[c] Ef. 1:23

25 Porque preciso es que El [1a]reine hasta que *Dios* haya
[b]puesto a todos Sus enemigos debajo de Sus pies.
26 La [a]muerte, el último enemigo, [1]es abolida.
27 Porque todas las cosas las [1a]sujetó debajo de [2]Sus pies.
Y cuando [1]dice que todas las cosas han sido sujetadas a El,
claramente se exceptúa [1]Aquel que sujetó a [2]El todas las
cosas.
28 Pero luego que todas las cosas [1]le estén [a]sujetas, entonces también el [2]Hijo mismo se sujetará a [3]Aquel que le sujetó
a [1]El todas las cosas, para que [b]Dios sea [4c]todo en todo.

---

de todas las edades y dispensaciones será el milenio, la edad del reino, después de la cual todas las luchas y los logros de Dios habrán sido totalmente completados. Tal completamiento será el fin, la conclusión, de toda la obra de Dios. En este fin, todos los incrédulos muertos, los injustos, serán resucitados para juicio, para perdición eterna (Jn. 5:29; Ap. 20:5, 11-15). Serán los terceros en la resurrección.

24[2] Cuando Cristo destruya la autoridad satánica, someta a todos Sus enemigos (v. 25), destruya la muerte (v. 26) y entregue el reino a Dios el Padre, es decir, cuando todas las cosas negativas hayan sido eliminadas y todo el propósito eterno de Dios haya sido cumplido, la vieja creación será concluida.

24[3] Después de llevar a cabo la redención, Cristo fue al Padre para recibir de El el reino (Lc. 19:12, 15). Antes del milenio Cristo, como el Hijo del Hombre, habrá recibido el reino de parte de Dios, el Anciano de días, para reinar sobre todas las naciones por mil años (Dn. 7:13-14; Ap. 20:4, 6). Al final del milenio, después de derrotar a Satanás, el diablo, y a los ángeles malignos (todo dominio, autoridad y poder), e incluso a la muerte y al Hades, poniendo a todos *Sus enemigos bajo Sus pies* (vs. 25-26) y echándolos a todos, incluyendo la muerte y el Hades, en el lago de fuego (Ap. 20:7-10, 14), Cristo devolverá el reino a Dios el Padre.

25[1] En el milenio, la última edad de la vieja creación.

26[1] Inmediatamente después de la caída del hombre, Dios empezó Su obra de abolir el pecado y la muerte. Esta obra progresó a lo largo de las edades del Antiguo Testamento y del Nuevo, y sigue en curso hoy. Cuando el pecado sea quitado al final de la vieja creación, y cuando su origen, Satanás, sea arrojado al lago de fuego (Ap. 20:7-10), entonces la muerte será abolida. Será arrojada al lago de fuego junto con el Hades, su poder, después del juicio final ante el gran trono blanco (Ap. 20:11-15).

27[1] Esto se refiere a Dios, quien sujetó todas las cosas debajo de los pies de Cristo. Esto es una referencia a Sal. 8:6-8 con respecto a Cristo como el hombre a quien Dios hizo tener dominio sobre todas las cosas. Esto será cumplido cuando todas las cosas mencionadas en los vs. 24-26 hayan ocurrido. La palabra *porque* al principio del versículo indica esto.

27[2] Se refiere a Cristo como el hombre profetizado en Sal. 8:4-8. A El —el hombre resucitado, glorificado y exaltado— Dios ha sujetado todas las cosas (He. 2:7-9; Ef. 1:20-22).

28[1] A Cristo, de acuerdo con el v. 27, a quien Dios ha sujetado todas las cosas.

28[2] Cristo, el Hijo de Dios como cabeza de todos los hombres en Su humanidad, está sujeto a la autoridad de Dios el Padre (11:3). Esto es para el gobierno del reino de Dios. Después de que Dios el Padre haya sujetado todas las cosas bajo los pies de Cristo, quien es el hombre resucitado en gloria (Ef. 1:22; He. 2:7-8), y después de

D. La influencia de la resurrección en la moralidad
vs. 29-34

29 [1]De otro modo, ¿qué harán los que se [2]bautizan por los
muertos? Si realmente los muertos [a]no resucitan, ¿por qué,
pues, se bautizan por ellos?
30 ¿Y por qué nosotros [a]peligramos a toda hora?
31 Os aseguro, hermanos, por la [1a]gloria que de vosotros
tengo [2]en Cristo Jesús Señor nuestro, que cada día [1b]muero.
32 Si [1]como hombre batallé en [a]Efeso contra [2]fieras, ¿qué
me aprovecha? Si los muertos [b]no resucitan, [3c]comamos y
bebamos, porque mañana moriremos.

---

que Cristo como hombre resucitado haya puesto todos los enemigos bajo Sus pies para llevar a cabo dicha sujeción, El como Hijo de Dios, además de entregar el reino a Dios el Padre (v. 24) también se sujetará a Sí mismo en Su divinidad a Dios, quien ha sujetado todas las cosas a El, el Hijo en Su humanidad. Esto indica la sumisión y subordinación absoluta del Hijo para con el Padre, lo cual exalta al Padre, de modo que Dios el Padre sea todo en todo.

28[3] Dios, conforme al v. 27, ha sujetado todas las cosas a Cristo.

28[4] La misma palabra griega traducida *todas las cosas* al comienzo de este versículo.

29[1] Considerando los vs. 20-28 como paréntesis, este versículo debe ser ligado al v. 18, y los vs. 30-32 al v. 19.

29[2] Probablemente no era un asunto oficial practicado generalmente por las iglesias primitivas, sino una actividad personal de algunos creyentes individuales en favor de las personas muertas, por quienes se preocupaban, las cuales tal vez habían creído en el Señor pero no habían sido bautizadas antes de morir. Ellos hacían esto con la esperanza de que tales personas muertas resucitaran al regreso del Señor (1 Ts. 4:16), puesto que en el bautismo se representa claramente la resurrección (Col. 2:12). El apóstol usó lo que ellos hacían para confirmar la verdad de la resurrección. Sin embargo, esto no quiere decir que aprobara que algunos creyentes se bautizaran por los muertos.

31[1] Los creyentes corintios eran el fruto de la labor del apóstol, una labor en la cual él arriesgó la vida. En ellos el apóstol pudo gloriarse de tal labor. Gloriándose así, les declaró que cada día moría; es decir, que cada día corría el riesgo de morir, se enfrentaba con la muerte y moría al yo (2 Co. 11:23; 4:11; 1:8-9; Ro. 8:36).

31[2] El apóstol, al llegar a este punto en su discurso con respecto a la resurrección, usó su propia experiencia en la obra del Señor para confirmar la veracidad de la resurrección, específicamente cómo la resurrección de Cristo le había afectado a él. El apóstol se gloriaba de los corintios, quienes eran el fruto de haber arriesgado su vida en su labor por ellos, en el Cristo resucitado, no en sí mismo, puesto que arriesgaba su vida al laborar en favor de ellos, haciéndolo no por sí mismo sino mediante el Cristo resucitado.

32[1] En aquellos días los hombres luchaban contra personas o asuntos malignos para recibir una recompensa temporal. Pero el apóstol no peleaba así cuando luchaba por causa del evangelio contra las personas y los asuntos malignos. Más bien, peleaba conforme a una esperanza más alta a fin de recibir recompensa en la resurrección que está por venir (Lc. 14:14; 2 Ti. 4:8).

32[2] Una figura retórica que denota personas o asuntos malignos (2 Ti. 4:17).

29[a] 1 Co. 15:12, 14, 16, 17, 32
30[a] 2 Co. 11:26
31[a] 2 Co. 1:14; 9:3; Fil. 2:16; 1 Ts. 2:19
31[b] Lc. 9:23
32[a] Hch. 19:23-32; 1 Co. 16:8; 2 Co. 1:8
32[b] 1 Co. 15:29
32[c] Is. 22:13; cfr. Lc. 12:19

33[a] 1 Co. 3:18; 6:9
33[b] Pr. 13:20
33[c] cfr. 1 Co. 5:6
34[a] Ro. 13:11; Ef. 5:14
34[b] 1 Ts. 4:5
34[c] 1 Co. 4:14; 6:5
36[a] Jn. 12:24
39[a] Gn. 2:24; 6:19-20; 7:21
39[b] Gn. 2:7
39[c] Gn. 1:24-25
39[d] Gn. 1:20-21

33 No os [a]engañéis; las [1]malas [b]compañías [c]corrompen las
buenas costumbres.
34 [1a]Volved a la sobriedad, como es justo, y no pequéis;
porque algunos *de vosotros* [2b]no conocen a Dios; para [c]vergüenza vuestra lo digo.

E. La definición de la resurrección
vs. 35-49

1. El cuerpo de resurrección
vs. 35-44

35 Pero dirá alguno: ¿Cómo resucitarán los muertos?
¿Con qué cuerpo vendrán?
36 Necio, [1]lo que tú siembras no se vivifica, si no [a]muere.
37 Y lo que siembras no es el cuerpo que ha de salir, sino
el grano desnudo, ya sea de trigo o de algún *otro grano;*
38 pero Dios le da el [1]cuerpo como El quiso, y a cada
semilla su propio [1]cuerpo.
39 No [1]toda [a]carne es la misma carne, sino que una carne
es la de los [b]hombres, otra carne la de las [c]bestias, otra la de
las [d]aves, y otra la de los peces.

32[3] Parece ser una cita de un dicho que se usaba en aquellos días, una máxima de los epicúreos. Si no hay resurrección, nosotros los creyentes no tenemos esperanza para el futuro y hemos llegado a ser los más dignos de conmiseración de todos los hombres (v. 19). De ser así, más nos vale disfrutar nuestra vida ahora, olvidando el futuro, como los epicúreos lo hacían.

33[1] Parece ser una cita de un dicho de aquellos días, un pasaje de un poema griego. Con esta palabra el apóstol amonestó a los creyentes corintios a no ser compañeros de los herejes que decían que no había resurrección. Tan mala compañía corrompería su fe y sus virtudes cristianas.

34[1] O, Despertad del aturdimiento de la embriaguez, dejad de embriagaros, como es justo. La frase *como es justo* se refiere a estar en una relación correcta con Dios y con el hombre. Decir que no hay resurrección ofende a Dios y al hombre. Esto es cometer pecado y, por ende, ser injusto. Por eso, el apóstol aconsejó a los corintios desviados que despertaran de este pecado y volvieran a la sobriedad, para que restauraran su relación con Dios y con el hombre. Estaban ebrios injustamente, estando en el estupor de la herejía de que no había resurrección. Necesitaban dejar de estar en tal adormecimiento.

34[2] Ser hereje diciendo que no hay resurrección es no conocer a Dios, ignorando el poder de Dios y Su economía (Mt. 22:29-32). Esto es una vergüenza para los creyentes.

36[1] La realidad de la resurrección está contenida y escondida en la naturaleza, especialmente en la vida vegetal. Una semilla sembrada en la tierra muere y es vivificada. Esto es resurrección. Esto respondió a la necia pregunta que hicieron los corintios: "¿Cómo resucitarán los muertos?" (v. 35).

38[1] No el cuerpo sembrado para morir (v. 37) sino el cuerpo resucitado dado por Dios, que tiene otra forma y que está en un nivel más alto. Esto contestó la pregunta necia de los corintios: "¿Con qué cuerpo vendrán?" (v. 35).

39[1] En los vs. 39-41 el apóstol les

40 Y hay cuerpos celestiales, y cuerpos terrenales; pero
una es la gloria de los celestiales, y otra la de los terrenales.
41 Una es la gloria del [a]sol, otra la gloria de la [b]luna, y
otra la gloria de las [c]estrellas, pues una estrella es diferente
de otra en gloria.
42 Así [a]también es la [b]resurrección de los muertos. Se
siembra en [c]corrupción, [d]resucitará en incorrupción.
43 Se siembra en deshonra, resucitará en [a]gloria; se siembra en debilidad, resucitará en poder.
44 Se siembra [1a]cuerpo anímico, resucitará [1b]cuerpo
[c]espiritual. Puesto que hay cuerpo anímico, hay cuerpo
espiritual.

2. Un cuerpo espiritual
vs. 45-49

45 Así también está escrito: "Fue hecho el primer hombre
[a]Adán [1b]alma viviente"; el postrer Adán, [1c]Espíritu vivificante.
46 Mas [1]lo espiritual no es primero, sino [2]lo anímico;
luego lo espiritual.

---

demostró a los corintios necios que Dios puede dar un cuerpo a todos los seres resucitados, tal como dio un cuerpo a todas las cosas creadas: a los hombres y a los animales de la tierra, a las aves del aire, y a los peces del agua, los cuales son cuerpos terrenales y tienen glorias diferentes; y al sol, a la luna y a las estrellas, los cuales son cuerpos celestiales y tienen varios grados de gloria.

44[1] Un cuerpo anímico es un cuerpo natural animado por el alma, un cuerpo en el cual predomina el alma. Un cuerpo espiritual es un cuerpo resucitado saturado por el espíritu, un cuerpo en el cual el espíritu predomina. Cuando muramos, nuestro cuerpo natural, siendo del alma, será sembrado, es decir, sepultado, en corrupción, en deshonra y en debilidad. Cuando sea resucitado, llegará a ser espiritual en incorrupción, en gloria y en poder (vs. 42-43).

45[1] Por medio de la creación, Adán fue hecho alma viviente con un cuerpo anímico, o sea, del alma. Por medio de la resurrección Cristo se hizo Espíritu vivificante con un cuerpo espiritual. Adán como alma viviente es natural; Cristo como Espíritu vivificante está en resurrección. Primero, en la encarnación El se hizo carne para la redención (Jn. 1:14, 29); luego, en resurrección se hizo el Espíritu vivificante para impartir vida (Jn. 10:10b). Por medio de la encarnación El tenía un cuerpo anímico, así como lo tenía Adán; por medio de la resurrección El tiene un cuerpo espiritual. Su cuerpo anímico ha llegado a ser un cuerpo espiritual por medio de la resurrección. Ahora El es el Espíritu vivificante en resurrección, tiene un cuerpo espiritual, y está listo para ser recibido por Sus creyentes. Cuando creemos en Cristo, El entra en nuestro espíritu y somos unidos a El, quien es el Espíritu vivificante. Por tanto, llegamos a ser un espíritu con El (6:17). Nuestro espíritu es vivificado y es resucitado con El. Finalmente, nuestro cuerpo anímico actual llegará a ser un cuerpo espiritual en resurrección, igual que el Suyo (vs. 52-54; Fil. 3:21).

46[1] Cristo, el segundo hombre (v. 47).

46[2] Adán, el primer hombre (v. 47).

41[a] Mt. 17:2
41[b] Ap. 12:1
41[c] Dn. 12:3; Ap. 1:16, 20
42[a] Mt. 13:43
42[b] Lc. 14:14; Dn. 12:13
42[c] 1 Co. 15:50
42[d] 1 Co. 15:52-54
43[a] Fil. 3:21; Col. 3:4
44[a] 1 Co. 2:14
44[b] Fil. 3:21
44[c] 1 Co. 2:15
45[a] 1 Co. 15:22
45[b] Gn. 2:7
45[c] 2 Co. 3:6; Jn. 6:63; 5:21; Ro. 8:2, 11

47 El primer hombre es [1]de la [a]tierra, terrenal; el [2]segundo
hombre es [3]del [b]cielo.
48 Cual [1]el terrenal, tales también [2]los terrenales, y cual
[3]el celestial, tales también [4]los [a]celestiales.
49 Y así como hemos llevado la [1a]imagen del terrenal,
llevaremos también la [1b]imagen del celestial.

F. La victoria de la resurrección
vs. 50-58

1. De la incorrupción sobre la corrupción
vs. 50-53

50 Pero esto digo, hermanos: que la [1a]carne y la sangre no
pueden heredar el [b]reino de Dios, ni la [c]corrupción hereda la
[d]incorrupción.
51 He aquí, os digo [a]un [1]misterio: No todos [2b]dormiremos;
pero todos seremos [3c]transformados,

47[a] Gn. 2:7; 3:19; Jn. 3:31
47[b] Jn. 3:13, 31
48[a] Fil. 3:20
49[a] Gn. 5:3
49[b] 2 Co. 3:18; Ro. 8:29; 1 Jn. 3:2
50[a] Mt. 16:17; Gá. 1:16
50[b] Jn. 3:3, 5; 1 Co. 15:24
50[c] 1 Co. 15:42, 53-54; Hch. 2:27, 31; 13:34-37; Ro. 8:21
50[d] 1 Co. 15:52-54; 1 P. 1:23; cfr. Ro. 2:7; 1 P. 1:4; 1 Co. 9:25
51[a] 1 Ts. 4:15-17
51[b] 1 Co. 11:30
51[c] Fil. 3:21

47[1] La expresión *de la tierra* denota el origen del primer hombre, Adán, y la palabra *terrenal* denota su naturaleza.

47[2] Cristo no sólo es el postrer Adán (v. 45), sino también el segundo hombre. El primer Adán (v. 45) es el comienzo de la humanidad; el postrer Adán es la terminación. Como el primer hombre, Adán es la cabeza de la vieja creación, y la representa como ser creado. Como el segundo hombre, Cristo es la Cabeza de la nueva creación, y la representa como hombre resucitado. En todo el universo sólo hay dos hombres: el primer hombre, Adán, el cual incluye a todos sus descendientes, y el segundo hombre, Cristo, el cual abarca a todos Sus creyentes. Nosotros los creyentes fuimos incluidos por nacimiento en el primer hombre y por la regeneración hemos venido a formar parte del segundo hombre. Nuestra acción de creer nos ha trasladado del primer hombre al segundo. Con respecto a formar parte del primer hombre, nuestro origen es *la tierra* y nuestra naturaleza es terrenal. En cuanto a formar parte del segundo hombre, nuestro origen es Dios y nuestra naturaleza es celestial.

47[3] La expresión *del cielo* denota el origen divino y la naturaleza celestial del segundo hombre, Cristo.

48[1] El primer hombre, Adán, quien es terrenal.

48[2] Todos los descendientes de Adán, quienes son terrenales como él.

48[3] El segundo hombre, Cristo, quien es celestial.

48[4] Todos los creyentes en Cristo, quienes son celestiales como Cristo.

49[1] Como parte de Adán, hemos llevado por nacimiento la imagen del hombre terrenal; como parte de Cristo, llevaremos en resurrección la imagen del hombre celestial. Esto indica que así como en Adán nacimos como hombres terrenales, así también en Cristo seremos resucitados como hombres celestiales. Dicha resurrección es nuestro destino. Es tan segura como nuestro nacimiento y nunca debe ser puesta en duda.

50[1] La carne y la sangre son los componentes del cuerpo anímico, el cual es corruptible y no está calificado para heredar el reino de Dios, que es incorruptible. La corrupción no puede *heredar la incorrupción*. Nuestro cuerpo corruptible tiene que ser resucitado en un cuerpo incorruptible para que podamos heredar el reino incorruptible de Dios en resurrección.

51[1] La transfiguración, la cual incluye la resurrección, de nuestro cuerpo corruptible en uno incorruptible

52 en un momento, en un abrir y cerrar de ojos, a la [1]final
[a]trompeta; porque se tocará la trompeta, y los [2]muertos
serán [b]resucitados incorruptibles, y [3]nosotros seremos
transfigurados.
53 Porque es necesario que [1]esto [a]corruptible se vista de
incorrupción, y [1]esto [b]mortal se vista de inmortalidad.

2. De la vida sobre la muerte
vs. 54-57

54 Y [1]cuando esto corruptible se haya vestido de incorrupción, y esto mortal se haya vestido de inmortalidad, entonces se cumplirá la palabra que está escrita: "[a]Sorbida es la [b]muerte [2]para [3c]victoria".

52[a] 1 Ts. 4:16; cfr. Is. 27:13; Zac. 9:14
52[b] 1 Co. 15:23; Lc. 20:36
53[a] 1 Co. 15:50
53[b] 2 Co. 5:4; 4:11; Ro. 6:12; 8:11
54[a] 2 Co. 5:4
54[b] Is. 25:8; 1 Co. 15:26; He. 2:14
54[c] 1 Co. 15:57

(Fil. 3:21). Esto es misterioso para el entendimiento humano.

51[2] Es decir, morir (11:30; Jn. 11:11-13; 1 Ts. 4:13-16).

51[3] Es decir, transfigurados de la corrupción, la deshonra y la debilidad, a la incorrupción, la gloria y el poder (vs. 42-43). Esto equivale a que el cuerpo de la humillación nuestra sea conformado al cuerpo de la gloria de Cristo (Fil. 3:21).

52[1] La séptima trompeta (Ap. 11:15), la trompeta de Dios (1 Ts. 4:16).

52[2] Los muertos en Cristo, los creyentes que hayan muerto (1 Ts. 4:16).

52[3] Los creyentes que vivamos durante el regreso del Señor. Los santos que hayan muerto serán resucitados primero; luego, los santos que vivan serán transformados, transfigurados, en el arrebatamiento (1 Ts. 4:15-17).

53[1] Esto se refiere a nuestro cuerpo corruptible y mortal, el cual debe vestirse de incorrupción e inmortalidad, bien sea por medio de la resurrección de entre los muertos o por medio de nuestra transfiguración estando todavía vivos. Esto es misterioso e incomprensible a los ojos naturales.

54[1] Es decir, cuando nuestro cuerpo corrupto y mortal sea resucitado o transfigurado de corrupción y muerte a gloria y vida. Entonces la muerte será sorbida para victoria. Esto es la consumación de la resurrección de la cual participamos en la economía de Dios por medio de la redención y salvación que tenemos en Cristo. Esta resurrección comienza con la vivificación de nuestro espíritu muerto y se completa con la transfiguración de nuestro cuerpo corruptible. Entre estos dos extremos está el proceso en el cual nuestra alma caída es transformada metabólicamente por el Espíritu vivificante, quien es la realidad de la resurrección (2 Co. 3:18).

54[2] La muerte es una derrota para el hombre. Mediante la obra salvadora de Cristo en la vida de resurrección, la muerte será sorbida resultando en victoria para nosotros los beneficiarios de la vida de resurrección de Cristo.

54[3] El tema de este capítulo es la resurrección. La resurrección de Cristo fue Su victoria sobre Satanás, el enemigo de Dios, sobre el mundo, el pecado y la muerte. Después de Su ascensión triunfante a lo alto (Ef. 4:8) en Su resurrección, Dios le sujetó todos los enemigos (v. 25). Luego, en resurrección, vendrá a la tierra con el reino de Dios (Dn. 7:13-14) para ejercer el poder de Dios y sojuzgar todo lo que está en la tierra. Esto continuará por mil años (Ap. 20:4, 6). El último enemigo que será abolido es la muerte. Cuando la muerte sea sorbida, el resultado será la victoria final de la resurrección del Señor, o sea, la victoria completa y final que El logró en resurrección para nosotros quienes creemos en El y participamos de Su

55[a] Os. 13:14
55[b] cfr. Ap. 9:10; Lc. 10:19
56[a] Ro. 5:12, 14
56[b] Ro. 7:17, 20
56[c] Ro. 3:20; 4:15; 5:13; 7:5, 8
57[a] 2 Co. 2:14; Ro. 7:25
57[b] 1 Co. 15:54; cfr. 2 Co. 2:14; Ro. 8:37; 1 Jn. 5:4-5
58[a] 1 Co. 16:13; Fil. 1:27
58[b] 1 Co. 16:10
58[c] 1 Co. 3:8; 15:10
58[d] 1 Co. 15:14; 1 Ts. 3:5

55 ¿[1]Dónde está, [a]oh muerte, tu victoria? ¿Dónde, oh muerte, tu [b]aguijón?

56 El [1]aguijón de la [a]muerte es el pecado, y el [2]poder del [b]pecado, la [c]ley.

57 Mas [a]gracias sean dadas a Dios, que nos da la [1b]victoria por medio de nuestro Señor Jesucristo.

3. Un motivo para la obra del Señor
v. 58

58 Así que, hermanos míos amados, estad [1a]firmes e inconmovibles, abundando siempre en la [2b]obra del Señor, sabiendo que vuestra [3c]labor en el Señor no es [d]en vano.

---

resurrección. Este es el resultado máximo y final de Su resurrección para el reino eterno de Cristo y de Dios, y para que aquellos que creen en El tengan el disfrute eterno de Su vida de resurrección en la eternidad.

55[1] Esta es la exclamación triunfal del apóstol en cuanto a la victoria de la vida de resurrección sobre la muerte.

56[1] La muerte proviene del diablo (He. 2:14) y por medio del pecado nos aguijonea hasta matarnos (Ro. 5:12). En la obra redentora de Cristo, El fue hecho pecado por nosotros (2 Co. 5:21) a fin de que Dios condenara el pecado por medio de la muerte de Cristo (Ro. 8:3), aboliendo así el aguijón de la muerte. Así que, mediante la resurrección de Cristo, la muerte es sorbida por la vida de resurrección.

56[2] El pecado nos trae maldición y condenación, tanto a nuestra conciencia como delante de Dios, por medio de la ley (Ro. 4:15; 5:13, 20; 7:7-8). Por tanto, la ley viene a ser el poder del pecado para matarnos (Ro. 7:10-11). Ya que la muerte de Cristo ha cumplido los requisitos de la ley sobre nosotros (1 P. 3:18; 2:24), el poder del pecado ha sido anulado. Por medio de *la muerte de Cristo*, el pecado ha sido condenado y la ley ha sido anulada, y por medio de Su resurrección la muerte ha sido sorbida. Por lo tanto, debemos dar gracias a Dios, que nos da una victoria semejante sobre el pecado y la muerte, por medio de la muerte y resurrección de nuestro Señor Jesucristo (v. 57).

57[1] Esta victoria sobre el pecado y la muerte por medio de la muerte y resurrección de Cristo no debe ser meramente un hecho cumplido que debemos aceptar; debe ser nuestra experiencia diaria en vida por medio del Cristo resucitado como el Espíritu vivificante (v. 45), quien es uno con nuestro espíritu (6:17). De ahí que, debemos vivir por medio de este espíritu mezclado y andar conforme al mismo. De esta manera gracias serán dadas continuamente a Dios, quien nos da la victoria por medio de nuestro Señor Jesucristo.

58[1] Poner en duda la verdad de la resurrección es ser sacudido. Tener certeza y permanecer en la realidad de la resurrección es estar firme e inconmovible.

58[2] No creer en la verdad de la resurrección hace que perdamos esperanza con respecto a nuestro futuro, desanimándonos así en la obra del Señor. La fe nos da una aspiración fuerte para abundar en la obra del Señor con la esperanza de agradar al Señor en resurrección cuando regrese.

58[3] *No por medio* de nuestra vida y capacidad naturales, sino por medio de la vida y poder de la resurrección del Señor. Nuestra labor por el Señor en Su vida de resurrección y con el poder de Su resurrección nunca será en vano, sino que dará por resultado el cumplimiento del propósito eterno de

CAPITULO 16

XII. Lo tocante a la recolección del donativo
16:1-9

A. La dirección del apóstol
vs. 1-3

1 En cuanto a la [1a]colecta para los santos, haced vosotros
también [2]de la manera que [b]ordené a las [c]iglesias de Galacia.
2 Cada [1a]primer día de la semana cada uno de vosotros
ponga aparte algo, según haya prosperado, guardándolo,
para que no se hagan las colectas cuando yo llegue.
3 Y cuando haya llegado, a quienes hubiereis aprobado,
a éstos [a]enviaré con cartas para que lleven vuestro [1]donativo
a [b]Jerusalén.

1[a] Hch. 11:29-30; 24:17; Ro. 15:26
1[b] 1 Co. 7:17
1[c] Gá. 1:2
2[a] Hch. 20:7; Jn. 20:1; cfr. Ap. 1:10
3[a] 2 Co. 8:18-19
3[b] Ro. 15:25

Dios al predicar nosotros a Cristo a los pecadores, ministrar vida a los santos y edificar a la iglesia con las experiencias que tenemos del Dios Triuno procesado, como oro, plata y piedras preciosas (3:12). Tal labor será recompensada por el Señor que ha de regresar, en el día de la resurrección de los justos (3:14; Mt. 25:21, 23; Lc. 14:14).

1[1] Este es el undécimo asunto tratado por el apóstol en esta epístola, un asunto relacionado con el dinero, las riquezas y las posesiones materiales. Toda la humanidad caída está bajo el dominio de las riquezas y de las posesiones materiales (Mt. 6:19-21, 24-25, 30; 19:21-22; Lc. 12:13-19). En el día de Pentecostés, bajo el poder del Espíritu Santo, todos los creyentes derribaron este dominio y tenían en común todas sus posesiones, para distribuirlas a los necesitados (Hch. 2:44-45; 4:32, 34-37). Debido a la debilidad de la naturaleza caída de los creyentes (cfr. Hch. 5:1-11; 6:1), esa práctica no duró mucho tiempo. En la época del apóstol Pablo ya se había acabado. Por consiguiente, los creyentes necesitaban gracia para vencer el poder de las riquezas y de las cosas materiales y para liberar estas cosas del dominio de Satanás a fin de que fueran ofrecidas al Señor para el cumplimiento de Su propósito. La vida de resurrección es el suministro dado para que los creyentes vivan tal vida, una vida que consiste en confiar en Dios y no en las posesiones materiales, una vida que no es para el día de hoy sino para el futuro, que no es para esta edad sino para la edad venidera (Lc. 12:16-21; 1 Ti. 6:17-19), una vida que derriba la usurpación de las riquezas temporales e inciertas. Tal vez ésta sea la razón por la cual Pablo trató este asunto después de hablar de la realidad de la vida de resurrección. De todos modos, esto está relacionado con la administración de Dios entre las iglesias.

1[2] Una vez más, esto indica claramente que todas las iglesias locales deben ser iguales en su práctica (7:17; 11:16; 14:33).

2[1] El séptimo día de la semana, el sábado, era una conmemoración de la obra creadora de Dios (Gn. 2:1-3; Ex. 20:8, 11). El primer día de la semana es un símbolo de la resurrección del Señor; es el día en el cual el Señor resucitó de entre los muertos (Jn. 20:1 y la nota 1) y es llamado "el día del Señor" (Ap. 1:10). Los santos neotestamentarios se reúnen y ofrecen sus bienes en este día (Hch. 20:7), el día de la resurrección del Señor, lo cual significa que ellos han sido resucitados con el Señor (Ef. 2:6) por medio de Su resurrección (1 P. 1:3), y que ellos se reúnen en resurrección por la vida de resurrección, no por su vida natural, para recordar al Señor y adorar a Dios con las ofrendas.

B. El deseo del apóstol
vs. 4-9

4 Y si es propio que yo también vaya, irán conmigo.
5 [a]Iré a vosotros, cuando haya pasado por [b]Macedonia,
pues por Macedonia pasaré.
6 Y podrá ser que me quede con vosotros, o aun pase el
[a]invierno, para que vosotros me [b]encaminéis a donde haya
de ir.
7 Porque no quiero veros ahora de [a]paso, pues espero
estar con vosotros algún tiempo, si el Señor lo [b]permite.
8 Pero estaré en [1a]Efeso hasta [b]Pentecostés;
9 porque se me ha abierto [a]puerta grande y eficaz, y
muchos son los que se [b]oponen.

XIII. Conclusión
16:10-24

A. Encargos íntimos
vs. 10-18

10 Y si llega [a]Timoteo, mirad que esté con vosotros sin
temor, porque él hace la [b]obra del Señor así como yo.
11 Por tanto, nadie le [a]menosprecie, sino [b]encaminadle en
[c]paz, para que venga a mí, porque le espero con los hermanos.
12 [1]Acerca de nuestro hermano [a]Apolos, mucho le [2]rogué
que fuese a vosotros con los hermanos, mas [2]de ninguna
manera quiso ir por ahora; pero [b]irá cuando tenga oportunidad.
13 ¡[a]Velad, [1b]estad firmes en la [2c]fe; sed [3d]hombres maduros, y [e]esforzaos!

3[1] Lit., gracia. Esta era una clase de comunión, llevada a cabo bajo la dirección del apóstol, entre las iglesias en el mundo gentil y la iglesia en Jerusalén (2 Co. 8:1-2; Ro. 15:25-27).

8[1] Esta epístola fue escrita en Efeso, donde el apóstol permaneció tres años en el tercer viaje que hizo en su ministerio (Hch. 19:21-22; 20:1, 31).

12[1] Con esto los corintios debían haberse dado cuenta de que la actitud *de Pablo para con Apolos* y la relación que tenía con él contrastaba radicalmente con las preferencias de los corintios (1:11-12). La actitud de Pablo y la relación que tenía con Apolos mantenían la unidad; las preferencias de ellos causaban división.

12[2] Tanto Pablo como Apolos eran personas que vivían en el Espíritu. Aún así, uno instó al otro a que visitara la iglesia, pero el otro no quiso hacerlo. Esto nos *muestra* que ambos tenían libertad en el Espíritu y que el Espíritu

5[a] 1 Co. 4:19; 2 Co. 1:15; Hch. 20:2
5[b] Hch. 19:21; 20:1; 2 Co. 1:16; 8:1
6[a] cfr. Tit. 3:12
6[b] 1 Co. 16:11; Hch. 15:3; Ro. 15:24; 3 Jn. 6
7[a] 2 Co. 1:15-16
7[b] He. 6:3; cfr. 1 Co. 4:19; Hch. 18:21; Jac. 4:15
8[a] 1 Co. 15:32; Hch. 19:1, 26; 20:16-17
8[b] cfr. Hch. 2:1
9[a] 2 Co. 2:12; Col. 4:3; Hch. 14:27; Ap. 3:8
9[b] Hch. 19:9, 23, 29
10[a] Hch. *19:22;* 1 Co. 4:17; 2 Co. 1:1
10[b] 1 Co. 15:58
11[a] 1 Ti. 4:12; Tit. 2:15 **11**[b] 1 Co. 16:6 **11**[c] Hch. 5:33
12[a] Hch. 18:24; 1 Co. 1:12; 3:4, 22; 4:6 **12**[b] véase Hch. 18:18–19:1
13[a] Mt. 24:42; 1 P. 5:8
13[b] 1 Co. 15:1; 2 Co. 1:24; Gá. 5:1; Fil. 1:27; 4:1; 1 Ts. 3:8; 2 Ts. 2:15
13[c] 1 Ti. 3:9; 4:1; 2 Ti. 4:7 **13**[d] cfr. 1 Co. 14:20 **13**[e] He. 11:34; Ef. 6:10; 2 Ti. 2:1

14 Todas vuestras cosas sean hechas con [1a]amor.
15 Hermanos, ya conocéis la familia de [a]Estéfanas, *y sabéis* que es las [b]primicias de [c]Acaya; ellos se han dedicado a ministrar a los [d]santos.
16 Os exhorto a que os [a]sujetéis a tales personas, y a todos los que colaboran y [b]trabajan.
17 Me regocijo con la venida de Estéfanas, de Fortunato y de Acaico, pues ellos han [a]suplido vuestra ausencia.
18 Porque [1a]confortaron mi [2b]espíritu y el vuestro; [c]reconoced, pues, a tales personas.

B. Saludos y advertencia
vs. 19-24

19 Las [a]iglesias de [b]Asia os saludan. [c]Aquila y Prisca, con la [1]iglesia que está en su [d]casa, os saludan mucho en el Señor.
20 Os saludan todos los hermanos. Saludaos los unos a los otros con [a]ósculo santo.
21 [1]La salutación de mi [a]mano, Pablo.
22 El que no [a]ame al Señor, quede bajo [1b]maldición. ¡[2]El [c]Señor viene!

---

tenía libertad en ellos. Esto también nos muestra que nadie ejercía ningún control sobre la obra del Señor.

13[1] Es decir, no sean sacudidos por ninguna herejía, especialmente la que dice que no hay resurrección.

13[2] La fe objetiva; se refiere a aquello que creemos.

13[3] Es decir, los que son fuertes en la fe y firmes en su posición, que no son como niños en el entendimiento (14:20) ni como niños sacudidos por las olas y zarandeados por todo viento de enseñanza (Ef. 4:14). Para ser tales hombres, se necesita el crecimiento en vida (3:1, 6). Los creyentes corintios descuidaban el crecimiento en vida y carecían de tal crecimiento.

14[1] Como se define en el cap. 13.

18[1] Esto debe de haber sido por las riquezas de Cristo ministradas por el espíritu de uno, el cual puede tocar el espíritu de otros.

18[2] Nuestro contacto y relación con los santos debe llevarse a cabo en nuestro espíritu y por medio del mismo, y no con la emoción de nuestra alma.

19[1] Esto significa que cuando Aquila y Prisca vivían en Efeso, la iglesia allí se reunía en su hogar (Hch. 18:18-19, 26). Cuando vivían en Roma, la iglesia en Roma se reunía en la casa de ellos (Ro. 16:5; cfr. Col. 4:15-16; Flm. 2).

21[1] Los vs. 10-21 presentan un cuadro de la verdadera práctica de la vida del Cuerpo en una hermosa armonía, no sólo entre el apóstol y sus colaboradores, *sino también* entre ellos y las iglesias para la edificación del Cuerpo, a la cual se da gran énfasis en los caps. 12 —14.

22[1] La palabra griega significa *una cosa o una persona maldita,* es decir, *apartada, dedicada, a la desgracia.* Al amar a Dios quedamos bajo Su bendición para participar de las bendiciones

---

14[a] 1 Co. 8:1; 13:1-3, 13; 14:1; Ro. 13:8, 10
15[a] 1 Co. 1:16
15[b] cfr. Ro. 16:5
15[c] 2 Co. 1:1
15[d] Flm. 5
16[a] He. 13:17
16[b] 1 Ts. 5:12; 1 Ti. 5:17
17[a] Fil. 2:30; 2 Co. 11:9
18[a] 2 Co. 7:13; Ro. 15:32; Flm. 7, 20
18[b] 2 Co. 2:13; 1 Co. 5:4; 14:14
18[c] cfr. Fil. 2:29; 1 Ts. 5:12
19[a] Ap. 1:4, 11
19[b] Hch. 16:6; 19:10, 22, 26, 27; 20:18; 2 Co. 1:8; 1 P. 1:1; 2 Ti. 1:15
19[c] Hch. 18:2; Ro. 16:3
19[d] Ro. 16:5

20[a] Ro. 16:16; 1 P. 5:14 **21**[a] Col. 4:18; 2 Ts. 3:17; Flm. 19; cfr. Ro. 16:22
22[a] Jn. 21:15-17; Ef. 6:24; Ap. 2:4 **22**[b] Ro. 9:3; Gá. 1:8-9; cfr. 1 Co. 12:3
22[c] Ap. 22:12, 20; Jud. 14; 2 Ti. 4:1

23[a] Ro. 16:20; 2 Ti. 4:22; Gá. 6:18
24[a] 1 Co. 4:21; 2 Co. 2:4; 11:11; 12:15

23 La [1a]gracia del Señor Jesús esté con vosotros.
24 Mi [1a]amor en Cristo Jesús esté con todos vosotros.

divinas que El ha dispuesto y preparado para nosotros, las cuales van más allá de nuestra comprensión (2:9). Si no amamos al Señor, quedamos bajo maldición, apartados para maldición. ¡Qué advertencia!

22[2] *Maran-ata* (del arameo), lo cual significa *¡El Señor viene!* o *¡Ven Señor nuestro!* Es una exclamación que nos recuerda que la segunda venida del Señor trae consigo juicio.

23[1] Véase la nota 10[1] del cap. 15.

24[1] No un amor natural, sino el amor en Cristo, el amor en resurrección (4:21), el amor de Dios que llega a ser nuestro por medio de la gracia de Cristo y la comunión del Espíritu (2 Co. 13:14). De las catorce epístolas de Pablo, sólo ésta termina con una palabra que les certifica su amor. Esto se debe a que el apóstol los había tratado con reprimendas fuertes (1:13; 3:3; 4:7-8; 5:2, 5; 6:5-8; 11:17). El fue fiel, abierto y franco para con ellos en el amor de Dios en Cristo (2 Co. 2:4), sin recurrir a la diplomacia. Por eso, el Señor honró lo que él hizo, y los corintios aceptaron sus reprensiones y se arrepintieron, lo cual les trajo beneficio (2 Co. 7:8-13).

LA SEGUNDA EPISTOLA DE PABLO A LOS CORINTIOS

BOSQUEJO

I. Introducción—1:1—2:11
- A. Saludo—1:1-2
- B. El consuelo de Dios—1:3-11
  1. Consolados para consolar—vs. 3-4
  2. Presionados hasta la desesperación—vs. 5-11
- C. Los apóstoles se glorían—1:12-14
- D. En cuanto a la venida del apóstol—1:15—2:11
  1. Ser uno con Cristo—1:15-22
  2. Las razones de la demora—1:23—2:11
     - a. Por consideración a los corintios—1:23-24
     - b. Por no venir en tristeza—2:1-11

II. El ministerio del nuevo pacto—2:12—3:11
- A. Su triunfo y su efecto—2:12-17
- B. Su función y su competencia—3:1-6
- C. Su gloria y su superioridad—3:7-11

III. Los ministros del nuevo pacto—3:12—7:16
- A. Constituidos por el Señor y de El, Aquel que es el Espíritu vivificante y transformador—3:12-18
- B. Se conducen con miras a que resplandezca el evangelio de Cristo—4:1-6
- C. Viven una vida crucificada, para la manifestación de la vida de resurrección, por el poder del tesoro contenido en los vasos de barro—4:7-18
- D. Anhelan ser revestidos del cuerpo transfigurado—5:1-8
- E. Tienen por meta agradar al Señor viviendo para El—5:9-15
- F. Se les encomendó el ministerio de reconciliación para la nueva creación del Señor—5:16-21
- G. Colaboran con Dios por medio de una vida que se acomoda a todo—6:1—7:16
  1. La obra del ministerio de la reconciliación—6:1-2
  2. La vida adecuada del ministerio de la reconciliación—6:3-13
  3. Una exhortación franca del ministerio de la reconciliación—6:14—7:1
  4. La preocupación íntima de la vida ministerial de los apóstoles—7:2-16

IV. La comunión del apóstol en cuanto al ministerio para los santos necesitados—8:1—9:15
   A. La gracia que proviene de cuatro direcciones—8:1-15
   B. Pensar de antemano en lo que es honroso—8:16-24
   C. Dar como una bendición, no como por codicia—9:1-5
   D. Sembrar para segar los frutos de justicia—9:6-15

V. Pablo vindica su autoridad apostólica—10:1—13:10
   A. Por su manera de luchar—10:1-6
   B. Conforme a la medida de la regla de Dios—10:7-18
   C. En su celo por Cristo—11:1-15
   D. Por ser forzado a gloriarse—11:16—12:18
      1. De su estado, su labor y sus aflicciones—11:16-33
      2. De la visión y revelación que el Señor le dio—12:1-10
      3. De las señales de su apostolado—12:11-18
   E. Por la autoridad que se le dio—12:19—13:10

VI. Conclusión—13:11-14
   A. Exhortaciones finales—vs. 11-12
   B. Saludo—v. 13
   C. Bendición—v. 14

LA SEGUNDA EPISTOLA DE PABLO
A LOS
CORINTIOS

Autor: El apóstol Pablo (1:1).

Fecha: Por el año 60 d. de C., antes de que la Epístola a los Romanos fuera escrita; véanse las notas 1[1] y 3[1] de Hch. 20.

Lugar: Macedonia (2:13 y la nota 2; 7:5-6; 8:1; 9:2, 4).

Destinatarios: La iglesia de Dios en Corinto, con todos los santos que están en toda Acaya (1:1).

Tema:
El ministerio del nuevo pacto y sus ministros

CAPITULO 1

I. Introducción
1:1—2:11

A. Saludo
1:1-2

1 Pablo, [a]apóstol de Cristo Jesús por la [1]voluntad de
Dios, y el hermano [b]Timoteo, a la [2c]iglesia de Dios que está
[3]en Corinto, [4]con todos los santos que están en toda [5d]Acaya:
2 [a]Gracia y paz a vosotros, de Dios nuestro Padre y del
Señor Jesucristo.

B. El consuelo de Dios
1:3-11

1. Consolados para consolar
vs. 3-4

3 [a]Bendito sea el [b]Dios y Padre de nuestro Señor Jesucristo, Padre de [1]compasiones y Dios de toda [2c]consolación,

1[a] 1 Co. 1:1
1[b] 1 Co. 16:10
1[c] 1 Co. 1:2
1[d] Hch. 18:27; 19:21; Ro. 15:26; 1 Co. 16:15; 2 Co. 9:2; 11:10; 1 Ts. 1:7-8
2[a] Ro. 1:7
3[a] Ef. 1:3; 1 P. 1:3
3[b] Ro. 15:6
3[c] Ro. 15:5

1[1] Véase la nota 1[2] de 1 Co. 1.

1[2] Véase la nota 2[1] de 1 Co. 1.

1[3] Véase la nota 2[2] de 1 Co. 1.

1[4] Véase la nota 2[7] de 1 Co. 1.

1[5] Una provincia del Imperio Romano al sur de Macedonia. Formaba la mayor parte de lo que hoy es Grecia, donde está ubicada la ciudad de Corinto.

3[1] O, misericordias, lástima, comprensión.

3[2] Ser consolado implica ser alegrado. Aquí el título *Padre de compasiones y Dios de toda consolación*

4a 2 Co. 7:6-7
4b 2 Co. 1:8; 4:8, 17
4c 2 Co. 7:4

4 el cual nos [a]consuela en toda [b]tribulación nuestra, para que [1]podamos nosotros consolar a los que están en cualquier tribulación, por medio de la [c]consolación con que nosotros mismos somos consolados por Dios.

2. Presionados hasta la desesperación
vs. 5-11

5a Fil. 3:10; Col. 1:24

5 Porque de la manera que abundan para con nosotros
los [1a]sufrimientos [2]del Cristo, así abunda también por [2]el
Cristo nuestra consolación.

---

se atribuye a Dios porque esta epístola es una epístola de consolación y aliento, escrita por el apóstol después de haber sido consolado y animado por el arrepentimiento de los creyentes corintios. La reprensión y la condenación que se encuentran en la primera epístola a los corintios se dieron con la intención de que los creyentes corintios volvieran a Cristo y pusieran énfasis en El. La consolación y el aliento que se hallan en esta epístola se dieron con el propósito de llevar a los creyentes corintios a experimentar y disfrutar a Cristo.

4[1] Primero debemos experimentar la consolación de Dios; luego podremos consolar a otros con el consuelo que proviene de Dios, el cual hemos experimentado.

La primera epístola a los corintios fue el argumento del apóstol; dicho argumento derrotó y sometió a los corintios distraídos y confundidos. Ahora la segunda epístola los trajo de nuevo a la experiencia de Cristo, quien fue el tema de su argumento en la primera epístola. Por tanto, la segunda epístola tiene que ver más con la experiencia, es más subjetiva y más profunda que la primera. En la primera, tenemos como temas principales a Cristo, el Espíritu con nuestro espíritu, la iglesia y los dones. En la segunda, se describe más *detalladamente* a *Cristo, al Es*píritu con nuestro espíritu, y a la iglesia, pero los dones no se mencionan. En esta epístola, en lugar de los dones vemos el ministerio, que está constituido con las experiencias de las riquezas de Cristo, y que es producido y formado por las mismas, obtenidas por medio de los sufrimientos, las presiones abrumadoras, y la obra aniquiladora de la cruz. Esta epístola nos da un modelo, un ejemplo, de cómo se lleva a cabo este aniquilamiento, de cómo Cristo es forjado en nuestro ser, y de cómo nosotros llegamos a ser la expresión de Cristo. Estos procesos constituyen a los ministros de Cristo y producen el ministerio para el nuevo pacto de Dios. La primera epístola trata de los dones en términos negativos; la segunda epístola trata del ministerio en términos positivos. La iglesia tiene más necesidad del ministerio que de los dones. El ministerio tiene como fin ministrar al Cristo que hemos experimentado, mientras que los dones sólo sirven para enseñar las doctrinas acerca de Cristo. La comprobación de que los apóstoles son ministros de Cristo no consiste en los dones, sino en el ministerio producido y formado por la experiencia de los sufrimientos, o sea, las aflicciones de Cristo.

5[1] No los sufrimientos que padecemos por amor de Cristo, sino los propios sufrimientos de Cristo compartidos por Sus discípulos (Mt. 20:22; Fil. 3:10; Col. 1:24; 1 P. 4:13).

5[2] Aquí *el Cristo* designa la condición de *Cristo; no* es un nombre (Darby). Aquí se refiere al Cristo sufrido, Aquel que padeció aflicciones por Su Cuerpo conforme a la voluntad de Dios. Los apóstoles participaron de los sufrimientos de tal Cristo, y por medio de tal Cristo recibieron consolación.

6 Pero si somos [a]atribulados, es para vuestra consolación y salvación; o si somos consolados, es para vuestra consolación, la cual se opera en el soportar con fortaleza los mismos sufrimientos que nosotros también padecemos.

7 Y nuestra esperanza respecto de vosotros es firme, sabiendo que así como sois copartícipes de los [a]sufrimientos, también *lo sois* de la consolación.

8 Porque hermanos, no queremos que [a]ignoréis acerca de nuestra tribulación que nos sobrevino en [b]Asia; pues fuimos [1c]abrumados sobremanera más allá de *nuestras* fuerzas, de tal modo que aun [2d]perdimos la esperanza de [3]vivir.

9 [1]De hecho tuvimos en nosotros mismos [2]sentencia de [a]muerte, para que [b]no [c]confiásemos en nosotros mismos, sino [d]en [3]Dios que [e]resucita a los muertos;

10 el cual nos [a]libró de tan gran muerte, y nos [1]librará; y en quien [b]esperamos que aún nos librará,

11 si [1]cooperáis también vosotros con la [a]petición a favor

6[a] Ef. 3:13
7[a] Ro. 8:17; Fil. 1:29
8[a] 1 Co. 12:1
8[b] Hch. 19:23-32; 1 Co. 15:32
8[c] 2 Co. 5:4
8[d] 2 Co. 4:8
9[a] 1 Co. 15:31; 2 Co. 4:11-12
9[b] Lc. 9:23
9[c] Fil. 3:3
9[d] Sal. 25:2; 26:1; Jer. 17:5, 7
9[e] 2 Co. 4:14
10[a] Ro. 15:31; 2 P. 2:9
10[b] 1 Ti. 4:10
11[a] Fil. 1:19; Flm. 22

8[1] Es decir, cargados, oprimidos. La misma palabra griega aparece en 5:4.

8[2] La misma palabra griega se traduce *sin salida* en 4:8.

8[3] O, la vida.

9[1] En este libro el apóstol se da como ejemplo de una persona que vive a Cristo en cinco aspectos para la iglesia: (1) no basa su confianza en sí mismo, sino en Dios que resucita a los muertos (v. 9), lo cual incluye asuntos afines, tales como su manera de conducirse en el mundo, no con sabiduría carnal sino con la gracia de Dios (v. 12) y su unidad con el Cristo inmutable del Dios fiel (vs. 18-20); (2) es adherido a Cristo, ungido y sellado por Su Espíritu, y capturado, sometido y llevado por El para difundir Su olor (vs. 21-22; 2:14-16); (3) es competente, por tener a Cristo como el alfabeto espiritual, para escribir cartas vivas con el Espíritu vivificante del Dios vivo (3:3-6); (4) tiene el resplandor de la gloria del nuevo pacto (3:7-11); y (5) es transformado de gloria en gloria en la imagen del Señor, como por el Señor Espíritu, al mirar y reflejar a cara descubierta, como un espejo, la gloria de El (3:16-18).

9[2] Lit., respuesta o contestación. Cuando los apóstoles estaban bajo la presión de la aflicción, habiendo perdido la esperanza aun de conservar la vida, pudieron haberse preguntado cuál sería el resultado de sus sufrimientos. La contestación o respuesta era "muerte". Esto los llevó a la decisión vital de no basar su confianza en ellos mismos, sino en Dios que resucita a los muertos.

9[3] La experiencia de muerte nos introduce en la experiencia de resurrección. La resurrección es Dios mismo, quien resucita a los muertos. La operación de la cruz termina nuestro yo para que experimentemos a Dios en resurrección. La experiencia de la cruz siempre da como resultado que disfrutemos al Dios de resurrección. Tal experiencia produce y forma el ministerio (vs. 4-6). Esto se describe con más detalles en 4:7-12.

10[1] Se refiere al futuro inmediato (lo cual indica continuidad).

11[1] O, ayudáis en esto. Debe de referirse a la coordinación y la ayuda que los creyentes prestaron en relación con la liberación llevada a cabo por Dios y con la esperanza de los apóstoles, mencionada en el versículo anterior.

nuestro, para que por muchas [2]personas sean dadas [b]gracias
a favor nuestro por el [3]don *concedido* a nosotros por medio
de muchos.

C. Los apóstoles se glorían
1:12-14

12 Porque nuestra gloria es ésta: el testimonio de nuestra
[1a]conciencia, que con [2]sencillez y [3b]sinceridad de Dios, no con
[4c]sabiduría carnal, sino con la [5d]gracia de Dios, nos hemos
conducido en el mundo, y mucho más con vosotros.
13 Porque no os escribimos otras cosas de las que leéis, o
también conocéis; y espero que hasta el fin las conoceréis;
14 como también [a]en parte nos habéis conocido, *y sabéis*
que somos vuestra [b]gloria, así como también vosotros la
[c]nuestra, en el [1d]día de nuestro Señor Jesús.

D. En cuanto a la venida del apóstol
1:15—2:11

1. Ser uno con Cristo
1:15-22

15 Con esta confianza quise [a]ir primero a vosotros, para
que tuvieseis una [1]doble [b]gracia,

11[b] 2 Co. 4:15; 9:11-12
12[a] Hch. 23:1; 2 Ti. 1:3; Ro. 9:1
12[b] 2 Co. 2:17
12[c] 1 Co. 2:4, 5, 13; Jac. 3:15
12[d] 1 Co. 15:10; 2 Co. 12:9
14[a] 2 Co. 2:5
14[b] 2 Co. 5:12
14[c] 2 Co. 9:3; 1 Co. 15:31; Fil. 2:16; 1 Ts. 2:19
14[d] 1 Co. 1:8
15[a] 1 Co. 4:19
15[b] Ro. 1:11; Flm. 22

11[2] Lit., caras; implica que las gracias son dadas por los rostros alegres.

11[3] Se refiere a la gracia que les había sido dada (v. 12), el mismo Cristo resucitado, quien es la gracia que los apóstoles disfrutaron al experimentar la resurrección (vs. 9-10). Este es el don de gracia, que es diferente de los dones de habilidades, mencionados en 1 Co. 12 y 14. El don de gracia es interno, para vida, y los dones de habilidades son externos, para función.

12[1] Debemos tener una conciencia pura (2 Ti. 1:3), una conciencia sin ofensa (Hch. 24:16), que pueda ser testimonio de lo que somos y hacemos.

12[2] O, simplicidad. Algunos mss. dicen: santidad. La situación de muerte en la cual estaban los apóstoles, los *obligó a ser sencillos*, es decir, a no basar su confianza en sí mismos ni en su capacidad humana y natural para resolver su situación difícil. Esto era el testimonio de su conciencia y era su confianza (v. 15).

12[3] Una virtud divina, una virtud de lo que Dios es. Conducirnos con tal virtud significa experimentar a Dios mismo, y por ende, equivale a estar en *la gracia de Dios* (más adelante en el versículo).

12[4] Es decir, la sabiduría humana en la carne. Esto equivale a nosotros mismos, así como la gracia de Dios equivale a Dios mismo.

12[5] La gracia es Dios disfrutado por nosotros (véase la nota 10[1] de 1 Co. 15). Aquí la gracia es el don mencionado en el v. 11, el cual los apóstoles recibieron para experimentar la resurrección en sus sufrimientos.

14[1] Véase la nota 13[1] de 1 Co. 3.

15[1] Lit., segunda; se refiere a la doble gracia *proporcionada* por las dos visitas del apóstol a Corinto, la visita mencionada en este versículo y la otra que se menciona en el siguiente. Por la venida del apóstol, fue otorgada a los creyentes la gracia de Dios, es decir, la impartición de Dios como el suministro de vida y el disfrute

16 y por vosotros pasar a [1a]Macedonia, y desde Macedonia
venir otra vez a vosotros, y ser encaminado por vosotros a
[b]Judea.
17 Así que, teniendo esta intención, ¿procedí acaso con
inconstancia? ¿O lo que pienso hacer, lo pienso [a]según la
carne, para que haya en mí sí, sí y no, no?
18 [1]Mas, como Dios es [a]fiel, nuestra [2b]palabra a vosotros
no es sí y no.
19 [1]Porque el Hijo de Dios, Jesucristo, que entre vosotros
ha sido predicado por nosotros, por mí, [2]Silvano y Timoteo,
no ha sido sí y no; mas *nuestra palabra* ha sido [a]sí en El;
20 [1]porque para cuantas [a]promesas *hay* de Dios, en [2]El está
el [3]Sí, por lo cual también a través de [2]El *damos* [4]el [b]Amén a
Dios, [5]para la [c]gloria *de Dios,* por medio de [6]nosotros.

16[a] Hch. 19:21; 20:1; 1 Co. 16:5
16[b] Hch. 19:21
17[a] 2 Co. 10:2-3
18[a] 1 Co. 1:9
18[b] 2 Co. 2:17
19[a] He. 13:8
20[a] Ro. 15:8; Gá. 3:17; Ef. 2:12; He. 6:13; 10:23
20[b] Ap. 3:14; 1 Co. 14:16
20[c] Ef. 3:21

espiritual. Sus dos venidas les traerían una doble porción de esta gracia.

16[1] Una provincia del Imperio Romano, al norte de Acaya. Las ciudades de Filipos y Tesalónica estaban en Macedonia.

18[1] La palabra *mas* marca un contraste. En el versículo anterior, el apóstol se refiere a la acusación de que él es un hombre con doblez. En este versículo se defiende diciendo que puesto que Dios es fiel, la palabra de la predicación de ellos no fue sí y no. Así que, no eran personas inconstantes, de sí y no. Lo que eran concordaba con su predicación. Vivían conforme a lo que predicaban.

18[2] La palabra de la predicación de los apóstoles (1 Co. 1:18), su mensaje en cuanto a Cristo (v. 19).

19[1] *Porque* introduce la razón de lo mencionado en el versículo anterior. Dios es fiel e inmutable, especialmente en cuanto a Sus promesas acerca de Cristo. Por consiguiente, la palabra que los apóstoles predicaban acerca de Cristo también era inmutable, porque el mismo Cristo que Dios había prometido en Su palabra fiel y a quien ellos predicaban en su evangelio, no vino a ser sí o no. Más bien, en El está el sí. Puesto que el Cristo a quien predicaban conforme a las promesas de Dios no vino a ser sí y no, la palabra que ellos predicaban acerca de El mpoco era sí y no. No sólo su predicación era conforme a lo que Cristo es, sino también su vivir. Predicaban a Cristo y lo vivían a El. No eran hombres de sí y no, sino hombres que eran lo mismo que Cristo.

19[2] Es decir, Silas. Véase Hch. 15:22; 18:5.

20[1] Una vez más, la palabra *porque* introduce la razón de lo mencionado en el versículo anterior. Cristo, a quien el Dios fiel prometió y a quien los apóstoles sinceros predicaron, no vino a ser sí y no, o sea no cambió, porque en El está el Sí de todas las promesas de Dios, y a través de El se tiene el Amén dado por los apóstoles y los creyentes a Dios para Su gloria.

20[2] Cristo.

20[3] Cristo es el Sí, la respuesta encarnada, el cumplimiento de todas las promesas de Dios para nosotros.

20[4] El Amén que nosotros damos a Dios a través de Cristo (cfr. 1 Co. 14:16). Cristo es el Sí, y decimos Amén a este Sí delante de Dios.

20[5] Cuando decimos Amén delante de Dios al hecho de que Cristo es el Sí, el cumplimiento, de todas las promesas de Dios, Dios es glorificado por medio de nosotros.

20[6] Se refiere no sólo a los apóstoles, quienes predicaban a Cristo conforme a las promesas de Dios, sino también a los creyentes, los cuales recibieron a Cristo conforme a la predicación de los apóstoles. A través de

21 [1]Y el que [2]nos [3]adhiere firmemente [4]con vosotros a
[5]Cristo, y el que nos [6a]ungió, es Dios,
22 el cual también nos ha [1a]sellado, y nos ha dado en
[2b]arras el Espíritu en nuestros [3]corazones.

2. Las razones de la demora 1:23—2:11

a. Por consideración a los corintios 1:23-24

23 Mas yo invoco a Dios por [a]testigo [1]sobre mi [b]alma, que

21a 1 Jn. 2:20, 27; Lc. 4:18; Sal. 133:2; Ex. 30:25, 30
22a Ef. 1:13; 4:30
22b 2 Co. 5:5; Ef. 1:14
23a Ro. 1:9; Fil. 1:8
23b He. 4:12; 1 Co. 2:14

nosotros hay gloria para Dios cuando decimos Amén a Cristo, el gran Sí de todas las promesas de Dios.

21[1] Tanto los apóstoles, que predicaban a Cristo conforme a las promesas de Dios y vivían a Cristo según lo que predicaban, como los creyentes, que recibieron a Cristo conforme a la predicación de los apóstoles, eran unidos a Cristo, hechos uno con El, a través de quien decían Amén delante de Dios al gran Sí de las promesas de Dios, el cual es Cristo mismo. Pero no eran ellos, sino Dios quien los adhería a Cristo. Su unión con Cristo provenía de Dios y era por medio de Dios, no de ellos mismos ni por medio de ellos mismos.

21[2] Es decir, los apóstoles juntamente con los creyentes han sido adheridos a Cristo, el Ungido. Esto muestra que los apóstoles se consideraban del mismo nivel que los creyentes en cuanto a ser adheridos a Cristo por el Espíritu ungidor, sin considerarse un grupo especial que estaba separado de los creyentes en la salvación todo-inclusiva de Dios.

21[3] Lit., establece. Dios establece a los apóstoles juntamente con los creyentes en Cristo. Esto significa que Dios adhiere firmemente los apóstoles junto con los creyentes a Cristo, el Ungido. Por lo tanto, los apóstoles y los creyentes no sólo son uno con Cristo, el Ungido, sino también los unos con los otros, compartiendo la unción que Cristo ha recibido de Dios.

21[4] Es decir, juntamente con.

21[5] Es decir, el Ungido (Dn. 9:26, lit.).

21[6] Puesto que Dios nos ha unido a Cristo, el Ungido, somos ungidos espontáneamente con El por Dios.

22[1] El ungir del versículo anterior es el sellar. Puesto que Dios nos ungió con Cristo, también nos selló en El. Véase la nota 13[1] de Ef. 1.

22[2] El sello es una señal que nos marca como herencia de Dios, Su posesión, como personas que pertenecen a Dios. Las arras son una prenda que garantiza que Dios es nuestra herencia, o posesión, y que El nos pertenece (véase la nota 14[1] de Ef. 1). El Espíritu dentro de nosotros es las arras, la prenda, de Dios como nuestra porción en Cristo.

Al adherirnos Dios a Cristo se producen tres resultados: (1) una unción que nos imparte los elementos de Dios; (2) un sello que forma, con los elementos divinos, una impresión que expresa la imagen de Dios; y (3) las arras que nos dan un anticipo como muestra y garantía de la plenitud del sabor de Dios. Por medio de estas tres experiencias del Espíritu ungidor, junto con la experiencia de la cruz, se produce el ministerio de Cristo.

22[3] El Espíritu, las arras de Dios como nuestra porción, nos es un anticipo; por lo tanto, aquí dice que El está en nuestros corazones. En Ro. 5:5 y Gá. 4:6 se hace referencia al amor y, por eso, allí se habla del Espíritu que está en nuestro corazón. Pero Ro. 8:16 se refiere a la obra del Espíritu, pues dice que el Espíritu da testimonio juntamente con nuestro espíritu. Nuestro corazón es el órgano que ama, pero nuestro espíritu es uno que obra.

por [2c]consideración a vosotros no he [d]pasado todavía a Corinto.

24 No que nos [a]enseñoreemos de vuestra fe, sino que colaboramos *con vosotros* para vuestro gozo; porque por la [1]fe [b]estáis firmes.

CAPITULO 2

b. Por no venir en tristeza 2:1-11

1 Esto [1]determiné para conmigo, no [a]ir otra vez a vosotros con [b]tristeza.

2 Porque si yo os contristo, ¿quién será luego el que me alegre, sino aquel a quien yo contristé?

3 Y esto mismo os [1a]escribí, para que cuando llegue [b]no tenga tristeza de parte de aquellos de quienes me debiera gozar; [c]confiando en vosotros todos que mi gozo es el de todos vosotros.

4 Porque por la mucha tribulación y angustia del corazón os [a]escribí con muchas [b]lágrimas, no para que fueseis contristados, sino para que conocieseis el [c]amor desbordante que os tengo.

5 Pero si alguno ha causado [a]tristeza, no me la ha causado a mí, sino [b]en cierto modo (por no [1]ser yo gravoso) a todos vosotros.

23[c] 2 Co. 13:2
23[d] 2 Co. 1:15
24[a] 1 P. 5:3
24[b] 1 Co. 15:1; 16:13
1[a] 1 Co. 4:21
1[b] 2 Co. 2:5; 7:8-10
3[a] 2 Co. 2:9
3[b] 2 Co. 12:20-21
3[c] 2 Co. 8:22; Gá. 5:10; 2 Ts. 3:4
4[a] 2 Co. 7:8, 12
4[b] Hch. 20:19
4[c] 2 Co. 11:11; 12:15
5[a] 2 Co. 2:2
5[b] 2 Co. 1:14

23[1] O, contra. El apóstol invocó a Dios, o le pidió, que diera testimonio contra su alma, es decir, contra él mismo, por si acaso hablaba falsamente.

23[2] El apóstol no quiso visitar a los creyentes corintios con vara para disciplinarlos, sino que quería visitarlos con amor y espíritu de mansedumbre para edificarlos (1 Co. 4:21). Se abstuvo de ir para evitar cualquier sentimiento desagradable. Los trató con poca severidad y no quiso ir a verlos con tristeza (2:1). A él no le gustaba enseñorearse de la fe de ellos, sino que deseaba ser colaborador junto con ellos para su gozo (v. 24). Esto era la verdad. Invocó a Dios para que diera testimonio de esto a favor de él.

24[1] La fe subjetiva es necesaria para que los creyentes se mantengan firmes en la fe objetiva (1 Co. 16:13 y la nota 2). Enseñorearse de la fe subjetiva de otros debilita la fe de éstos, pero colaborar con ellos para su gozo les fortalece la fe.

1[1] La misma palabra griega que se traduce *juzgar*.

3[1] En la primera epístola.

5[1] Lit., aplicar demasiada presión; es decir, cargar pesadamente, decir demasiado. Aquí el apóstol dijo que el culpable había causado tristeza en cierto modo a toda la iglesia. Dijo "en cierto modo" para no agraviarlos con mucha presión, no fuera que exagerara. Esto indica que él era una persona tierna, prudente y considerada.

6[a] 1 Ti. 5:20
7[a] 2 Co. 2:10; Ef. 4:32; Col. 3:13
8[a] Ef. 4:2; Col. 3:14
9[a] 2 Co. 2:3, 4
9[b] 2 Co. 7:15; 10:6
10[a] cfr. Jn. 20:23
11[a] Lc. 22:31; 1 P. 5:8
11[b] cfr. Mt. 13:25, 28
11[c] Ef. 6:11
12[a] Hch. 16:8; 20:6; 2 Ti. 4:13
12[b] 1 Co. 16:9

6 Le basta a tal persona este [a]castigo infligido por la
mayoría;
7 así que, al contrario, vosotros más bien debéis [1a]perdo-
narle y consolarle, para que no sea consumido de excesiva
tristeza.
8 Por lo cual os exhorto a que [1]confirméis *vuestro* [a]amor
para con él.
9 Porque también para este fin os [a]escribí, para [1]conocer
vuestro carácter aprobado, *y ver* si sois [b]obedientes en todo.
10 Y al que vosotros algo [1a]perdonáis, yo también; porque
también yo lo que he [2]perdonado, si algo he [2]perdonado, por
vosotros lo he hecho en la [3]persona de Cristo,
11 para que [1a]Satanás no gane ventaja alguna sobre nosotros; pues no [b]ignoramos sus [2c]maquinaciones.

II. El ministerio del nuevo pacto 2:12—3:11

A. Su triunfo y su efecto 2:12-17

12 [1]Además, cuando llegué a [a]Troas para *predicar* el evangelio de Cristo y se me abrió [b]puerta [2]en el Señor,

---

7[1] O, tratarle de manera benévola.

8[1] Es decir, probar formalmente con evidencia clara.

9[1] *Conocer vuestro carácter aprobado* significa *poneros a prueba.*

10[1] O, tratáis de manera benévola.

10[2] O, tratado de manera benévola.

10[3] Lit., faz; como en 4:6. La parte que está alrededor de los ojos, la expresión que señala los pensamientos y sentimientos interiores, la cual exhibe y manifiesta todo lo que la persona es. Esto indica que el apóstol vivía y se conducía en la presencia de Cristo, conforme a la expresión que indicaba toda Su persona, según se trasmite en Sus ojos. La primera sección, 1:1—2:11, es una larga introducción a esta epístola, la cual sigue a la primera epístola que el apóstol escribió a los desordenados creyentes de Corinto. Pablo fue consolado y animado después de recibir información de que ellos se habían arrepentido (7:6-13) al aceptar sus reprimendas en la primera epístola. Así que escribió esta epístola para consolarlos y animarlos de un modo tan personal, tierno y afectuoso que puede ser considerada, en cierta medida, su autobiografía. En ella vemos que él vivía a Cristo, conforme a lo que había escrito con respecto a El en su primera epístola, en un contacto muy íntimo y estrecho con El, actuando conforme a la expresión de Sus ojos. Vemos que él era uno con Cristo, lleno de Cristo y saturado de Cristo; había sido quebrantado y aun terminado en su vida natural, hecho suave y flexible en su voluntad; era afectuoso, aunque restringido, en sus emociones; era considerado y sobrio en su mente, y puro y genuino en su espíritu hacia los creyentes, para beneficio de ellos, a fin de que pudieran experimentar y disfrutar a Cristo como él lo hacía para el cumplimiento del propósito eterno de Dios en la edificación del Cuerpo de Cristo.

11[1] Esto revela que el maligno, Satanás, está detrás del escenario en todas las cosas y opera en todas las cosas.

13 no tuve reposo en mi [1a]espíritu, por no haber hallado a
mi hermano [b]Tito; mas, despidiéndome de ellos, partí para
[2c]Macedonia.
14 Mas a Dios [a]gracias, el cual [1]nos [2]lleva siempre en
[b]triunfo en [3]el Cristo, y por medio de [4]nosotros manifiesta en
todo lugar el [5c]olor de Su [d]conocimiento.

11[2] Es decir, planes, complots, estratagemas, designios, engaños, intenciones, propósitos.

12[1] Además de lo mencionado en los vs. 10-11, el apóstol les habló a los creyentes corintios de su preocupación por ellos. Aunque en Troas se le había abierto una puerta en el Señor, él no tuvo reposo en su espíritu cuando no halló a Tito, a quien anhelaba ver para recibir de él información acerca del efecto que su primera epístola había causado entre los corintios. Luego, partió de Troas para ir a Macedonia (v. 13), queriendo encontrarse con Tito para obtener la información. Esto mostró su gran afecto por los corintios. Su preocupación por la iglesia era mucho más grande que su preocupación por la predicación del evangelio.

12[2] O, por; o sea, me fue abierta por el Señor; es decir, no por esfuerzos humanos.

13[1] Indica que el apóstol vivía y actuaba en su espíritu, según 1 Co. 16:18.

13[2] Esta epístola fue escrita en Macedonia después de la estancia de Pablo en Efeso durante el tercer viaje que hizo en su ministerio (8:1; Hch. 20:1).

14[1] *Los apóstoles eran cautivos* conquistados y capturados que estaban en el séquito triunfal de Cristo, celebrando el triunfo de Cristo y participando en el mismo. Sus actividades como cautivos de Cristo en su ministerio para El eran la celebración de Dios de la victoria que Cristo ganó sobre Sus enemigos.

14[2] "El verbo que se usa aquí ... significa *conducir a un hombre como cautivo en un desfile triunfal;* la frase completa significa *llevar como cautivo en triunfo sobre los enemigos de Cristo* ... Dios celebra Su triunfo sobre Sus enemigos; Pablo (quien había sido un gran opositor del evangelio) es un cautivo que anda en el séquito del desfile triunfal, y al mismo tiempo (por un cambio de metáfora, muy propio de Pablo) es un portador de incienso, que esparce incienso (lo que siempre se hacía en tales ocasiones) mientras el desfile sigue adelante. Algunos de los enemigos conquistados eran ejecutados cuando el desfile llegaba al capitolio; para ellos el olor del incienso era 'un olor de muerte para muerte'; para los demás, a quienes se les perdonaba la vida, era 'un olor de vida para vida' " (Conybeare). (Se usa la misma metáfora en Col. 2:15.) Dios siempre conduce a los apóstoles de manera triunfal para su ministerio.

En la segunda sección de esta epístola, 2:12—7:16, el apóstol habló del ministerio que él y sus colaboradores tenían. Primero comparó su ministerio con una celebración de la victoria de Cristo. Sus actividades en su ministerio por Cristo eran como un desfile triunfal que iba de lugar en lugar bajo la dirección de Dios. El y sus colaboradores eran cautivos de Cristo, que llevaban el incienso fragante de Cristo, para Su gloria triunfal. *Habían sido conquistados* por Cristo y habían llegado a ser cautivos Suyos en el séquito de Su triunfo, los cuales esparcían el grato olor de Cristo de lugar en lugar. Este era su ministerio por El.

14[3] Véase la nota 5[2] del cap. 1.

14[4] Como portadores de incienso que difundían el olor del conocimiento de Cristo en Su ministerio triunfal como en un desfile triunfal. Los apóstoles eran portadores de incienso en el ministerio de Cristo así como cautivos en el séquito de Su triunfo.

13[a] 1 Co. 16:18; Ro. 1:9; Sal. 77:3, 6; Dn. 7:15; Ez. 3:14
13[b] 2 Co. 7:6
13[c] 2 Co. 1:16; 7:5; 8:1; 9:2, 4
14[a] 1 Co. 15:57; 2 Co. 8:16; 9:15
14[b] Col. 2:15
14[c] Sal. 45:8; Cnt. 1:3; Ef. 5:2; cfr. Fil. 4:18
14[d] Fil. 3:8

15[a] cfr. Cnt. 4:10, 11, 13-14, 16
15[b] Hch. 2:47; 1 Co. 15:2
15[c] 2 Co. 4:3; 1 Co. 1:18
16[a] cfr. 1 P. 2:7-8
16[b] Hch. 13:46
16[c] Hch. 13:48
16[d] 2 Co. 3:5-6
17[a] cfr. 2 Co. 4:2
17[b] 2 Co. 1:12
1[a] 2 Co. 4:2; 5:12; 10:12
1[b] Hch. 18:27; 1 Co. 16:3
2[a] cfr. 1 Co. 9:2

15 Porque para Dios [1]somos [a]grato olor de Cristo en los
que se [b]salvan, y en los que [c]perecen;
16 a éstos [a]olor de muerte [1]para [b]muerte, y a aquéllos olor
de vida [1]para [c]vida. Y para estas cosas, ¿quién es [2d]suficien-
te?
17 Pues no somos como muchos, que [1]medran [a]adulte-
rando la palabra de Dios, sino que con [b]sinceridad, como de
parte de Dios, y delante de Dios, [2]hablamos en Cristo.

CAPITULO 3

B. Su función y su competencia
3:1-6

1 ¿Comenzamos otra vez a [a]recomendarnos a nosotros
mismos? ¿O tenemos necesidad, como algunos, de [b]cartas de
recomendación para vosotros, o de parte vuestra?
2 [1]Nuestra [a]carta sois vosotros, escrita en [2]nuestros corazones, conocida y leída por todos los hombres;

14[5] "Según el griego, las palabras *olor* y *conocimiento* están en aposición, de modo que el conocimiento de Cristo es simbolizado como un olor que trasmite su propia naturaleza y eficacia a través de la obra del apóstol" (Vincent).

15[1] Los apóstoles, estando impregnados de Cristo, llegaron a ser un grato olor de Cristo. No eran meramente un grato olor producido por Cristo, sino que Cristo mismo era el olor que se exhalaba en la vida y obra de ellos delante de Dios, en los que se salvaban, como olor de vida para vida, y también en los que perecían, como olor de muerte para muerte.

16[1] Que da por resultado la muerte … que da por resultado la vida. Se refiere al efecto que el ministerio de los apóstoles tenía en diferentes personas según dos aspectos diferentes. ¡Es asunto de vida y de muerte! Sólo los cautivos de Dios en Cristo, quienes son saturados de Cristo por el Espíritu, son competentes y están calificados para esto (3:5-6).

16[2] O, competente, capacitado, apto, digno. La misma palabra griega encontrada en 3:5.

17[1] La palabra griega significa *vender al por menor, vender como buhonero.* Originalmente, se refería a la venta de artículos de baja calidad a precios altos hecha de modo engañoso por buhoneros de baja calaña. Muchos participaban de esta clase de venta, adulterando la palabra de Dios para su propio provecho, pero los apóstoles no lo hacían. En su ministerio hablaban en Cristo la palabra de Dios ante los ojos de Dios y lo hacían con sinceridad y de parte de Dios. ¡Qué sinceros y genuinos eran los apóstoles en su ministerio!

17[2] Es decir, ministramos la palabra de Dios.

2[1] Los creyentes eran el fruto de la labor de los apóstoles, lo cual recomendaba a los apóstoles y su ministerio a otros. De esta manera, vinieron a ser la carta viva de recomendación de los apóstoles, escrita por los apóstoles con el Cristo que moraba en ellos como el contenido de cada parte del ser interior de los creyentes.

2[2] Los creyentes corintios, como carta viva de recomendación de los apóstoles, estaban escritos en los corazones de los apóstoles; por tanto, eran llevados por los apóstoles y no podían en absoluto ser separados de

3 siendo manifiesto que sois [1]carta de Cristo redactada
[2]por ministerio nuestro, escrita no con tinta, sino [3]con el
[a]Espíritu del [b]Dios vivo; no en [c]tablas de piedra, sino en
tablas de [4d]corazones de carne.
4 Y tal [a]confianza tenemos mediante Cristo para con
Dios;
5 no que seamos [1a]competentes por nosotros mismos
para [2]considerar algo como de nosotros mismos, sino que
nuestra [3]competencia proviene [b]de Dios,
6 el cual asimismo nos hizo [a]ministros [b]competentes de
un [c]nuevo pacto, *ministros* no de la [1]letra, sino del [2d]Espíritu;
porque la [3]letra mata, mas el [4e]Espíritu vivifica.

---

ellos. Estaban en los corazones de los apóstoles (7:3), y eran llevados por ellos por todas partes como su recomendación viva.

3[1] Una carta de Cristo se escribe con Cristo como su contenido para trasmitir y expresar a Cristo. Todos los creyentes de Cristo deben ser una carta viva de Cristo tal como se describe aquí, de modo que otros puedan leer y conocer al Cristo que está en su ser.

3[2] Lit., ministrada por nosotros, es decir, los apóstoles. Los apóstoles estaban llenos de Cristo, de modo que su ministerio espontáneamente ministraba a Cristo a aquellos con quienes tenían contacto, escribiendo a Cristo en sus corazones y haciendo que fueran cartas vivas que trasmitían a Cristo. El hecho de que estas cartas eran escritas tanto en los corazones de los apóstoles (v. 2) como en los corazones de los creyentes (v. 3), muestra que el ministerio adecuado del nuevo pacto, según lo descrito en esta epístola, siempre escribe algo en los corazones de los que reciben el ministerio y también en los corazones de los que ministran. Esta clase de ministerio se lleva a cabo en vida y tiene el Espíritu vivificante como la esencia de lo escrito (véase el v. 6 y la nota 3[3]).

3[3] El Espíritu del Dios vivo, que es el Dios vivo mismo, no es el instrumento para escribir, la pluma, sino el elemento, la tinta, con el cual los apóstoles ministran a Cristo como contenido para escribir cartas vivas que trasmiten a Cristo.

3[4] Nuestro corazón, compuesto de nuestra conciencia (la parte principal de nuestro espíritu), nuestra mente, nuestra parte emotiva y nuestra voluntad, es la tabla donde se escriben las cartas vivas de Cristo con el Espíritu vivo de Dios. Esto implica que Cristo es inscrito en cada parte de nuestro ser interior con el Espíritu del Dios vivo para hacer de nosotros Sus cartas vivas, a fin de que El sea expresado en nosotros y que en nosotros sea leído por otros.

5[1] Véase la nota 16[2] del cap. 2.

5[2] O, contar, evaluar.

5[3] O, suficiencia, capacidad. El mismo Dios vivo es la suficiencia, la competencia y la capacidad del ministerio de los apóstoles para la economía neotestamentaria de Dios, la cual consiste en impartir a Cristo en el pueblo escogido de Dios para la edificación del Cuerpo de Cristo.

6[1] El código escrito de la ley.

6[2] El Espíritu del Dios vivo, con quien los apóstoles ministraban a Cristo en los creyentes para hacer de ellos cartas vivas de Cristo (v. 3). A diferencia del ministerio mosaico, para el Antiguo Testamento, el ministerio apostólico, para el Nuevo Testamento, no es de la letra muerta sino del Espíritu viviente, quien da vida.

6[3] Esta es la letra de la ley, la cual sólo hace exigencias al hombre y no puede suministrar vida al hombre (Gá. 3:21). La ley mata al hombre

---

3[a] 2 Co. 3:6, 17, 18
3[b] Mt. 16:16; 1 Ti. 3:15; He. 3:12
3[c] Ex. 24:12; Dt. 4:13
3[d] He. 8:10; Pr. 3:3; 7:3
4[a] Ef. 3:12
5[a] 2 Co. 2:16
5[b] cfr. 1 Co. 15:10; Mt. 10:20
6[a] Ef. 3:7; Col. 1:23, 25
6[b] 2 Co. 2:16
6[c] Jer. 31:31; Lc. 22:20; 1 Co. 11:25; He. 8:8, 13; 9:15
6[d] Ro. 2:29; 7:6
6[e] 1 Co. 15:45; Jn. 6:63

C. Su gloria y su superioridad
3:7-11

7 Ahora bien, si el [1]ministerio de [a]muerte grabado con letras en [b]piedras [2]vino en [3c]gloria, tanto que los hijos de Israel no pudieron fijar la vista en el rostro de Moisés a causa de la gloria de su rostro, la cual se desvanecía,

8 ¿cómo no con mayor razón estará en [1]gloria el [2a]ministerio del [b]Espíritu?

9 Porque si hay gloria con respecto al ministerio de [1a]condenación, mucho más [2]abunda en gloria el ministerio de la [3b]justicia.

10 Porque también lo que fue [1]glorificado [2]en este respecto, [3]no fue glorificado a causa de la gloria supereminente.

11 Porque si aquello que [1]se desvanecía *fue dado* [2]por

7[a] Ro. 7:9, 11, 13
7[b] Ex. 34:1; Dt. 10:1-3
7[c] Ex. 34:29-35; cfr. 2 Co. 4:6
8[a] 2 Co. 4:1; 5:18
8[b] Gá. 3:5
9[a] Ro. 3:20; 5:13, 20; 7:7
9[b] Ro. 1:17; 3:21-22; 5:17, 19, 21

(Ro. 7:9-11) debido a la incapacidad de éste para cumplir sus requisitos.

6[4] El Espíritu, la máxima expresión del Dios Triuno procesado quien se hizo el Espíritu vivificante (1 Co. 15:45), imparte la vida divina, aun Dios mismo, en los creyentes y en los apóstoles, haciendo de ellos ministros de un nuevo pacto, el pacto de vida. Así que, el ministerio de ellos es un ministerio constituido del Dios Triuno de vida por Su Espíritu vivificante.

7[1] El ministerio del viejo pacto, un pacto de letra muerta, la cual mata.

7[2] Lit., llegó a existir.

7[3] La gloria que resplandeció temporalmente, y sólo en el rostro de Moisés (Ex. 34:29, 35).

8[1] La gloria de Dios manifestada en la faz de Cristo, gloria que es Dios mismo resplandeciendo para siempre en los corazones de los apóstoles (4:6), la cual excede la gloria del ministerio mosaico del antiguo pacto (v. 10).

8[2] El ministerio apostólico del nuevo pacto, un pacto del Espíritu viviente, quien da vida.

9[1] El ministerio del antiguo pacto vino a ser un ministerio de muerte (v. 7) porque el antiguo pacto introdujo condenación para muerte (Ro. 5:13, 18, 20-21). Por consiguiente, también era el ministerio de condenación.

9[2] El ministerio apostólico del nuevo pacto no sólo tiene gloria, sino que también abunda en la gloria de Dios, la cual sobrepasa la gloria del ministerio mosaico del antiguo pacto (v. 10).

9[3] El ministerio del nuevo pacto es un ministerio del Espíritu que da vida (vs. 8, 6), porque el nuevo pacto introduce la justicia de Dios para vida (Ro. 5:18, 21). Por lo tanto, también es el ministerio de justicia, el ministerio de justificación. El enfoque del ministerio del nuevo pacto es, entonces, el Espíritu como suministro de vida y también la justicia, la cual es vivir a Cristo (la imagen de Dios) y expresarle genuinamente a El, quien como Espíritu es nuestra vida (v. 17).

10[1] Temporalmente en el resplandor del rostro de Moisés.

10[2] Se refiere al hecho de que la gloria del ministerio de la ley fue una gloria temporal que resplandecía en el rostro de Moisés. En este respecto se desvanecía, a causa de la gloria supereminente. Por causa de la gloria del ministerio del nuevo pacto (la cual es la gloria de Dios, Dios mismo, que se manifiesta para siempre en la faz de Cristo y que excede la gloria temporal del ministerio del antiguo pacto, la cual resplandecía en el rostro de Moisés), la gloria temporal del ministerio de la ley desapareció.

10[3] Es decir, se desvanecía (v. 7).

11[1] Es decir, en el proceso de ser abolido por medio de la extensión del ministerio del nuevo pacto.

medio de [a]gloria, cuánto más lo que permanece estará en [b]gloria.

III. Los ministros del nuevo pacto
3:12—7:16

A. Constituidos por el Señor y de El,
Aquel que es el Espíritu vivificante y transformador
3:12-18

12 Así que, teniendo tal [1]esperanza, usamos de mucha [2a]franqueza;
13 y no como Moisés, que ponía un [a]velo sobre su rostro, para que los hijos de Israel no fijaran la vista [1]en el fin de aquello que se desvanecía.
14 Pero las [1a]mentes de ellos se [b]endurecieron; porque hasta el día de hoy, les queda el mismo velo cuando [c]leen el antiguo pacto, [2]no siéndoles revelado que en Cristo *el velo* es quitado.
15 Y aun hasta el día de hoy, cuando se lee a [1]Moisés, el velo está puesto sobre el corazón de ellos.

11[a] 2 Co. 3:7, 9
11[b] 2 Co. 3:8-10
12[a] 2 Co. 7:4; Ef. 6:19
13[a] Ex. 34:33, 35
14[a] 2 Co. 4:4; Is. 6:9-10
14[b] Mr. 6:52; Ro. 11:7-8, 25
14[c] Hch. 13:15; 15:21

11[2] Los vs. 7-11 muestran la inferioridad de la gloria del ministerio mosaico, el ministerio de la ley, un ministerio de condenación y muerte; y al mismo tiempo muestran la superioridad del ministerio apostólico, el ministerio de la gracia, un ministerio de justicia y del Espíritu. Aquél vino por medio de la gloria de modo temporal; éste permanece en gloria para siempre.

En 2:12-17 el apóstol habló del triunfo y efecto del ministerio apostólico. En los vs. 1-6 de este capítulo, él habló de su función y competencia, y en los vs. 7-11, de su gloria y superioridad.

12[1] *Es decir, la esperanza de que la* gloria resplandeciente del ministerio del nuevo pacto permanezca para siempre. La esperanza de los apóstoles estaba en contraste con el hecho de que Moisés no tenía esperanza debido a la gloria marcesible de su ministerio, el ministerio del antiguo pacto de la ley, que se desvanecía (v. 13).

12[2] La palabra griega implica hablar. En contraste con Moisés, quien cubría su rostro con un velo (v. 13), los apóstoles tenían el denuedo de hablar pública y francamente con respecto a su ministerio, sin ocultarse y sin disimular.

13[1] Mientras Moisés hablaba la palabra de Dios a los hijos de Israel, mantenía descubierto su rostro glorificado. Pero después de hablar, ponía un velo sobre su rostro (Ex. 34:29-33) para que no vieran el fin de su ministerio, el cual se desvanecía. No quería que fijaran la vista en la terminación de su ministerio de la ley, el cual se desvanecía.

14[1] Lit., pensamientos. "Originalmente, las cosas que proceden de la mente ... Fil. 4:7 ... 2 Co. 2:11. Así por derivación, las mentes mismas" (Vincent).

14[2] Ya que a los hijos de Israel no les había sido revelado el hecho de que en Cristo el velo es quitado, sus pensamientos se endurecieron y sus mentes fueron cegadas. El velo es quitado en Cristo por medio de la economía del nuevo pacto, no obstante, todavía permanece sobre el corazón de ellos cuando leen el antiguo pacto (v. 15).

15[1] Se refiere a los escritos de Moisés, el Pentateuco (Jn. 5:47).

16[a] Is. 25:7
17[a] 1 Co. 15:45; Jn. 7:39; Ap. 2:7; 22:17
17[b] Gá. 4:6
17[c] Jn. 8:32; Gá. 5:1
18[a] Sal. 27:4

16 Pero cuando [1]*su corazón* se vuelve al Señor, el [a]velo es
quitado.
17 [1]Y el [2]Señor es el [3a]Espíritu; y donde está el [4b]Espíritu
del Señor, allí hay [5c]libertad.
18 [1]Mas, [2]nosotros todos, a [3]cara descubierta [4a]mirando y

---

16[1] Esto indica que cuando su corazón está lejos del Señor, el velo está puesto sobre su corazón. Cuando su corazón se vuelve al Señor, el velo es quitado. En realidad, su corazón alejado del Señor es el velo. Volver su corazón al Señor es quitar el velo.

17[1] O, también, además. Cuando el corazón se vuelve al Señor, el velo es quitado. Además de esto, el Señor es el Espíritu, quien nos da libertad. Puesto que el Señor es el Espíritu, cuando el corazón se vuelve a El, el velo es quitado, y el corazón es librado de la esclavitud de la letra de la ley.

17[2] Según el contexto de esta sección, que comienza en 2:12, la expresión *el Señor* aquí debe de referirse a Cristo el Señor (2:12, 14-15, 17; 3:3-4, 14, 16; 4:5). Este pasaje de la Biblia nos dice clara y enfáticamente que Cristo es el Espíritu. "El Señor Cristo del v. 16 es el Espíritu que satura y anima el nuevo pacto, del cual somos ministros (v. 6), y cuya administración es con gloria (v. 8). Compárense Ro. 8:9-11; Jn. 14:16, 18" (Vincent). "El Señor del v. 16 es el Espíritu … que vivifica, v. 6; esto significa que 'el Señor', como se menciona aquí, 'Cristo', 'es el Espíritu', es idéntico al Espíritu Santo … Cristo, aquí, es el Espíritu de Cristo" (Alford). "El Espíritu en Su totalidad, el que mora en nosotros y nos transforma, es Cristo mismo. 'El Señor es el Espíritu' " (Williston Walker).

17[3] El Espíritu, quien es la máxima expresión del Dios Triuno, en Jn. 7:39 todavía no era tal, porque en aquel entonces Jesús todavía no había sido glorificado. Todavía no había terminado el proceso por el cual El, como corporificación de Dios, tenía que pasar. Después de Su resurrección, es decir, después de terminar todos los procesos por los cuales el Dios Triuno tenía que pasar en el hombre para llevar a cabo Su economía redentora, procesos tales como la encarnación, la crucifixión y la resurrección, El llegó a ser el Espíritu vivificante (1 Co. 15:45). En el Nuevo Testamento, el Espíritu vivificante es llamado "el Espíritu" (Ro. 8:16, 23, 26-27; Gá. 3:2, 5, 14; 6:8; Ap. 2:7; 3:22; 14:13; 22:17), el Espíritu que nos da la vida divina (v. 6; Jn. 6:63) y nos libera de la esclavitud de la ley.

17[4] El Espíritu del Señor es el Señor mismo, en quien hay libertad.

17[5] Nos libera de la letra de la ley, de estar bajo el velo (Gá. 2:4; 5:1).

18[1] *Mas* indica que nosotros los creyentes somos diferentes de los hijos de Israel. Ellos tenían el velo puesto en sus corazones, pero nosotros, a cara descubierta, miramos y reflejamos como un espejo la gloria del Señor y así somos transformados de gloria en gloria en Su misma imagen.

18[2] Los apóstoles quienes, como ejemplos y representantes de todos los creyentes, son los ministros de Cristo. En los vs. 8-9 la gloria se relaciona con el ministerio del nuevo pacto. Aquí la gloria se relaciona con los apóstoles, los ministros del nuevo pacto. Esto muestra que el ministerio del nuevo pacto no es meramente una actividad llevada a cabo por los ministros del mismo; más bien, ellos mismos son este ministerio. Ellos son uno con su ministerio, pues la misma gloria invisible satura e invade tanto su obra como su ser, de tal manera que no hay diferencia entre ambos.

18[3] En contraste con la mente y el corazón que están cubiertos por el velo (vs. 14-15). Si nuestra cara está descubierta, significa que nuestro corazón se ha vuelto al Señor, de modo que el velo ha sido quitado, y el Señor como Espíritu nos ha librado de la esclavitud, el velo, de la ley, así que ya no hay nada que nos separe del Señor.

reflejando como un [5b]espejo la [6c]gloria del Señor, [7]somos [d]transformados [8]de gloria en [e]gloria en la [9]misma [f]imagen, como [10]por el [11]Señor Espíritu.

18[4] Mirar la gloria del Señor significa que nosotros mismos vemos al Señor; reflejar la gloria del Señor es hacer posible que otros lo vean a El a través de nosotros.

18[5] Somos como espejos que miran y reflejan la gloria del Señor. Siendo éste el caso, nuestra cara debe estar completamente descubierta de modo que veamos bien y reflejemos adecuadamente.

18[6] Es decir, la gloria del Señor quien es el que resucitó y ascendió, quien como Dios y también como hombre pasó por la encarnación, el vivir humano en la tierra, y la crucifixión, luego entró en resurrección, efectuó la redención total, y se hizo el Espíritu vivificante. Como tal, mora en nosotros para que El mismo, junto con todo lo que ha cumplido, obtenido y logrado, sea real para nosotros, a fin de que seamos uno con El y seamos transformados en la imagen del Señor, de gloria en gloria, como por el Señor.

18[7] Cuando a cara descubierta miramos y reflejamos la gloria del Señor, El nos infunde los elementos de lo que El es y ha hecho. De esta manera estamos siendo transformados metabólicamente hasta tener la forma de Su vida por medio del poder y la esencia de la misma, es decir, estamos siendo transfigurados en Su imagen, *principalmente por la* renovación de nuestra mente (Ro. 12:2). La frase *somos transformados* indica que estamos en el proceso de transformación.

18[8] Es decir, de un grado de gloria a otro. Esto indica un proceso continuo de vida en resurrección.

18[9] La imagen del Cristo resucitado y glorificado. Ser transformado en la misma imagen significa ser conformado al Cristo resucitado y glorificado, o sea, ser hecho igual a El (Ro. 8:29).

18[10] Lit., proveniente de. La palabra griega indica que la transformación procede del Espíritu en lugar de ser causada por El.

18[11] "El Señor Espíritu" puede considerarse un título compuesto, tal como "el Padre Dios" y "el Señor Cristo". Otra vez, esta expresión claramente demuestra y confirma que el Señor Cristo es el Espíritu y que el Espíritu es el Señor Cristo. En este capítulo, el Espíritu es revelado como el Espíritu que escribe (v. 3), el Espíritu que da vida (v. 6), el Espíritu que ministra vida (v. 8), el Espíritu que libera (v. 17), y el Espíritu que transforma (v. 18). El Espíritu todo-inclusivo es crucial para los ministros de Cristo y para su ministerio cuya meta es la economía de Dios en el nuevo pacto.

Después de hablar del ministerio del nuevo pacto, el apóstol habló de los ministros del nuevo pacto. Desde el v. 12 hasta el v. 18, describió a los ministros del nuevo pacto como personas cuyo corazón se ha vuelto al Señor, cuyas caras están descubiertas, quienes están disfrutando al Señor como el Espíritu, lo cual los libera de la esclavitud de la ley, y quienes están siendo transformados en la imagen del Señor al mirarlo y reflejarlo. Por medio de tal proceso de transformación ellos son constituidos ministros de Cristo por el Espíritu con los elementos de la persona y la obra de Cristo. Por eso, su persona está constituida de Cristo y con Cristo, y su ministerio consiste en ministrar a Cristo en otros, infundiéndoles al Cristo todo-inclusivo como el Espíritu vivificante que mora en ellos. Todos los creyentes deben imitar a tales ministros para ser la misma clase de persona y para llevar a cabo el mismo tipo de ministerio.

18[b] 1 Co. 13:12
18[c] 2 Co. 3:7; 4:4, 6; Jn. 1:14; 2 P. 1:17; He. 2:9
18[d] Ro. 12:2
18[e] He. 2:10
18[f] Col. 3:10; He. 1:3; 1 Co. 15:49

CAPITULO 4

B. Se conducen con miras a que resplandezca el evangelio de Cristo
4:1-6

1 [1]Por lo cual, teniendo nosotros [2]este [a]ministerio según
la [3b]misericordia que hemos recibido, [c]no nos desanimamos.
2 Antes bien renunciamos a lo oculto y [a]vergonzoso, no
andando con [b]astucia, ni [1c]adulterando la palabra de Dios,
sino por la manifestación de la [2d]verdad [e]recomendándonos
a toda [f]conciencia humana delante de Dios.
3 Y aun si nuestro evangelio está [1]encubierto, entre los
que [a]perecen está [b]encubierto;

1[a] 2 Co. 3:8; 5:18; Hch. 20:24; Ro. 11:13; 1 Ti. 1:12; Ef. 4:12
1[b] 1 Co. 7:25; 1 Ti. 1:13
1[c] 2 Co. 4:16
2[a] Ro. 6:21
2[b] Ef. 4:14
2[c] cfr. 2 Co. 2:17
2[d] Jn. 1:14, 17; 8:32; 14:6; 17:17; Col. 1:5; 1 Ti. 2:4; 3:15; Ef. 4:24
2[e] 2 Co. 3:1
2[f] 2 Co. 5:11-12
3[a] 1 Co. 1:18; 2 Co. 2:15
3[b] 2 Co. 3:14, 15; cfr. Mt. 13:15

1[1] En 3:12-18 el apóstol describe cómo son constituidos los ministros del nuevo pacto. En este capítulo, desde el v. 1 hasta el v. 6, continuó el tema relatando cómo ellos, los ministros del nuevo pacto, se conducían para llevar a cabo su ministerio; desde el v. 7 hasta el v. 18, él describió la clase de vida que ellos vivían, una vida que los hacía uno con su ministerio. Este capítulo trata varios aspectos de su experiencia, los cuales corresponden a lo tratado en el cap. 3 con respecto al ministerio del nuevo pacto y también lo confirman: (1) la paz de los vs. 8-9, la cual experimentó el apóstol como resultado de la manifestación de la vida en medio de la confusión, corresponde a la justicia como fruto de paz (Jac. 3:18), es decir la expresión adecuada y ordenada de la imagen de Dios, mencionada en 3:9; (2) la vida de los vs. 10-12 corresponde al Espíritu mencionado en 3:6, 8, 17-18; (3) la renovación del v. 16, corresponde a la transformación, mencionada en 3:18; y (4) el eterno peso de gloria del v. 17, corresponde a los grados de gloria de 3:18.

1[2] El ministerio descrito en 2:12—3:18, es decir, un solo ministerio que todos los apóstoles de Cristo comparten. Aunque sean muchos, tienen un solo ministerio: el ministerio del nuevo pacto para el cumplimiento de la economía neotestamentaria de Dios. Todas las obras de los apóstoles tienen como fin llevar a cabo este ministerio único, es decir, ministrar a Cristo a la gente para la edificación del Cuerpo de Cristo.

1[3] Véase la nota 13[3] de 1 Ti. 1.

2[1] El significado original de la palabra griega era *poner una trampa;* luego, *corromper,* como en la adulteración del oro o del vino. El significado aquí es más limitado que el de *adulterar* en 2:17, lo cual añade el sentido de hacerlo *para obtener ganancias.*

2[2] *La verdad* es otra manera de denominar la palabra de Dios (Jn. 17:17 y las notas). Significa *la realidad,* lo cual denota todas las cosas verdaderas reveladas en la palabra de Dios, las cuales son principalmente Cristo como la realidad de todas las cosas de Dios. La expresión *manifestación de la verdad* se refiere a la manera en que los apóstoles vivían a Cristo. Cuando ellos vivían a Cristo, quien es la verdad (Jn. 14:6), manifestaban la verdad. Mientras Cristo vivía a través de ellos, la verdad era manifestada en ellos. De esta manera ellos se recomendaban a toda conciencia humana delante de Dios. Los apóstoles no adulteraban la palabra de Dios, sino que manifestaban la verdad para que resplandeciera el evangelio de la gloria de Cristo, por medio del poder excelente del tesoro inestimable, el mismo Cristo que había entrado en ellos y llegado a ser su contenido (v. 7) mediante la iluminación del resplandor de Dios (v. 6).

4 en los cuales el [1a]dios de [b]este siglo [2c]cegó las [3d]mentes
de los incrédulos, para que no les [4]resplandezca la [5e]ilumina-
ción del evangelio de la [f]gloria de Cristo, el cual es la [g]imagen
de Dios.
5 [1]Porque no nos [a]predicamos a nosotros mismos, sino a
Cristo Jesús como [2b]Señor, y a nosotros como vuestros [3c]es-
clavos por amor de Jesús.
6 [1]Porque el *mismo* Dios que dijo: De las [a]tinieblas resplandecerá la [b]luz, es el que resplandeció [2]en [3]nuestros

---

3[1] Encubierto por el velo de conceptos viejos, especialmente el concepto acerca de la ley (3:14-15). En principio un velo es cualquier cosa que impide que la gente comprenda el evangelio de Cristo, sea filosofía, religión o tradiciones culturales. Así que, es necesario que la predicación de Cristo les quite el velo, tal como en la fotografía se quita la tapa del lente para captar el panorama.

4[1] Satanás, el engañador, príncipe del siglo actual, quien domina el mundo de hoy y busca la adoración del hombre cegando su mente y sus pensamientos.

4[2] Es decir, puso un velo sobre el entendimiento de los hombres.

4[3] Lit., pensamientos. Véase la nota 14[1] del cap. 3.

4[4] La palabra griega significa (1) *ver claramente, discernir,* y (2) *resplandecer.*

4[5] Cristo como imagen de Dios es el resplandor de Su gloria (He. 1:3). Por consiguiente, el evangelio de Cristo es el evangelio de Su gloria que ilumina y resplandece. Satanás, el dios de este siglo, ha cegado los pensamientos y las mentes de los incrédulos para que no resplandezca en sus corazones la iluminación del evangelio de la gloria de Cristo. Esto es semejante a cubrir el lente de una cámara para que la luz no entre y así no sea producida la imagen. También puede compararse a un ciego, o a un hombre que tiene los ojos tapados, en el cual no puede brillar la luz del sol.

5[1] Esto explica por qué el evangelio de los apóstoles, que es el evangelio de la gloria de Cristo, no debería haber sido encubierto: ellos no se predicaban ni se exaltaban a sí mismos sino a Cristo Jesús como Señor de todo, y se conducían como esclavos de los creyentes por amor de Jesús.

5[2] La expresión "Cristo Jesús como Señor" incluye a Cristo, quien es Dios sobre todas las cosas, bendito por los siglos (Ro. 9:5), al Verbo eterno encarnado para ser un hombre (Jn. 1:14), a Jesús crucificado como hombre para ser nuestro Salvador (Hch. 4:10-12) y resucitado para ser el Hijo de Dios (Hch. 13:33), y a Cristo exaltado para ser el Señor (Hch. 2:36), el Señor de todos los hombres (Hch. 10:36; Ro. 10:12; Jn. 20:28; 1 Co. 12:3), quien es la imagen de Dios, el resplandor de la gloria de Dios (He. 1:3). Esto es el contenido mismo del evangelio. Por lo tanto, el evangelio es el evangelio de la gloria de Cristo, la cual ilumina, irradia y resplandece en el corazón del hombre (v. 6). Si el corazón del hombre no está cubierto con ningún velo ni está cegado por Satanás, quien es el dios de este siglo, el hombre puede ver la iluminación del evangelio (v. 4).

5[3] En contraste *con Señor*: Los apóstoles exaltaban a Cristo como Señor pero se consideraban a sí mismos meramente esclavos que servían a los creyentes.

6[1] Esto explica lo mencionado en el versículo anterior. Los apóstoles predicaban a Cristo como Señor y a sí mismos como esclavos de los creyentes porque el propio Dios que mandó que de las tinieblas resplandeciera la luz, fue el que resplandeció en sus corazones. Cuando El resplandeció en el universo, fue producida la antigua creación. Ahora Su resplandor en los

---

4[a] Jn. 12:31; Ef. 2:2
4[b] Ro. 12:2; Gá. 1:4
4[c] Mt. 15:14; 23:16, 17, 19, 24; Jn. 9:40; 12:40; Is. 6:10
4[d] 2 Co. 3:14
4[e] 2 Co. 4:6
4[f] 2 Co. 3:8-11, 18
4[g] Col. 1:15; He. 1:3
5[a] 1 Co. 1:23
5[b] 1 Co. 8:6; 12:3
5[c] 1 Co. 9:19
6[a] Mt. 4:16; 6:23; Jn. 1:5; 8:12; 12:35, 46; Hch. 26:18; 2 Co. 6:14; Ef. 5:8; 6:12; Col. 1:13; 1 Ts. 5:5; 1 P. 2:9; 1 Jn. 1:5; 2:8
6[b] Gn. 1:3

[c]corazones, para [4d]iluminación del conocimiento de la [e]gloria de Dios en la [5]faz de Jesucristo.

C. Viven una vida crucificada,
para la manifestación de la vida de resurrección,
por el poder del tesoro contenido en los vasos de barro
4:7-18

7 [1]Pero tenemos este [2a]tesoro en [b]vasos de barro, para que la [3c]excelencia del [d]poder sea de Dios, y no de nosotros.

6[c] cfr. 2 P. 1:19
6[d] 2 Co. 4:4
6[e] 2 Co. 3:8-11, 18; cfr. 2 Co. 3:7
7[a] cfr. Mt. 6:21; 13:44
7[b] Ro. 9:21, 23; cfr. Lm. 4:2; 2 Ti. 2:20
7[c] cfr. Fil. 3:8
7[d] 1 Co. 2:4; Ef. 1:19; 3:7, 20; Col. 1:29

---

corazones de ellos los hizo una nueva creación. Por lo tanto, en su predicación podían exaltar a Cristo como Señor y en su ministerio podían conducirse como esclavos de los creyentes. Lo que hacían para Cristo y lo que eran para los creyentes era el resultado del resplandor de Dios. El resplandor de Dios produce los ministros del nuevo pacto y su ministerio.

6[2] *En nuestros corazones* es mucho más profundo que *en la piel del rostro de Moisés* (3:7; Ex. 34:29-30). Esto presenta una comparación entre la gloria del ministerio apostólico del evangelio y la gloria del ministerio mosaico de la ley. *En el corazón* tiene que ver con la vida interior, mientras que *en la piel del rostro* no tiene nada que ver con la vida interior. La gloria del antiguo pacto está en la superficie, pero la gloria del nuevo pacto tiene gran profundidad.

6[3] Los corazones de los apóstoles. Los apóstoles representan a todos los creyentes del nuevo pacto.

6[4] Aquí la palabra *iluminación,* la cual se refiere al resplandor de la luz de Dios sobre otros por medio de aquellos cuyos corazones han sido iluminados por Dios, corresponde a la palabra *manifestación* del v. 2 y las palabras *alumbrar* en Mt. 5:16 y *resplandecer* en Fil. 2:15. Dios resplandece en nuestros corazones para que nosotros alumbremos a otros a fin de que ellos tengan *el conocimiento de* la gloria de Dios en la faz de Jesucristo, es decir, el conocimiento de Cristo, quien expresa y declara a Dios (Jn. 1:18).

6[5] La faz de Jesucristo está en comparación con el rostro de Moisés (3:7). La gloria del evangelio en la faz de Jesucristo es muy superior a la gloria de la ley en el rostro de Moisés. La gloria del evangelio resplandece en la faz de Aquel por quien vinieron la gracia y la realidad, y la venida de éstas dio por resultado la justicia y el Espíritu: la vida (3:8-9); la gloria de la ley resplandeció en el rostro de aquel por quien la ley fue dada (Jn. 1:17), la cual produjo condenación y muerte (3:7, 9). Dios resplandece en nuestros corazones para iluminarnos, no para que conozcamos la gloria en el rostro de Moisés, sino la gloria que está en la faz de Cristo; este resplandor tiene como fin iluminarnos, no para que conozcamos la ley de Moisés del antiguo pacto, sino el evangelio de Cristo del nuevo pacto. La gloria de Dios manifestada en la faz de Jesucristo es el Dios de gloria expresado por medio de Jesucristo y es Jesucristo, quien es el resplandor de la gloria de Dios (He. 1:3); conocerlo a El es conocer al Dios de gloria.

7[1] El resplandor de Dios en nuestros corazones introduce en nosotros un tesoro, el Cristo de gloria, quien es la corporificación de Dios para ser nuestra vida y nuestro todo. Pero los que contenemos este tesoro somos vasos de barro, sin valor y frágiles. ¡Un tesoro inestimable está dentro de vasos sin valor! Esto ha hecho que los vasos sin valor sean ministros del nuevo pacto, con un ministerio inestimable. Esto ha sido llevado a cabo por el poder divino en resurrección. La excelencia del poder ciertamente es de Dios y no de nosotros mismos.

8 *Estamos* [1]oprimidos en [a]todo aspecto, mas no [2]ahoga-
dos; en apuros, mas no [b]sin salida;
9 [1a]perseguidos, mas no [2b]abandonados; derribados, pero
[c]no [3]destruidos;
10 llevando [a]en el cuerpo siempre por todas partes la
[1b]muerte [c]de Jesús, [2]para que también la [3]vida de Jesús se
manifieste en nuestros cuerpos.

Los apóstoles, al hablar de su ministerio, el cual realiza el nuevo pacto de Dios, usaron cinco metáforas significativas y expresivas para describir la manera en que ellos como ministros del nuevo pacto, junto con su ministerio, fueron constituidos, cómo se comportaban y vivían, y cómo su ministerio era llevado a cabo:

(1) Cautivos en una procesión triunfal para celebrar la victoria de Cristo (2:14a);

(2) Portadores de incienso para esparcir el grato olor de Cristo (2:14b-16);

(3) Cartas escritas con Cristo como su contenido (3:1-3);

(4) Espejos que miran y reflejan la gloria de Cristo a fin de ser transformados en Su imagen gloriosa (3:18);

(5) Vasos de barro para contener al Cristo de gloria como el tesoro excelente (v. 7). Estos vasos son como una cámara moderna, en los cuales la figura de Cristo entra por medio del destello del resplandor de Dios (vs. 4, 6).

7[2] Este tesoro, el Cristo que mora en nosotros los vasos de barro, es la fuente divina de la provisión para la vida cristiana. Es por medio del poder excelente de este tesoro que los apóstoles, como *ministros del nuevo* pacto, pudieron vivir una vida crucificada, de tal modo que se manifestara la vida de resurrección de Cristo, a quien ministraban. De esta manera, ellos manifestaban la verdad (v. 2) para que resplandeciera el evangelio.

7[3] O, eminencia, grandeza incomparable, grandeza que lo excede todo.

8[1] O, afligidos. La descripción de la vida de los apóstoles, que se extiende de este versículo al v. 18, muestra que ellos vivían una vida crucificada en resurrección, o sea, que vivían la vida de resurrección bajo el aniquilamiento efectuado por la cruz, para cumplir su ministerio.

8[2] O, restringidos.

9[1] O, acosados (por enemigos).

9[2] O, desamparados; lit., dejados atrás (en alguna situación terrible).

9[3] Es decir, muertos. La misma palabra griega que se traduce *perecen* en el v. 3.

10[1] Es decir, matar, dar muerte; se refiere a la obra de la muerte, la operación de la cruz, que el Señor Jesús padeció y por la cual pasó. En nuestra experiencia, es una especie de sufrimiento, persecución o problema que nos sobreviene por causa de Jesús, por causa del Cuerpo de Cristo y por causa del ministerio del nuevo pacto. Esto no se refiere a los sufrimientos y problemas que son comunes a todos los seres humanos de la vieja creación, tales como enfermedades o calamidades, ni tampoco al castigo, corrección ni disciplina que padecemos por haber cometido pecados o errores o por no haber cumplido con nuestras responsabilidades. La muerte de Jesús consume nuestro hombre *natural*, nuestro hombre exterior, nuestra carne, de modo que nuestro hombre interior tenga la oportunidad de desarrollarse y ser renovado (v. 16).

10[2] A fin de, lo cual da por resultado. El aniquilamiento efectuado por la cruz da por resultado la manifestación de la vida de resurrección. Esta muerte diaria tiene como fin la liberación de la vida divina en resurrección.

10[3] La vida de resurrección, la cual el Señor Jesús vivió y expresó por medio de la operación de la cruz.

8[a] 2 Co. 7:5
8[b] 2 Co. 1:8
9[a] 2 Ti. 3:11-12; Mt. 5:10-12; cfr. Hch. 8:1, 3; Gá. 1:13, 23; 1 Ti. 1:13
9[b] He. 13:5
9[c] cfr. Pr. 24:16; Mi. 7:8
10[a] Fil. 1:20
10[b] Ro. 8:36
10[c] Ro. 6:5, 8; Fil. 3:10

11 Porque nosotros que vivimos, siempre estamos entregados a [a]muerte por causa de Jesús, para que también la
[b]vida de [1]Jesús se manifieste en nuestra [2]carne [c]mortal.
12 De manera que la [a]muerte actúa en nosotros, mas en
vosotros la [1]vida.
13 Y teniendo el [1]mismo [2a]espíritu de [b]fe conforme a lo que
está escrito: "[c]Creí, por lo cual hablé", nosotros también
creemos, por lo cual también hablamos,
14 sabiendo que el que [a]resucitó al Señor Jesús, a nosotros también nos [1b]resucitará con Jesús, y nos [c]presentará
aprobados juntamente con vosotros.
15 Porque [a]todo es [b]por vuestro bien, para que abundando
la [1c]gracia por medio de la mayoría, la [d]acción de gracias
sobreabunde para [e]gloria de Dios.

11[a] 1 Co. 4:9; 15:31; 2 Co. 1:9; 6:9; 2 Ti. 2:11
11[b] Hch. 3:15; 5:20; Col. 3:4; Ro. 5:10; 6:4; 1 Jn. 1:2
11[c] Ro. 8:11; 2 Co. 5:4; 1 Co. 15:53-54
12[a] Jn. 12:24; 1 Co. 15:36; Jn. 2:19
13[a] Ro. 8:4-6
13[b] 2 Co. 1:24; 5:7
13[c] Sal. 116:10
14[a] Hch. 2:24; 1 Co. 6:14
14[b] 2 Co. 1:9; 1 Co. 15:52; 1 Ts. 4:14, 16
14[c] Col. 1:22, 28; Jud. 24
15[a] Ro. 8:28
15[b] 2 Co. 1:6; 5:13

11[1] En estos dos versículos, el título *Jesús* implica que los apóstoles vivieron una vida como la que el Señor Jesús vivió en la tierra. La vida del Señor era una vida bajo el aniquilamiento efectuado por la cruz para la manifestación de la vida de resurrección, una vida que El vivió de tal manera que Su persona era uno con Su ministerio y Su vida era Su ministerio (Jn. 6:14-15; 12:13, 19, 23-24).

11[2] El hecho de que las palabras *carne* y *cuerpo* se usen de modo intercambiable en los vs. 10 y 11 indica que nuestra carne mortal es nuestro cuerpo caído.

12[1] Cuando estamos bajo la operación de la muerte del Señor, Su vida de resurrección es impartida a otros por medio de nosotros. Impartir vida a otros siempre es el resultado de sufrir el aniquilamiento efectuado por la cruz.

13[1] El mismo espíritu que se expresa en las palabras citadas más adelante en este versículo.

13[2] "No exclusivamente el Espíritu Santo; pero, por otro lado, no meramente una inclinación humana: el Espíritu Santo que mora en nosotros penetra y caracteriza a todo el hombre renovado" (Alford). "Espíritu de fe: no exclusivamente el Espíritu Santo, ni tampoco, por otro lado, una facultad o inclinación humana, sino una mezcla de los dos" (Vincent). El espíritu de fe es el Espíritu Santo mezclado con nuestro espíritu humano. Nosotros debemos ejercitar tal espíritu para creer y hablar, como lo hizo el salmista, lo que hemos experimentado del Señor, especialmente Su muerte y resurrección. La fe se halla en nuestro espíritu, el cual está mezclado con el Espíritu Santo, y no en nuestra mente. Las dudas están en nuestra mente. Aquí la palabra *espíritu* indica que fue por medio del espíritu mezclado que los apóstoles vivieron una vida crucificada en resurrección para cumplir su ministerio.

14[1] Esto indica que los apóstoles se daban por muertos (1:9), porque siempre estaban entregados a muerte por causa del propósito del Señor (v. 11).

15[1] Conforme al contexto, la gracia es Cristo mismo, quien vivía en los apóstoles como su vida y suministro de vida para capacitarles a llevar una vida crucificada a fin de que se manifestara la vida de resurrección y ellos llevaran a cabo su ministerio para el nuevo pacto de Dios. Véase la nota 10[1] de 1 Co. 15.

15[c] 2 Co. 1:11; 1 Co. 15:10 **15**[d] 2 Co. 9:11-12 **15**[e] 2 Co. 1:20; 8:19

16 Por tanto, [a]no nos desanimamos; antes aunque nuestro
[1b]hombre exterior se va [2]desgastando, el [1c]interior no obstante se [3d]renueva de día en día.
17 Porque esta leve [1]tribulación [a]momentánea produce en
nosotros un [2]cada vez más excelente y [3]eterno peso de [4b]glo-
ria;
18 por cuanto no miramos nosotros las [1]cosas que se [a]ven,
sino [2]las que [b]no se ven; pues las cosas que se ven son
temporales, pero las que no se ven son [c]eternas.

CAPITULO 5

D. Anhelan ser revestidos del cuerpo transfigurado 5:1-8

1 [1]Porque sabemos que si nuestra [2]morada [3]terrestre,
este [a]tabernáculo, se deshace, tenemos [4]de Dios un [5]edificio,
una [6]morada [b]no hecha de manos, [c]eterna, [7d]en los cielos.

16[1] El hombre exterior se compone del cuerpo como su órgano físico y del alma como su vida y persona. El hombre interior consta del espíritu regenerado como su vida y persona, y del alma renovada como su órgano. La vida del alma debe ser negada (Mt. 16:24-25), pero las facultades del alma, es decir, la mente, la parte emotiva y la voluntad, deben ser renovadas y llevadas a un nivel más alto al ser puestas en sujeción (10:4-5), a fin de que el espíritu, la persona del hombre interior, pueda valerse de tales facultades.

16[2] O, consumiendo, desmoronando, acabando. Debido al efecto continuo, la operación ininterrumpida, de la muerte en nuestro ser, nuestro hombre exterior, *es decir, nuestro cuerpo* físico y el alma que lo anima (1 Co. 15:44 y la nota), se va consumiendo y desgastando.

16[3] Al ser nutrido con el suministro fresco de la vida de resurrección. Mientras nuestro cuerpo mortal, nuestro hombre exterior, está siendo consumido por la operación de la muerte, nuestro hombre interior, es decir, nuestro espíritu regenerado, junto con las partes interiores de nuestro ser (Jer. 31:33; He. 8:10; Ro. 7:22, 25), de día en día está siendo renovado metabólicamente con el suministro de la vida de resurrección.

17[1] Se refiere a hacer morir, o sea a la operación de la cruz (v. 10).

17[2] Lit., excesivamente, hasta el extremo.

17[3] En contraste con lo leve y momentáneo.

17[4] La expresión de Dios como vida de resurrección. La gloria está en contraste con la tribulación.

18[1] Las cosas que pertenecen a la tribulación temporal.

18[2] Las cosas que pertenecen a la gloria eterna.

1[1] *Porque* indica que lo que sigue es una explicación de lo tratado en 4:13-18. En este capítulo el apóstol nos describe cómo los apóstoles aspiraban a la redención de sus cuerpos (vs. 1-8; Ro. 8:23), y habla de su ambición y su determinación de agradar al Señor (vs. 9-15) y la comisión que habían recibido del Señor para Su nueva creación (vs. 16-21).

1[2] Es decir, nuestro cuerpo físico, en el cual mora nuestra persona y que no sólo es necesario para que vivamos, sino también para que adoremos a Dios (cfr. 1 Co. 6:19).

1[3] No hecha de tierra, sino que está en la tierra.

16[a] 2 Co. 4:1
16[b] cfr. Ro. 6:6; Ef. 4:22; Col. 3:9
16[c] Ef. 3:16; cfr. Ef. 4:24; Col. 3:10
16[d] Ro. 12:2; Ef. 4:23; Col. 3:10; Tit. 3:5
17[a] 1 P. 1:6; 5:10
17[b] Ro. 8:18; 2 Ti. 2:10; He. 2:10
18[a] 2 Co. 5:7; Ro. 8:24
18[b] He. 11:1, 13
18[c] 2 Co. 5:1
1[a] Is. 38:12; 2 P. 1:13-14
1[b] Mr. 14:58
1[c] 2 Co. 4:18
1[d] 1 P. 1:4

2 Y en este *tabernáculo* también [a]gemimos, deseando ser
[1]revestidos de nuestra [2]habitación [3]celestial;
3 para que, estando así vestidos, no seamos hallados
[1a]desnudos.
4 Porque asimismo los que estamos en este tabernáculo
gemimos [1a]abrumados; [2]porque no quisiéramos ser desnudados, sino revestidos, para que [3]lo [b]mortal sea [4c]absorbido por
la vida.
5 Mas el que nos [1]hizo para esto mismo es Dios, quien
nos ha dado en [2a]arras el Espíritu.
6 Así que estando siempre llenos de buen ánimo, y sabiendo que mientras sea el cuerpo nuestro [1]domicilio,
estamos [1]en tierra extranjera, lejos del Señor
7 (porque [1]por [a]fe andamos, no por [2b]vista);

2[a] Ro. 8:23
3[a] cfr. Gn. 3:7, 10; Ap. 3:18; 16:15
4[a] 2 Co. 1:8
4[b] 2 Co. 4:11
4[c] Is. 25:8; 1 Co. 15:53-54
5[a] 2 Co. 1:22; Ef. 1:14
7[a] 2 Co. 4:13; Jn. 20:29; 1 P. 1:8
7[b] 2 Co. 4:18

1[4] Lit., proveniente de.

1[5] Un edificio que tiene un fundamento, en contraste con el tabernáculo, el cual no tenía fundamento. Este edificio es nuestro cuerpo resucitado y transfigurado, el cuerpo espiritual mencionado en 1 Co. 15, y está en contraste con el cuerpo moribundo, físico y natural que tenemos hoy en día.

1[6] Nuestro cuerpo espiritual (1 Co. 15:44).

1[7] En contraste con *terrestre*, es decir, que esta en la tierra.

2[1] Es decir, que nuestro cuerpo sea transfigurado y conformado al cuerpo de la gloria de Cristo. Los apóstoles anhelaban esto.

2[2] Se refiere a la morada en los cielos del versículo anterior.

2[3] Lit., que proviene del cielo.

3[1] Es decir, sin cuerpo. Una persona que ha muerto, habiendo sido separada del cuerpo, está desnuda, no teniendo cuerpo que la cubra delante de Dios. Los apóstoles esperaban ser transfigurados en su cuerpo, esto es, ser revestidos de un cuerpo espiritual para reunirse con el Señor antes de que *murieran y estuvieran separados* del cuerpo, a fin de no ser hallados desnudos.

4[1] Es decir, agobiados, deprimidos, oprimidos.

4[2] Los apóstoles gemían en su deseo de no ser desnudados, separados del cuerpo, es decir, en su deseo de no morir sino de ser revestidos, de ponerse el cuerpo espiritual, es decir, de que su cuerpo fuese transfigurado (Fil. 3:21), redimido (Ro. 8:23).

4[3] Nuestro cuerpo mortal (4:11; Ro. 8:11; 1 Co. 15:53).

4[4] La muerte que está en nuestro cuerpo mortal es absorbida por la vida de resurrección. Por medio de tal proceso nuestro cuerpo será transfigurado (1 Co. 15:54).

5[1] O, elaboró, formó, preparó, dispuso. Dios nos ha hecho, elaborado, formado, preparado y dispuesto, con el propósito de que nuestro cuerpo mortal sea absorbido por Su vida de resurrección. De esta manera todo nuestro ser será saturado de Cristo. Dios nos ha dado el Espíritu para que sea las arras, la prenda, el anticipo, la garantía, de esta parte maravillosa y admirable de Su salvación completa, la cual ha preparado para nosotros en Cristo.

5[2] Véase la nota 22[3] del cap. 1.

6[1] Nuestro cuerpo está en la esfera material; el Señor está en la esfera espiritual. En este sentido, cuando estamos en nuestro domicilio, en nuestro cuerpo, estamos en *tierra extranjera*, lejos del Señor.

7[1] Los apóstoles regulaban sus vidas y andaban por fe, como se menciona en He. 11, y no por lo que se veía. De esta manera se dieron cuenta

8 estamos, pues, llenos de buen ánimo, y preferiríamos
más bien [1]estar [a]fuera del cuerpo, y habitar con el Señor.

E. Tienen por meta agradar al Señor viviendo para El
5:9-15

9 Por tanto nos [1]empeñamos también, sea [2]en este domicilio o fuera de él, en conseguir el honor de serle [a]agradables.
10 [1]Porque es necesario que todos nosotros [2a]comparezcamos ante el [3b]tribunal de Cristo, para que cada uno [4c]reciba por las cosas *hechas* [5]por medio del cuerpo, según lo que haya practicado, sea bueno o sea [6]malo.
11 [1]Conociendo, pues, el [2a]temor del Señor, [3]persuadimos a los hombres; pero a Dios le es manifiesto lo que somos; y espero que también lo sea a vuestras [b]conciencias.
12 No nos [a]recomendamos, pues, otra vez a vosotros, sino os damos ocasión de [b]gloriaros por nosotros, para que [1]tengáis *con qué responder* a los que se [c]glorían en las [2d]apariencias y no en el [3e]corazón.

8[a] Fil. 1:23
9[a] Col. 1:10; 1 Ts. 4:1; Ro. 12:1-2
10[a] 1 Co. 3:13; cfr. 2 Co. 5:11
10[b] Ro. 14:10
10[c] Mt. 16:27; Ap. 22:12
11[a] Sal. 2:11; Hch. 9:31; He. 12:28; Fil. 2:12
11[b] 2 Co. 4:2
12[a] 2 Co. 3:1; 4:2
12[b] 2 Co. 1:14
12[c] 2 Co. 11:18
12[d] Gá. 6:12
12[e] Ro. 2:29

---

de que mientras estaban en su cuerpo físico, estaban ausentes del Señor. Esto corresponde a lo que se dice en 4:18.

7[2] Es decir, lo que se ve.

8[1] Es decir, morir, siendo así librados de la esfera material para estar con el Señor en la esfera espiritual. Los apóstoles, quienes siempre eran perseguidos a muerte (1:8-9; 4:11; 11:23; 1 Co. 15:31), preferían morir para ser librados del cuerpo que los encerraba, a fin de habitar con el Señor en una esfera mejor (Fil. 1:23).

9[1] Tenemos celo con una meta firme, esforzándonos con diligencia *para agradar al Señor.*

9[2] Es decir, vivir y así permanecer en el cuerpo, o morir y así estar con el Señor.

10[1] *Porque* indica el motivo de la determinación del v. 9.

10[2] Lit., seamos manifestados.

10[3] Donde Cristo juzgará a Sus creyentes a Su regreso, no con respecto a la salvación eterna de ellos, sino a su recompensa dispensacional (1 Co. 4:4-5; 3:13-15). Véase la nota 10[1] de Ro. 14.

10[4] "La palabra técnica que significa recibir salario" (Alford).

10[5] Mientras todavía residamos en nuestro cuerpo, debemos hacer cosas que agraden al Señor por medio del cuerpo, para que seamos recompensados por el Señor cuando El venga.

10[6] O, inútil.

11[1] Es decir, estando conscientes de temer al Señor. La palabra *pues* indica que estar conscientes así, se debe al tribunal de Cristo mencionado en el v. 10.

11[2] No se refiere a que el Señor infunda temor, sino a que nosotros tememos al Señor.

11[3] *Los* apóstoles, conscientes de que debían temer al Señor, persuadieron a los hombres con respecto a su integridad, en cuanto a la clase de hombres que eran para con Dios y para con el hombre. No necesitaban persuadir a Dios, porque para Dios ya era manifiesto lo que ellos eran; no obstante, los apóstoles esperaban que esto también fuera manifiesto en la conciencia de los creyentes.

12[1] Es decir, tengáis palabras con las cuales responder a los que se glorían.

13[a] Mr. 3:21; Hch. 26:24-25
13[b] 1 Ti. 3:2; 2 Ti. 1:7
13[c] 2 Co. 4:15
14[a] Ro. 8:35
14[b] Ro. 5:19
14[c] Col. 2:20; 3:3; Gá. 2:20
15[a] 1 Ts. 5:10
15[b] Jn. 14:19; 6:57; Gá. 2:20; Fil. 1:21
15[c] Ro. 14:7-8; Gá. 2:19
16[a] Col. 2:11; Fil. 3:3; Ro. 8:4-8
16[b] Ro. 1:3; Jn. 1:14; Mt. 13:54-57; Jn. 1:45-46; 6:42; 7:41, 52

13 Porque si estamos [1a]locos, es para Dios; y si somos [2b]sensatos, es [c]para vosotros.

14 Porque el [1a]amor de Cristo nos [2]constriñe, [3]habiendo juzgado así: que [4b]uno murió por todos, [5]por consiguiente [c]todos murieron;

15 y por todos [a]murió, para que los que [b]viven, [1]ya no vivan para sí, sino [2c]para Aquel que murió por ellos y fue resucitado.

F. Se les encomendó el ministerio de reconciliación para la nueva creación del Señor 5:16-21

16 [1]**De manera que nosotros de aquí en adelante a nadie** [2]**conocemos según la** [a]**carne; y aun si a Cristo** [2]**conocimos** [b]**según la carne, ya no lo** [2]**conocemos** ***así.***

12[2] Lit., caras. La apariencia de los judaizantes.

12[3] Donde se encuentran la sinceridad y la realidad de las virtudes.

13[1] Es decir, enloquecido, como un necio, para la gloria de Dios (Hch. 26:24-25). Los apóstoles estaban en un éxtasis por Dios y con El para Su gloria; aquello no era una emoción que provenía de necedad.

13[2] Con dominio propio en amor, para el bien de otros.

14[1] El amor de Cristo para con nosotros, que fue manifestado en la cruz a través de Su muerte por nosotros (Gá. 2:20).

14[2] La palabra griega significa *presionar … por todos lados, mantener … para un solo fin, limitar por fuerza, confinar dentro de ciertos límites con miras a un solo objetivo, encerrar en una sola línea y con un solo fin* (como en un sendero estrecho y amurallado). (La misma palabra griega se usa en Lc. 4:38; 12:50; Hch. 18:5; Fil. 1:23.) De esta manera los apóstoles eran constreñidos por el amor de Cristo y así obligados a vivir para El.

14[3] Es decir, habiendo llegado a la conclusión (probablemente en el momento de su conversión).

14[4] La muerte de Cristo, sufrida en amor, es el factor motivador que constriñe a los apóstoles a vivir una vida de amor para El.

14[5] Puesto que Cristo murió como nuestro substituto, sufriendo la sentencia de muerte por todos nosotros, a los ojos de Dios todos morimos. Así que, no tenemos que morir según se ha establecido para los hombres (He. 9:27).

15[1] La muerte de Cristo no sólo nos salva de la muerte de modo que no tenemos que morir, sino que también, por medio de Su resurrección, hace que ya no vivamos para nosotros mismos sino para El.

15[2] Lit., a Aquel. Vivir para el Señor es más profundo en significado que vivir dedicado al Señor. Vivir dedicado al Señor implica que yo y el Señor todavía somos dos; vivir para el Señor indica que yo soy uno con el Señor, como la esposa es uno con el esposo en la vida conyugal.

16[1] Puesto que los apóstoles concluyeron que, por medio de la resurrección de Cristo, Su muerte hizo de todos nosotros un nuevo hombre, un hombre que no es carnal, ellos ya no conocían a nadie según la carne. Habían conocido a Cristo de esa manera, pero ahora ya no lo conocían así.

16[2] La primera vez que el verbo *conocer* aparece en este versículo, se refiere a estar consciente interna y subjetivamente; en los otros dos casos se refiere al conocimiento externo y objetivo. Véase la nota 6[1] de Ro. 6.

17 [1]De modo que si alguno está [2a]en Cristo, [3b]nueva creación es; las [c]cosas [4]viejas [d]pasaron; [5]he aquí son hechas
[e]nuevas.
18 Mas [1]todo proviene de Dios, quien nos [a]reconcilió
consigo mismo por Cristo, y nos dio el [b]ministerio de la
reconciliación;
19 a saber, que Dios [a]en Cristo estaba reconciliando consigo al [b]mundo, [c]no imputándoles a los hombres sus delitos,
y puso en nosotros la [1]palabra de la reconciliación.
20 Así que, somos [1a]embajadores en nombre de Cristo,
[b]exhortándoos Dios por medio de nosotros; os rogamos en
nombre de Cristo: [2]Reconciliaos con Dios.

17[a] 1 Co. 1:30; Ro. 6:3; Gá. 3:27-28; 2 Co. 12:2
17[b] Gá. 6:15; Ef. 2:15; 4:24; Col. 3:10
17[c] cfr. Ro. 6:6; Ef. 4:22; Col. 3:9; 2 Co. 3:14; He. 8:13; Mt. 9:16-17; 1 Co. 5:7-8; 2 P. 1:9; He. 1:11
17[d] 2 Co. 3:11, 13, 14; Mt. 5:18; Ap. 21:1
17[e] Tit. 3:5; Ro. 6:4; cfr. Ez. 36:26; 2 Co. 3:6; Jn. 13:34; Hch. 2:13; 1 Co. 5:7; He. 10:20; Ap. 21:1-2, 5

17[1] Esto confirma lo que se dice en el versículo anterior. Los apóstoles ya no conocerían a nadie según la carne, porque el que está en Cristo es una nueva creación; las cosas viejas de la carne pasaron por medio de la muerte de Cristo, y todas son hechas nuevas en la resurrección de Cristo.

17[2] Estar en Cristo significa ser uno con El en vida y naturaleza. Esto proviene de Dios a través de nuestra fe en Cristo (1 Co. 1:30; Gá. 3:26-28).

17[3] La vieja creación no tiene la vida y la naturaleza divinas, pero la nueva creación, constituida de los creyentes, quienes renacieron de Dios, sí las tiene (Jn. 1:13; 3:15; 2 P. 1:4). Por lo tanto, los creyentes son una nueva creación (Gá. 6:15), no según la vieja naturaleza de la carne, sino según la nueva naturaleza de la vida divina.

17[4] O, antiguas.

17[5] Un llamamiento a observar el cambio maravilloso de la nueva creación.

18[1] Se refiere a todas las cosas positivas mencionadas en los vs. 14-21, de las cuales Dios es Originador e Iniciador. Proviene de Dios que Cristo haya muerto para salvarnos de la muerte a fin de que vivamos para El. Proviene de Dios que hayamos llegado a ser una nueva creación en Cristo. Proviene de Dios que Cristo haya sido hecho pecado por causa nuestra para que nosotros fuésemos hechos justicia de Dios en El. Proviene de Dios que El haya reconciliado consigo al mundo. Y proviene de Dios que los apóstoles sean embajadores de Cristo, quienes tienen la comisión de representarlo para reconciliar a los hombres con Dios, a fin de que éstos sean hechos justicia de Dios y nueva creación para el cumplimiento del propósito eterno de Dios.

19[1] La palabra se da para el ministerio (v. 18).

20[1] Los apóstoles fueron comisionados con un ministerio específico, el de representar a Cristo para realizar el propósito de Dios.

20[2] En el versículo anterior el mundo es reconciliado con Dios; mientras que en este versículo los creyentes son reconciliados con Dios y han de ser más reconciliados con El. Esto indica claramente que se requieren dos pasos para que los hombres sean completamente reconciliados con El. El primer paso es reconciliar a los pecadores con Dios, separándolos del pecado. Con este propósito Cristo murió por nuestros pecados (1 Co. 15:3) para que Dios nos los perdonara. Este es el aspecto objetivo de la muerte de Cristo. En este aspecto, El llevó nuestros pecados en la cruz para que Dios los juzgara en El por nosotros. El segundo paso consiste en reconciliar con Dios a los creyentes que viven en la vida natural, apartándolos de la carne. Con

---

18[a] Ro. 5:10-11; Col. 1:20 **18**[b] 2 Co. 3:8; 4:1 **19**[a] Col. 2:9 **19**[b] Jn. 3:16; 1:29
19[c] Ro. 4:8 **20**[a] Ef. 6:20; Gá. 4:14 **20**[b] 2 Co. 6:1

21[a] Ro. 8:3; Is. 53:10; Jn. 1:29; He. 9:26
21[b] Ro. 1:17; 3:21; 10:3-4; Fil. 3:9; Ro. 4:25

21 Al que [1]no conoció pecado, por nosotros lo hizo [2a]pe-
cado, para que nosotros viniésemos a ser [3b]justicia de Dios
[4]en El.

---

este propósito Cristo murió por nosotros para que vivamos para El en la vida de resurrección (vs. 14-15). Este es el aspecto subjetivo de la muerte de Cristo. En este aspecto El fue hecho pecado por nosotros para ser juzgado y eliminado por Dios a fin de que nosotros fuésemos hechos justicia de Dios en El. Por medio de los dos aspectos de Su muerte El ha reconciliado completamente con Dios al pueblo escogido de Dios. Estos dos pasos de reconciliación son representados claramente por los dos velos del tabernáculo. El primer velo es llamado "la cortina" (Ex. 26:37). Un pecador que era traído a Dios a través de la reconciliación de la sangre propiciatoria entraba en el Lugar Santo pasando esta cortina. Esto tipifica el primer paso de la reconciliación. El segundo velo (Ex. 26:31-35; He. 9:3) todavía lo separaba de Dios, quien estaba en el Lugar Santísimo. Este velo tenía que ser rasgado para que el pecador pudiera ser traído a Dios al Lugar Santísimo. Este es el segundo paso de la reconciliación. Los creyentes corintios habían sido reconciliados con Dios, habiendo pasado el primer velo y entrado en el Lugar Santo. No obstante, todavía vivían en la carne. Tenían que pasar el segundo velo, el cual ya había sido rasgado (Mt. 27:51; He. 10:20), para entrar en el Lugar Santísimo y vivir con Dios en su espíritu (1 Co. 6:17). La meta de esta epístola era traerlos allí para que fueran personas en el espíritu (1 Co. 2:15), en el Lugar Santísimo. Esto era lo que el apóstol quería decir con la *expresión:* "Reconciliaos con Dios". En esto consistía presentarlos perfectos en Cristo (Col. 1:28).

21[1] Cristo no conoció el pecado ni por contacto directo ni por experiencia personal (cfr. Jn. 8:46; 1 P. 2:22; He. 4:15; 7:26).

21[2] El pecado provino de Satanás, quien se rebeló contra Dios (Is. 14:12-14). Este pecado, el cual provino del maligno, entró en el hombre (Ro. 5:12) e hizo que el hombre no sólo fuera pecador sino el pecado mismo bajo el juicio de Dios. Por consiguiente, cuando Cristo se hizo hombre en la carne (Jn. 1:14), El fue hecho pecado (no pecaminoso) por causa nuestra para ser juzgado por Dios (Ro. 8:3), con la finalidad de que nosotros fuésemos hechos justicia de Dios en El.

21[3] La justicia proviene de Dios para Su administración (Sal. 89:14; 97:2; Is. 32:1). Esta justicia es Cristo como nuestra justicia (1 Co. 1:30), que nos hace justicia de Dios en El (no justos delante de Dios). Por medio de la redención de Cristo, el hombre, quien es un pecador e incluso es el pecado mismo, es hecho justicia de Dios, siendo reconciliado con el Dios justo, y es hecho una nueva creación que vive para Dios con miras a Su propósito eterno. Los apóstoles tienen la comisión de ministrar a este Cristo, junto con todos los resultados gloriosos de Su logro maravilloso, a Sus creyentes, quienes son los miembros que forman Su Cuerpo. ¡A El sea la alabanza y la gloria para siempre!

21[4] En unión con El, no sólo en posición sino también orgánicamente en resurrección. Eramos enemigos de Dios (Col. 1:21) por haber venido a ser pecado, el cual provino de Satanás, quien se rebeló contra Dios. Por nosotros Cristo fue hecho pecado haciéndose uno con nosotros al encarnarse. Por Su muerte Dios lo condenó en la carne como pecado *en nuestro lugar a* fin de que fuésemos uno con El en Su resurrección para ser justicia de Dios. Por esta justicia, nosotros, los enemigos de Dios, pudimos ser reconciliados con El (vs. 18-20; Ro. 5:10).

CAPITULO 6

G. Colaboran con Dios por medio de una vida que se acomoda a todo
6:1—7:16

1. La obra del ministerio de la reconciliación
6:1-2

1 Nosotros, [1]pues, como [2]colaboradores *Suyos,* os [3a]roga-
mos también que no recibáis en vano la [4b]gracia de Dios.
2 Porque dice: "[a]En tiempo [b]aceptable te he oído, y en día
de salvación te he socorrido". He aquí ahora el tiempo [1c]acep-
table; he aquí ahora el [d]día de [2]salvación.

2. La vida adecuada del ministerio de la reconciliación
6:3-13

3 [1]No damos *a nadie* ninguna ocasión de tropiezo, para
que el [2]ministerio no sea vituperado;
4 antes bien, nos [a]recomendamos en todo como [b]minis-
tros de Dios, en mucha [1c]perseverancia, en [d]tribulaciones, en
[2e]necesidades, en [f]angustias,

- 1[a] 2 Co. 5:20
- 1[b] He. 12:15
- 2[a] Is. 49:8
- 2[b] Lc. 4:19
- 2[c] Sal. 69:13
- 2[d] He. 3:13
- 4[a] 2 Co. 4:2
- 4[b] cfr. 1 Co. 4:1
- 4[c] 2 Co. 12:12; 2 Ti. 3:10
- 4[d] 2 Co. 2:4; Col. 1:24
- 4[e] 2 Co. 12:10
- 4[f] 2 Co. 12:10

1[1] Aquí *pues* indica una continuación. En la última parte del cap. 5 (5:16-21) el apóstol nos dijo que a ellos, como ministros del nuevo pacto, se les había encomendado el ministerio de la reconciliación para la nueva creación del Señor. A partir de este versículo y hasta el final del cap. 7, él pasa a decirnos cómo ellos laboraban. Ellos laboraban junto con Dios por medio de una vida (no por medio de algún don), la cual es todo suficiente y madura, capaz de adaptarse a todas las situaciones, es decir, capaz de resistir cualquier tipo de trato, de aceptar cualquier clase de medio ambiente, de obrar bajo cualquier clase de condiciones, y de aprovechar cualquier oportunidad, con el fin de llevar a cabo su ministerio.

1[2] Los apóstoles no sólo habían sido comisionados por Dios en su ministerio, sino que también laboraban junto con El. Ellos eran colaboradores de Dios (1 Co. 3:9).

1[3] Esta es la obra de reconciliación, según 5:20.

1[4] Véase la nota 10[1] de 1 Co. 15. La gracia de Dios siempre nos hace volver a El. Según el contexto, no recibir la gracia de Dios en vano significa ser conducido de nuevo a El y no permanecer en nada que nos distraiga de Dios.

2[1] Se refiere al momento en el que somos reconciliados con Dios, cuando El nos acepta.

2[2] Según el contexto, que comienza al final del cap. 5, esto se refiere a la reconciliación.

3[1] Desde aquí hasta el final del cap. 7, el apóstol describió una vida que se adapta a cualquier situación para el cumplimiento de su ministerio.

3[2] El ministerio del nuevo pacto (3:8-9; 4:1).

4[1] La perseverancia es el primer requisito para la vida de los ministros del nuevo pacto, la cual es capaz de adaptarse a cualquier situación. Esto no solamente se refiere a cierta clase de paciencia, sino a la capacidad de soportar el sufrimiento en la tribulación, ya sea la presión, la opresión, la persecución, la pobreza o cualquier clase de prueba.

5 en [a]azotes, en [b]cárceles, en [c]tumultos, en [d]trabajos, en [1e]vigilias, en [2]ayunos;

6 en pureza, en [1a]conocimiento, en longanimidad, en bondad, en un [2b]espíritu santo, en un [1c]amor no fingido,

7 en la [a]palabra de verdad, en el [b]poder de Dios; mediante [1c]armas de justicia [2]a diestra y a siniestra;

8 a través de [1]gloria y de [a]deshonra, de [2b]mala fama y de buena fama; como [3c]engañadores, pero [d]veraces;

9 como [1]desconocidos, pero bien conocidos; como [2a]moribundos, mas he aquí [b]vivimos; como [3]castigados, mas [c]no muertos;

10 como [1a]entristecidos, mas siempre [b]gozosos; como [2]pobres, mas [c]enriqueciendo a muchos; como [3d]no teniendo nada, mas poseyéndolo [e]todo.

5[a] 2 Co. 11:23-24; Hch. 16:23
5[b] 2 Co. 11:23
5[c] Hch. 17:5; 19:23
5[d] 2 Co. 11:23, 27; 1 Co. 4:12
5[e] 2 Co. 11:27
6[a] 2 Co. 11:6
6[b] 2 Co. 7:1; 1 Ts. 5:23
6[c] Ro. 12:9
7[a] 2 Co. 4:2; Ef. 1:13; Col. 1:5; 2 Ti. 2:15
7[b] 1 Co. 2:4-5
7[c] 2 Co. 10:4; Ro. 13:12; cfr. Ef. 6:11-17; 1 Ts. 5:8
8[a] 1 Co. 4:10
8[b] 2 Co. 12:16; 1 Co. 4:13; Ro. 3:8
8[c] cfr. Mt. 27:63
8[d] cfr. 2 Co. 4:2; 1 Ts. 2:3

4[2] La palabra griega denota limitaciones, necesidades urgentes que apremian en gran manera, lo cual indica una carencia de las cosas necesarias para la vida diaria, tales como comida, albergue y vestido.

5[1] Es decir, en desvelos, como ocurrió en Hch. 16:25; 20:7-11, 31; 2 Ts. 3:8.

5[2] Debido a la falta de comida. Véase la nota 27[2] del cap. 11.

6[1] El conocimiento está relacionado con la mente; el amor, con el corazón.

6[2] Se refiere al espíritu regenerado de los apóstoles. Con azotes en el cuerpo (v. 5), conocimiento en la mente, y amor en el corazón, los apóstoles luchaban con todo su ser, que consta de cuerpo, alma y espíritu, en su vida diaria para realizar su ministerio.

7[1] Esto indica que la vida de los apóstoles en su ministerio era una vida de batallas en la cual luchaban por el reino de Dios. Las armas de justicia sirven para pelear, con la finalidad de que tengamos una relación recta con Dios y con los hombres según la justicia de Dios (Mt. 6:33; 5:6, 10, 20).

7[2] Las armas que se usan en la diestra, como por ejemplo la espada, son ofensivas; las que se usan en la siniestra, como el escudo, son defensivas.

8[1] La gloria proviene de Dios y de quienes lo aman; la deshonra proviene del diablo y de quienes lo siguen.

8[2] La mala fama proviene de los opositores y los perseguidores (Mt. 5:11); la buena fama proviene de los creyentes y de quienes reciben la verdad que los apóstoles predican y enseñan.

8[3] Como engañadores a los ojos de los judaizantes y de la gente de otras religiones y filosofías, pero veraces a los ojos de quienes aman la verdad de Dios.

9[1] Como desconocidos en el sentido de no exhibirse ellos mismos, pero bien conocidos en el sentido de dar testimonio de la verdad de Dios.

9[2] Como moribundos al sufrir persecuciones (1:8-10; 4:11; 1 Co. 15:31), pero vivos en la resurrección del Señor (4:10-11).

9[3] Como castigados según el entendimiento superficial de los opositores, pero no muertos por estar bajo el cuidado soberano del Señor.

10[1] Como entristecidos debido a las condiciones negativas de las iglesias (11:28), pero siempre gozosos en

---

9[a] 2 Co. 1:8-9; 4:10-12; 1 Co. 15:31; Ro. 8:36
9[b] 2 Co. 4:10-11; Jn. 14:19; 2 Ti. 2:11 **9**[c] cfr. Sal. 118:18 **10**[a] Jn. 16:22
10[b] 2 Co. 7:7; Fil. 1:18 **10**[c] Pr. 13:7; 2 Co. 8:9 **10**[d] Hch. 3:6
10[e] 1 Co. 3:21; Ro. 8:32

11 Nuestra boca se ha [1a]abierto a vosotros, oh corintios;
nuestro corazón se ha [1b]ensanchado.
12 No estáis estrechos en nosotros, pero sí sois [1]estrechos
en [2a]vuestro interior.
13 Pues, [1]recíprocamente en pago (como a [2a]hijos hablo),
[3]ensanchaos también vosotros.

3. Una exhortación franca del ministerio de la reconciliación 6:14—7:1

14 [1]No os [a]unáis en yugo [2]desigual con los incrédulos;
porque ¿qué [3b]compañerismo tiene la justicia con la [4]injusti-
cia? ¿Y qué [c]comunión la [d]luz [5]con las [e]tinieblas?

11a Ef. 6:19; Ez. 33:22
11b 2 Co. 7:2; Sal. 119:32
12a Flm. 7, 20
13a 1 Co. 4:14
14a cfr. 1 Co. 7:39; Dt. 7:3; Jos. 23:12; Esd. 9:2
14b Ef. 5:7, 11
14c 1 Jn. 1:6
14d Ef. 5:8-9; 1 Jn. 1:7
14e Hch. 26:18; Col. 1:13; 1 P. 2:9; 1 Jn. 1:6; Ro. 13:12

---

la gracia suficiente y en la vida de resurrección de Cristo (12:9-10).

10[2] Como pobres en cosas materiales, sin embargo enriqueciendo a muchos en riquezas espirituales (Ef. 3:8).

10[3] Como no teniendo nada en el sentido humano, pero poseyéndolo todo en la economía divina.

11[1] Los apóstoles, quienes eran maduros en todo aspecto y podían adaptarse a cualquier situación, según lo descrito en los vs. 3-10, habían abierto la boca y ensanchado el corazón para con los creyentes. Con un corazón ensanchado, podían acoger a todos los creyentes sin importar su condición, y habiendo abierto la boca, tenían la libertad de hablar con franqueza a todos los creyentes con respecto a la verdadera situación a la cual habían sido desviados. Esta clase de franqueza y grandeza de corazón es necesaria para reconciliar con Dios a los creyentes desviados y distraídos, o sea, hacerlos volver a El.

12[1] Los creyentes corintios, siendo infantiles (v. 13), eran presionados y restringidos en su interior para con los apóstoles. Todos los niños son muy estrechos en sus sentimientos y fácilmente se ofenden con quienes los corrigen.

12[2] Lit., vuestras entrañas. La misma palabra griega que se traduce *cariño* en 7:15. Véase la nota 8[1] de Fil. 1.

13[1] El apóstol quería que los creyentes corintios le dieran cierto pago, esto es, un corazón igualmente ensanchado, de modo que lo recibieran a él en amor.

13[2] Esto indica (1) que el apóstol consideraba infantiles a los creyentes corintios, y (2) que al tratar con ellos les hablaba como un padre habla a sus hijos.

13[3] Ser ensanchado requiere crecimiento y madurez en vida, de lo cual los corintios carecían (1 Co. 3:1, 6; 14:20). El apóstol laboraba en ellos para suplir lo que les faltaba. Según el contexto, el cual comienza al final del cap. 5, ser ensanchado al crecer y madurar en vida equivale a ser completamente reconciliado con Dios. Al escribir eso, el apóstol llevaba a cabo su ministerio de reconciliar a los creyentes, los cuales estaban apenas a medio camino de ser reconciliados con Dios.

14[1] El apóstol dijo esto basándose en el hecho de que su boca se había abierto para con los creyentes y en que su corazón se había ensanchado para con los creyentes, como se ve en el v. 11.

14[2] *Desigual* implica una diferencia de género. Esto se refiere a Dt. 22:10, donde se prohibe unir en un mismo yugo dos animales de especie diferente. Los creyentes y los incrédulos son pueblos diferentes. Debido a la naturaleza divina y la posición santa

15[a] cfr. 1 Co. 10:20-21
15[b] 1 Co. 6:6
16[a] 1 Co. 3:16-17; 6:19
16[b] He. 3:12
16[c] Lv. 26:12; Ex. 25:8; 29:45-46
16[d] Ez. 37:27; Jer. 31:1
17[a] Is. 52:11; Ez. 20:34, 41; Ap. 18:4
17[b] 2 Co. 7:1
18[a] cfr. 2 S. 7:14
18[b] Os. 1:10; Is. 43:6
1[a] 1 Jn. 3:3
1[b] 1 Ts. 5:23
1[c] 1 P. 1:15
1[d] He. 12:28

15 ¿Y qué concordia [a]Cristo [1]con Belial? ¿O qué parte el
creyente con el [b]incrédulo?
16 ¿Y qué acuerdo hay entre el templo de Dios y los ídolos?
Porque nosotros somos el [a]templo del [1b]Dios viviente, como
Dios dijo: "[c]Habitaré entre ellos y *entre ellos* andaré, y [d]seré
su Dios, y ellos serán Mi pueblo".
17 Por lo cual, "[a]salid de en medio de ellos, y [1]apartaos,
dice el Señor, y no toquéis [2]lo [b]inmundo; y Yo os [3]recibiré",
18 "y seré para vosotros por [1a]Padre, y vosotros me seréis
[2b]hijos e hijas, dice el Señor Todopoderoso".

CAPITULO 7

1 [1]Así que, amados, puesto que tenemos [2]estas promesas, [a]limpiémonos de toda [3]contaminación de carne y de
[b]espíritu, [4]perfeccionando la [c]santidad en el [5d]temor de Dios.

---

de los creyentes, éstos no deben unirse en un mismo yugo con los incrédulos. Esto debe aplicarse a todas las relaciones íntimas que puedan existir entre creyentes e incrédulos, no sólo al matrimonio y a los negocios.

Esta palabra indica que los creyentes corintios se habían unido en yugo desigual con los incrédulos, y que no se habían apartado para Dios separándose de la gente mundana. Esto quiere decir que no estaban completamente reconciliados con Dios. Por eso, el apóstol les exhortó a que no se unieran en yugo desigual con los incrédulos, sino que se apartaran de ellos para ser completamente reconciliados con Dios, es decir, conducidos de nuevo a El.

14[3] El apóstol usó cinco ejemplos para describir la diferencia que existe entre los creyentes y los incrédulos: No puede haber (1) ningún compañerismo, ningún intercambio, entre la justicia y la injusticia, o sea el vivir sin ley; (2) ninguna comunión entre la luz y las tinieblas; (3) ninguna concordia, armonía, entre *Cristo y Belial;* (4) ninguna parte, ninguna porción, compartida por un creyente y un incrédulo; (5) ningún acuerdo, ningún consentimiento, entre el templo de Dios y los ídolos. Estos ejemplos también revelan el hecho de que los creyentes son justicia, luz, Cristo y el templo de Dios, y que los incrédulos son injusticia, o sea, no están sometidos a ninguna ley, y son tinieblas, Belial (Satanás, el diablo) e ídolos.

14[4] Lit., sin ley. Véase la nota 4[2] de 1 Jn. 3.

14[5] Lit., para con.

15[1] Lit., para con.

16[1] El Dios viviente es el Dios que mora entre nosotros y anda en nuestro medio a fin de ser nuestro Dios subjetivamente para que nosotros participemos de El (véase la nota 15[3] de 1 Ti. 3) y seamos Su pueblo, experimentándolo de una manera viva.

17[1] Esto significa ser conducido de nuevo a Dios, ser reconciliado con El, de modo práctico (5:20). Ser reconciliado con Dios de modo práctico requiere que nos separemos de todas las personas, cosas y asuntos que no pertenecen a Dios.

17[2] Las cosas que pertenecen a una vida sin ley, a las tinieblas, a Belial y a los ídolos, según se enumera en los vs. 14-16.

17[3] Dios recibe con gozo a los creyentes que han sido devueltos a El, o sea reconciliados completamente con El.

18[1] Tener a Dios por Padre y ser hijos e hijas de El es un asunto de vida,

4. La preocupación íntima de la vida ministerial de los apóstoles 7:2-16

2 [1a]Dadnos cabida *en vuestro corazón:* a nadie hemos [2b]agraviado, a nadie hemos corrompido, de nadie hemos tomado [c]ventaja.

3 No lo digo para condenaros; pues ya he dicho antes que estáis [1]en nuestro corazón, para morir juntos y para vivir juntos.

4 Mucha [a]franqueza tengo con vosotros; mucho me [b]glorío con respecto de vosotros; lleno estoy de [1c]consolación; sobreabundo de [1d]gozo en toda [e]tribulación nuestra.

5 Porque de cierto, cuando vinimos a [a]Macedonia, ningún reposo tuvo nuestra [1]carne, sino que en todo fuimos [b]atribulados; de fuera, [c]conflictos; de dentro, temores.

2[a] 2 Co. 6:11, 13
2[b] cfr. Hch. 20:33; 1 S. 12:3-4
2[c] 2 Co. 12:17
4[a] 2 Co. 3:12
4[b] 2 Co. 1:12, 14; 8:24; 9:2; 2 Ts. 1:4
4[c] 2 Co. 7:6-7, 13; 1:4; 1 Ts. 3:7
4[d] 2 Co. 6:10
4[e] 2 Co. 1:4; 4:8; Col. 1:24
5[a] 2 Co. 2:13
5[b] 2 Co. 4:8
5[c] 2 Co. 10:3; 1 Co. 15:32; 2 Ti. 4:7

---

y es más profundo que tenerle por Dios y ser Su pueblo (v. 16).

18[2] Esta es la única ocasión en que el Nuevo Testamento indica que Dios tiene hijas. En la mayoría de las ocasiones se nos dice que los creyentes son hijos de Dios.

1[1] Esto indica que este versículo es la conclusión de la última parte del cap. 6, vs. 14-18.

1[2] Las promesas mencionadas en 6:16-18.

1[3] La contaminación de la carne está relacionada con ser contaminado por las cosas materiales; la contaminación del espíritu se relaciona con ser contaminado por las cosas del mundo espiritual, tales como los ídolos.

1[4] La santidad consiste en estar *apartado para Dios de todo lo que no* sea El (véanse las notas 2[3] de Ro. 1 y 4[3] de Ef. 1). Perfeccionar la santidad es hacer que esta separación sea completa y perfecta, que todo nuestro ser —espíritu, alma y cuerpo— sea completa y perfectamente apartado y santificado, para Dios (1 Ts. 5:23). Esto significa ser completamente reconciliado con Dios.

1[5] No atreverse a tocar lo que no pertenezca a Dios o no esté relacionado con El (6:17).

2[1] La exhortación franca que se encuentra en 6:14—7:1 se da de modo parentético para hacer que los corintios distraídos vuelvan a su Dios santo y dejen de tocar cosas que contaminan, a fin de ser completamente reconciliados con El. Así que, este versículo en realidad es una continuación de 6:11-13, donde les ruega a los creyentes que tengan un corazón ensanchado para con los apóstoles, que hagan lugar para los apóstoles. Desde este versículo hasta el final del capítulo, el apóstol, en su ruego, expresó su preocupación íntima por los creyentes, para que ellos fuesen consolados y alentados a ir adelante de modo positivo con el Señor después de ser plenamente reconciliados con El.

2[2] En primer lugar, *a nadie hemos* agraviado; luego, a nadie hemos corrompido; y por último, de nadie hemos tomado ventaja.

3[1] La expresión de una relación muy íntima.

4[1] Lit., el consuelo, el gozo; se refiere al consuelo específico, al gozo específico que Tito le trajo.

5[1] Se refiere al hombre exterior, que incluye el cuerpo y el alma (véase la nota 16[1] del cap. 4); los conflictos por fuera y los temores por dentro tienen que ver con el cuerpo y el alma.

6[a] 2 Co. 1:4
6[b] 2 Co. 7:4, 13
6[c] 2 Co. 2:13; 7:13
7[a] 2 Co. 7:11
7[b] 2 Co. 7:11
7[c] 2 Co. 7:9, 13, 16; 6:10
8[a] 2 Co. 7:11; 2:2, 4
9[a] Sal. 38:18
10[a] Ap. 2:5, 16; 3:3, 19
10[b] cfr. Pr. 17:22
11[a] 2 Co. 8:7, 8, 16
11[b] 2 Co. 7:7

6 Pero Dios, que [a]consuela a los [1]abatidos, nos [2b]consoló
con la [3]venida de [c]Tito;
7 y no sólo con su venida, sino también con la consolación
con que él había sido consolado a causa de vosotros, haciéndonos saber vuestro [a]gran afecto, vuestro llanto, vuestro
[b]celo por mí, de manera que me [c]regocijé aun más.
8 Porque aunque os [a]contristé con la [1]carta, no me pesa.
Aunque [2]sí me pesó entonces (porque veo que aquella carta,
aunque por poco tiempo, os [3]contristó),
9 ahora me gozo, no porque hayáis sido contristados,
sino porque fuisteis contristados para [1]arrepentimiento;
porque habéis sido [2a]contristados según Dios, para que ninguna pérdida padecieseis por nuestra parte.
10 Porque la tristeza que es según Dios produce [a]arrepentimiento para [1]salvación, *que es* sin remordimiento; pero la
[b]tristeza del mundo produce muerte.
11 Porque he aquí, esto mismo de que hayáis sido contristados según Dios, ¡qué [1a]solicitud [2]produjo en vosotros, [3]y
qué [4]defensa, *qué* [5]indignación, *qué* [6]temor, *qué* [7b]ardiente

---

No tener reposo en la carne es diferente de no tener reposo en el espíritu (2:13).

6[1] Lit., humildes; por derivación, los abatidos (por causa de las circunstancias abrumadoras).

6[2] Debido a su profunda preocupación con respecto a cómo responderían los creyentes corintios a su primera epístola, el apóstol no tenía reposo en su espíritu (2:13) e incluso estaba abatido, anhelando ver a Tito para obtener información acerca de la respuesta de los corintios. Ahora Tito no sólo había venido, sino que también había traído buenas nuevas de la respuesta positiva de ellos. Eso fue un gran consuelo para el apóstol.

6[3] Lit., presencia. Así también en el versículo siguiente.

8[1] Se refiere a la primera epístola del apóstol a los corintios.

8[2] Esto indica que en su primera epístola el apóstol no solamente fue osado y franco al reprender a los creyentes, sino que también fue tierno y suave para con ellos.

8[3] Esto muestra que la primera epístola del apóstol a los creyentes tuvo efecto en ellos.

9[1] Este era el resultado que el apóstol deseaba cuando escribió su primera epístola.

9[2] La primera epístola del apóstol contristó a los corintios según Dios, y no por ninguna otra cosa. Esto indica que ellos habían sido conducidos de nuevo a Dios, o sea, reconciliados con Él.

10[1] Se refiere a ser reconciliados con Dios (5:20), lo cual da por resultado más vida, que está en contra de la muerte. Por esta reconciliación, el apóstol vio el fruto de su primera epístola a los corintios.

11[1] O, diligencia. Esto se refiere a la solicitud que los creyentes corintios arrepentidos tenían por el apóstol, solicitud que brotaba de la tierna preocupación que él tenía por ellos con respecto a la relación que ellos tenían con *Dios* y a *su condición* delante de Dios. Anteriormente, no les importaba la preocupación del apóstol; ahora en su arrepentimiento mostraban atención y solicitud al respecto. Así también en el v. 12.

afecto, *qué* [8c]celo, y *qué* [9d]castigo! En todo os habéis mos- 11c 2 Co. 7:7
trado puros en [10]el asunto. 11d 2 Co. 10:6
12 Así que, aunque os [a]escribí, no fue por causa [1]del que 12a 2 Co. 2:4
cometió el agravio, ni por causa [2]del que lo padeció, sino para
que se os [3]hiciese manifiesta la solicitud que tenéis por
nosotros delante de Dios.
13 Por esto hemos [a]recibido consuelo. Y sobre este consue- 13a 2 Co. 7:6
lo nuestro, nos [b]gozamos [1]más abundantemente por el gozo 13b 2 Co. 7:7
de [2]Tito, por cuanto su [3]espíritu [c]recibió refrigerio de todos 13c 1 Co. 16:18
vosotros.

11[2] O, efectuó. Los siete resultados producidos por la tristeza para arrepentimiento que sintieron los creyentes corintios, según se enumera en este versículo, eran una rica cosecha de la primera epístola del apóstol a los corintios.

11[3] La palabra griega traducida "y" aparece seis veces en este versículo y significa *no sólo eso, sino también.*

11[4] O, vindicación, demostración de inocencia; esto se refiere a la vindicación que los creyentes corintios hicieron de sí mismos ante Pablo por medio de Tito, en la cual probaron su inocencia con respecto a la ofensa.

11[5] Indignación por la ofensa y en contra del ofensor.

11[6] Temor del apóstol, quien posiblemente vendría con vara (1 Co. 4:21).

11[7] Anhelo por el apóstol. Los creyentes arrepentidos temían al apóstol, pero también le tenían gran afecto.

11[8] Celo por dar un castigo justo al ofensor.

11[9] Es decir, el hecho de *imponer justicia*, hacer justicia a todos los partidos como un castigo disciplinario (2:6).

Los últimos seis resultados de la tristeza que causa el arrepentimiento, la cual es conforme a Dios, forman tres pares: el primero está relacionado con el sentimiento de vergüenza por parte de los creyentes de Corinto, el segundo con el apóstol, y el tercero con el ofensor (según Bengel). La traducción de Wuest también indica esto con la expresión "Sí ... de hecho", la cual se usa tres veces como sigue: "Sí, defensa verbal de vosotros, de hecho indignación; sí, temor, de hecho ardiente afecto; sí, celo, de hecho la imposición del castigo disciplinario".

11[10] Se refiere al caso de incesto, que fue condenado por el apóstol en el cap. 5 de la primera epístola.

12[1] El hermano que cometió incesto (1 Co. 5:1).

12[2] El padre del hermano que cometió el incesto.

12[3] Los creyentes corintios verdaderamente amaban a los apóstoles y eran solícitos hacia ellos, pero habían sido descarriados por maestros falsos. Por tanto, el apóstol escribió la primera epístola con la intención de hacerlos volver para que se les hiciese manifiesto el amor y solicitud que ellos tenían por los apóstoles.

13[1] Esto indica que el apóstol era muy humano y emotivo al ministrar vida.

13[2] Esta sección principal de 2:12 a 7:16, acerca del ministerio de los apóstoles del nuevo pacto y acerca de ellos mismos como ministros del nuevo pacto, empieza con la ansiedad del apóstol de ver a Tito debido a su preocupación amorosa por los creyentes corintios (2:13), y termina con el consuelo y el ánimo que recibió cuando llegó Tito, quien trajo buenas noticias con respecto a los creyentes de Corinto.

13[3] Esto demuestra que aunque los apóstoles eran humanos y emotivos, con todo, permanecían en su espíritu al ministrar vida.

14[a] 2 Co. 7:4
15[a] 2 Co. 2:9; 10:6
15[b] 1 Co. 2:3; Fil. 2:12
16[a] 2 Co. 7:7

14 Pues si de algo me he [a]gloriado con él respecto de
vosotros, no he sido avergonzado; antes bien, así como todo
os lo hemos hablado con verdad, también nuestro gloriarnos
ante Tito resultó verdad.
15 Y su [1]cariño para con vosotros es aún más abundante,
cuando se acuerda de la [a]obediencia de todos vosotros, de
cómo lo recibisteis con [b]temor y temblor.
16 Me [a]regocijo de que en todo [1]tengo denuedo por causa
de vosotros.

CAPITULO 8

IV. La comunión del apóstol en cuanto al ministerio para los santos necesitados 8:1—9:15

A. La gracia que proviene de cuatro direcciones 8:1-15

1[a] 2 Co. 1:12; 9:14; 13:14
1[b] Hch. 16:9; 2 Co. 1:16; 2:13
2[a] cfr. Mr. 12:43-44
2[b] 2 Co. 9:13
3[a] 2 Co. 8:17
4[a] 2 Co. 9:1; Ro. 15:25-26
5[a] cfr. Ro. 12:1

1 Asimismo, hermanos, os hacemos saber la [1a]gracia de
Dios que se ha dado en las iglesias de [b]Macedonia;
2 que en grande [1]prueba de tribulación, la abundancia
de su gozo y su profunda [a]pobreza abundaron en riquezas de
su [2b]liberalidad.
3 Pues doy testimonio de que, conforme a *sus* fuerzas, y
aún más allá de *sus* fuerzas, [a]por su propia voluntad,
4 con muchos ruegos nos pidieron la [1]gracia y la participación en la [a]ministración a los santos.
5 Y no como lo esperábamos, sino que a sí mismos se
[a]dieron [1]primeramente al Señor, [2]y luego a nosotros [3]por
medio de la voluntad de Dios;

15[1] Lit., entrañas. La misma palabra griega usada en 6:12. Véase la nota 8[1] de Fil. 1.

16[1] O, tengo confianza en vosotros. El apóstol fue animado por los creyentes corintios y podía tener confianza en ellos.

1[1] Véase la nota 10[1] de 1 Co. 15. Por medio de esta gracia, la cual es la vida de resurrección de Cristo, los creyentes macedonios vencieron la usurpación de las riquezas temporales e inciertas (véase la nota 1[1] de 1 Co. 16) y llegaron a ser generosos al ministrar a los santos necesitados.

2[1] Véase 2:9 y la nota 2, y la nota 13[1] del cap. 9.

2[2] La misma palabra griega se traduce *sencillez.* Véase 1:12 y Ro. 12:8.

4[1] Los creyentes macedonios pidieron con muchos ruegos que los apóstoles les concedieran la gracia de participar (tener comunión) en la ministración a los santos necesitados. Nadie les pidió a ellos que tomaran parte en este asunto; antes bien, ellos mismos lo pidieron con ruegos. Consideraban como gracia que los apóstoles les concedieran tal porción.

5[1] El Señor prefiere mucho más a

6 de manera que rogamos a [a]Tito que tal como comenzó
antes, asimismo acabase entre vosotros [1]también esta [2b]gra-
cia.
7 Por tanto, como en todo [a]abundáis, en fe, en [1]palabra,
en [b]conocimiento, en toda [2c]solicitud, y en [3]el amor que está
en vosotros *el cual recibisteis* [4]de nosotros, abundad también
en esta [5]gracia.
8 [a]No digo esto como mandato, sino para poner a prueba,
por medio de la solicitud de otros, también la autenticidad
del amor vuestro.
9 Porque conocéis la [1a]gracia de nuestro Señor Jesucristo, que por amor a vosotros se hizo pobre, siendo rico, para
que vosotros por Su pobreza fueseis [b]enriquecidos.
10 Y en esto doy *mi* [1a]opinión; porque esto es provechoso
para vosotros, que fuisteis los primeros no sólo en comenzar
a hacerlo, sino también en tomar tal resolución, [b]desde el
año pasado.
11 Ahora, pues, llevad también a cabo el hacerlo, de modo

6[a] 2 Co. 8:16, 23; 12:18
6[b] 2 Co. 8:7, 19; 1 Co. 16:3 y la nota
7[a] 2 Co. 9:8
7[b] 1 Co. 1:5
7[c] 2 Co. 7:11
8[a] 1 Co. 7:6
9[a] 2 Co. 12:9; 13:14
9[b] 2 Co. 6:10
10[a] 1 Co. 7:25, 40
10[b] 2 Co. 9:2

---

los creyentes mismos que las posesiones de ellos.

5[2] Se dieron no sólo al Señor sino también a los apóstoles para ser uno con ellos en el cumplimiento de su ministerio.

5[3] Por medio de la voluntad de Dios, por medio del agente divino soberano, los creyentes se dieron primeramente al Señor, y luego a los apóstoles.

6[1] Esto indica que además de esta gracia, la gracia de dar, Tito también completó otras cosas entre los creyentes de Corinto.

6[2] La acción de dar.

7[1] *O,* expresión.

7[2] Véase la nota 11[1] del cap. 7.

7[3] Algunos mss. dicen: el amor de vosotros en nosotros.

7[4] El amor que estaba en los creyentes les había sido infundido por los apóstoles.

7[5] El amor mostrado al dar ellos bienes materiales a los santos necesitados. La gracia de los creyentes fue el resultado de la gracia de Dios, la cual los motivaba. En la comunión acerca de la ministración a los santos, el apóstol se refirió a la gracia de cuatro entidades: (1) la gracia de Dios, la cual fue dada a los creyentes macedonios con la intención de motivarlos y capacitarlos a dar con liberalidad (vs. 1-2); (2) la gracia de los apóstoles, la cual permitió que los creyentes participaran en la ministración a los santos necesitados (v. 4); (3) la gracia de los creyentes, la cual era su ministración de las cosas materiales a los necesitados (vs. 6-7); y (4) la gracia de Cristo, que consiste en que El se hizo pobre para que nosotros fuésemos enriquecidos (v. 9). Esto indica que cuando los creyentes ofrecen al Señor las posesiones materiales con cualquier propósito, el asunto debe estar absolutamente relacionado con la gracia, no con la maniobra humana.

9[1] Es gracia para nosotros que el Señor Jesús, siendo rico, se hiciera pobre por amor a nosotros. Según el mismo principio, es gracia para otros que por amor a ellos sacrifiquemos nuestras riquezas materiales.

10[1] La opinión del apóstol expresó la voluntad y el deseo del Señor. Véase la nota 25[1] de 1 Co. 7.

que cual fue la [a]prontitud para resolveros, tal sea también
la realización conforme a lo que [b]tengáis.
12 Porque si primero hay la voluntad dispuesta, será
acepta según lo que uno tiene, no según lo que no tiene.
13 Porque no *se trata de* que para otros *haya* alivio, *y* para
vosotros aflicción,
14 sino *de* que en este tiempo, con igualdad, la abundancia vuestra supla la [a]escasez de ellos, para que también la
abundancia de ellos supla la escasez vuestra, para que haya
igualdad,
15 como está escrito: "[1a]Al que *recogió* mucho, no le sobró,
y al que poco, no le faltó".

B. Pensar de antemano en lo que es honroso
8:16-24

16 Pero [a]gracias a Dios que pone en el corazón de [b]Tito la
misma [1c]solicitud que yo tengo por vosotros.
17 Pues no sólo aceptó el [1a]ruego, sino que también, estando muy solícito, [b]por su propia voluntad partió para ir a
vosotros.
18 Y enviamos juntamente con él al [a]hermano cuya alabanza en el evangelio *se ha difundido* por [b]todas las iglesias;
19 y no sólo *esto,* sino que también fue elegido por las
iglesias como nuestro compañero de viaje en esta [1a]gracia,
que nosotros ministramos para [b]gloria del Señor mismo, y
para demostrar nuestra [c]prontitud de ánimo;
20 [1]evitando que nadie halle falta en nosotros en cuanto
a la [2]abundancia que ministramos;

11[a] 2 Co. 8:19; 9:2
11[b] Mr. 12:44
14[a] 2 Co. 9:12; Hch. 4:34-35
15[a] Ex. 16:18
16[a] 2 Co. 2:14
16[b] 2 Co. 8:6; 7:6
16[c] 2 Co. 7:11
17[a] 2 Co. 8:6
17[b] 2 Co. 8:3
18[a] 2 Co. 12:18
18[b] 1 Co. 7:17
19[a] 2 Co. 8:6, 7
19[b] 2 Co. 4:15
19[c] 2 Co. 8:11

15[1] Esta cita de Ex. 16 se refiere a la manera celestial de Dios de equilibrar la provisión de maná entre Su pueblo, y aquí se aplica a la ministración de bienes materiales a los santos necesitados. El maná era recogido para el suministro diario del pueblo de Dios; ellos tenían una provisión suficiente sin importar si recogían mucho o poco. Recoger el maná era su deber, y tenían que cumplir con su deber sin avaricia. De la misma manera, como hijos de Dios, no debemos ser avaros ni procurar conservar nuestro dinero para nosotros mismos, porque ya sea que demos o no, el resultado será el mismo, porque Dios en Su soberanía actúa para mantener un equilibrio celestial con respecto a las riquezas entre Su pueblo. Como resultado El se encarga de nuestras necesidades diarias; así que no le sobra al que guarda mucho ni le falta al que guarda poco.

16[1] O, diligencia. Se refiere a la diligencia de Pablo, su solicitud, para con los creyentes.

17[1] El ruego del apóstol.

19[1] Véanse las notas 6[2] y 7[5].

20[1] El dinero, que es utilizado mucho por el diablo para seducir al hombre induciéndole a ser deshonesto, es parte de la ministración de bienes materiales a los santos. A fin de evitar que por la sospecha del hombre se les culpara en este asunto, los apóstoles enviaron como testigo a un hermano

21 pues [1]pensamos de antemano en lo que es honroso, no
sólo delante del Señor sino también delante de los hombres.
22 Enviamos también con ellos a [1]nuestro hermano, cuya
[2]diligencia hemos comprobado repetidas veces en muchas
cosas, y ahora mucho más [2]diligente por la mucha [a]confianza
que tiene en vosotros.
23 En cuanto a [a]Tito, es mi [b]compañero y [c]colaborador
para con vosotros; y en cuanto a nuestros hermanos, son
[1]apóstoles de las iglesias, son la gloria de Cristo.
24 Mostrad, pues, para con ellos ante las iglesias la prueba de vuestro amor, y de nuestro motivo para [a]gloriarnos
respecto de vosotros.

CAPITULO 9

C. Dar como una bendición, no como por codicia
9:1-5

1 En cuanto a la [a]ministración para los santos, es por
demás que yo os [b]escriba;
2 pues conozco vuestra [a]prontitud de ánimo, por la cual
yo me [b]glorío de vosotros ante los de Macedonia, que [1]Acaya
está preparada desde el [c]año pasado; y vuestro celo ha
estimulado a la mayoría.
3 Pero he enviado a los [a]hermanos, para que nuestro
motivo para gloriarnos de vosotros no resulte vano en esta
parte; para que como lo he dicho, estéis preparados;
4 no sea que si vienen conmigo los [a]macedonios, y os
hallan desprevenidos, nos avergoncemos nosotros, por no
decir vosotros, de esta [1b]confianza.
5 Por tanto, tuve por necesario rogar a los hermanos que
fuesen primero a vosotros y preparasen primero vuestra

22[a] 2 Co. 2:3
23[a] 2 Co. 8:6, 16
23[b] Flm. 17
23[c] Fil. 2:25
24[a] 2 Co. 7:4, 14; 9:2-3
1[a] 2 Co. 8:4; 9:12, 13; Ro. 15:25-26
1[b] cfr. 1 Co. 16:1-3
2[a] 2 Co. 8:11, 19
2[b] 2 Co. 8:24
2[c] 2 Co. 8:10
3[a] 2 Co. 8:18, 22
4[a] 2 Co. 8:1; Ro. 15:26
4[b] 2 Co. 11:17

---

de toda confianza para que acompañara a Tito.

20[2] La abundancia de dádivas materiales.

21[1] O, actuamos con prevención, consideramos de antemano (como en Ro. 12:17). Esta debe de ser una cita de Pr. 3:4, donde la Septuaginta dice: "Y pensamos de antemano en lo que es honorable delante del Señor y de los hombres".

22[1] Un hermano fiel fue enviado con los otros dos, para que en boca de tres testigos se estableciera un testimonio irrefutable (Mt. 18:16). Esto mostró el cuidado del apóstol Pablo al actuar.

22[2] O, solicitud.

23[1] Enviados; en este caso, por las iglesias.

2[1] Véase la nota 1[5] del cap. 1.

4[1] La palabra griega denota la base sobre la cual está fundada una estructura; por lo tanto, es un fundamento, una base; por consiguiente, confianza. La misma palabra griega se usa en 11:17.

[1a]bendición antes prometida, para que así esté lista [2]como
bendición, y no [2]como *por* codicia.

D. Sembrar para segar los frutos de justicia
9:6-15

6 Pero *considerad* esto: El que [a]siembra escasamente,
también segará escasamente; y el que siembra con [1]bendi-
ciones, con [2]bendiciones también segará.
7 Cada uno *dé* como propuso en su corazón: [a]no con
tristeza, ni por [1]necesidad, porque [2]Dios ama al [3]dador
alegre.
8 Y poderoso es Dios para hacer que abunde para con
vosotros [1]toda gracia, a fin de que, teniendo siempre en
todas las cosas todo lo suficiente, [a]abundéis para toda buena
obra;
9 como está escrito: "[1a]Esparció[b], dio a los [2c]pobres; su
[3]justicia permanece para siempre".
10 Y [1]el que liberalmente provee de [a]semilla al que siembra, y de pan al que come, proveerá y multiplicará vuestra
sementera, y aumentará los frutos de vuestra justicia.
11 En todo sois [a]enriquecidos para toda [1]liberalidad, la
cual produce por medio de nosotros [b]acción de gracias a Dios.

5[a] cfr. 2 Co. 9:13; 8:2
6[a] cfr. Gá. 6:7-9; Lc. 6:38
7[a] Dt. 15:10
8[a] 2 Co. 8:7
9[a] Sal. 112:9
9[b] Pr. 11:24-25; 1 Ti. 6:18-19
9[c] Dt. 15:7, 9, 11; Pr. 19:17; 22:9; 28:27
10[a] Is. 55:10
11[a] cfr. 1 Co. 1:5
11[b] 2 Co. 1:11

5[1] O, abundancia; una dádiva hecha de buena voluntad y con generosidad como una bendición a otros (Gn. 33:11; Jue. 1:15; Ez. 34:26; Pr. 11:25).

5[2] Dar de buena voluntad y generosamente hace que la dádiva sea una bendición al que la recibe; dar de mala gana guardando rencor, con un corazón codicioso que retiene algo, hace que la dádiva sea un asunto de codicia para el dador.

6[1] Los donativos abundantes son bendiciones para los que los reciben.

6[2] Las cosechas abundantes son bendiciones de Dios para los que dan.

7[1] Es decir, siendo obligado o forzado.

7[2] De Pr. 22:8, donde la Septuaginta *dice: "Dios bendice al hombre* alegre y liberal".

7[3] O, hilarante, jubiloso.

8[1] Toda clase de gracia. Véase la nota 6[2] del cap. 8.

9[1] Como lo que se hace al sembrar (v. 6).

9[2] La palabra griega se refiere a alguien que está obligado a hacer trabajos humildes para ganarse la vida a duras penas. No es la palabra que se usa comúnmente con el significado de *pobre*.

9[3] Por una parte, dar generosamente es una bendición para los que reciben, y por otra, es justicia a los ojos de Dios y del hombre.

10[1] Dios cuida de Sus hijos y los alimenta de dos maneras: por milagros, como se ve con el maná, y por la ley natural, como se ve en el sembrar y segar. En estos dos medios de provisión, Dios es la fuente. El es el que envía el maná, y El es el que provee la semilla para sembrar y el pan para comer. Teniendo un entendimiento profundo de estos hechos y poseyendo un conocimiento cabal de la economía de Dios, el apóstol tenía la confianza y la paz para poder alentar a los santos empobrecidos de Macedonia (8:2; 9:2) a que dieran de lo que

12 Porque la [a]ministración de este [1]servicio no solamente
suple lo que a los santos [b]falta, sino que también abunda por
medio de muchas acciones de gracias a Dios;
13 pues por la [1]aprobación de esta ministración [a]glorifi-
can a Dios a causa de la obediencia al evangelio de Cristo, la
cual resulta de vuestra [b]confesión, y por la [c]liberalidad de
vuestra [2d]comunión con ellos y con todos.
14 Al mismo tiempo, en la oración de ellos por vosotros, os
anhelan a causa de la [1]superabundante [2]gracia de Dios en
vosotros.
15 ¡[a]Gracias a Dios por Su [1b]don [2]inefable!

CAPITULO 10

V. Pablo vindica su autoridad apostólica
10:1—13:10

A. Por su manera de luchar
10:1-6

1 [1]Mas yo Pablo os [a]ruego por la [2b]mansedumbre y
[3]ternura de Cristo, yo que *(según vosotros)* estando [c]presente

12[a] 2 Co. 9:1
12[b] 2 Co. 8:14
13[a] Mt. 5:16; 1 P. 2:12
13[b] Ro. 10:10; He. 3:1; 4:14; 10:23
13[c] 2 Co. 8:2; cfr. 2 Co. 9:5
13[d] He. 13:16
15[a] 2 Co. 2:14; 8:16
15[b] Jac. 1:17
1[a] 2 Co. 8:6; 9:5; Ro. 12:1
1[b] Mt. 11:29; 21:5; 1 Co. 4:21
1[c] 2 Co. 10:10

---

tenían, para suplir las necesidades de otros.

11[1] Véase la nota 2[2] del cap. 8. Así también en el v. 13.

12[1] Servicio sacerdotal. Véase la nota 25[3] de Fil. 2.

13[1] Los santos necesitados de Judea aprobaron la ministración que recibirían de los creyentes gentiles. La palabra griega traducida *aprobación* significa *prueba, experimento* (véase 2:9 y la nota 1); por tanto, aprobación, comprobación. Esto indica que la ministración a los santos será *probada, comprobada y aprobada por* los santos mismos, demostrando así el carácter generoso de la ministración.

13[2] O, comunicación (cfr. *contribuir* en Ro. 12:13, y *participar* en Fil. 4:15). Se refiere a la ministración de la provisión, la cual era una forma de comunión entre los creyentes gentiles y los de Judea.

14[1] Es decir, inmensurable.

14[2] Véanse las notas 1[1] y 6[2] del cap. 8.

15[1] Es decir, la gracia dada a los creyentes.

15[2] Lit., que no se puede expresar totalmente.

1[1] *Mas* indica un contraste. En los caps. 8 y 9 el apóstol habló de un modo agradable a los queridos santos de Corinto, animándoles a tener comunión en la ministración para los santos necesitados de Judea. Inmediatamente después de eso, él deseaba explicarse con claridad al vindicar su apostolado, más específicamente su autoridad apostólica, por medio de una palabra severa y desagradable. Eso fue necesario debido a la situación vaga y confusa causada por los falsos apóstoles judaicos (11:11-15), cuya enseñanza y énfasis en su posición había distraído a los creyentes corintios, apartándolos de las enseñanzas fundamentales de los apóstoles auténticos y especialmente de entender correctamente la posición que Pablo tenía como apóstol.

1[2] Ser manso es ser dócil para con los hombres, sin resistir ni disputar. Esto indica que el apóstol, estando firmemente unido a Cristo (1:21) y siendo uno con El, vivía por El, conduciéndose en Sus virtudes.

soy [4d]tan poca cosa entre vosotros, mas ausente soy [5e]osado
para con vosotros;
2 ruego, pues, que cuando esté [a]presente, no tenga que
ser [b]osado en la confianza con la que cuento, para atreverme
con algunos que nos tienen como si anduviésemos [c]según la
carne.
3 Pues aunque andamos [1]en la carne, no [a]militamos
según la carne;
4 porque las [a]armas de nuestra [b]milicia [1]no son carnales,
sino [2c]poderosas ante Dios para [d]derribar fortalezas,
5 al derribar [1a]argumentos y toda [2b]altivez que se levanta contra el conocimiento de Dios, y al llevar [c]cautivo todo
[1d]pensamiento a la [e]obediencia a Cristo;
6 y estamos prontos para [1a]castigar toda desobediencia,
cuando vuestra [2b]obediencia sea perfecta.

B. Conforme a la medida de la regla de Dios
10:7-18

7 Miráis las cosas [a]según la apariencia. Si alguno [1]está

1[d] Mt. 11:29; Zac. 9:9
1[e] 2 Co. 7:16; cfr. 2 Co. 11:21
2[a] 2 Co. 13:2, 10
2[b] 2 Co. 10:12; 11:21
2[c] Ro. 8:4
3[a] 1 Ti. 1:18; Ef. 6:12
4[a] 2 Co. 6:7; Ro. 13:12; cfr. Ef. 6:11-17; 1 Ts. 5:8
4[b] 1 Ti. 1:18; 2 Ti. 4:7
4[c] 2 Co. 4:7; 13:3-4; 1 Co. 2:5; Ro. 15:19
4[d] Jer. 1:10; cfr. 2 Co. 10:8; 13:10
5[a] Fil. 2:14
5[b] Is. 2:11-12
5[c] cfr. Ef. 4:8
5[d] 2 Co. 11:3
5[e] 2 Co. 9:13
6[a] 2 Co. 7:11
6[b] 2 Co. 2:9; 7:15

1[3] Denota humildad, disposición para rendirse, accesibilidad. Véanse las notas 5[2] de Fil. 4, y 3[3] de 1 Ti. 3.

1[4] Expresión que los paganos usaban en tiempos antiguos para expresar menosprecio por la virtud cristiana de la humildad.

1[5] O, confiado. El apóstol era osado de hablar francamente en su epístola acerca de la verdadera situación.

3[1] Siendo seres humanos, los apóstoles todavía estaban en la carne; por eso, andaban en la carne. Sin embargo, especialmente en la guerra espiritual, no andaban conforme a la carne; andaban conforme al espíritu (Ro. 8:4).

4[1] Puesto que la guerra espiritual no se pelea contra carne, o sea, hombres, sino contra fuerzas espirituales (Ef. 6:12), las armas no deben ser carnales sino espirituales. Tales armas son poderosas para derribar las fortalezas del enemigo.

4[2] Es decir, poderosas a los ojos de Dios, o sea, divinamente poderosas; por lo tanto, sumamente poderosas.

5[1] Los argumentos y pensamientos están en la mente y pertenecen a ella. Estos son las fortalezas de Satanás, el adversario de Dios, las cuales están en las mentes de quienes desobedecen a Dios. Por medio de la guerra espiritual, los razonamientos deben ser derribados y todo pensamiento debe ser llevado cautivo a la obediencia a Cristo.

5[2] Todo lo altivo que se encuentre en la mentalidad reprobada, lo cual se opone al conocimiento de Dios. Esto también debe ser derribado por las armas espirituales de modo que ya no se levante contra el conocimiento de Dios.

6[1] Esta es una palabra osada y severa con una reprimenda.

6[2] Nuestra obediencia provee al Señor una base para poder tratar la desobediencia de otros.

7[1] Esto indica que ser de Cristo es un asunto importante. Es vital para la vida y el ministerio cristianos.

7[a] cfr. 2 Co. 5:16

persuadido en sí mismo que es [b]de Cristo, esto también
piense por sí mismo, que como él es [c]de Cristo, [d]así también
nosotros somos *de Cristo*.
8 Porque aunque me [a]gloríe en cierto modo más abundantemente de nuestra [b]autoridad, la cual el Señor nos dio
para [1c]edificaros y no para derribaros, no me avergonzaré.
9 *Digo esto* para que no parezca como que os amedrento
por mis cartas.
10 Porque, dicen, las cartas son duras y fuertes; mas la
[a]presencia corporal [1b]débil, y la [c]palabra [2]menospreciable.
11 Esto tenga en cuenta tal persona, que así como somos
en la palabra por cartas, estando ausentes, *lo seremos* también en hechos, estando presentes.
12 Porque no nos [a]atrevemos a contarnos ni a compararnos
nos con algunos que se [b]recomiendan a sí mismos; pero ellos,
midiéndose a sí mismos por sí mismos, y comparándose
consigo mismos, carecen de entendimiento.
13 Pero nosotros [1]no nos [a]gloriaremos desmedidamente,
sino [2]conforme a la medida de la [3]regla que el Dios que mide
todas las cosas nos ha [b]repartido, para llegar aun hasta
vosotros.
14 Porque no nos hemos [1]extralimitado, como si no llegásemos hasta vosotros, pues fuimos los primeros en [a]llegar
hasta vosotros con el [b]evangelio de Cristo.
15 [a]No nos gloriamos desmedidamente en [b]trabajos ajenos, sino que esperamos que conforme crezca vuestra fe
seremos [1]engrandecidos entre vosotros en abundancia, conforme a nuestra regla,

7[b] 1 Co. 1:12
7[c] 2 Co. 11:23
7[d] 1 Co. 3:23
8[a] 2 Co. 10:13, 15; 11:16-18; 12:1
8[b] 2 Co. 13:10
8[c] 2 Co. 12:19
10[a] 2 Co. 10:1
10[b] 2 Co. 13:4
10[c] 2 Co. 11:6; 1 Co. 1:17; 2:1, 4
12[a] 2 Co. 10:2
12[b] 2 Co. 10:18; 3:1; 5:12
13[a] 2 Co. 10:8, 15
13[b] cfr. Ro. 12:3
14[a] Hch. 18:1
14[b] 1 Co. 4:15; 15:1
15[a] 2 Co. 10:13
15[b] Ro. 15:20

8[1] La autoridad apostólica, en contraste con la consideración de las personas conforme a su concepto natural, no tiene como fin gobernar a los creyentes, *sino edificarlos*.

10[1] Véase la nota 3[1] de 1 Co. 2.

10[2] O, sin importancia. Lit., tenida en nada.

13[1] El apóstol era osado, pero no de manera desmedida. Esto muestra que estaba bajo la restricción del Señor. Su jactancia se conformaba a la medida de la regla que le había asignado el Dios que mide todas las cosas, el Dios que rige.

13[2] El ministerio de Pablo al mundo gentil, incluyendo a Corinto, era conforme a la medida de Dios (Ef. 3:1-2, 8; Gá. 2:8). Por consiguiente, se gloriaba dentro de este límite y, en contraste con los judaizantes, no lo hacía desmedidamente.

13[3] Lit., vara para medir. Como la regla de medir de un carpintero.

14[1] Como lo hacían los judaizantes.

15[1] Al ser agrandados y aumentados. Los apóstoles tenían la esperanza de que por medio del crecimiento de la fe de los creyentes corintios, su ministerio fuese magnificado (en el sentido de ser alabado) al ser agrandado y aumentado abundantemente, pero conforme a la regla, la medida, que Dios les había repartido.

16 para anunciar el evangelio en los lugares más allá de vosotros, no para gloriarnos en la medida de la regla de otro hombre en lo que *ya* estaba preparado.

17 Mas el que se [a]gloría, gloríese en el Señor;

18 porque no es [a]aprobado el que se [b]recomienda a sí mismo, sino aquel a quien el Señor recomienda.

CAPITULO 11

C. En su celo por Cristo
11:1-15

1 ¡Ojalá me [a]toleraseis un poco de [1b]necedad! Pero en verdad me toleráis.

2 Porque os celo con [1a]celo de Dios; pues os he [b]desposado con un solo esposo, para [c]presentaros *como* una [2d]virgen pura a Cristo.

3 Pero temo que como la [a]serpiente con su [b]astucia [c]engañó a [d]Eva, se corrompan vuestros [1e]pensamientos, apartándose de alguna manera de la [2f]sencillez y [g]pureza para con Cristo.

4 Porque si viene alguno predicando a [1a]otro Jesús que el que os hemos predicado, o si recibís [1b]otro espíritu que el que habéis recibido, u [1c]otro evangelio que el que habéis aceptado, [2]bien lo [d]toleráis.

17[a] 1 Co. 1:31
18[a] 1 Co. 11:19; 2 Ti. 2:15; cfr. 1 Co. 9:27
18[b] 2 Co. 10:12
1[a] 2 Co. 11:4, 19-20
1[b] 2 Co. 11:16-17, 21; 12:11
2[a] Ex. 20:5
2[b] Os. 2:19-20
2[c] Ef. 5:27
2[d] Ap. 14:4
3[a] Gn. 3:1-6; Ap. 12:9, 15
3[b] Ef. 4:14
3[c] 1 Ts. 3:5; 1 Ti. 2:14; 4:1; 2 P. 3:17
3[d] Gn. 3:20; 1 Ti. 2:13
3[e] 2 Co. 10:5
3[f] 2 Co. 1:12; Ef. 6:5; Mt. 6:22
3[g] Mt. 5:8; 2 Ti. 2:22
4[a] cfr. 1 Co. 3:11; Hch. 4:12

1[1] Se refiere irónicamente a la vindicación y la jactancia de sí mismo, a las cuales el apóstol se vio obligado.

2[1] Como el celo que un esposo tiene por su esposa.

2[2] A fin de ser la novia para el Novio (Jn. 3:29), es decir, la esposa del Cordero (Ap. 19:7).

3[1] Véase la nota 14[1] del cap. 3.

3[2] O, simplicidad. Esto se refiere a la absoluta lealtad, la firme fidelidad, que los creyentes tenían hacia Cristo. En el huerto de Edén, Eva, la esposa de Adán, fue engañada por la serpiente, Satanás, cuando éste puso en duda y socavó la palabra de Dios; de esta manera ella fue llevada al árbol del conocimiento y distraída de la simplicidad de comer el árbol de la vida (Gn. 3:1-6). Aquí la iglesia en Corinto, la virgen pura, que había sido desposada con Cristo, estaba siendo engañada por los judaizantes, es decir, los ministros de Satanás (v. 15), quienes socavaban la palabra de Dios predicando a otro Jesús, otro espíritu y otro evangelio (v. 4). Debido a esta predicación socavadora, el apóstol temía que los corintios fuesen distraídos por las enseñanzas de los judaizantes y que quedaran separados del verdadero aprecio, amor y disfrute de la persona preciosa del Señor Jesucristo como su vida y su todo. Estas tres cosas predicadas por los judaizantes, quienes se habían entremezclado con los creyentes, provinieron de Satanás.

4[1] Otro Jesús significa otra persona; otro espíritu denota un espíritu de otra naturaleza; y otro evangelio indica un evangelio de otro género.

4[b] Ro. 8:15; 1 Jn. 4:1, 3, 6 **4**[c] Gá. 1:6-9 **4**[d] 2 Co. 11:1

5 Pero pienso que en nada he sido inferior a aquellos
[1a]superapóstoles.
6 Pues aunque sea [1]inexperto en el [a]hablar, no lo soy en
el [b]conocimiento; en todo y por todo os lo hemos [c]manifestado.
7 ¿Pequé yo humillándome a mí mismo, para que vosotros fueseis enaltecidos, por cuanto os he anunciado [a]gratis
el evangelio de Dios?
8 He despojado a otras iglesias, recibiendo salario para
ministraros a vosotros.
9 Y cuando estaba entre vosotros y [a]tuve necesidad, a
ninguno fui [b]carga, pues lo que me faltaba, lo [c]suplieron los
hermanos que vinieron de [d]Macedonia, y en todo me guardé
y me guardaré de seros [e]gravoso.
10 Por la [1]veracidad de Cristo que está en mí, que no se
me impedirá esta mi [a]gloria en las regiones de [b]Acaya.
11 ¿Por qué? ¿Porque no os [a]amo? Dios lo [b]sabe.
12 Mas lo que hago, lo haré aún, para quitar la ocasión a
aquellos que la desean, a fin de que en aquello en que se
glorían, sean hallados semejantes a nosotros.
13 Porque éstos son [1a]falsos apóstoles, [b]obreros fraudulentos, que se [2]transfiguran *para hacerse pasar por* apóstoles
de Cristo.
14 Y no es de maravillarse, porque el mismo [1a]Satanás se
transfigura en [2b]ángel de luz.

5[a] 2 Co. 12:11; 11:13; Ap. 2:2; cfr. 1 Co. 15:9-10
6[a] 2 Co. 10:10
6[b] 1 Co. 12:8
6[c] 2 Co. 5:11
7[a] 1 Co. 9:18; 1 Ts. 2:9
9[a] Fil. 4:12
9[b] 2 Co. 12:13-14
9[c] 1 Co. 16:17
9[d] Hch. 18:5; Fil. 4:15-16
9[e] 2 Co. 12:16
10[a] 1 Co. 9:15; 2 Co. 11:16-18; 12:1
10[b] Hch. 18:12, 27; 19:21
11[a] 2 Co. 12:15
11[b] 2 Co. 11:31; 12:2-3; Ap. 2:2
13[a] Ap. 2:2
13[b] Fil. 3:2
14[a] Job 1:6; 2:1
14[b] Gá. 1:8

4[2] O, de una manera hermosa o ideal. Usado aquí en sentido irónico. En el v. 1 el apóstol expresa su deseo de que los creyentes corintios, quienes lo toleraban a él, lo toleraran más. En este versículo les recuerda el hecho de que ellos toleraban bien a los apóstoles falsos. Su pensamiento aquí era: "Puesto que a los apóstoles falsos los *toleráis de una manera tan buena*, tan hermosa y tan ideal, os ruego que a mí me toleréis más".

5[1] Es decir, apóstoles en un grado superlativo. Una referencia irónica a los apóstoles falsos, mencionados en el v. 13 y en 12:11, quienes sobrepasaron el grado de la autenticidad de los apóstoles. Los apóstoles falsos eran los judaizantes que habían venido a Corinto para predicar otro Jesús con un espíritu diferente y en un evangelio diferente.

6[1] Uno que es indocto, que no tiene la elocuencia que se obtiene por entrenamiento especial.

10[1] Como en Ro. 3:7 y 15:8, la veracidad es un atributo de Cristo, tal como lo son la mansedumbre y la ternura, mencionadas en 10:1. Puesto que el apóstol vivió por Cristo, todo lo que Cristo es llegó a ser la virtud del apóstol en su conducta.

13[1] Los superapóstoles (v. 5; 12:11).

13[2] O, visten, disfrazan (así también en los vs. 14-15). Los apóstoles falsos, siendo fraudulentos, adoptaron la apariencia de los apóstoles verdaderos, quienes eran veraces en todo aspecto.

14[1] Esto indica que Satanás es la fuente de los apóstoles falsos. Ellos lo seguían en su engaño para frustrar la economía de Dios.

15 Así que, no es gran cosa si también sus ministros se
transfiguran *para hacerse pasar por* [1]ministros de justicia;
cuyo [a]fin será conforme a sus obras.

D. Por ser forzado a gloriarse
11:16—12:18

1. De su estado, su labor y sus aflicciones
11:16-33

16 Otra vez digo: Que nadie me tenga por [a]necio; o de otra
manera, recibidme como a necio, para que yo también me
[b]gloríe un poquito.
17 Lo que hablo, no lo hablo según el Señor, sino como en
[a]necedad, con esta [1b]confianza de gloriarme.
18 Puesto que muchos se [a]glorían según la [b]carne, también yo me [c]gloriaré;
19 porque de buena gana [a]toleráis a los [b]necios, siendo
vosotros [1]cuerdos.
20 Pues toleráis si alguno os [a]esclaviza, si alguno os [b]devora, si alguno os [1]toma *como presa,* si alguno se [c]enaltece,
si alguno os da de bofetadas.
21 [1]Como teniéndonos en poco, digo *esto:* [2]Nosotros mismos fuimos [a]débiles. Pero en lo que otro tenga osadía (hablo
con [b]necedad), también yo [c]tengo osadía.
22 ¿[1]Son [a]hebreos? Yo también. ¿[1]Son [b]israelitas? Yo también. ¿[1]Son [c]descendientes de Abraham? También yo.
23 ¿Son [a]ministros de Cristo? (Hablo como si estuviera
[1b]fuera de mí.) Yo más; en [c]trabajos más abundante; en

15[a] Fil. 3:19
16[a] 2 Co. 11:1; 12:11
16[b] 2 Co. 11:10
17[a] 2 Co. 11:1
17[b] 2 Co. 9:4
18[a] 2 Co. 5:12
18[b] Gá. 6:12-13; 2 Co. 5:16
18[c] cfr. Fil. 3:3-4; 1 Co. 1:31; Gá. 6:13-14
19[a] 2 Co. 11:4
19[b] 2 Co. 11:16; 1 Co. 4:10
20[a] Gá. 2:4; 4:1, 9; 5:1
20[b] Mr. 12:40
20[c] 2 Co. 12:7
21[a] 2 Co. 11:30; 12:5, 9, 10; 13:4, 9; 1 Co. 2:3
21[b] 2 Co. 11:1, 16-17
21[c] 2 Co. 10:2
22[a] Fil. 03:5; Ex. 3:18; cfr. Hch. 22:3
22[b] Ex. 9:7; Lv. 23:42

14[2] Dios es luz y Sus ángeles pertenecen a la luz. En contraste, Satanás es tinieblas y todos sus seguidores están en oscuridad. No hay comunión entre la luz y las tinieblas (6:14).

15[1] Estos son los apóstoles verdaderos, quienes tienen el ministerio de justicia (3:9). Todo lo que hacen los ministros de Satanás es completamente injusto. La justicia no tiene compañerismo con la vida sin ley (6:14).

17[1] Véase la nota 4[1] del cap. 9.

19[1] Una expresión irónica aplicada a los corintios.

20[1] La misma palabra griega se traduce *pescar* en Lc. 5:5.

21[1] Esto es irónico.

21[2] Lit., Como si fuésemos.

22[1] Los vs. 22-23 hacen una comparación entre el apóstol y los judaizantes, expresando claramente que además de la necesidad de disfrutar a Cristo como su suministro de vida, lo cual está implícito en todos los capítulos anteriores, un auténtico ministro de Cristo también necesita sufrir al seguir al Señor. Así como los judaizantes, todo el que carezca de estos dos requisitos debe ser considerado

22[c] Gn. 12:7; Ro. 9:7; Gá. 3:16 **23**[a] Ro. 15:16; Col. 1:7; 1 Ti. 4:6
23[b] Hch. 26:24; 2 Co. 5:13 **23**[c] 2 Co. 11:27; 6:5; 1 Co. 15:10

[d]cárceles más; en [e]azotes [2]sin número; en [f]muerte constantemente.
24 De los judíos cinco veces he recibido [a]cuarenta *azotes*
menos uno.
25 Tres veces he sido azotado con [1]varas; una vez [a]ape-
dreado; [2]tres veces he padecido [b]naufragio; una noche y un
día he estado como náufrago en alta mar;
26 en caminos muchas veces; en peligros de [1]ríos, peligros
de [2]ladrones, peligros de los de *mi* [a]nación, peligros de los
gentiles, peligros en la [b]ciudad, peligros en el desierto, peligros en el mar, peligros entre [3c]falsos hermanos;
27 en [a]trabajos y penas, en muchas [1]vigilias, en [2b]hambre
y sed, en muchos [2c]ayunos, en [3]frío y en [4d]desnudez;
28 y además de *otras* cosas [1]no *mencionadas*, lo que sobre
mí se agolpa cada día, la [2]preocupación por [a]todas las iglesias.
29 ¿Quién está [a]débil, y yo no estoy débil? ¿A quién se le
hace [b]tropezar, y [1]yo no [2]ardo?

23[d] 2 Co. 6:5; Hch. 16:23; Ef. 3:1; 2 Ti. 1:8; Flm. 1, 9, 23; cfr. Ef. 6:20; Fil. 1:7; Col. 4:3
23[e] 2 Co. 6:5
23[f] 2 Co. 6:9; 1 Co. 15:31
24[a] Dt. 25:3
25[a] Hch. 14:19; cfr. Hch. 7:58; Mt. 23:37; Jn. 8:59; 10:31-33; 11:8
25[b] Hch. 27:41
26[a] Hch. 9:23; 13:50; 17:5; 18:12; 21:27; 23:12; 25:2-3; 1 Ts. 2:14-15
26[b] 2 Co. 11:32; Hch. 21:31
26[c] Gá. 2:4
27[a] 2 Co. 11:23; 1 Ts. 2:9; 2 Ts. 3:8

un apóstol falso, un ministro de Satanás, a pesar de su pretensión de tener autoridad apostólica (vs. 13-15).

23[1] Lit., fuera de mi mente.

23[2] Lit., desmedidamente.

25[1] Los azotes mencionados en el v. 24 eran dados por los judíos, mientras que estas varas eran usadas por los romanos (Hch. 16:22-23).

25[2] Estas tres ocasiones, que no incluyen el naufragio en Melita (universalmente reconocida como Malta), no constan en el libro de Hechos.

26[1] Ríos que están sujetos a cambios bruscos y violentos, los cuales resultan de crecimientos repentinos de las corrientes de las montañas o de inundaciones de canales secos.

26[2] "Las tribus que habitaban en las montañas situadas entre la meseta de Asia Menor y la costa, eran notorias por los robos que cometían" (Vincent).

26[3] Principalmente los cristianos judaizantes.

27[1] Véase la nota 5[1] del cap. 6.

27[2] Puesto que aquí se mencionan *ayunos* junto con las *penas,* debe de referirse al ayuno involuntario por falta de comida. Un ayuno de esta índole es diferente del hambre. Tal vez el hambre aquí se refiera a una situación donde no hay manera de obtener alimento; el ayuno involuntario quizá se refiera a una situación de pobreza.

27[3] Debido al clima y a la falta de ropa adecuada.

27[4] Se refiere al estado de no tener la ropa adecuada o de estar desnudo por haber sido azotado o por haber padecido naufragio.

28[1] No mencionadas en los vs. 23-27.

28[2] Inquietud. La misma palabra griega traducida *preocupaciones* en Mt. 13:22 y *ansiedad* en 1 P. 5:7.

29[1] Ardo de indignación y tristeza por lo que causó el tropiezo.

29[2] O, yo no soy quemado.

27[b] 1 Co. 4:11; Fil. 4:12 **27[c]** 2 Co. 6:5 **27[d]** 1 Co. 4:11 **28[a]** 2 Co. 8:18
29[a] 1 Co. 9:22 **29[b]** 1 Co. 8:13

30[a] 2 Co. 11:16-17
30[b] 2 Co. 11:21
31[a] Ro. 15:6; Ef. 1:3; Jn. 20:17
31[b] Ro. 9:5; Ap. 5:13
31[c] 2 Co. 11:11
31[d] Ro. 9:1
32[a] Hch. 9:2
32[b] Hch. 9:24
33[a] Hch. 9:25
1[a] 2 Co. 11:10, 16-18
1[b] 1 Co. 6:12; 10:23
1[c] Dn. 2:19; 7:2; Mt. 17:9; Lc. 1:22; 24:23; Hch. 2:17; 9:10, 12; 10:3; 11:5; 16:9; 18:9; 26:19; Ap. 9:17

30 Si es necesario que me [a]gloríe, me gloriaré en [1]lo que
es de mi [b]debilidad.
31 El [a]Dios y Padre del Señor Jesús, quien es [b]bendito por
los siglos, [c]sabe que [d]no miento.
32 En [a]Damasco, el [1]gobernador de la provincia del rey
Aretas [b]guardaba la ciudad de los damascenos para prenderme;
33 y fui [a]descolgado del muro en un canasto por una
ventana, y escapé de sus manos.

CAPITULO 12

2. De la visión y revelación que el Señor le dio
12:1-10

1 Es [1]necesario [a]gloriarse, *aunque* ciertamente no
[b]conviene; no obstante, [2]vendré a las [3c]visiones y a las [d]revelaciones del Señor.
2 Conozco a un [1]hombre [a]en Cristo, que hace catorce
años (si en el cuerpo, no lo sé; o fuera del cuerpo, no lo sé;
Dios lo [b]sabe) fue [2]arrebatado hasta el [3]tercer cielo.

30[1] Se refiere a los sufrimientos y dificultades del apóstol, los cuales lo hacían parecer inferior, débil y despreciable a los ojos de sus adversarios. Estas cosas, no la fortaleza de la cual se jactaban sus adversarios, confirmaban que él era un verdadero apóstol.

32[1] Lit., etnarca.

1[1] El apóstol se vio obligado a gloriarse, debido a la necedad de los corintios. Aunque eso no le convenía a él, era necesario para el beneficio de ellos. Para la edificación de ellos, él tenía que gloriarse, a fin de que ellos volvieran a tener un entendimiento sobrio y correcto acerca de su relación con el apóstol.

1[2] Lo cual significa que ahora Pablo *se gloriaría de las visiones* y revelaciones que había recibido del Señor.

1[3] La revelación implica que se ha quitado el velo de las cosas ocultas; la visión es la escena, o el panorama, que se ve cuando el velo es quitado. Muchas cosas relacionadas con la economía y la administración de Dios en el universo estaban escondidas. El Señor las reveló al apóstol, y éste recibió visiones de dichas cosas escondidas.

2[1] El apóstol (v. 7), no como parte de la vieja creación sino de la nueva (5:17). En esta sección el apóstol deseaba gloriarse de la nueva creación en Cristo gloriándose de sus debilidades en la carne, la vieja creación (vs. 5, 9).

2[2] La misma palabra griega que se usa en el v. 4; Hch. 8:39; 1 Ts. 4:17.

2[3] Las nubes visibles pueden considerarse como el primer cielo, y el firmamento, como el segundo cielo. El tercer cielo debe de ser el cielo que está por encima de los cielos, el cielo

---

1[d] 2 Co. 12:7; Dn. 2:19; 1 P. 1:12; Lc. 2:26; Mt. 16:17; Ro. 16:25; 1 Co. 2:10; 14:6, 26; Gá. 1:12, 16; Ef. 3:3; Ap. 1:1
2[a] 2 Co. 5:17; Gá. 3:27-28; Ro. 16:7 2[b] 2 Co. 11:11

3 [1]Y conozco al tal hombre (si en el cuerpo, o [2]fuera del
cuerpo, no lo sé; Dios lo sabe),
4 que fue arrebatado al [1]Paraíso, donde oyó palabras
inefables que [a]no le es dado al hombre expresar.
5 De tal hombre me [a]gloriaré; pero de mí mismo en nada
me [b]gloriaré, sino en mis [c]debilidades.
6 Porque si acaso quisiera [a]gloriarme, no sería insensato, porque [b]diría la verdad; pero lo dejo, para que nadie
piense de mí más de lo que en mí [c]ve, u [d]oye de mí.
7 Y para que la [1]excelente grandeza de las revelaciones
no me [a]exaltase desmedidamente, me fue dado un [2b]aguijón
en mi carne, un mensajero de [c]Satanás, para que me [3]abofe-
tee, a fin de que no me enaltezca sobremanera;
8 respecto a lo cual [a]tres veces he rogado al Señor que
este aguijón me sea quitado.
9 Y me ha dicho: Bástate Mi [1a]gracia; porque Mi [2b]poder
se perfecciona en la [c]debilidad. Por tanto, de buena gana me

4[a] cfr. Ap. 10:4; Dn. 8:26; 12:4, 9
5[a] 2 Co. 5:12; 10:8
5[b] 2 Co. 12:9; 11:30
5[c] 2 Co. 12:10; 11:30; 1 Co. 2:3
6[a] 2 Co. 11:16-17
6[b] 2 Co. 7:14; Ro. 9:1
6[c] Fil. 4:9
6[d] 2 Ti. 1:13; 2:2
7[a] 2 Co. 11:20
7[b] cfr. Nm. 33:55; Ez. 28:24
7[c] Job 2:6-7; Lc. 13:16; 1 Co. 5:5
8[a] Mt. 26:44
9[a] 2 Co. 8:9; 13:14; Jn. 1:17
9[b] Ef. 1:19-20; Fil. 3:10; 4:13; Is. 40:29
9[c] 2 Co. 12:5; 11:30

---

más alto (Dt. 10:14; Sal. 148:4), donde el Señor Jesús y Dios están ahora (Ef. 4:10; He. 4:14; 1:3).

3[1] La conjunción "y" aquí tiene una función importante. Indica que lo mencionado en los vs. 3 y 4, y lo mencionado en el versículo anterior, son dos asuntos diferentes. En el v. 2 vemos que el apóstol fue arrebatado al tercer cielo. Ahora los vs. 3 y 4 añaden algo: que el apóstol también fue arrebatado a otro lugar, al Paraíso. Esto indica claramente que el Paraíso no es lo mismo que el tercer cielo del v. 2; se refiere a un lugar que no es el tercer cielo.

3[2] Algunos mss. dicen: separado.

4[1] La sección agradable del Hades, donde están los espíritus de Abraham y todos los justos, mientras esperan la resurrección (Lc. 16:22-23, 25-26), y a donde el Señor Jesús fue después de Su muerte y donde estuvo hasta Su resurrección (Lc. 23:43; Hch. 2:24, 27, 31; Ef. 4:9; Mt. 12:40). Este paraíso difiere del Paraíso de Ap. 2:7, el cual será la Nueva Jerusalén en el milenio. En esta sección el apóstol habló de la suma grandeza de las revelaciones que había recibido. En el universo hay tres secciones principales: los cielos, la tierra y el Hades, el cual está debajo de la tierra (Ef. 4:9). El apóstol, por ser un hombre que vivía en la tierra, conocía las cosas de la tierra. Pero los hombres no conocen las cosas que están en los cielos ni las que están en el Hades. No obstante, el apóstol fue arrebatado a estas dos regiones desconocidas. Así que, recibió visiones y revelaciones de estas regiones escondidas. Por esta razón mencionó estas dos partes remotas del universo.

7[1] O, sobreabundancia, gran excelencia, exceso.

7[2] "Se usa frecuentemente en el griego clásico en el sentido de un palo o una estaca" (Vincent), o "una vara puntiaguda" (Alford). Aquí puede referirse a cierta clase de sufrimiento físico, tal como el problema que el apóstol tenía con sus ojos (véase la nota 15[2] de Gá. 4).

7[3] Lit., golpee con el puño; diferente de *golpear* en 1 Co. 9:27, lo cual significa *golpear debajo del ojo*.

9[1] Véase la nota 10[1] de 1 Co. 15. Muchas veces el Señor nos asigna sufrimientos y dificultades, a fin de que experimentemos a Cristo como gracia y poder. Por esto, a pesar del ruego del

gloriaré más bien en mis debilidades, para que el [d]poder de
Cristo [3e]extienda tabernáculo sobre mí.
10 Por lo cual, por amor a Cristo me [1]complazco en las
[a]debilidades, en [2]afrentas, en [3b]necesidades, en [c]persecucio-
nes, en [4d]angustias; porque cuando soy [5e]débil, entonces soy
[5]poderoso.

3. De las señales de su apostolado
12:11-18

11 Me he hecho un [a]necio; vosotros mismos me obligasteis
a ello, pues yo debía ser [b]recomendado por vosotros; porque
en nada he sido inferior a esos [1c]superapóstoles, aunque
[d]nada soy.
12 Ciertamente, las [1]señales de [a]apóstol han sido hechas
entre vosotros en toda [b]perseverancia, por [2c]señales, [3]prodi-
gios y [4]obras poderosas.
13 Porque ¿en qué fuisteis [1]tratados como inferiores a las
demás iglesias, sino en que yo mismo no os he sido [a]carga?
¡[2]Perdonadme esta [2]injusticia!

9[d] Ap. 7:15
9[e] 1 Co. 2:4-5
10[a] 1 Co. 2:3; 9:22
10[b] 2 Co. 6:4
10[c] Gá. 5:11; 6:12; 2 Ti. 3:11
10[d] 2 Co. 6:4
10[e] 2 Co. 13:4
11[a] 2 Co. 11:1, 16-17
11[b] 2 Co. 3:1-2
11[c] 2 Co. 11:5
11[d] 1 Co. 3:7
12[a] 1 Co. 9:1-2
12[b] 2 Co. 6:4
12[c] Ro. 15:18-19; He. 2:4
13[a] 2 Co. 11:9

---

apóstol, el Señor no quiso quitar el aguijón al apóstol.

9[2] Debemos pasar por sufrimientos, para que la suficiencia de la gracia del Señor sea magnificada. Es necesario que padezcamos debilidad para que se exhiba la perfección del poder del Señor. Por tanto, el apóstol de buena gana se gloriaba de sus debilidades, para que el poder de Cristo acampara sobre él fijando tabernáculo. La gracia es el suministro, y el poder es la fuerza, la capacidad, de la gracia. Los dos son el Cristo resucitado, quien ahora es el Espíritu vivificante que mora en nosotros (1 Co. 15:45; Gá. 2:20) para que le disfrutemos.

9[3] La palabra griega que se traduce *extienda tabernáculo* es un verbo compuesto de dos palabras. La primera palabra significa *poner encima,* y la segunda, *morar en una tienda,* como también en Jn. 1:14 y Ap. 21:3. Aquí este verbo significa *fijar una tienda o habitación sobre algo o alguien.* Describe cómo el poder de Cristo, Cristo mismo, habita sobre nosotros como una tienda extendida sobre nuestro ser, cubriéndonos con Su sombra en nuestras debilidades.

10[1] O, estoy muy contento; la misma palabra griega que se usa en Mt. 3:17.

10[2] O, maltratos.

10[3] O, limitaciones; es decir, necesidad urgente que presiona mucho. Véase la nota 26[1] de 1 Co. 7.

10[4] Lit., en estrechez de espacio; por lo tanto, apuros, dificultades, angustias.

10[5] Débil en su ser viejo; poderoso en el Cristo que lo cubría con Su sombra.

11[1] Véase la nota 5[1] del cap. 11.

12[1] Milagros que confirman el apostolado y que proveen credenciales del mismo.

12[2] Milagros que confirman el apostolado.

12[3] Milagros asombrosos y sorprendentes.

12[4] Milagros que demuestran el poder de Dios.

13[1] O, inferiores, más débiles.

14 He aquí, por [a]tercera vez estoy preparado para ir a vosotros; y no os seré gravoso, porque [b]no busco lo vuestro, sino a vosotros, pues no deben atesorar los [c]hijos para los padres, sino los [d]padres para los hijos.

15 Y yo con el mayor placer [1]gastaré lo mío, y aun yo mismo [2]me [a]gastaré del todo por amor de vuestras almas. [b]Amándoos más, ¿seré yo amado menos?

16 Pero [1]admitiendo esto, que yo [a]no os he sido carga, sino que, *según algunos de vosotros dicen,* como soy [2]astuto, os prendí por engaño,

17 ¿acaso he tomado [a]ventaja de vosotros por alguno de los que [b]os he enviado?

18 Rogué a [a]Tito, y envié *con él* al [b]hermano. ¿Acaso se aprovechó de vosotros Tito? ¿No hemos procedido con el mismo [1c]espíritu y en las mismas [d]pisadas?

E. Por la autoridad que se le dio
12:19—13:10

19 Todo este tiempo habéis estado pensando que nos defendíamos ante vosotros. [1a]Delante de Dios [b]en Cristo hablamos; y todo, muy amados, para vuestra [c]edificación.

20 Pues me [a]temo que cuando llegue, no os halle tales como quiero, y yo sea hallado de vosotros cual no queréis; que *haya* entre vosotros [1b]contiendas, celos, iras, [c]ambiciones egoístas, [2]maledicencias, [3]murmuraciones, [4]engreimientos, [5d]tumultos;

14[a] 2 Co. 13:1
14[b] 1 Co. 10:24, 33
14[c] 1 Co. 4:14-15
14[d] Pr. 19:14
15[a] cfr. 1 Ts. 2:8
15[b] 2 Co. 11:11
16[a] 2 Co. 11:9
17[a] 2 Co. 7:2
17[b] 2 Co. 9:5
18[a] 2 Co. 8:6, 16, 23
18[b] 2 Co. 8:18, 22
18[c] Ro. 1:9; 2 Co. 2:13; 1 Co. 5:4
18[d] cfr. Ro. 4:12
19[a] 2 Co. 2:17
19[b] Ro. 9:1
19[c] 2 Co. 10:8; 13:10
20[a] 2 Co. 2:3
20[b] 1 Co. 1:11; 3:3; Gá. 5:20
20[c] Fil. 2:3
20[d] cfr. 1 Co. 14:40

13[2] Pablo usó estas dos palabras irónicamente.

15[1] Lo cual significa gastar lo que él tiene, refiriéndose a sus posesiones.

15[2] Lo cual significa gastar lo que él es, refiriéndose a su ser.

16[1] Es decir, haciendo a un lado el primer asunto.

16[2] Algunos de los corintios acusaron al apóstol de ser astuto. Dijeron que él era astuto para obtener ganancia, que aseguraba su provecho enviando a Tito con el fin de que éste recibiera la colecta para los santos pobres.

18[1] Nuestro espíritu regenerado, donde mora el Espíritu Santo. Este espíritu nos gobierna, nos rige, nos conduce, nos regula y nos guía en nuestro andar cristiano (Ro. 8:4). Los apóstoles andaban en tal espíritu.

19[1] La expresión *en Cristo* indica la vida por la cual los apóstoles hablaban, y se refiere al medio y a la substancia de sus palabras. La frase *delante de Dios* indica el ambiente en el cual hablaban los apóstoles, y se refiere a la esfera de sus palabras.

20[1] O, debates, contenciones, peleas.

20[2] O, denigraciones, calumnias.

20[3] Calumnias secretas.

20[4] Arrogancia excesiva.

20[5] O, disturbios.

21 que cuando vuelva, mi Dios me humille ante vosotros, y quizá tenga que llorar por muchos de los que antes han [a]pecado, y no se han [b]arrepentido de la [c]inmundicia y [d]fornicación y lascivia que han practicado.

CAPITULO 13

1 Esta es la [a]tercera vez que voy a vosotros. Por boca de dos o de tres [b]testigos constará toda palabra.

2 He dicho antes, cuando estaba presente, y lo digo de antemano, estando ahora [a]ausente, a los que antes [b]pecaron, y a todos los demás, que si voy otra vez, [c]no tendré miramientos,

3 puesto que buscáis una prueba del Cristo que habla en mí, el cual no es débil para con vosotros, sino que es [1a]poderoso en vosotros.

4 Porque ciertamente fue [a]crucificado [1]en [2]debilidad, pero [b]vive [1]por el poder de Dios. Pues en verdad [3]nosotros somos [c]débiles en El, pero [d]viviremos con El [2]por el [e]poder de Dios para con vosotros.

5 Examinaos a vosotros mismos si estáis en la [1]fe; [2]probaos a vosotros mismos. ¿O no os conocéis a vosotros mismos, que [3]Jesucristo está [a]en vosotros, a menos que estéis [4b]reprobados?

21[a] 2 Co. 13:2
21[b] cfr. 2 Co. 7:9-10
21[c] 2 Co. 7:1
21[d] 1 Co. 5:1
1[a] 2 Co. 12:14
1[b] Mt. 18:16
2[a] 2 Co. 13:10
2[b] 2 Co. 12:21
2[c] cfr. 2 Co. 1:23; 1 Co. 4:21
3[a] Ef. 1:19
4[a] Fil. 2:7-8
4[b] 1 Co. 6:14; 1 P. 3:18; Ro. 1:4; Ap. 1:18
4[c] 2 Co. 12:10
4[d] Ro. 6:4-5, 8; Jn. 14:19; Gá. 2:20; Fil. 1:21
4[e] 1 Co. 2:4-5
5[a] Ro. 8:10; Col. 1:27; Jn. 14:20; Gá. 2:20; 4:19
5[b] cfr. 1 Co. 9:27

3[1] Cristo era poderoso en los creyentes mientras hablaba en el apóstol. Para los creyentes ésta era verdaderamente una prueba sólida y subjetiva de que Cristo hablaba en el apóstol.

4[1] Lit., a partir de.

4[2] La debilidad del cuerpo; igual que en 10:10. Cristo no necesitaba ser débil con relación a Sí mismo en ningún aspecto, pero para realizar la redención por nosotros El estaba dispuesto a ser débil en Su cuerpo para ser crucificado. Pero ahora, después de ser resucitado, El vive por el poder de Dios.

4[3] Los apóstoles siguieron el ejemplo de Cristo y estaban dispuestos a ser débiles en la unión orgánica con El para poder vivir una vida crucificada con El. De esta manera vivirían juntamente con El por el poder de Dios para con los creyentes. Aparentemente, eran débiles para con los creyentes; en realidad, eran poderosos.

5[1] La fe objetiva (Hch 6:7; 1 Ti. 1:19 y la nota 3). Si alguien está en la fe objetiva, indudablemente tiene la fe subjetiva, o sea que cree en Cristo y en toda la economía neotestamentaria de Dios. El apóstol les pidió a los corintios que examinaran eso.

5[2] Examinarse es determinar la condición de uno; probarse es verificar que uno satisface los requisitos de una condición específica.

5[3] En tanto que un creyente se dé cuenta de que Jesucristo está en él, está calificado, aprobado, como un miembro genuino de Cristo.

5[4] Es decir, descalificados.

6 Mas espero que reconoceréis que [1]nosotros no estamos reprobados.

7 Y oramos a Dios que ninguna cosa mala hagáis; [1]no para que nosotros aparezcamos aprobados, sino para que vosotros hagáis lo bueno, aunque nosotros seamos como reprobados.

8 [1]Porque nada podemos contra la [2]verdad, sino por la verdad.

9 Por lo cual nos gozamos cuando somos nosotros [1a]débiles, y vosotros poderosos; también oramos por vuestro [2b]perfeccionamiento.

10 Por esto os escribo estando [a]ausente, para no usar de [b]severidad cuando esté [c]presente, conforme a la [d]autoridad que el Señor me ha dado para [e]edificar, y no para derribar.

VI. Conclusión
13:11-14

A. Exhortaciones finales
vs. 11-12

11 Por lo demás, hermanos, [1a]tened gozo, [2]perfeccionaos, [3]consolaos, [4b]tened el mismo pensamiento, y vivid [5]en [c]paz; y el [d]Dios de [6]amor y de paz estará con vosotros.

9[a] 2 Co. 12:5, 9-10; 1 Co. 4:10
9[b] 2 Co. 13:11; Ef. 4:12
10[a] 2 Co. 13:2
10[b] Tit. 1:13; cfr. 1 Co. 4:21
10[c] 2 Co. 2:3
10[d] 2 Co. 10:8
10[e] 2 Co. 10:8; 12:19
11[a] Fil. 3:1
11[b] Fil. 2:2; Ro. 12:16; 15:5
11[c] Mr. 9:50; Ro. 12:18
11[d] 1 Jn. 4:8, 16; Ro. 15:33; Fil. 4:9

6[1] Con esto el apóstol dirigió la atención a sí mismo y a los demás apóstoles, indicando que ellos, en quienes Cristo vivía y hablaba, estaban plenamente calificados y no reprobados, especialmente entre los corintios conflictivos. El apóstol anhelaba ardientemente que ellos reconocieran esto y que no tuvieran más dudas acerca de él.

7[1] Esto indica que las buenas obras de los creyentes comprobaban la aptitud y las enseñanzas de los apóstoles. Sin embargo, el apóstol no quería usar esto como base sobre la cual ejercer su autoridad apostólica para disciplinarlos; él se preocupaba de que ellos hicieran bien a fin de que fueran establecidos y edificados.

8[1] *Porque* indica que el v. 8 es una explicación de lo mencionado en el versículo anterior. El apóstol esperaba que los creyentes hicieran lo bueno, pero no con la intención de que los apóstoles mismos aparecieran aprobados. Edificar a los creyentes para que hagan lo bueno redunda en bien de la verdad, pero si los apóstoles hacen *algo para aparecer* aprobados y defenderse ante los creyentes (12:19) contradicen la verdad. El Señor no dio a los apóstoles la capacidad de hacer esto, así que no lo podían hacer.

8[2] La realidad del contenido de la fe. Véase la nota 4[2] de 1 Ti. 2.

9[1] Aquí ser débiles es lo mismo que aparecer reprobados. Cuando los apóstoles aparecían reprobados, eran débiles en administrar disciplina a los creyentes. Cuando los creyentes hacían lo bueno, eran poderosos y hacían que los apóstoles fueran impotentes

12a Ro. 16:16

12 Saludaos unos a otros con [1a]ósculo santo.

B. Saludo
v. 13

13a Fil. 4:22

13 [a]Todos los santos os saludan.

C. Bendición
v. 14

14a Ro. 16:20; 1 Co. 16:23; Gá. 6:18; Ap. 22:21
14b Ro. 5:5; Jud. 21
14c 1 Co. 1:9; 1 Jn. 1:3, 6

14 La [1a]gracia del Señor Jesucristo, el [b]amor de Dios, y la [c]comunión del Espíritu Santo sean con todos vosotros.

---

para disciplinarlos. Los apóstoles se regocijaban de esto y oraban por ello, es decir, por el perfeccionamiento de los creyentes.

9[2] O, restauración. Implica reparar, ajustar, poner de nuevo en orden, enmendar, unir perfectamente (cfr. 1 Co. 1:10 y la nota 4), equipar completamente, proveer de todo lo necesario; así que significa perfeccionar, completar, educar. Los apóstoles oraban por los corintios, para que fuesen restaurados, puestos de nuevo en orden, y completamente equipados y edificados a fin de que crecieran en vida para la edificación del Cuerpo de Cristo.

11[1] Puesto que los apóstoles se regocijaban (v. 9), podían exhortar a los creyentes a regocijarse también. No lo debían hacer en su vida natural, sino en el Señor (Fil. 3:1; 4:4; 1 Ts. 5:16).

11[2] O, completados totalmente. Es decir, reparados o ajustados, puestos nuevamente en orden, arreglados, perfectamente unidos y, por ende, restaurados. En el griego es la raíz de la palabra traducida *perfeccionamiento* en el v. 9 y *perfeccionar* en Ef. 4:12.

11[3] Los apóstoles eran consolados por el Dios de toda consolación (1:3-6). Los corintios se desanimaron mucho con la primera epístola que el apóstol les escribió. Ahora, en la segunda epístola, él los consuela con la consolación de Dios (7:8-13).

11[4] Tener el mismo pensamiento debe de haber sido el aspecto principal en el cual los corintios distraídos y confundidos necesitaban ser perfeccionados, corregidos, puestos en orden y restaurados, tal como el apóstol les había exhortado en su primera epístola (1 Co. 1:10).

11[5] En paz unos con otros, y probablemente también con Dios.

11[6] Los corintios carecían de amor (1 Co. 8:1; 13:1-3, 13; 14:1) y no tenían paz porque eran perturbados por las enseñanzas que los distraían y por los conceptos que los confundían. Por eso, el apóstol deseaba que el Dios de paz y de amor estuviera con ellos para que fueran corregidos y perfeccionados. Ellos necesitaban ser llenos de la paz y del amor de Dios para poder andar conforme al amor (Ro. 14:15; Ef. 5:2) y tener paz unos con otros (Ro. 14:19; He. 12:14).

12[1] Un ósculo de amor puro, sin ninguna contaminación.

14[1] La gracia del Señor es el Señor mismo como vida para nosotros, para que lo disfrutemos (Jn. 1:17 y la nota 1; 1 Co. 15:10 y la nota 1); el amor de Dios es Dios mismo (1 Jn. 4:8, 16) como la fuente de la gracia del Señor; y la comunión del Espíritu es el Espíritu mismo como la trasmisión de la gracia del Señor con el amor de Dios para que participemos de ellos. Estos no son tres asuntos separados, sino tres aspectos de una sola cosa, tal como el Señor, Dios y el Espíritu Santo no son tres Dioses separados sino tres "hipóstasis … del mismo y único Dios indiviso e indivisible" (Philip Schaff). La palabra griega *hypóstasis* (usada en He. 11:1, véase la nota 2), que es la forma singular de esta palabra, se refiere a un soporte subyacente, es decir, a un apoyo que está por debajo, una substancia que sostiene. El Padre, el Hijo y el Espíritu son las hipóstasis, las substancias de sostén, que componen la única Deidad.

El amor de Dios es la fuente, puesto que Dios es el origen; la gracia del Señor es el caudal del amor de Dios, ya que el Señor es la expresión de Dios; y la comunión del Espíritu es la impartición de la gracia del Señor con el amor de Dios, puesto que el Espíritu es la trasmisión del Señor con Dios, para que nosotros experimentemos y disfrutemos al Dios Triuno: el Padre, el Hijo y el Espíritu Santo, con Sus virtudes divinas. Aquí se menciona primero la gracia del Señor, ya que este libro trata de la gracia de Cristo (1:12; 4:15; 6:1; 8:1, 9; 9:8, 14; 12:9). Este atributo divino compuesto de tres virtudes —el amor, la gracia y la comunión— y el Dios Triuno compuesto de tres hipóstasis divinas —el Padre, el Hijo y el Espíritu— eran necesarios para los creyentes corintios quienes, a pesar de estar distraídos y confusos, habían sido consolados y restaurados. Por lo tanto, el apóstol usó todas estas cosas divinas y preciosas en una sola frase para concluir su afable y querida epístola.

Este versículo confirma firmemente que la trinidad de la Deidad no se revela para que se tenga un entendimiento doctrinal de la teología sistemática, sino para que Dios mismo en Su trinidad se imparta en Su pueblo escogido y redimido. En la Biblia la Trinidad nunca es revelada como una mera doctrina. Siempre se revela o se menciona con respecto a la relación de Dios con Sus criaturas, especialmente con el hombre, el cual fue creado por El, y más específicamente con Su pueblo escogido y redimido. El primer título divino que se usa en la revelación divina, *Elohim,* un título hebreo usado con relación a la obra creadora de Dios, está en plural (Gn. 1:1), lo cual implica que Dios, quien creó los cielos y la tierra para el hombre, es triuno. Cuando Dios creó al hombre a Su propia imagen y conforme a Su semejanza, El usó las palabras *hagamos* y *Nuestra,* refiriéndose a Su trinidad (Gn. 1:26) y dando a entender que El sería uno con el hombre y que se expresaría a Sí mismo en Su trinidad a través del hombre. Más adelante, en Gn. 3:22 y 11:7 y en Is. 6:8, El se refirió a Sí mismo una y otra vez usando *Nosotros* con respecto a Su relación con el hombre y con Su pueblo escogido.

Dios, a fin de redimir al hombre caído para poder ser uno con él, se encarnó (Jn. 1:1, 14) en el Hijo y mediante el Espíritu (Lc. 1:31-35) para ser un hombre, y vivió una vida humana sobre la tierra también en el Hijo (Lc. 2:49) y por medio del Espíritu (Lc. 4:1; Mt. 12:28). Al comienzo del ministerio del Hijo sobre la tierra, el Padre ungió al Hijo con el Espíritu (Mt. 3:16-17; Lc. 4:18) a fin de llegar hasta el hombre y volverlo a El. Poco antes de ser crucificado en la carne y resucitado para hacerse el Espíritu vivificante (1 Co. 15:45), El reveló Su misteriosa trinidad a Sus discípulos en palabras claras (Jn. 14—17), afirmando que el Hijo está en el Padre y que el Padre está en el Hijo (Jn. 14:9-11), que el Espíritu es la transfiguración del Hijo (Jn. 14:16-20), que los tres, quienes simultáneamente coexisten y moran el uno en el otro, permanecen en los creyentes para que éstos le disfruten (Jn. 14:23; 17:21-23), y que todo lo que el Padre tiene pertenece también al Hijo, y todo lo que el Hijo posee es recibido por el Espíritu para darse a conocer a los creyentes (Jn. 16:13-15). Dicha Trinidad está completamente relacionada con la impartición del Dios procesado en Sus creyentes (Jn. 14:17, 20; 15:4-5) para que ellos sean uno en el Dios Triuno y uno con El (Jn. 17:21-23).

Después de la resurrección, El exhortó a Sus discípulos a hacer discípulos a todas las naciones, bautizándolos en el nombre del Padre, y del Hijo y del Espíritu Santo (Mt. 28:19); es decir, exhortó a los discípulos a introducir a los que creyeran en el Dios Triuno, en una unión orgánica con el Dios procesado, quien había pasado por la encarnación, el vivir humano y la crucifixión, y que había entrado en la resurrección. Basándose en esta unión orgánica, el apóstol, al concluir esta epístola divina a los corintios, los bendijo con la bendita Trinidad Divina, en la participación de la gracia del Hijo, con el amor del Padre y por medio de la comunión del Espíritu. En la Trinidad Divina, Dios el Padre realiza todas las cosas en todos los miembros de la iglesia, la cual es el Cuerpo de Cristo, mediante los ministerios del Señor, Dios el Hijo, y por los dones de Dios el Espíritu (1 Co. 12:4-6).

Toda la revelación divina del libro de Efesios, con respecto a la producción, la existencia, el crecimiento, la edificación y la lucha de la iglesia como Cuerpo de Cristo, está compuesta de la economía divina, que consiste en que el Dios Triuno se imparta en los miembros del Cuerpo de Cristo. El cap. 1 de Efesios revela que Dios el Padre escogió y predestinó a estos miembros en la eternidad (Ef. 1:4-5), que Dios el Hijo los redimió (Ef. 1:6-12), y que Dios el Espíritu, como las arras, los selló (Ef. 1:13-14), impartiéndose así en Sus creyentes para la formación de la iglesia, que es el Cuerpo de Cristo, la plenitud de Aquel que todo lo llena en todo (Ef. 1:18-23). El cap. 2 nos muestra que en la Trinidad Divina, todos los creyentes, judíos y gentiles, tienen acceso a Dios el Padre, por medio de Dios el Hijo, en Dios el Espíritu (Ef. 2:18). Esto indica que los tres simultáneamente coexisten y moran el uno en el otro, aun después de los procesos de encarnación, vivir humano, crucifixión y resurrección. En el cap. 3 el apóstol oró pidiendo que Dios el Padre concediera a los creyentes el ser fortalecidos, mediante Dios el Espíritu, en el hombre interior de ellos, para que Cristo, Dios el Hijo, hiciera Su *hogar en el corazón* de ellos, es decir, para que ocupara todo su ser, a fin de que fueran llenos hasta la medida de la plenitud de Dios (Ef. 3:14-19). Este es el clímax de la experiencia y participación que los creyentes tienen de Dios en Su trinidad. El cap. 4 muestra cómo el Dios procesado como el Espíritu, el Señor y el Padre, se mezcla con el Cuerpo de Cristo (Ef. 4:4-6) para que todos los miembros del Cuerpo experimenten a la Trinidad Divina. El cap. 5 exhorta a los creyentes a alabar al Señor, Dios el Hijo, con los cánticos de Dios el Espíritu, y a dar gracias a Dios el Padre en el nombre de nuestro Señor Jesucristo, Dios el Hijo (Ef. 5:19-20). Esto es alabar y dar gracias al Dios procesado, en Su trinidad divina para que le disfrutemos a El como el Dios Triuno. El cap. 6 nos instruye a que peleemos la batalla espiritual siendo fortalecidos en el Señor, Dios el Hijo, vistiéndonos de toda la armadura de Dios el Padre, y blandiendo la espada de Dios el Espíritu (Ef. 6:10, 11, 17). Esta es la experiencia y el disfrute del Dios Triuno que los creyentes tienen, incluso en la guerra espiritual.

El apóstol Pedro en sus escritos confirmó que Dios se revela en Su trinidad para que los creyentes le disfruten, remitiendo los creyentes a la elección de Dios el Padre, la santificación de Dios el Espíritu, y la redención de Jesucristo, Dios el Hijo, lograda por medio de Su sangre (1 P. 1:2). Y el apóstol Juan reforzó el hecho de que la Trinidad Divina se revela para que los creyentes participen del Dios Triuno procesado. En el libro de Apocalipsis él bendijo a las iglesias de las diferentes localidades con la gracia y la paz de Dios el Padre, Aquel que es y que era y que ha de venir, y de Dios el Espíritu, los siete Espíritus que están delante de Su trono, y de Dios el Hijo, Jesucristo, el Testigo fiel, el Primogénito de entre los muertos y el Soberano de los reyes de la tierra (Ap. 1:4-5). La bendición que Juan dio a las iglesias también indica que el Dios Triuno procesado, en todo lo que El es como Padre eterno, en todo lo que El puede hacer como el Espíritu siete veces intensificado, y en todo lo que El ha alcanzado y logrado como el Hijo ungido, se revela para que los creyentes le puedan disfrutar a fin de que sean Su testimonio corporativo como los candeleros de oro. (Ap. 1:9, 11, 20).

Por consiguiente, es evidente que la revelación divina de la trinidad de la Deidad en la santa Palabra, desde Génesis hasta Apocalipsis, no se da para que se haga un estudio teológico, sino para que comprendamos cómo Dios en Su maravillosa y misteriosa trinidad, se imparte a Sí mismo en Su pueblo escogido, a fin de que nosotros como Su pueblo escogido y redimido podamos, como se indica en la bendición del apóstol a los creyentes corintios, participar del Dios Triuno procesado, experimentarle, disfrutarle y poseerle ahora y por la eternidad. Amén.

LA EPISTOLA DE PABLO
A LOS
GALATAS

BOSQUEJO

I. Introducción: la voluntad de Dios es rescatarnos de la era religiosa y maligna—1:1-5

II. La revelación del evangelio del apóstol—1:6—4:31

- A. El Hijo de Dios es contrario a la religión del hombre—1:6—2:10
- B. Cristo reemplaza la ley—2:11-21
- C. El Espíritu recibido por la fe en Cristo es contrario a la carne que guarda las obras de la ley—3:1—4:31
  1. El Espíritu es la bendición de la promesa recibida por la fe en Cristo—3:1-14
  2. La ley es el custodio de los herederos de la promesa—3:15-29
  3. El Espíritu de filiación reemplaza la custodia de la ley—4:1-7
  4. Es necesario que Cristo sea formado en los herederos de la promesa—4:8-20
  5. Los hijos nacidos según el Espíritu en oposición a los hijos nacidos según la carne—4:21-31

III. El andar de los hijos de Dios—5:1—6:17

- A. No sujetos al yugo de esclavitud al estar bajo la ley—5:1
- B. No separados de Cristo—5:2-12
- C. No dan rienda suelta a la carne, sino que sirven por medio del amor—5:13-15
- D. Andan por el Espíritu, no por la carne—5:16-26
- E. Restauran al caído, con espíritu de mansedumbre—6:1
- F. Cumplen plenamente la ley de Cristo—6:2-6
- G. Siembran no para la carne sino para el Espíritu—6:7-10
- H. Crucificados al mundo religioso para vivir como nueva creación—6:11-16
- I. Llevan las marcas de Jesús—6:17

IV. Conclusión: la gracia del Señor Jesucristo sea con nuestro espíritu—6:18

LA EPISTOLA DE PABLO
A LOS
GALATAS

Autor: El apóstol Pablo (1:1).

Fecha: Por el año 54 d. de C., durante el segundo viaje ministerial de Pablo, después de pasar por Galacia y de llegar a Corinto (Hch. 18:1, 11).

Lugar: Corinto, cuando Pablo estuvo allí por un año y medio (Hch. 18:1-11).

Destinatarios: Las iglesias de Galacia (1:2).

Tema:
Cristo reemplaza la ley y es contrario a la religión y a la tradición

CAPITULO 1

I. Introducción: la voluntad de Dios es rescatarnos de la era religiosa y maligna
1:1-5

1 [1a]Pablo, [b]apóstol ([2c]no de parte de hombres ni por hom-
bre, sino [d]por Jesucristo y por Dios el Padre, que lo [3e]resucitó
de los muertos),

1[a] Hch. 7:58; 8:1, 3; 9:1-30; 11:25, 30; 13:1-4, 7, 9, 13; 15:2
1[b] Gá. 2:9; Ro. 1:5; 1 Co. 9:1-2, 5; 15:9; 2 Co. 11:5; 12:11
1[c] Gá. 1:11-12
1[d] Hch. 9:15; 20:24; 26:16
1[e] Hch. 2:24

1[1] Los libros de Gálatas, Efesios, Filipenses y Colosenses forman un grupo de epístolas que constituyen el corazón de la revelación divina del Nuevo *Testamento. El tema fundamental* de estos cuatro libros es Cristo y la iglesia. Gálatas revela que Cristo es contrario a la religión y su ley; Efesios revela a la iglesia como el Cuerpo de Cristo; el tema de Filipenses es experimentar a Cristo, es decir, vivir a Cristo; y Colosenses revela al Cristo todo-inclusivo y extenso como la Cabeza del Cuerpo.

1[2] Este libro fue escrito para que sus destinatarios supieran que el evangelio predicado por el apóstol Pablo no vino por enseñanza de hombre (vs. 11-12) sino por revelación de Dios. Por esta razón, al comienzo Pablo recalcó que había llegado a ser *apóstol* no de parte de hombres ni por hombre, sino por Cristo y por Dios.

1[3] La ley fue dirigida al hombre de la vieja creación, mientras que el evangelio hace del hombre la nueva creación en resurrección. Dios hizo de Pablo un apóstol, no por la ley según el hombre natural de la vieja creación, sino mediante la resurrección de Cristo conforme al hombre regenerado de la nueva creación. Por tanto, aquí Pablo no dice: "Dios el Padre, que dio la ley por medio de Moisés", sino "Dios

2a Fil. 4:21; Hch. 11:12
2b 1 Co. 7:17; 11:16
2c Hch. 16:6; 1 Co. 16:1; Gá. 3:1
3a Gá. 1:6, 15; 2:9, 21; 5:4; 6:18; Jn. 1:14; Ro. 5:2
3b Gá. 6:16; Jn. 14:27; 16:33; 20:19, 21, 26; Fil. 4:7
3c Jn. 20:17; Ef. 1:2
4a Gá. 2:20; Mt. 20:28; Ef. 5:2, 25; Tit. 2:14
4b 1 Co. 15:3; 1 P. 2:24
4c Ef. 2:2; Ro. 12:2; 2 Co. 4:4
4d Ro. 12:2; Ef. 1:5
5a Ro. 11:36

2 y todos los [1a]hermanos que están conmigo, a las [2b]iglesias de [c]Galacia:

3 [1a]Gracia y [2b]paz sean a vosotros, de Dios [c]nuestro Padre y del Señor Jesucristo,

4 el cual se [a]dio a Sí mismo por nuestros [b]pecados para [1]rescatarnos del presente [2c]siglo maligno, conforme a la [d]voluntad de nuestro Dios y Padre,

5 a quien sea la [a]gloria por los siglos de los siglos. Amén.

II. La revelación del evangelio del apóstol 1:6—4:31

A. El Hijo de Dios es contrario a la religión del hombre 1:6—2:10

6 Estoy maravillado de que tan pronto os estéis [1]alejando del que os [a]llamó [2]en la [3b]gracia de Cristo, para *seguir* un [4c]evangelio diferente.

---

el Padre, que lo resucitó [a Cristo] de los muertos". La economía neotestamentaria de Dios no tiene nada que ver con el hombre de la vieja creación, sino que se relaciona con el hombre de la nueva creación, por medio de la resurrección de Cristo.

2[1] El apóstol consideraba como coescritores a todos los hermanos que estaban con él, a fin de que fueran testimonio y confirmación de lo que él escribió en esta epístola.

2[2] Galacia era una provincia del antiguo Imperio Romano. Mediante el ministerio de Pablo que consistía en predicar el evangelio, se establecieron iglesias en varias ciudades de aquella provincia. Por eso, el apóstol usó el plural y no el singular cuando se refirió a las iglesias de Galacia como conjunto.

3[1] Véanse las notas 2[1] de Ef. 1 y 7[2] de Ro. 1.

3[2] Véase la nota 2[2] de Ef. 1.

4[1] Lit., arrancarnos, sacarnos, librarnos.

4[2] Un siglo, o sea, una edad, es parte del mundo, el cual es el sistema satánico (véase la nota 2[1] de Ef. 2). Según el contexto de este libro, el presente siglo maligno se refiere al mundo religioso, a la corriente religiosa del mundo, es decir, la religión judía. Esto está confirmado en 6:14-15, donde se considera la circuncisión como parte del mundo —el mundo religioso— el cual le fue crucificado al apóstol Pablo. Aquí el apóstol hace hincapié en que el propósito que Cristo tenía al darse a Sí mismo por nuestros pecados era rescatarnos, o sacarnos, de la religión judía, el presente siglo maligno. Esto es librar al pueblo escogido de Dios de la custodia de la ley (3:23), para sacarlos del redil (Jn. 10:1, 3), según la voluntad de Dios. Esta es la razón por la cual Pablo, en su introducción, indica lo que iba a tratar: quería rescatar a las iglesias, que habían sido distraídas por el judaísmo y su ley, y hacerlas volver a la gracia del evangelio.

6[1] Aquí Pablo llega al tema de esta epístola. El tenía la carga de escribir esta epístola a las iglesias de Galacia debido a que estaban abandonando la *gracia de Cristo* y estaban volviéndose atrás, a la observancia de la ley.

6[2] O, por.

6[3] La gracia de Cristo es el Dios Triuno —el Padre, el Hijo y el Espíritu— procesado para ser nuestro

---

6a Gá. 2:21; 5:4 6b Ef. 1:18; Ro. 8:30 6c Gá. 1:8, 9; 2 Co. 11:4

7 [1]No que haya otro, sino que hay [2]algunos que os [a]perturban y quieren [3]pervertir el evangelio de Cristo.

8 Mas si aun nosotros, o un [a]ángel bajado del cielo, os anuncia un evangelio *que vaya* más allá del que os hemos anunciado, sea [b]anatema.

9 Como antes hemos dicho, también ahora lo repito: Si alguno os anuncia un evangelio *que vaya* más allá del que habéis recibido, sea anatema.

10 Pues, ¿[1]busco ahora el favor de los hombres, o el de Dios? ¿O trato de [a]agradar a los hombres? Pues si todavía tratara de agradar a los hombres, no sería [b]esclavo de Cristo.

11 Mas os hago saber, [a]hermanos, que el [b]evangelio anunciado por mí, [c]no es según hombre;

12 pues yo [1]ni lo [a]recibí ni *lo* aprendí de hombre alguno, sino por [2b]revelación de Jesucristo.

13 Porque habéis oído acerca de mi conducta en [a]otro tiempo en el [1]judaísmo, que [b]perseguía sobremanera a la [c]iglesia de Dios, y la [d]asolaba;

7[a] Gá. 5:10, 12; Hch. 15:24
8[a] 2 Co. 11:14
8[b] Ro. 9:3; 1 Co. 16:22
10[a] 1 Ts. 2:4
10[b] Ro. 1:1
11[a] Gá. 3:15; 4:12, 28, 31; 5:11, 13; 6:1, 18
11[b] Ro. 2:16; 16:25; 1 Co. 15:1-2
11[c] Gá. 1:1
12[a] 1 Co. 15:3
12[b] Gá. 1:16; 2:2; 2 Co. 12:1; Ef. 3:3; Ap. 1:1
13[a] Hch. 26:9-11
13[b] Hch. 22:4; 1 Co. 15:9; Fil. 3:6; 1 Ti. 1:13
13[c] Hch. 20:28; 1 Co. 10:32
13[d] Gá. 1:23; Hch. 8:3; 9:21

---

disfrute. Esta gracia está en contraste con la ley de Moisés (Jn. 1:17 y la nota 1).

6[4] Se refiere a la observancia de la ley conforme al judaísmo. El evangelio de Pablo, el cual está fuera de la ley judaica, incluye todos los puntos principales de los cuatro evangelios. Además, abarca muchos más puntos para que sea completada la revelación de la palabra de Dios en el Nuevo Testamento (Col. 1:25) con puntos cruciales tales como: Cristo en los creyentes como esperanza de gloria (Col. 1:27); el Espíritu de Dios como sello y arras (Ef. 1:13-14); el hecho de que el Hijo de Dios es revelado en nosotros (v. 16), está siendo formado en nosotros *(4:19), hace Su hogar en* nosotros (Ef. 3:17), y nos llena hasta la plenitud de Dios (Ef. 3:19); y Cristo como el misterio de Dios (Col. 2:2) y como Aquel en quien habita corporalmente la plenitud de la Deidad (Col. 2:9). El punto focal del evangelio de Pablo es que el Hijo de Dios, el Ungido de Dios (el Cristo), ha entrado en nosotros para ser nuestra vida hoy (Col. 3:4) y nuestra gloria en el futuro (Col. 1:27), a fin de que seamos los miembros (Ro. 12:5) del Cuerpo de Cristo (Ef. 4:16), del cual Cristo es la Cabeza (Ef. 4:15).

7[1] La observancia de la ley no llegará a ser jamás un evangelio capaz de librar a los pecadores de la esclavitud de la ley ni de conducirlos a disfrutar a Dios; sólo los podría mantener como esclavos bajo el cautiverio de la ley, atándolos al yugo de esclavitud, la ley (5:1).

7[2] Los judaizantes, a quienes el apóstol Pablo consideraba hermanos falsos (2:4).

7[3] Los judaizantes perturbaban a las iglesias pervirtiendo, o sea, distorsionando, el evangelio de Cristo, extraviando así a los creyentes y *trayéndoles de regreso* a la ley de Moisés.

10[1] O, persuado a los hombres o a Dios; esto es, procurar conciliar o satisfacer a los hombres o a Dios.

12[1] La expresión *ni … de hombre* corresponde a la frase *no de parte de hombres* en el v. 1.

12[2] La revelación que el Señor Jesucristo dio al apóstol Pablo con respecto al evangelio.

13[1] Es decir, la religión judía, la

14[a] cfr. Hch. 22:3
14[b] Hch. 22:3; Fil. 3:6
14[c] Mt. 15:2-6; Col. 2:8
14[d] 2 Ti. 1:3
15[a] 1 Co. 1:21; Ef. 1:5, 9
15[b] Is. 49:1, 5; Jer. 1:5; Lc. 1:15
15[c] Ro. 1:1
15[d] Ef. 3:2, 8; 1 Ti. 1:14; 1 Co. 15:10; 3:10; Ro. 12:3
16[a] Gá. 1:12; Mt. 16:17
16[b] Gá. 2:20; 4:6
16[c] Hch. 9:15; 22:21; 26:17-18; Ef. 3:8; Gá. 2:8-9
16[d] Mt. 16:17; Ef. 6:12
17[a] Hch. 9:19-22
17[b] Gá. 4:25
17[c] Hch. 9:2, 3, 19, 22

14 y en el judaísmo [a]aventajaba a muchos de mis contemporáneos en mi nación, siendo mucho más [b]celoso de las [1c]tradiciones de mis [d]padres.

15 Pero cuando [a]agradó a Dios, que me [1]apartó [2]desde el [b]vientre de mi madre, y me [3c]llamó por Su [4d]gracia,

16 [1a]revelar a Su [2b]Hijo [3]en mí, para que yo [4]le anunciase como evangelio entre los [5c]gentiles, [6]no consulté en seguida con [7d]carne y sangre,

17 [a]ni subí a Jerusalén a los que eran apóstoles antes que yo; sino que fui a [1b]Arabia, y volví de nuevo a [c]Damasco.

---

cual está en contraste con el Hijo de Dios y la iglesia (vs. 13-16).

14[1] Las tradiciones de la secta de los fariseos, de la cual Pablo fue miembro. El se llamaba "fariseo, hijo de fariseo" (Hch. 23:6). La religión judía no sólo se componía de la ley dada por Dios y de los ritos de la misma, sino también de tradiciones de origen humano.

15[1] Es decir, designó o señaló para cierto propósito.

15[2] Es decir, antes de nacer.

15[3] Después de nacer, cuando se convirtió.

15[4] Pablo fue llamado a ser apóstol por medio de la gracia de Cristo, y no por la ley anunciada por Moisés.

16[1] No enseñar, sino revelar, dar como visión, mostrar.

16[2] El Hijo de Dios, como corporificación y expresión de Dios el Padre (Jn. 1:18; 14:9-11; He. 1:3), es vida para nosotros (Jn. 10:10; 1 Jn. 5:12; Col. 3:4). El deseo que Dios tiene en Su corazón es revelar a Su Hijo en nosotros para que lo conozcamos, lo recibamos como nuestra vida (Jn. 17:3; 3:16), y seamos hechos hijos de Dios (Jn. 1:12; Gá. 4:5-6). Como Hijo del Dios viviente (Mt. 16:16), El es muy superior al judaísmo y sus tradiciones (vs. 13-14). Los judaizantes habían fascinado a los gálatas hasta tal punto que éstos consideraban *las ordenanzas de la ley* como superiores al Hijo del Dios viviente. Por lo tanto, al comienzo de esta epístola el apóstol dio testimonio de que había estado profundamente involucrado en el judaísmo y que había progresado mucho en ello, pero que Dios, revelando a Su Hijo en él, lo había rescatado de la corriente del mundo, la cual era mala a los ojos de Dios. En la experiencia del apóstol, él se dio cuenta de que no había comparación entre el Hijo del Dios viviente y el judaísmo con las tradiciones muertas que había recibido de sus antepasados.

16[3] Cuando Dios nos revela a Su Hijo, lo hace dentro de nosotros; no es un acto externo sino interno, no por una visión exterior sino por ver interiormente. No es una revelación objetiva sino una revelación subjetiva.

Dios hizo del apóstol Pablo un ministro de Cristo apartándolo, llamándolo (v. 15), y revelando a Su Hijo en él.

16[4] El apóstol Pablo no predicaba la ley sino que anunciaba a Cristo, el Hijo de Dios, como evangelio; no anunciaba meramente la doctrina acerca de El, sino Su misma persona viviente.

16[5] Los gentiles paganos.

16[6] Esto confirma que el apóstol no recibió el evangelio de manos de hombres (v. 12).

16[7] Es decir, el hombre, compuesto de carne y sangre.

17[1] Es difícil determinar adónde fue Pablo en Arabia y cuánto tiempo permaneció allí después de convertirse. No obstante, se supone que el lugar estaba lejos de los cristianos, y que el tiempo de su estancia allí no fue corto. Se refirió a su estancia en Arabia con el propósito de dar testimonio de que no recibió el evangelio de parte del hombre (v. 12). En Arabia con seguridad recibió directamente del

18 Después, pasados tres años, subí a [a]Jerusalén para
[1]visitar a [b]Cefas, y permanecí con él quince días;

19 pero no vi a ningún otro de los apóstoles, [1]sino a
[a]Jacobo el hermano del Señor.

20 En esto que os escribo, he aquí delante de Dios que [a]no
miento.

21 Después fui a las regiones de [1a]Siria y de [b]Cilicia,

22 pero todavía [1]no era conocido de vista en las [a]iglesias
de Judea, que están [b]en Cristo;

23 [1]solamente oían *decir:* Aquel que en otro tiempo nos
[a]perseguía, ahora anuncia como evangelio la [2b]fe que en otro
tiempo [c]asolaba.

24 Y [a]glorificaban a Dios por causa de mí.

CAPITULO 2

1 Después, [1]pasados catorce años, [a]subí otra vez a Jerusalén con [b]Bernabé, llevando también *conmigo* a [c]Tito.

Señor alguna revelación acerca del evangelio.

18[1] La palabra griega implica visitar para conocer.

19[1] Esto indica que en aquel entonces Jacobo, hermano del Señor, y Cefas (v. 18), quien era Pedro, eran los principales apóstoles.

21[1] Arabia (v. 17), Siria y Cilicia eran regiones del mundo gentil. Al mencionar sus viajes a todos estos lugares, Pablo dio testimonio de que la revelación que había recibido con respecto al evangelio no vino de ningún hombre, es decir, de ningún cristiano; los cristianos en aquellos tiempos se encontraban mayormente en Judea (v. 22).

22[1] Pablo dijo esto para recalcar el hecho de que no había recibido el evangelio de ninguno de los que habían creído en Cristo antes de él.

23[1] Las iglesias, que constaban de todos los creyentes de Judea, solamente oían las noticias de la conversión de Pablo y glorificaban a Dios por causa de él. No tenían nada que ver con la revelación que él recibió con respecto al evangelio.

23[2] La fe que se menciona aquí y en todos los versículos enumerados en la referencia 23[b] implica nuestra acción de creer en Cristo, tomando Su persona y Su obra redentora como el objeto de nuestra fe. La fe, que reemplaza la ley, por medio de la cual Dios se relacionó con el hombre en el Antiguo Testamento, ha llegado a ser el principio según el cual Dios trata con el hombre en el Nuevo Testamento. Esta fe caracteriza a los que creen en Cristo y los distingue de los que guardan la ley. Este es el énfasis principal de este libro. La ley del Antiguo Testamento pone énfasis en la letra y en las ordenanzas, mientras que la fe del Nuevo Testamento pone énfasis en el Espíritu y en la vida.

18[a] Hch. 9:26, 28; 22:17
18[b] Jn. 1:42; Gá. 2:9, 11, 14; 1 Co. 1:12
19[a] Gá. 2:9, 12; Mt. 13:55; Hch. 12:17; 15:13; 21:18; 1 Co. 15:7; Jac. 1:1
20[a] Ro. 9:1; 1 Ti. 2:7
21[a] Hch. 15:23, 41
21[b] Hch. 6:9; 21:39; 22:3; 23:34; 27:5
22[a] 1 Ts. 2:14; Hch. 9:31
22[b] 1 Co. 1:2
23[a] Gá. 1:13

23[b] Gá. 3:2, 5, 7, 9, 23, 25; 6:10; Hch. 6:7; 13:8; 14:22; Ro. 16:26; 1 Co. 16:13; Ef. 4:13; 1 Ti. 1:19b; 3:9, 13; 4:1, 6; 5:8; 6:10, 12, 21; 2 Ti. 3:8; 4:7; Tit. 1:13; Jud. 3, 20; Ap. 14:12 23[c] Gá. 1:13 24[a] Mt. 9:8; Hch. 21:19-20 1[a] Hch. 15:2
1[b] Gá. 2:9, 13; Hch. 4:36; 9:27; 11:22, 24-26, 30; 12:25; 13:1, 7; 14:20; 15:12, 22; 1 Co. 9:6 1[c] 2 Co. 2:13; Tit. 1:4

2[a] Gá. 1:12
2[b] Hch. 15:12
2[c] Gá. 2:6, 9
2[d] Gá. 4:11; 1 Ts. 3:5
2[e] Fil. 2:16; 1 Co. 9:24, 26; He. 12:1; Gá. 5:7
3[a] cfr. Hch. 16:3
4[a] 2 Co. 11:26
4[b] 2 P. 2:1; Jud. 4
4[c] Gá. 5:1, 13
4[d] Gá. 4:1, 9; Ro. 8:15
5[a] Gá. 2:14; 4:16; 5:7; Col. 1:5

2 Subí según una [1a]revelación, y les expuse el evangelio
que proclamo entre los [b]gentiles, pero *lo hice* en privado con
los que tenían cierta [c]reputación, [d]no fuera que yo [e]corriese
o hubiese corrido en vano.
3 Mas [1]ni aun Tito, que estaba conmigo, con todo y ser
griego, fue obligado a [2a]circuncidarse;
4 y *esto* a pesar de los [1a]falsos hermanos introducidos [b]a
escondidas, que se infiltraban para espiar nuestra [2c]libertad
que tenemos en Cristo Jesús, para reducirnos a [3d]esclavitud,
5 a los cuales ni por un momento accedimos a someternos, para que la [1a]verdad del evangelio permaneciese con
vosotros.

1[1] Como consta en Hch. 15, esto sucedió después de que varias iglesias habían sido levantadas en el mundo gentil por medio del ministerio de Pablo (véase Hch. 13—14). Esto indica que la predicación del evangelio llevada a cabo por Pablo para levantar iglesias gentiles no tenía nada que ver con los creyentes que estaban en Jerusalén y Judea.

2[1] No sólo el evangelio que Pablo predicaba, sino incluso su ida a Jerusalén fue motivada por la revelación del Señor, y no por ninguna organización o sistema. Pablo obraba y actuaba según la guía específica del Señor. Esto también indica que predicaba el evangelio no según la enseñanza del hombre, sino según la revelación directa del Señor.

3[1] Esto indica que cuando Pablo hacía algo para el testimonio del Señor, a él no le importaba la observancia de la ley.

3[2] El judaísmo fue edificado sobre la ley dada por Dios, con sus tres columnas: la circuncisión, el sábado y las santas regulaciones dietéticas. Dios dispuso estas tres cosas (Gn. 17:9-14; Ex. 20:8-11; Lv. 11) como sombras de lo que había de venir (Col. 2:16-17). La circuncisión era sombra de la crucifixión de Cristo en el aspecto de despojarse de la carne, como lo representa el bautismo (Col. 2:11-12). El sábado tipificaba a Cristo como el reposo para Su pueblo (Mt. 11:28-30). La dieta santa simbolizaba personas limpias y personas inmundas, aquellas con quienes el pueblo santo de Dios podía tener contacto y aquellas con quienes no (Hch. 10:11-16, 34-35). Después de la venida de Cristo, todas estas sombras debían haberse terminado. Así que, la observancia del sábado fue abolida por el Señor Jesús en Su ministerio (Mt. 12:1-12), las santas regulaciones dietéticas fueron anuladas por el Espíritu en el ministerio de Pedro (Hch. 10:9-20), y a la circuncisión se le quitó todo valor en la revelación que Pablo recibió en su ministerio (5:6; 6:15). Además, la ley, la base del judaísmo, ha sido terminada y reemplazada por Cristo (Ro. 10:4; Gá. 2:16). Por consiguiente, el judaísmo en su totalidad llegó a su fin.

4[1] Los judaizantes, que pervertían el evangelio de Cristo introduciendo secretamente en la iglesia las prácticas de la ley, y que perturbaban a los verdaderos hermanos en Cristo (1:7).

4[2] Libertad de la esclavitud de la ley. Esta libertad en Cristo Jesús incluye: (1) liberación de la esclavitud de la ley, lo cual implica liberación de la obligación de cumplir la ley y sus ordenanzas, prácticas y regulaciones; (2) satisfacción total, con un rico suministro sustentador; (3) el disfrute de un reposo verdadero, sin estar bajo la pesada carga de guardar la ley; y (4) el pleno disfrute del Cristo vivo.

4[3] Al estar bajo la ley.

5[1] No la doctrina ni la enseñanza

6 Pero de los que tenían [a]reputación de ser algo (lo que
hayan sido en otro tiempo nada me importa; Dios [b]no hace
acepción de personas), a mí, pues, los de reputación nada
nuevo me añadieron.
7 Antes por el contrario, como vieron que me había sido
[a]encomendado el evangelio a *los de* la [b]incircuncisión, como
a [c]Pedro *el evangelio* a *los de* la circuncisión
8 (pues el que actuó en Pedro para el [a]apostolado de la
circuncisión, actuó también en mí para con los [b]gentiles),
9 y reconociendo la [a]gracia que me había sido dada,
[1b]Jacobo, [c]Cefas y [d]Juan, que eran [e]considerados como [f]co-
lumnas, nos dieron a mí y a [g]Bernabé la [h]diestra *en señal* de
[i]comunión, para que nosotros *fuésemos* a los gentiles, y ellos
a la circuncisión.
10 Solamente *nos pidieron* que nos acordásemos de los
[a]pobres; lo cual también [b]procuraba hacer con toda solicitud.

B. Cristo reemplaza la ley
2:11-21

11 Pero cuando [a]Cefas vino a [b]Antioquía, le resistí cara a
cara, porque era de condenar.
12 Pues antes que viniesen algunos [1]de parte de [a]Jacobo,
[2b]comía con los gentiles; pero después que vinieron, se
retraía y se apartaba, porque [3]tenía miedo de los de la
[c]circuncisión.

del evangelio, sino la realidad del evangelio.

9[1] Cuando se enumeraba a los apóstoles, por lo general se mencionaba primero a Pedro (Mt. 10:2; Mr. 3:16; Lc. 6:14; Hch. 1:13). No obstante, aquí se menciona primero a Jacobo. Esto indica que en aquel entonces el líder principal de la iglesia no era Pedro, sino Jacobo, el hermano del Señor (1:19). Esto está confirmado en Hch. 15:13-21, donde Jacobo, y no Pedro, fue la autoridad que dio la palabra decisiva y final durante la conferencia que se celebró en Jerusalén. La debilidad de Pedro de no haberse mantenido en la verdad del evangelio (como presenta Pablo en los vs. 11-14) fue probablemente la razón por la cual Jacobo empezó a destacarse y tomar el liderazgo entre los apóstoles. Así que, tanto en el v. 12 como en Hch. 21:18 se consideraba a Jacobo como representante de la iglesia en Jerusalén y de los apóstoles. Esto prueba claramente que en la iglesia Pedro no fue siempre el líder principal. Además, implica que el liderazgo de la iglesia no es asunto de organización ni es perpetuo; más bien, es espiritual y fluctúa según la condición espiritual de los líderes. Esto refuta

9[f] 1 R. 7:21; Ap. 3:12; 1 Ti. 3:15 9[g] Gá. 2:1 9[h] cfr. 2 R. 10:15; Esd. 10:19
9[i] 1 Jn. 1:3, 7; Fil. 2:1 10[a] Dt. 15:7-8, 11; Est. 9:22; Mt. 26:11
10[b] Hch. 11:29-30; 24:17; Ro. 12:13; 1 Co. 16:1; 2 Co. 9:1, 12
11[a] Gá. 1:18 11[b] Hch. 11:19; 13:1; 15:30, 35
12[a] Gá. 1:19 12[b] Hch. 11:3; 10:28 12[c] Hch. 11:2

6[a] Gá. 2:2
6[b] Dt. 10:17; Hch. 10:34; Ro. 2:11
7[a] 1 Co. 9:17; 1 Ts. 2:4; 1 Ti. 1:11; Tit. 1:3
7[b] Gá. 1:16
7[c] Mt. 4:18-19; Jn. 1:42; Mt. 16:16-19; Hch. 1:15; 2:14; 1 P. 1:1
8[a] Hch. 1:25; 1 Co. 9:1-2, 5
8[b] Hch. 9:15; 22:21; 26:17-18; Ro. 11:13
9[a] Gá. 1:15; Ro. 1:5; 1 Co. 15:10
9[b] Gá. 1:19
9[c] Gá. 1:18
9[d] Mt. 4:21; Hch. 3:1; 4:19; 2 Jn. 1
9[e] Gá. 2:2, 6

13 Y se le unieron en esta [1]hipocresía también los [2]otros
judíos, de manera que aun [3a]Bernabé fue también arrastrado por la hipocresía de ellos.
14 Pero cuando vi que no [1]andaban [a]rectamente en cuanto
a la [b]verdad del evangelio, dije a [c]Cefas [d]delante de todos: Si
tú, siendo judío, [2e]vives como los gentiles y no como los
judíos, ¿por qué obligas a los gentiles a [3f]judaizar?
15 Nosotros somos [a]judíos de nacimiento, y no [b]pecadores
de entre los gentiles,
16 y sabiendo que el hombre no es justificado por las obras
de la [a]ley, sino por la [1b]fe en Jesucristo, nosotros también
hemos creído *en Cristo Jesús, para ser justificados por la fe
en Cristo y no por las obras de la ley, por cuanto por las obras
de la ley [c]ninguna [2]carne será justificada.
17 Mas si buscando ser justificados en Cristo, nosotros
mismos también somos hallados [a]pecadores, ¿es Cristo entonces [1]ministro de pecado? [2b]¡De ninguna manera!

13[a] Gá. 2:1
14[a] He. 12:13
14[b] Gá. 2:5
14[c] Gá. 1:18
14[d] 1 Ti. 5:20
14[e] Gá. 2:12
14[f] Hch. 10:28
15[a] Hch. 22:3
15[b] Gá. 2:17
16[a] Hch. 13:39
16[b] Ro. 5:1; 9:30; Fil. 3:9
16[c] Gá. 3:11; Ro. 3:20
17[a] Gá. 2:15
17[b] Gá. 3:21; Ro. 3:4, 6, 31

---

categóricamente la afirmación del catolicismo de que Pedro fue el único sucesor de Cristo en la administración de la iglesia.

12[1] Es decir, de la iglesia en Jerusalén. Esta es otra indicación de que en aquellos días era Jacobo, y no Pedro, el principal entre los apóstoles de Jerusalén.

12[2] Esto iba en contra de la costumbre de los judíos en su observancia de las prácticas de la ley.

12[3] Esto comprueba que en aquel entonces Pedro era muy débil en la fe cristiana pura. En Hch. 10 había recibido de los cielos una visión clarísima con respecto a tener comunión con los gentiles, y tomó la iniciativa de practicarla. ¡Cuánta debilidad mostró Pedro y cómo volvió atrás al negarse a comer con los creyentes gentiles por temor a los de la circuncisión! No es de extrañar que perdiera el liderazgo entre los apóstoles.

13[1] Es casi inconcebible que Pedro, el apóstol principal, se comportara hipócritamente en cuanto a la verdad del evangelio.

13[2] Cuando el líder se desvió, los demás lo siguieron.

13[3] Bernabé participó en el primer viaje ministerial de Pablo, que consistía en predicar el evangelio a los gentiles y levantar iglesias entre ellos. Aun Bernabé, a pesar de haber tenido tanta comunión con los creyentes gentiles, fue arrastrado por la hipocresía de Pedro. ¡Qué influencia tan negativa la que Pedro ejerció sobre otros! Ciertamente merecía perder el liderazgo.

14[1] Lit., andaban con pies derechos.

14[2] Es decir, comer, vivir y tener comunión con los gentiles.

14[3] Es decir, vivir como los judíos, y así no comer con los gentiles ni tener comunión con ellos.

16[1] Lit., fe de Jesucristo. Véase la nota 22[1] de Ro. 3. *La fe en Jesucristo* denota una unión orgánica con El por el creer. Esto está relacionado con el aprecio que los creyentes tienen de la persona del Hijo de Dios, a quien consideraban el más valioso. A los creyentes se les infunde la preciosidad de Cristo a través del evangelio que se les predica. Por el aprecio que tienen por El, este Cristo llega a ser en ellos la fe con la cual creen y también su capacidad de creer. Esta fe produce una unión orgánica en la cual ellos y Cristo son uno.

16[2] Aquí *carne* denota el hombre

18 Porque si las cosas que [1]destruí, *las mismas* [2]vuelvo a edificar, transgresor demuestro ser.

19 Porque yo [1]por la ley he [2a]muerto a la ley, a fin de [3b]vivir para Dios.

20 Con Cristo estoy juntamente [1a]crucificado, y [2]ya no vivo yo, mas vive [3b]Cristo en mí; y la [4]*vida* que ahora vivo en la carne, la [c]vivo en la [5d]fe [6]del [7]Hijo de Dios, el cual me [8e]amó y se [f]entregó a Sí mismo por mí.

---

caído, que se ha vuelto carne (Gn. 6:3). Ningún hombre caído será justificado por las obras de la ley.

17[1] Uno que ministra pecado a la gente o que le sirve pecado.

17[2] Lit., ¡Nunca tal suceda! Y así también en toda la epístola.

18[1] Es decir, estimar como pérdida, tener por estiércol (Fil. 3:7-8). Se refiere al hecho de que Pedro renunciara a la práctica judía de no comer con los gentiles.

18[2] Es decir, volver al judaísmo. Esto se refiere al retorno de Pedro a la observancia judía de no comer con los gentiles.

19[1] La ley requiere que nosotros, como pecadores, muramos, y bajo tal requisito Cristo murió por nosotros y con nosotros. Así que, por la ley hemos muerto en Cristo y con Cristo.

19[2] Significa que fue terminada la obligación que tenemos bajo la ley, la relación con la ley.

19[3] Es decir, estar obligado para con Dios en la vida divina. En la muerte de Cristo ya no tenemos nada que ver con la ley; en la resurrección de Cristo somos responsables ante Dios en la vida de resurrección.

20[1] Esto explica cómo puede ser que por la ley hayamos muerto a la ley. Cuando Cristo fue crucificado, nosotros fuimos incluidos en El según la economía de Dios. Este es un hecho consumado.

20[2] La expresión *ya no vivo yo* no indica una vida cambiada por otra, o sea, una vida en la cual Cristo entra y nosotros salimos; porque más adelante en este versículo Pablo dice: "[yo] vivo". Como personas regeneradas, tenemos el viejo "yo", el cual ha sido crucificado (Ro. 6:6) y acerca del cual Pablo dijo: "ya no vivo yo", y también tenemos un nuevo "yo" con respecto al cual Pablo dijo: "[yo] vivo". El viejo "yo" que fue terminado, no tenía divinidad; pero al nuevo "yo" le ha sido añadido Dios como vida. El nuevo "yo" llegó a existir cuando el viejo "yo" fue resucitado y Dios le fue añadido. Por una parte, Pablo había sido terminado, pero por otra, seguía viviendo un Pablo resucitado, uno que había sido regenerado con Dios como su vida. Además, aunque Pablo dijo: "ya no vivo yo", también dijo: "vive Cristo en mí". Cristo era el que vivía, pero vivía en Pablo. Cristo y Pablo tenían una sola vida y un solo vivir.

20[3] Hemos muerto en Cristo por medio de Su muerte, pero ahora El vive en nosotros por medio de Su resurrección. El hecho de que vive en nosotros se debe enteramente a que El es el Espíritu vivificante (1 Co. 15:45). Este punto se desarrolla plenamente en todos los capítulos siguientes, donde se presenta y se recalca que el Espíritu es Aquel que hemos recibido como vida y en quien debemos vivir.

El "yo", la persona natural, tiende a guardar la ley a fin de ser perfecto (Fil. 3:6), pero Dios quiere que vivamos a Cristo para que Dios sea expresado en nosotros por medio de El (Fil. 1:20-21). Así que, la economía de Dios consiste en que el "yo" sea crucificado en la muerte de Cristo y en que Cristo viva en nosotros en Su resurrección. Guardar la ley es exaltarla sobre todas las cosas de nuestra vida; vivir a Cristo es hacerlo el centro y el todo de nuestra vida. Durante cierto período de tiempo Dios usó la

19[a] Ro. 7:4, 6
19[b] Ro. 6:11
20[a] Gá. 6:14; Ro. 6:6
20[b] Jn. 14:20; 15:4-5; 17:23, 26; Ro. 8:10
20[c] Jn. 6:57; 14:19
20[d] Gá. 2:16; 3:22, 26
20[e] Ro. 8:37; Ef. 5:25; 2 Co. 5:14
20[f] Gá. 1:4

21ª Gá. 5:4
21ᵇ Gá. 3:21; Ro. 9:31
21ᶜ 2 Co. 5:21; 1 P. 2:24; 3:18

21 No hago nula la [1a]gracia de Dios; pues si por la ley fuese la [2b]justicia, entonces [3]por demás murió [c]Cristo.

CAPITULO 3

C. El Espíritu recibido por la fe en Cristo es contrario a la carne que guarda las obras de la ley 3:1—4:31

1. El Espíritu es la bendición de la promesa recibida por la fe en Cristo 3:1-14

1ª Gá. 1:2
1ᵇ Gá. 5:7
1ᶜ 1 Co. 1:23; 2:2; Gá. 5:11

1 ¡Oh [a]gálatas insensatos! ¿[b]quién os fascinó a vosotros, ante cuyos ojos Jesucristo fue ya presentado claramente como [1c]crucificado?

---

ley con el propósito de mantener bajo custodia a Su pueblo escogido, guardándolos para Cristo (3:23) y de, finalmente, llevarlos a Cristo (3:24) para que lo recibieran como vida y lo vivieran a fin de ser la expresión de Dios. Ahora que Cristo ha venido, se ha terminado la función de la ley, y Cristo debe reemplazar la ley en nuestras vidas para que se realice el propósito eterno de Dios.

20[4] No la vida física, ni la vida del alma, sino la vida espiritual y divina.

20[5] La vida divina, la vida espiritual en nuestro espíritu, se vive por medio del ejercicio de la fe, el cual es estimulado por la presencia del Espíritu vivificante. Esto está en contraste con la manera en que vivimos la vida física y la vida del alma, las cuales vivimos por lo que vemos y sentimos.

20[6] Cfr. nota 16[1].

20[7] El título *Cristo* denota principalmente la misión de Cristo, la cual consiste en llevar a cabo el plan de Dios; *el Hijo de Dios* denota la persona de Cristo, que tiene como fin impartir la vida de Dios en nosotros. Por lo tanto, la fe en la cual vivimos la vida de Dios es del Hijo de Dios, en Aquel que nos imparte la vida.

20[8] El Hijo de Dios nos amó e intencionalmente se entregó a Sí mismo por nosotros para impartirnos la vida divina.

21[1] La gracia de Dios consiste en que Cristo, la corporificación del Dios Triuno, nos ha impartido la vida divina por medio del Espíritu vivificante. No vivir por este Espíritu es hacer nula la gracia de Dios.

21[2] Cristo murió por nosotros para que en El tengamos justicia, por medio de la cual podemos recibir la vida divina (Ro. 5:18, 21). Esta justicia no es por la ley sino por la muerte de Cristo.

21[3] O, sin causa. Si por la ley fuese la justicia, Cristo murió en vano, o sea sin causa. Sin embargo, la justicia viene por medio de la muerte de Cristo, y la muerte de Cristo nos ha separado de la ley.

1[1] La cruz es el punto central de la operación de Dios en Su economía. En esta epístola Pablo trae de nuevo a la cruz los creyentes que fueron llevados a la ley, y los anima a mirar al Cristo crucificado, a fin de que nunca vuelvan a ser distraídos así. Esta epístola da una vista cabal del Cristo crucificado (1:4; 2:19-21; 3:13; 5:24; 6:14).

La crucifixión de Cristo indica que todos los requisitos de la ley han sido cumplidos por la muerte de Cristo, y que Cristo por Su muerte ha liberado Su vida de modo que nos sea impartida en Su resurrección para liberarnos de la esclavitud de la ley. Esto fue

2 Esto solo quiero saber de vosotros: ¿[1]Recibisteis el
[2a]Espíritu por las [3b]obras de la ley, o por el [3c]oír con [d]fe?
3 ¿Tan necios sois? ¿Habiendo [1]comenzado por el [2]Espí-
ritu, ahora os [1]perfeccionáis por la [2a]carne?

---

presentado claramente ante los ojos de los gálatas en la palabra del evangelio. ¿Cómo pudieron olvidarlo y dejarse fascinar, volviendo a la ley? ¡Qué insensatos!

2[1] Cuando los creyentes creen en Cristo, reciben el Espíritu. Es una seria equivocación considerar que Cristo y el Espíritu son dos entidades separadas. En el momento de nuestra regeneración, creímos en Cristo, y a la vez recibimos el Espíritu y fuimos sellados con el Espíritu (Ef. 1:13). En ese mismo momento se realizó una unión orgánica: fuimos injertados en el Dios Triuno (Ro. 11:17), y el Espíritu como las arras (Ef. 1:14) llegó a ser la máxima bendición del evangelio para nosotros (v. 14). Después de esto, recibir el Espíritu es un asunto continuo de toda la vida. Dios nos suministra continuamente el Espíritu (v. 5).

2[2] Al oír el evangelio, los gálatas creyeron en el Cristo crucificado, pero fue al Espíritu a quien recibieron. El que murió en la cruz fue Cristo, pero el que entró en los creyentes fue el Espíritu. En Su crucifixión para la redención de los creyentes, El era Cristo, pero en el aspecto de morar en los creyentes para ser su vida, El es el Espíritu. Este es el Espíritu todo-inclusivo y vivificante, quien es la bendición máxima y todo-inclusiva del evangelio. Los creyentes reciben este Espíritu divino por oír con fe, no por las obras de la ley. El entra en los creyentes y vive en ellos no por su observancia de la ley, sino por su fe en el Cristo crucificado y resucitado.

En los primeros dos capítulos de esta epístola, Cristo en la revelación divina es el punto en torno al cual gira la economía de Dios, pero en los últimos cuatro capítulos, el Espíritu en nuestra experiencia sirve para que tengamos la vida divina (cap. 3), nazcamos de Dios (cap. 4), vivamos y andemos por la vida regenerada (cap. 5) y tomemos el propósito divino como nuestra meta (cap. 6). De ahí que, disfrutamos a Cristo continuamente como el Espíritu todo-inclusivo y vivificante (v. 5a).

2[3] La ley era el requisito básico para la relación entre el hombre y Dios en Su economía antiguotestamentaria (v. 23); la fe es la manera única en la cual Dios lleva a cabo Su economía neotestamentaria con respecto al hombre (1 Ti. 1:4). La ley está relacionada con la carne (Ro. 7:5) y depende de los esfuerzos de la carne, la misma carne que es la expresión del "yo". La fe está relacionada con el Espíritu y confía en la operación del Espíritu, el mismo Espíritu que es Cristo hecho real para nosotros. En el Antiguo Testamento el "yo" y la carne desempeñaban un papel importante en la observancia de la ley. En el Nuevo Testamento Cristo y el Espíritu asumen la posición anteriormente ocupada por el "yo" y la carne, y la fe reemplaza la ley, a fin de que vivamos a Cristo por el Espíritu. El hombre tiende por naturaleza a guardar la ley por su carne, lo cual se halla en las tinieblas del concepto humano y produce muerte y miseria (Ro. 7:10-11, 24). Pero lo que Dios revela es que se reciba el Espíritu por oír con fe, lo cual tiene lugar en la luz de Su revelación y produce vida y gloria (Ro. 8:2, 6, 10-11, 30). Por lo tanto, debemos valorar el oír con fe, y no las obras de la ley. Es por oír con fe que recibimos el Espíritu para así participar de la bendición prometida por Dios y vivir a Cristo. Esta fe es la fe mencionada en los vs. 7, 8, 9, 11, 12, 23, 24 y 25 de este capítulo. (Véase la nota 23[2] del cap. 1).

3[1] Comenzar por el Espíritu es comenzar por la fe en Cristo; perfeccionarse por la carne es perfeccionarse por las obras de la ley (v. 2).

2[a] Hch. 2:38; 10:47; 15:8; Ef. 1:13; He. 6:4; Gá. 3:3, 5, 14; 4:6, 29; 5:5, 16, 17, 18, 22, 25; 6:8
2[b] Gá. 2:16; 3:5, 10; Ro. 3:20, 28
2[c] Gá. 3:5; Ro. 10:16-17; Jn. 5:24
2[d] Gá. 1:23; 3:5, 7, 9, 23, 25
3[a] Gá. 4:23, 29; 5:13, 16, 17, 19, 24; 6:8, 12, 13

4[a] He. 10:32
4[b] 1 Co. 15:2
5[a] Fil. 1:19
5[b] Gá. 3:2
5[c] 1 Co. 12:10
5[d] Gá. 3:2
6[a] Gá. 3:7, 8, 9, 14, 16, 18, 29; 4:22; Ro. 4:2
6[b] Gn. 15:6; Ro. 4:3; Jac. 2:23

4 ¿Tantas cosas habéis [1a]padecido [b]en vano, si *es que*
realmente fue en vano?
5 Aquel, pues, que os [1a]suministra abundantemente el
[2b]Espíritu, y [3c]hace obras poderosas entre vosotros, *¿lo hace*
por las [4d]obras de la ley, o por el oír con fe?
6 Así "[1a]Abraham [b]creyó a Dios, y le fue contado por
justicia".

3[2] El Espíritu, quien es el Cristo resucitado, es de vida; la carne, que es nuestro hombre caído, es de pecado y de muerte. No debemos comenzar por el Espíritu e intentar perfeccionarnos por la carne. Ya que hemos comenzado por el Espíritu, debemos ser perfeccionados por el Espíritu y no tener nada que ver con la carne. En 2:20 el contraste está entre Cristo y el "yo"; aquí el contraste está entre el Espíritu y la carne. Esto indica que en nuestra experiencia el Espíritu es Cristo y la carne es el "yo". Desde el cap. 3 hasta el final de la epístola, el Espíritu es Cristo en nuestra experiencia de vida. En cuanto a la revelación, es Cristo; en cuanto a la experiencia, es el Espíritu.

La carne es condenada y repudiada a lo largo de este libro (1:16; 2:16; 3:3; 4:23, 29; 5:13, 16-17, 19, 24; 6:8, 12-13), y a partir del cap. 3, cada capítulo presenta un contraste entre la carne y el Espíritu (v. 3; 4:29; 5:16-17, 19, 22; 6:8). La carne es la máxima expresión del hombre tripartito caído, y el Espíritu es la máxima realidad del Dios Triuno procesado. La carne tiende a guardar la ley, y la ley la pone a prueba; en cambio, el Espíritu se recibe y se disfruta por fe. La economía de Dios nos libera trasladándonos de la carne al Espíritu, para que participemos de la bendición de las riquezas del Dios Triuno. Esto no puede realizarse por la carne que guarda la ley, sino por el Espíritu que recibimos y experimentamos por fe.

4[1] Los gálatas sufrían persecución debido a su fe en Cristo, la cual los volvió a Cristo y los apartó de la religión judía y de las costumbres paganas.

5[1] La palabra griega significa *suministrar plena, abundante y liberalmente.* Véase Fil. 1:19. Por Su parte, Dios suministra abundantemente el Espíritu; por la nuestra, recibimos el Espíritu. Día tras día ocurre una maravillosa trasmisión divina: Dios suministra y nosotros recibimos. La manera de abrir nuestro ser a esta trasmisión celestial para recibir el suministro del Espíritu todo-inclusivo y vivificante, es ejercitar nuestro espíritu para orar e invocar al Señor.

5[2] El Espíritu compuesto y todo-inclusivo, tipificado por el ungüento compuesto que se describe en Ex. 30:23-25. Este es el Espíritu mencionado en Jn. 7:39, quien es el Cristo que imparte vida en resurrección. Este Espíritu es el suministro abundante para los creyentes que están en la economía neotestamentaria de Dios. La suministración de este Espíritu de ninguna manera proviene de las obras de la ley, sino por fe en el Cristo crucificado y glorificado.

5[3] Lit., opera.

5[4] Satanás, el enemigo de Dios, en su intento de frustrar la economía de Dios y con el fin de alejar y distraer al pueblo de Dios de Su economía, utiliza la ley, la cual Dios dio como instrumento temporal de Su propósito. La ley se usa mal cuando se utiliza para despertar el deseo caído del hombre de exaltarse por su éxito en guardar la ley y así tener una justicia lograda por sus propios esfuerzos.

6[1] Al volver gradualmente a la ley, los gálatas fascinados se adhirieron a Moisés, por medio de quien la ley fue dada; pero Pablo los remitió a Abraham, que era el padre de la fe. La fe pertenecía a la economía original de Dios; la ley fue añadida más tarde a causa de las transgresiones (v. 19).

7 Sabed, por tanto, que los que son de la [a]fe, éstos son
[1b]hijos de Abraham.
8 Y la Escritura, previendo que Dios había de [a]justificar
por la fe a los gentiles, anunció de antemano el [1]evangelio a
Abraham, diciendo: "[b]En ti serán [c]benditas todas las naciones".
9 De modo que los de la [a]fe son [1]bendecidos con el [2]cre-
yente Abraham.
10 Porque todos los de las [a]obras de la ley están bajo
[1b]maldición, pues escrito está: "[c]Maldito todo aquel que no
permanece en todas las cosas escritas en el libro de la ley,
para hacerlas".
11 Y que [1]por la ley [a]ninguno se justifica ante Dios, es
evidente, porque: "[b]El justo tendrá vida y [c]vivirá [2]por la fe";
12 y la ley no es de fe, sino que dice: "[a]El que hace estas
cosas vivirá [1]por ellas".

7[a] Gá. 3:2
7[b] Gá. 3:29; Lc. 19:9; Jn. 8:39
8[a] Gá. 3:24; Ro. 3:30
8[b] Gn. 12:3; Hch. 3:25
8[c] Gá. 3:9, 14
9[a] Gá. 3:7
10[a] Gá. 3:2
10[b] Gá. 3:13
10[c] Dt. 27:26
11[a] Gá. 2:16
11[b] Hab. 2:4; Ro. 1:17; He. 10:38
11[c] Gá. 2:20; 5:25
12[a] Lv. 18:5; Ro. 10:5

Después de que Cristo cumplió la ley por medio de Su muerte, Dios quería que Su pueblo volviera a Su economía original. Para Abraham no era asunto de guardar la ley sino de creer a Dios. Este debe ser el caso de todos los creyentes neotestamentarios.

7[1] Las obras de la ley producen discípulos de Moisés (Jn. 9:28), es decir, producen una relación que no tiene absolutamente nada que ver con la vida. La fe en Cristo hace de los creyentes neotestamentarios hijos de Dios, lo cual es una relación exclusivamente de vida. Nosotros, los creyentes neotestamentarios, por nacimiento éramos hijos del Adán caído. Y en Adán, a causa de las transgresiones, estábamos bajo la ley de Moisés. Pero hemos nacido de nuevo como hijos de Abraham y hemos sido librados de la ley de Moisés por la fe en Cristo.

8[1] La promesa que Dios hizo a Abraham: "En ti serán benditas todas las naciones", fue el evangelio. Este le fue predicado a Abraham no sólo antes de que Cristo realizara la redención, sino también antes de que la ley fuese dada mediante Moisés. Lo que Dios prometió a Abraham corresponde a lo que realizó por medio de Cristo, lo cual es el cumplimiento de Su promesa a Abraham. La economía neotestamentaria es una continuación de la manera en que Dios trató con Abraham, y no tiene nada que ver con la ley de Moisés. Todos los creyentes neotestamentarios deben estar en esta continuación y no deben tener nada que ver con la ley dada por medio de Moisés.

9[1] La fe en Cristo nos introduce en la bendición que Dios prometió a Abraham, la cual es la promesa del Espíritu (v. 14).

9[2] Abraham, sometido al trato de Dios, no hacía obras para agradar a Dios, sino que creía en El.

10[1] La fe en Cristo había introducido a los creyentes gálatas a la bendición en Cristo, llevándolos a disfrutar la gracia de vida en el Espíritu; pero los judaizantes los fascinaron y los llevaron a estar bajo la maldición de la ley, privándolos así del disfrute de Cristo y haciéndolos caer de la gracia (5:4).

11[1] Lit., en; lo cual equivale a "por fuerza de, en virtud de" (*Darby's New Translation*).

11[2] Lit., a partir de la fe; en contraste con *por la ley*.

12[1] Lit., en; lo cual equivale a *en virtud de*.

13 Cristo nos [a]redimió de la [b]maldición de la ley, [1]hecho
por nosotros maldición (porque está escrito: “[c]Maldito todo
el que es colgado en un [2d]madero”),
14 para que [a]en Cristo Jesús la [1b]bendición de Abraham
alcanzase a los gentiles, a fin de que por medio de la [c]fe
[2d]recibiésemos la [e]promesa del [3f]Espíritu.

2. La ley es el custodio de los herederos de la promesa 3:15-29

15 Hermanos, hablo [a]en términos humanos: Un pacto,
aunque sea de hombre, una vez ratificado, nadie lo invalida,
ni le añade.
16 Ahora bien, [a]a Abraham fueron hechas las [b]promesas,
y [c]a su descendencia. No dice: Y a los descendientes, como
si hablase de muchos, sino como de uno: “Y a tu [d]descenden-
cia”, la cual es [1e]Cristo.

13[1] Cristo como nuestro substituto en la cruz no sólo llevó la maldición por nosotros, sino que también fue hecho maldición por nosotros. La maldición de la ley fue el resultado del pecado del hombre (Gn. 3:17). Cuando Cristo quitó nuestro pecado en la cruz, nos redimió de la maldición de la ley.

13[2] Es decir, la cruz.

14[1] La bendición prometida por Dios a Abraham (Gn. 12:3) para todas las naciones de la tierra. La promesa se cumplió y la bendición vino en Cristo a las naciones por medio de la redención que El realizó mediante la cruz.

14[2] En el evangelio no sólo hemos recibido la bendición de ser perdonados, lavados y limpiados; aún más, hemos recibido la mayor bendición, la cual es el Dios Triuno —el Padre, el Hijo y el Espíritu— como el Espíritu procesado, todo-inclusivo y vivificante que mora en nosotros de una manera muy subjetiva para nuestro disfrute. ¡Oh, qué bendición poder disfrutar como nuestra porción diaria a Aquel que es todo-inclusivo!

14[3] Este versículo indica que el Espíritu es la bendición que Dios prometió a Abraham para todas las naciones y que ha sido recibido por los creyentes por medio de la fe en Cristo. El Espíritu es el Espíritu compuesto, como se menciona en la nota 5[2], y en realidad es Dios mismo procesado en Su Trinidad a través de la encarnación, la crucifixión, la resurrección, la ascensión y el descenso, para que lo recibamos como nuestra vida y nuestro todo. Este es el enfoque del evangelio de Dios.

El aspecto material de la bendición que Dios prometió a Abraham era la buena tierra (Gn. 12:7; 13:15; 17:8; 26:3-4), la cual tipificaba al Cristo todo-inclusivo (véase Col. 1:12 y la nota 2). Puesto que Cristo finalmente es hecho real para nosotros como el Espíritu todo-inclusivo y vivificante (1 Co. 15:45; 2 Co. 3:17), la bendición del Espíritu prometido corresponde a la bendición de la tierra que fue prometida a Abraham. En realidad, el Espíritu, quien es Cristo hecho real en nuestra experiencia, es la buena tierra, la fuente del abundante suministro de Dios para que le disfrutemos.

16[1] Cristo es la descendencia, la cual es el heredero que recibe las promesas. Aquí Cristo es la descendencia única que hereda las promesas. Así que, para heredar la bendición

---

13[a] Gá. 4:5; Ro. 3:24
13[b] Gá. 3:10; Gn. 3:17
13[c] Dt. 21:23
13[d] Hch. 5:30; 10:39; 13:29; 1 P. 2:24
14[a] Gá. 3:28
14[b] Gá. 3:8, 9; Ro. 4:9
14[c] Gá. 3:22, 26
14[d] Gá. 3:2
14[e] Hch. 2:33, 39; Ef. 1:13
14[f] Gá. 3:2
15[a] Ro. 3:5
16[a] Lc. 1:55; Ro. 4:13, 16
16[b] Hch. 13:32; 26:6; Ro. 9:4
16[c] Gn. 13:15; 17:7-8
16[d] Gn. 22:18; Hch. 3:25
16[e] Gá. 3:27-29

17 Esto, pues, digo: El [1]pacto previamente ratificado por
Dios, la [2]ley que vino [3a]cuatrocientos treinta años después,
no lo abroga, para invalidar la [b]promesa.
18 Porque si la [1a]herencia es por la ley, ya no es por la
promesa; pero Dios la concedió a Abraham mediante la
[b]promesa.
19 Entonces, ¿para qué sirve la [a]ley? Fue [1]añadida a
causa de las [b]transgresiones, hasta que viniese la [c]descen-
dencia a quien fue hecha la promesa; y fue [2]ordenada por
medio de [d]ángeles en mano de un [3e]mediador.

17[a] Ex. 12:40-41; cfr. Gn. 15:13; Hch. 7:6
17[b] Ro. 4:14
18[a] Gá. 3:29; 4:1
18[b] He. 6:13-17
19[a] Ro. 3:20; 7:7
19[b] Ro. 4:15; 5:20
19[c] Gá. 3:16
19[d] Hch. 7:38, 53; He. 2:2
19[e] Ex. 20:19; Dt. 5:5

---

prometida, tenemos que ser uno con Cristo. Fuera de El no podemos heredar las promesas que Dios hizo a Abraham. A los ojos de Dios, Abraham tiene una sola descendencia, Cristo. Tenemos que estar en El para participar de las promesas dadas a Abraham. El no sólo es la descendencia que hereda las promesas, sino también la bendición de las promesas que hemos de heredar. Cuando los creyentes gálatas se apartaron de Cristo para volver a la ley, perdieron tanto al Heredero como la herencia de las promesas.

17[1] Indica que la promesa que Dios dio a Abraham llegó a ser un pacto, el cual es más firme que una promesa. La palabra, la promesa y el pacto son el evangelio que fue predicado a Abraham. El evangelio es el pacto, el pacto es la promesa y la promesa es la palabra hablada por Dios. Aunque el evangelio se relaciona con el nuevo pacto, es importante comprender que el nuevo pacto es una continuación, o una repetición, de la promesa de Dios a Abraham.

17[2] La promesa dada por Dios a Abraham vino primero y la ley vino 430 años después. La promesa era permanente, pero la ley era temporal. La ley, que vino después y que era temporal, no puede anular la promesa, la cual se dio primero y era permanente. Los gálatas dejaron la promesa, que fue dada primero y era permanente, y volvieron a la ley, que vino después y era temporal.

17[3] Contados desde el tiempo en que Dios dio la promesa a Abraham en Gn. 12 hasta el tiempo en que El dio la ley por medio de Moisés en Ex. 20. Dios considera que este período fue el tiempo que los hijos de Israel estuvieron en Egipto (Ex. 12:40-41). Los cuatrocientos años que se mencionan en Gn. 15:13 y Hch. 7:6 se calculan desde el tiempo en que Ismael se burló de Isaac en Gn. 21 hasta el día en que los hijos de Israel salieron de la tiranía egipcia en Ex. 12. Este es el período durante el cual los descendientes de Abraham sufrieron persecución de parte de los gentiles.

18[1] La ley no da nada; sólo exige. La herencia no es por la ley sino por la promesa. Por lo tanto, la herencia fue concedida a Abraham mediante la promesa.

19[1] La ley no figuraba originalmente en la economía de Dios. Mientras la economía de Dios proseguía, la ley fue añadida a causa de las transgresiones del hombre, y debía estar vigente hasta que viniese la simiente, Cristo, a quien fue hecha la promesa de Dios. Puesto que la ley fue añadida a causa de las transgresiones del hombre, debería haber sido eliminada cuando aquellas transgresiones fueron quitadas. Y debido a que Cristo, la descendencia, ha venido, la ley debe ser terminada.

19[2] Ya que la ley, a diferencia de la promesa, fue ordenada por medio de ángeles en mano de un mediador y no fue dada directamente por Dios al pueblo, no tiene primacía en la economía de Dios sino que es secundaria.

19[3] El hombre Moisés.

20 Y el [1a]mediador no lo es de uno solo; pero Dios es [b]uno.
21 ¿Luego la ley es contraria a las promesas de Dios? [a]¡De
ninguna manera! Porque si se hubiese dado una ley que
pudiera [1]vivificar, la [2b]justicia habría sido verdaderamente
por la ley.
22 Mas la Escritura lo [1a]encerró [2]todo bajo [b]pecado, para
que la [c]promesa que es por la [3d]fe en Jesucristo fuese dada a
los que [e]creen.
23 **Pero antes que viniese la [1a]fe, [2b]estábamos [c]bajo la
custodia de la ley, [3d]encerrados [4]para aquella [1a]fe que iba a
ser revelada.**
24 **De manera que la [a]ley ha sido nuestro [1]ayo, *para llevarnos* a [b]Cristo, a fin de que fuésemos justificados por la [c]fe.**

20[a] 1 Ti. 2:5; He. 8:6; 9:15; 12:24
20[b] Dt. 6:4; Ro. 3:30
21[a] Gá. 2:17
21[b] Gá. 2:21
22[a] cfr. Ro. 11:32; Gá. 3:23
22[b] Ro. 3:9, 23
22[c] Ro. 4:13, 16
22[d] Gá. 3:26
22[e] Hch. 10:43
23[a] Gá. 3:2, 25
23[b] Gá. 4:2
23[c] cfr. Ro. 6:14
23[d] cfr. Gá. 3:22
24[a] Mt. 5:17
24[b] Ro. 10:4
24[c] Gá. 2:16; Hch. 13:39

20[1] En cuanto a la ley hay un mediador entre dos partidos, Dios y los hijos de Israel. En cuanto a la promesa sólo tenemos a Dios, quien está directamente relacionado con el que recibe la promesa, y no hay intermediario. La responsabilidad en cuanto a la ley no depende de una sola parte sino de las dos, mientras que la responsabilidad en cuanto a la promesa depende únicamente del dador, Dios. Por lo tanto, la ley es inferior a la promesa. Los gálatas renunciaron a lo superior y volvieron a lo inferior.

21[1] La ley sólo podía exigir y condenar; no podía dar vida. (Véase la nota 10[1] de Ro. 7.) En la ley no hay vida; sólo hay mandamientos. La vida está en Cristo (Jn. 1:4). El es el Espíritu vivificante (1 Co. 15:45); sólo El puede dar vida. Dar vida es el enfoque de la revelación del apóstol. Debemos recibir solamente al Dador de vida.

21[2] Debe haber justicia para que la vida pueda darse. Sin embargo, la justicia no proviene de la ley, sino que está en Cristo (Ro. 5:17-18). Por eso, la ley no puede dar vida. Además, ya que la ley no puede dar vida, no tiene poder para cumplir sus propios requisitos a fin de producir la justicia. Así que, tampoco en este sentido, la justicia procede de la ley.

22[1] Tal como lo hace un carcelero cuando encierra prisioneros. La Escritura, aquí personificada, ha encerrado a toda la humanidad bajo pecado, no con la intención de que los pecadores encarcelados guarden la ley, sino para que la promesa de Dios sea dada a los creyentes por fe en Cristo. Estar encerrado bajo pecado es estar encerrado bajo la ley, como se revela en el v. 23.

22[2] Se refiere a toda la humanidad.

22[3] O, la fe de Jesucristo. Véase la nota 22[1] de Ro. 3.

23[1] Véanse las notas 23[2] del cap. 1 y 2[3] del cap. 3. Así también en el v. 25. La fe no fue revelada sino hasta la venida de Cristo (cfr. Jn. 1:12; 3:16, 18).

23[2] Custodiados, mantenidos bajo vigilancia.

23[3] Estar bajo la custodia de la ley al estar encerrados bajo la ley es como el encierro de ovejas en un redil (Jn. 10:1, 16). En la economía de Dios la ley servía de redil para guardar al pueblo escogido de Dios hasta que viniera Cristo (véase la nota 1[2] de Jn. 10). Puesto que Cristo ha venido, el pueblo de Dios ya no debe estar guardado bajo la ley (véase la nota 9[2] de Jn. 10).

23[4] O, con miras a. Esto indica que el encierro tiene una meta, a saber, culminar en la fe, llevar al pueblo guardado a la fe.

24[1] O, escolta, tutor, custodio, uno que se encarga de un niño menor de edad y lo conduce al maestro. Dios usó la ley como custodio, tutor, ayo, para que vigilara a Su pueblo escogido antes de que viniese Cristo, y para que los escoltara y los llevara a Cristo cuando viniera, a fin de que ellos fueran justificados por fe y participaran

25 Pero venida la [a]fe, [1]ya no estamos [b]bajo ayo,
26 pues todos sois [1a]hijos de Dios por medio de la [2b]fe [c]en
Cristo Jesús;
27 porque todos los que habéis sido [a]bautizados [1*]en Cristo, de Cristo estáis [b]revestidos.
28 [1]No hay [2a]judío ni griego, [3]esclavo ni libre, [4b]varón ni
mujer, porque todos vosotros sois [5c]uno [d]en Cristo Jesús.
29 Y si vosotros sois de [a]Cristo, ciertamente [b]descenden-
cia de [1]Abraham sois, y [c]herederos según la [2d]promesa.

25[a] Gá. 3:2, 23
25[b] Gá. 4:2
26[a] Gá. 4:6-7; Ro. 8:14
26[b] Gá. 3:22
26[c] Gá. 3:14, 28; 5:6
27[a] Ro. 6:3; Mt. 28:19
27[b] Ro. 13:14; cfr. Ef. 4:24; Col. 3:10
28[a] 1 Co. 12:13; Col. 3:11
28[b] cfr. 1 Co. 11:11
28[c] Jn. 10:16; 17:11, 21-23; Ef. 2:14-16; 4:4
28[d] Gá. 3:14, 26; 5:6; Ef. 3:6; 1 Co. 1:30
29[a] 1 Co. 3:23
29[b] Gá. 3:7; Gn. 21:12; Ro. 9:7-8; Gn. 22:17

de la bendición que Dios había prometido y de la cual hizo un pacto.

25[1] Puesto que ha venido la fe en Cristo, ya no necesitamos estar bajo la ley que nos custodiaba.

26[1] Hijos mayores de edad, que ya no tienen necesidad de estar bajo la custodia del tutor que era un esclavo. Bajo el antiguo pacto, los escogidos de Dios eran considerados niños. Ahora, bajo el nuevo pacto, son considerados hijos mayores de edad, que heredarán la bendición prometida: el Espíritu todo-inclusivo de Cristo.

26[2] La fe en Cristo nos introduce en El, haciéndonos uno con Cristo, en quien está la filiación. Es necesario que estemos identificados con Cristo por medio de la fe para que en El seamos hijos de Dios.

27[1] Creer es entrar en Cristo creyendo en El (Jn. 3:16), y ser bautizados consiste en ser puestos en Cristo por medio del bautismo. Por la fe y el bautismo hemos entrado en Cristo, revistiéndonos así de Cristo e identificándonos con El. El bautismo, cuando se lleva a cabo de una manera adecuada, genuina y viviente, pone a los creyentes en el nombre del Dios Triuno, el nombre divino (Mt. 28:19), en Cristo, una persona viviente (Gá. 3:27), en la muerte de Cristo, una muerte eficaz (Ro. 6:3), y en el Cuerpo de Cristo, un organismo vivo (1 Co. 12:13), para que los creyentes entren en una unión orgánica no sólo con Cristo sino también con Su Cuerpo. Además, el bautismo saca a los creyentes de su condición original y los pone en una condición nueva, terminando su vieja vida y haciéndolos germinar con la nueva vida de Cristo a fin de que vivan por los elementos del Dios Triuno en el Cuerpo de Cristo, que es un organismo.

28[1] Véase la nota 11[2] de Col. 3.

28[2] Diferencias entre razas y nacionalidades.

28[3] Diferencias de rango social.

28[4] Diferencias entre los sexos.

28[5] Los creyentes son uno en Cristo por Su vida de resurrección y Su naturaleza divina, para ser el nuevo hombre, como se menciona en Ef. 2:15. Este nuevo hombre está completamente en Cristo. No hay lugar para nuestro ser natural, nuestra tendencia natural ni nuestro carácter natural; en este nuevo hombre, Cristo es el todo, y en todos (Col. 3:10-11). Esta unidad en Cristo se realiza por medio del bautismo, el cual termina todas las distinciones divisivas e introduce a los creyentes en la divina unión orgánica con el Dios Triuno procesado, lo cual da como resultado que los creyentes tengan la certeza subjetiva de que son uno.

29[1] Abraham tiene una sola descendencia, Cristo (v. 16). Así que, para ser descendencia de Abraham tenemos que ser de Cristo, ser parte de El. Por ser nosotros uno con Cristo, también somos descendencia de Abraham, herederos según la promesa, beneficiarios de la bendición prometida por Dios, la cual es el Espíritu todo-inclusivo quien es la máxima consumación del Dios procesado como nuestra porción. Bajo el nuevo

29[c] Gá. 4:1, 7; Ro. 8:16, 17; Ef. 3:6; Tit. 3:7 29[d] Gá. 4:28

CAPITULO 4

3. El Espíritu de filiación reemplaza la custodia de la ley 4:1-7

1 Pero digo: Mientras el [a]heredero es [1]niño, en nada
difiere del [b]esclavo, aunque es señor de todo;
2 sino que está [a]bajo [1b]tutores y [c]mayordomos hasta el
[2d]tiempo señalado por el padre.
3 Así también nosotros, cuando éramos niños, se nos
tenía en [a]esclavitud bajo los [1b]rudimentos del mundo.
4 Pero cuando vino la [1]plenitud del [a]tiempo, Dios [b]envió
a Su [c]Hijo, nacido de [2d]mujer y nacido bajo la [3e]ley,

1[a] Gá. 3:29
1[b] Gá. 4:3, 7, 8, 9, 24; 2:4; 5:1
2[a] Gá. 3:25
2[b] Gá. 3:23
2[c] Lc. 12:42; 16:1
2[d] Gá. 4:4
3[a] Gá. 4:9, 24, 25; 2:4; 5:1
3[b] Gá. 4:9; Col. 2:8, 20
4[a] Gá. 4:2; Mr. 1:15
4[b] cfr. Gá. 4:6
4[c] Ro. 8:3
4[d] Gn. 3:15; Is. 7:14; Mt. 1:23
4[e] Lc. 2:21-24, 27

pacto, los creyentes como pueblo escogido de Dios, siendo hijos mayores de edad, son tales herederos, quienes no están bajo la ley sino en Cristo. Los judaizantes, que permanecían bajo la ley y se mantenían alejados de Cristo, eran descendientes de Abraham según la carne tal como Ismael (4:23); no eran como Isaac (4:28), que era heredero de Abraham según la promesa. Los que creen en Cristo son los herederos que reciben la bendición prometida. Por lo tanto, debemos permanecer en Cristo y no volvernos a la ley.

Puesto que la ley no puede darnos vida (v. 21), no puede producir hijos de Dios; pero el Espíritu, a quien recibimos por fe (v. 2) y quien nos da vida (2 Co. 3:6), sí puede. La ley guardó al pueblo escogido de Dios bajo su custodia hasta que vino la fe (v. 23). La fe en Cristo, quien es el Espíritu todo-inclusivo y vivificante, hace que el pueblo escogido de Dios sea linaje de Abraham como "las estrellas del cielo" (Gn. 22:17) según la promesa de Dios.

29[2] Este capítulo revela que Dios dio la promesa a Abraham conforme a Su propósito eterno. Antes de que se cumpliera esta promesa, la ley fue dada para servir de custodio del pueblo escogido de Dios. Luego, en el tiempo señalado, Cristo, la simiente prometida, vino para cumplir la promesa e introdujo la bendición prometida. Esto es la gracia. Así que, la gracia vino con Cristo y con el cumplimiento de la promesa. Todo esto se realizó de parte de Dios. Por nuestro lado, necesitamos una manera de comprender, experimentar y disfrutar todo lo que Cristo, la simiente, es y ha realizado. Por lo tanto, por el lado de Dios hay gracia y por nuestro lado hay fe. Ahora, debido a que tenemos gracia, fe y la simiente que ha cumplido la promesa, ya no necesitamos que la ley nos sirva de custodio. Por consiguiente, debemos poner la ley a un lado y apartarnos del custodio para permanecer con Cristo, a fin de disfrutar la bendición prometida al permanecer en la gracia y la fe. Esta bendición es nada menos que el Dios Triuno procesado, como el Espíritu todo-inclusivo y vivificante.

1[1] Esta misma palabra griega aparece en Ef. 4:14 y se refiere a un menor de edad. Así también en el v. 3.

2[1] Los tutores son guardianes, y los mayordomos son administradores. Estos términos describen las funciones de la ley en la economía de Dios.

2[2] El tiempo señalado por el padre se refiere al tiempo del Nuevo Testamento, a partir de la primera venida de Cristo.

3[1] La misma palabra griega aparece en He. 5:12. Es decir, principios elementales, lo cual se refiere a las enseñanzas rudimentarias de la ley (véase la nota 8[3] de Col. 2). Así también en el v. 9.

4[1] La culminación de los tiempos del Antiguo Testamento, la cual sucedió en el tiempo señalado por el Padre (v. 2).

5 para que [1a]redimiese a los que estaban bajo la ley, a fin
de que recibiésemos la [2b]filiación.
6 Y por cuanto sois [a]hijos, Dios [b]envió a nuestros [1]cora-
zones el [2c]Espíritu de Su Hijo, el cual [3]clama: ¡[4d]Abba, Padre!

5[a] Gá. 3:13; 1 P. 1:18-19
5[b] Ro. 8:15; Ef. 1:5
6[a] Gá. 3:26; Ro. 8:14
6[b] cfr. Gá. 4:4
6[c] Gá. 3:2; Ro. 5:5; 8:9, 14, 16; 2 Co. 3:17
6[d] Ro. 8:15; Mr. 14:36

4[2] La virgen María (Lc. 1:27-35). El Hijo de Dios nació de ella para poder ser la simiente de la mujer, según lo prometido en Gn. 3:15.

4[3] Cristo nació bajo la ley, como se revela en Lc. 2:21-24, 27, y guardó la ley, como se revela en los cuatro evangelios.

5[1] El pueblo escogido de Dios estaba encerrado por la ley bajo la custodia de ésta (3:23). Cristo nació bajo la ley a fin de redimir a los escogidos de Dios de la custodia de la ley, para que recibieran la filiación y llegaran a ser hijos de Dios. Por lo tanto, no debían volver a la custodia de la ley para estar bajo su esclavitud, como a los gálatas se les indujo a hacer, sino que debían permanecer en la filiación divina para disfrutar el suministro de vida del Espíritu en Cristo.

5[2] La obra redentora de Cristo nos trae a la filiación para que disfrutemos la vida divina. La economía de Dios no consiste en hacernos personas que guardan la ley, personas que obedecen los mandamientos y ordenanzas de la ley, que se dio solamente con un propósito temporal, sino en hacernos hijos de Dios, quienes heredan la bendición de la promesa de Dios, la cual se dio para Su propósito eterno. El propósito eterno de Dios es tener muchos hijos para Su expresión corporativa (He. 2:10; Ro. 8:29). Con tal objetivo, El nos predestinó para filiación (Ef. 1:5) y nos regeneró a fin de que fuésemos hijos Suyos (Jn. 1:12-13). Nosotros debemos permanecer en Su filiación para llegar a ser Sus herederos con miras a recibir todo lo que El ha planeado para Su expresión eterna, y no debemos apreciar la ley que nos distrae y nos lleva al judaísmo.

6[1] De hecho, fue en nuestro espíritu donde entró el Espíritu de Dios en el momento de nuestra regeneración (Jn. 3:6; Ro. 8:16). Ya que nuestro espíritu está escondido en nuestro corazón (1 P. 3:4), y puesto que lo dicho aquí se refiere a un asunto que está relacionado con nuestros sentimientos y nuestro entendimiento, los cuales pertenecen al corazón, este versículo dice que el Espíritu del Hijo de Dios fue enviado a nuestros corazones.

6[2] El Hijo de Dios es la corporificación de la vida divina (1 Jn. 5:12). Por lo tanto, el Espíritu del Hijo de Dios es el Espíritu de vida (Ro. 8:2). Dios nos da Su Espíritu de vida no porque guardemos la ley sino porque somos Sus hijos. Como personas que guardan la ley, no tenemos el derecho de disfrutar el Espíritu de vida de Dios; como hijos de Dios, tenemos la posición y el pleno derecho de participar del Espíritu de Dios, quien tiene el abundante suministro de vida. Tal Espíritu, el Espíritu del Hijo de Dios, es el enfoque de la bendición de la promesa de Dios a Abraham (3:14).

Los vs. 4-6 de este capítulo hablan de cómo el Dios Triuno produce muchos hijos para el cumplimiento de Su propósito eterno. Dios el Padre envió a Dios el Hijo para redimirnos de la ley con la intención de que recibiéramos la filiación. También El envió a Dios el Espíritu para impartirnos Su vida con la finalidad de hacernos Sus hijos en realidad.

6[3] En Ro. 8:15, un versículo análogo a éste, vemos que nosotros los que hemos recibido espíritu filial clamamos en este espíritu: "Abba, Padre"; mientras que aquí el Espíritu del Hijo de Dios clama en nuestro corazón: "Abba, Padre". Esto indica que nuestro espíritu regenerado y el Espíritu de Dios están mezclados como uno, y que nuestro espíritu está en nuestro corazón. También indica que la filiación divina viene a ser real para nosotros por medio de nuestra experiencia subjetiva en lo profundo de nuestro ser. En este versículo Pablo, para sustentar su

7 Así que [1]ya no eres [a]esclavo, sino hijo; y si [2]hijo, también [3b]heredero [4]por medio de Dios.

4. Es necesario que Cristo sea formado en los herederos de la promesa
4:8-20

8 Pero en aquel tiempo, [a]no conociendo a Dios, erais
[b]esclavos de [c]dioses que por [1]naturaleza no son *dioses;*
9 mas ahora, [a]conociendo a Dios, o más bien, siendo
[b]conocidos por Dios, ¿cómo es que os volvéis de nuevo a los
[c]débiles y pobres [d]rudimentos, a los cuales os queréis volver
a [1e]esclavizar?
10 Guardáis los [1a]días, los [2]meses, los [3]tiempos y los
[4]años.
11 Me temo de vosotros, [a]que en [1]vano haya trabajado en
vosotros.
12 Os ruego, hermanos, que os hagáis [1]como yo, porque yo

7[a] Gá. 4:1
7[b] Ro. 8:17; Tit. 3:7
8[a] 1 Co. 1:21; 1 Ts. 4:5; 2 Ts. 1:8
8[b] Gá. 4:1
8[c] Is. 37:19; Jer. 2:11; 5:7; 16:20
9[a] He. 8:11
9[b] 2 Ti. 2:19; 1 Co. 8:3
9[c] He. 7:18
9[d] Gá. 4:3
9[e] Gá. 4:3
10[a] Ro. 14:5; Col. 2:16
11[a] Gá. 2:2

revelación, apeló a esta experiencia de los creyentes gálatas. Esta apelación fue convincente e irrefutable porque contenía no sólo doctrinas objetivas, sino también hechos subjetivos y experimentales.

6[4] *Abba* es una palabra aramea, y *Padre* es la traducción de la palabra griega *Patér.* Este término compuesto fue empleado primero por el Señor Jesús en Getsemaní mientras oraba al Padre (Mr. 14:36). La combinación del título arameo con el título griego expresa un afecto muy intenso al clamar al Padre. Un clamor tan cariñoso implica una íntima relación en vida entre un hijo verdadero y el padre que lo engendró.

7[1] El creyente neotestamentario ya no es esclavo de las obras bajo la ley, sino que es un hijo en vida bajo la gracia.

7[2] Véase la nota 26[1] del cap. 3.

7[3] Un hijo mayor de edad según la ley (la ley romana se usa como ejemplo) calificado para heredar las propiedades del padre.

7[4] Los creyentes neotestamentarios llegan a ser herederos de Dios no por medio de la ley ni de su padre carnal, sino por medio de Dios, el propio Dios Triuno, es decir, el Padre, que envió al Hijo y al Espíritu (vs. 4, 6); el Hijo, que realizó la redención para hacernos hijos (v. 5); y el Espíritu, que lleva a cabo la filiación dentro de nosotros (v. 6).

8[1] Los dioses, los ídolos, no tienen la naturaleza divina. Sus supersticiosos adoradores los consideraban dioses, pero por naturaleza no lo son.

9[1] Lit., poner en servicio como esclavos.

10[1] Los sábados y las lunas nuevas (Is. 66:23).

10[2] Los meses sagrados, tales como el primero, Abib, mes de la espiga (Ex. 13:4); el segundo, Zif, mes de la flor (1 R. 6:1, 37); el séptimo, Etanim, mes de los ríos caudalosos (1 R. 8:2); y el octavo, Bul, mes de la lluvia (1 R. 6:38).

10[3] Tiempos solemnes, tales como la Pascua, Pentecostés y la fiesta de los Tabernáculos (2 Cr. 8:13).

10[4] Posiblemente los años sabáticos (Lv. 25:4).

11[1] Pablo trabajó en los gálatas para introducirlos en Cristo bajo la gracia. Si hubieran vuelto a las prácticas religiosas del judaísmo habrían hecho vana la labor que Pablo había invertido en ellos.

12[1] Pablo era libre de la esclavitud de las prácticas judías. El rogaba a los gálatas que se hicieran como él.

también *me hice* [2]como vosotros. [3]Ningún agravio me habéis
hecho.
13 Y vosotros sabéis que [1]a causa de una debilidad física
os [a]anuncié el evangelio la primera vez;
14 y no despreciasteis ni [1]detestasteis lo que en mi carne
fue una prueba para vosotros, antes bien me [a]recibisteis
como a un [b]ángel de Dios, como a Cristo Jesús.
15 ¿Dónde, pues, está [1]aquella bienaventuranza que ex-
presabais? Porque os doy testimonio de que si hubieseis
podido, os habríais sacado vuestros propios [2]ojos para dár-
melos.
16 ¿Me he hecho, pues, vuestro enemigo, por deciros la
[a]verdad?
17 [1a]Tienen celo por vosotros, *pero* [2]no para bien, sino que
quieren que quedéis [3]excluidos para que vosotros [4]tengáis
celo por ellos.
18 Bueno es mostrar celo en lo bueno siempre, y [1]no solamente [a]cuando estoy presente con vosotros.
19 [1a]Hijitos míos, por quienes vuelvo a [2b]sufrir dolores de
parto, hasta que [3c]Cristo sea [4]formado [d]en vosotros,

13a Gá. 1:11
14a Mt. 10:40; Lc. 9:48; Jn. 13:20
14b 1 S. 29:9; Zac. 12:8; Mal. 2:7; 2 Co. 5:20
16a Gá. 2:5, 14
17a Ro. 10:2
18a Gá. 4:13-14
19a 1 Jn. 2:1
19b 1 Co. 4:15; Flm. 10
19c Gá. 2:20; 3:27-29; 5:2, 4, 6
19d Gá. 1:16; 2:20; Jn. 14:20; 15:4; Ro. 8:10; 2 Co. 13:5; Col. 1:27

12[2] Pablo se hizo como un gentil, por la verdad del evangelio.

12[3] Anteriormente, los gálatas no habían hecho ningún agravio a Pablo. El contaba con que tampoco lo harían ahora.

13[1] En su primer viaje ministerial, Pablo tuvo que quedarse en Galacia a causa de una debilidad física. Mientras estaba allí, predicaba el evangelio a los gálatas.

14[1] Lit., escupisteis.

15[1] Anteriormente los gálatas consideraban una bendición que Pablo se quedara con ellos y que les predicara el evangelio. De ello se alegraban y se gloriaban. Eso llegó a ser la expresión de su bienaventuranza. Sin embargo, ahora que se habían apartado del evangelio que Pablo predicó, el apóstol les preguntó: "¿Dónde, pues, está vuestra bienaventuranza, vuestra felicidad, vuestro sentimiento de ser bendecidos?"

15[2] Los gálatas apreciaban la predicación de Pablo y lo amaban hasta tal punto que se habrían sacado sus propios ojos para dárselos a él. Esto tal vez indique que la debilidad física de Pablo (v. 13) estaba en sus ojos. Quizá lo confirma su uso de letras grandes cuando les escribió (6:11). Esta debilidad también puede haber sido el aguijón en su carne, una debilidad física, acerca de la cual oró que le fuera quitada (2 Co. 12:7-9).

17[1] Es decir, os hacen la corte con celo.

17[2] No de una manera noble y loable.

17[3] Es decir, excluidos de la debida predicación del evangelio, el evangelio de la gracia.

17[4] Es decir, les hacéis la corte con celo.

18[1] Siempre es bueno hacerle la corte a alguien con celo en un asunto bueno o en la debida predicación del evangelio. No obstante, esto no sólo debía suceder cuando Pablo estaba presente con ellos. Con esta palabra Pablo indicó que él no era intolerante, es decir, que no prohibía que otros predicaran el evangelio a los gálatas; más bien, se gozaba de la predicación de otros (Fil. 1:18).

20 quisiera estar con vosotros ahora mismo y [1]cambiar de [2]tono, pues estoy [3]perplejo en cuanto a vosotros.

5. Los hijos nacidos según el Espíritu en oposición a los hijos nacidos según la carne 4:21-31

21 [1]Decidme, los que queréis estar [2a]bajo la ley: ¿no oís la [3]ley?

21[a] cfr. Gá. 3:23; Ro. 6:14

19[1] Pablo se consideraba a sí mismo el padre engendrador y consideraba a los creyentes gálatas los hijos que engendró en Cristo (cfr. 1 Co. 4:15; Flm. 10).

19[2] La labor dolorosa de dar a luz. En esta metáfora Pablo se comparó con una madre que da a luz. El había laborado así para regenerar a los gálatas cuando por primera vez les predicó el evangelio. Debido a que se habían desviado del evangelio que les había predicado, de nuevo sufría dolores de parto hasta que Cristo fuera formado en ellos.

19[3] Cristo, una persona viviente, es el enfoque del evangelio de Pablo. La predicación de Pablo, la cual era muy diferente de la enseñanza de la ley de la letra, tenía como fin producir en los creyentes a Cristo, el Hijo del Dios viviente. Por eso, todo el énfasis de este libro está en Cristo como centro. Cristo fue crucificado (3:1) para redimirnos de la maldición de la ley (3:13) y rescatarnos de la maligna corriente religiosa del mundo (1:4), y resucitó de los muertos (1:1) para vivir en nosotros (2:20). Nosotros fuimos bautizados en El, siendo identificados con El, y nos hemos vestido de El (3:27). Así que, estamos en El (3:28) y hemos llegado a ser Suyos (3:29; 5:24). Por otro lado, El ha sido revelado en nosotros (1:16); ahora vive en nosotros (2:20), y será formado en nosotros (v. 19). La ley nos ha conducido a El (3:24), y en El todos somos hijos de Dios (3:26). En El heredamos la bendición prometida por Dios y disfrutamos el Espíritu todo-inclusivo (3:14). Además, es en El que todos somos uno (3:28). No debemos dejarnos privar de todo el provecho que tenemos en Cristo y así ser separados de El (5:4). Necesitamos que El suministre Su gracia en nuestro espíritu (6:18) para que lo vivamos a El.

19[4] Cuando por primera vez Pablo predicó el evangelio a los gálatas y ellos fueron regenerados por medio de su predicación, Cristo nació en ellos pero no fue formado en ellos. Aquí el apóstol volvía a sufrir dolores de parto para que Cristo fuese formado en ellos. Cuando Cristo esté formado en nosotros, El estará plenamente maduro en nosotros. Primero, Cristo nació en nosotros cuando nos arrepentimos y creímos en El, luego El vive en nosotros en nuestra vida cristiana (2:20), y, finalmente, será formado en nosotros en nuestra madurez. Es necesario que Cristo sea formado en nosotros para que seamos hijos mayores de edad y herederos de la bendición prometida por Dios, y para que maduremos en la filiación divina.

20[1] El apóstol deseaba cambiar de un tono de severidad a un tono de cariño, como el tono de una madre que habla cariñosamente a sus hijos.

20[2] Lit., voz.

20[3] Pablo estaba perplejo al tratar con los gálatas. Buscaba la mejor manera de recobrarlos de haberse desviado de Cristo.

21[1] En los vs. 21-31 hay dos mujeres, Agar y Sara; dos ciudades, la Jerusalén terrenal y la Jerusalén celestial; dos pactos, uno de la ley y el otro de la promesa; y dos hijos, uno según la carne y el otro según el Espíritu. El apóstol quería que los gálatas supieran que eran hijos de la Jerusalén de arriba, hijos de la mujer libre, y quería

22 Porque está escrito que Abraham tuvo dos hijos; [a]uno
de la [b]esclava, el [c]otro de la [d]libre.
23 Pero el de la esclava nació [1]según la [a]carne; mas el de
la libre, [1]por medio de la [b]promesa.
24 Lo cual fue dicho por alegoría, pues [1]estas mujeres son
[2]dos [a]pactos; uno proviene del [3b]monte Sinaí, el cual da *hijos*
para [4c]esclavitud; éste es [5d]Agar.
25 Ahora bien, Agar es el monte Sinaí en [a]Arabia, y corresponde a la [1b]Jerusalén actual, pues ésta, junto con sus
hijos, [2]está en [3c]esclavitud.
26 Mas la [1a]Jerusalén de arriba, la cual es madre de
nosotros, es libre.

22[a] Gn. 16:15
22[b] Gá. 4:30-31
22[c] Gn. 21:2
22[d] Gá. 4:30-31
23[a] Gá. 4:29; cfr. Jn. 1:13
23[b] Gá. 4:28; Ro. 9:8; Gn. 17:15-19; 18:10, 14; 21:1-2; He. 11:11
24[a] Ro. 9:4
24[b] Ex. 19:11, 20; Dt. 33:2
24[c] Gá. 4:3
24[d] Gn. 16:1, 3-5, 15; 21:9-10
25[a] Gá. 1:17
25[b] Lc. 13:33-34
25[c] Gá. 4:3
26[a] He. 12:22; Ap. 3:12; 21:2, 10

que se apropiaran del pacto de la promesa y, conforme al Espíritu, disfrutaran el Espíritu todo-inclusivo como la bendición del evangelio (3:14). En esta sección Sara, la mujer libre, simboliza el pacto de la promesa, el cual también está simbolizado por la Jerusalén de arriba, que es nuestra madre; la madre simboliza la gracia, por la cual nacimos para ser hijos de Dios, quien es la fuente misma de la gracia. Así que, la mujer libre, el pacto de la promesa, la Jerusalén de arriba y la madre, todo ello se refiere a la gracia de Dios, que es el medio mismo de nuestro nacimiento espiritual. Fue de esta gracia, Cristo, que habían caído los gálatas quienes habían sido distraídos por el judaísmo (5:4).

21[2] Este libro trata severamente el asunto de estar bajo la ley y desviarse así de Cristo. Tal desviación excluye a los creyentes del disfrute de Cristo como su vida y su todo.

21[3] Según los versículos siguientes, la ley aquí incluye el libro de Génesis. El Antiguo Testamento en conjunto es llamado la ley y los profetas (Mt. 22:40). La primera parte es la ley, y la segunda, los profetas.

23[1] *Según la carne* significa por medio de los esfuerzos carnales del hombre; *por medio de la promesa* significa mediante el poder de Dios en gracia, que está implícito en la promesa de Dios. Ismael nació según la carne, pero Isaac, por medio de la promesa.

24[1] Se refiere a las dos mujeres que se mencionan en el v. 22.

24[2] Uno es el pacto de la promesa, dado a Abraham, el cual está relacionado con el nuevo pacto, el pacto de la gracia, y el otro es el pacto de la ley, dado a Moisés, el cual no tiene nada que ver con el nuevo pacto. Sara, la mujer libre, simboliza el pacto de la promesa, y Agar, la sierva, el pacto de la ley.

24[3] Donde se dio la ley (Ex. 19:20; 24:12).

24[4] La esclavitud bajo la ley.

24[5] Agar, concubina de Abraham, representa la ley. Así que, la posición de la ley es como la de una concubina. Sara, esposa de Abraham, simboliza la gracia de Dios (Jn. 1:17), la cual tiene la posición legítima en la economía de Dios. Tal como Agar, la ley produjo hijos para esclavitud, como por ejemplo los judaizantes. Tal como Sara, la gracia produce hijos para filiación; éstos son los creyentes neotestamentarios. Ellos ya no están bajo la ley sino bajo la gracia (Ro. 6:14). Deben estar firmes en la gracia (Ro. 5:2) y no caer de ella (5:4).

25[1] Jerusalén, la elegida de Dios (1 R. 14:21; Sal. 48:2, 8), debe pertenecer al pacto de la promesa, representado por Sara. Sin embargo, debido a que lleva al pueblo escogido por Dios a la esclavitud de la ley, corresponde al monte Sinaí, el cual pertenece al pacto de la ley, representado por Agar.

25[2] Lit., sirve como esclava.

25[3] Esclava bajo la ley. En los tiempos del apóstol, Jerusalén y sus hijos eran esclavos bajo la ley.

27[a] Is. 54:1
28[a] Gn. 17:19; 21:1-3, 12; Ro. 9:7
28[b] Gá. 4:23; 3:29; Ro. 9:8
29[a] Gá. 4:23
29[b] Gn. 21:9
29[c] Jn. 3:6
29[d] Gá. 5:11; 6:12; 1:13
30[a] Gn. 21:10
30[b] Gá. 4:22
30[c] cfr. Jn. 8:35
30[d] Gá. 4:22
31[a] Gá. 4:26-27

27 Porque está escrito: "[a]Regocíjate, oh estéril, tú que no das a luz; prorrumpe en júbilo y clama, tú que no tienes dolores de parto; porque [1]más son los hijos de la [2]desolada, que de la que tiene marido".

28 Así que, hermanos, nosotros, a la manera de [a]Isaac, somos [1]hijos de la [b]promesa.

29 Pero como entonces el que había nacido [1]según la [a]carne [2b]perseguía al *que había nacido* [1]según el [3c]Espíritu, [d]así [4]también ahora.

30 Mas ¿qué dice la Escritura? "[a]Echa fuera a la [b]esclava y a su hijo, porque de [c]ningún modo heredará el [1]hijo de la esclava con el [2]hijo de la [d]libre".

31 De manera, hermanos, que [1]no somos hijos de la esclava, sino [a]de la libre.

26[1] La Jerusalén de arriba, finalmente, será la Nueva Jerusalén en el cielo nuevo y la tierra nueva (Ap. 21:1-2), y está relacionada con el pacto de la promesa. Ella es la madre de los creyentes neotestamentarios, que no son esclavos bajo la ley sino hijos bajo la gracia. Todos nosotros los creyentes neotestamentarios nacimos de la Jerusalén de arriba y estaremos todos en la Nueva Jerusalén en el cielo nuevo y la tierra nueva.

27[1] Esto indica que los descendientes espirituales de Abraham, que pertenecen a la Jerusalén celestial, al pacto de la promesa bajo la libertad de la gracia, son mucho más numerosos que sus descendientes naturales, que pertenecen a la Jerusalén terrenal, al pacto de la ley bajo la esclavitud de la ley.

27[2] Denota una mujer sin marido; por tanto, una mujer desolada.

28[1] Los hijos de la promesa son hijos nacidos de la Jerusalén celestial por medio de la gracia bajo el pacto de la promesa.

29[1] Las dos clases de hijos nacidos de los dos pactos difieren en naturaleza. Aquellos producidos por el pacto de la ley nacen según la carne; aquellos producidos por el pacto de la promesa nacen según el Espíritu. Los hijos nacidos según la carne no tienen el derecho de participar en la bendición prometida por Dios; éstos son los judaizantes. Pero los hijos nacidos según el Espíritu tienen el pleno derecho; éstos son los creyentes en Cristo. Con respecto a *la carne* y *el Espíritu* véanse las notas 3[2] del cap. 3 y 19[1] y 22[1] del cap. 5.

29[2] Esto indica que Ismael persiguió a Isaac (Gn. 21:9).

29[3] Los hijos de la promesa (v. 28) nacen según el Espíritu, el Espíritu de vida de Dios, el cual es la bendición misma de la promesa de Dios a Abraham (3:14).

29[4] Los judaizantes, descendientes de Abraham según la carne, perseguían a los creyentes, descendientes de Abraham según el Espíritu, así como Ismael persiguió a Isaac.

30[1] Los judaizantes, que están bajo la esclavitud de la ley, son hijos de la esclava. Ellos no heredarán jamás la bendición prometida por Dios, la cual es el Espíritu todo-inclusivo como la expresión máxima del Dios Triuno procesado.

30[2] Los creyentes neotestamentarios, que están bajo la libertad de la gracia, son hijos de la mujer libre. Ellos heredarán la bendición prometida, el Espíritu.

31[1] Nosotros, los que creemos en Cristo, no somos hijos de la ley bajo la esclavitud de la ley, sino hijos de la gracia bajo la libertad de la gracia que

CAPITULO 5

III. El andar de los hijos de Dios
5:1—6:17

A. No sujetos al yugo de esclavitud al estar bajo la ley
5:1

1 Para [1a]libertad Cristo nos libertó; [2b]estad, pues, firmes, y no estéis otra vez [3]sujetos al [4c]yugo de [d]esclavitud.

B. No separados de Cristo
5:2-12

2 He aquí, yo Pablo os digo que si os [1a]circuncidáis, de
[2]nada os aprovechará Cristo.
3 Y otra vez testifico a todo hombre que se [a]circuncida,
que está obligado a cumplir toda la ley.
4 Habéis sido [1]reducidos a nada, *separados* de Cristo, los
que *buscáis* ser justificados por la [a]ley; [2]de la [b]gracia habéis
[c]caído.
5 Pues nosotros, [1a]por el Espíritu y [2b]por fe, [c]aguardamos
con anhelo la [3d]esperanza de la [e]justicia;
6 porque [a]en Cristo Jesús ni la [b]circuncisión [1]vale algo,

han de disfrutar el Espíritu todo-inclusivo con todas las riquezas de Cristo.

1[1] Libertad de la esclavitud de la ley. Para que nosotros disfrutemos de esta libertad en gracia, Cristo nos libertó por medio de Su muerte redentora y Su resurrección que imparte vida.

1[2] Es decir, estad firmes en la libertad, libres de la esclavitud de la ley, sin desviaros de Cristo, sin caer de la gracia.

1[3] O, retenidos en una trampa. Desviarse de Cristo para seguir la ley es estar sujeto, o retenido en una trampa.

1[4] Este yugo es la esclavitud de la ley, la cual convierte a los que guardan la ley en esclavos bajo un yugo que los ata.

2[1] Los judaizantes, los hermanos falsos, decían que la circuncisión era un requisito de la salvación (2:3-5; Hch. 15:1). Véase la nota 3[2] del cap. 2.

2[2] Si los creyentes gálatas hubieran recibido la circuncisión, tomándola como requisito de la salvación, de nada les habría aprovechado Cristo, porque al volver a la ley, espontáneamente habrían renunciado a Cristo.

4[1] Es decir, privados de todo el provecho de tener a Cristo y así separados de El (*Darby's New Translation*), haciendo que de nada les sirva Cristo. Volver a la ley es ser desligado de Cristo, ser reducido a nada, estar separado de Cristo.

4[2] Ser reducidos a nada, separados de Cristo, es caer de la gracia. Esto implica que la gracia en la cual nosotros los creyentes estamos, es nada menos que Cristo mismo.

5[1] En contraste con *por la carne* (3:3).

5[2] En contraste con *por las obras de la ley* (3:2).

5[3] La justicia que esperamos, la cual es Cristo mismo (1 Co. 1:30). No se halla en la carne por las obras de la ley, sino en el Espíritu por fe.

6[b] Gá. 5:2; 6:15; 1 Co. 7:19; Ro. 2:28-29

1[a] Gá. 5:13; 2:4; Jn. 8:32, 36; 2 Co. 3:17
1[b] Ro. 5:2; 1 Co. 16:13
1[c] Hch. 15:10
1[d] Gá. 2:4; 4:3
2[a] Gá. 5:6, 11; 2:3; 6:13, 15; Hch. 15:1
3[a] Gá. 6:13; Ro. 2:25
4[a] Gá. 2:21; 3:10-11; Ro. 9:31
4[b] Gá. 2:21; 6:18
4[c] He. 12:15; 2 P. 3:17
5[a] Gá. 3:3
5[b] Gá. 3:8, 11, 22, 24
5[c] Ro. 8:23-25
5[d] Col. 1:27; Tit. 1:2; 2:13
5[e] 1 Co. 1:30; Fil. 3:9
6[a] Gá. 3:14, 28

ni la incircuncisión, sino la [c]fe, que [2]obra por medio del
[3]amor.
7 Vosotros [a]corríais bien; ¿[b]quién os impidió creer y obedecer a la [1c]verdad?
8 Esta [1a]persuasión no procede de Aquel que os [b]llama.
9 Un poco de [1a]levadura leuda [1]toda la masa.
10 Yo [a]confío respecto de vosotros en el Señor, que no
[b]pensaréis de otro modo; mas el que os [c]perturba llevará la
sentencia, quienquiera que sea.
11 Y yo, hermanos, si aún predico la [1a]circuncisión, ¿por
qué padezco [b]persecución todavía? En tal caso se ha anulado
el [c]tropiezo de la [1]cruz.
12 ¡Ojalá se [1]mutilasen los que os [a]perturban!

C. No dan rienda suelta a la carne, sino que sirven por medio del amor
5:13-15

13 Porque vosotros, hermanos, para [1a]libertad fuisteis
[b]llamados; solamente que no [c]*uséis* la [d]libertad como ocasión
para la [2]carne, sino [3e]servíos por [f]amor los unos a los otros.

6c Ef. 6:23; 1 Ts. 1:3; Jac. 2:20, 22
7a Gá. 2:2; 1 Co. 9:24
7b Gá. 3:1
7c Gá. 2:5
8a Col. 2:4
8b Gá. 1:6; Ro. 8:28
9a 1 Co. 5:6; Mt. 13:33; 16:6, 12
10a 2 Co. 2:3
10b Fil. 3:15
10c Gá. 1:7; 5:12; Hch. 15:24
11a Gá. 5:2
11b Gá. 4:29; 6:12
11c 1 Co. 1:23
12a Gá. 5:10; 2:4
13a Gá. 5:1
13b Gá. 5:8
13c Jud. 4
13d 1 P. 2:16; 1 Co. 8:9
13e 1 Co. 9:19
13f Ef. 4:2; Col. 3:14

6[1] Es decir, que no tiene ninguna fuerza, ningún poder práctico.

6[2] Una fe viviente es activa; actúa por medio del amor para cumplir la ley (v. 14). La circuncisión es sencillamente una ordenanza exterior, sin poder vital. Por eso no vale nada. La fe recibe el Espíritu de vida (3:2); por lo tanto, está llena de poder. Actúa por medio del amor para cumplir no sólo la ley, sino también el propósito de Dios, es decir, actúa con el fin de completar la filiación divina, el proceso de hacernos hijos maduros de Dios para Su expresión corporativa, el Cuerpo de Cristo.

6[3] El amor está relacionado con nuestro aprecio de Cristo. Sin tal aprecio, la fe no podría obrar. El oír con fe despierta nuestro aprecio en amor, y cuanto más amamos al Señor, más obra la fe para introducirnos en las riquezas, el provecho, del Espíritu todo-inclusivo.

7[1] No la doctrina sino la realidad en Cristo, como el apóstol la predicó a los gálatas.

8[1] La enseñanza persuasiva de los judaizantes, la cual distrajo a los gálatas y los hizo apartarse de Cristo para seguir las prácticas de la ley.

9[1] La *levadura* se refiere a las enseñanzas falsas de los judaizantes (cfr. Mt. 16:12), y *toda la masa* se refiere a todos los creyentes en conjunto, la iglesia.

11[1] La circuncisión prefiguró la manera de tratar con la carne del hombre; la cruz es la realidad de aquel trato (Col. 2:11-12). Los judaizantes intentaron traer a los gálatas de nuevo a lo que era una sombra; el apóstol Pablo luchó por mantenerlos en la realidad.

12[1] El apóstol Pablo quería que los judaizantes, quienes perturbaban a los gálatas insistiendo en la circuncisión, no sólo quitaran su propio prepucio, sino que incluso se quitaran a sí mismos. El yo de ellos los perturbaba y los molestaba, y debía ser quitado.

13[1] La libertad sin límite siempre da por resultado que se le dé rienda suelta a la carne. La libertad limitada nos lleva a amar a otros y, por medio

14 Porque toda la [a]ley en esta sola palabra se cumple:
"[b]Amarás a tu prójimo como a ti mismo".
15 Pero si os mordéis y os devoráis unos a otros, mirad
que también no os consumáis unos a otros.

D. Andan por el Espíritu, no por la carne
5:16-26

16 Digo, pues: [1a]Andad [b]por el [2]Espíritu, y así jamás
[c]satisfaréis los [d]deseos de la [2]carne.
17 Porque el deseo de la [1]carne es [a]contra el [2]Espíritu, y
el del Espíritu es contra la carne; y éstos se [3]oponen entre sí,
para que no hagáis lo que [b]quisiereis.
18 Pero si sois [a]guiados por el [1]Espíritu, [b]no estáis bajo la
[1]ley.
19 Y manifiestas son las [1]obras de la carne, que son:
[2]fornicación, inmundicia, lascivia,

14[a] Mt. 7:12; 22:40; Ro. 13:8, 10
14[b] Lv. 19:18; Mt. 19:19
16[a] Ro. 8:4; Gá. 6:16
16[b] Gá. 5:25, 18; 3:3; Ro. 8:13
16[c] Ro. 13:14; Ef. 2:3
16[d] Gá. 5:24
17[a] cfr. Ro. 7:23; 1 P. 2:11; Jac. 4:1
17[b] Ro. 7:15, 19-21
18[a] Ro. 8:14
18[b] Ro. 6:14

del amor, a servirlos como esclavos (cfr. v. 14).

13[2] Véase la nota 3[2] del cap. 3.

13[3] Lit., servir como esclavo.

16[1] Esta palabra griega significa *caminar por todas partes, andar por doquier;* por lo tanto, conducirse y actuar en la vida cotidiana, lo cual implica un diario andar común y habitual (cfr. Ro. 6:4; 8:4; Fil. 3:17-18).

16[2] Según el contexto del capítulo, este Espíritu debe de ser el Espíritu Santo, quien mora en nuestro espíritu regenerado y se mezcla con el mismo. Andar por el Espíritu es permitir que nuestro andar sea regulado por el Espíritu Santo desde nuestro espíritu. Esto está en contraste con permitir que nuestro andar sea regulado por la ley en la esfera de nuestra carne. Véase la nota 3[2] del cap. 3.

La carne es la máxima expresión del hombre tripartito caído (Gn. 6:3), y el Espíritu es la máxima realidad del Dios Triuno procesado (Jn. 7:39). Debido a la redención de Cristo y la obra de regeneración llevada a cabo por el Espíritu, nosotros en quienes Dios se ha infundido podemos andar por el Espíritu, por el Dios Triuno procesado, en lugar de andar por la carne, por nuestro ser caído. Pablo escribió este libro no sólo para rescatar a los creyentes gálatas que habían sido distraídos y llevados a la ley, sino también para llevarlos a comprender que los creyentes en su espíritu tienen el Espíritu todo-inclusivo y vivificante, a fin de que en este Espíritu puedan vivir, andar y existir.

17[1] Con respecto a *la carne* y *el Espíritu,* véanse las notas 3[2] del cap. 3 y 19[1] y 22[1] del cap. 5.

17[2] Véase la nota 16[2].

17[3] Véase la nota 23[2] de Ro. 7.

18[1] La ley está relacionada con nuestra carne (Ro. 7:5), y nuestra carne es contra el Espíritu (v. 17). Por lo tanto, el Espíritu está en contraste con la ley. Cuando andamos por el Espíritu, quien está en nuestro espíritu regenerado, no satisfacemos los deseos de la carne (v. 16); cuando somos guiados por el Espíritu, no estamos bajo la ley. El Espíritu de vida, y no la ley de la letra, es el principio que nos guía y regula nuestro andar cristiano en nuestro espíritu regenerado.

19[1] La carne es la expresión del viejo Adán. La vida caída del viejo Adán se expresa prácticamente en la carne, y las obras de la carne, tales como las que se enumeran en los vs. 19-21, son los varios aspectos de dicha expresión carnal. La fornicación, la inmundicia, la lascivia, las

20 [1]idolatría, [a]hechicerías, [2]enemistades, [b]contiendas, celos, iras, [3]disensiones, [c]divisiones, [4d]sectas,
21 [a]envidias, [1]borracheras, orgías, y cosas semejantes a
éstas; acerca de las cuales os prevengo, como ya os lo he dicho
antes, que los que practican tales cosas [b]no [2]heredarán el
reino de Dios.
22 Mas el [1a]fruto del Espíritu es [b]amor, [c]gozo, [d]paz, longanimidad, benignidad, bondad, fidelidad,
23 mansedumbre, [a]dominio propio; contra tales cosas [b]no
hay ley.

20[a] Ap. 21:8; 22:15
20[b] 1 Co. 3:3
20[c] 1 Co. 1:10-13
20[d] Tit. 3:10
21[a] Gá. 5:26; 1 Co. 3:3
21[b] 1 Co. 6:9; Ef. 5:5
22[a] Mt. 7:16; Ro. 7:4; Ef. 5:9
22[b] 1 Co. 8:1; 13:4, 13; 14:1
22[c] Ro. 14:17
22[d] Ro. 16:20; Col. 3:15
23[a] Hch. 24:25; 2 P. 1:6
23[b] Gá. 5:18; 1 Ti. 1:9

---

borracheras y las orgías están relacionadas con la lujuria del cuerpo corrupto. Las enemistades, las contiendas, los celos, las iras, las disensiones, las divisiones, las sectas y las envidias están relacionadas con el alma caída, la cual está íntimamente ligada con el cuerpo corrupto. La idolatría y las hechicerías tienen que ver con el espíritu aturdido por la muerte. Esto comprueba que las tres partes de nuestro ser caído —cuerpo, alma y espíritu— están involucradas con la carne corrupta y maligna.

19[2] La fornicación, la inmundicia y la lascivia forman un grupo y tienen que ver con las pasiones malignas.

20[1] La idolatría y las hechicerías forman un grupo y se relacionan con la adoración demoniaca.

20[2] Las enemistades, las contiendas, los celos y las iras forman un grupo y están relacionados con los estados de ánimo malignos.

20[3] Las disensiones, las divisiones, las sectas y las envidias forman un grupo y tienen que ver con el partidismo.

20[4] La misma palabra griega que se traduce *herejías* en 2 P. 2:1. Aquí se refiere a las escuelas de opinión (*Darby's New Translation*) o las sectas.

21[1] Las borracheras y las orgías forman un grupo y tienen que ver con la disipación.

21[2] La herencia del reino de Dios se refiere al disfrute del reino venidero dado como recompensa a los creyentes vencedores. No es lo mismo que la salvación del creyente; más bien, es un galardón que se da como añadidura a la salvación del creyente. Véanse las notas 5[3] de Ef. 5 y 28[1] de He. 12.

22[1] La carne obra sin vida (v. 19), pero el Espíritu produce fruto lleno de vida. Sólo se mencionan aquí como ejemplo nueve aspectos del fruto del Espíritu, que son diferentes expresiones del Espíritu, quien es vida en nosotros. El fruto del Espíritu incluye otros aspectos, tales como humildad (Ef. 4:2; Fil. 2:3), compasión (Fil. 2:1), piedad (2 P. 1:6), justicia (Ro. 14:17; Ef. 5:9), santidad (Ef. 1:4; Col. 1:22), y pureza (Mt. 5:8). En Ef. 4:2 y en Col. 3:12 se menciona la humildad como una virtud además de la mansedumbre de esta lista. En Ro. 14:17 la justicia, la paz y el gozo son aspectos del reino de Dios hoy en día. Aquí sólo se mencionan la paz y el gozo, y no la justicia. En 2 P. 1:5-7 la piedad y la perseverancia figuran con el dominio propio y con el amor como características del crecimiento espiritual, pero no se mencionan aquí. En Mt. 5:5-9 la justicia, la misericordia y la pureza se mencionan junto con la mansedumbre y la paz como el requisito para estar en la realidad del reino hoy en día. No obstante, aquí no se menciona ninguna de estas tres virtudes.

De la misma manera que la carne es la expresión del viejo Adán, el Espíritu es Cristo hecho real para nosotros. En realidad, a Cristo se le vive como el Espíritu. Los aspectos del fruto del Espíritu enumerados aquí son las características mismas de Cristo.

24 [1]Pero los que son [a]de Cristo Jesús [2]han [3b]crucificado la
[c]carne con sus pasiones y concupiscencias.
25 Si [1]vivimos por el Espíritu, [2a]andemos también por el
Espíritu.
26 [1]No nos hagamos [a]vanagloriosos, provocándonos unos
a otros, [b]envidiándonos unos a otros.

24[a] Gá. 3:29; 1 Co. 3:23; 2 Co. 10:7
24[b] Gá. 2:20; 6:14; Ro. 6:6
24[c] Gá. 5:16, 17, 18
25[a] Gá. 5:16
26[a] Fil. 2:3
26[b] Gá. 5:21

24[1] La palabra *mas* del v. 22 presenta un contraste entre el fruto del Espíritu en ese versículo y las obras de la carne en el v. 19. La palabra *pero* en este versículo presenta un contraste entre la crucifixión de la carne aquí y las obras de la carne en el v. 19.

24[2] La crucifixión del viejo hombre en Ro. 6:6 y la crucifixión del "yo" en Gá. 2:20 no fueron llevadas a cabo por nosotros. Pero aquí dice que nosotros hemos crucificado la carne con sus pasiones y concupiscencias. El viejo hombre y el "yo" son nuestro ser; la carne es la expresión de nuestro ser en nuestro vivir práctico. La crucifixión de nuestro viejo hombre y del "yo" es un hecho cumplido por Cristo en la cruz, mientras que la crucifixión de nuestra carne con sus pasiones y concupiscencias es nuestra experiencia práctica del hecho. Debemos llevar a cabo esta experiencia práctica por medio del Espíritu, poniendo en vigencia la crucifixión que Cristo realizó. Esto es hacer morir, por el Espíritu, los hábitos de nuestro cuerpo lujurioso y de sus miembros malignos (Ro. 8:13b; Col. 3:5).

Experimentar la cruz consta de tres aspectos: (1) el hecho cumplido por Cristo (Ro. 6:6; Gá. 2:20); (2) nuestra aplicación del hecho cumplido (v. 24); y (3) la experiencia que tenemos de dicha aplicación, llevando la cruz diariamente (Mt. 16:24; Lc. 9:23).

24[3] Este libro revela que la ley, cuando es mal empleada, se opone a Cristo (2:16) y que el deseo de la carne es contra el Espíritu (v. 17). La cruz ha anulado el "yo", el cual tiende a guardar la ley (2:20), y la carne, cuyo deseo es contra el Espíritu, con la finalidad de que Cristo reemplace la ley y que el Espíritu reemplace la carne. Dios no quiere que guardemos la ley por medio de la carne; El desea que vivamos a Cristo por el Espíritu.

25[1] Vivir por el Espíritu significa que nuestra vida depende del Espíritu y es regulada por el Espíritu, y no por la ley. Esto equivale al andar por el Espíritu que se menciona en el v. 16, pero difiere del andar por el Espíritu de este versículo (véase la nota 2).

25[2] Lit., andar de acuerdo con reglas. La palabra griega significa *observar los rudimentos, andar conforme a los rudimentos;* y por lo tanto significa desfilar, marchar militarmente, conservar el paso, y por derivación, andar de una manera ordenada y regulada (cfr. 6:16; Hch. 21:24; Ro. 4:12 y la nota; Fil. 3:16 y la nota 3).

Tanto el andar que se menciona en el v. 16 como este andar son realizados y regulados por el Espíritu. Aquél se refiere al andar cotidiano y general; éste se refiere al andar que toma la meta única de Dios como su dirección y propósito de vida, y que sigue al Espíritu como regla elemental, como principio básico. Se cultiva dicho andar viviendo en la nueva creación (6:16 y la nota 2), yendo en pos de Cristo para ganarlo (Fil. 3:12 y las notas), y practicando la vida de la iglesia (Ro. 12:1-5; Ef. 4:1-16), y cumpliendo así la intención de Dios en Cristo para la iglesia.

26[1] Este es el resultado del andar por el Espíritu que se menciona en el v. 25. La vanagloria, la provocación y la envidia pertenecen a la carne (cfr. v. 24). La vanagloria da origen a la provocación y a la envidia. Si por el Espíritu eliminamos la vanagloria, automáticamente se acabarán la provocación y la envidia, lo cual dará por resultado la paz. Estos tres asuntos comprueban de una manera muy práctica, si andamos por el Espíritu o no.

CAPITULO 6

E. Restauran al caído, con espíritu de mansedumbre
6:1

1 Hermanos, si alguien se encuentra enredado en alguna falta, vosotros que sois [1a]espirituales, [b]restauradle con
[2c]espíritu de [d]mansedumbre, considerándote a ti mismo, no
sea que tú también seas [e]tentado.

F. Cumplen plenamente la ley de Cristo
6:2-6

2 Sobrellevad los unos las cargas de los otros, y cumpli-
réis así la [1a]ley de Cristo.
3 Porque el que se [1a]cree ser algo, no siendo nada, a sí
mismo se [b]engaña.
4 Pero que cada uno [a]someta a prueba su propia obra, y
entonces tendrá motivo de gloriarse sólo con respecto de sí
mismo, y no de otro;
5 porque cada uno llevará su propia carga.
6 El que es enseñado en la palabra, [a]haga partícipe de
toda [1]cosa buena al que lo instruye.

G. Siembran no para la carne sino para el Espíritu
6:7-10

7 No os [1a]engañéis; Dios no puede ser [b]burlado: pues todo
lo que el hombre [c]siembre, eso también segará.

1a 1 Co. 2:15; 3:1
1b Jac. 5:19-20
1c 1 Co. 4:21
1d 2 Ti. 2:25
1e 1 Co. 7:5; 1 Ts. 3:5
2a Jn. 13:34; Jac. 2:8; Gá. 5:14
3a 1 Co. 8:2
3b 1 Co. 3:18
4a 2 Co. 13:5
6a 1 Co. 9:11; 1 Ti. 5:17-18
7a 1 Co. 6:9; 15:33
7b Job 13:9
7c 2 Co. 9:6

1[1] Es decir, que andáis y vivís por el Espíritu (5:25).

1[2] Nuestro espíritu regenerado, habitado por el Espíritu Santo y mezclado con El. El espíritu de mansedumbre es el resultado de vivir y andar por el Espíritu, como se menciona en 5:16, 25.

2[1] La ley de vida que es mejor y más elevada, y que obra por medio del amor (Ro. 8:2; Jn. 13:34). El amor es el fruto y la expresión de la vida divina (cfr. 1 Co. 13) y es un aspecto del fruto del Espíritu (5:22). La ley de Cristo, que es la ley de amor, debe ser hecha algo substancial por la ley del Espíritu de vida de manera que podamos sobrellevar las cargas los unos de los otros.

3[1] Los que se creen ser algo no están dispuestos a sobrellevar las cargas de otros. Sólo los que no se consideren algo sobrellevarán las cargas de otros. Esto es un resultado espontáneo de andar en el Espíritu y por El.

6[1] Las cosas buenas para esta vida, lo necesario para la vida diaria.

7[1] Esto se refiere una vez más a las enseñanzas falsas de los judaizantes, las cuales hicieron que los gálatas se desviaran del Espíritu en su espíritu para guardar la ley por su carne.

8 Porque el que siembra [1]para su [2a]carne, de la carne [b]segará [3c]corrupción; mas el que [d]siembra [1]para el [2e]Espíritu, [f]del Espíritu segará [3g]vida eterna.

9 [a]No nos desanimemos, pues, de hacer bien; porque a su tiempo segaremos, si [1]no [b]desmayamos.

10 Así que, según tengamos oportunidad, hagamos [1a]bien a todos, y mayormente a los de la [2b]familia de la [3c]fe.

H. Crucificados al mundo religioso
para vivir como nueva creación
6:11-16

11 Mirad con cuán [1]grandes letras os escribo de mi [a]propia mano.

12 Todos los que quieren [1]quedar bien [2]en la carne, éstos os obligan a que os [a]circuncidéis, *pero es* sólo para no [b]padecer persecución a causa de la [c]cruz de Cristo.

8[1] Con miras a, o, hacia. Sembrar para la carne es sembrar para el bien de la carne, teniendo en vista el deseo y el propósito de la carne, para satisfacer la codicia de la misma. Sembrar para el Espíritu es sembrar por el bien del Espíritu, teniendo en vista el deseo y la intención del Espíritu, para realizar lo que el Espíritu desea. Todo lo que hacemos es una especie de siembra, bien para nuestra propia carne o bien para el Espíritu, y todo lo que sembramos produce una cosecha de corrupción, que viene de la carne, o una cosecha de vida eterna, que viene del Espíritu.

8[2] Véanse las notas 3[2] del cap. 3, y 19[1] y 22[1] del cap. 5.

8[3] Sembrar para cumplir el propósito de la carne produce corrupción; sembrar para llevar a cabo la intención del Espíritu resulta en vida, la vida eterna. La corrupción procede de la carne, lo cual indica que la carne es corrupta; la vida eterna procede del Espíritu y es el Espíritu mismo.

9[1] Lit., no nos relajamos.

10[1] Esto se refiere principalmente a la ministración de cosas materiales a los necesitados (2 Co. 9:6-9).

10[2] *La familia de la fe* se refiere a los hijos de la promesa (4:28), los cuales son hijos de Dios por medio de la fe en Cristo (3:26). Todos los creyentes en Cristo, colectivamente, constituyen una familia universal, la gran familia de Dios. Esto es por medio de la fe en Cristo, no por las obras de la ley. Esta familia, que es el nuevo hombre (Col. 3:10-11), está compuesta de todos los miembros de Cristo, quienes tienen a Cristo como lo que los constituye. Así que, debemos hacer el bien, especialmente a los miembros de esta familia, sin importar su raza ni su rango social (3:28).

10[3] Véase la nota 23[2] del cap. 1.

11[1] Tal vez esto se debía a la enfermedad de los ojos de Pablo (4:13-15 y la nota 15[2]).

12[1] Lit., ser agradables de rostro; por lo tanto, tener una buena apariencia para hacer un espectáculo, una exhibición agradable. Se usa aquí en sentido negativo.

La circuncisión, al igual que la cruz, no ofrece una buena apariencia sino una humillación. Sin embargo, los judaizantes hicieron de ella un espectáculo, algo de lo cual se gloriaban en la carne (v. 13).

12[2] Es decir, exteriormente en la esfera de la carne, la cual es condenada y repudiada por Dios. Estar en la carne equivale a estar en nuestro ser natural y externo sin la realidad interna y sin el valor espiritual que están en nuestro espíritu regenerado.

8[a] Gá. 5:16, 17
8[b] Job 4:8; Pr. 22:8; Os. 8:7
8[c] Gá. 5:19
8[d] Pr. 11:18; Os. 10:12; Jac. 3:18
8[e] Gá. 5:16, 25
8[f] Gá. 5:22
8[g] Ro. 6:22
9[a] 2 Ts. 3:13
9[b] He. 12:3, 5
10[a] Pr. 3:27; 1 Ti. 6:18
10[b] Ef. 2:19; 1 Ti. 3:15; He. 3:6; 1 P. 4:17
10[c] Gá. 1:23
11[a] 1 Co. 16:21
12[a] Gá. 2:3; Hch. 15:1
12[b] Gá. 5:11
12[c] Fil. 3:18

13 Porque ni aun los mismos que se circuncidan [a]guardan la ley; pero quieren que vosotros os circuncidéis, para gloriarse [b]en vuestra carne.

14 Pero lejos esté de mí [a]gloriarme, sino en la [1b]cruz de nuestro Señor Jesucristo, por [2]quien el [3]mundo me es [c]crucificado a mí, y yo al mundo.

15 Porque ni la [1a]circuncisión vale nada, ni la incircuncisión, sino una [1b]nueva creación.

13[a] Ro. 2:25
13[b] cfr. Fil. 3:3
14[a] cfr. 2 Co. 10:17; Fil. 3:3
14[b] 1 Co. 2:2
14[c] Gá. 2:20; 5:24
15[a] Gá. 5:6; Col. 3:11
15[b] 2 Co. 5:17; Ef. 2:15; 4:24; Col. 3:10

14[1] La cruz verdaderamente era una humillación, pero el apóstol la convirtió en su gloria.

14[2] El mundo nos ha sido crucificado, y nosotros al mundo. No participamos de esto directamente sino por medio de Cristo, quien fue crucificado.

14[3] El versículo siguiente, como explicación de este versículo, prueba que el mundo que se menciona aquí es principalmente el mundo religioso. En este libro Pablo confrontó a los religiosos, que se preocupaban por las cosas de Dios pero que habían sido extraviados y estaban equivocados, y cuya religión se había convertido en un mundo. Mediante la cruz somos apartados del mundo religioso y de esta manera somos aptos para vivir en la nueva creación.

15[1] La vieja creación es nuestro viejo hombre en Adán (Ef. 4:22), nuestro ser natural por nacimiento, sin la vida de Dios y la naturaleza divina. La nueva creación es el nuevo hombre en Cristo (Ef. 4:24), nuestro ser que ha sido regenerado por el Espíritu (Jn. 3:6), en el cual la vida de Dios y la naturaleza divina han sido forjadas (Jn. 3:36; 2 P. 1:4), que tiene a Cristo como su constituyente (Col. 3:10-11), y que ha llegado a ser una nueva constitución. Esto se refiere a la naturaleza, el constituyente interior e intrínseco, de la iglesia. Por lo tanto, la nueva creación se compone de hijos; es una filiación divina y corporativa (3:26; 4:5, 7) producida por medio de la redención de Cristo, la regeneración del Espíritu y la impartición de Dios mismo en nosotros, y también de nuestra entrada colectiva, como nuevo hombre, en una unión orgánica con el Dios Triuno.

La vieja creación era vieja porque no tenía el elemento de Dios; la nueva creación es nueva porque tiene a Dios como su elemento. Aunque todavía estamos en la vieja creación, experimentamos la realidad de la nueva cuando andamos según el Espíritu (5:16, 25). El punto principal del libro de Gálatas es que somos la nueva creación y debemos vivir por la nueva creación mediante una unión orgánica con el Dios Triuno. La nueva creación cumple el propósito eterno de Dios, que es expresarse a Sí mismo en la filiación de Sus hijos.

La circuncisión es un precepto de la ley; la nueva creación es la obra maestra de la vida con la naturaleza divina. Aquella es de la letra muerta; ésta es del Espíritu viviente. Por lo tanto, lo que importa es la nueva creación. Este libro expone la impotencia de la ley y de la circuncisión. La ley no puede impartir vida (3:21) para regenerarnos, y la circuncisión no puede darnos energía (5:6) para que vivamos como nueva creación. Pero el Hijo de Dios, que ha sido revelado en nosotros (1:16), puede vivificarnos y hacernos una nueva creación, y Cristo, quien vive en nosotros (2:20), puede darnos las riquezas de Su vida para que vivamos en la nueva creación. La ley ha sido reemplazada por Cristo (2:19-20), y la circuncisión ha sido cumplida por la crucifixión de Cristo (v. 14). Así que, ni la circuncisión vale nada, ni la incircuncisión, sino que lo importante es la nueva creación con Cristo como vida. Sembramos para el Espíritu a fin de ser la nueva creación,

16 Y a todos los que [1]anden conforme a esta [2a]regla, [3b]paz
y misericordia sea sobre ellos, o sea sobre el [4c]Israel de Dios.

I. Llevan las marcas de Jesús
6:17

17 De aquí en adelante nadie me cause molestias; porque
yo traigo en mi cuerpo las [1a]marcas de Jesús.

IV. Conclusión:
la gracia del Señor Jesucristo
sea con nuestro espíritu
6:18

18 La [1a]gracia de nuestro Señor Jesucristo sea con vuestro [2]espíritu, [3b]hermanos. Amén.

16[a] Fil. 3:16
16[b] Sal. 125:5; 128:6
16[c] Ro. 9:6; Gá. 3:7, 29; Fil. 3:3
17[a] cfr. 2 Co. 4:10; 11:23-27
18[a] Fil. 4:23; Flm. 25; 2 Ti. 4:22
18[b] Flm. 7

y la nueva creación es el resultado de esta siembra (v. 8). Guardar la ley y practicar la circuncisión es sembrar para la carne; tales prácticas no cambian la vieja creación. Pero sembrar para el Espíritu nos hace una nueva creación, la cual es creada de nuevo por el Espíritu, transformada por la vida divina y constituida con el rico elemento del Dios Triuno procesado por medio de Su acción de mezclarse con nosotros.

16[1] Véase la nota 25[2] del cap. 5.

16[2] La regla de ser una nueva creación, de vivir por el Espíritu por fe, de tener al Dios Triuno como nuestra vida y nuestro vivir, en contraste con guardar la ley al observar las ordenanzas. Andar conforme a esta regla es andar por el Espíritu (5:25).

16[3] Pablo inició este libro mencionando la gracia y la paz (1:3), pero lo terminó mencionando la paz antes de la misericordia y la gracia (v. 18). La paz es la condición que resulta de la gracia. Mientras permanecemos en una condición de paz, necesitamos seguir recibiendo misericordia y gracia.

16[4] Es decir, el Israel verdadero (Ro. 9:6b; 2:28-29; Fil. 3:3), el cual incluye a todos los creyentes en Cristo, gentiles y judíos, que son los verdaderos hijos de Abraham (Gá. 3:7, 29), que pertenecen a la familia de la fe (v. 10), y que están en la nueva creación. Ellos andan conforme a "esta regla", expresan la imagen de Dios y ejecutan la autoridad de Dios, y son tipificados por Jacob, quien fue transformado para ser Israel, un príncipe de Dios y un vencedor (Gn. 32:27-28).

17[1] Las marcas que se les ponía a los esclavos para indicar quienes eran sus dueños. En el caso de Pablo, esclavo de Cristo (Ro. 1:1), las marcas eran las cicatrices físicas de las heridas que recibió mientras servía fielmente a su Amo (2 Co. 11:23-27). Espiritualmente, representan las características de su vida, una vida semejante a la que el Señor Jesús vivió en la tierra. Tal vida es crucificada continuamente (Jn. 12:24), hace la voluntad de Dios (Jn. 6:38), no busca su propia gloria, sino la de Dios (Jn. 7:18), y es sumisa y obediente a Dios, aun hasta la muerte de cruz (Fil. 2:8). El apóstol siguió el ejemplo del Señor Jesús, llevando las marcas, las características de Su vida. En esto él era absolutamente diferente de los judaizantes.

18[1] La gracia de Jesucristo es el abundante suministro del Dios Triuno (quien está corporificado en el Hijo y hecho real como Espíritu vivificante) disfrutado por nosotros cuando ejercitamos nuestro espíritu humano.

18[2] Nuestro espíritu regenerado donde mora el Espíritu, quien es el enfoque de la bendición prometida por Dios, la cual se recalca mucho en este libro. Es en nuestro espíritu donde experimentamos y disfrutamos al

Espíritu como la bendición central del Nuevo Testamento. Por lo tanto, necesitamos que la gracia del Señor, que es el abundante suministro del Espíritu todo-inclusivo (Fil. 1:19), esté con nuestro espíritu.

Cristo, el Espíritu, la nueva creación y nuestro espíritu son los cuatro puntos básicos que se revelan en este libro como el pensamiento fundamental de la economía de Dios. Cristo es el centro de la economía de Dios, y el Espíritu es la realidad de Cristo. Cuando Cristo es hecho real por el Espíritu en nuestro espíritu, llegamos a ser la nueva creación. Por lo tanto, nuestro espíritu es vital para que vivamos la vida de la nueva creación para el cumplimiento del propósito de Dios.

Este libro pone mucho énfasis en la cruz y en la experiencia de la crucifixión, a fin de acabar con asuntos negativos tales como la ley, la carne, el "yo", el mundo religioso, la esclavitud y la maldición, trayendo así los asuntos positivos que se revelan en este libro: Cristo, el Espíritu, los hijos de Dios, los herederos de la promesa, la familia de la fe, la nueva creación y el Israel de Dios. En resumen, el pensamiento de este libro es que por medio de la cruz de Cristo la ley, la carne y la religión llegan a su fin para que nosotros obtengamos el Espíritu, la nueva creación y nuestro espíritu, a fin de que por medio del Espíritu, que es Cristo hecho real para nosotros, seamos la nueva creación en nuestro espíritu, teniendo las marcas de Jesús, y para que disfrutemos la gracia del Señor Jesucristo en nuestro espíritu.

18[3] El término íntimo "hermanos" (1:11; 3:15; 4:12, 28, 31; 5:11, 13; 6:1) fue usado varias veces por Pablo al dirigirse a los gálatas necios, a quienes había reprendido (3:1). En la conclusión de esta epístola tan severa, llena de reprensión y advertencia, el apóstol usó este afectuoso término una vez más, colocándolo particularmente al final de la frase, para expresar su amor inmutable para con ellos, asegurándoles que todavía eran sus hermanos en la familia de la fe (v. 10).

LA EPISTOLA DE PABLO
A LOS
EFESIOS

BOSQUEJO

I. Introducción—1:1-2

II. Las bendiciones y la posición que la iglesia recibe en Cristo—1:3—3:21

A. Las bendiciones de Dios a la iglesia—1:3-14

1. La elección y la predestinación del Padre, en las cuales se proclama el propósito eterno de Dios—vs. 3-6
2. La redención del Hijo, en la cual se proclama el cumplimiento del propósito eterno de Dios—vs. 7-12
3. El sello y las arras del Espíritu, en los cuales se proclama la aplicación del propósito cumplido de Dios—vs. 13-14

B. La oración del apóstol por la iglesia en cuanto a la revelación—1:15-23

1. Da gracias por la iglesia—vs. 15-16
2. Suplica por la iglesia a fin de que los santos puedan ver—vs. 17-23
   a. La esperanza del llamamiento de Dios—vs. 17-18a
   b. La gloria de la herencia de Dios en los santos—v. 18b
   c. El poder de Dios para con nosotros—vs. 19-21
   d. La iglesia: el Cuerpo, la plenitud de Cristo—vs. 22-23

C. La producción y la edificación de la iglesia—2:1-22

1. Cómo se produce la iglesia—vs. 1-10
2. Cómo se edifica la iglesia—vs. 11-22

D. La mayordomía de la gracia y la revelación del misterio en cuanto a la iglesia—3:1-13

1. La mayordomía—vs. 1-2, 7-8, 13
2. La revelación del misterio—vs. 3-6, 9-12

E. La oración del apóstol por la iglesia en cuanto a la experiencia—3:14-19

1. Que los santos sean fortalecidos en el hombre interior—vs. 14-16
2. Que Cristo haga Su hogar en los corazones de los santos—v. 17a
3. Que los santos comprendan todas las dimensiones de Cristo—vs. 17b-18
4. Que los santos conozcan el amor de Cristo—v. 19a

5. Que los santos sean llenos hasta la medida de la plenitud de Dios—v. 19b

F. La alabanza del apóstol a Dios para Su gloria en la iglesia y en Cristo—3:20-21

III. El vivir y la responsabilidad que la iglesia necesita en el Espíritu Santo—4:1—6:20

A. El vivir y la responsabilidad necesarios en el Cuerpo de Cristo—4:1-16

1. Guardar la unidad del Espíritu—vs. 1-6
2. La función de los dones y el crecimiento y edificación del Cuerpo de Cristo—vs. 7-16

B. El vivir necesario en nuestro andar diario—4:17—5:21

1. Principios básicos—4:17-24
2. Detalles de este vivir—4:25—5:21

C. El vivir necesario en las relaciones éticas—5:22—6:9

1. Entre esposa y esposo—5:22-33
(Un tipo de la iglesia y Cristo—vs. 23-32)
2. Entre hijos y padres—6:1-4
3. Entre esclavos y amos—6:5-9

D. La lucha que se requiere para combatir al enemigo espiritual—6:10-20

IV. Conclusión—6:21-24

A. Recomendación—vs. 21-22

B. Bendición—vs. 23-24

LA EPISTOLA DE PABLO A LOS EFESIOS

Autor: El apóstol Pablo (1:1).

Fecha: Por el año 64 d. de C.

Lugar: Roma, donde Pablo estaba encarcelado (3:1; 4:1; 6:20; Hch. 28:30).

Destinatarios: Los santos que estaban en Efeso (1:1).

Tema:
La iglesia: el misterio de Cristo,
el Cuerpo de Cristo como la plenitud de Cristo,
que llega a ser la plenitud de Dios

CAPITULO 1

I. Introducción
1:1-2

1 [1]Pablo, [a]apóstol de Cristo Jesús por la [2]voluntad de
Dios, a los [3b]santos que están [4]en [c]Efeso y que son [5d]fieles en
Cristo Jesús:

1[a] 1 Co. 1:1; Col. 1:1
1[b] Ro. 1:7; Fil. 1:1
1[c] Hch. 19:1; 20:17; Ap. 2:1
1[d] Col. 1:2

1[1] Este libro habla en particular de la iglesia, y la revela en sus siete aspectos, como (1) el Cuerpo de Cristo, la plenitud, la expresión, de Aquel que todo lo llena en todo (v. 23; 4:13); (2) el nuevo hombre (2:15), un hombre corporativo, que tiene no sólo la vida de Cristo sino también Su persona; (3) el reino de Dios (2:19), con los santos como ciudadanos que poseen los derechos y tienen las responsabilidades del reino; (4) la familia de Dios (2:19), la cual está llena de vida y disfrute; (5) la morada de Dios, donde El puede habitar (2:21-22): en el aspecto universal, un templo santo en el Señor, y en el aspecto local, la morada de Dios en nuestro espíritu; (6) la novia, la esposa, de Cristo (5:24-25) para el reposo y la satisfacción de Cristo; y (7) el guerrero (6:11-12), un luchador corporativo, que se enfrenta con el enemigo de Dios y lo derrota para realizar el propósito eterno de Dios.

Una característica particular de este libro es que habla desde el punto de vista del propósito eterno de Dios, desde la eternidad, y desde los lugares celestiales. Este libro del Nuevo Testamento está colocado inmediatamente después de la revelación acerca de Cristo en contra de la religión (Gálatas). Va seguido por un libro que trata de la experiencia práctica de Cristo (Filipenses), y nos lleva a Cristo, la Cabeza (Colosenses). Así que, estos cuatro libros son el corazón de la revelación del Nuevo Testamento con respecto a la economía eterna de Dios.

1[2] Pablo fue hecho apóstol de Cristo, no por el hombre sino por la voluntad de Dios, conforme a la

2[a] Ro. 1:7
2[b] Ef. 1:17; 2:18; 3:14; 4:6; 5:20; 6:23; Mt. 6:9
2[c] Hch. 2:36

2 [1a]Gracia y [2]paz a vosotros, de [3]Dios nuestro [b]Padre y del [4c]Señor Jesucristo.

II. Las bendiciones y la posición que la iglesia recibe en Cristo 1:3—3:21

A. Las bendiciones de Dios a la iglesia 1:3-14

1. La elección y predestinación del Padre, en la cual se proclama el propósito eterno de Dios vs. 3-6

3[a] 2 Co. 1:3
3[b] Ef. 1:17; Jn. 20:17; Ro. 15:6
3[c] Ef. 1:20; 2:6; 3:10; 6:12

3 [1a]Bendito sea el [2b]Dios y Padre de [3]nuestro Señor Jesucristo, que [4]nos bendijo [5]con toda [6]bendición [7]espiritual en los *lugares* [8c]celestiales [9]en Cristo,

---

economía de Dios. Esta posición le dio autoridad para presentar en esta epístola la revelación del propósito eterno de Dios con respecto a la iglesia. La iglesia es edificada sobre esta revelación (2:20).

1[3] Los santos son aquellos que son hechos santos, que son santificados, apartados para Dios de todo lo profano.

1[4] La frase *en Efeso* no se encuentra en los mss. más antiguos.

1[5] Los fieles son aquellos que son fieles en la fe, a la cual se hace referencia en 4:13; 2 Ti. 4:7; Jud. 3.

2[1] La gracia es Dios como nuestro disfrute (Jn. 1:17; 1 Co. 15:10).

2[2] La paz es una condición que resulta de la gracia, del disfrute que tenemos de Dios nuestro Padre.

2[3] Somos criaturas de Dios e hijos de Dios. Para nosotros como criaturas de Dios, El es nuestro Dios; para nosotros como hijos de Dios, El es nuestro Padre.

2[4] También somos los redimidos del Señor. Como Sus redimidos, lo tenemos como nuestro Señor. La gracia y la paz vienen a nosotros de Dios nuestro Creador, de nuestro Padre, y del Señor nuestro Redentor. Puesto que somos Sus criaturas, Sus redimidos y Sus regenerados, tenemos la posición de recibir gracia y paz de El.

3[1] La palabra griega significa *hablar bien de El;* es decir, que se le alabe con adoración. En esta sección el Dios Triuno es elogiado, alabado con adoración: el Padre en Su elección y predestinación, para el propósito eterno de Dios (vs. 3-6); el Hijo en Su redención, para el cumplimiento del propósito eterno de Dios (vs. 7-12); y el Espíritu al sellar y darse en arras, para la aplicación del propósito cumplido de Dios (vs. 13-14). Mediante todas las virtudes de la Trinidad Divina, nosotros los pecadores caídos llegamos a ser la iglesia, el Cuerpo de Cristo, la plenitud, la expresión, de Aquel que todo lo llena en todo.

3[2] Dios es el Dios de nuestro Señor Jesucristo como Hijo del Hombre, y Dios es el Padre de nuestro Señor Jesucristo como Hijo de Dios. Para el Señor en Su humanidad, Dios es Su Dios; para el Señor en Su divinidad, Dios es Su Padre.

3[3] Ya que el Señor Jesús es nuestro, todo lo que Dios es para El también es nuestro. El título *Señor* se refiere a Su señorío (Hch. 2:36), el nombre *Jesús* habla de El como hombre (1 Ti. 2:5), y *Cristo* habla de El como el Ungido de Dios (Jn. 20:31).

3[4] Lit., nos alabó, o habló bien de nosotros. Cuando Dios nos bendice, nos alaba, habla bien de nosotros.

3[5] Lit., en.

3[6] Lit., buen hablar o buena expresión, palabras agradables, palabras amables, lo cual implica abundancia y

4 según nos [1a]escogió en El [2b]antes de la fundación del
mundo, para que fuésemos [3c]santos y [4]sin mancha [5]delante
de El [6]en [7d]amor,

beneficio. Dios nos ha bendecido con Sus palabras buenas, finas y amables. Cada una de tales palabras nos es una bendición. Los vs. 4-14 son un relato de tales palabras, de tales bendiciones. Todas estas bendiciones son espirituales, están en los lugares celestiales y están en Cristo.

3[7] Todas las bendiciones con las cuales Dios nos bendijo, siendo espirituales, están relacionadas con el Espíritu Santo. El Espíritu de Dios no sólo es el canal sino también la realidad de las bendiciones de Dios. En este versículo Dios el Padre, Dios el Hijo y Dios el Espíritu están relacionados con las bendiciones que nos son concedidas. Cuando Dios nos bendice, en realidad se imparte en nuestro ser.

3[8] La palabra *celestiales* aquí no sólo denota el lugar celestial sino también la naturaleza, estado, característica y ambiente celestiales, de las bendiciones espirituales con las cuales Dios nos ha bendecido. Estas bendiciones provienen de los cielos, y tienen una naturaleza, estado, característica y ambiente celestiales. Los que creen en Cristo disfrutan en la tierra estas bendiciones celestiales, bendiciones a la vez espirituales y celestiales. Son diferentes de las bendiciones con las cuales Dios bendijo a Israel. Aquellas bendiciones eran físicas y terrenales. Las bendiciones que se nos conceden a nosotros provienen de Dios el Padre, están en Dios el Hijo, vienen por medio de Dios el Espíritu y están en los lugares celestiales. Son las bendiciones espirituales que el Dios Triuno nos concede en Cristo a nosotros, los creyentes. Son las bendiciones en los lugares celestiales, y tienen una naturaleza, estado, característica y ambiente celestiales.

3[9] Cristo es la virtud, el instrumento y la esfera en que Dios nos ha bendecido. Fuera de Cristo, aparte de Cristo, Dios no tiene nada que ver con nosotros; pero en Cristo nos ha bendecido con toda bendición espiritual en los lugares celestiales.

4[1] Después del v. 3, los vs. 4-14 presentan una lista de todas las bendiciones espirituales con las cuales Dios nos bendijo, desde que El nos eligió en la eternidad hasta la producción del Cuerpo de Cristo para expresarlo a El por la eternidad. Así que, la elección de Dios es la primera bendición que El nos otorgó. La elección de Dios se refiere al hecho de que El nos escogió. De entre un sinnúmero de personas El nos escogió a nosotros, y esto lo hizo en Cristo. Cristo fue la esfera en la cual fuimos elegidos por Dios. Fuera de Cristo no somos la elección de Dios.

4[2] Esto sucedió en la eternidad pasada. Antes de crearnos, Dios nos escogió según Su presciencia infinita. Esto implica que el mundo, que es el universo, fue fundado para la existencia del hombre a fin de cumplir el propósito eterno de Dios.

El libro de Romanos comienza con los hombres caídos que están sobre la tierra; Efesios comienza con los escogidos de Dios que están en los lugares celestiales.

4[3] La palabra *santos* no sólo significa santificados, apartados para Dios, sino también diferentes, distintos, de todo lo profano. Sólo Dios es diferente, distinto, de todas las cosas. Por lo tanto, El es santo; la santidad es Su naturaleza. El nos escogió para que fuésemos santos. Nos hace santos impartiéndose a Sí mismo, el Santo, en nuestro ser, a fin de que todo nuestro ser sea impregnado y saturado de Su naturaleza santa. Para que nosotros, los escogidos de Dios, seamos santos necesitamos participar de la naturaleza divina de Dios (2 P. 1:4) y permitir que todo nuestro ser sea empapado de Dios mismo. Esto es diferente de ser perfecto, puro y no pecar. Esto hace que nuestro ser sea santo en la naturaleza y el carácter de Dios, tal como lo es Dios mismo.

4[a] 2 Ts. 2:13; 1 P. 1:2
4[b] 1 P. 1:20; cfr. Ap. 13:8; 17:8; Mt. 25:34
4[c] Ef. 5:27; Col. 1:22; 1 Ts. 5:23
4[d] Ef. 3:17; 4:2, 15, 16; 5:2

5[a] Ef. 1:11; Ro. 8:29
5[b] Ro. 8:15; Gá. 4:5
5[c] Ef. 1:9; Fil. 2:13
5[d] Ef. 1:9, 11; 5:17; Col. 1:9; Ro. 12:2; Ap. 4:11
6[a] Ef. 1:12, 14
6[b] Ef. 1:18; 3:21; Col. 1:27
6[c] Ef. 1:7; 2:7
6[d] Mt. 3:17

5 [1a]predestinándonos para [2b]filiación [3]por medio de
Jesucristo para Sí mismo, según el [4c]beneplácito de Su [d]vo-
luntad,
6 para [1a]alabanza de la [2b]gloria de Su [c]gracia, con la cual
nos [3]agració en el [4d]Amado,

4[4] Una mancha es como una partícula ajena en una piedra preciosa. Los escogidos de Dios deben estar saturados únicamente de Dios mismo, sin ninguna partícula ajena, tal como el elemento humano natural y caído, la carne, el yo o las cosas mundanas. Esto es no tener mancha, ni mezcla alguna, ni otro elemento que no sea la naturaleza santa de Dios. La iglesia, después de ser lavada completamente por el agua en la palabra, quedará santificada hasta tal punto (5:26-27).

4[5] La frase *delante de El* indica que somos santos y sin mancha a los ojos de Dios conforme a Su norma divina. Esto nos hace aptos para permanecer en Su presencia y disfrutarla.

4[6] La expresión *en amor* podría unirse con la primera frase del v. 5.

4[7] El amor que se menciona aquí se refiere al amor con el cual Dios ama a Sus escogidos y con que Sus escogidos lo aman a El. Es en este amor donde los escogidos de Dios llegan a ser santos y sin mancha delante de El. Primero, Dios nos amó; luego, este amor divino nos inspira, como respuesta, a amarlo a El. En tal condición y ambiente de amor, somos saturados de Dios para ser santos y sin mancha, como El.

5[1] O, marcándonos de antemano. Marcar de antemano es el proceso, mientras que la predestinación es el propósito, el cual es determinar cierto destino de antemano. Primero Dios nos escogió y luego nos marcó de antemano, es decir, antes de la fundación del mundo, con cierto destino.

5[2] La acción de Dios de marcarnos de antemano tenía como fin destinarnos para filiación, para ser Sus hijos. Fuimos predestinados para ser hijos de Dios aun antes de ser creados. Así que, como criaturas de Dios necesitamos ser regenerados por El de manera que participemos de Su vida para ser Sus hijos. La filiación implica no sólo tener la vida sino también la posición de hijo. Los que han sido señalados por Dios tienen la vida para ser Sus hijos y la posición de heredarlo a El. Ser hechos santos —ser santificados al infundirse Dios en nosotros y luego al mezclar Su naturaleza con nosotros— es el proceso, el procedimiento, mientras que ser hijos de Dios es el objetivo, la meta, y es un asunto de ser unidos al Hijo de Dios y conformados a cierto modelo, a saber, a la imagen misma del Hijo primogénito de Dios (Ro. 8:29; Col. 1:15), a fin de que todo nuestro ser, incluyendo nuestro cuerpo (Ro. 8:23), sea hecho hijo por Dios.

5[3] La frase *por medio de Jesucristo* significa por medio del Hijo de Dios, el Redentor. Por medio de El fuimos redimidos para ser hijos de Dios, quienes tienen la vida y posición de hijos de Dios.

5[4] Esto revela que Dios tiene una voluntad, en la cual está Su beneplácito. Dios nos predestinó para que fuésemos Sus hijos conforme a Su placer, conforme al deleite de Su corazón. A diferencia del libro de Romanos, Efesios no habla desde el punto de vista de la condición pecaminosa del hombre, sino desde el punto de vista del beneplácito del corazón de Dios. Por lo tanto, Efesios es más profundo y más elevado.

6[1] La alabanza de la gloria de la gracia de Dios es el resultado de la filiación (v. 5). Dios nos predestinó para filiación con el fin de que fuésemos la alabanza de Su expresión en Su gracia, es decir, la alabanza de la gloria de Su gracia. Finalmente, todas las cosas positivas del universo alabarán a Dios por la filiación (Ro. 8:19), cumpliendo así lo que se menciona en este versículo.

2. La redención del Hijo,
en la cual se proclama el cumplimiento
del propósito eterno de Dios
vs. 7-12

7 en quien tenemos [1a]redención por Su [b]sangre, el [2c]per-
dón de los [d]delitos según las [e]riquezas de Su gracia,
8 que hizo [1]sobreabundar para con nosotros en toda
[2a]sabiduría y prudencia,
9 [1]dándonos a conocer el [2a]misterio de Su [b]voluntad,
[3]según Su [c]beneplácito, el cual se había [4d]propuesto en Sí
mismo,

7[a] Col. 1:14; Ro. 3:24
7[b] Ef. 2:13; 1 P. 1:18-19
7[c] Lc. 24:47; Hch. 2:38; 10:43
7[d] Ef. 2:1
7[e] Ef. 2:7
8[a] Ef. 3:10; Ro. 11:33
9[a] Ef. 3:3, 4, 9; 5:32; 6:19; Col. 1:26, 27; 2:2; 4:3; Ro. 16:25
9[b] Ef. 1:5
9[c] Ef. 1:5
9[d] Ef. 1:11; 3:11; Ro. 8:28

6[2] La gloria es Dios expresado (Ex. 40:34). *La gloria de Su gracia* indica que la gracia de Dios, la cual es Dios mismo como nuestro disfrute, lo expresa a El. Mientras recibimos la gracia y disfrutamos a Dios, tenemos el sentir de la gloria.

6[3] Esto nos pone en una posición de gracia a fin de que seamos el objeto de la gracia y el favor de Dios, esto es, que disfrutemos todo lo que Dios es para nosotros.

6[4] El Amado es el Hijo amado de Dios, en quien El se complace (Mt. 3:17; 17:5). Así que Dios, al darnos Su gracia, nos hace objeto de Su complacencia. Esto es verdaderamente un placer para Dios. En Cristo hemos sido bendecidos por Dios con toda bendición. En el Amado Dios nos agració y fuimos hechos el objeto de Su favor y complacencia. Como tal disfrutamos a Dios, y Dios nos disfruta a nosotros en Su gracia en Su Amado, quien es Su deleite. En Su Amado nosotros también venimos a ser Su deleite.

7[1] Fuimos escogidos y predestinados. Pero después de ser creados, caímos. Por eso, necesitamos redención, la cual Dios efectuó por nosotros en Cristo por medio de Su sangre. Este es otro elemento de las bendiciones que Dios nos ha concedido.

7[2] El perdón de nuestros delitos es la redención efectuada por la sangre de Cristo. Sin derramamiento de sangre, no hay perdón de pecados (He. 9:22). La redención se refiere a lo que Cristo realizó por nuestros delitos; el perdón es la aplicación a nuestros delitos de lo que Cristo realizó.

8[1] La gracia de Dios no sólo es rica (v. 7) sino también abundante. Tal gracia nos hace una herencia para Dios (v. 11) y nos capacita para heredar todo lo que Dios es (v. 14).

8[2] La sabiduría es lo que está en Dios para planear y proponer una voluntad con respecto a nosotros; la prudencia es la aplicación de Su sabiduría. Primero, Dios planeó y propuso en Su sabiduría, y luego aplicó con prudencia lo que había planeado y propuesto para nosotros. La sabiduría estaba relacionada principalmente con el plan de Dios en la eternidad, y la prudencia, con la ejecución de Su plan en el tiempo. Lo que Dios planeó en la eternidad en Su sabiduría, lo está llevando a cabo ahora en el tiempo en Su prudencia.

9[1] Darnos a conocer el misterio de Su voluntad es un aspecto de la sabiduría y prudencia de Dios.

9[2] En la eternidad Dios planeó una voluntad. Esa voluntad estaba escondida en El; así que, era un misterio. En Su sabiduría y prudencia nos dio a conocer este misterio escondido, por medio de Su revelación en Cristo, es decir, por medio de la encarnación, crucifixión, resurrección y ascensión de Cristo.

9[3] Fue el placer del corazón de Dios darnos a conocer el misterio de Su voluntad.

9[4] El beneplácito de Dios es lo que El se propuso en Sí mismo para la economía de la plenitud de los

10a Ef. 3:9; 1 Ti. 1:4
10b Ef. 1:22; cfr. Col. 1:16-18
10c Fil. 2:10
11a Ef. 1:18
11b Ef. 1:5
11c Ef. 1:9; 3:11
11d Ef. 1:5

10 para la [1a]economía de la [2]plenitud de los tiempos, de hacer que en [3]Cristo sean [4b]reunidas bajo una cabeza todas las cosas, así [c]las que están en los cielos, como las que están en la tierra.

11 En El asimismo [1]fuimos designados como [a]herencia, habiendo sido [2b]predestinados conforme al [3c]propósito del que hace todas las cosas según el [4]consejo de Su [4d]voluntad,

---

tiempos (v. 10), lo cual indica que Dios mismo es la iniciación, el origen y la esfera de Su propósito eterno, propósito que nada puede derrocar, para el cual todo está obrando, y con respecto al cual Dios no buscó el consejo de nadie.

10[1] O, plan. La palabra griega *oikonomía* significa *ley doméstica, administración familiar* y por derivación significa *distribución, plan* o *economía administrativa* (véase la nota 4[3] de 1 Ti. 1). La economía que Dios, según Su deseo, planeó y se propuso en Sí mismo, es que en Cristo sean reunidas bajo una cabeza todas las cosas en la plenitud de los tiempos. Esto se lleva a cabo por medio de la impartición del abundante suministro de vida del Dios Triuno, como factor vital, en todos los miembros de la iglesia, para que sean levantados de la situación de muerte y unidos al Cuerpo.

10[2] La expresión *los tiempos* se refiere a las edades. La plenitud de los tiempos será cuando aparezcan el cielo nuevo y la tierra nueva después de que se hayan cumplido todas las dispensaciones de Dios en todas las edades. En total hay cuatro edades: la edad de pecado (Adán), la edad de la ley (Moisés), la edad de la gracia (Cristo) y la edad del reino (el milenio).

10[3] Lit., el Cristo. Se refiere al Cristo que se menciona en el v. 1 y en el v. 3, Aquel en quien están todas las bendiciones espirituales de Dios y en *quien están los santos fieles*, que participan de las bendiciones. El es una persona definida; por eso, es llamado "el Cristo". Así también en los vs. 12 y 20.

10[4] Dios hizo a Cristo Cabeza sobre todas las cosas (v. 22). Por todas las dispensaciones de Dios en todas las edades, todas las cosas serán sometidas a Cristo como Cabeza en el cielo nuevo y en la tierra nueva. Eso será la administración y economía eterna de Dios. Así que, el reunir todas las cosas bajo una cabeza es el resultado de todos los asuntos mencionados en los vs. 3-9. El v. 22 revela además que esto es dado a la iglesia, con la finalidad de que el Cuerpo de Cristo participe de todo lo que pertenece a Cristo como Cabeza, habiendo sido el Cuerpo rescatado de la montaña de escombros, resultado del desplome del universo en muerte y tinieblas, que fue causado por la rebelión de los ángeles y del hombre. Los creyentes toman parte en esto, estando dispuestos a ser reunidos bajo una cabeza en la vida de la iglesia, creciendo en vida y viviendo bajo la luz de Cristo (Jn. 1:4; Ap. 21:23-25). Cuando todo esté sometido a Cristo como Cabeza, habrá paz y armonía absolutas (Is. 2:4; 11:6; 55:12; Sal. 96:12-13), un rescate completo del caos del universo. Esto empezará con los tiempos de la restauración de todas las cosas (Hch. 3:21).

11[1] O, hemos obtenido herencia. El verbo griego significa *elegir o asignar por suertes*. Así que, esta cláusula literalmente significa que en Cristo fuimos designados como herencia electa. Fuimos designados como herencia para recibir la herencia de Dios. Por un lado, hemos llegado a ser la herencia de Dios (v. 18) para Su deleite; por otro, heredamos a Dios como nuestra herencia (v. 14) para nuestro deleite.

11[2] O, señalados de antemano. Véase la nota 5[1].

11[3] Es decir, plan.

12 a fin de que seamos para [1a]alabanza de Su gloria,
nosotros los que [2]primeramente esperábamos en Cristo.

3. El sello y las arras del Espíritu,
en los cuales se proclama la aplicación
del propósito cumplido de Dios
vs. 13-14

13 En El también vosotros, habiendo oído la [a]palabra de
la verdad, el evangelio de vuestra salvación, y en El habiendo creído, fuisteis [1b]sellados con el [c]Espíritu Santo de la
[2]promesa,
14 que es las [1a]arras de nuestra [2b]herencia, [3]hasta la
[4c]redención de la [5d]posesión adquirida, para [6e]alabanza de
Su gloria.

12[a] Ef. 1:6, 14
13[a] Col. 1:5
13[b] Ef. 4:30; 2 Co. 1:22
13[c] Lc. 24:49; Hch. 1:4; 2:33; Gá. 3:14
14[a] 2 Co. 1:22; 5:5
14[b] Hch. 26:18; Col. 1:12; 1 P. 1:4
14[c] Ro. 8:23
14[d] 1 P. 2:9
14[e] Ef. 1:6, 12

11[4] La voluntad de Dios es Su intención; el consejo de Dios es Su consideración acerca de cómo cumplir Su voluntad o intención.

12[1] Tal será el logro de la abundante gracia de Dios para los creyentes y en los creyentes, los hijos de Dios, quienes son el centro de Su obra en el universo, que todos los ángeles y las cosas positivas del universo alabarán a Dios y tendrán aprecio por la expresión (la gloria) de Dios. Esto acontecerá principalmente en el milenio y por último en el cielo nuevo y la tierra nueva.

12[2] O, antes. Nosotros los creyentes neotestamentarios somos los que primeramente esperábamos en Cristo, es decir, durante esta edad. Los judíos tendrán su esperanza en Cristo en la próxima era. Nosotros tenemos nuestra esperanza en Cristo hoy, antes de Su regreso para establecer Su reino mesiánico.

13[1] Ser sellado con el Espíritu Santo es ser marcado con el Espíritu Santo como un sello vivo. Hemos sido designados como herencia de Dios (v. 11). Cuando fuimos salvos, Dios puso en nosotros Su Espíritu Santo como sello para marcarnos e indicar que pertenecemos a Dios. El Espíritu Santo, quien es Dios mismo que entra en nosotros, nos imprime la imagen de Dios, representada por el sello, haciéndonos semejantes a Dios.

13[2] La frase *de la promesa* indica que Dios planeó, según Su beneplácito, sellarnos con Su Espíritu.

14[1] O, el anticipo, la garantía. Es decir, una prenda en dinero; un pago parcial dado por adelantado, el cual garantiza el pago total. Puesto que nosotros somos la herencia de Dios, el Espíritu Santo es un sello sobre nosotros. Debido a que Dios es nuestra herencia, el Espíritu Santo es las arras de esta herencia y es dado a nosotros. Dios nos da Su Espíritu Santo no sólo como garantía de nuestra herencia, asegurando nuestra heredad, sino también como anticipo de lo que heredaremos de Dios, dejándonos gustar de antemano de la herencia total. En los tiempos antiguos, la palabra griega que aquí se traduce *arras* se usaba en la compra de tierra. El vendedor daba al comprador una porción del suelo, una muestra tomada de la tierra. Por lo tanto, según el griego antiguo, las arras también son una muestra. El Espíritu Santo es la muestra de lo que vamos a heredar de Dios en plenitud.

14[2] Véase la nota 32[3] de Hch. 20. Véase también el v. 18.

14[3] La frase *hasta la redención de la posesión adquirida* denota el propósito del sellar que se menciona en el v. 13. El sello del Espíritu Santo es viviente, y obra en nosotros para empaparnos y transformarnos con el elemento divino de Dios hasta que

B. La oración del apóstol por la iglesia en cuanto a la revelación 1:15-23

1. Da gracias por la iglesia vs. 15-16

15[a] Col. 1:4 **15 Por esta causa también yo, habiendo [a]oído de [1]la fe en el Señor Jesús la cual está entre vosotros, y de vuestro amor para con todos los santos,**

16[a] Fil. 1:3-4 **16 no ceso de [a]dar gracias por vosotros, acordándome *de vosotros* en mis oraciones,**

2. Suplica por la iglesia a fin de que los santos puedan ver vs. 17-23

a. La esperanza del llamamiento de Dios vs. 17-18a

17[a] Ef. 1:3 **17 para que el [1a]Dios de nuestro Señor Jesucristo, el**

seamos maduros en la vida de Dios y finalmente redimidos por completo, incluso en nuestro cuerpo.

14[4] *Redención* aquí se refiere a la redención de nuestro cuerpo (Ro. 8:23), es decir, la transfiguración de nuestro cuerpo de humillación en un cuerpo de gloria (Fil. 3:21). Hoy en día el Espíritu Santo es una garantía, un anticipo y una muestra de nuestra herencia divina, hasta que nuestro cuerpo sea transfigurado en gloria, cuando heredaremos a Dios en plenitud. La extensión de las bendiciones que Dios nos ha concedido abarca todos los puntos cruciales desde la elección realizada por Dios en la eternidad pasada (v. 4) hasta la redención de nuestro cuerpo para la eternidad futura.

14[5] Nosotros los redimidos de Dios, la iglesia, somos la posesión de Dios, la cual adquirió comprándonos con la sangre preciosa de Cristo (Hch. 20:28). En la economía de Dios, El llega a ser nuestra herencia y nosotros llegamos a ser Su posesión. ¡Qué maravilloso! ¡No damos nada y lo obtenemos todo! Dios nos adquirió a un precio, pero nosotros heredamos a Dios sin pagar. Esto redunda en la alabanza de Su gloria.

14[6] Esta es la tercera vez que se usa una frase así, esta vez como conclusión de la sección (vs. 3-14) acerca de las bendiciones que Dios nos ha dado. Los vs. 3-6 revelan lo que Dios el Padre planeó para nosotros, esto es, elegirnos y predestinarnos para ser Sus hijos para la alabanza de la gloria de Su gracia. Los vs. 7-12 revelan cómo Dios el Hijo realizó lo que Dios el Padre había planeado, a saber, redimirnos y hacernos herencia de Dios para la alabanza de Su gloria. Los vs. 13-14 nos dicen cómo Dios el Espíritu nos aplica lo que Dios el Hijo realizó, esto es, sellarnos y ser garantía y anticipo de nuestra herencia eterna y divina para la alabanza de la gloria de Dios. En las bendiciones que Dios nos concede, la gloria del Dios Triuno merece una alabanza triple.

15[1] Muchos mss. antiguos dicen: la fe en el Señor Jesús la cual está entre vosotros y que tenéis para con todos los santos.

17[1] En la encarnación el Señor Jesucristo, Dios mismo (Fil. 2:6), se hizo hombre. Como tal El está relacionado con la creación; por lo tanto, Dios el Creador es Su Dios. Su encarnación introdujo a Dios el Creador en

[2]Padre de gloria, os dé [3b]espíritu de [4c]sabiduría y de [d]revela-
ción en el [e]pleno conocimiento de El,
18 para que, [1a]alumbrados los [2b]ojos de vuestro corazón,
sepáis cuál es la [3c]esperanza [4d]a que El os ha llamado,

b. La gloria de la herencia de Dios en los santos
v. 18b

y cuáles las [5e]riquezas de la gloria de Su [6f]herencia en los
santos,

17[b] Ef. 2:22; 3:5; 4:23; 5:18; 6:18
17[c] Ef. 1:8; Col. 1:9
17[d] Ef. 3:5; Gá. 1:15-16
17[e] Ef. 4:13; Col. 1:9, 10; 2:2
18[a] 2 Co. 4:6
18[b] Hch. 26:18
18[c] Ef. 4:4; Col. 1:27
18[d] Ef. 4:1, 4; Ro. 8:28; 1 Co. 1:2, 9, 24
18[e] Ef. 3:8; Fil. 4:19
18[f] Ef. 1:11

---

el hombre, la criatura. El es un hombre en quien Dios se encarnó.

17[2] El título *Padre* implica regeneración, y la gloria es Dios expresado. Así que, el Padre de gloria es el Dios que regenera, expresado a través de Sus muchos hijos. Ya hemos sido regenerados (1 P. 1:3), y seremos glorificados en la expresión de la gloria de Dios (Ro. 8:30).

17[3] El espíritu que se menciona aquí debe de ser nuestro espíritu regenerado donde mora el Espíritu de Dios. Tal espíritu nos es dado por Dios a fin de que tengamos sabiduría y revelación para conocerlo a El y Su economía.

17[4] La sabiduría está en nuestro espíritu para que conozcamos el misterio de Dios, y la revelación viene del Espíritu de Dios para mostrarnos la visión quitando el velo. Primero, tenemos sabiduría, la capacidad de entender, la cual nos hace aptos para conocer las cosas espirituales; luego el Espíritu de Dios revela las cosas espirituales a nuestro entendimiento espiritual.

18[1] No sólo necesitamos sabiduría, revelación y ojos para ver, sino que también necesitamos luz para la iluminación de las cosas que nos son reveladas, de manera que tengamos una visión.

18[2] Ojos para ver las cosas espirituales. Tenemos sabiduría, la capacidad de saber, y la revelación, el revelar las cosas espirituales. No obstante, de todos modos necesitamos ojos, la facultad espiritual de la vista (Hch. 26:18; Ap. 3:18).

Para que los ojos de nuestro corazón sean alumbrados se requiere que nuestra conciencia, nuestra mente, nuestra parte emotiva y nuestra voluntad, es decir, los componentes de nuestro corazón, sean completamente purificados (cfr. nota 17[1] del cap. 3). Primero, necesitamos un espíritu abierto que tenga una conciencia purificada al confesarnos y deshacernos de nuestros pecados y al ser rociados por la sangre redentora de Cristo (He. 9:14; 10:22). Luego, necesitamos una mente sobria (2 Ti. 1:7, y la nota 2), una parte emotiva llena de amor (Jn. 14:21), y una voluntad sumisa (Jn. 7:17), a fin de tener un corazón puro. Cuando tengamos tal espíritu y corazón, los ojos de nuestro corazón tendrán la capacidad de ver.

18[3] La esperanza del llamamiento de Dios incluye: (1) a Cristo mismo y la salvación que nos traerá cuando regrese (Col. 1:27; 1 P. 1:5, 9); (2) el traslado que nos llevará de la esfera terrenal y física a la esfera celestial y espiritual, junto con la glorificación (Ro. 8:23-25, 30; Fil. 3:21); (3) el gozo de ser reyes juntamente con Cristo en el milenio (Ap. 5:10; 2 Ti. 4:18); y (4) el disfrute consumado de Cristo en la Nueva Jerusalén, con las bendiciones universales y eternas en el cielo nuevo y la tierra nueva (Ap. 21:1-7; 22:1-5).

18[4] El llamamiento de Dios es la suma total de todas las bendiciones enumeradas en los vs. 3-14; la elección y predestinación de Dios el Padre, la redención de Dios el Hijo, y el sello y el darse en arras de Dios el Espíritu. Cuando fuimos llamados, participamos de la elección y predestinación del Padre, la redención del

c. El poder de Dios para con nosotros
vs. 19-21

19 y cuál la supereminente grandeza de Su [1a]poder para
con nosotros los que creemos, [2]según la [b]operación del [c]poder
de Su fuerza,
20 que hizo operar en Cristo, [1a]resucitándole de los muertos y [2b]sentándole a Su [3]diestra en los *lugares* [4c]celestiales,
21 por encima de todo [1a]principado y autoridad y poder y
señorío, y sobre [2]todo [b]nombre que se nombra, no sólo en este
[c]siglo, sino también en el venidero;

19a Ef. 3:7, 16, 20; Fil. 3:10; Col. 1:11, 29; 2 Ti. 1:8
19b Ef. 3:7; Col. 1:29; 1 Co. 12:6
19c Ef. 6:10; Col. 1:11
20a Hch. 2:32
20b Sal. 110:1; Mr. 16:19; Col. 3:1; He. 1:3
20c Ef. 1:3
21a Ef. 3:10; 6:12; Col. 1:16; 2:15
21b Fil. 2:9
21c Mr. 10:30

Hijo, y el sellar y el darse en arras del Espíritu.

18[5] La gloria de Dios tiene riquezas, las cuales son los muchos y variados atributos divinos de Dios, tales como luz, vida, poder, amor, justicia y santidad, expresados en varios grados.

18[6] Primero, Dios nos hizo Su herencia (v. 11a), Su posesión adquirida (v. 14b), y nos hizo participar de todo lo que El es, de todo lo que El tiene y de todo lo que El ha realizado, como nuestra herencia (v. 14a). Finalmente, todo esto llegará a ser la herencia de Dios en los santos por la eternidad. Esta será Su expresión eterna, Su gloria con todas Sus riquezas, las cuales lo expresarán plena, universal y eternamente.

19[1] Según la oración del apóstol, el tercer aspecto que debemos conocer es la supereminente grandeza del poder de Dios para con nosotros. Para nosotros hoy esto es muy subjetivo y lo podemos experimentar. El poder de Dios para con nosotros es sumamente grande. Necesitamos conocerlo y experimentarlo.

19[2] La supereminente grandeza del poder de Dios para con nosotros concuerda con la operación del poder de Su fuerza, que El hizo operar en Cristo. El poder de Dios para con nosotros es el mismo poder que El hizo operar en Cristo. Cristo es la Cabeza, y nosotros somos el Cuerpo. El Cuerpo participa del poder que opera en la Cabeza.

20[1] Primero, el poder que Dios hizo operar en Cristo, resucitó a Cristo de los muertos. Este poder ha vencido la muerte, la tumba y el Hades, donde están retenidos los muertos. La muerte y el Hades no pudieron retener a Cristo (Hch. 2:24), debido al poder de resurrección de Dios.

20[2] En segundo lugar, el poder que Dios hizo operar en Cristo sentó a Cristo a Su diestra en los lugares celestiales, por encima de todo (v. 21).

20[3] La diestra de Dios, donde Cristo fue sentado por la supereminente grandeza del poder de Dios, es el lugar de más honra, el lugar de autoridad suprema.

20[4] La palabra *celestiales* no sólo se refiere al tercer cielo, la cumbre del universo, donde Dios mora, sino también al estado y atmósfera de los cielos, donde Cristo fue sentado por el poder de Dios.

21[1] *Principado* se refiere al cargo más elevado, *autoridad* a toda clase de poder oficial (Mt. 8:9); *poder* simplemente se refiere a la fuerza de la autoridad, y *señorío* a la preeminencia que el poder establece. Después de esto vemos que lo enumerado aquí incluye no sólo las autoridades angélicas y celestiales, ya sean buenas o malas, sino también las humanas y terrenales. El Cristo ascendido fue sentado por el gran poder de Dios, muy por encima de todo principado, autoridad, poder y señorío del universo.

21[2] La expresión *todo nombre que se nombra* no sólo se refiere a los títulos de honor, sino también a todo nombre. Cristo fue sentado por encima de todo nombre que se nombra no

d. La iglesia: el Cuerpo, la plenitud de Cristo
vs. 22-23

22 y [1a]sometió todas las cosas bajo Sus pies, y lo [2]dio por
[b]Cabeza sobre todas las cosas [3]a la [4c]iglesia,
23 la cual es Su [1a]Cuerpo, la [2b]plenitud de Aquel que [3c]todo
lo llena en todo.

---

sólo en este siglo, sino también en el venidero.

22[1] En tercer lugar, el poder que Dios hizo operar en Cristo sometió todas las cosas bajo Sus pies. El hecho de que Cristo esté por encima de todo es diferente de que todas las cosas estén sometidas bajo Sus pies. Aquello es la trascendencia de Cristo; esto es la sujeción de todas las cosas a El.

22[2] En cuarto lugar, el poder que Dios hizo operar en Cristo dio a Cristo por Cabeza sobre todas las cosas a la iglesia. La posición que Cristo tiene como Cabeza sobre todas las cosas es un don que Dios le dio. Fue por medio del supereminente poder de Dios que Cristo fue hecho Cabeza sobre todas las cosas del universo.

Fue como hombre, en Su humanidad con Su divinidad, que Cristo fue resucitado de los muertos, fue sentado en los lugares celestiales, recibió todas las cosas sometidas bajo Sus pies, y fue dado por Cabeza sobre todas las cosas.

Por lo tanto, hay cuatro aspectos del poder que operó en Cristo: el poder de resurrección (v. 20a), el poder de ascensión (v. 20b), el poder que somete (v. 22a), y el poder que reúne todas las cosas bajo una cabeza (v. 22b). Este poder cuádruple se *trasmite a la iglesia*, el Cuerpo de la Cabeza.

22[3] La frase *a la iglesia* implica una especie de trasmisión. Todo lo que Cristo, la Cabeza, ha logrado y obtenido es trasmitido a la iglesia, Su Cuerpo. En esta trasmisión la iglesia participa de todos los logros de Cristo: Su resurrección de entre los muertos, el hecho de estar sentado en Su trascendencia, la sujeción de todas las cosas bajo Sus pies, y el ser Cabeza sobre todas las cosas.

Las frases *para con nosotros los que creemos* (v. 19) y *a la iglesia* indican que el poder divino, el cual incluye todo lo que el Dios Triuno ha pasado, ha sido instaurado en nosotros de una vez para siempre y se trasmite a nosotros continuamente, haciendo que disfrutemos a Cristo ricamente y que tengamos la vida adecuada de iglesia como Su Cuerpo, Su plenitud, el producto de la bendición de Dios, anteriormente mencionada.

22[4] Esta es la primera vez en este libro que aparece la palabra *iglesia,* el tema principal del mismo. La palabra griega que se traduce *iglesia* es *ekklesía,* que significa *la congregación llamada a salir.* Esto indica que la iglesia es una congregación de aquellos que han sido llamados por Dios a salir del mundo. Como tal, la iglesia está compuesta de todos los que creen en Cristo.

23[1] El Cuerpo de Cristo no es una organización sino un organismo constituido de todos los creyentes regenerados, para la expresión y las actividades de la Cabeza. El Cuerpo de Cristo es el fruto del Cristo encarnado, crucificado, resucitado y ascendido, quien entró en la iglesia. Por medio de la trasmisión celestial del Cristo ascendido, somos hechos uno con El, y así Su Cuerpo es producido.

23[2] El Cuerpo de Cristo es Su plenitud. La plenitud de Cristo resulta del disfrute de las riquezas de Cristo (3:8). Por medio del disfrute de las riquezas de Cristo, llegamos a ser Su plenitud y lo expresamos.

23[3] Cristo, quien es el Dios infinito que no tiene ninguna limitación, es tan grande que todo lo llena en todo. Un Cristo tan grandioso necesita la iglesia como Su plenitud para que lo exprese completamente.

22[a] Sal. 8:6-8; 1 Co. 15:27; He. 2:8
22[b] Ef. 1:10; 4:15; 5:23; Col. 1:18; 2:10, 19; 1 Co. 11:3
22[c] Ef. 3:10, 21; 5:23-27, 29, 32; Mt. 16:18; Hch. 5:11; 8:1
23[a] Ef. 4:12, 16; 5:30; Col. 1:18, 24; 2:19; Ro. 12:5; 1 Co. 12:12
23[b] Ef. 4:13
23[c] Ef. 4:10; cfr. 1 Co. 15:28

CAPITULO 2

C. La producción y la edificación de la iglesia 2:1-22

1. Cómo se produce la iglesia vs. 1-10

1 [1]Y vosotros estabais [2a]muertos en vuestros [3]delitos y
pecados,
2 en los cuales [a]anduvisteis en otro tiempo, siguiendo la
[1b]corriente de este mundo, conforme al [2c]príncipe de la potestad del aire, del [3]espíritu que ahora opera en los [4d]hijos de
desobediencia,

1ª Ef. 2:5; Col. 2:13
2ª Col. 3:7
2ᵇ Ro. 12:2; Gá. 1:4
2ᶜ Ef. 6:12
2ᵈ Ef. 5:6

En este capítulo hay siete cosas cruciales que requieren el mismo factor básico para su realización: la elección de Dios para que seamos hechos santos y sin mancha (v. 4); la predestinación de Dios para que seamos Sus hijos (v. 5); el sellar del Espíritu Santo para que seamos completamente redimidos (vs. 13-14); la esperanza del llamamiento de Dios; la gloria de la herencia de Dios en los santos (v. 18); el poder de Dios que nos hace participar de lo que Cristo logró (vs. 19-22); y el Cuerpo de Cristo, la plenitud del Cristo que todo lo llena en todo. Todo esto es llevado a cabo al impartirse y forjarse el Dios Triuno en nuestro ser, en nuestra humanidad, lo cual da por resultado la plenitud de Aquel que todo lo llena en todo y la alabanza de la gloria de Dios expresada. En realidad, este capítulo es una revelación de la maravillosa y excelente economía de Dios, desde que El nos eligió en la eternidad hasta la producción del Cuerpo de Cristo para expresarle por la eternidad.

1[1] Según la gramática, la palabra "y" indica que el pensamiento expresado en la última oración del cap. 1 está incompleto. El último versículo del cap. 1 revela que la iglesia, el Cuerpo de Cristo, fue producida por Cristo mediante lo que El logró. Ahora este capítulo nos revela el trasfondo —la esfera de muerte— de donde fue sacada la iglesia. En el cap. 1 la iglesia es el resultado de la trasmisión de la divinidad celestial a nosotros. En este capítulo, ella proviene de la humanidad terrenal.

1[2] La palabra *muertos* se refiere a la condición de muerte de nuestro espíritu, la cual invadió todo nuestro ser y nos hizo perder la función que nos capacita para tener contacto con Dios.

1[3] Los delitos son los actos que sobrepasan el límite de los derechos. Los pecados son actos malignos. Antes de ser salvos, estábamos muertos en delitos y pecados. Fue de esta condición de muerte que fuimos salvos para ser la iglesia, el Cuerpo de Cristo. Los muertos han sido vivificados para ser un organismo vivo que exprese a Cristo.

2[1] Lit., siglo. La frase *este mundo* se refiere al sistema satánico, que tiene muchos siglos, muchas eras. Por tanto, aquí la palabra *corriente* se refiere a cierta parte, sección o aspecto, es decir, a la apariencia actual y moderna, del sistema de Satanás, lo cual él usa para usurpar y ocupar a la gente y alejarla de Dios y Su propósito. Cuando estábamos muertos en *delitos* y pecados, andábamos según la corriente, la apariencia moderna o la era actual del mundo, el sistema satánico.

2[2] Esto se refiere a Satanás, gobernador de los principados y potestades del aire, los cuales se mencionan en 6:12.

3 entre [1]los cuales también todos [2]nosotros nos conducíamos en otro tiempo en los [3a]deseos de nuestra carne,
haciendo la voluntad de la carne y de los pensamientos, y
éramos por naturaleza [4]hijos de [b]ira, lo mismo que los demás;
4 [1]pero Dios, que es [a]rico en [2]misericordia, por Su [3]gran
[b]amor con que nos amó,
5 aun estando nosotros [a]muertos en delitos, nos dio [1b]vi-
da [2]juntamente con [3]Cristo (por [4c]gracia habéis sido [5]salvos),

3[a] Gá. 5:16
3[b] Ro. 2:5
4[a] Ro. 2:4
4[b] 1 Jn. 4:10
5[a] Ef. 2:1
5[b] Col. 2:13
5[c] Ef. 2:8

2[3] *El espíritu,* en aposición con *la potestad del aire,* se refiere al poder agregado, al conjunto de todas las potestades malignas angélicas, sobre las cuales Satanás es príncipe. Este espíritu ahora opera en los hijos de desobediencia. Cuando estábamos muertos en delitos y pecados, no sólo andábamos según la corriente de este mundo, sino también conforme a Satanás, príncipe de la potestad del aire, el poder espiritual maligno.

2[4] Nosotros, quienes éramos hijos de desobediencia, hemos sido salvos para ser la iglesia.

3[1] Se refiere a los hijos de desobediencia que se mencionan en el v. 2.

3[2] Se refiere a todos los creyentes, tanto judíos como gentiles.

3[3] Cuando estábamos muertos en delitos y pecados, nos conducíamos en los deseos de nuestra carne, haciendo la voluntad no sólo de la carne sino también de los pensamientos. Tres cosas malignas dominaban nuestras vidas: la corriente de este mundo, la cual está fuera de nosotros; el príncipe de la potestad del aire, quien está sobre nosotros y dentro de nosotros; y *los deseos de nuestra carne,* que están en nuestra naturaleza caída. De estas cosas malignas hemos sido salvos para ser el Cuerpo de Cristo.

3[4] Como hijos de desobediencia, también éramos hijos de ira. En la esfera de la muerte, estábamos bajo la ira de Dios debido a nuestra desobediencia. Hemos sido salvos de nuestra desobediencia y también de la ira de Dios.

4[1] La expresión *pero Dios* indica el factor que cambió nuestra posición.

4[2] El objeto del amor debe estar en una condición que inspira amor, pero el objeto de la misericordia siempre está en una situación lastimosa. Así que, la misericordia de Dios va más allá que Su amor. Dios nos ama porque somos el objeto de Su elección. Pero debido a que caímos, llegamos a ser despreciables, incluso muertos en nuestros delitos y pecados; por lo tanto, necesitamos la misericordia de Dios. Debido a Su gran amor, Dios es rico en misericordia para salvarnos de nuestra posición miserable y traernos a una condición que es propicia para Su amor.

4[3] O, abundante amor; un amor sumamente grande.

5[1] El libro de Efesios, en contraste con Romanos, no nos considera pecadores; nos considera muertos. Como pecadores, necesitamos el perdón y la justificación de Dios, según lo revela el libro de Romanos. Pero como muertos, necesitamos ser vivificados. El perdón y la justificación nos hacen volver a la presencia de Dios para disfrutar Su gracia y participar de Su vida; mientras que el ser vivificados hace que nosotros, miembros vivos del Cuerpo de Cristo, lo expresemos. Dios nos vivificó impartiendo Su vida eterna, la cual es Cristo mismo (Col. 3:4), en nuestro espíritu muerto por medio de Su Espíritu de vida (Ro. 8:2). Nos vivificó juntamente con Cristo.

5[2] Dios nos vivificó a nosotros cuando vivificó al Jesús crucificado. Por lo tanto, nos dio vida juntamente con Cristo.

5[3] Véase la nota 10[3] del cap. 1.

5[4] La gracia es gratuita. Aquí denota no sólo que Dios se imparte

6 y [1]juntamente *con El* nos [2a]resucitó, y asimismo nos
hizo [3b]sentar en los *lugares* [4c]celestiales [5]en Cristo Jesús,
7 para [1]mostrar en los [2]siglos venideros las superabun-
dantes [3a]riquezas de Su gracia en *Su* [4b]bondad para con
nosotros en Cristo Jesús.
8 [1]Porque por [2a]gracia habéis sido salvos por medio de la
[3b]fe; y [4]esto no de vosotros, *pues* es [c]don de Dios;

6a Ef. 1:20; Col. 2:12
6b Ef. 1:20
6c Ef. 1:3
7a Ef. 1:7
7b Ro. 2:4
8a Ef. 2:5; Hch. 15:11; Ro. 3:24
8b Ro. 5:1; 2 P. 1:1
8c cfr. 1 Ti. 1:14; 2 P. 1:1

---

gratuitamente en nosotros para nuestro disfrute, sino que también nos da Su salvación gratuitamente. Por tal gracia hemos sido salvos de nuestra posición miserable de muerte para entrar en la esfera maravillosa de la vida.

55 Fuimos salvos no sólo como pecadores, sino también como personas muertas, y no sólo por medio de la muerte de Cristo y la redención que nos trajo, sino también por Su resurrección con la vida de resurrección que nos trajo, e incluso por Su ascensión con la trascendencia de la misma. Esta es la salvación que lo trasciende todo, la cual dio a los pecadores muertos el Cristo encarnado, crucificado, resucitado y ascendido, quien es la corporificación misma del Dios Triuno procesado. Tal salvación produce, para Su expresión, la iglesia como el fruto de la Trinidad Divina procesada.

61 Desde nuestro punto de vista, hemos sido resucitados uno por uno de nuestra posición de muerte. Pero a los ojos de Dios fuimos resucitados todos juntos, tal como todos los israelitas fueron resucitados de las aguas de muerte del mar Rojo (Ex. 14).

62 Vivificarnos es el paso inicial de la salvación en vida. Después de esto, Dios nos resucitó de la posición de muerte.

63 El tercer paso de la salvación en vida es hacernos sentar conjuntamente en los lugares celestiales. Dios no sólo nos resucitó de la posición de muerte, *sino que también* nos hizo sentar en el lugar más alto del universo.

64 Los lugares celestiales son la posición más elevada, a la cual fuimos introducidos por la salvación en Cristo. En el libro de Romanos, Cristo como nuestra justicia nos introdujo en una condición en la cual somos aceptables a Dios. En Efesios, Cristo como nuestra vida nos ha salvado y puesto en una posición donde estamos por encima de todos los enemigos de Dios. Aquí en la esfera celestial, que tiene una naturaleza y una característica celestiales, somos un pueblo celestial.

65 En Cristo Dios nos hizo sentar a todos, una vez para siempre, en los lugares celestiales. Esto se efectuó cuando Cristo subió a los cielos, y nos fue aplicado por el Espíritu de Cristo cuando creímos en El. Hoy en día obtenemos y experimentamos esta realidad en nuestro espíritu al creer en el hecho cumplido.

71 Es decir, exhibir públicamente a todo el universo.

72 Las edades del milenio y de la eternidad futura. Estas vendrán después de la edad actual, en la cual se produce la iglesia.

73 Las riquezas de la gracia de Dios exceden todo límite. Estas son las riquezas de Dios mismo para nuestro disfrute. Serán exhibidas públicamente por la eternidad.

74 La bondad es la benevolencia que resulta de la misericordia y el amor. En esta bondad nos es dada la gracia de Dios.

81 La palabra *porque* presenta la razón por la cual Dios muestra Su gracia (v. 7). Puesto que hemos sido salvos por Su gracia, Dios puede mostrar tal gracia.

82 La gracia es *Dios infundido en* nosotros. Por lo tanto, ser salvos por gracia significa ser salvos por medio de que el Dios Triuno procesado se imparta en nosotros.

83 La fe es lo que da sustantividad

9 no por [a]obras, para que nadie se [b]gloríe.
10 Porque somos Su [1]obra maestra, [2a]creados en Cristo
Jesús para [b]buenas obras, las cuales Dios preparó [3]de antemano para que [c]anduviésemos en ellas.

2. Cómo se edifica la iglesia
vs. 11-22

11 Por tanto, recordad que en otro tiempo vosotros, los
[a]gentiles en cuanto a la carne, *erais* llamados [1b]incircunci-
sión por la llamada [c]circuncisión, hecha por mano en la
carne.

9a cfr. 2 Ti. 1:9; Tit. 3:5
9b 1 Co. 1:29; Ro. 3:27
10a Ef. 2:15; 4:24; Col. 3:10; 2 Co. 5:17; Gá. 6:15
10b Tit. 2:14
10c Ef. 4:1, 17; 5:2, 8, 15
11a Ef. 4:17
11b Hch. 11:3
11c Ro. 2:28; Fil. 3:5

---

a lo invisible (He. 11:1). Por fe damos sustantividad a todo lo que Cristo ha cumplido por nosotros. Es por esta capacidad de dar sustantividad a lo invisible que hemos sido salvos por gracia. La acción gratuita de la gracia de Dios nos salvó por medio de tal fe. La fe que tenemos es la fe con la cual creemos en Cristo, y es Cristo en nosotros como nuestra fe (véase la nota 22[1] de Ro. 3).

8[4] La palabra *esto* no se refiere a la *fe,* sino al hecho de que "por gracia habéis sido salvos por medio de la fe".

10[1] La palabra griega, *póiema,* significa *aquello que ha sido hecho, una obra de artesanía,* o *algo que ha sido escrito o compuesto como poema.* No sólo un escrito poético puede considerarse un poema, sino también cualquier obra de arte que exprese la sabiduría y propósito del autor. Nosotros, la iglesia, la obra maestra de todo lo que ha hecho Dios, somos un poema que expresa la sabiduría infinita de Dios y Su propósito divino.

Los cielos, la tierra y el hombre creados por Dios, no son Su obra maestra; en realidad, la obra maestra de Dios es la iglesia, el Cuerpo de Cristo, la plenitud de Aquel que todo lo llena en todo (1:23), el nuevo hombre que es corporativo y universal (v. 15). Hemos sido salvos por gracia para ser la obra maestra de Dios a fin de que andemos en las buenas obras que Dios preparó de antemano.

10[2] Nosotros, la iglesia, la obra maestra entre las obras de Dios, somos una entidad completamente nueva en el universo, algo nuevo inventado por Dios. Dios nos creó en Cristo por medio de la regeneración para que fuésemos Su nueva creación (2 Co. 5:17).

10[3] Las buenas obras para las cuales Dios nos creó no son las que se consideran buenas según el concepto general que tenemos, sino las buenas acciones específicas que Dios planeó y ordenó de antemano para que anduviéramos en ellas. Estas buenas cosas deben de referirse a hacer Su voluntad, para vivir la vida de la iglesia y ser el testimonio de Jesús, como se revela en los capítulos siguientes de este libro.

11[1] El hombre que Dios creó para cumplir Su propósito era puro, sin pecado ni ninguna clase de mezcla negativa. No obstante, el pecado, la naturaleza maligna de Satanás, entró en el hombre por medio de la caída. Primero, hizo que el cuerpo del hombre se convirtiera en la carne, llena de concupiscencias, y finalmente hizo que el hombre en su totalidad llegara a ser la carne. Así que, el hombre fue dañado y quedó imposibilitado para cumplir el propósito de Dios. Luego Dios intervino y llamó a un linaje —a Abraham y sus descendientes— de entre la humanidad caída. Para llevar a cabo Su propósito, Dios les mandó circuncidarse, es decir, renunciar a su carne. Esto significaba que estaban separados de la humanidad caída y habían sido librados de la condición caída. La circuncisión constituyó una gran distinción entre ellos y el resto de la humanidad. El

12[a] Col. 1:21
12[b] Ro. 9:4
12[c] Ro. 9:4
12[d] 1 Ts. 4:13; cfr. Ef. 1:18; 4:4; Ro. 15:13
13[a] Ef. 2:17; Hch. 2:39
13[b] Ef. 1:7; Col. 1:20

12 *Recordad* que en aquel tiempo estabais [1]separados de
Cristo, [a]alejados de la [2]ciudadanía de [b]Israel y ajenos a los
[3c]pactos de la promesa, [4d]sin esperanza y [5]sin Dios en el
[6]mundo.
13 [1]Pero ahora en Cristo Jesús, vosotros que en otro
tiempo estabais [2a]lejos, habéis sido hechos [3]cercanos por la
[4b]sangre de Cristo.

---

pueblo circuncidado era llamado "la circuncisión", que denotaba aquellos que estaban separados de la situación caída. El resto de la humanidad era llamado "la incircuncisión", lo cual denotaba aquellos que permanecían en el estado caído. Estos eran los gentiles en la carne; nosotros también nos encontrábamos en esta categoría antes de estar en Cristo.

12[1] Cristo, quien es la corporificación de todas las bendiciones de Dios para Su pueblo escogido, vino de Israel, el pueblo circuncidado. Puesto que nosotros, los gentiles incircuncisos, estábamos alejados de Israel, estábamos separados de Cristo y no teníamos nada que ver con El.

12[2] Es decir, los derechos civiles del pueblo escogido de Dios, tales como el gobierno, la bendición y la presencia de Dios. Por la caída, el hombre perdió todos los derechos que Dios había planeado para él en Su creación. Dios llamó a Abraham, y por medio de la circuncisión devolvió a Su pueblo escogido todos estos derechos. Nosotros, como gentiles incircuncisos, estábamos alejados de tales derechos.

12[3] Los pactos de Dios son Sus promesas. Su promesa es Su palabra, y con ella Dios se compromete a hacer ciertas cosas gratuitamente para Su pueblo escogido. Cuando Su promesa se convierte en ley por medio de los procedimientos necesarios, viene a ser *un pacto obligatorio*. Todas las palabras que Dios habló a Su pueblo escogido, desde Abraham hasta Malaquías, fueron Sus promesas convertidas en ley para ser Sus pactos. Nosotros los gentiles no sólo estamos alejados de la ciudadanía de Israel, sino que también somos ajenos a los pactos de la promesa de Dios.

12[4] Todas las bendiciones de Dios están en Cristo, todos los derechos civiles están relacionados con la nación de Israel, y todas las cosas buenas han sido prometidas en los pactos de Dios. Puesto que estábamos separados de Cristo, alejados de la ciudadanía de Israel y ajenos a los pactos de la promesa de Dios, no teníamos esperanza alguna.

12[5] Dios está en Cristo; El reina y actúa en Israel; y concede Sus bendiciones conforme a Sus pactos. Cuando estábamos alejados de Cristo, de la ciudadanía de Israel y de los pactos de la promesa de Dios, estábamos sin Dios y no le disfrutábamos.

12[6] El mundo, que es el sistema de Satanás, está en contraste con la ciudadanía de Israel. La ciudadanía de Israel era el reino de Dios, mientras que el mundo es el reino de Satanás. Antes de ser salvos, vivíamos en el mundo, donde no teníamos ninguna esperanza ni disfrutábamos a Dios; estábamos vacíos en el siglo actual y en relación con el siglo venidero.

13[1] *Pero ahora* es una frase preciosa, la cual indica que ahora en Cristo tenemos esperanza y también tenemos a Dios.

13[2] Es decir, lejos de Cristo, de la ciudadanía de Israel y de los pactos de la promesa de Dios. Esto equivale a estar lejos de Dios y de todas Sus bendiciones.

13[3] Es decir, cercanos a Cristo, a Israel y a la promesa de Dios. Esto equivale a estar cercanos a Dios y a todas Sus bendiciones.

13[4] Estábamos lejos porque habíamos caído. Pero la sangre redentora de Cristo nos trajo de nuevo. Así que,

14 Porque El mismo es [1]nuestra [2a]paz, que de [3]ambos
pueblos hizo [b]uno y derribó la [4]pared intermedia de separación, la [5]enemistad,
15 [1a]aboliendo en Su [2]carne la [3]ley de los mandamientos
expresados en [4]ordenanzas, para [5]crear [6]en Sí mismo [7]de los
dos [8]un solo y [b]nuevo hombre, [9c]haciendo la paz,

14[a] Col. 3:15
14[b] Gá. 3:28; 1 Co. 12:13
15[a] Col. 2:14
15[b] Ef. 4:24; Col. 3:10
15[c] Col. 1:20

---

en esta sangre hemos sido hechos cercanos a Israel y a Dios.

14[1] La palabra *nuestra* se refiere a los creyentes judíos y gentiles.

14[2] Cristo mismo, quien ha realizado una redención completa para los creyentes judíos y gentiles, es nuestra paz, nuestra armonía, haciendo que ambos pueblos sean uno. Debido a la caída de la humanidad y al llamamiento del linaje escogido, hubo una separación entre Israel y los gentiles. Por medio de la redención de Cristo esta separación ha sido eliminada. Ahora, en el Cristo redentor, quien es el vínculo de la unidad, los dos son uno.

14[3] La palabra *ambos* se refiere a los creyentes judíos y a los creyentes gentiles.

14[4] La pared intermedia de separación es la ley de los mandamientos expresados en ordenanzas (v. 15), la cual fue instituida debido a la carne del hombre. La primera ordenanza era la circuncisión, el hecho de quitar la carne del hombre. Esto llegó a ser la pared intermedia de separación entre la circuncisión y la incircuncisión.

14[5] La pared intermedia de separación, la cual es la distinción (hecha principalmente por la circuncisión) entre la circuncisión y la incircuncisión, llegó a ser la enemistad entre los judíos y los gentiles.

15[1] Cristo derribó la pared intermedia de separación que existía entre los judíos y los gentiles, aboliendo la ley de los mandamientos expresados en ordenanzas. Cuando El fue crucificado en la cruz, todas las ordenanzas fueron clavadas allí (Col. 2:14).

15[2] Ya que la humanidad vino a ser carne (Gn. 6:3) y quedó, por ello, alejada de Dios y Su propósito, Dios ordenó que Su pueblo escogido fuera circuncidado, que se despojara de la carne. La ordenanza de circuncisión fue instituida a causa de la carne del hombre. Fue en la carne que Cristo fue crucificado. Cuando fue crucificado, fue rasgada Su carne, la cual era tipificada por el velo que separaba el Lugar Santo del Lugar Santísimo en el templo (He. 10:20).

15[3] Esta no es la ley de los mandamientos morales, sino la ley de los mandamientos rituales compuestos principalmente de la práctica de la circuncisión, la observancia de las reglas alimenticias y la observancia del sábado. Estas ordenanzas eran las "columnas" principales del judaísmo. Los mandamientos morales nunca serán abolidos, pero los mandamientos rituales estuvieron vigentes sólo durante un tiempo específico, dispensacionalmente, y por eso no son permanentes.

15[4] Es decir, ritos, las formas o maneras de vivir y adorar, que crean enemistad y división. Para practicar la vida adecuada de iglesia, debemos rechazar y abandonar todas las ordenanzas.

15[5] Cristo creó un solo y nuevo hombre, la iglesia, forjando la naturaleza divina de Dios en la humanidad. Forjar la naturaleza divina en la humanidad fue una cosa nueva. Por consiguiente, fue un acto de creación. En la vieja creación Dios no forjó Su naturaleza en ninguna de Sus criaturas, ni siquiera en el hombre. Sin embargo, en la creación del nuevo hombre, la naturaleza de Dios fue forjada en el hombre para hacer que la naturaleza divina de Dios sea una sola entidad con la humanidad.

15[6] Cristo no sólo es el Creador de un solo y nuevo hombre, la iglesia, sino que también es la esfera en la cual

16[a] Col. 1:20, 22; 2 Co. 5:18; Ro. 5:10
16[b] 1 Co. 12:13; 10:17; Ef. 4:4
17[a] Hch. 10:36
17[b] Ef. 6:15
17[c] Ef. 2:13; Is. 57:19
17[d] Sal. 148:14

16 y mediante la [1]cruz [a]reconciliar con [2]Dios a [3]ambos en
[4b]un solo Cuerpo, habiendo [5]dado muerte [6]en ella a la enemistad.
17 Y [1]vino y [a]anunció la paz como [b]evangelio a vosotros
que estabais [2c]lejos y *también* paz a los que estaban [3d]cerca;

---

y el medio por el cual fue creado el nuevo hombre. El es el elemento mismo del nuevo hombre, y como tal, hace que la naturaleza divina de Dios sea una sola entidad con la humanidad. La palabra griega traducida aquí *en* puede denotar el elemento, lo cual significa *con,* e implica que el nuevo hombre fue creado con Cristo como su esencia divina.

15[7] Los judíos y los gentiles estaban extremadamente separados por las ordenanzas divisorias. Pero los dos fueron creados en Cristo con la esencia divina para ser una sola y nueva entidad, la cual es el hombre corporativo, la iglesia.

15[8] La iglesia no sólo es la iglesia de Dios, el Cuerpo de Cristo (la plenitud, la expresión, de Aquel que todo lo llena en todo, 1:23), la familia de Dios, la casa, el templo y la morada de Dios (2:19, 21-22), sino que también es un solo y nuevo hombre, el cual es corporativo y universal, creado de dos pueblos, los judíos y los gentiles, y compuesto de todos los creyentes, quienes, aunque son muchos, son un solo y nuevo hombre en el universo.

Dios creó al hombre como una entidad colectiva (Gn. 1:26). El hombre corporativo creado por Dios fue dañado por la caída del hombre; por lo tanto, era necesario que Dios produjera un nuevo hombre. Esto se realizó por medio de la obra de Cristo al abolir en Su carne las ordenanzas y crear en Sí mismo el nuevo hombre.

15[9] Cristo hizo la paz entre todos los creyentes, al abolir en la carne las ordenanzas divisivas, es decir, al dar muerte a la enemistad, y al crear de los creyentes judíos y gentiles un solo y nuevo hombre.

16[1] Por un lado, la cruz de Cristo dio muerte a la enemistad causada por las ordenanzas, las cuales fueron instituidas a causa de la carne, y por otro lado, nos redimió con la sangre de Cristo derramada en la cruz. Fue por medio de la cruz que los judíos y los gentiles fueron reconciliados con Dios en un solo Cuerpo.

16[2] Estábamos sin Dios y habíamos perdido a Dios (v. 12). Pero mediante la cruz, con la sangre de Cristo, hemos sido traídos de nuevo a Dios en el único Cuerpo.

16[3] La palabra *ambos* se refiere a los judíos y a los gentiles. Tanto los gentiles, que no eran circuncidados, como los judíos, que eran circuncidados, necesitaban ser reconciliados con Dios mediante la redención, la cual Cristo realizó en Su cruz.

16[4] Este único Cuerpo, la iglesia (1:23), es el nuevo hombre que se menciona en el versículo anterior. En un solo Cuerpo los judíos y los gentiles fueron reconciliados con Dios mediante la cruz. Nosotros los creyentes, ya seamos judíos o gentiles, fuimos reconciliados no sólo *para* el Cuerpo de Cristo, sino también *en* el Cuerpo de Cristo. ¡Qué gran revelación tenemos aquí! Fuimos reconciliados con Dios y fuimos salvos en el Cuerpo de Cristo.

16[5] Este es el derrumbamiento de la pared intermedia de separación y la abolición de las ordenanzas que acarrean discordia entre judíos y gentiles, como se menciona en los vs. 14-15.

16[6] O, en El.

17[1] Esta es la venida de Cristo como el Espíritu para predicar la paz como evangelio, la cual El hizo mediante Su cruz.

17[2] Esto se refiere a los gentiles, quienes eran incircuncisos y estaban lejos, separados debido a su carne.

17[3] Esto se refiere a los judíos, quienes eran circuncisos y estaban

18 porque [1]por medio de El los unos y los otros tenemos [2a]acceso [3]en [b]un mismo Espíritu al [4c]Padre.

19 Así que ya no [1]sois [2a]extranjeros ni advenedizos, sino [3b]conciudadanos de los santos, y [4]miembros de la [c]familia de Dios,

20 [1a]edificados sobre el [2b]fundamento de los [c]apóstoles y profetas, siendo la [3d]piedra del ángulo Cristo Jesús mismo,

18[a] Ef. 3:12; Ro. 5:2
18[b] Ef. 4:4; 1 Co. 12:13
18[c] Jn. 14:6
19[a] Ef. 2:12
19[b] Fil. 3:20
19[c] Gá. 6:10; He. 3:6; 1 Ti. 3:15; 1 P. 2:5; 4:17
20[a] Ef. 2:22; 4:12, 16; Col. 2:7; 1 Co. 3:12
20[b] Ap. 21:14; cfr. 1 Co. 3:10-11
20[c] Ef. 3:5
20[d] Sal. 118:22; Is. 28:16; Mt. 21:42; Hch. 4:11; 1 P. 2:6

cerca, hechos cercanos por la elección de Dios.

18[1] Los creyentes judíos y gentiles tienen acceso al Padre por medio de Cristo, quien abolió la ley de mandamientos expresados en ordenanzas, derribó la pared intermedia de separación, mató la enemistad para reconciliar a los gentiles con los judíos, y derramó Su sangre a fin de redimir a los judíos y a los gentiles para Dios.

18[2] El acceso al Padre se obtiene por la cruz de Cristo y por Su sangre (He. 10:19).

18[3] Primero, los creyentes judíos y gentiles fueron reconciliados con Dios en un solo Cuerpo (v. 16). Eso fue un asunto de posición. Luego los dos tienen acceso en un mismo Espíritu al Padre. Esto tiene que ver con su experiencia. Necesitamos estar en el Espíritu para disfrutar en nuestra experiencia lo que poseemos en posición.

18[4] En posición, fuimos reconciliados con Dios; en experiencia, tenemos acceso al Padre. Ser reconciliados con Dios equivale a ser salvos; tener acceso al Padre es disfrutar a Dios, quien, como la fuente de la vida, nos regeneró para que seamos Sus hijos.

Aquí queda implícita la trinidad de la Deidad. Por medio de Dios el Hijo, quien es el Consumador, el medio, y en Dios el Espíritu, quien es el Ejecutor, la aplicación, tenemos acceso a Dios el Padre, quien es el Originador, la fuente de nuestro disfrute.

19[1] Esto se refiere a los creyentes gentiles.

19[2] Los extranjeros son los forasteros, y los advenedizos son los que se alojan entre el pueblo de Israel sin tener derechos de ciudadanía. Aquí los dos se refieren a los gentiles.

19[3] La expresión *conciudadanos de los santos* denota el reino de Dios. Todos los creyentes, judíos y gentiles, son ciudadanos del reino de Dios. El reino de Dios es una esfera en la cual El ejerce Su autoridad.

19[4] La expresión *miembros de la familia de Dios* denota la casa de Dios. Tanto los creyentes judíos como los creyentes gentiles son miembros de la casa de Dios. La casa de Dios tiene que ver con la vida y el disfrute; todos los creyentes nacieron de Dios en Su casa para disfrutar Sus riquezas. El reino de Dios tiene que ver con el derecho y la responsabilidad; todos los creyentes nacidos en la casa de Dios tienen los derechos civiles y también las obligaciones del reino de Dios. Los santos son individuales; la casa de Dios es corporativa y da por resultado el reino de Dios.

20[1] La iglesia, como Cuerpo de Cristo, ha sido regenerada y necesita el crecimiento en vida; como casa de Dios, la iglesia está siendo edificada. El crecimiento y la edificación no son asuntos separados, porque el crecimiento del Cuerpo es la edificación de la casa.

20[2] El fundamento de la iglesia es Cristo (1 Co. 3:11). Debido a que el misterio de Cristo fue revelado a los apóstoles (3:5-6), la revelación que recibieron se considera el fundamento sobre el cual se edifica la iglesia. Esto corresponde a la roca mencionada en Mt. 16:18, la cual no sólo es Cristo sino también la revelación con respecto a Cristo, sobre la cual Cristo edificará Su iglesia. Por lo tanto, el fundamento de los apóstoles y profetas es la revelación que ellos recibieron para la edificación de la iglesia.

20[3] Aquí se menciona a Cristo no

21a Ef. 4:16
21b Ef. 4:15; Col. 2:19
21c 1 Co. 3:16; 2 Co. 6:16
22a 2 Co. 6:16; Ap. 21:3
22b Ef. 3:5; 4:23; 5:18; 6:18; Jn. 4:24; Ro. 1:9; Ap. 1:10
1a Ef. 4:1; 2 Ti. 1:8; Flm. 1, 9

21 en [1]quien [2]todo el edificio, [3a]bien acoplado, va [4b]crecien-
do para ser un [5c]templo santo [6]en el Señor,
22 en quien [1]vosotros [2]también sois juntamente edificados para [3a]morada de Dios [b]en el [4]espíritu.

CAPITULO 3

D. La mayordomía de la gracia y la revelación del misterio en cuanto a la iglesia 3:1-13

1. La mayordomía vs. 1-2, 7-8, 13

1 [1]Por esta causa yo Pablo, [2a]prisionero de Cristo Jesús
por vosotros los gentiles...

---

como el fundamento (Is. 28:16) sino como la piedra del ángulo, porque el enfoque principal de este pasaje no es el fundamento sino la piedra del ángulo que une los dos muros, es decir, el muro compuesto de los creyentes judíos y el de los creyentes gentiles. Aquí no se da énfasis a Cristo como fundamento sino a los apóstoles y profetas que recibieron la revelación acerca de Cristo. Cuando los edificadores judíos rechazaron a Cristo, lo rechazaron como la piedra del ángulo (Hch. 4:11; 1 P. 2:7), como el que uniría a los gentiles con ellos para la edificación de la casa de Dios.

21[1] En Cristo, quien es la piedra del ángulo, todo el edificio, el cual incluye a los creyentes judíos y también a los creyentes gentiles, está bien coordinado y crece para ser un templo santo en el Señor.

21[2] O, todo edificio.

21[3] Es decir, hecho idóneo para la condición y situación del edificio.

21[4] El edificio crece porque está vivo (1 P. 2:5). Crece para ser un tem*plo santo*. La verdadera edificación de la iglesia como casa de Dios se lleva a cabo por medio del crecimiento en vida de los creyentes.

21[5] O, santuario; la parte interior del templo.

21[6] Toda la edificación de la casa de Dios, el santuario de Dios, se lleva a cabo en Cristo el Señor.

22[1] Esto se refiere a los santos locales.

22[2] La palabra *también* indica que el edificio mencionado en el v. 21 es universal y que el edificio que se ve en este versículo es local. En el aspecto universal, la iglesia es singularmente una y va creciendo universalmente; en el aspecto local, la iglesia en una localidad específica también es una, y los santos locales son edificados en su localidad específica.

22[3] Según el contexto, en el v. 21 el templo santo es universal; en este versículo la morada de Dios es local.

22[4] El espíritu humano de los creyentes, donde mora el Espíritu Santo de Dios. El Espíritu de Dios es el Morador, no la morada. La morada es el espíritu de los creyentes. El Espíritu de Dios mora en nuestro espíritu. Por lo tanto, la morada de Dios está en nuestro espíritu. El v. 21 dice que el templo santo está en el Señor, y este versículo dice que la morada de Dios está *en el espíritu*. Esto indica que para la edificación de la morada de Dios, el Señor es uno con nuestro espíritu, y nuestro espíritu es uno con el Señor (1 Co. 6:17). Nuestro espíritu es el lugar donde se lleva a cabo la edificación de la iglesia, la morada de Dios.

2 [1]si es que habéis oído de la [2a]mayordomía de la [3b]gracia
de Dios que me fue dada para con vosotros,

2. La revelación del misterio
vs. 3-6, 9-12

3 que por [1a]revelación me fue [b]dado a conocer el [c]miste-
rio, como antes lo he [d]escrito brevemente,
4 leyendo lo cual podéis entender cuál sea mi conocimiento en el [1a]misterio de Cristo,

2[a] Col. 1:25; 1 Co. 9:17; 1 P. 4:10; cfr. Lc. 16:2, 3, 4
2[b] Ef. 3:8; 4:7; Ro. 12:3
3[a] Ef. 3:5; Ro. 16:25; Gá. 1:12
3[b] Col. 1:26-27
3[c] Ef. 1:9
3[d] Ef. 1:9-10
4[a] Ef. 1:9; Col. 4:3

1[1] Los caps. 1 y 2 tienen como tema la revelación de la iglesia, y este capítulo explica cómo es constituida la iglesia. Después de revelar en los caps. 1 y 2 las bendiciones de Dios para la iglesia, y lo que la iglesia es y cómo se produce, el apóstol comenzó, a partir de este capítulo, a rogar a los santos que anduvieran conforme a su revelación, en una manera digna del llamamiento de Dios. Para que la iglesia sea constituida y hecha real de manera práctica y experimental, Pablo se presentó a sí mismo como mayordomo (v. 2), como uno que había recibido gracia (v. 2) y revelación (vs. 3, 5) y que había sido hecho ministro del evangelio elevado, que anunciaba las riquezas de Cristo como evangelio para producir la iglesia.

1[2] El apóstol Pablo se consideraba un prisionero de Cristo. En apariencia, estaba confinado en la cárcel; en realidad, estaba encarcelado en Cristo. Pablo, basándose en esta condición, en la cual vivía realmente, les rogaba a los santos. Al presentar la revelación del misterio de Dios en los caps. 1 y 2 con respecto a la iglesia, él asumió su posición de apóstol de Cristo por la voluntad de Dios. Tal posición fue la base de la autoridad de su revelación acerca de la iglesia. Al rogar a los santos que anduvieran como es digno del llamamiento de Dios, se basó en su condición de prisionero del Señor. Su posición como apóstol de Cristo lo capacitó para presentar la revelación de Dios, mientras que su condición de prisionero del Señor declaró su andar en el Señor, por el cual podía inspirar y rogar a los santos a que anduvieran en el Señor como él lo hacía. Si disfrutamos a Cristo como nuestra cárcel, nosotros también andaremos en el Señor para que la iglesia sea constituida.

2[1] Los vs. 2-21 son un paréntesis, y 4:1 es la continuación de 3:1. En la súplica contenida en este pasaje parentético, el apóstol describe a los creyentes gentiles su ministerio para con ellos, un ministerio que él había recibido en la mayordomía de la gracia por medio de la revelación del misterio de Cristo. Además, oró en este paréntesis pidiendo que la iglesia experimentara a Cristo al máximo.

2[2] En el griego, la misma palabra es traducida *economía* en el v. 9 y en 1:10. Con relación a Dios, esta palabra denota la economía de Dios, la administración de Dios; en cuanto al apóstol, denota la mayordomía (la palabra *mayordomía* también se usa en 1 Co. 9:17). La mayordomía de la gracia tiene como fin infundir la gracia de Dios a Su pueblo escogido para producir y edificar la iglesia. De esta mayordomía proviene el ministerio del apóstol, quien es un mayordomo en la casa de Dios, uno que ministra a Cristo como la gracia de Dios a la familia de Dios.

2[3] La gracia se refiere a las riquezas de Cristo (v. 8) que Dios nos ha dado en Cristo para que las poseamos y disfrutemos. El ministerio de Pablo impartía las riquezas de Cristo como gracia a los creyentes para que las disfrutaran.

3[1] El propósito escondido de Dios es el misterio, y quitar el velo de este misterio es la revelación. El ministerio que tenía el apóstol consistía

5 *misterio* que en otras generaciones [1a]no se dio a conocer
a los hijos de los hombres, como ahora es [b]revelado a Sus
santos [2c]apóstoles y [2]profetas en el [3]espíritu:
6 que en Cristo Jesús los gentiles son [1a]coherederos y
[2b]miembros del mismo Cuerpo, y [3c]copartícipes de la [d]prome-
sa por medio del evangelio,
7 del cual yo fui hecho [1a]ministro por el [2b]don de la
[c]gracia de Dios que me ha sido dado según la [d]operación de
Su [3]poder.

5[a] Col. 1:26
5[b] Ef. 3:3
5[c] Ef. 2:20
6[a] Ro. 8:17; Gá. 3:29
6[b] Ef. 2:16
6[c] Col. 1:12; He. 3:1; 6:4; 12:10; 2 P. 1:4
6[d] Gá. 3:29; 2 P. 1:4
7[a] Col. 1:23, 25
7[b] Ro. 12:6; 1 Co. 12:4
7[c] Ef. 3:2
7[d] Ef. 1:19; 3:20; Col. 1:29

---

en llevar a cabo esta revelación para que fuera producida la iglesia.

4[1] El misterio de Dios en Col. 2:2 es Cristo; el misterio de Cristo aquí es la iglesia. Dios es un misterio, y Cristo, siendo la corporificación de Dios que lo expresa, es el misterio de Dios. Cristo también es un misterio, y la iglesia, siendo el Cuerpo de Cristo que lo expresa, es el misterio de Cristo. Este misterio es la economía de Dios, la cual es impartir a Cristo, la corporificación de Dios, en el pueblo escogido de Dios para producir un Cuerpo que sea el aumento de la corporificación de Dios en Cristo, a fin de que Dios tenga una expresión corporativa.

5[1] El misterio de Cristo, la iglesia, en otras generaciones estaba escondido, pero ha sido revelado en la era del Nuevo Testamento.

5[2] La palabra griega que se traduce *apóstoles* significa *enviados*. Los apóstoles son los que han sido enviados por Cristo, quienes lo representan para llevar a cabo Su comisión en la economía neotestamentaria de Dios. Los profetas son los portavoces de Dios, quienes principalmente no predicen el futuro, sino que hablan por Dios y proclaman a Dios en la revelación de la economía eterna de Dios.

5[3] El espíritu humano de los apóstoles y profetas, el espíritu regenerado *y habitado* por el Espíritu Santo de Dios. Puede considerarse el espíritu mezclado, o sea, el espíritu humano mezclado con el Espíritu de Dios. Tal espíritu mezclado es el medio por el cual se revela a los apóstoles y profetas la revelación neotestamentaria acerca de Cristo y la iglesia. Necesitamos la misma clase de espíritu para ver tal revelación.

6[1] En la economía neotestamentaria de Dios, los gentiles escogidos, redimidos y regenerados y los judíos creyentes son coherederos de Dios, los que heredan a Dios.

6[2] Los gentiles salvos y los judíos salvos son miembros del único Cuerpo de Cristo como Su expresión.

6[3] Los creyentes gentiles y los creyentes judíos son copartícipes de la promesa que Dios dio en el Antiguo Testamento con respecto a todas las bendiciones de la economía neotestamentaria de Dios.

El ser coherederos está relacionado con la bendición de la familia de Dios; el ser miembros del mismo Cuerpo, con la bendición del Cuerpo de Cristo; y el ser copartícipes de la promesa, con la bendición de la promesa de Dios, como se ve en Gn. 3:15; 12:3; 22:18; 28:14; Is. 9:6. Tanto la bendición de la familia de Dios como la bendición del Cuerpo de Cristo son específicas, mientras que la bendición de la promesa de Dios es general y todo-inclusiva.

7[1] Un ministro es uno que sirve. Un ministro del evangelio sirve el evangelio a la gente.

7[2] *La gracia* de Dios es Dios mismo, especialmente como vida, y de El participamos y a El le disfrutamos; el don de la gracia es la capacidad y función producida al disfrutar de la gracia de Dios. La gracia implica vida, y el don es capacidad que proviene de la vida.

8 A mí, que soy [1]menos que el más [a]pequeño de todos los
santos, me fue dada esta [b]gracia de anunciar a los [c]gentiles
el evangelio de las [2]inescrutables [3d]riquezas de Cristo,

9 y de alumbrar a todos *para que vean* cuál es la [1a]econo-
mía del [2b]misterio [c]escondido desde los siglos en Dios, que
creó todas las cosas;

10 a fin de que la multiforme [1a]sabiduría de Dios sea
ahora dada a conocer por medio de la [2b]iglesia a los [3c]princi-
pados y potestades en los *lugares* [d]celestiales,

11 conforme al [1a]propósito eterno que [2]hizo en [3]Cristo
Jesús nuestro Señor,

7[3] El poder de la vida de resurrección (Fil. 3:10), el cual operó en el apóstol y también opera en todos los creyentes (1:19; 3:20). Por medio de este poder de vida que opera interiormente, el don de la gracia fue dado al apóstol, es decir, fue producido en él.

8[1] Esto indica que todos los santos pueden recibir la misma gracia que fue dada al apóstol Pablo. En cuanto a su persona, Pablo era el más pequeño de los apóstoles (1 Co. 15:9); pero en cuanto a su ministerio, no era inferior a los superapóstoles (2 Co. 11:5; 12:11). No obstante, con respecto a la gracia que recibió, era menos que el más pequeño de todos los santos. Esto implica que todos los santos pueden recibir la gracia que él recibió. Esto es parecido al hecho de que todos los miembros de nuestro cuerpo físico, por muy pequeños que sean, reciben la misma sangre. Pero la capacidad (el don) que resulta de la sangre difiere entre los miembros. Todos los miembros del Cuerpo de Cristo pueden tener la misma gracia de vida que tenía Pablo, pero los dones de ellos no son los mismos que los de él.

8[2] Lit., insondables.

8[3] El apóstol no anunciaba doctrinas sino las riquezas de Cristo. Las riquezas de Cristo son lo que Cristo es para nosotros, como por ejemplo luz, vida, justicia y santidad, lo que tiene para nosotros, y lo que ha realizado, logrado y obtenido para nosotros. Las riquezas de Cristo son inescrutables e insondables.

9[1] Véanse las notas 10[1] del cap. 1 y 4[3] de 1 Ti. 1.

9[2] El misterio de Dios es Su propósito escondido, el cual consiste en impartirse en Su pueblo escogido. Para esto existe la economía del misterio de Dios. Este misterio estaba escondido en Dios durante todos los siglos pero ahora los creyentes neotestamentarios, habiendo sido iluminados, lo pueden ver.

10[1] El cap. 1 habla del poder de Dios (1:19-20), el cap. 2, de la gracia de Dios (2:5-8), y este capítulo, de la sabiduría de Dios.

10[2] Como lo revela el v. 8, la iglesia se produce de las inescrutables riquezas de Cristo. Cuando los escogidos de Dios participan de las riquezas de Cristo y las disfrutan, son constituidos de esas riquezas para ser la iglesia, mediante la cual se da a conocer la multiforme sabiduría de Dios a los principados y potestades angélicos en los lugares celestiales. Por lo tanto, la iglesia es la sabia exhibición que Dios hace de todo lo que Cristo es.

10[3] Los principados y potestades angélicos, tanto buenos como malos. Este pasaje se refiere particularmente a los malignos, es decir, a Satanás y sus ángeles.

11[1] Lit., el propósito de los siglos. El propósito eterno es el plan eterno que Dios hizo en la eternidad pasada.

11[2] O, llevó a cabo, cumplió, realizó.

11[3] Lit., el Cristo, nuestro Señor Jesús. Con respecto a la expresión *el Cristo,* véase la nota 10[3] del cap. 1.

8[a] cfr. 1 Co. 15:9
8[b] Ef. 3:2
8[c] Hch. 9:15; Ro. 15:16; 1 Ti. 2:7
8[d] Ef. 1:7; 2:7
9[a] Ef. 1:10; 1 Ti. 1:4
9[b] Ef. 1:9
9[c] Col. 1:26; Ro. 16:25
10[a] Ro. 11:33; Col. 2:3; 1 Co. 1:24; 2:6-8
10[b] Ef. 1:22
10[c] Ef. 2:2; 6:12; Col. 2:15
10[d] Ef. 1:3
11[a] Ef. 1:9

12 en quien tenemos [a]confianza y [1b]seguro acceso por
medio de la [2c]fe en El;

13 por lo cual pido que no desmayéis a causa de mis
[a]tribulaciones por vosotros, las cuales son vuestra gloria.

E. La oración del apóstol por la iglesia
en cuanto a la experiencia
3:14-19

1. Que los santos sean fortalecidos
en el hombre interior
vs. 14-16

14 Por esta causa doblo mis rodillas ante el [1a]Padre,

15 de quien toma [1]nombre toda [2]familia [a]en los cielos y en
la tierra,

16 [1]para que os dé, conforme a las [2a]riquezas de Su gloria,
el ser [3b]fortalecidos con [4c]poder [5*]en el [d]hombre interior por
Su [6]Espíritu;

12[a] He. 4:16; 10:19
12[b] Ef. 2:18
12[c] Gá. 2:20
13[a] Col. 1:24; 2 Co. 1:6
14[a] Ef. 4:6
15[a] Ef. 1:10; Fil. 2:10
16[a] Ef. 1:18
16[b] Fil. 4:13; Col. 1:11
16[c] Ef. 3:20; 1:19
16[d] 2 Co. 4:16

12[1] En Cristo tenemos acceso, entrada, no sólo para acercarnos a Dios, sino también para participar de Su economía neotestamentaria. Por medio de la fe en Cristo tenemos tal acceso, con confianza y seguridad, para disfrutar a Dios y Su plan eterno (Su economía).

12[2] O, la fe de El. Véase la nota 22[1] de Ro. 3.

14[1] No Dios, sino el Padre. El título *Padre* se usa aquí en un sentido amplio, y denota no sólo el Padre de la familia de la fe (Gá. 6:10), sino también el Padre de toda familia en los cielos y en la tierra (v. 15). El Padre es el origen, no sólo de nosotros, los creyentes regenerados, sino también de la humanidad creada por Dios (Lc. 3:38), del Israel que El creó (Is. 63:16; 64:8), y de los ángeles que El también creó (Job 1:6). El concepto de los judíos era que Dios era solamente Padre de ellos. Así que, el apóstol, en conformidad con su revelación, oró al Padre de todas las familias de los cielos y de la tierra. En contraste, los judíos, según el concepto judío, sólo oraban al Padre de Israel.

15[1] Puesto que Dios es la fuente de la familia angélica de los cielos y de todas las familias humanas de la tierra, de El toma nombre toda familia, tal como los productores dan nombres a sus productos y los padres dan nombres a sus hijos.

15[2] La palabra griega significa *la descendencia de un padre,* lo cual implica una familia.

16[1] En los vs. 16-19 la expresión *para que* o *a fin de que* se usa cuatro veces en la oración del apóstol: el apóstol oró pidiendo *que* el Padre nos concediera el ser fortalecidos; el resultado de tal fortalecer es *que* Cristo haga Su hogar en nuestros corazones; el resultado de esto es *que* nosotros tengamos toda la fortaleza para comprender las dimensiones de Cristo —la anchura, la longitud, la altura y la profundidad— y que conozcamos el amor de Cristo, que excede a todo conocimiento; y el resultado de esta comprensión y este conocimiento es *que* seamos llenos hasta toda la plenitud de Dios. Estas etapas forman un proceso metabólico mediante el cual el Cuerpo de Cristo se constituye de las riquezas de Cristo al disfrutar nosotros estas riquezas.

16[2] La gloria es la expresión de Dios. Todas las familias de los cielos y de la tierra hasta cierto punto expresan a Dios. En sus expresiones de

2. Que Cristo haga Su hogar
en los corazones de los santos
v. 17a

17 para que Cristo haga Su [a]hogar en vuestros [1]corazones 17[a] Jn. 14:23
por medio de la [2]fe,

3. Que los santos comprendan
todas las dimensiones de Cristo
vs. 17b-18

a fin de que, [3b]arraigados y cimentados en [4c]amor, 17[b] Col. 2:7
18 seáis plenamente capaces de [1]comprender con [2a]todos 17[c] Ef. 1:4

18[a] Ef. 1:15

Dios, se ven las riquezas de la gloria de Dios. El apóstol oró para que los creyentes gentiles experimentaran la plenitud de Dios conforme a las riquezas de la gloria de Dios, a fin de que así El fuera expresado.

16[3] En la oración del apóstol en 1:15-23 pide que los santos reciban revelación acerca de la iglesia. Aquí en los vs. 14-21 pide que los santos experimenten a Cristo con miras a la iglesia. Esto requiere que seamos fortalecidos en nuestro espíritu.

16[4] El poder que se menciona en 1:19-22 y que resucitó a Cristo de los muertos, lo sentó a la diestra de Dios en los lugares celestiales, sometió todas las cosas bajo los pies de Cristo, y lo dio por Cabeza sobre todas las cosas a la iglesia. Tal poder opera en nosotros (v. 20), y con dicho poder Dios nos fortalece para el beneficio de la iglesia.

16[5] El hombre interior es nuestro espíritu regenerado, que tiene la vida de Dios como su vida. Para experimentar a Cristo hasta la medida de toda la plenitud de Dios, necesitamos ser fortalecidos en nuestro hombre interior. Esto implica que necesitamos ser fortalecidos en nuestro espíritu por medio del Espíritu Santo.

16[6] El Padre nos fortalece desde nuestro interior por medio del Espíritu que mora en nosotros, quien ha estado con nosotros y en nosotros desde nuestra regeneración.

17[1] Nuestro corazón está compuesto de todas las partes de nuestra alma —la mente, la parte emotiva y la voluntad— y también de nuestra conciencia, la parte principal de nuestro espíritu. Estas partes son las partes interiores de nuestro ser. Por medio de la regeneración Cristo entró en nuestro espíritu (2 Ti. 4:22). Después de esto, debemos permitirle que se extienda a cada parte de nuestro corazón. Puesto que nuestro corazón es la totalidad de todas nuestras partes interiores y el centro de nuestro ser interior, cuando Cristo hace Su hogar en nuestro corazón, El controla todo nuestro ser interior y lo abastece y fortalece consigo mismo.

17[2] La fe da sustantividad a lo que no se ve (He. 11:1). El hecho de que Cristo mora en nosotros es misterioso y abstracto. No lo comprendemos por nuestros sentidos físicos sino por el sentido de fe.

17[3] Nosotros somos labranza de Dios y edificio de Dios (1 Co. 3:9). Como labranza de Dios necesitamos ser arraigados para nuestro crecimiento, y como edificio de Dios necesitamos ser cimentados para nuestra edificación.

17[4] Para experimentar a Cristo necesitamos fe y amor (1 Ti. 1:14). La fe nos capacita para conocer a Cristo, y el amor nos capacita para disfrutarlo. Ni la fe ni el amor son nuestros; son de El. Su fe viene a ser la fe por la cual creemos en El, y Su amor viene a ser el amor por el cual le amamos. Cuando estamos arraigados y cimentados en Su amor, crecemos y somos edificados en Su vida.

18[1] O, asir, echar mano con toda la fuerza.

los santos cuál sea la [3]anchura, la longitud, la altura y la profundidad,

4. Que los santos conozcan el amor de Cristo
v. 19a

19a Ro. 8:35, 39; 2 Co. 5:14

19 y de conocer el [a]amor de Cristo, que [1]excede a todo conocimiento,

5. Que los santos sean llenos
hasta la medida de la plenitud de Dios
v. 19b

19b Ef. 5:18
19c Col. 1:19; 2:9; Jn. 1:16

para que seáis [b]llenos [2]hasta *la medida de* toda la [3c]plenitud de [4]Dios.

18[2] Para comprender las dimensiones de Cristo, necesitamos a todos los santos, no individualmente sino corporativamente.

18[3] La anchura, la longitud, la altura y la profundidad son las dimensiones de Cristo. En la experiencia que tenemos de Cristo, primero experimentamos la anchura de lo que El es, y luego la longitud. Esto es horizontal. Cuando avanzamos en Cristo, experimentamos la altura y la profundidad de Sus riquezas. Esto es vertical. Nuestra experiencia de Cristo no debe ser unidimensional, como una línea, sino tridimensional, como un cubo. En la experiencia que tenemos de Cristo debemos ir a la derecha y a la izquierda, subir y bajar, de manera que con el tiempo tal experiencia sea un "cubo" sólido. Cuando ésta es nuestra experiencia, no es posible caer ni quebrarse.

19[1] El amor de Cristo es Cristo mismo. Así como Cristo es inmensurable, así también lo es Su amor; de ahí que, excede a todo conocimiento. No obstante, lo podemos conocer experimentándolo.

19[2] Cuando Cristo haga Su hogar en nuestros corazones, y cuando seamos plenamente capaces de comprender con todos los santos las dimensiones de Cristo y de conocer por experiencia Su amor, que excede a todo conocimiento, seremos llenos hasta la medida de toda la plenitud de Dios, la cual es la iglesia, la expresión corporativa de Dios, que cumple Su intención.

La expresión *la plenitud de Dios* implica que las riquezas de todo lo que Dios es, han llegado a ser Su expresión. Cuando las riquezas de Dios están en Dios mismo, son Sus riquezas, pero cuando se expresan, vienen a ser Su plenitud (Jn. 1:16). Toda la plenitud de Dios mora en Cristo (Col. 1:19; 2:9). Al morar en nosotros, Cristo imparte la plenitud de Dios en nuestro ser de manera que seamos llenos hasta la medida de la plenitud de Dios para ser la manifestación práctica de la iglesia, donde Dios puede ser glorificado en Su expresión (v. 21).

19[3] En el Nuevo Testamento la plenitud es la expresión que viene por medio de la totalidad de las riquezas. Esta es la razón por la cual en el v. 8 Pablo habla de las inescrutables riquezas de Cristo, y en 1:23 y 4:13 habla de la plenitud de Cristo. Las riquezas de Cristo son todo lo que Cristo es y tiene, y todo lo que El ha cumplido, logrado y obtenido. La plenitud de Cristo es el resultado y el fruto de nuestro disfrute de estas riquezas. Cuando las riquezas de Cristo son asimiladas metabólicamente en nuestro ser, nos constituyen la plenitud de Cristo, el Cuerpo de Cristo, la iglesia, como Su expresión. Primero, en 1:23 esta expresión es la plenitud de Cristo, y luego en este versículo es la plenitud

F. La alabanza del apóstol a Dios para Su gloria en la iglesia y en Cristo 3:20-21

20 [1]Ahora bien, [a]a Aquel que es [b]poderoso para hacer
todas las cosas mucho más abundantemente de lo que [2]pedi-
mos o pensamos, según el [3c]poder que actúa en nosotros,
21 [a]a El sea [1]gloria en la [2b]iglesia [3]y en [4]Cristo Jesús, en
[5]todas las generaciones por los siglos de los siglos. Amén.

20[a] Ro. 16:25
20[b] 2 Co. 9:8
20[c] Ef. 3:7; 1:19
21[a] Ro. 11:36
21[b] Ef. 3:10

---

de Dios; pues la plenitud de Cristo, la corporificación de Dios, es la plenitud misma del Dios Triuno.

19[4] El Padre (v. 14) contesta y cumple la oración del apóstol por medio del Espíritu (v. 16), para que Cristo, el Hijo (v. 17), haga Su hogar en nuestros corazones. De esta manera somos llenos hasta la medida de la plenitud de Dios, el Dios Triuno. Esto es el resultado de la impartición del Dios Triuno en todo nuestro ser.

20[1] Los vs. 16-19 son la oración del apóstol. La expresión *ahora bien* indica que los vs. 20-21 son una doxología. En esta oración el apóstol pidió que el Padre fortaleciera a los santos conforme a las riquezas de Su gloria. Esto implica que la gloria de Dios puede ser forjada en los santos. En la doxología él dice: "A El sea gloria" (v. 21), lo cual implica que la gloria de Dios, que ha sido forjada en los santos, vuelve a Dios. Primero, la gloria de Dios se forja en nosotros; luego vuelve a Dios para Su glorificación. La riqueza de Isaac fue dada primero a Rebeca para embellecerla; luego toda la riqueza volvió a Isaac con Rebeca, para la glorificación de él (Gn. 24:47, 53, 61-67). El apóstol oró pidiendo que Dios fortaleciera a los santos conforme a Su gloria. *Ahora bien,* la gloria de Dios, después de ser forjada en ellos, vuelve a El junto con los santos fortalecidos. Esta es la manera en que Dios es glorificado en la iglesia.

20[2] En el sentido estricto, las palabras *pedimos o pensamos* se refieren aquí a las cosas espirituales relacionadas con la iglesia, y no a las cosas materiales. Con respecto a estas cosas espirituales, necesitamos tanto pensar como pedir. Tal vez pensemos más de lo que pidamos. Dios no sólo cumple lo que pedimos por la iglesia, sino también lo que pensamos con respecto a la iglesia, y Dios es poderoso para hacer mucho más abundantemente de lo que pedimos o pensamos, según el poder que actúa en nosotros.

20[3] El poder interior que se menciona en 1:19-20 es el poder de resurrección de Dios, no Su poder creador. El poder creador de Dios produce las cosas materiales que están a nuestro alrededor (Ro. 8:28), mientras que Su poder de resurrección realiza en nuestro ser interior las cosas espirituales para la iglesia.

21[1] Véase la nota 6[2] del cap. 1. Somos fortalecidos en nuestro hombre interior conforme a las riquezas de la gloria de Dios (v. 16). Esta gloria llega a nosotros con Dios y, después de ser forjada en nosotros, regresará a Dios con nosotros. Por medio de este tráfico de doble sentido, la iglesia, como las primicias del universo (Jac. 1:18), es la primera en dar gloria a Dios. Todas las otras familias en el cielo y en la tierra seguirán a la iglesia para glorificarlo a El.

21[2] La gloria de Dios es forjada en la iglesia, y El es expresado en la iglesia. Así que, a Dios es la gloria en la iglesia; es decir, Dios es glorificado en la iglesia.

21[3] Dios no sólo es glorificado en la iglesia sino también en Cristo. La palabra *y* se usa aquí para dar énfasis a este punto.

21[4] En la iglesia la esfera de la glorificación de Dios es estrecha, limitada a la familia de la fe. Pero en Cristo la esfera es mucho más amplia porque Cristo es la Cabeza de todas las

CAPITULO 4

III. El vivir y la responsabilidad que la iglesia necesita en el Espíritu Santo 4:1—6:20

A. El vivir y la responsabilidad necesarios en el Cuerpo de Cristo 4:1-16

1. Guardar la unidad del Espíritu vs. 1-6

1 [1]Yo pues, [2a]prisionero [b]en el Señor, os ruego que [3c]an-
déis como es digno de la [d]vocación con que fuisteis [e]llamados,
2 con toda [1a]humildad y [b]mansedumbre, con [c]longanimi-
dad, soportándoos los unos a los otros en [d]amor,

1a Ef. 3:1
1b Ef. 4:17; 5:8; 6:1, 10, 21
1c Ef. 4:17; 5:2, 8; Col. 1:10; 1 Ts. 2:12
1d Ef. 4:4; 1:18; 2 Ti. 1:9
1e Ro. 8:28; Col. 3:15; 1 Co. 1:2, 9, 24
2a Mt. 11:29
2b Mt. 5:5
2c Col. 1:11
2d Ef. 1:4

familias de los cielos y de la tierra (1:22; 3:15). Así que, la glorificación de Dios en Cristo está en la esfera de todas las familias creadas por Dios, no sólo en la tierra sino también en los cielos. Esto está en conformidad con la frase *en todas las generaciones por los siglos de los siglos,* lo cual significa por la eternidad.

21[5] Todas las generaciones por los siglos de los siglos constituyen la eternidad. Dios es glorificado en la iglesia principalmente en esta edad, y es glorificado en Cristo por la eternidad.

1[1] Este versículo repite en parte lo que se encuentra en 3:1, donde empieza la exhortación del apóstol en los caps. 4—6. Esto indica que 3:2-21 es una sección parentética. Véase la nota 2[1] del cap. 3.

1[2] Véase la nota 1[2] del cap. 3. En 3:1 Pablo habla de sí mismo como "prisionero de Cristo Jesús", pero aquí dice que él es un "prisionero en el Señor". Ser prisionero en el Señor es más profundo que ser prisionero del Señor. Como prisionero en el Señor, Pablo es un modelo para aquellos que desean andar como es digno del llamamiento de Dios.

1[3] Este libro está dividido en dos secciones principales. La primera, compuesta de los caps. 1—3, revela las bendiciones y la posición que la iglesia ha obtenido en Cristo en los lugares celestiales. La segunda, que comprende los caps. 4—6, nos exhorta acerca del vivir y de la responsabilidad que la iglesia debe tener en el Espíritu, sobre la tierra. La exhortación básica es que nosotros debemos andar como es digno del llamamiento de Dios, llamamiento que es la totalidad de las bendiciones dadas a la iglesia, como se revela en 1:3-14. En la iglesia, bajo la bendición abundante del Dios Triuno, los santos deben andar como es digno de la elección y predestinación del Padre, la redención del Hijo y el sello y las arras del Espíritu. Por lo tanto, en los caps. 4—6, vemos, por un lado, el vivir que la iglesia debe tener y por el otro, la responsabilidad que la iglesia debe tomar.

2[1] Ser humilde es permanecer en un nivel bajo, y ser manso significa no pelear por uno mismo. Debemos ejercitar estas dos virtudes al tratar con nosotros mismos. Tener longanimidad es sufrir el mal trato. Debemos ejercitar esta virtud al tratar con otros. Por medio de estas virtudes nos sobrellevamos (no sólo nos toleramos) los unos a los otros; es decir, no nos olvidamos de los que causan problemas, sino que los sobrellevamos en amor. Esta es la expresión de vida.

Estas virtudes no se encuentran en nuestra humanidad natural, pero se

3 diligentes en [1]guardar la [2a]unidad del Espíritu en el
[3b]vínculo de la [c]paz;
4 [1]un [a]Cuerpo, y un Espíritu, como fuisteis también
llamados en una misma [2b]esperanza de vuestra [c]vocación;
5 un [1a]Señor, una [2b]fe, un [c]bautismo,

3[a] Ef. 4:13; Jn. 17:11, 21, 22, 23
3[b] cfr. Col. 3:14
3[c] Ef. 2:14, 15, 17; Col. 3:15; He. 12:14; Ro. 12:18
4[a] Ef. 2:16; Ro. 12:5; 1 Co. 12:12-13
4[b] Ef. 1:18; Col. 1:27; Ro. 8:23-25
4[c] Ef. 4:1
5[a] 1 Co. 8:6; 12:5
5[b] Ef. 4:13; Tit. 1:4; 2 Ti. 4:7
5[c] Mt. 28:19; Hch. 2:38; Ro. 6:3; Gá. 3:27-28; 1 Co. 12:13

encuentran en la humanidad de Jesús. El hecho de que las virtudes se mencionen aquí, antes de la unidad del Espíritu mencionada en el v. 3, indica que debemos tener estas virtudes a fin de guardar la unidad del Espíritu. Esto implica que en el Espíritu que nos une existe la humanidad transformada, es decir, la humanidad transformada por la vida de resurrección de Cristo.

3[1] O, salvaguardar, es decir, preservar algo custodiándolo. La unidad del Espíritu es el Espíritu mismo. Guardar la unidad del Espíritu es guardar al Espíritu vivificante. Cada vez que hacemos algo fuera del Espíritu, causamos división y perdemos la unidad. Cuando permanecemos en el Espíritu vivificante, guardamos la unidad del Espíritu.

3[2] Para andar como es digno del llamamiento de Dios, para tener la vida apropiada del Cuerpo, primero necesitamos cuidar de la unidad. Esto es crucial y vital para el Cuerpo de Cristo. Hablando con propiedad, la unidad es diferente de una simple unión. Una unión es un estado en el cual muchas personas se juntan, mientras que la unidad es una sola entidad, el Espíritu que está dentro de los creyentes, la cual hace que todos ellos sean uno. Esta unidad es una persona, Cristo mismo, quien es el Espíritu que mora en nosotros. Es similar a la electricidad que corre por muchas lámparas, haciendo que todas ellas brillen como una sola. En sí, las lámparas están separadas, pero en la corriente eléctrica ellas son uno.

3[3] Cristo abolió en la cruz todas las diferencias ocasionadas por las ordenanzas. Al hacer esto El hizo la paz para Su Cuerpo. Esta paz debe unir a todos los creyentes y debe por lo tanto llegar a ser el vínculo que los une. El vínculo de la paz es el resultado del obrar continuo de la cruz. Cuando permanecemos en la cruz, tenemos paz con los demás. Esta paz llega a ser el vínculo en el cual guardamos la unidad del Espíritu.

4[1] Al exhortarnos a salvaguardar la unidad, el apóstol señala siete cosas que forman la base de nuestra unidad: un Cuerpo, un Espíritu, una esperanza, un Señor, una fe, un bautismo y un Dios. Estos siete forman tres grupos. Los tres primeros forman el primer grupo, el grupo del Espíritu, con el Cuerpo como Su expresión. Este Cuerpo, habiendo sido regenerado y estando saturado con el Espíritu como su esencia, tiene la esperanza de ser transfigurado en la plena semejanza de Cristo. Los siguientes tres forman el segundo grupo, el del Señor, incluyendo la fe y el bautismo para que podamos unirnos a El. El último de los siete forma el tercer grupo, el grupo de un solo Dios y Padre, quien es el Autor y el origen de todo. El Espíritu como el Ejecutor del Cuerpo, el Hijo como el Creador del Cuerpo, y Dios el Padre como el que da origen al Cuerpo —los tres del Dios Triuno— están relacionados con el Cuerpo. El tercero de la Trinidad es el primero que se menciona en los vs. 4-6, debido a que lo principal aquí es el Cuerpo, del cual el Espíritu es la esencia, la vida y el suministro de vida. El curso, entonces, se remonta al Hijo y al Padre.

4[2] La esperanza de gloria (Col. 1:27), la cual es la transfiguración de nuestro cuerpo (Fil. 3:21) y la manifestación de los hijos de Dios (Ro. 8:19, 23-25).

5[1] Este versículo no dice "un Hijo", sino "un Señor". En el Evangelio de Juan, es en el Hijo en quien creemos (Jn. 3:16), pero en Hechos, es en el Señor en quien creemos (Hch. 16:31). En las epístolas de Juan, el Hijo imparte vida (1 Jn. 5:12), mientras que

6 un [1a]Dios y [b]Padre de [2]todos, el cual es [3]sobre todos, y
por todos, y en todos.

2. La función de los dones y el crecimiento y edificación del Cuerpo de Cristo
vs. 7-16

7 [1]Pero a cada uno de nosotros fue dada la [2a]gracia
conforme a la [3b]medida del [c]don de Cristo.
8 Por lo cual *la Escritura* dice: "[a]Subiendo a lo [1]alto, llevó

6a Mal. 2:10; Ro. 3:30; 1 Co. 8:4, 6; 12:6; Gá. 3:20; 1 Ti. 2:5
6b Ef. 3:14
7a Ef. 3:8; cfr. Ro. 12:6
7b Ef. 4:16
7c Ef. 4:8, 11
8a Sal. 68:18

en Hechos, el Señor, después de Su ascensión, ejerce la autoridad (Hch. 2:36), un asunto que está relacionado con Su función como Cabeza. Por lo tanto, el hecho de que creamos en El está relacionado tanto con la vida como con la autoridad, porque El es nuestra vida y nuestra Cabeza. Como la Cabeza del Cuerpo (1:22), El es el Señor. Los cristianos están divididos porque desatienden a la Cabeza; es decir, han desatendido la autoridad del Señor y el hecho de que El es la Cabeza.

5² Mediante la fe creemos en el Señor (Jn. 3:36), y mediante el bautismo somos bautizados en El (Gá. 3:27; Ro. 6:3) y terminados en Adán (Ro. 6:4). Mediante la fe y el bautismo fuimos trasladados de Adán a Cristo, siendo así unidos al Señor (1 Co. 6:17). Inmediatamente después de creer en Cristo, debemos ser bautizados para completar el traslado.

6¹ Dios es Aquel que dio origen a todas las cosas, y el Padre es la fuente de la vida para el Cuerpo de Cristo.

6² Se refiere a todos los creyentes.

6³ La Trinidad está implícita aun aquí. *Sobre todos* se refiere principalmente al Padre, *por todos* se refiere al Hijo, y *en todos* se refiere al Espíritu. Finalmente, el Dios Triuno entra en todos nosotros llegando a nosotros como el Espíritu. La unidad del Cuerpo de Cristo está constituida de la Trinidad de la Deidad: el Padre como fuente y origen es el Autor; el Hijo como Señor y Cabeza es el Realizador, y el Espíritu como Espíritu vivificante es el Ejecutor. El mismo Dios Triuno, cuando es hecho real y es experimentado por nosotros en nuestra vida diaria, es el fundamento básico y el cimiento mismo de nuestra unidad.

7¹ Con respecto al Cuerpo de Cristo, todos los elementos básicos son uno, pero muchos y variados son los dones (las funciones).

7² Aquí la gracia fue dada conforme al don; en Ro. 12:6 los dones difieren conforme a la gracia. En realidad la gracia es la vida divina que produce y provee los dones. En Ro. 12 la gracia produce el don. Por lo tanto, el don se da conforme a la gracia. Aquí la gracia se da conforme al don, conforme a su tamaño. Esto es similar a la provisión que nuestra sangre da a los miembros de nuestro cuerpo de acuerdo a su tamaño.

7³ La medida del don de Cristo es el tamaño de un miembro de Su Cuerpo.

8¹ *Lo alto* en la cita de Sal. 68:18 se refiere al monte de Sion (Sal. 68:15-16), el cual simboliza el tercer cielo, donde Dios mora (1 R. 8:30). Salmos 68 implica que fue en el Arca donde Dios ascendió al monte de Sion después de que el Arca había ganado la victoria. El v. 1 de Sal. 68 es tomado de Nm. 10:35. Esto indica que el trasfondo de Sal. 68 es el mover de Dios en el tabernáculo con el Arca como su centro. Adondequiera que iba el Arca, un tipo de Cristo, se ganaba la victoria. Con el tiempo, esta Arca ascendió triunfante a la cima del monte de Sion. Esto muestra cómo Cristo ganó la victoria y ascendió triunfante a los cielos.

cautivos a [2]los que estaban bajo cautiverio, y dio [3b]dones a
los hombres".
9 (Y eso de que [a]subió, ¿qué es, sino que también había
descendido a las partes [1b]más bajas de la tierra?
10 El que descendió, es el mismo que también subió [a]por
encima de todos los cielos para [1b]llenarlo todo.)
11 Y El mismo dio a [1]unos como [a]apóstoles, a otros como
[b]profetas, a otros como [c]evangelistas, a otros como [2]pastores
y [d]maestros,
12 a fin de [1a]perfeccionar a los santos [2]para la obra del
[3b]ministerio, [2]para la [4c]edificación del [d]Cuerpo de Cristo,

---

8[2] *Los que* se refiere a los santos redimidos, quienes fueron tomados cautivos por Satanás antes de ser salvos por la muerte y resurrección de Cristo. En Su ascensión Cristo los llevó cautivos; esto es, El los rescató de la cautividad de Satanás y los tomó para Sí mismo. Esto indica que El conquistó y venció a Satanás, quien los había capturado por el pecado y la muerte.

Se puede traducir "llevó cautivos a los que estaban bajo cautiverio" como "El llevó un séquito de enemigos vencidos" *(The Amplified New Testament)*. *Enemigos vencidos* tal vez se refiera a Satanás, a sus ángeles, y a nosotros los pecadores, lo cual indica de nuevo la victoria de Cristo sobre Satanás, el pecado y la muerte. En la ascensión de Cristo hubo una procesión de estos enemigos vencidos, llevados cautivos de una guerra, para celebrar la victoria de Cristo.

8[3] Aquí la palabra *dones* no se refiere a las habilidades o aptitudes para llevar a cabo varios servicios, sino a las personas dotadas mencionadas en el v. 11, que son los apóstoles, los profetas, los evangelistas y los pastores y maestros. Después de que Cristo, por medio de Su muerte y resurrección, venció a Satanás y a la muerte, y rescató de ambos a los pecadores, El en Su ascensión hizo que los pecadores rescatados fueran tales dones por medio de Su vida de resurrección, y los dio a Su Cuerpo para la edificación del mismo.

9[1] Se refiere al Hades, el cual está bajo la tierra. Cristo fue allí después de Su muerte (Hch. 2:27).

10[1] Primeramente, en Su encarnación Cristo descendió de los cielos a la tierra. Luego, en Su muerte El descendió aún más, de la tierra al Hades. Finalmente, en Su resurrección El ascendió del Hades a la tierra y en Su ascensión, de la tierra a los cielos. Mediante tal viaje El abrió el camino para poder llenarlo todo.

11[1] *Cada uno* en el v. 7, incluye a todos los miembros del Cuerpo de Cristo, cada uno de los cuales ha recibido un don general; mientras que las cuatro clases de personas dotadas mencionadas aquí son aquellos que han sido dotados con un don especial.

11[2] Conforme a la construcción gramatical, *pastores y maestros* se refiere a una misma clase de personas dotadas. Un pastor debe saber enseñar, y un maestro debe ser capaz de pastorear.

12[1] O, equipar, proveer las funciones.

12[2] Aquí, *para* significa *dando por resultado, con el propósito de,* o *con miras a.*

12[3] Las muchas personas dotadas que se mencionan en el versículo anterior tienen un solo ministerio, a saber, ministrar a Cristo para la edificación del Cuerpo de Cristo, la iglesia. Este es el único ministerio en la economía del Nuevo Testamento (2 Co. 4:1; 1 Ti. 1:12).

12[4] Según la construcción gramatical, la obra del ministerio es la edificación del Cuerpo de Cristo. Todo lo

---

8[b] Ef. 4:7
9[a] Jn. 3:13; He. 4:14
9[b] Sal. 63:9; Is. 44:23; Mt. 12:40; Fil. 2:10
10[a] Ef. 1:21; He. 7:26
10[b] Ef. 1:23
11[a] Ef. 2:20; 3:5; 1 Co. 12:28
11[b] Hch. 11:27; 13:1
11[c] Hch. 21:8; 2 Ti. 4:5
11[d] Hch. 13:1; 1 Co. 12:28
12[a] 2 Co. 13:9
12[b] 2 Co. 4:1; 1 Ti. 1:12
12[c] cfr. Mt. 16:18; Ef. 4:16; 1 Co. 14:4, 12
12[d] Ef. 1:23; Ro. 12:5; 1 Co. 12:12, 17

13[a] Ef. 4:3
13[b] Ef. 4:5
13[c] Mt. 11:27; Fil. 3:10
13[d] Mt. 16:16; Jn. 20:31
13[e] He. 5:14; 1 Co. 14:20; Col. 1:28
13[f] Ef. 1:23
14[a] 1 Co. 3:1; 13:11
14[b] 1 Ti. 1:3; 6:3
14[c] 2 Co. 4:2; 11:3

13 hasta que todos [1]lleguemos a la [2a]unidad de la [b]fe y del pleno [c]conocimiento del [3d]Hijo de Dios, a un [4e]hombre de plena madurez, a la medida de la estatura de la [5f]plenitud de [3]Cristo;

14 para que ya no seamos [1a]niños sacudidos por las [2]olas y zarandeados por todo [3]viento de [b]enseñanza en las [4]artimañas de los hombres en [c]astucia, con miras a un [5]sistema de error,

---

que las personas dotadas mencionadas en el v. 11 hagan como obra del ministerio, debe tener como fin la edificación del Cuerpo de Cristo. Sin embargo, esta edificación no es llevada a cabo directamente por las personas dotadas, sino por los santos que han sido perfeccionados por ellos.

13[1] O, alcancemos. Esto indica que se requiere un proceso para obtener la unidad práctica o llegar a ella.

13[2] En el v. 3 la unidad del Espíritu es la unidad de la vida divina en la realidad; en este versículo la unidad es la unidad de nuestro vivir en forma práctica. Ya tenemos la realidad de la unidad de la vida divina; simplemente necesitamos mantenerla. Sin embargo, necesitamos avanzar hasta que lleguemos a la unidad de nuestro vivir en forma práctica. Este aspecto de la unidad está constituido de dos cosas: la fe y el pleno conocimiento del Hijo de Dios. Tal como se revela en Jud. 3, 2 Ti. 4:7 y 1 Ti. 6:21, *la fe* no se refiere a la acción de creer, sino a las cosas en las cuales creemos, tales como la persona divina de Cristo y Su obra redentora efectuada para nuestra salvación. El pleno conocimiento del Hijo de Dios es la aprehensión de la revelación acerca del Hijo de Dios para que lo experimentemos. Cuanto más crezcamos en vida, más nos adheriremos a la fe y al conocimiento de Cristo, y más fácilmente dejaremos todos los conceptos doctrinales secundarios y menos significativos, los cuales causan divisiones. Luego llegaremos a la unidad práctica, o sea que la alcanzaremos; es decir, llegaremos a la medida de un hombre de plena madurez, a la medida de la estatura de la plenitud de Cristo.

13[3] *El Hijo de Dios* se refiere a la persona del Señor como vida para nosotros, mientras que *Cristo* se refiere a Su comisión de ministrarnos vida, para que nosotros, los miembros de Su Cuerpo tengamos dones para funcionar. Véase la nota 16[1] de Mt. 16.

13[4] Un hombre de plena madurez es un hombre completamente crecido. Se necesita la madurez en vida para tener la unidad en la práctica.

13[5] La plenitud de Cristo es el Cuerpo de Cristo (1:23), el cual tiene una estatura con una medida. Para tener la unidad práctica es necesario llegar a la medida de la estatura de la plenitud de Cristo. Por lo tanto, a partir de la unidad en realidad, necesitamos avanzar a la unidad en forma práctica, hasta que lleguemos a las tres metas que se mencionan en este versículo: la unidad, un hombre de plena madurez, y la medida de la estatura de la plenitud de Cristo.

14[1] Lit., infantes. La misma palabra griega que se traduce *niño* en Gá. 4:1 se refiere a aquellos creyentes que son niños en Cristo, sin madurez en vida (1 Co. 3:1).

14[2] Las olas levantadas por los vientos de diferentes enseñanzas (1 Ti. 1:3-4), doctrinas, conceptos y opiniones fueron enviadas por Satanás para seducir a los creyentes a fin de desviarlos de Cristo y la iglesia. Es difícil que los niños en Cristo las disciernan. La única manera de escapar de las olas que se levantan por los vientos, es crecer en vida, y la manera segura de crecer en vida es permanecer en la vida apropiada de iglesia, con Cristo y la iglesia como protección.

14[3] Cualquier enseñanza, aunque sea bíblica, que distraiga a los creyentes

15 sino que [1]asidos a la verdad en [2a]amor, [3b]crezcamos en
todo *en aquel que es la [4c]Cabeza, Cristo,
16 [1]de quien [a]todo el Cuerpo, [2b]bien unido y [2]entrelazado
por todas las [3c]coyunturas del [4]rico suministro [5]y *por* la
[6]función de [7]cada miembro en su [d]medida, [8]causa el [9e]creci-
miento del Cuerpo para la [f]edificación de sí mismo en
[10g]amor.

15[a] Ef. 1:4
15[b] Ef. 4:16; 2:21; Col. 2:19; 1 Co. 3:6
15[c] Col. 1:18; 2:19
16[a] Col. 2:19
16[b] Ef. 2:21
16[c] Col. 2:19
16[d] Ef. 4:7
16[e] Ef. 4:15
16[f] cfr. Ef. 4:12; 2:20
16[g] Ef. 1:4

---

de Cristo y la iglesia, es un viento que desvía a los creyentes del propósito central de Dios.

14[4] La palabra griega que se traduce *artimañas* se refiere a las trampas que hacen los jugadores de dados. *Astucia* denota los trucos empleados por los tahúres. Las enseñanzas que llegan a ser vientos, alejando a los creyentes de la línea central de Cristo y la iglesia, son engaños instigados por Satanás en su sutileza, con las artimañas de los hombres, a fin de frustrar el propósito eterno de Dios, el cual es edificar el Cuerpo de Cristo.

14[5] Las enseñanzas divisivas son organizadas y sistematizadas por Satanás para causar errores serios y así dañar la unidad práctica de la vida del Cuerpo. Las artimañas vienen de los hombres, pero el sistema de error viene de Satanás y está relacionado con las enseñanzas engañosas que son diseñadas por el maligno para distraer a los santos, alejándolos de Cristo y de la vida de la iglesia.

15[1] O, practicando la verdad. Esto está en contraste con las artimañas y el error que se mencionan en el v. 14. Ser llevado por los vientos de enseñanza en las artimañas de los hombres con miras a un sistema de error es no asirse a la verdad. *Verdad* aquí significa lo que es verdadero. Según el contexto, debe de referirse a Cristo y a Su Cuerpo: ambos son verdaderos. Debemos asirnos en amor a estas cosas verdaderas para poder crecer en Cristo.

15[2] Este no es el amor nuestro sino el amor de Dios en Cristo, el cual viene a ser el amor de Cristo en nosotros, por el cual amamos a Cristo y a los demás miembros de Su Cuerpo. En tal amor nos asimos a la verdad, esto es, a Cristo con Su Cuerpo, y somos guardados de ser afectados por los vientos de enseñanza y de introducir elementos que son extraños al Cuerpo.

15[3] Para dejar de ser niños (v. 14) necesitamos crecer en Cristo. Esto significa que Cristo aumenta en nosotros en todas las cosas hasta que seamos un hombre de plena madurez (v. 13).

15[4] Aquí *Cabeza* indica que nuestro crecimiento en vida por medio del aumento de Cristo debe ser el crecimiento de los miembros que están en el Cuerpo bajo la Cabeza.

16[1] Crecer en vida es crecer hasta la medida de la Cabeza, Cristo, y funcionar en el Cuerpo de Cristo proviene de El. Primero, crecemos hasta la medida de la Cabeza; luego, tenemos algo que procede de la Cabeza para la edificación del Cuerpo.

16[2] *Bien unido* conlleva la idea de unir por acoplar. *Entrelazado* implica ser entretejido.

16[3] La expresión *todas las coyunturas del rico suministro* se refiere a las personas especialmente dotadas, tales como aquellas mencionadas en el v. 11.

16[4] En griego el artículo aquí usado es enfático. Por lo tanto, *el* rico suministro debe ser el suministro particular, el suministro de Cristo.

16[5] La mayoría de los mss. antiguos dicen: según la operación.

16[6] U, operación. La misma palabra griega que se encuentra en 3:7 y Col. 1:29, y del mismo origen que la palabra *operaciones* en 1 Co. 12:6.

16[7] *Cada miembro* se refiere a cada uno de los miembros del Cuerpo. Por medio del crecimiento en vida y del desarrollo de los dones, cada miembro del Cuerpo de Cristo tiene su propia medida, que actúa para el crecimiento del Cuerpo.

B. El vivir necesario en nuestro andar diario
4:17—5:21

1. Principios básicos
4:17-24

17 Esto, pues, digo y [1]testifico [a]en el Señor: que ya no
[2b]andéis como los [c]gentiles, que todavía [d]andan en la [3e]vani-
dad de su mente,
18 teniendo el entendimiento [1a]entenebrecido, ajenos a la
[2b]vida de Dios por la [3c]ignorancia que en ellos hay, por la
[4d]dureza de su corazón;
19 los cuales, después que [1a]perdieron toda sensibilidad,
se [b]entregaron a la lascivia para cometer con avidez toda
clase de impureza.

17[a] Ef. 4:1
17[b] Ef. 4:1
17[c] 1 Ts. 4:5; 1 P. 4:3
17[d] Ef. 2:2
17[e] Ro. 1:21; Col. 2:18; cfr. 1 P. 1:18; 2 P. 2:18
18[a] Ro. 1:21
18[b] 1 Jn. 5:12
18[c] Hch. 3:17; 17:30; 1 P. 1:14
18[d] Mr. 3:5; Ro. 11:7, 25; 2 Co. 3:14
19[a] 1 Ti. 4:2
19[b] Ro. 1:24

16[8] El Cuerpo de Cristo causa el crecimiento de sí mismo por medio de las coyunturas que suministran y de los miembros que funcionan.

16[9] El crecimiento del Cuerpo de Cristo es el aumento de Cristo en la iglesia, el cual da por resultado la edificación del Cuerpo por el Cuerpo mismo.

16[10] Véase la nota 15[2].

17[1] La palabra del apóstol aquí no fue solamente su exhortación sino también su testimonio. Su exhortación era su vivir.

17[2] Los vs. 1-16 tratan del vivir y la función del Cuerpo de Cristo. Ahora, en los vs. 17-32 se toca nuestra vida diaria. Los vs. 17-24 nos dan los principios de nuestro andar diario, y los vs. 25-32 nos dan los detalles.

17[3] Los gentiles son los hombres caídos, quienes llegaron a envanecerse en sus razonamientos (Ro. 1:21). Ellos caminan sin Dios, en la vanidad de sus mentes, siendo controlados y dirigidos por sus pensamientos vanos. Todo lo que ellos hacen conforme a sus mentes caídas es vanidad y carece de realidad.

18[1] Cuando la mente de las personas caídas se llena de vanidad, su entendimiento es entenebrecido en cuanto a las cosas de Dios. Por lo tanto, ellos son alejados, separados, de la vida de Dios.

18[2] Esta es la vida de Dios, eterna e increada, que el hombre no tenía cuando fue creado. Después de ser creado el hombre, fue puesto, en su vida humana creada, delante del árbol de vida (Gn. 2:8-9) para recibir la vida divina increada. Pero el hombre cayó en la vanidad de su mente y llegó a ser entenebrecido en su entendimiento. Hoy, en tal condición, el hombre es incapaz de tocar la vida de Dios a menos que se arrepienta (vuelva su mente hacia Dios) y crea en el Señor Jesús para recibir la vida eterna de Dios (Hch. 11:18; Jn. 3:16).

18[3] La palabra *ignorancia* denota no sólo la falta de conocimiento, sino también una renuencia en cuanto a conocer. Debido a la dureza del corazón, el hombre caído no aprueba conocer las cosas de Dios (Ro. 1:28). Por lo tanto, su entendimiento está entenebrecido de tal manera que no conoce a Dios.

18[4] La dureza del corazón del hombre caído es la fuente de las tinieblas en su entendimiento y de la vanidad de su mente.

19[1] La palabra *sensibilidad* aquí se refiere principalmente a percibir la conciencia de uno. Por lo tanto, *perder toda sensibilidad,* significa no hacer caso de la conciencia. Después de la caída del hombre, Dios ordenó que el hombre debía estar bajo el gobierno de su conciencia. Pero el

20 Mas vosotros no habéis [1a]aprendido así a Cristo,
21 si en verdad le habéis oído, y en El habéis sido [a]enseñados, conforme a la [1b]realidad que está en Jesús,
22 [1]que en cuanto a la [2]pasada manera de vivir, os [3a]despojéis del [4b]viejo hombre, que se va corrompiendo conforme a las pasiones [5]del engaño,
23 y os [1a]renovéis en el [2b]espíritu de vuestra mente,
24 y os [1a]vistáis del [2b]nuevo hombre, [c]creado según [3]Dios en la [4d]justicia y [4e]santidad de [5]la [f]realidad.

---

hombre caído, en vez de prestar atención a su conciencia, se entregó a la lascivia y a deseos insaciables.

20[1] Cristo no sólo es vida para nosotros sino también un ejemplo (Jn. 13:15; 1 P. 2:21). En Su vida sobre la tierra El estableció un patrón, tal como lo revelan los evangelios. Luego fue crucificado y resucitado para llegar a ser el Espíritu vivificante a fin de entrar en nosotros y ser nuestra vida. Aprendemos de El (Mt. 11:29) según Su ejemplo, no por nuestra vida natural sino por El, quien es nuestra vida de resurrección. Aprender a Cristo es simplemente ser moldeado en el modelo de Cristo, esto es, ser conformado a Su imagen (Ro. 8:29).

21[1] *La realidad que está en Jesús* se refiere a la verdadera condición de la vida de Jesús según se describe en los cuatro evangelios. En el andar impío de las naciones, la gente caída, hay vanidad. Pero en la vida piadosa de Jesús hay verdad y realidad. Jesús vivió una vida en la cual El hacía todo en Dios, con Dios y para Dios. Dios estaba en Su vivir, y El era uno con Dios. Esto es lo que significa *la realidad que está en Jesús*. Nosotros los creyentes, quienes somos regenerados con Cristo como vida y somos enseñados en El, aprendemos de El conforme a la realidad que está en Jesús.

22[1] Los vs. 22 y 24 nos muestran lo que se nos ha enseñado: que nos hemos despojado del viejo hombre y nos hemos vestido del nuevo hombre. Despojarnos del viejo hombre y vestirnos del nuevo hombre es una manifestación de que hemos aprendido a Cristo.

22[2] La pasada manera de vivir es un andar en la vanidad de la mente (v. 17).

22[3] En el bautismo nos despojamos del viejo hombre. Nuestro viejo hombre fue crucificado con Cristo (Ro. 6:6) y fue sepultado en el bautismo (Ro. 6:4a).

22[4] El viejo hombre pertenece a Adán, quien fue creado por Dios pero cayó por medio del pecado.

22[5] El artículo aquí usado es enfático, y *el engaño* es personificado. Por lo tanto, *el engaño* se refiere al engañador, Satanás, de quien provienen las lujurias del viejo hombre corrupto.

23[1] Somos renovados para ser transformados a la imagen de Cristo (Ro. 12:2; 2 Co. 3:18).

23[2] Este es el espíritu regenerado de los creyentes, el cual está mezclado con el Espíritu de Dios que mora en nosotros. Tal espíritu mezclado se extiende a nuestra mente, llegando a ser así el espíritu de nuestra mente. En tal espíritu somos renovados para nuestra transformación.

24[1] Nos vestimos del nuevo hombre en el bautismo (Ro. 6:4b).

24[2] El nuevo hombre es de Cristo. Es Su Cuerpo, creado en El en la cruz (2:15-16). No es individual sino corporativo (Col. 3:10-11). En el nuevo hombre corporativo Cristo es el todo, y en todos; El es todos y está en todos. Véase la nota 11[9] de Col. 3.

Este libro revela, primero, que la iglesia es el Cuerpo de Cristo (1:22-23), el reino de Dios, la familia de Dios (2:19), y el templo, la morada de Dios

---

20[a] Mt. 11:29
21[a] Col. 2:7
21[b] Ef. 4:15, 24, 25
22[a] Ef. 4:25; Col. 2:11; 3:8
22[b] Ro. 6:6; Col. 3:9
23[a] Ro. 12:2; Col. 3:10; Tit. 3:5
23[b] cfr. Ro. 8:6
24[a] Gá. 3:27; Ro. 13:14; Ef. 6:11
24[b] Col. 3:10; 2 Co. 5:17; cfr. Ro. 6:4
24[c] Ef. 2:10, 15
24[d] Ef. 5:9
24[e] Tit. 1:8
24[f] Ef. 4:15, 21, 25

25[a] Ef. 4:22
25[b] Col. 3:9
25[c] Zac. 8:16
25[d] Ro. 12:5
26[a] Mr. 3:5
26[b] Sal. 4:4
26[c] Dt. 24:15
26[d] Sal. 37:8
27[a] Jac. 4:7; 1 P. 5:8-9

2. Detalles de este vivir
4:25—5:21

25 [1]Por lo cual, [a]desechando la [2b]mentira, hablad [2c]verdad
cada uno con su prójimo; porque somos [d]miembros los unos
de los otros.
26 [1a]Airaos, pero [b]no pequéis; no se ponga el [c]sol sobre
vuestra [2d]indignación,
27 ni [1]deis lugar al [a]diablo.

(2:21-22). Aquí revela, además, que la iglesia es el nuevo hombre. Este es el aspecto más elevado de la iglesia. La iglesia es la asamblea de los que han sido llamados a salir. Este es el aspecto inicial de la iglesia. A partir de esto, el apóstol mencionó los ciudadanos del reino de Dios y los miembros de la familia de Dios. Estos aspectos son más elevados que el inicial, pero no tan elevados como la iglesia, el Cuerpo de Cristo. Sin embargo, el aspecto del nuevo hombre es todavía más elevado que el del Cuerpo de Cristo. Por lo tanto, la iglesia no es sólo una asamblea de creyentes, un reino de ciudadanos celestiales, una familia de hijos de Dios, o aún más, un Cuerpo para Cristo. En su aspecto máximo y culminante es un nuevo hombre cuyo objetivo es lograr el propósito eterno de Dios. Como Cuerpo de Cristo, la iglesia necesita a Cristo como su vida, mientras que como el nuevo hombre, la iglesia necesita a Cristo como su persona. Esta nueva persona corporativa debe vivir una vida como la que vivió Jesús sobre la tierra, esto es, una vida de realidad, una vida que exprese a Dios y haga que el hombre le experimente como realidad. Así que, el enfoque de la exhortación del apóstol en esta sección es el nuevo hombre (vs. 17-32).

24[3] El viejo hombre, exteriormente, fue creado conforme a la imagen de Dios, pero sin la vida y naturaleza de Dios (Gn. 1:26-27), mientras que el nuevo hombre, interiormente, fue creado conforme a Dios mismo y con la vida y naturaleza de Dios (Col. 3:10).

24[4] La justicia es la condición de estar bien con Dios y con el hombre conforme al camino justo de Dios, mientras que la santidad es piedad y devoción delante de Dios (véase la nota 75[1] de Lc. 1). La justicia está dirigida principalmente a los hombres, y la santidad, principalmente a Dios.

24[5] El artículo aquí usado es enfático. Del mismo modo que el engaño en el v. 22, relacionado con el viejo hombre, es la personificación de Satanás, así la realidad aquí, relacionada con el nuevo hombre, es la personificación de Dios. El engaño es el diablo, y la realidad es Dios. Esta realidad fue exhibida en la vida de Jesús, como se menciona en el v. 21. En la vida de Jesús, la justicia y la santidad de la realidad fueron manifestadas continuamente. El nuevo hombre fue creado en la justicia y en la santidad de esta realidad, la cual es Dios hecho real y expresado.

25[1] Los vs. 25-32 dan una descripción de nuestro diario vivir práctico al aprender a Cristo.

25[2] *La mentira* se refiere a todo aquello que es falso en naturaleza. Debido a que nos despojamos del viejo hombre, también nos despojamos de todo lo que sea falsa en naturaleza. Por lo tanto, hablamos verdad, esto es, hablamos las cosas que son verdaderas.

26[1] Airarse no es pecado, pero cuando hay ira existe la posibilidad de que se cometa pecado. No debemos continuar enojados, más bien debemos abandonar el enojo antes de que se ponga el sol.

26[2] O, irritación.

27[1] Según el contexto, permanecer enojado es dar lugar al diablo. No debemos darle lugar en nada.

28 El que hurta, no [1a]hurte más, sino [2b]fatíguese trabajando con sus propias [c]manos en [3]algo decente, para que
tenga *qué* [2d]compartir con el que padece necesidad.
29 Ninguna [a]palabra [1]corrompida salga de vuestra boca,
sino la que sea buena para [2b]edificación según la necesidad,
a fin de dar [3c]gracia a los oyentes.
30 Y no [1a]contristéis al [2]Espíritu Santo de Dios, [3]en el cual
fuisteis [4b]sellados [5]para el día de la [6c]redención.
31 [a]Quítense de vosotros toda amargura, enojo, ira, grite-
ría y maledicencia, y toda malicia.
32 Sed [a]bondadosos unos con otros, [1b]tiernos, [2c]perdonán-
doos unos a otros, como [3]Dios también os [4]perdonó a vosotros
en Cristo.

28[a] Ex. 20:15
28[b] Hch. 20:35; 2 Ts. 3:8
28[c] 1 Co. 4:12; 1 Ts. 4:11
28[d] Lc. 3:11
29[a] Ef. 5:4; Col. 3:8
29[b] Ro. 14:19
29[c] Col. 4:6
30[a] Sal. 78:40; Is. 63:10; cfr. 1 Ts. 5:19
30[b] Ef. 1:13
30[c] Ef. 1:14
31[a] Col. 3:8
32[a] Col. 3:12; 1 Co. 13:4
32[b] Fil. 1:8; 2:1
32[c] Mt. 6:14; Col. 3:13

28[1] Este es un libro de una revelación muy elevada, aún así el apóstol habla de cosas que están en un nivel bajo y básico, tales como el robo y el enojo.

28[2] El hurto se debe principalmente a la pereza y a la avaricia. Así que, el apóstol le manda al que hurte que trabaje y no sea perezoso, y que comparta con otros lo que gana en lugar de ser avaro.

28[3] O, algo bueno. Véase Tit. 3:8, 14.

29[1] Lit., podrida; significa lo que es nocivo, ofensivo o indigno.

29[2] Nuestra conversación no debe corromper a otros, sino edificarlos.

29[3] La gracia es Cristo como nuestro disfrute y suministro. Nuestras palabras deben trasmitir tal gracia a otros. Las palabras que edifican a otros siempre ministran a Cristo como gracia al oyente.

La exhortación del apóstol en los vs. 17-32 requiere la gracia y la realidad (vs. 21, 24, 29) como sus elementos básicos. El apóstol quiere que vivamos una vida llena de gracia y de realidad (Jn. 1:14, 17) como lo hizo Jesús. La gracia es Dios dado a nosotros para nuestro disfrute, y la realidad es Dios revelado a nosotros como nuestra realidad. Cuando vivimos y hablamos la realidad (vs. 21, 24), expresamos a Dios como nuestra realidad, y otros reciben a Dios como gracia para su disfrute (v. 29).

30[1] Contristar al Espíritu Santo es disgustarlo. El Espíritu Santo habita en nosotros para siempre (Jn. 14:16-17), y nunca nos deja. Por lo tanto, El es contristado cuando no andamos conforme a El (Ro. 8:4), esto es, cuando no vivimos conforme al principio de la realidad y la gracia en los detalles de nuestro andar diario.

30[2] La exhortación del apóstol en los vs. 17-32 no sólo requiere la gracia y la realidad como sus elementos básicos, sino que también requiere la vida de Dios (v. 18) y el Espíritu de Dios, como los factores básicos en el aspecto positivo, y el diablo (v. 27) como un factor en el aspecto negativo. Es por medio de la vida de Dios en el Espíritu de Dios, y de no darle lugar al diablo, que podemos vivir una vida llena de gracia y de realidad como lo hizo el Señor Jesús.

30[3] Es decir, en el Espíritu Santo como el elemento. Fuimos sellados en el elemento del Espíritu Santo. Esto nos muestra que Dios nos ha sellado con el Espíritu Santo como el elemento que sella.

30[4] Véase la nota 13[1] del cap. 1.

30[5] Desde el momento de nuestra salvación, el Espíritu Santo como el sello en nosotros nos sella continuamente con el elemento de Dios para que podamos ser transformados en naturaleza hasta que nuestro cuerpo sea completamente transfigurado y redimido. Por lo tanto, este versículo dice que fuimos sellados con el Espíritu

CAPITULO 5

1 Sed, pues, [1a]imitadores de Dios como hijos amados.
2 Y [a]andad en [1b]amor, como también [2]Cristo [3]nos [c]amó,
y se entregó a Sí mismo por nosotros, [4]ofrenda y [4d]sacrificio
a Dios en [5e]olor fragante.

1[a] Mt. 5:48
2[a] Ef. 4:1; Ro. 14:15
2[b] Ef. 1:4
2[c] Ef. 5:25; Gá. 2:20
2[d] He. 7:27; 10:10-12
2[e] Gn. 8:21; Ex. 29:18, 25; Lv. 1:9

Santo para el día de la redención de nuestro cuerpo.

30[6] Véase la nota 14[4] del cap. 1.

32[1] Esta palabra griega tiene el mismo origen que *compasión* en Mt. 9:36 y *entrañable amor* en Fil. 1:8. Sólo cuando disfrutamos a Cristo como gracia y realidad podemos tener un corazón tierno y así perdonarnos unos a otros.

32[2] O, mostrándonos gracia.

32[3] En la exhortación del apóstol en esta sección (vs. 17-32), él presenta a Dios como el modelo para nuestra vida diaria. En el Espíritu y por medio de Su vida, podemos perdonar como Dios perdona.

32[4] O, mostró gracia.

1[1] ¡Qué hecho tan glorioso que podamos ser imitadores de Dios por ser Sus hijos amados! Como hijos de Dios, tenemos Su vida y naturaleza. Nosotros lo imitamos no por nuestra vida natural sino por Su vida divina. Es por la vida divina de nuestro Padre que nosotros Sus hijos podemos ser perfectos como El (Mt. 5:48).

2[1] Así como la gracia y la realidad (la verdad) son los elementos básicos mencionados en 4:17-32, así también el amor y la luz (vs. 8-9, 13) son los elementos básicos de la exhortación del apóstol en 5:1-33. La gracia es la expresión del amor, y el amor es la fuente de la gracia. La verdad es la revelación de la luz, y la luz es el origen de la verdad. Dios es amor y Dios es luz (1 Jn. 4:8; 1:5). Cuando Dios es expresado y revelado en el Señor Jesús, Su amor se convierte en gracia, y Su luz se convierte en verdad. Después de recibir en el Señor a Dios como gracia y de conocerle como la verdad, acudimos a El y disfrutamos Su amor y Su luz. El amor y la luz son más profundos que la gracia y la verdad. Por lo tanto, el apóstol primero tomó la gracia y la verdad como los elementos básicos para su exhortación, y luego el amor y la luz. Esto implica que él quería que nuestro andar diario fuera más profundo, y que avanzara desde los elementos exteriores hacia los interiores.

El amor es la substancia interna de Dios, mientras que la luz es el elemento expresado de Dios. El amor de Dios, el cual es interno, se puede sentir, y la luz de Dios, la cual es externa, se puede ver. Nuestro andar en amor debe estar constituido de ambos elementos, la substancia amorosa y el elemento iluminador de Dios. Estos deben ser la fuente interior de nuestro andar. El amor y la luz son más profundos que la gracia y la verdad.

2[2] En 4:32 el apóstol presentó a Dios como el patrón de nuestro andar diario. Aquí nos presentó a Cristo como ejemplo de nuestro vivir. En 4:32 Dios en Cristo es nuestro patrón, ya que en esa sección la gracia y la realidad (la verdad) de Dios, expresadas en la vida de Jesús, son tomadas como los elementos básicos. Pero aquí Cristo mismo es nuestro ejemplo, porque en esta sección el amor que Cristo nos expresa (vs. 2, 25) y la luz que Cristo hace resplandecer sobre nosotros (v. 14) son tomados como los elementos básicos.

2[3] Algunos mss. antiguos lo traducen: os amó.

2[4] Una ofrenda se da para la comunión con Dios, mientras que un sacrificio se ofrece para la redención del pecado. Cristo se entregó a Sí mismo por nosotros como ofrenda, para que pudiéramos tener comunión con Dios, y como sacrificio, para poder redimirnos del pecado.

2[5] Al amarnos, Cristo se entregó a Sí mismo por nosotros. Lo hizo para nosotros, pero fue un olor fragante a

3 Pero [1a]fornicación y toda inmundicia, o avaricia, ni
aun se nombre entre vosotros, como conviene a [2]santos;
4 ni [a]obscenidades, ni palabras necias, o bufonerías maliciosas, que no convienen, sino antes bien [1b]acciones de
gracias.
5 Porque [1]entendéis esto, [2]sabiendo que ningún fornicario, o inmundo, o avaro, que es idólatra, tiene herencia en el
[3a]reino de Cristo y de Dios.
6 Nadie os engañe con [a]palabras vanas, porque por estas
cosas viene la [b]ira de Dios sobre los [c]hijos de desobediencia.
7 No seáis, pues, [a]partícipes con ellos.
8 Porque [a]en otro tiempo erais [1b]tinieblas, mas ahora
sois [1c]luz [d]en el Señor; [2e]andad como [3f]hijos de luz
9 (porque el [a]fruto de la luz *consiste* en toda [1]bondad,
[b]justicia y [c]verdad),

3[a] Col. 3:5
4[a] Ef. 4:29
4[b] Ef. 5:20; 1 Ts. 5:18
5[a] 1 Co. 6:9; Gá. 5:19-21
6[a] Col. 2:8; 1 Ti. 1:6
6[b] Ro. 1:18; Col. 3:6
6[c] Ef. 2:2
7[a] Ef. 5:11
8[a] Ef. 2:2
8[b] Hch. 26:18
8[c] Mt. 5:14; Fil. 2:15
8[d] Ef. 4:1
8[e] Ef. 4:1
8[f] Lc. 16:8; Jn. 12:36
9[a] cfr. Gá. 5:22
9[b] Ef. 4:24; 6:14
9[c] Ef. 4:15

Dios. Al seguir Su ejemplo, nuestro andar en amor no debe ser solamente algo para otros, sino también olor fragante a Dios.

3[1] La fornicación es lo que más perjudica a la humanidad. Es perjudicial especialmente para el propósito e intención de Dios con respecto a la creación del hombre y también para la vida de iglesia de los creyentes en el Cuerpo de Cristo. Esto se basa en 1 Co. 5.

3[2] Personas que están separadas para Dios y saturadas de El, y cuyas vidas concuerdan con la naturaleza santa de Dios.

4[1] Dar gracias a Dios es proferir a Dios como la verdad, mientras que hablar necedades o bufonerías viles es proferir a Satanás como falsedad.

5[1] La palabra griega denota conocimiento subjetivo.

5[2] La palabra griega denota conocimiento objetivo.

5[3] El reino de Cristo es el milenio (Ap. 20:4, 6; Mt. 16:28) y también es el reino de Dios (Mt. 13:41, 43 y las notas). Los creyentes han sido regenerados e introducidos en el reino de Dios (Jn. 3:5), y están en la vida de la iglesia viviendo en el reino de Dios hoy (Ro. 14:17). Sólo los vencedores, no todos los creyentes, participarán en el milenio. En el siglo venidero los impuros y vencidos no tendrán herencia en el reino de Cristo y de Dios, que es el milenio. Véanse las notas 20[3] de Mt. 5 y 28[1] de He. 12.

8[1] Nosotros no sólo estábamos en tinieblas, sino que éramos las tinieblas mismas. Ahora no solamente somos hijos de luz sino la luz misma (Mt. 5:14). Así como Dios es luz, Satanás es tinieblas. Eramos tinieblas porque éramos uno con Satanás. Ahora somos luz porque somos uno con Dios en el Señor.

8[2] El v. 2 nos dice que andemos en amor, y este versículo, que andemos como hijos de luz.

8[3] Como Dios es luz, así también nosotros, los hijos de Dios, somos los hijos de luz.

9[1] La bondad es la naturaleza del fruto de la luz; la justicia es la manera o el procedimiento por el cual es producido el fruto de la luz; y la verdad es la realidad, la expresión real (Dios mismo), del fruto de la luz. El fruto de la luz debe de ser bueno en naturaleza, justo en procedimiento, y real en expresión, a fin de que Dios sea expresado como la realidad de nuestro andar diario.

El fruto de la luz en bondad, justicia, y verdad está relacionado con el Dios Triuno. La bondad se refiere a Dios el Padre, porque el único que es bueno es Dios (Mt. 19:17). La justicia se refiere a Dios el Hijo, porque Cristo

10[a] Ro. 12:2; 1 Ts. 5:21
11[a] Ef. 5:7
11[b] Ro. 13:12
11[c] Ef. 5:13; 1 Ti. 5:20
13[a] Ef. 5:11; Jn. 3:20
13[b] Jn. 3:21
14[a] Ro. 13:11
14[b] Is. 60:1
14[c] Ef. 2:1
14[d] Lc. 1:78-79
15[a] Ef. 4:1
15[b] Mt. 25:2; Col. 4:5
16[a] Col. 4:5
16[b] Ef. 6:13
17[a] Col. 1:9
17[b] Ef. 1:5; Ro. 12:2
18[a] Pr. 20:1
18[b] Ef. 3:19
18[c] Ef. 1:17

10 [a]comprobando lo que es agradable al Señor.
11 Y no [a]participéis en las [1b]obras infructuosas de las
tinieblas, sino más bien [2c]reprendedlas;
12 porque vergonzoso es aun hablar de lo que ellos hacen
en secreto.
13 Mas todas las cosas que son reprendidas, son [1a]hechas
manifiestas por la luz; porque todo aquello que hace [b]mani-
fiestas *las cosas* es luz.
14 Por lo cual dice: [a]Despiértate, [1]tú que duermes, y [b]le-
vántate de los [c]muertos, y te [d]alumbrará [2]Cristo.
15 [1]Mirad, pues, atentamente cómo [a]andéis, no como necios sino como [b]sabios,
16 [1a]redimiendo el tiempo, porque los [2b]días son malos.
17 Por tanto, no seáis insensatos, sino [1a]entended cuál es
la [b]voluntad del Señor.
18 No os [1]embriaguéis con [a]vino, en lo cual hay disolución;
antes bien, sed [1b]llenos en el [c]espíritu,

---

vino a cumplir el propósito de Dios conforme al procedimiento justo de Dios (Ro. 5:17-18, 21). La verdad se refiere a Dios el Espíritu, porque El es el Espíritu de realidad (Jn. 14:17). La verdad también denota la expresión del fruto en la luz.

11[1] Las obras infructuosas de las tinieblas son vanidad, mientras que el fruto de la luz es verdad, realidad (v. 9).

11[2] O, exponedlas, dejadlas al descubierto.

13[1] O, expuestas, descubiertas.

14[1] Este que duerme y que necesita la reprensión mencionada en los vs. 11 y 13 es también un muerto. Necesita despertar de su sueño y levantarse de los muertos.

14[2] Cuando reprendemos o exponemos a alguien que está durmiendo y muerto en tinieblas, Cristo le alumbrará. Nuestra reprensión o exposición en luz es la iluminación de Cristo.

15[1] El quinto punto de un andar digno del llamamiento de Dios consiste en que vivamos siendo llenos en el espíritu (vs. 15-21). Los primeros cuatro aspectos de este andar digno son guardar la unidad, crecer en Aquel que es la Cabeza, aprender a Cristo y vivir en amor y en luz. El resultado de tener estos cuatro aspectos de un andar digno es que somos espontáneamente llenos en nuestro espíritu. De este llenar interno vendrá la sumisión, el amor, la obediencia, el cuidado por otros, y todas las otras virtudes de una vida cristiana apropiada con respecto a la vida de iglesia, la vida familiar y la vida comunitaria. ¡Qué vida tenemos cuando mostramos los cinco aspectos de un andar que es digno del llamamiento de Dios!

16[1] Es decir, aprovechando cada oportunidad favorable. Esto significa ser sabios en nuestro andar (v. 15).

16[2] En este siglo maligno (Gá. 1:4), cada día es un día malo lleno de cosas perniciosas; éstas hacen que nuestro tiempo sea usado de manera inadecuada, que sea reducido y arrebatado. Por lo tanto, tenemos que andar sabiamente para poder redimir el tiempo, aprovechando cada oportunidad disponible.

17[1] La mejor manera de redimir nuestro tiempo (v. 16) es entender la voluntad del Señor. La mayor parte de nuestro tiempo es malgastado porque no conocemos la voluntad del Señor.

18[1] Embriagarnos con vino es ser llenos en el cuerpo, mientras que ser

19 [1]hablando unos a otros con [2a]salmos, con himnos y cánticos espirituales, cantando y salmodiando al Señor en vuestros corazones;
20 [a]dando [1]siempre gracias por todo a *nuestro* Dios y Padre, [2]en el nombre de nuestro Señor Jesucristo;
21 [1a]sujetos [2]unos a otros en el [3]temor de Cristo.

C. El vivir necesario en las relaciones éticas 5:22—6:9

1. Entre esposa y esposo 5:22-33

22 Las [1a]casadas *estén* [b]*sujetas* [2]a sus [3]propios maridos, como al Señor;

19[a] Col. 3:16
20[a] Ef. 5:4; Col. 3:17
21[a] 1 P. 5:5
22[a] vs. 22-23: Col. 3:18-19
22[b] Tit. 2:5; 1 P. 3:1

---

llenos en el espíritu (nuestro espíritu regenerado, no el Espíritu de Dios) es ser llenos de Cristo (1:23) hasta la medida de la plenitud de Dios (3:19). Embriagarnos con vino en nuestro cuerpo físico nos trae disolución, pero ser llenos de Cristo, la plenitud de Dios, en nuestro espíritu, hace que rebosemos de Cristo en hablar, cantar, salmodiar y en dar gracias a Dios (vs. 19-20), y también hace que nos sometamos unos a otros (v. 21).

19[1] Los vs. 19-21 modifican la frase *se sed llenos en el espíritu* del v. 18. Los salmos, himnos y cánticos espirituales no sólo son para cantarlos y salmodiarlos, sino también para que los hablemos unos a otros. El hablar, cantar, salmodiar, darle gracias a Dios (v. 20), y el someternos unos a otros (v. 21) no son solamente lo que rebosa al ser llenos en el espíritu, sino que también son la manera de ser llenos en el espíritu.

19[2] Los salmos son poemas largos, los himnos son poemas más cortos, y los cánticos espirituales son poemas aún más cortos. Todos éstos son necesarios para que seamos llenos del Señor y para rebosar de El en nuestra vida cristiana.

20[1] Debemos darle gracias a Dios el Padre, no sólo en los tiempos buenos sino en todo tiempo, y no sólo por las cosas buenas sino por todas las cosas. Aun en los tiempos malos debemos darle gracias a Dios nuestro Padre por las cosas malas.

20[2] La realidad del nombre del Señor es Su persona. Estar en Su nombre es estar en Su persona, en El mismo. Esto implica que debemos ser uno con el Señor en darle gracias a Dios.

21[1] Someternos unos a otros también es una manera de ser llenos en el espíritu con el Señor (v. 18) y es lo que rebosa cuando somos llenos. Esto es vivir al ser llenos en nuestro espíritu de todas las riquezas de Cristo hasta la medida de la plenitud de Dios.

21[2] Debemos sujetarnos unos a otros; los jóvenes a los mayores y los mayores a los jóvenes (1 P. 5:5).

21[3] Según el contexto de los versículos siguientes, estar en el temor de Cristo es temer ofender la Cabeza. Esto está relacionado con la posición de Cristo como Cabeza (v. 23) e incluye nuestra sujeción de unos a otros. Véase la nota 33[1].

22[1] La relación entre las esposas y los maridos está relacionada con ser llenos en el espíritu. Sólo al ser llenos en nuestro espíritu podemos tener una vida matrimonial apropiada, la cual es una figura de la relación que existe entre Cristo y la iglesia.

22[2] Esta es una especie de sujeción implícita en el v. 21. El apóstol en su exhortación con respecto a la vida matrimonial, se dirige primero a las esposas, porque las esposas, como Eva en Gn. 3, se desvían del camino correcto

(Un tipo de la iglesia y Cristo
vs. 23-32

23a 1 Co. 11:3
23b Ef. 4:15
25a Ef. 5:28, 33
25b Ef. 5:2

23 porque el marido es [1a]cabeza de la mujer, así como Cristo es [b]Cabeza de la iglesia, *siendo* El mismo el [2]Salvador del Cuerpo.

24 [1]Mas, como la iglesia está sujeta a Cristo, así también las casadas *lo estén* a sus maridos en [2]todo.

25 Maridos, [1a]amad a vuestras mujeres, así [2]como Cristo [b]amó a la iglesia, y se entregó a Sí mismo por ella,

más fácilmente que los maridos. En 1 P. 3:7 vemos que la esposa es el vaso más frágil. En las exhortaciones de Pablo con respecto a esposas y maridos, hijos y padres, y esclavos y amos, él cuidó primero del lado frágil y luego del fuerte.

223 La mayoría de las esposas aprecian y respetan a los maridos de otras; por eso, el apóstol exhorta a las esposas a que estén sujetas a *sus propios* maridos como al Señor sin importar qué clase de maridos tengan ellas. Según el mismo principio, cuando Pablo se dirigió a los maridos, los exhortó a que amaran a *sus propias* esposas (vs. 28, 33). Si deseamos vivir conforme a la realidad, por gracia, y en amor y luz, no debemos comparar a nuestro cónyuge con el de otros.

231 El marido como cabeza de la esposa tipifica a Cristo, quien es la Cabeza de la iglesia.

232 Cristo no sólo es la Cabeza de la iglesia, sino también el Salvador del Cuerpo. El hecho de que El sea la Cabeza es cuestión de autoridad, mientras que el hecho de que El sea el Salvador es cuestión de amor. Debemos estar sujetos a El como nuestra Cabeza y debemos amarlo como nuestro Salvador.

241 El pensamiento aquí es el siguiente: aunque los maridos no son los que salvan a sus esposas en la manera en que Cristo es el Salvador de la iglesia, las esposas de todos modos deben estar sujetas a sus maridos como la iglesia lo está a Cristo.

242 Según lo que Dios ha ordenado, la sujeción de las esposas a sus maridos debe ser absoluta, sin concesión alguna. Esto no quiere decir que ellas deban obedecer a sus maridos en todo. Obedecer es diferente a someterse. Con relación a la obediencia, el énfasis está en el cumplimiento, mientras que en cuanto a la sumisión, el énfasis está en la subordinación. En las cosas pecaminosas, en las cosas en contra de Dios y del Señor, las esposas no deben obedecer a sus maridos. Sin embargo, ellas deben seguir sujetas a ellos. En una situación similar, los tres amigos de Daniel desobedecieron la orden del rey de Babilonia de adorar al ídolo, aún así, permanecieron sujetos a la autoridad del rey (Dn. 3:13-23).

251 Lo opuesto de estar sujeto es regir; sin embargo, el apóstol no exhortó a los maridos a regir a sus esposas sino a amarlas. En la vida matrimonial, la obligación de la esposa es estar sujeta y la del marido es amar. La sujeción de la esposa y el amor del marido constituyen la vida matrimonial apropiada y tipifica la vida normal de iglesia, en la cual la iglesia está sujeta a Cristo y Cristo ama a la iglesia. El amor es el elemento mismo, la substancia interna, de Dios (1 Jn. 4:8, 16). La meta de este libro es introducirnos en la substancia interna de Dios para que disfrutemos a Dios como amor y disfrutemos Su presencia en la dulzura del amor divino, y así amemos a otros como Cristo lo hacía.

252 El amor del marido hacia su esposa tiene que ser como el amor de Cristo por la iglesia: el marido debe estar dispuesto a pagar un precio, aun a morir por su esposa.

26 para [1a]santificarla, purificándola por el [2b]lavamiento
del [3]agua en la [4c]palabra,
27 a fin de [1a]presentársela a Sí mismo, una [2b]iglesia [3]glo-
riosa, que no tuviese [4]mancha ni arruga ni cosa semejante,
sino que fuese [5c]santa y [d]sin defecto.

26[1] El propósito de Cristo al entregarse a Sí mismo por la iglesia es santificarla, no sólo separándola para Sí mismo de todo lo profano, sino también saturándola de Su elemento para que ella sea Su complemento. El logra este propósito al limpiarla por el lavamiento del agua en la palabra.

26[2] Lit., lavacro. En el griego aparece el artículo definido antes de esta palabra, y esto hace que se refiera al mismo lavacro que era conocido por todos los judíos. En el Antiguo Testamento los sacerdotes usaban el lavacro para lavar su contaminación terrenal (Ex. 30:18-21). Ahora el lavacro, el lavamiento del agua, nos lava de la contaminación.

26[3] Según el concepto divino, aquí el agua se refiere a la vida de Dios, una vida que fluye, tipificada por una corriente (Ex. 17:6; 1 Co. 10:4; Jn. 7:38-39; Ap. 21:6; 22:1, 17). Aquí el lavamiento del agua es diferente del lavamiento de la sangre redentora de Cristo. La sangre redentora nos lava de nuestros pecados (1 Jn. 1:7; Ap. 7:14), mientras que el agua de vida nos lava de los defectos de la vida natural de nuestro viejo hombre, tales como manchas, arrugas y cosas semejantes, según se menciona en el v. 27. Al separar y santificar la iglesia, el Señor primero nos lava de nuestros pecados con Su sangre (He. 13:12) y luego nos lava de nuestras manchas naturales con Su vida. Ahora estamos en este proceso de lavamiento a fin de que la iglesia sea santa y sin defecto (v. 27).

26[4] La palabra griega denota una palabra específica para el momento. El Cristo que mora en nosotros como el Espíritu vivificante siempre habla una palabra específica, presente y viviente para quitar metabólicamente lo viejo y reemplazarlo con lo nuevo, haciendo una transformación interna. La limpieza por el lavamiento del agua de vida está en la palabra de Cristo. Esto indica que en la palabra de Cristo se encuentra el agua de vida. Esto está tipificado por el lavacro situado entre el altar y el tabernáculo (Ex. 38:8; 40:7).

27[1] En el pasado, Cristo, el Redentor, se entregó a Sí mismo por la iglesia (v. 25) para redimirla e impartirle vida (Jn. 19:34). Hoy en día, El, como Espíritu vivificante, santifica la iglesia a través de la separación, la saturación, la transformación, el crecimiento y la edificación. En el futuro, El, como el Novio, presentará a la iglesia a Sí mismo como Su complemento para Su satisfacción. Por lo tanto, Cristo ama la iglesia con miras a separarla y santificarla, y el fin de esta separación y santificación de la iglesia es presentársela a Sí mismo.

27[2] En esta sección de exhortación el apóstol presentó otro aspecto de la iglesia, el de la novia. Este aspecto revela que la iglesia procede de Cristo, como Eva procedió de Adán (Gn. 2:21-22), que ella tiene la misma vida y naturaleza que Cristo, y que llega a ser uno con El como Su complemento, así como Eva fue una sola carne con Adán (Gn. 2:24). La iglesia como nuevo hombre está relacionada con la gracia y la realidad, mientras que la iglesia como novia de Cristo está relacionada con el amor y la luz. La exhortación del apóstol en el cap. 4 está enfocada en el nuevo hombre, el cual tiene gracia y realidad como sus elementos básicos, mientras que su exhortación en este capítulo está enfocada en la novia de Cristo, la cual tiene amor y luz como sus substancias básicas. Debemos andar como el nuevo hombre en gracia y realidad, y debemos vivir como la novia de Cristo en amor y luz.

27[3] La gloria es Dios expresado. Así que, ser glorioso es expresar a

26[a] He. 10:10, 14; 13:12; Jn. 17:17
26[b] 1 Co. 6:11
26[c] Jn. 15:3; 17:17
27[a] 2 Co. 11:2; Col. 1:22; cfr. Gn. 2:22
27[b] Mt. 16:18
27[c] Ef. 1:4; Col. 1:22
27[d] Cnt. 4:7

28a Ef. 5:25
29a Jn. 21:15, 17; 1 Co. 3:2
29b 1 Ts. 2:7
30a Ro. 12:5; 1 Co. 12:12, 18-20
30b Ef. 1:23; 1 Co. 12:27
31a Gn. 2:24; Mt. 19:5
31b 1 Co. 6:16
32a Ef. 3:3; 1 Ti. 3:16
32b 1 Co. 6:17
33a Ef. 5:25
33b 1 P. 3:2
1a vs. 1-4: Col. 3:20-21
1b Ef. 4:1

28 Así también los maridos deben [a]amar a sus propias
mujeres como a sus mismos cuerpos. El que ama a su mujer,
a sí mismo se ama.
29 Porque nadie aborreció jamás a su propia carne, sino
que la [1a]sustenta y la [b]cuida con ternura, como también
Cristo a la iglesia,
30 porque somos [a]miembros de Su [b]Cuerpo.
31 [a]Por esto [1]dejará el hombre a su padre y a su madre, y
se unirá a su mujer, y los dos [2]serán [b]una sola carne.
32 Grande es este [a]misterio; mas yo digo esto respecto de
[1]Cristo [b]y de la iglesia.
33 En todo caso, cada uno de vosotros [a]ame también a
su propia mujer como a sí mismo; y la mujer [1b]tema a su
marido.

CAPITULO 6

2. Entre hijos y padres
6:1-4

1 [1a]Hijos, obedeced [2b]en el Señor a vuestros padres, porque esto es [3]justo.

Dios. Finalmente, la iglesia presentada a Cristo será una iglesia que expresa a Dios.

27[4] La mancha aquí representa algo de la vida natural, y las arrugas están relacionadas con la vejez. Sólo el agua de vida puede lavar metabólicamente tales defectos por la transformación realizada por la vida.

27[5] Ser santo significa estar saturado de Cristo y ser transformado por El, y ser sin defecto significa ser libre de mancha y de arruga, no teniendo nada de la vida natural de nuestro viejo hombre.

29[1] Sustentarnos es alimentarnos con la palabra viviente del Señor. Cuidar con ternura es criarnos con amor tierno y abrigarnos con cuidado tierno, suavizándonos externamente con calor tierno para que podamos tener por dentro un descanso dulce y confortable. Esta es la manera en que Cristo cuida la iglesia, Su Cuerpo.

31[1] Esto fue lo que Dios dispuso en conformidad con Su economía (Gn. 2:24; Mt. 19:5).

31[2] Lit., estarán *en una carne.

32[1] Cristo y la iglesia como un solo espíritu (1 Co. 6:17), tipificado por un marido y una esposa como una sola carne, son el gran misterio.

33[1] Puesto que una esposa debe respetar a su marido como la cabeza (siendo el marido aquel que tipifica a Cristo, la Cabeza de la iglesia), debe temer a su marido en el temor de Cristo (v. 21).

1[1] Al exhortar a los hijos y a los padres, el apóstol empieza por los hijos primero, debido a que los problemas vienen principalmente de ellos.

Los vs. 1-9, los cuales tratan de la relación entre los hijos y los padres y entre los esclavos y los amos, están insertados entre la sección que trata de la iglesia como la novia (5:22-33) y la que trata de la iglesia como el guerrero (vs. 10-20). Si nosotros descuidamos los puntos tratados en los vs. 1-9, no podemos ser una novia apropiada ni un guerrero apropiado. En las exhortaciones mencionadas en estos versículos, Pablo comunicó un

2 “[1a]Honra a tu padre y a tu madre”, que es el [2]primer
mandamiento con promesa;
3 “[a]para que [1]te vaya bien, y [1]seas de larga vida sobre la
tierra”.
4 Y vosotros, padres, no [1]provoquéis a ira a vuestros
hijos, sino [a]criadlos en la disciplina y la [2]amonestación del
Señor.

3. Entre esclavos y amos
6:5-9

5 [1a]Esclavos, [2]obedeced a vuestros amos según la carne
con [3b]temor y temblor, con [4c]sencillez de vuestro corazón,
[5d]como a Cristo;

2[a] Ex. 20:12; Dt. 5:16
3[a] Dt. 5:16; Ex. 20:12
4[a] cfr. Gn. 18:19; 2 Ti. 3:15
5[a] vs. 5-9: Col. 3:22–4:1; 1 Ti. 6:1; Tit. 2:9-10
5[b] 1 Co. 2:3; Fil. 2:12
5[c] Hch. 2:46
5[d] Ef. 5:22

---

punto clave, el cual es una lección muy importante que debemos aprender: por amor de la vida de la iglesia, necesitamos tener una vida humana apropiada en esta era.

1[2] *En el Señor* indica que los hijos deben obedecer a sus padres (1) siendo uno con el Señor, (2) no por sí mismos sino por el Señor, y (3) no conforme a su concepto natural sino a la palabra del Señor.

1[3] O, recto, razonable. Obedecer a los padres no sólo es correcto sino justo.

2[1] Honrar es diferente de obedecer. Obedecer es una acción, mientras que honrar es una actitud. Es posible que los hijos obedezcan a sus padres sin honrarlos. Para honrar a sus padres, los hijos necesitan una actitud de honra, un espíritu de honra. Todos los hijos necesitan aprender a obedecer a sus padres y al mismo tiempo, honrarlos.

2[2] Este no sólo es el primer mandamiento con promesa, sino también el primer mandamiento en cuanto a las relaciones humanas (Ex. 20:12).

3[1] Se refiere a ser prósperos en bendiciones materiales. Tener larga vida es tener longevidad. La prosperidad y la longevidad son bendiciones que Dios da en esta vida a aquellos que honran a sus padres. Si deseamos prolongar nuestros días y disfrutar las bendiciones, debemos aprender a obedecer y honrar a nuestros padres. El mandamiento de honrar a nuestros padres es el primer mandamiento con promesa.

4[1] Provocar a los hijos a ira les hace daño puesto que incita su carne. No provocar a sus hijos a ira requiere que el padre resuelva el problema de su propia ira dejándola sobre la cruz. De esta manera puede disciplinar apropiadamente a sus hijos.

4[2] La amonestación incluye la instrucción. Los padres deben instruir a sus hijos con la Palabra de Dios (Dt. 6:6-7), enseñándoles a conocer la Biblia. Sin embargo, la manera en que los hijos se desarrollan, depende de la misericordia de Dios.

5[1] En cuanto a la relación entre esclavos y amos, el apóstol exhortó primero a los esclavos porque las dificultades provenían mayormente de ellos.

5[2] En los tiempos del apóstol los esclavos eran comprados por sus amos, y los amos tenían derecho sobre sus vidas. Algunos esclavos y algunos amos llegaron a ser hermanos en la iglesia. Como hermanos en la iglesia, eran iguales y no había distinción entre ellos (véase Col. 3:11), pero en casa, los que eran esclavos todavía estaban obligados a obedecer a los hermanos que eran sus amos según la carne.

5[3] El temor es el motivo interior para servir, y el temblor es la actitud exterior.

5[4] Ser sencillo significa ser puro en motivo y tener un solo propósito.

6[a] Gá. 1:10
6[b] Ro. 1:1; Gá. 1:10
6[c] Fil. 1:27; 2:2
6[d] Ef. 5:17
7[a] Ro. 12:11
7[b] Ef. 6:5
8[a] 1 Co. 12:13; Gá. 3:28; Col. 3:11
9[a] Lv. 25:43
9[b] Hch. 10:34; Ro. 2:11
10[a] 1 Co. 16:13; Fil. 4:13; 2 Ti. 2:1; cfr. Jos. 1:6-7; Hag. 2:4
10[b] Ef. 4:1
10[c] Ef. 1:19
11[a] cfr. Ro. 13:14; Ef. 4:24
11[b] Ef. 6:13; Ro. 13:12; 2 Co. 6:7

6 no sirviendo al ojo, como [a]los que quieren agradar a los
hombres, sino [1]como [b]esclavos de Cristo, [2]de [c]corazón haciendo la [d]voluntad de Dios;
7 [1a]sirviendo de buena voluntad, [2b]como al Señor y no a
los hombres,
8 sabiendo que el bien que cada uno haga, [1]ése recibirá
del Señor, sea [a]esclavo o sea libre.
9 Y vosotros, amos, haced con ellos lo mismo, [1a]dejando
las amenazas, sabiendo que el Señor de ellos y vuestro está
en los cielos, y que para El [b]no hay acepción de personas.

D. La lucha que se requiere para combatir al enemigo espiritual 6:10-20

10 [1]Por lo demás, [2a]fortaleceos [3b]en el Señor, y en el [c]poder
de Su fuerza.
11 [1a]Vestíos de [2]toda la [b]armadura de Dios, para que
podáis [3c]estar firmes contra las [4d]estratagemas del [e]diablo.

5[5] La relación entre esclavos y amos es también un tipo de nuestra relación con Cristo, quien es nuestro Amo. Debemos ser como esclavos y obedecerle con sencillez de corazón.

6[1] Si un hermano que es un esclavo toma su posición y obedece a su amo, él es, a los ojos del Señor, un esclavo de Cristo, que hace la voluntad de Dios, y que sirve como al Señor y no a los hombres (v. 7).

6[2] Lit., del alma. Esto significa servir no sólo con el cuerpo físico, sino también con el corazón.

7[1] Lit., sirviendo como esclavos.

7[2] Véase la nota 6[1].

8[1] Cualquier cosa buena que hagamos, ésa misma recibiremos del Señor, y será una recompensa para nosotros.

9[1] Los amos, quienes tenían el derecho sobre las vidas de sus esclavos, debían dejar sus amenazas, porque el Señor en los cielos era el Amo verdadero tanto de ellos como de los esclavos.

10[1] El pasaje de 1:1 a 6:9 completa la revelación en cuanto al cumplimiento del propósito eterno de Dios por parte de la iglesia; pero en cuanto a que la lucha de la iglesia contra el enemigo de Dios, hay más que decir.

10[2] Esto implica que necesitamos ejercitar nuestra voluntad con firmeza.

Esta palabra griega tiene la misma raíz que la palabra *poder* hallada en 1:19. Para hacer frente al enemigo de Dios, para pelear contra las fuerzas malignas de las tinieblas, necesitamos ser fortalecidos con la grandeza del poder que levantó a Cristo de entre los muertos y lo sentó en los cielos, muy por encima de todos los espíritus malignos del aire.

10[3] En la batalla espiritual contra Satanás y su reino maligno, podemos pelear solamente en el Señor, y no en nosotros mismos. Cuando estamos en nosotros mismos, somos vencidos.

11[1] En los primeros cinco capítulos la iglesia es mostrada de muchas maneras en relación con el cumplimiento del propósito eterno de Dios. Pero aquí la iglesia es vista como un guerrero en relación con la derrota del enemigo de Dios, el diablo. Para derrotar al enemigo de Dios, necesitamos vestirnos de toda la armadura de

---

11[c] Ef. 6:13, 14; Ro. 5:2; 11:20; 1 Co. 15:1; 2 Co. 1:24; Gá. 5:1; Col. 4:12; 1 P. 5:12
11[d] 2 Co. 2:11 11[e] Jac. 4:7; 1 P. 5:8-9

12 Porque no tenemos lucha contra [1a]sangre y carne, sino
contra [2b]principados, contra potestades, contra los [c]gober-
nadores del mundo de [3]estas [d]tinieblas, contra *huestes*
espirituales de maldad en las [4e]regiones celestes.
13 Por tanto, [1]tomad toda la [a]armadura de Dios, para que
podáis [2b]resistir en el [3c]día malo, y habiendo acabado todo,
[4d]estar firmes.

12[a] Mt. 16:17; Gá. 1:16
12[b] Ef. 1:21; 2:2; 3:10; Col. 1:16; 2:15
12[c] Jn. 12:31; 14:30; 16:11
12[d] Hch. 26:18; Col. 1:13
12[e] Ef. 1:3; 2:2
13[a] Ef. 6:11
13[b] Jac. 4:7
13[c] Ef. 5:16
13[d] Ef. 6:11

Dios. "Vestíos" está en imperativo, es decir, es un mandato. Dios ha provisto la armadura para nosotros, pero El no nos la pone, sino que nosotros mismos debemos ponérnosla, ejercitando nuestra voluntad para cooperar con El.

11[2] Para pelear la batalla espiritual, no sólo necesitamos el poder del Señor, sino también la armadura de Dios. Nuestras armas no sirven; lo que sí nos sirve es toda la armadura de Dios.

Toda la armadura de Dios es dada al Cuerpo de Cristo, y no a ningún miembro individual del Cuerpo. La iglesia es un guerrero corporativo, y los creyentes son parte de este guerrero único. Solamente el guerrero corporativo, y no los creyentes individuales, puede vestirse con toda la armadura de Dios. Debemos pelear la batalla espiritual en el Cuerpo, no como individuos.

11[3] En el cap. 2 estamos sentados con Cristo en los lugares celestiales (2:6), y en los caps. 4 y 5 andamos (4:1, 17; 5:2, 8, 15) en Su Cuerpo en la tierra. Luego en el cap. 6 estamos firmes en Su poder en los lugares celestiales. Sentarnos con Cristo es participar de todos Sus logros; andar en Su Cuerpo es cumplir el propósito eterno de Dios; y estar firmes en Su poder es luchar en contra del enemigo de Dios.

11[4] El plan maligno del diablo.

12[1] La expresión *sangre y carne* se refiere a los hombres. Detrás del hombre de sangre y carne están los poderes malignos del diablo, los cuales están en contra del propósito de Dios. Así que, nuestra lucha, nuestra batalla, no debe ser contra el hombre sino contra las fuerzas espirituales de maldad que están en los lugares celestiales.

12[2] Los principados, las potestades y los gobernadores del mundo de estas tinieblas son los ángeles rebeldes que han seguido a Satanás en su rebelión contra Dios y que ahora reinan en los lugares celestiales sobre las naciones del mundo, como por ejemplo, el príncipe de Persia y el príncipe de Grecia, los cuales se mencionan en Dn. 10:20. Esto indica que el diablo, Satanás, tiene su reino de tinieblas (Mt. 12:26; Col. 1:13), en el cual ocupa la posición más alta, y los ángeles rebeldes están bajo él.

12[3] La expresión *estas tinieblas* se refiere al mundo de hoy, el cual está completamente bajo el gobierno de tinieblas del diablo, quien rige a través de sus ángeles malignos.

12[4] Aquí la expresión *las regiones celestes* se refiere al aire (2:2). Satanás y sus fuerzas espirituales de maldad están en el aire. Pero nosotros estamos sentados en el tercer cielo por encima de ellos (2:6). Al pelear una batalla, la posición sobre el enemigo tiene gran valor estratégico. Satanás y sus fuerzas malignas están bajo nosotros y están destinadas a ser vencidas por nosotros.

13[1] Necesitamos toda la armadura de Dios para pelear la batalla espiritual, y no sólo una parte o algunas partes de ella. Para tomar toda la armadura, se necesita el Cuerpo de Cristo; individualmente, los creyentes no son competentes para hacer esto.

13[2] Resistir es estar firmes en contra de algo. Estar firmes es crucial en la batalla.

13[3] El v. 16 del cap. 5 dice que los días son malos. En esta era maligna todos los días son días malos porque Satanás, el maligno, está obrando todos los días.

14[a] Lc. 12:35; 1 P. 1:13; cfr. Is. 11:5
14[b] Jn. 8:32; 17:17
14[c] Is. 59:17; cfr. 1 Ts. 5:8
14[d] Ef. 4:24; 5:9
15[a] Is. 52:7; Ro. 10:15
15[b] Ef. 2:17
15[c] Ef. 2:15-17
16[a] cfr. 1 Ts. 5:8
16[b] Mt. 5:37; 6:13; Jn. 17:15; 1 Jn. 5:19

14 [1]Estad, pues, firmes, [2a]ceñidos vuestros lomos con la
[3b]verdad, y [4]vestidos con la [c]coraza de [d]justicia,
15 y [1]calzados los [a]pies con el [2]firme cimiento del [b]evange-
lio de la [c]paz,
16 y sobre todo, habiendo [1]tomado el [a]escudo de *la* [2]fe, con
que podáis apagar todos los [3]dardos de fuego del [b]maligno.

13[4] En la batalla necesitamos estar firmes hasta el fin. Habiendo acabado todo, debemos estar firmes.

14[1] De aquí hasta el final del v. 16 se nos da una descripción de cómo estar firmes.

14[2] El ceñimiento de nuestros lomos tiene como fin el fortalecimiento de todo nuestro ser.

14[3] De acuerdo con el uso de esta palabra en el cap. 4 —véanse las notas 15[1] (*verdad*), 21[1] (*realidad*) y 24[5] (*realidad*)— la verdad aquí se refiere a Dios en Cristo como la realidad en nuestro vivir, es decir, Dios que llega a ser nuestra realidad y la experiencia en nuestro vivir. De hecho esto es Cristo mismo expresado en nuestras vidas (Jn. 14:6). Tal verdad, tal realidad, es el cinto que fortalece todo nuestro ser para la batalla espiritual.

14[4] Vestirnos con la coraza de justicia es proteger nuestra conciencia, la cual está representada por el pecho. Satanás es el que nos acusa. En nuestra lucha contra él necesitamos una conciencia libre de ofensa. No importa cuán limpia sintamos nuestra conciencia, necesitamos cubrirla con la coraza de justicia. Ser justo es ser recto tanto con Dios como con el hombre. Si estamos tan sólo un poco mal con Dios o con el hombre, Satanás nos acusará, y habrá grietas en nuestra conciencia a través de las cuales nuestra fe y confianza se escaparán. Por lo tanto, necesitamos la coraza de justicia para protegernos de la acusación del enemigo. Tal justicia es Cristo (1 Co. 1:30).

15[1] Nos calzamos los pies para fortalecer nuestra posición en la batalla y para pelear la batalla, no para andar por un camino o correr una carrera.

15[2] La expresión *firme cimiento* puede también traducirse *presteza.* Aquí quiere decir el establecimiento del evangelio de la paz. En la cruz Cristo hizo la paz por nosotros, tanto con Dios como con el hombre, y esta paz ha venido a ser nuestro evangelio (2:13-17). Este evangelio de la paz ha sido establecido como un firme cimiento, como un apresto con el cual pueden estar calzados nuestros pies. Estando calzados así, tendremos una posición firme para poder estar de pie para pelear la batalla espiritual. La paz para un fundamento tan firme también es Cristo (2:14).

16[1] Tomamos el escudo de la fe para protegernos contra los ataques del enemigo.

16[2] Necesitamos ceñir nuestros lomos con la verdad, cubrir nuestra conciencia con la justicia, calzar nuestros pies con la paz, y proteger todo nuestro ser con el escudo de la fe. Si vivimos por Dios como la realidad (la verdad), tenemos justicia (4:24), y la justicia produce la paz (He. 12:11; Is. 32:17). Teniendo todo esto, podemos fácilmente tener fe como un escudo contra los dardos de fuego del maligno. Cristo es el Autor y Perfeccionador de tal fe (He. 12:2). Para poder estar firmes en la batalla, necesitamos estar equipados con estas cuatro partes de la armadura de Dios.

16[3] Los dardos de fuego son las tentaciones, propuestas, dudas, preguntas, mentiras y ataques de Satanás. Los dardos de fuego eran usados por los guerreros en los tiempos de los apóstoles. El apóstol usó este término para describir los ataques de Satanás sobre nosotros.

17 Y recibid el [1a]yelmo de la salvación, y la [2b]espada del
Espíritu, [3]el cual es la [4c]palabra de Dios;
18 [1]con toda [2a]oración y petición orando en [b]todo tiempo
en el [3c]espíritu, y para ello [4d]velando con [5]toda perseverancia
y [6]petición por todos los santos;
19 y [a]por mí, a fin de que al abrir mi boca me sea dada
[1]palabra para dar a conocer con [b]denuedo el [2c]misterio del
evangelio,
20 por el cual soy [1a]embajador en [2b]cadenas, para que en
ello hable con [c]denuedo, como [d]debo hablar.

17[1] Recibir el yelmo de la salvación sirve para proteger nuestra mente, nuestro intelecto, contra los pensamientos negativos inyectados por el maligno. Este yelmo, esta protección, es la salvación de Dios. Satanás inyecta amenazas, preocupaciones, ansiedades, y otros pensamientos debilitantes en nuestra mente. La salvación de Dios es la protección que tomamos contra todo esto. Tal salvación es el Cristo salvador a quien experimentamos en nuestra vida diaria (Jn. 16:33).

17[2] De las seis partes de la armadura de Dios, ésta es la única que es usada para atacar al enemigo.

17[3] *Espíritu* es el antecedente de la expresión *el cual;* esto indica que el Espíritu es la palabra de Dios. Tanto el Espíritu como la palabra son Cristo (2 Co. 3:17; Ap. 19:13). Cristo como el Espíritu y la palabra nos provee de una espada como arma ofensiva para derrotar y matar al enemigo.

17[4] La palabra hablada en el momento por el Espíritu en cualquier situación. La espada, el Espíritu y la palabra son uno. Cuando la palabra constante en la Biblia viene a ser la palabra específica para el momento, esa palabra es el Espíritu como la espada que mata al enemigo.

18[1] Esta frase modifica al verbo *recibir* mencionado en el v. 17, el cual dice que debemos recibir no sólo el yelmo de la salvación sino también la palabra de Dios. Esto indica que necesitamos recibir la palabra de Dios por medio de toda oración y petición. Necesitamos orar para recibir la palabra de Dios.

Toda la armadura de Dios está compuesta de seis partes. La oración se puede considerar como la séptima; es el medio único, crucial y vital por el cual aplicamos las otras partes, haciendo que la armadura esté a nuestra disposición en forma práctica.

18[2] La oración es general y la petición es específica; las dos son necesarias para que podamos tener una vida de iglesia apropiada y vencedora.

18[3] Este es nuestro espíritu regenerado, en el cual mora el Espíritu de Dios. Puede considerarse el espíritu mezclado: el espíritu que es nuestro espíritu mezclado con el Espíritu de Dios. En la oración, la facultad principal que nosotros debemos usar es este espíritu.

18[4] Necesitamos velar, estar alerta, para mantener esta vida de oración.

18[5] Para mantener una vida de oración, necesitamos toda perseverancia, es decir, necesitamos atenderla constante y persistentemente.

18[6] Esto indica que necesitamos orar de una manera específica por todos los santos.

19[1] O, el habla, la expresión.

19[2] El misterio del evangelio es Cristo y la iglesia, los cuales cumplen el propósito eterno de Dios (5:32). Véase Ro. 16:25 y la nota 4.

20[1] Un embajador es una persona enviada por una autoridad específica para comunicarse con cierto pueblo. Aquí la palabra implica que el apóstol era alguien enviado por Dios, quien es la autoridad más alta del universo, para que se comunicara con cierto pueblo.

17[a] Is. 59:17; 1 Ts. 5:8
17[b] He. 4:12; cfr. Ap. 1:16; 19:15
17[c] Ef. 5:26
18[a] cfr. Sal. 119:147
18[b] 1 Ts. 5:17; Lc. 18:1; Col. 4:2
18[c] Ef. 1:17
18[d] Is. 62:6; Mt. 26:41
19[a] Col. 4:3; 1 Ts. 5:25; 2 Ts. 3:1
19[b] Fil. 1:20; 2 Co. 3:12
19[c] Ef. 1:9
20[a] 2 Co. 5:20
20[b] Col. 4:3; Fil. 1:13; 2 Ti. 1:16; Hch. 21:33; 26:29; 28:20
20[c] Ef. 6:19
20[d] Col. 4:4

IV. Conclusión
6:21-24

A. Recomendación
vs. 21-22

21 [a]Para que también vosotros sepáis mis asuntos, y cómo
me va, todo os lo [1]hará saber [b]Tíquico, hermano amado y fiel
[2]ministro [c]en el Señor,
22 el cual envié a vosotros para esto mismo, para que
sepáis lo tocante a nosotros, y que [a]consuele vuestros corazones.

B. Bendición
vs. 23-24

23 [1a]Paz sea a los hermanos, y [2b]amor con fe, [3]de Dios
Padre y del Señor Jesucristo.
24 La [1a]gracia sea con todos los que [2b]aman a nuestro
Señor Jesucristo en [3c]incorrupción.

21[a] Col. 4:7-9
21[b] Hch. 20:4; Col. 4:7; 2 Ti. 4:12; Tit. 3:12
21[c] Ef. 4:1
22[a] Col. 2:2
23[a] Ef. 1:2; Gá. 6:16; 2 Ts. 3:16; 1 P. 5:14
23[b] Gá. 5:6
24[a] Ef. 1:2; 2:5
24[b] cfr. 1 Co. 16:22
24[c] cfr. 2 Ti. 1:10

20[2] Lit., en cadena. Una cadena que unía el prisionero a su guardia.

21[1] Esta clase de comunión es necesaria y hermosa. Hoy es necesario que sea restaurado tal interés afectuoso entre los apóstoles y las iglesias.

21[2] Un siervo ministrador.

23[1] Al comienzo del libro el saludo del apóstol es primero con gracia como el disfrute, y luego con paz como el resultado del disfrute (1:2). Pero en la conclusión los elementos son presentados de manera contraria, avanzando del resultado, que es la paz, al disfrute, que es la gracia. Después de haber entrado en la paz, todavía necesitamos la gracia, lo cual indica que nuestra experiencia va de gracia en gracia.

23[2] La razón por la cual el apóstol incluyó el *amor* entre la *paz* y la *gracia* es que la única manera en que podemos mantenernos en una situación de paz es disfrutar continuamente al Señor en amor. Pablo se dio cuenta de que el amor es crucial. El habló del amor en relación con la paz y la gracia, indicando así que el amor es necesario para preservarnos en una condición de paz. El amor con fe es el medio por el cual participamos y experimentamos a Cristo (1 Ti. 1:14). Con la fe le recibimos (Jn. 1:12), y con el amor le disfrutamos (Jn. 14:23). Aquí no es fe y amor, ni amor y la fe, sino amor *con* fe. Esto indica que necesitamos la fe como complemento y apoyo de nuestro amor. El amor con fe es necesario. Esta es la conclusión del libro que trata de la iglesia. La iglesia necesita disfrutar a Cristo en amor con fe, la cual opera a través del amor (Gá. 5:6). El amor viene de Dios a nosotros, y la fe va de nosotros a Dios. Por medio de este tráfico de amor y fe, la paz sigue siendo nuestra porción. Somos guardados en paz por la venida del amor de Dios a nosotros y por la ida de nuestra fe a El. Este tráfico nos mantiene continuamente en el suministro de gracia, en el disfrute del Señor (v. 24).

23[3] El amor procede de Dios; se origina en El, no en nosotros. Sin embargo, al final el amor de Dios viene a ser nuestro amor. El amor de Dios por nosotros viene a ser nuestro amor por El.

24[1] Nosotros necesitamos la gracia para vivir una vida de iglesia que cumpla el propósito eterno de Dios y resuelva el problema de Dios con Su enemigo.

24[2] Los que aman al Señor le disfrutan como gracia. En este libro la frase *en amor,* una expresión llena de sentimiento, es usada repetidas veces (1:4; 3:17; 4:2, 15-16; 5:2). Más tarde, la iglesia en Efeso fue reprendida por el Señor porque había perdido su primer amor hacia El (Ap. 2:4). Uno de los puntos principales revelados en este libro es que la iglesia, la cual es el Cuerpo de Cristo, también es la novia, la esposa, de Cristo. En cuanto al Cuerpo, el énfasis está en tomar a Cristo como vida; en cuanto a la esposa, el énfasis está en amar a Cristo. Por lo tanto, este libro recalca nuestro amor hacia el Señor y concluye con este mismo amor. La iglesia en Efeso, el destinatario de esta epístola, fracasó en el asunto de amar al Señor. Tal fracaso ha venido a ser la fuente y la razón principal del fracaso de la iglesia a través de los siglos (Ap. 2—3).

24[3] Para mantener la vida apropiada de iglesia necesitamos amar al Señor en incorrupción, es decir, en todas las cosas cruciales reveladas y enseñadas en los seis capítulos de este libro y en conformidad con los mismos, tales como la iglesia, la cual es el Cuerpo de Cristo, el nuevo hombre, la economía del misterio de Dios, la unidad del Espíritu, la realidad y la gracia, la luz y el amor, y las partes de la armadura de Dios. Todas estas cosas son incorruptibles. Por amor de la iglesia, debemos amar al Señor en estas cosas incorruptibles.

LA EPISTOLA DE PABLO
A LOS
FILIPENSES

BOSQUEJO

I. Introducción—1:1-2

II. Vivir a Cristo para magnificarle—1:3-30
- A. La comunión en el progreso del evangelio—vs. 3-18
- B. Magnificar a Cristo al vivirle—vs. 19-26
- C. Combatir unánimes junto con el evangelio—vs. 27-30

III. Tomar a Cristo como modelo y exhibirlo—2:1-30
- A. Unidos en el alma, teniendo el mismo pensamiento—vs. 1-4
- B. Tomar a Cristo como modelo—vs. 5-11
- C. Llevar a cabo nuestra salvación para exhibir a Cristo—vs. 12-16
- D. Una libación derramada sobre el sacrificio de fe—vs. 17-18
- E. La preocupación del apóstol por los creyentes—vs. 19-30

IV. Seguir a Cristo para obtenerle—3:1-21
- A. Servir por el Espíritu y no confiar en la carne—vs. 1-6
- B. Contar todas las cosas como pérdida por causa de Cristo—vs. 7-11
- C. Obtener a Cristo siguiéndole—vs. 12-16
- D. Esperar a Cristo para la transfiguración del cuerpo—vs. 17-21

V. Tener a Cristo como secreto de suficiencia—4:1-20
- A. Tener el mismo pensamiento y regocijarnos en el Señor—vs. 1-4
- B. Características excelentes en el vivir de los creyentes—vs. 5-9
- C. La comunión de los creyentes con el apóstol, y el secreto que el apóstol aprendió en cuanto a la suficiencia—vs. 10-20

VI. Conclusión—4:21-23

LA EPISTOLA DE PABLO A LOS FILIPENSES

Autor: Pablo junto con Timoteo, esclavos de Cristo Jesús (1:1).

Fecha: Por el año 64 d. de C., quizá después de escribirse el libro de Efesios (cfr. 1:25; 2:24).

Lugar: Roma, donde Pablo estaba encarcelado (1:13; Hch. 28:30).

Destinatarios: Los santos de Filipos, con los que vigilan y los diáconos (1:1).

Tema:
Experimentar a Cristo:
tomar a Cristo como nuestro vivir,
modelo, meta, poder y secreto

CAPITULO 1

I. Introducción
1:1-2

1 Pablo y Timoteo, [a]esclavos de Cristo Jesús, a todos los
[b]santos en Cristo Jesús que están en [1c]Filipos, [2]con [3d]los que
vigilan y los [4e]diáconos:

1[a] Ro. 1:1
1[b] 1 Co. 1:2
1[c] Hch. 16:12
1[d] Hch. 20:28; 1 Ti. 3:1-2
1[e] 1 Ti. 3:8, 12

1[1] Filipos era la ciudad principal de la provincia de Macedonia en el antiguo Imperio Romano (Hch. 16:12). Por medio del primer viaje ministerial de Pablo a Europa (Hch. 16:10-12) la primera iglesia de Europa fue levantada en esta ciudad.

1[2] Aquí no es "los santos ... *y* los que vigilan y los diáconos"; más bien, es "los santos ... *con* los que vigilan y los diáconos". Esto es muy significativo porque indica que en la iglesia local, los santos, los que vigilan y los diáconos no son tres grupos distintos. La iglesia solamente tiene un grupo, el cual se compone de todos los santos (incluyendo a los que vigilan y a los diáconos), quienes son los componentes de una iglesia local. Esto indica que, además, en cualquier localidad debe haber solamente una iglesia con un grupo de personas, el cual abarca a todos los santos de dicha localidad.

1[3] Los que vigilan son los ancianos en una iglesia local (Hch. 20:17, 28). *Anciano* denota la persona, y vigilar es su función. Uno que vigila es un anciano en función. Aquí se mencionan los que vigilan en lugar de los ancianos, lo cual indica que los ancianos estaban cumpliendo con sus responsabilidades.

1[4] La palabra griega significa *los que sirven.* Los diáconos son los servidores en una iglesia local y están bajo la dirección de los que vigilan (1 Ti. 3:8). Este versículo, el cual muestra que una iglesia local se compone de los santos, con los que vigilan, los cuales tienen el liderazgo, y los diáconos,

2 [1a]Gracia y [2]paz a vosotros, de Dios nuestro Padre y del Señor Jesucristo.

II. Vivir a Cristo para magnificarle
1:3-30

A. La comunión en el progreso del evangelio
vs. 3-18

3 Doy [a]gracias a mi Dios siempre que me acuerdo de vosotros,
4 siempre en todas mis [a]peticiones [a]orando con [b]gozo por todos vosotros,
5 por vuestra [1a]comunión en el *progreso del* [2b]evangelio, desde el primer día hasta ahora;
6 confiando en esto, que el que comenzó en vosotros una buena obra, la perfeccionará hasta el [a]día de Cristo Jesús;
7 como me es justo pensar esto de todos vosotros, por cuanto me tenéis en el corazón; pues tanto en mis [a]prisiones como en la [1b]defensa y confirmación del evangelio, todos vosotros sois [2]participantes [3]conmigo de la gracia.

2[a] Ro. 1:7
3[a] Ro. 1:8
4[a] Fil. 4:6
4[b] Fil. 1:25; 2:2, 17, 18; 4:1; 1 Ts. 1:6; 2:19, 20; 3:9; 2 Ti. 1:4
5[a] Fil. 2:1; Gá. 2:9
5[b] Fil. 1:7, 12, 16, 27; 2:22; 4:3, 15
6[a] Fil. 1:10; 2:16; 1 Co. 1:8; 2 Ti. 1:12, 18; 4:8
7[a] Fil. 1:13, 14, 17; Hch. 20:23; Col. 4:3, 18; 2 Ti. 2:9; Flm. 10, 13
7[b] Fil. 1:16

---

los cuales sirven, indica que la iglesia en Filipos estaba en buen orden.

2[1] Véase la nota 2[1] de Ef. 1.

2[2] Véase la nota 2[2] de Ef. 1.

5[1] Aquí la palabra *comunión* significa *participación, comunicación.* Véase la nota 26[1] de Ro. 15. Los santos de Filipos tenían comunión en el evangelio, es decir, participaban en el progreso del evangelio por medio del ministerio del apóstol Pablo. Esta participación incluía sus contribuciones económicas al apóstol (4:10, 15-16), lo cual resultó en el progreso del evangelio. Esta clase de comunión, que los guardó de ser individualistas y de pensar de otra manera, implica que eran uno con el apóstol Pablo y entre ellos. Esto les dio la base para experimentar y disfrutar a Cristo, que es el punto principal de este libro. La vida en la cual se experimenta a Cristo y se le disfruta es una vida en el progreso del evangelio, una vida caracterizada por la predicación del evangelio, no individual sino corporativa. Así que, tenemos la comunión en el progreso del evangelio. Cuanto más comunión tenemos en el progreso del evangelio, más de Cristo experimentamos y disfrutamos. Esto mata nuestro yo y nuestra ambición, preferencia y elección.

5[2] En cuanto al evangelio, Pablo usa varios términos significativos en este libro: *comunión en … el evangelio, la defensa y confirmación del evangelio* (v. 7), *el avance del evangelio* (v. 12) y *la fe del evangelio* (v. 27). Cuando Pablo predicaba a Cristo como evangelio, dicha predicación incluía la comunión, la defensa, la confirmación, el avance y la fe. En contraste, los creyentes judaizantes predicaban a Cristo por rivalidad, espíritu divisivo, ambición egoísta, envidia y contienda, y no facilitaban el avance del evangelio.

7[1] Por el lado negativo, la defensa del evangelio sirve para resistir las herejías que pervierten y distorsionan, tal como el judaísmo, tratado en Gálatas, y el gnosticismo, tratado en Colosenses. Por el lado positivo, la confirmación del evangelio sirve para anunciar las revelaciones de los misterios de Dios en cuanto a Cristo y la iglesia, lo cual es presentado en las

8 Porque Dios me es [a]testigo de cómo os [b]añoro a todos
vosotros con el [1c]entrañable amor de Cristo Jesús.
9 Y esto pido en oración, que vuestro [a]amor abunde aun
más y más en [1b]pleno conocimiento y en todo [2]discerni-
miento,
10 para que [a]pongáis a prueba y aprobéis las cosas que
difieren por su excelencia, a fin de que seáis [1]puros y [2]sin
tacha para el [b]día de Cristo,
11 llenos del [1a]fruto de justicia, que es [b]por medio de
Jesucristo, para [c]gloria y alabanza de Dios.
12 Ahora bien, quiero que sepáis, hermanos, que las cosas
que me han sucedido, han redundado más bien en el [1]avance
del [a]evangelio,

8[a] Ro. 1:9
8[b] Fil. 2:26; 4:1; 2 Ti. 1:4
8[c] Fil. 2:1; Lc. 1:78
9[a] 1 Ts. 3:12; 2 Ts. 1:3
9[b] Col. 1:9; 3:10
10[a] Ro. 2:18
10[b] Fil. 1:6
11[a] Col. 1:6, 10; Jac. 3:18
11[b] Jn. 15:5
11[c] Jn. 15:8; Ef. 1:6, 12, 14
12[a] Fil. 1:5

---

epístolas del apóstol. Por medio de la predicación de dicho evangelio según la economía de Dios, Pablo renunció a la religión, la ley, la cultura, las ordenanzas, las costumbres, los hábitos y toda clase de "ismo", todo lo que no se relacione con la economía de Dios. Por predicar tal evangelio, Pablo era considerado una persona problemática, una plaga (Hch. 24:5).

7[2] Los copartícipes de la gracia son los que participan del Dios Triuno procesado como gracia y lo disfrutan. El apóstol era una persona así en la defensa y confirmación del evangelio, y los santos de Filipos eran participantes con él de esta gracia.

7[3] O, de mi gracia. La gracia de Pablo era la gracia que disfrutaba y que sobrepasaba sus sufrimientos en la defensa y confirmación del evangelio. Esta gracia no era el Dios objetivo, sino el Dios Triuno procesado para ser su porción subjetiva y experimental.

8[1] Lit., entrañas, lo cual significa afecto profundo, y también tierna misericordia y compasión. En su añoranza por los santos, el apóstol era uno con lo que Cristo sentía en Sus entrañas. Esto indica que para Pablo, disfrutar a Cristo equivalía a ser uno con las entrañas de Cristo, en las cuales él le disfrutaba como su suministro de gracia.

9[1] Los creyentes filipenses tenían mucho amor. Sin embargo, era necesario que su amor abundara, que rebosara más y más, no de manera necia sino en pleno conocimiento, y no en ignorancia sino en cabal discernimiento, para que pudieran poner a prueba y aprobar las cosas que diferían por su excelencia. Esto debe incluir el discernimiento de las predicaciones diferentes del evangelio en los vs. 15-18 y de las diferentes clases de personas en 3:2-3.

9[2] Percepción sensata, tacto moral. Algunos de los filipenses habían sido distraídos de la economía de Dios por medio de la predicación de los creyentes judaizantes y, por eso, Pablo deseaba que no amaran a los judaizantes de manera necia, sino que los amaran sobriamente con un amor que abundara en pleno conocimiento y en una percepción sensata.

10[1] La palabra griega significa ser *juzgados por la luz del sol*. Es decir, de autenticidad comprobada; por consiguiente, puros, sinceros.

10[2] O, sin ofender a otros, sin causar tropiezo a otros.

11[1] El fruto de justicia es el producto viviente de la vida apropiada que los creyentes deben llevar por medio del elemento de la justicia, teniendo una posición justa delante de Dios y del hombre. Dicha vida no puede vivirse mediante el hombre natural de ellos para que se glorían en sí mismos, sino por medio de Jesucristo como la vida de los creyentes, experimentado por ellos para la gloria y alabanza de Dios.

13 de tal manera que se ha hecho patente en toda la
guardia [1]pretoriana y a todos los demás, que me hallo en
13a Fil. 1:7 [a]cadenas [2]por Cristo.

14 Y la mayoría de los hermanos, con confianza en el
Señor por mis prisiones, se atreven mucho más a hablar la
palabra de Dios sin temor.

15a Jac. 3:14, 16 **15** [1]Algunos predican a Cristo por [a]envidia y [2]contienda;
pero [3]otros de buena voluntad;

16 éstos *lo hacen* por amor, sabiendo que estoy puesto
16a Fil. 1:7 para la [a]defensa del evangelio,

17 pero aquellos anuncian a Cristo por [1]ambición egoísta,
no con intenciones puras, pensando añadir [2]aflicción a mis
17a Fil. 1:7 [a]prisiones.

18 ¿Qué, pues? Que no obstante, de todas maneras, o por
pretexto o con veracidad, Cristo es anunciado; y en esto me
18a Fil. 2:17, 18, 28; 3:1; 4:4; Col. 1:24 [1a]gozo; sí, me gozaré aún.

B. Magnificar a Cristo al vivirle
vs. 19-26

19 Porque sé que por [1]vuestra [a]petición y la [2]abundante
19a Fil. 1:4 [b]suministración del [3c]Espíritu de Jesucristo, esto resultará
19b Gá. 3:5 en mi [4d]salvación,

19c Hch. 16:7; Ro. 8:9; 1 P. 1:11

19d Fil. 1:28; 2:12

12[1] Un avance logrado por los pioneros que abren brecha delante de un ejército para que éste continúe su marcha. Los sufrimientos de Pablo causaron tal avance del evangelio.

13[1] La guardia imperial del césar.

13[2] Es decir, por la causa de Cristo.

15[1] Aquellos cristianos que se oponían a Pablo y su ministerio (2 Co. 10:7; 11:22-23). Aun en los tiempos del apóstol había algunos que predicaban el evangelio por envidia de Pablo y por contienda con él.

15[2] Espíritu divisivo, partidismo.

15[3] Los que tenían comunión con Pablo y participaban con él en la predicación del evangelio.

17[1] Interés personal, rivalidad, sectarismo.

17[2] Lit., presión. Aquellos que anunciaban a Cristo por ambición egoísta se esforzaban por hacerle más pesadas las cadenas a Pablo, al menospreciarlo a él y su ministerio mientras que era puesto a un lado en el ejercicio práctico de su predicación. La aflicción de Pablo en cadenas no se debía a que predicara el evangelio sino a que lo defendía. Los judaizantes mezclaron el evangelio con la ley y la circuncisión. Pablo defendió el evangelio. Esto causó el tumulto que lo puso en cadenas (Hch. 21:27-36).

18[1] El corazón del apóstol estaba tan ensanchado por la gracia que él hasta se regocijaba en que sus opositores predicaran a Cristo por pretexto. ¡Qué espíritu tan recto es éste! Esto fue el resultado de la operación de la vida, naturaleza y mente de Cristo, quien vivía en el apóstol. La experiencia que él tenía de Cristo era su disfrute. Tal vida se regocija sin importar cuáles sean las circunstancias.

19[1] Esta es la suministración del Cuerpo de Cristo, el cual es la iglesia. El encarcelamiento no aisló a Pablo del Cuerpo de Cristo ni lo privó de la suministración del Cuerpo.

19[2] La palabra griega se refiere a la

20 conforme a mi anhelo y esperanza de que en nada seré [a]avergonzado; antes bien con toda confianza, como siempre, ahora también será [1]magnificado Cristo [b]en mi cuerpo, o por vida o por [c]muerte.

20[a] Ro. 5:5
20[b] 1 Co. 6:20
20[c] Ro. 14:8

suministración de todo lo que necesitaba el coro por parte del corega, el director del coro. La abundante suministración del Espíritu todo-inclusivo era dada a Pablo para que pudiera vivir y magnificar a Cristo en sus sufrimientos por El.

19[3] En la Biblia la revelación con respecto a Dios, a Cristo y al Espíritu es progresiva. El Espíritu se menciona primero como el Espíritu de Dios, en relación con la creación (Gn. 1:2). Luego es mencionado como el Espíritu de Jehová, en el contexto de la relación de Dios con el hombre (Jue. 3:10; 1 S. 10:6); como el Espíritu Santo, en relación con la concepción y el nacimiento de Cristo (Lc. 1:35; Mt. 1:20); como el Espíritu de Jesús, en relación con el vivir humano del Señor (Hch. 16:7); como el Espíritu de Cristo, en relación con la resurrección del Señor (Ro. 8:9); y aquí como el Espíritu de Jesucristo.

El Espíritu de Jesucristo es "el Espíritu" mencionado en Jn. 7:39. Este no es meramente el Espíritu de Dios antes de la encarnación del Señor, sino el Espíritu de Dios, el Espíritu Santo con divinidad, después de la resurrección del Señor, al cual se le añadió la encarnación del Señor (Su humanidad), Su vivir humano bajo la cruz, Su crucifixión y Su resurrección. El ungüento santo para la unción mencionado en Ex. 30:23-25, un compuesto de aceite de oliva y cuatro clases de especias, es un tipo completo del Espíritu de Dios compuesto, quien ahora es el Espíritu de Jesucristo. Aquí no es el Espíritu de Jesús (Hch. 16:7) ni el Espíritu de Cristo (Ro. 8:9), sino el Espíritu de Jesucristo. El Espíritu de Jesús se relaciona principalmente con la humanidad del Señor y con Su vivir humano; el Espíritu de Cristo se relaciona principalmente con la resurrección del Señor. Para experimentar la humanidad del Señor, como se muestra en 2:5-8, necesitamos el Espíritu de Jesús. Para experimentar el poder de la resurrección del Señor, mencionado en 3:10, necesitamos el Espíritu de Cristo. El apóstol, en sus sufrimientos, experimentó el sufrimiento que el Señor padeció en Su humanidad y también Su resurrección. Por tanto, el Espíritu para él era el Espíritu de Jesucristo, el Espíritu compuesto, todo-inclusivo y vivificante del Dios Triuno. Tal Espíritu tiene, y aun es, la abundante suministración para una persona como el apóstol, quien experimentaba y disfrutaba a Cristo en el vivir humano y la resurrección de Cristo. Con el tiempo, este Espíritu compuesto, el Espíritu de Jesucristo, viene a ser los siete Espíritus de Dios, que son las siete lámparas de fuego delante del trono de Dios, los cuales llevan a cabo Su administración en la tierra a fin de efectuar Su economía con respecto a la iglesia, y que también son los siete ojos del Cordero, los cuales trasmiten a la iglesia todo lo que El es (Ap. 1:4; 4:5; 5:6).

19[4] La misma palabra griega que se encuentra en 2:12. Esta es la salvación que uno tiene que llevar a cabo, según 2:12; significa ser sustentado y fortalecido para vivir a Cristo y magnificarle (véase la nota 12[4] del cap. 2). Esto requiere la abundante suministración del Espíritu de Jesucristo.

20[1] Cuando el apóstol sufría en su cuerpo, Cristo era magnificado, es decir, era mostrado o declarado grande (ilimitado), exaltado y loado. Los sufrimientos del apóstol le concedieron la oportunidad de expresar a Cristo en Su grandeza ilimitada. El apóstol quería que solamente Cristo fuese magnificado en él, no la ley ni la circuncisión. Este libro muestra cómo experimentar a Cristo. Magnificar a Cristo bajo cualquier circunstancia es experimentarlo con el máximo disfrute.

21 Porque para mí el [1a]vivir es Cristo, y el morir es
[2]ganancia.
22 Mas si el vivir en la carne resulta para mí en una labor
[a]fructífera, no sé entonces qué escogeré.
23 Porque de ambas cosas estoy puesto en estrecho, teniendo deseo de [a]partir y estar [1]con Cristo, pues *esto es*
muchísimo mejor;
24 pero quedar en la carne es más necesario por causa de
[1]vosotros.
25 Y confiando en esto, sé que quedaré, y aún permane-
ceré con todos vosotros, para vuestro [1]progreso y [a]gozo de
[2]la [b]fe,
26 para que abunde vuestra [1]gloria de mí en Cristo Jesús
con mi venida otra vez a vosotros.

C. Combatir unánimes junto con el evangelio
vs. 27-30

27 Solamente que os comportéis como es [a]digno del [b]evan-
gelio de Cristo, para que o sea que vaya a veros, o que esté
ausente, oiga de vosotros que [c]estáis firmes en un mismo
espíritu, [1d]combatiendo [2e]unánimes junto con [3]la fe del evangelio,

21a Gá. 2:20
22a Ro. 1:13
23a 2 Co. 5:8; 2 Ti. 4:6
25a Fil. 4:4; Ro. 14:17; 15:13
25b Gá. 1:23; Fil. 1:27
27a Ef. 4:1
27b Fil. 1:5
27c Fil. 4:1; 1 Co. 16:13
27d Jud. 3
27e Hch. 4:32; Fil. 2:2

21[1] La vida de Pablo consistía en vivir a Cristo. Para él, el vivir era Cristo, no la ley ni la circuncisión. No deseaba vivir la ley sino a Cristo, ni deseaba ser hallado en la ley, sino en Cristo (3:9). Cristo no era simplemente su vida, sino también su vivir. El vivía a Cristo porque Cristo vivía en él (Gá. 2:20). El era uno con Cristo tanto en vida como en el vivir. El y Cristo tenían una sola vida y un solo vivir. Vivían juntos como una sola persona. Cristo vivía dentro de Pablo como la vida de Pablo, y Pablo manifestaba a Cristo como el vivir de Cristo. La experiencia normal que tenemos de Cristo es vivirlo a El, y vivirlo es magnificarlo siempre, sin importar las circunstancias.

21[2] La palabra *ganancia* se refiere a estar con Cristo a un grado mayor. Pero en cuanto a llevar a cabo el propósito eterno de Dios, estar con Cristo no puede compararse con vivir a Cristo por el bien de Su Cuerpo. Por eso, Pablo optó por vivir a Cristo.

23[1] Estar con Cristo es un asunto de grado, no de lugar. Pablo deseaba estar con Cristo a un grado mayor, aunque ya estaba con El constantemente. Por medio de su muerte física, estaría con Cristo a un grado aun mayor que el que disfrutaba en esta vida terrenal.

24[1] La consideración del apóstol no era egoísta, sino por el bien de los santos. Estaba totalmente ocupado con el Señor y con la iglesia.

25[1] *Progreso* se refiere al crecimiento en vida, y *gozo,* al disfrute de Cristo.

25[2] *La fe* en este caso se refiere a lo que los santos creen (Jud. 3; 2 Ti. 4:7).

26[1] La palabra griega significa *jactancia, gloria* y *regocijo.*

27[1] Como atletas.

27[2] Lit., con una sola alma. Para experimentar a Cristo no sólo necesitamos estar firmes en un mismo espíritu, sino que también necesitamos combatir unánimes junto con la fe del evangelio. Ser unánimes, o sea

28 y en nada intimidados por los que se oponen, que para
ellos ciertamente es [a]indicio de [1b]destrucción, mas para
vosotros de [2]salvación; y esto de Dios.
29 Porque a vosotros os es concedido a causa de Cristo, no
sólo que creáis [1*]en El, sino también que [2a]padezcáis por El,
30 teniendo el mismo [a]conflicto que habéis visto en [1]mí, y
ahora oís *que hay* en mí.

28[a] 2 Ts. 1:5
28[b] Fil. 3:19
29[a] Ro. 8:17; 2 Co. 1:7
30[a] Col. 1:29; 2:1; 1 Ts. 2:2; He. 10:32

CAPITULO 2

III. Tomar a Cristo como modelo y exhibirlo 2:1-30

A. Unidos en el alma, teniendo el mismo pensamiento vs. 1-4

1 [1]Por tanto, si *hay* alguna consolación en Cristo, si
algún [2a]consuelo de amor, si alguna [b]comunión de espíritu,
si algún [3c]afecto entrañable y [d]compasiones,
2 [1]completad mi [2a]gozo, [3b]tened todos el mismo pensamiento, con el [4]mismo amor, [5c]unidos en el alma, [3]teniendo
[6]este único pensamiento.

1[a] 2 Ts. 2:16-17
1[b] Fil. 1:5; cfr. 2 Co. 13:14
1[c] Ef. 4:32
1[d] Col. 3:12
2[a] Fil. 1:4
2[b] Fil. 4:2; Ro. 12:16; 2 Co. 13:11
2[c] Fil. 1:27; 2:20; Hch. 4:32

---

tener una sola alma, para la obra del evangelio es más difícil que estar en un mismo espíritu para experimentar a Cristo (véase 2:20). Tener una sola alma requiere que, después de ser regenerados en nuestro espíritu, sigamos adelante y seamos transformados en nuestra alma, especialmente en nuestra mente, la cual es la parte principal y gobernante de nuestra alma.

27[3] Aquí la fe es personificada. Los creyentes deben combatir con una sola alma junto con la fe personificada (cfr. la nota 8[3] de 2 Ti. 1).

28[1] Destrucción de todo lo que son y de todo lo que hacen.

28[2] Salvación de todo lo que uno es y hace. Véanse las notas 19[4] del cap. 1 y 12[4] del cap. 2.

29[1] Esto implica que el creyente tiene una unión orgánica con Cristo al creer en El. Creer en Cristo es introducir nuestro ser en el Suyo para que los dos puedan ser uno orgánicamente.

29[2] Sufrir por causa de Cristo, después de haberle recibido y de haber sido hechos uno con El al creer en El, es participar de Sus sufrimientos, es decir, tener la comunión de los mismos (3:10) para poder experimentarle y disfrutarle en Sus sufrimientos. Esto es vivirle a El y magnificarle en medio de una situación en la cual El es rechazado y sufre oposición.

30[1] Pablo era un modelo establecido por la gracia de Dios para Su economía neotestamentaria (1 Ti. 1:14-16). Los creyentes neotestamentarios deben experimentar y disfrutar a Cristo viviéndole y magnificándole, tal como Pablo lo hizo en sus sufrimientos por Cristo, a fin de participar de la gracia juntamente con Pablo.

1[1] En el cap. 1 Pablo, habiendo experimentado ricamente a Cristo, presentó a los creyentes un relato de su experiencia. Ahora en este capítulo pide a los creyentes que tengan comunión con él. Tal comunión entre los creyentes y el apóstol es necesaria para experimentar a Cristo.

1[2] O, exhortación, aliento.

1[3] Lit., entrañas. Es decir, cariño

3[a] Fil. 1:17
3[b] Gá. 5:26
3[c] 1 P. 5:5

3 [1]Nada *hagáis* por [2a]ambición egoísta o por [b]vanagloria;
antes bien con una [3]mentalidad [4c]humilde, estimando cada
uno a los demás como superiores a sí mismo;
4 no considerando cada uno sus propias [1]virtudes, sino
cada cual también las [1]virtudes de los otros.

B. Tomar a Cristo como modelo
vs. 5-11

5[a] Mt. 11:29

5 [1]Haya, pues, en vosotros [a]esta manera de pensar que
hubo también en [2]Cristo Jesús,

---

interno. La misma palabra que se encuentra en 1:8.

2[1] En los vs. 1-2 el apóstol apeló a la consolación y consuelo de los filipenses. Les rogó que completaran su gozo si tenían alguna consolación en Cristo, algún consuelo de amor, alguna comunión de espíritu, algún afecto entrañable y alguna compasión para con él.

2[2] Puesto que este libro habla de experimentar y disfrutar a Cristo, lo cual resulta en gozo, éste es un libro lleno de gozo y de regocijo (1:4, 18, 25; 2:17-18, 28-29; 3:1; 4:1, 4).

2[3] Entre los filipenses había disensión en su modo de pensar (4:2), lo cual le era una molestia al apóstol. Por tanto, Pablo les pidió que tuvieran todos el mismo pensamiento, este único pensamiento, para que completaran su gozo.

2[4] Esto indica que debido a la disensión en su modo de pensar, los creyentes de Filipos tenían diferentes niveles de amor. No tenían el mismo amor para con todos los santos para guardar la unidad.

2[5] Esto indica que la disensión entre los filipenses se debía a que no estaban unidos en el alma, a que no tenían una misma cosa en la mente, la parte principal del alma. El problema de los filipenses no era su espíritu, sino su alma, es decir, su mente. Tenían a Cristo en su espíritu por medio de la regeneración, pero no tenían a Cristo en su alma, lo cual se obtiene por medio de la transformación. Sólo si toda su alma era saturada de Cristo y ocupada por El podrían ellos llegar a ser uno en el alma.

2[6] Según el contexto de este libro, *este único pensamiento* debe referirse al conocimiento subjetivo y la experiencia de Cristo (1:20-21; 2:5; 3:7-9; 4:13). Cristo, y únicamente Cristo, debe ser la centralidad y universalidad de todo nuestro ser. Nuestro modo de pensar debe centrarse en la excelencia del conocimiento y experiencia de Cristo. Centrarnos en cualquier otra cosa nos lleva a pensar de otra manera, causando así disensiones entre nosotros.

3[1] Esto puede indicar que los filipenses que estaban en disensión actuaban por ambición egoísta o por vanagloria; ambas causan disensiones entre los creyentes.

3[2] Véase la nota 17[1] del cap. 1.

3[3] Esto indica una vez más que el problema de disensión entre los filipenses era asunto de su mente no transformada. Ellos necesitaban tener el sentir que hubo en Cristo (véase el v. 5).

3[4] La humildad está en contraste con la ambición egoísta y la vanagloria. Esto no debe ser nuestra humildad natural, sino la humildad de Cristo, como se muestra en los vs. 7-8.

4[1] Lit., cosas; se refiere a virtudes y cualidades. No debemos considerar solamente nuestras propias virtudes y cualidades, sino también las de otros.

5[1] Lit., Pensad, pues, esto en vosotros. *Esta manera de pensar* se refiere a *estimando* en el v. 3 y a *considerando* en el v. 4. Este modo de

6 el cual, [1a]existiendo en [2b]forma de Dios, [3]no estimó el
ser [c]igual a Dios como cosa a que aferrarse,
7 sino que se [1a]despojó a Sí mismo, tomando [2]forma de
[b]esclavo, [3c]haciéndose [4]semejante a los hombres;
8 y [1]hallado en Su [2]porte exterior como hombre, se [3]humilló a Sí mismo, haciéndose [a]obediente hasta la muerte, y
[4]muerte de [b]cruz.

---

pensar estaba también en Cristo cuando se despojó a Sí mismo, tomando forma de esclavo, y se humilló a Sí mismo, siendo hallado en Su porte exterior como hombre (vs. 7-8). Pensar de este modo requiere que seamos entrañablemente uno con Cristo (1:8). Para poder experimentar a Cristo necesitamos ser uno con El hasta tal grado, es decir, en Sus tiernos sentimientos internos y en Su modo de pensar.

5[2] En el cap. 1 el punto central es magnificar a Cristo, vivir a Cristo (vs. 20-21); en el cap. 2 es tomar a Cristo como nuestro patrón, nuestro modelo. Este modelo es la norma de nuestra salvación (v. 12). En los vs. 5-16 hay cuatro elementos básicos: Cristo (v. 5), la salvación (v. 12), Dios (v. 13), y la palabra de vida (v. 16). La palabra de vida produce el modelo, por medio del Dios que opera, para aplicar la salvación a nuestro vivir diario. De esta manera disfrutamos a Cristo y lo vivimos a El, tomándole como nuestro modelo.

6[1] Del significado de la palabra griega se podría leer *existiendo desde el principio,* lo cual implica la preexistencia eterna del Señor.

6[2] La expresión del ser de Dios, y no Su porte exterior (He. 1:3); la forma se identifica con la esencia y la naturaleza de la persona de Dios y, por tanto, las expresa. Esto se refiere a la deidad de Cristo.

6[3] Aunque el Señor era igual a Dios, no estimó que ser igual a Dios fuera una cosa a que aferrarse y la cual retener, o sea, un tesoro; más bien, dejó a un lado la forma de Dios (no la naturaleza de Dios) y se despojó a Sí mismo, tomando forma de esclavo.

7[1] Es decir, hizo a un lado lo que poseía, lo cual era la forma de Dios.

7[2] La misma palabra que se encuentra en el v. 6. En Su encarnación el Señor no cambió Su naturaleza divina; cambió solamente Su expresión externa, dejando la forma de Dios, la forma más elevada, y tomando la de un esclavo, la forma más baja. Esto no fue un cambio de esencia sino de condición.

7[3] Es decir, entrando en una nueva condición.

7[4] El tener forma de Dios implica la realidad interna de la deidad de Cristo; el hacerse semejante a los hombres denota la apariencia externa de Su humanidad. Exteriormente como hombre tenía la apariencia de un hombre; interiormente como Dios tenía la realidad de la deidad.

8[1] Cuando Cristo se hizo semejante a los hombres, entrando en la condición humana, fue hallado en Su porte exterior como hombre.

8[2] Es decir, la apariencia exterior, la semblanza. Esta es una repetición específica de la noción de *semejanza* que se encuentra en el v. 7. La apariencia de Cristo en Su humanidad, lo que los hombres veían, era Su porte exterior de hombre.

8[3] Humillarse fue un paso adicional en el despojamiento de Sí mismo. La autohumillación de Cristo manifestó Su despojamiento.

8[4] La muerte de cruz es el punto culminante de la humillación de Cristo. Para los judíos era una maldición (Dt. 21:22-23). Para los gentiles era una sentencia de muerte impuesta sobre malhechores y esclavos (Mt. 27:16-17, 20-23). Por esto, era vergonzoso morir así (He. 12:2).

La humillación del Señor abarca

6[a] Jn. 1:1
6[b] cfr. 2 Co. 4:4; Col. 1:15; He. 1:3
6[c] Jn. 5:18; 10:33
7[a] cfr. 2 Co. 8:9
7[b] Mt. 20:27-28
7[c] Jn. 1:14; Ro. 8:3; He. 2:14
8[a] Ro. 5:19; He. 5:8; Mt. 26:39; Jn. 10:18
8[b] He. 12:2

9 Por lo cual Dios también le [1a]exaltó hasta lo sumo, y le
[2]dio un [3]nombre que es [b]sobre todo nombre,
10 para que [1]en el nombre de Jesús se doble [a]toda rodilla
de los que están [2]en los [b]cielos, y [3]en la tierra, y [4]debajo de la
tierra;
11 y toda lengua [1]confiese públicamente que Jesucristo es
el [2a]Señor, [3]para [b]gloria de Dios Padre.

C. Llevar a cabo nuestra salvación para exhibir a Cristo vs. 12-16

12 [1]Por tanto, amados míos, como siempre habéis [2]obede-
cido, no como en mi presencia solamente, sino mucho más
ahora en mi ausencia, [3]llevad a cabo vuestra [4a]salvación con
[5b]temor y temblor,

9[a] Is. 52:13; Hch. 2:33; Ef. 1:20
9[b] Ef. 1:21; He. 1:4
10[a] Is. 45:23; Ro. 14:11
10[b] Ap. 5:3, 13; cfr. Ef. 1:10
11[a] Jn. 13:13; Hch. 2:36; 10:36; Ro. 10:9; 14:9
11[b] Jn. 12:28; 17:1; Ro. 16:27; Ef. 3:21
12[a] Fil. 1:19
12[b] 2 Co. 7:15; Ef. 6:5

siete pasos: (1) el despojarse a Sí mismo; (2) el tomar forma de esclavo; (3) el hacerse semejante a los hombres; (4) el humillarse; (5) el hacerse obediente; (6) el ser obediente hasta la muerte; y (7) el ser obediente hasta la muerte de cruz.

9[1] El Señor se humilló a Sí mismo a lo sumo, pero Dios lo exaltó hasta la cumbre más alta.

9[2] Lit., le concedió, es decir, le dio gratuitamente.

9[3] Es decir, el nombre de Jesús, mencionado en el versículo siguiente. Véase Hch. 9:5. Desde la ascensión del Señor, no ha habido sobre la tierra otro nombre que esté por encima del nombre de Jesús.

10[1] El nombre es la expresión de la suma total de lo que es el Señor Jesús en Su persona y obra. La expresión *en el nombre de Jesús* significa en la esfera y elemento de todo lo que es el Señor. Es de esta manera que nosotros oramos y adoramos al Señor.

10[2] Los que están en los cielos son los ángeles.

10[3] Los que están en la tierra son los hombres.

10[4] Los que están debajo de la tierra son los muertos.

11[1] Esto significa invocar al Señor o invocar el nombre del Señor (Ro. 10:9-10, 12-13).

11[2] Al Señor Jesús como hombre, Dios le hizo Señor en Su ascensión (Hch. 2:36). Por consiguiente, toda lengua debe confesar que El es el Señor.

11[3] Es decir, dando por resultado. Confesar que Jesús es el Señor da por resultado que Dios el Padre sea glorificado. Esta es la culminación de todo lo que Cristo es y ha hecho, en Su persona y obra (1 Co. 15:24-28).

12[1] Es decir, como consecuencia de tomar a Cristo como un patrón o modelo de obediencia en los versículos anteriores.

12[2] Esto corresponde a *hacerse obediente* en el v. 8.

12[3] Es decir, llevad a la conclusión final. Nosotros hemos recibido la salvación de Dios, cuyo punto culminante es que seamos exaltados por Dios en gloria así como lo fue el Señor Jesús (v. 9). Necesitamos llevar a cabo esta salvación, o sea, llevarla a su conclusión final, obedeciendo constante y absolutamente, con temor y temblor. Hemos recibido esta salvación por fe; ahora tenemos que llevarla a cabo por obediencia, la cual incluye la unidad genuina en nuestras almas (v. 2). Se recibe esta salvación por fe una sola vez y se lleva a cabo por toda la vida.

12[4] No la salvación eterna que nos libra de la condenación de Dios y del lago de fuego, sino la salvación diaria,

13 [1]porque [2]Dios es el que en vosotros [3a]realiza así el
[4]querer como el [5]hacer, por *Su* [6b]beneplácito.
14 Haced todo sin [1a]murmuraciones y [b]argumentos,
15 para que seáis [a]irreprensibles y [1]sencillos, [2]hijos de

13a 1 Co. 12:6; He. 13:21
13b Ef. 1:5, 9
14a 1 Co. 10:10; 1 P. 4:9
14b 1 Ti. 2:8
15a Fil. 3:6; 1 Ts. 2:10; 5:23

la cual es una Persona viviente. Esta salvación diaria resulta de tomar como nuestro patrón interno y externo al mismo Cristo que vivimos, experimentamos y disfrutamos. Los elementos principales de esta salvación son Cristo como la vida crucificada (vs. 5-8) y Cristo en Su exaltación (vs. 9-11). Cuando este patrón llega a ser la vida interior de los creyentes, llega a ser su salvación. Solamente esto hará que el gozo del apóstol sea completo.

En el cap. 1 la salvación viene a través de la abundante suministración del Espíritu de Jesucristo, pero aquí la salvación viene del Dios que opera en nosotros. Este Dios es en realidad el Espíritu de Jesucristo. En ambos casos la salvación es una salvación práctica y diaria que se produce momento a momento. La salvación constante de 1:19 se refiere a que un creyente en una situación en particular sea salvo de un conflicto específico; mientras que la salvación constante de 2:12 se refiere a que un creyente cualquiera sea salvo de cosas ordinarias en situaciones comunes en su vida cotidiana.

12[5] El temor es el motivo interno; el temblor es la actitud exterior.

13[1] *Porque* introduce la razón por la cual necesitamos obedecer siempre. La razón es que Dios opera en nosotros. En la economía de Dios, tenemos al Señor Jesús como nuestro patrón o modelo (vs. 6-11), como la norma de nuestra salvación (v. 12), y también tenemos a Dios produciendo en nosotros así el querer como el hacer para que nuestra salvación sea llevada a cabo, llevada a su conclusión final. No es que nosotros mismos la llevemos a cabo, sino que Dios opera en nosotros para hacerlo. La única cosa que tenemos que hacer es obedecer al Dios que opera dentro de nosotros.

13[2] El Dios que opera en nosotros es el Dios Triuno —el Padre, el Hijo y el Espíritu—, el mismo Dios que es Cristo en nosotros (2 Co. 13:3a, 5) y el Espíritu en nosotros (Ro. 8:11). Los tres —el Espíritu, Dios y Cristo— son uno.

13[3] O, da energía.

13[4] El querer es por dentro; el hacer es por fuera. El querer tiene lugar en nuestra voluntad, lo cual indica que la operación de Dios empieza en nuestro espíritu (cfr. 4:23) y se extiende a nuestra mente, nuestra parte emotiva y nuestra voluntad. Esto corresponde a Ro. 8, donde vemos que Dios opera desde nuestro espíritu (Ro. 8:4), a través de nuestra mente (Ro. 8:6), y finalmente se extiende a nuestro cuerpo físico (Ro. 8:11).

13[5] O, actuar. La misma palabra griega se traduce *realiza* en este versículo.

13[6] Es decir, el beneplácito de Su voluntad (Ef. 1:5). El beneplácito de Dios es que nosotros lleguemos al punto culminante de Su salvación suprema.

14[1] Las murmuraciones tienen que ver con nuestra parte emotiva y vienen principalmente de las hermanas; los argumentos o razonamientos están relacionados con nuestra mente y vienen principalmente de los hermanos. Ambos impiden que llevemos a cabo nuestra salvación completamente y que experimentemos y disfrutemos a Cristo a lo sumo. El contexto aquí indica que las murmuraciones y los razonamientos se deben a la desobediencia para con Dios. Obedecer a Dios elimina todas las murmuraciones y argumentos.

15[1] O, simples, ingenuos (no diplomáticos), inocentes (Mt. 10:16). La raíz en el griego significa *sin mezcla*. *Irreprensibles* describe nuestro comportamiento externo, y *sencillos* nuestro carácter interno.

15[2] Como hijos de Dios, tenemos

Dios [3b]sin mancha en medio de una generación [c]torcida y [4]perversa, en medio de la cual resplandecéis como [5d]luminares en el [6]mundo;

16 [1]enarbolando la [2a]palabra de vida, para que en el [3b]día de Cristo yo pueda [4c]gloriarme de que no he [d]corrido en vano, ni en vano he [e]trabajado.

D. Una libación derramada sobre el sacrificio de fe
vs. 17-18

17 Y aunque sea [a]derramado en [1b]libación sobre el [2c]sacrificio y [3]servicio de vuestra [4]fe, me [5d]gozo y [6]regocijo con todos vosotros.

---

la vida de Dios y la naturaleza divina (2 P. 1:4).

15[3] No tener mancha es la calidad de ser irreprensible y sencillo.

15[4] Lit., deforme.

15[5] La palabra griega se refiere a los luminares que reflejan la luz del sol. Como tales, los creyentes resplandecen en el mundo. Ellos no poseen luz en sí mismos, pero sí tienen una capacidad celestial de reflejar la luz de Cristo. Cristo es el sol, la iglesia es la luna y los creyentes son los planetas que lo reflejan enarbolando la palabra de vida (v. 16).

15[6] El mundo oscuro y corrupto, que Satanás ha usurpado (1 Jn. 5:19; 2:15-17). *En el mundo* puede traducirse *en el universo.*

16[1] Lit., aplicando, presentando, ofreciendo. Enarbolar la palabra de vida es aplicarla, presentarla y ofrecerla al mundo al vivir y expresar a Cristo.

16[2] Diferente de la doctrina de la letra muerta. La palabra de vida es el aliento viviente de Dios (2 Ti. 3:16), el Espíritu que da vida (Jn. 6:63). El Señor Jesús es nuestro patrón, nuestro modelo (vs. 6-11); Dios opera en nosotros (v. 13); nosotros somos hijos de Dios, con la vida de Dios y con la naturaleza divina (v. 15); somos luminares calificados para reflejar la luz divina de Cristo (v. 15); y tenemos la palabra de vida que podemos enarbolar, presentar a otros. ¡Qué rica y divina provisión! Por medio de esta provisión podemos llevar a cabo la obra salvadora de Dios a su punto culminante.

16[3] El día de la segunda venida del Señor, la cual se llama "el día del Señor" (1 Ts. 5:2; 2 Ts. 2:2; 1 Co. 1:8; 2 Co. 1:14) y "aquel día" (2 Ti. 1:18; 4:8). En aquel día todos los creyentes comparecerán ante el tribunal de Cristo para recibir la recompensa que cada uno merezca (2 Co. 5:10; Mt. 25:19-30).

16[4] Los creyentes completan el gozo del apóstol (v. 2) al vivir una vida en la cual toman a Cristo como modelo, y en la cual la obra salvadora de Dios es llevada a cabo en toda su extensión, para que el apóstol pueda jactarse, gloriarse y regocijarse de los creyentes en el día de Cristo.

17[1] La libación era una adición a las ofrendas básicas reveladas en Lv. 1—6 (Nm. 15:1-10; 28:7-10). Las ofrendas básicas son tipos de varios aspectos de Cristo. La libación es un tipo de Cristo disfrutado por aquel que la ofrece; Cristo, el vino celestial, llena al oferente hasta el punto de convertirlo en vino para Dios. El apóstol Pablo llegó a ser tal libación (2 Ti. 4:6) al disfrutar a Cristo así, para poder ser derramado en libación a Dios sobre la fe de los creyentes a través del derramamiento de su sangre.

17[2] *El sacrificio y servicio de vuestra fe* significa que la fe de los creyentes de Filipos era un sacrificio ofrecido a Dios, y también llegó a ser su servicio a Dios.

15[b] Ef. 1:4
15[c] Dt. 32:5; Hch. 2:40
15[d] Gn. 1:16; Mr. 4:21; Mt. 5:14, 16; Ef. 5:8
16[a] Hch. 5:20
16[b] Fil. 1:6
16[c] 2 Co. 1:14; 1 Ts. 2:19
16[d] 1 Co. 9:26; Gá. 2:2; 2 Ti. 4:7
16[e] Gá. 4:11; 1 Ts. 3:5
17[a] 2 Ti. 4:6
17[b] Nm. 15:1-10; 28:7-10
17[c] Ro. 15:16
17[d] Fil. 1:18

18 Y asimismo gozaos y [1]regocijaos también vosotros conmigo.

E. La preocupación del apóstol por los creyentes
vs. 19-30

19 Espero en el Señor Jesús enviaros pronto a [a]Timoteo,
para que yo también [1]sea alentado al saber de vosotros;
20 pues a ninguno tengo del [1a]mismo ánimo, y que tan
sinceramente se interese por vosotros.
21 Porque todos [a]buscan lo suyo propio, no lo que es de
[1]Cristo Jesús.
22 Pero ya conocéis su [1]carácter aprobado, que como [a]hijo
a padre ha [2b]servido conmigo para el *progreso del* [c]evangelio.
23 Así que a éste espero enviaros inmediatamente, luego
que yo vea cómo van mis asuntos;
24 y confío en el Señor que yo mismo también [a]iré pronto.
25 Mas tuve por necesario enviaros a [a]Epafrodito, mi
[1]hermano y [b]colaborador y [c]compañero de milicia, vuestro
[2d]apóstol, y [3]ministrador de mis [e]necesidades;

19[a] Fil. 1:1; 1 Co. 4:17; 1 Ts. 3:2
20[a] Fil. 1:27; 2:2
21[a] 1 Co. 10:24
22[a] 1 Co. 4:17; 2 Ti. 1:2
22[b] 1 Co. 16:10
22[c] Fil. 1:5
24[a] Fil. 1:25
25[a] Fil. 4:18
25[b] Fil. 4:3; Ro. 16:3, 9, 21; Flm. 1, 24
25[c] Flm. 2
25[d] 2 Co. 8:23; Jn. 13:16
25[e] Fil. 4:16

17[3] Como el servicio sacerdotal. Cfr. nota 25[3].

17[4] La fe aquí es todo-inclusiva e incluye mucho más que la acción de creer. Es la constitución y expresión total de todo lo que los creyentes han recibido, experimentado y disfrutado de Cristo, incluyendo a Cristo mismo como las ofrendas básicas. El ministerio de Pablo produjo como resultado la fe todo-inclusiva de los creyentes. Tal fe fue ofrecida como sacrificio a Dios por los creyentes, y Pablo se regocijó en ser derramado en libación sobre tal sacrificio.

17[5] Esto significa que el apóstol se gozaba de que su sangre fuera derramada en libación sobre el sacrificio de la fe de los creyentes.

17[6] Regocijarse juntamente con alguien significa compartir el gozo con alguien. El apóstol compartió su gozo con los filipenses en ser mártir por la fe de ellos. Así que, la frase implica que les estaba felicitando.

18[1] El apóstol esperaba que los filipenses compartieran con él el gozo de ellos, felicitándolo por ser mártir a causa de la fe de ellos.

19[1] O, esté alegre, sea confortado.

20[1] Este libro habla mucho del alma de los creyentes. Nosotros tenemos que combatir unánimes junto con la fe personificada del evangelio (1:27); tenemos que ser unidos en el alma, teniendo el mismo pensamiento (v. 2); y tenemos que ser del mismo estado de ánimo, sinceramente interesados por lo que es de Cristo Jesús (vs. 20-21). En la obra del evangelio, en la comunión entre los creyentes, y en el avance de los intereses del Señor, nuestra alma siempre causa problemas. Por esto, tiene que ser transformada, especialmente en la parte principal, la mente (Ro. 12:2), para que podamos ser unánimes, unidos en el alma, y del mismo ánimo en la vida del Cuerpo.

21[1] Según el contexto de este libro, lo que es de Cristo Jesús equivale a lo relacionado con la iglesia y todos los santos.

22[1] Es decir, mérito aprobado, indicio de haber sido puesto a prueba.

22[2] Lit., servido como esclavo.

25[1] Primero un hermano, luego un colaborador, y más adelante un compañero de milicia.

25[2] Uno que es enviado con una comisión.

26[a] Fil. 1:8
27[a] 1 Ti. 5:23; 2 Ti. 4:20
28[a] Fil. 1:18
29[a] Ro. 16:2
29[b] Fil. 1:4
29[c] cfr. 1 Co. 16:18
30[a] Hch. 20:24
30[b] 1 Co. 16:17

26 porque él [a]tenía gran deseo de veros a todos vosotros,
y en gran manera se angustió porque habíais oído que había
enfermado.
27 Pues en verdad estuvo [a]enfermo, a punto de morir;
pero Dios tuvo misericordia de él, y no solamente de él,
sino también de mí, para que yo no tuviese tristeza sobre
tristeza.
28 Así que le envío con mayor solicitud, para que al verle
de nuevo, os [a]gocéis, y yo esté con menos tristeza.
29 [a]Recibidle, pues, en el Señor, con todo [b]gozo, y [c]tened
en honor a los que son como él;
30 porque por la obra de Cristo estuvo próximo a la
muerte, [1a]arriesgando su [2]vida para [b]suplir lo que faltaba en
vuestro [3]servicio por mí.

CAPITULO 3

IV. Seguir a Cristo para obtenerle
3:1-21

A. Servir por el Espíritu y no confiar en la carne
vs. 1-6

1[a] Fil. 1:18; 2 Co. 13:11; 1 Ts. 5:16
2[a] Sal. 22:16, 20; Mt. 7:6; 2 P. 2:22; Ap. 22:15
2[b] 2 Co. 11:13
2[c] Ro. 2:28; Gá. 5:2; 6:12-13, 15

1 Por último, hermanos míos, [a]gozaos en el Señor. A mí
no me es [1]molesto el escribiros las mismas cosas, y para
vosotros es [2]seguro.
2 [1]Guardaos de los [2a]perros, guardaos de los [2]malos
[b]obreros, guardaos de los [2c]mutiladores del cuerpo.

25[3] Derivada de la misma palabra griega que se traduce *servicio* en el v. 17; se refiere a un ministro cuyo ministerio es semejante al de un sacerdote. Todos los creyentes neotestamentarios son sacerdotes para Dios (1 P. 2:9; Ap. 1:6). Por esto, nuestro ministerio al Señor, en todo aspecto, es un servicio sacerdotal (vs. 17, 30).

30[1] Aventurando, imprudentemente exponiendo su vida, como un jugador que lo arriesga todo.

30[2] Lit., alma. Epafrodito estaba dispuesto a arriesgar la vida por el bien de las iglesias y de los santos.

30[3] Véase la nota 17[3]; cfr. nota 25[3] de este capítulo y la nota 3[2] del cap. 3.

1[1] O, fastidioso, tedioso, problemático.

1[2] Regocijarse en el Señor es una salvaguardia, una seguridad.

2[1] Es decir, vigilar siempre. Por un lado, el apóstol aconsejó a los filipenses que se regocijaran en el Señor; por otro, les advirtió que siempre se guardaran de los judaizantes.

2[2] Puesto que no se usa ninguna conjunción entre ninguna de estas tres cláusulas, deben de referirse a la misma clase de personas. Los perros son inmundos (Lv. 11:27), los malos obreros son malignos, y los mutiladores del cuerpo son aquellos que merecen desprecio. (*Los mutiladores del cuerpo* es un término despectivo para la

3 Porque nosotros somos la [1a]circuncisión, los que [2]ser-
vimos por el Espíritu de Dios y nos [b]gloriamos en Cristo
Jesús, no [3]teniendo confianza en la [4c]carne.
4 Aunque yo tengo también de qué confiar en la [a]carne.
Si alguno piensa que tiene de qué confiar en la carne, yo
más:
5 circuncidado al [1a]octavo día, del [2b]linaje de Israel, de la
[3]tribu de Benjamín, [4c]hebreo, *hijo* de hebreos; en cuanto a la
[5d]ley, [6e]fariseo;
6 en cuanto a [1a]celo, [b]perseguidor de la iglesia; en cuanto
a la [c]justicia que es en la ley, llegué a ser [2d]irreprensible.

3[a] Ro. 2:29; 4:11-12; Col. 2:11
3[b] Ro. 15:17; 1 Co. 1:31
3[c] Ro. 8:4-9
4[a] 2 Co. 11:18; 5:16
5[a] Gn. 17:12; Lc. 1:59
5[b] Ro. 11:1
5[c] 2 Co. 11:22
5[d] Hch. 22:3
5[e] Hch. 23:6; 26:5
6[a] Hch. 22:3; Gá. 1:14
6[b] Hch. 8:1, 3; 22:4; 1 Co. 15:9; 1 Ti. 1:13
6[c] Fil. 3:9; Ro. 10:5
6[d] Lc. 1:6

---

circuncisión. Véase la nota 12[1] de Gá. 5). Los perros aquí mencionados son los judaizantes. En naturaleza, los judaizantes son perros inmundos, en conducta son obreros malignos, y en religión ellos son los mutiladores del cuerpo, gente de la cual avergonzarse. En un libro de este género, tocante a la experiencia y el disfrute de Cristo, el apóstol advirtió a los creyentes gentiles contra tales personas inmundas, malignas y despreciables.

3[1] Los creyentes neotestamentarios, verdaderamente circuncidados por la crucifixión de Cristo (véanse las notas 11[1] de Gá. 5 y 11[1] de Col. 2). Ellos son absolutamente diferentes de los judaizantes. Sirven como sacerdotes por el Espíritu de Dios, no por las ordenanzas de la ley; se glorían en Cristo, no en la ley; y no tienen confianza en la carne, sino en el Espíritu.

3[2] En el griego, *servimos* aquí y *servicio* en 2:17 se refieren al servicio sacerdotal.

3[3] En los vs. 2 y 3 hay un contraste triple: los creyentes que sirven por el Espíritu de Dios, en contraste con los perros; los creyentes que se glorían en Cristo, en contraste con los malos obreros; y los creyentes que no confían en la carne, en contraste con los mutiladores del cuerpo.

3[4] La carne aquí comprende todo lo que somos y tenemos en nuestro ser natural. El hecho de que los judaizantes confiaran en su circuncisión era señal de que su confianza se basaba en su carne, y no en el Espíritu.

5[1] El día en que un verdadero israelita había de circuncidarse (Gn. 17:12). Ser circuncidado en este día lo distinguía de los ismaelitas (Ismael fue circuncidado a los trece años, Gn. 17:25) y prosélitos, quienes eran circuncidados en una fecha posterior.

5[2] El linaje llamado por Dios, los verdaderos descendientes de Abraham (Ro. 11:1; 2 Co. 11:22). Pablo no era descendiente de los prosélitos, que habían sido injertados en el linaje del pacto de Dios.

5[3] Tribu preciosa y fiel en cuya región se hallaba la ciudad real de Jerusalén y el templo de Dios (Dt. 33:12).

5[4] Un hebreo nacido de padres hebreos con antepasados hebreos por ambas partes.

5[5] La ley de Moisés, que era respetada por todos los judíos ortodoxos.

5[6] Los fariseos eran la secta más estricta de la religión judía (Hch. 26:5; 23:6), una secta extremadamente celosa por la ley de Moisés. Véase la nota 7[1] de Mt. 3.

6[1] El celo por la ley de Moisés y por la religión judía (Gá. 1:14 y la nota 1).

6[2] Es decir, hallado o mostrado irreprensible. Esto era a los ojos del hombre, según el juicio del hombre. A los ojos de Dios, según Su justa ley, ninguna carne es irreprensible (Gá. 2:16b).

B. Contar todas las cosas como pérdida por causa de Cristo vs. 7-11

7 [1]Pero cuantas [2]cosas eran para mí ganancia, las he
estimado como [3]pérdida [4]por amor de Cristo.
8 [1]Y ciertamente, [2]aun estimo [a]todas las cosas como
pérdida por la [3]excelencia del [b]conocimiento de Cristo Jesús,
mi Señor, [4]por amor del cual lo he perdido todo, y lo tengo
por [5]basura, para [6c]ganar a Cristo,

8[a] Lc. 14:33
8[b] Fil. 3:10; Jn. 17:3; Ef. 4:13; 2 P. 1:2
8[c] Fil. 3:12

7[1] Los vs. 7 y 8 son el corazón de este libro. Aquí nosotros somos llevados a experimentar a Cristo.

7[2] Lo mencionado en los vs. 5-6.

7[3] Pablo contó todo tipo de ganancia como pérdida porque traía un solo resultado, a saber, perder a Cristo, tal como lo indica la frase *por amor de Cristo.*

7[4] Todas las cosas que en un tiempo fueron ganancia para Pablo, le estorbaban y entorpecían su participación y disfrute de Cristo. Por tanto, por amor de Cristo toda ganancia era pérdida para él.

8[1] Los vs. 8-11, siendo en conjunto una frase larga, son como los peldaños de una escalera, los cuales nos llevan más y más arriba hasta que lleguemos a la cumbre mencionada en el v. 11.

8[2] Pablo contó como pérdida por amor de Cristo no sólo las cosas de su religión anterior, enumeradas en los vs. 5 y 6, sino también todas las demás cosas.

8[3] La excelencia del conocimiento de Cristo proviene de la excelencia de Su persona. Los judíos consideran la ley de Dios dada a través de Moisés la cosa más excelente de toda la historia humana; por esto, tienen celo por la ley. Pablo también tenía ese celo. Pero cuando Dios le reveló a Cristo (Gá. 1:15-16), Pablo vio que la excelencia, la supereminencia, la preciosidad suprema, el mérito sobrepujante, de Cristo superaba por mucho la excelencia de la ley. Su conocimiento de Cristo vino a ser la excelencia del conocimiento de Cristo. A causa de esto, estimaba como pérdida no sólo la ley y la religión establecida según la ley, sino todas las cosas.

8[4] La frase *en cuanto a,* que puede traducirse *según,* se usa tres veces en los vs. 5-6, con la ley, con el celo y con la justicia. En los vs. 7-8 la frase *por amor de* se usa dos veces con Cristo, y la palabra *por,* una vez, con la excelencia del conocimiento de Cristo; ambas expresiones pueden traducirse *por causa de.* Cristo está en contraste con la ley, con el celo por la misma, y con la justicia que se encuentra en ella. La excelencia del conocimiento de Cristo y Cristo mismo están en contraste con *la ley* y con *todas las cosas.* Por amor de Cristo y por la excelencia del conocimiento de Cristo, Pablo dejó la ley, su celo por ella, la justicia que se encuentra en ella, y todas las demás cosas. Esto indica que Cristo y la excelencia del conocimiento de Cristo son muy superiores a la ley y a cualquier otra cosa.

8[5] Se refiere a la escoria, el desecho, la inmundicia, lo que se tira a los perros; por lo tanto, se refiere a comida para perros, o estiércol. No hay comparación entre tales cosas y Cristo.

8[6] Conocer a Cristo no es meramente saber de El, sino que es ganarlo a El mismo. Cristo es la corporificación de la plenitud de la Deidad (Col. 2:9) y la realidad de las sombras de todas las cosas positivas (Col. 2:16-17). Para obtener algo se requiere pagar un precio. Ganar a Cristo es experimentar, disfrutar y poseer todas Sus inescrutables riquezas (Ef. 3:8) al pagar el precio.

9 y ser [1]hallado en El, [2]no teniendo mi propia [a]justicia,
que es [3]por la ley, sino la que es por medio de la [4b]fe en Cristo,
la [5c]justicia procedente de Dios [6]*basada* en la fe;
10 a fin de [1a]conocerle, y el [2b]poder de Su resurrección, y
la [3c]comunión en Sus padecimientos, [4d]configurándome a Su
muerte,

9[a] Fil. 3:6; Ro. 10:5
9[b] Ro. 9:30; 10:6; Gá. 2:16
9[c] 1 Co. 1:30
10[a] Fil. 3:8
10[b] Ro. 1:4; Ef. 1:19
10[c] Mt. 20:23; Ro. 8:17; Col. 1:24
10[d] Ro. 6:3, 5; 2 Co. 4:10-12

9[1] Pablo había estado metido de lleno en la religión judía bajo la ley y siempre había sido hallado por otros en la ley. Pero en su conversión fue trasladado de la ley y de su antigua religión a Cristo, llegando a ser "un hombre en Cristo" (2 Co. 12:2). Ahora él contaba con que sería hallado en Cristo por todos los que lo observaban, es decir, los judíos, los ángeles y los demonios. Esto indica que aspiraba a tener todo su ser sumergido en Cristo y saturado de El para que todos los que lo observaran lo hallaran totalmente en Cristo. Es sólo cuando seamos hallados en Cristo que El será expresado y magnificado (Fil. 1:20).

9[2] "No teniendo mi propia justicia ... sino ... la justicia procedente de Dios"; ésta era la condición en la cual Pablo deseaba ser hallado en Cristo. El quería vivir no en su propia justicia sino en la justicia de Dios, y ser hallado en tal condición trascendente, expresando a Dios al vivir a Cristo, y no por guardar la ley.

9[3] La justicia que proviene de los esfuerzos del hombre por guardar la ley, como lo menciona el v. 6.

9[4] Lit., la fe de Cristo. Véase la nota 22[1] de Ro. 3. La fe con la cual nosotros creemos en Cristo proviene de nuestro conocimiento de Cristo y nuestro aprecio por El. Es Cristo mismo, infundido en nosotros mediante nuestro aprecio por El, que viene a ser nuestra fe, la fe en El. Por esto, es la fe de Cristo la que nos introduce en una unión orgánica con El.

9[5] La justicia que es Dios mismo vivido y expresado en nosotros para ser nuestra justicia por medio de nuestra fe en Cristo. Tal justicia es la expresión de Dios, quien vive en nosotros.

9[6] Es decir, sobre la base o la condición de fe. La fe es la base, la condición, sobre la cual recibimos y poseemos la justicia que proviene de Dios, la justicia más elevada, que es Cristo (1 Co. 1:30).

10[1] Para poder conocer (experimentar) a Cristo y el poder de Su resurrección y la comunión en Sus padecimientos, Pablo vivía en una condición en la cual no tenía su propia justicia, sino la justicia que proviene de Dios. En el v. 8 se ve que la excelencia del conocimiento de Cristo viene por revelación. Pero conocerle aquí viene por experiencia, es decir, es tener el conocimiento de El ganado por la experiencia, o sea, experimentarle en el pleno conocimiento de El. Pablo primero recibió la revelación de Cristo, luego buscó la experiencia de Cristo, la cual es conocer y disfrutar a Cristo por experiencia.

10[2] El poder de la resurrección de Cristo es Su vida de resurrección, la cual lo resucitó de los muertos (Ef. 1:19-20). La realidad del poder de la resurrección de Cristo es el Espíritu (Ro. 1:4). Conocer y experimentar este poder requiere que seamos identificados con la muerte de Cristo y que seamos conformados a ella. La muerte es la base de la resurrección. Para experimentar el poder de la resurrección de Cristo, necesitamos vivir una vida crucificada, así como El. Al ser conformados a Su muerte se le proporciona al poder de Su resurrección una base sobre la cual levantarse para que Su vida divina sea expresada en nosotros.

10[3] La participación de los padecimientos de Cristo (Mt. 20:22-23; Col. 1:24), lo cual es un requisito necesario para tener la experiencia del poder de Su resurrección (2 Ti. 2:11) siendo conformado a Su muerte. Pablo

11[a] He. 11:35
11[b] Jn. 5:29; 1 Co. 15:21, 23; Ap. 20:5
12[a] 1 Co. 9:24
12[b] Fil. 3:15; He. 6:1
12[c] Fil. 3:14
12[d] Hch. 9:4-5

11 si en alguna manera [1]llegase a la [2a]superresurrección[b]
de entre los muertos.

C. Obtener a Cristo siguiéndole
vs. 12-16

12 [1]No que lo [2]haya [a]alcanzado ya, ni que ya [3]haya sido
[4b]perfeccionado; sino que [5c]prosigo, por ver si logro [6]asir
[7]aquello para lo cual [d]fui también [8]asido por Cristo Jesús.

---

procuraba conocer y experimentar no sólo la excelencia de Cristo mismo, sino también el poder vital de Su resurrección y la participación de Sus padecimientos. En el caso de Cristo, los sufrimientos y la muerte vinieron primero, seguidos por la resurrección; en el caso nuestro, el poder de Su resurrección viene primero, seguido por la participación de Sus sufrimientos y el ser conformados a Su muerte. Primero recibimos el poder de Su resurrección; luego por este poder somos capacitados para participar de Sus sufrimientos y vivir una vida crucificada en conformidad con Su muerte. Tales padecimientos sirven principalmente para producir y edificar el Cuerpo de Cristo (Col. 1:24).

10[4] Tomar la muerte de Cristo como el molde para la vida de uno. Pablo vivía continuamente una vida crucificada, una vida bajo la cruz, tal como vivió Cristo en Su vivir humano. Mediante tal vida el poder de resurrección de Cristo se experimenta y se expresa. El molde de la muerte de Cristo se refiere a la experiencia de Cristo de hacer morir continuamente Su vida humana para poder vivir por la vida de Dios (Jn. 6:57). Nuestra vida debe ser conformada a tal molde al morir nosotros a nuestra vida humana para vivir la vida divina. Ser conformados a la muerte de Cristo es el requisito para conocerle y experimentarle a El, y también el poder de Su resurrección y la comunión en Sus padecimientos.

11[1] Es decir, alcanzase. Esto requiere que nosotros corramos triunfalmente la carrera para obtener el premio (1 Co. 9:24-26; 2 Ti. 4:7-8).

11[2] La resurrección sobresaliente, que será un premio para los santos vencedores. Todos los creyentes que están muertos en Cristo tendrán parte en la resurrección de los muertos cuando el Señor regrese (1 Ts. 4:16; 1 Co. 15:52). Pero los santos vencedores disfrutarán una porción extra, una porción sobresaliente, de esa resurrección. Véase la nota 35[2] de He. 11.

Llegar a esta resurrección indica que todo nuestro ser ha sido resucitado poco a poco y continuamente. Dios primero resucitó nuestro espíritu que estaba en una condición de muerte (Ef. 2:5-6); luego, de nuestro espíritu El pasa a resucitar nuestra alma (Ro. 8:6) y nuestro cuerpo mortal (Ro. 8:11), hasta que todo nuestro ser —espíritu, alma y cuerpo— sea completamente resucitado y sacado de nuestro viejo ser por Su vida y con Su vida. Esto es un proceso en vida por el cual tenemos que pasar, y una carrera que tenemos que correr hasta que lleguemos a tal resurrección, la superresurrección, nuestro premio. Así que, la superresurrección debe ser la meta y el destino de nuestra vida cristiana. Podemos alcanzar esta meta solamente al ser conformados a la muerte de Cristo, o sea, al vivir una vida crucificada. En la muerte de Cristo somos procesados en resurrección siendo trasladados de la vieja creación a la nueva.

12[1] Pablo ya había obtenido la salvación que es común a todos los creyentes, por medio de la fe común a todos los creyentes (1 Ti. 1:14-16), pero no había obtenido aún la porción extra de la resurrección. Para obtener tal porción él tenía que proseguir, correr y acabar su carrera triunfalmente.

12[2] Cuando se convirtió.

13 Hermanos, yo mismo [1]no considero haberlo ya asido;
pero una cosa *hago:* [2]olvidando lo que queda [a]atrás, y [3]exten-
diéndome a lo que está delante,
14 [1a]prosigo a la [2]meta para alcanzar el [3b]premio del [4c]lla-
mamiento a lo alto, que Dios hace en Cristo Jesús.
15 Así que, todos los que [1a]hemos alcanzado madurez,
[2b]pensemos de este modo; y si en algo tenéis un sentir [c]diverso,
esto también os lo [3d]revelará Dios.

13[a] Lc. 9:62

14[a] Fil. 3:12; 1 Co. 9:24, 26; 2 Ti. 4:7

14[b] 1 Co. 9:24; He. 10:35; 11:26

14[c] Ro. 8:28; He. 3:1; 2 Ti. 1:9

15[a] Fil. 3:12; 1 Co. 2:6

15[b] Fil. 2:2, 5; 4:2

15[c] Gá. 5:10

15[d] Gá. 1:16

12[3] En su búsqueda presente.

12[4] O, completado, madurado (en vida).

12[5] La misma palabra griega se puede traducir *persigo,* con el sentido de *seguir adelante, ir en pos.* Es así como Pablo corrió la carrera para obtener el premio y alcanzar la madurez. Antes de ser salvo, él perseguía a Cristo. Después de ser salvo, seguía en pos de Cristo al grado de perseguirlo, pero en un sentido positivo.

12[6] Ganar, echar mano, tomar posesión, capturar.

12[7] Cuando Pablo se convirtió, Cristo le asió, tomó posesión de él, a fin de que él a su vez asiera a Cristo, tomara posesión de Cristo. Cristo lo ganó para que él ganara a Cristo (v. 8).

12[8] Ganado, echado mano, tomado posesión, capturado. Así también en el v. 13.

13[1] Pablo había experimentado a Cristo y ganado de El en gran manera; con todo y eso, no consideraba que hubiese experimentado a Cristo en plenitud o que lo hubiese ganado a lo sumo. Pablo proseguía con todas sus fuerzas a la meta: el ganar a Cristo al grado máximo.

13[2] A fin de ganar a Cristo a lo sumo, Pablo no solamente había olvidado sus experiencias en el judaísmo sino que también se negaba a estancarse en sus antiguas experiencias de Cristo. El olvidaba el pasado. No olvidar y quedarnos en nuestras experiencias del pasado, por muy genuinas que hayan sido, estorban nuestra búsqueda de Cristo.

13[3] Cristo es insondablemente rico. Hay un vasto territorio de riquezas Suyas que podemos poseer. Pablo se extendía para ver si podía llegar a los confines de este territorio.

14[1] Véase la nota 12[5].

14[2] El pleno disfrute de Cristo y el ganarlo a El.

14[3] El máximo disfrute de Cristo en el reino milenario como recompensa para los corredores de la carrera neotestamentaria que obtienen la victoria.

14[4] Ser llamados a lo alto tiene como fin que obtengamos el premio al cual Dios nos llama desde los cielos. Este llamamiento celestial (He. 3:1) corresponde a nuestra ciudadanía celestial en el v. 20; no es un llamamiento terrenal como el que se les hizo a los hijos de Israel en la carne. Este llamamiento a lo alto nos insta a tomar posesión de Cristo, mientras que el llamamiento terrenal se les hizo a los hijos de Israel para que tomaran posesión de la tierra física.

15[1] Es decir, completamente crecidos. La madurez es una etapa. Es posible que seamos maduros pero que no lo seamos en plenitud. *Madurez* aquí es usado en un sentido relativo, es decir, ni ser niños ni hombres plenamente maduros. Por lo tanto, es necesario proseguir y seguir creciendo.

15[2] En este libro lo dicho a los creyentes de Filipos está enfocado en la mente, la parte principal del alma. Este libro les manda que combatan unánimes junto con el evangelio personificado (1:27), que tengan el mismo pensamiento, que estén unidos en el alma, que tengan este único pensamiento (2:2; 4:2), que haya en ellos la misma manera de pensar que hubo en Cristo (2:5), y que tengan este mismo sentir, el cual se centra en ir en pos de

16a Gá. 6:16; 5:25; Hch. 21:24

16 [1]Sin embargo, en [2]aquello a que hemos llegado, [3a]ande-
mos conforme a la [4]misma *regla*.

D. Esperar a Cristo para
la transfiguración del cuerpo
vs. 17-21

17a 1 Co. 4:16; 11:1
17b 2 Ts. 3:9; 1 Ti. 4:12; Tit. 2:7; 1 P. 5:3
18a Hch. 20:31
18b Gá. 6:12

17 Hermanos, sed [a]imitadores de mí, y mirad a los que así
andan según el [b]modelo que tenéis en nosotros.
18 Porque *por ahí* andan [1]muchos, de los cuales os dije
muchas veces, y aun ahora lo digo [a]llorando, *que son* enemigos de la [2b]cruz de Cristo,

Cristo y en ganarlo a lo sumo. Cuando nuestra mente se ocupa de esto, tenemos el mismo sentir, y por ende el mismo pensamiento, y aun el único pensamiento —ganar a Cristo a lo sumo—, estamos unidos en el alma, tenemos el mismo ánimo (2:20) y somos hechos unánimes.

15[3] Nuestra meta debe ser ganar a Cristo. No debemos tener ningún otro interés. Dios nos revela que nuestra mente debe estar fija en esto, debe centrarse en seguir a Cristo. El desea mantener siempre en línea nuestra mente, volviéndola hacia Cristo como centro.

16[1] Esta palabra concluye los versículos anteriores, y nos exhorta a hacer una sola cosa: andar conforme a la misma regla.

16[2] *En aquello a que hemos llegado* modifica a *andemos*.

16[3] Gr. *stoijéo;* significa *andar en orden,* derivado de *stéjo,* que significa *arreglar en líneas regulares, marchar en filas, llevar el paso, ser conformados a la virtud y a la piedad,* como es usado en Ro. 4:12; Gá. 5:25; 6:16. Es diferente de la palabra *andan* en los vs. 17 y 18, que significa *vivir, comportarse, estar ocupado o pasearse,* según se usa en Ro. 6:4; 8:4; 13:13; 1 Co. 3:3; Gá. 5:16; Ef. 4:1, 17. Con esta palabra el apóstol nos exhorta a que andemos y a que pongamos orden a nuestras vidas —en aquello a que hemos llegado, al grado que hayamos avanzado— siguiendo la misma regla, estando en la misma fila, en la misma senda, en los mismos pasos. Cualquiera que sea el estado al que hayamos llegado en nuestra vida espiritual, todos tenemos que andar, como lo hizo el apóstol, siguiendo la misma regla, en la misma senda, es decir, debemos seguir a la meta (a Cristo) para ganar al máximo a Cristo como el premio del llamamiento a lo alto que Dios nos ha hecho. Véase la nota 25[2] de Gá. 5.

16[4] La misma línea, la misma senda, los mismos pasos. La manera en que Pablo usa esta palabra indica que debemos andar por la misma senda según el mismo principio elemental.

18[1] Probablemente aquellos que practicaban la filosofía de los epicúreos, la cual promovía el abandono a los placeres de comer y beber, y fomentaba la gratificación propia en otras cosas, todas las cuales eran contrarias a la cruz de Cristo. En el v. 2 vemos que los judaizantes perjudicaban a los filipenses. En este versículo los epicúreos eran quienes les estaban perjudicando. Los judaizantes eran de origen judío; los epicúreos, de origen pagano.

Básicamente, la exhortación que vemos en este capítulo fue dada por causa de ambos grupos. Lo que dijo en cuanto a los judaizantes edificó a los filipenses en cuanto la manera de tratar el alma (vs. 1-16), especialmente la mente, y su alusión a los epicúreos instruyó a los filipenses en cuanto a la manera de tratar el cuerpo (vs. 17-21). Con respecto al alma debemos tener

19 [1]cuyo fin será [a]destrucción, cuyo dios es el [b]vientre, y
cuya gloria se halla en su [c]vergüenza; que sólo [d]piensan en
lo [2]terrenal.
20 Mas nuestra [1a]ciudadanía está en los [2b]cielos, de donde
también [c]esperamos con anhelo al Salvador, al Señor Jesucristo;
21 el cual [1a]transfigurará el [2b]cuerpo de la humillación
nuestra, *para que sea* [c]conformado al [3]cuerpo de la [d]gloria
Suya, [4]según la operación de Su poder, con la cual [e]sujeta
también a Sí mismo todas las cosas.

CAPITULO 4

V. Tener a Cristo como secreto de suficiencia 4:1-20

A. Tener el mismo pensamiento y regocijarnos en el Señor vs. 1-4

1 Así que, hermanos míos amados y [a]deseados, [1b]gozo y
[c]corona mía, [d]estad [2]así firmes en el Señor, amados.

19[a] Fil. 1:28
19[b] Ro. 16:18
19[c] Jud. 13; Os. 4:7
19[d] Col. 3:2
20[a] Ef. 2:19
20[b] Ef. 2:6; He. 12:22
20[c] 1 Co. 1:7; 1 Ts. 1:10
21[a] 1 Co. 15:51-54
21[b] Ro. 8:23
21[c] Ro. 8:29
21[d] 1 Co. 15:43; Col. 3:4
21[e] 1 Co. 15:27-28; 1 P. 3:22
1[a] Fil. 1:8
1[b] Fil. 1:4; 1 Ts. 2:19-20
1[c] cfr. Pr. 17:6
1[d] Fil. 1:27; 1 Co. 16:13

---

por basura todas las cosas religiosas, filosóficas y culturales. En cuanto al cuerpo, debemos ocuparnos de nuestras necesidades físicas, pero no debemos abandonarnos al disfrute físico excesivo.

18[2] La cruz de Cristo puso fin a la complacencia de las concupiscencias del cuerpo físico (Gá. 5:24).

19[1] Los epicúreos, quienes adoraban su vientre y servían a su estómago. Al promover el disfrute de comer y beber, se preocupaban más por complacerse y deleitarse en lo físico que por la ética y la moral. Su estómago era su dios.

19[2] Las cosas físicas, las cosas materiales, asuntos tales como comer y beber. Es verdad que necesitamos la comida y el vestido; sin embargo, no debemos abandonarnos a estas cosas.

20[1] La palabra griega significa *todos los ciudadanos, las asociaciones de vida.*

20[2] En contraste con *terrenal* en el versículo anterior. Aquellos que practicaban la filosofía de los epicúreos ponían su mente en las cosas terrenales, pero nuestra ciudadanía está en los cielos.

21[1] La transfiguración de nuestro cuerpo es la consumación final de la salvación de Dios. En Su salvación Dios primero regenera nuestro espíritu (Jn. 3:6), ahora está transformando nuestra alma (Ro. 12:2), y por último transfigurará nuestro cuerpo, haciéndonos iguales a Cristo en las tres partes de nuestro ser.

21[2] Nuestro cuerpo natural, hecho de polvo sin valor (Gn. 2:7) y dañado por el pecado, la debilidad, la enfermedad y la muerte (Ro. 6:6; 7:24; 8:11).

21[3] El cuerpo resucitado de Cristo, saturado de la gloria de Dios (Lc. 24:26) y trascendente sobre la corrupción y la muerte (Ro. 6:9).

21[4] La transfiguración de nuestro cuerpo es efectuada por el gran poder

2 Exhorto a Evodia y exhorto también a Síntique, que
[1a]sean de un mismo sentir en el Señor.
3 Sí, y a ti también, verdadero [1]compañero de yugo, te
pido que las [2]ayudes, pues ellas [3]combatieron juntamente
conmigo en el evangelio, con Clemente también y los demás
[a]colaboradores míos, cuyos [b]nombres están en el [4c]libro de la
vida.
4 [1a]Regocijaos en el Señor siempre. Otra vez diré: ¡Regocijaos!

B. Características excelentes en el vivir de los creyentes
vs. 5-9

5 [1]Sea conocido de todos los hombres lo [2]comprensivos
que sois. El Señor está [3a]cerca.
6 Por nada [1]estéis [a]afanosos, sino en toda ocasión sean
conocidas vuestras peticiones [2]delante de Dios por medio de
[3b]oración y súplica, [4]con [c]acción de gracias.

2ª Fil. 2:2; 1 Co. 1:10
3ª Fil. 2:25
3ᵇ Lc. 10:20; He. 12:23
3ᶜ Ap. 3:5; 17:8; 20:15
4ª Fil. 3:1; 1 Ts. 5:16
5ª Jac. 5:8; He. 10:37
6ª Mt. 6:25; 1 P. 5:7
6ᵇ Ef. 6:18; 1 Ti. 2:1
6ᶜ Ef. 5:20; Col. 3:17; 1 Ts. 5:18

---

del Señor, el cual somete todas las cosas a Él mismo (Ef. 1:19-22). Esta es la fuerza todopoderosa del universo.

1[1] El gozo es algo interno; una corona es algo que se manifiesta exteriormente. Los creyentes eran la felicidad interior del apóstol y su gloria exterior.

1[2] En la manera presentada por el apóstol en el capítulo anterior.

2[1] Esto indica que había disensión entre las dos hermanas; no tenían el mismo sentir. Es por esto que en este libro hay una exhortación a combatir con una sola alma junto con el evangelio personificado (1:27), a estar unidos en el alma, teniendo el mismo pensamiento (2:2), y a ponerse de acuerdo en la búsqueda de Cristo (3:14-15).

3[1] Se refiere a los dos bueyes que tiran de un arado; usado como metáfora. *Compañero de yugo* se refiere a estar unido en yugo a otro para llevar una carga común.

3[2] Ayudarles a tener un mismo sentir en el Señor, y por ende, a ser uno.

3[3] Laboraron en compañía, combatieron juntos, lucharon al lado, como un equipo de atletas.

3[4] Un registro celestial de los redimidos en Cristo.

4[1] El regocijo nos proporciona la fortaleza para la unidad de la que se habla en los vs. 2 y 3. Además, regocijarse en el Señor es la clave para tener las virtudes excelentes que se enumeran en los vs. 5-9.

5[1] La exhortación del apóstol en los vs. 5-9 debe de ser la expresión externa de la realidad interna de la experiencia de Cristo que él menciona en los caps. 1—3.

5[2] Es decir, lo razonable, lo atento y lo considerado que uno sea en el trato con otros, no siendo estricto en reclamar el derecho legal de uno; esto está en contraste con la ambición egoísta y la vanagloria (2:3) y con las murmuraciones y argumentos (2:14); es Cristo mismo como una virtud excelente vivida y expresada en los creyentes.

5[3] Cercano en espacio y tiempo. En cuanto a espacio, el Señor está cercano a nosotros, listo para ayudarnos. En cuanto a tiempo, el Señor está cercano, viene pronto.

6[1] Es decir, preocupados. Los

7 Y la [1a]paz de Dios, que [b]sobrepasa todo entendimiento,
[2c]guardará vuestros [3]corazones y vuestros pensamientos en
Cristo Jesús.
8 Por lo demás, hermanos, todo lo que es [1]verdadero, todo
lo [2]honorable, todo lo [3]justo, todo lo [4a]puro, todo lo [5]amable, todo
lo que es de [6b]buen nombre; si hay [7c]virtud alguna, si alguna
[8]alabanza, a esto [9]estad atentos.
9 Lo que aprendisteis y [1a]recibisteis y oísteis y [2]visteis
en mí, esto [3]poned en práctica; y el [4b]Dios de paz estará con
vosotros.

7[a] Fil. 4:9; Is. 26:3; Jn. 14:27; Col. 3:15
7[b] Ef. 3:19
7[c] 1 P. 1:5; Jud. 1
8[a] 1 Ti. 4:12; 5:22
8[b] 2 Co. 6:8
8[c] 2 P. 1:5
9[a] 1 Ts. 1:6
9[b] Ro. 15:33; 1 Ts. 5:23; He. 13:20

---

afanes, provenientes de Satanás, son la suma total de la vida humana, y perturban la vida de los creyentes al vivir éstos a Cristo; el ser comprensivos es la suma de una vida en que se vive a Cristo y es algo que proviene de Dios. Estas dos son contrarias.

6[2] La palabra griega frecuentemente se traduce *con* (Jn. 1:1; Mr. 9:19; 2 Co. 5:8; 1 Jn. 1:2). Denota movimiento en cierta dirección, en el sentido de una unión y comunicación viva, lo cual implica comunión. Por lo tanto, el sentido de *delante de Dios* aquí es *en comunión con Dios.*

6[3] La oración es general y su esencia es la adoración y la comunión; la petición es especial, y se hace por necesidades específicas.

6[4] No dice *y* sino *con.* Tanto nuestra oración como nuestra petición deben ir acompañadas de nuestras acciones de gracias al Señor.

7[1] El resultado de practicar la comunión con Dios en oración es que nosotros disfrutamos la paz de Dios. La paz de Dios es en realidad Dios como paz (v. 9) infundido en nosotros mediante nuestra comunión con El por medio de la oración, como lo que contrarresta los problemas y como el antídoto para los afanes (Jn. 16:33).

7[2] O, montar guardia. El Dios de paz patrulla continuamente nuestros corazones y pensamientos en Cristo, preservándonos en calma y tranquilidad.

7[3] El corazón es la fuente; el pensamiento es el resultado.

8[1] Veraz moralmente. No significa verdadero en hecho.

8[2] Es decir, venerable, digno de reverencia, noble, serio; evoca la idea de dignidad, lo cual inspira y produce reverencia.

8[3] En el sentido de rectitud, no de equidad, y eso delante de Dios y de los hombres.

8[4] Es decir, sencillo en intención y acción, sin contaminación alguna.

8[5] Es decir, que puede ser amado, asentido, querido.

8[6] Es decir, de buena reputación, atractivo, encantador, cortés.

8[7] Significa excelencia, o sea, energía moral exhibida en una acción vigorosa. Véanse las notas 3[11] y 5[4] de 2 P. 1.

8[8] Es decir, algo que merece alabanza, como compañía a la virtud. Los primeros seis aspectos están encabezados por *todo lo que es;* los dos últimos, por *si hay alguna.* Esto indica que los últimos dos aspectos son un resumen de los primeros seis, en todos los cuales hay algo de virtud o excelencia y algo digno de alabanza.

8[9] Pensad, tened en consideración.

9[1] No solamente aprender sino también recibir.

9[2] No solamente oír sino también ver.

9[3] Los creyentes no sólo deben pensar en las cosas mencionadas en el v. 8, sino que también deben poner en práctica las cosas que han aprendido, recibido, oído y visto en el apóstol.

9[4] El Dios de paz es el origen de todas las cosas mencionadas en los vs. 8 y 9. Por nuestra comunión con El

C. La comunión de los creyentes con el apóstol,
y el secreto que el apóstol aprendió en cuanto a la suficiencia
vs. 10-20

10 En gran manera me [a]gocé en el Señor de que ya al fin
habéis hecho [1]florecer de nuevo vuestro interés por mí; de lo
cual también estabais solícitos, pero os faltaba la oportunidad.
11 No lo digo porque tenga [a]escasez, pues he aprendido a
[1b]contentarme, cualquiera que sea mi situación.
12 Sé estar [1]humillado, y sé [2]tener abundancia; [3]en todas
las cosas y en todo [4]he aprendido el secreto, así a estar
[5]saciado como a [a]tener hambre, así a [6]tener abundancia como
a [7b]padecer necesidad.
13 Todo lo puedo [1]en Aquel que me [2a]reviste de poder.

10[a] Fil. 1:18
11[a] 2 Co. 11:9
11[b] 1 Ti. 6:6, 8; He. 13:5
12[a] 1 Co. 4:11; 2 Co. 11:27
12[b] 2 Co. 11:9
13[a] 2 Co. 12:9; Ef. 3:16; 1 Ti. 1:12; Col. 1:11

---

y por tenerle en nosotros, todas estas virtudes brotarán en nuestra vida.

10[1] La palabra griega significa *retoñar y florecer*, lo cual implica que el modo de pensar de los filipenses hacia el apóstol era un asunto de vida. Durante algún tiempo su interés por Pablo había estado dormido. Pero cuando Pablo escribió esta epístola, el interés de ellos para con él empezó a florecer de nuevo, igual que una planta que echa brotes y florece.

11[1] Estar autoabastecido, satisfecho consigo mismo. Esta es una palabra usada por los estoicos, quienes enseñaban que una persona debe estar contenta en toda circunstancia. Estar contento es lo opuesto a la práctica de los epicúreos, que se menciona en 3:18-19.

12[1] Es decir, en circunstancias difíciles.

12[2] Vivir en abundancia.

12[3] *En todas las cosas* significa en cada asunto; *en todo* significa en todos los asuntos en conjunto. Puestas juntas, estas dos frases abarcan todas las cosas que se hallan en el transcurso de la vida humana. Pablo había aprendido la clave para experimentar a Cristo: experimentarle en todas las cosas y en todo lugar.

12[4] Lit., he sido iniciado. La metáfora aquí usada se refiere a una persona iniciada en una sociedad secreta con instrucción en sus principios rudimentarios. Después de que Pablo se había convertido a Cristo, fue iniciado en Cristo y en el Cuerpo de Cristo. Luego aprendió el secreto, aprendió cómo tomar a Cristo como vida, cómo vivir a Cristo, cómo magnificar a Cristo, cómo ganar a Cristo, y cómo tener la vida de la iglesia, cosas que son principios rudimentarios.

12[5] Satisfecho.

12[6] Abundar, tener suficiencia, más de lo suficiente.

12[7] Estar en escasez, sufrir privación.

13[1] Pablo era una persona que estaba en Cristo (2 Co. 12:2), y deseaba que otros lo hallaran en Cristo. Luego declaró que lo podía todo en Cristo, el mismo Cristo que le daba poder. Esta es una palabra todo-inclusiva y concluyente en cuanto a su experiencia de Cristo. Esto es el reverso de la palabra del Señor en Jn. 15:5 en cuanto a nuestra relación orgánica con El: "Separados de Mí nada podéis hacer".

13[2] La palabra griega significa *hacer dinámico interiormente.* Cristo mora en nosotros (Col. 1:27). El nos da poder, nos hace dinámicos desde adentro, no desde afuera. Por medio de este poder que le era dado, Pablo lo podía todo en Cristo.

14 Sin embargo, bien hicisteis en [1a]participar conmigo en mi [2]tribulación.

15 Y sabéis también vosotros, oh filipenses, que al comienzo del [a]evangelio, cuando [b]partí de [c]Macedonia, ninguna iglesia [1]participó conmigo en [2d]razón de [3]dar y recibir, sino [4]vosotros solos;

16 pues aun a [a]Tesalónica me enviasteis una y otra vez para mis [b]necesidades.

17 No es que busque [1]dádivas, sino que busco [2a]fruto que aumente en vuestra [3b]cuenta.

18 Pero todo lo he recibido, y tengo abundancia; estoy [1]lleno, habiendo recibido de [a]Epafrodito [2]lo que enviasteis; [3]olor fragante, [4b]sacrificio acepto, agradable a Dios.

19 [1]Mi Dios, pues, [2a]suplirá [3]todo lo que os falta [4]conforme a Sus riquezas [5]en gloria [6]en Cristo Jesús.

14[a] He. 10:33; Ap. 1:9
15[a] Fil. 1:5
15[b] Hch. 17:14-15
15[c] 2 Co. 11:9
15[d] Fil. 4:17
16[a] Hch. 17:1
16[b] Fil. 2:25
17[a] Ro. 15:28; Tit. 3:14
17[b] Fil. 4:15
18[a] Fil. 2:25
18[b] He. 13:16
19[a] 2 Co. 9:8

14[1] Esta era la comunión en el progreso del evangelio (1:5), por su suministro de cosas materiales al apóstol (v. 18).

14[2] Se refiere al encarcelamiento de Pablo (1:17).

15[1] Esta participación (este compartir) es la comunión en el progreso del evangelio mencionado en 1:5 y 4:14.

15[2] La provisión de cosas materiales por parte de los creyentes de Filipos les abría una cuenta con el apóstol.

15[3] El proveer y el recibir cosas materiales para suplir la necesidad del apóstol en su obra evangélica.

15[4] La iglesia en Filipos era un ejemplo único en cuanto a la suministración para las necesidades del que era enviado para el progreso del evangelio.

17[1] Las cosas materiales dadas al siervo del Señor para los intereses del Señor.

17[2] El resultado de su comunión, de su participación, en la obra evangélica del apóstol. Esto será una recompensa en el día del Señor.

17[3] La cuenta abierta en el v. 15. Debemos seguir el ejemplo de los filipenses abriendo dicha cuenta y haciendo que nuestra columna de créditos aumente continuamente en el fruto de nuestros donativos.

18[1] Completamente provisto.

18[2] Las cosas materiales dadas como suministro para el apóstol.

18[3] La misma palabra griega de Ef. 5:2. Olor fragante de sacrificios ofrecidos a Dios (Gn. 8:21).

18[4] Las dádivas materiales de los filipenses, obsequiadas para suplir las necesidades del apóstol, eran consideradas por él como un sacrificio a Dios, acepto y agradable (He. 13:16). Pablo indicó en su aprecio, que lo hecho por los filipenses a su favor, fue hecho para Dios. Esto implica que él tenía la certeza de que era uno con Dios y que su obra era por Dios y para Dios.

19[1] El apóstol en su experiencia tenía la convicción y la certeza de que era uno con Dios y de que Dios era su Dios. Puesto que consideraba los donativos materiales de los filipenses como sacrificios a Dios, creía con certeza que Dios, quien era uno con él y quien era su Dios, recompensaría ricamente a los filipenses.

19[2] Abastecer plenamente, satisfacer a lo sumo.

19[3] Puesto que los filipenses se ocupaban del enviado de Dios, Dios se ocuparía de todas las necesidades de ellos.

20a Ro. 11:36

20 Al Dios y Padre [1]nuestro sea [2a]gloria por los siglos de los siglos. [3]Amén.

VI. Conclusión
4:21-23

21 Saludad a todos los santos en Cristo Jesús. Los hermanos que están conmigo os saludan.

22a Fil. 1:1; Ro. 1:7

22 Todos los [a]santos os saludan, y especialmente [1]los de la casa de César.

23a 2 Co. 12:9; 13:14
23b Gá. 6:18; 2 Ti. 4:22

23 La [1a]gracia del Señor Jesucristo sea con vuestro [2b]espíritu.

19[4] Dios provee para nosotros según Sus riquezas, no según nuestras necesidades. Sus riquezas exceden a nuestras necesidades.

19[5] *En gloria* modifica a *suplirá.* La gloria es la expresión de Dios; es Dios expresado en esplendor. El rico suministro de Dios para los creyentes, quienes son Sus hijos, expresa a Dios y lleva la gloria de Dios. El apóstol les aseguró a los filipenses que Dios supliría abundantemente sus necesidades en una manera que les traería a ellos Su gloria.

19[6] *En Cristo Jesús* también modifica a *suplirá.* Cristo, el todo-inclusivo, es la base, el elemento, la esfera y el cauce en el cual y por el cual Dios cuida a Su pueblo conforme a Sus riquezas y en gloria. Esto indica que aun dar y recibir los bienes materiales está íntimamente relacionado con la experiencia que uno tiene de Cristo.

20[1] Dios no es solamente el Dios del apóstol, sino también el Dios de los creyentes.

20[2] La gloria es Dios expresado en Su esplendor y excelencia para que le apreciemos. Puesto que la gloria se da a Dios se entiende que Dios es expresado en esta forma. Nuestras dádivas en Cristo, que son para Dios y Sus intereses, traen la gloria de Dios, no solamente para nuestro disfrute, sino también para la glorificación de El.

20[3] Véase la nota 13[5] de Mt. 6.

22[1] La casa de César incluía a todos los que tenían algo que ver con el palacio de Nerón. Algunos de ellos se habían convertido al tener contacto con Pablo y vinieron a ser creyentes de Cristo en Roma.

23[1] Dios en Cristo como nuestra provisión y disfrute, trasmitido a nosotros y hecho real en nosotros mediante la abundante suministración del Espíritu de Jesucristo (1:19). Para experimentar a Cristo como lo hacía Pablo, necesitamos esta gracia.

23[2] Nuestro espíritu regenerado, en el cual mora el Espíritu de Cristo. Es en nuestro espíritu donde experimentamos y disfrutamos a Cristo como lo hacía Pablo.

Este libro, el cual tiene que ver con experimentar a Cristo, nos hace notar, al comienzo del cap. 1, que es la abundante suministración del Espíritu de Jesucristo lo que nos capacita para vivir a Cristo, para magnificarle en cualquier circunstancia, a fin de que le disfrutemos como la suprema salvación. Aquí, al final del libro, se nos dice que nuestra experiencia y disfrute de Cristo tiene que darse en nuestro espíritu, el cual ha sido regenerado para ser la morada del Dios Triuno y la vasija que le contiene. Por lo tanto, esto es exclusivamente un asunto de unión y de ser mezclados con el Dios Triuno procesado, quien ha venido a ser el Espíritu vivificante y todo-inclusivo, con el espíritu de nosotros, los seres tripartitos, quienes estamos siendo transformados por dicho

Espíritu. Tenemos que vivir y obrar en nuestro maravilloso espíritu por el Dios Triuno como el Espíritu maravilloso. Sólo entonces podremos experimentar y disfrutar al Dios Triuno, quien ha sido procesado mediante la encarnación, crucifixión, resurrección y ascensión, como gracia inagotable y suficiente, y así ha venido a ser Su plenitud, Su expresión.

LA EPISTOLA DE PABLO
A LOS
COLOSENSES

BOSQUEJO

I. Introducción—1:1-8
- A. El saludo del apóstol—vs. 1-2
- B. La acción de gracias del apóstol—vs. 3-8

II. Aquel que es preeminente y todo-inclusivo, la centralidad y la universalidad de Dios—1:9—3:11
- A. La porción de los santos—1:9-14
- B. La imagen de Dios y el Primogénito tanto en la creación como en resurrección—1:15-23
- C. El misterio de la economía de Dios—1:24-29
- D. El misterio de Dios—2:1-7
- E. El cuerpo de todas las sombras—2:8-23
- F. La vida de los santos—3:1-4
- G. Los constituyentes del hombre nuevo—3:5-11

III. Una vida en unión con Cristo—3:12—4:6
- A. La paz de Cristo que actúa como árbitro—3:12-15
- B. La palabra de Cristo que mora en nosotros—3:16-17
- C. La expresión de Cristo en las relaciones éticas—3:18—4:1
- D. Orar con perseverancia y andar en sabiduría—4:2-6

IV. Conclusión—4:7-18
- A. La comunión del apóstol—vs. 7-17
- B. La salutación del apóstol—v. 18

LA EPISTOLA DE PABLO
A LOS
COLOSENSES

Autor: El apóstol Pablo y el hermano Timoteo (1:1).

Fecha: Por el año 64 d. de C., cuando la Epístola a Filemón fue escrita (4:9; Flm. 10-12).

Lugar: Roma, donde Pablo estaba encarcelado (4:3, 10, 18).

Destinatarios: Los santos en Colosas (1:2).

Tema:

Cristo: Aquel que es todo-inclusivo y
tiene el primer lugar en todas las cosas,
es el misterio y la corporificación de Dios,
la Cabeza y lo que constituye la iglesia,
la porción repartida, la vida, el constituyente
y la esperanza de los santos, y
el cuerpo de todas las cosas positivas

CAPITULO 1

I. Introducción
1:1-8

A. El saludo del apóstol
vs. 1-2

1 [1]Pablo, apóstol de Cristo Jesús por la [2a]voluntad de
Dios, y el hermano [b]Timoteo,

1[a] 1 Co. 1:1
1[b] 2 Co. 1:1; 1 Ts. 3:2; He. 13:23

1[1] Este libro responde al problema de que la cultura se había infiltrado en la vida de iglesia en Colosas. Originalmente, Cristo era el único elemento de la vida de la iglesia; sin embargo, en ese tiempo surgió un disturbio debido a que la cultura estaba reemplazando a Cristo. La iglesia debe estar constituida de Cristo y únicamente Cristo; sin embargo, la iglesia había sido invadida por algunos elementos de la cultura, especialmente por la religión, manifestada como ascetismo, el cual está relacionado con las ordenanzas y observancias judías (2:16, 20-21), y la filosofía, manifestada como misticismo, el cual tiene relación con el gnosticismo y la adoración de ángeles (2:8, 18). Por lo tanto, el concepto central de este libro es que no se debe permitir que nada reemplace a Cristo.

Este libro gira en torno a Cristo como Cabeza del Cuerpo. Revela a un

2 a los [1a]santos que están en Colosas, fieles hermanos en
Cristo: [b]Gracia y paz sean a vosotros, de Dios nuestro [c]Padre.

B. La acción de gracias del apóstol
vs. 3-8

3 Siempre orando por vosotros, damos gracias a Dios,
[1]Padre de nuestro Señor Jesucristo,
4 habiendo oído de vuestra [1a]fe en Cristo Jesús, y del
[1b]amor que tenéis a todos los santos,
5 a causa de la [1a]esperanza que os está [2]guardada en los
cielos, de la cual antes oísteis en la [b]palabra de la [3]verdad del
evangelio,
6 que ha llegado hasta vosotros, así como a todo el mundo, y lleva fruto y crece también en vosotros, desde el día que
oísteis y conocisteis la [1a]gracia de Dios en [2b]verdad,
7 como lo habéis aprendido de [a]Epafras, nuestro consiervo amado, que es un fiel [1b]ministro de Cristo a favor vuestro,
8 quien también nos hizo saber vuestro [a]amor en el
Espíritu.

2[a] Ef. 1:1
2[b] Jn. 1:17; Ef. 1:2
2[c] Ef. 1:2
4[a] Col. 2:5, 7; 1 Ts. 1:3; 1 Co. 13:13
4[b] Col. 1:8
5[a] Col. 1:23, 27; Ef. 1:18; 4:4
5[b] Ef. 1:13
6[a] Hch. 4:33; 11:23; Ro. 5:2
6[b] Ro. 1:25; Jn. 16:7; Mr. 5:33; 12:32; Lc. 4:25
7[a] Col. 4:12; Flm. 23
7[b] Col. 4:7
8[a] Ro. 15:30; Gá. 5:22

---

grado más alto que cualquier otro libro de la Biblia lo profundo, lo todo-inclusivo y lo ilimitado que es Cristo.

1[2] Véase la nota 1[2] de Ef. 1.

2[1] Es decir, aquellos que poseen santidad, que han sido apartados y santificados para Dios. Ellos vivían en Colosas; sin embargo, estaban separados del mundo.

3[1] Véase la nota 3[2] de Ef. 1.

4[1] Tener fe es tocar la realidad de lo que está en Cristo y recibirla, amar es experimentar y disfrutar lo que hemos recibido de Cristo, y tener esperanza (v. 5) es aguardar con certeza la glorificación en Cristo.

5[1] La esperanza, la fe y el amor, mencionados en los vs. 4 y 5, son las tres cosas que el apóstol recalcó en 1 Co. 13:13. Allí, debido a la situación de los corintios, se daba énfasis al amor; aquí, se da énfasis a la esperanza, la cual, hablando con propiedad, es Cristo mismo (v. 27), para que Cristo sea revelado como el todo para nosotros.

5[2] Viviendo y experimentando a Cristo atesoramos una esperanza en los cielos. Cuanto más vivimos y experimentamos a Cristo, más esperanza atesoramos en los cielos. Así que, ahora en nuestra vida diaria la esperanza está siendo atesorada.

5[3] La verdad del evangelio es la realidad, los hechos reales, no la doctrina, del evangelio. "La palabra" puede ser considerada la doctrina del evangelio, pero "la verdad", debe de referirse a la realidad. Cristo en Su persona todo-inclusiva y en Su obra redentora multifacética es la realidad del evangelio.

6[1] La gracia de Dios es lo que Dios es para nosotros y lo que Dios nos da en Cristo (Jn. 1:17; 1 Co. 15:10).

6[2] Aquí la palabra *verdad* significa realidad (véase el punto 8 de la nota 6[6] de 1 Jn. 1). Conocer la gracia de Dios en verdad, es conocerla por experiencia en su realidad, no sólo mentalmente en palabras o doctrinas vanas.

7[1] Un ministro de Cristo no sólo es un siervo de Cristo que sirve a Cristo, sino un servidor que sirve a otros ministrándoles a Cristo.

II. Aquel que es preeminente y todo-inclusivo, la centralidad y la universalidad de Dios
1:9—3:11

A. La porción de los santos
1:9-14

9 Por lo cual también nosotros, desde el día que lo oímos,
no cesamos de [a]orar por vosotros, y de pedir que seáis llenos
del pleno conocimiento de [1]Su [b]voluntad en toda [2c]sabiduría
e inteligencia espiritual,
10 para que [1]andéis como es digno del Señor, agradándole
[2]en todo, [3]llevando fruto en toda buena obra, y creciendo por
el pleno [4]conocimiento de Dios;
11 [a]fortalecidos con todo [1]poder, conforme a la [2b]potencia
de Su gloria, para toda perseverancia y longanimidad con
gozo,
12 dando gracias al Padre que os [1]hizo aptos para participar de la [2a]porción de los santos en la [3b]luz;

9[a] Ef. 1:16
9[b] Ef. 1:9; Ro. 12:2
9[c] Ef. 1:17
11[a] Ef. 6:10; Fil. 4:13; 2 Ti. 2:1
11[b] Ef. 1:19
12[a] cfr. Hch. 20:32
12[b] Hch. 26:18; 1 P. 2:9

9[1] Aquí la voluntad de Dios se refiere a Su voluntad con respecto a Su propósito eterno, es decir, con respecto a Su economía tocante a Cristo (Ef. 1:5, 9, 11), y no a Su voluntad con respecto a cosas secundarias.

9[2] La sabiduría y el entendimiento espirituales provienen del Espíritu de Dios, el cual está en nuestro espíritu, en contraste con la filosofía gnóstica, la cual está meramente en la mente humana entenebrecida. La sabiduría está en nuestro espíritu y sirve para que nosotros percibamos la voluntad eterna de Dios; el entendimiento espiritual está en nuestra mente, la cual ha sido renovada por el Espíritu, y sirve para que entendamos e interpretemos lo que percibimos en nuestro espíritu.

10[1] Andar como es digno del Señor es el resultado de tener el pleno conocimiento de la voluntad de Dios. Tal andar es un andar en el cual vivimos a Cristo.

10[2] Es decir, en todo aspecto.

10[3] Aquí la expresión *llevando fruto* se refiere a vivir a Cristo, cultivarlo, expresarlo y propagarlo en todo aspecto. Esta es la verdadera esencia de toda buena obra cristiana.

10[4] No el conocimiento en la letra, en la mente, sino el conocimiento vivo de Dios en el espíritu, por medio del cual crecemos en vida.

11[1] Este poder no es solamente el poder de la resurrección de Cristo (Fil. 3:10), sino Cristo mismo como la dínamo que continuamente nos reviste de poder (Fil. 4:13), para toda perseverancia y longanimidad con gozo, a fin de que podamos tener un vivir en el cual experimentemos y vivamos a Cristo.

11[2] El poder que expresa la gloria de Dios, glorificando a Dios en Su poder.

12[1] Dios el Padre nos ha hecho aptos por medio de la redención de Dios el Hijo y mediante la santificación de Dios el Espíritu para que participemos del Cristo todo-inclusivo, la corporificación misma del Dios Triuno procesado, como la porción asignada a los santos.

12[2] Una porción asignada. Esto se refiere a la porción de la herencia, como lo muestra el repartimiento de la buena tierra de Canaán entre los hijos de Israel como su herencia (Jos. 14:1). La herencia de los creyentes neotestamentarios, la porción asignada a ellos, no es una tierra física, sino

13[a] Hch. 26:18; Ef. 6:12; Lc. 22:53; 1 P. 2:9
13[b] Ef. 5:5
13[c] Mt. 3:17; Ef. 1:6
14[a] Ef. 1:7; Ro. 3:24
14[b] Lc. 24:47; Hch. 2:38; 10:43
15[a] Col. 3:10; 2 Co. 4:4; Gn. 1:26; He. 1:3; 2 Co. 3:18; Ro. 8:29
15[b] 1 Ti. 1:17; He. 11:27
15[c] cfr. Ap. 3:14
16[a] Ef. 1:21
16[b] Jn. 1:3

13 el cual nos ha [1]librado de la potestad de las [a]tinieblas,
y trasladado al [b]reino del [2c]Hijo de Su amor,
14 en quien tenemos [1a]redención, el [2b]perdón de pecados.

B. La imagen de Dios y el Primogénito
tanto en la creación como en resurrección
1:15-23

15 El es la [1a]imagen del [b]Dios invisible, el [2c]Primogénito
de toda creación.
16 Porque [1]en El fueron creadas todas las cosas, las que
hay en los cielos y las que hay en la tierra, visibles e
invisibles; sean [2]tronos, sean [3a]señoríos, sean principados,
sean potestades; todo fue creado [4b]por medio de El y [5]para
El.

---

el Cristo todo-inclusivo. El es la porción asignada a los santos como su herencia divina para su disfrute.

12[3] Aquí la luz está en contraste con las tinieblas mencionadas en el versículo siguiente. Cuando estábamos bajo la autoridad de Satanás, estábamos en tinieblas. Pero ahora estamos en el reino del Hijo del amor de Dios, disfrutándole en luz.

13[1] Es necesario que Dios nos libre de la potestad de las tinieblas, es decir, del reino de Satanás (Mt. 12:26b), y nos traslade al reino del Hijo de Su amor para que Cristo sea la Cabeza del Cuerpo, y para que nosotros, Sus creyentes, seamos los miembros de Su Cuerpo. Esto tiene como fin capacitarnos para que participemos del Cristo todo-inclusivo como la porción asignada a nosotros.

13[2] El Hijo es la expresión del Padre, quien es la fuente de vida (Jn. 1:4, 18; 1 Jn. 1:2). El Hijo amado como objeto del amor del Padre llega a ser para nosotros la corporificación de la vida en el amor divino.

14[1] La liberación mencionada en el versículo anterior resuelve el problema de la autoridad que Satanás tenía sobre nosotros al destruir su poder maligno; mientras que la redención mencionada en este versículo resuelve el problema de nuestros pecados al cumplir el justo requisito de Dios.

14[2] El perdón de pecados es la redención que tenemos en Cristo. La muerte de Cristo ha logrado la redención para el perdón de nuestros pecados.

15[1] Dios es invisible. Pero el Hijo de Su amor, quien es el resplandor de Su gloria y la impronta de Su substancia (He. 1:3), es Su imagen y expresa lo que El es. La palabra *imagen* aquí no significa una forma física, sino una expresión del ser de Dios en todos Sus atributos y virtudes (véase la nota 6[2] de Fil. 2). Esta interpretación es confirmada en 3:10 y 2 Co. 3:18.

15[2] Cristo, por ser Dios, es el Creador. Sin embargo, por ser hombre que participa de la sangre y carne creadas (He. 2:14a), es parte de la creación. La expresión *Primogénito de toda creación* se refiere a la preeminencia de Cristo en toda la creación, debido a que desde este versículo hasta el v. 18 el apóstol recalca el primer lugar que Cristo tiene en todas las cosas.

16[1] Aquí *en El* significa en el poder de la persona de Cristo. Todas las cosas fueron creadas en el poder de lo que Cristo es. Toda la creación lleva las características del poder intrínseco de Cristo.

16[2] *Tronos* se refiere a aquellos que tienen autoridad en el trono.

16[3] Véase la nota 21[1] de Ef. 1.

16[4] La expresión *por medio de El* indica que Cristo es el instrumento activo por medio del cual la creación de todas las cosas fue lograda en secuencia.

17 Y El es [1]antes de todas las cosas, y todas las cosas [2]en
El se [a]conservan unidas;
18 y El es la [a]Cabeza del [b]Cuerpo que es la iglesia; El es
el [c]principio, el [1d]Primogénito de entre los muertos, para que
en todo El tenga la preeminencia;
19 por cuanto agradó a [1]toda la [2a]plenitud habitar en El,
20 y [1]por medio de El [a]reconciliar [2]consigo [3b]todas las
cosas, así [c]las que están en la tierra como las que están en
los [4]cielos, [5d]haciendo la paz mediante la [e]sangre de Su cruz.
21 Y a vosotros también, aunque erais en otro tiempo
[a]extraños y [1b]enemigos en vuestra [2c]mente por vuestras
malas obras,

17[a] cfr. He. 1:3
18[a] Ef. 1:22-23; 4:15
18[b] 1 Co. 12:12; Ro. 12:5
18[c] Ap. 21:6; 22:13
18[d] 1 Co. 15:20, 23
19[a] Col. 2:9; Jn. 1:16; Ef. 3:19
20[a] 2 Co. 5:18; Ef. 2:16
20[b] He. 2:9
20[c] Ef. 1:10
20[d] Ef. 2:15
20[e] Ef. 2:13; 1:7
21[a] Ef. 2:12
21[b] Ro. 5:10
21[c] Ef. 4:17

16[5] Esto indica que Cristo es el fin de toda la creación. Todas las cosas fueron creadas para El, para que sean Su posesión. *En, por medio* y *para*, indican que la creación está relacionada subjetivamente con Cristo. La creación fue creada en El, por medio de El y para El.

17[1] Esto indica la preexistencia eterna de Cristo.

17[2] O, subsisten juntamente en El. Conservarse unidos en Cristo significa existir por tener a Cristo como el centro que sostiene, así como los rayos de una rueda se sostienen juntos por medio del eje.

18[1] Los vs. 15-17 revelan a Cristo como el primero de la creación, como Aquel que tiene la preeminencia entre todas las criaturas. El v. 18 nos muestra que Cristo como Cabeza del Cuerpo es el primero en la resurrección. Como tal, El tiene el primer lugar en la iglesia, la nueva creación de Dios (2 Co. 5:17; Gá. 6:15).

19[1] *Toda la plenitud* se refiere a la plenitud de la vieja creación y de la nueva creación.

19[2] La palabra *plenitud* no tiene modificador, lo cual indica que esta plenitud es única. No denota las riquezas de lo que Dios es, sino la expresión de esas riquezas. La expresión plena del rico ser de Dios, en la creación y en la iglesia, mora en Cristo. Toda la creación y toda la iglesia están llenas de Cristo como la expresión de las riquezas de Dios. Tal plenitud se agrada en esto. Esto es agradable a Cristo.

La plenitud en este versículo se refiere a la imagen de Dios mencionada en el v. 15, quien es Cristo, una persona viviente. A tal plenitud le agrada habitar en la expresión de Dios y reconciliar todas las cosas con la expresión de Dios.

20[1] *Por medio de El* significa por medio de Cristo como el instrumento activo mediante el cual fue lograda la reconciliación.

20[2] Aquí *consigo* se refiere a la plenitud mencionada en el v. 19.

20[3] No "todas las personas" sino "todas las cosas", lo cual se refiere no solamente a los seres humanos sino también a todas las criaturas, que fueron creadas en Cristo y ahora subsisten, es decir, se conservan unidas en El (vs. 16-17) y son reconciliadas con Dios por medio de El.

20[4] No solamente debían ser reconciliadas con Dios las cosas que están en la tierra, sino también las que están en los cielos. Esto indica que las cosas de los cielos también están mal en relación con Dios debido a la rebelión de Satanás, el arcángel, y de los ángeles que lo siguieron. La rebelión de Satanás ha contaminado los cielos.

20[5] Reconciliar todas las cosas consigo mismo significa hacer la paz entre El y todas las cosas. Esto fue logrado por medio de la sangre que Cristo derramó en la cruz.

22 ahora [1]El os ha reconciliado en Su cuerpo de carne, por
medio de la muerte, para presentaros [a]santos y sin mancha
e irreprensibles delante de [1]El;
23 si en verdad permanecéis [a]fundados y firmes en la [1]fe,
y sin dejaros mover de la [2b]esperanza del evangelio que
habéis oído, el cual se proclamó en [c]toda la creación que está
debajo del cielo; del cual yo Pablo fui hecho [d]ministro.

C. El misterio de la economía de Dios
1:24-29

24 Ahora me [a]gozo en lo que padezco por vosotros, y de mi
parte [1]completo en mi carne lo que falta de las [b]aflicciones
de Cristo por Su [c]Cuerpo, que es la iglesia;
25 de [1]la cual fui hecho [2a]ministro, según la [3b]mayordomía
de Dios que me fue dada para con vosotros, para [4]completar
la [c]palabra de Dios,
26 el [1a]misterio que había estado oculto [2]desde los siglos
y desde las generaciones, pero que ahora ha sido manifestado a Sus santos,

22[a] Ef. 1:4; 5:27
23[a] Ef. 3:17
23[b] Col. 1:5, 27; Ef. 1:18; 4:4
23[c] Mr. 16:15
23[d] Col. 1:25; Ef. 3:7; 2 Co. 3:6
24[a] Fil. 2:17
24[b] 2 Co. 1:5; Fil. 3:10; Ap. 1:9; 2 Ti. 2:10
24[c] Ef. 4:12
25[a] Col. 1:23
25[b] Ef. 3:2
25[c] Col. 3:16; 4:3
26[a] Ef. 3:3-5, 9; Ro. 16:25-26

21[1] Como pecadores, necesitábamos redención, y como enemigos de Dios, necesitábamos reconciliación.

21[2] Nuestra enemistad con Dios radicaba principalmente en nuestra mente corrupta.

22[1] El pronombre *El,* aquí y al final del versículo, se refiere a la plenitud del v. 19. Es la plenitud que mora en Cristo (v. 19); es la plenitud que nos reconcilia con El (v. 20); y es la plenitud a la que seremos presentados. Esta plenitud es Dios mismo expresado en Cristo.

23[1] No nuestra acción de creer, sino lo que creemos.

23[2] Cristo en nosotros, la esperanza de gloria (v. 27), de quien no debemos alejarnos.

24[1] Las aflicciones de Cristo pertenecen a dos categorías: las que sufrió para lograr la redención, las cuales fueron cumplidas por Cristo mismo, y las que sufrió para producir y edificar la iglesia, las cuales necesitan ser completadas por los apóstoles y los creyentes.

25[1] Esto indica que Pablo llegó a ser un ministro no de cierta enseñanza, predicación u obra misionera, sino de la iglesia, el Cuerpo de Cristo, para la edificación de ella.

25[2] La misma palabra griega que se traduce *diácono,* lo cual significa *una persona que presta servicio.*

25[3] Véase la nota 2[2] de Ef. 3.

25[4] La palabra de Dios es la revelación divina, la cual fue completada sólo cuando el Nuevo Testamento terminó de escribirse. En el Nuevo Testamento los apóstoles, especialmente el apóstol Pablo, completaron la palabra de Dios con respecto al misterio de Dios, el cual es Cristo, y al misterio de Cristo, el cual es la iglesia, para darnos una revelación completa de la economía de Dios.

26[1] Conforme a la gramática griega, la expresión *el misterio* en este versículo está en aposición con la expresión *la palabra de Dios,* que se encuentra en el v. 25, lo cual muestra que el misterio es la palabra de Dios. Este misterio está relacionado con Cristo y la iglesia (Ef. 5:32), la Cabeza y el Cuerpo. La revelación de este misterio por medio del apóstol Pablo es el completamiento de la palabra de Dios como la revelación divina.

27 a quienes Dios quiso dar a conocer las [1a]riquezas de la
gloria de este [b]misterio entre los gentiles; [2]que es [3c]Cristo [4]en
vosotros, la [d]esperanza de [5e]gloria,
28 a quien anunciamos, amonestando a todo hombre, y
enseñando a todo hombre en toda sabiduría, a fin de presentar [1a]perfecto [2]en Cristo a todo hombre;
29 para lo cual también trabajo, [1a]luchando según la [b]operación de El, la cual actúa en mí con [2]poder.

CAPITULO 2

D. El misterio de Dios
2:1-7

1 Porque quiero que sepáis cuán gran [a]lucha sostengo

27a Ro. 9:23; Ef. 1:18; 3:16
27b Col. 2:2
27c Ro. 8:10; 2 Co. 13:5; Gá. 2:20; 4:19
27d 1 Ti. 1:1
27e Col. 3:4
28a Ef. 4:13; He. 6:1
29a Col. 2:1; 4:12
29b Ef. 1:19; 3:7, 20
1a Col. 1:29

26[2] *Desde los siglos* significa desde la eternidad, y *desde las generaciones* significa desde los tiempos. El misterio tocante a Cristo y la iglesia estaba escondido desde la eternidad y desde los tiempos hasta la era del Nuevo Testamento, en la cual ha sido manifestado a los santos, incluyendo a todos los que creemos en Cristo.

27[1] Las riquezas de la gloria de este misterio entre los gentiles son las riquezas de todo lo que Cristo es para los creyentes gentiles (Ef. 3:8).

27[2] *Que* se refiere a *este misterio*. Este misterio, lleno de gloria entre los gentiles, es Cristo en nosotros. Cristo como vida en nosotros es misterioso y también glorioso.

27[3] Cristo, quien mora en nuestro espíritu para ser nuestra vida y persona, es nuestra esperanza de gloria. Cuando El venga, nosotros seremos glorificados en El. Esto indica que el Cristo que mora en nosotros saturará todo nuestro ser para que nuestro cuerpo físico sea transfigurado y conformado al cuerpo de Su gloria (Fil. 3:21).

27[4] En este libro, hay varias expresiones importantes que aluden a nuestra experiencia de Cristo: *Cristo en vosotros* (v. 27), *perfecto en Cristo* (v. 28), *andad en El* (2:6), *según Cristo* (2:8), *os dio vida juntamente con El* (2:13), *habéis muerto con Cristo* (2:20), *asiéndose de la Cabeza* (2:19), *en virtud de quien* (2:19), y *crece con el crecimiento de Dios* (2:19). Estas expresiones nos dan un cuadro completo de la experiencia apropiada que deberíamos tener de Cristo.

27[5] Cristo es el misterio que ahora está lleno de gloria. Esta gloria será manifestada en su plenitud cuando Cristo regrese para glorificar a Sus santos (Ro. 8:30). Por lo tanto, ésta es una esperanza, la esperanza de gloria. Cristo mismo es también la esperanza de gloria.

28[1] O, plenamente crecido, completo, maduro. La palabra *perfecto* denota pleno en calidad, mientras que *completo* denota pleno en cuanto a cantidad. El ministerio del apóstol, ya sea al anunciar a Cristo o al amonestar y enseñar a los hombres en toda sabiduría, estaba exclusivamente dirigido a ministrar a Cristo a los hombres para que llegasen a ser perfectos y completos al madurar con Cristo, el elemento de la vida divina, hasta alcanzar el pleno crecimiento.

28[2] El versículo anterior afirma que Cristo está en nosotros; este versículo dice que nosotros estamos en Cristo. Primero somos puestos en Cristo; luego Cristo está en nosotros. Cuanto más somos introducidos en Cristo, más se introduce El en nosotros, y cuanto más El se introduce en nosotros, más nos introducimos en El. Por medio de este ciclo crecemos en vida.

1[b] Col. 4:13, 15, 16
2[a] Col. 4:8
2[b] Col. 4:12
2[c] Col. 1:26, 27; Ef. 3:3, 9
3[a] 1 Co. 1:24, 30; 2:6-7
4[a] Ro. 16:18
5[a] 1 Co. 5:3-4

por vosotros, y *por* los que están en [b]Laodicea, *por* todos los
que no han visto mi rostro;
2 para que sean [1a]consolados sus corazones, entrelazados ellos en [2]amor, hasta alcanzar todas las [3]riquezas de la
[4b]perfecta certidumbre de entendimiento, hasta alcanzar el
pleno conocimiento del [5c]misterio de Dios, *es decir,* Cristo,
3 en quien están escondidos todos los tesoros de la [1a]sa-
biduría y del conocimiento.
4 Y esto lo digo para que nadie os [1]engañe con [2a]palabras
persuasivas.
5 Porque aunque estoy ausente en la carne, no obstante
en [1a]espíritu estoy con vosotros, gozándome y mirando vuestro buen orden y la sólida base de vuestra fe en Cristo.

29[1] O, contendiendo. Así también en 4:12.

29[2] Véanse las notas 7[3] y 20[3] de Ef. 3.

2[1] Consolar el corazón de las personas significa cuidarlas con ternura, y amorosamente darles calor, para que sean entrelazadas hasta alcanzar la perfecta certidumbre de entendimiento del misterio de Dios.

2[2] El amor divino que hemos disfrutado y por medio del cual amamos a los amados de Dios. Este amor es el factor y elemento que entrelaza a los santos.

2[3] *Las riquezas de la perfecta certidumbre de entendimiento* equivale a *el pleno conocimiento del misterio de Dios,* el cual es Cristo.

2[4] Ser entrelazados en amor comprende la parte emotiva, mientras que tener las riquezas de la perfecta certidumbre de entendimiento comprende la mente. Una vez que nuestros corazones hayan sido consolados, siendo entrelazados en amor, y una vez que nuestras mentes funcionen adecuadamente, tendremos el pleno conocimiento de Cristo quien es el misterio de Dios.

2[5] El libro de Efesios habla del misterio de Cristo, el cual es la iglesia, el Cuerpo (Ef. 3:4). Este libro habla del misterio de Dios, el cual es Cristo, la Cabeza.

3[1] Conforme a la historia, la influencia de la enseñanza gnóstica, que incluía la filosofía griega, invadió a las iglesias gentiles en los tiempos de Pablo. Por lo tanto, el apóstol dijo a los colosenses que todos los tesoros de la sabiduría y el conocimiento verdaderos están escondidos en Cristo. Esto es la sabiduría y el conocimiento espirituales de la economía divina tocante a Cristo y la iglesia. La sabiduría está relacionada con nuestro espíritu, y el conocimiento está relacionado con nuestra mente (Ef. 1:8, 17).

4[1] Para engañar o llevar cautivos a los creyentes, tendría que usarse algo cercano a la verdad, tal como la filosofía. Si tenemos una visión clara de Cristo como el centro de la economía de Dios, nadie podrá engañarnos (v. 8). Cuando tomamos a Cristo como vida (3:4), nos asimos de El como la Cabeza del Cuerpo (v. 19), lo conocemos como el misterio de Dios (v. 2), le experimentamos como la esperanza de gloria (1:27), y andamos en El como el Espíritu todo-inclusivo (2:6), entonces nada ni nadie podrá engañarnos.

4[2] Debemos cuidarnos de las palabras persuasivas y de la elocuencia. Es posible que un orador sea muy persuasivo y muy elocuente, aunque sus palabras carezcan de la realidad de Cristo.

5[1] El espíritu humano en el cual mora el Espíritu Santo.

6 Por tanto, de la manera que habéis [1a]recibido al Cristo,
a Jesús el Señor, [2b]andad en El;
7 [1a]arraigados y [b]sobreedificados en El, y confirmados
[2]en la fe, así como habéis sido enseñados, abundando en
acciones de gracias.

E. El cuerpo de todas las sombras
2:8-23

8 Mirad que nadie os lleve cautivos por medio de su
[1]filosofía y [a]huecas sutilezas, según las [2b]tradiciones de los
hombres, conforme a los [3c]rudimentos del mundo, y no según
[4d]Cristo.
9 Porque en El habita [1]corporalmente toda la [2a]plenitud
de la [3]Deidad,

6[a] Jn. 1:12
6[b] Ro. 8:4; Gá. 5:16
7[a] Ef. 3:17
7[b] Ef. 2:22
8[a] 1 Ti. 6:20
8[b] Mt. 15:2; Gá. 1:14
8[c] Col. 2:20; Gá. 4:3, 9
8[d] Col. 1:27; 2:2, 6, 17; 3:4, 11
9[a] Col. 1:19

6[1] Cristo es la porción asignada de los santos (1:12) para que lo disfruten. Creer en El es recibirlo. Como el Espíritu todo-inclusivo (2 Co. 3:17), El entra en nosotros y mora en nuestro espíritu (2 Ti. 4:22) para ser el todo para nosotros.

6[2] De la manera que hemos recibido a Cristo, debemos andar en El. Aquí, andar es vivir, actuar, conducirnos y ser. Debemos andar, vivir y actuar en Cristo, para que disfrutemos Sus riquezas, así como los hijos de Israel vivieron en la buena tierra, disfrutando de todo su rico producto. Hoy en día, la buena tierra es Cristo como el Espíritu todo-inclusivo (Gá. 3:14), quien mora en nuestro espíritu (2 Ti. 4:22; Ro. 8:16) para que le disfrutemos. Andar conforme a este Espíritu (Ro. 8:4; Gá. 5:16) es el punto central y crucial del Nuevo Testamento.

7[1] Al igual que las plantas, nosotros somos organismos vivos. Como tales, hemos sido arraigados en Cristo, quien es nuestro suelo, nuestra tierra, para que absorbamos todas Sus riquezas como nutrición. Estas riquezas llegan a ser el elemento y la substancia con los cuales crecemos y somos edificados. Ser arraigados tiene como fin que crezcamos en vida. Esto ya ha sido logrado. Ser edificados tiene como fin la edificación del Cuerpo de Cristo. Esto todavía se está produciendo. Ambos asuntos se llevan a cabo en Cristo.

7[2] Aquí, *en la fe* significa en nuestra fe, la fe subjetiva con cual creemos.

8[1] Esto se refiere a la enseñanza gnóstica, una mezcla de las filosofías judía, oriental y griega, lo cual es una hueca sutileza.

8[2] La tradición está relacionada con la cultura y tiene su origen en la misma. La fuente de la enseñanza gnóstica en Colosas era la tradición de los hombres; no se basaba en los escritos revelados acerca de Dios, sino en las prácticas tradicionales de los hombres.

8[3] La misma expresión, *los rudimentos del mundo,* se usa en Gá. 4:3 (véase la nota). Aquí se refiere a las enseñanzas rudimentarias de los judíos y de los gentiles, que consisten en observancias ritualistas con relación a comer carne, a bebidas, lavamientos, ascetismo y otros asuntos.

8[4] Cristo es el principio que rige toda sabiduría y todo conocimiento genuinos, la realidad de toda enseñanza genuina, y la única medida de todo concepto aceptable a Dios. El enfoque de este libro es Cristo como nuestro todo.

9[1] Se refiere al cuerpo físico, del cual Cristo se vistió en Su humanidad, lo cual indica que toda la plenitud de

10a Ef. 1:21-22
11a Ro. 2:28-29; Fil. 3:3
11b Ef. 2:11
12a Ro. 6:4
12b Col. 3:1; Ef. 2:6; Ro. 6:5
12c Ro. 8:11

10 y vosotros estáis [1]llenos en El, que es la [a]Cabeza de
todo [2]principado y potestad.
11 En El también fuisteis [a]circuncidados con [1]circunci-
sión [2]no [b]hecha a mano, al [3]despojaros del cuerpo carnal, en
la circuncisión de Cristo;
12 [1a]sepultados juntamente con El en el bautismo, en el
cual fuisteis también [2b]resucitados juntamente *con El*, mediante la [3]fe de la operación de Dios, quien le [c]levantó de los
muertos.

---

la Deidad mora en Cristo, quien tiene un cuerpo humano. Antes de la encarnación de Cristo, la plenitud de la Deidad moraba en El como la Palabra eterna, pero no corporalmente. Desde el momento en que Cristo se encarnó, es decir, desde que se vistió con un cuerpo humano, la plenitud de la Deidad empezó a morar en El de una manera corporal, y ahora y por siempre mora en Su cuerpo glorificado (Fil. 3:21).

9[2] La palabra *plenitud* no se refiere a las riquezas de Dios, sino a la expresión de las riquezas de Dios. Lo que mora en Cristo no es sólo las riquezas de la Deidad, sino la expresión de las riquezas de lo que Dios es. Véase la nota 19[3] de Ef. 3.

9[3] La Deidad misma es diferente de las características divinas manifestadas por las cosas creadas (Ro. 1:20). Esto muestra categóricamente la deidad de Cristo. La plenitud de la Deidad está en contraste con la tradición de los hombres y de los rudimentos del mundo. La tradición y los rudimentos del mundo simplemente no pueden compararse con la plenitud de la Deidad.

10[1] La palabra griega implica completamiento, perfección. Ya que toda la plenitud mora en Cristo, cuando nosotros fuimos puestos en Cristo (1 Co. 1:30), fuimos llenos de todas las riquezas divinas. Por lo tanto, no necesitamos otra fuente. Como Cristo es nuestra perfección y completamiento, no debemos hacer de principados ni potestades objetos de adoración, porque El es la Cabeza de todos ellos. Esto va en contra del culto a los ángeles (v. 18).

10[2] Aquí todo principado y potestad son los ángeles caídos que ocupan posiciones de poder en el aire y que están subordinados a Satanás. Véase la nota 15[2].

11[1] Esta es la circuncisión espiritual, la circuncisión de Cristo, refiriéndose al bautismo apropiado, el cual nos despoja del cuerpo carnal por medio de la virtud eficaz de la muerte de Cristo. Esto es contrario al ascetismo (vs. 20-22).

11[2] La circuncisión, la cual consiste en despojarse del cuerpo carnal, no fue hecha con manos humanas, sino que fue lograda por la muerte de Cristo y es aplicada, ejecutada y llevada a cabo por el Espíritu poderoso.

11[3] Aquí la expresión *despojaros* significa quitarse algo, como por ejemplo la ropa.

12[1] Ser sepultado en el bautismo significa despojarse del cuerpo carnal, es decir, quitárselo.

12[2] En el bautismo existe el aspecto de ser sepultados, lo cual equivale a poner fin a nuestra carne, y el aspecto de ser levantados, lo cual significa hacer germinar nuestro espíritu. En el aspecto de ser levantados somos vivificados en Cristo por la vida divina.

12[3] La fe no proviene de nosotros; es don de Dios (2 P. 1:1). Cuanto más nos volvemos a Dios y tenemos contacto con El, más fe tenemos. El Señor es el Autor y el Perfeccionador de nuestra fe (He. 12:2). Cuanto más permanecemos en El, más se nos infunde El como nuestra fe. Por medio de esta fe viva producida por la operación del Dios vivo, experimentamos la vida de resurrección, representada

13 Y a vosotros, estando [1a]muertos en vuestros delitos y
en la incircuncisión de vuestra carne, os [2b]dio vida juntamente con El, habiéndonos perdonado todos nuestros delitos,
14 [1a]anulando el [2]código escrito que consistía en [3]orde-
nanzas, que había contra nosotros y nos era contrario; y lo
quitó de en medio, [4]clavándolo en la cruz.
15 Y [1]despojando a los [2a]principados y a las potestades,
[3]El los [4]exhibió públicamente, triunfando sobre ellos en [5]la
cruz.
16 Por tanto, nadie os juzgue [1]en [a]comida o en bebida, o
en cuanto a [2b]días de fiesta, [3c]luna nueva o [4d]sábados,

13[a] Ef. 2:1, 5
13[b] Ef. 2:5
14[a] Ef. 2:15
15[a] Ef. 2:2; 6:12; He. 2:14
16[a] cfr. Lv. 11:2; Ro. 14:2-3
16[b] Lv. 23:2
16[c] Nm. 28:11
16[d] Lv. 23:3; Mr. 2:27

por el aspecto de ser levantados en el bautismo.

13[1] Muertos en el espíritu debido al pecado.

13[2] En la resurrección de Cristo, Dios nos dio vida juntamente con El por medio de Su vida divina. Esto fue llevado a cabo en la resurrección de Cristo (1 P. 1:3), y lo experimentamos por medio de nuestra fe.

14[1] O, borrando, tachando, eliminando (un decreto legal).

14[2] Un documento legal, un contrato. Aquí se refiere a la ley escrita.

14[3] Se refiere a las ordenanzas de la ley ceremonial y sus rituales, los cuales son formalismos o maneras de vivir y adorar. Así también en los vs. 20 y 21.

14[4] Esto significa abolir la ley de los mandamientos expresados en ordenanzas (Ef. 2:15), lo cual anula la herejía de guardar los ritos judíos.

15[1] La misma palabra se usa en 3:9. Los vs. 13-15 revelan la economía de la salvación de Dios: (1) darnos vida juntamente con Cristo; (2) abolir las ordenanzas de la ley ceremonial; y (3) despojar a los poderes angélicos malignos.

Dios estaba activo en el momento en que se llevaba a cabo la crucifixión de Cristo: El clavó la ley en la cruz, y despojó a los principados y potestades dejando despejados el camino y la atmósfera a fin de que nosotros participásemos de Cristo.

15[2] Estos son los principados y potestades angélicos. Este pasaje debe de referirse a los ángeles malignos, debido a que en Colosas prevalecía la herejía del culto a los ángeles. La ley fue dada por medio de los ángeles e incluso se consideraba ordenanzas de ángeles (Gá. 3:19; Hch. 7:53). Basándose en esto, la herejía que predominaba en Colosas enseñaba a la gente a adorar a los ángeles (v. 18) como a mediadores entre Dios y el hombre. El apóstol confrontó esta herejía revelando el hecho de que la ley, la cual consiste en ordenanzas, había sido clavada en la cruz (v. 14), y que Dios se había despojado de los principales ángeles malignos. Esto dejó a Cristo como único Mediador, quien es la Cabeza de todo principado y potestad (v. 10), y anuló la herejía del culto a los ángeles.

15[3] El sujeto de las frases *os dio vida* (v. 13) y *lo quitó de en medio* (v. 14) es Dios (v. 12) así como el pronombre *El* en el v. 15.

15[4] O, mostrar, exponer en el sentido de una vergüenza pública. Dios públicamente avergonzó a los principados y potestades angélicos malignos en la cruz y allí triunfó sobre ellos.

15[5] O, El, refiriéndose a Cristo.

16[1] La comida y la bebida representan satisfacción y fortalecimiento.

16[2] Se refiere a las fiestas judías anuales, las cuales representan gozo y disfrute.

16[3] Representa un nuevo comienzo con luz en la oscuridad.

16[4] Representa completamiento y descanso. Los días de fiesta se llevan a cabo anualmente; las lunas nuevas,

17[a] He. 8:5; 10:1
17[b] Col. 1:27; 2:2, 8; 3:4, 11
18[a] Col. 2:23
18[b] Fil. 3:14; 1 Co. 9:24
18[c] 1 Co. 8:1
19[a] Ef. 4:15
19[b] Ef. 4:16

17 todo lo cual es [1a]sombra de lo que ha de venir; mas el
[2]cuerpo es de [3b]Cristo.
18 Que nadie, con [1]humildad [a]autoimpuesta y culto a los
ángeles, os [2]defraude juzgándoos indignos de vuestro
[b]premio, [3]hablando constantemente de lo que ha [4]visto,
vanamente [c]hinchado por la mente [5]puesta en la carne,
19 y [1]no [a]asiéndose de la Cabeza, [2b]en virtud de quien todo
el [3]Cuerpo, recibiendo el rico suministro y siendo entrelazado por medio de las [4]coyunturas y [5]ligamentos, [6]crece con el
[7]crecimiento de Dios.

---

mensualmente; los sábados, semanalmente; y el comer y beber, diariamente. Diariamente comemos y bebemos a Cristo, semanalmente tenemos completamiento y descanso en El, mensualmente experimentamos un nuevo comienzo en El, y durante todo el año El es nuestro gozo y disfrute. Por lo tanto, diaria, semanal, mensual y anualmente Cristo es para nosotros la realidad de toda cosa positiva, lo cual implica lo universalmente extenso que es el Cristo todo-inclusivo.

17[1] Todas las cosas ya mencionadas acerca de la ley ceremonial, son sombra de las cosas espirituales en Cristo, las cuales son las cosas por venir. Sin embargo, el cuerpo pertenece a Cristo y es Cristo.

17[2] Tal como el cuerpo físico del hombre, el cuerpo mencionado aquí es la substancia misma; y tal como la sombra que el cuerpo humano proyecta, los ritos de la ley son sombra de las cosas reales del evangelio.

17[3] Cristo es la realidad del evangelio. Todas las cosas buenas del evangelio pertenecen a El y son El mismo. Este libro revela a un Cristo todo-inclusivo, y como tal es el enfoque de la economía de Dios.

18[1] Los maestros herejes que promovían el culto a los ángeles enseñaban a los santos a mostrar humildad, y a darse cuenta de que no eran dignos de adorar a Dios directamente. Ellos privaban a los santos de su premio en Cristo en el elemento y esfera de una humildad autoimpuesta y del culto a los ángeles.

18[2] Los maestros herejes juzgaban a los santos indignos de adorar a Dios directamente, y sostenían que tenían que acercarse a El por mediación de ángeles. Lo hacían con el fin de defraudar a los santos, privándolos de su premio, del disfrute de Cristo. En Cristo, nuestro único Mediador, podemos adorar a Dios directamente.

18[3] U, observando, es decir, investigando (cosas secretas).

18[4] Los maestros herejes vivían en la esfera de lo que se ve, en contraste con la fe mencionada en el v. 12. A ellos les gustaba tener visiones curiosas. Tal insistencia en cuanto a las experiencias visuales produjo orgullo carnal, es decir, hueco envanecimiento motivado por la mente puesta en la carne.

18[5] Lit., de su carne.

19[1] La herejía de adorar a los ángeles distraía a los santos y les impedía asirse de Cristo, la Cabeza. La economía de Dios consiste en reunir todas las cosas bajo una cabeza en Cristo (Ef. 1:10) mediante Su Cuerpo, la iglesia, haciendo de Cristo el centro de todas las cosas. La estratagema del insidioso consiste en desviar a los santos y así derribar al Cuerpo de Cristo.

19[2] La frase *en virtud de quien* indica que el Cuerpo de Cristo crece a partir de la Cabeza, puesto que todo el suministro proviene de la Cabeza.

19[3] La herejía creó una separación entre los santos y la Cabeza, y así dañó al Cuerpo. La revelación del apóstol elevó a Cristo y salvaguardó y edificó al Cuerpo.

19[4] La función de las coyunturas es dar el suministro al Cuerpo.

19[5] La función de los ligamentos es entrelazar a los miembros del Cuerpo.

20 [1]Si habéis [2a]muerto con Cristo en cuanto a los [3b]rudi-
mentos del mundo, ¿por qué, como si vivieseis en el mundo,
os sometéis a [c]ordenanzas
21 ([1]no manejes, ni gustes, ni aun toques;
22 cosas que todas se [1a]destruyen con el [2]uso), en conformidad a [b]mandamientos y enseñanzas de hombres?
23 [1]Tales cosas tienen a la verdad cierta [2]reputación de
sabiduría en [a]culto voluntario, en humildad y en [3b]duro trato
del cuerpo; *pero* [4]no tienen valor alguno contra los [c]apetitos
de la carne.

20[a] Ro. 6:2-4, 6-8
20[b] Col. 2:8
20[c] Col. 2:14
22[a] 1 Co. 6:13
22[b] Mt. 15:9; Tit. 1:14
23[a] Col. 2:18
23[b] 1 Ti. 4:3
23[c] Ro. 13:14; Gá. 5:16

CAPITULO 3

F. La vida de los santos 3:1-4

1 [1]Si, pues, fuisteis [2a]resucitados juntamente con Cristo,
buscad las cosas [3]de arriba, donde está Cristo sentado a la
[b]diestra de Dios.

1[a] Col. 2:12; Ef. 2:6
1[b] Ro. 8:34; Ef. 1:20; He. 10:12

19[6] El crecimiento es un asunto de vida, la cual es Dios mismo. Como Cuerpo de Cristo, la iglesia no debe ser privada de Cristo, quien es la corporificación de Dios como fuente de la vida. Asiéndose de Cristo, la iglesia crece con el crecimiento de Dios, con el aumento de Dios como vida.

19[7] El crecimiento del Cuerpo de Cristo no tiene nada que ver con el conocimiento doctrinal de la Biblia, la manera de adorar ni con ningún otro asunto, sino que depende del crecimiento de Dios, el aumento del elemento de Dios, en el Cuerpo.

20[1] O, puesto que.

20[2] En el bautismo (Ro. 6:3).

20[3] Los rudimentos del mundo son los principios elementales de las cosas materiales externas, es decir, las enseñanzas infantiles externas, como por ejemplo el ascetismo. Esto es totalmente diferente del camino de Dios, que es el camino de la cruz. Véase la nota 8[3].

21[1] Estas son ordenanzas, reglas y normas acerca de las cosas materiales, y están relacionadas respectivamente con cosas que se mueven, cosas comestibles, y cosas tangibles. Manejar, gustar y tocar incluyen prácticamente toda clase de acción, y las ordenanzas respecto a ellas están relacionadas con la práctica del ascetismo.

22[1] O, se corrompen. Todas las cosas materiales, cuando son usadas, están destinadas a descomponerse y perecer por corrupción (1 Co. 6:13; Mt. 15:17).

22[2] O, consumo.

23[1] *Tales cosas* se refiere a los mandamientos y enseñanzas de los hombres (v. 22) y a las ordenanzas (v. 20).

23[2] La palabra griega denota palabra o dicho; por lo tanto, expresión, exhibición de la razón, y por consiguiente, reputación.

23[3] Esto es ascetismo.

23[4] Las ordenanzas, reglas y normas de las enseñanzas elementales del externalismo y el ascetismo no tienen valor en cuanto a restringir los apetitos de la carne.

1[1] Los vs. 1-4 implican que en Cristo tenemos una sola posición, una sola vida, un solo vivir, un solo destino y una sola gloria.

2a Ro. 8:5-6
3a Col. 2:20
4a Jn. 11:25
4b 1 Jn. 3:2; 1 P. 1:7; He. 9:28
4c Ro. 8:17; 1 Co. 15:43; Fil. 3:21
5a Ro. 8:13; Gá. 5:24
5b Ro. 6:13; 7:5, 23

2 Fijad la [a]mente en las cosas de arriba, no en [1]las de la tierra.
3 Porque habéis [1a]muerto, y vuestra [2]vida está [3]escondida con Cristo en Dios.
4 Cuando [1]Cristo, nuestra [2a]vida, se [b]manifieste, entonces vosotros también seréis manifestados con El en [c]gloria.

G. Los constituyentes del nuevo hombre
3:5-11

5 [1a]Haced morir, pues, vuestros [2b]miembros terrenales:

1[2] Este es el aspecto resucitador del bautismo, el cual es todo lo contrario del ascetismo. Fuimos resucitados juntamente con Cristo. Ahora estamos donde El está, sentados en los cielos. Por lo tanto, en contraste con los ascetas, no debemos practicar las cosas de la tierra. Debemos buscar las cosas de los cielos, como por ejemplo conocer a Cristo como el todo para nosotros, a fin de tomarlo como vida y así andar en El.

1[3] Es decir, de los cielos; en contraste con la expresión *de la tierra* en el v. 2. Los cielos están ligados a Cristo y unidos a la iglesia. Las cosas de arriba incluyen al Cristo ascendido y todas las cosas que se relacionan con El. Por lo tanto, buscar las cosas de arriba significa entregarnos a vivir a Cristo en la iglesia y con la iglesia.

2[1] Las cosas de la tierra incluyen la cultura, la religión, la filosofía y el mejoramiento de la conducta, como se dijo en los dos capítulos anteriores.

3[1] Morimos con Cristo y así fuimos libertados de las cosas terrenales, especialmente de las cosas relacionadas con el ascetismo. Fuimos bautizados en Su muerte (Ro. 6:3).

3[2] Nuestra vida (no nuestra vida natural, sino nuestra vida espiritual, la cual es Cristo) está escondida con Cristo en Dios, quien está en los cielos. Por eso, no debemos preocuparnos por las cosas terrenales. El Dios que está en los cielos debe ser la esfera de nuestro vivir. Con Cristo debemos vivir en Dios.

3[3] Esto significa que nuestra vida está escondida con Cristo en los cielos.

4[1] El hecho de que Cristo es nuestra vida indica claramente que debemos tomarlo como vida y vivir por El, que debemos vivirle en nuestra vida diaria a fin de experimentar al Cristo universalmente extenso que se revela en este libro, de manera que todo lo que El es y ha logrado y obtenido no permanezca como algo objetivo, sino que llegue a ser nuestra experiencia subjetiva.

4[2] En Dios, Cristo es nuestra vida. Esta vida ahora está escondida, pero será manifestada. Entonces seremos manifestados juntamente con esta vida en gloria.

En 2:20—3:4 se nos revela el único camino y la única persona. El único camino es la cruz, el centro del gobierno de Dios, y la única persona es Cristo, aquel que es preeminente y todo-inclusivo, el centro del universo. Fuimos salvos de las cosas negativas por medio de la cruz, y no por medio del ascetismo. Vivimos la vida escondida en Dios por medio de Cristo, y no por medio de la filosofía.

Cristo, quien es nuestra vida, es la porción asignada a los santos (1:12), la imagen del Dios invisible (1:15), el Primogénito de toda creación (1:15), el Primogénito de entre los muertos (1:18), Aquel en quien mora la plenitud de Dios (1:19; 2:9), el misterio de la economía de Dios (1:26), el misterio de Dios (2:2), la realidad de todas las cosas positivas (2:16-17), y el constituyente del nuevo hombre (vs. 10-11). Cuando tomamos al Cristo todo-inclusivo como vida y lo vivimos, experimentamos y disfrutamos todas Sus riquezas.

fornicación, impureza, pasiones, malos deseos y [c]avaricia,
que es idolatría;
6 cosas por las cuales la [a]ira de Dios viene sobre los [b]hijos
de desobediencia,
7 en las cuales vosotros también anduvisteis en otro
tiempo cuando vivíais en ellas.
8 Pero ahora desechad también vosotros todas *estas* cosas: ira, enojo, malicia, blasfemia, [a]lenguaje soez e injurioso
de vuestra boca.
9 No [a]mintáis los unos a los otros, habiéndoos [1b]despoja-
do del [2c]viejo hombre con sus prácticas,
10 y [1a]vestido del [2b]nuevo, el cual conforme a la [3c]imagen
del [4]que lo [d]creó se va [5e]renovando hasta el conocimiento
pleno,
11 [1]donde [2]no hay [3]griego ni [a]judío, [4b]circuncisión ni

5[c] Ef. 4:19; 5:3
6[a] Ro. 1:18
6[b] Ef. 5:6; 2:2
8[a] Ef. 4:29
9[a] Ef. 4:25
9[b] Ef. 4:22; Col. 2:11
9[c] Ro. 6:6
10[a] Ef. 4:24
10[b] Ef. 2:15
10[c] Col. 1:15
10[d] Ef. 2:10
10[e] Ro. 12:2; Tit. 3:5
11[a] Gá. 3:28; 1 Co. 12:13
11[b] 1 Co. 7:19; Gá. 5:6; 6:15

5[1] Esto se basa en el hecho de que fuimos crucificados con Cristo (Gá. 2:20a) y bautizados en Su muerte (Ro. 6:3). Aplicamos la muerte de Cristo a nuestros miembros pecaminosos al crucificarlos, por la fe, mediante el poder del Espíritu (Ro. 8:13). Esto corresponde a Gá. 5:24. Cristo llevó a cabo la crucifixión todo-inclusiva. Ahora la aplicamos a nuestra carne lujuriosa. Esto es muy diferente del ascetismo.

5[2] En nuestros miembros pecaminosos se encuentra la ley del pecado, que nos hace cautivos del pecado y convierte nuestro cuerpo corrupto en el cuerpo de muerte (Ro. 7:23-24). Por lo tanto, nuestros miembros, los cuales son pecaminosos, son identificados con las cosas pecaminosas, tales como la fornicación, la impureza, las pasiones, los malos deseos y la avaricia.

9[1] Despojarse del viejo hombre es como despojarse de una vestidura vieja. En primer lugar, hacemos morir las concupiscencias físicas, luego desechamos las cosas malignas psicológicas, y por último nos despojamos de todo el viejo hombre y sus prácticas. Esto no se realiza mediante nuestra propia energía, sino por medio del poder del Espíritu todo-inclusivo.

9[2] Véase la nota 22[4] de Ef. 4.

10[1] Revestirse del nuevo hombre es como vestirse de una vestidura nueva.

10[2] Esta palabra griega significa nuevo con relación al tiempo, mientras que la palabra de Ef. 4:24 significa nuevo en naturaleza, calidad o forma. Con respecto al nuevo hombre, véase la nota 24[2], párr. 1, de Ef. 4. Puesto que Cristo constituye el nuevo hombre, nosotros los que formamos el nuevo hombre somos uno con Cristo. Este es el punto básico y crucial de este libro.

10[3] Se refiere a la imagen de Cristo como la expresión misma de Dios (1:15; He. 1:3a).

10[4] Se refiere a Cristo el Creador, quien creó en Sí mismo al nuevo hombre (Ef. 2:15).

10[5] El nuevo hombre necesita ser renovado puesto que fue creado a partir de nosotros, los que pertenecemos a la vieja creación (Ef. 2:15). Esta renovación se lleva a cabo principalmente en nuestra mente, como se indica por medio de la expresión *hasta el conocimiento pleno.* El nuevo hombre fue creado en nuestro espíritu y está siendo renovado en nuestra mente hasta el conocimiento pleno, conforme a la imagen de Cristo.

11[1] La palabra *donde,* la cual se refiere al nuevo hombre en el v. 10, significa en el nuevo hombre.

incircuncisión, [5c]bárbaro, [6]escita, [7]esclavo ni [8]libre; sino que
[9d]Cristo es el [10]todo, y en [10]todos.

III. Una vida en unión con Cristo
3:12—4:6

A. La paz de Cristo que actúa como árbitro
3:12-15

12 Vestíos, pues, como [a]escogidos de Dios, [1]santos y amados, de [b]entrañas de compasión, de bondad, de humildad, de
mansedumbre, de longanimidad;
13 soportándoos unos a otros, y [a]perdonándoos [1]unos a
otros si alguno tiene queja contra otro. De la manera que el
[2]Señor os perdonó, así también *hacedlo* vosotros.
14 Y sobre todas estas cosas *vestíos* de [1a]amor, que es el
vínculo de la [2]perfección.
15 Y la [1a]paz de Cristo [2]sea el árbitro en vuestros corazones, a [3]la que [4]asimismo fuisteis llamados en un [b]solo Cuerpo;
y sed [5c]agradecidos.

11c Ro. 1:14; 1 Co. 14:11
11d Col. 2:2, 17; 3:4
12a Ef. 1:4; Tit. 1:1; 1 P. 2:9
12b Lc. 1:78; Fil. 1:8
13a Mr. 11:25; Ef. 4:32
14a Col. 2:2; 1 Co. 13:4, 13; Ef. 4:2
15a Jn. 14:27
15b Ef. 4:4
15c Col. 2:7; 3:17

11[2] En el nuevo hombre, no hay ninguna persona natural, y tampoco puede existir persona natural alguna.

11[3] Los griegos se inclinaban por la sabiduría filosófica; los judíos, por las señales milagrosas (1 Co. 1:22).

11[4] Aquí *circuncisión* se refiere a aquellos que observaban los ritos religiosos de los judíos; *incircuncisión,* a aquellos que no se preocupaban por la religión judía.

11[5] Un bárbaro es una persona inculta.

11[6] Los escitas eran considerados los más bárbaros.

11[7] Uno que ha sido vendido como esclavo.

11[8] Uno que ha sido liberado de la esclavitud.

11[9] En el nuevo hombre solamente hay lugar para Cristo. El es todos los miembros del nuevo hombre, y está en todos los miembros. El es todo en el nuevo hombre. En realidad, es el nuevo hombre, Su Cuerpo (1 Co. 12:12). En el nuevo hombre, El es la centralidad y la universalidad. El constituye el nuevo hombre; es el todo y está en todos en el nuevo hombre.

11[10] Ambas expresiones se refieren a todos los miembros que constituyen el nuevo hombre.

12[1] Ser santo implica que uno no es común ni mundano, sino apartado para Dios. Véase la nota 2[1] del cap. 1.

13[1] Lit., vosotros mismos.

13[2] El Señor que perdona es nuestra vida y vive dentro de nosotros; perdonar es una virtud de Su vida. Cuando lo tomemos como nuestra vida y persona, y vivamos por El, perdonar a otros será espontáneo y llegará a ser una virtud de nuestra vida cristiana.

14[1] Dios es amor (1 Jn. 4:16). El amor es la esencia misma del ser de Dios, la substancia misma de la vida divina. Por lo tanto, vestirnos de amor es vestirnos del elemento de la vida de Dios. Tal amor es el vínculo que une la perfección, la totalidad y las virtudes maduras. Necesitamos vestirnos no sólo del nuevo hombre (v. 10), sino también de las virtudes del nuevo hombre (v. 12), y de amor por encima de todas las virtudes (v. 14).

14[2] O, totalidad.

15[1] La paz de Cristo es Cristo mismo. Por medio de esta paz Cristo ha hecho de dos pueblos, los judíos y los

B. La palabra de Cristo que mora en nosotros
3:16-17

16 La [1a]palabra de Cristo [2b]more [3]ricamente en vosotros
[4]en toda sabiduría, [5]enseñándoos y exhortándoos [6]unos a
otros con [7c]salmos *e* himnos *y* [d]cánticos espirituales, [5]cantan-
do con [8]gracia en vuestros corazones a Dios.

16[a] Ro. 10:17; 1 Ts. 1:8
16[b] Jn. 15:7
16[c] Ef. 5:19
16[d] cfr. 1 Co. 14:15

gentiles, un solo y nuevo hombre, y esta paz ha llegado a ser parte del evangelio (Ef. 2:14-18). Debemos permitir que esta paz sea el árbitro en nuestros corazones por el bien de la vida del Cuerpo.

15[2] O, juzgue, presida, sea entronizado como gobernador y como uno que toma todas las decisiones. La paz de Cristo en nuestros corazones, actuando como árbitro, deshace las quejas a las cuales se refiere el v. 13.

15[3] Fuimos llamados a esta paz en el Cuerpo de Cristo. Para tener la vida apropiada del Cuerpo, necesitamos que la paz de Cristo sea el árbitro, y que regule y decida todas las cosas de nuestro corazón en nuestra relación con los miembros de Su Cuerpo.

15[4] El hecho de que hayamos sido llamados a la paz de Cristo debe motivarnos a permitir que esta paz sea el árbitro en nuestros corazones.

15[5] No solamente debemos permitir que la paz de Cristo sea el árbitro en nuestros corazones, sino que también debemos estar agradecidos con el Señor. En la vida del Cuerpo, nuestro corazón siempre debe estar en una condición de paz para con los miembros y debe estar agradecido con el Señor.

16[1] La palabra hablada por Cristo. Dios, en Su economía neotestamentaria, habla en el Hijo, y el Hijo no solamente habla por Sí mismo en los evangelios, sino también mediante Sus miembros, los apóstoles y profetas, en el libro de Hechos, en las epístolas y en Apocalipsis. Todas estas maneras de hablar pueden considerarse la palabra de Cristo.

En este pasaje, el llenar interior de la vida espiritual que rebosa en alabanzas y cánticos está relacionado con la palabra, mientras que en el pasaje paralelo, Ef. 5:18-20, está relacionado con el Espíritu. Esto indica que la palabra es el Espíritu (Jn. 6:63b). Una vida cristiana normal debe ser una vida llena de la palabra, para que el Espíritu rebose de alabanzas y melodías de loor desde lo profundo de los creyentes.

Este libro gira en torno a Cristo como nuestra Cabeza y vida. Es por medio de Su palabra que El ejerce Su función como Cabeza y nos suministra Sus riquezas. Por lo tanto, se da énfasis en este libro a la palabra de Cristo. Efesios trata de la iglesia como el Cuerpo de Cristo. La manera en que nosotros podemos vivir una vida normal de iglesia consiste en ser llenos en nuestro espíritu hasta la medida de toda la plenitud de Dios. Por esta razón, Efesios pone énfasis en el Espíritu. Allí se hace hincapié en el Espíritu Santo y en nuestro espíritu una y otra vez; incluso la palabra es considerada el Espíritu (Ef. 6:17). Sin embargo, en Colosenses los dos espíritus se mencionan solamente una vez (1:8; 2:5). En Efesios vemos que la palabra tiene como fin lavarnos de nuestra vida natural (Ef. 5:26) y pelear en contra del enemigo (Ef. 6:17); mientras que aquí la palabra tiene como fin revelar a Cristo (1:25-27) en Su preeminencia, centralidad y universalidad.

16[2] Lit., esté en casa, resida, habite. La palabra del Señor debe tener suficiente lugar dentro de nosotros para poder operar y ministrar las riquezas de Cristo a nuestro ser interior.

16[3] Las riquezas de Cristo (Ef. 3:8) están en Su palabra. Esta palabra tan rica debe habitar en nosotros ricamente.

16[4] La expresión *en toda sabiduría* también puede ser colocada en la

17 Y todo lo que hacéis, sea de palabra o de hecho, *hacedlo*
17[a] Ef. 5:20 todo en el [1]nombre del Señor Jesús, dando [a]gracias a Dios
Padre por medio de El.

C. La expresión de Cristo en las relaciones éticas
3:18—4:1

18[a] 3:18–4:1: Ef. 5:22–6:9 **18** [1a]Casadas, estad sujetas a vuestros maridos, como conviene en el Señor.

19 Maridos, amad a vuestras mujeres, y no seáis [1]ásperos con ellas.

20 Hijos, obedeced a vuestros padres en todo, porque esto es grato en el Señor.

21 Padres, no exasperéis a vuestros hijos, para que no se desalienten.

22 Esclavos, obedeced en todo a aquellos que son vuestros amos según la carne, no sirviendo al ojo, como los que quieren agradar a los hombres, sino con sencillez de corazón, temiendo al Señor.

23 Y todo lo que hagáis, hacedlo [1]con el alma, como para el Señor y no para los hombres;

24[a] Mt. 5:12; 16:27; 1 Co. 3:8, 14; Ap. 22:12 **24** sabiendo que del Señor recibiréis la [1]herencia por [a]recompensa. Es al Señor Cristo a quien [2]servís.

---

oración de tal manera que modifique *enseñándoos y exhortándoos*.

16[5] *Enseñándoos y exhortándoos* y *cantando* modifican al verbo morar. Esto indica que la manera de permitir que la palabra del Señor more ricamente en nosotros es enseñar, exhortar y cantar.

16[6] Lit., a vosotros mismos.

16[7] Debemos enseñar y exhortar no solamente con palabras sino también con salmos, himnos y cánticos espirituales.

16[8] Véanse las notas 14[6] y 17[1] de Jn. 1.

17[1] El nombre denota la persona. La persona del Señor es el Espíritu (2 Co. 3:17a). Obrar en el nombre del Señor es actuar en el Espíritu. Esto es vivir a Cristo.

18[1] Desde este versículo hasta 4:1 tenemos un pasaje que corresponde a Ef. 5:22 — 6:9, con respecto a las relaciones éticas de los creyentes. En Efesios se pone énfasis en la necesidad de que las relaciones éticas estén llenas del espíritu, a fin de que el Cuerpo de Cristo sea expresado en la vida normal de iglesia. En Colosenses se pone énfasis en asirnos de Cristo como nuestra Cabeza y en tomarlo como nuestra vida dejando que Su rica palabra more en nosotros, a fin de que se manifiesten las más altas relaciones éticas, las cuales resultan no de nuestra vida natural sino de Cristo como nuestra vida, con miras a Su expresión.

Para cada punto de este pasaje, véase la nota correspondiente en Efesios.

19[1] Lit., amargos.

23[1] Lit., desde.

24[1] Este punto no es tan claro en Ef. 6:8 como lo es aquí. La herencia de que se habla aquí es lo que los creyentes heredarán (Ro. 8:17; Hch. 26:18; 1 P. 1:4). *La herencia por recompensa* indica que el Señor usa la herencia que El dará a Sus creyentes como incentivo para que sean fieles

25 Mas el que hace injusticia, [a]recibirá la injusticia que
hizo, y no habrá [b]acepción de personas.

CAPITULO 4

1 Amos, proveed a vuestros esclavos de lo que es justo y
equitativo, sabiendo que también vosotros tenéis un Amo en
los cielos.

D. Orar con perseverancia y andar en sabiduría 4:2-6

2 [1a]Perseverad en la [2]oración, [3]velando en ella con acción
de gracias;
3 orando también al mismo tiempo por [a]nosotros, para
que Dios nos abra [1]puerta para la palabra, a fin de anunciar
el [b]misterio de Cristo, por el cual también estoy [c]preso,
4 para que lo manifieste como debo hablar.
5 Andad [a]sabiamente para con los de [b]afuera, [1c]redi-
miendo el tiempo.
6 Sea vuestra palabra siempre con [1a]gracia, sazonada
con [2b]sal, para que sepáis cómo debéis [c]responder a cada uno.

IV. Conclusión 4:7-18

A. La comunión del apóstol vs. 7-17

7 [1]Todo lo que a mí se refiere, os lo hará saber [a]Tíquico,
amado hermano y fiel [b]ministro y consiervo en el Señor,

25[a] 2 Co. 5:10
25[b] Hch. 10:34; Ro. 2:11
2[a] Ef. 6:18; Hch. 1:14
3[a] Ef. 6:19-20; 2 Ts. 3:1
3[b] Col. 1:26-27; 2:2; Ef. 3:4
3[c] Col. 4:18; Fil. 1:7
5[a] Ef. 5:15
5[b] 1 Ts. 4:12; Mr. 4:11
5[c] Ef. 5:16
6[a] Ef. 4:29
6[b] Mr. 9:50
6[c] 1 P. 3:15
7[a] Hch. 20:4; Ef. 6:21; 2 Ti. 4:12; Tit. 3:12
7[b] Col. 1:7

---

en el servicio que le rinden. Los infieles indudablemente perderán esta recompensa (Mt. 24:45-51; 25:20-29).

24[2] Lit., servís como esclavos.

2[1] Es decir, continuad de manera persistente, incesante y ardiente.

2[2] La oración preserva la gracia que hemos recibido, la cual se menciona en los caps. 1—3.

2[3] En la oración necesitamos ser vigilantes y estar alerta; no debemos ser negligentes. Tal vigilancia debe estar acompañada de acción de gracias. La falta de acción de gracias indica falta de oración. La vida de oración es guardada al vigilar con acción de gracias.

3[1] Esto implica que necesitamos mantenernos abiertos a la palabra de Dios.

5[1] Véase la nota 16[1] de Ef. 5.

6[1] Véase la nota 29[3] de Ef. 4. Cada palabra que proceda de nuestra boca debe decirse con Cristo, y debe ser las palabras de Cristo, quien es gracia.

6[2] La sal hace que el alimento sea agradable y placentero al gusto. Las palabras sazonadas con sal nos guardan en paz unos con otros (Mr. 9:50).

7[1] En los vs. 7-17 la comunión del

8 el cual he enviado a vosotros para esto mismo, para que conozcáis lo que a nosotros se refiere, y él [a]conforte vuestros corazones,

9 con [a]Onésimo, amado y fiel [b]hermano, que es uno de vosotros. Todo lo que acá pasa, os lo harán saber.

10 [a]Aristarco, mi compañero de prisiones, os saluda, y [b]Marcos el primo de [c]Bernabé, acerca del cual habéis recibido mandamientos; si va a vosotros, recibidle;

11 y Jesús, llamado [a]Justo; éstos son los únicos de la [b]circuncisión que son colaboradores *míos* para el [c]reino de Dios, y han sido para mí un [d]consuelo.

12 Os saluda [a]Epafras, el cual es uno de vosotros, esclavo de Cristo Jesús, siempre [b]combatiendo por vosotros en sus oraciones, para que [1]estéis firmes, [2c]perfectos y [d]plenamente seguros en todo lo que Dios [3e]quiere.

13 Porque de él doy testimonio del mucho trabajo que se toma por vosotros, y por los que están en [a]Laodicea, y los que están en Hierápolis.

14 Os saluda [a]Lucas el médico amado, y [b]Demas.

15 Saludad a los hermanos que están en [a]Laodicea, y a Ninfas y a la [1]iglesia, que está en [2]su [b]casa.

16 Cuando esta carta haya sido [a]leída entre vosotros, haced que también se lea en la iglesia de los [b]laodicenses, y que la de Laodicea la leáis también vosotros.

17 Decid a [a]Arquipo: Mira que cumplas el [b]ministerio que recibiste en el Señor.

---

apóstol nos muestra que el nuevo hombre, según se practicaba en los tiempos del apóstol, fue producto de la obra del apóstol, la cual animaba a los creyentes a que procuraran a disfrutar a Cristo, quien es el constituyente mismo del nuevo hombre. Por medio del tráfico entre las iglesias, experimentamos de una manera práctica la vida del nuevo hombre. Tal vivir tiene a Cristo como su realidad.

12[1] En el griego, la expresión *estéis firmes* está en voz pasiva. Por lo tanto, implica estar puestos, ser presentados, y corresponde a la palabra *presentar* en 1:28.

12[2] O, completos.

12[3] Véase la nota 9[1] del cap. 1.

15[1] La iglesia que estaba en la casa de Ninfas era la iglesia en Laodicea, la cual se reunía en su casa. Las reuniones en las casas de los santos proporcionan a cada uno de los creyentes que asisten la oportunidad de funcionar, y también fortalecen la comunión entre los santos.

15[2] Algunos mss. dicen: la casa de ella; otros: la casa de ellos.

8[a] Col. 2:2; Ef. 6:22
9[a] Flm. 10
9[b] Flm. 16
10[a] Hch. 19:29; 20:4; 27:2; Flm. 24
10[b] Hch. 12:12, 25; 15:37, 39; 2 Ti. 4:11
10[c] Hch. 4:36; 9:27; 11:22, 24-26; 13:1, 7; 15:36-39
11[a] cfr. Hch. 1:23; 18:7
11[b] Hch. 11:2
11[c] Jn. 3:3, 5; Hch. 1:3; 28:31; Ro. 14:17
11[d] Flm. 7
12[a] Col. 1:7
12[b] Col. 1:29
12[c] Col. 1:28; Fil. 3:15
12[d] Col. 2:2
12[e] Col. 1:9
13[a] Col. 2:1
14[a] Lc. 1:3; Hch. 1:1; 2 Ti. 4:11; Flm. 24
14[b] 2 Ti. 4:10; Flm. 24
15[a] Col. 2:1
15[b] Ro. 16:5; 1 Co. 16:19; Flm. 2
16[a] 1 Ts. 5:27
16[b] Ap. 3:14
17[a] Flm. 2
17[b] 2 Ti. 4:5

B. La salutación del apóstol
v. 18

18 La salutación de [a]mi propia mano, de Pablo. [b]Acordaos
de mis [c]prisiones. [d]La gracia sea con vosotros.

18[a] 1 Co. 16:21; 2 Ts. 3:17
18[b] He. 13:3
18[c] Col. 4:3
18[d] 1 Ti. 6:21; 2 Ti. 4:22; Tit. 3:15; Flm. 25; He. 13:25

LA PRIMERA EPISTOLA DE PABLO
A LOS
TESALONICENSES

BOSQUEJO

I. Introducción—1:1

II. El contenido: una vida santa para la iglesia—1:2—5:24

- A. Su estructura—1:2-3
- B. Su origen—1:4-10
- C. El fomento de su crecimiento—2:1-20
  1. El cuidado de una madre que amamanta y de un padre que exhorta—vs. 1-12
  2. La recompensa que acompaña este cuidado—vs. 13-20
- D. Su confirmación—3:1-13
  1. Aliento para la fe y el amor—vs. 1-12
  2. Aliento con esperanza—v. 13
- E. Su exhortación—4:1-12
  1. La santificación en oposición a la fornicación—vs. 1-8
  2. El amor fraternal—vs. 9-10
  3. Un andar honesto—vs. 11-12
- F. Su esperanza—4:13-18
  1. Para los creyentes que hayan muerto—vs. 13-14
  2. Para los creyentes vivos que hayan quedado—vs. 15-18
- G. Su vigilancia y sobriedad—5:1-11
  1. El día del Señor viene como ladrón—vs. 1-3
  2. La salvaguarda de la fe, del amor y de la esperanza—vs. 4-11
- H. Su cooperación—5:12-24
  1. La cooperación de los creyentes: llevar una vida espiritual y santa—vs. 12-22
  2. La operación de Dios: santificar y guardar a los creyentes—vs. 23-24

III. Conclusión—5:25-28

LA PRIMERA EPISTOLA DE PABLO
A LOS
TESALONICENSES

Autor: Pablo junto con Silvano y Timoteo (1:1).

Fecha: Por el año 54 d. de C., durante el segundo viaje ministerial de Pablo, mientras estaba en Corinto (1:1; 3:6; Hch. 18:1, 5).

Lugar: Corinto; véanse los versículos del punto anterior.

Destinatarios: La iglesia de los tesalonicenses (1:1).

Tema:
Una vida santa para la vida de iglesia:
servir al Dios vivo,
comportarnos de manera santa
y esperar la venida del Señor

CAPITULO 1

I. Introducción
1:1

1 Pablo, [a]Silvano y [b]Timoteo, a la [1c]iglesia de los [2]tesalo-
nicenses en [3]Dios Padre y en el Señor Jesucristo: [d]Gracia y
paz sean a vosotros.

1[a] 2 Co. 1:19; 1 P. 5:12
1[b] 1 Ts. 3:2, 6; 1 Ti. 1:2
1[c] 2 Ts. 1:1; cfr. 2 Co. 8:1
1[d] Ro. 1:7; Ef. 1:2

1[1] Esta epístola y 2 Tesalonicenses fueron dirigidas a la iglesia local en Tesalónica, compuesta de todos los creyentes de Cristo que vivían en esa ciudad. Una iglesia local, como la que vemos aquí, pertenece a los creyentes y está en Dios el Padre y en el Señor Jesucristo. Esto indica que nace de Dios el Padre al recibir Su vida y naturaleza, y que está unida con el Señor Jesucristo orgánicamente en todo lo que El es y ha hecho. Por lo tanto, pertenece a los hombres (los tesalonicenses en este caso); sin embargo, está en Dios y en el Señor orgánicamente. Esta unión orgánica en la vida y la naturaleza divinas es la base vital sobre la cual los creyentes pueden llevar una vida santa para la vida de iglesia. Esta vida es el tema de las dos epístolas.

1[2] Tesalónica era una ciudad del Imperio Romano, en la provincia de Macedonia, la cual estaba al norte de la provincia de Acaya. El apóstol Pablo y su colaborador Silvano visitaron esta ciudad después de Filipos, después del llamamiento de Macedonia, el cual Pablo recibió en su segundo viaje ministerial (Hch. 16:9-12; 17:1-4). El apóstol permaneció y trabajó en Tesalónica solamente por un corto período de tiempo, probablemente menos de un mes (Hch. 17:2).

1[3] En este capítulo el Dios Triuno es revelado en Su obra triuna para con nosotros: el Padre nos eligió (vs. 1, 3-4), el Hijo nos libra (v. 10), y el Espíritu

II. El contenido: una vida santa para la iglesia 1:2—5:24

A. Su estructura 1:2-3

2 [a]Damos siempre gracias a Dios por todos vosotros,
haciendo [b]mención *de vosotros* en nuestras oraciones,
3 acordándonos sin cesar delante del Dios y Padre nuestro de vuestra [1]obra de [2a]fe, de vuestro [3]trabajo de [b]amor y
de vuestra [4]perseverancia en la [c]esperanza en nuestro Señor
Jesucristo;

2[a] 1 Ts. 2:13; 3:9; 2 Ts. 1:3; 2:13; Ro. 1:8; Ef. 1:16
2[b] Ro. 1:9; Ef. 1:16
3[a] 1 Ts. 1:8; 3:2, 5, 6, 7, 10; 5:8; 2 Ts. 1:3, 4, 11; 3:2; 1 Co. 13:13; Gá. 5:6; Col. 1:4; 1 Ti. 1:14; Ef. 6:23; Jac. 2:22
3[b] 1 Ts. 3:6, 12; 4:9; 5:8, 13; 2 Ts. 3:5
3[c] 1 Ts. 2:19; 4:13; 5:8; 2 Ts. 2:16; Ro. 5:4; 8:24-25; 15:4

Santo extiende, imparte y trasmite al Dios Triuno a nosotros (vs. 5-6). Esta obra triuna tiene como fin que disfrutemos Su salvación.

3[1] La palabra griega denota hechos, acciones, actividades.

3[2] Aquí la fe indica la naturaleza y la fuerza de la obra; el amor, la motivación para la obra y la característica de la misma; y la esperanza, la fuente de la perseverancia. Estas describen la estructura de la vida cristiana genuina, una vida construida con fe, amor y esperanza (véase la nota 13[1] de 1 Co. 13). Tal vida tiene su origen no en la habilidad del ser natural de los creyentes, sino en la infusión en ellos de todo lo que es Dios, Aquel en quien creen. Esta vida se realiza por medio de su sacrificio de amor hacia su Señor amoroso, quien los amó y se dio a Sí mismo por ellos, y hacia Sus miembros, a quienes El redimió por medio de Su muerte en amor. Esta vida perdura y permanece inmutable por el poder sostenedor de la esperanza con la cual los creyentes esperan a su amado Señor, quien prometió que regresaría a tomarlos a Sí mismo. Tal vida es el contenido de esta epístola.

Es maravilloso ver que los creyentes tesalonicenses hayan podido llevar tal vida mediante lo que les ministró el apóstol en tan corto tiempo, ¡menos de un mes! Esto nos anima a predicar con plena certidumbre de fe el evangelio completo a los incrédulos típicos, y a ministrar a los recién convertidos las verdades profundas de la vida cristiana.

En las dos epístolas a la joven iglesia en Tesalónica, se revela de una manera breve y simple la vida cristiana genuina para la vida apropiada de iglesia. Es una vida de tres dimensiones a la luz del regreso del Señor, que tiene la fe como el comienzo, el fundamento; el amor como el proceso, la construcción; y la esperanza como la consumación, el completamiento. La fe se dirige a Dios (v. 8), el amor se dirige a los santos (3:12; 4:9-10), y la esperanza reposa sobre la venida del Señor (2:19). La primera epístola tiene como fin animar y consolar; la segunda, corregir y equilibrar. Los creyentes deben vivir, andar y obrar por fe y amor en la esperanza que se basa en la venida del Señor; pero no deben tener el concepto erróneo de que el Señor vendrá inmediatamente y que, por lo tanto, ellos no necesitan hacer ningún plan a largo plazo. Los escritos del apóstol Pablo con respecto a la vida cristiana para la vida de iglesia comienzan con el libro de Romanos y concluyen con estas dos epístolas.

3[3] O, afán, esfuerzos, luchas, labores.

3[4] Es decir, la perseverancia que resulta de tener nuestra esperanza en nuestro Señor Jesucristo.

B. Su origen
1:4-10

4 porque conocemos, hermanos [a]amados por Dios, vuestra [1b]elección;
5 pues nuestro [a]evangelio no llegó a vosotros en palabras
solamente, sino también en [b]poder, en el [c]Espíritu Santo y
en plena certidumbre, como bien sabéis [1d]qué clase de personas fuimos entre vosotros por amor de vosotros.
6 Y vosotros vinisteis a ser [1a]imitadores de nosotros y del
Señor, habiendo recibido la [2]palabra en medio de gran tribulación, con [b]gozo del [c]Espíritu Santo,
7 de tal manera que habéis sido [1a]modelo a todos los de
[b]Macedonia y de [c]Acaya que han creído.
8 Porque partiendo de vosotros ha resonado la palabra
del Señor, no sólo en Macedonia y Acaya, sino que también
en todo lugar vuestra [1a]fe para con Dios se ha extendido, de
modo que nosotros no tenemos necesidad de decir nada;
9 porque ellos mismos cuentan de vosotros [1]cómo fue
nuestra entrada entre vosotros, y cómo os [2a]volvisteis de los
[b]ídolos a Dios, para [3c]servir al Dios [4d]vivo y [e]verdadero,

4[1] La elección que Dios hizo antes de la fundación del mundo con miras a Su propósito eterno (Ef. 1:4). Los apóstoles sabían que los hermanos, amados por Dios, fueron escogidos así por El para cumplir el deseo de Su corazón.

5[1] Los apóstoles no sólo predicaban el evangelio, sino que también lo vivían. Ministraban el evangelio no sólo en palabras, sino también con una vida que exhibía el poder de Dios, una vida en el Espíritu Santo y en la certidumbre de su fe. Ellos eran el modelo de las buenas noticias que divulgaban.

6[1] Ya que los predicadores eran el modelo del evangelio, los creyentes llegaron a ser sus imitadores. Así que, esto guió a los creyentes a seguir al Señor y a tomarle como su modelo (Mt. 11:29).

6[2] La palabra predicada por Pablo contenía al Dios Triuno, llevándolo y trasmitiéndolo a El —el Padre, el Hijo y el Espíritu Santo— a los creyentes de Cristo. Esta palabra como evangelio divino fue recibida por los tesalonicenses, quienes eran gentiles incrédulos típicos.

7[1] Los imitadores de los apóstoles (v. 6) llegaron a ser un modelo para todos los otros creyentes.

8[1] Esto significa que la fe de los creyentes para con Dios se proclamó juntamente con la palabra del Señor. No sólo salió la palabra objetiva del Señor, sino también la fe subjetiva de los creyentes.

9[1] Da a entender una buena acogida.

9[2] Volverse de los ídolos a Dios, servir al Dios vivo y verdadero y esperar a Su Hijo que viene de los cielos, son las tres substancias básicas de la vida cristiana, vistas desde otra perspectiva. Volverse de los ídolos a Dios es volverse no sólo de los dioses falsos que incluyen al diablo y los demonios que se esconden tras ellos, sino también de todas las cosas que no sean Dios. Esto es logrado mediante la fe infundida a los nuevos creyentes cuando oyen la palabra del evangelio.

4[a] 2 Ts. 2:13
4[b] 2 Ts. 2:13; 2 P. 1:10; Ef. 1:4
5[a] 2 Ts. 2:14
5[b] 1 Co. 2:4; 4:20
5[c] Hch. 1:8
5[d] Hch. 20:18
6[a] 2 Ts. 3:7, 9; 1 Co. 4:16; 11:1; Fil. 3:17; cfr. 1 Ts. 2:14
6[b] Ro. 14:17; Hch. 13:52; Gá. 5:22
6[c] 1 Ts. 4:8
7[a] cfr. 2 Ts. 3:9; 1 Ti. 1:16
7[b] 1 Ts. 4:10; 2 Co. 8:1; 11:9
7[c] Hch. 18:27; 2 Co. 9:2; 11:10
8[a] Ro. 1:8
9[a] Hch. 14:15
9[b] 1 Co. 12:2; Gá. 4:8
9[c] He. 9:14

9[d] Dn. 6:20, 26; 1 Ti. 3:15; He. 3:12 9[e] Jer. 10:10

10a 1 Co. 1:7; Fil. 3:20; Tit. 2:13
10b 1 Ts. 4:16; 2 Ts. 1:7; Hch. 1:11
10c Hch. 2:24
10d 1 Ts. 5:9
10e 1 Ts. 5:9; Mt. 3:7; Ro. 2:5; 5:9; Jn. 3:36; Ap. 6:16-17
1a 1 Ts. 3:5; 1 Co. 15:58; Gá. 4:11
2a Hch. 16:12
2b Hch. 4:13
2c Fil. 1:30
3a 1 Ts. 4:1
3b cfr. 2 Ts. 2:10
3c 1 Ts. 4:7
3d 2 Co. 12:16; 4:2

10 y [1a]esperar de los [b]cielos a Su Hijo, al cual [c]resucitó de los muertos, a Jesús, quien nos [d]libra de la [2e]ira venidera.

CAPITULO 2

C. El fomento de su crecimiento
2:1-20

1. El cuidado de una madre que amamanta y de un padre que exhorta
vs. 1-12

1 Porque vosotros mismos sabéis, hermanos, que nuestra [1]entrada entre vosotros no resultó [a]vana;

2 pues habiendo antes padecido y sido ultrajados en [1a]Filipos, como sabéis, tuvimos [b]denuedo [2]en nuestro Dios para anunciaros el evangelio de Dios en medio de gran [c]conflicto.

3 Porque nuestra [a]exhortación no procede de [1b]engaño ni de [c]impureza, ni es con [d]astucia,

---

Servir al Dios vivo y verdadero es servir al mismo Dios que es triuno —el Padre, el Hijo y el Espíritu— quien ha sido procesado para ser la vida de los creyentes y el suministro de vida para que le disfruten. Ellos deben experimentarle no sólo como el objeto de su adoración, sino también como el Suministrador todo-inclusivo que vive en ellos. Esta experiencia es producida por medio del amor, el cual es producido dentro de los creyentes por medio del sabor dulce del rico suministro del Padre a través del Hijo y en el Espíritu. Esperar de los cielos al Hijo de Dios es buscar a Aquel que pasó por la encarnación, el vivir humano y la crucifixión, y que entró en resurrección y ascendió a los cielos, y que regresará para recibir a Sus creyentes en la gloria. Esta es la esperanza que fortalece a los creyentes para que permanezcan firmes en su fe.

9[3] Lit., servir como esclavos.

9[4] El Dios vivo y verdadero está en contraste con los ídolos falsos y muertos. Dios debe ser viviente y verdadero para nosotros y en nosotros, en nuestra vida diaria, de tal manera que nuestro vivir actual sea un testimonio de que el Dios a quien servimos es viviente y verdadero.

10[1] Esperamos de los cielos al Hijo de Dios, lo cual indica que nuestro futuro está centrado en El. Nuestra vida declara que no tenemos esperanza sobre esta tierra ni destino positivo en esta era, y que nuestra esperanza es el Señor que ha de venir y que es nuestro destino para siempre. Esto gobierna, sostiene y guarda nuestra vida cristiana para la vida de iglesia.

10[2] La ira del juicio venidero de Dios (Ro. 2:5-6, 8-9).

1[1] El apóstol recalcó repetidas veces la entrada de ellos entre los creyentes (1:5, 9). Esto muestra que la manera de vivir de ellos jugó un papel importante en impartir el evangelio en los recién convertidos. No era sólo lo que ellos decían sino lo que ellos eran.

2[1] Véase la nota 1[1] de Fil. 1.

2[2] Esta era la experiencia que los apóstoles tenían de Dios al disfrutarle como su denuedo en la lucha por el evangelio.

3[1] *Engaño* se refiere a la meta, *impureza* se refiere al motivo, y *astucia* a los medios. Todas estas cosas

4 sino que según fuimos [1a]aprobados por Dios para que
se nos [b]confiase el evangelio, así hablamos; no como para
[c]agradar a los hombres, sino a Dios, que [d]prueba nuestros
corazones.
5 Porque nunca usamos de [a]palabras lisonjeras, como
sabéis, ni de ningún [1]pretexto de [b]codicia; Dios es [c]testigo;
6 ni [1]buscamos [a]gloria de los hombres; ni de vosotros, ni
de otros, aunque podíamos [2]imponer nuestra autoridad como
[b]apóstoles de Cristo.
7 Antes fuimos [a]tiernos entre vosotros, como [1b]nodriza
que [2c]cuida con ternura a sus propios [d]hijos.
8 [1a]Tal es nuestro afecto por vosotros, que nos complacía-
mos en entregaros no sólo el evangelio de Dios, sino también
[2b]nuestras propias almas; porque habéis llegado a sernos
muy queridos.
9 Porque os acordáis, hermanos, de nuestro trabajo y
fatiga; cómo [a]trabajando de noche y de día, para no ser
[b]gravosos a ninguno de vosotros, os proclamamos el evangelio de Dios.

4[a] 2 Ti. 2:15
4[b] Gá. 2:7; 1 Ti. 1:11; Tit. 1:3; 1 Co. 9:17
4[c] Gá. 1:10
4[d] Sal. 17:3
5[a] Ro. 16:18; Jud. 16
5[b] Hch. 20:33
5[c] 1 Ts. 2:10; Ro. 1:9
6[a] Jn. 5:41, 44
6[b] 1 Co. 9:1, 2, 5; 2 Co. 12:12; 1 Ti. 2:7
7[a] 2 Ti. 2:24
7[b] cfr. Is. 49:23
7[c] Ef. 5:29
7[d] 1 Ts. 2:11
8[a] 1 Ts. 2:17
8[b] cfr. 2 Co. 12:15
9[a] 2 Ts. 3:8; Hch. 18:3; 1 Co. 4:12
9[b] 2 Co. 11:9; 12:13, 14, 16

---

pertenecen al diablo engañador e insidioso, y son llevadas a cabo por él.

4[1] Dios sólo confía una responsabilidad a alguien después de que éste ha pasado la prueba y ha sido aprobado. Los apóstoles primeramente fueron puestos a prueba y aprobados por Dios, y luego El les confió el evangelio. Por lo tanto, el hablar de ellos, la predicación del evangelio, no provenía de ellos mismos con el fin de agradar a los hombres, sino de Dios para agradarle a El. El probaba, examinaba y ponía a prueba el corazón de ellos todo el tiempo (Sal. 26:2; 139:23-24).

5[1] U, ostentación, encubrimiento. Tener algún pretexto de codicia es vender o adulterar la palabra de Dios (2 Co. 2:17; 4:2). También es fingir ser piadoso con el fin de obtener ganancia (1 Ti. 6:5; Tit. 1:11; 2 P. 2:3).

6[1] Buscar la gloria de los hombres es una verdadera tentación para todo obrero cristiano. Muchos han sido devorados y arruinados por este asunto.

6[2] O, hacer valer nuestra autoridad. Lit., ser carga, es decir, ser gravosos (cfr. v. 9; 1 Co. 9:4-12). Hacer valer nuestra autoridad, posición o derecho en la obra cristiana perjudica la obra. El Señor Jesús, mientras estuvo en la tierra, se despojó de Su dignidad (Jn. 13:4-5), y el apóstol prefirió no usar sus derechos (1 Co. 9:12).

7[1] En algunos casos la palabra griega significa *una madre que amamanta* (cfr. Gá. 4:19).

7[2] Cuidar con ternura, lo cual incluye la alimentación, indica un cuidado que es más tierno que simplemente alimentar. Véase la nota 29[1] de Ef. 5.

8[1] Afectuosamente cariñosos con los creyentes, deseosos de estar con ellos, como una madre que amamanta, la cual tiene mucho afecto por su hijo, a quien ella nutre y cuida. Esto era lo que los apóstoles hacían con los nuevos creyentes. Véase la nota 17[3].

8[2] Vivir una vida limpia y recta, como se ve en los vs. 3-6 y 10, y amar a los recién convertidos, aun dando nuestras propias almas por ellos, como se describe en los vs. 7-9 y 11, son los requisitos para infundirles la salvación trasmitida en el evangelio que predicamos.

10 Vosotros sois testigos, y [a]Dios también, de cuán [1]santa,
justa e irreprensiblemente nos comportamos con vosotros
los creyentes;
11 así como también sabéis [1]que hemos sido para cada
uno de vosotros como un [2a]padre para sus [b]hijos, [3c]exhortán-
doos y consolándoos y dando testimonio,
12 a fin de que [a]anduvieseis como es digno de Dios, que os
[1b]llama a Su [2c]reino y [3d]gloria.

2. La recompensa que acompaña este cuidado
vs. 13-20

13 Por lo cual también nosotros sin cesar [a]damos gracias
a Dios, de que cuando recibisteis [1]la palabra de Dios que
oísteis [2]de nosotros, la recibisteis no *como* palabra de hombres, sino según es en verdad, la palabra de Dios, la cual
también [3]actúa en vosotros los creyentes.
14 Porque vosotros, hermanos, vinisteis a ser [1a]imitado-
res de las [b]iglesias de Dios en Cristo Jesús que están en
Judea; pues habéis padecido de los de vuestra propia nación
las mismas cosas que ellas padecieron de los judíos,
15 los cuales [a]mataron al Señor Jesús y a los [b]profetas, y
a nosotros nos [c]expulsaron; y no agradan a Dios, y se oponen
a todos los hombres

10[a] 1 Ts. 2:5
11[a] 1 Co. 4:15
11[b] 1 Ts. 2:7; 1 Co. 4:14
11[c] 1 Ts. 4:1; 5:14
12[a] Ef. 4:1, 17; Fil. 1:27
12[b] 1 Ts. 5:24; 2 Ts. 2:14; 1 P. 5:10
12[c] 2 Ts. 1:5; Mt. 3:2; Jn. 3:5; Hch. 14:22; 2 P. 1:11
12[d] Ro. 8:17, 18; 2 Co. 4:17
13[a] 1 Ts. 1:2
14[a] cfr. 1 Ts. 1:6
14[b] Hch. 9:31; Gá. 1:22
15[a] Hch. 2:23; 3:15; 7:52
15[b] Mt. 23:31; Jer. 2:30
15[c] Hch. 13:50

10[1] Véase la nota 75[1] de Lc. 1. La palabra *santa* se refiere a la conducta hacia Dios, la palabra *justa* a la conducta hacia el hombre, y la palabra *irreprensiblemente* a la conducta ante todos: Dios, el hombre y Satanás.

11[1] El apóstol fue enfático al recalcar lo que ellos eran o cómo eran (1:5), porque lo que eran abrió el camino para conducir a sus recién convertidos a la plena salvación de Dios.

11[2] Los apóstoles, al cuidar con ternura a los creyentes como a sus propios hijos, se consideraban a sí mismos nodrizas; al exhortar a los creyentes, se consideraban padres.

11[3] O, rogándoos.

12[1] El llamamiento de Dios concuerda con Su elección, y viene después de ésta (1:4).

12[2] Cuando los creyentes adoraban ídolos (1:9), estaban en el reino de Satanás (Mt. 12:26). Ahora, por medio de la salvación en Cristo, fueron llamados y, habiendo creído, entraron en el reino de Dios, que es la esfera en la cual pueden adorar y disfrutar a Dios bajo el gobierno divino con miras a entrar en la gloria de Dios.

12[3] La gloria de Dios va a la par de Su reino. Véase la nota 13[4] de Mt. 6.

13[1] Lit., la palabra de oír que proviene de Dios, de parte de nosotros.

13[2] La palabra que los creyentes recibieron provenía de los apóstoles, pero era de Dios. Su fuente, su origen, era Dios y no los apóstoles.

13[3] Ya que la palabra de Dios es viva y eficaz (He. 4:12), actúa en los creyentes.

14[1] El apóstol enseñaba lo mismo en todas las iglesias (1 Co. 4:17; 7:17; 11:16), lo cual indica que todas las iglesias deben llevar el mismo testimonio de Jesús. Por lo tanto, todas las iglesias son candeleros de la misma clase (Ap. 1:9, 20).

16 al impedirnos hablar a los gentiles para que éstos se
salven; así [a]colman ellos siempre la medida de sus pecados,
pues vino sobre ellos la ira [1]hasta el extremo.
17 Pero nosotros, hermanos, [1]privados de vosotros por [2]un
poco de tiempo, de vista pero [a]no de corazón, tanto más
[3]procuramos con mucho [b]deseo ver vuestro rostro;
18 por lo cual quisimos ir a vosotros, yo Pablo ciertamente
una y otra vez; pero [1]Satanás nos [a]estorbó.
19 Porque ¿cuál es nuestra [a]esperanza, o [b]gozo, o corona
de que nos [c]gloriemos delante de nuestro Señor Jesús, en Su
[1d]venida? ¿No lo sois vosotros?
20 Vosotros sois nuestra [1]gloria y gozo.

CAPITULO 3

D. Su confirmación
3:1-13

1. Aliento para la fe y el amor
vs. 1-12

1 Por lo cual, no pudiendo [a]soportarlo más, nos pareció
bien quedarnos solos en [1b]Atenas,
2 y enviamos a [a]Timoteo, hermano nuestro y [1]colabora-
dor de Dios en el evangelio de Cristo, para [b]confirmaros y
[2]alentaros respecto a vuestra [c]fe,
3 a fin de que nadie se [1]deje mover por estas [a]tribulacio-
nes; porque vosotros mismos sabéis que para esto estamos
[2b]puestos.

16[a] Mt. 23:32
17[a] cfr. 1 Co. 5:3; Col. 2:5
17[b] 1 Ts. 2:8; 3:10
18[a] Ro. 1:13; 15:22
19[a] cfr. 1 Ts. 1:3; 2 Ts. 2:16
19[b] Fil. 4:1
19[c] 2 Ts. 1:4; 1 Co. 15:31; 2 Co. 1:14
19[d] 1 Ts. 3:13; Jac. 5:7; 1 Jn. 2:28
1[a] 1 Ts. 3:5
1[b] Hch. 17:15-16
2[a] 1 Ts. 3:6; 1:1; 1 Co. 4:17; 16:10; 2 Co. 1:1, 19; Fil. 2:19; Col. 1:1; Flm. 1; He. 13:23
2[b] 1 Ts. 3:13
2[c] 1 Ts. 3:5, 7, 10; 1:3
3[a] Ef. 3:13
3[b] cfr. Hch. 9:16; 14:22

16[1] Es decir, hasta el fin; por lo tanto, hasta el extremo.

17[1] Esta palabra implica que los apóstoles consideraban a los recién convertidos como preciosos y queridos para ellos. Pablo comparó su separación de ellos con el dolor de perder a un ser querido, una pérdida que ellos sufrían al extrañarlos.

17[2] Lit., una temporada de una hora.

17[3] Este es el anhelo de los apóstoles para con los recién convertidos (v. 8).

18[1] Satanás estorbó a los apóstoles porque llevaban a cabo la voluntad de Dios.

19[1] Gr. *parousía,* lo cual significa *presencia,* como en 3:13 y 4:15. La venida del Señor es Su presencia. Bajo esta luz fueron escritas estas dos primeras epístolas. Cada capítulo de la primera epístola termina hablando del regreso del Señor.

20[1] Puesto que los apóstoles eran para los creyentes nodrizas y padres que exhortan (vs. 7, 11), los creyentes, como hijos de los apóstoles, eran su gloria y gozo.

1[1] La ciudad principal de la provincia de Acaya del Imperio Romano, donde el apóstol Pablo predicó el evangelio a los filósofos griegos (Hch. 17:15-34).

2[1] Algunos mss. dicen: ministro de Dios. Un ministro de Dios es un colaborador de Dios (1 Co. 3:9; 2 Co. 6:1). ¡Qué privilegio! ¡Qué bendición!

4 Porque también estando con vosotros, os predecíamos que íbamos a pasar tribulaciones, como ha acontecido y sabéis.

5 Por lo cual también yo, no pudiendo [a]soportar más, envié para informarme de vuestra [b]fe, no sea que os hubiese tentado el [1c]tentador, y que nuestro trabajo resultase [2d]en vano.

6 Pero cuando [a]Timoteo volvió de vosotros [1]a nosotros, y nos dio buenas noticias de vuestra [b]fe y amor, y que siempre nos [c]recordáis con cariño, [d]deseando vernos, como también nosotros a vosotros,

7 por ello, hermanos, en medio de toda nuestra [1]necesidad y aflicción fuimos [2a]consolados de vosotros por medio de vuestra [b]fe;

8 porque ahora [1]vivimos, si vosotros [2a]estáis firmes en el Señor.

9 Por lo cual, ¿qué [a]acción de gracias podremos dar a Dios por vosotros, por todo el gozo con que nos gozamos a causa de vosotros delante de nuestro Dios,

10 suplicando de noche y de día con gran insistencia, para que [a]veamos vuestro rostro, y [1]completemos lo que falte a vuestra [b]fe?

5[a] 1 Ts. 3:1
5[b] 1 Ts. 3:2
5[c] Mt. 4:3; 1 Co. 7:5; 2 Co. 11:3
5[d] 1 Ts. 2:1; Gá. 2:2; Fil. 2:16
6[a] 1 Ts. 3:2; Hch. 18:5
6[b] 1 Ts. 1:3; 3:2, 5, 7, 10
6[c] 1 Co. 11:2
6[d] Ro. 1:11; 2 Ti. 1:4
7[a] 2 Co. 1:4; 7:6, 7, 13
7[b] 1 Ts. 3:2
8[a] 1 Co. 16:13; Ef. 6:13-14; Fil. 1:27; 4:1
9[a] 1 Ts. 1:2
10[a] 1 Ts. 2:17; Ro. 1:11
10[b] 1 Ts. 3:2

2[2] O, exhortaros, consolaros.

3[1] Si somos confirmados en la fe (v. 2), las aflicciones resultarán en nuestro bien (Ro. 8:28) conforme al propósito de Dios al designarnos. De otra manera, las aflicciones podrían ser usadas por el tentador (v. 5) para sacudirnos.

3[2] O, destinados, colocados. Dios ha destinado, ha designado, que nosotros pasemos por aflicciones. Por lo tanto, las aflicciones son la porción que Dios nos ha asignado, y Él nos ha puesto, nos ha colocado, en situaciones de aflicción.

5[1] El diablo insidioso, la serpiente antigua, quien tentó a Eva (Gn. 3:1-6; 1 Ti. 2:14).

5[2] El tentador sutil tiene como meta destruir la obra del evangelio realizada por medio de los colaboradores de Dios, para que ésta sea en vano.

6[1] El apóstol llegó a Corinto después de salir de Atenas (Hch. 17:15-16; 18:1, 5). Fue en Corinto donde escribió esta preciosa carta a los queridos santos que estaban en Tesalónica, con el fin de animarlos.

7[1] O, angustia. Véanse las notas 26[1] de 1 Co. 7 y 10[3] de 2 Co. 12.

7[2] La condición sana de los creyentes es siempre un consuelo para los colaboradores de Dios, quienes trabajan en ellos y los llevan como una carga.

8[1] El hecho de que los creyentes permanezcan firmes en el Señor ministra vida a los apóstoles.

8[2] Estar firmes en el Señor está en contraste con dejarse mover de la fe (v. 3).

10[1] O, perfeccionemos. La misma palabra griega que se usa en 2 Co. 13:9 (véase la nota 2). Siendo jóvenes en el Señor, a los creyentes de Tesalónica todavía les faltaba algo en su nueva fe. El apóstol sabía eso y tenía una preocupación amorosa por ellos. Esta fue la razón por la cual escribió esta epístola.

11 Ahora bien, el mismo Dios y Padre nuestro, y nuestro Señor Jesús, [1a]enderece nuestro camino a vosotros.

12 Y el Señor os haga crecer y [a]abundar en [1b]amor [c]unos para con otros y para con todos, como también lo hacemos nosotros para con vosotros,

2. Aliento con esperanza
v. 13

13 [1]para [a]afirmar vuestros [2]corazones [b]irreprensibles en [3c]santidad delante de nuestro Dios y Padre, en la [4d]venida de nuestro Señor Jesús [e]con todos Sus [5]santos.[6]

CAPITULO 4

E. Su exhortación
4:1-12

1. La santificación en oposición a la fornicación
vs. 1-8

1 Por lo demás, hermanos, os rogamos y [a]exhortamos en el Señor Jesús, que, según lo que de nosotros habéis recibido acerca del modo en que debéis andar y [b]agradar a Dios, como en efecto andáis, así [c]abundéis más y más.

2 Porque ya sabéis qué [a]instrucciones os dimos por el Señor Jesús;

11[1] El verbo en singular indica que el apóstol consideraba que Dios el Padre y el Señor Jesús eran uno. ¡Qué bueno es que nuestro camino en el ministerio sea enderezado por tal Dios! Y ¡qué hermosas son las pisadas de los apóstoles en llevar a cabo el ministerio de Dios para el cumplimiento de Su propósito!

12[1] La preocupación del apóstol por los creyentes jóvenes es, primero, por su fe (vs. 2-10) y luego por su amor, el cual resulta de la fe y de la obra que va juntamente con la fe (Gá. 5:6; 1 Ti. 1:14 y la nota 2). Tal amor indica crecimiento en vida (1:3).

13[1] Afirmar irreprensibles los corazones de los creyentes resulta de la fe y del amor, como lo mencionan los versículos anteriores. Esto produce espontáneamente la esperanza del regreso de nuestro querido Señor, en quien creemos y a quien amamos. Por lo tanto, otra vez vemos que la fe, el amor y la esperanza son los factores implícitos en la construcción de esta epístola.

13[2] Interiormente, nuestro corazón debe ser confirmado en santidad; exteriormente, nuestro cuerpo debe ser preservado en santificación (4:4; 5:23). Esto es así para que tengamos una vida santa, la cual vivimos para la vida de iglesia.

13[3] Véase la nota 2[3] de Ro. 1.

13[4] Véase la nota 19[1] del cap. 2.

13[5] Los que creen en Cristo (véanse las notas 2[3] de Ro. 1 y 2[6] de 1 Co. 1), incluyendo a los santos del Antiguo Testamento (Dn. 7:18, 21-22, 25, 27; Zac. 14:5).

13[6] Algunos mss. añaden: Amén.

11[a] 2 Ts. 3:5
12[a] 1 Ts. 4:1, 10
12[b] 1 Ts. 4:9; 2 Ts. 1:3; 1 Jn. 4:7-12; 1 Ts. 1:3; Fil. 1:9
12[c] 1 Ts. 4:18; 5:11, 15
13[a] 1 Ts. 3:2; Jac. 5:8; 1 P. 5:10
13[b] 1 Ts. 5:23; Col. 1:22
13[c] 1 Ti. 2:15; He. 12:14; cfr. 1 Ts. 4:3, 4, 7; 5:23
13[d] 1 Ts. 2:19; 4:15; 2 Ts. 2:1
13[e] 1 Ts. 4:14, 17
1[a] 1 Ts. 4:10; 2:3, 11; 5:14; 2 Ts. 3:12
1[b] Col. 1:10
1[c] 1 Ts. 4:10; 3:12
2[a] 1 Ts. 4:11

3 pues ésta es la [a]voluntad de Dios: vuestra [1b]santifica-
ción; que os [c]abstengáis de [2d]fornicación;
4 que cada uno de vosotros sepa [1]poseer su [a]propio [2]vaso
en [3]santificación y [b]honor;
5 no en [a]pasión de concupiscencia, como los [b]gentiles que
[1c]no conocen a Dios;
6 que ninguno se [1]propase y [2]tome ventaja de su hermano en [3]este asunto; porque el Señor es [4a]vengador de todo
[5]esto, como ya os hemos dicho y solemnemente prevenido.

3[a] 1 Ts. 5:18; Ro. 12:2; Ef. 5:17
3[b] 1 Ts. 4:4, 7; 5:23; 2 Ts. 2:13; 1 Co. 1:30; cfr. 1 Ts. 3:13
3[c] 1 Ts. 5:22
3[d] 1 Co. 6:18; He. 13:4
4[a] cfr. 1 Co. 6:18
4[b] He. 13:4; cfr. Ro. 1:24
5[a] Ro. 1:24, 26; Col. 3:5
5[b] Ef. 4:17
5[c] 2 Ts. 1:8; Sal. 79:6; Jer. 9:3; 10:25; Gá. 4:8
6[a] cfr. He. 13:4

3[1] Véase la nota 19[2] de Ro. 6. Dios desea según Su voluntad que Su pueblo redimido, los que creen en Cristo, vivan para El una vida de santidad conforme a Su naturaleza santa, una vida completamente separada de todo lo que no sea El. Para esto El nos santifica completamente (5:23).

3[2] En los tiempos de Pablo, tanto en Corinto como en Tesalónica la sensualidad y la inmoralidad abundaban en las religiones paganas e incluso eran promovidas por la adoración pagana. El hombre fue creado para expresar a Dios (Gn. 1:26). Con respecto a este propósito, nada arruina más al hombre que la fornicación. Esta impide que el hombre sea santo, que sea separado para Dios, y contamina al hombre a lo máximo, haciendo imposible que cumpla el propósito santo de Dios. Por lo tanto, el apóstol exhortó enfáticamente a los gentiles recién convertidos, a ser santificados para Dios, o sea a abstenerse de fornicación, el pecado más grave a los ojos de Dios, a fin de que evitaran ser dañados y contaminados.

4[1] Esto implica guardar, preservar.

4[2] Con respecto a la interpretación de la palabra *vaso* aquí, hay dos escuelas: una sostiene que el vaso es el cuerpo del hombre, como en 2 Co. 4:7; la otra, que es la esposa del hombre, como en 1 P. 3:7. El contexto de este versículo y del siguiente, el cual incluye frases tales como *cada uno de vosotros; en santificación y honor,* y especialmente la expresión *no en pasión de concupiscencia,* justifica la interpretación de la primera escuela, pero no la de la segunda. Aquí el apóstol consideró el cuerpo del hombre su vaso, así como David lo hizo en 1 S. 21:5. En el mismo asunto tocante al uso del cuerpo, tanto Pablo como David consideraban el cuerpo del hombre su vaso. Guardar o preservar el vaso del hombre en santificación y honor, no permitiéndole entregarse a la pasión de la concupiscencia, es lo que salvaguarda de la fornicación.

4[3] La santificación se refiere mayormente a la condición santa delante de Dios; honor, a una postura respetable delante del hombre. El hombre fue creado en una condición elevada, para el propósito de Dios, y el matrimonio fue ordenado por Dios para la propagación del hombre a fin de cumplir Su propósito. Por lo tanto, el matrimonio debe ser honroso (He. 13:4). Abstenerse de fornicación no es sólo permanecer en una condición santificada delante de Dios, sino también mantener una posición de honor delante del hombre.

5[1] El hecho de no conocer a Dios, es la razón básica por la cual las personas se entregan a la pasión de la concupiscencia.

6[1] Lit., sobrepasar los límites; es decir, extralimitarse, transgredir, ir más allá. *Propasarse y tomar ventaja de su hermano* se refiere a cometer adulterio con la esposa de un hermano.

6[2] U, obtenga ganancia; por lo tanto, defraude.

6[3] El asunto de la fornicación mencionado en el v. 3.

6[4] El Señor juzga a los fornicarios y adúlteros como un vengador, como uno que castiga, que aplica la justicia.

6[5] Todo esto abarca cosas tales

7 Pues no nos ha [a]llamado Dios [1]a [2b]inmundicia, sino [3]en
[4c]santificación.
8 [1]Así que, el que [2]desecha esto, no desecha a hombre,
sino a Dios, que también os da Su [3a]Espíritu Santo.

2. El amor fraternal
vs. 9-10

9 Pero acerca del [1a]amor fraternal no tenéis necesidad de
que os [b]escriba, porque de Dios vosotros mismos habéis sido
[c]enseñados cómo habéis de [2d]amaros unos a otros;
10 y también lo hacéis así con todos los hermanos que
están por toda [a]Macedonia. Pero os [b]exhortamos, hermanos,
a que [c]abundéis *en ello* más y más;

3. Un andar honesto
vs. 11-12

11 y que procuréis tener [a]tranquilidad, y ocuparos en
vuestros propios asuntos, y trabajar con vuestras [b]manos de
la manera que os hemos [c]mandado,
12 a fin de que andéis [a]honestamente para con los [b]de
afuera, y no tengáis [c]necesidad de nada.

7[a] 1 Ts. 2:12; 2 Ts. 2:14
7[b] 1 Ts. 2:3; Ro. 1:24; 6:19; 2 Co. 12:21; Gá. 5:19; Ef. 4:19; 5:3; Col. 3:5
7[c] 1 Ts. 4:3; Lv. 11:44; cfr. 1 P. 1:15
8[a] 1 Ts. 1:6; 1 Jn. 4:13
9[a] 1 Ts. 3:12; He. 13:1
9[b] 1 Ts. 5:1
9[c] Is. 54:13; Jn. 6:45
9[d] Jn. 13:34; 15:12, 17; 1 Jn. 3:11, 23
10[a] 1 Ts. 1:7
10[b] 1 Ts. 4:1
10[c] 1 Ts. 4:1
11[a] 2 Ts. 3:12
11[b] Hch. 20:34; Ef. 4:28
11[c] 1 Ts. 4:2
12[a] Ro. 13:13
12[b] Col. 4:5 **12**[c] Tit. 3:14

---

como sobrepasarse y tomar ventaja de otros.

7[1] Lit., sobre.

7[2] La inmundicia de cosas tales como la fornicación y el adulterio. Algunos enseñan que aquí *inmundicia* se refiere a la ganancia indebida en los negocios, y que el v. 6 habla de tomar ventaja de un hermano al hacer negocios. Sin embargo, no se puede aceptar esa enseñanza a la luz del contexto de esta sección, que comienza en el v. 3 con la exhortación de abstenerse de fornicación. En realidad, el v. 7 es la palabra que concluye esta exhortación.

7[3] Es decir, en el elemento de santificación, en la esfera de la naturaleza santa de Dios.

7[4] La exhortación del apóstol de abstenerse de fornicación se basa en la santificación (v. 3), es fortalecida por la santificación (v. 4), y concluye aquí con la santificación, porque la fornicación, que es lo más inmundo, destruye la posición y el carácter santo de los santos llamados de Dios.

8[1] Este versículo es la conclusión de la sección que comienza con el v. 3.

8[2] Es decir, desecha la exhortación de los versículos anteriores.

8[3] El Espíritu Santo que Dios nos dio es el Santo, quien nos santifica, nos hace santos, delante de Dios (Ro. 15:16; 1 P. 1:2; 1 Co. 6:11). La voluntad (v. 3), el llamamiento (v. 7), y el Espíritu de Dios, tienen como fin nuestra santificación. Primero, Dios tuvo Su voluntad; luego, nos llamó, y después nos dio Su Espíritu Santo. Por medio de Su Espíritu podemos ser santificados para responder a Su llamado y cumplir Su voluntad.

9[1] Gr. *filadelfía,* se compone de *filéo,* amar (lo cual se refiere al amor en general, como *tener afecto*), y *adelfós,* hermano.

9[2] Gr. *agapáo,* lo cual se refiere al amor noble.

F. Su esperanza
4:13-18

1. Para los creyentes que hayan muerto
vs. 13-14

13 Tampoco queremos, hermanos, que [a]ignoréis acerca de los que [1]duermen, para que no os entristezcáis como los otros que [b]no tienen esperanza.

14 Porque si creemos que Jesús murió y [a]resucitó, así también traerá Dios [b]con Jesús a [c]los que durmieron por medio de El.

2. Para los creyentes vivos que hayan quedado
vs. 15-18

15 Por lo cual os decimos esto en virtud de la palabra del Señor: que nosotros que vivimos, que habremos quedado hasta la [1a]venida del Señor, no precederemos a los que durmieron.

16 Porque el Señor mismo con [1a]exclamación de mando, con voz de [b]arcángel, y con [2c]trompeta de Dios, descenderá del [d]cielo; y los [e]muertos en Cristo [f]resucitarán primero.

17 Luego nosotros los que vivimos, los que hayamos quedado, seremos [1a]arrebatados juntamente [b]con ellos en las [c]nubes al encuentro del Señor [2]en el aire, y así estaremos siempre con el Señor.

18 Por tanto, alentaos [a]los unos a los otros con estas palabras.

13[a] Ro. 1:13; 6:3
13[b] Ef. 2:12
14[a] 1 Co. 15:13; Ro. 10:9
14[b] 1 Co. 15:18, 23
14[c] 1 Ts. 3:13
15[a] 1 Ts. 2:19; 3:13; 2 Ts. 2:1
16[a] Mt. 25:6
16[b] Jud. 9
16[c] cfr. Mt. 24:31
16[d] 1 Ts. 1:10
16[e] Ap. 14:13
16[f] Jn. 5:28-29a; 1 Co. 15:23; Ap. 20:4, 6
17[a] 2 Ts. 2:1; cfr. Ap. 12:5; Mt. 24:40-41
17[b] 1 Ts. 4:14; 3:13
17[c] Hch. 1:9, 11; Ap. 10:1; cfr. Mt. 24:30; 26:64; Ap. 14:14
18[a] 1 Ts. 3:12

13[1] Es decir, están muertos (v. 16; Jn. 11:11-14; 1 Co. 11:30). Tanto el Señor como el apóstol consideraban que la muerte de los creyentes era dormir.

15[1] Gr. *parousía,* lo cual significa *presencia.* Véase la nota 3[3] de Mt. 24.

16[1] Una señal para congregarse.

16[2] La trompeta final (1 Co. 15:52), una trompeta para congregar a los redimidos de Dios (cfr. Nm. 10:2).

17[1] Arrebatados rápidamente en una manera que no puede ser resistida. Es la misma palabra griega que se usa en Hch. 8:39 y 2 Co. 12:2 y 4. La mención aquí del arrebatamiento de los creyentes en la venida del Señor se da en una manera general, como una palabra de consuelo. Los detalles con respecto a este asunto son revelados en otros libros del Nuevo Testamento, tales como Mateo y Apocalipsis.

17[2] En Ap. 12 el hijo varón, es decir, los vencedores, es llevado, arrebatado, al trono de Dios en el tercer cielo antes de la gran tribulación, los últimos tres años y medio de la era actual (Ap. 12:5-6, 14). Aquí la mayoría de los creyentes, incluyendo a los resucitados de entre los muertos así como a los que estén viviendo durante ese tiempo, son arrebatados al aire al final de la gran tribulación, durante la venida (la parusía) del Señor.

CAPITULO 5

G. Su vigilancia y sobriedad
5:1-11

1. El día del Señor viene como ladrón
vs. 1-3

1 Pero acerca de los [1a]tiempos y de las sazones, no tenéis
necesidad, hermanos, de que se os [b]escriba.
2 Porque vosotros sabéis perfectamente que el [1a]día del
Señor vendrá [2]así como [b]ladrón en la [c]noche.
3 Cuando digan: [a]Paz y seguridad, entonces vendrá sobre ellos [1b]destrucción repentina, como los [c]dolores a la mujer
encinta, y no escaparán.

2. La salvaguarda de la fe, del amor y de la esperanza
vs. 4-11

4 Mas vosotros, hermanos, no estáis en [a]tinieblas, para
que aquel día os sorprenda como ladrón.
5 Porque todos vosotros sois hijos de [a]luz e hijos del [b]día;
no somos de la noche ni de las tinieblas.
6 Por tanto, [1a]no durmamos como los demás, sino [2b]vele-
mos y seamos [c]sobrios.
7 Pues los que duermen, de [a]noche duermen, y los que se
[1b]embriagan, de noche se embriagan.
8 Mas ya que nosotros somos del [a]día, seamos [b]sobrios,
vistiéndonos con la [1]coraza de [c]fe y de amor, y con el [1d]yelmo
de la [2]esperanza de [3]salvación.

1[1] Estos son los tiempos y las sazones con respecto a la venida del Señor, lo cual es confirmado por la expresión *el día del Señor* en el v. 2.

2[1] Esto indica que el día de la venida del Señor es guardado en secreto y vendrá súbitamente, sin que nadie lo sepa de antemano (Mt. 24:42-43; Ap. 3:3; 16:15).

2[2] En el capítulo anterior el hecho de que se mencione la venida del Señor tiene como fin principal consolar y animar. En este capítulo el hecho de que se mencione el día del Señor tiene como fin principal advertir (vs. 3-6), ya que se menciona en la Palabra principalmente en relación con el juicio del Señor (1 Co. 1:8; 3:13; 5:5; 2 Co. 1:14; 2 Ti. 4:8).

3[1] Este es el resultado de la intensa rebelión del hombre en contra de Dios, bajo la instigación de Satanás, cerca del tiempo de la venida del Señor.

6[1] Es decir, no dejemos de velar. Así también en el versículo siguiente.

6[2] La palabra *velemos* está en contraste con *duermen* en el siguiente versículo; *sobrios* está en contraste con la expresión *se embriagan.*

7[1] En un estupor.

8[1] Aquí la coraza y el yelmo indican una guerra espiritual. La coraza, que cubre y protege nuestro corazón y

---

1[a] Mt. 24:36; Hch. 1:7
1[b] 1 Ts. 4:9
2[a] Mt. 24:43; Ap. 3:3; 16:15
2[b] 1 Ts. 5:5, 7
2[c] 2 Ts. 2:2-3
3[a] cfr. Jer. 6:14
3[b] cfr. Sal. 35:8
3[c] cfr. Is. 13:8; Jer. 13:21
4[a] Hch. 26:18; Col. 1:13; 1 P. 2:9; 1 Jn. 2:8
5[a] Lc. 16:8; Ef. 5:8
5[b] 1 Ts. 5:8
6[a] Mr. 13:36; Ro. 13:11
6[b] Mt. 24:42; 1 P. 5:8
6[c] 1 Ts. 5:8; 1 P. 1:13
7[a] 1 Ts. 5:2; Ro. 13:12
7[b] Lc. 21:34; Mt. 24:49
8[a] 1 Ts. 5:5; Ro. 13:12-13 **8**[b] 1 Ts. 5:6 **8**[c] 1 Ts. 1:3 **8**[d] Is. 59:17

9[a] 1 P. 2:8; cfr. 1 Ts. 3:3
9[b] 1 Ts. 1:10
9[c] 2 Ts. 2:13
10[a] 2 Co. 5:15
10[b] 2 Ti. 2:11
11[a] 1 Ts. 3:12; 4:18
11[b] Ro. 14:19
12[a] cfr. 1 Co. 16:18
12[b] Ro. 12:8; He. 13:17

9 Porque [1]no nos ha [a]puesto Dios para [b]ira, sino para
alcanzar [2c]salvación por medio de nuestro Señor Jesucristo,
10 quien [1a]murió por nosotros para que ya sea que [2]vele-
mos, o que [3]durmamos, [b]vivamos juntamente [4]con El.
11 Por lo cual, consolaos [a]unos a otros, y [b]edificaos unos a
otros, así como lo hacéis.

H. Su cooperación
5:12-24

1. La cooperación de los creyentes: llevar una vida espiritual y santa vs. 12-22

12 Asimismo, hermanos, os rogamos que [1a]reconozcáis a
[2]los que trabajan entre vosotros, y [3b]están al frente entre
vosotros en el Señor, y os amonestan;

---

espíritu conforme a la justicia de Dios (Ef. 6:14), es la fe y el amor; el yelmo, que cubre y protege nuestro intelecto, nuestra mente, es la esperanza de la salvación (Ef. 6:17). La fe, el amor y la esperanza son los tres materiales básicos con los que se construye la vida cristiana genuina, como se describe en 1:3. La fe está relacionada con nuestra voluntad, una parte de nuestro corazón (Ro. 10:9), y con nuestra conciencia, una parte de nuestro espíritu (1 Ti. 1:19); el amor está relacionado con nuestra parte emotiva, otra parte de nuestro corazón (Mt. 22:37); y la esperanza está relacionada con nuestro entendimiento, la función de nuestra mente. Todos éstos necesitan ser protegidos para que se pueda mantener una vida cristiana genuina. Tal vida vela y es sobria (vs. 6-7). Al principio de la epístola, el apóstol alabó la obra de fe de los creyentes, su labor de amor, y su perseverancia en esperanza (1:3). Aquí, en la conclusión de la epístola, los exhorta a mantener estas virtudes espirituales cubiertas y protegidas al pelear por ellas.

8[2] La esperanza del regreso de nuestro Señor (1:3), la cual será nuestra salvación, tanto de la destrucción venidera (v. 3) como de la esclavitud de corrupción de la vieja creación (Ro. 8:21-25).

8[3] No la salvación de la perdición eterna por medio de la muerte del Señor, sino la salvación de la destrucción venidera (v. 3) por medio del regreso del Señor.

9[1] Ya que Dios no nos ha puesto para ira, debemos velar, ser sobrios y pelear (vs. 6, 8) para cooperar con Dios a fin de alcanzar la salvación por medio del Señor Jesús.

9[2] Véase la nota 8[3].

10[1] El Señor murió por nosotros no sólo para que fuésemos salvos de la perdición eterna, sino también para que viviéramos juntamente con El por medio de Su resurrección. Tal vivir puede salvarnos de la destrucción venidera.

10[2] O, estemos despiertos. Es decir, estemos vivos.

10[3] Es decir, están muertos (4:13-15).

10[4] Por un lado, el Señor está lejos de nosotros y estamos esperando Su regreso; y por otro, El está con nosotros (Mt. 28:20) y podemos vivir juntamente con El (Ro. 6:8).

12[1] Reconocer y así tener respeto y estima por alguien.

12[2] Aquí el apóstol probablemente se refiere a los ancianos que laboran en la enseñanza y tienen el liderazgo entre los creyentes (1 Ti. 5:17).

13 y que los [1a]tengáis en mucha estima y [b]amor por causa
de su obra. [2]Tened [c]paz entre vosotros.
14 También os [a]exhortamos, hermanos, a que amonestéis
a [1b]los que andan desordenadamente, a que consoléis a los
[2c]pusilánimes, a que sostengáis a los [3d]débiles, a que seáis
[4e]longánimes para con todos.
15 Mirad que ninguno pague a otro [a]mal por mal; antes
seguid [1]siempre lo [b]bueno [c]unos para con otros, y para con
todos.
16 [a]Estad [1]siempre gozosos.
17 [1a]Orad sin cesar.
18 [1]Dad [a]gracias en todo, [2]porque ésta es la [b]voluntad de
Dios en Cristo Jesús para con vosotros.
19 [1]No apaguéis al [a]Espíritu.
20 No [1]menospreciéis las [2]profecías.

12[3] Estar al frente no es principalmente gobernar, sino establecer un ejemplo al hacer primero las cosas, para que otros puedan seguir. Los ancianos no solamente deben laborar en la enseñanza, sino también actuar dando ejemplo. El ejemplo puede llegar a ser la base para amonestar.

13[1] "Conducir la mente mediante un proceso de razonamiento hasta llegar a una conclusión" (Vincent); por lo tanto, pensar, considerar, estimar.

13[2] Tener en mucha estima a los líderes y estar en paz unos con otros es la condición apropiada de una iglesia local.

14[1] Se refiere, quizá, principalmente a aquellos que son ociosos y que no quieren trabajar, siendo entrometidos (2 Ts. 3:11), indisciplinados, sin dominio propio, rebeldes.

14[2] Lit., de poco ánimo; es decir, estrecho y débil en la capacidad de la mente, de la voluntad y de la parte emotiva.

14[3] Probablemente se refiere por lo general a los débiles, a aquellos que son débiles ya sea en su espíritu, en su alma, o en su cuerpo, o que son débiles en la fe (Ro. 14:1; 15:1).

14[4] Esto implica que en una iglesia local, además de aquellos que andan desordenadamente y necesitan amonestación, se encuentran algunos que son de poco ánimo y necesitan consolación, y algunos que son débiles y necesitan ser sostenidos; todos los miembros, de alguna manera, pueden causar problemas y necesitan que nosotros seamos longánimes para con ellos.

15[1] Esto significa que no importa la manera en que nos traten otros, por muy mala que sea, debemos seguir lo bueno para con ellos.

16[1] Esto se basa en las condiciones mencionadas en los vs. 14-15.

17[1] Esto es tener una comunión ininterrumpida con Dios en nuestro espíritu. Requiere perseverancia (Ro. 12:12; Col. 4:2) con un espíritu fuerte (Ef. 6:18).

18[1] Porque todas las cosas cooperan para nuestro bien, a fin de que seamos transformados y conformados a la imagen de Cristo (Ro. 8:28-29).

18[2] Esta cláusula modifica las tres exhortaciones anteriores. Dios quiere que vivamos una vida de regocijo, de oración, y llena de acciones de gracias. Tal vida es una gloria para Dios y avergüenza a Su enemigo.

19[1] El Espíritu hace que nuestro espíritu sea ferviente (Ro. 12:11) y que el fuego de nuestros dones sea avivado (2 Ti. 1:6). Por lo tanto, no debemos apagar al Espíritu.

20[1] Contar como nada, tener en poco.

20[2] Es decir, profetizar, el hablar

13[a] Fil. 2:29
13[b] 1 Ts. 1:3
13[c] Mr. 9:50
14[a] 1 Ts. 2:11; 4:1
14[b] 2 Ts. 3:6, 7, 11
14[c] He. 12:3, 5
14[d] Hch. 20:35; 1 P. 3:7
14[e] 1 Co. 13:4; Ef. 4:2; Col. 3:12; 2 Ti. 4:2
15[a] Ro. 12:17; 1 P. 3:9; Mt. 5:39
15[b] 1 Ts. 5:21; Ro. 15:14; Gá. 5:22
15[c] 1 Ts. 5:11; 3:12
16[a] Fil. 4:4; 2 Co. 13:11
17[a] Lc. 18:1; Ro. 12:12; Ef. 6:18; 1 P. 4:7
18[a] Ef. 5:20; Col. 3:17
18[b] 1 Ts. 4:3
19[a] cfr. Ef. 4:30; Is. 63:10

21 [1]Sometedlo todo a prueba; retened lo [a]bueno.
22 [a]Absteneos de toda [1]especie de mal.

2. La operación de Dios: santificar y guardar a los creyentes vs. 23-24

23 [1]Y el mismo [2]Dios de [a]paz os [3b]santifique [4]por completo;
y vuestro [5c]espíritu y vuestra [d]alma y vuestro [e]cuerpo sean
[f]guardados [6]perfectos e [g]irreprensibles [7]para la [8h]venida de
nuestro Señor Jesucristo.

21[a] 1 Ts. 5:15; Job 34:4
22[a] 1 Ts. 4:3
23[a] 2 Co. 13:11
23[b] 1 Ts. 4:3, 4, 7; 2 Ts. 2:13; Jn. 17:17; Ro. 6:19, 22
23[c] Lc. 1:46-47; He. 4:12; Zac. 12:1; Job 32:8; Pr. 20:27; Jn. 4:24; Ro. 8:16; 1:9; 1 Co. 14:14-16; 16:18; 2 Co. 7:13
23[d] Lc. 17:33; Jn. 12:25 y la nota 1; He. 10:39 y la nota 3; 1 P. 1:9
23[e] Ro. 8:11, 13; 12:1; 1 Co. 6:13, 15, 19
23[f] Jud. 1

profético que resulta de una revelación. No es necesariamente una predicción (véase 1 Co. 14:1, 3-4 y las notas).

21[1] Incluye discernir las profecías (1 Co. 14:29), discernir los espíritus (1 Co. 12:10), probar los espíritus (1 Jn. 4:1), comprobar cuál es la voluntad de Dios (Ro. 12:2), y comprobar lo que es agradable al Señor (Ef. 5:10).

22[1] La palabra griega denota un panorama, algo percibido; por lo tanto, una escena. No se refiere a la apariencia de lo malo, sino a la clase, la forma, la figura, la escena, de lo malo. Los creyentes, quienes viven una vida santa en fe, amor y esperanza, deben abstenerse de cualquier clase de mal.

23[1] La conjunción "y" une la bendición en la santificación de todo nuestro ser por parte de Dios, la cual se da en este versículo, y la exhortación de abstenerse de toda especie de mal, lo cual se menciona en el versículo anterior. Por un lado, nos abstenemos de toda especie de mal; y por otro, Dios nos santifica completamente. Nosotros cooperamos con Dios para tener un vivir santo.

23[2] El Dios de paz es quien santifica; Su santificación nos trae la paz. Cuando somos completamente santificados por El desde nuestro interior, tenemos paz con El y con el hombre en todo aspecto (v. 13).

23[3] Ser separado, apartado para Dios, de todas las cosas comunes o profanas. Véanse las notas 2[3] de Ro. 1 y 19[2] de Ro. 6.

23[4] O, enteramente, a fondo, hasta la consumación. Dios nos santifica completamente, para que ninguna parte de nuestro ser, ya sea nuestro espíritu o alma o cuerpo, permanezca como algo común o profano.

23[5] Esta palabra claramente indica que el hombre consta de tres partes: espíritu, alma y cuerpo. El espíritu como nuestra parte más profunda, es el órgano interno, por el cual somos conscientes de Dios, y por él tenemos contacto con Dios (Jn. 4:24; Ro. 1:9). El alma es nuestro mismo yo (cfr. Mt. 16:26; Lc. 9:25), un intermediario entre nuestro espíritu y nuestro cuerpo; por ella somos conscientes de nosotros mismos y tenemos nuestra personalidad. El cuerpo como nuestra parte exterior es el órgano externo; por él somos conscientes del mundo y tenemos contacto con el mundo material. El cuerpo contiene el alma, y el alma es el vaso que contiene el espíritu. En el espíritu, Dios mora como el Espíritu; en el alma mora nuestro yo; y en el cuerpo moran los sentidos físicos. Dios nos santifica primero al tomar posesión de nuestro espíritu, mediante la regeneración (Jn. 3:5-6); luego, al extenderse como Espíritu vivificante desde nuestro espíritu hasta nuestra alma para saturarla y transformarla (Ro. 12:2; 2 Co. 3:18); y por último, al vivificar nuestro cuerpo mortal a través de nuestra alma (Ro. 8:11, 13) y al final transfigurar nuestro cuerpo con el poder de Su vida (Fil. 3:21). Véanse la notas 12[2] y 12[3] de He. 4.

23[6] Dios no sólo nos santifica por

23[g] Fil. 2:15; 2 P. 3:14 23[h] 1 Ts. 2:19; 3:13; 4:15-16; 2 Ts. 2:1, 8

24 [a]Fiel es el que os [b]llama, el cual [1]también lo [c]hará.

III. Conclusión
5:25-28

25 Hermanos, [a]orad también por nosotros.
26 Saludad a todos los hermanos con [a]ósculo santo.
27 Os conjuro por el Señor, que esta carta se [a]lea a todos
los [1]hermanos.
28 La [1a]gracia de nuestro Señor Jesucristo sea con vosotros.

24[a] 2 Ts. 3:3; 1 Co. 1:9; 10:13
24[b] 1 Ts. 2:12
24[c] Fil. 1:6
25[a] 2 Ts. 3:1; Col. 4:3; He. 13:18
26[a] Ro. 16:16
27[a] Col. 4:16
28[a] 2 Ts. 3:18; Ro. 16:20; Gá. 6:18

---

completo, sino que también guarda perfectos nuestro espíritu, nuestra alma y nuestro cuerpo. *Por completo* es cuantitativo; *perfectos* es cualitativo. Bajo el aspecto cuantitativo, Dios nos santifica por completo; bajo el aspecto cualitativo, Dios nos guarda perfectos, es decir, El guarda perfectos nuestro espíritu, alma y cuerpo. Por medio de la caída nuestro cuerpo fue arruinado, nuestra alma fue contaminada, y nuestro espíritu fue amortecido. En la plena salvación de Dios, todo nuestro ser es salvo y hecho completo y perfecto. Por eso, Dios guarda nuestro espíritu de todo elemento de muerte (He. 9:14); impide que nuestra alma permanezca en una condición natural y vieja (Mt. 16:24-26), e impide que nuestro cuerpo sea arruinado por el pecado (4:4; Ro. 6:6). La obra de Dios de guardarnos y santificarnos por completo nos sostiene para que vivamos una vida santa hasta la madurez, a fin de que nos reunamos con el Señor en Su parusía.

23[7] O, en la presencia (la parusía).

23[8] Todos los capítulos de este libro concluyen con la venida del Señor. Esto nos muestra que el escritor, Pablo, vivía y laboraba con la venida del Señor delante de él, tomándola como lo que le atraía, un incentivo, una meta y una advertencia. No sólo hacía esto, sino que también animaba a los creyentes que estaban bajo su cuidado a que hicieran lo mismo.

24[1] El Dios fiel que nos llamó, también nos santificará completamente y preservará todo nuestro ser por completo.

27[1] Algunos mss. insertan: santos. Esto significaría que, ya que esta epístola trata de la vida santa de los creyentes, el apóstol en su encargo final llamó a los creyentes "los santos hermanos".

28[1] Véanse las notas 14[6] y 17[1] de Jn. 1 y 10[1] de 1 Co. 15. Solamente cuando disfrutamos al Señor como gracia podemos vivir una vida santa para la vida de iglesia, una vida que es genuina y apropiada para la iglesia, la cual vivimos cuando tenemos al Señor como el suministro de vida.

Este libro desarrolla el tema de la vida santa para la vida de iglesia. Ser santificado significa ser santo. En todo el universo, sólo Dios es santo; sólo El es único y diferente de todas las otras cosas. El no es profano y, por ende, no está contaminado. La santidad es la naturaleza de Dios; es una característica intrínseca de Sus atributos. Por lo tanto, para ser santos completa y enteramente, es decir, para ser santos no sólo exteriormente en cuanto a nuestra posición, sino también interiormente en cuanto a nuestro modo de ser, debemos tener la naturaleza santa que es característica de Dios. Para tener la naturaleza divina de Dios, debemos poseer a Dios, teniéndole a El como nuestra vida y naturaleza. Sólo Dios puede santificarnos completamente y puede preservar todo nuestro ser, nuestro espíritu y alma y cuerpo, por completo, guardándolo de ser común o contaminado. Dios desea santificarnos, y El mismo lo hará, si es que nosotros estamos dispuestos a seguirlo como santidad (He. 12:14a) y si cooperamos con El en este asunto. De esta manera podemos ser santos como El (1 P. 1:15-16). Si no tenemos santidad no podemos verle (He. 12:14b).

Dios no sólo nos ha hecho santos en cuanto a nuestra posición por medio de la sangre redentora de Cristo (He. 13:12; 10:29), sino que también nos está santificando en nuestro carácter por medio de Su propia naturaleza santa. Al santificarnos así, El nos transforma en la esencia de nuestro espíritu, nuestra alma y nuestro cuerpo, haciéndonos completamente como El, en naturaleza. De esta manera El guarda nuestro espíritu, alma y cuerpo completamente perfectos. El nos hace santos en cuanto a nuestra posición, lo cual está fuera de nosotros, y nos santifica en nuestro carácter, lo cual ocurre dentro de nosotros, empezando desde nuestro espíritu, la parte más profunda, pasando a través de nuestra alma, la parte intermedia, y llegando a nuestro cuerpo, la parte exterior. Esta obra, que penetra profundamente en nosotros, es lograda por medio de la regeneración de nuestro espíritu (Jn. 3:6), la transformación de nuestra alma (Ro. 12:2), y la redención de nuestro cuerpo (Ro. 8:23; Ef. 4:30) por medio del Espíritu vivificante de Dios. Esta vida santa y santificada es necesaria para que tengamos la vida de iglesia que agrada a Dios y que lo expresa.

LA SEGUNDA EPISTOLA DE PABLO
A LOS
TESALONICENSES

BOSQUEJO

I. Introducción—1:1-2

II. El contenido: aliento y corrección acerca de la vida santa para la iglesia—1:3—3:15

A. Palabra de aliento: una vida digna del reino de Dios—1:3-12

B. Palabra de corrección: el concepto equivocado acerca del día de la venida del Señor—2:1-12

C. Palabra adicional de aliento—2:13—3:5

D. Palabra de corrección acerca de los que andan desordenadamente—3:6-15

III. Conclusión—3:16-18

LA SEGUNDA EPISTOLA DE PABLO A LOS TESALONICENSES

Autor: Pablo junto con Silvano y Timoteo (1:1).

Fecha: Por el año 54 d. de C., la misma época en que se escribió la primera epístola (1:1).

Lugar: Corinto.

Destinatario: La iglesia de los tesalonicenses (1:1).

Tema:
Aliento y corrección
acerca de la vida santa para la vida de iglesia

CAPITULO 1

I. Introducción
1:1-2

1[a] 1 Ts. 1:1 — **1** [a]Pablo, Silvano y Timoteo, a la [1]iglesia de los [2]tesaloni-
censes en Dios nuestro Padre y en el Señor Jesucristo:
2 Gracia y paz a vosotros, de Dios nuestro Padre y del
Señor Jesucristo.

II. El contenido: aliento y corrección acerca de la vida santa para la iglesia
1:3—3:15

A. Palabra de aliento: una vida digna del reino de Dios
1:3-12

3[a] 1 Ts. 1:2; 2 Ts. 2:13 — **3** Debemos siempre [a]dar gracias a Dios por vosotros,
hermanos, como es propio, por cuanto vuestra [1b]fe crece
sobremanera, y el amor de todos y cada uno de vosotros
3[b] 1 Ts. 1:3; 3:6; 5:8 — abunda para con el otro;

1[1] Véase la nota 1[1] de 1 Ts. 1.

1[2] Véase la nota 1[2] de 1 Ts. 1.

3[1] Véase la nota 3[2] de 1 Ts. 1. En la Primera Epístola a los Tesalonicenses, la fe y el amor eran considerados los materiales con los cuales se construye la vida de los creyentes para la vida de iglesia. Aquí, en esta epístola, la fe y el amor crecen y aumentan en la vida cristiana de los tesalonicenses.

4 tanto, que nosotros mismos nos [a]gloriamos de vosotros
entre las iglesias de Dios, por vuestra [1]perseverancia y fe en
todas vuestras [b]persecuciones y tribulaciones que soportáis.
5 Esto da [a]muestra evidente del [1]justo juicio de Dios,
para que seáis tenidos por [b]dignos del [2c]reino de Dios, por el
cual asimismo padecéis.
6 Porque es justo delante de Dios pagar con tribulación
a los que os atribulan,
7 y a vosotros que sois atribulados, daros [1]reposo con
nosotros, cuando se [a]manifieste el Señor Jesús desde el [b]cielo
con los [c]ángeles de Su poder, en llama de [d]fuego,
8 tomando venganza de los que [a]no conocen a Dios y de
los que no [b]obedecen al evangelio de nuestro Señor [1]Jesu-
cristo;
9 los cuales sufrirán pena de eterna [a]destrucción, *excluidos* de la [1]presencia del Señor y de la [b]gloria de Su fuerza,
10 cuando [a]venga en [b]aquel día para ser [1c]glorificado en
Sus santos y ser admirado en todos los que creyeron (por
cuanto el [d]testimonio que os dimos fue creído).
11 Por lo cual asimismo [a]oramos siempre por vosotros,

4[a] 2 Co. 7:4, 14; 9:2-3
4[b] Mr. 10:30; 2 Co. 12:10
5[a] Fil. 1:28
5[b] 2 Ts. 1:11; Lc. 20:35; Ap. 3:4
5[c] 1 Co. 6:9, 10; Jac. 2:5
7[a] Lc. 17:30; 1 P. 1:7
7[b] 1 Ts. 4:16; Hch. 1:11
7[c] Mt. 16:27
7[d] Is. 66:15; Mal. 4:1; Ap. 10:1; 1 Co. 3:13; He. 10:27; 12:29
8[a] 1 Ts. 4:5
8[b] Ro. 16:26
9[a] Fil. 3:19; 2 P. 3:7
9[b] Mt. 25:31
10[a] 1 Ts. 1:10
10[b] Jn. 17:10
10[c] 1 Co. 1:6

4[1] La perseverancia provino de la esperanza en el regreso del Señor y fue sostenida por la misma (1 Ts. 1:3). La perseverancia que proviene de la esperanza siempre va acompañada de la fe. Así que, aquí se usa la expresión *perseverancia y fe.* En las persecuciones y aflicciones se necesita tanto la perseverancia como la fe.

5[1] El juicio de Dios es recto y justo sobre todos los hombres. Este será finalizado en el futuro (Ro. 2:5-9; Ap. 20:11-15). La manera en que Dios disciplina a diferentes personas en esta era es un indicio, una muestra, una prueba, de la ejecución futura de Su justo juicio.

5[2] Los creyentes han sido llamados al reino de Dios y a Su gloria (1 Ts. 2:12). Para entrar en este reino, necesitamos pasar por aflicciones (Hch. 14:22). Por lo tanto, las persecuciones y las aflicciones son una muestra evidente del justo juicio de Dios, e indican que podemos ser tenidos por dignos del reino de Dios.

7[1] O, alivio, tranquilidad, descanso, libertad. En esta era los creyentes sufren persecuciones y problemas por causa del Señor. Al regreso del Señor ellos serán liberados de sus sufrimientos y entrarán en el reposo del Señor y disfrutarán su libertad.

8[1] Algunos mss. omiten: Cristo.

9[1] Lit., rostro.

10[1] El Señor es el Señor de gloria (1 Co. 2:8); El fue glorificado en Su resurrección y ascensión (Jn. 17:1; Lc. 24:26; He. 2:9). Ahora está en nosotros como la esperanza de gloria (Col. 1:27) para llevarnos a la gloria (He. 2:10). Cuando El regrese, por un lado, vendrá desde los cielos con gloria (Ap. 10:1; Mt. 25:31), y por otro, será glorificado en Sus santos; esto es, Su gloria será manifestada desde el interior de Sus miembros, haciendo que el cuerpo de la humillación de ellos sea transfigurado en Su gloria, conformándolo al cuerpo de Su gloria (Fil. 3:21). Por esto, los incrédulos lo admirarán, se asombrarán de El, y se maravillarán de El en nosotros Sus creyentes.

10[d] 2 Ti. 1:12, 18; 1 Co. 3:13 **11**[a] Col. 1:9

para que nuestro Dios os tenga por [b]dignos de vuestro
llamamiento, y que con [c]poder cumpla toda [1]vuestra buena
voluntad de hacer el bien y *vuestra* [d]obra de fe,
12 para que el [a]nombre de nuestro Señor Jesús sea glorificado en vosotros, y vosotros en El, conforme a la [1]gracia de
nuestro Dios y del Señor Jesucristo.

11[b] 2 Ts. 1:5
11[c] Col. 1:29
11[d] 1 Ts. 1:3
12[a] 2 Ts. 3:6

CAPITULO 2

B. Palabra de corrección: el concepto equivocado acerca del día de la venida del Señor 2:1-12

1 Ahora bien, os rogamos, hermanos, [1]con respecto a la
[2a]venida de nuestro Señor Jesucristo, y nuestra [b]reunión
[3]con El,
2 que no os dejéis mover fácilmente [1]en vuestro modo de
pensar, ni os conturbéis, ni por [2a]espíritu, ni por palabra, ni
por carta como si fuera nuestra, en el sentido de que el [3]día
del Señor ha llegado.

1[a] 2 Ts. 2:8; 1 Ts. 2:19; 3:13; 4:15
1[b] 1 Ts. 4:17
2[a] 1 Co. 12:10; 1 Jn. 4:1

11[1] O, vuestro deleite. Los apóstoles oraron para que Dios cumpliera los buenos propósitos, el deleite, de los tesalonicenses para bien.

12[1] La gracia de nuestro Dios y del Señor Jesucristo es el Señor mismo dentro de nosotros como nuestra vida y suministro de vida, y por ella podemos vivir una vida que glorifique al Señor y haga que seamos glorificados en El. Véanse las notas 17[1] de Jn. 1, 10[1] de 1 Co. 15, y 14[1] de 2 Co. 13.

1[1] O, por.

1[2] Gr. *parousía,* que significa *presencia.* Véanse las notas 19[1] de 1 Ts. 2 y 3[3] de Mt. 24. Aquí se tratan dos asuntos: la parusía (la presencia) del Señor, y nuestra reunión con El (el arrebatamiento). La parusía del Señor comenzará con el arrebatamiento de los vencedores al trono de Dios en los cielos (Ap. 12:5-6); al final de la gran tribulación, la cual ocurrirá en los últimos tres años y medio de esta era, que es la segunda mitad de la última semana de Dn. 9:27 (Mt. 24:21 y la nota; Ap. 11:2 y la nota 4), la parusía estará en el aire (Ap. 10:1 y la nota 2) y durará un tiempo; y terminará con su manifestación, "la manifestación de Su parusía" (v. 8; Mt. 24:30 y la nota 4). Mientras la parusía del Señor permanezca en el aire, los creyentes en su mayoría serán arrebatados para reunirse con el Señor ahí (1 Ts. 4:17). Según el contexto, la expresión *el día del Señor* en el v. 2 se refiere al día de la parusía (la venida) del Señor, en la cual se llevará a cabo el arrebatamiento de la mayoría de los creyentes. El v. 3 nos afirma que antes de ese día el anticristo será revelado y jugará el papel principal en la gran tribulación (v. 4; Ap. 13:1-8, 12-15). Esto revela clara y categóricamente que la venida (la parusía) del Señor a los aires y el arrebatamiento de la mayoría de los creyentes no pueden ocurrir antes de la gran tribulación.

1[3] Lit., hacia.

2[1] Lit., de la mente; es decir, de "una mente estable que juzga sobriamente" (Darby).

2[2] Se refiere a un espíritu que habla y que presume de tener la autoridad de la revelación divina.

3 Nadie os [1]engañe en ninguna manera; porque *no vendrá* sin que antes venga la [2a]apostasía, y se manifieste el [3]hombre de [4b]iniquidad, el [c]hijo de [d]perdición,

4 el cual se opone y se [1a]exalta sobre todo lo que se llama [b]Dios o es objeto de culto; tanto que se [c]sienta en el [2d]templo de Dios, [e]proclamándose Dios.

5 ¿No os acordáis que cuando yo estaba todavía con vosotros, os decía esto?

6 Y ahora vosotros sabéis lo que lo [1]retiene, a fin de que a su debido [2]tiempo se manifieste.

7 Porque ya está en acción el [1]misterio de la [2]iniquidad, *pero* sólo hasta que aquel que lo retiene ahora [3]sea quitado de en medio.

8 Y entonces se manifestará aquel [1a]inicuo, a quien el Señor Jesús [2]matará con el [3b]aliento de Su [c]boca, y [d]destruirá con la [4]manifestación de Su [5e]venida;

3[a] 1 Ti. 4:1
3[b] 2 Ts. 2:7-8; Mt. 7:23; Ro. 6:19
3[c] cfr. Jn. 17:12
3[d] 2 Ts. 2:8; Dn. 7:26; 8:25; Ap. 19:20
4[a] cfr. Is. 14:13
4[b] 1 Co. 8:5
4[c] cfr. Is. 14:13-14; Ez. 28:2
4[d] cfr. Mt. 24:15
4[e] cfr. Ap. 13:8, 12
7[a] 2 Ts. 2:3
8[a] 2 Ts. 2:3
8[b] Job 4:9; Is. 11:4
8[c] Ap. 2:16; 19:15, 21
8[d] 2 Ts. 2:3
8[e] 2 Ts. 2:1

2[3] Véase la nota 2[2] de 1 Ts. 5.

3[1] O, seduzca; "No sólo dando una falsa impresión, sino verdaderamente desviando" (Vincent).

3[2] Es decir, abandonando (abandonando el camino recto de la economía de Dios como se revela en las Escrituras).

3[3] El anticristo, según lo profetizado en Dn. 7:20-21, 24-26; 9:27; 11:36-37; Ap. 13:1-8, 12-18; 19:19-20. El será el hombre sin ley, o sea que cambiará las leyes, destruirá y corromperá a muchos a un grado inconcebible, blasfemará contra Dios, y engañará a los hombres. Por lo tanto, el Señor lo destruirá completamente, y él llegará a ser el hijo de perdición.

3[4] Lit., el no tener ley. Véase la nota 4[2] de 1 Jn. 3.

4[1] Esto cumple la profecía acerca del anticristo dada en Dn. 11:36-37. Esto sucederá en la segunda mitad de la última semana, como fue profetizado en Dn. 9:27. Véase la nota 15[1] de Mt. 24.

4[2] Este es "el lugar santo" que se menciona en Mt. 24:15, lo cual indica que el templo de Dios será reedificado antes del regreso del Señor.

6[1] Esto se refiere a algún poder que impide la revelación del hombre sin ley, el anticristo.

6[2] El tiempo señalado por Dios, el cual será la última de las setenta semanas, como fue profetizado en Dn. 9:27; 7:24-26; Ap. 13:1-8.

7[1] La carencia de ley que caracterizará al anticristo (v. 3) ya está operando misteriosamente en esta era. Es el misterio de iniquidad que está operando hoy entre las naciones y en la sociedad humana.

7[2] Lit., el no tener ley. Véase la nota 4[2] de 1 Jn. 3.

7[3] Esto probablemente significa que quien lo detiene es quitado de en medio.

8[1] Lit., el no tener ley. Véase la nota 4[2] de 1 Jn. 3.

8[2] Esto se cumplirá en Ap. 19:19-20.

8[3] La misma palabra griega que se traduce *espíritu* en otras partes.

8[4] O, el resplandor. Esto indica que la venida (la parusía) del Señor estará oculta antes de que sea manifestada abiertamente (véase la nota 27[1] de Mt. 24). Esto también indica que la venida del Señor durará cierto tiempo (véase la nota 1[2]). Primero, ocurrirá en secreto, y después será manifestada públicamente.

9 [1]*inicuo* cuyo advenimiento es [2]conforme a la obra de
Satanás, con todo [a]poder, [b]señales y prodigios de [3]mentira,
10 y con todo engaño de injusticia entre los que [a]perecen,
por cuanto no recibieron el amor de la verdad para ser
salvos.
11 [1]Por esto Dios les [a]envía una fuerza de error, para que
crean la [b]mentira,
12 a fin de que sean condenados todos los que no creyeron
a la [a]verdad, sino que se [1]complacieron en la injusticia.

C. Palabra adicional de aliento
2:13—3:5

13 Pero nosotros debemos [a]dar siempre gracias a Dios
respecto a vosotros, hermanos [b]amados por el Señor, de que
Dios os haya [1c]escogido [2]desde el [d]principio para [e]salvación
en [3f]santificación por el Espíritu y en la [4]fe en la [g]verdad,

9[a] Ap. 13:2; Dn. 8:24
9[b] Ap. 13:13-14; Mt. 24:24
10[a] 1 Co. 1:18; 2 Co. 2:15; 4:3
11[a] cfr. Ro. 1:24, 26, 28
11[b] 1 Ti. 4:2; Ro. 1:25
12[a] Ro. 1:18; 2:8
13[a] 2 Ts. 1:3
13[b] 1 Ts. 1:4
13[c] 1 Ts. 1:4
13[d] Jn. 1:1
13[e] 1 Ts. 5:9
13[f] 1 Ts. 4:3; Ro. 15:16; 1 P. 1:2
13[g] 1 Ti. 2:4

8[5] Véase la nota 1[2].

9[1] Lit., sin ley. Véase la nota 4[2] de 1 Jn. 3.

9[2] Como se profetiza en Ap. 13:2, 4, 7.

9[3] La operación completa de Satanás para engañar a la gente (v. 10) es, en su totalidad, una mentira, así como él mismo es mentiroso y padre de mentira (Jn. 8:44).

11[1] Como los que perecen no reciben el amor de la verdad, la cual Dios quería darles para que pudieran ser salvos (v. 10), Dios les envía una fuerza de error, un poder activo de engaño, para que crean la mentira.

12[1] Los creyentes tienen buena voluntad de hacer el bien (1:11); los que perecen (v. 10), quienes rechazan la verdad de Dios, se complacen en la injusticia. Pecar es un deleite para ellos (Ro. 1:32).

13[1] Dios nos amó (v. 16), nos escogió desde el principio, y nos llamó mediante el evangelio (v. 14). El nos escogió para salvación, la cual es efectuada mediante la santificación por el Espíritu, y nos llamó para que obtengamos la gloria del Señor. Ahora El nos está llevando adelante con consolación eterna y buena esperanza en gracia.

13[2] Es decir, desde la eternidad pasada (cfr. Ef. 1:4). Algunos mss. antiguos dicen: como primicias.

13[3] La santificación por el Espíritu consta de tres pasos: (1) el Espíritu nos busca y nos convence de nuestro pecado cuando hace que nos arrepintamos y creamos (1 P. 1:2; Jn. 16:8); (2) El nos santifica en cuanto a nuestra posición y a nuestro carácter (He. 13:12; 1 Co. 6:11) en el momento cuando somos salvos; y (3) El nos santifica con respecto a nuestro carácter mientras procuramos el crecimiento en vida (Ro. 6:19, 22). Por medio de estos tres pasos de la santificación del Espíritu, la salvación de Dios nos es aplicada para que la obtengamos y la disfrutemos plenamente. Los tres pasos de la santificación del Espíritu no sólo nos separan de todas las cosas viejas y negativas, haciéndonos santos para Dios, sino que también nos santifican, convirtiéndonos en una nueva creación llena de la esencia y el elemento del Señor, a fin de que obtengamos la gloria del Señor.

13[4] Por medio de la santificación del Espíritu, la salvación de Dios es revelada y traída a nosotros; al creer recibimos todo lo que es revelado y traído a nosotros por medio del Espíritu, para que obtengamos la salvación.

14 a [1]lo cual también os [a]llamó mediante nuestro [b]evangelio, para alcanzar la [2c]gloria de nuestro Señor Jesucristo.

15 Así que, hermanos, [a]estad firmes, y retened las [1b]instrucciones que os han sido entregadas *y* en que habéis sido enseñados, sea por palabra, o por carta nuestra.

16 Y el mismo [1]Jesucristo Señor nuestro, y Dios nuestro Padre, el cual nos [a]amó y nos dio [2]consolación eterna y [3]buena [b]esperanza en la [4]gracia,

17 conforte vuestros corazones, y os [a]confirme en toda buena obra y palabra.

CAPITULO 3

1 Por lo demás, hermanos, [a]orad por nosotros, para que la palabra del Señor [b]corra y sea [1]glorificada, así como *lo es* [2]entre vosotros,

2 y para que seamos [a]librados de hombres porfiados y malignos; porque no es de todos la [b]fe.

3 Pero [a]fiel es el Señor, que os [1b]confirmará y [2]guardará del [c]maligno.

14[a] 1 Ts. 2:12; 1 P. 5:10
14[b] 1 Ts. 1:5
14[c] Mt. 25:31
15[a] 1 Co. 16:13; Fil. 4:1
15[b] 2 Ts. 3:6; 1 Co. 11:2
16[a] Jn. 3:16; 1 Jn. 4:10
16[b] 1 P. 1:3; Ef. 1:18; 4:4
17[a] 2 Ts. 3:3; 1 Ts. 3:2, 13; 1 P. 5:10
1[a] 1 Ts. 5:25; Ef. 6:18-19; Col. 4:3
1[b] Sal. 147:15
2[a] Ro. 15:31
2[b] Hch. 28:24
3[a] 1 Ts. 5:24; 1 Co. 1:9
3[b] 2 Ts. 2:17
3[c] Jn. 17:15; Mt. 6:13

14[1] Se refiere a *salvación en santificación … y en la fe…* del versículo anterior. Dios nos escogió para salvación en la eternidad, y luego, en el tiempo, nos llamó para que obtuviéramos la gloria de nuestro Señor. La salvación en santificación por el Espíritu y en la fe en la verdad es el procedimiento; la obtención de la gloria de nuestro Señor es la meta.

14[2] La gloria del Señor consiste en que El, como el Hijo de Dios el Padre, posee la vida y naturaleza del Padre para expresarle. Obtener la gloria del Señor significa estar en la misma posición que el Hijo de Dios para expresar al Padre (Jn. 17:22 y la nota 1).

15[1] Véase la nota 2[1] de 1 Co. 11.

16[1] Nuestro Señor Jesucristo y Dios el Padre trabajan juntos para confortar y confirmar a los creyentes (v. 17).

16[2] No un consuelo temporal ni una fortaleza transitoria, sino un consuelo eterno por medio de la vida divina. Este consuelo es suficiente para cualquier clase de ambiente y situación; por lo tanto, va acompañada de buena esperanza.

16[3] La esperanza de gloria (Col. 1:27), la cual es la esperanza de la venida del Señor (1 Ts. 1:3), cuando seremos o resucitados o transfigurados en la gloria (1 Ts. 4:13-14; Fil. 3:21; He. 2:10).

16[4] La gracia es Dios mismo en Cristo. Por eso le podemos disfrutar (véase la nota 17[1] de Jn. 1) a fin de ser santificados por medio de Su Espíritu (v. 13) y confortados y confirmados (v. 17) con consolación eterna y buena esperanza.

1[1] Esto consiste en que los creyentes liberan y expresan en su vivir las riquezas divinas contenidas en la palabra del Señor.

1[2] Lit., hacia.

3[1] Por medio de la consolación eterna y la buena esperanza (2:16-17).

3[2] El mundo entero yace en poder del maligno (1 Jn. 5:19), pero la vida divina, la cual tenemos al haber nacido de Dios, nos mantiene y nos guarda del maligno (1 Jn. 5:18, 4; 3:8-9).

4 Y tenemos [a]confianza respecto a vosotros en el Señor,
en que hacéis y haréis lo que os hemos [1b]mandado.
5 Y el Señor [1a]encamine vuestros [b]corazones [2]al [3c]amor
de Dios, y [4]a la [5]perseverancia de Cristo.

D. Palabra de corrección acerca de los que andan desordenadamente
3:6-15

6 Ahora bien, os ordenamos, hermanos, en el [a]nombre de
nuestro Señor Jesucristo, que os [b]apartéis de todo hermano
que [1]ande [c]desordenadamente, y no según las [2d]instruccio-
nes que os fueron entregadas *y* que recibisteis de nosotros.
7 Porque vosotros mismos sabéis de qué manera debéis
[a]imitarnos; pues nosotros [1]no anduvimos desordenadamente entre vosotros,
8 ni comimos de balde el pan de nadie, sino que [a]traba-
jamos con [b]afán y fatiga día y noche, para no ser [c]gravosos a
ninguno de vosotros;
9 no porque no tuviésemos [a]derecho, sino por darnos a
vosotros como [b]ejemplo para que nos [c]imitaseis.
10 Porque también cuando estábamos con vosotros, os
[a]ordenábamos esto: Si alguno no quiere trabajar, tampoco
[b]coma.
11 Porque oímos que algunos de entre vosotros andan
[a]desordenadamente, no trabajando en nada, sino [1b]entrome-
tiéndose en lo ajeno.

4a Gá. 5:10
4b 2 Ts. 3:6, 10, 12; 1 Ts. 4:2, 11
5a 1 Ts. 3:11
5b 1 Cr. 29:18
5c Mr. 12:30
6a 2 Ts. 1:12; 1 Co. 5:4
6b 2 Ts. 3:14
6c 2 Ts. 3:11; 1 Ts. 5:14
6d 2 Ts. 2:15
7a 2 Ts. 3:9; 1 Ts. 1:6; 1 Co. 4:16
8a Hch. 20:35; Ef. 4:28
8b 2 Ts. 3:12; 1 Ts. 2:9; Hch. 18:3
8c 2 Co. 11:7, 9; 12:13-14, 16
9a 1 Co. 9:4, 6, 12
9b Fil. 3:17; 1 P. 5:3; cfr. 1 Ts. 1:7
9c 2 Ts. 3:7
10a 2 Ts. 3:4
10b Gn. 3:19

4[1] Tal como las exhortaciones que encontramos en 1 Ts. 4:2-4, 9-12; 5:11-22; 2 Ts. 2:2, 15; 3:6, 10, 12-15.

5[1] Por el guiar del Espíritu, a través de quien el amor de Dios ha sido derramado en nuestros corazones (Ro. 8:14; 5:5).

5[2] Es decir, amar a Dios con el amor de Dios que hemos disfrutado y experimentado.

5[3] Nuestro amor para con Dios, el cual procede del amor de Dios (1 Jn. 4:19) que ha sido derramado en nuestros corazones.

5[4] Es decir, perseverar con la perseverancia de Cristo que hemos disfrutado y experimentado.

5[5] Por un lado, necesitamos disfrutar del amor de Dios para poder amarle y vivir para El; por otro, necesitamos participar de la perseverancia de Cristo para poder soportar los sufrimientos, así como El lo hizo, y estar firmes en contra de Satanás, el enemigo de Dios. Amar a Dios y perseverar en los sufrimientos son características excelentes del vivir cristiano.

6[1] Véase la nota 14[1] de 1 Ts. 5. Cfr. vs. 7, 11. Andar desordenadamente no es sólo andar conforme a la carne (Ro. 8:4), sino también en contra de la edificación de la vida de iglesia (1 Ts. 5:11; Ro. 14:19; 1 Co. 10:23).

6[2] Véase la nota 2[1] de 1 Co. 11.

7[1] Los apóstoles estaban dedicados a la edificación de la iglesia en todas las cosas (2 Co. 12:19); jamás

11a 2 Ts. 3:6 11b 1 Ti. 5:13; 1 P. 4:15

12 A los tales [a]mandamos y [b]exhortamos en el Señor
Jesucristo, que [c]trabajando [d]sosegadamente, [e]coman su propio pan.
13 Y vosotros, hermanos, no os [a]desaniméis al hacer bien.
14 Si alguno [a]no obedece a lo que decimos por medio de
esta carta, a ése señaladlo, y [1b]no os asociéis con él, para que
se avergüence.
15 Mas no lo tengáis por enemigo, sino [a]amonestadle
como a hermano.

III. Conclusión 3:16-18

16 Y el mismo Señor de [a]paz os dé siempre [1b]paz en toda
manera. El Señor sea [c]con todos vosotros.
17 La salutación es de [a]mi propia mano, de Pablo, que es
el signo en toda carta *mía;* así escribo.
18 La [1a]gracia de nuestro Señor Jesucristo sea con todos
vosotros.

---

anduvieron desordenadamente entre los creyentes, sino que eran un modelo que los creyentes podían imitar (v. 9).

11[1] Ellos estaban ocupados pero no estaban haciendo ningún trabajo; es decir, ellos estaban ocupados con lo que no les correspondía a ellos.

14[1] Es decir, no os juntéis con él, no andéis con él.

16[1] Al obedecer el mandato dado en los vs. 12-15, los creyentes reciben continuamente paz del Señor en todas las cosas.

18[1] Sólo cuando disfrutamos al Señor como gracia podemos proteger la vida de iglesia de cualquier clase de engaño y desorden. Para vivir la vida apropiada de iglesia y mantener en orden la vida de iglesia, necesitamos disfrutar al Señor como la gracia que nos suministra. Véase la nota 28[1] de 1 Ts. 5.

12[a] 2 Ts. 3:4
12[b] 1 Ts. 2:3; 4:1
12[c] 2 Ts. 3:8
12[d] 1 Ts. 4:11
12[e] cfr. 2 Ts. 3:8
13[a] Gá. 6:9
14[a] Mt. 18:17
14[b] 1 Co. 5:9, 11
15[a] 1 Ts. 5:12, 14; cfr. Mt. 18:15; Lv. 19:17
16[a] 1 Ts. 5:23; Ro. 15:33
16[b] Nm. 6:26
16[c] Mt. 28:20; Rt. 2:4
17[a] 1 Co. 16:21; Col. 4:18
18[a] 1 Ts. 5:28

LA PRIMERA EPISTOLA DE PABLO
A
TIMOTEO

BOSQUEJO

I. **Introducción—1:1-2**
II. **La economía de Dios en contraste con las enseñanzas diferentes—1:3-17**
III. **La fe y una buena conciencia son necesarias para guardar la fe—1:18-20**
IV. **Oración por la salvación del hombre—2:1-7**
V. **La vida normal en la iglesia—2:8-15**
VI. **Los que vigilan y los diáconos en la administración de la iglesia—3:1-13**
VII. **La función de la iglesia: la casa del Dios viviente y la columna y fundamento de la verdad—3:14-16**
VIII. **La predicción de la decadencia de la iglesia—4:1-5**
IX. **Un buen ministro de Cristo—4:6-16**
X. **En cuanto a los santos de diferentes edades—5:1-16**
XI. **En cuanto a los ancianos—5:17-25**
XII. **En cuanto a los esclavos y los amadores del dinero—6:1-10**
XIII. **Un hombre de Dios—6:11-21a**
XIV. **Conclusión—6:21b**

LA PRIMERA EPISTOLA DE PABLO
A
TIMOTEO

Autor: El apóstol Pablo (1:1).

Fecha: Por el año 65 d. de C., después del primer encarcelamiento de Pablo en Roma.

Lugar: Probablemente Macedonia (1:3).

Destinatario: Timoteo (1:2).

Tema:
La economía de Dios en cuanto a la iglesia

CAPITULO 1

I. Introducción
1:1-2

1 [1]Pablo, [a]apóstol de Cristo Jesús [b]según el [2c]mandato de
[3d]Dios nuestro Salvador, y de Cristo Jesús nuestra [4e]espe-
ranza,

1[1] La Primera Epístola a Timoteo nos revela la economía de Dios con respecto a la iglesia, 2 Timoteo nos vacuna en contra de la decadencia de la iglesia, y la Epístola a Tito trata el asunto de mantener el orden de la iglesia. Estos son tres aspectos de un solo propósito, esto es, preservar la iglesia como la expresión apropiada del Dios Triuno, que es simbolizado por los candeleros de oro en la porción final de la revelación divina (Ap. 1:12, 20). Para lograr este propósito, los siguientes puntos básicos y cruciales son recalcados reiteradamente en estos tres libros:

(1) La fe, el contenido del evangelio completo de acuerdo a la economía neotestamentaria de Dios. Esta fe es objetiva, y es mencionada en 1 Ti. 1:4, 19; 2:7; 3:9, 13; 4:1, 6; 5:8; 6:10, 12, 21; 2 Ti. 3:8; 4:7; Tit. 1:1, 4, 13.

(2) La verdad, la realidad del contenido de la fe, mencionada en 1 Ti. 2:4, 7; 3:15; 4:3; 6:5; 2 Ti. 2:15, 18, 25; 3:7, 8; 4:4; Tit. 1:1, 14.

(3) La sana enseñanza, en 1 Ti. 1:10; 2 Ti. 4:3; Tit. 1:9; 2:1; las sanas palabras, en 1 Ti. 6:3; 2 Ti. 1:13; el hablar sano, en Tit. 2:8; y sanos en la fe, en Tit. 1:13; 2:2. Todos estos asuntos están relacionados con la condición de vida.

(4) La vida, la vida eterna de Dios, en 1 Ti. 1:16; 6:12, 19; 2 Ti. 1:1, 10; Tit. 1:2; 3:7.

(5) La piedad, un vivir que es la expresión de Dios, lo cual se menciona en 1 Ti. 2:2, 10 (*reverencia a Dios*); 3:16; 4:7, 8; 5:4 (*respetuosos*); 6:3, 5, 6, 11; 2 Ti. 3:5, 12 (*piadosamente*);

1[a] Hch. 14:14; 1 Co. 9:1-2, 5; 2 Co. 11:5
1[b] Tit. 1:3; cfr. 2 Ti. 1:1; Tit. 1:1
1[c] Jn. 13:34; Hch. 1:2; Ro. 16:26; Tit. 1:3; 1 Jn. 2:3; 3:23-24
1[d] 1 Ti. 4:10; Tit. 2:13; 1 Ti. 2:3; Tit. 1:3; 2:10; 3:4; Jud. 25; Sal. 65:5
1[e] Col. 1:27; Tit. 1:2; 2:13; 3:7

2[a] Hch. 16:1-3; 1 Co. 4:17
2[b] 1 Ti. 1:18; 2 Ti. 1:2; 2:1; 1 Co. 4:17, 15; cfr. Tit. 1:4; Flm. 10
2[c] 1 Ti. 1:13, 16; 2 Ti. 1:2, 16, 18; Tit. 3:5; Ro. 9:15, 18
3[a] Hch. 16:9, 12; 20:1, 3

2 a [1a]Timoteo, verdadero [b]hijo en la [2]fe: Gracia, [c]miseri-
cordia y paz, de Dios Padre y de Cristo Jesús nuestro Señor.

II. La economía de Dios
en contraste con las enseñanzas diferentes
1:3-17

3 Como te exhorté, al [1]irme a [a]Macedonia, a que te

Tit. 1:1; 2:12 (*piadosamente*). Lo contrario, impiedad, se menciona en 1 Ti. 1:9 (*impíos*); 2 Ti. 2:16; Tit. 2:12.

(6) La fe, nuestra acción de creer en el evangelio, en Dios, en Su palabra y Sus obras. Esta fe es subjetiva y se menciona en 1 Ti. 1:2, 5, 14, 19; 2:15; 4:12; 6:11; 2 Ti. 1:5, 13; 2:22; 3:10, 15; Tit. 2:2; 3:15.

(7) La conciencia, la parte principal de nuestro espíritu, la cual justifica o condena la relación que tenemos con Dios y con el hombre. Esta se menciona en 1 Ti. 1:5, 19; 3:9; 4:2; 2 Ti. 1:3; Tit. 1:15.

La fe equivale al contenido de la economía, la administración doméstica, la dispensación, de Dios. La verdad es el contenido, la realidad, de la fe conforme a la economía de Dios. La sana enseñanza, las palabras sanas y el hablar sano son el ministerio de la verdad, el cual ministra a la gente la realidad de las verdades divinas. La vida eterna es el medio y el poder para llevar a cabo las realidades divinas de la fe. La piedad es el vivir que expresa la realidad divina, una expresión de Dios en todas Sus riquezas. La fe (subjetiva) es la respuesta a la verdad de la fe (objetiva); tal fe recibe las realidades divinas y participa de ellas. La conciencia nos prueba y nos reprende para conservarnos en la fe.

1[2] Fue según el mandato de Dios y de Cristo que Pablo llegó a ser un apóstol. En sus primeras epístolas nos dijo que él era un apóstol por la voluntad de Dios (1 Co. 1:1; 2 Co. 1:1; Ef. 1:1; Col 1:1). El mandato de Dios es una expresión definida, una dirección más detallada, de Su voluntad.

1[3] *Dios nuestro Salvador* aquí en 1 Ti. 1:1 y en 2:3; Tit. 1:3; 2:10 y 3:4 así como títulos semejantes en 1 Ti. 4:10 y Tit. 2:13, son títulos especiales atribuidos a Dios en los tres libros de 1 y 2 Timoteo y Tito, que se basan en la salvación de Dios para enseñar lo pertinente a la economía neotestamentaria de Dios (1:15-16; 2:4-6; 2 Ti. 1:9-10; 2:10; 3:15; Tit. 2:14; 3:5-7). Pablo llegó a ser un apóstol según el mandato del Dios que salva, Dios nuestro Salvador, y no según el mandato del Dios que da la ley, el Dios que exige.

1[4] Cristo Jesús no es solamente el Ungido (el Cristo) de Dios para ser nuestro Salvador (Jesús), a fin de que nosotros pudiéramos ser salvos para obtener la vida eterna de Dios, sino que también es la esperanza que nos ha de introducir en la plena bendición y en el disfrute de esta vida eterna. La esperanza de la vida eterna revelada en Tit. 1:2, que es la base y condición del apostolado de Pablo y la esperanza bendita revelada en Tit. 2:13, que estamos esperando como la manifestación de la gloria del gran Dios y Salvador nuestro, están íntimamente relacionadas con la persona del Mesías de Dios, nuestro Salvador. Por lo tanto, El mismo es nuestra esperanza, la esperanza de gloria (Col. 1:27). Pablo llegó a ser un apóstol según el mandato no sólo de Dios nuestro Salvador, sino también de Aquel que nos salvó con vida eterna y que nos introducirá en la gloria de esta vida. Este mandato pertenece a la vida eterna y ha de ser cumplido por ella, en contraste con el mandato del Dios que da la ley, mandato que pertenecía a la letra y había de ser cumplido por el esfuerzo humano, sin el suministro de la vida eterna.

2[1] La palabra griega está compuesta de *honra* y *Dios*. Por consiguiente, el nombre significa *honrar a Dios*.

quedases en [b]Efeso, para que mandases a [2]algunos que no enseñen [3c]cosas diferentes,

4 ni presten atención a [1a]mitos y [2b]genealogías interminables, que acarrean [c]disputas más bien que la [3d]economía de Dios que se funda en la [4e]fe.

3[b] Hch. 18:19, 24; 19:1
3[c] 1 Ti. 6:3
4[a] Tit. 1:14
4[b] Tit. 3:9
4[c] 1 Ti. 6:4; 2 Ti. 2:23; Tit. 3:9
4[d] Ef. 1:10; 3:9; Col. 1:25; 1 Co. 9:17
4[e] 1 Ti. 2:7; 3:9; 4:1, 6; 5:8; 6:10, 12, 21; 2 Ti. 3:8; 4:7; Tit. 1:13; Gá. 1:23

2[2] Timoteo llegó a ser un verdadero hijo de Pablo, no por medio de su nacimiento natural sino en la fe (es decir, en la esfera y elemento de la fe), no en el sentido físico sino espiritualmente.

3[1] Esto debió de haber sucedido después de la liberación del apóstol de su primer encarcelamiento en Roma (véase la nota 6[2] de 2 Ti. 4). El probablemente escribió esta epístola desde Macedonia (hoy, el norte de Grecia y el sur de Bulgaria).

3[2] Ciertos disidentes, tales como aquellos mencionados en el v. 6 y en Gá. 1:7; 2:12.

3[3] Enseñar cosas diferentes era enseñar mitos, genealogías interminables (v. 4), y la ley (vs. 7-8). Todas estas enseñanzas eran vana palabrería (v. 6), y eran diferentes de la enseñanza de los apóstoles, la cual estaba centrada en Cristo y la iglesia, esto es, en la economía de Dios.

Las epístolas de Pablo son el completamiento de la revelación divina con respecto al propósito eterno de Dios y Su economía (Col. 1:25). Su ministerio completa la revelación tocante al Cristo todo-inclusivo y Su Cuerpo universal, el cual es la iglesia como Su plenitud para expresarle. En cuanto a la iglesia como Cuerpo de Cristo, hay dos lados: la vida y la práctica. Desde Romanos hasta 2 Tesalonicenses, se da una revelación completa de la vida de la iglesia, lo cual incluye la naturaleza, la responsabilidad y la función de la iglesia. Ahora, desde 1 Timoteo hasta Filemón, se presenta una revelación detallada de la práctica de la iglesia. Esto se relaciona con la administración y con el pastoreo de una iglesia local. Para esto, lo primero que se necesita es terminar con las enseñanzas diferentes por parte de los disidentes, las cuales distraen a los santos de la línea central y de la meta final de la economía neotestamentaria de Dios (vs. 4-6). Las enseñanzas diferentes mencionadas en los vs. 3-4, 6-7; 6:3-5, 20-21, y las herejías en 4:1-3, son la semilla, el origen, de la degradación, la decadencia y el deterioro de la iglesia tratados en 2 Timoteo.

4[1] La misma palabra se usa en 4:7 y 2 Ti. 4:4. Se refiere a palabras, discursos y conversaciones con respecto a cosas tales como rumores, informes, historias verdaderas o falsas, e imaginaciones. También puede incluir historias judías de milagros e invenciones rabínicas, etc. Estas eran mitos profanos y de viejas (4:7), y mitos judaicos (Tit. 1:14).

4[2] Se refiere probablemente a las genealogías del Antiguo Testamento adornadas con fábulas (Tit. 3:9).

4[3] La palabra griega significa *ley doméstica,* lo cual implica distribución (la base de esta palabra tiene el mismo origen que *pastos* en Jn. 10:9, lo cual implica la distribución de pastos para el rebaño). Denota manejo doméstico, administración de familia, gobierno familiar y, por derivación, una distribución, un plan o una economía para la administración; por tanto, esto también es una economía doméstica. La economía de Dios en fe es Su economía doméstica, Su administración doméstica (cfr. nota 10[1] de Ef. 1; Ef. 3:9), la cual consiste en impartirse en Cristo a Su pueblo escogido, para tener una casa que lo exprese, que es la iglesia (3:15), el Cuerpo de Cristo. El ministerio del apóstol estaba centrado en la economía de Dios (Col. 1:25; 1 Co. 9:17), mientras que las diferentes enseñanzas de los disidentes eran usadas por el enemigo de Dios para distraer a Su pueblo de esta economía. En la administración y en el pastoreo de una iglesia local, la economía divina debe ser presentada claramente a los santos.

5[a] Jn. 13:34; Gá. 5:13-14
5[b] 2 Ti. 2:22; Mt. 5:8; 1 P. 1:22; Sal. 24:4; 73:1
5[c] 1 Ti. 1:19; 3:9; 4:2; 2 Ti. 1:3; Tit. 1:15; Hch. 23:1; 24:16; He. 9:14; 1 P. 3:16, 21
5[d] 2 Ti. 1:5; Gá. 5:6
6[a] 1 Ti. 6:21; 2 Ti. 2:18
6[b] Tit. 1:10; Ef. 5:6
7[a] Lc. 5:17; Hch. 5:34
7[b] Tit. 3:8
8[a] Ro. 7:12, 16; Tit. 3:9

5 Pues el propósito de esta [1]orden es el [2a]amor nacido
de un [3b]corazón puro, una buena [c]conciencia y una [d]fe no
fingida,
6 de las cuales cosas algunos, [1a]habiéndose desviado, se
apartaron a [2b]vana palabrería,
7 queriendo ser [1a]maestros de la ley, sin entender ni lo
que hablan ni lo que [2b]afirman con tanta seguridad.
8 Pero sabemos que la [a]ley es buena, si uno la usa
legítimamente

En el primer capítulo de este libro, el apóstol Pablo presenta la economía de Dios como lo opuesto a las diferentes enseñanzas. La economía de Dios se funda en la fe (v. 4), mientras que las diferentes enseñanzas están basadas en el principio de la ley y se centran en ella (vs. 7-10). Por lo tanto, la fe es contraria a la ley, como lo indica Gá. 3 (vs. 2, 5, 23-25). Ninguna enseñanza basada en el principio de la ley y centrada en la ley es sana (v. 10). La economía de Dios, la cual se funda en la fe, y está en oposición a las enseñanzas basadas en el principio de la ley y centradas en ella, es lo único sano y lo único que provee la oportunidad para que las personas crean en Cristo para vida eterna (v. 16) y para que así participen en el plan eterno de Dios, Su economía, el cual se funda en la fe. Este es el evangelio de gloria que el Dios bendito encomendó al apóstol Pablo (v. 11). Si alguno rechaza esta fe y una buena conciencia con respecto a la fe, tal persona naufraga en un mar profundo (v. 19).

4[4] La economía de Dios es un asunto de fe, es decir, un asunto que es iniciado y desarrollado en la esfera y el elemento de la fe. La economía de Dios, la cual consiste en impartirse en Su pueblo escogido, no es llevada a cabo ni en la esfera natural ni en la obra de la ley, sino en la esfera espiritual de la nueva creación por medio de la regeneración por la fe en Cristo (Gá. 3:23-26). Por medio de la fe nacimos de Dios como Sus hijos, participando así de Su vida y naturaleza para expresarle. Por medio de la fe somos puestos en Cristo y de este modo llegamos a ser miembros de Su Cuerpo y participamos de todo lo que El es para Su expresión. Este es el plan de Dios (Su administración), el cual es llevado a cabo por fe, conforme a Su economía neotestamentaria.

5[1] Se refiere al mandato del v. 3.

5[2] Las enseñanzas diferentes de los disidentes, mencionadas en el v. 3, causaron envidia y discordia entre los creyentes, lo cual era contrario al amor, el propósito del mandato del apóstol. Para llevar a cabo el mandato del apóstol, se necesita el amor, el cual proviene de un corazón puro, de una buena conciencia y de una fe no fingida.

5[3] Un corazón puro es un corazón sencillo sin mezcla, un corazón que sólo busca al Señor y toma al Señor como la única meta. Una buena conciencia es una conciencia sin ofensa (Hch. 24:16). Una fe no fingida, que está relacionada con la fe mencionada en el v. 4, es una fe sin presunción ni hipocresía, una fe que purifica el corazón (Hch. 15:9) y opera por medio del amor (Gá. 5:6). En la decadencia de la iglesia, al confrontar las enseñanzas diferentes, se requieren todos estos atributos para tener un amor puro, verdadero y genuino.

6[1] Es decir, habiendo errado el blanco, habiéndose extraviado.

6[2] Compuesta de mitos y genealogías (v. 4) y la ley (vs. 7-8).

7[1] Los maestros de la ley, quienes enseñan a la gente qué hacer y qué no hacer, son diferentes de los ministros de Cristo (4:6), quienes ministran las riquezas de Cristo a otros.

7[2] O, afirman categóricamente, afirman enfáticamente. La misma palabra se usa en Tit. 3:8. Véase la nota 3.

9 sabiendo esto, que la [a]ley no fue dada para el justo, sino
para los [1]inicuos e [b]indomables, para los [c]impíos y pecadores,
para los [d]irreverentes y [e]profanos, para los que [2]levantan la
mano contra su padre y contra su madre, para los homicidas,
10 para los fornicarios, para los [a]homosexuales, para los
secuestradores, para los mentirosos y perjuros, y para cuanto se oponga a la [1b]sana enseñanza,
11 [a]según el [1b]evangelio de la gloria del Dios [c]bendito, que
a mí me ha sido [d]encomendado.
12 Doy gracias al que me [1a]reviste de poder, a Cristo
Jesús nuestro Señor, porque me tuvo por [b]fiel, [c]poniéndome
en el [d]ministerio,
13 habiendo yo sido antes [1]blasfemo, [a]perseguidor e [2]injuriador; mas me fue concedida [3b]misericordia porque lo hice
por [4c]ignorancia, en [4d]incredulidad.

9[a] Gá. 5:23
9[b] Tit. 1:6, 10
9[c] 2 Ti. 2:16; Tit. 2:12; 1 P. 4:18; Jud. 15
9[d] 2 Ti. 3:2
9[e] 1 Ti. 4:7; 6:20; 2 Ti. 2:16
10[a] Lv. 18:22; 1 Co. 6:9
10[b] 2 Ti. 4:3; Tit. 1:9; 2:1; 1 Ti. 6:3; 2 Ti. 1:13; Tit. 2:8; 1:13; 2:2
11[a] Ro. 2:16
11[b] 2 Co. 4:4
11[c] 1 Ti. 6:15; Ro. 9:5
11[d] Gá. 2:7; Tit. 1:3
12[a] 2 Ti. 4:17; Fil. 4:13
12[b] Mt. 24:45; 25:21, 23

9[1] Lit., sin ley. Véase la nota 4[2] de 1 Jn. 3.

9[2] O, matan.

10[1] *Sana* implica la vida. La sana enseñanza de los apóstoles, la cual concuerda con el evangelio de la gloria de Dios, ministra la sana enseñanza como el suministro de vida a otros, ya sea nutriéndolos o sanándolos; en contraste, las enseñanzas diferentes de los disidentes (v. 3) siembran en otros las semillas de muerte y veneno. No es sana ninguna enseñanza que distraiga a las personas del centro y de la meta de la economía neotestamentaria de Dios.

11[1] *El evangelio de la gloria del Dios bendito* es una expresión excelente. Se refiere a la economía de Dios, mencionada en el v. 4. El evangelio encomendado al apóstol Pablo es el resplandor de la gloria del Dios bendito. Al impartir la vida y naturaleza de Dios en Cristo dentro de los escogidos de Dios, este evangelio resplandece con la gloria de Dios, en la cual Dios es bendito entre Su pueblo. Esta es la comisión y el ministerio que el apóstol recibió del Señor (v. 12). Este evangelio debe ser comúnmente enseñado y predicado en una iglesia local.

12[1] El Señor no sólo designó al apóstol para el ministerio y le comisionó la economía de Dios exteriormente, sino que también lo revistió de poder interiormente para que llevara a cabo Su ministerio y cumpliera Su comisión. Todo esto se lleva a cabo exclusivamente por la vida en el Espíritu.

13[1] Un blasfemo es uno que habla contra Dios, y un perseguidor es uno que actúa contra el hombre. Saulo de Tarso no blasfemaría a Dios, puesto que era un fariseo estricto (Hch. 22:3; Fil. 3:4-5). Sin embargo, hablaba mal en contra del Señor Jesús. Aquí él confiesa que aquello era blasfemia. Esto indica que creía en la deidad de Cristo.

13[2] Saulo de Tarso perseguía a la iglesia de una manera injuriosa y destructiva (Hch. 22:4; Gá. 1:13, 23), tal como los judíos injuriosos perseguían al Señor Jesús (Mt. 26:59, 67).

13[3] A Saulo, un blasfemo y perseguidor, primero se le concedió misericordia, y después recibió gracia (v. 14). La misericordia va más lejos que la gracia para alcanzar al indigno. Puesto que Saulo era uno que blasfemaba a Dios y perseguía al hombre, la

---

12[c] 1 Ti. 2:7; 2 Ti. 1:11 12[d] Hch. 20:24; 2 Co. 4:1
13[a] 1 Co. 15:9; Fil. 3:6 13[b] 1 Ti. 1:2; 1 Co. 7:25; 2 Co. 4:1
13[c] Lc. 23:34; Hch. 3:17 13[d] Mt. 13:58; Mr. 6:6; Ro. 11:20, 23

14 Y la [1a]gracia de nuestro Señor [b]sobreabundó con la [2c]fe
y el amor que están en Cristo Jesús.
15 [a]Palabra fiel y digna de ser recibida por todos: que
Cristo Jesús [1]vino al mundo para salvar a los [b]pecadores, de
los cuales yo soy el primero.
16 Pero por esto me fue concedida [a]misericordia, para que
Jesucristo mostrase en mí el primero toda Su longanimidad,
y quedara yo como [1]modelo para los que habrían de [b]creer en
El para [2c]vida eterna.
17 [1]Por tanto, al [a]Rey de los siglos, [b]incorruptible, [c]invisible, al [d]único Dios, sea [2e]honor y [f]gloria por los siglos de los
siglos. Amén.

III. La fe y una buena conciencia son necesarias para guardar la fe 1:18-20

18 Timoteo, [a]hijo *mío,* te confío este [1b]encargo en conformidad con las [2c]profecías que se hicieron antes en cuanto a
ti, para que por ellas [3d]milites la buena milicia,

14a 2 Ti. 1:9; 2:1; Tit. 2:11; 3:7; Jn. 1:17; 1 Co. 15:10; 2 Co. 12:9; 13:14
14b Ro. 5:20
14c 1 Ti. 2:15; 2 Ti. 1:13; 1 Ts. 5:8; 3:6; 1:3
15a 1 Ti. 3:1; 4:9; 2 Ti. 2:11; Tit. 3:8; Ap. 21:5
15b Mt. 9:13
16a 1 Ti. 1:2, 13
16b Jn. 3:15-16
16c 1 Ti. 6:12, 19; 2 Ti. 1:1, 10; Tit. 1:2; 3:7
17a 1 Ti. 6:15; Ap. 15:3; Sal. 10:16
17b Ro. 1:23
17c Jn. 1:18; Col. 1:15; He. 11:27; 1 Jn. 4:12

misericordia de Dios llegó hasta él antes que lo hiciera la gracia del Señor.

13[4] Ser ignorante equivale a estar en tinieblas, y la incredulidad viene de la ceguera. Saulo de Tarso estaba en tinieblas y actuaba en ceguera cuando se oponía a la economía neotestamentaria de Dios.

14[1] La gracia del Señor, la cual viene después de la misericordia de Dios, visitó a Saulo de Tarso y no sólo abundó, sino que sobreabundó en él con la fe y el amor que están en Cristo. La fe y el amor son productos de la gracia del Señor. La misericordia y la gracia vienen a nosotros de parte del Señor; la fe y el amor vuelven al Señor desde nosotros. Este es un tráfico espiritual entre el Señor y nosotros.

14[2] Por medio de la fe recibimos al Señor (Jn. 1:12), y por medio del amor disfrutamos al Señor a quien hemos recibido (Jn. 14:21, 23; 21:15-17).

15[1] Cristo vino al mundo por medio de la encarnación para ser nuestro Salvador (Jn. 1:14). El era el Dios que se encarnó como hombre para salvarnos por medio de Su muerte y resurrección en Su cuerpo humano. En una iglesia local esto debe ser anunciado constantemente como las buenas nuevas.

16[1] Saulo de Tarso, el primero entre los pecadores, llegó a ser un modelo para los pecadores, lo cual muestra que éstos pueden ser visitados por la misericordia de Dios y ser salvos por la gracia del Señor.

16[2] La vida increada de Dios, el máximo don y la bendición más alta dada por Dios a aquellos que creen en Cristo.

17[1] La alabanza que Pablo da a Dios en este versículo está relacionada con la decadencia de la iglesia. La iglesia puede decaer, deteriorarse y degradarse, pero Dios es incorruptible. El permanece igual. El es el Rey de la eternidad. A pesar de la decadencia de la iglesia, Pablo tenía una fe firme con una certeza absoluta de que el propio Dios en quien él creía, Aquel que le había encomendado el evangelio, es el Rey de los siglos, incorruptible, inmutable, y digno de honor y gloria.

17d Ro. 16:27; Jud. 25 17e 1 Ti. 6:16; Ap. 4:11; 7:12 17f 1 Cr. 29:11
18a 1 Ti. 1:2 18b 1 Ti. 5:21; 6:13; 2 Ti. 4:1 18c 1 Ti. 4:14 18d 1 Ti. 6:12; 2 Ti. 4:7

19 [a]manteniendo la [1b]fe y una buena [c]conciencia, dese-
chando las cuales [2]naufragaron en cuanto a la [3d]fe algunos,
20 de los cuales son [1a]Himeneo y [2b]Alejandro, a quienes
[c]entregué a Satanás como [3]castigo para que aprendan a no
[d]blasfemar.

CAPITULO 2

IV. Oración por la salvación del hombre 2:1-7

1 Exhorto ante todo, a que se hagan [1a]peticiones, oraciones, [2]intercesiones y acciones de gracias, por [b]todos los
hombres;
2 por los [a]reyes y por todos los que están en eminencia,

17² Véase la nota 9² de He. 2.

18¹ El de militar la buena milicia por las profecías dadas anteriormente.

18² Puede ser que algunas palabras proféticas fueron dichas en cuanto a Timoteo cuando fue recibido en el ministerio (Hch. 16:1-3).

18³ Militar la buena milicia es pelear en contra de las diferentes enseñanzas de los disidentes y llevar a cabo la economía de Dios (v. 4) en conformidad con el ministerio del apóstol tocante al evangelio de la gracia y la vida eterna, para que el Dios bendito sea glorificado (vs. 11-16).

19¹ La fe y la buena conciencia (véase la nota 5³) van juntas. Siempre que haya una ofensa en nuestra conciencia, habrá un agujero, y nuestra fe se escapará. Se necesita una buena conciencia que acompañe a la fe para militar la buena milicia (v. 18) en contra de las enseñanzas diferentes (v. 3) de una iglesia local que tenga conflictos.

19² Esto muestra la seriedad de desechar la fe y la buena conciencia. Mantener la fe y la buena conciencia es una salvaguarda para nuestra fe y nuestra vida cristiana. La palabra *naufragar* implica que la vida cristiana y la vida de la iglesia son como un barco que navega sobre un mar tempestuoso, y por ende necesitan ser salvaguardadas por medio de la fe y de una buena conciencia.

19³ Aquí la fe es objetiva y se refiere a lo que creemos (véase la nota 23² de Gá. 1), mientras que la fe que se menciona al principio de este versículo es subjetiva y se refiere a nuestra acción de creer.

20¹ Uno que enseñaba herejías (2 Ti. 2:17).

20² Un opositor y agresor del apóstol (2 Ti. 4:14-15).

20³ Esto puede referirse a la destrucción de sus cuerpos físicos (cfr. 1 Co. 5:5). Entregar personas como Himeneo y Alejandro a Satanás era ejercer la autoridad que el Señor había dado al apóstol y a la iglesia (Mt. 16:19; 18:18) para que la iglesia, en Su administración, contraatacara las maquinaciones malvadas de Satanás.

1¹ Un ministerio de oración es el requisito previo para la administración y el pastoreo de una iglesia local. En cuanto a la diferencia entre peticiones y oraciones, véase la nota 6³ de Fil. 4.

1² La palabra griega denota acercarse a Dios de una manera confiada y personal, es decir, intervenir, o meterse, delante de Dios en los asuntos de otros para el beneficio de ellos.

19a 1 Ti. 3:9; 6:12, 19; 2 Ti. 1:13; Tit. 1:9; Ef. 4:15; Col. 2:19
19b 1 Ti. 1:14
19c 1 Ti. 1:5
19d 1 Ti. 1:4
20a 2 Ti. 2:17
20b 2 Ti. 4:14; cfr. Hch. 19:33
20c 1 Co. 5:5
20d 1 Ti. 1:13; Hch. 13:45; 18:6
1a Ef. 6:18; Fil. 4:6
1b 1 Ti. 2:4, 6
2a Esd. 6:10

para que llevemos una [1]vida tranquila y sosegada en toda
[2b]piedad y [3c]dignidad.
3 Porque esto es bueno y [a]aceptable delante de Dios
nuestro [b]Salvador,
4 el cual quiere que [1a]todos los hombres sean [b]salvos y
vengan al [2c]pleno conocimiento de la [d]verdad.
5 Porque hay [1a]un solo Dios, y un solo [2b]Mediador entre
Dios y los hombres, Cristo Jesús [3c]hombre,
6 el cual se [1]dio a Sí mismo en [2a]rescate por [b]todos,
[3c]testimonio *dado* a [d]su debido tiempo.

2[b] 1 Ti. 2:10; 3:16; 4:7, 8; 5:4; 6:3, 5, 6, 11; 2 Ti. 3:5, 12; Tit. 1:1; 2:12; cfr. 1 Ti. 1:9; 2 Ti. 2:16; Tit. 2:12
2[c] 1 Ti. 3:4; Tit. 2:7
3[a] 1 Ti. 5:4
3[b] 1 Ti. 1:1
4[a] 1 Ti. 2:1, 6; 4:10
4[b] Jn. 3:17
4[c] 2 Ti. 2:25; 3:7; Tit. 1:1
4[d] 1 Ti. 2:7; 3:15; 4:3; 6:5; 2 Ti. 2:15, 18, 25; 3:7, 8; 4:4; Tit. 1:1, 14
5[a] Ro. 3:30; 1 Co. 8:4, 6; Is. 45:5, 6, 21
5[b] He. 8:6; 9:15; cfr. 1 Jn. 2:1
5[c] Zac. 6:12; Jn. 19:5
6[a] Mt. 20:28; Tit. 2:14
6[b] 1 Ti. 2:1, 4
6[c] 1 Co. 1:6; 2 Ts. 1:10
6[d] 1 Ti. 6:15; Tit. 1:3

2[1] Una vida tranquila y sosegada es una vida apacible, reposada y sin disturbios, no sólo externamente en las circunstancias, sino también internamente en nuestro corazón y espíritu. Tal vida nos capacita para que tengamos, en piedad y dignidad, una vida de iglesia muy disfrutable.

2[2] Ser como Dios, expresar a Dios. La vida cristiana debe ser una vida que exprese a Dios y que tenga la semejanza de Dios en todas las cosas.

2[3] Una cualidad del carácter humano que es digna de reverencia y que inspira y produce honra (véase la nota 8[2] de Fil. 4). La piedad es la expresión de Dios; la dignidad es manifestada hacia el hombre. Nuestra vida cristiana debe expresar a Dios ante los hombres con un carácter honorable que produzca la reverencia del hombre.

4[1] Debemos orar por todos los hombres (v. 1), porque Dios nuestro Salvador desea que todos los hombres sean salvos y conozcan la verdad. Nuestra oración es necesaria para llevar a cabo el deseo de Dios.

4[2] Dios desea que todos los que han sido salvos tengan el pleno conocimiento de la verdad. *Verdad* significa realidad y denota todas las cosas verdaderas reveladas en la Palabra de Dios, las cuales son principalmente Cristo como corporificación de Dios y la iglesia como Cuerpo de Cristo. Toda persona salva debe tener el pleno conocimiento, una comprensión completa, de todas estas cosas.

El objeto de estas dos epístolas a Timoteo es hacer frente a la decadencia de la iglesia. En la primera epístola vemos que la decadencia se introdujo sutilmente por medio de las enseñanzas diferentes (1:3), y en la segunda, se había desarrollado abiertamente y había empeorado por causa de las herejías (2 Ti. 2:16-18). La verdad debe mantenerse para detener tal decadencia. La primera epístola hace hincapié en que Dios desea que todos los que El ha salvado tengan el pleno conocimiento de la verdad, y que la iglesia es columna y fundamento de la verdad (3:15). La segunda epístola subraya que la palabra de la verdad debe ser desarrollada con exactitud (2 Ti. 2:15), y que los que se han desviado deben volver a la verdad (2 Ti. 2:25).

5[1] Aunque Dios es triuno —el Padre, el Hijo y el Espíritu— El es un solo Dios, no tres Dioses, contrario a lo que muchos cristianos erróneamente reconocen y creen.

5[2] Alguien que media entre dos partidos.

5[3] El Señor Jesús era Dios desde la eternidad (Jn. 1:1). En el tiempo El se hizo hombre por medio de la encarnación (Jn. 1:14). Mientras El vivía en la tierra como hombre, El también era Dios (3:16). Después de Su resurrección, El seguía siendo hombre y también Dios (Hch. 7:56; Jn. 20:28). Por lo tanto, El es el único calificado para ser el Mediador, el que media entre Dios y el hombre.

6[1] Cristo se dio a Sí mismo para efectuar la redención por todos los

7 Para esto yo fui [a]constituido [1]heraldo y apóstol (digo la
verdad, no [b]miento), y [2]maestro de los [c]gentiles en [3d]fe y
[e]verdad.

V. La vida normal en la iglesia
2:8-15

8 Quiero, pues, que los hombres [1]oren en todo lugar,
[a]levantando [2b]manos [3]santas, sin [4]ira ni [5c]contienda.
9 Asimismo que las mujeres se [a]atavíen de ropa [1]decoro-
sa, con [2]pudor y [3b]cordura; no con peinado ostentoso, ni oro,
ni perlas, ni vestidos costosos,

7[a] 1 Ti. 1:12; 2 Ti. 1:11
7[b] Ro. 9:1
7[c] Hch. 9:15; Ro. 11:13; Ef. 3:8
7[d] 1 Ti. 1:4
7[e] 1 Ti. 2:4
8[a] Sal. 63:4; Is. 1:15
8[b] Job 17:9; Sal. 24:4
8[c] Fil. 2:14
9[a] 1 P. 3:3; cfr. Is. 3:18-23
9[b] 1 Ti. 2:15

---

hombres. Esto fue necesario a fin de que pudiera ser nuestro Mediador. El está calificado para ser el Mediador entre Dios y el hombre, no sólo en Su persona divina y humana, sino también en Su obra redentora. Su persona y Su obra son únicas.

6[2] La palabra griega significa *rescate dado en recompensa.*

6[3] El hecho de que Cristo se diera a Sí mismo en rescate por todos los hombres, llega a ser el testimonio dado a su debido tiempo. Siempre que este hecho es proclamado, es dado a los hombres como un testimonio a su debido tiempo.

7[1] Un heraldo es uno que proclama el evangelio de Cristo, uno que pregona oficialmente la economía neotestamentaria de Dios; un apóstol es alguien enviado por Dios con la comisión divina de establecer iglesias para Dios, un embajador de Dios enviado al mundo para llevar a cabo el propósito de Dios; un maestro es un tutor que enseña, define y explica el contenido del propósito eterno de Dios y Su economía neotestamentaria. Pablo desempeñaba estos tres papeles y tenía esta comisión triple para los gentiles. Véase la nota 11[2] de 2 Ti. 1.

7[2] Es decir, uno que enseña a los gentiles cómo recibir la fe y conocer la verdad.

7[3] Aquí la fe se refiere a la fe en Cristo (3:13; Gá. 3:23-25), y la verdad se refiere a la realidad de todas las cosas en la economía de Dios reveladas en el Nuevo Testamento (véase la nota 4[2]). Esto corresponde a 4:3. Pablo fue constituido heraldo, apóstol y maestro del Nuevo Testamento en la esfera y el elemento de esta fe y verdad, y no en la esfera de la ley, de los tipos y de las profecías del Antiguo Testamento.

8[1] En una iglesia local los líderes deben tener una vida de oración, según el mandato de los vs. 1-2, para establecer un ejemplo de oración a fin de que todos los miembros lo sigan, orando siempre en todo lugar.

8[2] Las manos simbolizan nuestros hechos. Por lo tanto, manos santas significa un vivir santo, piadoso y que pertenece a Dios. Esta vida santa fortalece nuestra vida de oración. Si nuestras manos no son santas, nuestro vivir no es santo ni dedicado a Dios; entonces no tenemos la fuerza que nos sostiene para orar, es decir, no tenemos manos santas para levantar en oración.

8[3] Véase la nota 75[1] de Lc. 1.

8[4] La ira y la contienda matan nuestra oración. La ira pertenece a nuestra parte emotiva, y la contienda a nuestra mente. Para tener una vida de oración y para orar sin cesar, nuestra mente y parte emotiva deben ser regidas para estar en una condición normal, o sea bajo el control del Espíritu en nuestro espíritu.

8[5] Argumentos que acarrean disputas.

9[1] *Decorosa* denota que corresponde a la naturaleza y posición de las hermanas como santas de Dios. En el griego la palabra *ropa* implica conducta, porte. La ropa es la señal principal del porte de una hermana y éste

10 sino con buenas obras, como [a]corresponde a mujeres
que profesan [1b]reverencia a Dios.
11 La mujer aprenda en [1a]silencio, con toda [2b]sujeción;
12 no permito a la [a]mujer [1]enseñar, ni ejercer autoridad
sobre el hombre, sino [2]estar en silencio.
13 Porque [1]Adán fue [2]formado primero, después Eva;
14 y [1]Adán no fue engañado, sino que la [2]mujer, siendo
[a]engañada, incurrió en transgresión.
15 Pero se salvará [1]engendrando hijos, si permanece en
[2a]fe, amor y [b]santidad, con [c]cordura.

10[a] Tit. 2:3
10[b] 1 Ti. 2:2
11[a] 1 Co. 14:34
11[b] Ef. 5:24; Tit. 2:5
12[a] 1 Co. 14:34
14[a] Gn. 3:13; 2 Co. 11:3
15[a] 1 Ti. 1:14
15[b] 1 Ts. 4:3-4
15[c] 1 Ti. 2:9

---

debe corresponder a su posición como santa.

9[2] Lit., sentimiento de vergüenza; es decir, restringida o sujeta por una vergüenza honrosa (Vincent), lo cual implica un comportamiento que no es descarado ni muy osado, sino moderado, que mantiene las virtudes femeninas.

9[3] Sobriedad, autorrestricción; la restricción de uno mismo sobria y discretamente. Las hermanas de la iglesia local deben vestirse de estas dos virtudes —el sentimiento de vergüenza y la autorrestricción— como su porte. Así también en el v. 15.

10[1] La palabra griega tiene la misma raíz que la palabra traducida *piedad.* Denota reverencia hacia Dios, reverencia y honra a Dios como corresponde a uno que adora a Dios.

11[1] La exhortación a que las hermanas aprendan en silencio y estén en toda sujeción tiene como fin que se den cuenta de su posición como mujeres. Esto salvaguarda las hermanas para que, en su presunción, no sobrepasen su posición en la iglesia local.

11[2] La palabra griega denota principalmente sumisión. Así también en 3:4.

12[1] Aquí significa enseñar con autoridad, definir y decidir el significado de doctrinas relacionadas con la verdad divina. Si una mujer enseña de esta manera o ejerce autoridad sobre un hombre, deja ver que ha dejado su posición. En la creación, Dios dispuso que el hombre fuera la cabeza, y que la mujer estuviera sujeta al hombre (1 Co. 11:3). En la iglesia debe guardarse este orden.

12[2] Es decir, abstenerse de hablar.

13[1] Esto nos lleva al principio. Dios siempre quiere llevarnos de regreso al principio Suyo (Mt. 19:8).

13[2] Lit., moldeado; el verbo significa *moldear* (el polvo) *dándole forma* (Gn. 2:7).

14[1] El v. 13 nos da la primera razón por la cual la mujer debe sujetarse al hombre. Aquí se presenta la segunda.

14[2] Eva fue engañada por la serpiente (Gn. 3:1-6) debido a que no permaneció en sujeción a Adán, su cabeza, sino que sobrepasó su posición teniendo contacto directamente con el tentador maligno sin cubrirse la cabeza. En esta base firme el apóstol se apoyó para prohibir que las hermanas en una iglesia local enseñen con autoridad y ejerzan autoridad sobre los hombres. Más bien, el apóstol les ordena aprender en silencio y permanecer en toda sujeción. La posición del hombre como cabeza es la protección de la mujer.

15[1] Engendrar es un sufrimiento. El sufrimiento restringe y protege de la transgresión a aquel que ha caído.

15[2] El fin de la fe es recibir al Señor (Jn. 1:12), el del amor es disfrutarle (Jn. 14:21, 23), y el de la santidad es expresarle por medio de la santificación. Por medio de la fe recibimos al Señor y así agradamos a Dios (He. 11:6); por medio del amor disfrutamos al Señor y así guardamos Su palabra (Jn. 14:23); y por medio de la

CAPITULO 3

VI. Los que vigilan y los diáconos en la administración de la iglesia 3:1-13

1 [a]Palabra fiel: Si alguno [1]aspira al [2]cargo de vigilar,
buena obra desea.
2 [a]Es, pues, necesario que [1b]el que vigila sea [2]irre-
prensible, [3]marido de [c]una sola mujer, [4d]moderado, [5e]sen-
sato, [6]decoroso, [7f]hospitalario, [8]apto para [g]enseñar;

1[a] 1 Ti. 1:15
2[a] vs. 2-7: Tit. 1:5-9
2[b] Hch. 20:28; Fil. 1:1
2[c] 1 Ti. 3:12; cfr. 1 Ti. 5:9
2[d] 1 Ti. 3:11; Tit. 2:2
2[e] 2 Ti. 1:7; Tit. 1:8; 2:2, 5-6; 1 P. 1:13; 4:7
2[f] 1 Ti. 5:10
2[g] 1 Ti. 5:17; 2 Ti. 2:24

---

santidad expresamos al Señor y así le vemos (He. 12:14).

Los primeros dos capítulos de este libro dan instrucciones prácticas para tener una iglesia local apropiada: (1) terminar con la distracción de las enseñanzas diferentes (1:3-11); (2) recalcar la economía de Dios, haciéndola la línea central y la meta de la vida cristiana (1:4-6); (3) predicar a Cristo para salvar a los pecadores (1:12-17); (4) militar la buena milicia por la economía neotestamentaria de Dios manteniendo la fe y una buena conciencia (1:18-19); (5) confrontar a los maestros herejes y a los opositores del apóstol (1:20); (6) hacer que los líderes sean los primeros en tener una vida de oración, intercediendo por todos los hombres para que la redención de Cristo sea un testimonio dado a su debido tiempo (vs. 1-7); (7) hacer que los hermanos sigan el modelo de oración, orando en todo tiempo (v. 8); y (8) hacer que las hermanas se adornen con un comportamiento apropiado, y que se sujeten a los hermanos, permaneciendo en silencio, fe, amor y santidad, con prudencia (vs. 9-15).

1[1] Tener una aspiración con un motivo puro es diferente de tener una ambición con un motivo impuro.

1[2] Esta expresión es la traducción de una palabra griega que se compone de *epí* (sobre) y *skopé* (vigilar) e indica la función del que vigila.

2[1] La palabra griega está compuesta de *epí* (sobre) y *skopon* (aquel que ve); y por eso uno que observa o vigila. Uno que vigila en una iglesia local es un anciano (Hch. 20:17, 28). Las dos expresiones se refieren a la misma persona: *anciano* denota una persona de madurez; *el que vigila* denota la función de un anciano. Fue Ignacio en el siglo segundo quien enseñó que uno que vigila, un obispo, tiene una posición más alta que un anciano. De esta enseñanza errónea vino la jerarquía de obispos, arzobispos, cardenales y el papa. Además, esta enseñanza fue la fuente del sistema episcopal de gobierno eclesiástico. La jerarquía y el sistema mismo son abominables a los ojos de Dios.

2[2] Esto no denota ser perfecto a los ojos de Dios, sino estar en una condición irreprochable a los ojos del hombre.

2[3] Esto implica la restricción de la carne, lo cual es un requisito primordial para un anciano. Esto guarda a un anciano en una vida matrimonial simple y pura, libre del enredo que viene de un matrimonio complicado y confuso.

2[4] Con dominio propio, templado.

2[5] No sólo perspicaz, sino también cuidadoso en el entendimiento de los asuntos.

2[6] Decoroso; en el sentido de ser apropiado para la situación.

2[7] La hospitalidad requiere amor, solicitud por otros, y perseverancia. Todas estas virtudes se requieren para que un anciano esté calificado.

2[8] Enseñar aquí es similar a la enseñanza que los padres imparten a sus hijos. Un anciano debe ser apto para proporcionar esta clase de enseñanza familiar a los miembros de una iglesia local.

3 [1]no [a]dado al vino; [2]no pendenciero, sino [3b]apacible; [4c]no
contencioso; [5]no [d]amador del dinero;
4 que [1a]gobierne bien su casa, que tenga a *sus* hijos en
sujeción con toda [2b]dignidad
5 (pues el que no sabe gobernar su propia casa, ¿cómo
cuidará de la [a]iglesia de Dios?);
6 no un [1]recién convertido, no sea que, [2a]cegado por el
orgullo, caiga en la [3]condenación del diablo.
7 También es necesario que tenga [1a]buen testimonio
ante [2]los de afuera, para que no caiga en descrédito y en
[3b]lazo del [4]diablo.
8 Los [1a]diáconos asimismo *deben ser* honorables, [2]sin
doblez, [3]no [b]dados a mucho vino, [4]no [c]codiciosos de viles
ganancias;

3a 1 Ti. 3:8; Tit. 2:3
3b Tit. 3:2; Fil. 4:5
3c 2 Ti. 2:24; Tit. 3:2
3d 1 Ti. 6:10; 1 P. 5:2; He. 13:5
4a 1 Ti. 3:12
4b 1 Ti. 2:2
5a Hch. 20:28
6a 1 Ti. 6:4; 2 Ti. 3:4
7a Hch. 6:3
7b 2 Ti. 2:26; 1 Ti. 6:9
8a Fil. 1:1
8b 1 Ti. 3:3; Tit. 2:3; Lv. 10:9; Ez. 44:21
8c 1 Ti. 3:3

3[1] Esto requiere un firme dominio propio.

3[2] Esto exige que uno se refrene a sí mismo.

3[3] Transigente, accesible, templado, razonable y considerado al tratar a otros, sin rigidez.

3[4] No disputador; sino calmado.

3[5] El dinero es una prueba para todos los hombres. Un anciano debe ser puro en los asuntos relacionados con el dinero, y con mayor razón sabiendo que los fondos de la iglesia están bajo la administración de los ancianos (Hch. 11:30).

4[1] Esto es una prueba de que uno está calificado para el cargo de vigilar en una iglesia local.

4[2] Véase la nota 2[3] del cap. 2; así también para *honorables* en los vs. 8 y 11.

6[1] Lit., recién plantado; lo cual denota una persona que recientemente ha recibido la vida del Señor pero que aún no ha crecido ni se ha desarrollado en dicha vida.

6[2] Lit., nublado con humo. Aquí el orgullo se compara con el humo que nubla la mente, cegándola y embotándola por una exagerada autoestima.

6[3] El juicio sufrido por Satanás debido a que se enorgulleció de su alta posición (Ez. 28:13-17).

7[1] Un andar y vivir que resultan de vivir a Cristo y de expresarle, los cuales son apreciados y alabados por otros.

7[2] Un anciano debe ser recto consigo mismo, con su familia, con la iglesia, y con los de afuera, es decir, con la sociedad. Y según el contexto, un anciano debe ser recto en cuanto a intención, motivo, carácter, actitud, palabra y hechos.

7[3] Si el anciano cae en la condenación sufrida por el diablo, se debe al orgullo del anciano mismo; si cae en el lazo del diablo, se debe a las críticas de los de afuera. Un anciano debe estar alerta para no ser orgulloso, por un lado, y por otro, para ser irreprensible a fin de evitar enredarse con el diablo.

7[4] Véase la nota 10[1] de Ap. 2.

8[1] Es decir, los que sirven. Los que vigilan son los que cuidan de la iglesia; los diáconos sirven a la iglesia bajo la dirección de los ancianos. Estos dos son los únicos cargos que hay en una iglesia local.

8[2] Una serpiente tiene lengua doble. Un diácono de una iglesia local, al dar servicio a todos los santos, puede fácilmente tener lengua doble al relacionarse con los santos. De ser así, él expresa, en su vivir, la naturaleza del diablo y trae muerte a la vida de la iglesia.

8[3] Ser dado a mucho vino es una señal de ser incapaz de controlarse a sí mismo. El diácono que sirve en una

9 que [a]guarden el [1b]misterio de la [c]fe con una [2d]concien-
cia pura.
10 Y éstos también [1]sean [a]sometidos a prueba primero, y
entonces [2]ministren, si son [3b]irreprensibles.
11 Las [1]mujeres asimismo *sean* honorables, [2]no [a]calum-
niadoras, sino [3b]moderadas, [4]fieles en todo.
12 Los diáconos sean [1]maridos de [a]una sola mujer, y que
[2b]gobiernen bien sus hijos y sus casas.
13 Porque los que [1]ministran bien, ganan para sí un
[2]grado honroso, y [3]mucha confianza en la [a]fe que es en Cristo
Jesús.

VII. La función de la iglesia: la casa del Dios viviente y la columna y fundamento de la verdad 3:14-16

14 Esto te escribo con la esperanza de ir pronto a verte,
15 pero si tardo, *escribo* para que sepas [1]cómo debes

9a 1 Ti. 1:19
9b 1 Ti. 3:16
9c 1 Ti. 1:4
9d 2 Ti. 1:3; cfr. 1 Ti. 1:5
10a 2 Co. 8:22
10b Tit. 1:6-7
11a 2 Ti. 3:3; Tit. 2:3
11b 1 Ti. 3:2; Tit. 2:2
12a 1 Ti. 3:2
12b 1 Ti. 3:4
13a 1 Ti. 1:4

---

iglesia local debe ejercer un completo dominio propio.

8[4] Un diácono no debe buscar ganancia del servicio que presta a los santos. Buscar tal ganancia es codiciar viles ganancias (cfr. 6:5b).

9[1] Aquí la fe, como en 1:19 y 2 Ti. 4:7, es objetiva, o sea que se refiere a las cosas en que creemos, las cosas que constituyen el evangelio. El misterio de la fe es principalmente Cristo como el misterio de Dios (Col. 2:2) y la iglesia como el misterio de Cristo (Ef. 3:4). Un diácono en una iglesia local debe guardar el misterio de la fe con un entendimiento pleno y en una conciencia pura para el testimonio del Señor.

9[2] Una conciencia pura es una conciencia purificada de cualquier mezcla. A fin de guardar el misterio de la fe para el testimonio del Señor, un diácono necesita una conciencia purificada.

10[1] Esto puede implicar cierto aprendizaje.

10[2] Es decir, sirvan; la función de un diácono es servir.

10[3] O, intachable.

11[1] Se refiere a las diaconisas (Ro. 16:1).

11[2] Esto corresponde a la expresión *sin doblez* del v. 8. El diablo es un calumniador (Ap. 12:10). Calumniar es expresar la naturaleza del calumniador malvado. Una hermana que es diaconisa, que sirve en la iglesia local entre muchas otras hermanas, debe huir de la calumnia, la cual es un acto malvado del diablo.

11[3] Véase la nota 2[4].

11[4] Corresponde a la frase *no codicioso de viles ganancias* del v. 8. Una hermana diaconisa debe ser fiel, confiable, en todas las cosas, especialmente en lo relacionado con ganancias.

12[1] Véase la nota 2[3].

12[2] Que un hermano gobierna bien a sus hijos y a su propia casa, demuestra que está capacitado para servir a la iglesia.

13[1] Es decir, sirven.

13[2] Se refiere a una posición firme y constante como creyente y santo delante de Dios y del hombre. Servir bien a la iglesia como diácono fortalece la posición del cristiano.

13[3] O, mucho denuedo. Servir bien a la iglesia también fortalece el denuedo, la confianza, de la fe del cristiano.

15[1] Indica que este libro da instrucciones acerca de la manera de cuidar una iglesia local.

15a Ef. 2:19; He. 3:6
15b 1 Ti. 3:5; 1 Co. 10:32
15c Mt. 16:16; 1 Ti. 4:10
15d 1 R. 7:21; Gá. 2:9; Ap. 3:12
15e 1 Ti. 2:4
16a 1 Ti. 3:9
16b 1 Ti. 2:2
16c 1 Jn. 1:2; 3:5, 8
16d Jn. 1:14; Ro. 8:3; He. 2:14

conducirte en la [2a]casa de Dios, que es la [b]iglesia del [3c]Dios viviente, [4d]columna y fundamento de la [5e]verdad.
16 E [1]indiscutiblemente, grande es el [2a]misterio de la [b]piedad:

[3]El fue [4c]manifestado en la [d]carne,
[5]Justificado en el Espíritu,
[6]Visto de los ángeles,
[7]Predicado entre las naciones,
[8]Creído en el mundo,
[9]Llevado arriba en gloria.

15[2] O, familia; la misma palabra que se usa en los vs. 4, 5 y 12 (*casas*). La familia de Dios es la casa de Dios. La casa y la familia son una sola cosa: la asamblea que está compuesta de los creyentes (Ef. 2:19; He. 3:6). La realidad de que esta casa es la morada del Dios viviente está en nuestro espíritu (Ef. 2:22). Debemos vivir y actuar en nuestro espíritu para que en esta casa Dios sea manifestado como el Dios viviente.

15[3] El Dios viviente, quien vive en la iglesia, debe ser subjetivo para la iglesia y no objetivo. Un ídolo de un templo pagano no tiene vida. El Dios que no sólo vive en Su templo vivo, la iglesia, sino que también actúa y obra en él, es viviente. Debido a que El es viviente, la iglesia también es viviente en El, por El y con El. Un Dios viviente y una iglesia viviente, viven, actúan y obran juntos. La iglesia viviente es la casa y la familia del Dios vivo. Por lo tanto, ella viene a ser la manifestación de Dios en la carne.

15[4] Esto es una metáfora. La columna sostiene el edificio, y el fundamento presta apoyo a la columna. La iglesia es la columna que sirve de sostén a la verdad y el fundamento que le sirve de apoyo.

15[5] Aquí la verdad se refiere a las cosas verdaderas reveladas en el Nuevo Testamento con respecto a Cristo y la iglesia según la economía neotestamentaria de Dios. La iglesia es la columna que sirve de sostén a todas estas realidades y el fundamento que les sirve de apoyo. Una iglesia local debe ser tal edificio, el cual sostiene la verdad, la lleva y da testimonio de la verdad, la realidad, de Cristo y la iglesia.

16[1] O, por reconocimiento común, más allá del razonamiento, sin controversia.

16[2] Según el contexto, la piedad se refiere no sólo a la devoción a cosas santas, sino también a vivir a Dios en la iglesia; es decir, a que Dios como vida sea vivido en la iglesia. Este es el gran misterio confesado universalmente por los que creen en Cristo.

16[3] Conforme a crónicas históricas no confirmadas, estas seis líneas en forma de poesía formaban una canción que a los santos de la iglesia primitiva les gustaba cantar. *El* se refiere a Cristo, quien era Dios manifestado en la carne como el misterio de la piedad. La transición de la frase *el misterio de la piedad* al pronombre *El* implica que Cristo, como manifestación de Dios en la carne, es el misterio de la piedad (Col. 1:27; Gá. 2:20). Este misterio es el vivir de una iglesia apropiada, y tal vivir también es la manifestación de Dios en la carne.

16[4] Por medio de la encarnación y el vivir humano (Jn. 1:1, 14). *En la carne* significa en semejanza, en forma, de hombre (Ro. 8:3; Fil. 2:7-8). Cristo apareció a la gente en forma de hombre (2 Co. 5:16); no obstante, El era Dios manifestado en el hombre.

16[5] O, vindicado. El Cristo encarnado en Su vivir humano no sólo fue vindicado como Hijo de Dios por el Espíritu (Mt. 3:16-17; Ro. 1:3-4), sino que también fue justificado, probado y aprobado como recto y justo por el Espíritu (Mt. 3:15-16; 4:1). El fue manifestado en la carne, pero fue vindicado y justificado en el Espíritu. El se manifestó en la carne, pero vivió en el

CAPITULO 4

VIII. La predicción de la decadencia de la iglesia
4:1-5

1 [1]Pero el [2a]Espíritu dice claramente que en los [3]tiem-
pos venideros algunos [b]apostatarán de la [4c]fe, escuchando a
[5d]espíritus engañadores y a enseñanzas de [6e]demonios;

1[a] Ap. 2:7
1[b] 1 Ti. 6:10; 2 Ts. 2:3
1[c] 1 Ti. 1:4
1[d] 1 Jn. 4:6; Ap. 16:14
1[e] Jac. 3:15; Ap. 9:20

Espíritu (Lc. 4:1, 14; Mt. 12:28) y se ofreció a Sí mismo a Dios mediante el Espíritu (He. 9:14). Su transfiguración (Mt. 17:2) y Su resurrección son justificaciones en el Espíritu. Además, en resurrección El se hizo el Espíritu vivificante (1 Co. 15:45; 2 Co. 3:17) para poder morar y vivir en nosotros (Ro. 8:9-10), con miras a la manifestación de Dios en la carne como el misterio de la piedad. Así que, ahora le conocemos a El y a Sus miembros no según la carne sino según el Espíritu (2 Co. 5:16). Puesto que la manifestación de Dios en la carne es justificada en el Espíritu, y el Espíritu es uno con nuestro espíritu (Ro. 8:16), debemos vivir y conducirnos en nuestro espíritu para que se logre esta justificación.

16[6] Los ángeles vieron la encarnación, el vivir humano, y la ascensión de Cristo (Lc. 2:9-14; Mt. 4:11; Hch. 1:10-11; Ap. 5:6, 11-12).

16[7] Cristo como manifestación de Dios en la carne ha sido predicado como evangelio entre las naciones, incluyendo la nación de Israel, desde el día de Pentecostés (Ro. 16:26; Ef. 3:8).

16[8] Las personas que están en el mundo han creído en Cristo como la corporificación de Dios, y le han recibido como Salvador y vida (Hch. 13:48).

16[9] Se refiere a la ascensión de Cristo a la gloria (Mr. 16:19; Hch. 1:9-11; 2:33; Fil. 2:9). Según la secuencia de los eventos históricos, la ascensión de Cristo ocurrió antes de que El fuera predicado entre las naciones. Sin embargo, aquí se presenta la ascensión como el último paso que Cristo dio al manifestar a Dios en la carne. Esto debe de indicar que la iglesia también es llevada a la gloria. Por lo tanto, implica que no sólo Cristo mismo como la Cabeza, sino también la iglesia como el Cuerpo, son la manifestación de Dios en la carne. Cuando una iglesia esté bien cuidada, conforme a las instrucciones dadas en los primeros dos capítulos, teniendo plenamente establecidos la supervisión de los que vigilan y el servicio de los diáconos, según lo revela el cap. 3, la iglesia funcionará como la casa y familia del Dios viviente para el mover de El en la tierra, y como columna y fundamento, que sostiene la verdad, teniendo la realidad divina de Cristo y Su Cuerpo, como un testimonio para el mundo. Entonces la iglesia viene a ser la continuación de Cristo como la manifestación de Dios en la carne. Este es el gran misterio de la piedad: ¡Cristo expresado en el vivir de la iglesia como la manifestación de Dios en la carne!

1[1] Lo que sigue está en contraste con lo mencionado en 3:16.

1[2] Este es el Espíritu que mora en nuestro espíritu y nos habla allí (Ro. 8:9-11, 16). A fin de escuchar el hablar del Espíritu y ser guardados de los espíritus engañadores y de las enseñanzas de demonios, necesitamos ejercitar nuestro espíritu para que llegue a ser perspicaz y tenga claridad.

1[3] Se refiere a tiempos posteriores a la escritura de este libro, lo cual difiere de la expresión *los postreros días* de 2 Ti. 3:1, que denota el período final de esta era.

1[4] La fe objetiva, el contenido de lo que creemos. Véanse las notas 19[3] del cap. 1 y 9[1] del cap. 3.

1[5] Los espíritus engañadores están en contraste con el Espíritu, como se menciona en 1 Jn. 4:2, 6. Estos son los ángeles caídos, que siguieron a Satanás en su rebelión y vinieron a

2 [1]por la [a]hipocresía de [b]mentirosos que, teniendo [2c]cau-
terizada la conciencia como con un [3]hierro candente,
3 prohibirán [1a]casarse, *y mandarán* [b]abstenerse de [1c]ali-
mentos que [2]Dios creó para que con [d]acción de gracias
participasen de ellos los que son [3e]creyentes y tienen [4f]pleno
conocimiento de la verdad.
4 Porque [1]todo lo que Dios creó es [a]bueno, y nada es de
desecharse, si se toma con acción de gracias;
5 porque por la [1]palabra de Dios y por la [2a]intercesión es
[3b]santificado.

2[a] Mt. 23:13, 15
2[b] 2 Ts. 2:11
2[c] Ef. 4:19
3[a] cfr. He. 13:4
3[b] Col. 2:20-23
3[c] Gn. 1:29; 9:3; 1 Co. 8:8; Col. 2:16
3[d] Ro. 14:6; 1 Co. 10:30
3[e] Jn. 20:31
3[f] 1 Ti. 2:4
4[a] Gn. 1:25, 31; Ro. 14:2, 14, 20; Tit. 1:15
5[a] cfr. Hch. 10:15
5[b] 1 S. 9:13; Mt. 14:19; 15:36; Hch. 27:35

ser sus subordinados, quienes trabajan para su reino de tinieblas (Mt. 25:41; Ef. 6:12 y la nota 2).

1[6] Estos son los espíritus inmundos y malignos (Mt. 12:22, 43; Lc. 8:2) de las razas que vivieron en la tierra durante la era preadamítica y que se unieron a la rebelión de Satanás y fueron juzgados por Dios (véase *Estudio-vida de Génesis,* mensaje dos). Después de ser juzgados, ellos vinieron a ser demonios, los cuales trabajan en la tierra para el reino de Satanás. Son diferentes de los espíritus engañadores.

2[1] Esta frase modifica la expresión *enseñanzas de demonios* del v. 1. Las enseñanzas de demonios son llevadas a cabo por medio de la hipocresía de aquellos que mienten. Esto indica que los demonios y aquellos que dicen mentiras colaboran para engañar a la gente.

2[2] La conciencia de los mentirosos, en su hipocresía, ha perdido la sensibilidad, como si hubiera sido cauterizada con un hierro candente. Este libro recalca categóricamente la conciencia. En la vida de la iglesia, el amor que es contrario a la envidia y a la discordia nace de una buena conciencia (1:5). Aquellos que desechan una buena conciencia llegan a naufragar en cuanto a la fe (1:19). Los que sirven en la iglesia deben guardar el misterio de la fe con una conciencia pura (3:9). Mantener una conciencia buena y pura es mantener la conciencia sensible en su función. Esto nos salvaguardará de las enseñanzas demoníacas e hipócritas de los mentirosos que quieren engañar.

2[3] Un hierro candente que marca a los esclavos y al ganado de cierto dueño.

3[1] El matrimonio y la comida fueron ordenados por Dios, la comida para que la humanidad siga existiendo, y el matrimonio para que la humanidad continúe y se multiplique. Por un lado, Satanás hace que el hombre abuse de estas dos cosas induciéndole a entregarse a su carne lujuriosa; por otro, pone demasiado énfasis en el ascetismo al prohibirle al hombre casarse y al mandarle abstenerse de ciertas comidas. ¡Esto es una enseñanza demoníaca!

3[2] Todas las cosas comestibles fueron creadas por Dios para la subsistencia del hombre. Debemos participar de ellas con acción de gracias a Dios, con un corazón agradecido.

3[3] Creer significa ser salvo y así comenzar la vida espiritual; tener el pleno conocimiento de la verdad es comprender el propósito de Dios en Su economía y crecer hasta la madurez en la vida espiritual.

3[4] Véase la nota 4[2] del cap. 2.

4[1] Esto es contrario al gnosticismo, que enseña que algunas cosas creadas son malignas, y a ciertas enseñanzas ascéticas que mandan al hombre abstenerse de ciertos alimentos.

5[1] Las palabras de nuestra oración a Dios, parte de la cual puede ser una cita de las Escrituras, y parte puede ser mensajes que escuchemos y leamos.

IX. Un buen ministro de Cristo
4:6-16

6 Si expones estas cosas a los hermanos, serás buen
[1a]ministro de Cristo Jesús, [2]nutrido con las palabras de la
[3b]fe y de la [4]buena enseñanza que [5]has seguido [c]fielmente.
7 [1]Desecha los [2a]mitos [3b]profanos y de viejas. [4]Ejercítate
para la [c]piedad;
8 porque el ejercicio corporal para [1]poco es provechoso,
pero la [a]piedad para [2b]todo aprovecha, pues tiene [3]promesa
de esta vida presente, y de la venidera.
9 [a]Palabra fiel es ésta, y digna de ser recibida por todos.
10 Que por esto mismo [a]trabajamos y luchamos, porque
hemos puesto nuestra [b]esperanza en el [1c]Dios viviente, que

6[a] 2 Co. 11:23
6[b] 1 Ti. 1:4
6[c] 2 Ti. 3:10
7[a] 1 Ti. 1:9; 6:20; 2 Ti. 2:16
7[b] 1 Ti. 1:4; 2 Ti. 4:4; Tit. 1:14
7[c] 1 Ti. 2:2
8[a] 1 Ti. 2:2; 6:6
8[b] Ro. 8:28
9[a] 1 Ti. 1:15
10[a] Col. 1:29
10[b] 1 Ti. 5:5; 6:17
10[c] Dn. 6:20, 26; Mt. 16:16; 1 Ti. 3:15

5[2] Véase la nota 1[2] del cap. 2. Aquí la intercesión se refiere a nuestra oración a Dios por el alimento que comemos; orar así separa nuestra comida de lo profano y la santifica para Dios con miras a Su propósito, es decir, que seamos nutridos para vivir dedicados a El.

5[3] Apartado para Dios con miras a Su propósito.

6[1] Un ministro de Cristo es aquel que sirve Cristo a otros, ministrándoles a Cristo como Salvador, vida, suministro de vida y como todas las cosas positivas. Es diferente de aquel que enseña la ley y otras cosas (1:7, 3).

6[2] O, nutriéndote. El fin de ser nutridos es el crecimiento en vida, lo cual es un asunto de vida; difiere de ser meramente enseñado, lo cual es un asunto de conocimiento. Para ministrar a Cristo a otros se requiere que primero nosotros mismos seamos nutridos con las palabras de vida relacionadas con Cristo.

6[3] Véase la nota 1[4]. Las palabras de la fe son las palabras del evangelio completo tocante a la economía neotestamentaria de Dios.

6[4] Las palabras de la buena enseñanza son palabras dulces que contienen y conllevan las riquezas de Cristo para nutrir, edificar y fortalecer a Sus creyentes.

6[5] Primeramente debemos seguir fielmente las palabras que vamos a enseñar a otros.

7[1] O, rechaza, evita.

7[2] Véase la nota 4[1] del cap. 1.

7[3] Tocar y ser tocado por lo mundano; es contrario a ser santo.

7[4] Como en la gimnasia. *Para la piedad* significa con miras a la piedad. La piedad es Cristo vivido en nosotros para ser la manifestación de Dios (véanse las notas 16[2] y 16[3] del cap. 3). Hoy en día este Cristo es el Espíritu que mora en nuestro espíritu (2 Co. 3:17; Ro. 8:9-10; 2 Ti. 4:22). Por lo tanto, ejercitarnos para la piedad es ejercitar nuestro espíritu para vivir a Cristo en nuestra vida diaria.

8[1] En contraste con la palabra *todo*. Denota pocas cosas, o sea, para una pequeña parte de nuestro ser.

8[2] No sólo lo relacionado con una parte de nuestro ser, sino lo relacionado con todas las partes: las partes físicas, psicológicas y espirituales, temporales y eternas.

8[3] La promesa de la vida presente, una vida que pertenece a esta era, es como las promesas de Mt. 6:33; Jn. 16:33; Fil. 4:6-7; 1 P. 5:8-10, etc. La promesa de la vida venidera, una vida que pertenece a la próxima era y a la eternidad, es como las promesas de 2 P. 1:10-11; 2 Ti. 2:12; Ap. 2:7, 17; 21:6-7, etc. Una promesa como la que se menciona en Mr. 10:29-30 pertenece tanto a la vida presente como a la vida venidera.

10[1] Podemos poner nuestra esperanza en Dios debido a que El es viviente.

es el [d]Salvador de [e]todos los hombres, [f]mayormente de los
que creen.
11 Esto [a]manda y [b]enseña.
12 Ninguno [a]tenga en poco tu [1b]juventud, sino sé [c]modelo
para los creyentes en [2]palabra, conducta, amor, fe y [3d]pureza.
13 Mientras voy, ocúpate en la [1a]lectura pública, la
[b]exhortación y la [c]enseñanza.
14 No descuides el [1a]don que hay [2]en ti, que te fue dado
mediante [3b]profecía con la [4c]imposición de las manos del
[5d]presbiterio.
15 Practica estas cosas; [1]permanece en ellas, para que tu
[2]progreso sea manifiesto a todos.
16 [1a]Mira por ti mismo y por tu enseñanza; persiste en
ello, pues haciendo esto, te salvarás a [b]ti mismo y a [c]los que
te oigan.

10[d] 1 Ti. 1:1; Jn. 4:42
10[e] 1 Ti. 2:4
10[f] cfr. Gá. 6:10
11[a] 1 Ti. 5:7; 6:17; 2 Ti. 2:14
11[b] 1 Ti. 4:13
12[a] Tit. 2:15; 1 Co. 16:11
12[b] 2 Ti. 2:22
12[c] Tit. 2:7; 1 P. 5:3
12[d] Fil. 4:8
13[a] Hch. 13:15; 2 Co. 3:14
13[b] 1 Ti. 6:2; 2 Ti. 4:2
13[c] 1 Ti. 4:11; 6:2
14[a] 2 Ti. 1:6
14[b] 1 Ti. 1:18
14[c] 2 Ti. 1:6; 1 Ti. 5:22; Hch. 6:6; 8:17; 19:6
14[d] Hch. 20:28; 1 P. 5:1
16[a] Hch. 20:28
16[b] Ez. 33:9

12[1] Aunque Timoteo era joven, el apóstol le encargó la responsabilidad de cuidar la edificación de una iglesia local y de establecer ancianos y diáconos. Se le mandó no ser infantil y ser un modelo para los creyentes, a fin de que llevara a cabo tal responsabilidad.

12[2] O, elocución.

12[3] Puros en motivo y acción, sin mezcla.

13[1] Leer no en el sentido de estudiar, sino en voz alta y en público. Según el contexto, esta clase de lectura pública puede servir para exhortar y enseñar.

14[1] Probablemente el don de enseñar, según el contexto de los vs. 11, 13 y 16. Los siguientes versículos también pueden confirmar esto: 1 Ti. 1:3; 4:6; 5:7; 6:2, 12, 20; 2 Ti. 1:13-14; 2:2, 14-15, 24-25; 4:2, 5.

14[2] Esto indica que el don mencionado aquí no es un don externo, sino la capacidad interna de vida, que hace apto a uno para que ministre a otros. No es un don milagroso, tal como hablar en lenguas o sanar (1 Co. 12:28), sino un don de gracia, como lo son la enseñanza y la exhortación (Ro. 12:7-8).

14[3] Véase la nota 18[2] del cap. 1.

14[4] La imposición de manos tiene dos funciones: una para identificación, como en Lv. 1:4, y la otra para impartir algo, como aquí. La impartición está basada en la identificación; sin identificación no hay base para impartir nada. Por medio de la identificación, representada por la imposición de las manos de los ancianos y del apóstol Pablo (2 Ti. 1:6), le fue impartido a Timoteo el don de la gracia.

14[5] Significa no meramente los ancianos, sino el cuerpo de ancianos, lo cual implica que ellos eran unánimes, que todos actuaban como uno solo. Los ancianos, los que vigilan (3:2), representan una iglesia local, la cual es la expresión del Cuerpo de Cristo. La imposición de manos por parte del presbiterio, significa que el Cuerpo de Cristo participó con Dios al impartir el don de gracia a Timoteo. Esto no fue un asunto personal, sino un asunto del Cuerpo.

15[1] Es decir, sumérgete.

15[2] O, adelanto.

16[1] O, pon mucha atención.

16[c] Ro. 11:14; 1 Co. 9:22; Jac. 5:20

CAPITULO 5

X. En cuanto a los santos de diferentes edades 5:1-16

1 No reprendas con dureza al [a]anciano, sino exhórtale
como a padre; a los [b]más jóvenes, como a hermanos;
2 a las [a]ancianas, como a madres; a las jovencitas, como
a hermanas, con toda pureza.
3 [1]Honra a las viudas que en verdad [a]lo son.
4 Pero si alguna viuda tiene hijos, o nietos, aprendan
éstos primero a [1]ser [a]respetuosos para con su propia familia,
y a [2]recompensar a sus [b]padres; porque esto es [c]aceptable
delante de Dios.
5 Mas la que en verdad es viuda y ha quedado sola, ha
puesto su [a]esperanza en Dios, y continúa en peticiones y
[b]oraciones noche y día.
6 Pero la que se entrega a los [a]placeres, viviendo está
[b]muerta.
7 [a]Manda también estas cosas, para que sean irreprensibles;
8 pero si alguno no provee para los [1]suyos, y mayormente
para los de *su* casa, ha [a]negado la [2]fe, y es peor que un
incrédulo.
9 Sea puesta en la lista sólo la viuda no menor de sesenta
años, *que haya sido* [a]esposa de un solo marido,
10 que [1]tenga testimonio de buenas obras; si ha criado
hijos; si ha mostrado [a]hospitalidad a extraños; si ha [b]lavado
los pies de los santos; si ha [c]socorrido a los afligidos; si ha
procurado con diligencia toda [d]buena obra.
11 Pero viudas más jóvenes no admitas; porque cuando
son impulsadas por sus deseos descuidando a Cristo, quieren casarse,
12 *y así* incurren en condenación, por haber dejado a un
lado su primer [1]voto.

1[a] Tit. 2:2; Lv. 19:32
1[b] Tit. 2:6
2[a] Tit. 2:3
3[a] 1 Ti. 5:5, 9, 16; Hch. 6:1
4[a] 1 Ti. 2:2
4[b] Ef. 6:1-3
4[c] 1 Ti. 2:3
5[a] 1 Ti. 4:10
5[b] Lc. 2:37
6[a] Jac. 5:5
6[b] Ap. 3:1
7[a] 1 Ti. 4:11
8[a] Tit. 1:16; 2 P. 2:1; Jud. 4
9[a] 1 Ti. 3:2, 12
10[a] 1 Ti. 3:2; Tit. 1:8
10[b] Gn. 18:4; 19:2; Lc. 7:44; Jn. 13:14
10[c] 1 Ti. 5:16
10[d] 1 Ti. 6:18

3[1] Aquí se pone énfasis en el suministro de cosas materiales.

4[1] La forma verbal de la palabra griega traducida *piedad.* Véase la nota 16[2] del cap. 3.

4[2] Devolver algo a los padres de uno como compensación para mostrarles gratitud.

8[1] Es decir, sus familiares. Todas las instrucciones de este capítulo son muy humanas, normales y ordinarias; nada es especial, milagroso o sobrenatural, ni siquiera lo tocante a la sanidad. Todo el libro está escrito según el mismo principio. Esto es lo que se necesita para la vida de la iglesia.

8[2] Véanse las notas 19[3] del cap. 1 y 9[1] del cap. 3.

10[1] Véase la nota 7[1] del cap. 3.

12[1] Lit., fe; denota un voto, una

13 Y a la vez aprenden a ser ociosas, andando de casa en
casa; y no solamente ociosas, sino también chismosas y
[a]entremetidas, hablando [b]lo que no debieran.
14 Quiero, pues, que las *viudas* [1]jóvenes se [a]casen, [2]críen
hijos, se [b]ocupen de su casa; que no den al adversario ninguna ocasión de reproche.
15 Porque ya algunas se han apartado en pos de [a]Sata-
nás.
16 Si alguna creyente tiene viudas *en la familia,* que las
asista, y no sea gravada la iglesia a fin de que pueda asistir
a las que en verdad son [a]viudas.

XI. En cuanto a los ancianos
5:17-25

17 Los [a]ancianos que [b]presiden bien, sean tenidos por
dignos de doble [1]honor, [2]mayormente los que trabajan en la
[3]predicación y en la enseñanza.
18 Pues la Escritura dice: "[a]No pondrás bozal al buey que
trilla"; y: "[b]Digno es el obrero de su salario".
19 Contra un anciano no [1]admitas acusación si no está
apoyada por dos o tres [a]testigos.
20 A los que pecan, [1a]repréndelos [b]delante de [2]todos, para
que los demás también teman.
21 Te [a]encargo solemnemente delante de Dios y de Cristo
Jesús, y de los [1]ángeles escogidos, que guardes estas cosas
sin [2]prejuicios, no haciendo nada con [3]parcialidad.

13[a] 2 Ts. 3:11; 1 P. 4:15
13[b] Tit. 1:11
14[a] 1 Co. 7:9
14[b] Tit. 2:5
15[a] 1 Ti. 1:20
16[a] 1 Ti. 5:3, 5
17[a] Hch. 11:30
17[b] Ro. 12:8; 1 Ts. 5:12; He. 13:7
18[a] Dt. 25:4; 1 Co. 9:9
18[b] Lv. 19:13; Mt. 10:10; Lc. 10:7
19[a] Dt. 19:15; Mt. 18:16
20[a] Tit. 2:15
20[b] Gá. 2:14
21[a] 1 Ti. 1:18

---

promesa. Esto indica que algunas prometieron o hicieron un voto, de dedicarse en su viudez a algún servicio de la iglesia.

14[1] Lo dicho en 1 Co. 7:8 era el deseo del apóstol al principio de su ministerio. En este versículo es el consejo del apóstol al final de su ministerio, dado según sus experiencias con respecto a las viudas jóvenes.

14[2] Criar hijos y ocuparse de la casa son un rescate y una salvaguarda para las entremetidas ociosas (v. 13). Dios dispuso esto a fin de restringir y proteger a la mujer caída (Gn. 3:16).

17[1] La forma nominal de *honrar* del v. 3. Según el v. 18, el énfasis en cuanto a *honor* aquí está en el suministro material.

17[2] Todos los ancianos deben ser aptos para tomar el liderazgo en una iglesia local, pero, algunos, no todos, tienen una capacidad especial para enseñar.

17[3] Lit., palabra. La predicación aquí denota el hablar en general de doctrinas; la *enseñanza* denota instrucción especial con respecto a cosas específicas.

19[1] El apóstol Pablo le mandó a Timoteo que recibiera acusaciones en contra de un anciano. Esto indica que después de que los apóstoles han establecido ancianos, todavía tienen autoridad sobre ellos.

20[1] Esto también muestra la autoridad de los apóstoles sobre los ancianos.

20[2] Se refiere a toda la iglesia. Un anciano que haya pecado debe recibir reprensión pública por causa de que su posición es pública.

22 No [1a]impongas las manos [2]apresuradamente a ningu- 22[a] 1 Ti. 4:14
no, ni [b]participes en pecados ajenos. [c]Consérvate puro. 22[b] 2 Jn. 11
23 [1]Ya no bebas agua *sola,* sino usa de un poco de vino por
causa de tu estómago y de tus frecuentes [2]enfermedades. 22[c] Jac. 1:27; 1 Jn. 5:18
24 Los [1]pecados de algunos hombres son [2]manifiestos
antes que ellos vengan a juicio, mas a otros [3]se les descubren
después.
25 Asimismo se hacen manifiestas las [1]buenas obras; y
las que son de otra manera, no pueden permanecer [a]ocultas. 25[a] Mt. 10:26

CAPITULO 6

XII. En cuanto a los esclavos y los amadores del dinero 6:1-10

1 Todos los que están bajo yugo como [a]esclavos, tengan a 1[a] Tit. 2:9; 1 P. 2:18; Ef. 6:5
sus propios amos por dignos de todo honor, para que no sea 1[b] Is. 52:5; Ro. 2:24
[1]blasfemado el [b]nombre de Dios y [2]nuestra [c]enseñanza. 1[c] Tit. 2:5

21[1] Los ancianos en una iglesia local son la autoridad delegada por Dios. Reprender a los ancianos es una cosa solemne delante de Dios. Por lo tanto, el apóstol encargó solemnemente a Timoteo delante de Dios, de Cristo y de los ángeles que lo hiciera, para que los ángeles escogidos, o sea, los ángeles buenos que tienen la autoridad de Dios, vieran que tal autoridad había sido establecida y que estaba siendo mantenida sobre la tierra entre Su pueblo redimido.

21[2] Juicio prematuro, o condenación, formado o aplicado antes de oír el caso.

21[3] Inclinación, favoritismo, prevención. La expresión *sin prejuicios* implica que ningún juicio previo debe hacerse al crédito del acusador; la expresión *no haciendo nada con parcialidad* implica que ningún favor pervertido debe ser mostrado al acusado (al anciano).

22[1] Véase la nota 14[4] del cap. 4. Según el contexto de los versículos anteriores, la imposición de manos se refiere principalmente a imponer las manos a los ancianos.

22[2] O, con ligereza.

23[1] Según el contexto, este versículo implica que la salud física de uno puede afectar su manera de tratar a otros espiritualmente.

23[2] O, debilidades.

24[1] Esta palabra indica que el v. 24 es una continuación del v. 22. Explica que los pecados de algunas personas son manifiestos antes, y los pecados de otros después. Por lo tanto, uno no debe imponer manos apresuradamente.

24[2] Lo que se menciona aquí con respecto a juzgar los pecados es un principio que es aplicable tanto al juicio del hombre como al juicio de Dios.

24[3] Lit., siguen detrás. Los pecados de otros también serán manifestados, e irán a juicio después.

25[1] Lo que el apóstol mandó a Timoteo en estos dos versículos implica que uno no debe aprobar a una persona con ligereza, porque sus pecados no son manifestados públicamente, ni debe condenar a una persona a la ligera, porque sus buenas obras no son manifestadas.

1[1] Difamado, vituperado.

1[2] Lit., la enseñanza; se refiere a la enseñanza de los apóstoles (Hch. 2:42).

2 Y los que tienen amos creyentes, no los tengan en menos por ser [a]hermanos, más bien [1]sírvanles, por cuanto los que les recompensan por el buen servicio recibido son creyentes y amados. Esto [b]enseña y [c]exhorta.

3 Si alguno enseña [1a]cosas diferentes, y no se conforma a las [2b]sanas palabras, las de nuestro Señor Jesucristo, y a la enseñanza que es conforme a la [3c]piedad,

4 está [1a]cegado por el orgullo, [b]nada sabe, y [2]padece la enfermedad de [c]cuestiones y [d]disputas acerca de palabras, de las cuales nacen [e]envidias, [f]contiendas, [3]calumnias, malas sospechas,

5 [1]constantes altercados entre hombres [a]corruptos de entendimiento y [2]privados de la [3]verdad, que [4]toman la [b]piedad como *fuente de* [c]ganancia.

6 Pero [1a]gran ganancia es la [b]piedad acompañada de [2c]contentamiento;

7 pues [a]nada [1]hemos traído a este mundo, porque [b]nada podremos sacar.

2[a] Flm. 16; Mt. 23:8
2[b] 1 Ti. 4:11, 13
2[c] 2 Ti. 4:2
3[a] 1 Ti. 1:3
3[b] 2 Ti. 1:13; 1 Ti. 1:10
3[c] 1 Ti. 2:2
4[a] 1 Ti. 3:6; 2 Ti. 3:4
4[b] 1 Co. 8:2
4[c] 1 Ti. 1:4; 2 Ti. 2:23; Tit. 3:9
4[d] 2 Ti. 2:14, 23; Tit. 3:9
4[e] Tit. 3:3; Gá. 5:21
4[f] Tit. 3:9; 2 Co. 12:20; Gá. 5:20
5[a] 2 Ti. 3:8; Ef. 4:22
5[b] 1 Ti. 2:2
5[c] Tit. 1:11; 2 P. 2:3
6[a] 1 Ti. 4:8
6[b] 1 Ti. 2:2

2[1] Lit., sírvanles como esclavos.

3[1] Véase la nota 3[3] del cap. 1.

3[2] Véase la nota 10[1] del cap. 1. Las palabras de nuestro Señor Jesucristo son palabras de vida (Jn. 6:63); por lo tanto, son palabras sanas.

3[3] Véanse las notas 2[2] del cap. 2, 16[2] y 16[3] del cap. 3, y 7[4] del cap. 4. Las sanas palabras del Señor son la fuente de la enseñanza que es conforme a la piedad. Cuando se enseñan las palabras de vida del Señor, particularmente en ciertos aspectos, ellas vienen a ser la enseñanza que es conforme a la piedad. Las palabras vivas del Señor siempre traen la piedad, que es una vida que vive a Cristo y expresa a Dios en Cristo.

4[1] Véase la nota 6[2] del cap. 3. Las enseñanzas que difieren de las sanas palabras del Señor siempre resultan del orgullo y del engreimiento del hombre, los cuales lo ciegan.

4[2] Cuestionar y contender acerca de palabras es una enfermedad. Aquí *enfermedad* está en contraste con *sanas* del v. 3.

4[3] Lit., blasfemias; se refiere aquí, como en Col. 3:8, a calumnias e injurias contra el hombre, no a blasfemias contra Dios.

5[1] O, peleas incesantes.

5[2] O, despojados, destituidos. Aquí la palabra griega implica que ellos una vez poseyeron la verdad, pero que les fue quitada. Por lo tanto, ellos fueron destituidos de la verdad.

5[3] Véase la nota 15[5] del cap. 3.

5[4] Hacer de la piedad una fuente de ganancia (beneficio material), un negocio rentable.

6[1] Es decir, la mejor manera de ganar. Aquí la palabra *ganancia* se refiere principalmente a las bendiciones que recibimos en esta era, las cuales son la piedad junto con la autosuficiencia y la habilidad de deshacerse de la codicia y de los afanes de esta era.

6[2] "Una suficiencia interna, en comparación con la escasez o el deseo de las cosas externas. Esta era una de las palabras preferidas de los estoicos" (Vincent).

7[1] Esto es sabiamente ordenado por Dios para que podamos confiar en El para nuestras necesidades, y vivir por El para expresarle sin preocupación ni distracción.

6[c] Fil. 4:11; He. 13:5 7[a] Job 1:21; Ec. 5:15 7[b] Sal. 49:17

8 Pero, teniendo [a]sustento y [1]abrigo, estemos [2b]contentos
con esto.
9 Mas los que [1]quieren [a]enriquecerse caen en tentación
y [b]lazo, y en muchas [2]codicias necias y dañosas, que [3]hunden
a los hombres en [4]destrucción y ruina;
10 porque [1]raíz de todos los males es el [a]amor al dinero, el
cual [2]persiguiendo algunos, se [3b]extraviaron de la [4c]fe, y
fueron traspasados de muchos dolores.

XIII. Un hombre de Dios
6:11-21a

11 Mas tú, oh [1a]hombre de Dios, [b]huye de estas cosas, y
[c]sigue la [2d]justicia, la [3e]piedad, la [4f]fe, el [5]amor, la [6]perseverancia, la [7]mansedumbre.
12 [1a]Pelea la buena batalla de la [b]fe, echa [c]mano de la
[2]vida eterna, [3]a la cual fuiste [d]llamado, habiendo [4e]hecho la
buena confesión delante de muchos [f]testigos.

8[a] Gn. 28:20; Pr. 30:8
8[b] 1 Ti. 6:6; He. 13:5
9[a] Pr. 15:27; 28:20; Mt. 13:22; Jac. 5:1-3
9[b] 1 Ti. 3:7; 2 Ti. 2:26
10[a] 1 Ti. 3:3; Col. 3:5
10[b] 1 Ti. 4:1
10[c] 1 Ti. 1:4
11[a] 2 Ti. 3:17
11[b] 2 Ti. 2:22; cfr. 2 Ti. 2:16; Tit. 3:9; 1 Ti. 6:20; 2 Ti. 3:5
11[c] 2 Ti. 2:22; Ro. 14:19; He. 12:14; Fil. 3:12, 14
11[d] Pr. 15:9
11[e] 1 Ti. 2:2
11[f] 2 Ti. 3:10
12[a] 1 Ti. 1:18; 2 Ti. 4:7
12[b] 1 Ti. 1:4

8[1] Aunque se refiere a la ropa, puede incluir el albergue.

8[2] Con medios adecuados.

9[1] Tener un fuerte deseo de ser rico. Es el amor a las riquezas, y no la posesión de las mismas, lo que lleva a los avaros a la tentación. Algunos ya son ricos; otros desean serlo. Este deseo maligno los arruina y los destruye.

9[2] Deseos lascivos, lujurias.

9[3] O, ahogan, sumergen.

9[4] Destrucción implica ruina, y la ruina implica perdición temporal y eterna.

10[1] No la única raíz.

10[2] Ansiando, anhelando.

10[3] O, vagaron.

10[4] Véase la nota 9[1] del cap. 3. Así también en los vs. 12, 21.

11[1] Uno que participa de la vida y naturaleza de Dios (Jn. 1:13; 2 P. 1:4), siendo así uno con Dios en Su vida y en Su naturaleza (1 Co. 6:17) y expresándolo. Esto corresponde al misterio de la piedad, que es Dios manifestado en la carne (3:16).

11[2] Estar bien con la gente delante de Dios de acuerdo con Sus requisitos justos y estrictos.

11[3] Vivir una vida diaria que manifieste a Dios. Véase la nota 16[2] del cap. 3.

11[4] Creer en Dios y en Su palabra y confiar en El y en Su palabra.

11[5] Amar a otros con el amor de Dios (1 Jn. 4:7-8, 19-21).

11[6] Soportar los sufrimientos y las persecuciones.

11[7] Una actitud apropiada al hacer frente a la oposición. Véase la nota 5[1] de Mt. 5.

12[1] Lit., lucha la buena lucha de la fe.

12[2] Es decir, la vida divina, la vida increada de Dios, la cual es eterna. *Eterna* denota la naturaleza de la vida divina más que el factor tiempo. Para pelear la buena batalla de la fe en la vida cristiana, y especialmente en el ministerio cristiano, necesitamos echar mano de la vida divina, no confiando en nuestra vida humana. Por lo tanto, en 1 y 2 Timoteo y en Tito, se pone énfasis en la vida eterna una y otra vez (1:16; 6:19; 2 Ti. 1:1, 10; Tit. 1:2; 3:7). Esta vida es un prerrequisito para llevar a cabo la economía de Dios con respecto a la iglesia, como vemos en 1 Timoteo, para hacer frente a la

12[c] 1 Ti. 6:19; 1:19 12[d] 2 Ti. 1:9; Ro. 8:30; Ef. 1:18; 1 Co. 1:9; Col. 3:15; 1 P. 5:10
12[e] 2 Co. 9:13 12[f] 2 Ti. 2:2

13 Te [a]mando delante de Dios, que conserva en vida todas
las cosas, y de Cristo Jesús, que [b]dio testimonio de la buena
confesión delante de [c]Poncio Pilato,
14 que guardes [1]el mandamiento [a]sin mácula ni reprensión, hasta la [2b]aparición de nuestro Señor Jesucristo,
15 la cual a [a]su tiempo mostrará [1]el [b]bienaventurado y
[c]solo Soberano, [d]Rey de los que rigen como reyes, y [e]Señor de
los que gobiernan como señores,
16 el único que tiene [a]inmortalidad, que habita en [b]luz
inaccesible; a quien [c]ninguno de los hombres ha visto ni
puede ver, al cual sea la [d]honra y el [e]poder sempiterno.
Amén.
17 A los ricos de [a]este siglo [b]manda que no sean [c]altivos,
ni pongan la [d]esperanza en lo [e]inseguro de las riquezas, sino
en Dios, que nos [f]provee todas las cosas en [g]abundancia para
que las disfrutemos.
18 Que hagan [1a]bien, que sean [2b]ricos en buenas obras,
que estén prestos a [c]repartir *sus bienes*, dispuestos a compartir;
19 [a]acumulando para sí el tesoro de un buen [b]fundamento
para [c]lo [1]por venir, a fin de que echen [d]mano de la [2]vida que
lo es de verdad.

13[a] 1 Ti. 1:18
13[b] Ap. 1:5; 3:14
13[c] Lc. 3:1; Hch. 4:27
14[a] Col. 1:22
14[b] 2 Ti. 4:1, 8; Tit. 2:13; 2 Ts. 2:8; He. 9:28; cfr. 2 Ti. 1:10
15[a] 1 Ti. 2:6; Tit. 1:3
15[b] 1 Ti. 1:11
15[c] 1 Ti. 1:17
15[d] Ap. 17:14; 19:16
15[e] Dt. 10:17; Sal. 136:3
16[a] 1 Co. 15:53-54
16[b] Sal. 104:2; Jac. 1:17; 1 Jn. 1:5
16[c] Ex. 33:20; Jn. 1:18
16[d] 1 Ti. 1:17
16[e] 1 P. 4:11; 5:11; Ap. 1:6
17[a] 1 Ti. 4:11

decadencia de la iglesia, como lo revela 2 Timoteo, y para mantener un buen orden en la iglesia, como indica Tito.

12[3] Lit., *en; es decir, llamados a participar, a disfrutar. Hemos sido llamados a entrar en la vida eterna de Dios. Nacimos de la vida humana natural, pero renacimos de la vida divina eterna cuando Dios nos llamó en Cristo.

12[4] La buena confesión se refiere a la buena fe, el evangelio completo que los cristianos creen. Timoteo hizo la buena confesión probablemente cuando fue bautizado, es decir, proclamó la vida eterna delante de muchos testigos, creyendo y teniendo la certeza de que había recibido la vida de Dios. Todos debemos hacer esta buena confesión.

14[1] Este mandamiento debe referirse a la exhortación de los vs. 11-12.

14[2] Es decir, la segunda venida del Señor.

15[1] Se refiere a Dios el Padre, según Hch. 1:7.

18[1] Se refiere a la presta distribución de las cosas materiales a los necesitados, y a compartir gustosamente las riquezas con ellos.

18[2] No meramente ricos en cosas materiales, sino ricos en buenas obras según el beneplácito de Dios (Ef. 2:10).

19[1] Lo por venir se refiere a la era venidera (en comparación con la era presente mencionada en el v. 17), la era del reino, cuando los santos

17[b] 2 Ti. 4:10; Tit. 2:12; Mt. 12:32 17[c] Ro. 11:20; 12:16
17[d] Job 31:24; Sal. 52:7; Mr. 10:24; cfr. 1 Ti. 4:10 17[e] Pr. 23:5; Mt. 13:22
17[f] Ec. 5:18-19; Hch. 17:25 17[g] Tit. 3:6 18[a] 1 Ti. 5:10; He. 13:16
18[b] Lc. 12:21; Jac. 2:5 18[c] Ro. 12:8 19[a] Mt. 6:19-20; Lc. 16:9 19[b] Lc. 6:48
19[c] Mt. 19:21 19[d] 1 Ti. 6:12

20 Oh Timoteo, [a]guarda el [1]depósito, [b]apartándote de las
[c]profanas y [d]vanas palabrerías, y los argumentos del [2]falsa-
mente llamado conocimiento,
21 el cual profesando algunos, se [1a]desviaron en cuanto a
la [b]fe.

XIV. Conclusión
6:21b

La [c]gracia sea con vosotros.

---

vencedores disfrutarán la recompensa del Señor. Para eso todos necesitamos poner un buen fundamento en la era presente como un tesoro que vamos a disfrutar en el futuro.

19[2] Es decir, la vida eterna a la que se refiere el v. 12. Las riquezas materiales sirven para la vida humana natural en esta era, una vida que es temporal y que, por lo tanto, no es verdadera. Si hacemos el bien en cuanto a las cosas materiales, lograremos algo para la vida verdadera, guardando así un tesoro para nuestro disfrute en la vida eterna durante la era venidera. Esto requiere que echemos mano de la vida eterna de Dios, la cual es la vida verdadera. De otra manera, nos asiremos de nuestra vida humana natural al atesorar riquezas materiales en esta era para una vida que no es verdadera. Debemos ocuparnos de la vida eterna en vez de la vida natural. Tanto el v. 12 como éste recalcan la vida eterna de Dios. Esto indica que la vida divina es un factor crucial y vital para nuestra vida cristiana.

20[1] Aquello que fue encomendado y confiado a Timoteo, las sanas palabras que él recibió de Pablo, no sólo para sí mismo, sino también para otros. Véase la nota 14[1] de 2 Ti. 1.

20[2] La enseñanza de los falsos maestros, la cual ellos llamaban conocimiento (probablemente relacionado con el conocimiento gnóstico). Tal enseñanza reemplazó el conocimiento genuino de la sana palabra de Dios que le fue confiada a Timoteo.

21[1] Errar el blanco, como en el tiro.

20[a] 2 Ti. 1:14; cfr. 2 Ti. 1:12
20[b] 2 Ti. 3:5; Ro. 16:17
20[c] 1 Ti. 4:7
20[d] 2 Ti. 2:16; 1 Ti. 1:6; Tit. 1:10; Col. 2:8
21[a] 1 Ti. 1:6; 2 Ti. 2:18
21[b] 1 Ti. 1:4
21[c] 2 Ti. 4:22

LA SEGUNDA EPISTOLA DE PABLO
A
TIMOTEO

BOSQUEJO

I. Introducción—1:1-2
II. Las provisiones divinas de la vacuna: una conciencia pura, una fe no fingida, el don divino, un espíritu fuerte, la gracia eterna, la vida incorruptible, las sanas palabras y el Espíritu que mora en el creyente—1:3-14
III. El factor básico de la decadencia: abandonar al apóstol y su ministerio—1:15-18
IV. El inoculador: maestro, soldado, competidor, labrador y obrero—2:1-15
V. La decadencia se propaga como gangrena—2:16-26
VI. La decadencia empeora: trae tiempos de pena y de engaño—3:1-13
VII. El antídoto contenido en la inoculación: la palabra divina—3:14-17
VIII. El incentivo del inoculador: la recompensa venidera—4:1-8
IX. El resultado de la decadencia: amar este siglo y cometer muchas perversidades—4:9-18
X. Conclusión—4:19-22

LA SEGUNDA EPISTOLA DE PABLO
A
TIMOTEO

Autor: El apóstol Pablo (1:1).

Fecha: Por el año 67 d. de C., durante el segundo encarcelamiento de Pablo, poco tiempo antes de su martirio (4:6).

Lugar: Una prisión en Roma (1:16-17).

Destinatario: Timoteo (1:2).

Tema:
La vacuna contra la decadencia de la iglesia

CAPITULO 1

I. Introducción
1:1-2

1 Pablo, apóstol de Cristo Jesús por la [a]voluntad de Dios,
[b]según la [1c]promesa de [d]vida, la cual es en Cristo Jesús,
2 a Timoteo, amado [a]hijo: Gracia, [1b]misericordia y paz,
de Dios Padre y de Cristo Jesús nuestro Señor.

1[a] 1 Co. 1:1; 2 Co. 1:1; Ef. 1:1; Col. 1:1
1[b] cfr. 1 Ti. 1:1; Tit. 1:1
1[c] Tit. 1:2; Ro. 1:2; Ef. 3:6; He. 9:15; Hch. 13:23; Gá. 3:29
1[d] 2 Ti. 1:10; 1 Ti. 1:16; 6:12, 19; Tit. 1:2; 3:7
2[a] 1 Ti. 1:2
2[b] 1 Ti. 1:2

1[1] Este libro fue escrito en un tiempo cuando las iglesias establecidas por medio del ministerio del apóstol en el mundo gentil estaban degradándose y el apóstol mismo estaba confinado en una prisión lejana. Muchos, incluyendo algunos de sus colaboradores (4:10), le habían vuelto la espalda y lo habían abandonado (v. 15; 4:16). Era una situación desanimante y decepcionante, especialmente para su joven colaborador e hijo espiritual, Timoteo. Por esta razón, al principio de esta epístola que anima, fortalece y establece, él le confirmó a Timoteo que era apóstol de Cristo, no sólo por la voluntad de Dios, sino también según la promesa de vida, la cual está en Cristo. Esto implica que aunque las iglesias se degraden, y muchos de los santos caigan en infidelidad, la vida eterna, la vida divina, la vida increada de Dios, que El prometió en Sus santas Escrituras y dio al apóstol y a todos los creyentes, permanece inmutable para siempre. Con esta vida inmutable y sobre ella, el sólido fundamento de Dios fue puesto y allí permanece inconmovible a través de la ola de degradación (2:19). Por medio de tal vida, aquellos que buscan al Señor con un corazón puro pueden soportar la prueba de la decadencia de la iglesia. Esta vida debía de haber animado y fortalecido al apóstol Pablo en tiempos peligrosos, y de esta misma vida Timoteo y otros debían echar mano según Pablo les mandó en su primera epístola (1 Ti. 6:12, 19).

2[1] De entre todas sus epístolas, sólo en 1 y 2 Timoteo el apóstol incluyó la misericordia de Dios en el saludo inicial. La misericordia de Dios va

II. Las provisiones divinas de la vacuna: una conciencia pura, una fe no fingida, el don divino, un espíritu fuerte, la gracia eterna, la vida incorruptible, las sanas palabras y el Espíritu que mora en el creyente 1:3-14

3 Doy gracias a Dios, al cual [1a]sirvo [2]desde *mis* [b]antepa-
sados con una [3c]conciencia pura, mientras sin cesar me
acuerdo de ti en mis peticiones [d]noche y día;
4 [a]anhelando verte, al acordarme de tus [b]lágrimas, para
[c]llenarme de gozo;
5 trayendo a la memoria la [a]fe no fingida que hay en ti,
la cual habitó primero en tu abuela Loida, y en tu [b]madre
Eunice, y estoy persuadido de que en ti también.
6 Por esta causa te recuerdo que [1]avives el fuego del [a]don
de Dios que está en ti por la [2b]imposición de mis manos.
7 Porque no nos ha dado Dios [1a]espíritu de [b]cobardía,
sino [2]de [c]poder, de [d]amor y de [e]cordura.
8 [1]Por tanto, [2]no te [a]avergüences del [b]testimonio de nuestro Señor, ni de mí, [c]preso Suyo, sino [d]sufre el mal junto con
el [3e]evangelio [4]según el [f]poder de Dios,

3[a] Hch. 24:14; Ro. 1:9
3[b] Gá. 1:14
3[c] 1 Ti. 3:9
3[d] 1 Ts. 3:10; Hch. 26:7
4[a] Fil. 1:8
4[b] Lc. 19:41; Jn. 11:35; He. 5:7; Hch. 20:19, 37; 2 Co. 2:4
4[c] Fil. 2:2
5[a] 1 Ti. 1:5
5[b] Hch. 16:1; cfr. 2 Ti. 3:15
6[a] 1 Ti. 4:14
6[b] 1 Ti. 4:14
7[a] 2 Ti. 4:22; Ro. 8:15, 16; 12:11; Jn. 3:6; 4:24
7[b] Jn. 14:27; Ap. 21:8
7[c] Ef. 3:16; 6:10
7[d] Gá. 5:13-14; Col. 3:14
7[e] 1 Ti. 3:2; Tit. 1:8; 2:2, 6

más allá de Su gracia. Cuando las iglesias se degradan, se necesita la misericordia de Dios. Esta misericordia trae la rica gracia de Dios, la cual es suficiente para hacer frente a cualquier degradación.

3[1] Servir a Dios en adoración (Hch. 24:14; Fil. 3:3).

3[2] Siguiendo los pasos de sus antepasados para servir a Dios con una conciencia pura.

3[3] Véase la nota 9[2] de 1 Ti. 3. En tiempo de degradación, uno necesita una conciencia pura para poder servir a Dios.

6[1] Esto fue escrito para animar y fortalecer a Timoteo en su ministerio para el Señor, el cual pudo haber sido debilitado por el encarcelamiento de Pablo y la situación degradada de las iglesias.

6[2] Véase la nota 14[4] de 1 Ti. 4.

7[1] Aquí el espíritu denota nuestro espíritu humano, regenerado y habitado por el Espíritu Santo (Jn. 3:6; Ro. 8:16). Avivar el fuego del don de Dios (v. 6) está relacionado con nuestro espíritu regenerado.

7[2] *De poder* se refiere a nuestra voluntad, *de amor* a nuestra parte emotiva, y *de cordura* a nuestra mente. Esto indica que tener una voluntad fuerte, una parte emotiva llena de amor, y una mente sobria está estrechamente relacionado con tener un espíritu fuerte para ejercitar el don de Dios que está en nosotros.

8[1] Esta fue la razón por la cual Pablo mandó a Timoteo en los vs. 6-7 que por medio de un espíritu fuerte, avivara el fuego del don de Dios que estaba en él.

8[2] No avergonzarse del testimonio de nuestro Señor es resistir la corriente de las iglesias en decadencia.

8[3] Ya que el evangelio, personificado aquí (cfr. nota 2[2] de Ap. 6), sufría

8[a] 2 Ti. 1:12, 16; Mr. 8:38; Ro. 1:16 8[b] 1 Co. 1:6 8[c] Flm. 1, 9; Ef. 3:1
8[d] 2 Ti. 2:3, 9; 4:5 8[e] Mr. 8:35; 10:29 8[f] Ef. 3:7, 20; Col. 1:29

9 quien nos salvó y [1a]llamó con llamamiento santo, no
conforme a nuestras [b]obras, sino según el [2c]propósito Suyo y
la [d]gracia que nos fue dada en Cristo Jesús [3]antes de los
[e]tiempos de los siglos,

10 pero que ahora ha sido [1a]manifestada por la [b]aparición
de nuestro Salvador Cristo Jesús, el cual [2]anuló la [c]muerte
y sacó a luz la [3d]vida y la [4e]incorrupción por medio del
evangelio,

11 del [1]cual yo fui [a]constituido [2]heraldo, apóstol y maestro.

---

persecución, Timoteo debía sufrir el mal juntamente con el evangelio.

8[4] La persecución que suframos juntamente con el evangelio debe llegar al grado que el poder de Dios, no nuestra fuerza natural, pueda soportarla.

9[1] Dios no sólo nos salvó para que disfrutemos Su bendición, sino que también nos llamó con un llamamiento santo, un llamamiento que tiene una meta específica, a fin de cumplir Su propósito.

9[2] El propósito de Dios es Su plan conforme a Su voluntad de ponernos en Cristo y hacernos uno con El para que participemos de Su vida y posición a fin de ser Su testimonio. La gracia es la provisión de vida que Dios nos dio para que expresemos Su propósito en nuestro vivir.

9[3] Es decir, antes de que el mundo comenzara. Esta gracia nos fue dada en Cristo antes de que el mundo comenzara. Esto es un fundamento seguro e inconmovible que permanece firme en contra de la corriente de decadencia, y expone la total inutilidad de los esfuerzos del enemigo por contrarrestar el propósito eterno de Dios. A fin de fortalecer a Timoteo, el apóstol identificó el ministerio de ellos con esta gracia eterna, el fundamento seguro.

10[1] La gracia de Dios nos fue dada en la eternidad, pero nos fue manifestada y aplicada por medio de la primera venida de nuestro Señor, en la cual El anuló la muerte y nos trajo vida.

10[2] Cristo anuló la muerte, dejándola sin efecto, mediante Su muerte, con la cual destruyó al diablo (He. 2:14) y por medio de Su resurrección, que sorbe la muerte (1 Co. 15:52-54).

10[3] La vida eterna de Dios, la cual es dada a todos los creyentes en Cristo (1 Ti. 1:16) y la cual es también el elemento principal de la gracia divina que nos fue dada (Ro. 5:17, 21). Esta vida venció a la muerte (Hch. 2:24) y la sorberá (2 Co. 5:4). Según la promesa de tal vida Pablo fue un apóstol (v. 1). Esta vida y la incorrupción que es consecuencia de la misma han sido sacadas a la luz y hechas visibles a los hombres por medio de la predicación del evangelio.

10[4] La vida es el elemento divino, Dios mismo, impartido a nuestro espíritu; la incorrupción es la consecuencia de que la vida sature nuestro cuerpo (Ro. 8:11). Esta vida e incorrupción pueden contrarrestar la muerte y la corrupción introducidas por la decadencia que exista entre las iglesias.

11[1] Esto se refiere al evangelio de la gracia divina y la vida eterna, y corresponde al evangelio en gracia y vida presentado por el apóstol Juan (Jn. 1:4, 16-17). Para dicho evangelio Pablo fue constituido heraldo, apóstol y maestro.

11[2] Un heraldo anuncia y proclama el evangelio, un apóstol establece y confirma las iglesias para la administración de Dios, y un maestro da instrucciones a las iglesias, a todos los santos. Véase la nota 7[1] de 1 Ti. 2.

9[a] 1 Ti. 6:12; He. 3:1
9[b] Ro. 9:11; Ef. 2:9; Tit. 3:5
9[c] Ef. 1:9, 11
9[d] 1 Ti. 1:14
9[e] Tit. 1:2; Ro. 16:25
10[a] Tit. 2:11; Ro. 16:26; Col. 1:26; Tit. 1:3
10[b] He. 9:26
10[c] 1 Co. 15:26, 54; He. 2:14, 15
10[d] 2 Ti. 1:1; 1 Ti. 1:16
10[e] Ro. 2:7
11[a] 1 Ti. 1:12; 2:7

12[a] 2 Ti. 2:9
12[b] 2 Ti. 1:8, 16
12[c] Tit. 3:8
12[d] cfr. 2 Ti. 1:14; 1 Ti. 6:20
12[e] 1 P. 4:19; Sal. 10:14
12[f] 2 Ti. 1:18; 4:8; 1 Co. 1:8; 3:13
13[a] Tit. 1:9; 1 Ti. 1:19
13[b] 1 Ti. 6:3; 1:10
13[c] 2 Ti. 2:2; Ap. 3:3
13[d] 1 Ti. 1:14; 2:15
14[a] 1 Ti. 6:20; cfr. 2 Ti. 1:12
14[b] Tit. 3:5; Ro. 8:9, 11; 1 Co. 3:16; 6:19
15[a] 2 Ti. 4:10, 16
15[b] Hch. 2:9; 19:10; 20:18; 2 Co. 1:8; Ap. 1:4

12 Por esta [1]causa asimismo [a]padezco esto; pero [2]no me [b]avergüenzo, porque yo sé a [3]quién he [c]creído, y estoy persuadido de que es poderoso para [d]guardar [4]mi [e]depósito para [5f]aquel día.

13 [a]Retén la [1]forma de las [2b]sanas palabras que de mí [c]oíste, en la [3d]fe y el amor que son en Cristo Jesús.

14 [a]Guarda el buen [1]depósito por el [b]Espíritu Santo que [2]mora en nosotros.

III. El factor básico de la decadencia: abandonar al apóstol y su ministerio 1:15-18

15 Ya sabes esto, que me han [1a]vuelto la espalda todos los que están en [2b]Asia, de los cuales son [3]Figelo y Hermógenes.

12[1] El apóstol sufría por una sola causa, la causa del más alto nivel: proclamar las buenas nuevas del evangelio de gracia y vida para confirmar las iglesias, y dirigir a los santos. Tal causa debe de haber animado y fortalecido a Timoteo, mientras afrontaba el deterioro de las iglesias en decadencia.

12[2] Así que Timoteo tampoco debía haberse avergonzado (v. 8).

12[3] El apóstol creía en una persona viviente, Cristo, el Hijo del Dios vivo, quien es la corporificación de la gracia divina y de la vida eterna, y no en una cosa ni asunto. La vida eterna que está en Cristo es poderosa; basta y sobra para sostener hasta el final a aquel que sufre por Su causa, y para preservarlo para la herencia de la gloria venidera. La gracia que está en El era más que suficiente para proveer a Su enviado de todo lo necesario para acabar la carrera de su ministerio hasta obtener la recompensa en gloria (4:7-8). Por lo tanto, El podía guardar lo que el apóstol le había confiado, para el día del regreso del Señor. Tal seguridad también debe de haber animado y fortalecido al débil y afligido Timoteo.

12[4] O, lo que le he encomendado *a El.* El apóstol encomendó todo su ser y su glorioso futuro a Aquel que es poderoso para guardar, por medio de Su vida y gracia, ese depósito para el día de Su segunda manifestación.

12[5] El día de la segunda manifestación de Cristo.

13[1] O, ejemplo. Lo dicho en el v. 12 es una forma, un ejemplo, de las sanas palabras.

13[2] Véase la nota 3[2] de 1 Ti. 6.

13[3] Véase la nota 14[2] de 1 Ti. 1.

14[1] Este es el depósito que el Señor nos confió, en contraste con el depósito que nosotros le confiamos a El, mencionado en el v. 12. Según el v. 13, este depósito debe de referirse al depósito de las sanas palabras, que incluye las riquezas de vida que hay en Su palabra, las cuales el Señor ha depositado en nosotros. Véase la nota 20[1] de 1 Ti. 6.

14[2] El Espíritu Santo mora en nuestro espíritu (Ro. 8:16). Por consiguiente, para que nosotros guardemos el buen depósito por medio del Espíritu Santo, debemos ejercitar nuestro espíritu.

15[1] Esto indica que los creyentes de Asia que habían recibido anteriormente el ministerio del apóstol, ahora lo abandonaban. A pesar de tal abandono, el apóstol se fortaleció en la gracia que estaba en Cristo, quien es el mismo y nunca cambia. Sin desanimarse, exhortó a su hijo en la fe a perseverar firmemente en el ministerio en medio del fracaso y de la ruina de las iglesias.

16 Tenga el Señor [a]misericordia de la casa de [1b]Onesíforo,
porque muchas veces me [c]confortó, y no se [d]avergonzó de mis
[e]cadenas,
17 sino que cuando estuvo en [a]Roma, me buscó solícita-
mente y me halló.
18 Concédale el Señor que halle [a]misericordia de parte
del Señor en [1b]aquel día. Y cuántos servicios me prestó en
[c]Efeso, tú lo sabes mejor.

CAPITULO 2

IV. El inoculador: maestro, soldado, competidor, labrador y obrero 2:1-15

1 Tú, pues, [a]hijo mío, [1b]fortalécete en la [2c]gracia que es
en Cristo Jesús.
2 [1]Lo que has [a]oído de mí mediante muchos [b]testigos,
esto [2c]confía a hombres [3d]fieles que sean idóneos para [e]ense-
ñar también a otros.
3 Tú, pues, [a]sufre el mal *conmigo* como buen [1b]soldado de
Cristo Jesús.
4 Ninguno que sirve de soldado se [1a]enreda en los

15[2] Es decir, la provincia de Asia. La frase *todos los que están en Asia* hace referencia a la situación general entre los creyentes de Asia y no incluye a todos los creyentes individualmente; Onesíforo, por ejemplo, se menciona como uno de Asia que a menudo confortaba y buscaba a Pablo (vs. 16-18).

15[3] Estas dos personas deben de haber sido las primeras en abandonar al apóstol por estar encarcelado (cfr. v. 8).

16[1] El fue un vencedor que superó la tendencia general y se opuso a la corriente de degradación para confortar al embajador del Señor, en espíritu, alma y cuerpo, no avergonzándose del encarcelamiento del apóstol por causa de la comisión del Señor.

18[1] El día de la manifestación victoriosa del Señor, para recompensar a Sus vencedores (4:8; Ap. 22:12).

1[1] El apóstol mismo había tenido la experiencia de ser fortalecido por la gracia en vida (1:9-12). Ahora exhorta a Timoteo a que sea fortalecido en la misma gracia.

1[2] Véase la nota 9[2] del cap. 1.

2[1] Es decir, las sanas palabras (1:13).

2[2] Las sanas palabras, después de ser confiadas a hombres fieles, se convierten en el buen depósito en ellos (1:14). Esto indica que si un hermano en una iglesia local tiene un depósito de las sanas palabras del Señor, debe entrenar a los hombres fieles para que ellos también tengan del Señor un buen depósito y sean idóneos para enseñar a otros.

2[3] Confiables.

3[1] El apóstol consideraba el ministerio de ellos una guerra por Cristo, así como el servicio sacerdotal era considerado un servicio militar, una guerra, en Nm. 4:23, 30, 35 (heb.).

4[1] Para pelear la buena batalla

16[a] 2 Ti. 1:18, 2; 1 Ti. 1:13
16[b] 2 Ti. 4:19
16[c] Flm. 7, 20; Ro. 15:32; 1 Co. 16:18; 2 Co. 7:13
16[d] 2 Ti. 1:8, 12
16[e] Hch. 28:20; Fil. 1:7
17[a] Hch. 28:14, 16, 17
18[a] 2 Ti. 1:16
18[b] 2 Ti. 1:12
18[c] Hch. 18:19; 19:1, 26; 1 Ti. 1:3
1[a] 2 Ti. 1:2
1[b] 2 Ti. 1:7; 4:17; Ef. 6:10; Fil. 4:13
1[c] 2 Ti. 1:9; 1 Ti. 1:14
2[a] 2 Ti. 1:13
2[b] 1 Ti. 6:12
2[c] 1 Ti. 1:18
2[d] Mt. 24:45
2[e] 2 Ti. 2:24; 1 Ti. 3:2; 5:17

3[a] 2 Ti. 1:8; 4:5 3[b] 1 Ti. 1:18 4[a] He. 12:1; 2 P. 2:20

[b]negocios de esta [2]vida, a fin de agradar a aquel que le alistó
como soldado.
5 Y también el que [1a]compite *en los juegos,* no es [2b]coro-
nado si no compite legítimamente.
6 El [1a]labrador que se esfuerza debe ser el primero en
participar de los frutos.
7 Considera lo que digo, pues el Señor te dará entendimiento en todo.
8 Acuérdate de Jesucristo, [1a]resucitado de los muertos,
nacido del [2b]linaje de David, conforme a [3c]mi evangelio,
9 en el cual [a]sufro el mal, hasta [b]prisiones a modo de
[c]malhechor; mas la [d]palabra de Dios [1]no está presa.
10 Por tanto, todo lo [a]soporto por amor de los [1b]escogidos,
para que ellos mismos también obtengan la [c]salvación que
es en Cristo Jesús [2]con [d]gloria eterna.
11 [a]Palabra fiel es ésta: [1]Si [2b]morimos *con El,* también
[3c]viviremos *con El;*

4[b] cfr. Lc. 14:18-20; Mt. 13:22
5[a] 1 Co. 9:25
5[b] 2 Ti. 4:8
6[a] 1 Co. 9:10
8[a] Hch. 2:24; 1 Co. 15:4, 20
8[b] Mt. 1:1; 22:42, 45; Jn. 7:42; Ro. 1:3
8[c] Ro. 2:16; 16:25; Gá. 1:11; 1 Ti. 1:11
9[a] 2 Ti. 1:8, 12; Hch. 9:16
9[b] Fil. 1:7; Col. 4:3, 18
9[c] Lc. 22:37; 23:32
9[d] 1 Ts. 1:8
10[a] 1 Co. 13:7; He. 10:36
10[b] Tit. 1:1; Col. 3:12
10[c] 1 Ts. 5:9
10[d] 1 P. 5:10; 2 Co. 4:17; He. 2:10

(4:7) por los intereses del Señor en la tierra, debemos deshacernos de todos los enredos terrenales.

4[2] La palabra griega (*bíos*) denota la vida física en esta era.

5[1] Aquí Timoteo es comparado con un atleta que compite en los juegos.

5[2] Véase la nota 25[1] de 1 Co. 9.

6[1] Aquí el apóstol compara a Timoteo con un labrador. Un soldado debe ganar la victoria, un atleta debe recibir la corona, y un labrador debe participar de los frutos, del alimento.

8[1] Indica la victoria que Cristo obtuvo sobre la muerte por medio de Su vida divina y el poder de resurrección de la misma.

8[2] Indica la naturaleza humana de Cristo llena de dignidad, la cual fue exaltada y glorificada juntamente con Su naturaleza divina.

8[3] El evangelio del apóstol es las buenas nuevas de la persona viviente, Cristo, quien posee la naturaleza divina y la naturaleza humana, se encarnó para ser el Hijo del Hombre, y resucitó para ser el Hijo de Dios, como se relata en la porción análoga, Ro. 1:1-4.

9[1] A pesar de toda la oposición provocada por los esfuerzos humanos que habían sido instigados por el enemigo, Satanás, las prisiones que sufrió el apóstol hicieron que la palabra de Dios fuera liberada, que fuera predicada por los hombres libremente, y llegara a ser más prevaleciente.

10[1] Los que creen en Cristo, quienes fueron escogidos por Dios el Padre antes de la fundación del mundo (Ef. 1:4) y elegidos de entre la humanidad para salvación. El apóstol soportó todos los sufrimientos por causa de nosotros, los escogidos, para que obtengamos la salvación, así como él.

10[2] Aquí no dice salvación *y* gloria eterna, sino salvación *con* gloria eterna. La gloria eterna es la meta final de la obra salvadora de Dios (Ro. 8:21); la salvación de Dios nos lleva a Su gloria (He. 2:10). Esto nos anima a soportar los sufrimientos por causa del evangelio (Ro. 8:17).

11[1] Es posible que la porción que va desde aquí hasta el final del v. 13 haya sido un himno. Este pasaje corresponde a Ro. 6:8 y 8:17.

11[a] 1 Ti. 1:15 **11**[b] Ro. 6:8; 2 Co. 4:10 **11**[c] 1 Ts. 5:10; Jn. 14:19

12 si [1a]perseveramos, también [2b]reinaremos *con El;* si le
[c]negamos, El también [3]nos negará.
13 Si somos [a]infieles, El permanece [1]fiel; pues El [2b]no
puede negarse a Sí mismo.
14 Recuérdales esto, [a]encargándoles solemnemente delante de Dios que no [b]contiendan sobre palabras, lo cual para
nada [c]aprovecha, sino que [1]lleva a la ruina a los oyentes.
15 Procura con diligencia [a]presentarte a Dios [b]aprobado,
como obrero que no tiene de qué avergonzarse, que [1]traza
bien la [c]palabra de [2d]verdad.

V. La decadencia se propaga como gangrena 2:16-26

16 Mas [a]evita [1b]profanas y [c]vanas palabrerías, porque
conducirán más y más a la [2d]impiedad.
17 Y su palabra [1]se extenderá como [2]gangrena; de los
cuales son [a]Himeneo y Fileto,
18 que se [1a]desviaron en cuanto a la [2b]verdad, diciendo

12[a] 2 Ts. 1:4
12[b] Ap. 20:4, 6
12[c] Mt. 10:33; Lc. 12:9
13[a] cfr. Ro. 3:3
13[b] Tit. 1:2; Nm. 23:19
14[a] 1 Ti. 4:11
14[b] 1 Ti. 6:4; 2 Ti. 2:23; Tit. 3:9
14[c] Tit. 3:9
15[a] Ro. 6:13; 12:1
15[b] Fil. 2:22; 1 Co. 11:19; Ro. 5:4; cfr. 2 Ti. 3:8; 1 Co. 9:27; 2 Co. 13:5, 6; He. 6:8
15[c] Ef. 1:13; Jac. 1:18
15[d] 1 Ti. 2:4
16[a] Tit. 3:9; cfr. 1 Ti. 6:20; 2 Ti. 3:5; 1 Ti. 6:11; 2 Ti. 2:22
16[b] 1 Ti. 4:7

11[2] En la crucifixión de Cristo, según es simbolizado por el bautismo (Ro. 6:3-8).

11[3] En la resurrección de Cristo (Ro. 6:5, 8; Jn. 14:19).

12[1] En esta era.

12[2] En la era venidera.

12[3] No nos reconocerá (Mt. 10:33; Lc. 12:9).

13[1] Fiel a Su propia palabra.

13[2] Si le somos infieles, El permanece fiel; aun así, El no puede aceptarnos como fieles haciéndose así infiel, es decir, negándose a Sí mismo (Su naturaleza y Su ser).

14[1] O, trastorna. Lit., lleva a la catástrofe.

15[1] Como en carpintería. Esto significa exponer la palabra de Dios en sus varias partes de manera recta y exacta, sin distorsión.

15[2] Véanse las notas 4[2] de 1 Ti. 2 y 15[5] de 1 Ti. 3. Las contiendas sobre palabras (v. 14), las profanas y vanas palabrerías (v. 16), las palabras que carcomen como gangrena (v. 17), y las cuestiones necias y las nacidas de una mente indocta (v. 23) son frecuentemente usadas por el diablo (v. 26) en la corriente de degradación entre las iglesias para producir contiendas (v. 23), arruinar a los oyentes (v. 14), promover la impiedad (v. 16), y trastornar la fe de algunos (v. 18). Así que, la palabra de verdad, debidamente expuesta, es necesaria para alumbrar a los que están en tinieblas, inyectarle el antídoto en contra del veneno, sorber la muerte, y volver al camino correcto a los que han sido distraídos.

16[1] Véase la nota 7[3] de 1 Ti. 4.

16[2] Contrario a la piedad. Véase la nota 2[2] de 1 Ti. 2.

17[1] O, se alimentará, comerá. Lit., encontrará pastos; cfr. Jn. 10:9. La palabra traducida *pastos* en el griego es un término médico usado para referirse al avance de una enfermedad mortal que consume (Alford). Por esto, aquí se traduce *se extenderá.*

17[2] Una úlcera que carcome, un cáncer.

18[1] Es decir, erraron el blanco, se apartaron.

18[2] Véase la nota 15[5] de 1 Ti. 3.

16[c] 1 Ti. 6:20 **16**[d] 1 Ti. 1:9; Tit. 2:12 **17**[a] 1 Ti. 1:20 **18**[a] 1 Ti. 1:6 **18**[b] 1 Ti. 2:4

que la [c]resurrección [3]ya sucedió, y trastornaron la [4d]fe de
algunos.
19 Pero el sólido [1a]fundamento de Dios permanece firme,
teniendo este [2b]sello: [c]Conoce el Señor a los que son Suyos; y:
Apártese de injusticia todo aquel que [d]invoca el nombre del
Señor.
20 [1]Pero en una [2]casa grande, no solamente hay vasos de
[3]oro y de plata, sino también de [4]madera y de barro; y unos
son para [a]honra, y otros para deshonra.

18[c] 1 Co. 15:12
18[d] 1 Ti. 1:14, 19a
19[a] 1 Ti. 3:15; cfr. Is. 28:16
19[b] Ef. 1:13; 4:30; 2 Co. 1:22
19[c] Nm. 16:5; Nah. 1:7; Jn. 10:14, 27
19[d] Is. 26:13
20[a] Ro. 9:21

18[3] Es decir, que no habrá resurrección. Esta es una grave herejía que niega el poder divino de la vida (1 Co. 15:52; 1 Ts. 4:16; Ap. 20:4, 6).

18[4] Esta es la fe subjetiva, es decir, la acción de creer; está estrechamente ligada a la resurrección de Cristo (Ro. 10:9).

19[1] Los vs. 14-18 dan instrucciones sobre la manera de hacer frente a las herejías, por un lado, y de manejar la verdad, por otro. Según el contexto de los vs. 15, 18 y 25, el fundamento aquí no se refiere a Cristo como el fundamento de la iglesia (1 Co. 3:11), sino a la iglesia como el fundamento de la verdad. Esto corresponde al fundamento de la verdad, el cual sostiene la verdad (1 Ti. 3:15), especialmente la verdad de la resurrección de Cristo (Hch. 4:33).

La iglesia está edificada con la vida divina en Cristo, una vida que es indestructible, invencible (He. 7:16; Hch. 2:24), y capaz de soportar la decadencia mortal, cualquiera que sea su origen. Así que, la iglesia es el sólido fundamento de Dios que permanece para siempre en contra de cualquier herejía.

19[2] El sello tiene dos lados. Por el lado del Señor tenemos: "Conoce el Señor a los que son Suyos". Esto se basa en la vida divina del Señor, la cual El ha dado a todos Sus creyentes y la cual los ha llevado a una unión orgánica con El, haciéndolos uno con El y haciendo que ellos le pertenezcan. Por nuestro lado tenemos: "Apártese de injusticia todo aquel que invoca el nombre del Señor". Este es el resultado de la vida divina: nos capacita para apartarnos de la injusticia y nos guarda irreprensibles en Su santo nombre. La iglesia como el sólido fundamento en la vida divina lleva este sello de dos lados, lo cual atestigua que la vida divina del Señor nos ha hecho Suyos y nos ha guardado de las cosas que son contrarias a Su camino justo.

El v. 19 indica indiscutiblemente que las personas expuestas en los vs. 16-18 no pertenecen al Señor. Las maldades de ellos son una prueba categórica de esto.

20[1] En contraste con la definición dada en el v. 19 en cuanto a los creyentes genuinos.

20[2] La casa de Dios, definida en 1 Ti. 3:15-16, es la iglesia genuina en su naturaleza divina y su carácter esencial como el fundamento de la verdad; mientras que la casa grande aquí mencionada se refiere a la iglesia deteriorada en su carácter mezclado con el mundo, según el cuadro del árbol anormalmente grande presentado en Mt. 13:31-32 (véase la nota 32[1] de Mt. 13). En esta casa grande no solamente hay vasos preciosos, sino también vasos viles.

20[3] Los vasos de honra están constituidos tanto de la naturaleza divina (oro) como de la naturaleza humana redimida y regenerada (plata). Estos vasos, tales como Timoteo y otros creyentes genuinos, constituyen el firme fundamento que sostiene la verdad.

20[4] Los vasos de deshonra están constituidos de la naturaleza humana caída (madera y barro). Himeneo, Fileto y otros falsos creyentes pertenecen a esta categoría.

21 Así que, si alguno se [1]limpia de [2a]éstos, será un [b]vaso
[3]para honra, [c]santificado, [d]útil al dueño, y [e]dispuesto para
toda buena obra.
22 [a]Huye de las [1]pasiones juveniles, y [b]sigue la [2]justicia,
la fe, el amor y la paz, con los que de [3c]corazón puro [4d]invocan
al Señor.
23 Pero desecha las [a]cuestiones [1b]necias y las nacidas de
una mente [2]indocta, sabiendo que engendran contiendas.
24 Porque el [a]esclavo del Señor [b]no debe ser contencioso,
sino amable para con todos, apto para [c]enseñar, sufrido;
25 que con [a]mansedumbre corrija a los que se [b]oponen,
por si quizá Dios les conceda el [1c]arrepentimiento que conduce al [2d]pleno conocimiento de la verdad,
26 y [1a]vuelvan al buen sentido, escapándose del [2b]lazo del
[3]diablo (quien los había capturado vivos), para *hacer* la
voluntad de [c]El.

21[1] Esto es apartarse de la injusticia (v. 19), como evidencia externa de la naturaleza divina interior.

21[2] Se refiere a los vasos para deshonra, incluyendo a aquellos mencionados en los vs. 16-18.

21[3] *Para honra* es un asunto de naturaleza, *santificado* es un asunto de posición, *útil* es un asunto de práctica, y *dispuesto* es un asunto de adiestramiento.

22[1] Timoteo tenía que estar alerta no sólo con respecto a la corrupción externa que existía entre las iglesias, sino también a sus propias concupiscencias internas. El tenía que evitar la corrupción externa y huir de las concupiscencias internas.

22[2] La justicia se ejerce para con uno mismo, la fe para con Dios y el amor para con otros; la paz es el resultado de estas tres virtudes.

22[3] Véase la nota 5[3] de 1 Ti. 1.

22[4] Esto es invocar el nombre del Señor (v. 19) en nuestra oración y en nuestra alabanza a El. Los buscadores del Señor deben ser los que lo invocan.

23[1] O, tontas.

23[2] No educada, indisciplinada, no instruida, es decir, no sometida a Dios, sino que sigue sus propios designios y su propia voluntad (Darby).

25[1] Esto indica que con respecto a los que se oponen a la verdad, lo que está en duda es el corazón y la conciencia. La verdad es la revelación del Dios viviente y de Su economía, el deseo de Su corazón. Para recibir la revelación divina, el corazón y la conciencia deben ser ejercitados debidamente para con Dios. El corazón debe volverse a El, es decir, dirigirse solamente a El, y la conciencia debe ser pura e irreprensible delante de El. De otro modo, uno puede ser llevado cautivo por el diablo y, por consiguiente, caer en su lazo (v. 26).

25[2] Véase la nota 4[2] de 1 Ti. 2. Esto comprueba que los opositores no tienen el conocimiento adecuado de la revelación divina.

26[1] Volver a la sobriedad, despertarse del estupor de la embriaguez (Vincent).

26[2] Esto indica que los que se oponen a la verdad han sido capturados y mantenidos por el diablo en su red. El enemigo de Dios ocupa la mente reprobada de ellos con el error, y niega la entrada a Dios, tal como lo hizo con

---

21[a] 2 Ti. 2:16-18
21[b] Ro. 9:21, 23-24
21[c] Ro. 6:19, 22; 15:16; 1 P. 1:2
21[d] Flm. 11
21[e] 2 Ti. 3:17; Tit. 3:1, 8, 14; He. 13:21; Ef. 2:10
22[a] 1 Ti. 6:11
22[b] 1 Ti. 6:11
22[c] 1 Ti. 1:5
22[d] Ro. 10:12; Hch. 9:14; 1 Co. 1:2
23[a] 1 Ti. 1:4; 6:4
23[b] Tit. 3:9
24[a] Ro. 1:1; Gá. 1:10
24[b] 1 Ti. 3:3; Tit. 3:2; Mt. 12:19
24[c] 2 Ti. 2:2
25[a] Tit. 3:2; Gá. 6:1; 1 P. 3:16

25[b] 2 Ti. 3:8; Tit. 1:9; 2:8 **25**[c] Hch. 5:31 **25**[d] 1 Ti. 2:4
26[a] 1 Co. 15:34 **26**[b] 1 Ti. 3:7; 6:9 **26**[c] Ro. 12:2; Ef. 5:17; Col. 1:9

CAPITULO 3

VI. La decadencia empeora: trae tiempos de pena y de engaño 3:1-13

1 [1]Pero debes saber esto: que en los [2]postreros días vendrán [3a]tiempos difíciles.
2 Porque los [1]hombres serán [2]amadores de sí mismos,
[a]amadores del dinero, [b]vanagloriosos, [3]soberbios, [4c]injuria-
dores, [b]desobedientes a los padres, [5]ingratos, [d]impíos,
3 [a]sin afecto natural, [1]implacables, [b]calumniadores, [c]in-
temperantes, salvajes, [c]aborrecedores del bien,
4 [1a]traidores, [2]impetuosos, [3b]cegados por el orgullo, [4]ama-
dores de los [c]deleites más que [d]de Dios,

1[a] 2 Ti. 4:3
2[a] 1 Ti. 6:10; He. 13:5
2[b] Ro. 1:30
2[c] 2 P. 2:10-12
2[d] 1 Ti. 1:9
3[a] Ro. 1:31
3[b] 1 Ti. 3:11; Tit. 2:3
3[c] cfr. Tit. 1:8
4[a] Jn. 6:71; Hch. 7:52
4[b] 1 Ti. 3:6; 6:4
4[c] Tit. 3:3; Jac. 5:5; 2 P. 2:13
4[d] Mr. 12:30; 1 Jn. 4:21

---

los fariseos (Jn. 8:42-45). Tales opositores necesitan volver sus corazones hacia Dios y limpiar sus conciencias.

26[3] Véase la nota 10[1] de Ap. 2.

1[1] En contraste con la esperanza expresada al final del capítulo anterior.

1[2] Denota la era presente (2 P. 3:3; Jud. 18), la cual comenzó con la primera venida de Cristo (1 P. 1:20) y durará hasta Su segunda manifestación. El hecho de que este período iba a ser largo no fue revelado a los apóstoles (Mt. 24:36); ellos esperaban que el Señor regresara durante su generación.

1[3] O, tiempos arduos, tiempos de pena, tiempos peligrosos.

2[1] El cuadro profético presentado en los vs. 2-5 no muestra la condición maligna de la sociedad que no es cristiana, sino la situación corrupta de la casa grande mencionada en 2:20, la cual es el cristianismo en decadencia. Esto se comprueba por la expresión *tendrán apariencia de piedad* en el v. 5. Las personas que no son cristianas ni siquiera tienen apariencia de piedad.

2[2] En 1 y 2 Timoteo y en Tito se mencionan siete clases de amadores: (1) amadores de sí mismos, (2) amadores del dinero (v. 2; 1 Ti. 6:10), (3) amadores de los deleites, (4) amadores de Dios (v. 4), (5) amadores del bien (Tit. 1:8), (6) amadores de sus cónyuges, y (7) amadores de sus hijos (Tit. 2:4). También, se mencionan dos clases de personas que no aman: (1) las que no aman el bien, y (2) las que no aman a Dios (vs. 3-4). Lo que uno ama ocupa y posee todo su corazón y todo su ser. ¡Esto es crucial! Tener un día de gloria en la victoria de la iglesia o días penosos en la decadencia de la iglesia depende completamente de cuál sea el objeto de nuestro amor. La historia nos dice que la raíz de la decadencia de la iglesia fue que ella perdió su primer amor hacia el Señor (Ap. 2:4). Para mantener el nivel victorioso de la iglesia, debemos amar a Dios y amar el bien que pertenece a la economía de Dios.

2[3] O, altaneros.

2[4] Lit., blasfemos, como en 1 Ti. 1:13. Sin embargo, aquí no se refiere a los que blasfeman a Dios, sino a los injuriadores o vituperadores, a aquellos que maldicen e injurian a los hombres.

2[5] O, desagradecidos.

3[1] O, irreconciliables.

4[1] O, desleales.

4[2] O, contumaces.

4[3] Véase la nota 6[2] de 1 Ti. 3.

4[4] En este cuadro hay tres clases de amadores: amadores de sí mismos, amadores del dinero y amadores de los deleites; y dos clases de personas que no aman: las que no aman el bien y las que no aman a Dios.

5 que tendrán [1a]apariencia de [b]piedad, pero [c]negarán la
[2]eficacia de ella; de éstos [d]apártate.
6 Porque de éstos son los que se [a]meten en las [b]casas y
llevan cautivas a las mujercillas cargadas de pecados, arrastradas por [c]diversas concupiscencias.
7 Estas siempre están aprendiendo, y nunca pueden
llegar al [1a]pleno conocimiento de la verdad.
8 Y de la manera que [1]Janes y Jambres se opusieron a
Moisés, así también éstos se [a]oponen a la [2b]verdad; hombres
[c]corruptos de entendimiento, [3d]réprobos en cuanto a la [4e]fe.
9 Mas no [a]irán más adelante; porque su [1]insensatez será
manifiesta a todos, como también lo fue la de [2]aquéllos.
10 Pero tú has seguido [a]fielmente mi enseñanza, [1]conduc-
ta, [2b]propósito, fe, longanimidad, amor, perseverancia,
11 [a]persecuciones, padecimientos, como los que me so-
brevinieron en [b]Antioquía, en [c]Iconio, en [1d]Listra. Estas
persecuciones he sufrido, y de todas me ha [e]librado el Señor.
12 Y en verdad todos los que [1]quieren [2]vivir [a]piadosamen-
te en Cristo Jesús [b]padecerán persecución;
13 mas los malos hombres y los [1]impostores irán de mal
en peor, [a]engañando y siendo engañados.

VII. El antídoto contenido en la inoculación:
la palabra divina
3:14-17

14 Pero [1]persiste tú en [2]lo que has aprendido y de lo que
estás convencido, sabiendo de quiénes has aprendido;

5[a] Ro. 2:20; cfr. Mt. 7:15
5[b] 1 Ti. 2:2
5[c] 1 Ti. 5:8; Tit. 1:16
5[d] 1 Ti. 6:20; cfr. 1 Ti. 6:11; 2 Ti. 2:22, 16; Tit. 3:9
6[a] Jud. 4
6[b] Tit. 1:11
6[c] Tit. 3:3
7[a] 2 Ti. 2:25; 1 Ti. 2:4
8[a] 2 Ti. 2:25
8[b] 1 Ti. 2:4
8[c] 1 Ti. 6:5
8[d] Tit. 1:16; cfr. 1 Co. 9:27; 2 Co. 13:5
8[e] 1 Ti. 1:4
9[a] cfr. 2 Ti. 2:16
10[a] 1 Ti. 4:6
10[b] Hch. 11:23
11[a] Hch. 13:50; 14:2, 5; 2 Co. 12:10
11[b] Hch. 13:14
11[c] Hch. 14:1-2

5[1] La mera semblanza, sin la realidad esencial.

5[2] La virtud verdadera y práctica con una influencia viviente que expresa a Dios.

7[1] Véase la nota 4[2] de 1 Ti. 2.

8[1] Según la tradición judía, estos dos hombres fueron los magos egipcios que se opusieron a Moisés en Ex. 7:11, 22.

8[2] Véase la nota 15[5] de 1 Ti. 3. En la decadencia de las iglesias, la verdad es el blanco del ataque del enemigo. Por lo tanto, la verdad es también el remedio y el rescate de la enfermedad y la ruina en que estaban.

8[3] Es decir, no aprobados.

8[4] Véase la nota 1[4] de 1 Ti. 4.

9[1] La carencia de prudencia y de sensibilidad en sus hechos.

9[2] Janes y Jambres, quienes fueron derrotados y reducidos a nada (Ex. 8:18; 9:11).

10[1] Es decir, manera de vivir.

10[2] Esta palabra griega se usa en las epístolas de Pablo en relación con el propósito de Dios (Ro. 9:11).

11[1] La ciudad donde vivía Timoteo (Hch. 16:1-2), cerca de Iconio y Antioquía de Pisidia.

12[1] O, determinan.

11[d] Hch. 14:6 **11**[e] 2 Ti. 4:17-18 **12**[a] Tit. 2:12; 1 Ti. 2:10
12[b] Jn. 15:20; 1 Co. 4:12 **13**[a] Tit. 1:10; 3:3

15 [1]y que [a]desde la niñez has sabido las [b]Sagradas Escrituras, las cuales te pueden hacer [c]sabio para la [d]salvación
por la [2]fe que es en Cristo Jesús.
16 [1]Toda la [a]Escritura es [2]dada por el aliento de Dios, y
útil para [b]enseñar, para [3]redargüir, para [4]corregir, para
[5]instruir en justicia,
17 a fin de que el [1a]hombre de Dios sea [2]cabal, enteramente [3b]equipado para toda buena obra.

CAPITULO 4

VIII. El incentivo del inoculador: la recompensa venidera 4:1-8

1 Delante de Dios y de Cristo Jesús, que [1a]juzgará a los

15[a] 2 Ti. 1:5
15[b] Ro. 15:4; 1 Co. 10:11; Jn. 5:39, 47
15[c] Sal. 19:7; 119:98
15[d] 1 Co. 1:21; Hch. 16:31
16[a] 2 P. 1:20-21
16[b] Ro. 15:4; Ef. 6:4
17[a] 1 Ti. 6:11
17[b] He. 13:21; 2 Ti. 2:21
1[a] Hch. 10:42; 17:31

12[2] Es decir, llevar una vida de piedad. Véanse las notas 2[2] de 1 Ti. 2, y 16[2], 16[3] de 1 Ti. 3.

13[1] O, malabaristas, o sea impostores tramposos. Este versículo indica que la decadencia de la iglesia empeorará.

14[1] O, permanece.

14[2] Las cosas que Timoteo aprendió del apóstol y de las cuales tenía certeza, formaron la porción vital del contenido del Nuevo Testamento, una porción que completó la revelación divina (Col. 1:25). Así que, él tenía una comprensión práctica de gran parte del Nuevo Testamento.

15[1] Además de su conocimiento del Nuevo Testamento, Timoteo tenía, desde su niñez, un buen fundamento en el conocimiento del Antiguo Testamento. El fue completamente perfeccionado y equipado para ministrar la palabra de Dios, no sólo al cuidar de una iglesia local, sino también al afrontar la decadencia de la iglesia, la cual iba de mal en peor.

15[2] Cfr. nota 22[1] de Ro. 3.

16[1] O, Toda Escritura dada por el aliento de Dios es también útil. Para poder confrontar la muerte, la corrupción y la confusión manifestadas en la decadencia de la iglesia, se necesita la vida eterna, en la cual se basa el cap. 1 (1:1, 10), la verdad divina, que se recalca en el cap. 2 (2:15, 18, 25), y la Santa Escritura, altamente estimada en el cap. 3 (3:14-17). La vida eterna no sólo sorbe la muerte, sino que también proporciona el suministro de vida; la verdad divina reemplaza la vanidad de la corrupción con la realidad de todas las riquezas divinas; y la Santa Escritura no sólo disipa la confusión, sino que también proporciona luz y revelación divinas. Así que, en este libro el apóstol subrayó estos tres asuntos.

16[2] Esto indica que la Escritura, la palabra de Dios, es el aliento que sale de Su boca. El hablar de Dios es Su exhalación. Por lo tanto, Su palabra es espíritu (Jn. 6:63), o aliento. Así que, la Escritura contiene y comunica a Dios como el Espíritu. El Espíritu es, por lo tanto, la esencia misma, la substancia, de la Escritura, así como el fósforo es la substancia esencial de los cerillos. Debemos encender el Espíritu de la Escritura con nuestro espíritu para obtener el fuego divino.

La Escritura (la palabra de Dios), que contiene y comunica a Dios el Espíritu, también contiene y comunica a Cristo. Cristo es la Palabra viviente de Dios (Ap. 19:13), y la Escritura es la palabra escrita de Dios (Mt. 4:4).

16[3] Reprender, refutar.

16[4] Rectificar lo incorrecto, volver a alguien al camino correcto, restaurarle dejándole en una condición recta.

vivos y a los muertos, te [b]encargo solemnemente por [2]Su
[c]manifestación y por Su [d]reino,
2 que proclames la [1a]palabra; que [2]te mantengas preparado [3]a tiempo *y* fuera de tiempo; [b]convence, [4]reprende,
[c]exhorta con [5]toda [d]longanimidad y [e]enseñanza.
3 Porque vendrá [1a]tiempo cuando no soportarán la
[2b]sana enseñanza, sino que teniendo [3]comezón de oír, se
amontonarán maestros conforme a sus propias concupiscencias,
4 y [1a]apartarán de la [2]verdad el oído y se volverán a los
[3b]mitos.
5 Pero tú sé [a]sobrio en todo, [b]sufre el mal, haz obra de
[c]evangelista, [1]cumple con perfección tu [2d]ministerio.

16[5] Disciplinar o castigar conforme a la justicia, es decir, por medio del elemento y la condición de la justicia.

17[1] Véase la nota 11[1] de 1 Ti. 6.

17[2] Completa y perfectamente capacitado.

17[3] O, pertrechado, provisto de lo necesario, preparado.

1[1] Dios le dio todo el juicio a Cristo, porque Cristo es un hombre (Jn. 5:22, 27; Hch. 10:42; 17:31; Ro. 2:16). Como Juez justo (v. 8), Cristo juzgará a los vivos en Su trono de gloria, en Su segunda manifestación (Mt. 25:31-46), y El juzgará a los muertos en el gran trono blanco después del milenio (Ap. 20:11-15).

1[2] Esto comprueba que el incentivo y la meta de Pablo, en su vida y obra, era la manifestación del Señor y Su reino. La manifestación del Señor tiene como fin juzgar, darnos a cada uno nuestro pago (Mt. 16:27; Ap. 22:12), y Su reino tiene como fin que El reine junto con Sus vencedores (Ap. 20:4, 6). El apóstol no solamente tomó estos dos asuntos como su incentivo y meta, sino que también por medio de estos dos asuntos le encargó a Timoteo, quien estaba bajo su guía, que cumpliera fielmente su ministerio, el ministerio de la palabra.

2[1] Compuesta de lo que Timoteo había aprendido de Pablo y del Antiguo Testamento (3:14-15). Esto comprueba que los vs. 1-2 son la continuación de 3:14-17. Al cuidar de una iglesia local, especialmente en los tiempos de la decadencia de la iglesia, la proclamación de la palabra es vital.

2[2] Instas, estés a la expectativa.

2[3] En tiempo oportuno o inoportuno, ya sea que la oportunidad sea conveniente o inconveniente, ya sea que uno sea bien recibido o mal recibido.

2[4] Implica condenar con severidad.

2[5] La palabra *toda* también modifica a la palabra *enseñanza,* enseñanza en muchos aspectos y direcciones. Llevar a cabo tal enseñanza requiere longanimidad.

3[1] Cuando la decadencia de la iglesia empeore.

3[2] Véase la nota 10[1] de 1 Ti. 1.

3[3] Oídos que buscan el hablar placentero para su propio deleite.

4[1] Tener comezón de oír y apartar de la verdad el oído es el factor principal de que la decadencia de las iglesias empeore.

4[2] Véanse las notas 4[2] de 1 Ti. 2 y 15[5] de 1 Ti. 3.

4[3] Véase la nota 4[1] de 1 Ti. 1.

5[1] Llena la plena medida de tu ministerio.

5[2] El ministerio de la palabra, el

1[b] 1 Ti. 1:18; 6:13
1[c] 2 Ti. 4:8; 1 Ti. 6:14; Tit. 2:13
1[d] 2 Ti. 4:18; Mt. 13:41; Lc. 1:33; Ef. 5:5; Col. 1:13; He. 1:8; 2 P. 1:11; Ap. 1:9; 11:15
2[a] Hch. 4:31; 6:7; 12:24; 19:20; Col. 4:3; Ap. 1:2, 9; 6:9
2[b] 1 Ti. 5:20; Tit. 1:13; 2:15
2[c] 1 Ti. 4:13; 6:2
2[d] 2 Ti. 3:10; 1 Ts. 5:14
2[e] 2 Ti. 2:24; 1 Ti. 3:2; 5:17
3[a] 2 Ti. 3:1

3[b] 1 Ti. 1:10; Tit. 1:9; 2:1; 2 Ti. 1:13 4[a] Tit. 1:14 4[b] 1 Ti. 1:4; 4:7; Tit. 1:14
5[a] 2 Ti. 1:7; Tit. 2:12; 1 P. 1:13; 4:7 5[b] 2 Ti. 1:8; 2:3 5[c] Hch. 21:8; Ef. 4:11
5[d] 2 Ti. 4:11; 1 Ti. 1:12; Col. 4:17

6[a] Fil. 2:17
6[b] Fil. 1:23; cfr. 2 P. 1:14
7[a] 1 Ti. 1:18; 6:12
7[b] 1 Co. 9:26; He. 12:1
7[c] 1 Ti. 1:4
8[a] 2 Ti. 2:5; 1 Co. 9:25; 1 P. 5:4
8[b] 2 Co. 5:10
8[c] Mt. 16:27; Ap. 22:12
8[d] Hch. 17:31
8[e] 2 Ti. 1:12, 18; 1 Co. 3:13
8[f] Tit. 2:13; Ap. 22:20
8[g] 2 Ti. 4:1

6 Porque yo ya estoy siendo [1a]derramado *en libación,* y el
tiempo de mi [2b]partida está cercano.
7 He [1a]peleado la buena batalla, he [2b]acabado la carrera,
he guardado la [c]fe.
8 Y desde ahora me está [1]guardada la [2a]corona de [b]justi-
cia, con la cual me [c]recompensará el Señor, [3d]Juez justo, en
[4e]aquel día; y no sólo a mí, sino también a todos los que [f]aman
Su [5g]manifestación.

---

cual consiste en ministrar a Cristo en todas Sus riquezas (Ef. 3:8) a los pecadores y a los creyentes para la edificación del Cuerpo de Cristo (Ef. 4:11-12). Tal ministerio se necesita desesperadamente para contrarrestar la decadencia, que fue profetizada en los vs. 3-4.

6[1] Véase la nota 17[1] de Fil. 2. Ser derramado es verter la propia sangre de uno. La expresión *ya estoy siendo derramado* significa que el proceso ya había comenzado.

6[2] Partir del mundo para estar con el Señor (Fil. 1:23), por medio del martirio. Pablo fue encarcelado en Roma dos veces. El primer encarcelamiento tuvo lugar por el año 62 ó 64 d. de C. y se debió a la acusación de los judíos (Hch. 28:17-20). Durante aquel período Pablo escribió las epístolas a los colosenses, a los efesios y a los filipenses y la Epístola a Filemón. Después de ser liberado del primer encarcelamiento (una liberación que esperaba, según se menciona en Fil. 1:25; 2:24; Flm. 22), debe de haber visitado Efeso y Macedonia (1 Ti. 1:3), donde probablemente escribió la Primera Epístola a Timoteo. Entonces visitó Creta (Tit. 1:5) y Nicópolis (Tit. 3:12), donde escribió la Epístola a Tito, y también Troas y Mileto (vs. 13, 20), donde probablemente escribió la Epístola a los Hebreos. Durante su segundo encarcelamiento, el cual ocurrió cerca del año 67 d. de C. y se debió a la persecución repentina por parte de César Nerón, escribió la Segunda Epístola a Timoteo mientras esperaba su inminente martirio por la causa de su Maestro.

7[1] Lit., luchado la buena lucha. Una vida cristiana apropiada tiene tres aspectos: pelear la buena batalla contra Satanás y su reino de tinieblas por los intereses del reino de Dios (1 Ti. 6:12); correr la carrera para llevar a cabo la economía de Dios según Su propósito eterno (He. 12:1); y guardar la fe para participar de las riquezas divinas de la economía de Dios (1 Ti. 3:9). En cuanto a esto, Pablo estableció un modelo adecuado para nosotros.

7[2] Pablo comenzó a correr la carrera celestial después de que el Señor tomó posesión de él, y corría continuamente (1 Co. 9:24-26; Fil. 3:12-14) para poder acabarla (Hch. 20:24). Ahora al final, triunfalmente proclama: "He acabado la carrera". Por esto recibirá del Señor una recompensa: la corona de justicia.

8[1] Reservada.

8[2] La corona, un símbolo de gloria, es dada como premio, además de la salvación del Señor, al corredor que triunfa en la carrera (1 Co. 9:25). En contraste con la salvación que proviene de la gracia y se recibe por fe (Ef. 2:5, 8-9), este premio proviene de la justicia a través de las obras (Mt. 16:27; Ap. 22:12; 2 Co. 5:10). Los creyentes serán recompensados con dicho premio no según la gracia del Señor, sino según Su justicia. Por lo tanto, ésta es la corona de justicia. El que recompensa es el Señor como Juez justo. Pablo estaba seguro de que tal premio estaba reservado para él y de que lo recibiría por recompensa el día de la segunda manifestación del Señor.

8[3] No el Dios misericordioso ni el Redentor lleno de gracia.

8[4] Véase la nota 12[5] del cap. 1.

8[5] La manifestación del Señor, Su regreso, es una advertencia, un ánimo

IX. El resultado de la decadencia: amar este siglo y cometer muchas perversidades 4:9-18

9 Procura con diligencia [a]venir pronto a verme,
10 porque [a]Demas me ha [b]abandonado, [1c]amando [d]este
siglo, y se ha ido a [e]Tesalónica; Crescente a [f]Galacia, y [g]Tito
a [2]Dalmacia.
11 Sólo [a]Lucas está conmigo. Toma a [b]Marcos y tráele
contigo, porque me es útil para el [c]ministerio.
12 A [a]Tíquico lo envié a [b]Efeso.
13 Trae, cuando vengas, el [1]capote que dejé en [2a]Troas en
casa de Carpo, y los [3]rollos, mayormente los pergaminos.
14 [a]Alejandro el calderero me ha causado muchos males;
el Señor le [b]pagará conforme a sus hechos.
15 Guárdate tú también de él, pues en gran manera se ha
opuesto a nuestras palabras.
16 En mi primera defensa ninguno se puso de mi parte,
sino que todos me [a]abandonaron; no les sea tomado en
cuenta.
17 Pero el Señor [a]estuvo a mi lado, y me [b]revistió de poder,
para que por mí fuese cumplida cabalmente la [c]proclama-
ción *del evangelio,* y que todos los [d]gentiles oyesen. Y fui
[e]librado de la [1f]boca del león.
18 Y el Señor me [a]librará de toda obra mala, y me salvará
para [b]Su [1]reino celestial. A El sea [c]gloria por los siglos de los
siglos. Amén.

---

y un incentivo para nosotros. Debemos amarla y esperarla con anhelo y gozo. Fue por esa manifestación que el apóstol encareció a Timoteo que cumpliera su ministerio (vs. 1-2, 5).

10[1] En contraste con *los que aman Su manifestación* en el v. 8.

10[2] La región de la costa oriental del mar Adriático.

13[1] Probablemente un capote o una maleta para viajar.

13[2] Un puerto marítimo al noroeste de Asia Menor, donde Pablo recibió el llamado de Macedonia (Hch. 16:8-11).

13[3] Rollos hechos de papiro.

17[1] Una figura retórica usada para referirse a algún asunto maligno (v. 18) o a una persona maligna (1 Co. 15:32 y la nota 2).

18[1] Este es "el reino de su Padre" (Mt. 13:43), "el reino de Mi Padre" (Mt. 26:29), "el reino de Cristo y de Dios" (Ef. 5:5), y "el reino eterno de nuestro Señor y Salvador Jesucristo" (2 P. 1:11), que será una recompensa para los santos vencedores. Esto equivale a la corona de justicia en el v. 8, y es un incentivo para que los creyentes

---

9[a] cfr. Tit. 3:12
10[a] Col. 4:14; Flm. 24
10[b] 2 Ti. 1:15
10[c] 1 Jn. 2:15
10[d] 1 Ti. 6:17
10[e] Hch. 17:1
10[f] Hch. 16:6; 18:23; Gá. 1:2
10[g] Tit. 1:4
11[a] Col. 4:14; Flm. 24
11[b] Hch. 12:12, 25; 15:37; 1 P. 5:13
11[c] 1 Ti. 1:12; 2 Co. 4:1
12[a] Hch. 20:4; Ef. 6:21; Tit. 3:12
12[b] Hch. 18:19; 19:1; Ap. 1:11
13[a] Hch. 16:8; 20:5-6; 2 Co. 2:12
14[a] 1 Ti. 1:20; cfr. Hch. 19:33
14[b] Ro. 2:6
16[a] 2 Ti. 1:15
17[a] Hch. 23:11; cfr. Hch. 27:23 **17**[b] 1 Ti. 1:12; 2 Ti. 2:1 **17**[c] Tit. 1:3; Ro. 15:19
17[d] Hch. 9:15; Ef. 3:8 **17**[e] 2 Ti. 3:11 **17**[f] Sal. 22:21; 1 S. 17:37
18[a] Mt. 6:13 **18**[b] 2 Ti. 4:1 **18**[c] Ro. 11:36; 16:27; He. 13:21

X. Conclusión
4:19-22

19 Saluda a Prisca y a [a]Aquila, y a la casa de [b]Onesíforo.
20 [a]Erasto se quedó en [b]Corinto, y a [c]Trófimo dejé en
[1d]Mileto [2]enfermo.
21 Procura con diligencia venir antes del [a]invierno. Eubu-
lo te saluda, y Pudente, Lino, Claudia y todos los hermanos.
22 El Señor esté con tu [1a]espíritu. [2b]La gracia sea con
vosotros.

19[a] Hch. 18:2, 26; Ro. 16:3; 1 Co. 16:19
19[b] 2 Ti. 1:16
20[a] Hch. 19:22; Ro. 16:23
20[b] Hch. 18:1; 19:1; 1 Co. 1:2
20[c] Hch. 20:4; 21:29
20[d] Hch. 20:15, 17
21[a] Tit. 3:12
22[a] Gá. 6:18; Fil. 4:23; Flm. 25
22[b] 1 Ti. 1:14; 2 Ti. 1:9; 2:1; Tit. 2:11; 3:7; Col. 4:18

---

corran la carrera celestial. (Véanse las notas 3[4] de Mt. 5 y 28[1] de He. 12.) Lo dicho por el apóstol Pablo aquí y en el v. 8 comprueba que esta recompensa era un incentivo para él.

20[1] Una ciudad de Asia Menor cerca de Efeso (Hch. 20:15, 17).

20[2] ¿Por qué dejó enfermo el apóstol a uno que tenía una relación tan íntima con él, sin hacer una oración de sanidad por él? ¿Por qué no ejerció su don de sanidad (Hch. 19:11-12) para sanar a Timoteo de su enfermedad estomacal en vez de indicarle que usara medios naturales para curarlo (1 Ti. 5:23)? La respuesta a estas preguntas es que él y sus colaboradores estaban bajo la disciplina de la vida interior durante ese tiempo de sufrimiento, y no bajo el poder del don externo. Lo primero tiene que ver con la gracia en vida; y lo último con el don en la esfera del poder, es decir, el poder milagroso. En la decadencia de la iglesia, y en el sufrimiento que uno padece por la iglesia, el don de poder no se necesita tanto como la gracia en vida.

22[1] Este libro, el cual da instrucciones sobre la manera de hacer frente a la degradación de la iglesia, tiene un marcado énfasis en nuestro espíritu. Al principio hace hincapié en que nos fue dado un espíritu fuerte, amoroso y sano, un espíritu por el cual podemos avivar el fuego del don de Dios y sufrir el mal junto con el evangelio según el poder de Dios y la gracia del Señor, la cual nos imparte vida (1:6-10). En la conclusión nos bendice recalcando que el Señor está con nuestro espíritu a fin de que le disfrutemos como gracia para estar firmes contra la corriente de la iglesia en decadencia y para llevar a cabo la economía de Dios por medio de Su Espíritu que mora en nosotros (1:14) y de la palabra que nos equipa (3:16-17).

22[2] En tiempos de pena, cuando la degradación de la iglesia empeora, lo que se necesita es la eterna gracia de Dios, la cual nos fue dada en la eternidad (1:9) y de la cual debemos apropiarnos en esta era. Esta gracia, la cual está en la vida indestructible, es nada menos que Cristo, el Hijo de Dios, la corporificación misma de la vida divina, quien mora y vive en nuestro espíritu. Necesitamos ejercitar nuestro espíritu para poder disfrutar las riquezas de este Cristo (Ef. 3:8) como la gracia suficiente (2 Co. 12:9). De esta manera podemos vivirle a El como nuestra piedad (1 Ti. 4:7-8) para la edificación de la iglesia como Su testimonio, teniendo todas las realidades (las verdades) divinas conforme a la economía de Dios.

LA EPISTOLA DE PABLO

A

TITO

BOSQUEJO

I. **Introducción—1:1-4**
II. **Establece la autoridad en la iglesia—1:5-9**
III. **Confronta la influencia del judaísmo y del gnosticismo—1:10-16**
IV. **Guía a los santos de diferentes edades a llevar una vida ordenada—2:1-8**
V. **Manda que los esclavos se porten bien dentro del sistema social esclavista—2:9-15**
VI. **Manda que los santos mantengan una buena relación con el gobierno—3:1-8**
VII. **Trata el asunto de los que causan disensiones—3:9-11**
VIII. **Conclusión—3:12-15**

LA EPISTOLA DE PABLO
A
TITO

Autor: El apóstol Pablo (1:1).

Fecha: Por el año 65 d. de C., después del primer encarcelamiento de Pablo en Roma, después de haber pasado por Creta y llegado a Nicópolis (1:5; 3:12).

Lugar: Nicópolis; véanse los versículos del punto anterior.

Destinatario: Tito (1:4).

Tema:
Mantener el orden en la iglesia

CAPITULO 1

I. Introducción
1:1-4

1 Pablo, [a]esclavo de Dios y apóstol de Jesucristo,
[b]conforme a la [1c]fe de los [2d]escogidos de Dios y el [3e]pleno
conocimiento de la verdad, la cual es [4f]según la piedad,

1[a] Ro. 1:1
1[b] Tit. 1:4; cfr. 1 Ti. 1:1; 2 Ti. 1:1
1[c] Tit. 1:4; 1 Ti. 1:4
1[d] 2 Ti. 2:10
1[e] 1 Ti. 2:4
1[f] 1 Ti. 6:3

1[1] Pablo fue constituido apóstol conforme a lo siguiente: (1) el mandato de Dios (1 Ti. 1:1), (2) la promesa de vida (2 Ti. 1:1), (3) la fe de los escogidos de Dios, y (4) el pleno conocimiento de la verdad, la cual es según la piedad. El mandato, por parte de Dios, habla por El y requiere algo de nosotros para El. La fe, por nuestra parte, responde a los requisitos de Dios y recibe Su vida. Tener fe es proclamar que somos incapaces de cumplir los requisitos de Dios y que Dios lo ha hecho todo por nosotros y que hemos recibido lo que El ha hecho. La vida prometida por Dios es lo que hemos recibido de El para llevar a cabo Sus exigencias. Pablo era este tipo de apóstol para administrar la economía neotestamentaria de Dios.

1[2] Véase la nota 10[1] de 2 Ti. 2.

1[3] Véase la nota 4[2] de 1 Ti. 2. Pablo era apóstol no sólo conforme a la fe, sino también conforme al pleno conocimiento de la verdad. La fe consiste en recibir todo lo que Dios ha planeado para nosotros, todo lo que El ha hecho por nosotros, y todo lo que El nos ha dado. El pleno conocimiento de la verdad es una comprensión cabal de la verdad, un reconocimiento pleno y un gran aprecio de la realidad de todas las cosas espirituales y divinas que hemos recibido por medio de la fe. El apostolado concuerda con tal comprensión y aprecio de la realidad de la economía eterna de Dios.

1[4] La verdad, la realidad, de la economía eterna de Dios es según la piedad, la cual es Dios manifestado en el hombre (véanse las notas 16[2] y 16[3] de 1 Ti. 3). El apostolado imparte esta realidad en los elegidos de Dios, los que han creído en El, y cumple tal piedad entre ellos por medio de la predicación, la enseñanza y la

2 en la [1a]esperanza de la [2b]vida eterna, la cual Dios, que [c]no miente, [3d]prometió [4]desde antes de los [e]tiempos de los siglos,
3 pero a [1a]su debido tiempo [b]manifestó [2]Su [c]palabra en la [d]proclamación que me fue [e]encomendada [f]según el [3]mandato de [f]Dios nuestro Salvador,
4 a [a]Tito, verdadero [b]hijo [c]según la [1]común fe: Gracia y paz, de Dios Padre y de Cristo Jesús nuestro Salvador.

---

administración en la Palabra y en el Espíritu (1 Ti. 6:3).

2[1] Pablo era apóstol no solamente conforme a la fe y al conocimiento de la verdad, sino también en la esperanza de la vida eterna, la cual Dios, quien no puede mentir, prometió en la eternidad. Esto corresponde a la frase *según la promesa de vida,* mencionada en 2 Ti. 1:1. *En la esperanza de la vida eterna* significa sobre la base de la vida eterna, supeditada a la vida eterna, contando con la esperanza de la vida eterna. La vida eterna, la vida increada de Dios, no solamente tiene como fin que nosotros hoy día participemos de ella y la disfrutemos, sino también que la heredemos (Mt. 19:29) en toda su plenitud por la eternidad. Lo que experimentamos de la vida eterna hoy nos califica para heredarla en el futuro. El disfrute de la vida eterna hoy en día es un anticipo; la herencia de la vida eterna en la era venidera y en la eternidad será el disfrute pleno. Esta herencia es la esperanza de la vida eterna (véase la nota 7[3] del cap. 3.) Esta es la esperanza bienaventurada que se revela en 2:13, la cual está compuesta de la libertad de la gloria de la filiación plena, la redención de nuestro cuerpo (Ro. 8:21-25), la salvación que será revelada en el tiempo postrero (1 P. 1:5), y la esperanza viva de la herencia incorruptible, incontaminada e inmarcesible reservada para nosotros en los cielos (1 P. 1:3-4). Esta es la bendición espiritual, divina y celestial de la vida eterna, que disfrutaremos tanto en el milenio como en el cielo nuevo y la tierra nueva (2 P. 1:11; 3:13; Ap. 21:6-7), a la cual se refiere 1 Ti. 4:8. Pablo asumió su apostolado y cumplió su ministerio basándose en esta esperanza como una condición, y no en algún beneficio de esta vida, ni tomando el privilegio de la ley como una condición, indicando que para su apostolado, él contaba con la vida divina y confiaba en ella con toda la esperanza de la misma. Esta es la vida que Dios prometió en la eternidad y que nos fue traída por medio del evangelio (2 Ti. 1:10).

El tema de esta epístola es el mantenimiento del orden en las iglesias. Para esto son indispensables la fe de los escogidos de Dios, la verdad conforme a la piedad, y la vida eterna. Así que, desde la introducción misma se enuncian estas tres cosas.

2[2] La vida divina, la vida increada de Dios, la cual no solamente dura por siempre, sino que también es eterna y divina en su naturaleza. Véase la nota 10[3] de 2 Ti. 1.

2[3] Esta debe de ser la promesa que el Padre dio al Hijo en la eternidad. El Padre nos escogió en el Hijo y nos predestinó para filiación por medio de El (Ef. 1:5) antes de la fundación del mundo. Debió de haber sido en la eternidad que el Padre prometió al Hijo que El daría Su vida eterna a Sus creyentes. Por esta vida los creyentes, quienes fueron dados al Hijo en la eternidad (Jn. 17:2), llegarían a ser Sus hermanos (He. 2:11).

2[4] Antes de que el mundo comenzara.

3[1] El tiempo apropiado para que la vida eterna fuera manifestada.

3[2] Equivale a la vida eterna mencionada en el v. 2. Esto corresponde a 1 Jn. 1:1-2.

3[3] Véase la nota 1[2] de 1 Ti. 1.

4[1] La fe común a todos los creyentes (cfr. 2 P. 1:1).

2[a] Tit. 3:7
2[b] 1 Ti. 1:16
2[c] Nm. 23:19; He. 6:18
2[d] 2 Ti. 1:1
2[e] 2 Ti. 1:9
3[a] 1 Ti. 2:6; 6:15
3[b] 2 Ti. 1:10
3[c] Jn. 6:63; Hch. 5:20; Fil. 2:16
3[d] 2 Ti. 4:17; Ro. 10:14; Ef. 2:17
3[e] 1 Ti. 1:11
3[f] 1 Ti. 1:1
4[a] 2 Ti. 4:10
4[b] cfr. 1 Ti. 1:2
4[c] Tit. 1:1

II. Establece la autoridad en la iglesia
1:5-9

5 Por esta causa te dejé en [a]Creta, para que pusieras en
orden lo que faltaba, y establecieses [b]ancianos en [1c]cada
ciudad, así como yo te [d]mandé:
6 [a]el que sea [b]irreprensible, [1]marido de una sola mujer,
y tenga hijos creyentes que no estén acusados de [c]disolución
ni sean [d]indomables.
7 Porque es necesario que [1a]el que vigila sea irreprensible, como [b]mayordomo de Dios; no [c]contumaz, [2]ni iracundo,
[3]no dado al vino, [4]no pendenciero, [5]no codicioso de viles ganancias,
8 sino [1]hospedador, [a]amador del bien, [2]sensato, justo,
[3]santo, dueño de sí mismo,
9 [1a]retenedor de la [2b]palabra fiel, la cual es conforme a la
[3]enseñanza *de los apóstoles,* para que también pueda exhortar con [4c]sana enseñanza y [5]convencer a [6]los que se [d]oponen.

5[a] Tit. 1:12; Hch. 2:11; 27:7
5[b] Hch. 14:23
5[c] Ap. 1:11
5[d] 1 Ti. 1:18
6[a] vs. 6-9: 1 Ti. 3:2-7
6[b] 1 Ti. 3:10
6[c] Ef. 5:18; 1 P. 4:4
6[d] Tit. 1:10; 1 Ti. 1:9
7[a] 1 Ti. 3:2
7[b] Lc. 12:42; 1 Co. 4:1-2
7[c] 2 P. 2:10
8[a] cfr. 2 Ti. 3:3
9[a] 2 Ti. 1:13; 2 Ts. 2:15
9[b] 1 Ti. 1:15
9[c] Tit. 2:1; 1 Ti. 1:10; 2 Ti. 4:3
9[d] 2 Ti. 2:25

5[1] Esta expresión, comparada con *cada iglesia* en Hch. 14:23, no sólo indica que la jurisdicción de una iglesia local es la ciudad en la cual la iglesia se encuentra, sino también que en una ciudad debe haber una sola iglesia. La jurisdicción de los ancianos de una iglesia local debe extenderse a toda la ciudad en la cual está la iglesia. Este único presbiterio en una ciudad impide que la unidad del Cuerpo de Cristo sufra daño. Una ciudad debe tener una sola iglesia con un solo presbiterio. Sin lugar a dudas se puede ver esta práctica en el claro patrón dado en el Nuevo Testamento (Hch. 8:1; 13:1; Ro. 16:1; 1 Co. 1:2; Ap. 1:11), la cual también es un requisito indispensable para el mantenimiento del debido orden en una iglesia local. Por eso, lo primero que el apóstol le mandó a Tito con respecto a poner en orden las cosas, fue que nombrara ancianos en cada ciudad.

6[1] Véase la nota 2[3] de 1 Ti. 3.

7[1] Se refiere a los ancianos en el v. 5. Véase la nota 2[1] de 1 Ti. 3.

7[2] No se irrita fácilmente.

7[3] Véase la nota 3[1] de 1 Ti. 3.

7[4] Véase la nota 3[2] de 1 Ti. 3.

7[5] Véase la nota 8[4] de 1 Ti. 3.

8[1] Véase la nota 2[7] de 1 Ti. 3.

8[2] Véase la nota 2[5] de 1 Ti. 3.

8[3] Véase la nota 75[1] de Lc. 1.

9[1] Los ancianos son nombrados para administrar el gobierno de Dios en una iglesia local, a fin de que sea mantenido un buen orden en la iglesia. Para lograr esto, los ancianos necesitan asirse a la palabra fiel, la cual es conforme a la enseñanza de los apóstoles, a fin de que ellos calmen situaciones conflictivas y sean capaces de tapar la boca de los que causen problemas (vs. 9-14).

9[2] La palabra confiable, fidedigna y verdadera que fue enseñada en las iglesias conforme a la enseñanza de los apóstoles. Los ancianos de una iglesia local deben asirse a esta clase de palabra sana para poder cumplir su servicio en la enseñanza (1 Ti. 3:2; 5:17).

9[3] La enseñanza de los apóstoles (Hch. 2:42) finalmente llegó a ser el Nuevo Testamento. Esto indica que (1) las iglesias fueron establecidas conforme a la enseñanza de los apóstoles y siguieron la enseñanza de ellos, y (2) el orden de las iglesias fue

III. Confronta la influencia del judaísmo y del gnosticismo
1:10-16

10 Porque hay muchos hombres [a]indomables, [b]habladores
de vanidades y [c]engañadores, mayormente [1d]los de la circuncisión,
11 a los cuales es preciso [1]tapar la boca; que trastornan
[a]casas enteras, enseñando [2b]por vil ganancia [c]lo que no
deben.
12 Uno de [1]ellos, su propio [2a]profeta, dijo: Los [b]cretenses,
siempre mentirosos, malas bestias, [3]glotones ociosos.
13 Este testimonio es verdadero; por tanto, [1a]repréndelos
[2b]duramente, para que sean [3c]sanos en la [4]fe,
14 no atendiendo a [1a]mitos judaicos, ni a [2b]mandamientos
de hombres que se [3c]apartan de la [4d]verdad.

10[a] Tit. 1:6
10[b] 1 Ti. 1:6
10[c] 2 Ti. 3:13
10[d] Hch. 11:2
11[a] 2 Ti. 3:6
11[b] 1 Ti. 6:5; 2 P. 2:3
11[c] 1 Ti. 5:13
12[a] cfr. Hch. 17:28
12[b] Tit. 1:5
13[a] Tit. 2:15; 1 Ti. 5:20; 2 Ti. 4:2
13[b] 2 Co. 13:10
13[c] Tit. 2:2, 1; 1:9; 1 Ti. 1:10
14[a] 1 Ti. 1:4
14[b] Col. 2:22; Mt. 15:9
14[c] 2 Ti. 4:4
14[d] 1 Ti. 2:4

---

mantenido mediante la palabra fiel, la cual fue dada conforme a la enseñanza de los apóstoles. El desorden en la iglesia se debía principalmente a que se había desviado de la enseñanza de los apóstoles. Para contrarrestar esto, debemos asirnos a la palabra fiel, enseñada en las iglesias conforme a la enseñanza de los apóstoles. En una situación confusa y oscura, debemos adherirnos a la palabra del Nuevo Testamento —la enseñanza de los apóstoles— la cual ilumina y guarda el orden. Para mantener el orden en la iglesia se necesita tanto la palabra de los apóstoles conforme a la revelación de Dios, como el cuerpo de ancianos.

9[4] Véase la nota 10[1] de 1 Ti. 1.

9[5] Exponer el verdadero carácter de algo de tal modo que alguien sea convencido y, por lo tanto, reprendido al poner de manifiesto su falta. En Ef. 5:11 y 13 se traduce *reprender*.

9[6] O, los que contradicen.

10[1] Los creyentes judíos que seducían a otros dentro de la iglesia.

11[1] Tapar la boca reprendiendo duramente (v. 13) con la palabra fiel, la cual es conforme a la enseñanza de los apóstoles (v. 9).

11[2] Semejante a lo que hizo el réprobo profeta Balaam (2 P. 2:15-16; Jud. 11).

12[1] Los cretenses. Todos los descritos en los vs. 9b-10 eran cretenses.

12[2] Probablemente se refiere a Epiménides, un profeta pagano y nativo de Creta quien, según una leyenda, vivió alrededor del año 600 a. de C.

12[3] Lit., vientres.

13[1] La misma palabra se traduce *convencer* en el v. 9. Véase la nota 5.

13[2] O, severamente.

13[3] Los que contradicen (v. 9) y los habladores de vanidades (v. 10) fueron infectados con doctrinas y dejaron de ser sanos en la fe. Ellos necesitaban la inoculación de la sana enseñanza y de la sana palabra (1 Ti. 1:10; 6:3, y las notas), que los ancianos debían proveer (v. 9) para sanarlos.

13[4] La fe objetiva. Véanse las notas 19[3] de 1 Ti. 1 y 9[1] de 1 Ti. 3.

14[1] Véase la nota 4[1] de 1 Ti. 1. Los mitos judaicos tal vez fueron la raíz de las mitologías gnósticas.

14[2] Según el versículo siguiente, los mandamientos de los herejes deben de haber sido preceptos acerca de abstenerse de alimentos y otras cosas que Dios había provisto para el uso del hombre (cfr. 1 Ti. 4:3; Col. 2:20-22). Estos fueron los mandamientos de los gnósticos primitivos y no de los ascetas. Lo que los gnósticos adoptaron fue la teosofía, que trataba de Dios y del universo y se basaba en conceptos místicos. Era una teoría basada en el entendimiento de las cosas de Dios y de los espíritus; es decir, era una filosofía o una forma de misticismo

15 [1]Todas las cosas son [a]puras para los puros, mas para
los contaminados e incrédulos [b]nada es puro; pues su [2c]men-
te y su conciencia están contaminadas.
16 [1]Profesan conocer a Dios, pero con sus obras lo [a]niegan,
siendo [b]abominables y [c]desobedientes, [2d]reprobados en cuanto a toda buena obra.

CAPITULO 2

IV. Guía a los santos de diferentes edades a llevar una vida ordenada 2:1-8

1 Pero tú habla lo que está de acuerdo con la [1a]sana
enseñanza.
2 Que los [a]ancianos sean [1b]moderados, [2c]honorables,
[3d]sensatos, [4e]sanos en la [f]fe, en el amor, en la [g]perseverancia.

15[a] Lc. 11:41; Hch. 10:15; Ro. 14:20
15[b] Ro. 14:14
15[c] 2 Ti. 3:8
16[a] 1 Ti. 5:8; 2 Ti. 3:5
16[b] Ap. 21:8
16[c] Tit. 3:3
16[d] 2 Ti. 3:8
1[a] Tit. 1:9
2[a] 1 Ti. 5:1
2[b] 1 Ti. 3:2, 11
2[c] Tit. 2:7; 1 Ti. 3:4, 8, 11
2[d] Tit. 2:5-6; 1 Ti. 3:2
2[e] Tit. 1:13
2[f] 1 Ti. 1:14; 2 Ti. 1:13
2[g] Ro. 5:3-4

---

que empleaba medios físicos para comunicarse con Dios y con los espíritus. Provenía de fuentes judías, y algo de ello probablemente se derivó de la ley mosaica.

14[3] Se refiere probablemente a los de la circuncisión (v. 10).

14[4] Véanse las notas 4[2] de 1 Ti. 2 y 15[5] de 1 Ti. 3. La mención de *la verdad* en este versículo y de *la fe* en el precedente, demuestra que Pablo aquí no hablaba de incrédulos, sino de los que ya estaban en la iglesia y que se habían desviado de la verdad acerca de la economía de Dios. Posiblemente la mayoría de ellos eran cristianos judíos que todavía se aferraban a los mitos y tradiciones judíos, y que por consiguiente llegaron a causar un gran disturbio para la iglesia. A éstos se les debía poner freno por medio de la palabra de verdad conforme a la fe, a fin de que fuera mantenido el orden de la iglesia bajo el cuerpo de ancianos establecido.

15[1] Esta debe de haber sido una máxima entre los cristianos. El apóstol citó esto para refutar los mandamientos de hombres (v. 14), es decir, los preceptos relacionados con la abstinencia, los cuales prohibían ciertas acciones y ciertos alimentos (1 Ti. 4:3-5; Ro. 14:20).

15[2] La mente es la parte principal de nuestra alma, y la conciencia es la parte principal de nuestro espíritu. Si nuestra mente está corrompida, nuestra alma se corrompe espontáneamente; y si nuestra conciencia está contaminada, indudablemente nuestro espíritu es contaminado. Todo esto se debe a la incredulidad. Lo que nos purifica es nuestra fe (Hch. 15:9).

16[1] O, Confiesan.

16[2] O, réprobos, inútiles, descalificados. La palabra griega significa *incapaz de pasar la prueba.*

1[1] Véase la nota 10[1] de 1 Ti. 1. La sana enseñanza siempre concuerda con la verdad (1:14) de la fe (1:13). Es el contenido de la enseñanza de los apóstoles, el contenido de la economía neotestamentaria de Dios. Esta no sólo imparte el suministro de vida a los creyentes y sana las enfermedades espirituales, sino que al hacerlo también trae la iglesia a una condición saludable con un buen orden. Por lo tanto, la sana enseñanza es bastante recalcada en estos tres libros, 1 y 2 Timoteo y Tito, los cuales tratan del desorden y de la decadencia de la iglesia.

2[1] Véase la nota 2[4] de 1 Ti. 3.

2[2] Véase la nota 2[3] de 1 Ti. 2.

3 Las [a]ancianas asimismo sean en su [1]porte cual [b]con-
viene a quienes se ocupan de las [2]cosas sagradas; [3]no
[c]calumniadoras, no [4d]esclavas del vino, [5]maestras del [e]bien,
4 para que [1]eduquen a las mujeres jóvenes [2]a amar a sus
maridos y a sus hijos,
5 *a ser* [a]sensatas, [b]puras, [c]hacendosas, [1]buenas, [d]sujetas
a sus propios maridos, para que la [2e]palabra de Dios no sea
[3]blasfemada.
6 Exhorta asimismo a los [a]jóvenes a que sean [b]sensatos;
7 [1]presentándote tú en todo como [a]ejemplo de buenas
obras; en la enseñanza *mostrando* incorruptibilidad, [2b]digni-
dad,
8 un [a]hablar sano e [1]irreprochable, de modo que [2]quien
se [b]oponga se [c]avergüence, no teniendo [3]nada malo que decir
de nosotros.

V. Manda que los esclavos se porten bien dentro del sistema social esclavista
2:9-15

9 *Exhorta* a los [1a]esclavos a que se sujeten a sus amos en
todo, que sean complacientes, y que no les contradigan;

2[3] Véase la nota 2[5] de 1 Ti. 3.

2[4] Véase la nota 13[3] del cap. 1.

3[1] O, comportamiento, incluyendo ademanes y costumbres.

3[2] La misma palabra traducida *cosas sagradas* en 1 Co. 9:13. Véase la nota 1.

3[3] Véase la nota 11[2] de 1 Ti. 3.

3[4] Compárese con *dados a mucho vino* en 1 Ti. 3:8. Estar esclavizado puede ser peor que darse a algo.

3[5] Dando buena enseñanza.

4[1] La palabra griega significa *hacer que tengan una mente sobria, una mente sana; volverlas a su sentido.* Por tanto, esto es educar, desarrollar sano juicio y prudencia.

4[2] Lit., ser amadoras de sus esposos, amadoras de sus hijos.

5[1] Es decir, amables.

5[2] La palabra de Dios enseñada apropiada y adecuadamente en una iglesia local debe ser confirmada por la sumisión de las hermanas a sus propios maridos; de otro modo, la palabra puede ser difamada.

5[3] Difamada, censurada.

7[1] El apóstol le mandó a Tito hablar según la sana enseñanza (v. 1). Ahora, le encarga además que se presente a sí mismo como ejemplo de buenas obras. En su enseñanza, la cual tenía que ser sana, él debía mostrar tres cosas: (1) incorruptibilidad, o sea, que no tiene nada corrupto ni que corrompa, y que es totalmente puro, genuino y sincero en contenido, presentación y motivo; (2) dignidad, o sea que inspira reverencia; y (3) un hablar sano, un discurso dado con palabras sanas (1 Ti. 6:3) para ministrar cosas sanas, un hablar que no es censurable ni reprensible (v. 8).

7[2] Véase la nota 2[3] de 1 Ti. 2.

8[1] Incensurable, irreprensible.

8[2] Lit., el del lado opuesto o contrario; es decir, el opositor pagano o judío.

8[3] La sana enseñanza dada con un hablar sano compuesto de palabras sanas, es el antídoto más eficaz para las calumnias del opositor. Tal enseñanza de la palabra de verdad, la cual ilumina e imparte vida, siempre tapa la boca de la opinión doctrinal instigada por la serpiente antigua.

3[a] 1 Ti. 5:2
3[b] 1 Ti. 2:10
3[c] 1 Ti. 3:11; 2 Ti. 3:3
3[d] 1 Ti. 3:3, 8
3[e] Tit. 1:8
5[a] Tit. 2:2
5[b] 1 P. 3:2; 2 Co. 11:2
5[c] 1 Ti. 5:14
5[d] Ef. 5:22, 24; 1 Ti. 2:11
5[e] 1 Ti. 6:1
6[a] 1 Ti. 5:1
6[b] Tit. 2:2
7[a] 1 Ti. 4:12; 1 P. 5:3
7[b] Tit. 2:2
8[a] 1 Ti. 6:3; 2 Ti. 1:13
8[b] Tit. 1:9; 2 Ti. 2:25; 3:8
8[c] 2 Ts. 3:14; 1 P. 3:16
9[a] 1 Ti. 6:1-2; Ef. 6:5; 1 P. 2:18

10 no defraudando, sino mostrando una [1]fidelidad perfecta, para que en todo [2]adornen la enseñanza de [3a]Dios nuestro
Salvador.
11 [1]Porque la [2a]gracia de Dios se ha [3b]manifestado, [4]tra-
yendo salvación a [c]todos los hombres,
12 educándonos a que, renunciando a la [1a]impiedad y a los
[2b]deseos mundanos, vivamos en [c]este siglo [3d]sobria, [4e]justa y
[f]piadosamente,

10[a] Tit. 3:4; 1 Ti. 1:1
11[a] Tit. 3:7; 2 Ti. 1:9
11[b] Tit. 3:4; 2 Ti. 1:10
11[c] 1 Ti. 2:4
12[a] 2 Ti. 2:16
12[b] Tit. 3:3; 1 Ti. 6:9; 1 Jn. 2:16; 1 P. 4:2
12[c] 1 Ti. 6:17; 2 Ti. 4:10
12[d] 2 Ti. 4:5
12[e] Ro. 14:17
12[f] 2 Ti. 3:12; 1 Ti. 2:10

9[1] No siervos, sino esclavos comprados en el mercado como bueyes o caballos. Indudablemente Pablo no estaba de acuerdo con el sistema esclavista. Sin embargo, como un maestro designado por Dios y como una persona que tenía visión espiritual, no se metió con el sistema social existente. De haberlo hecho, habría dado la impresión a sus lectores de que era un reformador social, no un maestro de la economía de Dios, y habría opacado su enseñanza acerca de expresar la vida divina de Cristo en nuestro vivir humano en medio de cualquier clase de sistema social.

10[1] Confiabilidad.

10[2] O, poner ornamentos. La misma palabra traducida *ataviarse* en 1 Ti. 2:9. La fidelidad de un esclavo puede ser el ornamento que adorne la enseñanza de Dios nuestro Salvador. ¡La enseñanza de Dios puede ser adornada incluso con la conducta de los esclavos!

10[3] Nuestro Salvador no es solamente Cristo, sino el Dios Triuno corporificado en Cristo, como lo indica el v. 13. Dios nuestro Salvador no solamente desea salvarnos, sino también impartirnos el pleno conocimiento de la verdad (1 Ti. 2:4). Por lo tanto, aquí se menciona la enseñanza de Dios nuestro Salvador, la cual puede ser embellecida, adornada, por el carácter transformado de las personas más viles que han sido salvas por la gracia de Dios.

11[1] Los vs. 11-14 nos dan un resumen notable de la economía, el plan, de la salvación de Dios. El apóstol usó esto como base para sus exhortaciones en los vs. 1-10.

11[2] La gracia de Dios es en realidad Dios mismo en Cristo como el todo para nosotros a fin de que lo disfrutemos. Véase la nota 17[1] de Jn. 1. Esta gracia juega el papel más importante en la economía, el plan, de la salvación de Dios.

11[3] La gracia vino por medio de Cristo (Jn. 1:17). Nos fue dada en la eternidad (2 Ti. 1:9), pero en el Antiguo Testamento estaba escondida. En el Nuevo Testamento, apareció por medio de la primera venida de Cristo (2 Ti. 1:10) trayendo salvación a todos los hombres, judíos y gentiles.

11[4] La eterna gracia de Dios, la gracia salvadora, fue destinada en Cristo a traernos la salvación de Dios, la salvación completa que comprende el perdón de pecados, la justificación, la reconciliación, la redención, la regeneración, la santificación, la transformación y la conformación, y fue destinada a redimirnos para Dios, a impartirnos Su vida, y a introducirnos en una unión orgánica con El para el cumplimiento de Su propósito eterno.

12[1] Véase la nota 16[2] de 2 Ti. 2.

12[2] Deseos que hallan su gratificación en este mundo. La impiedad es la ausencia de la expresión de Dios; los deseos mundanos son las expresiones de nuestra carne. Tanto la impiedad como los deseos mundanos deben ser negados para que vivamos una vida que exprese a Dios y que restrinja la carne.

12[3] Discretamente, de manera autorrestringida. *Sobriamente* hacia nosotros mismos; *justamente* hacia otros, y *piadosamente* hacia Dios.

12[4] Es decir, con equidad.

13 [1a]aguardando la [2]esperanza bienaventurada, la [b]mani-
festación de la [3c]gloria de nuestro [4]gran [d]Dios y Salvador
Jesucristo,
14 quien se [a]dio a Sí mismo [1]por nosotros para [2b]redimir-
nos [c]de toda [3]iniquidad y [d]purificar para Sí un [4e]pueblo
especial, Su posesión personal, [f]celoso de buenas obras.
15 [1]Esto habla, y [a]exhorta y [2b]convence con toda [3c]autori-
dad. [4]Nadie te [d]menosprecie.

13[1] Esperando con confianza lo que es aceptado por fe.

13[2] La esperanza bienaventurada es la manifestación de Cristo en Su gloria. La manifestación de Cristo nos llevará a la plena filiación, es decir, a la redención de nuestro cuerpo, a fin de que podamos disfrutar la libertad de la gloria de los hijos de Dios, para lo cual fuimos salvos (Ro. 8:21-25). Esta es la esperanza de vida eterna (1:2), una esperanza de bendición eterna, una esperanza bienaventurada en la vida eterna del Dios Triuno; Pablo llegó a ser apóstol sobre la base de tal esperanza.

13[3] La gloria del Padre (Mt. 16:27), la cual ha sido dada al Hijo (Jn. 17:24) y a la cual nosotros, como los muchos hijos de Dios, seremos llevados (He. 2:10). Por Su sabiduría Dios nos predestinó antes de las edades para esta gloria (1 Co. 2:7), y el Dios de toda gracia nos llamó y nos salvó en esta eterna gloria (1 P. 5:10; 2 Ti. 2:10). El peso de esta gloria es sobrepujante y eterno (2 Co. 4:17), y con esta gloria seremos glorificados (Ro. 8:17, 30). La aparición de la gloria de Cristo, nuestro gran Dios y Salvador, es la esperanza bienaventurada que estamos aguardando.

13[4] A través de los siglos ha habido dos escuelas de interpretación acerca de este título sagrado y divino, el cual es además notable, maravilloso y excelente: (1) que se hace referencia a dos personas, Dios y Cristo; (2) que sólo hay una persona, Jesucristo como nuestro gran Dios y Salvador, afirmándose así la deidad de Cristo. Aquí preferimos la segunda interpretación. Esto corresponde a los dos títulos sagrados revelados en el nacimiento de Cristo: Jesús —Jehová el Salvador— y Emanuel —Dios con nosotros (Mt. 1:21-23)—. Nuestro Señor no sólo es nuestro Salvador, sino que también es Dios, y no solamente Dios, sino el gran Dios, el Dios que es grande en naturaleza, en gloria, en autoridad, en poder, en obras, en amor, en gracia y en todo atributo divino. En 1 Ti. 2:5 nuestro Señor es revelado como un hombre; aquí es revelado como el gran Dios. El es hombre y Dios. Se manifestará en Su gloria divina no solamente para salvar a Su pueblo y llevarlo a Su reino eterno, sino también para introducirlo en la gloria eterna de Dios (He. 2:10; 1 P. 5:10). Por consiguiente, Su manifestación en Su gloria es nuestra esperanza bienaventurada.

14[1] Por nuestro bien, y no en lugar nuestro.

14[2] Comprarnos por precio (1 Co. 6:20; 1 P. 1:18-19; 1 Ti. 2:6).

14[3] Lit., el no tener ley. Véase la nota 4[2] de 1 Jn. 3.

14[4] Una expresión tomada del Antiguo Testamento (Dt. 7:6; 14:2; 26:18), lo cual denota un pueblo poseído por Dios como Su único y especial tesoro (Ex. 19:5), Su posesión (1 P. 2:9).

15[1] Todo lo mencionado en los vs. 1-14.

15[2] Véanse las notas 13[1] y 9[5] del cap. 1.

15[3] Lit., mandato. *Con toda autoridad* modifica a *exhorta* y *convence.* Exhortar y convencer con toda autoridad es aconsejar y convencer imperativamente en todo aspecto con

13[a] 1 Co. 1:7; Fil. 3:20; 1 Ts. 1:10; He. 9:28
13[b] 1 Ti. 6:14; 2 Ti. 4:1, 8; 2 Ts. 2:8
13[c] Mt. 16:27; 25:31; 1 P. 4:13
13[d] 1 Ti. 1:1; 2 P. 1:1
14[a] 1 Ti. 2:6; Ef. 5:2
14[b] Gá. 3:13; 4:5
14[c] 1 P. 1:18
14[d] He. 1:3; 9:14; Ez. 37:23
14[e] Ex. 19:5; Dt. 14:2; 1 P. 2:9
14[f] Tit. 3:1, 8; 2 Ti. 3:17; Ef. 2:10; 1 P. 3:13
15[a] 1 Ti. 4:13; 2 Ti. 4:2
15[b] Tit. 1:13; 1 Ti. 5:20
15[c] Mt. 7:29; Mr. 1:22
15[d] 1 Ti. 4:12

CAPITULO 3

VI. Manda que los santos mantengan una buena relación con el gobierno
3:1-8

1 Recuérdales que se [1a]sujeten a los gobernantes y autoridades, que obedezcan, que estén [b]dispuestos a toda buena obra.

2 Que a nadie [a]difamen, que [1b]no sean contenciosos, sino [2c]apacibles, mostrando toda [d]mansedumbre para con todos los hombres.

3 Porque nosotros también [1]éramos [a]en otro tiempo insensatos, [b]desobedientes, [c]extraviados, sirviendo como [d]esclavos a [2e]concupiscencias y [f]deleites diversos, viviendo en [g]malicia y [h]envidia, aborrecibles, y aborreciéndonos unos a otros.

4 Pero cuando se [a]manifestó la [1b]bondad de [c]Dios nuestro Salvador, y Su [d]amor para con los hombres,

5 nos [a]salvó, no por [1b]obras de [c]justicia que nosotros hubiéramos hecho, sino conforme a Su [2d]misericordia, mediante el [3e]lavamiento de la [4f]regeneración y la [g]renovación del [5h]Espíritu Santo,

1a Ro. 13:1; 1 P. 2:13
1b Tit. 3:8, 14; 2 Ti. 2:21; 3:17
2a 2 Ti. 3:2
2b 1 Ti. 3:3; 2 Ti. 2:24
2c 1 Ti. 3:3; Fil. 4:5
2d 2 Ti. 2:25
3a Ro. 11:30; Ef. 2:3; Col. 1:21
3b Tit. 1:16
3c Tit. 1:10; 2 Ti. 3:13
3d Ro. 6:17
3e 2 Ti. 3:6; Tit. 2:12
3f 2 Ti. 3:4
3g Ro. 1:29; Ef. 4:31
3h 1 Ti. 6:4; Gá. 5:21
4a Ro. 2:4; Ef. 2:7

palabras de autoridad, como dando órdenes.

15[4] Esta exhortación, unida con la autoridad mencionada en la frase anterior, constituye la conclusión de todos los encargos dados a Tito en este capítulo. Trata principalmente de su enseñanza (vs. 1, 7-8, 15). La sana enseñanza junto con las sanas palabras según la piedad lo guardaron en dignidad, la cual inspira respeto y reverencia.

1[1] Esto es reconocer la autoridad de Dios y respetar Su gobierno sobre los hombres (Ro. 13:1-2).

2[1] No belicoso; pacífico.

2[2] Véase la nota 3[3] de 1 Ti. 3.

3[1] Debemos recordar que en naturaleza éramos iguales a los demás y vivíamos en la condición caída; por lo tanto, debemos ser comprensivos con la vida miserable que llevan, y orar por la salvación de ellos (1 Ti. 2:1, 4).

3[2] O, deseos y placeres.

4[1] La bondad y el amor de Dios nuestro Salvador nos salvaron y nos hicieron diferentes de otros.

5[1] Es decir, obras de justicia, hechas en el elemento y la esfera de la justicia, lo cual denota obras genuinas de justicia. Aun esas obras de justicia no son suficientes para ser la base y la condición de nuestra salvación. Solamente el lavamiento de la regeneración y la renovación del Espíritu Santo, los cuales nos traen la misericordia de Dios, son suficientes para hacer que seamos salvos.

5[2] El v. 11 del cap. 2 dice que la gracia de Dios trae salvación al hombre, y el v. 7 de este capítulo dice que somos justificados por la gracia del

4b Jn. 3:16; 1 Jn. 4:9; Ef. 2:4 4c Tit. 2:10; 1 Ti. 1:1 4d Tit. 2:11
5a 2 Ti. 1:9; Ro. 9:11; 11:6; Ef. 2:9 5b Fil. 3:9 5c Ef. 2:4; 1 P. 1:3; Ro. 9:16, 18
5d 2 Ti. 1:9 5e Ef. 5:26; 1 Co. 6:11; cfr. Ez. 36:25-27 5f Jn. 3:3
5g Ro. 12:2; Ef. 4:23; Col. 3:10; Ro. 6:4; 2 Co. 5:17; Gá. 6:15; Ez. 36:26
5h 2 Ti. 1:14; Ef. 1:13; Gá. 3:5; 4:6; 1 Co. 3:16; 6:19; Ro. 8:9, 11; Ez. 36:27

6 el cual [1a]derramó en nosotros [b]abundantemente por
medio de Jesucristo nuestro Salvador,
7 [1]para que [a]justificados por [2]Su [b]gracia, viniésemos a
ser [3c]herederos conforme a la [d]esperanza de la [e]vida eterna.

Señor. Pero este versículo dice que Dios nos salvó conforme a Su misericordia. La misericordia de Dios va más lejos que Su gracia. Nuestra miserable condición creó un gran vacío entre nosotros y la gracia de Dios. Fue la misericordia de Dios la que creó un puente sobre este vacío y nos trajo a Su salvación de gracia. Véanse las notas 16[2] de He. 4 y 13[2] de Mt. 9.

5[3] Lit., lavacro; para lavarse de la inmundicia.

5[4] La palabra griega traducida *regeneración* es diferente de la palabra traducida *regenerados* en 1 P. 1:23. Mt. 19:28 es el único versículo además de éste que usa este término, y allí se refiere a la restauración que tendrá lugar en el milenio (véase la nota 1). Aquí se refiere a un cambio de condición. Nacer de nuevo es el comienzo de este cambio. El lavamiento de la regeneración comienza con nuestro nuevo nacimiento y continúa con la renovación del Espíritu Santo, la cual es el proceso de la nueva creación, un proceso que nos hace un nuevo hombre. Es como restaurar, hacer algo nuevo, reconstruir algo con la vida. El bautismo (Ro. 6:3-5), el despojarse del viejo hombre, el vestirse del nuevo hombre (Ef. 4:22, 24; Col. 3:9-11), y la transformación por medio de la renovación de la mente (Ro. 12:2; Ef. 4:23) están relacionados con este proceso maravilloso. El lavamiento de la regeneración elimina todas las cosas de la vieja naturaleza de nuestro viejo hombre, y la renovación del Espíritu Santo imparte algo nuevo —la esencia divina del nuevo hombre— a nuestro ser. En esto hay un traslado de un estado viejo a un estado totalmente nuevo, del estado de la vieja creación a la nueva. Por consiguiente, tanto el lavamiento de la regeneración como la renovación del Espíritu Santo están operando en nosotros continuamente a lo largo de nuestra vida hasta la culminación de la nueva creación.

5[5] En 1 Timoteo se da énfasis a la iglesia (1 Ti. 3:15-16), en 2 Timoteo, a las Escrituras (2 Ti. 3:15-16), y en Tito se da énfasis al Espíritu Santo. La iglesia es la casa del Dios viviente, la cual expresa a Dios en la carne, y es columna y fundamento de la verdad, la realidad divina del gran misterio: Dios manifestado en la carne. La Escritura es el aliento de Dios; como tal, contiene y trasmite Su esencia divina para nutrirnos y equiparnos, a fin de hacernos completos y perfectos para que El nos pueda usar. El Espíritu Santo es la persona divina; El nos lava y nos renueva en el elemento divino para hacer de nosotros una nueva creación que tiene la naturaleza divina, a fin de que seamos herederos de Dios en Su vida eterna, los que heredan todas las riquezas del Dios Triuno.

6[1] El Espíritu Santo, quien es el Dios Triuno que llega al hombre, no solamente nos ha sido dado, sino que también ha sido derramado sobre nosotros ricamente por medio de Jesucristo, nuestro Redentor y Salvador, para impartirnos todas las riquezas divinas en Cristo, incluyendo la vida eterna de Dios y Su naturaleza divina, como una porción eterna para que la disfrutemos.

7[1] Este versículo proclama el resultado y la meta de la salvación (v. 5) y la justificación (v. 7) de Dios, las cuales incluyen el lavamiento de la regeneración y la renovación del Espíritu Santo (vs. 5-6). El resultado y la meta son hacernos herederos de Dios conforme a la esperanza de la vida eterna.

7[2] La gracia del Dios Salvador, quien es mencionado en el v. 4 (cfr. Ro. 3:24; 5:2, 15).

7[3] No simplemente hijos, sino herederos que están capacitados para

6[a] Jl. 2:28; Hch. 2:33; 10:45; Ro. 5:5
6[b] 1 Ti. 6:17; Ro. 10:12
7[a] Ro. 3:24; Gá. 2:16
7[b] Tit. 2:11; Ro. 5:15, 17, 21
7[c] Ro. 8:17; Gá. 4:7; 3:29
7[d] Tit. 1:2
7[e] 1 Ti. 1:16

8[a] 1 Ti. 1:15
8[b] 1 Ti. 1:7
8[c] Tit. 3:1

8 [a]Palabra fiel es [1]ésta, y [2]estas cosas quiero que [3b]afir-
mes con seguridad, para que los que han creído en Dios
procuren ocuparse en [c]obras dignas. Estas cosas son buenas
y provechosas a los hombres.

VII. Trata el asunto de los que causan disensiones
3:9-11

9[a] 2 Ti. 2:16
9[b] 2 Ti. 2:23; 1 Ti. 6:4
9[c] 1 Ti. 1:4
9[d] 1 Ti. 6:4; 2 Co. 12:20; Gá. 5:20
9[e] 2 Ti. 2:14, 23; 1 Ti. 6:4; Hch. 18:15
9[f] 1 Ti. 1:7, 8, 9
9[g] 2 Ti. 2:14
9[h] Tit. 1:10; 1 Ti. 1:6
10[a] 1 Co. 11:19; Gá. 5:20; Ro. 16:17
10[b] 1 Co. 10:11; Ef. 6:4; cfr. Mt. 18:15, 17
10[c] cfr. Ro. 16:17; 2 Ts. 3:6, 14; 2 Jn. 10

9 Pero [1a]evita las [2b]cuestiones necias, y [3c]genealogías, y
[4d]contiendas, y [5e]disputas acerca de la [6f]ley; porque son
[7g]vanas y [h]sin provecho.
10 Al [1a]hombre que cause disensiones, después de una y
otra [b]amonestación [2c]deséchalo,

---

heredar los bienes del Padre (Ro. 4:14; 8:17; Gá. 3:29; 4:7). Tales herederos nacen (Jn. 1:12-13) de la vida eterna de Dios (Jn. 3:16). Esta vida eterna los capacita no solamente para vivir y disfrutar a Dios en esta era, sino también para heredar, en la era venidera y en la eternidad, todas las riquezas de lo que Dios es para ellos. Así que, existe la esperanza de la vida eterna. La vida eterna de Dios es nuestro disfrute hoy, y nuestra esperanza mañana (véase la nota 2[1] del cap. 1). Conforme a esta esperanza llegamos a ser herederos de Dios para heredar todas Sus riquezas por la eternidad. Esta es la cúspide, la meta eterna, de Su salvación eterna con Su vida eterna, la cual nos ha sido dada por la gracia en Cristo.

8[1] Lo dicho en los vs. 3-7.

8[2] Las cosas mencionadas en los vs. 1-7.

8[3] O, afirmes consistentemente, con constancia, positivamente (con persistencia y minuciosidad). Se usa la misma palabra griega en 1 Ti. 1:7. Véase la nota 2.

9[1] Las cosas positivas recalcadas en los vs. 4-8 deben ser afirmadas sólida y consistentemente: Dios nuestro Salvador, Jesucristo nuestro Salvador, el Espíritu Santo, la bondad, el amor, la misericordia, la gracia y la vida eterna de Dios, junto con Sus hechos de justificación, salvación, lavamiento, regeneración y renovación. Todo esto es el Dios Triuno junto con Sus atributos y virtudes, además de Sus acciones divinas en Su salvación eterna; todo esto está relacionado con la vida, que pertenece al árbol de vida (Gn. 2:9) y produce herederos, los cuales recibirán todo lo que Dios es para ellos. Las cosas negativas tratadas en los vs. 9-11 deben evitarse: cuestiones necias, genealogías, peleas, discusiones acerca de la ley, y hombres tendenciosos y dogmáticos; ellas están relacionadas con el conocimiento (el cual imparte muerte), pertenecen al árbol del conocimiento y matan a sus víctimas. Lo relacionado con la vida, lo cual pertenece al árbol de la vida, debe recalcarse, mientras que los asuntos del conocimiento, que pertenecen al árbol del conocimiento, deben evitarse.

9[2] Cuestiones que surgen de las genealogías (1 Ti. 1:4).

9[3] Véase la nota 4[2] de 1 Ti. 1.

9[4] Lo que resulta de las cuestiones y genealogías.

9[5] O, peleas. Esto se debe a diferentes opiniones que resultan del erróneo estudio de los mitos en cuanto a la ley.

9[6] Se refiere a la ley judía. La ley era usada por el judaísmo gnóstico, el cual fue establecido para oponerse a la sencillez del evangelio.

9[7] Sin propósito, sin resultado.

10[1] Un hombre hereje y sectario que provoca divisiones formando partidos en la iglesia según sus propias opiniones (véase la nota 1[3] de 2 P. 2). El judaísmo gnóstico al que se hace referencia en el versículo anterior debe de estar relacionado con esto.

11 sabiendo que el tal se ha [1]pervertido, y [a]peca y está
condenado por su propio juicio.

VIII. Conclusión
3:12-15

12 Cuando envíe a ti a Artemas o a [a]Tíquico, procura con
diligencia [b]venir a mí en [1c]Nicópolis, porque allí he determinado pasar el [d]invierno.
13 A [1]Zenas [2a]intérprete de la ley, y a [b]Apolos, [c]encamína-
les con diligencia, de modo que nada les falte.
14 Y aprendan también los nuestros a ocuparse en [a]obras
dignas para los casos de [b]necesidad, para que no sean [c]sin
fruto.
15 Todos los que están [a]conmigo te saludan. Saluda a los
que nos [b]aman en la [1c]fe. La [d]gracia sea con todos vosotros.

11[a] 2 Co. 12:21; 13:2
12[a] 2 Ti. 4:12; Hch. 20:4
12[b] cfr. 2 Ti. 4:9
12[c] cfr. 2 Ti. 4:10
12[d] 2 Ti. 4:21
13[a] Mt. 22:35
13[b] Hch. 18:24; 19:1; 1 Co. 1:12; 3:4-6, 22
13[c] Hch. 15:3; 1 Co. 16:6; 2 Co. 1:16
14[a] Tit. 3:1, 8
14[b] Hch. 20:34; Ro. 12:13; Fil. 2:25; 4:16
14[c] 2 P. 1:8; cfr. Fil. 1:11; 4:17; Col. 1:6, 10
15[a] Hch. 20:34
15[b] Gá. 5:6; Ef. 6:23; Flm. 5
15[c] Jac. 2:20, 22
15[d] 1 Ti. 6:21; 2 Ti. 4:22

10[2] A fin de mantener un buen orden en la iglesia, una persona tendenciosa debe ser desechada y rechazada después de la segunda amonestación. Esto se hace para detener el contacto con una persona contagiosamente divisiva, por el bien de la iglesia.

11[1] Lit., salido del camino. Esto es más extremado que apartarse de la senda recta (1:14).

12[1] Una ciudad del extremo sudoeste de Macedonia, donde se escribió esta epístola. Véase la nota 6[2] de 2 Ti. 4.

13[1] Artemas y Tíquico eran colaboradores íntimos de Pablo; Zenas y Apolos laboraban independientemente de él. Aún así, Pablo le mandó a Tito que cuidara de estos dos, lo cual muestra que no había celos entre los dos grupos de colaboradores.

13[2] Véase la nota 35[1] de Mt. 22.

15[1] Se refiere a la fe subjetiva, nuestra acción de creer, que nos introduce en una unión orgánica con el Señor (Jn. 3:15; Gá. 3:26) y obra por el amor (Gá. 5:6). Los santos, quienes eran uno con el Señor en Su cuidado, amaban al apóstol fiel y sufrido en el elemento y en la operación de esta fe.

La fe y el amor son dos virtudes excelentes e inseparables de los que creen en Cristo. La fe nos es dada por Dios (nota 1[5] de 2 P. 1) para que por medio de ella recibamos a Cristo (Jn. 1:12), la corporificación del Dios Triuno (Col. 2:9), y así entremos en el Dios Triuno y seamos unidos a El como uno, teniéndole a El como nuestra vida, nuestro suministro de vida y nuestro todo. El amor resulta de esta fe maravillosa y nos da la capacidad de expresar en nuestro vivir todas las riquezas del Dios Triuno en Cristo, juntamente con todos aquellos que han creído en Cristo, a fin de que el Dios Triuno —el Padre, el Hijo y el Espíritu— tenga una expresión gloriosa. Con la fe apreciamos, aprehendemos y recibimos las ilimitadas riquezas del Dios Triuno; con el amor experimentamos, disfrutamos y expresamos en nuestro vivir al inmensurablemente rico Dios Triuno. Con la fe los creyentes son unidos al Dios Triuno, quien lo es todo para ellos; con el amor ellos ministran al Dios Triuno a sus compañeros en la fe y les trasmiten al Dios Triuno a fin de que en esta fe maravillosa y poderosa, todos los creyentes se amen unos a otros con un amor divino y trascendente, y vivan una vida corporativa en Cristo. De esta manera, el Cuerpo de Cristo es hecho real para los creyentes, y el Dios Triuno procesado es expresado hoy en día en la tierra, en el Cristo todo-inclusivo por medio del inmensurable Espíritu vivificante.

La Epístola a Tito es la conclusión de los tres libros, 1 y 2 Timoteo y Tito, y concluye con la fe maravillosa y el excelentísimo amor. Esto implica que en la corriente decadente de la iglesia, es indispensable tener esta fe maravillosa y este excelentísimo amor, a fin de poder estar firme de manera eficaz y vencer la corriente y el factor de la degradación de la iglesia. No debemos andar conforme a lo que vemos ni preocuparnos por la situación externa. Al contrario, en esta fe maravillosa debemos disfrutar su origen, que es el Dios Triuno a quien hemos sido unidos por medio de esta fe, y por Su excelentísimo amor debemos amarlo a El y a todos los que le pertenecen. Solamente de esta manera podemos llegar a ser, en la corriente de la degradación de la iglesia, los vencedores a quienes el Señor llama y a quienes El desea obtener, según lo revela Apocalipsis 2 y 3.

Esta fe maravillosa y este excelentísimo amor proceden del Dios Triuno, quien anhela unirse a nosotros para ser nuestro todo. El Dios Triuno pasó por los procesos de encarnación, crucifixión, resurrección y ascensión a los cielos en lo alto, y fue finalmente consumado como el Espíritu vivificante (1 Co. 15:45). Este Espíritu de vida (Ro. 8:2), que tiene divinidad, humanidad y la crucifixión, resurrección y ascensión de Cristo, y que es la realidad del Cristo todo-inclusivo (Jn. 14:16-20), mora en nuestro espíritu regenerado (Ro. 8:16; 2 Ti. 4:22). Cuando tenemos contacto con el Dios Triuno al orar y al poner los ojos en El por medio de nuestro espíritu, el cual estaba muerto y fue vivificado, El se infunde en nosotros de muchas maneras para llegar a ser la fe que tenemos en nosotros para con El, y el amor que brota de nosotros para con los que le pertenecen. Tal fe y tal amor son la realidad y la expresión (1 Jn. 4:8, 16) del Dios Triuno —el Padre, el Hijo y el Espíritu— en quien creemos y a quien adoramos y recibimos. Además, ellos son la rica gracia que nos dio el Dios Triuno en Cristo (1 Ti. 1:14), no solamente para ser el poder motivador y la expresión de nuestra vida espiritual, sino también para llegar a ser nuestra coraza (1 Ts. 5:8), la cual cubre y protege las partes vitales de nuestro ser. Por medio de tal fe nosotros recibimos y disfrutamos la vida divina que nos es revelada y ministrada en todo el Evangelio de Juan (Jn. 3:16, 36) y con tal amor, amamos al Señor y a aquellos que le pertenecen (Jn. 21:15-17; 13:34-35). Tal fe y tal amor están conectados y van juntos: el amor proviene de la fe, y la fe opera y trabaja mediante el amor (Gá. 5:6). El amor junto con la fe nos capacita para amar a nuestro Señor en incorruptibilidad para que tengamos una vida de iglesia vencedora (Ef. 6:23-24) a fin de cumplir la economía neotestamentaria de Dios en Cristo para la iglesia. Por lo tanto, en esta fe agradamos a Dios (He. 11:6), y en este amor somos bendecidos por el Señor (1 Co. 16:22). Que esta fe con este amor sea con los hermanos, de parte de Dios el Padre y del Señor Jesucristo (Ef. 6:23).

LA EPISTOLA DE PABLO
A
FILEMON

BOSQUEJO

I. Introducción—vs. 1-3
II. Un esclavo renacido como hermano—vs. 4-16
III. Un hermano recomendado para que sea aceptado en el nuevo hombre—vs. 17-22
IV. Conclusión—vs. 23-25

LA EPISTOLA DE PABLO
A
FILEMON

Autor: El apóstol Pablo junto con el hermano Timoteo (v. 1).

Fecha: Por el año 64 d. de C., un poco antes de que Pablo fuera liberado de su primer encarcelamiento en Roma (vs. 9, 22).

Lugar: Una prisión en Roma; véanse los versículos del punto anterior.

Destinatarios: Filemón, Apia, Arquipo y la iglesia, que estaba en su casa (vs. 1-2).

Tema:
Un cuadro del estado de igualdad que existe entre los creyentes en el nuevo hombre

I. Introducción
vs. 1-3

1 Pablo, [a]prisionero de Cristo Jesús, y el hermano [b]Timo-
teo, al amado Filemón, [c]colaborador nuestro,
2 y a la [a]hermana [1]Apia, y a [1b]Arquipo nuestro [c]compañe-
ro de milicia, y a la [2d]iglesia, que está en tu casa:
3 Gracia y paz a vosotros, de Dios nuestro Padre y del
Señor Jesucristo.

II. Un esclavo renacido como hermano
vs. 4-16

4 Siempre [a]doy gracias a mi Dios, [b]acordándome de ti en
mis oraciones,
5 porque oigo del [1]amor y de la fe que tienes hacia el
Señor Jesús, y para con todos los santos;

1[a] Flm. 9; Ef. 3:1
1[b] 1 Ti. 1:2; 1 Ts. 1:1; 3:2
1[c] Flm. 24; Ro. 16:3, 21
2[a] Ro. 16:1
2[b] Col. 4:17
2[c] Fil. 2:25
2[d] Ro. 16:5; 1 Co. 16:19; Col. 4:15
4[a] Ro. 1:8
4[b] Ef. 1:16

2[1] Ya que lo tratado en esta epístola es un asunto familiar, Apia debe de haber sido la esposa de Filemón, y Arquipo, su hijo.

2[2] Filemón vivía en Colosas (v. 2 cfr. Col. 4:17; v. 10 cfr. Col. 1:2; 4:9) y, según la historia, era un anciano de la iglesia allí. Muy probablemente la iglesia en Colosas se reunía en su casa. Por lo tanto, era la iglesia que estaba en su casa.

5[1] En la etapa inicial de la vida de un creyente, la fe viene primero, y luego, a partir de la fe se produce el amor (Gá. 5:6; Ef. 1:15; Col. 1:4; véanse las notas 14[2] de 1 Ti. 1 y 23[2] de Ef. 6). Pero aquí el amor se menciona primero y después la fe, debido a que el estado de igualdad que existe entre los creyentes, del cual trata esta epístola, es asunto de amor, y éste procede de la fe. En el nuevo hombre los miembros se aman unos a otros en la fe (Tit. 3:15). Su relación es una relación de

6 para que la comunión de tu fe sea eficaz en el [1]pleno
[a]conocimiento de [2]todo el bien que está en [3]vosotros [4]por
Cristo.
7 [1]Pues tengo gran [a]gozo y [b]consolación por tu amor,
porque por ti, oh [c]hermano, han sido [2d]confortados los [3e]cora-
zones de los santos.
8 Por lo cual, aunque tengo mucha [a]libertad en Cristo
para [b]mandarte lo que [c]conviene,
9 más bien te [a]ruego por amor, siendo como soy, Pablo ya
[1]anciano, y ahora, además, [2b]prisionero de Cristo Jesús;
10 te ruego por mi [a]hijo [1b]Onésimo, a quien [2c]engendré en
mis [d]prisiones,
11 el cual en otro tiempo te fue [1]inútil, pero ahora a ti y a
mí nos es [2]útil,

---

amor a través de la fe. El apóstol apreciaba la comunión de la fe de Filemón (v. 6) y fue animado por su amor (v. 7); entonces, le encargó a Filemón que debido a este amor recibiera a Onésimo (v. 9). Estas dos virtudes son mencionadas aquí en combinación; Filemón tenía ambas, no sólo hacia el Señor, sino también hacia todos los santos.

6[1] Es decir, pleno aprecio y pleno reconocimiento a través de la experiencia.

6[2] No cosas naturales (cfr. Ro. 7:18) sino cosas espirituales y buenas en el sentido divino, tales como el amor y la fe que Filemón tenía hacia el Señor Jesús. Estas cosas buenas están en nosotros los creyentes regenerados, pero no en los hombres naturales.

6[3] Algunos mss. antiguos dicen: nosotros.

6[4] Lit., para, hacia. Todas las cosas espirituales y buenas en el sentido divino que están en nosotros son para Cristo, hacia Cristo, por Cristo. El apóstol oró pidiendo que la comunión, la comunicación, la participación, de la fe de Filemón hacia todos los santos llegara a ser eficaz en ellos en el elemento y esfera del pleno conocimiento, la completa comprensión, de todas las cosas buenas que hay en nosotros para Cristo, provocando que apreciaran y reconocieran todas las cosas espirituales y divinamente buenas que tienen los creyentes para Cristo.

7[1] *Pues* presenta la razón por la cual el apóstol oró pidiendo que la fe de Filemón fuera eficaz en los santos (v. 6); la razón fue que el amor de Filemón había confortado a los corazones de los santos y, por lo tanto, había proporcionado al apóstol mucho gozo y consolación.

7[2] Suavizados, animados.

7[3] Lit., entrañas.

9[1] O, embajador (Ef. 6:20).

9[2] Aquí *prisionero, compañero de prisiones* en el v. 23, y *prisiones* en el v. 13 indican que esta epístola se escribió durante el primer encarcelamiento del apóstol en Roma. Véase la nota 6[2] de 2 Ti. 4.

10[1] El nombre en griego quiere decir *provechoso, útil, de ayuda;* era un nombre común dado a los esclavos. El era un esclavo que Filemón había comprado, y que, según la ley romana, no tenía derechos humanos. El había huido de su amo, cometiendo así un crimen cuyo castigo era la muerte. Mientras Onésimo estaba en la cárcel en Roma con el apóstol, fue salvo por medio de éste. Ahora el apóstol lo enviaba de regreso a su amo con esta epístola.

10[2] A través del Espíritu con la vida eterna de Dios (Jn. 3:3; 1:13).

6[a] Fil. 1:9; Col. 1:9; 3:10
7[a] Fil. 2:2
7[b] 2 Co. 7:4, 13; Col. 4:11
7[c] Flm. 20, 16; Mt. 23:8; Lc. 22:32; Jn. 21:23; Gá. 6:18; Ap. 1:9
7[d] Flm. 20; 2 Ti. 1:16
7[e] Flm. 12, 20
8[a] 2 Co. 3:12
8[b] 1 Ti. 1:18
8[c] Ef. 5:4
9[a] Ro. 12:1
9[b] Flm. 1
10[a] 1 Ti. 1:2
10[b] Col. 4:9
10[c] 1 Co. 4:14-15; Gá. 4:19
10[d] Flm. 13; Fil. 1:7

12 el cual te devuelvo, es decir, te devuelvo mi propio [1]corazón.

13 Yo quisiera retenerle conmigo, para que en lugar tuyo me ministrase en mis [a]prisiones por el evangelio;

14 pero nada quise hacer [1]sin tu consentimiento, para que tu bondad [a]no fuese como de necesidad, sino [b]voluntaria.

15 [1]Porque [2]quizás para esto estuvo apartado *de ti* por poco tiempo, para que por siempre le [3]tuvieras;

16 [1]no ya como [a]esclavo, sino como [2]más que esclavo, como [3b]hermano amado, mayormente para mí, pero cuánto más para ti, [4]tanto [c]en la carne como en el Señor.

III. Un hermano recomendado
para que sea aceptado en el nuevo hombre
vs. 17-22

17 Así que, si me [1]tienes por [2a]compañero, recíbele como a mí mismo.

13a Flm. 10
14a 2 Co. 9:7; 1 P. 5:2
14b cfr. Ro. 12:8
16a 1 Co. 7:22
16b Flm. 7; Col. 4:9; 1 Ti. 6:2
16c Ef. 6:5; Col. 3:22
17a 2 Co. 8:23

11[1] O, inservible. Se refiere al hecho de que Onésimo había huido de Filemón.

11[2] O, servible. Porque Onésimo se había convertido y estaba dispuesto a regresar a Filemón.

12[1] Lit., entrañas; la misma palabra griega aparece en los vs. 7, 20, Fil. 1:8 (*entrañable amor*) y 2:1 (*afecto entrañable*), y Col. 3:12 (*entrañas*), y significa afecto interno, ternura, compasión. Pablo envió su afecto interno y compasión a Filemón por intermedio de Onésimo.

14[1] Tal como el Señor no haría nada sin nuestro consentimiento.

15[1] *Porque* presenta la razón del envío en el v. 12.

15[2] *Quizás* no es sólo una expresión de humildad, sino también una expresión que muestra que no tenía prejuicios.

15[3] Poseerlo por completo.

16[1] Esta corta epístola tiene el propósito especial de mostrarnos la igualdad, en la vida eterna y el amor divino de Dios, de todos los miembros del Cuerpo de Cristo. En la época primitiva en que vivió Pablo, la vida de Cristo había anulado entre los creyentes la fuerte institución de la esclavitud. Puesto que el sentimiento del amor de la comunión cristiana era tan poderoso y prevaleciente que el orden social maligno entre los seres humanos caídos fue ignorado espontáneamente, no había necesidad de emancipación institucional. Debido al nacimiento divino de los creyentes en Cristo y a que vivían por la vida divina, todos ellos estaban en un estado de igualdad en la iglesia, la cual era el nuevo hombre en Cristo, y en la cual no había discriminación entre el libre y el esclavo (Col. 3:10-11). Esto estaba basado en tres hechos: (1) la muerte de Cristo en la cruz abolió todas las ordenanzas de las diferentes maneras de vivir, para crear un solo y nuevo hombre (Ef. 2:15); (2) todos nosotros fuimos bautizados en Cristo y fuimos hechos uno en Él sin ninguna diferencia (Gá. 3:27-28); y (3) en el nuevo hombre Cristo es el todo y en todos (Col. 3:11). Tal vida con tal amor en igualdad de comunión es perfectamente capaz de mantener el buen orden en la iglesia (en Tito), llevar a cabo la economía de Dios en cuanto a la iglesia (en 1 Timoteo), y resistir la corriente de la decadencia de la iglesia (en 2 Timoteo). Por la soberanía del Señor en el arreglo del Nuevo Testamento, esta epístola fue puesta después de los tres libros que la preceden.

18 Y si en algo te [1]hizo daño, o te debe, ponlo a [2]mi cuenta.

19 Yo Pablo lo escribo de [a]mi mano, yo lo [1]pagaré; por no decirte que aun [2]tú mismo te me debes también.

20 Sí, [a]hermano, tenga yo algún [1]provecho de ti en el Señor; [2b]conforta en Cristo mi [3]corazón.

21 Te he escrito [a]confiando en tu obediencia, sabiendo que harás aun más de lo que te digo.

22 Y al mismo tiempo prepárame también [a]alojamiento; porque [1]espero que por vuestras [b]oraciones os seré [2c]concedido.

IV. Conclusión
vs. 23-25

23 Te saludan [1a]Epafras, mi [b]compañero de prisiones en Cristo Jesús,

24 [a]Marcos, [b]Aristarco, [c]Demas y [d]Lucas, mis [e]colaboradores.

25 La [1a]gracia del Señor Jesucristo sea con vuestro [2b]espíritu.[3]

16[2] Onésimo era más que un hombre libre; era un hermano amado.

16[3] Aquí *hermano amado, la hermana* (v. 2), *amado colaborador nuestro* (v. 1), *nuestro compañero de milicia* (v. 2), *mis colaboradores* (v. 24), *mi compañero de prisiones* (v. 23), y *compañero* (v. 17) son términos íntimos que indican el sentimiento íntimo del apóstol en su relación con los miembros del nuevo hombre.

16[4] Es decir, en la carne como un esclavo y en el Señor como un hermano. Siendo esclavo en la carne, Onésimo era un hermano, y siendo hermano en el Señor, era un esclavo.

17[1] Tal como una iglesia local con sus ancianos está en sociedad con el Señor, y el Señor les confía los recién salvos, como hizo el buen samaritano con el hombre que fue sanado (Lc. 10:33-35).

17[2] Esto indica la profunda relación de comunión en el Señor.

18[1] Esto indica que Onésimo había defraudado a su amo.

18[2] Al cuidar a Onésimo, Pablo hizo exactamente lo que el Señor hace por nosotros.

19[1] Tal como el Señor paga todo por Sus redimidos.

19[2] Esto indica que Filemón había sido salvo a través de Pablo mismo.

20[1] Gr. *onaimen;* suena como *Onésimo* (ambas palabras quieren decir *provechoso*). Esta palabra es una alusión al nombre Onésimo. Esto es un juego de palabras, que implica que como "tú mismo te me debes, tú eres un Onésimo para mí; por lo tanto, tú me debes ser provechoso, es decir, me deberías dar ganancias en el Señor".

20[2] Suaviza, anima.

20[3] Lit., entrañas. Puesto que Filemón había confortado los corazones de los santos, su compañero le pedía ahora que hiciera lo mismo con él en el Señor.

22[1] Esta confianza, de que él sería liberado de sus prisiones y de que visitaría las iglesias de nuevo, se expresa también en Fil. 1:25 y 2:24.

22[2] Pablo consideraba que su visita sería un regalo de gracia a la iglesia.

23[1] Una contracción de *Epafrodito* (Fil. 2:25; 4:18).

25[1] El apóstol siempre saludaba a los destinatarios de sus epístolas, tanto al comienzo como al final, con la gracia

19[a] 1 Co. 16:21; Gá. 6:11
20[a] Flm. 7
20[b] Flm. 7
21[a] 2 Co. 2:3
22[a] Hch. 28:23
22[b] 2 Co. 1:11; Fil. 1:19
22[c] He. 13:19
23[a] Col. 1:7; 4:12
23[b] Ro. 16:7; Col. 4:10
24[a] Hch. 12:12, 25; Col. 4:10
24[b] Hch. 19:29; Col. 4:10
24[c] Col. 4:14; 2 Ti. 4:10
24[d] Col. 4:14; 2 Ti. 4:11
24[e] Flm. 1
25[a] Gá. 6:18; Fil. 4:23
25[b] 2 Ti. 4:22

del Señor. Esto muestra que confiaba en la gracia del Señor, teniendo la seguridad de que esta gracia les permitiría tanto a ellos como a él mismo (1 Co. 15:10), lograr lo que les había escrito. Ningún esfuerzo humano es útil para llevar a cabo una revelación tan elevada como la revelación consumadora recibida por el apóstol Pablo; para esto se necesita la gracia del Señor.

25[2] Véase la nota 18[2] de Gá. 6.

25[3] Algunos mss. antiguos agregan: Amén.

LA EPISTOLA A LOS HEBREOS

BOSQUEJO

I. Introducción: Dios habla en el Hijo—1:1-3

II. La superioridad de Cristo—1:4—10:39

A. Superior a los ángeles—1:4—2:18

1. Como Hijo de Dios, como Dios—1:4-14

(La primera advertencia: atended a lo dicho en cuanto al Hijo—2:1-4)

2. Como Hijo del Hombre, como hombre—2:5-18

B. Superior a Moisés: como Apóstol, es digno de más gloria y honra—3:1-6

(La segunda advertencia: alcanzad el reposo prometido—3:7—4:13)

C. Superior a Aarón—4:14—7:28

1. Sumo Sacerdote según el orden de Melquisedec—4:14—5:10

(La tercera advertencia: llegad a la madurez—5:11—6:20)

2. Un Sumo Sacerdote perpetuo, grande y viviente que puede salvar por completo—7:1-28

D. El nuevo pacto de Cristo es superior al viejo pacto—8:1—10:18

1. Un mejor pacto de mejores promesas con un ministerio más excelente—8:1-13

2. Mejores sacrificios y mejor sangre con el mayor y más perfecto tabernáculo—9:1—10:18

(La cuarta advertencia: acercaos al Lugar Santísimo y no retrocedáis al judaísmo—10:19-39)

III. El camino único de la fe—11:1-40

A. La definición de la fe—v. 1

B. Los testigos de la fe—vs. 2-40

(La quinta advertencia: corred la carrera y no os apartéis de la gracia—12:1-29)

IV. Virtudes para la vida de la iglesia—13:1-19

A. Seis asuntos prácticos—vs. 1-7

B. Experiencias de Cristo—vs. 8-15

C. Otros cuatro aspectos necesarios—vs. 16-19

V. Conclusión—13:20-25

LA EPISTOLA A LOS HEBREOS

Autor: Aparentemente el apóstol Pablo, quien era el único que estaba calificado para escribir el contenido profundo, elevado y rico de este libro. La mención de Timoteo y el tono de la comunión también indican que Pablo es el autor (véase también la nota 1 de 1:1).

Fecha: Por el año 67 d. de C., después de que Pablo fue librado del primer encarcelamiento que sufrió bajo el gobierno romano, cuando estaba en Mileto (2 Ti. 4:20).

Lugar: Posiblemente Mileto (véase el versículo del punto anterior). La mención de "los de Italia" en 13:24 indica que el libro no fue escrito en Roma.

Destinatarios: Los creyentes hebreos, como lo indica el contenido del libro.

Tema:
Cristo es superior
al judaísmo y a todo lo relacionado con éste,
y el nuevo pacto al cual El dio consumación
es mejor que el antiguo pacto

CAPITULO 1

I. Introducción: Dios habla en el Hijo 1:1-3

1a Hch. 3:21

1 [1]Dios, habiendo [a]hablado [2]parcial y diversamente en
tiempos pasados a los padres en los profetas,

1[1] ¡Dios ha hablado! ¡Alabado sea El! Si Dios no hubiese hablado, quedaría misterioso. Pero El se ha revelado al hablar. Ya no es misterioso. Ahora El es el Dios revelado.

Este libro pone énfasis en el hecho de que Dios ha hablado y no el hombre. Es por esto que no se identifica su escritor, ni tampoco en ninguna de las citas del Antiguo Testamento se menciona el nombre de la persona que habla. Conforme al concepto de este libro, toda la Escritura es el hablar de Dios. Por esto, al referirse al Antiguo Testamento, este libro siempre dice que es el hablar del Espíritu Santo (3:7; 9:8; 10:15-17).

1[2] En el Antiguo Testamento, Dios no habló al pueblo una sola vez y de una sola manera, sino en muchos fragmentos y de muchas maneras: trajo una porción a los patriarcas hablándoles de cierta manera, otra porción por medio de Moisés de otra manera, una

2 al final de [1]estos días nos ha hablado en el [2a]Hijo, a
[3]quien constituyó [4b]Heredero de todo, y [c]por quien asimismo
hizo el [5d]universo;

2a Mt. 17:5
2b Sal. 2:8
2c Jn. 1:3; Col. 1:16; 1 Co. 8:6
2d He. 11:3

porción por medio de David de una manera, y otras por medio de varios profetas en diversas maneras.

Es muy apropiado y significativo que este libro, un libro del hablar de Dios, se titule *La Epístola a los Hebreos*. El primer hebreo fue Abraham (Gn. 14:13), el padre de todos aquellos que tienen contacto con Dios por la fe (Ro. 4:11-12). Por lo tanto, Dios es llamado "el Dios de los hebreos" (Ex. 9:1, 13). La raíz de la palabra *hebreo* significa *cruzar*. Puede significar específicamente cruzar un río, esto es, cruzar de este lado del río al otro, pasar de un lado a otro. Por lo tanto, un hebreo es un cruzador de ríos. Abraham era tal persona. Desde Caldea, tierra de idolatría, que estaba al otro lado del gran río Eufrates, él cruzó hasta Canaán, tierra de adoración a Dios, la cual estaba a este lado del Eufrates (Jos. 24:2-3). En este libro la intención de Dios en Su hablar era que los judíos que habían creído en el Señor pero todavía persistían en el judaísmo, abandonaran la ley y pasaran a la gracia (4:16; 7:18-19; 12:28; 13:9), que abandonaran el antiguo pacto y pasaran al nuevo (8:6-7, 13), y que abandonaran el servicio ritual del Antiguo Testamento y pasaran a la realidad espiritual del Nuevo Testamento (8:5; 9:9-14); esto es, que dejaran el judaísmo y pasaran a la iglesia (13:13; 10:25), que abandonaran las cosas terrenales y pasaran a las celestiales (12:18-24), que abandonaran el atrio, donde está el altar, y pasaran al Lugar Santísimo, donde está Dios (13:9-10; 10:19-20), que abandonaran el alma y pasaran al espíritu (4:12), y que abandonaran el comienzo de la verdad y la vida y pasaran a la madurez de la vida en la verdad (5:11—6:1). Los judíos que creyeron en el Señor no eran los únicos que debían ser tales cruzadores, sino que también deben serlo todos los que tienen contacto con Dios por la fe. Este es el propósito de Dios al hablar en este libro.

2[1] Una expresión hebrea que indica el fin de la dispensación de la ley, cuando el Mesías había de ser presentado. Véase Is. 2:2; Mi. 4:1.

2[2] En el Antiguo Testamento, Dios habló en los profetas, en hombres impulsados por Su Espíritu (2 P. 1:21). En el Nuevo Testamento, El habla en el Hijo, en la persona del Hijo. El Hijo es Dios mismo (v. 8), es Dios expresado. Dios el Padre está escondido; Dios el Hijo es expresado. Nadie ha visto jamás a Dios; el Hijo, como el Verbo de Dios (Jn. 1:1; Ap. 19:13) y el hablar de Dios, lo ha declarado con una expresión, explicación y definición plena de El (Jn. 1:18).

El Hijo es el centro, el enfoque, de este libro. En la Deidad El es el resplandor de la gloria de Dios y la impronta de Su substancia. En la creación El es (1) el medio por el cual el universo fue hecho (v. 2); (2) el poder que sustenta todas las cosas (v. 3); y (3) el Heredero designado para heredar todas las cosas. En la redención El efectuó la purificación de los pecados del hombre y ahora está sentado a la diestra de Dios en los cielos (v. 3).

Este libro nos revela el contraste que existe entre el Antiguo Testamento y el Nuevo. El Antiguo Testamento estaba fundado en la ley de la letra y en formalismos, era del hombre, terrenal, temporal y visible, y produjo una religión, el judaísmo. El Nuevo Testamento está fundado en la vida, es espiritual, celestial y permanente, es por fe y está centrado en una persona, el Hijo de Dios.

2[3] Esta breve recomendación del Hijo en los vs. 2-3 despliega la persona y la obra del Hijo. El Hijo en Su persona es el resplandor de la gloria de Dios y la impronta de Su substancia. En Su obra El creó el universo y sustenta todas las cosas, y efectuó la purificación de nuestros pecados.

2[4] Es decir, el Heredero legal que recibe todas las cosas de la economía de Dios por herencia. Ya que El no

3[a] 2 Co. 4:4; Col. 1:15; cfr. Jn. 1:18
3[b] Col. 1:17
3[c] Ef. 1:20; He. 1:13; 8:1; 10:12; 12:2
3[d] He. 8:1; Jud. 25

3 el cual, siendo el [1]resplandor de Su gloria, y la [a]impronta de Su substancia, y quien [b]sustenta todas las cosas con la [2]palabra de Su poder, habiendo efectuado la [3]purificación de los pecados, se [4c]sentó a la diestra de la [5d]Majestad en las [6]alturas,

---

sólo es el Hijo de Dios sino también el Heredero de Dios, todo lo que Dios el Padre es y tiene le pertenece (Jn. 16:15). En el pasado el Hijo fue el Creador (vs. 2, 10; Jn. 1:3; Col. 1:16; 1 Co. 8:6); en el presente es quien sustenta todas las cosas (v. 3); en el futuro será el Heredero que reciba todas las cosas (cfr. Ro. 11:36).

2[5] Lit., los siglos. *Los siglos* es una expresión judía que significa *el universo.* En este caso no se refiere al tiempo, sino a la creación (el universo) desarrollada en el tiempo a través de los siglos sucesivos.

3[1] El resplandor de la gloria de Dios es semejante al resplandor o al brillo de la luz del sol. El Hijo es el resplandor, el brillo, de la gloria del Padre. Esto se refiere a la gloria de Dios. La impronta de la substancia de Dios es semejante a la impresión de un sello. El Hijo es la expresión de lo que Dios el Padre es. Esto se refiere a la substancia de Dios.

3[2] La expresión en griego denota la palabra hablada. El Hijo sustenta todas las cosas no con Su obra, sino con Su palabra hablada, la palabra de Su poder. En la creación todas las cosas llegaron a existir por medio de El, la Palabra misma (Jn. 1:1-3). El universo fue constituido por la palabra de Dios (11:3): "El dijo, y fue hecho; El mandó, y existió" (Sal. 33:9). En la salvación somos salvos por medio de Su palabra (Jn. 5:24; Ro. 10:8, 17). Por medio de Su palabra es ejercida Su poderosa autoridad (Mt. 8:8-9). Por medio de Su palabra es realizado Su poder sanador (Jn. 4:50-51). Aquí dice que Dios habla en el Hijo y que el Hijo sustenta todas las cosas con Su palabra. Todo depende de Su hablar. Cuando el Señor habla, todo se pone en orden.

3[3] En la tipología del Antiguo Testamento, la expiación solamente podía cubrir los pecados (Sal. 32:1); no podía quitarlos. Así que, los sacerdotes que hacían expiación estaban de pie, día tras día, ofreciendo siempre los mismos sacrificios (10:11), y nunca podían sentarse. Pero el Hijo quitó el pecado (Jn. 1:29) y logró la purificación de los pecados de una vez por todas. Entonces se sentó para siempre (10:10, 12).

3[4] Este libro, que contiene el concepto de que todas las cosas positivas son celestiales, nos remite al Cristo que está en los cielos. En los evangelios vemos al Cristo que vivió en la tierra y murió en la cruz para efectuar la redención. En Hechos vemos al Cristo resucitado y ascendido, el cual es propagado y ministrado a los hombres. En Romanos vemos al Cristo que es nuestra justicia para justificación, y nuestra vida para santificación, transformación, conformación, glorificación y edificación. En Gálatas, vemos al Cristo que nos capacita para vivir una vida contraria a la ley, la religión, la tradición y los formalismos. En Filipenses vemos al Cristo que es expresado en el vivir de Sus miembros. En Efesios y Colosenses vemos al Cristo que es la vida, el contenido y la Cabeza del Cuerpo, la iglesia. En 1 y 2 Corintios vemos al Cristo que lo es todo en la vida práctica de la iglesia. En 1 y 2 Tesalonicenses vemos al Cristo que es nuestra santidad para Su regreso. En 1 y 2 Timoteo y en Tito vemos al Cristo que es la economía de Dios, y que nos capacita para saber cómo conducirnos en la casa de Dios. En las epístolas de Pedro vemos al Cristo que nos capacita para aceptar la disciplina gubernamental de Dios, administrada por medio de los sufrimientos. En las epístolas de Juan vemos al Cristo que es la vida y la comunión de los hijos de Dios en la familia de Dios. En Apocalipsis vemos

II. La superioridad de Cristo
1:4—10:39

A. Superior a los ángeles
1:4—2:18

1. Como Hijo de Dios, como Dios
1:4-14

4 hecho tanto superior a los ángeles, cuanto heredó [1]más
destacado nombre que ellos.
5 Porque ¿a cuál de los ángeles dijo *Dios* jamás: "[a]Mi Hijo
eres Tú, Yo te he engendrado [1]hoy", y otra vez: "[b]Yo seré a El
Padre y El me será a Mí Hijo"?
6 Y cuando trae de nuevo al [1a]Primogénito a la tierra
habitada, dice: "[b]Adórenle todos los ángeles de Dios".
7 Y de los ángeles dice: "[a]El que hace a Sus ángeles
[1]vientos, y a Sus ministros llama de fuego".

5[a] Sal. 2:7; He. 5:5; Hch. 13:33
5[b] 2 S. 7:14
6[a] Ro. 8:29
6[b] Sal. 97:7
7[a] Sal. 104:4

---

al Cristo que camina entre las iglesias en esta era, gobernando el mundo en el reino, en la era venidera, y expresando a Dios con plenitud de gloria en el cielo nuevo y la tierra nueva por la eternidad. En este libro vemos al Cristo actual, quien está ahora en los cielos como nuestro Ministro (8:2) y nuestro Sumo Sacerdote (4:14-15; 7:26), ministrándonos la vida, la gracia, la autoridad y el poder celestiales y que nos sustenta para que vivamos una vida celestial en la tierra. El es el Cristo de ahora, el Cristo de hoy, y el Cristo que está en el trono en los cielos, quien es nuestra salvación diaria y nuestro suministro momento a momento.

3[5] O, Grandeza; se refiere a Dios en Su grandeza y dignidad.

3[6] El lugar alto, el tercer cielo, el lugar más alto del universo.

4[1] El nombre más destacado es "el Hijo", un nombre que es plenamente definido en los versículos siguientes.

5[1] *Hoy* se refiere al día de la resurrección (Hch. 13:33). Este capítulo nos da una crónica de Cristo desde la eternidad pasada hasta la eternidad futura. En la eternidad pasada El era Dios mismo (v. 8); era el Creador de la tierra y de los cielos (vs. 10, 2); es el que sustenta todas las cosas (v. 3); es el Heredero de todas las cosas (v. 2); se encarnó para efectuar la redención al ser crucificado (v. 3); fue engendrado como Hijo de Dios en resurrección para impartir vida a los muchos hijos de Dios (v. 5); es el Hijo primogénito de Dios que vendrá otra vez (v. 6); será el Rey que está en el trono con el cetro en el reino (vs. 8-9); y permanecerá para siempre en la eternidad futura (vs. 11-12).

6[1] Este versículo se refiere a la segunda venida del Hijo. En Su primera venida El era el Hijo unigénito de Dios (Jn. 1:14). Por medio del proceso de la resurrección el Hijo unigénito llegó a ser el Primogénito entre muchos hermanos (Ro. 8:29). Por lo tanto, en Su segunda venida El será el Primogénito.

7[1] Esta es la misma palabra griega que también se traduce *espíritus.* Aquí denota *vientos,* lo cual se relaciona con *llama de fuego.* Los ángeles son como vientos y como llama de fuego. Ellos son simplemente criaturas, mientras que el Hijo es el Creador. Como criaturas, los ángeles son muy inferiores al Hijo, y como Creador, el Hijo es muy superior a los ángeles.

8[a] Sal. 45:6-7
8[b] 2 S. 7:13; Lc. 1:32
8[c] 2 S. 7:12; Dn. 7:14; Lc. 1:33
9[a] Is. 61:1; Lc. 4:18
9[b] He. 3:14
10[a] Sal. 102:25-27
11[a] cfr. Ap. 21:1
11[b] Is. 51:6
12[a] He. 13:8
13[a] Sal. 110:1; Mt. 22:44
13[b] He. 10:13
14[a] Sal. 34:7; Mt. 18:10; Hch. 10:3; 12:7-11, 15

8 Mas del Hijo *dice:* “[a]Tu [b]trono, [1]oh Dios; por el siglo del siglo; cetro de rectitud es el cetro de Tu [c]reino.

9 Has amado la justicia, y aborrecido [1]la iniquidad, por lo cual te [a]ungió Dios, [2]el Dios Tuyo, con óleo de júbilo más que a Tus [3b]compañeros”.

10 Y: “[a]Tú, oh [1]Señor, en el principio fundaste la tierra, y los cielos son obra de Tus manos.

11 Ellos perecerán, mas Tú permaneces para siempre; y todos ellos se [a]envejecerán como una [b]vestidura,

12 y como un manto los envolverás, y serán mudados como un vestido; pero Tú eres el [a]mismo, y Tus años no acabarán”.

13 Pues, ¿a cuál de los ángeles dijo *Dios* jamás: “[a]Siéntate a Mi diestra, [1]hasta que ponga a Tus enemigos por [b]estrado de Tus pies?”

14 ¿No son todos [a]espíritus ministradores, enviados para servicio a favor de [1]los que han de heredar la salvación?

8[1] Aquí *oh Dios* y *el Dios Tuyo* en el v. 9 se refieren al Hijo. El Hijo es Dios mismo; por lo tanto, aquí dice: “Oh Dios”. Ya que el Hijo es también hombre, Dios es Su Dios; por consiguiente, en el v. 9 dice: “El Dios Tuyo”.

La intención de este libro es mostrarles a los creyentes hebreos que la salvación de Dios es superior al judaísmo. En el judaísmo se gloriaban en Dios, en los ángeles, en Moisés, en Aarón el sumo sacerdote y en el Antiguo Testamento con sus servicios. Inicialmente, el escritor hace notar que en la obra salvadora de Dios lo primero en superioridad no sólo es Dios, sino Dios expresado, es decir, Dios el Hijo (vs. 2-3, 5, 8-12). Luego, revela que Cristo es superior a los ángeles (1:4—2:18), a Moisés (3:1-6), y a Aarón (4:14—7:28), y que el nuevo pacto de vida hecho por El es superior al antiguo pacto de la letra (8:1—10:18).

9[1] Lit., el no tener ley. Véase la nota 4[2] de 1 Jn. 3.

9[2] Véase la nota 8[1].

9[3] Lit., copartícipes. En la economía de Dios, Cristo es designado por Dios para llevar a cabo Su plan, y nosotros somos los compañeros de Cristo en el interés divino. El fue ungido por Dios, y nosotros participamos junto con El de esta unción, para el cumplimiento del propósito de Dios. Véase la nota 14[1] del cap. 3.

10[1] Ya que el Hijo es Dios (v. 8), El es el Señor eterno y permanece para siempre (v. 11).

13[1] Este libro recalca el hecho de que Cristo lo ha realizado todo para Dios y para nosotros, no dejando nada pendiente. El hecho de que El esté sentado a la diestra de Dios significa que ha cumplido Su obra y que está descansando allí, esperando una sola cosa: que Dios ponga a Sus enemigos por estrado de Sus pies. El está sentado ahí en los cielos esperando un estrado para poder tener un descanso completo.

14[1] El Hijo ha sido designado Heredero de todas las cosas (v. 2). Nosotros, Sus creyentes, somos Sus compañeros (v. 9). Así que somos Sus coherederos (Ro. 8:17), no sólo para heredar la salvación, sino también para heredar todas las cosas juntamente con El (1 Co. 3:21-22). En consecuencia, nosotros juntamente con El somos los copropietarios del universo, mientras que los ángeles son meramente nuestros siervos, inferiores no sólo a El sino también a nosotros.

CAPITULO 2

(La primera advertencia:
atended a lo dicho en cuanto al Hijo)
2:1-4

1 [1]Por tanto, es necesario que con mayor empeño aten-
damos a las cosas que hemos oído, no sea que [2]vayamos a la
deriva.
2 Porque si la palabra dicha por medio de los [a]ángeles
resultó firme, y toda transgresión y desobediencia recibió
justa retribución,
3 ¿cómo [1a]escaparemos nosotros, si descuidamos una
[2b]salvación tan grande? La cual, habiendo sido anunciada
primeramente por el Señor, nos fue confirmada por los que
oyeron,

2[a] Hch. 7:53; Gá. 3:19
3[a] He. 12:25
3[b] He. 1:14; 2:10; 5:9

El Hijo fue designado Heredero. Nosotros somos salvos para ser coherederos Suyos, participantes de Su herencia. La "salvación tan grande" mencionada en 2:3 tiene la capacidad de salvarnos al grado de hacernos participantes junto con El de Su designación. Así que, participamos de todo lo que El hereda.

Como compañeros del Hijo, somos la casa de Dios, la verdadera Bet-el, la puerta del cielo, donde el Hijo es la escalera celestial, la cual une la tierra con el cielo y trae los cielos a la tierra. Por esta escalera los ángeles de Dios ascienden y descienden (Gn. 28:12, 16-19; Jn. 1:51) como espíritus ministradores que nos sirven a nosotros los herederos de tan grande salvación. El contenido de este libro es como la puerta del cielo. Aquí disfrutamos a Cristo, Aquel que es celestial y que nos une con el cielo y nos trae el cielo para que seamos un pueblo celestial, que lleva una vida celestial sobre la tierra y hereda todas las cosas celestiales. ¿Cómo podían los creyentes hebreos retraerse de esto y volver a su antigua religión y gloriarse en los ángeles? Los ángeles son simplemente siervos que nos ministran.

1[1] En este libro hay cinco advertencias, cada una de las cuales acompaña a un punto principal. La primera advertencia aparece en los vs. 1-4 y acompaña al primer punto principal, desarrollado en 1:4—2:18, el cual muestra que Cristo es superior a los ángeles.

1[2] O, los pasemos de largo.

3[1] En principio, aquí escapar se refiere a escaparse de una retribución, tal como se menciona en el v. 2. Si descuidamos una salvación tan grande, es correcto y justo que recibamos cierta retribución.

3[2] Aquí la salvación se refiere a lo mencionado en 1:14. Esta es la plena salvación de Dios, que va desde el perdón de los pecados hasta la participación del glorioso reino venidero. Esto se refiere no sólo a lo que Cristo ha hecho y hará por nosotros, sino también a Cristo mismo, quien es poderoso para salvarnos a lo sumo (7:25). Como el Hijo de Dios, es decir como Dios, y como el Hijo del Hombre, es decir como hombre, El es nuestra salvación. Su persona maravillosa junto con Su obra espléndida constituyen esta salvación tan grande, una salvación que ninguno de nosotros debe descuidar. Nuestra negligencia será causa de que perdamos (1) la parte más preciosa de esta salvación tan grande, o sea disfrutar a Cristo como nuestra vida salvadora y nuestro reposo en esta era, y (2) la parte más gloriosa de esta salvación tan grande, o sea heredar el glorioso reino de Cristo en la era venidera. Estos dos puntos son plenamente desarrollados

4[a] Mr. 16:20; Hch. 14:3

4 dando Dios [a]testimonio juntamente *con ellos,* con señales y prodigios y diversas obras poderosas y [1]repartimientos
del Espíritu Santo, según Su voluntad.

2. Como Hijo del Hombre, como hombre
2:5-18

5 Porque no sujetó a los ángeles [1]el mundo venidero,
acerca del cual estamos hablando;
6 pero alguien dio solemne testimonio en cierto lugar,
diciendo: “[1a]¿Qué es el hombre, para que te acuerdes de él, o
el hijo del hombre, para que de él te preocupes?
7 Le hiciste [1]un poco inferior a los ángeles, le coronaste
de gloria y de honra, y le pusiste [a]sobre las obras de Tus
manos;
8 todo lo [a]sujetaste bajo Sus pies”. Porque en cuanto le
sujetó todas las cosas, nada dejó que no sea sujeto a El; pero
todavía no vemos que todas las cosas le sean sujetas.
9 Pero vemos a Jesús, [a]coronado de [1b]gloria y de honra,
quien fue hecho un poco [2]inferior a los ángeles para padecer

6[a] Sal. 8:4-8
7[a] Gn. 1:26, 28
8[a] 1 Co. 15:27; Ef. 1:22
9[a] Ap. 19:12
9[b] 2 P. 1:17; Ap. 5:12, 13

---

y tratados en los siguientes capítulos de este libro.

4[1] Los repartimientos del Espíritu Santo, que incluyen al propio Espíritu Santo, son lo que El distribuye a los que reciben la salvación al creer.

5[1] Lit., la tierra habitada que está por venir. Es decir, la tierra que llegará a ser el reino del Señor en la era venidera (Sal. 2:8; Dn. 2:35; Ap. 11:15).

6[1] El primer hombre, Adán, creado por Dios en Gn. 1, fracasó y no cumplió el propósito de Dios con el hombre. El salmo 8 hace alusión, por medio de la profecía, a otro hombre, un hombre que reemplazaría al primer hombre y que cumpliría el propósito de Dios. Este capítulo nos dice que el otro hombre, el segundo hombre, Jesús, vino e hizo mucho por el cumplimiento del deseo de Dios en cuanto al hombre, deseo que se revela en Gn. 1:26, 28 y al cual se alude en Sal. 8:4-8. Así que, en todo lo que Adán el primer hombre fracasó, Cristo, el segundo hombre, tuvo éxito reemplazando al primer hombre.

Este capítulo es el cumplimiento de las profecías de Sal. 8 y 22, acerca de los pasos principales dados por Cristo como hombre para cumplir el propósito de Dios. En la encarnación El participó de la naturaleza humana (v. 14). En la crucifixión sufrió la muerte por todo (v. 9) y destruyó al diablo (v. 14). En la resurrección produjo los muchos hijos de Dios, Sus hermanos, para formar la iglesia (vs. 10-12). En la exaltación fue coronado de gloria y de honra. Todos estos pasos son lo que le califica para ser nuestro Sumo Sacerdote (v. 17).

7[1] O, inferior por poco tiempo. Así también en el v. 9.

9[1] La gloria es el esplendor relacionado con la persona de Jesús; la honra es el valor inapreciable relacionado con la dignidad y el valor de Jesús, el cual está relacionado con Su posición (2 P. 1:17; cfr. 1 P. 2:17; Ro. 13:7). En 1 P. 2:7 la palabra griega que se traduce *preciado* es la misma palabra traducida *honra* aquí.

9[2] En la eternidad Cristo era el Creador, ilimitado y omnipresente, pero cuando se hizo hombre en el tiempo, fue limitado para poder un día ir a la cruz a fin de eliminar el problema universal: la muerte. A fin

la [c]muerte, a fin de que por la gracia de Dios gustase la muerte por [3d]todas las cosas.

10 Porque convenía a [1]Aquel [a]para quien y por quien son todas las cosas, que al llevar [2b]muchos hijos a la [3c]gloria [4d]perfeccionase por los sufrimientos al [5e]Autor de la [f]salvación de ellos.

---

de sufrir la muerte y así destruirla y anularla, Cristo tuvo que hacerse hombre y perder Su libertad temporalmente, por treinta y tres años y medio. En este sentido, durante ese período, El fue inferior a los ángeles. Sin embargo, tres días después de Su muerte resucitó de esa inferioridad y hoy es muy superior a todos los ángeles.

9[3] O, todos. El Señor Jesús efectuó la redención no sólo por el hombre, sino por todas las cosas creadas por Dios. En consecuencia, Dios puede reconciliar todas las cosas consigo por medio de Cristo (Col. 1:20). Esto es claramente tipificado por la redención efectuada por medio del arca de Noé, en la cual fueron salvas no sólo ocho personas, sino todos los seres vivientes creados por Dios (Gn. 7:13-23).

10[1] Se refiere a Dios, quien creó todas las cosas.

10[2] Aquí los muchos hijos son los muchos hermanos mencionados en Ro. 8:29 y los muchos granos de Jn. 12:24.

10[3] El último paso de la gran salvación de Dios es introducir en la gloria a los muchos hijos de Dios. Romanos 8 nos dice que la obra de gracia que Dios nos aplica comenzó con Su presciencia, pasó por la predestinación, el llamamiento y la justificación, y concluirá con la glorificación (Ro. 8:29-30). Romanos 8 nos revela también que toda la creación aguarda con anhelo la manifestación (la glorificación) de los hijos de Dios, con la esperanza de que la creación misma entre en la libertad de la gloria de los hijos de Dios (Ro. 8:19-21). Esto será realizado por el regreso del Señor (Fil. 3:21), cuando seremos manifestados con El en gloria (Col. 3:4); ésta es nuestra esperanza (Col. 1:27). La glorificación de los hijos de Dios, siendo la meta de la salvación de Dios, durará por todo el reino milenario y será manifestada plenamente en la Nueva Jerusalén por la eternidad (Ap. 21:11, 23).

10[4] Perfeccionar a Jesús era perfeccionarlo en el sentido de hacerlo apto. Esto no implica que había alguna imperfección de virtud o atributo en Jesús, sino sólo que Sus experiencias de sufrimientos humanos necesitaban completarse para capacitarle como Autor, como Líder, de la salvación de Sus seguidores.

Como el Dios que existe por Sí mismo y para siempre, el Señor Jesús es completo desde la eternidad hasta la eternidad, pero necesitaba ser perfeccionado a través de los siguientes procesos: la encarnación, la participación de la naturaleza humana, el vivir humano, la crucifixión, la resurrección y la ascensión. Así fue habilitado para ser el Cristo de Dios y el Salvador nuestro.

10[5] O, Capitán, Originador, Inaugurador, Líder, Pionero. La salvación mencionada en este versículo y en el v. 3 y 1:14 nos salva de nuestra condición caída y nos introduce en la gloria. Jesús como el Pionero, el Precursor (6:20), fue el primero en entrar en la gloria, y nosotros Sus seguidores tomamos el mismo camino para ser introducidos en la misma gloria, la cual Dios dispuso para nosotros (1 Co. 2:7; 1 Ts. 2:12). El abrió el camino, y hoy nosotros seguimos el camino. Por lo tanto, El no sólo es el Salvador que nos rescató de nuestra condición caída, sino también el Autor que como Pionero entró en la gloria para que nosotros seamos llevados a la misma condición.

9[c] Fil. 2:8
9[d] Col. 1:20
10[a] Ro. 11:36
10[b] Ro. 8:29
10[c] Ro. 8:21, 30; 1 Co. 2:7; Col. 3:4; 1 Ts. 2:12; 1 P. 5:10
10[d] He. 5:9; 7:19, 28; 9:9; 10:1, 14; 11:40; 12:23
10[e] He. 12:2; Hch. 3:15; 5:31
10[f] He. 1:14; 2:3; 5:9

11 Porque todos, así [1]el que [a]santifica como los que son [b]santificados, [2]de uno son; por lo cual no se avergüenza de llamarlos [c]hermanos,
12 diciendo: "[1a]Anunciaré a Mis hermanos Tu nombre, en medio de la [2]iglesia te [3]cantaré himnos de alabanzas".
13 Y otra vez: "[a]Yo confiaré en El". Y de nuevo: "[b]He aquí, Yo y los hijos que Dios me dio".
14 Así que, por cuanto los hijos son participantes de [a]sangre y carne, de igual manera El [b]participó también de lo mismo, para [1c]destruir por medio de la [d]muerte al que tiene el imperio de la [e]muerte, esto es, al [f]diablo,
15 y [1]librar a todos los que por el temor de la muerte estaban durante toda la vida sujetos a esclavitud.

11a He. 13:12
11b He. 10:10, 14
11c Jn. 20:17; Ro. 8:29
12a Sal. 22:22
13a Sal. 18:2
13b Is. 8:18
14a Mt. 16:17; Ef. 6:12
14b Jn. 1:14; Ro. 8:3
14c Gn. 3:15; 1 Jn. 3:8; cfr. Jn. 3:14
14d Jn. 12:31, 33
14e Ro. 5:14; 1 Co. 15:55-56; 2 Ti. 1:10
14f Ap. 12:9; 20:2

11[1] El que santifica es Cristo, el Hijo primogénito de Dios, y los que son santificados son los creyentes de Cristo, los muchos hijos de Dios. El Hijo primogénito y los muchos hijos de Dios son nacidos del mismo Dios Padre en resurrección (Hch. 13:33; 1 P. 1:3) y tienen la misma vida y naturaleza divinas. Por lo tanto, El no se avergüenza de llamarlos hermanos.

11[2] Lit., provenientes de. El Santificador y los santificados provienen de una misma fuente, de un mismo Padre.

12[1] El Hijo primogénito anunció el nombre del Padre a Sus hermanos después de resucitar de entre los muertos, cuando se reunió con los muchos hijos del Padre (Jn. 20:17, 19-23).

12[2] La iglesia se menciona sólo dos veces en este libro, aquí y en 12:23. Aquí se hace referencia a la iglesia como a una entidad corporativa compuesta de los muchos hermanos del Hijo primogénito de Dios.

12[3] Esta es la alabanza que el Hijo primogénito ofrece al Padre dentro de los muchos hijos del Padre en las reuniones de la iglesia. Cuando nosotros, los muchos hijos de Dios, nos reunimos como iglesia y alabamos al Padre, el Hijo primogénito alaba al Padre en nuestra alabanza. No es que el Hijo alabe al Padre aparte de nosotros y por Su cuenta, sino que alaba dentro de nosotros y con nosotros por medio de nuestra alabanza. En nuestro canto El canta himnos de alabanza al Padre. Si nosotros no cantamos, ¿cómo puede El cantar? Cuanto más cantamos al Padre, más disfrutamos Su presencia, Su mover, Su unción y la impartición de Su vida en nosotros. De esta manera creceremos en El y seremos introducidos en Su glorificación sobre todas las cosas.

14[1] O, reducir a nada, dejar sin efecto, suprimir, abolir, anular, descartar. Después que el diablo, la serpiente, sedujo al hombre y lo hizo caer, Dios prometió que la simiente de la mujer vendría para aplastar la cabeza de la serpiente (Gn. 3:15). En la plenitud del tiempo el Hijo de Dios vino y se hizo carne (Jn. 1:14; Ro. 8:3) al nacer de una virgen (Gá. 4:4), para destruir al diablo en la carne del hombre por medio de Su muerte en la carne sobre la cruz. (Véanse las notas 14[1] de Jn. 3, 31[1] de Jn. 12 y 3[3] de Ro. 8.) Esto fue abolir a Satanás, reducirlo a nada. ¡Aleluya, Satanás ha sido abolido y suprimido!

15[1] Ya que el Señor destruyó al diablo, quien tiene el imperio de la muerte, nosotros los que estábamos sujetos a esclavitud por el temor de la muerte hemos sido librados por medio de El. La muerte reinaba sobre nosotros (Ro. 5:14), y nosotros estábamos bajo su esclavitud, en constante temor de la muerte. Puesto que el Señor destruyó al diablo y anuló la muerte (2 Ti. 1:10), ya no tenemos temor de la muerte y somos libres de su esclavitud.

16 Porque ciertamente no [1]socorre a los ángeles, sino que
[1]socorre a la descendencia de Abraham.
17 Por lo cual debía ser en todo [1]hecho [a]semejante a Sus
hermanos, para venir a ser misericordioso y fiel [2b]Sumo
Sacerdote en lo que a Dios se [c]refiere, para hacer [3d]propicia-
ción por los pecados del pueblo.
18 Pues en cuanto El mismo padeció siendo [a]tentado, es
poderoso para socorrer a los que son tentados.

CAPITULO 3

B. Superior a Moisés:
como Apóstol, es digno de más gloria y honra
3:1-6

1 Por tanto, [1]hermanos santos, [2a]participantes del [b]llama-
miento [3]celestial, considerad al [4c]Apóstol y [d]Sumo Sacerdote
de nuestra confesión, Jesús;

17[a] Fil. 2:7
17[b] He. 3:1; 4:14; 5:5, 10; 6:20; 7:26, 28; 8:1, 3; 10:21
17[c] He. 5:1
17[d] Ro. 3:25; 1 Jn. 2:2; 4:10
18[a] He. 4:15
1[a] He. 6:4; 12:8
1[b] 1 Co. 1:9; Fil. 3:14; Ef. 1:18; 4:1
1[c] Hch. 3:26
1[d] He. 2:17; 4:14; 7:26

16[1] Jesús nos ha brindado socorro a nosotros —que somos seres humanos, no ángeles— para librarnos de la esclavitud de la muerte bajo el imperio del diablo, que está en nuestra naturaleza. El hizo esto al participar de nuestra naturaleza, en la cual mora el diablo, y al anular esta naturaleza sobre la cruz por medio de Su muerte todo-inclusiva.

17[1] El Hijo de Dios fue hecho semejante a nosotros, Sus hermanos, en el sentido de que participó de sangre y carne (v. 14). Esto fue hecho con dos propósitos, uno negativo y otro positivo. El propósito negativo fue destruir por nuestro bien al diablo, quien está en la carne. El propósito positivo fue convertirse en nuestro misericordioso y fiel Sumo Sacerdote, quien tiene la naturaleza humana, para poder comprendernos en todas las cosas.

17[2] Cristo, como Sumo Sacerdote, nos ministra a Dios mismo y las riquezas de la vida divina. Como Dios-hombre, El está plenamente calificado para ser nuestro Sumo Sacerdote. Aquí *misericordioso* corresponde al hecho de que El es un hombre; *fiel* corresponde a que El es Dios.

17[3] Jesús hizo propiciación por nuestros pecados, satisfaciendo así los requisitos de la justicia de Dios y estableciendo una relación de paz entre Dios y nosotros, para que El pueda darnos Su gracia en paz. Véase la nota 25[2] de Ro. 3. Cfr. Lc. 18:13 y la nota 1.

1[1] Ser santo equivale a ser separado para Dios con un propósito definido. (Véase la nota 2[3] de Ro. 1.) Aquí al llamar "hermanos santos" a los destinatarios del libro, el escritor tenía la intención de recordarles que no deben permanecer como hombres profanos en el judaísmo, sino que deben ser separados para Dios con miras a Su propósito.

1[2] Véase la nota 14[1].

1[3] La idea principal de este libro está centrada en la naturaleza celestial de las cosas positivas. Primero, nos muestra que hoy Cristo está sentado en los cielos (1:3). El entró en los cielos (9:24); traspasó los cielos (4:14) y llegó a ser más sublime que los cielos (7:26). Más adelante, este libro nos revela el llamamiento celestial (v. 1), el don celestial (6:4), las cosas celestiales (8:5), la patria celestial (11:16) y la Jerusalén celestial (12:22). También nos dice que estamos inscritos en los cielos (12:23) y que hoy Dios nos amonesta desde los cielos (12:25). En el Antiguo Testamento todo lo que el judaísmo sustentaba tenía naturaleza

2[a] Nm. 12:7; He. 3:5
2[b] Lv. 22:18
3[a] He. 2:9
3[b] Zac. 6:12-13; Mt. 16:18
5[a] He. 3:2
6[a] 1 Ti. 3:15; 1 P. 4:17
6[b] He. 3:14
6[c] He. 6:11
7[a] Ap. 2:7, 11, 17, 29; 3:6, 13, 22
7[b] vs. 7-11: Sal. 95:7-11

2 el cual fue fiel al que le constituyó, como también lo fue
[a]Moisés en toda la [b]casa de Dios.
3 Porque de tanto mayor [1a]gloria que Moisés es estimado
digno éste, cuanto tiene mayor [1]honra que la casa el que la
[2b]construyó.
4 Porque toda casa es construida por alguno; pero el
Constructor de todas las cosas es Dios.
5 Y [a]Moisés fue fiel en toda la casa de Dios, como [1]siervo,
para [2]testimonio de lo que se iba a decir;
6 pero Cristo *fue fiel* como Hijo sobre la casa de Dios, la
cual [1a]casa somos nosotros, si retenemos [b]firme hasta el fin
la confianza y el gloriarnos en la [c]esperanza.

(La segunda advertencia:
alcanzad el reposo prometido)
3:7—4:13

7 [1]Por lo cual, como dice el [a]Espíritu Santo: "[b]Si oís hoy
Su voz,

---

terrenal. En este libro el escritor deseaba mostrar a los cristianos hebreos el contraste entre la naturaleza celestial del Nuevo Testamento y la naturaleza terrenal del Antiguo Testamento para que pudieran abandonar lo terrenal y adherirse a lo celestial.

1[4] El Apóstol es Aquel que nos fue enviado de Dios y con Dios (Jn. 6:46; 8:16, 29). El Sumo Sacerdote es Aquel que regresó a Dios de entre nosotros y con nosotros (Ef. 2:6). Cristo, como el Apóstol, vino a nosotros con Dios para compartir a Dios con nosotros a fin de que pudiéramos participar de Su vida, naturaleza y plenitud divinas. Cristo, como Sumo Sacerdote, fue a Dios con nosotros para presentarnos delante de El a fin de que cuidara cabalmente de nosotros y de todo nuestro caso. Como Apóstol, El es tipificado por Moisés, quien vino de Dios para servir a la casa de Dios (vs. 2-6), y como Sumo Sacerdote, es tipificado por Aarón, quien fue a Dios llevando la casa de Israel y sus asuntos (4:14—7:28).

3[1] Véase la nota 9[1] del cap. 2.

3[2] Moisés tenía la naturaleza humana, la cual era apropiada para el edificio de Dios, pero no tenía la naturaleza divina, la cual capacita para construir. En contraste, Cristo en Su humanidad es el buen material para el edificio de Dios (la piedra de fundamento, Is. 28:16; la piedra angular, Mt. 21:42; Hch. 4:11; la piedra cimera, Zac. 4:7 (lit.) y la piedra viva que hace de nosotros piedras vivas, 1 P. 2:4-5). Además, en Su divinidad El es el Constructor.

5[1] Aquí la palabra *siervo* es una designación que implica dignidad y libertad.

5[2] O, prefigura; un tipo del Apóstol verdadero, típico y genuino que fue enviado por Dios.

6[1] En los tiempos del Antiguo Testamento la casa de Dios era la casa de Israel (Lv. 22:18; Nm. 12:7), simbolizada por el tabernáculo o el templo, que estaba en medio de Israel (Ex. 25:8; Ez. 37:26-27). Hoy en día, la realidad de la casa de Dios es la iglesia (1 Ti. 3:15; 1 P. 4:17). Los hijos de Israel, como pueblo de Dios, son un tipo de nosotros, los creyentes neotestamentarios (1 Co. 9:24—10:11). Toda su historia prefigura a la iglesia.

7[1] Esta expresión conecta la casa de Dios del v. 6 con el reposo sabático de 4:9, lo que indica que estos dos son la misma cosa. La casa de Dios es

8 no endurezcáis vuestros corazones, como en la provocación, en el día de la prueba en el desierto,
9 donde vuestros padres me [a]pusieron a prueba, y vieron
Mis obras cuarenta años.
10 A causa de lo cual me [a]disgusté contra esa [b]generación,
y dije: Siempre [1]andan extraviados en su corazón, y no han
conocido Mis [2]caminos.
11 Como juré en Mi ira: [1a]¡No entrarán en Mi reposo!”.
12 Mirad, hermanos, que no haya en ninguno de vosotros
corazón malo de incredulidad que lo haga [1]apartarse del
Dios [a]vivo;
13 antes [a]exhortaos los unos a los otros cada día, entre
tanto que se dice: “Hoy”; para que ninguno de vosotros se
endurezca por el [b]engaño del pecado
14 —porque hemos llegado a ser [1a]compañeros de Cristo,
con tal que retengamos [b]firme hasta el fin la confianza
inicial—
15 entre tanto que se dice: “[a]Si oís hoy Su voz, no endurezcáis vuestros corazones, como en la provocación”.
16 ¿Quiénes fueron los que, habiendo oído, le [a]provoca-
ron? ¿Acaso [b]no fueron todos los que salieron de Egipto por
mano de [1]Moisés?
17 ¿Y con quiénes estuvo El [a]disgustado cuarenta años?
¿No fue con los que pecaron, cuyos cuerpos [b]cayeron en el
desierto?

9[a] Ex. 17:2, 7; Dt. 6:16; Sal. 78:18, 41
10[a] He. 3:17
10[b] cfr. Hch. 2:40
11[a] He. 4:3, 5
12[a] He. 9:14; 10:31; 12:22; 1 Ti. 3:15
13[a] He. 10:25
13[b] Ro. 7:11
14[a] He. 1:9
14[b] He. 3:6
15[a] Sal. 95:7, 8
16[a] Dt. 9:7
16[b] Nm. 26:64, 65; 1 Co. 10:5
17[a] He. 3:10
17[b] Nm. 14:29, 32; 1 Co. 10:8

nuestra vida de iglesia hoy, nuestro sábado de reposo.

10[1] O, yerran, se engañan.

10[2] Los caminos de Dios son diferentes de Sus hechos. Sus hechos son Sus actividades; Sus caminos son los principios con los que El actúa. Los hijos de Israel sólo conocían los hechos de Dios, pero Moisés conocía Sus caminos (Sal. 103:7).

11[1] El hebreo usado aquí es idiomático y conlleva una negación enfática. Así también en 4:3, 5.

12[1] O, alejarse, desertar, irse, mantenerse apartado.

14[1] Esta es la misma palabra griega que se traduce *participantes* en 3:1 y 12:8 y *partícipes* en 6:4. En esos tres versículos esta palabra indica que tenemos parte en el llamamiento celestial, el Espíritu Santo y la disciplina; es por eso que se traduce *participantes*. Aquí y en 1:9 indica que participamos junto con Cristo; por lo tanto, la palabra se traduce *compañeros*. Somos participantes de las cosas celestiales, santas y espirituales, y tenemos parte en el llamamiento celestial, el Espíritu Santo y la disciplina espiritual. Somos compañeros de Cristo, y participamos junto con El de la unción espiritual (1:9), así como los miembros participan del Espíritu junto con la Cabeza; y participamos junto con El del reposo celestial, así como Caleb participó junto con Josué del reposo de la buena tierra (Nm. 14:30).

16[1] Moisés sacó de Egipto a los hijos de Israel, pero no los introdujo en la buena tierra de Canaán. Lo hizo Josué, su sucesor (4:8).

18 ¿Y a quiénes juró que [a]no entrarían en Su reposo, sino
a aquellos que [1b]desobedecieron?
19 Y vemos que no pudieron entrar a causa de incredulidad.

CAPITULO 4

1 Temamos, pues, no sea que permaneciendo aún la
promesa de entrar en Su [1]reposo, alguno de vosotros [2]parezca [3]no haberlo alcanzado.
2 Pues, también a nosotros se nos ha anunciado la buena
nueva lo mismo que a ellos; pero no les aprovechó la palabra
oída, por [1]no ir mezclada con la fe en los que la oyeron.
3 Porque los que hemos creído entramos en el reposo, de
la manera que El dijo: "[a]Como juré en Mi ira, ¡No entrarán
en Mi reposo!" aunque Su obra *creadora* fue acabada desde
la [b]fundación del mundo.
4 Porque en cierto lugar dijo así del séptimo día: "[a]Y
reposó Dios de todas Sus obras en el séptimo día".
5 Y otra vez aquí: "[a]¡No entrarán en Mi reposo!"
6 Por lo tanto, puesto que falta que algunos entren en él,
y aquellos a quienes primero se les anunció la buena nueva
no entraron por causa de [1a]desobediencia,
7 otra vez *el Espíritu Santo* determina un día: hoy,
diciendo después de tanto tiempo, en David, como dijo antes:
"[a]Si oís hoy Su voz, no endurezcáis vuestros corazones".
8 Porque si [1]Josué les hubiera introducido en el reposo,
el Espíritu no habría hablado después de [2]otro día.
9 Por tanto, queda un [1]reposo sabático para el pueblo de
Dios.

18[a] Nm. 14:30
18[b] He. 4:6, 11
3[a] Sal. 95:11; He. 3:11
3[b] Zac. 12:1; Ap. 13:8; cfr. Ef. 1:4
4[a] Gn. 2:2
5[a] Sal. 95:11; He. 3:11
6[a] He. 3:18; 4:11
7[a] Sal. 95:7-8; He. 3:15

18[1] O, fueron impersuasibles, obstinados, incrédulos.

1[1] Véase la nota 9[1].

1[2] O, crea haber llegado muy tarde para ello.

1[3] Véase la nota 11[1].

2[1] Sólo el códice Sinaítico lo traduce así. Todos los demás mss. antiguos dicen: por no ir ellos [refiriéndose a aquellos que oyeron la palabra] mezclados por la fe con aquellos que oyeron [refiriéndose a Caleb y Josué].

6[1] U, obstinación, rebelión, terquedad, incredulidad.

8[1] *Josué,* que significa *Jehová el Salvador* o *la salvación de Jehová* (Nm. 13:16), es un nombre hebreo, cuyo equivalente en griego es *Jesús.* Por lo tanto, Josué tipifica al Señor Jesús, quien introdujo al pueblo de Dios en el reposo.

8[2] Este "otro día" es "hoy" (3:7, 13, 15; 4:7). Este es el reposo sabático prometido que queda para nosotros (v. 9).

9[1] Este reposo sabático es Cristo como nuestro reposo, tipificado por la buena tierra de Canaán (Dt. 12:9; He. 4:8). Cristo es el reposo para los santos en tres etapas: (1) en la era de la iglesia, como el Cristo celestial, Aquel

10 Porque el que ha entrado en Su reposo, también ha reposado de sus obras, como [a]Dios de las Suyas.

10[a] Gn. 2:2; He. 4:4

que reposa de Su obra y está sentado a la diestra de Dios en los cielos, El es el reposo para nosotros en nuestro espíritu (Mt. 11:28-29); (2) en el reino milenario, después de que Satanás sea quitado de esta tierra (Ap. 20:1-3), Cristo con el reino será el reposo de una manera más plena para los santos vencedores, quienes serán Sus correyes (Ap. 20:4, 6), y quienes participarán de Su reposo y lo disfrutarán; (3) en el cielo nuevo y la tierra nueva, después de que todos los enemigos, incluyendo la muerte, el último enemigo, hayan sido sujetos a El (1 Co. 15:24-27), Cristo, como Aquel que tiene la victoria sobre todas las cosas, será el reposo en plenitud para todos los redimidos de Dios por la eternidad. Sin embargo, el reposo sabático mencionado aquí y tipificado por el reposo de la buena tierra de Canaán abarca sólo las primeras dos etapas de Cristo como nuestro reposo; no incluye la tercera etapa. El reposo en las primeras dos etapas es un premio para los que le buscan diligentemente, quienes no sólo han sido redimidos, sino que también le han disfrutado en una manera plena, llegando a ser así los vencedores; en cambio, el reposo en la tercera etapa no es un premio, sino la porción completa asignada a todos los redimidos. Por lo tanto, en las primeras dos etapas, y especialmente en la segunda, Cristo como nuestro reposo es el reposo sabático mencionado aquí, el reposo que queda para que nosotros diligentemente lo busquemos y entremos en él. En la segunda etapa Cristo tomará posesión de toda la tierra como Su herencia (Sal. 2:8; He. 2:5-6), haciéndola Su reino por mil años (Ap. 11:15). Todos los vencedores que le hayan seguido y disfrutado como su reposo en la primera etapa, tendrán parte en Su reino en el milenio (Ap. 20:4, 6; 2 Ti. 2:12). Además, ellos heredarán la tierra (Mt. 5:5; Sal. 37:11), donde algunos tendrán autoridad sobre diez ciudades y otros sobre cinco (Lc. 19:17, 19), y participarán del gozo de su Señor (Mt. 25:21, 23). Este será el reposo del reino, tipificado por el reposo que consiste en entrar en la buena tierra de Canaán. El reposo de la buena tierra era la meta de todos los hijos de Israel, quienes habían sido redimidos y liberados de Egipto; de igual manera, el reposo del reino venidero es la meta de los creyentes neotestamentarios, quienes han sido redimidos y salvos del mundo. Ahora todos vamos en camino a esa meta.

La plena salvación de Dios, la cual El quería que los hijos de Israel recibieran, incluía la redención mediante el cordero pascual, el éxodo de Egipto, el alimentarse del maná celestial, el saciar la sed con el agua viva que salió de la roca herida, y la participación de la buena tierra de Canaán. Todos los hijos de Israel participaron del cordero pascual, del maná celestial y del agua viva, pero de todos los que fueron parte del éxodo de Egipto, sólo Josué y Caleb entraron en la buena tierra y participaron de ella; todos los demás cayeron en el desierto (Nm. 14:30; 1 Co. 10:1-11). Aunque todos fueron redimidos, sólo los dos vencedores, Josué y Caleb, recibieron el premio de la buena tierra.

El cordero pascual, el maná celestial, el agua viva y la buena tierra de Canaán tipifican diferentes aspectos de Cristo. Según lo que se describe con las experiencias de los hijos de Israel, no todos los creyentes que hayan sido redimidos por medio de Cristo participarán de Cristo como premio, como su reposo y satisfacción, en la era de la iglesia y en el reino venidero; sólo aquellos que, después de ser redimidos, busquen a Cristo diligentemente, participarán de El en tal manera. Esta es la razón por la cual el apóstol Pablo, aunque había sido completamente redimido, proseguía a la meta para poder ganar a Cristo como premio (Fil. 3:10-14). En Fil. 3 Pablo nos dijo que él había estado en el judaísmo, pero que lo había dejado por

11 Procuremos, pues, con diligencia entrar en aquel reposo, para que ninguno [1]caiga en semejante ejemplo de
[2a]desobediencia.
12 Porque la [1a]palabra de Dios es [b]viva y eficaz, y más
cortante que toda [c]espada de dos filos; y penetra hasta partir
el [2d]alma y el [e]espíritu, las coyunturas y los tuétanos, y
discierne los [3]pensamientos y las intenciones del corazón.

11a He. 3:18; 4:6
12a 1 P. 1:23
12b Hch. 7:38
12c Ef. 6:17
12d 1 Ts. 5:23; Lc. 1:46-47
12e Zac. 12:1; Job 32:8; Pr. 20:27; Jn. 3:6; 4:24; Ro. 8:16; 1 Co. 5:4; 2 Ti. 4:22; 1 P. 3:4

causa de Cristo (Fil. 3:4-9). En este libro el escritor mantuvo el mismo concepto, animando a los creyentes hebreos a abandonar el judaísmo y a extenderse hacia Cristo, de tal manera que no perdieran el premio.

11[1] Puesto que el reposo mencionado en esta porción de la palabra es el Cristo todo-inclusivo, caer de este reposo significa caer de Cristo, es decir, ser reducidos a nada, separados de Cristo (Gá. 5:4). En Gálatas el peligro era que los creyentes de Galacia se volvieran de la libertad de la gracia a la esclavitud de la ley (Gá. 5:1-4). Pablo les aconsejó que permanecieran firmes en la libertad de la gracia, esto es, que no fueran reducidos a nada, separados de Cristo. En este libro, el peligro era que los creyentes hebreos no abandonaran su antigua religión, la cual concordaba con la ley, y no se extendieran al disfrute de Cristo como su reposo. Si ellos continuaban titubeando en la antigua religión, es decir, en el judaísmo, quedarían privados de Cristo, su reposo. El escritor de este libro los animó sinceramente, como compañeros de Cristo, a que avanzaran con Cristo y entraran en el reposo, para que ellos, quienes participaban de El, pudieran disfrutar a Cristo como su reposo.

11[2] Véase la nota 6[1].

12[1] La palabra griega denota la palabra constante de Dios. Aquí se refiere a lo dicho en 3:7—4:11, citado del Antiguo Testamento (como lo indica la palabra *porque* al principio de este versículo). Esta palabra es viva, eficaz y más cortante que una espada de dos filos.

12[2] Según la Biblia, el hombre es un ser tripartito: espíritu, alma y cuerpo (1 Ts. 5:23). En este versículo se mencionan las coyunturas y los tuétanos —que son partes del cuerpo— junto con el alma y el espíritu.

Los versículos anteriores describen a los hijos de Israel como los que no alcanzaron a entrar en el reposo de la buena tierra. En cuanto a ellos había tres lugares: (1) Egipto, de donde fueron liberados; (2) el desierto, en el cual vagaron; y (3) Canaán, adonde entraron. La historia de ellos en estos tres lugares representa las tres etapas de su participación de la plena salvación de Dios. Esto es un tipo de nosotros, los creyentes neotestamentarios, en nuestra participación de la plena salvación de Dios. En la primera etapa recibimos a Cristo y somos redimidos y liberados del mundo. En la segunda etapa empezamos a vagar en nuestra búsqueda del Señor; y nuestro vagar siempre ocurre en el alma. En la tercera etapa participamos de Cristo y le disfrutamos de una manera plena; esto lo experimentamos en nuestro espíritu. Cuando vamos en pos de placeres materiales y pecaminosos, estamos en el mundo, tipificado por Egipto. Cuando vagamos en nuestra alma, estamos en el desierto. Cuando disfrutamos a Cristo en nuestro espíritu, estamos en Canaán. Cuando los israelitas vagaban por el desierto, no dejaban de murmurar, argumentar y echar reprimendas. Esto ocurrió indudablemente en su alma, y no en su espíritu. Pero Caleb y Josué creyeron en la palabra de Dios, obedecieron al Señor y prosiguieron hacia la meta. Esto lo hicieron sin duda en su espíritu, y no en su alma. En aquel entonces los destinatarios de este libro, los creyentes hebreos, se preguntaban qué debían hacer con su antigua religión hebrea. El interrogante que tenían en

13 Y no hay cosa creada que no sea manifiesta en Su
presencia; antes bien todas las cosas están desnudas y expuestas a los ojos de Aquel a quien *tenemos que dar* cuenta.

C. Superior a Aarón 4:14—7:28

1. Sumo Sacerdote según el orden de Melquisedec 4:14—5:10

14 Por tanto, teniendo un [1]gran [2a]Sumo Sacerdote que
[3]traspasó los [b]cielos, Jesús el [c]Hijo de Dios, retengamos la
[4d]confesión.

14[a] He. 2:17; 7:26
14[b] Ef. 4:10; He. 8:1; 9:24
14[c] He. 7:3
14[d] He. 3:1

su mente constituía un vagar en su alma, y no una experiencia de Cristo en su espíritu. Así que, el escritor de este libro dijo que la palabra de Dios, es decir, lo citado del Antiguo Testamento, podía penetrar en su incertidumbre como una cortante espada de dos filos, y hacer una división entre el alma y el espíritu de ellos. Así como el tuétano está escondido en lo profundo de las coyunturas, así el espíritu está en lo profundo del alma. Para que el tuétano sea dividido de las coyunturas se requiere principalmente que las coyunturas sean quebradas. Según el mismo principio, para que el espíritu sea dividido del alma se requiere que el alma sea quebrantada. El alma de los creyentes hebreos, con su mente llena de preguntas, con sus dudas respecto del camino de la salvación de Dios, y con su preocupación por sus propios intereses, tenía que ser quebrantada por la palabra de Dios que es viva y eficaz y que penetra hasta hacer una separación entre el espíritu y el alma de ellos.

Nuestra alma es nuestro yo (Mt. 16:25; cfr. Lc. 9:25). Al seguir al Señor debemos negar nuestra alma, nuestro yo (Mt. 16:24; Lc. 9:23). Nuestro espíritu es la parte más profunda de nuestro ser, el órgano espiritual con el cual tocamos a Dios (Jn. 4:24; Ro. 1:9). En nuestro espíritu somos regenerados (Jn. 3:6). En nuestro espíritu mora y obra el Espíritu Santo (Ro. 8:16). En nuestro espíritu disfrutamos a Cristo y Su gracia (2 Ti. 4:22; Gá. 6:18). Por lo tanto, el escritor de este libro les aconsejó a los creyentes hebreos que no titubearan en su alma errante, a la cual ellos se tenían que negar, sino que prosiguieran a su espíritu para participar del Cristo celestial y disfrutarle para que así pudieran participar del reposo del reino durante Su reinado en el milenio. Si ellos titubeaban en su alma errante, no llegarían a la meta de Dios y sufrirían la pérdida del pleno disfrute de Cristo y del reposo del reino.

12[3] Nuestro espíritu es el órgano con el cual tenemos contacto con Dios (Jn. 4:24), mientras que nuestro corazón es el órgano con el cual amamos a Dios (Mr. 12:30). Nuestro espíritu toca, recibe, contiene y experimenta a Dios. Sin embargo, esto requiere que nuestro corazón ame primero a Dios. Nuestra alma está compuesta de tres partes: la mente, la voluntad y la parte emotiva; y nuestro espíritu también está compuesto de tres partes: la conciencia, la comunión y la intuición. Nuestro corazón no está separado de nuestra alma y espíritu, pues se compone de todas las partes de nuestra alma, y la conciencia, una parte de nuestro espíritu. Por lo tanto, en nuestro corazón están la mente con los pensamientos y la voluntad con las intenciones. Los pensamientos afectan las intenciones, y las intenciones llevan a cabo los pensamientos. La palabra viva de Dios discierne los pensamientos de nuestra

15 Porque no tenemos un Sumo Sacerdote que no pueda
compadecerse de nuestras debilidades, sino uno que fue
[a]tentado en todo igual que *nosotros, pero* [b]sin pecado.
16 [a]Acerquémonos, pues, confiadamente al [1]trono de la
gracia, para recibir [2b]misericordia y hallar [c]gracia para el
oportuno socorro.

15[a] He. 2:18
15[b] He. 7:26; 2 Co. 5:21
16[a] He. 10:22; 7:25
16[b] Ro. 9:15, 18, 23
16[c] Jn. 1:14, 16, 17; Ro. 5:2; 2 Co. 12:9; 13:14; Gá. 6:18

---

mente y las intenciones de nuestra voluntad. Lo que el escritor citó de la palabra de Dios en los versículos anteriores pudo exponer cuáles eran y dónde estaban los pensamientos y las intenciones de los creyentes hebreos, mientras ellos titubeaban en el proceso de su salvación.

14[1] Es decir, excelente, maravilloso, glorioso y lo más honorable. Cristo es grandioso en Su persona (1:5, 8; 2:6), en Su obra (1:3; 2:17, 9, 14-15, 10; 3:5-6; 4:8-9; Hch. 2:24, 27) y en lo que ha logrado (6:20; 9:24; 2:9).

14[2] Primero el Señor Jesús fue enviado por Dios a nosotros por medio de la encarnación (2:14) para ser nuestro Apóstol (3:1), nuestro Autor, nuestro Líder (2:10), Aquel que es superior a Moisés (3:3), y nuestro verdadero Josué (4:8), para introducirnos a nosotros, Sus compañeros (1:9; 3:14), en la gloria y en el reposo (2:10; 4:11). Después El regresó de nosotros a Dios por medio de la resurrección y la ascensión (5:5-6) a fin de ser nuestro Sumo Sacerdote, quien está delante de Dios llevándonos sobre Sí y encargándose de todas nuestras necesidades (2:17-18; 4:15).

14[3] Habiendo despojado a los principados y potestades (Col. 2:15), habiéndose levantado del Hades (Hch. 2:24, 27), y habiendo traspasado los cielos, nuestro Sumo Sacerdote ahora está sentado en el trono a la diestra de Dios.

14[4] Se refiere a la fe.

16[1] Sin lugar a dudas, el trono mencionado aquí es el trono de Dios, el cual está en el cielo (Ap. 4:2). El trono de Dios es el trono de autoridad para todo el universo (Dn. 7:9; Ap. 5:1). Sin embargo, para nosotros los creyentes llega a ser el trono de gracia, representado por la cubierta expiatoria que estaba en el Lugar Santísimo (Ex. 25:17, 21). Este trono es el trono de Dios y del Cordero (Ap. 22:1). ¿Cómo podemos nosotros acercarnos al trono de Dios y del Cordero, de Cristo, que está en los cielos, mientras todavía estamos en la tierra? La clave está en nuestro espíritu, al cual se refiere el v. 12. El mismo Cristo que está sentado en el trono en los cielos (Ro. 8:34) ahora también está en nosotros (Ro. 8:10), es decir, en nuestro espíritu (2 Ti. 4:22), donde está la habitación de Dios (Ef. 2:22). En Bet-el, la casa de Dios, la habitación de Dios, la cual es la puerta del cielo, Cristo es la escalera que une la tierra con el cielo, y trae el cielo a la tierra (Gn. 28:12-17; Jn. 1:51). Puesto que hoy en día nuestro espíritu es el lugar donde Dios habita, ahora este espíritu es la puerta al cielo, donde Cristo es la escalera que nos une a nosotros, los moradores de la tierra, con el cielo, y nos trae el cielo. Por lo tanto, cada vez que nos volvemos a nuestro espíritu, pasamos por la puerta del cielo y tocamos el trono de gracia que está en el cielo, por medio de Cristo como la escalera celestial.

16[2] La misericordia y la gracia de Dios son la expresión de Su amor. Cuando estamos en una condición miserable, primero la misericordia de Dios llega hasta nosotros y nos lleva a una situación en la cual El puede favorecernos con Su gracia. Lucas 15:20-24 nos dice que cuando el padre vio regresar al hijo pródigo, tuvo compasión de él. Eso fue la misericordia, la cual expresó el amor del padre. Luego el padre lo vistió con la mejor túnica y lo alimentó con el becerro engordado. Eso fue la gracia, la cual también manifestó el amor del padre. La misericordia de Dios va más allá y llena el espacio que existe entre nosotros y la gracia de Dios.

CAPITULO 5

1 Porque todo sumo sacerdote, tomado de entre los hombres, es [a]constituido a favor de los hombres en lo que a Dios
[b]se refiere, para que [c]presente [1]ofrendas y [1]sacrificios por los
pecados;
2 y [a]puede mostrarse [1]compasivo con los [b]ignorantes y
[c]extraviados, puesto que él también está rodeado de [d]debili-
dad;
3 y por causa de ella debe ofrecer por los pecados, tanto
por sí mismo como también [a]por el pueblo.
4 Y [a]nadie toma para sí esta honra, sino el que es llamado por Dios, como lo fue [b]Aarón.
5 Así tampoco Cristo se [1]glorificó a Sí mismo haciéndose
[a]Sumo Sacerdote, sino el que le dijo: "[b]Tú eres Mi Hijo, Yo te
he [2]engendrado hoy".
6 Como también dice en otro lugar: "[1a]Tú eres Sacerdote
para siempre, según el [2b]orden de Melquisedec".

1[a] He. 7:28
1[b] He. 2:17
1[c] He. 7:27; 8:3; 10:11
2[a] He. 2:18
2[b] He. 9:7
2[c] Jac. 5:19; 1 P. 2:25
2[d] He. 4:15
3[a] He. 7:27
4[a] Nm. 18:7
4[b] Ex. 28:1; 1 Cr. 23:13
5[a] He. 2:17; 4:15; 5:10; 7:26
5[b] He. 1:5; Sal. 2:7; Hch. 13:33
6[a] Sal. 110:4
6[b] He. 5:10; 6:20; 7:11, 17

La misericordia y la gracia de Dios siempre están disponibles para nosotros. Sin embargo, necesitamos recibirlas y hallarlas ejercitando nuestro espíritu para acercarnos al trono de la gracia y tener contacto con nuestro Sumo Sacerdote, quien es conmovido por el sentir de nuestra debilidad. Con esto el escritor de este libro animó a los agotados creyentes hebreos a recibir misericordia y hallar gracia para el oportuno socorro, a fin de que pudieran ser levantados (12:12).

1[1] Las ofrendas son presentadas para complacer a Dios; los sacrificios son ofrecidos por nuestros pecados.

2[1] Aquí el griego implica un sentimiento ni muy severo ni muy tolerante para con los ignorantes y extraviados. Mostrarse compasivo significa ser moderado o tierno al juzgar la situación de ellos. El pensamiento de este versículo es una continuación del pensamiento de 4:15. Aunque Cristo no estaba rodeado de debilidad como los sumos sacerdotes tomados de entre los hombres, El como nuestro Sumo Sacerdote fue tentado en todo igual que nosotros. Por lo tanto, al ser conmovido con el sentimiento de nuestras debilidades, puede mostrarse compasivo para con nosotros, los ignorantes y extraviados.

5[1] En este versículo *glorificarse* sustituye a *honra* del versículo anterior. Con respecto al sumo sacerdote tomado de entre los hombres, sólo hay honra, lo cual es un asunto de posición. Con respecto a Cristo como Sumo Sacerdote, no sólo hay honra sino también gloria, no solamente el valor de Su posición sino también el esplendor de Su persona. Véase la nota 9[2] del cap. 2.

5[2] Esto se refiere a la resurrección de Cristo (Hch. 13:33), la cual le da los requisitos para ser nuestro Sumo Sacerdote. Para ser nuestro Sumo Sacerdote, Cristo tuvo que participar de nuestra humanidad, como se menciona en 2:14-18, y entrar, con esta humanidad, en la resurrección. En Su humanidad El puede ser conmovido con el sentimiento de nuestras debilidades y ser misericordioso para con nosotros (4:15; 2:17). En resurrección, en Su divinidad El puede hacerlo todo por nosotros y ser fiel para con nosotros (7:24-25; 2:17).

6[1] Esto se refiere a la ascensión y a la entronización de Cristo (Sal. 110:1-4), las cuales son pasos adicionales, además de Su resurrección, que

7 El, en los días de Su [a]carne, habiendo ofrecido [b]ruegos
y súplicas con gran clamor y lágrimas al que le podía librar
[1]de la muerte y habiendo sido escuchado por *Su* piedad,
8 aunque era Hijo, aprendió la [1a]obediencia por lo que
[b]padeció.
9 Y habiendo sido [1a]perfeccionado, vino a ser [2]fuente de
[3]eterna [b]salvación para todos los que le obedecen;
10 y fue [1]declarado por Dios [a]Sumo Sacerdote según el
[b]orden de Melquisedec.

(La tercera advertencia:
llegad a la madurez)
5:11—6:20

11 Acerca de El tenemos mucho que decir, y difícil de
explicar, por cuanto os habéis hecho tardos para oír.
12 Porque debiendo ser ya maestros, por razón del tiempo,
tenéis necesidad de que se os vuelva a enseñar cuáles son los
[a]primeros [1]rudimentos de los [2]oráculos de Dios; y habéis
llegado a ser tales que tenéis necesidad de [3b]leche, y no de
[c]alimento sólido.
13 Pues todo aquel que participa de la [1]leche es inexperto
en la [1a]palabra de justicia, porque es [b]niño;

7[a] Jn. 1:14; He. 2:14
7[b] Mt. 26:39, 42, 44
8[a] Fil. 2:8
8[b] Lc. 24:26
9[a] He. 2:10
9[b] He. 2:3, 10
10[a] He. 5:5
10[b] He. 5:6
12[a] He. 6:1
12[b] 1 Co. 3:2; 1 P. 2:2
12[c] Mt. 4:4; Jer. 15:16
13[a] cfr. He. 6:1, 5; Hch. 14:3; 20:32; Fil. 2:16
13[b] 1 Co. 3:1; 1 P. 2:2

lo habilitan como nuestro Sumo Sacerdote (7:26).

6[2] El orden de Melquisedec es más elevado que el orden de Aarón. El orden de Aarón correspondía al sacerdocio ejercido sólo en la esfera humana; mientras que el orden de Melquisedec corresponde al sacerdocio ejercido en la esfera humana y en la divina. Esto se describe detalladamente en el cap. 7.

7[1] *De la muerte* aquí no significa que Cristo no haya entrado en la muerte ni la haya sufrido; quiere decir que El resucitó. Antes de morir, Cristo oró por esto, y Dios le respondió levantándole de entre los muertos.

8[1] Dios dispuso que Cristo muriera, y Cristo obedeció (Fil. 2:8). El aprendió esta obediencia por la muerte que sufrió.

9[1] Véase la nota 10[4] del cap. 2.

9[2] La palabra griega denota el autor y la causa.

9[3] No la salvación que perdura para siempre sino la salvación eterna, cuyos efectos, beneficios y resultados son de naturaleza eterna y trascienden las condiciones y limitaciones del tiempo.

10[1] Esta palabra también tiene el sentido de *designado, aclamado.*

12[1] O, rudimentos del principio.

12[2] Es decir, elocuciones divinas.

12[3] Aunque este versículo menciona *maestros* y *enseñar,* también compara la palabra de Dios con leche y alimento sólido, los cuales nutren. Esto concuerda con lo que dijo el Señor en Mt. 4:4 y con lo que dijo el profeta en Jer. 15:16. Pablo y Pedro tenían el mismo concepto con respecto a la palabra divina (1 Co. 3:2; 1 P. 2:2).

13[1] Aquí *leche* se refiere a los primeros rudimentos de los oráculos de Dios, mencionados en el v. 12, mientras que *palabra de justicia* se refiere al alimento sólido. La buena palabra mencionada en 6:5 es la palabra de los comienzos de Cristo (6:1). Sin embargo, la palabra de justicia es más profunda que los primeros rudimentos de los oráculos de Dios porque contiene

14 pero el alimento sólido es para los que han alcanzado [a]madurez, para los que por la práctica tienen las [1]facultades ejercitadas en el discernimiento del [2]bien y del mal.

CAPITULO 6

1 Por tanto, dejando ya la [1]palabra de los [2a]comienzos de Cristo, [3]vayamos adelante a la [4b]madurez; no echando otra vez el fundamento del [c]arrepentimiento de [d]obras muertas y de la [e]fe en Dios,

14[a] He. 6:1; 1 Co. 2:6; Fil. 3:15

1[a] He. 5:12
1[b] He. 5:14
1[c] Mr. 1:15; Hch. 5:31; 20:21
1[d] He. 9:14
1[e] Ro. 1:17; Ef. 2:8

el pensamiento más profundo de la equidad y justicia de Dios en la relación gubernamental y dispensacional que tiene con Su pueblo. Esta palabra es más difícil de discernir que la palabra de gracia (Hch. 14:3; 20:32) y la palabra de vida (Fil. 2:16).

14[1] O, sentidos; implica poderes de percepción que no sólo dependen de nuestra capacidad mental, sino también de nuestra comprensión espiritual.

14[2] *El bien y el mal* se refieren a lo que es superior en contraste con lo que es inferior, por ejemplo, la superioridad de Cristo en contraste con la inferioridad de los ángeles, Moisés y Aarón, o la superioridad del nuevo pacto en contraste con la inferioridad del antiguo pacto. Según el contexto de este versículo, el discernimiento mencionado aquí es semejante al discernimiento entre los diferentes alimentos y no tiene nada que ver con el carácter moral de las cosas.

1[1] O, palabra básica. La palabra de los comienzos de Cristo se refiere a los seis asuntos mencionados en este versículo y en el siguiente, los cuales constituyen el fundamento de la vida cristiana: (1) el arrepentimiento de obras muertas, (2) la fe en Dios, (3) la enseñanza de bautismos, (4) la imposición de manos, (5) la resurrección de los muertos, y (6) el juicio eterno. Estos seis puntos forman tres pares. El primer punto de cada par se refiere a nuestra salida de una situación negativa, y el segundo habla de nuestra entrada en las cosas positivas. El arrepentimiento significa volverse de las obras muertas; la fe significa entrar en Dios. Los bautismos son la separación y la terminación de las cosas negativas; la imposición de manos es la identificación y la comunión con las cosas divinas. La resurrección de los muertos es la salida de la muerte; el juicio eterno es la entrada a la eternidad y al destino eterno.

1[2] Los comienzos de Cristo incluyen no sólo el principio de la experiencia que los creyentes tienen en Cristo, como por ejemplo, los seis asuntos enumerados en la última mitad de este versículo y en el siguiente, sino también el ministerio inicial de Cristo, es decir, toda Su obra en la tierra, tal como se narra en los cuatro evangelios. Todos los creyentes salvos ya han experimentado, igual que los creyentes hebreos, los comienzos de Cristo; de ahora en adelante deben proseguir hacia la perfección, hacia la madurez. El Señor tiene la intención de completar este perfeccionamiento en Su ministerio celestial posterior, como lo revela este libro.

1[3] En la experiencia de nuestra vida espiritual, siempre existe, por un lado, lo que el Señor hace, y por otro, nuestra cooperación al seguir en pos de El. El Señor quiere hacernos madurar, pero nosotros necesitamos cooperar con El, siendo perfeccionados, madurados.

El Señor quiere hacernos avanzar, pero nosotros debemos permitírselo. Esto es cooperar voluntariamente con Su obra de gracia. Si queremos ser perfeccionados, es decir, madurados, tenemos que participar con Cristo de

2 de la enseñanza de [1a]bautismos, de la [b]imposición de
manos, de la [c]resurrección de los muertos y del [d]juicio eterno.
3 Y [1]esto haremos, si Dios lo permite.
4 Porque es [1]imposible que los que una vez fueron [a]ilu-
minados y gustaron del [2b]don celestial, y fueron hechos
[3c]partícipes del [d]Espíritu Santo,
5 y asimismo [a]gustaron de la [b]buena [1]palabra de Dios y
los [2]poderes del siglo [c]venidero,

2[a] He. 9:10; Lv. 6:27; Mr. 7:4
2[b] Hch. 6:6; 8:17; 9:17; 13:3; 19:6; 28:8; 1 Ti. 4:14; 2 Ti. 1:6
2[c] Mt. 22:31; Hch. 4:2; 23:6
2[d] He. 9:27; Ro. 2:5; Ap. 20:12, 13
4[a] He. 10:32; Jn. 1:9; 2 Co. 4:6
4[b] Hch. 2:38; Ro. 6:23
4[c] He. 3:1; 12:8
4[d] 2 Co. 1:22; 5:5; Gá. 3:2, 5, 14; Ef. 1:13; 1 Jn. 3:24; 4:13
5[a] 1 P. 2:3
5[b] He. 6:1; cfr. 5:13
5[c] He. 2:5

lo que ha logrado (1:9; 3:14), ser diligentes en entrar en el reposo sabático que queda (4:9, 11), acercarnos al trono de la gracia para recibir misericordia y hallar gracia (4:16), y alimentarnos de la comida sólida para disfrutar a Cristo como nuestro Sumo Sacerdote según el orden de Melquisedec (5:9-10, 14).

1[4] O, perfección.

2[1] *Bautismos,* la misma palabra griega traducida *lavamientos* en 9:10 y Mr. 7:4, se refiere al lavamiento de los utensilios y las vasijas usadas para el servicio de Dios en el tabernáculo o en el templo (Lv. 6:28) y probablemente también al lavamiento de los sacerdotes (Ex. 30:18-21; Lv. 16:4). Este asunto, por supuesto, está relacionado con el trasfondo de los creyentes hebreos. Sin embargo, en principio es el mismo bautismo que el del Nuevo Testamento: ambos significan lavarse de las cosas negativas y terminar con ellas.

3[1] Es decir, haremos lo mencionado en el v. 1: iremos adelante a la perfección, a la madurez, sin echar otra vez el fundamento.

4[1] Aquellos que una vez son iluminados y gustan del don celestial y son hechos partícipes del Espíritu Santo y asimismo gustan de la buena palabra de Dios y los poderes del siglo venidero, ya pusieron el fundamento, en el momento en que creyeron. Si ellos recaen y vuelven atrás, no hay necesidad de que echen otra vez el fundamento (v. 1); sólo necesitan seguir adelante, ser perfeccionados, madurados. No es necesario que se arrepientan de nuevo, porque es imposible que sean otra vez renovados para arrepentimiento. El v. 1 indica que esto no es necesario; el v. 4 dice que no es posible; y los vs. 7-8 nos muestran que no es correcto.

4[2] Aquí el don celestial se refiere a las cosas celestiales que Dios nos dio cuando nos arrepentimos y creímos en el Señor, cosas tales como Su perdón, justicia, vida divina, paz y gozo.

4[3] Dios en Su evangelio prometió dar el Espíritu Santo al hombre (Gá. 3:14). El nos llamó desde los cielos a las cosas celestiales para que fuéramos partícipes de Su Espíritu Santo y tuviéramos parte en Su Espíritu Santo. Es por Su Espíritu Santo que podemos vivir una vida celestial en la tierra y participar de la santidad divina. Como partícipes del Espíritu Santo, participamos de Dios y le disfrutamos. Véase la nota 14[1] del cap. 3.

5[1] En el griego denota la palabra que Dios habla para el momento. Aquí la buena palabra de Dios se refiere a la palabra de los comienzos de Cristo, la cual se menciona en el v. 1 y era la leche que los creyentes hebreos gustaron cuando creyeron en el Señor. Ahora ellos tenían que avanzar a la palabra más profunda, la palabra de justicia (5:13), la cual no está relacionada principalmente con la obra redentora de Dios, sino con el camino de Su economía, y que era el alimento sólido por medio del cual ellos podían alcanzar la perfección, la madurez (v. 1).

5[2] *Poderes* aquí se refiere al poder divino, y *el siglo venidero* se refiere al siglo del reino venidero. El poder divino del reino venidero restaura, renueva y aviva las cosas que se han envejecido (Mt. 19:28). Todos los creyentes, al ser regenerados (Tit. 3:5),

6 y [1]recayeron, sean otra vez renovados para arrepentimiento, [2a]crucificando de nuevo para sí mismos al Hijo de
Dios y [2]exponiéndole a la ignominia.
7 Porque la tierra que bebe la [1]lluvia que muchas veces
cae sobre ella, y [2]produce hierba provechosa a aquellos para
los cuales es labrada, participa de la bendición de Dios;
8 pero la que produce [1a]espinos y abrojos es [2]reprobada,
está [3]próxima a ser maldecida, y su fin es el ser [4b]quemada.
9 Pero en cuanto a vosotros, oh amados, estamos persuadidos de cosas mejores, y [1]que pertenecen a la [2]salvación,
aunque hablamos así.

6a cfr. He. 10:29
8a Gn. 3:18
8b 1 Co. 3:13, 15

---

gustaron de este poder divino y fueron restaurados, renovados y avivados.

6[1] *Recayeron* se refiere al hecho de que los cristianos hebreos se desviaron de la fe cristiana pura al volver a su vieja y tradicional religión judía. En principio esto puede ser aplicado a cualquier cristiano que se desvíe del camino correcto de Dios.

6[2] Las palabras *crucificando* y *exponiéndole* modifican al predicado *renovados.* Renovar para arrepentimiento significa repetir el arrepentimiento que ya se ha hecho; esto no es necesario. Hacerlo significa crucificar de nuevo al Hijo de Dios y exponerlo a la ignominia.

7[1] Aquí la lluvia se refiere a las cinco categorías de cosas buenas mencionadas en los vs. 4-5.

7[2] Producir hierba es un ejemplo de ser perfeccionados, madurados (v. 1). Los creyentes, como la tierra, son cultivados por causa de Dios para producir a Cristo, como la hierba, y así ser perfeccionados, madurados. Al producir a Cristo ellos participan de la bendición de Dios.

8[1] En un sentido estricto, los espinos y los abrojos aquí mencionados se refieren a las cosas tradicionales de la antigua religión de los creyentes hebreos.

8[2] O, rechazada, descalificada, considerada indigna. La misma palabra se usa en 1 Co. 9:27. Si un creyente no es perfeccionado, madurado, sino que recae en las cosas viejas, será reprobado, considerado indigno, por Dios.

8[3] Los creyentes, una vez salvos, nunca pueden ser una verdadera maldición. Sin embargo, si no cultivan a Cristo, sino que se aferran a las cosas que no agradan a Dios, ellos están próximos a sufrir la maldición de padecer el castigo gubernamental de Dios. (Esto debe relacionarse con la disciplina, o castigo, mencionada en 12:7-8.) Estar próximo a ser maldecido es muy diferente de sufrir la perdición eterna, lo cual es la verdadera maldición.

8[4] La tierra nunca podría ser quemada, pero lo que produce sí podría serlo. Los creyentes nunca podrían ser quemados, pero todo lo que ellos produzcan que no concuerde con la economía de Dios será quemado. Los creyentes son la tierra cultivada de Dios. Todo lo que ellos cultiven que sea madera, heno y hojarasca, será quemado (1 Co. 3:9, 12).

9[1] Producir espinos y abrojos (v. 8) no está relacionado con la salvación. Atender a las cosas que hemos oído (2:1), ser diligentes en entrar al reposo prometido (4:11), acercarnos al trono de la gracia (4:16), y seguir adelante a la perfección, a la madurez (v. 1), son cosas relacionadas con la salvación.

9[2] Aquí la salvación se refiere a la plena salvación de Dios, es decir a la "salvación tan grande" mencionada en 2:3, la cual incluye la salvación mencionada en 7:25, la salvación mencionada en Fil. 1:19 y 2:12, y la salvación del alma mencionada en 1 P. 1:9. Ser salvo así significa ser librado de estar

10 Porque Dios no es injusto para olvidar vuestra [a]obra y el amor que habéis mostrado hacia Su [b]nombre, habiendo [1c]ministrado a los santos y ministrándoles *aún*.

11 Pero deseamos que cada uno de vosotros muestre la misma diligencia [a]hasta el fin, para plena [b]certeza de la [c]esperanza,

12 a fin de que no os hagáis [1]perezosos, sino [a]imitadores de aquellos que por la [b]fe y la longanimidad [c]heredan las promesas.

13 Porque cuando Dios hizo la promesa a Abraham, no pudiendo jurar por otro mayor, [a]juró por Sí mismo,

14 diciendo: "[a]De cierto te bendeciré con bendición y te multiplicaré grandemente".

15 Y habiendo *Abraham* [a]esperado con perseverancia, alcanzó la [b]promesa.

16 Porque los hombres juran por uno mayor que ellos, y para ellos el fin de toda controversia es el juramento para confirmación.

17 Por lo cual, queriendo Dios mostrar más abundantemente a los [a]herederos de la promesa la [b]inmutabilidad de Su consejo, interpuso juramento;

18 para que por [1]dos cosas inmutables, en las cuales es imposible que Dios [a]mienta, tengamos un fortísimo consuelo los que hemos [2]huido en busca de [3]refugio, para echar mano de la [b]esperanza puesta delante *de nosotros*.

19 La cual tenemos como segura y firme [1]ancla del alma, y que [2]penetra hasta dentro del velo,

20 donde Jesús, el [1a]Precursor, entró por nosotros, hecho Sumo Sacerdote para siempre según el [b]orden de Melquisedec.

10[a] 1 Ts. 1:3
10[b] Mr. 9:41
10[c] He. 13:16; Ro. 12:13; 2 Co. 8:4; Fil. 4:15, 16
11[a] He. 3:6, 14
11[b] He. 3:14; 10:22
11[c] He. 3:6; 6:18; 7:19; 1 P. 1:13
12[a] He. 13:7; 1 Co. 4:16; 11:1; 1 Ts. 1:6; 2:14
12[b] 2 Ts. 1:4; Ap. 13:10
12[c] He. 11:9
13[a] Gn. 22:16; Lc. 1:73
14[a] Gn. 22:17
15[a] Ro. 4:17-21
15[b] Gá. 3:16-18
17[a] He. 11:9
17[b] Sal. 33:11; 110:4
18[a] Nm. 23:19; Tit. 1:2
18[b] He. 6:11

próximo a la maldición de sufrir el castigo gubernamental de Dios, lo cual vemos en el v. 8.

10[1] Se refiere a suministrar cosas materiales a los santos necesitados.

12[1] O, tardos; como en 5:11.

18[1] Estas dos cosas son la promesa y el juramento de Dios (v. 17).

18[2] Lit., huido intensamente; denota huir a un lugar seguro. Cfr. Hch. 14:6.

18[3] El Señor Jesús entró en los cielos, en el Lugar Santísimo detrás del velo, como lo menciona el v. 20, y por medio de Él tenemos el albergue celestial donde nos podemos refugiar, adonde podemos entrar ahora en nuestro espíritu (10:19).

19[1] La palabra *ancla* denota que estamos en un mar tempestuoso y que sin el ancla de esperanza podemos naufragar (1 Ti. 1:19).

19[2] Los cielos, en los cuales el Señor Jesús entró, son hoy el Lugar Santísimo detrás del velo. Nuestra esperanza, como un ancla segura y

20[a] cfr. He. 2:10 **20**[b] He. 5:6

CAPITULO 7

2. Un Sumo Sacerdote perpetuo, grande y viviente que puede salvar por completo
7:1-28

1 [1]Porque este [2a]Melquisedec, [2]rey de Salem, sacerdote
del Dios Altísimo, que salió al encuentro de Abraham que
volvía de la [b]derrota de los reyes, y le bendijo,
2 a quien asimismo asignó Abraham los [a]diezmos de
todo; cuyo nombre significa primeramente [1b]rey de justicia,
y también rey de Salem, esto es, [1c]rey de paz;
3 [1]sin padre, sin madre, sin genealogía; que ni tiene
[a]principio de días, ni [b]fin de vida, sino hecho semejante al
Hijo de Dios, permanece sacerdote [c]para siempre.

1[a] He. 5:6, 10; 6:20; Gn. 14:18-20
1[b] Gn. 14:17
2[a] Gn. 14:20
2[b] Sal. 72:2; Is. 32:1
2[c] Is. 9:6; Ef. 2:14; Is. 32:17; Sal. 72:3; 85:10
3[a] cfr. Jn. 1:1; 8:58
3[b] He. 1:12
3[c] He. 7:24

---

firme, ha entrado ahí, y hoy nosotros podemos entrar allí también en nuestro espíritu (10:19-20).

20[1] Como Precursor, el Señor Jesús fue el primero en pasar a través de un mar tempestuoso y entrar en el albergue celestial para ser nuestro Sumo Sacerdote según el orden de Melquisedec. Como Precursor, El es el Autor de nuestra salvación (2:10). Como Precursor, abrió el camino a la gloria, y como Autor, entró en la gloria.

1[1] Conforme a la obra y al ministerio de Cristo, este libro da un giro en este versículo, un giro de la tierra a los cielos. Hasta el final del cap. 6, lo que se revela principalmente es la obra de Cristo en la tierra, tipificada por el sacerdocio de Aarón. Esa sección es la palabra de los comienzos, el fundamento. A partir de este versículo se revela el ministerio de Cristo en los cielos según el orden de Melquisedec. Esta sección es la palabra que nos perfecciona, la cual nos revela cómo el Cristo celestial ministra en el tabernáculo celestial. La purificación que El hace de los pecados es tipificada por la obra de Aarón, mientras que el hecho de que esté sentado a la diestra de la Majestad en las alturas (1:3) corresponde al orden de Melquisedec (Sal. 110:1, 4). Su obra en la cruz, en la tierra, tipificada por la obra de Aarón, nos proporciona el perdón de pecados. Su ministerio en el trono, en los cielos, nos ministra lo necesario para vencer el pecado. Su cruz nos liberó de Egipto; Su trono nos introduce en Canaán. Los creyentes hebreos participaron de Su obra en la cruz. Ahora, tenían que proseguir hasta entrar en el disfrute de Su ministerio en el trono.

1[2] *Melquisedec* significa *rey de justicia,* y *rey de Salem* significa *rey de paz* (v. 2). Cristo, como el Rey de justicia (Is. 32:1), hizo que todas las cosas fuesen rectas delante de Dios y entre los hombres. La justicia da como resultado la paz (Is. 32:17). Cristo, como el Rey de paz (Is. 9:6) hace la paz entre Dios y nosotros, por medio de la justicia, y en esa paz, lleva a cabo el ministerio de Su sacerdocio. El es el Rey que llega a ser el Sacerdote; así que, Su sacerdocio es un sacerdocio real (1 P. 2:9).

2[1] Al principio de este capítulo tenemos al Rey, y al final tenemos al Hijo de Dios (v. 28), lo cual indica que Cristo como nuestro Sumo Sacerdote es real y divino. Su reinado mantiene una condición llena de justicia y paz a fin de que El nos ministre al Dios Triuno procesado para nuestro disfrute; Su divinidad como Hijo de Dios lo constituye Sumo Sacerdote viviente y lleno de vida a fin de que pueda continuar Su sacerdocio perpetuamente.

3[1] Todas las personas importantes mencionadas en Génesis tienen una genealogía, excepto Melquisedec. En los escritos divinos, vemos cómo el Espíritu Santo de manera soberana no

4[a] He. 10:21 **4** Considerad, pues, cuán [1a]grande era éste, a quien aun
Abraham el patriarca dio diezmos de lo mejor del botín.
5 Y los de entre los hijos de Leví, quienes reciben el
servicio sacerdotal, tienen mandamiento de tomar del pue-
5[a] Nm. 18:21 blo los [a]diezmos según la ley, es decir, de sus hermanos,
aunque éstos hayan salido de los lomos de Abraham.
6 Pero aquel cuya genealogía no es contada de entre
6[a] Gn. 14:19 ellos, tomó de Abraham los diezmos, y [1a]bendijo al que tenía
las promesas.
7 Y sin discusión alguna, el [1]menor es bendecido por el
[2]mayor.
8 Y aquí reciben los diezmos hombres mortales; pero allí,
8[a] Sal. 110:4; He. 5:6 uno [a]de quien se da testimonio de que [b]vive.
9 Y por decirlo así, por medio de Abraham pagó el diezmo también [1]Leví, que recibe los diezmos;
8[b] Jn. 14:19; Ap. 1:18 **10** porque aún estaba en los lomos de su padre cuando
Melquisedec le salió al encuentro.
11 Si, pues, la perfección fuera por medio del sacerdocio
levítico (porque bajo él recibió el pueblo la ley), ¿qué necesidad habría aún de que se levantase un [1]Sacerdote diferente,
11[a] He. 5:6 según el orden de [a]Melquisedec, y que no *fuese llamado*
según el orden de Aarón?

---

dejó constancia del comienzo de los días de Melquisedec ni del final de su vida, para que éste pudiera ser un tipo apropiado de Cristo, Aquel que es eterno, como nuestro perpetuo Sumo Sacerdote. Esto concuerda con la presentación del Hijo de Dios en el Evangelio de Juan. Por ser eterno, el Hijo de Dios no tiene genealogía (Jn. 1:1). No obstante Cristo, como Hijo del Hombre, sí tiene genealogía (Mt. 1:1-17; Lc. 3:23-38).

4[1] El hecho de que Abraham diera el diezmo del botín da testimonio de la grandeza de Melquisedec, quien tipifica a Cristo. Cristo como Sacerdote según el orden de Melquisedec es más grande que los sacerdotes de la tribu de Leví, quienes ofrecieron diezmos a Melquisedec por medio de su padre Abraham (v. 9), puesto que ellos estaban en los lomos de Abraham cuando éste se encontró con Melquisedec (v. 10).

6[1] El hecho de que Melquisedec bendijera a Abraham da testimonio nuevamente de que él es mayor que Abraham (v. 7).

7[1] O, inferior.

7[2] O, superior, mejor.

9[1] Esto concuerda con el hecho de que toda la humanidad pecó en Adán, puesto que ésta se hallaba en los lomos de Adán cuando pecó (Ro. 5:12).

11[1] El enfoque de este libro es el Cristo celestial, y en cuanto a este Cristo, recalca que El es Sacerdote, no según el orden de Aarón, sino según el orden de Melquisedec. Todos los demás aspectos de Cristo en los capítulos anteriores, tales como el hecho de que sea el Hijo de Dios, el Hijo del Hombre, el Autor de la salvación, el Apóstol y el verdadero Josué, son los requisitos necesarios para que El sea tal Sacerdote, un Sacerdote que puede ministrarnos todo lo que necesitamos y salvarnos a lo sumo.

12 Porque [1]cambiado el [a]sacerdocio, necesario es que
haya también [2b]cambio de ley;
13 porque Aquel de quien se dice esto, [1]es de otra tribu, de
la cual [a]nadie sirvió al altar.
14 Porque evidente es que nuestro Señor [1]surgió de la
tribu de [2a]Judá, de la cual nada habló Moisés tocante a los
sacerdotes.
15 Y esto es mucho más evidente todavía, si a [a]semejanza
de Melquisedec se levanta un Sacerdote distinto,
16 no designado conforme a la ley del mandamiento [a]car-
nal, sino según el [b]poder de una [c]vida [1]indestructible.
17 Pues se da testimonio *de El:* "Tú eres Sacerdote para
siempre, según el [a]orden de Melquisedec".
18 En efecto, por un lado, [1a]se ha quitado de en medio el
mandamiento anterior a causa de su [b]debilidad e inutilidad
19 (pues nada [1a]perfeccionó la [b]ley), y por otro lado, es
introducida [2]en su lugar una [3]mejor [c]esperanza mediante la
cual nos [d]acercamos a Dios.
20 Y cuanto *El* no *fue hecho Sacerdote* sin juramento
21 (porque aquéllos sin juramento fueron designados sacerdotes; pero El, con el juramento del que le dijo: "[a]Juró el
Señor, y no se arrepentirá: Tú eres Sacerdote para siempre")

12[1] Es decir, cambiado del orden de Aarón al orden de Melquisedec (v. 11), de la tribu sacerdotal de Leví a la tribu real de Judá (v. 14), y de los hombres al Hijo de Dios (v. 28), quien es tanto el Hijo unigénito como el Hijo primogénito.

12[2] Esto fue un cambio de la ley de la letra a la ley de vida, según lo cual Cristo ha sido designado Sumo Sacerdote, viviente y perpetuo (v. 16).

13[1] Lit., ha participado.

14[1] La palabra griega conlleva el sentido de *proceder, brotar.*

14[2] En el Antiguo Testamento, Leví era la tribu de los sacerdotes, y Judá era la tribu de los reyes. El Señor, por ser descendiente de la tribu de Judá, causó un cambio del sacerdocio y combinó en una sola tribu el sacerdocio y el reinado (Zac. 6:13), como se manifestó en Melquisedec, quien era tanto sumo sacerdote como rey (v. 1).

16[1] O, indisoluble. Cristo fue designado Sumo Sacerdote no según la impotente ley de la letra, sino conforme al potente elemento de una vida indestructible, la cual no puede ser disuelta. Esta vida no tiene fin, ya que es la vida eterna, divina e increada, la vida de resurrección, que pasó a través de la prueba de la muerte y el Hades (Hch. 2:24; Ap. 1:18). Cristo ministra hoy como nuestro Sumo Sacerdote por medio de tal vida. Por lo tanto, El puede salvarnos por completo (v. 25).

18[1] El mandamiento o los reglamentos de la ley con respecto al sacerdocio levítico, fue quitado de en medio porque era meramente letra y por lo tanto débil. No estaba relacionado con la vida, sino que era un mandamiento muerto en la letra; y por esto mismo, no traía provecho.

19[1] Por causa de la debilidad del hombre, la ley no perfeccionó nada (Ro. 8:3).

19[2] Sobre la posición ocupada por el mandamiento.

19[3] La mejor esperanza es el sacerdocio de una vida indestructible (v. 16).

12[a] cfr. He. 7:24
12[b] He. 8:7, 8, 13
13[a] Nm. 16:40
14[a] Mt. 2:6; Ap. 5:5
15[a] He. 7:3
16[a] He. 9:10
16[b] Ro. 1:4; Fil. 3:10
16[c] 2 Ti. 1:10
17[a] He. 5:6
18[a] Col. 2:14
18[b] Ro. 8:3
19[a] He. 9:9; 10:1; Ro. 8:3
19[b] Ro. 8:3
19[c] He. 6:18; 10:23
19[d] He. 7:25; cfr. He. 4:16; 10:22
21[a] Sal. 110:4

22[a] He. 8:6
22[b] He. 8:8; 9:15; 12:24
24[a] Ro. 6:9; Ap. 1:18
25[a] He. 2:18
25[b] He. 4:16; 11:6; 10:22; 7:19
25[c] He. 7:8; Ap. 1:18
25[d] Ro. 8:34
26[a] He. 2:17
26[b] He. 4:15; 1 P. 2:22
26[c] He. 4:14
27[a] He. 5:1
27[b] He. 5:3
27[c] He. 9:12, 28; 10:10
27[d] He. 9:14
28[a] He. 5:2
28[b] He. 5:5-6
28[c] He. 5:9
1[a] He. 2:17
1[b] He. 1:13; Mr. 16:19; Col. 3:1
1[c] Ap. 3:21
1[d] He. 1:3

22 tanto más Jesús es hecho [1]fiador de un [a]mejor [b]pacto.

23 Aquéllos en gran número han sido hechos sacerdotes, debido a que la muerte les impedía continuar;

24 mas El, por cuanto [a]permanece para siempre, tiene un sacerdocio inmutable;

25 por lo cual [a]puede también salvar [1]por completo a los que por El se [b]acercan a Dios, puesto que [c]vive para siempre para [2d]interceder por ellos.

26 Porque tal [a]Sumo Sacerdote también nos convenía: santo, [b]inocente, incontaminado, apartado de los pecadores, y encumbrado [1]por encima de los [c]cielos;

27 que no tiene necesidad cada día, como aquellos sumos sacerdotes, de [a]ofrecer primero sacrificios por sus [b]propios pecados, y luego por los del pueblo; porque esto lo hizo [c]una vez para siempre, [d]ofreciéndose a Sí mismo.

28 Porque la ley constituye sumos sacerdotes a [a]débiles hombres; pero la palabra del juramento, posterior a la ley, al [b]Hijo, [1c]hecho perfecto para siempre.

CAPITULO 8

D. El nuevo pacto de Cristo es superior al viejo pacto 8:1—10:18

1. Un mejor pacto de mejores promesas con un ministerio más excelente 8:1-13

1 Ahora bien, el punto principal de lo que venimos diciendo es que tenemos tal [a]Sumo Sacerdote, el cual se sentó a la [b]diestra del [c]trono de la [d]Majestad en los [1]cielos,

---

22[1] La palabra griega significa *garantía, garante, patrocinador,* y procede de la raíz de la palabra que denota *una mano en la cual algo es puesto como garantía,* lo cual implica que la garantía, la seguridad, no puede ser revocada. Cristo no sólo es el consumador del nuevo pacto; El también es la seguridad, la garantía, de que todas las cosas de ese pacto serán cumplidas. Cristo es la seguridad del mejor pacto con base en el hecho de que El es el Sumo Sacerdote viviente y perpetuo.

25[1] O, íntegramente, enteramente, perfectamente, hasta el fin y por la eternidad.

25[2] Cristo como nuestro Sumo Sacerdote toma nuestro caso intercediendo por nosotros. El se presenta delante de Dios a nuestro favor y ora por nosotros para que seamos salvos e introducidos completamente en el propósito eterno de Dios.

26[1] Cristo, en Su ascensión, traspasó los cielos (4:14), así que ahora El no sólo está en el cielo (9:24), sino que también está por encima de los cielos, mucho más allá de todos los cielos (Ef. 4:10).

2 [1a]Ministro de los [2b]lugares santos, de aquel verdadero
tabernáculo que levantó el Señor, y no el hombre.
3 Porque todo sumo sacerdote está constituido para
[a]presentar [1]ofrendas y sacrificios; por lo cual es necesario
que también El tenga algo que [b]ofrecer.
4 Así que, si estuviese sobre la tierra, ni siquiera sería
Sacerdote, habiendo aún aquellos que presentan ofrendas
según la ley;
5 los cuales sirven a lo que es [1a]figura y [b]sombra de las
cosas celestiales, como se le advirtió divinamente a Moisés
cuando iba a erigir el tabernáculo, diciéndole: "[c]Mira, haz
todas las cosas conforme al modelo que se te ha mostrado en
el monte".
6 Pero ahora tanto más excelente [1]ministerio ha obtenido, cuanto es [2a]Mediador de un [3b]mejor [c]pacto, [4]establecido
sobre [5]mejores [d]promesas.

2[a] cfr. Ro. 15:8
2[b] He. 9:24
3[a] He. 5:1
3[b] He. 9:14; Ef. 5:2
5[a] He. 9:23
5[b] Col. 2:17; He. 10:1
5[c] Ex. 25:40
6[a] He. 9:15; 12:24
6[b] He. 7:22
6[c] He. 8:8; 9:15; 12:24
6[d] He. 8:8-12; Jer. 31:31-34

28[1] *Hecho perfecto* significa *ser completado hasta el último detalle,* lo cual implica ser capacitado. Aquí el Hijo de Dios debe de ser no sólo el Hijo unigénito, sino también el Hijo primogénito, quien fue perfeccionado para siempre por medio de Su encarnación, Su vivir humano, Su muerte y Su resurrección. El fue completamente perfeccionado, y ahora está equipado y capacitado para ser nuestro Sumo Sacerdote divino.

1[1] Cristo, como el Sumo Sacerdote que está en los cielos, nos introduce en los cielos, llevándonos desde el atrio terrenal hasta el interior del Lugar Santísimo celestial, el cual está unido a nuestro espíritu por medio de El, la escalera celestial (Gn. 28:12; Jn. 1:51).

2[1] Uno que sirve como sacerdote. Como ministro del tabernáculo verdadero (celestial), Cristo nos infunde los cielos (los cuales no son sólo un lugar, sino también una condición de vida) a fin de que tengamos la vida y el poder celestiales para vivir una vida celestial sobre la tierra, así como El lo hizo mientras estuvo aquí.

2[2] La palabra griega traducida *lugares santos,* usada aquí como sustantivo, está en plural. Se refiere a todos los lugares santos del tabernáculo; estrictamente, se refiere al Lugar Santísimo, el más santo de todos los lugares santos (9:8, 12, 25; 10:19; 13:11).

3[1] Véase la nota 1[1] del cap. 5.

5[1] O, copia, representación.

6[1] Se refiere al ministerio sacerdotal; derivado de la misma palabra griega traducida *ministro* en el v. 2.

6[2] En el ministerio celestial de Cristo, El como Mediador es el Ejecutor del nuevo pacto, el nuevo testamento, que El nos legó por medio de Su muerte.

6[3] El mejor pacto no sólo fue establecido sobre las mejores promesas de una mejor ley, la ley interna de vida (vs. 10-12), sino que también fue consumado con los mejores sacrificios de Cristo (9:23), que lograron una redención eterna para nosotros (9:12), y la mejor sangre de Cristo, la cual purifica nuestra conciencia (9:14). Aún más, el Sumo Sacerdote de este mejor pacto, el Hijo eterno del Dios viviente, ministra con un ministerio más excelente (v. 6) en el mayor y más perfecto tabernáculo (9:11).

6[4] Así como el antiguo pacto era la antigua ley establecida por Dios, de la misma manera el nuevo pacto es la nueva ley establecida por Dios, como lo mencionan los vs. 10-12.

6[5] Las mejores promesas son dadas en Jer. 31:31-34 y citadas en los

7[a] He. 8:13; 9:1
7[b] He. 7:12, 18
8[a] vs. 8-12: Jer. 31:31-34
8[b] He. 8:13; 9:15; 12:24; Lc. 22:20; 1 Co. 11:25
10[a] He. 10:16
11[a] 1 Jn. 2:27

7 Porque si aquel [1a]primero hubiera sido sin defecto, no
se hubiera [b]procurado [2]lugar para el [1]segundo.
8 Porque encontrándoles defecto dice: "[a]He aquí vienen
días, dice el Señor, en que concertaré con la casa de Israel y
la casa de Judá un [b]nuevo pacto;
9 no conforme al pacto que hice con sus padres el día que
los tomé de la mano para sacarlos de la tierra de Egipto;
porque ellos no permanecieron en Mi pacto, y Yo me desen-
tendí de ellos, dice el Señor.
10 Por lo cual, [a]éste es el pacto que haré con la casa de
Israel después de aquellos días, dice el Señor: Pondré Mis
[1]leyes en la [2]mente de ellos, y sobre su corazón las [3]escribiré;
y seré a ellos por Dios, y [4]ellos me serán a Mí por pueblo;
11 y ninguno [a]enseñará a su prójimo, ni ninguno a su
hermano, diciendo: [1]Conoce al Señor; porque todos me [1]cono-
cerán, desde el menor hasta el mayor de ellos.

---

vs. 8-12 de este capítulo y en los vs. 16-17 del cap. 10.

7[1] El primer pacto es el antiguo, y el segundo es el nuevo.

7[2] O, espacio; metafóricamente ocasión o condición.

10[1] En Jer. 31:33, origen de esta cita, la palabra usada es *ley* (en singular), mientras que en este versículo es *leyes* (en plural). Esto demuestra que una sola ley se extiende hasta convertirse en varias. Esta ley es la ley de vida (véase *la ley del Espíritu de vida,* Ro. 8:2). Cada clase de vida tiene una ley. Cuanto más elevada es la vida, más elevada es su ley. La vida divina que recibimos de Dios es la vida más elevada; por lo tanto, tiene la ley más elevada, la ley a la que se hace referencia aquí. Dios, al impartirnos Su vida divina, pone esta elevada ley en nuestro espíritu, y desde allí se extiende hasta nuestras partes internas, tales como nuestra mente, nuestra parte emotiva y nuestra voluntad, y se convierte en varias leyes.

La ley de vida es diferente de la ley de la letra. La ley de vida nos regula interiormente y en conformidad con su elemento vital, mientras que la ley de la letra nos regula exteriormente y en conformidad con su letra muerta. La ley de letra muerta depende de las enseñanzas externas, pero la ley de vida depende de la consciencia interna. Ya que todos nosotros, grandes o pequeños, tenemos la ley de vida, no necesitamos enseñanzas externas, las cuales concuerdan con la ley de la letra (v. 11).

10[2] Aquí *mente* corresponde a *interior* (heb.) en Jer. 31:33. Esto comprueba que la mente es una de las partes internas y que es la interpretación de la palabra *interior.* Las partes internas no sólo constan de la mente sino también de la parte emotiva y la voluntad. Estas tres partes son componentes del corazón, mencionado en la cláusula siguiente.

10[3] Primero, Dios nos imparte Sus leyes; luego las escribe sobre nosotros. El las escribe mientras nosotros experimentamos la ley de vida.

10[4] Según la ley de vida nosotros somos el pueblo de Dios, y El es nuestro Dios. La relación que Dios tiene con nosotros hoy se basa completamente en la ley de vida, así que hoy no es necesario que andemos conforme al conocimiento de la ley de la letra; debemos más bien andar conforme a la consciencia de la ley de vida.

11[1] En este versículo se usan dos palabras griegas que significan *conocer:* la primera es *ginósko,* que

12 Porque [a]seré [1]propicio a sus injusticias, y nunca más
me acordaré de sus pecados".
13 Al decir: [a]Nuevo pacto, ha dado por [1]viejo al primero;
y lo que se envejece y decae, está próximo a [b]desaparecer.

CAPITULO 9

2. Mejores sacrificios y mejor sangre con el mayor y más perfecto tabernáculo 9:1—10:18

1 Ahora bien, el [a]primer *pacto* tenía también [b]ordenan-
zas de servicio *sagrado* y un [1c]santuario [d]terrenal.
2 Porque el primer [a]tabernáculo se dispuso, el cual fue
llamado el [b]Lugar Santo, donde estaban el [c]candelero, la
[d]mesa y los [e]panes de la proposición.
3 Tras el segundo [a]velo estaba *otro* [b]tabernáculo, llamado el [c]Lugar Santísimo,
4 el cual [1]tenía un [2]altar de [a]oro y el [b]Arca del Pacto
cubierta de oro por todas partes, en la que estaba la [3c]urna
de oro que contenía el maná, la [d]vara de Aarón que reverdeció, y las [e]tablas del pacto;

12[a] He. 10:17
13[a] He. 8:8; 9:15
13[b] He. 7:12, 18
1[a] He. 8:7, 13; 9:15, 18
1[b] He. 9:10
1[c] He. 9:24; Ex. 25:8
1[d] He. 9:11
2[a] He. 9:6; Ex. 26:35
2[b] Ex. 26:33
2[c] Ex. 25:31-39
2[d] Ex. 25:23-29
2[e] Ex. 25:30
3[a] Ex. 26:31-33
3[b] Ex. 40:21
3[c] Ex. 26:33-34; He. 9:8, 12, 25; 10:19; 13:11
4[a] Ex. 30:1-4, 6; 40:5; 1 R. 6:22
4[b] Ex. 25:10-22; 26:34; 40:21

significa un conocimiento externo y objetivo; la segunda es *óida,* que se refiere a estar consciente interna y subjetivamente de algo. En Jn. 8:55 el Señor Jesús les dijo a los fariseos que ellos no conocían *(ginósko)* a Dios el Padre (ni siquiera en el conocimiento externo y objetivo), pero que El sí conocía *(óida)* al Padre (estaba consciente de El interna y subjetivamente). Ambas palabras se usan en 1 Jn. 2:29.

12[1] Esta palabra es la raíz de la palabra griega traducida *hacer propiciación* en 2:17. Ser propicio es hacer propiciación por los pecados (véase la nota 17[3] del cap. 2). En el nuevo pacto se nos promete cuatro bendiciones: (1) la propiciación por nuestras injusticias y el olvido (el perdón) de nuestros pecados (v. 12); (2) la impartición de la ley de vida al depositar la vida divina en nosotros (v. 10a); (3) el privilegio de tener a Dios como nuestro Dios y de ser Su pueblo: la vida divina nos capacita para disfrutar a Dios en comunión con El (v. 10b); y (4) la función de vida que nos capacita para conocer a Dios en la manera interna de vida (v. 11). Según el pacto que Dios consumó, estas cuatro bendiciones son Su promesa. Pero según el testamento que el Señor nos legó, ellas son Sus legados. Véase la nota 16[1] del cap. 9.

13[1] Es decir, el antiguo pacto. Así también en 9:1.

1[1] La misma palabra griega se traduce *lugares santos* en 8:2. Sin embargo, aquí está en singular y por ende se traduce *santuario.* El santuario es todo el tabernáculo (Ex. 25:8-9), incluyendo el primer tabernáculo, llamado el Lugar Santo (v. 2), y el segundo tabernáculo, llamado el Lugar Santísimo (v. 3). Véase la nota 2[2] del cap. 8.

4[1] Con respecto al lugar donde estaba el altar del incienso, aparentemente existe una discrepancia entre el Antiguo Testamento y el Nuevo. Exodo 30:6 dice que el altar del incienso

4[c] Ex. 16:33-34 4[d] Nm. 17:3, 5, 8, 10 4[e] Dt. 10:4-5; Ex. 34:1, 29; 25:21; 40:20

estaba ubicado delante del velo, es decir, fuera del velo. Esto indica claramente que el altar del incienso estaba puesto en el Lugar Santo, delante del velo, y no en el Lugar Santísimo, detrás del velo. Sin embargo, aquí dice que el Lugar Santísimo tiene el altar del incienso. Por lo tanto, la mayoría de los maestros cristianos y de los lectores de la Biblia han pensado que de alguna manera hubo algún error o problema de construcción. Pero, ése no es el caso. La aparente discrepancia tiene gran significado espiritual, como se muestra en los siguientes puntos:

(1) La crónica del Antiguo Testamento con respecto a la ubicación del altar del incienso implica una relación muy cercana entre el altar del incienso y el Arca del Testimonio, sobre la cual estaba el propiciatorio, donde Dios se reunía con Su pueblo (Ex. 30:6). La crónica incluso dice que el altar del incienso estaba puesto delante del Arca del Testimonio, y ni siquiera menciona el velo de separación que había entre ellos (Ex. 40:5).

(2) En 1 R. 6:22 dice que el "altar [del incienso] … pertenecía al oráculo" (heb.). La palabra hebrea que se traduce *oráculo* incluye el significado de *el lugar donde Dios habla*. El oráculo denota el Lugar Santísimo, en el cual estaba el Arca del Testimonio con la cubierta expiatoria, donde Dios hablaba a Su pueblo. Así que, el Antiguo Testamento indicó de antemano que el altar del incienso pertenecía al Lugar Santísimo. (Aunque el altar del incienso estaba en el Lugar Santo, su función tenía que ver con el Arca del Testimonio que estaba en el Lugar Santísimo. En el día de la Expiación, tanto el altar del incienso como la cubierta expiatoria del Arca del Testimonio eran rociados con la misma sangre de la expiación, Ex. 30:10; Lv. 16:15-16.) Por lo tanto, en Ex. 26:35 dice que solamente la mesa de los panes de la proposición y el candelero estaban en el Lugar Santo; no se menciona el altar del incienso.

(3) El altar del incienso está relacionado con la oración (Lc. 1:10-11), y en este libro se nos muestra que orar es entrar en el Lugar Santísimo (10:19) y acercarnos al trono de la gracia, el cual es representado por la cubierta expiatoria que estaba sobre el Arca del Testimonio en el Lugar Santísimo. Muy a menudo nuestra oración comienza en nuestra mente, la cual forma parte de nuestra alma, representada por el Lugar Santo. Sin embargo, nuestra oración siempre nos lleva a nuestro espíritu, representado por el Lugar Santísimo.

(4) Tomando en cuenta todos los puntos anteriores, el escritor de este libro pudo reconocer que el altar del incienso pertenecía al Lugar Santísimo. El v. 4 no dice que hubiera un altar de oro en el Lugar Santísimo, tal como el candelero y la mesa estaban en el Lugar Santo (v. 2). Indica que el Lugar Santísimo tenía un altar de oro, debido a que el altar pertenecía al Lugar Santísimo. Este concepto concuerda con el énfasis que se hace en el libro de Hebreos, es decir, que debemos avanzar del alma (representada por el Lugar Santo) al espíritu (representado por el Lugar Santísimo).

El altar del incienso pertenece al oráculo, el lugar donde Dios habla, es decir, el Lugar Santísimo. El altar del incienso tipifica a Cristo en Su resurrección, como el incienso placentero y fragante en el cual Dios nos extiende con gusto Su aceptación. Oramos con este Cristo a fin de tener contacto con Dios, para que El sea complacido y nos hable. Hablamos a Dios en nuestra oración juntamente con Cristo, quien es el incienso aromático, y Dios nos habla en el dulce aroma de este incienso. Este es el diálogo en la agradable comunión entre nosotros y Dios por medio de Cristo como el incienso aromático.

4[2] Aquí la palabra griega traducida *altar* puede ser traducida *incensario*. No obstante, aquí se refiere al altar del incienso, y no al incensario; conforme al Antiguo Testamento no había incensario en el Lugar Santo ni en el Lugar Santísimo.

4[3] El arreglo del mobiliario del tabernáculo es un cuadro de la experiencia que tenemos de Cristo. En el atrio

5 y sobre ella los [a]querubines de gloria que cubrían con
su sombra la [1b]cubierta expiatoria; de las cuales cosas no es
ahora *el momento* de hablar en detalle.
6 Y así dispuestas estas cosas, [a]en el [b]primer tabernáculo entran los sacerdotes [c]continuamente para cumplir *los
oficios del* culto;
7 pero en el [a]segundo, sólo el [b]sumo sacerdote [c]una vez
al año, no sin [d]sangre, la cual ofrece por [e]sí mismo y por los
[1]pecados de ignorancia del [f]pueblo;
8 dando el [a]Espíritu Santo a entender *con esto* que aún
no se había manifestado el [1b]camino al [c]*Lugar* Santísimo,
mientras el [d]primer tabernáculo estuviese en pie,

---

estaban el altar de bronce y el lavacro de bronce (Ex. 40:29-32). Esto significa que nuestra experiencia de Cristo comienza, en un sentido externo, con Su redención, la cual fue efectuada en la cruz, y con la purificación del Espíritu Santo, la cual se basa en la obra redentora de Cristo. En el Lugar Santo estaban la mesa de los panes de la proposición y el candelero, junto con el altar del incienso ubicado cerca del Lugar Santísimo, enfrente del Arca del Testimonio. La mesa de los panes de la proposición representa la experiencia que tenemos de Cristo como nuestro suministro de vida, y el candelero, la experiencia que tenemos de Cristo como la luz que ilumina. Estas experiencias son internas, en el intelecto y en el entendimiento de nuestro ser. El altar del incienso representa la experiencia que tenemos de Cristo como el incienso aromático que asciende a Dios. Esta experiencia es más profunda y más interna, y nos guía a experiencias más profundas y más internas, que se hallan en el Lugar Santísimo. Allí estaba el Arca del Testimonio, en la cual estaban la urna de oro que contenía el maná escondido, la vara de Aarón que reverdeció, y las tablas del pacto. El maná escondido que estaba en la urna de oro representa la experiencia que tenemos de Cristo como nuestro suministro de vida de la manera más profunda, una experiencia mucho más profunda que la representada por la mesa de los panes de la proposición, la cual estaba en el Lugar Santo. La vara que reverdeció representa la experiencia que tenemos de Cristo en Su resurrección, el ser aceptados por Dios a fin de tener autoridad en el ministerio que recibimos de El. Esto es más profundo que experimentar a Cristo como el incienso para ser aceptados por Dios. Las tablas del pacto, las cuales son las tablas de los Diez Mandamientos, representan la experiencia que tenemos de Cristo como la ley interna que ilumina, la cual nos regula conforme a la naturaleza divina de Dios. Esto es más profundo que experimentar a Cristo como el candelero resplandeciente que está en el Lugar Santo. Todas estas profundas experiencias de Cristo las tenemos en nuestro espíritu, representado por el Lugar Santísimo.

5[1] Lit, el propiciatorio. Véase la nota 25[2] de Ro. 3.

7[1] Lit., ignorancias. La palabra se refiere a aquellos pecados cometidos por ignorar la ley de Dios; por lo tanto, son pecados por ignorancia (Lv. 4:2, 13, 22, 27; 5:17-18).

8[1] El primer tabernáculo, el Lugar Santo, representa el antiguo pacto, y el segundo tabernáculo, el Lugar Santísimo, representa el nuevo pacto. El velo que cubría el Lugar Santísimo fue rasgado (Mt. 27:51) por la muerte de Cristo, la cual crucificó la carne (10:20; Gá. 5:24), y ahora se ha manifestado el camino al Lugar Santísimo. Por tanto, no debemos permanecer en el Lugar Santo, es decir, en el viejo pacto, el alma; debemos entrar en el

5[a] Ex. 25:18-20
5[b] Ex. 25:17, 21; Ro. 3:25
6[a] Lv. 4:5-7; Ex. 27:21
6[b] He. 9:2
6[c] He. 10:11
7[a] He. 9:3
7[b] Lv. 16:15-17
7[c] Ex. 30:10; Lv. 16:34; He. 10:3
7[d] Lv. 16:14, 15
7[e] Lv. 16:6, 11; He. 5:3
7[f] Lv. 16:15
8[a] He. 3:7; 10:15
8[b] He. 10:20
8[c] He. 9:3, 12, 25; 10:19
8[d] He. 9:2, 6

9 el cual es [1a]figura para el tiempo presente. Según *este*
tabernáculo se presentan [2b]ofrendas y sacrificios que [c]no
pueden perfeccionar, en cuanto a la [d]conciencia, al que rinde
culto,

10 ya que *consisten* sólo de [a]comidas y bebidas, de diversos [1b]lavamientos, que son ordenanzas acerca de la carne,
impuestas hasta el tiempo de [2]rectificación.

11 Pero habiéndose presentado Cristo, [a]Sumo Sacerdote
de [1]los [b]bienes que ya han venido, por el mayor y más
perfecto [c]tabernáculo, no [d]hecho de manos, es decir, no de
[e]esta creación,

12 y no por [a]sangre de machos cabríos ni de becerros, sino
por Su [b]propia sangre, [c]entró [d]una vez para siempre en el
[e]*Lugar* Santísimo, [1]obteniendo así [2f]eterna redención.

13 Porque si la [a]sangre de los machos cabríos y de los
toros, y las [b]cenizas de la becerra [c]rociadas a [1]los contaminados, santifican para la purificación de la carne,

14 ¿cuánto más la [1a]sangre de Cristo, el cual mediante el
[2]Espíritu eterno se [b]ofreció a Sí mismo [c]sin mancha a Dios,

9[a] cfr. He. 9:23, 24; 8:5
9[b] He. 5:1
9[c] He. 10:1
9[d] He. 10:2, 22; 9:14
10[a] Col. 2:16
10[b] He. 6:2
11[a] He. 2:17
11[b] He. 10:1
11[c] He. 8:2; 9:24
11[d] Mr. 14:58; 2 Co. 5:1
11[e] He. 9:1
12[a] Lv. 16:14, 15
12[b] He. 9:14; 12:24; 13:12; Mt. 26:28; Ro. 3:25; Ef. 1:7; 1 P. 1:19; Ap. 1:5
12[c] He. 6:19, 20; 9:24
12[d] He. 7:27; 10:10
12[e] He. 9:3
12[f] He. 5:9; 9:15

Lugar Santísimo, es decir, en el nuevo pacto, en el espíritu. Esta es la meta de este libro.

9[1] O, símbolo, tipo; lit., parábola.

9[2] Véase la nota 1[1] del cap. 5.

10[1] Lit., bautismos; tal como en 6:2 (véase la nota 1).

10[2] O, reforma, poner en orden, enderezar las cosas. El tiempo de rectificación ocurrió en la primera venida de Cristo, cuando El cumplió todas las sombras del Antiguo Testamento a fin de que el nuevo pacto reemplazase el viejo. Esto es un arreglo correcto, un orden correcto. Por lo tanto, es una reforma. Difiere de la restauración mencionada en Hch. 3:21, la cual se llevará a cabo en la segunda venida de Cristo.

11[1] Algunos mss. antiguos dicen: las cosas buenas que han de venir.

12[1] Cristo efectuó la redención en la cruz (Col. 1:20), pero no fue sino hasta que entró en el Lugar Santísimo celestial por medio de Su sangre redentora, es decir, cuando El llevó Su sangre redentora para ofrecerla delante de Dios, que obtuvo la redención que tiene un efecto eterno.

12[2] En el antiguo pacto la sangre de machos cabríos y de becerros solamente hacía expiación por los pecados del pueblo (Lv. 16:15-18); nunca efectuó la redención por sus pecados, debido a que era imposible que la sangre de los toros y de los machos cabríos quitara los pecados (10:4). En hebreo la raíz de la palabra traducida *expiación* significa *cubrir*. Así que, hacer expiación significa cubrir los pecados; no significa quitar los pecados. Puesto que Cristo como el Cordero de Dios quitó el pecado del mundo (Jn. 1:29) al ofrecerse a Sí mismo en la cruz una vez para siempre como sacrificio por los pecados (v. 14; 10:12), Su sangre, la cual El roció en el tabernáculo celestial (12:24), ha efectuado una redención eterna para nosotros, nos redimió de las transgresiones cometidas bajo el primer (el antiguo) pacto (v. 15), transgresiones que fueron solamente cubiertas por la sangre de animales. Así que, nosotros hemos

13[a] He. 9:19; Lv. 16:18 **13**[b] Nm. 19:9 **13**[c] Nm. 19:18, 19
14[a] He. 9:12 **14**[b] He. 7:27; 9:28; 10:10, 12, 14; Ef. 5:2 **14**[c] 1 P. 1:19

purificará nuestra [3d]conciencia de [4e]obras muertas para que
[f]sirvamos al [5g]Dios vivo?
15 Y por eso es [a]Mediador de un [b]nuevo pacto, para que
interviniendo una muerte para remisión por las [1]transgre-
siones que había bajo el [c]primer pacto, los [d]llamados reciban
la [2]promesa de la [3e]herencia eterna.
16 Porque donde hay [1]testamento, es necesario que conste
la muerte del testador.

14[d] He. 10:2, 22
14[e] He. 6:1
14[f] 1 Ts. 1:9
14[g] He. 3:12; 10:31; Hch. 14:15; 1 Ti. 3:15
15[a] He. 8:6; 12:24
15[b] He. 8:8, 13, 6; 7:22
15[c] He. 9:1
15[d] He. 3:1; Ro. 8:30; Ef. 4:1, 4
15[e] Hch. 20:32; 26:18; Ef. 1:14; 1 P. 1:4

---

sido redimidos con la preciosa sangre de Cristo (1 P. 1:18-19).

13[1] Lit., los que son hechos profanos.

14[1] La sangre de Cristo fue derramada para el perdón de los pecados (Mt. 26:28), y el nuevo pacto fue consumado con esta sangre (10:29; Lc. 22:20). La sangre de Cristo efectuó una redención eterna para nosotros (v. 12; Ef. 1:7; 1 P. 1:18-19) y compró la iglesia para Dios (Hch. 20:28). Nos lava de nuestros pecados (1 Jn. 1:7), purifica nuestras conciencias (v. 14), nos santifica (13:12) y habla mejor por nosotros (12:24). Por esta sangre entramos al Lugar Santísimo (10:19) y vencemos a Satanás el acusador (Ap. 12:10-11). Por lo tanto, es preciosa y mejor que la sangre de machos cabríos y toros (vs. 12-13). Debemos tenerla en gran estima y no considerarla cosa común, como la sangre de los animales. Si lo hacemos, sufriremos el castigo de Dios (10:29-31).

14[2] En la cruz, Cristo se ofreció a Sí mismo a Dios en el cuerpo humano (10:5, 10), el cual estaba limitado por el tiempo. Sin embargo, El se ofreció por medio del Espíritu eterno, el cual está en la eternidad y no está limitado por el tiempo. Por lo tanto, a los ojos de Dios, Cristo como Cordero de Dios fue inmolado desde la fundación del mundo (Ap. 13:8). El se ofreció a Sí mismo de una vez y para siempre (7:27), y la redención consumada por medio de Su muerte es eterna (v. 12), y tiene un efecto eterno. El alcance de Su obra redentora abarca todo el pecado. Véase la nota 26[1], párr. 2.

14[3] La sangre de Cristo purifica nuestra conciencia para que sirvamos al Dios vivo. Servir al Dios vivo requiere una conciencia purificada con sangre. Adorar en la religión, que es algo muerto, o servir cualquier cosa muerta, cualquier cosa que esté separada de Dios, no requiere que nuestra conciencia sea purificada. La conciencia es la parte principal de nuestro espíritu. El Dios vivo a quien deseamos servir viene siempre a nuestro espíritu (Jn. 4:24) y toca nuestra conciencia. El es justo, santo y viviente. Es necesario que nuestra conciencia contaminada sea purificada para que le sirvamos a El de una manera viva. Adorar a Dios en nuestra mente de una manera religiosa no requiere eso.

14[4] Puesto que estábamos muertos (Ef. 2:1; Col. 2:13), todo lo que hicimos, bueno o malo, fueron obras muertas delante del Dios vivo.

14[5] Este libro no enseña religión, sino que revela al Dios vivo (3:12; 9:14; 10:31; 12:22). Para tocar al Dios vivo necesitamos ejercitar nuestro espíritu (4:12) y tener en nuestro espíritu una conciencia purificada por la sangre.

15[1] Es decir, transgresiones que se consideran pecados conforme a la norma de los términos del primer pacto.

15[2] La promesa de la herencia eterna se basa en la redención eterna de Cristo, no en nuestro esfuerzo, y es diferente de la promesa mencionada en 10:36, la cual depende de nuestra perseverancia y nuestra obediencia a la voluntad de Dios (véase la nota 36[2] del cap. 10). Aquí la herencia eterna incluida en la promesa se obtiene por la redención eterna de Cristo, mientras que el gran galardón (10:35) de la promesa en 10:36 es dado en virtud de nuestra perseverancia y nuestra obediencia a la voluntad de Dios.

17 Porque el [1]testamento se confirma *sólo* [2]en caso de
muerte; pues no es válido mientras el testador vive.
18 Por eso ni aun el [a]primer *pacto* se [1]inauguró sin [b]san-
gre.
19 Porque habiendo anunciado Moisés todos los mandamientos según la ley a todo el pueblo, [a]tomó la sangre de los
becerros y de los machos cabríos, con agua, [b]lana escarlata e
hisopo, y roció el mismo libro *del pacto* y también a todo el
pueblo,
20 diciendo: "Esta es la sangre del pacto que Dios os ha
mandado".
21 Y de la misma manera, roció con la sangre tanto el
[a]tabernáculo como todos los vasos del servicio.
22 Y casi todo es purificado, según la ley, con sangre; y
[1]sin derramamiento de [a]sangre no hay perdón.
23 Fue, pues, necesario que las [a]figuras de las cosas
celestiales fuesen purificadas así; pero las [1]cosas celestiales
mismas, con [2b]mejores sacrificios que éstos.

18[a] He. 9:1
18[b] Ex. 24:6-8
19[a] Ex. 24:6-8
19[b] Lv. 14:6, 49-52
21[a] Lv. 16:14-19, 33
22[a] Lv. 17:11
23[a] He. 9:9
23[b] He. 9:26; 10:10, 12, 14

15[3] Véase la nota 34[1] del cap. 10.

16[1] En griego se usa la misma palabra tanto para *pacto* como para *testamento.* Un pacto es un acuerdo que contiene algunas promesas de llevar a cabo ciertas cosas a favor de las personas con quienes fue hecho el pacto, mientras que un testamento es un documento que contiene ciertas cosas ya cumplidas y legadas al heredero. El nuevo pacto que fue consumado con la sangre de Cristo no es solamente un pacto, sino también un testamento en el cual nos han sido legadas todas las cosas logradas por la muerte de Cristo. Primero, Dios dio la promesa de que haría un nuevo pacto (Jer. 31:31-34). Luego, Cristo derramó Su sangre para establecer el pacto (Lc. 22:20). Puesto que este pacto contiene promesas de hechos logrados, es también un testamento. Este testamento, este legado, fue confirmado y ratificado por la muerte de Cristo, y es ejecutado y puesto en vigencia por Cristo en Su resurrección. La promesa del pacto de Dios está asegurada por la fidelidad de Dios; el pacto de Dios está garantizado por la justicia de Dios; y el testamento es puesto en vigencia por el poder de resurrección de Cristo.

17[1] Véase la nota 16[1].

17[2] Lit., sobre los muertos.

18[1] La palabra implica el sentido de *recién promulgado, iniciado.*

22[1] Sin derramamiento de sangre no hay perdón de pecados. Sin perdón de pecados es imposible que los requisitos de la justicia de Dios sean satisfechos para que el pacto sea puesto en vigencia. Sin embargo, la sangre de Cristo fue derramada para el perdón de pecados, y el pacto fue establecido con Su sangre (Mt. 26:28).

23[1] El tabernáculo y todas las cosas relacionadas con él eran rociados y purificados con la sangre de toros y machos cabríos (vs. 21-23). Esta figura nos muestra que las cosas celestiales necesitaban ser purificadas por la sangre de mejores sacrificios, los sacrificios de Cristo (7:27; 9:14, 28; 10:10, 12, 14). El cielo y todas las cosas que estaban en el cielo fueron contaminadas por la rebelión de Satanás y de los ángeles caídos, quienes siguieron a Satanás en su rebelión contra Dios. Así que, todas las cosas celestiales necesitaban ser purificadas. Cristo llevó a cabo esta purificación con Su propia sangre, cuando entró en el cielo mismo (v. 24).

24 Porque no [a]entró Cristo en un [1]lugar santo hecho por
manos *de hombres,* [2b]figura del [c]verdadero, sino en el [d]cielo
mismo para presentarse ahora por nosotros ante la faz de
Dios;
25 y no para ofrecerse muchas veces, como entra el [a]sumo
sacerdote en el [b]*Lugar* Santísimo año tras año con sangre
ajena.
26 De otra manera le hubiera sido necesario padecer muchas veces [a]desde la fundación del mundo; pero ahora [b]una
sola vez en la [1c]consumación de los siglos se ha [d]manifestado
para [e]quitar de en medio el pecado por el [f]sacrificio de Sí
mismo.
27 Y de la manera que está [1]reservado a los hombres que
[a]mueran [2]una sola vez, y después de esto el [b]juicio,
28 así también Cristo fue ofrecido [a]una sola vez para
[b]llevar los pecados de muchos; y por segunda vez, ya [1]sin
relación con el pecado, [c]aparecerá para [2d]salvación a los que
con anhelo le [e]esperan.

CAPITULO 10

1 Porque la ley, teniendo la [a]sombra de los [b]bienes venideros, no la imagen misma de las cosas, [c]nunca puede, por

23[2] Cristo se ofreció a Sí mismo como el único sacrificio (v. 14; 10:12). Este único sacrificio, visto en sus muchos aspectos, puede ser considerado como muchos sacrificios. Cristo es el eterno Hijo del Dios viviente, quien se encarnó para ser el Hijo del Hombre, y se ofreció a Dios por medio del Espíritu eterno. Por esta razón Sus sacrificios, los cuales son El mismo, son mejores que los sacrificios animales. Aquellos sacrificios fueron sombras que nunca pudieron quitar los pecados (10:11). No obstante, los sacrificios de Cristo son verdaderos y quitaron el pecado de una vez para siempre (v. 26). Así que, El obtuvo una redención eterna para nosotros (v. 12).

24[1] Véase la nota 2[2] del cap. 8.

24[2] O, copia.

26[1] O, conclusión de las edades, el final de las edades. Aquí se refiere al fin de la era antiguotestamentaria, mientras que *la consumación del siglo* mencionada en Mt. 28:20 se refiere al final de la era de la iglesia.

Cristo fue ordenado de antemano para nosotros antes de la fundación del mundo (1 P. 1:20), y fue inmolado desde la fundación del mundo (Ap. 13:8). De hecho, fue inmolado una vez por todas en la consumación de los siglos, al ofrecerse a Dios, en Su primera manifestación, para quitar de en medio el pecado. Véase la nota 14[2].

27[1] O, preparado.

27[2] De la misma manera que el hombre tiene que morir una vez y ser juzgado después, Cristo murió una vez para llevar los pecados del hombre (v. 28; 1 P. 2:24) y en la cruz sufrió el juicio por el hombre (Is. 53:5, 11).

24[a] He. 9:12
24[b] He. 9:9
24[c] He. 8:2; 9:11
24[d] He. 4:14; 7:26
25[a] He. 9:7
25[b] He. 9:3
26[a] Ap. 13:8; cfr. 1 P. 1:20
26[b] He. 9:12; 7:27; 10:10
26[c] He. 1:2; 1 P. 1:20
26[d] He. 9:23
26[e] 1 Jn. 3:5, 8
26[f] Jn. 1:29
27[a] Ro. 5:12; 6:23
27[b] Hch. 10:42; Ro. 2:16; Ap. 20:11-13
28[a] He. 7:27; 1 P. 3:18
28[b] Is. 53:11, 12; 1 P. 2:24
28[c] Col. 3:4; 1 P. 1:7; 1 Jn. 2:28; 3:2
28[d] Ro. 8:23, 24; Fil. 3:20-21
28[e] 1 Co. 1:7; Fil. 3:20; 1 Ts. 1:10
1[a] He. 8:5; Col. 2:17
1[b] He. 9:11
1[c] He. 9:9

los mismos sacrificios que se ofrecen continuamente año tras año, [d]perfeccionar a los que se acercan.

2 De otra manera, ¿no habrían [a]cesado de ofrecerse, por no tener ya los adoradores, una vez purificados, [b]consciencia de pecado?

3 Pero en estos *sacrificios* [a]año tras año se hace memoria de los pecados;

4 porque es [a]imposible que la [b]sangre de toros y de machos cabríos [c]quite los pecados.

5 Por lo cual, entrando en el mundo, dice: "[a]Sacrificio y ofrenda no quisiste; mas me preparaste [b]cuerpo.

6 [a]Holocaustos y [b]*sacrificios* por el pecado no te agradaron.

7 Entonces dije: He aquí que vengo, oh Dios, para hacer Tu [1a]voluntad, como [b]en el [2]rollo del libro está escrito de Mí".

8 Habiendo dicho antes: "Sacrificios y ofrendas y holocaustos y *sacrificios* por el pecado no quisiste, ni te agradaron" (las cuales cosas se ofrecen según la ley),

9 y diciendo luego: "He aquí que vengo para hacer Tu voluntad"; quita lo [1]primero, para establecer lo [1]segundo.

10 Por esa [a]voluntad somos [b]santificados mediante la [c]ofrenda del [d]cuerpo de Jesucristo hecha [1e]una vez para siempre.

11 Y todo sacerdote [1]está de pie, día tras día, ministrando y ofreciendo muchas veces los mismos sacrificios, que [a]nunca pueden [b]quitar los pecados;

1[d] cfr. He. 10:14
2[a] He. 10:18, 26
2[b] He. 9:9
3[a] Ex. 30:10; Lv. 16:34; He. 9:7
4[a] He. 10:11
4[b] He. 9:12
4[c] cfr. Jn. 1:29
5[a] vs. 5-7: Sal. 40:6-8
5[b] He. 10:10
6[a] Lv. 1:3, 4
6[b] Lv. 4:3, 14, 29; He. 10:26
7[a] He. 10:10
7[b] Lc. 24:27, 44, 46; Jn. 5:39, 46
10[a] He. 10:7
10[b] He. 2:11; 10:14, 29; 13:12
10[c] He. 10:12; 7:27; 9:14
10[d] He. 10:5; 1 P. 2:24
10[e] He. 9:28
11[a] He. 10:4
11[b] cfr. Jn. 1:29

28[1] Puesto que Cristo en Su primera manifestación quitó de en medio el pecado (v. 26; 1 Jn. 3:5), Su segunda manifestación no tendrá relación con el pecado.

28[2] Aquí *salvación* significa la redención de nuestro cuerpo y la liberación de la vanidad y esclavitud de la corrupción de la vieja creación a la libertad de la gloria de los hijos de Dios (Ro. 8:18-23; Fil. 3:20-21). Esto es ser glorificado (Ro. 8:17, 30).

7[1] Aquí la voluntad de Dios consistía en quitar lo primero, los sacrificios animales del antiguo pacto, para que lo segundo, el sacrificio neotestamentario de Cristo, fuera establecido. Así también en los vs. 9-10.

7[2] El Antiguo Testamento nos da una crónica completa de Cristo, ya sea por medio de palabras simples o por medio de tipos (Lc. 24:27, 44, 46; Jn. 5:39, 46).

9[1] Aquí *lo primero* se refiere a los sacrificios del primer pacto, el antiguo pacto; *lo segundo* se refiere al sacrificio del segundo pacto (el nuevo pacto), el cual es Cristo. Conforme a la voluntad de Dios, Cristo vino al mundo para quitar los sacrificios animales del antiguo pacto y establecerse como sacrificio del nuevo pacto.

10[1] El pensamiento principal de los vs. 1-18 es que Cristo quitó los pecados, cumpliendo así todo lo que los sacrificios levíticos no pudieron cumplir. Ahora que Cristo ha quitado el pecado de una vez y para siempre, se nos imparte como la vida divina, para que por la obra de esta vida divina, lleguemos a ser la reproducción corporativa de Él mismo.

12 Este, en cambio, habiendo [a]ofrecido un solo [b]sacrificio por los pecados, se ha [1c]sentado [2]para siempre a la diestra de Dios,

13 de ahí en adelante esperando hasta que Sus [a]enemigos sean puestos por estrado de Sus pies;

14 porque con [a]una sola ofrenda [1b]hizo perfectos para siempre a los [c]santificados.

15 Y nos atestigua lo mismo el [a]Espíritu Santo; porque después de haber dicho:

16 "[a]Este es el pacto que haré con ellos después de aquellos días, dice el Señor: Pondré Mis leyes en sus corazones, y en sus mentes las escribiré",

17 *añade:* "Y nunca más me acordaré de [a]sus pecados e [1]iniquidades".

18 Pues donde hay perdón de éstos, [a]no hay más ofrenda por el pecado.

(La cuarta advertencia:
acercaos al Lugar Santísimo
y no retrocedáis al judaísmo)
10:19-39

19 Así que, hermanos, teniendo firme [a]confianza para [1b]entrar en el [c]*Lugar* Santísimo por la [d]sangre de Jesús,

---

12[a] He. 10:10
12[b] He. 9:26
12[c] He. 1:3, 13; 8:1; 12:2; Ef. 1:20
13[a] Sal. 110:1; Mt. 22:44; Hch. 2:35
14[a] He. 10:12
14[b] cfr. He. 7:19; 9:9; 10:1
14[c] He. 10:10
15[a] He. 3:7; 9:8
16[a] Jer. 31:33; He. 8:10
17[a] Jer. 31:34; He. 8:12
18[a] He. 10:26, 2
19[a] He. 4:16
19[b] He. 9:25; cfr. He. 9:7
19[c] He. 9:3
19[d] He. 9:12

11[1] En el antiguo pacto, los sacerdotes permanecían de pie diariamente y ofrecían los mismos sacrificios una y otra vez, pues lo que ofrecían nunca podría quitar los pecados. Pero Cristo sí quitó el pecado (9:26) al ofrecerse a Dios como el único sacrificio por los pecados, y luego se sentó por siempre a la diestra de Dios (v. 12). El hecho de que El esté sentado en los cielos es una señal y una prueba de que los pecados ya fueron quitados. Está sentado allí para siempre. Por consiguiente, El no necesita hacer nada más por el pecado; lo hizo de una vez para siempre. El hecho de que El esté sentado por siempre después de haber ofrecido un solo sacrificio por los pecados, está en contraste con el hecho de que los sacerdotes estuvieran de pie diariamente para ofrecer muchas veces los mismos sacrificios.

12[1] Véase la nota 11[1].

12[2] Lit., a perpetuidad. Así también en el v. 14.

14[1] O, completó. Cristo ya nos ha hecho perfectos y completos por medio de Su única ofrenda.

17[1] Lit., obras ilícitas. Véase la nota 4[2] de 1 Jn. 3.

19[1] Hoy en día el Lugar Santísimo está en los cielos, donde está el Señor Jesús (9:12, 24). Entonces, ¿cómo podemos entrar al Lugar Santísimo mientras todavía estamos en la tierra? La clave es nuestro espíritu, al cual se hace referencia en 4:12. El propio Cristo que ahora está en los cielos también está en nuestro espíritu (2 Ti. 4:22). Como escalera celestial (Gn. 28:12; Jn. 1:51), El une nuestro espíritu con el cielo y trae el cielo a nuestro espíritu. Por consiguiente, cada vez que nos volvemos a nuestro espíritu, entramos en el Lugar Santísimo. Allí nos reunimos con Dios, quien está en

20 *entrada* que El inauguró para nosotros como [a]camino
[1]nuevo y vivo a través del [2b]velo, esto es, de Su [c]carne,
21 y *teniendo* un [a]gran [b]Sacerdote sobre la [c]casa de Dios,
22 [1a]acerquémonos *al* [b]*Lugar Santísimo* con corazón sincero, en plena [c]certidumbre de fe, [d]purificados los corazones
de mala conciencia con la aspersión *de la sangre,* y [e]lavados
los [2]cuerpos con [2]agua pura.
23 [a]Mantengamos firme, sin fluctuar, la [b]confesión de
nuestra [c]esperanza, porque [d]fiel es el que prometió.
24 Y considerémonos unos a otros para estimularnos al
amor y a las buenas obras;
25 no [1]dejando de [2]congregarnos, como algunos tienen por
costumbre, sino [a]exhortándonos; y tanto más, cuanto veis
que aquel [b]día se [c]acerca.
26 Porque si [1]pecamos voluntariamente después de haber
recibido el conocimiento de la [2]verdad, [3a]ya no queda [b]sacrificio *de toros y machos cabríos* por los pecados,

20[a] He. 9:8
20[b] Ex. 26:33; He. 9:3; Mt. 27:51
20[c] Jn. 1:14; Ro. 8:3; He. 2:14; Ef. 2:15
21[a] He. 7:4
21[b] He. 2:17; 4:14; 7:26
21[c] He. 3:6
22[a] He. 4:16; 7:25; cfr. He. 7:19
22[b] He. 9:8
22[c] He. 6:11
22[d] He. 9:14
22[e] cfr. Ex. 29:4; 40:12; Lv. 8:6
23[a] He. 3:6, 14; 4:14
23[b] He. 3:1; 4:14
23[c] He. 3:6; 6:11, 18; 7:19
23[d] 1 Co. 1:9; 10:13; 1 Ts. 5:24; 2 Ti. 2:13
25[a] He. 3:13

el trono de la gracia. Véase la nota 16[1] del cap. 4.

20[1] Lit., recién abierto.

20[2] Este es el segundo velo (He. 9:3) dentro del tabernáculo, velo que representa la carne de Cristo. Cuando la carne de Cristo fue crucificada, el velo fue rasgado (Mt. 27:51), abriendo así el camino para que nosotros, los que antes estábamos alejados de Dios, representado por el árbol de la vida (Gn. 3:22-24), entráramos en el Lugar Santísimo para tener contacto con El y tomarle como el árbol de vida y así disfrutarlo. Esto denota que por haber sido crucificado nuestro viejo hombre junto con Cristo, tenemos un camino abierto para tener contacto con Dios y disfrutarlo en nuestro espíritu como nuestra vida y nuestro suministro de vida.

22[1] Acercarnos (al Lugar Santísimo) está en contraste con retroceder (al judaísmo) en los vs. 38-39.

22[2] Aquí los cuerpos y el agua pura se usan en sentido figurativo, como las manchas, las arrugas y el agua mencionados en Ef. 5:26-27. El cuerpo se refiere a nuestro ser exterior y visible, de la misma manera que el corazón se refiere a nuestro ser interior invisible. El agua pura se refiere a la palabra viva del Señor, que limpia nuestra conducta y nuestro andar externos (cfr. Jn. 15:3).

25[1] Para los creyentes hebreos, en sus tiempos y en su situación, dejar de congregarse habría sido abandonar la manera de tener contacto con Dios según el nuevo pacto, o sea, abandonar la iglesia y volver a su antigua religión, al judaísmo. Esto habría interrumpido la administración de la gracia de Dios, lo cual constituye un pecado serio delante de Dios (v. 26).

25[2] Congregarnos como cristianos. En aquellos días los creyentes hebreos, que anteriormente iban a las reuniones del judaísmo, habían salido de éste. Después de creer en Cristo y de hacerse cristianos, asistían a las reuniones cristianas; esto equivalía a estar separados del judaísmo. Por lo tanto, el regreso de alguno de ellos a las reuniones del judaísmo, equivalía a separarse de las asambleas cristianas apropiadas, las cuales concuerdan con la economía neotestamentaria de

25[b] 1 Co. 3:13; 2 P. 3:10 **25**[c] Ro. 13:12; Jac. 5:8 **26**[a] He. 10:18, 2 **26**[b] He. 10:6

27 sino una [a]terrible expectación de [b]juicio, y de [c]hervor
de fuego que ha de [d]devorar a los adversarios.
28 [a]El que desecha la ley de Moisés, por *el testimonio de*
[b]dos o tres testigos es condenado a muerte sin compasión.
29 [a]¿[b]Cuánto [1]mayor castigo pensáis que merecerá el que
[2c]pisotee al Hijo de Dios, y [3]tenga por común [d]la sangre del
pacto por la cual fue [e]santificado, y [4]ultraje al [f]Espíritu de
gracia?
30 Pues conocemos al que dijo: "[a]Mía es la [1]venganza, Yo
daré el pago". Y otra vez: "[b]El Señor [c]juzgará a Su pueblo".

Dios. Por lo tanto, Pablo los exhortó a que no dejaran de congregarse como cristianos.

26[1] Aquí pecar voluntariamente significa dejar de congregarse en la iglesia. Los creyentes hebreos habían sido instruidos a abandonar el judaísmo y permanecer bajo el nuevo pacto. Si a pesar de eso ellos hubieran vuelto al judaísmo, habrían dejado de congregarse en la iglesia. A los ojos de Dios esto habría constituido un pecado voluntario, ya que habría sido cometido después de haber recibido el conocimiento de la verdad, después de saber que Dios había abandonado el judaísmo, que fue formado según el antiguo pacto, y había iniciado un camino nuevo y vivo por el cual se podía acercar uno a Él conforme al nuevo pacto.

26[2] Aquí *la verdad* se refiere a las cosas reveladas en los capítulos y versículos anteriores; tales cosas les dieron a los creyentes hebreos el pleno conocimiento de que Dios había anulado el antiguo pacto y establecido el nuevo.

26[3] Si los creyentes hebreos hubieran abandonado la iglesia y regresado al judaísmo, no habría quedado sacrificio por los pecados de ellos en la economía de Dios, porque todos los sacrificios del antiguo pacto ya habían sido completamente reemplazados por el único sacrificio de Cristo. Puesto que Cristo se ofreció una vez para siempre como sacrificio por nuestros pecados (7:27; 10:10, 12), el sacrificio por los pecados cesó (v. 2). Cristo quitó el sacrificio por el pecado (v. 9) y se ofreció a Dios como el verdadero sacrificio por nuestros pecados.

29[1] Esto difiere de sufrir la segunda muerte, la cual es perecer en el lago de fuego por la eternidad (Ap. 20:6, 14; 21:8). Aunque no es posible que los creyentes se pierdan, sí es posible que sufran algún castigo dispensacional por sus fallas. Este castigo será mayor que el recibido por los que quebrantaron la ley de la letra.

29[2] En el nuevo pacto, el Hijo de Dios reemplaza todos los sacrificios del antiguo pacto. Si los creyentes hebreos hubieran vuelto al judaísmo para ofrecer cualquiera de los sacrificios antiguos, en efecto habrían pisoteado al Hijo de Dios.

29[3] Si los creyentes hebreos hubieran vuelto al judaísmo para ofrecer los sacrificios antiguos, confiando así en la sangre de los animales inmolados, en efecto habrían considerado la preciosa sangre de Cristo como algo común. Esto habría sido negar seriamente la obra redentora de Cristo.

29[4] Bajo el nuevo pacto, por medio de la sangre redentora de Cristo, los creyentes hebreos llegaron a ser partícipes del Espíritu Santo (6:4), el Espíritu de gracia. Si ellos hubieran vuelto al judaísmo, el Espíritu de gracia que habitaba y obraba en ellos, habría sido ultrajado por el pecado voluntario de ellos.

30[1] La palabra griega no conlleva ningún sentido de represalia; más bien implica una plena distribución de justicia a todos los partidos.

27[a] He. 10:31
27[b] He. 10:30
27[c] Sal. 79:5; Ez. 38:19; Sof. 1:18; 3:8
27[d] Is. 26:11
28[a] Dt. 17:2-7; He. 2:2
28[b] Nm. 35:30; Dt. 19:15
29[a] He. 12:25
29[b] He. 2:3
29[c] cfr. He. 6:6
29[d] He. 13:20; Mt. 26:28
29[e] He. 10:14; cfr. He. 9:13
29[f] Zac. 12:10
30[a] Dt. 32:35; Ro. 12:19
30[b] Dt. 32:36
30[c] He. 10:27

31 ¡[a]Terrible cosa es caer en manos del [b]Dios vivo!
32 Pero traed a la memoria los días pasados, en los cuales,
después de haber sido [a]iluminados, sostuvisteis gran [b]combate de [c]padecimientos;
33 por una parte, con [a]vituperios y tribulaciones fuisteis
hechos [1b]espectáculo; y por otra, os habéis hecho [c]copartícipes de los que son así tratados.
34 Porque de los [a]presos os compadecisteis y el despojo de
vuestros bienes aceptasteis con [b]gozo, sabiendo que vosotros
mismos tenéis una [1]mejor y perdurable [c]posesión.
35 No desechéis, pues, vuestra [a]confianza, que tiene
grande [1b]galardón;
36 porque os es necesaria la [a]perseverancia, para que
habiendo hecho la [1]voluntad de Dios, obtengáis la [2b]promesa.
37 "Porque aún un poquito, y el que ha de venir [a]vendrá,
y no tardará.

31[a] He. 10:27; 2 Co. 5:11
31[b] He. 3:12; 9:14; 12:22
32[a] He. 6:4
32[b] Fil. 1:29-30
32[c] Ap. 1:9
33[a] He. 11:26; 13:13; Ro. 15:3; 2 Co. 12:10; 1 P. 4:14
33[b] 1 Co. 4:9
33[c] 1 Ts. 2:14; 2 Ti. 1:8; Fil. 4:14; 3:10
34[a] He. 13:3
34[b] Mt. 5:11-12; Hch. 5:41; 1 P. 4:13
34[c] He. 9:15
35[a] Hch. 4:13; Fil. 1:20; 1 Ti. 3:13
35[b] Mt. 5:12; 16:27; 1 Co. 3:8, 14; He. 11:26; Ap. 22:12
36[a] He. 12:1
36[b] He. 4:1, 9
37[a] Hab. 2:3; Ap. 22:20

33[1] Un espectáculo exhibido al público, algo ridículo. Lo mismo sucedió a los apóstoles (1 Co. 4:9).

34[1] Esta posesión mejor y perdurable es la herencia eterna (9:15), la herencia incorruptible, incontaminada e inmarcesible que está guardada en los cielos (1 P. 1:4). Bajo el antiguo pacto el pueblo judío heredó las cosas terrenales como su posesión; pero bajo el nuevo pacto, los creyentes heredan las riquezas celestiales como su posesión. Esta posesión mejor y perdurable era un gran incentivo para que los creyentes hebreos soportaran la pérdida de las cosas terrenales.

35[1] El galardón es algo adicional a la salvación eterna. La salvación eterna se obtiene por la fe, y no tiene nada que ver con nuestras obras (Ef. 2:8-9), mientras que el galardón es dado por lo que hacemos después de ser salvos (1 Co. 3:8, 14). Aunque seamos salvos, es posible que no recibamos un galardón sino que suframos pérdida, por carecer de obras que el Señor apruebe (1 Co. 3:15). El galardón nos será dado al regreso del Señor, de acuerdo con nuestras obras (Mt. 16:27; Ap. 22:12; 1 Co. 4:5). Lo que recibiremos será decidido en el tribunal de Cristo (2 Co. 5:10) y lo disfrutaremos en el reino venidero (Mt. 25:21, 23). El apóstol Pablo se esforzaba por obtener el galardón (1 Co. 9:24-27; Fil. 3:13-14; 2 Ti. 4:7-8). Aun Moisés tenía puesta la mirada en el galardón (11:26; véase la nota 3). Aquí a los creyentes hebreos se les exhortó a no perder el galardón, el reposo sabático venidero (4:9), el disfrute de Cristo y el reinado con Cristo en el reino venidero.

36[1] Con respecto a los creyentes hebreos la voluntad de Dios consistía en que ellos siguieran el camino del nuevo pacto (vs. 19-23) y permanecieran en la iglesia (v. 25), que no retrocedieran al judaísmo (vs. 38-39) sino que sufrieran persecución por parte del judaísmo (vs. 32-34). Al hacerlo, recibirían la promesa de un gran galardón (v. 35) al regreso del Señor (v. 37).

36[2] Esta promesa es la promesa del reposo sabático hallado en 4:9, un reposo en el cual reinaremos con Cristo en el reino venidero. Ese será el gran galardón mencionado en el v. 35, que consiste en ganar el alma, como lo menciona el v. 39. Esta promesa depende de nuestra perseverancia y nuestra obediencia a la voluntad de Dios. Difiere de la promesa de 9:15. Véase la nota 2.

38 Mas Mi [a]justo vivirá [b]por [1]fe; y si retrocede, Mi alma no se complacerá en El".
39 Pero nosotros no somos de los que [1]retroceden para [2]ruina, sino de los que tienen fe para [3a]ganar el alma.

CAPITULO 11

III. El camino único de la fe
11:1-40

A. La definición de la fe
v. 1

1 Ahora bien, la [1a]fe es [2]lo que da sustantividad a lo que se [3b]espera, la [4]convicción de lo que [5c]no se ve.

38[1] Después de este versículo y del siguiente, el cap. 11 nos da una definición completa de lo que es la fe.

39[1] Para los creyentes hebreos, retroceder al judaísmo equivalía a regresar a la ruina, la cual no es la perdición eterna, sino el castigo infligido por el Dios vivo (vs. 29-31). Véase la nota siguiente.

39[2] Aquí la ruina es el castigo mencionado en los vs. 27-31, que vendrá sobre aquellos que abandonen el nuevo pacto y regresen al judaísmo, pisoteando así al Hijo de Dios, considerando la preciosa sangre de Cristo como algo común, como la sangre de un animal, y ultrajando al Espíritu de gracia.

39[3] O, salvar, preservar, poseer. Nuestro ser consta de tres partes —espíritu, alma y cuerpo— (1 Ts. 5:23), y nuestra alma es diferente de nuestro espíritu. En el momento en que creímos en el Señor Jesús y fuimos salvos, nuestro espíritu fue regenerado por el Espíritu de Dios (Jn. 3:6). Sin embargo, debemos esperar hasta que regrese el Señor Jesús para que nuestro cuerpo sea redimido, salvo y transfigurado (Ro. 8:23-25; Fil. 3:21). Con respecto a salvar o ganar el alma, todo depende de la manera en que la tratemos al seguir al Señor después de ser salvos y regenerados. Si hoy en día perdemos nuestra alma por causa del Señor, la salvaremos (Mt. 16:25; Lc. 9:24; 17:33; Jn. 12:25; 1 P. 1:9) y será salva, o ganada, cuando el Señor regrese (v. 37). Así que ganar nuestra alma será el galardón (v. 35) del reino para los seguidores del Señor que sean vencedores (Mt. 16:22-28).

1[1] Después de presentar en los primeros diez capítulos una comparación detallada entre el judaísmo y la economía de Dios, este libro exhorta a los creyentes hebreos, quienes estaban en peligro de retroceder, a vivir, andar y seguir adelante por fe (10:38-39) es decir, no por vista (2 Co. 5:7). Luego en el cap. 11 la fe es definida conforme a su historia. Tanto la herencia eterna (9:15) como el gran galardón (10:35) prometidos por Dios, son cosas esperadas e invisibles. La fe es lo que da sustantividad a lo que se espera. Por lo tanto, es la seguridad, la confianza, la confirmación, la realidad, la esencia, la base de sustentación, de lo que se espera, es decir, el fundamento que sustenta lo que se espera. La fe también es la convicción de lo que no se ve. Esta fe nos convence de lo que no vemos. Por lo tanto, es la evidencia, la prueba, de lo que no se ve.

1[2] La misma palabra griega traducida *substancia* en 1:3 y *confianza* en 3:14 y en 2 Co. 11:17 (en la cual uno sabe que tiene un fundamento

38[a] Hab. 2:4; Ro. 1:17; Gá. 3:11
38[b] 2 Co. 5:7
39[a] Mt. 16:25; Lc. 9:24; 17:33; Jn. 12:25; 1 P. 1:9
1[a] He. 10:38, 39
1[b] He. 3:6; 6:11; 7:19; 10:23; 1 P. 1:3
1[c] He. 11:7; 2 Co. 4:18

B. Los testigos de la fe
vs. 2-40

2 Porque en ella alcanzaron buen [a]testimonio los [1]anti-
guos.
3 [1]Por la fe entendemos haber sido constituido [2]el [a]uni-
verso por la [3b]palabra de Dios, de modo que lo que se ve fue
[c]hecho de lo que no se veía.
4 Por la fe [a]Abel ofreció a Dios [1]más excelente sacrificio
que [b]Caín, por lo cual alcanzó [c]testimonio de que era justo,

2[a] He. 11:4, 5, 39
3[a] He. 1:2
3[b] Sal. 33:6, 9; Jn. 1:1, 3; 2 P. 3:5
3[c] Ro. 4:17; Jn. 1:3
4[a] Gn. 4:4
4[b] Gn. 4:3, 5
4[c] He. 11:2, 5, 39

---

seguro). Además, puede traducirse *confirmación, realidad, esencia* (lo cual denota la naturaleza verdadera de las cosas en contraste con la apariencia), *fundamento,* o *base de sustentación.* La palabra significa principalmente *substancia,* pero aquí denota dar sustantividad a la substancia (de lo que se espera); por tanto se traduce *lo que da sustantividad.* Significa dar sustantividad a la realidad de lo que no se ve. Esta es la acción de la fe. Por consiguiente, dice aquí que la fe es lo que da sustantividad a lo que se espera.

1[3] Los incrédulos, puesto que no tienen a Cristo, tampoco tienen esperanza (Ef. 2:12; 1 Ts. 4:13). Pero nosotros los que creemos en Cristo somos un pueblo de esperanza. El llamamiento que recibimos de Dios nos trae la esperanza (Ef. 1:18; 4:4). Fuimos regenerados para una esperanza viva (1 P. 1:3). Nuestro Cristo, quien está en nosotros, es la esperanza de gloria (Col. 1:27; 1 Ti. 1:1), la cual dará por resultado la redención, la transfiguración, de nuestro cuerpo en gloria (Ro. 8:23-25). Esta es la esperanza de la salvación (1 Ts. 5:8), una esperanza bienaventurada (Tit. 2:13), una buena esperanza (2 Ts. 2:16), la esperanza de la vida eterna (Tit. 1:2; 3:7); también es la esperanza de la gloria de Dios (Ro. 5:2), la esperanza del evangelio (Col. 1:23), la esperanza guardada para nosotros en los cielos (Col. 1:5). Siempre debemos mantener esta esperanza (1 Jn. 3:3) y gloriarnos en ella (Ro. 5:2). Nuestro Dios es el Dios de esperanza (Ro. 15:13) y por medio del ánimo que las Escrituras nos infunden podemos tener esperanza (Ro. 15:4) en Dios todo el tiempo (1 P. 1:21) y regocijarnos en esta esperanza (Ro. 12:12). Este libro nos exhorta a retener hasta el fin el gloriarnos en la esperanza (3:6), a mostrar diligencia hasta el fin para plena certeza de nuestra esperanza (6:11), y a echar mano de la esperanza puesta delante de nosotros (6:18). También nos dice que el nuevo pacto nos trae una mejor esperanza por medio de la cual nos acercamos a Dios (7:19). Nuestra vida debe ser una vida de esperanza, la cual acompaña la fe y permanece con ella (1 P. 1:21; 1 Co. 13:13). Debemos seguir a Abraham, quien creyó en esperanza contra esperanza (Ro. 4:18).

1[4] La convicción de la verdad. La palabra griega puede traducirse *evidencia* o *prueba.*

1[5] Todas las cosas que se esperan son cosas que no se ven (Ro. 8:24-25). Como personas de esperanza, no debemos dirigir nuestra vida hacia las cosas que se ven, sino hacia las que no se ven, dado que lo que se ve es temporal, pero lo que no se ve es eterno (2 Co. 4:18). Por lo tanto, andamos por fe, no por vista (2 Co. 5:7).

2[1] Lit., ancianos.

3[1] A partir del v. 3, este capítulo nos presenta una breve historia de la fe (desde la creación, y pasando por todas las generaciones del pueblo escogido de Dios, hasta la época de los creyentes neotestamentarios, v. 40) para comprobar que la fe es el único sendero por el cual los que buscan a Dios reciben Su promesa y toman Su camino.

[d]dando Dios testimonio de sus dones; y por medio de [2]la fe, estando muerto, aún [e]habla.

5 Por la fe [a]Enoc fue trasladado para no ver muerte, y no fue hallado, porque lo trasladó Dios; y antes que fuese trasladado, tuvo [b]testimonio de haber agradado a Dios.

6 Pero sin fe es imposible agradar *a Dios;* porque es necesario que el que se [a]acerca a Dios crea que existe, y que es galardonador de los que [b]con diligencia le buscan.

7 Por la fe [a]Noé, habiendo sido divinamente advertido acerca de cosas que aún no se veían *y* movido de temor reverente, [b]preparó un arca para salvación de su casa; y por *esa fe* condenó al mundo, y fue hecho [c]heredero de la justicia que es según la fe.

8 Por la fe [a]Abraham, siendo llamado, obedeció para [b]salir al lugar que había de [c]recibir como herencia; y salió [1]sin saber adónde iba.

9 Por la fe habitó como extranjero en la [a]tierra de la promesa como en *tierra* ajena, morando en [b]tiendas con Isaac y Jacob, [c]coherederos de la misma promesa;

10 porque esperaba con anhelo la [1a]ciudad que tiene [b]fundamentos, cuyo Arquitecto y Constructor es [c]Dios.

11 Por la fe también la misma [a]Sara recibió fuerza para concebir aun fuera del tiempo de la edad, porque creyó que era [b]fiel quien lo había prometido.

12 Por lo cual también, de uno, y ése ya [a]muerto *en cuanto a esto,* salieron como las [1b]estrellas del cielo en multitud, y como [1]la [c]arena innumerable que está a la [2]orilla del mar.

4d Gn. 4:4
4e Gn. 4:10; He. 12:24
5a Gn. 5:21-24
5b He. 11:2, 4, 39
6a He. 4:16; 7:25, 19; 10:22
6b Sal. 24:6; 27:8; 105:4; 119:2
7a Gn. 6:8, 9, 13-22
7b 1 P. 3:20
7c He. 1:14; 6:17; 1 P. 3:7; Jac. 2:5
8a Gn. 12:1-5
8b Hch. 7:3-4
8c Gn. 12:7; 17:8
9a Hch. 7:5
9b Gn. 12:8; 13:3, 18; 18:1; 24:67; 26:17, 25; 25:27; 31:25; 33:19; 35:21
9c He. 6:17

3[2] Lit., las edades. Véase la nota 2[5] del cap. 1.

3[3] La palabra griega denota la palabra hablada.

4[1] Este sacrificio más excelente tipifica a Cristo quien es los verdaderos "mejores sacrificios" (9:23).

4[2] Lit., ella.

8[1] Esto le dio a Abraham constante oportunidad de ejercitar su fe para confiar en que Dios le guiaría en cada circunstancia, para lo cual debería tomar la presencia de Dios como mapa en su viaje.

10[1] Esta es la ciudad del Dios vivo, la Jerusalén celestial (12:22), la Jerusalén de arriba (Gá. 4:26), la ciudad santa, la Nueva Jerusalén (Ap. 21:2; 3:12), la cual ha preparado para Su pueblo (v. 16), y el tabernáculo de Dios donde morará con el hombre por la eternidad (Ap. 21:3). Tal como los patriarcas esperaban esta ciudad, así también nosotros la buscamos (13:14).

12[1] Las estrellas del cielo representan a los descendientes celestiales de Abraham, los descendientes que son de la fe (Gá. 3:7, 29), mientras que la arena que está a la orilla del mar

10a He. 11:16; 12:22; 13:14; Ap. 21:2, 10 10b Ap. 21:14, 19 10c He. 11:16
11a Gn. 17:19, 21; 18:12-14; 21:2 11b He. 10:23; 1 Co. 10:13; 2 Ti. 2:13
12a Ro. 4:19 12b Gn. 15:5; 22:17 12c Gn. 22:17; 32:12; cfr. Gn. 13:16

13 [1]En la fe murieron todos [a]éstos [b]sin haber recibido las
promesas, sino [c]mirándolas de lejos, y saludándolas con gozo,
y confesando que eran [d]extranjeros y [2]peregrinos sobre la
tierra.
14 Porque los que esto dicen, claramente dan a entender
que buscan una [a]patria;
15 pues si hubiesen estado recordando aquella de donde
salieron, ciertamente tenían oportunidad de volver.
16 Pero anhelaban una [a]*patria* mejor, esto es, [b]celestial;
por lo cual Dios [c]no se avergüenza de ellos ni de llamarse
[d]Dios de ellos; porque les ha preparado una [e]ciudad.
17 Por la fe Abraham, cuando fue probado, [a]ofreció a
Isaac; en efecto el que había recibido con alegría las [b]prome-
sas ofrecía su unigénito,
18 aquel de quien había sido dicho: "[a]En Isaac te será
llamada descendencia";
19 pensando que Dios es [a]poderoso para [b]levantar aun de
entre los muertos, de donde, en [1]sentido figurado, también
le volvió a recibir.
20 Por la fe bendijo [a]Isaac a Jacob y a Esaú respecto a
cosas venideras.
21 Por la fe [a]Jacob, al morir, bendijo a cada uno de los
hijos de José, y [b]adoró *a Dios,* [1]*apoyado* sobre el extremo de
su bordón.
22 Por la fe [a]José, estando a punto de morir, mencionó el
éxodo de los hijos de Israel, y [b]dio mandamiento acerca de
sus huesos.

13[a] Mt. 13:17
13[b] He. 11:39
13[c] Jn. 8:56
13[d] Gn. 17:8; 23:4; 47:9; 1 Cr. 29:15; cfr. 1 P. 2:11
14[a] He. 11:16
16[a] He. 11:14
16[b] He. 12:22
16[c] He. 2:11
16[d] Ex. 3:6, 15; 4:5
16[e] He. 11:10
17[a] Gn. 22:1-10; Jac. 2:21
17[b] Gn. 12:2, 7; 13:15-16; 21:12
18[a] Gn. 21:12; Ro. 9:7
19[a] Ro. 4:21
19[b] Ro. 4:17
20[a] Gn. 27:26-29, 39-40
21[a] Gn. 48:9, 14-16, 20
21[b] Gn. 47:31
22[a] Gn. 50:24, 25
22[b] Ex. 13:19

representa a los descendientes terrenales de Abraham, los descendientes según la carne.

12[2] Lit., el labio del mar.

13[1] Lit., Conforme a.

13[2] O, exiliados, expatriados. Abraham fue el primer hebreo (Gn. 14:13), un cruzador de ríos. El salió de Caldea, la tierra maldita de idolatría, cruzó el agua, el río Perat, o Eufrates (Jos. 24:2-3), y llegó a Canaán, la buena tierra, una tierra de bendición. No obstante, no se estableció allí, sino que habitó en la tierra de la promesa como peregrino, como exiliado o expatriado, anhelando una patria mejor, una patria celestial (v. 16), una patria que le perteneciera (v. 14). Esto puede implicar que él estaba listo para cruzar otro río, de la tierra a los cielos. Isaac y Jacob siguieron los mismos pasos, viviendo en la tierra como extranjeros y peregrinos y esperando la ciudad que tiene fundamentos, cuyo Constructor es Dios (v. 10). Lo dicho en los vs. 9-16 tal vez implique que el escritor de este libro quería imprimir en la memoria de los creyentes hebreos el hecho de que ellos, como verdaderos hebreos debían seguir a sus antepasados, considerándose extranjeros y peregrinos sobre la tierra y esperando la patria celestial, la cual es mejor que la terrenal.

19[1] Lit., una parábola.

21[1] Esto significa que Jacob confesó que él era un peregrino, un viajero, sobre la tierra (v. 13), y que Dios lo

23 Por la fe [a]Moisés, cuando nació, fue escondido por sus padres por tres meses, porque le vieron niño [b]hermoso, y no temieron el [c]decreto del rey.

24 Por la fe Moisés, cuando fue ya [a]grande, rehusó llamarse [b]hijo de la hija de Faraón,

25 escogiendo antes ser [a]maltratado con el pueblo de Dios, que gozar de los [1]deleites [2]temporales del pecado,

26 [1a]teniendo por mayores riquezas el [2b]vituperio de Cristo que los [c]tesoros de Egipto; porque [d]tenía puesta la mirada en el [3e]galardón.

27 Por la fe [a]dejó a Egipto, no temiendo la [b]ira del rey; porque [1]perseveró como [c]viendo al [d]Invisible.

28 Por la fe instituyó la [a]Pascua y el derramamiento de la sangre, para que [b]el que destruía a los primogénitos no los tocase a ellos.

29 Por la fe [a]pasaron el mar Rojo como por tierra seca; e intentando los egipcios hacer lo mismo, *el mar* se los tragó.

30 [1]Por la fe cayeron los [a]muros de Jericó después de [b]rodearlos siete días.

---

había pastoreado durante toda su vida (Gn. 48:15, lit.).

25[1] El goce de Egipto, es decir, el disfrute del mundo, es pecado a los ojos de Dios; es el goce del pecado, de una vida pecaminosa, y es temporal, efímero, pasajero.

25[2] O, momentáneos, efímeros, pasajeros.

26[1] O, contando, estimando.

26[2] Cristo, como Angel del Señor, estuvo siempre con los hijos de Israel en sus aflicciones (Ex. 3:2, 7-9; 14:19; Nm. 20:16; Is. 63:9). Además, la Escritura lo identifica con ellos (Os. 11:1; Mt. 2:15). Por lo tanto, el vituperio que cayó sobre ellos fue considerado Su vituperio, y los vituperios de aquellos que vituperaron a Dios, cayeron también sobre El (Ro. 15:3). Los creyentes neotestamentarios, como seguidores Suyos, llevan Su vituperio (13:13) y son vituperados por Su nombre (1 P. 4:14). Moisés, quien prefirió ser maltratado junto con el pueblo de Dios (v. 25), consideró esta clase de vituperio, el vituperio del Cristo de Dios, como mayores riquezas que los tesoros de Egipto en el palacio de Faraón, dado que tenía puesta su mirada en el galardón.

26[3] Ya que Moisés estuvo dispuesto a sufrir el vituperio de Cristo, recibirá el galardón del reino. A él no se le permitió entrar en el reposo de la buena tierra debido a su fracaso en Meriba (Nm. 20:12-13; Dt. 4:21-22; 32:50-52), pero estará con Cristo en el reino (Mt. 16:28—17:3). Al referirse a esto, sin lugar a dudas el escritor tenía la intención de animar a sus lectores, quienes sufrían la persecución por causa de Cristo, a que siguieran a Moisés teniendo por mayores riquezas el vituperio de Cristo que las cosas que habían perdido y poniendo la mirada en el galardón. Véase la nota 35[1] del cap. 10.

27[1] O, se mantuvo firme.

30[1] Aquí no se menciona nada tocante a los cuarenta años durante los cuales los hijos de Israel vagaron en el desierto, puesto que allí ellos no hicieron nada por fe para agradar a Dios, sino que provocaron a Dios con su incredulidad durante esos años (3:16-18). Ni siquiera el hecho de que cruzaran el río Jordán se menciona aquí, ya

---

23[a] Ex. 2:2
23[b] Hch. 7:20
23[c] Ex. 1:15, 16, 22
24[a] Ex. 2:11
24[b] Ex. 2:10
25[a] He. 11:37
26[a] Fil. 3:7-8
26[b] He. 13:13; Ro. 15:3; He. 10:33; 1 P. 4:14
26[c] Ex. 1:11
26[d] He. 12:2
26[e] He. 10:35; Ap. 22:12
27[a] Ex. 12:50-51
27[b] Ex. 10:28
27[c] Ex. 3:2, 16; 4:5
27[d] Col. 1:15; Jn. 1:18
28[a] Ex. 12:21-27
28[b] Ex. 12:23, 12, 29
29[a] Ex. 14:21-30
30[a] Jos. 6:20
30[b] Jos. 6:3-4, 12-15

31 Por la fe [a]Rahab la ramera no pereció juntamente con
los desobedientes, habiendo [b]recibido a los espías en paz.
32 ¿Y qué más digo? Porque el tiempo me faltaría contando de [a]Gedeón, de [b]Barac, de [c]Sansón, de [d]Jefté, de [e]David,
así como de [f]Samuel y de los profetas;
33 que por fe [a]conquistaron reinos, [b]hicieron justicia, [c]al-
canzaron promesas, [d]taparon bocas de leones,
34 [a]apagaron la violencia del fuego, [b]escaparon del filo de
la espada, sacaron fuerzas de debilidad, se hicieron [c]valien-
tes en la guerra, pusieron en fuga ejércitos extranjeros.
35 Las mujeres [a]recibieron sus muertos mediante resurrección; mas otros fueron atormentados *hasta morir,* no
aceptando la [1]liberación, a fin de obtener una [2b]mejor resurrección.
36 Otros experimentaron [a]escarnio y azotes, y a más de
esto prisiones y [b]cárceles.
37 Fueron [a]apedreados, aserrados, puestos a prueba,
[b]muertos a espada; anduvieron de acá para allá cubiertos de
pieles de ovejas y de cabras, menesterosos, angustiados,
[c]maltratados
38 (de [1]los cuales el mundo no era digno), errando por los
[a]desiertos, por los [b]montes, por las [c]cuevas y por las cavernas
de la tierra.
39 Y todos éstos, aunque alcanzaron buen [a]testimonio
mediante la fe, [b]no recibieron la promesa;
40 [1]proveyendo Dios alguna cosa [2a]mejor para nosotros,
para que no fuesen ellos perfeccionados [3]aparte de nosotros.

31[a] Jos. 6:22-25
31[b] Jos. 2:4, 6; Jac. 2:25
32[a] Jue. 6–8
32[b] Jue. 4–5
32[c] Jue. 13–16
32[d] Jue. 11–12
32[e] 1 S. 16– 2 S. 24
32[f] 1 S. 7–16
33[a] Jue. 4:7, 14; 2 S. 5:19; 8:2; 10:12-19
33[b] 1 S. 12:3-5; 2 S. 8:15
33[c] 2 S. 7:10-16
33[d] Dn. 6:22; Jue. 14:5-6; 1 S. 17:34-37
34[a] Dn. 3:23; Is. 43:2
34[b] Ex. 18:4; 1 S. 19:10; Sal. 144:10
34[c] Jue. 7:19-21; 1 S. 17:51; 2 S. 8:1-6
35[a] 1 R. 17:23, 24; 2 R. 4:36

que se debió a la demora causada por su incredulidad. Tuvieron que cruzar el río Jordán solamente por causa de su incredulidad, la cual los descalificó de entrar en la buena tierra por Cades-barnea (Dt. 1:19-46) por donde habrían podido entrar poco después de haber partido del monte Sinaí (Dt. 1:2).

35[1] La palabra griega significa *redención* (algo ofrecido por un precio).

35[2] La mejor resurrección no es solamente la primera resurrección (Ap. 20:4-6), la resurrección de vida (Jn. 5:28-29), sino también la superresurrección (Fil. 3:11), la resurrección sobresaliente, la resurrección en la cual los vencedores del Señor recibirán el galardón (v. 26) del reino. Esto es lo que buscaba el apóstol Pablo.

38[1] Estos hombres de fe son un pueblo extraordinario, un pueblo de nivel más elevado, de quienes el mundo corrupto no es digno. Solamente la ciudad santa de Dios, la Nueva Jerusalén, es digna de tenerlos.

40[1] O, previendo.

40[2] La palabra griega significa *superior, más noble, mayor;* por ende, mejor. Se usa trece veces en este libro:

35[b] Ap. 20:5; Fil. 3:11 **36**[a] Jue. 16:25; Jer. 20:7 **36**[b] Gn. 39:20; Jer. 37:15
37[a] 1 R. 21:13; 2 Cr. 24:21 **37**[b] 1 R. 19:10; Jer. 26:23 **37**[c] He. 11:25
38[a] 1 S. 23:15; 24:1 **38**[b] 1 S. 23:19 **38**[c] 1 S. 22:1; 1 R. 18:4, 13
39[a] He. 11:2, 4, 5 **39**[b] He. 11:13 **40**[a] He. 7:19, 22; 8:6; 9:23; 11:35

CAPITULO 12

(La quinta advertencia:
corred la carrera y
no os apartéis de la gracia)
12:1-29

1 Por tanto, nosotros también, teniendo en derredor nuestro tan grande [1a]nube de [2]testigos, despojémonos de todo [3]peso y del [4b]pecado que tan fácilmente nos enreda, y [c]corramos con [d]perseverancia la [5]carrera que tenemos por delante,

1a Ex. 13:21, 22; Nm. 9:15-22
1b He. 10:26
1c 1 Co. 9:24, 26; Fil. 3:14; 2 Ti. 4:7; Gá. 2:2; 5:7
1d He. 10:36

el Cristo superior (1:4), cosas mejores (6:9), una mejor esperanza (7:19), un mejor pacto (dos veces, 7:22; 8:6), mejores promesas (8:6), mejores sacrificios (9:23), mejor posesión (10:34), una patria mejor (11:16), una mejor resurrección (11:35), una cosa mejor (11:40), y un mejor hablar (12:24). (El otro caso está en 7:7, donde se traduce *mayor*.) Todas estas cosas mejores son el cumplimiento y la realidad de lo que los santos del Antiguo Testamento tenían en tipos, figuras y sombras. Lo que Dios proveyó en aquel entonces fue un cuadro de las cosas relacionadas con nosotros, las cuales habían de venir en el nuevo pacto y que son verdaderas y auténticas, y que además son mejores, más fuertes, más poderosas, más nobles, y más grandes que sus tipos, figuras y sombras. Los santos del Antiguo Testamento, los cuales solamente tenían las sombras, nos necesitan para ser perfeccionados, a fin de participar con nosotros de las cosas verdaderas del nuevo pacto. Entonces, ¿por qué habríamos de abandonar las cosas verdaderas del nuevo pacto y volvernos a las sombras del antiguo pacto?

40[3] Participar en el reino de mil años (Ap. 20:4, 6) y tener parte en la Nueva Jerusalén por la eternidad (Ap. 21:2-3; 22:1-5) son asuntos corporativos. El banquete del reino está reservado para los vencedores tanto del Antiguo Testamento como del Nuevo (Mt. 8:11). La bendita Nueva Jerusalén estará compuesta de los santos del Antiguo Testamento y de los creyentes del Nuevo (Ap. 21:12-14). Por consiguiente, los creyentes antiguotestamentarios no pueden obtener, aparte de los creyentes neotestamentarios, lo que Dios prometió. Para obtener y disfrutar las buenas cosas de la promesa de Dios, ellos necesitan que los creyentes neotestamentarios los perfeccionen. Ahora esperan que nosotros avancemos para que ellos puedan ser perfeccionados.

1[1] La nube guía al pueblo a seguir al Señor (Nm. 9:15-22), y el Señor va en la nube para estar con el pueblo (Ex. 13:21-22).

1[2] En el griego *testigos* conlleva el sentido de mártires.

1[3] O, carga, estorbo. Los que corren una carrera se despojan de todo peso innecesario, de toda carga que estorbe, para que nada les impida ganar la carrera.

1[4] Aquí el pecado se refiere principalmente a lo que nos enreda y nos impide correr la carrera, tal como el pecado voluntario mencionado en 10:26 que podría impedir que los creyentes hebreos siguieran el camino del nuevo pacto en la economía de Dios. (Véase la nota 26[1] del cap. 10.) Tanto el peso que estorba como el pecado que enreda habrían estorbado a los creyentes hebreos y les habrían impedido correr la carrera celestial en el camino del nuevo pacto, que consiste en seguir a Jesús, quien fue rechazado por el judaísmo.

1[5] La vida cristiana es una carrera. Después de ser salvos, todos los cristianos deben correr la carrera para

2[a] He. 13:13
2[b] He. 2:10
2[c] Fil. 2:8
2[d] Sal. 69:19
2[e] He. 1:3
2[f] He. 4:16

2 [1]puestos los ojos [a]en [2]Jesús, el [3b]Autor y [4]Perfecciona-
dor de nuestra fe, el cual por el gozo puesto delante de El
sufrió la [c]cruz, menospreciando el [d]oprobio, y se [5e]sentó a la
diestra del [f]trono de Dios.

---

ganar el premio (1 Co. 9:24), no una salvación en un sentido general (Ef. 2:8; 1 Co. 3:15), sino un galardón en un sentido especial (10:35; 1 Co. 3:14). El apóstol Pablo corrió la carrera y ganó el premio (1 Co. 9:26-27; Fil. 3:13-14; 2 Ti. 4:7-8).

2[1] La palabra griega traducida *puestos los ojos,* denota mirar fijamente apartando la mirada de cualquier otro objeto. Los creyentes hebreos tenían que volver la mirada de todas las cosas de su ambiente, de su antigua religión, o sea, el judaísmo, y su persecución, y de todas las cosas terrenales, para poner los ojos en Jesús, quien ahora está sentado a la diestra del trono de Dios en los cielos.

2[2] El Jesús maravilloso, quien está entronizado en los cielos y coronado con gloria y honor (2:9), es la mayor atracción que existe en el universo. El es como un enorme imán, que atrae a todos los que le buscan. Al ser atraídos por Su belleza encantadora, dejamos de mirar todo lo que no sea El. Si no tuviéramos un objeto tan atractivo, ¿cómo podríamos dejar de mirar tantas cosas que nos distraen en esta tierra?

2[3] U, Originador, Inaugurador, Líder, Pionero, Precursor. La misma palabra griega es usada en 2:10. Los santos vencedores del Antiguo Testamento solamente son testigos de la fe, mientras que Jesús es el Autor de la fe. El es el Originador, el Inaugurador, el origen y la causa de la fe. En nuestro hombre natural no tenemos la capacidad de creer. No tenemos fe por nosotros mismos. La fe por medio de la cual somos salvos es la fe preciosa que hemos recibido del Señor (2 P. 1:1). Cuando ponemos los ojos en Jesús, El como Espíritu vivificante (1 Co. 15:45) se infunde en nosotros, nos infunde Su elemento que hace creer. Luego, espontáneamente, cierta clase de fe surge en nuestro ser, y así tenemos la fe para creer en El. Esta fe no proviene de nosotros, sino de Aquel que se imparte en nosotros como el elemento que cree, a fin de que El crea por nosotros. Por consiguiente, El mismo es nuestra fe. Vivimos por El como nuestra fe; es decir, vivimos por Su fe (Gá. 2:20), y no por la nuestra.

Jesús, como el Autor y el origen de la fe, también es el Líder, el Pionero y el Precursor de la fe. El abrió el camino de la fe y, como Precursor, fue el primero que anduvo en él. Por lo tanto, puede llevarnos en Sus pisadas por el camino de la fe. Mientras ponemos los ojos en El, el Originador de la fe en Su vida y en Su camino sobre la tierra, y el Perfeccionador de la fe en Su gloria y en el trono en los cielos, El nos imparte y nos infunde la fe a la que dio origen y perfeccionó.

2[4] O, Consumador, Completador. Jesús también es el Consumador, el Completador, de la fe. El concluirá lo que originó. El completará lo que inauguró. Si ponemos los ojos en El continuamente, El culminará y completará la fe que necesitamos para correr la carrera celestial.

2[5] A partir de 1:3 este libro nos dirige continuamente al Cristo sentado en el cielo. Pablo, en todas sus otras epístolas, nos presenta principalmente al Cristo que mora en nuestro espíritu (Ro. 8:10; 2 Ti. 4:22) como el Espíritu vivificante (1 Co. 15:45) para ser nuestra vida y nuestro todo. Sin embargo, en este libro Pablo nos dirige particularmente al Cristo que se ha sentado en los cielos y que tiene tantos aspectos que nos puede cuidar en todo. En las demás epístolas de Pablo, el Cristo que mora en nosotros está en contraste con la carne, el yo y el hombre natural. En este libro el Cristo celestial está en contraste con la religión terrenal y con todas las cosas terrenales. Para experimentar al Cristo que mora en nosotros, necesitamos volvernos a nuestro

3 [a]Considerad a Aquel que sufrió tal [b]contradicción de pecadores contra Sí mismo, para que no os canséis ni [1]desfallezcan vuestras almas.

4 Porque aún no habéis resistido hasta la sangre, combatiendo contra el [1]pecado;

5 y habéis olvidado por completo la exhortación que como a hijos se os dirige, diciendo: "[a]Hijo mío, no menosprecies [1]la disciplina del Señor, ni desmayes cuando eres reprendido por El;

6 porque el Señor al que ama, [1a]disciplina, y [b]azota a todo hijo que recibe".

7 *Es* para *vuestra* [1]disciplina que soportáis; Dios os trata como a [a]hijos. Porque ¿qué hijo es aquel a quien el padre no disciplina?

8 Pero si se os deja sin disciplina, de la cual todos han sido participantes, entonces sois bastardos, y no hijos.

9 Además, tuvimos a nuestros padres carnales que nos [1]disciplinaban, y los [a]respetábamos. ¿Por qué no nos someteremos mucho mejor al [2b]Padre de los espíritus, y [c]viviremos?

3[a] He. 3:1
3[b] Jn. 5:16, 18; 7:30; 10:31; 11:53; 19:1-3, 5, 6; Mt. 27:39-44
5[a] Pr. 3:11, 12
6[a] Ap. 3:19
6[b] 2 S. 7:14
7[a] Dt. 8:5; Pr. 13:24; 19:18
9[a] Ex. 20:12; Ef. 6:2; cfr. Dt. 21:18-21
9[b] Jn. 1:13; 3:6
9[c] Ef. 6:3

---

espíritu y tocarle. Para disfrutar al Cristo celestial, necesitamos apartar nuestra mirada de todo lo terrenal y contemplarlo sólo a El, quien está sentado a la diestra del trono de Dios. Por medio de Su muerte y resurrección, logró todo lo que era necesario para Dios y el hombre. Ahora en Su ascensión está sentado en los cielos, en la persona del Hijo de Dios (1:5) y del Hijo del Hombre (2:6), en la persona de Dios (1:8) y del hombre (2:6), como el designado Heredero de todas las cosas (1:2), el Ungido de Dios (1:9), el Autor de nuestra salvación (2:10), el Santificador (2:11), el Socorro constante (2:16), el Ayudador oportuno (4:16), el Apóstol enviado por Dios (3:1), el Sumo Sacerdote (2:17; 4:14; 7:26), el Ministro del verdadero tabernáculo (8:2) que tiene un ministerio más excelente (8:6), el fiador y Mediador de un mejor pacto (7:22; 8:6; 12:24), el Albacea del nuevo testamento (9:16-17), el Precursor (6:20), el Autor y Perfeccionador de la fe (v. 2) y el gran Pastor de las ovejas (13:20). Si ponemos los ojos en El, en Aquel que es todo-inclusivo y maravilloso, El nos ministrará los cielos, la vida y la fortaleza, impartiéndonos e infundiéndonos todo lo que El es, para que podamos correr la carrera celestial y vivir la vida celestial en la tierra. De esta manera nos llevará por todo el camino de la vida y nos guiará y nos llevará a la gloria (2:10).

3[1] Lit., se deshagan.

4[1] Aquí el pecado debe de referirse a algo que es maligno ante Dios, lo cual estorba a los creyentes y les impide seguir el camino del nuevo pacto, por lo cual es necesario resistirlo, incluso hasta la sangre.

5[1] O, el castigo. Así también en los vs. 7, 8 y 11.

6[1] O, castiga. Así también en los vs. 7 y 10.

7[1] Desde el punto de vista de Dios, la persecución que los creyentes hebreos sufrieron de parte del judaísmo fue una disciplina, un castigo.

9[1] O, castigadores.

9[2] *Padre de los espíritus* está en contraste con *padres carnales.* En la regeneración nacimos de Dios (Jn. 1:13)

10 Porque ellos, por pocos días nos disciplinaban como
les parecía, pero El para lo que es provechoso, para que
participemos de Su [1a]santidad.
11 Es verdad que ninguna disciplina al presente parece
ser *causa* de gozo, sino de tristeza; pero después da [1a]fruto
apacible de justicia a los que por ella han sido ejercitados.
12 Por lo cual, [1]enderezad las [a]manos caídas y las rodillas
paralizadas;
13 y haced [1]sendas [a]derechas para vuestros pies, para que
lo cojo no se [2]disloque, sino que sea [b]sanado.
14 [a]Seguid la paz con todos, y la [1b]santificación, sin la cual
nadie verá al Señor.

10[a] He. 12:14; 1 P. 1:15, 16; Lv. 11:45
11[a] He. 12:14; Is. 32:17; Jac. 3:18
12[a] Is. 35:3; Job 4:3, 4
13[a] Is. 40:3
13[b] Is. 6:10; Mt. 13:15
14[a] Ro. 12:18; 14:19; 2 Ti. 2:22
14[b] He. 12:10; 2 Co. 7:1

---

en nuestro espíritu (Jn. 3:6). Por consiguiente, Dios es el Padre de los espíritus (nuestros).

10[1] La santidad es la naturaleza de Dios. Participar de la santidad de Dios es participar de Su naturaleza santa. La permanencia de los creyentes hebreos en el judaísmo era algo profano e impío. Ellos necesitaban ser santificados para el nuevo pacto de Dios a fin de poder participar de la naturaleza santa de Dios. La razón por la cual sobrevino la persecución fue disciplinarlos, a fin de que fueran santificados o separados de lo común.

11[1] La paz es el fruto de la justicia (Is. 32:17). La santidad es la naturaleza interna, mientras que la justicia es la conducta externa. La disciplina de Dios ayuda a los creyentes no sólo a participar de Su santidad, sino también a estar bien con Dios y con el hombre, para que en tal situación de justicia puedan disfrutar la paz como un dulce fruto, un apacible fruto de justicia.

12[1] Lit., poned derechas.

13[1] La vida cristiana no es un asunto de doctrinas teóricas acerca de las cuales la mente deba razonar. Debe constar de sendas prácticas por las cuales nuestros pies anden. Todas las sanas doctrinas de la Biblia son sendas en las que podemos andar. Esto es especialmente válido con respecto al libro de Hebreos. Primero, este libro nos ministra las doctrinas más elevadas y más saludables con respecto a Cristo y Su nuevo pacto. Luego, sobre la base de las doctrinas apropiadas que nos muestra este libro, nos exhorta a correr la carrera y a enderezar las sendas para nuestros pies. La primera sección de este libro (1:1—10:18) trata de las doctrinas, y la segunda (10:19—13:25) trata de la carrera y de las sendas.

13[2] O, descoyunte, tuerza. Un significado alterno, *se aparte,* como dice en 1 Ti. 1:6; 5:15; y 2 Ti. 4:4, no corresponde a la antítesis que le sigue: "sino que sea sanado", ni cabe dentro del contexto como lo hace el primer significado. El contexto implica que los tambaleantes creyentes hebreos debían abandonar todo lo que se pareciera al judaísmo (es decir, enderezar las sendas) para que ellos, los miembros débiles del Cuerpo, no cayeran en apostasía (es decir, que no se dislocaran), sino que entraran de lleno en el camino del nuevo pacto (es decir, que fueran sanados).

14[1] En cuanto a Dios, la santidad es Su naturaleza santa; en cuanto a nosotros, la santidad es nuestra santificación, nuestra separación para Dios. (Véase la nota 2[3] de Ro. 1.) Esto implica que mientras seguimos la paz con todos los hombres, debemos prestar atención a la santificación ante Dios. Seguir la paz con todos los hombres, debe estar en equilibrio con la santificación ante Dios, la separación hacia Dios, sin la cual nadie verá al Señor ni tendrá comunión con El.

15 Mirad bien, no sea que alguno [1a]caiga de la [b]gracia de
Dios; que brotando alguna [2c]raíz de amargura, os estorbe, y
por ella muchos sean [d]contaminados;
16 no sea que haya algún [a]fornicario, o profano, como
[b]Esaú, que a cambio de una sola comida entregó su [1]primo-
genitura.

15[1] La gracia de Dios vino a nosotros por medio de Cristo (Jn. 1:14, 17). Así que, también es la gracia de Cristo (2 Co. 13:14; 12:9). En nuestra experiencia, esta gracia es Cristo mismo (Gá. 6:18, cfr. 2 Ti. 4:22). Cuando caemos de la gracia, somos reducidos a nada, separados de Cristo (Gá. 5:4). Con respecto a este asunto, Pablo les advirtió a las iglesias de Galacia, las cuales corrían el mismo peligro que los creyentes hebreos, que no se separaran de Cristo volviendo a la ley de la religión judía, no fuera que cayeran de la gracia de Dios, la cual es Cristo mismo. No debemos caer de la gracia, sino tener la gracia (v. 28), ser afirmados por ella (13:9), y estar firmes en la misma (Ro. 5:2). Tanto Gálatas como Hebreos concluyen con la bendición de gracia (Gá. 6:18; He. 13:25).

15[2] Conforme a lo que implica el contexto, la raíz de amargura debe de referirse a cualquier judaizante que apartara a los creyentes hebreos de la gracia de Dios y los hiciera volver a los ritos del judaísmo, lo cual los profanaría ante los ojos de Dios y los haría rechazar la santidad de Dios.

16[1] La primogenitura de Esaú, quien era el hijo mayor de Isaac, consistía en la doble porción de la tierra, el sacerdocio y el reinado. Debido a la profanación de Esaú al ceder su primogenitura, la doble porción de la tierra fue dada a José (1 Cr. 5:1-2), el sacerdocio pasó a Leví (Dt. 33:8-10), y el reinado le fue asignado a Judá (Gn. 49:10; 1 Cr. 5:2).

Nosotros los cristianos, quienes hemos nacido de Dios, somos las primicias de Sus criaturas (Jac. 1:18), primicias que El ha cosechado en Su creación. En ese sentido somos los hijos primogénitos de Dios. Por consiguiente, la iglesia, que somos nosotros, es llamada la iglesia de los primogénitos (v. 23). Por ser los hijos primogénitos de Dios tenemos la primogenitura. Esto incluye la heredad de la tierra (2:5-6), el sacerdocio (Ap. 20:6), y el reinado (Ap. 20:4), los cuales serán las principales bendiciones en el reino venidero y las cuales perderán los cristianos profanos que buscan y aman al mundo cuando el Señor regrese. Finalmente, esta primogenitura será una recompensa dada a los cristianos vencedores en el reino milenario. Cualquier disfrute mundano, hasta una comida, puede hacer que perdamos nuestra primogenitura. Si después de una advertencia tan seria los creyentes hebreos todavía hubieran preferido complacerse en tener "una sola comida" de su antigua religión, habrían perdido el pleno disfrute de Cristo y el reposo del reino junto con todas sus bendiciones.

Esaú no fue el único en perder la primogenitura (Gn. 25:29-34); Rubén fue otro que perdió la bendición de la primogenitura (Gn. 49:3-4; 1 Cr. 5:1). Esaú la perdió por codiciar alimentos. Rubén la perdió por haberse contaminado en sus concupiscencias. Ambos casos deben servirnos de advertencia. La frase *no sea que haya algún fornicario* en este versículo pudo haber sido escrita considerando la historia de Rubén.

De hecho, en Cristo tenemos el privilegio de disfrutar el anticipo de las bendiciones del reino venidero. El disfrute apropiado de este anticipo nos introducirá en el pleno disfrute de las bendiciones del reino. Si no disfrutamos a Cristo hoy en día como nuestra buena tierra, tal como se define en la nota 9[1] del cap. 4, ¿cómo podremos entrar en Su reposo en el reino, y heredar la tierra con El? Si no ejercemos nuestro sacerdocio hoy en día para tener contacto con El en una

15[a] Gá. 5:4
15[b] Jn. 1:17; Ro. 5:2; 6:14; He. 4:16; 12:28; 13:9, 25
15[c] Dt. 29:18
15[d] 2 Co. 7:1; Lv. 11:44; Neh. 13:29
16[a] He. 13:4; 1 Co. 5:11; 6:9, 10; Gá. 5:19, 21; Ef. 5:5
16[b] Gn. 25:29-34

17 Porque ya sabéis que aun después, [a]deseando heredar la bendición, fue desechado, y [1]no hubo oportunidad para el arrepentimiento, aunque lo procuró con lágrimas.

18 Porque no os habéis acercado *al* [1a]*monte* que se podía [b]palpar, y que ardía en [c]fuego, a la [d]oscuridad, a las [e]tinieblas y al torbellino,

19 al [a]sonido de la trompeta, y a la [b]voz que hablaba, *debido a* la cual los que la oyeron [c]rogaron que no se les hablase más,

20 porque no podían soportar lo que se ordenaba: "[a]Si aun una bestia toca el monte, será apedreada";

21 y tan terrible era lo que se veía, que Moisés dijo: "Estoy [a]aterrado y temblando";

22 sino que os habéis acercado al [1]monte de [a]Sion, a la [2b]ciudad del [c]Dios vivo, [d]Jerusalén la celestial, y a [e]miríadas de ángeles, a la [3]asamblea universal,

17[a] Gn. 27:30-40
18[a] Ex. 19:11
18[b] Ex. 9:12
18[c] Ex. 19:18; Dt. 4:11
18[d] Dt. 5:23
18[e] Ex. 20:21; Dt. 5:22
19[a] Ex. 19:13, 16, 19; 20:18
19[b] Dt. 4:12; Ex. 19:19
19[c] Ex. 20:19; Dt. 18:16
20[a] Ex. 19:12, 13
21[a] Dt. 9:19
22[a] Sal. 2:6; Ap. 14:1
22[b] He. 11:10, 16; 13:14; Ap. 21:2
22[c] He. 3:12; 9:14; 10:31
22[d] Gá. 4:26; He. 11:16; Ap. 21:2
22[e] Ap. 5:11

---

atmósfera de oración al ministrarle, ¿cómo podremos cumplir con nuestro servicio sacerdotal en el reino? Si no ejercitamos nuestro espíritu con la autoridad que Dios nos dio para gobernar nuestro yo, nuestra carne, todo nuestro ser, y al enemigo con todo su poder de tinieblas hoy en día, ¿cómo podremos ser correyes juntamente con Cristo y regir a las naciones junto con El en Su reino? (Ap. 2:26-27). ¡El disfrute que tenemos de Cristo y la práctica del sacerdocio y del reinado hoy, son lo que nos prepara y nos hace aptos para que mañana participemos en el reino de Cristo!

17[1] *No hubo oportunidad para el arrepentimiento,* no significa que Esaú no tenía base para arrepentirse, sino que no tenía manera, ni base, para cambiar, con el arrepentimiento, el resultado de lo que había hecho.

18[1] Las cosas mencionadas en los vs. 18-19 son terrenales y materiales, y representan el lado de la ley donde todos, incluso Moisés, estaban aterrados y temblando (vs. 19-21).

22[1] Las cosas mencionadas en los vs. 22-24 son celestiales y espirituales, en contraste con las cosas terrenales y materiales mencionadas en los vs. 18-19. Estas cosas representan el lado de la gracia, donde los primogénitos y los espíritus de los hombres justos son salvos por gracia. Los que estaban bajo el antiguo pacto se acercaban a la ley, mientras que nosotros los cristianos, quienes estamos bajo el nuevo pacto, nos acercamos a la gracia. Por lo tanto, no estamos bajo la ley, sino bajo la gracia (Ro. 6:14). Este pasaje (vs. 18-24), tal como Gá. 4:21-31, nos muestra que no estamos bajo la esclavitud de la ley, sino bajo la libertad de la gracia para ser los herederos, los que reciben la herencia. ¡Esta es nuestra primogenitura! No debemos abandonar esto apartándonos de la gracia (v. 15), sino que debemos tener la gracia (v. 28). Las cosas que están del lado de la gracia son celestiales, pero no todas están en los cielos ahora. Muchos primogénitos de la iglesia todavía están en la tierra, mientras que los espíritus de los hombres justos, los cuales son los santos del Antiguo Testamento, están en el Paraíso, donde está Abraham (Lc. 16:22-23, 25-26), adonde el Señor Jesús y el ladrón que fue salvo fueron después de morir en la cruz (Lc. 23:43).

Ninguna de las seis cosas mencionadas en el lado de la ley es placentera. Primero, hay un monte que ardía en fuego. ¿Quién podía acercarse a tal lugar? Luego tenemos la oscuridad, las tinieblas y el torbellino. Por último

23 a la [a]iglesia de los [1b]primogénitos que están [2c]inscritos
en los cielos, a Dios el [d]Juez de todos, a los espíritus de los
justos hechos perfectos,
24 a Jesús el [a]Mediador del [1b]nuevo pacto, y a la [2c]sangre
[d]rociada que [3]habla mejor que *la de* [e]Abel.

23[a] He. 2:12
23[b] Jac. 1:18
23[c] Lc. 10:20
23[d] Gn. 18:25; Sal. 50:6; 94:2
24[a] He. 8:6; 9:15
24[b] He. 8:8; 9:15
24[c] He. 9:12, 14; 10:19; 13:12
24[d] Ex. 24:8; Lv. 4:6, 7, 17, 18; 16:14, 15, 18, 19; 1 P. 1:2
24[e] Gn. 4:10

---

tenemos el sonido aterrador de una trompeta y la solemne y amonestadora voz que hablaba. Todo esto nos presenta un cuadro espantoso. Sin embargo, en el lado de la gracia todo es placentero. Las ocho cosas aquí mencionadas pueden ser consideradas como cuatro pares. El alto monte de Sion y la bella Jerusalén celestial son el primer par, y denotan la habitación de Dios y el centro de Su administración universal. ¡Qué lugar tan hermoso! Los ángeles jubilosos que celebran, íntimamente relacionados con los herederos de la salvación a quienes ellos ministran (1:14), y los primogénitos bienaventurados de la iglesia forman el segundo par de la escena. ¡Qué demostración tan maravillosa de una reunión angélica! Ellos celebran el hecho de que los herederos humanos, la iglesia de los primogénitos, participen de la salvación, en las bendiciones del nuevo pacto. Dios, el Juez de todo, y los espíritus de los hombres justos, o sea, los santos antiguotestamentarios (sus cuerpos, no resucitados, no fueron dignos de ser mencionados en esta porción), conforman el tercer par, lo cual muestra que Dios, siendo justo, justifica a los santos justos de antaño debido a la fe que tenían. El amado Señor Jesús, el Mediador del nuevo pacto, que es un mejor pacto, y Su preciosa sangre rociada, la cual habla mejor que la de Abel, componen el último par, lo cual indica que un mejor pacto fue establecido con la mejor sangre de Jesús, que Jesús murió y legó a Sus creyentes este nuevo pacto como un nuevo testamento, y que ahora El es el Mediador y Albacea de este nuevo testamento, y como tal conduce a los creyentes a conocer en su experiencia todos los hechos benditos contenidos en él. ¡Qué escena tan agradable! ¡Qué contraste con la escena del lado de la ley, donde no se menciona a Dios ni al Salvador, ni siquiera se menciona a los ángeles! Con razón no se ve ninguna persona salva allí. En la escena de la gracia está el Dios que justifica, el Salvador, quien es el Mediador de Su nuevo testamento, y también Su sangre que habla, los ángeles ministradores con la asamblea (la iglesia) de los salvos, y los espíritus de los santos justificados. Por el lado de la ley, la escena termina con el sonido aterrador de una trompeta y con las palabras de advertencia. Por el lado de la gracia, la escena finaliza con un Mediador compasivo y un hablar que vindica a los creyentes. Después de ver tal contraste, ¿quién sería tan insensato para abandonar la gracia y volverse a la ley? Las ocho cosas que están del lado de la gracia no solamente son celestiales y espirituales, sino también eternas. Por lo tanto, aunque el cielo sea conmovido (v. 26), estas ocho cosas, las cuales son eternas, permanecerán (v. 27).

22[2] Véase la nota 10[1] del cap. 11.

22[3] O, reunión de festejo. La palabra griega significa *reunión universal, asamblea total* o *plena,* y se usa para denotar un grupo de personas reunidas para celebrar un festival público, tal como los juegos olímpicos. ¡Toda la era del nuevo pacto es un festival, y las miríadas de ángeles, quienes son los espíritus ministradores que sirven a los herederos de la salvación (1:14) bajo el nuevo pacto, forman una reunión universal que celebra el festival maravilloso de "una salvación tan grande" (2:3), "el juego" más grande y más emocionante del universo! Lo que el Señor dijo en Lc. 15:7, 10 y 1 P. 1:12 tal vez indique esto.

23[1] Véase la nota 16[1], párr. 2.

23[2] Aunque los primogénitos de la iglesia todavía no están en los cielos, sí están inscritos allí.

24[1] Aquí la palabra griega traducida *nuevo,* significa *fresco o joven* en

25 Mirad que no rehuséis a Aquel que [a]habla. Porque si no [b]escaparon aquellos que rehusaron al que los amonestaba en la tierra, mucho menos [c]*escaparemos* nosotros, si nos apartamos de Aquel que *amonesta* desde los cielos.

26 La voz del cual [a]conmovió entonces la tierra, pero ahora ha prometido, diciendo: "[b]Aún una vez, y conmoveré no solamente la tierra, sino también el cielo".

27 Y esta *frase:* "Aún una vez", indica con claridad la [a]remoción de las cosas movibles, como cosas hechas, para que [b]queden las inconmovibles.

28 Así que, recibiendo nosotros un [1a]reino inconmovible, [2]tengamos la [b]gracia, y mediante ella [c]sirvamos a Dios [d]agradándole con piedad y [e]temor;

25[a] He. 1:2; 2:3
25[b] Dt. 17:2-6; He. 10:28; 2:2
25[c] He. 10:29; 2:3
26[a] Ex. 19:18
26[b] Hag. 2:6
27[a] He. 1:10-12; Mt. 24:35; 2 P. 3:10; Ap. 21:1
27[b] He. 1:11-12; 13:8
28[a] Jn. 3:5; Ro. 14:17; Ap. 1:9
28[b] He. 4:16; 12:15; 13:9, 25
28[c] He. 9:14
28[d] He. 13:21
28[e] 2 Co. 7:1; 1 P. 1:17; 3:2

---

edad, mientras que la palabra traducida *nuevo* en 8:8, 13, y 9:15, significa *nuevo o fresco* en calidad.

24[2] En este libro la sangre de Cristo ocupa un lugar particularmente sobresaliente e importante. Es la sangre del pacto eterno (13:20), con la cual fue establecido el nuevo y mejor pacto (10:29). Por medio de esta sangre, Cristo entró una vez para siempre en el Lugar Santísimo y obtuvo una redención eterna para nosotros (9:12). Por medio de esta sangre, Cristo limpió los cielos y todas las cosas que en ellos hay (9:22-24). Esta sangre nos santifica (13:12; 10:29), purifica nuestra conciencia para que sirvamos al Dios vivo (9:14), y habla por nosotros mejor que la sangre de Abel (v. 24). En esta sangre tenemos confianza para entrar en el Lugar Santísimo (10:19). No debemos considerar esta sangre como algo común, como lo es la sangre de los animales; si lo hacemos, sufriremos el castigo de Dios (10:29).

24[3] La sangre de Cristo no solamente redime, santifica y purifica, sino que también habla. Es la sangre que habla, y habla mejor que la de Abel. La sangre de Abel habla a Dios acusando y pidiendo venganza (Gn. 4:10-15), mientras que la sangre de Cristo habla a Dios pidiendo perdón, justificación, reconciliación y redención. Además, esta sangre preciosa habla a Dios en nuestro favor, diciendo que por medio de la sangre (como lo revela este libro), el nuevo pacto, el cual es eterno, ha sido establecido, y que en este nuevo pacto Dios debe darse a Sí mismo y todas Sus bendiciones a los que creen en Cristo, quienes reciben este pacto por fe.

28[1] El evangelio que el Nuevo Testamento nos ha predicado es el evangelio del reino (Mt. 3:1-2; 4:17, 23; 10:7; 24:14). Fuimos regenerados para entrar en el reino (Jn. 3:5) y fuimos trasladados al reino (Col. 1:13). Ahora estamos en el reino (Ap. 1:9), el cual hoy en día es la apropiada vida de iglesia (Ro. 14:17). Sin embargo, donde estamos hoy y lo que se encuentra en la vida de la iglesia es el reino en su realidad, pero lo que vendrá en el futuro con el regreso de Cristo será el reino en su manifestación.

El reino en su realidad, o la realidad del reino, es un ejercicio y una disciplina para nosotros (Mt. 5:3, 10, 20; 7:21) en la iglesia hoy en día, mientras que el reino en su manifestación, o la manifestación del reino, será una recompensa y un disfrute para nosotros (Mt. 16:27; 25:21, 23) en el reino milenario en la era venidera. Si tomamos el ejercicio del Espíritu y la disciplina de Dios en la realidad del reino hoy, recibiremos la recompensa del Señor y entraremos en el reposo sabático venidero (4:9) cuando se manifieste el reino en la era venidera. De otro modo, perderemos el reino venidero, no seremos recompensados con la manifestación

29 porque nuestro Dios es [1a]fuego consumidor.

29a Dt. 4:24; 9:3

del reino en la venida del Señor, ni tendremos derecho a entrar en la gloria del reino para participar en el reinado de Cristo en el reino milenario, y perderemos nuestra primogenitura y por ende no podremos heredar la tierra en la era venidera ni ser los sacerdotes reales que sirven a Dios y a Cristo en Su gloria manifestada, ni ser los correyes junto con Cristo, quienes gobiernan a las naciones con la autoridad divina (Ap. 20:4, 6). Perder el reino venidero y abandonar nuestra primogenitura no significa que pereceremos; significa que perderemos la recompensa pero no la salvación. (Véase la nota 35[1] del cap. 10.) Sufriremos una pérdida, pero de todos modos seremos salvos, aunque así como por fuego (1 Co. 3:14-15). Este es el concepto fundamental sobre el cual se basan las cinco advertencias dadas en este libro. Todos los puntos negativos de estas advertencias están relacionados con perder la recompensa en el reino venidero, mientras que todos los puntos positivos están relacionados con la recompensa y el disfrute del reino. Las siete epístolas de Ap. 2 y 3 concluyen con este mismo concepto: la recompensa del reino o la pérdida de ésta. Solamente a la luz de este concepto podemos entender apropiadamente y aplicar correctamente lo dicho en Mt. 5:20; 7:21-23; 16:24-27; 19:23-30; 24:46-51; 25:11-13, 21, 23, 26-30; Lc. 12:42-48; 19:17, 19, 22-27; Ro. 14:10, 12; 1 Co. 3:8, 13-15; 4:5; 9:24-27; 2 Co. 5:10; 2 Ti. 4:7-8; He. 2:3; 4:1, 9, 11; 6:4-8; 10:26-31, 35-39; 12:16-17, 28-29; Ap. 2:7, 10-11, 17, 26-27; 3:4-5, 11-12, 20; 22:12. Si no tenemos este concepto, la interpretación de estos versículos cae ya sea en la objetividad extrema de la escuela calvinista o en la subjetividad extrema de la escuela arminiana. Ninguna de estas escuelas reconoce la recompensa del reino, más aún, no ven la pérdida de la recompensa del reino. Por lo tanto, ambas creen que los puntos negativos de estos versículos se refieren a la perdición. La escuela calvinista, la cual cree en la salvación eterna (es decir, una persona salva nunca perecerá), considera que todos estos versículos se aplican a la perdición de los creyentes falsos; mientras que la escuela arminiana, la cual cree que una persona salva perecerá si cae, considera que estos puntos se aplican a la perdición de los creyentes que han caído. Sin embargo, la revelación completa de la Biblia nos muestra que estos puntos negativos se refieren a la pérdida de la recompensa del reino. La salvación de Dios es eterna; una vez que la obtenemos, nunca la perdemos (Jn. 10:28-29). No obstante, es posible que perdamos la recompensa del reino, aunque de todos modos seremos salvos (1 Co. 3:8, 14-15). Las advertencias que vemos en el libro de Hebreos no se refieren a la pérdida de la salvación eterna, sino a la pérdida de la recompensa del reino. Aunque los creyentes hebreos habían recibido el reino, corrían el riesgo de perder la recompensa en la manifestación del reino si retrocedían de la gracia de Dios, es decir, si retrocedían del camino del nuevo pacto de Dios. Esta era la principal preocupación del escritor al amonestar a los titubeantes creyentes hebreos.

28[2] O, tomemos. Tener gracia, especialmente para los creyentes hebreos, era permanecer en el nuevo pacto para disfrutar a Cristo.

29[1] Dios es santo; la santidad es Su naturaleza. El como fuego consumidor devorará todo lo que no corresponda a Su naturaleza santa. Si los creyentes hebreos se hubieran apartado al judaísmo, lo cual era profano (es decir, no santo) a los ojos de Dios, se habrían hecho impíos, y el Dios santo como fuego consumidor los habría consumido. Dios no solamente es justo sino también santo. Para satisfacer la justicia de Dios, necesitamos ser justificados mediante la redención de Cristo. Para satisfacer los requisitos de Su santidad, necesitamos ser santificados, hechos santos por el Cristo celestial, presente y vivo.

CAPITULO 13

IV. Virtudes para la vida de la iglesia
13:1-19

A. Seis asuntos prácticos
vs. 1-7

1 [1]Permanezca el [2a]amor fraternal.
2 No os olvidéis de la [a]hospitalidad, porque por ella
algunos, sin saberlo, [b]hospedaron ángeles.
3 [1]Acordaos de los presos, como si estuvierais presos
juntamente *con ellos;* y de los [a]maltratados, como que también vosotros mismos estáis en el cuerpo.
4 Honroso sea [1]entre todos el [2]matrimonio, y el lecho sin
mancilla; porque a los [a]fornicarios y a los adúlteros los
[3b]juzgará Dios.
5 Sea vuestra conducta sin [1a]amor al dinero, [b]satisfechos
con lo que tenéis ahora; porque El dijo: "[c]No te desampararé,
ni te dejaré";

1[a] Ro. 12:10; 1 Ts. 4:9
2[a] Ro. 12:13; 1 P. 4:9
2[b] Gn. 18:2-8; 19:1-3
3[a] He. 11:25, 37
4[a] He. 12:16; 1 Co. 5:11; 6:9, 10; Gá. 5:19, 21; Ef. 5:5
4[b] cfr. 1 Ts. 4:6
5[a] 2 Ti. 3:2
5[b] Fil. 4:11; 1 Ti. 6:8
5[c] Dt. 31:6; Jos. 1:5

La Epístola a los Romanos da más énfasis a la justificación (Ro. 3:24) por la justicia de Dios (Ro. 3:25-26), mientras que la Epístola a los Hebreos recalca la santificación (2:11; 10:10, 14, 29; 13:12) por la santidad de Dios (v. 14). Para alcanzar la santificación, los creyentes hebreos debían separarse del judaísmo impío y apartarse para el Dios santo, quien se había expresado por completo en el Hijo bajo el nuevo pacto; de no ser así, ellos se habrían contaminado con su religión vieja y profana y habrían sido juzgados por el Dios santo, quien es fuego consumidor. ¡Eso habría sido espantoso! (10:31). Con razón Pablo tomó muy en serio el temor del Señor (2 Co. 5:11).

1[1] O, continúe.

1[2] Este capítulo, como lo indica su contenido, se escribió para que fuera apropiada la vida de iglesia. Casi todo lo mencionado aquí, tal como el amor fraternal y la hospitalidad, tiene como objetivo la vida de la iglesia, y no solamente la vida cristiana.

3[1] Esto significa sufrir con los miembros sufridos del Cuerpo de Cristo, la iglesia (1 Co. 12:26).

4[1] O, en todo aspecto.

4[2] En la vida de la iglesia, el contacto entre hermanos y hermanas es inevitable. Por lo tanto, para ser protegidos y no caer en contaminación, debemos tener el matrimonio en honor y no conducirnos de una manera liviana. Esto es un asunto que afecta seriamente nuestra primogenitura en la economía de Dios. Rubén perdió su primogenitura debido a su contaminación (Gn. 49:3-4; 1 Cr. 5:1), y José la recibió por causa de su pureza (1 Cr. 5:1; Gn. 39:7-12; véase la nota 16[1] del cap. 12). Dios juzgará a los fornicarios y a los adúlteros, y la iglesia también debe juzgarlos (1 Co. 5:1-2, 11-13). Este asunto es lo que más perjudica a los santos y a la vida de la iglesia.

4[3] Este libro trata de la santidad de Dios. El Dios santo no tolerará ninguna contaminación entre nosotros. El juzgará a Su pueblo (10:30; 12:23).

5[1] Indudablemente, los que aman el dinero no pueden entrar en la realidad de la vida de la iglesia. Siempre debemos estar satisfechos con lo que tenemos para que las riquezas no nos distraigan de la vida de la iglesia. Puesto que el Señor es nuestro Ayudador, debemos estar contentos y en paz

6 de manera que podemos decir confiadamente: "[a]El
Señor es mi Ayudador; no temeré. ¿Qué me podrá hacer el
hombre?"
7 [1]Acordaos de vuestros [a]guías, que os [b]hablaron la palabra de Dios, y considerando el resultado de su [c]conducta,
[d]imitad su fe.

B. Experiencias de Cristo
vs. 8-15

8 [1]Jesucristo es el [a]mismo ayer, y hoy, y por los siglos.
9 No os dejéis [a]llevar de [1b]enseñanzas diversas y extrañas; porque buena cosa es que el corazón sea [2]afirmado por
la [c]gracia, no con [3d]alimentos ceremoniales, que nunca apro-
vecharon a los que andaban confiados en ellos.

6[a] Sal. 118:6
7[a] He. 13:17, 24; 1 Ts. 5:12
7[b] Hch. 4:31
7[c] 1 Ts. 1:5
7[d] He. 6:12; 1 Co. 4:16; 11:1; 1 Ts. 1:6
8[a] He. 1:12; Ap. 1:18; 22:13
9[a] Ef. 4:14; cfr. Hch. 20:30
9[b] 1 Ti. 1:3; Gá. 1:6-9; 2 Co. 11:4
9[c] He. 12:15
9[d] He. 9:9-10; Col. 2:16

---

para ser guardados completamente en el disfrute de la vida de la iglesia.

7[1] Esto es esencial en la vida de la iglesia. Los ministros de la palabra de Dios deben tener una conducta que sea un ejemplo de fe, la cual puedan imitar los miembros de la iglesia, los que reciben la palabra de Dios. Luego los miembros de la iglesia no solamente recibirán la palabra que los ministros compartan, sino que también imitarán la fe de éstos, la cual se expresa en su conducta.

El v. 7 es la continuación de los vs. 5-6. *Conducta* debe de referirse a la vida y al comportamiento que los ministros de la palabra de Dios procuraban llevar, en la cual ellos no amaban el dinero y estaban satisfechos con lo que tenían (v. 5a). *Su fe* debe de referirse al hecho de que confiaban en que el Señor, su Ayudador, los sustentaría (vs. 5b-6). La palabra que ministraban y la vida que llevaban, debieron de haber sido únicamente Cristo, y su fe debió de haber sido la fe en Cristo, de la cual Cristo es el Autor y Perfeccionador (12:2). Tal conducta y tal fe eran indudablemente dignas de ser imitadas por los creyentes, quienes habían recibido la palabra de Dios que los ministros compartían y quienes habían considerado el resultado de su conducta.

8[1] Cristo, quien es la palabra que los ministros mencionados en el v. 7 predicaban y enseñaban, quien es la vida que ellos vivían, y quien es el Autor y Perfeccionador de su fe, es perpetuo, inmutable y no cambia. El permanece para siempre (1:11-12). No se debe predicar ni otro Jesús ni otro evangelio en la iglesia (2 Co. 11:4; Gá. 1:8-9). Para tener una verdadera y perseverante vida de iglesia, debemos asirnos al Cristo que es el mismo ayer, hoy y por siempre, y no debemos dejarnos llevar de enseñanzas diversas y extrañas (v. 9).

9[1] Las enseñanzas diversas y extrañas siempre son usadas por Satanás para causar disensiones, e incluso divisiones, en la iglesia. Debido a esto, el apóstol mandó que no se enseñaran cosas diferentes (1 Ti. 1:3). Las enseñanzas diversas y extrañas deben de haber sido promovidas por los judaizantes de ese tiempo. El escritor advirtió a los creyentes hebreos que no permitieran que las enseñanzas de los judaizantes los desviaran de la vida de la iglesia, la cual está bajo el nuevo pacto.

9[2] En ese entonces, ser confirmados por medio de la gracia era permanecer en el nuevo pacto para disfrutar a Cristo como la gracia (Gá. 5:4) y no ser llevados al judaísmo a participar de los alimentos (los sacrificios) en las ceremonias religiosas de los judíos.

10 Tenemos un [1]altar, del cual no tienen derecho de [a]co-
mer los que sirven al tabernáculo.
11 Porque los [1a]cuerpos de aquellos animales cuya [b]san-
gre es introducida a causa del pecado en el *Lugar* Santísimo
por el sumo sacerdote, son quemados fuera del campamento.
12 Por lo cual también Jesús, para [1a]santificar al pueblo
mediante Su propia [2b]sangre, padeció [c]fuera de la [3]puerta.

10[a] cfr. 1 Co. 10:18
11[a] Lv. 16:27; 4:21
11[b] Lv. 16:14-16
12[a] He. 2:11; 10:14, 29
12[b] He. 9:12, 14; 10:19; 12:24
12[c] Jn. 19:17-18, 20

9[3] Los alimentos aquí mencionados, en contraste con la gracia, son los alimentos usados en las ceremonias religiosas del antiguo pacto (9:10; Col. 2:16). Los judaizantes intentaron usar tales alimentos para desviar a los creyentes hebreos del disfrute de la gracia, la cual es la participación del nuevo pacto en Cristo.

10[1] Este altar debe de ser la cruz en la cual el Señor Jesús se ofreció como sacrificio por nuestros pecados (10:12). Conforme a los reglamentos relacionados con las ofrendas del Antiguo Testamento, ni al sacerdote que presentaba la ofrenda ni al oferente se les permitía comer del sacrificio por el pecado ni de la ofrenda por el pecado, cuya sangre era introducida en el Lugar Santísimo o en el Lugar Santo para hacer expiación; toda la ofrenda tenía que ser quemada (Lv. 4:2-12; 16:27; 6:30). Por lo tanto, aquellos que servían en el tabernáculo no tenían derecho a comer lo que se ofrecía en el altar de la ofrenda por el pecado (el cual en el cumplimiento del Nuevo Testamento es la cruz del Señor). El v. 10 es un argumento contundente en contra del uso de alimentos en las enseñanzas extrañas de los judaizantes, las cuales tenían como fin impedir que los creyentes del nuevo pacto disfrutaran a Cristo. Los judaizantes hacían énfasis en los alimentos que disfrutaban en sus servicios religiosos. Sin embargo, el escritor de este libro afirma que en la ofrenda por el pecado, la ofrenda básica para la expiación anual (Lv. 16), no había nada de comer para nadie. Con respecto a la ofrenda por el pecado, el asunto no es comerla sino recibir su eficacia. Hoy en día la verdadera ofrenda por el pecado es Cristo, quien se ofreció a Dios por nuestro pecado y efectuó plena redención (la cual es mejor que la expiación, véase la nota 12[2] del cap. 9) por nosotros para que fuéramos conducidos a disfrutar la gracia de Dios en El, bajo el nuevo pacto. Lo que hoy necesitamos no es comer los alimentos de los servicios del antiguo pacto, sino recibir la eficacia de la ofrenda de Cristo y seguirlo en la gracia del nuevo pacto fuera del campamento, es decir, fuera de la religión judía.

11[1] La sangre de la ofrenda por el pecado, introducida en el Lugar Santísimo el día de la Expiación para hacer expiación por el pueblo (Lv. 16:14-16), tipifica la sangre de Cristo, quien es la verdadera ofrenda por el pecado, introducida en el verdadero Lugar Santísimo para llevar a cabo la redención por nosotros. Los cuerpos de los animales quemados fuera del campamento (Lv. 16:27) tipifican el cuerpo de Cristo, sacrificado por nosotros fuera de la puerta de Jerusalén (v. 12).

12[1] Este libro nos revela que el llamamiento celestial de Dios consiste en hacer de nosotros un pueblo santo (3:1), un pueblo santificado para Dios. Cristo es el Santificador (2:11). El murió en la cruz derramando Su sangre, y entró en el Lugar Santísimo con Su sangre (9:12) para efectuar la obra santificadora por medio del ministerio celestial (8:2, 6) de Su sacerdocio celestial (7:26), y para que nosotros entráramos más allá del velo por medio de Su sangre a fin de participar de El como el Santificador celestial. Al participar de El de esta manera, somos capacitados para seguirlo fuera del campamento en el camino santificador de la cruz. Véanse las notas 12[2] y 13[1].

13 Salgamos, pues, [a]a El, [1b]fuera del [2]campamento, llevando Su [c]vituperio;
14 porque no tenemos aquí [a]ciudad permanente, sino que
[1b]buscamos [c]la por venir.
15 Así que, [a]ofrezcamos siempre a Dios, [1]por medio de El,
sacrificio de [b]alabanza, es decir, [c]fruto de labios que [d]confie-
san Su nombre.

13[a] He. 12:2
13[b] He. 13:11; Ex. 33:7-11
13[c] He. 11:26; Ro. 15:3; 1 P. 4:14; 2 Co. 12:10
14[a] cfr. He. 10:34
14[b] He. 11:10, 14, 16
14[c] Ap. 21:2
15[a] 1 P. 2:5
15[b] He. 2:12; Ef. 5:19-20; Col. 3:16
15[c] Os. 14:2
15[d] Fil. 2:11

12[2] La sangre del Señor, por medio de la cual El entró al Lugar Santísimo (9:12), abrió un camino nuevo y vivo, permitiéndonos así entrar más allá del velo para disfrutarle en los lugares celestiales como Aquel que fue glorificado (10:19-20); y Su cuerpo, que fue sacrificado por nosotros en la cruz, abrió el camino estrecho de la cruz, capacitándonos con esto para salir del campamento y seguirle en la tierra como Aquel que padeció (v. 13).

12[3] Esta es la puerta de la ciudad de Jerusalén. La ciudad representa la esfera terrenal, mientras que el campamento representa la organización humana. Las dos cosas en conjunto representan una sola: la religión judía con sus dos aspectos, el terrenal y el humano. El judaísmo es tanto terrenal como humano.

13[1] *Fuera del campamento* y *hasta dentro del velo* (6:19) son dos puntos muy notables en este libro. Pasar más allá del velo significa entrar en el Lugar Santísimo, donde el Señor está entronizado en gloria, y salir del campamento significa salir de la religión, de donde el Señor fue arrojado. Esto significa que debemos estar en nuestro espíritu, donde ahora, en nuestra experiencia, está el Lugar Santísimo propiamente dicho, y fuera de la religión, donde hoy en día está el verdadero campamento. Cuanto más estemos en nuestro espíritu, disfrutando al Cristo celestial, más saldremos del campamento de la religión, siguiendo a Jesús en Sus sufrimientos. Estar en nuestro espíritu y disfrutar al Cristo glorificado nos capacita para salir del campamento de la religión y seguir al Jesús rechazado. Cuanto más permanezcamos en nuestro espíritu para tener contacto con el Cristo celestial, quien está en la gloria, más saldremos del campamento de la religión e iremos al humilde Jesús para sufrir con El. Al tener contacto con Cristo en los cielos y al disfrutar Su glorificación, recibimos energía para tomar el angosto camino de la cruz en la tierra y para llevar el vituperio de Jesús. Primero, este libro nos presenta una visión clara del Cristo celestial y del Lugar Santísimo celestial, y luego nos muestra cómo andar en la tierra en el camino de la cruz, es decir, cómo ir a Jesús fuera del campamento, fuera de la religión, llevando el vituperio de Jesús. Incluso Moisés, después de que los hijos de Israel adoraron al becerro de oro (Ex. 32), se fue a un lugar fuera del campamento, donde todo aquel que buscaba al Señor iba para reunirse con él, porque tanto la presencia como el hablar del Señor estaban allí (Ex. 33:7-11). Debemos salir del campamento para disfrutar la presencia del Señor y para oír Su hablar. Todas estas cosas son necesarias para tener una vida de iglesia apropiada y práctica.

El Lugar Santísimo, el camino de la cruz (lo cual vemos representado en la frase: "Salgamos, pues, a El, fuera del campamento, llevando Su vituperio"), y el reino, son tres asuntos cruciales presentados en este libro. El Lugar Santísimo con su rico suministro nos capacita para seguir el angosto y difícil camino de la cruz, el cual nos conduce al reino en su manifestación a fin de obtener el galardón de la gloria.

13[2] Véase la nota 12[3].

14[1] El escritor de este libro se consideraba a sí mismo y a sus lectores como los hebreos que verdaderamente eran cruzadores de ríos, como los patriarcas (11:9-10, 13-16).

15[1] El v. 15 es la continuación de

C. Otros cuatro aspectos necesarios
vs. 16-19

16 Y de hacer bien y de [1a]la ayuda *mutua* no os olvidéis;
porque de tales [b]sacrificios se agrada Dios.
17 [1]Obedeced a vuestros [a]guías, y [b]sujetaos *a ellos;* porque
ellos [c]velan por vuestras almas, como quienes han de dar
cuenta; para que lo hagan con gozo, y no quejándose, porque
esto no os es provechoso.
18 [1a]Orad por nosotros, porque estamos convencidos de
tener [b]buena conciencia, deseando conducirnos honorable-
mente en todo.
19 Y más os exhorto a hacerlo así, para que yo os sea
restituido más pronto.

V. Conclusión
13:20-25

20 Ahora bien, el [a]Dios de paz que [b]resucitó de los muertos
a nuestro Señor Jesús, el gran [c]Pastor de las [1d]ovejas, en
virtud de la [e]sangre del [2f]pacto eterno,

16[a] He. 6:10; Ro. 12:13; Fil. 4:15-16; 2 Co. 8:4
16[b] Fil. 4:18
17[a] He. 13:7, 24
17[b] 1 Co. 16:16; 1 P. 5:5
17[c] Hch. 20:28-31; 1 P. 5:2
18[a] Ef. 6:19; Col. 4:3; 1 Ts. 5:25; 2 Ts. 3:1
18[b] Hch. 23:1; 24:16; 1 Ti. 1:5, 19; 1 P. 3:16
20[a] Ro. 15:33; 16:20; 2 Co. 13:11; Fil. 4:9; 1 Ts. 5:23
20[b] Hch. 2:24; 3:15; 4:10
20[c] Jn. 10:11, 14; 1 P. 2:25; 5:4
20[d] Jn. 10:16
20[e] He. 9:12
20[f] He. 8:6, 8; 9:15

los vs. 8-14. Puesto que en la vida de iglesia disfrutamos como gracia al Cristo inmutable y le seguimos fuera de la religión, debemos por intermedio Suyo ofrecer sacrificios espirituales a Dios. Primero, en la iglesia debemos ofrecer continuamente por medio de El un sacrificio de alabanza a Dios. En la iglesia El canta en nosotros himnos de alabanza a Dios el Padre (2:12). En la iglesia nosotros también debemos alabar a Dios el Padre por medio de El. Finalmente, en la iglesia, El y nosotros, nosotros y El, alabamos al Padre juntos en el espíritu mezclado. El, como Espíritu vivificante, alaba al Padre en nuestro espíritu, y nosotros, por medio de nuestro espíritu, alabamos al Padre en Su Espíritu. Este es el mejor y más elevado sacrificio que podemos ofrecer a Dios por medio de El. Esto es muy necesario en las reuniones de la iglesia.

16[1] Lit., tener comunión. Hacer bien se refiere a dar, y tener comunión se refiere a la ayuda mutua, es decir, a tener comunión con respecto a las necesidades de los santos. Hacer este bien y tener esta comunión con otros también son sacrificios que debemos ofrecer a Dios. Esto también es necesario para tener una vida apropiada de iglesia. Sería verdaderamente impropio que en la iglesia a algunos santos necesitados no se les cuidara bien ni se les ministrara. Esto significaría que no hay comunión con los demás o que es inadecuada.

17[1] Esto es una necesidad fundamental en la vida de la iglesia.

18[1] Orar por los apóstoles es otro aspecto de la vida de la iglesia.

20[1] Aquí las ovejas son el rebaño, es decir, la iglesia. Esto confirma la perspectiva de que lo presentado en este capítulo, lo cual incluye la experiencia del Cristo inmutable como nuestra ofrenda por el pecado por medio de quien fuimos redimidos, y la de El como nuestro gran Pastor, que ahora nos alimenta, se dio para la vida de la iglesia.

20[2] Este libro no trata de las cosas temporales, tales como las cosas del antiguo pacto, sino de las cosas eternas, las cuales están más allá del límite del tiempo y del espacio, tales como la salvación eterna (5:9), el juicio eterno (6:2), la redención eterna (9:12), el

21 os [a]perfeccione en toda [b]obra buena para que hagáis Su
[c]voluntad, [1]haciendo El [d]en nosotros lo que es [e]agradable
delante de El por medio de Jesucristo; a El sea la [f]gloria por
los siglos de los siglos. Amén.
22 Os ruego, hermanos, que [1]soportéis esta palabra de
[a]exhortación, pues os he escrito brevemente.
23 Sabed que está en libertad nuestro hermano [1a]Timo-
teo, con el cual, si viene pronto, iré a veros.
24 [1]Saludad a todos vuestros [a]guías, y a todos los santos.
Los de Italia os saludan.
25 [1a]La gracia sea con todos vosotros. Amén.

21a Ef. 4:12; 1 Ts. 3:10; 1 P. 5:10
21b Ef. 2:10; Col. 1:10
21c Ro. 12:2; Col. 1:9
21d Fil. 2:13
21e He. 12:28; 1 Jn. 3:22
21f Ro. 16:27; Ef. 3:21; 2 P. 3:18; Ap. 5:13
22a 1 P. 5:12
23a Hch. 16:1; Ro. 16:21; 1 Co. 16:10; 1 Ts. 3:2, 6
24a He. 13:7, 17
25a Ro. 16:20; Gá. 6:18; Ef. 6:24; 2 Ti. 4:22; Tit. 3:15

Espíritu eterno (9:14), la herencia eterna (9:15) y el pacto eterno (13:20).

El nuevo pacto no es solamente un mejor pacto (7:22; 8:6), sino también un pacto eterno. Es eternamente eficaz debido a la eficacia eterna de la sangre de Cristo, con la cual fue puesto en vigencia (Mt. 26:28; Lc. 22:20).

21[1] Dios está haciendo en nosotros lo que es agradable delante de El por medio de Jesucristo, para que podamos hacer Su voluntad. Dios realiza en nosotros tanto el querer como el hacer por Su buena voluntad (Fil. 2:13). Desde el principio hasta el fin, este libro nos presenta un Cristo celestial. Solamente aquí, con la expresión "haciendo El en nosotros ... por medio de Jesucristo", este libro implica que Cristo mora en nosotros. Por medio del Cristo que mora en nuestro ser, Dios obra en nosotros para que podamos hacer Su voluntad.

22[1] Es decir, perseveréis y recibáis. En la vida de la iglesia también es necesario soportar la palabra del apóstol (Hch. 2:42).

23[1] La mención de Timoteo de una manera tan íntima demuestra claramente que este libro fue escrito por el apóstol Pablo. Véase 1 Ti. 1:2 y 2 Ti. 1:2.

24[1] En este versículo los saludos son una forma de comunión en la iglesia y entre las iglesias.

25[1] Necesitamos la gracia para que todas las cosas reveladas en este libro sean reales para nosotros, y para que participemos de ellas. Para tener gracia (12:28) necesitamos acercarnos al trono de la gracia y hallar gracia para el oportuno socorro (4:16). Cuando tocamos el trono de la gracia en el Lugar Santísimo al ejercitar nuestro espíritu, disfrutamos al Espíritu de gracia (10:29) y así nuestro corazón es confirmado por la gracia (v. 9). Disfrutando de esta gracia corremos la carrera puesta delante de nosotros (12:1), para alcanzar la meta de la economía de Dios.

LA EPISTOLA
DE
JACOBO
(SANTIAGO)

BOSQUEJO

I. Introducción: a las doce tribus que están en la dispersión—1:1

II. Las virtudes prácticas de la perfección cristiana—1:2—5:20

A. Soportar por fe las pruebas—1:2-12

B. Resistir la tentación como nacidos de Dios—1:13-18

C. Llevar una vida en el temor de Dios por la palabra implantada según la perfecta ley de la libertad—1:19-27

D. No hacer acepción de personas entre los hermanos—2:1-13

E. Ser justificados por las obras en las relaciones entre los creyentes—2:14-26

F. Refrenar la lengua—3:1-12

G. Conducirse con sabiduría—3:13-18

H. Vencer las pasiones, el mundo y el diablo—4:1-10

I. No hablar mal contra los hermanos—4:11-12

J. No confiar en la voluntad propia sino en el Señor—4:13-17 (Advertencia a los ricos—5:1-6)

K. Aguardar con longanimidad la venida del Señor—5:7-11

L. Hablar honestamente sin jurar—5:12

M. Prácticas sanas en la vida de iglesia—5:13-20

LA EPISTOLA
DE
JACOBO
(SANTIAGO)

Autor: Jacobo (también conocido con el nombre español Santiago), esclavo de Dios y del Señor Jesucristo: hermano del Señor en cuanto a la carne (1:1; Mt. 13:55).

Fecha: Posiblemente por el año 50 d. de C., antes de la decadencia de la iglesia, a la cual nunca alude este libro.

Lugar: Probablemente Jerusalén, de donde aparentemente Jacobo nunca salió.

Destinatarios: Las doce tribus que estaban en la dispersión (véase 1:1 y las notas 3 y 4).

Tema:
La perfección cristiana práctica

CAPITULO 1

I. Introducción: a las doce tribus que están en la dispersión
1:1

1 [1]Jacobo, [a]esclavo de Dios y del [2]Señor Jesucristo, a las
[3]doce [b]tribus que están en la [4c]dispersión: [5]¡Regocijaos!

1[a] Ro. 1:1; 2 P. 1:1; Jud. 1

1[b] Hch. 26:7; Lc. 22:30

1[c] Dt. 32:26; Ez. 20:23; Jn. 7:35

1[1] Hermano del Señor Jesús (Mt. 13:55) y de Judas (Jud. 1) en la carne. No fue uno de los doce apóstoles que el Señor escogió mientras estaba en la tierra, pero llegó a ser apóstol después de la resurrección del Señor (Gá. 1:19) y vino a ser el anciano principal de la iglesia en Jerusalén (Hch. 12:17; 15:2, 13; 21:18). Era considerado, junto con Pedro y Juan, una columna de la iglesia, y Pablo lo menciona como el primero entre las tres columnas (Gá. 2:9).

1[2] Jacobo consideraba al Señor Jesús como igual a Dios. Esto era contrario al judaísmo, el cual no reconocía la deidad del Señor (Jn. 5:18).

1[3] Se refiere a las tribus de Israel, lo cual indica que esta epístola fue escrita a los cristianos judíos, quienes tenían la fe de nuestro Señor Jesucristo, el Señor de gloria (2:1), quienes fueron justificados por la fe (2:24), regenerados por la palabra de verdad (v. 18) y en quienes moraba el Espíritu de Dios (4:5), y quienes también eran miembros de la iglesia (5:14), los cuales esperaban la venida del Señor (5:7-8). Sin embargo, el escritor, al llamar a estos creyentes en Cristo "las doce tribus", tal como fue llamado el pueblo escogido de Dios en Su economía antiguotestamentaria, indica que no tenía una visión clara con respecto a la diferencia entre los cristianos y los judíos, entre la economía neotestamentaria de Dios y la

II. Las virtudes prácticas de la perfección cristiana
1:2—5:20

A. Soportar por fe las pruebas
1:2-12

2 [a]Hermanos míos, tened por sumo [b]gozo cuando os halléis en diversas [1c]pruebas,
3 sabiendo que la [a]prueba de vuestra [1]fe produce [b]perse-
verancia.
4 Mas tenga la [a]perseverancia *su* obra perfecta, para que
seáis [1b]perfectos y cabales, sin que os falte cosa alguna.
5 Y si alguno de vosotros tiene falta de [1a]sabiduría,
[2b]pídala a Dios, el cual da a todos [3]con liberalidad y [4]sin
reproche, y le será dada.

2[a] Jac. 1:16, 19; 2:1, 5, 14; 3:1, 10, 12; 4:11; 5:7, 9, 10, 12, 19
2[b] Mt. 5:12; 1 P. 4:13
2[c] Jac. 1:12; 1 P. 1:6
3[a] Jac. 1:12; 1 P. 1:7
3[b] Ro. 5:3; 2 P. 1:6
4[a] Ro. 5:4
4[b] Jac. 3:2; Mt. 5:48; 1 Ts. 5:23
5[a] Jac. 3:13, 17; 1 R. 3:9-12; Pr. 2:2, 6
5[b] Pr. 28:5; Mr. 11:24

---

dispensación del Antiguo Testamento. No veía que en el Nuevo Testamento Dios libró de la nación judía a los judíos que creían en Cristo y los separó de ella, a la cual en ese entonces Dios consideró una generación perversa (Hch. 2:40). Dios, en Su economía neotestamentaria, no considera que estos creyentes sean judíos apartados para el judaísmo, sino cristianos apartados para la iglesia. Ellos, como miembros de la iglesia de Dios, deben ser distintos y estar separados de los judíos al mismo grado que de los gentiles (1 Co. 10:32). Pero Jacobo, una columna de la iglesia, en su epístola a los hermanos cristianos seguía llamándolos "las doce tribus". (Esta tal vez sea la razón por la cual dirigió la palabra en 5:1-6 a la clase rica de los judíos en general.) Esto era contrario a la economía neotestamentaria de Dios. Véase la nota 2[1] del cap. 2.

1[4] Véase la nota 1[4] de 1 P. 1. Esta dispersión debe de haber incluido el esparcimiento de los creyentes judíos desde Jerusalén, causado por la persecución que sobrevino después de Pentecostés (Hch. 8:1, 4).

1[5] Véase la nota 10[3] de 2 Jn.

2[1] Véase la nota 12[1].

3[1] La fe cristiana, la cual Dios dio en Cristo (2 P. 1:1; Jac. 2:1).

4[1] Aunque Jacobo no tenía una visión clara en cuanto a la diferencia entre la gracia y la ley, su epístola se distingue y sobresale en su presentación de la conducta cristiana, pues da énfasis a la perfección cristiana práctica a fin de que los creyentes sean perfectos y cabales, sin que les falte cosa alguna. Este se puede considerar el tema principal de esta epístola. Tal perfección en el comportamiento cristiano requiere las pruebas de la disciplina gubernamental de Dios, y la perseverancia de los creyentes por la virtud del nacimiento divino, obtenido mediante la regeneración por la palabra implantada (vs. 18, 21).

5[1] Dios en Cristo concibió Su plan eterno y lo llevó a cabo por Su sabiduría (1 Co. 2:7; Ef. 3:9-11; Pr. 8:12, 22-31). Y en Su economía neotestamentaria Dios hizo que Cristo fuera primeramente nuestra sabiduría (1 Co. 1:24, 30). Se necesita la sabiduría de Dios para la perfección cristiana práctica. Por tanto, necesitamos pedirle a Dios sabiduría.

A la luz del contenido de esta epístola, es evidente que Jacobo no tenía una visión clara con respecto a la economía neotestamentaria de Dios. Sin embargo, sí tenía sabiduría para presentar los asuntos relacionados con la vida cristiana práctica.

5[2] Jacobo era considerado un hombre de oración. Aquí exhorta a los destinatarios de su epístola a orar pidiendo sabiduría, lo cual da a entender que Dios le dio sabiduría mediante la oración. En esta epístola da énfasis a la oración (5:14-18). La oración es una

6 Pero pida con [a]fe, no [1b]dudando nada; porque el que
[1]duda es semejante al oleaje del [c]mar, que es arrastrado por
el [d]viento y echado de una parte a otra.
7 No piense, pues, ese hombre, que recibirá cosa alguna
del Señor,
8 siendo hombre [1a]de doble ánimo, inestable en todos sus
caminos.
9 El hermano de humilde condición, [1]gloríese en su
[2a]exaltación;
10 y el [1]rico, en su humillación; porque él [a]pasará como
la [b]flor de la hierba.
11 Porque el [1]sol se levanta con [2]calor abrasador y seca la
[a]hierba, y su flor se cae, y la [b]hermosura de su apariencia
perece; así también se marchitará el [3c]rico en todas sus
empresas.

---

virtud de la perfección cristiana práctica.

5[3] O, con simplicidad, generosamente, sin reserva (Ro. 12:8; 2 Co. 8:2).

5[4] Un hombre tacaño no daría nada; si diera algo, lo daría con reproche, con palabras hirientes. Dios, quien da a todos con liberalidad, no actúa así.

6[1] O, vacilando … vacila.

8[1] Cuando Dios creó al hombre le dio solamente un alma, que tiene una mente y una voluntad. Cuando un creyente duda en oración, se hace de doble ánimo, como un barco con dos timones, inestable en su rumbo. La fe en oración también es una virtud de la perfección cristiana práctica.

9[1] O, jáctese, regocíjese. Cuando un hermano de condición humilde se gloría y se regocija en su exaltación, esto le lleva espontáneamente a alabar al Señor (5:13). El no debe gloriarse de una forma secular, es decir, sin alabar al Señor.

9[2] O, enaltecimiento, condición enaltecida.

10[1] Es fácil que un hermano de condición humilde se glorie, se regocije y alabe al Señor en su exaltación. No es fácil que un rico haga esto al ser humillado. Regocijarse y alabar en la exaltación tanto como en la humillación es una virtud de la perfección cristiana práctica.

11[1] En el v. 6 Jacobo habla del oleaje del mar como ejemplo de un corazón que duda, y en el v. 10 usa la flor de la hierba para representar al hombre rico que se marchita. Aquí presenta el sol que brilla en los cielos con su calor abrasador para mostrar el factor que hace que las riquezas del hombre se marchiten bajo el juicio gubernamental de Dios. En el v. 17 alude a la rotación de los planetas para mostrar la variabilidad, la cual está en contraste con la invariabilidad de Dios el Padre. Al tratar el problema de nuestra lengua en 3:3-12, usa veinte ejemplos. Además, en 4:14 menciona el vapor para representar la brevedad de nuestra vida, y en 5:7-8 evoca la longanimidad del labrador para enseñarnos a esperar la venida del Señor. El era un hombre sabio y experimentado, que poseía no solamente la experiencia de la vida humana, sino también la sabiduría de la fuente divina obtenida mediante la oración (v. 5; 3:13, 17). Sin embargo, su simpatía y transigencia para con el judaísmo le impidió tener una visión completa de la sabiduría tocante a la economía neotestamentaria de Dios, una visión que Pablo tuvo y que reveló en sus epístolas. Véanse las notas 12[1] y 17[1] del cap. 3.

6[a] Mr. 11:24; Mt. 9:29; 15:28; He. 11:6
6[b] Mt. 21:21; Ro. 4:20
6[c] cfr. Is. 57:20; Jud. 13
6[d] cfr. Ef. 4:14; Jud. 12
8[a] Jac. 4:8
9[a] Jac. 4:10; Lc. 1:52; 14:11
10[a] 1 Co. 7:31
10[b] Job 14:2; Sal. 103:15
11[a] Sal. 37:2; 90:5-6; 102:11; Is. 40:6-8; 1 P. 1:24
11[b] cfr. Mt. 6:28-30
11[c] Lc. 12:16-20; 1 Ti. 6:17

12 [a]Bienaventurado el varón que soporta la [1]prueba;
porque una vez [2]aprobado, recibirá la [3b]corona de [4]vida, que
el Señor ha [c]prometido a los que le [5d]aman.

B. Resistir la tentación como nacidos de Dios
1:13-18

13 Cuando alguno es [1a]tentado, no diga que es tentado de
parte de Dios; porque Dios [2]no puede ser tentado por el mal,
ni El [3]tienta a nadie;

14 sino que cada uno es tentado cuando es atraído y
seducido por su propia [a]concupiscencia.

15 Entonces la concupiscencia, después que ha concebido,
[1]da a luz el pecado; y el pecado, siendo consumado, engendra
la [a]muerte.

12[a] Jac. 5:11; Job 5:17; Sal. 94:12; Mt. 5:10-11; Lc. 6:22
12[b] Ap. 2:10; cfr. 1 Co. 9:25; 2 Ti. 4:8; 1 P. 5:4; Ap. 3:11
12[c] Jac. 2:5
12[d] 1 Co. 2:9; 8:3; Mr. 12:30
13[a] Mt. 6:13; 1 Co. 10:13
14[a] Ef. 2:3
15[a] Ro. 5:12; 6:21, 23

11[2] O, viento abrasador.

11[3] ¡Qué palabras tan sobrias dirigidas a los que van en pos de las riquezas! Pero al mismo tiempo, son palabras de consuelo para los ricos que son humillados por la pérdida de sus riquezas.

12[1] Los vs. 2-12 abarcan el asunto de las pruebas (véase la nota 13[1]). Las pruebas proceden de las circunstancias de los creyentes y ponen a prueba su fe (vs. 2-3) por medio del sufrimiento (vs. 9-11). Los creyentes deben perseverar bajo las pruebas con todo gozo (v. 2) debido a su amor por el Señor, para recibir la bendición de la corona de vida.

12[2] Es decir, la aprobación de la fe de los creyentes (v. 3).

12[3] La gloria, la expresión, de la vida. Los creyentes soportan las pruebas por medio de la vida divina, lo cual llegará a ser su gloria, su expresión, la corona de vida, como galardón para ellos en la manifestación del Señor a fin de que lo disfruten en el reino venidero (2:5).

12[4] La corona de vida mencionada en este versículo, el Padre que engendra junto con Su acción de engendrarnos, de hacernos primicias de Sus criaturas (vs. 17-18, 27), la palabra implantada (v. 21), todo ello indica cuán necesaria es la vida divina para los creyentes.

12[5] Creer en el Señor es recibir la vida divina para ser salvos; amar al Señor es crecer en la vida divina para madurar, a fin de estar calificados para recibir un galardón —la corona de vida— y disfrutar la gloria de la vida divina en el reino.

13[1] O, probado. La palabra griega traducida *pruebas* y *prueba* en los vs. 2 y 12 es el sustantivo de la palabra *tentado* usada aquí y en el v. 14. Las dos palabras son muy parecidas en cuanto a la raíz y ambas se refieren a ser probado. Ser probado por el sufrimiento externo causado por el entorno es una prueba (v. 2). Ser probado por la seducción interna de la concupiscencia es una tentación (v. 14). En los vs. 2-12 se habla de la prueba; en los vs. 13-21 se habla de la tentación. En cuanto a la prueba, debemos soportarla amando al Señor para obtener la bendición, que es la corona de vida. En cuanto a la tentación, debemos resistirla recibiendo la palabra implantada para obtener la salvación, es decir, la salvación de nuestras almas (v. 21).

13[2] La palabra griega significa tanto *no probado* como *no susceptible de ser probado;* por tanto, no susceptible a tentación, que no puede ni ha de ser tentado.

13[3] El diablo es el tentador, y no Dios (Mt. 4:3; 1 Ts. 3:5).

15[1] El tentador, el diablo, es el padre del pecado, el que lo engendra (1 Jn. 3:8, 10), y el que tiene el imperio de la muerte (He. 2:14) por medio del pecado (1 Co. 15:56). El

16 Amados hermanos míos, no os engañéis.
17 Toda buena [1]dádiva y todo [1a]don perfecto viene de lo
[b]alto, y desciende del [2]Padre de las luces, en el cual no hay
[3c]mudanza, ni oscurecimiento causado por rotación.
18 El, [1]de Su voluntad, nos [2a]engendró por la [3]palabra de
[b]verdad, para que seamos en cierto modo [4c]primicias de Sus
criaturas.

C. Llevar una vida en el temor de Dios por la palabra implantada según la perfecta ley de la libertad
1:19-27

19 [1]Sabéis *esto,* mis amados hermanos. Pero que cada uno
sea pronto para oír, [2]tardo para [a]hablar, tardo para [b]airarse;
20 porque la [1]ira del hombre no cumple la justicia de Dios.
21 Por lo cual, [a]desechando toda [b]inmundicia y abundancia
de malicia, recibid con [c]mansedumbre la [1d]palabra implantada, la cual puede [2]salvar vuestras almas.

---

inyectó el pecado en Adán, y por medio del pecado la muerte pasó a todos los hombres (Ro. 5:12).

17[1] *Dádiva* se refiere al acto de dar; *don* se refiere a lo dado.

17[2] Aquí las luces se refieren a los luminares celestiales. El Padre es el Creador, el origen, de estos cuerpos brillantes. En El no hay oscurecimiento causado por rotación (en contraste con los cuerpos celestiales, tales como la luna que crece y mengua con su rotación, y el sol que puede ser eclipsado por la luna), porque El no varía ni cambia. Como tal, El no puede ser tentado por el mal ni tampoco tienta a nadie.

17[3] O, variabilidad.

18[1] De Su propia voluntad, por Su intención, con miras a cumplir Su propósito, engendrándonos para que seamos primicias de Sus criaturas.

18[2] El pecado, la fuente de las tinieblas, engendra la muerte (v. 15). En cambio, el Padre de las luces nos engendró para que seamos primicias de Sus criaturas, y estemos llenos de la vida vigorosa que madura primero. Esto se refiere al nacimiento divino, nuestra regeneración (Jn. 3:5, 6), el cual se lleva a cabo conforme al propósito eterno de Dios.

18[3] La palabra de la realidad divina, la palabra de lo que el Dios Triuno es (Jn. 1:14, 17). Esta palabra es la simiente de la vida, mediante la cual hemos sido regenerados (1 P. 1:23).

18[4] Dios renovará toda Su creación para obtener un cielo nuevo y una tierra nueva, donde la Nueva Jerusalén será el centro (Ap. 21:1-2). Primero El nos regeneró para que fuéramos primicias de Su nueva creación, lo cual hizo impartiendo Su vida divina en nuestro ser para que llevemos una vida de perfección. Esta debe de ser la semilla de la perfección cristiana práctica. Esta vida tendrá su consumación en la Nueva Jerusalén, el centro viviente del nuevo y eterno universo de Dios.

19[1] O, Sabed esto.

19[2] El oír nos tienta a hablar, y el hablar es el fuego que enciende la ira (cfr. 3:6). Si refrenamos nuestro hablar (cfr. v. 26), apagamos nuestra ira. Lo que Jacobo dice aquí, con la intención de fortalecer su perspectiva de la perfección cristiana práctica, tiene el mismo tono que los proverbios del Antiguo Testamento (Pr. 10:19; 14:17).

20[1] La justicia de Dios no necesita la ayuda de la ira del hombre, la cual no sirve para cumplir la justicia de Dios.

17[a] Sal. 85:12; Jn. 3:27
17[b] Jac. 3:15; Jn. 8:23
17[c] Sal. 102:27; Mal. 3:6
18[a] 1 P. 1:3, 23; Jn. 1:13; 1 Jn. 2:29; 3:9; 5:1, 18
18[b] Jac. 3:14; 5:19
18[c] cfr. Jer. 2:3; Ap. 14:4
19[a] Ec. 5:2
19[b] Pr. 14:17, 29; 16:32; Ec. 7:9
21[a] Ef. 4:22; He. 12:1
21[b] 2 Co. 7:1
21[c] Jac. 3:13; Mt. 5:5
21[d] 1 P. 1:23; Mt. 13:19, 23

22[a] Jac. 2:14-20; Lc. 8:21; Jn. 13:17
22[b] Lc. 11:28
22[c] Jac. 1:26
23[a] Jac. 4:11
23[b] 1 Co. 13:12
25[a] Jac. 2:12
25[b] Jn. 8:32
25[c] Jn. 13:17; Lc. 11:28

22 Pero sed [a]hacedores de la palabra, y no tan solamente [b]oidores, [c]engañándoos a vosotros mismos.

23 Porque si alguno es oidor de la palabra pero no [a]hacedor de ella, éste es semejante al hombre que considera en un [b]espejo el rostro con el cual nació.

24 Porque él se considera a sí mismo, y se va, y luego olvida qué clase de persona es.

25 Mas el que [1]mira atentamente en la [2]perfecta ley, [a]la de la [b]libertad, y persevera *en ella,* no siendo oidor olvidadizo, sino hacedor de la obra, éste será [c]bienaventurado en lo que hace.

21[1] Esto compara la palabra de Dios con una planta viva que es sembrada en nuestro ser y crece en nosotros con el fin de producir fruto para la salvación de nuestras almas. Necesitamos recibir tal palabra con mansedumbre, con toda sumisión, y sin resistencia alguna.

21[2] En este capítulo, la salvación de nuestras almas implica perseverar en las pruebas originadas por las circunstancias (vs. 2-12) y resistir la tentación de la concupiscencia (vs. 13-21). La perspectiva de Jacobo tocante a la salvación de nuestras almas era hasta cierto punto negativa, y no era tan positiva como la de Pablo, quien dijo que nuestra alma puede ser transformada de gloria en gloria por el Espíritu renovador hasta tener la imagen del Señor (Ro. 12:2; Ef. 4:23; 2 Co. 3:18). Véanse las notas 5[5] de 1 P. 1 y 39[3] de He. 10.

25[1] La misma palabra usada en 1 P. 1:12.

25[2] Aquí Jacobo se refiere a la ley mosaica como "la perfecta ley, la de la libertad" (cfr. 2:12). Es probable que al usar esta expresión él se hubiera basado en Sal. 19:7-8, donde dice que la ley es perfecta y capaz de restaurar el alma, es decir, que ella da libertad a las personas y les alegra el corazón —lo cual hace referencia a la liberación y la libertad—, y también en Sal. 119:11, donde dice que atesorar la ley en nuestro corazón nos hace libres del pecado. Así, Jacobo ensalzaba al máximo la ley de la letra del Antiguo Testamento, mezclando la economía neotestamentaria de Dios con la economía del Antiguo Testamento, que ya había perdido vigencia (Hch. 21:18-20). Jacobo consideraba que la ley era el medio primordial para alcanzar la perfección cristiana. En contraste con ello, el apóstol Pablo dijo que la ley no tiene capacidad alguna de perfeccionarnos (He. 7:19; cfr. Gá. 3:3). Cfr. nota 12[2] del cap. 2.

En la dispensación neotestamentaria de Dios, Cristo puso fin a la ley (Ro. 10:4; He. 10:9), y los creyentes han sido libertados por Cristo del yugo de esclavitud de la ley (Gá. 5:1), han muerto a la ley (Gá. 2:19) y ya no están bajo la ley sino bajo la gracia (Ro. 6:14; cfr. Jn. 1:17). Más aún, la ley de la letra, que fue escrita en tablas de piedra y que era ajena a nuestro ser, ha sido reemplazada por la ley de vida inscrita en nuestros corazones (He. 8:10), cuya norma moral corresponde a la norma de la constitución del reino, promulgada por el Señor en el monte (Mt. 5—7). Puesto que la ley de la letra no pudo darle vida al hombre (Gá. 3:21), sino que sólo pudo poner de manifiesto su debilidad y su fracaso y mantenerlo en esclavitud (Gá. 5:1 y la nota 4), era una ley de esclavitud. Dado que la ley de vida es la función ejercida por la vida divina —vida que nos fue impartida en nuestra regeneración y que, durante toda nuestra vida cristiana, nos suministra sus inescrutables riquezas a fin de librarnos de la ley del pecado y de la muerte y satisfacer todos los justos requisitos de la ley de la letra (Ro. 8:2, 4)—, esta ley

26 Si alguno se cree [1]religioso, *y* [2]no refrena su [a]lengua,
sino que [b]engaña su corazón, la [1]religión del tal es vana.
27 La religión pura e incontaminada delante de nuestro
Dios y Padre es ésta: visitar a los [1a]huérfanos y a las viudas
en sus tribulaciones, *y* guardarse [2]sin mancha del [3]mundo.

26[a] Sal. 34:13; 39:1; 1 P. 3:10
26[b] Jac. 1:22; 2 Ti. 3:13; Tit. 1:10
27[a] Is. 1:17

---

debe ser considerada como la ley de la libertad. Esta ley es la ley de Cristo (1 Co. 9:21), incluso es Cristo mismo, quien vive en nosotros para regularnos al impartir la naturaleza divina en nuestro ser a fin de que llevemos una vida que exprese la imagen de Dios. Es esta ley la que debe ser considerada como la regla básica de la vida cristiana por la cual uno llega a la perfección cristiana práctica.

26[1] En el griego, las palabras *religioso* (un adjetivo) y *religión* (un sustantivo) se refieren al servicio ceremonial y a la adoración a Dios (que implican temor a Dios). Solamente aquí se usa el adjetivo. El sustantivo se usa en un sentido positivo aquí y en el v. 27, en un sentido negativo en Col. 2:18 (traducido *culto*), y en un sentido general en Hch. 26:5. Lo escrito por Jacobo tocante a la economía neotestamentaria de Dios no es tan sobresaliente como lo escrito por Pablo, Pedro y Juan. Pablo se centra en el hecho de que Cristo vive y es formado en nosotros (Gá. 2:20; 4:19), y de que Cristo es magnificado en nosotros y expresado en nuestro vivir (Fil. 1:20-21), para que nosotros los que formamos la iglesia, Su Cuerpo, lleguemos a ser Su plenitud, Su expresión (Ef. 1:22-23). Pedro da énfasis al hecho de que Dios nos regeneró por medio de la resurrección de Cristo (1 P. 1:3), haciéndonos así participantes de Su naturaleza divina, para que llevemos una vida de piedad (2 P. 1:3-7) y seamos edificados como casa espiritual para expresar Sus virtudes (1 P. 2:5, 9). Juan recalca la vida eterna, la cual nos fue dada para que tengamos comunión con el Dios Triuno (1 Jn. 1:2-3), y el nacimiento divino, el cual introduce en nosotros la vida divina como la semilla divina para que llevemos una vida semejante a la de Dios (1 Jn. 2:29; 3:9; 4:17) y seamos la iglesia, un candelero, la cual lleva el testimonio de Jesús (Ap. 1:9, 11-12) y tendrá su consumación en la Nueva Jerusalén para expresar a Dios por la eternidad (Ap. 21:2-3, 10-11). De los asuntos que caracterizan el Nuevo Testamento, Jacobo solamente recalca el hecho de que Dios nos engendró (v. 18), el Espíritu que mora en nosotros (4:5), y un aspecto menor de la iglesia (5:14). No menciona que Cristo es nuestra vida ni que la iglesia es la expresión de Cristo, las dos características más sobresalientes y dispensacionales del Nuevo Testamento. Esta epístola muestra que Jacobo debe de haber sido muy religioso. Posiblemente debido a esto y a su perfección cristiana práctica él era considerado una columna de la iglesia en Jerusalén junto con Pedro y Juan, y de ellos él era considerado la principal columna (Gá. 2:9). Sin embargo, no tenía una revelación clara de la economía neotestamentaria de Dios en Cristo, sino que todavía se encontraba bajo la influencia de la vieja religión judía, cuyos rudimentos eran adorar a Dios con ceremonias y llevar una vida en el temor a Dios. Esto se comprueba por lo dicho en Hch. 21:20-24 y en 2:2-11 de esta epístola. Jacobo no pudo ver toda la revelación de la economía neotestamentaria de Dios, que vieron Pablo, Pedro y Juan, debido a que su visión espiritual estaba cubierta por el judaísmo.

26[2] No refrenar la lengua consiste en ser pronto para hablar (cfr. v. 19) y hablar a la ligera, sin restricción. Esto siempre engaña el propio corazón del que habla, desviando su conciencia, la parte del corazón que está consciente.

27[1] Estas palabras de Jacobo, dichas para fortalecer su perspectiva de la perfección cristiana práctica, denotan cierto elemento de los mandatos del Antiguo Testamento (Dt. 14:29; 24:19-21, 12-13).

CAPITULO 2

D. No hacer acepción de personas entre los hermanos
2:1-13

1 [a]Hermanos míos, retened la [1b]fe de nuestro Señor
Jesucristo, el Señor de [c]gloria, sin hacer [d]acepción de personas.
2 Porque si en vuestra [1]sinagoga entra un hombre con
[a]anillos de oro y con vestido espléndido, y también entra
un [b]pobre con vestido andrajoso,
3 y fijáis vuestra mirada sobre el que trae el vestido
espléndido y le decís: Siéntate tú aquí en buen lugar; y decís
al pobre: Estate tú allí en pie, o siéntate aquí bajo mi
estrado;
4 ¿no hacéis [1a]distinciones [2]entre vosotros mismos, y
venís a ser jueces con malos pensamientos?
5 Hermanos míos amados, oíd: ¿No ha [a]elegido Dios a los
pobres [1]de este mundo, *para que sean* [b]ricos en fe y herederos
del [2c]reino que ha [d]prometido a los que le [3e]aman?

1[a] Jac. 2:5, 14; 1:2
1[b] Ro. 3:22; Gá. 2:15-16; 3:22, 26
1[c] 1 Co. 2:8
1[d] Jac. 2:9; Dt. 1:17; 16:19; Mt. 22:16; Ro. 2:11; Job 34:19
2[a] 1 Ti. 2:9; 1 P. 3:3
2[b] Gá. 2:10; Pr. 18:23; 19:17; 22:9
4[a] cfr. Jac. 3:17
5[a] 1 Co. 1:27-28
5[b] Lc. 12:21; 2 Co. 8:9; 1 Ti. 6:18; Ap. 2:9
5[c] Lc. 12:32
5[d] Jac. 1:12
5[e] 1 Co. 2:9

27[2] No ser mundano, no ser manchado por la mundanalidad. Esto también forma parte de la perspectiva que Jacobo tenía tocante a temer a Dios conforme a la perfección cristiana práctica. Por un lado, visitar a los huérfanos y a las viudas es actuar conforme al amoroso corazón de Dios, una característica de la perfección, y por otro, guardarse sin mancha del mundo significa estar separado del mundo conforme a la naturaleza santa de Dios, otra característica de la perfección.

27[3] Véase la nota 4[3] del cap. 4.

1[1] O, fe en nuestro Señor...; cfr. nota 22[1] de Ro. 3. Indica que esta epístola, especialmente este capítulo, fue dirigida a los que creían en el Señor Jesucristo, el Señor de gloria.

2[1] La palabra griega se compone de *juntos* y *traer;* por lo tanto, significa juntarse, reunirse o congregarse; por consiguiente, denota el lugar de reunión. Se usa en el Nuevo Testamento para denotar la congregación de los judíos (Hch. 13:43; 9:2; Lc. 12:11), y su lugar de reunión (Lc. 7:5), donde buscaban el conocimiento de Dios estudiando las santas Escrituras (Lc. 4:16-17; Hch. 13:14-15). En Jerusalén había muchas sinagogas las cuales pertenecían a varios grupos de judíos (Hch. 6:9). La forma en que Jacobo usa aquí esta palabra tal vez indique que los creyentes judíos consideraban que su asamblea y su lugar de reunión era otra de las sinagogas de los judíos. De ser así, esto conlleva, igual que toda la epístola, un carácter judío, y quizás indique que los cristianos judíos consideraban que seguían siendo parte del pueblo judío, el pueblo escogido de Dios según el Antiguo Testamento, y que carecían de una visión clara con respecto a la diferencia entre el pueblo escogido de Dios en el Antiguo Testamento, y los creyentes de Cristo en el Nuevo Testamento. Véase la nota 1[3] del cap. 1.

4[1] Las distinciones que existían entre ricos y pobres en la fraternidad cristiana y que daban por resultado discriminación, traían vergüenza al Señor y a la salvación de Su vida divina.

4[2] O, en.

5[1] O, para; es decir, según la estima del mundo.

5[2] Aquí el reino de Dios también

6 Pero vosotros habéis [a]afrentado al pobre. ¿No os opri-
men los [b]ricos, y *no son* ellos *los mismos que* os [c]arrastran a
[1]los tribunales?
7 ¿No blasfeman ellos el [1]buen [a]nombre [2]por el cual
habéis sido llamados?
8 Si en verdad cumplís la [1]ley real, conforme a la Escritura: "[2a]Amarás a tu prójimo como a ti mismo", bien hacéis;
9 pero si [a]hacéis acepción de personas, [1]cometéis pecado,
y quedáis convictos por la ley como transgresores.
10 Porque cualquiera que [1]guarda toda la [a]ley, pero tropieza en [b]un solo *punto*, se hace culpable de todos.
11 Porque Aquel que dijo: No cometerás [a]adulterio, también ha dicho: No matarás. Ahora bien, si no cometes
adulterio, pero matas, ya te has hecho transgresor de la ley.
12 [1]Así hablad, y así haced, como los que habéis de ser
[a]juzgados por la [2b]ley de la libertad.

6[a] 1 Co. 11:22
6[b] Jac. 5:1
6[c] Hch. 8:3; 16:19; 18:12
7[a] Is. 63:19; 65:1; Am. 9:12; Hch. 15:17
8[a] Lv. 19:18
9[a] Jac. 2:1
10[a] Dt. 27:26; Gá. 3:10
10[b] Mt. 5:19
11[a] Ex. 20:13-14; Dt. 5:17-18
12[a] Jac. 3:1
12[b] Jac. 1:25

---

es el reino de Cristo, el cual los creyentes vencedores heredarán en la época venidera (Ef. 5:5; Gá. 5:21; 1 Co. 6:10; Ap. 20:4, 6). La realidad de este reino (véase la nota 34 de Mt. 5) no debía ser practicada en la sinagoga judía, sino en la iglesia cristiana, la cual es el Cuerpo de Cristo (Ro. 14:17).

5[3] Creemos en el Señor para ser salvos (Hch. 16:31); amamos a Dios (1 Jn. 2:5, 15) para vencer, a fin de recibir como galardón el reino prometido (véanse las notas 28[1] de He. 12 y 35[1] de He. 10).

6[1] O, las cortes.

7[1] U, honorable; el nombre de Jesucristo.

7[2] Lit., que es invocado sobre vosotros. Véase Hch. 15:17 y la nota.

8[1] La ley real se refiere al mandamiento: "Amarás a tu prójimo como a ti mismo". Esta ley reina sobre todas las leyes, y las abarca y las cumple (Gá. 5:14; Ro. 13:8-10).

8[2] Amar a Dios (v. 5) y amar a nuestro prójimo son los mayores requisitos de la ley. Toda la ley se basa en esos requisitos (Mt. 22:36-40).

9[1] Lit., obráis.

10[1] Los vs. 8-11 indican que los judíos contemporáneos de Jacobo que habían creído seguían observando la ley del Antiguo Testamento. Esto corresponde a lo que Jacobo y los ancianos de Jerusalén le dijeron a Pablo en Hch. 21:20. Jacobo, los ancianos de Jerusalén, y miríadas de creyentes judíos aún permanecían en una mezcla de fe cristiana y ley mosaica. Incluso le aconsejaron a Pablo que practicara tal mezcla judaica (Hch. 21:17-26). Ignoraban que la dispensación de la ley estaba totalmente terminada y que la dispensación de la gracia debería ser totalmente honrada, y que también hacer caso omiso de la distinción entre estas dos dispensaciones sería contrario a la administración dispensacional de Dios, y dañaría en gran manera el plan de Dios en Su economía con respecto a la edificación de la iglesia como la expresión de Cristo. Por lo tanto, esta epístola fue escrita bajo la nube de una mezcla judaica, un trasfondo difuso. Muchos de los que practican una religión conforme a su concepto natural pasan por alto el trasfondo visto en este libro.

12[1] *Así* se refiere a lo que sigue, no a lo anterior.

12[2] Los vs. 8-11, que hablan acerca de guardar la ley de la letra, sirven de base para afirmar que la ley de la libertad aquí y en Jac. 1:25 se refieren a la misma ley, esto es, la ley de Moisés. Según el contexto, la ley real (v. 8), la

13[a] Jac. 3:17; cfr. Job 22:6-11; Sal. 18:25-26; Pr. 21:13; Ez. 25:12-14; Mt. 18:32-35
15[a] Job 31:19-20
16[a] 1 Jn. 3:17-18
17[a] Jac. 2:26
18[a] Jac. 3:13
19[a] Dt. 6:4; Ro. 3:30; 1 Co. 8:6
19[b] Mt. 8:28-29

13 Porque juicio sin [a]misericordia se hará con aquel que
no haga misericordia; y la misericordia [1]triunfa sobre el
juicio.

E. Ser justificados por las obras
en las relaciones entre los creyentes
2:14-26

14 Hermanos míos, ¿de qué aprovechará si alguno dice
que tiene fe, y no tiene obras? ¿Podrá la fe [1]salvarle?
15 Y si un hermano o una hermana [1a]no tienen ropa, y
carecen del sustento diario,
16 y alguno de vosotros les dice: [1]Id en paz, calentaos
y saciaos, pero [a]no les dais las [2]cosas que son necesarias
para el cuerpo, ¿de qué aprovecha?
17 Así también la [1]fe, si no tiene obras, es [a]muerta [2]en sí
misma.
18 Pero alguno dirá: Tú tienes fe, y yo tengo obras. Muéstrame tu fe sin tus obras, y yo te mostraré mi fe por mis
[a]obras.
19 Tú crees que Dios es [a]uno; bien haces. También los
[b]demonios creen, y tiemblan.
20 ¿Mas quieres saber, hombre vano, que la fe sin obras
es [1]inútil?

---

ley mosaica y la ley de la libertad son la misma ley. Por tanto, Jacobo enseñaba a los creyentes judíos a guardar la ley del Antiguo Testamento (4:11; cfr. Hch. 15:21; 21:20-25). Sin embargo, de acuerdo con la economía neotestamentaria de Dios, los creyentes deben hablar y actuar conforme a la ley de la vida divina, la cual es superior a la ley de la letra. Ellos deben vivir conforme a la ley de la vida. Este modo de vivir supera la observancia de la ley de la letra. Los incrédulos serán juzgados por la ley de la letra, que es la ley de Moisés, en el gran trono blanco (Ap. 20:11-15); los creyentes serán juzgados en el tribunal de Cristo (2 Co. 5:10) por la ley de la vida, que es la ley de Cristo.

13[1] O, se gloría sobre, se gloría contra.

14[1] Según el contexto, esto se refiere a ser salvo del juicio que se efectuará ante el tribunal de Cristo, el cual se hará sin misericordia (v. 13). Es necesario que hagamos obras de misericordia y de amor para con los creyentes. Sólo entonces podremos ser salvos del juicio que se efectuará sin misericordia.

15[1] El verbo indica que han estado en esa condición por un tiempo considerable.

16[1] Lit., Apartaos.

16[2] Es vergonzoso que no se atienda a las necesidades de los santos pobres en la vida de la iglesia. Sin embargo, lo que Jacobo dice aquí, con la intención de fortalecer su punto de vista de la perfección cristiana práctica, tiene el matiz de la preocupación por los necesitados, una característica del Antiguo Testamento (Dt. 15:7-8).

17[1] La fe proviene de la vida; es viva y opera por medio del amor (Gá. 5:6). De otro modo, es una fe muerta, no genuina (vs. 20, 26).

17[2] Lit., conforme a.

20[1] O, estéril. Algunos mss. dicen: muerta.

21 ¿No fue justificado por las obras Abraham nuestro
padre, cuando ofreció a su hijo [a]Isaac sobre el altar?
22 Ya ves que la [a]fe actuó juntamente con sus obras, y que
la fe se perfeccionó por las obras.
23 Y se cumplió la Escritura que dice: "Abraham [a]creyó a
Dios, y le fue [b]contado por justicia", y fue llamado [c]amigo
de Dios.
24 Vosotros veis, pues, que el hombre es [1]justificado por
las [a]obras, y no solamente por la [b]fe.
25 Asimismo también [a]Rahab la ramera, ¿no fue justificada por obras por recibir a los mensajeros y [1]enviarlos por
otro camino?
26 Porque como el cuerpo sin [1]espíritu está muerto, así
también la fe sin obras está [a]muerta.

CAPITULO 3

F. Refrenar la lengua
3:1-12

1 Hermanos [a]míos, no os hagáis [1b]maestros muchos
de vosotros, sabiendo que recibiremos un [2c]juicio más
severo.
2 Porque todos tropezamos en muchas cosas. Si alguno
no tropieza en [a]palabra, éste es [b]varón perfecto, capaz también de [c]refrenar todo el cuerpo.
3 Ahora bien, al poner [a]freno en la boca de los caballos
para que nos obedezcan, dirigimos también todo su cuerpo.

21[a] Gn. 22:9; He. 11:17
22[a] 1 Ts. 1:3; Gá. 5:6
23[a] Gn. 15:6; Ro. 4:3; Gá. 3:6
23[b] cfr. Sal. 106:31
23[c] 2 Cr. 20:7; Is. 41:8
24[a] cfr. Ro. 3:20, 28; Gá. 2:16
24[b] Ro. 3:30-31
25[a] Jos. 2:1-21; 6:23; He. 11:31
26[a] Jac. 2:17
1[a] Jac. 1:2
1[b] Ro. 2:20-21
1[c] Jac. 2:12, 13; 5:9, 12
2[a] Mt. 12:37
2[b] Jac. 1:4
2[c] Jac. 1:26
3[a] Sal. 32:9; Pr. 26:3

24[1] La justificación por la fe tiene como fin que uno reciba la vida divina (Ro. 5:18); la justificación por las obras se consigue al vivir la vida divina. Puesto que el vivir proviene de la vida, la justificación por las obras proviene de la justificación por la fe. Abraham ofreció a Isaac, y Rahab recibió a los mensajeros y los envió; ambas son obras que resultaron de la fe viva de ellos. Un árbol vivo sin duda produce fruto. Ser justificado por las obras no contradice el ser justificado por la fe. Esto último es la causa, que produce lo primero; y lo primero es el efecto, el resultado y la prueba de lo segundo.

Este capítulo comienza con el asunto de no hacer acepción de personas (vs. 1-13), y llega al cuidado práctico de los santos pobres, lo cual constituye la obra justificadora de la fe (vs. 14-26). Estas virtudes, conforme al punto de vista de Jacobo, pueden ser consideradas características de la perfección cristiana práctica.

25[1] Lit., los echó.

26[1] El espíritu da vida al cuerpo (Gn. 2:7); las obras indican y expresan la vida que está en la fe.

1[1] Los maestros tienden a introducir diferentes enseñanzas, produciendo así diferentes opiniones y causando problemas y divisiones (cfr. 2 Ti. 4:3; 1 Ti. 1:3-4, 7; Ef. 4:14).

1[2] Todo lo que digamos será juzgado, y nosotros seremos juzgados por nuestras palabras (Mt. 12:36-37).

4 Mirad también las naves; aunque tan grandes, e impulsadas por vientos tan recios, son gobernadas con un muy pequeño timón adonde quiere el impulso del piloto.

5 Así también la [a]lengua es un miembro pequeño, pero se jacta de grandes cosas. He aquí, ¡cuán grande bosque enciende un pequeño [1]fuego!

6 Y la lengua es un [1a]fuego, todo un mundo de injusticia. La lengua está puesta entre nuestros miembros, y [b]contamina todo el cuerpo, e inflama el [2]curso de la vida, y ella misma es inflamada por la [3]Gehena.

7 Porque toda naturaleza de bestias, y de aves, y de reptiles, y de seres del mar, se doma y ha sido domada por la [1]naturaleza humana;

8 pero ningún hombre puede domar la lengua, que es un [1]mal turbulento, llena de [a]veneno mortal.

9 Con ella bendecimos al Señor y Padre, y con ella maldecimos a los hombres, que están hechos a la [a]semejanza de Dios.

10 De una misma boca proceden bendición y maldición. Hermanos míos, esto no debe ser así.

11 ¿Acaso alguna fuente echa por una misma [1]abertura lo dulce y lo amargo?

5[a] Sal. 12:3-4; 73:8-9; 120:2-4
6[a] Pr. 16:27
6[b] Mt. 15:18, 20
8[a] Sal. 140:3; Ro. 3:13
9[a] Gn. 1:26; cfr. 1 Co. 11:7

5[1] Un incendio destructivo con poder para extenderse.

6[1] Un fuego maligno que proviene de la Gehena y que nos contamina. Tal como el incendio destructivo, la lengua extiende su destrucción, y como fuego maligno, contamina todo nuestro cuerpo con males originados en la Gehena.

6[2] La palabra griega traducida *curso* se refiere generalmente a cualquier cosa redonda o circular que se mueve o gira como una rueda. En sentido figurado, indica un circuito de efectos físicos, un curso, tal como una órbita alrededor del sol. La palabra traducida *vida* significa *origen, nacimiento, generación*. Por consiguiente, la frase podría traducirse *la rueda del nacimiento,* refiriéndose figurativamente a nuestra vida humana, la cual es puesta en movimiento al nacer y rueda a su fin. La lengua, como fuego maligno proveniente de la Gehena, enciende nuestra vida humana, la cual gira como una rueda desde nuestro nacimiento hasta nuestra muerte, de modo que el curso de toda nuestra vida está totalmente bajo la contaminación y corrupción maligna de la lengua.

6[3] Representa el lago de fuego (Ap. 20:15). Véase la nota 22[8] de Mt. 5.

7[1] Toda naturaleza de bestias sobre la tierra, de aves en el aire, de reptiles en el polvo, y de seres del mar, ha sido domada por la naturaleza del hombre, la cual es más fuerte que todas las naturalezas animales. Sin embargo, ni siquiera la naturaleza humana, siendo tan fuerte, es capaz de domar la lengua.

8[1] Por ser un mal turbulento, la lengua nunca cesa de hacer el mal. Está llena de mortífero veneno. El mal y la muerte están a la par de la lengua, la cual esparce el mal y la muerte para contaminar y envenenar a todos los seres humanos. Lo mismo ocurre aun entre los cristianos.

11[1] Se refiere a un hoyo o una cueva.

12 Hermanos míos, ¿puede acaso la higuera producir
aceitunas, o la vid [a]higos? Tampoco el [1]agua salada puede
producir *agua* dulce.

G. Conducirse con sabiduría
3:13-18

13 ¿Quién es [a]sabio y entendido entre vosotros? Muestre
[1]por la [b]buena conducta sus [2c]obras en la [3d]mansedumbre de
la [e]sabiduría.
14 Pero si tenéis [a]celos amargos y ambición egoísta en
vuestro corazón, no os jactéis, ni mintáis contra la [b]verdad;
15 porque [1]esta sabiduría no es la que desciende de lo
[a]alto, sino [2]terrenal, [b]anímica, [c]demoníaca.
16 Porque donde hay celos y ambición egoísta, allí hay
[a]desorden y toda práctica vil.
17 Pero la [1a]sabiduría que es de lo alto es primeramente
[b]pura, después [c]pacífica, [2]comprensiva, [3]condescendiente,
llena de [d]misericordia y de buenos [e]frutos, [f]imparcial, [g]sin
hipocresía.

12[1] En los vs. 3-12, al hablar del problema representado por la lengua, Jacobo, en su sabiduría con respecto a la vida humana, usó veinte ejemplos: los frenos de los caballos, los timones de las naves, un incendio destructivo, un mundo de injusticia, el fuego que proviene de la Gehena, la rueda del nacimiento, las bestias, las aves, los reptiles, los seres del mar, la naturaleza humana, un mal turbulento, un veneno mortal, una fuente, una higuera, las aceitunas, una vid, los higos, el agua salada (amarga) y el agua dulce. Jacobo era rico en la sabiduría de la vida humana, semejante hasta cierto punto a Salomón, el rey sabio del Antiguo Testamento (1 R. 4:29-34), pero no lo era en la sabiduría de la economía divina. Véase la nota 11[1] del cap. 1.

13[1] Lit., a partir de.

13[2] Conducta (Fil. 1:27).

13[3] Conforme al contexto, la mansedumbre de la sabiduría seguramente denota restringirse al hablar. Esto corresponde a Pr. 10:19. Tal mansedumbre iguala la comprensión y la condescendencia (v. 17), que están en contraste con los celos amargos y la ambición egoísta expresados al jactarse y al mentir (v. 14).

15[1] La sabiduría de tener celos amargos y ambición egoísta al jactarse y mentir contra la verdad (v. 14).

15[2] *Terrenal* se refiere al mundo, *anímica,* al hombre natural, y *demoníaca;* al diablo y a sus demonios. Estos tres siempre van ligados.

17[1] Esta sabiduría incluye la mansedumbre (v. 13) y las virtudes humanas mencionadas en el resto de este versículo. Todas estas virtudes son características de la perfección cristiana práctica según el punto de vista de Jacobo, perspectiva sujeta a la influencia de los preceptos del Antiguo Testamento con respecto al comportamiento, la moralidad y la ética del hombre (Pr. 4:5-8). Tal sabiduría no llega a la altura de la sabiduría tocante al misterio oculto de la economía neotestamentaria de Dios con respecto a Cristo y la iglesia (1 Co. 2:6-8; Ef. 3:9-11). Véase la nota 11[1] del cap. 1.

17[2] O, suave, clemente, gratamente razonable (Fil. 4:5 y la nota 2). Es decir, amable.

12[a] Mt. 7:16
13[a] Sal. 107:43
13[b] 1 P. 3:13, 16
13[c] Jac. 2:18, 22, 24, 26
13[d] Jac. 1:21; Gá. 6:1
13[e] Jac. 3:17; 1:5
14[a] Jac. 4:2; Ro. 13:13; 2 Co. 12:20; Gá. 5:20; Fil. 1:15
14[b] Jac. 1:18; 5:19; 1 Ti. 2:4 y la nota 2
15[a] Jac. 1:17
15[b] 1 Co. 2:14; Jud. 19
15[c] 1 Ti. 4:1; Ap. 16:14
16[a] cfr. 1 Co. 14:40
17[a] Jac. 3:13; 1:5
17[b] Fil. 4:8; 1 Ti. 3:9
17[c] Gá. 5:22
17[d] Jac. 2:13; Mt. 9:13

17[e] He. 12:11 **17**[f] cfr. Jac. 2:4 **17**[g] 2 Co. 6:6; 1 Ti. 1:5; 2 Ti. 1:5; 1 P. 1:22

18 Y el [1a]fruto de justicia es [b]sembrado en [c]paz [2]por aquellos que [d]hacen la paz.

CAPITULO 4

H. Vencer las pasiones, el mundo y el diablo 4:1-10

1 ¿De dónde *vienen* las guerras y los conflictos entre
vosotros? ¿Acaso no vienen de esto, de vuestras [1a]pasiones,
las cuales [b]combaten en vuestros miembros?
2 [1a]Deseáis, y no tenéis; [b]matáis y [c]tenéis celos, y no
podéis alcanzar; combatís y hacéis guerra. No tenéis, porque
no pedís.
3 [a]Pedís, y no recibís, porque pedís mal, para gastar en
vuestros [b]deleites.
4 [1a]Adúlteros, ¿no sabéis que la [2]amistad del [3b]mundo es
enemistad contra Dios? Cualquiera, pues, que decide ser
[c]amigo del mundo, se constituye [4]enemigo de Dios.
5 ¿O pensáis que la Escritura dice en vano: El [1]Espíritu
que El ha hecho [2a]morar en nosotros nos anhela celosamente?

18[a] Fil. 1:11; He. 12:11; Is. 32:17
18[b] Pr. 11:18; Os. 10:12; Gá. 6:7-8
18[c] He. 12:14; Ro. 12:18; Gá. 5:22
18[d] Mt. 5:9
1[a] Jac. 4:3; 2 Ti. 3:4; Tit. 3:3; 2 P. 2:13
1[b] Ro. 7:23; 1 P. 2:11
2[a] Ef. 2:3
2[b] Is. 1:15
2[c] Jac. 3:14
3[a] Zac. 7:13; cfr. 1 Jn. 5:14-15
3[b] Jac. 4:1
4[a] Os. 1:2; 2:2; 3:1, 3; 4:12
4[b] Jn. 15:19
4[c] cfr. Jac. 2:23
5[a] 1 Co. 6:19; Ro. 8:9, 11

17[3] O, flexible; es decir, dispuesta a ceder, satisfecha con menos de lo que merece, accesible. Ser comprensivo y condescendiente equivale a ser manso (v. 13).

18[1] Véase la nota 11[1] de He. 12.

18[2] O, para.

1[1] La misma palabra griega es usada en el v. 3. Aquí se refiere a los deseos de placeres que tiene la carne (los miembros), mientras que en el v. 3 se refiere a los deleites que satisfacen dichos deseos.

2[1] O, codiciáis.

4[1] Dios y Cristo son nuestro Marido (Is. 54:5; 2 Co. 11:2). Nosotros debemos ser puros y amarlo sólo a El con todo nuestro ser (Mr. 12:30). Si nuestro corazón está dividido por amar al mundo, somos adúlteros.

4[2] Es decir, el amor que el mundo tiene por los placeres de la carne (vs. 1, 4).

4[3] El sistema satánico, el cual es enemistad con Dios. Véase la nota 15[2] de 1 Jn. 2.

4[4] Amar al mundo convierte al que amaba a Dios en enemigo de El.

5[1] Cuando Dios nos adquirió para que fuéramos Su esposa, El puso Su Espíritu en nosotros para hacernos uno con El (1 Co. 6:19, 16-17). El es un Dios celoso (Ex. 20:5), y Su Espíritu nos cela con celo de Dios (2 Co. 11:2), anhelando, deseando celosamente, que no hagamos amistad con Su enemigo y al mismo tiempo tratemos de amarle. Esta es la única vez que Jacobo menciona el Espíritu de Dios que mora en nosotros, y tuvo que ver con algo negativo, la abolición de la amistad del mundo, y no con algo positivo, la edificación del Cuerpo de Cristo.

5[2] O, hace Su hogar. El Espíritu que mora en nosotros hace Su hogar en nosotros a fin de poder ocupar todo nuestro ser para Dios (cfr. Ef. 3:17), haciendo que nos entreguemos totalmente a nuestro Marido.

6 Pero El da [a]mayor gracia. Por esto [1]dice: "[2]Dios resiste
a los [3b]soberbios, pero a los [c]humildes da gracia".
7 [1]Estad sujetos, pues, a Dios; [2a]resistid al [3b]diablo, y
huirá de vosotros.
8 [a]Acercaos a Dios, y El se [b]acercará a vosotros. Pecadores, [c]limpiad las manos; y *vosotros* los [1]de doble ánimo,
[d]purificad *vuestros* corazones.
9 [1]Sufrid [a]aflicciones, y [b]lamentad, y [c]llorad. Vuestra
risa se convierta en llanto y vuestro gozo en abatimiento.
10 [1a]Humillaos delante del Señor, y El os [b]exaltará.

I. No hablar mal contra los hermanos
4:11-12

11 Hermanos, no habléis mal [a]los unos de los otros. El que
habla mal del hermano o [b]juzga a su hermano, habla mal de
la ley y juzga a la ley; pero si tú juzgas a la ley, no eres
[1c]hacedor de la ley, sino juez.

6[1] Se refiere a la Escritura, mencionada en el v. 5.

6[2] Una cita de Pr. 3:34 tomada de la Septuaginta.

6[3] Según el contexto, se refiere a ser orgullosos ante Dios, lo cual causa que El nos resista. Ser humildes también es una actitud ante Dios, y hace que El nos dé gracia, lo cual es Su deseo.

7[1] Es decir, sed humildes ante Dios (v. 10; 1 P. 5:6).

7[2] Ser orgulloso ante Dios es aliarse con el enemigo de Dios, el diablo; ser humilde ante Dios, es decir, someterse a Dios, es resistir o estar en contra del diablo. Esta es la mejor estrategia para luchar contra el enemigo de Dios, la cual siempre le hace huir de nosotros.

7[3] La carne a la cual alude el v. 1, el mundo mencionado en el v. 4, y el diablo aquí mencionado, son los tres mayores enemigos de los creyentes. Están relacionados entre sí: la carne está contra el Espíritu (Gá. 5:17), el mundo está contra Dios (1 Jn. 2:15), y el diablo está contra Cristo (1 Jn. 3:8). La carne se complace en los placeres amando al mundo, y el mundo usurpa nuestro ser para el diablo. Esto aniquila en nosotros el propósito eterno de Dios.

8[1] Es decir, con doblez (véase la nota 81 del cap. 1), con el corazón dividido entre dos partidos: Dios y el mundo. Esto hace que las personas sean adúlteras (v. 4) y pecadoras, seres que necesitan que sus corazones sean purificados y sus manos lavadas para poder acercarse a Dios y para que luego Dios pueda acercarse a ellas.

9[1] Este versículo es una solemne advertencia a la esposa adúltera de Dios, la cual, bajo la usurpación del diablo, se entrega a los placeres carnales amando al mundo.

10[1] Lo dicho aquí, como conclusión de esta sección (vs. 1-10), es una exhortación contra los conflictos y las pasiones mencionados en los vs. 1-3.

11[1] Las palabras de Jacobo aquí y en 1:25 y en 2:8-12, con respecto a la ley del Antiguo Testamento, indican que, según su perspectiva, los creyentes neotestamentarios deben guardar la ley del Antiguo Testamento a fin de que sean perfectos conforme a la ley. Sin embargo, conforme a la revelación divina de todo el Nuevo Testamento, existe una clara y definida diferencia entre guardar la ley y vivir por la ley interior de vida. Guardar la ley del Antiguo Testamento simplemente nos pone en buenas relaciones con Dios y con los hombres para ser justificados por la ley. Pero vivir por la ley interior de vida (He. 8:10-11; Ro. 8:2) es vivir

---

6[a] Hch. 4:33
6[b] 1 P. 5:5; Sal. 138:6
6[c] Job 22:29; Pr. 29:23; Is. 57:15
7[a] Ef. 6:13
7[b] Ef. 4:27; 6:11; 1 P. 5:8-9
8[a] cfr. 2 Cr. 15:2; Zac. 1:3; Mal. 3:7
8[b] Lm. 3:57
8[c] 2 Co. 7:1
8[d] 1 Jn. 3:3; Jer. 4:14
9[a] Ap. 3:17
9[b] Mt. 5:4; Lc. 6:25; Job 5:11
9[c] Jac. 5:1
10[a] 1 P. 5:6; cfr. Jac. 4:7
10[b] Jac. 1:9; Mt. 23:12; Lc. 1:52; 14:11
11[a] Jac. 5:9
11[b] Mt. 7:1; 1 Co. 4:5
11[c] Jac. 1:23, 25

12[a] Is. 33:22
12[b] Sal. 58:11; 1 Co. 4:4
12[c] Mt. 10:28
12[d] Ro. 14:4, 13
14[a] Pr. 27:1; Mt. 6:30, 34
14[b] Job 7:7
14[c] Job 7:9; 30:15; Sal. 102:3; Os. 6:4
15[a] Hch. 18:21; 1 Co. 4:19; 16:7; He. 6:3
16[a] 1 Co. 5:6
17[a] Lc. 12:47-48
17[b] Jn. 9:41
1[a] Jac. 2:6; Lc. 6:24; 1 Ti. 6:9
1[b] Jac. 4:9
1[c] Is. 13:6

12 Uno solo es el [a]dador de la ley y [b]Juez, que puede salvar y [c]destruir; pero tú, ¿quién eres para que [d]juzgues a tu prójimo?

J. No confiar en la voluntad propia sino en el Señor
4:13-17

13 ¡Vamos ahora! los que decís: Hoy o mañana [1]iremos a tal o cual ciudad, y estaremos allá un año, y negociaremos, y tendremos ganancia;

14 vosotros no sabéis lo que será [a]mañana, qué será de vuestra [b]vida; porque sois un [1c]vapor que se aparece por un poco de tiempo, y luego se desvanece.

15 En lugar de lo cual *deberíais* decir: Si el Señor [a]quiere, viviremos y haremos esto o aquello.

16 Pero ahora os [a]jactáis en vuestras [1]soberbias. Toda jactancia semejante es mala;

17 [1]a aquel, pues, que [a]sabe hacer lo bueno, y no lo hace, le es [b]pecado.

CAPITULO 5
(Advertencia a los ricos)
5:1-6

1 ¡Vamos ahora, [1a]ricos! [b]Llorad [c]aullando por las miserias que os vendrán.

---

y magnificar a Cristo (Fil. 1:20-21) para la edificación de Su Cuerpo a fin de expresarle (Ef. 1:22-23), y para la edificación de la casa de Dios a fin de satisfacerle (1 Ti. 3:15). Esto tiene como fin el cumplimiento de la meta eterna de Dios conforme a Su economía neotestamentaria. Aunque lleguemos a ser perfectos guardando la ley del Antiguo Testamento, todavía no habremos llegado a la meta eterna de Dios. Solamente el vivir por la ley interior de vida sirve para esto. Tal vivir espontánea y automáticamente satisface más de lo que se requiere bajo la ley del Antiguo Testamento (Ro. 8:4); incluso satisface la norma de la constitución del reino, como se revela en Mt. 5—7.

13[1] Luchar por satisfacer los deleites carnales (v. 1), hacer amistad con el mundo (v. 4), hablar mal de un hermano, es decir, juzgar la ley (v. 11), ir a negociar conforme a la propia voluntad de uno, y jactarse en la soberbia (v. 16), son señales de la confianza impía y presuntuosa de una persona que se olvida de Dios. Jacobo enseñó todo esto basándose, probablemente, en su punto de vista tocante a la perfección cristiana práctica.

14[1] El tono de lo que dice Jacobo aquí tiene el tono del Antiguo Testamento (cfr. Sal. 90:3-10). En cualquier caso, sus palabras despiertan temor a la voluntad de uno, e infunden confianza en Dios, como lo expresa el v. 15. Palabras como éstas siempre salen de la boca de una persona que teme a Dios.

16[1] O, pretensión, vanagloria.

17[1] Una conclusión a todas las exhortaciones de los versículos precedentes. Dice que si los destinatarios

2 Vuestras [a]riquezas se han podrido, y vuestras ropas están [b]comidas de polilla.

3 Vuestro oro y plata están [a]enmohecidos; y su moho testificará contra vosotros, y devorará del todo vuestras carnes como fuego. Habéis acumulado [b]tesoros en los días postreros.

4 He aquí, clama el [a]jornal de los obreros que han cosechado vuestras tierras, el cual ha sido retenido por vosotros; y [1]los clamores de los que habían segado han entrado en los oídos del [2]Señor de los ejércitos.

5 Habéis vivido [a]con lujo sobre la tierra, y os habéis [b]entregado a los placeres; habéis [1]engordado vuestros corazones como en día de matanza.

6 Habéis condenado y dado muerte al [1]justo, y él no os [a]hace resistencia.

K. Aguardar con longanimidad la venida del Señor
5:7-11

7 Por tanto, [a]hermanos, sed [1]longánimes hasta la [2b]venida del Señor. Mirad cómo el labrador [c]espera el precioso fruto de la tierra, siendo longánime hasta que reciba la [d]lluvia temprana y la tardía.

8 Sed también vosotros [1]longánimes, y [a]afirmad vuestros corazones; porque la [2b]venida del Señor se [c]acerca.

2[a] Pr. 11:28
2[b] Job 13:28; Is. 50:9
3[a] Mt. 6:19-20
3[b] Lc. 12:21
4[a] Lv. 19:13; Dt. 24:15; Jer. 22:13; Mal. 3:5
5[a] Lc. 16:19; 2 P. 2:13
5[b] 1 Ti. 5:6
6[a] Mt. 5:39
7[a] Jac. 1:2
7[b] Jn. 21:22; 1 Co. 11:26; 1 Ts. 2:19
7[c] cfr. Tit. 2:13
7[d] Dt. 11:14; Jer. 5:24; Jl. 2:23; Zac. 10:1
8[a] 1 Ts. 3:13
8[b] Ap. 22:12, 20
8[c] Ro. 13:11; He. 10:25; 1 P. 4:7

---

de esta epístola reciben ayuda de lo escrito por Jacobo, y aun así no obran conforme a lo que él escribió, les será pecado.

1[1] Los vs. 1-6 pueden ser considerados un paréntesis y, a la luz de su contenido, se podría pensar que fueron dirigidos en general a la clase rica entre los judíos, ya que Jacobo dirigió su epístola a las doce tribus de los judíos (1:1). Véanse las notas 1[3] del cap. 1 y 2[1] del cap. 2.

4[1] O, la imploración.

4[2] Como en Ro. 9:29, esta expresión es el equivalente del título divino en hebreo, *Jehová-Sabaót* (Jehová de los ejércitos, 1 S. 1:3). Tal título conlleva un carácter judío.

5[1] Es decir, saciado su glotonería entregándose a ella, como en un día de matanza (Jer. 12:3), es decir, en un día de juicio, cuando iban a ser muertos como animales por el juicio de Dios. Esto implica que ellos estaban en un estupor, sin darse cuenta de las miserias que les vendrían, ni de su destino miserable (v. 1).

6[1] Este sustantivo colectivo y el artículo definido indican una clase. Esta expresión no se refiere directamente a ningún individuo; denota la muerte del Señor Jesús, quien es el Justo (Hch. 7:52; 3:14).

7[1] Véase la nota 10[2].

7[2] La palabra griega significa *presencia* (véase la nota 3[3] de Mt. 24).

8[1] Véase la nota 10[2]. Mientras esperamos la venida del Señor con longanimidad, El, quien es el verdadero Labrador (Mt. 13:3), también espera con paciencia que maduremos en vida como primicias y cosecha de Su campo (Ap. 14:4, 14-15). Nuestra madurez en vida puede acortar el período de nuestra longanimidad y de Su paciencia.

8[2] Véase la nota 7[2].

9 Hermanos, no os [1]quejéis [a]unos contra otros, para que no seáis [b]juzgados; he aquí el [2c]Juez está a las [d]puertas.

10 Hermanos, tomad como ejemplo de [1]sufrimiento y de [2]longanimidad a los [a]profetas que hablaron [3]en [b]nombre del Señor.

11 He aquí, tenemos por [a]bienaventurados a los que [1]perseveraron. Habéis oído de la perseverancia de [b]Job, y habéis visto el [c]fin que le dio el Señor, que el Señor es muy tierno y [d]compasivo.

L. Hablar honestamente sin jurar
5:12

12 Pero ante todo, hermanos míos, [1]no juréis, ni por el cielo, ni por la tierra, ni por ningún otro juramento; sino que vuestro [2]sí sea sí, y vuestro no sea no, [3]para que no caigáis bajo [a]juicio.

M. Prácticas sanas en la vida de iglesia
5:13-20

13 ¿Sufre alguno entre vosotros? [1]Haga oración. ¿Está alguno alegre? [2a]Cante alabanzas.

9a Jac. 4:11
9b Jac. 5:12; 3:1
9c Jn. 5:22; Hch. 10:42; 17:31; 2 Ti. 4:1; 1 P. 4:5
9d Mt. 24:33; Mr. 13:29
10a Mt. 5:12; 23:34; Hch. 7:52
10b Jer. 11:21; 14:15; 26:9, 20; 44:16
11a Jac. 1:12
11b Job 1:20-22; 2:10
11c Job 42:10, 12
11d Ex. 34:6; Sal. 103:8
12a Jac. 5:9
13a 1 Co. 14:15, 26; Ef. 5:19; Col. 3:16

9[1] Lit., gimáis.

9[2] El Señor volverá no solamente como el Novio para reunirse con la novia (Mt. 25:1, 6; Ap. 19:7-8), sino también como el Juez para juzgar a todos, empezando con Sus creyentes en Su tribunal (1 Co. 4:4-5; 2 Co. 5:10). Es necesario que procuremos madurar en vida para ir al encuentro del Señor y estar preparados para que El nos juzgue.

10[1] Esto es una ampliación de lo dicho en los vs. 7-8, que hablan del sufrimiento y la longanimidad de los creyentes fieles.

10[2] La palabra griega, como sustantivo aquí y en He. 6:12; Ro. 2:4; 2 Ti. 4:2; 1 P. 3:20, y como verbo en los vs. 7-8, significa paciencia con las personas, como la paciencia que los profetas tuvieron con quienes los perseguían.

10[3] Hablar en nombre del Señor indica que los profetas eran uno con el Señor. Por esto, sus sufrimientos y su longanimidad eran con el Señor y para el Señor. Los sufrimientos y la longanimidad de los creyentes fieles deben ser iguales.

11[1] La palabra griega, como verbo aquí y como sustantivo en Ro. 5:3 y 2 Co. 1:6, denota paciencia con las cosas que nos rodean, tal como la paciencia que Job tuvo con las cosas que le afligieron.

12[1] No debemos jurar, porque no somos nada y nada está bajo nuestro control ni depende de nosotros (Mt. 5:34-36). Jurar exhibe el ejercicio de nuestra voluntad y nuestro olvido de Dios. En cambio, hacer que nuestro sí sea sí y nuestro no sea no, es actuar conforme a nuestra naturaleza divina, tomando en cuenta la presencia de Dios, negando nuestra voluntad y nuestra naturaleza pecaminosa.

12[2] Véase la nota 37[1] de Mt. 5.

12[3] La fidelidad y sinceridad genuinas de nuestras palabras, conforme a la naturaleza divina de la que participamos, nos guardarán del juicio de Dios (cfr. Mt. 12:36).

13[1] Orar nos trae la fortaleza del Señor para perseverar bajo el sufrimiento, y cantar alabanzas nos mantiene en el gozo del Señor.

14 ¿Está alguno [1]enfermo entre vosotros? [2]Llame a los
[a]ancianos de la [b]iglesia, y oren por él, [3c]ungiéndole con aceite
[4]en el [d]nombre del Señor.
15 Y la [1]oración de [a]fe salvará al [2b]enfermo, y el Señor lo
levantará; y si ha [3]cometido pecados, le serán [c]perdonados.
16 [a]Confesaos, pues, vuestros pecados unos a otros, y orad
unos por otros, para que seáis [b]sanados. La [c]petición del
justo [1]puede mucho.
17 [a]Elías era hombre de [b]sentimientos semejantes a los
nuestros, y [1]oró fervientemente para que no lloviese, y no
llovió sobre la tierra por tres años y seis meses.

13[2] La palabra griega significa principalmente *tocar un instrumento de cuerdas,* y, por ende, *interpretar una melodía.* Por consiguiente, denota cantar un himno, cantar una alabanza. Ya sea que oremos o cantemos alabanzas, tenemos contacto con Dios. En cualquier ambiente y bajo cualquier circunstancia, en humillación o en exaltación, en pena o en alegría, necesitamos tener contacto con el Señor.

14[1] Enfermo por causa de debilidad. La debilidad lleva a la enfermedad (1 Co. 11:30), y la enfermedad causa más debilidad.

14[2] Llamar a los ancianos de la iglesia para que oren por la enfermedad de alguien implica: (1) que no hay problema entre el que llama y la iglesia, representada por los ancianos; (2) que se ha restaurado una relación normal entre el que llama y la iglesia, si la enfermedad se debe a que el que llama hubiese ofendido a la iglesia (cfr. 1 Co. 11:29-32); y (3) que el enfermo y los ancianos han confesado sus pecados totalmente y en mutualidad (v. 16). Las barreras que puedan existir en la iglesia deben ser derribadas antes de que los ancianos puedan representar a la iglesia en la oración por los enfermos.

14[3] Dos palabras griegas son traducidas *ungir: aléifo,* la palabra usada aquí y en Jn. 12:3, es el término común que significa aplicar el aceite; *crío* significa *ungir oficialmente para un oficio,* como en el caso de un sacerdote (Hch. 10:38), de un rey (He. 1:9), o de un profeta (Lc. 4:18). La palabra *crío,* relacionada con la palabra *Cristós* (Cristo), es usada en el caso de la unción del Hijo por parte del Padre (Hch. 10:38). Ungir con aceite significa impartir el Espíritu de vida, el cual ha sido derramado como el aceite de la unción sobre el Cuerpo de Cristo (Sal. 133:2), al miembro enfermo del Cuerpo por medio de los ancianos en representación de la iglesia, para que el enfermo sane (cfr. 1 Jn. 5:16 y las notas 3 y 4).

14[4] *En el nombre del Señor* significa en unidad con el Señor. Los ancianos no efectúan solos la unción, sino que, siendo uno con el Señor, representan tanto al Cuerpo como a la Cabeza para efectuar la unción.

15[1] Esta palabra no está en la forma que usualmente se traduce *oración.* Se traduce *voto* en Hch. 18:18 y 21:23.

15[2] O, cansado.

15[3] Cometer pecados es a menudo causa de enfermedad (Jn. 5:14). En tales casos, el perdón es siempre la causa de la sanación (Mt. 9:2, 5-7; Mr. 2:5).

16[1] O, es de mucho provecho al obrar.

17[1] Lit., oró en oración. Esto denota que el Señor le dio a Elías una oración, en la cual él oró. Elías no oró conforme a su sentimiento, pensamiento, intención o disposición, ni en ninguna clase de motivación que surgiera de ciertas

14[a] Hch. 14:23; 15:2, 6, 22; 20:17, 28; 1 Ti. 5:17; Tit. 1:5; 1 P. 5:1-2
14[b] Mt. 18:17; Hch. 8:1; 13:1; Ro. 16:1, 4, 5; 1 Co. 14:34; 1 Ti. 3:15; Ap. 1:11, 20
14[c] Mr. 6:13; cfr. Ex. 30:25-26, 30; 1 Jn. 2:20, 27
14[d] Jn. 14:13-14; 15:16; 16:23-24, 26; Mr. 16:17; Lc. 10:17; Hch. 16:18
15[a] Jac. 1:6; Lc. 5:20
15[b] Mr. 16:18
15[c] Is. 33:24
16[a] 1 Jn. 1:9; cfr. Mt. 3:6; Hch. 19:18
16[b] 1 Co. 12:9 16[c] cfr. Gn. 20:17; 1 R. 13:6; 2 R. 20:2-5; Job 42:8; Pr. 15:29
17[a] 1 R. 17:1; Lc. 4:25 17[b] Hch. 14:15

18[a] 1 R. 18:42-45
19[a] Jac. 5:12; 1:2
19[b] Mr. 13:5
19[c] Jac. 1:18; 3:14
19[d] Gá. 6:1; cfr. Mal. 2:6; Lc. 1:16
20[a] 1 Ti. 4:16
20[b] 1 P. 4:8

18 Y otra vez oró, y el cielo dio [a]lluvia, y la tierra hizo
brotar su fruto.
19 [a]Hermanos míos, si alguno de entre vosotros se ha
[1b]extraviado de la [c]verdad, y alguno le [d]hace volver,
20 sepa que el que haga volver al [1]pecador del error de su
camino, [2a]salvará de [3]muerte el alma de éste, y [4b]cubrirá
multitud de [5]pecados.

---

circunstancias o situaciones, con la meta de cumplir su propio propósito. El oró en la oración que el Señor le dio para llevar a cabo Su voluntad.

19[1] Esto puede implicar que el enfermo al cual se alude en el v. 14 se había extraviado de la verdad y necesitaba volver.

20[1] Conforme al contexto de estos dos versículos, este pecador no es un incrédulo, sino un hermano, un creyente, que había sido desviado de la verdad y a quien se le hizo volver de su error a la verdad. Por consiguiente, la salvación de su alma no se refiere a la salvación eterna de la persona, sino a la salvación dispensacional, o sea, a que su alma se salve en la dispensación actual para que no sufra la muerte física bajo la disciplina de Dios. Es posible que Jacobo también haya considerado como aspectos de la perfección cristiana práctica todas las virtudes de las que se habla en los vs. 7-20.

20[2] Véanse las notas 21[2] del cap. 1, 5[5] de 1 P. 1 y 39[3] de He. 10.

20[3] No la perdición eterna, sino la disciplina relacionada con la dispensación actual, infligida por la muerte física (véase la nota 16[5] de 1 Jn. 5). *De muerte* aquí debe equivaler a *lo levantará* en el v. 15.

20[4] Esta es una expresión del Antiguo Testamento (Sal. 32:1; 85:2; Pr. 10:12), que Jacobo usa para señalar que hacer volver a un hermano extraviado es cubrir sus pecados para que no sea condenado. *Cubrirá ... pecados* aquí debe equivaler a *pecados ... perdonados* en el v. 15, como en Sal. 32:1; 85:2.

20[5] Los pecados cometidos por el hermano pecador, los cuales le produjeron muerte (1:15).

LA PRIMERA EPISTOLA
DE
PEDRO
BOSQUEJO

I. Introducción: a los creyentes peregrinos que están bajo la operación del Dios Triuno—1:1-2

II. La plena salvación del Dios Triuno y su resultado—1:3-25

A. El Padre regenera: para una esperanza viva, una herencia reservada en los cielos y preparada para ser manifestada en el tiempo postrero—vs. 3-9

B. El Espíritu aplica: mediante la profecía de los profetas y la predicación de los apóstoles—vs. 10-12

C. Cristo redime: para una vida santa por la naturaleza santa y para el amor fraternal mediante la purificación por la verdad que santifica, lo cual se basa en la regeneración por la simiente incorruptible mediante la palabra viva de Dios—vs. 13-25

III. El crecimiento en vida y su resultado—2:1-10

A. Crecer por alimentarse de la leche de la palabra para la salvación plena—vs. 1-3

B. Transformados para la edificación de una casa espiritual donde more Dios, la cual es un sacerdocio santo para servir a Dios—vs. 4-8

C. Anunciar las virtudes de Aquel que llama—vs. 9-10

IV. La vida cristiana y sus sufrimientos—2:11—4:19

A. Una manera de vivir excelente ante todos los hombres en todo asunto—2:11—3:13

1. Como peregrinos entre los gentiles—2:11-12
2. Para con las instituciones humanas—2:13-17
3. De los criados a los amos—2:18-20
4. El modelo de Cristo—2:21-25
5. En la vida matrimonial—3:1-7
6. En la vida común—3:8-13

B. Sufrir por causa de la justicia según la voluntad de Dios, como Cristo sufrió—3:14-22

C. Armarse del sentir de Cristo para sufrir—4:1-6

D. Como buenos mayordomos de la multiforme gracia de Dios—4:7-11

E. Regocijarse por participar de los sufrimientos de Cristo—4:12-19

V. El pastoreo de los ancianos y la recompensa—5:1-4

A. Los modelos de pastoreo—vs. 1-3

B. La recompensa del Príncipe de los pastores—v. 4

VI. La poderosa mano de Dios y su meta—5:5-11

A. Humillados bajo la poderosa mano de Dios—vs. 5-9

B. Perfeccionados y cimentados por el Dios de toda gracia—vs. 10-11

VII. Conclusión—5:12-14

A. El testimonio de la verdadera gracia de Dios—v. 12

B. Saludos—vs. 13-14

LA PRIMERA EPISTOLA
DE
PEDRO

Autor: Pedro, apóstol de Jesucristo (1:1).

Fecha: Probablemente por el año 64 d. de C., antes del martirio de Pablo (véase la nota 13[3] del cap. 5).

Lugar: Babilonia junto al Eufrates (véase la nota 13[2] del cap. 5).

Destinatarios: Los creyentes judíos que peregrinaban por el mundo de los gentiles (véase 1:1 y la nota 5).

Tema:

La vida cristiana bajo el gobierno de Dios

CAPITULO 1

I. Introducción: a los
creyentes peregrinos que están
bajo la operación del Dios Triuno
1:1-2

1 [1a]**Pedro,** [2b]**apóstol de Jesucristo, a los** [3c]**peregrinos de la**
[4d]**dispersión en el** [5e]**Ponto,** [f]**Galacia, Capadocia,** [g]**Asia y**
[h]**Bitinia,**
2 [1a]**elegidos** [2]**según la** [3b]**presciencia de Dios Padre** [4]**en**

1[1] El nombre Pedro denota su hombre regenerado y espiritual, mientras que el nombre Simón denota su hombre natural por nacimiento (Jn. 1:42; Mt. 16:17-18).

1[2] Apóstol a los judíos (Gá. 2:8).

1[3] Hablando con propiedad, en este libro se refiere a los creyentes judíos que eran peregrinos y extranjeros y que estaban dispersos por el mundo gentil (2:11-12). Sin embargo, el principio de ser peregrinos podría aplicarse a todos los creyentes, judíos y gentiles, porque todos ellos son peregrinos celestiales que andan peregrinando como extranjeros en la tierra. Estos peregrinos son los elegidos de Dios, escogidos por El de entre el linaje humano, de entre todas las naciones (Ap. 5:9-10), según Su presciencia (v. 2).

1[4] Un término conocido por todos los judíos dispersos entre las naciones, lo cual indica que esta epístola fue escrita a los creyentes judíos. Proviene de la palabra griega que significa *dispersar o esparcir,* cuya raíz significa *sembrar.* Esto implica que los judíos dispersos fueron sembrados como semillas entre los gentiles.

1[5] Las cinco provincias aquí mencionadas están en Asia Menor, entre el mar Negro y el Mediterráneo.

2[1] Ambas epístolas de Pedro (2 P. 3:1) tienen que ver con el gobierno de Dios. El gobierno de Dios es universal y se ejerce sobre todas Sus criaturas para que El pueda tener un universo

---

1[a] Mt. 4:18; 10:2; Hch. 1:13; 2:14
1[b] Ro. 1:1
1[c] 1 P. 2:11; He. 11:13
1[d] Jn. 7:35; Jac. 1:1
1[e] Hch. 2:9; 18:2
1[f] Hch. 16:6; Gá. 1:2
1[g] Ap. 1:4; 2 Ti. 1:15
1[h] Hch. 16:7
2[a] 1 P. 2:9; 5:13; 2 P. 1:10; Ef. 1:4; 1 Ts. 1:4; 2 Ts. 2:13; cfr. Ro. 11:28
2[b] Ro. 8:29; 1 P. 1:20

[5c]santificación del Espíritu, [6]para [7d]obedecer y [8e]ser rociados
con la [9]sangre de Jesucristo: [10]Gracia y [11]paz os sean [12f]multiplicadas.

2[c] 2 Ts. 2:13; Ro. 15:16
2[d] 1 P. 1:14
2[e] He. 9:19-21; 10:22; 12:24
2[f] 2 P. 1:2; Jud. 2; Dn. 4:1; 6:25

---

limpio y puro (2 P. 3:13) a fin de expresarse a Sí mismo. En la era del Nuevo Testamento, esto empieza con Su pueblo escogido, Sus elegidos, Su propia casa (4:17), especialmente con Sus peregrinos escogidos, quienes están dispersos y peregrinan como Su testimonio entre las naciones, los gentiles. Por eso, estos dos libros hacen hincapié en el hecho de que los creyentes son escogidos (2:9; 5:13; 2 P. 1:10). Como linaje escogido de Dios, como Su elección, Su posesión personal, los peregrinos dispersos y escogidos necesitan ver que están bajo el juicio gubernamental de Dios con un propósito positivo, sin importar la situación y el ambiente en que estén. Todo lo que les suceda, ya sea persecución o cualquier otro tipo de prueba o sufrimiento (v. 6; 5:9), simplemente forma parte de la preciosa administración gubernamental de Dios. Tal visión los perfeccionará, afirmará, fortalecerá y cimentará (5:10) para que crezcan en la gracia (2 P. 3:18).

2[2] Aquí es revelada la economía divina que se efectúa por medio de la operación de la Trinidad de la Deidad para que los creyentes participen del Dios Triuno. La elección de Dios el Padre es la iniciación; la santificación de Dios el Espíritu lleva a cabo la elección de Dios el Padre; y la redención de Dios el Hijo, representada por la aspersión de Su sangre, es el cumplimiento. Mediante estos pasos los creyentes fueron elegidos, santificados y redimidos para disfrutar al Dios Triuno —el Padre, el Hijo y el Espíritu— en quien fueron bautizados (Mt. 28:19) y cuyas virtudes disfrutan (2 Co. 13:14).

2[3] Dios nos escogió desde antes de la fundación del mundo, en la eternidad pasada (Ef. 1:4). Por consiguiente, El ejerció Su presciencia divina.

2[4] Es decir, por la santificación del Espíritu. Esto denota que la elección de Dios Padre es aplicada a Sus elegidos y llevada a cabo en ellos por la santificación del Espíritu y en ella, lo cual significa que el Espíritu santifica al hombre induciéndole al arrepentimiento ante Dios, haciéndolo así un elegido de Dios.

2[5] Aquí la santificación del Espíritu no se refiere a la santificación que el Espíritu efectúa después de la justificación realizada por la obra redentora de Cristo (esta santificación se revela en Ro. 6:19, 22; 15:16). La santificación del Espíritu recalcada en este capítulo, cuyo énfasis es la santidad (vs. 15-16), se efectúa antes de obedecer a Cristo y de creer en Su obra redentora, es decir, antes de la justificación cumplida por medio de la obra redentora de Cristo (1 Co. 6:11). Esto indica que la obediencia de los creyentes que da por resultado la fe en Cristo, proviene de la obra santificadora del Espíritu. La santificación del Espíritu en sus varios aspectos se revela de una manera extensa en 2 Ts. 2:13, y su meta consiste en que los escogidos de Dios obtengan la salvación plena. La plena salvación de Dios es llevada a cabo en la esfera de la santificación del Espíritu.

2[6] Se usan tres diferentes preposiciones con respecto a los tres pasos dados por el Dios Triuno para hacer partícipes de Su salvación plena a Sus elegidos: *según* denota el terreno o la base; *en* denota la esfera, y *para* denota el fin o resultado. La obediencia de la fe (Ro. 1:5; 16:26) en la redención de Cristo por parte de los creyentes y la aplicación a ellos de la sangre rociada, son el resultado de la obra santificadora del Espíritu, la cual se basa en la elección de Dios el Padre.

2[7] En la dispensación del Nuevo Testamento se encuentra la sangre de Jesucristo. Esta sangre está en contraste con la sangre de animales, que se encuentra en la dispensación del Antiguo Testamento. Los creyentes judíos estaban familiarizados con la obediencia y la aspersión de la sangre

II. La plena salvación del Dios Triuno y su resultado 1:3-25

A. El Padre regenera: para una esperanza viva, una herencia reservada en los cielos y preparada para ser manifestada en el tiempo postrero vs. 3-9

3 [1a]Bendito sea el [2]Dios y Padre de nuestro Señor
Jesucristo, que según Su grande [3b]misericordia nos ha
[4c]regenerado [5]para una [d]esperanza [6]viva, [7]mediante la [e]re-
surrección de Jesucristo de entre los muertos,

3[a] 2 Co. 1:3; Ef. 1:3
3[b] Tit. 3:5; Ro. 9:16, 23
3[c] 1 P. 1:23; Jac. 1:18; Tit. 3:5; Jn. 3:3
3[d] 1 P. 1:21; 3:15; Ef. 1:18; 4:4; Col. 1:5, 27; 2 Ts. 2:16; Tit. 2:13
3[e] 1 P. 3:21; 1 Co. 15:20; Ef. 2:6

de animales bajo la dispensación del Antiguo Testamento, pero ahora tenían que percatarse de que la dispensación había cambiado y de que bajo la dispensación del Nuevo Testamento la ley de Moisés y la sangre de animales habían sido reemplazadas por la persona y la sangre de Cristo. Como resultado de tal entendimiento, los creyentes obedecen a Jesucristo y son rociados con Su sangre.

2[8] En la tipología, la aspersión de la sangre expiatoria introducía en el antiguo pacto a los que eran rociados (Ex. 24:6-8). Del mismo modo, la aspersión de la sangre redentora de Cristo introduce en la bendición del nuevo pacto, es decir, en el pleno disfrute del Dios Triuno, a los creyentes que son rociados (He. 9:13-14). Esta es una señal notable que separa a los que son rociados de los que son profanos y no tienen a Dios.

2[9] La sangre para la aspersión denota la redención. Véanse los vs. 18-19.

2[10] Véase la nota 2[1] de Ef. 1.

2[11] Véase la nota 2[2] de Ef. 1.

2[12] La gracia multiplicada corresponde a la multiforme gracia (4:10) y a toda gracia (5:10). Los creyentes han recibido la gracia inicial, pero es necesario que esta gracia sea multiplicada en ellos para que participen de toda gracia.

3[1] Véase la nota 3[1] de Ef. 1.

3[2] Véanse las notas 3[2] y 17[1] de Ef. 1.

3[3] Véase la nota 13[3] de 1 Ti. 1.

3[4] La regeneración, como la redención y la justificación, es un aspecto de la plena salvación de Dios. La redención y la justificación resuelven el problema que tenemos con Dios y nos reconcilian con El; la regeneración nos vivifica con la vida de Dios, llevándonos a una relación de vida, una unión orgánica, con Dios. Por consiguiente, la regeneración da por resultado una esperanza viva. Tal regeneración es efectuada por medio de la resurrección de Cristo de entre los muertos. "La resurrección de Cristo, la cual produce vida y el don del Espíritu vivificante, es lo que hace posible que el nuevo nacimiento llegue a ser una esperanza viva" (Alford).

3[5] Conduciendo a, dando por resultado, con miras a.

3[6] Una esperanza para el futuro en nuestro peregrinaje de hoy; no una esperanza de cosas objetivas, sino una esperanza de vida, la misma vida eterna, con todas las inagotables bendiciones divinas. Tal esperanza debe hacer que pongamos nuestra esperanza completamente en la gracia venidera (v. 13).

La esperanza viva, la esperanza de vida, que los creyentes reciben mediante la regeneración, puede compararse con las expectativas para el futuro que el nacimiento de un niño trae a sus padres. Tales expectativas dependen de la vida del recién nacido. Del mismo modo, la vida que los creyentes recibimos mediante la regeneración nos capacita para tener una esperanza, la

4 [1]para una [2a]herencia [3]incorruptible, incontaminada e
[b]inmarcesible, [4c]reservada en los cielos para vosotros,
5 que sois [1a]guardados [2]por el poder de Dios [3]mediante
la fe, [4]para la [5]salvación que está preparada para ser [b]mani-
festada en el [6c]tiempo postrero.

4a Hch. 20:32; 26:18; Ef. 1:14; Col. 3:24
4b 1 P. 5:4
4c Col. 1:5
5a Jud. 24; cfr. Fil. 4:7
5b 1 P. 1:7; 4:13; Ro. 8:18-19
5c 2 P. 3:3; Jud. 18; 2 Ti. 3:1

cual tiene muchos aspectos para esta era, para la era venidera y para la eternidad. Tenemos la esperanza de que en esta era crezcamos en vida, maduremos, manifestemos nuestros dones, ejercitemos nuestras funciones, seamos transformados, venzamos, de que nuestro cuerpo sea redimido, y entremos en la gloria. Tenemos la esperanza de que en la era venidera entraremos en el reino, reinaremos con el Señor y disfrutaremos las bendiciones de la vida eterna en la manifestación del reino de los cielos. Tenemos la esperanza de que en la eternidad estaremos en la Nueva Jerusalén, donde participaremos plenamente de las bendiciones consumadas de la vida eterna en su manifestación final en la eternidad. Esta esperanza viva, la esperanza de vida, radica en la vida eterna, la cual recibimos mediante la regeneración. Sólo la vida divina puede capacitarnos para crecer en ella hasta que lleguemos a la realidad de la esperanza que nos da esta vida. De este modo, las varias bendiciones antes mencionadas vendrán a ser nuestra herencia, la cual es incorruptible, incontaminada e inmarcesible y está reservada para la eternidad (vs. 3-4).

3[7] Cuando Cristo resucitó, todos nosotros, Sus creyentes, estábamos incluidos en El. Por lo tanto, nosotros también fuimos resucitados con El (Ef. 2:6). En Su resurrección El nos impartió la vida divina y nos hizo semejantes a El (véase la nota 17[3] de Jn. 20). Este es el factor básico de nuestra regeneración.

4[1] *Para una herencia* está en aposición con *para una esperanza viva* del v. 3. La esperanza viva, resultado de la regeneración, es la expectativa que tenemos en cuanto a la bendición venidera; la herencia es el cumplimiento de nuestra esperanza en la era venidera y en la eternidad.

4[2] Véanse las notas 32[3] de Hch. 20 y 18[6] de Hch. 26. La herencia aquí mencionada comprende la salvación venidera de nuestras almas (vs. 5, 9), la gracia que recibiremos cuando el Señor sea manifestado (v. 13), la gloria que ha de ser revelada (5:1), la corona inmarcesible de gloria (5:4) y la gloria eterna (5:10). Todos estos aspectos de nuestra herencia eterna están relacionados con la vida divina, la cual recibimos por medio de la regeneración y experimentamos y disfrutamos en todo el transcurso de nuestra vida cristiana. “Esta herencia es la posesión plena de lo que fue prometido a Abraham y a todos los creyentes (Gn. 12:3; véase Gá. 3:6 y los subsiguientes versículos), una herencia superior a la que les tocó a los hijos de Israel cuando tomaron posesión de Canaán, tan superior como lo es la filiación de los regenerados —quienes por medio de la fe ya han recibido la promesa del Espíritu como arras de su herencia— a la filiación de Israel; compárese Gá. 3:18, 29; 1 Co. 6:9; Ef. 5:5; He. 9:15” (Wiesinger, citado por Alford).

4[3] Incorruptible en substancia, indestructible, que no se pudre; incontaminada en pureza, sin mancha; inmarcesible en belleza y gloria, que no se marchita. Estas son las excelentes cualidades de nuestra herencia eterna en la vida. Estas cualidades están relacionadas con la Trinidad Divina: *incorruptible* tiene que ver con la naturaleza del Padre, que es como el oro; *incontaminada,* con la condición preservada por la obra santificadora del Espíritu; e *inmarcesible,* con la gloriosa expresión del Hijo.

4[4] Reservada como resultado de ser guardada.

5[1] Un término militar. Lit., guarnecidos.

5[2] Lit., en. En virtud de; así que se traduce por.

5[3] El poder de Dios hace que seamos guardados. En segundo lugar, la fe es el medio por el cual el poder de Dios es eficaz en guardarnos.

5[4] Aquí se usan tres preposiciones con respecto a nuestra salvación venidera: *por, mediante* y *para. Por* se refiere a la causa, *mediante,* al medio, y *para,* al resultado.

5[5] No se refiere a ser salvos de la perdición eterna, sino a ser nuestras almas salvas de pasar por el castigo dispensacional del juicio gubernamental del Señor (v. 9 y la nota 2). La plena salvación del Dios Triuno consta de tres etapas y abarca muchos aspectos:

(1) La etapa inicial, la etapa de la regeneración, compuesta de la redención, la santificación (posicional, v. 2; 1 Co. 6:11), la justificación, la reconciliación y la regeneración. En esta etapa Dios nos justificó por medio de la obra redentora de Cristo (Ro. 3:24-26), y nos regeneró en nuestro espíritu con Su vida y por Su Espíritu (Jn. 3:3-6). Así recibimos la salvación eterna de Dios (He. 5:9) y Su vida eterna (Jn. 3:15), y llegamos a ser Sus hijos (Jn. 1:12-13), quienes no perecerán jamás (Jn. 10:28-29). La salvación inicial nos ha librado de ser condenados por Dios y de la perdición eterna (Jn. 3:18, 16).

(2) La etapa progresiva, la etapa de la transformación, compuesta de la libertad del pecado, la santificación (principalmente en nuestra disposición, Ro. 6:19, 22), el crecimiento en vida, la transformación, la edificación y la madurez. En esta etapa, Dios nos libera del dominio del pecado que mora en nosotros —la ley del pecado y de la muerte— por la ley del Espíritu de vida, mediante la obra subjetiva en nosotros del elemento eficaz de la muerte de Cristo (Ro. 6:6-7; 7:16-20; 8:2); nos santifica por Su Espíritu Santo (Ro. 15:16), con Su naturaleza santa, por medio de Su disciplina (He. 12:10) y de Su juicio sobre Su propia casa (4:17); nos hace crecer en Su vida (1 Co. 3:6-7); nos transforma al renovar las partes internas de nuestra alma, mediante el Espíritu vivificante (2 Co. 3:6, 17-18; Ro. 12:2, Ef. 4:23), por medio de todas las cosas que nos rodean (Ro. 8:28); nos edifica para que seamos una casa espiritual, Su morada (2:5; Ef. 2:22); y nos hace madurar en Su vida (Ap. 14:15 y las notas) con miras a completar Su plena salvación. De este modo somos librados del poder del pecado, y del mundo, de la carne, del yo, del alma (la vida natural) y del individualismo, y somos llevados a la madurez en la vida divina para que el propósito eterno de Dios se cumpla.

(3) La etapa de la consumación, la etapa de la glorificación, compuesta de la redención (la transfiguración) de nuestro cuerpo, la conformación al Señor, la glorificación, la herencia del reino de Dios, la participación en el reinado de Cristo y el máximo disfrute del Señor. En esa etapa Dios redimirá nuestro cuerpo caído y corrupto (Ro. 8:23) transfigurándolo al cuerpo de la gloria de Cristo (Fil. 3:21); nos conformará a la gloriosa imagen de Su Hijo primogénito (Ro. 8:29), haciéndonos absolutamente iguales a El en nuestro espíritu regenerado, en nuestra alma transformada y en nuestro cuerpo transfigurado; y nos glorificará (Ro. 8:30), sumergiéndonos en Su gloria (He. 2:10) para que entremos en Su reino celestial (2 Ti. 4:18; 2 P. 1:11), al cual El nos ha llamado (1 Ts. 2:12), y lo heredemos como la porción más excelente de Su bendición (Jac. 2:5; Gá. 5:21), y que incluso reinemos con Cristo como correyes Suyos, tomando parte en Su reinado sobre las naciones (2 Ti. 2:12; Ap. 20:4, 6; 2:26-27; 12:5) y participando de Su gozo real en Su gobierno divino (Mt. 25:21, 23). De este modo nuestro cuerpo será liberado de la esclavitud de la corrupción de la antigua creación y llevado a la libertad de la gloria de la nueva creación (Ro. 8:21), y nuestra alma será liberada de la esfera de las pruebas y los sufrimientos (v. 6; 4:12; 3:14; 5:9) y llevada a una nueva esfera, llena de gloria (4:13; 5:10), donde participará y disfrutará de todo lo que el Dios Triuno es, tiene y ha realizado, alcanzado y obtenido. Esta

6 En el cual vosotros [a]exultáis, aunque ahora [b]por un
poco de tiempo, si es necesario, seáis afligidos en diversas
[1c]pruebas,
7 para que la [1a]prueba de vuestra fe, [2]mucho más [3]pre-
ciosa que el oro, el cual aunque perecedero se [b]prueba con
fuego, sea hallada [4]en [c]alabanza, [d]gloria y honra cuando sea
[5e]manifestado Jesucristo,

6[a] 1 P. 1:8; 4:13; Jud. 24
6[b] 1 P. 5:10; 2 Co. 4:17
6[c] Jac. 1:2; Hch. 20:19
7[a] 1 P. 4:12; Jac. 1:3, 12; Sal. 17:3; 26:2
7[b] 1 P. 4:12; Sal. 66:10; cfr. 1 Co. 3:13
7[c] 1 Co. 4:5
7[d] Ro. 2:7, 10
7[e] 1 P. 1:13; 4:13; Lc. 17:30; 1 Co. 1:7; 2 Ts. 1:7; 2 Ti. 4:8

es la salvación de nuestras almas, la salvación que está preparada para sernos revelada en el tiempo postrero, la gracia que se nos traerá cuando Cristo sea manifestado en Su gloria (v. 13; Mt. 16:27; 25:31). Este es el fin de nuestra fe. El poder de Dios puede guardarnos para esto, a fin de que podamos obtenerlo (v. 9). Debemos esperar con anhelo una salvación tan maravillosa (Ro. 8:23), y prepararnos para su espléndida manifestación (Ro. 8:19).

5[6] El tiempo de la venida del Señor (v. 7).

6[1] Sufrimientos que vienen a ser pruebas que examinan la calidad. El propósito de este libro es confirmar y fortalecer a los creyentes que sufren, quienes han sido escogidos por Dios, santificados y apartados del mundo para Dios por el Espíritu, rociados por la sangre redentora de Cristo y regenerados por Dios el Padre para una esperanza viva, para una herencia reservada en los cielos para ellos (vs. 1-4), pero quienes son todavía peregrinos por esta tierra (vs. 1, 17; 2:11). En su peregrinaje los sufrimientos son inevitables. Dios los usa a fin de someter a prueba la fe de ellos (v. 7), para ver si están dispuestos a seguir a Cristo al sufrir por hacer lo bueno (2:19-23; 3:14-18). Los sufrimientos son usados para equiparlos con una mente que resista a la carne, a fin de que no vivan en las concupiscencias de los hombres, sino en la voluntad de Dios (4:1-2), a fin de que participen de los sufrimientos de Cristo y se regocijen cuando Su gloria sea manifestada (4:12-19), a fin de que sean testigos de los padecimientos de Cristo (5:1), y a fin de que sean perfeccionados, confirmados, fortalecidos y cimentados con miras a la gloria eterna a la cual Dios los ha llamado (5:8-10). Dios dispone esto bajo Su gobierno para juzgar a Su pueblo escogido (v. 17), comenzando por Su propia casa (4:17). Por consiguiente, este libro también puede ser considerado un libro que trata del gobierno de Dios.

7[1] Es decir, sometida a prueba con miras a ser aprobada. Es la prueba de la fe, no la fe misma, la que debe ser hallada en alabanza. (Es como un examen escolar de los estudios de un alumno: lo que se busca aprobar es el examen, no el estudio mismo del alumno.) Por supuesto, la aprobación de la fe proviene de la fe adecuada. Aquí no se da énfasis a la fe, sino al hecho de que la fe es examinada con pruebas que vienen por medio de los sufrimientos.

7[2] *Mucho más preciosa que el oro el cual ... se prueba con fuego* no modifica *vuestra fe*, sino *prueba*.

7[3] Pedro en sus dos epístolas nos presenta cinco cosas preciosas: (1) la piedra preciosa, la cual es el Señor mismo (2:4, 6-7); (2) la sangre preciosa (v. 19); (3) las promesas preciosas (2 P. 1:4); (4) la fe preciosa (2 P. 1:1) y (5) la prueba preciosa (v. 7).

7[4] Lit., para. Las diversas pruebas mencionadas en el v. 6 nos vienen para que la prueba de nuestra fe resulte en alabanza, gloria y honra cuando el Señor se manifieste.

7[5] El Señor está con nosotros hoy (Mt. 28:20), pero de un modo escondido y velado. Su regreso será Su manifestación, cuando todos le vean abiertamente. En aquel tiempo no sólo será manifestado El, sino también la prueba de nuestra fe.

8 a quien [1a]amáis sin haberle [b]visto, *en quien [2c]creyen-
do, aunque ahora no lo veáis, os [d]alegráis con [3]gozo inefable
y [3]colmado de gloria;
9 [1]obteniendo el fin de vuestra fe, que es la [a]salvación de
vuestras [2b]almas.

B. El Espíritu aplica: mediante la profecía de los profetas y la predicación de los apóstoles vs. 10-12

10 Acerca de esta salvación los [1a]profetas que profetizaron de la [2]gracia *destinada* a vosotros, inquirieron y
diligentemente indagaron,
11 [1]escudriñando [2]qué *tiempo* y qué clase de época indicaba el Espíritu [3]de Cristo que estaba en ellos, el cual

---

8[1] Es una maravilla y un misterio que los creyentes amen a alguien a quien no han visto.

8[2] Nosotros amamos a quien no hemos visto ya que la fe misma nos fue infundida por oír la palabra viva (Gá. 3:2). Por eso, esta fe está bajo la prueba mencionada en el v. 7.

8[3] El gozo colmado de gloria es un gozo lleno del Señor expresado.

9[1] Gramaticalmente, esta palabra es la continuación del v. 8, pero según el hecho mismo, está conectada con el v. 7. La prueba de nuestra fe, hallada para alabanza, gloria y honra, nos lleva a obtener el fin de nuestra fe, que es la salvación de nuestras almas.

9[2] Nosotros tenemos tres partes: espíritu, alma y cuerpo (véanse las notas 23[5] de 1 Ts. 5 y 12[2] de He. 4). Nuestro espíritu fue salvo por medio de la regeneración (Jn. 3:5-6). Nuestro cuerpo será salvo, redimido, por medio de la transfiguración venidera (Fil. 3:21; Ro. 8:23). Nuestra alma será salva mediante los sufrimientos y llevada al pleno disfrute del Señor en Su manifestación, Su regreso. Por esta causa tenemos que negarnos a nosotros mismos, es decir, a nuestra alma, a la vida de nuestra alma, con todos sus placeres en esta era, para poder ganarla en el disfrute del Señor en la era venidera (Mt. 10:37-39; 16:24-27; Lc. 17:30-33; Jn. 12:25). Cuando el Señor se manifieste, algunos creyentes, después de comparecer ante Su tribunal, entrarán en el gozo del Señor (Mt. 25:21, 23; 24:45-46), y otros sufrirán el llanto y el crujir de dientes (Mt. 25:30; 24:51). Entrar en el gozo del Señor es la salvación de nuestras almas (He. 10:39 y la nota 3). Esta salvación es más preciosa que la salvación del cuerpo, la cual esperan recibir los hijos de Israel.

10[1] Pedro siguió el ejemplo del Señor (Lc. 24:25-27, 44-46) al citar los profetas del Antiguo Testamento para confirmar su enseñanza tocante a la salvación revelada en el Nuevo Testamento.

10[2] Un sinónimo de *salvación* en este versículo. Véase la nota 13[4]. Con respecto a *gracia* véanse las notas 14[6] de Jn. 1 y 10[1] de 1 Co. 15.

11[1] El escrutinio de los profetas fue la obra del Espíritu al aplicar de manera anticipada la salvación de Dios en el Antiguo Testamento.

11[2] Los profetas del Antiguo Testamento escudriñaban en qué tiempo y en qué clase de época, según lo indicaba el Espíritu que estaba en ellos, tendría lugar la obra maravillosa que Cristo lograría por medio de Sus sufrimientos y Sus glorias. Finalmente les fue revelado que aquellas maravillas no las ministraban para sí mismos, sino para los creyentes neotestamentarios (v. 12).

11[3] El altamente respetado mss.

8[a] Jn. 21:15-17; 1 Co. 8:3; Mr. 12:30
8[b] He. 11:1, 27; 1 Jn. 4:20
8[c] Jn. 20:29; 2 Co. 5:7
8[d] 1 P. 1:6
9[a] 1 P. 1:5; 2:2; 2 P. 3:15
9[b] 1 P. 1:22; 2:11, 25
10[a] Lc. 10:24; 2 P. 1:19-21

testificaba de antemano los [4]sufrimientos [5]de Cristo, y las
[6]glorias *que vendrían* tras ellos.
12 A éstos se les reveló que no para sí mismos, sino para
vosotros, ministraban [1]las cosas que ahora os son anun-
ciadas por los que os han [2]predicado el evangelio por el

Vaticano omite *de Cristo.* Esta omisión concuerda con la revelación del Nuevo Testamento con respecto al Espíritu. Sin embargo, los otros mss. de autoridad reconocida incluyen en su texto la expresión *de Cristo.* En la revelación del Nuevo Testamento, el Espíritu de Cristo se refiere al Espíritu después de la resurrección de Cristo (Ro. 8:9-11). Antes de la resurrección de Cristo, el Espíritu sólo era el Espíritu de Dios, todavía no había llegado a ser el Espíritu de Cristo (Jn. 7:39). El Espíritu de Cristo es el Espíritu de Dios constituido por la muerte y la resurrección de Cristo y con ellas para que ambas pudieran ser aplicadas e impartidas a Sus creyentes. Aunque la constitución del Espíritu de Cristo es dispensacional, es decir, fue constituido dentro de una dispensación por la muerte y la resurrección de Cristo y con las mismas en los tiempos del Nuevo Testamento, su función es eterna, porque El es el Espíritu eterno (He. 9:14). Es semejante a la cruz de Cristo: como evento fue realizada cuando Cristo murió, pero su función es eterna; por consiguiente, conforme a la visión eterna de Dios, Cristo fue inmolado desde la fundación del mundo (Ap. 13:8). En los tiempos del Antiguo Testamento, a los profetas que inquirían y diligentemente indagaban acerca de los sufrimientos y las glorias de Cristo, el Espíritu de Dios, como Espíritu de Cristo, les declaró el tiempo y la clase de época de la muerte y resurrección de Cristo.

11[4] Cristo primero sufrió y luego entró en la gloria (Lc. 24:26). Nosotros debemos seguirlo en los mismos pasos (4:13; Ro. 8:17). Los sufrimientos de Cristo, tal como se reveló a los profetas y tal como ellos profetizaron en Sal. 22:1, 6-8, 12-18; Is. 53:2-10a, 12b; Dn. 9:26; Zac. 12:10m; 13:6-7, tienen como fin realizar la obra redentora de Dios, la cual, por un lado, solucionó todos los problemas que existían entre el hombre y Dios, y puso fin a la antigua creación, y, por otro lado, liberó la vida eterna de Dios para el cumplimiento de Su propósito eterno.

Las glorias de Cristo (véase la nota 6) tienen como fin Su glorificación, acerca de la cual El rogó al Padre antes de ser crucificado (Jn. 17:1) y la cual es necesaria para el cumplimiento de la economía neotestamentaria de Dios a fin de que Su propósito eterno sea llevado a cabo. Los sufrimientos y la glorificación de Cristo con las glorias de los diferentes pasos —los factores de la plena redención y salvación de Dios— al ser aplicados a nosotros y experimentados por nosotros, equivalen a la salvación mencionada en los vs. 5, 9 y 10. Los profetas del Antiguo Testamento inquirieron y diligentemente indagaron al respecto, el Espíritu de Cristo lo reveló a ellos, los apóstoles lo predicaron en el Nuevo Testamento por el Espíritu Santo, y los ángeles anhelan mirarlo (v. 12).

11[5] Lit., para. Los sufrimientos que Cristo soportó fueron sufrimientos que Dios le había asignado (Is. 53:10); por tanto, son Suyos, le pertenecen.

11[6] Las glorias en diferentes pasos: la gloria en Su resurrección (Lc. 24:26; Hch. 3:13), la gloria en Su ascensión (Hch. 2:33; He. 2:9), la gloria en Su segunda venida (Ap. 18:1; Mt. 25:31), y la gloria en Su reinado (2 Ti. 2:12; Ap. 20:4, 6), como se revela en Sal. 16:8-10; 22:21-22; 118:22-24; 110:1, 4; 118:26; Zac. 14:4-5; Dn. 7:13-14; Sal. 24:7-10; 72:8-11.

12[1] Se refiere a los sufrimientos de Cristo y a Sus glorias, mencionados en el v. 11.

12[2] La predicación de los apóstoles constituye la aplicación práctica que

[a]Espíritu Santo enviado del cielo; cosas en las cuales anhelan [3]mirar los ángeles.

C. Cristo redime:
para una vida santa por la naturaleza santa
y para el amor fraternal mediante la purificación por la verdad
que santifica, lo cual se basa en la regeneración por
la simiente incorruptible mediante la palabra viva de Dios
vs. 13-25

13 [1]Por tanto, [a]ciñéndoos los lomos de vuestra mente y
siendo [2b]sobrios, poned vuestra [3]esperanza completamente
en la [4c]gracia que se os traerá cuando Jesucristo sea [d]manifestado;
14 como hijos [a]obedientes, no os [1]amoldéis a las [b]concupiscencias que antes teníais estando en vuestra [c]ignorancia;
15 sino, así como el [1]Santo, quien os [a]llamó, [2]sed también
vosotros [b]santos en toda *vuestra* [c]manera de vivir;

12[a] Hch. 2:2-4; He. 2:4

13[a] 1 P. 5:5; Lc. 12:35; Ef. 6:14

13[b] 1 P. 4:7; 5:8; 1 Ts. 5:6, 8; 2 Ti. 4:5; 1 Ti. 3:2; 2 Ti. 1:7

13[c] 1 P. 1:10

13[d] 1 P. 1:7

14[a] 1 P. 1:2

14[b] 1 P. 4:2

14[c] Hch. 17:30; 1 P. 2:15

15[a] 1 Ts. 4:7; 1 P. 2:21; 3:9; 5:10; 2 P. 1:3

15[b] 2 P. 3:11; He. 12:14

15[c] 1 P. 2:12; 3:1, 2, 16; cfr. 1 P. 1:18; 2 P. 2:7

el Espíritu hace de la salvación de Dios en el Nuevo Testamento.

12[3] La palabra griega describe a alguien que se inclina y extiende la cerviz para ver algo maravilloso. Eso muestra cuán interesados están los ángeles en observar lo que se relaciona con Cristo en la obra salvadora de Dios. Ellos anunciaron y celebraron el nacimiento del Salvador (Lc. 2:8-14); se regocijan cuando los pecadores se arrepienten y reciben la salvación (Lc. 15:10); y se alegran de servir a los herederos de la salvación (He. 1:14; Hch. 12:15; Mt. 18:10).

13[1] Los vs. 3-12 son una larga frase de bendición (buen hablar) tocante a Dios el Padre, la cual nos revela Su maravillosa y excelente salvación, comenzando en la regeneración de nuestro espíritu (v. 3) y culminando en la salvación de nuestra alma (v. 9), una salvación efectuada por medio de los sufrimientos y las glorias de Cristo (v. 11) y aplicada a nosotros por el Espíritu Santo (v. 12). Con base en esto, el v. 13 comienza una exhortación dirigida a los que participan de la salvación total llevada a cabo por el Dios Triuno según Su economía.

13[2] Estar en calma y tener una mente clara, tener la capacidad de comprender la economía de Dios en Su salvación según se revela en los vs. 3-12, sin ser perturbado por el temor, la ansiedad ni las preocupaciones.

13[3] La esperanza viva obtenida mediante la regeneración (v. 3).

13[4] Es decir, la salvación del alma (vs. 5, 9-10), que será la consumación de la plena salvación de Dios. La gracia nos fue traída por la primera venida del Señor (Jn. 1:17). Esta gracia será consumada por Su segunda venida. En esta gracia debemos poner nuestra esperanza.

14[1] Como en Ro. 12:2. *No os amoldéis* denota un estado que es una senda por la cual los elegidos de Dios caminan como peregrinos.

15[1] El Santo es el Dios Triuno: el Padre que escoge, el Hijo que redime y el Espíritu que santifica (vs. 1-2). El Padre regenera a Sus elegidos, impartiéndoles Su naturaleza santa (v. 3); el Hijo los redimió con Su sangre de la vana manera de vivir (vs. 18-19); y el Espíritu los santifica conforme a la naturaleza santa del Padre, separándolos de todo lo que no sea Dios (v. 2), para que ellos, por la naturaleza santa del Padre, sean santos en toda su manera de vivir, tan santos como Dios mismo (vs. 15-16).

15[2] Por medio de la santificación del Espíritu (v. 2), y con base en la

16 porque escrito está: "Sed [a]santos, porque Yo soy santo".
17 Y si invocáis por [1a]Padre a Aquel que [b]sin acepción de
personas [2c]juzga según la [3]obra de cada uno, conducíos en
[4d]temor durante el tiempo de vuestra [e]peregrinación;
18 sabiendo que fuisteis [a]redimidos [b]de vuestra [1c]vana
manera de vivir, la cual recibisteis de vuestros padres, no
con cosas corruptibles, [2d]como oro o plata,

16[a] Lv. 11:44; 19:2; 20:7
17[a] Ro. 8:15; Gá. 4:6; 2 Co. 6:18
17[b] Ro. 2:11; Ef. 6:9; Hch. 10:34
17[c] 1 P. 2:23; 4:6, 17
17[d] 1 P. 2:17, 18; 3:2, 16; 2 Co. 7:1; He. 12:28; Jud. 23
17[e] 1 P. 2:11; He. 11:13
18[a] Tit. 2:14; Ro. 3:24; Ef. 1:7; Col. 1:14
18[b] cfr. Sal. 130:8
18[c] Ef. 4:17; Ro. 1:21; 2 P. 2:18
18[d] Ez. 7:19; Is. 52:3; Sof. 1:18

regeneración (v. 3), la cual nos trae la naturaleza santa de Dios y produce una vida santa.

17[1] Aquel que como Padre nos llamó, el Santo, nos regeneró para producir una familia santa: un Padre santo e hijos santos. Como hijos santos debemos andar de una manera santa. De otro modo, el Padre se convertirá en el Juez (4:17) y juzgará nuestra impiedad. El nos engendró con vida interiormente para que tengamos Su naturaleza santa; nos disciplina con juicio externamente para que participemos de Su santidad (He. 12:9-10). El nos juzga según nuestras obras, nuestra conducta, sin hacer acepción de personas. Por tanto, debemos conducirnos en temor durante el tiempo de nuestra peregrinación. Si decimos que El es nuestro Padre, también debemos temerle como a Juez y debemos vivir una vida santa en temor.

17[2] Pedro "no habla aquí del juicio final del alma. En ese sentido, 'el Padre no juzga a nadie, sino que todo el juicio ha dado al Hijo' [Jn. 5:22]. Se habla aquí del juicio diario del gobierno de Dios en este mundo, ejercido sobre Sus hijos. Por consiguiente, aquí dice: 'el tiempo de vuestra peregrinación' " (Darby). Este es el juicio de Dios sobre Su propia casa (4:17).

Puesto que estas dos epístolas tienen que ver con el gobierno de Dios, se refieren repetidas veces al juicio de Dios y del Señor (2:23; 4:5-6, 17; 2 P. 2:3-4, 9; 3:7) como uno de los puntos principales. El juicio de Dios empezó con los ángeles (2 P. 2:3-4) y pasó por las generaciones de la humanidad en el Antiguo Testamento (2 P. 2:5-9). En la era del Nuevo Testamento el juicio comienza con la casa de Dios (v. 17; 2:23; 4:6, 17) y continúa hasta que llegue el día del Señor (2 P. 3:10), el cual será un día de juicio sobre los judíos, los creyentes y los gentiles antes del milenio (véase la nota 12[3] de 2 P. 3). Después del milenio, todos los muertos, incluyendo a los hombres y a los demonios, serán juzgados y perecerán (4:5; 2 P. 3:7), y los cielos y la tierra serán quemados (2 P. 3:10b, 12). El resultado de los diversos juicios no es siempre el mismo. Algunos juicios dan como resultado una prueba disciplinaria, otros un castigo dispensacional y otros la perdición eterna (véase la nota 1[5], punto 2, de 2 P. 2). Sin embargo, mediante todos estos juicios el Señor Dios purificará todo el universo con el fin de tener un cielo nuevo y una tierra nueva destinados a un nuevo universo lleno de Su justicia (2 P. 3:13), para el deleite del Señor.

17[3] Es decir, conducta o comportamiento; como en Ro. 3:20; Gá. 2:16.

17[4] Un temor santo, como en Fil. 2:12; es decir, una precaución saludable y seria que nos induce a comportarnos santamente. Tal temor se menciona varias veces en este libro (véase la referencia 17e), porque la enseñanza de este libro se relaciona con el gobierno de Dios.

18[1] Vivir de una manera vana está en contraste con vivir santamente, lo cual se menciona en el v. 15. En principio, la sangre de Cristo nos redimió de los pecados, de las transgresiones, de vivir sin ley y de todo lo pecaminoso (Ef. 1:7; He. 9:15; Tit. 2:14). Aquí tenemos una excepción: la sangre de Cristo nos redimió de nuestra vieja y vana manera de vivir, porque aquí no se da énfasis a lo pecaminoso, sino a la manera de vivir. Todo el capítulo recalca la santa manera en que el pueblo escogido de Dios debe vivir

19 sino con la [1a]sangre preciosa de Cristo, como de un
[b]Cordero [c]sin defecto y sin mancha,
20 ya [1a]conocido [b]desde antes de la fundación del mundo,
pero [c]manifestado en los [2d]postreros tiempos por amor de
vosotros,
21 los que [1]por medio de El creéis *en Dios, que le [a]resu-
citó de los muertos y le ha [2]dado [b]gloria, para que vuestra [3]fe
y [c]esperanza sean en Dios.
22 Puesto que habéis [1]purificado vuestras [2a]almas por la
obediencia a la [3]verdad, para el [4b]amor fraternal no fingido,
amaos unos a otros [5]entrañablemente, de corazón puro,

---

durante su peregrinación. Tanto la santificación del Espíritu como la redención de Cristo tienen este fin: separarnos de la vana manera de vivir que heredamos de nuestros padres. Puesto que sabemos que esto fue obtenido con el más alto precio, la preciosa sangre de Cristo, debemos conducirnos en temor todos los días de nuestra peregrinación (v. 17).

Nuestra vieja manera de vivir, un vivir en concupiscencias (v. 14), no tenía significado ni meta; por ende, era vana. Pero ahora tenemos la meta de vivir una vida santa para expresar a Dios en Su santidad (vs. 15-16).

18[2] Lit., algo de plata o algo de oro (por ejemplo, una moneda).

19[1] La sangre de Cristo, por la cual somos rociados y de este modo separados de entre la gente común, es más preciosa que la plata y el oro. El más alto precio fue pagado por nuestra redención, a fin de que fuésemos redimidos de la vana manera de vivir para que viviésemos una vida santa (vs. 18, 15). Por esto debemos tener un temor santo, una precaución saludable y seria delante de Dios para que, como elegidos de Dios redimidos a un precio tan alto, no erremos del propósito de la elevadísima redención de Cristo.

20[1] Cristo fue destinado, preparado, por Dios para ser el Cordero redentor (Jn. 1:29) a favor de Sus elegidos desde antes de la fundación del mundo según Su presciencia. Esto fue hecho en conformidad con el propósito y plan eterno de Dios, y no por casualidad. Por eso, en la perspectiva eterna de Dios, Cristo fue inmolado desde la fundación del mundo (Ap. 13:8), es decir, desde la caída del hombre, la cual es parte del mundo.

20[2] Se refiere al final de los tiempos del Antiguo Testamento. Véase la nota 2[1] de He. 1.

21[1] Cuando creímos en Cristo fuimos introducidos en una unión orgánica con El (Gá. 3:26-27). Luego, por medio de El, creímos en Dios para ser uno con El y participar de todas Sus riquezas.

21[2] Esto es glorificarle con glorias (v. 11), y representa la respuesta del Padre a Su oración (Jn. 17:1).

21[3] Véase la nota 13[1] de 1 Co. 13.

22[1] La purificación de nuestras almas es la santificación que el Espíritu realiza en nuestro carácter para que vivamos una vida santa en la naturaleza santa de Dios (vs. 15-16); es más profunda que la purificación de nuestros pecados (He. 1:3) y que el lavamiento del pecado (1 Jn. 1:7). Las dos últimas constituyen la purificación de nuestras acciones externas; la primera constituye la purificación de nuestro ser interior, el alma. Esta purificación es semejante al lavamiento del agua en la palabra mencionado en Ef. 5:26 (véase la nota 3).

22[2] Nuestra alma se compone de la mente, la parte emotiva y la voluntad, las cuales también son partes de nuestro corazón. Nuestra alma es purificada cuando nuestra mente, nuestra parte

---

19[a] 1 P. 1:2; Hch. 20:28; He. 9:12-14; Ap. 1:5
19[b] Ex. 12:5; Is. 53:7; Jn. 1:29, 36; Ap. 5:6, 13
19[c] Lv. 4:3; 6:6
20[a] 1 P. 1:2
20[b] Jn. 17:24; Ef. 1:4
20[c] He. 9:26; 1 Jn. 3:5, 8
20[d] He. 1:2
21[a] Hch. 2:24; Ro. 10:9
21[b] Jn. 7:39; Hch. 3:13; He. 2:9
21[c] 1 P. 1:3
22[a] 1 P. 1:9
22[b] 1 P. 2:17; 3:8; 2 P. 1:7; Ro. 12:9-10; He. 13:1; 1 Jn. 4:21

23a 1 P. 1:3
23b Mt. 13:4; 1 Jn. 3:9
23c He. 4:12
24a Is. 40:6-8; 51:12; Sal. 102:11; Jac. 1:10-11
25a Ef. 1:13
25b Ro. 1:15-17

23 [1]habiendo sido [a]regenerados, no de [2b]simiente corruptible, sino de incorruptible, por la palabra de Dios, la cual
[c]vive y permanece para siempre.
24 Porque: "Toda [1]carne es como [a]hierba, y toda su gloria
como flor de la hierba. La hierba se seca, y la flor se cae;
25 mas la [1]palabra del [2]Señor permanece para siempre".
Y ésta es la [a]palabra que os ha sido anunciada como [3b]evan-
gelio.

---

emotiva y nuestra voluntad, como partes de nuestro corazón, son purificadas de toda clase de corrupción o contaminación (Hch. 15:9; Jac. 4:8). En realidad esto significa que nuestra mente, nuestra parte emotiva y nuestra voluntad son libradas de todo lo que no sea Dios y son puestas en El como el único objetivo y la única meta. Esta clase de purificación es realizada por nuestra obediencia a la verdad, la cual es el contenido y la realidad de nuestra fe (véase la nota 1[1], punto 2, de 1 Ti. 1). Cuando obedecemos a la verdad, el contenido y la realidad de nuestra fe en Cristo, toda nuestra alma se centra en Dios y de este modo es purificada de todo lo que no sea Dios. Así nuestras almas son salvas de toda inmundicia al recibir la palabra implantada (Jac. 1:21), la cual es la verdad que santifica (Jn. 17:17).

22[3] La verdad que santifica, la cual es la palabra de realidad de Dios, es decir, la palabra de verdad (Jn. 17:17 y las notas).

22[4] La purificación de nuestras almas concentra todo nuestro ser en Dios para que podamos amarlo con todo nuestro corazón, con toda nuestra alma y con toda nuestra mente (Mr. 12:30), es por esto que da como resultado un amor fraternal no fingido, un amor con el cual amamos entrañablemente y de corazón a quienes Dios ama. Primero, la regeneración da como resultado una vida santa (vs. 15-16), y luego la santificación (la purificación) produce un amor fraternal.

22[5] Algunos mss. dicen: entrañablemente de corazón.

23[1] Este versículo modifica al v. 22. Habiendo sido regenerados, hemos purificado nuestras almas para el amor fraternal. La regeneración con la vida divina es la base, el fundamento, para la purificación, la santificación, de nuestras almas con miras al amor fraternal no fingido. Esta sección de la Palabra empieza y termina con la regeneración, la cual da como resultado una vida santa hacia Dios y un amor fraternal hacia los santos.

23[2] La simiente contiene vida. La palabra de Dios como simiente incorruptible contiene la vida de Dios. Por tanto, es viva y permanente. Nosotros fuimos regenerados por medio de esta palabra. La palabra de vida de Dios, la cual es viva y permanente, trasmite la vida de Dios a nuestro espíritu para que seamos regenerados.

24[1] Se refiere al hombre caído. Toda la humanidad caída es como hierba que se marchita, y su gloria es como la efímera flor de la hierba. Los creyentes eran así, pero la palabra viva y permanente del Señor, como semilla sembrada en ellos mediante la regeneración, ha cambiado la naturaleza de ellos, haciendo que sean vivientes y permanezcan para siempre.

25[1] *Palabra* en el v. 23 se refiere a la palabra constante; aquí *palabra* (usada dos veces), se refiere a la palabra para el momento. Cuando la palabra constante nos es hablada, se convierte en la palabra para el momento.

25[2] Se refiere a Dios en el v. 23, lo cual indica que el Señor Jesús es Dios.

25[3] La palabra que los apóstoles anunciaron es el evangelio que regenera a los creyentes.

CAPITULO 2

III. El crecimiento en vida y su resultado
2:1-10

A. Crecer por alimentarse de la leche de la palabra para la salvación plena
vs. 1-3

1 [1]Desechando, pues, toda [2a]malicia, todo engaño, [b]hipo-
cresías, envidias, y toda maledicencia,
2 desead, como [a]niños [1]recién nacidos, la [b]leche [2]de la
palabra [3]*dada* sin engaño, para que por ella [4c]crezcáis [5]para
[d]salvación,

1[1] La exhortación contenida en los vs. 1-10 está basada en lo que revela el cap. 1, el cual recalca tres obras principales efectuadas por el Dios Triuno en los creyentes: la obra regeneradora del Padre (1:3, 23), la obra redentora del Hijo (1:2, 18-19) y la obra santificadora del Espíritu (1:2). Por estas obras los creyentes pueden ser un pueblo santo que lleva una vida santa (1:15-16). Con base en esto, Pedro exhorta a los creyentes a crecer en vida (v. 2) para que sean edificados como casa espiritual (v. 5).

1[2] Las cinco cosas negativas aquí mencionadas forman una secuencia. La malicia es la raíz, la fuente, y la maledicencia es la expresión. El engaño, las hipocresías y las envidias son los peldaños que conducen de la fuente a la expresión.

2[1] Al nacer por medio de la regeneración (1:3, 23), los creyentes llegan a ser niños que pueden crecer en vida con miras a una salvación más amplia, para el edificio de Dios, al ser nutridos por la leche espiritual.

2[2] Esta palabra griega, traducida *racional* en Ro. 12:1, es un adjetivo derivado del sustantivo *palabra,* por ende, *de la palabra;* relativo a la mente (en contraste con el cuerpo), al raciocinio, y por consiguiente, racional, lógico, razonable. La leche de la palabra no es leche para el cuerpo, sino leche para el alma, el ser interior. Es trasmitida en la palabra de Dios para nutrir nuestro hombre interior por medio del entendimiento de nuestra mente racional, y es asimilada por nuestras facultades mentales.

2[3] En contraste con *engaño,* mencionado en el v. 1. Es decir, sin propósito encubierto, sin ninguna otra meta que la de nutrir el alma.

2[4] Crecer es un asunto de vida y en vida. Recibimos la vida divina por medio de la regeneración, y necesitamos crecer en esta vida y con esta vida tomando la nutrición de la leche trasmitida en la palabra de Dios.

2[5] Es decir, resultando en. Crecer en vida resulta en salvación. Esta salvación, como resultado del crecimiento en vida, no es la salvación inicial. La plena salvación de Dios abarca mucho, desde la regeneración, que incluye la justificación, hasta la glorificación (Ro. 8:30). En la regeneración recibimos la salvación inicial (véase la nota 5[5] del cap. 1). Luego, necesitamos crecer hasta llegar a la salvación plena, la madurez que lleva a la glorificación, alimentándonos de Cristo como la leche nutritiva de la palabra de Dios. Esta será la salvación de nuestra alma, la cual nos será revelada cuando el Señor Jesús sea manifestado (1:5 y la nota 5; 1:9-10, 13). Sin embargo, según el contexto, *para salvación* se refiere directamente a ser *edificados como casa espiritual hasta ser un sacerdocio santo, para ofrecer sacrificios espirituales* en el v. 5, y a *que anunciéis las virtudes de Aquel* en el v. 9.

1[a] 1 Co. 5:8; Ef. 4:31; Col. 3:8
1[b] Mt. 23:13-15, 23, 25, 27, 29
2[a] He. 5:13; 1 Co. 3:1
2[b] 1 Co. 3:2; He. 5:12-13; Is. 55:1; 28:9
2[c] 2 P. 3:18; Ef. 4:15; Col. 2:19
2[d] 1 P. 1:5, 9-10

3 si es que habéis [1a]gustado lo [2]bueno que es el Señor.

B. Transformados para la edificación de una casa espiritual donde more Dios, la cual es un sacerdocio santo para servir a Dios
vs. 4-8

4 Acercándoos a El, [1a]piedra viva, [b]desechada por los
hombres, mas para Dios [c]escogida *y* [2]preciosa,
5 vosotros también, como [a]piedras [1]vivas, sois [2b]edifica-
dos como [3c]casa [4]espiritual [5]hasta ser un [6]sacerdocio [7]santo,

3[a] Sal. 34:8; He. 6:4-5
4[a] Dn. 2:34-35; Mt. 21:42; 16:18
4[b] 1 P. 2:7; Hch. 4:11
4[c] 1 P. 2:6; Mt. 12:18
5[a] Gn. 28:22; 1 Co. 3:12; Ap. 21:11, 19
5[b] 1 Co. 3:9; Ef. 2:20-22; 4:16; Col. 2:7
5[c] Gn. 28:19, 22; 1 Ti. 3:15; 1 P. 4:17

3[1] El Señor puede ser saboreado, y El tiene un sabor agradable y bueno. Si le saboreamos, anhelaremos la leche nutritiva de Su palabra (v. 2).

3[2] O, agradable, bondadoso.

4[1] Una piedra viva no solamente posee vida, sino que también crece en vida. Cristo es la piedra viva para el edificio de Dios. Aquí Pedro pasa de la metáfora de la simiente, la cual pertenece al reino vegetal (1:23-24), a la de una piedra, la cual pertenece al reino mineral. La simiente sirve para plantar vida; la piedra sirve para edificar (v. 5). El pensamiento de Pedro pasa de la siembra de la vida al edificio de Dios. Cristo como vida para nosotros es la simiente; para el edificio de Dios El es la piedra. Después de recibirle como simiente de vida, necesitamos crecer a fin de experimentarle como la piedra que vive en nosotros. De este modo El también hará de nosotros piedras vivas, transformadas con Su naturaleza pétrea para que seamos edificados juntamente con otros como casa espiritual sobre El como fundamento y piedra angular (Is. 28:16).

4[2] U, honorable; diferente de la palabra usada en 1:19. Aquella palabra denota preciosidad en esencia; ésta denota una preciosidad que el hombre reconoce y honra.

5[1] Nosotros los que creemos en Cristo llegamos a ser piedras vivas, igual que El, por medio de la regeneración y la transformación. Nosotros fuimos hechos de barro (Ro. 9:21). Sin embargo, en la regeneración recibimos la simiente de la vida divina, la cual crece en nosotros y así nos transforma en piedras vivas. Cuando Pedro se convirtió, el Señor le dio un nombre nuevo: Pedro, es decir, una piedra (Jn. 1:42), y cuando recibió la revelación referente a Cristo, el Señor le reveló además que El era la roca, una piedra (Mt. 16:16-18). Con estos dos incidentes quedó impreso en Pedro el hecho de que Cristo y Sus creyentes son piedras para el edificio de Dios.

5[2] Alimentarse de Cristo tomando la leche nutritiva de la palabra de Dios no sólo sirve para crecer en vida, sino también para ser edificado. El crecimiento tiene como fin la edificación.

5[3] La meta de Dios en cuanto a los creyentes es tener una casa edificada con piedras vivas, no piedras separadas y esparcidas, ni tampoco un montón de piedras, sino piedras edificadas.

5[4] La leche nutritiva de la palabra alimenta el alma, a través de la mente, y también nutre nuestro espíritu, haciendo que seamos espirituales y no personas centradas en el alma, aptos para ser edificados como casa espiritual de Dios.

5[5] Algunos mss. omiten: hasta ser.

5[6] El sacerdocio santo es la casa espiritual. En el Nuevo Testamento se usan tres palabras griegas con relación al sacerdocio: *ierosúne,* en He. 7:12, se refiere al oficio sacerdotal; *ieratéia,* en He. 7:5, se refiere al servicio sacerdotal; y *ieráteuma,* aquí y en el v. 9, se refiere a la asamblea de los sacerdotes, el cuerpo de sacerdotes, a un sacerdocio. El cuerpo coordinado de sacerdotes es la casa espiritual edificada. Aunque Pedro no dirigió sus dos epístolas a la iglesia, ni usó el

para ofrecer [8]sacrificios espirituales [d]aceptables a Dios por
medio de Jesucristo.
6 Por lo cual también contiene la Escritura: "[a]He aquí,
pongo en Sion una [1]piedra angular, [2b]escogida, [3]preciosa; y
el que [c]cree en El, jamás será avergonzado".
7 Para vosotros, pues, los que creéis, El es [1]lo más
preciado; pero para los que no creen, "[a]la piedra que los
[2]edificadores [b]desecharon, ha [3]venido a ser la cabeza del
ángulo";
8 y: "[a]Piedra de [1b]tropiezo, y roca de [c]escándalo", porque
[d]tropiezan en [2]la palabra, siendo desobedientes; para [3]lo cual
fueron también [e]puestos.

5[d] Is. 56:7; Ro. 12:1; 15:16
6[a] Is. 28:16
6[b] 1 P. 2:4
6[c] Ro. 9:33; 10:11
7[a] Sal. 118:22
7[b] 1 P. 2:4
8[a] Is. 8:14; Ro. 9:33
8[b] Lc. 2:34
8[c] 1 Co. 1:23
8[d] 2 P. 1:10
8[e] cfr. 1 Ts. 3:3; 5:9

---

término *iglesia* en este versículo al recalcar la vida corporativa de los creyentes, sí usó las expresiones *casa espiritual* y *sacerdocio santo,* para referirse a la vida de la iglesia. No es la vida espiritual vivida de una manera individualista sino de una manera corporativa, la que puede cumplir el propósito de Dios y satisfacer Su deseo. El desea una casa espiritual que sea Su morada, un cuerpo de sacerdotes, un sacerdocio, para Su servicio. La perspectiva de Pedro con respecto al servicio corporativo de los creyentes en coordinación es la misma que la de Pablo en Ro. 12. Este servicio nace de tres pasos vitales en la vida espiritual: el nuevo nacimiento (v. 2a), el crecimiento en vida al ser nutrido con Cristo (v. 2b) y la edificación con los creyentes.

5[7] *Espiritual* denota la capacidad que la vida divina tiene de vivir y crecer; *santo* denota la capacidad de la naturaleza divina para separar y santificar. La casa de Dios subsiste principalmente por la vida divina; por ende, es espiritual. El sacerdocio subsiste principalmente por la naturaleza divina; por tanto, es santo.

5[8] Los sacrificios espirituales que los creyentes ofrecen en la era neotestamentaria conforme a la economía de Dios son: (1) Cristo como la realidad de todos los sacrificios de los tipos antiguotestamentarios, tales como el holocausto, la ofrenda de harina, la ofrenda de paz, la ofrenda por el pecado y la ofrenda por la transgresión (Lv. 1—5); (2) los pecadores que son salvos mediante nuestra predicación evangélica, ofrecidos como miembros de Cristo (Ro. 15:16); y (3) nuestro cuerpo, nuestras alabanzas y lo que hacemos para Dios (Ro. 12:1; He. 13:15-16; Fil. 4:18).

6[1] Véase la nota 20[3] de Ef. 2.

6[2] Cristo es la piedra escogida por Dios como piedra angular para Su edificio (Ef. 2:20).

6[3] Véase la nota 4[2].

7[1] En el griego, una palabra similar a la que se traduce *preciosa* en los vs. 4, 6. El propio Cristo escogido por Dios como piedra, más aún como piedra angular que para Dios es preciosa, es lo más preciado para Sus creyentes; en cambio, para los incrédulos El es una piedra rechazada y menospreciada.

7[2] Los líderes del judaísmo (Hch. 4:11), quienes deberían edificar la casa de Dios. Ellos rechazaron totalmente a Cristo. El Señor predijo que ellos le rechazarían (Mt. 21:38-42).

7[3] El Cristo resucitado llegó a ser la cabeza del ángulo. Pedro en sus primeras predicaciones ya les había anunciado esto a los judíos (Hch. 4:10-11).

8[1] El Cristo confiable (v. 6), al ser rechazado, vino a ser una piedra de tropiezo en la cual tropezaron los judaizantes que lo rechazaron (Mt. 21:44a).

8[2] Es decir, lo citado en los vs. 6-8.

C. Anunciar las virtudes de Aquel que llama vs. 9-10

9 Mas vosotros sois un [1]linaje [a]escogido, [2]real [b]sacerdo-
cio, [3]nación santa, pueblo adquirido para posesión *de Dios,*
a fin de que [4]anunciéis las [5c]virtudes de Aquel que os [d]llamó
de las [6e]tinieblas a Su [6f]luz admirable;
10 [1]vosotros que en otro tiempo [a]no erais pueblo, pero que
ahora sois pueblo de Dios; que *en otro tiempo* no se os había
concedido misericordia, pero que ahora se os ha concedido
misericordia.

9[a] 1 P. 1:2; cfr. Dt. 7:6; 10:15; 14:2
9[b] Ap. 1:6; 5:10; cfr. Ex. 19:6; Is. 61:6
9[c] 2 P. 1:3
9[d] 1 P. 5:10; 2 P. 1:3; 1 Ts. 2:12
9[e] Is. 42:16; 1 Ts. 5:4
9[f] 1 Jn. 1:5; Jn. 8:12; Ef. 5:8; Sal. 36:9
10[a] Os. 1:9-10

8[3] Se refiere a la desobediencia de los judíos, la cual les hizo tropezar.

9[1] Las palabras *linaje, sacerdocio, nación* y *pueblo* son sustantivos colectivos y se refieren a los creyentes corporativamente. Como linaje, nosotros los creyentes hemos sido escogidos; como un sacerdocio, un cuerpo de sacerdotes, pertenecemos a la realeza; como nación, somos santos; como pueblo, somos posesión de Dios, una posesión que Dios adquirió y que ahora tiene como Su tesoro especial (Tit. 2:14 y la nota 3). La frase *linaje escogido* denota que descendemos de Dios; *real sacerdocio,* que servimos a Dios; *nación santa,* que somos una comunidad para Dios; y *pueblo adquirido para posesión de Dios* indica que para Dios somos preciosos. Todo esto tiene un sentido corporativo. Por consiguiente, necesitamos ser edificados juntamente (v. 5).

9[2] Véanse las notas 5[6] y 5[7]. *Real* denota que la posición de nuestro sacerdocio es una posición de realeza, tal como la de Cristo el Rey, nuestro Sumo Sacerdote, tipificado por Melquisedec (He. 7:1-2, 26 y la nota 1[2]; Gn. 14:18).

9[3] Véase la nota 2[3] de Ro. 1. *Santa* denota la naturaleza de la nación.

9[4] O, proclaméis a los cuatro vientos. Primero debemos nacer de nuevo y crecer en vida (v. 2), y luego debemos ser edificados y servir corporativamente (v. 5). Ahora necesitamos proclamar, anunciar. Servir corporativamente consiste en satisfacer a Dios ofreciendo a Cristo como sacrificios espirituales; proclamar es beneficiar a otros al exhibir como evangelio las virtudes de Aquel que nos llamó de las tinieblas a Su luz admirable.

9[5] O, excelencias, virtudes excelentes y gloriosas (2 P. 1:3 y la nota 11); se refiere a lo que Dios es y tiene, y a Su luz admirable, la cual tiene su consumación en Su gloria. Dios nos ha llamado a Su virtud y Su gloria y por medio de ellas (2 P. 1:3).

9[6] Las tinieblas son la expresión y la esfera de Satanás en la muerte; la luz es la expresión y la esfera de Dios en la vida. Dios nos llamó y nos libró de la esfera satánica, de la esfera de las tinieblas de la muerte, y nos llevó a Su esfera vital de luz (Hch. 26:18; Col. 1:13).

10[1] Este pasaje de Os. 2:23 fue citado por Pablo en Ro. 9:24-27, refiriéndose primeramente a los gentiles y luego al remanente de Israel, "porque no todos los que descienden de Israel son israelitas" (Ro. 9:6). Aquí Pedro, citando estas palabras, se dirige a los destinatarios de su carta, los creyentes judíos en la dispersión. En otro tiempo ellos eran descendientes de Israel, pero no eran israelitas. Por lo tanto, no eran el pueblo de Dios en el sentido del Nuevo Testamento. Ahora, después de ser llamados por Dios, llegaron a ser el pueblo de Dios, Su posesión personal, Su tesoro. A ellos se les concedió la misericordia de Dios, la cual nunca antes se les había concedido.

IV. La vida cristiana y sus sufrimientos
2:11—4:19

A. Una manera de vivir excelente ante todos los hombres en todo asunto
2:11—3:13

1. Como peregrinos entre los gentiles
2:11-12

11 Amados, yo os ruego como a [a]extranjeros y [b]peregrinos,
que os [c]abstengáis de los [1d]deseos carnales que [e]batallan
contra el [1f]alma,
12 manteniendo [1a]excelente vuestra [2b]manera de vivir entre los gentiles; para que en lo que [c]murmuran de vosotros
como de malhechores, [d]glorifiquen a Dios en el día de la
[3e]visitación, al ver con sus propios ojos vuestras [f]buenas
obras.

2. Para con las instituciones humanas
2:13-17

13 [1]Por causa del Señor [2a]someteos a toda [3]institución
humana, ya sea al [b]rey, como a superior,
14 ya a los gobernadores, como por él enviados para [1a]cas-
tigo de los malhechores y alabanza de los que hacen [b]bien.
15 Porque ésta es la [a]voluntad de Dios: que haciendo bien,
hagáis callar la [b]ignorancia de los [1]hombres insensatos;

11[1] Los deseos carnales están en el cuerpo caído del hombre (Ro. 7:18, 23-24) y batallan contra su alma, su ser interno, compuesto de la mente, la voluntad y la parte emotiva (Ro. 7:19-23).

12[1] Es decir, hermosa en sus virtudes.

12[2] Esta debe ser la santa manera de vivir (1:15) y la buena conducta en Cristo (3:16), una vida no solamente dedicada a Dios sino también llena y saturada de Dios. Esta manera de vivir está en contra de la vana manera de vivir de los incrédulos (1:18).

12[3] El significado básico de esta palabra en griego es *observación, inspección, supervisión, vigilancia*. El día de la visitación es el día cuando Dios velará por Su pueblo peregrino, como un pastor vela por sus ovejas errantes, y cuando llegará a ser el Pastor y Guardián de sus almas (v. 25). Por consiguiente, el día de la visitación de Dios es el tiempo cuando El cuida y vigila.

13[1] Todo lo mencionado entre este versículo y el v. 20 son detalles que muestran las buenas obras de la excelente manera de vivir (v. 12).

13[2] Para la expresión y glorificación del Señor (v. 12).

13[3] Lit., creación, como en Col. 1:15. Se refiere a cualquier cosa hecha, a cualquier persona, edificio, regulación u ordenanza.

14[1] Lit., venganza.

15[1] Los calumniadores (v. 12).

11[a] Lv. 25:23; Sal. 119:19
11[b] 1 P. 1:1, 17
11[c] 1 P. 4:2; 1 Ts. 4:3; 5:22
11[d] Ro. 13:14; Gá. 5:16, 24
11[e] Jac. 4:1
11[f] 1 P. 1:9
12[a] Jac. 3:13
12[b] 1 P. 1:15
12[c] 1 P. 3:16; 4:4; Mt. 5:11
12[d] 1 P. 4:11; 2 Co. 9:13; Gá. 1:24
12[e] Lc. 1:68, 78; 19:44; Hch. 15:14
12[f] Mt. 5:16
13[a] Ro. 13:1; Tit. 3:1
13[b] 1 P. 2:17
14[a] Ro. 13:3-4
14[b] 1 P. 3:13; 4:19
15[a] 1 P. 3:17; 4:2, 19
15[b] 1 P. 1:14; Tit. 3:3

16 como [a]libres, pero [b]no como los que tienen la libertad
como capa para *hacer* lo malo, sino como [c]esclavos de Dios.
17 [a]Honrad a todos. [b]Amad la [1]hermandad. [c]Temed a
Dios. Honrad al [d]rey.

3. De los criados a los amos
2:18-20

18 [a]Criados, estad sujetos en todo [1b]temor a vuestros
amos; no solamente a los buenos y comprensivos, sino también a los perversos.
19 Porque esto es [1]gracia, si alguno [2]por tener [a]conscien-
cia de Dios sufre aflicción padeciendo [3]injustamente.
20 Pues ¿qué [1]gloria es si pecando sois abofeteados, y lo
soportáis? Mas si haciendo lo bueno [a]sufrís, y lo soportáis,
esto ciertamente es gracia delante de Dios.

4. El modelo de Cristo
2:21-25

21 Pues para [1]esto fuisteis [a]llamados; porque también
Cristo [b]padeció por vosotros, dejándoos un [2c]modelo, para
que sigáis Sus pisadas;
22 el cual no cometió [a]pecado, ni se halló engaño en Su
[b]boca;

16[a] Jn. 8:32, 36; Gá. 5:1
16[b] Gá. 5:13; cfr. 2 P. 2:19
16[c] Ro. 6:22; 1 Co. 7:22
17[a] 1 P. 3:7; Ro. 12:10; 13:7
17[b] 1 P. 1:22
17[c] 1 P. 1:17; Sal. 111:10; Pr. 1:7; 24:21
17[d] 1 P. 2:13
18[a] Ef. 6:5; Col. 3:22; Tit. 2:9
18[b] 1 P. 1:17
19[a] Ro. 13:5; 1 P. 3:21
20[a] 1 P. 3:14, 17; 4:13, 15-16, 19
21[a] 1 P. 3:9; 1:15
21[b] 1 P. 3:18; 4:1, 13
21[c] Jn. 13:15; Mt. 11:29

17[1] A los hermanos como conjunto, como familia, los hermanos según el sentimiento de fraternidad (también en 5:9).

18[1] Véase la nota 17[4] del cap. 1.

19[1] Aquí la gracia se refiere a la motivación de la vida divina en nosotros y a su expresión en nuestro vivir, la cual en nuestro comportamiento llega a ser grata y aceptable ante el hombre y ante Dios (v. 20). La misma palabra griega se traduce *mérito* en Lc. 6:33-34 y *gracias* en Ro. 7:25. Así también en el versículo siguiente.

19[2] O, a causa de la conciencia ante Dios. Ser consciente de Dios significa ser consciente de la relación que uno tiene con El, lo cual indica que uno vive en una comunión íntima con Dios, manteniendo una conciencia buena y pura ante El (3:16; 1 Ti. 1:5, 19; 3:9; 2 Ti. 1:3).

19[3] Según el contexto (vs. 20-21), esto debe de referirse al maltrato infligido por los amos incrédulos, quienes se oponían y perseguían a sus siervos creyentes a causa del testimonio cristiano de ellos (3:14-18; 4:12-16).

20[1] O, jactancia.

21[1] Hemos sido llamados a disfrutar la gracia y expresar a Dios en medio de nuestros sufrimientos, aunque sean injustos (vs. 18-20).

21[2] Lit., una copia escrita, un molde (usado por los estudiantes para calcar letras y aprender a escribirlas). El Señor puso delante de nosotros Su vida de sufrimiento para que la copiemos al calcarla y al seguir Sus pasos. Este modelo no es simplemente una imitación de El y de Su vida, sino una reproducción producida cuando le disfrutamos a El como gracia en nuestros sufrimientos (véase la nota 19[1]), a fin de que El mismo, como Espíritu que mora en

22[a] 2 Co. 5:21; He. 4:15; 1 Jn. 3:5; Jn. 8:46; Lc. 23:4, 14, 22, 41
22[b] Is. 53:7; cfr. Lc. 4:22; Sal. 45:2

23 quien cuando le injuriaban, [a]no respondía con injuria;
cuando padecía, no amenazaba, sino encomendaba [1]*todo* al
que [2b]juzga justamente;
24 quien [1a]llevó El mismo nuestros pecados en Su [b]cuerpo
sobre el [2c]madero, a fin de que nosotros, [3]habiendo [d]muerto
a los pecados, [4e]vivamos [5]a la justicia; y por cuya [6f]herida
fuisteis [7]sanados.
25 Porque vosotros erais como [a]ovejas descarriadas, pero
ahora habéis vuelto al [1b]Pastor y [c]Guardián de vuestras
[2d]almas.

CAPITULO 3

5. En la vida matrimonial
3:1-7

1 [1]Asimismo vosotras, [a]mujeres, estad sujetas a vuestros propios maridos; para que aun si algunos no obedecen

23[a] cfr. 1 P. 3:9
23[b] 1 P. 1:17; 4:6, 17
24[a] Is. 53:11-12; He. 9:28
24[b] Col. 1:22; Ro. 8:3
24[c] Hch. 5:30; 10:39; 13:29
24[d] Ro. 6:2; Col. 2:20; 3:3
24[e] Ro. 6:13; Gá. 2:19
24[f] Is. 53:5
25[a] Is. 53:6; Sal. 119:176; Jer. 50:6
25[b] 1 P. 5:4; Jn. 10:11, 14, 16; Ez. 34:23; He. 13:20
25[c] 1 P. 5:2; Hch. 20:28; 1 Ti. 3:1-2; Fil. 1:1; Tit. 1:7
25[d] 1 P. 1:9

nosotros con todas las riquezas de Su vida, se reproduzca en nosotros. Nosotros llegamos a ser la réplica exacta del original, no una mera imitación de El, producida al tomarle como nuestro modelo.

23[1] *Todo,* aquí insertado, se refiere a todos los sufrimientos del Señor. El Señor siempre encomendaba los insultos y heridas que recibía a Aquel que juzga justamente en Su gobierno, al Dios justo, a quien El mismo se sometió. Esto es un indicio de que el Señor reconoció el gobierno de Dios mientras vivió una vida humana en la tierra.

23[2] Véase la nota 17[2], párr. 2, del cap. 1.

24[1] Esto muestra que cuando el Señor se ofreció como sacrificio (He. 7:27) en la cruz, El llevó nuestros pecados en Su cuerpo en la cruz, el verdadero altar de la propiciación.

24[2] La cruz hecha de madera; un instrumento romano usado como pena capital para ejecutar a los malhechores, según se profetizó en el Antiguo Testamento (Dt. 21:23; Gá. 3:13).

24[3] Lit., estando lejos; por tanto, habiendo muerto. En la muerte de Cristo, nosotros morimos a los pecados (Ro. 6:8, 10-11, 18).

24[4] En la resurrección de Cristo (Ef. 2:6; Jn. 14:19; 2 Ti. 2:11).

24[5] La justicia está relacionada con el gobierno de Dios. Nosotros fuimos salvos para vivir rectamente bajo el gobierno de Dios, para vivir de una manera que satisfaga los justos requisitos de Su gobierno.

24[6] Un sufrimiento que dio por resultado la muerte.

24[7] Sanados de la muerte. Estábamos muertos (Ef. 2:1), pero Cristo al sufrir la muerte nos sanó de nuestra muerte para que vivamos en Su resurrección.

25[1] Cristo fue nuestro Redentor al morir en el madero (v. 24). Ahora El es el Pastor y el Guardián de nuestra alma en la vida de resurrección que está en nosotros. Así puede guiarnos y proveernos vida para que sigamos Sus pisadas según el modelo presentado por Sus sufrimientos (v. 21).

25[2] Nuestra alma es nuestro ser interior, nuestra verdadera persona. Nuestro Señor, como Pastor y Guardián de nuestras almas, nos pastorea al cuidar del bienestar de nuestro ser

1[a] 1 P. 3:5; Ef. 5:22, 24; Col. 3:18; Tit. 2:5; Gn. 3:16

la [2]palabra, sean ganados sin la [2]palabra por la conducta de
sus [b]esposas,
2 viendo con sus propios ojos vuestra conducta [1]pura [2]en
[3a]temor.
3 Vuestro [a]atavío no sea el externo de [1]peinados ostentosos, de adornos de [b]oro o de vestidos,
4 sino el del [1]hombre interior escondido en el [a]corazón,
en el incorruptible *ornato* de un [b]espíritu manso y sosegado,
que es de gran [c]valor delante de Dios.
5 Porque así también se ataviaban en otro tiempo aquellas santas mujeres que [a]esperaban en Dios, estando [b]sujetas
a sus propios maridos;
6 como Sara obedecía a Abraham, llamándole [a]señor; de
la cual vosotras habéis venido a ser hijas, si hacéis el bien,
sin [b]amedrentaros por ningún [1]terror.
7 Vosotros, [a]maridos, igualmente, vivid *con ellas* [1]sabia-
mente, [2]dando [b]honor a la mujer como a [3]vaso más [4]frágil, y
como a [c]coherederas de la [5]gracia de la vida, para que vuestras
oraciones no tengan estorbo.

1[b] 1 Co. 7:16
2[a] 1 P. 1:17
3[a] 1 Ti. 2:9
3[b] Ap. 17:4
4[a] Ro. 2:29
4[b] 1 Co. 4:21
4[c] 1 Ti. 2:9
5[a] 1 Ti. 5:5
5[b] 1 P. 3:1
6[a] Gn. 18:12
6[b] 1 P. 3:14; Pr. 3:25
7[a] 1 Co. 7:3; Ef. 5:25, 28; Col. 3:19
7[b] 1 P. 2:17
7[c] Ef. 3:6; Ro. 8:17

---

interior y al velar por la condición de nuestra verdadera persona.

1[1] Se refiere a 2:18.

1[2] La palabra de Dios (1 P. 1:23, 25; Ro. 10:8; Ef. 1:13).

2[1] O, casta; en el griego es un término derivado de la misma raíz de la palabra *santas* del v. 5 y *santo* en 1:15. La manera de vivir pura y casta debe de ser la santa manera de vivir (1:15), la excelente manera de vivir (2:12) y la buena conducta (v. 16).

2[2] *En temor* modifica a *conducta pura.*

2[3] Véase la nota 17[4] del cap. 1.

3[1] Dios dispuso que el cabello de las mujeres fuera la gloria de ellas y una señal de sumisión (1 Co. 11:15; Cnt. 4:1; 6:5; 7:5). Sin embargo, muchas mujeres, especialmente las que llevaban la vida lujosa y corrupta característica del Imperio Romano en los tiempos de esta epístola, usaban el cabello indebidamente para embellecer su carne llena de concupiscencia, adornándolo de modo extravagante con oro y otros artículos costosos. Las esposas cristianas, como mujeres santas, deben abstenerse totalmente de esta práctica que Dios condena.

4[1] El hombre interior escondido en el corazón tiene el incorruptible ornato de un espíritu manso y sosegado. Esto indica que el espíritu manso y sosegado que está en nosotros es el hombre interior escondido en nuestro corazón. Nuestro corazón está compuesto de todas las partes de nuestra alma —la mente, la parte emotiva y la voluntad— y de la parte principal de nuestro espíritu: la conciencia (He. 4:12). Nuestro espíritu está en el centro de todo esto; por eso, nuestro espíritu es el hombre interior escondido en nuestro corazón. Como esposas, el atavío que las hermanas en el Señor tienen ante Dios debe ser su ser interior: el hombre escondido en su corazón, ataviado de un espíritu manso y tranquilo. Este atavío espiritual es de alta estima delante de Dios y es incorruptible, no como los atavíos materiales de peinados ostentosos, de adornos de oro y de vestidos, todo lo cual es corruptible.

6[1] Lit., susto, agitación nerviosa.

7[1] Lit., según conocimiento. Es decir, de una manera inteligente y razonable, gobernada por el conocimiento humano y espiritual que

6. En la vida común
3:8-13

8 Finalmente, sed todos de [a]un mismo sentir, compasivos, [b]amándoos como hermanos, [c]con afecto entrañable,
[d]humildes;
9 no devolviendo [a]mal por mal, ni [b]injuria por injuria,
sino por el contrario, [1c]bendiciendo, porque [2]para esto fuisteis [d]llamados, para que heredaseis [e]bendición.
10 Porque: "[a]El que desea amar la vida y ver [1]días buenos,
refrene su [b]lengua de mal, y *sus* labios de palabras engañosas;
11 [a]apártese del mal, y haga el bien; [b]busque la paz, y
sígala.
12 Porque los [a]ojos del Señor están sobre los justos, y Sus
[b]oídos *atienden* a sus peticiones; pero el [c]rostro del Señor
está contra aquellos que hacen el mal".
13 ¿Y quién os hará daño, si vosotros tenéis celo por el
[a]bien?

B. Sufrir por causa de la justicia
según la voluntad de Dios, como Cristo sufrió
3:14-22

14 Mas aun si alguna cosa [a]padecéis por causa de la

reconoce el carácter de la relación matrimonial y la debilidad de la mujer, y no gobernada por pasión ni emoción alguna.

7[2] La palabra griega traducida *dando,* significa *repartir;* por ende, dar. La palabra traducida *honor* significa *preciosidad, valor inestimable.* Los maridos deben valorar la preciosidad, el valor inestimable, de las esposas, y asignarla como honor a ellas de manera debida y razonable, como a coherederas de la gracia de la vida.

7[3] El hombre, quien incluye a la mujer, fue hecho como un vaso para contener a Dios (Ro. 9:21, 23), y los que creen en Cristo son vasos para contener a Cristo, el tesoro (2 Co. 4:7). Las esposas, siendo vasos femeninos, son más débiles; no obstante, son vasos del Señor y pueden ser vasos para honra (2 Ti. 2:21).

7[4] La mujer por naturaleza, dentro de la obra creadora de Dios, es más débil que el hombre tanto física como psicológicamente.

7[5] La gracia de la vida es Dios como vida y como provisión de vida para nosotros en Su Trinidad: el Padre es la fuente de la vida, el Hijo es el cauce de la vida y el Espíritu es el fluir de la vida, y fluye dentro de nosotros, junto con el Hijo y el Padre, como gracia para nosotros (1 Jn. 5:11-12; Jn. 7:38-39; Ap. 22:1). Todos los creyentes son herederos de esta gracia. Véase la nota 4[2] del cap. 1.

9[1] El tiempo del participio griego indica *bendiciendo siempre.*

9[2] Hemos sido llamados a bendecir a los demás; así que nosotros, un pueblo bendito, siempre debemos bendecir a los demás para poder heredar bendición. Vamos a heredar la bendición con la cual bendecimos a otros (Mt. 10:13).

8[a] Ro. 12:16; 15:5; 1 Co. 1:10; 2 Co. 13:11; Fil. 2:2
8[b] 1 P. 1:22
8[c] Ef. 4:32
8[d] 1 P. 5:5; Ef. 4:2
9[a] Ro. 12:17; 1 Ts. 5:15
9[b] 1 P. 2:23; 2 P. 2:2
9[c] Lc. 6:28; Ro. 12:14; 1 Co. 4:12
9[d] 1 P. 1:15; 2 Ts. 2:14; 1 Co. 1:9
9[e] 1 P. 3:14; 4:14
10[a] Sal. 34:12-16
10[b] Jac. 1:26
11[a] Sal. 37:27; Is. 1:16-17
11[b] Ro. 12:18; He. 12:14; 2 P. 3:14
12[a] Sal. 33:18; 2 Cr. 16:9
12[b] 2 Cr. 7:15
12[c] Jer. 44:11; cfr. Nm. 6:25
13[a] 1 P. 2:14
14[a] 1 P. 3:17; 2:19-20; 4:13-16

[b]justicia, [c]bienaventurados sois. Por tanto, no os [d]amedren-
téis *por* temor de ellos, ni os [e]conturbéis,
15 sino [1a]santificad a Cristo como [b]Señor en vuestros
corazones, dispuestos siempre a *presentar* defensa ante todo
el que os pida razón de la [2c]esperanza que hay en vosotros;
16 pero con [a]mansedumbre y [1b]temor, teniendo buena
[2c]conciencia, para que en lo que [d]hablan mal de vosotros sean
[e]avergonzados los que [f]calumnian vuestra buena [g]conducta
[3h]en Cristo.
17 Porque mejor es que [a]padezcáis haciendo el bien, si la
[b]voluntad de Dios así lo quiere, que haciendo el mal.
18 Porque también Cristo padeció una sola vez por los
[1]pecados, el Justo [2a]por los injustos, para llevaros [b]a Dios,
siendo muerto en la carne, pero vivificado en el [3]Espíritu;

14[b] Mt. 5:10
14[c] 1 P. 3:9; 4:14
14[d] Is. 8:12; 1 P. 3:6; Mt. 10:28
14[e] Jn. 14:27
15[a] Is. 8:13; 29:23; Mt. 6:9
15[b] Hch. 2:36; 10:36
15[c] 1 P. 1:3
16[a] 2 Ti. 2:25
16[b] 1 P. 1:17
16[c] 1 Ti. 1:5; He. 13:18
16[d] 1 P. 2:12
16[e] Tit. 2:8
16[f] 1 P. 3:9
16[g] 1 P. 1:15; Jac. 3:13
16[h] 1 P. 5:10, 14
17[a] 1 P. 3:14
17[b] 1 P. 2:15; 4:19
18[a] 1 P. 2:21
18[b] Ef. 2:18; Jn. 14:3, 16

10[1] Los días buenos son los días de lo bueno, o sea las cosas buenas, las bendiciones.

15[1] Si los perseguidores consiguen amedrentarnos y conturbarnos (vs. 13-14), parecerá que no tenemos al Señor en nuestros corazones. Así que, al sufrir persecución debemos mostrar a otros que tenemos a Cristo como Señor en nosotros. Esto lo santifica, lo separa, de los otros dioses, y no lo degrada como si fuera semejante a los ídolos sin vida.

15[2] La esperanza viva de heredar la vida eterna. Véanse las notas 3[6] y 4[2] del cap. 1.

16[1] Un temor reverente. Véase la nota 17[4] del cap. 1.

16[2] Puesto que la conciencia es parte de nuestro espíritu humano (Ro. 9:1; 8:16), atender a nuestra conciencia es cuidar de nuestro espíritu delante de Dios.

16[3] La buena conducta del cristiano debe estar en Cristo. Es una vida diaria en el Espíritu. Es más elevada que una vida simplemente ética y moral.

18[1] *Pecados* aquí y en 2:24, 1 Co. 15:3 y He. 9:28 se refiere a los pecados que cometemos en nuestra conducta externa, mientras que *pecado* en 2 Co. 5:21 y He. 9:26 se refiere al pecado inherente a la naturaleza con que nacimos. Cristo murió por nuestros pecados y los llevó sobre la cruz, para que fueran perdonados por Dios, pero fue hecho pecado y quitó el pecado del mundo para que el problema representado por nuestro pecado fuera solucionado. Pedro no enfocó primero el pecado inherente a nuestra naturaleza, sino los pecados de nuestra conducta, de nuestra manera de vivir (v. 16). En este libro se recalca que la muerte de Cristo nos redimió de la vana manera de vivir que heredamos (1:18-19).

18[2] Esto indica que Cristo murió para efectuar la redención, no para ser un mártir. En la cruz El fue nuestro substituto y llevó nuestros pecados; el Dios justo, conforme a Su justicia, lo juzgó a El, el Justo, por nosotros, los injustos, para que El quitara la barrera representada por nuestros pecados y nos llevara a Dios. El hizo esto para redimirnos de nuestros pecados y hacernos volver a Dios, para redimirnos de nuestra conducta injusta y llevarnos al Dios justo.

18[3] No se refiere al Espíritu Santo, sino al Espíritu como esencia divina de Cristo (Mr. 2:8; Lc. 23:46). La crucifixión puso fin solamente a la carne de Cristo —la cual El había recibido mediante la encarnación (Jn. 1:14)— no a Su Espíritu, Su divinidad. No murió Su Espíritu en la cruz cuando Su carne murió, sino que fue avivado, vivificado, con un nuevo poder de vida, de tal modo que en este

19 en [1]el cual también fue y les [2]proclamó a los [3]espíritus
que estaban en [4]prisión,
20 [1]los que antiguamente desobedecieron, cuando una vez
esperaba la longanimidad de Dios en los días de [a]Noé, mientras se preparaba el arca, en la cual algunos, es decir, ocho
almas, fueron [2]llevadas a salvo [3]por [b]agua.
21 [1]Esta os salva ahora a vosotros, como antitipo, en el
[2]bautismo ([3]no quitando las inmundicias de la carne, sino

20[a] Gn. 6:13-14; 7:1, 7, 23; He. 11:7; 2 P. 2:5

20[b] Mt. 3:11; Jn. 3:5

Espíritu fortalecido, en Su divinidad, Cristo hizo una proclamación ante los ángeles caídos después de Su muerte en la carne y antes de Su resurrección.

19[1] Se refiere al Espíritu mencionado en el v. 18, lo cual indica y comprueba que después de morir en la carne, Cristo seguía activo en este Espíritu.

19[2] No predicó las buenas nuevas, sino que proclamó la victoria que Dios obtuvo, es decir, proclamó que por la muerte de Cristo en la cruz Dios destruyó a Satanás y su poder de tinieblas (He. 2:14; Col. 2:15).

19[3] A través de los siglos, notables maestros de diferentes escuelas han sostenido varias interpretaciones tocante a la frase *los espíritus que estaban en prisión.* La más aceptable según las Escrituras es la siguiente: aquí *los espíritus* no se refiere a los espíritus incorpóreos de los seres humanos muertos, retenidos en el Hades, sino a los ángeles (los ángeles son espíritus, He. 1:14) que cayeron por desobedecer en los tiempos de Noé (v. 20 y *Estudio-vida de Génesis,* mensaje 27, págs. 373-374) y que están encarcelados en fosas de oscuridad en espera del juicio del gran día (2 P. 2:4-5; Jud. 6). Cristo, después de morir en la carne, fue en Su Espíritu vivo (probablemente fue a los abismos, Ro. 10:7) a estos ángeles rebeldes para proclamar, quizás, la victoria que Dios obtuvo mediante Su encarnación en Cristo y la muerte de Cristo en la carne, una victoria sobre las estratagemas de Satanás cuyo fin era trastornar el plan divino.

19[4] Se refiere a un lugar llamado Tártaro, las fosas profundas y oscuras (2 P. 2:4 y Jud. 6), donde están encarcelados los ángeles caídos.

20[1] No se refiere a seres humanos, sino a ángeles, a diferencia de las ocho almas.

20[2] "La palabra griega significa 'llegar a salvo a un lugar seguro después de pasar por dificultades o peligros', como en Hch. 27:44" (Darby).

20[3] El agua fue el medio a través del cual fue realizada la salvación. El arca salvó a Noé y a su familia del juicio de Dios, la destrucción del mundo por medio del diluvio. Y el agua los salvó de la generación corrupta y los apartó para una nueva era, tal como el agua del mar Rojo en el caso de los hijos de Israel (Ex. 14:22, 29; 1 Co. 10:1-2) y el agua del bautismo en el caso de los creyentes neotestamentarios (v. 21).

21[1] Se refiere al agua mencionada en el versículo precedente, de la cual el agua del bautismo constituye el antitipo, o sea la figura que corresponde al tipo del Antiguo Testamento. Esto indica que el paso de Noé y su familia por el diluvio en el arca tipificaba nuestro paso por el bautismo. El agua del diluvio los libró de la vieja manera de vivir y los llevó a un nuevo entorno; del mismo modo, el agua del bautismo nos libra de la vana manera de vivir que heredamos y nos lleva a vivir en resurrección en Cristo. Este es el punto principal de este libro. Cristo nos redimió con este fin (1:18-19). La redención lograda por Cristo fue aceptada y nos fue aplicada en el bautismo por el Espíritu mediante la resurrección de Cristo. Ahora debemos andar diariamente en el Espíritu del Cristo resucitado; debemos andar de tal manera que vivamos a Cristo en

21[a] 1 P. 2:19; 3:16
21[b] 1 P. 1:3; Col. 2:12; Ro. 6:5
22[a] Mr. 16:19; Hch. 1:11; Ef. 1:20
22[b] Ro. 8:34; Ef. 1:20; Col. 3:1
22[c] Ef. 1:21-22
22[d] Ro. 8:38
22[e] 1 Co. 15:24
1[a] 1 P. 2:21; 3:18
1[b] Ro. 13:12; Ef. 6:11, 13
1[c] Ro. 6:2, 6-7

como [4]petición de una buena [a]conciencia a Dios) por medio
de la [b]resurrección de Jesucristo,
22 [1]quien habiendo subido al [a]cielo está a la [b]diestra de
Dios; y a El están [c]sujetos [d]ángeles, [e]autoridades y potestades.

CAPITULO 4

C. Armarse del sentir de Cristo para sufrir 4:1-6

1 Puesto que Cristo ha [a]padecido[1] en la carne, vosotros
también [2b]armaos del [3]mismo sentir; pues quien ha [4]padeci-
do en la carne, ha terminado con el [c]pecado,

resurrección por medio del poder de vida de Su Espíritu (Ro. 6:4-5). Esta es una nueva y excelente manera de vivir que glorifica a Dios (2:12).

21[2] En aposición con *antitipo.*

21[3] El bautismo mismo no quita las inmundicias de nuestra carne: la suciedad de nuestra naturaleza caída y la contaminación de los deseos carnales. La enseñanza errónea referente a la salvación por el bautismo, basada en este versículo y en Mr. 16:16 y Hch. 22:16, es corregida aquí. El bautismo es solamente una figura; su realidad es Cristo en resurrección como el Espíritu vivificante, quien nos aplica todo lo que Cristo logró en Su crucifixión y en Su resurrección, haciendo que estas cosas sean reales en nuestra vida diaria.

21[4] La palabra griega denota una pregunta, una indagación. Su significado es muy discutido. El significado correcto parece ser el que Alford explica: "Buscar a Dios con una conciencia buena y pura". Esto es lo que gobierna la vida cristiana adecuada. Esta clase de pregunta en la cual se pide algo puede considerarse una súplica o una exigencia. El pensamiento de Pedro aquí puede ser que el bautismo representa una súplica a Dios de parte del bautizado, una súplica pidiendo una buena conciencia hacia Dios. El bautismo, como símbolo, como complemento de nuestra fe en todo lo que Cristo ha logrado, da testimonio de que todos los problemas que tenemos ante Dios y con Dios han sido solucionados. Por consiguiente, también da testimonio de que nuestra conciencia está libre de acusación y de que nosotros estamos llenos de paz y tenemos la confianza de haber sido bautizados en el Dios Triuno (Mt. 28:19) y de haber sido unidos orgánicamente con El por medio de la resurrección de Cristo, es decir, por Cristo en resurrección como el Espíritu de vida. Si el bautismo por agua no tiene al Espíritu de Cristo como realidad, automáticamente se convierte en un rito vacío y muerto.

22[1] Estas palabras adicionales no solamente nos revelan de manera más amplia el resultado glorioso del sufrimiento de Cristo, es decir, Su exaltación después de Su resurrección y la posición elevada y honorable que El ahora ocupa en los cielos a la diestra de Dios, sino que también denotan cuán gloriosa y honorable es la unión orgánica que ahora tenemos con El por medio del bautismo, dado que fuimos bautizados en El (Ro. 6:3; Gá. 3:27).

1[1] Algunos mss. añaden: por nosotros.

1[2] Esto indica que la vida cristiana es una batalla.

1[3] Uno de los principales propósitos de este libro es animar y exhortar a los creyentes a seguir las pisadas de Cristo al sufrir persecución (1:6-7;

2 [1a]para no [b]vivir el tiempo que resta en la carne, en las
[c]concupiscencias de los hombres, sino en la [d]voluntad de
Dios.
3 [a]Basta ya el tiempo pasado para haber hecho los
[1]deseos de los [b]gentiles, habiendo andado [2]en lascivias, concupiscencias, embriagueces, juergas, disipación e ilícitas
idolatrías.
4 En ello les parece cosa [1]extraña que vosotros no [2]co-
rráis *con ellos* en el mismo [3]desbordamiento de [a]disolución,
y os [4]calumnian;

2[a] 1 P. 2:11
2[b] 2 P. 2:6
2[c] 2 P. 1:4; 2:10, 18; Tit. 2:12; 1 Jn. 2:16
2[d] 1 P. 4:19; 2:15
3[a] Ez. 44:6
3[b] Ef. 4:17-19; 1 Ts. 4:5
4[a] Ef. 5:18; Tit. 1:6

2:18-25; 3:8-17; 4:12-19). Ellos deben tener el mismo sentir que tuvo Cristo en Sus sufrimientos (3:18-22). La principal función de nuestra mente es entender y comprender. Si queremos vivir una vida que siga las pisadas de Cristo, necesitamos una mente renovada (Ro. 12:2) que entienda y comprenda la manera en que Cristo vivió para cumplir el propósito de Dios.

1[4] El placer enciende las concupiscencias de nuestra carne (v. 2), mientras que el sufrimiento las atenúa. El propósito de la obra redentora de Cristo es liberarnos de la vana manera de vivir que heredamos (1:18-19). El sufrimiento corresponde a la obra redentora de Cristo al cumplir este propósito, y nos preserva de una manera de vivir pecaminosa, de una disolución desbordada (vs. 3-4). Tal sufrimiento, principalmente en forma de persecución, representa la disciplina de Dios en Su administración gubernamental. Pasar por tal sufrimiento corresponde a ser juzgado y disciplinado en la carne por Dios (v. 6). Por lo tanto, debemos armarnos de una mente sobria para soportar tal sufrimiento.

2[1] Es decir, para ya no vivir según la vana manera de vivir que recibimos de nuestros padres (1:18), sino según una manera de vivir santa y excelente (1:15; 2:12), pura en un temor santo y buena en Cristo (3:2, 16). En esto consiste la voluntad de Dios.

3[1] Lit., propósito, voluntad; es decir, intención, inclinación; por ende, deseos.

3[2] Es decir, en la vana manera de vivir (1:18).

4[1] La palabra griega significa *ser un huésped o invitado, ser extraño o forastero; hospedar o alojar; considerar que algo es extraño.* Vivir en la carne, en las concupiscencias de los hombres (v. 2), es común entre los gentiles incrédulos, quienes corren en una disolución desbordada. En cambio, vivir una vida santa, en la voluntad de Dios, y no correr con ellos a entregarse a las concupiscencias, les resulta extraño. Tal cosa es ajena para ellos, les sorprende y les asombra (cfr. v. 12).

4[2] Precipitarse en una multitud semejante a una banda de juerguistas. Esto corresponde a vivir en la carne, en las concupiscencias de los hombres (v. 2), a llevar a cabo los deseos de los gentiles (v. 3) según la vana manera de vivir (1:18).

4[3] La palabra griega significa *derramamiento, rebosamiento* (como una corriente); por lo tanto, un desbordamiento. Aquí denota entregarse de manera excesiva a las concupiscencias, un exceso de corrupción y degradación moral, que es como un desbordamiento en el cual uno se hunde cuando se enreda con ello.

4[4] Es decir, hablan mal, hablan injuriosamente (de vosotros) (Hch. 13:45; 1 P. 2:12; 3:16). Los creyentes, cuyo comportamiento era considerado extraño, eran injustamente calumniados y acusados de todo tipo de crímenes.

5[a] Mt. 12:36
5[b] Hch. 10:42; 17:31; 2 Ti. 4:1
6[a] 1 P. 4:17; 1:17; 2:23
7[a] cfr. Ro. 13:12; Jac. 5:8
7[b] 1 P. 1:13; 5:8
7[c] Ef. 6:18; Col. 4:2

5 [1]ellos [2a]darán cuenta a [b]Aquel que está preparado para
[3]juzgar a los vivos y a los muertos.
6 Porque por esto también ha sido anunciado el evangelio a [1]los muertos, para que sean [2a]juzgados en la carne
según los hombres, pero vivan en el [3]espíritu según Dios.

D. Como buenos mayordomos de la multiforme gracia de Dios
4:7-11

7 Mas el [1]fin de todas las cosas se [a]acerca; [2]sed, pues,
sensatos y [3b]sobrios para *daros* a la [c]oración.

5[1] Se refiere a los gentiles (v. 3), quienes se asombran de la manera distinta en que viven los creyentes y hablan mal de ellos (v. 4).

5[2] Es decir, relatar a Dios todo lo que uno ha hecho y dicho en toda su vida. Esto revela el gobierno de Dios sobre todos los hombres. El está preparado para juzgar a todos, tanto a los vivos como a los muertos. Su juicio es Su administración gubernamental mediante la cual El juzga la situación que prevalece entre los hombres.

5[3] Esto debe de referirse a juzgar primeramente a los que estén vivos entre las naciones (los gentiles) en el trono de gloria de Cristo antes del milenio (Mt. 25:31-46), y luego a los muertos en el gran trono blanco después del milenio (Ap. 20:11-15). Este también será el juicio gubernamental de Dios, pero difiere del juicio sobre los creyentes del v. 6, el cual empieza por la casa de Dios, en esta era (v. 17). Véase la nota 17[2], párr. 2, del cap. 1.

6[1] *Los muertos* se refiere a los creyentes en Cristo que murieron y que habían sufrido persecución debido a su testimonio cristiano, según vemos en 1:6; 2:18-21; 3:16-17; 4:12-19. En este libro Pedro considera que esta clase de persecución es el juicio de Dios, ejercido según el gobierno de Dios y que comienza por Su casa (v. 17). El evangelio les fue predicado a estos creyentes muertos cuando todavía vivían, a fin de que, por un lado, fuesen juzgados, disciplinados, en la carne por Dios según los hombres y mediante la persecución de los opositores, y de que, por otro lado, vivieran en el espíritu según Dios creyendo en Cristo. Esto muestra cuán estricto y serio es el juicio de Dios en Su administración gubernamental. Si los creyentes, quienes han obedecido al evangelio, tienen que pasar por el juicio gubernamental de Dios, ¡con más razón tendrán que hacerlo aquellos que se oponen al evangelio y calumnian a los creyentes! (vs. 17-18).

6[2] Véase la nota 17[2], párr. 2, del cap. 1.

6[3] El espíritu regenerado de los creyentes, en el cual mora el Espíritu de Dios (Jn. 3:6; Ro. 8:10-11). Así que, este espíritu es ahora el espíritu mezclado, en el cual los creyentes viven y andan (Ro. 8:4).

7[1] Todas las cosas en las cuales la carne confía pasarán, y el apóstol nos dice aquí que el fin de ellas ya se acerca. Esto nos advierte de que una vida que se viva en la carne, en las concupiscencias de los hombres (v. 2), pronto se terminará dado que tiene que ver con todas las cosas que pasarán dentro de poco. Por lo tanto, debemos ser cuerdos y sobrios en oración.

7[2] La expresión griega significa *tener una mente sana, tener una actitud de sobriedad, ser capaz de comprender adecuada y totalmente sin perturbarse.*

7[3] Es decir, sobrios para poder velar, para poder vigilar. Esto significa estar en guardia; por consiguiente, ser sobrios en oración. Equivale a la palabra del Señor: "Velad y orad" (Mt. 26:41; Lc. 21:36). Véase la nota 8[1] del cap. 5.

8 Y ante todo, tened entre vosotros [a]ferviente amor;
porque el [b]amor [c]cubre multitud de pecados.
9 [a]Hospedaos los unos a los otros sin [b]murmuraciones.
10 [a]Cada uno según el don que ha recibido, [1]minístrelo a
los otros, como buenos [b]mayordomos de la [2]multiforme [c]gra-
cia de Dios.
11 Si alguno habla, *hable* como [1a]oráculos de Dios; si
alguno ministra, *ministre* como por virtud de la fuerza que
Dios [2b]suministra, para que en todo sea Dios [c]glorificado
[3]por medio de Jesucristo, [d]a quien pertenecen la [4]gloria y el
poder por los siglos de los siglos. Amén.

E. Regocijarse por participar de los sufrimientos de Cristo 4:12-19

12 Amados, no os [1]extrañéis por el [2a]fuego de tribulación
en medio de vosotros que os ha venido para poneros a [b]prue-
ba, como si alguna cosa [1]extraña os aconteciese,
13 sino [a]gozaos por cuanto participáis de los [b]padecimien-
tos de Cristo, para que también en la [c]revelación de Su gloria
os gocéis [d]con gran alegría.

8[a] 1 P. 1:22
8[b] 1 Co. 13:4-7
8[c] Pr. 10:12; Jac. 5:20
9[a] Ro. 12:13
9[b] Fil. 2:14
10[a] Mt. 25:15; Ro. 12:6-8
10[b] Lc. 12:42; 1 Co. 4:1-2; Tit. 1:7
10[c] Ef. 4:7; Ro. 12:3
11[a] Hch. 7:38; Ro. 3:2; He. 5:12
11[b] Ro. 12:3, 6
11[c] 1 P. 4:16; 2:12; 1 Co. 10:31
11[d] 1 P. 5:11; Ro. 11:36; Jud. 25; Ap. 1:6
12[a] 1 P. 1:7
12[b] 2 P. 2:9
13[a] Hch. 5:41; Jac. 1:2

10[1] Lit., sírvalo.

10[2] Véanse las notas 2[12] del cap. 1 y 10[2] del cap. 5. La multiforme gracia de Dios, tal como "toda gracia" del cap. 5, es el rico suministro de vida, que es el Dios Triuno ministrado a nosotros en muchos aspectos (2 Co. 13:14; 12:9). Como buenos mayordomos debemos ministrar a la iglesia y a los santos tal gracia, no simplemente una doctrina o una cosa vana, usando el don que hemos recibido.

11[1] El hablar divino o las elocuciones divinas expresadas en revelaciones. En el ministerio de la gracia, como lo menciona el v. 10, nuestro hablar debe ser el hablar de Dios, la elocución de Dios, lo cual comunica una revelación divina.

11[2] Por medio del Espíritu de Cristo, Dios nos suministra la fuerza para servir, la cual se encuentra en la vida de resurrección de Cristo (Fil. 1:19; 4:13).

11[3] Esto indica que todo nuestro ministerio de gracia, ya sea al hablar o al servir, debe estar lleno de Cristo para que en todo Dios sea glorificado por medio de Cristo.

11[4] La gloria es externa y el poder es interno. El poder suministra la fuerza en nuestro interior; la gloria consiste en que Dios sea glorificado sobre nosotros. Por tanto, *gloria* corresponde a *glorificado* y *poder* a *fuerza*.

12[1] Véase la nota 4[1]. La persecución ardiente es cosa común para los creyentes; ellos no deben considerarlo como algo extraño o ajeno ni les debe sorprender o asombrar.

12[2] La palabra griega traducida *fuego de tribulación* significa *incendio,* y denota cómo arde un horno de fundición donde se purifican el oro y la plata (Pr. 27:21; Sal. 66:10); esto es similar a la metáfora usada en 1:7. Pedro consideró que la persecución sufrida por los creyentes era semejante a un horno ardiente usado por Dios para purificar la vida de ellos. Esta es la manera en que Dios castiga a los creyentes en el juicio de Su administración gubernamental, el cual comienza por Su propia casa (vs. 17-19).

13[b] 1 P. 2:21; 5:1; Ro. 8:17-18; Fil. 3:10-11 13[c] 1 P. 1:5-7 13[d] 1 P. 1:6, 8; Jud. 24

14 Si sois [a]vituperados en el [1]nombre de [b]Cristo, sois
[c]bienaventurados, porque [2]el Espíritu de gloria, que es el de
Dios, [3]reposa sobre vosotros.
15 Así que, ninguno de vosotros [a]padezca como homicida,
o ladrón o malhechor, o por [1b]entremeterse en lo ajeno;
16 pero si *alguno padece* como [1a]cristiano, no se [b]aver-
güence, sino [2c]glorifique a Dios por llevar este nombre.
17 Porque es tiempo de que el [1a]juicio [b]comience por la
[2]casa de Dios; y si [c]primero *comienza* por nosotros, ¿[3]cuál
será el fin de aquellos que [4d]no obedecen al evangelio de
Dios?

14[a] Mt. 5:11; Lc. 6:22; He. 13:13; 11:26
14[b] 2 Co. 12:10
14[c] 1 P. 3:14
15[a] 1 P. 2:19-20; 3:14, 17
15[b] cfr. 2 Ts. 3:11; 1 Ti. 5:13
16[a] Hch. 11:26; 26:28
16[b] Mr. 8:38; 2 Ti. 1:8, 12
16[c] 1 P. 4:11
17[a] 1 P. 4:6; 1:17; 2:23
17[b] cfr. Jer. 25:29
17[c] Ro. 2:9
17[d] 2 Ts. 1:8

14[1] El nombre denota la persona. Estar en el nombre de Cristo es realmente estar en la persona de Cristo, en Cristo mismo. Los creyentes están en Cristo (1 Co. 1:30) y son uno con El (1 Co. 6:17), puesto que creyeron en Cristo (Jn. 3:15) y fueron bautizados en Su nombre (Hch. 19:5), es decir, en El mismo (Gá. 3:27). Cuando ellos son vituperados en el nombre de Cristo, son vituperados con El, y así participan de Sus padecimientos (v. 13), en la comunión de Sus padecimientos (Fil. 3:10).

14[2] El Espíritu de gloria es el Espíritu de Dios. Cristo fue glorificado en Su resurrección mediante el Espíritu de gloria (Ro. 1:4). Este mismo Espíritu de gloria, por ser el Espíritu de Dios mismo, reposa sobre los creyentes que sufren al ser perseguidos, para la glorificación del Cristo resucitado y exaltado, quien ahora está en la gloria (v. 13).

14[3] La misma palabra usada en Mt. 11:28. Aquí tiene el sentido de *permanecer.*

15[1] Lit., un supervisor de lo ajeno. Alguien que causa problemas interfiriendo en los asuntos de otros.

16[1] Gr. *cristianós,* una palabra derivada del latín. La terminación *ianós,* que denota un partidario de alguien, se usaba con respecto a los esclavos que pertenecían a las grandes familias del Imperio Romano. A los que adoraban al emperador, el césar o *kaisar,* se les llamaba *kaisarianos,* que significa *partidario del kaisar, persona que pertenece al kaisar.* Cuando las personas creyeron en Cristo y vinieron a ser seguidores Suyos, algunos en el imperio consideraron que Cristo era rival de su *kaisar.* Entonces, en Antioquía (Hch. 11:26) empezaron a usar, como vituperio, el sobrenombre *cristianoi* (cristianos), es decir, partidarios de Cristo, refiriéndose a los seguidores de éste. Por consiguiente, este versículo dice "como cristiano, no se avergüence", es decir, si algún creyente sufre a manos de perseguidores que desdeñosamente le llamen cristiano, no debe avergonzarse sino glorificar a Dios por llevar este nombre.

Hoy día el término *cristiano* debería tener un significado positivo, es decir, un hombre de Cristo, alguien que es uno con Cristo, alguien que no solamente le pertenece a El, sino que tiene Su vida y Su naturaleza en una unión orgánica con El, y vive por El y además lo vive a El en su vida diaria. Si sufrimos por ser así, no debemos avergonzarnos, sino que debemos tener la valentía de magnificar a Cristo en nuestra confesión por nuestra manera de vivir santa y excelente para glorificar (expresar) a Dios en este nombre.

16[2] Glorificar a Dios es expresarlo en gloria.

17[1] Este libro muestra el gobierno de Dios especialmente en cuanto a Su manera de disciplinar a Su pueblo escogido. Dios usa los padecimientos que ellos sufren en el fuego de la persecución como medio para juzgarlos a fin de disciplinarlos, purificarlos y separarlos de los incrédulos y a fin de

18 Y: Si el [1]justo con dificultad se [2]salva, ¿en dónde [3]aparecerá el [a]impío y el pecador?
19 De modo que [1]también los que [a]padecen según la [2b]voluntad de Dios, [3c]encomienden sus [4]almas al fiel [5d]Creador, [6e]haciendo el bien.

18a Jud. 15; 1 Ti. 1:9
19a 1 P. 2:20
19b 1 P. 4:2; 3:17
19c Sal. 31:5; Hch. 7:59
19d Gn. 1:1; Ec. 12:1; Is. 40:28; 43:15; Ro. 1:25
19e 1 P. 2:14

que no tengan el mismo destino que éstos. Por eso, el juicio disciplinario comienza por Su propia casa, y no sólo es ejercido una o dos veces, sino que se lleva a cabo continuamente hasta que el Señor venga. Véase la nota 17[2], párr. 2, del cap. 1.

17[2] O, familia; es decir, la iglesia compuesta de los creyentes (2:5; He. 3:6; 1 Ti. 3:15; Ef. 2:19). Por esta casa, Su propia casa, Dios comienza Su administración gubernamental mediante Su juicio disciplinario ejercido sobre Sus propios hijos, a fin de tener una base firme para juzgar, en Su reino universal, a los que desobedecen Su evangelio y se rebelan contra Su gobierno. Esto tiene el fin de establecer Su reino, del cual se habla en la segunda epístola de Pedro (2 P. 1:11).

17[3] Indica que los incrédulos, quienes no obedecen al evangelio de Dios, sufrirán un juicio más severo que el de los creyentes.

17[4] Se refiere principalmente a la desobediencia de los judíos incrédulos, quienes se rebelaron contra el cambio de dispensación y se opusieron al mismo, es decir, al cambio de la ley antiguotestamentaria de Moisés al evangelio neotestamentario de Jesucristo. Esta epístola fue dirigida a los creyentes judíos (a los peregrinos escogidos de la dispersión, 1:1), quienes sufrían persecución. La persecución que ellos sufrían no provenía principalmente de los gentiles, sino de los judíos que se oponían, los judíos incrédulos, quienes desobedecían al evangelio.

18[1] Se refiere a los creyentes, quienes llegan a ser justos al ser justificados por su fe en Cristo (Ro. 5:1) y por vivir una vida justa en Cristo (Fil. 3:9; 2 Co. 5:21; Ap. 19:8).

18[2] No se refiere a ser salvo (mediante la muerte del Señor) de la perdición eterna, sino a ser salvo (mediante las pruebas de la persecución que forman el juicio disciplinario de Dios) de la destrucción venidera (1 Ts. 5:3, 8 y la nota 8[3]). El creyente que ha sido disciplinado por Dios mediante los sufrimientos de la persecución para que su vida sea purificada por medio de la adversidad de la persecución, es salvo de la destrucción efectuada por la ira de Dios contra el mundo, especialmente contra los judíos incrédulos, y de la destrucción que vendrá sobre Jerusalén.

18[3] Es decir, quedará. Entre los apóstoles de los primeros días prevalecía la creencia de que el Señor Jesús regresaría pronto para juzgar a los pecadores incrédulos, quienes son impíos y desobedecen a Su evangelio (2 Ts. 1:6-9). Lo que Pedro dice aquí debe referirse a esto. Conforme al gobierno de Dios, si el justo, quien ha obedecido al evangelio de Dios y vive una vida justa delante de El, se salva con dificultad, al sufrir persecución, la cual es el medio del castigo disciplinario que Dios usa para purificar la vida del creyente, ¿dónde quedará el impío que desobedece al evangelio de Dios y vive una vida pecaminosa contra Su gobierno, cuando sobrevenga la destrucción por la ira de Dios?

19[1] Los que también padecen según la voluntad de Dios deben confiar en el Señor así como los demás.

19[2] Dios, según Su voluntad, desea que suframos por causa de Cristo y para esto nos ha puesto (3:17; 2:15; 1 Ts. 3:3).

19[3] Lit., encargar como depósito; tal como en Lc. 12:48; Hch. 20:32; 1 Ti. 1:18; 2 Ti. 2:2. Cuando los creyentes sufran una persecución física, especialmente como en el caso de ser martirizados, deben encomendar sus almas como depósito a Dios, el fiel Creador, así como el Señor encomendó Su espíritu al Padre (Lc. 23:46).

CAPITULO 5

V. El pastoreo de los ancianos y la recompensa
5:1-4

A. Los modelos de pastoreo
vs. 1-3

1 [1]Por tanto exhorto a los [2a]ancianos que están entre
vosotros, yo [3]anciano también con ellos, y [4b]testigo de los
padecimientos de Cristo, que soy también [5]participante de
la [c]gloria que ha de ser revelada:
2 [1a]Pastoread el [2b]rebaño de Dios que está entre vosotros, [3c]velando sobre él, no por fuerza, sino [d]voluntariamente,

1[a] Hch. 11:30; 14:23; 15:2; 20:17; 1 Ti. 5:17, 19; Tit. 1:5; Jac. 5:14
1[b] Lc. 24:48
1[c] 1 P. 4:13; Tit. 2:13; Lc. 9:26; Jud. 24
2[a] Jn. 21:16
2[b] cfr. Is. 40:11
2[c] Hch. 20:28; 1 Ti. 3:1-2; 1 P. 2:25
2[d] 1 Co. 9:17; Flm. 14

19[4] La persecución sólo puede causar daño al cuerpo de los creyentes que sufren, y no a sus almas (Mt. 10:28). Sus almas son guardadas por el Señor, el fiel Creador. Ellos deben cooperar con el Señor encomendándose a El en la fe.

19[5] No se refiere a Dios como Creador de la nueva creación en el nuevo nacimiento, sino como Creador de la antigua creación. La persecución es un sufrimiento en la antigua creación. Dios, nuestro Creador, puede preservar nuestra alma, la cual El creó para nosotros. Además, El tiene contados nuestros cabellos (Mt. 10:30). El es amoroso y fiel. Su cuidado amoroso y fiel (5:7) acompaña a Su justicia en Su administración gubernamental. Mientras en Su gobierno nos juzga a nosotros, Su casa, Su amor nos cuida fielmente. Al sufrir en nuestro cuerpo Su justo juicio disciplinario, debemos encomendar nuestras almas a Su cuidado fiel.

19[6] O, haciendo actos rectos, buenos y nobles.

1[1] Esto indica que los vs. 1-11 representan una conclusión a la sección precedente (4:12-19) tocante a sufrir por Cristo al hacer el bien con nobleza. La exhortación se extiende a los ancianos de la iglesia en los vs. 1-4, a los miembros jóvenes en el v. 5, y a todos en general en los vs. 6-11.

1[2] Los ancianos son los que tienen la función de vigilar en la iglesia (véase la nota 2[1] de 1 Ti. 3), los que toman la iniciativa entre los creyentes en los asuntos espirituales (He. 13:17). El apóstol los exhorta a ellos primero, esperando que tomen la iniciativa en sufrir noblemente por Cristo.

1[3] Pedro era el primero entre los primeros doce apóstoles (Mt. 10:1-4; Hch. 1:13) y al mismo tiempo era uno de los ancianos de la iglesia en Jerusalén, como también lo era el apóstol Juan (2 Jn. 1; 3 Jn. 1; Hch. 15:6; 21:17-18). Pedro, al exhortar aquí a los ancianos de las otras iglesias, no se dirige a ellos como apóstol sino como anciano, a fin de poder hablar con ellos a su nivel, con intimidad.

1[4] Pedro y los primeros apóstoles fueron testigos de Cristo (Hch. 1:8), no solamente como testigos oculares que dan testimonio de lo que vieron en cuanto al sufrimiento de Cristo (Hch. 5:32; 10:39), sino también como mártires que vindican su testimonio al sufrir el martirio por El (Hch. 22:20; 2 Co. 1:8-9; 4:10-11; 11:23; 1 Co. 15:31). Esto significa participar de los padecimientos de Cristo (4:13), tener parte en la comunión de Sus padecimientos (Fil. 3:10).

1[5] Pedro fue primero un testigo, un mártir, un participante de los sufrimientos de Cristo, luego fue un participante de Su gloria (Ro. 8:17). Cristo mismo había recorrido ese camino (1:11; Lc. 24:26).

2[1] Pastorear el rebaño de Dios requiere sufrir por el Cuerpo de Cristo,

[4]según Dios; no por [e]viles ganancias, sino con toda solicitud;

3 no como [1a]teniendo señorío sobre [2]lo que se os ha asignado, sino [3]siendo [b]ejemplos del [4]rebaño.

B. La recompensa del Príncipe de los pastores
v. 4

4 Y cuando aparezca el Príncipe de los [a]pastores, vosotros recibiréis la [b]corona [1c]inmarcesible de gloria.

VI. La poderosa mano de Dios y su meta
5:5-11

A. Humillados bajo la poderosa mano de Dios
vs. 5-9

5 Igualmente, [a]jóvenes, estad [b]sujetos a los [1]ancianos; y todos, [2]ceñíos de [3c]humildad en el trato mutuo; porque Dios [4d]resiste a los [5e]soberbios, pero a los [6f]humildes [g]da [7h]gracia.

2[e] 1 Ti. 3:3, 8; Tit. 1:7; 2 P. 2:15
3[a] Ez. 34:4; 2 Co. 1:24; Mr. 10:42-44
3[b] 2 Ts. 3:9; 1 Ti. 4:12; Tit. 2:7; Fil. 3:17
4[a] 1 P. 2:25; He. 13:20; Jn. 10:11, 14
4[b] 1 Co. 9:25; 2 Ti. 4:8; Jac. 1:12; Ap. 2:10; 3:11
4[c] 1 P. 1:4
5[a] 1 Ti. 5:1; Tit. 2:6; 1 Jn. 2:13-14
5[b] Ef. 5:21
5[c] 1 P. 3:8; Fil. 2:3; Ef. 4:2
5[d] Jac. 4:6
5[e] Sal. 138:6
5[f] Is. 57:15
5[g] Pr. 3:34
5[h] 1 P. 1:2; 4:10; 5:10

tal como Cristo sufrió (Col. 1:24). El que hace esto será recompensado con la corona inmarcesible de gloria (v. 4).

2[2] Lit., pequeño rebaño, es decir, la iglesia de Dios (Hch. 20:28), la cual es pequeña en número (Lc. 12:32) en comparación con el mundo. La iglesia como pequeño rebaño de Dios es una hierba pequeña que sirve como provisión de vida, no un árbol grande que sirve como albergue de aves (Mt. 13:31-32 y las notas), o sea una religión inmensa como la cristiandad.

2[3] Tomando la responsabilidad de vigilar, mirar diligentemente para estar informado de la situación.

2[4] Es decir, según la naturaleza, el deseo, el camino y la gloria de Dios, no conforme a la preferencia, el interés y el propósito del hombre.

3[1] Es decir, ejercer señorío sobre los gobernados (Mt. 20:25). Entre los creyentes, aparte de Cristo no debe haber otro señor; todos deben ser siervos e inclusive esclavos (Mt. 20:26-27; 23:10-11). Los ancianos de la iglesia solamente pueden guiar (no ejercer señorío), lo cual todos los creyentes deben honrar y seguir (1 Ts. 5:12; 1 Ti. 5:17).

3[2] Lit., vuestros lotes, vuestras porciones; por tanto, heredades, porciones encomendadas, lo cual se refiere aquí al rebaño mencionado en la cláusula siguiente. Las iglesias son posesión de Dios, y El las asigna a los ancianos como heredad o porción, encomendándolas al cuidado de ellos.

3[3] Es decir, tomando la iniciativa de servir a la iglesia y cuidar de ella, a fin de que los creyentes sigan el ejemplo.

3[4] Véase la nota 2[2].

4[1] En los tiempos del apóstol, a quienes ganaban en los juegos de atletismo se les otorgaba coronas (1 Co. 9:25; 2 Ti. 4:8). Estas eran corruptibles, y su gloria se marchitaba. La corona que el Señor otorgará a los ancianos fieles será una recompensa por su leal servicio. La gloria de esta corona nunca se marchitará. Será una porción de la gloria que disfrutarán los vencedores cuando el reino de Dios y de Cristo sea manifestado (2 P. 1:11).

5[1] Aunque esta palabra griega es la misma que se usa en el v. 1, en principio debe referirse a todos los hombres de más edad.

5[2] La palabra griega se deriva de

6 [1a]Humillaos[b], pues, bajo la poderosa [c]mano de Dios,
para que El os [2d]exalte a su debido tiempo;
7 [1a]echando [2]toda vuestra [3b]ansiedad sobre El, porque
[4]El se preocupa por vosotros.
8 Sed [1a]sobrios, y [2b]velad. Vuestro [3c]adversario el [4d]diablo,
como [e]león [5]rugiente, [6f]anda alrededor [7]buscando a quien
devorar;

6[a] Jac. 4:7
6[b] Pr. 29:23
6[c] Sal. 89:13; 136:12; Is. 5:25; 40:10
6[d] Lc. 14:11; 18:14
7[a] Sal. 55:22
7[b] Mt. 6:25; Fil. 4:6
8[a] 1 P. 1:13; 1 Ts. 5:6, 8
8[b] Mt. 24:42; 26:41; Lc. 21:36; Ef. 6:18
8[c] Mt. 13:25
8[d] Ef. 4:27; 6:11; Jac. 4:7; Ap. 12:9, 12; cfr. Job 1:9-12; Lc. 22:31; 2 Co. 2:11
8[e] Sal. 22:13, 21
8[f] Job 1:7; 2:2

un sustantivo que significa *el delantal de un esclavo;* tal delantal se usaba para ceñir las vestiduras sueltas de un esclavo al servir. Se usa aquí en sentido figurado y significa vestirse de humildad como virtud al servir. Evidentemente este sentido figurado surgió de la impresión que Pedro recibió cuando el Señor se ciñó con una toalla al humillarse para lavarles los pies a los discípulos, especialmente a Pedro (Jn. 13:4-7). Pedro ya había introducido en 1:13 la idea de ceñirse.

5[3] La misma palabra se encuentra en Ef. 4:2.

5[4] Una palabra firme, que conlleva mucha fuerza, usada para describir un ejército que se prepara a resistir al enemigo.

5[5] Lit., que hacen alarde por encima (de otros).

5[6] O, modestos, véase Mt. 11:29.

5[7] Hablando con propiedad, se refiere al propio Dios Triuno como provisión de vida, la cual es multiplicada en el creyente humilde. Véanse las notas 2[12] del cap. 1 y 10[2] del cap. 4.

6[1] En el griego esta expresión está en voz pasiva, lo cual indica que Dios nos hace humildes, principalmente por medio de los sufrimientos en la persecución (v. 10). Sin embargo, esto exige que nosotros cooperemos con la operación de Dios; tenemos que estar dispuestos a humillarnos bajo la poderosa mano de Dios. Por consiguiente, dice: *humillaos.* Mientras Dios opera en nosotros, es necesario que tomemos la iniciativa y dejemos que El opere en nosotros. Tomar la iniciativa es activo; dejarle operar es pasivo. En esto consiste nuestra disposición de estar bajo la mano de Dios, la cual es poderosa para hacer todo a nuestro favor.

6[2] Ser sumisos bajo la poderosa mano de Dios, es decir, estar dispuestos a ser humillados, significa tomar el camino de honrar a Dios, lo cual le permite exaltarnos cuando El lo determine. Estar dispuestos a ser humillados por la mano de Dios en Su disciplina es un requisito para ser exaltados por Su mano cuando nos glorifique.

7[1] O, lanzando, es decir, encomendando, entregando. El tiempo del verbo denota un acto realizado una vez por todas.

7[2] Es decir, la totalidad de ansiedad acumulada por toda una vida, la vida entera con toda su ansiedad.

7[3] O, inquietud, preocupación. Los sufrimientos que los creyentes experimentaron al ser perseguidos les causaron inquietud y ansiedad. No solamente es necesario que se humillen, que sean derribados de su orgullo, de su arrogancia, sino que también echen sobre Dios su vida y la ansiedad que ésta trae, porque El no sólo es poderoso y justo, sino también amoroso y fiel para con ellos.

7[4] O, a El le interesa lo que os pasa. El Dios que disciplina y juzga tiene una amorosa preocupación por los creyentes, especialmente por los que son perseguidos. El se preocupa fielmente por ellos. Ellos pueden echar sobre El su ansiedad, especialmente al ser perseguidos.

8[1] Ser sobrio significa tener una mente clara y sobria y dominio propio, para saber, especialmente como se revela en este capítulo, cuál es el propósito de Dios al disciplinar y cuáles son las estratagemas de Su enemigo para destruir. Véase la nota 7[3] del cap. 4.

9 al cual [1a]resistid [b]firmes en la [2]fe, sabiendo que los
mismos [3c]padecimientos se van cumpliendo en la [4]herman-
dad vuestra que está en el mundo.

B. Perfeccionados y cimentados
por el Dios de toda gracia
vs. 10-11

10 [1a]Mas el Dios de [2]toda gracia, que os [b]llamó [3]a Su gloria
[c]eterna [4d]en Cristo Jesús, después que hayáis padecido un

8[2] Velar consiste en estar alerta como en una batalla, como los soldados en un territorio desconocido. Aquí se refiere especialmente a los creyentes que sufren, quienes deben velar con respecto a la ansiedad que el enemigo infunde cuando ellos son perseguidos.

8[3] Lit., un oponente (como en un litigio); aquí se refiere a Satanás, quien es nuestro acusador (Ap. 12:9-10 y la nota 9[4]).

8[4] Véase la nota 1[3] de Mt. 4.

8[5] Rugiendo de hambre.

8[6] Denota la actividad constante y agresiva del diablo al buscar la presa.

8[7] Aquí Pedro les da una advertencia a los creyentes que sufrían bajo persecución. Si ellos no estaban dispuestos a humillarse bajo la poderosa mano de Dios (v. 6) y a echar su ansiedad sobre El (v. 7), serían devorados por el león rugiente, el diablo, su adversario. Esto nos enseña que el orgullo y la ansiedad nos convierten en una apetitosa presa para satisfacer el hambre del león rugiente. Sin duda, en este aspecto Pedro no podía olvidar la advertencia que el Señor le dio a él con respecto a lo que el diablo quiere (Lc. 22:31).

9[1] Esto no consiste en oponernos ni luchar, sino en estar firmes, como una roca, sobre la base de nuestra fe delante del diablo rugiente.

9[2] Aquí *fe* se refiere a la fe subjetiva de los creyentes, la fe en el poder protector de Dios y la preocupación nacida de Su amor.

9[3] Es decir, padecimientos en la persecución, según el contexto de este capítulo y del precedente.

9[4] Véase la nota 17[1] del cap. 2.

10[1] Esta palabra, la cual indica un contraste, introduce palabras de consuelo y aliento para los creyentes que sufren: Vosotros y vuestros hermanos sufrís brevemente la amenaza de vuestro adversario, el rugido del diablo, mas el Dios de toda gracia, el Dios del suministro de vida abundante y lleno de gracia que excede toda vuestra necesidad, El mismo os perfeccionará, confirmará, fortalecerá y cimentará.

10[2] *Toda gracia* se refiere a las riquezas del abundante suministro de la vida divina con sus muchos aspectos, ministrado a nosotros en los muchos pasos de la operación divina efectuada sobre nosotros y dentro de nosotros en la economía de Dios. El paso inicial es llamarnos, y el paso final es glorificarnos, según se menciona en la expresión *que os llamó a Su gloria eterna.* Entre estos dos pasos se encuentran el amoroso cuidado de Dios mientras nos disciplina y Su obra de perfeccionarnos, confirmarnos, fortalecernos y cimentarnos. En todos estos actos divinos, el abundante suministro de la vida divina nos es ministrado como gracia en diversas experiencias (véanse las notas 2[12] del cap. 1 y 10[2] del cap. 4). El Dios de esta gracia perfeccionará, confirmará, fortalecerá y cimentará a los creyentes que estén bajo persecución después de que hayan padecido un poco de tiempo.

10[3] Esto es, a participar, a tomar parte.

10[4] *En Cristo Jesús* indica que el Dios de toda gracia pasó por los procesos de la encarnación, el vivir humano,

9[a] Jac. 4:7; Ef. 6:11, 13
9[b] Col. 2:5
9[c] 1 P. 4:19; Hch. 14:22; 1 Ts. 3:3
10[a] Jud. 24
10[b] 1 P. 1:15; 2 P. 1:3; 1 Ts. 2:12; 1 Ti. 6:12
10[c] 2 Ti. 2:10
10[d] 1 P. 5:14; 3:16

10[e] 1 P. 1:6
10[f] He. 13:21
10[g] Ro. 16:25; 1 Ts. 3:2, 13; 2 Ts. 2:17
10[h] Ef. 3:16
10[i] Ef. 3:17
11[a] 1 P. 4:11
12[a] Hch. 15:22; 2 Co. 1:19; 1 Ts. 1:1; 2 Ts. 1:1
12[b] He. 13:22
12[c] 1 Ts. 2:11
12[d] Ro. 5:2; 1 Co. 15:1

[e]poco de tiempo, [5]El mismo os [6f]perfeccione, [7g]confirme, [8h]for-
talezca *y* [9i]cimiente.
11 [a]A El sea [1]la gloria y el imperio por los siglos de los
siglos. Amén.

VII. Conclusión
5:12-14

A. El testimonio de la verdadera gracia de Dios
v. 12

12 Por medio de [a]Silvano, a quien tengo por hermano fiel,
os he escrito brevemente, [b]exhortándoos, y [1c]testificando que
ésta es la [2]verdadera gracia de Dios; *entrad* y [d]estad firmes
en ésta.

---

la crucifixión, la resurrección y la ascensión para llevar a cabo la redención completa, a fin de poder introducir a Su pueblo redimido en una unión orgánica consigo mismo. Por eso, ellos pueden participar de las riquezas del Dios Triuno como su disfrute. Todos los pasos de la operación divina están incluidos en Cristo, quien es la corporificación del Dios Triuno y quien llegó a ser el Espíritu vivificante y todo-inclusivo, el abundante suministro de vida para nosotros. En este Cristo, por medio de Su redención todo-inclusiva y con base en todos Sus logros, Dios puede ser el Dios de toda gracia que nos llama a Su gloria eterna y que nos perfecciona, confirma, fortalece y cimienta en el Dios Triuno (1:1-2), como el fundamento sólido, capacitándonos así para alcanzar Su meta gloriosa. ¡Qué milagro es que pecadores caídos puedan ser llevados a la gloria eterna de Dios! ¡Y cuán excelente es Su obra que nos perfecciona, confirma, fortalece y cimienta! Todo esto es realizado mediante "toda gracia", que es la "verdadera gracia" (v. 12).

10[5] Indica la actividad personal de Dios en la obra de gracia.

10[6] Véase la nota 9[2] de 2 Co. 13.

10[7] Lit., consolide. El Señor usó la misma palabra al exhortar a Pedro en Lc. 22:32.

10[8] El significado es muy similar a *confirme.*

10[9] Este vocablo se deriva de la palabra que significa *fundamento.* Por consiguiente, significa *cimentar sólidamente,* como en Mt 7:25; Ef. 3:17; He. 1:10. Existe un progreso en los cuatro actos divinos de gracia. El perfeccionamiento conduce a la confirmación; ésta nos lleva a ser fortalecidos; y el fortalecimiento nos cimienta en el Dios de toda gracia, quien es el Dios Triuno que se imparte (1:2) como el fundamento sólido.

11[1] Algunos mss. omiten: la gloria y.

12[1] Pedro fue un testigo ocular (v. 1), y daba testimonio de lo que había visto y experimentado. El dio testimonio de que era verdadero lo que escribió en su epístola como narración de la gracia de Dios.

12[2] Se refiere a "toda gracia", que se menciona en el v. 10. El apóstol exhortó a los creyentes a entrar en esta gracia y a estar firmes en ella. Este libro fue escrito principalmente con el fin de mostrar a los creyentes perseguidos el propósito gubernamental de Dios con respecto a lo que ellos sufrían. A fin de que puedan pasar por esos sufrimientos, Dios les suministra toda la gracia multiplicada, multiforme y verdadera (v. 10; 1:2; 4:10), la cual es suficiente para darles la capacidad de tener parte en los padecimientos de Cristo y de sufrir por El (2:21; 3:14-17; 4:12-16), y la cual los perfeccionará, confirmará, fortalecerá

B. Saludos
vs. 13-14

13 [1]La que ha sido conjuntamente [a]elegida, que está en
[2]Babilonia, y [3]Marcos mi hijo, os saludan.
14 Saludaos unos a otros con [a]ósculo de amor. [1b]Paz sea
con todos vosotros los que estáis [2c]en Cristo.

13[a] 1 P. 1:2; 2:9; 2 Jn. 1, 13; Ro. 16:13; 8:33; Ef. 1:4
14[a] Ro. 16:16; 1 Co. 16:20; 2 Co. 13:12; 1 Ts. 5:26
14[b] 1 P. 1:2; Ef. 6:23
14[c] 1 P. 5:10; 3:16

---

y cimentará en el Dios Triuno y los llevará a Su gloria eterna (v. 10).

13[1] Quizás se refiera a la esposa de Pedro, quien viajaba con él (1 Co. 9:5), o a una notable hermana en el Señor, a quien Dios había escogido no sólo con los destinatarios de esta epístola, sino también con Pedro y todos los otros creyentes. Algunos suponen que se refiere a la iglesia.

13[2] A través de los siglos los grandes maestros han mantenido dos interpretaciones diferentes de este nombre: que se usa en sentido figurado, refiriéndose a Roma, la capital del Imperio Romano, o que se usa literalmente, refiriéndose a Babilonia, una ciudad grande a orillas del Eufrates (Perat). Las razones que dieron pie a esta última interpretación son más lógicas que las de la primera. En primer lugar, parece que Pedro no tenía razón para usar un nombre figurativo con intención de ocultar el nombre de la ciudad donde él estaba en ese tiempo. En segundo lugar, todos los nombres de los lugares mencionados en el principio de su epístola (1:1) fueron usados en sentido literal. En tercer lugar, en el Nuevo Testamento el nombre Roma siempre se menciona claramente (Hch. 19:21; 28:14, 16; Ro. 1:7, 15), incluso cuando se escribió la última epístola de Pablo, 2 Timoteo (2 Ti. 1:17), probablemente después de 1 Pedro. Sólo cuando Juan escribió el libro de Apocalipsis, donde se usa mucho el lenguaje figurativo, cerca del año 90 d. de C., el nombre figurativo de Babilonia la Grande fue usado con respecto a la ciudad de Roma (Ap. 17:5; 18:2).

13[3] Juan Marcos (Hch. 12:12, 25), el escritor del Evangelio de Marcos. Este estaba con Pedro, pues era su hijo espiritual. Más tarde Timoteo lo llevó a Pablo (2 Ti. 4:11).

14[1] La paz es resultado de la gracia y es el fruto del disfrute que tenemos del Dios Triuno. Tal disfrute de Dios como la gracia múltiple y que se multiplica (1:2), la gracia multiforme (4:10), "toda gracia" (5:10) y la verdadera gracia (5:12), como la realidad del contenido de la vida cristiana bajo el gobierno de Dios, produce paz con Dios y con el hombre.

14[2] Pedro recalca el hecho de que los creyentes están en Cristo (3:16; 5:10). Estamos en Cristo por obra de Dios y mediante nuestra fe y nuestro bautismo (1 Co. 1:30; Jn. 3:5; Gá. 3:27; Ro. 6:3). Esto produce una unión orgánica con el Dios Triuno (Mt. 28:19) y nos hace un solo espíritu con el Señor (1 Co. 6:17).

LA SEGUNDA EPISTOLA
DE
PEDRO

BOSQUEJO

I. Introducción: a los creyentes, a quienes se les ha asignado una fe igualmente preciosa—1:1-2

II. La provisión divina—1:3-21

A. La impartición del poder divino—vs. 3-11
   1. Todas las cosas que pertenecen a la vida y a la piedad, con la naturaleza divina—vs. 3-4
   2. El crecimiento y el desarrollo por la vida para obtener una rica entrada en el reino eterno—vs. 5-11

B. La iluminación de la verdad divina—vs. 12-21
   1. Por la gloria del testimonio de los apóstoles—vs. 12-18
   2. Por la luz de la palabra profética—vs. 19-21

III. El gobierno divino—2:1—3:16

A. El juicio de Dios sobre los falsos maestros—2:1-3

B. El juicio de Dios sobre los ángeles y sobre los hombres—2:4-9

C. Las maldades de los falsos maestros, y su castigo bajo el juicio de Dios—2:10-22

D. El juicio de Dios sobre los burladores heréticos—3:1-9

E. El juicio de Dios sobre los cielos y la tierra—3:10-12

F. La expectación de los cielos nuevos y la tierra nueva llenos de la justicia de Dios—3:13

G. Preparación para el juicio venidero—3:14-16
   1. Ser hallados por El en paz—v. 14
   2. Salvados de la destrucción—vs. 15-16

IV. Conclusión: estar en guardia y crecer en la gracia y en el conocimiento del Señor—3:17-18

LA SEGUNDA EPISTOLA
DE
PEDRO

Autor: Pedro, esclavo y apóstol de Jesucristo (1:1).

Fecha: Probablemente por el año 69 d. de C., después del martirio de Pablo (cfr. 3:15-16) y antes de la destrucción de Jerusalén en el año 70 d. de C., como lo indican las alusiones a la decadencia de la iglesia; cuando Pedro estaba a punto de ser mártir (1:14).

Lugar: Posiblemente Roma, donde la historia de la iglesia tradicionalmente ubica el martirio de Pedro.

Destinatarios: Los creyentes judíos en la dispersión en el mundo gentil (véase 1:1 y la nota 3).

Tema:
La provisión divina y el gobierno divino

CAPITULO 1

I. Introducción: a los creyentes, a quienes se les ha asignado una fe igualmente preciosa
1:1-2

1 [1a]Simón Pedro, [2b]esclavo y [c]apóstol de Jesucristo, a [3]los
que se les ha [4]asignado, en la [5]justicia de nuestro [6]Dios y

1[a] Hch. 15:14; Lc. 5:8; Jn. 13:6; 20:2; 21:15
1[b] Ro. 1:1
1[c] 2 P. 3:2

1[1] Simón, el nombre anterior de Pedro, se refiere a su viejo hombre por nacimiento; Pedro, el nuevo nombre que el Señor le dio (Jn. 1:41-42), se refiere a su nuevo hombre por regeneración. Aquí ambos nombres están combinados en uno solo, lo cual significa que el viejo hombre Simón había llegado a ser el nuevo hombre Pedro.

1[2] *Esclavo* indica la sumisión de Pedro al Señor, y *apóstol,* la comisión que el Señor le dio.

1[3] Se refiere a los creyentes judíos dispersos por el mundo gentil (1 P. 1:1).

1[4] Así como a los hijos de Israel se les asignó una porción de la buena tierra (Jos. 13:6; 14:1-5; 19:51). Esto implica que "todas las cosas que pertenecen a la vida y a la piedad" (v. 3), constituyen la verdadera herencia que Dios les da a los creyentes en el Nuevo Testamento; entre ellas se incluye la naturaleza divina (v. 4) de la que participan los creyentes por medio de la fe igualmente preciosa conforme a las preciosas y grandísimas promesas.

1[5] Nuestro Dios es justo. Mediante Su justicia, El asignó la fe preciosa como porción divina equitativamente a todos los que creen en Cristo, tanto judíos como gentiles, sin acepción de personas. Ahora no es solamente nuestro Dios sino también nuestro Salvador. Así que ahora Su justicia no es solamente la justicia de Dios o de Cristo, sino la justicia de nuestro Dios y de nuestro Salvador, Jesucristo. Dado que el Señor es nuestro Salvador, Su

1[d] 2 P. 1:5; 1 P. 1:7, 9
2[a] 1 P. 1:2; Jud. 2
2[b] 2 P. 1:3, 8; 2:20; 3:18; Jn. 17:3; Fil. 3:8

Salvador Jesucristo, una [7d]fe [8]igualmente preciosa que la
[9]nuestra:
2 [1]Gracia y paz os sean [2a]multiplicadas, [3]en el pleno
[4b]conocimiento de Dios y de [5]Jesús nuestro Señor;

---

justicia representa Su acción justa, Su muerte en la cruz en absoluta obediencia (Fil. 2:8), por la cual efectuó nuestra redención (He. 9:12), haciendo posible que Dios nos justifique (Ro. 5:18). Puesto que el Señor es nuestro Dios, Su justicia es Su equidad, ya que, con base en la acción justa, la cual es la redención de nuestro Salvador Jesucristo (Ro. 3:24-25), El justifica a todos los que creen en Cristo (Ro. 3:26), tanto judíos como gentiles (Ro. 3:30). En esta justicia doble y por la misma, la justicia de nuestro Dios y de nuestro Salvador Jesucristo, la fe preciosa, lo que da sustantividad a la bendición del Nuevo Testamento, fue asignada equitativamente a todos los creyentes de todas las naciones.

1[6] Jesucristo es nuestro Dios y también nuestro Salvador. Esto indica que Jesucristo es el Dios que nos salva. El es el propio Dios a quien adoramos, y El mismo llegó a ser nuestro Salvador para salvarnos. En los tiempos de Pedro, esto designaba a los creyentes de Cristo y los separaba de los judíos, quienes no creían que Jesucristo era Dios, y de los romanos, quienes tampoco creían que Jesucristo era Dios, sino que el césar lo era.

1[7] La fe es lo que da sustantividad a la verdad (He. 11:1), la cual es la realidad del contenido de la economía neotestamentaria de Dios. El contenido de la economía neotestamentaria de Dios se compone de "todas las cosas que pertenecen a la vida y a la piedad" (v. 3), es decir, del Dios Triuno que se nos infunde como vida por dentro y como piedad por fuera (véanse los puntos 1, 2, 4 y 5 así como el último párrafo de la nota 1[1] de 1 Ti. 1). La fe igualmente preciosa que Dios nos asignó por medio de la palabra de Su economía neotestamentaria y del Espíritu, reacciona a la realidad de tal contenido y nos introduce en la realidad, haciendo de su substancia el elemento mismo de nuestra vida y nuestra experiencia cristianas. Tal fe les es asignada como porción a todos los que creen en Cristo, y es igualmente preciosa para todos los que la han recibido. Como tal porción, esta fe es objetiva para nosotros en la verdad divina. Sin embargo, introduce en nosotros todo el contenido de su substancia, haciendo así que el contenido, junto con la fe misma, sean subjetivos para nosotros en nuestra experiencia. Esto puede compararse con el paisaje (la verdad) y la vista (la fe) que son objetivos para la cámara (nosotros). Pero cuando la luz (el Espíritu) imprime el paisaje a la película (nuestro espíritu) en la cámara, tanto la vista como el paisaje llegan a ser subjetivos para la cámara.

1[8] La palabra griega significa *de igual valor u honra;* por lo tanto, igualmente preciosa. No igual en cuanto a la medida, sino en cuanto al valor y a la honra para todos los que la reciben.

1[9] Se refiere al apóstol Pedro y a los demás creyentes de la tierra judía. Todos los creyentes del mundo gentil participan de la misma fe preciosa junto con todos los de la tierra judía. Esta fe les capacita para dar sustantividad a la bendición de vida del Nuevo Testamento como porción común que Dios les asignó.

2[1] O, gracia a vosotros y paz os sea multiplicada.

2[2] La gracia y la paz vinieron a nosotros mediante la fe que Dios nos asignó, la cual da sustantividad a la bendición de vida del Nuevo Testamento (v. 1). Esta fe nos fue infundida por medio de la palabra de Dios, la cual nos trasmite el verdadero conocimiento de Dios y de Jesús nuestro Señor. En la esfera del pleno conocimiento de Dios y de Jesús nuestro Señor, y por medio de este conocimiento aumentado y creciente, la gracia y

II. La provisión divina
1:3-21

A. La impartición del poder divino
vs. 3-11

1. Todas las cosas que pertenecen a la vida y a la piedad, con la naturaleza divina
vs. 3-4

3 ya que Su [1a]divino poder nos ha [2]concedido [3]todas
las cosas que pertenecen a la [4b]vida y a la [5c]piedad,

3[a] cfr. Ro. 1:20
3[b] Gn. 2:9; Sal. 36:9; Jn. 1:4; 3:16; 10:10; 14:6; 1 Jn. 1:2; 5:12; Tit. 1:2; Hch. 11:18; Ro. 5:10, 17, 21; 6:4; Col. 3:4; 1 Ti. 6:12, 19; Ap. 2:7, 10; 22:1-2, 14, 19
3[c] 2 P. 1:6; 1 Ti. 2:2; 3:16; 4:6-7; 6:3; 2 Ti. 3:12; Tit. 1:1; 2:12

---

la paz que hemos recibido serán multiplicadas.

2[3] En la esfera de, por medio de.

2[4] Se refiere a un conocimiento cabal adquirido por experiencia. El conocimiento pleno del Dios Triuno tiene como fin que participemos y disfrutemos de Su vida y Su naturaleza divinas. Está en contraste con el conocimiento aniquilador de la lógica de la filosofía humana, la cual había invadido a la iglesia que estaba en apostasía.

2[5] Algunos mss. dicen: Jesucristo nuestro Señor.

3[1] El capítulo dos muestra que esta epístola, tal como 2 Timoteo, 2 Juan, 3 Juan y Judas, fue escrita en los tiempos de la degradación y apostasía de la iglesia. Por consiguiente, la apostasía fue la circunstancia en la que se escribió este libro. La carga del escritor era inyectarles a los creyentes el antídoto contra el veneno de la apostasía. La obra salvadora de Dios consiste en que El mismo se imparte en Su Trinidad a los creyentes a fin de ser la vida y la provisión de vida para ellos. Esta es la economía de Dios, el plan de Dios. La apostasía distrajo de la economía de Dios a los creyentes llevándolos a la lógica humana de filosofías confusas. Esto no los condujo a participar del árbol de la vida, el cual da vida, sino a participar del árbol del conocimiento, el cual produce muerte (Gn. 2:9, 16-17). De este modo la serpiente engañó y sedujo a Eva (Gn. 3:1-6). A fin de tomar medidas contra este veneno mortal, el apóstol en su epístola sanadora primero recetó el poder divino como el antídoto más fuerte y más eficaz. Esto les provee a los creyentes todas las cosas que pertenecen a la vida divina que genera y suministra (no el conocimiento que mata) y a la piedad que expresa a Dios (no la demostración de la sabiduría humana). Esta rica provisión divina, de la cual se habla detalladamente en los versículos siguientes (hasta el v. 11), es más que suficiente para dar a los creyentes la capacidad de llevar una vida cristiana adecuada y de vencer la apostasía satánica.

Divino denota la divinidad eterna, ilimitada y todopoderosa de Dios. Por tanto, el poder divino es el poder de la vida divina, la cual está relacionada con la naturaleza divina.

3[2] Es decir, impartido, infundido y plantado en nosotros por el Espíritu vivificante y todo-inclusivo, quien nos regenera y mora en nosotros (2 Co. 3:6, 17; Jn. 3:6; Ro. 8:11).

3[3] "Todas las cosas que pertenecen a la vida y a la piedad" componen los varios aspectos de la vida divina, tipificados por las riquezas del fruto de la buena tierra en el Antiguo Testamento. Estas cosas son aquello a lo cual da sustantividad la fe que Dios nos asignó como porción para que sea nuestra herencia.

3[4] La vida es interior y nos capacita para vivir, y la piedad es exterior y es la expresión externa de la vida interna. La vida es la energía interior, la fortaleza interior, para producir la piedad exterior, la cual lleva a la gloria y produce gloria.

3[5] Véase la nota 2[2] de 1 Ti. 2.

[6]mediante el [7]pleno conocimiento de [8]Aquel que nos [d]llamó
[9]por Su propia [10e]gloria y [11f]virtud,
4 [1]por medio de [2]las cuales El nos ha concedido preciosas
y [3]grandísimas [a]promesas, para que por [4]ellas llegaseis a ser
[b]participantes de la naturaleza divina, [5]habiendo [c]escapado

3[d] 1 P. 2:9; 3:9; 5:10; 1 Ts. 2:12; 2 Ts. 2:14; 2 Ti. 1:9; 2 P. 1:10
3[e] Ro. 1:23; 3:23; 5:2; 6:4; 8:18; 9:23; Jn. 17:22, 24; Ef. 1:17; 3:16; 1 Co. 2:7; 2 Co. 4:17; Col. 1:27; 3:4; He. 2:10
3[f] 1 P. 2:9; cfr. 2 P. 1:5; Fil. 4:8
4[a] 2 Co. 7:1; cfr. 2 P. 3:13
4[b] He. 12:10; 6:4; 3:1
4[c] 2 P. 2:18, 20

3[6] Se nos imparte todas las cosas que pertenecen a la vida mediante el pleno conocimiento de Dios, el cual nos es trasmitido y revelado por Su palabra. Esto viene a ser la fe (objetiva) en la cual nuestra fe (subjetiva) es producida.

3[7] Se refiere a un conocimiento cabal conforme a la experiencia.

3[8] Se refiere a Dios, quien es nuestro Salvador y Señor Jesucristo (vs. 1-2). El nos llamó a Su gloria y virtud por medio de ellas. Sus discípulos contemplaron Su gloria y virtud (v. 16; Jn. 1:14) y fueron atraídos por las mismas. Luego, por esta gloria y virtud, los llamó a ellas. Lo mismo ocurre con todos los que creen en Cristo.

3[9] O, a.

3[10] Es decir, la expresión de Dios, Dios expresado en esplendor.

3[11] Lit., excelencia (véase la nota 8[7] de Fil. 4), la cual denota la energía de vida que nos capacita para vencer todo obstáculo y para exhibir en nuestro vivir todos los atributos excelentes. La gloria es la meta divina; la virtud es la energía y la fuerza de vida que nos capacita para alcanzar la meta. Esta virtud, junto con todas las cosas que pertenecen a la vida, nos ha sido dada por el poder divino, pero necesita ser desarrollada en el camino a la gloria.

4[1] O, por causa de, con base en. La palabra griega tiene un sentido de instrumento, pero aquí también denota causa.

4[2] Se refiere a la gloria y la virtud mencionadas en el v. 3. Por medio de la gloria y la virtud del Señor y con base en las mismas, por las cuales y a las cuales hemos sido llamados, El nos ha dado Sus preciosas y grandísimas promesas, como las de Mt. 28:20; Jn. 6:57; 7:38-39; 10:28-29; 14:19-20, 23; 15:5; 16:13-15. Todas estas promesas son cumplidas en Sus creyentes por Su poder de vida, que es la virtud excelente, y para Su gloria.

4[3] Lit., las más grandes de todas.

4[4] Por medio de las preciosas y grandísimas promesas nosotros, los creyentes en Cristo, quien es nuestro Dios y Salvador, hemos llegado a ser participantes de Su naturaleza divina en una unión orgánica con El, a la cual hemos entrado mediante la fe y el bautismo (Jn. 3:15; Gá. 3:27; Mt. 28:19). La virtud (energía de vida) de esta naturaleza divina nos introduce en Su gloria (la piedad como la expresión plena del Dios Triuno).

4[5] El apóstol en su primera epístola les dijo a los creyentes que Cristo los había redimido de su vana manera de vivir (1 P. 1:18-19), y que por eso ellos debían abstenerse de los deseos carnales (1 P. 2:11) y ya no vivir en la carne, en los deseos de los hombres (1 P. 4:2). Ahora en su segunda epístola les revela la energía, la fortaleza, que les da la capacidad de escapar de la corrupción de la concupiscencia, así como el resultado de tal escape. La energía es la virtud de la vida divina, y el resultado consiste en que los creyentes participan de la naturaleza divina de Dios y así disfrutan de todas las riquezas de lo que es el Dios Triuno. Al participar nosotros de la naturaleza divina y al disfrutar de todo lo que Dios es, todas las riquezas de la naturaleza divina serán totalmente desarrolladas, como se describe en los vs. 5-7. Habiendo escapado de la corrupción de la concupiscencia que predomina en el mundo y habiendo así eliminado lo que impedía el crecimiento de la vida divina en nosotros, somos librados para ser participantes de la naturaleza divina y para disfrutar al máximo sus riquezas al desarrollarse ella por la virtud de Dios que nos lleva a Su gloria.

de la [6]corrupción que hay en el [d]mundo [7]a causa de la [e]concupiscencia.

2. El crecimiento y el desarrollo por la vida
para obtener una rica entrada en el reino eterno
vs. 5-11

5 Y por esto mismo, [1]poniendo toda [a]diligencia, [2]desarrollad abundantemente en vuestra [3b]fe [4c]virtud; en la virtud, [5d]conocimiento;

6 en el conocimiento, [1a]dominio propio; en el dominio propio, [2b]perseverancia; en la perseverancia, [3c]piedad;

7 en la piedad, [1a]afecto fraternal; en el afecto fraternal, [2b]amor.

4[6] Véase la nota 1[5], punto 3, del cap. 2.

4[7] O, en.

5[1] Lit., introduciendo al lado. Junto con las preciosas y grandísimas promesas que Dios nos ha dado, debemos poner toda diligencia en cooperar con la capacidad que nos da la dinámica naturaleza divina, a fin de que las promesas de Dios sean llevadas a cabo.

5[2] Lit., suministrad. Véase la nota 19[2] de Fil. 1. Lo que el poder divino nos ha dado en los vs. 3-4 se desarrolla en los vs. 5-7. Desarrollar la virtud en la fe significa desarrollar la virtud en el ejercicio de la fe. Lo mismo se aplica a todos los demás aspectos.

5[3] Esta es la fe igualmente preciosa que Dios nos asignó (v. 1) como porción común de la bendición de vida del Nuevo Testamento para el inicio de la vida cristiana. Es necesario ejercitar esta fe para que la virtud de la vida divina sea desarrollada en los pasos subsiguientes y llegue a la madurez.

5[4] Lit., excelencia (véase la nota 8[7] de Fil. 4); denota la energía de la vida divina, la cual produce una acción vigorosa (cfr. nota 3[11]).

5[5] La virtud, la acción vigorosa, necesita la provisión abundante del conocimiento de Dios y de Jesús nuestro Señor (vs. 2-3, 8) con respecto a todas las cosas que pertenecen a la vida divina y a la piedad y con respecto a ser participantes de la naturaleza divina (vs. 3-4) para nuestro disfrute en el desarrollo subsiguiente.

6[1] O, sobriedad; el ejercicio de control y restricción de uno mismo en las pasiones, deseos y hábitos. Esto debe suministrarse y desarrollarse en el conocimiento para el debido crecimiento en vida.

6[2] Ejercer dominio propio consiste en tratar con uno mismo; perseverar consiste en ser longánimes para con otros y soportar las circunstancias.

6[3] Una vida que es como Dios y que expresa a Dios. Mientras ejercemos control sobre nosotros mismos y somos longánimes para con los demás y soportamos las circunstancias, es necesario que en nuestra vida espiritual se desarrolle la piedad para que seamos como Dios y le expresemos.

7[1] La palabra griega se compone de *sentir afecto* y *un hermano;* por lo tanto, un afecto fraternal, un amor caracterizado por deleite y placer. En la piedad, que es la expresión de Dios, es necesario que este amor sea suministrado por el bien de la hermandad (1 P. 2:17; 3:8; Gá. 6:10), para que tengamos nuestro testimonio ante el mundo (Jn. 13:34-35) y para que llevemos fruto (Jn. 15:16-17).

7[2] Esta palabra griega en el Nuevo Testamento significa amor divino, el cual es Dios en Su naturaleza (1 Jn. 4:8, 16). Es un amor más noble que el amor humano y adorna todas las cualidades de la vida cristiana (1 Co. 13;

4[d] 2 P. 2:20; 1 Jn. 2:15-17; 5:4, 19; Jac. 4:4
4[e] 2 P. 2:10, 18; 1 P. 4:2
5[a] 2 P. 1:10
5[b] 2 P. 1:1; Gá. 5:6; Jac. 2:22
5[c] Fil. 4:8; cfr. 2 P. 1:3
5[d] 2 P. 1:2, 3, 8; 3:18; Fil. 1:9; 3:8
6[a] Hch. 24:25; Gá. 5:23; 1 Ti. 3:2, 11; Tit. 2:2
6[b] Ro. 5:3; He. 10:36; Jac. 1:3
6[c] 2 P. 1:3
7[a] 1 P. 1:22
7[b] 1 Ts. 3:12

8 Porque si [1]estas cosas [2]están en vosotros, y [3]abundan,
no os [4]dejarán [5]ociosos ni [6a]sin fruto [7]para el pleno [8b]conoci-
miento de nuestro Señor Jesucristo.
9 Pero el que no tiene [1]estas cosas es [a]ciego y tiene la
[2]vista muy corta; [3]habiendo olvidado la [b]purificación de sus
antiguos pecados.

8[a] Tit. 3:14; Jn. 15:2-5; Jud. 12; cfr. 2 Co. 9:10; Ro. 1:13; 6:22; 7:4; 15:28; Gá. 5:22; Ef. 5:9; Fil. 1:22; 4:17; Col. 1:6, 10; He. 12:11; 13:15; Jac. 3:18; Ap. 22:2
8[b] 2 P. 1:2
9[a] Dt. 28:28-29; Is. 59:10; Sof. 1:17; 1 Jn. 2:11; Ap. 3:17
9[b] Tit. 2:14

Ro. 13:8-10; Gá. 5:13-14). Es más fuerte y tiene más capacidad que el amor humano (Mt. 5:44, 46), aún así un creyente que viva por la vida divina (v. 3) y participe de la naturaleza divina (v. 4) puede ser saturado de dicho amor y expresarlo en plenitud. Es necesario que tal amor sea desarrollado en el amor fraternal para gobernarlo y fluir en él a fin de que Dios, quien es este amor, sea expresado plenamente. Puede considerarse que la fe es la simiente de vida y que este amor más noble es el fruto (v. 8) en su desarrollo pleno. Los seis pasos intermedios de desarrollo son las etapas de su crecimiento hacia la madurez.

8[1] Todas las virtudes enumeradas en los vs. 5-7, desde la fe hasta el amor.

8[2] La palabra griega denota que ciertas cosas existen en una persona y le pertenecen desde el principio, llegando a ser de este modo su posesión legal hasta el presente. Esto indica que todas las virtudes antes mencionadas son posesión de los creyentes y están en ellos para siempre por medio de la experiencia que tienen al participar de la naturaleza divina en todas sus riquezas.

8[3] Las virtudes divinas no solamente existen en los creyentes y son posesión de ellos, sino que también abundan y se multiplican en ellos mientras la vida divina se desarrolla y crece.

8[4] Lit., constituirán. Esto indica que las virtudes de la vida divina y de la naturaleza divina son los componentes de nuestra constitución espiritual, nuestro ser espiritual, y hacen de nosotros personas en quienes no hay ocio ni esterilidad.

8[5] Es posible que alguien no sea ocioso pero carezca de fruto. Ser fructífero requiere más crecimiento en vida y más suministro de vida. El ocio y la infructuosidad son componentes de nuestro ser caído; la acción, la energía que la vida proporciona y la fructificación son componentes de nuestro ser, el cual crece en la vida divina.

8[6] Esto indica que lo abarcado en los vs. 5-7 representa el desarrollo y el crecimiento de la vida divina hasta llegar a la madurez.

8[7] La constitución formada por las virtudes espirituales avanza en muchos pasos hacia el pleno conocimiento de nuestro Señor Jesucristo, con miras a captar la realidad de la corporificación todo-inclusiva del Dios Triuno. En este pasaje de la Palabra, se usan tres preposiciones acerca de la relación que existe entre la experiencia de vida y el conocimiento espiritual: *en,* del v. 2, se refiere a la esfera del conocimiento; *mediante,* del v. 3, se refiere al canal del conocimiento, y *para,* del v. 8, se refiere a tener en la mira el conocimiento como meta.

8[8] Véase la nota 2[4].

9[1] Véase la nota 8[1].

9[2] La raíz de esta palabra significa *cerrar los ojos* (a causa de una luz intensa); por tanto, significa ser corto de vista. Así que, tener la vista muy corta equivale a ser espiritualmente ciego, incapaz de ver algo más de la vida divina y de la naturaleza divina del Dios Triuno, depositadas en los creyentes como suministro abundante para ellos.

9[3] En el griego la frase tiene el sentido de *estar dispuestos a olvidar,* es decir, dispuestos a olvidar la experiencia de la purificación de nuestros antiguos pecados. Esta purificación se efectuó para que pudiéramos avanzar en la vida divina al participar de la naturaleza divina a fin de alcanzar la madurez de vida. Esto no significa

10 [1]Por lo cual, hermanos, sed aún más [a]diligentes en [2]hacer [b]firme vuestra [c]vocación y [d]elección; porque haciendo [3]estas cosas, no [e]tropezaréis jamás.

11 Porque de esta manera os será [1]suministrada rica *y* [a]abundante [b]entrada en el [2c]reino eterno de nuestro Señor y Salvador Jesucristo.

B. La iluminación de la verdad divina
vs. 12-21

1. Por la gloria del testimonio de los apóstoles
vs. 12-18

12 Por esto siempre estaré [a]recordándoos estas cosas, aunque vosotros las sepáis, y estéis [b]confirmados en la [1c]verdad presente.

---

que neguemos la afirmación fiel que hicimos cuando creímos en Cristo y fuimos bautizados en El, ni tampoco que perdamos la certeza de la salvación que recibimos en ese momento, sino que se refiere a descuidar lo que el comienzo de la salvación significó para nosotros.

10[1] O, Por lo cual más bien, hermanos, sed diligentes…

10[2] Es decir, desarrollar las virtudes espirituales en la vida divina, avanzar en el crecimiento de la vida divina. Esto hace firme nuestra vocación y elección.

10[3] Véase la nota 8[1].

11[1] El suministro abundante que disfrutamos en el desarrollo de la vida y de la naturaleza divinas (vs. 3-7) nos suministrará rica y abundante entrada en el reino eterno de nuestro Señor. Este suministro nos capacitará y nos calificará para entrar en el reino venidero mediante todas las riquezas de la vida divina y de la naturaleza divina como nuestras virtudes excelentes (nuestra energía) para la espléndida gloria de Dios. Esto no significa simplemente ser salvo, sino procurar, después de ser salvo, el crecimiento y la madurez en la vida divina para así recibir la recompensa del reino. Véase la nota 28[1] de He. 12.

11[2] Se refiere al reino de Dios, que le fue entregado a nuestro Señor y Salvador Jesucristo (Dn. 7:13-14), y que será manifestado a Su regreso (Lc. 19:11-12). Será una recompensa para Sus creyentes fieles, quienes procuran crecer en Su vida hasta llegar a la madurez y desarrollar las virtudes de Su naturaleza para poder participar de Su reinado en la gloria de Dios en el milenio (2 Ti. 2:12; Ap. 20:4, 6). Entrar de esta manera en el reino eterno del Señor está relacionado con entrar en la gloria eterna de Dios, a la cual Dios nos llamó en Cristo (1 P. 5:10; 1 Ts. 2:12 y las notas 2 y 3).

12[1] Es decir, la verdad que está presente entre los creyentes, la cual han recibido y poseen ahora. En la primera sección de este capítulo, los vs. 3-11, Pedro usa la provisión de la vida divina para la vida cristiana adecuada como inoculación contra la apostasía. En la segunda sección, los vs. 12-21, usa la revelación de la verdad divina, el segundo antídoto, como inoculación contra la herejía de la apostasía, una herejía similar al modernismo de hoy. La provisión de vida y la revelación de la verdad son los antídotos que Pedro usa al hacer frente a la apostasía.

10[a] 2 P. 1:5
10[b] 2 P. 1:19; 3:17; He. 3:6, 14
10[c] 2 P. 1:3; Ef. 1:18; 4:1, 4; He. 3:1
10[d] 1 P. 1:22
10[e] 1 P. 2:8; Jud. 24
11[a] Fil. 1:19
11[b] Mt. 5:20; 7:21; 25:21, 23
11[c] Hch. 14:22; 1 Co. 6:9-10; Gá. 5:21; Ef. 5:5
12[a] 2 P. 3:1; Jud. 5; Ro. 15:15
12[b] 1 Ts. 3:2; Ro. 1:11-12
12[c] 1 Ti. 2:4; 4:3; 6:5; 2 Ti. 2:18; Tit. 1:1, 14

13[a] Fil. 1:7
13[b] 2 Co. 5:1-4
13[c] 2 P. 3:1
14[a] cfr. 2 Ti. 4:6
15[a] cfr. Lc. 9:31
15[b] Jud. 17
16[a] Mr. 5:30; Lc. 6:19; 8:46; 24:19
16[b] 2 P. 3:4; Mt. 24:3 y la nota 3
16[c] 1 Ti. 1:4 y la nota 1; Tit. 1:14
16[d] 2 P. 2:3
16[e] 1 Jn. 1:1
17[a] Mt. 17:5; 3:17; Mr. 9:7; Lc. 9:35
18[a] Mt. 17:1; Mr. 9:2; Lc. 9:28
18[b] Ex. 3:5; Jos. 5:15
19[a] 1 P. 1:10; 2 P. 3:2; Lc. 1:70
19[b] 2 P. 1:10

13 Pues tengo por [a]justo, en tanto que estoy en este
[1b]tabernáculo, [c]estimularos recordándoos *estas cosas;*
14 sabiendo que pronto será [1a]quitado mi tabernáculo,
como [2]también me lo ha declarado nuestro Señor Jesucristo.
15 También yo procuraré con diligencia que después de
mi [1a]partida vosotros podáis en todo momento [b]tener memoria de estas cosas.
16 Porque cuando os dimos a conocer el [a]poder y la [1b]venida de nuestro Señor Jesucristo, no [2]seguimos [3c]mitos
[d]hábilmente fraguados, sino que habíamos sido [4e]testigos
oculares de Su [5]majestad.
17 Porque El recibió de Dios Padre honra y gloria, y le fue
[1]enviada desde la [2]magnífica gloria una [a]voz que decía: Este
es Mi Hijo, Mi Amado, en el cual me deleito.
18 Y nosotros oímos esta voz enviada del cielo, cuando
estábamos con El en el [a]monte [b]santo.

2. Por la luz de la palabra profética
vs. 19-21

19 Tenemos [1]también la [a]palabra profética más [b]segura,

13[1] El cuerpo temporal (2 Co. 5:1).

14[1] Es decir, abandonar el cuerpo, despojarse de él (2 Co. 5:4), dejarlo, morir físicamente. Pedro, tal como Pablo (2 Ti. 4:6), sabía que dejaría el mundo mediante el martirio, y ya estaba listo para ello.

14[2] Pedro recordaba lo que el Señor le habló acerca de su muerte cuando le mandó que alimentara a Sus ovejas (Jn. 21:15-19).

15[1] Se refiere a dejar el mundo. La misma palabra se usa en Lc. 9:31.

16[1] La palabra griega significa *presencia.*

16[2] Lit., siguiendo hasta el fin.

16[3] Los mitos eran historias supersticiosas astutamente tramadas en la filosofía griega, la cual estaba relacionada con la apostasía.

16[4] "'Admitidos en la visión inmediata de la gloria', una palabra que denota la iniciación plena en los misterios" (Darby). Pedro comprendía que él, Jacobo y Juan habían sido admitidos en el grado más alto de iniciación cuando el Señor se transfiguró, admitidos para ser iniciados como espectadores de la majestad del Señor. El consideró, igual que el Señor en Lc. 9:26-36, que la transfiguración era una figura de la segunda venida del Señor. La transfiguración del Señor en gloria fue un evento histórico, y él estuvo presente. La venida del Señor en gloria será un evento tan real como la transfiguración del Señor, y él también estará allí. Esto no era un mito hábilmente fraguado que los apóstoles narraran a los creyentes.

16[5] Es decir, magnificencia, grandeza en esplendor, honra y gloria, una gloria magnífica (v. 17), como la que apareció ante los ojos de Pedro y de los otros dos discípulos cuando el Señor se transfiguró (Mt. 17:1-2; Lc. 9:32).

17[1] Lit., traída o llevada. Así también en los vs. 18 y 21.

17[2] La nube que los cubría cuando el Señor se transfiguró (Lc. 9:34-35), como la gloria *shekinah* que cubría la cubierta expiatoria (Ex. 25:20; 40:34).

19[1] *También* denota que además de la verdad de la transfiguración del Señor, abarcada en los versículos anteriores como inoculación contra los mitos supersticiosos, la verdad de la

a la cual hacéis bien en estar atentos como a una [2c]lámpara
que alumbra en [3]lugar oscuro, hasta que el [4d]día amanezca
y la [e]estrella de la mañana nazca en vuestros corazones;
20 sabiendo primero esto, que ninguna profecía de la
[a]Escritura es de [1]interpretación [2]privada,
21 [1]porque ninguna profecía jamás fue [2]traída por voluntad
humana, sino que los hombres hablaron de parte de Dios
siendo [2]movidos por el [a]Espíritu Santo.

19[c] Sal. 119:105; Jn. 5:35
19[d] cfr. Ro. 13:12; 1 Ts. 5:4-5, 8
19[e] Ap. 2:28; 22:16
20[a] 2 P. 3:16; Hch. 1:16; 2 Ti. 3:16
21[a] 2 S. 23:2; Ez. 3:12, 14; 8:3

---

palabra profética es usada como una confirmación más segura.

19[2] Pedro compara la palabra de la profecía en las Escrituras con una lámpara que alumbra en lugar oscuro, lo cual indica que: (1) esta era es un lugar oscuro en medio de una noche oscura (Ro. 13:12), y todos los habitantes de este mundo se conducen y actúan en tinieblas; y (2) la palabra profética de las Escrituras, como lámpara brillante para los creyentes, trasmite una luz espiritual que resplandece en las tinieblas que los rodean (no como mero conocimiento en la letra que ellos deban aprender), guiándolos para que entren en un día brillante, y atraviesen la noche oscura hasta que esclarezca el día de la aparición del Señor. Antes de que el Señor aparezca como luz del día, necesitamos que esta palabra sea la luz que alumbra nuestros pasos.

19[3] O, lugar sombrío, un lugar sórdido, seco y abandonado. Esto es una metáfora que denota las tinieblas de la apostasía.

19[4] Una metáfora tocante a un tiempo venidero lleno de luz, como el amanecer de un día brillante, en el cual la estrella de la mañana aparece antes del alba en los corazones de los creyentes, quienes son iluminados y alumbrados al estar atentos a la resplandeciente palabra profética de las Escrituras. En el tiempo de la apostasía, los creyentes hacen bien en estar atentos a este asunto para que la palabra profética, como una lámpara, resplandezca en las tinieblas de la apostasía hasta que aquel día esclarezca en ellos. Esto hará que procuren con diligencia la presencia del Señor y velen de tal modo que no pierdan la oportunidad de encontrarse con el Señor en la parte secreta de Su venida (Su parusía), cuando El vendrá como ladrón (véanse las notas 27[1] de Mt. 24 y 8[4] de 2 Ts. 2). Por tanto, esta metáfora debe de aludir a la era venidera, la era del reino, un día que amanecerá a la aparición (la venida) del Señor (v. 16), el Sol de justicia (Mal. 4:2), cuya luz resplandecerá para penetrar las penumbras de la noche oscura de esta era. Antecediendo a esto, en la hora más oscura de la noche, el Señor aparecerá como la estrella de la mañana (Ap. 2:28; 22:16) a aquellos que velan y esperan Su querida aparición (2 Ti. 4:8). Ellos habrán sido iluminados por el resplandor de la palabra profética, la cual los conducirá al día que amanece.

Si estamos atentos a lo que dice la Biblia, lo cual resplandece como lámpara en lugar oscuro, El se levantará en nuestros corazones para resplandecer en las tinieblas de la apostasía donde estamos hoy, antes de Su verdadera manifestación como la estrella de la mañana.

20[1] Lit., aflojamiento, desatadura; por consiguiente, despliegue, explicación, exposición. *Interpretación privada* se refiere a la explicación o exposición personal del profeta o del escritor, la cual no sería inspirada por Dios mediante el Espíritu Santo. Aquí el pensamiento consiste en que ninguna profecía de la Escritura surge del propio concepto, idea o entendimiento del profeta o del escritor; ninguna profecía procede de la fuente que es el hombre; ninguna profecía se origina en el pensamiento privado y personal de un profeta o escritor. Esto lo confirma y lo explica el versículo siguiente.

CAPITULO 2

III. El gobierno divino
2:1—3:16

A. El juicio de Dios sobre los falsos maestros
2:1-3

1 [1]Pero hubo también [a]falsos profetas entre el pueblo,
como también entre vosotros habrá [b]falsos maestros, que
introducirán [2c]secretamente [3]herejías destructoras, y aun
[d]negarán al [4e]Amo que los [f]compró, acarreando sobre sí
mismos [5]destrucción repentina.

1[a] Dt. 13:1; 1 R. 18:19, 22, 40; 22:6, 10, 20-23; Jer. 14:14; 27:9-10, 16; Mt. 7:15; 24:11; 1 Jn. 4:1
1[b] cfr. 2 Co. 11:13, 26
1[c] Gá. 2:4; Jud. 4
1[d] Mt. 10:33; 26:34-35, 69-75; Lc. 12:9; 2 Ti. 2:12; 1 Jn. 2:22-23
1[e] Jud. 4; 2 Ti. 2:21; Ap. 6:10
1[f] Hch. 20:28; 1 Co. 6:20; 7:23; Ap. 5:9; 14:3-4

20[2] Se refiere al profeta que habló la profecía o al escritor que asentó la profecía.

21[1] *Porque* introduce una explicación del versículo precedente. Ninguna profecía de la Escritura es producto de la interpretación del profeta o del escritor, porque ninguna profecía fue traída por voluntad humana. Por el contrario, los hombres hablaron de parte de Dios siendo movidos por el Espíritu Santo.

21[2] En el griego la misma palabra es usada en los vs. 17, 18. Ninguna profecía fue traída por voluntad humana. La voluntad, el deseo y el anhelo del hombre, con su pensamiento e interpretación, no fueron la fuente de la cual surgiera profecía alguna; la fuente fue Dios, por cuyo Espíritu Santo los hombres fueron movidos, tal como un barco es empujado por el viento, para proclamar la voluntad, el deseo y el anhelo de Dios.

1[1] Después de presentar a los creyentes (en el cap. 1) la rica provisión de la vida divina y la iluminación resplandeciente de la verdad divina, proveyendo de este modo lo necesario para mantener la vida e inyectándoles el antídoto contra el veneno de la apostasía, el apóstol en este capítulo les hace ver fielmente, como advertencia para ellos, el terrible contenido de la apostasía y su espantoso resultado. Esta advertencia es análoga a la advertencia dada en Jud. 4-19.

1[2] O, de contrabando. Lit., introducir al lado de, introducir de lado. Significa introducir un nuevo tema para el cual los oyentes no están preparados. Aquí denota que los falsos maestros presentan e introducen sus falsas enseñanzas junto con las genuinas.

1[3] La palabra griega significa *opiniones (doctrinas) distintas de las regularmente aceptadas,* "doctrinas escogidas por alguien en particular, ajenas a la verdad" (Alford). Tales doctrinas causan división y producen sectas. Esta palabra también se usa en Hch. 5:17; 15:5; 24:5, 14; 26:5; 28:22; 1 Co. 11:19; y Gá. 5:20; y en Tit. 3:10 como adjetivo (traducida allí *disensiones*). Aquí este término denota las doctrinas falsas y heréticas introducidas por los falsos maestros, los herejes. Tales doctrinas son similares a las del modernismo actual.

1[4] Esto alude a la persona del Señor y a Su obra redentora. Los falsos maestros de los tiempos de Pedro, tal como los modernistas de hoy en su apostasía, negaban la persona del Señor como Amo y también Su obra redentora, con la cual el Señor compró a los creyentes.

1[5] En esta epístola, Pedro usa tres diferentes palabras griegas con respecto a la consecuencia de la apostasía bajo el juicio gubernamental de Dios:

(1) *Apóllumi* significa *destruir completamente;* en la voz media, que se usa en el griego, significa *perecer,* como en 3:6. La idea no es la extinción, sino la ruina o pérdida (no del ser, sino del bienestar). En Mt. 10:28; 22:7; Mr. 12:9; Lc. 17:27, 29; Jn. 3:16; 10:28; 17:12; 1 Co. 10:9-10; 2 Co.

2 Y muchos [1]seguirán su [a]lascivia, por causa de los
cuales el [2]camino de la verdad será [b]injuriado,
3 y en su [a]codicia [b]harán mercadería de vosotros con
[c]palabras [d]fingidas. El [1e]juicio pronunciado sobre ellos [2]hace
tiempo no está ocioso, y su [3]destrucción no se duerme.

B. El juicio de Dios sobre los ángeles y sobre los hombres
2:4-9

4 Porque si Dios no perdonó a los [1a]ángeles que pecaron,

2:15; 4:3; 2 Ts. 2:10; Jud. 5, 11, esta palabra provee una revelación más amplia tocante al juicio gubernamental de Dios. En 3:9 denota el castigo traído por la disciplina gubernamental de Dios.

(2) *Apóleia,* similar a *apóllumi,* indica una pérdida (del bienestar, no del ser), ruina, destrucción o perdición (física, espiritual o eterna). Se traduce *destructoras* y *destrucción* en 2:1, y *destrucción* en 2:3; 3:7, 16. La misma palabra se usa para denotar los diferentes resultados de los varios juicios de Dios (véase la nota 17[2], párr. 2, de 1 P. 1). En casos como los descritos en 2:1, 3; 3:7; Jn. 17:12; Ro. 9:22; Fil. 1:28; 3:19; 2 Ts. 2:3; Ap. 17:8, 11, denota perdición eterna. En casos como los descritos en 3:16 (véase la nota 4) y He. 10:39 (véase la nota 2), denota el castigo que aplica la disciplina gubernamental de Dios, y no la perdición eterna. En Mt. 7:13 y 1 Ti. 6:9, denota un principio aplicable a cualquier caso.

(3) *Fthorá* denota una corrupción que lleva a la destrucción, la destrucción que acompaña a la corrupción, o una destrucción llevada a cabo mediante la corrupción (se refiere a la moralidad, al alma y al cuerpo). Se traduce *corrupción* en 1:4 y 2:19, y *destrucción* y *corromper* en 2:12; su forma verbal se usa en la voz pasiva futura y se traduce *serán destruidos* en 2:12, y en la voz pasiva presente, traducida *se corrompen* en Jud. 10. Su significado puede ser visto más ampliamente en Ro. 8:21; 1 Co. 3:17 y las notas 1 y 2; 15:33; 2 Co. 7:2; 11:3; Gá. 6:8; Ap. 11:18; 19:2.

2[1] Lit., seguirán hasta el fin.

2[2] Es decir, el sendero de la vida cristiana conforme a la verdad, la cual es la realidad del contenido del Nuevo Testamento (1 Ti. 2:4; 3:15; 4:3; 2 Ti. 2:15, 18; Tit. 1:1). Según sus varias virtudes, es designado con otros títulos, tales como el camino recto (v. 15 y la nota 1; cfr. He. 12:13), el camino de la justicia (v. 21 y la nota; Mt. 21:32), el camino de paz (Lc. 1:79; Ro. 3:17), el camino de salvación (Hch. 16:17), el camino de Dios (Mt. 22:16; Hch. 18:26), el camino del Señor (Jn. 1:23; Hch. 18:25) y el Camino (Hch. 9:2; 19:9, 23; 22:4; 24:22). Es calumniado como el camino de la herejía (Hch. 24:14).

3[1] En 1 Pedro se recalca el juicio gubernamental de Dios (1 P. 4:17-18). Esto continúa en 2 Pedro. Bajo el gobierno de Dios, los ángeles caídos fueron atrapados y están reservados para el juicio (v. 4), y fueron juzgados el mundo de la época del diluvio y las ciudades de Sodoma y Gomorra (vs. 5-9). Pero Dios traerá un juicio especialmente estricto sobre los herejes del Nuevo Testamento (v. 10). Y todos los impíos serán juzgados y destruidos en el día cuando los cielos y la tierra sean quemados por el fuego (3:7). A causa de esto, el Dios de justicia y de santidad ha empezado Su juicio gubernamental por Su propia casa, los creyentes. Véase la nota 17[2], párr. 2, de 1 P. 1.

3[2] Es decir, desde tiempos primitivos, como lo muestran los vs. 4-9.

3[3] Véase la nota 1[5], punto 2.

4[1] Los ángeles caídos (véanse las notas 19[3] de 1 P. 3 y 4[1] de Ap. 12), quienes, según el orden de los eventos históricos relatados en este capítulo,

2[a] 2 P. 2:7, 18; Jud. 4
2[b] 1 P. 3:9
3[a] 2 P. 2:14; Hch. 20:33; 1 Ts. 2:5; Tit. 1:11
3[b] Jud. 16
3[c] Ro. 16:18; Col. 2:4
3[d] 2 P. 1:16
3[e] Jud. 4
4[a] Jud. 6; Mt. 25:41

4[b] cfr. Lc. 8:31; Ap. 9:1, 2, 11; 20:1, 3; Ro. 10:7 y la nota 1
4[c] 2 P. 2:9; 3:7
5[a] 2 P. 3:6
5[b] Gn. 7:1, 7, 23; 1 P. 3:20; He. 11:7
5[c] Gn. 6:9; 7:1
5[d] 2 P. 3:7; 1 Ti. 1:9; 2 Ti. 2:16; Tit. 2:12
6[a] Gn. 19:24; Dt. 29:23; Jud. 7
6[b] cfr. Nm. 26:10
7[a] Gn. 19:15-23, 29
7[b] 2 P. 2:2
8[a] cfr. Sal. 119:136; Ez. 9:4
9[a] 1 P. 4:12; Dn. 3:17
9[b] 2 P. 2:4; 3:7
9[c] Jud. 6

sino que arrojándolos al [2]Tártaro los entregó a [b]abismos
tenebrosos, para ser [c]reservados [3]al [4]juicio;
5 y si no perdonó al [a]mundo antiguo, sino que guardó a
[b]Noé, heraldo de [1c]justicia, con otras siete personas, trayendo
el diluvio sobre el mundo de los [d]impíos;
6 y si condenó a [1]destrucción a las ciudades de [a]Sodoma
y de Gomorra, reduciéndolas a ceniza y poniéndolas de
[b]ejemplo a los que habían de [2]vivir impíamente,
7 y rescató al justo [a]Lot, oprimido por la [1]conducta [b]licen-
ciosa de los [2]inicuos
8 (porque este justo que moraba entre ellos, con lo que
veía y oía [a]atormentaba día tras día *su* alma justa, por los
hechos inicuos *de ellos*);
9 sabe el Señor librar de la [a]prueba a los [1]piadosos, y
[b]guardar a los [2]injustos bajo castigo [3]para el [4c]día del [5]juicio,

---

fueron los primeros del universo en caer.

4[2] Un pozo profundo y tenebroso, donde los ángeles caídos están detenidos como en una prisión. Véase la nota 19[3] de 1 P. 3.

4[3] O, hasta.

4[4] El juicio del gran día (Jud. 6), el cual probablemente será el juicio del gran trono blanco, ejecutado sobre todos los muertos y los demonios, y probablemente también sobre los ángeles caídos (Ap. 20:11-15). Es lógico que todos los ángeles, demonios y hombres que se han unido a Satanás en su rebelión sean juzgados al mismo tiempo, en la misma forma y con el mismo resultado, inmediatamente después de que su líder maligno sea juzgado y arrojado al lago de fuego (Ap. 20:10), a donde ellos también serán arrojados. Véase la nota 17[2], párr. 2, de 1 P. 1.

5[1] Ser justo y piadoso o ser injusto e impío resulta crucial con respecto al juicio gubernamental de Dios (vs. 5-9). Ser justo consiste en ser recto con el hombre delante de Dios, y ser piadoso consiste en expresar a Dios delante del hombre. Esta fue la manera de vivir que Noé y Lot siguieron, la cual los libró del juicio gubernamental de Dios conforme a Su justicia.

6[1] O, derrota.

6[2] Es decir, vivir en la carne, en las concupiscencias de los hombres, y no en la voluntad de Dios; hacer lo que agrada a los gentiles (1 P. 4:2-3) y vivir de una manera vana e impía (1 P. 1:18).

7[1] Véase la nota 6[2].

7[2] Hombres sin principios; una palabra griega diferente de la que se traduce *inicuos* en el v. 8. Aquí *inicuos* se refiere particularmente a los que violan la ley de la naturaleza y de la conciencia.

9[1] Aquellos que, como Noé y Lot (vs. 5, 7), llevan una vida piadosa, en contraste con los que llevan una vida impía (v. 6).

9[2] Personas que, como los contemporáneos de Noé y los que vivían en Sodoma y Gomorra (vs. 5-7), llevan una vida injusta, conforme al camino licencioso de los hombres sin ley.

9[3] O, hasta.

9[4] El día del juicio final, el juicio del gran trono blanco (véanse las notas 7[4] del cap. 3, 4[4] del cap. 2, y 6[4] de Jud.).

9[5] Véase la nota 17[2], párr. 2, de 1 P. 1.

C. Las maldades de los falsos maestros, y su castigo bajo el juicio de Dios
2:10-22

10 y mayormente a [1]aquellos que andan tras la carne,
llevados de los [a]deseos [b]corrompidos, y que desprecian el
[2]señorío. Atrevidos y [3c]contumaces, injurian sin temblar a
las [4]potestades superiores,
11 mientras que los [1]ángeles, que son mayores en fuerza
y en potencia, [2]no pronuncian juicio de maldición contra
[1]ellas delante del Señor.
12 Pero [a]éstos, hablando mal de cosas que no entienden,
como [1]animales [2]irracionales destinados por naturaleza [3]para

10[a] 1 P. 4:2; Jud. 16; 1 Jn. 2:16
10[b] Jud. 8; 2 P. 2:20; 2 Co. 7:1
10[c] Tit. 1:7
12[a] Jud. 10

10[1] Desde aquí hasta el final del capítulo, se descubre de nuevo a los falsos maestros y sus seguidores, quienes fueron identificados inicialmente en los vs. 1-3. En la administración gubernamental de Dios, ellos en particular serán reservados para el día del juicio bajo castigo, porque siguen la carne, entregándose por placer a la concupiscencia que lleva a la contaminación y a los lujos que corrompen, y porque menosprecian el gobierno del Señor, rebelándose contra Su autoridad (vs. 10, 13-14, 18). Por eso, vienen a ser (1) como animales irracionales (v. 12); (2) como manchas y defectos entre los creyentes, quienes son el tesoro de Dios (v. 13); (3) como Balaam, en el sentido de que dejan el camino recto a cambio de ganancia injusta (v. 15); (4) como fuentes sin agua y nubes empujadas por la tormenta (vs. 17-19); y (5) como el perro y las puercas, en el sentido de que se contaminan por dentro y por fuera (vs. 20-22).

10[2] Se refiere en general a todos aquellos que tienen autoridad para gobernar, incluyendo, por supuesto, al Señor Cristo, quien fue ungido y establecido por Dios y quien es el centro del gobierno, el dominio y la autoridad divinos (Hch. 2:36; Ef. 1:21; Col. 1:16).

10[3] Satisfechos de sí mismos, buscando placer para sí mismos.

10[4] Lit., glorias; se refiere en general tanto a los ángeles como a los hombres que ejercen poder y autoridad (v. 11; Jud. 9; Tit. 3:1-2).

11[1] *Angeles* y *ellas,* las cuales se refieren a *potestades superiores* en el v. 10, aquí se mencionan en una forma general; en cambio, en Jud. 9, con respecto al mismo caso, se mencionan específicamente el arcángel Miguel y el diablo.

11[2] Con esto se guarda el orden de autoridad en el gobierno de Dios.

12[1] Lit., seres vivientes (incluyendo al hombre); se refiere a hombres que viven como animales.

12[2] O, desprovistos de razón, sin tener conciencia acerca de asuntos morales. El sentido más elevado en el hombre es su espíritu, del cual la conciencia es la parte dirigente. Desde la caída del hombre, la conciencia ha regido al hombre bajo el gobierno de Dios. Algunos han perdido toda sensibilidad (Ef. 4:19 y la nota), habiendo renunciado al reconocimiento propio de su conciencia al negar a Dios (Ro. 1:23-32). Los herejes del primer siglo, tales como los saduceos del judaísmo antiguo (Hch. 23:8) y los modernistas del cristianismo actual, caen en esta categoría. Ellos han negado al Señor hasta lo indecible por lo que su conciencia está cauterizada e inconsciente (1 Ti. 4:2 y la nota 2), como si no tuviesen espíritu (Jud. 10, cfr. 19). Por tanto, vienen a ser como animales irracionales, como criaturas de instinto, destinados por naturaleza a ser apresados, mediante su concupiscencia,

presa y [4]destrucción, serán [5]destruidos al corromper *a*
otros,
13 [1]recibiendo injusticia como [2a]pago de su injusticia, ya
que tienen por [b]delicia el gozar de deleites durante el día.
Estos son [3c]manchas y defectos, quienes aun mientras [d]co-
men con vosotros, se recrean en sus engaños.
14 Tienen los ojos llenos de [1a]adulterio, no [b]cesan de pecar, [c]seducen a las almas [d]inconstantes, tienen el corazón
ejercitado en la [e]codicia, y son [f]hijos de [g]maldición.
15 Han dejado el [1]camino recto, y se han [a]extraviado
[2]siguiendo el camino de [3b]Balaam *hijo* de Beor, el cual amó
el [c]pago de la injusticia,
16 pero fue reprendido por su transgresión; pues una
muda [1a]bestia de carga, hablando con voz de hombre, refrenó
la locura del profeta.
17 Estos son [1]fuentes [a]sin agua, y nubes empujadas por la
tormenta; para los cuales está reservada la [2b]oscuridad de
las tinieblas.
18 Pues hablando *palabras* [a]infladas y [b]vanas, [c]seducen

13[a] 2 P. 2:15; Hch. 1:18
13[b] Lc. 8:14; Tit. 3:3; Jac. 4:3; 5:5
13[c] 2 P. 3:14; Ef. 5:27
13[d] Jud. 12
14[a] Jac. 4:4
14[b] 1 P. 4:1; cfr. Ro. 6:2
14[c] 2 P. 2:18; Jac. 1:14
14[d] 2 P. 3:16
14[e] 2 P. 2:3
14[f] Ef. 2:3
14[g] Ro. 9:3; 1 Co. 16:22; Gá. 1:8-9
15[a] Ez. 14:11
15[b] Nm. 22:5, 7; Dt. 23:4; Neh. 13:2; Jud. 11; Ap. 2:14
15[c] 2 P. 2:13
16[a] Nm. 22:21-30
17[a] Jud. 12
17[b] Jud. 13

por Satanás, el destructor del hombre, para que sean corrompidos hasta ser destruidos. Esta escena nos muestra que el hombre caído puede ser como un animal irracional.

12[3] Indica que están destinados a ser apresados para destrucción, a ser hechos esclavos de la corrupción (v. 19). Por el suministro de vida mediante la provisión divina (1:3-4), nosotros podemos escapar de esta corrupción que produce destrucción. Véase la nota 1[5], punto 3.

12[4] La misma palabra griega significa *corrupción.*

12[5] La misma palabra griega significa *corrompidos,* refiriéndose a la destrucción causada por la corrupción.

13[1] Algunos mss. dicen: recibiendo el pago de la injusticia.

13[2] Es decir, el pago por hacer injusticia.

13[3] Los herejes que están entregados a las concupiscencias son para los creyentes genuinos, quienes son el tesoro de Dios, lo que las manchas y defectos son para las piedras preciosas.

14[1] Lit., una adúltera.

15[1] Tomar el camino recto, como el camino de la verdad (v. 2 y la nota 2) y el camino de la justicia (v. 21 y la nota 1), consiste en llevar una vida recta, libre de perversidad y prejuicio, y sin injusticia.

15[2] Lit., siguiendo hasta el fin.

15[3] Balaam fue un profeta gentil genuino, y no uno falso; sin embargo, amó el pago de la injusticia (Nm. 22:5, 7; Dt. 23:4; Neh. 13:2; Ap. 2:14).

16[1] Es decir, un asno.

17[1] Los maestros herejes, totalmente secos, son fuentes sin agua y nubes empujadas por la tormenta, es decir, nubes sin agua llevadas por los vientos (Jud. 12), en el sentido de que no tienen nada de vida para satisfacer la necesidad de los sedientos.

17[2] Esto también representa el juicio gubernamental de Dios.

18[a] Jud. 16 **18**[b] 1 P. 1:18; Ro. 1:21 **18**[c] 2 P. 2:14

con los [d]deseos de la carne y con la lascivia a los que a duras penas escapan de los que [1]viven en error.

19 Les prometen [a]libertad, y ellos mismos son [b]esclavos de [1]corrupción. Porque el que es vencido por alguno es hecho esclavo del que lo venció.

20 Ciertamente, si habiéndose ellos [a]escapado de las [b]contaminaciones del [c]mundo, por el [d]conocimiento de nuestro Señor y Salvador Jesucristo, [e]enredándose otra vez en ellas son vencidos, su postrer estado viene a ser [f]peor que el primero.

21 Porque mejor les hubiera sido no haber conocido el [1]camino de la justicia, que después de haberlo conocido, [a]volverse atrás del [b]santo mandamiento que les fue trasmitido.

22 Pero les ha acontecido lo del verdadero proverbio: El [1a]perro vuelve [2]a su vómito, y la puerca lavada a revolcarse en el cieno.

CAPITULO 3

D. El juicio de Dios sobre los burladores heréticos
3:1-9

1 Amados, ésta es la segunda carta que os escribo; y en

18[d] 1 P. 2:11; 4:2; 2 P. 2:10
18[e] 2 P. 2:20; 1:4
19[a] 1 P. 2:16; Gá. 5:1, 13; Jac. 1:25
19[b] Jn. 8:34; Ro. 6:16
20[a] 2 P. 2:18
20[b] 2 P. 2:10
20[c] 2 P. 1:4; 1 Jn. 2:15-17; 5:19; Jac. 4:4
20[d] 2 P. 1:2
20[e] 2 Ti. 2:4; He. 12:1
20[f] Mt. 12:45
21[a] cfr. Ez. 18:24
21[b] Ro. 7:12
22[a] Pr. 26:11

18[1] O, se comportan, se conducen.

19[1] Véase la nota 1[5], punto 3.

21[1] Tomar el camino de la justicia consiste en llevar una vida recta para con Dios y para con el hombre; es otro aspecto del camino de la verdad (v. 2 y la nota 2) y del camino recto (v. 15 y la nota 1). Este es el camino de una vida que concuerda con la justicia de Dios, un camino que puede recibir Su juicio gubernamental (vs. 3, 9) con miras a Su reino de justicia (Ro. 14:17; Mt. 5:20). Pedro recalca en sus epístolas la manera de vivir y también el camino de la vida porque sus escritos están basados en el punto de vista gubernamental de la administración de Dios. Para corresponder al gobierno de Aquel que es santo y justo, el pueblo de Dios necesita llevar una vida santa, pura, buena y excelente (1 P. 1:15; 3:16, 2; 2:12; 2 P. 3:11), y no licenciosa ni vana (v. 7; 1 P. 1:18), en Su camino recto, justo y verdadero.

22[1] Los perros y las puercas son animales inmundos según los preceptos de la santidad de Dios (Lv. 11:27, 7; Mt. 7:6 y la nota 2). Los perros están acostumbrados a comer cosas asquerosas. Vomitan lo que comen y se vuelven a su propio vómito, contaminándose así internamente. Las puercas se revuelcan en el cieno, ensuciándose así externamente. Los herejes que niegan a Dios, a la larga vienen a ser como estos animales inmundos, en el sentido de que se contaminan por dentro y por fuera. (¡Qué juicio tan severo merecen conforme a la justicia de Dios en Su administración gubernamental!) Por tanto, son muy contagiosos y a los creyentes se les prohíbe tener contacto con ellos (2 Jn. 9-11).

22[2] Lit., sobre.

ambas, con lo que os [a]recuerdo, [b]estimulo vuestra mente
sincera,
2 para que tengáis [a]memoria de las [1b]palabras que antes
han sido dichas por los santos [c]profetas, y del mandamiento
del Señor y Salvador *predicado* por vuestros [d]apóstoles;
3 sabiendo primero esto, que en los [1a]postreros días vendrán [2b]burladores con sus burlas, andando según sus
propias [c]concupiscencias,
4 y diciendo: ¿[a]Dónde está la [1b]promesa de Su [2c]venida?
Porque desde el día en que los [d]padres [e]durmieron, todas las
cosas permanecen así como desde el [f]principio de la [g]crea-
ción.
5 Pues bien, [1]por su propia voluntad pasan por alto esto:
que por la [2a]palabra de Dios los [3b]cielos [c]existen desde tiempos antiguos, y la [3]tierra [4]surgió del agua y fue cimentada
en medio del [d]agua,

1[a] 2 P. 1:12; Jud. 5; Ro. 15:15
1[b] 2 P. 1:13
2[a] Jud. 17; 2 P. 1:15
2[b] 2 P. 3:5, 7
2[c] Lc. 1:70; Hch. 3:21; He. 1:1; 1 P. 1:10; 2 P. 1:19-21
2[d] 2 P. 1:1; Jud. 17
3[a] 1 P. 1:5
3[b] Jud. 18
3[c] 1 P. 4:2; 2 P. 1:4; Jac. 1:14-15; 4:1
4[a] cfr. Jer. 17:15
4[b] 2 P. 1:16
4[c] 2 P. 3:9, 13; 1:4
4[d] Ro. 15:8; 9:5; Hch. 13:32; 26:6; He. 1:1
4[e] Hch. 7:60
4[f] Mr. 10:6
4[g] Gn. 1:1

2[1] Las palabras que los profetas hablaron son el contenido del Antiguo Testamento, las Escrituras (v. 16; 1:20), y los mandamientos que los apóstoles predicaron son el contenido del Nuevo Testamento, la enseñanza de los apóstoles (Hch. 2:42). Pedro usa ambas cosas para confirmar y fortalecer sus escritos como inoculación contra las enseñanzas heréticas de la apostasía. En su primera epístola, referente a la plena salvación de Dios, él hace alusión tanto a los profetas como a los apóstoles (1 P. 1:9-12). Luego, en la segunda epístola, referente al resplandor de la verdad divina, los menciona de nuevo (1:12-21). Aquí por tercera vez hizo lo mismo.

3[1] Véase la nota 1[2] de 2 Ti. 3.

3[2] Tal vez sean los falsos maestros mencionados en 2:1. Su burla era parte de la apostasía.

4[1] La promesa de la venida del Señor les fue dada a los padres por los santos profetas (v. 2) en el Antiguo Testamento (Sal. 72:6-17; 110:1-3; 118:26; Dn. 7:13-14; Zac. 14:3-9; Mal. 4:1-3).

4[2] La palabra griega significa *presencia.*

5[1] O, su propia terquedad les impide ver esto; es decir, intencionalmente ignoran esto; por tanto, lo pasan por alto. Los burladores herejes ignoran intencionalmente y niegan a propósito la palabra de Dios que los profetas hablaron en las Escrituras. Así que Pedro les pide a los creyentes que recuerden las santas palabras habladas por los profetas del Antiguo Testamento y por los apóstoles del Nuevo Testamento (vs. 1-2).

5[2] La promesa acerca de la venida del Señor (v. 4) es la palabra de Dios. Los burladores no deben rehusarse a entender que por la palabra de Dios los cielos y la tierra llegaron a existir (He. 11:3), y que por la misma palabra los cielos y la tierra están reservados (He. 1:3) para el día del juicio y de la destrucción de los hombres impíos (v. 7). De modo que los burladores deben tener la certeza de que por la palabra de Dios todo el universo físico, incluyéndolos a ellos, será juzgado por la venida del Señor.

5[3] En el principio, es decir, en los tiempos antiguos, Dios creó los cielos y la tierra (Gn. 1:1). Por la palabra de Dios (Sal. 33:6), primero llegaron a existir los cielos y luego la tierra (Job 38:4-7).

5[4] La frase *surgió del agua y fue cimentada en medio del agua* literalmente quiere decir *estuvo de pie*

5[a] 2 P. 3:2, 7 5[b] Zac. 12:1 5[c] Jn. 1:3 5[d] Sal. 24:2; 136:6

6 por [1]lo cual el [2a]mundo de [3]entonces [4b]pereció [5c]anegado
en agua;
7 pero por la [1]misma [a]palabra, los [b]cielos y la tierra que
existen [2]ahora, están [c]reservados para el [3d]fuego, [e]guardados
hasta el [f]día del [4]juicio y de la [5g]destrucción de los [6h]hombres
impíos.

6[a] 2 P. 2:5
6[b] Gn. 7:18-19
6[c] 2 P. 3:9; Jud. 11; cfr. 1 P. 1:7
7[a] 2 P. 3:2, 5
7[b] Ap. 20:11; 21:1; He. 1:10-12; Mt. 24:35
7[c] 2 P. 2:4, 9
7[d] 2 P. 3:10, 12
7[e] 2 P. 2:4, 9
7[f] 2 P. 2:9
7[g] 1 Ts. 5:3; 2 Ts. 1:9
7[h] 2 P. 2:5

---

juntamente con (en yuxtaposición, lado a lado). Primeramente, en Gn. 1:1 la tierra llegó a existir, y luego, en Gn. 1:9, también por la palabra (el hablar) de Dios (Sal. 33:9), la tierra surgió del agua y fue cimentada en medio del agua, es decir, comenzó a subsistir en yuxtaposición con el agua, parcialmente fuera del agua y parcialmente sumergida en ella.

6[1] Se refiere a *agua,* la cual se menciona en el v. 5. La tierra surgió del agua y fue cimentada ordenadamente en medio del agua. Pero mediante la misma agua fue juzgada y destruida por el diluvio en los tiempos de Noé (Gn. 7:17-24), lo cual indica que nada quedó igual que al principio de la creación.

6[2] La palabra griega significa *orden, un sistema,* refiriéndose aquí al mundo y sus habitantes. La tierra del versículo precedente viene a ser el mundo de este versículo, es decir, no solamente la tierra, sino la tierra junto con sus habitantes como un sistema. Esto se refiere al mundo de la era de Noé, que fue juzgado por Dios con el diluvio debido a la pecaminosidad e impiedad de esa era (Gn. 6:5-7, 11-13, 17). Este libro se ocupa principalmente del gobierno divino y de todos sus juicios. El primer juicio sobre el mundo consistió en poner fin al mundo impío de los días de Noé por medio del diluvio. Pedro ha de haber tenido este pensamiento mientras escribía este versículo, dando a entender que esta era de apostasía también será juzgada en el día de la manifestación del Señor, tal como ocurrió en los días de Noé (Mt. 24:37-39).

6[3] *Entonces* se refiere a la era de Noé.

6[4] Es decir, fue destruido, demolido, devastado (Gn. 6:13, 17). Véase la nota 1[5], punto 1, del cap. 2.

6[5] Se refiere al diluvio de los tiempos de Noé (2:5), que destruyó la tierra (Gn. 6:13, 17; 9:11). La tierra de entonces no permaneció igual, sino que experimentó un cataclismo al ser inundada con agua, y fue así destruida. Aquí Pedro entabla un intenso argumento con los burladores herejes. Ellos decían que "todas las cosas permanecen así como desde el principio de la creación" (v. 4). Pero en realidad sí había sobrevenido un cataclismo a la tierra a causa de la impiedad de sus habitantes. Esto implica que el mundo actual no permanecerá como es, sino que pasará por otro cataclismo cuando el Señor venga con Su juicio sobre los rebeldes, incluyendo los falsos maestros y los burladores herejes en la apostasía.

7[1] *La misma palabra* se refiere a la palabra de Dios mencionada en el v. 5, que está incluida en las palabras de los profetas en el Antiguo Testamento. Las enseñanzas falsas y heréticas de la apostasía son una desviación de la palabra de Dios hablada por los profetas en el Antiguo Testamento y por los apóstoles en el Nuevo Testamento. Por consiguiente, el antídoto inyectado por Pedro contra el veneno de las enseñanzas apóstatas fue la palabra santa con la revelación divina, la cual Pedro recalca repetidas veces.

7[2] En contraste con *entonces* en el v. 6. Se refiere a los cielos y la tierra actuales, los cuales permanecen por la palabra de Dios (Gn. 8:22) y no serán destruidos otra vez por agua, conforme al pacto que Dios hizo con Noé (Gn. 9:11), sino que serán quemados por fuego en el día del juicio y de la destrucción de los hombres impíos.

7[3] El fuego que quemará los cielos y la tierra (v. 10) al final del milenio cuando se efectúe el juicio del gran

8 Mas, oh amados, [1]no escape de vuestra atención que
para con el Señor [2]un día es como mil años, y [a]mil años como
un día.
9 El Señor no se [a]retrasa con respecto a la [b]promesa,
según [1]algunos la tienen por [2c]tardanza, sino que es [3d]longá-
nime para con vosotros, no queriendo que ninguno [4e]perezca,
sino que [5f]todos procedan al [6g]arrepentimiento.

E. El juicio de Dios sobre los cielos y la tierra 3:10-12

10 Pero el [1a]día del Señor [2]vendrá como [b]ladrón; en [3]el

8[a] Sal. 90:4; Ap. 20:4, 6
9[a] Hab. 2:3; He. 10:37
9[b] 2 P. 3:4, 13
9[c] Ez. 12:22
9[d] 2 P. 3:15
9[e] 2 P. 3:6; Jud. 5, 11
9[f] cfr. 1 Ti. 2:4
9[g] Ap. 2:5, 16, 22; 3:3, 19; cfr. Ez. 18:23, 32; 33:11
10[a] 1 Co. 1:8; 2 Co. 1:14; Fil. 1:6, 10; 2:16; 2 Ti. 1:12, 18; 4:8
10[b] Mt. 24:43; 1 Ts. 5:2; Ap. 3:3; 16:15

---

trono blanco (Ap. 20:11). El juicio inicial de Dios sobre el universo fue ejecutado por agua (v. 6), pero Su juicio final lo será por fuego. El agua solamente quita la inmundicia de la superficie, pero el fuego cambia la naturaleza de toda la substancia. Este es otro indicio de que los cielos y la tierra no permanecerán como hasta ahora, sino que serán purificados por medio del fuego, y de que los maestros falsos e impíos (2:1) y los burladores (v. 3) serán juzgados y destruidos bajo el gobierno divino.

7[4] El juicio del gran trono blanco, el cual se llevará a cabo después del milenio y precederá al cielo nuevo y la tierra nueva (Ap. 20:11—21:1). Por medio de ese juicio todos los impíos serán arrojados al lago de fuego para ser destruidos (véase la nota 3[1] del cap. 2). Puesto que será el juicio final sobre los hombres y los demonios (Ap. 20:13 y la nota), reviste gran importancia para el gobierno de Dios en el universo. Véase la nota 17[2], párr. 2, de 1 P. 1.

Aquí Pedro pasa por alto los mil años de la era del milenio y va directamente de la venida del Señor al juicio del gran trono blanco. Para él, como para el Señor, esos mil años serán como un día (v. 8), muy poco tiempo. Aquí Pedro trata del juicio gubernamental de Dios. En la economía de Dios, el milenio no tiene nada que ver con el juicio final.

7[5] Véase la nota 1[5], punto 2, del cap. 2.

7[6] Incluyendo a los falsos maestros (2:1) y a los burladores heréticos (v. 3).

8[1] O, que no se os oculte.

8[2] En el caso del Señor Dios, quien es eterno, el sentido del tiempo se reduce miles de veces comparado con el del hombre. Por tanto, con respecto al cumplimiento de Su palabra, especialmente de la palabra de Su promesa, el hecho es el asunto crucial, y no el tiempo. Todo lo que El ha prometido, tarde o temprano llegará a ser un hecho. No debe perturbarnos el hecho de que parezca haber un retraso según nuestro cálculo del tiempo.

9[1] Seguramente se refiere a los burladores (v. 3).

9[2] O, retraso.

9[3] El Señor no pone todo Su interés en cumplir Su promesa, sino en Su pueblo, el cual es Su posesión personal, Su tesoro (1 P. 2:9; Tit. 2:14 y la nota 4). El no desea que ninguno de nosotros, Sus preciosos redimidos, sea castigado por Su juicio gubernamental, sino que se nos prolongue el tiempo en que podamos arrepentirnos y escapar de Su castigo.

9[4] O, sea destruido. Véase la nota 1[5], punto 1, del cap. 2. Puesto que en este versículo *vosotros* se refiere a los creyentes en Cristo, *perezca* no se refiere a la perdición eterna de los incrédulos, sino al castigo infligido sobre los creyentes por la administración gubernamental de Dios (1 P. 4:17-18 y la nota 18[2]; 1 Ts. 5:3, 8 y la nota 3).

cual los [4c]cielos pasarán con grande [5]estruendo, y los [6]ele-
mentos ardiendo se [7d]disolverán, y la [e]tierra y las [8]obras que
en ella hay serán [7]quemadas.
11 [1]Puesto que [2]todas estas cosas han de ser así disueltas,
¿qué clase de personas debéis ser [3]en vuestra [a]conducta
santa y en [b]piedad,
12 [1a]esperando y apresurando la [2]venida del [3]día de Dios,

---

9[5] Se refiere a los creyentes.

9[6] Arrepentimiento para salvación (v. 15), lo cual significa arrepentirse de no velar en espera del día de la venida del Señor (v. 10) y de no andar santa y piadosamente (v. 11).

10[1] Principalmente en un sentido de juicio (1 Ts. 5:2 y la nota 2) para el gobierno de Dios.

10[2] El día que el Señor tiene reservado para Su juicio (1 Ts. 5:3-4) vendrá antes del milenio (Ap. 18:1; 19:11; 20:4-6).

10[3] Se refiere al día del Señor.

10[4] Esto acontecerá después del milenio (Ap. 20:7, 11). Este es otro indicio de que Pedro pasa por alto los mil años comprendidos en el milenio (véase la nota 7[4]).

10[5] Es decir, un sonido o ruido impetuoso. Tal vez sea la proclamación de un gran cambio efectuado en el universo, de lo viejo a lo nuevo.

10[6] Los elementos físicos que componen los cielos.

10[7] Compárense las palabras *disolverán* y *quemadas* con *envolverás* y *mudados* de He. 1:12, *huyeron* y *ningún lugar se encontró para ellos* en Ap. 20:11, y *pasaron* en Ap. 21:1. El arder con calor intenso para disolver los cielos y la tierra es el procedimiento que Dios usará para envolver los cielos y la tierra y hacerlos pasar a fin de que sean cambiados de lo viejo a lo nuevo (v. 13; Ap. 21:1). Este será el juicio final y consumado que Dios ejercerá sobre Su creación en Su gobierno. En aquel entonces, todo lo material pasará, pero Su palabra eterna permanecerá para siempre (Mt. 24:35; 1 P. 1:25). La palabra de Su profecía permanecerá y se cumplirá en el tiempo que El ha designado para que se cumpla Su voluntad eterna, independientemente del cambio que ocurrirá en el universo físico.

10[8] Esto posiblemente se refiera a las obras de Dios en la naturaleza y las obras de arte del hombre.

11[1] Algunos mss. dicen: Por lo tanto, todas estas cosas han de ser disueltas, entonces ¿qué clase de personas debéis ser...?

11[2] Todas las cosas en los cielos y en la tierra fueron contaminadas por la rebelión de Satanás y la caída del hombre. Aunque todas las cosas que están en la tierra o en los cielos han sido reconciliadas con Dios por medio de Cristo mediante Su sangre (Col. 1:20 y la nota 4), —hasta las cosas celestiales fueron purificadas por la sangre de Cristo (He. 9:23 y la nota 1)— de todos modos será necesario purificarlas por fuego en el juicio gubernamental de Dios, para que sean renovadas en naturaleza y apariencia en el nuevo universo de Dios (v. 13). Por lo tanto, ¿qué clase de personas debemos ser nosotros los hijos del Dios santo, en nuestra conducta santa y en piedad? Es decir, ¿qué clase de transformación debemos experimentar para llevar una vida conforme a la naturaleza santa y la piedad de Dios para expresarle, a fin de que estemos calificados para igualar Su gobierno santo?

11[3] El poder divino nos ha provisto de todo lo necesario para que tengamos una conducta santa y en piedad (1:3).

12[1] Mientras vivimos una vida transformada, de una manera santa y piadosa, esperamos, aguardamos y apresuramos la venida del día de Dios.

12[2] La palabra griega significa *presencia*.

12[3] El día de Dios es el día del

10[c] Sal. 102:26; Is. 34:4; 51:6; Mt. 24:35; He. 1:11; Ap. 6:14; 20:11; 21:1

10[d] cfr. Mi. 1:4

10[e] cfr. Nah. 1:5

11[a] 1 P. 1:15; He. 12:14

11[b] 1 Ti. 2:2; 4:7-8

12[a] Ro. 8:19

12b 2 P. 3:7, 10

por causa del [4]cual los cielos, [b]encendiéndose, se disolverán, y los elementos, ardiendo, se fundirán?

Señor (v. 10), y para los hijos de Israel en el Antiguo Testamento el día del Señor es el día de Jehová (Is. 2:12; Jl. 1:15; 2:11, 31; 3:14; Am. 5:18, 20; Abd. 15; Sof. 1:7, 14, 18; 2:2-3; Zac. 14:1; Mal. 4:1, 5). En tales expresiones, *día* se usa principalmente en el sentido de juicio para una disciplina gubernamental. El tiempo anterior a la venida del Señor es el "día del hombre", en el cual el hombre juzga hasta que el Señor venga (1 Co. 4:3-5). Luego vendrá "el día del Señor", el cual empezará con Su parusía (Su presencia, Mt. 24:3 y la nota 3) con todos sus juicios, y terminará con el juicio sobre los hombres y los demonios en el gran trono blanco (Ap. 20:11-15 y las notas). La parusía (la presencia) del Señor comenzará cuando los santos vencedores sean arrebatados al trono de Dios en los cielos antes de la gran tribulación de tres años y medio (Ap. 12:5-6; 14:1). Luego todas las calamidades sobrenaturales contenidas en el sexto sello y en las primeras cuatro trompetas serán repartidas para castigar la tierra y lo que en ella hay, así como los cielos y sus cuerpos celestes (Ap. 6:12-17; 8:7-12). Esto será el comienzo de la gran tribulación. La gran tribulación, que constará principalmente de los ayes de las últimas tres trompetas, incluyendo las plagas de las siete copas, durará tres años y medio (Mt. 24:21-22, 29; Ap. 8:13—9:21; 11:14; 15:5—16:21). Ese será un tiempo de prueba para los habitantes de toda la tierra (Ap. 3:10), incluyendo a los judíos (Is. 2:12; Zac. 14:1-2; Mal. 4:1, 5; Jl. 1:15-20; 2:1, 11, 31) y a los creyentes en Cristo que hayan quedado en la gran tribulación (Ap. 12:17). Al final de la gran tribulación, la parusía (la presencia) de Cristo, junto con todos los vencedores, llegará a los aires (Ap. 10:1), y los santos muertos serán resucitados y arrebatados junto con la mayoría de los creyentes que vivan, quienes habrán pasado por la gran tribulación, para reunirse con el Señor en el aire (1 Co. 15:52; 1 Ts. 4:16-17; Ap. 14:14-16). Después de esto, el Señor juzgará a todos los creyentes en Su tribunal en el aire (2 Co. 5:10). Luego el Señor celebrará Su banquete de bodas con los santos vencedores (Ap. 19:7-8). Inmediatamente después el Señor y Su novia, compuesta de los santos vencedores, quienes son Su ejército, bajarán a la tierra (Zac. 14:4-5; Jud. 14; 1 Ts. 3:13) para pelear contra el anticristo y su ejército y derrotarlo; ellos capturarán al anticristo y a su falso profeta y los arrojarán vivos al lago de fuego (Ap. 19:11-21). Por ese tiempo, Babilonia la Grande será destruida (Ap. 17:1—19:3). Al mismo tiempo, el Señor librará, reunirá y restaurará a los hijos de Israel (Zac. 12:2-14; Ro. 11:26; Mt. 24:31; Hch. 1:6). Luego Satanás será atado y arrojado al abismo, el pozo sin fondo (Ap. 20:1-3). Entonces el Señor juzgará a las naciones (a los que estén vivos, Mt. 25:31-46; Jl. 3:2). Después de esto, vendrá el reino milenario (Ap. 20:4-6). Pasados los mil años, Satanás será desatado del abismo e instigará a ciertas naciones, Gog y Magog al norte del hemisferio oriental, para que lleven a cabo la última rebelión contra Dios. Ellos serán vencidos y quemados, y el diablo engañador será arrojado al lago de fuego (Ap. 20:7-10). Luego los cielos y la tierra serán totalmente purificados al ser quemados (vs. 7, 10). Entonces vendrá el juicio final sobre los hombres (los muertos) y los demonios, y probablemente también sobre los ángeles caídos (2:4 y la nota 4), en el gran trono blanco (Ap. 20:11-15). Con esto Dios ejecutará Su juicio final sobre Su antigua creación en Su gobierno universal, además de los muchos juicios y castigos ejecutados el día del Señor para poner fin al antiguo universo. Entonces empezará el universo nuevo compuesto del cielo nuevo y de la tierra nueva por la eternidad (Ap. 21:1), en el cual no habrá más juicio relacionado con el gobierno de Dios,

F. La expectación de los cielos nuevos y la tierra nueva llenos de la justicia de Dios
3:13

13 Pero nosotros esperamos, según Su [1a]promesa, [2b]cielos
nuevos y tierra nueva, en los cuales [3]mora la [4]justicia.

G. Preparación para el juicio venidero
3:14-16

1. Ser hallados por El en paz
v. 14

14 Por lo cual, oh [a]amados, estando en espera de estas

13[a] 2 P. 3:4, 9
13[b] Is. 65:17; 66:22; Ap. 21:1
14[a] 2 P. 3:17; 1 Co. 15:58

porque no habrá allí ninguna injusticia. Por lo tanto, sin contar los mil años, el día del Señor será muy corto; es probable que no dure más de siete años. Esta será la parte principal de la última semana (siete años) de las setenta de Dn. 9:24-27. Conforme a las Escrituras, no se puede considerar el día de Dios y el día del Señor como dos días diferentes: que el día del Señor termina con el reino milenario, y que el día de Dios empieza cuando son quemados los cielos y la tierra, después de lo cual viene el juicio del gran trono blanco. En realidad, dado que el juicio del gran trono blanco será ejecutado por el Señor Jesús (Hch. 10:42; 17:31; 2 Ti. 4:1), también será efectuado en el día del Señor. Dios no juzga a nadie; El ha dado todo el juicio al Señor (Jn. 5:22).

12[4] Se refiere a la venida del día de Dios, en el cual se ejecutará juicio sobre cada parte de la antigua creación para ponerle fin. La venida de tal día dará por resultado que los cielos ya no podrán estar firmes ni permanecer, sino que serán disueltos, y sus elementos se fundirán en el calor intenso del fuego ardiente.

13[1] Después de la disolución de todas las cosas materiales, la promesa de Dios como Su palabra que perdura para siempre todavía existirá para que en ella Su pueblo redimido confíe y espere, con la expectación de un nuevo universo. No debemos poner nuestra esperanza en los elementos visibles, sino en lo que la palabra de Dios promete como destino nuestro, es decir, en los cielos nuevos y la tierra nueva, los cuales todavía no tenemos a la vista.

13[2] Los cielos nuevos y la tierra nueva son los cielos antiguos y la tierra antigua después de ser renovados y transformados mediante el fuego del juicio de Dios, tal como el nuevo hombre es nuestro viejo hombre renovado y transformado (Col. 3:9-10; 2 Co. 3:18).

13[3] O, hace su hogar.

13[4] La justicia es el factor principal por el cual Dios juzga a todas las criaturas de Su antigua creación en Su juicio gubernamental. Por consiguiente, en estos dos libros acerca del gobierno de Dios este asunto se recalca una y otra vez (1 P. 2:23-24; 3:12, 14; 4:18; 2 P. 1:1; 2:5, 7-8, 21; 3:13). El asunto principal que vemos en los escritos de Juan es el amor de Dios expresado en Su vida; en los escritos de Pablo, la gracia de Dios distribuida en Su economía; y en los escritos de Pedro, la justicia de Dios mantenida en Su gobierno. La vida, la economía y el gobierno de Dios son las estructuras básicas del ministerio de los tres apóstoles respectivamente. La vida es de amor, la economía es por gracia y el gobierno se basa en la justicia. Esta justicia morará en los cielos nuevos y la tierra nueva, saturando de manera prevaleciente el nuevo universo de Dios, y así lo mantendrá totalmente bajo el orden de justicia de Dios, de tal modo que nunca más habrá necesidad de juicio.

cosas, procurad con diligencia ser [1b]hallados por El en [c]paz
[2]sin mancha y [d]sin defecto.

2. Salvados de la destrucción
vs. 15-16

15 Y [1]considerad que la [2a]longanimidad de nuestro Señor
es [3b]salvación; como [4]también nuestro amado hermano [c]Pa-
blo, según la [d]sabiduría que le ha sido dada, os ha escrito;
16 como asimismo *lo hace* en [1]todas *sus* cartas, hablando

14[b] Fil. 3:9
14[c] 1 P. 3:11; 5:14
14[d] Ef. 5:27; Fil. 2:15
15[a] 2 P. 3:9; Ro. 2:4
15[b] 1 P. 1:5, 9; 2:2
15[c] Hch. 15:2, 12, 25
15[d] 1 Co. 2:6-8

14[1] Ser hallados en paz por el Señor consiste en que a Su venida y ante El seamos hallados justos, rectos y sin tener problema alguno con Dios ni con el hombre. Puesto que este libro da énfasis a la justicia para la administración gubernamental de Dios (véase la nota 13[4]), aquí exhorta a los creyentes, quienes se conducen en el camino de la justicia (cfr. 2:21), a procurar llevar una vida de paz, a fin de estar preparados para cuando venga el Señor con el juicio.

14[2] Los herejes, quienes dejan el camino recto y siguen el camino de la injusticia (2:15), son defectos y manchas entre los creyentes (véase la nota 13[3] del cap. 2); en cambio los creyentes, quienes procuran vivir en paz en el gobierno de Dios, deben estar sin mancha y sin defecto, como el Señor, quien es el Cordero sin mancha y sin defecto (1 P. 1:19).

15[1] Los burladores consideran que la longanimidad del Señor para con los creyentes es una demora, tardanza o negligencia (v. 9). Así es como ellos tuercen la palabra que el Señor habló por medio de los profetas en las Escrituras y por medio de los apóstoles en sus enseñanzas (v. 16). Por tanto, Pedro exhorta a los creyentes a considerar la longanimidad del Señor como salvación y no como demora, y a no torcer las profecías de los profetas ni las enseñanzas de los apóstoles, incluyendo las suyas y las de Pablo, a fin de no ser juzgados para destrucción, como los herejes lo serán cuando venga el Señor. Al hacer esto y procurar con diligencia ser hallados por el Señor en paz, sin mancha y sin defecto (v. 14), los creyentes se preparan para la venida del Señor con juicio.

15[2] La longanimidad del Señor en demorar Su promesa debe ser contada como una oportunidad prolongada para que los creyentes se arrepientan para salvación (v. 9 y la nota 3).

15[3] No se refiere a la salvación en su etapa inicial, sino a la salvación en su etapa de consumación (véase la nota 5[5] de 1 P. 1). El Señor ha demorado Su venida con la intención de evitar que muchos de Sus escogidos se pierdan la porción máxima de Su salvación plena.

15[4] Pedro, en su papel de apóstol (v. 2) y con la confirmación de la profecía de los profetas (v. 2), no fue el único en enseñar que la longanimidad del Señor debe ser contada como salvación, y no como demora. Pablo, otro de los apóstoles, enseñó lo mismo en sus escritos basándose en la palabra profética del Antiguo Testamento. Pedro se refiere a este hecho para afirmar lo que escribió.

16[1] Puesto que el antídoto que Pedro usó para contrarrestar las enseñanzas heréticas de la apostasía es la palabra santa hablada por los profetas del Antiguo Testamento y por los apóstoles del Nuevo Testamento, él no podía pasar por alto los escritos del apóstol Pablo, los cuales forman la mayor parte de las enseñanzas de los apóstoles que constituyen el Nuevo Testamento. Pedro en sus dos epístolas, que también forman parte de las enseñanzas de los apóstoles y constituyen también parte del Nuevo Testamento, se refiere varias veces a los profetas del Antiguo Testamento y a los apóstoles del Nuevo Testamento

en ellas de [2]estas cosas; entre las cuales hay algunas [a]difíci-
les de entender, las cuales los indoctos e [b]inconstantes
[3]tuercen, como también las [2]otras [c]Escrituras, para su propia [4]destrucción.

16[a] He. 5:11
16[b] 2 P. 2:14
16[c] 2 P. 1:20; 2 Ti. 3:16

(1 P. 1:10-12; 2 P. 1:12-21; 3:2). Aquí habla muy positivamente del apóstol Pablo, diciendo que éste en todos sus escritos dijo algunas cosas difíciles de entender, de las cuales Pedro habló en sus escritos, y que torcer los escritos de Pablo equivale a torcer las Escrituras como lo hacen los herejes, lo cual les trae destrucción, es decir, son juzgados por el Señor a Su regreso. Esta es una severa advertencia tanto para los creyentes como para los herejes apóstatas.

16[2] Pedro en sus dos epístolas, compuestas de solamente ocho capítulos, abarcó toda la economía de Dios, desde la eternidad pasada antes de la fundación del mundo (1 P. 1:2, 20) hasta los cielos nuevos y la tierra nueva en la eternidad futura (2 P. 3:13). El reveló los asuntos cruciales relacionados con la economía de Dios, acerca de los cuales los profetas profetizaron y los apóstoles predicaron (1 P. 1:10-12), enfocándolo desde cuatro lados:

(1) Desde el lado del Dios Triuno:

Dios el Padre, conforme a Su presciencia, escogió un pueblo en la eternidad (1 P. 1:1-2; 2:9) y lo llamó a Su gloria (1 P. 5:10; 2 P. 1:3). Cristo, conocido por Dios desde antes de la fundación del mundo, pero manifestado en los tiempos postreros (1 P. 1:20), redimió y salvó a los escogidos de Dios (1 P. 1:18-19, 2) por medio de Su muerte substitutiva (1 P. 2:24; 3:18) y mediante Su resurrección en vida y Su ascensión en poder (1 P. 1:3; 3:21-22). El Espíritu, enviado desde el cielo, santificó y purificó a los que Cristo redimió (1 P. 1:2, 12, 22; 4:14). (Estas son las cosas en las cuales los ángeles anhelan mirar, 1 P. 1:12.) El poder divino del Dios Triuno les ha provisto a los redimidos todas las cosas que pertenecen a la vida y a la piedad (1:3-4), a fin de guardarlos para la salvación plena (1 P. 1:5). Dios además los disciplina (1 P. 5:6) por medio de Sus varios juicios gubernamentales (1 P. 1:17; 2:23; 4:5-6, 17; 2 P. 2:3-4, 9; 3:7), y los perfeccionará, confirmará, fortalecerá y cimentará por toda gracia (1 P. 5:10). El Señor es longánime para con ellos a fin de que todos tengan la oportunidad de arrepentirse para salvación (vs. 9, 15). Luego Cristo aparecerá en gloria con la salvación plena que El provee a los que le aman (1 P. 1:5, 7-9, 13; 4:13; 5:4).

(2) Desde el lado de los creyentes:

Ellos, como posesión de Dios, fueron escogidos por El (1 P. 1:1-2; 2:9), llamados por Su gloria y virtud (1 P. 2:9; 3:9; 2 P. 1:3, 10), redimidos por Cristo (1 P. 1:18-19), regenerados por Dios mediante Su palabra viva (1 P. 1:3, 23), y salvos por medio de la resurrección de Cristo (1 P. 3:21). Ellos ahora son guardados por el poder de Dios (1 P. 1:5), son purificados para que se amen unos a otros (1 P. 1:22), crecen al alimentarse de la leche de la palabra (1 P. 2:2), desarrollan en vida las virtudes espirituales (2 P. 1:5-8) y son transformados y edificados como casa espiritual, como sacerdocio santo para servir a Dios (1 P. 2:4-5, 9). Son el linaje escogido de Dios, Su real sacerdocio, Su nación santa, Su pueblo especial, adquirido para ser Su posesión personal y expresar Sus virtudes (1 P. 2:9). Son disciplinados por el juicio gubernamental de Dios (1 P. 1:17; 2:19-21; 3:9, 14, 17; 4:6, 12-19; 5:6, 9), llevan una vida santa de una manera excelente y piadosa para glorificarle (1 P. 1:15; 2:12; 3:1-2), como buenos mayordomos ministran la multiforme gracia de Dios para que El sea glorificado por medio de Cristo (1 P. 4:10-11) (bajo el pastoreo ejemplar de los ancianos, 1 P. 5:1-4), y esperan y apresuran la venida del Señor (1 P. 1:13; 2 P. 3:12) a fin de que les sea otorgada una rica y abundante entrada en el reino eterno del Señor (1:11). Además, ellos

IV. Conclusión: estar en guardia y crecer en la gracia y en el conocimiento del Señor 3:17-18

17 Así que vosotros, oh amados, sabiéndolo de antemano,
[1]estad en guardia, no sea que [2]arrastrados por el error de los
[3]inicuos, [4a]caigáis de vuestra [b]firmeza.

17[a] Gá. 5:4
17[b] 2 P. 1:10

están en espera de los cielos nuevos y la tierra nueva, en los cuales mora la justicia, en la eternidad (v. 13), y siguen creciendo en la gracia y el conocimiento de nuestro Señor y Salvador Jesucristo (v. 18).

(3) Desde el lado de Satanás:

El es el adversario de los creyentes, o sea el diablo, quien como león rugiente anda alrededor buscando a quien devorar (1 P. 5:8).

(4) Desde el lado del universo:

Los ángeles caídos fueron condenados y esperan el juicio eterno (2:4); el mundo impío de antaño fue destruido por un diluvio (2:5; 3:6); las ciudades impías fueron reducidas a cenizas (2:6); los maestros falsos y burladores herejes de la apostasía así como la humanidad que viva de una manera maligna serán juzgados para destrucción (2:1, 3, 9-10, 12; 3:3-4, 7; 1 P. 4:5); los cielos y la tierra serán quemados (vs. 7, 10-11); y todos los muertos y los demonios serán juzgados (1 P. 4:5). Luego vendrán los cielos nuevos y la tierra nueva como un nuevo universo, en el cual la justicia de Dios morará por la eternidad (v. 13).

Pablo en sus escritos también habló de "estas cosas" (excepto de los cielos nuevos y la tierra nueva). Por lo tanto, Pedro se refiere a los escritos de Pablo para fortalecer sus propios escritos, especialmente en lo tocante al juicio gubernamental y disciplinario que Dios ejerce sobre los creyentes. Pablo también recalca firmemente y repetidas veces este asunto en sus escritos (1 Co. 11:30-32; He. 12:5-11; 2:3; 4:1; 6:8; 10:27-31, 39; 12:29; 1 Co. 3:13-15; 4:4-5; 2 Co. 5:10; Ro. 14:10). Esta ha de ser la razón por la cual Pedro recomendó los escritos de Pablo.

¡Cuánta belleza y excelencia hay en esta recomendación! Aunque los corintios intentaron dividir a Pedro y a Pablo según sus preferencias divisivas (1 Co. 1:11-12), Pedro elogia a Pablo, diciendo que éste, tal como él, enseñaba "estas cosas", y que los escritos de Pablo no deben ser torcidos, sino que deben ser considerados como "las otras Escrituras" y deben recibir el mismo respeto que el Antiguo Testamento. Es muy significativo que Pedro haga tal recomendación, dado que Pablo lo había reprendido cara a cara tocante a la fe neotestamentaria (Gá. 2:11-21). Esto indica que Pedro tuvo la entereza de admitir que los primeros apóstoles, tales como Juan, Pablo y él mismo, aunque difieran en estilo, terminología, expresión, ciertos aspectos de sus puntos de vista y la manera de presentar sus enseñanzas, eran parte del mismo y único ministerio, el ministerio del Nuevo Testamento (2 Co. 3:8-9; 4:1). Tal ministerio sirve a las personas, al Cristo todo-inclusivo como la corporificación del Dios Triuno quien, después de pasar por el proceso de la encarnación, el vivir humano, la crucifixión, la resurrección y la ascensión, se dispensa, por medio de la redención de Cristo y por la operación del Espíritu Santo, en Su pueblo redimido como única porción de vida, como provisión de vida, y como el todo para ellos, a fin de que sea edificada la iglesia como el Cuerpo de Cristo, el cual tendrá su consumación en la expresión plena, la plenitud, del Dios Triuno, conforme al propósito eterno del Padre. El Cristo maravilloso es el centro de su ministerio.

16[3] Esto indica que los burladores (v. 3) y sus seguidores han de haber torcido, no solamente pasado por alto

18 Antes bien, [1a]creced en la [2]gracia y el [3b]conocimiento de nuestro Señor y Salvador Jesucristo. [4]A El sea [c]gloria ahora y hasta el día de la eternidad. Amén.

18[a] 1 P. 2:2; Ef. 4:15; Col. 2:19
18[b] 2 P. 1:2, 3, 5, 8
18[c] 2 Ti. 4:18; Ap. 1:6

(v. 5), las Escrituras y la enseñanza de los apóstoles.

16[4] Véase la nota 1[5], punto 2, del cap. 2. Según el contexto, la palabra *destrucción* aquí no se refiere a la perdición eterna, sino al castigo infligido por la disciplina gubernamental divina. Véanse las notas 18[2] de 1 P. 4 y 9[4] de este capítulo.

17[1] Estar en guardia por causa de la apostasía, las enseñanzas heréticas, las cuales, torciendo los escritos de los apóstoles o las Escrituras (v. 16), pueden llevarlo a uno a la destrucción.

17[2] Esta es la misma palabra que se usa en Gá. 2:13 tocante a Pedro, Bernabé y otros creyentes judíos.

17[3] Véase la nota 7[2] del cap. 2. La expresión *los inicuos* debe de referirse a los falsos maestros y a los burladores (2:1; 3:3), quienes eran los herejes de los primeros días.

17[4] Esto es llegar a ser inconstante (v. 16).

18[1] Esto indica que lo escrito por Pedro en sus dos epístolas es asunto de vida. Crecer en la gracia consiste en crecer por el abundante suministro de la vida eterna provisto por el poder divino (1:3-4), y crecer en el conocimiento del Señor equivale a crecer al comprender por experiencia lo que Cristo es. Esto es crecer al disfrutar la gracia y conocer la realidad de la verdad (Jn. 1:14 y la nota 6, 17 y la nota 1).

18[2] Véanse las notas 14[6] de Jn. 1, 10[1] de 1 Co. 15, y 14[1] de 2 Co. 13.

18[3] Hacer real el conocimiento de nuestro Señor equivale a la verdad, la realidad de todo lo que El es, como en Jn. 1:14, 17 (véase la nota 17[1]). Pedro exhorta a los creyentes a crecer no solamente en la gracia, sino también en esta verdad.

18[4] Se refiere a nuestro Señor y Salvador Jesucristo. Puesto que tal alabanza es la misma ofrecida a nuestro Dios (Ro. 11:36; 16:27), indica que nuestro Señor y Salvador Jesucristo es Dios.

LA PRIMERA EPISTOLA
DE
JUAN

BOSQUEJO

I. La comunión de la vida divina—1:1—2:11
   A. La manifestación de la vida divina—1:1-2
   B. La comunión divina—1:3-4
   C. La condición para tener la comunión divina—1:5—2:11
      1. Confesar nuestros pecados—1:5—2:2
      2. Amar a Dios y a los hermanos—2:3-11

II. La enseñanza de la unción divina—2:12-27
   A. En cuanto a la Trinidad Divina según el crecimiento en vida—vs. 12-19
   B. Tiene como fin que permanezcamos en el Dios Triuno—vs. 20-27

III. Las virtudes del nacimiento divino—2:28—5:21
   A. Para practicar la justicia divina—2:28—3:10a
   B. Para practicar el amor divino—3:10b—5:3
      1. Por la vida divina (como la simiente divina) y el Espíritu divino—3:10b-24
      2. Por probar los espíritus—4:1-6
      3. Por Dios (como el amor supremo) y el Espíritu abundante—4:7—5:3
   C. Para vencer el mundo, la muerte, el pecado, el diablo y los ídolos—5:4-21
      1. Por la vida eterna en el Hijo—vs. 4-13
      2. Por la petición vivificante—vs. 14-17
      3. Por el Dios verdadero como vida eterna—vs. 18-21

LA PRIMERA EPISTOLA
DE
JUAN

Autor: Juan, el autor del Evangelio de Juan, como lo indica el parecido en estilo y tono.

Fecha: Por los años 90-95 d. de C., después de que Juan regresó del exilio en Patmos, según la historia de la iglesia y el contenido de este libro.

Lugar: Efeso, donde Juan ministró en sus últimos días, según la historia de la iglesia.

Destinatarios: Los creyentes en general, quienes tienen la vida eterna de Dios por haber creído en el Hijo de Dios (5:11-13).

Tema:
La comunión de la vida divina

CAPITULO 1

I. La comunión de la vida divina
1:1—2:11

A. La manifestación de la vida divina
1:1-2

1 [1]Lo que era [2]desde el principio, lo que hemos oído, lo

1[1] El ministerio de Pablo consistió en completar la revelación divina (Col. 1:25-27) de la economía neotestamentaria de Dios, en la cual el Dios Triuno en Cristo como Espíritu vivificante produce los miembros de Cristo para que sea constituido y edificado el Cuerpo de Cristo, a fin de que el Dios Triuno tenga una expresión plena —la plenitud de Dios (Ef. 1:23; 3:19)— en el universo. Pablo terminó sus escritos alrededor del año 67 d. de C. El ministerio completador de Pablo fue perjudicado por la apostasía que surgió antes y después de su muerte. Un cuarto de siglo más tarde, alrededor del año 90 d. de C., aparecieron los escritos de Juan. Su ministerio no sólo consistió en reparar la rotura que sufrió el ministerio de Pablo, sino también en consumar toda la revelación divina abarcada en el Antiguo y el Nuevo Testamentos, y asimismo en los evangelios y en las epístolas. Este ministerio se centra en los misterios de la vida divina. El Evangelio de Juan, como consumación de los evangelios, revela los misterios de la persona y obra del Señor Jesucristo. Las epístolas de Juan (especialmente la primera), como consumación de las epístolas, dan a conocer el misterio de la comunión de la vida divina, la cual es la comunión que los hijos de Dios tienen con Dios el Padre y unos con otros. Después, el Apocalipsis, también escrito por Juan, como consumación del Nuevo Testamento y del Antiguo, revela el misterio de Cristo como el suministro de vida para los hijos de

que hemos [a]visto con nuestros [b]ojos, lo que hemos [3]contempla-
do, y [4c]palparon nuestras manos tocante al [5]Verbo de [6]vida
2 (y la [1a]vida fue [2b]manifestada, y hemos visto y [c]testifi-
camos, y os anunciamos [3]la [d]vida eterna, la cual estaba [4e]con
el [5]Padre, y se nos [6]manifestó);

1[a] 1 Jn. 4:14; Jn. 19:35
1[b] 2 P. 1:16
1[c] Lc. 24:39; Jn. 20:27
2[a] Jn. 11:25; 14:6; Col. 3:4
2[b] 1 Jn. 3:5, 8; 1 Ti. 3:16
2[c] 1 Jn. 4:14; Jn. 15:27
2[d] 1 Jn. 2:25; 3:15; 5:11, 13, 20; Jn. 3:15-16, 36; 5:24; 10:28; 17:2-3
2[e] Jn. 1:1-2

Dios a fin de que Dios tenga Su expresión y como el centro de la administración universal del Dios Triuno. Aquí Juan usa la expresión *lo que* con el fin de empezar su epístola y revelar el misterio de la comunión en la vida divina. El hecho de que Juan no use pronombres personales para referirse al Señor denota que lo que está a punto de revelar es misterioso.

1[2] Esta expresión es diferente de la expresión *en el principio* del Evangelio de Juan (Jn. 1:1). *En el principio* se remonta a la eternidad pasada, antes de la creación; *desde el principio* empieza con la creación. Esto indica que la Primera Epístola de Juan es continuación del Evangelio de Juan, el cual trata de la experiencia que los creyentes tienen de la vida divina. En el evangelio, Juan revela la manera en que los pecadores reciben la vida eterna: creer en el Hijo de Dios. En su epístola hace ver la manera en que los creyentes, quienes han recibido la vida divina, pueden disfrutar esa vida en la comunión de la misma: permanecer en el Hijo de Dios. Y en Apocalipsis revela cuál es la consumación de la vida eterna como el disfrute pleno de los creyentes en la eternidad.

La frase *desde el principio* se usa cuatro veces en el Evangelio de Juan, ocho veces en esta epístola y dos veces en 2 Jn. En Jn. 8:44; 1 Jn. 1:1; 2:13-14; 3:8, se usa en el sentido absoluto; mientras que en Jn. 6:64; 15:27; 16:4; 1 Jn. 2:7, 24 (dos veces); 3:11; y 2 Jn. 5-6 se usa en el sentido relativo.

1[3] Fijar la mirada con un propósito.

1[4] Primero *oír,* luego *ver;* después de haber visto, *contemplar,* lo cual es fijar la mirada con un propósito, y *palpar,* que significa tocar con las manos. Estas expresiones indican que el Verbo de vida no solamente es misterioso, sino que también es tangible porque se encarnó. El misterioso Verbo de vida fue tocado por el hombre, no sólo en Su humanidad antes de Su resurrección (Mr. 3:10; 5:31), sino también en Su cuerpo espiritual (1 Co. 15:44) después de Su resurrección (Jn. 20:17, 27). En aquel tiempo circulaba una herejía que negaba la encarnación del Hijo de Dios (4:1-3). Por tanto, eran necesarias expresiones tan enfáticas para hacer ver la substancia sólida del Señor en Su humanidad palpable.

1[5] Este es el Verbo mencionado en Jn. 1:1-4, 14, quien estaba con Dios y era Dios en la eternidad antes de la creación, quien se hizo carne en el tiempo, y en quien está la vida. Es la persona divina de Cristo como declaración, definición y expresión de todo lo que Dios es. En El está la vida, y El es la vida (Jn. 11:25; 14:6). En el griego la frase *el Verbo de vida* denota que el Verbo es vida. La persona es la vida divina, la vida eterna, la cual podemos tocar. Aquí la mención del Verbo indica que esta epístola es la continuación y el desarrollo del Evangelio de Juan (cfr. Jn. 1:1-2, 14).

1[6] Los escritos de Juan son libros de misterios. En esta epístola, la vida, es decir, la vida divina, la vida eterna, la vida de Dios, impartida en los que creen en Cristo y que permanece en ellos, es el primer misterio (v. 2; 2:25; 3:15; 5:11, 13, 20). De este misterio surge otro, el misterio de la comunión de la vida divina (vs. 3-7). Después viene el misterio de la unción del Dios Triuno (2:20-27). Luego tenemos el misterio de permanecer en el Señor (2:27-28; 3:6, 24). El quinto es el misterio del nacimiento divino (2:29; 3:9; 4:7; 5:1, 4, 18). El sexto es la simiente divina (3:9). Y el último es el agua, la sangre y el Espíritu (5:6-12).

2[1] Indica que *vida* es un sinónimo de *Verbo de vida* en el versículo precedente. Ambas palabras denotan la

B. La comunión divina
1:3-4

3 lo que hemos [1]visto y oído, os lo anunciamos [2]también
a vosotros, para que [2]también vosotros tengáis [3a]comunión
con nosotros; y nuestra comunión verdaderamente es con el
[4]Padre, y con Su Hijo Jesucristo.

3[a] 1 Jn. 1:6-7; 1 Co. 1:9

persona divina de Cristo, quien estaba con el Padre en la eternidad y se manifestó en el tiempo por medio de la encarnación, a quien los apóstoles vieron, de quien testificaban, y a quien anunciaban a los creyentes.

2[2] Esta manifestación de la vida eterna se efectuó mediante la encarnación de Cristo, a la cual Juan dio mucho énfasis en su evangelio (Jn. 1:14) como un antídoto inyectado en los creyentes contra la herejía según la cual Cristo no había venido en la carne. Tal manifestación, correlacionada con el hecho de ser palpable, indica de nuevo la naturaleza material de la humanidad del Señor, la cual es la manifestación de la vida divina en la economía neotestamentaria.

2[3] Lit., la vida la eterna. Denota la vida espiritual divina, no la vida humana del alma ni la vida física (véase la nota 17[2] de Ro. 5). La palabra *eterna* no solamente denota duración, la cual es interminable e infinita, sino también calidad, la cual es absolutamente perfecta y completa, sin falta ni defecto. Tal expresión da énfasis a la naturaleza eterna de la vida divina, la vida del Dios eterno. Los apóstoles vieron esta vida eterna y dieron testimonio de ella y la anunciaron a los demás. Lo que ellos experimentaron no era doctrina, sino que era Cristo, el Hijo de Dios, como la vida eterna, y lo que testificaban y predicaban no provenía de la teología ni del conocimiento bíblico, sino de esa vida tan sólida.

2[4] La palabra griega implica la idea de vivir y actuar en unión y comunión con alguien. La vida eterna, la cual es el Hijo, no solamente estaba con el Padre, sino que también vivía y actuaba en unión y comunión con el Padre en la eternidad. Esta palabra se correlaciona con Jn. 1:1-2.

2[5] El Padre es la fuente de la vida eterna; desde El y con El, el Hijo se manifestó como la expresión de la vida eterna, de la cual el pueblo que el Padre escogió puede participar y disfrutar.

2[6] La manifestación de la vida eterna incluye la revelación y la impartición de la vida a los hombres, con miras a introducir al hombre en la vida eterna, en la unión y comunión con el Padre que tiene esta vida.

3[1] En el v. 1 primero se menciona *hemos oído* y luego *hemos visto;* aquí el orden está invertido. Al recibir la revelación, lo básico es el oír; al predicar, al anunciar, el ver debe ser la base. Lo que prediquemos debe ser el entendimiento y la experiencia de lo que hemos oído.

3[2] Los apóstoles oyeron y vieron la vida eterna. Luego la anunciaron a los creyentes a fin de que ellos también la oyeran y la vieran. Por virtud de la vida eterna, los apóstoles disfrutaron la comunión con el Padre y con Su Hijo, el Señor Jesús. Ellos deseaban que los creyentes también disfrutaran esta comunión.

3[3] La palabra griega significa *participación mutua, común participación.* La comunión es el producto de la vida eterna, y en realidad es el fluir de la vida eterna dentro de todos los creyentes, quienes han recibido, y ahora poseen, la vida divina. Es representada por el fluir del agua de vida en la Nueva Jerusalén (Ap. 22:1). Todos los verdaderos creyentes están en esta comunión (Hch. 2:42), y el Espíritu la mantiene en nuestro espíritu regenerado. Por tanto, es llamada "la comunión del Espíritu Santo" (2 Co. 13:14) y la "comunión de [nuestro] espíritu" (Fil. 2:1). En la comunión de la vida eterna nosotros los creyentes tenemos parte en todo lo que el Padre

4a 2 Jn. 12; Jn. 15:11; 16:24; 17:13

4 Estas cosas os escribimos, para que [1]nuestro [2a]gozo sea
cumplido.

C. La condición para tener la comunión divina 1:5—2:11

1. Confesar nuestros pecados 1:5—2:2

5a 1 Jn. 3:11
5b 1 Jn. 2:8; Jn. 1:4-5, 9; 3:19-21; 8:12; 9:5; 12:35-36; 1 Ti. 6:16; Jac. 1:17

5 [1]Y éste es el [a]mensaje que hemos oído de El, y os
anunciamos: [2]Dios es [3b]luz, y en El no hay ningunas [4]tinie-
blas.

---

y el Hijo son y en todo lo que han hecho a nuestro favor; es decir, disfrutamos el amor del Padre y la gracia del Hijo por virtud de la comunión del Espíritu (2 Co. 13:14). Tal comunión constituyó primero la porción de los apóstoles al disfrutar ellos al Padre y al Hijo por medio del Espíritu. Por lo tanto, en Hch. 2:42 es llamada "la comunión de los apóstoles" y en este versículo es llamada "nuestra comunión [la de los apóstoles]", una comunión con el Padre y con Su Hijo Jesucristo. Es un misterio divino. A esta comunión misteriosa de la vida eterna se le debe considerar el tema de esta epístola.

Aquí *comunión* indica la idea de dejar a un lado los intereses privados y de unirse a otros con un propósito común. Por consiguiente, tener comunión con los apóstoles, estar en la comunión de los apóstoles, y tener comunión con el Dios Triuno en la comunión de los apóstoles, significa dejar a un lado nuestros intereses privados y unirnos con los apóstoles y con el Dios Triuno para que el propósito de Dios sea llevado a cabo. Este propósito, según los escritos subsiguientes de Juan, tiene dos aspectos: (1) que los creyentes crezcan en la vida divina al permanecer en el Dios Triuno (2:12-27) y que, con base en el nacimiento divino, vivan una vida según la justicia divina y el amor divino (2:28—5:3) para vencer al mundo, la muerte, el pecado, el diablo y los ídolos (5:4-21); y (2) que las iglesias locales sean edificadas como candeleros para ser el testimonio de Jesús (Ap. 1—3) y tengan su consumación en la Nueva Jerusalén, la plena expresión de Dios por la eternidad (Ap. 21—22). Nuestra participación en el disfrute que los apóstoles tienen del Dios Triuno es nuestra unión con ellos y con el Dios Triuno con miras a Su propósito divino, el cual es común a Dios, a los apóstoles y a todos los creyentes.

3[4] Aquí se mencionan el Padre y el Hijo, pero no se menciona el Espíritu, porque el Espíritu está implícito en la comunión. En realidad, la comunión de la vida eterna es la impartición del Dios Triuno —el Padre, el Hijo y el Espíritu— en los creyentes como porción especial que ellos pueden disfrutar hoy día y por la eternidad.

4[1] Algunos mss. dicen: vuestro. El gozo de los apóstoles también es de los creyentes, porque los creyentes están en la comunión de los apóstoles.

4[2] La comunión es producto de la vida eterna, y el gozo, es decir, el disfrute del Dios Triuno, es producto de esta comunión, fruto de tener parte en el amor del Padre y en la gracia del Hijo por medio del Espíritu. Mediante este disfrute espiritual de la vida divina, nuestro gozo en el Dios Triuno puede ser cumplido.

5[1] Los apóstoles oyeron del Señor un mensaje adicional a las tres cosas principales —la vida, la comunión y el gozo— presentadas en los versículos precedentes. Este mensaje consistía en anunciar a los creyentes que Dios es luz.

6 Si decimos que [1]tenemos comunión [2]con El y [3]andamos en [a]tinieblas, [4b]mentimos, y no [5]practicamos la [6]verdad;

6[a] 1 Jn. 2:11; Jn. 1:5; 12:35; Hch. 26:18; Col. 1:13; 1 P. 2:9
6[b] 1 Jn. 2:4; 4:20

5[2] En los versículos precedentes el Padre y el Hijo son mencionados claramente, y el Espíritu está implícito en la comunión de la vida eterna. Esta es la primera vez que se menciona Dios en esta epístola, y se le menciona como el Dios Triuno: el Padre, el Hijo y el Espíritu. Este Dios, tal como es revelado a la luz del evangelio, es luz.

El mensaje que Juan y los primeros discípulos oyeron fue, sin duda, lo que el Señor Jesús dijo en Jn. 8:12 y 9:5: que El es la luz. Sin embargo, aquí Juan dijo que el mensaje consistía en que Dios es luz. Esto indica que el Señor Jesús es Dios e implica la esencia de la Trinidad Divina.

5[3] Expresiones tales como *Dios es luz, Dios es amor* (4:8, 16) y *Dios es Espíritu* (Jn. 4:24), no son usadas en un sentido metafórico, sino en un sentido atributivo. Tales expresiones denotan y describen la naturaleza de Dios. En cuanto a Su naturaleza, Dios es Espíritu, amor y luz. *Espíritu* denota la naturaleza de la persona de Dios; *amor* denota la naturaleza de la esencia de Dios; y *luz* denota la naturaleza de la expresión de Dios. El amor y la luz están relacionados con Dios como vida, la cual pertenece al Espíritu (Ro. 8:2). Dios, el Espíritu y la vida en realidad son una sola entidad. Dios es Espíritu, y el Espíritu es vida. Dentro de esta vida se encuentran el amor y la luz. Cuando el amor divino aparece ante nosotros, se convierte en gracia, y cuando la luz divina resplandece en nosotros, se convierte en verdad. El Evangelio de Juan revela que el Señor Jesús nos trajo la gracia y la verdad (Jn. 1:14, 17) para que tuviéramos la vida divina (Jn. 3:14-16), mientras que esta epístola de Juan revela que la comunión de la vida divina nos lleva al origen mismo de la gracia y de la verdad, las cuales son el amor divino y la luz divina. Esta epístola es la continuación del evangelio de Juan. En el evangelio, Dios viene a nosotros en el Hijo como gracia y verdad para que lleguemos a ser Sus hijos (Jn. 1:12-13); en esta epístola de Juan, nosotros los hijos, en la comunión de la vida del Padre, vamos al Padre para participar de Su amor y de Su luz (véase la nota 8[2] del cap. 4). Lo que vemos en el evangelio se refiere a la salida de Dios al atrio para satisfacer nuestra necesidad en el altar (Lv. 4:28-31); lo que vemos en la epístola se refiere a nuestra entrada en el Lugar Santísimo para tener contacto con El en el arca (Ex. 25:22). Esto es más amplio y más profundo en la experiencia de la vida divina. Después de recibir la vida divina al creer en el Hijo en el Evangelio de Juan, debemos seguir adelante y disfrutarla por medio de la comunión de esta vida en su epístola. A lo largo de ésta se nos revela una sola cosa: disfrutar la vida divina al permanecer en su comunión.

5[4] Tal como la luz es la naturaleza de Dios en Su expresión, así las tinieblas son la naturaleza de Satanás en sus obras malignas (3:8). Gracias sean dadas a Dios porque El nos ha librado de las tinieblas satánicas y nos ha llevado a la luz divina (Hch. 26:18; 1 P. 2:9). La luz divina es la vida divina en el Hijo, la cual opera en nosotros. Esta luz resplandece en las tinieblas que tenemos por dentro, y las tinieblas no prevalecen contra ella (Jn. 1:4-5). Cuando sigamos esta luz, no podremos andar en tinieblas (Jn. 8:12), las cuales, según el contexto, se refieren a las tinieblas del pecado (vs. 7-10).

6[1] Tener comunión con Dios es tener un contacto íntimo y vivo con El en el fluir de la vida divina conforme a la unción del Espíritu en nuestro espíritu (2:27). Esto nos mantiene en la participación y en el disfrute de la luz divina y del amor divino.

6[2] Según el contexto, la frase *con El* significa con Dios y equivale a decir: *con el Padre, y con Su Hijo Jesucristo* (v. 3). Esto de nuevo implica la Trinidad Divina.

6[3] Se refiere al andar general en nuestra vida; es decir, vivir, conducirse y ser. Así también en el versículo siguiente. Véase la nota 16[1] de Gá. 5. Andar en tinieblas, esto es, andar habitualmente en tinieblas significa ser, vivir y conducirse según la naturaleza de las obras malignas de Satanás. Según 2:11, andar en tinieblas equivale a practicar el pecado (3:4, 8).

6[4] Las mentiras proceden de Satanás, quien es el padre de los mentirosos (Jn. 8:44 y la nota 3). Las tinieblas satánicas están en contraste con la luz divina, y la mentira satánica está en contraste con la verdad divina. Tal como la verdad divina es la expresión de la luz divina, así también la mentira satánica es la expresión de las tinieblas satánicas. Si decimos que tenemos comunión con Dios, quien es luz, y andamos en tinieblas, mentimos y así expresamos las tinieblas satánicas, y no practicamos la verdad, no expresamos la luz divina. Este versículo es una inyección contra la enseñanza herética de los partidarios del antinomismo, quienes afirmaban que uno es libre de la obligación de la ley moral y decían que se puede vivir en el pecado y al mismo tiempo tener comunión con Dios.

6[5] Este verbo griego denota la idea de hacer (algo) habitual y continuamente al permanecer (en ello); por lo tanto, tiene el sentido de *practicar.* También se usa en 2:17, 29; 3:4 (dos veces), 7, 8, 9, 10, 22; 5:2; Ro. 1:32; y en otras partes. Practicar la verdad consiste en vivir la verdad habitualmente, y no sólo hacerlo ocasionalmente.

6[6] La palabra griega significa *realidad* (lo opuesto de vanidad), *verdad, veracidad, autenticidad, sinceridad.* Es una terminología muy particular de Juan, y es una de las palabras profundas del Nuevo Testamento, la cual denota todas las realidades de la economía divina como el contenido de la revelación divina trasmitida y revelada por la Palabra santa de la siguiente manera:

(1) Dios, quien es luz y amor, encarnado para ser la realidad de las cosas divinas, tales como la vida de Dios, Su naturaleza, Su poder y Su gloria, las cuales podemos poseer a fin de disfrutarle como gracia, según lo revela el Evangelio de Juan (Jn. 1:1, 4, 14-17).

(2) Cristo, quien es Dios encarnado y en quien habita corporalmente toda la plenitud de la Deidad (Col. 2:9), como la realidad de: (a) Dios y el hombre (Jn. 1:18, 51; 1 Ti. 2:5); (b) todos los tipos, figuras y sombras del Antiguo Testamento (Col. 2:16-17; Jn. 4:23, 24 y las notas 4 y 5); y (c) todas las cosas divinas y espirituales, tales como la vida divina y la resurrección (Jn. 11:25; 14:6), la luz divina (Jn. 8:12; 9:5), el camino divino (Jn. 14:6), la sabiduría, la justicia, la santificación y la redención (1 Co. 1:30). Por consiguiente, Cristo es la realidad (Jn. 14:6; Ef. 4:21).

(3) El Espíritu, quien es Cristo transfigurado (1 Co. 15:45; 2 Co. 3:17), es la realidad de Cristo (Jn. 14:16-17; 15:26) y de la revelación divina (Jn. 16:13-15). Por lo tanto, el Espíritu es la realidad (5:6).

(4) La Palabra de Dios como la revelación divina, la cual no sólo revela sino que también trasmite la realidad de Dios y de Cristo, y de todas las cosas divinas y espirituales. Por consiguiente, la Palabra de Dios también es realidad (Jn. 17:17 y la nota 3).

(5) El contenido de la fe (nuestras creencias), los elementos substanciales de lo que creemos, como la realidad del evangelio pleno (Ef. 1:13; Col. 1:5); este contenido se revela a lo largo del Nuevo Testamento (2 Co. 4:2; 13:8; Gá. 5:7; 1 Ti. 1:1 y la nota 1, puntos 1 y 2; 2:4 y la nota 2; 2:7b; 3:15 y la nota 5; 4:3; 6:5; 2 Ti. 2:15, 18, 25; 3:7, 8; 4:4; Tit. 1:1, 14; 2 Ts. 2:10, 12; He. 10:26; Jac. 5:19; 1 P. 1:22; 2 P. 1:12).

(6) La realidad tocante a Dios, el universo, el hombre, la relación del hombre con Dios y con los demás, y la obligación del hombre para con Dios, como se revela mediante la creación y mediante las Escrituras (Ro. 1:18-20; 2:2, 8, 20).

(7) La autenticidad, la veracidad, la sinceridad, la honestidad, la confiabilidad y la fidelidad de Dios como virtud divina (Ro. 3:7; 15:8), y del hombre, como virtud humana (Mr. 12:14; 2 Co. 11:10; Fil. 1:18; 1 Jn. 3:18), y como resultado de la realidad divina (Jn. 4:23-24; 2 Jn. 1a; 3 Jn. 1).

(8) Las cosas que son verdaderas o genuinas, la verdadera condición de los asuntos (los hechos), la realidad, la veracidad, en contraste con la falsedad, el engaño, el disimulo, la hipocresía y el error (Mr. 5:33; 12:32; Lc. 4:25; Jn. 16:7; Hch. 4:27; 10:34; 26:25; Ro. 1:25; 9:1; 2 Co. 6:7; 7:14; 12:6; Col. 1:6; 1 Ti. 2:7a).

De los ocho puntos enumerados, los primeros cinco se refieren a la misma realidad en esencia. Dios, Cristo y el Espíritu —la Trinidad Divina— son uno en esencia. Por consiguiente, estos tres, siendo los elementos básicos de la substancia de la realidad divina, son de hecho una sola realidad. Esta única realidad divina es la substancia de la Palabra de Dios como revelación divina. Por lo tanto, llega a ser la realidad divina revelada en la Palabra divina, y hace que ésta sea la realidad. La Palabra divina trasmite esta única realidad divina como el contenido de la fe, y éste es la substancia del evangelio revelada en todo el Nuevo Testamento como la realidad del evangelio, la cual es simplemente la realidad divina de la Trinidad Divina. Cuando nosotros participamos y disfrutamos de dicha realidad, ésta llega a ser nuestra autenticidad, sinceridad, honestidad y confiabilidad como una virtud excelente en nuestro comportamiento, que nos capacita para expresar a Dios, al Dios de la realidad, por quien vivimos; y llegamos a ser personas que llevan una vida caracterizada por la verdad, sin falsedad ni hipocresía, una vida que corresponde a la verdad revelada por medio de la creación y de las Escrituras.

La palabra *verdad* se usa más de cien veces en el Nuevo Testamento. Su significado en cada caso es determinado por el contexto. Por ejemplo, en Jn. 3:21, *verdad* denota rectitud (lo opuesto a maldad, Jn. 3:19-20), la cual es la realidad manifestada en un hombre que vive en Dios según lo que El es y corresponde a la luz divina, que es Dios, la fuente de la verdad, manifestado en Cristo. En Jn. 4:23-24, según el contexto y conforme a toda la revelación del Evangelio de Juan, denota que la realidad divina llega a ser la autenticidad y la sinceridad del hombre (lo opuesto a la hipocresía de la adoradora samaritana inmoral, Jn. 4:16-18), por la cual éste adora a Dios con veracidad. La realidad divina es Cristo, quien es la realidad (Jn. 14:6), como realidad de todas las ofrendas del Antiguo Testamento para la adoración a Dios (Jn. 1:29; 3:14), y como la fuente de agua viva, el Espíritu vivificante (Jn. 4:7-15). Los creyentes participan y beben de esta fuente a fin de que Cristo sea la realidad dentro de ellos, la cual con el tiempo llega a ser su autenticidad y sinceridad en las cuales adoran a Dios con la clase de adoración que El desea. En Jn. 5:33 y 18:37, conforme a toda la revelación del Evangelio de Juan, la palabra *verdad* denota la realidad divina contenida, revelada y expresada en Cristo como Hijo de Dios. En Jn. 8:32, 40, 44-46, se denota la realidad de Dios revelada en Su palabra (Jn. 8:47) y corporificada en Cristo, el Hijo de Dios (Jn. 8:36), la cual nos libera de la esclavitud del pecado (véase la nota 32[1] de Jn. 8).

Aquí en el v. 6, la palabra *verdad* denota la realidad de Dios como luz divina revelada a nosotros. Es el resultado de la luz divina mencionada en el v. 5 y es la misma luz hecha real para nosotros. La luz divina es la fuente y se encuentra en Dios; la verdad es el resultado y la realidad de la luz divina y se encuentra en nosotros (véase la nota 8[2] del cap. 4; cfr. Jn. 3:19-21). Cuando permanecemos en la luz divina, la cual disfrutamos en la comunión de la vida divina, practicamos la verdad, es decir, practicamos la realidad que hemos captado en la luz divina. Cuando permanecemos en la fuente, lo que ésta emana llega a ser nuestra práctica.

7[a] 1 Jn. 2:6; 2 Jn. 4, 6; 3 Jn. 3, 4; Is. 2:5
7[b] Jn. 19:34; Mt. 26:28; Ef. 1:7; 1 P. 1:19; Ap. 1:5; 7:14

7 pero si [a]andamos en luz, como El [1]está en luz, [2]tenemos comunión unos con otros, y la [3b]sangre de [4]Jesús Su Hijo nos [5]limpia de todo [6]pecado.

7[1] Nosotros andamos en la luz, pero Dios está en la luz, porque El es luz. "La luz es el elemento en el cual Dios mora: compárese 1 Ti. 6:16 ... Andar en la luz, como El está en la luz, no significa simplemente imitar a Dios, sino que se trata de una identificación en el elemento esencial de nuestro andar diario con el elemento esencial del ser eterno de Dios; no una imitación, sino una correspondencia e identificación de la atmósfera misma de la vida" (Alford).

7[2] Cuando andamos y vivimos en la luz de Dios, disfrutamos juntos al Dios Triuno y juntos tenemos parte en Su propósito divino. La comunión de la vida divina nos trae la luz divina, y la luz divina nos guarda en la comunión, es decir, en el disfrute conjunto de Dios y la participación corporativa de Su propósito.

7[3] Cuando vivimos en la luz divina, estamos bajo su iluminación, y ésta, conforme a la naturaleza divina de Dios y por medio de Su naturaleza en nosotros, expone todos nuestros pecados, transgresiones, fracasos y defectos, los cuales contradicen Su luz pura, Su amor perfecto, Su santidad absoluta y Su justicia excelente. Es entonces cuando en nuestra conciencia iluminada sentimos la necesidad de ser lavados por la sangre redentora del Señor Jesús, la cual limpia nuestra conciencia de todos los pecados, a fin de que nuestra comunión con Dios y unos con otros pueda mantenerse. Aunque nuestra relación con Dios es inquebrantable, nuestra comunión con El puede ser interrumpida. La primera pertenece a la vida, mientras que la segunda depende de nuestra conducta, aunque también pertenece a la vida. Una es incondicional, y la otra no. Nuestra comunión, la cual es condicional, necesita ser mantenida por el lavamiento constante de la sangre del Señor.

En este pasaje de la Palabra se encuentra el ciclo de nuestra vida espiritual, el cual consta de cuatro asuntos cruciales: la vida eterna, la comunión de la vida eterna, la luz divina y la sangre de Jesús el Hijo de Dios. La vida eterna produce su comunión, y ésta trae la luz divina, y la luz divina, a su vez, aumenta la necesidad de la sangre de Jesús el Hijo de Dios para que tengamos más vida eterna. Cuanto más vida eterna tenemos, más comunión recibimos de ella. Cuanto más disfrutamos la comunión de la vida eterna, más luz divina recibimos. Cuanto más luz divina recibimos, más nos limpia la sangre de Jesús. Tal ciclo nos hace avanzar en el crecimiento de la vida divina hasta que lleguemos a la madurez de vida.

7[4] El nombre Jesús denota la humanidad del Señor, sin la cual la sangre redentora no podría ser derramada, y el título *Su Hijo* denota la divinidad del Señor, la cual hace que la sangre redentora tenga una eficacia eterna. Así que, *la sangre de Jesús Su Hijo* indica que esta sangre es la sangre adecuada de un hombre genuino, derramada para redimir la creación caída con la seguridad divina como su eficacia eterna, una eficacia que prevalece sobre todo y en todo lugar, y que es perpetua en cuanto al tiempo.

Juan también usa el título *Jesús Su Hijo* como inoculación contra las herejías acerca de la persona del Señor. Una de las herejías afirmaba la divinidad del Señor y a la vez negaba Su humanidad. El título *Jesús,* por ser el nombre de un hombre, sirve como inoculación contra esta herejía. Otra herejía afirmaba la humanidad del Señor y a la vez negaba Su divinidad. El título *Su Hijo,* por ser un nombre de la Deidad, es un antídoto contra esta herejía.

7[5] El tiempo de este verbo griego es presente y denota una acción continua, lo cual indica que la sangre de Jesús el Hijo de Dios nos lava todo el tiempo, continua y constantemente. Este lavamiento se refiere al lavamiento

8 Si decimos que no tenemos [1]pecado, [2]nos engañamos a nosotros mismos, y la [3a]verdad no está en nosotros.

8a 1 Jn. 2:4; Jn. 8:44

instantáneo que la sangre del Señor efectúa en nuestra conciencia. Delante de Dios la sangre redentora del Señor nos limpió una vez y eternamente (He. 9:12, 14), y la eficacia de ese lavamiento perdura para siempre delante de Dios, de tal modo que no es necesario repetirla. Sin embargo, en nuestra conciencia necesitamos la aplicación instantánea del lavamiento constante de la sangre del Señor una y otra vez cuando nuestra conciencia sea iluminada por la luz divina en nuestra comunión con Dios. El lavamiento instantáneo es tipificado por la purificación efectuada con el agua de la impureza mezclada con las cenizas de la vaca (Nm. 19:2-10).

7[6] El Nuevo Testamento trata el problema del pecado usando tanto la palabra *pecado* (singular) como la palabra *pecados* (plural). *Pecado* se refiere al pecado que mora en nosotros, el cual provino de Satanás y entró en la humanidad por medio de Adán (Ro. 5:12). Se habla de este tipo de pecado en la segunda sección de Romanos, 5:12—8:13 (con la excepción de 7:5, donde se menciona la palabra *pecados*). *Pecados* se refiere a los hechos pecaminosos, a los frutos del pecado que mora en nosotros, los cuales son expuestos en la primera sección de Romanos, 1:18—5:11. Sin embargo, en este versículo la palabra *pecado,* en singular, acompañada del adjetivo *todo,* no se refiere al pecado que mora en nosotros, sino a cada uno de los pecados que cometemos (v. 10) después de ser regenerados; cada uno de estos pecados contamina nuestra conciencia ya purificada y debe ser quitado por medio de la sangre del Señor en nuestra comunión con Dios.

Nuestro pecado, el pecado que mora en nuestra naturaleza (Ro. 7:17), ha sido juzgado por Cristo, nuestra ofrenda por el pecado (Lv. 4; Is. 53:10; Ro. 8;3; 2 Co. 5:21; He. 9:26). El problema de nuestros pecados, nuestras transgresiones, ha sido resuelto por Cristo, nuestra ofrenda por la transgresión (Lv. 5; Is. 53:11; 1 Co. 15:3; 1 P. 2:24; He. 9:28). Sin embargo, después de ser regenerados todavía necesitamos tomar a Cristo como nuestra ofrenda por el pecado para aplicarlo al pecado que mora en nuestra naturaleza, tal como lo indica el v. 8, y como nuestra ofrenda por la transgresión para aplicarlo a los pecados que cometemos, como lo indica el v. 9.

8[1] Es decir, el pecado que mora en nosotros (Ro. 7:17), en nuestra naturaleza. Esto era lo que enseñaba la herejía gnóstica. Con esto el apóstol vacunaba a los creyentes contra esta falsa enseñanza. Esta sección, 1:7—2:2, trata de los pecados cometidos por los creyentes después de ser regenerados. Tales pecados interrumpen su comunión con Dios. Si después de haber sido regenerados los creyentes no tuvieran pecado en su naturaleza, ¿cómo podrían pecar en su conducta? Aunque sólo pecaran ocasionalmente, y no habitualmente, el hecho de que pecan comprueba categóricamente que el pecado todavía obra dentro de ellos. De no ser así, su comunión con Dios no se interrumpiría. Aquí la enseñanza del apóstol condena también la enseñanza actual acerca del perfeccionismo, según el cual en esta vida terrenal es posible llegar o ya se ha llegado a un estado en el cual uno es libre del pecado; la enseñanza del apóstol también anula la enseñanza errónea actual tocante a la erradicación de la naturaleza pecaminosa, la cual, interpretando incorrectamente lo dicho en 3:9 y 5:18, afirma que los que han sido regenerados no pueden pecar porque su naturaleza pecaminosa ha sido totalmente erradicada.

8[2] O, nos descarriamos a nosotros mismos. Decir que no tenemos pecado porque hemos sido regenerados, es engañarnos a nosotros mismos y negar el hecho mismo de nuestra propia experiencia; de este modo, nos descarriamos a nosotros mismos.

8[3] La palabra *verdad* denota la realidad de Dios revelada, los hechos

9[a] Sal. 32:5; Pr. 28:13
9[b] He. 10:23; Dt. 7:9; Sal. 143:1
9[c] 1 Jn. 2:29; Ro. 1:17; 3:21-22, 25-26; Sal. 92:15
9[d] Mt. 26:28; He. 9:22; cfr. 1 Jn. 2:12
9[e] 1 Jn. 2:2; 1 Co. 15:3; Gá. 1:4; He. 9:28; 1 P. 2:24
9[f] Sal. 51:2
9[g] 1 Jn. 5:17; Ro. 6:13; He. 8:12
10[a] cfr. 1 Jn. 2:1
10[b] 1 Jn. 5:10; cfr. Nm. 23:19; He. 6:18; Tit. 1:2; 1 Jn. 1:6; 2:4; 4:20

9 Si [1a]confesamos nuestros pecados, El es [2b]fiel y [c]justo
para [d]perdonarnos nuestros [e]pecados, y [3f]limpiarnos de toda
[4g]injusticia.
10 Si decimos que [1a]no hemos pecado, le hacemos a El
[b]mentiroso, y Su [2c]palabra no está en nosotros.

---

trasmitidos en el evangelio, tales como la realidad de Dios y de todas las cosas divinas, todas las cuales son Cristo (Jn. 1:14, 17; 14:6); la realidad de Cristo y de todas las cosas espirituales, todas las cuales son el Espíritu (Jn. 14:17; 15:26; 16:13; 1 Jn. 5:6), y la realidad de la condición del hombre (Jn. 16:8-11). Véase la nota 6[6]. Aquí denota especialmente la realidad de nuestra condición pecaminosa después de la regeneración, expuesta por la iluminación de la luz divina en nuestra comunión con Dios. Si decimos que no tenemos pecado después de ser regenerados, la realidad, la verdad, no permanece en nosotros; es decir, negamos nuestra verdadera condición posterior a la regeneración.

9[1] Denota la confesión de nuestros pecados, de nuestros fracasos, después de ser regenerados, y no la confesión de nuestros pecados antes de serlo.

9[2] Dios es fiel a Su palabra (v. 10) y justo con relación a la sangre de Jesús Su Hijo (v. 7). Su palabra es la palabra de la verdad de Su evangelio (Ef. 1:13), la cual nos dice que El perdonará nuestros pecados por causa de Cristo (Hch. 10:43); y la sangre de Cristo ha satisfecho Sus requisitos justos para que El pueda perdonar nuestros pecados (Mt. 26:28). Si confesamos nuestros pecados, Dios, conforme a Su palabra y con base en la redención efectuada mediante la sangre de Jesús, nos perdona porque El tiene que ser fiel a Su palabra y justo con relación a la sangre de Jesús; de otro modo, El sería infiel e injusto. Debemos confesar los pecados para que El nos pueda perdonar. Tal perdón, cuyo fin es restaurar nuestra comunión con Dios, es condicional, pues depende de nuestra confesión.

9[3] Perdonarnos es liberarnos de la culpa de nuestros pecados, mientras que limpiarnos es lavarnos de la mancha de nuestra injusticia.

9[4] Las palabras *injusticia* y *pecados* son sinónimas. Toda injusticia es pecado (5:17). Ambas se refieren a nuestras maldades. *Pecados* denota la transgresión de nuestras maldades contra Dios y los hombres; *injusticia* denota la mancha causada por nuestras maldades, la cual hace que no estemos bien ni con Dios ni con los hombres. Para la transgresión se necesita el perdón de Dios, y para la mancha se requiere que El nos limpie. Tanto el perdón de Dios como el hecho de que nos limpie son necesarios para la restauración de nuestra comunión con El a fin de que podamos disfrutarle en una comunión ininterrumpida con una buena conciencia, una conciencia sin ofensa (1 Ti. 1:5; Hch. 24:16).

10[1] El v. 8 comprueba que después de haber sido regenerados todavía tenemos el pecado internamente. El v. 10 además comprueba que todavía pecamos externamente, aunque no habitualmente. Seguimos pecando en nuestra conducta porque todavía tenemos el pecado en nuestra naturaleza. Ambos confirman que tenemos una condición pecaminosa aún después de haber sido regenerados. Al hablar de tal condición, el apóstol usó el pronombre *nosotros,* no excluyéndose a sí mismo.

10[2] La palabra de la revelación que Dios trae, la palabra de la verdad (Ef. 1:13; Jn. 17:17), la cual trasmite el contenido de la economía neotestamentaria de Dios. Es sinónimo de la palabra *verdad* en el v. 8. En esta palabra Dios expone nuestra verdadera condición, la cual es pecaminosa

---

10[c] Jn. 5:38; 8:37; cfr. 1 Jn. 2:14; Col. 3:16

CAPITULO 2

1 [1]Hijitos míos, [2]estas cosas os escribo para que [3]no pequéis; y si alguno [4]peca, tenemos [5]ante el [6]Padre un [7a]Abogado, a Jesucristo el [8b]Justo.

1[a] cfr. 1 Ti. 2:5; He. 8:6; 9:15
1[b] 1 Jn. 3:7; Hch. 3:14; 7:52; 22:14; 1 P. 3:18

tanto antes como después de la regeneración. Si decimos que después de haber sido regenerados no hemos pecado, hacemos a Dios mentiroso y negamos la palabra de Su revelación.

1[1] La palabra griega traducida hijitos era usada a menudo por personas de edad al dirigirse a los más jóvenes. "Es un término que denota afecto paternal. Se aplica a los cristianos sin tener en cuenta el crecimiento. Se usa en los vs. 12, 28; 3:7, 18; 4:4; 5:21; Jn. 13:33; Gá. 4:19" (Darby). El apóstol, ya entrado en años, consideraba como amados hijos suyos en el Señor a todos los destinatarios de su epístola. En los vs. 13-27 los clasificó en tres grupos: niños, jóvenes y padres. Los vs. 1-12 y 28-29 están dirigidos a todos los destinatarios en general, y los vs. 13-27, a los tres grupos respectivamente, según su crecimiento en la vida divina.

1[2] Se refiere a lo mencionado en 1:5-10 con respecto a los pecados cometidos por los hijos de Dios, los creyentes regenerados, quienes tienen la vida divina y participan de su comunión (1:1-4).

1[3] Estas palabras y la frase *si alguno peca* indican que todavía es posible que los creyentes regenerados pequen. Aunque ellos poseen la vida divina, es posible que pequen si no viven por la vida divina y no permanecen en su comunión.

1[4] En el griego está en aoristo subjuntivo, lo cual denota un hecho aislado, y no una acción habitual.

1[5] Véase la nota 2[4] del cap. 1. El Señor Jesús como nuestro Abogado vive en comunión con el Padre.

1[6] Aquí este título divino indica que nuestro caso, del cual el Señor Jesús como nuestro Abogado se encarga, es un asunto familiar, un caso entre los hijos y el Padre. Por medio de la regeneración nacimos como hijos de Dios. Después de ser regenerados, si pecamos, contra nuestro Padre pecamos. Nuestro Abogado, quien es el sacrificio por nuestra propiciación, toma nuestro caso para restaurar nuestra comunión con el Padre, a fin de que permanezcamos en el disfrute de la comunión divina.

1[7] La palabra griega se refiere a alguien que es llamado a acudir al lado de otro para ayudarle; por ende, un ayudante. Se refiere también a alguien que ofrece ayuda legal o que intercede a favor de otra persona; por consiguiente, un abogado, asesor legal o intercesor. La palabra conlleva la idea de consolar y consolación; por eso, se puede traducir consolador. Se usa en el Evangelio de Juan (14:16, 26; 15:26; 16:7), refiriéndose al Espíritu de realidad como nuestro Consolador interior, Aquel que atiende nuestro caso o nuestros asuntos (véase la nota 16[1] de Jn. 14). Se usa aquí para referirse al Señor Jesús como nuestro Abogado ante el Padre. Cuando pecamos, El se encarga de nuestro caso intercediendo (Ro. 8:34) y suplicando por nosotros basándose en la propiciación que logró.

1[8] Nuestro Señor Jesús es el único justo entre todos los hombres. Su acto de justicia (Ro. 5:18) en la cruz satisfizo a nuestro favor y a favor de todos los pecadores lo que el Dios justo requería. Solamente El está calificado para ser nuestro Abogado, para cuidarnos en nuestra condición de pecadores y restaurarnos a una condición justa a fin de que haya una relación de paz entre nosotros y nuestro Padre, quien es justo.

2 Y El mismo es la [1a]propiciación por nuestros [b]pecados;
y no solamente por los nuestros, sino también por *los de*
[2]todo el [c]mundo.

2. Amar a Dios y a los hermanos
2:3-11

3 [1]Y en esto [2]sabemos que nosotros le [3a]conocemos, si
[b]guardamos Sus [4]mandamientos.
4 El que dice: Yo le conozco, y no guarda Sus mandamientos, el tal es [1a]mentiroso, y la [2b]verdad no está en él;
5 pero el que [a]guarda Su [1b]palabra, en éste verdaderamente el [2c]amor de Dios se ha [3d]perfeccionado; en esto
sabemos que estamos [4e]en El.

2[a] 1 Jn. 4:10; He. 2:17; cfr. He. 8:12
2[b] 1 Jn. 1:9
2[c] Jn. 1:29; 3:16
3[a] 1 Jn. 2:13; Jn. 17:3; He. 8:11; Fil. 3:8, 10; cfr. Mt. 11:27
3[b] 1 Jn. 3:22, 24; 5:3; Jn. 14:15, 21, 23; 15:10
4[a] 1 Jn. 1:6; 4:20
4[b] 1 Jn. 1:8
5[a] Jn. 14:23
5[b] Col. 3:16; cfr. 1 Jn. 1:10
5[c] 1 Jn. 2:15; 3:17; 4:7
5[d] 1 Jn. 4:12, 17, 18
5[e] Jn. 14:20; 1 Co. 1:30; cfr. 1 Jn. 3:24; 4:13

2[1] Es decir, el sacrificio por la propiciación. Véase la nota 25[2] de Ro. 3. El Señor Jesucristo se ofreció a Sí mismo a Dios como sacrificio por nuestro pecados (He. 9:28), no solamente para lograr nuestra redención sino también para satisfacer las exigencias de Dios, estableciendo así una relación de paz entre nosotros y Dios. Por lo tanto, El es el sacrificio por nuestra propiciación ante Dios.

2[2] El Señor Jesús es el sacrificio por la propiciación no sólo por nuestros pecados, sino también por los pecados de todo el mundo. Sin embargo, esta propiciación está supeditada a que el hombre reciba al Señor creyendo en El. Los incrédulos no experimentan la eficacia de la propiciación, no porque ésta tenga alguna falta, sino debido a que ellos no creen.

3[1] Los vs. 1-2 concluyen lo dicho en 1:5-10 con respecto a nuestra confesión y al perdón de pecados, los cuales interrumpen nuestra comunión con Dios. Esa es la primera condición —el primer requisito— de nuestro disfrute de la comunión de la vida divina. Los vs. 3-11 tratan de la segunda condición —el segundo requisito— de nuestra comunión con Dios: que guardemos la palabra del Señor y amemos a los hermanos.

3[2] O, percibimos, no en doctrina, sino en experiencia, guardando Sus mandamientos.

3[3] Lit., hemos llegado a conocer; denota que hemos empezado a conocerle y que le seguimos conociendo hasta el presente. Esto se refiere al conocimiento que tenemos de Dios por experiencia en nuestro andar diario y está relacionado con nuestra comunión íntima con El.

3[4] Véase la nota 34[1] de Jn. 13. Así en todo el libro.

4[1] Véase la nota 6[4] del cap. 1.

4[2] Denota la realidad de Dios revelada, tal como es trasmitida en la palabra divina (véase la nota 6[6] del cap. 1), la cual revela que guardar los mandamientos del Señor debe venir después de conocerle. Si decimos que conocemos al Señor, pero no guardamos Sus mandamientos, la verdad (la realidad) no está en nosotros, y nos hacemos mentirosos.

5[1] *Palabra* es sinónimo del término *mandamientos* que aparece en los vs. 3-4. Aquí la palabra abarca todos los mandamientos. *Mandamientos* recalca el sentido de exigir; *palabra* implica espíritu y vida como suministro para nosotros (Jn. 6:63).

5[2] La palabra griega denota un amor más elevado y más noble que el afecto humano (véanse las notas 7[1] y 7[2] de 2 P. 1). Cuando esta epístola habla de *amor,* solamente se usa esta palabra griega con sus formas verbales. Aquí *el amor de Dios* denota nuestro amor hacia Dios, el cual es generado por Su amor dentro de nosotros. El amor de Dios, la palabra del Señor y Dios mismo están relacionados entre sí. Si guardamos la palabra

6 El que dice que [1a]permanece en El, debe [b]andar [c]como
[2d]El anduvo.
7 Amados, no os escribo [a]mandamiento nuevo, sino un
[1]mandamiento antiguo, el cual habéis tenido [2]desde el principio; este mandamiento antiguo es la palabra que habéis
[b]oído.
8 Otra vez os escribo un [1]mandamiento nuevo, [2]lo cual
es verdadero en El y en vosotros, porque las [3a]tinieblas van
pasando, y la [b]luz verdadera ya alumbra.
9 El que dice que está [a]en la [1]luz, y [b]aborrece a su
hermano, está todavía en tinieblas.

6[a] 1 Jn. 2:24, 27, 28; 3:6, 24; 4:13, 15, 16; Jn. 6:56; 15:4, 5, 7; cfr. 1 Jn. 2:10; 3:14; 2 Jn. 9
6[b] 1 Jn. 1:7
6[c] Jn. 13:15
6[d] 1 Jn. 3:3, 5, 7; 4:17
7[a] Jn. 13:34; 2 Jn. 5
7[b] 1 Jn. 2:24; 3:11
8[a] 1 Jn. 1:6; 1 Ts. 5:4, 5
8[b] 1 Jn. 1:5
9[a] 1 Jn. 1:7
9[b] 1 Jn. 2:11; 3:15; 4:20

---

del Señor, el amor de Dios ha sido perfeccionado en nosotros. Es exclusivamente un asunto de la vida divina, la cual es Dios mismo. El amor de Dios es Su esencia interior, y la palabra del Señor nos abastece de esta esencia divina con la cual amamos a los hermanos. Por lo tanto, cuando guardamos la palabra divina, el amor divino es perfeccionado mediante la vida divina, por la cual vivimos.

5[3] Véase la nota 12[4] del cap. 4.

5[4] Es decir, en el Señor Jesucristo (v. 1). Con esta expresión se recalca claramente que somos uno con el Señor. Puesto que somos uno con el Señor, quien es Dios, Su esencia de amor llega a ser nuestra. Nos es suministrada por la palabra de vida del Señor para que andemos en amor a fin de disfrutar la comunión de la vida divina y permanecer en la luz divina (v. 10).

6[1] Estar en Cristo es el comienzo de la vida cristiana. Cuando Dios nos puso en Cristo, lo hizo una vez y para siempre (1 Co. 1:30). Permanecer en Cristo es la continuación de la vida cristiana. Esta es la responsabilidad que tenemos en nuestro andar cotidiano, un andar que es una copia del andar de Cristo sobre la tierra. Véase la nota 27[8].

6[2] Lit., Aquel; se refiere a Jesucristo.

7[1] El mandamiento dado por el Señor en Jn. 13:34, el cual es la palabra que los creyentes oyeron y tuvieron desde el principio.

7[2] En el sentido relativo. Véase la nota 1[2], párr. 2, del cap. 1.

8[1] El mandamiento acerca del amor fraternal es tanto antiguo como nuevo: antiguo, porque los creyentes lo han tenido desde el principio de su vida cristiana; nuevo, porque en su andar cristiano este mandamiento amanece con nueva luz y brilla con nuevo resplandor y poder fresco una y otra vez.

8[2] Este pronombre relativo griego neutro no se refiere a la palabra traducida *mandamiento,* la cual tiene género femenino. Debe de referirse al hecho de que el mandamiento antiguo acerca del amor fraternal es nuevo en el andar cristiano de los creyentes. El hecho de que el mandamiento antiguo sea nuevo es verdadero en el Señor, dado que El no solamente lo dio a Sus creyentes, sino que también lo renueva continuamente en el andar cotidiano de ellos. También es verdadero en los creyentes, puesto que no solamente lo recibieron una sola vez, sino que también los ilumina y refresca repetidas veces.

8[3] Esto significa que las tinieblas se van desvaneciendo ante el resplandor de la luz verdadera. La luz verdadera es la luz del mandamiento del Señor. Debido a que esta luz resplandece, el mandamiento tocante al amor fraternal brilla en las tinieblas, haciendo que el mandamiento antiguo sea siempre nuevo y fresco a lo largo de nuestra vida cristiana.

9[1] La luz es la expresión de la esencia de Dios y la fuente de la verdad (véase la nota 5[3] del cap. 1). El

10[a] 1 Jn. 3:10, 11, 14, 18, 23; 4:7, 11, 20, 21; 1 P. 1:22; 2 P. 1:7
10[b] cfr. 1 Jn. 2:6
10[c] Jn. 11:10; Pr. 4:19
11[a] 1 Jn. 2:9
11[b] 1 Jn. 1:6; Jn. 12:35
11[c] Jn. 12:40; 2 P. 1:9
12[a] cfr. 1 Jn. 1:9
12[b] Hch. 4:12; 10:43; Sal. 25:11
13[a] 1 Jn. 2:3
13[b] 1 Jn. 4:4; 5:4-5; Ap. 12:11
13[c] 1 Jn. 3:12; 5:18; Mt. 6:13; Jn. 17:15
13[d] Jn. 14:7; cfr. Mt. 11:27

10 El que [a]ama a su hermano, [1b]permanece en la [2]luz, y
en él no hay [c]tropiezo.
11 Pero el que [1a]aborrece a su hermano está en [b]tinieblas,
y anda en tinieblas, y no sabe adónde [2]va, porque las tinieblas le han [3c]cegado los ojos.

II. La enseñanza de la unción divina
2:12-27

A. En cuanto a la Trinidad Divina según el crecimiento en vida
vs. 12-19

12 Os escribo a vosotros, [1]hijitos, porque vuestros pecados
os han sido [2a]perdonados por causa de Su [b]nombre.
13 Os escribo a vosotros, [1]padres, porque [2a]conocéis a
[3]Aquel que es [4]desde el principio. Os escribo a vosotros,
[5]jóvenes, porque habéis [6b]vencido al [7c]maligno. Os [8]escribo a
vosotros, [9]niños, porque [d]conocéis al [10]Padre.

---

amor divino está relacionado con la luz divina; está en contraste con el odio satánico, relacionado con las tinieblas satánicas. Aborrecer a un hermano en el Señor es señal de estar en tinieblas (v. 11). Del mismo modo, amar a un hermano es señal de permanecer en la luz (v. 10). El amor nos hace permanecer en la luz, y ésta nos hace amar a los hermanos.

10[1] Permanecer en la luz depende de permanecer en el Señor (v. 6), de lo cual nace amor para con los hermanos.

10[2] Véase la nota 9[1].

11[1] Véase la nota 9[1].

11[2] La palabra griega significa *alejarse.*

11[3] En Jn. 12:35, 40, las tinieblas son el resultado de ser cegado; aquí es al revés.

12[1] Véase la nota 1[1].

12[2] El perdón de los pecados constituye el elemento básico del evangelio de Dios (Lc. 24:47; Hch. 5:31; 10:43; 13:38). Por medio de esto, los creyentes que reciben a Cristo son regenerados y llegan a ser hijos de Dios (Jn. 1:12-13).

13[1] Los creyentes maduros en la vida divina. El apóstol los clasifica en el primer grupo entre los destinatarios de su epístola.

13[2] El verbo griego está en presente perfecto, lo cual denota que el estado producido continúa: habéis conocido; por lo tanto, conocéis todo el tiempo. Tal conocimiento vivo es el fruto de la experiencia de vida.

13[3] El Cristo eterno que existe desde antes, quien es el Verbo de vida desde el principio (1:1; Jn. 1:1). Conocer como vida a tal Cristo eterno es la característica de los padres maduros y experimentados, quienes no fueron ni podían ser engañados por las herejías que decían que Cristo no era eterno como el Padre. Conocer a Cristo como el Eterno que existe desde el principio nos hará madurar e impedirá que las herejías del modernismo nos engañen.

13[4] En el sentido absoluto. Véase la nota 1[2], párr. 2, del cap. 1.

13[5] Los creyentes que han crecido en la vida divina. El apóstol los clasifica como el segundo grupo entre los destinatarios de su epístola.

13[6] Vencer al maligno es la característica de los creyentes jóvenes crecidos y fuertes, quienes son nutridos, fortalecidos y sustentados por la palabra de Dios, la cual permanece y opera en ellos contra el diablo, el

14 Os he [1]escrito a vosotros, padres, porque conocéis a
Aquel que es desde el principio. Os he escrito a vosotros,
jóvenes, porque [2]sois [a]fuertes, y la palabra de Dios [b]perma-
nece en vosotros, y habéis vencido al [3]maligno.
15 [1]No améis al [2a]mundo, ni las cosas que están en el
mundo. Si alguno [b]ama al [c]mundo, el [3d]amor del [4]Padre no
está en él.

14[a] Ef. 6:10; 2 Ti. 2:1
14[b] Col. 3:16; cfr. 1 Jn. 3:9
15[a] Jn. 17:16; Gá. 6:14; Ro. 12:2
15[b] 2 Ti. 4:10
15[c] Jac. 4:4
15[d] 1 Jn. 2:5

---

mundo y la concupiscencia del mundo (vs. 14b-17).

13[7] Satanás, el diablo. Véase la nota 19[4] del cap. 5.

13[8] La palabra griega *egrapsa,* he escrito; en otros mss., *grafo,* escribo. Aunque *egrapsa*, según los mss. más recientemente descubiertos, es más auténtico, *grafo,* tomado por la versión *King James* y por J. N. Darby's *New Translation,* es más lógico en el contexto. En este versículo el apóstol dirige su escrito a cada una de las tres clases de destinatarios, siempre en el tiempo presente. En los versículos siguientes, 14-27, de nuevo se dirige a cada una de las tres clases, pero siempre en el tiempo aoristo, *egrapsa* (v. 14, a los padres y a los jóvenes, y el v. 26, cfr. v. 18, a los niños).

13[9] Los creyentes que acaban de recibir la vida divina. El apóstol los clasifica como el tercer grupo entre los destinatarios de su epístola.

13[10] El Padre es el origen de la vida divina, y de El los creyentes han renacido (Jn. 1:12-13). Conocer al Padre es el resultado inicial de ser regenerado (Jn. 17:3, 6). Por lo tanto, tal conocimiento, ganado por experiencia en la primera etapa de la vida divina, es lo que los califica como los niños, quienes son los más jóvenes según la clasificación de Juan.

14[1] Aunque aquí el griego está en el tiempo aoristo, no se puede deducir que el apóstol haya escrito alguna epístola previa a los mismos destinatarios. Significa que él repite lo que les escribió en el versículo precedente para fortalecer y desarrollar lo que ha dicho. Por consiguiente, significa *he escrito.*

14[2] Estas palabras, hasta la expresión *permanece en vosotros,* refuerzan las palabras *habéis vencido,* dirigida en el versículo anterior a los jóvenes.

14[3] Véase la nota 19[4] del cap. 5.

15[1] Los vs. 15-17 constituyen el desarrollo de las palabras dirigidas a los jóvenes en el v. 13.

15[2] La palabra griega se usa para referirse a diferentes cosas, como sigue: en Mt. 25:34, Jn. 17:5, Hch. 17:24, Ef. 1:4 y Ap. 13:8, denota el universo material como un sistema creado por Dios. En Jn. 1:29; 3:16; y Ro. 5:12, denota la humanidad caída, a la cual Satanás corrompió y usurpó para que los seres humanos fueran los componentes de su sistema mundial maligno. En 1 P. 3:3 denota adorno u ornamento. Aquí, como en Jn. 15:19; 17:14; Jac. 4:4, denota un orden, una forma establecida, un arreglo, por lo tanto, un sistema ordenado (establecido por Satanás, el adversario de Dios), y no la tierra. Dios creó al hombre para que viviese sobre la tierra con miras al cumplimiento de Su propósito. Pero Su enemigo, Satanás, a fin de usurpar al hombre creado por Dios, estableció en la tierra un sistema mundial opuesto a Dios al sistematizar a los hombres con la religión, la cultura, la educación, la industria, el comercio, el entretenimiento, etc., por medio de la naturaleza caída de los hombres, por sus concupiscencias, placeres, pasatiempos, y aun por el exceso con que atienden a las cosas necesarias, tales como el alimento, la ropa, la vivienda y el transporte (véase la nota 31[2] de Jn. 12). La totalidad de este sistema satánico yace en poder del maligno (5:19). No amar tal mundo es la base para vencer al maligno. Amarlo sólo un poco da lugar a que el maligno nos derrote y ocupe nuestro ser.

16 Porque todo lo que hay en el mundo, los [1a]deseos de la
carne, los [1]deseos de los [b]ojos, y la [1]vanagloria de la [2c]vida,
no proviene del Padre, sino del mundo.
17 Y el mundo [a]pasa, y su [1]concupiscencia; pero el que
[2b]hace la [1c]voluntad de Dios permanece para siempre.
18 [1]Niños, ya es la [a]última hora; y según vosotros oísteis
que el [2b]anticristo viene, así ahora se han [c]presentado [3]mu-
chos anticristos; por esto conocemos que es la última hora.
19 [a]Salieron de nosotros, pero [1]no eran de nosotros; porque si hubiesen sido de nosotros, habrían [2]permanecido con
nosotros; pero *salieron* para que se [b]manifestase que no
todos son de nosotros.

16[a] Ro. 13:14; 1 P. 2:11; 2 P. 1:4; Mr. 4:19
16[b] Pr. 27:20; Ec. 4:8; 5:11
16[c] Lc. 21:34; 1 Co. 6:3
17[a] 1 Co. 7:31; Jac. 1:10
17[b] Mt. 7:21
17[c] Ro. 12:2
18[a] 2 Ti. 3:1; Jud. 18
18[b] 1 Jn. 2:22; 4:3; 2 Jn. 7; cfr. 2 Ts. 2:7
18[c] 1 Jn. 4:1; 2 Jn. 7; cfr. Mt. 24:5, 24
19[a] Hch. 20:29, 30; cfr. Dt. 13:13
19[b] cfr. 1 Co. 11:19

15[3] O, amor al Padre; se refiere al amor del Padre dentro de nosotros, el cual llega a ser nuestro amor hacia El. Amarle con tal amor es amarle con el mismo amor con el cual El nos amó a nosotros y que ahora disfrutamos.

15[4] El mundo está en contra del Padre; el diablo está en contra del Hijo (3:8); y la carne está en contra del Espíritu (Gá. 5:17).

16[1] Los deseos de la carne son el intenso apetito del cuerpo; los deseos de los ojos son el intenso apetito del alma estimulado por los ojos; y la vanagloria de la vida es el orgullo, la jactancia y la exhibición vanas de las cosas materiales, de la vida presente. Estos son los componentes del mundo.

16[2] La palabra griega denota la vida física, refiriéndose a la vida que vivimos; es diferente de la palabra traducida *vida* en 1:1-2, la cual se refiere a la vida divina.

17[1] Así como el mundo está contra Dios el Padre, así también las cosas que están en el mundo (v. 15), las cuales constituyen la concupiscencia del mundo, están contra la voluntad de Dios. La concupiscencia del mundo, junto con el que ama al mundo, se desvanece, pero el que hace la voluntad de Dios permanece para siempre.

17[2] Véase la nota 6[5] del cap. 1. Es decir, hace la voluntad de Dios de manera habitual y continua, no sólo ocasionalmente.

18[1] Se refiere a los niños del v. 13, quienes forman el tercer grupo de destinatarios. Los vs. 18-27, que recalcan el conocimiento de vida (vs. 20-21), refuerzan la frase "porque conocéis al Padre", dirigida a ellos mismos en el v. 13.

18[2] Un anticristo es diferente de un Cristo falso (Mt. 24:5, 24). Un Cristo falso es uno que, con engaños, quiere hacerse pasar por Cristo; mientras que un anticristo es alguien que niega la deidad de Cristo, al afirmar que Jesús no es el Cristo, es decir, niega al Padre y al Hijo, al afirmar que Jesús no es el Hijo de Dios (v. 22 y la nota 2; v. 23), al no confesar que El vino en la carne por medio de la concepción del Espíritu Santo (4:2-3).

18[3] En tiempos del apóstol, muchos herejes, como los gnósticos, los cerintianos y los docetas, enseñaban herejías con respecto a la persona de Cristo, es decir, con respecto a Su divinidad y Su humanidad.

19[1] Estos anticristos no eran nacidos de Dios y no estaban en la comunión de los apóstoles y de los creyentes (1:3; Hch. 2:42); por consiguiente, ellos no pertenecían a la iglesia, es decir, al Cuerpo de Cristo.

19[2] Permanecer con los apóstoles y con los creyentes es permanecer en la comunión del Cuerpo de Cristo.

B. Tiene como fin que permanezcamos en el Dios Triuno
vs. 20-27

20 Pero vosotros tenéis la [1a]unción del [b]Santo, y [2c]todos
vosotros [d]tenéis conocimiento.
21 No os he escrito porque ignoréis la [1]verdad, sino porque la [2]conocéis, y porque ninguna [a]mentira procede de la
[1]verdad.
22 ¿Quién es el [a]mentiroso, sino el que [1b]niega que [2c]Jesús
es el Cristo? Este es [d]anticristo, el que niega al Padre y al
Hijo.

20a 2 Co. 1:21; He. 1:9
20b Lc. 1:35; Mr. 1:24; Hch. 2:27; 3:14
20c Jn. 14:26; 16:13
20d 1 Co. 2:12
21a 1 Jn. 2:27; 1:6
22a 1 Jn. 2:4; 4:20
22b 1 Jn. 4:3; 2 Jn. 7
22c 1 Jn. 5:1; 4:15
22d 1 Jn. 2:18

20[1] La unción es el mover y el obrar del Espíritu compuesto que mora en nosotros, el cual es plenamente tipificado por el aceite de la unción, el ungüento compuesto mencionado en Ex. 30:23-25 (véase *Life-study of Exodus,* mensajes 157-166, y la nota 19[3] de Fil. 1). El Espíritu vivificante y todo-inclusivo que proviene de Aquel que es santo entró en nosotros cuando fuimos regenerados, y permanece en nosotros para siempre (v. 27); por El los niños conocen al Padre (v. 13) y conocen la verdad (v. 21).

20[2] Algunos mss. dicen: vosotros conocéis todas las cosas.

21[1] Denota la realidad de la Trinidad Divina, especialmente de la persona de Cristo (vs. 22-25), tal como lo enseña la unción divina (vs. 20, 27). Véase la nota 6[6] del cap. 1.

21[2] Este conocimiento se adquiere mediante la unción del Espíritu vivificante que mora en nosotros. Es un conocimiento en la vida divina bajo la luz divina, un conocimiento interior que tiene su origen en nuestro espíritu regenerado, en el cual mora el Espíritu compuesto; no es el conocimiento mental producido por un estímulo exterior.

22[1] Esta es la herejía de Cerinto, un heresiarca sirio del primer siglo, de ascendencia judía y educado en Alejandría. Su herejía era una mezcla de judaísmo, gnosticismo y cristianismo. El hacía una distinción entre el hacedor (creador) del mundo y Dios, y representaba a ese hacedor como un poder subordinado. El enseñaba el adopcionismo, diciendo que Jesús era simplemente Hijo adoptivo de Dios y que llegó a ser Hijo de Dios al ser exaltado a una posición que no era Suya por nacimiento; de este modo negaba que Jesús hubiese sido concebido por el Espíritu Santo. Cerinto en su herejía separaba al Jesús terrenal, considerado como hijo de José y María, del Cristo celestial, y enseñaba que después de que Jesús fue bautizado, Cristo como una paloma descendió sobre El, y entonces anunció al Padre desconocido e hizo milagros. Además, enseñaba que Cristo, al final de Su ministerio, se separó de Jesús y que Jesús sufrió la muerte sobre la cruz y resucitó de los muertos, mientras Cristo permanecía separado como un ser espiritual, y también enseñaba que, por último, Cristo se volverá a unir al hombre Jesús cuando venga el reino mesiánico de gloria.

22[2] Confesar que Jesús es el Cristo es confesar que El es el Hijo de Dios (Mt. 16:16; Jn. 20:31). Por lo tanto, negar que Jesús es el Cristo es negar al Padre y al Hijo. Cualquiera que niegue la persona divina de Cristo es un anticristo.

Queda implícito que Jesús, Cristo, el Padre y el Hijo son uno solo, puesto que negar al uno equivale a negar al otro. Ellos son los elementos, los ingredientes, del Espíritu compuesto y todo-inclusivo que mora en nosotros, quien ahora unge a los creyentes todo el tiempo (vs. 20, 27). En esta unción, Jesús, Cristo, el Padre y el Hijo son impartidos a nuestro interior por medio de la unción.

23[a] Jn. 15:23
23[b] 2 Jn. 9; cfr. Jn. 8:19; 14:7
24[a] 1 Jn. 2:7; 3:11
24[b] 1 Jn. 2:27; 2 Jn. 2
24[c] 1 Jn. 2:6
24[d] Jn. 14:23
25[a] 1 Jn. 1:2
26[a] 1 Jn. 3:7

23 Todo aquel que [1]niega al Hijo, tampoco tiene al [a]Padre.
El que confiesa al [b]Hijo, tiene también al Padre.
24 En cuanto a vosotros, [1]lo que habéis oído [2]desde el
principio, permanezca en vosotros. Si lo que habéis [a]oído
[2]desde el principio [b]permanece en vosotros, también vosotros [3c]permaneceréis en el [d]Hijo y en el Padre.
25 Y ésta es la promesa que [1]El mismo nos [2]hizo, la [3a]vida
eterna.
26 Os he escrito esto [1]sobre los que os [2a]desvían.
27 Y en cuanto a vosotros, la [1]unción que vosotros recibisteis de [2]El [3]permanece en vosotros, y [4]no tenéis necesidad de

---

23[1] Puesto que el Hijo y el Padre son uno (Jn. 10:30; Is. 9:6), negar al Hijo significa no tener al Padre, y confesar al Hijo es tener al Padre. Negar al Hijo aquí se refiere a negar la deidad de Cristo, negar que el hombre Jesús es Dios. Esta es una gran herejía.

24[1] El Verbo de vida, es decir, la Palabra de la vida eterna que los creyentes oyeron desde el principio (1:1-2). No negar sino confesar que el hombre Jesús es el Cristo, el Hijo de Dios (v. 22), es permitir que la Palabra de la vida eterna permanezca en nosotros. Al hacer esto permanecemos en el Hijo y en el Padre, y no somos descarriados por las enseñanzas heréticas acerca de la persona de Cristo (v. 26). Esto muestra que el Hijo y el Padre son la vida eterna que nos regenera y que podemos disfrutar. En dicha vida eterna tenemos comunión con Dios y unos con otros (1:2-3, 6-7), y vivimos en nuestro andar diario (v. 6; 1:7).

24[2] En el sentido relativo (véase la nota 1[2], párr. 2, del cap. 1).

24[3] Véase la nota 27[8].

25[1] El pronombre singular *El,* refiriéndose al Hijo y al Padre mencionados en el versículo precedente, indica que el Hijo y el Padre son uno. En cuanto a nuestra experiencia de la vida divina, el Hijo, el Padre, Jesús y Cristo son uno. No es cierto que solamente el Hijo, y no el Padre, sea la vida eterna para nosotros. Jesús, siendo el Cristo como el Hijo y como el Padre, es la vida divina y eterna para nosotros como nuestra porción.

25[2] En el Evangelio de Juan, como en 3:15; 4:14; 6:40, 47; 10:10; 11:25; 17:2-3.

25[3] Según el contexto de los vs. 22-25, la vida eterna es simplemente Jesús, Cristo, el Hijo y el Padre; todos ellos componen la vida eterna. Por lo tanto, la vida eterna también es un elemento del Espíritu compuesto y todo-inclusivo que mora en nosotros y que actúa en nosotros.

26[1] Esto indica que esta sección de la Palabra fue escrita con el fin de vacunar a los creyentes con la verdad de la Trinidad Divina para contrarrestar las herejías en cuanto a la persona de Cristo.

26[2] O, engañan. Desviar a los creyentes es distraerlos de la verdad con respecto a la deidad y la humanidad de Cristo por medio de enseñanzas heréticas acerca de los misterios de lo que Cristo es.

27[1] Véase la nota 20[1].

27[2] Véase la nota 25[1].

27[3] Esto se refiere al hecho de que el Espíritu todo-inclusivo, compuesto y vivificante mora en nosotros (Ro. 8:9, 11).

27[4] Con respecto al hecho de que la Trinidad Divina mora en nosotros (Jn. 14:17, 23), no necesitamos que nadie nos enseñe; por la unción del Espíritu compuesto y todo-inclusivo, quien está compuesto de la Trinidad Divina, nosotros conocemos y disfrutamos al Padre, al Hijo y al

que nadie os enseñe; pero como [2]Su unción os [5a]enseña
[6]todas las cosas, y es [7]verdadera, y no es [b]mentira, así como
ella os ha enseñado, [8]permaneced en [2]El.

III. Las virtudes del nacimiento divino
2:28—5:21

A. Para practicar la justicia divina
2:28—3:10a

28 Y ahora, [1]hijitos, [2]permaneced en El, para que cuando
[3]El se [a]manifieste, tengamos [b]confianza, y [4]en Su [c]venida no
nos alejemos [5]de El [6d]avergonzados.

27[a] He. 8:11; Jn. 6:45; 1 Ts. 4:9
27[b] 1 Jn. 2:21
28[a] 1 Jn. 3:2; Col. 3:4
28[b] 1 Jn. 3:21; 4:17; 5:14
28[c] Mr. 8:38
28[d] 1 Ts. 2:19; 3:13

Espíritu como nuestra vida y suministro de vida.

27[5] No se trata de una enseñanza exterior por medio de palabras, sino de una enseñanza interior por medio de la unción, mediante nuestro estado consciente espiritual. Esta enseñanza por medio de la unción agrega a nuestro ser interior los elementos divinos de la Trinidad, los cuales son los elementos del Espíritu compuesto que unge. Es semejante a pintar un artículo varias veces: la pintura no solamente da el color, sino que también al agregar capa tras capa, los elementos de la pintura son agregados al artículo que se esté pintando. En esta forma el Dios Triuno es impartido, infundido y agregado a todas las partes internas de nuestro ser a fin de que nuestro hombre interior crezca en la vida divina con los elementos divinos.

27[6] Conforme al contexto, la frase *todas las cosas* se refiere a todo lo que tiene que ver con la persona de Cristo, lo cual está relacionado con la Trinidad Divina. La enseñanza que la unción nos da con respecto a estas cosas nos guarda para que permanezcamos en El (la Trinidad Divina), es decir, en el Hijo y en el Padre (v. 24).

27[7] La unción en nosotros del Espíritu compuesto y constituido del Dios Triuno, quien es verdadero (5:20), es una realidad, y no una falsedad. Puede ser probada por nuestra experiencia práctica en nuestra vida cristiana.

27[8] La palabra griega significa *quedarse* (en un determinado lugar, estado, relación o expectativa); por lo tanto, significa permanecer y morar. Permanecer en El es permanecer en el Hijo y en el Padre (v. 24). Esto equivale a permanecer y morar en el Señor (Jn. 15:4-5). También es permanecer en la comunión de la vida divina y andar en la luz divina (1:2-3, 6-7), es decir, permanecer en la luz divina (v. 10). Debemos practicar esto conforme a la enseñanza de la unción todo-inclusiva a fin de mantener nuestra comunión con Dios (1:3, 6).

28[1] Véase la nota 1[1]. Lo escrito a partir del v. 13, dirigido a las tres diferentes clases de destinatarios, termina en el v. 27. El v. 28 se refiere de nuevo a todos los destinatarios. Por consiguiente, se dirige otra vez a "hijitos", tal como en los vs. 1 y 12.

28[2] Las palabras dirigidas a los tres grupos de destinatarios en los vs. 13-27 concluyen con la exhortación de permanecer en El como enseña la unción. En esta sección, 2:28—3:24, el apóstol sigue describiendo la vida que permanece en el Señor. Esta sección comienza (v. 28), prosigue (3:6) y termina (3:24) con *permanecer en El.*

28[3] Aquí el pronombre *El* se refiere indudablemente a Cristo el Hijo, quien ha de venir. Esto, junto con la cláusula anterior *permaneced en El,* la cual es una repetición de la frase del versículo anterior que trata de la Trinidad, indica que el Hijo es la corporificación del Dios Triuno, que no se puede separar del Padre ni del Espíritu.

29[a] 1 Jn. 1:9
29[b] 1 Jn. 3:7
29[c] Fil. 4:8

29 Si [1]sabéis que [2]El es [3a]justo, [4]entonces [5]sabéis que todo
el que también [6b]practica la [c]justicia es [7]nacido de El.

CAPITULO 3

1[a] 1 Jn. 4:9-10; Jn. 3:16

1 [1]Mirad cuál [2a]amor nos ha dado el [3]Padre, para que

28[4] Lit., en Su presencia (Su parusía).

28[5] Véase Mt. 7:23, la nota 51[1] de Mt. 24, y Mt. 22:13 y la nota 2.

28[6] Esto indica que algunos creyentes serán castigados al tener que alejarse avergonzados de El, de Su gloriosa parusía. Dichos creyentes no permanecen en el Señor (es decir, no persisten en la comunión de la vida divina según la fe pura en la persona de Cristo), sino que son descarriados por las enseñanzas heréticas acerca de Cristo (v. 26).

29[1] La palabra griega denota la idea de percibir con un conocimiento subjetivo, con una visión interior más profunda. Esto tiene como fin conocer al Señor.

29[2] Aquí el pronombre *El* se refiere al Dios Triuno —el Padre, el Hijo y el Espíritu— de una manera todo-inclusiva, porque se refiere al pronombre *El* del versículo precedente, el cual se refiere al Hijo que viene; también se refiere al pronombre *El* usado en este versículo, el cual denota al Padre, quien nos ha engendrado. Esto comprueba que el Hijo y el Padre son uno (Jn. 10:30).

29[3] Se refiere al Dios justo en 1:9 y a Jesucristo el Justo en el v. 1 de este capítulo. En estas palabras dirigidas a todos los destinatarios, a partir del v. 28, el apóstol cambia el énfasis, de la comunión de la vida divina (1:3—2:11) y la unción de la Trinidad Divina (vs. 12-27), a la justicia de Dios. La comunión de la vida divina y la unción de la Trinidad Divina deben dar por resultado la expresión del Dios justo.

29[4] O, sabed que… (imperativo).

29[5] La palabra griega denota un conocimiento exterior y objetivo (véanse las notas 55[1] de Jn. 8, 17[2] de Jn. 21 y 11[1] de He. 8) cuyo fin es conocer al hombre.

29[6] Véase la nota 6[5] del cap. 1. No se refiere a hacer justicia ocasionalmente y a propósito como algún acto en particular, sino a practicar la justicia habitual y espontáneamente como parte de la vida cotidiana. Lo mismo se aplica en 3:7. Se trata de un vivir espontáneo que surge de la vida divina que está dentro de nosotros, con la cual fuimos engendrados por el Dios justo. Por lo tanto, es una expresión viva de Dios, quien es justo en todos Sus hechos y actos. No es solamente un comportamiento exterior, sino la manifestación de la vida interior; no sólo un esfuerzo de la voluntad, sino el fluir de la vida desde el interior de la naturaleza divina de la que participamos. Esta es la primera condición de la vida que permanece en el Señor. Todo esto se debe al nacimiento divino, indicado por las palabras *nacido de El,* y el título *hijos de Dios* en el versículo siguiente (3:1).

29[7] Lit., engendrado; y así en todo el libro. Los escritos de Juan sobre los misterios de la eterna vida divina recalcan mucho el nacimiento divino (3:9; 4:7; 5:1, 4, 18; Jn. 1:12-13), el cual es nuestra regeneración (Jn. 3:3, 5). ¡Lo más maravilloso de todo el universo es que los seres humanos puedan ser engendrados por Dios y que los pecadores puedan ser hechos hijos de Dios! Por medio de tan asombroso nacimiento divino hemos recibido la vida divina, la vida eterna (1:2), como simiente divina sembrada en nuestro ser (3:9). A partir de esta simiente, todas las riquezas de la vida divina crecen y se expresan desde nuestro interior. Esto nos hace permanecer en el Dios Triuno y expresar la vida divina en nuestro vivir humano, es decir, llevar una vida que no practica

seamos llamados [4b]hijos de Dios, y lo somos. [5]Por esto el
mundo no nos [6]conoce, [7]porque no le [c]conoció a El.
2 Amados, ahora somos hijos de Dios, y [1]aún no se ha
manifestado lo que hemos de ser. [2]Sabemos que cuando [3]El
se [a]manifieste, seremos [b]semejantes a El, porque le [4c]vere-
mos tal como [3]El es.
3 Y todo aquel que tiene [1]esta [a]esperanza en El, se
[2b]purifica a sí mismo, así como [3c]El es puro.

---

el pecado (3:9), sino que practica la justicia (2:29), ama a los hermanos (5:1), vence al mundo (5:4), y el maligno no la toca (5:18).

1[1] El pasaje que va desde 2:28 hasta 3:3 es un solo párrafo que habla del vivir justo de los hijos de Dios.

1[2] Véase la nota 5[2] del cap. 2.

1[3] En el versículo precedente el Dios Triuno está implícito (véase 2:29 y la nota 2), pero aquí el Padre es mencionado en particular. El es la fuente de la vida divina, de quien hemos nacido con esta vida. El amor de Dios fue manifestado en el hecho de que El envió a Su Hijo a morir por nosotros (4:9; Jn. 3:16) para que recibiéramos Su vida y así llegásemos a ser Sus hijos (Jn. 1:12-13). Dios envió a Su Hijo con el fin de engendrarnos. Por consiguiente, el amor de Dios, particularmente en el Padre, es un amor que engendra.

1[4] Esta palabra corresponde a la frase *nacido de El* citada en el versículo precedente. Nosotros fuimos engendrados por el Padre, la fuente de la vida, para ser hijos de Dios, y por ende le pertenecemos a El. Nosotros participamos de la vida del Padre para expresar al Dios Triuno.

1[5] O, por esta causa, por esta razón. Puesto que somos hijos de Dios por haber tenido un nacimiento misterioso con la vida divina, el mundo no nos conoce.

1[6] Véase la nota 29[5] del cap. 2.

1[7] El mundo ignora que Dios nos ha regenerado; el mundo no nos conoce porque no conoció a Dios mismo. El mundo no sabía nada de Dios, así que tampoco sabe nada de nuestro nacimiento divino.

2[1] Puesto que somos hijos de Dios, seremos como El en la madurez de vida cuando El se manifieste. Ser como El es "lo que hemos de ser". Esto no se ha manifestado todavía. Esto indica que los hijos de Dios tienen un gran futuro con una bendición más espléndida: no solamente tendremos la naturaleza divina, sino también la semejanza divina. Participar de la naturaleza divina es ya una gran bendición y disfrute, pero ser como Dios, poseyendo Su semejanza, será una bendición y un deleite aún más grande.

2[2] Véase la nota 29[1] del cap. 2.

2[3] *El* se refiere a Dios en la frase anterior y representa a Cristo, quien se manifestará. Esto no sólo indica que Cristo es Dios, sino que también hace alusión a la Trinidad Divina. Cuando Cristo se manifieste, el Dios Triuno se manifestará; cuando le veamos a El, veremos al Dios Triuno; y cuando seamos como El, seremos como el Dios Triuno.

2[4] Al verle reflejaremos Su semejanza (2 Co. 3:18), lo cual nos hará como El.

3[1] La esperanza de ser como el Señor, de tener la semejanza del Dios Triuno.

3[2] Según el contexto de esta sección, 2:28—3:24, purificarse significa practicar la justicia (v. 7; 2:29), vivir una vida justa que exprese al Dios justo (1:9), el Justo (2:1). Esto significa ser puro, sin mancha alguna de injusticia, así como El es perfectamente puro. Esto también describe la vida que permanece en el Señor.

3[3] Lit., Aquel; se refiere a Jesucristo. Así también en los vs. 5 (la primera vez) y 7.

1[b] 1 Jn. 3:10; Jn. 1:12; Ro. 8:16
1[c] Jn. 16:3; 17:25
2[a] 1 Jn. 2:28; cfr. 1 Jn. 3:5, 8
2[b] Ro. 8:29; 1 Co. 15:49; 2 Co. 3:18; Fil. 3:21
2[c] cfr. Jn. 17:24; 1 Co. 13:12
3[a] Col. 1:27; Ro. 8:23-25; 1 P. 1:3
3[b] 2 Co. 7:1; Jac. 4:8; Is. 1:16
3[c] 1 Jn. 3:5, 7; 2:6; 4:17

4 Todo aquel que [1a]practica el pecado, [2]también practica
la infracción de la ley; pues el [b]pecado es infracción de la ley.
5 Y sabéis que El se [a]manifestó para [1]quitar los [b]peca-
dos, y no hay pecado en [2]El.
6 Todo aquel que [1a]permanece en El, [2b]no peca; todo
aquel que [3]peca, [4c]no le ha visto, ni le ha [d]conocido.
7 [1]Hijitos, nadie os [2a]desvíe; el que [3b]practica la justicia
es [4c]justo, como El es [d]justo.

4[a] 1 Jn. 3:8-9
4[b] 1 Jn. 5:17
5[a] 1 Jn. 1:2; He. 9:26; cfr. 1 Jn. 3:2
5[b] Is. 53:5, 6, 11, 12; 1 P. 2:24
6[a] 1 Jn. 2:6
6[b] 1 Jn. 5:18
6[c] 3 Jn. 11; cfr. Mt. 5:8
6[d] 1 Jn. 2:4; 4:8
7[a] 1 Jn. 2:26
7[b] 1 Jn. 2:29
7[c] 1 Jn. 3:12; Ro. 2:13; Ez. 18:5-9; 2 P. 2:7
7[d] 1 Jn. 2:1

4[1] Véase la nota 6[5] del cap. 1. Practicar el pecado no es simplemente cometer actos pecaminosos ocasionalmente, sino vivir en el pecado (Ro. 6:2), es decir, no vivir bajo el principio gubernamental de Dios.

4[2] Es decir, no tener ley, vivir sin ley. No denota el hecho de carecer de la ley mosaica (cfr. Ro. 5:13), porque el pecado ya estaba en el mundo antes de que la ley mosaica fuese dada. Aquí vivir sin ley denota no estar sometido al principio según el cual Dios rige sobre el hombre. Vivir sin ley significa vivir fuera del principio gubernamental de Dios y no someterse a dicho principio. Por lo tanto, vivir sin ley es pecado, y recíprocamente, el pecado es vivir sin ley.

5[1] La misma palabra griega es usada en Jn. 1:29. Allí Cristo como el Cordero de Dios quita el pecado del mundo, el cual entró en el mundo por medio de Adán (Ro. 5:12). Aquí El quita los pecados, los cuales son cometidos por todos los hombres. Juan 1 enfoca la totalidad del pecado, que incluye la naturaleza pecaminosa y los hechos pecaminosos. Este capítulo trata solamente de los frutos del pecado, es decir, los pecados cometidos en la vida diaria del hombre. Cristo quita ambos aspectos del pecado.

5[2] En Aquel que quita el pecado (la naturaleza pecaminosa) y los pecados (los hechos pecaminosos), no hay pecado. Por lo tanto, El no conoció pecado (2 Co. 5:21), no cometió pecado (1 P. 2:22) y no tuvo pecado (He. 4:15). Esto le calificó para quitar tanto el pecado que mora en el hombre como los pecados que el hombre comete en su vida diaria.

6[1] Es decir, permanece en la comunión de la vida divina y anda en la luz divina (1:2-3, 6-7). Véase la nota 27[8] del cap. 2.

6[2] Es decir, no peca habitualmente. Esto también es una condición de la vida que permanece en el Señor. No significa que los hijos de Dios no cometan pecado en absoluto, pues es posible que ellos cometan pecados ocasionalmente; significa que los creyentes regenerados que tienen la vida divina y viven por ella no practican el pecado. El carácter y hábito de ellos no es pecar, sino permanecer en el Señor. Permanecer en el Señor caracteriza la vida de un creyente; pecar caracteriza la vida de un pecador.

6[3] Es decir, practica el pecado, lleva una vida pecaminosa.

6[4] Es decir, no ha recibido ninguna visión del Señor ni tiene comprensión alguna acerca de El. Tal condición es como la de un incrédulo.

7[1] Véase la nota 1[1] del cap. 2.

7[2] O, engañe.

7[3] Véase la nota 6[5] del cap. 1. Practicar la justicia es vivir una vida justa (véase la nota 29[6] del cap. 2), vivir de manera justa bajo el gobierno de Dios. Esto, según el versículo siguiente, equivale a no practicar el pecado y, según el v. 4, equivale a no vivir sin ley. Todas estas cosas forman parte de nuestra purificación (v. 3).

7[4] Según el contexto, la palabra *justo* equivale a la palabra *puro* del v. 3. Ser justo significa ser puro, sin ninguna mancha de pecado, iniquidad ni injusticia, tal como Cristo es.

8 El que [1a]practica el pecado es del [2b]diablo; porque el
diablo [1]peca [3]desde el principio. [4]Para esto se [c]manifestó el
Hijo de Dios, para [5d]destruir las obras del diablo.
9 Todo aquel que es [1]nacido de Dios, [2]no practica el
pecado, porque la [3a]simiente de Dios [b]permanece en él; y [4]no
puede pecar, porque es nacido de Dios.
10 [1]En esto se manifiestan los [a]hijos de Dios, y los [b]hijos
del diablo:

8[1] Véase la nota 6[5] del cap. 1. Este versículo indica que practicar el pecado (véase la nota 4[1]) y pecar son sinónimos en este libro, lo cual indica vivir en el pecado, cometer pecados habitualmente. Tal vida procede del diablo, quien peca continuamente desde el principio y cuya vida es de pecado. El pecado es su naturaleza, y pecar es su carácter.

8[2] Véase la nota 10[1] de Ap. 2.

8[3] En el sentido absoluto, es decir, desde que el diablo empezó a rebelarse contra Dios e intentó derrocar el gobierno de Dios. Véase la nota 1[2], párr. 2, del cap. 1.

8[4] Es decir, con este fin. El diablo peca continuamente desde tiempos antiguos, y engendra pecadores para que practiquen el pecado con él. Para esto se manifestó el Hijo de Dios, para deshacer y destruir las obras pecaminosas del diablo, es decir, para condenar, por medio de Su muerte en la carne sobre la cruz (Ro. 8:3), el pecado iniciado por el maligno; para destruir el poder del pecado, la naturaleza pecaminosa del diablo (He. 2:14); y para quitar el pecado y los pecados (nota 5[1]).

8[5] O, disolver, deshacer.

9[1] Véase la nota 29[7] del cap. 2.

9[2] No practicar el pecado no significa que no cometamos actos pecaminosos ocasionalmente, sino que no vivimos en el pecado. Véase la nota 4[1].

9[3] Indica la vida de Dios, la cual El nos dio cuando nos engendró. Esta vida, como simiente divina, permanece en cada creyente regenerado. Por consiguiente, tal persona no practica el pecado y no puede pecar.

9[4] Es decir, no puede vivir habitualmente en el pecado. Un creyente regenerado puede caer ocasionalmente en el pecado, pero la vida divina como la simiente divina en su naturaleza regenerada no le permitirá vivir en el pecado. Esto es similar a una oveja: es posible que caiga en el lodo, pero su vida limpia no le permitirá permanecer y revolcarse allí, como lo haría un cerdo.

10[1] Practicar o no practicar el pecado, es decir, vivir o no vivir en el pecado, no es asunto de conducta, sino de nuestra filiación, nuestra condición de hijos de Dios o de hijos del diablo. Por lo tanto, es asunto de vida y de naturaleza. Los hombres, como descendientes caídos de Adán, al nacer son hijos del diablo, el maligno (Jn. 8:44), y poseen su vida, participan de su naturaleza y viven en el pecado de modo automático y habitual. Practicar el pecado caracteriza su vida. Pero los creyentes, quienes han sido redimidos de su estado caído y han renacido en su espíritu, son hijos de Dios, y poseen Su vida, participan de Su naturaleza y no viven en el pecado. Practicar la justicia caracteriza su vida. Queda manifiesto si alguien es hijo de Dios o hijo del diablo por lo que practica, ya sea la justicia o el pecado. Un creyente renacido puede cometer pecado, y un hombre que no es salvo puede hacer justicia. Ambas cosas representan sus acciones externas, y no su vivir externo; por tanto, no manifiestan lo que ellos son en su vida y naturaleza interior.

8[a] 1 Jn. 3:4
8[b] 1 Jn. 3:10; Mt. 13:39; Jn. 8:44; Ap. 2:10; 12:9-10
8[c] 1 Jn. 3:5
8[d] He. 2:14; cfr. Gn. 3:15
9[a] cfr. Mt. 13:4; 1 P. 1:23
9[b] cfr. 1 Jn. 2:14
10[a] 1 Jn. 3:1
10[b] Mt. 13:38; cfr. Jn. 8:44

B. Para practicar el amor divino
3:10b—5:3

1. Por la vida divina (como la simiente divina) y el Espíritu divino
3:10b-24

Todo aquel que no [c]practica la justicia no es de Dios, y
tampoco el que [d]no [2]ama a su hermano.
11 Porque éste es el [1]mensaje que habéis [a]oído [2]desde el
principio: Que nos [3b]amemos unos a otros.
12 No como [a]Caín, que era [1]del [2b]maligno y [c]mató a su
hermano. ¿Y por qué causa le mató? Porque sus obras eran
malignas, y las de su hermano [d]justas.
13 No os extrañéis, hermanos, si el [1]mundo os [a]aborrece.
14 Nosotros sabemos que hemos [a]pasado de [1]muerte a
vida, en que [b]amamos a los hermanos. El que [2c]no ama,
permanece en muerte.

10[c] 1 Jn. 3:7
10[d] 1 Jn. 3:14; 4:8, 20
11[a] 1 Jn. 1:5; 2:7, 24
11[b] 1 Jn. 3:14, 18, 23; 2:10; Jn. 13:34; 15:12
12[a] Gn. 4:3; He. 11:4; Jud. 11
12[b] 1 Jn. 2:13
12[c] Gn. 4:8; cfr. Jn. 8:44
12[d] 1 Jn. 3:7
13[a] Jn. 15:18-19; 17:14
14[a] Jn. 5:24
14[b] 1 Jn. 3:11
14[c] 1 Jn. 3:10

10[2] La justicia es la naturaleza de los actos de Dios; el amor es la naturaleza de la esencia de Dios. La esencia de Dios es amor; los actos de Dios son justicia. El amor es interior; la justicia es exterior. Por consiguiente, comparado con la justicia, el amor es una manifestación más intensa de que somos hijos de Dios. Así que, desde este versículo hasta el v. 24, el apóstol pasa de la justicia al amor en cuanto a la manifestación de los hijos de Dios, como otra condición de la vida que permanece en el Señor.

11[1] Véase la nota 7[1] del cap. 2.

11[2] En el sentido relativo (véase la nota 1[2], párr. 2, del cap. 1).

11[3] Esta es una condición más elevada de la vida que permanece en el Señor.

12[1] Caín era del maligno, o sea era hijo del diablo; su hermano Abel era de Dios, es decir, era un hijo de Dios (v. 10).

12[2] Véase la nota 19[4] del cap. 5.

13[1] Es decir, las personas del mundo, quienes, como Caín, son hijos del diablo (v. 10) y son componentes del sistema, el cosmos, de Satanás (el mundo, Jn. 12:31). No debe asombrarnos que las personas del mundo, quienes yacen en poder del maligno, el diablo (5:19), aborrezcan a los creyentes (los hijos de Dios); para ellos es natural hacerlo.

14[1] La muerte es del diablo, Satanás, el enemigo de Dios, y está simbolizada por el árbol del conocimiento del bien y del mal, el cual produce muerte; la vida es de Dios, quien es la fuente de la vida, y está simbolizada por el árbol de la vida, el cual produce vida (Gn. 2:9, 16-17). La muerte y la vida no solamente proceden de dos fuentes, Satanás y Dios; también son dos esencias, dos elementos y dos esferas. Pasar de muerte a vida es pasar de la fuente, la esencia, el elemento y la esfera de la muerte a la fuente, la esencia, el elemento y la esfera de la vida. Esto sucedió en nosotros cuando fuimos regenerados. Nosotros sabemos esto, es decir, estamos conscientes interiormente de esto, porque amamos a los hermanos. Amar (con el amor de Dios) a los hermanos es una firme evidencia de esto. La fe en el Señor es el camino por el cual pasamos de muerte a vida; amar a los hermanos constituye la evidencia de que hemos pasado de muerte a vida. Tener fe es recibir la vida eterna; amar es vivir por la vida eterna y expresarla.

14[2] No amar a los hermanos es evidencia de no vivir por la esencia y el

15 Todo aquel que [1a]aborrece a su hermano es [2b]homicida;
y sabéis que ningún homicida tiene [c]vida eterna permanente
en él.
16 En esto hemos conocido el amor, en que [a]El [b]puso Su
[1]vida por nosotros; también nosotros debemos [c]poner nuestras [2]vidas por los hermanos.
17 Pero el que tiene bienes de este mundo y ve a su
hermano tener [a]necesidad, y [b]cierra contra él sus entrañas,
¿cómo mora el [1c]amor de Dios en él?
18 [1]Hijitos, no [a]amemos de palabra ni de lengua, sino de
[2]hecho y con [3b]veracidad.
19 Y en esto conoceremos que somos de la [1]verdad, y
[2]aseguraremos nuestros corazones delante de El;
20 pues si nuestro [1]corazón nos [a]reprende, [b]mayor que
nuestro corazón es Dios, y El [c]sabe todas las cosas.

15a 1 Jn. 2:9, 11; cfr. Mt. 5:22-23
15b Jn. 8:44; Ap. 21:8; 22:15
15c 1 Jn. 1:2
16a 1 Jn. 2:6
16b Jn. 10:11, 17, 18; 15:13; Ef. 5:2
16c Fil. 2:17; 1 Ts. 2:8
17a Jac. 2:15-16
17b Dt. 15:7
17c 1 Jn. 4:20
18a Ro. 12:9; 1 P. 1:22
18b 2 Jn. 1; 3 Jn. 1
20a cfr. 1 Co. 4:4
20b 1 Jn. 4:4
20c Sal. 139:1-6, 23-24; cfr. Jn. 2:24-25

---

elemento del amor divino y de no permanecer en la esfera de ese amor; al contrario, es vivir en la esencia y en el elemento de la muerte satánica y permanecer en su esfera.

15[1] Con respecto a los atributos divinos, el odio está en contraste con el amor, la muerte con la vida, las tinieblas con la luz, y las mentiras (las falsedades) con la verdad. Todo lo que es contrario a estas virtudes divinas pertenece al maligno, al diablo.

15[2] Aquí *homicida* indica que en la ética espiritual, aborrecer equivale a asesinar. Ningún asesino, (una persona que no sea salva), como lo fue Caín (v. 12), tiene la vida eterna permanente en él. Puesto que sabemos esto, nosotros, quienes hemos pasado de muerte a vida y en quienes permanece la vida eterna, no debemos comportarnos como homicidas inconversos al aborrecer a aquellos que son nuestros hermanos en el Señor. Esta sección tiene que ver con la vida que permanece en el Señor. Un creyente que tiene la vida eterna pero no permanece en el Señor ni permite que el Señor, quien es la vida eterna, permanezca y obre en él, puede ocasionalmente aborrecer a un hermano y cometer otros pecados. Sin embargo, esto no sería habitual.

16[1] Lit., alma.

16[2] Lit., almas.

17[1] Véase la nota 5[2] del cap. 2.

18[1] Véase la nota 1[1] del cap. 2.

18[2] *Hecho* está en contraste con *palabra,* y *veracidad* está en contraste con *lengua. Lengua* denota el juego de la conversación vana, y *veracidad* denota la realidad del amor.

18[3] Véase la nota 6[6], punto 7, del cap. 1.

19[1] Denota la realidad de la vida eterna, que Dios nos dio en nuestro nacimiento divino y que nos da la capacidad de amar a los hermanos por el amor divino (vs. 14-18). Al amar a los hermanos con el amor divino, sabemos que somos de esta realidad. Véase la nota 6[6] del cap. 1.

19[2] O, conciliaremos, convenceremos, persuadiremos, tranquilizaremos. Asegurar nuestro corazón delante de Dios significa tener una buena conciencia, sin ofensa (1 Ti. 1:5, 19; Hch. 24:16), para que nuestro corazón pueda ser conciliado, convencido, persuadido y tranquilizado. Esto también es una condición de la vida que permanece en el Señor. Permanecer en el Señor requiere un corazón tranquilo con una conciencia sin ofensa. Esto también reviste vital importancia para nuestra comunión con Dios, de la cual se habló en la primera sección de la epístola. Si nuestro corazón es inquietado por una conciencia con ofensa, esto impide que permanezcamos en el

21 Amados, si nuestro [a]corazón no nos reprende, [1b]confianza tenemos [c]ante Dios;

22 y [1]cualquier cosa que [a]pidamos la recibiremos de El, porque [2b]guardamos Sus mandamientos, y [3]hacemos las cosas que son [c]agradables delante de El.

23 Y éste es Su [1a]mandamiento: Que [b]creamos en el nombre de Su Hijo Jesucristo, y nos [c]amemos unos a otros como nos lo ha mandado.

24 Y el que [a]guarda Sus mandamientos, [1b]permanece [c]en Dios, y [2]Dios en él. Y en esto sabemos que El permanece en nosotros, [3]por el [4d]Espíritu que nos ha dado.

21[a] cfr. He. 10:22
21[b] 1 Jn. 2:28; Job 11:13-15
21[c] Job 22:26
22[a] Jn. 14:13-15; 15:16; 16:24
22[b] 1 Jn. 2:3
22[c] Jn. 8:29; He. 13:21
23[a] Ro. 16:26
23[b] Jn. 1:12; 2:23; 20:31
23[c] 1 Jn. 3:11; Jn. 13:34; 15:12, 17; Ro. 13:8
24[a] 1 Jn. 2:5
24[b] 1 Jn. 2:6
24[c] Jn. 14:20; 17:21
24[d] Ro. 8:9, 11

Señor y quebranta nuestra comunión con Dios.

20[1] En realidad, es nuestra conciencia, la cual forma parte no sólo de nuestro espíritu sino también de nuestro corazón, la que nos reprende (nos condena). La conciencia es el representante del gobierno de Dios dentro de nosotros. Si nuestra conciencia nos condena, ciertamente Dios, quien es mayor que Su representante y conoce todas las cosas, también nos condenará. El hecho de estar conscientes de tal condena en nuestra conciencia nos alerta del peligro de quebrantar nuestra comunión con Dios. Si hacemos caso, recibiremos ayuda para nuestra comunión con Dios y esto nos hará permanecer en el Señor.

21[1] La palabra griega denota *denuedo al hablar, confianza.* Tenemos denuedo y tranquilidad para tener contacto con Dios, para tener comunión con El y para hacerle peticiones, porque no hay condenación en la conciencia de nuestro corazón. Esto nos hace permanecer en el Señor.

22[1] Las ofensas en la conciencia de un corazón que condena son obstáculos para nuestra oración. Una conciencia sin ofensa en un corazón tranquilo endereza y despeja el camino de nuestras peticiones a Dios.

22[2] Esto no se refiere a guardar los mandamientos de la ley mosaica por nuestro propio esfuerzo y poder; más bien es algo que forma parte del vivir que llevan los creyentes como producto de la vida divina que permanece en ellos, guardando habitualmente los mandamientos neotestamentarios del Señor, mediante la operación interior del poder de la vida divina. Guardar los mandamientos del Señor acompaña la práctica habitual de lo que le agrada, lo cual llega a ser el requisito previo para la respuesta de Dios a nuestras oraciones y constituye una condición de la vida que permanece en el Señor (v. 24).

22[3] Lit., practicamos. Véase la nota 6[5] del cap. 1.

23[1] Esto es un resumen de los mandamientos dados en los versículos precedentes y siguientes. Todos los mandamientos se resumen en dos, que son: creer en el nombre del Hijo de Dios, Jesucristo, y amarnos unos a otros. El primero tiene que ver con la fe; el segundo, con el amor. Tener fe consiste en recibir la vida divina en nuestra relación con el Señor; amar consiste en vivir la vida divina en nuestra relación con los hermanos. La fe toca la fuente de la vida divina; el amor expresa la esencia de la vida divina. Ambos son necesarios para que los creyentes vivan una vida que permanece en el Señor.

24[1] Este versículo es la conclusión de esta sección, la cual comienza en 2:28, acerca de permanecer en el Señor conforme a la enseñanza de la unción divina, como se da a conocer en la sección precedente (2:20-27). Esta sección revela que permanecer en el Señor es el vivir de los hijos de Dios mediante la vida eterna de Dios como simiente divina (vs. 15, 9 y la nota 29[7] del cap. 2), la cual crece al practicar

CAPITULO 4

2. Por probar los espíritus
4:1-6

1 Amados, [a]no creáis a [1]todo [b]espíritu, sino [2c]probad [1]los
espíritus si son [3]de Dios; porque muchos [4d]falsos profetas
han [e]salido por el mundo.
2 En esto conocéis el [a]Espíritu de Dios: Todo [1]espíritu
que confiesa que Jesucristo ha venido [2]en [b]carne, es de Dios;

1[a] cfr. Jer. 29:8-9
1[b] 2 Ts. 2:2
1[c] Ap. 2:2; cfr. 1 Co. 14:29
1[d] Mt. 24:24; 2 P. 2:1
1[e] 1 Jn. 2:18; 2 Jn. 7
2[a] 1 Co. 12:3
2[b] Jn. 1:14; Ro. 8:3; 1 Ti. 3:16

---

ellos la justicia del Dios que engendra (2:29; 3:7, 10) y el amor de su Padre que los engendró (vs. 10-11, 14-23). Permanecer en el Señor y las bases en las cuales se funda tal permanencia —el nacimiento divino y la vida divina como la simiente divina— aunque son cosas misteriosas, también son reales en el Espíritu.

24[2] Nosotros permanecemos en el Señor; entonces El permanece en nosotros. Es indispensable permanecer en El para que El permanezca en nosotros (Jn. 15:4). Al permanecer en El disfrutamos Su permanencia en nosotros.

24[3] Lit., a partir de. La frase *por el Espíritu…* modifica a *sabemos.*

24[4] Hasta este punto, en esta epístola no se ha hecho referencia al Espíritu, aunque el Espíritu está implícito en la unción en 2:20 y 27. En realidad el Espíritu, esto es, el Espíritu todo-inclusivo, compuesto y vivificante (véase la nota 19[3] de Fil. 1), constituye el factor vital y crucial de todos los misterios revelados en esta epístola: la vida divina, la comunión de la vida divina, la unción divina, el permanecer en el Señor, el nacimiento divino y la simiente divina. Por este Espíritu nacemos de Dios, recibimos la vida divina como la simiente divina en nosotros, tenemos la comunión de la vida divina, se nos aplica el Dios Triuno como unción y permanecemos en el Señor. Este maravilloso Espíritu nos es dado como la bendición prometida del Nuevo Testamento (Gá. 3:14); El es dado sin medida por el Cristo que está por encima de todo, que hereda todo y que ha de incrementarse universalmente (Jn. 3:31-35). Este Espíritu y la vida eterna (v. 15) son los elementos básicos por los cuales llevamos la vida que permanece continuamente en el Señor. Por consiguiente, mediante este Espíritu, el cual da testimonio seguro juntamente con nuestro espíritu, somos hijos de Dios (Ro. 8:16), y por El sabemos que el Señor de todo permanece en nosotros (4:13). Por medio de este Espíritu estamos unidos al Señor como un solo espíritu (1 Co. 6:17). Y por este Espíritu disfrutamos las riquezas del Dios Triuno (2 Co. 13:14).

1[1] Los vs. 1-6 son un paréntesis que sirve de advertencia para que los creyentes disciernan los espíritus (puesto que el Espíritu, por medio del cual sabemos que el Señor permanece en nosotros, se menciona en el versículo anterior, 3:24), y así puedan identificar a los falsos profetas. Una advertencia similar fue dada en 2:18-23. Las expresiones *todo espíritu* y *los espíritus* se refieren a los espíritus de los profetas (1 Co. 14:32), los cuales son motivados por el Espíritu de verdad, y a los espíritus de los falsos profetas, los cuales son activados por el espíritu de engaño. Por tanto, existe la necesidad de discernir los espíritus, probándolos para determinar si son de Dios.

1[2] Es decir, discernid los espíritus (1 Co. 12:10) poniéndolos a prueba.

1[3] Lit., provenientes de; así también en los versículos siguientes.

1[4] En Mt. 24:24 los falsos profetas son diferentes de los falsos Cristos, pero aquí los falsos profetas son los anticristos (v. 3), los que enseñan herejías con respecto a la persona de Cristo (2:18 y la nota 2; 2:22-23).

3 y todo [1]espíritu que [a]no confiesa a Jesús, no es de Dios;
y éste es el *espíritu* del [2]anticristo, el cual vosotros habéis
oído que viene, y que ahora ya está en el mundo.
4 [1]Hijitos, vosotros sois [2]de Dios, y [3]los habéis [a]vencido;
porque [b]mayor es [4]el que está [c]en vosotros, que [5]el que está
en el [d]mundo.
5 Ellos son [1]del [a]mundo; por eso hablan [1]del mundo, y el
mundo los oye.
6 Nosotros somos [1a]de Dios; el que conoce a Dios, nos

3[a] 1 Jn. 2:22-23; 2 Jn. 7
4[a] 1 Jn. 2:13
4[b] 1 Jn. 3:20; Tit. 2:13; Sal. 48:1; 77:13; 95:3; 96:4; 99:2; 135:5; 145:3; 147:5
4[c] 1 Jn. 4:13; 3:24; Ef. 4:6
4[d] 1 Jn. 5:19; Jn. 12:31; 17:15; 1 Co. 2:12
5[a] Jn. 8:23; 15:19
6[a] 1 Jn. 4:1, 4

2[1] El espíritu de un profeta genuino, motivado por el Espíritu Santo, el Espíritu de verdad; tal espíritu confiesa la concepción divina de Jesús, afirmando que El nació como Hijo de Dios. Todo espíritu que obre así sin duda es de Dios. En esto conocemos el Espíritu de Dios.

2[2] Jesús fue concebido del Espíritu (Mt. 1:18). Confesar que Jesús vino en la carne equivale a confesar que El fue concebido divinamente para nacer como Hijo de Dios (Lc. 1:31-35). Puesto que El fue concebido del Espíritu para nacer en la carne, el Espíritu jamás negaría que Jesús ha venido en la carne por la concepción divina.

3[1] El espíritu de un falso profeta, el cual es activado por el espíritu de engaño; tal espíritu no confiesa que Jesús vino en la carne. Este es el espíritu de error de los docetas. Este nombre se deriva de la palabra griega que significa *parecer, tener la apariencia.* La opinión herética de los docetas era que Jesucristo no era un verdadero ser humano, sino que simplemente parecía serlo; según ellos, El era sólo un fantasma. El docetismo estaba mezclado con el gnosticismo, el cual enseñaba que la materia era esencialmente mala. Por lo tanto, los docetas enseñaban que, puesto que Cristo es santo, El no pudo haber tenido la contaminación de la carne humana. Ellos enseñaban que el cuerpo de Jesús no era de carne y sangre físicas, sino que era meramente un fantasma ilusorio y pasajero, y que por lo mismo El no sufrió, ni murió, ni resucitó. Tal herejía socava no solamente la encarnación del Señor, sino también Su redención y Su resurrección. El docetismo era una característica de los primeros anticristianos que fomentaban el error, y a quienes Juan tenía en mente aquí y en 2 Jn. 7. Indudablemente el espíritu de tales personas no procede de Dios. Este es el espíritu del anticristo.

3[2] Véase la nota 18[2] del cap. 2.

4[1] Véase la nota 1[1] del cap. 2.

4[2] Los creyentes son de Dios, porque El los engendró (v. 7; 2:29; 3:9).

4[3] A los falsos profetas (v. 1), los anticristos (v. 3), quienes enseñaban herejías con respecto a la persona de Cristo. Los creyentes los han vencido al permanecer en la verdad tocante a la deidad de Cristo y tocante a Su humanidad producida por medio de la concepción divina, según la enseñanza de la unción divina (2:27).

4[4] El Dios Triuno, quien mora en los creyentes como el Espíritu vivificante y todo-inclusivo que unge, y quien los fortalece desde adentro con todos los ricos elementos del Dios Triuno (Ef. 3:16-19). Tal Espíritu es mucho más grande y poderoso que Satanás, el espíritu maligno.

4[5] Satanás, el ángel caído, quien como espíritu maligno usurpa a la humanidad caída, y quien opera en las personas malignas, las cuales componen su sistema mundial. Tal espíritu es inferior y menos fuerte que el Dios Triuno.

5[1] Tanto los herejes como las herejías acerca de la persona de Cristo forman parte del sistema mundial satánico. Por consiguiente, las personas que componen este sistema maligno los escuchan y los siguen.

6[1] Los apóstoles, los creyentes y la verdad que ellos creen y enseñan acerca de Cristo son de Dios. Por

[b]oye; el que [2]no es de Dios, no nos oye. [3]En esto conocemos el
[4]Espíritu de [5]verdad y el [4c]espíritu de engaño.

3. Por Dios (como el amor supremo)
y el Espíritu abundante
4:7—5:3

7 Amados, [1a]amémonos unos a otros; porque el [2]amor es
de Dios. Todo aquel que [3]ama, es [4b]nacido de Dios, y [5]conoce
a Dios.
8 El que [a]no ama, [1]no ha [b]conocido a Dios; porque Dios
es [2c]amor.

6b cfr. Jn. 8:47; 10:3, 16; 18:37
6c 1 Ti. 4:1; 1 Co. 2:12
7a 1 Jn. 4:11; 3:11, 23; 2:10; 1 P. 4:8
7b 1 Jn. 2:29
8a 1 Jn. 4:20; 3:10
8b 1 Jn. 3:6
8c 1 Jn. 4:16

---

consiguiente, los que conocen a Dios, quienes han nacido de Dios (v. 7), los escuchan y permanecen con ellos.

6[2] Los mundanos no son de Dios, porque Dios no los engendró. Por lo tanto, no escuchan a los creyentes.

6[3] Lit., A partir de esto. *Esto* se refiere a lo mencionado en los vs. 5 y 6. Los herejes y lo que ellos hablan desde su espíritu, activado por el espíritu de engaño, son del mundo; y nosotros y lo que hablamos desde nuestro espíritu, motivado por el Espíritu de verdad, somos de Dios. Por esto conocemos el Espíritu de verdad y el espíritu de engaño, lo cual implica que el Espíritu Santo, el Espíritu de verdad, es uno con nuestro espíritu, el cual habla la verdad, y que el espíritu maligno de engaño es uno con el espíritu de los herejes, el cual habla engaños.

6[4] El Espíritu de verdad es el Espíritu Santo, el Espíritu de realidad (Jn. 14:17; 15:26; 16:13); el espíritu de engaño es Satanás, el espíritu maligno, el espíritu de falsedad (Ef. 2:2).

6[5] Denota la realidad divina revelada en el Nuevo Testamento (véase la nota 6[6] del cap. 1), especialmente, como se ve aquí, con respecto a la encarnación divina del Señor Jesús, de la cual testifica el Espíritu de Dios (v. 2). Esta realidad está en contraste con el engaño del espíritu maligno, el espíritu del anticristo, el cual niega la encarnación divina de Jesús (v. 3).

7[1] Los vs. 7-21 forman una extensión de la sección 2:28—3:24 y recalcan aún más el amor fraternal, del cual ya se habló en 3:10-24, como una condición más elevada de la vida que permanece en el Señor.

7[2] Véase la nota 5[2] del cap. 2.

7[3] Los creyentes, quienes han nacido de Dios y conocen a Dios, se aman unos a otros habitualmente con el amor que procede de Dios y que es la expresión de Dios.

7[4] Aquí el énfasis del apóstol sigue siendo el nacimiento divino por medio del cual la vida divina ha sido impartida en los creyentes, la vida que les da la capacidad de conocer a Dios. Este nacimiento divino es el factor básico del amor fraternal, el cual es una condición más elevada de la vida que permanece en el Señor. Véase la nota 29[7] del cap. 2.

7[5] Un conocimiento adquirido mediante la vida divina (Jn. 17:3) recibida por el nacimiento divino.

8[1] El que no ha conocido a Dios no ha recibido de la vida divina, que se tiene por el nacimiento divino, la capacidad de conocerle. La persona que no ha sido engendrada por Dios y que no tiene a Dios como su vida, no ama con el amor de Dios ya que no conoce a Dios como amor.

8[2] Véase la nota 5[2] del cap. 2. Esta epístola primero dice que Dios es luz (1:5), y luego que Dios es amor. El amor, siendo la naturaleza de la esencia de Dios, es la fuente de la gracia, y la luz, siendo la naturaleza de la expresión de Dios, es la fuente de la verdad. Cuando el amor divino llega a nosotros, se convierte en gracia, y cuando la luz divina resplandece en nosotros, llega a ser la verdad (véase la nota 6[6], último párr., del cap. 1).

9[a] Ro. 5:8; cfr. 1 Jn. 2:5; 3:17
9[b] 1 Jn. 4:10, 14; Jn. 3:17; Ro. 8:3
9[c] Jn. 3:16; 1:18
9[d] Gá. 2:20; Fil. 1:21
10[a] 1 Jn. 3:1
10[b] 1 Jn. 4:20-21
10[c] 1 Jn. 4:19; cfr. Jn. 15:16
11[a] 1 Jn. 4:7
12[a] 1 Jn. 4:20; Jn. 1:18; 1 Ti. 6:16; cfr. 1 P. 1:8
12[b] 1 Jn. 2:5

9 En esto se manifestó [1]entre nosotros el [a]amor de Dios,
en que Dios [b]envió a Su [c]Hijo unigénito al [2]mundo, para que
[3]tengamos vida y [d]vivamos por El.
10 [1]En esto consiste el [a]amor: no en que nosotros hayamos
[b]amado a Dios, sino en que El nos [c]amó a nosotros, y envió a
Su Hijo en [2]propiciación por nuestros pecados.
11 Amados, si Dios nos ha amado así, debemos también
nosotros [1a]amarnos unos a otros.
12 Nadie ha [1a]visto jamás a Dios. Si nos [2]amamos unos a
otros, Dios permanece en nosotros, y [3]Su amor se ha [4b]per-
feccionado en nosotros.

Estas dos cosas fueron manifestadas de esta forma en el Evangelio de Juan. Allí recibimos la gracia y la verdad por medio de la manifestación del Hijo (Jn. 1:14, 16-17). Ahora en esta epístola llegamos en el Hijo al Padre y tocamos la fuente de la gracia y la de la verdad. Estas fuentes, el amor y la luz, son Dios el Padre a quien podemos disfrutar profunda y detalladamente en la comunión de la vida divina con el Padre en el Hijo (1:3-7) al permanecer en El (2:5, 27-28; 3:6, 24). Véase la nota 5[3] del cap. 1.

9[1] Lit., en nosotros, es decir, en nuestro caso, o con respecto a nosotros. En el hecho de que Dios haya enviado a Su Hijo al mundo para que tengamos vida y vivamos por medio de El, se pone de manifiesto el más elevado y más noble amor de Dios entre nosotros.

9[2] Como en 1 Ti. 1:15, el lugar donde está la humanidad caída.

9[3] Nosotros, los seres caídos, no sólo somos pecaminosos por naturaleza y en nuestra conducta (Ro. 7:17-18; 1:28-32), sino que también estamos muertos en nuestro espíritu (Ef. 2:1, 5; Col. 2:13). Dios envió a Su Hijo al mundo no solamente como propiciación por nuestros pecados a fin de que fuésemos perdonados (v. 10), sino también para que Su Hijo fuese vida para nosotros a fin de que tuviésemos vida y viviésemos por medio de El. En el amor de Dios, el Hijo de Dios nos salva, no sólo de nuestros pecados por Su sangre (Ef. 1:7; Ap. 1:5), sino también de nuestra muerte por Su vida (3:14-15; Jn. 5:24). El no solamente es el Cordero de Dios que quita nuestro pecado (Jn. 1:29); también es el Hijo de Dios que nos da vida eterna (Jn. 3:36). El murió por nuestros pecados (1 Co. 15:3) para que nosotros tengamos vida eterna en El (Jn. 3:14-16) y vivamos por medio de El (Jn. 6:57; 14:19). En esto se manifestó el amor de Dios, el cual es la esencia de Dios.

10[1] Se refiere al siguiente hecho: no que nosotros hayamos amado a Dios, sino que El nos amó, y envió a Su Hijo como propiciación por nuestros pecados. En esto consiste el más elevado y más noble amor, el amor de Dios.

10[2] Véase la nota 2[1] del cap. 2.

11[1] Con el amor de Dios tal como El nos amó.

12[1] Indica que si nos amamos unos a otros con el amor de Dios, tal como El nos amó, lo expresamos según Su esencia, a fin de que otros puedan ver en nosotros lo que El es en esencia.

12[2] Amarnos unos a otros es una condición que resulta de nuestra permanencia en Dios (v. 13), y ésta es una condición que resulta de Su permanencia en nosotros (Jn. 15:4). Por lo tanto, cuando nos amamos unos a otros, Dios permanece en nosotros, y Su amor es manifestado perfectamente en nosotros.

12[3] *El amor de Dios* en 2:5 denota Su amor en nosotros, el cual viene a ser nuestro amor para con El y con el cual le amamos. Aquí *Su amor* denota el amor de Dios dentro de nosotros que viene a ser nuestro amor para con

13 En [1]esto conocemos que [2a]permanecemos en El, y El en
nosotros, en que nos ha dado [3]de Su Espíritu.
14 Y nosotros hemos [a]visto y [b]testificamos que el Padre
ha [1c]enviado al Hijo, como [d]Salvador del [2]mundo.
15 Todo aquel que [1a]confiese que Jesús es el [b]Hijo de Dios,
Dios [c]permanece en él, y él en Dios.

---

otros y con el cual nos amamos unos a otros. Esto indica que debemos tomar el amor de Dios como nuestro amor para amarle y amarnos unos a otros.

12[4] La palabra griega significa *completar, llevar a cabo, terminar.* En Dios mismo, Su amor es perfecto y completo en sí mismo. Sin embargo, en nosotros necesita ser perfeccionado y completado en su manifestación. Este amor nos fue manifestado cuando Dios envió a Su Hijo para que fuera un sacrificio propiciatorio y vida para nosotros (vs. 9-10). Sin embargo, si no nos amamos unos a otros con este amor que nos fue manifestado, es decir, si no lo expresamos amándonos unos a otros con el amor con el cual Dios nos amó, dicho amor no es manifestado perfecta y completamente. Este amor es perfeccionado y completado en su manifestación cuando lo expresamos en nuestro vivir al amarnos habitualmente unos a otros. Un vivir en el cual nos amamos unos a otros en el amor de Dios representa la perfección y completamiento de este amor cuando se manifiesta en nosotros. Así que, al vivir nosotros en el amor de Dios, los demás pueden contemplar a Dios manifestado en Su esencia, que es amor.

13[1] Puesto que Dios nos ha dado de Su Espíritu, sabemos que permanecemos en El y El en nosotros. El Espíritu que Dios ha dado para que more en nosotros (Jac. 4:5; Ro. 8:9, 11) es el testigo en nuestro espíritu (Ro. 8:16), el cual da testimonio de que moramos en Dios y de que El mora en nosotros. El Espíritu que permanece en nosotros, es decir, el Espíritu que mora en nosotros, es el elemento y la esfera del permanecer mutuo, del morar mutuo, de nosotros y Dios. El Espíritu nos asegura que nosotros y Dios somos uno, que permanecemos el uno en el otro, que moramos el uno en el otro. Esto queda evidente cuando vivimos amándonos unos a otros con Su amor (v. 12).

13[2] Permanecer en Dios es morar en El, o sea permanecer en nuestra comunión con El, para experimentar y disfrutar Su permanencia en nosotros. Esto significa practicar nuestra unidad con Dios conforme a la unción divina (2:27) viviendo una vida que practica Su justicia y Su amor. Todo lo anterior es efectuado por la operación del Espíritu compuesto y todo-inclusivo, quien mora en nuestro espíritu y quien constituye el elemento básico de la unción divina.

13[3] Lit., a partir de. Dios nos ha dado de Su Espíritu. Esto es muy parecido a lo dicho en 3:24 y casi lo repite, lo cual comprueba que esto no significa que Dios nos ha dado algo de Su Espíritu, como por ejemplo los varios dones mencionados en 1 Co. 12:4, sino que El nos ha dado al Espíritu mismo como el don todo-inclusivo (Hch. 2:38). *De Su Espíritu* es una expresión que implica que el Espíritu de Dios, el cual Dios nos ha dado, es abundante e inmensurable (Fil. 1:19; Jn. 3:34). Mediante este Espíritu abundante e inmensurable, sabemos con toda certeza que nosotros y Dios somos uno, y que permanecemos el uno en el otro.

14[1] El Padre envió al Hijo para que fuese nuestro Salvador, un acto que hizo fuera de nosotros a fin de que al confesar nosotros que Jesús es el Hijo de Dios, El pueda permanecer en nosotros y nosotros en El (v. 15). Los apóstoles vieron y testificaron esto. Este es el testimonio externo. Además, el acto que Dios realizó dentro de nosotros fue enviar a Su Espíritu a morar en nuestro ser como la evidencia

13[a] 1 Jn. 2:6
14[a] 1 Jn. 1:1-2; Jn. 1:14; 2 P. 1:16
14[b] Jn. 15:27
14[c] 1 Jn. 4:9
14[d] Lc. 2:11; Jn. 4:42
15[a] 1 Jn. 4:2 (cfr. 3); 2:23 (cfr. 22); Ro. 10:9
15[b] 1 Jn. 5:5; Mt. 14:33
15[c] 1 Jn. 4:13; 3:24; 2:6

16[a] Jn. 6:69 **16** Y nosotros hemos conocido y [a]creído el [1]amor que Dios
tiene [2]para con nosotros. Dios es [3]amor; y el que [4]permanece
en amor, [5]permanece en Dios, y [6]Dios en él.
17 En [1]esto se ha [2]perfeccionado el amor en nosotros, en
que tengamos [3]confianza en el día del [4]juicio; pues como [5]El
es, *así* somos nosotros en este mundo.
18[a] Ro. 8:15 **18** En el amor no hay [1a]temor, sino que el [2]perfecto amor
echa fuera el temor; porque el temor lleva en sí castigo, y el
que teme, [3]no ha sido perfeccionado en el amor.
19[a] 1 Jn. 4:10 **19** Nosotros amamos, porque El nos [a]amó [1]primero.

---

interna de que permanecemos en El y El en nosotros (v. 13).

14[2] La humanidad caída, como en Jn. 3:16.

15[1] Dios el Padre envió a Su Hijo como Salvador del mundo (v. 14) con el propósito de que los hombres creyeran en El confesando que Jesús es el Hijo de Dios, para que así Dios permaneciera en ellos y ellos en Dios. Pero los herejes cerintianos no confesaron esto; así que Dios no permaneció en ellos, ni ellos permanecieron en Dios. Si alguien confiesa esto, Dios permanece en él y él en Dios. Llega a ser uno con Dios en la vida y la naturaleza divinas.

16[1] Al enviar al Hijo para que fuera nuestro Salvador (v. 14).

16[2] Véase la nota 9[1].

16[3] Véase la nota 8[2]. El hecho de que Dios es amor fue manifestado cuando El envió a Su Hijo para que fuera nuestro Salvador y nuestra vida (vs. 9-10, 14).

16[4] Permanecer en el amor es vivir una vida en la cual uno ama a los demás habitualmente con el amor que es Dios mismo, para que El sea expresado en uno.

16[5] Permanecer en Dios es vivir una vida que es Dios mismo como contenido interior y expresión exterior de uno, a fin de ser absolutamente uno con El.

16[6] Dios permanece en nosotros para ser nuestra vida interiormente y nuestro vivir exteriormente. Por eso El puede ser uno con nosotros en la práctica.

17[1] Es decir, en el hecho de que permanezcamos en el amor que es Dios mismo (v. 16). En esto el amor de Dios es perfeccionado en nosotros, esto es, manifestado perfectamente en nosotros, para que tengamos confianza sin temor (v. 18) en el día del juicio.

17[2] Véase la nota 12[4].

17[3] Véase la nota 21[1] del cap. 3. Allí tenemos confianza para tener contacto con Dios en la comunión con El. Aquí tenemos confianza para afrontar el juicio en el tribunal de Cristo.

17[4] El juicio que se llevará a cabo en el tribunal de Cristo (2 Co. 5:10) cuando El regrese (1 Co. 3:13; 4:5; 2 Ti. 4:8).

17[5] Como en 3:3, 7, esto se refiere a Cristo, quien vivió en este mundo una vida en la cual Dios se manifestaba como amor, y quien ahora es nuestra vida para que podamos vivir la misma vida de amor en este mundo y ser como El.

18[1] *Temor* no se refiere al temor de que *vayamos a* ofender a Dios y seamos juzgados por El (1 P. 1:17; He. 12:28), sino al temor de que *hemos* ofendido a Dios y seremos juzgados por El. *Amor* se refiere al amor perfeccionado que se menciona en el versículo precedente, el amor de Dios con el cual amamos a los demás.

18[2] El perfecto amor es el amor que ha sido perfeccionado (v. 17) en nosotros cuando amamos a los demás con el amor de Dios. Tal amor echa fuera el temor y no teme ser castigado por el Señor cuando El venga (Lc. 12:46-47).

18[3] Es decir, no ha vivido en el amor de Dios para que ese amor

20 Si alguno dice: Yo amo a Dios, y [1a]aborrece a su hermano, es [b]mentiroso. Pues el que [c]no ama a su hermano a quien
ha visto no puede amar a Dios a quien [d]no ha visto.
21 Y nosotros tenemos este [a]mandamiento de El: El que
[b]ama a Dios, [c]ame también a su hermano.

CAPITULO 5

1 Todo aquel que [1a]cree que [b]Jesús es el Cristo, es nacido
de Dios; y todo aquel que [c]ama al que [d]engendró, [e]ama
también al que ha sido engendrado por El.
2 En esto [a]conocemos que amamos a los [b]hijos de Dios,
cuando [1]amamos a Dios, y [2]cumplimos Sus [c]mandamientos.
3 Pues éste es el [1]amor a Dios, que [2a]guardemos Sus
mandamientos; y Sus mandamientos no son [3b]gravosos.

C. Para vencer el mundo, la muerte, el pecado, el diablo y los ídolos 5:4-21

1. Por la vida eterna en el Hijo vs. 4-13

4 Porque [1]todo lo que es [2]nacido de Dios [3a]vence al [4]mundo;
y ésta es la [b]victoria que ha vencido al mundo, nuestra [5]fe.

---

sea perfectamente manifestado en él. Véase la nota 12[4].

19[1] Dios nos amó primero porque El nos infundió Su amor y generó en nosotros el amor con el cual lo amamos a El y a los hermanos (vs. 20-21).

20[1] El que habitualmente aborrece a un hermano demuestra que no permanece en el amor divino ni en la luz divina (2:9-11). Cuando permanecemos en el Señor, permanecemos en el amor divino y en la luz divina; no aborrecemos a los hermanos sino que los amamos habitualmente, y vivimos la vida divina en la luz divina y el amor divino.

1[1] Los gnósticos y los cerintianos no creían que Jesús y el Cristo eran idénticos (véanse las notas 22[1] del cap. 2 y 3[1] del cap. 4). Por consiguiente, no eran hijos de Dios, no habían sido engendrados por Dios. En cambio, todo aquel que cree que el hombre Jesús es el Cristo, Dios encarnado (Jn. 1:1, 14; 20:31), ha nacido de Dios y ha venido a ser un hijo de Dios (Jn. 1:12-13). Tal hijo de Dios ama al Padre, quien le ha engendrado, y también ama a su hermano, quien ha sido engendrado por el mismo Padre. Esto explica, confirma y fortalece lo dicho en los versículos precedentes (4:20-21).

2[1] Amar a Dios y cumplir Sus mandamientos son requisitos previos para que amemos a los hijos de Dios. Esto se basa en el nacimiento divino y en la vida divina.

2[2] Lit., practicamos. Véase la nota 6[5] del cap. 1.

3[1] Véanse las notas 5[2] y 15[3] del cap. 2.

3[2] Guardar los mandamientos de Dios constituye nuestro amor para con El y es evidencia de que le amamos.

3[3] Lit., pesados. Los mandamientos de Dios no son pesados para la vida divina, dado que ésta es tan capaz.

4[1] Se refiere a todo aquel que ha nacido de Dios. Sin embargo, esta

---

20[a] 1 Jn. 2:9
20[b] 1 Jn. 2:4
20[c] 1 Jn. 4:8
20[d] 1 Jn. 4:12
21[a] 1 Jn. 2:7-11; Jn. 13:34
21[b] 1 Jn. 4:10; 5:1-2; Mr. 12:30; cfr. Jn. 14:21, 23; 21:15-17
21[c] 1 Jn. 2:10
1[a] Jn. 20:31
1[b] 1 Jn. 5:5; 2:22; 4:15; Mt. 16:16
1[c] 1 Jn. 4:21
1[d] Jac. 1:18; cfr. 1 Co. 4:15
1[e] 1 Jn. 4:21
2[a] 1 Jn. 2:5; 3:24; 4:13
2[b] Jn. 1:12; Ro. 8:16
2[c] 2 Jn. 4, 6
3[a] 1 Jn. 2:3
3[b] cfr. Mt. 11:30
4[a] 1 Jn. 2:13; Jn. 16:33; Ro. 8:37
4[b] 1 Co. 15:54, 57

5 ¿Quién es el que vence al mundo, sino el que [1]cree que
[a]Jesús es el Hijo de Dios?
6 Este es [1]Aquel que vino mediante [a]agua y [b]sangre[2]:
Jesucristo; no solamente [3]por el agua, sino [3]por el agua y
[3]por la sangre. Y el [c]Espíritu es el que [4]da testimonio; porque
el Espíritu es la [5]realidad.

5[a] 1 Jn. 5:1
6[a] Mt. 3:11
6[b] Mt. 26:28; Jn. 6:53-55
6[c] Mt. 3:16; Hch. 5:32

---

expresión debe de referirse especialmente a aquella parte que ha sido regenerada con la vida divina, es decir, al espíritu de una persona regenerada (Jn. 3:6). El espíritu regenerado del creyente que ha sido regenerado no practica el pecado (3:9) y vence al mundo. El nacimiento divino del creyente con la vida divina es el factor básico de una vida victoriosa.

4[2] Tanto en el Evangelio de Juan como en esta epístola, Juan da énfasis al nacimiento divino (Jn. 1:13; 3:3, 5; 1 Jn. 2:29 y la nota 7; 3:9; 4:7; 5:1, 4, 18), por medio del cual la vida divina es impartida en los que creen en Cristo (Jn. 3:15-16, 36; 1 Jn. 5:11-12). Este nacimiento divino, el cual trae la vida divina, es el factor básico de todos los misterios acerca de la vida divina, tales como la comunión de la vida divina (1:3-7), la unción de la Trinidad Divina (2:20-27), el permanecer en el Señor (2:28—3:24) y el vivir divino que practica la verdad divina (1:6), la voluntad divina (2:17), la justicia divina (2:29; 3:7), y el amor divino (3:11, 22-23; 5:1-3) para expresar a la Persona divina (4:12). El nacimiento divino con la vida divina es también el factor básico en la sección que abarca los vs. 4-21. Este nacimiento da seguridad a los creyentes, a quienes Dios ha engendrado, dándoles confianza en la capacidad y virtud de la vida divina.

4[3] Puesto que los creyentes regenerados tienen la capacidad de la vida divina para vencer al mundo, el poderoso sistema satánico, los mandamientos del Señor no les son pesados ni gravosos (v. 3).

4[4] Véase la nota 15[2] del cap. 2.

4[5] La fe que nos introduce en la unión orgánica con el Dios Triuno y que cree que Jesús es el Hijo de Dios (v. 5) a fin de que nazcamos de Dios y tengamos Su vida divina, la cual nos capacita para vencer al mundo que Satanás ha organizado y usurpado.

5[1] Un creyente es alguien que fue engendrado por Dios y que ha recibido la vida divina (Jn. 1:12-13; 3:16). La vida divina le da poder para vencer al mundo maligno, al cual Satanás da energía. Los gnósticos y los cerintianos, quienes no eran esta clase de creyentes, siguieron siendo miserables víctimas del sistema satánico maligno.

6[1] Aquel, Jesucristo, vino como Hijo de Dios para que nosotros naciéramos de Dios y recibiéramos la vida divina (Jn. 10:10; 20:31). Dios nos da vida eterna en Su Hijo (vs. 11-13). Se afirmó que Jesús, el hombre de Nazaret, era Hijo de Dios mediante el agua por la que pasó en Su bautismo (Mt. 3:16-17; Jn. 1:31), mediante la sangre que derramó en la cruz (Jn. 19:31-35; Mt. 27:50-54), y también mediante el Espíritu que El dio sin medida (Jn. 1:32-34; 3:34). Mediante estas tres cosas Dios testificó que Jesús es el Hijo que El nos dio (vs. 7-10), y que en El podemos recibir Su vida eterna creyendo en Su nombre (vs. 11-13; Jn. 3:16, 36; 20:31). El agua del bautismo pone fin a las personas de la vieja creación al sepultarlas; la sangre derramada en la cruz redime a los que Dios ha escogido de entre la vieja creación; y el Espíritu, quien es la verdad, la realidad en vida (Ro. 8:2), hace germinar a los que Dios ha redimido de la vieja creación, regenerándolos con la vida divina. Por eso, ellos han nacido de Dios y han sido hechos hijos Suyos (Jn. 3:5, 15; 1:12-13), y viven una vida que practica la verdad (1:6), la voluntad de Dios (2:17), la justicia de Dios (2:29), y el amor de Dios (3:10-11) para que El sea expresado.

7 Porque tres son los que dan testimonio:
8 El Espíritu, el agua y la sangre; y estos tres [1]tienden
a lo mismo.
9 Si recibimos el [a]testimonio de los hombres, mayor es el
[1b]testimonio de Dios; porque éste es el testimonio con que
Dios ha testificado acerca de Su [c]Hijo.
10 El que [1a]cree *en el Hijo de Dios, tiene el [b]testimonio
en sí mismo; el que no cree a Dios, le ha hecho [c]mentiroso,
porque [d]no ha creído en el testimonio que Dios ha dado
acerca de Su Hijo.
11 Y éste es el [a]testimonio: que Dios nos ha [1]dado [b]vida
eterna; y esta [c]vida está en Su Hijo.
12 El que [1]tiene al Hijo, tiene la [a]vida; el que no tiene al
Hijo de Dios no tiene la vida.
13 [1]Estas cosas os he escrito a vosotros los que [a]creéis *en
el nombre del Hijo de Dios, para que sepáis que tenéis vida
eterna.

2. Por la petición vivificante
vs. 14-17

14 Y [1]ésta es la [2]confianza que tenemos ante El, que si
[3a]pedimos alguna cosa conforme a Su voluntad, El nos oye.

9[a] Jn. 1:6-7; 5:33
9[b] Jn. 3:33; 5:34, 36-37; 8:18
9[c] Mt. 3:17; 17:5; 2 P. 1:17-18
10[a] Jn. 3:36
10[b] Ro. 8:16
10[c] 1 Jn. 1:10
10[d] Jn. 5:38
11[a] 1 Jn. 5:9; 3 Jn. 12
11[b] 1 Jn. 5:13, 20; 1:2
11[c] Jn. 1:4; 5:24, 26; 11:25; 14:6
12[a] Jn. 3:36; 10:10; Col. 3:4
13[a] Jn. 1:12; 20:31; 1 Jn. 3:23
14[a] 1 Jn. 3:22

6[2] Algunos mss. añaden: y Espíritu.

6[3] Lit., en.

6[4] El Espíritu, quien es la verdad, la realidad (Jn. 14:16-17; 15:26), testifica que Jesús es el Hijo de Dios y que en El está la vida eterna. Al testificar así, El imparte al Hijo de Dios en nosotros para que sea nuestra vida (Col. 3:4).

6[5] Denota la realidad de todo lo que Cristo es como Hijo de Dios (Jn. 16:12-15). Véase la nota 6[6] del cap. 1.

8[1] Es decir, apuntan a una sola cosa o propósito en su testimonio.

9[1] El testimonio dado mediante el agua, la sangre y el Espíritu, de que Jesús es el Hijo de Dios constituye el testimonio de Dios, el cual es mayor que el de los hombres.

10[1] Dios dio testimonio acerca de Su Hijo a fin de que creamos en Su Hijo y recibamos Su vida eterna. Si creemos en Su Hijo, recibimos y retenemos Su testimonio en nosotros; de otro modo, no creemos lo que El ha testificado, y le hacemos mentiroso.

11[1] El testimonio de Dios no es sólo que Jesús es Su Hijo, sino también que El nos da vida eterna, la cual está en Su Hijo. Su Hijo es el medio por el cual El nos da Su vida eterna, lo cual es la meta que El tiene para nosotros.

12[1] Puesto que la vida está en el Hijo (Jn. 1:4) y el Hijo es la vida (Jn. 11:25; 14:6; Col. 3:4), el Hijo y la vida son uno y son inseparables. Por lo tanto, el que tiene al Hijo, tiene la vida, y el que no tiene al Hijo, no tiene la vida.

13[1] Las palabras escritas en las Escrituras aseguran a los creyentes, quienes creen en el nombre del Hijo de Dios, que ellos tienen la vida eterna. Creer para recibir la vida eterna es el hecho; las palabras de las santas Escrituras representan la certeza tocante a ese hecho: son el título de propiedad de nuestra salvación eterna. Mediante estas palabras se nos da la certeza, las arras, de que siempre y

15 Y si [1]sabemos que El nos oye en cualquiera cosa que
[2]pidamos, sabemos que tenemos las peticiones que le hayamos hecho.
16 Si alguno ve a su hermano cometer pecado que no sea
[1]de muerte, [2a]pedirá, y le [3]dará [4b]vida; *a saber,* a los que
cometen pecado que no sea de muerte. Hay [5]pecado de
[c]muerte, por el cual yo no digo que se [d]pida.

16[a] Job 42:8
16[b] Ro. 8:11
16[c] cfr. Mt. 12:31; Mr. 3:29; Lc. 12:10; He. 10:28-29
16[d] cfr. Dt. 3:26; Jer. 7:16; 14:11

---

cuando creamos en el nombre del Hijo de Dios, tenemos vida eterna.

14[1] Los vs. 4-13 nos muestran cómo hemos recibido la vida eterna, la cual se menciona en 1:1-2. Más adelante, los vs. 14-17 nos dicen cómo debemos orar en la comunión de la vida eterna, mencionada en 1:3-7.

14[2] Se refiere a la confianza que tenemos en nuestras oraciones en la comunión con Dios. Véase la nota 21[1] del cap. 3.

14[3] Basándonos en que hemos recibido vida eterna mediante el nacimiento divino al creer en el Hijo de Dios, podemos orar en la comunión de la vida eterna al tener contacto con Dios según la confianza de una conciencia sin ofensa (Hch. 24:16), conforme a Su voluntad, estando seguros de que El nos escuchará.

15[1] Este entendimiento se basa en el hecho de que después de recibir la vida divina permanecemos en el Señor y somos uno con El al rogar a Dios en Su nombre (Jn. 15:7, 16; 16:23-24).

15[2] No en nosotros mismos conforme a nuestra mente, sino en el Señor, conforme a la voluntad de Dios.

16[1] Lit., para.

16[2] Esta debe de ser una oración hecha mientras permanecemos en comunión con Dios.

16[3] Esto indica que el solicitante le dará vida a aquél por el cual pide. Esto no significa que el solicitante tenga vida en sí mismo y pueda dar vida a otros por sí mismo. Significa que un solicitante que permanece en el Señor, que es uno con el Señor y que al pedir es un espíritu con el Señor (1 Co. 6:17), viene a ser el medio por el cual el Espíritu vivificante de Dios puede darles vida a aquellos por los cuales el solicitante pide. Este es un asunto de impartir vida en la comunión de la vida divina. Para ser personas que pueden dar vida a otros, tenemos que permanecer en la vida divina y en ella andar, vivir y ser. En Jac. 5:14-16 se pide sanidad; aquí se pide impartición de vida.

16[4] Indudablemente se refiere a la vida espiritual que, por la oración del solicitante, es impartida en aquel por quien intercede. Sin embargo, según el contexto, la vida espiritual también rescatará el cuerpo físico de la persona por quien el solicitante pide, librándole del peligro de sufrir la muerte por causa de sus pecados (cfr. Jac. 5:15).

16[5] Con respecto a *pecado de muerte,* los maestros de asuntos bíblicos tienen distintas interpretaciones. Algunos dicen que se refiere al pecado de los anticristos, quienes niegan que Jesús es el Cristo (2:22), lo cual los mantiene para siempre en muerte. Pero según el contexto de este versículo, *pecado de muerte* está relacionado con un hermano pecador, no con un anticristo ni con otro incrédulo. Puesto que esta sección, los vs. 14-17, está relacionada con la oración en la comunión de la vida eterna (abarcada en 1:3—2:11), el asunto tratado tiene que estar relacionado con la comunión de la vida divina. En la comunión de la vida divina Dios ejerce Su juicio gubernamental sobre cada uno de Sus hijos según la condición espiritual de ellos. Según la administración gubernamental de Dios, algunos de Sus hijos tal vez estén destinados a morir físicamente en esta era a causa de cierto pecado, mientras que otros quizá estén destinados a morir a causa de otros pecados. Esta situación es como la de Ananías y su esposa Safira, quienes

17 Toda [1a]injusticia es pecado; pero hay pecado no de
muerte.

3. Por el Dios verdadero como vida eterna
vs. 18-21

18 Sabemos que todo aquel que ha [1]nacido de Dios, [a]no
practica el pecado, pues [2]el que es nacido de Dios se [3b]guarda
a sí mismo, y el [4]maligno [5]no le toca.
19 Sabemos que somos [1]de Dios, y el [2a]mundo entero [3]está
en el [4b]maligno.

17a 1 Jn. 1:9; Jn. 7:18
18a 1 Jn. 3:6
18b Jac. 1:27; cfr. Jn. 17:11, 12, 15
19a 1 Jn. 4:4; Jn. 12:31; 17:15; cfr. Lc. 4:6
19b 1 Jn. 2:13

---

recibieron la muerte física por haberle mentido al Espíritu Santo (Hch. 5:1-11), y como la de los creyentes corintios, quienes recibieron el mismo juicio por no haber discernido el Cuerpo (1 Co. 11:29-30). Esto fue tipificado por la forma en que Dios trató a los hijos de Israel en el desierto (1 Co. 10:5-11). Todos los israelitas, excepto Caleb y Josué, fueron sentenciados por Dios a la muerte física por causa de ciertos pecados. La disciplina gubernamental de Dios es severa. Ni Miriam, ni Aarón, ni siquiera Moisés escaparon de ella, la cual se les aplicó por causa de algunas de sus fallas (Nm. 12:1-15; 20:1, 12, 22-29; Dt. 1:37; 3:26-27; 32:48-52). El castigo que Dios da a Sus hijos en Su administración gubernamental no está relacionado con la perdición eterna; es un castigo dispensacional bajo el gobierno divino, un castigo relacionado con nuestra comunión con Dios y unos con otros. Si un pecado es de muerte o no, depende del juicio de Dios conforme a la posición y condición que tiene el creyente pecador en la casa de Dios. En cualquier caso, para los hijos de Dios, pecar es un asunto serio. ¡Puede ser castigado por Dios con la muerte física en esta era! El apóstol no dijo que debamos hacer petición con respecto a un pecado de muerte.

17[1] Todo delito, todo lo que no es justo ni recto, es pecado (cfr. 3:4 y la nota 2).

18[1] Para poder evitar el pecado, el cual no sólo interrumpe la comunión de la vida divina (1:6-10), sino que también puede producir la muerte física (vs. 16-17), aquí el apóstol, dando la certeza de la capacidad de la vida divina, recalca de nuevo nuestro nacimiento divino, el cual constituye la base de la vida victoriosa. El simple hecho de haber nacido nosotros, los regenerados, por la vida divina impide que practiquemos el pecado (3:9 y la nota 2), es decir, que vivamos en el pecado (Ro. 6:2). Véase la nota 29[7] del cap. 2.

18[2] Algunos maestros dicen, con base en Jn. 17:15, que esto se refiere a Cristo, quien nació de Dios y guarda a los regenerados. Sin embargo, la expresión *nacido de Dios* en esta cláusula, una repetición de la expresión contenida en la cláusula precedente, es el factor que, conforme a la lógica, determina que las palabras *el que* aún se refieren al creyente regenerado. Un creyente regenerado (especialmente su espíritu regenerado, el cual nació del Espíritu de Dios, Jn. 3:6) se guarda de vivir en el pecado, y el maligno no le toca (especialmente no toca su espíritu regenerado). Su nacimiento divino con la vida divina en su espíritu es el factor básico que lo salvaguarda (véase la nota 4[1]).

18[3] Es decir, se guarda a sí mismo vigilando cuidadosamente.

18[4] Véase la nota 19[4].

18[5] Es decir, no lo apresa, no echa mano de él para dañarlo y cumplir propósitos malignos.

19[1] Lit., provenientes de. Hemos sido engendrados por Dios, por lo tanto procedemos de El y, por ende, poseemos Su vida y participamos de Su naturaleza. Por medio de esto somos separados para Dios del mundo satánico, el cual yace en poder del maligno.

20 Pero sabemos que el Hijo de Dios ha [1a]venido, y nos ha
dado [2b]entendimiento para [3]conocer a [4]Aquel que es [5c]verda-
dero; y estamos [6]en el verdadero, [7]en Su Hijo Jesucristo.
[8]Este es el [d]verdadero Dios, y la [e]vida eterna.
21 [1]Hijitos, [2]guardaos de los [3a]ídolos.

20[a] 1 Jn. 5:6; Jn. 10:10
20[b] Lc. 24:45
20[c] Jn. 7:18; 8:26; Ap. 3:7
20[d] Jn. 17:3
20[e] 1 Jn. 5:11, 13; 1:2
21[a] 1 Co. 10:7, 14; 1 Ts. 1:9

19[2] "El mundo entero" comprende al sistema mundial satánico (2:15 y la nota 2) y a las personas del mundo, la humanidad caída.

19[3] Es decir, permanece pasivamente en la esfera de influencia del maligno, bajo la usurpación y manipulación del maligno. Mientras que los creyentes viven y actúan por la vida de Dios, el mundo entero (y especialmente las personas del mundo) yace pasivamente bajo la mano usurpadora y manipuladora de Satanás, el maligno.

19[4] La palabra griega no se refiere a un personaje indigno y perverso en su esencia, ni tampoco indica indignidad ni corrupción, que es la degeneración por caer de una virtud original. Se refiere a alguien que es maligno de una manera perniciosa y dañina, alguien que afecta a otros, influyendo en ellos para hacerlos malignos y viciosos. Satanás, el diablo, es esta persona maligna, en cuyo poder el mundo entero yace.

20[1] Es decir, El vino mediante la encarnación para traernos a Dios como gracia y realidad (Jn. 1:14) a fin de que recibamos la vida divina, tal como se revela en el Evangelio de Juan, y que participemos de Dios como amor y luz, tal como se revela en esta epístola.

20[2] La facultad de nuestra mente después de ser iluminada y fortalecida por el Espíritu de realidad (Jn. 16:12-15) para que comprenda la realidad divina en nuestro espíritu regenerado.

20[3] Esta es la capacidad de la vida divina para conocer al verdadero Dios (Jn. 17:3) en nuestro espíritu regenerado (Ef. 1:17) mediante nuestra mente renovada, que ha sido iluminada por el Espíritu de realidad.

20[4] El Dios genuino y verdadero.

20[5] La palabra griega (un adjetivo relacionado con la palabra *realidad* usada en Jn. 1:14; 14:6, 17) significa *genuino, real,* lo contrario de *falso* y de *imitación.*

20[6] No sólo conocemos al verdadero Dios, sino que también estamos en El. No sólo tenemos el conocimiento de El, sino que estamos en una unión orgánica con El. Somos uno con El orgánicamente.

20[7] Estar en el verdadero Dios es estar en Su Hijo Jesucristo. Puesto que Jesucristo como Hijo de Dios es la misma corporificación de Dios (Col. 2:9), estar en El es estar en el verdadero Dios. Esto indica que Jesucristo, el Hijo de Dios, es el verdadero Dios.

20[8] Se refiere al Dios que vino por medio de la encarnación y que nos dio la capacidad de conocerle a El como el Dios genuino y de ser uno con El orgánicamente en Su Hijo Jesucristo. Todo esto es el Dios genuino y verdadero y la vida eterna para nosotros. Este Dios genuino y verdadero en Su totalidad es la vida eterna para nosotros, lo cual nos permite participar de El como Aquel que lo es todo para nuestro ser regenerado.

21[1] Véase la nota 1[1] del cap. 2.

21[2] Es decir, guarneceos contra los ataques de afuera, tales como los asaltos de las herejías.

21[3] Se refiere a las herejías introducidas por los gnósticos y los cerintianos para sustituir al Dios verdadero, quien es revelado en esta epístola y en el Evangelio de Juan y a quien se alude en el versículo precedente. Aquí los ídolos también se refieren a todo lo que reemplace al verdadero Dios. Como hijos verdaderos del Dios verdadero, debemos estar alerta y guardarnos de esos substitutos heréticos y de todo lo que reemplace al Dios genuino y verdadero, con quien somos orgánicamente uno y quien es la vida eterna para nosotros. Esta es la palabra de advertencia que el anciano apóstol dirige a todos sus hijos como conclusión de su epístola.

El centro de la revelación de esta epístola es la comunión divina de la vida divina, que es la comunión entre los hijos de Dios y su Padre Dios, quien no sólo es el origen de la vida divina, sino también luz y amor como fuente del disfrute de la vida divina (1:1-7; 4:8, 16). Para disfrutar la vida divina necesitamos permanecer en su comunión conforme a la unción divina (2:12-28; 3:24), con base en el nacimiento divino obtenido mediante la simiente divina para el desarrollo del nacimiento divino (2:29—3:10). Este nacimiento fue efectuado por tres medios: el agua que extermina, la sangre que redime, y el Espíritu que hace germinar (vs. 1-13). Por estos tres medios nacimos de Dios como hijos Suyos, y ahora poseemos Su vida divina y participamos de Su naturaleza divina (2:29—3:1). El ahora mora en nosotros por medio de Su Espíritu (3:24; 4:4, 13) para ser nuestra vida y nuestro suministro de vida a fin de que crezcamos con Su elemento divino y lleguemos a ser semejantes a El cuando El se manifieste (3:1-2). Permanecer en la comunión divina de la vida divina, es decir, permanecer en el Señor (2:6; 3:6), es disfrutar todas Sus riquezas divinas. Al permanecer en El de este modo, andamos en la luz divina (1:5-7) y practicamos la verdad, la justicia, el amor, la voluntad de Dios y Sus mandamientos (1:6; 2:29, 5; 3:10-11; 2:17; 5:2) por medio de la vida divina recibida en el nacimiento divino (2:29; 4:7). Para hacer que permanezcamos en la comunión divina, es necesario vencer tres cosas negativas. La primera es el pecado, el cual es iniquidad e injusticia (1:7—2:6; 3:4-10; 5:16-18); la segunda es el mundo, el cual está compuesto de la concupiscencia de la carne, la concupiscencia de los ojos y la vanagloria de esta vida (2:15-17; 4:3-5; 5:4-5, 19); y la última es los ídolos, las herejías que substituyen al Dios genuino y las vanidades que reemplazan al Dios verdadero (v. 21). Estas tres categorías de cosas excesivamente malas son armas usadas por el maligno, el diablo, para entorpecer, dañar y, de ser posible, aniquilar nuestra permanencia en la comunión divina. Nuestro nacimiento divino con la vida divina nos salvaguarda contra sus maldades (v. 18), y, con base en el hecho de que el Hijo de Dios por Su muerte en la cruz destruyó las obras del diablo (3:8), nosotros le vencemos por la palabra de Dios que permanece en nosotros (2:14). Por virtud de nuestro nacimiento divino también vencemos el mundo maligno mediante nuestra fe en el Hijo de Dios (vs. 4-5). Más aún, nuestro nacimiento divino con la simiente divina que fue sembrada en nuestro ser interior nos capacita para que no vivamos habitualmente en el pecado (3:9; 5:18), porque Cristo por Su muerte en la carne quitó los pecados (3:5). En caso de que pequemos en alguna ocasión, tenemos a nuestro Abogado, quien es nuestro sacrificio propiciatorio y quien se encarga de nuestro caso ante nuestro Padre Dios (2:1-2), y Su sangre siempre eficaz nos limpia (1:7). Esta revelación es la substancia, el elemento básico, del ministerio restaurador del apóstol.

LA SEGUNDA EPISTOLA
DE
JUAN

BOSQUEJO

I. Introducción—vs. 1-3
- A. Amar con veracidad para la verdad—vs. 1-2
- B. Gracia, misericordia y paz en verdad y en amor—v. 3

II. Andar en la verdad y en amor—vs. 4-6
- A. En la verdad—v. 4
- B. En amor—vs. 5-6

III. No participar en la herejía—vs. 7-11
- A. Los herejes—vs. 7-9
- B. No participar en las obras heréticas—vs. 10-11

IV. Conclusión—vs. 12-13
- A. La esperanza de tener una comunión más íntima y así tener más gozo—v. 12
- B. Un saludo nacido de la amorosa preocupación—v. 13

LA SEGUNDA EPISTOLA
DE
JUAN

Autor: Juan, el anciano (v. 1).

Fecha: Después de escribir la primera epístola; véase la introducción de 1 Juan.

Lugar: Efeso, donde Juan era anciano, según la historia de la iglesia.

Destinatarios: Una señora elegida y sus hijos; véanse el v. 1 y la nota 2.

Tema:
La prohibición de participar en la herejía

I. Introducción
vs. 1-3

A. Amar con veracidad para la verdad
vs. 1-2

1 El [1a]anciano a la [2]señora [b]elegida y a sus hijos, a
quienes yo [c]amo con [3d]veracidad; y no sólo yo, sino también
todos [4]los que conocen la [5]verdad,

1[a] 3 Jn. 1; Hch. 11:30; 14:23; 20:17, 28; 1 Ti. 5:17
1[b] 2 Jn. 13
1[c] 3 Jn. 1
1[d] 1 Jn. 3:18

1[1] El apóstol Juan, igual que Pedro, era un anciano de la iglesia en Jerusalén antes de que la ciudad fuera destruida en el año 70 d. de C. (Gá. 2:9 y la nota 1[3] de 1 P. 5). Según la historia, Juan, después de regresar de su exilio, permaneció en Efeso para cuidar de las iglesias de Asia. Así que probablemente él también era un anciano de la iglesia en Efeso, donde escribió esta epístola.

1[2] Gr. *kuría,* la forma femenina de *kúrios,* que significa *señor, amo.* Existen diferentes interpretaciones de esta palabra. La más aceptada es la siguiente: esta palabra se refiere a una hermana cristiana notable en algún modo en la iglesia, igual que la frase *conjuntamente elegida* en 1 P. 5:13. Es posible que se haya llamado Kuría, dado que éste era un nombre común en ese tiempo. Algunos afirman que según la historia ella vivía cerca de Efeso y que una hermana de ella (v. 13) vivía en Efeso, donde la iglesia estaba bajo el cuidado de Juan. Había una iglesia en su localidad y se reunía en su casa.

1[3] La misma palabra griega que se traduce *verdad.* Conforme a la manera en que Juan usa la palabra, especialmente en su evangelio, aquí denota la realidad divina revelada —el Dios Triuno impartido al hombre en el Hijo, Jesucristo— que llega a ser la autenticidad y la sinceridad del hombre, para que el hombre pueda vivir una vida que corresponda a la luz divina (Jn. 3:19-21) y adorar a Dios, como El lo desea, conforme a lo que El es (Jn. 4:23-24). Esta es la virtud de Dios (Ro. 3:7; 15:8) que llega a ser nuestra virtud, por la cual amamos a los creyentes (véase la nota 6[6], punto

2 [1]a causa de la [2]verdad que [a]permanece en nosotros, y
estará para siempre [b]con nosotros:

B. Gracia, misericordia y paz en verdad y en amor
v. 3

3 Sea con [1]nosotros [a]gracia, misericordia y [b]paz, de Dios
Padre y de Jesucristo, Hijo del Padre, en [2]verdad y en amor.

II. Andar en la verdad y en amor
vs. 4-6

A. En la verdad
v. 4

4 Mucho me [1]regocijé porque he hallado *a algunos* de tus
hijos [a]andando en la [2]verdad, conforme al [3b]mandamiento
que recibimos del Padre.

2[a] 1 Jn. 2:24, 27
2[b] Jn. 14:16; cfr. Mt. 1:23; 28:20
3[a] 1 Ti. 1:2; 2 Ti. 1:2; Jn. 1:14, 16, 17; 2 Co. 13:14
3[b] 1 P. 1:2; Jud. 2
4[a] 3 Jn. 3, 4
4[b] 2 Jn. 6; 1 Jn. 5:2

7, de 1 Jn. 1). El apóstol Juan, quien vivía en la realidad divina de la Trinidad, amaba con esta autenticidad a la persona a quien escribió.

1[4] Los que no solamente recibieron a Cristo al creer que El es Dios y hombre, sino que también conocían plenamente la verdad tocante a la persona de Cristo.

1[5] Denota la realidad divina del evangelio (véase la nota 6[6] de 1 Jn. 1), especialmente con respecto a la persona de Cristo como lo revela Juan en su evangelio y en su primera epístola, a saber: Cristo es tanto Dios como hombre, o sea que tiene la deidad y la humanidad, posee la naturaleza divina y la naturaleza humana. Como tal, expresó a Dios en la vida humana y efectuó la redención con el poder divino en la carne humana a favor de los seres humanos caídos para impartir la vida divina en ellos y llevarlos a una unión orgánica con Dios. La segunda y la tercera epístolas dan énfasis a esta verdad. La segunda les advierte a los creyentes fieles que no reciban a los que no permanezcan en esta verdad, en la enseñanza acerca de Cristo. La tercera epístola exhorta a los creyentes a recibir y ayudar a los que trabajan a favor de esta verdad.

2[1] El apóstol Juan, en su evangelio y en su primera epístola, usa su ministerio restaurador con respecto a la revelación de la persona de Cristo para vacunar a los creyentes contra las herejías relacionadas con la divinidad y humanidad de Cristo. Debido a esta verdad vacunadora, él y todos los que han conocido esta verdad amaban a los que eran fieles a esta verdad (v. 1).

2[2] La realidad divina, definida en la nota 1[5]. Esta realidad divina, que en realidad es el Dios Triuno, permanece ahora en nosotros y estará con nosotros por la eternidad.

3[1] Algunos mss. dicen: vosotros.

3[2] Aquí *verdad* se refiere a la realidad divina del evangelio, como se definió en la nota 1[5], especialmente con respecto a la persona de Cristo, quien expresó a Dios y llevó a cabo el propósito de Dios; el amor es la expresión de los creyentes al amarse unos a otros recibiendo y conociendo la verdad. Estos dos asuntos son la estructura básica de esta epístola. En ellos la gracia, la misericordia y la paz estarán con nosotros. El apóstol saludó y bendijo a los creyentes con la gracia, la misericordia y la paz, basándose en el hecho de que estos dos asuntos cruciales existían entre los creyentes. Cuando andemos en la verdad (v. 4) y nos amemos unos a otros (v. 5), disfrutaremos la gracia, la misericordia y la paz divinas.

B. En amor
vs. 5-6

5 Y ahora te ruego, señora, no como escribiéndote un
[a]nuevo mandamiento, sino [1]el que hemos tenido [2]desde el
principio, que nos [b]amemos unos a otros.
6 Y éste es el [a]amor, que [b]andemos según Sus mandamientos. Este es el mandamiento, como vosotros habéis oído
desde el principio: que andéis en [1]amor.

III. No participar en la herejía
vs. 7-11

A. Los herejes
vs. 7-9

7 Porque muchos [1]engañadores han [a]salido por el mundo, que [2b]no confiesan que Jesucristo ha venido [3]en carne.
Quien esto hace es el engañador y el [4]anticristo.
8 [1a]Mirad por vosotros mismos, para que no [2]perdáis el
[3]fruto de nuestro trabajo, sino que recibáis [4]galardón completo.

5[a] 1 Jn. 2:7-8
5[b] 2 Jn. 3; 1 Jn. 3:23
6[a] 1 Jn. 5:3
6[b] 2 Jn. 4
7[a] 1 Jn. 2:18; 4:1
7[b] 1 Jn. 2:22; 4:3
8[a] Mr. 13:9

4[1] La verdad tocante a la persona de Cristo es el elemento básico y central del ministerio restaurador de Juan. Cuando él se enteró de que los hijos de la creyente fiel andaban en la verdad, se regocijó grandemente (3 Jn. 3-4).

4[2] La realidad divina, especialmente tocante a la persona de Cristo, como se definió en la nota 1[5]. El Padre nos manda andar en esta realidad, es decir, en la verdad divina hecha real para nosotros de que Jesucristo es el Hijo de Dios (cfr. Mt. 17:5), a fin de que honremos al Hijo como el Padre desea (Jn. 5:23).

4[3] Véase la nota 34[1] de Jn. 13. Así también en los siguientes versículos.

5[1] El mandamiento que nos dio el Hijo de amarnos unos a otros (Jn. 13:34). El Padre nos manda andar en la verdad a fin de que honremos al Hijo, y el Hijo nos manda amarnos unos a otros a fin de que le expresemos.

5[2] Véase la nota 1[2], párr. 2, de 1 Jn. 1.

6[1] Lit., él.

7[1] Los herejes, tales como los cerintianos, los falsos profetas (1 Jn. 4:1).

7[2] Es decir, no confiesan que Jesús es Dios encarnado, negando de este modo la deidad de Cristo.

7[3] Véase la nota 2[2] de 1 Jn. 4.

7[4] Véanse las notas 18[2] y 22[2] de 1 Jn. 2.

8[1] Es decir, guardaos, vigilad por vosotros mismos.

8[2] O, destruyáis, arruinéis.

8[3] El fruto del trabajo de los apóstoles se relacionaba con la verdad tocante a Cristo, la cual los apóstoles ministraban e impartían a los creyentes. Ser influidos por las herejías referentes a la persona de Cristo significa perder, destruir y arruinar lo precioso de la persona de Cristo que los apóstoles habían forjado en los creyentes. El apóstol les advirtió a éstos que vigilasen por sí mismos para que las herejías no influyeran en ellos y no perdieran lo relacionado con la verdad.

8[4] Conforme al contexto, especialmente según el v. 9, el galardón completo debe de ser el Padre y el Hijo como el disfrute pleno para los

9 Cualquiera que se [1]extravía, y no permanece en la
[2]enseñanza de Cristo, [a]no tiene a Dios; el que permanece en
esta enseñanza, ése sí [3]tiene al Padre y al Hijo.

B. No participar en las obras heréticas
vs. 10-11

10 Si alguno viene a vosotros, y [a]no [1]trae esta enseñanza,
[b]no [2]lo recibáis en casa, ni le digáis: ¡[3]Regocíjate!
11 Porque el que le dice: ¡Regocíjate! [a]participa en sus
[1]malas obras.

9a 1 Jn. 2:23
10a Gá. 1:8-9
10b cfr. Ro. 16:17; 2 Ts. 3:14; Tit. 3:10; 1 Co. 5:11
11a cfr. 1 Ti. 5:22; 1 Co. 5:6; Lv. 13:45-46

---

creyentes fieles, quienes permanecen en la verdad tocante a la persona de Cristo y no se desvían de tal verdad por la influencia de las herejías con respecto a Cristo. Esta interpretación se justifica ya que no hay indicación de que este galardón será dado en el futuro, como los galardones mencionados en Mt. 5:12; 16:27; 1 Co. 3:8, 13-14; He. 10:35-36; y Ap. 11:18; 22:12. Si no somos extraviados por las herejías, sino que permanecemos fieles en la verdad acerca del Cristo maravilloso y todo-inclusivo, quien es Dios y hombre, nuestro Creador y Redentor, disfrutaremos en El al Dios Triuno al mayor grado posible como nuestro galardón completo hoy día en la tierra.

9[1] Lit., se dirige más allá (en un sentido negativo), es decir, va más allá de lo correcto, se pasa del límite de la enseñanza ortodoxa acerca de Cristo. Esto está en contraste con el hecho de permanecer en la enseñanza de Cristo. Los gnósticos cerintianos, quienes se jactaban de tener un avanzado modo de pensar con respecto a la enseñanza de Cristo, practicaban esto. Ellos fueron más allá de la enseñanza de la concepción divina de Cristo, negando así la deidad de Cristo. Como consecuencia, ellos no podían tener a Dios como salvación y como vida.

9[2] No la enseñanza que Cristo impartió sino la enseñanza acerca de Cristo, es decir, la verdad acerca de Su deidad, especialmente tocante a Su encarnación mediante la concepción divina.

9[3] Tener a Dios equivale a tener al Padre y al Hijo. Mediante el proceso de la encarnación, Dios se impartió a nosotros en el Hijo con el Padre (1 Jn. 2:23) para ser nuestro disfrute y realidad (Jn. 1:1, 14). En el Dios encarnado tenemos al Hijo en Su redención y al Padre en Su vida. De este modo somos redimidos y regenerados para ser uno con Dios orgánicamente a fin de participar de El y disfrutarle como salvación y como vida. Por consiguiente, negar la encarnación significa rechazar este disfrute divino; en cambio, permanecer en la verdad de la encarnación significa tener a Dios, como el Padre y el Hijo, para que sea nuestra porción en la salvación eterna y en la vida divina.

10[1] No solamente enseñarla como teoría, sino traer la realidad de la enseñanza.

10[2] Un hereje, un anticristo (v. 7; 1 Jn. 2:22), un falso profeta (1 Jn. 4:1), alguien que niega la concepción divina y la deidad de Cristo, como lo hacen los modernistas de hoy. Debemos rechazar a una persona así y no recibirla en nuestra casa ni saludarla. De este modo no tendremos ningún contacto con ella ni participación alguna en su herejía, la cual es una blasfemia para Dios y contagia como lepra.

10[3] La palabra griega significa *estar contento, regocijarse, saludarse;* se usaba como saludo o como despedida.

11[1] Así como llevar a otros la verdad divina del Cristo maravilloso es una obra excelente (Ro. 10:15), así

IV. Conclusión
vs. 12-13

A. La esperanza de tener una comunión más íntima y así tener más gozo
v. 12

12 Tengo [a]muchas cosas que escribiros, pero no he queri- 12[a] 3 Jn. 13
do *hacerlo* por medio de papel y tinta, pues [1b]espero estar con 12[b] 3 Jn. 14
vosotros y hablar [2]cara a cara, para que [3]nuestro [c]gozo sea 12[c] 1 Jn. 1:4
cumplido.

B. Un saludo nacido de la amorosa preocupación
v. 13

13 Los [1]hijos de tu [2]hermana, la [a]elegida, te saludan. 13[a] 2 Jn. 1; 1 P. 5:13

---

también extender la herejía satánica, la cual contamina la gloriosa deidad de Cristo, es una obra maligna. Esta herejía es una blasfemia y una abominación para Dios, y constituye también un daño y una maldición para el hombre. ¡Nadie que crea en Cristo y sea hijo de Dios debe tener participación alguna en esta maldad! ¡Hasta saludar a tal persona está prohibido! ¡Uno se debe apartar estricta y claramente de esta maldad!

12[1] El apóstol expresa su deseo de tener una comunión más profunda y más rica con este miembro de la iglesia, a fin de que el gozo en el disfrute de la vida divina sea cumplido (1 Jn. 1:2-4).

12[2] Lit., boca a boca.

12[3] Algunos mss. dicen: vuestro.

13[1] Esto indica que el anciano tenía una comunión íntima con los miembros de la iglesia y los cuidaba con cariño.

La amorosa preocupación que el anciano apóstol Juan sentía por los creyentes al llevar a cabo su ministerio restaurador con la vida divina del Dios Triuno, tenía como fin que ellos anduvieran en la verdad de Dios. La verdad de Dios consiste en que el Dios Triuno se encarnó para ser el Dios-hombre, Cristo, quien poseía tanto la divinidad como la humanidad, el cual mediante la crucifixión efectuó una redención eterna, y mediante la resurrección llegó a ser el Espíritu vivificante y todo-inclusivo como la expresión máxima del Dios Triuno procesado, para ser recibido por los que se arrepienten y creen en El, a fin de ser la vida y el todo para ellos. El anciano apóstol deseaba que los creyentes, mediante el amor divino del Dios Triuno, se amaran unos a otros en esta verdad para expresarle. Esta verdad, esta realidad, vino a ser la autenticidad del andar del apóstol, la virtud divina expresada en su humanidad redimida. El amaba a los creyentes a quienes cuidaba, con la autenticidad de la virtud divina. Su amor para con los creyentes constituía su vivir, en el cual la realidad, la verdad, del Dios Triuno se unía al amor del Dios Triuno. Basándose en este amor, también esperaba con anhelo que los creyentes a quienes cuidaba fueran lo mismo que él era, para que se amaran unos a otros y no tuvieran nada que ver con los herejes, los que iban más allá de la verdad tocante a la Trinidad. El anciano apóstol deseaba que los creyentes a quienes cuidaba permanecieran siempre en la verdad divina a fin de que disfrutaran al Padre y al Hijo mediante el Espíritu por la eternidad.

13[2] El hecho de que ella no enviara un saludo tal vez indique que había fallecido.

LA TERCERA EPISTOLA

DE

JUAN

BOSQUEJO

I. Introducción—vs. 1-4
   A. Amar con veracidad—v. 1
   B. Prosperar en todas las cosas y en salud—v. 2
   C. Andar en la verdad—vs. 3-4
II. La hospitalidad para los obreros que viajan—vs. 5-8
   A. Dada con fidelidad, en amor, y como es digno de Dios—vs. 5-6
   B. Por los colaboradores en la verdad—vs. 7-8
III. No imitar lo malo, sino lo bueno—vs. 9-12
   A. El autoexaltado y dominante Diótrefes, un ejemplo de maldad—vs. 9-11
   B. El elogiado Demetrio, un buen ejemplo—v. 12
IV. Conclusión—vs. 13-14
   A. La esperanza de una comunión más íntima—vs. 13-14a
   B. Saludos recíprocos—v. 14b

B. Por los colaboradores en la verdad
vs. 7-8

7 Porque ellos salieron por amor del [1a]Nombre, sin aceptar nada de los [2]gentiles.
8 Nosotros, pues, debemos [1]sostener a tales personas, para que seamos [a]colaboradores en la [2]verdad.

III. No imitar lo malo,
sino lo bueno
vs. 9-12

A. El autoexaltado y dominante Diótrefes,
un ejemplo de maldad
vs. 9-11

9 Yo he escrito a la [1]iglesia; pero [2]Diótrefes, el cual quiere [3]ser el [a]primero entre ellos, no nos [4]recibe.

7[a] Jn. 15:21; Hch. 4:10; 9:28; 16:18; 19:17
8[a] Fil. 2:25; 4:3
9[a] cfr. Mt. 23:6; Mr. 12:38-39; Lc. 11:43; 20:46

7[1] El exaltado y glorioso nombre del Cristo maravilloso (Fil. 2:9 y la nota 3; Hch. 5:41; Jac. 2:7).

7[2] Los paganos, quienes no tienen nada que ver con el mover de Dios en esta tierra, el cual es llevar a cabo Su economía. Si alguien que trabaja en la economía neotestamentaria de Dios recibe ayuda de los incrédulos para la obra de Dios, especialmente apoyo financiero, trae vergüenza a Dios y le insulta. En los tiempos del apóstol, los hermanos que obraban para Dios no aceptaban nada de los paganos.

8[1] La palabra griega se compone de dos palabras: *debajo* y *tomar;* por consiguiente, significa tomar (desde abajo), es decir, hacerse cargo, sostener, apoyar. Nosotros los creyentes, incluyendo al apóstol, debemos encargarnos de proveer para las necesidades de los hermanos que laboran para Dios en Su verdad divina y que no aceptan nada de los gentiles.

8[2] Denota la realidad divina revelada como contenido del Nuevo Testamento, conforme a la enseñanza de los apóstoles con respecto a la Trinidad Divina, especialmente acerca de la persona del Señor Jesús, con miras a la economía de Dios. Todos los apóstoles y los hermanos fieles trabajaban por esto.

9[1] De la cual Gayo era miembro.

9[2] La palabra griega se compone de los vocablos que significan *de Zeus* (el dios principal del panteón griego) y *nutrir;* por consiguiente, significa nutrido por Zeus. Esto indica que Diótrefes, un cristiano profesante, nunca se quitó su nombre pagano, en contraste con la práctica de los primeros creyentes, quienes tomaban un nombre cristiano al ser bautizados. Según la historia, era partidario del gnosticismo, que blasfemaba de la persona de Cristo. No es de asombrarse que al mezclarse con los hermanos, quisiera ser el primero entre ellos.

9[3] Esto va en contra de lo que el Señor dijo en Mt. 20:25-27 y 23:8-11, lo cual sitúa a todos Sus creyentes en el mismo nivel, el de hermanos. En 2 Jn. 9, los gnósticos cerintianos fueron los primeros en ir más allá de la enseñanza acerca de Cristo. Aquí vemos a alguien que estaba bajo la influencia de la doctrina herética del gnosticismo y que quería ser el primero en la iglesia. Aquello era asunto de arrogancia intelectual; esto, de vanagloria en cuanto a las acciones personales. Estos dos males son armas agudas usadas por Satanás, el enemigo de Dios, para llevar a cabo su conspiración maligna contra la economía de Dios. Uno de estos males debilita la fe de los creyentes en la realidad divina; el otro estorba la obra de los creyentes en el mover de Dios.

10a cfr. Jn. 9:22, 34

10 Por esta causa, si yo voy, recordaré las obras que hace [1]parloteando con palabras [2]malignas contra nosotros; y no contento con estas cosas, no recibe a los hermanos, y a los que quieren *recibirlos* se lo prohíbe, y los [a]expulsa de la iglesia.

11a 1 Co. 4:16; 11:1
11b 1 P. 3:11; Sal. 34:14; 37:27; Is. 1:16-17
11c Jn. 5:29
11d 1 Jn. 3:6

11 Amado, no [a]imites lo [1b]malo, sino lo bueno. El que [2]hace lo [c]bueno es [3]de Dios; pero el que [4]hace lo malo, [5d]no ha visto a Dios.

B. El elogiado Demetrio,
un buen ejemplo
v. 12

12a 3 Jn. 3, 6
12b Jn. 19:35; 21:24

12 [1]Todos dan [a]testimonio de [2]Demetrio, y aun la [3]verdad misma; y también [4]nosotros damos testimonio, y vosotros sabéis que nuestro testimonio es [5b]verdadero.

IV. Conclusión
vs. 13-14

A. La esperanza de una comunión más íntima
vs. 13-14a

13a 2 Jn. 12

13 Yo tenía [a]muchas cosas que escribirte, pero no quiero escribírtelas con tinta y pluma,

---

9[4] Es decir, recibe de modo hospitalario.

10[1] La palabra griega se deriva de un vocablo que significa *hervir, rebosar de palabras, hablar ociosamente;* por lo tanto, significa parlotear, hablar insensateces o tonterías.

10[2] La palabra griega significa *perniciosas,* como en 1 Jn. 5:19 (véase la nota 4).

11[1] La palabra griega significa *carente de valor, malvado, depravado.*

11[2] La palabra griega significa *ser alguien que hace el bien* (como un favor o una obligación), *que practica el bien;* por lo tanto, se traduce hace lo bueno.

11[3] Lit., proveniente de (véase la nota 19[1] de 1 Jn. 5). Dios es la fuente del bien. Un bienhechor, alguien que hace lo bueno, es alguien que procede de Dios y que le pertenece (cfr. 1 Jn. 3:8).

11[4] La palabra griega significa *ser un malhechor, uno que practica el mal;* por consiguiente, se traduce hace lo malo.

11[5] Un malhechor no procede de Dios, más aún ni siquiera ha visto a Dios.

12[1] Indica que Demetrio debe de haber sido un hermano que trabajaba entre las iglesias, y que por ende era bien conocido.

12[2] Demetrio, quizá uno de los hermanos que viajaban trabajando para el Señor (vs. 5-8), tal vez haya sido quien le llevó esta epístola a Gayo. Por tanto, era necesario que recibiera una recomendación favorable de parte del escritor.

12[3] La verdad de Dios revelada, que es la realidad de la esencia de la fe cristiana (véase la nota 6[6] de 1 Jn. 1). Esta verdad es la regla divina según la cual todos los creyentes deben andar, y la cual determina el andar de ellos. Por consiguiente, esta verdad da buen testimonio del que anda en ella, como lo hizo en el caso de Demetrio.

14 más bien, [1a]espero verte en breve, y hablaremos [2]cara a cara.

B. Saludos recíprocos
v. 14b

La paz sea contigo. Los [b]amigos te saludan. Saluda tú a los amigos, a cada uno por [c]nombre.

14[a] 2 Jn. 12
14[b] Jn. 11:11
14[c] cfr. Jn. 10:3

12[4] El apóstol Juan y sus asociados.

12[5] La palabra griega (un adjetivo similar al que significa *verdad (realidad)*, cfr. nota 20[5] de 1 Jn. 5) significa *genuino, real;* por lo tanto, verdadero.

14[1] Véase la nota 12[1] de 2 Jn.

14[2] Lit., boca a boca.

LA EPISTOLA DE

JUDAS

BOSQUEJO

I. Introducción: a los llamados, amados y guardados—vs. 1-2
II. Contender por la fe—v. 3
III. Las herejías de los apóstatas—v. 4
IV. Ejemplos históricos del juicio del Señor sobre la apostasía—vs. 5-7
V. Las maldades de los apóstatas y su castigo bajo el juicio del Señor—vs. 8-19
VI. Exhortaciones a los creyentes—vs. 20-23
A. Edificarse sobre la santísima fe y vivir en el Dios Triuno—vs. 20-21
B. Cuidar a otros teniendo misericordia con temor—vs. 22-23
VII. Conclusión: alabanzas a Aquel que es poderoso para guardar y presentar a los creyentes delante de Su gloria—vs. 24-25

LA EPISTOLA DE

JUDAS

Autor: Judas, esclavo de Jesucristo y hermano de Jacobo en la carne (el autor de la Epístola de Jacobo) y del Señor (v. 1 y la nota 1).

Fecha: Por el año 69 d. de C., antes de la destrucción de Jerusalén y por la misma fecha en que se escribió 2 Pedro, como lo indican las alusiones a la decadencia de la iglesia, parecidas a las que encontramos en 2 P. 2.

Lugar: Jerusalén o Judea, aunque es difícil determinarlo con seguridad.

Destinatarios: Los creyentes judíos, como lo indica el tono judío de este libro.

Tema:
Contender por la fe

I. Introducción:
a los llamados, amados y guardados
vs. 1-2

1 [1]Judas, esclavo de Jesucristo, y hermano de [1]Jacobo, a los [a]llamados, [b]amados en Dios Padre, y [c]guardados [2]por Jesucristo:

2 [1a]Misericordia a vosotros y [b]paz y [c]amor os sean multiplicados.

II. Contender por la fe
v. 3

3 Amados, poniendo toda diligencia en escribiros acerca de nuestra [1]común salvación, me ha sido necesario escribiros exhortándoos a que [2a]contendáis ardientemente por la [3]fe que ha sido trasmitida a los [b]santos una vez para siempre.

1[1] Tanto Judas como Jacobo, quien escribió la epístola que lleva su nombre (Jac. 1:1), eran hermanos del Señor Jesús en la carne (Mt. 13:55).

1[2] O, para. *Por* denota la fuerza y el medio para guardar; *para* denota el propósito y el objetivo de guardar. El Padre le dio todos los creyentes al Señor (Jn. 17:6). Ellos son guardados para El y por El.

2[1] En el saludo se menciona la misericordia y no la gracia, lo cual tal vez se deba a que la iglesia había caído en degradación y apostasía (cfr. vs. 21-22). Véase la nota 2[1] de 2 Ti. 1.

3[1] La salvación general, común a todos los creyentes y que todos los creyentes tienen, igual que la común fe (Tit. 1:4).

3[2] Lit., luchéis.

3[3] No se refiere a una fe subjetiva, a nuestra acción de creer, sino a una fe objetiva, a nuestra creencia, es decir a lo que creemos, el contenido del Nuevo

---

1[a] Ro. [illegible] 1 P. 1:15
1[b] Ro. 1:7; 1 Ts. 1:4
1[c] Jud. 24; 1 P. 1:5; Jn. 17:12, 15; 1 Ts. 5:23
2[a] Mt. 9:13; Ro. 9:15-16, 18, 23; 2 Ti. 1:16
2[b] 1 P. 1:2; 2 P. 1:2; 2 Jn. 3
2[c] Ef. 6:23
3[a] 1 Ti. 6:12
3[b] Ro. 1:7; 1 Co. 1:2

III. Las herejías de los apóstatas
v. 4

4 [1]Porque algunos hombres [2]se han [a]introducido encubiertamente, los que ya desde antiguo estaban [3]inscritos para [4]este juicio, [b]hombres impíos, que [5]convierten en [6c]libertinaje la [d]gracia de nuestro Dios, y [5e]niegan a [7]nuestro único Amo y Señor Jesucristo.

IV. Ejemplos históricos del
juicio del Señor sobre la apostasía
vs. 5-7

5 Mas quiero [a]recordaros, ya que una vez lo habéis sabido, que [1]el Señor, habiendo salvado al pueblo [b]sacándolo de
la tierra de Egipto, [2]después [3c]destruyó a los que no creyeron.
6 Y a los [a]ángeles que no guardaron su [1]principado, sino que abandonaron su [2]propia morada, los ha guardado bajo [3]oscuridad, en [b]prisiones eternas, para el [4c]juicio del gran día;

4a Gá. 2:4
4b Jud. 15, 18; 2 P. 2:5-6;
4c 2 P. 2:2, 7, 18
4d 1 P. 1:10, 13; 2 P. 3:18; Hch. 11:23; 2:1
5a 2 P. 1:12-13; 3:1
5b Ex. 13:3, 9
5c 1 Co. 10:5-11; He. 3:16-18; Jud. 11
6a 2 P. 2:4
6b cfr. Ap. 20:2
6c 2 P. 2:9; Ap. 20:12-13

Testamento, el cual es nuestra fe (Hch. 6:7; 1 Ti. 1:19; 3:9; 4:1; 5:8; 6:10, 21; 2 Ti. 3:8; 4:7; Tit. 1:13), en el cual creemos con miras a nuestra común salvación. Esta fe, y no alguna doctrina, ha sido trasmitida a los santos una vez para siempre. Por esta fe debemos contender ardientemente (1 Ti. 6:12).

4[1] Los vs. 4-19 son paralelos a 2 P. 2, lo cual indica que esta epístola fue escrita cuando la iglesia estaba en apostasía y degradación.

4[2] Lit., han entrado por el lado, o se han introducido por una puerta lateral (cfr. *introducirán secretamente* en 2 P. 2:1 y la nota 2).

4[3] Es decir, en las profecías.

4[4] El juicio descrito en los versículos siguientes, efectuado sobre la entrada encubierta de los apóstatas. Este juicio equivale a ser condenados como castigo; se refiere a ser condenado para ser castigado.

4[5] La maldad de los apóstatas heréticos era (1) que convertían la gracia de Dios en desenfreno, es decir, en abuso de libertad (cfr. Gá. 5:13; 1 P. 2:16), y (2) que negaban la posición del Señor como Cabeza y como Señor. Estas dos cosas van juntas. Convertir la gracia de Dios en desenfreno con el propósito de vivir en libertinaje implica haber negado el gobierno y la autoridad del Señor.

4[6] O, desenfreno; la misma palabra griega traducida *lascivia* en 1 P. 4:3 y 2 P. 2:2.

4[7] O, al único Amo y a nuestro Señor Jesucristo.

5[1] Algunos mss. dicen: Jesús.

5[2] Lit., en segundo lugar.

5[3] Véase la nota 1[5], punto 1, de 2 P. 2.

6[1] La palabra griega significa *comienzo* (de poder), *primer lugar* (de autoridad); por consiguiente, denota dignidad inicial en una posición elevada. Los ángeles caídos no guardaron su dignidad y posición originales, sino que abandonaron su propia morada, los cielos, y vinieron a la tierra en los tiempos de Noé para cometer fornicación con las hijas de los hombres (Gn. 6:2; 1 P. 3:19 y la nota 3).

6[2] Es decir, los cielos.

6[3] En los abismos tenebrosos del Tártaro (2 P. 2:4).

6[4] Probablemente el juicio final

7 como [a]Sodoma y Gomorra y las ciudades vecinas, las
cuales [1]de la misma manera que aquéllos, se dedicaron a la
fornicación y fueron en pos de una [b]carne diferente, fueron
puestas por [c]ejemplo, sufriendo el [d]castigo del fuego eterno.

V. Las maldades de los apóstatas y
su castigo bajo el juicio del Señor
vs. 8-19

8 No obstante, de la misma manera también [1]estos soñadores [a]contaminan la carne, menosprecian el [2]señorío e injurian a las [3]potestades superiores.

9 Pero cuando el [a]arcángel [1b]Miguel contendía con el
[c]diablo, disputando con él por el [2]cuerpo de Moisés, [3]no se
atrevió a proferir [d]juicio de maldición *contra él,* sino que dijo:
El Señor te [e]reprenda.

7a 2 P. 2:6; Gn. 19:24
7b Ro. 1:27; Lv. 18:22-23
7c cfr. Nm. 26:10
7d 2 Ts. 1:9
8a 2 P. 2:10, 20
9a 1 Ts. 4:16
9b Dn. 10:13, 21; 12:1; Ap. 12:7
9c Mt. 4:1; Ap. 12:9
9d 2 P. 2:11
9e Zac. 3:2

---

del gran trono blanco (véase la nota 4[4] de 2 P. 2).

7[1] Es decir, de la misma manera que los ángeles caídos mencionados en el versículo anterior. Esto comprueba que los ángeles mencionados en el versículo anterior eran los hijos de Dios de los que se habla en Gn. 6:2, quienes, tomando cuerpos humanos, se unieron con mujeres y cometieron fornicación con una carne diferente, o sea, con seres humanos, quienes son distintos de los ángeles. Los varones de Sodoma, de Gomorra y de las ciudades circunvecinas se entregaban a la concupiscencia con otros varones (Ro. 1:27; Lv. 18:22), con una carne que era diferente de la que Dios en Su obra creadora había ordenado para el matrimonio (Gn. 2:18-24). Al cometer fornicación con una carne diferente, ellos actuaron de la misma manera que los ángeles del versículo precedente y, en consecuencia, sufrieron el castigo del fuego eterno.

8[1] Los hombres impíos mencionados en el v. 4 eran soñadores que se decían cristianos pero hacían cosas como si estuvieran soñando, tales como convertir la gracia de Dios en libertinaje contaminando así su propia carne, y negar que Jesucristo es nuestro único Amo y Señor, menospreciando así Su señorío e injuriando a las potestades de Su gobierno celestial.

8[2] Véase la nota 10[2] de 2 P. 2.

8[3] Véase la nota 10[4] de 2 P. 2.

9[1] Véase la nota 11[1] de 2 P. 2.

9[2] El Señor sepultó el cuerpo de Moisés en un valle en la tierra de Moab, en un lugar que nadie conoce (Dt. 34:6). El Señor debe de haber hecho esto a propósito. Cuando Moisés y Elías se aparecieron junto con Cristo en el monte de la transfiguración (Mt. 17:3), Moisés seguramente se manifestó en su cuerpo, el cual fue guardado por el Señor y resucitado. Por lo mismo, es probable que el diablo haya intentado hacerle algo al cuerpo de Moisés, por lo cual el arcángel argumentó con él tocante a esto. La referencia en 2 P. 2:11 tiene un sentido general, pero este caso tocante al cuerpo de Moisés, es específico.

9[3] Véase la nota 11[2] de 2 P. 2. Esto indica que en el gobierno celestial el diablo, Satanás, tenía una posición más elevada que la del arcángel Miguel. Dios nombró y estableció a Satanás en esa posición (Ez. 28:14). En todo caso, Satanás estaba bajo la autoridad del Señor, así que Miguel le dijo: "El Señor te reprenda". Miguel mantuvo su posición según el orden de autoridad divina.

10 Pero [1]éstos maldicen lo que no [2]conocen; y [3]en lo que
[4]por naturaleza [2]entienden, se [5]corrompen como [6a]animales
[7]irracionales.
11 ¡[a]Ay de ellos! porque han seguido el [1]camino de [b]Caín,
y se [2]lanzaron por lucro en el [3]error de [c]Balaam, y [4d]perecie-
ron en la [5]rebelión de Coré.
12 Estos son [1]escollos ocultos en vuestros [2]ágapes, que [a]co-
miendo *con vosotros* sin temor se [3b]apacientan a sí mismos;

10[a] 2 P. 2:12
11[a] Mt. 23:13; Ap. 8:13; 12:12
11[b] 1 Jn. 3:12
11[c] 2 P. 2:15
11[d] 2 P. 3:6, 9
12[a] 2 P. 2:13
12[b] Ez. 34:2, 8, 10

10[1] Se refiere a los soñadores mencionados en el v. 8.

10[2] La palabra *conocer* denota una percepción más profunda de las cosas invisibles, y *entender* denota un entendimiento superficial de los objetos visibles.

10[3] O, por.

10[4] O, por instinto. Estos soñadores injurian lo que no conocen pero que deberían conocer; y lo que entienden, lo entienden de modo natural e instintivo, sin uso de razón, como animales irracionales. Ellos no recurren a la razón para hacer uso del conocimiento humano que es más profundo y más elevado e incluye la percepción de la conciencia del hombre. Lo que ellos practican es un entendimiento instintivo, superficial y rudimentario, como el de los animales, los cuales carecen de razonamiento. Al comportarse de esta manera, se corrompen, o son destruidos.

10[5] Véase la nota 1[5], punto 3, de 2 P. 2.

10[6] Lit., seres vivientes (incluyendo a los hombres); se refiere a hombres que viven como animales.

10[7] Véase la nota 12[2] de 2 P. 2.

11[1] Este es el camino de servir a Dios religiosamente según la voluntad de uno mismo, rechazando heréticamente la redención requerida y provista por Dios, y también es el camino de servir según la carne, envidiando al verdadero *pueblo de Dios debido al* fiel testimonio que tiene ante Dios (Gn. 4:2-8).

11[2] Lit., derramaron. Es decir, se entregaron, se lanzaron precipitadamente, se metieron corriendo en tropel.

11[3] El error de enseñar una doctrina equivocada a cambio de una recompensa, sabiendo que es contraria a la verdad y que va en contra del pueblo de Dios, y el error de abusar de ciertos dones para influir en el pueblo de Dios y así descarriarlo, sacándolo de la adoración pura del Señor y llevándolo a la adoración de ídolos (Nm. 22:7, 21; 31:16; Ap. 2:14). Codiciar el lucro hará que los codiciosos se lancen precipitadamente en el error de Balaam.

11[4] Es decir, fueron destruidos (v. 5). Véase la nota 15, punto 1, de 2 P. 2.

11[5] Lit., contradicción, palabras en contra. Esto representa una rebelión contra la autoridad delegada de Dios en Su gobierno y contra Su palabra hablada por Su enviado (como por ejemplo Moisés), lo cual produce destrucción (Nm. 16:1-40).

12[1] La palabra griega significa *una roca.* "Tal vez se refiera a una roca sumergida, cubierta por el mar" (Darby); por ende, escollos ocultos. La palabra griega traducida *manchas* en 2 P. 2:13 es muy parecida a la palabra que aquí se traduce *escollos ocultos;* es por esto que algunas traducciones dicen *manchas.* En realidad, estas dos palabras se refieren a dos cosas diferentes. Las manchas son defectos en la superficie de las piedras preciosas; los escollos ocultos están en el fondo del agua. Los primeros herejes no solamente eran manchas en la superficie, sino también escollos ocultos en el fondo; las dos cosas perjudicaban a los que creían en Cristo.

12[2] Banquetes de amor motivados por el amor de Dios (el amor más elevado, 1 Jn. 4:10-11, 21). En los primeros días los creyentes a menudo comían juntos con amor para tener comunión y adorar a Dios (Hch. 2:46).

[4c]nubes sin agua, arrastradas por los [d]vientos; [5]árboles oto-
ñales, [e]sin fruto, dos veces muertos y [f]desarraigados;
13 [1]fieras [a]ondas del mar, que espuman su propia [b]ver-
güenza; [2]estrellas errantes, para las cuales está reservada
eternamente la [c]oscuridad de las tinieblas.
14 De éstos también [a]profetizó [b]Enoc, séptimo desde Adán,
diciendo: He aquí, [1c]vino el Señor [2]con [3]millares de Sus
santos,
15 para hacer [1]juicio contra todos, y dejar convictos a
todos los [a]impíos de todas sus obras impías que han hecho
impíamente, y de todas las cosas duras que los pecadores
impíos han [b]hablado contra El.
16 Estos son [a]murmuradores, quejumbrosos, que andan
según sus propias [b]concupiscencias, cuya boca habla [c]cosas
infladas, [d]adulando a las [1]personas para [e]sacar provecho.
17 Pero vosotros, amados, [a]tened memoria de las palabras

Estas reuniones eran parte de la cena del Señor (1 Co. 11:20-21, 33) y se les llamaba ágapes.

12[3] Los herejes ávidos de placeres (2 P. 2:13) se hacían pasar por pastores, pero en los ágapes sólo se alimentaban a sí mismos y no se preocupaban por los demás. Con respecto a los demás, ellos eran nubes sin agua; no podían suministrar vida.

12[4] Cfr. 2 P. 2:17 y la nota 1.

12[5] El otoño es la estación en que se cosecha la fruta. Los apóstatas egoístas parecían ser árboles frutales en tiempo de cosecha, pero no tenían fruto para satisfacer a otros. Habían muerto dos veces, no sólo externamente, en apariencia, como la mayoría de los árboles en el otoño, sino también interiormente, en naturaleza. Estaban totalmente muertos; por consiguiente, convenía desarraigarlos.

13[1] Los pastores, las nubes, los árboles y las estrellas son figuras positivas en la simbología bíblica, pero los escollos ocultos, las olas y el mar son figuras negativas. Estos apóstatas eran falsos pastores, nubes sin agua, árboles muertos y estrellas errantes; también eran escollos ocultos y fieras olas del mar que espumaban sin restricción su propia vergüenza.

13[2] La metáfora de las estrellas errantes indica que los maestros errantes, los apóstatas, no estaban sólidamente arraigados en las inmutables verdades de la revelación celestial, sino que vagaban entre el pueblo de Dios, del cual las estrellas son figura (Dn. 12:3; Ap. 1:20). El destino de ellos será la oscuridad de las tinieblas, las cuales les han sido reservadas para la eternidad. Los apóstatas errantes son estrellas errantes hoy día, pero serán encarcelados en la oscuridad de las tinieblas.

14[1] Esto debe de referirse a la manifestación de la parusía (la venida) del Señor, que se menciona en 2 Ts. 2:8 y la nota 4, Mt. 24:27, 30 y Zac. 14:4-5.

14[2] Lit., en o entre.

14[3] Probablemente esto incluye, como en Zac. 14:5, a los santos (1 Ts. 3:13) y a los ángeles (Mt. 16:27; 25:31; Mr. 8:38).

15[1] El Señor vendrá para llevar a cabo el juicio gubernamental de Dios, en el cual recibirán su paga todos los impíos. Véase la nota 17[2], párr. 2, de 1 P. 1.

16[1] Lit., rostros.

12[c] Pr. 25:14
12[d] Ef. 4:14
12[e] Mt. 21:19
12[f] Mt. 15:13; cfr. Lc. 13:6-9
13[a] Is. 57:20; Jac. 1:6
13[b] Ro. 6:21; 2 Co. 4:2
13[c] 2 P. 2:17
14[a] 1 P. 1:10; 2 P. 1:19; 3:2
14[b] Gn. 5:18
14[c] cfr. Dt. 33:2
15[a] Jud. 4; 1 Ti. 1:9
15[b] Mal. 3:13
16[a] Ex. 15:24; 17:3; Nm. 16:11, 41; Sal. 106:25
16[b] Jud. 18; 1 P. 4:2; 2 P. 1:4; 2:10
16[c] 2 P. 2:18
16[d] cfr. Sal. 5:9; 1 Ts. 2:5
16[e] 2 P. 2:3, 15
17[a] 2 P. 1:15; 3:2

que antes fueron dichas por los [b]apóstoles de nuestro Señor
Jesucristo;
18 los que os decían: En el [1a]postrer tiempo habrá [b]burla-
dores, que andarán según sus [c]impías [d]concupiscencias.
19 Estos son los que causan [a]divisiones; los [1b]anímicos,
que no tienen [2]espíritu.

VI. Exhortaciones a los creyentes
vs. 20-23

A. Edificarse sobre la santísima fe y vivir en el Dios Triuno
vs. 20-21

20 Pero vosotros, amados, [a]edificándoos [1]sobre vuestra
santísima [2]fe, orando en el [b]Espíritu Santo,
21 [1]conservaos en el [a]amor de Dios, [b]esperando la [2]mise-
ricordia de nuestro [3]Señor Jesucristo [4]para [c]vida eterna.

17[b] 2 P. 3:2; 1 P. 1:1
18[a] 1 P. 1:5; 2 Ti. 3:1
18[b] 2 P. 3:3
18[c] Jud. 4, 15
18[d] Jud. 16; Jac. 1:14-15; 4:1
19[a] Ro. 16:17; 2:8; cfr. 1 Co. 11:19
19[b] 1 Co. 2:14
20[a] Col. 2:7; 1 Ts. 5:11
20[b] Ro. 8:26; cfr. Ef. 6:18
21[a] Jn. 15:10; Ro. 5:5; 8:39; 2 Co. 13:14
21[b] 2 P. 3:12
21[c] Jn. 3:15, 36; 1 Ti. 6:12, 19

18[1] Véase la nota 1[2] de 2 Ti. 3.

19[1] Este vocablo es adjetivo de *alma.* "*Psujé* [alma] es el centro de la persona de uno, el yo de cada individuo. Está en cada hombre ligada al espíritu, la parte más elevada del hombre, y al cuerpo, la parte más baja del hombre; es elevada por uno, y rebajada por otro. El que se entrega a los apetitos más bajos, es carnal; el que por la comunión que tiene su espíritu con el Espíritu de Dios es empleado para las intenciones más elevadas de su ser, es espiritual. El que se queda en medio, pensando solamente en sí mismo y en sus propios intereses, ya sea de carácter físico o intelectual, es *psujikós,* el hombre egoísta, el hombre en quien el espíritu se ha hundido y degradado hasta quedar subordinado al *psujé* [el alma], cuya posición es secundaria" (Alford).

19[2] Se refiere al espíritu humano, y no al Espíritu de Dios. Los apóstatas no tienen espíritu. No es que ellos "en realidad han dejado de tener un espíritu, como parte de su propia naturaleza tripartita [1 Ts. 5:23], sino que éste ha dejado de tener eficacia en ellos; su espíritu está degradado y bajo el poder del *psujé,* [el alma,] la vida de la persona, de tal modo que no tiene verdadera vitalidad por sí mismo" (Alford). A ellos no les interesa su espíritu ni lo ejercitan. No usan su espíritu en comunión con el Espíritu de Dios para tener contacto con Dios; tampoco viven ni andan en su espíritu. Por la influencia de su carne, ellos se han degradado y se han vuelto carnales, de modo que su conciencia ha perdido su capacidad de percibir (véase la nota 12[2] de 2 P. 2) y ellos han llegado a ser como animales irracionales (v. 10).

20[1] O, en.

20[2] La fe objetiva; se refiere a las cosas preciosas del Nuevo Testamento, en las cuales creemos para ser salvos en Cristo (véase la nota 3[3]). Sobre el fundamento de esta santa fe y en su esfera, orando en el Espíritu Santo, nos edificamos a nosotros mismos. La verdad de la fe que comprendemos y el Espíritu Santo que disfrutamos mediante nuestra oración son necesarios para que seamos edificados. Tanto la fe como el Espíritu son santos.

21[1] Debemos conservarnos en el amor de Dios al edificarnos en nuestra santa fe y al orar en el Espíritu Santo (v. 20); de este modo esperamos y buscamos la misericordia de nuestro Señor, para que no solamente disfrutemos la vida eterna en esta era, sino que también la heredemos y sea nuestra por la eternidad (Mt. 19:29).

21[2] Véase la nota 2[1].

21[3] La Trinidad Bendita en Su totalidad es empleada y disfrutada por los creyentes al orar en el Espíritu Santo,

B. Cuidar a otros teniendo misericordia con temor
vs. 22-23

22 [1]De algunos que [2]vacilan, tened misericordia,
23 y [a]salvadlos, [1b]arrebatándolos del [2]fuego; y de otros
tened misericordia [3]con [c]temor, aborreciendo aun la ropa
[d]manchada por su [e]carne.

VII. Conclusión: alabanzas a Aquel
que es poderoso para guardar y presentar
a los creyentes delante de Su gloria
vs. 24-25

24 [1a]Y a Aquel que es [b]poderoso para [c]guardaros de [d]tro-
piezos, y presentaros [e]sin mancha delante de Su [2]gloria [3]con
[4f]gran alegría,
25 al [a]único [1]Dios, nuestro [b]Salvador, por medio de nuestro Señor [1]Jesucristo, sea [2c]gloria y majestad, imperio y
potestad, desde [3]antes de todos los tiempos, ahora y por
todos los siglos. Amén.

23[a] cfr. Jac. 5:20
23[b] Zac. 3:2; Am. 4:11
23[c] 1 P. 3:2, 15; Sal. 2:11
23[d] cfr. Ap. 3:4
23[e] Jud. 8; 2 P. 2:10
24[a] 1 P. 5:10
24[b] Ro. 16:25
24[c] 1 P. 1:5; Jn. 17:11-12, 15
24[d] 2 P. 1:10
24[e] 2 P. 3:14; Ef. 1:4; 5:27; Fil. 2:15; Ap. 14:5; cfr. 1 P. 1:19
24[f] 1 P. 1:6; 4:13
25[a] Jn. 5:44; Ro. 16:27; 1 Ti. 1:17
25[b] Lc. 1:47; 1 Ti. 1:1; 2:3; Tit. 2:13
25[c] Ro. 11:36; 1 P. 4:11

---

conservándose a sí mismos en el amor de Dios y esperando la misericordia de nuestro Señor para vida eterna.

21[4] Se refiere a la herencia y al disfrute de la vida eterna, la vida de Dios, la cual es la meta de nuestra búsqueda espiritual. Puesto que nos dirigimos a esta meta, deseamos conservarnos en el amor de Dios y esperamos la misericordia de nuestro Señor.

22[1] Algunos mss. dicen: A algunos que vacilan, convenced.

22[2] O, disputan.

23[1] Esta metáfora probablemente es tomada de Zac. 3:2.

23[2] El fuego de la santidad de Dios para Su juicio (Mt. 3:10, 12; 5:22).

23[3] Mientras tenemos misericordia de los demás, debemos temer el horrible contagio del pecado, aborreciendo aun las cosas manchadas por la concupiscencia de la carne. Con respecto a *temor,* véase la nota 17[4] de 1 P. 1.

24[1] En esta alabanza de conclusión, el escritor indica claramente que aunque exhorta a los creyentes a esforzarse en cuanto a las cosas mencionadas en los vs. 20-23, sólo Dios nuestro Salvador puede guardarlos de tropiezos y presentarlos sin mancha delante de Su gloria con gran alegría. ¡A El sea la gloria!

24[2] La gloria de nuestro gran Dios y Salvador Jesucristo, la cual se manifestará cuando El aparezca (Tit. 2:13; 1 P. 4:13) y en la cual El vendrá (Lc. 9:26).

24[3] En el elemento.

24[4] "La palabra denota la exuberancia de un gozo triunfal" (Alford).

25[1] El único Dios es nuestro Salvador, y el hombre Jesucristo es nuestro Señor. A este maravilloso Salvador, por medio del Señor Jesucristo, sea la gloria, la majestad, el imperio y la potestad por todos los siglos.

25[2] La gloria es la expresión en el esplendor; la majestad, la grandeza en el honor; el imperio, la fortaleza en el poder, y la autoridad, el poder al gobernar.

25[3] *Antes de todos los tiempos* se refiere a la eternidad pasada; *ahora,* a la era presente, y *por todos los siglos,* a la eternidad futura. Por consiguiente, esta alabanza va desde la eternidad pasada, pasa por el tiempo, y llega hasta la eternidad futura.

APOCALIPSIS

BOSQUEJO

I. Introducción: la revelación de Cristo y el testimonio de Jesús—1:1-8

II. "Las cosas que has visto"—1:9-20
   A. Los siete candeleros de oro: las iglesias resplandecientes
   B. El Hijo del Hombre: el Cristo vivo
   C. Las siete estrellas: los mensajeros brillantes de las iglesias

III. "Las cosas que son": las siete iglesias locales—2:1—3:22
   A. La iglesia en Efeso: la iglesia al final de la etapa inicial—2:1-7
   B. La iglesia en Esmirna: la iglesia bajo persecución—2:8-11
   C. La iglesia en Pérgamo: la iglesia unida con el mundo—2:12-17
   D. La iglesia en Tiatira: la iglesia en apostasía—2:18-29
   E. La iglesia en Sardis: la iglesia en proceso de ser reformada—3:1-6
   F. La iglesia en Filadelfia: la iglesia en proceso de ser recobrada—3:7-13
   G. La iglesia en Laodicea: la iglesia en decadencia—3:14-22

IV. "Las cosas que han de suceder"—4:1—22:5
   A. La primera sección presenta un panorama general de las cosas venideras, desde la ascensión de Cristo hasta la eternidad futura—4:1—11:19
      1. La escena alrededor del trono en los cielos: sólo el León-Cordero (el Cristo victorioso y redentor) es digno de abrir el misterio de la economía de Dios—4:1—5:14
      2. Los siete sellos: el misterio de la economía de Dios—6:1—8:5
         a. El primer sello es un caballo blanco y su jinete: el evangelio se predica—6:1-2
         b. El segundo sello es un caballo bermejo y su jinete: la guerra se extiende—6:3-4
         c. El tercer sello es un caballo negro y su jinete: el hambre aumenta—6:5-6
         d. El cuarto sello es un caballo amarillento y su jinete: la muerte se propaga en gran manera—6:7-8
         e. El quinto sello es el clamor de las almas bajo el altar: los santos martirizados piden venganza desde el Paraíso—6:9-11
         f. El sexto sello es la conmoción de la tierra y el cielo, el comienzo de la gran tribulación: una advertencia a los que moran en la tierra—6:12-17
         g. Las visiones insertadas entre el sexto y el séptimo sellos—7:1-17

(1) Los 144,000 de las doce tribus son sellados: los israelitas escogidos son preservados en la tierra—vs. 1-8
(2) Una gran multitud sirve a Dios en el templo celestial: los santos redimidos son arrebatados al cielo para disfrutar el cuidado de Dios y el pastoreo del Cordero—vs. 9-17

h. El séptimo sello consta de siete trompetas: la respuesta a la oración de los santos martirizados en el quinto sello—8:1-2

i. La escena en el cielo después de la apertura del séptimo sello: Cristo como Sumo Sacerdote ofrece a Dios las oraciones de los santos—8:3-5

3. Las siete trompetas: se lleva a cabo la economía de Dios—8:6—11:19

a. La primera trompeta: juicio sobre la tierra—8:7

b. La segunda trompeta: juicio sobre el mar—8:8-9

c. La tercera trompeta: juicio sobre los ríos—8:10-11

d. La cuarta trompeta: juicio sobre el sol, la luna y las estrellas—8:12

e. La quinta trompeta, el primer ay: juicio sobre los hombres; Satanás y el anticristo cooperan para atormentarlos—8:13—9:11

f. La sexta trompeta, el segundo ay: juicio adicional sobre los hombres; doscientos millones de jinetes matan a la tercera parte de ellos—9:12-21

g. Las visiones insertadas entre la sexta trompeta y la séptima—10:1—11:13
(1) Cristo viene a tomar posesión de la tierra—10:1-7
(2) A Juan se le manda profetizar otra vez—10:8-11
(3) El templo es medido, y el atrio es desechado: el templo celestial es santificado y preservado, y el terrenal es entregado a los gentiles—11:1-2
(4) Los dos testigos: Moisés y Elías—11:3-12
(5) Un gran terremoto: el tercer terremoto predicho en este libro—11:13

h. La séptima trompeta: el reino eterno de Cristo, el tercer ay que abarca siete copas, el juicio sobre los muertos, el galardón dado a los profetas, a los santos, y a los que temen a Dios, y la destrucción de los que destruyen la tierra—11:14-18

i. La escena en el cielo después de que se toca la séptima trompeta: el templo es abierto, y el Arca queda a la vista—11:19

B. La segunda sección: detalles de los asuntos importantes y cruciales presentados en la primera sección—12:1—22:5

1. Una mujer que da a luz un hijo varón, y un gran dragón escarlata, Satanás—12:1-18
   a. La mujer con dolores de parto—vs. 1-2
   b. El gran dragón escarlata en contra de la mujer—vs. 3-4
   c. El hijo varón nace y es arrebatado a Dios y a Su trono—v. 5
   d. La mujer huye—v. 6
   e. La guerra en el cielo—vs. 7-9
   f. El grito de triunfo en el cielo—vs. 10-12
   g. El dragón persigue a la mujer—vs. 13-16
   h. El dragón hace guerra contra el resto de la descendencia de la mujer—vs. 17-18
2. Las dos bestias—13:1-18
   a. La bestia que sube del mar, el anticristo—vs. 1-10
   b. La bestia que sube de la tierra, el falso profeta—vs. 11-18
3. Tres cosechas—14:1-20
   a. Las primicias de los creyentes antes de la gran tribulación—vs. 1-5
   b. El evangelio eterno en la gran tribulación—vs. 6-7
   c. La caída de la Babilonia religiosa en la gran tribulación—v. 8
   d. La advertencia contra la adoración del anticristo en la gran tribulación—vs. 9-12
   e. La bendición de los mártires en la gran tribulación—v. 13
   f. La cosecha de los creyentes cerca del final de la gran tribulación—vs. 14-16
   g. La vendimia de las uvas (los malhechores) al final de la gran tribulación—vs. 17-20
4. Las siete copas son derramadas—15:1—16:21
   a. Las siete plagas postreras—15:1
   b. La alabanza de los vencedores tardíos—15:2-4
   c. La escena en el cielo antes de que sean derramadas las siete copas—15:5-8
   d. La primera copa: úlceras malignas sobre los que adoran al anticristo—16:1-2
   e. La segunda copa: el mar se convierte en sangre—16:3
   f. La tercera copa: los ríos y las fuentes se convierten en sangre—16:4-7
   g. La cuarta copa: el sol quema a los hombres con fuego—16:8-9
   h. La quinta copa: el reino del anticristo se cubre de tinieblas—16:10-11
   i. La sexta copa: se seca el Eufrates—16:12
   j. La visión insertada entre la sexta y la séptima copas: la concentración de ejércitos en Armagedón—16:13-16

- k. La séptima copa: el gran terremoto y el enorme granizo—16:17-21
5. Babilonia la Grande y su destrucción—17:1—19:4
   - a. El aspecto religioso—17:1-18
     - (1) La gran ramera—vs. 1-6
     - (2) Interpretación de lo que representan la mujer y la bestia—vs. 7-15, 18
     - (3) La bestia destruye a la ramera—vs. 16-17
   - b. El aspecto material—18:1-24
     - (1) Cristo exclama: "Ha caído Babilonia la Grande"—vs. 1-3
     - (2) Un llamado a separarse: "Salid de ella"—vs. 4-5
     - (3) El orgullo y la destrucción de Babilonia—vs. 6-8
     - (4) Llanto sobre Babilonia—vs. 9-19
     - (5) Regocijo en el cielo—v. 20
     - (6) Se declara que Babilonia será totalmente destruida—vs. 21-24
   - c. La alabanza en el cielo—19:1-4
6. Las bodas del Cordero—19:5-10
   - a. La alabanza de una gran multitud—vs. 5-6
   - b. Las bodas del Cordero y Su cena de bodas—vs. 7-9
   - c. El espíritu de la profecía—v. 10
7. La batalla de Armagedón—19:11-21
   - a. Cristo viene a pisar el gran lagar—vs. 11-16
   - b. Una gran cena—vs. 17-18
   - c. La derrota y la perdición del anticristo y del falso profeta—vs. 19-21
8. Satanás es encarcelado—20:1-3
   - a. Por mil años—vs. 1-2
   - b. En el abismo—v. 3
9. El reino milenario—20:4-6
   - a. En la mejor resurrección—vs. 4-5
   - b. Con el sacerdocio y el reinado por mil años—v. 6
10. La última rebelión—20:7-10
    - a. Satanás es soltado—v. 7
    - b. La rebelión de las naciones y su destrucción—vs. 8-9
    - c. La perdición de Satanás en el lago de fuego—v. 10
11. El juicio del gran trono blanco—20:11-15
    - a. La tierra y el cielo huyen—v. 11
    - b. Los muertos incrédulos son juzgados—v. 12
    - c. Los demonios son juzgados—v. 13
    - d. La muerte y el Hades son lanzados al lago de fuego—v. 14
    - e. La perdición de los incrédulos y los demonios en el lago de fuego—v. 15
12. El cielo nuevo y la tierra nueva—21:1-8

a. El primer cielo y la primera tierra pasaron, y el mar ya no existía—v. 1
b. La Nueva Jerusalén desciende a la tierra nueva—v. 2
c. El pueblo de la tierra nueva—vs. 3-4
d. Los hijos de Dios en la eternidad—vs. 5-7
e. Los que perecen en el lago de fuego—v. 8

13. La Nueva Jerusalén—21:9-27
a. La desposada, la esposa del Cordero—v. 9
b. La ciudad santa—v. 10
c. Su gloria y su apariencia—v. 11
d. Su estructura y sus medidas—vs. 12-21
e. El templo agrandado—v. 22
f. Su luz y su lámpara—v. 23
g. Las naciones alrededor de ella—vs. 24-27

14. El río de agua de vida y el árbol de la vida—22:1-2
a. El río de agua de vida—v. 1
b. El árbol de la vida—v. 2

15. Las bendiciones de los redimidos de Dios en la eternidad—22:3-5
a. No habrá más maldición
b. El trono de Dios y del Cordero será la porción de ellos
c. Servirán a Dios y al Cordero—v. 3
d. Verán el rostro de Dios y del Cordero
e. El nombre de Dios y del Cordero estará en sus frentes—v. 4
f. Estarán bajo la iluminación de Dios el Señor
g. Reinarán para siempre—v. 5

V. Conclusión: la última advertencia del Señor y la última oración del apóstol—22:6-21

APOCALIPSIS

Autor: El apóstol Juan (1:1, 9).

Fecha: Por el año 90 d. de C., durante el exilio de Juan en la isla de Patmos.

Lugar: La isla de Patmos (1:9).

Destinatarios: Las siete iglesias de Asia (1:4).

Tema:
Cristo como centro de la administración de Dios según la economía eterna de Dios

CAPITULO 1

I. Introducción: la revelación de Cristo y el testimonio de Jesús 1:1-8

1 La [1a]revelación de Jesucristo, que Dios le dio, para
[b]mostrar a Sus [c]esclavos las cosas que deben suceder pronto;

1[1] El Apocalipsis, por ser el último libro de la Biblia, es la conclusión, el completamiento y la consumación de toda la revelación divina contenida en toda la Biblia. Las semillas de la mayoría de las verdades de la revelación divina fueron sembradas en Génesis, el primer libro de la Biblia. El crecimiento de todas estas semillas se desarrolla progresivamente en los libros siguientes, especialmente en los libros del Nuevo Testamento, y la cosecha es recogida en Apocalipsis. Por lo tanto, la mayoría de los asuntos tratados en este libro no son realmente nuevos, pues ya se encontraban en los libros anteriores y son perfeccionados en este libro, cuyo enfoque es la revelación final y única de Cristo, el testimonio particular y consumado de Jesús, y la economía universal y eterna de Dios.

Este es un libro de profecías, mas no profecías dadas meramente en palabras sino en visiones reveladas al vidente. A los ojos de Dios, todas las cosas profetizadas en este libro ya han ocurrido. Así que, todo le fue mostrado al vidente en visiones consecutivas. Por lo tanto, la mayoría de los verbos usados en este libro están en tiempo pasado.

Toda la Biblia revela a Cristo; el libro de Apocalipsis especialmente, por ser la conclusión, el completamiento y la consumación de toda la Biblia, es "la revelación de Jesucristo". Aunque este libro también revela muchas otras cosas, el enfoque de su revelación es Cristo. Varios aspectos acerca de Cristo, tales como la visión de Cristo, el Sumo Sacerdote que está en medio de las iglesias y las cuida en amor pero con una actitud de juicio (vs. 13-16), la visión de Cristo como el León-Cordero en medio del trono de Dios y de los cuatro seres vivientes y en medio de los veinticuatro ancianos del universo, quien abre los siete sellos de la administración universal de Dios (5:1—6:1), y la visión de Cristo como el "otro Angel fuerte"

1[a] Gá. 1:12, 16; Ef. 3:3; 1:17; 1 P. 1:7, 13

1[b] Ap. 4:1; 17:1; 21:9-10; 22:1, 6, 8

1[c] Fil. 1:1; 2 P. 1:1

y la declaró en [2d]señales enviándola por medio de Su [e]ángel
a Su esclavo Juan,
2 que ha dado [a]testimonio de la [b]palabra de Dios, y del
[1c]testimonio de Jesucristo, de todas las cosas que ha [d]visto.
3 [a]Bienaventurado el que lee, y los que [b]oyen las [c]pala-
bras de esta [1]profecía, y [d]guardan las cosas en ella escritas;
porque el tiempo está [e]cerca.
4 Juan, a las [1a]siete [b]iglesias que están en [2]Asia: [c]Gracia
y [d]paz a vosotros de parte de [3e]Aquel que es y que era y [4]que

1[d] Jn. 2:11, 23; Ap. 12:1, 3; 15:1
1[e] Ap. 17:7; 19:9-10; 21:9; 22:6, 16
2[a] Jn. 1:7
2[b] Ap. 1:9; 6:9; 20:4; 19:13
2[c] Ap. 1:9; 12:17; 19:10; 20:4
2[d] Ap. 1:11, 12, 19; 4:1; 5:1, 6; 6:1; 7:1, 9; 8:2; 9:1; 10:1; 13:1, 11; 14:1, 6, 14; 15:1-2; 17:3, 6; 18:1; 19:11, 19; 20:1, 4; 21:1-2; 22:8
3[a] Ap. 14:13; 16:15; 19:9; 20:6; 22:7, 14
3[b] Ap. 2:7
3[c] Ap. 22:7, 10, 18-19

que desciende del cielo para tomar posesión de la tierra (10:1-8; 18:1), etc., nunca habían sido revelados como lo son en este libro.

1[2] La revelación de este libro está compuesta principalmente de señales, es decir, símbolos con significado espiritual, tales como los siete candeleros, que simbolizan a las iglesias; las siete estrellas, que simbolizan a los mensajeros de las iglesias (v. 20), etc. Incluso la Nueva Jerusalén es una señal que representa la máxima consumación de la economía de Dios (caps. 21—22). Así que, éste es un libro de señales por medio de las cuales se nos da a conocer la revelación.

El Evangelio de Juan es un libro de señales que muestran la manera en que Cristo vino a ser nuestra vida para producir la iglesia, Su novia. El Apocalipsis, de Juan, es un libro de señales que muestran cómo Cristo cuida ahora a la iglesia y cómo El viene para juzgar y poseer la tierra e introducir a la iglesia, Su novia, en la plena economía de Dios.

2[1] Por un lado, este libro nos da la revelación de Cristo, y por otro, nos muestra el testimonio de Jesús, que es la iglesia. Nos presenta al Cristo revelado y la iglesia que da testimonio. Los candeleros mencionados en el cap. 1, la gran multitud de los redimidos en el cap. 7, la mujer vestida del sol con su hijo varón en el cap. 12, la cosecha y sus primicias en el cap. 14, los vencedores sobre el mar de vidrio en el cap. 15, la novia preparada para la boda en el cap. 19, y la Nueva Jerusalén en los caps. 21 y 22, son el testimonio de Jesús. Este testimonio es el espíritu —la substancia, la naturaleza y la característica— de la profecía (19:10).

Cristo es el Testigo de Dios (1:5), Su testimonio y Su expresión. La iglesia es el testimonio y la expresión de Cristo. Como tal, la iglesia es la reproducción del testimonio y la expresión de Dios en Cristo.

3[1] La revelación de este libro es de naturaleza profética. La mayoría de las visiones se refieren a cosas venideras. Incluso las siete epístolas a las siete iglesias mencionadas en los caps. 2 y 3, en el sentido de que son señales, son profecías con respecto a la iglesia en la tierra durante esta era hasta que el Señor regrese.

4[1] El número siete designa completamiento en la obra de Dios: por ejemplo, los siete días de la creación (Gn. 1:31—2:3) y los siete sellos (5:5), las siete trompetas (8:2) y las siete copas (15:7) para el mover de Dios en la tierra. Por lo tanto, el fin de las siete iglesias es la consumación del mover de Dios.

4[2] Asia era una provincia del antiguo Imperio Romano, y en esa provincia estaban las siete ciudades mencionadas en el v. 11. Las siete iglesias se encontraban en esas siete ciudades, respectivamente; no estaban todas en una misma ciudad. Este libro no trata de la iglesia universal, sino de las iglesias locales en muchas

3[d] Ap. 3:8, 10; 22:7; Jn. 14:21, 23-24; 17:6 3[e] Ap. 22:10 4[a] Ap. 1:11, 20
4[b] Hch. 15:41; Ro. 16:16; 1 Co. 11:16; 16:19; 2 Co. 8:1, 18, 23; 11:28; Gá. 1:2
4[c] Ro. 1:7; 5:2; Ap. 22:21 4[d] Ro. 5:1 4[e] Ap. 1:8; 4:8; Ex. 3:14

ha de venir, y de los [5f]siete Espíritus que están delante de Su trono;

4f Ap. 3:1; 4:5; 5:6

ciudades. Primero, en Mt. 16:18 la iglesia es revelada en su aspecto universal, y luego en Mt. 18:17 es revelada en su aspecto local. En Hechos la iglesia se practica en forma de iglesias locales, tales como la iglesia en Jerusalén (Hch. 8:1), la iglesia en Antioquía (Hch. 13:1), la iglesia en Efeso (Hch. 20:17), y las iglesias en las provincias de Siria y Cilicia (Hch. 15:41). Las epístolas fueron dirigidas a las iglesias locales, con excepción de algunas dirigidas a individuos. Ninguna fue dirigida a la iglesia universal. Sin las iglesias locales, la iglesia universal no es práctica ni real. La iglesia universal es experimentada en las iglesias locales. Para conocer plenamente la iglesia en su aspecto universal, es necesario conocerla en su aspecto local. Es un gran avance que nosotros conozcamos y tengamos la práctica de las iglesias locales. En lo que concierne a la iglesia, el libro de Apocalipsis se encuentra en la etapa avanzada. Para conocer este libro, tenemos que pasar del mero entendimiento de la iglesia universal a la realidad y práctica de las iglesias locales, porque este libro está dirigido a las iglesias locales. Sólo los que están en las iglesias locales tienen la posición correcta, el enfoque correcto y la perspectiva apropiada para recibir las visiones contenidas en este libro.

El Dios Triuno se expresa en Cristo (Jn. 1:1, 14; 1 Ti. 3:16; Col. 2:9); Cristo es hecho real en nosotros y experimentado como el Espíritu (Jn. 14:16-18; 1 Co. 15:45; 2 Co. 3:17; Ro. 8:9; Fil. 1:19) y es expresado en Su Cuerpo, la iglesia universal (Ef. 1:22-23; 1 Co. 12:12; Ef. 4:4); y la iglesia universal es expresada en las iglesias locales. Por consiguiente, para conocer y experimentar a Dios, necesitamos conocer y experimentar a Cristo; para conocer y experimentar a Cristo, necesitamos tener parte en la iglesia universal por medio del Espíritu; y para tener parte en la iglesia universal, necesitamos participar en las iglesias locales.

4[3] Aquel que es y que era y que ha de venir es Dios el Padre eterno. Los siete Espíritus que están delante del trono de Dios son el Espíritu operante de Dios, Dios el Espíritu. Jesucristo, para Dios, el Testigo fiel, para la iglesia, el Primogénito de los muertos, y para el mundo, el Soberano de los reyes de la tierra (v. 5), es Dios el Hijo. Este es el Dios Triuno. Como Dios el Padre eterno, El era en el pasado, es en el presente, y vendrá en el futuro. Como Dios el Espíritu, El es el Espíritu que ha sido siete veces intensificado para que Dios pueda operar (véase la nota 5). Como Dios el Hijo, El es (1) el Testigo, el testimonio, la expresión de Dios; (2) el Primogénito de entre los muertos para la iglesia, la nueva creación; y (3) el Soberano de los reyes de la tierra para el mundo. Desde este maravilloso Dios Triuno, se imparte gracia y paz a las iglesias.

4[4] *Aquel ... que ha de venir* tal vez se refiera al regreso de Cristo, lo cual indica que para Sus criaturas, especialmente para Sus redimidos, lo que es el Dios Triuno será más real en ese tiempo que en el pasado o en el presente.

4[5] Los siete Espíritus son indudablemente el Espíritu de Dios porque se mencionan juntamente con el Dios Triuno en los vs. 4 y 5. Dado que el número siete designa completamiento en la obra de Dios, los siete Espíritus deben de existir para el mover de Dios en la tierra. En esencia y existencia, el Espíritu de Dios es uno; en la función y la obra intensificadas de la operación que lleva a cabo Dios, el Espíritu de Dios es séptuple. Esto es semejante al candelero mencionado en Zac. 4:2. En cuanto a existencia es un solo candelero, pero en cuanto a función es siete lámparas. Cuando este libro fue escrito, la iglesia se había degradado; era una época oscura. Por lo tanto, el Espíritu de Dios siete veces intensificado era necesario para que Dios pudiera actuar y obrar en la tierra.

En Mt. 28:19 la secuencia del Dios

5 y de Jesucristo, el [a]Testigo fiel, el [b]Primogénito de
entre los muertos, y el [c]Soberano de los reyes de la tierra. Al
que nos [d]ama, y nos [1]liberó de nuestros pecados [2]con Su
[e]sangre,
6 e hizo de nosotros un [1a]reino, [2b]sacerdotes para Su Dios
y Padre; [c]a El sea gloria e imperio por los siglos de los siglos.
Amén.
7 He aquí que [1a]viene con las [2b]nubes, y todo ojo le verá,

5[a] Ap. 3:14
5[b] Col. 1:18; Ro. 8:29; He. 1:6
5[c] Ap. 17:14; 19:16; 1 Ti. 6:15
5[d] Jn. 15:9; Ef. 5:25
5[e] 1 Jn. 1:7; Ap. 5:9; 12:11
6[a] Ap. 5:10; Mt. 16:19; Ap. 1:9; Ro. 14:17; 2 Ti. 2:12; Ap. 20:6; 22:5
6[b] Ap. 5:10; 1 P. 2:5, 9; Ap. 20:6; 22:3
6[c] Ap. 5:13; Ro. 11:36; 16:27; Ef. 3:20-21; 1 Ti. 1:17; He. 13:21; 2 P. 3:18

Triuno es la siguiente: el Padre, el Hijo y el Espíritu Santo. Aquí la secuencia es diferente. Los siete Espíritus de Dios se mencionan en el segundo lugar en vez del tercero. Esto revela la importancia de la función intensificada del Espíritu séptuple de Dios. Este punto es confirmado por el constante énfasis que se da a lo dicho por el Espíritu en 2:7, 11, 17, 29; 3:6, 13, 22; 14:13; 22:17.

Al principio de las otras epístolas sólo se mencionan el Padre y el Hijo; de Ellos los destinatarios reciben gracia y paz. Sin embargo, aquí se incluye al Espíritu; de El, se imparte gracia y paz a las iglesias. Esto también muestra que el Espíritu es indispensable para contrarrestar la degradación de la iglesia y así favorecer el mover de Dios.

5[1] Ser liberado de los pecados es más significativo que ser lavado de ellos.

5[2] Lit., en.

6[1] Los creyentes, redimidos por la sangre de Cristo, no sólo han nacido de Dios en Su reino (Jn. 3:5), sino que también fueron hechos un reino para la economía de Dios. Este reino es la iglesia (Mt. 16:18-19). Juan, el escritor del libro, estaba en este reino (v. 9), y todos los creyentes redimidos y renacidos también son parte de este reino (Ro. 14:17).

Uno de los aspectos principales de este libro es que Dios está recobrando Su derecho sobre la tierra con el fin de hacer de toda la tierra Su reino (11:15). Cuando Cristo vino, trajo consigo el reino de Dios (Lc. 17:21; Mt. 12:28). Este reino ha crecido y se ha convertido en la iglesia (Mt. 16:18-19), la cual establecerá el reino de Dios en toda la tierra. Por un lado, el reino de Dios hoy está en la iglesia, y por otro, el reino de Dios viene por medio de los creyentes vencedores (12:10). Luego Cristo y los creyentes vencedores reinarán sobre todas las naciones en el reino milenario (2:26-27; 12:5; 20:4, 6).

6[2] La redención lograda mediante la sangre de Cristo no sólo hizo de nosotros un reino para Dios, sino también sacerdotes para Dios (1 P. 2:5). El reino ejerce el dominio de Dios, mientras que los sacerdotes expresan la imagen de Dios. Este es el sacerdocio real (1 P. 2:9), cuyo fin es el cumplimiento del propósito original que Dios tenía al crear al hombre (Gn. 1:26-28). Este sacerdocio real es ejercido hoy en la vida de la iglesia (5:10); será practicado intensivamente en el reino milenario (20:6), y tendrá su plena consumación en la Nueva Jerusalén (22:3, 5).

7[1] En este libro, el regreso de Cristo se revela en dos aspectos. En un aspecto, Cristo vendrá secretamente como ladrón (3:3; 16:15), y en otro, vendrá visiblemente en una nube (v. 7; 14:14). Esto corresponde a Mt. 24:43, 30. Nadie sabe el día ni la hora de Su venida secreta (Mt. 24:36), mientras que el día de Su venida visible es claramente revelado: ocurrirá al sonar la última trompeta (la séptima trompeta), al final de la gran tribulación (1 Ts. 4:16; 1 Co. 15:52; 2 Ts. 2:1-3).

7[2] Cristo ascendió al cielo en una nube. El volverá a la tierra de la misma manera (Hch. 1:9, 11; Mt. 26:64; Ap. 14:14).

7[a] Mt. 24:30; 26:64; Hch. 1:9-11; Ap. 14:14 7[b] Dn. 7:13

aun los que le [c]traspasaron; y todas las [3]tribus de la [4]tierra
[5d]harán lamentación por El. Sí, amén.
8 Yo soy el [1a]Alfa y la Omega dice el Señor Dios, [b]el que
es y que era y que ha de venir, el [c]Todopoderoso.

II. "Las cosas que has visto"
1:9-20

A. Los siete candeleros de oro:
las iglesias resplandecientes

B. El Hijo del Hombre:
el Cristo vivo

C. Las siete estrellas:
los mensajeros brillantes de las iglesias

9 Yo Juan, vuestro hermano, y [a]copartícipe vuestro en la
[b]tribulación, en el [c]reino y en la [1d]perseverancia en [2]Jesús,
estaba en la isla llamada [3]Patmos, por causa de la [e]palabra
de Dios y el [f]testimonio de Jesús.
10 Yo estaba en el [1a]espíritu en el [2]día del Señor, y oí
detrás de mí una gran voz como de [b]trompeta,

7[c] Zac. 12:10; Jn. 19:34, 37
7[d] Mt. 24:30; Zac. 12:10-12
8[a] Ap. 21:6; 22:13
8[b] Ap. 1:4
8[c] Ap. 4:8; 11:17; 15:3; 16:7, 14; 19:15; 21:22; Gn. 17:1; Ex. 6:3; Sal. 68:14; 91:1
9[a] 2 Co. 1:7; He. 10:33
9[b] Hch. 14:22; Jn. 16:33; Fil. 3:10
9[c] Ap. 1:6
9[d] Ap. 3:10; 2 Ts. 3:5; Ro. 5:3
9[e] Ap. 1:2
9[f] Ap. 1:2

7[3] Se refiere a las tribus que moran en la tierra de Israel, aquellos que traspasaron el costado de Cristo. Véase la referencia 7[c].

7[4] La misma palabra griega es usada en 6:8, 10 y 8:13.

7[5] Lit., se golpearán (el pecho).

8[1] El Dios eterno y todopoderoso es el Alfa, el comienzo, porque El da origen a Su propósito eterno, y la Omega, el final, porque lo lleva a su consumación. El era el Alfa en el libro de Génesis. Ahora, en este libro, El es la Omega. El completará todo lo que originó. En Su gobierno, El continúa Su operación universal, la cual inició desde los tiempos antiguos y la cual completará (21:6).

9[1] La perseverancia es necesaria para la tribulación y el reino.

9[2] *Jesús* denota el Salvador que pasó por quebrantos y sufrimientos (Is. 53:3).

9[3] La isla de Patmos fue el lugar donde Juan había sido exiliado por causa de la palabra de Dios y el testimonio de Jesús, y donde recibió la revelación contenida en este libro.

10[1] Este libro no sólo hace hincapié en el Espíritu de Dios como el Espíritu siete veces intensificado para el mover intensificado de Dios, sino también en nuestro espíritu humano como el órgano que nos permite comprender el mover de Dios y corresponder al mismo. Sólo el espíritu (nuestro espíritu) puede corresponder al Espíritu (el Espíritu de Dios). Este libro está compuesto de cuatro visiones principales: (1) la visión de las iglesias (caps. 1—3), (2) la visión del destino del mundo (caps. 4—16), (3) la visión de Babilonia la Grande (caps. 17—20), y (4) la visión de la Nueva Jerusalén (caps. 21—22). Juan estaba en su espíritu cuando vio estas cuatro visiones (v. 10; 4:2; 17:3; 21:10); es decir, él recibió la revelación del misterio de Cristo en su espíritu, según lo mencionado en Ef. 3:5. Nosotros también necesitamos estar en

---

10[a] Ap. 4:2; 17:3; 21:10; Ef. 1:17; Jn. 4:24; Ro. 1:9; 8:16
10[b] Ap. 4:1; cfr. Ex. 19:16; Is. 58:1

11 que decía: [a]Escribe en un [1]libro lo que [b]ves, y [2]envíalo
a las [c]siete [d]iglesias: a Efeso, a Esmirna, a Pérgamo, a
Tiatira, a Sardis, a Filadelfia y a Laodicea.
12 Y me [1]volví para ver la voz que hablaba conmigo; y
[1]vuelto, vi [a]siete [2b]candeleros de [3]oro,
13 y [1]en [a]medio de los candeleros, a uno semejante al

11[a] Ap. 1:19
11[b] Ap. 1:2
11[c] Ap. 1:4, 20
11[d] Ap. 1:4
12[a] Ap. 1:20; 2:1
12[b] Ex. 25:31-39; Zac. 4:2-6
13[a] Ap. 2:1

nuestro espíritu para recibir las visiones que se encuentran en este libro. No es simplemente un asunto de entender intelectualmente con la mente, sino de comprender espiritualmente en el espíritu.

10[2] Aquí el día del Señor ha de ser el primer día de la semana, el día en que el Señor fue resucitado (Jn. 20:1). La iglesia en sus comienzos se reunía regularmente en este día (Hch. 20:7; 1 Co. 16:2). En este día Juan estaba en el espíritu y recibió las visiones acerca de la economía de Dios.

11[1] Lit., rollo; así también en todo el libro.

11[2] Este libro fue enviado a las siete iglesias, lo cual equivale a ser enviado a las siete ciudades. Esto muestra claramente que la práctica de la vida de la iglesia en los primeros días consistía en tener una iglesia en cada ciudad, una ciudad con una sola iglesia. En ninguna ciudad había más de una iglesia. Esta es la iglesia local, en la cual la unidad básica es la ciudad, y no la calle ni la región. La jurisdicción de una iglesia local debe abarcar toda la ciudad en la cual la iglesia está situada; no debe ser mayor ni menor que los límites de la ciudad. Todos los creyentes que vivan dentro de esos límites deben constituir la única iglesia local en esa ciudad.

12[1] Para ver algo debemos tener la posición y la perspectiva correctas. Primero, el apóstol Juan escuchó la voz (v. 10), y después, cuando se volvió para ver quién hablaba, vio los candeleros de oro. Estaba en la posición correcta, pero todavía necesitaba la perspectiva correcta para recibir la visión tocante a las iglesias; por eso él se volvió. Hoy día lo mismo se aplica a nosotros. Muchos cristianos necesitan ajustar su posición y volverse para poder recibir la visión de las iglesias.

12[2] En la Biblia el candelero siempre está relacionado con el edificio de Dios. El candelero fue mencionado por primera vez en Ex. 25:31-40, cuando se erigió el tabernáculo. La segunda vez se mencionó en relación con la edificación del templo en 1 R. 7:49. La tercera vez aparece en estrecha relación con la reedificación del templo de Dios en Zac. 4:2-10. En Apocalipsis el candelero está relacionado con la edificación de las iglesias. En Ex. 25 se da énfasis al hecho de que Cristo es el candelero, la luz divina, que brilla como siete lámparas con el Espíritu (el aceite). En Zac. 4 se recalca el Espíritu (Zac. 4:6) como siete lámparas que brillan, y estas siete lámparas son los siete ojos de Dios (Zac. 4:2, 10). Los siete ojos de Dios son los siete Espíritus de Dios (Ap. 5:6) cuyo fin es el mover intensificado de Dios. Esto indica que el candelero mencionado en Zacarías es la realidad del candelero mencionado en Exodo, y que los candeleros de Apocalipsis son la reproducción del candelero mencionado en Zacarías. Cristo es hecho real como el Espíritu, y el Espíritu es expresado como las iglesias. El Espíritu que resplandece es la realidad del Cristo que resplandece, y las iglesias resplandecientes son la reproducción y expresión del Espíritu resplandeciente cuyo fin es llevar a cabo el propósito eterno de Dios a fin de que la Nueva Jerusalén como la ciudad resplandeciente llegue a su consumación. Cristo, el Espíritu y las iglesias poseen la misma naturaleza divina.

12[3] En figura, el oro es la naturaleza divina. Aquí los candeleros son de oro, lo cual significa que las iglesias están constituidas de la naturaleza divina.

13[1] Cristo ahora está en medio de

[2b]Hijo del Hombre, vestido de una [3c]ropa que llegaba hasta
los pies, y [4d]ceñido por el pecho con un [e]cinto de oro.
14 Su cabeza y Sus [1a]cabellos eran blancos como [2b]blanca
lana, como [2]nieve; Sus [3c]ojos como llama de [4d]fuego;

---

las iglesias. Por un lado, como Sumo Sacerdote, El intercede en los cielos por las iglesias (He. 9:24; 7:25-26; Ro. 8:34), y por otro, anda en medio de las iglesias para cuidarlas. Para tener parte en Su mover y disfrutar de Su cuidado, tenemos que estar en las iglesias.

13[2] Cristo no sólo es descrito aquí en Su calidad de Sumo Sacerdote, como denotan Sus vestiduras, sino que también es revelado como uno semejante al Hijo del Hombre. El es divino y también humano. Como nuestro Sumo Sacerdote, El cuida las iglesias en Su humanidad.

Cristo como Hijo del Hombre no sólo efectuó la redención, sino que también se ocupa de la vida de la iglesia, porque la iglesia está compuesta de seres humanos. El hecho de que el Señor todavía sea el Hijo del Hombre después de haber ascendido indica que El no desechó Su naturaleza humana después de la resurrección. El actúa en las iglesias basándose en Su humanidad, en la cual El mantuvo el testimonio de Dios de una manera totalmente victoriosa y exitosa. También las iglesias, por estar constituidas de seres humanos, indudablemente pueden mantener el testimonio de Dios de la misma manera victoriosa y exitosa.

13[3] La ropa que llega hasta los pies es la vestidura sacerdotal (Ex. 28:33-35) y representa la plenitud de los atributos divinos de Cristo y Sus virtudes humanas (cfr. Is. 6:1, 3).

13[4] Los sacerdotes del Antiguo Testamento se ceñían los lomos para poder ejercer su ministerio (Ex. 28:4). En Dn. 10:5 también Cristo tiene ceñidos Sus lomos con oro fino. Pero aquí, Cristo nuestro Sumo Sacerdote está ceñido por el pecho. El pecho representa el amor. Estar ceñido por los lomos significa ser fortalecido para la obra, mientras que estar ceñido por el pecho significa cuidar con amor. La obra de Cristo que produce las iglesias ya fue efectuada. Ya no es necesario que El esté ceñido por los lomos para la obra. Lo que hace ahora en medio de las iglesias es cuidarlas con amor. Esto requiere que El esté ceñido por el pecho con un cinto de oro. El cinto de oro simboliza la fortaleza divina. Cristo se mueve en las iglesias para cuidarlas en Su humanidad y con Su fortaleza divina.

14[1] El cabello blanco indica edad avanzada (Job 15:10). Aquí denota que el Señor existe desde tiempos inmemoriales. En Cnt. 5:11 se le describe con cabello negro, lo que denota Su fortaleza inmarcesible y eterna.

14[2] La blanca lana es un producto natural de la vida, y la nieve desciende del cielo. Así que, la lana blanca aquí y en Dn. 7:9 significa que la antigüedad de Cristo procede de Su naturaleza, y no de Su vejez, mientras que la nieve significa que Su antigüedad es celestial, y no terrenal.

14[3] En Cnt. 5:12 los ojos de Cristo son como palomas; expresan Su amor. Aquí Sus ojos son como llama de fuego, y con ellos observa y escudriña para ejercer juicio mediante la luz que irradian. En este libro El no tiene dos ojos sino siete (5:6). El número siete designa completamiento en el mover de Dios. Por consiguiente, los ojos de Cristo en este libro tienen como fin la obra de Dios. Estos siete ojos Suyos son las siete lámparas de fuego (cfr. Dn. 10:6) que arden delante del trono, y éstas son los siete Espíritus de Dios (4:5). El "fuego ardiente" equivale a la "llama de fuego" y su función es observar y escudriñar. Los siete Espíritus de Dios enviados por toda la tierra (5:6) también facilitan el mover de Dios en la tierra. Por tanto, los ojos de Cristo en este libro son los siete Espíritus de Dios que fomentan el mover y la obra de Dios sobre la tierra hoy día.

13[b] Hch. 7:56; Ap. 14:14; Mt. 24:30; Jn. 1:51
13[c] Ex. 28:4, 31-35
13[d] cfr. Dn. 10:5
13[e] Ex. 28:39
14[a] Dn. 7:9; cfr. Cnt. 5:11
14[b] Is. 1:18
14[c] Dn. 10:6; Ap. 2:18; 19:12; 5:6
14[d] He. 12:29; Dn. 7:10

15 y Sus [1a]pies semejantes al [1]bronce bruñido, [2]fundido en
un horno; y Su voz como [3b]estruendo de muchas aguas.
16 Tenía en Su diestra [a]siete [1]estrellas; de Su [2b]boca salía
una [2c]espada aguda de dos filos; y Su [3d]rostro era como el sol
cuando resplandece en su fuerza.
17 Cuando le vi, [a]caí como muerto a Sus pies. Y El [b]puso
Su diestra sobre mí, diciéndome: [c]No temas; Yo soy el [1d]Pri-
mero y el Ultimo,
18 y el [1a]Viviente; estuve [b]muerto, mas he aquí que [a]vivo

15[a] Ap. 2:18; Ez. 1:7; Dn. 10:6
15[b] Dn. 10:6; Ap. 14:2; 19:6; Ez. 43:2; 1:24
16[a] Ap. 1:20; 2:1; 3:1
16[b] Ap. 19:15; 2 Ts. 2:8; cfr. Lc. 4:22; Cnt. 5:16
16[c] Ap. 2:12, 16; 19:15; He. 4:12; Ef. 6:17
16[d] Ap. 10:1; Dn. 10:6; Mt. 17:2
17[a] Gn. 17:3; Dn. 8:17; Mt. 17:6
17[b] Dn. 10:10; Mt. 17:7
17[c] Mt. 14:27; 17:7; 28:10
17[d] Ap. 2:8; 22:13; Is. 44:6; 48:12

14[4] Este libro se caracteriza por el juicio. El fuego es usado en el juicio divino (1 Co. 3:13; He. 6:8; 10:27). "Nuestro Dios es fuego consumidor" (He. 12:29); Su trono es una llama de fuego y las ruedas del mismo son fuego ardiente, y un río de fuego procede de delante de El (Dn. 7:9-10). Todo esto tiene como fin el juicio. Los ojos del Señor son como llama de fuego y su fin principal es juzgar (2:18-23; 19:11-12). Cuando El venga a tomar posesión de la tierra trayendo juicio sobre ella, hasta Sus pies serán como columnas de fuego (10:1).

15[1] Los pies representan el andar. En tipología, el bronce representa el juicio divino (Ex. 27:1-6). Los pies de Cristo son semejantes al bronce bruñido, como se menciona también en Dn. 10:6, lo cual significa que Su andar perfecto y brillante lo califica para ejercer el juicio divino. Por lo tanto, cuando El venga a tomar posesión de la tierra trayendo Su juicio, Sus pies serán como columnas de fuego (10:1).

15[2] Esta expresión indica una prueba por fuego. El andar de Cristo fue probado no sólo por Sus sufrimientos, sino también por Su muerte en la cruz. Por consiguiente, Su andar es resplandeciente, como bronce bruñido, lo cual lo califica para juzgar a los injustos.

15[3] El estruendo de muchas aguas, un estruendo ensordecedor, es el estruendo de la voz del Dios Todopoderoso (Ez. 1:24; 43:2). Representa la seriedad y solemnidad de Sus palabras (cfr. 10:3).

16[1] Tanto los candeleros como las estrellas alumbran por la noche. Un candelero es una unidad colectiva y representa una iglesia local, mientras que una estrella es una entidad individual y representa un mensajero de una iglesia local. En la noche oscura de la degradación de la iglesia, es necesario que las iglesias colectivas y los mensajeros individuales resplandezcan.

16[2] En Cnt. 5:16 dice: "Su paladar, dulcísimo", y en los evangelios, "palabras de gracia … salían de Su boca" (Lc. 4:22); pero aquí, "de Su boca salía una espada aguda de dos filos". Esta es la palabra de Cristo, la cual discierne, juzga y aniquila (He. 4:12; Ef. 6:17). Con las palabras de gracia El suministra gracia a Sus favorecidos, mientras que con la espada de dos filos hace frente a las personas y las cosas negativas.

16[3] En Cnt. 5:10, 13 el rostro de Cristo aparece hermoso a fin de que Su seguidora le aprecie, y en las epístolas Su rostro refleja la gloria de Dios (2 Co. 4:6) para impartir vida en Sus creyentes. Sin embargo, aquí Su rostro es como el sol cuando resplandece en su fuerza (cfr. Dn. 10:6); este resplandor es la iluminación que juzga para traer el reino. Cuando El se transfiguró y Su faz resplandeció como el sol, vino en el reino (Mt. 16:28—17:2). Cuando El venga a tomar la tierra para el reino, Su rostro será como el sol (10:1).

17[1] Cristo es el Primero y el Ultimo, lo cual implica que llevará a cabo lo que ha comenzado. Véase la nota 13[2] del cap. 22.

18[a] Lc. 24:5; Jn. 14:19; Ro. 6:9-10 **18**[b] Ap. 2:8

por los siglos de los siglos. Y tengo las [c]llaves de la [2]muerte y
del Hades.
19 [a]Escribe, pues, las cosas que has visto, y las que son, y
las que han de ser [b]después de éstas.
20 El [1]misterio de las [a]siete estrellas que has visto en Mi
diestra, y de los [b]siete candeleros de oro: las siete estrellas
son los [2]mensajeros de las [c]siete iglesias, y los siete [d]cande-
leros son las siete iglesias.

18[c] Ap. 20:1; cfr. Is. 22:22; Mt. 16:19; Ap. 3:7
19[a] Ap. 1:11
19[b] Ap. 4:1
20[a] Ap. 1:16
20[b] Ap. 1:12
20[c] Ap. 1:4
20[d] Mt. 5:15

18[1] El mismo Cristo que anda en medio de las iglesias, quien es la Cabeza de las iglesias y a quien pertenecen las iglesias, es el que vive. Por lo tanto, también las iglesias, como la expresión de Su Cuerpo, deben ser vivientes, frescas y fuertes.

18[2] Por causa de la caída y del pecado del hombre, la muerte entró y ahora obra en la tierra para llevar a todos los pecadores al Hades. Así que, la muerte es la que recoge y el Hades es el que guarda. Sin embargo, las llaves de la muerte y del Hades están en la mano de nuestro Salvador, quien murió y resucitó.

20[1] Cuando Juan vio las siete estrellas en la diestra de Cristo y los siete candeleros de oro en medio de los cuales estaba Cristo, fue un misterio para él. No comprendió el significado de las siete estrellas celestiales y de los siete candeleros de oro. Por consiguiente, el Señor le reveló el misterio, diciendo que "las siete estrellas son los mensajeros de las siete iglesias, y los siete candeleros son las siete iglesias". Esto no sólo fue un misterio para Juan, sino que también lo es para los creyentes de hoy. Todos los creyentes necesitan la revelación de este misterio para ver las iglesias y sus mensajeros.

Las iglesias, representadas por los siete candeleros de oro, son el testimonio de Jesús (vs. 2, 9) en la naturaleza divina y resplandecen en la noche oscura localmente y también de manera colectiva. Las iglesias deben tener la naturaleza divina: el oro. Ellas deben ser las bases, los candeleros, que sostienen la lámpara con el aceite (Cristo como el Espíritu vivificante) y que brillan individual y colectivamente en la oscuridad. Las iglesias son candeleros individuales localmente, pero a la vez constituyen un grupo, un conjunto, de candeleros universalmente. No sólo resplandecen localmente, sino que también universalmente mantienen el mismo testimonio ante las localidades y el universo. Poseen la misma naturaleza y la misma forma. Portan la misma lámpara con el mismo propósito y se identifican plenamente entre sí, sin tener ninguna distinción individual. Las diferencias entre las siete iglesias mencionadas en los caps. 2 y 3 tienen una naturaleza negativa, y no positiva. En el aspecto negativo, en sus fracasos, las iglesias son diferentes y están separadas una de otra, pero en el aspecto positivo, en su naturaleza, forma y propósito, son totalmente idénticas y están conectadas entre sí.

Es muy fácil que los creyentes vean la iglesia universal, pero es muy difícil que vean las iglesias. La revelación de las iglesias locales es la máxima revelación que el Señor da con respecto a la iglesia, y de ello se habla en el último libro de la Palabra divina. Para conocer cabalmente la iglesia, los creyentes deben seguir al Señor desde los evangelios, a través de las epístolas, hasta el libro de Apocalipsis, de modo que vean las iglesias locales como se revelan aquí. En Apocalipsis la primera visión está relacionada con las iglesias. Las iglesias, de las cuales Cristo es el centro, son el núcleo de la administración divina, y su finalidad es cumplir el propósito eterno de Dios.

Los mensajeros son las personas espirituales de las iglesias, los responsables de llevar el testimonio de Jesús.

CAPITULO 2

III. "Las cosas que son": las siete iglesias locales 2:1—3:22

A. La iglesia en Efeso: la iglesia al final de la etapa inicial 2:1-7

1[a] Ef. 1:1
1[b] Ap. 1:16, 20
1[c] Ap. 1:13
1[d] Ap. 1:12

1 Escribe [1]al mensajero de la iglesia en [2a]Efeso: [3]El que
[4]tiene las [b]siete estrellas en Su diestra, el que [4]anda en
[c]medio de los [d]siete candeleros de oro, dice esto:

Ellos deben poseer la naturaleza celestial y estar en una posición celestial, como estrellas. En Hechos y en las epístolas los ancianos eran los que administraban las iglesias locales (Hch. 14:23; 20:17; Tit. 1:5). El oficio de los ancianos es en cierto modo oficial, y en los tiempos en que se escribió este libro los cargos en las iglesias se habían deteriorado por causa de la degradación de la iglesia. En este libro el Señor dirige nuestra atención de nuevo a la realidad espiritual. Así que, este libro da más énfasis a los mensajeros de las iglesias que a los ancianos. El oficio de los ancianos se percibe fácilmente, pero es necesario ver la importancia de la realidad espiritual y celestial de los mensajeros a fin de que en la vida adecuada de iglesia sea posible mantener el testimonio de Jesús en la oscuridad de la degradación de la iglesia. En la primera visión de este libro, la visión acerca de las iglesias, tanto Cristo como los mensajeros de las iglesias son revelados junto con las iglesias como nunca antes, y esto de un modo muy específico. Por eso es necesario que los creyentes tengan una visión específica en su espíritu.

20[2] La misma palabra griega se traduce *ángeles*. Esta palabra es usada en el v. 1.

1[1] Las siete epístolas de los caps. 2 y 3 narran la verdadera situación que prevalecía en las siete iglesias cuando estas epístolas fueron escritas. Sin embargo, puesto que éste es un libro de señales que tiene una naturaleza profética, las situaciones de las siete iglesias también son señales que representan proféticamente el progreso de la iglesia en siete etapas. La primera epístola, dirigida a la iglesia en Efeso, provee un cuadro del final de la iglesia primitiva, la iglesia en la primera etapa, a fines del primer siglo. La segunda epístola, dirigida a la iglesia en Esmirna, prefigura a la iglesia sufriente que estuvo bajo la persecución del Imperio Romano, desde las postrimerías del primer siglo hasta los inicios del cuarto siglo, cuando Constantino el Grande, el césar del Imperio Romano, hizo que la iglesia gozara del favor imperial. La tercera epístola, dirigida a la iglesia en Pérgamo, simboliza a la iglesia mundana, la iglesia comprometida con el mundo, desde el día en que Constantino aceptó el cristianismo hasta que el sistema papal fue establecido en las postrimerías del siglo sexto. La cuarta epístola, dirigida a la iglesia en Tiatira, describe proféticamente a la iglesia apóstata, desde el establecimiento del sistema papal en las postrimerías del siglo sexto hasta el final de esta era, cuando Cristo regrese. La quinta epístola, dirigida a la iglesia en Sardis, prefigura a la iglesia protestante, desde la Reforma, a principios del siglo dieciséis, hasta el regreso de Cristo. La sexta epístola, dirigida a la iglesia en Filadelfia, prefigura a la iglesia de amor fraternal, el recobro de la vida apropiada de iglesia, desde la primera

2 Yo [a]conozco tus [b]obras, y tus trabajos y [c]perseverancia;
y que no puedes soportar a los malos, y has [d]probado a los
que se dicen ser [e]apóstoles, y no lo son, y los has hallado
mentirosos;
3 y has perseverado, y has sufrido por amor de Mi [a]nom-
bre, y no has desmayado.
4 Pero tengo [a]contra ti que has dejado tu [1]primer [2b]amor.
5 [a]Recuerda, por tanto, de dónde has caído, y [b]arrepién-
tete, y haz las primeras obras; pues si no, [c]vendré a ti, y
[1]quitaré tu candelero de su lugar, si no te has arrepentido.

2[a] Ap. 2:9, 13, 19; 3:1, 8, 15
2[b] Ap. 2:5, 19; 3:1-2, 8, 15
2[c] Ap. 3:10
2[d] 1 Jn. 4:1
2[e] 2 Co. 11:13
3[a] Jn. 15:21
4[a] Ap. 2:14, 20
4[b] Jer. 2:2; Mt. 24:12; cfr. Ef. 3:17; 6:24
5[a] Ap. 3:3
5[b] Ap. 2:16, 21; 3:3, 19; 2 P. 3:9
5[c] Ap. 2:16

---

parte del siglo diecinueve, cuando el Señor levantó algunos hermanos en Inglaterra para que comenzaran a practicar la iglesia fuera de toda denominación y sistema divisivo, hasta la segunda manifestación del Señor. La séptima epístola, dirigida a la iglesia en Laodicea, prefigura la degradación de la vida de iglesia, que experimentaron estos hermanos en el siglo diecinueve, desde la última parte del siglo diecinueve hasta el regreso del Señor.

1[2] En el griego los nombres de las siete ciudades tienen mucho significado; cada nombre representa la condición espiritual de la iglesia en esa ciudad. *Efeso* en griego significa *deseable*. Esto significa que la iglesia primitiva, al final todavía era deseable para el Señor; el Señor todavía tenía mucha esperanza en ella.

1[3] Al principio de cada una de estas epístolas el Señor nos dice qué clase de persona es El, conforme a la condición de la iglesia revelada en esa epístola en particular.

1[4] Los mensajeros de las iglesias, los que son espirituales, representados por las estrellas brillantes, quienes llevan el testimonio de Jesús, están en la diestra del Señor, y el Señor anda en medio de las iglesias, representadas por los siete candeleros de oro. ¡Qué escena tan maravillosa! Por un lado, el Señor está sentado a la diestra de Dios, como nuestro Sumo Sacerdote, quien intercede por nosotros, las iglesias (He. 7:25); por otro lado, El sostiene a los mensajeros de las iglesias y anda en medio de ellas para cuidarlas.

4[1] La palabra griega traducida *primer* es la misma que se traduce *mejor* en Lc. 15:22. Nuestro primer amor hacia el Señor debe ser el mejor amor por El.

4[2] Como Cuerpo de Cristo (Ef. 1:23), la iglesia está relacionada con la vida; como nuevo hombre (Ef. 2:15), tiene que ver con la persona de Cristo; y como novia de Cristo (Jn. 3:29), está relacionada con el amor. La epístola que Pablo escribió a los efesios nos dice que para practicar la vida de la iglesia es necesario que seamos fortalecidos en nuestro hombre interior a fin de que Cristo haga Su hogar en nuestros corazones, para que, arraigados y cimentados en amor, seamos plenamente capaces de conocer el amor de Cristo, que excede a todo conocimiento, para que seamos llenos hasta la medida de toda la plenitud de Dios (Ef. 3:16-19); y para la vida de la iglesia la gracia se da a todos los que aman al Señor Jesús (Ef. 6:24). Esta segunda epístola a los efesios revela que la decadencia de la iglesia comienza con el abandono de nuestro primer amor hacia el Señor. Sólo el amor puede guardarnos en una relación apropiada con el Señor. La iglesia en Efeso tenía buenas obras, trabajaba para el Señor, había sufrido y perseverado, y había probado a los falsos apóstoles (vs. 2-3), pero dejó su primer amor hacia el Señor. Dejar el primer amor es la raíz de toda la degradación en las siguientes etapas de la iglesia.

5[1] Si dejamos nuestro primer amor hacia el Señor y no nos arrepentimos,

6 Pero tienes esto, que aborreces las obras de los [1a]nicolaítas, las cuales Yo también [b]aborrezco.
7 El que tiene [1a]oído, oiga lo que el [2b]Espíritu dice a las

6[a] Ap. 2:15
6[b] Ro. 9:13; cfr. Lc. 14:26
7[a] Ap. 2:11, 17, 29; 3:6, 13, 22; 13:9; Mt. 11:15; 13:9, 16-17; Ex. 21:6; Job 33:14-16; Is. 50:4; Jer. 6:10; Hch. 7:51; Is. 6:10; Ez. 12:2; Mt. 13:14-15; Hch. 28:27; Ex. 29:20; Lv. 8:23-24; 14:14, 17, 28
7[b] Ap. 14:13; 22:17; He. 3:7; 9:8; 10:15

perderemos el testimonio del Señor y el candelero nos será quitado.

6[1] La palabra griega está compuesta de dos vocablos, uno que significa *conquistar* o *vencer* y otro que significa *gente común, gente secular,* o *laicado*. Por tanto, significa *conquistar a la gente común, vencer a los laicos*. Por eso, *nicolaítas* debe de referirse a un grupo de personas que se consideran superiores a los creyentes comunes. Esto fue indudablemente la jerarquía adoptada y establecida por el catolicismo y el protestantismo. El Señor aborrece las obras, la conducta, de estos nicolaítas, y nosotros debemos aborrecer lo que el Señor aborrece.

Dios, en Su economía, tenía la intención de que en Su pueblo todos fueran sacerdotes que le sirvieran directamente. En Ex. 19:6 Dios dispuso que los hijos de Israel fueran un reino de sacerdotes. Esto significa que Dios quería que todos ellos fueran sacerdotes. Sin embargo, ellos perdieron el sacerdocio porque adoraron el becerro de oro (Ex. 32:1-6), y sólo la tribu de Leví, por su fidelidad a Dios, fue escogida para reemplazar a toda la nación de Israel como sacerdotes para Dios (Ex. 32:25-29; Dt. 33:8-10). Por consiguiente, hubo una clase mediadora entre Dios y los hijos de Israel. Esto llegó a ser un sistema predominante en el judaísmo. En el Nuevo Testamento, Dios ha regresado a Su intención original conforme a Su economía, haciendo que todos los que creen en Cristo sean sacerdotes (1:6; 5:10; 1 P. 2:5, 9). Sin embargo, al final de los primeros días de la iglesia, en el primer siglo, los nicolaítas intervinieron como clase mediadora y estorbaron la economía de Dios. Según la historia de la iglesia, esto vino a ser un sistema que fue adoptado por la Iglesia Católica Romana y que ha sido conservado por las iglesias protestantes. Hoy día la Iglesia Católica Romana tiene un sistema de sacerdotes, mientras que las iglesias estatales tienen un sistema clerical y las iglesias independientes, el sistema pastoral. Todos estos sistemas constituyen una clase mediadora que anula el sacerdocio universal de todos los creyentes. Así que, existen dos clases distintas: el clero y el laicado. Sin embargo, en la vida apropiada de iglesia no debe haber clero ni laicado; todos los creyentes deben ser sacerdotes de Dios. El Señor aborrece dicha clase mediadora, porque ésta destruye el sacerdocio universal en la economía de Dios.

Uno de los siete servidores mencionados en Hch. 6:5 se llamaba *Nikolaos* (gr.). En la historia de la iglesia no hay evidencia alguna que indique que este *Nikolaos* haya sido el primer nicolaíta.

7[1] Aunque nuestra perspectiva y posición sean correctas, puede ser que no tengamos el oído apropiado para escuchar. El cap. 1 recalca la necesidad de ver, y los caps. 2 y 3 subrayan la necesidad de escuchar. En cuanto a los asuntos espirituales, ver depende de escuchar. El escritor de este libro primero oyó la voz (1:10) y luego recibió la visión (1:12). Si nuestros oídos se endurecen y no escuchan, entonces no podemos ver (Is. 6:9-10). Los judíos no quisieron escuchar la palabra del Señor, así que no pudieron ver lo que el Señor estaba haciendo conforme al nuevo pacto (Mt. 13:15; Hch. 28:27). El Señor siempre quiere abrir nuestros oídos para que escuchemos Su voz (Job 33:14-16; Is. 50:4-5; Ex. 21:6) y veamos las cosas conforme a Su economía. Los oídos endurecidos necesitan ser circuncidados (Jer. 6:10; Hch. 7:51). Los oídos de los pecadores necesitan ser purificados con la sangre redentora y ungidos con el Espíritu (Lv. 14:14, 17, 28). Para servir al Señor como sacerdotes, es necesario que nuestros oídos sean purificados con la sangre redentora (Ex. 29:20; Lv. 8:23-24). Según este libro, mientras el Espíritu habla a

[3]iglesias. Al que [4c]venza, le daré a [5d]comer del [6e]árbol de la
vida, el cual está en el [7f]Paraíso de Dios.

---

las iglesias, todos necesitamos oídos abiertos, circuncidados, purificados y ungidos para escuchar lo que el Espíritu dice.

7[2] Al principio de cada una de las siete epístolas de los caps. 2 y 3, el Señor es el que habla (vs. 1, 8, 12, 18; 3:1, 7, 14). Pero al final, el Espíritu es el que habla a las iglesias (vs. 7, 11, 17, 29; 3:6, 13, 22). Esto no sólo indica que el Espíritu es el Señor y que el Señor es el Espíritu; también recalca que en la oscuridad de la degradación de la iglesia el Espíritu es de vital importancia, tal como lo indica la mención del Espíritu siete veces intensificado en 1:4. El mismo énfasis se ve también en 14:13 y 22:17.

7[3] Por un lado, cada una de las siete epístolas constituye lo que el Señor dice a cada iglesia en particular, pero por otro, constituye lo que el Espíritu dice a todas las iglesias. Cada iglesia debe prestar atención no sólo a la epístola que le es dirigida en particular, sino también a todas las epístolas dirigidas a las demás iglesias. Esto implica que todas las iglesias, como testimonio del Señor en el Espíritu, deberían ser idénticas.

Puesto que hoy el Espíritu habla a las iglesias, debemos estar en las iglesias a fin de tener la posición correcta para escuchar lo que el Espíritu dice. De otra manera, ¿cómo podríamos escuchar?

7[4] En estas siete epístolas, vencer se refiere a vencer la situación degradada de las iglesias. En esta epístola, vencer se refiere a recobrar nuestro primer amor hacia el Señor y aborrecer las obras de los nicolaítas, la jerarquía que el Señor aborrece.

7[5] La religión siempre enseña, pero el Señor alimenta (Jn. 6:35). El apóstol Pablo hacía lo mismo; alimentaba a los creyentes (1 Co. 3:2). Para tener una vida adecuada de iglesia y para recobrar la vida de iglesia, es decir, para crecer como es debido en la vida cristiana, lo que necesitamos no es meramente comprender con la mente las enseñanzas, sino comer al Señor como nuestro pan de vida en nuestro espíritu (Jn. 6:57). Incluso las palabras de las Escrituras no deben ser consideradas sólo como doctrinas para educar nuestra mente, sino como alimento para nutrir nuestro espíritu (Mt. 4:4; He. 5:12-14). En esta epístola el Señor prometió darle al que venza a comer del árbol de la vida. Esto se remonta a Gn. 2:8-9, 16, que habla de lo que ordenó Dios en cuanto al asunto de comer. En la epístola dirigida a la iglesia en Pérgamo, el Señor les prometió a los vencedores que comerían del maná escondido (v. 17), como los hijos de Israel comieron el maná en el desierto (Ex. 16:14-16, 31). Y en la epístola a la iglesia en Laodicea, el Señor prometió cenar con el que le abriese la puerta. Cenar no se refiere simplemente a comer algo, sino a comer de la abundancia de un banquete. Esto tal vez se refiera a cómo los hijos de Israel comían del rico producto de la buena tierra de Canaán (Jos. 5:10-12), lo cual indica que el Señor desea restaurar la dieta apropiada de Su pueblo, es decir, desea que Su pueblo vuelva a comer del alimento que Dios les había provisto, el cual es tipificado por el árbol de la vida, el maná, y el producto de la buena tierra, que son tipos de los varios aspectos de Cristo como alimento para nosotros. La degradación de la iglesia hace que el pueblo de Dios deje de comer a Cristo como su alimento y recurra a las enseñanzas doctrinales para adquirir conocimiento. En la degradación de la iglesia se encuentran la enseñanza de Balaam (v. 14), la enseñanza de los nicolaítas (v. 15), la enseñanza de Jezabel (v. 20), y la enseñanza de las profundidades de Satanás (v. 24). Ahora en estas epístolas el Señor desea que de nuevo comamos de El como nuestro suministro nutritivo. Debemos comerle no sólo como el árbol de la vida y el maná escondido, sino también como un banquete lleno de Sus riquezas.

7c Ap. 2:11, 17, 26-28; 3:5, 12, 20-21; 21:7
7d Ap. 2:17; Jn. 6:57; 1 Co. 10:3
7e Gn. 2:9; 3:24; Ap. 22:2, 14, 19
7f Lc. 23:43; cfr. 2 Co. 12:4

7[6] En el griego la palabra que aquí se traduce *árbol,* como en 1 P. 2:24, significa *madero;* no es la palabra normalmente traducida *árbol.* En la Biblia el árbol de la vida siempre representa a Cristo como Aquel que corporifica todas las riquezas de Dios (Col. 2:9) para ser nuestro alimento (Gn. 2:9; 3:22, 24; Ap. 22:2, 14, 19). Aquí representa al Cristo crucificado (implícito en el árbol como madero, 1 P. 2:24) y resucitado (implícito en la vida de Dios, Jn. 11:25), quien ahora está en la iglesia, la consumación de la cual será la Nueva Jerusalén, donde el Cristo crucificado y resucitado será el árbol de la vida para los redimidos de Dios a fin de que se alimenten de él por la eternidad (22:2, 14).

La intención original de Dios era que el hombre comiera del árbol de la vida (Gn. 2:9, 16). A causa de la caída, el camino al árbol de la vida le fue cerrado al hombre (Gn. 3:22-24). Mediante la redención efectuada por Cristo, el camino por el cual el hombre puede llegar al árbol de la vida, que es Dios mismo en Cristo como vida para el hombre, fue abierto de nuevo (He. 10:19-20). Pero en la degradación de la iglesia, la religión se infiltró con su conocimiento para impedir que los creyentes comieran a Cristo, el árbol de la vida. Así que, el Señor les prometió a los vencedores que, como recompensa, les daría a comer de Sí mismo, el árbol de la vida, en el Paraíso de Dios. Esto les motiva a abandonar la religión y su conocimiento y a disfrutarle nuevamente. Esta promesa del Señor restaura la iglesia a la intención original de Dios conforme a Su economía. Lo que el Señor quiere que hagan los vencedores es lo que toda la iglesia debería hacer en la economía de Dios. Por causa de la degradación de la iglesia, el Señor llamó a los vencedores a reemplazar a la iglesia en el cumplimiento de la economía de Dios.

Comer del árbol de la vida no sólo constituía la intención original de Dios en cuanto al hombre, sino que también será el resultado eterno de la redención de Dios. Todos los redimidos de Dios disfrutarán del árbol de la vida, el cual es Cristo con todas las riquezas divinas como la porción eterna de los redimidos, por la eternidad (Ap. 22:2, 14, 19). Debido a la distracción causada por la religión y a la degradación de la iglesia, el Señor en Su sabiduría ofreció a Sus creyentes la recompensa de disfrutarle a El en el reino venidero, con el fin de animarlos a vencer el conocimiento absorbente de la religión, impartido en forma de enseñanzas, y a regresar a disfrutarle a El mismo como suministro de vida en la vida de la iglesia hoy en día, a fin de que la economía de Dios sea cumplida.

Comer del árbol de la vida, esto es, disfrutar a Cristo como nuestro suministro de vida, debe ser lo principal en la vida de la iglesia. El contenido de la vida de la iglesia depende del disfrute que tenemos de Cristo. Cuanto más le disfrutemos, más rico será el contenido. Sin embargo, disfrutar a Cristo requiere que nosotros lo amemos con el primer amor. Si dejamos nuestro primer amor hacia el Señor, desaprovecharemos la oportunidad de disfrutar a Cristo y perderemos el testimonio de Jesús; como consecuencia, nos será quitado el candelero. Estas tres cosas —amar al Señor, disfrutarle y ser Su testimonio— van juntas.

7[7] El Paraíso mencionado en Lc. 23:43 es el lugar placentero y tranquilo donde están Abraham y todos los santos que ya murieron (Lc. 16:23-26). El Paraíso de Dios en este versículo es la Nueva Jerusalén (3:12; 21:2, 10; 22:1-2, 14, 19), de la cual la iglesia es un anticipo hoy. Ahora en la iglesia disfrutamos como anticipo al Cristo crucificado y resucitado, quien es el árbol de la vida, el suministro nutritivo en nuestro espíritu. Este disfrute del anticipo nos llevará a disfrutar de manera cabal al Cristo crucificado y resucitado, quien es el árbol de la vida, nuestro alimento, en la Nueva Jerusalén por la eternidad.

En realidad, *comer del árbol de la vida ... en el Paraíso de Dios* se refiere a un disfrute especial de Cristo como nuestro suministro de vida en la Nueva Jerusalén en el reino milenario

B. La iglesia en Esmirna:
la iglesia bajo persecución
2:8-11

8 Y escribe al mensajero de la iglesia en [1]Esmirna: El
[2a]Primero y el Ultimo, el que estuvo [b]muerto y [3]revivió, dice
esto:
9 Yo conozco tu [1a]tribulación, y tu [2b]pobreza (pero tú eres
[2]rico), y las [3c]calumnias de los que se dicen ser [d]judíos, y [4]no
lo son, sino [5e]sinagoga de [6f]Satanás.

8[a] Ap. 1:17
8[b] Ap. 1:18
9[a] Ap. 1:9
9[b] Jac. 2:5; 2 Co. 6:10; 8:9; cfr. Ap. 3:17
9[c] Mt. 5:11; 2 Co. 6:8
9[d] Ap. 3:9; Ro. 2:28
9[e] Ap. 3:9; Mt. 10:17; Lc. 21:12; Jn. 16:2; Hch. 6:9; 9:2; 22:19
9[f] Ap. 2:13, 24; 3:9; 12:9; 20:2

venidero, debido a que ésta es una recompensa que el Señor prometió a los vencedores. Disfrutar a Cristo como el árbol de la vida en la Nueva Jerusalén en el cielo nuevo y en la tierra nueva será la porción común de todo el pueblo redimido de Dios, mientras que disfrutarle de manera especial a El como el árbol de la vida en la Nueva Jerusalén durante el reino milenario venidero, es una recompensa dada solamente a los creyentes vencedores. Si vencemos todas las distracciones en la iglesia degradada y disfrutamos a Cristo como el árbol de la vida en la iglesia hoy día, recibiremos esta recompensa. De otro modo, perderemos este disfrute especial del reino venidero, aunque de todos modos disfrutaremos a Cristo como el árbol de la vida en la Nueva Jerusalén en el cielo nuevo y la tierra nueva por la eternidad. Las promesas del Señor con respecto a la recompensa y Sus predicciones con respecto a la pérdida, expresadas al final de cada una de las siete epístolas, se refieren a lo que el Señor hará con Sus creyentes durante el reino milenario venidero. No tienen nada que ver con el destino eterno de los creyentes, a saber, la salvación eterna o la perdición eterna.

8[1] La palabra griega significa *mirra*, y la mirra representa sufrimiento. Por consiguiente, la iglesia en Esmirna era una iglesia sufriente. Representa a la iglesia bajo la persecución del Imperio Romano, desde la última parte del primer siglo hasta la primera parte del siglo cuarto.

8[2] En los sufrimientos, la iglesia debe saber que el Señor es el Primero y el Ultimo, el que existe siempre y nunca cambia. En cualquier clase de persecución, el Señor permanece igual; nada puede precederle, y nada puede existir después de El. Todas las cosas están dentro de los límites de Su control.

8[3] *Y revivió* se refiere a la resurrección. El Señor sufrió la muerte y vivió de nuevo. El entró en la muerte, pero la muerte no pudo retenerle (Hch. 2:24) porque El es la resurrección (Jn. 11:25). La iglesia sufriente también necesita conocerle como tal, a fin de poder resistir cualquier clase de padecimiento. Por muy severos que sean los sufrimientos, la iglesia seguirá viva. La vida de resurrección de Cristo puede resistir la muerte.

9[1] La tribulación es de gran valor para la iglesia debido a que pone a prueba su vida. El propósito del Señor al permitir que la iglesia sufra tribulación no es sólo testificar que Su vida de resurrección vence la muerte, sino también capacitar a la iglesia para que disfrute las riquezas de Su vida.

9[2] La iglesia sufriente era pobre en lo material pero rica en el Señor, en las riquezas de Su vida.

9[3] Los judaizantes calumniaban con críticas malignas a la iglesia sufriente. Ellos insistían obstinadamente en mantener el judaísmo, constituido por el sacerdocio levítico, los rituales de sacrificio, y el templo material, los cuales son tipos que han sido cumplidos y reemplazados por Cristo. Puesto que la iglesia bajo el nuevo pacto en la economía de Dios no tenía nada que ver con la práctica religiosa de ellos, los judaizantes la calumniaban. En principio, hoy día ocurre lo mismo; los religiosos difaman a las iglesias del

10 No [a]temas lo que vas a [b]padecer. He aquí, el [1c]diablo va
a echar a algunos de vosotros en la [d]cárcel, para que seáis
[e]probados, y tendréis [f]tribulación por [2g]diez días. Sé [h]fiel
[i]hasta la muerte, y Yo te daré la [3j]corona de la vida.

10[a] Mt. 10:28
10[b] Jn. 16:33; Hch. 14:22
10[c] Ap. 12:9, 12; 20:2, 10
10[d] Lc. 21:12; Hch. 5:25; 8:3; 12:4-5; 16:23-24; 22:4; 26:10; 2 Co. 11:23; He. 13:3
10[e] He. 2:18
10[f] Ap. 1:9
10[g] Gn. 24:55; Jer. 42:7; Dn. 1:12-14
10[h] Ap. 2:13; 17:14
10[i] Ap. 12:11; Fil. 2:8
10[j] Ap. 3:11; Jac. 1:12; 2 Ti. 4:8; 1 P. 5:4; 1 Co. 9:25

recobro del Señor, las cuales buscan al Señor y le siguen en espíritu y en vida, sin importarles ningún sistema o práctica religiosa.

9[4] Los judaizantes eran judíos en la carne pero no lo eran en el espíritu (Ro. 2:28-29). El hecho de ser la simiente de Abraham no los constituía verdaderos judíos. Los que son hijos de la carne no son hijos de Dios (Ro. 9:7-8).

9[5] La meta de la economía de Dios consiste en tener un solo templo en la tierra que dé testimonio de El y de la unidad de Su pueblo. En el Antiguo Testamento, el lugar que Dios escogió para establecer Su templo fue Jerusalén. Debido a que el pueblo de Dios cayó, se dividió y se esparció, fueron erigidos muchos centros de adoración caídos y divididos; tales centros llegaron a ser sinagogas. Estas sinagogas eran lugares en los cuales los judíos adoraban a Dios principalmente estudiando las Escrituras que tenían, el Antiguo Testamento. Sin embargo, a causa de su necedad al aferrarse a sus conceptos religiosos y tradicionales, vinieron a ser uno con Satanás en la oposición al camino de vida de Dios, mediante el cual Dios cumple Su propósito. Bajo la manipulación y las estratagemas de Satanás, las sinagogas de los judíos se opusieron al Señor Jesús (Mt. 12:9-14; Lc. 4:28-29; Jn. 9:22), luego, a los apóstoles (Hch. 13:43, 45-46, 50; 14:1-2, 19; 17:1, 5-6), y más tarde, a las iglesias. Por lo tanto, el Señor las llamó "sinagoga de Satanás". Incluso cuando estuvo en la tierra, El consideró que las sinagogas eran de Satanás, como queda implícito en Mt. 12:25-29 y Jn. 8:44. Los que asistían a la sinagoga aparentemente estaban adorando a Dios, pero en realidad se estaban oponiendo a El. Aunque ellos perseguían y mataban a los verdaderos adoradores de Dios, consideraban que ofrecían un servicio a Dios (Jn. 16:2). Desde entonces, a través de los siglos los religiosos han andado en esos mismos pasos, persiguiendo a los que genuinamente buscan y siguen al Señor en espíritu y en vida, al mismo tiempo pensando que están defendiendo los intereses de Dios. El catolicismo romano, el protestantismo y el judaísmo caen en esta categoría, pues, se han convertido en una organización de Satanás, un instrumento suyo para estorbar la economía de Dios.

9[6] *Satanás,* palabra de origen hebreo, significa *adversario.* Satanás no sólo es el enemigo de Dios por fuera, sino también Su adversario por dentro.

10[1] La palabra griega significa *acusador, calumniador* (12:9-10). El diablo, quien es Satanás, el adversario de Dios, nos acusa ante Dios y nos calumnia ante el hombre.

10[2] El número diez significa plenitud; por ejemplo, los Diez Mandamientos expresan plenamente las exigencias de Dios. Diez días representan un período de tiempo completo, aunque breve (Gn. 24:55; Jer. 42:7; Dn. 1:12-14). Aquí significa que la aflicción de la iglesia sufriente fue completa, aunque de corta duración. Como señal, estos diez días denotan proféticamente los diez períodos de persecución que la iglesia sufrió a manos de los emperadores romanos, desde César Nerón en la segunda mitad del primer siglo hasta Constantino el Grande en la primera parte del cuarto siglo. Por muy severas que fueron las persecuciones instigadas por el diablo, Satanás, a través de los césares romanos, quienes hicieron todo lo posible por destruir y eliminar a la iglesia, no pudieron subyugarla ni darle fin. La historia demuestra que la iglesia del Cristo viviente, quien murió y vivió de nuevo, resistió las persecuciones victoriosamente y se multiplicó grandemente

11 El que tiene [a]oído, oiga lo que el [b]Espíritu dice a las
iglesias. El que [1c]venza, no sufrirá ningún daño de la [2d]se-
gunda muerte.

C. La iglesia en Pérgamo: la iglesia unida con el mundo 2:12-17

12 Y escribe al mensajero de la iglesia en [1]Pérgamo: El
que tiene la [a]espada aguda de dos filos dice esto:
13 Yo conozco dónde moras, donde está el [1a]trono de Satanás; pero retienes Mi [2b]nombre, y [c]no has negado [d]Mi [2]fe, ni

11[a] Ap. 2:7
11[b] Ap. 2:7
11[c] Ap. 2:7
11[d] Ap. 20:6, 14; 21:8
12[a] Ap. 2:16; 1:16
13[a] Ap. 2:9
13[b] Ap. 3:8
13[c] Ap. 3:8
13[d] Ap. 14:12

mediante la indestructible vida de resurrección.

10[3] Según el Nuevo Testamento, una corona siempre denota un premio dado además de la salvación (véase la referencia 10j). La corona de la vida, como premio concedido a los que son fieles hasta la muerte para vencer la persecución, denota la fuerza vencedora que es el poder de la vida de resurrección (Fil. 3:10); también denota que estos vencedores han obtenido la superresurrección de entre los muertos (Fil. 3:11), la resurrección sobresaliente.

11[1] En esta epístola, vencer significa vencer la persecución siendo fiel hasta la muerte.

11[2] Debido a que el hombre cayó en el pecado y éste entró en él, todos los hombres deben morir una vez (He. 9:27). Sin embargo, esta primera muerte no es la sentencia final. Todos los muertos, excepto los que mediante la fe en el Señor Jesús han sido inscritos en el libro de la vida, serán resucitados y pasarán por el juicio del gran trono blanco al final del milenio, es decir, en la conclusión del cielo y la tierra antiguos. Como resultado de este juicio, los que sean condenados serán echados al lago de fuego, el cual es la segunda muerte, la sentencia final (20:11-15). Por consiguiente, la segunda muerte es el juicio que Dios trae sobre el hombre después de la muerte y la resurrección de éste. Puesto que los vencedores habrán vencido la muerte por ser fieles hasta la muerte bajo la persecución y no requerirán ser juzgados por Dios después de ser resucitados, recibirán como recompensa la corona de la vida y nunca más serán tocados por la muerte después de ser resucitados; es decir, no serán dañados por la segunda muerte.

12[1] La palabra griega significa *matrimonio* (lo cual implica unión) y *torre fortificada*. Como señal, la iglesia en Pérgamo prefigura a la iglesia que estableció una unión matrimonial con el mundo y llegó a ser una torre alta y fortificada, equivalente al gran árbol profetizado por el Señor en la parábola de la semilla de mostaza (Mt. 13:31-32). Cuando Satanás fracasó en su intento de destruir a la iglesia por medio de la persecución del Imperio Romano en los primeros tres siglos, cambió de estrategia. Esta vez procuró corromper a la iglesia mediante la aceptación del cristianismo como religión estatal por parte de Constantino, lo cual aconteció en la primera parte del cuarto siglo. Bajo el auspicio y la influencia política de Constantino, multitudes de incrédulos fueron bautizados en la "iglesia", y la "iglesia" vino a ser enormemente grande. Dado que la iglesia es una casta novia desposada con Cristo, ante los ojos de Dios su unión con el mundo es considerada fornicación espiritual.

13[1] El trono de Satanás está en el mundo, el lugar donde mora y la esfera donde reina. Puesto que la iglesia mundana entró en unión con el mundo, ella mora donde mora Satanás.

13[2] El nombre del Señor denota Su persona; la persona es la realidad del nombre. La fe del Señor denota todo lo que debemos creer acerca de Su

aun en los días de [3]Antipas Mi [e]testigo, Mi *siervo* [f]fiel, que
fue [g]muerto entre vosotros, donde mora [h]Satanás.
14 Pero tengo unas pocas cosas [a]contra ti: que tienes ahí
a algunos que retienen la [1b]enseñanza de [2c]Balaam, que
enseñaba a Balac a poner tropiezo ante los hijos de Israel, a
comer de [3d]cosas sacrificadas a los ídolos, y a cometer [3e]fornicación.
15 Asimismo tú también tienes a los que retienen la
[1a]enseñanza de los [2b]nicolaítas.

13[e] Ap. 1:5; 11:3; 17:6; Hch. 1:8; 22:20
13[f] Ap. 2:10
13[g] Mt. 24:9; Jn. 16:2
13[h] Ap. 2:9
14[a] Ap. 2:4
14[b] Ap. 2:15, 20
14[c] Dt. 23:4; Nm. 31:16; 25:1-3; 2 P. 2:15; Jud. 11
14[d] Ap. 2:20; Nm. 25:2; Hch. 15:29
14[e] Ap. 2:20; Nm. 25:1; Ap. 21:8; 22:15; 1 Co. 6:9; Gá. 5:19; Ef. 5:3; He. 13:4
15[a] Ap. 2:14
15[b] Ap. 2:6

persona y Su obra. No denota la fe subjetiva en nuestro interior, es decir, nuestra acción de creer, sino la fe objetiva, es decir, las cosas en las cuales creemos. Por entrar en unión con el mundo, la iglesia comenzó a olvidarse del nombre del Señor y a negar la fe cristiana apropiada.

13[3] En el griego *Antipas* significa *contra todo*. Antipas, un testigo fiel del Señor, estuvo en contra de todo lo que la iglesia mundana trajo y puso en práctica. Por lo tanto, llegó a ser un mártir del Señor. En el griego la palabra *mártir* también significa *testigo*. Antipas, como un testigo en contra de la degradación, sostuvo un antitestimonio, un testimonio en contra de todo lo que se desviara del testimonio de Jesús. Ha de haber sido mediante su antitestimonio que en sus días la iglesia en Pérgamo retuvo el nombre del Señor y no negó la fe cristiana apropiada.

14[1] En estas epístolas el Señor deseaba, conforme a la economía de Dios, que nosotros le comiéramos a El, quien es el árbol de la vida (v. 7), el maná escondido (v. 17) y el rico producto de la buena tierra (3:20; véase la nota 7[5] de este capítulo); sin embargo, la iglesia mundana se apartó de la vida y se volvió a las meras enseñanzas, distrayendo así a los creyentes e impidiéndoles disfrutar a Cristo como su suministro de vida para el cumplimiento del propósito de Dios. Disfrutar a Cristo edifica a la iglesia, mientras que las enseñanzas producen la religión.

14[2] Balaam era un profeta gentil que por salario incitó al pueblo de Dios a cometer fornicación e idolatría (Nm. 25:1-3; 31:16). En la iglesia mundana algunos comenzaron a enseñar estas cosas.

14[3] La idolatría siempre produce fornicación (Nm. 25:1-3; Hch. 15:29). Después de desatender el nombre, la persona, del Señor, la iglesia mundana se entregó a la idolatría, lo cual produjo fornicación.

15[1] La iglesia mundana y degradada retiene no sólo la enseñanza de Balaam, sino también la enseñanza de los nicolaítas. La enseñanza de Balaam distrae a los creyentes; los aparta de la persona de Cristo conduciéndolos a la idolatría, y los aparta del disfrute de Cristo conduciéndolos a la fornicación espiritual. La enseñanza de los nicolaítas destruye la función que los creyentes tienen como miembros del Cuerpo de Cristo, anulando así el Cuerpo del Señor como expresión Suya. La enseñanza de Balaam no da a la Cabeza su debido lugar, y la de los nicolaítas destruye el Cuerpo. Esta es la sutil intención del enemigo en todas las enseñanzas religiosas.

En la iglesia en Efeso sólo se encontraron las obras de los nicolaítas (v. 6), mientras que en la iglesia en Pérgamo las obras de los nicolaítas progresaron hasta el punto de convertirse en enseñanzas. Primero, los nicolaítas practicaron la jerarquía en la iglesia inicial; luego la enseñaron en la iglesia degradada. Actualmente, tanto en el catolicismo como en el protestantismo, la jerarquía de los nicolaítas prevalece en la práctica y en la enseñanza.

15[2] Véase la nota 6[1].

16 Por tanto, [a]arrepiéntete; pues si no, [1b]vendré a ti pronto, y combatiré contra ellos con la [c]espada de Mi boca.
17 El que tiene [a]oído, oiga lo que el [b]Espíritu dice a las
iglesias. Al que [1c]venza, daré a comer del [2d]maná [e]escondido,
y le daré una [3f]piedrecita blanca, y en la piedrecita escrito
un [4g]nombre nuevo, el cual [h]ninguno conoce sino aquel que
lo recibe.

D. La iglesia en Tiatira: la iglesia en apostasía 2:18-29

18 Y escribe al mensajero de la iglesia en [1a]Tiatira: El

16[1] Esto debe de referirse, no al regreso del Señor, sino a Su venida para guerrear con los maestros nicolaítas de la iglesia degradada, cuando El, con Su palabra aniquiladora, juzgará a esa iglesia. Sin embargo, la iglesia mundana, representada por la iglesia en Pérgamo, culminó en la Iglesia Católica Romana, representada por la iglesia en Tiatira. La mundanalidad y la maldad que esa iglesia degradada produjo continuará en la Iglesia Católica Romana hasta que el Señor regrese para ejecutar Su pleno juicio.

17[1] Aquí vencer significa específicamente vencer la unión de la iglesia con el mundo, la enseñanza de idolatría y fornicación, y la enseñanza de la jerarquía.

17[2] El maná es tipo de Cristo como el alimento celestial que capacita al pueblo de Dios para seguir Su camino. Una porción de maná fue preservada en una urna de oro oculta en el Arca (Ex. 16:32-34; He. 9:4). El maná visible se daba para que el pueblo de Dios lo disfrutara públicamente; el maná escondido, el cual representa al Cristo escondido, es una porción especial reservada para quienes le buscan a El y vencen la degradación de la iglesia mundana. Mientras la iglesia sigue el camino del mundo, estos vencedores se acercan a la presencia de Dios en el Lugar Santísimo y permanecen allí, donde disfrutan al Cristo escondido, quien es una porción especial para su provisión diaria. Esta promesa se cumple hoy en la vida adecuada de iglesia y se cumplirá en plenitud en el reino venidero. Si buscamos al Señor, vencemos la degradación de la iglesia mundana, y disfrutamos una porción especial del Señor ahora, El como el maná escondido será una recompensa para nosotros en el reino venidero. Si no lo tenemos a El como nuestra porción especial hoy en la vida de la iglesia, indudablemente perderemos la oportunidad de disfrutarle a El como recompensa en el reino venidero.

17[3] En la Biblia una piedra simboliza el material que se usa en el edificio de Dios (Mt. 16:18; 1 P. 2:5; 1 Co. 3:12). En nuestro ser natural no somos piedras sino barro. Mediante la regeneración recibimos la vida divina con su naturaleza divina, y por eso podemos ser transformados en piedras, incluso en piedras preciosas, al disfrutar a Cristo como nuestro suministro de vida (2 Co. 3:18). Si disfrutamos al Señor en la vida apropiada de iglesia en vez de seguir a la iglesia mundana, seremos transformados en piedras para el edificio de Dios. El Señor justificará y aprobará estas piedras, como lo indica el color blanco, mientras que condenará y rechazará a la iglesia mundana. La obra de Dios de edificar a la iglesia depende de nuestra transformación, y ésta proviene del disfrute que tenemos de Cristo como nuestro suministro de vida.

17[4] Un nombre designa una persona; un nombre nuevo se refiere a una persona transformada. Cada creyente transformado, como una piedra blanca,

---

16[a] Ap. 2:5
16[b] Ap. 2:5
16[c] Ap. 2:12; 1:16
17[a] Ap. 2:7
17[b] Ap. 2:7
17[c] Ap. 2:7
17[d] Ex. 16:4-36; Nm. 11:5-9; Jn. 6:31-33, 35, 57
17[e] He. 9:4; Ex. 16:31-34
17[f] Mt. 16:18; 1 P. 2:5; 1 Co. 3:12; Ap. 21:18-20
17[g] Ap. 3:12; Is. 62:2; cfr. Ap. 14:1; 22:4
17[h] cfr. Ap. 19:12
18[a] Hch. 16:14

[2b]Hijo de Dios, el que tiene [3c]ojos como llama de fuego, y [d]pies
semejantes al bronce bruñido, dice esto:
19 Yo [a]conozco tus [1b]obras, y amor, y fe, y servicio, y tu
perseverancia, y que tus obras postreras son más que las
primeras.
20 Pero tengo [a]contra ti que toleras a esa [1]mujer [b]Jezabel,
que dice ser [2]profetisa, y [c]enseña y [3]seduce a Mis esclavos a
[4d]fornicar y a comer [4e]cosas sacrificadas a los ídolos.
21 Y le he dado tiempo para que se [a]arrepienta, pero [b]no
quiere arrepentirse de su fornicación.

18[b] Jn. 1:34; 5:25; He. 1:2
18[c] Ap. 1:14
18[d] Ap. 1:15
19[a] Ap. 2:2
19[b] Ap. 2:2
20[a] Ap. 2:4
20[b] 1 R. 16:31; 19:1-2; 21:23, 25-26; 2 R. 9:7
20[c] Ap. 2:14-15
20[d] Ap. 2:14; 14:8; 17:1-2, 4; 18:3, 9
20[e] Ap. 2:14; 1 R. 16:31-33; 18:19; 21:26
21[a] Ap. 2:5
21[b] Ap. 9:20-21; 16:9, 11

---

tiene "un nombre nuevo, el cual ninguno conoce sino aquel que lo recibe". El nombre nuevo es la interpretación de la experiencia de aquel que ha sido transformado. Por lo tanto, sólo él conoce el significado de ese nombre.

18[1] La palabra griega significa *sacrificio aromático,* o *sacrificio continuo.* Como señal, la iglesia en Tiatira prefigura a la Iglesia Católica Romana, la cual constituyó la iglesia apóstata cuando se estableció el sistema papal universal a finales del siglo sexto. Esta iglesia apóstata está llena de sacrificios, como lo demuestran sus misas continuas.

18[2] La apóstata Iglesia Católica Romana da mucho énfasis al hecho de que Cristo es hijo de María. Por tanto, aquí el Señor, en protesta contra la herejía apóstata, dice que El es el Hijo de Dios.

18[3] Lit., Sus ojos. Al dirigirse a la iglesia mundana, la iglesia en Pérgamo, el Señor se presenta como Aquel que tiene la espada aguda de dos filos. Al dirigirse a la iglesia apóstata, la iglesia en Tiatira, se presenta como Aquel que tiene ojos como llama de fuego y pies semejantes al bronce bruñido. La iglesia mundana necesita ser juzgada por Su palabra que hiere y mata, mientras que la iglesia apóstata necesita ser juzgada por Sus ojos que escudriñan y Sus pies que aplastan.

19[1] La apóstata Iglesia Católica tiene muchas obras y servicios sociales. Sus obras en los últimos días son más que las del pasado.

20[1] El Señor profetizó acerca de esta mujer en Mt. 13:33. Allí la mujer agregó levadura (que representa cosas malignas, heréticas y paganas) a la harina pura (que representa a Cristo como la ofrenda de harina para la satisfacción de Dios y del hombre). Esta mujer es la gran ramera de Ap. 17, la cual mezcla abominaciones con cosas divinas. Jezabel, la esposa pagana de Acab, tipifica a esta iglesia apóstata (véase la referencia 20[b]).

20[2] Un profeta es alguien que habla por Dios con la autoridad de Dios. Aquí el Señor puso a Jezabel como tipo, dando a entender que la apóstata Iglesia Católica Romana se autodenomina profetisa, alguien que pretende haber recibido de Dios la autoridad de hablar por El.

20[3] La iglesia en Pérgamo retenía la enseñanza de Balaam y la de los nicolaítas, las cuales persisten en la iglesia apóstata. Además, la Iglesia Católica enseña por sí misma, lo cual conduce a la gente a escucharla a ella en lugar de escuchar la santa Palabra de Dios. Sus partidarios están embotados con sus enseñanzas heréticas y religiosas, por lo cual no les interesa que Cristo sea su vida y suministro de vida, como lo indican el árbol de la vida y el maná escondido, prometidos por el Señor a las iglesias en Efeso y Pérgamo (vs. 7, 17).

20[4] La iglesia apóstata está llena de toda clase de fornicación e idolatría, tanto espiritual como física, y por eso es llamada "la gran ramera" en el cap. 17.

22 He aquí, Yo la arrojo en [1]cama, y en [2]gran tribulación
a los que con ella [a]adulteran, si no se arrepienten de las
obras de ella.
23 Y a los hijos de ella [1]heriré de muerte, y todas las
iglesias sabrán que Yo soy el que [a]escudriña las [2]entrañas y
los corazones; y os daré a cada uno según vuestras [b]obras.
24 Pero a vosotros, a los demás de Tiatira, a cuantos no
tenéis esa [a]enseñanza, y no habéis conocido lo que ellos
llaman las [1b]profundidades de [c]Satanás, Yo os digo: No os
impondré otra carga;
25 pero lo que tenéis, [a]retenedlo [1]hasta que Yo [b]venga.
26 Al que [1a]venza y guarde [2b]Mis obras [c]hasta el fin, Yo le
daré [3d]autoridad sobre las naciones,
27 y las [1]pastoreará con [a]vara de hierro, y serán quebradas como [b]vasijas de barro; como [2c]Yo también la he recibido
de Mi Padre;

22[1] Una cama normalmente se usa para dormir y descansar, pero también se usa en una situación anormal, como en el caso de enfermedad. Aquí el Señor indica que la iglesia apóstata padece una enfermedad incurable y que permanecerá así hasta el juicio final.

22[2] No se refiere a la tribulación que la iglesia ha sufrido a lo largo de siglos de persecución (7:14) ni a la gran tribulación en los últimos tres años y medio de esta era, la cual vendrá sobre todos los moradores de la tierra (Mt. 24:21), sino a la porción particular de aflicción a la cual el Señor someterá la apóstata Iglesia Católica Romana cuando la juzgue. Véase la nota 23[1].

23[1] Esto quizá se refiera a la destrucción que Dios trae sobre la Iglesia Católica Romana mediante el anticristo y sus seguidores (17:16-17).

23[2] Lit., riñones.

24[1] Esta misma palabra griega aparece en Ef. 3:18. Aquí se usa figurativamente denotando algo misterioso. La Iglesia Católica Romana tiene muchos misterios o doctrinas profundas. La sinagoga de Satanás (v. 9) estaba en contra de la iglesia sufriente; el trono de Satanás (v. 13) estaba en la iglesia mundana; y las profundidades de Satanás están dentro de la iglesia apóstata. La religión de la sinagoga, el mundo que yace bajo el trono de Satanás y la filosofía de los misterios satánicos son usados por Satanás para dañar y corromper a la iglesia.

25[1] Indica que la apóstata Iglesia Católica Romana todavía existirá cuando el Señor regrese.

26[1] Aquí vencer significa vencer el catolicismo romano.

26[2] *Mis obras* se refiere a las cosas que el Señor ha logrado y está haciendo. Estas obras están en contraste con las obras de la iglesia apóstata, las cuales son llevadas a cabo bajo la influencia de Satanás.

26[3] Reinar con Cristo sobre las naciones en el reino milenario es un premio para los vencedores (20:4, 6). Esta promesa del Señor implica claramente que los que no respondan a Su llamado para vencer al cristianismo degradado no participarán en el reinado del reino milenario.

27[1] En el reino milenario, el que reina es un pastor.

27[2] En Sal. 2:9 Dios le dio a Cristo autoridad para gobernar las naciones; aquí Cristo les da la misma autoridad a los vencedores.

22[a] Ap. 17:2; 18:3, 9
23[a] Sal. 7:9; 139:1-4; Jer. 17:10; Ro. 8:27
23[b] 1 P. 1:17
24[a] Ap. 2:20
24[b] cfr. 1 Co. 2:10
24[c] Ap. 2:9, 13; 3:9
25[a] Ap. 3:11
25[b] Ap. 3:3, 11; 16:15; 22:20
26[a] Ap. 2:7
26[b] Jn. 5:36; 9:4; 14:12
26[c] He. 3:6
26[d] Ap. 12:5; 20:4; 1 Co. 6:2
27[a] Ap. 12:5; 19:15; Sal. 2:9
27[b] Sal. 2:9; Is. 30:14; Jer. 19:11
27[c] Ap. 11:15; 12:10; Dn. 7:13-14; Lc. 22:29

28a Ap. 22:16; 2 P. 1:19; cfr. Nm. 24:17; Mt. 2:2, 9-10
29a Ap. 2:7
29b Ap. 2:7
1a Ap. 1:4
1b Ap. 1:16
1c Ap. 2:2
1d cfr. Jn. 14:19; 6:57; Gá. 2:20; Fil. 1:21
1e Ro. 8:6, 13

28 y le daré la [1a]estrella de la mañana.
29 El que tiene [1a]oído, oiga lo que el [b]Espíritu dice a las
iglesias.

CAPITULO 3

E. La iglesia en Sardis: la iglesia en proceso de ser reformada 3:1-6

1 Escribe al mensajero de la iglesia en [1]Sardis: El que
tiene los [2a]siete Espíritus de Dios, y las [2b]siete estrellas, dice
esto: Yo [c]conozco tus obras, que tienes [3]nombre de que [d]vives,
y estás [e]muerto.

28[1] En la primera manifestación de Cristo, Su estrella fue vista por los magos y no por los religiosos judíos (Mt. 2:2, 9-10). Cristo en Su segunda manifestación será la estrella de la mañana para los vencedores, quienes velan por Su venida. Para todos los demás El aparecerá sólo como el sol (Mal. 4:2).

29[1] En la Biblia el número siete se compone de seis más uno, por ejemplo, seis días más un día equivalen a una semana; o se compone de tres más cuatro, como en estos dos capítulos, en los cuales las siete iglesias están divididas en un grupo de tres y otro de cuatro. Al final de cada una de las primeras tres epístolas, el oído para escuchar se menciona primero y luego el llamado a vencer. Al final de cada una de las últimas cuatro epístolas, el orden está invertido. Esto prueba que las primeras tres epístolas forman un grupo, y que las últimas cuatro forman otro. Seis más uno se ve en la vieja creación, mientras que tres más cuatro se ve en la nueva creación, la iglesia. Puesto que todas las cosas fueron creadas en seis días, el número seis representa la creación, especialmente el hombre, quien fue creado en el sexto día; y puesto que Dios usó un solo día para descansar, el séptimo día, como conclusión de los seis días, el número uno representa al único Creador. Por consiguiente, seis más uno significa que todas las cosas fueron creadas para Dios, para el cumplimiento de Su propósito. El único Creador, Dios, es triuno, simbolizado por el número tres. Puesto que la creación es representada ante Dios por los cuatro seres vivientes (4:6-9), el número cuatro representa a los seres vivos, especialmente al hombre. Por lo tanto, tres más cuatro significa que Dios es añadido al hombre creado, y que así Su propósito se cumple. La iglesia no solamente es la criatura, sino también la criatura con el Creador como el Dios Triuno infundido en ella. La iglesia es el verdadero número siete: el verdadero tres, el Dios Triuno, añadido al verdadero cuatro, el hombre creado. Por tanto, el número siete denota completamiento en el mover de Dios, primero en la vieja creación y luego en la nueva creación, la iglesia.

1[1] La palabra griega significa *el remanente, lo restante,* o *la restauración.* Como señal, la iglesia en Sardis prefigura a la iglesia protestante, desde la Reforma hasta la segunda venida de Cristo. La Reforma fue la reacción de Dios a la apóstata Iglesia Católica Romana, la cual es tipificada por la degradada iglesia en Tiatira. La Reforma fue llevada a cabo por una minoría de creyentes, el remanente. Por consiguiente, fue una restauración efectuada por el remanente.

1[2] Los siete Espíritus de Dios hacen que la iglesia esté llena de vida, y las siete estrellas hacen que brille intensamente. Para la iglesia en Efeso,

2 Sé [a]vigilante, y afirma las [1]cosas que quedan, las que
están a punto de morir; porque no he hallado que tus obras
hayan sido [2b]acabadas delante de Mi Dios.
3 [a]Acuérdate, pues, de cómo las has recibido y oído; y
guárdalas, y [b]arrepiéntete. Pues si no velas, [c]vendré como
[1d]ladrón, y no sabrás a qué [e]hora vendré sobre ti.
4 Pero tienes [1]unas pocas personas en Sardis que no han
[2a]contaminado sus vestiduras; y andarán conmigo en *vesti-*
duras [3b]blancas, porque son dignas.
5 El que [1a]venza será [2]vestido de vestiduras [b]blancas; y

---

Cristo era Aquel que tenía las siete estrellas y andaba en medio de los siete candeleros. La iglesia primitiva necesitaba que Cristo la cuidara, y los líderes de la iglesia necesitaban que Su gracia los guardara. Para la iglesia en Esmirna, Cristo era el que estuvo muerto y vivió de nuevo. La iglesia sufriente necesitaba la vida de resurrección de Cristo. Para la iglesia en Pérgamo, Cristo era Aquel que tenía la espada aguda de dos filos. La iglesia degradada y mundana necesitaba la palabra de Cristo que juzga y mata. Para la iglesia en Tiatira, era Aquel que tenía ojos como llama de fuego y pies semejantes al bronce bruñido. La iglesia apóstata necesitaba que Cristo la escudriñase y juzgase. Aquí, para la iglesia en Sardis, era Aquel que tiene los siete Espíritus de Dios y las siete estrellas. La iglesia muerta y reformada necesitaba el Espíritu de Dios siete veces intensificado y los líderes resplandecientes. El Espíritu siete veces intensificado es viviente y no puede ser reemplazado por la letra muerta del conocimiento (2 Co. 3:6).

1[3] Muchos consideran que la iglesia protestante reformada es viviente, pero el Señor dice que está muerta. Por lo tanto, necesita los Espíritus vivientes y las estrellas brillantes.

2[1] Se refieren a las cosas que se habían perdido y fueron restauradas por la Reforma, como la justificación por fe, la exposición de la Biblia, etc. Aunque estas cosas habían sido restauradas, estaban a punto de morir. Por lo tanto, necesitaban ser revividas. Esta es la verdadera situación de las iglesias protestantes.

2[2] Nada de lo comenzado en la Reforma ha sido acabado jamás. Por eso, la iglesia en Filadelfia es necesaria para acabar la obra.

3[1] Un ladrón roba cosas valiosas a una hora que nadie sabe. Puesto que las iglesias protestantes reformadas están muertas, no se percatarán cuando el Señor venga como ladrón, cuando El se manifieste en secreto a los que le buscan. Por lo tanto, es necesario velar.

4[1] Lit., unos pocos nombres.

4[2] En la Biblia las vestiduras representan lo que somos en nuestro andar y vivir. Contaminar nuestras vestiduras se refiere particularmente a mancharlas con muerte. Ante Dios, la muerte es más contaminante que el pecado (Lv. 11:24-25; Nm. 6:6-7, 9).

4[3] El color blanco no sólo simboliza pureza sino también aprobación. Aquí las vestiduras blancas representan un modo de andar y vivir que no ha sido contaminado por la muerte y que será aprobado por el Señor. Es algo que lo hace a uno apto para andar con el Señor, especialmente en el reino venidero.

5[1] Aquí vencer se refiere a vencer la muerte que prevalece en las iglesias protestantes, es decir, vencer al protestantismo muerto.

5[2] Ser vestido de vestiduras blancas, como es prometido aquí, será un premio para los vencedores en el reino milenario. Aquello en lo que han andado en esta era será el premio que recibirán en la era venidera. Todo

2[a] Ap. 16:15; Mt. 24:42-43; Mr. 13:33-37; 1 P. 5:8
2[b] cfr. Jn. 17:4; 2 Ti. 4:7
3[a] Ap. 2:5
3[b] Ap. 2:5
3[c] Ap. 2:25
3[d] Ap. 16:15; Mt. 24:43; 1 Ts. 5:2; 2 P. 3:10
3[e] Mt. 24:36, 44, 50
4[a] Jud. 23; Zac. 3:3-5; cfr. Ap. 19:8
4[b] Ap. 3:5, 18; 6:11; 7:9, 13; 19:8, 14; Ec. 9:8; cfr. Ap. 4:4
5[a] Ap. 2:7
5[b] Ap. 3:4

5[c] cfr. Ex. 32:32
5[d] Ap. 13:8; 17:8; 20:12, 15; 21:27; Lc. 10:20
5[e] Mt. 10:32; Lc. 12:8

nunca [3c]borraré su nombre del [d]libro de la vida, y [4e]confesaré su nombre delante de Mi Padre, y delante de Sus ángeles.

---

cristiano necesita dos vestiduras. La primera es la vestidura por la cual somos justificados y salvos, que representa al Cristo que recibimos, quien es nuestra justicia objetiva (Lc. 15:22; 1 Co. 1:30). La segunda es la vestidura de aprobación por la cual somos aceptos, que representa al Cristo que vivimos, quien es nuestra justicia subjetiva (Fil. 1:21; 3:9). Las vestiduras blancas aquí mencionadas se refieren a la segunda vestidura, requerida para que recibamos el premio y entremos en el reino a fin de andar con el Señor, esto es, de reinar con El (2 Ti. 2:11-12). Véase la nota 8[2] del cap. 19.

5[3] El versículo completo constituye la promesa que el Señor hace a los vencedores, la cual será cumplida en el reino milenario después de que el Señor regrese. Si un nombre es borrado del libro de la vida, se entiende que ese nombre ya había sido inscrito allí. El libro de la vida es un registro divino de los nombres de aquellos que participan de las bendiciones que Dios ha preparado para ellos. Los nombres de todos los santos escogidos por Dios y predestinados para participar de estas bendiciones están inscritos en este libro (Lc. 10:20). Estas bendiciones son dadas en tres etapas: (1) en la iglesia, (2) en el reino milenario y (3) en la eternidad. Las bendiciones en la etapa de la iglesia, tales como el perdón de los pecados, la redención, la regeneración, la vida eterna, la naturaleza divina, etc., son las primeras porciones. Todos los escogidos de Dios cuyos nombres están inscritos en el libro de la vida participan de estas primeras porciones al comenzar su vida espiritual. Si ellos cooperan con el suministro de gracia divina, madurarán en vida en la etapa de la iglesia, y esta temprana madurez en vida constituirá un premio con el cual el Señor los recompensará cuando regrese. Ese premio será la entrada en el reino milenario y la participación de las bendiciones divinas en esa etapa, tales como el gozo y el reposo del Señor (Mt. 25:21, 23; He. 4:9-11), reinar sobre las naciones (2:26-27; 20:4, 6), etc., lo cual Dios ha preparado como incentivo para que Sus escogidos avancen con El en la era de la iglesia. Sin embargo, muchos de Sus escogidos, después de recibir el perdón, la redención, la vida eterna, la naturaleza divina, etc., no estarán dispuestos a cooperar con la gracia de Dios y no avanzarán con El. Por lo tanto, no podrán madurar en vida en la etapa de la iglesia y por ende, cuando el Señor regrese no estarán listos para entrar en el reino milenario ni para participar del premio de las bendiciones divinas de esa era. Por consiguiente, durante el reino milenario sus nombres serán borrados del libro de la vida. Después de ser disciplinados por el Señor y crecer en vida hasta llegar a la madurez durante el reino milenario, participarán de las bendiciones divinas en la eternidad, tales como el sacerdocio eterno con la presencia eterna de Dios, el reinado eterno (22:3-5), la Nueva Jerusalén, el árbol de vida (22:14), el agua de vida (22:17), etc. En ese tiempo sus nombres serán inscritos de nuevo en el libro de la vida. Esto significa que todos los escogidos de Dios, cuyos nombres están inscritos en el libro de la vida y quienes participaron de las bendiciones divinas en la etapa de la iglesia, "no perecerán jamás" (Jn. 10:28); es decir, de ningún modo perderán las bendiciones divinas de la eternidad. Sin embargo, los que no cooperen con el Señor en la era de la iglesia, serán disciplinados dispensacionalmente por el Señor durante el reino milenario y perderán las bendiciones divinas de esa etapa.

5[4] En la era del reino, el Señor confesará el nombre del que venza porque el nombre de éste no será borrado del libro de la vida, sino que seguirá inscrito en él. Esto implica que si los creyentes no son vencedores, en la era del reino sus nombres serán borrados del libro de la vida (véase la

6 El que tiene [a]oído, oiga lo que el [b]Espíritu dice a las
iglesias.

F. La iglesia en Filadelfia: la iglesia en proceso de ser recobrada 3:7-13

7 Escribe al mensajero de la iglesia en [1]Filadelfia: Esto
dice el [2a]Santo, el [b]Verdadero, el que tiene la [3c]llave de David,
el que abre y ninguno cierra, y cierra y ninguno abre:
8 Yo [a]conozco tus obras; he aquí, he puesto delante de ti
una [1b]puerta abierta, la cual [c]nadie puede cerrar; porque
tienes [2]poco poder y has [d]guardado Mi [3]palabra, y no has
[e]negado Mi [3]nombre.

6[a] Ap. 2:7
6[b] Ap. 2:7
7[a] Ap. 6:10; 16:5; 4:8; Is. 6:3
7[b] Ap. 3:14; 6:10; 19:11; 1 Jn. 5:20; Jn. 14:6
7[c] Is. 22:22; cfr. Mt. 16:19; Ap. 1:18
8[a] Ap. 2:2
8[b] Hch. 14:27; 2 Co. 2:12; 1 Co. 16:9; Col. 4:3
8[c] Ap. 3:7
8[d] Ap. 3:10; 1:3
8[e] Mt. 10:33; Ap. 2:13; Lc. 12:9; 2 Ti. 2:12

---

nota 5[3]) y por lo tanto no serán confesados por el Señor.

7[1] La palabra griega significa *amor fraternal.* Como señal, la iglesia en Filadelfia prefigura la vida adecuada de iglesia recobrada por los hermanos que el Señor levantó en Inglaterra a principios del siglo diecinueve. Tal como la iglesia reformada, representada por la iglesia en Sardis, fue una reacción a la Iglesia Católica apóstata, representada por la iglesia en Tiatira, así también la iglesia de amor fraternal fue una reacción a la iglesia reformada muerta. Esta reacción continuará como testimonio contra el catolicismo apóstata y el protestantismo degradado hasta que el Señor regrese.

7[2] Para la iglesia de amor fraternal, el Señor es el Santo, el Verdadero, por quien y con quien la iglesia recobrada puede ser santa, separada del mundo, y verdadera, fiel a Dios.

7[3] Para la iglesia recobrada, el Señor es también Aquel que tiene la llave de David, la llave del reino, con autoridad para abrir y cerrar. El Señor usa esta llave para cuidar a la iglesia recobrada.

8[1] Puesto que el Señor tiene la llave de David y puesto que El abre y nadie puede cerrar, El le ha abierto una puerta a la iglesia recobrada, la cual nadie puede cerrar. Desde que comenzó el recobro de la adecuada vida de iglesia, a principios del siglo diecinueve, hasta ahora, siempre ha habido una puerta totalmente abierta para el recobro del Señor. Cuanto más trata de cerrar la puerta el cristianismo organizado, más se abre ésta. A pesar de tanta oposición, hoy la puerta está abierta en todo el mundo. Aquel que es Cabeza de la iglesia tiene la llave; no la tienen los opositores.

8[2] Esto indica que al Señor no le complace que hagamos mucho por El, sino que hagamos por El cuanto podamos con lo que tenemos.

8[3] La palabra del Señor es Su expresión, y Su nombre es El mismo. La iglesia apóstata se desvió de la palabra del Señor y vino a ser hereje. Aunque la iglesia reformada recobró la palabra del Señor hasta cierto punto, ha negado el nombre del Señor al ponerse otros nombres, tales como luteranos, wesleyanos, anglicanos, presbiterianos, bautistas, etc. La iglesia recobrada no sólo ha regresado por completo a la palabra del Señor, sino que también ha abandonado todos los demás nombres que no sean el nombre del Señor Jesucristo. La iglesia recobrada le pertenece exclusivamente al Señor, y no tiene nada que ver con ninguna denominación (ningún nombre). Desviarse de la palabra del Señor es apostasía, y denominar a la iglesia tomando cualquier otro nombre que no sea el del Señor es fornicación espiritual. La iglesia, como virgen pura desposada con Cristo (2 Co. 11:2), no debe tener otro nombre que no sea el de su Marido. Todos los otros nombres son una abominación a los ojos de Dios. En la vida

9[a] Ap. 2:9
9[b] Ap. 2:9
9[c] Ap. 2:9
9[d] Is. 60:14
9[e] Jn. 15:9
10[a] Ap. 3:8; 1:3
10[b] Ap. 1:9
10[c] Lc. 21:36; cfr. 2 P. 2:9
10[d] Mt. 24:21; cfr. Dn. 12:1
10[e] Ap. 6:10; 8:13; 11:10; 13:8, 14; 17:8
11[a] Ap. 22:7, 12, 20; 2:25
11[b] Ap. 2:25
11[c] Ap. 2:10

9 He aquí, voy a hacer que los de la [1a]sinagoga de [b]Sata-
nás, los que se dicen ser [c]judíos y [2]no lo son, sino que
mienten... he aquí, voy a hacer que vengan y se [3d]postren a
tus pies, y reconozcan que Yo te he [e]amado.
10 Por cuanto has [a]guardado la [1]palabra de Mi [b]perseve-
rancia, Yo también te [2c]guardaré de la hora de la [d]prueba que
ha de venir sobre toda la tierra habitada, para probar a los
que [e]moran sobre la tierra.
11 Yo [1a]vengo pronto; [b]retén lo que tienes, para que ninguno tome tu [2c]corona.

---

de iglesia recobrada no hay lugar para la enseñanza de Balaam (2:14), ni la de nicolaítas (2:15), ni la de Jezabel (2:20), ni las doctrinas misteriosas de Satanás (2:24); sólo existe la palabra pura del Señor. La iglesia recobrada no tiene denominaciones (nombres); sólo tiene el nombre del Señor Jesucristo. Desviarse de la palabra y adherirse a las herejías y exaltar muchos otros nombres que no sean el de Cristo son las señales más notorias del cristianismo degradado. Regresar a la palabra pura apartándose de todas las herejías y tradiciones, y exaltar el nombre del Señor abandonando cualquier otro nombre constituye el testimonio más animante en la iglesia recobrada. Por esta razón la iglesia en el recobro del Señor tiene la revelación y la presencia del Señor y lo expresa de una manera viva, llena de luz y con las riquezas de vida.

9[1] Véase la nota 9[5] del cap. 2.

9[2] Véase la nota 9[4] del cap. 2.

9[3] La sinagoga judía se aferra al judaísmo, el cual comprende los sacerdotes mediadores, las ordenanzas de la letra, el templo material y las promesas terrenales. La iglesia recobrada ha derrotado al judaísmo exponiendo el error de los judíos de aferrarse a las cuatro cosas previamente mencionadas y ha hecho que ellos sepan que el Señor la ama.

10[1] La palabra de la perseverancia del Señor es la palabra de Su sufrimiento. Hoy el Señor sigue soportando el rechazo y la persecución con Su perseverancia. Nosotros somos copartícipes no sólo de Su reino sino también de Su perseverancia (1:9). Por lo tanto, Su palabra para nosotros hoy es la palabra de perseverancia. Para guardar la palabra de Su perseverancia, debemos soportar el rechazo y la persecución que El soportó.

10[2] Aquí *la prueba* se refiere indudablemente a la gran tribulación (Mt. 24:21), la cual está por venir sobre toda la tierra habitada, como lo indican la quinta trompeta, la sexta trompeta, y las siete copas de la séptima trompeta (8:13—9:21; 11:14-15; 15:1; 16:1-21). La prueba también incluye las calamidades sobrenaturales del sexto sello y de las primeras cuatro trompetas al comienzo de la gran tribulación. El Señor le promete a la iglesia recobrada que la guardará de la hora de la prueba (no sólo de la prueba, sino también de la *hora* de la prueba) porque ella ha guardado la palabra de la perseverancia del Señor. Esta promesa del Señor, tal como Su promesa en Lc. 21:36, indica que los santos que guarden la palabra de la perseverancia del Señor serán arrebatados antes de la gran prueba, lo cual implica que los que no guarden la palabra de la perseverancia del Señor serán dejados en la prueba.

11[1] En esta epístola el Señor le imparte a la iglesia en Su recobro la expectativa de Su venida, porque ella lo ama.

11[2] La iglesia recobrada ya ha ganado su corona. Sin embargo, si no retiene lo que posee en el recobro del Señor hasta que el Señor regrese, alguien podría quitarle su corona.

12 Al que [1a]venza, Yo lo haré [2b]columna en el [c]templo de
Mi Dios, y nunca más saldrá de allí; y escribiré sobre él el
[3d]nombre de Mi Dios, y el nombre de la ciudad de Mi Dios, la
[e]Nueva Jerusalén, la cual desciende del cielo, de Mi Dios, y
Mi [f]nombre nuevo.
13 El que tiene [a]oído, oiga lo que el [b]Espíritu dice a las
iglesias.

G. La iglesia en Laodicea:
la iglesia en decadencia
3:14-22

14 Y escribe al mensajero de la iglesia en [1a]Laodicea: El
[2b]Amén, el [c]Testigo fiel y verdadero, el [3d]principio de la
creación de Dios, dice esto:

12[1] Aquí vencer significa retener lo que tenemos en la iglesia recobrada.

12[2] En 2:17 el que venza será una piedra transformada para el edificio de Dios. Aquí será hecho una columna edificada en el templo de Dios. Por ser parte del edificio de Dios, el que haya vencido nunca más saldrá de ahí. Esta promesa, como premio para el vencedor, se cumplirá en el reino milenario.

12[3] El nombre de Dios, el nombre de la Nueva Jerusalén, y el nuevo nombre del Señor están escritos sobre el vencedor, lo cual indica que éste es posesión de Dios, de la Nueva Jerusalén y del Señor; también indica que Dios mismo, Su ciudad (la Nueva Jerusalén), y el Señor mismo le pertenecen a él; y que él es uno con Dios, con la Nueva Jerusalén y con el Señor. El nombre de Dios designa a Dios mismo; el nombre de la Nueva Jerusalén denota la ciudad misma, y el nombre del Señor designa al Señor mismo. El nombre de Dios, el nombre de la Nueva Jerusalén y el nombre del Señor están escritos sobre el vencedor, lo cual indica que lo que Dios es, la naturaleza de la Nueva Jerusalén, y la persona del Señor han sido forjados en él. La mención de la Nueva Jerusalén como premio para el vencedor indica que esta promesa se cumplirá en el reino milenario. La Nueva Jerusalén en el reino milenario será un premio sólo para los santos vencedores, mientras que la Nueva Jerusalén en los cielos nuevos y la tierra nueva será la porción común de todos los redimidos por la eternidad.

14[1] La palabra griega significa *opinión* o *juicio, del pueblo* o *del laicado.* Como señal, la iglesia en Laodicea prefigura a la iglesia recobrada que se degradó después. Menos de un siglo después de que el Señor recobrara la iglesia apropiada a principios del siglo diecinueve, algunas de las "asambleas" (como los Hermanos las llamaban) recobradas se degradaron. La iglesia recobrada que después se degradó difiere de la iglesia reformada, representada por la iglesia en Sardis, y de la iglesia recobrada apropiada, representada por la iglesia en Filadelfia. La iglesia degradada existirá hasta que el Señor regrese.

14[2] Al dirigirse a cada una de las siete iglesias, el Señor hace referencia a lo que El es y a lo que El hace, respectivamente, según la situación y condición de cada una de ellas. Aquí, al dirigirse a la iglesia en Laodicea, El se presenta como "el Amén, el Testigo fiel y verdadero, el principio de la creación de Dios". *Amén,* un vocablo hebreo, significa *firme, estable,* o *confiable.* El Señor es firme, estable y confiable. Por consiguiente, El es el Testigo fiel y verdadero. Esto indica que la degradada iglesia en Laodicea no es firme, estable, confiable, ni es fiel y verdadera como testigo del Señor.

12[a] Ap. 2:7
12[b] 1 R. 7:21; Gá. 2:9
12[c] Ap. 7:15; 11:1-2, 19; 14:15, 17; 15:5, 6, 8; 16:1, 17; 21:22
12[d] Ap. 14:1; 22:4
12[e] Ap. 21:2, 10; Gá. 4:26; He. 11:10; 12:22
12[f] cfr. Ap. 2:17
13[a] Ap. 2:7
13[b] Ap. 2:7
14[a] Col. 2:1; 4:16
14[b] Is. 65:16 (Dios verdadero, Lit., el Dios de Amén); 2 Co. 1:20
14[c] Ap. 1:5
14[d] cfr. Col. 1:15

15[a] Ap. 2:2
15[b] Ro. 12:11
17[a] 1 Co. 4:8; cfr. Mt. 5:3; Ap. 2:9
17[b] cfr. Ro. 7:24
17[c] 2 P. 1:9; Mt. 15:14; 23:16, 17, 19, 24, 26
17[d] Ap. 16:15
18[a] Is. 55:1; Mt. 25:9
18[b] 1 P. 1:7; 1 Co. 3:12-13
18[c] Mal. 3:3
18[d] Ap. 1:14; He. 12:29
18[e] Ap. 2:9
18[f] Ap. 3:5
18[g] Ap. 16:15
18[h] Jn. 9:6-11; 1 Jn. 2:20, 27

15 Yo [a]conozco tus obras, que ni eres frío ni [1]caliente.
¡Ojalá fueses frío o [1b]caliente!
16 Así que, por cuanto eres tibio, y no caliente ni frío,
estoy por [1]vomitarte de Mi boca.
17 Porque tú [1]dices: Yo soy [a]rico, y me he enriquecido, y
de ninguna cosa tengo necesidad; y no sabes que tú eres un
[2b]desventurado, miserable, pobre, [c]ciego y [d]desnudo.
18 Yo te aconsejo que de Mí [1a]compres [2b]oro [c]refinado en
[d]fuego, para que seas [e]rico, y [3f]vestiduras blancas para
vestirte, y que no se manifieste la vergüenza de tu [g]desnudez; y [4]colirio con que [h]ungir tus ojos, para que veas.

El principio de la creación de Dios se refiere al Señor como origen o fuente de la creación de Dios, lo cual implica que el Señor es la fuente inmutable y eterna de la obra de Dios. Esto indica que la iglesia degradada ha cambiado por dejar al Señor, quien es la fuente.

14[3] U, origen, fuente; es decir, la fuente donde todo se originó.

15[1] Lit., hirviente. Así también en el versículo siguiente.

16[1] Ser vomitado de la boca del Señor significa ser rechazado por El y perder el gozo de todo lo que el Señor es para Su iglesia.

17[1] La iglesia degradada se jacta de sus riquezas (principalmente en forma de conocimiento doctrinal). No se da cuenta de que es pobre en cuanto a la vida, ciega en cuanto a la visión y desnuda en cuanto a la conducta. Por lo tanto, necesita comprar oro para enriquecerse, vestiduras blancas para cubrir su desnudez, y colirio para sanar su ceguera, como lo menciona el versículo siguiente.

17[2] A los ojos del Señor la iglesia degradada es (1) desventurada, porque se enorgullece de ser rica en el vano conocimiento de la doctrina, pero de hecho es lamentablemente pobre en la experiencia de las riquezas de Cristo; (2) miserable, porque está desnuda, ciega y llena de vergüenza y oscuridad; (3) pobre, porque carece de la experiencia de Cristo y de la realidad espiritual de la economía de Dios; (4) ciega, porque carece de verdadera percepción espiritual en los asuntos espirituales genuinos; y (5) desnuda, porque no vive por Cristo ni vive a Cristo como su justicia subjetiva, que es la segunda vestidura en su andar diario.

18[1] Al comprar se requiere pagar un precio. La iglesia recobrada y luego degradada debe pagar un precio por el oro, las vestiduras blancas y el colirio, los cuales necesita desesperadamente.

18[2] En la Biblia nuestra fe activa y operante (Gá. 5:6) es comparada con el oro (1 P. 1:7), y la naturaleza divina de Dios, la cual es la divinidad de Cristo, es tipificada por el oro (Ex. 25:11). Por la fe participamos de la naturaleza de Dios (2 P. 1:1, 4-5). La iglesia recobrada y luego degradada tiene el conocimiento de las doctrinas referentes a Cristo, pero no tiene suficiente fe viviente como para participar del elemento divino de Cristo. Ella tiene que pagar el precio necesario para obtener la fe de oro a través de pruebas de fuego a fin de participar del oro verdadero, el cual es Cristo mismo como el elemento de vida para Su Cuerpo. Así ella puede llegar a ser un candelero de oro puro (1:20) para la edificación de la Nueva Jerusalén, la ciudad de oro (21:18).

18[3] Las vestiduras representan la conducta. Aquí las vestiduras blancas representan una conducta que puede ser aprobada por el Señor. Tal conducta es el Señor mismo vivido por la iglesia, y es lo que necesita la iglesia recobrada y luego degradada para cubrir su desnudez.

18[4] El colirio requerido para ungir

19 Yo reprendo y [a]disciplino a todos los que [b]amo; sé, pues,
[1]celoso, y [c]arrepiéntete.
20 He aquí, Yo estoy a la [1a]puerta y [b]llamo; si alguno [c]oye
Mi [d]voz y [2]abre la puerta, [e]entraré a él, y [3]cenaré con él, y él
conmigo.
21 Al que [1a]venza, le daré que se [2]siente conmigo en Mi
[b]trono, como Yo también he [c]vencido, y me he [d]sentado [e]con
Mi Padre en Su trono.
22 El que tiene [a]oído, oiga lo que el [b]Espíritu dice a las
[1]iglesias.

19[a] He. 12:5-11
19[b] Ap. 1:5; He. 12:6
19[c] Ap. 2:5
20[a] Jac. 5:9
20[b] Lc. 12:36
20[c] Ap. 2:7; Jn. 10:27
20[d] Ap. 1:15
20[e] Jn. 14:23
21[a] Ap. 2:7
21[b] cfr. Ap. 20:4; Mt. 19:28
21[c] Ap. 5:5; 17:14; Jn. 16:33
21[d] Ef. 1:20; He. 1:3, 13; 8:1; 10:12; 12:2
21[e] Ap. 22:1, 3
22[a] Ap. 2:7
22[b] Ap. 2:7

---

los ojos debe de ser el Espíritu que unge (1 Jn. 2:27), quien es el Señor mismo como el Espíritu vivificante (1 Co. 15:45). La iglesia recobrada que luego se degradó también necesita esta clase de colirio para que su ceguera sea sanada. Ella debe pagar el precio para poder comprar los tres artículos mencionados en este versículo.

19[1] Lit., hirviente. El conocimiento muerto y vano y las formas doctrinales han hecho que sea tibia la iglesia recobrada que se había degradado. Ella necesita arrepentirse de su tibieza y ser celosa, ferviente, para que así vuelva a disfrutar la realidad de Cristo.

20[1] No es la puerta de los corazones de individuos sino la puerta de la iglesia. El Señor como Cabeza de la iglesia está fuera de la iglesia degradada, llamando a la puerta. ¡Esta iglesia debe comprender esto!

20[2] Aunque esta puerta es la puerta de la iglesia, es abierta por los creyentes individualmente. La iglesia en Laodicea tiene conocimiento pero no tiene la presencia del Señor. El Señor está llamando a toda la iglesia, pero la aceptación del llamamiento del Señor debe ser un asunto personal. El llamamiento del Señor es objetivo, pero la aceptación de los creyentes debe ser subjetiva.

20[3] La palabra griega se refiere a la comida principal del día, tomada por la tarde. Véase la nota 7[5] del cap. 2.

21[1] Aquí vencer significa vencer la tibieza y el orgullo de la iglesia recobrada que cayó en degradación, pagar el precio para comprar lo necesario, y abrir la puerta para que el Señor pueda entrar.

21[2] Sentarse con el Señor en Su trono será un premio dado a los vencedores, a fin de que participen de la autoridad del Señor y sean reyes junto con El al gobernar sobre toda la tierra en el reino milenario venidero.

22[1] Las siete iglesias no sólo representan proféticamente el progreso de la iglesia en siete eras, como hemos visto, sino que también simbolizan las siete clases de iglesias en la historia de la iglesia: la iglesia primitiva, la iglesia sufriente, la iglesia mundana, la iglesia apóstata, la iglesia reformada, la iglesia recobrada, y la iglesia recobrada que se degradó. La iglesia primitiva continuó en la iglesia sufriente; la iglesia sufriente se convirtió en la iglesia mundana; y la iglesia mundana vino a ser la iglesia apóstata. Por tanto, las primeras cuatro iglesias finalmente vinieron a ser una sola iglesia, que fue la iglesia apóstata, la Iglesia Católica Romana. Luego, la iglesia reformada, otra clase de iglesia, una iglesia no totalmente recobrada, comenzó a existir como reacción a la iglesia apóstata. Por consiguiente, después de esto, la iglesia recobrada surgió como el recobro completo de la vida apropiada de iglesia. Esta puede considerarse la tercera clase de iglesia. Al caer en degradación esta iglesia, se convirtió en la iglesia degradada. Esta puede considerarse la cuarta clase de iglesia. Estas cuatro clases de iglesias permanecerán hasta la venida del Señor. Sin duda, sólo la iglesia recobrada puede cumplir el propósito eterno de Dios, y

CAPITULO 4

IV. "Las cosas que han de suceder"
4:1—22:5

A. La primera sección presenta un panorama general de las cosas venideras, desde la ascensión de Cristo hasta la eternidad futura
4:1—11:19

1. La escena alrededor del trono en los cielos: sólo el León-Cordero (el Cristo victorioso y redentor) es digno de abrir el misterio de la economía de Dios
4:1—5:14

1 Después de esto miré, y he aquí una [a]puerta [1b]abierta
en el cielo; y la primera [2c]voz que oí, como de trompeta,
hablando conmigo, dijo: [d]Sube acá, y Yo te mostraré las cosas
que han de suceder después de [e]éstas.

2 Y al instante yo estaba en el [1a]espíritu; y he aquí, un
[2b]trono establecido en el cielo, y en el trono, [c]uno sentado.

3 Y el aspecto del que estaba sentado era semejante a
[1a]piedra de jaspe y de [2b]cornalina; y *había* alrededor del
trono un [3c]arco iris, semejante en aspecto a la [4d]esmeralda.

1[a] Gn. 28:17
1[b] Ap. 19:11; Ez. 1:1; Mt. 3:16; Hch. 7:56; 10:11; Jn. 1:51; cfr. Ap. 11:19
1[c] Ap. 1:10
1[d] Ap. 17:1; 21:9
1[e] Ap. 1:19
2[a] Ap. 1:10; 17:3; 21:10
2[b] Ap. 5:1; 6:16; 7:9; 8:3; 12:5; 16:17; 19:5; 20:11; 21:5; 22:1; 1 R. 22:19; Is. 6:1; Ez. 1:26; Dn. 7:9
2[c] Sal. 47:8; Is. 6:1
3[a] Ap. 21:11, 19
3[b] Ap. 21:20
3[c] Ap. 10:1; Ez. 1:28; Gn. 9:12-17
3[d] Ap. 21:19; Ex. 28:18

sólo ella satisface el deseo del Señor. Debemos aceptar lo que el Señor escoge.

1[1] El plan de Dios está oculto en los cielos. Cuando Dios encuentra en la tierra a un hombre según Su corazón, el cielo se abre a él. Así les fue abierto a Jacob (Gn. 28:12-17), a Ezequiel (Ez. 1:1), a Jesús (Mt. 3:16), a Esteban (Hch. 7:56) y a Pedro (Hch. 10:11). Aquí y en 19:11 le fue abierto a Juan, el escritor de este libro, y les será abierto a todos los creyentes del Señor en la eternidad (Jn. 1:51).

1[2] La voz oída en 1:10.

2[1] Véase la nota 10[1] del cap. 1.

2[2] En este libro el trono de Dios es el centro de Su administración. En las epístolas, vemos el trono de la gracia, del cual recibimos misericordia y hallamos gracia (He. 4:16). En este libro vemos el trono del juicio, en el cual el mundo es juzgado. Finalmente, después de que todos los juicios de Dios hayan sido ejecutados, el trono de Dios será el trono del suministro de la vida eterna, del cual brotará el agua viva, en la cual crece el árbol de la vida, el suministro para los redimidos de Dios en la eternidad.

3[1] Según 21:11, el jaspe es "una piedra preciosísima … diáfana como el cristal". Su color debe de ser un verde oscuro, el cual simboliza la vida en sus riquezas. El jaspe aquí, según lo indica 21:11, representa la gloria que Dios trasmite en Su vida rica (Jn. 17:22, 2). La apariencia de Dios es como jaspe, como también lo será la apariencia de la santa ciudad, la Nueva Jerusalén (21:11). El muro de la ciudad y su primer cimiento están edificados con jaspe (21:18-19).

3[2] La cornalina también es una piedra preciosísima, y su color rojo simboliza la redención. El jaspe representa a Dios como el Dios de gloria en Su vida rica, y la cornalina representa a Dios como el Dios de la redención. En el pectoral del sumo sacerdote en el Antiguo Testamento, la primera piedra era una cornalina y

4 Y [a]alrededor del trono *había* [1b]veinticuatro tronos; y sentados en los tronos, [1c]veinticuatro [2]ancianos, vestidos de [3d]ropas blancas, con [e]coronas de oro en sus cabezas.

5 Y del trono salían [a]relámpagos y voces y truenos; y delante del trono ardían [1b]siete lámparas de fuego, las cuales son los [2c]siete Espíritus de Dios.

4[a] Ap. 4:6; 5:11; 7:11
4[b] Ap. 11:16
4[c] Ap. 4:10; 5:6, 8, 14; 19:4
4[d] Ap. 3:4
4[e] Ap. 4:10
5[a] Ap. 8:5; 11:19; 16:18; Ex. 19:16
5[b] Ex. 25:37; Zac. 4:2
5[c] Ap. 1:4; 3:1; 5:6

---

la última era un jaspe (Ex. 28:17, 20). Esto significa que el pueblo redimido de Dios tiene su comienzo en la redención y su consumación en la gloria de vida de Dios.

3[3] El arco iris es una señal del pacto que Dios hizo con el hombre y con todos los seres vivos, de que El no los destruiría de nuevo con un diluvio (Gn. 9:8-17). Este libro muestra que Dios juzgará a la tierra y a todos sus habitantes. El arco iris alrededor de Su trono significa que Dios es el Dios del pacto, el Dios fiel, quien guardará Su pacto mientras ejecuta Su juicio sobre la tierra. El no juzgará al hombre nuevamente con un diluvio ni destruirá a toda la humanidad, sino que preservará parte de la humanidad para que sean las naciones en la nueva tierra para Su gloria (21:24, 26).

3[4] El arco iris alrededor del trono de Dios es semejante en aspecto a la esmeralda. La esmeralda es una piedra preciosa cuyo color verde representa los seres vivos de la tierra. Esto indica que cuando Dios ejecute Su juicio sobre la tierra, recordará Su pacto y preservará a algunos de los seres vivos de la tierra, como lo indica Gn. 9:11.

4[1] El número veinticuatro se forma al multiplicar doce por dos. Doce representa el completamiento de la administración de Dios (Mt. 19:28). David dividió a los sacerdotes y a los levitas en veinticuatro grupos para llevar a cabo el servicio de la administración de Dios. Por lo tanto, antes de que los veinticuatro ancianos angélicos sean reemplazados por la iglesia, son ellos los que llevan a cabo la administración de Dios. Doce multiplicado por dos significa un fortalecimiento doble, lo cual indica que la administración divina llevada a cabo por los veinticuatro ancianos angélicos es fuerte.

4[2] Estos ancianos no son los ancianos de la iglesia, sino los ancianos entre los ángeles, porque aquí, antes de la segunda venida del Señor, ellos ya se encuentran sentados en tronos (cfr. Mt. 19:28; Ap. 20:4). En la creación, los ángeles son los más antiguos. Sus ancianos son los ancianos de toda la creación. El hecho de que estén sentados en tronos y lleven coronas de oro sobre sus cabezas, indica que deben de ser los que gobiernan el universo hasta el reino milenario, cuando la autoridad para gobernar la tierra será dada a los santos vencedores (He. 2:5-9; Ap. 2:26-27; 20:4). El hecho de que estén vestidos con vestiduras blancas y tengan arpas y copas de oro llenas de incienso (5:8) indica que ahora ellos también son sacerdotes ante Dios; sin embargo, en el reino milenario los vencedores gobernantes serán los sacerdotes de Dios y de Cristo (20:6). Las coronas de oro que llevan puestas los ancianos denotan su reinado. Por consiguiente, ellos son sacerdotes que sirven a Dios y reyes que reinan sobre la creación.

4[3] Aquí las vestiduras blancas indican que estos ancianos angélicos no tienen pecado y que, a diferencia de los santos redimidos, no tienen necesidad de ser lavados por la sangre del Cordero (7:14).

5[1] Estas siete lámparas están relacionadas con las siete lámparas del candelero en Ex. 25:37 y Zac. 4:2. Las siete lámparas de fuego, las cuales son los siete Espíritus de Dios, representan la iluminación y el escrutinio que efectúa el Espíritu de Dios siete veces intensificado. En Ex. 25 y Zac. 4 las siete lámparas, que simbolizan la iluminación que el Espíritu de Dios

6[a] Ap. 15:2
6[b] Ez. 1:22; Ap. 21:11; 22:1
6[c] Ap. 4:7-11; 5:6; 6:1, 6; 7:11; 14:3; 15:7; 19:4; Ez. 1:5-25
6[d] Ez. 1:18; 10:12
7[a] Ez. 1:10; 10:14

6 Y delante del trono *había* como un [1a]mar de vidrio
semejante al [b]cristal; y en medio del trono, y alrededor del
trono, [2c]cuatro seres vivientes [3d]llenos de ojos delante y
detrás.
7 El primer ser viviente era [1]semejante a un [a]león; el
segundo era semejante a un [a]becerro; el tercero tenía rostro
como de [a]hombre; y el cuarto era semejante a un [a]águila
volando.

---

efectúa en el mover de Dios, sirven para el edificio de Dios, ya sea para la edificación del tabernáculo o para la reedificación del templo. Aquí las siete lámparas son usadas para el juicio de Dios, que también dará por resultado el edificio de Dios: la Nueva Jerusalén.

5[2] Véase la nota 4[5] del cap. 1.

6[1] Este mar de vidrio no es de agua sino de fuego (15:2). Desde el diluvio, Dios, conforme a Su promesa de no juzgar nuevamente con agua a la tierra y a todos los seres vivos (Gn. 9:15), siempre ejerce Su juicio sobre el hombre con fuego (Gn. 19:24; Lv. 10:2; Nm. 11:1; 16:35; Dn. 7:11; Ap. 14:10; 18:8; 19:20; 20:9-10; 21:8). El trono del juicio de Dios es como llama de fuego del cual procede un río de fuego (Dn. 7:9-10). La llama del juicio de Dios arroja todas las cosas negativas del universo entero en este mar de vidrio, el cual finalmente será el lago de fuego (20:14). El mar de vidrio, por ser la totalidad de todo el juicio ardiente de Dios, es como cristal, lo cual significa que todas las cosas negativas bajo el juicio de Dios son transparentes como el cristal. Aquí tenemos el arco iris alrededor del trono de Dios, lo cual significa que Dios guardará la promesa que hizo en Gn. 9:8-17. También tenemos el mar de fuego semejante al cristal, el cual es una señal de que Dios juzgará todas las cosas negativas usando fuego otra vez.

6[2] Los veinticuatro ancianos que están alrededor del trono de Dios representan a todos los ángeles, mientras que los cuatro seres vivientes representan a todos los demás seres vivos. El primero de los seres vivientes, el cual es semejante a un león, representa las fieras; el segundo, semejante a un becerro, representa el ganado; el tercero, semejante a un hombre, representa a la humanidad; y el cuarto, el cual es semejante a un águila, representa las aves (v. 7). De las seis categorías de seres vivos creados por Dios (Gn. 1:20-28), dos no están representadas aquí: los seres que se arrastran sobre la tierra y los seres que viven en el agua. La cabeza de los seres que se arrastran es la serpiente, que representa a Satanás, el enemigo de Dios, quien será arrojado al lago de fuego y no tendrá lugar en el cielo nuevo y la tierra nueva. Los seres que viven en el agua están en las aguas del juicio de Dios, las cuales no existirán en el cielo nuevo y la tierra nueva (21:1). Así que, por toda la eternidad estas dos categorías no estarán representadas ante Dios.

De los cuatro seres vivientes, el becerro es un animal limpio, mientras que el león y el águila son inmundos (Lv. 11:3, 27, 13-19). Después de ser redimidos, todos ellos llegaron a ser limpios (Hch. 10:11-16). Entre ellos, el becerro y el hombre son mansos y dóciles, pero el león y el águila son salvajes y feroces. Mediante la redención, todos ellos pueden morar juntos (Is. 11:6-9). La redención que Cristo efectuó no sólo se aplica al hombre, sino también a todas las cosas (Col. 1:20), porque Él murió por todas las cosas (He. 2:9).

6[3] Los ojos les permiten a los seres vivos recibir luz y ver. Los cuatro seres vivientes están llenos de ojos, no solamente delante y detrás, sino también alrededor y por dentro (v. 8), lo cual indica que ellos no son opacos

8 Y los cuatro seres vivientes tenían cada uno [a]seis alas,
y alrededor y por dentro estaban llenos de ojos; y no cesaban
día y noche de decir: [1b]Santo, santo, santo es el [c]Señor Dios
Todopoderoso, [2d]el que era, el que es, y el que ha de venir.
9 Y cuando los *cuatro* seres vivientes den [1a]gloria y
honra y acción de gracias al que está sentado en el trono, al
que [b]vive por los siglos de los siglos,
10 los veinticuatro ancianos se [a]postrarán delante del que
está sentado en el trono, y adorarán al que vive por los siglos
de los siglos, y [1]echarán sus coronas delante del trono,
diciendo:
11 [a]Digno eres Tú, Señor y Dios nuestro, de recibir la
[1b]gloria y la honra y el poder; porque Tú [c]creaste todas las
cosas, y por Tu [2d]voluntad existen y fueron creadas.

8[a] Is. 6:2
8[b] Is. 6:3; Ap. 3:7
8[c] Ap. 1:8
8[d] Ap. 1:4
9[a] Ap. 5:12-13
9[b] Ap. 10:6; 15:7; Dn. 4:34; 12:7; Dt. 32:40; 2 S. 22:47; Ez. 5:11
10[a] Ap. 5:8, 14; 7:11; 11:16; 19:4
11[a] Ap. 5:2, 9, 12
11[b] Ap. 5:12-13
11[c] Ap. 10:6; Ef. 3:9; Ro. 11:36
11[d] Ef. 1:11

---

sino transparentes en todo aspecto como el cristal. En la presencia de Dios, nosotros, el pueblo redimido, deberíamos ser igualmente transparentes.

7[1] En apariencia, los cuatro seres vivientes se asemejan a los querubines mencionados en Ez. 1:5-10 y 10:14-15. Por tener seis alas (v. 8), se parecen a los serafines mencionados en Is. 6:2. (Los querubines mencionados en Ex. 25:20 y en 1 R. 6:27 tienen dos alas, y los querubines de Ez. 1:6 tienen cuatro alas.) Tal vez sean una combinación de querubín y serafín. Los serafines están relacionados con la santidad de Dios (Is. 6:3), que es la naturaleza de Dios, y los querubines están relacionados con la gloria de Dios (Ez. 10:18-19; He. 9:5), que es la expresión de Dios. Por lo tanto, estos seres vivientes representan la naturaleza y la expresión de Dios.

8[1] El hecho de que se diga *santo* tres veces, tal como en Is. 6:3, implica que Dios es triuno.

8[2] El uso de tres tiempos diferentes al hablar de la existencia de Dios también implica que Dios es triuno. Véase la nota 4[3] del cap. 1.

9[1] Las alabanzas de los cuatro seres vivientes en este versículo y las de los veinticuatro ancianos en el v. 11 se componen de tres elementos, lo cual implica que tanto los seres vivientes como los ancianos alaban al Dios Triuno. Los dos primeros elementos, la gloria y la honra, se repiten en ambos casos, pero el último elemento es diferente. En las alabanzas de los cuatro seres vivientes, el último elemento es la acción de gracias: ellos fueron redimidos y están agradecidos por la redención de la gracia de Dios; en cambio, en las alabanzas de los veinticuatro ancianos el último elemento es el poder: como gobernantes del universo (ellos no son criaturas que hayan sido redimidas), aprecian el poder de Dios, con el cual gobiernan.

10[1] En conformidad con los versículos precedentes, esta sección de la santa Palabra implica que cuando los santos redimidos —representados por el hombre que es uno de los cuatro seres vivientes, quienes fueron redimidos— hayan sido perfeccionados y glorificados para ser reyes y sacerdotes apropiados (20:6), entonces los reyes y sacerdotes temporales, esto es, los veinticuatro ancianos angélicos, renunciarán a sus puestos. Esto queda implícito por el hecho de que echarán sus coronas delante del trono.

11[1] Véase la nota 9[1].

11[2] Dios tiene un propósito, y Su voluntad concuerda con Su deseo. El creó todas las cosas según Su voluntad para así cumplir y llevar a cabo Su propósito. Este libro, el cual da a conocer la administración universal de Dios, nos muestra Su propósito. Por

CAPITULO 5

1 Y vi en la mano derecha del que estaba sentado en el
trono un [1a]libro escrito por dentro y por fuera, sellado con
[2]siete sellos.
2 Y vi a un ángel fuerte que proclamaba a gran voz:
¿Quién es [a]digno de abrir el libro y desatar sus sellos?
3 Y ninguno, ni [a]en el cielo ni en la tierra ni debajo de la
tierra, podía abrir el libro, ni aun mirarlo.
4 Y lloraba yo mucho, porque no se había hallado a
[1]ninguno digno de abrir el libro, ni de mirarlo.
5 Y uno de los ancianos me dijo: No llores. He aquí que
el [1a]León de la tribu de [b]Judá, la [2c]Raíz de David, ha [3d]venci-
do para abrir el libro y sus siete sellos.
6 Y vi en medio del trono y de los cuatro seres vivientes,
y en medio de los ancianos, un [1a]Cordero [2]en pie, como *recién*

1a Ap. 10:1-2
2a Ap. 5:9
3a Ap. 5:13; Fil. 2:10
5a Gn. 49:9-10; cfr. Nm. 24:9; Mi. 5:8
5b Gn. 49:8; Mt. 1:3; He. 7:14
5c Ap. 22:16; cfr. Is. 11:1, 10; Ro. 15:12
5d Jn. 16:33; Ap. 17:14
6a Ap. 5:8, 12, 13; 6:1, 16; 7:9-10, 14, 17; 12:11; 13:8; 14:1, 4, 10; 15:3; 17:14; 19:7, 9; 21:9, 14, 22, 23, 27; 22:1, 3; Jn. 1:29; 1 P. 1:18-19; Is. 53:7

---

tanto, en la alabanza que los veinticuatro ancianos rinden a Dios por Su obra creadora, vemos que la creación está relacionada con la voluntad de Dios.

1[1] Este libro debe de ser el nuevo pacto, el gran título de propiedad del universo, puesto en vigencia con la sangre del Cordero para que Dios redimiera la iglesia, Israel, el mundo y el universo. Este libro narra el pensamiento de Dios con respecto a la iglesia, Israel, el mundo y el universo.

1[2] Los siete sellos con los cuales el libro está sellado son en realidad el contenido de ese libro y el contenido de Apocalipsis. El Apocalipsis es sólo la apertura o revelación de los siete sellos.

4[1] Si realmente en todo el universo no se encontrara nadie digno de abrir el libro, ciertamente deberíamos llorar, puesto que todo el universo sería vanidad, sin ninguna persona calificada para revelar su secreto.

5[1] El león simboliza a Cristo, representándolo como un poderoso peleador que se opone al enemigo, tal como se profetiza en Gn. 49:8-9. La victoria de Cristo lo califica para abrir el libro y sus siete sellos.

5[2] El título *Raíz de David* (El es también la Raíz de Isaí, el padre de David, Is. 11:1) significa que Cristo es el origen de David. Por consiguiente, David, Su antecesor, le llamó "Señor" (Mt. 22:42-45).

5[3] Como León de la tribu de Judá, Cristo venció y derrotó al rebelde Satanás, el enemigo de Dios, y como Cordero redentor, quitó el pecado del hombre caído. Al hacer esto, eliminó los obstáculos que impedían el cumplimiento del propósito de Dios. Por lo tanto, El es digno de abrir el libro de la economía de Dios.

6[1] En el cap. 4 se describe la escena celestial, cuyo centro es el trono de Dios, en el cual Dios se sienta, dispuesto para ejecutar Su administración universal con miras al cumplimiento de Su propósito eterno. Aquí en el cap. 5 se describe la misma escena celestial después de la ascensión de Cristo. Uno de los ancianos presentó a Cristo como el León de la tribu de Judá al apóstol Juan, pero Cristo se apareció ante él como un Cordero. Como León, El lucha contra el enemigo; como Cordero, nos redime. El peleó para redimirnos, y ganó la batalla sobre el enemigo y efectuó la redención para nosotros. Para el enemigo, es un León; para nosotros, es un Cordero. Por lo tanto, El es el León-Cordero.

6[2] En lo que a la redención se refiere, Cristo se sentó a la diestra de Dios en los cielos después de ascender

[3b]inmolado, que tenía [4]siete [c]cuernos, y [5d]siete [e]ojos, [6]los
cuales son los [f]siete Espíritus de Dios enviados por [g]toda la
tierra.
7 Y vino, y tomó *el libro* de la mano derecha del que
estaba sentado en el trono.
8 Y cuando hubo tomado el libro, los [a]cuatro seres vivientes y los [b]veinticuatro ancianos se postraron delante del
Cordero; todos tenían [c]arpas, y [1]copas de [d]oro llenas de
[2e]incienso, las cuales son las [f]oraciones de los santos;
9 y cantan un [1a]nuevo cántico, diciendo: [2b]Digno eres de
tomar el libro y de abrir sus sellos; porque Tú fuiste [c]inmo-
lado, y [3]con Tu [d]sangre [e]compraste para Dios *hombres* de
[f]toda tribu y lengua y pueblo y nación;
10 y de [1]ellos has hecho para nuestro Dios un [2a]reino y
sacerdotes, y [b]reinarán [3]sobre la tierra.

(He. 1:3; 10:12), mientras que en lo que al cumplimiento de la administración de Dios se refiere, todavía está de pie en ascensión.

6[3] La expresión *como recién inmolado* indica que el Cordero recién había sido inmolado y también que la escena en los cielos narrada en este capítulo ocurrió inmediatamente después de la ascensión de Cristo a los cielos.

6[4] Los cuernos representan fuerza para pelear (Dt. 33:17). Cristo es el Cordero redentor; sin embargo, tiene cuernos para pelear. El es el Redentor guerrero. Su pelea es completa (perfecta y completa) en el mover de Dios, como lo representa el número siete.

6[5] Los ojos observan y escudriñan. Cristo como Cordero redentor tiene siete ojos que observan y escudriñan para ejecutar el juicio de Dios sobre el universo a fin de cumplir Su propósito eterno, el cual tendrá su consumación en la edificación de la Nueva Jerusalén. Por lo tanto, Zac. 3:9 dice en profecía que Cristo es una piedra, la piedra cimera (Zac. 4:7, lit.) con siete ojos para el edificio de Dios. Estos siete ojos son los siete Espíritus de Dios que fueron enviados a recorrer toda la tierra (Zac. 4:10). Véase la nota 14[3] del cap. 1.

6[6] Gramaticalmente, *los cuales* se refiere a *siete ojos*. Por consiguiente, el título *los siete Espíritus de Dios* se refiere sólo a los siete ojos del Cordero, y no a Sus siete cuernos.

8[1] Las copas son las oraciones de los santos llevadas a Dios por los ancianos angélicos (cfr. 8:3-4), mientras que el incienso es Cristo añadido a las oraciones de los santos. Véase la nota 3[4] del cap. 8. La adoración que ofrecen a Dios los veinticuatro ancianos angélicos mientras sostienen copas de oro llenas de incienso muestra que ellos, como sacerdotes, ministran a Dios al llevar a El las oraciones de los santos.

8[2] Lit., inciensos.

9[1] Aquí el cántico es nuevo porque el Cordero a quien alaba, acaba de ser inmolado.

9[2] En todo el universo solamente Cristo, el León vencedor y el Cordero redentor, es digno de abrir el misterio de la economía de Dios. Como León vencedor, El derrotó a Satanás a favor de Dios, y como Cordero redentor, quitó el pecado, a favor nuestro. El es el único calificado para revelar y llevar a cabo el misterio de la economía de Dios.

9[3] Lit., en.

10[1] *Ellos* se refiere a los redimidos (v. 9). Los veinticuatro ancianos se

6[b] Ap. 5:9, 12; 13:8
6[c] cfr. Dt. 33:17; Sal. 132:17
6[d] Zac. 3:9; 4:10
6[e] Ap. 1:14
6[f] Ap. 1:4; 3:1; 4:5
6[g] Zac. 4:10
8[a] Ap. 4:6-9
8[b] Ap. 4:4, 10-11
8[c] Ap. 14:2
8[d] Ap. 8:3, 5
8[e] Ap. 8:3; cfr. Ex. 30:34-38
8[f] Ap. 8:3, 4; Lc. 1:10
9[a] Ap. 14:3; Sal. 40:3
9[b] Ap. 5:2; 4:11
9[c] Ap. 5:6
9[d] Ap. 1:5
9[e] Ap. 14:3; 1 Co. 6:20; 1 P. 1:18-19
9[f] Ap. 7:9
10[a] Ap. 1:6

10[b] Ap. 20:4; 22:5; 2:26, 27; 12:5; 2 Ti. 2:12

11 Y miré, y oí la voz de [1]muchos ángeles alrededor del
trono, y de los seres vivientes, y de los ancianos; y su número
era [a]miríadas de miríadas y millares de millares,
12 que decían a gran voz: El [a]Cordero que fue [b]inmolado
es [c]digno de recibir el [d]poder, las [e]riquezas, la sabiduría, la
fortaleza, la honra, la [f]gloria y la [g]bendición.
13 Y a [1]toda criatura que está [a]en el cielo, y sobre la tierra,
y debajo de la tierra, y en el mar, y a todas las cosas que en
ellos hay, oí decir: Al que está sentado en el trono, y al
[b]Cordero, sea la bendición, la honra, la gloria y el imperio,
por los siglos de los siglos.
14 Los cuatro seres vivientes decían: [a]Amén; y los ancianos se postraron y adoraron.

11[a] Dn. 7:10; He. 12:22
12[a] Ap. 5:6
12[b] Ap. 5:6
12[c] Ap. 4:11; 5:9
12[d] Ap. 4:11
12[e] Ro. 11:33
12[f] Ap. 1:6
12[g] Ap. 7:12
13[a] Fil. 2:10
13[b] Ap. 5:6
14[a] Ap. 7:12; 19:4

CAPITULO 6

2. Los siete sellos: el misterio de la economía de Dios 6:1—8:5

a. El primer sello es un caballo blanco y su jinete: el evangelio se predica 6:1-2

1 Vi cuando el [a]Cordero [1]abrió uno de los [b]siete sellos, y
oí a uno de los [c]cuatro [2]seres vivientes decir como con [d]voz
de trueno: [e]Ven.
2 Y miré, y he aquí un [1a]caballo blanco; y [2]el que lo

1[a] Ap. 5:6
1[b] Ap. 5:1
1[c] Ap. 4:6-9
1[d] Ap. 10:3; 14:2; 19:6
1[e] Ap. 6:3, 5, 7
2[a] cfr. Ap. 19:11, 14; Zac. 1:8; 6:3

---

refieren a estos redimidos como *ellos* en sus alabanzas, lo cual prueba que aquellos no son ancianos de la iglesia, sino de los ángeles.

10[2] El reino implica el reinado, donde se ejerce la autoridad de Dios, y los sacerdotes constituyen el sacerdocio, el cual cumple el ministerio divino.

10[3] O, en.

11[1] Los muchos ángeles, a quienes representan los veinticuatro ancianos, siguen a éstos en su alabanza angélica al Cordero.

13[1] Todas las criaturas, a las cuales los cuatro seres vivientes representan, siguen a éstos en su alabanza al Cordero, la alabanza universal de todos los seres creados que no son ángeles.

1[1] La apertura de los siete sellos por el Cordero ocurrió inmediatamente después de que Cristo ascendió a los cielos. Mediante Su encarnación, crucifixión y resurrección, Cristo fue completamente calificado en Su ascensión para abrir el misterio de la economía de Dios, la cual está contenida en los siete sellos.

1[2] Debido a que la economía de Dios con respecto a los seres vivos está contenida en los siete sellos, los cuatro seres vivientes tienen interés en anunciar, respectivamente, la apertura de los primeros cuatro sellos.

2[1] El color blanco representa limpieza, pureza, justicia y aprobación. El caballo blanco simboliza la predicación del evangelio, la cual es limpia, pura, justa y aprobada a los ojos del hombre y de Dios.

montaba tenía un [3]arco; y le fue dada una [4b]corona, y [c]salió
[5d]conquistando, y para conquistar.

b. El segundo sello es un caballo bermejo y su jinete:
la guerra se extiende
6:3-4

3 Cuando abrió el segundo sello, oí al segundo ser viviente, que decía: Ven.
4 Y [1]miré, y he aquí salió otro caballo, [2a]bermejo; y al que
lo montaba le fue dada *potestad* para [3b]quitar de la tierra la
paz, y que se matasen unos a otros; y se le dio una gran
[c]espada.

c. El tercer sello es un caballo negro y su jinete:
el hambre aumenta
6:5-6

5 Cuando abrió el tercer sello, oí al tercer ser viviente,
que decía: Ven. Y miré, y he aquí un [1a]caballo negro; y el que
lo montaba tenía una [2b]balanza en la mano.

2b cfr. Ap. 14:14; 19:12
2c cfr. Mt. 24:14; Lc. 24:47; Hch. 1:8; Ro. 10:18; 15:19-21
2d cfr. 2 Co. 2:14
4a cfr. Zac. 1:8; 6:2
4b Mt. 24:6; cfr. Is. 2:4; Mi. 4:3
4c Is. 34:5-6; 66:16
5a Lm. 4:8-9; 5:9-10; cfr. Zac. 6:2, 6
5b Lv. 26:26

2[2] Los primeros cuatro sellos consisten en cuatro caballos y sus jinetes, y son como una carrera de cuatro caballos. Los cuatro jinetes no son personas sino cosas personificadas. Es evidente que el jinete del segundo caballo, el caballo bermejo, es la guerra (v. 4), que el jinete del tercer caballo, el caballo negro, es el hambre (v. 5), y que el jinete del cuarto caballo, el caballo amarillento, es la muerte (v. 8). Según los hechos históricos, el jinete del primer caballo, el caballo blanco, debe de ser el evangelio, y no Cristo ni el anticristo, como algunos interpretan. Inmediatamente después de la ascensión de Cristo, estas cuatro cosas —el evangelio, la guerra, el hambre y la muerte— empezaron a correr como jinetes en cuatro caballos, y continuarán corriendo hasta que Cristo regrese. A partir del primer siglo, el evangelio se ha propagado a lo largo de estos veinte siglos. Simultáneamente, la guerra entre los seres humanos ha proseguido. La guerra siempre ha causado hambre y el hambre produce muerte. Todo esto continuará hasta el fin de esta era.

2[3] El arco y la flecha se usan para hacer guerra. Sin embargo, aquí se menciona un arco sin flecha. Esto indica que la flecha ya ha sido lanzada para destruir al enemigo y que la victoria ha sido ganada para establecer el evangelio de la paz. Ahora la lucha ha terminado, y el evangelio de la paz es proclamado de una manera pacífica.

2[4] Una corona es señal de gloria. El evangelio ha sido coronado con la gloria de Cristo (2 Co. 4:4).

2[5] O, venciendo, y para vencer. A través de los siglos, dondequiera que el evangelio ha sido predicado, ha conquistado y vencido toda clase de oposición y ataques.

4[1] Algunos mss. antiguos omiten: miré, y he aquí.

4[2] Aquí el color bermejo simboliza derramamiento de sangre. El caballo bermejo simboliza el furor de la guerra, la cual sólo consiste en derramar sangre.

4[3] *Quitar de la tierra la paz, que se matasen unos a otros,* y *se le dio una gran espada,* claramente indican guerra.

5[1] Aquí el color negro, símbolo de escasez (Jer. 14:1-4), representa el color del semblante de gente desnutrida (Lm. 4:8-9; 5:9-10). El caballo negro simboliza la propagación del hambre,

6 Y oí como una voz de en medio de los cuatro seres
vivientes, que decía: Una [1]medida de trigo por un [2]denario,
y tres medidas de cebada por un [2]denario; pero no dañes el
[3a]aceite ni el vino.

d. El cuarto sello es un caballo amarillento y su jinete:
la muerte se propaga en gran manera
6:7-8

7 Cuando abrió el cuarto sello, oí la voz del cuarto ser
viviente, que decía: Ven.
8 Miré, y he aquí un [1]caballo amarillento, y el que lo
montaba tenía por nombre [a]Muerte, y el [2b]Hades le seguía;
y les fue dada potestad sobre la cuarta parte de la tierra,
para [c]matar con espada, con hambre, con [3]mortandad, y con
las [4]fieras de la tierra.

e. El quinto sello es el clamor de las almas bajo el altar:
los santos martirizados piden venganza desde el Paraíso
6:9-11

9 Cuando abrió el [1]quinto sello, vi [2]bajo el [a]altar las
[b]almas de los que habían sido [c]muertos por causa de la
[d]palabra de Dios y por el [e]testimonio que tenían.

6[a] Jer. 40:10
8[a] Ap. 20:14; 21:4; He. 2:14
8[b] Ap. 1:18; Mt. 16:18; Hch. 2:31
8[c] Jer. 15:2-3; 24:10; 29:17; Ez. 5:12, 17; 14:21
9[a] Ap. 8:3, 5; 14:18; 16:7; Ex. 40:6; 20:26; 29:12
9[b] Ap. 20:4
9[c] Ap. 2:13; Mt. 23:34; Jn. 16:2; Hch. 7:59-60; 12:2
9[d] Ap. 1:2
9[e] Ap. 1:2

la cual le da a la gente un semblante sombrío.

5[2] Una balanza se usa para pesar cosas preciosas. Sin embargo, aquí es usada para pesar comida (véase el v. 6), demostrando así que la comida escaseará (cfr. Lv. 26:26; Ez. 4:16).

6[1] Gr. *choenix;* una medida de capacidad que equivale a casi un litro.

6[2] Un denario era la principal moneda de plata de los romanos; se le consideraba un buen salario por un día de trabajo (cfr. Mt. 20:2).

6[3] El aceite y el vino traen placer al hombre (Sal. 104:15). Ambos son escasos y llegan a ser de gran precio en tiempos de hambre. Durante tiempos de hambre, el aceite y el vino no deben ser dañados sino preservados.

8[1] O, verde amarillento; denota la apariencia de los que sufren una plaga. El caballo amarillento simboliza el daño causado por la muerte, la cual produce una apariencia pálida.

8[2] El Hades es un lugar debajo de la tierra donde las almas de los incrédulos muertos son guardadas antes de que los muertos sean resucitados para comparecer en el juicio del gran trono blanco (20:11-15). Después de ese juicio, los incrédulos serán arrojados al lago de fuego por la eternidad. El Hades puede ser comparado con una cárcel temporal, y el lago de fuego con una prisión permanente. Aquí el Hades sigue a la muerte para recibir a los que la muerte mata.

8[3] O, peste.

8[4] Ser muerto por las fieras es un juicio de Dios (2 R. 2:24; 17:25; Nm. 21:6).

9[1] Los siete sellos están divididos, primero, en grupos de cuatro y tres, y, segundo, en grupos de seis y uno. El número cuatro representa a las criaturas, simbolizadas por los cuatro seres vivientes, y el número seis representa a la creación (la creación fue terminada en seis días). El número tres representa al Dios Triuno, y el número uno representa al único Dios. Por consiguiente, tanto cuatro más tres como seis más uno indican que los siete

10 Y [1]clamaban a gran voz, diciendo: ¿Hasta cuándo,
Señor, [a]santo y verdadero, no [b]juzgas y [c]vengas nuestra
sangre en los que [d]moran en la tierra?
11 Y a cada uno se le dio [1a]vestiduras blancas; y se les dijo
que [b]descansasen todavía un poco de tiempo, hasta que se
completara *el número de* sus consiervos y sus hermanos, que
[c]habían de ser [2]muertos como ellos.

f. El sexto sello es la conmoción de la tierra y el cielo,
el comienzo de la gran tribulación:
una advertencia a los que moran en la tierra
6:12-17

12 Miré cuando abrió el [1]sexto sello, y hubo un gran
[2a]terremoto; y el [b]sol se puso negro como [c]saco hecho de crin,
y la luna se volvió toda como sangre;

---

sellos llevan a Dios, por medio de Su juicio, todo lo que El creó.

El quinto sello revela el martirio por el cual pasaron muchos cristianos desde el primer siglo hasta finales de esta era. (Esto quizá incluya el martirio de los santos del Antiguo Testamento, Mt. 23:34-36.) Mientras la predicación del evangelio progresa, como lo indica el primer sello, los santos fieles siguen muriendo como mártires.

9[2] En figura, el altar se encuentra en el atrio del tabernáculo y en el del templo, y el atrio representa la tierra. Por lo tanto, el área que está bajo el altar es la región que está debajo de la tierra, donde se encuentran las almas de los santos martirizados. Es el Paraíso al cual el Señor Jesús fue después de Su muerte (Lc. 23:43). Está en el corazón de la tierra (Mt. 12:40) y es una sección del Hades (Hch. 2:27), la sección agradable, donde se encuentra Abraham (Lc. 16:22-26).

10[1] Conforme a la expresión "todavía un poco de tiempo, hasta que se completara el número" (v. 11), este clamor de los santos martirizados debe de ocurrir cerca del final de esta era.

11[1] Aquí las vestiduras blancas indican que su martirio fue aprobado por Dios.

11[2] Este será el martirio que acontecerá durante la gran tribulación (20:4).

12[1] El sexto sello, el cual marca el principio de las calamidades sobrenaturales, constituye la respuesta de Dios al clamor de los santos martirizados en el quinto sello y es una advertencia para los moradores de la tierra. Según Jl. 2:30-31, no pasará mucho tiempo entre el sexto sello y las primeras cinco trompetas (9:1-11). Joel 2:30-31 menciona primero la sangre de la primera y la segunda trompetas, el fuego de la primera, la segunda y la tercera trompetas (8:7-10), y el humo de la quinta trompeta (9:1-3), y luego menciona el sol y la luna del sexto sello. Una comparación de 9:4 y 7:3 indica que la quinta trompeta sonará muy cerca del tiempo del sexto sello.

12[2] Habrá dos calamidades constituidas por la conmoción y la alteración de la tierra y de los ejércitos celestiales. La primera ocurrirá al principio de la gran tribulación (Jl. 2:30-31), y la segunda, después de la gran tribulación (Jl. 3:11-16; Mt. 24:29-30; Lc. 21:25-26). Lo abarcado en el sexto sello constituye la primera calamidad. Esto puede ser considerado no sólo como una advertencia, sino también como el inicio de la gran tribulación que ha de venir.

10[a] Ap. 3:7
10[b] Ap. 16:5-7; 19:2
10[c] Ap. 19:2; Dt. 32:43; 2 R. 9:7; Sal. 79:10; Mt. 23:35; Lc. 18:7
10[d] Ap. 3:10
11[a] Ap. 3:4-5
11[b] Ap. 14:13
11[c] Ap. 20:4
12[a] Ap. 8:5; 11:13, 19; 16:18; Hag. 2:6; Mt. 24:7
12[b] Ap. 8:12; Jl. 2:10, 31; 3:15
12[c] Is. 50:3

13 y las [a]estrellas del cielo cayeron sobre la tierra, como la
[b]higuera arroja sus higos verdes cuando es sacudida por un
fuerte viento.
14 Y el [a]cielo fue retirado como un pergamino que se
enrolla; y todo [b]monte y toda isla se removió de su lugar.
15 Y los [a]reyes de la tierra, y los grandes, los [1]generales,
los ricos, los poderosos, y todo esclavo y todo libre, se [b]escon-
dieron en las cuevas y entre las peñas de los montes;
16 y [1a]decían a los montes y a las peñas: Caed sobre
nosotros, y escondednos del [b]rostro de Aquel que está sentado sobre el trono, y de la [c]ira del [d]Cordero;
17 porque el [a]gran día de la ira de Ellos ha llegado; ¿y
[b]quién podrá sostenerse en pie?

CAPITULO 7

g. Las visiones insertadas entre el sexto y el séptimo sellos 7:1-17

(1) Los 144,000 de las doce tribus son sellados: los israelitas escogidos son preservados en la tierra vs. 1-8

1 [1]Después de esto vi a cuatro ángeles en pie sobre los
[a]cuatro ángulos de la tierra, que detenían los [b]cuatro [2]vien-
tos de la tierra, para que [3]no soplase viento alguno sobre la
tierra, ni sobre el mar, ni sobre ningún árbol.
2 Vi también a [1]otro Angel que subía de donde [a]sale el

13[a] cfr. Ap. 8:10; 9:1; Mt. 24:29
13[b] Is. 34:4
14[a] Is. 34:4; He. 1:12
14[b] Is. 54:10; cfr. Ap. 16:20
15[a] Sal. 2:10-12; Is. 24:21
15[b] Is. 2:10, 19, 21
16[a] Os. 10:8; Lc. 23:30
16[b] Sal. 68:2
16[c] Sal. 2:12
16[d] véase Ap. 5:6
17[a] Sof. 1:14; cfr. Ap. 16:14; Jer. 30:7
17[b] Sal. 76:7; Nah. 1:6
1[a] Ap. 20:8; Is. 11:12
1[b] Jer. 49:36; Dn. 7:2; Zac. 6:5; Mt. 24:31
2[a] Ap. 16:12

15[1] Lit., capitanes sobre mil hombres.

16[1] Ellos hacen tal ruego según el sentimiento de su conciencia, con temor de que venga el juicio de Dios. No es una proclamación de Dios con respecto a la venida de Su juicio.

1[1] Este capítulo es una inserción entre el sexto sello (6:12-17) y el séptimo (8:1), que muestra cómo Dios cuida Su pueblo mientras está a punto de ejecutar Su juicio sobre la tierra.

1[2] Aquí los vientos son usados en el juicio de Dios (Jon. 1:4; Is. 11:15; Jer. 22:22; 49:36; 51:1).

1[3] La apertura del séptimo sello introducirá las siete trompetas (8:1-2). En la primera trompeta, la tercera parte de la tierra y la tercera parte de los árboles se quemarán (8:7). En la segunda trompeta, la tercera parte del mar será destruida (8:8-9). Antes de que todo esto ocurra, Dios sellará a todos los israelitas a quienes El desea preservar (v. 3).

2[1] Este Angel, así como el mencionado en 8:3, 10:1 y 18:1, es Cristo. En el Antiguo Testamento, Cristo era llamado "el Angel de Jehová"; ese Angel era Dios mismo (Gn. 22:11-12; Ex. 3:2-6; Jue. 6:11-24; Zac. 1:11-12; 2:8-11; 3:1-7). Aquí en el Nuevo Testamento de nuevo se le menciona como un ángel (un mensajero). La expresión *otro Angel* indica que Cristo no es un ángel común sino un ángel especial enviado por Dios.

sol, y tenía el sello del [b]Dios vivo; y clamó a gran voz a los
cuatro ángeles, a quienes se les había dado *potestad* para
hacer daño a la tierra y al mar,
3 diciendo: No hagáis daño a la tierra, ni al mar, ni a los
árboles, hasta que hayamos [a]sellado en [b]sus frentes a los
esclavos de nuestro Dios.
4 Y oí el número de [1]los sellados: [a]Ciento cuarenta y
cuatro mil sellados de todas las tribus de los hijos de Israel:
5 De la tribu de [1]Judá, doce mil sellados. De la tribu de
Rubén, doce mil. De la tribu de Gad, doce mil.
6 De la tribu de Aser, doce mil. De la tribu de Neftalí,
doce mil. De la tribu de [1a]Manasés, doce mil.
7 De la tribu de Simeón, doce mil. De la tribu de Leví,
doce mil. De la tribu de Isacar, doce mil.
8 De la tribu de Zabulón, doce mil. De la tribu de José,
doce mil. De la tribu de Benjamín, doce mil sellados.

(2) Una gran multitud sirve a Dios en el templo celestial:
los santos redimidos son arrebatados al cielo
para disfrutar el cuidado de Dios
y el pastoreo del Cordero
vs. 9-17

9 Después de esto miré, y he aquí una [1]gran multitud, la
cual nadie podía contar, de [a]toda nación y tribu y pueblo y
lengua, que [2]estaban de pie delante del trono y del [b]Cordero,
vestidos de [3c]vestiduras blancas, y con [4d]palmas en las manos;

2[b] Jer. 10:10; Dn. 6:20; Mt. 16:16; 1 Ti. 3:15; He. 3:12; 9:14
3[a] Ap. 9:4
3[b] Ap. 13:16; 14:1, 9; 20:4; 22:4; Ez. 9:4
4[a] cfr. Ap. 14:1, 3
6[a] Gn. 48:13-14
9[a] Ap. 5:9
9[b] Ap. 5:6
9[c] Ap. 7:14; 3:4
9[d] Lv. 23:40; Sal. 92:12; Ez. 40:16, 22; Jn. 12:13

4[1] Estos son los israelitas que guardarán los mandamientos de Dios durante la gran tribulación (12:17; 14:12).

5[1] Rubén era el primogénito de Israel, pero perdió su primogenitura por causa de su pecaminosidad, y Judá prevaleció sobre sus hermanos (1 Cr. 5:1-2). Por eso, aquí la tribu de Judá se menciona primero.

6[1] Debido a que José (v. 8) y Manasés, uno de los dos hijos de José (Gn. 48:5), representan a dos tribus diferentes, José aún tendrá la doble porción de la primogenitura (1 Cr. 5:1-2) durante el milenio (Ez. 48:4-5).

En este relato, así como en 1 Cr. 2—9, se omite la tribu de Dan debido a su idolatría (Jue. 18:30-31; 1 R. 12:29-30; 2 R. 10:29; cfr. Gn. 49:17). Sin embargo, Dan será contado de todos modos durante el milenio (Ez. 48:1) debido a la bendición de Jacob que estaba sobre él, la cual fue dada para que, mediante la salvación provista por el Señor, Dan fuera incluido de nuevo entre las tribus (Gn. 49:16-18).

9[1] La gran multitud consta de los redimidos de entre las naciones, a través de todas las generaciones. Estos constituyen la iglesia (5:9; Ro. 11:25; Hch. 15:14, 19).

9[2] Indica que la gran multitud de los redimidos ha de haber sido arrebatada a los cielos, a la presencia de Dios. *Que estaban de pie delante … del Cordero* corresponde a *estar en pie delante del Hijo del Hombre* (Lc. 21:36), lo cual denota claramente el arrebatamiento. Al mencionarse esto inmediatamente después de la apertura del sexto sello, se da a entender que

10 y claman a gran voz, diciendo: La [1a]salvación *pertenece*
a nuestro Dios que está sentado en el trono, y al [b]Cordero.
11 Y todos los ángeles estaban en pie alrededor del trono,
y de los [a]ancianos y de los [b]cuatro seres vivientes; y se
postraron sobre sus rostros delante del trono, y adoraron a
Dios,
12 diciendo: [1a]Amén. La [b]bendición y la [c]gloria y la sabiduría y la [d]acción de gracias y la honra y el poder y la
fortaleza, sean a nuestro Dios por los siglos de los siglos.
Amén.
13 Y uno de los ancianos tomó la palabra, y me dijo: Estos
que están vestidos con vestiduras blancas, ¿quiénes son, y
de dónde han venido?
14 Yo le dije: Señor mío, tú lo sabes. Y él me dijo: Estos
son los que han salido de la [1]gran [a]tribulación, y han [b]lavado
sus vestiduras, y las han [c]emblanquecido en la [d]sangre del
[e]Cordero.
15 Por esto [1]están delante del trono de Dios, y le [2a]sirven
día y noche en Su [b]templo; y Aquel que está sentado sobre el
trono [3c]extenderá Su tabernáculo sobre ellos.

10a Ap. 12:10; 19:1; Sal. 3:8; 27:1
10b Ap. 5:6
11a Ap. 4:4
11b Ap. 4:6
12a Ap. 5:14
12b Ap. 5:12-13
12c Ap. 1:6; 4:11; 19:1
12d Ap. 4:9
14a Ap. 1:9; 2:9, 10; Jn. 16:33; Hch. 14:22
14b Ap. 22:14
14c Ap. 7:9
14d Ap. 1:5; 1 Jn. 1:7
14e Ap. 5:6
15a Ap. 22:3
15b Ap. 3:12
15c Jn. 1:14; Ap. 21:3

---

el arrebatamiento de los creyentes debe de empezar antes del sexto sello. Lo narrado en los vs. 9-17 describe de una manera general la escena acontecida desde el arrebatamiento de los creyentes hasta que entren en su deleite en la eternidad.

9[3] Las vestiduras (en plural) simbolizan la justicia de la conducta de los creyentes. El color blanco indica que la conducta de los creyentes es pura y ha sido aprobada por Dios al haber sido ellos lavados en la sangre del Cordero (v. 14).

9[4] Las palmas representan la victoria de los santos sobre la tribulación, por la cual han pasado por amor al Señor (v. 14; cfr. Jn. 12:13). Las palmeras también son señal de la satisfacción obtenida al ser regados con agua (Ex. 15:27). Las palmas se usaban en la fiesta de los Tabernáculos, en la cual el pueblo de Dios se regocijaba debido a la satisfacción obtenida en su deleite (Lv. 23:40; Neh. 8:15). La fiesta de los Tabernáculos era un tipo que se cumplirá cuando esta gran multitud de redimidos disfrute la fiesta eterna de los Tabernáculos. En el templo de Dios esta multitud florecerá como la palmera (Sal. 92:12-13).

10[1] La alabanza a gran voz, en la cual sólo se menciona la salvación, indica que los que alaban son los salvos. La gran multitud, es decir, los salvos, están agradecidos por la salvación que Dios les dio.

12[1] Esto es similar a lo dicho en Lc. 15:7, donde leemos que hay gozo en los cielos por un pecador que se arrepiente. Aquí los ángeles dicen Amén a la alabanza de salvación ofrecida por los redimidos.

14[1] Esta gran tribulación es diferente de la que se menciona en Mt. 24:21. Aquí se refiere a las tribulaciones, sufrimientos, persecuciones y aflicciones que los redimidos de Dios han experimentado a través de las edades.

15[1] La escena descrita en los vs. 15-17 es similar a la descrita en 21:3-4 y 22:3-5, y es un cuadro de la eternidad.

15[2] Esta gran multitud de redimidos ha salido de la gran tribulación y

16 Ya no tendrán [a]hambre ni [b]sed, y el [c]sol no caerá más
sobre ellos, ni calor alguno;
17 porque el [a]Cordero que está en medio del trono los
[1b]pastoreará, y los [c]guiará a [d]fuentes de [2e]aguas de vida; y
Dios [f]enjugará toda [2]lágrima de los ojos de ellos.

CAPITULO 8

h. El séptimo sello consta de siete trompetas: la respuesta a la oración de los santos martirizados en el quinto sello 8:1-2

1 Y cuando abrió el séptimo sello, se hizo [a]silencio en el
[1]cielo como por media hora.
2 Y vi a los [a]siete ángeles que estaban en pie ante Dios;
y se les dieron [1b]siete trompetas.

i. La escena en el cielo después de la apertura del séptimo sello: Cristo como Sumo Sacerdote ofrece a Dios las oraciones de los santos 8:3-5

3 [1a]Otro Angel vino entonces y se paró ante el [2b]altar, con
un [3c]incensario de oro; y se le dio mucho [4d]incienso para que

---

ha pasado a una condición celestial, al templo de Dios, donde le sirven día y noche. El servicio que rinden a Dios es el resultado de la salvación que recibieron de El.

15[3] Cristo es el tabernáculo de Dios (Jn. 1:14), y la Nueva Jerusalén, como el máximo agrandamiento de Cristo, será el tabernáculo eterno de Dios (21:2-3), en el cual todos los redimidos morarán con Dios para siempre. Dios los cubrirá consigo mismo como Aquel que está corporificado en Cristo. Cristo, como corporificación de Dios, será el tabernáculo de ellos. Lo narrado en los vs. 15-17 es similar a lo narrado en 21:3-7.

17[1] Pastorear incluye alimentar. Bajo el pastoreo de Cristo "nada me faltará" (Sal. 23:1).

17[2] Las lágrimas de los ojos de los salvos son señal de insatisfacción. Las aguas de vida les traen satisfacción. Puesto que el Cordero les suministrará aguas de vida para satisfacerlos, ya no habrá en ellos lágrimas de insatisfacción. Las aguas de vida serán suministradas, y el agua de las lágrimas será enjugada.

1[1] El silencio en el cielo indica solemnidad. Cuando se abre el séptimo sello, todo el cielo guarda silencio porque la era está a punto de terminar y pasar de la era de la tolerancia de Dios a la era de Su ira.

2[1] El séptimo sello trae consigo las siete trompetas, que son el contenido del séptimo sello. Los siete sellos son abiertos en secreto, mientras que las siete trompetas son tocadas públicamente.

3[1] Véase la nota 2[1] del cap. 7.

3[2] El altar del holocausto (cfr. Ex. 27:1-8).

3[3] El incensario de oro simboliza las oraciones de los santos (5:8), las cuales son llevadas a Dios por Cristo, el "otro Angel".

3[d] Ap. 5:8; cfr. Ex. 30:34-38

16[a] Is. 49:10
16[b] Jn. 4:14
16[c] Sal. 121:5-6
17[a] Ap. 5:6
17[b] Sal. 23:1; Is. 40:11; Jn. 10:11; He. 13:20; 1 P. 5:4
17[c] Sal. 23:2
17[d] Ap. 21:6; Sal. 36:9; Is. 49:10; Jer. 2:13; cfr. Jn. 4:14
17[e] Ap. 21:6; 22:1, 17
17[f] Ap. 21:4; Is. 25:8
1[a] Hab. 2:20; Zac. 2:13; Sof. 1:7; cfr. Sal. 46:10; Zac. 1:11
2[a] Ap. 8:6
2[b] Ap. 8:6
3[a] Ap. 7:2; 10:1; 18:1
3[b] Ap. 6:9
3[c] Ap. 8:5; 5:8

lo [5]ofreciese junto con las [e]oraciones de todos los [6]santos,
sobre el [7f]altar de oro que estaba delante del trono.
4 Y de la mano del Angel subió a la presencia de Dios el
[1a]humo del [2]incienso con las [b]oraciones de los santos.
5 Y el Angel tomó el incensario, y lo [1]llenó del [a]fuego del
altar, y lo [2b]arrojó a la tierra; y hubo [c]truenos, y voces, y
relámpagos, y un [d]terremoto.

3. Las siete trompetas: se lleva a cabo la economía de Dios 8:6—11:19

**6 Y los [a]siete ángeles que tenían las siete trompetas se
dispusieron a [1]tocarlas.**

a. La primera trompeta: juicio sobre la tierra 8:7

7 El primero tocó la trompeta, y hubo [a]granizo y [b]fuego
mezclado con sangre, que fue lanzado sobre la tierra; y la
[1c]tercera parte de la [d]tierra se quemó, y la tercera parte de
los árboles se quemó, y se quemó toda la hierba verde.

b. La segunda trompeta: juicio sobre el mar 8:8-9

8 El segundo ángel tocó la trompeta, y algo como una
gran [a]montaña ardiendo en fuego fue lanzada al mar; y la
tercera parte del [1]mar se convirtió en [b]sangre.

3[e] Ap. 5:8
3[f] Ex. 30:1-10; Lc. 1:11
4[a] Ex. 30:8-9; Lv. 16:13; Lc. 1:9-10
4[b] Ap. 6:9-10
5[a] Lv. 16:12; Nm. 16:46; Is. 6:6; cfr. Lv. 10:1
5[b] cfr. Gn. 19:24; Ez. 10:2
5[c] Ap. 4:5
5[d] Ap. 6:12
6[a] Ap. 8:2
7[a] Ex. 9:18-19, 23-26; Is. 28:2; Ez. 38:22; Sal. 18:12-13
7[b] Jl. 2:30
7[c] Ap. 8:8-12; 9:15, 18; cfr. Zac. 13:8-9
7[d] Ap. 7:1-3
8[a] cfr. Sal. 46:2
8[b] cfr. Ap. 16:4; Ex. 7:17-21

3[4] El incienso representa a Cristo con todo Su mérito, quien es añadido a las oraciones de los santos a fin de que las oraciones ofrecidas por ellos sobre el altar de oro sean aceptables a Dios.

3[5] Lit., diese.

3[6] Cuando se abra el séptimo sello, todavía habrá santos orando en la tierra.

3[7] El altar de oro es el altar del incienso (cfr. Ex. 30:1-9).

4[1] El humo del incienso indica que el incienso es quemado y asciende a Dios con las oraciones de los santos. Esto implica que las oraciones de los santos llegan a ser eficaces y también aceptables a Dios.

4[2] Lit., inciensos.

5[1] Esto implica la respuesta a las oraciones de los santos, especialmente la oración del quinto sello, mencionada en 6:9-11, y la oración mencionada en Lc. 18:7-8. La oración de los santos en este capítulo debe de ofrecerse para el juicio de la tierra, la cual se opone a la economía de Dios. La respuesta a las oraciones de los santos es la ejecución del juicio de Dios sobre la tierra por medio de las siguientes siete trompetas.

5[2] Arrojar fuego a la tierra es ejecutar el juicio de Dios sobre ella. Por consiguiente, los truenos, las voces, los relámpagos y un terremoto ocurrieron como señales del juicio de Dios.

6[1] Las siete trompetas les fueron

9 Y murió la tercera parte de los seres [1]vivientes que
estaban en el mar, y la tercera parte de las naves fue
destruida.

c. La tercera trompeta:
juicio sobre los ríos
8:10-11

10 El tercer ángel tocó la trompeta, y cayó del cielo una
gran [a]estrella, ardiendo como una antorcha, y cayó sobre la
tercera parte de los ríos, y sobre las [b]fuentes de las aguas.
11 Y el nombre de la estrella es [1]Ajenjo. Y la [2]tercera parte
de las aguas se convirtió en [a]ajenjo; y muchos hombres murieron a causa de esas aguas, porque se hicieron amargas.

d. La cuarta trompeta:
juicio sobre el sol, la luna y las estrellas
8:12

12 El [1]cuarto ángel tocó la trompeta, y fue herida la [2]tercera
parte del [a]sol, y la tercera parte de la luna, y la tercera parte
de las estrellas, para que se [b]oscureciese la tercera parte de
ellos, y el día no resplandeciese en su tercera parte, y asimismo la noche.

10[a] Ap. 6:13
10[b] Ap. 14:7; 16:4
11[a] Jer. 9:15; 23:15
12[a] cfr. Ap. 6:12-13; 16:8
12[b] cfr. Ap. 6:12; 16:10; Ex. 10:21-22; Is. 13:10; Ez. 32:7-8; Jl. 2:10, 31; 3:15; Am. 8:9; Mt. 24:29; Mr. 13:24

---

dadas a los siete ángeles (v. 2), pero sólo después de que las oraciones de los santos (vs. 3-5) sean contestadas, los siete ángeles se prepararán para tocar las trompetas. Se requieren las oraciones de los santos, para que la voluntad de Dios en el cielo se lleve a cabo sobre la tierra.

7[1] *La tercera parte de la tierra* se refiere probablemente a ciertas regiones de la tierra que son las más malignas y pecaminosas.

8[1] Se refiere probablemente al mar que colinda con las regiones que obran mal contra Dios. Esta parte del mar también será dañada por el juicio de Dios.

9[1] Lit., que tenían alma.

11[1] Una planta amarga.

11[2] Hoy en día los que se oponen a Dios y los que practican lo malo contra El todavía disfrutan lo que Dios creó. Debido a la oposición maligna del hombre contra Dios, el agua que El creó, la cual es crucial para la vida humana, probablemente será dañada de una manera limitada por el juicio de Dios.

12[1] Las primeras cuatro trompetas, las cuales no constituyen el juicio directo sobre el hombre, forman un grupo, tal como los primeros cuatro sellos. La primera trompeta es un juicio sobre la tierra, incluyendo los árboles y toda la hierba, como el que ocurrió en Egipto (Ex. 9:18-25); la segunda, un juicio sobre el mar, incluyendo los seres vivos y las naves; la tercera, un juicio sobre los ríos y las fuentes de las aguas, como el que ocurrió en Egipto (Ex. 7:17-21); la cuarta, un juicio sobre el sol, la luna y las estrellas, que los hace oscurecer, igual que el de Egipto (Ex. 10:21-23). Mediante los juicios de estas cuatro trompetas, la tercera parte de la tierra, del mar, de los ríos y de los ejércitos celestiales serán dañados hasta el punto de ya no ser útiles para la supervivencia del hombre. En el sexto sello, antes de las siete trompetas, ya se había ejecutado un juicio sobre la tierra y sobre los ejércitos celestiales (6:12-14). El daño causado por ese juicio no

e. La quinta trompeta, el primer ay: juicio sobre los hombres; Satanás y el anticristo cooperan para atormentarlos 8:13—9:11

13 Y miré, y oí a un [a]águila que volaba por [b]en medio del
cielo, diciendo a gran voz: ¡[1c]Ay, ay, ay, de los que [d]moran en
la tierra, a causa de los restantes toques de trompeta, los
cuales están para sonar los [e]tres ángeles!

CAPITULO 9

1 El quinto ángel tocó la trompeta, y vi una [1a]estrella que
[b]cayó del cielo a la tierra; y se le dio la [c]llave del pozo del
[2d]abismo.

2 Y abrió el pozo del abismo, y subió [a]humo del pozo como
humo de un gran horno; y se oscureció el [b]sol y el aire por el
humo del pozo.

3 Y del humo salieron [1a]langostas a la tierra; y se les dio
[2]poder, como tienen [2]poder los [b]escorpiones de la tierra.

4 Y se les dijo que no dañasen a la hierba de la tierra, ni
a cosa verde alguna, ni a ningún árbol, sino a los [1]hombres
que no tuviesen el [a]sello de Dios en sus frentes.

13[a] cfr. Ap. 12:14
13[b] Ap. 14:6
13[c] Ap. 9:12; 11:14; 12:12
13[d] Ap. 3:10
13[e] Ap. 9:1, 13; 11:15
1[a] Is. 14:12; cfr. Ap. 12:4; Job 38:7
1[b] Lc. 10:18; Ap. 12:9-10
1[c] Ap. 20:1; cfr. Ap. 1:18
1[d] Ap. 9:2, 11; 11:7; 17:8; 20:1, 3; Lc. 8:31; Ro. 10:7
2[a] Jl. 2:30; cfr. Ap. 18:8-9, 18; 19:3; Gn. 19:28; Dt. 29:23
2[b] Ap. 8:12
3[a] Ap. 9:7; cfr. Ex. 10:12-15; Jl. 2:25, 2-11

---

fue tan definido como el daño causado por las primeras cuatro trompetas. Al sonar la séptima trompeta, habrá más juicios sobre la tierra, el mar, los ríos y el sol por medio de las siete copas (16:1-21). Esos serán los juicios más severos de Dios sobre la tierra y el cielo.

12[2] Se refiere probablemente a la parte del sol que brilla sobre las regiones malignas de la tierra (cfr. Mt. 5:45). Dios sabe qué parte es, y esa parte será arruinada por el juicio de Dios.

13[1] Las últimas tres trompetas serán los últimos tres ayes (9:12; 11:14) de la gran tribulación (Mt. 24:21), los cuales ocurrirán en la segunda mitad de la septuagésima semana (Dn. 9:27), un período de tres años y medio (Dn. 7:25; 12:7; Ap. 12:14), es decir, cuarenta y dos meses (11:2; 13:5), o mil doscientos sesenta días (11:3; 12:6).

1[1] Esta estrella representa a Satanás, quien será arrojado del cielo a la tierra. Los ángeles son asemejados a estrellas (Job 38:7; Ap. 12:4). Satanás, como arcángel, era el lucero de la mañana (Is. 14:12, lit.). En Lc. 10:18 se menciona el juicio dictado sobre él. Aquí y en 12:9-10 vemos la ejecución de dicho juicio.

1[2] El abismo es la morada de los demonios (Lc. 8:31).

3[1] Estas langostas no son como las mencionadas en Ex. 10:12-15, dado que éstas tienen colas como escorpiones, y también aguijones, y dañan a los hombres (v. 10). Han de estar poseídas por demonios, porque salen del humo que proviene del pozo del abismo, la morada de los demonios (v. 2).

3[2] Lit., autoridad. Así también en los vs. 10, 19.

4[1] Las plagas de las primeras cuatro trompetas no fueron dirigidas al hombre, mientras que los ayes de las

---

3[b] Ap. 9:5, 10; cfr. 2 Cr. 10:11, 14; Lc. 10:19 **4**[a] Ap. 7:3

5 Y les fue dado, no que los matasen, sino que los ator-
mentasen [a]cinco meses; y su tormento era como tormento de
escorpión cuando hiere al hombre.
6 En aquellos días los hombres [a]buscarán la muerte,
pero no la hallarán; y ansiarán morir, pero la muerte huirá
de ellos.
7 Y [1]las [2a]langostas eran semejantes a caballos preparados para la [b]guerra; en las cabezas *tenían* como coronas de
oro; sus caras eran como caras de hombres;
8 tenían cabello como cabello de mujer; sus [a]dientes eran
como de leones;
9 tenían corazas como corazas de hierro; el [a]ruido de sus
alas era como el estruendo de carros de muchos caballos
corriendo a la batalla;
10 tenían [a]colas como de escorpiones, y también aguijones; y en sus colas tenían poder para dañar a los hombres
durante [b]cinco meses.
11 Y tienen por [a]rey sobre ellos al [1]ángel del [b]abismo, cuyo
nombre en hebreo es [2]Abadón, y en griego tiene por nombre
[3]Apolión.

5a Ap. 9:10
6a cfr. Jer. 8:3
7a Jl. 2:4
7b Jl. 2:4-11
8a Jl. 1:6
9a Jl. 2:5
10a cfr. Ap. 9:19
10b Ap. 9:5
11a Ap. 17:12b
11b Ap. 9:1; 11:7; 17:8

f. La sexta trompeta, el segundo ay: juicio adicional sobre los hombres; doscientos millones de jinetes matan a la tercera parte de ellos 9:12-21

12 El [1a]primer ay pasó; he aquí, vienen aún [2b]dos ayes
después de esto.

12a Ap. 8:13
12b Ap. 11:14

últimas tres trompetas sí. Los israelitas que tengan el sello de Dios en sus frentes serán los únicos que no sufrirán el daño infligido por las langostas poseídas por demonios (7:3-8).

7[1] Lit., el aspecto de las langostas era semejante.

7[2] Los vs. 7-9 son muy similares a lo que se dijo a Israel en Jl. 2:4-5, 25; 1:6. Esto, junto con el hecho de que los israelitas necesitan ser sellados por Dios (7:3-8) para escapar del daño infligido por las langostas, tal vez indique que el ay de la quinta trompeta vendrá específicamente sobre los israelitas.

11[1] El ángel del abismo es la bestia, el anticristo, el cual emergerá del pozo del abismo (11:7; 17:8).

11[2] La palabra hebrea significa *destrucción;* también es usada en Job 26:6; 28:22; Pr. 15:11.

11[3] La palabra griega significa *destructor.* Como destructor, el anticristo causará gran devastación (Dn. 8:23-25).

12[1] En el primer ay, el de la quinta trompeta, Satanás cae del cielo a la tierra, y el anticristo sube del abismo, y los dos actúan conjuntamente para atormentar al hombre. El ay de la quinta trompeta debe de ser el principio de los ayes más severos de la gran tribulación (Mt. 24:21; véase la nota 2[4] del cap. 11), puesto que en la quinta trompeta Satanás cae del cielo para dañar la tierra y perseguir al pueblo de Dios por tres años y medio (12:10, 12-17, 6); y dado que al mismo tiempo (los últimos tres años y medio) el

13 El sexto ángel tocó la trompeta, y oí una voz de entre
los cuatro cuernos del [1a]altar de oro que está delante de Dios,
14 diciendo al sexto ángel que tenía la trompeta: Desata
a los cuatro ángeles que están atados junto al gran río
[a]Eufrates.
15 Y fueron desatados los cuatro ángeles que estaban
preparados [1]para la hora, día, mes y año, a fin de matar a la
[a]tercera parte de los hombres.
16 Y el número de los ejércitos de los [1]jinetes era doscientos millones. Yo oí su número.
17 Así vi en visión los caballos y a los que montaban sobre
ellos, los cuales tenían corazas de [a]fuego, de jacinto y de
[b]azufre. Y las cabezas de los caballos eran como cabezas de
leones; y de su boca salían fuego, [c]humo y azufre.
18 Por estas tres [a]plagas fue muerta la tercera parte de los
hombres; por el fuego, el humo y el azufre que salían de su
boca.
19 Pues el poder de los caballos estaba en sus bocas y en
sus [a]colas; porque sus colas, semejantes a [1b]serpientes, tenían cabezas, y con ellas dañaban.
20 Y los otros hombres que no fueron muertos con estas
plagas, [a]ni aun así se [1]arrepintieron de las [b]obras de sus

13[a] Ap. 8:3
14[a] Ap. 16:12; Gn. 2:14; 15:18; Dt. 1:7; Jos. 1:4
15[a] Ap. 8:7
17[a] Ap. 20:15; 21:8
17[b] Ap. 9:18; 14:10; 19:20; 20:10; 21:8
17[c] Ap. 9:2
18[a] cfr. Ap. 15:1
19[a] cfr. Ap. 9:10
19[b] cfr. Nm. 21:6; Ap. 12:9; 20:2; Gn. 3:1; Lc. 10:19
20[a] cfr. Ap. 2:21
20[b] Dt. 4:28; Jer. 1:16; Mi. 5:13; Hch. 7:41

anticristo sube del abismo para colaborar con Satanás en atormentar a los hombres, perseguir a los santos y blasfemar contra Dios (13:5-7; 11:7); y puesto que en esos mismos tres años y medio la santa ciudad, Jerusalén, es entregada a los gentiles para destrucción (11:2). El segundo ay, el de la sexta trompeta, y el tercero, el de la séptima trompeta (8:13; 9:12; 11:14), han de formar también dos de los ayes más severos de la gran tribulación. Estos tres ayes, junto con el daño ocasionado por el sexto sello y las primeras cuatro trompetas, constituirán una prueba sobre todos los que moran en la tierra (3:10).

12[2] Los dos ayes son la sexta trompeta y el ay de la séptima trompeta (vs. 13-21; 11:14-15), es decir, las siete copas (cap. 16).

13[1] La sangre de la expiación se aplicaba a los cuatro cuernos del altar de oro, el altar del incienso, para expiación (Ex. 30:10), es decir, para redención. La voz que sale de los cuatro cuernos del altar de oro indica que el juicio de Dios sobre el hombre está basado en la redención efectuada por Cristo, es decir, viene porque los hombres no creen en la redención efectuada por Cristo.

15[1] La expresión *para la hora, día, mes y año* indica que los cuatro ángeles han sido preparados para la hora, el día, el mes y el año, en total trece meses, un día y una hora, para matar a los hombres. La matanza durará primero una hora, luego un día, luego un mes, y por último un año.

16[1] Los doscientos millones de jinetes que vienen de donde sale el sol participarán en la batalla de Armagedón (16:12-16; 19:17-21).

19[1] Las colas de estos caballos, las cuales son como serpientes, son más venenosas que las de las langostas, las cuales son como escorpiones (v. 10). Las langostas sólo atormentan a los hombres por cinco meses (vs. 5, 10), mientras que los caballos matan a la tercera parte de los hombres (vs. 15,

manos, ni dejaron de [c]adorar a los demonios, y a los [d]ídolos
de oro, de plata, de bronce, de piedra y de madera, los cuales
[2]no pueden ver, ni oír, ni andar;
21 y [a]no se arrepintieron de sus homicidios, ni de sus
[b]hechicerías, ni de su [c]fornicación, ni de sus hurtos.

CAPITULO 10

g. Las visiones insertadas entre la sexta trompeta y la séptima 10:1—11:13

(1) Cristo viene a tomar posesión de la tierra 10:1-7

1 [1]Vi [a]descender del cielo a [2b]otro Angel fuerte, vestido de
una [c]nube, con el [3d]arco iris sobre Su cabeza; y Su [e]rostro era
como el [4]sol, y Sus [f]pies como [5]columnas de [6]fuego.
2 Tenía en Su mano un [1a]librito abierto; y puso Su [2]pie
derecho sobre el mar, y el izquierdo sobre la tierra;

---

18). Esto significa que el ay de la sexta trompeta es más severo que el de la quinta.

20[1] La meta del juicio de Dios es que el hombre se arrepienta.

20[2] En contraste con Sal. 115:5; 135:16, este versículo no dice que los ídolos no hablan, porque la imagen del anticristo sí habla (13:15).

1[1] La sección 10:1—11:13 es una inserción entre la sexta trompeta y la séptima.

1[2] Aquí el "otro Angel fuerte" así como el mencionado en 7:2; 8:3; 18:1, es Cristo. Ahora El desciende del cielo. Esta visión, la cual forma parte de la inserción encontrada entre la sexta trompeta y la séptima, es un indicio de que antes de la séptima trompeta, Cristo está en camino a la tierra. En esta ocasión El está vestido de una nube y aún no está sobre la nube, en contraste con 14:14 y Mt. 24:30; 26:64. Estar sobre la nube significa venir visiblemente, mientras que estar vestido de una nube significa venir secretamente. Esto indica que incluso después de la sexta trompeta, Cristo viene en secreto, y no visiblemente. El vendrá en secreto hasta que sea visto por todas las tribus de la tierra, como se menciona en 1:7 y Mt. 24:30, cuando venga visiblemente.

1[3] Aquí el arco iris indica que Cristo en Su juicio sobre la tierra guardará el pacto que Dios hizo con Noé tocante a la tierra (Gn. 9:8-17). También indica que Cristo ejecutará el juicio conforme al Dios que se sienta en el trono rodeado por el arco iris (4:2-3), el Dios que es fiel y que guarda el pacto.

1[4] Justo antes de que Cristo venga visiblemente a los pueblos de la tierra, El será como el sol, mientras que para los que le aman y le esperan, es la estrella de la mañana, la cual aparece a la hora más oscura, antes del alba (véase 2:28 y la nota 1; 2 P. 1:19 y la nota 4).

1[5] Aquí las columnas representan firmeza (Jer. 1:18; Gá. 2:9).

1[6] Aquí el fuego simboliza la santidad de Dios (Ex. 19:18; He. 12:29), según la cual Cristo ejecutará Su juicio sobre la tierra.

2[1] Este librito abierto es el libro mencionado en 5:1; sólo Cristo es digno de abrirlo y El lo tomó de la mano de Dios (5:5, 7). Ahora el libro está en Su mano. En 5:1 estaba sellado, mientras que aquí está abierto. Por ser

---

20[c] 1 Co. 10:20-21
20[d] Sal. 115:4-7; 135:15-17; Dn. 5:23
21[a] cfr. Jer. 8:6
21[b] Ap. 18:23; 21:8; 22:15; Ex. 22:18; Lv. 20:27; Dt. 18:10-12; Is. 47:9, 12; Gá. 5:20
21[c] Ap. 2:21; He. 13:4
1[a] Ap. 18:1; 1 Ts. 4:16
1[b] Ap. 7:2
1[c] Ap. 1:7; 14:14; Mt. 24:30; 26:64; Hch. 1:9; 1 Ts. 4:17
1[d] Ap. 4:3
1[e] Ap. 1:16; Mt. 17:2
1[f] Ap. 1:15
2[a] Ap. 10:8-10; 5:1

3 y clamó a gran voz, como [a]ruge un [1b]león; y cuando
hubo clamado, [2]siete [c]truenos emitieron sus voces.
4 Cuando hablaron los siete truenos, yo iba a escribir;
pero oí una [a]voz del cielo que me decía: [b]Sella las cosas que
los siete truenos han dicho, y no las escribas.
5 Y el Angel que vi [a]en pie sobre el mar y sobre la tierra,
[b]levantó Su mano derecha al cielo,
6 y [1]juró por Aquel que [a]vive por los siglos de los siglos,
que [b]creó el cielo y las [2]cosas que están en él, y la tierra y las
[3]cosas que están en ella, y el mar y las [4]cosas que están en
él, que ya no habría más [5c]demora,
7 sino que en los [1]días de la voz del [a]séptimo ángel,
cuando él esté por tocar la trompeta, el [2]misterio de Dios [3]se
[4]consumará, según las [5]buenas nuevas que El [b]anunció a
Sus esclavos los profetas.

3[a] Is. 31:4; Os. 11:10
3[b] Ap. 5:5
3[c] Ap. 4:5; Sal. 29:3-9
4[a] Ap. 10:8
4[b] cfr. Ap. 22:10; Dn. 8:26; 12:4, 9
5[a] Ap. 10:2, 8
5[b] Gn. 14:22; Ex. 6:8; Nm. 14:30; Dt. 32:40; Ez. 20:5; Dn. 12:7
6[a] Ap. 4:9
6[b] Ap. 4:11
6[c] Ap. 6:10-11
7[a] Ap. 11:15
7[b] Hch. 3:21; Is. 2:2-4; 11:1-10; 65:17-20; 66:22

---

solamente una parte del libro, aquí es llamado "un librito". La parte principal del libro ya ha sido revelada.

2[2] Al poner Cristo Sus pies en el mar y en la tierra, los pisa, lo cual significa que toma posesión de ellos (Dt. 11:24; Jos. 1:3; Sal. 8:6-8). Esto indica que Cristo desciende a tomar posesión de la tierra. Solamente El es digno de abrir el libro de la economía de Dios, y únicamente El está calificado para poseer la tierra.

3[1] El rugido de un león es comparado con la ira de un rey (Pr. 19:12; 20:2). Esto indica que Cristo, como Rey de la tierra, es provocado a ira.

3[2] Los siete truenos han de ser las últimas manifestaciones de toda la ira de Dios.

6[1] Jurar es una práctica del Antiguo Testamento, no del Nuevo Testamento (Mt. 5:34-36).

6[2] En el cielo lo más importante de todo lo creado es los ángeles.

6[3] En la tierra lo más importante es el hombre.

6[4] En el mar lo más importante es los demonios.

6[5] Lit., espacio de tiempo. Después de la sexta trompeta, ya no habrá más tiempo de tolerancia en el juicio de Dios sobre la tierra. Por lo tanto, la séptima trompeta es el más severo de los juicios de Dios. Representa la consumación de la respuesta de Dios a la oración de los santos mártires en 6:10.

7[1] La voz de la séptima trompeta durará varios días.

7[2] En las dispensaciones transcurridas desde Adán hasta Moisés y desde Moisés hasta Cristo, todo fue revelado y manifestado, y no había ningún misterio. Pasará lo mismo en la dispensación del reino milenario y en el cielo nuevo y la tierra nueva: todo será revelado y ya no habrá misterio. Sin embargo, en la dispensación transcurrida desde Cristo hasta el reino milenario todo es misterioso. La encarnación de Cristo, como principio de esta dispensación misteriosa, es un misterio (1 Ti. 3:16). Cristo mismo es un misterio (Col. 2:2), así como la iglesia (Ef. 3:4-6), el reino de los cielos (Mt. 13:11), el evangelio (Ef. 6:19), el hecho de que Cristo more en los creyentes (Col. 1:26-27), y la resurrección y transfiguración de los santos que ocurrirá al final de esta dispensación misteriosa (1 Co. 15:51-52). Todos estos misterios estaban escondidos en los tiempos de las edades (Ro. 16:25; Ef. 3:5; Col. 1:26) y se completarán, acabarán, y se habrán terminado cuando haya sonado la séptima trompeta.

7[3] Al tocarse la séptima trompeta, se consumará no sólo el juicio de

(2) A Juan se le manda profetizar otra vez
10:8-11

8 La [a]voz que oí del cielo habló otra vez conmigo, y dijo:
Ve y toma el [b]librito que está abierto en la mano del Angel
que está [c]en pie sobre el mar y sobre la tierra.
9 Y fui al Angel, diciéndole que me diese el librito. Y El
me dijo: Toma, y [a]cómetelo entero; y te amargará el vientre,
pero en tu boca será [b]dulce como la miel.
10 Entonces tomé el librito de la mano del Angel, y me lo
[1]comí entero; y era [2]dulce en mi boca como la miel, pero
cuando lo hube comido, amargó mi vientre.
11 Y [1]ellos me dijeron: Es necesario que profetices [2]otra
vez sobre muchos [a]pueblos, naciones, lenguas y reyes.

CAPITULO 11

(3) El templo es medido, y el atrio es desechado:
el templo celestial es santificado y preservado,
y el terrenal es entregado a los gentiles
11:1-2

1 Entonces me fue dada una [1a]caña semejante a una
[1]vara, *y* se me dijo: Levántate, y [2b]mide el [3c]templo de Dios,
y el [4d]altar, y a los que [e]adoran en él.

8[a] Ap. 10:4
8[b] Ap. 10:2
8[c] Ap. 10:2, 5
9[a] Ez. 2:8-9; 3:1-3; Jer. 15:16
9[b] Ez. 3:3; Sal. 119:103
11[a] Ap. 11:9; 17:15
1[a] Ap. 21:15; Ez. 40:3
1[b] Ap. 21:15; Ez. 40:5; 42:15-20; Zac. 2:2
1[c] Ap. 11:19; 3:12; 7:15; 14:15, 17; 15:5, 6, 8; 16:1; 21:22
1[d] Ap. 8:3; 9:13
1[e] Ap. 7:9-10

la ira de Dios sobre la tierra, sino también el misterio de Dios.

7[4] O, completará.

7[5] En la séptima trompeta, se cumplirán las buenas nuevas que Dios anunció a Sus propios siervos los profetas, como en Is. 2:2-4; 11:1-10; 65:17-20; 66:22, es decir, el reino en su manifestación vendrá (11:15) y luego el cielo nuevo y la tierra nueva con la Nueva Jerusalén (21:1-3).

10[1] El escritor no sólo recibió el librito, sino que también se lo comió. Comer algo significa recibirlo en nuestro ser. Debemos recibir la revelación divina, especialmente el libro de Apocalipsis, de esta manera. Tanto Jeremías como Ezequiel hicieron esto (Jer. 15:16; Ez. 2:8; 3:1-3).

10[2] Cuando recibimos la revelación divina, al comerla es dulce a nuestro paladar, pero se vuelve amarga mientras la digerimos, o sea, al experimentarla.

11[1] Se refiere a los ángeles.

11[2] La profecía de este libro se compone de dos secciones. La primera abarca desde el primer sello hasta la sexta trompeta (caps. 6—10) y es la parte secreta. La segunda abarca desde la séptima trompeta hasta el cielo nuevo y la tierra nueva (caps. 11—22) y es la parte manifiesta. Juan profetizó en la primera sección. El tiene que profetizar *otra vez*, es decir, profetizar en la segunda sección de la profecía de este libro, la sección acerca de la venida de Cristo a poseer la tierra como Su reino (11:15). Este es el contenido del librito, la última parte de la economía de Dios.

1[1] Una caña, como se menciona en 21:15 y Ez. 40:3; 42:16-19, se usa para medir y tiene como fin tomar posesión, mientras que una vara implica castigo (Pr. 10:13; Is. 10:5; 11:4). Por consiguiente, la expresión *una caña semejante a una vara* denota la idea de medir con castigo a fin de tomar posesión.

2 Pero el [1a]atrio que está fuera del [2]templo deséchalo, y no lo midas, porque ha sido entregado a los [b]gentiles; y ellos hollarán la [3c]ciudad santa [4d]cuarenta y dos meses.

(4) Los dos testigos: Moisés y Elías
11:3-12

3 Y [1]daré a Mis [2]dos [a]testigos que profeticen por [3b]mil doscientos sesenta días, vestidos de [4c]cilicio.
4 Estos son los [a]dos [1]olivos, y los dos [2b]candeleros que están en pie delante del [c]Señor de la tierra.

2[a] Ex. 27:9, 18; Ez. 40:17
2[b] Lc. 21:24
2[c] Is. 52:1; Mt. 27:53
2[d] Ap. 13:5; Dn. 7:25; 12:7
3[a] cfr. Ap. 1:5; 2:13
3[b] Ap. 12:6; cfr. Dn. 12:11-12
3[c] 2 S. 3:31; 2 R. 19:1; Jl. 1:13
4[a] Zac. 4:3, 11, 14
4[b] Zac. 4:2; cfr. Ap. 1:20
4[c] Zac. 4:14; Mi. 4:13

1[2] Es decir, santifica, preserva y posee (Nm. 35:2, 5; Ez. 45:1-3; 42:15, 20; 48:8, 12, 15). Medir el templo de Dios y el altar del incienso en los cielos indica que durante la gran tribulación los cielos no sufrirán daño, porque en esos tres años y medio Satanás será arrojado del cielo a la tierra.

1[3] La palabra griega se refiere al templo interior.

1[4] Aquí el altar es el altar de oro donde se quema incienso, porque está en el templo; no es el altar de bronce donde se ofrecen sacrificios, ubicado en el atrio que está fuera del templo (v. 2).

2[1] El atrio está en la tierra. El templo terrenal y la Jerusalén terrenal serán entregados al anticristo y a los gentiles para ser hollados.

2[2] Véase la nota 1[3].

2[3] La ciudad santa aquí mencionada es la Jerusalén terrenal (Is. 52:1; Mt. 27:53).

2[4] Al final de esta era el anticristo hará un pacto firme con los judíos por una semana (siete años), la última semana de las setenta que Dios asignó a la nación judía en Dn. 9:24-27. A la mitad de la última semana (es decir, después de la primera mitad de los siete años) el anticristo romperá el pacto y pondrá fin a la adoración a Dios (Dn. 9:27). Luego blasfemará contra Dios y perseguirá al pueblo de Dios por tres años y medio (13:5-7; Dn. 7:25; 12:7), los cuales constituyen los cuarenta y dos meses mencionados aquí y la segunda mitad de la última semana mencionada en Dn. 9:27, durante la cual el anticristo también destruirá la ciudad santa, Jerusalén. Según Mt. 24:15 y 21, estos últimos tres años y medio deben de ser el período de la gran tribulación, la cual viene como prueba sobre los moradores de la tierra (3:10).

3[1] O, causaré.

3[2] El testimonio de dos testigos es válido (Dt. 17:6; 19:15; Mt. 18:16). Aquí los dos testigos son Moisés y Elías. Lo que ellos hacen en los vs. 5-6 es lo mismo que hicieron Moisés y Elías (Ex. 7:17, 19; 9:14; 11:1; 2 R. 1:10-12; 1 R. 17:1). Moisés y Elías se aparecieron ante el Señor en el monte de la transfiguración (Mt. 17:1-3). Moisés y Elías representan la ley y los profetas respectivamente (Lc. 16:16), y ambos testificaron por Dios. La misión de Elías fue predicha (Mal. 4:5; Mt. 17:11). Ellos son los dos olivos, los dos hijos de aceite, mencionados en Zac. 4:3, 11-14 (véase la nota 9[2] de Mt. 25).

3[3] Estos son los cuarenta y dos meses mencionados en el v. 2, el período en el cual el anticristo blasfemará contra Dios (13:5-6) y perseguirá a Su pueblo (12:6, 14). Bajo el poder maligno y la persecución del anticristo, los dos testigos profetizarán, hablarán por Dios, y testificarán contra las malas obras del anticristo.

3[4] El cilicio es un símbolo de luto (2 S. 3:31). Los dos testigos usarán vestidos de luto como advertencia para los moradores de la tierra, exhortándoles a no adorar al anticristo para que sean librados del juicio de Dios.

4[1] Los olivos producen aceite para las lámparas. El aceite simboliza al Espíritu Santo. En Zac. 4:14 estos

5 Si alguno quiere dañarlos, sale [a]fuego de la boca de
ellos, y devora a sus enemigos; y si alguno quiere hacerles
daño, debe morir él de la misma manera.
6 Estos tienen potestad para [a]cerrar el cielo, a fin de que
no [b]llueva en los días de su profecía; y tienen potestad sobre
las aguas para convertirlas en [c]sangre, y para herir la tierra
con toda [d]plaga, cuantas veces quieran.
7 Cuando hayan acabado su [1a]testimonio, la [2b]bestia que
sube del [c]abismo hará [d]guerra contra ellos, y los vencerá y
los matará.
8 Y sus cadáveres estarán en la calle de la [1]grande
[a]ciudad que en sentido espiritual se llama [2b]Sodoma y [c]Egip-
to, [d]donde también fue crucificado el Señor de ellos.
9 Y los de los [a]pueblos, tribus, lenguas y naciones verán
sus cadáveres por tres días y medio, y no permitirán que sus
[b]cadáveres sean puestos en sepulcro.
10 Y los [a]moradores de la tierra se regocijarán sobre ellos
y se alegrarán, y se enviarán regalos unos a otros; porque
estos dos profetas habían atormentado a los moradores de la
tierra.
11 Pero después de [1]tres días y medio entró en ellos el
[2a]aliento de vida que venía de Dios, y se [3]levantaron sobre
sus pies, y cayó gran temor sobre los que los vieron.
12 Y oyeron una gran voz del cielo, que les decía: Subid
acá. Y [1a]subieron al cielo en una nube; y sus enemigos los
vieron.

5[a] 2 R. 1:10-12; Lc. 9:54
6[a] Lc. 4:25
6[b] 1 R. 17:1; Jac. 5:17
6[c] Ex. 7:17, 19
6[d] Ex. 9:14; 11:1
7[a] Ap. 1:2, 9; 6:9; 12:11
7[b] Ap. 13:1
7[c] Ap. 17:8; 9:11
7[d] Ap. 13:7; Dn. 7:21
8[a] Ap. 11:2
8[b] Gn. 18:20; Is. 1:9-10; 3:9; Jer. 23:14; Ro. 9:29
8[c] Ez. 23:3, 8, 19, 27
8[d] Jn. 19:17-18; He. 13:12
9[a] Ap. 17:15
9[b] cfr. Sal. 79:2-3
10[a] Ap. 3:10
11[a] Gn. 2:7; Ez. 37:5, 9, 10, 14
12[a] cfr. 2 R. 2:11; Hch. 1:9

---

dos testigos son llamados "los dos hijos de aceite" (lit.), lo cual indica que están llenos del Espíritu Santo.

4[2] Los candeleros producen luz por medio del aceite de los olivos. En la era de la iglesia, las iglesias son los candeleros que irradian el testimonio de Dios (1:20), mientras que en los últimos tres años y medio de esta era los dos testigos serán los candeleros que difundirán el testimonio de Dios.

7[1] Durante la gran tribulación los dos testigos darán un adecuado testimonio a favor de Dios (v. 4) y en contra del anticristo.

7[2] Aquí la bestia es el anticristo, quien subirá del abismo (17:8) y del mar (13:1) y quien hará guerra contra los dos testigos y contra los santos (13:7).

8[1] La gran ciudad es la ciudad santa mencionada en el v. 2, la Jerusalén terrenal.

8[2] Después de la restauración de la nación de Israel en 1948, los judíos que regresaron a la tierra de sus padres seguían siendo incrédulos. Israel será tan pecaminoso como Sodoma (cfr. Is. 1:9-10; 3:9; Jer. 23:14) y tan mundano como Egipto (cfr. Ez. 23:3, 8, 19, 27) hasta el regreso de Cristo, su Mesías, cuando todo Israel será salvo (Ro. 11:26).

11[1] Los tres días y medio deben de estar incluidos en los mil doscientos sesenta días en los cuales los dos testigos profetizarán y darán testimonio por el Señor; de otro modo, esos días se extenderían más allá de la gran tribulación.

11[2] O, Espíritu de vida.

11[3] Esto indica que resucitaron. Su

(5) Un gran terremoto:
el tercer terremoto predicho en este libro
11:13

13 En aquella hora hubo un gran [a]terremoto, y la décima
parte de la [1b]ciudad se derrumbó, y por el terremoto murieron siete mil [2]hombres; y los demás se aterrorizaron, y
dieron [c]gloria al [d]Dios del cielo.

h. La séptima trompeta:
el reino eterno de Cristo, el tercer ay que abarca siete copas,
el juicio sobre los muertos, el galardón dado a los profetas,
a los santos, y a los que temen a Dios,
y la destrucción de los que destruyen la tierra
11:14-18

14 El segundo [a]ay pasó; he aquí, el [1b]tercer ay viene
pronto.
15 El [1a]séptimo ángel [2b]tocó la trompeta, y hubo grandes
[c]voces en el cielo, que decían: El [3d]reinado sobre el mundo ha
[e]pasado a nuestro Señor y a [f]Su Cristo; y El [4g]reinará por los
siglos de los siglos.

13[a] Ap. 6:12
13[b] Ap. 11:2, 8
13[c] Ap. 14:7
13[d] Ap. 16:11; Es. 5:11; Sal. 136:26; Dn. 2:19, 44
14[a] Ap. 8:13; 9:12
14[b] Ap. 11:15; 16:1
15[a] Ap. 10:7
15[b] 1 Co. 15:52; 1 Ts. 4:16
15[c] cfr. Ap. 16:17; 19:1
15[d] Mt. 4:8
15[e] Ap. 12:10; Dn. 2:44
15[f] Hch. 4:26
15[g] Ap. 19:6; 20:4, 6; Sal. 146:10; Lc. 1:33

---

resurrección es distinta de la predicha en 1 Ts. 4:16.

12[1] Esto indica que ellos fueron arrebatados. Su muerte, su resurrección y su arrebatamiento forman parte de su testimonio, y todo eso debe de haber ocurrido en los mil doscientos sesenta días de su ministerio. Así que, han de haber sido arrebatados en el último día de su ministerio, el cual también es el último día de la gran tribulación. Sucederá el mismo día del arrebatamiento predicho en 1 Ts. 4:17, y quizá ocurra al mismo tiempo o después.

13[1] Esta ciudad es la gran ciudad mencionada en el v. 8, Jerusalén. Una décima parte de la ciudad de Jerusalén se derrumbó debido al terremoto mencionado en este versículo. En el último terremoto, la ciudad quedará dividida en tres partes, como lo menciona 16:19.

13[2] Lit., nombres de hombres; denota personas de renombre.

14[1] El tercer ay es una parte del contenido negativo de la séptima trompeta (véase la nota 15[1]), la cual consta de las siete copas de la ira de Dios (cap. 16). Puesto que el toque de la séptima trompeta es mencionado después de la visión acerca de la destrucción de Jerusalén durante los últimos tres años y medio (v. 2), y puesto que las siete copas son las últimas plagas de la consumación de la ira de Dios (15:1; 16:1), el ay de la séptima trompeta debe de marcar el final de la gran tribulación (Mt. 24:21). Véase la nota 12[1] del cap. 9 y la nota 2[4] de este capítulo.

15[1] La séptima y última trompeta (1 Co. 15:52), tiene dos aspectos, uno negativo y otro positivo.

El aspecto negativo incluye (1) las últimas plagas, las plagas de las siete copas en las cuales se consuma la ira de Dios (15:1; 16:1-21) como el último ay para los moradores de la tierra (8:13; 9:12; 11:14), véase el v. 18; y (2) la destrucción de los que destruyen la tierra, inmediatamente después del regreso del Señor a la tierra (17:14; 18:1-2; 19:19—20:3), véase el v. 18.

El aspecto positivo incluye (1) la venida del reino eterno de Cristo, el cual es el reino en su manifestación, véanse los vs. 15, 17; (2) el juicio de

16 Y los [a]veinticuatro ancianos que están sentados delante de Dios en sus tronos, se postraron sobre sus rostros, y
adoraron a Dios,
17 diciendo: Te damos gracias, [a]Señor Dios Todopoderoso,
el que eres y que eras, porque has tomado Tu gran [b]poder, y
has reinado.
18 Y se airaron las [a]naciones, y Tu [1b]ira ha venido, y el
tiempo de juzgar a los [2c]muertos, y de dar el [3d]galardón a Tus
esclavos los profetas, y a los santos, y a los que [4e]temen Tu
nombre, a los pequeños y a los grandes, y de destruir a [5]los
que destruyen la tierra.

16[a] Ap. 4:4
17[a] Ap. 1:8
17[b] Sal. 66:7; Mt. 6:13
18[a] Sal. 2:1; Jl. 3:9-13
18[b] Ap. 16:1; Sal. 2:5; 110:5
18[c] Ap. 20:12; Hch. 10:42; 2 Ti. 4:1
18[d] Ap. 22:12; Mt. 16:27; 1 Co. 3:14; 2 Co. 5:10; He. 10:35
18[e] Ap. 15:4; 19:5; Sal. 115:13

---

los muertos (véase la nota 18[2]) antes de la resurrección de los santos, véase el v. 18; y (3) la entrega del galardón, en el tribunal de Cristo (2 Co. 5:10), a los profetas y a los santos después de la resurrección y el arrebatamiento de los santos (1 Co. 15:23, 52; 1 Ts. 4:16-17), y la entrega del galardón, en el trono de la gloria de Dios (Mt. 25:31-34), a los que temen el nombre de Dios (14:6-7), véase el v. 18.

Por lo tanto, la séptima trompeta comprende todo lo acontecido desde el final de la gran tribulación hasta el comienzo de la eternidad futura, a saber: las plagas finales, es decir, las siete copas (cap. 16); la resurrección y el arrebatamiento de los santos (incluyendo los dos testigos); la recompensa de los santos; las bodas del Cordero (19:7-9); el regreso de Cristo a la tierra; la destrucción del anticristo, del falso profeta, de sus seguidores, de la Babilonia material y de Satanás (18:1—19:4; 19:11—20:3); el reinado en el milenio (20:4-6); el juicio final sobre la tierra y sobre Satanás (20:7-10); el juicio final de los muertos (20:11-15); y la máxima consumación en el cielo nuevo y la tierra nueva con la Nueva Jerusalén por la eternidad (21:1—22:5).

15[2] Al sonar la séptima trompeta, no solamente se terminará la gran tribulación, sino que también concluirá esta era, el misterio de Dios será consumado (10:7), y comenzará otra era, la del reino, el milenio.

15[3] El reino del mundo viene a ser el reino de Cristo a Su regreso, después de que El ejecute Su juicio sobre las naciones (Dn. 7:13-14; 2:44-45).

15[4] Aquí el reinado del Señor por los siglos de los siglos es Su reinado en el milenio y en el cielo nuevo y en la tierra nueva por la eternidad (22:5). Esto indica que la séptima trompeta incluye el cielo nuevo y la tierra nueva con la Nueva Jerusalén.

18[1] Esta ira se refiere a la ira contenida en las siete copas del cap. 16, las cuales forman parte del contenido negativo de la séptima trompeta.

18[2] Puesto que *el tiempo de juzgar a los muertos* se menciona antes de *dar el galardón a Tus esclavos*... lo primero no debe de referirse al juicio de los muertos en el gran trono blanco después del milenio (Ap. 20:11-15). Más bien, se refiere al hecho de que al final de esta era, antes del milenio, según Jn. 5:27-29, los muertos serán juzgados para determinar quiénes tendrán parte en la resurrección de vida antes del milenio (1 Co. 15:23; Ap. 20:4-6) y quiénes resucitarán para condenación después del milenio (Ap. 20:11-12).

18[3] El galardón será dado por el Señor a Sus fieles cuando El regrese (22:12; Mt. 16:27). Después de la resurrección y el arrebatamiento de los santos (1 Co. 15:23, 52; 1 Ts. 4:16-17), Cristo en Su tribunal juzgará a los profetas y a los santos (2 Co. 5:10) para determinar quiénes de entre los salvos son dignos de recibir un galardón y quiénes necesitan recibir más disciplina.

18[4] Los que temen el nombre de

i. La escena en el cielo
después de que se toca la séptima trompeta:
el templo es abierto, y el Arca queda a la vista
11:19

19 Y fue abierto el [1a]templo de Dios que está en el cielo, y
el [b]Arca de Su Pacto se veía en Su [1]templo. Y hubo [c]relámpa-
gos, voces, truenos, un [2]terremoto y grande [d]granizo.

19a Ap. 11:1; 15:5
19b Ex. 40:3; He. 9:4
19c Ap. 4:5; 8:5; 16:18
19d Ap. 16:21

CAPITULO 12

B. La segunda sección: detalles de los asuntos importantes
y cruciales presentados en la primera sección
12:1—22:5

1. Una mujer que da a luz un hijo varón,
y un gran dragón escarlata, Satanás
12:1-18

a. La mujer con dolores de parto
vs. 1-2

1 Apareció en el cielo una gran [a]señal: una [1b]mujer
vestida del [c]sol, con la luna debajo de sus pies, y sobre su
cabeza una corona de doce estrellas.

1a Ap. 1:1
1b Gn. 3:15; Ap. 21:2; cfr. Ap. 17:3
1c Gn. 37:9

Dios son las "ovejas" mencionadas en Mt. 25:33-40. Ellos son los que pondrán atención al evangelio eterno, temiendo a Dios y adorándole, sin adorar al anticristo ni a su imagen (14:6-7). Durante la gran tribulación ellos cuidarán al pueblo del Señor, Sus hermanos pequeños (los creyentes que sufren persecución y los judíos que temen a Dios, quienes estarán en gran necesidad). Por consiguiente, serán trasladados al reino milenario para ser allí las naciones sobre la tierra (2:26; 12:5).

18[5] Los que destruyen la tierra son Babilonia la Grande (18:2-3), el anticristo (13:3), el falso profeta (13:14), Satanás (20:7-10) y los que los siguen (17:12-14; 19:19; 20:8-9). Todos ellos serán destruidos en el período de la séptima trompeta.

19[1] La palabra griega se refiere al templo interior. Este versículo es seguido por 15:5. Por un lado, el trono con el arco iris (4:2-3) es el centro de todos los juicios ejecutados sobre la tierra en los caps. 6—11, mientras que, por otro, el templo con el Arca es el centro de todos los logros de Dios en el universo alcanzados en los caps. 12—22.

19[2] En este libro se predicen cuatro terremotos. El primero, en 6:12, ocurre en el tiempo del sexto sello; el segundo, en 8:5, antes de las siete trompetas; el tercero, en 11:13, al momento del arrebatamiento de los dos testigos, lo cual debe de acontecer en el día que se toque la séptima trompeta, antes de que sea derramado el contenido de las siete copas; y el cuarto, en este versículo, todavía en el período de la séptima trompeta, es decir, en 16:17-20, en el tiempo de la séptima copa, la cual constituye la calamidad más severa del contenido negativo de la séptima trompeta.

1[1] La primera sección de este libro, compuesta de los primeros once capítulos, abarca todas las cosas que ocurren desde la ascensión de Cristo hasta el comienzo de la eternidad. La segunda sección, compuesta de los últimos once capítulos, proporciona

2 Estaba [1]encinta, y [2]clamaba [3a]con dolores de parto, en
la [b]angustia del alumbramiento.

b. El gran dragón escarlata en contra de la mujer
vs. 3-4

3 También apareció otra señal en el cielo: he aquí un
gran [1a]dragón escarlata, que tenía [2b]siete cabezas y diez
cuernos, y en sus cabezas [3]siete [c]diademas;

2[a] Gá. 4:19
2[b] Col. 1:24
3[a] Ap. 13:2; 16:13; 20:2
3[b] Ap. 13:1; 17:3, 7, 9, 12
3[c] cfr. Ap. 13:1

detalles de los asuntos importantes y cruciales que ocurren desde los últimos tres años y medio de la era presente, lo cual será el período de la gran tribulación, hasta la era eterna del cielo nuevo y la tierra nueva. El primer asunto importante y crucial revelado en esta sección es una mujer que da a luz un hijo varón.

Esta mujer está "vestida del sol, con la luna debajo de sus pies, y sobre su cabeza una corona de doce estrellas". En Gn. 37:9, José en su sueño vio el sol, la luna y once estrellas, lo cual representa a su padre, a su madre y a sus once hermanos. Allí el sol, la luna y las once estrellas, y José mismo, representaban la totalidad del pueblo de Dios en la tierra. Basándonos en el principio establecido por ese sueño, vemos que aquí el sol, la luna y las doce estrellas deben de representar la totalidad del pueblo de Dios en la tierra, el cual es simbolizado aquí por una mujer. La mayor parte de su ser está vestida del sol. El sol representa el pueblo de Dios en la era del Nuevo Testamento. La era previa a la venida de Cristo al mundo constituyó la noche oscura de la era del Antiguo Testamento. Cuando Cristo como el sol naciente vino desde lo alto (Lc. 1:78), llegó la era del sol. Antes de eso, transcurría la era de la luna, la cual representa el pueblo de Dios en los tiempos del Antiguo Testamento. La luna está debajo de los pies de la mujer, porque la era de la luna equivalía a la de la ley, la cual no debía ser exaltada como lo son las estrellas. Las estrellas, que representan los patriarcas, esto es, el pueblo de Dios antes de que la ley fuese dada, forman una corona sobre la cabeza de la mujer. **Todos aquellos que conforman el pueblo de Dios en estas tres edades constituyen esta mujer y son portadores de luz. Por tanto, ella es la mujer que brilla y resplandece por todas las generaciones.**

2[1] El niño que iba a tener, por ser un hijo varón (v. 5), representa la parte fuerte del pueblo de Dios. A través de todas las generaciones ha habido entre el pueblo de Dios algunos más fuertes que otros. La Biblia los considera una unidad colectiva que pelea la batalla por Dios y trae el reino de Dios a la tierra.

2[2] Aquí clamar es orar.

2[3] *Con dolores de parto, en la angustia del alumbramiento* significa que por todas las generaciones el pueblo de Dios ha sufrido la angustia del alumbramiento (Is. 26:17-18; Jer. 6:24; 13:21; 30:6; Mi. 4:9-10; 5:3; Gá. 4:19) para dar a luz al hijo varón que peleará por el reino de Dios.

3[1] El dragón representa a Satanás (v. 9). En Gn. 3 Satanás era una serpiente, una criatura pequeña y astuta. Aquí se ha convertido en un dragón, cruel y mucho más grande que una serpiente. Por consiguiente, es llamado "un gran dragón escarlata". Aquí el color escarlata simboliza el derramamiento de sangre causado por los homicidios de Satanás (Jn. 8:44).

3[2] Las siete cabezas y los diez cuernos son los de la bestia, el anticristo (13:1). Esto indica que el dragón y la bestia son uno, y muestra que el anticristo es la corporificación de Satanás.

3[3] Las siete diademas representan la gloria de los siete reinados extraordinarios de los césares. Por ser uno con Satanás estos siete césares, cada

4a Job 38:7; Is. 14:12
4b 1 P. 5:8

4 y su cola arrastraba la tercera parte de las [1a]estrellas
del cielo, y las arrojó sobre la tierra. Y el [2]dragón se paró
frente a la mujer que estaba para dar a luz, a fin de [b]devorar
a su hijo tan pronto como lo diese a luz.

c. El hijo varón nace y es arrebatado a Dios y a Su trono
v. 5

5a Ap. 2:27

5 Y ella [1]dio a luz un [2]hijo varón, que [a]pastoreará con
vara de hierro a todas las naciones; y su hijo fue [3]arrebatado
a Dios y a Su trono.

d. La mujer huye
v. 6

6a Ap. 11:3

6 Y la mujer huyó al [1]desierto, donde tiene lugar preparado por Dios, para que allí la sustenten por [a]mil doscientos
sesenta días.

---

uno se creía divino, afirmaba ser Dios, y forzaba al pueblo a que le adorara como a Dios.

4[1] Aquí las estrellas del cielo representan a los ángeles (Job 38:7; Is. 14:12). La tercera parte de las estrellas del cielo deben de ser los ángeles caídos, quienes siguieron a Satanás en su rebelión contra Dios. Todos ellos serán arrastrados por Satanás y como ángeles suyos serán arrojados a la tierra junto con él (v. 9). Por lo tanto, en ese entonces la tierra se llenará de estos ángeles caídos, quienes dañarán la morada de los que se rebelan contra Dios. La tierra se convertirá así en un lugar espantoso.

4[2] El dragón se paró frente a la mujer, lo cual significa que Satanás siempre se opone al pueblo de Dios. Desde los tiempos de Gn. 3:15 hasta hoy, Satanás, la serpiente antigua, ha peleado continuamente contra la mujer con la intención de devorar a su hijo.

5[1] Implica resurrección, como en Hch. 13:33-34. El hijo varón está compuesto de los santos vencedores que han muerto y resucitado. Esto se comprueba por la expresión *hasta la muerte* en el v. 11.

5[2] En la Biblia la mujer representa la parte débil, y el hombre representa la parte fuerte (1 P. 3:7). Por lo tanto, aquí el hijo varón representa la parte fuerte del pueblo de Dios. El hijo varón pastoreará con vara de hierro a todas las naciones, lo cual indica que el hijo varón está compuesto de los vencedores, como lo menciona 2:26-27.

5[3] Véase la nota 17[1] de 1 Ts. 4. El arrebatamiento del hijo varón difiere del arrebatamiento de la mayoría de los creyentes, el cual se menciona en 1 Ts. 4:17. Allí la mayoría de los creyentes son arrebatados (1) al aire, (2) cuando suena la trompeta final (1 Co. 15:52; 1 Ts. 4:16), que es la séptima trompeta (11:15). En cambio, aquí el hijo varón es arrebatado (1) al trono de Dios, (2) antes de los mil doscientos sesenta días, que es el tiempo de la gran tribulación de tres años y medio (cuarenta y dos meses, v. 14; 13:5; 11:2), a partir del sexto sello, antes de la quinta trompeta (9:1).

6[1] Después del arrebatamiento del hijo varón, la mujer es dejada sobre la tierra para sufrir persecución (v. 13). Durante la gran tribulación, Dios preparará un lugar donde ella podrá ser sustentada por mil doscientos sesenta días antes de que El introduzca a Su pueblo en el reino milenario. (Esto es similar al caso en que Faraón persiguió a los hijos de Israel, y Dios los llevó al desierto, donde los sustentó antes de introducirlos en la buena tierra.) La mujer (la mayoría de los

e. La guerra en el cielo
vs. 7-9

7 Después estalló una [1]guerra en el cielo: [2a]Miguel y sus ángeles pelearon contra el dragón; y pelearon el dragón y [3b]sus ángeles;
8 pero no prevalecieron, ni se halló ya lugar para ellos en el cielo.
9 Y fue [1]arrojado el gran dragón, la [2a]serpiente antigua, que se llama el [3b]diablo y [4c]Satanás, el cual [d]engaña a toda la tierra habitada; fue [e]arrojado a la tierra, y sus ángeles fueron arrojados con él.

f. El grito de triunfo en el cielo
vs. 10-12

10 Entonces oí una gran voz en el cielo, que decía: Ahora ha venido la salvación, el poder, y el [1a]reino de nuestro Dios,

7[a] Dn. 10:13, 21; 12:1; Jud. 9
7[b] Mt. 25:41
9[a] Gn. 3:1; 2 Co. 11:3; Ap. 20:2
9[b] Ap. 2:10
9[c] Ap. 2:9
9[d] 2 Co. 11:3
9[e] Ap. 9:1; Lc. 10:18
10[a] Ap. 11:15

creyentes, los que hayan quedado) es preservada y sustentada por Dios mil doscientos sesenta días durante la gran tribulación, lo cual comprueba claramente que su arrebatamiento ocurrirá en el último día de los tres años y medio de la gran tribulación, es decir, en el último de los mil doscientos sesenta días.

7[1] Inmediatamente después de que el hijo varón es arrebatado al cielo, Miguel y sus ángeles empiezan a hacer guerra contra Satanás, lo cual indica que el hijo varón, la parte fuerte del pueblo de Dios, está siempre en guerra contra Satanás, el enemigo de Dios. Los fuertes del pueblo de Dios han peleado contra Satanás continuamente en la tierra. El cielo está esperando que ellos lleguen a fin de entablar una guerra para arrojar del cielo a Satanás.

7[2] La Biblia revela los nombres de dos ángeles: Miguel y Gabriel. Gabriel es un mensajero que trae noticias al pueblo de Dios (Dn. 8:16; 9:21-22; Lc. 1:19, 26), mientras que Miguel es un guerrero que contiende a favor del pueblo de Dios (Dn. 10:13, 21; 11:1; 12:1; Jud. 9).

7[3] Estos ángeles deben de ser los ángeles caídos, quienes siguen a Satanás en su rebelión contra Dios (Mt. 25:41). Véase la nota 4[1].

9[1] Satanás, el enemigo de Dios, fue juzgado por el Señor Jesús en la cruz (Jn. 12:31; 16:11). Después de eso, el Señor necesita a los creyentes vencedores para poder llevar a cabo ese juicio, y ejecutar esa sentencia. La guerra que los creyentes vencedores libran contra Satanás es de hecho la ejecución del juicio que el Señor efectuó sobre Satanás. Con el tiempo, por la lucha de los vencedores, Satanás será arrojado del cielo. Véase la nota 1[1] del cap. 9.

9[2] En el tiempo de Ap. 12, Satanás se ha envejecido; por lo tanto, viene a ser la serpiente antigua.

9[3] Véase la nota 10[1] del cap. 2.

9[4] La palabra *Satanás* significa *adversario.* Satanás no es sólo el enemigo de Dios fuera del reino de Dios, sino también el adversario de Dios dentro del reino de Dios, que se rebeló contra El.

10[1] Los creyentes vencedores guerrean contra Satanás para hacer venir el reino de Dios. El Señor nos enseñó a orar por la venida del reino (Mt. 6:10). Además de orar debemos pelear por la venida del reino. La venida del reino tiene dos aspectos: su realidad (Mt. 5:3), la cual se encuentra en la vida adecuada de iglesia hoy en día (Ro. 14:17), y su manifestación en el

y la autoridad de Su Cristo; porque ha sido arrojado el
[2]acusador de nuestros hermanos, el que los [b]acusa delante
de nuestro Dios día y noche.
11 Y [1]ellos le han [a]vencido por causa de la [2b]sangre del
[c]Cordero y de la [3]palabra del testimonio de ellos, y [4d]despre-
ciaron la vida de su alma [5e]hasta la muerte.
12 Por lo cual alegraos, cielos, y [a]los que [1]moráis en ellos.
¡[b]Ay de la tierra y del mar! porque el diablo ha descendido a
vosotros con [2]gran ira, sabiendo que tiene [3]poco tiempo.

g. El dragón persigue a la mujer
vs. 13-16

13 Y cuando vio el dragón que había sido arrojado a la
tierra, [1]persiguió a la mujer que había dado a luz al hijo
varón.
14 Y se le dieron a la mujer las dos alas de la [1]gran [a]águila,

10[b] Job 1:9-10; 2:4; Zac. 3:1
11[a] 1 Jn. 2:13
11[b] Ap. 1:5; 5:9; 7:14
11[c] Ap. 5:6
11[d] Lc. 14:26
11[e] Ap. 2:10
12[a] Ap. 13:6
12[b] Ap. 8:13
14[a] Ex. 19:4; Dt. 32:11

milenio, la cual vendrá por medio de los creyentes vencedores.

Cuando se manifieste el reino, la salvación de Dios vendrá en plenitud con el reino. La salvación de Dios ya nos ha sido manifestada hoy día, pero vendrá en plenitud en la era del reino. Lo mismo ocurre con el poder de Dios y la autoridad de Su Cristo. Hoy día hemos participado del poder de Dios y de la autoridad de Cristo, pero los disfrutaremos en plenitud en la era del reino.

10[2] El acusador es el diablo, quien acusó a Job (Job 1:9; 2:4-5) y a Josué (Zac. 3:1-2) y quien ahora acusa día y noche a los creyentes delante de Dios.

11[1] Se refiere a los creyentes vencedores, quienes constituyen el hijo varón mencionado en el v. 5. Ellos han sido estorbados y calumniados por el enemigo de Dios, por Satanás, a quien vencieron.

11[2] La sangre del Cordero, la cual nos redime, es la respuesta ante Dios a todas las acusaciones que el diablo tiene contra nosotros y nos da la victoria sobre él. Tenemos que aplicar esta sangre cada vez que el diablo nos acuse.

11[3] La palabra del testimonio de ellos es la palabra que expresan como testimonio de que el diablo ha sido juzgado por el Señor. Cuando el diablo nos acusa, debemos testificar verbalmente la manera en que el Señor ya ha quitado de en medio al diablo. Debemos declarar con nuestra boca la victoria que el Señor ha obtenido sobre el diablo.

11[4] Debido a la caída de Adán, Satanás se unió a la vida del alma humana, al yo del hombre (Mt. 16:23-24). Por consiguiente, para poder vencer a Satanás, debemos despreciar la vida del alma; debemos aborrecerla y negarla (Lc. 14:26; 9:23).

11[5] Las palabras *hasta la muerte* indican martirio. Los creyentes vencedores, quienes constituyen el hijo varón, desprecian la vida de su alma hasta la muerte.

12[1] Lit., fijáis tabernáculo.

12[2] La ira del dragón se debe a que fue arrojado a la tierra y quedó limitado a permanecer allí, perdiendo así el territorio que tenía en los cielos y en los aires.

12[3] Este poco tiempo abarcará los tres años y medio de la gran tribulación (v. 14; 13:5; 11:2).

13[1] Satanás, el dragón iracundo, concentrará su furor contra el pueblo de Dios.

14[1] La gran águila representa a Dios, y las dos alas simbolizan Su fuerza para rescatar (Ex. 19:4; Dt. 32:11-12). Así como El libró a los hijos

para que [b]volase de delante de la serpiente al desierto, a su
lugar, donde será sustentada por [2]un [c]tiempo, y tiempos, y
la mitad de un tiempo.
15 Y la serpiente arrojó de su boca, tras la mujer, [1a]agua
como un río, para que fuese arrastrada por la corriente.
16 Pero la tierra ayudó a la mujer, pues la tierra [1]abrió su
boca y tragó el río que el dragón había echado de su boca.

h. El dragón hace guerra
contra el resto de la descendencia de la mujer
vs. 17-18

17 Entonces el dragón se llenó de ira contra la mujer; y se
fue a hacer [a]guerra contra el [1]resto de la descendencia de
ella, los que [b]guardan los mandamientos de Dios y tienen el
[c]testimonio de Jesús.
18 Y [1]él se puso de pie sobre la arena del [2a]mar.

CAPITULO 13

2. Las dos bestias
13:1-18

a. La bestia que sube del mar, el anticristo
vs. 1-10

1 Y vi subir del [1a]mar una [2b]bestia que tenía [3c]diez
cuernos y [d]siete cabezas; y en sus cuernos diez diademas; y
sobre sus cabezas, [e]nombres de [4]blasfemia.

---

de Israel de la persecución de Faraón, así librará a Su pueblo de la persecución de Satanás en la gran tribulación.

14[2] *Un tiempo, y tiempos, y la mitad de un tiempo* denota tres años y medio, es decir, mil doscientos sesenta días.

15[1] Aquí el agua representa los ejércitos (véanse las referencias al margen) que Satanás enviará para destruir al pueblo de Dios.

16[1] La tierra se abrirá, tal como en Nm. 16:31-33, y se tragará a los ejércitos enviados por Satanás.

17[1] *El resto de la descendencia de ella* se refiere a aquellos del pueblo de Dios que no forman parte del hijo varón, los cuales constituyen la parte débil de la mujer. Entre ellos están los judíos, quienes guardan los mandamientos de Dios, y los creyentes, quienes tienen el testimonio de Jesús. Ambos pasarán por la gran tribulación y sufrirán la persecución y el ataque del dragón.

18[1] Se refiere al dragón.

18[2] Este mar es el mismo de 13:1, el mar Mediterráneo. Aquí la arena del mar debe de ser la playa de la Tierra Santa, donde está la nación de Israel. El dragón se pondrá de pie sobre la arena del mar, y la santa ciudad, Jerusalén, será hollada por cuarenta y dos meses (11:2); esto indica que la persecución de Satanás durante la gran tribulación será llevada a cabo principalmente en la tierra de Israel.

1[1] El mar Mediterráneo, del cual saldrá el anticristo. Vemos que el anticristo subirá del abismo en 9:11; 11:7; 17:8. Aquí se nos dice que subirá del mar, como se menciona también

---

14[b] Is. 40:31
14[c] Dn. 7:25; 12:7; Ap. 11:2-3; 13:5
15[a] Is. 8:7-8; 17:12-13; Jer. 46:7-9; 47:2-3
17[a] cfr. Ap. 13:7
17[b] Ap. 14:12
17[c] Ap. 1:9
18[a] Ap. 13:1
1[a] Ap. 12:18; Dn. 7:3; cfr. Is. 57:20; Ap. 17:15
1[b] Ap. 11:7; 16:13; 17:8, 11-13, 17; 19:19, 20; Dn. 7:3, 7, 19-20, 23-24
1[c] Ap. 12:3; 17:3, 7, 12, 16; Dn. 7:7, 20, 24
1[d] Ap. 17:9-10
1[e] Ap. 17:3

2 Y la bestia que vi era [1]semejante a un [a]leopardo, y sus
pies como de [b]oso, y su boca como boca de [c]león. Y el [d]dragón
le [e]dio su [2]poder y su [f]trono, y grande [g]autoridad.
3 [1]Una de sus cabezas parecía tener una herida de muerte, pero su herida mortal fue sanada; y se [a]maravilló toda la
tierra en pos de la bestia,
4 y adoraron al dragón porque había dado su autoridad
a la bestia, y [a]adoraron a la bestia, diciendo: ¿Quién como la
bestia, y quién podrá combatir contra ella?
5 También se le dio boca que [a]hablaba grandes cosas y
blasfemias; y se le dio autoridad para actuar [1b]cuarenta y
dos meses.

2[a] Dn. 7:6
2[b] Dn. 7:5
2[c] Dn. 7:4
2[d] Ap. 12:3
2[e] Lc. 4:5-6
2[f] Ap. 2:13
2[g] Dn. 8:24, 9-10
3[a] Ap. 17:8
4[a] Ap. 13:12; 14:9; 16:2; 15:2; 20:4; 2 Ts. 2:4; Dn. 9:27; 11:31; Mt. 24:15
5[a] Dn. 7:8, 11, 20, 25; 11:36-37; 8:11, 23, 25
5[b] Ap. 11:2; cfr. Ap. 11:3; 12:6, 14; Dn. 7:25; 12:7; 9:27

---

en Dn. 7:3. Esto indica que el anticristo saldrá de dos fuentes. Su espíritu, el cual existe en el abismo desde antes de que él nazca, subirá de allí. (Véanse las notas 8[1], 10[1] y 11[1] del cap. 17.) Su cuerpo provendrá de alguna de las naciones gentiles de alrededor del mar Mediterráneo. En el lenguaje bíblico, la tierra representa la nación de Israel, y el mar simboliza las naciones gentiles (17:15; Is. 57:20).

El hecho de que el anticristo suba del abismo y del mar quizás indique también que el mar es la boca del abismo, dado que el abismo está en el corazón de la tierra (Ro. 10:7; Mt. 12:40) y el mar está sobre la tierra.

1[2] Esta bestia, la cual se menciona en Dn. 7:7, es el anticristo. En 9:11 es el rey de las langostas.

1[3] Los diez cuernos y las siete cabezas de la bestia son los del dragón (12:3), lo cual indica que la bestia y el dragón son uno solo. Los diez cuernos son los diez reyes que han de venir (17:12; Dn. 7:24); las siete cabezas son los siete césares (17:10). Los diez cuernos corresponden a los diez dedos de los pies de la gran imagen mencionada en Dn. 2:42-44. Aquí la palabra muestra que el Imperio Romano, el anticristo y los diez reyes son uno con Satanás.

1[4] Los siete césares simbolizados por las siete cabezas de la bestia se creían divinos y exigían que su pueblo los adorase como a dioses. Eso fue una verdadera blasfemia contra Dios.

2[1] La bestia, el anticristo, es "semejante a un leopardo, y sus pies como de oso, y su boca como boca de león". Según Dn. 7:4-6, el leopardo, caracterizado por su velocidad y crueldad, simbolizaba a Alejandro Magno, rey de Grecia. El oso, caracterizado por sus garras destructoras, simbolizaba la monarquía medo-persa. El león, caracterizado por su boca devoradora, simbolizaba a Nabucodonosor, rey de Babilonia. El anticristo, la bestia, por ser semejante a estos tres, tendrá todas las características de ellos, según lo menciona Dn. 7:4-7. El representa la suma de todas las potencias malignas en la historia de la humanidad.

2[2] El hecho de que el dragón le dé su poder, su trono, y gran autoridad a la bestia indica que él y la bestia llegan a ser uno a fin de que, en nombre del dragón, la bestia pueda resistirse a Dios y perseguir al pueblo de Dios en la tierra.

3[1] *Una de sus cabezas* se refiere a uno de los césares, quien será asesinado y resucitará. La expresión *su herida mortal fue sanada* significa que ese césar será levantado de la muerte. (Véase la nota 11[1] del cap. 17.) Por esta razón toda la tierra se maravillará ante él y lo seguirá.

5[1] Aquí y en 11:2, los cuarenta y dos meses se refieren a los tres años y medio mencionados en 12:14, y también a los mil doscientos sesenta días de 11:3 y 12:6, que será la duración de la gran tribulación (Mt. 24:21). Al final de esta era el anticristo hará un pacto de siete años con la nación de

6 Y abrió su boca en blasfemias contra Dios, para blasfemar de Su nombre y de Su [a]tabernáculo, los cuales están en
el cielo.
7 Y se le permitió hacer [a]guerra contra los [1]santos, y
vencerlos. También se le dio autoridad sobre toda tribu,
pueblo, lengua y nación.
8 Y la adorarán todos los [a]moradores de la tierra, aquellos cuyos nombres no están [1b]escritos en el [c]libro de la vida del
[d]Cordero que fue inmolado [e]desde la fundación del mundo.
9 Si alguno tiene [a]oído, oiga.
10 Si alguno está destinado a la cautividad, va en cautividad; si alguno [a]mata a espada, a espada debe ser muerto.
Aquí está la [b]perseverancia y la [c]fe de los [1]santos.

b. La bestia que sube de la tierra, el falso profeta
vs. 11-18

11 Después vi [1a]otra bestia que subía de la [2]tierra; y tenía
dos cuernos [3]semejantes a los de un cordero, pero hablaba
como [b]dragón.
12 Y ejerce toda la autoridad de la primera bestia [a]en
presencia de ella, y hace que la tierra y sus moradores
[b]adoren a la primera bestia, cuya [c]herida mortal fue sanada.
13 También hace grandes [1a]señales, de tal manera que
aun hace descender [b]fuego del cielo a la tierra delante de los
hombres.

6[a] He. 8:2; 9:11
7[a] Dn. 7:21, 25; 8:24; Ap. 11:7
8[a] Ap. 3:10
8[b] Ap. 17:8; Lc. 10:20
8[c] Ap. 3:5
8[d] Ap. 5:6
8[e] Mt. 25:34; cfr. Ef. 1:4
9[a] Ap. 2:7
10[a] Gn. 9:6
10[b] Ap. 14:12; 1:9
10[c] He. 6:12
11[a] Ap. 16:13; 19:20; 20:10
11[b] Ap. 12:9
12[a] Ap. 19:20
12[b] Ap. 13:4
12[c] Ap. 13:3
13[a] Ap. 16:14; 19:20; Mt. 24:24
13[b] cfr. Ap. 11:5; 20:9

Israel. Tres años y medio después de haber establecido el pacto, lo romperá y acabará con toda la adoración y el servicio que los judíos rinden a Dios (Dn. 9:27), perseguirá a los santos (v. 7), y asolará la ciudad santa (11:2) por tres años y medio.

7[1] Aquí los santos constituyen el resto de la descendencia de la mujer, como se menciona en 12:17, la cual está conformada de los judíos, quienes guardan los mandamientos de Dios, y los creyentes, quienes llevan el testimonio de Cristo. Esto comprueba que durante la gran tribulación todavía habrá en la tierra creyentes que no habrán sido arrebatados.

8[1] O, escritos desde la fundación del mundo en el libro de la vida del Cordero que fue inmolado.

10[1] Véase la nota 7[1].

11[1] Esta bestia es el falso profeta (16:13; 19:20; 20:10).

11[2] Esta otra bestia subirá de la tierra. Puesto que la tierra representa la nación de Israel, como se menciona en la nota 1[2], esta bestia, el falso profeta, saldrá de entre los judíos. Este tal vez sea Judas Iscariote (Jn. 6:70-71), porque después de morir él fue a "su propio lugar" (Hch. 1:25), y no a su pueblo como otros lo hicieron (Gn. 25:17; 35:29). Geográficamente, este falso profeta subirá de la tierra, y figurativamente saldrá de entre los judíos.

11[3] El falso profeta parece cordero, pero habla como dragón. El hecho de que aparente ser un cordero pero hable como dragón, es decir, como Satanás, denota su falsedad.

13[1] El falso profeta empleará un poder satánico para hacer grandes

14[a] Ap. 19:20; cfr. Ap. 12:9; 20:10
14[b] Ap. 14:9; 15:2; 19:20; Dn. 9:27; 11:31; Mt. 24:15
14[c] Ap. 13:3
15[a] cfr. Sal. 115:5
15[b] cfr. Dn. 3:14, 18
16[a] Ap. 14:9; 20:4
16[b] cfr. Ap. 7:3; 22:4
17[a] Ap. 15:2

14 Y [a]engaña a los moradores de la tierra a causa de las
señales que se le ha dado hacer en presencia de la bestia,
[1]mandando a los moradores de la tierra que le hagan [b]ima-
gen a la bestia que tenía la [c]herida de espada, y revivió.
15 Y se le dio *el poder* de infundir [1]aliento a la imagen de
la bestia, para que la imagen [2a]hablase e hiciese matar a
todo el que [b]no adorase a la imagen de la bestia.
16 Y hace que a todos, pequeños y grandes, ricos y pobres,
libres y esclavos, se les ponga una [a]marca en la mano derecha, o en la [b]frente;
17 y que ninguno pueda comprar ni vender, sino el que
tenga la marca, *es decir,* el nombre de la bestia o el [a]número
de su nombre.
18 Aquí hay sabiduría. El que tiene [1]entendimiento, cuente
el [2]número de la bestia, pues es número de hombre. Y su
número es seiscientos sesenta y seis.

CAPITULO 14

3. Tres cosechas
14:1-20

a. Las primicias de los creyentes antes de la gran tribulación
vs. 1-5

1[a] Ap. 5:6
1[b] He. 12:22
1[c] cfr. Ap. 7:4
1[d] Ap. 3:12
1[e] Ap. 3:12; 22:4

1 Después miré, y he aquí el [a]Cordero estaba en pie sobre
el monte de [1b]Sion, y con El [2c]ciento cuarenta y cuatro mil,
que tenían el [d]nombre de [3]El y [e]el de Su Padre escrito en la
frente.

---

señales, como por ejemplo hacer que descienda fuego del cielo, como lo hizo Elías (1 R. 18:36-38); por lo tanto, será muy difícil que la gente distinga entre los verdaderos profetas y el falso profeta (cfr. 11:5).

14[1] Lit., diciendo.

15[1] O, espíritu.

15[2] Ningún ídolo hecho por el hombre ha sido capaz de hablar (Sal. 115:5); no obstante, este último ídolo podrá hablar como si fuese una imagen viviente. Esto indudablemente será una señal que asombrará a los moradores de la tierra, y hará que todos adoren al ídolo.

18[1] Lit., mente.

18[2] El número de la bestia es número de hombre. Este hombre es César Nerón, quien es el anticristo venidero. (Véanse las notas 8[1], 10[1] y 11[1] del cap. 17.) El número representado por las letras hebreas del nombre César Nerón es 666, como sigue:

Griego	Hebreo		Griego	Hebreo	
Νε	נ	50	Και	ק	100
ρ	ר	200	σα	ס	60
ω	ו	6	ρ	ר	200
ν	נ	50			
		306	+		360
					= 666

Puesto que el libro de Apocalipsis fue escrito en tiempos del Imperio Romano, Juan no mencionó el nombre

2 Y oí una voz del cielo como estruendo de [1]muchas [a]aguas, y como sonido de un [2]gran [b]trueno; y la voz que oí era como de [3]arpistas que tocaban sus [c]arpas.
3 Y [a]cantan un [b]cántico nuevo delante del trono, y delante de los [c]cuatro seres vivientes, y de los [d]ancianos; y [1]nadie podía aprender el cántico sino aquellos ciento cuarenta y cuatro mil que fueron [e]comprados [2]de la tierra.
4 Estos son los que no se contaminaron con mujeres, pues son [1a]vírgenes. Estos son los que [b]siguen al Cordero por dondequiera que va. Estos fueron comprados de entre los hombres *como* [2c]primicias para Dios y para el Cordero;
5 y en sus bocas [1a]no fue hallada mentira, pues son [2b]sin mancha.

2[a] Ap. 19:6; 1:15
2[b] Ap. 19:6; 6:1
2[c] Ap. 15:2; 5:8
3[a] Ap. 15:3
3[b] Ap. 5:9; Sal. 33:3; 40:3; 98:1
3[c] Ap. 4:6
3[d] Ap. 4:4
3[e] Ap. 5:9; Hch. 20:28; 1 Co. 6:20
4[a] Mt. 19:12; cfr. 1 Co. 7:37; 2 Co. 11:2
4[b] Mt. 4:19-22; 10:38; 16:24; Lc. 9:23; 14:27; Jn. 21:19, 22
4[c] Ex. 23:19; 34:26; Lv. 23:10; cfr. Jac. 1:18
5[a] Ef. 4:25; Col. 3:9
5[b] Ef. 1:4; 5:27; 1 Ts. 3:13; 5:23

---

de Nerón, sino que lo indicó con un número. Por consiguiente, se necesita sabiduría para entender.

1[1] Este monte no es el Sion que está en la tierra, sino el que está en los cielos (He. 12:22).

1[2] Este ha de ser un número real con un significado simbólico. Ciento cuarenta y cuatro mil es el resultado de multiplicar mil por doce por doce. Doce es el número que significa conclusión en la administración eterna de Dios. El número ciento cuarenta y cuatro (21:17) es doce por doce, que significa la conclusión de las conclusiones, la conclusión máxima y final. Aquí el número es mil veces la conclusión máxima.

1[3] El nombre del Cordero y el nombre del Padre escritos en la frente de estos primeros vencedores significa que son uno con el Cordero y con el Padre, y que pertenecen al Cordero y al Padre. Existe un gran contraste entre ellos y los que adoran a la bestia y tienen el nombre de la bestia escrito en la frente (13:16-17).

2[1] *Muchas aguas* se refiere a lo estruendoso del sonido.

2[2] *Gran trueno* se refiere a la solemnidad del sonido.

2[3] *Arpistas* se refiere a lo placentero del sonido.

3[1] Nadie puede aprender el cántico nuevo que estos primeros vencedores cantaban, un cántico que debe de ser afín a lo que ellos han experimentado del Cordero, porque nadie más tiene las experiencias específicas y personales que ellos tienen de Cristo.

3[2] *Comprados de la tierra* prueba que ellos ya no están en la tierra, sino que han sido arrebatados a los cielos.

4[1] Esto ha de referirse a la virginidad mencionada por el Señor en Mt. 19:11-12. El mismo principio también podría aplicarse a las hermanas (1 Co. 7:7, 37).

4[2] Estos primeros vencedores serán las primicias en la labranza de Dios. Así que, serán cosechados antes de la siega, como primicias para Dios y el Cordero. La cosecha será recogida más tarde, en los vs. 14-16, lo cual quiere decir que los vencedores serán arrebatados a los cielos antes de la cosecha, tal como las primicias de la buena tierra eran segadas y llevadas al templo de Dios antes de la cosecha (Lv. 23:10-11; Ex. 23:19). Los eventos relatados en los vs. 6-13, los cuales transcurrirán durante la gran tribulación (Mt. 24:21), indican y comprueban claramente que los primeros vencedores, las primicias de los vs. 1-5, serán arrebatados antes de la gran tribulación, y que la cosecha de los vs. 14-16, compuesta de la mayoría de los creyentes, será arrebatada al final de la gran tribulación. Véase la nota 6[1] del cap. 12.

5[1] El diablo es el padre de todos los mentirosos, y las mentiras provienen de él (Jn. 8:44). El hecho de que

6[a] Ap. 8:13
6[b] Ap. 13:8
7[a] Ap. 11:18; 15:4
7[b] Ap. 11:13
7[c] Mt. 25:31-46; Hch. 10:42; 17:31; 2 Ti. 4:1
7[d] Ex. 20:5; Mt. 4:10
7[e] Ap. 4:11
7[f] Ap. 8:10
8[a] Ap. 18:2; Is. 21:9; Jer. 51:8
8[b] Ap. 17:5
8[c] Ap. 17:2

b. El evangelio eterno en la gran tribulación
vs. 6-7

6 Vi volar por [a]en medio del cielo a otro ángel, que tenía
el [1]evangelio eterno para anunciarlo a [2]los [b]moradores de la
tierra, a toda nación, tribu, lengua y pueblo,
7 diciendo a gran voz: [1a]Temed a Dios, y [b]dadle gloria,
porque la hora de Su [2c]juicio ha llegado; y [3d]adorad a Aquel
que [e]hizo el cielo y la tierra, el mar y las [f]fuentes de las
aguas.

c. La caída de la Babilonia religiosa en la gran tribulación
v. 8

8 Y siguió otro ángel, el segundo, diciendo: Ha [a]caído, ha
caído [1b]Babilonia la Grande, la que ha hecho [c]beber a todas
las naciones del [2]vino del furor de su fornicación.

---

no se halló mentira en las bocas de los vencedores indica que en su expresión no hay nada de Satanás.

5[2] *Sin mancha* indica que no tienen mancha ni arruga y que son perfectos en la santidad de Dios (Ef. 5:27), o sea, que están absolutamente santificados para Dios y plenamente saturados de Dios (1 Ts. 5:23).

6[1] El evangelio eterno, el cual será predicado durante la gran tribulación (Mt. 24:21), es diferente del evangelio de la gracia (Hch. 20:24) predicado en la era de la iglesia. El contenido básico del evangelio de la gracia es el arrepentimiento ante Dios y la fe en el Señor Jesús (Hch. 20:21), los cuales traen a los hombres el perdón de los pecados y un nuevo nacimiento como hijos de Dios (Lc. 24:47; Jn. 1:12); mientras que el contenido básico del evangelio eterno consiste en que los hombres deben temer a Dios y adorarle para que no sean engañados y no sigan al anticristo, sino que sean conducidos a la adoración genuina de Dios, quien hizo el cielo y la tierra (v. 7). Sólo el hombre tiene el privilegio de predicar el evangelio de la gracia en la tierra hoy (Hch. 10:3-6). En cambio, el evangelio eterno será predicado por el ángel desde los aires al final de esta era.

6[2] Lit., los asentados.

7[1] “Temed a Dios, y dadle gloria” es un mandamiento dado a los que moran en la tierra. Esto se opone al engaño del falso profeta que dice que los hombres deben seguir al anticristo, y neutraliza la amenaza de muerte dirigida contra los que se rehusen a adorar al anticristo durante la gran tribulación (13:14-15).

7[2] Este juicio es el que Cristo ejecutará sobre todas las naciones cuando regrese a la tierra, como El predijo en Mt. 25:31-46. Este juicio será ejecutado sobre los vivos. Es distinto del juicio sobre los muertos, el cual será efectuado después del milenio, como se menciona en Ap. 20:11-15. Todas las personas de las naciones que queden cuando el Señor regrese a la tierra serán juzgadas conforme al evangelio eterno predicado por el ángel durante la gran tribulación (Mt. 24:21). Si al temer y adorar a Dios ellos tratan bien a los cristianos y a los judíos, los hermanos del Señor que sufren pobreza y encarcelamiento bajo la persecución del anticristo durante la gran tribulación, serán justificados por el Señor y podrán entrar a la parte terrenal del milenio y participar del reino que Dios preparó para ellos desde la fundación del mundo (Mt. 25:34). Si al seguir al anticristo y adorar su imagen ellos maltratan a los cristianos y a los

d. La advertencia contra la adoración del anticristo en la gran tribulación
vs. 9-12

9 Y siguió otro ángel, el tercero, diciendo a gran voz: Si
alguno [a]adora a la bestia y a su [b]imagen, y recibe la [c]marca
en su frente o en su mano,
10 él también beberá del [a]vino de la ira de Dios, que ha
sido preparado puro en el [b]cáliz de Su ira; y será atormentado con [1c]fuego y azufre delante de los santos ángeles y del
Cordero;
11 y el [a]humo de su tormento sube por los siglos de los
siglos. Y no tienen reposo de día ni de noche los que adoran
a la bestia y a su [b]imagen, ni nadie que reciba la marca de
su nombre.
12 Aquí está la [1a]perseverancia de los [2]santos, los que
[b]guardan los mandamientos de Dios y la [c]fe de Jesús.

e. La bendición de los mártires en la gran tribulación
v. 13

13 Oí una voz que desde el cielo me decía: Escribe: Bienaventurados los [1]muertos que [a]mueran en el Señor de aquí en

9[a] Ap. 13:15; 19:20
9[b] Ap. 13:14; 15:2
9[c] Ap. 13:16-17
10[a] Ap. 14:19; 16:19
10[b] Ap. 16:19; Sal. 75:8; cfr. Ap. 18:6
10[c] Ap. 19:20; 20:10, 14
11[a] cfr. Ap. 18:9, 18; 19:3
11[b] Ap. 13:14-15
12[a] Ap. 1:9; 3:10
12[b] Ap. 12:17
12[c] Ap. 2:13; 2 Ti. 4:7; 1 Ti. 1:4
13[a] Fil. 1:21

---

judíos, serán condenados y echados al fuego eterno preparado para el diablo y sus ángeles (Mt. 25:41).

7[3] Adorar a Aquel que hizo el cielo y la tierra está en contraste con adorar al anticristo y su imagen en el v. 9.

8[1] La cláusula modificadora *que ha hecho beber a todas las naciones…* indica que aquí Babilonia es la Babilonia religiosa y misteriosa, la cual es la Iglesia Católica Romana, como en 17:2-6, y no la Babilonia material, como en 18:2. El anticristo destruirá todas las religiones cuando, a mediados de la última semana (siete años, Dn. 9:27; 11:31), rompa el pacto que había hecho con Israel. Este será el principio de la gran tribulación (Mt. 24:21), la cual durará tres años y medio. El anticristo se exaltará a sí mismo sobre todos los dioses y obligará a la gente a adorarlo (Dn. 8:9-11; 11:36-37; 2 Ts. 2:3-4; Ap. 13:4-6, 12, 14-15). Entonces destruirá la Babilonia religiosa, la Iglesia Católica Romana apóstata (17:16). Por tanto, la Babilonia religiosa caerá al principio de la gran tribulación, mientras que la Babilonia material caerá al final (18:2).

8[2] *Del vino de … su fornicación* se refiere a la fornicación espiritual de la Iglesia Católica Romana, vino del cual ella hizo beber a todas las naciones (17:2-6). Mientras ella comete su fornicación, está furiosa con los santos que censuran su fornicación. Este es el furor de su fornicación. Por lo tanto, el vino de su fornicación también es llamado "el vino del furor de su fornicación".

10[1] Estos son el fuego y azufre del lago de fuego (19:20; 20:10, 14).

12[1] Los santos que quedan en la gran tribulación necesitan perseverancia para sufrir la persecución del anticristo.

12[2] Los santos que quedan en la gran tribulación pertenecen a dos pueblos: los judíos, quienes guardan

adelante. Sí, dice [2]el [b]Espíritu, [c]descansarán de sus trabajos,
porque sus obras con ellos siguen.

f. La cosecha de los creyentes cerca del final
de la gran tribulación
vs. 14-16

14 Miré, y he aquí una nube blanca; y [1]sobre la [a]nube uno
sentado semejante al [2b]Hijo del Hombre, que tenía en la
cabeza una [3c]corona de oro, y en la mano una [4]hoz aguda.
15 Y del [a]templo [b]salió otro ángel, clamando a gran voz al
que estaba sentado sobre la nube: Mete Tu hoz, y siega;
porque la hora de segar ha llegado, pues la [1c]mies de la tierra
está [2]madura.
16 Y el que estaba sentado sobre la nube arrojó Su [1]hoz en
la tierra, y la tierra fue [2]segada.

g. La vendimia de las uvas (los malhechores)
al final de la gran tribulación
vs. 17-20

17 Salió otro ángel del templo que está en el cielo, teniendo también una hoz aguda.

13[b] Ap. 2:7; 22:17
13[c] Ap. 6:11
14[a] Mt. 24:30; 26:64
14[b] Ap. 1:13; Jn. 1:51; Hch. 7:56
14[c] He. 2:9
15[a] Ap. 14:17; 11:19; 15:5-6, 8; 16:1, 17
15[b] Ap. 15:6
15[c] Mt. 13:30, 39; Jl. 3:13

---

los mandamientos de Dios, y los creyentes, quienes guardan la fe de Jesús.

13[1] Estos son los que fueron martirizados bajo la persecución del anticristo durante la gran tribulación. Esto se demuestra con 20:4.

13[2] Este libro, escrito en los tiempos de la degradación de la iglesia, da énfasis al Espíritu. Aquí no leemos "dice la Escritura", sino "dice el Espíritu".

14[1] En 10:1 Cristo todavía está vestido de una nube, mientras que aquí El está sobre la nube, lo cual corresponde a 1 Ts. 4:17 e indica que en ese momento el regreso del Señor se hace visible en el aire.

14[2] Cuando el Señor Jesús regrese, seguirá siendo el Hijo del Hombre. Como Hijo del Hombre, está calificado para ejecutar el juicio de Dios sobre todos (Jn. 5:27).

14[3] La corona de oro en la cabeza del Señor indica que El es el que fue coronado de gloria (He. 2:9).

14[4] La hoz aguda en la mano del Señor indica que El es el que siega el campo de Dios.

15[1] La mies de la tierra es el pueblo de Dios en la tierra, los que creen en Cristo (1 Co. 3:9). En Su primera venida a la tierra, el Señor se sembró en Sus creyentes (Mt. 13:3-8, 24). Desde aquel entonces todos los creyentes, o sea, los que han recibido a Cristo como la simiente de vida, han venido a ser la cosecha de Dios en la tierra. Los que maduren primero serán segados como primicias para Dios antes de la gran tribulación, como lo indican los vs. 1-5. La mayoría de ellos madurará con la ayuda de los sufrimientos en la gran tribulación y será segada, arrebatada, al final de la gran tribulación.

15[2] Lit., seca. Estar maduro significa estar "seco", carente de toda el agua terrenal. Los sufrimientos de la gran tribulación como el sol abrasador, secará las aguas terrenales de los creyentes que sean dejados en la tierra en la gran tribulación, capacitándolos así para que maduren.

16[1] Aquí la hoz representa los ángeles enviados por el Señor para segar la mies (Mt. 13:39).

18 Y salió del [a]altar otro ángel, que tenía potestad sobre
el fuego, y llamó a gran voz [1]al que tenía la hoz aguda,
diciendo: Mete tu hoz aguda, y vendimia los racimos de la
[2]vid de la tierra, porque sus uvas están bien maduras.
19 Y el ángel arrojó su hoz en la tierra, y vendimió la vid
de la tierra, y la echó en el gran [1a]lagar de la ira de Dios.
20 Y fue pisado el lagar fuera de la [1a]ciudad, y del lagar
salió [b]sangre hasta los frenos de los [2c]caballos, por [3]mil
seiscientos [4]estadios.

CAPITULO 15

4. Las siete copas son derramadas
15:1—16:21

a. Las siete plagas postreras
15:1

1 Y vi en el cielo otra [a]señal, grande y admirable: [b]siete
ángeles que tenían las [1]siete [c]plagas postreras; porque en
ellas se consumaba la [d]ira de Dios.

b. La alabanza de los vencedores tardíos
15:2-4

2 Vi también como un [1a]mar de vidrio mezclado con
fuego; y a [2b]los que habían salido victoriosos sobre la [c]bestia
y su [d]imagen y el [e]número de su nombre, [3]en pie sobre el mar
de vidrio, con las [f]arpas de Dios.

18[a] Ap. 6:9; 16:7
19[a] Ap. 19:15; Is. 63:2-3; Jl. 3:13
20[a] Ap. 11:8; 16:19; He. 13:12
20[b] Is. 63:3
20[c] Ap. 19:18
1[a] Ap. 1:1
1[b] Ap. 16:1; 17:1; 21:9
1[c] Ap. 15:6, 8; 16:21; 21:9; cfr. Ap. 11:6, 8; 18:4, 8
1[d] Ap. 15:7; 16:1
2[a] Ap. 4:6
2[b] Ap. 20:4
2[c] Ap. 13:1
2[d] Ap. 13:14-15; 14:9, 11
2[e] Ap. 13:17-18
2[f] Ap. 5:8; 14:2

16[2] Esta siega ocurrirá después de que el anticristo obligue a la gente a adorarlo a él y a su imagen (v. 9). Así que, se refiere al arrebatamiento de la mayoría de los creyentes, los que sean dejados en la tierra a fin de que pasen por la gran tribulación.

18[1] No se refiere al Señor, sino al ángel mencionado en el v. 17.

18[2] En la Biblia los judíos son comparados con la higuera (Mt. 24:32), los creyentes son comparados con el trigo (Mt. 13:25, 30), y los gentiles malvados, con la vid (v. 19), la cual es una falsificación de la vid verdadera, compuesta de Cristo y Sus miembros (Jn. 15:1-6). El trigo está maduro cuando se seca, mientras que las uvas están maduras cuando están llenas de agua. *Bien maduras* indica que los gentiles, representados por la vid, están totalmente llenos de su pecado y que la hora de su juicio ha llegado.

19[1] El gran lagar de la ira de Dios es la batalla de Armagedón (16:12-16), ubicado en el valle de Josafat (Jl. 3:9-16). Todas las fuerzas malignas y mundanas de los gentiles serán reunidas allí, y el Señor junto con Sus santos vencedores pelearán contra ellas y las destruirán (19:11-21; Jl. 3:9-13; Is. 63:1-6).

20[1] Esta ciudad es Jerusalén.

20[2] Estos caballos corresponden a los caballos de 19:18.

20[3] Mil seiscientos estadios, 290 kilómetros, es la distancia entre Bosra (Is. 63:1) y Armagedón (16:16).

3[a] Ex. 15:1-18
3[b] Ap. 1:1; 22:6
3[c] cfr. Ap. 5:9-10
3[d] Sal. 111:2
3[e] Sal. 139:14
3[f] Ap. 1:8
3[g] Ap. 16:7
3[h] Sal. 103:7
3[i] Ap. 17:14; 19:16; Sal. 47:2; 89:27
4[a] Ap. 14:7; Hch. 10:2; 1 P. 2:17
4[b] Lv. 11:44; 1 S. 2:2
4[c] Sal. 86:9
4[d] Ap. 16:5, 7; 19:2
5[a] Ap. 11:19
5[b] Ap. 13:6; He. 8:2; 9:11; cfr. Ex. 38:21; Nm. 1:50

3 Y cantan el [1a]cántico de Moisés, [b]esclavo de Dios, y el
[2c]cántico del Cordero, diciendo: [d]Grandes y [e]maravillosas son
Tus [3]obras, [f]Señor Dios Todopoderoso; [g]justos y verdaderos
son Tus [3h]caminos, [i]Rey de las [4]naciones.
4 ¿Quién no te [a]temerá, oh Señor, y glorificará Tu nombre? pues sólo Tú eres [1b]santo; por lo cual [c]todas las naciones
vendrán y adorarán delante de Ti, porque Tus [2d]justos juicios se han manifestado.

c. La escena en el cielo antes de que sean derramadas las siete copas 15:5-8

5 Después de estas cosas miré, y fue abierto en el cielo el
[1a]templo del [b]Tabernáculo del [2]Testimonio;

20[4] Un estadio equivale aproximadamente a 180 metros.

1[1] Las siete plagas son la ira de Dios contenida en las siete copas (16:1). Estas plagas constituyen el tercer ay (11:14), que sucede al tocarse la séptima trompeta (11:15, 18).

2[1] Véase la nota 6[1] del cap. 4.

2[2] Estos son los vencedores tardíos, quienes pasarán por la gran tribulación y vencerán al anticristo y no lo adorarán. Ellos serán martirizados bajo la persecución del anticristo y luego serán resucitados para reinar con Cristo en el milenio (20:4).

2[3] *En pie sobre el mar de vidrio* significa que estos vencedores han sido (1) resucitados de los muertos y (2) arrebatados para estar sobre el lago de fuego (a lo cual se refiere el mar de vidrio y el cual es la segunda muerte, nota 6[1] del cap. 4; 20:14), es decir, para estar por encima del juicio eterno de Dios traído por fuego (14:9-11).

3[1] El cántico de Moisés, narrado en Ex. 15:1-18, alaba a Dios por Su victoria sobre las fuerzas de Faraón, obtenida mediante la liberación triunfal que Dios efectuó a través de las aguas de juicio del mar Rojo. Moisés y los hijos de Israel cantaron ese cántico a orillas del mar Rojo. Ahora los vencedores tardíos cantan nuevamente el cántico, sobre el mar de vidrio, lo cual indica que han vencido el poder del anticristo, quien será juzgado por Dios con el fuego del mar de vidrio (19:20).

3[2] El cántico de Moisés, que muestra el juicio triunfal de Dios sobre el enemigo de Su pueblo, alaba a Dios por Su juicio; mientras que el cántico del Cordero, que denota la redención efectuada por Cristo y experimentada por el pueblo de Dios ante la presencia de su enemigo, alaba a Dios por la redención que Cristo efectuó. Los vencedores tardíos están en pie sobre el mar de vidrio debido a dos factores: (1) el juicio de Dios sobre el enemigo y (2) la redención que Cristo efectuó a favor del pueblo de Dios.

3[3] Los caminos de Dios son los principios con que gobierna, mientras que las obras de Dios son Sus juicios (v. 4). Moisés conocía los caminos (los principios) de Dios, pero los hijos de Israel sólo conocían Sus obras (Sus hechos) (Sal. 103:7). Los caminos de Dios son justos en Sus principios y verdaderos en Sus promesas, mientras que Sus obras son grandes en manifestación y maravillosas en naturaleza. Aquí *Tus obras* se refiere principalmente al juicio de Dios, al veredicto de Dios sobre el anticristo (14:17-20).

3[4] Algunos mss. dicen: siglos.

4[1] La palabra griega se refiere al total de las cualidades que corresponden al carácter divino y lo forman. Por consiguiente, *santo* se refiere a la

6 y del templo [a]salieron los siete ángeles que tenían las
siete plagas, [1]vestidos de [b]lino limpio y resplandeciente, y
[c]ceñidos alrededor del pecho con cintos de oro.
7 Y uno de los [a]cuatro seres vivientes dio a los siete
ángeles siete [b]copas de oro, llenas de la ira de Dios, quien
[c]vive por los siglos de los siglos.
8 Y el [a]templo se llenó de [b]humo por la [c]gloria de Dios, y
por Su poder; y [1d]nadie podía entrar en el templo hasta que
se hubiesen cumplido las siete plagas de los siete ángeles.

CAPITULO 16

d. La primera copa: úlceras malignas sobre los que adoran al anticristo 16:1-2

1 Oí una gran voz que decía desde el [a]templo a los [b]siete
ángeles: Id y derramad en la tierra las siete [1]copas de la [c]ira
de Dios.
2 Fue el primero, y derramó su copa en la [a]tierra, y vino
una [1b]úlcera maligna y dañina sobre los hombres que tenían
la [c]marca de la bestia, y que adoraban su imagen.

e. La segunda copa: el mar se convierte en sangre 16:3

3 El segundo *ángel* derramó su copa en el [a]mar, y éste se
convirtió en [b]sangre como de muerto; y murió [1]toda alma
viviente que había en el mar.

6a Ap. 14:15
6b cfr. Ap. 19:8
6c cfr. Ap. 1:13
7a Ap. 4:6
7b Ap. 16:1
7c Ap. 4:9; 10:6
8a Ap. 11:19
8b Is. 6:4
8c Ex. 40:34; 1 R. 8:10-11
8d Ex. 40:35
1a Ap. 11:19
1b Ap. 15:1
1c Ap. 15:1
2a Ap. 8:7
2b Ex. 9:9-11; Dt. 28:27, 35
2c Ap. 13:14-17; 14:9, 11; 20:4
3a Ap. 8:8-9
3b Ap. 16:4; 11:6; Ex. 7:17-20

naturaleza de Dios, mientras que *justos* se refiere a los principios de Dios.

4[2] Los juicios hechos conforme a la justicia.

5[1] Véase la nota 19[1] del cap. 11.

5[2] El testimonio es la ley de Dios, la cual da testimonio de Dios y fue puesta dentro del Arca (Ex. 25:16). Debido a que el Arca fue puesta en el tabernáculo, éste fue llamado "el Tabernáculo del Testimonio". El tabernáculo aquí mencionado está en el cielo.

6[1] Los siete ángeles están vestidos de sacerdote (Ez. 44:17).

8[1] Esto significa que nadie puede entrar al templo a orar para calmar la ira de Dios hasta que Su ira sea completamente derramada sobre los rebeldes que han sido instigados por Satanás y están bajo la influencia del anticristo.

1[1] Aquí las copas indican que aunque las siete plagas postreras, las plagas de las siete copas, son la ira final de Dios, Su ira es contenida; de otro modo, toda la tierra y sus habitantes serían destruidos. Para el cumplimiento de Su propósito eterno, Dios en Su juicio sobre la tierra todavía le pone un límite a Su ira final.

2[1] Dios en Su ira final marcará a los rebeldes con una úlcera en la piel, debido a que ellos tienen la marca de la bestia. Esto muestra que la ira final de Dios, dirigida contra los rebeldes,

4[a] Ap. 8:10
5[a] Ap. 16:7; 15:3, 4; 19:2
5[b] Ap. 1:4
5[c] Ap. 15:4
5[d] Ap. 6:10; 15:4
6[a] Ap. 6:10; 17:6; 18:24; Mt. 23:35
7[a] Ap. 6:9; 14:18
7[b] Ap. 15:3
7[c] Ap. 15:3; 19:2
8[a] Ap. 6:12; 8:12
9[a] Ap. 13:6; 16:11, 21
9[b] Ap. 2:21; 9:20-21; Jer. 8:6
9[c] Ap. 11:13; 14:7
10[a] Ap. 13:2
10[b] Ap. 17:17; Dn. 7:23-24
10[c] Ap. 8:12; Ex. 10:21-22
11[a] Ap. 16:9
11[b] Ap. 11:13
11[c] Ap. 16:2
11[d] Ap. 16:9

f. La tercera copa: los ríos y las fuentes se convierten en sangre 16:4-7

4 El tercer *ángel* derramó su copa en los [a]ríos, y en las
fuentes de las aguas, y se convirtieron en sangre.
5 Y oí al ángel *que tiene poder sobre* las aguas, que decía:
[1a]Justo eres Tú, [2b]el que eres y que eras, el [1c]Santo, porque
has [d]juzgado estas cosas.
6 Por cuanto derramaron la [a]sangre de los santos y de los
profetas, también Tú les has dado a beber sangre; pues lo
merecen.
7 También oí que el [a]altar decía: [1]Sí, [b]Señor Dios Todopoderoso, Tus juicios son [2c]verdaderos y justos.

g. La cuarta copa: el sol quema a los hombres con fuego 16:8-9

8 El cuarto *ángel* derramó su copa sobre el [a]sol, al cual
fue dado quemar a los hombres con fuego.
9 Y los hombres se quemaron con el gran calor, y [a]blas-
femaron el nombre de Dios, que tiene potestad sobre estas
plagas, y [b]no se arrepintieron para [c]darle gloria.

h. La quinta copa: el reino del anticristo se cubre de tinieblas 16:10-11

10 El quinto *ángel* derramó su copa sobre el [1a]trono de la
bestia; y su [b]reino se cubrió de [c]tinieblas, y mordían de dolor
sus lenguas,
11 y [a]blasfemaron contra el [b]Dios del cielo por sus dolores
y por sus [c]úlceras, y [d]no se arrepintieron de sus obras.

i. La sexta copa: se seca el Eufrates 16:12

12 El [1]sexto *ángel* derramó su copa sobre el gran río [a]Eufra-
tes; y el agua de éste se [b]secó, para que estuviese preparado
el camino a los reyes que vienen de [c]donde el sol sale.

es una reacción a lo que el anticristo hace.

3[1] O, toda alma de vida; se refiere a todo animal que tiene alma.

5[1] Véase la nota 4[1] del cap. 15.

5[2] A diferencia de 1:8 y 4:8, ni este versículo ni 11:17 dicen "que ha de venir". Esto prueba que el Señor regresará después de 4:8 y antes de 11:17. Véase la nota 4[4] del cap. 1.

12[a] Ap. 9:14 **12**[b] Is. 11:15 **12**[c] Ap. 7:2; Is. 41:25

j. La visión insertada entre la sexta y la séptima copas: la concentración de ejércitos en Armagedón 16:13-16

13 Y vi salir de la boca del [a]dragón, y de la boca de la
[b]bestia, y de la boca del [c]falso profeta, tres [1d]espíritus inmundos a manera de [e]ranas;
14 pues son [a]espíritus de demonios, que hacen [b]señales, y
van a los reyes de [c]toda la tierra habitada, para reunirlos a
la [d]batalla de aquel [e]gran día del Dios Todopoderoso.
15 (He aquí, Yo [1]vengo como [a]ladrón. Bienaventurado el
que [b]vela, y guarda sus [c]ropas, para que no ande [d]desnudo, y
vean su vergüenza.)
16 Y los [1a]reunió en el lugar que en hebreo se llama
[2]Armagedón.

7[1] Esta es la alabanza ofrecida desde el altar, la cual habla de los juicios de Dios sobre el territorio del anticristo.

7[2] Véase la nota 3[3] del cap. 15.

10[1] Aquí el trono indica que las siete copas tienen como finalidad juzgar a la bestia así como a su reino y territorio.

12[1] La plaga de la segunda copa es más severa que la plaga de la segunda trompeta (8:8-9); la plaga de la tercera copa es más severa que la plaga de la tercera trompeta (8:10-11); y la plaga de la cuarta copa es más severa que la de la cuarta trompeta (8:12). La plaga de la quinta copa, el juicio sobre el trono del anticristo y su reino, está relacionada con la quinta trompeta, en la cual el anticristo, el rey de las langostas poseídas por demonios, atormenta a los hombres (9:7-11); y la plaga de la sexta copa está relacionada con la sexta trompeta (9:14), debido a que la plaga de la sexta copa y la de la sexta trompeta están relacionadas con el mismo río, el Eufrates.

13[1] Los espíritus inmundos instigan a los reyes rebeldes (v. 14) a que envíen sus fuerzas y persigan al pueblo de Dios. Por ser espíritus, los espíritus inmundos deberían estar en los cielos, pero por haberse convertido en ranas, solamente pueden andar en la tierra. Esto indica que Satanás y su poder para actuar quedarán confinados a la tierra.

15[1] Según el contexto, el Señor pronunciará esto al final de la gran tribulación, antes de la batalla de Armagedón. Esto prueba que en ese tiempo todavía quedarán creyentes (el remanente, la mayoría de los creyentes vivos) en la tierra. Para ellos la manifestación del Señor en Su regreso todavía será como la llegada de un ladrón, a una hora que ellos desconocen.

16[1] Al final de la gran tribulación, tres espíritus inmundos que saldrán de la boca de Satanás, del anticristo y del falso profeta, irán a los reyes de toda la tierra habitada y los instigarán a unir sus fuerzas (vs. 13-14) —incluyendo a los doscientos millones de jinetes mencionados en 9:14-16 (véase la nota 12[1])— para la batalla de Armagedón, la cual será la última batalla entre la humanidad antes del milenio. Allí la intención de Satanás será destruir a Israel (Zac. 14:2) y pelear contra Cristo y Su ejército. Con este fin usará a toda la humanidad rebelde (17:12-14; 19:11-19). Cristo y los vencedores escogidos los derrotarán y los destruirán a todos (19:20-21; Mi. 4:11-13; Sof. 3:8; Zac. 14:3, 12-15; 12:4, 9) y salvarán a la nación de Israel (Zac. 12:3-8; 14:4-5; Jl. 3:14-17). Así será pisado el lagar, lo cual se

13[a] Ap. 12:3
13[b] Ap. 13:1
13[c] Ap. 13:11-14; 19:20; 20:10
13[d] Ap. 18:2; Mt. 10:1; Mr. 1:26
13[e] Ex. 8:6
14[a] Lc. 4:33; 1 Ti. 4:1
14[b] Ap. 13:13; 19:20; Mt. 24:24
14[c] Ap. 3:10
14[d] Ap. 17:14; 19:19; Jl. 3:2, 9-12; Zac. 12:3, 9; 14:2-3
14[e] Ap. 6:17; Sof. 1:14
15[a] Ap. 3:3; Mt. 24:43; 1 Ts. 5:4
15[b] Mt. 24:42; Mr. 13:33, 35-37; Lc. 21:36
15[c] Ap. 3:4, 18; 19:8
15[d] Ap. 3:17
16[a] Ap. 16:14; 19:19

k. La séptima copa: el gran terremoto y el enorme granizo 16:17-21

17 El séptimo *ángel* derramó su copa sobre el aire; y salió una gran voz del [1a]templo desde el [b]trono, diciendo: [2c]Hecho está.

18 Entonces hubo [a]relámpagos y voces y truenos, y un gran temblor de tierra, un [1b]terremoto tan grande, cual [c]no lo hubo jamás desde que el hombre existe sobre la tierra.

19 Y la [1a]gran ciudad fue *dividida* en tres partes, y las ciudades de las naciones cayeron; y [2b]Babilonia la Grande fue [c]recordada delante de Dios, para darle el [d]cáliz del [3]vino del ardor de Su ira.

20 Y toda [a]isla huyó, y los montes no fueron hallados.

21 Y cayó del cielo sobre los hombres un enorme [a]granizo como del peso de un [1]talento; y los hombres [2b]blasfemaron contra Dios por la plaga del granizo; porque su plaga fue sobremanera grande.

17[a] Ap. 11:19
17[b] Ap. 4:2
17[c] cfr. Ap. 21:6
18[a] Ap. 4:5
18[b] Ap. 6:12; 8:5; 11:13, 19
18[c] Dn. 12:1; Mt. 24:21
19[a] Ap. 11:8
19[b] Ap. 18:2; cfr. Ap. 14:8; 17:5
19[c] Ap. 18:5
19[d] Ap. 14:10; cfr. Ap. 18:6
20[a] Ap. 6:14
21[a] Ap. 8:7; 11:19; Ex. 9:18-25
21[b] Ap. 16:9

---

describe en 14:17-20, Is. 63:1-6 y Jl. 3:9-13.

16[2] Palabra hebrea compuesta de *Har,* que significa *monte* y *Megiddon,* es decir, Meguido (Jue. 5:19; 2 R. 23:29; Zac. 12:11), que significa *inmolar;* por lo tanto, significa *monte de la inmolación*.

17[1] El templo tiene que ver con el testimonio de Dios, mientras que el trono tiene que ver con Su juicio. *Del templo desde el trono,* indica que el juicio de Dios procede de Su testimonio y tiene como fin el mismo. Una vez que la última copa haya sido derramada, marcando el fin de la gran tribulación, todo lo negativo habrá sido erradicado, y entonces aparecerá la novia (19:7-9).

17[2] O, terminado, consumado. Esto se refiere al hecho de que todo ha sido logrado para el juicio de Dios y para la expresión o testimonio de Dios.

18[1] Este terremoto es el mismo que el asociado con la séptima trompeta (11:19). Véase la nota 19[2] del cap. 11.

19[1] La gran ciudad es Jerusalén. Véase la nota 8[1] del cap. 11.

19[2] La Babilonia misteriosa y religiosa mencionada en 14:8 será destruida al comienzo de la gran tribulación (véase la nota 8[1] del cap. 14); por lo tanto aquí Babilonia la Grande, la cual será destruida inmediatamente después de la batalla de Armagedón al final de la gran tribulación, debe de ser la Babilonia material, la ciudad de Roma. La Babilonia que se menciona en 14:8 corresponde a la mencionada en el cap. 17, mientras que la mencionada aquí corresponde a la del cap. 18. Los esquemas de las dos Babilonias se encuentran en 14:8 y en este versículo; los detalles se dan en los caps. 17 y 18.

19[3] Roma dio el vino del furor de su fornicación a las naciones (18:3). Ahora, Dios en Su venganza le da a ella el vino del furor de Su ira.

21[1] Un talento equivale a unos 50 kilos.

21[2] Esto prueba que la gente no tiene la intención de arrepentirse; por el contrario, se opondrán a Dios hasta el fin.

CAPITULO 17

5. Babilonia la Grande y su destrucción
17:1—19:4

a. El aspecto religioso
17:1-18

(1) La gran ramera
vs. 1-6

1 Vino entonces uno de los [a]siete ángeles que tenían las
[b]siete copas, y habló conmigo diciéndome: [c]Ven acá, y te
mostraré el [1d]juicio contra la [2]gran [3]ramera que está sentada
sobre [e]muchas aguas;
2 con la cual han [1a]fornicado los reyes de la tierra, y los
[b]moradores de la tierra se han [c]embriagado con el [2]vino de
su fornicación.
3 Y me [a]llevó en [1b]espíritu a un [2]desierto; y vi a una
[c]mujer sentada sobre una [3d]bestia [4]escarlata llena de [e]nombres de [5]blasfemia, que tenía [6f]siete cabezas y [g]diez cuernos.
4 Y la mujer estaba [a]vestida de [1]púrpura y [2]escarlata, y
adornada de [3]oro, de piedras preciosas y de perlas, y tenía

1[1] O, sentencia, condenación.

1[2] Aquí *gran* corresponde a *más grande* en Mt. 13:32.

1[3] Aquí la palabra *ramera* se refiere a la Iglesia Católica Romana apóstata. Una ramera no tiene marido. Esto indica que Dios nunca admitió tener relación alguna con la Iglesia Romana apóstata.

2[1] Lo que la iglesia apóstata comete no es adulterio, el pecado de una esposa infiel, sino fornicación, el pecado de una ramera. Esto es más pecaminoso que el adulterio. La fornicación de la iglesia apóstata consiste en tener relaciones pecaminosas con los reyes de la tierra para obtener provecho, tal como una ramera comete pecado por ganancia. Lo que ella comete es fornicación espiritual. Los reyes de la tierra cometen fornicación con ella directamente.

2[2] Aquí el vino representa las herejías de la iglesia apóstata en sus relaciones de fornicación con los gobiernos de la tierra. Estas herejías confunden, tal como lo hace el vino, a los que se involucran en esta religión. Este es el vino de su fornicación. Es una manera indirecta en la que los moradores de la tierra son embriagados con este vino.

3[1] Véase la nota 10[1] del cap. 1.

3[2] Un desierto es un lugar seco. Esto indica que la iglesia apóstata está en un lugar seco, donde no hay manantiales preparados por Dios. A fin de mostrarle al apóstol Juan que la iglesia apóstata está en un lugar tan desolado, el ángel lo llevó allí.

3[3] Esta bestia es el Imperio Romano y también el anticristo.

3[4] El color escarlata es rojo oscuro, y el gran dragón es rojo (véase la nota 3[1] del cap. 12). Esto indica que el anticristo, en cuanto a la apariencia, será uno con Satanás.

3[5] Casi todos los césares afirmaban que eran dioses. Esto era una gran blasfemia contra Dios.

3[6] Véase la nota 1[3] del cap. 13 y las notas 9[1] y 10[1] de este capítulo.

4[1] El color púrpura significa dignidad y autoridad (Jn. 19:2-3). El color púrpura es una mezcla de azul y rojo; esto representa la mezcla de las cosas

1[a] Ap. 15:1; 21:9
1[b] Ap. 16:1
1[c] Ap. 4:1; 21:9
1[d] Ap. 19:2
1[e] Ap. 17:15; cfr. Jer. 51:13
2[a] Ap. 2:20, 22; 18:3, 9
2[b] Ap. 8:13
2[c] Ap. 14:8
3[a] Ap. 21:10
3[b] Ap. 1:10; 4:2; 21:10; 22:6
3[c] Ap. 2:20; Mt. 13:33
3[d] Ap. 13:1
3[e] Ap. 13:1
3[f] Ap. 13:1; 17:9-10
3[g] Ap. 17:12, 16; Dn. 7:7, 20, 24
4[a] Ap. 18:16

4b Jer. 51:7; Ap. 18:6
4c Dt. 7:25-26
4d Ap. 18:2
5a cfr. Ap. 7:3; 13:16; 14:1; 22:4
5b Ap. 17:7; cfr. Ef. 5:32
5c Ap. 14:8; cfr. Ap. 16:19; 18:2
6a Ap. 16:6
6b Hch. 1:8; Ap. 2:13

en la mano un [4b]cáliz de oro lleno de [c]abominaciones [5]y de las
[d]inmundicias de su fornicación;
5 y en su [a]frente un nombre escrito: [1b]MISTERIO, [c]BABILO-
NIA LA GRANDE, LA [2]MADRE DE LAS RAMERAS Y DE LAS
[3]ABOMINACIONES DE LA TIERRA.
6 Vi a la mujer [1]ebria de la [a]sangre de los santos, y de la
sangre de los [2b]testigos de Jesús; y cuando la vi, quedé
asombrado *con* gran asombro.

(2) Interpretación de lo que representan la mujer y la bestia
vs. 7-15, 18

**7 Y el ángel me dijo: ¿Por qué te asombras? Yo te diré el
misterio de la mujer, y de la bestia que la trae, la cual tiene
las siete cabezas y los diez cuernos.**

---

celestiales con las terrenales. Esta es la apariencia de la iglesia apóstata.

4[2] El escarlata, el rojo oscuro, caracteriza a la Iglesia Romana apóstata. Se encuentra en muchos lugares en el Vaticano; su uso más notorio se puede ver en las vestiduras de los cardenales.

4[3] El oro, las piedras preciosas y las perlas son los materiales con los cuales la Nueva Jerusalén es edificada (21:18-19, 21). Sin embargo, esta mujer, la iglesia apóstata, no está edificada sólidamente con estos artículos preciosos; estos tesoros los usa ella como adornos para exhibirlos, lo cual constituye un engaño destinado a seducir a la gente. Esta es la falsa apariencia de la ramera.

4[4] En figura, el oro es la naturaleza divina de Dios. Por tanto, este cáliz de oro indica que en apariencia, la iglesia apóstata sí tiene algo de Dios. Sin embargo, por dentro su "cáliz de oro" está lleno de abominaciones y de la inmundicia de su fornicación, lleno de idolatría, prácticas paganas, y cosas satánicas en una relación religiosa herética. Por consiguiente, aunque la Iglesia Católica Romana apóstata tiene ciertas cosas santas, ha añadido muchas cosas malignas e inmundas.

4[5] O, incluso.

5[1] Aquí *misterio* indica que ésta no es la Babilonia material mencionada en el cap. 18, sino la Babilonia religiosa. La Babilonia religiosa, la iglesia apóstata, es verdaderamente misteriosa en lo que es, en lo que practica y en lo que enseña.

5[2] Puesto que la madre de las rameras es la iglesia apóstata, las rameras, las hijas de la iglesia apóstata, deben de ser todas las diferentes sectas y grupos del cristianismo que sostienen hasta cierto grado las enseñanzas, las prácticas y las tradiciones de la Iglesia Romana apóstata. A la vida pura de iglesia no se le ha trasmitido nada maligno de la iglesia apóstata.

5[3] Las abominaciones son ídolos (Dt. 7:25-26) de los cuales está llena la iglesia apóstata.

6[1] La Iglesia Romana no mata a los santos de manera directa, sino indirectamente por medio del Imperio Romano. Ella está ebria de la sangre de los santos y de la sangre de los testigos de Jesús.

6[2] O, mártires. Los santos son los que han sido separados, santificados, para Dios y que viven una vida santa para El, incluso hasta la muerte. Los testigos son un testimonio viviente del Señor Jesús y son fieles hasta la muerte. Los testigos de Jesús también son santos; sin embargo, es posible que los santos simplemente lleven una vida separada y santa, sin conformarse a la iglesia apóstata, y tal vez no se atrevan a testificar en contra de la

8 La [1]bestia que has visto, era, y no es; y está para [a]subir
del [b]abismo e [2]ir a [c]perdición; y los [d]moradores de la tierra,
aquellos cuyos nombres no están [e]escritos desde la fundación del mundo en el [f]libro de la vida, se [g]asombrarán viendo
la bestia que era y no es, y será.
9 Esto para la mente que tiene [a]sabiduría. Las [b]siete
cabezas son [1]siete montes, sobre los cuales se sienta la
mujer,
10 y son [1]siete reyes. Cinco de ellos han caído; uno es, y el
otro aún no ha venido; y cuando venga, es necesario que dure
breve tiempo.
11 La bestia que era, y no es, es [1]también el octavo; y es
uno de los siete, y va a la perdición.
12 Y los [a]diez cuernos que has visto, son [1]diez reyes, que
aún no han recibido [b]reino; pero por [c]una hora recibirán
autoridad como reyes juntamente con la bestia.

8[a] Ap. 11:7; cfr. Ap. 13:1
8[b] Ap. 9:1-2; 11:7; 20:1, 3
8[c] Ap. 19:20; 20:10
8[d] Ap. 3:10
8[e] Ap. 13:8
8[f] Ap. 3:5
8[g] Ap. 13:3
9[a] Ap. 13:18
9[b] Ap. 17:3
12[a] Ap. 17:3
12[b] Ap. 17:17
12[c] Ap. 18:10, 17, 19

---

apostasía de la Iglesia Romana de la manera que lo hicieron testigos como Antipas en 2:13.

8[1] La bestia, quien es el anticristo, "era" en la persona de César Nerón antes de que Juan escribiera este libro. El "no es" en los tiempos de los escritos de Juan, debido a que Nerón ya había muerto. Al decir que está "para subir del abismo" se da a entender que el espíritu de Nerón ahora está en el abismo y que está a punto de subir de allí para poseer el cuerpo muerto y resucitado del anticristo, como lo indica 13:3.

8[2] Esto indica que el anticristo perecerá, como se describe en 19:20 y 20:10; es decir, será arrojado al lago de fuego.

9[1] La ciudad de Roma está edificada sobre siete montes. Estos montes son representados por las siete cabezas de la bestia, sobre los cuales se sienta la ramera.

10[1] Los siete reyes son los siete césares del Imperio Romano. Los cinco primeros "han caído"; es decir, murieron, mas no por causas naturales (Jue. 3:25; 2 S. 1:10, 25, 27). Esos cinco eran Julio César, Tiberio, Calígula, Claudio y Nerón; todos ellos fueron asesinados o se suicidaron antes de que Juan escribiera este libro. El sexto, Domiciano, quien también fue asesinado, vivía cuando fue escrito este libro; por consiguiente, dice que él "es". "El otro", el séptimo, es el anticristo; él aún no había venido en ese tiempo. Cuando venga, durará muy poco tiempo y luego será muerto y resucitado por el espíritu del quinto, es decir, Nerón, y será el octavo.

11[1] El anticristo será el séptimo césar que ha de venir, pero también es el octavo. Según 13:3, el anticristo será muerto y resucitado. Al ser reanimado, el espíritu de Nerón (el quinto césar), el cual subirá del abismo (cuando Satanás sea arrojado a la tierra, 12:10, 13), animará y levantará el cuerpo muerto del séptimo césar, el anticristo, imitando así la resurrección de Cristo. Este césar, compuesto del quinto y del séptimo, es el octavo. Por lo tanto, es "uno de los siete", pues posee el cuerpo del séptimo y el espíritu del quinto. Por consiguiente, él tendrá mucha habilidad, inteligencia y poder para encantar, engañar y seducir, de manera que captura a los que no creen en Cristo. No es de extrañarse que la gente se asombre al ver tan extraordinaria persona y la siga (v. 8; 13:3).

12[1] Diez reyes serán levantados en el Imperio Romano que resurgirá antes de la gran tribulación. Ellos serán uno con el anticristo en su oposición

13[a] Ap. 17:17
14[a] Ap. 19:19
14[b] Ap. 5:6
14[c] Ap. 3:21; 5:5
14[d] Ap. 19:16; 1 Ti. 6:15
14[e] Ap. 19:14
14[f] Mt. 22:14
14[g] Ap. 2:10, 13
15[a] Ap. 17:1
15[b] Ap. 5:9
16[a] Ap. 17:3, 12
16[b] Ap. 18:17, 19; Jer. 50:13; 51:26
16[c] Ap. 18:8; 19:3
17[a] Ap. 17:13
17[b] Ap. 16:10
17[c] Ro. 9:28
18[a] Ap. 18:10, 16, 18-19

13 Estos tienen un solo [1a]designio, y entregarán su poder y su autoridad a la bestia.

14 Harán [1a]guerra contra el [b]Cordero, y el Cordero los [c]vencerá, porque El es [d]Señor de señores y Rey de reyes; y los que están [e]con El, los llamados y [2f]escogidos y [g]fieles, *también vencerán.*

15 Me dijo también: Las [1a]aguas que has visto donde la ramera se sienta, son [b]pueblos, multitudes, naciones y lenguas.

(3) La bestia
destruye a la ramera
vs. 16-17

16 Y los [a]diez cuernos que viste, y la bestia, [1]aborrecerán a la ramera, y la dejarán [b]desolada y desnuda; y devorarán sus carnes, y la [c]quemarán con fuego;

17 porque [1]Dios ha puesto en sus corazones el ejecutar lo que El [2]quiso y que ejecuten un solo [a]designio, y que den su [b]reino a la bestia, hasta que se cumplan las [c]palabras de Dios.

18 Y la [1]mujer que has visto es la [a]gran ciudad que reina sobre los reyes de la tierra.

---

a Dios y en la persecución al pueblo de Dios, los judíos y los creyentes. Esos diez reyes son comparados con los diez dedos de la gran imagen que Nabucodonosor vio en su sueño (Dn. 2:42). Ellos se someterán junto con sus reinos al anticristo (v. 17).

13[1] U, opinión, sentir.

14[1] Esto se refiere a la batalla que se menciona en 19:11-21; es la batalla de Armagedón (16:14, 16).

14[2] *Escogidos* se menciona después de *llamados*. Ser llamado es ser salvo, mientras que ser elegido es ser aprobado por el Señor por virtud de una vida vencedora. Hoy día muchos son los llamados, pero en el futuro pocos serán los escogidos (Mt. 22:14).

15[1] La señal de la ramera sentada sobre las aguas, que son pueblos, multitudes, naciones y lenguas, se cumple por el hecho histórico de que la Iglesia Romana apóstata dominaba a los pueblos y naciones de todo el mundo.

16[1] Los diez cuernos y la bestia aborrecerán a la ramera y la dejarán desolada, lo cual significa que el anticristo y los diez reyes perseguirán a la Iglesia Romana apóstata. Esto ocurrirá al comienzo de la gran tribulación. (Véase la nota 8[1] del cap. 14.) La dejarán "desolada y desnuda", lo cual significa que la destruirán, la despojarán de sus riquezas y la expondrán; "devorarán sus carnes", lo cual significa que matarán a sus miembros; y "la quemarán con fuego", lo cual significa que la aniquilarán completamente. Esto también indica que Babilonia la Grande en este capítulo es la Babilonia religiosa.

17[1] Dios permite que el anticristo y sus diez reyes destruyan a la Iglesia Romana apóstata. Esta clase de destrucción no debe ser considerada como un martirio, sino como el juicio vengador de Dios.

17[2] Véase la nota 13[1].

18[1] La ramera mencionada en el v. 16 denota la Babilonia religiosa, la cual representa la Iglesia Romana, pero aquí la mujer denota la Babilonia

CAPITULO 18

b. El aspecto material
18:1-24

(1) Cristo exclama: "Ha caído Babilonia la Grande"
vs. 1-3

1 Después de esto vi a [1a]otro Angel [2]descender del cielo con gran autoridad; y la tierra fue [b]iluminada con Su gloria.
2 Y clamó con voz potente, diciendo: [1a]Ha caído, ha caído Babilonia la Grande, y se ha hecho [b]habitación de demonios y [2]guarida de todo [c]espíritu inmundo, y [2]albergue de toda ave inmunda y aborrecible.
3 Porque todas las naciones [1]han [2a]bebido del vino del furor de su fornicación; y los reyes de la tierra han [b]fornicado con ella, y los [c]mercaderes de la tierra se han [d]enriquecido de la potencia de su [e]lujo.

1[a] Ap. 7:2; 8:3; 10:1
1[b] Ez. 43:2
2[a] Ap. 14:8
2[b] Is. 13:21-22; Jer. 50:39; 51:37
2[c] Ap. 16:13
3[a] Ap. 14:8
3[b] Ap. 18:9; 17:2
3[c] Ap. 18:11, 15, 23
3[d] Ap. 18:15, 19
3[e] Ap. 18:7, 9

---

material, la cual representa la ciudad de Roma. Esta ciudad es llamada "la gran ciudad que reina sobre los reyes de la tierra". Cuando Juan escribió este libro, Roma era la ciudad que reinaba sobre los reyes de la tierra. El anticristo y sus diez reyes aborrecerán a la ramera, la Iglesia Romana, no a la mujer, la ciudad de Roma, donde ellos establecerán su administración.

1[1] Este Angel que tiene gran autoridad es Cristo. Cuando desciende del cielo, la tierra es iluminada con Su gloria. En 10:1 Cristo todavía está vestido de una nube, y en 14:14 está sentado en la nube; mientras que aquí Su gloria ilumina la tierra, lo cual indica que Su regreso a la tierra está más cercano que el mencionado en 10:1 y 14:14. El descenderá del cielo, primero secretamente en la nube, luego visiblemente sobre la nube; por último, iluminará la tierra para destruir con Su gran autoridad a Babilonia la Grande, la ciudad de Roma.

1[2] Este es el regreso de Cristo (la parusía) a la tierra al final de la gran tribulación para tomar posesión total de la tierra como Su reino. En aquel entonces la Babilonia material sufrirá el juicio y caerá.

2[1] Esta es la caída de la Babilonia material, la ciudad de Roma, al final de la gran tribulación (véanse las notas 8[1] del cap. 14, 19[2] del cap. 16 y 5[1] y 18[1] del cap. 17). La Biblia revela tres aspectos de Babilonia: (1) el aspecto literal, que se refiere a Babel o la Babilonia antigua (Gn. 11:9), el Irak de hoy; (2) el aspecto religioso, que se refiere a la Iglesia Católica Romana, de la cual se habla en el cap. 17; y (3) el aspecto material, que se refiere a la ciudad de Roma, mencionada en este capítulo.

2[2] O, prisión.

3[1] Algunos mss. dicen: han caído mediante.

3[2] Roma, representada por Babilonia la Grande, tiene dos aspectos, el religioso y el material. *Las naciones han bebido del vino ... y los reyes de la tierra han fornicado...* se refiere al aspecto religioso (14:8; 17:2), mientras que *los mercaderes de la tierra se han enriquecido...* se refiere al aspecto material.

(2) Un llamado a separarse:
"Salid de ella"
vs. 4-5

4 Y oí otra voz del cielo, que decía: [1a]Salid de ella, pueblo
Mío, para que no seáis partícipes de sus pecados, ni recibáis
sus plagas;
5 porque sus pecados se han [1]amontonado [a]hasta el cielo,
y Dios se ha [b]acordado de sus [2]injusticias.

(3) El orgullo y la destrucción de Babilonia
vs. 6-8

6 [a]Pagadle a ella como ella os ha pagado, y [1]dobladle al
doble según sus obras; en el [b]cáliz en que ella preparó bebida,
preparadle a ella el doble.
7 Cuanto ella se ha [a]glorificado y ha vivido en [b]lujos,
tanto dadle de tormento y llanto; porque dice en su corazón:
Yo estoy sentada como [c]reina, y no soy [d]viuda, y jamás veré
llanto;
8 por lo cual en [a]un solo día vendrán sus plagas: muerte,
llanto y hambre; y será [1b]quemada con fuego, porque fuerte
es el Señor Dios, que la [c]juzga.

(4) Llanto sobre Babilonia
vs. 9-19

9 Y los reyes de la tierra que han [a]fornicado con ella, y
con ella han vivido en lujos, [b]llorarán y harán lamentación
sobre ella, cuando vean el [c]humo de su incendio,
10 [a]parándose lejos por el temor de su tormento, diciendo:
¡[b]Ay, ay, de la [c]gran ciudad de [d]Babilonia, la ciudad fuerte;
porque en [e]una hora vino tu [f]juicio!
11 Y los mercaderes de la tierra lloran y hacen lamentación sobre ella, porque ninguno compra más sus
cargamentos;
12 [1]cargamento de oro, de plata, de piedras preciosas, de

4[1] Puesto que Babilonia la Grande tiene dos aspectos, salir de ella significa salir tanto de la Babilonia religiosa como de la material. El pueblo de Dios debe salir de estos dos aspectos de Babilonia.

5[1] Lit., juntado.

5[2] O, crímenes, maldades.

6[1] Según la ley levítica (Ex. 22:4, 7, 9), se requería una doble recompensa. Aquí la doble recompensa es duplicada.

8[1] En 17:16 la Babilonia religiosa es completamente quemada. Aquí, es totalmente quemada la Babilonia material. El cap. 17 narra la destrucción de la Babilonia religiosa; el cap. 18, la destrucción de la Babilonia material.

4[a] Is. 52:11; Jer. 50:8; 51:6, 9, 45; 2 Co. 6:17
5[a] cfr. Jer. 51:9
5[b] Ap. 16:19; Os. 7:2; 8:13; 9:9
6[a] Sal. 137:8; Jer. 50:15, 29
6[b] Ap. 17:4
7[a] Is. 13:19
7[b] Ap. 18:3, 9
7[c] Is. 47:7
7[d] Is. 47:8
8[a] Is. 47:9
8[b] Ap. 17:16
8[c] Ap. 19:2
9[a] Ap. 18:3; 17:2
9[b] Ap. 18:11, 19
9[c] Ap. 14:11; 19:3
10[a] Ap. 18:15, 17
10[b] Ap. 18:16, 19
10[c] Ap. 18:16, 18, 19, 21
10[d] Ap. 16:19
10[e] Ap. 17:12; 18:17, 19
10[f] Ap. 19:2

perlas, de lino fino, de púrpura, de seda, de escarlata, de toda clase de [2]cedro, de todo vaso de marfil, de todo vaso de madera preciosa, de cobre, de hierro y de mármol;

13 y canela, [1]amomo, incienso, ungüentos, olíbano, vino, aceite, flor de harina, trigo, ganado, ovejas, de caballos y carros, y [2a]esclavos, y [3b]almas de hombres.

14 Los frutos de otoño codiciados por tu alma se apartaron de ti, y todas las cosas exquisitas y espléndidas te han faltado, y nunca más las hallarás.

15 Los mercaderes de estas cosas, que se han enriquecido a costa de ella, se pararán lejos por el temor de su tormento, llorando y lamentando,

16 y diciendo: ¡Ay, ay, de la gran ciudad, que estaba [a]vestida de lino fino, de púrpura y de escarlata, y estaba adornada de oro, de piedras preciosas y de perlas!

17 Porque en una hora han sido [a]desoladas tantas riquezas. Y todo piloto, y todos los que viajan en naves, y marineros, y todos los que trabajan en el mar, se pararon lejos;

18 y viendo el [a]humo de su incendio, dieron voces, diciendo: ¿Qué *ciudad* era semejante a la gran ciudad?

19 Y echaron polvo sobre sus cabezas, y dieron voces, llorando y lamentando, diciendo: ¡Ay, ay de la gran ciudad, en la cual todos los que tenían naves en el mar se habían enriquecido de su [1]opulencia; pues en [2]una hora ha sido desolada!

13[a] cfr. Ro. 12:1
13[b] cfr. Mt. 16:26
16[a] Ap. 17:4
17[a] Ap. 17:16
18[a] Ap. 18:9

12[1] Los cargamentos mencionados en los vs. 12-13 son varias cosas materiales, lo cual comprueba que Babilonia la Grande en este capítulo es la Babilonia material. Los cargamentos constan de siete categorías: (1) adornos, desde *oro* hasta *perlas;* (2) telas, desde *lino fino* hasta *escarlata;* (3) muebles y artículos decorativos, desde *cedro* hasta *mármol;* (4) especias, desde *canela* hasta *olíbano;* (5) alimentos, desde *vino* hasta *ovejas;* (6) medios de transporte, *caballos* y *carros;* y (7) mano de obra, *esclavos* y *almas de hombres*.

12[2] Un árbol conífero aromático.

13[1] Una especia.

13[2] Lit., cuerpos; se refiere a los cuerpos de los que están en esclavitud.

13[3] De la mercadería vendida por Babilonia, lo primero es el oro y lo último es las almas de hombres. *Almas de hombres* se refiere a los hombres que se venden a un empleo. Esto no sólo describe a la Babilonia venidera, sino también al mundo de hoy. Las personas venden su alma, su vida, es decir, se venden ellos mismos, a su ocupación, sin importarles ni Dios ni su propio destino eterno.

19[1] Lit., su alto precio.

19[2] El anticristo y sus ejércitos serán destruidos por Cristo en una hora (17:12-14; 19:19-21), y la Babilonia material será también destruida por el Señor en una hora. Quizás ambas serán destruidas por el Señor en la misma hora de Su venida a la tierra en Su gloria iluminadora (18:1; 2 Ts. 2:8).

(5) Regocijo en el cielo
v. 20

20 [a]Alégrate sobre ella, cielo, y *vosotros,* santos, [b]apósto-
les y profetas; porque Dios ha [1]pronunciado [c]juicio a vuestro
favor contra ella.

(6) Se declara que Babilonia
será totalmente destruida
vs. 21-24

21 Y un ángel fuerte tomó una [a]piedra, como una gran
piedra de molino, y la arrojó en el mar, diciendo: Con el
mismo ímpetu será [1]derribada Babilonia, la gran ciudad, y
nunca más será hallada.

22 Y voz de [a]arpistas, de músicos, de flautistas y de
trompeteros no se oirá más en ti; y ningún artífice de oficio
alguno se hallará más en ti, ni [b]ruido de molino se oirá más
en ti.

23 [a]Luz de lámpara no alumbrará más en ti, ni voz de
esposo y de esposa se oirá más en ti; porque tus mercaderes
eran los [b]grandes de la tierra; pues por tus [1c]hechicerías
fueron engañadas todas las naciones.

24 Y en ella se halló la [a]sangre de los profetas y de los
santos, y de todos los que han sido muertos en la tierra.

CAPITULO 19

c. La alabanza en el cielo
19:1-4

1 Después de esto oí como una [a]gran voz de [b]gran multitud
en el cielo, que decía: ¡[1c]Aleluya! La [d]salvación y la [e]gloria y
el poder son de nuestro Dios;

2 porque Sus juicios son [a]verdaderos y justos; pues ha
juzgado a la [1b]gran ramera que ha corrompido a la tierra con
su [c]fornicación, y ha vengado la [d]sangre de Sus esclavos
[2]*derramada* por mano de ella.

20[a] Ap. 12:12; 19:7; Dt. 32:43; Jer. 51:48; Is. 14:7
20[b] Lc. 11:49
20[c] Ap. 6:10; 19:2
21[a] Jer. 51:63-64
22[a] Is. 24:8
22[b] Jer. 25:10
23[a] Jer. 25:10
23[b] Ap. 6:15
23[c] Ap. 9:21
24[a] Ap. 16:6; 17:6; Mt. 23:35
1[a] Jer. 51:48
1[b] Ap. 19:6; 7:9
1[c] Ap. 19:3, 4, 6
1[d] Ap. 7:10; 12:10
1[e] Ap. 4:11
2[a] Ap. 16:7; Sal. 19:9
2[b] Ap. 17:1
2[c] Ap. 17:2; 18:3
2[d] Ap. 6:10; 16:6; 17:6; 18:24

20[1] Esta es parte de la respuesta a la oración de los mártires en 6:9-10.

21[1] Esto probablemente ocurrirá mediante el terremoto mencionado en 16:18-20.

23[1] O, encantos, su atracción venenosa.

1[1] Esta palabra, derivada del hebreo, se compone de dos vocablos: *alelu,* alabanza, y *jah,* una forma corta del nombre Jehová; por lo tanto, significa *alabad a Jehová.* Es usada en Sal. 104:35 y al comienzo y al final de los salmos 146—150.

2[1] Babilonia la Grande, en sus dos aspectos, el religioso y el material. Véase la nota 4[1] del cap. 18.

2[2] Lit., de la mano de ella.

3 Y por segunda vez dijeron: ¡Aleluya! Y el [a]humo de ella sube por los siglos de los siglos.

4 Y los [a]veinticuatro ancianos y los [b]cuatro seres vivientes se [c]postraron y adoraron a Dios, [d]que está sentado en el trono, y decían: ¡[1e]Amén! ¡Aleluya!

6. Las bodas del Cordero
19:5-10

a. La alabanza de una gran multitud
vs. 5-6

5 Y salió del trono una [1a]voz que decía: [b]Alabad a nuestro Dios todos Sus esclavos, y los que le [c]teméis, así pequeños como grandes.

6 Y oí como la [a]voz de una gran multitud, como el estruendo de [1b]muchas aguas, y como el estruendo de [1]grandes [c]truenos, que decía: ¡Aleluya, porque el [d]Señor nuestro Dios Todopoderoso [e]reina!

b. Las bodas del Cordero y Su cena de bodas
vs. 7-9

7 [a]Gocémonos y alegrémonos y démosle gloria; porque han llegado las [1b]bodas del Cordero, y Su [2c]esposa se ha [d]preparado.

4[1] El "aleluya" de los vs. 1 y 3 es la alabanza de la gran multitud de los santos. Aquí los veinticuatro ancianos angélicos y los cuatro seres vivientes dicen "amén" a la alabanza de los santos, y luego, al igual que los santos, alaban diciendo: "¡Aleluya!" Así que, en conjunto ésta es la alabanza de los santos, los ángeles y todos los seres vivos; es la alabanza que ellos ofrecen al Dios Triuno desde el pasado, en el presente y por la eternidad.

5[1] Esta quizá sea la voz de Cristo como el Angel de Dios (7:2; 8:3; 10:1).

6[1] Como el estruendo de muchas aguas, la alabanza de la gran multitud de santos se ofrece continuamente, y como el estruendo de grandes truenos, expresa solemnidad.

7[1] Después del arrebatamiento de la mayoría de los santos (14:16; 1 Ts. 4:15-17) y del juicio en el tribunal de Cristo para la entrega del galardón (11:18; 2 Co. 5:10), los eventos que siguen inmediatamente deben de ser las bodas del Cordero y la destrucción del anticristo y de Babilonia la Grande (19:19-21; 18:1—19:4), lo cual trae el reinado de Dios, el reino de Dios (v. 6). Por esta razón, la gran multitud de los salvos se regocija y alaba con aleluyas (vs. 1, 3, 6), y los veinticuatro ancianos y los cuatro seres vivientes se unen con ellos en su alabanza a Dios (v. 4).

El reinado de Dios, el reino, está relacionado con las bodas del Cordero, y las bodas del Cordero son el resultado del cumplimiento de la economía neotestamentaria de Dios. La economía de Dios en el Nuevo Testamento consiste en obtener una novia, la iglesia, para Cristo por medio de la obra redentora y la vida divina de Cristo. Mediante la obra continua del Espíritu Santo a lo largo de los siglos, esta meta será obtenida al final de esta

---

3[a] Ap. 14:11
4[a] Ap. 4:4
4[b] Ap. 4:6
4[c] Ap. 4:10
4[d] Ap. 4:2
4[e] Ap. 1:6-7; 5:14; 22:21; Sal. 106:48
5[a] Ap. 16:17
5[b] Sal. 150:1
5[c] Ap. 11:18; Sal. 115:13
6[a] Ap. 11:15; 12:10
6[b] Ap. 1:15; 14:2
6[c] Ap. 6:1
6[d] Ap. 1:8
6[e] Ap. 11:15
7[a] Ap. 18:20
7[b] Mt. 25:10
7[c] Ap. 21:2, 9; Jn. 3:29; Ef. 5:23-25
7[d] Mt. 24:44; 25:10

8 Y a ella se le ha concedido que se [a]vista de lino fino,
resplandeciente *y* [1]limpio; porque el lino fino es las [2b]accio-
nes justas de los santos.
9 Y me dijo: Escribe: [a]Bienaventurados los que son llamados a la [1]cena de las [2b]bodas del Cordero. Y me dijo: Estas
son [c]palabras verdaderas de Dios.

c. El espíritu de la profecía
v. 10

10 Y me [a]postré a sus pies para adorarle. Y él me dijo: No
lo hagas; yo soy consiervo tuyo, y de tus hermanos que
retienen el [b]testimonio de Jesús. [c]Adora a Dios; porque el
testimonio de Jesús es el [1]espíritu de la [d]profecía.

8[a] Ap. 19:14; Mt. 22:11-12; Ap. 3:4-5, 18; Sal. 45:13-14; cfr. Ap. 17:4
8[b] Mt. 5:20; Job 29:14; cfr. Is. 64:6
9[a] Ap. 1:3; 14:13; 16:15; 20:6; 22:7, 14
9[b] Mt. 22:2; 8:11; Lc. 14:15; 22:16
9[c] Ap. 21:5; 22:6
10[a] Ap. 22:8-9
10[b] Ap. 1:2
10[c] Ap. 14:7
10[d] Ap. 1:3; 10:11; 22:7, 10, 18-19

era. Entonces la novia, o sea, los creyentes vencedores, estará lista, y el reino de Dios vendrá. Esto corresponde a la profecía del Señor en Mt. 26:29.

7[2] *Su esposa* se refiere a la iglesia (Ef. 5:24-25, 31-32), la novia de Cristo (Jn. 3:29). Sin embargo, según los vs. 8-9, durante el milenio la esposa, la novia de Cristo, está formada solamente por los creyentes vencedores; mientras que en 21:2, después del milenio y por la eternidad la novia, la esposa, está formada por todos los santos. La preparación de la novia depende de la madurez en vida de los vencedores. Además, los vencedores no son individuos separados sino una novia corporativa. Para este aspecto, se necesita la edificación. Los vencedores no solamente son maduros en vida, sino que también son edificados, para formar una sola novia.

8[1] O, puro. *Limpio* se refiere a la naturaleza, mientras que *resplandeciente* se refiere a la expresión.

8[2] Aquí las acciones justas no son la justicia (es decir, Cristo) que recibimos para ser salvos (1 Co. 1:30). La justicia que recibimos para ser salvos es objetiva y nos da la capacidad de cumplir los requisitos del Dios justo, mientras que aquí las acciones justas de los santos vencedores son subjetivas (Fil. 3:9) y los hace aptos para que cumplan los requisitos del Cristo vencedor. En Sal. 45:13-14 la reina tiene dos vestidos: uno corresponde a la justicia objetiva, la cual es la salvación del creyente, y el otro a las acciones justas subjetivas, las cuales son la victoria del creyente. El segundo vestido corresponde al vestido de bodas mencionado en Mt. 22:11-12.

9[1] La comida principal, regularmente tomada por la noche.

9[2] Aquí la cena de las bodas del Cordero es el banquete de bodas mencionado en Mt. 22:2. Será una recompensa para los creyentes vencedores. Solamente los vencedores serán invitados; no todos los salvos tendrán parte en ella. Las cinco vírgenes insensatas mencionadas en Mt. 25:8-13 se perderán esta cena. Sin embargo, después de ser disciplinadas por el Señor en la era del reino, tendrán parte en la Nueva Jerusalén por la eternidad. Por tanto, ser invitado a la cena de las bodas de Cristo, lo cual conducirá a los creyentes vencedores al goce del milenio, es una bienaventuranza. Los creyentes vencedores, quienes serán invitados a la cena de las bodas del Cordero, también serán la novia del Cordero.

10[1] El espíritu de la profecía es la realidad, la substancia, la naturaleza y la característica de la profecía. Así que, el testimonio de Jesús es la realidad, la substancia, la naturaleza y la característica de la profecía de este libro.

7. La batalla de Armagedón
19:11-21

a. Cristo viene a pisar el gran lagar
vs. 11-16

11 Entonces vi el [a]cielo abierto; y he aquí un [b]caballo blanco, y [1]Aquel que lo montaba se llamaba [2c]Fiel y Verdadero, y con [3d]justicia juzga y hace [e]guerra.

12 Sus [1a]ojos son como llama de fuego, y hay en Su cabeza [2]muchas [d]diademas; *y* tiene un [c]nombre escrito [3]que ninguno conoce sino El mismo.

13 Está vestido de una [a]ropa [1]teñida en sangre; y Su nombre es el [2b]Verbo de Dios.

14 Y los [1a]ejércitos de los cielos, [2b]vestidos de lino finísimo, blanco *y* limpio, le [c]seguían en caballos blancos.

15 De Su [a]boca sale una [1b]espada aguda, para [c]herir con ella a las naciones, y El las [2d]pastoreará con vara de hierro; y El pisa el [3e]lagar del vino del ardor de la ira del Dios [f]Todopoderoso.

11[1] Después de la cena de bodas, Cristo vendrá como valiente General y tendrá consigo a Su novia (los creyentes vencedores invitados a la cena de bodas) como Su ejército, para pelear contra el anticristo y los reyes que le sigan, con sus ejércitos, en Armagedón.

11[2] Cristo es fiel tanto a Dios como a los que creen en El. En Su fidelidad, El derrota y destruye a los que se oponen a Dios y persiguen a los creyentes. También es verdadero en el cumplimiento de la economía de Dios y en el cuidado de los que creen en El.

11[3] Cristo es fiel y verdadero tanto para con Dios como para con Sus creyentes, y es justo con respecto a los que se oponen y se rebelan contra Dios. En justicia, El derrotará al anticristo y juzgará a los rebeldes que siguen a éste.

12[1] Los ojos de Cristo, que son como llama de fuego, ejecutan Su juicio.

12[2] Cristo tiene muchas diademas, puesto que ha sido coronado con muchas glorias (He. 2:9; 1 P. 1:11 y la nota 6). Cada gloria es una diadema. Estas coronas de gloria son el resultado de lo que Cristo ha logrado. En los gloriosos resultados de Sus logros, El peleará por Dios y destruirá a todos los que se rebelen contra Dios, y los dejará avergonzados por la eternidad.

12[3] Indica que existen ciertos aspectos de Cristo que no hemos experimentado y que sólo El conoce. También denota que el Cristo a quien hemos experimentado es inagotable.

13[1] La ropa está teñida en sangre porque Cristo ha pisado el lagar del ardor de la ira de Dios (v. 15; Is. 63:1-3) en Armagedón (16:14, 16), donde la sangre llegará hasta los frenos de los caballos (14:20).

13[2] El Verbo de Dios es la definición, explicación y expresión de Dios. En calidad de Verbo de Dios, Cristo imparte vida como gracia a los escogidos de Dios en el Evangelio de Juan (Jn. 1:1, 4, 14), pero en el Apocalipsis, también escrito por Juan, Cristo como Verbo de Dios ejecuta el juicio de Dios sobre los rebeldes.

14[1] Aquí los ejércitos son los creyentes llamados y elegidos en 17:14 y los que son invitados a la cena de las bodas del Cordero en el v. 9, es decir, los que constituyen la novia de Cristo.

11[a] Ap. 4:1; Mt. 3:16; Jn. 1:51
11[b] Ap. 19:14; cfr. Ap. 6:2
11[c] Ap. 3:14
11[d] Ap. 19:2
11[e] Ap. 17:14
12[a] Ap. 1:14
12[b] He. 2:9
12[c] Ap. 3:12; cfr. Ap. 2:17
13[a] Is. 63:1-3
13[b] Jn. 1:1-2
14[a] Ap. 17:14
14[b] Ap. 19:8
14[c] Ap. 14:4
15[a] Ap. 19:21; 1:16; 2 Ts. 2:8
15[b] Ap. 1:16
15[c] Is. 11:4
15[d] Ap. 2:27
15[e] Ap. 14:19-20
15[f] Ap. 1:8

16 Y en Su [1]vestidura y en Su muslo tiene escrito este
[a]nombre: [b]REY DE REYES Y SEÑOR DE SEÑORES.

b. Una gran cena
vs. 17-18

17 Y vi a un ángel que estaba de pie en el sol, y clamó a
gran voz, diciendo a todas las [a]aves que vuelan en [b]medio del
cielo: Venid, y congregaos a la [1]gran cena de Dios,
18 para que [a]comáis carnes de reyes y de [1]generales, y
carnes de fuertes, carnes de caballos y de sus jinetes, y
carnes de todos, [b]libres y esclavos, pequeños y grandes.

c. La derrota y la perdición del anticristo y del falso profeta
vs. 19-21

19 Y vi a la [a]bestia, a los [1b]reyes de la tierra y a sus
[2c]ejércitos, [d]reunidos para [3e]guerrear contra Aquel que montaba el caballo, y contra Su [f]ejército.
20 Y la bestia fue apresada, y con ella el [a]falso profeta que
había hecho delante de ella las [b]señales con las cuales había
engañado a los que recibieron la [c]marca de la bestia, y
habían [d]adorado su imagen. Estos dos fueron [1e]lanzados
vivos dentro del [f]lago de fuego que arde con [g]azufre.

16a Ap. 19:12
16b Ap. 17:14
17a Ez. 39:17
17b Ap. 8:13
18a Ez. 39:18-20
18b Ap. 6:15
19a Ap. 13:1
19b Ap. 16:12, 14, 16
19c Ap. 9:16
19d Ap. 16:16
19e Ap. 17:14; 19:11
19f Ap. 19:14
20a Ap. 13:11
20b Ap. 13:13-14
20c Ap. 13:16-17
20d Ap. 13:15
20e 2 Ts. 2:8; Dn. 7:11; 8:25
20f Ap. 20:10, 14-15; 21:8
20g Ap. 14:10

14[2] Las vestiduras de los creyentes vencedores los califican para asistir a la cena de las bodas del Cordero (vs. 8-9) y para pelear junto con el Señor contra Su enemigo.

15[1] La espada que sale de la boca de Cristo, quien es el Verbo de Dios, es la palabra que juzgará a los rebeldes (Jn. 12:48).

15[2] Aquí pastorear significa regir; la vara de hierro simboliza gran poder. Primero, Cristo herirá con Su palabra de juicio, a las naciones; luego pastoreará, con Su gran poder, a los que queden. Su gobierno con gran poder es Su pastoreo. El regirá a las naciones al pastorearlas.

15[3] Véase la nota 19[1] del cap. 14.

16[1] La vestidura de Cristo simboliza Sus atributos, Su carácter, especialmente Su justicia en Su humanidad; mientras que Su muslo representa Su fuerza para mantenerse firme, Su estabilidad. El título *Rey de reyes y Señor de señores* se exhibe en Su justicia y Su estabilidad.

17[1] La gran cena de Dios está en contraste con la cena de las bodas del Cordero. De ésta sólo participan los vencedores llamados; la primera es para las aves a las que se hace esta invitación.

18[1] Lit., capitanes sobre mil hombres.

19[1] Los reyes de la tierra (16:12-14) incluyen especialmente a los diez reyes que siguen al anticristo (17:12-14).

19[2] Los ejércitos incluyen a los doscientos millones de jinetes procedentes de donde sale el sol (9:14-16; 16:12).

19[3] Esta batalla se librará en Armagedón (16:14, 16), en el valle de Josafat (Jl. 3:9-16; Zac. 14:2-3, 12-15), muy cerca de Jerusalén. Allí será pisado el gran lagar de la ira de Dios (véase 14:17-20 y la nota 19[1]).

20[1] El anticristo y el falso profeta serán los primeros en ser echados al

21 Y los demás fueron muertos con la [a]espada que salía de
la boca de Aquel que montaba el caballo, y todas las aves se
saciaron de las carnes de ellos.

CAPITULO 20

8. Satanás es encarcelado
20:1-3

a. Por mil años
vs. 1-2

1 Vi a un ángel que descendía del cielo, con la [a]llave del
[b]abismo, y una gran [c]cadena en la mano.
2 Y prendió al [a]dragón, la [b]serpiente antigua, que es el
diablo y Satanás, y lo [1c]ató por mil años;

b. En el abismo
v. 3

3 y lo [a]arrojó al abismo, y lo [b]encerró, y puso su sello
sobre él, para que no [c]engañase más a las naciones, hasta
que fuesen cumplidos mil años; y después de esto debe ser
[d]desatado por un poco de tiempo.

9. El reino milenario
20:4-6

a. En la mejor resurrección
vs. 4-5

4 Y vi [a]tronos, y se sentaron sobre ellos [1]los que recibieron facultad de juzgar; y *vi* las [b]almas de [2]los decapitados por
causa del [c]testimonio de Jesús y por la palabra de Dios, y [3]los

21[a] Ap. 19:15
1[a] Ap. 1:18; 9:1
1[b] Ap. 9:1
1[c] Jud. 6
2[a] Ap. 12:3
2[b] Ap. 12:9
2[c] Jud. 6
3[a] Is. 14:15; Ez. 28:8; cfr. 2 P. 2:4
3[b] cfr. Nm. 16:33
3[c] Ap. 20:8, 10; 12:9
3[d] Ap. 20:7
4[a] Mt. 19:28; Ap. 3:21
4[b] Ap. 6:9
4[c] Ap. 1:2

---

lago de fuego (cfr. 20:10, 15). A diferencia de los otros que perecen, ellos serán lanzados vivos al lago de fuego, sin pasar por la muerte y la resurrección.

En este punto podemos ver que una vez que sea tocada la séptima trompeta, en el mismo día, el último día de la gran tribulación, ocurrirán los eventos siguientes: (1) el reino sobre el mundo pasará a Cristo; (2) los santos que hayan muerto serán resucitados y, junto con los santos que estén vivos, serán arrebatados; (3) los dos testigos serán resucitados y arrebatados; (4) Cristo ejecutará el juicio en Su tribunal para recompensar a los vencedores; (5) se celebrarán las bodas del Cordero y de los vencedores; (6) Cristo y los vencedores con los cuales se acaba de casar, vendrán a la tierra para derrotar al anticristo y destruir en la batalla de Armagedón a los que destruyen la tierra, y arrojar al anticristo y al falso profeta en el lago de fuego; (7) mediante la batalla de Armagedón, Cristo rescatará a Israel del asedio del anticristo, y toda la casa de Israel se arrepentirá y será salva; (8) la Babilonia material será destruida; y (9) al mismo tiempo las siete copas serán derramadas. La batalla de Armagedón ocurrirá en el tiempo de la sexta copa. Las varias plagas de las

4[d] Ap. 13:15
4[e] Ap. 13:16-17
4[f] Ap. 5:10; 2 Ti. 2:12; He. 2:5-8; Sal. 2:8-9; cfr. Ap. 22:5
5[a] 1 Co. 15:23-24
5[b] Lc. 14:14; 20:35-36; Jn. 5:29; Fil. 3:11
6[a] Ap. 1:3
6[b] Ap. 3:7; 22:11
6[c] Ap. 2:11; 20:14
6[d] Ap. 1:6

que no habían [d]adorado a la bestia ni a su imagen, y que no
recibieron la [e]marca en sus frentes ni en sus manos; y
[4]vivieron y [f]reinaron con Cristo mil años.
5 Pero los [1a]demás muertos no volvieron a vivir hasta
que se cumplieron mil años. Esta es la [2b]primera resurrección.

b. Con el sacerdocio y el reinado por mil años
v. 6

6 [1a]Bienaventurado y [b]santo el que tiene parte en la
[2]primera resurrección; la [3c]segunda muerte no tiene potestad sobre éstos, sino que serán [4d]sacerdotes de Dios y de
Cristo, y reinarán con El [5]mil años.

10. La última rebelión
20:7-10

a. Satanás es soltado
v. 7

7 Cuando los mil años se cumplan, Satanás será soltado
de su [1]prisión,

---

siete copas serán ejecutadas por Dios en el mismo día, quizás al mismo momento que los pocos eventos positivos mencionados.

2[1] Después de la derrota del anticristo, Satanás es atado y encarcelado para que la tierra rebelde sea purificada y el reino de Cristo venga (vs. 4-6).

4[1] Se refiere a los vencedores. Ahora ellos están sentados en tronos, y se les ha dado la autoridad de juzgar. Tener autoridad para juzgar significa tener el reino (cfr. Dn. 7:10, 18, 22). Esto indica que han recibido el reino y lo están disfrutando.

4[2] Estos son los que murieron como mártires a lo largo de la edad de la iglesia, como se menciona en 6:9.

4[3] Estos son los que murieron como mártires durante la gran tribulación (13:7, 15).

4[4] Es decir, resucitaron.

5[1] Estos son los incrédulos que tendrán parte en la resurrección del juicio después del milenio (Jn. 5:28-29; 1 Co. 15:23-24; Ap. 20:12).

5[2] O, mejor. La primera resurrección es la mejor. No solamente es la resurrección de vida (Jn. 5:29; 1 Co. 15:23b; 1 Ts. 4:16), sino también la resurrección de galardón (Lc. 14:14), la superresurrección, es decir, la resurrección sobresaliente, la cual procuraba alcanzar el apóstol Pablo (Fil. 3:11), la resurrección del reinado como recompensa para los vencedores, la cual los capacita para reinar como correyes de Cristo en el reino milenario (vs. 4, 6). Por consiguiente, el que tiene parte en la primera resurrección es bienaventurado (v. 6).

6[1] O, feliz. La bendición más elevada es heredar el reino de Dios manifestado en la tierra y ser correyes de Cristo dentro del reino.

6[2] Los vencedores resucitados, tales como el hijo varón mencionado en 12:5 y los mártires tardíos mencionados en 15:2, no serán los únicos que participarán de las bendiciones de la primera resurrección, pues también los vencedores vivos que fueron arrebatados, tales como las primicias en 14:1-5 participarán de ellas.

6[3] Véase la nota 11[2] del cap. 2.

6[4] Los vencedores serán sacerdotes, quienes se acercan a Dios y a Cristo, y reyes, quienes reinan sobre las

b. La rebelión de las naciones y su destrucción

vs. 8-9

8 y saldrá a [a]engañar a las naciones que están en los
[b]cuatro ángulos de la tierra, a [1]Gog y a [c]Magog, a fin de
[d]reunirlos para la [2]batalla; el número de los cuales es como
la arena del mar.
9 Y [a]subieron sobre la anchura de la tierra, y rodearon el
[1]campamento de los santos y la [1b]ciudad amada; y descendió[2]
[c]fuego del cielo, y los consumió.

c. La perdición de Satanás en el lago de fuego

v. 10

10 Y el [a]diablo, que los engañaba, fue lanzado en el [1b]lago

8[a] Ap. 20:3
8[b] Ap. 7:1
8[c] Gn. 10:2; Ez. 38:2; 39:1, 6
8[d] cfr. Ez. 38:15; 39:2
9[a] Ez. 38:9, 16
9[b] Sal. 87:2-3
9[c] Ap. 11:5; Ez. 38:22; 39:6
10[a] Ap. 2:10
10[b] Ap. 19:20; Mt. 25:41

---

naciones junto con Cristo en el milenio (2:26-27; 12:5). Como sacerdotes, ellos satisfacen a Dios y a Cristo, quienes disfrutan de su servicio, y como reyes reinan por Dios y lo representan, pastoreando al hombre para el deleite y la satisfacción de éste. Esta es una recompensa para los vencedores. Los creyentes que sean derrotados en esta era perderán esta recompensa. Sin embargo, después de ser disciplinados por el Señor en el milenio, los creyentes derrotados tendrán parte en la bendición de esta recompensa, la cual consistirá en servir a Dios y representarle en el reinado en el cielo nuevo y la tierra nueva por la eternidad (22:3, 5).

6[5] Algunos mss. antiguos ponen el artículo definido *los*.

7[1] El abismo (v. 3) será una prisión temporal para el diablo. Después de los mil años, él será soltado de esta prisión y será el instrumento que Dios usará para poner a prueba por última vez a la humanidad.

8[1] Gog y Magog, según Ez. 38:2-3 y 39:1-2, deben de ser Rusia. Ezequiel 38:2 indica que Gog y Magog pertenecen a Ros, Mesec y Tubal (lit.), que corresponden a Rusia, Moscú y Tobolsk. Ezequiel 39:2 se refiere a estos lugares como "las partes más remotas del norte" (lit.). Lo que se menciona con respecto a Gog y Magog en Ez. 38 y 39 ocurrirá antes del milenio, mientras que lo dicho acerca de ellos en este capítulo ocurrirá después del milenio. Este versículo muestra que el engaño de Satanás a las naciones que están en los cuatro ángulos de la tierra es su engaño a Gog y Magog. Esto tal vez indique que en la última rebelión de la humanidad contra Dios, la cual será instigada por Satanás, Gog y Magog tomarán la iniciativa, y las naciones les seguirán.

8[2] Esta será la última batalla en la tierra. Será ocasionada por la última rebelión de la humanidad, la cual será instigada por Satanás, el enemigo de Dios, después del milenio. Aunque la humanidad se encontrará en una condición restaurada por mil años, la naturaleza rebelde del hombre todavía permanecerá. Esta naturaleza será expuesta por la última instigación de Satanás y será purgada por el juicio final del Señor sobre la humanidad.

9[1] El campamento de los santos es el alojamiento de los creyentes vencedores, quienes componen los ejércitos celestiales (19:14) que acampan en la tierra. La ciudad amada es la ciudad de Jerusalén, la morada del remanente de Israel. Los santos vencedores y el remanente de Israel son el pueblo fiel de Dios sobre la tierra en el milenio, quienes permanecen del lado de Dios y a favor de El. Al final del milenio, Satanás instigará a la humanidad rebelde desde las partes más remotas del norte a atacar al pueblo de Dios.

9[2] Algunos mss. antiguos insertan: de Dios.

10[1] El lago de fuego ha sido preparado para el diablo y sus ángeles

de fuego y azufre, donde estaban la bestia y el falso profeta;
10[c] Ap. 14:10 — y serán [c]atormentados día y noche por los siglos de los siglos.

11. El juicio del gran trono blanco
20:11-15

a. La tierra y el cielo huyen
v. 11

11 Y vi un gran trono [1]blanco y a [2]Aquel que estaba
11[a] Mt. 5:18; He. 1:11-12; 2 P. 3:10 — sentado en él, de delante del cual huyeron la [3a]tierra y el
cielo, y ningún lugar se encontró para ellos.

b. Los muertos incrédulos son juzgados
v. 12

12[a] Hch. 10:42; 2 Ti. 4:1 — **12** Y vi a los [a]muertos, grandes y pequeños, [1]de pie ante
el trono; y los [2b]libros fueron abiertos, y otro [3]libro fue
abierto, el cual es [c]*el libro* de la vida; y fueron juzgados los
12[b] Dn. 7:10 — muertos por las cosas que estaban escritas en los [2]libros,
12[c] Ap. 3:5 — [d]según sus obras.
12[d] Ro. 2:6

c. Los demonios son juzgados
v. 13

13[a] Ap. 21:1 — **13** Y el [1a]mar entregó los muertos que había en él; y la
13[b] Ap. 6:8; Lc. 16:23; Pr. 23:14; 27:20 — muerte y el [b]Hades entregaron los muertos que había en
ellos; y fueron juzgados cada uno según sus obras.

(Mt. 25:41). Sin embargo, la bestia y el falso profeta, así como los "cabritos" mencionados en Mt. 25:32-33, 41, son arrojados en ese lago mil años antes que el diablo (19:20). Después de mil años, el diablo también será arrojado allí.

11[1] Aquí el color blanco representa la justicia, lo cual indica que el gran trono del Señor, en el cual El ejecuta Su juicio, es un trono de justicia.

11[2] Debe de referirse al Señor Jesús. Dios el Padre ha dado todo el juicio al Hijo (Jn. 5:22) y ha determinado que El sea el Juez de los vivos y de los muertos (Hch. 10:42; 17:31; 2 Ti. 4:1; Ro. 2:16). Mateo 25:31-46 habla del Señor como de Aquel que juzgará a los vivos antes del milenio. Aquí el Señor es Aquel que juzgará a los muertos después del milenio.

11[3] El primer cielo y la primera tierra serán transformados (He. 1:11-12). El primer cielo pasará, sus elementos serán quemados y disueltos, y la primera tierra será quemada (2 P. 3:10). Esto dará como resultado el cielo nuevo y la tierra nueva (21:1), el universo de la nueva creación, donde estará la Nueva Jerusalén por la eternidad.

12[1] Aquí *de pie* indica que los muertos fueron resucitados. Esta es la resurrección de los incrédulos, la resurrección para juicio, después del milenio (Jn. 5:28-29; 1 Co. 15:23-24).

12[2] Estos libros son el registro de las obras y los hechos de los incrédulos; los incrédulos serán juzgados conforme a lo que conste en los libros.

12[3] Este es el registro de los nombres de los creyentes (13:8; 17:8; Lc. 10:20).

13[1] Puesto que los incrédulos muertos que se ahogaron en el mar están incluidos entre los que están en el Hades, los muertos entregados por el mar no deben de incluir a ningún ser

d. La muerte y el Hades
son lanzados al lago de fuego
v. 14

14 Y la [1a]muerte y el Hades fueron lanzados al [b]lago de
fuego. He aquí la [2c]muerte segunda, el lago de fuego.

e. La perdición de los incrédulos
y los demonios en el lago de fuego
v. 15

15 Y [1]el que no se halló [a]inscrito en el libro de la vida fue
lanzado al [2]lago de fuego.

CAPITULO 21

12. El cielo nuevo y la tierra nueva
21:1-8

a. El primer cielo y la primera tierra
pasaron, y el mar ya no existía
v. 1

1 Vi un [1a]cielo nuevo y una tierra nueva; porque el
[2b]primer cielo y la primera tierra pasaron, y el [3]mar ya no
existía.

14a 1 Co. 15:26; Ap. 21:4
14b Ap. 19:20
14c Ap. 20:6
15a Ap. 13:8
1a Is. 65:17; 66:22; 2 P. 3:13
1b Ap. 20:11

humano incrédulo; tal vez sean los espíritus (los demonios de hoy, Mt. 8:31-32; 12:43) de los seres vivientes de la era preadamítica (véase *Estudio-vida de Génesis,* mensaje dos). Esto puede indicar que los demonios de hoy serán juzgados en el gran trono blanco junto con los seres humanos incrédulos.

14[1] El lago de fuego es el "basurero" de todo el universo, y allí serán arrojadas todas las cosas negativas, incluyendo la muerte y el Hades. La muerte será el último enemigo que el Señor destruirá (1 Co. 15:26).

14[2] En la primera muerte, el alma y el espíritu del hombre caído son separados de su cuerpo y perecen en la sección de sufrimiento en el Hades (Lc. 16:22-24). En la segunda muerte, el alma y el espíritu de ellos, después de ser unidos a su cuerpo en la resurrección, son arrojados junto con su cuerpo al lago de fuego. Esto significa que todo el ser de los incrédulos —espíritu, alma y cuerpo— perecerá en el tormento eterno del lago de fuego.

15[1] Los incrédulos que han de morir serán juzgados según los libros, los cuales son un registro de sus obras (vs. 12-13), pero serán arrojados al lago de fuego según el libro de la vida. Esto indica que el Señor los condena debido a sus malas obras, mas perecen debido a su incredulidad, lo cual impide que sus nombres estén inscritos en el libro de la vida. No creer en el Señor Jesús es el único pecado que hace perecer al hombre (Jn. 16:9).

15[2] El lago de fuego fue preparado para el diablo y sus ángeles (Mt. 25:41). Puesto que los incrédulos han seguido al diablo, compartirán el juicio del diablo (Jn. 16:11) y tendrán su parte en el tormento eterno sufrido por el diablo. Los demonios, quienes también siguieron al diablo, compartirán el mismo destino.

1[1] En la eternidad pasada Dios se propuso tener una expresión corporativa, a fin de ser completamente

b. La Nueva Jerusalén
desciende a la tierra nueva
v. 2

2 Y vi la [a]santa ciudad, la [1b]Nueva Jerusalén, [2]descender del cielo, de Dios, [c]dispuesta como una [3d]novia ataviada para su [e]marido.

2[a] Ap. 21:10; 22:19; He. 11:10, 16
2[b] Ap. 3:12; 21:10; Gá. 4:26; He. 12:22
2[c] cfr. Ap. 19:7
2[d] Ap. 21:9; 22:17; Is. 61:10; Jn. 3:29
2[e] Is. 54:5; 62:5; Jer. 3:14; 31:32; Os. 2:16

expresado y glorificado (Ef. 3:9-11; 1:9-12). El creó los cielos, la tierra y la humanidad con este fin. Después de la creación del mundo, hay cuatro dispensaciones: la dispensación de los patriarcas, desde Adán hasta Moisés (Ro. 5:14); la dispensación de la ley, desde Moisés hasta Cristo (Jn. 1:17); la dispensación de la gracia, desde la primera venida de Cristo hasta la restauración de todas las cosas cuando Cristo venga por segunda vez (Hch. 3:20-21); y la dispensación del reino, desde la segunda venida de Cristo hasta el fin del milenio (11:15; 20:4, 6). Dios usa estas cuatro dispensaciones para perfeccionar a Su pueblo escogido y acabar la obra en él de tal manera que sea Su expresión corporativa y eterna para el cumplimiento de Su propósito. Las cuatro dispensaciones pertenecen al primer cielo y a la primera tierra. Aunque la dispensación del reino es la dispensación de la restauración, ocurrirá en el primer cielo y la primera tierra, debido a que la obra de Dios tocante a perfeccionar y complementar a Su pueblo escogido sólo será terminada al final de esa dispensación. Cuando Dios termine esta obra durante la dispensación del reino, el primer cielo y la primera tierra pasarán al ser quemados y serán renovados para llegar a ser el cielo nuevo y la tierra nueva (2 P. 3:10-13), a los cuales la Nueva Jerusalén vendrá para ser la expresión eterna de Dios.

1[2] Según el principio revelado en la Biblia, Dios no quiere lo primero, sea hombre o cosa (Ex. 12:12), sino lo segundo. Por lo tanto, todo lo que sea primero, ya sea el cielo, la tierra, el hombre, o alguna otra cosa, será anulado (v. 4; cfr. 1 Co. 15:47; He. 8:7, 13). Si la palabra griega traducida *primer* se traduce *anterior,* se pierde el significado espiritual.

1[3] El mar es el resultado de las aguas de juicio, las cuales Dios usó para juzgar al mundo preadamítico (véase *Estudio-vida de Génesis,* mensaje dos). En la obra de restaurar la tierra las aguas de juicio fueron contenidas (Gn. 1:9-10; Jer. 5:22). Los seres vivientes del mundo preadamítico, después de haber sido juzgados por las aguas, vinieron a ser los habitantes del mar, los demonios. Después de ser juzgados por Cristo y Sus creyentes (Mt. 8:29-32; Lc. 10:17; Hch. 16:16-18; 19:12) y después de que el mar los entregue para el juicio del gran trono blanco (20:13), el mar ya no será necesario. Desde que Dios recreó la tierra, Su intención ha sido abolir el mar quitando de en medio a Satanás y sus demonios. Por consiguiente, la ausencia del mar indica que Satanás y sus malignos seguidores serán eliminados y ya no estarán en el cielo nuevo ni en la tierra nueva.

2[1] La revelación que este libro contiene está compuesta de señales (véase la nota 1[2] del cap. 1). Debido a la profundidad de los asuntos grandes e importantes de este libro, es difícil que el hombre los describa detalladamente con palabras simples. Así que, todos estos asuntos son simbolizados y descritos por señales, como por ejemplo los candeleros, que representan las iglesias, y las estrellas, que representan los mensajeros de las iglesias (cap. 1); Jezabel, que representa la Iglesia Romana fornicaria y degradada (cap. 2b); el jaspe y las piedras preciosas, los cuales representan la vida y al Dios redentor (4:3); el León y el Cordero, que representan al Cristo vencedor y redentor (cap. 5); los cuatro caballos, los cuales representan el evangelio, la guerra, el hambre y la propagación de la muerte (cap. 6a); la mujer universal, quien

c. El pueblo de la tierra nueva
vs. 3-4

3 Y oí una [a]gran voz que salía del trono que decía: He aquí el [1b]tabernáculo de Dios con los hombres, y El [c]fijará Su tabernáculo con ellos; y [d]ellos serán Sus pueblos, y Dios mismo estará con ellos *y será* su Dios.

3[a] Ap. 19:5
3[b] Ex. 25:9; 40:2; Ap. 7:15; 13:6
3[c] Ex. 29:45; Lv. 26:11; Ez. 37:27; Jn. 1:14; 2 Co. 6:16
3[d] Jer. 24:7; 31:1; Ez. 11:20

---

representa los redimidos de Dios de todas las generaciones, su hijo, quien representa los fuertes y vencedores de entre los redimidos de Dios, y el dragón, la serpiente, que representa a Satanás, quien es cruel y astuto, el diablo (cap. 12); la bestia que sube del mar, que representa al anticristo, y la bestia que sube de la tierra, que representa al falso profeta (cap. 13); la cosecha, que simboliza el crecimiento del pueblo bajo el cultivo de Dios, y las primicias, que representan a los que maduran primero entre los que crecen bajo el cultivo de Dios (cap. 14); Babilonia la Grande, que representa Roma en el aspecto religioso y en el aspecto material (caps. 17—18); y la novia, que representa a los santos que hayan madurado y estén preparados para ser el complemento de Cristo (cap. 19a). Aparte de estas señales, hay muchas otras. La última señal, que también es la mayor, es la Nueva Jerusalén, la cual representa la totalidad de los redimidos de Dios a lo largo de todas las generaciones, quienes han sido regenerados, transformados y glorificados. No se trata de una ciudad material sin vida, sino de una persona corporativa y viviente, quien es la novia cuyo Marido es Cristo, una persona maravillosa (v. 2).

La Nueva Jerusalén es una entidad viviente compuesta de todos los santos que Dios ha redimido a lo largo de todas las generaciones. Es la novia de Cristo como Su complemento (Jn. 3:29), y la santa ciudad de Dios como Su habitación, Su tabernáculo (v. 3). Esta es la Jerusalén celestial (He. 12:22), la cual Dios ha preparado para nosotros y la cual Abraham, Isaac y Jacob esperaban con anhelo (He. 11:10, 16). Esta es también la Jerusalén de arriba, la cual es nuestra madre (Gá. 4:26). Como novia de Cristo, la Nueva Jerusalén proviene de Cristo, su Marido, y llega a ser el complemento de El, tal como Eva provino de Adán, su marido, y llegó a ser su complemento (Gn. 2:21-24). Ella se prepara participando de las riquezas de la vida y naturaleza de Cristo. Como la santa ciudad de Dios, ella está completamente santificada para Dios y completamente saturada de la naturaleza santa de Dios a fin de ser Su habitación.

Tanto en el Antiguo Testamento como en el Nuevo, Dios compara a Su pueblo con una esposa (Is. 54:6; Jer. 3:1; Ez. 16:8; Os. 2:19; 2 Co. 11:2; Ef. 5:31-32) y con una morada para Sí mismo (Ex. 29:45-46; Nm. 5:3; Ez. 43:7, 9; Sal. 68:18; 1 Co. 3:16-17; 6:19; 2 Co. 6:16; 1 Ti. 3:15). La esposa es quien le satisface en amor, y la morada es donde halla Su descanso en expresión. Ambos aspectos tendrán su consumación en la Nueva Jerusalén. En ella, Dios tendrá satisfacción absoluta en amor y un total descanso en expresión por la eternidad.

2[2] Todos los redimidos de Dios, después de ser arrebatados a los cielos, constituirán la Nueva Jerusalén, la cual desciende del cielo, de Dios. Esto indica que nuestra morada eterna no será el cielo, sino la Nueva Jerusalén en la tierra nueva.

2[3] La Nueva Jerusalén es una novia, lo cual indica que ella no es una ciudad material, sino una persona corporativa. Con respecto a Cristo, es una novia en quien El halla satisfacción; con respecto a Dios, es un tabernáculo en el cual El puede descansar y mediante el cual puede expresarse.

3[1] Como habitación de Dios, la Nueva Jerusalén será el tabernáculo de Dios con el hombre por la eternidad. El tabernáculo que Moisés hizo fue un

4 [1a]Enjugará Dios toda lágrima de los ojos de ellos; y ya
no habrá [2b]muerte, ni habrá más [c]duelo, ni clamor, ni dolor;
porque las [d]primeras cosas pasaron.

d. Los hijos de Dios en la eternidad
vs. 5-7

5 Y el [a]que está sentado en el trono dijo: He aquí, Yo hago
[b]nuevas todas las cosas. Y me dijo: Escribe; porque estas
palabras son [c]fieles y verdaderas.
6 Y me dijo: [1]Hecho está. Yo soy el [a]Alfa y la Omega, el
[b]Principio y el Fin. Al que [c]tenga sed, Yo le daré gratuitamente de la [d]fuente del [e]agua de la vida.
7 El que [1a]venza heredará estas cosas, y [b]Yo seré su Dios,
y él será Mi [2c]hijo.

e. Los que perecen en el lago de fuego
v. 8

8 Pero los cobardes e incrédulos, los [a]abominables y
homicidas, los [b]fornicarios y hechiceros, los idólatras y todos
los [1]mentirosos tendrán su parte en el [2c]lago que arde con
fuego y azufre, que es la [d]muerte segunda.

4a Ap. 7:17
4b Is. 25:8; 2 Ti. 1:10; 1 Co. 15:54; Ap. 20:14
4c Is. 35:10; 51:11; 65:19
4d Is. 65:17; He. 12:27
5a Ap. 4:2, 9
5b Is. 42:9; 43:19; 2 Co. 5:17
5c Ap. 22:6
6a Ap. 1:8
6b Ap. 22:13
6c Ap. 22:17; Jn. 4:10; Is. 55:1
6d Ap. 7:17; cfr. Jn. 4:14
6e Ap. 22:1, 17; Jn. 4:10; 7:38
7a 1 Jn. 5:4-5
7b Jer. 7:23; 24:7; Ez. 37:27; He. 8:10

tipo de este tabernáculo (Ex. 25:8-9; Lv. 26:11). Ese tipo primero se cumplió en Cristo como tabernáculo de Dios entre los hombres (Jn. 1:14) y al final se cumplirá plenamente en la Nueva Jerusalén, la cual será el agrandamiento de Cristo como la morada de Dios. Este tabernáculo también será la morada eterna del pueblo que Dios redimió. Dios nos cubrirá de Cristo. (Véase la nota 15[3] del cap. 7.) Por lo tanto, la Nueva Jerusalén será una habitación mutua para Dios y para nosotros.

4[1] En el cielo nuevo y la tierra nueva habrá plena satisfacción y descanso; no habrá más motivo de lágrimas.

4[2] Ya que la muerte será completamente sorbida por la vida (1 Co. 15:45) y lanzada al lago de fuego (20:14), en el cielo nuevo y en la tierra nueva ya no habrá muerte.

6[1] Se refiere a *estas palabras* del v. 5.

7[1] Aquí el significado de la palabra *venza* es diferente del significado en los caps. 2 y 3, donde se usa siete veces. Aquí significa vencer por la fe, como en 1 Jn. 5:4-5. Vencer en los caps. 2 y 3 capacita a los creyentes vencedores para que disfruten del reino milenario como una recompensa particular en la administración dispensacional de Dios, mientras que aquí vencer capacita a todos los creyentes para que participen de la Nueva Jerusalén con todo su disfrute como la porción común que tendrán de la salvación eterna provista por Dios.

7[2] El pueblo mencionado en el v. 3 será las naciones del v. 24. En el cielo nuevo y en la tierra nueva, ellos serán el pueblo de Dios y no Sus hijos. Vivirán en la tierra nueva, fuera de la Nueva Jerusalén, y disfrutarán las bendiciones comunes en el cielo nuevo y la tierra nueva. (Véase la nota 24[1].) En este versículo la palabra *hijo* no se refiere al pueblo de Dios, sino a

7c Os. 1:10; 2 Co. 6:18; Jn. 1:12; 1 Jn. 3:1; Ro. 8:14-16; He. 2:10
8a Ap. 21:27; 22:15 8b Gá. 5:19-21; Ef. 5:5 8c Ap. 20:14-15 8d Ap. 2:11

13. La Nueva Jerusalén
21:9-27

a. La desposada, la esposa del Cordero
v. 9

9 Vino entonces a mí [1]uno de los [a]siete ángeles que
tenían las siete copas llenas de las siete plagas postreras, y
habló conmigo, diciendo: [b]Ven acá, yo te mostraré la [2c]despo-
sada, la [d]esposa del Cordero.

b. La ciudad santa
v. 10

10 Y me [a]llevó [b]en espíritu a un [1]monte grande y alto, y
me mostró la [c]ciudad santa, Jerusalén, que descendía del
cielo, de Dios,

c. Su gloria y su apariencia
v. 11

11 teniendo la [1a]gloria de Dios. Y su [2b]resplandor era
semejante al de una [3c]piedra preciosísima, como piedra de
[4d]jaspe, diáfana como el [e]cristal.

9[a] Ap. 15:1
9[b] Ap. 17:1
9[c] Ap. 21:2
9[d] Ap. 19:7
10[a] Ap. 17:3
10[b] Ap. 1:10
10[c] Ap. 21:2
11[a] Ap. 21:23; Is. 60:1, 19; Jn. 1:14; 2 Co. 3:18; Ro. 8:17-18, 30; Col. 3:4; 1 Co. 2:7; He. 2:10
11[b] Ap. 22:5; Mt. 5:14-16; Ef. 5:8; Fil. 2:15
11[c] Ap. 21:19
11[d] Ap. 21:18, 19; 4:3
11[e] Ap. 22:1; 4:6; Ez. 1:22

---

los santos que Dios ha redimido a lo largo de todas las generaciones. Los hijos de Dios morarán en la Nueva Jerusalén, participarán de todo su deleite, servirán a Dios y al Cordero, y reinarán por la eternidad (22:3-5).

8[1] Es decir, personas llenas de falsedad.

8[2] En el primer cielo y la primera tierra el mar contenía el resultado del juicio de Dios, mientras que en el cielo nuevo y la tierra nueva el lago de fuego reemplazará al mar. Todas las cosas negativas e inmundas, después de ser juzgadas por Dios, serán lanzadas al lago de fuego donde sufrirán la segunda muerte y serán atormentadas, siendo quemadas en fuego y azufre por la eternidad (14:10-11). Según 22:15, el lago de fuego estará fuera de la Nueva Jerusalén y será la Gehena, (que significa lago de fuego, Mt. 5:22 y la nota 8), tal como Tofet, un lugar donde se arrojaban las cosas inmundas (Jer. 19:11-13), estaba fuera de la antigua Jerusalén (2 R. 23:10; Is. 30:33). El lago de fuego es mucho más reducido que el mar.

9[1] Uno de los siete ángeles que ejecutaron las siete plagas postreras le mostró a Juan la Nueva Jerusalén. Esto significa que el juicio de las siete copas está relacionado con la Nueva Jerusalén.

9[2] Una mujer es novia principalmente el día de bodas, mientras que una esposa lo es toda la vida. La Nueva Jerusalén será la novia durante el milenio, es decir por mil años, que es como un día (2 P. 3:8), y será la esposa en el cielo nuevo y la tierra nueva por la eternidad, por los siglos de los siglos.

10[1] El monte grande y alto está en contraste con el desierto mencionado en 17:3. Juan fue llevado al desierto para ver a Babilonia, la gran ramera, y fue llevado a un monte grande y alto para ver a la novia, la Nueva Jerusalén. Es necesario que seamos llevados a un "monte alto" a fin de ver la morada de Dios para cumplir Su propósito eterno.

11[1] La gloria de Dios es la expresión de Dios, es Dios expresado. Nosotros hemos sido predestinados para

d. Su estructura y sus medidas
vs. 12-21

12[a] cfr. Sal. 51:18; Neh. 4:6; 6:1, 6, 15; Is. 60:18; Sal. 122:7
12[b] cfr. Ez. 48:31-34
12[c] Ap. 21:25; 22:14; cfr. Sal. 87:2; 122:2

12 Tenía un [a]muro [1]grande y alto con [2b]doce [c]puertas; y en
las puertas, doce [3]ángeles, y nombres inscritos, que son los
de las doce tribus de los hijos de [4]Israel;
13 al [1]oriente tres puertas; al [1]norte tres puertas; al [1]sur
tres puertas; al [1]occidente tres puertas.

---

esta gloria y llamados a la misma (1 Co. 2:7; 1 P. 5:10; 1 Ts. 2:12). Estamos en el proceso de ser transformados hasta alcanzar esta gloria (2 Co. 3:18) y seremos introducidos en ella (He. 2:10). Finalmente, seremos glorificados con Cristo (Ro. 8:17, 30) y tendremos la gloria de Dios para expresarlo en la Nueva Jerusalén.

11[2] Lit., luminaria o portaluz. Hoy día, los creyentes, como hijos de luz (Ef. 5:8), son la luz del mundo (Mt. 5:14) y resplandecen en medio de una generación torcida y perversa (Fil. 2:15). Al final, la Nueva Jerusalén, compuesta de todos los santos, será la luminaria que expresará a Dios como luz sobre todas las naciones en sus alrededores (v. 24).

11[3] La piedra preciosa no es la luz, sino un portaluz. No tiene luz en sí misma, sino que la luz, la cual es Dios, fue forjada en ella y resplandece en ella. Esto indica que nosotros, por ser parte de la Nueva Jerusalén venidera, debemos ser transformados en piedras preciosas, por haberse forjado Dios en nuestro ser como luz resplandeciente, a fin de que seamos portadores de luz y brillemos como expresión de Dios.

11[4] La apariencia de Dios es como jaspe (4:3 y la nota 1). La luz de la Nueva Jerusalén es semejante a una piedra de jaspe. La Nueva Jerusalén tiene la apariencia de Dios y expresa a Dios mediante su resplandor.

12[1] El muro tiene como fin separar y proteger. La Nueva Jerusalén estará totalmente separada para Dios y protegerá completamente los intereses de Dios. Su muro será grande y alto. Hoy en día todos los creyentes necesitan un muro tan grande y alto que los separe y proteja.

12[2] Las puertas sirven para establecer comunicación, para entrar y salir. Doce es el número de perfección absoluta y consumación eterna en la administración de Dios. Por lo tanto, las *doce puertas* indican que en la Nueva Jerusalén la comunicación es absolutamente perfecta y eternamente completa para la administración de Dios.

12[3] En la economía eterna de Dios, los ángeles son espíritus ministradores (He. 1:14). Ellos sirven a los que heredan la salvación y participan de la bendición eterna de la Nueva Jerusalén, que es el centro del cielo nuevo y la tierra nueva. Ellos serán los porteros de nuestra posesión, mientras que nosotros disfrutaremos la rica herencia en la economía eterna de Dios.

12[4] Aquí Israel representa la ley del Antiguo Testamento, lo cual indica que la ley está representada en las puertas de la Nueva Jerusalén. La ley vigila y observa para asegurar que toda comunicación, toda entrada y salida de la santa ciudad satisfaga los requisitos de la ley. Los nombres de las doce tribus de Israel inscritos en las doce puertas significan que las doce tribus de Israel son la entrada de la santa ciudad; como entrada, las doce tribus, mediante la predicación del evangelio, introducen a los hombres en las riquezas del Dios Triuno para que disfruten la suministración de la ciudad.

Aquí la mención de Israel también indica que la Nueva Jerusalén incluye a todos los redimidos del Antiguo Testamento.

13[1] La ciudad se halla establecida en cuadro (v. 16), y tiene tres puertas en cada uno de los cuatro lados. El lado oriental, al frente, dirigido hacia la gloria de la salida del sol, se menciona primero; el lado del norte,

14 Y el muro de la ciudad tenía doce [1a]cimientos, y sobre
ellos los doce nombres de los [b]doce [2]apóstoles del Cordero.
15 El que hablaba conmigo tenía una [1]caña de medir, de
oro, para [a]medir la ciudad, sus puertas y su muro.
16 La ciudad se halla establecida en [1a]cuadro, y su longitud es igual a su anchura; y él midió la ciudad con la caña, [2]doce mil [3]estadios; la [4]longitud, la anchura y la altura de ella son [b]iguales.

14[a] Ap. 21:19; He. 11:10; Ef. 2:20
14[b] Mt. 10:2-4a; Hch. 1:26
15[a] Ap. 11:1; Ez. 40:3; Zac. 2:1-2
16[a] cfr. Ez. 42:16-20
16[b] cfr. 1 R. 6:19-20

---

arriba, en segundo lugar; el lado del sur, abajo, en tercer lugar; el lado occidental, atrás, en cuarto lugar. Las puertas de los cuatro lados están dirigidas hacia las cuatro direcciones de la tierra, lo cual significa que la entrada a la santa ciudad está disponible para todos los pueblos de la tierra. (Cfr. los cuatro brazos del río en Gn. 2:10-14.) Las tres puertas en cada lado significan que los tres de la Trinidad —el Padre, el Hijo y el Espíritu— cooperan para introducir a la gente en la santa ciudad, lo cual se indica en las tres parábolas de Lc. 15, y está implícito en lo que el Señor dijo en Mt. 28:19. Ser bautizado en el nombre del Padre, del Hijo y del Espíritu es la verdadera entrada a la santa ciudad. Tres puertas en cada uno de los cuatro lados (tres por cuatro es doce) también implican que el Dios Triuno está mezclado con el hombre, la criatura. (El número cuatro representa a los seres vivos, 4:6.)

14[1] Aquí los cimientos no son el fundamento, el cual es Cristo, como se menciona en 1 Co. 3:10-11, sino los doce apóstoles del Cordero. Hoy en día la iglesia es edificada sobre el fundamento de los apóstoles y profetas (Ef. 2:20). Puesto que en la eternidad ya no se necesitarán profetas, los cimientos de la santa ciudad serán solamente los apóstoles.

14[2] Aquí los apóstoles representan la gracia del Nuevo Testamento, lo cual significa que la Nueva Jerusalén está edificada sobre la gracia de Dios. Mientras que la entrada a la santa ciudad corresponde a la ley de Dios, la ciudad es edificada sobre la gracia de Dios. La palabra *apóstoles* denota que la Nueva Jerusalén está compuesta no solamente de los santos del Antiguo Testamento, representados por Israel, sino también de los santos del Nuevo Testamento, representados por los apóstoles.

15[1] Una caña se usa para medir, y se toman medidas cuando se va a tomar posesión (Ez. 40:5; Zac. 2:1-2; Ap. 11:1). Dado que el oro representa la naturaleza de Dios, la caña de oro indica que la ciudad, sus puertas y su muro son medidas según la naturaleza de Dios. Todo lo que no concuerde con la naturaleza de Dios no puede pertenecer a la Nueva Jerusalén. Toda la ciudad, con sus puertas y su muro, puede pasar la medida y la prueba de la naturaleza de Dios; por consiguiente, puede ser Su posesión.

16[1] Indica que la Nueva Jerusalén es perfecta y completa en todo sentido, totalmente recta, sin la más ligera desviación.

16[2] Doce mil equivale a mil por doce. Puesto que el número doce significa perfección absoluta y consumación eterna en la administración de Dios, doce mil representa mil veces esto.

16[3] Un estadio equivale aproximadamente a 180 metros.

16[4] Las dimensiones del Lugar Santísimo, tanto en el tabernáculo como en el templo, eran iguales en longitud, anchura y altura (Ex. 26:2-8; 1 R. 6:20). Por tanto, la equivalencia de la longitud, la anchura y la altura de la Nueva Jerusalén significa que toda la Nueva Jerusalén será el Lugar Santísimo. Allí todos los redimidos de Dios le servirán y le adorarán, verán y palparán Su presencia, y vivirán y morarán en Su presencia por la eternidad.

17 Y midió su muro, [1]ciento cuarenta y cuatro codos, de
medida de [2]hombre, la cual es de [2a]ángel.
18 El material de su muro era de [1a]jaspe; pero la ciudad
era de [2b]oro [3]puro, semejante al vidrio [4]claro;
19 y los [1a]cimientos del muro de la ciudad estaban ador-
nados con toda [b]piedra preciosa. El primer cimiento era
[2]jaspe; el segundo, zafiro; el tercero, calcedonia; el cuarto,
esmeralda;

17a Mt. 22:30
18a Ap. 21:11, 19; 4:3
18b Ap. 21:21; 1:12; 1 Co. 3:12
19a Ap. 21:14
19b 1 Co. 3:12; cfr. Ex. 25:7; 28:17-20; Is. 54:11-12

17[1] Ciento cuarenta y cuatro equivale a doce por doce, lo cual representa la perfección absoluta y la consumación eterna de las perfecciones absolutas y de las consumaciones eternas. ¡Cuán perfecto y completo es el muro de la santa ciudad en la administración eterna de Dios!

La ciudad en sí es como un monte con una altura de doce mil estadios, mientras que el muro, desde el cimiento hasta la cima, tiene una altura de ciento cuarenta y cuatro codos.

17[2] En la resurrección, el hombre será como los ángeles (Mt. 22:30). Por consiguiente, *de medida de hombre, la cual es de ángel,* indica que el muro de la ciudad no es natural, sino que está en la resurrección.

18[1] El jaspe es una piedra preciosa transformada (1 Co. 3:12). La apariencia de Dios es como el jaspe (4:3 y la nota 1). El muro de jaspe significa que toda la ciudad, por ser la expresión corporativa de Dios en la eternidad, tiene la apariencia de Dios.

18[2] Puesto que el oro representa la naturaleza divina de Dios, la ciudad de oro puro significa que la Nueva Jerusalén está completamente constituida de la naturaleza de Dios y que ésta es su elemento. *Oro puro, semejante al vidrio claro,* indica que toda la ciudad es transparente y que no tiene nada de opacidad.

18[3] O, claro, limpio.

18[4] O, puro, limpio.

19[1] La Nueva Jerusalén es una ciudad que tiene fundamentos (He. 11:10). Estos fundamentos son los doce apóstoles del Cordero (v. 14), cada uno de los cuales está representado por una piedra preciosa. Pedro, el primero de los doce apóstoles, se llamaba originalmente Simón. Cuando Simón conoció al Señor, el Señor le cambió el nombre y le llamó Pedro, que significa *piedra* (Jn. 1:42). Más tarde, el Señor lo llamó por ese nombre cuando habló acerca de la edificación de la iglesia (Mt. 16:18). Las piedras preciosas no son creadas, sino producidas por medio de la transformación de cosas creadas. Todos los apóstoles fueron creados como barro, pero fueron regenerados y transformados en piedras preciosas para el edificio eterno de Dios. Así que todo creyente necesita ser regenerado y transformado para formar parte de la Nueva Jerusalén.

Los colores de las doce piedras preciosas de los cimientos, las cuales representan a los doce apóstoles, son los siguientes: la primera piedra es verde, la segunda y la tercera son azules, la cuarta es verde, la quinta y la sexta son rojas, la séptima es amarilla, la octava es de color aguamarina, la novena es amarilla, la décima es verde clara. La undécima y la duodécima son púrpuras. Las doce capas de los cimientos de los colores mencionados arriba tienen la apariencia de un arco iris, lo cual significa que la ciudad está edificada y salvaguardada por la fidelidad de Dios con la cual guarda Su pacto (Gn. 9:8-17) y que el fundamento de la ciudad es fidedigno y confiable.

19[2] La primera capa del cimiento del muro, así como todo el muro de la Nueva Jerusalén, es de jaspe (v. 18). Esto indica que el material principal en la edificación de la santa ciudad es el jaspe. Puesto que el jaspe representa a Dios expresado en Su gloria trasmisible (4:3), la función principal

20 el quinto, [a]sardónice; el sexto, cornalina; el séptimo,
crisólito; el octavo, berilo; el noveno, topacio; el décimo,
crisoprasa; el undécimo, jacinto; el duodécimo, amatista.
21 Las [a]doce puertas eran doce [1b]perlas; cada una de las
puertas era [2]una perla. Y la [3]calle de la ciudad era de [c]oro
puro, [4]transparente como vidrio.

20[a] Gn. 2:12

21[a] Ap. 21:12

21[b] Gn. 2:12; Nm. 11:7

21[c] Ap. 21:18

de la santa ciudad es expresar a Dios al llevar Su gloria (v. 11).

21[1] Las perlas son producidas por las ostras en las aguas de la muerte. Cuando una ostra es herida por un grano de arena, secreta su líquido vital alrededor del grano de arena y lo convierte en una perla preciosa. Esto describe cómo Cristo, Aquel que vive, entró en las aguas de la muerte, fue herido por nosotros y secretó Su vida sobre nosotros a fin de convertirnos en perlas preciosas para la edificación de la expresión eterna de Dios. El hecho de que las doce puertas de la santa ciudad sean doce perlas, significa que la regeneración efectuada por el Cristo que vence la muerte y secreta vida es la entrada de la ciudad. Esto satisface los requisitos de la ley, la cual es representada por Israel y está bajo la observación de los ángeles guardianes (v. 12).

La Nueva Jerusalén está edificada con tres clases de materiales preciosos, lo cual significa que está edificada con el Dios Triuno. En primer lugar, la ciudad misma y su calle son de oro puro (vs. 18, 21). El oro, símbolo de la naturaleza divina de Dios, representa al Padre como la fuente que produce el elemento necesario para la existencia de la ciudad. En segundo lugar, las doce puertas de la ciudad son perlas, las cuales representan la muerte vencedora y la resurrección vivificante del Hijo, por medio de las cuales se obtiene la entrada a la ciudad. En tercer lugar, el muro de la ciudad y su cimiento están edificados con piedras preciosas, lo cual representa la obra del Espíritu que transforma a los santos redimidos y regenerados en piedras preciosas para la edificación de la habitación eterna de Dios, a fin de que ellos expresen a Dios de una manera corporativa en Su gloria, la cual lo satura todo. En el huerto de Edén estas tres clases de tesoros solamente existían como materiales (Gn. 2:11-12), mientras que en la ciudad de la Nueva Jerusalén estos materiales preciosos llegan a formar una ciudad edificada para el cumplimiento del propósito eterno de Dios, el cual es obtener una expresión corporativa.

21[2] Cada puerta de la santa ciudad es una perla, lo cual significa que la entrada a la ciudad es única y se hace una vez por todas, es decir, significa que solamente podemos entrar a la ciudad mediante la regeneración efectuada una sola vez y para siempre, la cual Cristo logró con Su muerte vencedora y con Su resurrección que imparte vida.

21[3] Por las puertas uno puede entrar en la ciudad, mientras que por la calle uno puede andar, vivir, diariamente en la ciudad. La entrada a la ciudad se obtiene mediante la muerte y la resurrección de Cristo, mientras que el andar diario, el vivir cotidiano, en la ciudad, concuerda con la naturaleza divina de Dios, lo cual es representado por la calle de oro puro. Después de entrar en la ciudad por medio de la regeneración, los santos deben vivir y andar diariamente tomando la naturaleza de Dios como camino. La naturaleza de Dios es la senda de ellos.

21[4] El oro puro, el cual simboliza la calle de la Nueva Jerusalén y la ciudad misma, es como vidrio claro (v. 18), lo cual significa que toda la ciudad es transparente. Aunque las perlas sean opacas, cada una de ellas es una gran puerta abierta que nunca será cerrada ni de día ni de noche (v. 25).

e. El templo agrandado
v. 22

22 Y [1]no vi en ella [2a]templo; porque el [b]Señor Dios Todopoderoso, y el [c]Cordero, es el [2d]templo de ella.

f. Su luz y su lámpara
v. 23

23 La ciudad [1a]no tiene necesidad de sol ni de luna que brillen en ella; porque la [b]gloria de Dios la ilumina, y el Cordero es su [2c]lámpara.

g. Las naciones alrededor de ella
vs. 24-27

24 Y las [1a]naciones andarán a la [2]luz de ella; y los [3b]reyes de la tierra traerán su [4]gloria a ella.

22a cfr. Ap. 3:12; 7:15; 11:1, 19; 15:8
22b Ap. 1:8
22c Ap. 5:6; 7:17
22d Sal. 90:1; Is. 8:14; Ez. 11:16; Ap. 7:15
23a Ap. 22:5; Is. 60:19; cfr. Is. 24:23
23b Ap. 21:11
23c Ap. 4:5
24a Ap. 22:2; Is. 60:3; Mt. 25:32-34
24b Sal. 72:10-11; Is. 60:11, 16

22[1] En el Antiguo Testamento, el tabernáculo de Dios fue un precursor del templo de Dios. La Nueva Jerusalén como el tabernáculo de Dios (v. 3) será el templo de Dios, lo cual indica que en el cielo nuevo y en la tierra nueva el templo de Dios será agrandado, al punto de ser una ciudad. La equivalencia de las tres dimensiones de la ciudad (v. 16) indica que la ciudad en conjunto será el Lugar Santísimo, el templo interior. Por consiguiente, no habrá templo en ella.

22[2] La palabra griega se refiere al templo interior. Este templo es el Señor Dios Todopoderoso y el Cordero, lo cual significa que Dios y el Cordero serán el lugar en el cual serviremos a Dios. La santa ciudad como el tabernáculo de Dios es el lugar donde morará Dios, y Dios y el Cordero como el templo es el lugar donde los santos redimidos morarán. En el cielo nuevo y la tierra nueva, la Nueva Jerusalén será una morada mutua para Dios y el hombre por la eternidad.

23[1] En el milenio la luz del sol y de la luna será intensificada (Is. 30:26). En cambio, en la Nueva Jerusalén, la cual está en el cielo nuevo y en la tierra nueva, no habrá necesidad del brillo del sol ni de la luna. El sol y la luna existirán en el cielo nuevo y en la tierra nueva, pero no se necesitará su resplandor en la Nueva Jerusalén porque Dios, la luz divina, brillará mucho más allí.

23[2] En el Cordero como lámpara brillará Dios, quien es la luz, para iluminar la ciudad con la gloria de Dios, la cual es la expresión de la luz divina. Puesto que la santa ciudad será iluminada por tal luz, no necesitará otra luz, ya sea creada por Dios o producida por el hombre (22:5).

24[1] Al final de esta era, muchos habitantes de la tierra morirán como resultado de la sexta y la séptima trompetas. El resto será juzgado por Cristo en el trono de Su gloria cuando El regrese a la tierra. Los que sean condenados, los "cabritos", recibirán maldición y perecerán en el lago de fuego, mientras que los que sean justificados, las "ovejas", recibirán bendición y heredarán el reino preparado para ellos desde la fundación del mundo (Mt. 25:31-46). A diferencia de los creyentes del Nuevo Testamento, las "ovejas" no serán salvas ni regeneradas; solamente serán restauradas al estado original que el hombre tenía cuando fue creado por Dios. Serán las naciones como ciudadanos del reino milenario, en el cual los santos vencedores serán reyes (20:4, 6), y los que constituirán el remanente salvo de Israel serán sacerdotes (Zac. 8:20-23). Después del reino milenario, una parte de estas naciones, engañadas por el diablo, se rebelará

25 Sus puertas [1a]nunca serán cerradas de día, pues allí no
habrá [2b]noche.
26 Y llevarán la [1a]gloria y la [2]honra de las naciones a ella.
27 No [a]entrará en ella ninguna cosa [b]profana, ni quien
haga [c]abominación y [d]mentira, sino solamente [1]los que están
[e]inscritos en el libro de la vida del Cordero.

25a Is. 60:11
25b Ap. 22:5; 1 Jn. 1:5
26a Is. 60:5
27a Ap. 22:14
27b Is. 52:1; 35:8
27c Ap. 21:8
27d Ap. 22:15
27e Ap. 13:8

CAPITULO 22

14. El río de agua de vida y el árbol de la vida
22:1-2

a. El río de agua de vida
v. 1

1 Y me [1a]mostró un [2b]río de [3c]agua de vida, resplandeciente como [4d]cristal, que [e]salía del [5f]trono de Dios y del
Cordero, en medio de la [6g]calle.

1a Ap. 21:9
1b Gn. 2:10; Sal. 36:8; 46:4; 65:9; Ez. 47:5, 9; Jn. 7:38
1c Ap. 22:17; 21:6; 7:17; Jn. 4:14
1d Ap. 21:11
1e Ez. 47:12
1f Ap. 4:2; He. 4:16; cfr. Dn. 7:9-10
1g Ap. 21:21

contra el Señor y será consumida por el fuego que descenderá del cielo (20:7-9). Los demás serán trasladados a la tierra nueva para ser las naciones, las cuales vivirán alrededor de la Nueva Jerusalén y andarán a su luz. Estos serán el pueblo mencionado en los vs. 3 y 4. Ellos, como hombres que fueron creados pero no regenerados, conservarán la vida para siempre en el estado en que fueron creados, mediante la sanidad de las hojas del árbol de la vida (22:2). También ellos vivirán para siempre (v. 4). Bajo el resplandor de la Nueva Jerusalén con la gloria divina, tampoco estarán en tinieblas.

24[2] Cfr. Is. 2:5.

24[3] Estos reyes son los reyes de las naciones en la tierra nueva. Los santos redimidos y regenerados reinarán sobre ellos (22:5), y Cristo será el Rey de reyes por la eternidad.

24[4] Aquí *gloria* se refiere al esplendor (Mt. 5:16; véase la nota 9[1] de He. 2).

25[1] El muro de la ciudad separará la ciudad de las naciones, pero las puertas abiertas mantendrán la ciudad accesible a ellas.

25[2] En el cielo nuevo y la tierra nueva todavía habrá distinción entre el día y la noche, pero en la Nueva Jerusalén no habrá tal distinción, porque allí Dios mismo, una luz más intensa, brillará continuamente, día y noche.

26[1] Véase la nota 24[4].

26[2] *Honra* se refiere a lo que es precioso en cuanto a condición y digno en cuanto a posición (cfr. Est. 1:4).

27[1] Puesto que las naciones que vivirán en la tierra nueva fuera de la Nueva Jerusalén llevarán su gloria y su honra a la ciudad, seguramente están incluidas entre los que están inscritos en el libro de la vida del Cordero.

1[1] El ángel mencionado en 21:9.

1[2] Este río, tipificado por los ríos de Gn. 2:10-14, Sal. 46:4 y Ez. 47:5-9, representa la abundancia de vida que lleva en su corriente. Es un solo río que fluye hacia las cuatro esquinas de la santa ciudad, como el río de Gn. 2:10-14, el cual se reparte en cuatro brazos. Como lo indica Jn. 7:38, este río junto con sus riquezas llega a ser muchos ríos en la experiencia que tenemos de los diferentes aspectos de las riquezas del Espíritu de vida de Dios (Ro. 8:2; 15:30; 1 Ts. 1:6; 2 Ts. 2:13; Gá. 5:22-23).

1[3] El agua de vida es un símbolo de Dios en Cristo como Espíritu,

b. El árbol de la vida
v. 2

2a Ez. 47:7, 12
2b Gn. 2:9; 3:22, 24; Ap. 22:14, 19; 2:7
2c Ez. 47:12
2d Ez. 47:12
2e Mal. 4:2
2f Ap. 21:24

2 Y a [a]uno y otro lado del río, estaba el [1b]árbol de la vida, que produce doce [2c]frutos, dando [3]cada [4]mes su fruto; y las [5d]hojas del árbol son para la [e]sanidad de las [f]naciones.

quien fluye en Su pueblo redimido para ser su vida y su suministro de vida. Es tipificada por el agua que surgió de la roca herida (Ex. 17:6; Nm. 20:11) y es simbolizada por el agua que salió del costado traspasado del Señor Jesús (Jn. 19:34). Aquí el agua de vida se convierte en un río que sale del trono de Dios y del Cordero para abastecer y saturar toda la Nueva Jerusalén. Así que, esta ciudad está llena de la vida divina a fin de expresar a Dios en Su gloria de vida.

1[4] El agua de vida es resplandeciente como cristal, llena de fulgor y sin opacidad. Cuando esta agua de vida fluye en nosotros, nos purifica y nos hace transparentes como el cristal.

1[5] *Del trono de Dios y del Cordero* muestra que hay un solo trono para Dios y para el Cordero, lo cual indica que Dios y el Cordero son uno solo, el Dios-Cordero, el Dios que redime, Dios el Redentor. En la eternidad, el mismo Dios que se sienta en el trono es nuestro Dios redentor, de cuyo trono sale el río de agua de vida para darnos el suministro y satisfacernos. Esto describe cómo el Dios Triuno —Dios, el Cordero y el Espíritu, quien es simbolizado por el agua de vida— se dispensa a Sus redimidos, bajo Su mando (implícito en la autoridad del trono) por la eternidad.

1[6] La calle de la santa ciudad es de oro puro (21:21). El oro simboliza la naturaleza divina. El río de agua de vida sale de "en medio de la calle", lo cual significa que la vida divina fluye en la naturaleza divina como el único camino para la vida diaria del pueblo redimido de Dios. Donde fluye la vida divina, allí también está la naturaleza divina como el camino santo por el cual anda el pueblo de Dios; y donde está el camino santo de la naturaleza divina, allí también fluye la vida divina. La vida y la naturaleza divinas como el camino santo siempre van juntos. Así que, el río de agua de vida, que procede de Dios, está disponible a lo largo del camino divino, y nosotros podemos disfrutar el río al andar en este camino de vida.

2[1] El hecho de que el árbol de la vida, aunque sea uno solo, crezca a los dos lados del río, significa que el árbol de la vida es una vid que crece y se extiende a lo largo del río de vida para que el pueblo de Dios lo reciba y lo disfrute. Este árbol cumple por la eternidad lo que Dios deseaba desde el principio (Gn. 2:9). El camino al árbol de la vida le fue cerrado al hombre debido a la caída (Gn. 3:22-24); no obstante, le fue abierto a los creyentes mediante la redención efectuada por Cristo (He. 10:19-20). Hoy en día, disfrutar a Cristo como el árbol de la vida es la porción común a los creyentes (Jn. 6:35, 57). En el reino milenario, disfrutar a Cristo como el árbol de la vida será una recompensa para los vencedores en esa dispensación (2:7). Finalmente, en el cielo nuevo y la tierra nueva por la eternidad, todos los redimidos de Dios disfrutarán a Cristo, el árbol de la vida, como su porción eterna (vs. 14, 19). Cristo, el árbol de la vida, es el suministro de vida que está disponible a lo largo del río de agua de vida, el Espíritu. Donde el Espíritu fluye, allí se encuentra el suministro de vida de Cristo. Todo esto tiene que ver con el camino santo de la naturaleza divina, representado por la calle. Este es el suministro de la ciudad santa, y ésta es la manera en que la ciudad es abastecida.

2[2] Los frutos del árbol de la vida serán el alimento de los redimidos de Dios por la eternidad. Estos frutos siempre serán frescos, producidos cada mes, doce frutos por año. El hecho de que el árbol de la vida produzca doce frutos significa que el fruto del

15. Las bendiciones de los redimidos de Dios en la eternidad
22:3-5

a. No habrá más maldición
b. El trono de Dios y del Cordero será la porción de ellos
c. Servirán a Dios y al Cordero
v. 3

3 Y no habrá [1]más [2a]maldición; y el [3]trono de Dios y del Cordero estará en ella, y Sus [b]esclavos [4]le [5c]servirán,

d. Verán el rostro de Dios y del Cordero
e. El nombre de Dios y del Cordero
estará en sus frentes
v. 4

4 y [1a]verán Su [b]rostro, y Su [c]nombre estará en sus frentes.

3a Gn. 3:17; Gá. 3:13; Zac. 14:11
3b Ap. 1:1
3c Ap. 7:15; 1:6; 5:10
4a Mt. 5:8; Sal. 42:2
4b Nm. 6:25-26; Sal. 17:15; 42:5; 44:3
4c Ap. 3:12; 14:1

árbol de vida es rico y suficiente para el cumplimiento de la administración eterna de Dios.

2[3] Lit., según el mes.

2[4] La palabra *mes* indica que en el cielo nuevo y la tierra nueva la luna servirá para determinar los doce meses. El sol también existirá y separará el día y la noche en períodos de doce horas cada uno. Siete es el número que representa la iglesia y significa que Dios en la dispensación actual es añadido a Su criatura, el hombre. Doce es el número que representa la Nueva Jerusalén y significa que Dios en Su administración eterna se mezcla con Su criatura, el hombre. En la Nueva Jerusalén podemos ver los doce cimientos, en los cuales están inscritos los nombres de los doce apóstoles; las doce puertas, que son doce perlas, en las cuales están inscritos los nombres de las doce tribus; y los doce frutos del árbol de la vida. Con respecto al espacio, la ciudad en sí mide doce mil estadios, mil por doce, por cada una de sus tres dimensiones, y su muro mide ciento cuarenta y cuatro codos, doce por doce, de altura. Con respecto al tiempo, en el cielo nuevo y la tierra nueva hay doce meses en el año, doce horas en el día y doce horas en la noche.

2[5] Las hojas del árbol de la vida sirven para sanar a las naciones. En la Biblia, las hojas simbolizan las acciones del hombre (Gn. 3:7). Las hojas del árbol de la vida simbolizan las acciones de Cristo. Los creyentes regenerados comen del fruto del árbol de la vida, recibiendo a Cristo como su vida interior y su suministro de vida para disfrutar la vida divina por la eternidad, mientras que las naciones restauradas son sanadas por las hojas del árbol de la vida, tomando las acciones de Cristo como su guía y regulación externa a fin de vivir la vida humana por siempre.

3[1] O, nada maldito.

3[2] La maldición se introdujo por causa de la caída de Adán (Gn. 3:17), y fue quitada de en medio por la redención que Cristo efectuó (Gá. 3:13). Puesto que en el cielo nuevo y la tierra nueva ya no existirá la condición caída, tampoco habrá maldición.

3[3] El trono de Dios y del Cordero es una de las bendiciones que los redimidos de Dios disfrutarán en la eternidad. Ellos no volverán a sufrir maldición alguna; el trono de Dios y del Cordero será su porción eterna.

3[4] *Le* en este versículo y *Su* en el v. 4 se refieren a Dios y al Cordero; Dios y el Cordero son uno en la eternidad.

3[5] La palabra griega denota la idea de servir como sacerdotes. Servir a Dios y al Cordero también será una bendición para los redimidos de Dios en la eternidad.

f. Estarán bajo la iluminación de Dios el Señor

g. Reinarán para siempre

v. 5

5 No habrá más [1a]noche; y [b]no tienen necesidad de [2]luz de lámpara, ni de luz del sol, porque [3]el Señor Dios los iluminará; y [4c]reinarán por los siglos de los siglos.

V. Conclusión: la última advertencia del Señor
y la última oración del apóstol
22:6-21

6 Y me [1]dijo: Estas palabras son [a]fieles y verdaderas. Y el [2]Señor, el [b]Dios de los [3c]espíritus de los [d]profetas, ha enviado Su ángel, para [e]mostrar a Sus esclavos las cosas que deben suceder pronto.

7 ¡He aquí, [1a]vengo pronto! [b]Bienaventurado el que guarda las palabras de la profecía de este libro.

8 Yo [a]Juan soy el que oyó y vio estas cosas. Y cuando las oí y las vi, me [b]postré para adorar a los pies del ángel que me mostraba estas cosas.

9 Pero él me dijo: [a]Mira, no lo hagas; yo soy consiervo tuyo, de tus hermanos los [b]profetas, y de los que [c]guardan las palabras de este libro. [d]Adora a Dios.

10 Y me dijo: [1]No [a]selles las palabras de la [b]profecía de este libro, porque el [c]tiempo está cerca.

5[a] Ap. 21:25
5[b] Ap. 21:23
5[c] Ap. 5:10; 20:4
6[a] Ap. 21:5
6[b] Nm. 16:22; 27:16
6[c] 1 Co. 14:32
6[d] Ap. 22:9; 10:7; 11:18; 16:6; 18:20, 24; Ef. 2:20; 4:11
6[e] Ap. 1:1
7[a] Ap. 22:12, 20; 3:11
7[b] Ap. 22:14; 1:3
8[a] Ap. 1:9-12
8[b] Ap. 19:10
9[a] Ap. 19:10
9[b] Ap. 22:6
9[c] Ap. 22:7; 1:3
9[d] Ap. 14:7; Mt. 4:10
10[a] cfr. Ap. 5:1, 5; Dn. 8:26; 12:4, 9
10[b] Ap. 22:7, 18, 19; 1:3; 10:11; 19:10
10[c] Ap. 1:3

4[1] Ver el rostro de Dios y del Cordero y tener Su nombre en la frente también serán bendiciones del Dios Triuno que los redimidos de Dios disfrutarán en la eternidad.

5[1] Véase la nota 25[2] del cap. 21.

5[2] La luz de una lámpara es obra del hombre, pero la luz del sol es creada por Dios.

5[3] Ser iluminado por el Señor Dios también será una bendición para los redimidos de Dios en la eternidad.

5[4] Reinar por siempre será la bendición final para los redimidos de Dios en la eternidad.

6[1] El ángel mencionado en 21:9.

6[2] "El Señor, el Dios", quien envió a Su ángel para mostrar las cosas de este libro, es el Señor Jesús (1:1; 22:16).

6[3] En este libro, el Señor Dios es el Dios de los espíritus de los profetas, lo cual indica que todas las profecías de este libro son inspiradas por el mismo Dios que inspiró el espíritu de los profetas en el Antiguo y el Nuevo Testamentos. También indica que estas profecías están relacionadas con las del Antiguo y el Nuevo Testamentos; todas ellas fueron dichas por los profetas en su espíritu, el cual estaba bajo la inspiración de Dios. Por lo tanto, para comprender estas profecías, es necesario que nosotros también estemos en nuestro espíritu bajo la unción de Dios.

7[1] "Vengo pronto" es la advertencia del Señor. Si prestamos atención a esta advertencia, seremos benditos; en caso contrario, perderemos la bendición.

10[1] Las profecías de Daniel fueron selladas porque fueron dadas mucho antes del fin, mientras que las profecías de este libro no deben ser selladas debido a que el tiempo está cerca.

11 [1a]El que comete injusticia, cometa injusticias todavía;
y el que es inmundo, sea inmundo todavía; y el que es justo,
practique la justicia todavía; y el que es santo, santifíquese
todavía.
12 He aquí [1]Yo [a]vengo pronto, y Mi [2b]galardón conmigo,
para recompensar a cada uno según sea su obra.
13 [1]Yo soy el [a]Alfa y la Omega, el [2b]Primero y el Ultimo,
el [c]Principio y el Fin.
14 [1a]Bienaventurados los que [2b]lavan sus [c]vestiduras,
para [3]tener [4d]derecho al [e]árbol de la vida, y para [f]entrar [5]por
las [g]puertas en la ciudad.

11[a] Dn. 12:10
12[a] Ap. 22:7
12[b] Ap. 11:18
13[a] Ap. 1:8; 21:6
13[b] Ap. 1:17
13[c] Ap. 21:6
14[a] Ap. 22:7; 1:3
14[b] Ap. 7:14; 1 Jn. 1:7, 9
14[c] Ap. 3:4-5, 18; 6:11; 19:8, 14
14[d] cfr. Gn. 3:24
14[e] Ap. 22:2; 2:7
14[f] Ap. 21:27
14[g] Ap. 21:12

11[1] En la era de este libro, todo lo que uno es, ya sea justo o injusto, ya sea inmundo o santo, es un asunto serio. Ser justo significa andar según los caminos justos de Dios, mientras que ser santo significa vivir según la naturaleza santa de Dios. En la era de este libro, debemos andar y vivir de esta manera a fin de recibir el galardón; de otro modo, seremos condenados como injustos e inmundos y recibiremos algún castigo cuando el Señor regrese (v. 12).

12[1] El Señor repite Su advertencia: "Vengo pronto", a fin de que consideremos Su galardón, el cual será entregado cuando El regrese.

12[2] Lit., pago. Cuando el Señor venga, este galardón será entregado a cada uno de los creyentes en el tribunal de Cristo después de que sean arrebatados (2 Co. 5:10; 1 Co. 4:5; Ro. 14:10; Mt. 16:27).

13[1] Esta es la declaración del Señor al final de este libro; corresponde a lo que declaró al principio de este libro (1:8). Esto indica que el Señor Jesús es el propio Dios.

13[2] El Señor Jesús no solamente es el Primero, sino también el Principio, y no solamente el Ultimo sino también el Fin. *El Primero* denota que nadie fue antes que El, y *el Ultimo* denota que nadie vendrá después de El; *el Principio* indica que El es el origen de todas las cosas, y *el Fin* indica que es la consumación de todas ellas. Por consiguiente, estas expresiones no sólo denotan que no hay nada antes ni después del Señor Jesús, sino también que sin El no hay origen ni consumación.

14[1] Este versículo puede considerarse una promesa acerca de disfrutar del árbol de la vida, el cual es Cristo con todas Sus riquezas de vida; la segunda mitad del v. 17 puede considerarse un llamado a tomar del agua de vida, la cual es el Espíritu vivificante. Así que, este libro concluye con una promesa y un llamado a comer y beber al Cristo todo-inclusivo como el Espíritu vivificante.

14[2] Aquí las vestiduras simbolizan la conducta de los creyentes. Lavar las vestiduras significa mantener una conducta limpia lavándose en la sangre del Cordero (7:14; 1 Jn. 1:7), lo cual les da derecho a los creyentes a participar del árbol de la vida y a entrar en la ciudad. Ellos podrán disfrutar tanto el árbol de la vida como la ciudad en la eternidad.

14[3] Lit., que su autoridad sea sobre el árbol de la vida y puedan entrar…

14[4] Después de haber sido creado el hombre, fue puesto frente al árbol de la vida (Gn. 2:8-9), lo cual indica que tenía el privilegio de participar de ese árbol. Sin embargo, debido a la caída, el camino al árbol de la vida le fue cerrado por la gloria, santidad y justicia de Dios (Gn. 3:24). Mediante la redención que Cristo efectuó, la cual satisfizo todos los requisitos de la gloria, santidad y justicia de Dios, el camino al árbol de la vida les fue abierto de nuevo a los creyentes (He. 10:19-20). Por tanto, los que lavan sus vestiduras en la sangre redentora de

15 Mas los [a]perros estarán [1b]fuera, y los hechiceros, los
fornicarios, los homicidas, los idólatras, y todo aquel que
ama y [c]hace mentira.
16 Yo Jesús he [a]enviado Mi ángel con este testimonio
[1]para las [2b]iglesias. Yo soy la [3c]raíz y el [d]linaje de David, la
[4e]estrella resplandeciente de la mañana.
17 Y el [1a]Espíritu y la [b]novia dicen: [2c]Ven. Y el que oye,
diga: [c]Ven. Y el que tiene [d]sed, [3e]venga; y [4]el que quiera, tome
del [f]agua de la vida gratuitamente.

15[a] Fil. 3:2; Mt. 7:6; 2 P. 2:22; Dt. 23:18
15[b] Ap. 21:8, 27
15[c] Jn. 8:44
16[a] Ap. 1:1; 22:6
16[b] Ap. 1:4, 11
16[c] Ap. 5:5; Is. 11:10
16[d] Mt. 1:1; 22:42; Jn. 7:42; Ro. 1:3; Jer. 23:5
16[e] Ap. 2:28; cfr. Mt. 2:2; Nm. 24:17
17[a] Ap. 2:7
17[b] Ap. 21:2, 9
17[c] Ap. 22:20; 2 Ti. 4:8
17[d] Ap. 21:6; Jn. 4:14; Is. 44:3
17[e] Jn. 7:37; Is. 55:1; Mt. 11:28
17[f] Ap. 22:1

Cristo tienen derecho a disfrutar el árbol de la vida como su porción eterna en la santa ciudad, el Paraíso de Dios, en la eternidad (2:7).

14[5] Entrar por las puertas en la ciudad es entrar en la Nueva Jerusalén, la esfera de la bendición eterna de Dios, mediante la regeneración efectuada por Cristo, quien vence la muerte e imparte vida. (Véase la nota 21[2] del cap. 21.)

15[1] Es decir, fuera de la ciudad, donde estará el lago de fuego, el cual contiene a todos los pecadores que han perecido. (Véase la nota 8[2] del cap. 21.)

16[1] Lit. sobre o encima.

16[2] El testimonio de este libro fue dado por el Señor Jesús para las iglesias. Por lo tanto, necesitamos estar en las iglesias y entregarnos a ellas a fin de comprender y guardar este testimonio.

16[3] Cristo en Su divinidad es la raíz, el origen, de David; en Su humanidad, Cristo es el linaje, el descendiente, de David. Por consiguiente, como la raíz de David, El es el Señor, y como el linaje de David, también es el hijo, el renuevo, de David (Mt. 22:42-45; Ro. 1:3; Jer. 23:5).

16[4] Cristo, a Su regreso, será el sol naciente para Su pueblo de una manera general (Mal. 4:2), pero, de una manera específica, será la estrella de la mañana para los que velan y lo aman. Esta estrella será un galardón para los vencedores (2:28). El hecho de que Cristo sea la raíz y el linaje de David está relacionado con Israel y el reino, mientras que el hecho de que sea la brillante estrella de la mañana está relacionado con la iglesia y el arrebatamiento. La estrella de la mañana aparece antes de la hora más oscura justo antes del amanecer. La gran tribulación será el momento más oscuro, después de lo cual nacerá el día del reino. En el reino, el Señor aparecerá públicamente a Su pueblo como el sol, pero antes de la gran tribulación aparecerá privadamente a los vencedores como la estrella de la mañana.

17[1] En los caps. 2 y 3, el Espíritu habla a las iglesias; aquí, al final de este libro, el Espíritu y la novia, la iglesia, hablan como uno solo. Esto indica que la iglesia ha progresado en la experiencia que ha tenido del Espíritu hasta el punto de ser uno con el Espíritu, quien es la máxima consumación del Dios Triuno.

Toda la revelación de la Biblia nos muestra el romance de una pareja universal. Es decir, el soberano Señor, quien creó el universo y todas las cosas, el Dios Triuno —el Padre, el Hijo y el Espíritu—, quien pasó por los procesos de la encarnación, el vivir humano, la crucifixión, la resurrección y la ascensión y quien por último llegó a ser el Espíritu vivificante, se une en matrimonio con el hombre tripartito —compuesto de espíritu, alma y cuerpo—, el cual fue creado, redimido, regenerado, transformado y glorificado, y el cual por último constituye la iglesia, la expresión de Dios. En la eternidad, por medio de la vida divina, eterna e insuperable en gloria, ellos vivirán una vida que es la mezcla de Dios y el hombre como un solo espíritu, una vida que es excelente en extremo y que rebosa de bendiciones y gozo.

17[2] "Ven" es la respuesta del Espíritu y de la novia a lo que el Señor dijo

18 [1]Yo testifico a todo aquel que oye las palabras de la [a]profecía de este libro: Si alguno [b]añade algo, Dios le añadirá a él las [2c]plagas que están escritas en este libro.

19 Y si alguno [a]quita de las palabras del libro de esta profecía, Dios quitará su parte del [1b]árbol de la vida, y de la [c]santa ciudad, de los cuales se ha escrito en este libro.

20 El que da testimonio de estas cosas dice: Sí, [1a]vengo pronto. [b]Amén. ¡[2c]Ven, Señor Jesús!

21 La [1a]gracia del Señor [2]Jesús sea con todos [3]los [b]santos. [c]Amén.

---

en el v. 16 y a Su reiterada advertencia de los vs. 7 y 12. Expresa el deseo de que el Señor regrese. Todo aquel que oiga esta respuesta también debe decir: "Ven", expresando así el deseo común de que el Señor regrese. Todos los creyentes que amen la manifestación del Señor (2 Ti. 4:8) deben expresar tal deseo.

17[3] Por un lado, el Espíritu y la novia desean que el Señor venga; por otro, anhelan que los pecadores sedientos también vengan y tomen del agua de vida para que sean satisfechos. Cuando deseamos sinceramente que el Señor regrese, también nos preocupamos de verdad por la salvación de los pecadores.

17[4] Véase la nota 14[1].

18[1] Aquí el pronombre "Yo" ha de referirse al Señor Jesús, en conformidad con los vs. 16 y 20; no obstante, es posible que se refiera a Juan, en conformidad con 1:2. De todos modos, Juan era uno en espíritu con el Señor en esta seria advertencia.

18[2] Los principales componentes de las plagas reveladas en este libro son los tres ayes de la gran tribulación, y la segunda muerte, es decir, la destrucción del hombre en su totalidad —espíritu, alma y cuerpo— en el lago de fuego. Los rasgos más sobresalientes de las bendiciones reveladas en este libro son el árbol de la vida y la santa ciudad. Sufrir las plagas o participar de las bendiciones depende de la manera en que uno trate la profecía de este libro. No debemos añadir nada a la profecía ni debemos quitarle nada. Debemos recibirla tal como está escrita.

19[1] Véase la nota 18[2].

20[1] Por tercera vez en este capítulo el Señor nos advierte que viene pronto.

20[2] Esta es la oración del apóstol Juan y su respuesta a la advertencia del Señor. Es también la última oración de la Biblia. Después de oír lo que dice este libro, todos debemos orar así y dar la misma respuesta: "¡Ven, Señor Jesús!" La Biblia concluye con el deseo, expresado como oración, de que el Señor regrese.

21[1] Después de recibir todas las visiones y de oír todas las profecías de este libro, seguimos necesitando la gracia del Señor. Sólo la gracia del Señor Jesús puede capacitarnos para vivir y andar según estas visiones y profecías. Este libro, y por consiguiente toda la Biblia, concluye con esta gracia, la gracia que nos capacita para experimentar al Cristo todo-inclusivo y para participar del Dios Triuno a fin de que lleguemos a ser Su eterna expresión corporativa con miras al cumplimiento de Su propósito eterno, para que El y nosotros disfrutemos una satisfacción absoluta y un reposo completo, mutuamente y por la eternidad.

21[2] Algunos mss. antiguos dicen: Jesucristo.

21[3] Algunos mss. antiguos omiten: los santos. Amén.

La Nueva Jerusalén, el último punto principal revelado en este libro, no sólo es la conclusión de toda la Biblia, sino también la máxima consumación de todos los asuntos importantes revelados en la Biblia. El Dios Triuno, Su

18[a] Ap. 22:10
18[b] Dt. 4:2; 12:32; Pr. 30:6
18[c] Ap. 15:1, 6-8; 16:9, 21
19[a] Dt. 4:2; 12:32
19[b] Ap. 22:2, 14
19[c] Ap. 21:2, 10
20[a] Ap. 22:7, 12
20[b] Ap. 1:6, 7; 3:14
20[c] Ap. 22:17; 1 Co. 16:22
21[a] Ap. 1:4; 2 Co. 13:14; 2 Ti. 4:22; Gá. 6:18
21[b] Ap. 5:8; 8:3; 11:18; 13:7, 10; 14:12; 16:6; 17:6; 18:24; 19:8; 20:9
21[c] 1 Cr. 16:36; Sal. 89:52; Neh. 8:6

economía, la redención efectuada por Cristo, la salvación provista por Dios, los creyentes, la iglesia y el reino tienen su consumación en la Nueva Jerusalén, que es la culminación de todo. Por tanto, no es lógico decir que la Nueva Jerusalén es una ciudad material; decir eso no corresponde al principio observado en este libro con respecto al uso de señales en la revelación de misterios. Según la revelación completa de toda la Biblia, la Nueva Jerusalén, la conclusión de toda la Biblia, es una mezcla divina del Dios Triuno procesado con el hombre tripartito redimido y transformado, es decir, una mezcla de lo divino y lo humano que da por resultado una persona misteriosa, corporativa y universal. Esta persona es:

(1) La esposa del Cordero (21:9);

(2) La máxima consumación del tabernáculo y del templo de Dios, como la habitación mutua y eterna de Dios y el hombre (21:3, 22);

(3) La máxima consumación de la obra de Dios que consiste en hacer de la vieja creación una nueva creación a lo largo de las generaciones (Hch. 4:11; Jn. 2:19; Mt. 16:18; 1 Co. 3:9-12; 1 P. 2:4-5); y

(4) La máxima consumación de la economía eterna de Dios y de Sus logros.

DIAGRAMAS
Y
MAPAS

LA ECONOMIA NEOTESTAMENTARIA DE DIOS

1 *MATEO* ⟷ *JUAN*	2 ***HECHOS*** ⟷ ***JUDAS***	3 *APOCALIPSIS*
El Hijo ↙ ↘ con el Padre — por el Espíritu la corporificación del Dios Triuno en Jesucristo como el tabernáculo de Dios — el templo de Dios vive la vida de Dios hasta llegar a ser el reino de Dios	**El Espíritu** ↙ ↘ **como el Hijo — con el Padre** **la consumación** **del** **Dios Triuno** **en** **la iglesia** **como** **el Cuerpo de Cristo — el templo de Dios** **el reino de Dios — la casa de Dios** **vive a Cristo** **hasta llegar a ser** **la plenitud de Dios**	Los siete Espíritus ↙ ↘ proceden del Eterno — del Redentor la intensificación *del* Dios Triuno en la iglesia vencedora cuya consumación será (1) los candeleros de oro (2) la Nueva Jerusalén
Los evangelios (el comienzo)	**22 libros (el desarrollo)**	Apocalipsis (la finalización)

DIAGRAMA DE LAS SETENTA SEMANAS Y LA VENIDA

con los siete sellos, las siete

La dispensación de la ley

L a d i s p e n s a c i ó n

La

L a e r a d e l m i s t e r i o

Desde que se dio la promulgación de la ley hasta la proclamación de reedificar a Jerusalén — Ex. 20:1-17; Neh. 2:1-8

Siete semanas 49 años

Desde la proclamación de reedificar a Jerusalén hasta que se completó la reedificación de Jerusalén — Dn. 9:25

Sesenta y dos semanas 434 años

Desde que se acabó de reedificar a Jerusalén hasta la muerte del Mesías — Dn. 9:26

Desde la muerte, resurrección y ascensión de Cristo hasta la consumación de la dispensación de la gracia.

Dios, habiendo desechado temporalmente a los hijos de Israel, les quita el reino y lo da a la iglesia.
Ro. 11:15; Mt. 23:38; 21:43

El anticristo hace

Los primeros 3 1/2 años
Mt. 24:37-39; 1 Ts. 5:3

Los primeros cuatro sellos

El quinto sello

El sexto sello

Primeras 4 trompetas

La propagación del evangelio y el comienzo de las calamidades, simbolizados por los cuatro caballos de los primeros cuatro sellos, ocurren justo después de la ascensión de Cristo y van hasta la consumación de esta era.
Ap. 6:1-8; Mt. 24:14, 6-8

Los mártires de todas las generaciones claman pidiendo venganza.
Ap. 6:9-11

El comienzo de la gran tribulación; comienzan las calamidades sobrenaturales que destruyen el albergue del hombre.
Ap. 6:12-17

Se intensifican las calamidades sobrenaturales.
Ap. 8:7-12

Según Joel 2:30-31, el tiempo entre el sexto sello y las primeras cinco trompetas es muy corto.

La hora de prueba que ha de venir sobre toda la tierra habitada, mencionada en Ap. 3:10, debe de empezar con el sexto sello y terminar con la séptima copa.
Ap. 6:12-17; 8:1; 8:6—9:21; 11:14; 15—16

Antes de la gran tribulación

En los cielos

Algunos creyentes son arrebatados a los cielos antes del sexto sello, según lo indica Ap. 7:9.

Los mártires, los santos vencedores, de generaciones previas resucitan y son arrebatados al trono de Dios.
Ap. 12:5, 11; Fil. 3:10-11

Los vencedores de esta era que maduren primero serán arrebatados al monte Sion celestial.
Ap. 14:1-5

El resto de los creyentes vencedores de esta era serán arrebatados a la presencia de Cristo.
Ap. 3:10; Lc. 21:36; Mt. 24:39-42

DE CRISTO, Y EL ARREBATAMIENTO DE LOS SANTOS

trompetas, las siete copas y el fin

d e l a g r a c i a

venida (la parusía, la presencia) de Cristo comienza en los cielos
Mt. 24:3, 37-42

d e l a i g l e s i a Ef. 3:9-11

L a ú l t i m a s e m a n a
un pacto de siete años con los hijos de Israel Dn. 9:27

Los últimos 3 ½ años, la gran tribulación:
la consumación de esta era, el fin
Mt. 24:3, 6, 14, 21; 28:20

Cristo viene de los cielos a los aires a continuar Su parusía
Ap. 10:1

El

El cielo

E l s é p t i m o s e l l o Ap. 8:1-2, 6

La quinta trompeta (El primer ay) Ap. 8:13; 9:1-11	**La sexta trompeta** (El segundo ay) Ap. 9:12-21	**La séptima trompeta**	Ap. 10:7; 11:14-19

(El tercer ay)

Las primeras 4 copas	La 5ª copa	La 6ª copa	La 7ª copa

Ap. 11:14-19; 15:5 — 16:21

Entre la quinta trompeta y las siete copas de la séptima trompeta, ocurre una gran tribulación, cual no ha habido ni la habrá.
Mt. 24:21

Las siete trompetas son el contenido del séptimo sello. El séptimo sello consta de dos aspectos: el aspecto negativo se compone de las siete copas, las peores plagas que completan la ira de Dios hasta llegar a su fin; el aspecto positivo es el reino del Señor, el cual ejerce la justicia de Dios por la eternidad.
Ap. 8:1-2, 6; 10:7; 11:15-18; 2 P. 3:13

reino milenario — Ap. 20:4, 6

nuevo y la tierra nueva — 2 P. 3:13; Ap. 21:1

Durante la gran tribulación
En la tierra

El diablo es arrojado a la tierra, luego persigue a los santos y atormenta a los mundanos. Comienza al sonar la quinta trompeta y dura 3 ½ años.
Ap. 12:9-17; 9:1-11

A la mitad de la semana el anticristo rompe el pacto, se opone a Dios, persigue al pueblo de Dios y huella la ciudad santa 42 meses.
Dn. 9:27; Mt. 24:15-22; Ap. 11:2; 13:1-8

El falso profeta hace prodigios para engañar a la gente, y la obliga a adorar la imagen del anticristo.
Ap. 13:11-16

El ángel predica el evangelio eterno, exhortando al pueblo a temer a Dios, y a adorarle, y a no adorar al anticristo ni a su imagen.
Ap. 14:6-11

Dios usa plagas extrañas y calamidades sobrenaturales para destruir el mundo y el reino del anticristo.
Ap. 6:12-17; 8:1; 8:6—9:21; 11:14; 15—16

Los dos testigos hablan por Dios durante 1,260 días, y son muertos.
Ap. 11:3-10

Casi al final de la gran tribulación
En los aires

La mayoría de los santos que murieron en generaciones previas, resucitan (incluyendo a los mártires de la gran tribulación).
(Ap. 20:4, 6; 15:2)
Junto con ellos es arrebatada la mayoría de los santos que estén vivos en esta era, para encontrarse con el Señor en los aires.
La mayor parte de la cosecha de Dios madura y es segada.
1 Ts. 4:15-17; 1 Co. 15:51-52; Mt. 25:1-12; Ap. 14:14-16; Mt. 13:30, 39

Los dos testigos son resucitados y arrebatados al cielo.
Ap. 11:11-12

Cristo juzga a todos los santos en Su tribunal.
2 Co. 5:10; 1 Co. 4:5; Mt. 25:19

Las bodas de Cristo: los santos vencedores son llamados a la cena de bodas.
Ap. 19:7-9; Mt. 22:2-14; 25:10

Al final de la gran tribulación
En la tierra

Cristo viene de los aires a la tierra a completar Su parusía.
Mt. 24:27, 30

Cristo destruye al anticristo y a su ejército.
Ap. 19:11-21; 17:14; 16:12-16; Zac. 14:2-5, 12-13; Is. 63:1-6; Ap. 14:17-20

Cristo destruye la Babilonia material.
Ap. 18:1—19:3

Cristo salva, reúne y restaura a los hijos de Israel.
Zac. 12:2-14; Ro. 11:26; Mt. 24:31; Hch. 1:6

Cristo ata a Satanás y lo arroja en el abismo sin fondo.
Ap. 20:1-3

Cristo juzga a las naciones que queden.
Mt. 25:31-46; Hch. 17:31

Cristo establece el reino milenario y restaura todas las cosas.
Ap. 20:4-6; Hch. 3:21; Mt. 19:28

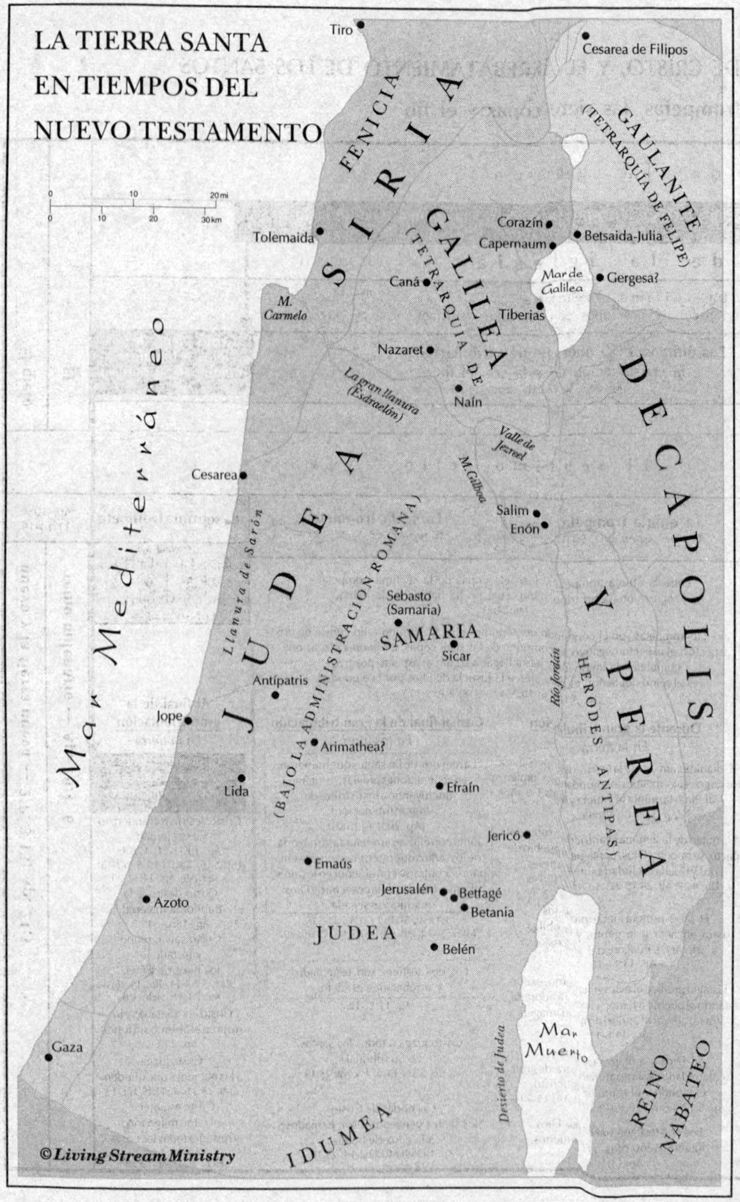
LA TIERRA SANTA
EN TIEMPOS DEL
NUEVO TESTAMENTO
0
10
20mi
0
10
20
30km
Tiro
Cesarea de Filipos
FENICIA
SIRIA
GAULANITE
(TETRARQUÍA DE FELIPE)
GALILEA
(TETRARQUIA DE
Corazín
Betsaida-Julia
Capernaum
Tolemaida
Caná
Mar de Galilea
Gergesa?
M. Carmelo
Tiberias
Nazaret
La gran llanura (Esdraelón)
Naín
DECAPOLIS
Valle de Jezreel
M. Gilboa
Cesarea
Mar Mediterráneo
Salim
Enón
JUDEA
(BAJO LA ADMINISTRACION ROMANA)
Llanura de Sarón
Sebasto (Samaria)
SAMARIA
Sicar
Y PEREA
HERODES ANTIPAS)
Río Jordán
Antípatris
Jope
Arimathea?
Lida
Efraín
Jericó
Emaús
Jerusalén
Betfagé
Betania
Azoto
JUDEA
Belén
Gaza
Mar Muerto
Desierto de Judea
REINO NABATEO
IDUMEA

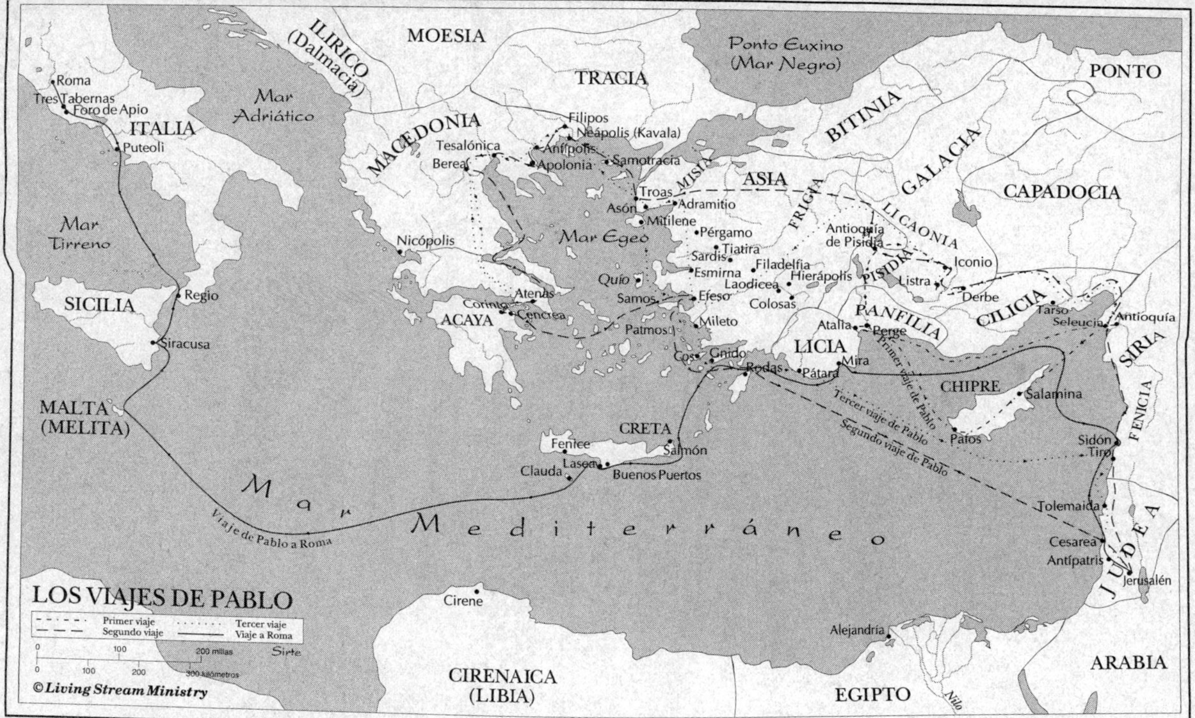
LOS VIAJES DE PABLO
Primer viaje
Segundo viaje
Tercer viaje
Viaje a Roma
0 100 200 millas
0 100 200 300 kilómetros
© Living Stream Ministry
ILIRICO (Dalmacia)
MOESIA
TRACIA
Ponto Euxino (Mar Negro)
PONTO
BITINIA
GALACIA
CAPADOCIA
MACEDONIA
ASIA
MISIA
FRIGIA
LICAONIA
PISIDIA
PANFILIA
CILICIA
LICIA
SIRIA
FENICIA
JUDEA
ARABIA
EGIPTO
CIRENAICA (LIBIA)
ITALIA
SICILIA
MALTA (MELITA)
ACAYA
CRETA
CHIPRE
Mar Adriático
Mar Tirreno
Mar Egeo
Mar Mediterráneo
Sirte
Nilo
Roma
Tres Tabernas
Foro de Apio
Puteoli
Regio
Siracusa
Nicópolis
Tesalónica
Berea
Filipos
Neápolis (Kavala)
Anfípolis
Apolonia
Samotracia
Troas
Asón
Adramitio
Mitilene
Pérgamo
Tiatira
Sardis
Esmirna
Filadelfia
Laodicea
Hierápolis
Colosas
Quío
Samos
Efeso
Mileto
Patmos
Atenas
Corinto
Cencrea
Cos
Gnido
Rodas
Pátara
Mira
Atalia
Perge
Antioquía de Pisidia
Iconio
Listra
Derbe
Tarso
Seleucia
Antioquía
Salamina
Pafos
Sidón
Tiro
Tolemaida
Cesarea
Antípatris
Jerusalén
Alejandría
Cirene
Fenice
Lasea
Buenos Puertos
Salmón
Claude
Primer viaje de Pablo
Segundo viaje de Pablo
Tercer viaje de Pablo
Viaje de Pablo a Roma